AUXILIAR BÍBLICO PORTAVOZ

AUXILIAR BÍBLICO PORTAVOZ

UN CAUDAL DE INFORMACIÓN BÍBLICA

HAROLD L. WILLMINGTON

La misión de *Editorial Portavoz* consiste en proporcionar productos de calidad —con integridad y excelencia—, desde una perspectiva bíblica y confiable, que animen a las personas a conocer y servir a Jesucristo.

Título del original: *Willmington's Guide to the Bible*, © 1981 y 1984 por Harold L. Willmington. Publicado por Tyndale House Publishers, Inc., Wheaton, Illinois.

Traducido por: José Luis Martínez y Nelda Gaydou
Editado por: R. Mercedes De la Rosa
Diseño gráfico: TypeRight Graphics

EDITORIAL PORTAVOZ
2450 Oak Industrial Dr. NE
Grand Rapids, MI 49505

Visítenos en: www.portavoz.com

ISBN 978-0-8254-1874-7

18 19 20 edición / año 25

Impreso en China
Printed in China

DEDICATORIA

El material que aparece en este libro es en realidad la combinación de una serie de libros y secciones de estudio. Tengo, pues, el privilegio de hacer una múltiple presentación. Este libro, que es (para bien o para mal) el mayor logro de mi vida, lo dedico con gratitud:

1. A mi esposa Sue y a nuestro amado hijo Matthew.
2. A la bendita memoria de dos finados hombres de Dios: Paul Willmington, mi padre, y Charles Ransom, mi suegro.
3. A Valma y Gladys, sus esposas y nuestras madres.
4. Al doctor Jerry Falwell, mi jefe, pastor y amigo.
5. A todos mis estudiantes que sobrellevaron con paciencia mis bromas, pasaron por alto mis defectos, absorbieron mi material, y aceptaron mi desafío de ser gigantes espirituales para Dios.

NOTA DE LOS EDITORES:

La honradez nos obliga a admitir que sin duda van a encontrar algunos errores en este libro. Aunque los editores hemos releído y verificado varias veces todo el material, algunos errores probablemente se nos escaparon sin detectar ni corregir. Aceptamos toda la responsabilidad por ello. El amable lector nos hará un gran favor si llama nuestra atención a cualquier error que encuentre.

NOTA SOBRE LAS GRÁFICAS:

A fin de obtener el máximo beneficio de las ilustraciones y de las gráficas, sugerimos que se usen dando a las mismas un *vistazo previo* y un *repaso posterior* en cada etapa cronológica. Por ejemplo, antes de leer el contenido que trata sobre la «Etapa de la creación», el lector debería dar un vistazo a la gráfica correspondiente a esta etapa para tener una idea del material a estudiar. Después puede leer el contenido en sí. Seguidamente puede revisar otra vez la gráfica a fin de que le sirva como repaso general de la etapa.

CONTENIDO

PREFACIO

A causa de la gran cantidad de material que contiene este libro debemos responder a tres preguntas vitales respecto al *porqué* del mismo, *para quién* ha sido escrito, y *cuál* es su contenido.

I. El *porqué* del libro. Las raíces de este libro se remontan a mis días en el Seminario Teológico de Dallas, en los últimos años de la década de los cincuenta. Durante aquel tiempo, el Señor despertó en mi corazón un amor por su Palabra como nunca antes lo había tenido. Fue entonces cuando empecé a formar con gran celo mi biblioteca, buscando siempre aquellos libros que pudieran ofrecerme el máximo de información en el menor tiempo posible. En realidad buscaba un libro que pudiera proveerme, en sí mismo, de un resumen básico y panorámico de las Escrituras. Al no encontrar ninguno empecé a pensar en la posibilidad de que yo pudiera algún día intentar crearlo. En pocas palabras, este libro es mi mejor esfuerzo por atender a esa necesidad. Mi meta ha consistido en publicar un libro que incluya un resumen conciso de toda la información básica de la Biblia. Las dos palabras clave que deben notarse son *resumen* y *conciso*. Mi objetivo supremo ha sido poner a disposición de la generación que dice «lo quiero ahora mismo» una completa educación bíblica en un solo volumen. El lector dirá si lo logré o no.

II. ¿*Para quién* ha sido escrito? Tenía especialmente en mente cuatro grupos de personas cuando escribía este libro. Así, está pensado para:

A. Pastores. He intentado proporcionarles, para fines de la predicación, un análisis bosquejado, manejable, rápido y fiel de las grandes verdades de las Escrituras que estudiaron en el seminario. En algunos casos este libro puede ser un sustituto de la educación académica formal que nunca recibieron.

B. Maestros de escuela dominical. Ponemos al alcance de su mano verdades y referencias bíblicas orientadas a una enseñanza efectiva.

C. Estudiantes universitarios y de secundaria. A éstos he querido ofrecerles un resumen teológico, científico e histórico del eterno libro de Dios, que tenga sentido para su época tan incierta.

D. Los amantes de la Biblia en todo lugar, para apoyarles en su ya profunda convicción de que la Biblia es todavía el libro más interesante, práctico e inspirador que jamás se haya escrito.

III. El *contenido* del libro. ¿Cómo lleva uno a cabo semejante tarea? ¿Qué métodos son empleados en el manuscrito? El lector notará que este libro consiste de dos divisiones generales. La primera división la titulamos «Currículo principal», y la segunda división la llamamos «Currículo de apoyo».

I. CURRÍCULO PRINCIPAL

Hay dos métodos básicos de estudio bíblico que son absolutamente vitales si uno quiere adquirir y aplicar las grandes verdades contenidas en la Palabra de Dios. El primero de estos es el método cronológico, y el segundo es el enfoque teológico.

A. El método cronológico consiste de párrafos bosquejados, informativos e inspiradores, de las doce principales etapas de la historia bíblica, desde Génesis hasta Apocalipsis. Estas etapas son:

1. La etapa de la creación: Génesis 1—11.
2. La etapa patriarcal: Génesis 12—50; Job.
3. La etapa del éxodo: Éxodo; Levítico; Números y Deuteronomio.
4. La etapa de la conquista: Josué.
5. La etapa de los jueces: Jueces; Rut; 1 Samuel 1—7.
6. La etapa del reino unido: 1 Samuel 8—31; 2 Samuel; 1 Reyes 1—11; 1 Crónicas; 2 Crónicas 1—9; Salmos; Cantar de los Cantares; Proverbios; Eclesiastés.
7. La etapa del reino dividido: 1 Reyes 12—22; 2 Reyes 1—25; 2 Crónicas 10—36; Jonás; Amós; Oseas; Joel; Abdías; Nahum; Isaías; Miqueas; Habacuc; Sofonías; Jeremías; Lamentaciones.
8. La etapa de la cautividad: Ezequiel; Daniel.
9. La etapa del retorno: Esdras; Ester; Nehemías; Hageo; Zacarías; Malaquías.
10. La etapa del evangelio: Mateo; Marcos; Lucas; Juan.
11. La etapa de la iglesia primitiva: Hechos.
12. La etapa de las epístolas: el resto de los libros del Nuevo Testamento.

Estas son, pues, las doce etapas básicas que hallamos en la Biblia. El Antiguo Testamento contiene nueve etapas y el Nuevo Testamento tiene tres. El lector encontrará muchas gráficas útiles a través de las secciones del Antiguo y Nuevo Testamentos.

B. El método teológico incluye el estudio analítico de los doce mayores temas doctrinales. Estos son:
   1. La doctrina de la Trinidad.
   2. La doctrina del Hijo.
   3. La doctrina del Padre.
   4. La doctrina del Espíritu Santo.
   5. La doctrina del hombre.
   6. La doctrina de la Iglesia.
   7. La doctrina del pecado.
   8. La doctrina de la salvación.
   9. La doctrina de Satanás.
   10. La doctrina de los ángeles.
   11. La doctrina de la Biblia.
   12. La doctrina de la profecía.

II. CURRÍCULO DE APOYO

Para apuntalar y ampliar los dos métodos arriba señalados del currículo principal, ofrecemos a continuación las siguientes fases de apoyo de estudio bíblico:

A. Un resumen temático de la Biblia, el cual incluye una lista de aproximadamente 135 tópicos bíblicos. Una muestra de estos temas recogería:
   1. Todas las ciudades mencionadas en la Biblia.
   2. Todas las conversaciones registradas en la Biblia.
   3. Todos los milagros de la Biblia.
   4. Todas las ocupaciones de la Biblia.
   5. Todas las parábolas de la Biblia.
   6. Todas las profecías de la Biblia.

B. Estudios históricos.
   1. Estudios históricos resumidos de los nueve pueblos más importantes del Antiguo y Nuevo Testamentos, que son:
      a. Los cananeos.
      b. Los sumerios.
      c. Los filisteos.
      d. Los egipcios.
      e. Los babilonios.
      f. Los asirios.
      g. Los persas.
      h. Los griegos.
      i. Los romanos.
   2. Una lista en categorías relacionadas por categorías de los 613 mandamientos del Antiguo Testamento.
   3. Un resumen histórico de los descubrimientos arqueológicos más importantes.
   4. Un resumen de la historia del pueblo de Israel desde la destrucción del segundo templo en el año 70 d.C. hasta la guerra del *Yom Kippur* en octubre de 1973. Estos diecinueve siglos pueden ser divididos históricamente en diez períodos principales, y son:
      a. El período romano (70-325 d.C.).
      b. El período bizantino (325-614).
      c. El período persa (614-634).
      d. El período árabe (634-1072).
      e. El período selyúcida (1072-1099).
      f. El período de las cruzadas (1099-1291).
      g. El período de los mamelucos (1291-1517).
      h. El período turco (otomano) (1517-1917).
      i. El período británico (1917-1948).
      j. El período independiente (1948 hasta hoy).
   5. Una lista en categorías relacionadas de las 300 personas más importantes del Antiguo y Nuevo Testamentos.
   6. Una referencia cruzada completa de cada versículo del Antiguo Testamento citado en el Nuevo Testamento.
   7. Estadísticas de la Tierra Santa.

BIBLIA HEBREA
Orden de los libros del Antiguo Testamento

LA LEY *5 libros*	• GÉNESIS • ÉXODO • LEVÍTICO • NÚMEROS • DEUTERONOMIO		
LOS PROFETAS *8 libros*	*4 PRIMEROS* • JOSUÉ • JUECES • SAMUEL • REYES	*4 POSTERIORES* • ISAÍAS • JEREMÍAS • EZEQUIEL • LOS DOCE	
LOS ESCRITOS *11 libros*	*3 POÉTICOS* • SALMOS • PROVERBIOS • JOB	*5 ROLLOS* • CANTAR DE LOS CANTARES • RUT • LAMENTACIONES • ESTER • ECLESIASTÉS	*3 HISTÓRICOS* • DANIEL • ESDRAS • NEHEMÍAS • CRÓNICAS

BIBLIA ESPAÑOLA
Orden de los libros del Antiguo Testamento

LA LEY *5 libros*	• GÉNESIS • ÉXODO • LEVÍTICO • NÚMEROS • DEUTERONOMIO		
HISTORIA *12 libros*	• JOSUÉ • JUECES • RUT • 1 SAMUEL • 2 SAMUEL • 1 REYES	• 2 REYES • 1 CRÓNICAS • 2 CRÓNICAS • ESDRAS • NEHEMÍAS • ESTER	
POESÍA *5 libros*	• JOB • SALMOS • PROVERBIOS • ECLESIASTÉS • CANTAR DE LOS CANTARES		
PROFECÍA *17 libros*	*5 MAYORES* • ISAÍAS • JEREMÍAS • LAMENTACIONES • DANIEL • EZEQUIEL	*12 MENORES* • OSEAS • JOEL • AMÓS • ABDÍAS • JONÁS • MIQUEAS	 • NAHUM • HABACUC • SOFONÍAS • HAGEO • ZACARÍAS • MALAQUÍAS

Porqué debería el creyente estudiar la Palabra de Dios

A primera vista parecería totalmente innecesario considerar las razones por las que hay que estudiar la Palabra de Dios. Podríamos suponer que, después de la conversión, lo más natural para un nuevo creyente sería empezar un estudio de por vida del libro que le llevó originalmente a Cristo. Pero tanto la observación personal como la historia de la Iglesia demuestran todo lo contrario. La verdad es que la mayoría de los cristianos conocen poco acerca de la Biblia. Se exponen a continuación algunas buenas razones para estudiar las Escrituras.

I. A causa de su autor.

Frecuentemente pensamos acerca de Dios como Creador, Redentor, Pastor, Juez, etc. Es, por supuesto, una forma correcta de pensar porque él verdaderamente actúa en todas esas funciones. Pero hay un gran logro de Dios que generalmente queda fuera de la lista de atributos divinos compilados por los hombres. Este maravilloso pero olvidado papel es el de escritor. Dios ha escrito un libro, y ese profundo e inapreciable libro es la Biblia. Como lo atestiguan los escritores humanos, lo más agradable que le podemos decir a un autor es: «Oh, sí, he leído su libro.»

Es un hecho auténtico, aunque trágico, que muchos cristianos que un día comparecerán (junto con todos los demás creyentes) ante el tribunal de Cristo, se verán tristemente forzados a admitir que, aunque fueron salvos escuchando el mensaje de la salvación por medio del Libro de Dios, no dedicaron tiempo para leerlo. Por esto, si no por otra razón, la Biblia debiera ser cuidadosamente leída a fin de que el creyente pueda proclamar ante Cristo en aquel día: «Amado Señor, hubo muchas cosas que no hice en la tierra que debiera haber hecho, como otras que hice y que no debiera haberlas hecho, pero sí hice una cosa: leí tu libro.»

II. Debido al mandamiento frecuentemente repetido de leerla.

«Nunca se apartará de tu boca este libro de la ley, sino que de día y de noche meditarás en él, para que guardes y hagas conforme a todo lo que en él está escrito; porque entonces harás prosperar tu camino, y todo te saldrá bien» (Jos. 1:8).

«Procura con diligencia presentarte a Dios aprobado, como obrero que no tiene de qué avergonzarse, que usa bien la palabra de verdad» (2 Ti. 2:15).

«El respondió y dijo: Escrito está: No sólo de pan vivirá el hombre, sino de toda palabra que sale de la boca de Dios.» (Mt. 4:4).

Debemos hacer notar especialmente este versículo. Jesús dijo *toda palabra.*

III. Debido a que la Biblia es el camino escogido de Dios a fin de llevar a cabo su divina voluntad.

A. Los pecadores son salvados por medio del mensaje de la Biblia.

«Porque todo aquel que invocare el nombre del Señor, será salvo.

¿Cómo, pues, invocarán a aquel en el cual no han creído? ¿Y cómo creerán en aquel de quien no han oído? ¿Y cómo oirán sin haber quién les predique? ¿Y cómo predicarán si no fueren enviados? Como está escrito: ¡Cuán hermosos son los pies de los que anuncian la paz, de los que anuncian las buenas nuevas! Más no todos obedecieron al evangelio; pues Isaías dice: Señor, ¿quién ha creído a nuestro anuncio? Así que la fe es por el oír, y el oír por la palabra de Dios» (Ro. 10:13-17).

«Entonces Pedro, poniéndose en pie con los once, alzó la voz y les habló diciendo:

Varones judíos, y todos los que habitáis en Jerusalén, esto os sea notorio, y oíd mis palabras» (Hch. 2:14).

«Al oír esto, se compungieron de corazón, y dijeron a Pedro y a los otros apóstoles: Varones hermanos, ¿qué haremos?» (Hch. 2:37).

«Pero los que fueron esparcidos iban por todas partes anunciando el evangelio. Entonces Felipe, descendiendo a la ciudad de Samaria, les predicaba a Cristo. Y la gente, unánime, escuchaba atentamente las cosas que decía Felipe, oyendo y viendo las señales que hacía. Porque de muchos que tenían espíritus inmundos, salían éstos dando grandes voces; y muchos paralíticos y cojos eran sanados; así que había gran gozo en aquella ciudad» (Hch. 8:4-8).

«Siendo renacidos, no de simiente corruptible, sino de incorruptible, por la palabra de Dios que vive y permanece para siempre» (1 P. 1:23).

«El, de su voluntad, nos hizo nacer por la palabra de verdad, para que seamos primicias de sus criaturas» (Stg. 1:18).

B. Los santos son santificados por medio del mensaje de la Biblia.

«Santifícalos en tu verdad; tu palabra es verdad» (Jn. 17:17).

«Desead, como niños recién nacidos, la leche espiritual no adulterada, para que por ella crezcáis para salvación» (1 P.2:2).

«Pues la voluntad de Dios es vuestra santificación; que os apartéis de fornicación» (1 Ts. 4:3).

«¿Con qué limpiará el joven su camino? Con guardar tu palabra. Con todo mi corazón te he buscado; no me dejes desviarme de tus mandamientos. En mi corazón he guardado tus dichos, para no pecar contra ti» (Sal. 119:9-11).

«Toda palabra de Dios es limpia; él es escudo a los que en él esperan. No añadas a sus palabras, para que no te reprenda, y seas hallado mentiroso» (Pr. 30:5, 6).

«Si permanecéis en mí, y mis palabras permanecen en vosotros, pedid todo lo que queréis, y os será hecho» (Jn. 15:7).

«Y ahora, hermanos, os encomiendo a Dios, y a la palabra de su gracia, que tiene poder para sobreedificaros y daros herencia con todos los santificados» (Hch. 20:32).

IV. Debido a que nuestro enemigo el diablo la ha leído.

En Mateo 4 tenemos el relato de cómo el diablo tentó a Cristo tres veces. En cada ocasión el Salvador respondió a Satanás con la expresión: «Escrito está», y prosiguió citando la Palabra de Dios tal como se encuentra en el libro de Deuteronomio. Pero lo que casi siempre se pasa por alto es el hecho de que la frase «escrito está» se repite cuatro veces en Mateo 4, y que la cuarta vez es el diablo quien la usa para citar la Escritura a Cristo. Notemos cómo se desarrolla la conversación en este punto.

«Entonces el diablo le llevó a la santa ciudad, y le puso sobre el pináculo del templo, y le dijo: Si eres Hijo de Dios, échate abajo; porque escrito está: A sus ángeles mandará acerca de ti, y, en sus manos te sostendrán, para que no tropieces con tu pie en piedra» (Mt. 4:5, 6).

Satanás cita aquí el Salmo 91:11,12. Está completamente sacado, sin duda alguna, de su contexto; pero, en primer lugar, ¿cómo supo Satanás acerca de esta palabra? La respuesta es dolorosamente obvia. Un día, cuando el diablo no tenía otra cosa mejor que hacer, se puso a estudiar el Salmo 91. Muchos cristianos probablemente jamás han leído este salmo, ¡pero aparentemente el diablo lo había memorizado! En consecuencia, tenemos que leer la Palabra de Dios a fin de que el diablo no tome ventaja sobre nosotros.

V. A causa del ejemplo de Pablo.

Pablo fue probablemente el cristiano más grande que jamás haya vivido. Sus logros espirituales son asombrosos. Este es el hombre que realizó los tres primeros viajes misioneros del cristianismo, que fundó y pastoreó las primeras cincuenta o más iglesias bíblicas, que escribió más de la mitad del Nuevo Testamento, y que vio al Cristo resucitado en cinco ocasiones; y que al menos en una oportunidad fue realmente elevado al tercer cielo. Pero que también fue arrestado, encerrado en la cárcel y condenado a muerte. Notemos cuidadosamente sus últimas palabras dirigidas a Timoteo poco antes de su ejecución.

«Porque yo ya estoy para ser sacrificado, y el tiempo de mi partida está cercano. He peleado la buena batalla, he acabado la carrera, he guardado la fe. Por lo demás, me está guardada la corona de justicia, la cual me dará el Señor, juez justo, en aquel día; y no sólo a mí, sino también a todos los que aman su venida. Trae, cuando vengas, el capote que dejé en Troas en casa de Carpo, y los libros, mayormente los pergaminos» (2 Ti. 4:6-8, 13).

¿Qué pergaminos eran estos? Eran sus ejemplares personales de rollos del Antiguo Testamento. Lo que debemos notar aquí es que a pesar de todas sus extraordinarias proezas, el anciano apóstol todavía creía que podía sacar provecho del estudio de la Palabra en las vísperas de su muerte.

VI. Porque sólo la Biblia provee de respuestas para las preguntas más importantes del hombre. Dichas preguntas, que cada generación considera, son:

A. ¿De dónde vengo?

«Entonces dijo Dios: Hagamos al hombre a nuestra imagen, conforme a nuestra semejanza; y señoree en los peces del mar, en las aves de los cielos, en las bestias, en toda la tierra, y en todo animal que se arrastra sobre la tierra. Y creó Dios al hombre a su imagen, a imagen de Dios lo creó; varón y hembra los creó» (Gn. 1:26, 27).

«Reconoced que Jehová es Dios; él nos hizo, y no nosotros a nosotros mismos; pueblo suyo somos, y ovejas de su prado» (Sal. 100:3).

B. ¿Por qué estoy aquí?

«El fin de todo el discurso oído es este: Teme a Dios, y guarda sus mandamientos; porque esto es el todo del hombre» (Ec. 12:13).

«Señor, digno eres de recibir la gloria y la honra y el poder; porque tú creaste todas las cosas, y por tu voluntad existen y fueron creadas» (Ap. 4:11).

C. ¿Adónde voy?

«Porque de tal manera amó Dios al mundo, que ha dado a su Hijo unigénito, para que todo aquel que en él cree, no se pierda, mas tenga vida eterna. Porque no envió Dios a su Hijo al mundo para condenar al mundo, sino para que el mundo sea salvo por él. El que en él cree, no es condenado; pero el que no cree, ya ha sido condenado, porque no ha creído en el nombre del unigénito Hijo de Dios» (Jn. 3:16-18).

«Jehová es mi pastor; nada me faltará. Ciertamente el bien y la misericordia me seguirán todos los días de mi vida, y en la casa de Jehová moraré por largos días» (Sal. 23:1, 6).

«Y el que no se halló inscrito en el libro de la vida fue lanzado al lago de fuego» (Ap. 20:15).

VII. Porque nunca tendremos oportunidad de aplicar muchos de estos versículos después que hayamos dejado la tierra.

A. No habrá oportunidad de usar 1 Corintios 10:13 cuando estemos en el cielo.

«No os ha sobrevenido ninguna tentación que no sea humana; pero fiel es Dios, que no os dejará ser tentados más de lo que podéis resistir, sino que dará también juntamente con la tentación la salida, para que podáis soportar» (1 Co. 10:13).

Razón: en el cielo no habrá tentación.

B. No tendremos ocasión en el cielo de aplicar 1 Juan 1:9.

«Si confesamos nuestros pecados, él es fiel y justo para perdonar nuestros pecados, y limpiarnos de toda maldad.»

Razón: en el cielo no hay pecado.

C. No dispondremos de la oportunidad de aplicar allá Filipenses 4:19.

«Mi Dios, pues, suplirá todo lo que os falta conforme a sus riquezas en gloria en Cristo Jesús.»

Razón: en el cielo no padeceremos necesidades.

D. No habrá allá oportunidad de aplicar Juan 14:1-3.

«No se turbe vuestro corazón; creéis en Dios, creed también en mí. En la casa de mi Padre muchas moradas hay; si así no fuera, yo os lo hubiera dicho; voy, pues, a preparar lugar para vosotros. Y si me fuere y os preparare lugar, vendré otra vez, y os tomaré a mí mismo, para que donde yo estoy, vosotros también estéis.»

Razón: en el cielo no habrá tristeza.

E. No tendremos ocasión ya de aplicar el Salmo 23:4.

«Aunque ande en valle de sombra de muerte, no temeré mal alguno, porque tú estarás conmigo; tu vara y tu cayado me infundirán aliento.»

Razón: en el cielo no existe la muerte.

VIII. Porque en última instancia la prueba de nuestra fe es la Biblia.

Para ayudarle a entender esta última razón para estudiar la Palabra de Dios, permítame proponer la siguiente situación imaginaria. Frecuentemente sucede que los no creyentes lanzan esta acusación a los creyentes: «Ustedes los cristianos son todos iguales. Son muy dogmáticos. Creen que sólo ustedes poseen la verdad y que todos los demás están equivocados. ¿Cómo pueden estar tan seguros de que lo que creen es la verdad?» Esta pregunta, aunque a veces formulada en forma hiriente, es, sin embargo, correcta. ¿Cómo *sabe* el hijo de Dios que su fe es la verdadera?

Supongamos que usted es invitado a una importante función social en su lugar de residencia. Allí se va a encontrar con personas de todas partes del mundo. Durante las presentaciones se da cuenta de que el único cristiano que hay allí es usted. Uno tras otro le van presentando a un budista, un confucionista, un sintoísta, un musulmán y a otras personas que pertenecen a otras religiones no cristianas. Después de una agradable cena, la conversación gira gradualmente hacia el tema religioso. La anfitriona, dándose cuenta de que el tema es de interés general, anuncia repentinamente:

«Tengo una idea que me parece es estupenda. Dado que todos parecen muy interesados en la religión, permítanme proponerles que compartamos unos con otros de la siguiente manera: a cada persona se le permitirá hablar ininterrumpidamente durante diez minutos sobre el tema "Por qué creo que mi fe es la verdadera".»

El grupo se pone rápidamente de acuerdo con esta idea singular y provocativa. Entonces, sin aviso, la anfitriona se dirige a usted y le dice: «Usted es el primero.» Todas las conversaciones cesan, todos los ojos se posan fijos en usted, todos los oídos están listos a escuchar sus palabras. ¿Qué va a decirles? ¿Cómo va a empezar? Consideremos rápidamente algunos argumentos que no *podría* usar.

1. No *podría* decir: «Yo sé que estoy en la verdad porque lo siento en mí. Porque Cristo vive en mi corazón.»

   Esta es, por supuesto, una maravillosa verdad compartida por todos los creyentes, pero no convencerá al budista, quien sin duda *sentirá* que lo suyo es la verdad.
2. No *podría* decir: «Sé que estoy en la verdad porque el cristianismo tiene más seguidores en el mundo que ninguna otra religión.»

   Esto simplemente no es verdad. En la actualidad la triste realidad es que los creyentes bíblicos evangélicos son minoría en el mundo. El musulmán se lo señalaría rápidamente sin duda alguna.
3. No *podría* decir: «Sé que estoy en la verdad porque el cristianismo es la más antigua de todas las religiones.»

   En última instancia esto es cierto; pero el confucionista podría razonar diciendo que Confucio impartió sus enseñanzas religiosas siglos antes de la escena de Belén. Él no va a entender, por supuesto, la existencia eterna del Señor Jesucristo. Estos son, pues argumentos que usted *no podría* esgrimir. ¿Qué *podría* decir? En realidad usted tendría a su disposición un solo argumento. Pero ese razonamiento, esa arma, usada en la manera correcta, será más que suficiente para convencer totalmente a cualquier oyente honrado y sincero presente en la reunión. Esa arma maravillosa, ese argumento irrebatible, es su ejemplar personal de la Biblia. ¿Qué podría decir? Podría mostrar su Biblia y con toda confianza decir:

   «Miren esto. Yo sé que estoy en el camino correcto porque el Autor de mi fe me ha dado un libro que es absolutamente diferente de todos los libros de sus religiones.»

   Podría después seguir (hasta que se le agotara su tiempo) señalando la unidad, la indestructibilidad y la influencia universal de la Biblia. Podría hablar acerca de su exactitud profética, científica e histórica. Finalmente, podría presentar ejemplos conmovedores de quizá la prueba más grande del poder sobrenatural de la Biblia, esto es, su maravilloso poder de transformar vidas.

   Por supuesto, debe decirse también que ni la Palabra de Dios ni el Dios de la Palabra pueden ser científicamente analizados en los tubos de ensayo de un laboratorio. El divino Creador todavía desea y demanda fe de sus criaturas (véase He. 11:1-6). Pero Él nos ha proporcionado un libro de texto celestial para ayudarnos en esta necesaria fe. En realidad el Evangelio de Juan fue específicamente escrito… «para que creáis que Jesús es el Cristo, el Hijo de Dios, y para que creyendo, tengáis vida en su nombre» (Jn. 20:31).

LOS CUARENTA Y OCHO CAPÍTULOS MÁS IMPORTANTES DEL ANTIGUO TESTAMENTO

El Antiguo Testamento tiene 929 capítulos. Los 48 capítulos siguientes han sido seleccionados en base de su importancia histórica, profética, teológica o práctica.

GÉNESIS
1 La **creación** de todas las cosas
3 La **caída** del hombre
7 El **diluvio** universal
11 La torre de **Babel**
12 El llamamiento de **Abraham**
15 La confirmación del **pacto abrahámico**

ÉXODO
3 El llamamiento de **Moisés**
12 La **Pascua**
14 El cruce del **mar Rojo**
16 Dios establece el **día de reposo**
20 Dios da la **Ley**
40 Terminación del **tabernáculo**

LEVÍTICO
8 El ungimiento de **Aarón** como el primer sumo sacerdote de Israel
23 Las **fiestas** de Israel

NÚMEROS
14 La **rebelión** en Cades-barnea
21 La serpiente de **bronce**

DEUTERONOMIO
28 Moisés predice el **futuro de Israel**

JOSUÉ
4 Israel entra en la **Tierra Prometida**

RUT
4 Casamiento de Booz con **Rut**

1 SAMUEL
9 Ungimiento de **Saúl** como primer rey de Israel
16 El ungimiento de **David**

2 SAMUEL
6 **Jerusalén** es hecha capital de Israel
7 El pacto con **David**

1 REYES
8 Dedicación del **templo por Salomón**
12 **División del reino** de Israel

2 REYES
17 La **caída** del reino del norte ante Asiria
19 El ángel de Jehová **salva** a Jerusalén
24 La **caída** del reino del sur ante Babilonia

ESDRAS
1 Decreto de Ciro y el **retorno** a Jerusalén

JOB
1 La confrontación entre **Dios y Satanás** (véase también Job 2).

SALMOS
22 El salmo del **calvario**
23 El salmo del **Buen Pastor**
51 El salmo de la confesión de **pecado**
119 El salmo de la **Palabra de Dios**

ISAÍAS
7 La **profecía** del nacimiento virginal
14 La caída de **Satanás**
35 El **milenio**
53 Los sufrimientos de **Cristo**

JEREMÍAS
31 La **promesa** del nuevo pacto con Israel

EZEQUIEL
10 La gloria de Dios **abandona** a Israel
28 La vida prehistórica de **Satanás**
37 La **visión** de los huesos secos y la restauración de Israel
38 La **futura** invasión de Palestina por Rusia (véase también Ez. 39)
40 El **futuro templo milenario**

DANIEL
2 El **sueño** de los futuros poderes mundiales gentiles (véase también Daniel 7)
9 La **visión** de las setenta semanas

JONÁS
2 Jonás y el **gran pez**

ZACARÍAS
14 La **Segunda Venida** de **Cristo**

LOS EVENTOS MÁS IMPORTANTES DEL ANTIGUO TESTAMENTO

1. Creación de **Adán y Eva** (Gn. 1:26, 27; 2:7, 21, 22)
2. Institución del **matrimonio** (Gn. 2:23-25)
3. La **caída** del hombre (Gn. 3:6)
4. La **promesa** de un **Redentor** (Gn. 3:15)
5. El **diluvio** universal (Gn. 6—8)
6. La institución del **gobierno** humano (Gn. 9:1-19)
7. La torre de **Babel** (Gn. 11:1-9)
8. La conversión y el llamamiento de Abraham (Gn. 12:1-3)
9. El establecimiento del **pacto** con Abraham (Gn. 12:7; 13:14-17; 15:1-21)
10. La unión de Abraham con **Agar** (Gn. 16:1-16)
11. El nacimiento de **Isaac** (Gn. 21:1-8)
12. La huida de **Jacob** (Gn. 28)
13. La venta de **José** como esclavo en Egipto (Gn. 37)
14. La esclavitud de **Israel** en **Egipto** (Ex. 1)
15. El llamamiento de **Moisés** (Ex. 3:1-10)
16. Las diez **plagas** (Ex. 7-12)
17. La institución de la **Pascua** (Ex. 12)
18. La aparición de la **columna de nube y de fuego** (Ex. 13:21, 22)
19. El cruce del **mar Rojo** (Ex. 14)
20. Dios da el **maná** (Ex. 16:4)
21. La institución del **día de reposo** (Ex. 16:29)
22. Dios da la **Ley** (Ex. 20:1-17)
23. La terminación del **tabernáculo** (Ex. 40:33, 34)
24. El ungimiento de **Aarón** (Lv. 8:1-12)
25. La **incredulidad** en Cades-barnea (Nm. 14)
26. La muerte de **Moisés** (Dt. 34:5-8)
27. El cruce del **río Jordán** para entrar a Palestina (Jos. 3)
28. La victoria sobre **Jericó** (Jos. 6)
29. La muerta de **Josué** (Jos. 24:29)
30. El casamiento de Booz y **Rut** (Rut 4)
31. La captura del **arca** por los filisteos (1 S. 4)
32. El rechazo de **Samuel** por Israel (1 S. 8:1-9)
33. El ungimiento de **Saúl** (1 S. 9:10)
34. El rechazo de **Saúl** (1 S. 15:23)
35. El ungimiento de **David** (1 S. 16:13)
36. La toma de **Jerusalén** por David (2 S. 5:9)
37. La recuperación del **arca** por David (2 S. 6:15, 16)
38. El **pacto** davídico (2 S. 7:8-17)
39. El ungimiento de **Salomón** (1 R. 1:39)
40. La terminación del **templo de Salomón** (1 R. 6:38)
41. La **guerra** civil de Israel (1 R. 12)
42. La liberación de **Joás** de la matanza de la reina Atalía (2 Cr. 22:10-12)
43. La **cautividad asiria** del reino del norte (2 R. 17:6)
44. La **liberación de Jerusalén** de manos de los asirios (2 R. 19:32-35)
45. La muerte de **Josías** (2 R. 23:29, 30)
46. La retirada de la **nube de gloria** (Ez. 10:18)
47. La **destrucción del templo** de Salomón (2 R. 25:8, 9)
48. La **cautividad babilónica** del reino del sur (2 R. 25:11)
49. El retorno bajo el decreto de **Ciro** (Esd. 1)
50. La terminación del nuevo templo bajo **Zorobabel** (Esd. 3)
51. La salvación de los judíos por **Ester** (Est. 4-7)

EL MÉTODO CRONOLÓGICO

Casi todos los institutos bíblicos y universidades teológicas ofrecen cursos de introducción al estudio del Antiguo y Nuevo Testamentos. El abordamiento más común consiste en examinar brevemente los sesenta y seis libros y sugerir un pensamiento, versículo, verdad o carácter que sea clave en cada libro. El problema principal con este método está en la dificultad de conectar tantas «llaves» con las «cerraduras» bíblicas apropiadas.

Un método más simple consistiría en colocar cada libro en una de doce divisiones históricas lógicas. Esto es lo que hemos hecho en este *Auxiliar bíblico Portavoz*.

Cada etapa describe un período de tiempo particular y único de la revelación progresiva de Dios al hombre. Estas doce divisiones son históricas, *no* dispensacionales en naturaleza.

Un estudio rápido de estas doce etapas revela lo siguiente:

Etapa de la creación	1. Creación 2. Caída 3. Diluvio 4. Torre de Babel
Etapa patriarcal	1. Vidas de Abraham, Isaac Jacob, José y Job 2. Comienzo de la nación hebrea 3. Llegada de los hebreos a Egipto
Etapa del éxodo	1. Liberación de Egipto 2. Otorgamiento de la Ley 3. Erección del tabernáculo 4. Fracaso en Cades
Etapa de la conquista	1. Invasión de la tierra 2. Dominación de la tierra 3. División de la tierra
Etapa de los jueces	1. Ministerio de doce reformadores militares 2. Matrimonio de una joven moabita 3. Llamamiento y ministerio de Samuel
Etapa del reino unido	1. Reinados de Saúl, David y Salomón 2. Recuperación del arca y conquista de Jerusalén 3. Construcción del primer templo
Etapa del reino dividido	1. Guerra civil 2. Conquista de diez tribus por Asiria 3. Conquista de dos tribus por Babilonia
Etapa de la cautividad	1. Ministerio de Daniel y de Ezequiel 2. Caída de Babilonia 3. Surgimiento del imperio persa
Etapa del retorno	1. Decreto de Ciro 2. Construcción del segundo templo 3. Liberación de los judíos en Persia
Etapa de los evangelios	Nacimiento, vida, muerte, resurrección y ascensión de Cristo
Etapa de la iglesia primitiva	1. Nacimiento de la Iglesia en pentecostés 2. Ministerio de Pedro, Esteban y Felipe (Hechos 1—12) 3. Ministerio de Pablo, Bernabé y Silas (Hechos 13—18)
Etapa de las epístolas	Cartas de Pablo, Pedro, Juan, Santiago y Judas

LAS ETAPAS BÁSICAS DEL ANTIGUO TESTAMENTO

Desde el pasado sin fecha hasta el 2165 a.C.	Actores principales	Acción principal
ETAPA DE LA CREACIÓN *Génesis 1—11*	Adán, Abel Enoc, Noé	• Creación • Caída • Diluvio • Torre de Babel
2165-1804 a.C. **ETAPA PATRIARCAL** *Génesis 12—50* *Job*	Abraham, Isaac Jacob, José Job, Elifaz, Bildad, Zofar, Eliú	• Comienzo de la nación hebrea • Pacto abrahámico • Los hebreos se trasladan a Egipto • Dios permite a Satanás probar a Job
1804-1405 a.C. **ETAPA DEL ÉXODO** *Éxodo* *Levítico* *Números* *Deuteronomio*	Moisés, Aarón María, Eleazar Coré, Balaam, Fineas	• Liberación de Egipto • Edificación del tabernáculo • Entrega de la ley • El fracaso en Cades Barnea
1405-1382 a.C. ETAPA DE LA CONQUISTA *Josué*	Josué, Caleb, Rahab, Acán	• Invasión de la tierra • Dominación de la tierra • División de la tierra
1382-1043 a.C. **ETAPA DE LOS JUECES** *Jueces* *Rut* *1 Samuel 1—7*	Aod, Barac, Débora Gedeón, Jefté, Sansón Rut, Noemí, Booz Ana, Elí, Samuel	• El ministerio de doce reformadores militares • El matrimonio de una joven moabita • La oración de una madre • La muerte de un sacerdote
1043-931 a.C. **ETAPA DEL REINO UNIDO** *1 Samuel 8—31* *2 Samuel* *1 Reyes 1—11* *1 Crónicas* *2 Crónicas 1—9* *Salmos* *Proverbios* *Eclesiastés* *Cantar de los Cantares*	Saúl, David, Salomón Joab, Abner, Absalón Goliat, Sadoc, Betsabé, la adivina de Endor, Natán, Jonatán, la reina de Sabá	• El triple ungimiento de David En Belén por Samuel En Hebrón por 2 tribus En Hebrón por las 12 tribus • La captura de Jerusalén por David • El traslado del arca a Jerusalén • El pacto davídico • La construcción del primer templo
931-605 a.C. **ETAPA DEL REINO DIVIDIDO** *1 Reyes 12—22* *2 Reyes* *2 Crónicas 10—36* *Abdías (850-840)* *Joel (841-834)* *Jonás (785-750)* *Amós (760-753)* *Oseas (760-700)* *Isaías (739-681)*	*Reyes del norte:* Jeroboam, Omri, Acab, Jehú, Jeroboam II, Oseas *Reyes del sur:* Roboam, Acaz, Josafat, Uzías, Asa, Ezequías, Manasés, Josías, Joacim, Sedequías *Profetas orales:* Elías, Micaías, Eliseo *Varias figuras:* Jezabel, Naamán, Atalía Amasías Gomer, Jezreel, Lo-ruhama, Lo-ammi	 • La trágica guerra civil de Israel • La captura del reino del norte por los asirios • La liberación de Jerusalén de los asirios • El gran ministerio de predicación de los profetas orales

Miqueas (735-700) *Nahum (650-620)* *Sofonías (640-620)* *Jeremías (627-575)* *Habacuc (609-606)* *Lamentaciones (586)*	Baruc, Gedalías, Ismael y Johanán	• El gran ministerio de predicación de los profetas que escribieron • El nuevo pacto • La captura del reino del sur por los babilonios
605-538 a.C. **ETAPA DE LA CAUTIVIDAD** *Daniel (605-536)* *Ezequiel (593-560)*	Daniel, Nabucodonosor, Sadrac Mesac, Abed-Nego, Belsasar, Darío	• Liberación personal de Daniel y sus amigos • Destrucción del primer templo • Descripción del futuro templo milenario • Un panorama de los poderes mundiales gentiles • Visión anticipada del futuro de Israel • La caída de Babilonia
538-400 a.C. **ETAPA DEL RETORNO** *Esdras (438-440)* *Ester (478-463)* *Nehemías (445-415)* *Hageo (520-504)* *Zacarías (520-488)* *Malaquías (427-400)*	Ciro, Josué, Zorobabel, Esdras, Asuero, Ester, Mardoqueo, Amán, Nehemías, Artajerjes, Sanbalat	• El decreto de Ciro • Edificación del segundo templo • La reconstrucción de los muros • Liberación de los judíos en Persia

LAS ETAPAS BÁSICAS DEL NUEVO TESTAMENTO

5 a.c.—30 d.C.	ACTORES PRINCIPALES	ACCIÓN PRINCIPAL	
ETAPA DE LOS EVANGELIOS *Mateo* Rey Símbolo: león *Marcos* Siervo Símbolo: buey *Lucas* Hombre perfecto Símbolo: hombre *Juan* Dios poderoso Símbolo: águila	• Doce apóstoles • María y José • María y Marta • Pilato y Herodes • Juan el Bautista • Nicodemo • Lázaro • María Magdalena 	• Nacimiento • Huida a Egipto • Tentación • Elección de los Doce • Evento del aposento alto • Juicio y muerte • Dedicación • Visita al templo a la edad de doce años • Presentación como el Cordero de Dios	• Transfiguración • Getsemaní • Resurrección • Visita de los magos • Bautismo • Primera limpieza del templo • Entrada triunfal • Gran oración sacerdotal • Ascensión
30 a 68 d.C. **ETAPA DE LA IGLESIA PRIMITIVA** *Hechos*	Pedro, Felipe, Esteban, Pablo, Bernabé, Silas, Santiago 	• Pentecostés • Muerte de Ananías y Safira • Elección de los primeros diáconos • Martirio de Esteban • Conversión del eunuco etíope • Conversión de Saulo • Conversión de Cornelio • Establecimiento de la iglesia de Antioquía • Liberación de Pedro • Tres viajes misioneros de Pablo • El concilio de Jerusalén • Visión de Pablo del varón macedonio • Arresto y viaje de Pablo a Roma	

45 a 100 d.C.
ETAPA DE LAS EPÍSTOLAS

Santiago (45)
Judas (68)

Gálatas (49)
1 Tesalonicenses (51)
2 Tesalonicenses (51)
1 Corintios (56)
2 Corintios (56)
Romanos (57)
Efesios (60)
Colosenses (61)
Filipenses (61)
Filemón (62)
1 Timoteo (62)
Tito (66)
2 Timoteo (67)

Hebreos (59)

1 Pedro (68)
2 Pedro (68)

1 Juan (95)
2 Juan (95)
3 Juan (95)
Apocalipsis (95)

Estas son las doce etapas, nueve en el Antiguo Testamento y tres en el Nuevo Testamento. Ha sido un inmerecido privilegio para mí haber presentado este abordamiento al estudio de la Biblia a más de 10.000 estudiantes durante la última década en la iglesia Thomas Road en Lynchburg (Virginia). Los testimonios orales y escritos de muchos de estos estudiantes han hablado ampliamente de su utilidad. Por todo lo cual estoy profundamente agradecido.

LA ETAPA DE LA CREACIÓN

INTRODUCCIÓN A LA ETAPA DE LA CREACIÓN (Génesis 1—11)

Estos 11 capítulos son absolutamente vitales para el correcto entendimiento de los 1.178 capítulos restantes de la Biblia. Si uno los acepta por su valor nominal, no tendrá dificultades con el resto del Antiguo y Nuevo Testamentos.

LA ETAPA DE LA CREACIÓN

GÉNESIS, CAPÍTULOS DEL UNO AL ONCE

Los tres hombres importantes de esta etapa son: Adán, Enoc y Noé.

Los cuatro eventos importantes son: la creación, la caída, el diluvio y la torre de Babel.

El relato de la creación lo incluye todo, desde electrones a galaxias, desde dinosaurios a lirios, y desde Adán a los ángeles.

Esta etapa es la única que describe a Dios descansando (Gn. 2:2, 3).

Nos habla del primer ser humano que fue creado (Adán) y del primer humano que nació (Caín) (Gn. 1:26; 4:1).

Registra el hecho del primer hombre que murió (Abel) y del primero que no murió (Enoc) (Gn. 4:8; 5:24).

Aparecen por primera vez la serpiente, el cuervo y la paloma (Gn. 3:1; 8:7, 10).

Se ven claramente la gloria de Dios en la creación (Gn. 1:1) y la gracia de Dios en la salvación (Gn. 6:8).

Contemplamos la más antigua civilización del mundo (cainita) y el ciudadano más anciano del mundo (Matusalén) (Gn. 4:17; 5:27).

Esta etapa describe la primera boda, el primer asesinato y la primera promesa del Mesías (Gn. 2:23-25; 4:8; 3:15).

Nos da una ilustración de la religión humana (las hojas de higuera), y el primer ejemplo de la redención divina (las pieles de animales (Gn. 3:7, 21).

Encontramos en sus páginas que los pecadores mueren ahogados y un santo se emborracha (Gn. 7:21; 9:20, 21).

Un barco se posa en un monte y una torre se levanta en una llanura (Gn. 8:4; 11:1-4).

UNA VISIÓN PANORÁMICA DE GENÉSIS 1—11

I. La *creación* de todas las cosas (Gn. 1—2).
   A. Primer día.
   B. Segundo día.
   C. Tercer día.
   D. Cuarto día.
   E. Quinto día.
   F. Sexto día.
   G. Séptimo día.
II. La *corrupción* de todas las cosas (Gn. 3—5).
   A. La sutileza de Satanás (3).
   B. El pecado de Adán (3).
   C. La redención de Dios (3).
   D. La historia de Caín y Abel (4).
   E. El ministerio de Enoc (5).
III. La *condenación* de todas las cosas (Gn. 6—9).
   A. Las condiciones antes del diluvio (6).
   B. La salvación por medio del diluvio (7—8).
   C. La tragedia que siguió al diluvio (9).
IV. La *confusión* de todas las cosas (Gn. 10—11).
   A. La arrogancia del hombre.
   B. El juicio de Dios.
   C. El origen de las naciones.

LA GEOGRAFÍA DE GÉNESIS 1—11

LA ETAPA DE LA CREACIÓN

I. La creación de todas las cosas (Gn. 1—2).

«En el principio creó Dios los cielos y la tierra» (Gn. 1:1). La palabra *cielos* es plural en hebreo. Se mencionan tres cielos en la Biblia. Dios creó los tres.

Primer cielo: el hogar de los pájaros y de las nubes.

«Su follaje era hermoso y su fruto abundante, y había en él alimento para todos. Debajo de él se ponían a la sombra las bestias del campo, y en sus ramas hacían morada las aves del cielo, y se mantenía de él toda carne» (Dn. 4:12).

«Mirad las aves del cielo, que no siembran, ni siegan, ni recogen en graneros; y vuestro Padre celestial las alimenta. ¿No valéis vosotros mucho más que ellas?» (Mt. 6:26).

Segundo cielo: el hogar del sol, la luna y las estrellas.

GÉNESIS 1—11: «EN EL PRINCIPIO...»

DIOS

LA CREACIÓN

EL ORIGEN DE TODAS LAS COSAS (Gn. 1—2)

- Seis días de creación
- Un día de descanso

LA CORRUPCIÓN

EL PECADO DE ADÁN (Gn. 3—5)

- La sutileza de Satanás
- El pecado de Adán
- La redención de Dios
- La muerte de Abel
- El ministerio de Enoc

LA CONDENACIÓN

EL DILUVIO DE NOÉ (Gn. 6—9)

- Las condiciones antes del diluvio
- La salvación por medio del diluvio
- La tragedia después del diluvio

LA CONFUSIÓN

LA TORRE DE BABEL (Gn. 10—11)

- La arrogancia del hombre
- El juicio de Dios
- El origen de las naciones

«Los cielos cuentan la gloria de Dios, y el firmamento anuncia la obra de sus manos» (Sal. 19:1).

Tercer cielo: el hogar de los ángeles y de los santos que partieron.

«Conozco a un hombre en Cristo, que hace catorce años (si en el cuerpo, no lo sé; si fuera del cuerpo, no lo sé; Dios lo sabe) fue arrebatado hasta el tercer cielo» (2 Co. 12:2).

Veamos ahora la obra de los primeros seis días

A. Primer día: la creación de la luz (1:2-5).

El Espíritu Santo se movía (vibraba) sobre la tierra. De esta fuente de energía vibrante y omnipotente empezaron a fluir nuestras ondas de energía, ondas de calor y sonido magnético. Así fue llenado de energía el universo creado. Empezó también en este momento la rotación de la tierra sobre su eje. La energía y la materia estaban ahora presentes en este entramado de tiempo, espacio y masa. Se encontraban también funcionando ahora los tres tipos básicos de campos de fuerzas.

1. La gravitacional: la fuerza entre dos objetos.
2. La electromagnética: la fuerza entre el electrón y el núcleo de un átomo.
3. La nuclear: la fuerza entre el protón y el neutrón dentro del átomo.

Algunos creen erróneamente que el Espíritu Santo vino por primera vez a la tierra en Pentecostés según Hechos 2 y que marchará al momento del rapto. Pero aquí lo tenemos presentado en el segundo versículo de la Biblia.

B. Segundo día: la separación de las aguas (1:6-8).

El agua se encontraba en dos formas:

1. El agua normal de la tierra que hallamos en lagos, ríos y océanos.
2. La atmosférica que aparece en la forma invisible de vapor traslúcido.

«En el principio creó Dios los cielos y la tierra»

Esta es una declaración compendiadora	Esta es una declaración refutadora	
	Filosofía *refutada*	Cómo queda *refutada*
1:1 Nos dice *lo que* Dios hizo	**Ateísmo**	Dios existe
	Politeísmo	Hay un solo Dios
1:2—2:25 Nos dice *cómo* lo hizo	**Evolución**	Él creó todas las cosas
	Panteísmo	Él es aparte de la creación
	Materialismo	Hubo un comienzo para la creación
	Fatalismo	Hay propósito en la creación

C. Tercer día: la creación de la vida vegetal (1:9-13).

La vegetación verde y lozana y las plantas exóticas llenan de gracia la tierra seca recientemente emergida.

Estos versículos refutan totalmente por sí mismos la dañina doctrina de la evolución teística, que dice que la vida empezó en un período de tiempo indefinido (eones) procedente de una especie de esfera de espuma que flotaba sobre la superficie de un océano remoto. Por el contrario, Moisés nos dice que la vida fue creada en forma sobrenatural en el tercer día de la creación y comenzó en tierra seca.

D. Cuarto día: la creación del sol, la luna y las estrellas (1:14-19). En el primer día Dios creó la luz física. Ahora crea las fuentes especiales de luz. Estos cuerpos celestes iban a funcionar en una forma triple:

1. Como señales: nos enseñan y recuerdan la obra creadora de Dios.

   «Cuando veo tus cielos, obra de tus dedos, la luna y las estrellas que tú formaste» (Sal. 8:3).

   «Porque lo que de Dios se conoce les es manifiesto, pues Dios se lo manifestó. Porque las cosas invisibles de él, su eterno poder y deidad, se hacen claramente visibles desde la creación del mundo, siendo entendidas por medio de las cosas hechas, de modo que no tienen excusa» (Ro. 1:19, 20).

2. Como estaciones: funcionan como un calendario, dividiendo las estaciones, los días y los años, capacitando al hombre para planear con exactitud su trabajo.

LOS TRES CIELOS DE LA CREACIÓN

(Véanse Gn. 1:1; 2:1)

3. Como luces: reemplazaron la fuente temporal de luz de los primeros días.

Alguien podría preguntar por qué Dios creó la tierra en el primer día pero esperó hasta el cuarto para establecer el sol, las estrellas y la luna. Podemos sugerir dos posibles razones para ello, una tiene que ver con la *prioridad*, la otra con la *prevención*.

a. La de prioridad. Dios creó la tierra primero porque era lo más importante para Él. Porque era sobre el *planeta Tierra* que Él planeaba crear en el día sexto una criatura a su propia imagen y semejanza. Esta criatura, el hombre, viviría sobre la tierra, no sobre la luna. Además, Él ya tenía planes de que en el cumplimiento del tiempo, la segunda persona de la Trinidad se encarnara y viniera al planeta Tierra. Finalmente, será sobre la tierra, no sobre Marte o Venus, que el Rey de reyes un día descenderá sobre el monte de los Olivos para establecer su reino milenario.

b. La de prevención. Casi sin excepción, todas las civilizaciones antiguas han adorado al sol. Pero Dios quiere que sus criaturas reconozcan y adoren a su Creador: Él mismo. Por esto nos informa que la vida y la luz existían antes que el sol, y que «toda buen dádiva, y todo don perfecto desciende de lo alto, del Padre de las luces» (Stg. 1:17).

E. Quinto día: la creación de los peces y de las aves (1:20-23). ¡Qué tremendos contrastes vemos aquí, desde el pequeño gorrión a la gigantesca ballena azul! No todo el mundo lo sabe, pero una ballena azul es más larga y más pesada que un moderno avión 737 Boeing de pasajeros. Puede alcanzar una longitud de 108 pies (36 m) y pesar 150 toneladas.

F. Día sexto: la creación de los animales de tierra y el hombre (1:24-31). El hombre se convirtió inmediatamente en el centro de atención de este día y de toda la creación.

Notemos el relato bíblico de este acto: «Entonces dijo Dios: Hagamos al hombre a nuestra imagen, conforme a nuestra semejanza...» (Gn. 1:26). Esta es la primera evidencia fuerte de la Trinidad en el Antiguo Testamento. (Véanse también Gn. 11:7; Sal. 2:7; 45:7; 110:1; Is. 48:16.)

«Acercaos a mí, oíd esto: desde el principio no hablé en secreto; desde que eso se hizo, allí estaba yo; y ahora me envió Jehová el Señor, y su Espíritu» (Is. 48:16).

1. Fue hecho a la imagen de Dios y le fue dada la más alta clase de vida.
   a. El reino vegetal posee vida *inconsciente*.
   b. El reino animal posee vida *consciente*.
   c. Sólo el hombre posee la vida que le hace *consciente de sí mismo*.

LOS DÍAS DE LA CREACIÓN

LA DURACIÓN DE ESTOS DÍAS

Pregunta: **¿Son estos días literales de veinticuatro horas?**

Respuesta: **Sí, porque:**

1. El adjetivo numeral usado con la palabra «día» (hebreo *yom* así lo indica.
2. Moisés lo creyó así (Ex. 20:11; 31:17).
3. David también lo creyó (Sal. 33:6-9).
4. La mayoría de los eruditos de la lengua hebrea lo creen.
5. La estructura misma del hebreo parece enseñarlo.

LA CORRELACIÓN DE ESTOS DÍAS

Los primeros tres días: **proporcionan el escenario para el drama de la creación**

Los últimos tres días: **proporcionan los actores reales para el drama de la creación**

El escenario de fondo

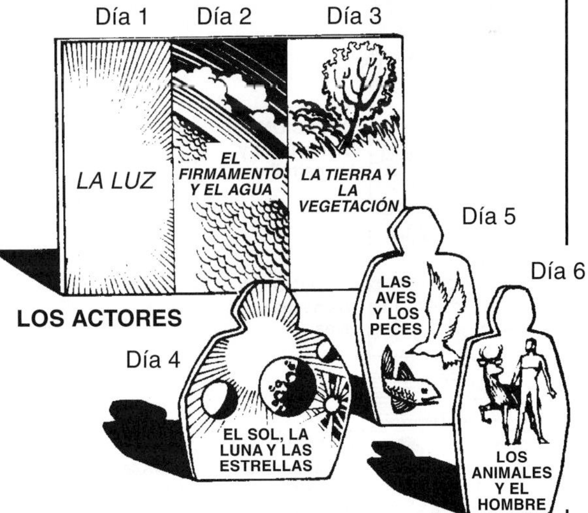

EL REGISTRO DOBLE DE ESTOS DÍAS

El relato en visión amplia (Gn. 1):

Una descripción general de la creación del universo.

Un relato cronológico.

El relato centrado en un punto (Gn. 2):

Una descripción específica de la creación del hombre.

Una narración temática.

Aquí tenemos una criatura que no solamente podía comer los alimentos deliciosos del Edén, sino que también podía elevar su mirada al cielo y darle gracias a Aquel que lo creó todo, a él y al alimento. Ninguna flor o dinosaurio podía hacerlo.

2. Estaba llamado a sojuzgar y a llenar la tierra (1:28).
3. Fue exhortado a disfrutar del árbol de la vida y de todos los demás de la creación, excepto uno (2:9, 16).
4. Le fue prohibido comer del árbol de la ciencia del bien y del mal (2:17).
5. Tenía que poner nombre a todos los animales (2:19).
6. Le fue dado una esposa (2:18-25). Aquí aparece la primera de las tres grandes instituciones dadas por Dios al hombre. Son: el *matrimonio*, el *gobierno civil* (Gn. 9), y la *Iglesia* (Mt. 16).

Esto nos da el registro del segundo de los cuatro métodos usados por Dios para formar seres humanos para este mundo.

a. Un hombre sin padre ni madre (Adán)
b. Una mujer sin madre (Eva)
c. Un hombre sin padre terrenal (Cristo)
d. Personas que tienen padre y madre (todos los demás seres humanos).

G. Día séptimo: Dios descansa (2:1-3).

Este es el único lugar donde se describe a Dios descansando. El pecado aparecería pronto en escena, y la Trinidad quedaría pronto involucrada en la redención.

La primera ley de la termodinámica está ahora en efecto. Esta ley dice que la energía puede cambiar de una forma a otra, pero no puede ser creada ni destruida.

Tenemos aquí en cincuenta y seis sencillos pero sublimes versículos (Gn. 1 y 2) el relato conciso pero completo de la creación. El primero de estos versículos (1:1) debería ser visto como una declaración compendiadora. Dios nos dice aquí exactamente *lo que* hizo. Los restantes cincuenta y cinco versículos son declaraciones detalladas de *cómo* hizo lo que dice que hizo.

No se menciona la creación de los ángeles en la primera semana. Sin embargo, en el libro de Job (38:7) la Biblia parece indicar que su creación fue al mismo tiempo que la formación de las estrellas. Si esto es correcto, los ángeles aparecieron en el cuarto día. Otros creen que este mismo capítulo (38:4) indica que los ángeles estaban ya presentes cuando la tierra fue formada. Si esto es cierto, los ángeles entonces debieron ser creados en algún momento durante el primer día de la semana de la creación.

II. La corrupción de todas las cosas (Gn. 3—5).

Más adelante en este estudio consideraremos una posición popular (pero en nuestra opinión equivocada) conocida como *The Gap Theory* («La teoría de la brecha»). En pocas palabras, esta teoría localiza la caída de Satanás entre Génesis 1:1 y 1:2. Por el contrario, Moisés parece colocarlo entre el segundo y el tercer capítulo de Génesis. Podemos encontrar material de apoyo útil concerniente a los eventos que acontecieron entre estos dos capítulos los en Isaías 14 y Ezequiel 28.

A. La sutileza de Satanás (3:1).

1. Habla por medio de la serpiente. Eva es tentada por el diablo, que le habla a través del cuerpo de la serpiente, a desobedecer a Dios. Adán y Eva podían aparentemente comunicarse con el reino animal, antes de la caída, en formas totalmente desconocidas para nosotros hoy.

Antes de la caída la serpiente no era solamente la más inteligente de las criaturas, sino quizá también la más bella. Es evidente por el relato posterior (véase 3:14) que la serpiente no reptaba como lo hace hoy. Bien pudiera ser que tuviera alas y se mantuviera en posición vertical. La serpiente es la primera de tres criaturas, aparte del hombre, que habla en la Biblia. (Para las otras dos, véanse Nm. 22:28, donde habla un asno; y Ap. 8:13, donde habla un águila.) A partir de este momento la serpiente se convierte en un símbolo de falsedad y pecado.

«Veneno tienen como veneno de serpiente; son como el áspid sordo que cierra su oído» (Sal. 58:4).

«¡Serpientes, generación de víboras!

LA SEMANA DE LA CREACIÓN

DÍA	ACCIÓN	COMENTARIO
1	CREACIÓN de la Tierra, la luz y probablemente los ángeles	• El universo creado estaba ahora lleno de energía. • La Tierra empieza a rotar sobre su eje. • Los campos de fuerzas gravitacional, electromagnética y nuclear ya están actuando.
2	SEPARACIÓN mediante un espacio de las aguas superiores e inferiores	• Las capas atmosféricas superiores pudieron haber tenido más vapor de agua que hoy. • Eso podría explicar la longevidad de las personas antes del diluvio. • Ayudaría a explicar el diluvio mismo.
3	CREACIÓN de la vida vegetal	• Refuta totalmente la evolución teísta. Darwin dijo que la vida empezó en un antiguo océano. • Moisés dijo que empezó en tierra seca.
4	CREACIÓN del Sol, la Luna y las estrellas	• ¿Por qué fue la Tierra creada antes que el sol? • Para mostrar las prioridades de Dios. • Para prevenir la adoración al sol.
5	CREACIÓN de los peces y las aves	• Aquí se incluye desde el pequeño gorrión hasta la gigantesca ballena azul.
6	CREACIÓN de los animales de tierra y del hombre	• Quedan incluidos todos los animales de tierra desde el perro al dinosaurio.
7	LA CREACIÓN ESTÁ COMPLETA Y DIOS DESCANSA	• El día séptimo se convierte en símbolo de una creación terminada. • La única vez que se dice que Dios descansa

LA TEORÍA DE LA BRECHA

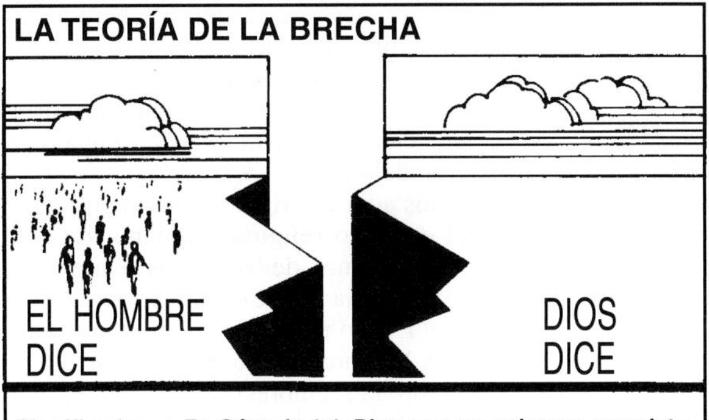

Significado: • En Génesis 1:1, Dios crea un universo completo y perfecto. Entre 1:1 y 1:2, la rebelión de Satanás dañó esa perfecta creación.
• De 1:2 en adelante, Dios reconstruye la creación dañada por el pecado.

Popularidad: Bien conocida y popularizada por George H. Pember en 1876 y por C.I. Scofield en 1917.

Consideración de:

Argumentos a favor		*Argumentos en contra:*	
LAS PALABRAS	«Desordenada y vacía» siempre indican juicio. (Véanse Is. 34:11; 45:18; Jer. 4:23.)	FALSO:	Las palabras pueden a menudo referirse simplemente a un espacio vacío y sin vida. (Véanse Job 26:7; Dt. 32:10.)
EL VERBO	«estaba» en 1:2 debería ser traducido como «llegó a estar»	FALSO:	La palabra hebrea *hayetha* (era o estaba) siempre se traduce así. Se usa 264 veces en el Pentateuco. De éstas, 258 veces se traduce «era» o «estaba». Véase Jonás 3:3 como ejemplo.
HAY UNA DIFERENCIA ENTRE CREADO (*BARA*) Y HECHO (*ASAH*)		FALSO:	Ambas palabras se usan indistintamente. Ejemplo: 1. «Y creó (*bara*) Dios los grandes monstruos marinos» (1:21). 2. «E hizo (*asah*) Dios animales de la tierra» (1:25). 3. «Hagamos (*asah*) al hombre a nuestra imagen» (1:26). 4. «Y creó (*bara*) Dios al hombre a su imagen» (1:27).
LA PALABRA «TINIEBLAS» INDICA JUICIO (Véase 1:2)		FALSO:	Tinieblas aquí es simplemente la ausencia de luz y a veces se usa para indicar algo bueno (Véase Sal. 104:20, 24.)
LA PALABRA «LLENAD» EN 1:28 INDICA QUE UNA VEZ ESTUVO LLENA		FALSO:	El término hebreo *male* casi siempre significa simplemente «llenar». (Véanse Ex. 40:34; 1 R. 18:33; Sal. 107:9.)

¿Cómo escaparéis de la condenación del infierno?» (Mt. 23:33).

«Y fue lanzado fuera el gran dragón, la serpiente antigua, que se llama diablo y Satanás, el cual engaña al mundo entero; fue arrojado a la tierra, y sus ángeles fueron arrojados con él» (Ap. 12:9).

«Y prendió al dragón, la serpiente antigua, que es diablo y Satanás, y lo ató por mil años» (Ap. 20:2).

2. Empezó poniendo en duda la Palabra de Dios. «... ¿Conque Dios os ha dicho:...?» (3:1). Eva tontamente trata ahora de superar el ingenio del diablo. Ningún hijo de Dios debería intentarlo nunca. Debemos resistirle (1 P. 5:8, 9; Stg. 4:7), pero nunca debatir con él.

«Sed sobrios, y velad; porque vuestro adversario el diablo, como león rugiente, anda a vuestro alrededor buscando a quien devorar; al cual resistid firmes en la fe, sabiendo que los mismos padecimientos se van cumpliendo en vuestros hermanos en todo el mundo» (1 P. 5:8, 9).

«Someteos, pues, a Dios; resistid al diablo, y huirá de vosotros» (Stg. 4:7).

Eva complica aún más las cosas al añadirle a la Palabra de Dios durante el debate (3:3). Dios no les dijo que no tocaran el fruto. El diablo disfruta en gran manera cuando puede llevar a alguien a añadir o quitar a la Palabra de Dios.

«Toda palabra de Dios es limpia; él es escudo a los que en él esperan. No añadas a sus palabras, para que no te reprenda, y seas hallado mentiroso» (Pr. 30:5, 6).

«Yo testifico a todo aquel que oye las palabras de la profecía de este libro: Si alguno añadiere a estas cosas, Dios traerá sobre él las plagas que están escritas en este libro. Y si alguno quitare de las palabras del libro de esta profecía, Dios quitará su parte del libro de la vida, y de la santa ciudad y de las cosas que están escritas en este libro» (Ap. 22:18, 19).

3. Termina negando la Palabra de Dios. «Entonces la serpiente dijo a la mujer: No moriréis» (3:4). ¿Hay mentiras en la Biblia? Sí que las hay y aquí tenemos la primera. Dios dijo a Adán y a Eva que morirían si desobedecían, pero Satanás les dice que no sucederá. Debemos hacer notar rápidamente aquí que aún cuando la Biblia *no enseña* mentiras, sí *registra* fielmente cuando se produce la mentira de los pecadores (Saúl, por ejemplo, véase 1 S. 15:20) y la de los santos (David, véase 1 S. 21:2).

Muchos siglos después el apóstol Juan advertiría a todos los creyentes de los peligros de tres tentaciones mortales: (1) los deseos de la carne, (2) los deseos de los ojos, (3) y la vanagloria de la vida (1 Jn. 2:15-17). En el huerto del Edén Satanás esclavizó a Eva a estos deseos (véase Gn. 3:6).

a. «Y vio la mujer que el árbol era bueno para comer» (*los deseos de la carne*).
b. «Y que era agradable a los ojos» (*los deseos de los ojos*).
c. «Y árbol codiciable para alcanzar la sabiduría» (*la vanagloria de la vida*).

Nuestro Señor sería más tarde tentado en una

manera similar por el diablo en el desierto. (Véase Mt. 4:3-10.)

a. «Dí que estas piedras se conviertan en pan» (*los deseos de la carne*).

b. «Y le mostró todos los reinos del mundo, y la gloria de ellos» (*los deseos de los ojos*).

c. «Échate abajo» [desde el pináculo del templo] ... a sus ángeles mandará acerca de ti...» (*la vanagloria de la vida*).

Notemos la manera de trabajar de Satanás en Génesis 3:5: «Sino que sabe Dios que el día que comáis de él, serán abiertos vuestros ojos, y seréis como Dios, sabiendo el bien y el mal.»

En un sentido las promesas de Satanás eran ciertas. Sus ojos *fueron* abiertos, y *supieron* del bien y del mal, pero *no como Dios*. Una media verdad presentada como toda la verdad es una falsedad. Dios quería que Adán supiera lo

que *es* el bien y lo que *podría* ser el mal, pero en su lugar él ahora descubriría lo que *era* el mal y lo que *podría haber sido* el bien.

En vez de reconocer el mal desde la cumbre del bien, deben ahora reconocer el bien desde el abismo del mal. La experiencia no es frecuentemente el mejor maestro, porque a veces el costo es demasiado elevado.

B. El pecado de Adán.

1. Se convierte en el primer pecador humano. Cronológicamente Eva comió primero, pero desde la perspectiva teológica Adán es declarado por el Nuevo Testamento como el pecador original. La razón de ello es que Adán era cabeza de la raza humana y, por consiguiente, responsable de sus acciones.

«Por tanto, como el pecado entró en el mundo por un hombre, y por el pecado la muerte, así la muerte pasó a todos los hombres, por cuanto todos pecaron» (Ro. 5:12).

«Pero temo que como la serpiente con su astucia engañó a Eva, vuestros sentidos sean de alguna manera extraviados de la sincera fidelidad a Cristo» (2 Co. 11:3).

«Y Adán no fue engañado, sino que la mujer, siendo engañada, incurrió en transgresión» (1 Ti. 2:14).

2. Intentó de primeras esconder su desnudez ante Dios (3:7). Aparentemente ocurrieron algunos cambios drásticos concernientes tanto a la condición física como espiritual de Adán. Puede ser que los cuerpos de Adán y Eva estaban, en la creación, cubiertos de una suave luz de inocencia. Nuestro Señor estuvo revestido de una luz más brillante que la del sol durante su transfiguración (Mt. 17:2).

Pero ahora esta protección había desaparecido, y en un esfuerzo desesperado por corregir la situación «cosieron hojas de higuera, y se hicieron delantales» (3:7).

Tenemos aquí el primer ejemplo en la historia del esfuerzo religioso humano. La religión es un intento de vestirnos a nosotros mismos de justicia aparte de la justicia de Cristo. Adán y Eva lo procuraron con hojas de higuera. Los hombres lo intentan hoy mediante la educación, la membresía de iglesia, el bautismo, las ofrendas, la confirmación, las buenas obras, etc. Pero de nada sirve todo eso.

«Si bien todos nosotros somos como suciedad, y todas nuestras justicias como trapos de inmundicia; y caímos todos nosotros como la hoja, y nuestras maldades nos llevaron como el viento» (Is. 64:6).

3. Intentó por último esconderse de Dios.

«... el hombre y su mujer se escondieron de la presencia de Jehová Dios...» (3:8).

Este es el resultado trágico y final del pecado. No sólo separa al hombre de Dios, sino que le lleva a desear esconderse de Dios. ¡Pero no lo logra!

«Dios, tú conoces mi insensatez, y mis pecados no te son ocultos» (Sal. 69:5).

«¿A dónde me iré de tu Espíritu? ¿Y a dónde huiré de tu presencia?» (Sal. 139:7).

«Así que, no los temáis; porque nada hay encubierto, que no haya de ser manifestado; ni oculto, que no haya de saberse» (Mt. 10:26).

«Y los reyes de la tierra, y los grandes, los ricos, los capitanes, los poderosos, y todo siervo y todo libre, se escondieron en las cuevas y entre las peñas de los montes; y decían a los montes y a las peñas: Caed sobre nosotros, y escondednos del rostro de aquel que está sentado sobre el trono, y la ira del Cordero; porque el gran día de su ira ha llegado; ¿y quién podrá sostenerse en pie?» (Ap. 6:15-17).

C. La redención de Dios.

Hasta este momento hemos visto solamente aquellos atributos de Dios que aparecen directamente involucrados en sus actos *creativos*. Estos incluyen su poder y sabiduría. Sin embargo, a partir de ahora, después del pecado del hombre, conoceremos sus atributos *redentores*, es decir, su santidad y su gracia.

1. Su santidad en su manera de tratar con el *pecado*. Dios pronuncia ahora un quíntuple juicio.

a. Sobre el hombre (3:17).

«Maldita será la tierra por tu causa.» Dios es cuidadoso en no maldecir nunca a Adán. Maldice a la serpiente, a Satanás y la tierra, pero no a la humanidad. La razón, por supuesto, es que él desea redimir al hombre y, por tanto, no maldice a aquel a quien planea salvar después. Con todo, el hombre sin Dios no puede esperar nada bueno de esta vida aparte de Cristo.

«Pero como las chispas se levantan para

volar por el aire, así el hombre hace para la aflicción» (Job 5:7).

«El hombre nacido de mujer, corto de días y hastiado de sinsabores» (Job 14:1).

b. Sobre la mujer (3:16).
«Con dolor darás a luz los hijos.» Debemos notar que el sufrimiento por la procreación de los hijos no es tanto un juicio directo de Dios, sino más bien un resultado indirecto del pecado. El pecado siempre causa sufrimiento, enfermedad, separación y tristeza.

c. Sobre la naturaleza (3:18).
«Espinos y cardos te producirá.» A partir de este momento el paraíso del hombre se convierte en un lugar donde es difícil vivir. Las rosas ahora tienen espinas y el manso tigre se convierte en un voraz devorador de carne. Así continuará hasta que se levante la maldición durante el milenio. Pablo habla acerca de todo esto en Romanos 8:19-22:

«Porque el anhelo ardiente de la creación es el aguardar la manifestación de los hijos de Dios. Porque la creación fue sujetada a vanidad, no por su propia voluntad, sino por causa del que la sujetó en esperanza; porque también la creación misma será libertada de la esclavitud de corrupción, a la libertad gloriosa de los hijos de Dios. Porque sabemos que toda la creación gime a una, y a una está con dolores de parto hasta ahora.»

Fue en este momento que entró en efecto el principio científico inmutable conocido como la «segunda ley de la termodinámica». Esta ley establece que cuando la energía pasa de un estado a otro, una parte se transforma en energía calórica, la cual no puede volver a convertirse en una forma útil de energía. En otras palabras, podemos considerar este universo como un reloj al que se le está acabando la cuerda. Esta ley se menciona en el Salmo 102:25, 26 y Hebreos 1:10-12.

«Y: Tú, oh Señor, en el principio fundaste la tierra, y los cielos son obra de tus manos. Ellos perecerán, mas tú permaneces; y todos ellos se envejecerán como una vestidura, y como un vestido los envolverás, y serán mudados; pero tú eres el mismo, y tus años no acabarán» (He. 1:10-12).

d. Sobre la serpiente (3:14).
«Y Jehová Dios dijo a la serpiente: ...sobre tu pecho andarás....»
A la serpiente no se le ofrece la oportunidad de explicar sus acciones como Dios permitió a Adán y a Eva que lo hicieran. Es juzgada inmediatamente. Por prestar su cuerpo a Satanás la serpiente es castigada a arrastrarse en el polvo a partir de ese momento. Isaías indica que este juicio permanecerá sobre la serpiente aún durante el milenio.

«El lobo y el cordero serán apacentados juntos, y el león comerá paja como el buey; y el polvo será el alimento de la serpiente. No afligirán, ni harán mal en todo mi santo monte, dijo Jehová» (Is. 65:25).

EL VOCABULARIO VICIOSO DEL PECADO

INTRODUCIDO POR EL PRIMER ADÁN	RESUELTO POR EL SEGUNDO ADÁN
En Génesis 2:17 introduce la **muerte**	En Hebreos 2:9 lidia con la **muerte**
En Génesis 3:7 introduce la **desnudez**	En Juan 19:23 lidia con la **desnudez**
En Génesis 3:14 introduce la **maldición**	En Gálatas 3:13 lidia con la **maldición**
En Génesis 3:17 introduce el **dolor**	En Isaías 53:3 lidia con el **dolor**
En Génesis 3:18 introduce las **espinas**	En Juan 19:5 lidia con las **espinas**
En Génesis 3:19 introduce el **sudor**	En Lucas 22:44 lidia con el **sudor**
En Génesis 3:24 introduce la **espada**	En Juan 19:34 lidia con la **espada**

e. Sobre Satanás (3:15).

«Y pondré enemistad entre ti y la mujer, y entre tu simiente y la simiente suya; ésta te herirá en la cabeza, y tú le herirás en el calcañar» (Gn. 3:15).

A primera vista este versículo parecería que estaría simplemente prediciendo el desagrado natural del hombre por las serpientes. Pero durante siglos los estudiosos devotos de la Biblia han visto verdades mucho más preciosas y profundas subyacentes en estas palabras. Ven en ellas una predicción conmovedora de la cruz y de la resurrección, y de la gran victoria del Salvador sobre Satanás. Entonces, teológicamente, este versículo podría ser traducido así:

«Y habrá odio intenso entre Satanás y Cristo. Jesucristo finalmente aplastará la cabeza de Satanás, aunque él en el proceso será herido en el calcañar.»

Este importantísimo versículo es conocido como el «protoevangelio» o el primer evangelio.

Veamos también:

«Y el Dios de paz aplastará en breve a Satanás bajo vuestros pies. La gracia de nuestro Señor Jesucristo sea con todos vosotros» (Ro. 16:20).

«Mas él herido fue por nuestras rebeliones, molido por nuestros pecados; el castigo de nuestra paz fue sobre él, y por su llaga fuimos nosotros curados» (Is. 53:5).

2. Su gracia en su manera de tratar con los *pecadores*.

a. Buscando a Adán (3:9).

«Mas Jehová Dios llamó al hombre....»

A veces profesores necios e impíos dicen a sus estudiantes que la Biblia es solamente el registro de la búsqueda de Dios por el hombre; pero, sin embargo, es todo lo contrario. La Biblia es la demostración de la búsqueda del hombre por Dios. Aquí Dios da el primer paso para reconciliar consigo al hombre.

«Venid luego, dice Jehová, y estemos a cuenta: si vuestros pecados fueren como la grana, como la nieve serán emblanquecidos; si fueren rojos como el carmesí, vendrán a ser como blanca lana» (Is. 1:18).

«A todos los sedientos: Venid a las aguas; y los que no tienen dinero, venid, comprad y comed. Venid, comprad sin dinero y sin precio, vino y leche. ¿Por qué gastáis el dinero en lo que no es pan, y vuestro trabajo en lo que no sacia? Oídme atentamente, y comed del bien, y se deleitará vuestra alma con grosura. Inclinad vuestro oído, y venid a mí; oíd, y haré con vosotros pacto eterno, las misericordias firmes a David» (Is. 55:1-3).

«En el último y gran día de la fiesta, Jesús se puso en pie y alzó la voz, diciendo: Si alguno tiene sed, venga a mí y beba. El que cree en mí, como dice la Escritura, de su interior correrán ríos de agua viva» (Jn. 7:37, 38).

«Y el Espíritu y la Esposa dicen: Ven. Y el que oye, diga: Ven. Y el que tiene sed, venga; y el que quiera, tome del agua de la vida gratuitamente» (Ap. 22:17).

«Porque el Hijo del hombre vino a buscar y a salvar lo que se había perdido» (Lc. 19:10).

b. Prometiéndoles un Salvador (3:15).

c. Vistiéndoles (3:21).

«Y Jehová Dios hizo al hombre y a su mujer túnicas de pieles, y los vistió.»

Aunque no se dice expresa y específicamente, parece probable que tuvo que morir algún animal inocente a fin de que Adán y su mujer pudieran ser vestidos. Tenemos aquí el primer ejemplo de la gran doctrina bíblica del inocente muriendo por el culpable.

«Mas él herido fue por nuestras rebeliones, molido por nuestros pecados; el castigo de nuestra paz fue sobre él, y por su llaga fuimos nosotros curados. Todos nosotros nos descarriamos como ovejas, cada cual se apartó por su camino; mas Jehová cargó en él el pecado de todos nosotros» (Is. 53:5, 6).

«Porque también Cristo padeció una sola vez por los pecados, el justo por los injustos, para llevarnos a Dios, siendo a la verdad muerto en la carne, pero vivificado en espíritu» (1 P. 3:18).

NOTA: Ya hemos visto el primer símbolo que aparece en la Biblia cuando la serpiente se convierte en un tipo del pecado. Observemos ahora el segundo símbolo: la justicia y la salvación son comparadas con ir vestidos correctamente. (Cp. Is. 64:6 con Ap. 19:7, 8.)

«Si bien todos nosotros somos como suciedad, y todas nuestras justicias como trapo de inmundicia; y caímos todos nosotros como la hoja, y nuestras maldades nos llevaron como viento» (Is. 64:6).

«Gocémonos y alegrémonos y démosle gloria; porque han llegado las bodas del Cordero, y su esposa se ha preparado. Y a ella se le ha concedido que se vista de lino fino, limpio y resplandeciente; porque el lino fino es las acciones justas de los santos» (Ap. 19:7, 8).

d. Expulsándoles del huerto de Edén (3:24).

«Echó, pues, fuera al hombre....»

La expulsión del hombre por Dios del huerto de Edén fue realmente un acto de misericordia más que de juicio. Como se nos dice en 3:22, Dios lo hizo para prevenir que el hombre comiera del árbol de la vida y viviera para siempre en inmoralidad. Adolfo Hitler se suicidó pocos días después de cumplir cincuenta y seis años. Sin embargo, durante su breve período de vida, fue directamente responsable de la muerte de literalmente millones de seres humanos mediante formas de tortura y muerte demasiado horribles para mencionarlas. ¿Qué habría pasado si este monstruo nazi hubiera vivido 500 o 5.000 años? Peor aún, ¿qué si hubiera vivido por siempre? Por esta razón Dios echó a Adán del Edén.

> «... y puso al oriente del huerto de Edén querubines, y una espada encendida...» (3:24).

Los querubines son aparentemente una clase especial de seres angelicales que tienen que ver con los asuntos relacionados con la santidad de Dios. (Véanse Ex. 25:18-22; Ez. 10:1-20; Ap. 4:6-8.) Esta es la primera de dos clases de ángeles mencionados en la Biblia. La otra clase mencionada son los serafines. (Véase Is. 6.)

> «En el año que murió el rey Uzías vi yo al Señor sentado sobre un trono alto y sublime, y sus faldas llenaban el templo. Por encima de él había serafines; cada uno tenía seis alas; con dos cubrían sus rostros, con dos cubrían sus pies, y con dos volaban. Y el uno al otro daba voces, diciendo: Santo, santo, santo, Jehová de los ejércitos; toda la tierra está llena de su gloria. Y los quiciales de las puertas se estremecieron con la voz del que clamaba, y la casa se llenó de humo» (Is. 6:1-4).

> «Para guardar el camino del árbol de la vida» (Gn. 3:24).

A partir de este momento, el árbol de la vida desaparece de las páginas de la Biblia. Reaparece una vez más durante el milenio y la era eterna.

> «Después me mostró un río limpio de agua de vida, resplandeciente como cristal, que salía del trono de Dios y del Cordero. En medio de la calle de la ciudad, y a uno y otro lado del río, estaba el árbol de la vida, que produce doce frutos, dando cada mes su fruto; y las hojas del árbol eran para la sanidad de las naciones» (Ap. 22:1, 2).

D. El martirio de Abel (Gn. 4).

1. Eva dio a luz a Caín y dijo: «... Por voluntad de Jehová he adquirido varón» (4:1). Ella aparentemente pensó que este niño era el cumplimiento de Génesis 3:15, pero pronto se daría cuenta de que no era así. Pronto nace también Abel (4:2).

   El nacimiento de estos dos bebés ilustra el cuarto de los cuatro métodos que Dios ha escogido para traer seres humanos al mundo.

   a. Adán: nació sin padre ni madre.
   b. Eva: nació sin madre.
   c. Cristo: nació sin padre terrenal.
   d. Todos los demás: nacen mediante padre y madre.

2. Caín ofrece un sacrificio incruento a Dios y es rechazado (4:5). No sólo era el sacrificio incruento, sino que ya había sido maldecido por Dios, de manera que agravó las cosas. (Véase 3:17.) Quizá Caín pensó que era más refinado y culto presentar una ofrenda fresca de frutos y vegetales que una ofrenda sangrienta. ¡Pero no era así!

   > «Hay camino que al hombre le parece derecho, pero su fin es camino de muerte» (Pr. 14:12).

   Tenemos en este versículo la primera referencia a esa gran verdad de la Escritura de que sin derramamiento de sangre no hay remisión de pecado (Lv. 17:11; He. 9:22).

   > «Y casi todo es purificado, según la ley, con sangre; y sin derramamiento de sangre no se hace remisión» (He. 9:22).

   Abel ofreció una oveja en sacrificio y fue aceptado (4:4).

   El doctor Barnhouse ha escrito lo siguiente:

   > «El camino real a la cruz estaba ahora firmemente establecido. Aquí vemos al primer cordero, un cordero por un hombre. Más tarde, en el establecimiento de la Pascua, habría un cordero por cada familia (Ex. 12). Después en el día de la expiación, habría un sacrificio por toda la nación (Lv. 16). Finalmente, es Cristo quien quita el pecado del mundo» (Jn. 1:29).

   Esta era la manera de Dios de ilustrar el tremendo poder de la sangre del Cordero traspasado. Un cordero salva a un hombre, después a una familia, después a una nación, y finalmente el Cordero de Dios está disponible para todo el mundo.

3. Caín mata a su hermano. Así se convierte en el primer homicida (4:8). También llega a ser el primer hombre mentiroso (4:9).

4. Caín es desterrado y apartado de las bendiciones de Dios. Se casa con una de sus hermanas (4:17; 5:4) y se marcha a morar en la tierra de Nod. Observemos algunos hechos registrados concernientes a la primera civilización de la tierra.

   a. *Caín* edifica la primera ciudad y le pone el nombre de Enoc (como su propio hijo), que significa «dedicado». Este proyecto urbano fue, sin duda, un intento de neutralizar la maldición de Dios que se cita en 4:12.
   b. *Lamec*, el tataranieto de Caín, llega a ser:
      (1) El primer polígamo conocido (4:19).
      (2) El primer escritor de himnos (la expresión «mi voz» de 4:23 puede referirse a un poema o himno).
      (3) El segundo homicida conocido (4:23).
   c. *Jabal* fue el inventor de la tienda de campaña y el primero en desarrollar un estilo de vida nómada. También ideó sistemas formales de domesticación y comercialización de animales, aparte de las ovejas. Su nombre significa «vagamundo» (4:20).
   d. *Jubal* fue el inventor de los instrumentos musicales de cuerda y de viento. Su nombre significa «sonido» o «música» (4:21).
   e. *Tubal-Caín* llegó a ser el primero que hizo trabajos metalúrgicos en hierro y bronce (4:22).

E. El ministerio de Enoc (Gn. 5).

1. Enoc es uno de los dos hombres de los que se dice que caminaron con Dios antes del diluvio. (El otro fue Noé. Véase 6:9.) Nota: no dice, sin embargo, que caminó con Dios sino hasta después que nació su hijo Matusalén. En la lengua hebrea Matusalén literalmente significa «cuando él muera será enviado». ¿Por qué caminó Enoc con Dios? Porque Dios aparentemente le había dicho que cuando él muriera el mundo sería destruido mediante el diluvio. Por esto Matusalén probablemente vivió más años que ningún otro humano en la historia del

mundo (969), porque Dios no quería que nadie pereciera, sino que dio al mundo todo el tiempo posible para el arrepentimiento.

«El Señor no retarda su promesa, según algunos la tienen por tardanza, sino que es paciente para con nosotros, no queriendo que ninguno perezca, sino que todos procedan al arrepentimiento» (2 P. 3:9).

«El cual quiere que todos los hombres sean salvos y vengan al conocimiento de la verdad» (1 Ti. 2:4).

2. Enoc fue el primer predicador conocido y predicó acerca del juicio venidero. En Judas versículos 14 y 15 tenemos en realidad recogido su mensaje:

«De éstos también profetizó Enoc, séptimo desde Adán, diciendo: He aquí, vino el Señor con sus santas decenas de millares, para hacer juicio contra todos, y dejar convictos a todos los impíos de todas sus obras impías que han hecho impíamente, y de todas las cosas duras que los pecadores impíos han hablado contra él.»

3. Enoc fue un hombre de gran fe (He. 11:5).

«Por la fe Enoc fue traspuesto para no ver muerte, y no fue hallado, porque lo traspuso Dios; y antes que fuese traspuesto, tuvo testimonio de haber agradado a Dios.»

Pero, ¿cómo demostró Enoc esta fe que se le atribuye? Predicando fervientemente acerca de la *Segunda* Venida de Cristo antes que la *Primera* tuviera lugar.

4. Enoc fue uno de los dos seres humanos que fueron arrebatados al cielo sin haber muerto físicamente. (Para el otro véase 2 R. 2:11.) Un día, sin embargo, millones de cristianos experimentarán lo mismo.

«He aquí, os digo un misterio: No todos dormiremos; pero todos seremos transformados, en un momento, en un abrir y cerrar de ojos, a la final trompeta, y los muertos serán resucitados incorruptibles, y nosotros seremos transformados» (1 Co. 15:51, 52).

«Porque el Señor mismo con voz de mando, con voz de arcángel, y con trompeta de Dios, descenderá del cielo; y los muertos en Cristo resucitarán primero. Luego nosotros los que vivimos, los que hayamos quedado, seremos arrebatados juntamente con ellos en las nubes para recibir al Señor en el aire, y así estaremos siempre con el Señor» (1 Ts. 4:16, 17).

III. La condenación de todas las cosas (Gn. 6—9).

A. Las condiciones antes del diluvio

1. Se produjo un gran crecimiento de la población (6:1). El hombre ha quebrantado constantemente todos los mandamientos dados por Dios excepto el primero que le fue dado. Este sí que lo ha obedecido fielmente: «...Fructificad y multiplicaos...» (Gn. 1:28).
2. Abundó la actividad satánica (6:2).
3. Toda la humanidad se pervirtió. La iniquidad en palabras y hechos fue universal y sin paralelo (6:5, 11).
4. Como resultado de todo esto «se arrepintió Jehová de haber hecho al hombre en la tierra, y le dolió en su corazón» (6:6). Los términos hebreos (*nacham*) y griego (*metanoia*) para arrepentimiento tienen un sentido literal y teológico.
   a. El sentido literal: aliviar, confortar (*nacham*).
   b. El significado teológico: cambiar de mente (*metanoia*).

   Combinando ambos significados podemos decir que la creación original de Dios había cesado de reflejar su gloria (véase Ap. 4:11), al punto de que ya no le daba satisfacción. En consecuencia, cambió el curso de su acción hacia la humanidad y determinó destruirla mediante un diluvio universal.
5. El diluvio tuvo lugar 120 años después (6:3).

B. La salvación por medio del diluvio

1. Dios ordenó a Noé (que había hallado gracia ante sus ojos), que construyera un arca de 450 x 75 x 45 pies (137 x 23 x 14 m).

   Algunos han limitado la palabra *ley* al Antiguo Testamento y la palabra *gracia* al Nuevo Testamento. Pero esto es un grave error. Aquí, en Génesis 6, temprano en la historia del Antiguo Testamento y mucho antes de la Ley mosaica, Noé experimenta la maravillosa *gracia* de Dios. Un resumen más correcto del Antiguo y Nuevo Testamentos sería:
   a. El Antiguo Testamento es el registro de cómo Dios trata *en gracia* con la nación de Israel y los pecadores.
   b. El Nuevo Testamento es el registro de cómo Dios trata *en gracia* con la Iglesia y los pecadores.
2. Noé tenía que cubrir el arca con brea por dentro y por fuera. La palabra hebrea que se emplea aquí y que traducimos por brea es *Kaphar*. En casi todo otro lugar en el Antiguo Testamento *Kaphar* es traducida por *expiación* (Ex. 30:10). Expiar es cubrir con sangre. Así como la brea protegía al arca del juicio del diluvio, la sangre de Cristo protege al creyente del juicio del pecado. En este punto debemos notar los siguiente tipos del Antiguo Testamento:
   a. Enoc es un tipo de la Iglesia al ser salvado *del* juicio del diluvio (la Iglesia no pasará por la gran tribulación.)
   b. Noé es un tipo de Israel, pues fue salvado *a través* del juicio del diluvio. (Israel pasará por la gran tribulación.)
3. Noé juntó una pareja, macho y hembra, de todos los animales de la tierra (incluyendo siete parejas de animales limpios, tales como los bueyes y ovejas), y Dios le mandó que, junto con su mujer, sus tres hijos y esposas, y los animales, entrara en el arca.

   Este pasaje (Gn. 7:1) registra la primera vez que se usa la palabra *entra* en la Biblia.

   «Dijo luego Jehová a Noé: Entra tú y toda tu casa en el arca....»

   La referencia final al sentido de este término lo encontramos en Apocalipsis 22:17.

   «Y el Espíritu y la Esposa dicen: Ven. Y el que oye, diga: Ven. Y el que tenga sed, venga; y el que quiera, tome del agua de la vida gratuitamente.»
4. Dios se «acordó» de Noé durante el diluvio como después se acordaría:
   a. De Lot en Sodoma:

   «Así, cuando destruyó Dios las ciudades de la llanura, Dios se acordó de Abraham, y envió fuera a Lot de en medio de la destrucción, al asolar las ciudades donde Lot estaba» (Gn. 19:29).

b. De Israel en Egipto:

«Y oyó Dios el gemido de ellos, y se acordó de su pacto con Abraham, Isaac y Jacob» (Ex. 2:24).

«Asimismo yo he oído el gemido de los hijos de Israel, a quienes hacen servir los egipcios, y me he acordado de mi pacto» (Ex. 6:5).

c. Del ladrón en la cruz:

«Y dijo a Jesús: Acuérdate de mí cuando vengas en tu reino» (Lc. 23:42).

5. El diluvio pasó y el arca se posó sobre los montes del Ararat. Dios le dijo a Noé: «Fructificad y multiplicaos, y llenad la tierra» (8:17; 9:1). Adán escuchó una vez palabras parecidas (1:28), pero aquí, después del diluvio, no aparece la palabra *sojuzgad*. Scofield escribe el siguiente comentario concerniente a Génesis 1:28:

«Este es la divina carta magna para todo verdadero proceso científico y material. El hombre empezó con una mente que era perfecta en su capacidad finita para aprender, pero no empezó conociendo todos los secretos del universo. Le fue mandado que *sojuzgara* la tierra, es decir, que adquiriera conocimiento y dominio sobre su entorno, a fin de usar sus elementos para beneficio de la raza.» (*New Scofield Bible*, p. 4.)

Pero ahora, debido al pecado del Edén y del juicio del diluvio, el entorno del hombre había cambiado tan radicalmente que iba a ser bastante difícil sojuzgarlo completamente.

Si entendemos correctamente estos versículos de Génesis entenderemos un milagro un tanto extraño de Jesús en el Nuevo Testamento. Todo empezó cuando Pedro se acercó a Jesús para hablarle de la necesidad de pagar un cierto impuesto. El Señor le respondió ordenándole: «... vé al mar, y echa el anzuelo, y el primer pez que saques, tómalo, y al abrirle la boca hallarás un estatero; tómalo y dáselo por mí y por ti» (Mt. 17:27). Este milagro, propiamente considerado, demuestra la perfecta *humanidad* del Salvador más claramente que su *deidad*, porque Adán pudo haber (y posiblemente lo hizo) ejercido este mismo poder sobre peces y aves. Consideremos una vez más el mandamiento divino que le fue dado a Adán:

«Y los bendijo Dios, y les dijo: Fructificad y multiplicaos; llenad la tierra, y sojuzgadla, y señoread en los peces del mar, en las aves de los cielos, y en todas las bestias que se mueven sobre la tierra» (Gn. 1:28).

6. Dios establece ahora el pacto del arco iris con Noé. Los elementos del pacto son los siguientes:

a. Dios nunca volvería a destruir la tierra de los hombres mediante un diluvio (8:21, 22; 9:9-17). Pero la tierra volverá a ser destruida de nuevo y esta vez mediante fuego. (Véase 2 P. 3:1-13.)

«Pero el día del Señor vendrá como ladrón en la noche; en el cual los cielos pasarán con grande estruendo, y los elementos ardiendo serán deshechos, y la tierra y las obras que en ella hay serán quemadas» (2 P. 3:10).

b. Dios demandaría la vida del hombre que mate a otro hombre (9:6).

c. El orden y las estaciones de la naturaleza son confirmadas (8:22).

d. El temor a los animales por el hombre es profetizado (9:2).

e. Se permite comer la carne de los animales como parte de la dieta humana (9:3).

C. La tragedia que siguió al diluvio (9:20-29).

1. Noé se embriagó con el vino de su propia viña y apareció desnudo dentro de su propia tienda.
2. Su hijo Cam y su nieto Canaán vieron su desnudez. Canaán especialmente incurre en la ira de su abuelo por su papel en el asunto.
3. Noé predice el futuro estilo de vida física y espiritual de sus tres hijos y de sus descendientes.
4. Noé fallece a la edad de 950 años. La tragedia final de su vida puede verse en el hecho de que no se registra ningún logro espiritual en sus últimos 350 años. Aparentemente experimentó aquello que tanto le espantaba a Pablo: ser olvidado por Dios. (Véase 1 Co. 9:19-27.)

«Sino que golpeo mi cuerpo, y lo pongo en servidumbre, no sea que habiendo sido heraldo para otros, yo mismo venga a ser eliminado» (1 Co. 9:27).

IV. La confusión de todas las cosas (Gn. 10—11).

A. La arrogancia del hombre.

Un rebelde llamado Nimrod, nieto de Cam, fomentó un programa de edificaciones religiosas, consistente en una torre astrológica y una ciudad, en la llanura de Sinar cerca de Babilonia (11:1-4).

B. El juicio de Dios.

Dios castigó este empeño depravado y separó a la humanidad en pequeños grupos étnicos mediante la confusión de su lengua universal, dando lugar a muchos dialectos diferentes (11:5-9).

C. El origen de las naciones.

El mundo antiguo está ahora habitado por los descendientes de los tres hijos de Noé.

1. Los descendientes de Jafet (10:2-5).

Algunos de sus descendientes y los pueblos a que ellos dieron origen podrían ser:

a. Gomer (Alemania).
b. Magog, Tubal y Mesec (Rusia).
c. Madai (Persia).
d. Javán (Grecia).
e. Tiras (Italia).
f. Togarma (Armenia).
g. Tarsis (España).
h. Quitim (Chipre).

2. Los descendientes de Cam (10:6-20).

Algunos de sus descendientes y los pueblos a los que dieron origen podrían ser:

a. Cus (Etiopía).
b. Mizraim (Egipto).
c. Fut (África).
d. Canaán (Los cananeos de Palestina).
e. Nimrod (Babilonia y Asiria).
f. Sidón (Fenicia).
g. Het (Hititas).
h. Jebus (los jebuseos que moraban en Jerusalén antes del reinado de David).
i. Casluhim (los filisteos).
j. Sin (posible fundador de los pueblos orientales como China, Japón, India, etc.).

3. Los descendientes de Sem (10:21-32; 11:10-32).
   a. La nación de Israel por medio de Abraham, Isaac y Jacob.
   b. Los pueblos árabes del medio oriente por medio de Abraham, Ismael y Esaú.

El antropólogo Arthur Custance escribe:

«Y concluimos que de la familia de Noé surgieron todos los pueblos del mundo, tanto prehistóricos como históricos. Los eventos descritos en conexión con Génesis 6—10, y particularmente las declaraciones proféticas del mismo Noé en Génesis 9:25-28, con respecto al futuro de sus tres hijos, Sem, Cam y Jafet, combinadas nos proveen del registro más razonable de la primitiva historia de la humanidad. Una historia, que cuando es correctamente entendida, no requiere para nada que creamos que el hombre moderno empezó con la estatura de un mono y sólo llegó a alcanzar el estado civilizado después de un largo período de evaluación histórica, sino que tuvo un nuevo comienzo en una sola familia, que llevaba en sí misma, para habitar una tierra despoblada, la herencia acumulada del mundo antediluviano.

Podemos decir, en resumen, que lo que hemos procurado mostrar en esta exposición puede enunciarse brevemente como sigue:

(1) La distribución geográfica de restos fósiles es tal que pueden ser más lógicamente explicados tratándolos como representantes marginales de una amplia y, en parte, forzada dispersión de gente procedente de la multiplicación de una población única, establecida en un punto más o menos central a todos ellos, que enviaba oleadas sucesivas de emigrantes, y cada nueva oleada forzaba a las anteriores a ir más a la periferia.

(2) Los grupos más degradados son representantes de este movimiento migratorio general, que fueron empujados a áreas más inhóspitas, donde sufrieron degeneración física como consecuencia de las condiciones en que se vieron forzados a vivir.

(3) La extraordinaria variabilidad física de sus restos procede del hecho de que fueron miembros de grupos reducidos, aislados, que se reproducían entre sí; mientras que las similitudes culturales que unen incluso a los más alejados de entre ellos indican un origen común para todos ellos.

(4) Lo que es cierto del fósil humano lo es también de sociedades primitivas vivientes o desaparecidas.

(5) Todas estas poblaciones inicialmente dispersadas proceden de un tronco común, la familia de Cam, de Génesis 10.

(6) Estos fueron posteriormente desplazados o dominados por los indoeuropeos, esto es, jafetitas, quienes, no obstante, heredaron o adoptaron el desarrollo técnico de los descendientes de Cam, edificaron sobre él y así llegaron a prevalecer en toda área geográfica donde se extendieron.

(7) A través de este movimiento, tanto en tiempos prehistóricos como históricos, no hubo nunca seres humanos que no pertenecieran a la familia de Noé y sus descendientes.

(8) Finalmente, esta tesis se fortalece con la evidencia de la historia, que muestra que los movimientos migratorios humanos han tendido siempre a seguir ese patrón, que ha aparecido frecuentemente acompañado por situaciones de degeneración tanto de personas como de tribus, y habitualmente resulta en el establecimiento de un patrón general de relaciones culturales, que son paralelas a aquellas que la arqueología nos ha revelado de la antigüedad.» (*Genesis and Early Man*, pp. 56, 57.)

NOÉ — GÉNESIS 9:20-27

EL FALLO DE NOÉ:	EMBRIAGUEZ
EL PECADO DE CANAÁN:	DESCONOCIDO, QUIZÁ EL DE HOMOSEXUALIDAD

LA TRIPLE PROFECÍA DE NOÉ

Concerniente a **CAM** y **CANAÁN**	Concerniente a **JAFET**	Concerniente a **SEM**
Sometimiento a los descendientes de Sem y Jafet	«Engrandezca Dios a Jafet, y habite en las tiendas de Sem»	
«Siervo de siervos será a sus hermanos»	**«Engrandezca Dios a Jafet»**	**«Bendito por Jehová mi Dios sea Sem»**
•Josué, David y Salomón los subyugaron •Alejandro Magno los sometió a su dominio •Los romanos también los subyugaron	•Desde 539 a.C., con la derrota de Babilonia por Ciro el Grande, ningún pueblo descendiente de Cam y Sem ha logrado romper la supremacía mundial de los pueblos descendientes de Jafet	•Esta es una referencia obvia al favor especial otorgado a Sem y y sus descendientes, empezando con Abraham y terminando en el establo de Belén.
Progreso técnico	**«Y habite en las tiendas de Sem»**	
El famoso antropólogo cristiano Arthur C. Custance menciona que todas las más antiguas e importantes civilizaciones fueron iniciadas y desarrolladas hasta su más alto nivel técnico por los camitas	Esta gloriosa profecía es explicada por Pablo en Romanos 11:13-25	

LA TRIPLE CONTRIBUCIÓN DE LOS HIJOS DE NOÉ

CAM	JAFET	SEM
•Progreso ténico •Responsable del bienestar físico del hombre	•Aplicación de la filosofía •Desarrollo del método científico •Responsable del bienestar mental del hombre	•Visión religiosa •Responsable del bienestar espiritual del hombre

PREGUNTAS Y RESPUESTAS SOBRE GÉNESIS 1—11

1. ¿Cuán vasto es nuestro universo?
Es tan vasto que un rayo de luz (que viaja a la velocidad de 700 millones de millas por hora (1.080 millones de km/h) tardaría más de 100.000 años en cruzar de punta a punta nuestra galaxia, llamada la Vía Láctea. Pero nuestra galaxia es sólo una entre muchos millones que existen en el universo conocido. A fin de tener una idea del tamaño de nuestro universo, consideremos para ilustrarlo los cuatro ejemplos siguientes:
   a. Ejemplo de una pila de papel.
      (1) Digamos que el grueso de una hoja de papel representa la distancia entre el Sol y la Tierra (unos 93 millones de millas [150 millones de kilómetros]).
      (2) Para representar la distancia a la estrella más cercana necesitaríamos una pila de papel de más de 60 pies (20 m) de alto.
      (3) Para representar el diámetro de la Vía Láctea se necesitaría una pila de papel de unas 310 millas (unos 490 km) de alto.
      (4) Para llegar al borde del universo *conocido* se requeriría una pila de papel de 31 millones de millas (unos 49 *millones* de km) de alto.
   b. Ejemplo de la naranja y el grano de arena.
      (1) La naranja representaría al Sol.
      (2) El grano de arena representaría a la Tierra, en órbita alrededor de la naranja a una distancia de 27 pies (9 m).
      (3) Plutón (el planeta más distante en nuestro sistema solar), representado por otro grano de arena, estaría en órbita alrededor del sol a unas diez cuadras, o unos 3.281 pies (1000 m) de distancia.
      (4) La estrella más cercana a nosotros, la Alpha Centauro, está a 1.300 millas (2.080 km) de distancia de la naranja.
   c. Ilustración del Sol vacío.
      (1) Si el Sol estuviera vacío, cabrían en él 1,300.000 Tierras.
      (2) Una estrella llamada Antares, si estuviera vacía, podría recibir en su interior 64 millones de Soles.
      (3) En la constelación de Hércules hay una estrella que podría contener 100 millones de Antares.
      (4) La Epsilon, la estrella más grande conocida, podría muy bien recibir en su interior varios millones de estrellas del tamaño de la de Hércules.
   d. La ilustración de la velocidad relativa.
      (1) La Tierra gira alrededor de su eje a la velocidad de 1.000 millas por hora (1.600 km/h).
      (2) Se mueve alrededor del Sol a la velocidad de 67.000 millas por hora (107.000 km/h) por hora.
      (3) Es arrastrada por el Sol a través de nuestra galaxia a la velocidad de 64.000 millas por hora (102.400 km/h).
      (4) Se mueve en órbita alrededor de nuestra galaxia a 481.000 millas por hora (769.600 km/h).
      (5) Viaja a través del espacio a 350.000 millas por hora (563.150 km/h).
      (6) Cada veinticuatro horas cubrimos una distancia de 57.360.000 millas (91,776.000 km).
      (7) Cada año recorremos 20.936.400.000 millas (33.498.240.000 km) de espacio vacío.

   Todo lo dicho arriba es, por supuesto, un débil intento de ilustrar la magnitud del espacio y de un universo que contiene tantas estrellas como granos de arena existen en las playas de toda la Tierra. Además en el Salmo 147:4 (véase también Is. 40:26), se nos dice que Dios cuenta el número de las estrellas y las llama por nombre.

   > «El cuenta el número de las estrellas; a todas ellas llama por sus nombres» (Sal. 147:4).
   >
   > «Levantad en alto vuestros ojos, y mirad quién creó estas cosas; él saca y cuenta su ejército; a todas llama por sus nombres; ninguna faltará; tal es la grandeza de su fuerza, y el poder de su dominio» (Is. 40:26).

   Pero más glorioso que todas esas declaraciones es el hecho de que este mismo omnipotente y omnisciente Dios «sana a los quebrantados de corazón y venda sus heridas» (Sal. 147:3).

   > «Grande es el Señor nuestro, y de mucho poder; y su entendimiento es infinito» (Sal. 147:5).

2. ¿Cuán pequeño es nuestro universo?
Dicho simplemente, es tan increíblemente pequeño como es grande. Pensemos en lo siguiente:
   a. Toda la materia en el universo está compuesta de *átomos*. Los átomos a su vez están compuestos de tres bloques, que son los *protones* y *los neutrones* (los cuales componen el centro del átomo llamado el núcleo) y *los electrones* (que giran alrededor del núcleo como la Tierra lo hace alrededor del Sol).
   b. En la cabeza de un alfiler hay tantos átomos que si tuvieran que ser llevados por un ejército, formado y marchando de cuatro en fondo, un átomo por hombre, ocuparía unos 20.000 años en pasar toda la tropa.
   c. Se necesitarían varios trillones de protones, puestos uno al lado de otro, para ocupar una línea de un centímetro.
   d. Hay tantos protones en un centímetro cúbico de cobre como hay gotas de agua en los océanos y granos de arena en las playas del mundo.
   e. El tamaño de un electrón es a una mota de polvo como una mota de polvo es a la Tierra.
   f. El *espacio* entre un electrón y el núcleo es 10.000 veces tan grande como ese núcleo. Por ejemplo, si la membrana externa de los electrones en un átomo fuera del tamaño de un campo de fútbol, el núcleo sería del tamaño de una pelota de ping-pong en el centro del estadio.
   Pregunta: Si la mayor parte del átomo es espacio vacío, ¿por qué el tablero de una mesa ofrece tanta resistencia cuando la presionas con el dedo?
   Respuesta: La superficie de una mesa (como la punta de su dedo) consiste de una muralla de electrones que pertenecen a las capas más exteriores de átomos en ambos objetos. La velocidad y la fuerza de atracción de estos electrones impide que su dedo atraviese la superficie de la mesa, al igual que el movimiento rápido de una rueda de bicicleta le impedirá que usted pueda meter su dedo entre los rayos.

3. ¿Cuánta energía existe dentro de nuestro universo?
   a. Los protones y los neutrones dentro del núcleo de un átomo se mantienen unidos con una densidad de 1.000 millones de toneladas por pulgada cúbica (una pulgada es equivalente a 2,5

cm). Esto es, alrededor de 40 libras (18.14 kg) de energía entre cada protón.

b. Esta fuerza de energía es equivalente a un uno seguido de treinta y ocho ceros veces más fuerte que las fuerzas gravitacionales regulares. ¿Cuán grande es esta cifra? Sobrepasa a los 100 trillones de veces más grande que el número de todos los granos de arena de las playas del mundo.

c. El físico alemán Otto Gail ha calculado que una sola gota de gasolina, si pudiera ser totalmente utilizada en un automóvil, sería suficiente para dar 400 vueltas alrededor del mundo (un viaje que significaría recorrer 10 millones de millas [16 millones de km]).

d. Albert Einstein estimó que la cantidad total de energía liberada de una onza (28,35 g) de agua podría fácilmente levantar 200 millones de toneladas de acero a una altura de 1 milla (1.600 m) sobre la tierra.

e. Las estrellas y las galaxias fueron creadas mediante la conversión de energía en masa. Ha sido determinado que la cantidad de energía usada en la formación de un solo gramo (0,04 oz.) de materia es equivalente a dos veces y media la cantidad de energía generada por las cataratas del Niágara en un día completo. Esto sería como diez millones de kilovatios.

4. ¿Qué misteriosos secretos yacen dentro de nuestro universo?

Un científico prominente dijo una vez que el universo del hombre es a la vez desconocido y está más allá de la capacidad de conocimiento del hombre. Pensemos en lo siguiente:

a. Quasars: estas son fuentes de luz descubiertas por el doctor M. Schmidt, del Instituto Tecnológico de California, en 1963. Aunque son relativamente pequeñas, producen, con todo, más energía que un racimo de diez trillones de estrellas.

b. Super novaes: estas son estrellas que incrementan repentinamente su luminosidad en más de diez millones de veces.

c. Estrellas neutrones: estas son estrellas que experimentan una implosión (revientan hacia dentro) más que una explosión. Las fuerzas gravitacionales transforman los átomos en partículas nucleares llamadas neutrones. Una estrella neutrón tendría una densidad increíble, una cucharadita de su materia pesaría mil millones de toneladas en la tierra. En realidad, su peso sería suficiente para perforar la Tierra de lado a lado. Si toda la Tierra se derrumbara interiormente para caer en la densidad de la estrella neutrón, se quedaría con un diámetro aproximado de 300 pies (100 m). Si usted toma a todos los seres humanos existentes en el mundo hoy y los pone en una gota de agua, tendría tanta densidad como la que hay en una estrella neutrón.

d. Agujeros negros: un agujero negro ocurre cuando una estrella que experimenta una implosión va más allá de la etapa de neutrón. Sus fuerzas gravitacionales han llegado a ser tan poderosas que ni siquiera la luz puede escapar. El doctor Kip Thorne, del Instituto Tecnológico de California, escribe:

«Un agujero negro es el resultado final del hundimiento catastrófico de una estrella realmente grande, es la concentración última de materia. Creemos que un agujero negro es una estructura extremadamente lisa; no puede tener nunca ondulaciones o montañas. Jamás puede escapar nada de lo que atrapa. El agujero negro no puede dividirse ni menguar en tamaño; sólo puede crecer y nada puede evitar su crecimiento. En última instancia, si el universo mismo no se derrumba y muere primero, los agujeros negros se tragarán toda la materia de nuestra galaxia. Quizá ya el diez por mil del universo esté dentro de esos agujeros negros. Nos gustaría esconder este hecho debajo de la alfombra, pero ocasionalmente lo sacamos, lo miramos a la cara y nos estremecemos.» (Revista *National Geographic*, mayo, 1974).

e. Misterios del tiempo-luz: nos dicen que el tiempo no pasa tan deprisa a medida que un objeto alcanza la velocidad de la luz. De manera que si una nave espacial tripulada por varios hombres se dirigiera a explorar el universo, marchando casi a la velocidad de la luz, sucedería lo siguiente:

	Destino	*Años pasados abordo de la nave*	*Años pasados en la Tierra*
(1)	Alpha Centauro (nuestra estrella más cercana)	3 años y 6 meses	10 años
(2)	Centro de la Vía Láctea	21 años	50.000 años
(3)	Galaxia Andrómeda (nuestra galaxia más cercana)	28 años	2 millones de años

f. Misterios de longitud y peso-tiempo: no sólo el tiempo (moviéndose casi a la velocidad de la luz) pasa más lentamente en una nave espacial, sino que también su longitud y peso son afectados. Imaginemos una nave espacial de 1.000 pies (325 m) de largo y con un peso de 1.000 toneladas. A 162.000 millas por segundo (261.000 km/sg), mediría solamente 500 pies (152 m), pero pesaría 2.000 toneladas. Aún más, se ha especulado que si un hombre de treinta años de edad pudiera trasladarse de alguna manera a un planeta que estuviera exactamente a la distancia de treinta años luz de la Tierra, y desde allí mirar con un telescopio hacia nuestro planeta, vería realmente su propio nacimiento.

5. ¿Cuán complejo es nuestro universo?

Aquí nos referimos a la vida misma. Las maravillas del átomo y la gloria de las galaxias son simplemente como juguetes ingeniosos comparadas con el milagro de los organismos vivos.

a. El más pequeño de los insectos de esta tierra está compuesto de millones de células vivas. Hay como setenta y cinco trillones de tales células en el cuerpo humano. A la vez, cada célula individual es increíblemente compleja. Se ha demostrado que la más simple de las células vivas es infinitamente más compleja que la más gigantesca y sofisticada computadora de la tierra.

b. Cada célula es un mundo rebosando con más de 200 trillones de pequeñísimos grupos de átomos llamados proteínas moleculares. Lo que es un micro-universo en sí mismo.

c. La molécula más grande es conocida como el ácido desoxirribonucleico (ADN). El filamento del ADN lleva la información hereditaria desde los padres hasta la descendencia en todos los seres vivos. Contiene el código genético y determina si el organismo vivo va a ser un hombre, un hongo, una flor o un dinosaurio.

d. La longitud total del filamento del ADN en una célula es de 6 pies (1,80 m). Si todo el filamento de ADN de un cuerpo fuera juntado cabría en una caja del tamaño de un cubo de hielo. Pero si lo uniéramos todo, el hilo podría ir de la Tierra al Sol y volver más de 400 veces.

e. Cada una de los setenta y cinco trillones de células que hay en el cuerpo humano contiene la información que se encuentra en las demás. Esto es, una célula en el dedo meñique de un hombre tiene toda la información necesaria en su ADN para formar otro hombre físicamente idéntico a él mismo.

f. Si las instrucciones codificadas del ADN de una célula de un solo hombre fueran puestas en castellano, llenarían una enciclopedia de 1.000 tomos.

g. Durante la división celular, dos filamentos de ADN (conocidos como la doble hélix), los cuales se han entrelazado entre sí en forma de escalera, se separan para formar una nueva célula. Se cree que la rotación durante este proceso de desenrollarse

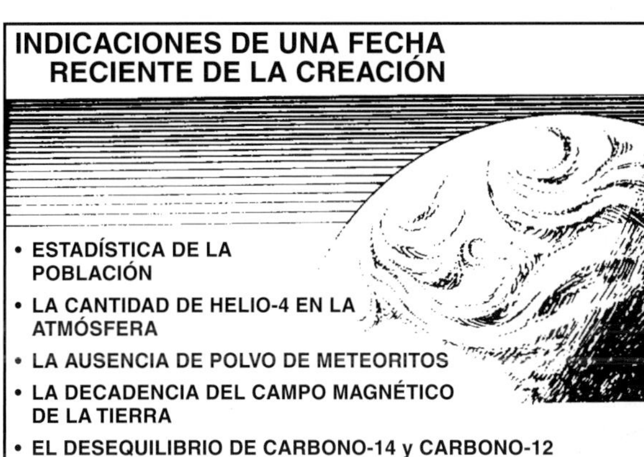

ocurre a razón de más de setenta y cinco vueltas por segundo. Esto sería como intentar desenrollar y separar en un segundo una enorme catedral llena de arriba a abajo de cable de micrófono retorcido y entrelazado. Después que la doble hélix queda separada se duplica a sí misma en una nueva célula. Esta duplicación es tan exacta que el margen de error correspondería a encontrar menos de una sola letra equivocada en toda la *Enciclopedia Británica*.

h. Una célula humana en un laboratorio, libre de la influencia corporal, puede dividirse como cincuenta veces antes de morir. Si todas nuestras células se dividieran tanto llegaríamos con el tiempo a alcanzar un peso de más de ochenta trillones de toneladas.

6. ¿Cuándo fue creado el universo?

Algunos científicos dirían con tono de seguridad que se originó por medio de una gran explosión que ocurrió entre 5.000 y 50.000 millones de años atrás. ¿Cómo consiguieron estos datos? Una forma de calcularlo es mediante la edad de las rocas, conocida como la edad radiométrica. En ciertas rocas el uranio 238 que contienen decae en plomo 206 cuando llega a la mitad de la vida de 4.500 millones de años (esto es, el deterioro involucra 50% del uranio original cada 4.500 millones de años). Por lo tanto, se considera que la edad de una roca puede ser determinada mediante este método.

Sin embargo, se presentan a veces serios problemas con la edad radiométrica. Por ejemplo, la edad radiométrica ha indicado que ciertas rocas volcánicas existentes en Rusia tienen una antigüedad de 5.000 millones de años, cuando se sabe que se formaron en los últimos 200 años.

En oposición a estos datos de antigüedad tan radicales, un cierto número de científicos creacionistas piensan ahora que hay evidencia acumulada de que nuestro planeta es mucho más joven de lo que se supone, quizá tiene menos de 12.000 años de antigüedad. Sus opiniones las basan en lo siguiente:

a. Estadísticas de la población. Si el hombre apareció sobre la tierra hace más de un millón de años, la población presente del mundo sería miles de veces mayor de lo que actualmente es. En realidad, nuestra galaxia no dispondría de espacio suficiente para tantos.

La población actual del mundo es de más de 5.400 millones de habitantes. Suponiendo que el promedio de vida de la persona es de setenta años, y que una nueva generación aparece cada treinta y cinco años, empezando, entonces, con una familia, hallamos que la población mundial se nos dobla treinta veces. Este cómputo nos lleva a un punto en la historia que corresponde aproximadamente con el año 3500 a.C. Esta es la fecha sugerida por los científicos creacionistas para señalar el tiempo del diluvio.

De manera que la creencia en la creación del universo encaja perfectamente con las estadísticas de la población mundial. Pero, ¿qué sucede con el modelo de la teoría de la evolución? Morris escribe:

> «Si el hombre apareció hace un millón de años y aplicamos este ritmo de crecimiento conservador durante dicho período, la población mundial presente sería de 10 (seguido de 27.000 ceros) habitantes. Sin embargo, no podríamos meter en el universo conocido más de 10 (seguido de 100 ceros) habitantes.» (*Science and Creation*, p. 154.)

b. La cantidad de helio-4 en la atmósfera. Esto sugiere que nuestra atmósfera tiene menos de 15.000 años de antigüedad.

c. La ausencia de polvo de meteoritos. Se considera que cada año se deposita sobre la tierra una capa de quince millones de toneladas de polvo de níquel de los meteoritos. Si la tierra realmente ha existido durante 5.000 millones de años, tendríamos sobre ella una capa de polvo de al menos 200 pies (60,9 m) de gruesa. Por supuesto, no se ha encontrado dicha capa de polvo.

d. La decadencia del campo magnético de la tierra. Este campo, como ya hemos mostrado, tiene una vida media de 1.400 años. Esto quiere decir que se debilita 50% cada catorce siglos. Quiere decir también que el campo magnético era el doble de fuerte hace 1.400 años, cuatro veces más fuerte hace 2.800 años y así sucesivamente. Hace solamente 7.000 años debió de ser treinta y dos veces más fuerte, y es muy dudoso que haya sido más fuerte que eso.

e. El desequilibrio de carbono-14 y carbono-12. Puede mostrarse que nos llevaría unos 30.000 años obtener un equilibrio entre ellos dos. No obstante, al presente, el carbono-14 sobrepasa al carbono-12 como en 50%.

Los hechos arriba señalados son cinco de los ocho que indicarían una fecha más reciente para la creación.

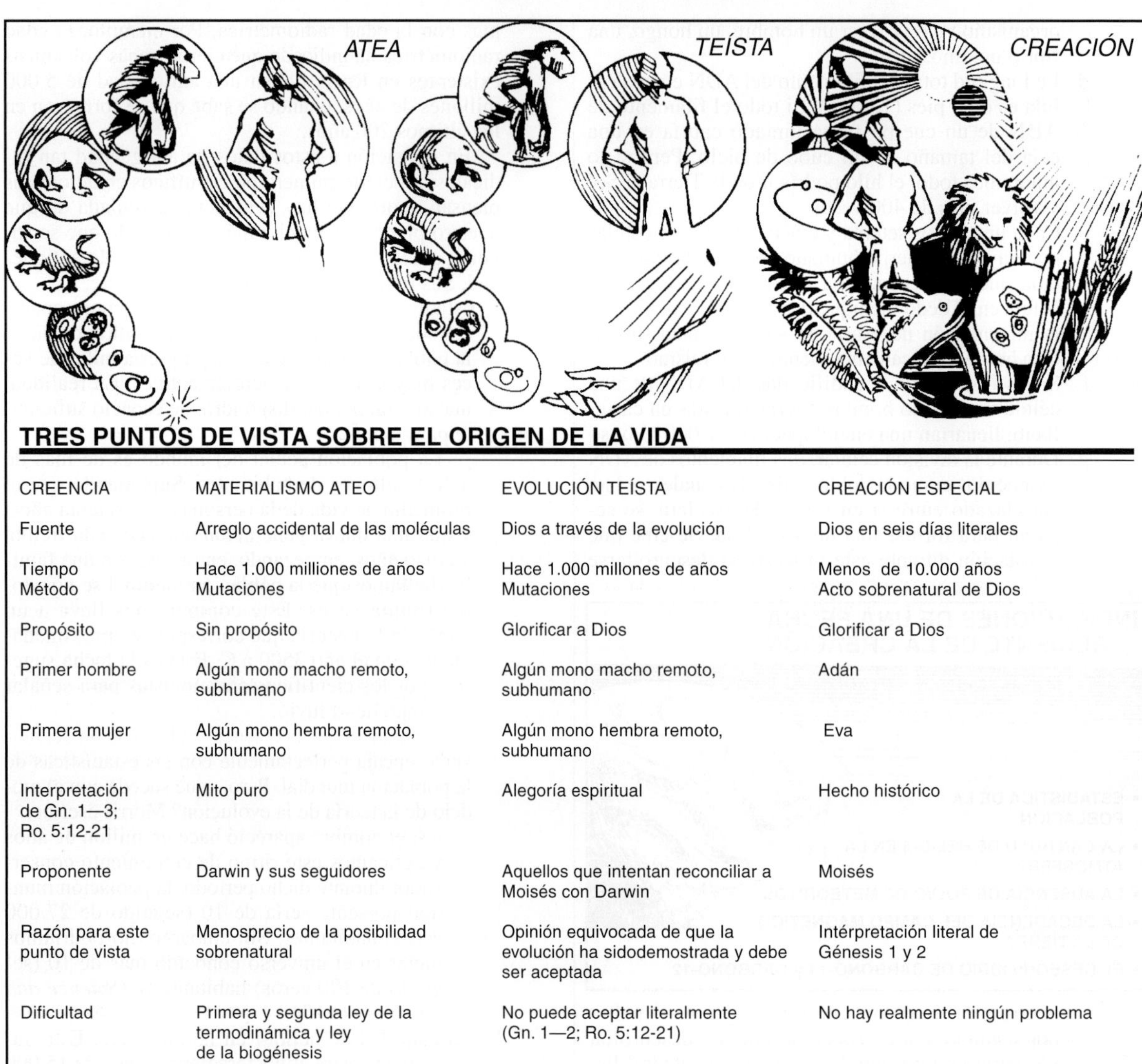

TRES PUNTOS DE VISTA SOBRE EL ORIGEN DE LA VIDA

CREENCIA	MATERIALISMO ATEO	EVOLUCIÓN TEÍSTA	CREACIÓN ESPECIAL
Fuente	Arreglo accidental de las moléculas	Dios a través de la evolución	Dios en seis días literales
Tiempo	Hace 1.000 milliones de años	Hace 1.000 millones de años	Menos de 10.000 años
Método	Mutaciones	Mutaciones	Acto sobrenatural de Dios
Propósito	Sin propósito	Glorificar a Dios	Glorificar a Dios
Primer hombre	Algún mono macho remoto, subhumano	Algún mono macho remoto, subhumano	Adán
Primera mujer	Algún mono hembra remoto, subhumano	Algún mono hembra remoto, subhumano	Eva
Interpretación de Gn. 1—3; Ro. 5:12-21	Mito puro	Alegoría espiritual	Hecho histórico
Proponente	Darwin y sus seguidores	Aquellos que intentan reconciliar a Moisés con Darwin	Moisés
Razón para este punto de vista	Menosprecio de la posibilidad sobrenatural	Opinión equivocada de que la evolución ha sidodemostrada y debe ser aceptada	Intérpretación literal de Génesis 1 y 2
Dificultad	Primera y segunda ley de la termodinámica y ley de la biogénesis	No puede aceptar literalmente (Gn. 1—2; Ro. 5:12-21)	No hay realmente ningún problema
Prueba de las Escrituras	Ninguna	Ninguna	Gn. 1:31; 2:1-3; Ex. 20:11; 31:17; Sal. 33:6-9; 1 Co. 11:8-9; 15:39; 1 Ti. 2:13
Apoyo científico	Ninguno	Ninguno	Primera y segunda ley de la termodinámica y ley de la biogénesis

f. Otro calendario del tiempo es conocido como el método del radiocarbono. Este método, a diferencia de los tres primeros, es usado solamente para determinar la edad de los fósiles orgánicos. El carbono radioactivo se forma en las capas superiores de la atmósfera como resultado de la reducción cósmica que nos viene del nitrógeno-14 de la atmósfera. Se une entonces con el oxígeno para formar dióxido de carbono, y es absorbido por todas las plantas y animales. En el momento de la muerte, las plantas y los animales dejan de absorber C-14 y empieza entonces a aparecer el nitrógeno-14. Este tiene una media vida de 5.730 años. Cinco «medias vidas» de C-14 equivaldrían a unos 29.000 años, y dejaría/solamente 1/32 partes del contenido original del C-14. Por tanto, el método del C-14 se debilita crecientemente pasados unos pocos miles de años. Y, como los otros métodos de fechar, el C-14 tiene sus problemas. Muchos sistemas vivientes no están en equilibrio para el intercambio de C-14. Se ha encontrado que los caparazones de moluscos vivos pueden mostrar una edad de radiocarbono de hasta 2.300 años.

La cantidad de carbono natural pudo haber variado en el pasado. Es sabido que la tierra tuvo una vez mucha más vegetación que la que tiene hoy. Esto queda indicado por los vastos depósitos de carbón que se conoce existen en toda la tierra. En consecuencia, muchos organismos vivos estuvieron sujetos en aquel tiempo a una pequeña proporción de C-14/C-12, y sus restos no contendrían ahora nada de radiocarbono, incluso si hubieran vivido hace 6.000 años. Por otro lado, durante la época glacial habría habido mucho menos C-12 que durante la época de abundancia de vegetación.

Sin embargo, debemos ser muy cuidadosos en los intentos de señalar exactamente una fecha reciente para la creación. James Ussher, el arzobispo y teólogo irlandés del siglo XVII, y su contemporáneo, el doctor John Lightfoot, declararon que la semana de la creación sucedió en los días 18-24 de octubre del año 4004 a.C., y que la creación de Adán tuvo lugar en el viernes de dicha semana, el

23 de octubre del año 4004 a.C. a las nueve de la mañana.

7. ¿Cómo llegó a producirse la vida?
Lo que realmente preocupa hoy no es la sobrevivencia de las especies sino más bien su *llegada*. Se han propuesto tres teorías para explicar el problema de los orígenes.
   a. El materialismo ateo.
   Esta interesante teoría nos asegura osadamente que todo provino de la nada. En otras palabras, si a suficiente lodo le damos suficiente tiempo, llegará, por sí mismo, a producir la música de Beethoven, las pinturas de Rafael, los escritos de Shakespeare y las enseñanzas de Cristo.
   Pregunta: ¿Cuánto tiempo les llevaría a un millón de monos, mecanografiando día y noche en un millón de máquinas de escribir, para que uno de los monos escriba accidentalmente las primeras diez palabras de la Biblia? («En el principio Dios creó los cielos y la tierra.»)
   Respuesta: Pensemos en una roca que llegue desde la tierra a la estrella más cercana (a billones de kilómetros de nosotros). Una vez cada millón de años un pequeño gorrión vuela a esta roca y remueve un pequeño grano de arena de ella. Cuando cuatro rocas hayan sido completamente transportadas, entonces uno de los monos habrá mecanografiado accidentalmente Génesis 1:1.
   Pero ese logro sería absolutamente nada en comparación con las probabilidades de que una célula viva pudiera formarse por casualidad. Pensemos en lo siguiente: el doctor Harold Morowitz, de la Universidad de Yale, estimó lo que serían los límites teóricos para que el más pequeño de los organismos vivos pudiera duplicarse a sí mismo. Requeriría 239 proteínas moleculares individuales. ¿Cuáles son las probabilidades de que la primera proteína molecular forme todos sus aminoácidos en cadenas que giran a la izquierda? (Por alguna razón todavía desconocida, toda forma de vida consiste absolutamente de cadenas de proteínas moleculares que giran a la izquierda.) Teniendo en cuenta que el número mínimo de aminoácidos en una proteína es de 410, sería, pues, como lanzar al aire una moneda 410 veces y que al caer saliera de cara *todas* las veces. La respuesta es una probabilidad en 10^{123} (esto es, un 1 seguido de 123 ceros). Pero en el caso de que esto ocurriera en una proteína, todavía tendría que repetirse en al menos otras 238 proteínas. Las probabilidades son ahora de una entre $10^{29.345}$ (un 1 seguido de 29.345 ceros). Esto sería como llenar de ceros veinte hojas de papel tamaño carta. ¿Cuán grande es esta cifra? Pensemos en lo siguiente:
   Hay 10^{18} segundos en 15.000 millones de años.
   El universo conocido pesa 7 x 10^{41} libras (una libra equivale a 0.4536 kg.).
   El universo contiene 5 x 10^{78} átomos.
   El universo contiene 10^{130} electrones.
   Conclusiones: Supongamos que cada átomo pudiera expandirse hasta alcanzar el tamaño del presente universo. Habría entonces 3 x 10^{157} átomos en el universo.
   Comparando, las probabilidades en contra de que una sola proteína se forme por azar en toda la historia de la tierra es 4.000 veces mayor que el número de átomos en este superuniverso. Imaginemos a una ameba viajando por una línea tendida a lo largo de nuestro universo conocido, algo así como 15.000 millones de años luz de longitud. Su velocidad es de una pulgada (2,5 cm) por año. Tiene una tarea que consiste en transportar un átomo de lado a lado y volver a por otro. Cada viaje le toma 2 x 1^{28} años. El tiempo que tardaría en transportar todos los átomos a lo largo de todo el diámetro del universo conocido es el tiempo que necesitaría a una proteína para formarse al azar. Supongamos que la ameba solamente ha cubierto una pulgada (2,5 cm) desde que el universo fue formado (15.000 millones de años para hacer sólo una pulgada (2,5 cm). Todavía podría recorrer 6 x 10^{53} universos mientras que se forma una proteína.
   De vez en cuando se hacen declaraciones sensacionales acerca de intentos de crear vida en un laboratorio. Pero ¿ha sucedido esto realmente?
   Stanley Miller (Universidad de California) mostró que ciertos aminoácidos (que son componentes básicos de las proteínas), podían ser generados mediante una descarga de electricidad a través de una mezcla de metano, vapor de agua y amoníaco.
   Sidney Fox (Universidad del Estado de la Florida) calentó o una mezcla de aminoácidos a la temperatura de 175° C durante seis horas, y mostró que bajo ciertas condiciones artificiales, un cierto número de aminoácidos podían ser unidos al azar. Llamó a este proceso «coacervación», y pensó que eran similares a las proteínas moleculares.
   Arthur Kornberg (Stanford, California) fue capaz de hacer que el ADN (ácido desoxirribonucleico) se duplicara a sí mismo después de extraerlo de una célula viva y meterlo en un baño de los cuatro nucleótidos que componen el ADN, además de procurar que estuvieran presentes las enzimas apropiadas y otros elementos. También mostró que el ADN del virus podía reproducirse fuera de la célula anfitriona, contrario al comportamiento común del virus, siempre y cuando las enzimas apropiadas estuvieran presentes. Recordemos, sin embargo, que un virus *no es* una célula viva.
   H. G. Khorana (Universidad de Wisconsin) tuvo éxito en sintetizar un gen. Empezó con un cierto ADN de estructura simple, considerado como de un gen particular, y contando también con la presencia de enzimas fue otra vez capaz de replicar este gen. En 1970, J. P. Danielli (Universidad de Buffalo) declaró que había logrado la primera síntesis artificial de una célula viva y reproductiva. Sin embargo, él había empezado en primer lugar con amebas, después las separó parcialmente en sus diferentes partes, y luego las volvió a componer usando partes de diferentes amebas.
   No obstante, si la vida ha de definirse como una unidad completa, suficiente en sí misma, y que se reproduce a sí misma, como en una célula, concluimos que los experimentos citados arriba aún han de dar el primer pequeñísimo paso en el largo camino de mil millones de años luz en la creación de la vida. Así que la teoría del materialismo ateo termina siendo necia e imposible.
   b. La evolución teísta.
   Podemos considerar esta forma de pensar como la teoría mosaico-darwiniana, por su fervoroso intento de unificar dos filosofías que parecen irreconciliables. Es conocida como la teoría de la molécula al hombre. La evolución teísta nos dice que debemos tener en cuenta a Darwin para el *cuándo* y el *cómo* de la creación, y entonces apren-

der de Moisés acerca del *quién* y el *porqué* de todas las cosas. Sin embargo, notamos dos fallos serios en esta teoría. Uno es un problema *científico*. La evolución va en contra de la segunda ley de la termodinámica, que presenta al universo como a un reloj al que se le está acabando la cuerda. Por el contrario, la evolución nos dice que toda forma de vida se ha edificado partiendo de lo simple a lo complejo.

El segundo problema que enfrenta la evolución es en relación con las Escrituras. Por ejemplo, Moisés nos informa que la vida empezó en tierra seca el tercer día de la creación (Gn. 1:9-13), mientras que la evolución nos dice que la vida se originó en algún mar lodoso. Además, la evolución está en directa contradicción con la creación de Eva. Finalmente, la evolución reduciría a Adán a un mono espiritualmente transformado, cuando las Escrituras nos dicen que él fue una creación original de Dios, formado desde el principio a su misma imagen y semejanza.

En un intento de soslayar esta dificultad, algunos dicen que nuestro mundo no está en esta área gobernado por la segunda ley de la termodinámica, sino que recibe del sol la energía necesaria para producir la evolución. Pero la complejidad de la vida reclama más de una fuente de energía. Y también demanda una dirección o propósito de dicha energía. Como por ejemplo: un albañil puede exponer los ladrillos, la madera, los clavos, la arena, la pintura, los cables y otros materiales de construcción al calor y la energía del sol y a las lluvias suaves y refrescantes, pero estos objetos nunca se van a unir por sí mismos para formar una casa. A la luz de todo esto, muchos han concluido con el doctor Henry Morris que la Biblia refuta clara, enérgica y completamente a la evolución. Morris observa:

> *Génesis* enseña que la vida empezó en tierra seca (Gn. 1:11, 12) mientras que la evolución dice que empezó en el fondo de un remoto mar.
>
> *Génesis* declara que los pájaros existieron antes que los insectos, mientras que la evolución lo pone al revés (Gn. 1:20, 24).
>
> *Génesis* afirma que los pájaros y los peces fueron creados al mismo tiempo (Gn. 1:21), pero la evolución dice que los peces aparecieron cientos de millones de años antes que los pájaros se desarrollaran.
>
> *Génesis* enfatiza diez veces que las entidades creadas se reproducirían «según su especie», mientras que la evolución defiende la idea del lento ascenso de todos los organismos partiendo de un predecesor común.
>
> *Génesis* nos dice que Adán fue creado del polvo de la tierra en la imagen y semejanza de Dios, pero la evolución declara que Adán procede del mono.
>
> *Génesis* registra el hecho de que la mujer procede del costado del hombre, mientras que la evolución enseña que el hombre y la mujer se desarrollaron simultáneamente. *Génesis* nos dice que el hombre fue originalmente vegetariano (Gn. 1:29), mientras que la evolución enseña que fue probablemente un caníbal cazador de cabezas.

c. Creación especial.
Mediante esto simplemente se afirma que Dios dijo lo que exactamente quería decir e hizo lo que dijo en los dos primeros capítulos de la Biblia, así como también lo ha hecho en los restantes 1.187 capítulos.

8. ¿Cuántas falsas filosofías refuta el primer versículo de la Biblia?
   a. Refuta el *ateísmo*, porque la creación es la obra de las manos de Dios.
   b. Refuta la *evolución*, porque el universo fue creado; no es el resultado de un desarrollo.
   c. Refuta el *materialismo*, porque el universo no existió siempre.
   d. Refuta el *politeísmo*, porque hay un solo Dios.
   e. Refuta el *panteísmo*, porque Dios es aparte e independiente de su creación.
9. ¿Por qué la tierra fue formada en el primer día, pero el sol, la luna y las estrellas no lo fueron hasta el cuarto día de la creación? Ya tocamos brevemente este punto.
   a. Para enfatizar la importancia de esta tierra. Dios pondría pronto sobre la tierra (durante el sexto día) a una criatura formada a su propia imagen. Años después su Hijo unigénito nacería y moriría en este planeta. Además, el Rey de reyes un día volverá otra vez a la tierra.
   b. A fin de desalentar la adoración al sol. Todas las antiguas civilizaciones adoraron al sol, pues les daba luz y calor. Dios quería que su pueblo supiera que la luz y la vida vienen de él, que la tierra existía *antes* que el soy y que *Él* creó a los dos.
   El doctor John Whitcomb escribió:

   > «Pero si el sol, la luna y las estrellas no son fundamentalmente esenciales para la existencia de la tierra, entonces, ¿por qué los creó Dios? En Génesis 1:14 se enuncian tres razones básicas. Los creó para lumbreras, para estaciones (un calendario cronológico) y para señales.
   >
   > Como *lumbreras*, reemplazaron la luz especial y temporal de los primeros tres días.
   >
   > Como *calendario*, dividiendo las estaciones, los días y los años, le permiten a los hombres planear su trabajo con exactitud para el futuro dis-

EL TRIPLE PROBLEMA DE LA TEORÍA DE LA BRECHA

NO ES CIENTÍFICA

- La teoría de la brecha fue (en parte) un intento cristiano de reconciliar el relato de la creación con los largos períodos de tiempo inferidos en la teoría de la evolución.
- Pero la evolución es en sí misma una teoría no científica que desafía la segunda ley de la termodinámica.

NO ES BÍBLICA

- La teoría de la brecha describiría a Adán caminando por encima de un gigantesco cementerio de animales fosilizados.
- Pablo, por el contrario, establece en Romanos 5:12 y 8:20-22 que el pecado del hombre trajo la muerte, incluso para los animales.

NO ES NECESARIA

- La interpretación más natural de Génesis 1 y 2 es tomarla por su valor nominal, sin ediciones ni sustracciones.
- Génesis 1:1 viene a ser una declaración resumida de la creación.
  1. En el primer versículo Dios nos dice *lo que* hizo.
  2. En los restantes versículos nos dice *cómo* lo hizo.

tante, reflejando así la mente intencional de Dios.

Como *señales*, le enseñan y recuerdan constantemente al hombre las verdades espirituales inmensamente importantes concernientes al Creador.

David aprendió de los cielos la trascendencia de Dios y de su propia insignificancia comparativa: "Cuando veo tus cielos, obra de tus dedos, la luna y las estrellas que tú formaste, digo: ¿Qué es el hombre, para que tengas de él memoria..." (Sal. 83). El apóstol Pablo insistió en que los hombres no tienen ninguna clase de excusa para sus idolatrías....» (*La tierra primitiva*, Editorial Portavoz, p. 68.)

10. ¿Son realmente los días de Génesis 1 días literales de veinticuatro horas? Hay fuerte evidencia erudita y de las Escrituras que señala que son en verdad días literales.
   a. El uso de un adjetivo numeral con la palabra «día» en Génesis 1 lo limitaría a un día normal.
   b. La lectura natural del relato del Génesis lo sugiere.
   c. Moisés lo creyó. Véase Éxodo 20:11, 31:17.
   d. Edward Young (notable erudito hebreo) lo creía.
   e. Benjamín Warfield (uno de los grandes teólogos ortodoxos de todos los tiempos) lo creía así.
   f. A los profesores de los departamentos de lenguas orientales de nueve universidades importantes, un erudito investigador les hizo una vez la siguiente pregunta:

      «¿Considera usted que la palabra hebrea *Yôm* (día), como se usa en Génesis 1, acompañada por un adjetivo numeral, debería ser correctamente traducida como (a) un día, tal como se le entiende comúnmente, (b) una época, o (c) bien, sin preferencia, por día o época?»

      Las nueve universidades consultadas fueron: Oxford, Cambridge, Londres, Harvard, Yale, Columbia, Toronto, McGill y Manitoba. De éstas, siete universidades respondieron que debería traducirse como un día, tal como es comúnmente entendido.
   g. Así se deduce de las genealogías que encontramos en Génesis 5 y 11. Si la teoría de la evolución es correcta y el hombre tiene una antigüedad de un millón de años, nos veríamos forzados a admitir una brecha de 50.000 años entre cada uno de esos nombres. Además, si la vida misma tiene una antigüedad de casi 5.000 millones de años, entonces cada día que aparece en Génesis tendría que representar aproximadamente un período de 700 millones de años.

11. ¿Sucedió algo horrible entre los versículos primero y segundo de la Biblia? Muchos creen que algo realmente terrible ocurrió, y fue la caída de Satanás. Se presentan las siguientes razones para apoyarlo.
   a. La frase en Génesis 1:2 «desordenada y vacía» (en hebreo *tohû wa-bohû),* aparece en otros lugares, como Isaías 34:11; 45:18; y Jeremías 4:23, y habla de juicio. Sin embargo, en otros pasajes simplemente significa espacio. (Véanse Job 26:7; Dt. 32:10; Job 6:18; 12:24; Sal. 107:40.)
   b. El verbo que traducimos por «estaba» en Génesis 1:2 (en hebreo: *hayetha*) debería ser traducido por «llegar a estar», pero la evidencia bíblica lo niega. El verbo hebreo *hayetha* lo encontramos 264 veces en el Pentateuco; de estos, en 258 ocasiones es traducido correctamente por *estaba.* Véase, por ejemplo, Jonás 3:3.
   c. Hay una diferencia entre los verbos *bara* (creado, Gn. 1:1) y *asah* («hecho», Gn. 1:7). Pero, por el contrario, estos verbos son usados como sinónimos. Notemos:

      «Y Dios *creó* (*bara*) los grandes monstruos marinos...» (1:21). «E *hizo* (*asah*) Dios animales de la tierra...» (1:25).

      «*Hagamos* (*asah*) al hombre a nuestra semejanza...» (1:26).

      «Y *creó* (*bara*) Dios al hombre a su imagen...» (1:27).
   d. Génesis 1:2 dice: «Y las tinieblas estaban sobre la faz del abismo», y las tinieblas son un símbolo del mal.

      No es siempre así en las Escrituras, como podemos ver en el Salmo 104:20,24: «Pones las tinieblas, y es la noche; en ella corretean todas las bestias de la selva.»

Aunque podemos encontrar rastros de esta teoría en escritos cristianos tan antiguos como los del siglo IV, no fue hasta los días del doctor Thomas Chalmers, erudito escocés, y George H. Pember (1876) que la teoría tuvo auge. C. I. Scofield la incluyó en 1917 en sus notas y su popularidad quedó asegurada. Estas dos últimas fechas son significativas, porque para 1880 la teoría de la evolución de Darwin, como aparece propuesta en su libro *El origen de las especies*, estaba universalmente aceptada por el mundo científico. Esta teoría enseñaba que el mundo tenía varios millones de años de antigüedad, como lo indicaban la vasta información de los fósiles y las demandas de una geología uniformista. Los teólogos cristianos quedaron confrontados con un serio problema. ¿Cómo podía ser todo esto reconciliado con Génesis 1? Encontraron una respuesta: millones de años podían caer convenientemente en el abismo sin fondo existente entre Génesis 1:1 y 1:2. La teoría de la brecha podía ser vista como un intento, al menos en parte, para acallar a los evolucionistas no cristianos.

Podemos decir, en resumen, que la teoría de la brecha enfrenta un auténtico problema en el Nuevo Testamento, porque Pablo declara en Romanos 5:12 y 8:20-22 que fue el pecado del hombre lo que trajo la muerte, incluso para los animales. La teoría de la brecha coloca a Adán caminando por encima de un gigantesco cementerio de animales fosilizados. Podemos entonces concluir diciendo que Génesis 1:1 es una declaración resumida de los dos primeros capítulos. En este versículo Dios nos dice *qué* es lo que originalmente hizo, y en los restantes versículos nos dice *cómo* lo hizo.

En conclusión, a esta altura podemos preguntar: «Si Satanás no cayó entre Génesis 1:1 y 1:2, ¿dónde ponemos su caída?» Una probable respuesta es que sucedió entre Génesis 2:25 y 3:1. Sabemos que Lucifer se había convertido en el diablo para el tiempo de Génesis 3:1. Los estudiosos de la Biblia se han preguntado durante siglos, primeramente: ¿Por qué pecó Lucifer? Se han ofrecido dos sugerencias. Primera, pudo haber dudado de la palabra de Dios, de que él fue creado. Quizá Dios estaba mintiendo. Segunda, Lucifer estaba sin duda celoso de la naturaleza del hombre (especialmente de su capacidad de reproducirse a sí mismo, cosa que los ángeles no pueden hacer), y de las responsabilidades que se le habían dado al hombre. (Véanse Gn. 1:26-28; Sal. 8:3-6; He. 2:5-9.) Esta última sugerencia implicaría, por supuesto, que Lucifer no pecó sino *hasta después* de la creación de Adán.

12. ¿Qué hacía Dios antes de crear al hombre?
   a. Tenía comunión con su Hijo. (Véanse Pr. 8:22-30; Jn. 17:5, 24.)

      «Jehová me poseía en el principio, ya de antiguo, antes de sus obras. Eternamente tuve el principado, desde el principio, antes de la tierra. Antes de los abismos fui engendrada; antes que fuesen las fuentes de las muchas aguas. Antes que los montes fuesen formados, antes de los collados, ya había sido yo engendrada; no había aún hecho la tierra, ni lo campos, ni el principio del polvo del mundo. Cuando formaba los cielos, allí estaba yo; cuando trazaba el círculo sobre la faz del abismo; cuando afirmaba los cielos arriba, cuando afirmaba las fuentes del abismo; cuando ponía al mar su estatuto, para que las aguas no traspasasen su mandamiento; cuando establecía los fundamentos de la tierra, con él estaba yo ordenándolo todo, y era su delicia de día en día, teniendo solaz delante de él en todo tiempo» (Pr. 8:22–30).

      «Ahora pues, Padre, glorifícame tú al lado tuyo, con aquella gloria que tuve contigo antes que el mundo fuese» (Jn. 17:5).

      «Padre, aquellos que me has dado, quiero que donde yo estoy, también ellos estén conmigo, para que vean mi gloria que me has dado; porque me has amado desde antes de la fundación del mundo» (Jn. 17:24).

      ¿Por qué creó Dios al hombre, en primer lugar? Cualesquiera que sean las razones, no lo hizo porque estuviera solo. Dios tenía, tiene y tendrá un Hijo amado llamado Cristo Jesús.
   b. Estaba creando ángeles y estrellas.

      «¿Dónde estabas tú cuando yo fundaba la tierra? Házmelo saber, si tienes inteligencia» (Job 38:4).

      «Cuando alababan todas las estrellas del alba, y se regocijaban todos los hijos de Dios» (Job 38:7).

      Ambos estaban allí durante la creación de Adán. La luz de las estrellas cayó sobre el bello jardín y los ángeles revoloteaban sobre él.
   c. Estaban escogiendo a los elegidos.

      «Según nos escogió en él antes de la fundación del mundo, para que fuésemos santos y sin mancha delante de él» (Ef. 1:4).

      «Quien nos salvó y llamó con llamamiento santo, no conforme a nuestras obras, sino según el propósito suyo y la gracia que nos fue dada en Cristo Jesús antes de los tiempos de los siglos» (2 Ti. 1:9).

      Los teólogos pueden discutir acerca de *la razón* de esta elección, pero no pueden negar de que es un *hecho*.
   d. Estaba pensando en la Iglesia.

      «A mí, que soy menos que el más pequeño de todos los santos, me fue dada esta gracia de anunciar entre los gentiles el evangelio de las inescrutables riquezas de Cristo, y de aclarar a todos cuál sea la dispensación del misterio escondido desde los siglos en Dios, que creó todas las cosas» (Ef. 3:8, 9).

      Antes de que Dios creara las capas altas de la atmósfera ya tenía en mente el aposento alto.
   e. Estaba preparando el reino.

      «Entonces el Rey dirá a los de su derecha: Venid, benditos de mi Padre, heredad el reino preparado para vosotros desde la fundación del mundo» (Mt. 25:34).

      Esto significa que los 1.000 años del milenio precedieron en la mente de Dios a la semana de la creación.
   f. Dios estaba preparando un Salvador.

      «Sabiendo que fuisteis rescatados de vuestra vana manera de vivir, la cual recibisteis de vuestros padres, no con cosas corruptibles, como oro y plata, sino con la sangre preciosa de Cristo, como de un cordero sin mancha y sin contaminación, ya destinado desde antes de la fundación del mundo, pero manifestado en los postreros tiempos por amor de vosotros» (1 P. 1:18-20).

      «Y la adoraron todos los moradores de la tierra cuyos nombres no estaban escritos en el libro de la vida del Cordero que fue inmolado desde el principio del mundo» (Ap. 13:8).

      Mucho antes de que Dios instalara al primer Adán en el jardín del Edén, preparó al segundo Adán para la cruz.

13. ¿Por qué creó Dios al hombre, en primer lugar?

    Ya hemos establecido que Dios no creó a Adán porque se encontrara solo. Algunos han sugerido que antes de que Dios creara al hombre tuvo amplia oportunidad de manifestar sus atributos. En la creación de las estrellas se manifestó su omnipotencia. En la creación de los ángeles se vio su omnisciencia. Al juzgar a Lucifer (Ez. 28; Is. 14) quedó demostrada su santidad. Pero un atributo muy profundo en su corazón no lo había ejercitado todavía. Este era la gracia. No está, pues, fuera de orden sugerir que Dios creó al hombre sabiendo muy bien que Adán pecaría (aunque Él no le estimuló a hacerlo en ningún sentido), y entonces, en el cumplimiento de los tiempos había planeado enviar a su Hijo unigénito para morir en lugar del hombre y así manifestar su gracia maravillosa. Todo esto se enseña en los siguientes versículos:

    «Señor, digno eres de recibir la gloria y la honra y el poder; porque tú creaste todas las cosas, y por tu voluntad existen y fueron creadas» (Ap. 4:11).

    «Pero la ley se introdujo para que el pecado abundase, mas cuando el pecado abundó, sobreabundó la gracia» (Ro. 5:20).

    «Para mostrar en los siglos venideros las abundantes riquezas de su gracia en su bondad para con nosotros en Cristo Jesús» (Ef. 2:7).

    «Porque somos hechura suya, creados en Cristo Jesús para buenas obras, las cuales Dios preparó de antemano para que anduviésemos en ellas» (Ef. 2:10).

14. ¿Cómo fue hecho el hombre a la imagen de Dios?
   a. Quizá debido a la trinidad del hombre, pues éste consiste de espíritu, alma y cuerpo.

      «Y el mismo Dios de paz os santifique por completo; y todo vuestro ser, espíritu, alma y cuerpo, sea guardado irreprensible para la venida de nuestro Señor Jesucristo» (1 Ts. 5:23).

      «Porque la palabra de Dios es viva y eficaz, y más cortante que toda espada de dos filos; y penetra hasta partir el alma y el espíritu, las coyunturas y los tuétanos, y discierne los pensamientos y las intenciones del corazón» (He. 4:12).
   b. Quizá porque el hombre (como Dios) conoce la diferencia entre el bien y el mal. Sólo el hombre, entre todas la criaturas, tiene conciencia de sí mismo.
   c. Quizá Dios tenía en mente el futuro trabajo de Jesús cuando Él se hizo carne.

«Y aquel Verbo fue hecho carne, y habitó entre nosotros (y vimos su gloria, gloria como del unigénito del Padre), lleno de gracia y de verdad» (Jn. 1:14).

«E indiscutiblemente, grande es el misterio de la piedad: Dios fue manifestado en carne, justificado en el Espíritu, visto de los ángeles, predicado a los gentiles, creído en el mundo, recibido arriba en gloria» (1 Ti. 3:16).

«Haya, pues, en vosotros este sentir que hubo también en Cristo Jesús, el cual, siendo en forma de Dios, no estimó el ser igual a Dios como cosa a que aferrarse, sino que se despojo a sí mismo, tomando forma de siervo, hecho semejante a los hombres; y estando en la condición de hombre, se humilló a sí mismo, haciéndose obediente hasta la muerte, y muerte de cruz» (Fil. 2:5-8).

d. Quizá Dios tenía en mente la futura vida del creyente cuando todos los cristianos serán como Jesús.

«El cual transformará el cuerpo de la humillación nuestra, para que sea semejante al cuerpo de la gloria suya, por el poder con el cual puede también sujetar a sí mismo todas las cosas» (Fil. 3:21).

«Porque a los que antes conoció, también los predestinó para que fuesen hechos conformes a la imagen de su Hijo, para que él sea el primogénito entre muchos hermanos» (Ro. 8:29).

«Amados, ahora somos hijos de Dios, y aún no se ha manifestado lo que hemos de ser; pero sabemos que cuando él se manifieste, seremos semejantes a él, porque le veremos tal como él es» (1 Jn. 3:2).

15. ¿Cómo era realmente Adán?

a. Adán fue el punto culminante de la creación de Dios. Se ha estimado que aún los más brillantes genios usan un porcentaje muy pequeño del potencial total de su cerebro. Esto quiere decir que Adán era al menos mil veces superior a los intelectuales de hoy. Nosotros probablemente somos un noventa y cinco por ciento ciegos a toda la riqueza de colores desplegados por la naturaleza, y un noventa y ocho por ciento sordos a su gran variedad de sonidos. Los cinco sentidos de Adán estaban afinados con la absoluta perfección. Incluso pudo haber tenido percepción extrasensorial. El se entendía perfectamente a sí mismo y a su medio. Aparentemente estaba también capacitado para comunicarse con los animales (Gn. 3:1, 2) y quizá toda la naturaleza también.

El siguiente artículo en el número de abril de 1977 del *Reader's Digest* [Selecciones]:

«Original de Seis Millones de Dólares.

¿Está cansado de escuchar que el cuerpo humano sólo vale como tres dólares? ¿Y de la humilde y humillante realidad de que un pollo o un salmón se vende por más de lo que usted vale? Hay buenas noticias para curar las heridas de nuestros egos.

Harold J. Morowitz, profesor de biofísica de la Universidad de Yale, dice que el cuerpo humano puede valorarse en seis millones de dólares. Esa cantidad cubre sólo los materiales que lo componen: hormonas, proteínas, enzimas, etc. La compleja tarea de hacer que dichos materiales formen células humanas podría costar millones de millones de dólares. Y ensamblar estas células en un ser humano que funcione agotaría todas las tesorerías del mundo. "Todo ser humano es inapreciable" es la declaración exageradamente modesta del profesor» (p. 144).

b. Adán era absolutamente único. Durante años los evolucionistas han desenterrado montones de calaveras rotas y de huesos deformados y los han presentado como «prueba» de la existencia de antiguas criaturas subhumanas que finalmente llegaron a la categoría de humanas. Otra vez, uno tiene que decidirse entre Moisés o Darwin en este asunto. Algunos de los eslabones perdidos más «importantes» en esta cadena cronológica del hombre son:

El hombre de Neanderthal. Encontrado en 1856, en el valle Neander, cerca de Dusseldorf, Alemania, por Johann C. Fuhlrott. El hallazgo consistió de una calavera y varios huesos. Al principio fue retratado como una criatura subhumana brutal y semierecta. Se cree ahora que estas «criaturas» fueron auténticos seres humanos que sufrieron severamente de raquitismo, causado por deficiencia de vitamina D. Esta condición produjo el ablandamiento de los huesos y la consiguiente deformación.

«Sabemos ahora que el hombre de Neanderthal caminaba completamente erecto y en la mayoría de los detalles no se le puede distinguir del hombre moderno; su capacidad craneal excede incluso a la del hombre moderno. Se dice que si apareciera vestido como un hombre de negocios y caminara por una calle de nuestras ciudades, no llamaría más la atención que los nuestras ciudades, no llamaría más la atención que los demás hombres. Hoy se le clasifica como *Homo sapiens*, totalmente humano.» (*Evolution? The Fossils Say No*, Duane T. Gish, p. 103.)

El hombre de Java (Pithecanthropus erectus, («el hombre-mono erecto»). Fue encontrado en Triunil, Java, en 1891, por Eugene Dubois, un médico holandés. El «hallazgo» consistió de la tapa de una sola calavera. Un año después fueron descubiertos un pequeño hueso del muslo y dos muelas a cincuenta pies (dieciséis metros) de donde se encontró la tapa de la calavera. Dubois consideró que todas las piezas provenían de la misma criatura y las fechó con una antigüedad de medio millón de años. Sin embargo, él no reveló, hasta treinta y un años después, que también había encontrado dos calaveras obviamente humanas en la misma fecha y lugar. La mayoría de los evolucionistas de aquellos días se convencieron de la validez de esta criatura de medio millón de años de antigüedad. Pero antes de su muerte, Dubois tristemente reconoció que su hombre de Java era realmente los restos de un mono gibón de gran tamaño.

El hombre de Piltdown (*Eanthropus dawsoni*, «hombre Dawn»). Fue encontrado en 1912, en Piltdown, Inglaterra, por Charles Dawson. El «hallazgo» consistió de una calavera y unos pocos dientes. En poco tiempo las grandes autoridades mundiales en la materia declararon por consenso que se había hallado un auténtico eslabón en la evolución del hombre. Fue fechado con una antigüedad de entre 500 y 750 mil años. Las alabanzas por este descubrimiento fueron cantadas por el doctor Arthur Smith Woodward, un eminente paleontólogo del Museo Británico, y el doctor Henry Fairfield Osborn, paleontólogo del Museo Americano de Historia Natural. Era 1950, los huesos de Piltdown fueron cuidadosamente examinados mediante pruebas de fluoruro, y se descubrió que eran un engaño colosal. La «calavera» había sido manchada con sales de hierro para darle la apariencia de antigüedad. De manera que el mundialmente famoso hombre de Piltdown no era otra cosa que los restos arreglados de una criatura reciente.

El hombre de Pekín. Fue encontrado en 1912 (y 1937) por David Bolack cerca de Pekín, China. El descubrimiento consistió de 30 calaveras y 147 dientes. Estos restos desaparecieron en 1941 cuando eran trasladados desde Pekín por un destacamento estadounidense para protegerlos de la inminente invasión japonesa. Algunos creen ahora que este hallazgo era simplemente los restos de algunos monos de gran tamaño que los obreros de una cantera de cal mataron y comieron.

Nebraska man. («El hombre-mono occidental».) Fue encontrado en el oeste de Nebraska en 1922 por Harold Cook. Lo que exactamente encontró fue un diente, y fue inmediatamente declarado por el doctor H. F. Osborn, del Museo Americano, como el vanagloriado eslabón perdido. Lo puso al mero principio de las raíces del linaje humano. El doctor William K. Gregory, guardián del Museo Americano de Historia Natural y profesor de paleontología en la Universidad de Columbia, lo calificó como «el diente de un millón de dólares». Sir Grefton Elliott Smith, del periódico *London Illustrated News,* asignó a un artista imaginativo la tarea de dibujar al hombre-mono que llevó en su boca el diente hacía más de seis mil siglos. Durante los famosos juicios evolucionarios de Scopes, en Dayton, Tennessee, William Jenning Bryan (defensor de la Biblia) fue enfrentado y ridiculizado por una delegación de autoridades dirigida por el profesor H. H. Newman de la Universidad de Chicago, por su ignorancia en relación con este famoso diente y otras «verdades» de la evolución. En 1927, para la inimaginable vergüenza de muchos, se descubrió que el diente correspondía a una raza de cerdos desaparecidos.

El mono de África oriental (*Zinjanthropus*). Fue encontrado por Louis S. B. Leakey en Olduva, Zambia, en 1959. El hallazgo consistió de la tapa de una calavera y unos pocos fragmentos de huesos. El «descubrimiento» fue sensacionalizado por medio de la revista *National Geographic*, que había patrocinado a Leakey. Su hallazgo fue datado con una antigüedad de entre dos y cuatro millones de años, haciendo con mucho del hombre de África oriental el «eslabón» más antiguo conocido hasta entonces. Sin embargo, antes de su muerte, Leakey indicó que creía que su alardeado descubrimiento no era otra cosa que una variedad de *Austrolopithecus* (mono austral) encontrado en 1924.

Uno de los eruditos más respetados del siglo XX es el doctor Mortimer J. Adler, coeditor de la monumental colección de cincuenta y cuatro volúmenes, *Great Books of the Western World*. En uno de sus muchos libros, *Great Ideas of the Great Books*, Adler responde a una pregunta que le hicieron en relación con la diferencia entre los hombres y los animales.

«Querido doctor Adler:

> ¿Hay alguna diferencia básica entre el hombre y los animales, o es el hombre un animal como todos los demás? Algunos dicen que el hombre es la única criatura que puede pensar y aprender. Pero no considero que sea ésta una distinción real, en razón de que biólogos y psicólogos han demostrado que los animales pueden construir cosas y resolver problemas. He conocido algunos perros muy inteligentes y también a algunos seres humanos muy irreflexivos. ¿Cuál es la diferencia esencial entre el hombre y los animales?
>
> A. M. P.

Querido A. M. P.:

Hasta comparativamente tiempos recientes, pocos filósofos dudaban de que el hombre era esencialmente diferente de los demás animales. En la gran tradición del pensamiento occidental, desde Plutón hasta el siglo XIX, se reconocía casi universalmente que el hombre y sólo el hombre era un animal racional. Esta visión filosófica de la naturaleza distintiva del hombre concuerda con la visión bíblica de que el hombre, y sólo el hombre, está creado a la imagen de Dios, como una persona y no una cosa.

La opinión opuesta ha prevalecido desde los tiempos de Darwin, no solamente entre los científicos, sino también entre las gentes educadas en general. La teoría darviniana del origen del hombre, como usted sabe, es que el hombre y el mono antropoide descienden de un antecesor común; junto con este punto de vista del origen evolucionario del hombre va la opinión de que el hombre y los mamíferos superiores difieren solamente en grado. Por ejemplo, en vez de reconocer al hombre como el único ser racional, los evolucionistas encuentran la misma clase de inteligencia en el hombre y en otros animales. El hombre simplemente tiene una mayor cantidad.

Dice en su carta que piensa que los argumentos tradicionales sobre la naturaleza distintiva del hombre son débiles, porque los animales, al igual que el hombre, pueden razonar y hacer cosas, etc. Permítame responder a su pregunta mediante la defensa del punto de vista tradicional de que el hombre es una criatura especial.

La más fuerte evidencia de que los hombres poseen ciertos poderes que los otros animales no tienen en ningún grado consiste en lo que los hombres pueden hacer y que los otros animales no pueden en absoluto. Una de tales indicaciones es el poder del hombre de hacer cosas.

Sabemos que las abejas construyen colmenas, los pájaros hacen nidos y los castores diques. Pero tales producciones son totalmente instintivas en ellos. Una cierta especie de pájaros construye sus nidos en la misma forma generación tras generación. Esto muestra que el nido es un resultado del instinto, no del arte, que involucra razonamiento y libre voluntad. Al edificar casas, puentes y cualquiera de sus muchas otras herramientas el hombre inventa y selecciona. Son realmente artistas, mientras que los animales no lo son.

Además, sólo los hombres construyen máquinas que son en sí mismas productivas. Otros animales pueden usar herramientas toscas, pero ningún otro animal fabrica una prensa de estampar que estampa un número indefinido de un producto cuando se la alimenta con la materia prima. Esta es otra indicación del poder especial del hombre como hacedor de cosas.

Usted dice que otros animales pueden razonar. En mi opinión es más correcto decir que otros animales pueden resolver problemas cuando son confrontados con la urgencia biológica de encontrar la manera de conseguir lo que necesitan. Todo lo que llamamos "pensamiento" en los animales es en este nivel. Pero nunca veremos a ningún animal sentarse a pensar a la manera de un filósofo o matemático cuando no tiene ninguna urgencia biológica de hacerlo.

El hecho de que el pensamiento humano es discursivo e involucra el lenguaje es otra indicación de que es bastante diferente de la capacidad de los animales de resolver problemas. Los animales, por supuesto, también producen sonidos y se comunican emociones e impulsos unos a otros. Pero ningún animal comunica pensamiento; ningún animal expresa jamás una frase sosteniendo que algo sea verdadero o falso. Sólo un animal racional puede hacerlo.

Puedo continuar y darle otros muchos ejemplos que evidencian que el hombre posee ciertas facultades que ningún otro animal tiene en el mínimo grado. Me contentaré con sólo un hecho más.

El hombre es el único animal con un desarrollo histórico. Otros animales pueden cambiar en su constitución biológica en el curso de cientos de miles de generaciones; pero tales alteraciones resultan completamente de cambios en el plasma del embrión, que es lo único que se transmite de generación en generación. Los hombres transmiten ideas e instituciones, una tradición completa de cultura, de una generación a otra, y esto es lo que cuenta para la historia de la raza humana.

En mi opinión es abrumadora la evidencia empírica en favor de la opinión de que los hombres son esencialmente diferentes de las bestias. A semejanza de las bestias, ellos también son animales; pero a diferencia de ellos, los hombres son seres racionales. Si esto es cierto, nos llevaría, por supuesto, al rechazo de la teoría de Darwin del origen del hombre mediante la evolución. Las teorías, después de todo, deben formularse para ajustarse a los hechos y no los hechos a la teoría. (*Great Ideas from the Great Books*, pp. 173-275.)

c. Adán fue puesto como rey de la creación y se le encargó que sojuzgara la tierra, que le diera nombre a los animales, y que cuidara de su bello hogar en el jardín de Edén (Gn. 1:28-31; 2:8-15, 19, 20).

d. Le fue ordenado que se abstuviera del árbol de la ciencia del bien y del mal, a fin de que no muriera (Gn. 2:17). La expresión hebrea aquí indica que si Adán pecaba él moriría dos veces. Esta frase puede ser también traducida así: «Y al morir ciertamente morirás.» En la Biblia se nos habla de dos clases de muerte y ambas pueden ser definidas por una sola palabra. La palabra es separación. Las dos clases de muerte son física y espiritual. Cuando una persona muere físicamente, su alma se separa de su cuerpo. El cuerpo es sepultado en la tierra, pero su alma continúa viviendo. No puede morir nunca. La clase más grave de muerte es, sin embargo, la muerte espiritual. Esto ocurrirá cuando el pecador sin arrepentirse sea un día separado para siempre de Dios. Esto es lo que algunas veces es llamado la segunda muerte.

«Y entonces les declararé: Nunca os conocí; apartaos de mí, hacedores de maldad» (Mt. 7:23).

«Entonces diré también a los de la izquierda: Apartaos de mí, malditos, al fuego eterno preparado para el diablo y sus ángeles» (Mt. 25:41).

«Y vi un gran trono blanco y al que estaba sentado en él, de delante del cual huyeron la tierra y el cielo, y ningún lugar se encontró para ellos. Y vi a los muertos, grandes y pequeños, de pie ante Dios: y los libros fueron abiertos, y otro libro fue abierto, el cual es el libro de la vida; y fueron juzgados los muertos por las cosas que estaban escritas en los libros, según sus obras. Y el mar entregó los muertos que había en él; y la muerte y el Hades entregaron los muertos que había en ellos; y fueron juzgados cada uno según sus obras. Y la muerte y el Hades fueron lanzados al lago de fuego. Esta es la muerte segunda. Y el que no se halló inscrito en el libro de la vida fue lanzado al lago del fuego» (Ap. 20:11-15).

«Pero los cobardes e incrédulos, los abominables y homicidas, los fornicarios y los hechiceros, los idólatras y todos los mentirosos tendrán su parte en el lago que arde con fuego y azufre, que es la muerte segunda» (Ap. 21:8).

Con este trasfondo en mente pensemos en esta tremenda verdad: nacer una vez significa morir dos veces, pero nacer dos veces significa morir una sola vez (y quizá ni siquiera una vez, si estamos vivos en el momento del rapto). (Véanse 1 Co. 15:51-53; 1 Ts. 4:16-17.)

e. Adán fue alentado a comer del árbol de la vida y de todos los demás árboles (¿los árboles de la música, la literatura , el arte, etc.?). (Véanse Gn. 1:29; 2:9, 16.)

Aunque Adán tenía un cuerpo perfecto en la creación, parece que era necesario que participara del fruto de este árbol a fin de asegurar que su cuerpo funcionara en forma perfecta. Muchos siglos después los primeros exploradores españoles de América buscaron en vano la fuente de la juventud. ¡Buscaron en forma equivocada!

f. A Adán le fue dada una esposa (2:22-24). La primera boda de la historia se llevó a cabo en Edén y Dios mismo la ofició. Veamos el relato:

«Y de la costilla … del hombre, hizo una mujer…» (2:22). Se ha señalado frecuentemente que Dios no hizo a Eva de los pies de Adán, para que fuera su esclava; ni tampoco fue sacada de su cabeza, para que no se enseñoreara de él; sino más bien de cerca de su corazón, a fin de que ella lo amara y fuera amada por Adán.

«Porque el varón no procede de la mujer, sino la mujer del varón, y tampoco el varón fue creado por causa de la mujer, sino la mujer por causa del varón» (1 Co. 11:8, 9).

La palabra costilla debería traducirse como costado. El término hebreo que se usa aquí es *tsela* y casi siempre significa costado o lado.

«Fundirás para ella cuatro anillos de oro, que pondrás en sus cuatro esquinas; dos anillos o un lado de ella, y dos anillos al otro lado» (Ex. 25:12).

«Serán gastadas de hambre sus fuerzas, y a su lado estará preparado quebrantamiento» (Job 18:12).

16. ¿De qué siete palabras carecía Adán en su vocabulario? Se nos dice en Génesis 2:19 que «todo lo que Adán llamó a los animales vivientes, ese es su nombre». Adán debió de tener un vocabulario tremendo. Hoy tenemos más de 3.500 mamíferos diferentes, 8.600 aves, 5.500 reptiles y anfibios; y debieron de existir, sin duda, muchos más en aquellos días. ¡Y Adán le puso a todos nombre! No obstante, a pesar de esto, hubo siete simples palabras que Adán desconoció y no experimentó antes de su caída. Son:

Muerte:

«Más del árbol de la ciencia del bien y del mal no comerás; porque el día que de él comieres, ciertamente morirás» (Gn. 2:17).

Desnudez:

«Entonces fueron abiertos los ojos de ambos, y conocieron que estaban desnudos; entonces cosieron hojas de higuera, y se hicieron delantales» (Gn. 3:7).

Maldito:

«Y al hombre dijo: Por cuanto obedeciste a la voz de tu mujer, y comiste del árbol de que te mandé diciendo: No comerás de él; maldita será la tierra por tu causa; con dolor comerás de ella todos los días de tu vida» (Gn. 3:17).

Dolor:

(Gn. 3:17)

Espinos:

«Espinos y cardos te producirá, y comerás plantas del campo» (Gn. 3:18).

Sudor:

«Con el sudor de tu rostro comerás el pan hasta que vuelvas a la tierra, porque de ella fuiste tomado; pues polvo eres, y al polvo volverás» (Gn. 3:19).

Espada:

«Echó, pues, fuera al hombre, y puso al oriente del huerto de Edén querubines, y una espada encendida que se revolvía por todos lados, para guardar el camino del árbol de la vida» (Gn. 3:24).

Después de la caída, Adán añadió estas amargas palabras a su vocabulario. El eco de estos términos inicuos persiguieron a Adán y a la humanidad durante más de cuarenta largos siglos. Entonces vino el segundo Adán, quien con éxito lidió con cada una de estas palabras.

Muerte:

«Le dijo Jesús: Yo soy la resurrección y la vida; el que cree en mí, aunque esté muerto, vivirá» (Jn. 11:25).

Desnudez:

«Cuando los soldados hubieron crucificado a Jesús, tomaron sus vestidos, e hicieron cuatro partes, una para cada soldado. Tomaron también su túnica, la cual era sin costura, de un solo tejido de arriba a abajo» (Jn. 19:23).

Maldecido:

«Cristo nos redimió de la maldición de la ley, hecho por nosotros maldición (porque está escrito: Maldito todo el que es colgado en un madero)» (Gá. 3:13).

Dolor:

«Despreciado y desechado entre los hombres, varón de dolores, experimentado en quebranto; y como que escondimos de él el rostro, fue menospreciado, y no lo estimamos» (Is. 53:3).

Espinas:

«Y salió Jesús, llevando la corona de espinas y el manto de púrpura. Y Pilato les dijo: ¡He aquí el hombre!» (Jn. 19:5).

Sudor:

«Y estando en agonía, oraba más intensamente; y era su sudor como grandes gotas de sangre que caían hasta la tierra» (Lc. 22:44).

Espada:

«Pero uno de los soldados le abrió el costado con una lanza, y al instante salió sangre y agua» (Jn. 19:34).

Pablo proclama los gloriosos resultados de la misión de Cristo.

«Anulando el acta de los decretos que había contra nosotros, que nos era contraria, quitándola de en medio y clavándola en la cruz» (Col. 2:14).

17. ¿Cuánto tiempo estuvieron Adán y Eva en el jardín? En Génesis 4:1 se nos dice que «Adán conoció a su mujer». Esta es una referencia a la unión sexual. Considerando que esta es la primera vez que se menciona, cabe pensar que ellos estuvieron muy poco tiempo en el jardín de Edén, quizá sólo unas pocas horas o días.

18. ¿Veremos a Adán en el cielo?
Sabemos que fue creado perfecto y sabemos que pecó. Pero, ¿fue salvado después? Hay dos versículos que indican que lo fue.
    a. Génesis 3:21: Dios vistió a Adán y Eva con pieles de animales. Sin duda algunos animales inocentes murieron a fin de proveer estas pieles. Este acto es un tipo de la salvación.
    b. Génesis 4:4: Abel sabía que el camino correcto para acercarse a Dios era mediante la sangre de un cordero. Parece razonable suponer que este conocimiento le vino por medio de Adán.

19. ¿De dónde consiguió Caín su mujer?
Quizá no hay ningún otro asunto relacionado con la Biblia sobre el que se haya hecho más preguntas que éste. Pero es absolutamente insignificante en comparación con lo que preguntó el carcelero de Filipos: «¿Qué debo hacer para ser salvo» (Hch. 16:30). Según Génesis 5:4, Adán y Eva tuvieron hijos e hijas. Por consiguiente, Caín sin duda alguna se casó con una de sus hermanas. Este versículo también explica por qué Caín tenía temor después que mató a su hermano, según se nos dice en Génesis 4:14. Supuso sin duda que sus padres tendrían otros hijos e hijas y que uno de ellos podría un día salir a buscarle.

20. ¿Existen lagunas en las genealogías que aparecen en Génesis 5 y 10?
    a. Los nombres de Génesis 5 se repiten exactamente en el mismo orden en 1 Crónicas 1:1-4 y Lucas 3:36-38, de manera que parece que no las hay. Si esto es así, debemos entonces llegar a la conclusión de que:

(1) La creación tuvo lugar alrededor del año 4000 a.C.
(2) El diluvio sucedió sobre el año 2400 a.C. (1656 años después de la creación).
(3) Adán fue contemporáneo de Enoc durante 308 años y murió cincuenta y siete años antes de su arrebatamiento al cielo.
(4) Set, el hijo de Adán, vivió para ver el arrebatamiento de Enoc y murió catorce años antes del nacimiento de Noé.
(5) Noé fue contemporáneo de Abraham durante cincuenta y ocho años.
(6) Sem, el hijo de Noé, vivió realmente treinta y cinco años más que Abraham. Sin embargo, pocos eruditos de la Biblia conservadores estarían de acuerdo con todas estas conclusiones.

b. En Génesis 10 hay al menos una laguna. Nótese:
(1) Génesis 10:24 dice que Arfaxad engendró a Sala, y Sala engendró a Heber.
(2) Lucas 3:34, 36 nos informa que Arfaxad engendró a Cainán, y Cainán engendró a Sala y éste a Heber.

c. En Mateo 1 quedan fuera tres nombres.
(1) Mateo 1:8, 9 nos dice que Asa engendró a Josafat, Josafat a Joram, y Joram a Uzías.
(2) En 2 Crónicas capítulos 17—26 se nos dice que Asa engendró a Josafat, Josafat a Joram, Joram a Ocozías, Ocozías a Joás, Joás a Amasías, y Amasías a Uzías.

21. ¿Quiénes fueron aquellos misteriosos hijos de Dios de Génesis 6?

Mucha controversia se ha suscitado alrededor de estos versículos. ¿Quiénes eran los hijos de Dios que se casaron con las hijas de los hombres? Hay dos maneras de entenderlo. La interpretación simple es que los hijos de Dios eran aquellos individuos pertenecientes a la línea de Set, mientras que las hijas de los hombres eran las hijas no redimidas de la línea de Caín. La segunda interpretación, más compleja, sugiere que los hijos de Dios eran seres angelicales de alguna clase, caídos e impíos, que cometieron actos físicos innaturales e inmorales con mujeres en general.

a. Razones básicas a favor de la primera interpretación.
(1) Es la forma más natural de interpretar el pasaje.
(2) Lo apoya la declaración de Jesús en Mateo 22:30:

> «Porque en la resurrección [los salvados en los cielos] ni se casarán, ni se darán en casamiento, sino serán como los ángeles de Dios en el cielo.»

(3) Según la ley de las biogénesis, una forma de vida produce vida similar. (Nótese la declaración «según su especie» en Gn. 1:11, 12, 21, 24, 25.)
(4) La declaración de Pablo en 1 Corintios 15:38-40: «Hay cuerpos celestiales, y cuerpos terrenales», lo que indica que estos dos nunca se juntan.
(5) Moisés no usó la palabra hebrea común para ángel (*malak*), que emplea más tarde al menos veintiocho veces en el Pentateuco.
(6) «Los valientes» (supuestamente los descendientes de ángeles y mujeres) es la traducción del término hebreo *gibbor* (Gn. 6:4), que es usado decenas de veces en el Antiguo Testamento y siempre se refiere a seres humanos (Jue. 6:12).

b. Razones básicas a favor del segundo punto de vista:
(1) La lengua hebrea parece favorecerlo.
(a) La frase hebrea *bne-elohim* (hijos de Dios) siempre se refiere a los ángeles en el Antiguo Testamento. (Véase Job 1:6; 2:1; 38:7; Dn. 3:25.)
(b) La palabra hebrea *nephilim* (traducida por «gigantes» en 6:4) debería realmente traducirse por «seres caídos». La expresión hebrea normal para gigantes es *rapha*. A hombres como Og y Goliat se les describe mediante el término *rapha*. (Véase Dt. 3:11; 1 Cr. 20:6.)
(2) Hay casi siempre una base para leyendas antiguas comúnmente creídas, a pesar de cuán fantásticas y distorsionadas hayan llegado a ser. En 6:4 leemos acerca de «varones de renombre», que algunos creen es la base histórica para las leyendas de Hércules y otros hijos de los dioses de la mitología. Esto posteriormente se correspondería con figuras babilónicas como Gilgamés, el supuesto hijo de una diosa y un mortal. Se decía de él que era «dos partes dios y una parte hombre».
(3) La opinión común de los eruditos judíos: Josefo, el gran historiador judío, alude a esto en sus escritos. La Septuaginta (la traducción griega del Antiguo Testamento hebreo) traduce Génesis 6:2 como los «ángeles de Dios».
(4) La interpretación de la iglesia primitiva: no fue hasta el siglo IV que apareció otro punto de vista opuesto a la teoría de los ángeles de Dios. El doctor James M. Gray (antiguo presidente del Instituto Bíblico Moody) escribe: «Hay razón para creer que esta interpretación no habría cambiado si no hubiera sido por ciertas opiniones y prácticas erróneas de la cristiandad.» De su libro *Spiritism and the Fallen Angels* Gray sugiere entonces dos razones:
(a) Una de ellas era la adoración de ángeles. Poco después del siglo IV, la Iglesia empezó a adorar a los ángeles, de manera que lo más natural era negar que los ángeles pudieran hacer cosas tan viles con la humanidad.
(b) La otra razón era el celibato. Si en verdad estos hijos de Dios eran seres humanos, entonces los monjes tendrían justificación

LAS CARACTERÍSTICAS FÍSICAS DEL MUNDO ANTIGUO

- CÁLIDO EN TODA LA TIERRA, CON TEMPERATURAS SUAVES Y AGRADABLES
- SIN DESIERTOS NI CASQUETES POLARES
- MÁS TIERRA FIRME QUE HOY
- OCÉANOS MÁS PEQUEÑOS Y MENOS PROFUNDOS
- SIN MONTAÑAS ESCARPADAS O BARRANCAS PROFUNDAS
- CONDICIONES CLIMATOLÓGICAS SUAVES Y CONSTANTES
- ABUNDANTE VEGETACIÓN EN TODA LA TIERRA
- SIN LLUVIAS, LA TIERRA ESTABA PROBABLEMENTE REGADA POR EL ROCÍO Y POR MANANTIALES ARTESANOS

bíblica para permitirse actividades sexuales a pesar de sus votos oficiales de castidad.

(5) Varios pasajes del Nuevo Testamento apoyan este puntos de vista. Por ejemplo, 1 Pedro 3:18-20: «Porque también Cristo padeció una sola vez por los pecados, el justo por los injustos, para llevarnos a Dios, siendo a la verdad muerto en la carne, pero vivificado en espíritu; en el cual también fue y predicó a los espíritus encarcelados, los que en otro tiempo desobedecieron, cuando una vez esperaba la paciencia de Dios en los días de Noé, mientras se preparaba el arca en la cual pocas personas, es decir, ocho, fueron salvadas por agua.»

Algunos piensan que los espíritus de que se habla aquí fueron los hijos de Dios que se citan en Génesis 6. La razón para esta iniquidad fue un intento satánico de corromper la carne humana y así impedir que la prometida encarnación (Gn. 3:15) tuviera lugar. Pero Pedro presenta aquí a Cristo como diciéndoles a ellos que su necio plan no funcionó. Otro pasaje sugerido en esta misma línea de pensamiento es Judas 1:5-7.

(6) Existen dos clases de ángeles caídos: los que todavía están libres y los encadenados. Los *libres* tienen ahora acceso a las regiones celestiales y a los cuerpos de los no salvos. (Véanse Ef. 6:12; Lc. 8:27; Mr. 1:23.) Los *encadenados* ya están al presente encarcelados. (Véanse 2 P. 2:4; Jud. 1:5-7.) Se piensa que estos están encadenados por su participación en lo que se dice en Génesis 6.

Debe también hacerse notar en conclusión que en tiempos recientes se ha sostenido un tercer punto de vista, que dice que los hijos de Dios fueron en realidad ángeles caídos que controlaban a todos los hombres malos antes del diluvio. Estos demonios podían haber intentado cambiar (mediante procedimientos genéticos, como lo vemos hoy), el código del ADN de los futuros bebés, como lo hacen algunos virus mortíferos.

22. ¿Cómo era el mundo antediluviano? La vida antes del diluvio era sin duda muy diferente de como la conocemos hoy.
   a. Era probablemente más cálido con un clima más agradable y benigno.
   b. Puede que no hubiera desiertos ni casquetes polares.
   c. La tierra firme era más extensa y los océanos más pequeños.
   d. La topografía era más suave, sin escarpadas montañas o cañones tan profundos que afectan tanto nuestro clima hoy.
   e. La vegetación prosperaría abundante en todo el mundo.
   f. Aparentemente no había lluvias, pues la tierra se regaba mediante el rocío temprano y los manantiales que la surcaban. Además de las inferencias bíblicas, tenemos la evidencia conclusiva, por la presencia de los grandes depósitos del petróleo cerca de los polos, que el clima del mundo fue una vez templado e incluso subtropical.

23. ¿Cuán avanzada era la civilización antediluviana? Uno de los libros más populares de los primeros años de la década de los setenta fue *Chariots of the Gods?*, de Erich Van Daniken. El intenta probar mediante los siguientes datos que nuestra tierra fue una vez visitada por «pequeños hombres verdes»:
   a. Una pista de aterrizaje, construida hace muchos siglos en Perú.
   b. Antiguas construcciones de hormigón en Bolivia.
   c. Dibujos de naves espaciales en México.
   d. Fragmentos de rocas, semejantes a cristales, llamados «tektites» encontrados en Líbano, en los que se han descubierto isótopos de aluminio radiactivo.
   e. Hallazgo de lentes cristales cortados, lo que indica actividad electroquímica.
   f. Baterías eléctricas secas encontradas en Bagdad.
   g. Ornamentos de platino fundido hallados en Perú.
   h. Partes de un cinturón hecho de aluminio descubierto en una antigua tumba en China.

   A la vez que rechazaríamos inmediatamente las conclusiones sin base bíblica de Van Daniken, admitimos la remota posibilidad de que tales objetos puedan ser débiles evidencias de una sociedad antidiluviana altamente sofisticada (y altamente degenerada).

24. ¿Cuánta luz espiritual tiene el mundo antidiluviano?
   a. Tenían el testimonio de la naturaleza.
   «Porque lo que de Dios se conoce les es manifiesto, pues Dios se lo manifestó. Porque las cosas invisibles de él, su eterno poder y deidad, se hacen claramente visibles desde la creación del mundo, siendo entendidas por medio de las cosas hechas, de modo que no tienen excusa» (Ro. 1:19, 20).
   b. Tenían el testimonio de la conciencia.

LOS FRACASOS MORALES DEL MUNDO ANTIGUO

- PREOCUPACIÓN POR LOS APETITOS FÍSICOS (Lc. 17:27)
- AVANCES RÁPIDOS EN TECNOLOGÍA (Gn. 4:22)
- ACTITUDES E INTERESES MATERIALISTAS GROSEROS (Lc. 17:28)
- FILOSOFÍAS UNIFORMITARIAS (He. 11:7; 2 P. 3:4)
- DEVOCIÓN DESORDENADA POR EL PLACER Y LA COMODIDAD (Gn. 4:21)
- NO INTERESADOS EN DIOS, NI EN CREENCIA NI EN CONDUCTA (2 P. 2:4; Jud. 15)
- MENOSPRECIO POR LA SANTIDAD DE LAS RELACIONES MATRIMONIALES (Mt. 24:38)
- RECHAZO DE LA PALABRA INSPIRADA DE DIOS (1 P. 3:19)
- GRAN AUMENTO DE LA POBLACIÓN (Gn. 6:1, 11)
- DIFUSIÓN DE LA VIOLENCIA (Gn. 6:11, 13)
- CORRUPCIÓN DE TODA LA SOCIEDAD (Gn. 6:12)
- OBSESIÓN CON LA ACTIVIDAD SEXUAL ILÍCITA (Gn. 4:19; 6:2)
- COSTUMBRE EXTENDIDA DE PALABRAS Y PENSAMIENTOS BLASFEMOS (Jud. 1:15)
- ACTIVIDAD SATÁNICA ORGANIZADA (Gn. 6:1-4)
- ACEPTACIÓN GENERAL DE SISTEMAS Y MOVIMIENTOS DE GRAN DEPRAVACIÓN (Gn. 6:5, 12)

HECHOS SOBRE EL DILUVIO

¿CUÁNDO COMENZÓ EL DILUVIO?	Empezó en noviembre. Mucha gente en todo el mundo se lamenta en este mes en el día de los muertos.
¿CUÁNTO DURÓ EL DILUVIO?	371 días
¿QUÉ PUDO HABER INICIADO EL DILUVIO?	**A.** Un terremoto pudo haber liberado vastas reservas de agua mantenidas bajo presión por la corteza terrestre (Gn. 7:11). **B.** Esto pudo haber lanzado hacia el cielo inmensas cantidades de polvo, que a su vez iniciaron la condensación y precipitación de aquel manto de agua.
¿FUE EL DILUVIO UNIVERSAL? ¡SÍ!	**A.** Por la necesidad del arca **B.** Por la amplia distribución del hombre sobre la tierra antes del diluvio (Véase Gn. 4:16.) **C.** Por la comparación que se hace en 2 P. 3:3-7 **D.** Por las tradiciones que hablan del diluvio universal **E.** Por los fósiles marinos encontrados en las montañas **F.** Por los muchos lechos de fósiles de peces **G.** Por los cementerios en todo el mundo de fósiles de animales **H.** Por la evidencia de recientes cuerpos de agua en zonas desérticas actuales **I.** Por la evidencia de una reciente drástica elevación en el nivel del mar **J.** Por la evidencia de la columna geológica

¿CUÁN GRANDE ERA EL ARCA?

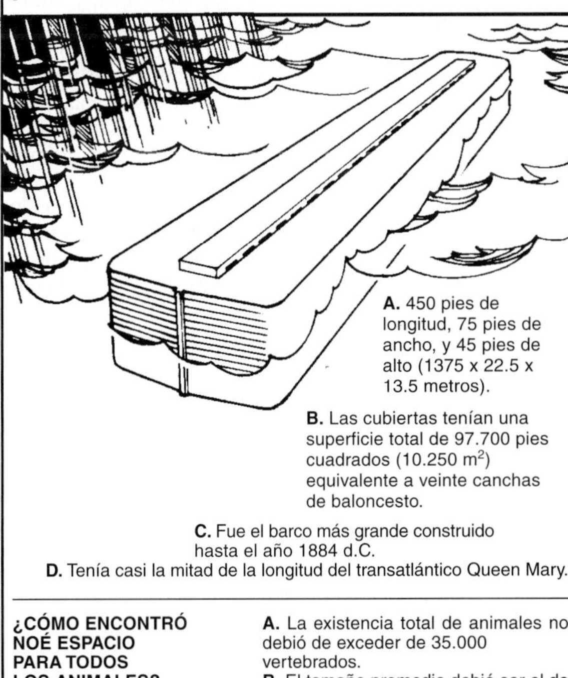

A. 450 pies de longitud, 75 pies de ancho, y 45 pies de alto (1375 x 22.5 x 13.5 metros).

B. Las cubiertas tenían una superficie total de 97.700 pies cuadrados (10.250 m^2) equivalente a veinte canchas de baloncesto.

C. Fue el barco más grande construido hasta el año 1884 d.C.

D. Tenía casi la mitad de la longitud del transatlántico Queen Mary.

¿CÓMO ENCONTRÓ NOÉ ESPACIO PARA TODOS LOS ANIMALES?	**A.** La existencia total de animales no debió de exceder de 35.000 vertebrados. **B.** El tamaño promedio debió ser el de una oveja. **C.** Un tren moderno de 150 vagones podría contener todo esto. **D.** El arca tenía la capacidad de más de 520 vagones.

«Porque cuando los gentiles que no tienen ley, hacen por naturaleza lo que es de la ley, éstos, aunque tengan ley, son ley para sí mismos, mostrando la obra de la ley escrita en sus corazones, dando testimonio su conciencia, y acusándoles o defendiéndoles sus razonamientos» (Ro. 2:14, 15).

c. Tenían la promesa de un Redentor.

«Y pondré enemistad entre ti y la mujer, y entre tu simiente y la simiente suya; ésta te herirá en la cabeza, y tú le herirás en el calcañar» (Gn. 3:15).

d. Tenían el conocimiento del sacrificio.

«Y Abel trajo también de los primogénitos de sus ovejas, de lo más gordo de ellas. Y miró Jehová con agrado a Abel y a su ofrenda» (Gn. 4:4).

e. Tenían la predicación de Enoc.

«De éstos también profetizó Enoc, séptimo desde Adán, diciendo: He aquí, vino el Señor con sus santas decenas de millares, para hacer juicio contra todos, y dejar convictos a todos los impíos de todas sus obras impías que han hecho impíamente, y de todas las cosas duras que los pecadores impíos han hablado contra él» (Jud. 1:14, 15).

f. Tenían la predicación de Noé.

«Y si no perdonó al mundo antiguo, sino que guardó a Noé, pregonero de justicia, con otras siete personas, trayendo el diluvio sobre el mundo de los impíos» (2 P. 2:5).

g. Tenían el ministerio del Espíritu Santo.

«Y dijo Jehová: No contenderá mi espíritu con el hombre para siempre, porque ciertamente él es carne; mas serán sus días ciento veinte años» (Gn. 6:3).

Pero toda esta *luz* produjo *vida* para solamente ocho seres humanos.

25. ¿Cómo se compara nuestra época con la de ellos? Nuestro Señor dijo una vez:

«Como fue en los días de Noé, así también será en los días del Hijo del Hombre. Comían, bebían, se casaban y se daban en casamiento, hasta el día en que entró Noé en el arca, y vino el diluvio y los destruyó a todos» (Lc. 17:26, 27).

El doctor Henry Morris sugiere quince similitudes entre aquella época y la nuestra:

a. Preocupación por los apetitos físicos (Lc. 17:27).
b. Avances rápidos en la tecnología (Gn. 4:22).
c. Actitudes e intereses materialistas groseros (Lc. 17:28).
d. Filosofías uniformitarias (He. 11:7; 2 P. 3:3-6)

«Sabiendo primero esto, que en los postreros días vendrán burladores, andando según sus propias concupiscencias, y diciendo: ¿Dónde está la promesa de su advenimiento? Porque desde el día en que los padres durmieron, todas las cosas permanecen así como desde el principio de la creación. Estos ignoran voluntariamente, que en el tiempo antiguo fueron hechos por la palabra de Dios los cielos, y también la tierra, que proviene del agua y por el agua subsiste, por lo cual el mundo de entonces pereció anegado en agua» (2 P. 3:3-6).

e. Devoción desordenada por el placer y la comodidad (Gn. 4:21).
f. No interesados en Dios, ni en la creencia ni en la conducta (2 P. 2:4; Jud. v. 15).
g. Menosprecio por la santidad de las relaciones matrimoniales.

«Porque como en los días antes del diluvio estaban comiendo y bebiendo, casándose y dándose en casamiento, hasta el día que Noé entró en el arca» (Mt. 24:38).

h. Rechazo de la palabra inspirada de Dios.

«Pero hubo también falsos profetas entre el pueblo, como habrá entre vosotros falsos maestros, que introducirán encubiertamente herejías destructoras, y aun mejorarán al Señor que los rescató, atrayendo sobre sí mismos destrucción repentina» (2 P. 2:1).

i. Gran aumento de la población (Jn. 6:1, 11).

j. Difusión de la violencia.

«Y se corrompió la tierra delante de Dios, y estaba la tierra llena de violencia» (Gn. 6:11).

«Dijo, pues, Dios a Noé: He decidido el fin de todo ser, porque la tierra está llena de violencia a causa de ellos; y he aquí que yo los destruiré con la tierra» (Gn. 6:13).

k. Corrupción de toda la sociedad (Gn. 6:12).

l. Obsesión con la actividad sexual ilícita.

«Y Lamec tomó para sí dos mujeres; el nombre de la una fue Ada, y el nombre de la otra, Zila» (Gn. 4:19).

«Viendo los hijos de Dios que las hijas de los hombres eran hermosas, tomaron para sí mujeres, escogiendo entre todas» (Gn. 6:2).

m. Costumbre extendida de palabras y pensamiento blasfemos (Jud. 1:15).

n. Actividad satánica organizada (Gn. 6:1-4).

ñ. Aceptación general de sistemas y movimientos de gran depravación (Gn. 6: 5, 12).

26. ¿Cómo podían vivir los hombres tantos años en aquel tiempo? El promedio de la edad de los patriarcas mencionados en Génesis 5 fue de 912 años. Varios factores sin duda contribuyeron a este sorprendente fenómeno.

a. Así como un cáncer de desarrollo lento necesitará varios años para destruir un cuerpo sano, así también sucedió con los resultados físicos del pecado en los cuerpos humanos.

b. Antes del diluvio aparentemente existió en las capas altas de la atmósfera mucha más cantidad de vapor de agua que la que tenemos hoy. (Cp. Gn. 1:7 con 7:11.) Este vapor, aunque invisible para el ojo humano, funcionaría, no obstante, como un filtro protector de la intensa radiación que cae sobre la tierra procedente del sol. La investigación científica nos ha demostrado ahora que la radiación puede reducir apreciablemente el tiempo de vida de los tejidos y puede en realidad ocasionar que las células aceleren dicho proceso. Parece que después del diluvio desapareció ese manto acuoso protector al caer sobre la tierra en forma de lluvia.

27. ¿Cuándo empezó el diluvio? El científico creacionista F. Filby sugiere que empezó en noviembre (el día 17 del segundo mes del calendario de Noé: Gn. 7:11). Señala que este hecho y fecha están grabados indeleblemente en la memoria de la raza humana, indicando también que para muchos pueblos en todo el mundo, el mes de noviembre es la fecha de los muertos (en el mundo occidental el 2 de noviembre es el día de todos los santos).

28. ¿Cuánto tiempo duró el diluvio? Se cree que pasaron 371 días desde el día en que Noé entró en el arca (Gn. 7:11) hasta que salió de ella (8:18).

29. ¿Qué es lo que hizo empezar el diluvio? El doctor Henry Morris sugiere lo siguiente:

a. Pudo existir una fuente secundaria de agua, almacenada en vastas reservas subterráneas, conservada caliente y bajo presión de la corteza terrestre.

b. Un terremoto pudo haber sido la causa de la salida de estas aguas almacenadas.

c. Este terremoto no solamente permitiría que estas aguas subterráneas salieran a la superficie a través de las fracturas producidas, sino que también lanzaría grandes cantidades de cenizas a la atmósfera que inició la condensación y precipitación del agua atmosférica.

30. ¿Fue el diluvio realmente universal? La evidencia bíblica y secular apoya fuertemente la idea de que sí fue universal.

Esto se comprueba mediante:

a. La necesidad del arca. Dios mandó a Noé que construyera un arca a fin de salvar a un remanente de la humanidad y al reino animal. Pero si el diluvio fue simplemente local, no había necesidad de construir el arca y toda la narración es completamente ridícula. Noé pudo haberse trasladado a otro lugar más conveniente y así escapar.

b. La amplia distribución del hombre antes del diluvio. En Génesis 4:16 se nos dice que «Caín salió de delante de Jehová, y habitó en tierra de Nod, al oriente de Edén». Algunos creen que se refiere a China.

c. La comparación entre el histórico juicio del diluvio y el juicio venidero mediante fuego. El apóstol Pedro (2 P. 3:3-7) declara definitivamente que así como Dios destruyó una vez el mundo mediante agua, hará un día otra vez lo mismo mediante fuego. Y como la Biblia claramente indica que toda la tierra será quemada (2 P. 3:10; Ap. 21:2), inferimos lógicamente que la tierra fue totalmente inundada. Pocos de los que defienden un diluvio local propondrían la teoría de un «fuego local».

«Como fue en los días de Noé, así también será en los días del Hijo del Hombre. Comían, bebían, se casaban y se daban en casamiento, hasta el día en que entró Noé en el arca, y vino el diluvio y los destruyó a todos. Asimismo como sucedió en los días de Lot; comían, bebían, compraban, vendían, plantaban, edificaban; mas el día en que Lot salió de Sodoma, llovió del cielo fuego y azufre, y los destruyó a todos. Así será el día en que el Hijo del Hombre se manifieste» (Lc. 17:26-30).

d. Si el diluvio fue local, Dios entonces engañó a Noé cuando le prometió que nunca más enviaría un diluvio para destruir la tierra (Gn. 9:11). Pero, por supuesto, han habido muchos diluvios e inundaciones locales desde entonces.

e. Podemos encontrar tradiciones del diluvio en la historia de cada civilización antigua. Los primitivos pobladores de casi cada país del mundo conservan registros de un diluvio universal. El doctor Richard Andree recogió cuarenta y seis leyendas relacionadas con un diluvio de los países de Norte y Sudamérica; veinte de Asia; cinco de Europa; siete de África; y diez de las islas de sur del Pacífico y Australia.

f. Se han encontrado fósiles marinos en las cimas de las montañas. Los científicos del siglo XIX se desalentaron al hallar en las rocas, sin importar cuán alto ascendían, restos fósiles de seres marinos. Eso significa que en la antigüedad las aguas del diluvio llegaron hasta el monte Everest y a todas las demás montañas. En el monte Sanhorn, en la costa ártica, se encontró una vez el esqueleto de una ballena, y restos similares se hallaron a una milla (1.600 m) de altitud en el litoral californiano.

g. Existen muchos «bancos de peces» fosilizados en

todo el mundo. La *Science Magazine* del 9 de enero de 1959, declara:

«Más de mil millones de peces, con una longitud promedio entre seis y ocho pulgadas (quince y veinte centímetros), murieron en una área de cuatro millas cuadradas (nueve kilómetros cuadrados) del lecho marino de la costa de California.»

Ivan Velikovsky escribe:

«Cuando un pez muere su cuerpo flota en la superficie o se hunde hasta el fondo y es devorado con bastante rapidez, en pocas horas, por otros peces. Sin embargo, los peces fosilizados encontrados en rocas sedimentarias, aparecen frecuentemente preservados con todos sus huesos intactos. Bancos de peces completos encontrados en áreas amplias, compuestos de miles de millones de unidades, aparecen en estado de agonía, pero sin señales de haber sido atacados» (*Earth in Upheaval*, p. 222.)

h. Los cementerios de animales fosilizados en todo el mundo. Robert Browm, paleontólogo sudafricano, estima que existen 800.000 millones de esqueletos de animales vertebrados sólo en la formación Karroo. A esto le podemos añadir los miles de fósiles de toda clase encontrados en los fosos de brea en LaBrea cerca de Los Ángeles, California.
i. Evidencias de cuerpos acuáticos en áreas desérticas conocidas hoy.
j. Evidencias de recientes y drásticas subidas en el nivel de agua del mar.
k. El suceso universal de ríos en valles demasiado grandes para el sistema presente.
l. La evidencia de la columna geológica sugiere dos cosas:
   (1) Hubo una acumulación constante de capas de principio a fin. No hay erosión entre los estratos. En realidad, en algunas capas se ven auténticas marcas de ondulaciones. En otros estratos se ven uno o más troncos de árboles en posición vertical, y el mismo árbol abriéndose paso de arriba a abajo.
   (2) Que los fósiles que supuestamente pertenecen a diferentes «edades» según la teoría evolucionaria, vivieron realmente en el mismo tiempo.

31. ¿Cuán destructivo sería un diluvio universal? El autor John Godwin, en su libro intitulado *Disasters*, nos da la siguiente horrorizante información relacionada con una cierta clase de poder que puede proceder del océano. Es conocido como Tsunami u «olas asesinas». Da tres ejemplos:
   a. Hilo, Hawaii, mayo de 1960. En esta fecha una ola de 100 pies de altura (30 metros), que viaja a la velocidad de 550 millas por hora (825 km/h), bate la costa, causando la muerte de 665 personas y destruyendo propiedades valoradas en 50 millones de dólares.
   b. Lisboa, Portugal, 1 de noviembre de 1755. La ciudad fue sacudida por una tormenta con olas de 70 pies de altura (24 m), matando a 65.000 personas.
   c. Indonesia, 20 de mayo de 1883. En esta fecha el volcán Krakatoa entra en erupción y causa olas en el mar de 150 pies (50 m) de altitud que azotan la costa, hunden treinta y tres barcos europeos, entierran muchas islas bajo una capa de fango de 9 pies (3 m), destruyen más de mil ciudades costeras y dejan un saldo de más de 50.000 muertos. Uno de los resúmenes más descriptivos de la destrucción que puede producir un diluvio universal nos viene de la pluma del doctor Henry Morris, un experto en hidrología (la parte de la ciencia que estudia el movimiento del agua). El doctor Morris escribe:

   «Imaginemos un gran cataclismo hidráulico que sobreviene sobre nuestro mundo presente, con torrentes de agua cayendo sin parar desde los cielos y corrientes brotando incesantemente por grietas en la corteza terrestre, y esto en todo el mundo y durante semanas enteras, hasta que todo el globo terráqueo quede sumergido; acompañado de ríos de magma, gigantescos movimientos de la tierra, desplazamientos de tierra, olas asesinas y explosiones.

   Tarde o temprano todos los animales de tierra perecerían, y también, aunque no todos, morirían muchos animales marinos. Los seres humanos nadarían, correrían, escalarían montañas, intentando escapar por todos los medios, pero a menos que unos pocos pudieran refugiarse en un arca de sólida construcción, preparada para navegar en unas condiciones de cataclismo semejante, todos los demás quedarían sumergidos en las aguas y más tarde perecerían.

   La capa terrestre quedaría pronto erosionada, los árboles y las plantas serían arrancados de cuajo y arrastrados en grandes cantidades hacia los océanos por las torrentes formadas por el diluvio. A la larga los montes y montañas se desintegrarían también y fluirían corriente abajo en turbias y turbulentas corrientes. Grandes cantidades de rocas se quebrarían, transformándose poco a poco en piedras o cantos rodados, y finalmente en grava y arena. Enormes cantidades de fango y piedras correrían río abajo, atrapando y arrastrando en su camino a miles de animales y plantas.

   En el fondo de los océanos, las corrientes internas, los sedimentos empujados hacia arriba y las magmas terminarían sepultando millones de invertebrados. Las aguas sufrirían cambios rápidos de calor y salinidad, se formarían grandes masas de pasta aguada e inmensas cantidades de elementos químicos se disolverían en las aguas y se dispersarían en los océanos.

   En algún momento los sedimentos de la tierra y de los mares se mezclarían y finalmente se asentarían a medida que las aguas descendieran de nivel; cuando la temperatura y la salinidad lo permitieran, los elementos químicos disueltos en las aguas actuarían dando lugar a nuevas rocas y conformaciones de sedimento en todo el mundo.

   Todo lo dicho arriba es sólo un ligero apunte de la gran variedad de fenómenos que pueden acompañar a un cataclismo semejante.» (*Scientific Creationism*, pp. 117, 118.)

32. ¿Cuán grande era el arca de Noé? Las medidas del arca eran de 450 pies de longitud, 75 pies de anchura y 45 pies de altura (equivalente a unos 135 m de longitud, 22,5 m de anchura, y 13,5 m de altura). La extensión total de sus cubiertas era de unos 97.700 pies cuadrados (10.250 m^2), equivalente a varias canchas de baloncesto. Su volumen total era de 1.500.000 pies cúbicos (42.480 m^3) y su tonelaje bruto de unas

14.000 toneladas. (Véase Gn. 6:14-16.) No fue hasta el año 1884 que se superaron las dimensiones de este enorme barco, cuando se construyó el barco italiano *Eturia*. El transatlántico *Queen Mary* tiene una longitud total de 1.018 pies (305 m), de manera que el arca era casi la mitad del *Queen Mary*. El autor Frederick Filby escribe:

«El arca, según las especificaciones dadas, era de 300 codos de largo, por 50 codos de ancho, por 30 codos de alto. Estas medidas y sus proporciones son muy interesantes, pues obviamente reflejan un conocimiento avanzado en la construcción de barcos. El relato babilónico que habla del arca como un cubo delata completa ignorancia. Una nave así giraría lentamente sobre sí. Pero los datos bíblicos no dan lugar a dudas o críticas. (*The Flood Reconsidered*, p. 90.)

33. ¿Cómo pudo Noé recoger a todos los animales que necesitaba, trayéndolos de partes tan diferentes y distantes del mundo? En primer lugar, la Biblia nos dice que Dios lo hizo (Gn. 7:8, 9). Además, hay fuerte indicación de que antes del diluvio los continentes de la tierra no estaban separados por vastas extensiones de agua como sucede hoy.
34. ¿Cómo pudo Noé meter a todos estos animales en el arca? Debemos preguntarnos ante todo de cuántos animales estamos hablando. ¿Millones? ¿Cientos de miles? De ninguna manera. Uno de los principales taxónomos de Estados Unidos elaboró la siguiente lista de número de especies de animales, según las estimaciones de la moderna taxonomía:

Mamíferos	3.500
Pájaros	8.600
Reptiles y anfibios	5.500
Gusanos	25.500

Teniendo en cuenta todas estas cifras, podemos razonablemente concluir que no fueron más de 35.000 animales vertebrados, del tamaño promedio de una oveja, los que entraron en el arca. Se ha estimado que un tren moderno compuesto de 150 unidades de carga podría albergar fácilmente todos estos animales. Pero el arca tenía la capacidad de 520 vagones de ferrocarril. Es decir, que había en el arca más espacio del necesario. Noé y su familia podían haber jugado al tenis en la cubierta si así lo hubieran querido y hubieran sabido.
35. ¿Cómo pudo Noé alimentar a todos estos animales durante un año? Por supuesto, sólo podemos especular. Una solución posible pudo haber sido el misterioso y extraordinario factor de la fisiología animal conocido como hibernación. La hibernación es generalmente definida como un estado fisiológico específico de un animal en el que las funciones normales son prácticamente suspendidas o muy aletargadas, capacitando al animal para soportar largos períodos de completa inactividad. Esta sugerencia no está fuera de razón, porque los animales entraron en el arca de dos en dos (de los animales limpios siete parejas) y salieron de igual manera, incluidos los conejos.
36. ¿Había dinosaurios a bordo del arca?
Quizá no haya ninguna otra pregunta concerniente al diluvio que provoca más rápidamente la burla de los agnósticos y el temor de los creyentes que ésta. Pero disponemos ahora de evidencia creciente de que el hombre y el dinosaurio vivieron ciertamente sobre la tierra al mismo tiempo.
   a. Las pinturas de bosquimanos en las paredes de cavernas en Rodesia, que se sabe dejaron las cavernas en 1500 a.C., incluyen figuras de brontosaurios. Según la naturaleza de su arte, los hombres de las cavernas sólo pintaban aquello que realmente habían visto. Eso significa que ellos tenían que haber visto un brontosaurio a fin de pintarlo.
   b. Rastros de estos grandes reptiles se han encontrado desde el diluvio. Se han hallado huellas de dinosaurios en los mismos estratos geológicos en que aparecen huellas humanas en Glen Rose, Texas.
   c. Para finalizar este razonamiento concluimos con una cita de Henry Morris:

«El libro de Job es uno de los más antiguos en la Biblia y refleja condiciones de vida en los siglos postdiluvianos. El clímax del libro está cuando Dios habla directamente con Job y sus amigos en Job 38, 39, 40 y 41. Dios llama la atención a su gran poder para crear y sostener todas las cosas (que es el mensaje que necesita urgentemente el mundo hoy).

Finalmente llama la atención a sus dos más grandes creaciones del reino animal: behemot (Job 40:15-24) y leviatán (Job 41:1-34). La mayoría de los comentaristas sugieren hoy que el behemot se refiere bien al elefante o al hipopótamo y que el leviatán es el cocodrilo. Sin embargo, las descripciones reales (y éstas, al venir de Dios mismo, se refieren a animales auténticos) no se adaptan obviamente a animales conocidos de hoy. Por tanto, la interpretación más razonable es la de que se refiere a animales ya desaparecidos. Quizá el behemot era un dinosaurio terrestre y el leviatán un dinosaurio marino. Y así estos capítulos se hacen repentinamente mucho más vivos y significativos. Estos grandes animales existían todavía en los días de Job, aunque desde entonces empezaron a extinguirse.

Al leer la descripción que Dios hace del behemot uno puede claramente visualizar un gigantesco brontosaurio, proyectando su largo cuello para comer la pantanosa vegetación y limpiarla con abundancia de agua, con sus poderosas patas y cola capaces de liquidar a sus enemigos con sus tremendos golpes. "He aquí ahora behemot —dice Dios— hierba come como buey. He aquí que su fuerza está en sus lomos, y su vigor en los músculos de su vientre. Su cola mueve como un cedro." (No parece la descripción de la cola de un elefante.) Sus huesos son fuertes como piezas de bronce, sus miembros son como barras de hierro (no nos sorprende que tantos huesos fosilizados de dinosaurio se hayan conservado por tanto tiempo). Finalmente, Dios declara: "El es el principio de los caminos de Dios; el que lo hizo, puede hacer que su espada a él se acerque." (Es el animal más grande que Dios jamás creara; sólo Dios puede destruir al dinosaurio, el hombre no podía.) "He aquí, sale de madre el río, pero él no se inmuta; tranquilo está, aunque todo un Jordán se estrelle contra su boca. ¿Lo tomará alguno cuando está vigilante, y horadará su nariz?"» (*The Remarkable Birth of the Planet Earth*, pp. 32, 33.)

Entonces, como respuesta a la pregunta de si los dinosaurios estuvieron en el arca, podemos decir que puesto que coexistieron sin duda alguna con el hombre antes del diluvio, es muy probable que una joven pareja de estos gigantescos reptiles pudieron estar a bordo del arca.

37. ¿Por qué no encontramos fósiles de animales en Asia Menor, en el lugar donde el arca se posó? Tanto los agnósticos como los defensores de un diluvio local han señalado frecuentemente este hecho a aquellos que sostienen el punto de vista del diluvio universal. El doctor Russell L. Mixter, profesor de Zoología en la Universidad Wheaton, escribe:

«Si los canguros estuvieron en el arca y fue en Asia donde primeramente tocaron tierra, uno podría esperar encontrar restos fósiles en dicha área. Según Romer, el único lugar donde hay tanto fósiles como canguros vivos es en Australia. ¿Cuál debe ser la conclusión? Si la evidencia de los fósiles significa que nunca hubo canguros en Asia, entonces los canguros no estuvieron en el arca o, si estuvieron, llegaron rápidamente de Australia para meterse con Noé en el arca y luego marcharse tan deprisa como llegaron a su lugar de origen. ¿No es más fácil creer que nunca entraron en el arca y que más bien vivieron en una zona no afectada por el diluvio, y, en consecuencia, el diluvio sólo afectó la parte habitada por el hombre?» (*Creation and Evolution,* p. 15.)

Esta objeción, sin embargo, puede ser rápidamente refutada señalando el hecho que los fósiles se forman solamente bajo condiciones poco corrientes y que, aparte de estas condiciones, todos los animales muertos se descomponen rápidamente y desaparecen. Consideremos los siguientes ejemplos que lo apoyan:

a. Acerca de la existencia de leones en Palestina: no hay evidencias de fósiles de leones en Palestina, pero el Antiguo Testamento nos informa de que la tierra estuvo una vez llena de estos animales. (Véanse Jue. 14:5; 1 S. 17:34; 2 S. 23:20; 1 R. 13:24; 20:36; 2 R. 17:25.)
b. En relación con los búfalos (o bisontes) en el oeste de los Estados Unidos:

«De los esqueletos de los búfalos, que se contaban por millones y aparecieron esparcidos a lo largo y ancho de las praderas, han quedado al presente pocos rastros. La carne fue devorada por lobos y buitres a las pocas horas o días de haber muerto, e incluso los esqueletos han desaparecido en su mayoría, deshaciéndose los huesos y transformándose en polvo por la acción de los agentes atmosféricos.» (Carl Dunbar, *Historical Geology*, p. 39.)

38. ¿Cómo lograron los animales trasladarse desde Asia Menor hasta sus presentes localizaciones? El profesor Paul A. Moody, de la Universidad de Vermont, escribe lo siguiente:

«En tiempos de fuertes lluvias torrenciales, grandes masas de tierra con vegetación entremezclada y enraizada, incluyendo árboles, pueden ser arrancadas de las márgenes de los ríos y arrastradas hacia los océanos. Algunas veces esas masas, todavía frescas y verdes, con palmeras de hasta 30 pies de altura (10 m), son encontradas flotando en el océano lejos de tierra firme. Es muy probable que animales de tierra fueran transportados de esta manera a grandes distancias. Mayr registra el hecho de que muchas corrientes marinas llevan una velocidad de casi dos millas náuticas por hora, lo que significa unas 50 millas (unos 86 km) por día y más de 1.000 millas (1.600 km) en un mes.» (*Introduction to Evolution*, p. 262.)

«Parece cierto que los animales de tierra han cruzado a veces considerables extensiones de agua cuando faltaban las conexiones de tierra. Las masas flotantes de vegetación, tales como las que se encuentran a veces en la desembocadura del Amazonas, pueden ser uno de los medios efectivos para este tipo de inmigración.» (Alfred S. Romer, Harvard University, *Vertebrate Paleontology*.)

«Un vistazo al mapa del mundo nos mostraría que, con la excepción de la angosta separación del estrecho de Bering, un paso de tierra firme nos lleva desde América a todas las tierras del globo excepto a Australia. En este último caso (Australia), las islas de Oceanía forman hasta hoy un aceptable puente continuo de piedras puestas en medio del agua para pasar hasta Australia. Y en cuanto al estrecho de Bering, hoy no hay ya duda de que existió una vez una conexión de tierra entre Asia y el norte de América.» (Frank L. Marsh, *Evolution, Creation and Science*.)

39. ¿Dónde fueron a parar todas las aguas del diluvio? John Whitcomb, el erudito experto en hebreo, dice:

«Así como el principio del año del Diluvio se caracterizó por una intervención sobrenatural, también el fin del mismo se logró por medio de un maravilloso milagro por parte de Dios. Aparte de eso, el mundo hubiera quedado para siempre anegado en agua y toda vida terrestre se hubiera extinguido en poco tiempo.

Dos pasajes de la Escritura, en libros del Antiguo Testamento, bien separados uno del otro, se refieren a esta actividad divina en particular. El primero, en Génesis 8:2-3, nos dice que "las fuentes del abismo ... fueron detenidas ... y las aguas decrecían gradualmente de sobre la tierra". Puesto que la rotura de las fuentes del grande abismo involucró el levantamiento del fondo del océano, el detenimiento de estas "fuentes" debe referirse al reverso de dicha actividad, mediante la cual se formaron cuencas oceánicas nuevas y más profundas para que sirvieran de enormes embalses para los dos océanos que estaban separados entre sí por la expansión atmosférica antes del Diluvio (Génesis 1:7). El resultado natural de esta subsidencia fue que "las aguas decrecían gradualmente de sobre la tierra", permitiendo así que los continentes nuevamente aparecieran de entre los océanos, como en el tercer día de la semana de creación.

Un segundo pasaje que aclara el importante hecho de la terminación del Diluvio lo encontramos en Salmo 104:6-9.

"Aunque contiene varias metáforas, se reconoce que el pasaje es histórico en lo que se refiere al Diluvio. Por ejemplo, nótese lo que dice el versículo 6: 'les pusiste término, el cual no traspasarán, ni volverán a cubrir la tierra'. Sin duda, esta es una referencia al pacto del arco iris de Génesis 9, donde Dios asegura al hombre que *nunca más* habrá un Diluvio universal" (cp. Isaías 54:9).

Ahora bien, el punto clave que nos concierne de este pasaje (Salmo 104:8) lo encontramos al principio del versículo 8: "Subieron los montes, descendieron los valles" (cp. otras versiones de la Biblia). Ya hemos visto en Génesis 8:2 que las cuencas oceánicas bajaron al terminar el Diluvio, y este concepto está de acuerdo con las palabras "descendieron los valles". Dios produjo de manera sobrenatural el hundimiento de varias partes de la faz de la tierra, y a esos "lugares que Dios les fundó", "huyeron" las aguas y se "apresuraron", para quedar allí mientras exista la tierra (véase

Apocalipsis 2:1), y nunca más volver a cubrir los continentes.» (*El mundo que pereció*, Editorial Portavoz, pp. 35, 38.)

40. ¿Ha sido vista el arca desde que se posó en el monte Ararat? Introducción: en el atardecer del 2 de junio de 1840, tuvo lugar un terrible terremoto en el monte más alto de la planicie armenia, localizando al norte del lago Van en Turquía. El nombre de este monte es Aghri Dagh, mejor conocido como monte Ararat. La fuerza del terremoto fue superior a la de cien bombas atómicas. Barrió por completo el pequeño pueblo de Ahora y el monasterio de San Jacobo.

Desde 1840 han corrido por el mundo una serie de informaciones acerca de testimonios de personas que han visto una estructura semejante a la del arca de madera construida a mano sobre la cima del monte Ararat. Aun antes de esto ya existían referencias históricas sobre lo mismo, incluyendo los testimonios de Herodoto (historiador griego), Josefo (historiador hebreo), el Corán, (el libro sagrado de la fe musulmana), y de Marco Polo (el famoso explorador europeo). El resumen de los informes de los testigos oculares desde 1840 resulta realmente fascinante. Estos testimonios presentan similitudes sorprendentes:

a. El barco está medio enterrado en un lago parcialmente derretido.
b. La altitud es de unos 13.000 pies (más de 4.000 m).
c. El interior del arca está lleno de separaciones, como barrotes de jaulas.
d. Tanto el interior como el exterior están cubiertos de una capa gruesa de barniz o laca.
e. La madera es extremadamente dura, está como petrificada.
f. No aparece la puerta principal.

Los testigos oculares forman en sí mismos un grupo muy interesante:

g. Haji Yearman vio el arca en 1865. Era un armenio que vivía al pie del monte Ararat. Murió en Oakland, California en 1916.
h. John Joseph. Arzobispo de Babilonia y cabeza de la Iglesia Cristiana Nestoriana. José informó de su experiencia en la Feria Mundial en Chicago en 1893.
i. W. Roskovitsky. Un piloto ruso. Lo vio en 1915, durante la Primera Guerra Mundial. Más tarde, en 1917, lo vio una expedición rusa compuesta de 150 hombres.
j. Carveth Wells. Un popular comentarista radial de la emisora KFI de Los Ángeles, informó haber visto madera del arca durante su visita al lugar en 1933.
k. Varios pilotos rusos y americanos durante la Segunda Guerra Mundial. El monte Ararat era parte de la zona de guerra, en vuelos directos entre la base aliada en Túnez y la base rusa en Brivan. Uno de los pilotos rusos que dijo haberlo visto fue el comandante Jasper Maskelyn, jefe de camuflaje durante la guerra (1941-1945).
l. Resit. Un agricultor kurdo. Su experiencia e información fue publicada en un periódico de Estambul el 13 de noviembre de 1948.
m. El doctor Donald M. Liedman. El doctor Liedman es un científico y médico judío. Él ha dado testimonio jurado de que le habían mostrado fotografías instantáneas del arca en dos ocasiones mientras vivía en Hamburgo, Alemania. Se las había mostrado un comandante piloto ruso, quien las había tomado personalmente durante la Segunda Guerra Mundial.
n. George Jefferson Greene. Greene volaba en un helicóptero en una misión de investigación para su compañía en 1953. Mientras volaba sobre el monte Ararat vio un objeto extraño y tomó una serie de fotografías desde unos 90 pies (30 m) de distancia. Cuando las reveló mostraban un objeto grande de madera. Él mostró después estas fotografías a muchos. Posteriormente fue encontrado asesinado. Nunca se encontraron las fotografías.
ñ. Bernard Navarra. Este explorador francés recorrió el monte Ararat y después escribió un libro sobre la materia titulado *Noah's Ark, I Touched It*. Navarra cortó pedazos de madera de un objeto en el monte Ararat y las sometió a pruebas de carbono-14 en dos universidades.

La declaración oficial de la Universidad de Bordeaux fue: «Esta madera fosilizada procede de una época muy antigua.» El Instituto Forestal de Madrid declaró: «Según nuestros análisis, estimamos la edad de este fragmento en 5.000 años.»

Declaraciones finales:

o. En los años treinta, el doctor Alexander A. Koor, un coronel ruso, y también erudito, investigador, escritor, historiador y etimólogo de lenguas antiguas descubrió y tradujo inscripciones antiguas encontradas en el Paso Karada, cerca del monte Ararat, que decían:

«Dios sembró las semillas del mundo en las aguas ... las aguas llenaron la tierra, descendiendo de arriba ... sus hijos vinieron a descansar en el pico del monte.»

p. Las siguientes citas son tomadas del libro de Viola Cumming, titulado *Noah's Ark, Fable or Fact?*

«Sobre el fondo del cielo a la distancia, aparece sobre la cima de una alta roca, la silueta bien marcada de una noble y proporcionada cabeza patriarcal que se eleva como 8 pies (3 m) sobre la cumbre del monte. Por alguna razón el antiguo escultor había encarado la figura de barba y turbante para que mire para siempre con sus ojos sin vida a la alta cima del monte Ararat. ¿No sería la misma mano que escribió el testimonio del diluvio del Paso Karada la misma que esculpió la majestuosa cabeza patriarcal sobre la cima rocosa que mira hacia el monte Ararat?

Una de las todavía más grandes maravillas del Ararat es el arco iris, que frecuentemente se ve en el atardecer desde las vertientes norte y noreste.»

41. ¿Hubo una era glacial?

El escritor Reginald Daly escribe:

«La era glacial siguió automáticamente al diluvio. No pudo haber habido un diluvio universal sin una era glacial que lo siguiera. Los desiertos estuvieron empapados de agua durante siglos después del diluvio. Había lagos por todas partes. La evaporación mantuvo la humedad al cien por ciento. Llovía cada día en los países norteños. Los vientos llevaban las nubes cargadas de humedad, sobresaturadas, a zonas como Canadá, Escocia, Noruega, Suecia, donde la nieve caía en grandes cantidades cada día y noche desde noviembre hasta abril, con una acumulación de 500 a 1.000 pies (152 a 304 m) de espesor. Multipliquemos 500 pies (158 m) de nieve por 100 años de clima húmedo y tendremos 50.000 pies (16.000 m) de nieve, lo cual se asentaría en 5.000 pies (1.600 m) de hielo. Así se dio la era glacial. Las cimas de las montañas de una milla (más de 1.500 m) de altitud serían tan frías que la nieve se seguiría acumulando durante la primavera y el otoño, además del invierno, dejando sólo los meses de julio y agosto con suficiente calor para que se pudiera derretir sólo un poco de nieve. La pequeña cantidad derretida en julio sería sobrepasada con mucho por la gran cantidad de nieve que luego caería otra vez en el invierno. El efecto sería acumulativo: cuanto más altas fueran las montañas, más fría seria la temperatura, más corto el verano, y más grandes las nevadas. El peso de una milla (1,6 km) de espesor de hielo lo llevaría a deslizarse hacia el exterior, a través del mar Báltico, depositando rocas a lo largo de toda la planicie del norte de Alemania, tal como todavía las encontramos hoy. Y también bajaría hacia el norte de América, a través del lago Erie, dejando rocas, grava y arena a través de Ohio y Missouri, tan al sur como el río Missouri.» (*Earth's Most Challenging Mysteries*, p. 142.)

Pocos hombres han escrito tan extensamente sobre la era glacial, desde el punto de vista cristiano, como Donald Patten. Dice:

«Los mamuts y los mastodontes fueron los miembros más grandes de la familia de los elefantes. Ambos han quedado momificados de dos maneras, y las dos sugieren algo repentino y catastrófico. En Alaska y Siberia los mamuts aparecen momificados, aparentemente por millones, tanto en el hielo como en estratos sedimentarios. Es como si hubieran sido depositados en sepulturas acuosas en algunos lugares, pero encajonados en hielo en otras partes, hielo que ha permanecido sin derretirse. Su enterramiento y congelación han resultado tan efectivos que la carne de los cuerpos de los mamuts se ha usado para alimentar los perros esquimales que tiran de los trineos en Alaska y Siberia. De hecho, los filetes de mamut han sido anunciados en los menúes de los restaurantes de Fairbanks en Alaska.

Todas las indicaciones señalan que los mamuts murieron repentinamente, en frío intenso y en gran cantidad. La muerte les sobrevino tan rápidamente que el elemento vegetal ingerido está todavía intacto en sus bocas y estómagos.» (*The Ice Age*, p. 105.)

42. ¿Qué involucraba la profecía de Noé acerca de sus tres hijos después del diluvio?

Noé se embriagó y al entrar Cam en la tienda de su padre lo vio desnudo. Al despertar de su embriaguez pronunció un juicio sobre su hijo Cam, padre de Canaán. Dijo entonces también una profecía concerniente a sus tres hijos, Sem, Cam y Jafet.

«Después comenzó Noé a labrar la tierra, y plantó una viña; y bebió del vino, y se embriagó, y estaba descubierto en medio de su tienda. Y Cam, padre de Canaán, vio la desnudez de su padre, y lo dijo a sus dos hermanos que estaban afuera. Entonces Sem y Jafet tomaron la ropa, y la pusieron sobre sus propios hombros, y andando hacia atrás cubrieron la desnudez de su padre, teniendo vueltos sus rostros, y así no vieron la desnudez de su padre. Y despertó Noé de su embriaguez, y supo lo que había hecho su hijo más joven, y dijo:

Maldito sea Canaán; siervo de siervos será a sus hermanos.

Dijo más: Bendito por Jehová mi Dios sea Sem, y sea Canaán su siervo. Engrandezca Dios a Jafet, y habite en las tiendas de Sem, y sea Canaán su siervo.

Y vivió Noé después del diluvio trescientos cincuenta años. Y fueron todos los días de Noé novecientos cincuenta años; y murió» (Gn. 9:20-29).

a. ¿Cuál era ese pecado horrible que propició una maldición?

Algunos creen que fue el pecado de la homosexualidad. Las razones para sostener este punto de vista, son:

(1) La lengua hebrea parece sugerirlo.
(2) La frase «la desnudez de su padre» en 9:22 aparece definitivamente conectada con la inmoralidad sexual en Levítico 18 y 20.
(3) Canaán, el hijo de Cam, fue el progenitor de los cananeos que más tarde vivieron en Palestina y que fueron conocidos por sus hábitos de perversión sexual.

«Y fue el territorio de los cananeos desde Sidón, en dirección a Gerar, hasta Gaza; y en dirección de Sodoma, Gomorra, Adma y Zeboim, hasta Lasa.» (Gn. 10:19).

«Llegaron, pues, los dos ángeles a Sodoma a la caída de la tarde; y Lot estaba sentado a la puerta de Sodoma. Y viéndoles Lot, se levantó a recibirlos, y se inclinó hacia el suelo, y dijo: Ahora, mis señores, os ruego que vengáis a casa de vuestro siervo y os hospedéis, y lavaréis vuestros pies; y por la mañana os levantaréis, y seguiréis vuestro camino. Y ellos respondieron: No, que en la calle nos quedaremos esta noche.

Pero antes que se acostasen, rodearon la casa los hombres de la ciudad, los varones de Sodoma, todo el pueblo junto, desde el más joven hasta el más viejo.

Y llamaron a Lot, y le dijeron: ¿Dónde están los varones que vinieron a ti esta noche? Sácalos, para que los conozcamos.

Entonces Lot salió a ellos a la puerta, y cerró la puerta tras sí, y dijo: Os ruego, hermanos míos, que no hagáis tal maldad. He aquí ahora yo tengo dos hijas que no han conocido varón; os las sacaré fuera, y haced de ellas como bien os pareciere; solamente que a estos varones no hagáis nada, pues que vinieron a la sombra de mi tejado.

Y ellos respondieron: Quita allá; y añadieron: Vino este extraño para habitar entre nosotros, ¿y habrá de erigirse en juez? Ahora te hacemos más mal que a ellos. Y hacían gran violencia al varón, a Lot, y se acercaron para romper la puerta.

Entonces los varones alargaron la mano, y metieron a Lot en casa con ellos, y cerraron la puerta. Y a los hombres que estaban a la puerta de la casa hirieron con ceguera desde el menor hasta el mayor, de manera que se fatigaban buscando la puerta» (Gn. 19:1-11).

«Hubo también sodomitas en la tierra, e hicieron conforme a todas las abominaciones de las naciones que Jehová había echado delante de los hijos de Israel» (1 R. 14:24).

«Por lo cual también Dios los entregó a la inmundicia, en las concupiscencias de sus corazones, de modo que deshonraron entre sí sus propios cuerpos, ya que cambiaron la verdad de Dios por la mentira, honrando y dando culto a las criaturas antes que al Creador, el cual es bendito por los siglos. Amén.

Por esto Dios los entregó a pasiones vergonzosas; pues aun sus mujeres cambiaron el uso natural por el que es contra naturaleza, y de igual modo también los hombres, dejando el uso natural de la mujer, se encendieron en su lascivia unos con otros, cometiendo hechos vergonzosos hombres con hombres, y recibiendo en sí mismos la retribución debida a su extravío» (Ro. 1:24-27).

b. ¿Por qué fue Canaán maldecido (9:25) cuando parece que fue Cam, «su hijo más joven», el que instigó a cometer el pecado?

Lange, en su comentario, sugiere que la frase «su hijo más joven» debería traducirse por «su descendiente más joven», porque en realidad Noé se estaba refiriendo a su nieto más joven, que era Canaán.

Refuerza esta opinión el orden en que se citan los hijos de Noé en Génesis 5:32, allí aparece Jafet y no Cam como el hijo más joven.

c. ¿Que involucraba la triple profecía de Noé?

(1) Para Cam y Canaán: «Siervo de siervos será a sus hermanos.»

(a) Negativo: No resultó en una maldición especial contra los negros. Cam tuvo cuatro hijos. Fueron:

Cus: progenitor de los etíopes.

Mizraim: progenitor de los egipcios.

Fut: progenitor de los libios y otros pueblos de África

Canaán: de los cananeos.

Queda claro que la maldición fue dirigida específicamente a Canaán y no a Fut (quien pudo haber sido el fundador de las naciones africanas). No hay en absoluto implicaciones raciales en la maldición. En realidad, el color de la piel de los israelitas y de los cananeos en el tiempo de la invasión de Josué sería prácticamente igual. El problema en relación con los cananeos no radicaba en el color de su *piel*, sino en la condición de sus *corazones*.

(b) Positivo: El sentido amplio de las palabras de Noé claramente anticipa que los descendientes de Cam estarían de alguna manera sometidos a los descendientes de Sem y Jafet. La historia demuestra que eso fue lo que sucedió: *Josué*, *David* y *Salomón* los habían sometido para el año 1000 a.C.

Alejandro el Grande (un descendiente de Jafet) derrotó a los fenicios en el año 331 a.C.

Los romanos (descendientes de Jafet) derrotaron a Cartago (fundada por los fenicios descendientes de Cam en el norte de África en el año 850 a.C.) durante la segunda guerra rúnica en el año 202 a.C. en Zama. El teólogo alemán Eric Sauer escribe:

«El imperio mundial camita tuvo su comienzo con las conquistas de Nimrod y su fin en Zama. La victoria de Escipión llevó a su consumación la obra de Ciro, quien inició el imperio de la raza jafética. La condenación "que Canaán sea su siervo" se destaca en letras de fuego sobre el campo de batalla de Zama. (*La aurora de la redención del mundo*, Editorial Portavoz, p. 110.)

(2) Para Sem: «Bendito por Jehová mi Dios sea Sem.» Aquí tenemos una referencia evidente al favor especial otorgado a la descendencia de Sem, que empezó con Abraham, Isaac y Jacob, y terminó en el establo de Belén.

(3) Para Jafet: «Engrandezca Dios a Jafet.» Diecinueve siglos después se cumplió esta profecía. Durante esos siglos los camitas dominaron en el valle del Nilo y los semitas reinaron en Mesopotamia. Pero en octubre del 538 a.C., llegó la hora final, cuando Ciro de Persia (un descendiente de Jafet) derrotó a Belsasar (Dn. 5) y la orgullosa capital semita cayó. Desde entonces nadie de la familia semita o camita ha logrado quebrantar la supremacía de la raza jafética. Poco después, Cambises, sucesor de Ciro, conquistó Egipto y terminó con la dinastía camita. En tiempos más recientes, como el 732 d.C., Carlos Martel, un descendiente de Jafet, derrotó al ejército musulmán, compuesto de semitas y camitas, en la histórica batalla de Tours.

Debe también notarse que la segunda parte de la profecía concerniente a Jafet, dice: «Y habite en las tiendas de Sem.» Pablo mismo explicaría después su glorioso cumplimiento en Romanos 11:13-25:

«Porque a vosotros hablo, gentiles. Por cuanto soy apóstol a los gentiles, honro mi ministerio, por si en alguna manera pueda provocar a celos a los de mi sangre, y hacer salvos a algunos de ellos. Porque si su exclusión es la reconciliación del mundo, ¿qué será su admisión, sino vida de entre los muertos?

Si las primicias son santas, también lo es la masa restante; y si la raíz es santa, también lo son las ramas.

Pues si algunas de las ramas fueron desgajadas, y tú, siendo olivo silvestre, has sido injertado en lugar de ellas, y has sido hecho participante de la raíz y de la rica savia del olivo, no te jactes contra las ramas; y si te jactas, sabe que no sustentas tú a la raíz, sino la raíz a ti.

Pues las ramas, dirás, fueron desgajadas para que yo fuese injertado.

Bien; por su incredulidad fueron desgajadas, pero tú por la fe estás en pie. No te ensoberbezcas, sino teme. Porque si Dios no perdonó a las ramas naturales, a ti tampoco te perdonará. Mira, pues, la bondad y la severidad de Dios; la severidad ciertamente para con los que cayeron, pero la bondad para contigo, si permaneces en esa bondad; pues de otra manera tú también serás cortado. Y aun ellos, si no permanecieren en incredulidad, serán injertados, pues poderoso es Dios para volverlos a injertar. Porque si tú fuiste cortado del que por naturaleza es olivo silvestre, y contra naturaleza fuiste injertado en el buen olivo, ¿cuánto más éstos, que son las ramas naturales, serán injertados en su propio olivo? Porque no quiero, hermanos, que ignoréis este misterio, para que no seáis arrogantes en cuanto a vosotros mismos: que ha acontecido a Israel endurecimiento en parte, hasta que haya entrado la plenitud de los gentiles.»

43. ¿En qué han contribuido a la humanidad los descendientes de cada uno de los hijos de Noé?

El doctor Arthur C. Custance, renombrado erudito y antropólogo, ha escrito lo siguiente:

«En el caso de Cam y sus descendientes, la historia nos muestra que ellos han rendido un extraordinario servicio a la humanidad desde el punto de vista del desarrollo físico de la civilización. Fueron los pueblos camitas los que iniciaron y desarrollaron hasta su más alto nivel técnico todas las civilizaciones más tempranas y prominentes. Hay pocos inventos tecnológicos básicos que no se les deba atribuir. Como veremos más tarde, ni Sem ni Jafet hicieron ninguna contribución significativa al adelanto técnico de la civilización, a pesar de todas las apariencias por lo contrario. Sé que ésta es una declaración muy osada, pero no se hace ignorando los hechos.

La contribución de Jafet ha sido en el área de la aplicación de la filosofía a la tecnología y el desarrollo consecuente del método científico. Así como la aplicación de la filosofía de Jafet a la tecnología de Cam produjo la ciencia, también la aplicación de su filosofía a la visión y penetración religiosa de Sem dio como resultado la teología. El pueblo camita nunca desarrolló la ciencia y el pueblo semita nunca desarrolló la teología hasta que la influencia de la filosofía de los descendientes de Jafet las aplicó. La mayoría de nosotros hemos sido llevados a creer que nosotros, los indoeuropeos, somos la gente de más inventiva en el mundo, pero no es así. Es muy difícil escaparse de este prejuicio cultural condicional a fin de examinar en forma nueva y objetiva los orígenes de nuestros logros tecnológicos. Podemos tomar casi cualquier elemento esencial de nuestra desarrollada y compleja civilización: el avión, el papel, los tejidos, la metalurgia, la propulsión de varias clases, las pinturas, los explosivos, las técnicas médicas, los principios mecánicos, los alimentos, el uso de la electricidad, virtualmente cualquier cosa tecnológica en naturaleza, y observaremos que el examen histórico de su desarrollo nos lleva con toda seguridad a los pueblos camitas y rarísimamente a Jafet o Sem. Los inventos básicos que se les pueden atribuir a Sem y Jafet pueden ser contados con los dedos de una mano. Esto es muy contrario a la opinión popular, pero es una tesis que puede ser respaldada y ha sido documentada por casi 1.000 fuentes de autoridad.

Lo que hemos estado tratando de mostrar es que el proceso histórico refleja la interacción entre tres familias de personas, descendientes respectivamente de los tres hijos de Noé, a los cuales parece que Dios repartió responsabilidades específicas e igualmente capacidades específicas para el cumplimiento de dichas responsabilidades. A Sem parece que le dio la responsabilidad del bienestar espiritual y religioso del hombre; a Jafet la tarea del bienestar mental, y a Cam, el bienestar físico. Todas las grandes religiones del mundo, verdaderas o falsas, tienen sus raíces en la familia de Sem; todos los grandes sistemas filosóficos se han originado dentro de la familia de Jafet; y los grandes y básicos logros tecnológicos del mundo son la contribución de Cam. Cuando estos tres trabajan juntos, en equilibrada armonía, la civilización como un todo ha avanzado.

Es importante observar que los tres son necesarios para lograr ese avance. Cuando se sobreenfatiza uno de estos tres elementos el resultado final no es bueno. Ninguna sociedad prospera cuando es muy materialista, o excesivamente intelectual, o excesivamente espiritual.» (*Noah's Three Sons*, pp. 26, 37, 38, 263, 264.)

En otro libro, Custance ha escrito:

«Creo que en Adán y sus descendientes, hasta que el diluvio terminó con el mundo antiguo, estas tres capacidades estaban bien combinadas y desarrolladas dentro de cada individuo, aunque, por supuesto, no siempre exactamente en la misma medida, en el mismo sentido en que hoy no todos tienen el mismo nivel de inteligencia. Pero cada persona llevaba dentro de sí mismo un triple potencial que fue reduciéndose después del diluvio, y en muchos casos limitado a una capacidad que se orientaba en una dirección. En otra obra se ha examinado con bastante cuidado la tesis de que la *ciencia* resulta sólo donde la filosofía (la contribución de Jafet) se ha casado con la tecnología (la contribución de Cam), al igual que la *teología* sólo resulta donde la filosofía se une a la visión espiritual basada en la revelación (que fue la contribución específica de Sem). En términos generales, aquellos que son muy inventivos y tienen una mentalidad mecánica tienen poca tendencia a la filosofía, y los filósofos tienden a ser poco prácticos. Cuando sucede que estas dos capacidades se dan en la misma persona, aparece un científico. Desafortunadamente, las personas con mentalidad científica tienden a ser un tanto indiferentes hacia las cosas espirituales que son asuntos de fe. Y como el hombre ante todo es una criatura espiritual, la ciencia ha tendido frecuentemente hacia un solo lado, por lo que resulta inadecuada y a veces hasta vana y frecuentemente peligrosa, porque estimula una actitud escéptica. Pero consideremos lo que ocurriría si cada hombre tuviera en sí mismo una gran capacidad para la invención y pudiera extender la aplicación de su propia inventiva tanto como los científicos han extendido, recientemente, la tecnología básica de los últimos 6.000 años de civilización. El progreso de los últimos 100 años podría haberse acumulado en los primeros siglos de la historia humana, y el nieto de Adán habría podido ver el desarrollo de la vida en la ciudad, la erección de grandes edificios, la aparición de las artes, incluyendo todo tipo de música, la utilización amplia de los metales, y el establecimiento en gran escala de la ganadería y la agricultura, como los hijos de Caín evidentemente hicieron (Gn. 4:17-22).

Pero, como parece que ha sido siempre el caso, la capacidad espiritual del hombre sufre por falta de uso, o incluso de abuso, y el mal se desarrolló en el hombre tan rápidamente y hasta un grado tan extraordinario mediante el ejercicio de las otras capacidades, que cuando el Señor miró desde los cielos vio que era demasiado peligroso para el individuo estar tan completamente dotado. Después del diluvio, aquello que había estado combinado en Adán, fue desde aquí en adelante dividido entre Sem, Cam y Jafet. Antes del diluvio, sin embargo, parece que la capacidad del individuo era tan grande que el proceso de la civilización estaba enormemente acelerado.» (*Genesis and Early Man*, pp. 138, 139.)

44. ¿Qué es lo que realmente sucedió en la Torre de Babel?

«Tenía entonces toda la tierra una sola lengua y unas mismas palabras. Y aconteció que cuando salieron de oriente, hallaron una llanura en la tierra de Sinar, y se establecieron allí. Y se dijeron unos a otros: Vamos, hagamos ladrillo y cozámoslo con fuego. Y les sirvió el ladrillo en lugar de piedra, y el asfalto en lugar de mezcla. Y dijeron: Vamos, edifiquémonos una ciudad y una torre, cuya cúspide llegue al cielo; y hagámonos un nombre, por si fuéremos esparcidos sobre la faz de toda la tierra» (Gn. 11:1-4).

El pasaje de Génesis 11 no enseña que aquella primitiva humanidad intentara únicamente edificar una torre que llegara hasta el espacio exterior. Conviene hacer notar que la frase «cuya cúspide llegue al cielo» en el versículo cuatro no expresa exactamente el sentido del hebreo, sino que más bien debería traducirse «cuya cúspide es el cielo».

La evidencia arqueológica sugiere que la torre de Babel era en realidad un edificio dedicado a la astrología, o la adoración pagana de los cielos. Entre las ruinas de la antigua Babilonia se encuentran los restos de un edificio de 153 pies (51 m) de alto y de 400 pies (133 m) de base. Fue construido de ladrillos secos en siete plataformas, correspondiendo a las siete planetas conocidos a los que estaba dedicado. La más baja era de color negro, el color de Saturno; la siguiente era naranja, por Júpiter; la tercera de rojo, por Marte, y así sucesivamente. Estas plataformas estaban coronadas por una torre alta, en cuya cúspide aparecían los signos del zodiaco. El doctor Barnhouse escribe:

«Era un giro abierto y definitivo hacia Satanás y el comienzo de la adoración del diablo. Por esta razón la Biblia tiene en su contenido una maldición para todos aquellos que consultan el sol, la luna y los astros de los cielos.»

«Por si fuéremos esparcidos sobre la faz de la tierra» (Gn. 11:4).

Años antes de esto, Caín, el primer homicida del mundo, escuchó a Dios decir: «Errante y extranjero serás en la tierra» (Gn. 4:12). Ahora, los hijos espirituales de Caín, se rebelaban contra el mismo Dios, pero estaban ansiosos de permanecer juntos, no querían correr la suerte de Caín.

El teólogo alemán Eric Sauer ha escrito:

«Podemos pensar en la lengua original (aquella que aprovechara Adán para dar los nombres adecuados a todos los animales) como si fuera un hermoso espejo que reflejara perfectamente toda la Naturaleza. Después del orgulloso designio de Babel Dios quebró el espejo de tal forma que no quedó para cada pueblo más que un fragmento, más o menos grande, del instrumento lingüístico original.» (*La aurora de la redención del mundo*, Editorial Portavoz, p. 112.)

La abundancia de cabinas y equipo para intérpretes en las Naciones Unidas en Nueva York son un elocuente testimonio de este trágico episodio en Babel. «Por esto fue llamado el nombre de ella Babel» (11:9). Este proyecto de torre pudo haber sido designado por el mismo Nimrod. La palabra babel literalmente significa «puerta de Dios». Aunque la humanidad rechazaba el verdadero Dios, intentaron no obstante calmar su mala conciencia reconociendo de una forma vaga e impersonal al «gran arquitecto del universo». ¡Pero no funcionó! Dios cambió el significado del término babel para que significara «confusión».

45. ¿Cuándo, dónde y cómo empezaron las características raciales distintivas de la actual humanidad?

El doctor Henry Morris escribe:

«A medida que cada familia y unidad tribal emigraba de Babel, no solamente empezaron a desarrollar una cultura distintiva, sino también características físicas y biológicas propias. Dado que se comunicaban sólo con miembros de su propio grupo, no quedaron muchas posibilidades de casarse fuera de su unidad familiar. Se dio entonces la necesidad de establecer nuevas familias formadas de familiares cercanos, al menos durante varias generaciones. Genéticamente está bien establecido que las variaciones se producen con rapidez en pequeños grupos de individuos que se reproducen entre ellos, pero suceden más lentamente en una población grande que se mezcla con grupos diferentes. En estos últimos, sólo los genes dominantes van a encontrar expresión común en las características físicas externas … aunque los factores genéticos para características distintivas específicas están latentes en el fondo genético común de la población en general. En un pequeño grupo, sin embargo, los genes van a tener la oportunidad de expresarse abiertamente e incluso llegar a ser dominantes bajo estas circunstancias. De manera que en unas pocas generaciones de reproducirse entre ellos, las características distintivas de color de la piel, altura, textura del pelo, rasgos faciales, temperamento, ajuste en su medio, y otras, pueden muy bien asociarse con tribus y naciones particulares.» (*The Genesis Record*, p. 176.)

LA ETAPA PATRIARCAL

INTRODUCCIÓN A LA ETAPA PATRIARCAL (Génesis 12—50; Job)

1. Los hombres importantes que aparecen durante esta etapa son Abraham, Isaac, Jacob, José y Job. Abraham está considerado como el segundo de los siete hombres más grandes que jamás vivieron, y que son: Adán, Abraham, Moisés, David, Juan el Bautista, Pedro y Pablo.
2. En la etapa de la creación Dios trata con toda la tierra en general. Por ejemplo: Génesis 1—11 trata con el mundo de los hombres como un todo. Ahora, sin embargo, en la etapa patriarcal se apunta más a lo distante que a lo cercano. Lo universal va a dar lugar a lo particular. Nuestra atención va a ser llevada ahora del mundo a una nación (Israel), después a una tribu en esa nación (Judá), después a una familia dentro de esa tribu (Isaí), y, finalmente, a un individuo dentro de esa familia (Jesús).
3. Esta etapa ocupa un período de unos 350 años.
4. Durante este tiempo dos ciudades fueron destruidas en la llanura (Sodoma y Gomorra) y un muchacho fue librado de morir en un monte (Isaac) (Gn. 19, 22).
5. Vemos cómo un hijo (Jacob) engaña a su padre (Isaac) y cómo él mismo es engañado por sus hijos (los hermanos de José) (Gn. 27, 37).
6. Leemos acerca de la primera esposa estéril (Sara) y de la primera madre moribunda (Raquel) (Gn. 16, 35).
7. Esta etapa registra cómo el amigo de Dios (Abraham) le habla en relación con una ciudad (Sodoma) y cómo su enemigo (Satanás) le habla acerca de un santo (Job) (Gn. 18; Job 1—2).
8. Jerusalén (un tipo de lo celestial) y Egipto (un tipo de lo mundano) aparecen mencionados por primera vez en esta etapa (Gn. 13—14).
9. Leemos por primera vez acerca de un rey llamado Melquisedec y de una cueva llamada Macpela (Gn. 14, 25).
10. Aparece aquí registrado el primero de los tres grandes pactos bíblicos.
    a. El pacto con Abraham, en el que se promete una tierra que fluye leche y miel (Gn. 15).
    b. El pacto con David, mediante el que se promete un rey glorioso (2 S. 7).
    c. El nuevo pacto, que contempla a un pueblo dedicado a Dios (Jer. 31).

LA ETAPA PATRIARCAL

Los restantes treinta y nueve capítulos de Génesis (12—50) resumen las vidas de Abraham, Isaac, Jacob y José. Aunque no es una división bien definida, porque se extienden unos sobre otros, podemos establecer la siguiente división de capítulos:

Génesis 12—24: La historia de Abraham
Génesis 24—27: La historia de Isaac
Génesis 28—36: La historia de Jacob
Génesis 37—50: La historia de José

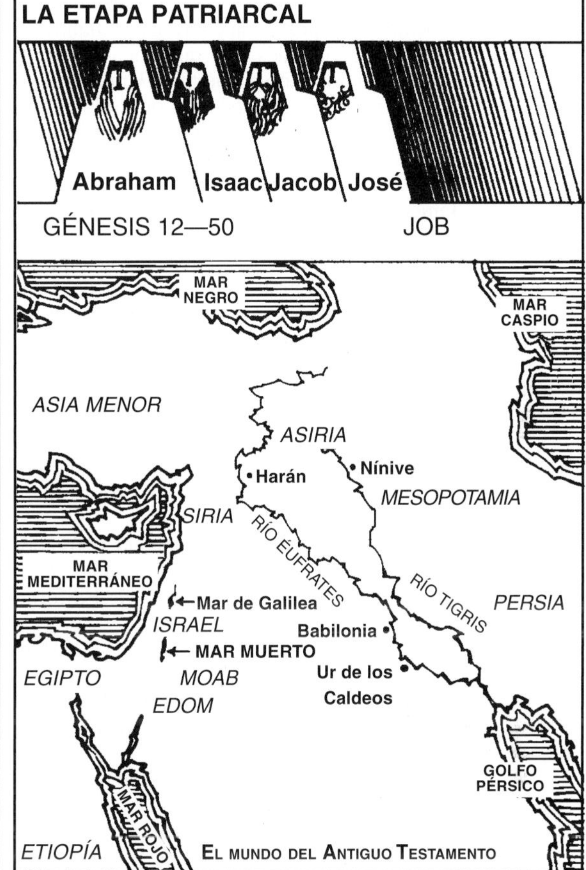

El mundo del Antiguo Testamento

I. Abraham (Gn. 12—24).
  A. Su conversión (Hch. 7:2).
    «El Dios de la gloria apareció a nuestro padre Abraham, estando en Mesopotamia....»
    1. Abraham nació alrededor del año 2166 a.C. No sabemos nada acerca de la primera parte de su vida ni de cómo llegó a conocer a Dios. Se ha especulado que quizá Job, Sem o Melquisedec le enseñaron el camino de la salvación. La importancia de su vida no puede subestimarse. Es mencionado 308 veces en la Biblia; 234 veces en el Antiguo Testamento y 74 en el Nuevo Testamento. Estas referencias se dan en 27 libros bíblicos: 16 del Antiguo Testamento y 11 del Nuevo Testamento. Él fue la razón por la que el reino del Sur se mantuvo durante tanto tiempo. (Véase 2 R. 13:23.)

    El libro del Génesis abarca un período de 2.350 años. Los primeros 11 capítulos que describen la creación del universo, la caída, el diluvio y la torre de Babel, cubren un periodo de 2.000 años. Los restantes 39 capítulos se centran y se ocupan de Abraham y su simiente, abarcando unos 350 años. En otras palabras,

Dios nos da más detalles acerca de Abraham que acerca del origen del universo.

2. Abraham nació y se crió en la ciudad de Ur de los Caldeos. Era una ciudad portuaria del golfo Pérsico, en la desembocadura del río Éufrates, como a unas 12 millas (unos 19 km) del lugar donde se piensa estuvo el jardín de Edén. Desde antes de Abraham era una de las grandes ciudades de aquel tiempo; un centro agrícola importante, de manufacturación de productos y de comercio, en una tierra de gran fertilidad y riqueza, con caravanas viajando en todas las direcciones a tierras lejanas y barcos transportando desde el puerto de Ur cargamentos de cobre y otros productos por todo el golfo Pérsico. Los escépticos dudaron por años de la existencia real de Ur, pero durante los años de 1922 a 1934, C.T. Wooley, del Museo Británico, exploró a fondo los secretos de estas ruinas.

El edificio más sobresaliente en los días de Abraham era el gran zigurat, la torre del templo, que probablemente era como una réplica de la torre de Babel. Esta torre, edificada de ladrillo macizo, era rectangular en su base, con distintas gradas o terrazas sobreponiéndose una sobre otra en forma piramidal. Cada terraza estaba adornada con árboles y arbustos. La ciudad tenía dos templos principales, uno dedicado a Nannar, el dios-luna, y otro a su esposa Ningal.

(La información concerniente a Ur fue obtenida en parte del *Compendio manual de la Biblia* de H.H. Halley, pp. 86, 87. Editorial Portavoz.)

B. Su llamamiento (Gn. 11:31; 12:1; Jos. 24:3; Hch. 7:2).

Abraham tenía que dejar Ur y la casa de sus padres para marchar a una tierra que Dios le mostraría.

C. Su misión era séptuple (Gn. 12:2, 3; Hch. 7:3):

1. Haré de ti una nación grande.
2. Te bendeciré.
3. Engrandeceré tu nombre.
4. Serás bendición.
5. Bendeciré a los que te bendijeren.
6. A los que te maldijeren maldeciré. (Véase el libro de Ester.)
7. Serán benditas en ti todas las familias de la tierra. (Esto es una referencia a Cristo, véase Mt. 1:1.)

D. Su cautela (Gn. 11:31, 32).

Dios le había dicho a Abram que dejara la casa de su padre y saliera para Canaán. El desobedeció en ambas cosas, pues tomó consigo a su padre y se quedó atascado en Harán. Harán era el último lugar de vida civilizada antes de adentrarse en el vasto desierto arábigo. La ciudad estaba a unas 700 millas (unos 1.120 km) al noroeste de Ur y como a 60 millas (96 km) del río Éufrates. Estaba ubicada en una de las grandes rutas de caravanas que unían las ciudades del oriente con Damasco y Egipto. Era considerado como un lugar estratégico. En esta ciudad se adoraba al dios y diosa-luna como en Ur.

Abram pudo haberse sentido satisfecho estableciéndose permanentemente en Harán, pero una vez más Dios aparece en la escena. Muere Taré, el padre de Abram, y seguidamente éste reemprende el camino. El nombre Taré significa «demora». Sólo Dios conoce la multitud de cristianos que han salido de Ur camino de Canaán, para quedarse atascados en Harán.

E. Su Canaán (Gn. 12:4-9).

1. Entró en la tierra prometida y estableció su campamento cerca de Siquem, a unas 30 millas (unos 48 km) al norte de Jerusalén.
2. Dios se le apareció de nuevo. Debemos notar que cuando estaba en Ur el Señor sólo le había prometido mostrarle la tierra, pero ahora añade las palabras: «A tu descendencia daré esta tierra.» (Cp. 12:1 con 12:7.)
3. Abraham edificó aquí el primer altar.
4. Después se trasladó a Betel, un lugar que significa «casa de Dios» y que más tarde llegaría a ser un lugar muy sagrado en Canaán. (Véanse Gn. 28:1-22; 35:7.) En Betel edificó su segundo altar al Señor.

F. Su sensualidad (Gn. 12:10-20).

1. Después de un breve plazo apareció el hambre en la tierra. Hasta este momento Abram había obedecido a Dios y había vivido victoriosamente en la tierra prometida, pero ahora aparece la tentación de Satanás. Hubo hambre en la tierra.
2. Dejó Palestina y marchó a Egipto. Esta es la primera mención de Egipto en las Escrituras. Egipto aparece en la Biblia como un tipo del mundo, un ejemplo de dependencia de la ayuda o de los recursos humanos en vez de confianza en Dios. Como el Señor mismo una vez avisó: «¡Ay de los que descienden a Egipto por ayuda, y confían en caballos; y su esperanza ponen en carros, porque son muchos, y en jinetes, porque son valientes; y no miran al Santo de Israel, ni buscan a Jehová!» (Is. 31:1). El cristiano, por tanto, «va a Egipto», espiritualmente hablando, cuando depende de algo o de alguien en vez de hacerlo de Dios. (Lea cuidadosamente Pr. 3:5, 6; 2:6, 8; Mt. 6:31-33.)
3. Faraón quiso tomar a Sara y hacerla su mujer pero Dios se lo impidió, enterándose más tarde de la mentira de Abram. El enojado rey regañó acertadamente a Abram por su actitud equivocada. Después de este tiempo de frustración, peligros y humillación, Abraham retornó a Palestina, de donde no debió haber salido. Notemos los resultados trágicos de su desobediencia:
   a. Entristeció a Dios. El pecado de Abram, y nuestros pecados, siempre entristecen a Dios. (Véanse Sal. 78:40; Ef. 4:30; Sal. 95:10; Mr. 3:5.)
   b. Debilitó su propia fe. Más tarde Abram volvió a caer en la misma falta de mentir por causa de su esposa (véase Gn. 20). Después que hemos pecado una vez, la segunda vez se hace más fácil.
   c. Fue un mal testimonio para su sobrino Lot. Algo de esta mundanalidad de Abram se le pegó a Lot con resultados muy negativos (Gn. 13, 19).
   d. Fue el causante de que Faraón sufriera (véase 12:7). Algunas veces sucede que los no creyentes sufren por causa de los pecados de los cristianos. Recordemos cómo

Faraón reprendió a Abram. No hay situación más triste en el mundo que cuando los no creyentes reprenden a los cristianos por sus malas acciones.

e. Tomó a la egipcia Agar como criada de Sara su mujer (Gn. 16:3), y que más tarde se convertiría en su concubina y daría a luz a Ismael, el padre de los pueblos árabes. Los sufrimientos que se dan hoy en ese punto tan conflictivo del mundo, como es el Oriente Medio, son en parte los resultados del pecado de Abram cometido hace treinta y nueve siglos.

f. Proveyó de un mal ejemplo para su hijo Isaac. Aunque no había nacido cuando su padre pecó, se enteró más tarde de lo que había sucedido, y también él le falló a Dios mintiendo acerca de su esposa Rebeca (Gn. 26).

Nunca lo olvidemos, nuestros pecados siempre afectan a otros.

G. Su condescendencia (Gn. 13:1-18).

1. Nada más volver a Palestina adoró al Señor otra vez en Betel, justo en el mismo lugar donde dejó las bendiciones de Dios para marchar a Egipto. (Véanse Is. 30:15; Ap. 2:4, 5.)
2. Los siervos de Abram y su sobrino Lot empezaron a discutir sobre los campos de pasto para el ganado. Abraham quedó preocupado por la disputa y generosamente permitió al más joven que escogiera la tierra que más le gustara. Lot neciamente eligió los campos cercanos a Sodoma. Así dejó la tierra prometida para no volver nunca más.
3. Dios se apareció por tercera vez a Abram y le reconfirmó que tendría una gran descendencia y que llegaría a poseer la tierra.

H. Su valor (Gn. 14:1-16).

1. En este capítulo aparece la primera guerra que se registra en la Biblia. La última gran batalla la encontramos en Apocalipsis 19:11-21. Hasta ese momento continuarán las guerras humanas. En las oficinas centrales de la Naciones Unidas en Nueva York están inscritas las palabras de Miqueas 4:3: «... martillarán sus espadas para azadones, y sus lanzas para hoces; no alzará espada nación contra nación, ni se ensayarán más para la guerra.» Esto, por supuesto, se cumplirá literalmente un día glorioso, cuando el Príncipe de Paz venga a reinar sobre la tierra. Hasta que esto suceda, tanto Daniel (Dn. 9:26) como Jesús (Mt. 24:6) nos advierten de que habrá guerra continua. La Sociedad de Derecho Internacional establecida en Londres señaló que ha habido solamente 268 años de paz durante los últimos 4.000 años de historia humana, a pesar de que se han firmado más de 8.000 tratados de paz diferentes. Así que hasta que Cristo vuelva, las Naciones Unidas debieron más bien haber usado las atemorizantes palabras de Joel 3:9, 10: «Proclamad esto entre las naciones, proclamad guerra, despertad a los valientes, acérquense, vengan todos los hombres de guerra. Forjad espadas de vuestros azadones, lanzas de vuestras hoces....»
2. Nueve naciones estuvieron involucradas en esta guerra. Empezó cuando cinco reyes localizados en el área del mar Muerto se rebelaron contra Quedorlaomer, rey de Elam, y sus tres aliados. La confederación de reyes del mar Muerto, que incluía a Sodoma, quedó barrida durante la batalla campal que tuvo lugar. Lot, que se había trasladado a aquella ciudad impía, fue hecho prisionero junto con varios miles más. Dios no se hubiera preocupado por dejar registrada este guerra entre nueve ciudades paganas de no ser por estas cuatro palabras: «Tomaron también a Lot.» Lot todavía pertenecía al Señor. No actuó ciertamente como un hijo de Dios, pues no caminó, habló, ni se comportó como tal, pero Dios conoce a los suyos. (Véanse 2 Ti. 2:19; 2 P. 2:7.)
3. Abram se enteró de lo sucedido e inmediatamente se movilizó armando a sus 318 siervos que estaban entrenados para pelear. Esta simple acción nos muestra unas cuantas cosas acerca del carácter de Abraham:
   a. Era un hombre compasivo.
   Pudo haber dicho: «Se lo tiene merecido» o «él se metió en ello», pero no lo hizo. Abram estaba cumpliendo la verdad que más tarde se escribiría en Mateo 7:1 y Gálatas 6:1.
   b. Estaba preparado.
   Abram se mantenía en buena forma física, mental, social y espiritual. Dios no puede usar frecuentemente a un cristiano, no porque no esté limpio, sino porque no está preparado. La Biblia tiene mucho que decir acerca de la preparación (véanse 2 Cr. 12:14; 19:3; 27:6; Mt. 3:3; Lc. 12:47; 2 Ti. 2:21.)
4. Después de una marcha forzada durante la noche, Abraham los encontró al norte de Damasco y los derrotó mediante un ataque por sorpresa.

I. Su comunión (Gn. 14:17-24).

1. Cuando Abram volvía de derrotar a Quedorlaomer se encontró con Melquisedec, rey de Salem (Jerusalén) y sacerdote del Dios Altísimo. ¿Quién era este misterioso sacerdote? Hay tres hipótesis principales sobre su identidad:
   a. Que era Sem. Esta es la tradición hebrea. Si es así, Sem sería la persona más anciana en ese momento. El murió a la edad de 600 años.
   b. Que era Cristo mismo. Los teólogos lo llaman una Cristofonía (una aparición del Salvador en el Antiguo Testamento anterior a Belén). Aquellos que abogan por esta teoría usan He. 7:1-4 para apoyarla.
   c. Que era sencillamente el primer rey de Jerusalén que se menciona en la Biblia. Melquisedec significa literalmente «rey de justicia», y se piensa que Salem es el nombre primitivo que se daba a Jerusalén. A Melquisedec se le menciona de nuevo en el Salmo 110, y en el Nuevo Testamento lo encontramos en Hebreos 5:6-10 y 7:1-22.
2. Melquisedec sacó para Abram pan y vino y le bendijo. Esta es la primera mención que se hace de pan y vino en la Biblia y habla de la obra futura de Cristo en la cruz.
3. Esta es también la primera vez que aparece la palabra sacerdote en la Biblia (Gn. 14:18). Es apropiado señalar en este punto cuáles son los tres grandes oficios en el Antiguo Testamen-

to. Son los oficios de profeta, sacerdote y rey.

a. El profeta era uno que representaba a Dios ante el hombre (1 R. 19:16).
b. El sacerdote era aquel que representaba al hombre ante Dios (Lv. 8:12; Sal. 133:2).
c. El rey era uno que gobernaba sobre el hombre bajo la dirección de Dios (1 S.10:1; 16:13).

En el Nuevo Testamento encontramos que estos tres oficios le corresponden a nuestro Señor Jesucristo.

a. El fue un profeta (su primer ministerio) (Jn. 1:18; Mt. 21:11; Lc. 7:16; Jn. 4:19; He. 1:1, 2).
b. Es un sacerdote (su ministerio presente) (Ro. 8:34; He. 4:14-16; 7:24,25; l Jn. 1:1).
c. Será un rey (su ministerio futuro) (Ap. 19:11-16).

4. Después que Melquisedec le bendijo, Abram le dio los diezmos de todo lo que tenía. Algunos creen que la práctica de diezmar (el dar de nuestro dinero a Dios) era algo para ser hecho solamente por el pueblo de Israel que vivía bajo la ley y, por tanto, no tiene nada que ver con nosotros hoy. Pero este no es el caso. Abram diezmaba mucho antes que Israel llegara a ser nación, y como 400 años antes de que la ley fuera dada. En el Nuevo Testamento se nos enseña que no solamente el diezmo, sino todo lo que tenemos le pertenece a Dios. (Véase 1 Co. 6:19, 20.) Esto incluye nuestro *tiempo* (Ef. 5:16; Sal. 90:12); nuestros *talentos* (Ro. 12:6; l Co. 7:7; 2 Ti. l:6); y nuestro *dinero* (1 Co. 16:1, 2; 2 Co. 9:7).
5. Abram rechazó la oferta materialista de Bera, el impío rey de Sodoma, de repartirse el botín de guerra.

J. Su pacto (Gn. 15:1-21).

1. Dios le habló a Abram en visión, diciéndole: «No temas, Abram; yo soy tu escudo, y tu galardón será sobremanera grande» (Gn. 15:1). Aquí leemos por primera vez esas dos pequeñas pero maravillosas palabras que son: «No temas». Abram necesitaba esta reafirmación en este momento, porque como resultado de sus acciones de Génesis 14 algunos vecinos poderosos se habían convertido en sus enemigos.
2. Abram «recordó« al Señor que él y Sara estaban todavía sin hijos, y sugirió que un joven siervo damasceno llamado Eliezer fuera adoptado como su heredero, pero su propuesta fue denegada. Eliezer sería después usado para ayudar a Abram de otra manera. (Véase Gn. 24:1-4.)
3. Dios una vez más prometió un hijo a su anciano siervo, añadiendo esta vez las palabras: «... Mira ahora los cielos, y cuenta las estrellas, si las puedes contar. Y le dijo: Así será tu descendencia» (15:5). Aquí tenemos otra pequeña prueba de que la Biblia es la Palabra de Dios. Hoy sabemos que hay probablemente tantas estrellas como granos de arena en las playas del mundo; pero en los días de Abram los hombres creían que el número total de estrellas no pasaba de 1.200.
4. Cuando Dios había terminado de hablar, se nos dice que «Abram creyó a Jehová, y le fue contado por justicia» (15:6). Esta es la primera mención bíblica de tres grandes palabras y cada una de ellas merece nuestra consideración.
   a. Creyó.
      (1) Esto no quiere decir que Abram fue el primer hombre que creyó en Dios, sino que su fe es un modelo para todos los futuros creyentes. (Véanse Ro. 4; Gá. 3:6-9; He. 11:8-10, 17, 19.)
      (2) Tampoco quiere decir que Abram agradó a Dios o que le apaciguó, sino que *creyó* en él.
   b. Contado. Este término se traduce en el Nuevo Testamento por «imputado». Imputar significa añadir a la cuenta de uno. Aparecen tres imputaciones principales en la Biblia.
      (1) La imputación del pecado de Adán sobre la raza humana (Ro. 3:23; 5:12).
      (2) La imputación del pecado de la raza humana sobre Cristo (Is. 53:5, 6; He. 2:9; 2 Co. 5:14-21; 1 P. 2:24).
      (3) La imputación de la justicia de Dios a favor de los pecadores que creen (Fil. 3:9; Stg. 2:23; Ro. 4:6, 8, 11, 22-24).
   c. Justicia. Esta palabra, simplemente definida, significa «vestido correctamente». La Biblia nos enseña que todos los pecadores estamos desnudos delante de Dios (Gn. 3:10; He. 4:13; Ap. 3:17). Algunos se dan cuenta de ello e intentan hacerse sus propias vestiduras espirituales, pero Dios los ve como vestidos con trapos de inmundicia (Is. 64:6). Por tanto, cada vez que un pecador se da cuenta de su desnudez y clama por la misericordia de Dios recibe un nuevo vestido. (Véanse 2 Co. 6:7; Ef. 6:14; Ap. 19:7, 8.)
5. Cuando Abram preguntó cómo podría estar él seguro de que todas estas cosas sucederían, especialmente la promesa relacionada con la tierra, Dios le ordenó que se buscara algunos animales y aves. El doctor Donald Barnhouse escribe lo siguiente en relación a esta pregunta en 15:9:

   «Esta es la más extraña de las respuestas jamás dadas a una pregunta y con todo era la única respuesta posible. La pregunta era: «¿Cómo puedo saber que poseeré la tierra prometida?» La respuesta es: «¡Tráeme una vaquilla!» Uno podría pensar que estábamos sintonizados con un programa de radio y de pronto, inexplicablemente, aparece otro diferente. La pregunta se formula en un programa de asesoramiento legal y la respuesta viene de la emisora del departamento de agricultura. Pero, como pronto veremos, tanto la becerra como la herencia están unidos en la mente de Dios.» (*Génesis*, vol. 1.)
6. Abram se hizo con los animales como se le había encomendado. En nuestra cultura de hoy, cuando dos partes se comprometen a algo, redactan un contrato y ambos lo firman; pero en el tiempo de Abraham era diferente. En aquellos días, cuando dos partes llegaban a un acuerdo, mataban algunos animales, los

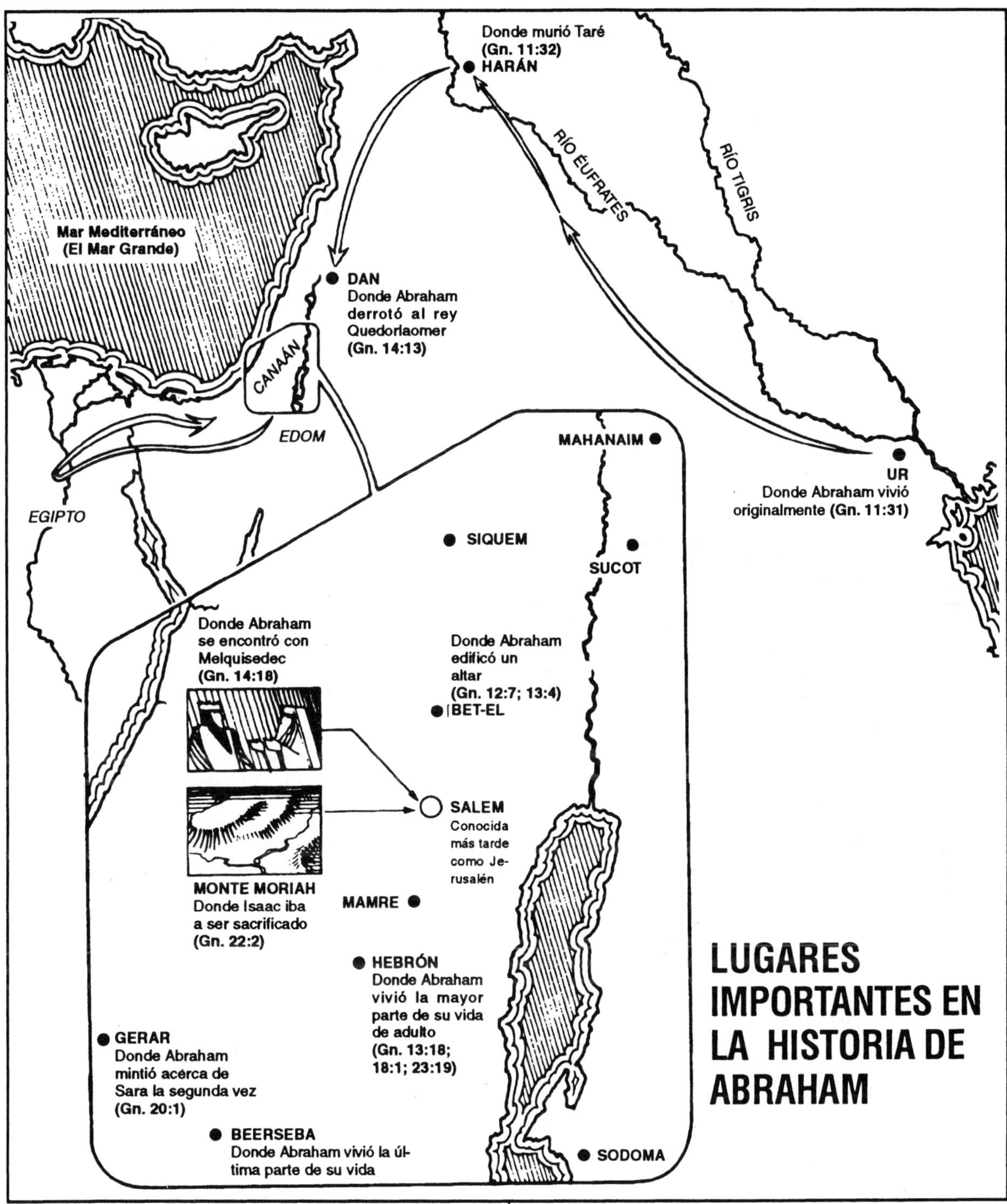

descuartizaban y arreglaban los pedazos en dos líneas. Entonces ambas partes unían sus manos y solemnemente caminaban juntos por el pasillo entre los pedazos de los animales sacrificados. Al hacerlo así juraban en presencia de la sangre, el sufrimiento y la muerte cumplir con los términos del compromiso. Este es el primero de tres clases de pactos legales que aparecen en la Biblia. Son:

a. El pacto de sangre (Gn. 15:10; Jer. 34:18, 19).
b. El pacto de intercambio de un zapato (Rut 4:7, 8).
c. El pacto de sal (Nm. 18:19; 2 Cr. 13:5).

7. Poco antes de que apareciera la presencia física de Dios en la escena (en la forma de un horno humeante y de una antorcha de fuego), a Abram le entró un profundo sueño. Mientras él dormía, la presencia de Dios pasó sola a través de las ensangrentadas piezas, indicando de esta manera que las promesas de Jehová en cuanto a la salvación de Abram y su posesión de Palestina eran incondicionales, sin cláusulas que pudieran invalidarlo por alguna razón. Así, el pacto con Abraham que fue *anunciado* en Génesis 12:1-4, y *confirmado* en 13:14-17; 15:1-7, es ahora oficial y legalmente *ratificado* en 15:8-18.

8. En Génesis 15:13-16 Dios le expresa a Abraham una séptuple profecía. *Todas a su tiempo se cumplieron.*
   a. Que los descendientes de Abraham serían extranjeros en tierra extraña. (Véase Gn. 46:2-4.)
   b. Que serían siervos en aquella tierra. (Véase Éx. 1:7-14.)
   c. Que su esclavitud duraría como 400 años. (Véase Éx. 12:40.)
   d. Que Dios mismo juzgaría más tarde a aquella nación que esclavizaría a Israel. (Véase Éx. 7-12.)
   e. Que Abraham sería librado de todo esto (Véase Gn. 25:7, 8.)
   f. Que después de permanecer durante cuatro largas generaciones en Egipto, Israel retornaría a Canaán. (Véase Éx. 6:16-20. Mediante estos versículos sabemos que Leví, el biznieto de Abram, fue la primera generación; Coat el hijo de Leví, fue la segunda; Amram, hijo de Coat y padre de Moisés, constituyó la tercera generación; y Moisés fue la cuarta.)
   g. Que Israel saldría de Egipto con gran riqueza. (Véanse Éx. 12:35, 36; Sal. 105:37.)
9. Pasaría bastante tiempo antes de que Dios cumpliera todo lo profetizado, «porque aún no ha llegado a su colmo la maldad del amorreo» (15:16). Aquí tenemos otra expresión del importante principio que consideramos por primera vez en Génesis 6:3. Las consecuencias del pecado se acumulan hasta el momento en que Dios no lo tolera más y su ira y juicio caen sobre los pecadores. En este caso los amorreos, aquellos impíos descendientes de Canaán (Gn. 10:16) que habían morado ya en Palestina durante unos 400 años para el tiempo de Abraham. Pero Dios les permitiría continuar por otros cuatro o cinco siglos antes de destruirlos (véase Jos. 10). Esta verdad nos la repite Pablo en Ro. 2:4, 5. (Véanse también 2 P. 3:1-9; 2 Cr. 36:15, 16.) Que aunque la paciencia y el perdón de Dios no *tienen límite* (Ro. 5:20), sí que lo *tiene* el *tiempo* de las personas (Pr. 27:1).

K. Su transigencia (Gn. 16:1-15).
1. Sarai persuadió a Abram para que tuvieran un hijo pormedio de Agar, la sierva egipcia de Sarai. Después adoptarían al hijo como propio.
2. Agar quedó embarazada y su arrogante actitud pronto empezó a causar dificultades, que llevaron a que Sarai la despidiera del hogar de Abram. Este solo versículo refuta la doctrina de la poligamia. Dios lo permitió, pero nunca lo aprobó. (Véanse Gn. 2:23; 1 Ti. 3:2.)
3. El Ángel de Jehová la encontró junto a una fuente de agua en el desierto y la mandó que regresara a la casa de Abram y Sarai. El sexo (varón) y el nombre (Ismael) fueron profetizados por ese ángel. Esta es la primera mención que se hace del Ángel de Jehová. Algunos teólogos creen que cuando este título aparece en el Antiguo Testamento es en realidad otro nombre para referirse al Señor Jesucristo. En cualquier caso, este ángel especial jugó una parte importante en la historia de Israel.
   a. El Ángel de Jehová lucha con Jacob (Gn. 32:24-30).
   b. El Ángel de Jehová redime a Jacob (Gn. 48:16).
   c. El Ángel de Jehová habla a Moisés desde la zarza ardiente (Éx. 3:2).
   d. El Ángel de Jehová protege a Israel en el mar Rojo (Éx. 14:19).
   e. El Ángel de Jehová prepara a Israel para la tierra prometida (Éx. 23:20-23; Sal. 34:7; Is. 63:9; 1 Co. 10:1-4).
   f. El Ángel de Jehová comisiona a Gedeón (Jue. 6:11).
   g. El Ángel de Jehová ministra a Elías (1 R. 19:7).
   h. El Ángel de Jehová reafirma a Josué (Jos. 5:13-15).
   i. El Ángel de Jehová salva a Jerusalén (Is. 37:36).
   j. El Ángel de Jehová preserva a tres jóvenes hebreos (Dn. 3:25). En el pasaje de Génesis 16, el Ángel de Jehová localiza y conforta a una mujer pagana egipcia llamada Agar. Aunque no aparece muy favorecida en la Biblia, porque posee poca o ninguna espiritualidad, y porque es descarada, resentida y orgullosa, además de ser una pobre madre; con todo, Dios le ama y envía a su bendito mensajero para ayudarla.
4. Nace Ismael. Abram tiene ochenta y seis años en este momento.

L. Su circuncisión (Gn. 17:1-27).
1. Al final del capítulo 16 vemos a Abram en su punto espiritual más bajo. Había pecado y no tenía comunión con Dios ni con su familia, pero parece que el Señor no le hace nada a su errado siervo. ¿Va a escapar Abram con bien de todo esto?

   Para saber la respuesta sólo tenemos que observar que Abram era de ochenta y seis años cuando nació Ismael (16:16), pero tenía noventa y nueve cuando Dios le vuelve a hablar. Aparentemente. Abram sufrió un período de trece años de silencio de parte de Dios. Aquí vienen a la mente las palabras del salmista concernientes a la historia de Israel: «Y Él les dio lo que pidieron; mas envió mortandad sobre ellos» (Sal. 106:15).
2. A pesar de todo, un Dios lleno de gracia le perdona y le restaura (Sal. 51) a la comunión con él. El título «el Dios Todopoderoso» es en hebreo *El Shaddai*. La palabra *Shadd* se refiere al seno de la madre amante que cuida. El término *El* significa «el fuerte».
   a. Dios confortó a Jacob con su nombre (Gn. 35:10, 11).
   b. Reafirmó a Moisés con su nombre (Éx. 6:3).
   c. Bendijo a José con su nombre (Gn. 49:25).

   Este título lo encontramos más frecuentemente en el libro de Job (treinta y una veces) que en cualquier otro libro del Antiguo Testamento. Aquel patriarca lo necesitaba en su sufrimiento. Quizá el pasaje más sublime en el que es usado es en el Salmo 91:1: «El que habita al abrigo del Altísimo morará bajo la sombra del Omnipotente.»
3. Su nombre es ahora cambiado de Abram, que significa «padre enaltecido», a Abraham, que quiere decir «padre de una multitud». El doctor Donald Barnhouse ha resumido la vida de

Abram en este tiempo de una manera excelente y ocurrente:

> «La cuestión de fondo de la historia está en el hecho de que Abram no tiene descendencia. Esto no habría sido un desastre en nuestro mundo occidental, pero en el Oriente debió ser sumamente irritante.
>
> Hay algunas cosas en la Biblia que me hacen reír entre dientes, y hay un pensamiento en conexión con este versículo que siempre tiene ese efecto sobre mí. No puedo dejar de pensar en lo que acontecería cuando Abraham compartió la noticia con su familia y criados de que había cambiado de nombre. Todos sabían que su anterior nombre Abram significaba padre enaltecido, y que de alguna manera había sido como una espina en la carne. Así que nos podemos imaginar el gran interés y curiosidad que se despertó cuando él anunció: "Voy a cambiarme el nombre." Muchos pensarían que aquel viejo hombre ya no había podido aguantar más la situación y por fin se había convencido. Después de todo, tener un nombre de tanta apariencia y pasarse ochenta y seis años sin hijos y al final tener sólo uno, debió de producir sus malos momentos. Así que algunos se preguntarían cuál sería el nuevo nombre.
>
> Y entonces aquel anciano habló y dijo: "De ahora en adelante seré conocido como Abraham, esto es, padre de una multitud." Podemos sentir el enorme silencio que se produjo al oír tal cosa. ¿Padre de una multitud? La gente se reiría a placer entre dientes. "Este viejo está loco. Tardó ochenta y seis años en tener un hijo y ahora a los noventa y nueve se pone a soñar. ¡Padre de una multitud! ¿Hay algo más ridículo para un hombre de su edad que pensar ahora así?"» (*God's Remedy*, tomo III, p. 316.)

4. Por cuarta vez Dios reconfirma a su anciano siervo el pacto relacionado con la tierra y su simiente. (Véanse Gn. 12:2, 3, 7; 13:14-17; 15:5.) En esta ocasión (17:9-14), Dios manda a Abraham que se circuncide él, a todos los varones de su casa, y a todos los futuros niños varones al octavo día de su nacimiento. A continuación damos un breve resumen de la enseñanza bíblica sobre la circuncisión.
   a. Abraham fue el primer hombre en ser circuncidado.
      Esto es en sí mismo un acto real de fe, porque dejó por unos días completamente inutilizados a todos los varones en el campamento.
   b. La circuncisión iba a ser el sello (o señal) de la promesa de Dios, no la fuente.
   c. La fe en la Palabra de Dios era la fuente.
   d. La circuncisión de la carne sin la circuncisión del corazón sería absolutamente sin valor.
      Años más tarde Moisés recordaría a Israel:
      > «Ahora, pues, Israel, ¿qué pide Jehová tu Dios de ti, sino que temas a Jehová tu Dios, que andes en todos sus caminos, y que lo ames, y sirvas a Jehová tu Dios con todo tu corazón y con toda tu alma…? Circuncidad, pues, el prepucio de vuestro corazón, y no endurezcáis más vuestra cerviz.» (Dt. 10:12, 16).
   e. La circuncisión fue dejada a un lado en Hechos 15:29.
5. El nombre de la esposa de Abraham fue cambiado ahora de Sarai (contenciosa) a Sara (princesa).
6. Abraham rió de gozo (Ro. 4:19-21) al pensar en un heredero propio y pidió a Dios que bendijera a Ismael.
7. Dios promete bendecir a Ismael y después manda a Abraham y a Sara que al futuro heredero del pacto le pongan el nombre de Isaac.
8. Abraham obedece el mandamiento de Dios de circuncidar a todos los varones.

M. Su compasión (Gn. 18:1-33).

1. Abraham es visitado personalmente por el Señor y dos ángeles y, mientras que lo están ministrando, Dios le promete de nuevo un heredero y esta vez da una fecha (Gn. 18:10, 14).
2. Sara escucha la conversación y se ríe al no creer lo que oye. Dios le reprocha a Abraham por la incredulidad de su mujer. Sara niega entonces que se riera (Gn. 18:10-15).
3. En este momento Sara y Abraham escuchan a Dios decir aquellas emocionantes palabras que hallamos en Génesis 18:14: «¿Hay para Dios alguna cosas difícil?» (Véanse también Lc. 1:26-37; Mt. 19:23-26.)
4. Los dos ángeles marchan para ultimar una misión secreta en Sodoma. Dios entonces revela a Abraham su intención de destruir aquel pozo de pecados en el desierto (Gn. 18:16-22).
5. Abraham empieza su súplica intercesora por Sodoma. Esta es una de las oraciones más compasivas y persistentes de toda la Biblia.
   a. Fue definida. No oró por «aquella alma tan cerca del infierno», o por «los misioneros en todo el mundo», o por «el dedo del pie que le duele a la hermana Marta».
   b. Fue reverente. «… aunque soy polvo y ceniza…» (v. 27).
   c. Estaba entremezclada con fe: «… El Juez de toda la tierra, ¿no ha de hacer lo que es justo?» (v. 25).
6. Al principio ruega a Dios que perdone a la ciudad si se encuentran en ella cincuenta justos, y el Señor está de acuerdo. Luego le pide por cuarenta, después treinta, veinte, y finalmente por diez. Aquí paró. ¿Por qué no siguió insistiendo por cinco? La respuesta es que él probablemente pensó que al menos habría diez personas creyentes y temerosas de Dios en la ciudad. Después de todo allí estaban Lot, su esposa, dos hijas solteras y otros hijas casadas. Él pensó seguramente que este grupo era más de diez, pero quedaría acongojado al comprobar después que sólo Lot y sus hijas solteras se salvaron.

N. Su corrompida familia (19:1-38).

1. En este capítulo tenemos el relato dramático de la destrucción de Sodoma, que es el segundo de los eventos del Antiguo Testamento referidos por nuestro Señor como ilustraciones del anunciado día de juicio. El primer evento fue el diluvio del tiempo de Noé. Notemos las palabras de Cristo en Lucas 17:26-30.
2. Los ángeles encuentran a Lot en la puerta de

ABRAHAM

EVENTO	DETALLES	REFERENCIA
1. CONVERSIÓN EN UR	**SÉPTUPLE PROMESA:** 1. Haré de ti una nación grande 2. Te bendeciré 3. Engrandeceré tu nombre 4. Serás bendición 5. Bendeciré a los que te bendijeren 6. Maldeciré a los que te maldijeren 7. Serán benditas en ti todas las familias de la tierra	**Hechos 7:2** **Génesis 11:31** **Génesis 12:1-4** **Josué 24:3**
2. EN HARÁN	OBEDIENCIA PARCIAL: Toma consigo a su padre y se establece en Harán	**Génesis 11:31, 32**
3. LLEGA A CANAÁN	Edifica un altar y le es prometida la tierra	**Génesis 12:4-9**
4. SE TRASLADA A EGIPTO	**RAZÓN:** hambre en Canaán **PECADO:** duda (en relación con Dios) y engaño (en relación con Sara) **TIPO:** Egipto es un tipo del mundo **RESULTADOS:** 7 consecuencias trágicas 1. Entristeció a Dios 2. Debilitó su propia fe 3. Debilitó la fe de Sara 4. Fue un pobre testimonio para su sobrino Lot 5. Causó que Faraón fuera afligido 6. Adquirió a Agar, la sierva egipcia 7. Proveyó de un mal ejemplo para su hijo Isaac	**Génesis 12:10-20**
5. SE ENCUENTRA CON MELQUISEDEC	**TRASFONDO:** Abram había ganado una guerra y rescatado a su sobrino **IDENTIDAD DE MELQUISEDEC:** ¿Cristo? ¿Sem? ¿Un sacerdote desconocido? **IMPORTANCIA DEL ENCUENTRO:** Se registran cuatro cosas que suceden por primera vez: 1. La PRIMERA COMUNIÓN (pan y vino). 2. Primera mención de la CIUDAD SANTA (Salem). 3. Primera mención de un SACERDOTE. 4. Primer ejemplo del DIEZMO.	**Génesis 13—14**
6. RATIFICACIÓN DEL PACTO	**TRASFONDO:** el pacto fue: 1. Anunciado en Génesis 12:1-4 2. Confirmado en Génesis 13:14-17 y 15:1-7 3. Ratificado en Génesis 15:8-18 **MÉTODO EMPLEADO:** un pacto de sangre **ELEMENTOS:** una tierra (Palestina) y un pueblo (Israel) **CONDICIONES:** incondicional **LENGUAJE:** tres palabras clave: **«CREYÓ», «CONTADO», «JUSTICIA»** **PROFECÍA EXPRESADA:** Los 400 años de la cautividad en Egipto y la liberación de Israel	**Génesis 15**
7. LA UNIÓN CON AGAR	El **PLAN** de Sara El **APURO** de Agar La **AYUDA** de un ángel El **NACIMIENTO** de Ismael	**Génesis 16**

Sodoma. Él sería probablemente una especie de concejal, con alguna autoridad delegada. Aparece como totalmente involucrado en el sistema de vida de la ciudad. Notemos el triste orden de su trágica caída;

a. Primeramente miró con deseo a Sodoma (Gn. 13:10).
b. Después eligió la tierra cercana a la ciudad (13:11).
c. Seguidamente fue poniendo sus tiendas hacia Sodoma (13:12).
d. Poco después se trasladó a la misma ciudad (14:12).
e. Finalmente entregó sus hijas y sus energías a Sodoma (Gn. 19). Sin duda alguna aquí se aplican bien las palabras del Nuevo Testamento: «He aquí, ¡cuán grande bosque enciende un pequeño fuego!» (Stg. 3:5). El pecado es como el cáncer y la lepra. Empieza de manera imperceptible, pero termina destruyendo los órganos vitales del cuerpo.

En el Nuevo Testamento, el pecado de negación de Cristo por Simón Pedro también empezó con algo muy pequeño. Se calentó las manos en el campamento enemigo (Lc. 22:54-56).

f. Empezó presumiendo de su lealtad (Mr. 14:29).

ABRAHAM

8.	ABRAM A LOS 99 AÑOS	**CAMBIO DE NOMBRES** 1. Abram cambia a Abraham (padre de una multitud) 2. Sarai cambia a Sara (princesa) 3. Dios es presentado como *El Shaddai* (El Todopoderoso) **UN NUEVO SELLO:** La circuncisión viene a ser la señal del pacto	**Génesis 17**
9.	BUENAS Y MALAS NOTICIAS	**ABRAHAM** es visitado por el Señor y dos ángeles Las **BUENAS** noticias: su heredero prometido nacería a la primavera siguiente Las **MALAS** noticias: Dios planeaba destruir Sodoma, la ciudad-hogar de Lot **SODOMA** es destruida. Sólo Lot y sus dos hijas sobreviven	**Génesis 18, 19**
10.	ABRAHAM EN FILISTEA	Durante otro tiempo de hambre sale nuevamente de Canaán y vuelve a mentir acerca de Sara	**Génesis 20**
11.	EL HEREDERO DEL PACTO	Nace Isaac Agar e Ismael son echados	**Génesis 21**
12.	PREFIGURACIONES DEL CALVARIO	El **TIPO:** 1. Sacrificio de Isaac 2. Un sustituto para Isaac El **LUGAR:** El monte Moriah, se piensa fue el Gólgota La **REVELACIÓN:** un nuevo nombre para Dios: Jehová-jireh («Jehová proveerá»)	**Génesis 22**
13.	MUERTE DE SARA	Sara muere a los 127 años y es enterrada en la cueva de Macpela	**Génesis 23**
14.	COMISIONA A SU SIERVO	**ENCARGO DE ABRAHAM:** buscar esposa para Isaac **ORACIÓN DEL SIERVO:** «Dame, te ruego, el tener hoy buen encuentro.» **RESPUESTA DEL SEÑOR:** Rebeca es la indicada **TIPOS BÍBLICOS:** este es el capítulo de la Biblia que más tipos tiene 1. Abraham es un tipo del Padre 2. Isaac es un tipo del Hijo 3. El siervo es un tipo del Espíritu Santo 4. Rebeca es un tipo de la Iglesia	**Génesis 24**
15.	SU CASAMIENTO CON CETURA	Le dio seis hijos **El cuarto fue Madián, padre de los madianitas**	**Génesis 25: 1-6**
16.	SU MUERTE	**EDAD:** 175 años **LUGAR DE ENTERRAMIENTO:** La cueva de Macpela **EPITAFIO: He. 11:8-10** «Por la fe Abraham, siendo llamado, obedeció para salir al lugar que había de recibir como herencia; y salió sin saber a dónde iba. Por la fe habitó como extranjero en la tierra prometida como en tierra ajena, morando en tiendas con Isaac y Jacob, coherederos de la misma promesa; porque esperaba la ciudad que tiene fundamentos, cuyo arquitecto y constructor es Dios.»	**Génesis 25:7-10** **He. 11: 8-10**

POR LA FE ABRAHAM . . . POR LA FE ABRAHAM . . . POR LA FE ABRAHAM

g. Después se durmió cuando debía estar orando y velando (Mr. 14:37).
h. Luego siguió a Cristo desde lejos (Mt. 26:58).
i. A continuación le encontramos asociándose con los enemigos de Cristo (Mt. 26:69).
j. Finalmente negó al Señor (Mt. 26:70-74).

Lot preparó un banquete para aquellos dos ángeles y coció panes sin levadura. Su acción parece sugerir dos cosas: el hecho de que les sirvió panes sin levadura parece indicar que reconoció la identidad celestial de sus huéspedes. El hecho de que él cocinó los panes y no la esposa parece sugerir la despreocupación de ella por la posición de su esposo o por las cosas de Dios.

3. Los ángeles informan a Lot de la inminente destrucción de Sodoma. Los sodomitas estaban tan corrompidos que los ángeles se vieron obligados a cegar a algunos pervertidos sexuales que habían rodeado la casa de Lot donde ellos estaban. Aquellos hombres no tenían ningún respeto por el apóstata Lot.
4. Lot había llegado a ser tan carnal que intentó apaciguar a aquellos pervertidos sodomitas ofreciéndoles sus dos hijas vírgenes. También se refirió a ellos como «hermanos». (Véase 2 Jn. 10, 11.)
5. Usó el resto de la noche en un intento frenético pero infructuoso de convencer a sus hijas casadas de que huyeran de la ciudad con él.
6. Al romper el alba los ángeles literalmente empujaron fuera de la ciudad a Lot, su esposa y

sus dos hijas, aconsejándoles que huyeran a los montes.

7. Lot empezó a discutir y a rogarles que les permitieran establecerse en una pequeña ciudad cercana llamada Zoar en vez de ir a los montes.
8. La familia de Lot recibió un aviso final: «Date prisa, escápate allá; porque nada podré hacer hasta que hayas llegado allí» (19:22). La destrucción de Sodoma es una prefiguración de la anunciada tribulación, y la huida de Lot es como un tipo del rapto de los creyentes. (Véase 2 Ts. 2:6, 7.)
9. Y «entonces Jehová hizo llover sobre Sodoma y sobre Gomorra azufre y fuego de parte de Jehová desde los cielos» (19:24). El azufre es usado frecuentemente en la Biblia para indicar castigo y destrucción (Dt. 29:23; Job 18:15; Sal. 11:6; Is. 30:33; Ez. 38:22; Lc. 17:29; Ap. 9:17). Algunos creen que se refiere al azufre. Génesis 14:10 nos dice que los alrededores de Sodoma estaban llenos de «asfalto».
10. La esposa de Lot miró hacia atrás y se convirtió en una estatua de sal. El Señor Jesucristo nos amonesta en Lucas 17:32 a que nos acordemos «de la mujer de Lot», y así debemos hacerlo. Su vida es una prueba de la verdad de que podemos sacar del mundo a una persona carnal, pero no podemos sacar el mundo de una persona carnal.

    Los incrédulos han ridiculizado frecuentemente la narración de que la esposa de Lot se convirtiera en una estatua de sal. Por supuesto que Dios bien pudo hacer que literalmente sucediera tal cosa, pero quizá una explicación más razonable sería que una bola de azufre ardiendo cayó sobre ella y la cubrió con una costra de elementos salobres.

    El Señor se acordó de Abraham y libró a Lot de Sodoma. Un Dios de gracia ha prometido olvidar los pecados confesados de todos los creyentes (He. 8:12), pero en su fidelidad él recuerda al menos dos cosas:

    a. Las oraciones del creyente (véanse Gn. 18:23; Ap. 5:8).
    b. Las obras de un creyente (He. 6:10).

    El carnal y mundano Lot fue salvado por medio de las oraciones fieles de Abraham. Quizá Judas tenía en mente a Lot cuando años después escribió:

    > «A algunos que dudan, convencedlos. A otros salvad, arrebantándolos del fuego; y de otros tened misericordia con temor, aborreciendo aun la ropa contaminada por su carne» (Jud. vv. 22, 23).

11. En su gran pavor, Lot pasó de largo por Zoar y se refugió en una cueva en las montañas con su dos hijas solteras. Y ahora se va a producir otra triste consecuencia del alto costo de olvidarse de Dios. Las dos hijas de Lot, temiendo quedarse para siempre solteras, embriagan a su propio padre y tienen relación sexual con él, y las dos quedan embarazadas. La mayor de las dos le pone a su hijo el nombre de Moab (padre de los moabitas), y la otra le pone al suyo el nombre de Ben-Ammi (padre de los amonitas). Ambas naciones le causaron más tarde a Israel muchas dificultades y dolores. (Véase Gn. 19:30-38.)

Ñ. Su carnalidad (20:1-17).

1. Abraham cayó otra vez en el mismo pecado que había cometido una vez en Egipto. En esta ocasión se trasladó a la tierra de los filisteos y le mintió a Abimelec acerca de Sara como antes lo había hecho con Faraón.
2. Dios advierte a Abimelec mediante un sueño de no tocar a Sara.
3. Abimelec reprende a Abraham por haberle mentido.
4. Abraham ora a Dios pidiendo la bendición sobre Abimelec.

O. Su celebración (Gn. 21:1–34).

1. Isaac nace conforme a la promesa de Dios. Su nombre significa «risa».
2. Se organiza una gran fiesta para celebrar el destete de Isaac.
3. Agar y su hijo Ismael de catorce años son echados del hogar de Abraham por burlarse de Isaac durante esta feliz ocasión. (Pablo habla del significado de este suceso en Gá. 4:22-31.)
4. Dios cuida amorosamente de Agar e Ismael cuando andaban perdidos por el desierto de Beerseba indicándoles dónde había un pozo de agua fresca. Posteriormente Ismael se casó con una joven egipcia y se convierte en un experto arquero.

P. Su «calvario» (22:1-24).

1. Dios prueba a Abraham ordenándole: «Toma ahora tu hijo, tu único, Isaac, a quien amas, y vete a tierra de Moriah, y ofrécelo allí en holocausto…» (22:2). Esta era en realidad una *prueba* para ayudar a Abraham a crecer espiritualmente. (Cp. Gn. 22:2 con Stg. 1:13.)
2. La tierra de Moriah era aquella parte cercana a Jerusalén donde más tarde se edificó el templo (véase 2 Cr. 3:1). ¿Qué es lo que exactamente le pidió Dios a Abraham que hiciera con Isaac? (Más tarde, en Lv. 1:1-9, le son dadas instrucciones a Moisés acerca de los holocaustos.)
    a. La ofrenda tenía que ser un animal macho sin defecto.
    b. Tenía que ser ofrecido voluntariamente por el propietario.
    c. Tenía que ser matado y su sangre rociada sobre el altar.
    d. Tenía que se cortado en pedazos.
    e. Finalmente, era lavado y quemado.

    No se nos dice cuánto conocía Abraham acerca de esto, pero una cosa sí sabía aquel anciano: Dios le había ordenado que sacrificara a su amado hijo.
3. Llegaron al cabo de tres días. Abraham emprendió la marcha al día siguiente de que Dios se lo ordenara y le tomó tres días llegar hasta el monte Moriah, lo que hace un total de cuatro días. Esto se relaciona perfectamente con Éxodo 12:3-6, donde se nos dice que el cordero de la Pascua esperaría cuatro días antes de ser matado. (Véase Gn. 22:3, 4.)
4. Abraham entonces instruye a sus siervos, diciéndoles: «Esperad aquí con el asno, y yo y el muchacho iremos hasta allí y adoraremos, y volveremos a vosotros» (22:5). Aquí tenemos un vislumbre de la fe de Abraham. Notemos que dice a los hombres que él y su hijo volverían. Esto a pesar de que él estaba completamente dispuesto a sacrificar a Isaac. ¡Creyó

que Dios lo resucitaría! De manera que los dos momentos más elevados de la vida de este gran anciano serían:

a. Creer a Dios en relación con el nacimiento sobrenatural de su hijo (Ro. 4:18-21).
b. Creer a Dios en lo concerniente a la resurrección sobrenatural de su hijo (He. 11:17-19).

5. Isaac preguntó: «... He aquí el fuego y la leña; mas ¿dónde está el cordero para el holocausto?» (22:7). Esta pregunta es todavía formulada hoy por un mundo confundido y atemorizado. ¿Dónde está el cordero? ¿Dónde podemos encontrar salvación? El mundo hace las preguntas correctas, pero busca en los lugares equivocados. Algunos buscan la salvación en:
   a. La formación académica.
   b. Las buenas obras.
   c. Las Naciones Unidas.
   d. El bautismo.
   e. La membresía en la iglesia.

   Pero el cordero de la salvación no puede ser encontrado en ninguno de estos lugares.
6. El anciano patriarca, con su corazón acongojado, respondió suavemente a su hijo: «Dios se proveerá de cordero para el holocausto, hijo mío» (22:8). Esta frase es un resumen completo de la Biblia. Lo podemos leer teológicamente en cualquiera de estos dos sentidos:
   a. Dios se proveerá *de* un cordero, es decir, el cordero vendrá de Dios.
   b. Dios se ofrecerá *a sí mismo* como cordero, es decir, el cordero ofrecido será Dios mismo.

   Cualquiera de las dos interpretaciones es correcta, porque en el Nuevo Testamento se cumplen ambas.
7. Abraham edificó un altar, ató a su hijo y lo colocó sobre él. Esta breve declaración habla altamente de Isaac, porque ya no era el niño pequeño que algunos han pintado, sino probablemente un joven bien desarrollado. Sin embargo, él permite a su anciano padre atarlo y colocarlo sobre el altar de la muerte (22:9).
8. El Espíritu de Dios nos dejó aquí registrada la dramática acción que tuvo lugar en aquel monte: «Y extendió Abraham su mano y tomó su cuchillo para degollar a su hijo» (Gn. 22:10).

   Pero antes de que pueda llevarlo a cabo, Dios le mostró un carnero que estaba allí cerca y le ordena que sacrifique a este animal en lugar de a Isaac. El agradecido Abraham obedece y le da a aquel lugar el nombre de Jehová-jireh.
9. El título Jehová-jireh es uno de los grandes nombres de Dios en el Antiguo Testamento, y literalmente significa «Jehová proveerá». ¿Merece la pena servir a Dios? Sólo como recordatorio digamos que Dios ya había provisto a Abraham con los siguientes beneficios:
   a. Eterna salvación (Gn. 15:6).
   b. Guía (Gn. 12:1).
   c. Valor (Gn. 14:15).
   d. Bendiciones espirituales (Gn. 14:19).
   e. Para sus necesidades humanas (Gn. 13:2).
   f. Protección social (Gn. 15:15).
   g. Perdón (Gn. 20:17).
   h. Un hijo en su ancianidad (Gn. 21:3).
   i. Protección continua (Gn. 15:1).
   j. Una ciudad celestial con fundamentos (He. 11:10).
10. Antes de dejar este capítulo notemos algunas semejanzas sorprendentes entre Abraham el padre y Dios el Padre:
    a. Ambos tenían un hijo amado (Mt. 3:17; 17:5).

       Los dos nacieron milagrosamente (Lc. 1:35).
    b. Ambos tuvieron hijos dispuestos, esto es, hijos listos para ofrecerse voluntariamente (Jn. 10:18).
    c. Ambos ofrecieron a sus hijos (Jn. 3:16), y ambos en el mismo lugar.
    d. Ambos recibieron de nuevo a sus hijos con gran gozo (Sal. 24:7-10).

       (Nota: Algunos creen que este Salmo se refiere a la segunda venida en gloria del Señor Jesucristo después de su muerte y resurrección.)
    e. Ambos hicieron preparativos cuidadosos para las bodas de sus hijos. En Génesis 24 leemos que Abraham envió a su siervo más antiguo y fiel a buscar esposa para Isaac. En el Nuevo Testamento encontramos al Padre celestial haciendo preparativos para las bodas de su Hijo (Mt. 22:1, 2).
11. El Ángel de Jehová declara otra vez las partes del pacto con Abraham.
12. Al volver a casa recibe las noticias que han llegado referentes a su hermano Nacor, a quien aparentemente no había vuelto a ver desde su salida de Ur. Nacor se había trasladado a Harán y Dios le había bendecido a él y a su esposa con ocho hijos. Betuel, el quinto hijo, llegaría a ser importante en el relato bíblico porque tuvo una hija llamada Rebeca y un hijo llamado Labán. Rebeca se casaría más tarde con Isaac; y Raquel y Lea, las hijas de Labán, llegarían a ser las esposas de Jacob (22:19-24).

Q. Su cueva (23:1-20).
1. Sara murió a la edad de 127 años. Hay personas hoy que abogarían por la adoración de María, pero en el Nuevo Testamento se nos llama la atención a la vida de Sara. (Véase 1 P. 3:1-6.)
2. Abraham compra una cueva en Macpela por 400 siclos de plata y entierra en ella a su amada esposa. Tiempo después él también sería sepultado allí.

R. Su orden (24:1-67).
1. Abraham mandó a Eliezer, su fiel criado, que fuera a Harán a buscar esposa para Isaac.
2. Nada más llegar a su destino, estando todavía a las afueras de la ciudad, Eliezer se arrodilla y pide a Dios sabiduría. Esta es una de las oraciones más sobresalientes de la Biblia, no sólo por la gran fe que muestra, sino porque es respondida incluso antes de ser terminada. El siervo pide a Dios que le indique cuál es la joven que él desea para Isaac llevándola a que le dé agua para él y para sus sedientos camellos. Veamos el resultado:

   > «Y aconteció que antes de que él acabase de hablar, he aquí Rebeca, que había nacido a Betuel, hijo de Milca mujer de Nacor, hermano de Abraham, la cual salía con su cántaro sobre su hombro» (24:15).

3. Rebeca sin saberlo cumple la oración de Eliezer al ofrecerle agua para él y sus camellos.
4. El siervo de Abraham es presentado por Rebeca a su madre y a su hermano Labán. Él les informa de la misión que lleva y de la sorprendente respuesta a su oración.
5. Rebeca está de acuerdo en marchar con el siervo y en ser la esposa de Isaac.
6. Isaac espera con ansiedad la llegada de su novia en un campo cercano a Hebrón. Llegan a ser marido y mujer.

   Este es uno de los grandes capítulos de la Biblia lleno de tipos. Notemos:
   a. Abraham es un tipo perfecto del Padre celestial. Es el Padre quien prepara una boda para su amado Hijo (véase Mt. 22:2).
   b. Isaac es un tipo perfecto del Señor Jesucristo. Él, al igual que Jesús, había sido ofrecido en sacrificio (cp. Gn. 22 con Mt. 27), y busca a su esposa. A Isaac, a semejanza de Cristo, le fueron dadas todas las cosas de su padre. (Cp. 24:36 con Fil. 2:9,10.) Finalmente, Isaac, como Cristo, amó a su esposa tiernamente. (Cp. 24:67 con Ef. 5:25.)
   c. Eliezer es un tipo perfecto del Espíritu Santo. El siervo de Abraham fue hasta Mesopotamia por una sola razón: buscar esposa para Isaac. Años después (Hch. 2) el Espíritu Santo vendría en Pentecostés con un propósito: adquirir una esposa para el Hijo. Eliezer en Mesopotamia honró constantemente al padre y al hijo, y hoy el Espíritu Santo hace lo mismo. (Véase Juan 15:26.)
   d. Rebeca es un tipo perfecto de la iglesia. Para que alguien pueda entrar en la verdadera iglesia de Dios debe primero responder positivamente a la pregunta del siervo del Padre: «Y llamaron a Rebeca, y le dijeron: ¿Irás tú con este varón? Y ella respondió: Sí, iré» (24:58).

S. Su Cetura (25:1-6).
1. Abraham se casó con una mujer llamada Cetura que le dio seis hijos.
2. El más importante de todos fue Madián, el cuarto hijo varón, que llegó a ser el padre de los madianitas. Años después este pueblo le causó a Israel mucha tristeza.

T. Su ciudad (25:7-10; He. 11:8-10).

«Y estos fueron los días que vivió Abraham: ciento setenta y cinco años. Y exhaló el espíritu, y murió Abraham en buena vejez, anciano y lleno de años, y fue unido a su pueblo. Y lo sepultaron Isaac e Ismael sus hijos en la cueva de Macpela, en la heredad de Efrón hijo de Zohar heteo, que está enfrente de Mamre, heredad que compró Abraham de los hijos de Het; allí fue sepultado Abraham, y Sara su mujer» (25:7-10).

«Por la fe Abraham, siendo llamado, obedeció para salir al lugar que había de recibir como herencia; y salió sin saber a dónde iba. Por la fe habitó como extranjero en la tierra prometida como en tierra ajena, morando en tiendas con Isaac y Jacob, coherederos de la misma promesa; porque esperaba la ciudad que tiene fundamentos, cuyo arquitecto y constructor es Dios» (He. 11:8-10).

II. Isaac (Gn. 25—27).

A Isaac le han descrito como el hijo mediocre de un gran padre (Abraham) y el padre mediocre de un gran hijo (Jacob). La acción principal de su vida sucedió en estos cinco lugares: sobre un monte, en un campo, en algunos pozos en el desierto, en un apartamento filisteo, y en una mesa de comer.

A. Sobre un monte en Jerusalén.

El hijo sumiso. Isaac se sometió mansamente a ser ofrecido como ofrenda en holocausto.

B. En un campo en Hebrón (24:61-67; 25:9-11, 19-26), *el amante esposo.*
1. Se encuentra con Rebeca por primera vez (24:61-67).
2. El y su hermano Ismael entierran a su padre Abraham (25:9).

   Abraham vivió treinta y ocho años más después de morir Sara.
3. Ismael muere a la edad de 137 años (25:17).
4. Isaac ora pidiéndole a Dios que le dé hijos a él y su esposa (25:21).

   Esta es la segunda de cinco oraciones registradas en la Biblia pidiendo un hijo. Son:
   a. La oración de Abraham (Gn. 15:2).
   b. La oración de Isaac (Gn. 25:21).
   c. La oración de Raquel (Gn. 30:1, 22).
   d. La oración de Ana (1 S. 1:10, 11; 2:1-10).
   e. La oración de Zacarías (Lc. 1:5-7, 13-17).
5. Rebeca da a luz dos hijos gemelos y les ponen el nombre de Esaú y Jacob (25:24-26).

C. En un hogar filisteo (26:1-14), el mono imitador.
1. Isaac repite el mismo pecado que cometió su padre muchos años antes. (Véase 1 Co. 10:13.)
   a. En tiempo de hambre, se olvida de Palestina y se va a tierra de los filisteos (como Abraham hizo una vez marchándose a Egipto).
   b. Le miente al rey Abimelec en relación con Rebeca, diciéndole que es su hermana.

ISAAC

EL HIJO SUMISO
Génesis 22:1-4
- Es ofrecido como holocausto por su padre Abraham.

EL ESPOSO AMANTE
Génesis 24:62-67
- Se encuentra con Rebeca por primera vez.

EL PADRE QUE ORA
Génesis 25:19-26
- Ora pidiendo que Dios le bendiga con hijos.
- Rebeca da a luz hijos gemelos: Esaú y Jacob.

EL MONO IMITADOR
Génesis 26:1-11
- Como su padre, deja Palestina en tiempo de hambre.
- Como su padre, miente acerca de su esposa.

EL TRABAJADOR DILIGENTE
Génesis 26:17-33
- Algunos filisteos envidiosos habían cegado los pozos de Abraham.
- Isaac los limpia y los vuelve a abrir.

EL PADRE FRUSTRADO
Génesis 27:1-45
- A los 97 años Isaac siente que su muerte está cercana.
- Instruye a Esaú para que le prepare una comida y reciba la bendición patriarcal.
- Rebeca arregla las cosas para engañar a Isaac, que está medio ciego, a fin de que Jacob reciba la bendición.
- Jacob recibe la bendición destinada para Esaú.
- Rebeca envía Jacob lejos para evitar la venganza de Esaú.

2. Abimelec descubre la verdad y reprende a Isaac, avergonzándole por su mentira.
3. A pesar de su pecado, Dios reafirma con Isaac el pacto con Abraham y le bendice abundantemente con bienes materiales.

D. Junto a algunos pozos en el desierto (26:15-34), el trabajador diligente.
1. Los filisteos se llenaron pronto de envidia a causa de su prosperidad y se vengaron cegando algunos de los pozos que su padre Abraham había abierto. Isaac dedicó bastante tiempo a limpiar y poner otra vez en servicio estos pozos.

   El joven ministro de Dios puede sacar algunas buenas lecciones de estos versículos. A lo largo de la historia nuestros antecesores espirituales han profundizado, con paciencia y placer, en la Palabra de Dios y han expuesto con belleza aquellos pozos de agua fresca y cristalina del nacimiento virginal, de la vida sin pecado de Cristo, su muerte, resurrección, ascensión y segunda venida. Pero últimamente estos pozos han sido cegados en las mentes de muchos a causa de las acciones odiosas de falsos críticos. Por tanto, la tarea principal del joven hombre de Dios en los tiempos presentes es limpiar y destapar esos pozos, a fin de que sus aguas vivas puedan satisfacer los agostados corazones humanos.
2. Isaac (a semejanza de como lo hizo una vez su padre) concertó un pacto de no agresión con el rey Abimelec (Pr. 16:7).
3. Dios se le aparece a Isaac de nuevo.
4. Isaac y Rebeca se lamentan por el matrimonio de Esaú, quien a sus cuarenta años elige como esposa a una mujer pagana.

E. En la mesa de comer en su propio hogar (27:1-46), el padre frustrado.
1. A la edad de 137 años, Isaac siente que está cerca de la muerte, aunque en realidad viviría otros cuarenta y tres años y alcanzaría los 180 años (Gn. 35:28). Su hermano Ismael había muerto a los 137 (25:17) y esto pudo haber influido su pensamiento. Además, estaba medio ciego en ese tiempo.
2. Instruye a Esaú para que vaya a cazar y le prepare una comida que él pueda comer, y bendecirle antes de morir. En la proximidad de la muerte (o así lo pensó él) los pensamientos últimos de Isaac tenían que ver con su estómago. Parece que su condición espiritual estaba seriamente deteriorada (véase Fil. 3:18, 19).
3. Rebeca llega a escuchar esta conversación y trama un plan con Jacob para engañar a Isaac, a fin de que Jacob pueda obtener la bendición. Rebeca estaba en lo correcto en su conclusión de que el deseo de Dios era que la bendición fuera para Jacob (25:23), pero estaba totalmente equivocada en tomar el asunto en sus propias manos. El fin nunca justifica los medios. Nunca es correcto hacer el mal a fin de lograr el bien (véase Ro. 3:8).
4. Jacob siente que la intriga que están urdiendo no va a funcionar. Él sabía que su padre, a pesar de estar medio ciego, iba a querer poner sus manos sobre él, y por ello advierte: «He aquí, Esaú mi hermano es hombre velloso, y yo lampiño» (27:11). Su piel era suave y sus mañas también. A Jacob no le hubiéramos comprado un automóvil usado.
5. Su madre le reafirma en el plan: «Hijo mío, sea sobre mí tu maldición» (véase Mt. 27:24, 25), y prepara a Jacob para su acción engañosa cocinando un guisado similar al de venado. Después le vistió con las ropas ásperas de Esaú y «cubrió sus manos y la parte de su cuello donde no tenía vello, con las pieles de los cabritos» (27:16).
6. Jacob así preparado se presentó a Isaac como si fuera Esaú. Cuando le preguntó cómo era que había encontrado la caza tan pronto, Jacob le mintió: «Porque Jehová tu Dios hizo que la encontrase delante de mí» (27:20).
7. Después de ciertas dudas iniciales acerca de su identidad, Isaac le da la bendición.
8. Jacob besa a su padre. Este es el primero de tres besos de traición que aparecen en la Biblia.
   a. Jacob besa a Isaac a fin de engañarle (Gn. 27:27).
   b. Joab besa a Amasa con el fin de matarlo. (2 S. 20:9).
   c. Judas besa a Cristo con el fin de traicionarle (Mt. 26:49).
9. Apenas había salido Jacob de estar con su padre cuando llega Esaú y se descubre el fraude. Esaú lloró amargamente por el engaño sufrido (He. 12:16, 17), y se propone matar a su hermano después que su padre haya muerto (27:41).
10. Rebeca se entera de las intenciones de Esaú y pide a Isaac que envíe a Jacob a Harán para buscar esposa. Su razón principal fue, sin duda, salvar su vida.
11. Isaac llama a Jacob, le bendice y le envía a Harán, diciéndole: «No tomes mujer de las hijas de Canaán» (28:1). Isaac desaparece en este punto del relato bíblico, aunque vive todavía otros cuarenta y tres años más. Isaac no era un hombre soñador de grandes proyectos y conquistas. Un resumen de su vida carente de grandes acontecimientos, incluyendo los puntos fuertes y débiles, sería:
    a. Fue un hijo sumiso.
       (1) Mostrado por su aceptación de ser sacrificado (Gn. 22:7-10).
       (2) Mostrado por su aceptación de que le eligieran la esposa (Gn. 24).
    b. Fue un hombre sensual.
       (1) Como se aprecia por la escena de la «ventana« (Gn. 26:8).
       (2) Se ve en su apetencia de comida (Gn. 27:1-4).
    c. Fue un padre y esposo complaciente.
       (1) Tuvo poco control sobre Esaú, quien se casó con dos mujeres paganas (Gn. 26:34).
       (2) Ejerció poco control sobre Rebeca, quien se sintió libre para engañarle según su voluntad (Gn. 27:5-13).
       (3) Tuvo poco control sobre Jacob, quien considera más a su madre que a él como figura de autoridad (Gn. 27:13).
    d. Sin embargo, fue a veces un hombre de fe (Gn. 28:1-4; 22:7-10; He. 11:20).

III. Jacob (Gn. 25; 27—36; 38).
A. El hermano ingenioso (25:27-34).
1. Jacob fue el segundo que nació de los geme-

los. El relato bíblico del nacimiento, tal como aparece en los versículos 25, 26, es muy vívido:

«Y salió el primero rubio, y era todo velludo como una pelliza; y llamaron su nombre Esaú. Después salió su hermano, trabada su mano al calcañar de Esaú; y fue llamado su nombre Jacob [el que suplanta].»

2. Ambos niños fueron ramas del mismo árbol y crecieron en el mismo hogar, pero uno creció y amó a Dios, mientras que el otro se despreocupó de las cosas espirituales.
3. Esaú llegó a ser un experto cazador y el favorito de Isaac, mientras que Jacob era de un carácter más tranquilo que apelaba más a su madre.
4. Jacob se aprovecha de las debilidades de su hermano para hacerse con los derechos de la primogenitura. Estos derechos tenían que ver con ciertas ventajas, privilegios y responsabilidades del primogénito varón durante la historia de Israel en el Antiguo Testamento, y son:
    a. Las *ventajas* y privilegios consistían en que aquel hijo era objeto de especial atención y recibiría una porción doble de la herencia paterna.
    b. Las *responsabilidades* consistían en que se esperaba que asumiera el liderazgo espiritual de la familia. También se le requería que proveyera para las necesidades de su madre hasta que ésta muriera y de sus hermanas solteras hasta que se casaran. Pero se nos dice que «así menospreció Esaú la primogenitura» (25:34). En el Nuevo Testamento leemos lo siguiente en relación con Esaú y sus derechos como primogénito: «No sea que haya algún fornicario, o profano, como Esaú, que por una sola comida vendió su primogenitura» (He. 12:16).
5. Todo este trasfondo arroja mucha luz sobre el carácter de Esaú, quien tuvo en poco sus derechos de nacimiento.
    a. Él no estaba aparentemente interesado en ninguna porción doble de la herencia paterna. Aunque su padre acumuló mucha riqueza en los años siguientes (Gn. 26:12-14), el quizá poseía muy poco de esta riqueza en los primeros tiempos. En cualquier caso, Esaú no parecía interesado en las ventajas materiales de su derecho de nacimiento.
    b. Tampoco mostró interés en asumir sus responsabilidades espirituales, ni estaba preocupado en proveer para su madre. Quizá se dio cuenta de su inclinación por Jacob (Gn. 25:28).
    c. Sus acciones reflejan sus actitudes carnales, porque como hemos visto, era una persona fornicaria y profana. El término fornicario habla de su inmoralidad, y la palabra profano se refiere a su desinterés por los asuntos espirituales. Literalmente significa «uno que está fuera del templo».

B. El hijo engañador (27:1-46).
1. Rebeca llega a escuchar el plan de Isaac de dar a Esaú la bendición patriarcal.
2. Inmediatamente trama un plan con Jacob a fin de que éste la reciba.
3. Isaac es engañado por Jacob y recibe la bendición que estaba reservada para Esaú.
4. Esaú descubre el engaño y jura venganza. Se puede levantar la pregunta de por qué Esaú se interesa ahora en la bendición cuando antes había menospreciado la primogenitura. La respuesta parece estar en la naturaleza de los dos. Como ya dijimos previamente, Esaú no estaba interesado en aceptar las responsabilidades espirituales de la primogenitura; pero la bendición era otra cosa, porque ésta llevaba consigo una buena e importante profecía concerniente al futuro.

C. El peregrino soñador (28:1-22).
1. Jacob deja Beerseba y se encamina hacia Harán. Después de un largo camino llega a Betel, a unas 40 millas (unos 64 km) al norte de Beerseba.
2. Usando una piedra como cabecera, cayó pronto en un profundo sueño.
3. Y mientras duerme, sueña: «Y he aquí una escalera que estaba apoyada en tierra, y su extremo tocaba en el cielo; y he aquí ángeles de Dios que subían y descendían por ella» (28:12). Según Hebreos 1:14, los ángeles son espíritus ministradores enviados para ministrar a los herederos de la salvación. Abraham, el abuelo de Jacob, había disfrutado de su bendito ministerio (Gn. 18:1-16), así como Lot (Gn. 19:1). Jacob ahora compartía la misma experiencia.
4. Jacob contempla la presencia de Dios en lo alto de la escalera, y (por primera vez) escucha la voz de Dios confirmándole el pacto con Abraham. (Véase 28:1-15.) Especialmente emocionantes son las palabras «... no te dejaré...» (28:15).

    La más preciosa de las promesas es la de la presencia del Señor. Le es hecha a Jacob en una manifestación de pura gracia; mediante Moisés a todo el pueblo antes de que cruzaran el río Jordán con Josué (Dt. 31:6); a Josué al asumir el liderazgo y prepararse para la batalla (Jos. 1:5, 8); y a Salomón para la edificación del templo (1 Cr. 28:20). Fue dada a los discípulos justo antes de que Jesús ascendiera a los cielos (Mt. 28:20), y confirmada para nosotros hoy (He. 13:5, 6). (*Genesis,* vol. 2, p. 86, D.G. Barnhouse.)
5. Jacob se despierta y hace un voto (Gn. 28:20-22). A pesar de que no es una oración muy apropiada, el Dios soberano decide por pura gracia responderla.

D. El pretendiente que lucha por la amada (29:1-20).
1. Jacob llega a Harán y se encuentra con su prima (y futura esposa) Raquel. Después de remover para ella la pesada piedra de la boca del pozo, para que pudieran abrevar a las ovejas, Jacob se presenta a sí mismo, y los saludos incluyen besos y lágrimas (29:1-12). Este es el primero de varios encuentros importantes al lado de un pozo que aparecen en la Biblia. (Véanse Éx. 2:15; Jn. 4:6, 7.)
2. Jacob entonces conoce a su tío Labán y futuro suegro. Acepta trabajar siete años para Labán a fin de conseguir a Raquel en matrimonio (29:13-15). Aquí comienza una de las grandes historias de amor de todos los tiempos.

E. El frustrado hombre de familia (29:21—30:24).
 1. Jacob es engañado en la noche de bodas por el astuto Labán que secretamente le sustituye a Raquel por Lea que es la hija mayor (29:16-24). Jacob el engañador es ahora engañado él también.
 2. Jacob está furioso, pero acepta trabajar sin paga otros siete años por Raquel. Aunque, sin embargo, le permiten casarse con ella en el plazo de una semana (29:25-30).
 3. Jacob tiene ahora dos esposas y adquiere otras dos cuando tanto Lea como Raquel le entregan sus siervas personales con el propósito de darle hijos. Estas cuatro mujeres le dieron doce hijos y una hija.
   a. De Lea:
     (1) Rubén («Ved un hijo»), su primer hijo (29:32).
     (2) Simeón («Ha escuchado»), su segundo hijo (29:33).
     (3) Leví («Unirá»), su tercer hijo (29:34).
     (4) Judá («Alabar»), su cuarto hijo (29:35).
     (5) Isacar («Recompensa»), su noveno hijo (30:18).
     (6) Zabulón («Permanecer»), su décimo hijo (30:20).
   b. De Bilha, la sierva de Raquel:
     (1) Dan («Justicia»), su quinto hijo (30:6).
     (2) Neftalí («Luchar»), su sexto hijo (30:8).
   c. De Zilpa, la sierva de Lea:
     (1) Gad («Fortuna»), su séptimo hijo (30:11).
     (2) Aser («Feliz»), su octavo hijo (30:13).
   d. De Raquel:
     (1) José («Él añade»), su undécimo hijo (30:24).
     (2) Benjamín («Hijo de la mano derecha»), su duodécimo hijo (35:18).
 4. En este momento podemos sacar las siguientes interesantes conclusiones:
   a. La mitad de los hijos de Jacob le fueron dados por una esposa (Lea) con quien no tuvo la intención de casarse. Entre ellos están:
     (1) Leví: de quien posteriormente procederían todos los sacerdotes de Israel.
     (2) Judá: de esta tribu vendría el Mesías.
   b. Lea le dio a Jacob la única hija (Dina) que conocemos (30:21).
   c. Raquel le dio sus dos últimos y los preferidos. José llegaría, por supuesto, a ser el más famoso de todos.
   d. Lea, después de dar a luz sus cuatro primeros hijos, queda temporalmente estéril, y en un intento por estimular la fertilidad come mandrágoras (algunas veces conocida como la manzana del amor), una planta frondosa que comían las mujeres campesinas del Cercano Oriente en la creencia de que les ayudaba a quedarse embarazadas. Lea estaba intentando ahora tener hijos mediante métodos artificiales. La mandrágora, como aparece aquí, nos sirve como un ejemplo de los varios métodos artificiales, que deshonran a Cristo, usados por algunos para llenar la casa de Dios, tales como bazares, bingos, festivales de música «rock», etc. Los hijos terrenales solamente nacen cuando la esposa se relaciona con el esposo, y lo mismo sucede con los hijos espirituales. Cuando la Esposa ora como Raquel: «Dame hijos, o si no, me muero» (30:1), el Esposo bendecirá.

F. El empleado negociante (30:25—31:55).
 1. Después del nacimiento de sus hijos Jacob quiere volver a Canaán, pero es persuadido por Labán para que se quede con él un poco más (30:25-28).
 2. Está de acuerdo, a condición de que se le permita conservar como propias todas las ovejas que nazcan manchadas o salpicadas, o de color oscuro, y también de las cabras (30:29-36).
 3. Jacob intentó entonces incrementar el tamaño de sus rebaños quitando la corteza de las ramas de algunos árboles (álamo, avellano, castaño) y poniéndolas en los lugares que los animales usaban para aparearse (30:37-39).
 4. En los siguiente seis años Jacob prosperó y se convirtió en un hombre muy rico. Dios le manda que vuelva a Palestina (30:43; 31:3).
 5. Sin informar para nada a Labán, Jacob levanta su campamento y se pone en camino para Canaán (31:17-21).
 6. Labán se enteró tres días después de la huida de Jacob, salió tras él y le alcanzó, después de una semana de persecución, en el monte de Galaad. Dios ya había avisado al enfurecido suegro que no hiciera daño a Jacob (31:22-25).
 7. Labán regaña a Jacob por marcharse de aquella manera, y le acusa de haberle robado sus dioses (31:26-30). La *New Scofield Bible* nos hace el siguiente comentario en relación con estos dioses:

> «Este incidente ha sido por mucho tiempo un rompecabezas. ¿Por qué estaba Labán tan interesado en recuperar esas imágenes que Raquel había robado? Para intentar recuperarlas emprende una costosa y larga expedición de 275 millas (442 km).
>
> Las excavaciones realizadas en Nuzi, en el norte de Mesopotamia, en la región donde vivió Labán, muestran que la posesión de los dioses del suegro por un hijo político (yerno) era legalmente aceptable como prueba de que aquella persona era reconocida como el heredero principal. No nos sorprende, pues, que Jacob se enojara tanto por ser acusado de lo sucedido, y que establecieran una frontera entre ellos, con la promesa de no cruzarla con intención de herirse el uno al otro. Jacob nunca hizo mal uso de estas imágenes-ídolos que Raquel había robado, pero ordenó enterrarlos junto a una encina en Siquem» (Gn. 35:2-4). (*New Scofield Bible*, p. 46.)

 8. Jacob niega airado el robo de aquellas imágenes (ignorante de la acción de Raquel) y dirige una invectiva contra Labán, acusándole de tratarle injustamente durante sus veinte años de relaciones de trabajo (31:36-42).
 9. Aquellos ídolos, escondidos por Raquel en la

albarda de un camello, nunca fueron descubiertos. Ella permaneció sentada sobre la albarda durante el tiempo de la búsqueda, alegando: «... no me puedo levantar delante de ti; pues estoy con la costumbre de las mujeres...» (31:35).

10. A sugerencia de Labán, los dos hombres confirmaron un pacto mediante el levantamiento de un montón de piedras que llamaron Mizpa, o «atalaya o torre de vigía». Al terminarlo Labán agregó estas palabras: «Atalaye Jehová entre tú y yo, cuando nos apartemos el uno del otro» (31:49).

    El doctor Barnhouse escribe:

    > «La lectura descuidada de la Palabra de Dios ha hecho que esta declaración se torne familiar para millones de creyentes dándole una aplicación totalmente falsa. Que se haya gravado en anillos, que se haya hecho lema de una organización juvenil, y se haya usado como bendición al final de una reunión, es un uso absurdo. No habla de bendición, comunión o compañerismo; sino por el contrario, habla de armisticio, separación, amenaza y aviso. En efecto, el montón de piedras de Mizpa significa: «Si pasas esta raya, te mataré.» El que rompiera el pacto necesitaría la ayuda de Dios, porque el otro dispararía a matar en cuanto que le viera.» (*Génesis*, vol. 2, p. 110.)

G. El luchador determinado (32:1—33:20).

1. Jacob es de nuevo ministrado por ángeles de camino a Palestina, como ya lo había sido veinte años antes cuando salió de la casa de sus padres. (Véase Gn. 28:12 y comparar con 32:1, 2.) Jacob menciona aquí por primera vez en la Biblia a los ejércitos celestiales. Esto es lo que el quiere decir con la expresión «Jehová de los ejércitos». Este ejército está compuesto de ángeles. Tenemos muchos ejemplos en las Escrituras que muestran a este ejército celestial en acción.
   a. *Josué* fue visitado por el Príncipe del ejército de Jehová (Jos. 5:14).
   b. *Eliseo* y su joven criado fueron reafirmados por este poderosos ejército (2 R. 6:13-17).
   c. *El Salvador* anunció a Pedro que él podría llamar a doce legiones de ángeles para librarle de la cruz, si así lo quisiera. Pero gracias a Dios que no lo hizo. (Véase Mt. 26: 52, 53.)

   Como David escribiría en el Salmo 34:7: «El ángel de Jehová acampa alrededor de los que le temen, y los defiende.»

2. En este momento recibe la aterradora noticia de que su hermano Esaú viene a su encuentro con 400 hombres. Jacob queda paralizado por el terror. Inmediatamente hace tres cosas:
   a. Divide a su familia en dos grupos, diciendo: «Si viene Esaú contra un campamento y lo ataca, el otro campamento escapará» (32:8).
   b. Clama a Dios en oración (32:9-11). En este momento Jacob reconoce: «Menor soy que todas las misericordias y que toda la verdad que has usado para con tu siervo...» (32:10). Pablo daría también testimonio de esta verdad. (Véase 1 Ti. 1:12-15.)
   c. Envía a Esaú un regalo compuesto de 550 animales con el propósito de aplacarlo (32:13-21).

3. Sucede allí, aquella noche, junto al río Jaboc, uno de los eventos más misteriosos y extraordinarios de toda la Biblia (32:24-29).

4. Cualquiera que sea la teología que uno quiera espigar de este extraño pasaje bíblico, en que vemos a Dios y a un hombre enzarzados en una lucha que dura toda la noche, dos hechos emergen claramente:
   a. Su nombre es cambiado de Jacob (el retorcido oportunista) a Israel, que significa «el que lucha con Dios o el que tiene poder con Dios» (32:28).
   b. Nunca volvió a ser el mismo después de esta sesión de lucha con Dios (32:31, 32).

5. Después de esto Jacob llamó a aquel lugar Peniel (el rostro de Dios). El Señor había tocado su corazón en Bet-el, pero en Peniel Dios reclamó su vida. El primer lugar contempló su conversión y salvación, pero Peniel fue testigo de su consagración y santificación. El primero le *introdujo* a la paz de Dios; el segundo *le dio* libremente la paz de Dios. Ahora no sólo poseía la vida, sino la vida abundante. (Véanse Ro. 5:1; Fil. 4:7; Jn. 10:10.)

6. Jacob, inclinándose a tierra y temblando, se encontró con Esaú. Para su sorpresa y gran alivio, Esaú le abraza (33:1-4).

7. Esaú quería que Jacob le acompañara a la tierra de Seir. Esto era lo último en la mente de Jacob, pero en vez de decírselo a su hermano, se ocultó detrás de sus hijos: «Mi señor sabe que los niños son tiernos, y que tengo ovejas y vacas paridas; y si las fatigan, en un día morirán todas las ovejas» (33:13).

8. Jacob, sin embargo, le promete encontrarse con él en Seir. Esto era, sin duda, una mentira. Jacob se encaminaba a Sucot, que estaba al noroeste, mientras que Seir se hallaba al sureste. Uno se pregunta qué es lo que pensaría Esaú sobre el brillante testimonio de su hermano acerca de la gracia de Dios, cuando se enteró que su hermano le había mentido otra vez (33:14-16).

H. El padre enfurecido (34:1; 38:1-30).

1. Por el pecado de asesinato cometido por Leví y Simeón (34:1-31).
   a. Jacob permite a su hija Dina actuar con mucha libertad y el resultado es que es seducida por Siquem, el hijo del rey Hamor de los heveos. Jacob, al igual que su padre Isaac, tenía poco conocimiento acerca de dónde andaban sus hijos y con quienes se reunían. Era una suposición aceptada entre los egipcios y los cananeos que las mujeres solteras y sin vigilancia eran presas a disposición de cualquiera. (Véanse Gn. 12:14; 20:2; 26:7.) Dina tenía aproximadamente catorce años cuando esto sucedió.
   b. Siquem estaba determinado a casarse con Dina y le pidió a Jacob el correspondiente permiso. De hecho los heveos le sugirieron a Jacob: «Emparentad con nosotros; dadnos vuestras hijas, y tomad vosotros las

JACOB

EL HERMANO INGENIOSO

Génesis 25:27-34
- Presiona a Esaú para que venda la primogenitura.

EL HIJO ENGAÑOSO

Génesis 27:6-29
- Engaña a su padre para recibir la bendición.

EL PEREGRINO SOÑADOR

Génesis 28:10-22
- En Bet-el ve una escalera que va desde la tierra al cielo.
- Los ángeles descienden y ascienden por ella.
- Dios le confirma el pacto con Abraham.
- Al despertar pone una piedra como señal, derrama aceite sobre ella, y hace promesa de servir a Dios.

EL PRETENDIENTE QUE LUCHA POR LA AMADA

Génesis 29:1-20
- Se encuentra con su prima, y futura esposa, Raquel junto a un pozo.
- Aquí comienza una de las grandes historias de amor.
- Promete a Labán, padre de Raquel (tío de Jacob y su futuro suegro), que trabajará siete años por Raquel.

EL FRUSTRADO HOMBRE DE FAMILIA

Génesis 29:21—30:24
- Es engañado en la noche de bodas por Labán quien secretamente sustituye a Raquel por Lea, la hermana mayor.
- Jacob se enfurece, pero acepta trabajar otros siete años por Raquel.
- Ahora tiene dos esposas, y se le añadieron otras dos más cuando Raquel y Lea le entregan sus siervas personales con el propósito de tener hijos.
- Estas cuatro mujeres le darán doce hijos y una hija.

Esposa	**Lea**	**Bilha** (criada de Raquel)	**Zilpa** (criada de Lea)	**Raquel**
Hijo	1. Rubén			
	2. Simeón			
	3. Leví			
	4. Judá			
		5. Dan		
		6. Neftalí		
			7. Gad	
			8. Aser	
	9. Isacar			
	10. Zabulón			
				11. José
				12. Benjamín
Hija	Dina			

EL EMPLEADO NEGOCIANTE

Génesis 30:25—31:55
- Jacob se pone a trabajar con Labán y se convierte en un hombre rico.
- Cuando Dios le manda volver a Palestina, levanta su campamento y se marcha sin decírselo a Labán.
- Labán le persigue y le acusa, entre otras cosas, de haberle robado sus dioses.
- Labán y Jacob llegan a un acuerdo y levantan un memorial de piedra como recordatorio.

EL LUCHADOR DETERMINADO

Génesis 32:1—33:20
- Jacob recibe la noticia de que Esaú viene a su encuentro con 400 hombres.
- Lleno de temor, Jacob lucha con Dios en oración durante toda la noche junto al vado del Jaboc.
- Dios le reconfirma el pacto y cambia su nombre de Jacob a Israel.
- El encuentro entre Jacob y Esaú es muy amistoso.

EL PADRE ENFURECIDO

Génesis 34:1-31; 35:22; 38:1-30
- Por el pecado de asesinato cometido por Leví y Simeón
  1. Estos hombres engañan a un grupo de hombres del desierto (cuyo líder había seducido a su hermana Dina) convenciéndoles de que se circunciden ellos mismos.
  2. Al tercer día, cuando están más incapacitados para defenderse a sí mismos por las heridas que ellos se hicieron, los dos hijos de Jacob los matan como animales.
- Por el pecado de adulterio cometido por Rubén
  «Aconteció que cuando moraba Israel en aquella tierra, fue Rubén y durmió con Bilha, la concubina de su padre, lo cual llegó a saber Israel...» (Gn. 35:22).
- Por el pecado de adulterio cometido por Judá
  1. Buscando vengarse de Judá, por no haber cumplido con su requerimiento, su nuera Tamar se disfraza de prostituta y lo lleva a su tienda con propósitos sexuales.
  2. Tamar queda embarazada y Judá ordena que muera por su inmoralidad, pero entonces se entera de quién es realmente el padre de la criatura.

EL PATRIARCA OBEDIENTE

Génesis 35:1-15
- Dios le ordena a Jacob volver a Bet-el.
- En preparación para este viaje, instruye a su familia para que destruyan los ídolos y preparen sus corazones.
- Edifica un altar en Bet-el y lo llama «El-Bet-el», que significa «el Dios de la casa de Dios».

EL SANTO AFLIGIDO

Génesis 35:16-20; 37:31-35
- Pierde a su amada esposa Raquel al dar a luz.
- Entierra junto con Esaú a su padre Isaac.
- Es llevado a creer que su hijo José ha sido asesinado y devorado por una bestia salvaje.

nuestras. Y habitad con nosotros...» (34:9, 10).

c. Esta línea de razonamiento es, por supuesto, una de las tácticas favoritas de Satanás. Se le presiona al cristiano a ser más tolerante y a rebajar sus niveles, a complacer su carne y abandonar su fe. (Para conocer la respuesta a esta sugerencia satánica, véanse 1 Co. 6:15-20; 2 Co. 6:14-18.)

d. Los hermanos de Dina, hirviendo de ira en su interior, engañan cruelmente a Siquem mostrándose de acuerdo con su petición, a condición de que los heveos se circuncidaran (34:13-24).

e. Al tercer día, cuando sus heridas molestaban y eran sensibles a cualquier movimiento, Leví y Simeón entraron osadamente en el campamento heveo y mataron a todos los hombres, entre ellos a Siquem y a su padre. Después saquearon la ciudad, llevándose todo lo que encontraron, incluso a las viudas y huérfanos (34:25-30).

f. Jacob se enfureció y reprendió severamente a sus dos hijos por el crimen cometido: «Me habéis turbado con hacerme abominable a los moradores de esta tierra, el cananeo y el ferezeo; y teniendo yo pocos hombres, se juntarán contra mí y me atacarán, y seré destruido yo y mi casa» (34:30).

Aún en este punto tan avanzado de la vida de Jacob, tenemos que notar tristemente:

(1) No manifestó dolor por la violación de Dina, su única hija.
(2) No expresó pena por el hecho de que todo el pueblo fuera exterminado.
(3) Aparentemente no se preocupa para nada de lo que Dios pueda pensar del asunto.
(4) Su preocupación principal (quizá su única) tiene que ver con el riesgo de que la acción de sus hijos le puede perjudicar. El no asume ninguna clase de responsabilidad por todo lo ocurrido.

2. Por el pecado de adulterio cometido por Judá (38:1-30).
Aunque el nombre de Jacob no aparece en este capítulo, podemos suponer que era bien consciente de sus consecuencias trágicas y que lo desaprobó.
   a. Judá, el cuarto hijo de Jacob, se casó con una mujer cananea, quien le dio tres hijos: Er, Onán y Sela (38:1-5).
   b. Er, el hijo mayor, se casó con una mujer llamada Tamar, pero Dios le quitó la vida por su mala conducta, que no se especifica. Judá entonces manda a su segundo hijo, Onán, que se case con ella, pero él también muere a causa de su iniquidad.
   c. Judá promete a Tamar que su tercer hijo Sela se casará con ella cuando crezca, aunque en verdad no tiene intención de hacerlo (38:11, 12).
   d. Pasado un tiempo Tamar se da cuenta del olvido de Judá, y disfrazada como una prostituta logra llevar a Judá a su propia tienda con propósitos sexuales. Como pago recibe el sello, cordón y báculo de Judá (38:13-19). Tamar quedó embarazada como fruto de esta relación.
   e. Tres meses más tarde Judá se entera, e indignado demanda que muera quemada. Tamar entonces le muestra su sello, cordón y báculo. El avergonzado Judá la deja inmediatamente en libertad (38:24-26).
   f. Tamar da a luz gemelos y les pone por nombre Fares y Zara. Tanto esta prostituta cananea como su ilegítimo primer hijo aparecerían después por la maravillosa gracia de Dios en la sagrada genealogía de nuestro Señor Jesucristo (Mt. 1:3).

I. El patriarca obediente (35:1-7).
1. Dios le recuerda otra vez a Jacob su anterior mandamiento de que vuelva a Bet-el (35:1). (Véase también 31:11-13.) Jacob había vivido en Siquem por diez años, y Bet-el estaba sólo a 30 millas (48 km) de distancia. Cuán trágicamente fácil es caminar hacia la consagración y todavía quedarnos cortos. (Véase He. 4:1, 9, 11.)
2. Jacob instruye a toda su familia para que destruyan sus ídolos, se limpien y muden sus vestidos en preparación para el viaje a Bet-el. Estos ídolos y zarcillos son recogidos y enterrados bajo una encina cerca de Siquem. Este es el primer avivamiento que se registra en la Palabra de Dios.
3. Jacob llega a Bet-el y edifica un altar, y a aquel lugar le pone por nombre El-Bet-el. Como ya hemos visto, el nombre Bet-el significa «casa de Dios», pero El-Bet-el quiere decir «el Dios de la casa de Dios». La diferencia entre estos dos conceptos es como la diferencia entre conocer la Palabra de Dios y conocer al Dios de la Palabra. Tenemos que leer las páginas de la primera para llegar a familiarizarnos con la persona de la segunda (35:7).

J. El santo afligido (35:8-29).
1. Jacob, pierde en rápida sucesión, tres seres queridos.
   a. *Débora*, el ama de Rebeca su madre (35:8). Esta mujer que aparece aquí mencionada por primera vez, fue aparentemente a vivir con Jacob después de la muerte de Rebeca.
   b. Su amada esposa *Raquel* muere dando a luz a su segundo hijo, duodécimo de Jacob, a quien ponen el nombre de Benjamín, que significa «hijo de la mano derecha» (35:16-20).
   c. Su padre *Isaac* (35:27-29) muere a la edad de 180 años y es enterrado por Jacob y Esaú junto a Abraham en la cueva de Macpela en Hebrón.
2. Hay dos cosas importantes que se mencionan por primera vez en estos versículos:
   a. La primera mención de una ofrenda de libación (35:14).
   b. La primera referencia a Belén (35:19). Es aquí donde falleció Raquel dando a luz a Benjamín, el hijo de la mano derecha de Jacob. Muchos siglos después una joven virgen daría a luz en Belén a otro niño. Este otro Niño llegaría a ser conocido como el Hijo de la mano derecha de Dios.

IV. José (Gn. 37, 39—50).
A. El hijo favorecido (cap. 37).
1. Los sueños de José.
   a. Los restantes capítulos de Génesis nos describen la vida de José, el segundo hijo más joven de Jacob, nacido de su amada Raquel. (Véase Gn. 30:24.)
   b. José había acarreado sobre sí la ira de sus otros diez medio hermanos. Tres factores habían contribuido a esa triste situación.
      (1) Porque había informado a su padres de algunas de las cosas malas que ellos hacían (37:2).
      (2) Porque había llegado a ser el hijo preferido de Jacob. Para mostrarle este afecto especial le hizo una túnica de diversos colores (37:3).
      (3) A causa de los sueños extraños de José.
         (a) En uno de sus sueños vio que todos ellos estaban en el campo atando manojos, cuando repentinamente su manojo permaneció derecho mientras que los de los demás se reunían a su alrededor y se inclinaban ante el suyo.
         (b) Durante su segundo sueño vio que el sol, la luna y once estrellas se inclinaban delante de él (37:9).
   c. José fue enviado desde su casa en Hebrón hasta Siquem para saber acerca de sus her-

manos y de las ovejas que pastaban allí. Finalmente los encuentra en Dotán, a unas 15 millas (unos 25 km) de Siquem y a unas 65 millas (unos 97 km) de Hebrón.

2. La falsedad de sus hermanos.
   a. Sus diez hermanos le vieron de lejos y decidieron matarle (37:18).
   b. Rubén, el primogénito de Jacob (Gn. 29:32) parece, sin embargo, que lo pensó dos veces, porque sugirió que simplemente le echaran en una cisterna vacía y le dejaran morir. Lo que Rubén planeaba secretamente era devolverlo vivo a su padre (37:21, 22).
   c. Le despojan de la túnica y le echan en la cisterna (37:24).
   d. Ignorando su clamor por piedad (Gn. 42:21), sus crueles hermanos se sientan a comer. De pronto ven venir a una caravana de ismaelitas y madianitas que iba camino de Egipto. Los nueve hermanos tomaron la apresurada e insensible decisión de venderlo como esclavo (37:25-27). Parece que Rubén no se hallaba presente en ese momento. Judá es el líder de este vergonzoso trato.
   e. José es vendido por veinte piezas de plata (el precio corriente de un esclavo) y es llevado a Egipto (37:28). Cuando Rubén vuelve, llora a causa de la acción de sus hermanos (37:29).
3. La desesperación de su padre.
   a. Para encubrir su horrible crimen, toman la túnica de José y la manchan con la sangre de un cabrito. Le hicieron creer a su padre Jacob que su amado hijo había sido devorado por una bestia salvaje (37:31-35).
   b. José es vendido a Potifar, capitán de la guardia de Faraón (37:36). Vemos claramente funcionando en este capítulo la inmutable ley de la retribución que corre tan reciamente a lo largo de la Biblia (véase Gá. 6:7). Jacob engañó una vez a su padre usando la piel de un cabrito (Gn. 27:16), y ahora él es engañado de una manera similar. Otros ejemplos que podemos citar, son:
      (1) Faraón, que ordenó la destrucción de Israel mediante las aguas del mar Rojo, fue él mismo ahogado allí. (Cp. Éx. 14:5 con 14:28.)
      (2) Coré, que causó una división en la congregación de Israel, fue tragado por una división de la tierra. (Cp. Nm. 16:1-3 con 16:31, 32.)
      (3) Amán, que ordenó edificar una horca para ejecutar a un piadoso judío, más tarde fue él ejecutado en la misma horca. (Cp. Est. 5:14 con 7:10.)

B. El mayordomo fiel (cap. 39).
1. Su servicio.
   a. José fue vendido como esclavo a Potifar, capitán de la guardia en el palacio de Faraón (38:30; 39:1).
   b. Por la bendición de Dios, pronto le confiaron a José la administración de la casa de Potifar (39:2-6).
2. Su autodominio.
   a. José es tentado por la mujer de Potifar a cometer actos de inmoralidad, pero él rechaza sus continuos requerimientos (39:7-10).
   b. Por venganza, ella acusa a José de violación (39:11-18).
3. Sus sufrimientos.
   José es echado en la cárcel (39:9-20).

C. El siervo olvidado (cap. 40).
1. El carcelero, a semejanza de Potifar, descubrió pronto las cualidades positivas del carácter de José y le confió la administración de la prisión (39:21-23).
2. Por alguna razón, Faraón se enojó con su copero y panadero y los envió a la cárcel donde estaba José (40:1-4).
3. Mientras se encontraban en la cárcel, estos dos hombres tuvieron sueños enigmáticos. Dios le dio a José la habilidad de interpretarlos correctamente (40:5-19).
   a. Los *detalles* del sueño del copero. Había visto una vid con tres sarmientos que florecían y maduraban, llenos de racimos de uvas. En su sueño el copero vio que tenía la copa de Faraón en su mano y exprimía las uvas en la copa y se la servía personalmente a Faraón (40:9-11).
   b. El *significado* del sueño del copero. Los tres sarmientos significaban que en tres días Faraón lo sacaría de la cárcel y lo restituiría a su puesto de confianza. José aprovechó para rogarle al copero que mencionara su caso a Faraón a fin de remediar la injusticia que sufría (40:12-15).
   c. Los *detalles* del sueño del panadero. El vio tres canastillos blancos sobre su cabeza, el canastillo más alto estaba lleno de manjares de pastelería para Faraón. Repentinamente aparecieron los aves del cielo y se comían los alimentos (40:16, 17).
   d. El *significado* del sueño del panadero. Significaba que Faraón le cortaría la cabeza en tres días, le colgaría después sobre un poste y las aves del cielo comerían su carne (40:18, 19).
4. Tres días más tarde, en el día de su cumpleaños, Faraón resolvió el asunto del copero y el panadero exactamente como José había predicho. Pero el copero se olvidó por completo de José (40:20-23).

D. El afamado hombre de estado (cap. 41—44).
1. La revelación de José.
   a. Dos años después Faraón tuvo una noche dos sueños misteriosos.
      (1) El contenido del primer sueño. Estaba él junto al río Nilo cuando vio aparecer siete vacas hermosas y muy gordas, que pacían tranquilamente en el prado. Entonces aparecieron otras siete vacas de feo aspecto y muy delgadas que devoraron a las siete hermosas y gordas (41:1-4).
      (2) El contenido del segundo sueño. Soñó que veía siete espigas llenas y hermosas que crecían de una sola caña. Después de ellas salieron otras siete espigas menudas y abatidas por el viento solano. Seguidamente las siete espigas menudas devoraron a las espigas gruesas y llenas (41:5-7).

b. A la mañana siguiente Faraón consultó con sus sabios y magos acerca del significado de estos sueños, pero ellos no fueron capaces de interpretárselos (41:8).
c. El copero se acordó de pronto del gran talento de José y le refirió al Faraón lo que había sucedido en la prisión dos años atrás (41:9-13).
d. Sacaron a José de la cárcel, lo lavaron, afeitaron y vistieron, y lo llevaron a la presencia del rey. Después de escuchar el contenido de los sueños, los interpretó inmediatamente, dando la gloria a Dios. Según José, ambos sueños significaban lo mismo (41:14-25).
   (1) Las siete vacas gordas y las siete espigas llenas significaban que en los años siguientes se disfrutarían de siete años de abundancia y prosperidad (41:26).
   (2) Las siete vacas delgadas y las siete espigas menudas significaban que después de los años de abundancia vendrían otros siete años de escasez y hambre (41:27).
e. José entonces aconseja a Faraón que nombre a un administrador prudente y sabio para supervisar el programa agrícola nacional, y que divida a Egipto en cinco distritos. Los oficiales subalternos a cargo de estos distritos se encargarían de recoger el exceso de las cosechas durante los años de abundancia para guardarlos bajo el control de Faraón para años de escasez (41:33-36).

2. El ascenso de José (41:37-57).
a. Faraón en ese mismo instante nombra a José para ese importante cargo. Y, seguidamente:
   (1) Puso en el dedo de José su propio anillo de sellar documentos.
   (2) Le hizo vestir de ropas finas de lino.
   (3) Mandó que le pusieran un collar de oro en su cuello.
   (4) Le dio su segundo carro como señal de que era el segundo en el reino.
   (5) Decretó que todos se inclinaran ante él.
   (6) Le cambió el nombre a Zafnat-panea, que significa «el que provee el sustento de la tierra».
   (7) Le dio como esposa a Asenat, hija de Potifera, sacerdote de On. De esta manera José entra a ser parte de una de las familias más importantes de Egipto, siendo su suegro uno de los sacerdotes y políticos influyentes de aquel tiempo.
b. José tiene ahora treinta años de edad (41:46). En un solo día ha sido elevado de la cárcel al palacio; pero le tomó a Dios trece años llevarle a este lugar de servicio, pues tenía diecisiete cuando llegó a Egipto. (Véase Sal. 105:17-21.)
c. Su esposa Asenat le dio dos hijos varones. Al primero le puso por nombre Manasés («el que hace olvidar»), y el segundo Efraín, que significa «fructífero» (41:50-52).
d. Como José había predicho, a los siete años de abundancia les siguieron otros siete de escasez y hambre, causando que gente de muchas tierras fueran a Egipto buscando alimento (41:53-57).

3. La consternación de los hermanos de José (Gn. 42—44).
a. Jacob envía desde Hebrón a sus diez hijos mayores a Egipto para comprar alimentos (42:1-5).
b. Llegan a Egipto y se inclinan con el rostro a tierra ante José, pero no le reconocen. Así se cumple su sueño de hacía veinte años (42:6).
c. José no les dice quién es él al principio, sino que los acusa de ser espías. Los atemorizados hermanos tratan de convencerle de que no lo son (42:7-13).
d. Los mete en la cárcel por tres días y luego los deja marchar, pero les demanda que cuando vuelvan traigan a su hermano menor; para obligarles a cumplirlo retiene a Simeón como rehén hasta que vuelvan con Benjamín (42:14-20).
e. Los asustados hermanos reconocen entre sí que sus dificultades presentes se deben sin duda al terrible pecado que cometieron veinte años atrás, sin darse cuenta que José entiende cada una de sus palabras (42:21-23).
f. Después de apartarse de ellos para llorar, José ordena a sus sirvientes que llenen con grano los sacos de sus hermanos y que les devuelvan el dinero poniéndolo dentro de los sacos. Los nueve emprenden entonces el regreso a casa (42:24-26).
g. En el camino a casa uno de ellos descubre en la boca de su costal el dinero del pago del grano, y cuando llegan todos a Hebrón cada uno encuentra el dinero en su costal y se llenan de temor por Simeón. A pesar de sus ruegos insistentes Jacob se niega a permitir que Benjamín vaya con ellos en el siguiente viaje a Egipto (42:27-38).
h. El hambre se intensifica en Hebrón y Jacob se ve forzado a permitir que Benjamín vaya a Egipto con sus hermanos para adquirir alimentos otra vez. Judá intenta garantizar la seguridad de su hermano menor (43:1-14).
i. Se presentan de nuevo ante José, él ordena que los lleven a su palacio para una fiesta. Los hermanos intentan convencer al mayordomo de José que ellos no habían robado el dinero del pago de los alimentos en el anterior viaje. Simeón es liberado y se une al grupo. Por primera vez en veinte años los doce hermanos están de nuevo juntos, pero sólo uno es consciente de ello (43:15-25).
j. Los hermanos fueron acomodados y servidos en mesa aparte de la de José. Para su sorpresa los sienta según su edad y da a Benjamín una porción de comida cinco veces mayor que la de los demás (43:26-34).
k. Antes de que volvieran a la mañana siguiente, José instruye a su mayordomo en privado para que llene sus sacos de trigo y vuelva a poner el dinero en la boca de

cada costal, además de poner su copa personal de plata en el saco de Benjamín (44:1, 2).

l. Apenas han salido los hermanos de la ciudad cuando son arrestados por orden de José, bajo acusación de haber robado su copa de plata (44:4-6).

m. Niegan con prontitud la acusación y aceptan servir como esclavos si alguna cosa robada encuentran en su equipaje. En el registro que les hacen se descubre rápidamente la copa de plata en el costal de Benjamín (44:7-12).

n. Cuando comparen por tercera vez ante José, Judá se adelanta y le ruega que acepte su vida en lugar de la de Benjamín. Con lágrimas le recuerda que su anciano padre moriría si alguna cosa mala le sucediera a Benjamín (44:13-34).

E. El santo que perdona (caps. 45—48).

1. José y sus hermanos.

a. José ya no puede contenerse más y revela su identidad a sus hermanos (45:1-3).

b. Después del emotivo encuentro, José les informa que los dos años de sequía que han experimentado van a continuar durante otros cinco más, y les insta a que traigan a Jacob en el siguiente viaje y que todos ellos hagan planes para vivir en Egipto (45:4-15).

c. José asegura a sus hermanos, que están todavía aturdidos por la sorpresa, que no les guarda rencor, sino que Dios usó el mal que ellos hicieron para garantizar que Israel llegara a ser una gran nación (45:5-8).

d. Faraón se regocija con José por la restauración de relaciones con sus hermanos e invita a todo el clan a que se vayan a vivir a Egipto (45:16-20).

2. José y su padre.

a. A Jacob, el ya anciano patriarca, le resulta difícil al principio entender las emocionantes noticias relacionadas con su hijo José, pero al fin las cree y se prepara para viajar a Egipto (45:26-28).

b. En el camino a Beerseba, Dios le reconfirma a Jacob que todavía le bendecirá, incluso en Egipto. Le es anunciado que morirá allá, pero que un día Dios llevaría a sus descendientes de nuevo a Palestina (46:1-4).

Nota: Ha habido algo de controversia acerca de si el viaje de Jacob a Egipto fue la perfecta voluntad de Dios o su voluntad permisiva. Un beneficio de todo esto, sin embargo, es el hecho de que en Egipto los descendientes de Jacob se vieron forzados a permanecer como un pueblo separado y distintivo porque eran pastores, y los pastores eran una abominación para los egipcios (Gn. 43:32; 46:34). Allí no había posibilidades de casamientos con mujeres egipcias, cosa que sí aparentemente había ocurrido en Canaán, pues Simeón se había unido con una mujer cananea (46:10).

c. Jacob entra en Egipto con toda su familia. Encontramos en la Biblia tres diferentes números relacionados con este grupo.

(1) Sesenta y seis (Gn. 46:26). Este era el número de aquellos que marcharon a Egipto, los descendientes propios de Jacob, sin contar las esposas de los hijos.

(2) Setenta (Gn. 46:27). Este era el número resultante después de añadir a Jacob mismo, a José y a sus dos hijos, Efraín y Manasés.

(3) Setenta y cinco (Hch. 7:14). Aquí Esteban se refiere a su «parentela», una referencia probable a las cinco esposas sobrevivientes de los hijos de Jacob.

d. Jacob y José se encuentran en Gosén por primera vez después de 22 años. El hijo tiene ahora 39 años y el padre 130 (46:28-30).

e. Jacob es presentado a Faraón por José y le es permitido elegir la tierra en la que quiere vivir (47:1-12).

f. Como la sequía y el hambre continúan, Faraón se hace cada vez más rico, y el sabio plan de administración de alimentos de José salva a un sinnúmero de personas de morir de hambre (47:13-26).

g. El pueblo de Israel se multiplica rápida-

JOSÉ

EL HIJO FAVORECIDO
(Gn. 37)
- Los sueños de José.
- La falsedad de sus hermanos.
- La desesperación de su padre.

EL MAYORDOMO FIEL
(Gn. 39)
- Su servicio.
- Su dominio propio.
- Sus sufrimientos.

EL SIERVO OLVIDADO
(Gn. 40)
- José se encuentra en la misma celda con el copero y el panadero de Faraón que también fueron encarcelados.
- Estos dos hombres tienen sueños extraños. José interpreta los sueños de ambos, prediciendo que en tres días el rey liberará al copero y ejecutará al panadero.
- Sucede como José lo anticipó. Sin embargo, después de ser liberado, el copero se olvidó por completo de José.

EL AFAMADO HOMBRE DE ESTADO
(Gn. 41—44)
- La revelación de José.
- Su ascenso.
- La frustración de los hermanos de José.

EL SANTO QUE PERDONA
(Gn. 45—48)
- José y sus hermanos.
- José y su padre.
- José y sus hijos.

EL ÁRBOL FRUCTÍFERO QUE DA SOMBRA
(Gn. 49—50)
- Recibe la bendición de su padre: *«Rama fructífera es José ... junto a una fuente, cuyos vástagos se extienden sobre el muro ... Y los brazos de sus manos se fortalecieron por las manos del Fuerte de Jacob ... El Dios Omnipotente, el cual te bendecirá con bendiciones de los cielos de arriba...» (Gn. 49:22-25).*
- Volvió a Palestina el cadáver de su padre.

mente en Gosén, a pesar del hambre que reinaba en otras partes (47:27).

h. A la edad de 147 años, Jacob se da cuenta de que su fin está cerca y llama a su amado hijo José y a sus nietos favoritos, Efraín y Manasés (48:1).

i. José promete a su padre que no será enterrado en Egipto (47:29-31).

3. José y sus hijos.

a. Los dos hijos de José permanecen parados delante de su abuelo esperando ser bendecidos. El anciano Jacob los adopta como sus propios hijos y les asegura que tendrán igual herencia que los demás (48:3-9).

b. Jacob pone su mano derecha sobre la cabeza de Efraín y su mano izquierda sobre la de Manasés. Esto no le agrada a José y trata de cambiar las manos de su padre, indicando al mismo tiempo que Manasés es el mayor y, por consiguiente, debe poner su mano derecha sobre su cabeza (48:10-18).

c. Jacob, sin embargo, rehusa cambiar sus manos prediciendo que la tribu de Efraín llegaría a ser más importante que la de Manasés (48:19-22).

F. El árbol fructífero que da sombra (caps. 49—50).

1. José recibe la bendición de su padre (49). (Véase también He. 11:21.) Jacob reúne a sus doce hijos alrededor de su lecho de muerte poco antes de fallecer para declararles «lo que ha de acontecer en los días venideros ("últimos días", dice exactamente la versión inglesa del rey Jaime que el autor usa)» (49:1). La *New Scofield Bible* tiene la siguiente nota sobre este versículo:

> «Esta es la primera vez que aparece la expresión "los últimos días", que es un concepto muy importante en la profecía bíblica. En general, se refiere a aquel periodo último en la historia de un grupo en particular de gente o naciones cuando el propósito anunciado de Dios está para cumplirse» (p. 68).

Jacob pronuncia entonces las siguientes profecías:

a. Sobre Rubén (49:3, 4).

(1) El era indomable como las olas salvajes del mar. Como el primogénito que era le correspondía mayor honor y una doble porción de la herencia (Dt. 21:17), pero su padre no le reconoce sus derechos a causa de su inmoralidad con Bilha, la concubina de Jacob (Gn. 35:22).

(2) Los rubenitas más tarde se establecerían al este del Jordán (junto con la tribu de Gad y media tribu de Manasés). (Véase Jos. 1:12-16.)

(3) Sin pretenderlo casi provocaron una guerra civil al edificar un altar en la ribera oeste del Jordán (Jos. 22:10).

(4) Más tarde rehusaron ayudar al ejército de Israel, dirigido por Barac y Débora, en su lucha contra un pagano llamado Sísara y sus 900 carros herrados. (Véanse Jue. 4:1-3; 5:15, 16.)

b. Sobre Simeón y Leví (49:5-7).

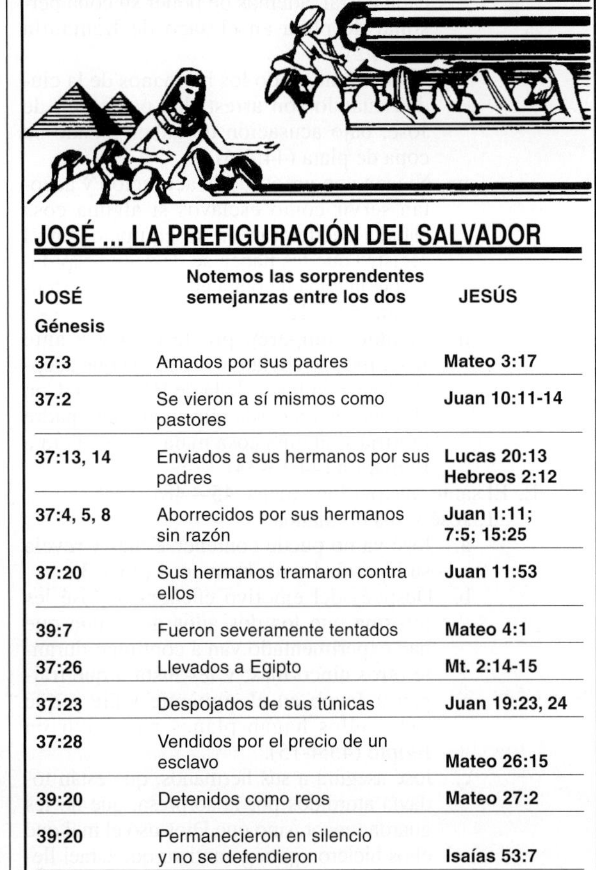

JOSÉ ... LA PREFIGURACIÓN DEL SALVADOR

JOSÉ Génesis	Notemos las sorprendentes semejanzas entre los dos	JESÚS
37:3	Amados por sus padres	Mateo 3:17
37:2	Se vieron a sí mismos como pastores	Juan 10:11-14
37:13, 14	Enviados a sus hermanos por sus padres	Lucas 20:13 Hebreos 2:12
37:4, 5, 8	Aborrecidos por sus hermanos sin razón	Juan 1:11; 7:5; 15:25
37:20	Sus hermanos tramaron contra ellos	Juan 11:53
39:7	Fueron severamente tentados	Mateo 4:1
37:26	Llevados a Egipto	Mt. 2:14-15
37:23	Despojados de sus túnicas	Juan 19:23, 24
37:28	Vendidos por el precio de un esclavo	Mateo 26:15
39:20	Detenidos como reos	Mateo 27:2
39:20	Permanecieron en silencio y no se defendieron	Isaías 53:7
39:16-18	Fueron falsamente acusados	Mateo 26:59, 60
39:2, 21, 23	Experimentaron la presencia de Dios en medio de toda circunstancia	Juan 16:32
39:21	Respetados por sus carceleros	Lucas 23:47
40:2, 3	Puesto con otros dos prisioneros, uno de los cuales se perdió, pero el otro se salvó	Lucas 23:32
41:46	Ambos estaban cerca de los treinta años cuando empezaron su ministerio	Lucas 3:23
41:41	Los dos fueron muy exaltados después de su sufrimiento	Filipenses 2:9-11
41:45	Ambos tomaron esposas no judías	Efesios 3:1-12
42:7, 8	Ambos estuvieron perdidos para sus hermanos por un tiempo	Ro. 10:1-3; 11:7, 8
45:1-15	Los dos perdonaron y restauraron a sus arrepentidos hermanos	Zacarías 12:10-12
41:57	Visitados y honrados por todas las naciones de la tierra	Isaías 2:2, 3; 49:6

(1) Estos fueron hombres de violencia e injusticia. Mataron a los habitantes de Siquem mediante engaño (Gn. 34:25). Jacob también ignoró a estos dos.

(2) Sus descendientes estarían esparcidos en todo Israel. Esto quería decir que no se les daría una tierra propia como a las demás tribus. Los hijos de Leví moraron en varias ciudades esparcidas en Palestina, y los descendientes de Simeón tuvieron que compartir

aquella porción de tierra que le fue dada a Judá. (Véanse Nm. 18:24; Jos. 19:1-9.)

c. Sobre Judá (49:8-12).
   (1) Los demás hermanos alabarían a Judá y se inclinarían ante él.
   (2) Judá destruiría a sus enemigos, y lo dejarían tranquilo, como a un león joven.
   (3) El cetro no le sería quitado a Judá hasta que Siloh (Cristo) viniera. (Véanse Nm. 24:17; Ap. 5:5.) Con el ungimiento de David (1 Cr. 28:4; 5:2; 2 S. 7:13), esto fue asegurado.
d. Sobre Zabulón (49:13).
   (1) Habitaría junto al mar.
   (2) Su frontera llegaría hasta Sidón.
e. Sobre Isacar (49:14, 15).
   (1) Sería como una fuerte bestia de carga.
   (2) Cambiaría la libertad por la seguridad.
f. Sobre Dan (49:16-18).
   (1) Dan llegaría a ser como una serpiente en el camino que muerde los talones de los caballos, causando que caigan los jinetes. Una vieja tradición dice que el anticristo vendrá de esta tribu.
   (2) Sansón era de Dan (Jue. 13:2, 24).
g. Sobre Gad (49:19).
   Gad sería lo opuesto de Isacar y lucharía frecuentemente con bravura por la libertad. (Véanse 1 Cr. 5:18; 12:8-15.)
h. Sobre Aser (49:20).
   «El pan de Aser será substancioso, y él dará deleites al rey.» Ana era de la tribu de Aser (Lc. 2:36).
i. Sobre Neftalí (49:21).
   Sería conocido por su agilidad y ligereza (como un ciervo) y por su elocuencia con las palabras.
j. Sobre José (49:22-26).
   (1) Sería como un árbol fructífero junto a una fuente de agua cuyas ramas dan sombra al muro.
   (2) Sería gravemente herido por arqueros depravados, pero sus armas serían destruidas por las manos del Fuerte de Jacob, el Pastor, la Roca de Israel.
   (3) Jacob predice y pronuncia sobre José las más ricas bendiciones divinas entre los doce, con excepción de Judá.
k. Sobre Benjamín (49:27).
   (1) Sería como un lobo al acecho.
   (2) Devoraría a sus enemigos en la mañana y repartiría los despojos en la tarde. Para ejemplo de esto vea Jueces 20.
   (3) Tanto el Saúl del Antiguo Testamen-

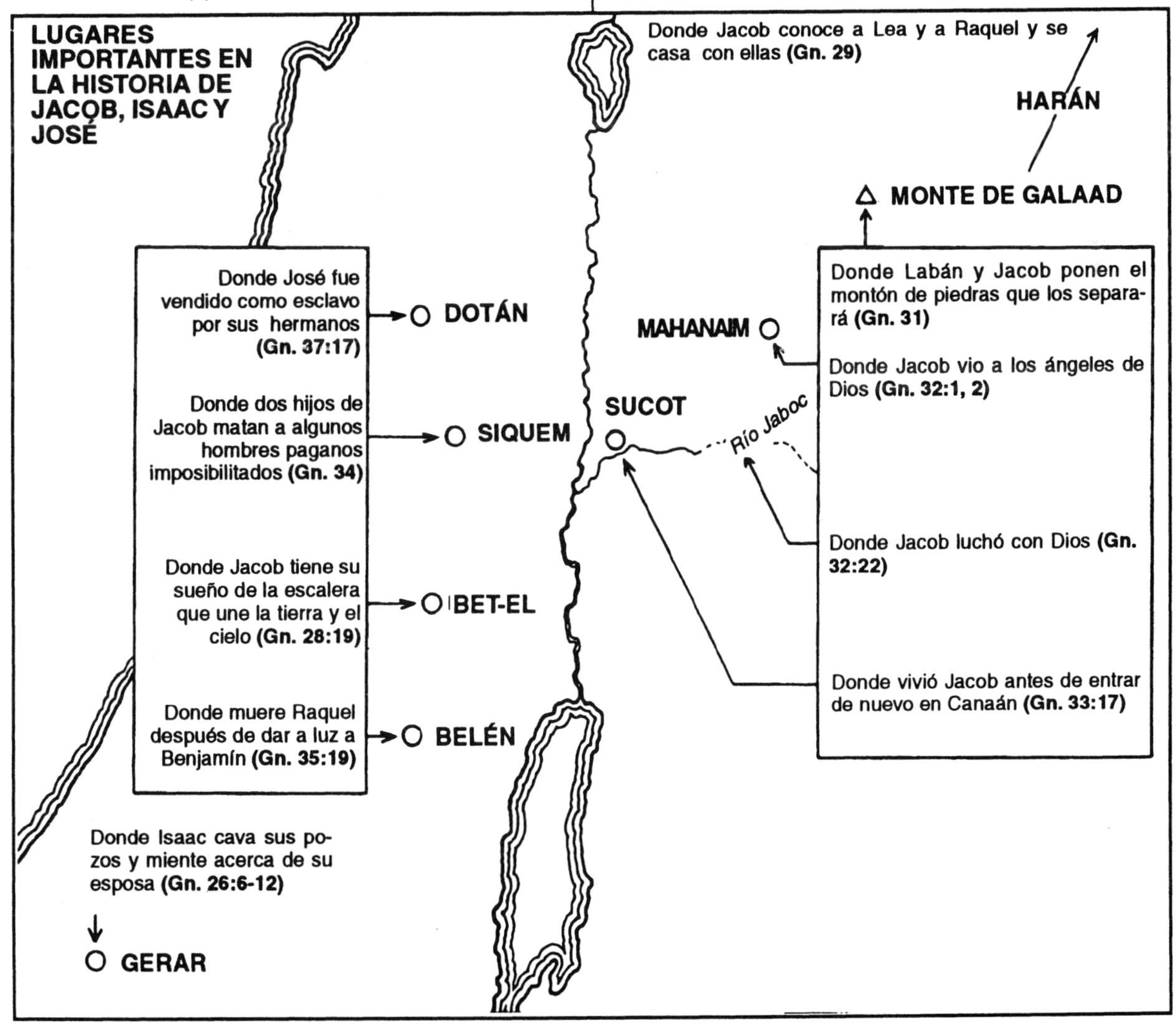

to (1 S. 9:1, 2) como el Saúl del Nuevo Testamento (Fil. 3:5) fueron de esta tribu.

2. José retorna el cuerpo de su padre (50).
   a. Jacob muere a la edad de 147 años (47:28; 49:33).
   b. Su cuerpo es embalsamado en Egipto durante un tiempo de preparación de cuarenta días (50:2, 3).
   c. Los egipcios hicieron luto por él durante setenta días (50:3).
   d. Es llevado por sus hijos a Palestina y enterrado junto a sus padres (Abraham e Isaac) en la cueva de Macpela (50:13).
   e. José asegura a sus preocupados hermanos que las condiciones favorables de que disfrutan continuarían exactamente igual después del funeral (50:15-21). Amablemente les recuerda: «Vosotros pensasteis mal contra mí, mas Dios lo encaminó a bien, para hacer lo que vemos hoy, para mantener en vida a mucho pueblo» (50:20).
   f. José muere a la edad de 110 años (50:26).

G. La prefiguración del Salvador.

José es el tipo más completo que tenemos de Cristo en toda la Biblia. Notemos las sorprendentes semejanzas que se dan entre los dos:

1. Ambos fueron amados por sus padres (37:3; Mt. 3:17).
2. Ambos se consideraron a sí mismos pastores (37:2; Jn. 10:11-14).
3. Ambos fueron enviados a sus hermanos por sus padres (37:13, 14; Lc. 20:13; Jn. 3:17; He. 10:7).
4. Ambos fueron odiados por su hermanos sin razón (37:4, 5, 8; Jn. 1:11; 7:5; 15:25).
5. En ambos casos los hermanos tramaron contra ellos (37:20; Jn. 11:53).
6. Los dos fueron severamente tentados (39:7; Mt. 4:1).
7. Los dos fueron llevados a Egipto (37:36; Mt. 2:14, 15).
8. Ambos fueron despojados de sus túnicas (37:23; Jn. 19:23, 24).
9. Ambos fueron vendidos por el precio de un esclavo (37:28; Mt. 26:15).
10. Los dos fueron detenidos como reos (39:20; Mt. 27:2).
11. Ambos permanecieron en silencio y no se defendieron (39:20; Is. 53:7).
12. Ambos fueron falsamente acusados (39:16-18; Mt. 26: 59, 60).
13. Ambos experimentaron la presencia de Dios en medio de toda circunstancia (39:2, 21, 23; Jn. 16:32).
14. Los dos fueron respetados por sus carceleros (39:21; Lc. 23:47).
15. Ambos fueron retenidos entre dos prisioneros, uno de los cuales después se perdió, pero el otro se salvó (40:2, 3, 21, 22; Lc. 23:32, 39-43).
16. Los dos tenían alrededor de treinta años cuando empezaron su ministerio (41:46; Lc. 3:23).
17. Los dos fueron muy exaltados después de sus sufrimientos (41:41; Fil. 2:9-11).
18. Los dos tomaron para sí esposas gentiles (41:45; Ef. 3:1-12).
19. Los dos estuvieron perdidos para sus hermanos por un tiempo (42:7, 8; Ro. 10:1-3; 11:7, 8).
20. Ambos perdonaron y restauraron a sus arrepentidos hermanos (45:1-15; Mi. 7:18, 19; Zac. 12:10-12; Ap. 1:7).
21. Ambos fueron visitados y honrados por todas las naciones de la tierra (41:57; Is. 2:2, 3; 49:6).

V. **Job** (Job 1—42). Introducción:

1. Este es uno de los libros más antiguos de la Biblia.
   Nótese:
   a. Sus alusiones a hechos históricos muy antiguos; por ejemplo: las pirámides (3:14), las ciudades de la llanura (15:28), y el diluvio (22:16).
   b. La misión de la historia de Israel. No se hace ninguna referencia ala ley, el éxodo, el cruce del mar Rojo, Canaán, ni a ninguno de los reyes de Israel.
2. Job fue un personaje histórico, mencionado más tarde por Ezequiel (Ez. 14:14, 20) y Santiago (Stg. 5:11).
3. La versión griega del Antiguo Testamento, llamada la Septuaginta, identifica a Job con Jobab, el segundo rey de Edom (Gn. 36:33).
4. La tierra de Uz puede ser ubicada en la zona del noreste del mar de Galilea, que va hacia el río Eufrates. (Véanse Gn. 36:28; Lm. 4:21.)
5. La enfermedad de Job bien pudo ser la lepra, complicada con elefantiasis, una de las enfermedades más nauseabundas y dolorosas que se conocían en el mundo de entonces.
6. Los sufrimientos de Job son intensificados por tres falsos amigos, una esposa amargada y un joven impetuoso.
   a. Elifaz, quien basa su consejo en experiencia personal. (Véanse 4:8, 12-16; 5:3, 27; 15:17.) Elifaz era un descendiente de Esaú. (Véase Gn. 36:11.)
   b. Bildad, que basa su consejo en la tradición. (Véanse 8:8-10; 18:5-20.) Bildad era un descendiente de Abraham y Cetura. (Véase Gn. 25:2.)
   c. Zofar, que basa su consejo en puro dogmatismo. (Véanse 11:6; 20:4.) Zofar era de la tierra de Naamah.
   d. Eliú, quien parece basar su consejo sólo sobre la juventud. (Véase 32:6-10.) Eliú era un descendiente de Nacor, el hermano de Abraham. (Véase Gn. 22:20-21.)
   e. La esposa de Job, quien basa su consejo en pura incredulidad. (Véase 2:9.)
7. Las declaraciones de los diferentes «amigos» de Job no se pueden usar con propósitos doctrinales, porque son frecuentemente erróneas.
   a. Dios les reprende por no decir la verdad acerca de él (42:7).
   b. También estaban equivocados en llamar a Job hipócrita. (Véanse 8:12; 15:34; 20:5; 34:30.) Dios, por el contrario, *no ha encontrado falta* en él (l:8; 2:3).
8. El libro de Job es un comentario extenso sobre Lucas 22:31, 32 y Hebreos 12:7-11.
9. Las siguientes opiniones han sido expresadas en relación con el libro de Job:
   a. Víctor Hugo: «El libro de Job es quizá la más grande obra maestra de la mente humana.»
   b. Thomas Caryle: «Considero a este libro ... una de las más grandes obras que jamás

se haya escrito. Creo que no hay nada escrito de igual mérito literario.»

c. Alfred, Lord Tennyson: «Es el más grande de los poemas, tanto de la literatura antigua como de la moderna.»

A. Las terribles pruebas de Job (Job 1—2).

1. La naturaleza de sus pruebas.
   a. Primera prueba: los sabeos le roban sus bueyes y asnas y matan a los criados que trabajaban la tierra.
   b. Segunda prueba: sus ovejas y pastores son consumidos por fuego.
   c. Tercera prueba: unos escuadrones de caldeos incursionan en el territorio, le roban los camellos y matan a los criados.
   d. Cuarta prueba: sus hijos perecen a consecuencia de un fuerte vendaval que abate la casa donde se encontraban.
   e. Quinta prueba: Job mismo cae víctima de una terrible enfermedad en su piel.
2. La razón de estas pruebas.
   Dios y Satanás mantienen una conversación en los cielos relacionada con Job. El diablo, con desprecio, acusa a Job de que sólo sirve a Dios por dos beneficios que recibe:
   a. Porque Dios le ha dado mucha riqueza.
   b. Porque Dios le ha dado a su siervo buena salud. Satanás argumenta que si él pudiera quitarle estas dos cosas, Job maldeciría a Dios en su cara. A fin de callar al diablo, Dios le da permiso para que le quite a Job su riqueza y su salud. Debemos hacer notar aquí que Satanás no puede tentar al creyente sin el permiso específico de Dios.

B. La esposa quejosa (2:9, 10).

«Entonces le dijo su mujer: ¿Aún retienes tu integridad? Maldice a Dios, y muérete. Y él le dijo: Como suele hablar cualquiera de las mujeres fatuas, has hablado. ¿Qué? ¿Recibiremos de Dios el bien, y el mal no lo recibiremos? En todo esto no pecó Job con sus labios.»

C. Los amigos volubles (4—37).

Se ha señalado que sus amigos fueron para condolerse con él, pero que lo que hicieron fue sermonearle. Estos tres «amigos» de Job le predicaron al afligido patriarca ocho sermones completos, todos con tres puntos y un poema. Elifaz predicó tres de ellos (Job 4—5; 15; 22); Bildad otros tres (caps. 8; 18; 25); Zofar, quizá el menos elocuente, pronunció sólo dos (11; 20). Sin embargo, apenas había terminado aquel tedioso trío, cuando empezó «un joven predicador« llamado Eliú que se lanza a un discurso de seis capítulos (32—37). ¡Quizá no ha habido nunca una conferencia bíblica con tantos predicadores predicando a una concurrencia tan escasa y que la congregación lo disfrutara menos!

Damos a continuación un breve resumen de los discursos de estos hombres y de las respuestas de Job.

Los discursos de Elifaz (caps. 4, 5, 15, 22). Véase Génesis 36:10.

1. Afirmó que Job sufría a causa de sus pecados.
   «Recapacita ahora; ¿qué inocente se ha perdido? Y ¿en dónde han sido destruidos los rectos? Como yo he visto, los que aran iniquidad y siembran injuria, la siegan» (4:7, 8).

   «Tu boca te condenará, y no yo; y tus labios testificarán contra ti» (15:6).

   El entonces acusa a Job de lo siguiente:
   a. Que había engañado a los pobres (22:6).
   b. Que había retenido el pan a los hambrientos (22:7).
   c. Que había maltratado a las viudas y a los huérfanos (22:9).
   d. Que hablaba mucho y vanamente (15:2).
2. Basaba sus conclusiones en la experiencia personal. (Véanse 4:8, 12—16; 5:3, 27; 15:17.)
3. Relata sus visiones nocturnas de «fantasmas» (4:12-17).
4. Insta a Job a que se arrepienta y se vuelva a Dios (22:21-28). «Si te volvieres al Omnipotente, serás edificado; alejarás de tu tienda la aflicción» (22:23).

Los discursos de Bildad (caps. 8; 18; 25).

5. Afirma que Job sufría a causa de sus pecados. «He aquí, Dios no aborrece al perfecto, ni apoya la mano de los malignos» (8:20).
6. Basa sus conclusiones en la tradición. «Porque pregunta ahora a las generaciones pasadas, y disponte para inquirir a los padres de ellas» (8:8) (Véase también 8:9, 10.)
7. Apremia a Job para que se arrepienta y se vuelva a Dios. «Si tú de mañana buscares a Dios, y rogares al Todopoderoso; y fueres limpio y recto, ciertamente luego se despertará por ti, y hará prosperar la morada de tu justicia» (8:5, 6).

Los discursos de Zofar (11:4, 5).

8. Declaró que Job sufría a causa de sus pecados. «Tú dices: Mi doctrina es pura, y yo soy limpio delante de tus ojos. Mas, ¡oh, quién diera que Dios hablara, y abriera sus labios contigo, y te declarara los secretos de la sabiduría, que son de doble valor que las riquezas! Conocerías entonces que Dios te ha castigado menos de lo que tu iniquidad merece» (11:4-6).

   «¿No sabes esto, que así fue siempre, desde el tiempo que fue puesto el hombre sobre la tierra, que la alegría de los malos es breve, y el gozo del impío por un momento?» (20:4, 5).
9. Basa sus conclusiones en simple dogmatismo. (Véanse 11:6; 20:4.)
10. Exhorta a Job a que se arrepienta y se vuelva a Dios. «Si tú dispusieres tu corazón, y extendieres a él tus manos; si alguna iniquidad hubiere en tu mano, y la echares de ti, y no consintieres que more en tu casa la injusticia, entonces levantarás tu rostro limpio de mancha, y serás fuerte, y nada temerás» (11:13-15).

El discurso de Elihú (32—37)

11. El espera por algún tiempo antes de pronunciar su discurso a causa de su juventud (32:4-7).
12. Sin embargo, una vez que ha empezado se siente tan capaz y calificado para arreglar a Job como se sintieron los otros tres. En realidad, llega a sugerir que él es a quien anda buscando Job. «Heme aquí a mí en lugar de Dios, conforme a tu dicho; de barro fui yo también formado» (33:6).
13. Eliú se muestra enojado con los cuatro. Con Job a causa de que se justificaba a sí mismo, y con los tres amigos porque «no hallaban qué responder, aunque habían condenado a Job» (32: 2, 3).

JOB

LAS TERRIBLES PRUEBAS DE JOB

La naturaleza de las pruebas (1—2)

1. Le roban sus bueyes y asnas y matan a los obreros del campo.
2. Destrucción de las ovejas y pastores por medio de fuego.
3. Le roban los camellos y matan a los siervos.
4. Sus hijos e hijas mueren a causa de un vendaval que tumba los muros del lugar donde estaban.
5. Job mismo es atacado de una grave enfermedad de la piel.

Trasfondo de las pruebas

1. Durante una confrontación de Satanás con Dios en los cielos, el diablo desafía la sinceridad de los motivos de Job para adorar a Dios.
2. El Dios soberano permite, entonces, las cinco pruebas.

LA ESPOSA QUEJOSA

«Entonces le dijo su mujer: ¿Aún retienes tu integridad? Maldice a Dios, y muérete» **(2:9).**

LOS AMIGOS VOLUBLES

ELIFAZ

Localización del sermón: 4, 5, 15, 22.
Base para el sermón: la experiencia personal (4:8, 12—16).
Conclusión del sermón:
«Sufres a causa de tu pecado» **(4:7, 8; 15:6).**

1. Has engañado a los pobres **(22:6).**
2. No has dado de comer al hambriento **(22:7).**
3. Has maltratado a las viudas y los huérfanos **(22:9).**
4. Hablas vanamente **(15:2).**

«Mi consejo: arrepiéntete y vuélvete a Dios» **(22:21-28).**

BILDAD

Localización del sermón: 8, 18, 25.
Base para el sermón: la tradición (8:8-10).
Conclusión del sermón:
«Sufres a causa de tu pecado» **(8:20).**
«Mi consejo: arrepiéntete y vuélvete a Dios» **(8:5, 6)**

ZOFAR

Localización del sermón: 11, 20.
Base para el sermón: el dogmatismo (11:6; 20:4)
Conclusión del sermón:
«Sufres a causa de tu pecado» **(11:4-6; 20:4, 5).**
«Mi consejo: arrepiéntete y vuélvete a Dios» **(11:13-15).**

ELIHÚ

Localización del sermón: 32—37
Base para el sermón: Elihú pensaba que él era la respuesta de Dios para los problemas de Job (33:6).
Conclusión del sermón:

1. Eres culpable de hablar vanamente **(34:35-37; 36:16)**
2. Eres culpable de un falso sentido de justicia **(35:2)**
3. Considera la gloria y la grandeza de Dios **(37:14-24)**

LA DEFENSA Y LOS DIÁLOGOS DE JOB

El afligido patriarca responde a sus acusadores mediante nueve discursos separados.

Uno: **capítulo 3**
Dos: **capítulos 6—7**
Tres: **capítulos 9—10**
Cuatro: **capítulos 12—14**
Cinco: **capítulos 16—17**
Seis: **capítulo 19**
Siete: **capítulo 21**
Ocho: **capítulos 23—24**
Nueve: **capítulos 26—31**

Durante estos nueve discursos, Job discute catorce tópicos, y son:

1. Justicia y sufrimiento (27:6; 31:1-40).
2. Las obras de Dios (29:12-17; 30:25).
3. Salud, riqueza y respeto (29:1-11, 20-25).
4. Castigo injusto (9:16, 17, 30-33; 13:26, 27; 10:2, 7, 8; 19:6-11; 30:20, 21).
5. Los supuestamente llamados «amigos» (12:2; 13:4; 16:2; 19:3).
6. «Si vuestra alma estuviera en lugar de la mía» (16:4, 5).
7. Falsos vecinos, asociados y siervos (19:13-22; 30:1, 9, 10).
8. Respuestas (28:12-28).
9. Dios (23:8, 9).
10. La carne (7:5, 13, 14; 30:17, 18, 30).
11. «Quisiera no haber nacido» (3:3-11, 16; 10:18).
12. «Quisiera estar muerto» (6:8, 9; 7:15, 16).
13. «No tengo esperanza» (10:20-22).
14. «A pesar de todo, confío en Dios» (13:15; 16:19; 23:10).

SU GLORIOSO DIOS

De repente, de entre el torbellino, se escucha la poderosa voz de Dios. El sufriente Job es sometido entonces a una serie de preguntas:

Primera serie de preguntas de Dios: Job 38—39

1. Job 38:4 «¿Dónde estabas tú cuando yo fundaba la tierra? Házmelo saber, si tienes inteligencia.»
2. Job 38:18 «¿Has considerado tú hasta las anchuras de la tierra? Declara si sabes todo esto.»
3. Job 38:19 «¿Por dónde va el camino a la habitación de la luz, y dónde está el lugar de las tinieblas?»
4. Job 38:24 «¿Por qué camino se reparte la luz, y se esparce el viento solano sobre la tierra?»
5. Job 38:28 «¿Tiene la lluvia padre? ¿O quién engendró las gotas del rocío?»
6. Job 40:2 «¿Es sabiduría contender con el Omnipotente? El que disputa con Dios, responda a esto.»
Respuesta de Job: 40:4, 5

Segunda serie de preguntas de Dios: Job 40:6—41:33

1. Job 40:15 «He aquí ahora behemot, el cual hice como a ti; hierba come como buey.»
2. Job 41:1 «¿Sacarás tú al leviatán con anzuelo, o con cuerda que le eches en su lengua?»
Nota: Estas criaturas bien pudieran ser una referencia a dinosaurios terrestres y marinos.
Respuesta de Job: 42:1-5

LAS ABUNDANTES BENDICIONES QUE RECIBE

Job 42: 7-17

Job había sido sometido a cinco duras pruebas y había participado en cinco dolorosos debates, pero ahora recibe de la mano de Dios doble bendición de lo que anteriormente tuvo.

1. Le es permitido ver la gloria de Dios.
2. Se puede ver a sí mismo como Dios le ve. (Esto es siempre una bendición.)
3. Es vindicado por Dios ante sus tres críticos amigos.
4. Descubre el gozo de orar por aquellos tres amigos.
5. Recibe la completa restauración de su salud.
6. Es confortado por sus hermanos y hermana.
7. Recibe el doble de la riqueza que tuvo anteriormente.
8. Le nacen siete hijos y tres hijas más.
9. Vive para ver y gozar de sus nietos y biznietos.
10. Llega a vivir 140 años más, el doble del número de años que está normalmente establecido para un hombre. **(Véase Salmo 90:10.)**

ALGUNAS RAZONES PARA LOS SUFRIMIENTOS DE JOB

1. Para acallar a Satanás **(1:9-11; 2:4, 5).**
2. Para que Job pudiera ver a Dios **(42:5).**
3. Para que Job pueda verse a sí mismo **(40:4; 42:6).**
3. Para que los amigos de Job aprendieran a no juzgar **(42:7).**
4. Para que Job pudiera aprender a orar por sus críticos, más que a desenfrenarse contra ellos **(42:10).**
5. Para demostrar que, con el tiempo, todos los planes de Dios para los Suyos tienen un final feliz **(42:10).**

14. Acusa a Job tanto de hablar neciamente (34:35-37; 36:16) como de falsa justicia (35:2).
15. Exhorta a Job a que considere la gloria y la grandeza de Dios (37:14-24).

D. La defensa y los diálogos de Job.
El afligido patriarca responde a sus acusadores mediante nueve discursos separados.
Primero: capítulo 3; segundo: capítulos 6—7; tercero: capítulos 9—10;
cuarto: capítulos 12—14; quinto: capítulos 16—17; sexto: capítulo 19;
séptimo: capítulo 21; octavo: capítulos 23—24; noveno: capítulos 26—31.

Job discute, mediante estos nueve discursos, catorce diferentes tópicos, y son:

1. Soy justo y, por tanto, no sufro a causa de mis pecados (27:6; 31:1-30). «Mi justicia tengo asida, y no la cederé; no me reprochará mi corazón en todos mis días» (27:6).
2. En el pasado llevé a cabo muchas obras buenas (29:12-17; 30:25).
3. ¡Oh, aquellos días buenos ya pasados cuando gozaba de salud, riqueza y respeto! (29:1-11, 20—25).
4. Pero ahora estoy siendo injustamente castigado por Dios (9:16, 17, 30-33; 13:26, 27; 10:2, 7, 8; 19:6-11; 30:20, 21).
5. Mis tres supuestamente amigos son consoladores molestos (12:2; 13:4; 16:2; 19:3).
6. Si ellos estuvieran en mi lugar, yo los ayudaría y no los acusaría injustamente (16:4, 5).
7. Incluso mis vecinos, asociados y criados se han vuelto contra mí (19:13-22; 30:1, 9, 10).
8. Quisiera encontrar las respuestas para todo esto (28:12-28).
9. Quisiera encontrar a Dios (23:8, 9).
10. Mi carne está vestida de gusanos (7:5; 30:17, 18, 30).
11. Quisiera no haber nacido (3:3-11; 16; 10:18).
12. Desearía estar muerto (6:8, 9; 7:15, 16).
13. No tengo esperanza (10:20-22).
14. A pesar de todo, confío en Dios (13:15; 16:19; 23:10).

E. Su glorioso Dios (38—41)
De repente, de entre el torbellino, sale la poderosa voz de Dios. El triste y hosco Job es entonces sometido por Dios a un cuestionario de sesenta preguntas. Veamos la primera serie de preguntas que Dios le hace (Job 38-40).

1. Job 38:4: «¿Dónde estabas tú cuando yo fundaba la tierra? Házmelo saber, si tienes inteligencia?»
2. Job 38:18: «¿Has considerado tú hasta las anchuras de la tierra? Declara si sabes todo esto.»
3. Job 38:19: «¿Por dónde va el camino a la habitación de la luz, y dónde está el lugar de las tinieblas?»
4. Job 38:24: «Por qué camino se reparte la luz, y se esparce el viento solano sobre la tierra?»
5. Job 38:28: «¿Tiene la lluvia padre? ¿O quién engendró las gotas del rocío?»
6. Job 40:2: «¿Es sabiduría contender con el Onmipotente? El que disputa con Dios, responda a esto.»

Job responde (40:4, 5): «He aquí que yo soy vil; ¿qué te responderé? Mi mano pongo sobre mi boca. Una vez hablé, mas no responderé; aun dos veces, mas no volveré a hablar.»

Segunda serie de preguntas de Dios (40:6—41:34).

7. Job 40:15: «He aquí ahora behemot, el cual hice como a ti; hierba come como buey.»
8. Job 41:1: «¿Sacarás tú al leviatán con anzuelo, o con cuerda que le eches en su lengua?»
Nota: estas dos criaturas bien pudieran ser una referencia a dinosaurios terrestres y marinos.

Job contesta (42:1-5):
«Yo conozco que todo lo puedes, y que no hay pensamiento que se esconda de ti. ¿Quién es el que oscurece el consejo sin entendimiento? Por tanto, yo hablaba lo que no entendía; cosas demasiado maravillosas para mí, que yo no comprendía. Oye, te ruego, y hablaré; te preguntaré, y tú me enseñarás. De oídas te había oído; mas ahora mis ojos te ven. Por tanto me aborrezco, y me arrepiento en polvo y ceniza.»

F. Sus generosas bendiciones (42:7-17).
Job había sido sometido a cinco terribles pruebas y había participado en cinco dolorosos debates, pero ahora recibe de la mano de Dios abundantes bendiciones.

1. Le es permitido ver la gloria de Dios.
2. Se ve a sí mismo como Dios le ve. (Esto es siempre una bendición.)
3. Job es reivindicado por Dios ante sus tres críticos amigos.
4. Descubre el gozo de orar por aquellos tres amigos.
5. Su salud es completamente restaurada.
6. Es confortado por sus hermanos y hermana.
7. Le es dado el doble de riqueza de lo que antes tenía.
8. Le son dados siete hijos más y tres hijas más.
9. Vive para ver y gozar a sus nietos y biznietos.
10. Llega a vivir 140 años más, doble que el número de años que normalmente vivía un hombre. (Véase Sal. 90:10.)

DECLARACIONES CLÁSICAS QUE ENCONTRAMOS EN JOB

1. «Que prende a los sabios en la astucia de ellos...» (5:13). Citado por Pablo en 1 Corintios 3:19.
2. «He aquí, bienaventurado es el hombre a quien Dios castiga; por tanto, no menosprecies la corrección del Todopoderoso» (5:17). Citado en Hebreos 12:5, 6.
3. «No hay entre vosotros árbitro que ponga su mano sobre nosotros dos» (9:33). La palabra árbitro se refiere a un mediador. En el Nuevo Testamento, por supuesto, todo esto cambiaría. Véase 1 Timoteo 2:5.
4. «El hombre nacido de mujer, corto de días y hastiado de sinsabores, sale como una flor y es cortado, y huye como la sombra y no permanece» (14:1, 2).
5. «Abrieron contra mí su boca, hirieron mis mejillas con afrenta; contra mí se juntaron todos. Me ha entregado Dios al mentiroso, y en las manos de los impíos me hizo caer» (16:10, 11).
Estas palabras las encontramos repetidas, parafraseadas, en los Salmos 22:13; 35:21, en referencia a los sufrimientos de Cristo en la cruz.
6. «Mas he aquí que en los cielos está mi testigo, y mi testimonio en las alturas» (16:19).
7. «Mas él conoce mi camino; me probará, y saldré como oro» (23:10).
8. «El extiende el norte sobre vacío, cuelga la tierra sobre nada» (26:7).
9. «¡Quién me diera el saber dónde hallar a Dios!» (23:3). El problema se resolvió mediante la *encarnación* de Cristo. Véase Juan 1:18, 45.

10. «¿Cómo, pues, se justificará el hombre para con Dios? ¿Y cómo será limpio el que nace de mujer?» (25:4). Problema que se resolvió mediante la *muerte* de Cristo. Véanse Romanos 4:24, 25; 5:1.
11. «Si el hombre muriere, ¿volverá a vivir?» (14:14). Problema resuelto por medio de la *resurrección* de Cristo.
12. «Yo sé que mi Redentor vive, y al fin se levantará sobre el polvo; y después de deshecha esta mi piel, en mi carne he de ver a Dios» (19:25, 26).

ALGUNAS RAZONES DEL SUFRIMIENTO DE JOB

1. Para acallar a Satanás (1:9-11; 2:4, 5).
2. Para que Job pudiera ver a Dios (42:5).
3. Para que Job pudiera verse a sí mismo (40:4; 42:6).
4. Para que los amigos de Job pudieran aprender a no juzgar (42:7).
5. Para que Job pudiera aprender a orar por sus críticos, en vez de censurarlos (42:10).
6. Para demostrar que, con el tiempo, todos los planes de Dios para los Suyos tienen un final feliz.

LA ETAPA DEL ÉXODO

INTRODUCCIÓN A LA ETAPA DEL ÉXODO (Éxodo, Levítico, Números, Deuteronomio)

1. Los cuatro hombres más importantes de esta etapa son: Moisés, Aarón, Caleb y Josué.
2. La etapa del éxodo abarca un período de unos 325 años.
3. Incluye los siguientes eventos clave:
   a. El cautiverio en Egipto y la liberación de Israel por Moisés (Ex. 1—14).
   b. El fracaso de Israel de entrar en la tierra prometida a causa de la incredulidad (Nm. 13—14).
   c. La aparición del maná (Ex. 16:14), la institución del sábado (Ex. 16:23-30), y la entrega de los Diez Mandamientos (Ex. 20:3-17).
   d. La construcción del tabernáculo (Ex. 40).
   e. El vagar sin propósito por el desierto (Nm. 14:33, 34).
   f. El pecado y la muerte de Moisés (Nm. 20:7-13; Dt. 34:5-8).
   g. La elección de Josué como nuevo líder de Israel (Nm. 27:15-23; Dt. 34:9).
4. Aquí leemos acerca de un río de sangre, de un mar que se abre y de un arroyo amargo (Ex. 7, 14, 15).
5. Leemos también acerca de un becerro de oro, de una asna que habla y de una serpiente de bronce (Ex. 32; Nm. 22, 21).
6. Sabemos de una zarza que arde en el desierto y de una columna de nube y de fuego en el cielo (Ex. 3, 13).
7. Vemos a Moisés ascender a los goces del cielo (Ex. 33), mientras que Coré desciende al pozo del infierno (Nm. 16).

LA ETAPA DEL ÉXODO

I. Israel, esclavizado en Egipto (Ex. 1:1—12:36).
   A. El pueblo de Dios.
      1. Después de la muerte de José se levantó un nuevo rey en Egipto «que no conocía a José» (1:8).
      2. Este rey persiguió cruelmente a Israel, esclavizándolo, y ordenando que se matara a todos los niños varones hebreos (1:10-16).
   B. La gracia de Dios.
      «Y oyó Dios el gemido de ellos, y se acordó de su pacto con Abraham, Isaac y Jacob. Y miró Dios a los hijos de Israel y los reconoció Dios» (2:24, 25).
   C. El hombre de Dios.
      1. El príncipe de Egipto.
         a. Moisés nace de padres piadosos, es ocultado por tres meses, y luego le dejan flotando en el río Nilo en una canastilla de juncos (2:3).
         b. Es descubierto por la hija de Faraón y, mediante el consejo de María (la hermana de Moisés que lo estaba observando todo), aseguró que la propia madre sirviera de nodriza (2:8, 9).
         c. Moisés creció en el palacio de Faraón, pero a la edad de cuarenta años huyó de Egipto, a causa de:
            (1) Se involucró en un homicidio. Mató a un egipcio que golpeaba a un esclavo hebreo (2:12).
            (2) Debido a su esperanza en el Mesías (He. 11:24-26). «Por la fe Moisés, hecho ya grande, rehusó llamarse hijo de la hija de Faraón, escogiendo antes ser maltratado con el pueblo de Dios, que gozar de los deleites temporales del pecado.»
      2. El pastor de Madián.
         a. Moisés encuentra refugio en Madián y se casa con Séfora, la hija de Jetro, y vive allí trabajando como pastor por casi cuarenta años (2:21).
         b. Moisés recibe desde una zarza que ardía su llamamiento divino a liberar a Israel (3:1-10).
            El llamamiento fue: «No te acerques; quita tu calzado de tus pies, porque el lugar en que tú estás, tierra santa es» (3:5).
            Nota: Se le dijo a Moisés que se quitara sus zapatos en este momento, porque estaba en un lugar santo. Y así lo hizo. Pero debemos observar que más tarde se los puso otra vez. Muchas veces los cristianos oyen a Dios hablarles en relación con un servicio especial para él. Se quitan quizá sus zapatos espirituales en el altar de algún templo, pero después no hacen nada respecto al llamamiento. Dios necesita hoy creyentes que se quiten sus zapatos y después se los vuelvan a poner. La experiencia de adoración debe ser seguida de una experiencia de servicio.
         c. Se resistió al llamamiento mencionando cinco excusas débiles por las que él no podía cumplir el mandamiento de Dios:
            (1) No tengo capacidad (3:11).
            (2) No tengo mensaje (3:13).
            (3) No tengo autoridad (4:1).
            (4) No tengo elocuencia (4:10).
            (5) No tengo inclinación (4:13).
         d. Dios responde a todas estas excusas de Moisés tal como lo hace hoy a todos aquellos a quienes llama a su servicio. Nos dice:
            (1) La objeción de «no tengo capacidad» es contestada mediante Filipenses 4:13.
            (2) La objeción de «no tengo mensaje» es respondida mediante 1 Corintios 15:3, 4.
            (3) La objeción de «no tengo autoridad» se contesta mediante Mateo 28:18-20.
            (4) La objeción de «no tengo elocuencia» es respondida mediante Filipenses 2:13.

(5) La objeción de «no tengo inclinación» se contesta mediante Filipenses 2:13.

e. Dios responde a toda la argumentación de Moisés y le da una doble demostración de su poder (4:2-7).
   (1) Su vara de pastor se transforma temporalmente en una serpiente.
   (2) Su mano derecha queda temporalmente leprosa.

f. Dios, en un acto de su gracia, le permite a Moisés llevar a Aarón, su hermano mayor, con él (4:14, 15).

g. Moisés había descuidado negligentemente el circuncidar a su propio hijo Gersón, lo que había sido un serio desatino de su parte. Séfora actuó decididamente en el último minuto y salvó a Moisés del juicio divino (4:24-26).

D. El enemigo de Dios
1. Faraón no solamente rehusa dejar en libertad a Israel, sino que añade más trabajo sobre los hebreos, obligándoles a que recojan ellos la paja para hacer los ladrillos (5:1-9).
2. El trato que Faraón les da provoca que los líderes de Israel se enojen con Moisés, quien se queja a Dios, el cual le reconfirma en su propósito (5:20—6:8).

E. Las plagas de Dios.
1. Moisés (ahora de ochenta años) y Aarón (de ochenta y tres) llevan a cabo su primer milagro contra Faraón, haciendo que una vara se transforme en culebra (7:10).
2. Janes y Jambres, los magos de Faraón (véase 2 Ti. 3:8), son capaces de realizar el mismo milagro, pero la culebra de Moisés devoró a las culebras de ellos (7:12).
3. Moisés entonces desata sobre Egipto las diez plagas.
   a. Primera plaga: el agua se transforma en sangre (7:20).
   b. Segunda plaga: la invasión de ranas (8:6).
   c. Tercera plaga: los piojos (8:17).
   d. Cuarta plaga: las moscas (8:24).
   e. Quinta plaga: la enfermedad del ganado (9:6).
   f. Sexta plaga: sarpullido (9:10).
   g. Séptima plaga: granizo mezclado con fuego (9:24).
   h. Octava plaga: la langosta (10:13).
   i. Novena plaga: tres días de oscuridad (10:22).
   j. Décima plaga: la muerte de los primogénitos (12:29).
4. Faraón le propone a Moisés algunos arreglos durante estas plagas, pero todos son rechazados.
   a. Primer arreglo: no os vayais, ofreced sacrificios a vuestro Dios aquí (8:25).
   b. Segundo arreglo: iros, pero no os vayais muy lejos (8:28).
   c. Tercer arreglo: marcharos, pero dejad a vuestros niños aquí (10:10).
   d. Cuarto arreglo: id y servid a Jehová vuestro Dios, solamente que queden aquí vuestras ovejas y vacas (10:24).
5. El corazón de Faraón es endurecido como once veces durante este tiempo. Notamos que al menos en siete ocasiones se nos dice en el libro de Exodo que Dios endureció el corazón de Faraón (véanse 4:21; 7:3; 9:12; 10:1, 20, 27; 11:10). ¿Cómo podemos entender esto? Una respuesta parcial (y sólo parcial) podemos encontrarla en las siguientes observaciones: la manera en que un objeto dado reaccionará cuando es confrontado por una influencia exterior depende completamente de la naturaleza de tal objeto. Por ejemplo: imaginemos un escenario de invierno, donde se ve un río congelado, y en una de sus márgenes un banco de arcilla amarilla. De pronto el sol aparece por entre las nubes y empieza a brillar y a calentar con fuerza sobre el río y sus márgenes. ¿Qué va a ocurrir inmediatamente después? La reacción va a ser que el hielo se va a derretir, pero la arcilla se va a endurecer. Esta analogía nos permite inferir que, de igual manera, una influencia exterior y celestial va a suavizar un objeto pero va a endurecer el otro. Además, debemos señalar que en cuatro ocasiones se nos dice que Faraón endureció su propio corazón. (Véanse Ex. 7:22; 8:15, 19; 9:35.)

F. La salvación de Dios (Ex. 11—12).

1

ISRAEL ESCLAVIZADO EN EGIPTO

EL PUEBLO DE DIOS: Perseguidos por un Faraón que no conocía a José **(Ex. 1).**

LA GRACIA DE DIOS: Recordó su pacto con Abraham y escuchó su clamor **(2:23-25).**

EL HOMBRE DE DIOS:

MOISÉS

SUS PRIMEROS CUARENTA AÑOS COMO PRÍNCIPE EN EGIPTO (2:1-14).
- Cuando era un bebé fue rescatado del agua por una princesa egipcia.
- Años después, él rescató a un esclavo hebreo.

SUS SIGUIENTES CUARENTA AÑOS COMO PASTOR EN MADIÁN (2:15-4:31)
- Se casa con una joven llamada Séfora.
- Recibe su llamamiento en la zarza que arde sin consumirse.

EL ENEMIGO DE DIOS: Faraón se resiste a dejar en libertad a los hebreos e incrementa su trabajo **(Éx. 5:2, 4-9).**

LAS PLAGAS DE DIOS: EXODO 7—10

PROPÓSITO:
- Para mostrar a Israel su verdadero Dios.
- Para mostrar a los egipcios la falsedad de sus dioses.

NATURALEZA:	DIOS EGIPCIO DERROTADO	
1. Agua convertida en sangre	OSIRIS	Éxodo 7:20
2. Invasión de las ranas	HEKA	8:6
3. Los piojos	SEB	8:17
4. Las moscas	ISIS	8:24
5. La plaga del ganado	APIS	9:6
6. El sarpullido con úlceras	TIFÓN	9:10
7. Granizo con fuego	SHU	9:24
8. La langosta	SERAPIS	10:13
9. Tres días de oscuridad	RA	10:22
10. Muerte de los primogénitos	TODOS	12:29

ELECCIÓN DE DIOS

HECHO:	RAZÓN:
• Que el primer hijo varón nacido fuera santificado	• Quería una nación de sacerdotes.
• Que tomaran el camino del sur	• Israel necesitaba dedicar tiempo a estar con él.

Resumamos brevemente en este punto tanto la naturaleza como el propósito de estas plagas.

1. La naturaleza de las plagas:
   a. Las aguas del río Nilo se convirtieron en sangre (7:20). Algunos han visto esta plaga como el resultado de un evento natural, tal como la contaminación del Nilo por exceso de barro rojo o por el incremento repentino de cierta bacteria microscópica. Pero es dudoso que tales accidentes naturales hubieran impresionado en lo más mínimo a Faraón que observaba.
   b. La invasión de ranas (8:2).
   El doctor John David cita a Harry Rimmer, quien escribe: «A semejanza de una manta de viscosa porquería, aquellas húmedas monstruosidades cubrían la tierra, hasta que los hombres se enfermaron del horrible crujido que producía aquel pavimento que estaban obligados a pisar. Si el pie de un hombre resbalaba en aquella masa grasienta y putrefacta, y buscaba limpiarse en el río, el agua estaba tan llena de ranas que le era imposible lavarse allí.» (*Moses and the Gods of Egypt*, p. 101.)
   c. Los piojos (8:16).
   Algunos eruditos del hebreo creen que «insectos» o «mosquitos» es aquí una traducción más fiel. Los pequeños insectos han sido siempre un problema en Egipto. Muchas cosas fueron ideadas por los antiguos egipcios con el fin de protegerse de ellos (tales como aquellos ahuyenta mosquitos en forma de grandes abanicos, compuestos de una caña larga y plumas de avestruz, que utilizaban los siervos para alejar dichos insectos de la cara de los reyes y nobles. Los suelos y paredes eran frecuentemente lavados con una solución de agua y sosa.
   d. Los enjambres de moscas (8:24).
   Esta pudo haber sido un tipo de mosca grande que chupa la sangre de los perros.
   e. La morriña del ganado (9:3).
   Esta plaga tuvo, sin duda, graves consecuencias económicas y religiosas sobre los egipcios. Se dependía mucho de los bueyes para las labores pesadas de la agricultura, y los camellos, caballos y asnas se usaban mucho para la transportación. El ganado no sólo proveía leche, sino que los toros eran uno de los objetos más sagrados en los servicios de adoración de la tierra.
   f. El sarpullido que produjo úlceras (9:10).
   La lengua hebrea indica que era un tipo de úlcera abierta, enconada, que supuraba, y que era quizá de tipo leproso.
   g. El granizo mezclado con fuego (9:24).
   Aquellas severas tormentas de granizo estuvieron posiblemente acompañadas con abundancia de relámpagos y rayos que prendió fuego a los campos de Egipto, ya muy dañados por el granizo. A causa de las seis primeras plagas, algunos egipcios creyeron aparentemente la Palabra de Dios y protegieron a sus ganados y criados, retirándolos de los campos (9:20).
   h. La invasión de langostas (10:13).
   Una langosta es capaz de comer diariamente tanto como su propio peso, y una nube de langostas de un kilómetro cuadrado puede estar compuesta de varias docenas de millones de estas criaturas. Hay información de enjambres de estos insectos que ocuparon áreas de varios cientos de kilómetros cuadrados, y una plaga de ese tamaño bien puede contar con miles de millones de langostas.
   i. Los tres días de oscuridad (10:22).
   Esta plaga fue seguramente la que más pavor causó de todas las que anteriormente habían caído. La oscuridad era tan grande que se podía realmente sentir. Durante setenta y dos agonizantes horas, aquella aterrorizante negrura privó a sus víctimas de alimento, agua y de la menor libertad de movimiento. Más de una persona debió haber enloquecido a causa de esta terrible tortura.
   j. La visitación del ángel de la muerte (12:29).
   Dios instruye a Israel para que se prepare para la primera Pascua. Tenían que elegir un cordero macho sin defecto, de un año de edad, por cada familia, en el diez del mes de abril. Tenían que matar al animal el día catorce del mes. La sangre tenían que conservarla en una palangana, y con un manojo de ramas de hisopo tenían que untar con sangre los postes y el dintel de la puerta. La carne del cordero tenían que asarla y comerla en la noche del día catorce, junto con hierbas amargas y pan sin levadura.

   Nota: Esta es la primera mención de levadura en la Biblia, y a partir de este momento viene a ser un símbolo del mal. En el Nuevo Testamento la levadura significa:
   (1) Hipocresía (Lc. 12:1).
   (2) Racionalismo (Mt. 16:6, 12).
   (3) Mundanalidad (Mr. 8:15).
   (4) Mala conducta (1 Co. 5:6).
   (5) Falsa doctrina (Gá. 5:9).

   El cordero pascual era, por supuesto, un tipo y prefiguración bellísimos del Señor Jesucristo. (Véanse Jn. 1:29; 1 Co. 5:6, 7; 1 P. 1:18, 19.) El hisopo aquí puede representar la fe. Era una planta común de aquellas tierras. Así como el hisopo se usaba en el Antiguo Testamento para aplicar la sangre del cordero, en el Nuevo Testamento la fe aplica la sangre en el corazón humano. (Véase Ef. 2:8, 9.) Debemos observar, sin embargo, que la simple muerte del cordero no salvaba automáticamente a nadie *hasta* que la sangre no era aplicada.

   Israel comió el pan sin levadura aquella noche, y tenían que volver a hacerlo cada mes de abril para recordar la gran liberación experimentada (12:39-51).
2. El propósito de las plagas.
   El propósito de las plagas fue aparentemente doble:
   a. Demostrar a Israel la fortaleza de su Dios.
   b. Mostrar a los egipcios la incapacidad total de sus dioses. Podemos observar que cada una de las plagas fue dirigida contra un dios egipcio en particular. Esto es:
   (1) La primera plaga de las aguas san-

grientas fue dirigida contra Osiris, el dios del Nilo.

(2) La segunda plaga de ranas fue dirigida contra Heka, la diosa de las ranas.

(3) La tercera plaga de piojos fue dirigida contra Seb, el dios de la tierra.

(4) La cuarta plaga de moscas estaba dirigida contra Isis, la esposa de Osiris.

(5) La quinta plaga de la enfermedad del ganado desafiaba a Apis, el dios representado por un toro.

(6) La sexta plaga, el sarpullido que producía úlceras, contra Tifón.

(7) La séptima plaga, de granizo y fuego, estaba dirigida contra Shu, el dios de la atmósfera.

(8) La octava plaga, la langosta, era contra Serapis, el dios que protegía a Egipto contra estos insectos.

(9) La novena plaga, la oscuridad, era contra Ra, el dios-sol.

(10) La décima plaga, la muerte de los primogénitos, era un ataque contra *todos* los dioses.

3. El resultado de la plaga final.

a. A la medianoche del 14 de abril, el ángel de la muerte pasó por Egipto, hiriendo a todos los primogénitos de los hogares no protegidos por la sangre, incluido el de Faraón.

b. Durante las primeras horas de la mañana del día 15, todo el pueblo de Israel (600.000 hombres más los niños) cruzaron la frontera de Egipto.

c. Iban acompañados de una multitud mixta.

G. La elección de Dios.

1. La santificación de los primogénitos. El plan original de Dios era una nación de sacerdotes, pero al final, debido al constante pecado de Israel, limitó su elección a la tribu de Leví (Ex. 13:2; 19:6; Nm. 8:16).

2. La elección de la ruta más segura (13:17).

II. Israel, en ruta hacia el monte Sinaí (Ex. 12:37—18:27).

Diez eventos clave tienen lugar entre Ramesés, la ciudad egipcia de donde salieron, y su llegada a la base del monte Sinaí. La distancia era aproximadamente de unas 150 millas (unos 240 km). Estos sucesos fueron:

A. La aparición de la gloria de Dios (Shekinah) mediante la columna de nube y de fuego (13:21, 22).

De Sucot a Etam. En Etam se manifiesta la columna de nube y fuego para dirigir a Israel durante el día o la noche. Esto marca la primera aparición de la gloria de Dios (Shekinah), la indicación visible y luminosa de la presencia de Jehová (13:21, 22). Otras apariciones tanto en el Antiguo como en el Nuevo Testamento son:

1. En el mar Rojo (Ex. 10:19, 20).
2. En el Lugar Santísimo en el tabernáculo (Lv. 16:2).
3. En el Lugar Santísimo en el templo (2 Cr. 5:11-13).
4. Cuando abandona el templo en el tiempo de Ezequiel (Ez. 10).
5. En el nacimiento de Cristo (Lc. 2:9-11).
6. En el monte de la transfiguración (Mt. 17:5).
7. En la ascensión (Hch. 1:9).
8. En el rapto (1 Ts. 4:17).
9. En la segunda venida (Mt. 24:30, Mr. 8:38).
10. Durante el milenio (Is. 4:5, 6; 60:19).

B. La persecución de Faraón, que se lamenta de su acción de haber permitido que Israel marchara (14:5-10).

De Etam a Pi-hahirot (14:1-4).

1. La decisión de Faraón de perseguir a Israel. Faraón se lamenta de su decisión de liberar a Israel y se propone caer sobre ellos, capturándolos de nuevo en el desierto cerca del mar Rojo por medio de sus carros de guerra.
2. La desesperación del pueblo y su deseo de rendirse (Ex. 14:11, 12).
3. La declaración del profeta de elevar la mirada hacia Dios (Ex. 14:13, 14).

C. La partición de las aguas del mar Rojo (14:13-31).

D. La celebración en Israel por la liberación experimentada y por la destrucción del ejército de Faraón (15:1-21).

Desd Pi-hahirot y por medio del mar Rojo (14:15—15:21).

1. La columna de nube protectora. Este es el segundo milagro más grande de la Biblia. El más grande, por supuesto, es la resurrección de Cristo (Ef. 1:20). El cruce del mar Rojo es mencionado muchas veces en la Palabra de Dios. (Véanse Sal. 78:53; 106:11, 12, 22; He. 11:29.) Este milagro fue realmente triple en su naturaleza:

a. La primera parte fue el cambio en la posición de la columna de nube que se colocó ella misma entre el campamento de Israel y el ejército de Faraón. Era al mismo tiempo nube y tinieblas para los egipcios y luz para el pueblo de Dios.

b. La segunda parte fue la división auténtica de las aguas, dejando un paso abierto de quizá una milla (más de un kilómetro) de ancho. En relación con esto, el doctor Leon Wood escribe:

> «Una multitud de 2.000.000 de personas, marchando en formación de diez en línea, con una separación de cinco pies (un metro y medio) entre cada línea, ocuparía un espacio de 190 millas (más de 300 km) de largo. Si este paso en el agua fue tan ancho como una autopista moderna, los primeros israelitas que cruzaron habían llegado a Canaán antes que los últimos empezaran a cruzar, y habrían transcurrido varios días.» (*A Survey of Israel's History,* p. 133.)

c. La tercera parte fue el cierre del mar otra vez.

2. La separación de las aguas del mar Rojo.

«Y extendió Moisés su mano sobre el mar, e hizo Jehová que el mar se retirase por recio viento oriental toda aquella noche; y volvió el mar en seco, y las aguas quedaron divididas» (14:21).

3. La destrucción del ejército egipcio.

«Y volvieron las aguas, y cubrieron los carros y la caballería, y todo el ejército de Faraón que había entrado tras ellos en el mar; no quedó de ellos ni uno» (14:28).

4. La alabanza del pueblo de Dios.

«Entonces cantó Moisés y los hijos de Israel este cántico a Jehová, y dijeron: Cantaré yo a Jehová, porque se ha magnificado grandemente; ha echado en el mar al caballo y al jinete» (Ex. 15:1).

E. Las aguas amargas de Mara fueron endulzadas al

echar Moisés un árbol en ellas (15:22-26). En este momento Dios les promete que la obediencia a él les libraría de enfermedades.

Desde el mar Rojo hasta Mara (15:22-26).

1. El agua amarga.
   «Y llegaron a Mara, y no pudieron beber las aguas de Mara, porque eran amargas; por eso le pusieron el nombre de Mara» (15:23).
2. El árbol bueno.
   «Y Moisés clamó a Jehová, y Jehová le mostró un árbol; y lo echó en las aguas, y las aguas se endulzaron. Allí les dio estatutos y ordenanzas, y allí los probó» (Ex. 15:25).
3. El gran médico.
   «Y dijo: Si oyeres atentamente la voz de Jehová tu Dios, e hicieres lo recto delante de sus ojos, y dieres oído a sus mandamientos, y guardares todos sus estatutos, ninguna enfermedad de las que envié a los egipcios te enviaré a ti; porque yo soy Jehová tu sanador» (Ex. 15:26).
   De Mara a Elim (Ex. 15:27).
   «Y llegaron a Elim, donde había doce fuentes de aguas, y setenta palmeras; y acamparon allí junto a las aguas.»

2 ISRAEL, EN RUTA HACIA EL MONTE SINAÍ. ÉXODO 12—18

A. APARICIÓN DE LA COLUMNA DE NUBE (Ex. 13:21, 22)
La primera de diez apariciones bíblicas.

B. PERSECUCIÓN DE ISRAEL POR FARAÓN (14:5-10)
La decisión de Faraón: seguirlos.
La desesperación del pueblo: rendirse.
La declaración del profeta: mirad arriba.

C. EL MILAGRO EN EL MAR ROJO (14:13—15:21)
La columna de nube: *PROTEGE.*
El mar Rojo: *SE SEPARA.*
El ejército egipcio: *PERECE.*
El pueblo de Dios: *ALABA.*

D. EL EPISODIO DE MARA (15:22-26)
Las aguas amargas.
El árbol bueno.
El gran médico de amor.

E. EL MANÁ (16:4, 14, 35)
El sarcasmo del pueblo.
El alimento sobrenatural.

F. LA INSTITUCIÓN DEL SÁBADO (16:23, 26-30)
Dios se lo da a Israel como un anillo de boda espiritual.
Conmemoraba la terminación de la creación.

G. LA ROCA LLENA DE AGUA (17:1-7)
Moisés en obediencia golpea la roca.
Más tarde hace lo mismo con espíritu de desobediencia **(véase Nm. 20:7-13).**

H. VICTORIA SOBRE LOS AMALECITAS (CUATRO «PRIMERAS» COSAS OCURREN AQUÍ) (17:8-16)
Primera mención de Josué.
Primera intercesión de Moisés por Israel.
Primera parte de la Biblia que se escribe.
Primera referencia de Dios como *Jehová-nisi.*

I. MOISÉS SE REÚNE CON SU FAMILIA (18:5)
Saluda a su suegro, su esposa y sus dos hijos.

F. El maná (16:4, 14, 35).
Este pan del cielo vendría a ser su alimentación principal durante los siguientes cuarenta años.
Desde Elim al desierto de Sin (16:1-36).

1. La multitud quejosa.
   «Y toda la congregación de los hijos de Israel murmuró contra Moisés y Aarón en el desierto; y les decían los hijos de Israel: Ojalá hubiéramos muerto por mano de Jehová en la tierra de Egipto, cuando nos sentábamos a las ollas de carne, cuando comíamos pan hasta saciarnos; pues nos habéis sacado a este desierto para matar de hambre a toda esta multitud» (Ex. 16:2, 3).
2. El maná milagroso (16:14, 15).
   Desde este momento y durante los siguientes cuarenta años, Dios los alimentaría seis días a la semana con maná, que era semejante a la semilla de cilantro, blanco, plano, y que tenía sabor de hojuelas con miel. Sólo cesó cuando Israel entró en la tierra prometida. (Véase Jos. 5:12.)

   Tenían que recogerlo cada mañana y comerlo el mismo día durante seis días, y en el sexto día tenían que recoger una doble porción para el día séptimo, cuando el maná no caía. La palabra maná en hebreo significa literalmente «¿qué es esto?». Esto es lo que dijeron cuando lo vieron por primera vez, y le quedó como nombre. Jesús aplicaría años más tarde este evento a su propio ministerio. (Véase Juan 6:30-63.) El doctor John David escribió algo útil sobre este asunto del maná:

   > «No debemos suponer en base de estos pasajes que el maná fue lo único que comieron los hebreos en el desierto durante cuarenta años. Sabemos que los israelitas tenían ovejas y vacas (12:38; 17:3), y que continuaron poseyéndolos no solamente en el Sinaí (34:3), sino también cuando llegaron a Edom y al país al este del Jordán (Nm. 20:19; 32:1). Parece que en algunas ocasiones los hebreos compraron alimento y agua de los edomitas (Dt. 2:6, 7).También podemos inferir claramente de distintas referencias bíblicas, que el trigo y la carne estaban disponibles para ellos (Ex. 17:3; 24:5; Lv. 8:2, 26, 31; 9:4; 10:12, 24:5; y Nm. 7:13, 19).» (*Moses and the Gods of Egypt*, p. 181.)

G. La institución del sábado (16:23, 26-30; 31:13).
El sábado solemne (16:23-30).
«Mirad que Jehová os dio el día de reposo, y por eso en el sexto día os da pan para dos días. Estése, pues, cada uno en su lugar, y nadie salga de él en el séptimo día. Así el pueblo reposó el séptimo día» (Ex. 16:29, 30).
A continuación damos un breve resumen de la enseñanza bíblica sobre el sábado:

1. La primera mención del sábado la tenemos en Exodo 16:23. Durante los primeros 2.500 años de la historia humana, Dios fue el único que lo observó (Gn. 2:2).
2. El sábado fue entonces dado a Israel (Ex. 31:13, 17) quien aparentemente no supo hasta este momento nada acerca de él. (Véase Ex. 16:29.) Este día nunca le fue dado a la Iglesia (véanse Col. 2:16; Gá. 4:9-11).
3. Sábado no es una palabra hebrea para siete

sino que significa «descanso o reposo». Las palabras hebreas para siete son *sheba* y *shibah*. De lo que se infiere que una traducción literal del cuarto mandamiento diría: «Acuérdate del día de reposo para santificarlo.»

4. Hubo muchos «sábados» que se le dieron a Israel:
   a. El día séptimo de la semana (Ex. 20:8-11).
      (1) Empezaba a la caída del sol del viernes y terminaba a la puesta del sol del sábado.
      (2) Era un día de descanso absoluto, sin actividad de trabajo ni reuniones de ninguna especie.
   b. Era «sábado» (reposo) el primer día del séptimo mes (Lv. 23:24, 25), para celebrar la fiesta de las trompetas.
   c. Era «sábado» el décimo día del mes séptimo (Lv. 16:29, 30), en que se celebraba el día de la expiación.
   d. Era también «sábado» el día quince del mismo mes (Lv. 23:34), cuando se celebraba la fiesta de los tabernáculos.
   e. El año séptimo era «sábado» (Lv. 25:1-4), en el que se dejaba reposar a la tierra durante un año.
   f. Era «sábado» el año cincuenta (Lv. 25:8), el año del jubileo.

   Los setenta años de cautividad en Babilonia se debieron principalmente a la desobediencia de Israel en observar estos años de reposo. En los aproximadamente 500 años que transcurrieron hasta que Israel se posesionó de la tierra prometida, habían acumulado setenta años de reposo. (Véanse Lv. 26:27-35; 2 Cr. 36:21; Jer. 25:11.)
5. El sábado nunca ha sido cambiado, pero ha sido dejado a un lado porque la nación de Israel ha sido desechada. (Véase Mt. 21:43.)
6. Se volverá a observar otra vez el sábado durante el tiempo del reino. (Véase Is. 66:23.)

   Pregunta: ¿Cuándo, pues, recibió la Iglesia autorización para adorar en domingo?

   Respuesta: Mediante el modelo establecido por la resurrección que sucedió en el primer día de la semana, esto es, el domingo. Este hecho lo registran los cuatro evangelios (Mt. 28:1; Mr. 16:2, 9; Lc. 24:1, 13, Jn. 20:1, 19). De manera que como el sábado conmemora la terminación de la creación (Ex. 20:8-11), así el primer día conmemora la consumación de la creación. (Véanse Hch. 20:7; 1 Co. 16:1, 2; He. 7:12.) Es cierto que Pablo predicó frecuentemente a los judíos en sábado (Hch. 13:14; 16:13; 17:2; 18;4), pero lo hizo porque era el día en el que los judíos se reunían regularmente. (Véase 1 Co. 9:19, 20.)

H. La roca golpeada en Refidim (17:1-7).

Esto fue hecho para proveerles de agua, que Dios les dio de manera sobrenatural de un lado de aquella roca. Casi cuarenta años más tarde Moisés golpearía otra roca en un lugar distante, pero en aquella ocasión él estaba fuera de la voluntad de Dios. (Véase Nm. 20:7-13.)

Desde el desierto hasta Refidim (Ex. 17:1—18:27).

Moisés golpea la roca (17:6). Los volubles israelitas estaban ya casi dispuestos a apedrear a Moisés cuando Dios intervino. «He aquí que yo estaré delante de ti allí sobre la peña en Horeb; y golpearás la peña, y saldrán de ella aguas, y beberá el pueblo....»

I. Victoria de Israel sobre los amalecitas (Ex. 17:8-16).

Aquí encontramos cuatro cosas importantes que se mencionan por «primera vez» y debemos de notarlas:

1. La primera mención de Josué, quien fue elegido por Moisés para dirigir el ejército de Israel (17:9).
2. La primera oración de Moisés por Israel (17:11, 12).
3. La primera parte de la Biblia que se escribe (17:14).
4. La primera referencia a uno de los grandes nombres de Dios: *Jehová-nisi* (Jehová es mi estandarte) (17:15).

Moisés derrota a un enemigo (17:11). Los enemigos son los amalecitas. Estos descendientes de Esaú (Gn. 36:12), que formaban bandas errantes del desierto dedicadas al pillaje, llevaban probablemente un tiempo siguiendo a Israel, y eligen este momento para atacarles (17:8).

El general: Josué. Esta es la primera mención de uno de los líderes militares más notables de todos los tiempos. A pesar de su juventud (probablemente entre veinte y treinta años), Moisés lo elige para dirigir las fuerzas armadas de Israel. Su habilidad y bravura iban unidas a su amor por Dios (17:9).

El intercesor: Moisés. Este gran anciano asciende a un montículo cercano, extiende sus manos al cielo y empieza a orar por Josué y por Israel que luchan abajo (17:11).

Los ayudadores: Aarón y Ur. Estos dos ayudan a Moisés a mantener sus cansados brazos en alto a fin de que Dios pueda dar la victoria abajo. Israel vence, se escribe una de las primeras secciones de la Biblia y Moisés edifica un altar, llamándolo *Jehová-nisi*, que significa «Jehová es mi estandarte».

J. El encuentro de Moisés con su familia (18:5).

Moisés saluda a su familia (18:7).

1. Es saludado por Jetro, Séfora y sus dos hijos, Gersón y Eliezer.
2. Moisés escucha el consejo de Jetro y nombra hombres capaces que le ayuden a juzgar en los problemas del pueblo (18:17-27).

ISRAEL SE ESTABLECE EN EL SINAÍ

TRES EVENTOS PRINCIPALES OCURREN EN EL SINAÍ

1. **ÉXODO 20:3-17**
   LOS MANDAMIENTOS DE LA LEY
   Requerimiento para la comunión divina
2. **ÉXODO 32**
   LA CORRUPCIÓN DEL BECERRO DE ORO
   Pérdida de la comunión divina
3. **ÉXODO 25—31; 35—40**
   CONSTRUCCIÓN DEL TABERNÁCULO
   Restauración de la comunión divina

III. Israel se establece en el Sinaí (Ex. 19:1—Nm. 10:10). Israel llegó al Sinaí el 15 de junio de 1445 a.C. y se quedó allí durante once meses y cinco días (Nm. 10:11). Tres grandes eventos tuvieron lugar durante este tiempo, y son:

Los mandamientos de la ley (el requerimiento para que hubiese comunión).

La corrupción del becerro de oro (la pérdida de esa comunión).

La construcción del tabernáculo (la restauración de esa comunión).

Veamos ahora una introducción *a* estos eventos y una consideración *de* dichos sucesos.

A. Una introducción a la acción del monte Sinaí.
   1. Israel llega al monte Sinaí y recibe la noticia de que Dios se encontrará con ellos en tres días. Tienen, por tanto, que lavar sus ropas y preparar sus corazones (Ex. 19:9,10).
   2. Dios se manifestó al tercer día en el monte Sinaí, acompañado de truenos, relámpagos, una nube espesa, sonido de trompetas, un terremoto, humo y fuego (Ex. 19:16-18).
   3. Moisés recibe la orden de subir al Sinaí para encontrarse con Dios. Durante este encuentro Dios le entrega oralmente los Diez Mandamientos y las setenta leyes que componen el libro del pacto. Moisés desciende entonces del Sinaí y le repite al pueblo las palabras de Dios (Ex. 19:20—23:33).
   4. El pueblo de Israel está de acuerdo con todo lo que Dios le ha dicho a Moisés (24:3).
   5. Moisés seguidamente escribe para constancia de Israel todo lo que les ha dicho, edifica un altar de doce columnas, y sacrifica sangre sobre él para satisfacer los acuerdos del pacto (24:4-8).
   6. Asciende otra vez a la cima del monte y esta vez le acompaña Josué en parte del camino (24:13).
   7. Permanece allí por cuarenta días, y en este tiempo recibe los diseños para el tabernáculo y dos tablas de piedra escritas por Dios mismo que contienen los Diez Mandamientos. Moisés ayuna durante todo este tiempo (Ex. 24:18; 31:18; 34:28; Dt. 9:9).
   8. Dios le indica que descienda inmediatamente para que trate el asunto del becerro de oro que se está desarrollando abajo (Ex. 32:7).
   9. Ora por Israel para que Dios no lo destruya (Ex. 32:11-13).
   10. Recoge a Josué a mitad de camino al bajar (Ex. 32:17).
   11. Nada más ver la terrible inmoralidad de Israel, rompe en pedazos las tablas de piedra que contenían los Diez Mandamientos (Ex. 32:19).
   12. Reprende a Aarón y juzga a Israel por segunda vez (32:20-29).
   13. Ora por Israel por segunda vez (32:30-32).
   14. Ayuna después durante los siguientes cuarenta días (Dt. 9:18).
   15. Otra vez asciende al monte y Dios le ordena que talle otras dos tablas de piedra, donde el Señor volvería a escribir los Diez Mandamientos (Dt. 10:2).
   16. Dios le manda que haga un arca de madera de acacia y coloque en ella las dos tablas de piedra de la ley. Después Moisés regresa al valle con el arca (Dt. 10:5).
   17. Moisés pide ver la gloria de Dios y el Señor le responde:

      «Yo haré pasar todo mi bien delante de tu rostro, y proclamaré el nombre de Jehová delante de ti; y tendré misericordia del que tendré misericordia, y seré clemente para con el que seré clemente. Dijo más: No podrás ver mi rostro; porque no me verá hombre, y vivirá. Y dijo aún Jehová: He aquí un lugar junto a mí, y tú estarás sobre la peña; y cuando pase mi gloria, yo te pondré en una hendidura de la peña, y te cubriré con mi mano hasta que haya pasado. Después apartaré mi mano, y verás mis espaldas; mas no se verá mi rostro» (Ex. 33:19-23).

B. Una consideración de la acción en el monte Sinaí. *Los mandamientos de la ley de Dios.* Había tres secciones básicas de la Ley de Moisés.
   1. El código moral. Esta sección se conoce comúnmente como los Diez Mandamientos (Ex. 20:3-17; Dt; 5:7-21).
      a. No tendrás dioses ajenos delante de mí.

LA TRIPLE DIVISIÓN DE LA LEY

Código moral

1. No tendrás dioses ajenos delante de mí.
2. No te harás ningún grabado ni escultura.
3. No tomarás el nombre de Jehová tu Dios en vano.
4. Acuérdate del sábado (reposo) para santificarlo.
5. Honra a tu padre y a tu madre.
6. No matarás.
7. No cometerás adulterio.
8. No hurtarás.
9. No hablarás contra tu prójimo falso testimonio.
10. No codiciarás.

La revelación de Cristo
(1 Corintios 10:4)

Código espiritual

Esta sección trata de aquellas ordenanzas especiales que prefiguran a Cristo y su completa redención. Incluye:
1. Las siete **fiestas levíticas**.
2. Las cinco **ofrendas levíticas**

ÉXODO 35—40; LEVÍTICO

La realización en Cristo
(Mateo 5:17, 18; Romanos 10:4; 1 Corintios 5:7)

Código social

Esta sección incluye aquellas normas que regulaban en Israel la higiene o sanidad pública, la alimentación, las cuarentenas, la conservación del suelo, los impuestos, el servicio militar, el matrimonio, el nacimiento de hijos, el divorcio, etc.

LIBRO DE LEVÍTICO

La regulación hasta Cristo
(Gálatas 3:24)

b. No te harás ningún grabado ni escultura.
c. No tomarás el nombre de Jehová tu Dios en vano.
d. Acuérdate del sábado (reposo) para santificarlo.
e. Honra a tu padre y a tu madre.
f. No matarás.
g. No cometerás adulterio.
h. No hurtarás.
i. No hablarás contra tu prójimo falso testimonio.
j. No codiciarás.

2. El código espiritual. Esta sección trata de las ordenanzas que son todas ellas una prefiguración de Cristo y la salvación. (Véase He. 10:1.) Incluye las fiestas levíticas, ofrendas, etc. (Ex. 35—40; Lv.).
3. El código social. Esta sección trata de los juicios y leyes divinas para el nuevo establecimiento que Dios prepara para Israel. Incluye normas sanitarias, de alimentación, cuarentenas, conservación de la tierra, impuestos, servicio militar, matrimonio, divorcio, etc.

   Hay como setenta regulaciones básicas en el código social. De éstas, veinte de las más importantes son:

a. «Y si alguno hiriere a su siervo o a su sierva con palo, y muriere bajo su mano, será castigado» (Ex. 21:20).
b. «El que hiriere a su padre o a su madre, morirá» (21:15).
c. «Asimismo el que robare una persona y la vendiere, o si fuere hallada en sus manos, morirá» (21:16).
d. «Ojo por ojo, diente por diente, mano por mano, pie por pie» (21:24).
e. «Igualmente el que maldijere a su padre o a su madre, morirá» (21:17).
f. «Si alguno hiriere el ojo de su siervo, o el ojo de su sierva, y lo dañare, le dará libertad por razón de su ojo» (21:26).
g. «Cuando alguno hurtare buey u oveja, y lo degollare o vendiere, por aquel buey pagará cinco bueyes, y por aquella oveja cuatro ovejas» (22:1).
h. «Si alguno engañare a una doncella que no fuere desposada, y durmiere con ella, deberá dotarla y tomarla por mujer» (22:16).
i. «A la hechicera no dejarás que viva» (22:18).
j. «Cualquiera que cohabitare con bestia, morirá» (22:19).
k. «El que ofreciere sacrificio a dioses excep-

LA CONSTRUCCIÓN DEL TABERNÁCULO

DESCRIPCIÓN Y MEDIDAS

Consistía de tres secciones: (1) El patio exterior, (2) el atrio interior, (3) el Lugar Santísimo.
El patio exterior estaba protegido por una cerca de 150 pies (46 m) de largo, 75 pies (23 m de ancho) y 7, 5 pies (2,28 m) de alto.
La carpa dentro del atrio interior era de 45 pies (14 m) de largo, por 15 pies (4,5 m) de ancho y 15 pies (4,5 m) de alto.
La carpa tenía dos habitaciones separadas por un velo grueso.
El cuarto que daba al oriente se llamaba el lugar santo, y
el cuarto que daba al oeste era conocido como el Lugar Santísimo.

MATERIALES DE CONSTRUCCIÓN

Oro, plata, bronce, pieles de animales, madera de acacia, piedras de ónice.

MOBILIARIO Éx. 25, 27, 30, 37, 38

En el patio exterior: un altar de bronce y la fuente de bronce para las abluciones de los sacerdotes.
En el atrio interior: el altar del incienso, la mesa de los panes de la proposición y el candelero de oro.
En el Lugar santísimo: el arca del pacto.

TIEMPO QUE OCUPÓ LA CONSTRUCCIÓN

Seis meses.

MÉTODO DE CONSTRUCCIÓN

Llevado a cabo por manos y corazones voluntarios (**véanse Éx. 35; Nm. 7**).

LOS SACERDOTES Éx. 28—29

Tenían que proceder de la tribu de Leví.
Eran ungidos con agua, aceite y sangre.

EL SUMO SACERDOTE

Tenía que proceder de la familia de Aarón de la tribu de Leví.
Vestiduras: dos efods (ropa interior y exterior), el pectoral, la mitra, el Urim y Tumim
Deberes: atender las necesidades físicas del tabernáculo y las necesidades espirituales del pueblo.

OFRENDAS

LOS HOLOCAUSTOS, **Lv. 1** DE ALIMENTOS, **Lv. 2** OFRENDAS DE PAZ, **Lv. 3**	Ofrecidos principalmente para **mantener** la comunión con Dios.
OFRENDAS POR EL PECADO, **Lv. 4** OFRENDAS EXPIATORIAS, **Lv. 5**	Ofrecidas principalmente para **restaurar** la comunión con Dios.

FIESTAS SAGRADAS (Lv. 23, 25)

EL SÁBADO (REPOSO) SEMANAL EL AÑO SABÁTICO (CADA SIETE AÑOS) EL SÁBADO (REPOSO) DEL AÑO DEL JUBILEO (CADA CINCUENTA AÑOS)	Estas tres hablan de la primera gran obra de Dios: la **creación** (**Ap. 4:11**).
LA PASCUA: habla del Calvario LAS PRIMICIAS: habla de la resurrección PENTECOSTÉS: venida del Espíritu Santo LAS TROMPETAS: el rapto y la Segunda Venida EL DÍA DE EXPIACIÓN: la tribulación LOS TABERNÁCULOS: el milenio	Estas seis hablan de la segunda gran obra de Dios: la **redención** (**Ap. 5:9**).

EL PROPÓSITO DEL TABERNÁCULO

Proveer a Israel de un centro visible de adoración.
Prefigurar la obra de Cristo. Notemos las semejanzas entre el lenguaje de Moisés y Juan.

MOISÉS	JUAN
Describe el altar de bronce	Describe al Cordero de Dios (**Jn. 1:29**)
Habla de la fuente de bronce	Habla del agua de vida (**Jn. 4:14**)
Escribe sobre la mesa de los panes de la proposición	Escribe sobre el pan (**Jn. 6:35**)
Habla del candelero	Habla de la luz del mundo (**Jn. 9:5**)
Presenta el altar del incienso	Presenta la gran oración de Cristo (**Jn. 17**).
Da testimonio del propiciatorio	Da testimonio de Cristo como la propiciación por nuestros pecados (**1 Jn. 2:2**)

DEDICACIÓN DEL TABERNÁCULO

EL TRIUNFO: la gloria de Dios llena el lugar.
(Ex. 40:33-38)
LA TRAGEDIA: el juicio de Dios cae sobre dos de los hijos de Aarón (**Lv. 10:1-11**).

CENSO DE ISRAEL EN EL TABERNÁCULO

El primer censo durante el tiempo del éxodo tiene lugar ahora (**Nm. 1**). (Véase **Nm. 26** para el segundo censo.)

EL VOTO DE LOS NAZAREOS

TRES REGLAS: (1) no beber vino, (2) no cortarse el cabello, (3) no entrar en contacto con objetos muertos (**Nm. 6**).

to solamente a Jehová, será muerto» (22:20).

l. «Y al extranjero no engañarás ni angustiarás, porque extranjeros fuisteis vosotros en la tierra de Egipto» (22:21).

m. «A ninguna viuda ni huérfano afligiréis» (22:22).

n. «Cuando prestares dinero a uno de mi pueblo, al pobre que está contigo, no te portarás con él como logrero, ni le impondrás usura» (22:25).

«Si tomares en prenda el vestido de tu prójimo, a la puesta del sol se lo devolverás» (22:26).

«Porque sólo eso es su cubierta, es su vestido para cubrir su cuerpo. ¿En qué dormirá? Y cuando él clamare a mí, yo le oiré, porque soy misericordioso» (22:27).

ñ. «No injuriarás a los jueces, ni maldecirás al príncipe de tu pueblo» (22:28).

o. «No demorarás la primicia de tu cosecha ni de tu lagar. Me darás el primogénito de tus hijos» (22:29).

p. «Si encontrares el buey de tu enemigo o su asno extraviado, vuelve a llevárselo» (23:4).

«Si vieres el asno del que te aborrece caído debajo de su carga, ¿le dejarás sin ayuda? Antes bien le ayudarás a levantarlo» (23:5).

q. «No pervertirás el derecho de tu mendigo en su pleito» (23:6).

r. «Seis años sembrarás tu tierra, y recogerás su cosecha; mas el séptimo año la dejarás libre, para que coman los pobres de tu pueblo; y de lo que quedare comerán las bestias del campo; así harás con tu viña y con tu olivar» (23:10, 11).

s. «He aquí yo envío mi Ángel delante de ti para que te guarde en el camino, y te introduzca en el lugar que yo he preparado» (23:20).

Dicho en forma simple, el código moral actuó como la *revelación* de la ley de Dios, el código social como la *regulación* de aquella ley, y el código espiritual como la *realización* de dicha ley: en Cristo. (Véanse Mt. 5:17, 18; Ro. 10:4.)

C. La corrupción del becerro de oro (Ex. 32).

1. Durante los últimos días del primer encuentro de cuarenta días de Moisés con Dios en la cima del Sinaí, los volubles israelitas que esperaban en el valle demandaron que Aarón les hiciera un dios.
2. Aarón accede a la demanda, y usando los aretes de oro de las mujeres, los funde para crear un dios en forma de becerro de oro.
3. Después del «culto de adoración», el pueblo se lanzó a una orgía de inmoralidad sexual. El verbo que se traduce por «regocijarse» o «divertirse» en 32:6 tiene el sentido de caricias sexuales. (Véase Gn. 26:8 para una situación similar.)
4. Dios informa a Moisés en el monte de lo que está ocurriendo abajo y le declara su intención de destruirlos. Moisés, temblando, empieza a «debatir respetuosamente con la divinidad». Suplica a Dios que se aplaque en su furor por dos razones:
   a. A causa de sus enemigos (32:12).
   b. A causa de sus amigos (32:13).

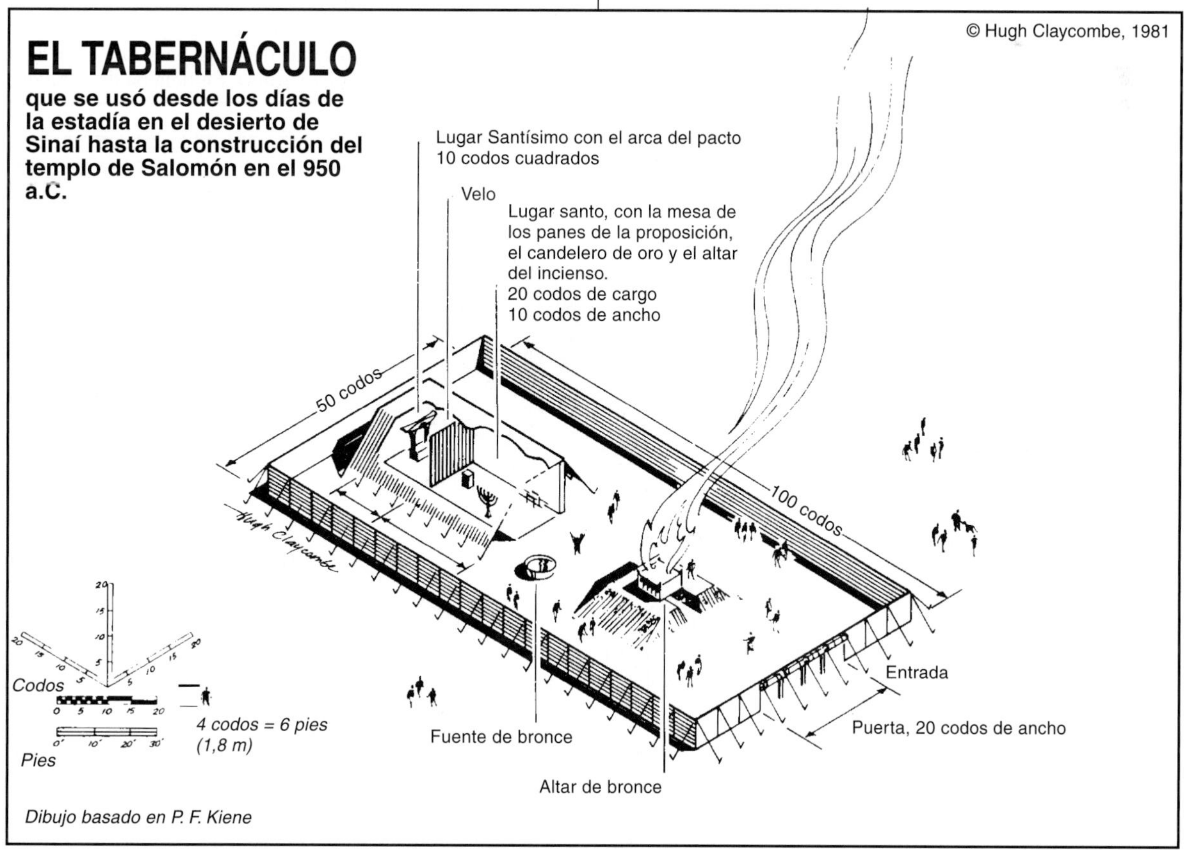

5. Moisés y Josué vuelven al campamento, y Moisés, con justa indignación, quiebra las dos tablas de piedra que contienen los Diez Mandamientos. Entonces quema el becerro de oro, lo reduce a cenizas, lo mezcla con agua y hace que el pueblo lo beba.
6. Reprende a Aarón y demanda saber quién está del lado del Señor. Todos los de la tribu de Leví declararon estar de su lado, y desde aquel día fueron escogidos para ser sacerdotes de Dios.
7. Dios les envía una plaga para castigarles por su pecado y ordena la ejecución de 3.000 de los líderes de aquel episodio.

D. La construcción del tabernáculo (Ex. 25—31; 35—41; Lv.).

1. Una descripción general del tabernáculo:
   a. Las tres secciones: el patio exterior, el atrio interior y el lugar santísimo. El patio exterior estaba cerrado por una cerca de 150 pies (45 m) de largo, por 75 pies (22,5 m) de ancho y 7,5 pies (2,25 m) de alto. En el centro se hallaba una carpa de 45 pies (13,5 m) de largo, por 15 pies (4,5 m) de ancho y 15 pies (4,5m) de alto. Había dos habitaciones en esta carpa, separadas por un velo grueso. El cuarto o sección oriental de esta carpa (todo el tabernáculo estaba orientado hacia el este) se llamaba el lugar santo, y la parte occidental era el Lugar Santísimo. La carpa estaba compuesta de cuarenta y ocho tablas, cubiertas por cuatro cortinas diferentes. Tres de ellas de pieles de animales y la cuarta de lino fino. Los colores de estas cortinas eran blanco, azul, púrpura y rojo.
   b. Los diversos materiales que emplearon fueron: oro 3.140 lb (1.422 kg), plata 9.575 lb (4.337 kg), y bronce 7.540 lb (3.415 kg), pieles de animales, madera de acacia, aceite de oliva, especias, y piedras de ónice.
   c. Supervisor general: Bezaleel, nieto de Hur de la tribu de Judá.
   d. Tiempo que tardaron en construirlo: seis meses aproximadamente.
   e. Método de construcción: el tabernáculo fue el resultado de manos y corazones voluntarios. La casa de Dios fue financiada por el pueblo de Dios, y no mediante cenas, rifas o loterías. Algunos de los versículos más inspiradores del Antiguo Testamento hablan de este espíritu de generosidad y sacrificio (35:5, 21, 22, 29).

Otra preciosa verdad que aparece durante la edificación del tabernáculo fue el hecho de que Dios observaba personalmente la donación de cada ofrenda que era entregada, sin importar lo pequeña que pudiera ser. Esto se indica dramáticamente en Números 7, donde aparece que doce personas diferentes dan doce diminutas cajitas de oro con incienso. A pesar de que dichas ofrendas eran iguales y de poco costo, Dios, no obstante, reconoció a cada ofrendante y cada presente. (Véanse también Ap. 2:2, 9, 13; 3:1, 8, 15.)

2. El mobiliario del tabernáculo.
   Había seis objetos principales:
   a. El altar de bronce (Ex. 27:1-8; 38:1-7). Esto era lo primero que encontraba el que entraba al tabernáculo por la parte este. Era una estructura semejante a una caja hecha de madera de acacia recubierta de bronce. Tenía aproximadamente 7,5 pies (2,25 cm) por cada lado, y 3 pies (1,25 cm) de alto. A media altura del altar había una rejilla. Había también un cuerno colocado en cada esquina del altar para sujetar los animales que eran ofrecidos en este altar.
   b. La fuente de bronce (Ex. 30:18; 38:8). Dicha fuente descansaba sobre una base también de bronce. Se llenaba de agua que

MOBILIARIO DEL TABERNÁCULO Y EL ALTAR DE BRONCE

EL ARCA DEL PACTO

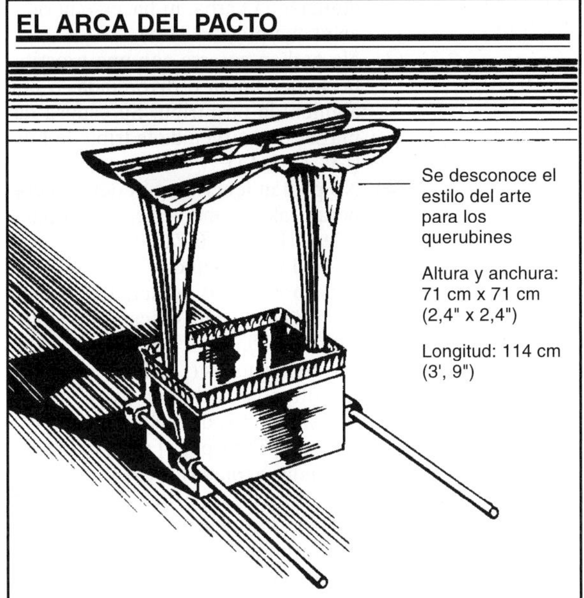

usaban los sacerdotes para sus abluciones ceremoniales de manos y pies.

c. La mesa para el pan de la proposición (Ex. 25:23-30; 37:10-16).
Esta mesa estaba hecha de madera de acacia y recubierta de oro. Sobre esta mesa se depositaban doce piezas de pan que se renovaban cada semana, una por cada tribu de Israel. Medía aproximadamente 1,5 pie (46 cm) de ancho, por 2,5 pies (76 cm) de alto. La mesa, a diferencia de los dos primeros muebles, estaba dentro de la tienda, instalada en la parte de la primera habitación.

d. El candelabro de oro (Ex. 25:31-40; 37:17-24).
Este era uno de los objetos más adornados del tabernáculo. Era de oro puro, y consistía de un tronco vertical del que salían tres pares de brazos por cada lado que se doblaban hacia arriba. Las lámparas eran despabiladas cada mañana y tarde y no debían apagarse nunca todas al mismo tiempo. Había que abastecerlas regularmente con aceite puro de oliva. Su fabricación requirió 107 libras (49 kg) de oro puro y costó aproximadamente unos 175.000 dólares. La tradición judía afirma que el candelero era de 5 pies (1,5 m) de altura y 3,5 pies(1,06 m) de ancho. Estaba también colocado en el llamado lugar santo.

EL SUMO SACERDOTE Y SU VESTIMENTA

e. El altar del incienso (Ex. 30:1-10; 37:25-28).
Esta mesa cuadrada de madera de acacia, recubierta de oro, de 1,5 pie de lado por 3 pies de alto (46 cm de lado y 90 cm de alto), era el símbolo de la oración. El incienso se quemada cada mañana y tarde en esta mesa (Ap. 8:3, 4). Una vez al año los cuernos de este altar eran manchados con sangre. El altar del incienso ocupaba la parte oeste del lugar santo.

f. El arca del pacto (Ex. 25:10-22; 37:1-9).
Este era el objeto más importante de todo el tabernáculo. Estaba hecho también de madera de acacia y recubierto de oro puro por dentro y por fuera. Medía 4 pies (1,22 m) de largo, 2 pies (61 cm) de alto. Contenía en su interior varios objetos; los más importantes eran las dos tablas de piedra sobre las que estaban escritos los Diez Mandamientos. La tapa de del arca estaba hecha de oro macizo y se le llamaba el propiciatorio. Encima había dos querubines de oro. Una vez al año, durante el gran día de la expiación en el mes de octubre, el sumo sacerdote entraba en el lugar santísimo (que estaba separado del lugar santo por un velo grueso) y derramaba sangre sobre el propiciatorio por los pecados del pueblo. Por encima de todo el ornamento del arca moraba el Shekinah, la nube de la gloria de Dios, que era la manifestación de su presencia. Vemos aquí la que es quizá la más extraordinaria verdad del tabernáculo: lo que había en medio de la ley quebrantada por el hombre, que no la había podido cumplir, y la santa y justa ira de Dios era la sangre de un cordero.

3. El sacerdocio del tabernáculo.
   a. Su ordenación. Una de las ceremonias más impresionantes del Antiguo Testamento era sin duda la consagración de un joven varón levita al sacerdocio de Israel. El sagrado procedimiento se desarrollaba de la siguiente manera:
      (1) Era primeramente lavado con agua (Ex. 29:4).
      (2) Después era vestido (29:5).
      (3) Seguidamente era ungido con aceite (29:7).
      (4) Finalmente tenía que identificarse a sí mismo con un sacrificio (29:15-20). Esto lo hacía colocando su mano sobre la cabeza de un cordero moribundo. La sangre del cordero era entonces puesta sobre su oreja derecha, sobre el pulgar de su mano derecha y sobre el dedo gordo del pie derecho.

b. Su vestimenta. Damos a continuación una descripción de la vestimenta que llevaba el sumo sacerdote (Ex. 28:2-43).

(1) El efod. Era una prenda exterior de vestir, sin mangas, que llegaba desde los hombros hasta por debajo de las rodillas. Consistía de dos piezas, una que cubría la espalda y la otra la parte delantera del cuerpo, que se unían en los hombros mediante unos tirantes, que tenían encima dos piedras de ónice montadas sobre oro. En cada piedra estaban grabados los nombres de seis tribus de Israel. El efod estaba entretejido en tela azul, púrpura, rojo y lino torcido, bordado con figuras de oro. Se sujetaba al cuerpo mediante un cinturón.

(2) El pectoral del juicio (28:15-20). Una pieza cuadrada de tela, sujeta al efod sobre el corazón del sacerdote, sobre el cual había doce piedras preciosas montadas sobre oro y arregladas en cuatro hileras. Encima de las piedras estaba grabado el nombre de las doce tribus de Israel.

(3) El Urim y el Tumin (28:30). Es incierta la naturaleza de estas vestimentas. Las palabras hebreas literalmente significan «luces» y «perfección». Podía haber sido dos piedras especialmente costosas. Algunos piensan que eran usadas por los sumos sacerdotes en tiempos de crisis para determinar la voluntad de Dios. (Véanse Nm. 27:21; 1 S. 28:6.)

(4) El manto del efod (28:31-35). Esta era una prenda de vestir, de color azul y sin costura, que llevaban debajo del efod y era un poco más larga que él. A lo largo del dobladillo del bajo del manto había granadas de tela azules, moradas y rojas, y campanillas de oro que sonaban cuando el sacerdote servía en el templo.

(5) La mitra (28:36-38). Este era el turbante de lino fino que llevaba el sacerdote sobre su cabeza. En el frente portaba una lámina de oro con las palabras «Santidad a Jehová» grabadas en ella.

c. Sus deberes. Las varias responsabilidades del sacerdocio caían bajos dos categorías básicas:

(1) Las del servicio en el templo. Estas incluían el quemar el incienso, cuidar de las lámparas, colocar el pan y ofrecer sacrificios (Nm. 3:5-9).

(2) Aquellas de servicio personal. Examinar a las personas impuras, especialmente los leprosos, instruir al pueblo de Israel en la ley de Dios, y cuidar en general del bienestar espiritual del pueblo (Nm. 6:23-27; Dt. 17:8, 9).

d. Sus obligaciones personales.

(1) No debían consumir bebidas alcohólicas (Lv. 10:9).

(2) No deberían raparse la cabeza ni afeitarse la barba, ni hacerse heridas en el cuerpo (Lv. 21:5).

(3) No podían casarse con una prostituta, mujer viuda o divorciada, o con alguien de otra tribu. Su esposa debía ser una virgen de la tribu de Leví (Lv. 21:7, 14).

(4) No podían tener ningún defecto corporal, tales como ser ciegos o paralíticos (Lv. 21:16-21).

4. Las ofrendas del tabernáculo.

a. Había cinco ofrendas principales y cada una de ellas es descrita en capítulo aparte en Levítico 1—5.

(1) Los holocaustos (Lv. 1).
(2) Las ofrendas de harina (2).
(3) Los sacrificios de reconciliación (3).
(4) Los sacrificios por el pecado (4).
(5) Ofrendas expiatorias (5).

b. Estas cinco ofrendas pueden ser clasificas en dos categorías generales:

(1) Las ofrendas cuyo propósito era restaurar la comunión. Estas incluían las ofrendas por el pecado y las expiatorias.

(2) Aquellas otras ofrendas cuyo propósito era mantener la comunión. Estas incluían los holocaustos, las ofrendas de harina y las ofrendas de paz. La ofrenda especial de la vaca de pelo rojizo que se cita en Números 19 está también incluida en esta categoría.

5. Las fiestas sagradas del tabernáculo. Había nueve fiestas especiales y tiempos de descanso en el calendario judío. Las primeras tres recordaban al creyente la obra creadora de Dios y las otras seis su obra redentora.

a. Su obra creadora.

(1) El reposo semanal (*Sabat*) (Ex. 20:8-11; Lv. 23:1-3).

(2) La fiesta del reposo de la tierra en el año séptimo (Ex. 23: 10, 11; Lv. 25:2-7).

(3) La fiesta del año del jubileo o fiesta del perdón (Lv. 25:8-16).

Nota: Estas tres hablan de la creación de Dios, al venir en ciclos continuos de siete, como Dios descansó en el día séptimo.

b. Su obra redentora.

(1) La fiesta de la Pascua (Lv. 23:4-8), habla del *Calvario* (1 Co. 5:7).

(2) La fiesta de los primeros frutos (Lv. 23:9-14), habla de la resurrección (1 Co. 15:23).

(3) La fiesta de Pentecostés (Lv. 23:15-25), habla de la venida del Espíritu Santo (Hechos 2).

(4) La fiesta de las trompetas (Lv. 23:23-25), habla del rapto y de la segunda venida (1 Ts. 4:13-18).

(5) La fiesta del día de la expiación (Lv. 23:26-32). Esta habla de la tribulación (Ap. 6—19). En el hebreo es la llamada *Yom Kippurim* y se celebra el 10 de octubre de cada año. El orden del servicio de esta día tan importante aparece detallado en Levítico 16.

(a) El sumo sacerdote tenía que ofrecer un becerro en sacrificio por sí mismo. Los predicadores también necesitan ser salvos y santificarse.
(b) Tenían que echar suertes sobre dos machos cabríos para determinar cuál sería sacrificado y a cuál dejarían escapar por ser Azael.
(c) Luego el sumo sacerdote rociaba siete veces el propiciatorio con la sangre del becerro y del macho cabrío.
(d) Finalmente pondría sus manos sobre el macho cabrío vivo, confesaría sobre él todos los pecados de Israel, y después señalaría a un hombre para dirigirlo [al macho cabrío] al desierto.

(6) La fiesta de los tabernáculos (Lv. 23:33-44), esta habla del milenio (Ap. 20:1-6).

c. Para representar el programa completo de la salvación.

6. El manual del tabernáculo. En los restantes capítulos del libro de Levítico tenemos una serie de ordenanzas sobre lo que hay que hacer, o no hacer, en relación con la vida religiosa, social y física de cada israelita.
   a. Podían comerse ciertos alimentos, pero otros debían evitarse. La invitación que Dios hizo a Noé para comer de toda clase de animales (Gn. 9:3) es ahora limitada.
   b. Dos capítulos (Lv. 12; 15) son dedicados a instrucciones acerca de la limpieza ceremonial relacionada con el sexo y el dar a luz. Debemos señalar aquí que la Biblia no equipara en absoluto en ninguna parte el pecado con el sexo o el dar a luz. Lo que sin duda alguna Dios estaba intentando hacer mediante estas leyes era enseñar la trágica verdad de que todos los hombres nacen con una naturaleza de pecado (Ro. 5:12).
   c. Lo relacionado con la lepra ocupa dos capítulos (13—14). Esta es la primera mención de la palabra lepra, y, a partir de este momento, la lepra viene a ser un símbolo del pecado. Entre los muchos miles de leprosos que hubo en los tiempos del Antiguo Testamento, sólo dos se registran que fueron sanados por Dios. En Números 12 se nos dice que María, la hermana de Moisés fue sanada; y en 2 Reyes se nos dice que lo fue Naamán.
   d. En Levítico 17 se discute lo concerniente a la sangre, y se expresa allí un gran principio bíblico: «... la misma sangre hará expiación de la persona» (17:11; véase también He. 9:22).
   e. Los capítulos 18—21 tiene que ver con la separación personal. Notemos los siguientes mandamientos como aparecen en la Versión Popular de la Biblia:

   «Ningún hombre debe acercarse a una mujer pariente cercano para tener relaciones sexuales con ella» (18:6).

   «No te echarás con varón como con mujer; es abominación» (18:22).

   «El hombre o la mujer que evocare espíritus de muertos o se entregare a la adivinación, ha de morir; serán apedreados...» (20:27).

   Una lista específica de las regulaciones que hallamos en este manual, incluiría:

(1) Concernientes a la dieta.
   (a) Vida animal (Lv. 11:2, 3).
   (b) Vida marina (11:9).
   (c) Vida de las aves (11:20).
   (d) Vida de los insectos (11:21, 22).
(2) Concernientes a la maternidad (Lv. 12).
(3) Concernientes a la lepra (13—14).
   (a) Reconocimiento del leproso (13:2, 3).
   (b) Normas para el leproso (13:45-56).
   (c) Restauración del leproso (14:2, 3).
(4) Sobre asuntos relacionados con el cuerpo (Lv. 15).
(5) Concerniente a la moralidad entre familiares (18).
   (a) El padre (18:7).
   (b) La madre (18:8).
   (c) La hermana (18:9).
   (d) La nuera (18:10).
   (e) La tía (18:12).
   (f) El tío (18:14).
   (g) La cuñada (18:16).
(6) En relación a la justicia y buena voluntad (Lv. 19).
(7) Sobre la apostasía (20:1-9).
   (a) La adoración de Moloc (20:3).
   (b) Consultar a adivinos (20:6).
   (c) Maldecir a los padres (20:9).
(8) Sobre la perversión (20:10-21).
   (a) Adulterio (20:10).
   (b) Incesto (20:12).
   (c) Sodomía (20:13).
   (d) Poligamia (20:14).
   (e) Exhibición indecente (20:17).
(9) En relación al rescate de familiares (25:47-49).
(10) Concerniente a la desobediencia (Lv. 26).
   (a) Declaración del principio (Lv. 26:1-13).
   (b) El castigo establecido (26:14, 15).
      [1] El primer castigo (26:14, 15).
      [2] El segundo castigo (26:14, 15).
      [3] El tercer castigo (26:21, 22).
      [4] El cuarto castigo (26:23-26).
      [5] El quinto castigo (26:27-31).
   (c) El castigo seguro (26:32-39).
(11) Concerniente a la dedicación (Lv. 27).

7. La dedicación del tabernáculo (Ex. 30:22-33; 40:32-35).
   Esta fue la dedicación del edificio más impor-

tante que jamás se haya construido en la tierra. Hubo, sin embargo, un evento trágico que nubló lo que hasta ese momento era una feliz celebración, y fue la muerte de Nadab y Abiú, los dos sacerdotes hijos de Aarón. Estos dos jóvenes tuvieron la insensatez de ofrecer fuego extraño a Jehová. Además, el relato parece indicar que ambos estaban embriagados en ese momento. (Véase Lv. 10.)

8. El censo del tabernáculo (Nm. 1:1-54).
Hubo dos ocasiones en que Israel fue censado durante su peregrinaje de Egipto a Palestina. La primera vez es aquí, en el Sinaí, el 15 de abril (véase Nm. 1—2), y la segunda tuvo lugar treinta y ocho años después en el desierto de Moab (Nm. 26). El censo de este momento fue para contar a todos los hombres de veinte años para arriba. El total fue de 603.550 hombres.

Es triste saber que de todos estos hombres, 603.550 en número, 603.548 perecerían más tarde en el desierto (véase Nm. 14:29). Josué y Caleb fueron los únicos dos que entrarían años después en Canaán.

Mucho se ha especulado sobre las cifras de este censo. Si las tomamos literalmente nos llevan a pensar en una población total hebrea de más de dos millones de personas. El problema, por consiguiente, se produce en relación con el cuidado y alimentación de esta multitud durante los casi cuarenta años que pasaron en aquel desolado y árido desierto. Se ha estimado, por ejemplo, que se requerirían unos cincuenta vagones de ferrocarril diarios cargados de maná para alimentarlos. Aparte, por supuesto, estarían las necesidades físicas de los miles de animales que iban con ellos. Las necesidades de agua serían inmensas, se calculan en doce millones de galones (unos cuarenta y cinco millones de litros) diarios. Pensemos simplemente en el espacio mínimo necesario para acomodar a todas estas personas cuando acamparan cada noche; ocuparían sin duda unas cien millas cuadradas (unos 259 kilómetros cuadrados).

Algunos han intentado resolver estos problemas reinterpretando algunas palabras de diferente manera. Por ejemplo, han sugerido que la palabra hebrea *elep* que se traduce generalmente por «miles», se podría fácilmente traducir mediante las palabras «familia» o «clan».

Esta manera de entenderlo nos daría unas 603 familias, que calculando contribuirían con un promedio de cinco soldados cada una, nos daría un total de unos 3.015 hombres de guerra. Suponiendo que cada hombre estuviera casado y tuviera dos hijos, llegaríamos a una cifra total de unos quince mil israelitas. Pero este abordamiento crea más problemas de los que resuelve. Gleason Archer escribe:

> «Cierto es que hay un *'elep* que significa familia o clan (Jue. 6:15; 1 S. 10:19, *etcétera*) pero se ve con toda claridad, en los capítulos numéricos (Nm. 1—4; 26), que por *'elep* se da a entender "un mil", porque la unidad inmediatamente inferior a este *'elep* es *mè'òt*, que traduce "cientos" (tal como en Nm. 1:21, 23, 25, etcétera). Lo más que "una familia" podría contribuir a las fuerzas armadas de la nación hubiera sido un promedio de cuatro o cinco hombres, y sería absurdo suponer que se mencionaran "cientos" como la siguiente unidad numérica inferior luego de mencionar contingentes que en promedio eran de cinco hombres cada uno.
>
> Una corroboración adicional la da el total del dinero del rescate—a un promedio de medio siclo por cabeza que se registra en Éxodo 38:25 y que fue de 100 talentos, 1775 siclos. Puesto que 3000 siclos constituían un talento, el resultado final es exactamente 603.550 contribuyentes. Por lo tanto, podemos decir, sin temor a equivocarnos, que según el manejo objetivo de la evidencia textual, no puede sostenerse ninguna otra tesis que no sea que *'elep* significa "mil" en sentido literal.» (Gleason L. Archer, *Reseña crítica de una introducción al Antiguo Testamento,* Editorial Portavoz, pp. 272, 273.)

En este número no estaban incluidos los hombres de Leví, que era la tribu que quedaba excluida del censo. El número total de los que componían el sacerdocio levítico, según Números 4:48, era de 8.580. Si la población estimada de Israel en aquel tiempo (como dos millones) es dividida por el número de sacerdotes (8.580), tenemos que cada sacerdote era responsable por unas doscientas treinta y tres personas. La tribu más numerosa era la de Judá (74.600) y la más pequeña era la de Manasés con 32.200. Los descendientes de los tres hijos de Leví, Gersón, Coat y Merari, fueron puestos al cuidado de todo el tabernáculo. El plan original de Dios era, por supuesto, que los hijos primogénitos de todas las tribus sirvieran como sacerdotes (Ex. 13:1), pero debido al constante pecado de Israel, se limitó a escoger a los levitas (Nm. 3:11-13). El sacerdote tenía que tener treinta años de edad antes de que pudiera entrar completamente al servicio de Dios (Véanse Nm. 4:3; Lc. 3:23.)

9. El arreglo de las tribus alrededor del tabernáculo (Nm. 2:1-34). Debemos notar especialmente los arreglos de ubicación de las distintas tribus. En

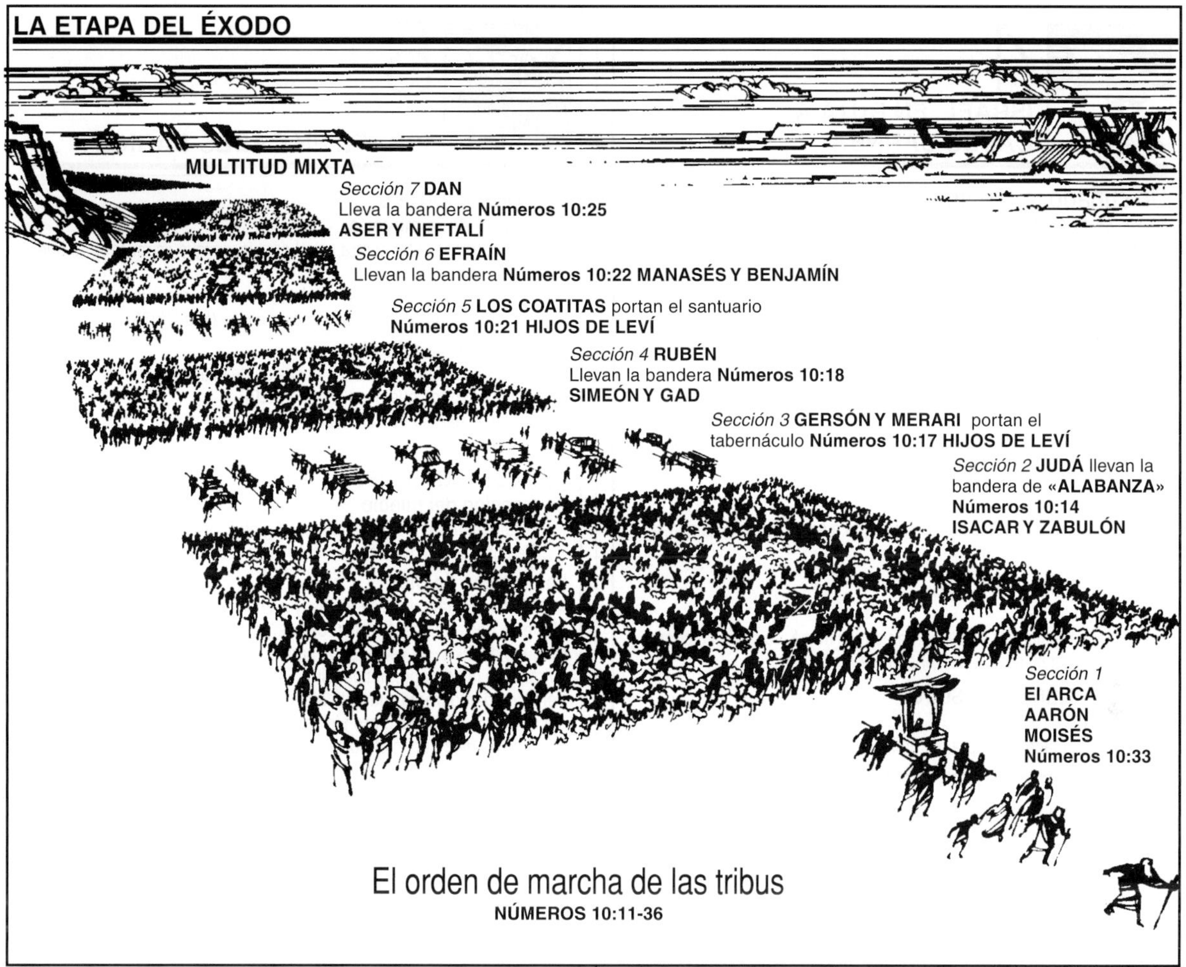

El orden de marcha de las tribus
NÚMEROS 10:11-36

el este estaban Isacar, Judá y Zabulón. En el oeste se hallaba Benjamín, Efraín y Manasés. En el norte estaban Aser, Dan y Neftalí, mientras que el sur estaba ocupado por Gad, Rubén y Simeón. La tradición rabínica sugiere que Judá (el líder de la parte este) llevaba un estandarte verde porque la piedra con su nombre grabado que llevaba el sumo sacerdote en el pectoral era una esmeralda, y su emblema era un león a causa de la profecía de Génesis 49:9.

Rubén, líder del flanco sur, portaba un estandarte rojo para conmemorar su nombre escrito en una piedra de sardio. Su emblema era una cabeza humana. Efraín era la tribu principal del lado oeste, y desplegaba una bandera dorada porque su nombre estaba grabado sobre una piedra dorada; su emblema era un buey, porque se decía que José, su progenitor, fue elevado al poder en Egipto por medio de la visión de una vaca (Gn. 41:1-32). Y, por último, el color de Dan, la tribu principal en el norte, era rojo y blanco, porque su piedra era de jaspe, y su emblema era un águila. No estamos seguros, por supuesto, de cuánto de esto está basado en hechos reales. Es cierto, sin embargo, que combina bien con las visiones de Ezequiel y Juan (véanse Ez. 1 y Ap. 4).

10. El voto de los nazareos en el tabernáculo (Nm. 6:1-21).

Esto tiene relación especialmente con aquellas personas (hombre o mujer) que deseaban consagrarse al Señor en una manera más completa, bien por vida o por un cierto período de tiempo. Las normas eran:

a. No podía probar los frutos de la viña en ninguna de sus formas (uvas, vino, sidra, vinagre, etc.)
b. No podía cortarse el cabello.
c. No podía estar en contacto con ninguna persona muerta.

El más conocido de todos los nazareos del Antiguo Testamento es, por supuesto, Sansón (Jue. 13:7).

11. La gran bendición del tabernáculo (Nm. 6:22-27).

«Jehová habló a Moisés, diciendo: Habla a Aarón y a sus hijos y diles: Así bendeciréis a los hijos de Israel, diciéndoles: Jehová te bendiga, y te guarde; Jehová haga resplandecer su rostro sobre ti, y tenga de ti misericordia; Jehová alce sobre ti su rostro, y ponga en ti paz. Y pondrán mi nombre sobre los hijos de Israel, y yo los bendeciré» (Nm. 6:22-27).

12. Las dos trompetas de plata del tabernáculo (Nm. 10:1-9). Estas dos trompetas tenían que tocarse en cuatro ocasiones específicas.

a. Para reunirse (v. 2). Si sonaban ambas trompetas, todo el pueblo tenía que congregarse a la puerta del tabernáculo (v. 3). Pero si solamente sonaba una trompeta, sólo debían acudir los líderes principales, los jefes de las tribus (v. 4).

4 ISRAEL, EN RUTA A CADES-BARNEA

Un cuñado renuente
Números 10:29-31
Moisés procura obtener, sin conseguirlo, los servicios de su cuñado como guía.

Una nube constante
Números 10:34-36
La dirección fiel de Dios continúa mostrándoles el camino.

Una multitud mixta que murmura
Números 11:1-3
Dios envía una plaga para parar las amargas y blasfemas quejas de Israel.

Un profeta enojado
Números 11:14-25
Dios, a solicitud del propio Moisés, designa a setenta hombres que le ayuden.

Una comida mortífera
Números 11:31-34
El pueblo, para mostrar su desagrado con el maná, se dedica a comer carne de codorniz, pero sufren una plaga mortífera.

Una hermana que sufre
Números 12
María es castigada con lepra por criticar a Moisés y su esposa.

5 ISRAEL EN CADES-BARNEA

Los dos informes
El informe de la mayoría
«... No podremos subir contra aquel pueblo, porque es más fuerte que nosotros» **(Nm. 13:31)**.
«También vimos allí gigantes ... y éramos nosotros, a nuestro parecer, como langostas; y así les parecíamos a ellos» **(Nm. 13:33)**.

El informe de la minoría
«... Subamos luego, y tomemos posesión de ella; porque más podremos nosotros que ellos» **(Nm. 13:30)**.
«Ni temáis al pueblo de esta tierra ... con nosotros está Jehová...» **(Nm. 14:9)**.

Las dos reacciones
La reacción del pueblo
«... ¡Ojalá muriéramos en la tierra de Egipto!...» **(Nm. 14:2)**.
«... Designemos un capitán, y volvámonos a Egipto» **(Nm. 14:4)**.

La reacción de Dios
«... Me han tentado ya diez veces, y no han oído mi voz» **(Nm. 14:22)**.
«En este desierto caerán vuestros cuerpos...» **(Nm. 14:29)**.
Ninguno de ellos, de veinte años para arriba, excepto Josué y Caleb, entraría en la tierra prometida **(Nm. 14:29)**.
Peregrinarían durante cuarenta años en este desierto, un año por cada día que los espías exploraron la tierra **(Nm. 14:34)**.
El grupo de diez que informó negativamente moriría **(Nm. 14:37)**.

b. Para avisar en caso de ataque (v. 5).
c. Cuando Israel mismo tuviera que salir a la guerra (v. 9).
d. En las fiestas establecidas en Israel (v. 10).

IV. Israel, desde el Sinaí a Cades-barnea (Nm. 10:11—12:16).
Esta era una distancia de unas 150 millas (unos 240 km).
A. En ruta hacia Cades (10:11—12:16).
1. Un cuñado renuente. Moisés intenta conseguir los servicios de guía de su cuñado Hobab, pero él rechaza su oferta (10:29-32).
2. La nube constante (10:34-36).
«Y la nube de Jehová iba sobre ellos de día, desde que salieron del campamento. Cuando el arca se movía, Moisés decía: Levántate, oh Jehová, y sean dispersados tus enemigos, y huyan de tu presencia los que te aborrecen. Y cuando ella se detenía, decía: Vuelve, oh Jehová, a los millares de millares de Israel» (Nm. 10:34-36).
La distancia entre el monte Sinaí y Cades es de menos de 200 millas (unos 240 km). Moisés registra en Números 33:16-36 como veinte paradas que hicieron entre estos dos lugares. El área del Sinaí está llena de montes y valles ásperos y arenosos. Pero su jornada diaria nunca fue demasiado larga o dificultosa porque «la nube de Jehová iba sobre ellos».
3. La multitud que murmura (11:4-6).
a. Una vez más el grupo inconverso de egipcios que les acompañaba provocó al pueblo para que se quejara, y esta vez fue a causa de los alimentos.
Notemos sus palabras:
«Nos acordamos del pescado que comíamos en Egipto de balde, de los pepinos, los melones, los puerros, las cebollas y los ajos; y ahora nuestra alma se seca; pues nada sino este maná ven nuestros ojos» (11:5, 6).
b. Dios envía fuego para castigar esta rebelión. El pueblo clama a Moisés, quien de nuevo intercede por ellos y cesa la plaga.
4. Un profeta enojado (11:10-15).
a. Moisés llega a la conclusión de que Dios le ha dado una carga demasiado pesada al pedirle que dirija a Israel y solicita ayuda adicional. La desesperación llega a ser tan profunda que Moisés le pide a Dios que le libere de la carga o le quite la vida (v. 15). Elías también años más tarde le pediría a Dios algo similar en un momento de profundo desaliento (cp. 1 R. 19:4).
Es trágico que Moisés, en su hora de gran necesidad, no reaccionó como lo hiciera el apóstol Pablo cuando enfrentaba también una carga insoportable.
«Y para que la grandeza de las revelaciones no me exaltase desmedidamente, me fue dado un aguijón en mi carne, un mensajero de Satanás que me abofetee, para que no me enaltezca sobremanera; respecto a lo cual tres veces he rogado al Señor, que lo quite de mí. Y me ha dicho: Bástate mi gracia; porque mi poder se perfecciona en la debilidad. Por tanto, de buena gana me gloriaré más bien en mis debilidades, para que repose sobre mí el poder de Cristo» (2 Co. 12:7-9).
b. Dios concedió esta lamentable petición quitando de Moisés algo del poder del Espíritu Santo y distribuyéndolo en partes iguales a los setenta ancianos hebreos escogidos para ayudarle (11:25).

c. Dos de estos hombres, Eldad y Medad, empezaron a profetizar (11:26-29).

5. Las codornices mortíferas (11:31-34).
Para silenciar la constante queja del pueblo, el Señor envió una inmensa bandada de codornices sobre el campamento, volando muy bajo. Cazaron miles de estas aves y las comieron, pero con la carne envió Dios también una plaga (véase Sal. 106:15).

6. La hermana que sufre (Nm. 12:1-15).
   a. Aarón y María criticaron a su hermano menor por dos motivos:
      (1) Por causa de su esposa. Podían estar refiriéndose a Séfora, pero es posible que ella ya hubiera muerto y que una mujer cusita fuera su segunda esposa. No se puede precisar por el texto si la crítica era debido a que fuera gentil o al color de su piel (si es que en realidad ella era de distinto color). En cualquier caso, el matrimonio no estaba en contra de la ley que solamente prohibía casarse con cananeas (Gn. 24:37).
      (2) A causa de su fuerte liderazgo. Cuán frecuentemente ha sido cometido este pecado desde entonces por diáconos y otros líderes en la iglesia local. Aarón y María conocerían muy pronto la verdad del Salmo 105:15: «No toquéis, dijo, a mis ungidos. Ni hagáis mal a mis profetas.»
   b. Dios los reprendió por sus críticas, diciéndoles que Moisés era un siervo muy especial para él.
   c. María, la originadora del problema, enferma repentinamente de lepra. Aarón ruega sea perdonada y pide a Moisés que interceda con Dios para que María sea restaurada.
   d. Moisés lo hace y después de un período de siete días es sanada y restaurada a la comunión del pueblo.

V. Israel en Cades-barnea (Nm. 13—14).

A. La exploración.
Dios instruyó a Moisés para que enviara a un líder de cada una de las doce tribus para que exploraran la tierra de Canaán. Entre ellos estaban Josué, de la tribu de Efraín, y Caleb, de Judá.

Al leer Números 13 sacamos la impresión de que esta decisión de enviar espías primero era una indicación de la perfecta voluntad de Dios, pero Moisés añade más información en Deuteronomio 1:19-24 que nos ayuda a ver todo el trasfondo. «Y vinisteis a mí todos vosotros, y dijisteis: Enviemos varones delante de nosotros que nos reconozcan la tierra, y a su regreso nos traigan razón del camino por donde hemos de subir, y de las ciudades adonde hemos de llegar» (Dt. 1:22).

Esto parece indicar que el origen de la idea espiar la tierra primero procedió del hombre y no de Dios.

B. La lamentación.
Después de explorar durante cuarenta días la tierra, los doce regresaron con la siguiente información:

1. El informe de la mayoría, compuesto de los líderes de diez de las tribus: «No podremos poseer la tierra» (13:32, 33).
2. El informe de la minoría, representada por Josué y Caleb: «... subamos luego y tomemos posesión de ella...» (Nm. 13:30).
3. El voto del pueblo: «¡No subiremos!» (14:1-3). Este triste episodio fue la décima ocasión en que Israel se rebeló contra Dios. Él, con grandes demostraciones de amor y de poder, los había liberado de la esclavitud, para después encontrarse diez veces con la rebelión del pueblo contra él (14:22).
Estas diez ocasiones son:
   a. En el mar Rojo (Ex. 14:11, 12).
   b. En Mara (Ex. 15:24).
   c. En el desierto de Sin (Ex. 16:2, 3).
   d. En Refidim (Ex. 17:1-3).
   e. En el Sinaí (Ex. 32:1-6).
   f. En el camino a Cades (tres ocasiones, Nm. 11:1-3, 4-9, 31-34).
   g. En Cades (dos veces, Nm. 14:1-4, 10).

C. La condenación.
Dios determinó que ninguno de veinte años para arriba entraría en la tierra prometida. «Conforme al número de los días, de los cuarenta días en que reconocisteis la tierra, llevaréis vuestras iniquidades cuarenta años, un año por cada día; y conoceréis mi castigo» (Nm. 14:34).

Durante las siguientes cuatro décadas, Israel se consumiría en el desierto, hasta que la última persona de veinte años para arriba fuera enterrada. El doctor Leon Wood hace la siguiente observación:

> «Suponiendo que fueran 1.200.000 personas las que tuvieran que morir (600.000 hombres y otras tantas mujeres) en 14.508 días (treinta y ocho años y medio), nos da una cantidad de ochenta y cinco por día. Suponiendo doce horas diarias dedicadas a los funerales, nos da un promedio de siete funerales por hora durante treinta y ocho años y medio. Fue aquello un recordatorio constante del castigo divino.» (*A Survey of Israel History*, p. 159.)

De manera que este triste período de Cades termina de esta manera:

> «Y los varones que Moisés envió a reconocer la tierra, y que al volver habían hecho murmurar contra él a toda la congregación, desacreditando aquel país, aquellos varones que habían hablado mal de la tierra, murieron de plaga delante de Jehová. Pero Josué hijo de Nun y Caleb hijo de Jefone quedaron con vida, de entre aquellos hombres que habían ido a reconocer la tierra» (Nm. 14:36-38).

VI. Israel, desde Cades-barnea hasta la orilla este del río Jordán (Nm. 15—36).
Durante este período de vagar sin sentido por el desierto sucedieron los siguientes eventos:

A. Un ataque inútil queda frenado (Nm. 14:40-45).
Los volubles y necios israelitas cambiaron repentinamente de idea e intentaron abrirse camino en la tierra, pero fueron rápidamente derrotados por los cananeos.

B. Lapidación por violación del día de reposo (15:32-36).

C. Unos alborotadores tragados por la tierra (16:1-32).

1. Un hombre muy influyente llamado Coré, descendiente de Leví, se levantó contra Moisés apoyado por 250 hombres.
2. La conspiración llevó a una confrontación al día siguiente en la que Dios intervino hacien-

do que se abriera la tierra y se tragara a Coré y sus seguidores. A pesar de esta terrible lección, Israel continuó murmurando y acusando realmente a Moisés de matar al pueblo de Dios (16:41). Antes que todo este trágico incidente se terminara, el juicio de Dios cayó mediante una plaga y perecieron otras 14.700 personas más del pueblo. Judas, el escritor del Nuevo Testamento, menciona (1:11) este suceso en su epístola como un fuerte aviso contra la apostasía.

D. La vara de Aarón que retoña (17:1-13).
Para reforzar la autoridad de que había investido a Moisés y a Aarón, el Señor ordenó a los líderes de cada tribu colocar una vara en el tabernáculo con su nombre personal grabado en ella. A Aarón también le ordenó hacer lo mismo. A la mañana siguiente se descubrió que el bastón de Aarón había reverdecido y echado flores, arrojado renuevos y producido almendras.

E. El sacrificio de una vaca alazana (Nm. 19:1-22).
1. El ritual de la vaca alazana (19:1-10). Las leyes ya dadas establecían que cuando una persona viva entrara en contacto con un cadáver tenía que ser considerada inmunda (descalificada para la vida y el servicio religioso) durante un período de siete días. Pero ahora se había producido probablemente una crisis. Debido a la reciente plaga (Nm. 16:49), habían aparecido no menos de 14.700 cadáveres. Este solo suceso había producido, sin duda, la contaminación de miles de personas. ¿Cómo se arreglaba esta situación ahora? El rito de la vaca alazana fue la respuesta de Dios a este problema.
2. Las reglas de la purificación (19:11-32) eran: «El que tocare cadáver de cualquier persona será inmundo siete días» (v. 11). El proceso de purificación de un israelita tenía cuatro aspectos.
   a. Eleazar tenía que sacrificar una vaca alazana sin defecto alguno fuera del campamento (19:2, 3).
   b. Había que rociar con su sangre hacia el tabernáculo siete veces (19:4).
   c. La vaca alazana tenía que ser después quemada con madera de cedro, hisopo y un tipo de tela roja (19:5, 6).
   d. Y por último, tenían que añadir agua a las cenizas de la vaca y después rociarlas sobre el israelita inmundo (19:17-19).

F. Un hombre enojado atrapado (20:1-13).
1. María murió y fue enterrada cerca de Cades (20:1).
2. Después de arduo trabajo durante muchos años, el diablo por fin logró atrapar a Moisés, el hombre más manso de toda la tierra (Nm. 12:3), en la trampa del enojo y del orgullo. Aquellos volubles e impíos israelitas estaban, como de costumbre, quejándose acerca de la falta de agua (parece como si celebraran una reunión de protesta contra Dios al menos una vez al día). El Señor instruyó allí mismo a Moisés para que le hablara a cierta roca y le ordenara que diera agua.
3. Pero el paciente Moisés perdió repentinamente su calma, y en un acto, debido en parte a incredulidad y en parte a enojo, gritó al pueblo y desobedeció al Señor, golpeando la roca dos veces en vez de hablarle una vez como Dios le había mandado (20:8).
4. El Señor les dio agua a pesar de la desobediencia de Moisés, pero le anunció que su pecado le privaría de entrar en la tierra prometida (20:12).
5. Moisés evidentemente le habló tiempo después al Señor acerca de ir a Palestina, hasta que Dios le dijo que no volviera a mencionar el asunto nunca más (Dt. 3:26, 27).

G. Una simple solicitud es rechazada (20:14-22).
Los edomitas, descendientes de Esaú, no permitieron que Israel pasara por su territorio; esto obligó al pueblo de Dios a dar un rodeo de unas 180 millas (288 km) por un desierto ardiente y hostil.

H. Un sumo sacerdote al que le quitan su vestimenta (20:23-29).
1. Dios ordenó a Moisés que le quitara a Aarón sus ropas sacerdotales para dárselas a su hijo Eleazar.
2. Aarón murió a la edad de 123 años y fue sepultado en el monte Hor.
3. C.I. Scofield observa que la muerte de Aarón marca el fin del vagar sin rumbo de Israel. A partir de este momento la nación marcha o se detiene, pero no anda vagando (*New Scofield Bible*, p. 195). Debemos notar aquí que la experiencia del desierto era parte de la perfecta voluntad de Dios para Israel, pero no el vagar errante (Ex. 13:17, 18).

I. Un problema de serpientes es resuelto (21:5-9).
1. Dios envió serpientes venenosas para castigar la rebeldía de Israel.
2. El pueblo se arrepintió y fue provisto de un remedio.
3. Una serpiente de bronce fue colocada en lo alto de un asta para que todos pudieran verla.
4. Cualquiera que hubiera sido mordido podía mirar a la serpiente de bronce y ser sanado. Jesús usó este suceso como una ilustración para ganar a Nicodemo. (véase Jn. 3:14, 15). Años después, en el 700 a.C., el rey Ezequías destruyó esta serpiente porque el pueblo la adoraba (2 R. 18:4).

J. Derrota de los amorreos (21:21-24).
Al igual que los edomitas, los amorreos rehusaron dejar pasar a Israel por su territorio, pero en esta ocasión los israelitas se defendieron y los derrotaron.

K. Un profeta pervertido (Nm. 22—24).
1. Balac, el atemorizado rey de Moab, ofreció a Balaam, un adivino pagano de Mesopotamia, riquezas tentadoras si maldecía a Israel para así frenar su avance y salvar a Moab (22:1-8).
2. Dios advierte a Balaam para que no acepte este soborno (22:9-12).
3. Le hacen la oferta más tentadora y Balaam accede a ir con los hombres de Balac (22:15-21).
4. En el camino a Moab, Balaam es reprendido por el asna que montaba, y escapó por poco de la muerte a manos del Ángel de Jehová (Nm. 22:22-35).
5. Cuando Balaam llega a Moab y divisa al ejército de Israel en un valle cercano, intenta maldecirle en cuatro ocasiones; pero, para asombro suyo y enojo de Balac, todas las veces salen de su boca palabras de bendición. Estas cuatro bendiciones aparecen en Números 23:8-10; 23:22-24; 24:5-9; 24:7.

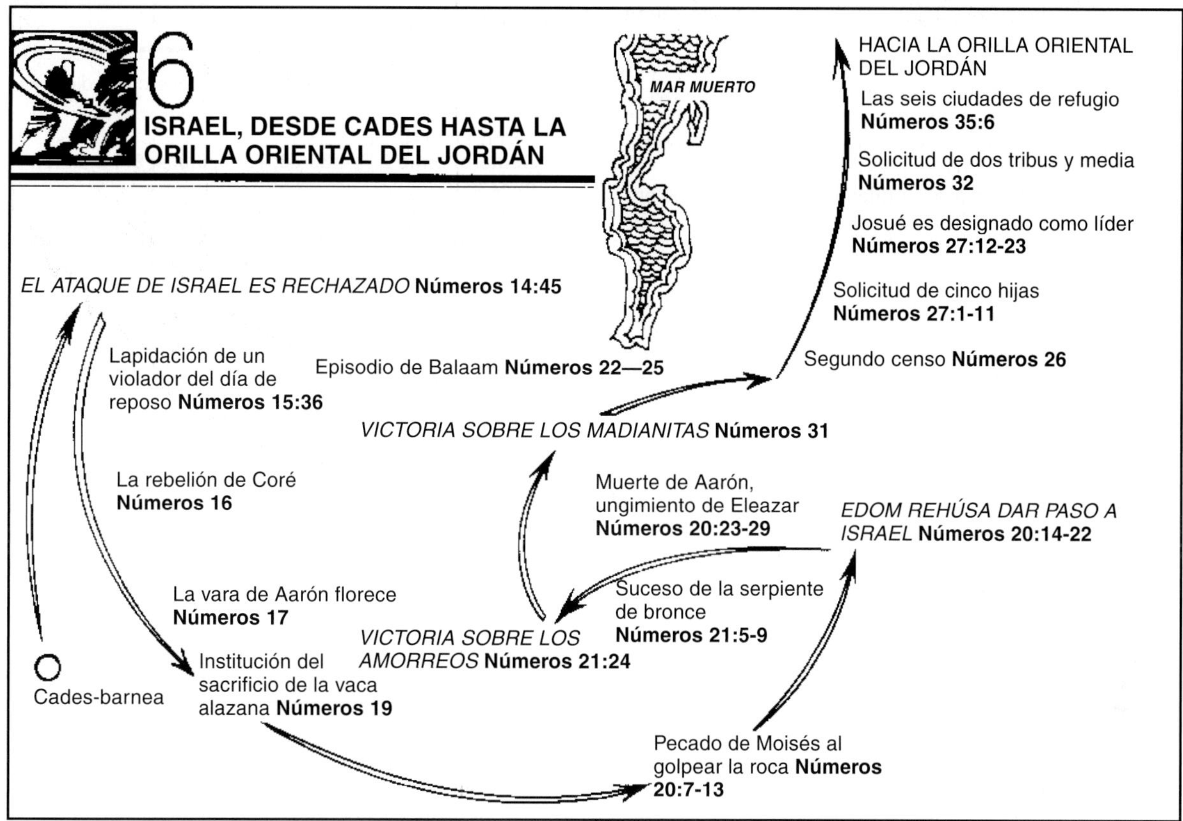

Debe especialmente notarse el lenguaje que aparece en algunas de las profecías de Balaam:

«¿Por qué maldeciré yo al que Dios no maldijo? ¿Y por qué he de execrar al que Jehová no ha execrado? Porque de la cumbre de las peñas lo veré, y desde los collados lo miraré; he aquí un pueblo que habitará confiado, y no será contado entre las naciones. ¿Quién contará el polvo de Jacob, o el número de la cuarta parte de Israel? Muera yo la muerte de los rectos, y mi postrimería sea como la suya» (Nm. 23:8-10).

«Lo veré, mas no ahora; lo miraré, mas no de cerca; saldrá Estrella de Jacob, y se levantará cetro de Israel, y herirá las sienes de Moab, y destruirá a todos los hijos de Set. Será tomada Edom, será también tomada Seir por sus enemigos, e Israel se portará varonilmente. De Jacob saldrá el dominador, y destruirá lo que quedare de la ciudad» (Nm. 24:17-19).

De los cientos de personajes que aparecen en el Antiguo Testamento, Balaam es, sin duda, el más misterioso de todos, y en algunos sentidos el más trágico. Es mencionado, al menos, por tres escritores del Nuevo Testamento, y cada uno de ellos lo hace escribiendo en particular sobre un rasgo de su carácter.

Su camino: «... el *camino* de Balaam ... el cual amó el premio de la maldad...» (2 P. 2:15).

Su error: «... en el *error* de Balaam...» (Jud. v. 11). Su error fue su conclusión de que Dios terminaría maldiciendo a Israel a causa de sus muchos pecados. M.F. Unger escribe:

> «Era ignorante de la elección de Dios de Israel como nación y de la inmutabilidad de la decisión de Dios (Ro. 11:29) y de la preservación de la nación. No vio cómo Dios podía ser al mismo tiempo justo y el justificador por medio de la cruz del pecador que cree, a lo que apuntaba todos los rituales que se celebraban en el tabernáculo de Israel.» (*Unger's Bible Dictionary*, pp. 133, 134.)

Su doctrina: «... los que retienen la *doctrina* de Balaam ... a poner tropiezo ante los hijos de Israel, a comer de cosas sacrificadas a los ídolos, y a cometer fornicación» (Ap. 2:14). Aunque este profeta impío falló en sus intentos de maldecir a Israel, tuvo mucho éxito con su astuta y depravada sugerencia de que el pueblo de Dios se mezclara con los moabitas. Antes de que todo terminara, este predicador pervertido causaría la muerte de 24.000 israelitas (Nm. 25:9), como resultado del castigo de Dios. Balaam fue más tarde asesinado por los soldados israelitas cuando invadieron la tierra (Nm. 31:8). Aunque Balaam no pudo lograr que Dios se apartara de Israel, sí consiguió que Israel se olvidara de Dios por un tiempo. El héroe de esta tragedia fue Finees, el nieto de Aarón. Algunos con mucha imaginación han querido crear gran controversia con la discrepancia entre la cifra que da Moisés aquí (24.000) y el número que da Pablo más tarde en el Nuevo Testamento (23.000) (1 Co. 10:8). Pero la solución parece ser bien simple: Moisés nos da la cifra completa, mientras que Pablo nos da el número de los que murieron el primer día.

L. Un sacerdote patriota (Nm. 25).

1. A pesar de su fracaso en maldecir a Israel, Balaam casi logró destruir aquella nación mediante el arreglo astuto de que las mujeres moabitas sedujeran a los hombres israelitas (Nm. 25:1; 31:16).

2. Finees, el piadoso sacerdote, nieto de Aarón, frenó la ira del Dios Todopoderoso mediante su drástica acción de ejecutar a una pareja especialmente desvergonzada, compuesta por un príncipe de la tribu de Simeón y una amante prostituta de Madián. A pesar de esto murieron 24.000 (25:7-18).

A causa de su fidelidad y valor, Dios le prometió a Finees un pacto de paz (v. 12), y que de su familia saldría el sumo sacerdote de Israel, y dos hijos sacerdotes (aunque dos ya habían muerto a causa de un castigo divino por sus pecados). Estos fueron Eleazar e Itamar. Finees era hijo de Eleazar. Por alguna razón ignorada el derecho del sumo sacerdocio pasó después de Eleazar a Itamar en la persona de Elí (1 S. 1), que era descendiente de Itamar. Sin embargo, en los días de David volvió a la línea prometida aquí mediante Sadoc, que era un descendiente de Eleazar. (Véase 1 R. 1:8.)

M. El segundo censo (Nm. 26).

1. Se nos da aquí el total del segundo censo, esto es 601.730 (v. 51). Este censo, tomado treinta años después del primero (1:46), da 1.820 menos.
2. Ninguno de los que habían participado en la rebelión de Cades, todos los individuos de veinte años para arriba, estaba vivo, excepto Moisés, Caleb y Josué (26:64, 65).
3. La mayor merma del censo aparece en la tribu de Simeón (37.100) y el mayor aumento en la tribu de Manasés (20.500).

N. Cinco hijas decididas (27:1-11).

Zelofehad, un hombre de la tribu de Manasés, había muerto, dejando cinco hijas pero no hijos varones. Estas hijas apelan a Moisés y reciben el derecho de heredar la tierra que le correspondería a su padre cuando luego Palestina fuera dividida.

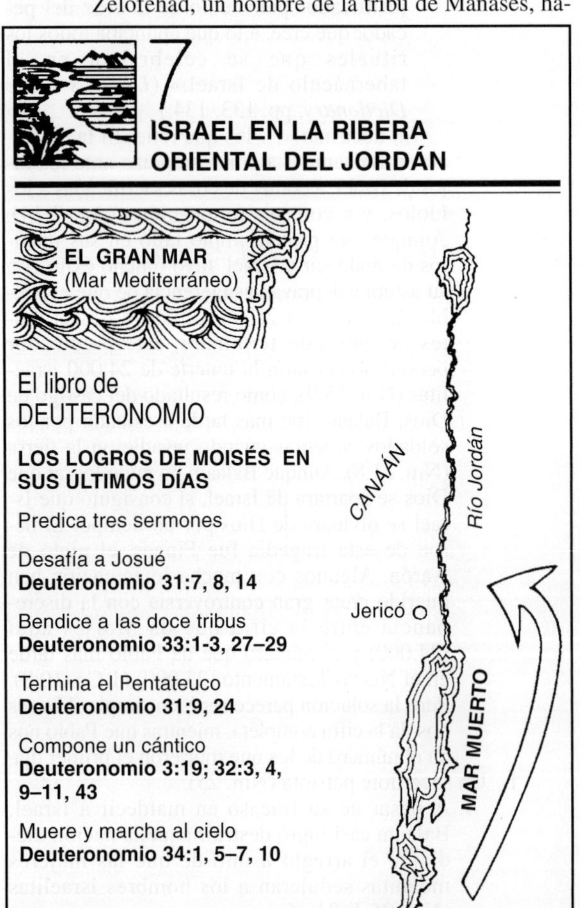

MOISÉS EL TEÓLOGO

Durante sus tres sermones, Moisés habla acerca de diez grandes temas teológicos:

1. LA **FIDELIDAD** DE DIOS
Deuteronomio 2:7; 4:33-38; 7:6-8; 8:3, 4; 9:4-6; 29:5, 6; 32:9-14
2. LA **PALABRA** DE DIOS
Deuteronomio 4:1, 2, 7, 9; 11:18-21; 30:11-14
3. LA **PERSONA** DE DIOS
Deuteronomio 6:4,5; 7:9; 32:39
4. EL **AMOR** DE DIOS
Deuteronomio 7:13
5. LA **GLORIA** DE DIOS
Deuteronomio 4:39; 10:17, 18
6. LA **GRACIA** DE DIOS
Deuteronomio 7:6-9; 9:4-6
7. LA VENIDA DEL **GRAN PROFETA** DE DIOS
Deuteronomio 18:15-19
8. LA **VOLUNTAD** DE DIOS
Deuteronomio 10:12-16
9. LOS **REYES** DE DIOS
Deuteronomio 17:14-20
10. EL **ISRAEL** DE DIOS
Deuteronomio 4:25-31; 11:16, 17

Ñ. Un cambio en caudillos (27:12-23).

1. Dios instruye a Moisés para que en ceremonia pública imponga sus manos sobre Josué delante de Eleazar, el sumo sacerdote, y del pueblo, transfiriendo así su autoridad sobre él.
2. Así queda instalado Josué como el nuevo líder. Moisés mismo pronuncia el discurso de ordenación.

O. La humillación de Madián (Nm. 31).

1. La orden final que Dios da por medio de Moisés es la de juzgar y derrotar a Madián por su pecado de no permitir a Israel pasar por su tierra (25:6-18; 31:1, 2).
2. Moisés lo lleva a cabo escogiendo mil soldados de cada una de las doce tribus de Israel (31:3-7).

Los madianitas eran descendientes de Abraham a través de su esposa Cetura (Gn. 25:2). Hacía ahora cuarenta años que Moisés (un descendiente de Abraham por medio de Sara) se había casado con Séfora, una mujer madianita. Pero en estos años, esta tribu se había degenerado al punto de que ya no eran diferentes de otros muchos pueblos del desierto.

Podemos observar un gran contraste en este punto, cuando comparamos el relato que aparece aquí con el que describe la gran tribulación. En el primero (Nm. 31), Dios envía 12.000 soldados israelitas para destruir a sus enemigos, pero en el segundo (Ap. 7) él enviará 144.000 predicadores israelitas para convertir a sus enemigos.

P. Algunos soldados mundanos (Nm. 32).

1. Los descendientes de Rubén, Gad y media tribu de Manasés fueron a Moisés y le pidieron permiso para quedarse en Galaad, una zona al este de Palestina, al otro lado del río Jordán.

LA ETAPA DEL ÉXODO

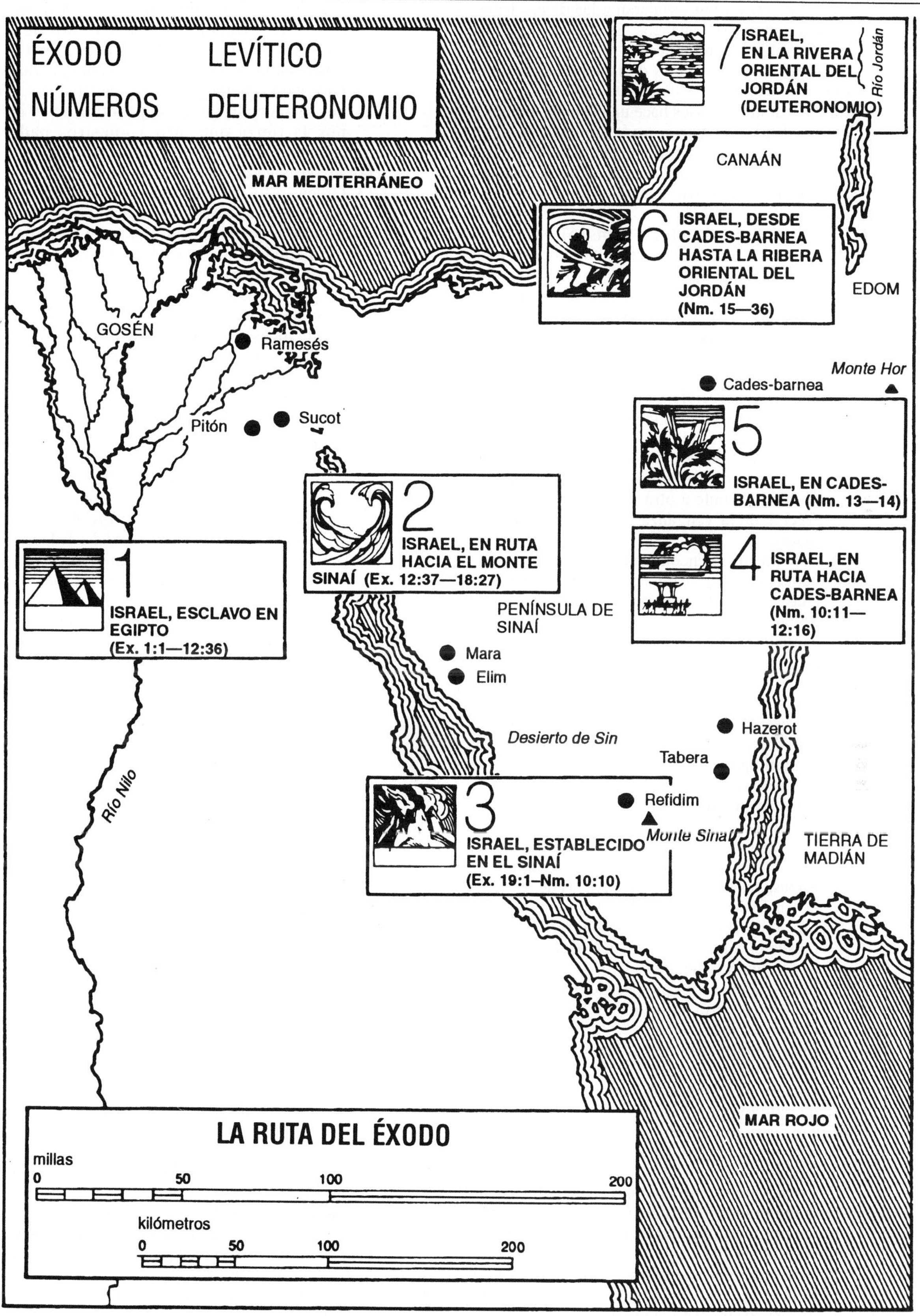

2. Moisés concedió con tristeza el permiso solicitado a condición de que los hombres de guerra de esas tribus ayudaran a las demás tribus a derrotar a los cananeos. Estuvieron de acuerdo con las condiciones.

Q. Un resumen de las etapas de Israel en el desierto (33)

En este capítulo Moisés hace una lista de todos los lugares donde acamparon desde Ramesés, en Egipto, hasta las llanuras de Moab. No hicieron menos de cuarenta y dos paradas, eso significa que se trasladaban a un nuevo lugar cada once meses durante cuarenta años.

R. Las seis ciudades de refugio (Nm. 35).

1. Estas ciudades fueron, en la parte oriental del Jordán: Beser, Ramot y Golán; y en la parte occidental (en la misma Palestina): Cedes, Siquem y Quiriat-arba (Hebrón) (Nm. 35:10-14; Dt. 4:43; Jos. 20:7-9).
2. Estas seis eran parte de las cuarenta y ocho ciudades que les fueron dadas a los levitas porque ellos no recibieron una parte en el reparto de la tierra como las demás tribus cuando fue dividida por Josué.
3. Estas seis fueron establecidas como lugares de refugio para todos aquellos que mataran accidentalmente a otra persona, a fin de protegerse de la venganza de los familiares del muerto.
4. El homicida se encontraba a salvo en estas ciudades de refugio mientras permaneciera en ellas, hasta el fallecimiento del sumo sacerdote, pudiendo entonces regresar a su casa con confianza (35:25-28).

VII. Israel en el lado oriental del río Jordán (Deuteronomio).

En la ribera del Jordán Moisés dirigió tres discursos a Israel, presentó un desafío a Josué, pronunció una bendición sobre cada una de las tribus, compuso un cántico y partió para el cielo.

A. Sus tres sermones.

Primer sermón (Dt. 1—4).

1. Habla acerca de la grandeza del Dios que habían conocido en el monte Sinaí (4:10-19, 32, 33).
2. Repasa las trágicas consecuencias de su pecado en Cades-barnea (1:27). Un viaje que debió haberles tomado solamente once días (desde el Sinaí a Canaán) les ocupó en realidad treinta y ocho años (1:2).
3. Les recuerda su propio pecado que le privó de entrar en la tierra prometida (3:23-27; 4:21, 22). (Véase también 31:1.)
4. Insta a Israel para que animen a Josué (1:38; 3:28). (Véase también 31:7, 8, 23.)
5. Establece en la parte oriental las tres ciudades de refugio (4:41-43).

Segundo sermón (5—26).

6. Son repetidos los Diez Mandamientos (5:7-21).
7. Les advierte sobre las consecuencias de las de la inmoralidad (23:17), hacer pactos (7:1-5) y las prácticas paganas de adivinación y hechicería (18:9-14).
8. Moisés hace una descripción de Canaán (8:7, 8).
9. Repasa su experiencia personal con Dios cuando estuvo con él en el monte Sinaí (9:9-21).
10. Les recuerda sus obligaciones financieras para con Dios (26).
11. Les da leyes en relación con la vestimenta (22:5), el divorcio (24:1-4), derechos de las mujeres (21:10-17; 22:13-20), y la guerra (20).
12. Les resume el propósito y el plan general de Dios para aquella generación de israelitas: «Y nos sacó de allá [Egipto], para traernos y darnos la tierra que juró a nuestros padres [Canaán] ...» (6:23).

Tercer sermón (27—30).

13. Ordena a los levitas que lean desde dos montes las bendiciones y los juicios (las maldiciones) de la ley cuando Israel entre en la tierra prometida. Tenían que leer las bendiciones desde el monte Gerizim y las maldiciones desde el monte Ebal (11:26-29; 27:1-14). Las bendiciones específicas se citan en 28:1-14, y las maldiciones en 27:15-26; 28:15-68.
14. Deuteronomio 28—30 registra en siete partes los elementos del pacto palestino.
    a. Israel sería dispersado por desobediencia (28:36; 49—53, 63—68; 30:1). Esto abarca los cautiverios en Asiria y Babilonia y la dominación romana, además de las aflicciones sufridas por Israel en los pasados veinte siglos. Parece como si Moisés hubiera tenido en mente los ejércitos de Hitler cuando escribió 28:64-67. Durante este tiempo Israel sería motivo de refrán (28:37), y sería la cola y no la cabeza (cp. 28:13 con 28:44).
    b. Israel se arrepentiría mientras estuviera en la dispersión (30:2).
    c. El retorno de Cristo tendrá lugar (30:3).
    d. Israel será restaurado a su tierra (30:5).
    e. La nación recibirá un nuevo corazón (30:6).
    f. Los opresores de Israel serán juzgados (30:7).
    g. La nación experimentará prosperidad (30:9).
15. Moisés da a elegir a su generación entre la bendición y el juicio de Dios (30:15-20). Durante sus tres sermones habla acerca de los siguientes grandes temas teológicos:
    a. La fidelidad de Dios (2:7; 4:33-38; 7:6-8; 8:3, 4; 9:4-6; 29:5, 6; 32:9-14).
    b. La Palabra de Dios (4:1, 2, 7, 9; 11:18-21; 30:11-14).
    c. La persona de Dios (6:4, 5; 7:9; 32:39).
    d. El amor de Dios (7:13).
    e. La gloria de Dios (4:39; 10:17, 18).
    f. La gracia de Dios (7:6-9; 9:4-6).
    g. La venida del gran Profeta de Dios (18:15-20).
    h. La voluntad de Dios (10:12-16).
    i. Los reyes de Dios (17:14-20).
    j. El Israel de Dios (4:25-31; 11:16, 17).

B. Presenta un desafío ante Josué (31). Véanse especialmente 31:7, 8, 14, 23.

C. Su cántico. Véanse 31:19-22, 30; 32:1-47.

En este tiempo es cuando Moisés también completa el Pentateuco (los cinco primeros libros de la Biblia). (Véanse 31:9, 24.)

D. Sus bendiciones individuales sobre las tribus (33)

E. Su partida al cielo (31:2, 14—18; 32:48-52; 43:1-12).

LA ETAPA DE LA CONQUISTA

INTRODUCCIÓN A LA ETAPA DE LA CONQUISTA (Josué)

1. Los tres personajes más importantes de este etapa son Josué, Caleb y Rahab.
2. Abarca un período de unos veinticinco años.
3. El libro describe la invasión, la conquista, y el establecimiento de Israel como nación en Palestina.
4. El libro de Josué es el complemento de Éxodo. Éxodo cuenta cómo Dios *sacó* a su pueblo de la tierra de *esclavitud*, mientras que Josué nos dice cómo Dios los *llevó* a la tierra de *bendición*. Moisés resume ambos libros en Deuteronomio 6:23: «Y nos sacó de allá, para traernos y darnos la tierra que juró a nuestros padres.»
5. En Éxodo Dios aparece separando las aguas del mar Rojo para sacar a su pueblo de Egipto. Aparece ahora en Josué deteniendo las aguas del río Jordán para introducir a su pueblo en Canaán. Dios llevó a cabo todo lo que era necesario para asegurar tanto la salida como la entrada de su pueblo (Ex. 14:21, 22; Jos. 3:13-17).
6. El libro de Josué ha sido llamado la carta a los Efesios del Antiguo Testamento.
7. En esta etapa vemos la salvación de Rahab, una prostituta de la ciudad de Jericó, y la condenación de Acán, un hebreo de la tribu de Judá (Jos. 6:25; 7:24-26).
8. Contemplamos también a un príncipe celestial y a unos mendigos de Gabaón (Jos. 5:13-15; 9:3-15).
9. Josué registra los milagros de la caída de los muros de Jericó y la detención del sol (Jos. 6:20; 10:12-14).

LA ETAPA DE LA CONQUISTA

I. La invasión de Canaán: Israel reclama sus posesiones (caps. 1—5).
   A. La preparación (1:1-9).
      1. Dios habla a Josué.
         a. El tenía que dirigir a Israel a cruzar el Jordán y entrar en Palestina.
         b. Tenía que tener valor y firmeza.
         c. Tenía que meditar en la ley de Dios y cumplirla.
         d. Podía estar completamente seguro de que «... Jehová tu Dios estará contigo en dondequiera que vayas» (1:9).
      2. Josué habla a Israel.
         «... preparaos comida, porque dentro de tres días pasareis el Jordán...» (1:11).
   B. La exploración (2:1).
      1. Dos hombres son enviados para espiar en Jericó.
      2. El rey de Jericó se entera de ello y envía soldados en su búsqueda.
      3. Los espías son ocultados por una mujer llamada Rahab, una ex prostituta recién convertida. Rahab no solamente había oído acerca de los hechos poderosos de Dios (2:9-11), sino que aparentemente también había creído en él. Ella debió de haber dado alguna clase de testimonio porque los espías fueron primero a su casa, y más tarde el rey sospechó que podían estar escondidos allí. Esta prostituta convertida es mencionada en tres pasajes del Nuevo Testamento (Mt. 1:5; He. 11:31; Stg. 2:25). Rahab llegó a casarse con un hebreo llamado Salmón, quien pudo haber sido uno de los espías. En cualquier caso, esta mujer, que había sido pagana, llegó a ser la tatarabuela del rey David. Este es quizá una de las más bellas ilustraciones de la gracia de Dios en la Biblia.
   C. El cruce del Jordán (3:13).
      1. Los sacerdotes tenían que ser los primeros en cruzar el río llevando el arca del pacto de Jehová.
      2. La congregación tenía que seguirles como a media milla (un kilómetro) de distancia.
      3. En cuanto que los sacerdotes metieron sus pies en el río, el agua paró inmediatamente de fluir, lo que permitió a Israel cruzarlo en seco.
   D. Las piedras conmemorativas (4:1, 8, 9, 21).
      1. Nada más cruzar el Jordán, Israel tenía que levantar dos monumentos formados por doce piedras cada uno. Uno de ellos tenía que levantarse en medio del río y el otro en la ribera occidental.
      2. El monumento del lado occidental del Jordán quedaba allí como un testimonio silencioso de la fidelidad de Dios para las futuras generaciones.
   E. La purificación del pueblo (5:3).
      Poco después de cruzar al otro lado del río, Dios ordenó que fueran circuncidados todos los hombres de Israel. Así lo hicieron, y el lugar fue llamado Gilgal, que significa «rodar».
   F. La celebración de la pascua (5:10).
      «Y los hijos de Israel acamparon en Gilgal, y celebraron la pascua a los catorce días del mes, por la tarde, en los llanos de Jericó.»
   G. Nueva dieta alimentaria (5:11, 12).
      «Al otro día de la pascua comieron del fruto de la tierra, los panes sin levadura, y en el mismo día espigas nuevas tostadas. Y el maná cesó el día siguiente, desde que comenzaron a comer del fruto de la tierra; y los hijos de Israel nunca más tuvieron maná, sino que comieron de los frutos de la tierra de Canaán aquel año.»
   H. El príncipe celestial (5:13-15).
      1. Josué recibe a un visitante celestial, aparentemente Jesús mismo, en vísperas de la batalla de Jericó.
      2. Le reconfirma a Josué la victoria y le pide (como una vez sucedió con Moisés, Ex. 3:5) que se descalce.

II. La dominación de la tierra: Israel conquista sus posesiones (caps. 6—12).
   A. La campaña del centro de Canaán (Jos. 6—8).
      1. Jericó: Israel grita y la muralla se derrumba (6:20).
         a. Este es el primer caso registrado en la historia de guerra psicológica. El doctor John

LA ETAPA DE LA CONQUISTA

El libro de
JOSUÉ

LA INVASIÓN DE CANAÁN

Israel RECLAMA sus posesiones

Josué 1—5

La **PREPARACIÓN 1:1-9**
Dios habla a Josué: «Estaré contigo.»
Josué habla a Israel: «Preparaos, porque dentro de tres días pasaréis el Jordán.»

La **EXPLORACIÓN 2:1-24**
Son enviados dos hombres para espiar en Jericó. Cuando son descubiertos, Rahab, una ramera recién convertida, los oculta.

El **CRUCE DEL JORDÁN 3:1-17**
El mensaje de parte de Dios: cruzarlo como si fuera tierra firme.
El milagro de Dios: cesan de fluir las aguas del Jordán.

Las **PIEDRAS CONMEMORATIVAS 4:1-24**
Israel tiene que levantar un monumento formado por doce grandes piedras para testimonio del cruce sobrenatural del Jordán.

La **PURIFICACIÓN 5:2-9**
Nada más llegar a la orilla occidental, los hombres de Israel son circuncidados.

La **PASCUA 5:10**
La Pascua es celebrada en los llanos de Jericó.

La **NUEVA DIETA ALIMENTARIA 5:11, 12**
Cesa el maná y empiezan a comer de los frutos de la tierra prometida.

El **PRÍNCIPE CELESTIAL 5:13-15**
Josué es visitado y reafirmado por Jesucristo mismo.

Davis escribe lo siguiente acerca de esta marcha.

«Una sola vuelta alrededor de un área de un montículo de nueve acres tomaría probablemente de veinticinco a treinta y cinco minutos. No deberíamos pensar que todos los hebreos tomaron parte en esta marcha. Semejante proeza no sólo sería poco práctica, sino imposible. Lo más probable es que la marcha la llevó a cabo una representación de cada una de las tribus.» (*Conquest and Crisis*, p. 45.)

b. La orden de destruir a todos los habitantes de Jericó excepto a Rahab y a sus familiares ha sido una piedra de tropiezo tanto para los creyentes como para los inconversos. ¿Por qué mandaría el Dios de gracia y amor esta destrucción total? Aunque Dios no tiene que dar explicaciones de lo que hace a ningún ser humano, hay aquí sin duda ciertos factores involucrados.

(1) Cuando una cultura o ciudad (como la de Sodoma, Gn. 19) alcanza un cierto grado de perversión, la santidad y la justicia de Dios demandan que él intervenga y la destruya. Hacía tiempo que toda la sociedad cananea había llegado a ese punto. Según 1 Reyes 14:24, toda la tierra estaba llena de repugnante perversión sexual.

(2) Dios deseaba mantener puro a Israel todo el tiempo que fuera posible a fin de asegurar la futura pureza de la línea de Cristo. Si María hubiera sido una mujer inmoral Dios no podría haberla usado.

c. En 6:26 tenemos recogida la triple y sorprendente profecía que pronunció Josué acerca de esta ciudad ahora destruida. Predijo:

(1) Que Jericó volvería a ser edificada por un hombre.

(2) Que el hijo mayor del edificador de la ciudad moriría nada más empezar el trabajo.

(3) Que el hijo más joven también moriría cuando la terminaran de edificar.

d. Josué pronunció estas palabras alrededor del año 1406 a.C. ¿Se cumplieron? La Escritura nos dice que en 930 a.C., sucedió lo siguiente:

(1) Que un hombre llamado Hiel, de Betel, reedificó Jericó, y que cuando echó el cimiento murió su hijo mayor Abiram.

(2) Que cuando había terminado las puertas falleció Segub, su hijo menor. (Véase 1 R. 16:34.)

2. Ai: la arrogancia humillada (7:3).

a. Después de la experiencia de Jericó, Israel cayó en el exceso de confianza y decidió enviar solamente una pequeña parte del ejército para dominar a su siguiente enemigo, la pequeña ciudad de Ai.

b. Los soldados hebreos son derrotados y sufren fuertes pérdidas.

3. Acán: un pecador buscado (7:19).

a. El Señor le comunica a Josué que la derrota se debe al pecado de uno del pueblo. Alguien había desobedecido a Dios y había tomado del botín prohibido de Jericó.

b. Bajo la dirección divina empieza la búsqueda del pecador, y finalmente encuentran al culpable en Acán, un hombre de la tribu de Judá

c. Acán confiesa haber robado un manto babilónico, algunas monedas de plata y un lingote de oro.

d. A causa de esto, Acán muere apedreado en el valle de Acor.

4. Gerizim y Ebal: lectura de la ley (8:30-35). Tal como Moisés había previamente mandado, son leídas las bendiciones y las maldiciones de la ley desde los montes Gerizim y Ebal.

B. La campaña del sur de Palestina (Jos. 9—10).

1. Gabaón: el enemigo que se disfraza para sobrevivir (9:3-6).

a. Cuando llegaron a Gabaón las noticias de lo ocurrido en Jericó y Ai, este pueblo recurrió al engaño para salvarse de la destrucción. Enviaron una embajada a Josué disfrazada con ropas viejas para dar la impresión de venir de lejos. Se calzaron sandalias remendadas, pusieron sobre sus asnos sacos viejos y cueros viejos de vino, y tomaron para el camino pan seco y mohoso.

b. Cuando llegaron al campamento hebreo y hablaron con Josué, le persuadieron de firmar un pacto de no agresión entre ellos. Probablemente estaban enterados de lo estipulado en la ley de Moisés (Dt. 7:1, 2; 20:10-15) que le permitía a Israel pactar la paz con ciudades lejanas cuando entraran en Palestina, pero no con las naciones cananeas que vivieran cercanos a ellos.

2. Ajalón: cuando el sol se detuvo (10:12, 13).
   a. Cuando el rey de Jerusalén se enteró del pacto de Gabaón con Israel, formó una alianza con otros cuatro reyes con el propósito de destruirlos a los dos.
   b. Al enterarse de estos planes, Josué recibe instrucciones de atacar a estos aliados antes de que ellos le puedan atacar a él. Durante la batalla es ayudado por una fuerte tormenta de granizo enviada por el Señor.
   c. Josué entonces ora pidiendo que Dios permita que el sol se pare a fin de tener luz suficiente y acabar con los amorreos. Así sucedió, porque el sol se detuvo en el cielo y hubo luz por casi veinticuatro horas.

   Aparte de la ballena de Jonás, quizá es este el milagro bíblico que ha causado más burla entre los inconversos y más incertidumbre entre los creyentes. ¿Qué es lo que realmente ocurrió aquí? Eruditos bíblicos prestigiosos han expresado tres puntos de vista básicos:

   d. La opinión del eclipse total. El doctor John Davis escribe: «Lo fundamental de este punto de vista es que Dios dio oscuridad más que luz en esta ocasión.» (*Conquest and Crisis*, p. 66.)

   La oración entonces de Josué fue una petición de que sus fatigados soldados fueran protegidos del sol abrasador del Medio Oriente. Dios les proporcionó sombra y frescor mediante una gran tormenta de granizo, que no sólo refrescó a los soldados hebreos sino que mató a sus enemigos. Nada menos que un erudito del calibre del doctor Robert Dick Wilson, de Princeton, apoya esta teoría, señalando que el término hebreo *dom* traducido por «detente» o «párate», también puede ser traducido por «cállate» o «cesa». Hay, sin embargo, dos objeciones serias que le restan crédito a esta opinión.

   (1) El relato de Josué 10:11 indica que la tormenta de granizo se dio *antes* de la petición de Josué y no después.
   (2) En el versículo 14 se nos da a entender que este día fue realmente único en la historia, lo cual no sería cierto si lo que en verdad sucedió fue que cayó una gran tormenta de piedra.

   e. Que la rotación de la tierra se hizo más lenta. El doctor Harry Rimmer, científico y estudiante de la Biblia, sostiene esta opinión, y cita al profesor Pickering, del observatorio de Harvard, y al doctor Totten, de Yale, que favorecen esta posición. Otro que cree en este punto de vista es Immanuel Velikovsky, quien sugiere en su famoso libro *Worlds in Collision*, que el milagro fue causado por un cometa que se acercó a la tierra y al ejercer su fuerza gravitacional trastornó el movimiento nor-

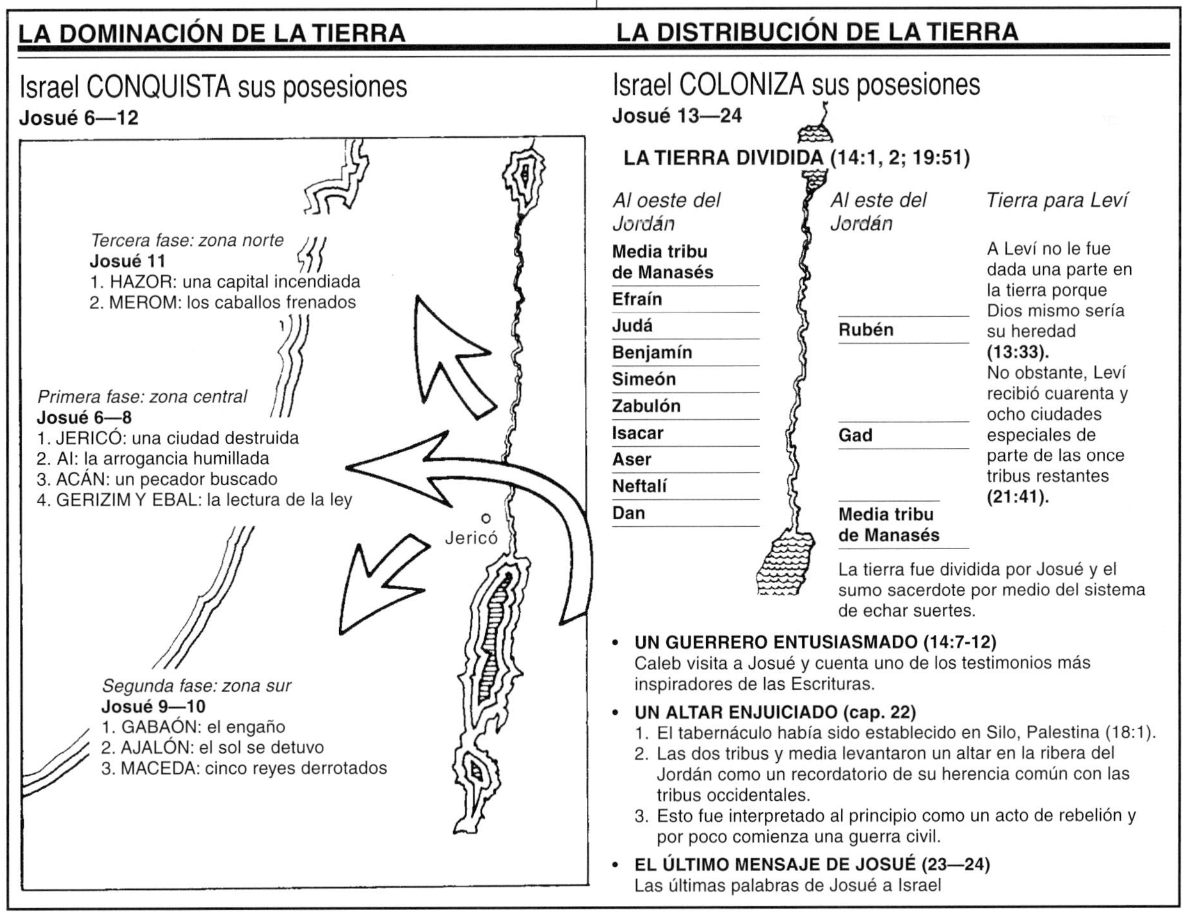

mal. Según Velikovsky, la cola de hielo del cometa fue la que produjo la tormenta de granizo. Finalmente, al señalar los distintos puntos que favorecen esta opinión, podemos decir que la investigación ha sacado a la luz relatos de fuentes egipcias, chinas e hindúes que hablan de este largo día. Pero este segundo punto de vista no está tampoco libre de objeciones.

(1) Una consideración es la gigantesca fuerza que sería necesaria para frenar o parar la tierra en su rotación sobre su eje. Nuestra planeta pesa billones de toneladas y en el ecuador se mueve a unas 1000 millas (unos 1.500 km/h). Es evidente que se necesitaría el poder acumulado de millones de bombas de hidrógeno para poder parar la tierra. Por supuesto que Dios es capaz de cualquier cosa, pero comparado con este, el diluvio universal, que es el milagro más impresionante del Antiguo Testamento, sería insignificante. En realidad esto requeriría más poder que cualquier otra cosa que Dios haya hecho antes o después de la creación. Si esto realmente ocurrió parece extraño que la única otra referencia bíblica en que aparece es en Habacuc 3:11.

(2) Si este segundo punto de vista es correcto, se le requeriría a Dios que realizara este mismo prodigio para el rey Ezequías. El doctor John David escribe:

«Es muy dudoso que tal milagro fuera llevado a cabo en esta ocasión. De hecho, el pasaje paralelo de 2 Crónicas 32:24-31 parece indicar que fue un fenómeno local. El versículo 24 de este pasaje señala que Dios dio una señal especial a Ezequías. Parece evidente que esta señal fue solamente vista en Palestina, porque el versículo 31 registra el hecho de que los embajadores de Babilonia fueron enviados a Ezequías para "saber del prodigio que había acontecido en el país". Si el milagro realizado en los días de Ezequías hubiera sido universal, no habría habido necesidad de enviar embajadores desde Babilonia para averiguar acerca del milagro.» (*Conquest and Crisis*, p. 69.)

f. La extensión de la refracción de los rayos del sol a nivel local. Tomándolo todo en consideración, este parecería el abobamiento más bíblico. Tenemos al menos otras dos ocasiones en las que Dios llevó a cabo algo parecido en relación con luz y oscuridad a un nivel local. Son:

(1) Los tres días de oscuridad que cayeron sobre Egipto (Ex. 10:21-23).

(2) Las tres horas de oscuridad que rodearon el área de la cruz (Mr. 15:33).

3. Maceda: los cinco reyes derrotados (10:10, 28).

a. Durante la batalla, el rey de Jerusalén, quien había organizado y dirigido la campaña contra Israel en el sur, se refugió junto con los otros cuatro reyes en una cueva en Maceda.

b. Josué ordenó sacar a estos reyes de la cueva, y, durante una celebración de la victoria, ordenó a los capitanes de su ejército que pusieran sus pies sobre los cuellos de los reyes. Después fueron ejecutados.

C. La campaña del norte (Jos. 11—12).

1. Hazor: una capital incendiada (11:13).
Jabín, rey de Hazor, fue quien organizó y dirigió la guerra contra Israel en el norte. Fue derrotado y su capital quedó destruida por el fuego.

2. Merom: donde los caballos fueron frenados (11:6, 9).
Aquí Josué quemó los carros de guerra de sus enemigos y rompió las patas de los caballos a fin de dejarlos inútiles para la guerra, pero todavía servibles para el trabajo.

III. La distribución de la tierra: Israel coloniza sus posesiones (13—24).

A. El reparto de la tierra.
La tierra es ahora dividida mediante sorteo bajo la supervisión de Josué, Eleazar y los jefes de los clanes de las tribus israelitas (14:1, 2; 19:51).

1. La tierra al este del Jordán es repartida entre Rubén, Gad y media tribu de Manasés.
2. La tierra al oeste del Jordán es repartida entre las tribus de Judá, Efraín, media tribu de Manasés, Benjamín, Simeón, Zabulón, Isacar, Aser, Neftalí y Dan.
3. La parte de Leví: a Leví no le fue dada una parte de la tierra, porque Dios mismo sería su heredad (13:33).
No obstante, recibieron cuarenta y ocho ciudades especiales de las restantes once tribus (21:41).

B. Un guerrero entusiasmado.
Caleb visita a Josué y da uno de los testimonios más inspiradores de toda la Biblia. Notemos sus palabras desafiantes en 14:7-12.

C. Un altar enjuiciado (22).

1. Una vez que la tierra quedó dividida, Israel estableció el tabernáculo en Silo (18:1).
2. Josué llamó a los ejércitos de las tribus de Rubén, Gad y media tribu de Manasés para que se juntaran en Silo, los bendijo y los envió a sus hogares que habían elegido en el lado este del Jordán.
3. Antes de cruzar el río, estas dos tribus y media edificaron un gran monumento en forma de un altar para recordarse a sí mismos y a sus descendientes su herencia común con las otras diez tribus al oeste del Jordán.
4. Esto fue interpretado por las otras tribus como un acto de rebelión, y estuvieron al borde de una guerra civil.
5. El malentendido fue aclarado a tiempo por una delegación de once jefes principales encabezada por Finees, nieto de Aarón, de las diez tribus y media que se entrevistó con líderes de las otras tribus hermanas.

D. Las últimas palabras de Josué a Israel (23—24).

1. Les recuerda la bondad de Dios para con ellos (23:3).
2. Les advierte acerca de la desobediencia (23:11-13).
3. Repasa con ellos la historia de Israel (24:1-13).
4. Les invita a servir a Dios (24:14-18).

LA ETAPA DE LOS JUECES

INTRODUCCIÓN A LA ETAPA DE LOS JUECES (Jueces, Rut, 1 de Samuel 1—7)

1. Esta etapa registra el período más triste y sórdido de toda la historia de Israel. Es la edad de las tinieblas de esa nación.
2. La lista de nombres más importantes de este período incluiría a Gedeón, Sansón, Noemí, Rut, Booz, Elí y Samuel.
3. Abarca un período de unos 300 años.
4. En pocas palabras, registra siete casos de apostasía de Israel, siete situaciones de servidumbre y siete experiencias de liberación.
5. Se han sugerido los dos siguientes bosquejos que resumen la etapa de los Jueces:
   a. Rebelión, castigo, arrepentimiento y restauración, (o)
   b. Pecado, servidumbre, súplica y salvación.
6. Contando a Elí y a Samuel, hubo quince jueces en total. Uno de ellos fue una mujer, Débora. Estos jueces no eran tanto expertos legales sino más bien reformadores militares.
7. La raíz de los problemas de Israel estaba en que cuando Josué murió, Dios no pudo encontrar un hombre que tomara su lugar como encontró a Josué cuando Moisés falleció. La declaración: «En aquellos días no había rey en Israel; cada uno hacía lo que bien le parecía», se repite en cuatro ocasiones diferentes en el libro de los Jueces (véanse Jue. 17:6; 18:1; 19:1; 21:25). Este período es la antítesis del milenio cuando el Rey Jesús reinará con vara de hierro (véase Sal. 2).
8. El fruto de los problemas de Israel se puede ver en su:
   a. Desobediencia: no haciendo lo que Dios les había dicho que hicieran, esto es, echar a sus enemigos. (Véanse Jue. 1:21; 27-33; 2:1-5.)

      «El ángel de Jehová subió de Gilgal a Boquim, y dijo: Yo os saqué de Egipto, y os introduje en la tierra de la cual había jurado a vuestros padres, diciendo: No invalidaré jamás mi pacto con vosotros, con tal que vosotros no hagáis pacto con los moradores de esta tierra, cuyos altares habéis de derribar, mas vosotros no habéis atendido a mi voz. ¿Por qué habéis hecho esto? Por tanto, yo también digo: No los echaré de delante de vosotros, sino que serán azotes para vuestros costados, y sus dioses os serán tropezadero» (Jue. 2:1-3).
   b. Apostasía: haciendo aquello que Dios les dijo que no hicieran, es decir, adorar los dioses de sus enemigos. (Véanse 2:11-15; 6:8-10.)

      «Después los hijos de Israel hicieron lo malo ante los ojos de Jehová, y sirviero a los baales. Dejaron a Jehová el Dios de sus padres, que los había sacado de la tierra de Egipto, y se fueron tras otros dioses, los dioses de los pueblos que estaban en sus alrededores, a los cuales adoraron; y provocaron a ira a Jehová. Y dejaron a Jehová, y adoraron a Baal y Astarot» (Jue. 2:11-13).
9. A pesar de todo Dios todavía amaba a Israel. El ángel del Señor es mencionado ochenta veces en el Antiguo Testamento. La mayoría de los teólogos piensan que este Ángel de Jehová no es otro que Cristo mismo manifestándose de esa manera en el Antiguo Testamento. No menos de veinte de estas manifestaciones aparecen en el libro de los Jueces. En ningún otro momento ministró Dios tanto a su pueblo.
10. La última parte de Gálatas 5 provee de un excelente resumen de los libros de Josué y Jueces. (Véase 5:22-26 en relación con Josué y 5:17-21 en relación con Jueces.)

    «Y manifiestas son las obras de la carne, que son: adulterio, fornicación, inmundicia, lascivia, idolatría, hechicerías, enemistades, pleitos, celos, iras, contiendas, disensiones, herejías, envidias, homicidios, borracheras, orgías, y cosas semejantes a estas; acerca de las cuales os amonesto, como ya os lo he dicho antes, que los que practican tales cosas no heredarán el reino de Dios. Mas el fruto del Espíritu es amor, gozo, paz, paciencia, benignidad, bondad, fe, mansedumbre, templanza; contra tales cosas no hay ley» (Gá. 5:19-23).

    Veamos el contraste general entre estas dos etapas:

Josué	*Jueces*
a. victoria	*derrota*
b. libertad	*esclavitud*
c. fe	*incredulidad*
d. progreso	*decadencia*
e. obediencia	*desobediencia*
f. visión celestial	*énfasis terrenal*
g. gozo	*tristeza*
h. fortaleza	*debilidad*
i. unión entre las tribus	*desunión entre las tribus*
j. líder fuerte	*falta de líder*

11. Jueces es el ejemplo clásico de Oseas 8:7 y Gálatas 6:7.

    «Porque sembraron viento, y torbellino segarán» (Os. 8:7*a*).

    «No os engañéis; Dios no puede ser burlado: pues todo lo que el hombre sembrare, eso también segará. Porque el que siembra para su carne, de la carne segará corrupción; mas el que siembra para el Espíritu, del Espíritu segará vida eterna» (Gá. 6:7, 8).

    Notemos especialmente Jueces 6:3:

    «Pues sucedía que cuando Israel había sembrado, subían los madianitas y amalecitas y los hijos del oriente contra ellos; subían y los atacaban» (Jue. 6:3).

    Esto casi parece un juego de palabras. Vuelva a leerlo cuidadosamente.
12. Jueces también nos ofrece siete ilustraciones de 1 Corintios 1:27.

    «Sino que lo necio del mundo escogió Dios, para avergonzar a los sabios; y lo débil del mundo escogió Dios, para avergonzar a lo fuerte.»

En Jueces Dios usó:
a. Una aguijada de bueyes (3:31).
b. Una estaca (4:21).
c. Unas trompetas (7:20).
d. Unos cántaros (7:20).
e. Unas antorchas (7:20).
f. Una rueda de molino (9:53).
g. La quijada de un asno (15:15).

13. En Jueces vemos también:
a. El primer nazareo que se registra en la historia (13:2-5).
b. El hombre más fuerte que se ha conocido (15:15)
c. Un hijo sanguinario (Abimelec) y un padre lleno de dolor (Jefté) (9, 11).
d. Un espíritu maligno y el Espíritu de Dios (9:23; 13:24, 25).
e. Muchos soldados mueren por pronunciar mal una palabra (12).
f. Trescientos hombres victoriosos y 600 desesperados (7:7; 20:46, 47).
g. Una de las dos fábulas que aparecen en la Biblia (9:7-15).
h. Un nombre nuevo para Dios (6:24).
i. Caza de zorras, narración de adivinanzas, la prueba del vellón de lana, corte de mechones de cabello (15:4; 14:14; 6:36-40; 16:19).

14. Resumen del libro de Rut.
a. Es el primero de dos libros bíblicos que llevan el nombre de una mujer.
b. Rut llegó a ser la tercera de cuatro mujeres que Mateo menciona en su genealogía de Cristo. (Véase Mt. 1.)
c. La experiencia humana que presenta este libro, que tuvo lugar durante la etapa de los jueces, es como un lirio puro flotando en una inmensa ciénaga de pecado.
d. Registra el primero de tres viajes muy importantes al pueblo de Belén que aparecen en la Biblia (Rut 1:19). (Para los otros tres véanse 1 S. 16:4; Lc. 2:4.)
e. Nos ofrece el más grande de los ejemplos que aparecen en la Biblia de Cristo como nuestro pariente redentor.
f. Rut llegó a ser la segunda de dos mujeres del Antiguo Testamento que prefiguran a la Iglesia en el Nuevo Testamento. (La otra es Rebeca, véase Gn. 24.)

15. Resumen de los primeros siete capítulos de Samuel.
a. Encontramos una de las más grandes oraciones de dedicación de un hijo que jamás se hayan expresado.

«Y ella dijo: ¡Oh, señor mío! Vive tu alma, señor mío, yo soy aquella mujer que estuvo aquí junto a ti orando a Jehová. Por este niño oraba, y Jehová me dio lo que le pedí. Yo, pues, lo dedico también a Jehová; todos los días que viva, será de Jehová. Y adoró allí a Jehová» (1 S. 1:26-28).

b. La descripción de uno de los momentos más tristes de la vida de Israel: la captura de la venerada arca del pacto de Dios (1 S. 4: 10, 11).
c. El llamado divino de un niño a media noche (1 S. 3:1-10).
d. La agonía de una madre moribunda y el éxtasis de un profeta agradecido.

(1) La agonía se aprecia en la palabra *Icabod*.

«Y su nuera la mujer de Finees, que estaba encinta, cercana al alumbramiento, oyendo el rumor que el arca de Dios había sido tomada, y muertos su suegro y su marido, se inclinó y dio a luz; porque le sobrevinieron sus dolores de repente. Y al tiempo que moría, le decían los que estaban junto a ella: No tengas temor, porque has dado a luz un hijo. Mas ella no respondió, ni se dio por entendida. Y llamó al niño Icabod, diciendo: ¡Traspasada es la gloria de Israel! por haber sido tomada el arca de Dios, y por la muerte de su suegro y de su marido. Dijo, pues: Traspasada es la gloria de Israel; porque ha sido tomada el arca de Dios» (1 S. 4:19-22).

(2) El éxtasis se ve en la palabra *Eben-ezer*.

«Y aconteció que mientras Samuel sacrificaba el holocausto, los filisteos llegaron para pelear con los hijos de Israel. Mas Jehová tronó aquel día con gran estruendo sobre los filisteos, y los atemorizó, y fueron vencidos delante de Israel. Y saliendo los hijos de Israel de Mizpa, siguieron a los filisteos, hiriéndolos hasta abajo de Bet-car. Tomó luego Samuel una piedra y la puso entre Mizpa y Sen, y le puso por nombre Eben-ezer, diciendo: Hasta aquí nos ayudó Jehová.» (1 S. 7:10-12).

LA ETAPA DE LOS JUECES

«En aquellos días no había rey en Israel; cada uno hacía lo que bien le parecía» (17:6). Véanse también 19:1; 21:25.

«Después los hijos de Israel hicieron lo malo ante los ojos de Jehová, y sirvieron a los baales» (2:11).

«Y se encendió contra Israel el furor de Jehová, el cual los entregó en manos de robadores que los despojaron...» (2:14).

«Y Jehová levantó jueces que los librasen de mano de los que les despojaban» (2:16).

La acción principal de la etapa de los Jueces. Los elementos clave durante este período se centran alrededor de las siguientes personas o grupos de personas:

I. Doce reformadores militares.
II. Un hombre sanguinario.
III. Micaía: un hijo idólatra.
IV. Un levita cobarde.
V. Una joven moabita.
VI. Una madre dedicada.
VII. Un sacerdote indisciplinado.
VIII. Unos filisteos frustrados.
IX. Un predicador ambulante.

Examinaremos ahora en detalle a cada una de estas personas o grupos.

I. Los jueces: doce reformadores militares.
A. Primer juez: Otoniel (1:12, 13; 3:8-11).
1. La nación opresora: Mesopotamia.
2. Duración de la opresión: ocho años.
3. Años que dio paz: cuarenta.
4. Logros:

Otoniel era sobrino y también yerno de Caleb (1:13). Consiguió a su mujer mediante la conquista de una ciudad enemiga que su tribu de Judá proyectaba capturar (1:12). Otoniel ya había demostrado su valor. (Véase Josué 15:15-20.) El fue uno de los muchos jueces que se dice estuvo lleno del Espíritu Santo (3:10). Derrotó al rey de Babilonia (3:10), quien había avasallado a Israel durante ocho largos años (3:8). Después de esto el pueblo tuvo paz durante cuarenta años (3:11).

B. Segundo juez: Aod (3:12-30).
   1. Nación opresora: Moab.
   2. Duración de la opresión: dieciocho años.
   3. Años de paz: ochenta años.
   4. Logros:
      Aod era un hombre zurdo de la tribu de Benjamín (Jue. 3:15). Encontramos en el Antiguo Testamento que Dios muchas veces bendijo de manera especial a guerreros zurdos. (Véanse Jue. 20:16; 1 Cr. 12:2.)

      Aod fue elegido para llevar a la capital moabita el aborrecido impuesto anual que Israel tenía que pagar. Israel llevaba pagando este impuesto dieciocho años (3:14, 15).

      Después de entregar el tributo, Aod, con el pretexto de que tenía «un mensaje de parte de Dios», solicitó a Eglón, el rey moabita, reunirse con él en privado. Estando a solas, Aod atravesó a Eglón con una espada de dos filos, de unas dieciocho pulgadas (casi medio metro) de largo que llevaba escondida (Jue. 3:16-23). Notemos, sin embargo, que la Biblia no dice que hizo esto mediante el Espíritu de Dios.

      Después huyó al monte de Efraín, donde tocó el cuerno de guerra, reclutó a los hombres de guerra y atacó a los moabitas matando a unos 10.000 de ellos. El pueblo tuvo paz durante los siguientes ochenta años (Jue. 3:26-30).

C. Tercer juez: Samgar (3:31).
   1. Nación opresora: Filistea.
   2. Duración de la opresión: no se indica.
   3. Años de paz: tampoco se indica.
   4. Logros: este soldado mató a seiscientos filisteos con una aguijada de bueyes.

D. Cuarto juez: Barac (ayudado por Débora, Jue. 4—5).
   1. Nación opresora: el reino cananeo del norte.
   2. Duración de la opresión: veinte años.
   3. Años de paz: cuarenta años.
   4. Logros:
      En este tiempo Israel estuvo oprimido por veinte años por Jabín, el rey cananeo que tenía su capital en Hazor (4:3). Jabín tenía a Sísara como jefe del ejército, un general famoso de cinco estrellas que disponía de 900 carros de guerra y multitud de soldados (4:2, 3).

      En estos días Israel era juzgado por una mujer llamada Débora (4:4, 5). Ella comunicó a Barac, el jefe del ejército de Israel, que Dios le había elegido para que movilizara a 10.000 hombres de las tribus de Neftalí y Zabulón, que debía ir al monte Tabor y presentara allí batalla a Sísara (4:6, 7).

      A causa de su insistencia, Débora accede a ir con Barac, pero le advierte que no recibiría él el honor y el crédito por vencer a Sísara, sino otra mujer (4:8, 9).

      Barac bajó del monte Tabor con sus 10.000 soldados y, con la intervención de Dios, sembró el pánico en el ejército de Sísara y lo derrotó por completo (4:14, 15).

      Sísara logró escapar y se refugió en la tienda de Jael, mujer de Heber ceneo. Pretendiendo ser amistosa con él, lo escondió cubriéndole con una manta, cuando estaba dormido le atravesó las sienes con una estaca (4:17-21). Débora y Barac entonaron entonces su canto de liberación y alabanza a Dios.

      El pueblo tuvo paz después durante cuarenta años (5:31). Barac fue más tarde incluido en la lista de los héroes de la fe que aparece en Hebreos (11:32). El capítulo cinco de Jueces contiene el tercer gran canto de alabanza que aparece en la Biblia. Los otros dos son Exodo 15 y Deuteronomio 32.

E. Quinto juez: Gedeón (6—8).
   1. Nación opresora: Madián.
   2. Duración de la opresión: siete años.
   3. Años de paz: cuarenta.
   4. Logros:
      Muerto Barac, Israel cayó otra vez en la idolatría y Dios los entregó en manos de los crueles madianitas por siete años. En Jueces 6:2-6 se nos describe la apurada situación en que vivían.

      Un profeta valiente, del que ignoramos el nombre, le recordó a Israel que su situación se debía a su pecado (6:8-10). Un ángel del Señor (¿Jesús?) aparece en este tiempo a Gedeón, que estaba limpiando el trigo a escondidas en el lagar para esconderlo de los madianitas (6:11).

      Gedeón es comisionado por el Ángel de Jehová para que vaya a pelear con los madianitas y recibe la seguridad de que los derrotará. Edificó allí Gedeón un altar y lo llamó *Jehová-salom* («Jehová es paz», Jue. 6:12-24).

      A pesar de sus muchas dudas Gedeón dio evidencias de auténtica fe en este tiempo de hambre al ofrecer en sacrificio el cabrito y los panes. Gedeón, al igual que Abraham, preparó comida para Dios mismo. (Véase Gn. 18.)

      Aquella misma noche, Gedeón, por orden de Dios, derribó el altar familiar que tenían dedicado a Baal y lo reemplazó por un altar a Jehová (6:25-27). A la mañana siguiente, Joás, el padre de Gedeón, logró tranquilizar a la gente del pueblo, que enojada quería matar a su hijo por lo que había hecho con el altar de Baal. El Espíritu de Dios descendió sobre Gedeón y éste tocó el cuerno convocando a la guerra a sus hermanos (6:34, 35).

      Entonces hace dos veces la prueba del vellón de lana para confirmar el llamamiento de Dios (6:36-40). ¿Estaba justificado el que Gedeón hiciera esto? ¿Es siempre la voluntad de Dios para el creyente que le pidamos pruebas? ¿Es correcto el viejo cliché de que «probar es desconfiar»? Consideremos lo siguiente:
   5. Ejemplos bíblicos de solicitud de pruebas:
      a. El siervo de Abraham (Gn. 24:14). Fue enviado a buscar una esposa para Isaac en tierra extraña. Nada más llegar, oró y le pidió una prueba a Dios. Dios obviamente aceptó esta solicitud. Son especialmente emocionantes las palabras «aconteció que antes que él acabase de hablar, he aquí Rebeca … salía» (v. 15).
      b. El rey Acaz (Is. 7:11).
         «Habló también Jehová a Acaz, diciendo: Pide para ti señal de Jehová tu Dios, demandándola ya sea de abajo en lo profundo, o de arriba en lo alto. Y respondió Acaz: No pediré, y no tentaré a Jehová» (Is. 7:10-12).

         En esta ocasión era Dios mismo quien invitaba a este rey impío de Judá, que se veía amenazado por sus enemigos de fuera, a que pidiera la señal que él quisiera;

y Dios se la daría, para probarle que Jerusalén sería librada de sus enemigos. Pero el rey rehusó hacerlo.

c. El rey Ezequías (2 R. 20:10, 11).
Dios hizo que la sombra en el reloj de sol de Acaz retrocediera diez grados, mostrando así que él sería sanado. Otra vez podemos ver que el Señor aceptó esta petición de una señal.

d. Satanás. (Mt. 4:6). «Entonces el diablo le llevó a la santa ciudad, y le puso sobre el pináculo del templo, y le dijo: Si eres Hijo de Dios, échate abajo; porque escrito está: A sus ángeles mandará acerca de ti, en sus manos te sostendrán, para que no tropieces con tu pie en piedra. Jesús le dijo: Escrito está también: No tentarás al Señor tu Dios» (Mt. 4:5-7).
Aquí el Señor correctamente rehúsa dar aquella señal que el diablo perversamente le sugiere.

e. Gedeón (Jue. 6:37).
Varios hechos aparecen inmediatamente ante nosotros:
(1) El Señor en dos ocasiones previas había ya claramente indicado a Gedeón lo que había de hacer. (Véase 6:14, 16.)
(2) El Señor en una ocasión le había dado realmente a Gedeón una señal que había solicitado. (Véase 6:17-21.)

6. Conclusiones básicas sobre la solicitud de señales:

a. En ciertos momentos el creyente puede buscar correctamente la voluntad de Dios por medio de una señal de algún tipo. Puede hacerse:
(1) *Si* las Escrituras no han contestado ya su solicitud. En otras palabras, sería completamente erróneo que un creyente pidiera una señal sobre si Dios desea que el creyente abandone hábitos que dañan su cuerpo porque esto ya está claramente indicado en muchos pasajes. (Véase 1 Co. 6:19, 20.)
(2) *Si* las circunstancias inmediatas son indefinidas y poco claras. Supongamos que un misionero tiene sentimientos e impulsos muy fuertes de entrar a cierto país cuyas puertas han sido cerradas para toda obra cristiana. Estaría entonces completamente justificado el pedirle a Dios que abra esas puertas si esa es su voluntad perfecta.
(3) *Si* la señal no limita la acción que Dios debe tomar. Podemos ilustrarlo así: sería poco sabio para un candidato a pastor de una iglesia que, cuando está predicando su sermón de presentación en aquella congregación, le pidiera al Señor que le mostrara que aquella es la iglesia que debe pastorear mediante la señal de que exactamente siete personas pasaran al frente durante la invitación. ¿Qué si esa mañana hay allí ocho personas en las que el Espíritu de Dios ha obrado y están listas para dar testimonio? O, ¿qué si allí hay exactamente siete personas para responder a la invitación pero no es la voluntad de Dios que acepte aquel pastorado?

b. En el caso de Gedeón, aunque Dios honró su petición de una señal, era, no obstante, innecesario, porque ya sabía lo que debía hacer, y además poco beneficioso, porque más tarde necesitó otra vez que Dios le reconfirmara su voluntad (Jue. 7:10).

Dios rebajó el ejército de Gedeón de 32.000 a 22.000, y finalmente lo dejó en 300 (7:2-7). Con estos 300 se enfrentaría a 135.000 soldados enemigos (véase 8:10). En la víspera de la batalla, Gedeón y su criado se infiltraron en las líneas enemigas y fueron otra vez reconfirmados acerca de la victoria al escuchar la conversación de unos soldados enemigos (7:10-15). Gedeón dividió sus trescientos hombres en tres escuadrones, y, a una señal dada, cada uno tocó una corneta, rompió el cántaro, levantó una antorcha encendida y gritó: «¡Por la espada de Jehová y de Gedeón!» (7:16-20). Los madianitas se desconcertaron, pelearon entre ellos y huyeron (7:21-24). Gedeón los persiguió hasta el otro lado del Jordán y los derrotó por completo. Cuando volvió a Palestina castigó severamente a dos pueblos que se habían negado a dar alimentos a sus 300 hombres hambrientos (8:4-17).

Gedeón después ejecutó a los dos reyes madianitas por haber matado a sus hermanos en Tabor (8:18-21). Rehusó la oferta de Israel de ser rey sobre ellos, pero pidió que le entregaran los anillos de oro que habían recogido como botín, además de otros despojos (8:22-26).

Con este oro hizo un efod. Los israelitas empezaron pronto a adorar esto y terminó por ser un tropiezo y trampa para el pueblo (8:27).

Nota: El efod era parte de la vestimenta que llevaba el sumo sacerdote. Gedeón había declinado anteriormente la oferta de ser rey, pero parece que tenía ciertas aspiraciones sacerdotales.

Más tarde Gedeón formó hogar, se casó con muchas mujeres, y crió setenta y un hijos (y, sin duda, muchas hijas también). Uno de ellos se llamó Abimelec, quien posteriormente, después de fallecer Gedeón, fue causa de mucho derramamiento de sangre (8:29-31). Gracias al buen trabajo de Gedeón, el pueblo tuvo paz durante cuarenta años (8:28).

F. Sexto juez: Tola (10:1).
1. Nación opresora: no se sabe.
2. Tiempo de la opresión: no se indica.
3. Años de paz: veintitrés.
4. Logros: no se indica.

G. Séptimo juez: Jair (10:3-5).
1. Nación opresora: no se indica.
2. Duración de la opresión: se desconoce.
3. Años de paz: veintidós.
4. Logros: Él y sus treinta hijos libraron de la opresión a treinta ciudades.

H. Octavo juez: Jefté (10:6—12:17).
1. Nación opresora: Amón.
2. Duración de la opresión: dieciocho años.

3. Años de paz: seis.
4. Logros:
Después de la muerte de Abimelec, Israel fue juzgado por Tola durante veintitrés años. El clan de Tola fue posteriormente conocido en el tiempo de David por sus hombres valerosos (1 Cr. 7:1, 2). Después que falleció Tola, Dios levantó a un hombre, Jair, que juzgó a Israel por veintidós años. Cuando Jair murió, Israel una vez más «volvió a hacer lo malo ante los ojos de Jehová», como consecuencia, Dios los entregó en manos de los filisteos y de los amonitas por un período de dieciocho años (10:6-8). Israel, voluble y necio, se volvió otra vez a Jehová en su hora de aflicción. Como siempre, Él se llenó de compasión y les prometió liberación, no sin antes darles un mensaje para que examinaran sus corazones. Notemos su contenido en Jueces 10:10-16. Este pasaje de Jueces debe ser comparado con Isaías 63:7-9. Dios levanta ahora a Jefté, el hijo de una prostituta, que había sido rechazado por sus hermanos a causa de su nacimiento ilegítimo (11:1-11).

Jefté intenta negociar con los amonitas en relación con ciertas tierras en disputa al este del Jordán. El argumenta que:

a. La tierra fue originalmente de los amorreos y no de los amonitas (Nm. 21:21-30).
b. Dios le dio la tierra a Israel y había sido de ellos por los últimos 300 años.

Esta declaración llevó a los dos países al estado de guerra. El Espíritu de Dios descendió sobre Jefté y éste se preparó para la inminente pelea (11:28, 29). En la víspera de la batalla, Jefté hizo, sin embargo, algo que después le causó gran dolor y angustia. Leemos en Jueces 11:30, 31:

> «Y Jefté hizo voto a Jehová, diciendo: Si entregares a los amonitas en mis manos, cualquiera que saliera de las puertas de mi casa a recibirme, cuando regrese victorioso de los amonitas, será de Jehová, y lo ofreceré en holocausto.»

Dios entregó a los amonitas en manos de Jefté (11:32, 33). Pero su verdadero problema apenas empezaba. Leemos en Jueces 11:34, 35:

> «Entonces volvió Jefté a Mizpa, a su casa, y he aquí que su hija que salía a recibirle con panderos y danzas, y ella era sola, su única hija; no tenía fuera de ella hijo ni hija. Y cuando él la vio, rompió sus vestidos, diciendo: ¡Ay, hija mía! en verdad me has abatido, y tú misma has venido a ser causa de mi dolor; porque le he dado palabra a Jehová, y no podré retractarme.»

Mucha tinta han usado los teólogos a lo largo de los siglos en relación con este pasaje. ¿Qué implicaba el voto de Jefté? El doctor John J. Davis escribe:

> «Hay, por tanto, dos interpretaciones que prevalecen hoy en relación con este suceso del capítulo 11. La *primera* es que Jefté no mató a su hija. Este punto de vista es sugerido por una serie de escritores conservadores. Sus razones son las siguientes: (1) Jefté estaba lo suficientemente familiarizado con la ley de Dios como para ignorar la prohibición de ofrecer en sacrificio seres humanos (11:15-27). (2) Él debió de saber que lo lógico es que un ser humano saliera de la casa a recibirle. Además, un animal hubiera sido un ofrenda muy pequeña para semejante victoria. (3) Jefté debió ser un hombre realmente piadoso o de lo contrario no hubiera aparecido en hebreos 11. (4) Si su hija iba a morir no había razón para enfatizar tanto su virginidad (37—39). (5) Jefté no podía hacer esto, especialmente después que el Espíritu del Señor vino sobre él (29). (6) Había mujeres en este tiempo que habían dado su vida para servir al Señor en el tabernáculo en Silo (1 S. 2:22). Entonces, Jefté pudo haber hecho voto que, en el caso de victoria, él dedicaría a un miembro de su familia para el servicio de Jehová en el tabernáculo. El hecho de que resultara ser su hija era trágico para él, porque era su hija única y no podría tener nietos que llevaran su nombre; y en ese caso, difícilmente la volvería él a ver. (7) Se ha argumentado que la conjunción copulativa "y" que aparece en el voto en el versículo 31, se debería traducir por "o" en vez de "y". En otras palabras, que lo que se piensa que en realidad dijo Jefté es: "Lo que salga por las puertas de mi casa para encontrarse conmigo cuando regrese será dedicado al servicio del Señor si es un ser humano, o si es un animal limpio lo ofreceré en holocausto al Señor" (8). Se argumenta también por aquellos que sostienen este punto de vista, que la expresión "endechar" que aparece en el versículo 40 debería ser traducida por "hablar", indicando así que la hija permanecía viva.
>
> El *segundo* punto de vista en relación con el voto de Jefté y su cumplimiento es que él sí ofreció a su hija como sacrificio humano. Esta opinión es también apoyada por bastantes escritores bien conocidos. Los razonamientos en los que se basa esta opinión son: (1) La palabra hebrea para holocausto es *olah* que siempre conlleva en el Antiguo Testamento la idea de sacrificio quemado. (2) Jefté fue el hijo de una prostituta pagana común, *Zonah*, y pasó mucho tiempo con varias clases de gente en la parte este del Jordán (11:1-3). Además, debemos notar que más tarde otras personas también ofrecieron sacrificios humanos. Segundo de Reyes 3:26, 27 registra la acción del rey de Moab de ofrecer en holocausto a su hijo primogénito sobre el muro de la ciudad. Segundo de Crónicas 28:3 nos dice que el rey Acaz quemó a sus hijos, y 2 Reyes 21:6 nos habla de que Manasés sacrificó a su hijo. Si tales prácticas fueron realizadas por líderes de Israel en un tiempo posterior, no es imposible que pudieran haber sido introducidas en un período anterior. (3) El hecho de que Jefté fuera juez de Israel no elimina la posibilidad de que hiciera un voto imprudente. La filosofía dominante en aquellos días era la de un relativismo moral y espiritual en la que "cada uno ha-

cía lo que bien le parecía" (Jue. 21:25). Muchos de los líderes de Israel estaban afectados por esta actitud. Recordemos que Gedeón hizo un efod de oro que llevó a Israel a la idolatría, y Sansón se involucró en actividades que estaban obviamente en oposición a la ley de Moisés. (4) Si Jefté fue capaz de llevar a cabo la matanza de 42.000 israelitas (Jue. 12), también sería capaz de hacer un voto así y cumplirlo. (5) El hecho de que en los versículos 36-40 se dice que lloró su virginidad, parece implicar que no había esperanza de hijos en el futuro a causa de su muerte inminente. Probablemente se menciona para enfatizar el hecho del sacrificio, porque le dejaba sin descendencia, lo que en el oriente era tenido como una gran desgracia. Finalmente, el argumento basado en la palabra hebrea que se traduce por "endechar" (llorar o lamentar) en el versículo 40, aportado por aquellos que sostienen la opinión de la dedicación, es más bien débil. El verbo *tanah* aparece solamente una vez en la Biblia hebrea (Jue. 5:11). La mejor traducción de este término parece ser "narrar".» (*Conquest and Crisis*, pp. 125-128.)

Con esto no se habían terminado aún las dificultades para Jefté, porque fue provocado a pelear a causa de los celos de los de la tribu de Efraín (Jue. 12:4-7). Esta trágica pelea, que ganó Jefté, resultó en la perdida de 42.000 soldados efrainitas. Fue una de las batallas más extrañas de la historia bélica, porque muchos de estos soldados perdieron la vida debido a su incapacidad de pronunciar correctamente la palabra *Shibolet* (el término hebreo para «corriente»).

I. Noveno juez: Ibzán (12:8-10).
   1. Nación opresora: no se indica.
   2. Duración de la opresión: no se indica.
   3. Años de paz: siete.
   4. Logros: no se citan.

J. Décimo juez: Elón (12:11, 12).
   1. Nación opresora: no se indica.
   2. Duración de la opresión: no se indica.
   3. Años de paz: diez.
   4. Logros: no se citan.

K. Undécimo juez: Abdón (12:13-15).
   1. Nación opresora: no se indica.
   2. Duración de la opresión: no se indica.
   3. Años de paz: ocho.
   4. Logros: no se citan.

L. Duodécimo juez: Sansón (13—16).
   1. Nación opresora: Filistea.
   2. Duración de la opresión: cuarenta años.
   3. Años de paz: veinte (16:31).
   4. Logros:

Antes del nacimiento de Sansón, Israel había estado oprimido por los filisteos por cuarenta años (13:1).

La madre de Sansón fue visitada por el Ángel de Jehová, quien le anticipó el nacimiento de su hijo (13:2, 3). De manera que ella es una de las cuatro mujeres de la Biblia que recibieron de un ángel la promesa del nacimiento de un hijo. Las otras tres fueron:

a. Sara (Gn. 18:10-14).
b. Elisabet (Lc. 1:13).
c. María (Lc. 1:30, 31).

Este mensajero celestial instruyó a los padres acerca de que el niño tendría que ser criado como un nazareo (13:4, 5). Según Números 6:1-6 el nazareo no podía:

a. Beber vino ni sidra.
b. Cortarse el cabello.
c. Tocar cuerpos muertos.

Notemos que el ángel también encomendó a la madre que ella tampoco bebiera vino (13:4, 14).

Los padres de Sansón oran en esta ocasión de una manera que debería ser imitada por todos los padres cristianos que esperan hijos (Jue. 13: 8, 12). ¿Quién era este Ángel de Jehová? Los padres de Sansón intentaron averiguar cuál era el nombre del ángel, y les fue dicho que era «secreto» (así lo escribe el autor) (13:17). La palabra hebrea puede ser traducida por «secreto» y también por «admirable», y es muy similar al término usado en Is. 9:6, donde se nos habla acerca del nacimiento de Cristo y se dice que su nombre será «Admirable, Consejero, Dios fuerte, Padre eterno, Príncipe de paz». Esto sería una fuerte indicación de una aparición del Señor Jesucristo antes de Belén.

Sansón nació y el Espíritu del Señor estuvo sobre él durante su crecimiento (13:24, 25).

Para consternación de sus padres se empeñó en casarse con una mujer filistea que no participaba de la fe de Israel. La naturaleza carnal de Sansón empieza ya a manifestarse, pero a pesar de su sensualidad, Dios le usó para su gloria (14:1-4).

De camino a Filistea, Sansón mata a un león. Más tarde descubrió que un enjambre de abejas había formado colmena en el esqueleto del león y tenían fabricado ya un panal de miel. Sansón usó esta experiencia en su fiesta de bodas como base para una adivinanza (Jue. 14:12-14).

Los invitados logran al fin resolver la adivinanza presionando a la novia de Sansón. Esto le enfurece y paga su deuda a los invitados a la boda, pero a costa de treinta víctimas filisteas (14:15-19).

Pasado un tiempo vuelve y se entera que el padre de la novia la había entregado por esposa al amigo de Sansón. Dice el libro de Jueces que en venganza hizo lo siguiente:

LA ETAPA DE LOS JUECES

Los libros de

Jueces, Rut, 1 Samuel (1—7)

LOS JUECES

Otoniel	Gedeón	Ibzán
Aod	Tola	Elón
Samgar	Jair	Abdón
Débora	Jefté	Sansón
Barac		

> «Y fue Sansón y cazó trescientas zorras, y tomó teas, y juntó cola con cola, y puso una tea entre cada dos colas. Después, encendiendo las teas, soltó las zorras en los sembrados de los filisteos, y quemó las mieses amontonadas y en pie, viñas y olivares» (15:4, 5).

Sansón entonces mató a muchos filisteos (15:8). Después de esto, los filisteos amenazan con destruir la tribu de Judá si no les entregan atado a Sansón. Él permite que sus hermanos de raza le prendan y le aten, pero cuando el enemigo está a la vista, rompe las ligaduras, los ataca y mata a mil de ellos con una quijada de un asno (15:9-17).

A continuación tenemos una de las dos oraciones de Sansón que aparecen registradas en las Escrituras. Ambas son carnales y egoístas. (Cp. 15:18 con 16:28.)

En Gaza (una ciudad filistea) Sansón logra una vez más evitar ser capturado, esta vez arrancando las puertas de la ciudad a medianoche y llevándoselas a cuestas a un monte cercano (16:1-3). Al fin cae mediante la traición de una mujer llamada Dalila, que descubre la fuente de su gran fuerza (16:4-20).

Nota: a estas alturas Sansón ha violado todos los votos del nazareo. Ha tocado el cuerpo muerto de un león (14:8, 9); ha bebido vino (14:10); y ha permitido que su pelo sea cortado (16:19).

Ahora aprende el alto precio de vivir de esa manera (Jue. 16:21).

> «Mas los filisteos le echaron manos, y le sacaron los ojos, y le llevaron a Gaza; y le ataron con cadenas para que moliese en la cárcel.»

Allí Sansón va recuperando su fuerza a medida que le crece otra vez el pelo. Dios le permite entonces destruir a miles de filisteos que se habían reunido en el templo pagano de su

DOCE REFORMADORES MILITARES

Otoniel JUECES 1:12, 13; 3:8-11
Nación opresora: **Mesopotamia**
Duración de la opresión: **ocho años**
Años de paz: **cuarenta**
Fue nieto y yerno de Caleb.
Conquistó una ciudad cananea fortificada.

Aod (3:12-30)
Nación opresora: **Moab**
Duración de la opresión: **dieciocho años**
Años de paz: **ochenta**
Mató a un rey moabita enemigo llamado Eglón.
Organizó un ejército israelita que mató a 10.000 soldados enemigos.

Samgar (3:31)
Nación opresora: **Filistea**
Duración de la opresión: **no se indica**
Años de paz: **no se indica**
Mató 600 filisteos con una aguijada de bueyes.

Barac (caps. 4—5)
Nación opresora: **cananeos**
Duración de la opresión: veinte años
Años de paz: cuarenta
Levantó un ejército de 10.000 soldados con la ayuda de Débora.
Derrotó a Sísara, el general enemigo, al pie del monte Tabor.
Sísara murió después a manos de Jael mientras dormía en su tienda.
Barac y Débora cantan a dúo un canto de alabanza por la victoria.

Gedeón (caps. 6—8)
Nación opresora: **Madián**
Duración de la opresión: **siete años**
Años de paz: **cuarenta**
Fue comisionado por Dios para derrotar a los madianitas.
Se preparó destruyendo los ídolos familiares.
Solicitó dos veces a Dios una señal.
Levantó un ejército de 10.000 soldados.
Vio como Dios redujo su ejército a 300.
Derrotó a 135.000 soldados enemigos con 300 hombres.
Causó que Israel pecara mediante el efod de oro que se hizo.

Tola (10:1)
Nación opresora: **no se indica**
Duración de la opresión: **no se indica**
Años de paz: **veintitrés**
No se dice nada acerca de sus logros.

Jair (10:3-5)
Nación opresora: **no se indica**
Duración de la opresión: **no se indica**
Años de paz: **veintidós**
El y sus treinta hijos liberaron treinta ciudades hebreas.

Jefté (10:6—12:17)
Nación opresora: **Amón**
Duración de la opresión: **dieciocho años**
Años de paz: **seis**
Fue el hijo de una prostituta que llegó a ser un gran soldado.
En la víspera de la batalla hizo a Dios un voto imprudente: si volvía victorioso le ofrecería a Dios lo primero que saliera a recibirle. Su única hija fue la que salió y él cumplió con dolor su voto.
Fue después provocado a pelear por los celos de la tribu de Efraín.

Ibzán (12:8-10)
Nación opresora: **no se indica**
Duración de la opresión: **tampoco se indica**
Años de paz: **siete**
No se registran sus hechos.

Elón (12:11, 12)
Nación opresora: **no se indica**
Duración de la opresión: **no se indica**
Años de paz: **diez**
No se registran sus hechos.

Abdón (12:13-15)
Nación opresora: **no se indica**
Duración de la opresión: **no se indica**
Años de paz: **ocho**
No se registran sus hechos.

Sansón (caps. 13—16)
Nación opresora: **Filistea**
Duración de la opresión: **cuarenta años**
Años de paz: **veinte**
Fue criado como nazareo.
Mató un león cuando iba de camino a su boda.
Mató a treinta filisteos para pagar una deuda de ropas.
En venganza porque le quitan su esposa quema los campos de los filisteos.
Mata a 1.000 filisteos con la quijada de un asno.
Se llevó a cuestas las puertas de la ciudad de Gaza.
Fue traicionado por Dalila y cayó en poder de los filisteos.
Fue rasurado, le sacaron los ojos, y le ataron con cadenas.
Fue dotado de manera sobrenatural para destruir el templo de los filisteos y a muchos de ellos dentro.
Él también murió en esa ocasión.

LA ETAPA DE LOS JUECES

La acción durante este período se centra alrededor de nueve personas o grupos de personas.

DOCE REFORMADORES MILITARES

UN HOMBRE SANGUINARIO

UN HIJO IDÓLATRA

UN LEVITA COBARDE

UNA JOVEN MOABITA

UNA MADRE DEDICADA

UN SACERDOTE INDISCIPLINADO

UNOS FILISTEOS FRUSTRADOS

UN PREDICADOR AMBULANTE

dios para una orgía. Él mismo pereció en la destrucción del templo (Jue. 16:22-31).

II. Un hombre sanguinario: Abimelec (Jue. 9).

A. Abimelec era el hijo que Gedeón tuvo con una concubina de Siquem (8:31). Tramó y llevó a cabo el asesinato de sesenta y nueve de sus setenta hermanastros y fue coronado «rey» de Siquem, el pueblo de su madre (9:1-5).

Jotam, el hermanastro que pudo escapar, relata una de las dos fábulas que aparecen en la Biblia (la otra está en 2 R. 14:9), y se la dirige a Abimelec, a quien ridiculiza llamándole «zarza». Nótese en 9:8-14 su amargo sarcasmo.

Tres años más tarde Dios encendió los ánimos de los de Siquem contra Abimelec. En la tensión y lucha que se suscitó, Abimelec perdió la vida (Jue. 9:22-57). Algunos cristianos se han sentido incómodos con la declaración que aparece en Jue. 9:23:

> «Envió Dios un mal espíritu entre Abimelec y los hombres de Siquem, y los de Siquem se levantaron contra Abimelec.»

Esta es la primera de al menos tres situaciones del Antiguo Testamento en que una acción así tiene lugar. Examinemos brevemente cada una de estas ocasiones.

1. Saúl (1 S. 16:14, 23).
2. Acab (2 Cr. 18:18-22).

¿Cómo podemos entender estos versículos? Se han sugerido dos interpretaciones básicas:

a. Que estos eran mensajeros celestiales enviados por Dios para juicio como un día lo harán los siete ángeles elegidos para la tribulación venidera. (Véase Ap. 8:2.)

b. Que eran ángeles caídos transformados en demonios. El contexto parece favorecer este punto de vista. Se les describe como malos, y es la misma palabra hebrea que encontramos en Génesis 6:5, donde se nos dice que Dios se propuso destruir a la humanidad a causa de sus malos corazones. Pero, ¿por qué espíritus malos solicitarían ser usados por Dios, y por qué él lo consentiría? Aquí deberíamos releer cuidadosamente Job capítulos 1 y 2. Satanás mismo había solicitado permiso para atormentar a Job y Dios se lo concede, pero sólo para que se cumpla su propósito divino.

En el caso de Abimelec, Dios ya había dictado sentencia sobre él mediante una mujer de Siquem, lo que abría camino para un líder piadoso llamado Tola, que defendería las ovejas de Israel y no las asesinaría como lo hizo Abimelec (véase Jue. 10:1). El mal espíritu tenía obviamente en mente un motivo diferente. Él había demostrado ser un líder inepto que había fallado por tres años en extender su territorio más allá de los límites de Siquem. Quizá el mal espíritu había intentado operar por medio de otro hombre malvado pero no había funcionado. En el caso de Saúl, el espíritu malo esperaba aparentemente controlarlo por completo en un intento de quitar de la escena al aborrecido David. Pero una vez más fallaría, porque Dios ya había puesto en marcha los planes que le llevarían a Saúl a la muerte en el campo de batalla frente a los filisteos.

En el caso de Acab el espíritu malo parecía dispuesto a sacrificar a este fiel adorador del mal induciéndole a que entrara en guerra con los sirios, con el fin de llegar hasta Josafat. Tal como se desarrollaron las cosas, si Dios no hubiera intervenido, el necio de Josafat habría caído en la batalla (véase 2 Cr. 18:28-32). De manera que Dios a veces usa la ira de hombres malvados e incluso a los demonios para su gloria (Salmo 76:10). Veánse los siguientes dos ejemplos en el Nuevo Testamento para comprobar cómo Dios usa hombres impíos y demonios para su gloria:

(1) Apocalipsis 16:13, donde se indica que Dios usará demonios para atraer a los hombres al Armagedón.

(2) Apocalipsis 17:16, 17, donde se indica que él hará que el anticristo destruya a la falsa iglesia.

III. Micaía: un hijo idólatra (17—18).

Micaía, un ladrón e idólatra, es animado por su propia madre a iniciar «su propia religión», lo cual lleva a cabo (entre otras cosas) contratando a un levita muy codicioso de dinero como su sacerdote personal (17:1-13). Este pervertido «pastor privado» es seducido posteriormente por los de la tribu de Dan para que se convierta en su sacerdote oficial (18:1-31).

IV. Un levita cobarde (19—21).

A. Estos capítulos son tres de los más deprimentes de toda la Biblia. La historia comienza cuando un levita y su infiel concubina pararon para pasar la noche en Gabaa, ciudad de la tribu de Benjamín (19:1-15).

B. La pareja se hospedó con un anciano de la ciudad. Aquella noche la casa fue rodeada por un grupo de pervertidos sexuales y demandaron que saliera el levita y que participara en sus repugnantes y degradantes prácticas. El cobarde levita se salvó en-

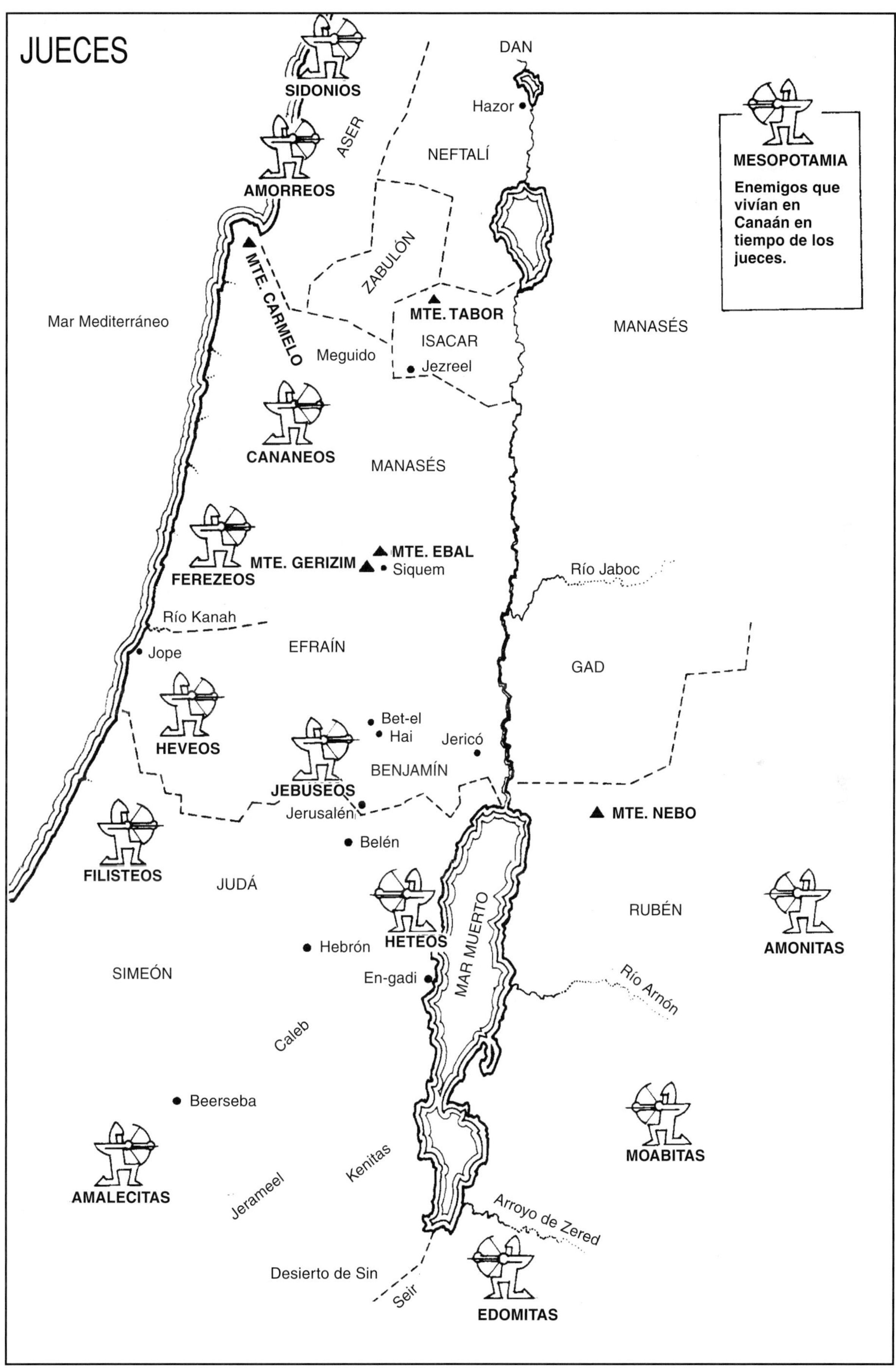
JUECES
SIDONIOS
DAN
Hazor
ASER
NEFTALÍ
AMORREOS
MESOPOTAMIA
Enemigos que vivían en Canaán en tiempo de los jueces.
ZABULÓN
MTE. CARMELO
MTE. TABOR
Mar Mediterráneo
ISACAR
MANASÉS
Meguido
Jezreel
CANANEOS
MANASÉS
MTE. EBAL
MTE. GERIZIM
Siquem
FEREZEOS
Río Jaboc
Río Kanah
Jope
EFRAÍN
GAD
HEVEOS
Bet-el
Hai
Jericó
BENJAMÍN
JEBUSEOS
Jerusalén
MTE. NEBO
Belén
FILISTEOS
JUDÁ
MAR MUERTO
RUBÉN
AMONITAS
HETEOS
Hebrón
SIMEÓN
En-gadi
Río Arnón
Caleb
Beerseba
MOABITAS
Kenitas
AMALECITAS
Jerameel
Arroyo de Zered
Desierto de Sin
Seir
EDOMITAS

UN TRÍO TERRIBLE

Abimelec, el sanguinario
Jueces 9

1. Era la oveja negra de la familia de Gedeón.
2. Preparó el asesinato de sesenta y nueve de sus hermanastros. Sólo Jotam logró escapar.
3. Estableció su «reino» en Siquem.
4. Más tarde el juicio de Dios cayó sobre él, quien usó a un espíritu malo y a una anciana para que se cumpliera su voluntad.

Micaía, ladrón e idólatra
Jueces 17—18

1. Es animado por su permisiva madre a que inicie «su propia religión.»
2. Lo lleva a cabo contratando a su propio sacerdote, a un levita de Belén.
3. Este pervertido «pastor privado» es después seducido por los de la tribu de Dan para que se convierta en su sacerdote oficial.

Un levita cobarde
y emocionalmente enfermo
Jueces 19—21

1. Un levita y su concubina son amenazados por un grupo de pervertidos sexuales mientras visitaban en la tierra de Benjamín.
2. Salva la vida permitiendo a esa gente corrupta que abusen sexualmente de la mujer al punto de que muere.
3. El entonces descuartiza su cuerpo en doce pedazos y envía una parte a cada tribu de Israel.
4. Se levantan en armas 400.000 hombres para vengar este atropello, pero los líderes de Benjamín rehúsan entregar a los culpables.
5. Se inicia una guerra civil que deja solamente vivos a 600 soldados de Benjamín.
6. Las once tribus elaboran un plan para proporicionarles esposas a estus God hombres.

tregando a su mujer a este grupo miserable. Para el amanecer aquellos pervertidos habían abusado de tal manera de la mujer que murió (19:16-27).

C. El levita (que por las apariencias estaba emocionalmente enfermo), descuartizó el cuerpo de su mujer en doce pedazos y envió una parte a cada tribu de Israel, junto con la información de lo que había sucedido (19:28, 29).

D. La noticia de aquel crimen sexual enfureció de tal manera a los israelitas que organizaron un ejército de unos 400.000 hombres para castigar a aquellos pervertidos de Gabaa (19:30—20:11).

E. Los ciudadanos de Benjamín rehusaron, sin embargo, entregar a los culpables, y estalló la guerra civil. Después de una sangrienta guerra en la que se enfrentaron tres veces, y en la que Israel perdió a 40.000 hombres, Benjamín quedó derrotado, y de sus 26.000 soldados sólo quedaron 600 vivos. Entonces, aunque entristecido, Israel proveyó, en un acto de sensatez, de esposas para estos 600 sobrevivientes a fin de que Benjamín no desapareciera como tribu de la faz de la tierra (20:12—21:25).

V. Rut: Una joven moabita (Rut 1—4).

A. Capítulo uno: La renuncia de Rut.

1. Durante una época de hambre, un hombre de Belén llamado Elimelec (que significa «Dios es rey»), junto con su esposa Noemí («placentera») y sus dos hijos Mahlón y Quelión, dejaron Palestina y se trasladaron a Moab (Rut 1:1, 2).
2. Los dos hijos se casaron, pero no tardando mucho la tragedia de la muerte caía sobre ellos, pues primero el padre y después los hijos murieron, dejando a las tres mujeres viudas y desamparadas (1:3-5).
3. Noemí decidió regresar a Palestina y Rut, su nuera mayor, la acompañó. Noemí intentó persuadirla de que se volviera a su tierra, a la casa de su padre, pero la respuesta de Rut ha quedado registrada como una de las más bellas declaraciones que pueden salir de un corazón humano. Dijo:

   «Respondió Rut: No me ruegues que te deje, y me aparte de ti; porque a dondequiera que tú fueres, iré yo, y dondequiera que vivieres, viviré. Tu pueblo será mi pueblo, y tu Dios mi Dios. Donde tú murieres, moriré yo, y allí seré sepultada; así me haga Jehová, y aun me añada, que sólo la muerte hará separación entre nosotras dos» (1:16, 17).
4. Rut y Noemí emprendieron su difícil viaje de regreso, caminando unas 100 millas (unos 160 km) y cruzando montañas de más de una milla (l.600 m) de altura. Nada más llegar, la desilusionada Noemí instruye a sus antiguas vecinas para que ya no la llamen más Noemí, sino «Mara», que significa «amarga» (1:20-22).

B. Capítulo dos: La solicitud de Rut.

1. Rut va a recoger cebada, y en la providencia de Dios entra en un campo que pertenece a Booz, un pariente cercano de Elimelec (2:1-3). Booz era hijo de Rahab, la ex ramera de Jericó (Mt. 1:5).
2. Booz la vio y aparentemente se enamoró de ella. La trató con mucha consideración y ordenó a sus obreros hacer lo mismo (2:15, 16).
3. Rut regresa a casa con unas 30 libras (unos 15 kg) de grano de cebada e informa a Noemí de la amabilidad de Booz, quien inmediatamente se pone a planear una boda (2:19-23).

C. Capítulo tres: El descanso de Rut.

1. Noemí instruye a Rut para que vaya a la era donde suele pernoctar Booz para que asuma una posición a sus pies. Algunos han visto esto como un acto inmoral, pero nadie que conozca las costumbres de Israel y del antiguo mundo oriental sostendrá semejante afirmación. Según la ley hebrea Rut tenía el derecho de reclamar del familiar más cercano el cumplimiento de sus deberes como el pariente redentor. Mediante la acción que llevó a cabo Rut estaba haciendo exactamente eso. Booz entendió perfectamente su solicitud cuando le dijo: «... extiende el borde de tu capa sobre tu sierva, por cuanto eres pariente cercano» (3:9).

   A partir de este momento Booz dio los pasos necesarios para casarse con Rut. Esta costumbre se practica todavía hoy hasta cierto grado entre los árabes.
2. Booz entonces le explica a Rut por qué no le había propuesto antes que se casaran: «... hay pariente más cercano que yo» (3:12).
3. Rut volvió a casa e informó a Noemí de todo lo sucedido. Ella le da seguridades acerca de Booz con las siguientes palabras:

   «Entonces Noemí dijo: Espérate, hija mía, hasta que sepas cómo se resuelve el asunto; porque aquel hombre no descansará hasta que concluya el asunto hoy» (3:18).

D. Capítulo cuatro: La cosecha de Rut.

1. Booz solicitó una reunión de los ancianos de la ciudad para determinar si el familiar más cercano (que podía ser un hermano de Elimelec) estaba dispuesto a redimir o no (4:1-4).

   Nota: A Booz se le pararía el corazón cuando oyó decir a aquel pariente: «Yo redimiré» (4:4). Pero Booz continuó razonando:

   > «Entonces replicó Booz: El mismo día que compres las tierras de mano de Noemí, debes también tomar a Rut la moabita, mujer del difunto, para que restaures el nombre del muerto sobre su posesión» (4:5).

   Con gran alivio y, sin duda, con una oración de gratitud a Dios, Booz le escuchó concluir al pariente más cercano, diciendo:

   > «Y respondió el pariente: No puedo redimir para mí, no sea que dañé mi heredad. Redime tú, usando de mi derecho, porque yo no podré redimir» (4:6).

2. Ya no quedaba duda sobre el asunto. Booz podría ahora casarse con Rut. Para confirmar la decisión los dos hombres se intercambiaron un zapato. Era la costumbre de este tiempo en Israel que mediante este acto de quitarse una sandalia, un hombre confirmaba su voluntad de transferir a otro su derecho de compra. Esto validaba públicamente la transacción (4:7-10).
3. A su debido tiempo Dios dio a Booz y a Rut un hijo que llamaron Obed. Obed creció y engendró a Isaí, quien a su vez tuvo un hijo llamado David. Resultando que esta moabita, que una vez fue pagana, se transformó en la bisabuela del rey David e y fue incluida así en la genealogía de nuestro Señor Jesucristo (Mt. 1:5). Este es otro de los ejemplos más emocionantes de la gracia que aparecen en la Biblia.

VI. Ana: una madre dedicada (1 S. 1:1—2:11, 18-21).

A. El relato comienza con la escena de una mujer estéril que llora y ora en el altar del tabernáculo en Silo. Se llamaba Ana. Podemos leer su oración en 1 Samuel 1:11.

   Observamos varios factores en su petición:

1. Parte de la aflicción de Ana era debido a la burla constante a que la sometía Penina, la otra mujer de su esposo (1:6). Dios nunca aprobó la poligamia porque siempre produjo dolor y frustración. (véanse Gn. 21:9-11; 30:1.)
2. El doctor John Davis escribe en relación con la oración de Ana:

   > «Oró con gran amargura de alma y la esencia de su oración está recogida en unas pocas palabras del versículo 11: "y te acordares de mí...". Estas palabras nos son familiares. Nos traen a la memoria la oración simple de Sansón que encontramos en Jueces 16:28. Ciego e impotente, clamó a su Dios y le pidió: "Acuérdate ahora de mí."
   >
   > También la encontramos en los labios de un hombre que estaba siendo crucificado en el Calvario. Uno de los malhechores que crucificaban al lado de Jesús mirándole con fe, dijo: "Acuérdate de mí cuando vengas en tu reino"» (Lc. 23:42). (*Conquest and Crisis.*)

3. Ana promete que si recibe un hijo lo criará como un nazareo. De esta manera su hijo Samuel se convirtió en uno de los tres nazareos que encontramos en la Biblia. Los otros dos fueron Sansón (Jue. 13) y Juan el Bautista (Lc. 1).
4. En su agonía de alma, Ana mueve los labios cuando está orando pero no produce sonidos audibles, lo que causa que el sumo sacerdote Elí (que la estaba observando sin ser visto) piense que está embriagada (1:12, 13).

B. Cuando Ana es reprendida por su supuesta embriaguez niega inmediatamente la acusación y comparte con Elí la verdadera naturaleza de su congoja. El anciano sacerdote le asegura entonces que Dios contestará en verdad su oración (1:14-18).

C. En el curso del tiempo Dios «recuerda» a Ana (comparar con Gn. 8:1) dándole un hijo a quien pone por nombre Samuel. Cuando lo destetó (probablemente no antes de los dos años de edad) lo llevó a Elí para dedicarlo a Dios (1 S. 1:26-28).

D. Después de la dedicación, Ana canta un bellísimo himno de alabanza que es la base del canto de María que encontramos en Lucas 1:46-55. (Véase 1 S. 2:1-11.)

VII. Elí: un sacerdote indisciplinado (1 S. 2:12-17, 22-36; 4:1-22).

A. Se introduce ahora una nota triste a causa de los

Capítulo uno
LA RENUNCIA DE RUT

- Un hombre de Belén llamado Elimelec, junto con su esposa Noemí y sus dos hijos, se trasladaron a Moab en un tiempo de hambre.
- Los hijos se casaron con dos jóvenes moabitas, pero el padre y los hijos fallecieron, dejando tres mujeres viudas.
- Noemí retorna A belén acompañada por Rut, una de sus nueras, quien había renunciado a sus dioses moabitas por el Dios verdadero de Israel.

Capítulo dos
LA SOLICITUD DE RUT

- En la providencia de Dios, Rut acierta a entrar a recoger cebada en el campo propiedad de un pariente cercano de Elimelec.
- En su primer encuentro, Booz se enamora de Rut.
- Al enterarse, Noemí empieza a planear la boda.

Capítulo tres
LA COSECHA DE RUT

- Noemí conuoca a Rut para que vaya y le reclame a Booz que cumpla con sus deberes de pariente redentor.
- Booz se muestra entusiasmado con la solicitud de Rut, pero le dice que hay otro pariente más cercano que tiene más derecho que él.
- Rut vuelve a casa con Noemí y deja todo el asunto en las manos de Dios.

Capítulo cuatro
EL GOZO DE RUT

- Booz arregla una reunión con el pariente más cercano que debe redimir.
- Al enterarse de toda la situación, él decide retirarse y permitir que Booz contraiga la responsabilidad de redimir y casarse con Rut.
- Rut le dio a Booz un hijo varón a quien le pusieron el nombre de Obed.

LA SANTA ENTRISTECIDA QUE CANTA

ANA

SU DOLOR 1 SAMUEL 1:1-19

- Ana era una mujer estéril y ridiculizada.
- Incluso su ferviente oración en el templo fue mal interpretada por el sacerdote Elí.
- Le promete a Dios que si le da un hijo lo criará como nazareo.
- Dios la tranquiliza por medio de Elí.

SU CÁNTICO 1 SAMUEL 1—2

- Ana da a luz a Samuel.
- Nada más destetarlo, lo lleva a Elí y lo deja con él para el servicio a Dios en el templo.
- Canta un himno de alabanza a Dios porque:
  1. Bendice al pobre y humilde por encima del rico y orgulloso.
  2. Guarda los pies de los santos.
  3. Juzga rectamente la tierra
- En su cántico pronuncia una profecía mesiánica: «Dará poder a su Rey, y exaltará el poderío de su Ungido» **(2:10).**
- Ana tuvo después cinco hijos más, tres niños y dos niñas **(1 S. 1:20—2:11, 18-21).**

sacerdotes que eran hijos de Elí. Según el relato sagrado:

1. Eran hombres impíos (no salvos) (2:12).
2. No tenían conocimiento de Dios (literalmente «hijos de Belial») (2:12).
3. Robaban de las ofrendas a Dios (2:14).
4. Intimidaban a los fieles que iban al tabernáculo a ofrecer sacrificios (2:14-16).
5. Cometían actos de adulterio en el mismo tabernáculo (2:22).
6. Causaban que el pueblo de Dios pecara (2:17, 24).

B. Elí intenta corregir a sus hijos reprendiéndoles por su mala conducta, pero ellos continúan impasibles en sus malos caminos (2:22-25).

C. Elí es advertido por un desconocido profeta de Dios acerca de las siguientes cosas:

1. Que sus dos malvados hijos morirían en el mismo día (2:34).
2. Que Dios se buscaría un sacerdote fiel (2:35). Nota: ha habido algo de especulación en relación con la identidad de este «sacerdote fiel». Examinemos brevemente este asunto:
3. Dios originalmente instituyó el sacerdocio a través de Aarón, quien era un descendiente de Leví (Ex. 28:43; 29:9).
4. Aarón tuvo cuatro hijos. Dos fueron matados por Dios a causa de su iniquidad (Lv. 10). Los otros dos fueron Eleazar e Itamar. La línea de los sumos sacerdotes tenía que continuarse aparentemente por medio de Eleazar, pues a su muerte su hijo Finees le sucedió en el sacerdocio (Nm. 25:11-13).
5. Sin embargo, por alguna razón que no se explica, el sacerdocio se cambió de la descendencia de Eleazar a la de Itamar en la persona de Elí.
6. Algunos estudiantes de la Biblia creen que 1 Samuel 2:35 es una referencia a Sadoc, de la línea de Eleazar, quien sería más tarde un fiel consejero espiritual del rey David (1 R. 1:7, 8). Esta profecía también indica que nunca faltaría un descendiente de Sadoc para acompañar a los reyes ungidos de Dios. Los sacerdotes de la línea de Sadoc ministrarían con Cristo en el templo milenario (Ez. 43:19; 44:15; 48:11).

D. Dios se revela al joven Samuel una noche cuando descansaba en su cama en el templo. Lo principal del mensaje divino tenía que ver con el futuro juicio de la casa de Elí. A la mañana siguiente Samuel lo comparte renuentemente con Elí (3:1-18).

E. Samuel es ahora elevado por Dios al oficio de profeta (3:19-21).

F. Después de esto Israel es derrotado completamente por los filisteos. Durante la batalla, los filisteos se apoderan del arca del pacto y matan a Ofni y a Finees, los dos hijos de Elí (4:1-11).

G. Las trágicas noticias llegan a Silo, lo que resulta en el fallecimiento de Elí y la total desesperación de su nuera (1 S. 4:14, 18-22).

VIII. Unos filisteos frustrados (1 S. 5—6).

A. La captura del arca del pacto por filisteos resultó ser para ellos una maldición en dondequiera que la llevaban.

1. En Asdod destruyó la estatua del dios-ídolo Dagón e hirió al pueblo con tumores (5:1-7).
2. En Gat causó también gran destrucción y tumores parecidos (5:8,9).
3. En Ecrón hubo también temor, consternación y tumores (5:10).

Nota: El doctor John Davis escribe lo siguiente en relación con las varias plagas que sufrieron los filisteos:

«Muchos piensan que esta es una referencia a la peste bubónica. Lo infieren de la mención de tumores y ratones (posible-

ELÍ

UN SACERDOTE INDISCIPLINADO

LOS PECADOS DE SUS HIJOS

No eran salvos **(1 S. 2:12).**
Tenían a Belial como el verdadero Dios **(2:12).**
Robaban de las ofrendas a Dios **(2:14).**
Intimidaban al pueblo de Dios **(2:14-16).**
Cometían actos de adulterio en el mismo tabernáculo **(2:22).**
Hacían pecar al pueblo de Dios **(2:17, 24).**

AMONESTACIONES A SUS HIJOS

De Dios mediante un profeta desconocido **(2:34).**
De Dios por medio del joven Samuel **(3:1-18).**

LA MUERTE DE SUS HIJOS

Israel es derrotado por los filisteos **(1 S. 4:1-10).**
El arca del pacto queda en poder del enemigo **(4:11).**
Matan a los hijos de Elí **(4:11).**
Al enterarse Elí de estas noticias, cae de su silla y fallece **(4:12-18).**
Su nuera fallece al dar a luz un hijo, pero antes de morir le pone al niño el nombre de Icabod **(4:19-22).**

mente ratas) que "destruyen la tierra" (6:4, 5).» (*Conquest and Crisis.*)

B. Los filisteos colocaron el arca en un carro de madera nuevo arrastrado por dos vacas y también pusieron en él cinco ratones de oro (6:1-11).

C. Luego llevaron el arca a un pueblo hebreo llamado Bet-semes, donde fue recibido primero con gran regocijo y posteriormente produjo gran tristeza, pues algunos hombres necios miraron dentro del arca y esto trajo el castigo divino sobre ellos (6:12-19).

D. El arca es entonces llevada de Bet-semes a otro pueblo israelita llamado Quiriat-jearim. Aquí permanecería durante veinte años (7:1, 2).

IX. Samuel: un predicador ambulante (1 S. 7).

«Y Samuel creció, y Jehová estaba con él, y no dejó caer a tierra ninguna de sus palabras. Y todo Israel, desde Dan hasta Beerseba, conoció que Samuel era fiel profeta de Jehová. Y Jehová volvió a aparecer en Silo; porque Jehová se manifestó a Samuel en Silo...» (1 S. 3:19-21).

A. En este momento Samuel, el gran profeta y sacerdote, reunió a Israel en Mizpa (otro pueblo de Palestina) para un gran avivamiento espiritual (7:3-6).

B. Cuando los filisteos se enteraron de esta reunión, movilizaron su ejército y se prepararon para atacar. Ante el clamor de Samuel, Dios interviene y los filisteos son ahuyentados y derrotados (7:7-14).

«Así fueron sometidos los filisteos, y no volvieron más a entrar en el territorio de Israel; y la mano de Jehová estuvo contra los filisteos todos los días de Samuel» (7:13).

«Y juzgó Samuel a Israel todo el tiempo que vivió. Y todos los años iba y daba vuelta a Betel, a Gilgal y a Mizpa, y juzgaba a Israel en todos estos lugares. Después volvía a Ramá, porque allí estaba su casa, y allí juzgaba a Israel; y edificó allí un altar a Jehová» (7:15-17).

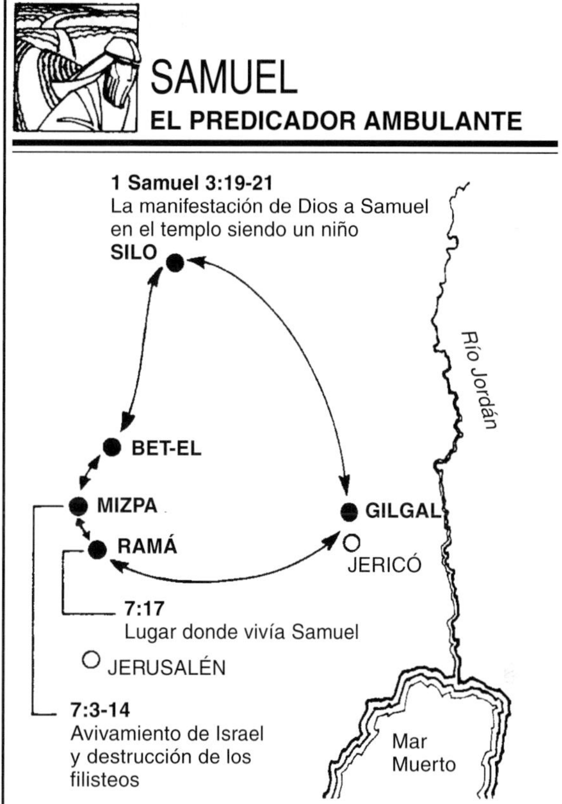

«Y juzgó Samuel a Israel todo el tiempo que vivió. Y todos los años iba y daba vuelta a Bet-el, a Gilgal y a Mizpa, y juzgaba a Israel en todos estos lugares. Después volvía a Ramá, porque allí estaba su casa, y allí juzgaba a Israel; y edificó allí un altar a Jehová» **(1 S. 7:15-17).**

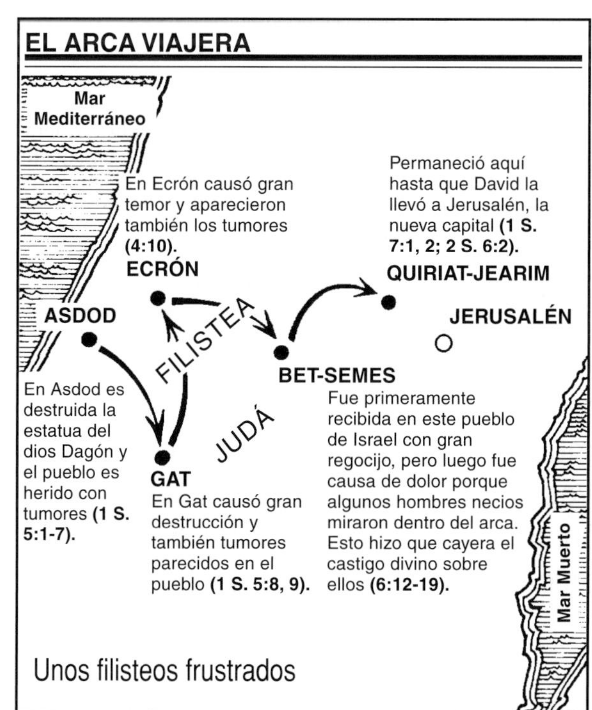

LA ETAPA DEL REINO UNIDO

INTRODUCCIÓN A LA ETAPA DEL REINO UNIDO (1 de Samuel 8—31; 2 de Samuel; 1 de Reyes 1—11; 1 de Crónicas; 2 de Crónicas 1—9; Salmos; Proverbios; Eclesiastés; Cantar de los Cantares)

1. Esta etapa, que cubre un período de unos 120 años aproximadamente, registra la historia de los tres primeros reyes de Israel, cada uno de los cuales reinó durante cuarenta años. Los reyes son Saúl, David y Salomón.
2. La mayor parte de los bellísimos himnos y proverbios de Israel fueron compuestos durante este período. Esto incluye los Salmos, Proverbios, Cantar de los Cantares de Salomón y Eclesiastés.
3. Esta etapa comienza con la elección de un rey (Saúl, 1 S. 9) y termina con el rechazo de otro rey (Roboam, 1 R. 12).
4. Incluye la visita a la adivina de Endor (1 S. 28) y la visita de la reina de Sabá (1 R. 10).
5. Leemos acerca de la muerte de dos bebés. El primero (2 S. 12) nos habla de las consecuencias del pecado, mientras que el segundo (1 R. 3) es una muestra de la sabiduría de Salomón.

   «Entonces dijo David a Natán: Pequé contra Jehová. Y Natán dijo a David: También Jehová ha remitido tu pecado; no morirás. Mas por cuanto con este asunto hiciste blasfemar a los enemigos de Jehová, el hijo que te ha nacido ciertamente morirá» (2 S. 12:13, 14).

   «En seguida el rey dijo: Partid por medio al niño vivo, y dad la mitad a la una, y la otra mitad a la otra. Entonces la mujer de quien era el hijo vivo, habló al rey (porque sus entrañas se le conmovieron por su hijo), y dijo: ¡Ah, señor mío! dad a ésta el niño vivo, y no lo matéis. Mas la otra dijo: Ni a mí ni a ti, partidlo. Entonces el rey respondió y dijo: Dad a aquélla el hijo vivo, y no lo matéis; ella es su madre. Y todo Israel oyó aquel juicio que había dado el rey; y temieron al rey, porque vieron que había en él sabiduría de Dios para juzgar» (1 R. 3:25-28).
6. Durante este tiempo se libera una ciudad (1 S. 11), se les perdona la vida a unos animales (1 S. 15), y se mata a un gigante (1 S. 17).
7. Se habla de un profeta que no le tiene miedo al rey (Natán, 2 S. 12), y de un sacerdote fiel (Sadoc, 2 S. 15).
8. El arca del pacto es llevada en dos ocasiones a Jerusalén, una vez durante una celebración (2 S. 6), y la otra durante una revolución (2 S. 15).

   «Así David y toda la casa de Israel conducían el arca de Jehová con júbilo y sonido de trompeta. Metieron, pues, el arca de Jehová, y la pusieron en su lugar en medio de una tienda que David le había levantado; y sacrificó David holocaustos y ofrendas de paz delante de Jehová» (2 S. 6:15, 17).

   «Entonces David dijo a todos sus siervos que estaban con él en Jerusalén: Levantaos y huyamos, porque no podremos escapar delante de Absalón; daos prisa a partir, no sea que apresurándose él nos alcance, y arroje el mal sobre nosotros, y hiera la ciudad a filo de espada. Y he aquí, también iba Sadoc, y con él todos los levitas que llevaban el arca del pacto de Dios; y asentaron el arca del pacto de Dios. Y subió Abiatar después que todo el pueblo hubo acabado de salir de la ciudad. Pero dijo el rey a Sadoc: Vuelve el arca de Dios a la ciudad. Si yo hallare gracia ante los ojos de Jehová, él hará que vuelva, y me dejará verla y a su tabernáculo» (2 S. 15:14, 24, 25).
9. Una hermana es violada (2 S. 13) y un hijo muere colgado de la rama de un árbol (2 S. 18).
10. El hijo de un hombre (Jonatán) protege al joven David de la ira de su padre (Saúl, 1 S. 20).
11. Una ciudad pagana se convierte en la ciudad santa (2 S. 5).

   «Entonces marchó el rey con sus hombres a Jerusalén contra los jebuseos que moraban en aquella tierra; los cuales hablaron a David, diciendo: Tú

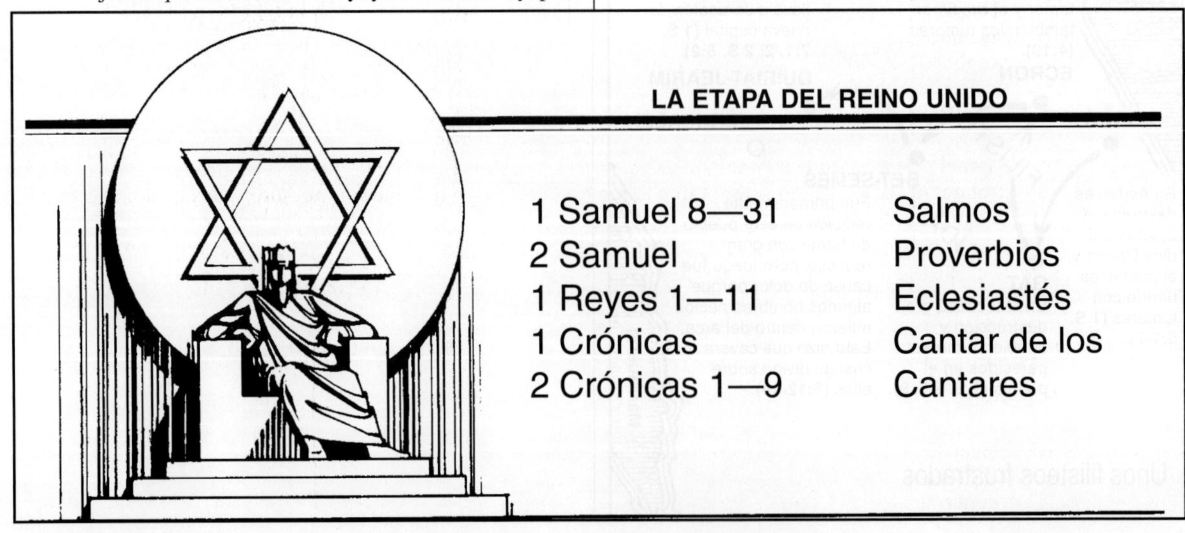

no entrarás acá, pues aun los cojos y los ciegos te echarán (queriendo decir: David no puede entrar acá). Pero David tomó la fortaleza de Sion, la cual es la ciudad de David. Y dijo David aquel día. Todo el que hiera a los jebuseos, suba por el canal y hiera a los cojos y ciegos aborrecidos del alma de David. Por esto se dijo: Ciego ni cojo no entrará en la casa» (2 S. 5:6-8).

12. Salomón es instruido (1 R. 2) y el templo es edificado (1 R. 6).

LA ETAPA DEL REINO UNIDO

«Y Jehová dijo a Samuel: Oye su voz, y pon rey sobre ellos...» (1 S. 8:22).

Los reyes de esta etapa

I. Saúl, primer rey de Israel.
  A. La elección de Saúl.
    1. Las circunstancias que llevaron a su elección.
      a. Los ancianos de Israel se reunieron en Ramá y demandaron que Samuel les nombrara un rey (8:3-20).
      b. A Samuel no le agradó la idea y les advierte de las muchas desventajas de tener un rey (8:11-18).
      c. Dios, sin embargo, le informa a Samuel acerca de su decisión de darle a Israel un rey, y que podrá ver al nuevo líder a la puerta de su casa dentro de veinticuatro horas (1 S. 9:16).
      d. Saúl sin saberlo cumple la profecía al día siguiente cuando aparece buscando la ayuda de Samuel para localizar unos animales extraviados (1 S. 9:18-20).
    2. La cronología de la elección.
      a. Es ungido en privado por Samuel en Ramá (10:1).
      b. Es reconocido públicamente por Samuel en Mizpa (10:24).
      Nota: En este tiempo Saúl era un hombre verdaderamente humilde. No se sentía digno de ser rey (9:21) y en realidad tuvieron que sacarlo de donde se había escondido para que Samuel lo proclamara oficialmente rey (10:21).
    3. La confirmación de su elección.
      a. Después del acto de su proclamación como rey, Saúl vuelve a su casa en Gabaa (10:26).
      b. Más tarde moviliza un ejército de 330.000 hombres para liberar a Jabes de Galaad, una ciudad israelita cercada por un enemigo cruel. Esta acción deja constancia de su habilidad para dirigir el reino (11:8-15).
      c. Samuel después reúne a Israel en Gilgal y pronuncia allí su último sermón que tenemos registrado en las Escrituras.
        (1) Les advierte tanto al pueblo como al rey sobre la insensatez de desobedecer a Dios (12:25).
        (2) Dios corrobora la amonestación de Samuel mediante un milagro de truenos y lluvia (12:18).
  B. El rechazo de Saúl (1 S. 13:1—15:9). Lo causó él mismo:
    1. Al ofrecer el sacrificio que sólo un sacerdote podía llevar a cabo (13:9).
    2. Al ordenar la muerte de su propio hijo. Saúl había mandado neciamente que ningún soldado tomara alimento hasta que los filisteos no fueran derrotados. Su hijo Jonatán, ignorante de dicha orden, había tomado un poco de miel. El pueblo, no obstante, rehusó cumplir la orden de Saúl y de esta manera salvó la vida de Jonatán (14:45). Dios salvó a Israel aquel día a pesar de la necedad de Saúl, y lo hizo mediante tres cosas:
      a. El plan de guerra de Jonatán y su valor personal (14:6).
      b. Mediante un terremoto (14:15).
      c. El pánico entre las tropas filisteas (14:19).
    3. Desobedeciendo el mandamiento de Dios de destruir por completo a un rey pagano llamado Agag y a su ciudad (15:9). Este evento fue muy significativo porque:
      a. Marcó el rechazó total de Saúl por parte de Dios (15:11).
      b. Ilustró un gran principio bíblico. Cuando Saúl quiso justificarse débilmente por no haber matado a los animales como se le había instruido, sino reservarlos para ser sacrificados a Dios, escuchó la fuerte reprensión de Samuel:

        «Y Samuel dijo: ¿Se complace Jehová tanto en los holocaustos y víctimas, como en que se obedezca a las palabras de Jehová? Ciertamente el obedecer es mejor que los sacrificios, y el prestar atención que la grosura de los carneros. Porque como pecado de adivinación es la rebelión, y como ídolos e idolatría la obstinación. Por cuanto tú desechaste la palabra de Jehová, él también te ha desechado para que no seas rey» (1 S. 15:22, 23).

        En otras palabras, es mejor obedecer que ofrecer sacrificios por nuestros pecados, porque, en primer lugar, cuando obedecemos a Dios no tenemos necesidad de ofrecer sacrificios. Es, pues, mucho mejor aplicar el principio que se establece en Efesios 6:13 que el que encontramos en 1 de Juan 1:9.
      c. Esta fue la última vez en su vida que Saúl vio a Samuel (15:35).

II. David, el mejor rey de Israel (1 S. 16—1 S. 31; 1 Cr. 11—29).
  A. David el pastor (1 S. 16:1-13).
    1. Dios pide a Samuel que vaya a Belén, a la casa de Isaí, para ungir a uno de sus ocho hijos como rey de Israel.
    2. Samuel es además advertido de: «No mires a su parecer, ni a lo grande de su estatura, porque yo lo desecho; porque Jehová no mira lo que mira el hombre; pues el hombre mira lo que está delante de sus ojos, pero Jehová mira el corazón» (16:7).
    3. Después de ser rechazados los siete primeros hijos, David es traído de donde estaba apacentando las ovejas y es ungido por Samuel (16:11-13).
  B. David el cantor (1 S. 16:14-23).
    1. A partir de este momento el rey Saúl es atormentado por un espíritu malo.
    2. La fama que David tenía de tocar bien el arpa hace que el rey Saúl le pida que toque para él, a lo que David accede gustosamente.

3. La bella música de David ayuda bastante al atormentado Saúl.

C. David el soldado (1 S. 17).

1. Isaí envía a David con algo de alimento para sus hermanos que sirven como soldados en el ejército de Saúl.
2. Israel en este tiempo estaba en guerra contra los filisteos.
3. Nada más llegar, David ve a un gigantesco guerrero filisteo que llevaba cuarenta días (17:16) insultando y desafiando al ejército israelita y a su Dios, retándoles a que enviaran a un soldado a pelear con él y aquello determinaría quien ganaba la batalla. Goliat era el nombre de aquel gigante, que medía como 10 pies (unos 3 m) de altura, llevaba un casco de bronce que pesaba unas 121 libras (aproximadamente 55 kg), e iba armado con una lanza gruesa como un rodillo de telar cuya punta de hierro pesaba más de 25 libras (unos 11 kg).
4. David aceptó el reto y armado simplemente con su honda de pastor, mató al gigante clavándole una piedra en la frente.

D. David el centro de atención (1 S. 18—31).

1. Ahora comienza su gran amistad de toda la vida con Jonatán, el hijo de Saúl (1 S. 18:1-4).
2. Es nombrado para un cargo importante en el ejército de Saúl (1 S. 18:5).
3. Recibe los elogios de las mujeres de Israel por matar a Goliat (1 S. 18: 6, 7). Estas mujeres cantan diciendo: «Saúl hirió a sus miles, y David a sus diez miles.» Aparentemente los filisteos supieron después acerca de este canto. (Véanse 1 S. 21:11; 29:5.)
4. Incurre en la ira de Saúl (1 S. 18:8).
5. El rey intenta por primera vez matar a David (1 S. 18:11).
6. Es degradado a un cargo menor en el ejército de Saúl (1 S. 18:13).
7. Saúl procura que los filisteos maten a David prometiéndole falsamente que le dará su hija en matrimonio si derrota al enemigo (1 S. 18:19).
8. Le promete después su segunda hija, Mical, si mata a 100 filisteos. David sale con sus hombres y mata a 200 (1 S. 18:20-27).
9. David se casa con Mical, la primera de sus muchas mujeres (1 S. 18:27, 28).
10. Saúl intenta matarlo de nuevo con una lanza (1 S. 19:10).
11. David escapa del siguiente intento de asesinato al descolgarse por la ventana de su propio dormitorio con la ayuda de Mical (1 S. 19:12).
12. David va hasta Ramá e informa a Samuel de lo que le sucede con Saúl (1 S. 19:18).
13. Jonatán avisa a David sobre los renovados esfuerzos de su padre para matarle (1 S. 20:18-22; 35-42).
14. David huye a Nob y, después de mentir al sacerdote Ahimelec acerca de la razón de su visita, recibe de él pan y una espada (1 S. 21:1-9).
15. Después se traslada a la ciudad filistea de Gat y ante el rey Aquis finge estar loco (1 S. 21:10-15).
16. David convierte la cueva de Adulam en su cuartel general y empieza a reclutar su ejército de gente descontenta. Esta compañía estuvo compuesta en principio por 400 hombres (1 S. 22:1, 2).
17. Durante este tiempo tres de sus mejores soldados se filtraron entre las líneas enemigas para llevarle a David agua del pozo que estaba a la puerta del pueblo de Belén que él tanto había deseado. David quedó tan impresionado por este gesto que rehusó beberla y la derramó como ofrenda a Dios (1 Cr. 11:16-19).
18. David se va después a Moab, pero Dios le manda que se vuelva a Palestina por medio del profeta Gad (1 S. 22:3-5). Dios ya había pasado por la experiencia de traer de vuelta de Moab a la bisabuela de David (Rut 1).
19. Un edomita depravado llamado Doeg delata a Ahimelec ante Saúl y, en consecuencia, el rey en su demencia ordena la matanza de los ochenta y cinco sacerdotes de Nob, simplemente porque Ahimelec le había dado pan a David (22:12-19).
20. Abiatar, el único hijo de Ahimelec que logró escapar de la sanguinaria matanza de los sacerdotes de Nob decretada por Saúl, es recibido por David (1 S. 22:20-23).
21. David salva de los filisteos a la ciudad israelita de Keila (1 S. 23:5).
22. Es avisado después por Dios para que huya de Keila porque aquellos volubles israelitas estaban dispuestos a entregarle en manos de Saúl (1 S. 23:10-12).
23. Su ejército está ahora compuesto de 600 hombres (1 S. 23:13).
24. Jonatán y David se entrevistan en el bosque de Hores y renuevan su amistad (1 S. 23:16-18).
25. Saúl cerca a David en el desierto de Maón, pero al recibir noticias de una invasión filistea se ve forzado a marchar y dejarlo escapar (1 S. 23:26-28).
26. David le perdona la vida a Saúl en una cueva en el desierto de En-gadi. Le cortó un pedazo de su capa cuando podía haberle cortado la cabeza (1 S. 24:1-15).
27. Inmediatamente le remordió la conciencia a David por esta desconsideración (1 S. 24:5). Este sentimiento de haber hecho algo incorrecto lo tuvo David al menos en otras dos ocasiones:
    a. Después de su pecado con Betsabé (2 S. 12:13).
    b. Después de haber censado al pueblo de Israel (2 S. 24:10). (El Salmo 7 fue quizá escrito en este tiempo.)
28. Saúl reconoció tanto su necedad como el hecho de que sabía que Dios había escogido a David para ser rey de Israel (1 S. 24:16-22).
29. David se casa con Abigail, su segunda mujer. Ella era la viuda de un pastor de Judá, rico y arrogante, que había rehusado ayudar a David en tiempo de necesidad, y por esta razón fue matado por el Señor diez días después (25:1-42). (Poco antes de esto había fallecido Samuel y había sido enterrado en Ramá.)
30. David tomó a Ahinoam como su tercera mujer (1 S. 25:43). Nota: Mical, su primera mujer, hija de Saúl, fue entregada por el padre a otro hombre (25:44). Ahinoam daría a luz más tarde a Amnón (2 S. 3:2).
31. David perdona la vida a Saúl por segunda vez en los montes del desierto de Sif. Para poder

probárselo a Saúl, ordena a uno de sus hombres que le quite al rey la lanza y la vasija de agua mientras está durmiendo (1 S. 26:1-16).

32. Saúl reconoce una vez más su maldad y promete que no atentará más contra la vida de David (1 S. 16:17-24). Nota: parece que el malvado y frustrado rey cumplió esta vez su palabra.
33. David se pasa a territorio enemigo trasladándose a la ciudad filistea de Siclag (1 S. 27:1).
34. En este tiempo completa su ejército de soldados valientes y aguerridos. Estos hombres fueron conocidos por:
    a. Su fortaleza (1 Cr. 12:2, 8).
    b. Su percepción espiritual (1 Cr. 12:18).
35. Durante este tiempo, un período de dieciséis meses, David llevó a cabo numerosas salidas para atacar y saquear varias ciudades no israelitas; pero convenció al rey filisteo Aquis que eran en verdad ciudades hebreas (1 S. 27:8-12).
36. Saúl visita a la adivina de Endor en un intento desesperado de comunicarse con Samuel, que había fallecido, a fin de recibir consejo acerca de una temible amenaza militar filistea (1 S. 28:1-11).
37. Samuel aparece, aparte, por supuesto, de la acción de la adivina, y le predice a Saúl que sería derrotado y moriría en el campo de batalla al día siguiente (1 S. 28:12-25).

    Nota: La aparición de Samuel en esta ocasión ha causado mucha discusión entre los eruditos bíblicos y se han producido varios puntos de vista sobre la naturaleza precisa de este evento. Son como sigue:

    a. «La aparición de Samuel no fue literal, sino simplemente el producto de impresiones psicológicas. Según esta interpretación, la mujer se había permitido quedar emocionalmente involucrada y psicológicamente identificada con el profeta, de manera que estaba convencida de que él realmente había aparecido cuando fue llamado. Dos objeciones han sido formuladas contra este punto de vista. La primera es derivada del versículo 12, que indica que cuando Samuel apareció la médium gritó, aparentemente sorprendida o espantada de su aparición. Ese no habría sido el caso si ella hubiera estado simplemente buscando una visión producida por una «excitación psicológica». Segundo, la lectura general del texto nos lleva a la conclusión de que no solamente la mujer habló con Samuel, sino que Saúl también lo hizo (1 S. 28:15).
    b. Un demonio o el mismo Satanás personificó a Samuel. Aquellos que sostienen este punto de vista defienden la idea de que la forma visible del Samuel que apareció era en realidad una simple personificación de él. Muchos que apoyan esta interpretación razonan diciendo que Dios no permitiría que una mujer de esta clase perturbara el descanso de uno de sus siervos. Todo el asunto es, por tanto, considerado como un engaño satánico de Saúl. Los defensores de este punto de vista nos recuerdan que Satanás puede presentarse como "un ángel de luz" (2 Co. 11:14) y, en consecuencia, tiene la capacidad de llevar a cabo esta clase de fraudes. Al evaluar esta interpretación debe señalarse que todo el contexto nos lleva a la conclusión de que fue realmente Samuel y no una personificación lo que apareció. Aunque es cierto que Satanás puede producir tales engaños, es muy dudoso que él tuviera el conocimiento profético necesario para revelar a Saúl lo que se augura en este capítulo. Además, si fuera un demonio o espíritu maligno es improbable que hubiera dado la predicción que encontramos en este pasaje. Lo más probable, a la luz del carácter piadoso de David y de la impiedad de Saúl, es que el poder demoníaco hubiera adulado a Saúl con una profecía positiva.
    c. Todo el asunto fue un engaño deliberado practicado con Saúl. La adivina no vio a Samuel, sino que engañó a Saúl haciéndole creer que su voz o la de algún otro era la de Samuel. Los que sostienen esta interpretación señalan que sólo la mujer vio a Samuel y comunicó sus palabras. Saúl no vio ni oyó nada. Varias objeciones se han hecho contra este punto de vista. En primer lugar, la Biblia no dice que fue la mujer la que informó de las palabras de Samuel; por el contrario, dice bien claramente que Samuel habló directamente con Saúl. La declaración de Orr de que el rey "ni vio ni escuchó nada" está en conflicto directo con la lectura obvia del texto (cp. v. 15ss.). Es también muy dudoso el que ella fuera capaz de predecir el resultado de la batalla y augurar específicamente la muerte de los hijos de Saúl. Es muy improbable también el que ella diera una predicción así a alguien que obviamente era del campo israelita.
    d. El punto de vista más popular y el que es sostenido por la mayoría de los comentaristas ortodoxos es que esta fue una aparición auténtica de Samuel permitida y realizada por Dios mismo. Está a favor de esta interpretación la lectura del pasaje de 1 Crónicas 10:13 en la Septuaginta, que dice: "Saúl solicitó el consejo de una mujer que evocaba a los muertos, y Samuel le respondió a él." Además, el hecho de que ella gritara cuando vio a Samuel indica que realmente no fue ella quien lo trajo y que no esperaba que apareciera de aquella manera; y el hecho de que Saúl se inclinara hasta el suelo y lo reverenciara es una indicación adicional de que fue una aparición real de Samuel. Es muy dudoso que él habría reaccionado así en base de una descripción verbal o de una falsa impresión. La declaración de Samuel en el versículo 15 no debe tenerse como una prueba del hecho de que fue la adivina de Endor o Saúl quienes le trajeron de vuelta de entre los muertos. ¿Cuál fue entonces el propósito de Dios al permitir esta aparición de Samuel? Este acto poco común de parte de Dios tenía el propósito de enfatizar el juicio

sobre Saúl y de mostrar el desagrado del Señor por esta búsqueda de la nigromante. Robert Jamieson sugiere tres razones más: (1) hacer del pecado de Saúl un instrumento para su castigo, (2) mostrar al mundo pagano la superioridad de Dios en la profecía, y (3) confirmar la creencia en un estado futuro después de la muerte. Moisés y Elías fueron otros dos hombres que aparecieron en la tierra después de muertos durante la transfiguración de Cristo (Mt. 17:3; Lc. 9:30, 31). Ellos, no obstante, aparecieron "rodeados de gloria", mientras que Samuel apareció con el manto que había llevado durante su vida en la tierra. Por tanto, la aparición de Samuel después de muerto fue en un sentido muy real un evento completamente único.» (John J. Davis, *The Birth of a Kingdom*, pp. 96-99.)

38. David neciamente se ofrece como voluntario para ir a pelear con los filisteos contra Israel en Jezreel. Pero los líderes filisteos no confían en él y rechazan su ofrecimiento (1 S. 29:1-11).
39. David venga el ataque inesperado de los amalecitas a Siclag, su adoptada ciudad filistea, persiguiéndoles y destruyéndoles por completo (1 S. 30:1-18).
40. Después de esta exitosa batalla David instituye una norma y práctica importante en Israel, que dice así:

    «... Porque conforme a la parte del que desciende a la batalla, así ha de ser la parte del que queda con el bagaje; les tocará parte igual» (1 S. 30:24).

41. Saúl es derrotado por los filisteos y queda mal herido. Decide quitarse la vida echándose sobre su espada para evitarse la tortura en manos de sus enemigos. Sus hijos, incluido Jonatán, mueren también en la batalla (31:1-7).

E. David el soberano (2 S. 1—10; 1 Cr. 11—19).

1. David se entera de la muerte de Saúl y Jonatán y llora por ellos en Siclag (2 S. 1:1-27). Ordena la ejecución de un soldado amalecita que intenta recibir el crédito por la muerte de Saúl.
2. Mandado por Dios, David regresa a Palestina y es ungido rey en Hebrón por los hombres de Judá. Este fue su segundo ungimiento (2 S. 2:1-4). David tiene ahora como treinta años y va a reinar sobre Judá durante los siguientes siete años y medio (2 S. 5:5).
3. Abner, general del ejército de Saúl, tomó a Is-boset, hijo de Saúl y lo hizo rey sobre las otras once tribus (2:8-10).
4. Joab buscó un encuentro con Abner y mató a muchos de sus hombres. Abner se ve forzado a matar a Asael, el hermano de Joab, en defensa propia (2:18-23).
5. Después de una larga guerra entre las casas de Saúl y de David, Abner rompe con Is-boset e intenta negociar con David (3:1, 21). David está de acuerdo en cooperar.
6. Joab se entera de ello y asesina a Abner (3:30).
7. David recupera en este tiempo a Mical, su primera esposa. Después, estando en Hebrón, se casa con cuatro mujeres más, teniendo un total de siete (2 S. 3:2-5; 1 Cr. 3:1-4). Y fue también en Hebrón que le nacieron tres hijos (de los muchos que tuvo), que posteriormente le causaron mucho dolor en su vida. Fueron:
    a. Amnón, quien después violó a su hermanastra Tamar (2 S. 13:1-14).
    b. Tamar (2 S. 13:1).
    c. Absalón, quien más tarde mataría a Amnón y conspiraría contra su padre, el rey (2 S. 13:28; 15:13, 14).
    d. Adonías, quien posteriormente trataría de hacerse con el trono cuando el anciano rey estaba muy debilitado (1 R. 1).
8. David se entera del brutal asesinato de Abner (el ex jefe del ejército de Saúl) a manos de Joab (general del ejército de David) y lo lamenta muy amargamente (2 S. 3:31-39). David nunca olvidaría este acto de sucia venganza de Joab contra Abner. Joab no paró aquí, porque Absalón, el hijo amado y pródigo de David, fue también asesinado por Joab (2 S. 18:14). La infamia de este crimen se acrecentaba por el hecho de que fue llevado a cabo en Hebrón que era una ciudad de refugio (véase

El rey Saúl: su ascenso y caída

ASCENSO

1 Samuel 8
Israel demanda un rey. Las razones fueron:
Samuel estaba envejeciendo.
Sus hijos no se portaban bien.
Israel quería ser como las demás naciones.

1 Samuel 9
Saúl es escogido por Samuel por indicación de Dios.
Saúl buscaba el consejo de Samuel en relación con unos animales extraviados. Samuel le comparte los planes de Dios.

1 Samuel 10
Samuel es ungido en Ramá y aclamado como rey en Mizpa.
Comienza en forma humilde y en cierta forma resistiéndose a reinar. Véanse 9:21; 10:22, 27; 11:12-15.

1 Samuel 11—12
Su liderazgo queda confirmado en la liberación de Jabes de Galaad.
Esta ciudad israelita estaba cercada por los amonitas. Saúl moviliza un ejército y libera la ciudad. Samuel le insta a que siempre sirva a Dios.

CAÍDA

Primer paso: Se entremete en la tarea de los sacerdotes **(1 S. 13).**
Segundo paso: Ordena la muerte de su propio hijo **(1 S. 14).**
Tercer paso: Perdonó a Agag, rey de Amalec, el enemigo de Dios **(1 S. 15).**
Cuarto paso: Es poseído por un espíritu malo **(1 S. 16:14; 18:10; 19:9).**
Quinto paso: Intenta matar a David **(1 S. 18:11, 21, 25; 19:1, 10, 15).**
Sexto paso: Maldice a su propio hijo e intenta matarlo **(1 S. 20:30-33).**
Séptimo paso: Mata a ochenta y cinco sacerdotes de Dios de la ciudad de Nob **(1 S. 22:17-19).**
Octavo paso: Acude a la adivina de Endor y muere en el campo de batalla **(1 S. 28, 31).**

Jos. 21:13). En estas ciudades ni siquiera el vengador de sangre tenía derecho a matar al homicida sin previo juicio (Nm. 35:22-25). Joab probablemente asesinó a Abner por dos razones:

a. Para vengar la muerte de su hermano Asael (2:23), aunque Abner lo había hecho en defensa propia.
b. Para proteger su posición como comandante en jefe del ejército de David.

Joab era el hijo de Sarvia, hermanastra de David (1 Cr. 2:16; 2 S. 17:25) y era, por tanto, su sobrino.

9. David venga el asesinato de Is-boset, el cuarto hijo de Saúl, ejecutando a sus dos asesinos (2 S. 4:9-12). Este fue un momento crítico, porque después de la muerte de Is-boset, nada podía impedir que David fuera rey de todo Israel. Mucha sangre se había derramado para lograr hacerse con el trono: ochenta y cinco sacerdotes, Saúl, Jonatán, un amalecita, Asael, muchos soldados israelitas, Abner, Is-boset y dos capitanes. David fue en verdad (aunque en aquellos momentos sin intención) un hombre sangriento. (Véase 1 Cr. 22:8.) ¡Cuán diferente sería el descendiente perfecto de David que derramaría su propia sangre para obtener su trono eterno! (Véase 1 P. 1:18, 19.)
10. David es ungido rey sobre todo Israel en Hebrón. Este sería su tercer ungimiento. Resultó en una fantástica celebración de tres días con la asistencia de casi 400.000 tropas de honor representando a todas las tribus de Israel (2 S. 5:1-5; 1 Cr. 12:23-40). Especialmente debieron ser de gran ayuda aquellos 200 principales de la tribu de Isacar que «eran entendidos en los tiempos, y sabían lo que Israel debía hacer» (1 Cr. 12:32).
11. David seguidamente se apodera de la ciudad de Jerusalén y la convierte en su capital permanente. Expande su reino, contrata a Hiram, rey de Tiro, para que le construya su palacio, y se hace con más esposas y concubinas (5:6-16).
12. Vence dos veces a los filisteos en este tiempo. En ambas ocasiones las victorias fueron de Dios (2 S. 5:17-25).
13. David se propone llevar a Jerusalén el arca del pacto de Jehová (2 S. 6:1-19; 1 Cr. 13:1-14; 15:1—16:43).
    a. Su método de transportar el arca desagrada a Dios y resulta en la muerte de un hombre llamado Uza y causa un retraso de tres meses (2 S. 6:3, 7, 11).
    b. Finalmente, con mucho regocijo, música y danza, el arca entra en la ciudad. La historia del arca hasta este momento es como sigue:
        (1) Dios le mandó a Moisés que la hiciera (Ex. 25:10-22).
        (2) Fue transportada junto con el resto del mobiliario del tabernáculo durante los cuarenta años de peregrinación por el desierto.
        (3) El tabernáculo fue establecido en Silo, la primera capital israelita, y allí quedó también el arca (Jos. 18:1).
        (4) Fue llevada en una ocasión al campo de batalla y cayó en manos de los filisteos (1 S. 4:11).
        (5) Pasó por varias ciudades filisteas como si fuera una papa caliente (1 S. 5).
        (6) Fue llevada a la ciudad de Bet-semes donde fue causa de una temible plaga (1 S. 6:19).
        (7) Después fue a parar a Quiriat-jearim donde permaneció por veinte años (1 S. 7:1, 2).
    c. David entonces «puso delante del arca de Jehová ministros de los levitas, para que recordasen y confesasen y loasen a Jehová Dios de Israel» (1 Cr. 16:4; 25:7). Este coro, compuesto de 288 voces, no hacía otra cosa que alabar y dar gracias a Jehová.
    d. David compuso para esta ocasión el primer salmo suyo que conocemos (1 Cr. 16:7-36).
14. Al llegar a casa es severamente censurado por su esposa Mical por la «exhibición emocional religiosa» que había hecho (2 S. 6:20-23).
15. Desea edificar un templo y se lo solicita al Señor, pero no le es permitido hacerlo (2 S. 7:17; 1 Cr. 17:4).
16. Dios establece con David lo que se ha dado en llamar el «pacto davídico» (2 S. 7:8-17). Este importante pacto declara que:
    a. David va a tener un hijo, todavía no nacido, que le sucederá en el trono y establecerá su reino.
    b. Este hijo (Salomón) edificaría el templo en vez de él.
    c. Jehová afirmaría para siempre el trono de su reino.
    d. El trono no le sería quitado a su hijo (Salomón) aunque sus pecados justificarían un escarmiento. (Véase Salmo 89:33-37.)
    e. La casa, el trono y el reino de David serían afirmados para siempre. (Véanse también Lc. 1:28-33; 68-75; Hch. 15:13-18.)
17. David responde elevando a Dios una bellísima oración de acción de gracias (2 S. 7:18-29).
18. Consolida su reino derrotando en rápida sucesión a los filisteos, los moabitas, los sirios y los edomitas (2 S. 8:1-14).
19. David busca a Mefi-boset, el hijo inválido de Jonatán, y se muestra bondadoso con él (2 S. 9:1-13).
20. Los amonitas menosprecian la amabilidad de David humillando a sus embajadores y son severamente castigados por ello (2 S. 10:1-19).

F. David el pecador (2 S. 11).

1. El indulgente rey desea a Betsabé, la esposa de Urías, uno de sus soldados, y yace con ella.
2. Betsabé queda embarazada y se lo hace saber a David.
3. Urías es sacado del campo de batalla con el pretexto de que vaya a estar con su mujer y así pueda más tarde creer que el hijo es suyo.
4. Urías aparentemente se da cuenta de la situación y rehusa cooperar.
5. En un acto de desesperación, David le envía de vuelta al campo de guerra con una carta sellada para Joab a fin de que propicie su muerte en la batalla.
6. Urías muere y David se casa con Betsabé.

La vida de DAVID

1. El pastor, 1 Samuel 16:1-13

1. David, el octavo hijo de Isaí, es sacado de un campo de ovejas cercano a Belén y llevado a la presencia de Samuel, quien lo unge por orden de Dios **(1 S. 16:1-12).**
2. El Espíritu de Jehová desciende sobre David **(1 S. 16:13).**

2. El cantor, 1 Samuel 16:14-23

1. El rey Saúl es asediado por un espíritu malo.
2. La bella música de David con el arpa ayuda a calmar al perturbado rey **(1 S. 16:14-25).**

3. El soldado, 1 Samuel 17:1-58

1. Un gigantesco guerrero filisteo llamado Goliat llevaba cuarenta días desafiando a los soldados de Israel **(17:16).**
2. Sin más armas que una honda y unas piedras David mata al gigante **(17:49).**

4. El centro de atención, 1 Samuel 18—31

1. Comienza su amistad de toda la vida con Jonatán **(18:1-4; 20:41, 42; 23:16-18).**
2. Su creciente popularidad provoca el celo enfermizo de Saúl, quien procura matarlo mediante:
   A. Jonatán **(cp. 18:5 con 18:13).**
   B. Intentos privados de quitarle la vida **(18:11, 21, 25; 19:1, 10, 15).**
   C. Engaños **(18:25-27).**
   D. Persecución abierta para atraparlo como a un animal salvaje **(23:15, 26; 24:2; 26:2, 17-20).**
3. Se casa con Mical, la primera de sus muchas mujeres **(18:27).**
4. Huye a la ciudad de Nob, y en su desesperación miente al sumo sacerdote que estaba allí **(21:1-9).**
5. Se va después a la ciudad filistea de Gat y allí finge locura **(21:10-15).**
6. Empieza a reunir una compañía de «descontentos espirituales» **(22:1, 2; 23:13).**
7. Se traslada a Moab pero Dios le ordena que vuelva a Judá **(22:3-5).**
8. Le perdona la vida a Saúl en dos ocasiones:
   A. En la cueva de En-gadi **(24:1-15).**
   B. En el desierto de Zif **(26:1-16).**
9. Se casa con su segunda esposa, una mujer viuda llamada Abigail **(25:1-42).**
10. De nuevo se pasa a territorio enemigo y se establece en la ciudad de Siclag **(27:1-6).**

5. El soberano, 1 Samuel 1—10; 1 Crónicas 11—19

1. Poco después de la muerte de Saúl, David se traslada por orden de Dios a Hebrón donde es ungido rey por los hombres de Judá **(2 S. 2:1-4).**
2. Después de una guerra de siete años, David triunfa sobre la casa de Saúl y es ungido rey por las doce tribus en Hebrón **(2 S. 3—5).**
3. Captura la ciudad de Jerusalén y la convierte en la nueva capital del reino **(2 S. 5:6-10).**
4. Seguidamente traslada el arca del pacto a Jerusalén **(2 S. 6:1-19; 1 Cr. 15—16).**
5. Desea edificar un templo a Dios, pero no le es permitido hacerlo **(2 S. 7:17; 1 Cr. 17:4).**
6. Dios establece con él el importantísimo pacto davídico **(2 S. 7:8-17; 1 Cr. 17:7-15).** Este pacto en esencia predice el reinado milenario de Cristo, la simiente de David, sobre la tierra algún día.
7. Busca a Mefi-boset, el hijo inválido de Jonatán, y se muestra bondadoso para con él **(2 S. 9:1-13).**

6. El pecador, 2 Samuel 11

1. David comete adulterio con Betsabé.
2. Arregla las cosas de modo que su esposo, Urías, muera en el campo de batalla **(2 S. 11).**

«... Jehová se ha buscado un varón conforme a su corazón...» **(1 S. 13:14)**

7. El afligido, 2 Samuel 12—21; 1 Crónicas 20, 21

1. El profeta Natán confronta a David en relación con este pecado y el rey lo reconoce **(2 S. 12:1-12; Sal. 32, 51).**
2. Dios le perdona, pero determina que debe pagar el cuádruple de lo que ha hecho. **(Cp. 12:5, 6 con 12:9-12.)** Esto significó:
   A. La muerte del bebé **(12:18).**
   B. La violación de su hija Tamar por su hermanastro Amnón **(13:14).**
   C. El asesinato de Amnón por su hermanastro Absalón, hijo también de David **(13:29).**
   D. La rebelión de Absalón contra su propio padre para arrebatarle el trono **(15—18).**

8. El estadista, 2 Samuel 21:1-14

1. Hubo hambre en Israel durante tres años a consecuencia de los pecados de Saúl cometidos contra los gabaonitas.
2. David detiene la plaga mediante negociación con los gabaonitas, quienes dicen que sólo se puede hacer justicia mediante la muerte de siete hijos culpables de Saúl **(2 S. 21:1-14)**.

9. El estadístico, 2 Samuel 24

1. David sucumbe a la tentación de Satanás de censar al pueblo de Israel **(1 Cr. 21:1-6).**
2. Dios envía una plaga, la cual es finalmente detenida cuando David levanta un altar a Jehová en la era de Arauna jebuseo **(2 S. 24:15-25; 1 Cr. 21:18-30).**

10. El patrocinador, 1 Crónicas 22—29

1. David preside un gran servicio de dedicación del futuro templo **(1 Cr. 22:5, 9, 10).**
2. El mismo contribuye con mucho dinero y ayuda a levantar muchas más ofrendas **(1 Cr. 29:4, 6, 7).**
3. Da a Salomón los planos y diseños que había recibido del Señor **(28:19).**
4. Eleva entonces a Dios una de las oraciones más bellas de toda la Escritura **(29:10-19).**

11. El escritor, 2 Samuel 22:1; 23:1-3

David escribe más de la mitad de los salmos que tenemos en las Escrituras.

«El Espíritu de Jehová ha hablado por mí, y su palabra ha estado en mi lengua» **(2 S. 23:2). Véase también 22:1; 23:1-3.**

12. El sabio, 1 Reyes 2

David en su lecho de muerte exhorta a Salomón que haga lo siguiente:

1. Que se comporte como un hombre de Dios **(2:2).**
2. Que sea fiel cumplidor de la Palabra de Dios **(2:3).**
3. Que confíe en las promesas de Dios **(2:4).**
4. Que cumpla el juicio de Dios **(2:5).**

G. David el afligido (2 S. 12—21; 1 Cr. 20, 21).

1. Después de nacer el hijo de Betsabé, el profeta Natán le cuenta a David una parábola acerca de un rico hacendado que poseía muchas ovejas, pero se encapricha de la ovejita que tenía un pobre vecino suyo, se la quita y se la come (12:1-4).
2. David reacciona con enojo y jura que aquel hombre pagará cuatro veces más por su pecado (12:5, 6).
3. Natán entonces le señala con osadía diciéndole que él, el rey, es aquel hombre.
4. David confiesa su pecado y se arrepiente (12:13).
5. Dios perdona a David, pero requiere que su siervo pague el cuádruple por su pecado, el mismo precio que el rey hubiera hecho pagar al hombre rico.
6. Siete días después de la confesión de David, vence el primer pago, porque muere el niño (12:18).
7. El rey lo acepta por fe, creyendo que un día lo volverá a ver (12:23).
8. Nace Salomón (12:24).
9. David pelea su última batalla contra un enemigo externo y captura a Rabá, la ciudad capital de Amón (12:29).
10. Amnón, el hijo de David, desea a su hermanastra Tamar y termina violándola. Este es el segundo pago de la deuda de David (13:14).
11. Absalón, el hermano de Tamar, empieza a tramar la muerte de Amnón y lo mata dos años después. Este sería el tercer pago (13:29).
12. Absalón huye al desierto y permanece con su abuelo, un pagano, durante tres años (13:38).
13. Joab usa a una mujer muy astuta que vivía en Tecoa para engañar al rey y conseguir que éste permita que Absalón vuelva a Jerusalén.
14. Absalón vuelve pero se le niega entrevistarse con su padre por dos años. Finalmente, después que Absalón ordena prender fuego a un campo de cebada para llamar la atención, David accede a la entrevista (14:33).
15. Absalón empieza a planear una conspiración contra su padre. Pasados cuatro años todo está listo e inicia la conspiración en Hebrón (15:12).
16. La rebelión gana fuerza y David es forzado a salir de Jerusalén. Dios le está cobrando ahora el cuarto pago de su deuda (15:14).
17. David es acompañado en la huida por Itai (un extranjero que junto con sus 600 soldados se une a David) (2 S. 15:18-22).
18. Abiatar y Sadoc también le acompañan. David, sin embargo, les pide a estos dos sumos sacerdotes que vuelvan a Jerusalén regresando con ellos el arca del pacto (2 S. 15:24-29).
19. David subió la cuesta del monte de los Olivos llorando (2 S. 15:30).
20. Al saber que su consejero Ahitofel se había unido a la rebelión de Absalón, oró: «Entorpece ahora, oh Jehová, el consejo de Ahitofel» (2 S. 15:31).
21. David ordena a Husai, otro consejero, que finja estar también de parte de Absalón, a fin de frustrar y neutralizar el consejo de Ahitofel (2 S. 15:34). Absalón escuchó a ambos consejeros. Ahitofel aconsejaba salir inmediatamente

en busca de David y atacarle de frente, antes de que pudiera organizar sus fuerzas. Husai, sin embargo, apeló a la vanidad y el orgullo de Absalón sugiriéndole que espere a que se pueda movilizar un ejército y él mismo dirija el ataque. Este consejo inferior fue aceptado, por lo que Ahitofel se marchó a su casa y se ahorcó (17:1-23).

22. Le salió al encuentro Siba, el mayordomo de la casa de Mefi-boset, trayéndole alimentos, pero miente en relación con su señor para favorecer sus propios intereses (2 S. 16:1-4).
23. Simei, un miembro de la familia de Saúl, también le sale al paso maldiciéndole y arrojándole piedras (2 S. 16:5-8). A pesar de ello David rehusa dar la orden de que lo maten (16:10-12).
24. Absalón entra en Jerusalén y se posesiona de las concubinas de su padre (16:22).
25. David es saludado calurosamente por Sobi (un amonita) y otros, quienes le ofrecen colchonetas y alimentos (2 S. 17:27-29).
26. Motivado por su amor a David, sus soldados no le permiten que vaya a la batalla contra Absalón (2 S. 18:3).
27. Despliega sus tropas en los bosques de Efraín para pelear contra Absalón, pero ordena a sus hombres que perdonen la vida a su hijo (2 S. 18:5, 6).
28. Los soldados poco aguerridos de Absalón no pueden con los veteranos de David; en poco tiempo pierden unos 20.000 hombres y también la batalla (18:7).
29. Absalón intenta escapar pero es encontrado atrapado entre las ramas de una encina y Joab lo mata (18:14).
30. David se entera de la muerte de Absalón a manos de Joab y llora la muerte de su hijo (18:33; 19:1-4).
31. Joab le reprocha fuertemente su actitud (19:5-7).
32. Emprende el camino de vuelta a Jerusalén y promete a su sobrino Amasa nombrarle jefe del ejército si logra que el pueblo de Judá (que estaba ofendido con David) le respalde en su recuperación del poder (19:13, 14).
33. Le perdona la vida a Simei, que se echa a sus pies a la orilla del Jordán y ruega su perdón (19:23).
34. Se encuentra con Mefi-boset y se entera por qué su incapacitado amigo no se unió a él en el desierto (19:24-30).
35. Se encontró también con el anciano Barzilai que le había ayudado mientras se hallaba en el desierto, y le invita a que suba a Jerusalén y se quede a vivir allí con él (19:34-37).
36. Nada más cruzar el Jordán, David se enfrenta a otra rebelión, esta vez encabezada por un benjamita llamado Seba. Diez tribus le retiraron el apoyo al rey en este tiempo; sólo Judá y Benjamín permanecían fieles (20:1-3).
37. David ordena a Joab que aplaste esta rebelión. Lo hace sitiando la ciudad de Abel-bet-maaca, pero antes asesina brutalmente a Amasa, eliminando así a un peligroso rival (20:6-22).
38. David una vez más regresa a Jerusalén; en esta ocasión más triste pero también más sabio. Posteriormente se le presentarían más dificultades, pero no incluirían guerras y rebeliones. Ya parece que había pagado su deuda por el pecado con Betsabé.

H. David el estadista (2 S. 21:1-14).
   1. Una plaga enviada por Dios llevaba asolando a Israel por tres años. David llega a saber que es a causa de hechos sangrientos de la casa de Saúl contra los gabaonitas.
   2. En Josué 9 se nos dice que Israel hizo un pacto con los gabaonitas comprometiéndose a no matarlos. Este pecado estaba ahora siendo castigado.
   3. David negocia con los líderes gabaonitas y ellos determinan que la única manera de hacer justicia es permitiéndoles ejecutar a siete hijos de Saúl, todos los cuales parece que habían participado en la masacre sufrida por los gabaonitas. Lo llevan a cabo y cesa la plaga.

I. David el estadístico (2 S. 24).
   1. David cede a la tentación de Satanás y censa al pueblo (1 Cr. 21:1-6).
   2. Más tarde se arrepiente y Dios le da a elegir entre tres castigos:
      a. Siete años de hambre.
      b. Huir durante noventa días delante de sus enemigos.
      c. Sufrir durante tres días una peste en el país.
   3. Eligió el tercero (2 S. 24:15).
   4. Como consecuencia mueren 70.000 hombres. David detiene la plaga en una era cuando le ruega al ángel de la muerte. Después David compró esta era y edificó allí un altar a Jehová (2 S. 24: 15-25; 1 Cr. 21:18-30).

J. David el patrocinador (1 Cr. 22—29).
   1. David tiene ahora casi setenta años. Cuando tenía unos treinta y siete años se propuso en su corazón edificar un templo a Jehová, pero Dios le prohibió que lo hiciera (22:7, 8).
   2. No obstante, le es permitido al anciano rey hacer preparativos para el templo que edificará su hijo Salomón (22:5, 9, 10).
   3. Hace, por tanto, los siguientes preparativos:
      a. Los bloques de piedra labrada que se utilizarían en la construcción (22:2).
      b. Gran cantidad de hierro para clavos (22:3).
      c. Incalculable cantidad de madera de cedro (22:4).
      d. Cien mil talentos de oro, equivalentes a 3.300 toneladas de oro (22:14).
      e. Un millón de talentos de plata, equivalentes a 33.000 toneladas de plata (22:14).
      f. 24.000 levitas para supervisar el trabajo de edificación del templo (23:4).
      g. 6.000 levitas para ser gobernadores y jueces (23:4).
      h. 4.000 levitas para ser porteros (23:5).
      i. 4.000 levitas como cantores para dirigir los servicios de alabanza (23:5).
      j. Un coro especial compuesto de 288 músicos expertos (25:1, 7).
   4. Convocó un servicio especial de dedicación en el que hicieron lo siguiente:
      a. Entregó a Salomón los planos del templo que él había recibido directamente de Dios (28:19).
      b. Contribuyó personalmente con 3.000 talentos de oro (unos 100.000 kilos) y 7.000 talentos de plata (unos 230.000 kilos de plata) (29:4).

c. Su ofrenda propició que los líderes del pueblo ofrendaran también 5.000 talentos y 10.000 dracmas de oro, y 10.000 talentos de plata, 18.000 talentos de bronce y 5.000 talentos de hierro (equivalentes a 175.000 kilos y 10.000 monedas de oro; 330.000 kilos de plata, y cerca de 600.000 kilos de bronce, y 3.300.000 kilos de hierro; además de muchas piedras preciosas [29:6, 7]). Se estima que los preparativos de David se valorarían hoy en unos 200 millones de dólares.
d. Elevó a Dios en ese momento una de las más bellas oraciones que hallamos en la Biblia (1 Cr. 29:10-19).
e. Este servicio de dedicación terminó con el sacrificio en holocausto de mil becerros, mil carneros y mil corderos (29:21).

K. David el escritor.
De los 150 salmos que aparecen en el libro de los Salmos, David escribió setenta y siete. Hablamos de los salmos al final de esta etapa.

L. David el sabio (1 R. 2:2-5).

III. Salomón, el fabuloso rey de Israel (1 R. 1—11; 2 Cr. 1—9).

A. Su triunfo sobre sus enemigos (1 R. 1:1—2:46).
1. Sobre Adonías.
a. Mientras que David está en su lecho de muerte, Adonías, el mayor de los hijos vivos, intenta arrebatarle el trono a su hermanastro Salomón. Está apoyado en su propósito por Joab y Abiatar (1:7).
b. Salomón, por otro lado, está apoyado por el profeta Natán; por su madre Betsabé; y por Benaía, uno de los hombres más valerosos de David de los viejos tiempos (1:8-11).
c. Betsabé visita a su esposo enfermo y logra arreglar las cosas para que Salomón sea ungido por Sadoc (1:39).
d. Adonías queda en libertad pero es puesto también a prueba. Tiempo después fue ejecutado al seguir conspirando mediante su pretensión de casarse con Abisag sunamita, quien fue la última concubina de su padre David (1:3; 2:17, 25).
2. Sobre Abiatar (2:26, 27). Salomón le perdona la vida debido a su fidelidad para con David, pero fue echado del sacerdocio.
3. Sobre Joab (2:28-34). Muere al fin este sanguinario general, no sólo por su participación en la rebelión de Adonías, sino por sus pasados crímenes, incluidos los asesinatos de Abner y Amasa.
4. Sobre Simei (2:36-46). Al igual que Adonías es puesto bajo vigilancia, pero él quebranta la confianza que se le otorga y muere por esta causa. Así se cumple el requerimiento de David en su lecho de muerte, de que se ajusticie tanto a Joab como a Simei (2:5, 8).

B. Su don de Dios (3:4-28).
1. Mientras está en Gabaón para ofrecer sacrificios, Dios se le aparece en sueños y le dice que le concederá lo que le pida, y Salomón pide sabiduría (3:6-9).
2. Cuando regresa a Jerusalén es confrontado con una situación que pone a prueba su recién adquirida sabiduría. Dos prostitutas que habían tenido hijos le piden justicia en relación con sus niños, uno estaba vivo y el otro muerto. Ambas madres reclaman al niño vivo como suyo. Salomón ordena partir en dos a la criatura viva y darle una parte a cada madre. La madre verdadera se horroriza, por supuesto, ante esta idea y queda así demostrada su verdadera identidad (3:16-28).

C. Su reinado absoluto y pacífico sobre todo Israel (1 R. 4:1-34). El reinado de Salomón en este tiempo es una bella prefiguración del perfecto reinado de Cristo en el milenio. Vemos que:
1. Salomón tiene doce ministros en su gabinete para auxiliarle en su reinado (1 R. 4:7). Jesús les concederá esto a sus doce discípulos (Mt. 19:28).
2. Salomón reinó sobre «todos los reinos» en el área de la Tierra Santa (1 R. 4:21), mientras que Cristo reinará sobre todos los reinos de la tierra (Ap. 11:15).
3. Los súbditos de Salomón le servían como nosotros serviremos a Cristo (1 R. 4:21; Ap. 22:3).
4. El reinado de Salomón trajo paz local (1 R. 4:24), y el reinado de Cristo producirá paz universal (Is. 2:2-4).
5. Los habitantes de Judá e Israel vivieron tranquilos, «cada uno debajo de su parra y de su higuera» (1 R. 4:25). Así viviremos nosotros durante el reino de Cristo (Jer. 23:6; Mi. 4:4; Zac. 3:10).

D. Su templo de adoración (1 R. 5—8; 2 Cr. 2—7).
1. La preparación.
a. Empezaron en el mes de mayo del año cuarto de Salomón y lo completaron en el mes de noviembre del año undécimo, en un total de siete años (1 R. 6:38).
b. Su tamaño era exactamente el doble del tabernáculo de Moisés, tenía 90 pies (27 m) de largo, 30 pies (9 m) de ancho y 45 pies (13,5 m) de alto. (Cp. con Ex. 26:16-18.)
c. Fue edificado en buena parte mediante la aportación de trabajo obligatorio decretado por Salomón, en el que cooperaron 100.000 israelitas, 80.000 canteros y 3.600 capataces (1 R. 5:13-17).
d. El suelo y las paredes del templo eran de piedra, recubiertas de madera de cedro y de oro (1 R. 6:16, 21, 22).
e. Fue edificado con piedras ya labradas, de manera que no se escuchó el sonido de martillos, piquetas u otras herramientas de hierro (1 R. 6:7).
f. Había diez candeleros, cinco a cada lado, como en el tabernáculo de Moisés, y diez mesas para los panes de la proposición (1 R. 7:49), en comparación con una mesa y un candelero en el tabernáculo de Moisés.
g. Salomón pagó al rey Hiram de Tiro 4.400.000 litros de trigo y 4.400 litros de aceite puro de oliva por la madera de cedro de los montes del Líbano para la construcción del templo (5:8-11).
h. Había también dos querubines de oro en el lugar santísimo (1 R. 8:7).
2. La dedicación. Salomón repasa brevemente las circunstancias históricas que les han llevado a este día feliz (1 R. 8:12-21; 2 Cr. 6:1-11).
3. La súplica (1 R. 8:22-53; 2 Cr. 6:12-42).

Salomón ora pidiendo que la influencia de este bello templo se extienda por sí misma en tres formas:

a. Sobre el individuo (1 R. 8:31, 32).
   (1) Que los pecadores sean juzgados.
   (2) Que los justos sean justificados.
b. Sobre la nación.
   (1) Que sus pecados puedan ser perdonados (vv. 33-35).
   (2) Que la tierra pueda ser sanada (vv. 36, 37).
   (3) Que Israel pueda ser preservado aun en la cautividad (vv. 44-50).
c. Sobre los paganos (vv. 41-43).

4. La bendición (1 R. 8:54-61).
5. La manifestación divina (2 Cr. 7:1-3). «Cuando Salomón acabó de orar, descendió fuego de los cielos, y consumió el holocausto y las víctimas; y la gloria de Jehová llenó la casa.»
6. La presentación de sacrificios (1 R. 8:62-66; 2 Cr. 7:4-10). Esta ofrenda consistió de 120.000 ovejas y 22.000 bueyes. Fue la más grande de las que aparecen en la Biblia y quizá de todos los tiempos.

E. Sus riquezas.

1. Tuvo 700 esposas y 300 concubinas (1 R. 11:3).
2. Acumuló cantidades fantásticas de oro.
   a. De Hiram de Tiro recibió 3.970 kilos (9:14).
   b. Sus barcos le trajeron 420 talentos, equivalentes a casi 14.000 kilos de oro (9:27, 28).
   c. De la reina de Sabá recibió 120 talentos de oro, equivalentes a unos 3.970 kilos de oro. (10:10).
   d. De impuestos y otros ingresos recibía cada año 666 talentos de oro, equivalentes a unos 22.000 kilos de oro (10:14).
3. Poseyó, además, 40.000 caballos (4:26).
4. Tuvo también 1.400 carros y 12.000 soldados de caballería (10:26).
5. Comandaba 12.000 jinetes.
6. Dispuso de una amplia flota de barcos (1 R. 9:26-28; 10:22; 2 Cr. 8:17, 18).
7. Mandó que le hicieran un gran trono de marfil y lo recubrió de oro puro; el respaldo era redondo y tenía brazos a los lados. Para llegar a él se subían seis gradas y estaba rodeado de doce leones, dos en cada escalón (10:18-20).
8. Construyó una planta de fundición de metales en Gezer y Bet-horón (1 R. 9:17).

F. Su testimonio en el mundo que le rodeaba (1 R. 4:29-34; 10:1-13).

1. La reina de Sabá fue a Jerusalén para ver por sí misma las riquezas de Salomón y para comprobar su universalmente reconocida sabiduría. Entró en la ciudad con escepticismo y cuando marchaba dijo como testimonio:

   «Pero yo no lo creía, hasta que he venido, y mis ojos han visto que ni aun se me dijo la mitad; es mayor tu sabiduría y bien, que la fama que yo había oído» (1 R. 10:7).

   Nueve siglos después Cristo Jesús se refirió a esta histórica visita (Mt. 12:42).
2. La sabiduría de Salomón fue reconocida universalmente en asuntos de:
   a. Jurisprudencia (1 R. 3:28).
   b. Administración (1 R. 4:29; 5:12).
   c. Poesía (1 R. 4:32). (Los escritos de Salomón se analizan al final de esta etapa.)

SALOMÓN

TRIUNFA SOBRE SUS ENEMIGOS
1 Reyes 1—2
- Adonías • Joab
- Abiatar • Simei

EL DON QUE RECIBIÓ DE DIOS
1 Reyes 3:4-28
- El don: sabiduría
- La prueba: un niño y una espada

SU REINADO ABSOLUTO Y TRANQUILO
1 Reyes 4
Una bella prefiguración del reinado milenario de Cristo

EL TEMPLO DE ADORACIÓN
1 Reyes 5—8; 2 Crónicas 2—7
- Doble de grande que el tabernáculo de Moisés
- Tardaron siete años en edificarlo

SUS RIQUEZAS
4:26; 9:17, 26-28; 10:22, 26; 11:3
- Mucho oro
- Muchos caballos y carros
- Una flota de barcos

SU TESTIMONIO EN EL MUNDO QUE LE RODEÓ
4:29-34; 10:1-13
- Como lo testifica la reina de Sabá

SUS TRANSGRESIONES CONTRA DIOS
1 Reyes 11
Desobedeció **(Dt. 17:4-17)** y acumuló:
- Mucho oro
- Muchas mujeres
- Muchos caballos

d. Ciencias naturales (1 R. 4:33).
e. Arquitectura e ingeniería (1 R. 5:1-7; 9:15-22).
f. Asuntos comerciales (1 R. 9:26—10:29).
g. Filosofía (Ec. 2:3).
h. Horticultura (Ec. 2:5).

G. Sus transgresiones contra Dios:
1. Las advertencias que recibió Salomón sobre las transgresiones.
a. De David:
(1) Primera advertencia (1 Cr. 22:13).
(2) Ultima advertencia (1 R. 2:3).
b. De parte de Dios:
(1) Primera amonestación (1 R. 3:14).
(2) Segunda amonestación (9:6, 7).
(3) Ultima advertencia (11:11).
2. La naturaleza de las transgresiones de Salomón.
Unos 450 años antes de Salomón, Dios había mandado las calificaciones que debían tener los futuros reyes de Israel:

«Cuando hayas entrado en la tierra que Jehová tu Dios te da, y tomes posesión de ella y la habites, y digas: Pondré un rey sobre mí, como todas las naciones que están en mis alrededores; ciertamente pondrás por rey sobre ti al que Jehová tu Dios escogiere; de entre tus hermanos pondrás rey sobre ti; no podrás poner sobre ti a hombre extranjero, que no sea tu hermano. Pero él no aumentará para sí caballos, ni hará volver al pueblo a Egipto, con el fin de aumentar caballos; porque Jehová ha dicho: No volváis nunca por este camino. Ni tomará para sí muchas mujeres, para que su corazón no se desvíe; ni plata ni oro amontonará para sí en abundancia» (Dt. 17:14-17).

Pero Salomón desobedeció en estas tres áreas.
a. Tuvo mucho oro y plata (1 R. 10:14-27).
b. Poseyó miles de caballos (4:26).
c. Tuvo muchas mujeres y concubinas (11:3).
3. Los resultados de las transgresiones de Salomón:
a. Que estuviera, por primera vez durante su reinado, plagado de agitadores y pequeñas revueltas (11:14-25).
b. Que después de muerto Salomón, Dios le quitaría parte del reino a su hijo y se lo daría a otro (11:9-13, 26-40).

Los escritos de esta etapa

I. **Los Salmos.** Hay tres maneras de estudiar los Salmos: (1) por división del libro; (2) por autores; y (3) por asuntos.

A. Por división del libro (cada una termina con una doxología).

Del 1 al 41 (corresponden con Génesis). La palabra clave es *hombre.*

«Bienaventurado el varón que no anduvo en consejo de malos, ni estuvo en camino de pecadores, ni en silla de escarnecedores se ha sentado» (1:1).

«Digo: ¿Qué es el hombre, para que tengas de él memoria, y el hijo del hombre, para que lo visites» (8:4).

«¿Quién es el hombre que teme a Jehová? El le enseñará el camino que ha de escoger» (25:12).

«Gustad, y ved que es bueno Jehová; dichoso el hombre que confía en él» (34:8).

«¿Quién es el hombre que desea vida, que desea muchos días para ver el bien» (34:12).

«Por Jehová son ordenados los caminos del hombre, y él aprueba su camino» (37:23).

«Considera al íntegro, y mira al justo; porque hay un final dichoso para el hombre de paz» (37:37).

«Bienaventurado el hombre que puso en Jehová su confianza, y no mira a los soberbios, ni a los que se desvían tras la mentira» (40:4).

Del 42 al 72 (corresponden con Éxodo). La palabra clave es *liberación.*

«E invócame en el día de la angustia; te libraré, y tú me honrarás» (50:15).

«Porque él me ha librado de toda angustia, y mis ojos han visto la ruina de mis enemigos» (54:7).

«Porque has librado mi alma de la muerte, y mis pies de caída, para que ande delante de Dios en la luz de los que viven» (56:13).

«Líbrame de mis enemigos, oh Dios mío; ponme a salvo de los que se levantan contra mí» (59:1).

«Sácame del lodo, y no sea yo sumergido; sea yo libertado de los que me aborrecen, y de lo profundo de las aguas» (69:14).

Socórreme y líbrame en tu justicia; inclina tu oído y sálvame« (71:2).

«Porque él librará al menesteroso que clamare, y al afligido que no tuviere quien le socorra» (72:12).

Del 73 al 89 (corresponden con Levítico). La palabra clave es *santuario.*

«Hasta que entrando en el santuario de Dios, comprendí el fin de ellos» (73:17).

«Han puesto a fuego tu santuario, han profanado el tabernáculo de tu nombre, echándolo a tierra» (74:7).

«Oh, Dios, santo es tu camino; ¿qué Dios es grande como nuestro Dios?» (77:13).

«Edificó su santuario a manera de eminencia, como la tierra que cimentó para siempre» (78:69).

Del 90 al 106 (corresponden con Números). Las palabras clave son *inquietud, peregrinación.* (Véanse los caps. 90 y 106.)

Del 107 al 150 (corresponden con Deuteronomio). La frase clave es *Palabra de Dios.* (Véase Sal. 119.)

B. Por autores.
1. David.
a. Salmos del pastor: 8, 19, 23, 29, 144.
b. Salmos penitenciales: 32, 38, 51.
c. Salmos de sufrimiento: 3—7, 11—14, 17, 22, 25—28, 31, 34, 35, 39, 40, 41, 53—59, 61—64, 69, 70, 86, 109, 140—143.
d. Salmos de satisfacción: 2, 9, 15, 16, 18, 20, 21, 24, 30, 36, 37, 52, 60, 65, 68, 72, 95, 101, 103, 105, 108, 110, 122, 124, 131, 133, 138, 139, 145.
2. Coré: 42, 44—49, 84, 85, 87.
3. Asaf: 50, 73, 74, 75, 76, 77, 78, 79, 80, 81, 82, 83.
4. Hemán: 88.
5. Etán: 89.
6. Salomón: 127.
7. Moisés: 90.
8. Ezequías: 120, 121, 123, 125, 126, 128, 129, 130, 132, 134.

¿A dónde me iré de tu Espíritu?
¿Y a dónde huiré de tu presencia?
Si subiere a los cielos, allí estás tú;
y si en el Seol hiciere mi estrado, he aquí, allí tú estás.
Si tomare las alas del alba y habitare en el extremo del mar,
aun allí me guiará tu mano,
y me asirá tu diestra. **Salmo 139:7-10**

LOS SALMOS

POR DIVISIÓN DEL LIBRO

CAPÍTULOS	SU SEMEJANZA CON EL PENTATEUCO
1—41	La palabra clave es hombre (corresponde con **Génesis**).
42—72	La palabra clave es liberación (corresponde con **Éxodo**).
73—89	La palabra clave es santuario (corresponde con **Levítico**).
90—106	La palabra clave es peregrinaje (corresponde con **Números**).
107—150	La palabra clave es Dios (corresponde con **Deuteronomio**).

POR ASUNTOS

TEMA	SALMOS
Penitenciales	**6, 32, 38, 51, 102, 130, 143**
Imprecatorios	**35, 55, 58, 59, 69, 83, 109, 137, 140**
Graduales	**120—134**
Aleluya	**113—118**
Históricos	**78, 105, 106**
Alfabéticos o acrósticos	**9, 10, 25, 34, 37, 111, 112, 119, 145**
Mesiánicos	**16, 22, 24, 31, 34, 40, 41, 45, 55, 68, 69, 89, 102, 109, 110, 118, 129**

POR AUTORES

AUTOR	SALMOS
David: 77	Salmos del pastor: **8, 19, 23, 29, 144** Salmos del pecador: **32, 38, 51** Salmos sobre el sufrimiento: **3—7, 11—14, 17, 22, 25—28, 31, 34, 35, 39—41, 53—59, 61—64, 69, 70, 86, 109, 140—143.** Salmos de contentamiento: **2, 9, 15, 16, 18, 20, 21, 24, 30, 36, 37, 52, 60, 65, 68, 72, 95, 101, 103, 105, 108, 110, 122, 124, 131, 133, 138, 139, 145.**
Coré: 10	**42, 44, 45—49, 84, 85, 87**
Asaf: 12	**50, 73—83**
Hemán: 1	**88**
Etán: 1	**89**
Salomón: 1	**127**
Moisés: 1	**90**
Ezequías: 10	**120, 121, 123, 125, 126, 128, 129, 130, 132, 134**
Anónimos: 37	**1, 10, 33, 43, 66, 67, 71, 91—94, 96—100, 102, 104, 106, 107, 111—119, 135—137, 146—150**

SALMOS MESIÁNICOS

Salmo de referencia	Faceta de Cristo que se describe	Cumplimiento en el Nuevo Testamento
40:6-10	**Su obediencia**	Hebreos 10:5-7
69:9	**Su celo**	Juan 2:17
118:22	**Su rechazo**	Mateo 21:42
41:9; 55:12-14	**Su traición**	Mateo 26:14-16; 21-25
22:1, 6-8, 16, 18; 31:5; 34:20; 69:21; 129:3	**Sus sufrimientos**	Mateo 27:34, 48; Lucas 23:46 Juan 19:33-36
109:2, 3	**Sus falsos testigos**	Mateo 26:59-61; 27:39-44
109:4	**Su oración por sus enemigos**	Lucas 23:34
16:10	**Su resurrección**	Hechos 13:35
68:18	**Su ascensión**	Efesios 4:8
24:7, 8	**Su entrada triunfal en gloria**	Filipenses 2:9-11
110:4	**Su tarea como Sumo Sacerdote**	Hebreos 5—7
45:2, 6, 8, 13,15	**Su matrimonio con la Iglesia**	Apocalipsis 19:7-10
110:1, 6	**Su destrucción de los paganos**	Apocalipsis 6—19
89:27; 102:16-21; 72:17	**Su reinado milenario**	Mateo 23:39; Apocalipsis 11:15

9. Anónimos: 1, 10, 33, 43, 66, 67, 71, 91, 92, 93, 94, 96, 97, 98, 99, 100, 102, 104, 106, 107, 111, 112, 113, 114, 115, 116, 117, 118, 119, 135, 136, 137, 146, 147, 148, 149, 150.

C. Por asuntos.

1. Salmos devocionales: 4, 9, 12, 13, 14, 16, 17, 18, 19, 22, 23, 24, 27, 30, 31, 33, 34, 35, 37, 40, 42, 43, 46, 50, 55, 56, 61, 62, 63, 66, 68, 69, 71, 73, 75, 76, 77, 80, 81, 84, 85, 88, 90, 91, 94, 95, 100, 103, 106, 107, 111, 115, 116, 118, 119, 122, 123, 126, 133, 136, 138, 139, 141, 142, 144, 147, 148, 149, 150.
2. Salmos penitenciales: 6, 32, 38, 51, 102, 130, 143.
3. Salmos imprecatorios: 35, 55, 58, 59, 69, 83, 109, 137, 140.
4. Salmos graduales: del 120 al 134.
5. Salmos de aleluya: del 113 al 118.
6. Salmos históricos: 78, 105, 106.
7. Salmos alfabéticos o de acróstico: 9, 10, 25, 34, 37, 111, 112, 119, 145.
8. Salmos mesiánicos: 2, 8, 16, 22, 23, 24, 31, 34, 40, 41, 45, 55, 68, 69, 72, 89, 102, 109, 110, 118, 129.

Estudiaremos ahora los Salmos mediante el método de su clasificación por asuntos.

Salmos devocionales

Estos setenta salmos han sido clasificados como «devocionales» porque contienen (entre otras cosas) promesas preciosas y personales con las que todos los creyentes pueden alimentarse. Al considerarlas, vamos a citar algunas veces sólo la promesa sin añadir ningún comentario. En otras ocasiones agregaremos alguna palabra más. Estos salmos incluyen tanto sollozos como cantos. Los autores a veces lloran, dudan y gritan. Repasan el pasado y anticipan el futuro. Aquí el alma desnuda del hombre se manifiesta como quizá en ningún otro escrito.

1. Salmo 4

   Selección:

   «Sabed, pues, que Jehová ha escogido al piadoso para sí; Jehová oirá cuando yo a él clamare» (4:3).

   «En paz me acostaré, y asimismo dormiré; porque sólo tú, oh Jehová, me haces vivir confiado» (4:8).

   Reflexión:

   David nos dice aquí que la oración le trae paz y buen dormir. Uno de los más dulces beneficios adicionales de la vida cristiana es el de la paz. Notemos: «Jehová bendecirá a su pueblo con paz» (Sal. 29:11*b*). «Mucha paz tienen los que aman tu ley, y no hay para ellos tropiezo» (Sal. 119:165).

2. Salmo 9

   Selección:

   «Los malos serán trasladados al Seol, todas las gentes que se olvidan de Dios» (9:17).

   Reflexión:

   Esto algún día llegará a ser una horrible realidad. (Véanse Sal. 11:6; Mt. 25:31-46; Ap. 14:10; 19:20; 20:11-15; 21:8.)

3. Salmo 13

   Selección:

   «¿Hasta cuándo, Jehová? ¿Me olvidarás para siempre? ¿Hasta cuando esconderás tu rostro de mí?» (v. 1).

   «¿Hasta cuándo pondré consejos en mi alma, con tristezas en mi corazón cada día? ¿Hasta cuándo será enaltecido mi enemigo sobre mí» (v. 2)

   Reflexión:

   Una concepción errónea sobre la Biblia bastante popular es que sus héroes fueron hombres muy diferentes de los demás; nunca sufrieron derrotas, nunca se desalentaron, siempre alcanzaron el éxito, fueron gente santa y supremamente feliz. Nada puede estar más lejos de la verdad. La realidad es que todos ellos fueron hombres «sujetos a pasiones semejantes a las nuestras» (Stg. 5:17). En muchas ocasiones saborearon la amargura de la derrota. Estuvieron a veces abrumados por la desesperación como los hijos de Adán y Eva pueden estarlo hoy. Su abatimiento se evidencia frecuentemente en sus oraciones. El salmo 13 es uno de esos ejemplos de un alma sufriente y suplicante. Otros ejemplos notables son los siguientes

   La oración de David en los salmos 61:1-7; 31:1-14.

   La oración de Asaf en el salmo 77:1-20.

   La oración de Hemán en el salmo 88:1-18

   La oración de un autor anónimo en el salmo 102:1-11.

   La oración de un prisionero judío en ruta hacia Babilonia en el Salmo 137:1-6.

   La oración de Moisés en Números 11:1, 12, 14, 15.

   La oración de Josué en 7:6-9.

   La oración de Elías en 1 de Reyes 19:4, 10, 14.

   La oración de Job en 3:3-12; 10:18-22.

   La oración de Jeremías en 4:10; 20:7-9; 14-18.

   La oración de Jonás en 4:1-3.

   La oración de Habacuc en 1:2-4.

   La oración de Coré en los salmos 42:3-11; 44:8-26.

4. Salmo 14

   Selección:

   «Dice el necio en su corazón: No hay Dios. Se han corrompido, hacen obras abominables; no hay quien haga el bien» (14:1).

   Reflexión:

   David describe aquí la necedad del ateo. El necio, en términos bíblicos, es una persona que tiene problemas en su corazón más que en su mente. Veamos otras clases de necios que aparecen en la Biblia.

   a. El necio que se mofa del pecado (Pr. 14:9).
   b. El necio que menosprecia el consejo de su padre (Pr. 15:5).
   c. El necio que insiste en pelear (Pr. 20:3).
   d. El necio que busca la gloria (1 S. 26:21).
   e. El necio que ama el dinero (Lc. 12:20).
   f. El necio que honra a Cristo (1 Co. 4:10; el único necio «sabio» que aparece en la pandilla.

5. Salmo 17

   Selección:

   «Guárdame como a la niña de tus ojos; escóndeme bajo la sombra de tus alas» (17:8).

   Reflexión:

   David usa aquí dos términos tiernos que describen el afecto de Dios por el creyente.

   a. La niña de tus ojos. (Véanse también Dt. 32:10; Zac. 2:8.)
   b. La sombra de tus alas. (Véanse también Dt. 32:11, 12; Sal. 36:7; 57:1; 91:1, 4; Mt. 23:37.)

6. Salmo 18

   Selección:

   «Envió desde lo alto; me tomó, me sacó de las muchas aguas» (18:16).

   «Me sacó a lugar espacioso; me libró, porque se agradó de mí» (18:19).

   «Tú encenderás mi lámpara; Jehová mi Dios alumbrará mis tinieblas» (18:28).

   «Me diste asimismo el escudo de tu salvación; tu diestra me sustentó, y tu benignidad me ha engrandecido» (18:35).

Reflexión:
El salmista habla en el versículo 16 de que fue sacado de las muchas aguas. El agua es frecuentemente empleada en los Salmos como un símbolo de dificultad y angustia. (Véanse Sal. 69:1, 2; 144:7; Is. 43:2.) En un sentido muy real, la hija de Faraón, cuando recogió al bebé de las aguas del Nilo, estaba poniendo inconscientemente un sobrenombre a todo hijo de Dios cuando «le puso por nombre Moisés, diciendo: Porque de las aguas lo saqué» (Ex. 2:10). David declara aquí que el Señor le sacó de muchas aguas. Siglos después el apóstol Juan escribiría: «Porque el Cordero … los guiará a fuentes de agua de vida…» (Ap. 7:17).

7. Salmo 23
Selección:
(Todo el salmo) «Jehová es mi pastor; nada me faltará.»
Esta es sin duda, con la posible excepción del Padrenuestro (Mt. 6:9-13), la más famosa de las oraciones dichas por labios humanos.
David afirma que el Señor es su pastor; debido a esto continua diciendo: «Nada me faltará.» Esto significa que:
a. Cuando su alma necesitaba renovación espiritual, el Pastor le proveía de pastos delicados.
b. Cuando estaba cansado, le proveía de aguas de reposo.
c. Cuando necesitaba avivamiento, el Pastor le restauraba.
d. Cuando precisaba dirección, el Pastor le guiaba por el camino recto.
e. Cuando su alma era confrontada por la muerte, el Pastor estaba con él.
f. Cuando se enfrentaba a sus enemigos, el Pastor le proveía de una mesa de victoria.
g. Cuando estaba herido, ungía su cabeza con aceite.
h. Cuando necesitaba compañía, el Pastor le proveía del bien y de la misericordia para que le acompañasen.
i. Cuando David estuviese en el trance de dejar su morada terrenal, el Pastor le proveería de una morada celestial permanente. Por esto David podía decir: «Nada me faltará.» Qué contraste tan grande con la declaración dirigida a Belsasar, que tiempo después fue escrita sobre la pared durante un banquete en Babilonia.
El mensaje era:
«… Contó Dios tu reino, y le ha puesto fin … Pesado has sido en balanza, y fuiste hallado falto» (Dn. 5:26, 27).
j. Es apropiado en este punto considerar lo que se ha dado en llamar la trilogía de los Salmos. Esto es, una comparación de los Salmos 22, 23, 24. Notemos:
Salmo 22 (Jn. 10:11).
(1) El buen Pastor.
(2) El Salvador.
(3) El fundamento.
(4) Cristo muere.
(5) La cruz.
(6) Él da su *vida.*
(7) Gracia.
Salmo 23 (He. 13:20).
(8) El gran Pastor.
(9) El que nos satisface.
(10) La manifestación.
(11) Cristo vive.
(12) El Consolador.
(13) Él da su *amor.*
(14) Dirección.
Salmo 24 (1 P. 5:4).
(15) El Príncipe de los pastores.
(16) El Soberano.
(17) La expectación.
(18) Cristo viene.
(19) La corona.
(20) Él da su *luz.*
(21) Gloria.

8. Salmo 34
Selección:
«Este pobre clamó y le oyó Jehová, y lo libró de todas sus angustias. El ángel de Jehová acampa alrededor de los que le temen, y los defiende. Gustad, y ved que es bueno Jehová; dichoso el hombre que confía en él. Temed a Jehová, vosotros sus santos, pues nada falta a los que le temen» (34:6-9).
Reflexión:
Nuestro bondadoso Padre celestial usa frecuentemente a sus ángeles para ayudar, proteger y alentar a sus hijos en la tierra. (Véanse 2 R. 6:17; He. 1:14; Hch. 12:7.)

9. Salmo 35
Selección:
«Se levantan testigos malvados; de lo que no sé me preguntan; me devuelven mal por bien, para afligir a mi alma. Pero yo, cuando ellos enfermaron, me vestí de cilicio; afligí con ayuno mi alma, y mi oración se volvía a mi seno» (35:11-13).
Reflexión:
Este tipo de oración es verdaderamente difícil: interceder por aquellos que están en necesidad pero que quizá ni siquiera quieren que se ore por ellos y que se gozarían si nos afligiera a nosotros el mismo mal. No obstante, se espera del creyente que ore de esa manera.

10. Salmo 37
Selección:
«No te impacientes a causa de los malignos, ni tengas envidia de los que hacen iniquidad. Porque como hierba serán pronto cortados, y como la hierba verde se secarán. Confía en Jehová y haz el bien; y habitarás en la tierra, y te apacentarás de la verdad» (37:1-3).
«Deléitate asimismo en Jehová, y él te concederá las peticiones de tu corazón» (v. 4).
«Encomienda a Jehová tu camino, y confía en él; y él hará» (v. 5).
«Guarda silencio ante Jehová, y espera en él. No te alteres con motivo del que prospera en su camino, por el hombre que hace maldades» (v. 7).
«Maquina el impío contra el justo, y cruje contra él sus dientes; el Señor se reirá de él; porque ve que viene su día» (vv. 12, 13).
«Conoce Jehová los días de los perfectos, y la heredad de ellos será para siempre» (v. 18).
«Por Jehová son ordenados los pasos del hombre, y él aprueba su camino. Cuando el hombre cayere, no quedará postrado, porque Jehová sostiene su mano. Joven fui, y he envejecido, y no he visto justo desamparado, ni su descendencia que mendigue pan» (vv. 23-25).
«Porque Jehová ama la rectitud, y no desampara a sus santos. Para siempre serán guardados; mas la descendencia de los impíos será destruida» (v. 28).
Reflexiones:
Este salmo-oración debería ser llamado «la escalada a lo sublime», o «de la frustración (v. 1) a la exaltación» (v. 34). Hay cinco travesaños de ascenso en esta escalera tal como aparecen en los primeros versículos.

No te impacientes: tengo un problema.
Confía: creo que Dios puede dar respuesta a mi problema.
Deléitate: creo que Él dará respuesta a mi problema.
Comprométete con Él: le llevo mi problema.
Descansa: déjale el problema a Él.

Dios es presentado en los Salmos como riéndose de dos cosas:

a. Los intentos de los impíos de destronar a su Hijo (Sal. 2:2-4).
b. Los esfuerzos de los malvados por destruir a sus santos (Sal. 37:13; 59:8).

Frecuentemente en los Salmos, el que ora le pide al Señor que le haga consciente de la brevedad de esta vida, a fin de que pueda dedicar cada día a su Creador. De esto habla aquí el salmista (37:18) y en otros momentos:

«En tus manos están mis tiempos...» (Sal. 31:15).

«Hazme saber, Jehová, mi fin, y cuánta sea la medida de mis días; sepa yo cuán frágil soy» (Sal. 39:4).

«Enséñanos de tal modo a contar nuestros días, que traigamos al corazón sabiduría» (Sal. 90:12).

«¿Cuántos son los días de tu siervo?» (Sal. 119:84).

En los versículos 23-25 y 28 de este salmo se describe el plan de seguridad social de Dios para sus obreros, además de todos los otros beneficios adicionales.

11. Salmo 40
Selección:
«Pacientemente esperé a Jehová, y se inclinó a mí, y oyó mi clamor. Y me hizo sacar del pozo de la desesperación, del lodo cenagoso; puso mis pies sobre peña, y enderezó mis pasos. Puso luego en mi boca cántico nuevo, alabanza a nuestro Dios. Verán esto muchos, y temerán, y confiarán en Jehová» (40:1-3).

«Has aumentado, oh Jehová Dios mío, tus maravillas; y tus pensamientos son para con nosotros, no es posible contarlos ante ti. Si yo anunciare y hablare de ellos, no pueden ser enumerados» (v. 5).

Reflexiones:
Los versículos 1-3 muestran las diferencias existentes entre el cristianismo y todas las demás religiones. Pensemos en la siguiente ilustración: un hombre cae en un agujero hondo y oscuro, rompiéndose los brazos y las piernas al caer. Pronto se escuchan sus gritos de dolor pidiendo ayuda. Acierta a pasar por allí Confucio, el gran filósofo chino, que mirando al fondo del pozo, le dice a aquel hombre: «Mi amigo, permíteme darte este sabio consejo: si alguna vez logras salir de ahí, ten cuidado de por donde andas para que no vuelvas a caer en un sitio semejante.» Dicho esto, se marchó.

Poco después llega Buda y también ve a aquel hombre que, desamparado e imposibilitado, sigue pidiendo ayuda. Le dice: «Amigo, necesitas ayuda. Si puedes hacer tu parte para salir de ahí, te ayudaré a escapar. Procura trepar un poco y extender tus brazos hacia mí.» Pero aquel hombre, con sus miembros quebrados y sangrando, no puede hacer nada. Buda, entonces, entristecido se aleja de él. Aquel pobre desesperado se acurruca en su prisión de dolor, habiendo perdido ya casi toda esperanza; pero aún lanza un grito último clamando por auxilio. Entonces el Salvador de todos los hombres se acerca al borde del pozo y le mira con compasión. Sin una palabra de consejo ni amonestación, desciende al fondo del agujero, coloca al herido tiernamente sobre sus hombros, y lo saca de aquel pozo de desesperación. Después le cura sus heridas, le señala el camino hacia el cielo y le pone un cántico nuevo en el corazón. Esto es *salvación*. David menciona en el versículo 5 de esta oración las obras maravillosas de Dios a su favor y los innumerables pensamientos del Señor para con él. Otros pasajes también muestran esta preciosa verdad (Sal. 92:5; 139:17, 18; Jer. 29:11).

12. Salmo 42
Selección:
«¿Por qué te abates, oh alma mía, y te turbas dentro de mí? Espera en Dios; porque aún he de alabarle, salvación mía y Dios mío» (42:5). (Véanse también 42:11; 43:5.)
Reflexión:
Mencionamos estos tres versículos aquí por su notable repetición. El mundo hace notar en son de broma que está bien que un hombre se hable a sí mismo, pero es malo que se responda a sí mismo. Coré no opinaba así, porque él hacía *y* respondía a sus propias preguntas. Esta reafirmación de uno mismo es una buena práctica. A veces es muy beneficioso para una persona aconsejarse y consolarse a sí mismo como lo haría con otros.

13. Salmo 46
Selección:
«Dios es nuestro amparo y fortaleza, nuestro pronto auxilio en las tribulaciones. Por tanto, no temeremos, aunque la tierra sea removida, y se traspasen los montes al corazón del mar; aunque bramen y se turben sus aguas, y también los montes a causa de su braveza» (46:1-3).

«Bramaron las naciones, titubearon los reinos; dio él su voz, se derritió la tierra. Jehová de los ejércitos está con nosotros; nuestro refugio es el Dios de Jacob. Venid, ved las obras de Jehová, que ha puesto asolamientos en la tierra. Que hace cesar las guerras hasta los fines de la tierra. Que quiebra el arco, corta la lanza, y quema los carros en el fuego» (vv. 6-9).

Este puede llegar a ser un salmo favorito de aquel israelita atemorizado que haya quedado y que pueda estar escondiéndose del Anticristo en Petra durante el último período de la gran tribulación. (Véanse Is. 26:19, 20; Ap. 6:12-14; especialmente Mt. 24:15, 16; Ap. 12:14.)

14. Salmo 50
Selección:
«Juntadme mis santos, los que hicieron conmigo pacto con sacrificio» (50:5).

«Porque mía es toda bestia del bosque, y los millares de los animales en los collados. Conozco a todas las aves de los montes, y todo lo que se mueve en los campos me pertenece. Si yo tuviese hambre, no te lo diría a ti; porque mío es el mundo y su plenitud. ¿He de comer yo carne de toros, o de beber sangre de machos cabríos? Sacrifica a Dios alabanza, y paga tus votos al Altísimo» (50:10-14).

Reflexiones:
Todos sabemos de esos críticos que han atacado al Antiguo Testamento porque, según ellos, presenta a un dios tribal sediento de sangre que está más interesado en sacrificios sangrientos que en ayudar al ser humano. Asaf refuta ese concepto erróneo en este salmo. Afirma que Dios está más interesado en el ser humano que en sus sacrificios. Su devoción ferviente era más

importante para él que aquellas bestias ensangrentadas. No era el altar de bronce exterior lo que más agradaba a Dios, sino el altar interno del corazón. Moisés, unos cuatrocientos años antes, ya le había recordado a Israel este mismo gran principio (Dt. 10:12-16).

15. Salmo 56
Selección:
«Mis huidas tú has contado; pon mis lágrimas en tu redoma; ¿no están ellas en tu libro?» (56:8).
«Porque has librado mi alma de la muerte, y mis pies de caída, para que ande delante de Dios en la luz de los que viven» (56:13).
Reflexiones:
Las dulces palabras que hallamos en el versículo 8 pueden confortar y alegrar al corazón más abatido. David le pide al Señor que conserve sus lágrimas. El autor de este Auxiliar una vez siguió el rastro de las lágrimas humanas a lo largo de las páginas de la Biblia en un estudio personal. ¡Qué interesante resultó! Este mar de dolor del alma empieza en Génesis y fluye por todos los libros hasta llegar a su cima en el Apocalipsis de Juan.
Uno de los primeros momentos de llanto de un creyente aparece en la escena cuando Abraham está dando sepultura a su amada Sara en una solitaria y desolada cueva cerca de Hebrón (Gn. 23:2).
Este flujo de lágrimas sigue y se convierte en una corriente continua cuando es alimentado por las lágrimas de Jacob por José (Gn. 37:35), de Moisés por María (Nm. 12:13), de Ana por un hijo (1 S. 1:10), de Samuel por Saúl (1 S. 15:11, 35), de David por Absalón (2 S. 18:33). Para este tiempo la corriente es ya un torrente que sigue creciendo. Ezequías llora por sí mismo (2 R. 20:2, 3), Nehemías por Jerusalén (Neh. 1:4), un padre por su hija pequeña (Mr. 5:39), y dos hermanos por su hermano muerto (Jn. 11).
El torrente es ya un río incontrolable y lleva ahora las más preciosas de todas las lágrimas, aquellas derramadas por nuestro Salvador. Llora sobre Lázaro (Jn. 11:35) y sobre Jerusalén (Lc. 19:41). Al fin, en el libro de Apocalipsis leemos que este henchido mar es definitivamente controlado. El último momento que tenemos registrado de un creyente que llora está en Apocalipsis 5:5. Finalmente, Dios mismo enjuga todo rastro de lágrimas, según leemos en Apocalipsis 21:4.

16. Salmo 63
Selección:
«Cuando me acuerde de ti en mi lecho, cuando medite en ti en las vigilias de la noche» (63:6).
Reflexión:
Leemos en los Salmos que David oraba en distintos momentos del día. Pero parece que él especialmente se gozaba en buscar a su Pastor en la quietud de la noche, tal como lo indica en el versículo 6. Considere sus oraciones de media noche a Dios: «... meditad en vuestro corazón estando en vuestra cama, y callad» (Sal. 4:4).
«... me has visitado de noche...» (Sal. 17:3).
«... clamo... y de noche...» (Sal. 22:2).
«... y de noche su cántico estará conmigo...» (Sal. 42:8).
«Me acordaba de mis cánticos de noche...» (Sal. 77:6).
«Anunciar... y tu fidelidad cada noche» (Sal. 92:2).
«Me acordé en la noche de tu nombre, oh Jehová...» (119:55).
«Regocíjense los santos por su gloria, y canten aun sobre sus camas» (Sal. 149:5).

17. Salmo 66
Selección:
«Si en mi corazón hubiese yo mirado a la iniquidad, el Señor no me habría escuchado» (66:18).
Reflexión:
Este principio absoluto de la oración está establecido a lo largo de toda la Biblia, y se refiere tanto a los santos como a los pecadores. La sangre de Jesucristo nos limpiará de todos los pecados que confesemos, pero no va a cubrir ninguna de nuestras miserables excusas. (Véanse Pr. 15:29; 28:9; Is. 1:15; 59:1, 2; Jn. 9:31; Stg. 4:3.)

18. Salmo 68
Selección:
«Los carros de Dios se cuentan por veintenas de millares de millares...» (68:17).
Reflexión:
David nos dice en el versículo seleccionado que las huestes celestiales son millares. Esta estimación es apoyada por otras referencias bíblicas tales como Daniel 7:10, Mateo 26:53, y Apocalipsis 5:11. Cinco siglos después, un profeta solitario y desolado se sentaría entre las ruinas de Jerusalén, hacía poco destruida por los invasores babilonios. Al estar sentado allí, recordaría probablemente el testimonio de David que aparece en este Salmo 68:19. De cualquier modo, el profeta, con el corazón traspasado, escribió su testimonio basado en el anterior de David: «Esto recapacitaré en mi corazón, por lo tanto esperaré. Por la misericordia de Jehová no hemos sido consumidos, porque nunca decayeron sus misericordias. Nuevas son cada mañana; grande es tu fidelidad» (Lm. 3:21-23).

19. Salmo 69
Selección:
«Pero yo a ti oraba, oh Jehová, al tiempo de tu buena voluntad; oh Dios, por la abundancia de tu misericordia, por la verdad de tu salvación, escúchame» (69:13).
Reflexión:
¿Cuándo es este «tiempo de su buena voluntad«? Un maestro de escuela dominical dijo una vez a su clase: «El mejor momento para prepararse para encontrarse con Dios es el día antes de morir.» Esto parecía ser aceptable para la clase; pero entonces un niño levantó su mano y dijo: «Pero maestro, a veces la persona no sabe con veinticuatro horas de antelación que se va a morir. ¿Qué puede hacer entonces?» El maestro sabiamente replicó: «De ahí aprendemos que el *siguiente* mejor momento que tiene una persona para prepararse para encontrarse con Dios es hoy.» Uno de los conceptos teológicos más importantes de las Escrituras es la doctrina del tiempo presente: el hoy.
Dios desea:
a. Que el pecador entregue su corazón a Cristo hoy (2 Co. 6:2).
b. Que los santos se dediquen completamente a Cristo hoy (Ro. 6:19, 12:1-3; He. 3:7, 13, 15).
La razón evidente para esta urgencia la encontramos en pasajes como Proverbios 27:1; Santiago 4:13-15.

20. Salmo 71
Selección:
«Porque tú, oh Jehová, eres mi esperanza, seguridad mía desde mi juventud» (71:5).
«No me deseches en el tiempo de la vejez; cuando mi fuerza se acabare, no me desampares» (71:9).
«Oh Dios, me enseñaste desde mi juventud, y hasta ahora he manifestado tus maravillas. Aun en la vejez y en las canas, oh Dios, no me desampares, hasta que

anuncie su poder a la posteridad, y tu potencia a todos los que han de venir» (71:17, 18).
Reflexión:
Podríamos titular correctamente a este salmo como «El salmo del anciano». Uno de los más grandes beneficios que puede disfrutar el creyente es que la ancianidad le lleva a estar más cerca de aquella meta gloriosa de ser semejante a Cristo. Esto es algo totalmente diferente de todas las demás metas terrenales, tal como en el campo de los deportes u otras carreras profesionales, donde la juventud, el cerebro, la fuerza y la apariencia son crueles capataces, y el individuo desafortunado es cruda y rudamente dejado a un lado en la vejez. (Véanse Sal. 25:7; 37:25; Ec. 11:9, 10; 12:1.)

21. Salmo 73
Selección:
«En cuanto a mí, casi se deslizaron mis pies; por poco resbalaron mis pasos» (73:2).
«Porque tuve envidia de los arrogantes, viendo la prosperidad de los impíos» (v. 3).
«No pasan trabajos como los otros mortales, ni son azotados como los demás hombres» (v. 5).
«Los ojos se les saltan de gordura; logran con creces los antojos del corazón» (v. 7).
«He aquí estos impíos, sin ser turbados del mundo, alcanzaron riquezas. Verdaderamente en vano he limpiado mi corazón, y lavado mis manos en inocencia; pues he sido azotado todo el día, y castigado todas las mañanas» (vv. 12-14).
«Cuando pensé para saber esto, fue duro trabajo para mí, hasta que entrando en el santuario de Dios, comprendí el fin de ellos. Ciertamente los has puesto en deslizaderos; en asolamientos los harás caer. ¡Cómo han sido asolados de repente! Perecieron, se consumieron de terreros» (73:16-19).
Reflexiones:
Asaf hace aquí una pregunta que ha perturbado a un sin fin de cristianos a lo largo de la historia: ¿por qué prosperan los malos, mientras los buenos sufren? Lázaro debió hacerse esta pregunta cuando semi desnudo, mal alimentado y lleno de llagas, se sentaba en el suelo a la puerta de la casa de un rico insensible y desconsiderado (Lc. 16:19-31). Samuel estaría sin duda agobiado por el dolor de ver como el ungido David tenía que esconderse del arrogante Saúl.
Se cuenta que un editor escribió hace algunos años en una revista para agricultores que, aunque él no era un hombre muy religioso, con todo veía la sabiduría del mandamiento bíblico de trabajar seis días y descansar el séptimo. Poco después de la publicación del artículo, un airado agricultor le envío una carta al editor diciéndole que no merecía la pena leer su escrito. Para demostrarlo decía que precisamente aquel año él había sembrado sus campos en domingo, los había cuidado en domingo y había recogido la cosecha en domingo. Terminaba muy alegre su réplica con las siguientes palabras: «Estamos en octubre y ya he ganado más dinero que ninguno de los agricultores vecinos que se dicen ser cristianos y no trabajan los domingos.» El editor publicó dicha carta en el siguiente número de la revista y agregó la siguiente observación: «Estimado señor: Dios no liquida todas las cuentas en octubre.»

22. Salmo 75
Selección:
«Porque ni de oriente ni de occidente, ni del desierto viene el enaltecimiento. Mas Dios es el juez; a éste humilla, y a aquél enaltece» (75:6, 7).
Reflexión:
Quizá no ha habido otro rey en toda la historia que sea una demostración de la terrible realidad de estas palabras que el rey Nabucodonosor de Babilonia. Había tenido un sueño relacionado con un gran árbol que había sido cortado por orden de Dios. Daniel le profetiza correctamente que Dios le estaba avisando de que se humillara en su arrogancia, o de lo contrario sería cortado. No solamente ocurriría esto, sino que sufriría de un ataque de locura por un período de siete años. Pero el altivo rey rehusó dar su brazo a torcer, y entonces le sobrevino el mal anunciado (Dn. 4:29-37).

23. Salmo 76
Selección:
«Ciertamente la ira del hombre te alabará...» (76:10).
Abundan las referencias bíblicas que prueban la verdad que encontramos en esta oración. Consideremos las siguientes:
a. La ira de Esaú causó que Jacob tuviera que huir lejos; allí donde fue se encontró con Raquel, para la gloria de Dios (Gn. 27:41-45; 29:10).
b. La ira de los once hermanos de José envió a José a Egipto como esclavo, donde después llegó a ser primer ministro, para gloria de Dios (Gn. 37:23-28; 41:38-44).
Más tarde José se lo recordaría a sus hermanos al decirles:
«Vosotros pensasteis mal contra mí, mas Dios lo encaminó a bien, para hacer lo que vemos hoy, para mantener en vida a mucho pueblo» (Gn. 50:20).
c. Un rey moabita lleno de ira intentó maldecir a Israel por medio de un profeta contratado, pero todo resultó en una bella profecía acerca de Cristo, para la gloria de Dios (Nm. 22:1-6; 24:17).
d. La ira de Amán le llevó a construir una horca para colgar en ella a un judío, pero fue él quien murió ahorcado en ella, para la gloria de Dios (Est. 5:12-14; 7:10).
e. La ira llevó al rey Joacim a quemar el libro de Dios, pero el libro fue reescrito agregándosele la profecía de la propia caída del rey, para la gloria de Dios (Jer. 36:22, 23, 27-32).
f. La ira de los fariseos llevó a Cristo a la cruz para ser crucificado entre dos ladrones, lo que terminó en la salvación de uno de ellos, para la gloria de Dios (Lc. 23:39-43).
g. La ira del emperador romano llevó al apóstol Juan al destierro en la isla de Patmos, privándole de predicar el evangelio, pero resultó en la escritura del Apocalipsis, para la gloria de Dios (Ap. 1:9).

24. Salmo 80
Selección:
«Oh Pastor de Israel, escucha; tú que pastoreas como a ovejas a José, que estás entre querubines, resplandece» (80:1).
«Hiciste venir una vid de Egipto; echaste las naciones, y la plantaste» (80:8).
Reflexión:
Tenemos aquí una referencia a los querubines. Las dos estatuas aladas de 15 pies de altura (unos 4,5 m) llamados querubines, de oro puro y que, formando una sola pieza con el propiciatorio estaban sobre el arca del pacto en el lugar santísimo, representaban aparentemente a seres reales. Son mencionados como sesenta y cuatro veces en la Biblia. Notemos:
a. Tanto Moisés como Salomón los colocaron en el lugar santísimo (Ex. 25:19; 1 R. 6:27).

b. Dios habló a Moisés desde en medio de los dos querubines (Nm. 7:89).
c. Ezequías oró al Dios que mora entre querubines (2 R. 19:15).
d. Ezequiel vio la gloria de Dios en medio de cuatro querubines que volaban (Ez. 10).
e. Se describe el templo milenario con querubines (Ez. 41:17-20).

Aparte de lo que ya ha sido dicho acerca de los querubines, este salmo-oración de Asaf podría muy bien ser titulado «El salmo de la vid moribunda». La vid es frecuentemente usada en la Biblia como un símbolo de Israel. Notemos lo que Asaf dice acerca de esta vid. Declara que:

f. Dios la sacó de Egipto (v. 8).
g. Plantó esta vid en su tierra escogida (v.8).
h. Limpió y labró la tierra para su vid (v. 9).
i. La vid arraigó y creció por un tiempo (v. 9).
j. La vid cubrió los montes y creció tan alta como un cedro (v. 10).
k. Sus ramas y retoños se extendieron hasta el mar y hasta el río Éufrates (v. 11).
l. Entonces Dios rompió la cerca que protegía la vid (v. 12).
m. Los extraños se llevaron sus racimos (v. 12).
n. El jabalí y los animales salvajes la destrozaron (v. 13).
ñ. Los enemigos la cortaron y la quemaron (v. 16).

¿Por qué trató Dios a su vid de esta manera? La respuesta la encontramos muy claramente en las Escrituras (Is. 5:1-4; Jer. 2:21; Os. 10:1). Dios deseaba que su vid escogida llevara fruto para alimentar las naciones hambrientas de su alrededor; pero no lo hizo. Por tanto, en el cumplimiento de los tiempos, Dios dejó a un lado a esta vid silvestre, inútil y de frutos amargos. Nuestro Señor Jesucristo declaró triste y solemnemente este rechazo de parte de Dios durante una conversación que tuvo con los líderes judíos en el templo. Les dijo: «Por tanto os digo, que el reino de Dios será quitado de vosotros, y será dado a gente que produzca los frutos de él» (Mt. 21:43).

Mientras que estuvo en la tierra, el Señor Jesucristo fue la vid verdadera de Dios (Is. 53:2), y llevó fruto abundante por medio de sus milagros, parábolas, oraciones y sermones. Pero cuando llegó la hora para la vid crucificada y resucitada de volver al Padre celestial, ¿quién llevaría entonces el fruto del Padre en la tierra? Encontramos explicados los detalles de este emocionante plan en Juan 15:1-8. Se espera, por tanto, del creyente que lleve a cabo lo que Israel no iba a hacer: llevar fruto y fruto en abundancia. Esto sólo puede ser hecho permaneciendo en Él (oración) y permitiendo que sus palabras permanezcan en nosotros (meditación de la Biblia). El es la vid, nosotros somos los pámpanos. El pámpano existe por una sola razón: llevar fruto. No puede producirlo, simplemente lo lleva; no sirve para ninguna otra cosa. Su madera no sirve para construir casas ni muebles, ni tampoco sirve como leña para alimentar el fuego. Está simplemente para llevar fruto y compartirlo.

25. Salmo 81
Selección:
«Yo soy Jehová tu Dios, que te hice subir de la tierra de Egipto; abre tu boca y yo la llenaré. Pero mi pueblo no oyó mi voz, e Israel no me quiso a mí. Los dejé, por tanto a la dureza de su corazón; caminaron en sus propios consejos. ¡Oh, si me hubiera oído mi pueblo, si en mis caminos hubiera andado Israel! En un momento habría yo derribado a sus enemigos, y vuelto mi mano contra sus adversarios» (81:10-14).
Reflexión:
Casi diez siglos después Cristo Jesús, el rechazado Redentor de Israel, estaría en el monte de los Olivos contemplando Jerusalén, y con voz fuerte pronunciaría palabras parecidas (Mt. 23:37-39).

26. Salmo 84
Selección:
«Bienaventurado el hombre que tiene en ti sus fuerzas, en cuyo corazón están tus caminos. Atravesando el valle de lágrimas lo cambian en fuente, cuando la lluvia llena los estanques. Irán de poder en poder; verán a Dios en Sion» (84:5-7).
Reflexión:
El versículo 7 habla de crecer en fortaleza. La palabra *poder* es muy importante en el vocabulario bíblico de la oración y la santificación. Notemos la declaración que describe el poder interno del hombre en contraste con el poder impartido por Dios.

El poder del hombre:

«Como un tiesto se secó mi vigor...» (Sal. 22:15).

«... se agotan mis fuerzas a causa de mi iniquidad...» (Sal. 31:10).

«... y no quedó fuerza en mí...» (Dn. 10:8).

El poder de Dios:
«¿No has sabido, no has oído que el Dios eterno es Jehová, el cual creó los confines de la tierra? No desfallece, ni se fatiga con cansancio, y su entendimiento no hay quien lo alcance. El da esfuerzo al cansado, y multiplica las fuerzas al que no tiene ningunas. Los muchachos se fatigan y se cansan, los jóvenes flaquean y caen; pero los que esperan a Jehová tendrán nuevas fuerzas; levantarán alas como las águilas; correrán, y no se cansarán; caminarán, y no se fatigarán» (Is. 40:28-31).

«No temas, porque yo estoy contigo; no desmayes, porque yo soy tu Dios que te esfuerzo; siempre te ayudaré, siempre te sustentaré con la diestra de mi justicia» (Is. 41:10).

(Véanse también Sal. 27:1; 28:7; 29:11; 43:2; 46:1; 81:1; 118:14; 119:28; Fil. 4:13; 1 P. 5:10; Ef. 3:16; Ro. 5:6; 2 Ti. 4:17; 2 Co. 12:9.)

27. Salmo 85
Selección:
«¿No volverás a darnos vida, para que tu pueblo se regocije en ti?» (85:6).

«Escucharé lo que hablará Jehová Dios; porque hablará paz a su pueblo y a sus santos, para que no vuelvan a la locura. Ciertamente cercana está tu salvación a los que le temen...» (85:8-9).

«La misericordia y la verdad se encontraron; la justicia y la paz se besaron» (85:10).
Reflexiones:
Quizá no hay oración que Dios desea oír más que aquella pidiendo avivamiento, como la que se expresa en el versículo 6. Sólo un hijo de Dios puede ser reavivado. Los pecadores no pueden ser reavivados; ellos tienen que ser resucitados. Un muerto no puede ser reavivado, solamente una persona viva puede serlo o debería serlo. Tiempo después Habacuc oraría de manera parecida por sí mismo y por el remanente de Israel: «Oh Jehová, aviva tu obra en medio de los tiempos, en medio de los tiempos hazla conocer; en la ira acuérdate de la misericordia» (Hab. 3:2). Como millones de cristianos han descubierto a lo largo de la historia, Dios va a darse prisa en responder la oración de un corazón que solicita avivamiento. Pero como Coré sugiere en la última parte del versículo 8, un deseo verdadero de avivamiento conlleva la deter-

minación de abandonar aquel pecado que hace necesario el avivamiento.

Tenemos muchos avivamientos registrados en la Biblia. Todos ellos fueron propiciados bien por la oración, por el estudio de la Biblia, o por ambos. Consideremos los siguientes avivamientos y reformas que encontramos en las Escrituras:

a. Con Jacob (Gn. 35:2-4).
b. Con Moisés (Ex. 14:31—15:21).
c. Con David (1 Cr. 15:25-28; 16:1-43; 29:10-25).
d. Con Salomón (2 Cr. 7:4-11).
e. Con Elías (1 R. 18:21-40).
f. Con Asa (1 R. 15:11-15).
g. Con Jehú (2 R. 10:15-28).
h. Con Joiada (2 R. 11:17-20).
i. Con Josías (1 R. 22, 23).
j. Con Josafat (2 Cr. 20).
k. Con Ezequías (2 Cr. 29-31).
l. Con Manasés (2 Cr. 33:11-20).
m. Con Esdras (Esdras 9—10).
n. Con Nehemías (Neh. 13).
ñ. Con Jonás (Jon. 3).
o. Con Ester (Est. 9:17-22).
p. Con Juan el Bautista (Lc. 3:2-18).
q. Con el Salvador (Jn. 4:28-42).
r. Con Felipe (Hch. 8:5-12).
s. Con Pedro (Hch. 9:32-35; 2:1-47)
t. Con Pablo (Hch. 13:14-52; 17:10-12; 18:8; 19:18).

Vemos el poder maravilloso de la oración en el versículo 10. Ahí encontramos dos pares de cosas irreconciliables: La misericordia y la verdad, la justicia y la paz. La misericordia mira al pecador: «Perdonado»; pero la verdad demanda: «La paga del pecado es muerte.» La paz contempla el corazón atormentado del pecador y desea suavizarlo, pero la justicia señala que el alma que pecare, morirá. ¿Qué puede hacerse? Entonces sucede el milagro: el amor encuentra el camino en Cristo.

De esta forma dos cosas opuestas pueden ser reconciliadas y besarse la una a la otra.

28. Salmo 88
Selección:
«Porque mi alma está hastiada de males, y mi vida cercana al Seol» (88:3).
Reflexión:
Esta es la oración más sombría y desalentadora de toda la Biblia. No aparece ni un rayo de esperanza.

29. Salmo 90
Selección:
Los días de nuestra edad son setenta años; y si en los más robustos son ochenta años, con todo su fortaleza es molestia y trabajo, pronto pasan, y volamos» (90:10).

«Enséñanos de tal modo a contar nuestros días, que traigamos al corazón sabiduría» (90:12).
Reflexión:
Este salmo ha sido llamado frecuentemente «El salmo de la muerte» o «El salmo del primer Adán». Fue escrito por Moisés. Notemos el promedio de edad del hombre que se reconocía en este tiempo según el versículo 10; una merma trágica desde los tempranos tiempos patriarcales según Génesis 5. Como el primer Adán descubrió pronto, uno de los frutos amargos del pecado es la muerte física. Con este trasfondo en mente, la única conclusión lógica para el hombre es la declaración que aparece en el versículo 12. El pecador debería aceptar a Cristo (este es el principio de la sabiduría), y el creyente debería usar los días de su vida tan sabiamente como es exhortado a gastar su dinero. De hecho, con mucho más cuidado, porque el tiempo mal gastado no puede recuperarse.

30. Salmo 91
Selección:
«El que habita al abrigo del Altísimo morará bajo la sombra del Omnipotente» (91:1).

«Pues a sus ángeles mandará acerca de ti, que te guarden en todos tus caminos. En sus manos te llevarán, para que tu pie no tropiece en piedra» (91:11, 12).

Este salmo es conocido como «El salmo de la vida» o «El salmo del segundo Adán». Se refiere ante todo al poder guardador del Padre en relación con el Hijo durante su ministerio en la tierra. El versículo 11 dice que mandará a sus ángeles «que te guarden en todos tus caminos». Veamos el ministerio que los ángeles llevaron a cabo a favor de Cristo mientras estuvo en la tierra:

a. Le adoraron (He. 1:6).
b. Anunciaron su nacimiento (Lc. 1:26-38; 2:8-14; Mt. 1:20-23.
c. Le sirvieron en:
   (1) El desierto (Mt. 4:11).
   (2) En el jardín (Lc. 22:43).
d. Quitaron la piedra que cerraba el sepulcro (Mt. 28:2).
e. Anunciaron su resurrección (Mt. 28:6).
f. Estuvieron presentes en su ascensión (Hch. 1:10, 11).
g. Le acompañarán en su segunda venida (2 Ts. 1:7, 8).

Durante las terribles tentaciones de Jesús en el desierto, Satanás citó el versículo 11 (Mt. 4:6). Llevaba razón Shakespeare cuando declaró: «El diablo sabe citar las Escrituras.»

31. Salmo 94
Selección:
«Cuando yo decía: Mi pie resbala, tu misericordia, oh Jehová, me sustentaba» (94:18).
Reflexión:
Este versículo, como otros muchos de los Salmos, nos enseña la eterna seguridad del creyente. No describe al hijo de Dios que se «agarra» desesperado del brazo del Padre para salvar la vida, sino más bien su frágil mano asida con seguridad por el Todopoderoso. (Véase también Sal. 37:23, 24.)

32. Salmo 100
Selección:
«Cantad alegres a Dios, habitantes de toda la tierra» (100:1).
Reflexión:
Este es otro de los salmos más conocidos y amados; y por su estilo, belleza y contenido merece ser puesto junto al Salmo 23.

33. Salmo 103
Selección:
«Bendice, alma mía, a Jehová, y bendiga todo mi ser su santo nombre» (103:1).
Reflexión:
Este salmo es posiblemente el más grande y glorioso poema de alabanza a Jehová Dios que jamás se haya compuesto. El fervor de David alcanza en él su cenit. Su riqueza es mayor, sus pensamientos más profundos, su sonido más dulce, su sentimiento más conmovedor que en cualquier otra oración de alabanza en la Biblia.

34. Salmo 107
Selección:
«Porque sacia el alma menesterosa, y llena de bien

el alma hambrienta. Algunos moraban en tinieblas y sombra de muerte. Aprisionados en aflicción y en hierros ... Cambia la tempestad en sosiego, y se apaciguan sus ondas» (vv. 9, 10, 29).
Reflexión:
Cristo Jesús cumplió literal y amorosamente estos versículos mientras estuvo en la tierra:
a. Cumplió 107:9, 10 en Mateo 4:16 y Hebreos 2:14, 15.
b. Cumplió 107:29, en Mateo 8:26.

35. Salmo 111
Selección:
«El principio de la sabiduría es el temor de Jehová...» (111:10).
Reflexión:
La palabra «temor» en la Biblia, especialmente en los Salmos, donde aparece más de cien veces, está íntimamente conectada con oración y alabanza. Esta clase específica de temor no es aquel tipo seco y enfermizo, sino un respeto reverencial. Se echa mucho de menos en el mundo hoy esta clase de santo temor. Como Pablo dijo cuando escribía la maldad de la raza humana: «No hay temor de Dios delante de sus ojos» (Ro. 3:18). Notemos el uso de la palabra temor en relación con la oración y la comunión con Dios.

«Ahora, pues, Israel, ¿qué pide Jehová tu Dios de ti, sino que temas a Jehová tu Dios, que andes en todos sus caminos, y que lo ames, y sirvas a Jehová tu Dios con todo tu corazón y con toda tu alma» (Dt. 10:12).

«Ahora, pues, temed a Jehová, y servirle con integridad y en verdad...» (Jos. 24:14).

«Servid a Jehová con temor, y alegraos con temblor» (Sal. 2:11).

«... adoraré hacia tu santo templo en tu temor...» (Sal. 5:7).

«Entonces los que temían a Jehová hablaron cada uno a su compañero; y Jehová escuchó y oyó, y fue escrito libro de memoria delante de él para los que temen a Jehová, y para los que piensan en su nombre» (Mal. 3:16).

36. Salmo 118
Selección:
«Me castigó gravemente JAH, mas no me entregó a la muerte. De parte de Jehová es esto, y es cosa maravillosa a nuestros ojos. Este es el día que hizo Jehová; nos gozaremos y alegraremos en él» (118:18, 23, 24).
Reflexión:
La vida y la experiencia de Job sirven como un comentario completo al versículo 18. Los versículos 23 y 24 pueden ser correctamente usados por todos los creyentes en base de Romanos 8:28, incluso en la ocasión del funeral de un ser amado.

37. Salmo 119
Selección:
«En mi corazón he guardado tus dichos, para no pecar contra ti» (Sal. 119:11).

«Bueno me es haber sido humillado, para que aprenda tus estatutos» (Sal. 119:71).

«Conozco, oh Jehová, que tus juicios son justos, y que conforme a tu fidelidad me afligiste» (119:75).

«Para siempre, oh Jehová, permanece tu palabra en los cielos» (119:89).

«Más que todos mis enseñadores he entendido, porque tus testimonios son mi meditación» (119:99).

«Lámpara es a mis pies tu palabra, y lumbrera a mi camino» (119:105).

«La exposición de tus palabras alumbra; hace entender a los simples» (119:130).

Reflexión:
Llegamos ahora al salmo más extenso y a la más larga de todas las oraciones contenidas en la Biblia. El tema único de esta oración es la Palabra de Dios. Se refiere a ella en cada uno de sus 176 versículos, con la excepción de cinco. El autor usa para la Biblia nueve títulos diferentes y le atribuye doce funciones.
a. Los nueve títulos son:
(1) La ley de Dios (v. 1).
(2) Los testimonios de Dios (v. 2).
(3) Los caminos de Dios (v. 3).
(4) Los preceptos de Dios (v. 4).
(5) Los estatutos de Dios (v. 5).
(6) Los mandamientos de Dios (v. 6).
(7) Los justos juicios de Dios (v. 7).
(8) La palabra de Dios (v. 9).
(9) Los dichos de Dios (v. 11).
b. Las doce funciones:
(1) Limpia (v. 9).
(2) Vivifica (v. 25).
(3) Sustenta (v. 28).
(4) Confirma (v. 38).
(5) Defiende (v. 42).
(6) Consuela (v. 50).
(7) Instruye (vv. 98, 99).
(8) Ilumina (v. 105).
(9) Da seguridad (v. 114).
(10) Sostiene (v. 116).
(11) Trae paz (v. 165).
(12) Libera (v. 170).

D.L. Moody comentaba acerca del versículo 11 que la Biblia nos guarda del pecado o el pecado nos mantiene alejados de la Biblia. En relación con el versículo 71 podemos decir que Dios frecuentemente permite que nos vengan aflicciones a fin de familiarizarnos con su Palabra (véase también el Sal. 94:12). El autor del libro de Hebreos edifica en parte sobre el versículo 75 (He. 12:5-15).

Nuestro Señor dijo una vez acerca del versículo 89:

«El cielo y la tierra pasarán, pero mis palabras no pasarán» (Mt. 24:35). (Véanse también Mt. 5:18; 1 P. 1:23, 25.)

En relación con el versículo 99, el salmista no está jactándose de su inteligencia ni está menospreciando a todos los maestros. Simplemente está diciendo que en lo relacionado con la voluntad de Dios para su vida, él puede recoger más del estudio personal de las Escrituras que de todo los instructores, sin duda bien intencionados, pero al fin y al cabo humanos. A veces sucede que aun el más piadoso de los maestros puede dar a otro creyente un consejo equivocado. Un ejemplo clásico de esto puede ser el ánimo que el profeta Natán estaba dando a David para que edificase el templo (1 Cr. 17:1-4). El apóstol Juan escribe sobre esto en su primera carta (1 Jn. 2:27).

En relación con el versículo 105 podemos señalar que Satanás también es descrito como uno que despliega cierta luz. Pero hay una diferencia: la luz de Dios es dirigida directamente a los pies del hombre a fin de guiar su vista. La luz de Satanás es proyectada sobre sus ojos, lo que ciega su vista. Como Pablo lo declararía tiempo después: «En los cuales el dios de este siglo cegó el entendimiento de los incrédulos, para que no les resplandezca la luz del evangelio de la gloria de Cristo, el cual es la imagen de Dios» (2 Co. 4:4). (Véase también Sal. 97:11.)

Sobre el versículo 130 podemos decir que la Palabra de Dios es suficientemente sencilla como para bendecir el corazón del creyente más simple y al mismo tiempo es lo suficientemente profunda como para desafiar la inteligencia del más sabio de los creyentes. Es a la vez leche para el bebé y carne para el adulto.

38. Salmo 123
    Selección:
    «A ti alcé mis ojos, a ti que habitas en los cielos. He aquí, como los ojos de los siervos miran a la mano de sus señores, y como los ojos de las siervas miran a la mano de su señora, así nuestros ojos miran a Jehová nuestro Dios, hasta que tenga misericordia de nosotros» (123:1, 2).
    Reflexión:
    Un ciudadano de la civilización occidental, en la que se defiende (al menos en el papel) la igualdad de todos los hombres, cuando lee la parte seleccionada de este salmo no puede abarcar su sentido completo, al saber muy poco de la absoluta sumisión y lealtad que existía en la relación de siervos y señores en las sociedades orientales. Se nos dice que cuando el siervo estaba en la presencia de su señor, fijaba la mirada en su mano; de manera que cualquier movimiento o gesto lo llevaría a la acción inmediata. La misma situación se daba entre la señora y su sierva. Este es el significado que debemos darle a las palabras de Dios a David que aparecen en el Salmo 32:8, 9: «Te haré entender, y te enseñaré el camino en que debes andar; sobre ti fijaré mis ojos. No seáis como el caballo, o como el mulo, sin entendimiento, que han de ser sujetados con cabestro y con freno, porque si no, no se acercan a ti.» En Romanos 1:1 Pablo re refiere a sí mismo como un esclavo de Jesucristo. Este era sin duda el secreto fundamental de su tremendo ministerio para el Señor.
39. Salmo 136
    Selección:
    «Alabad a Jehová, porque él es bueno, porque para siempre es su misericordia» (Sal. 136:1).
    Reflexión:
    En este salmo hallamos el gran coro de la misericordia divina. La frase «porque para siempre es su misericordia», aparece veintiséis veces, una por cada versículo. Veamos otras oraciones bíblicas en las que la misericordia es el elemento esencial:
    a. La oración de Jacob (Gn. 32:10).
    b. La oración de Abraham (Gn. 24:27).
    c. La oración de Moisés (Ex. 15:13).
    d. La oración de David (2 S. 22:26; 24:14).
    e. La oración del remanente (Neh. 9:19).
    f. La oración de Jonás (4:2).
    g. La oración del publicano (Lc. 18:13).
    h. Otros salmos: 25:6; 40:11; 51:1; 69:16; 79:8; 103:4: 119:77, 156; 145:9.
40. Salmo 139
    Selección:
    «Oh Jehová, tú me has examinado y conocido» (139:1).
    Reflexión:
    En este salmo de David encontramos más acerca de la omnisciencia de Dios que en ninguna otra oración de la Biblia. Según David:
    a. Dios sabía cuándo se sentaba y se levantaba (v. 2).
    b. Dios conocía todos sus pensamientos (v. 2).
    c. Dios conocía sus hábitos (v. 3).
    d. Dios conocía cada palabra que pronunciaba (v. 4).
    e. Dios conocía cada uno de sus pasos (v. 5).
    f. Dios le conocía desde antes que naciera (v. 16).
    A causa de esta maravillosa sabiduría, David daba gracias a Dios:
    g. Por haberle creado (vv. 13-16).
    h. Por cuidarle
       (1) Aun si asciende al cielo (v. 8).
       (2) Aun si desciende al Seol (v. 8).
       (3) Aun si fuere hasta el más lejano mar (v. 9).
       (4) Aun si se ocultara en la noche más oscura (vv. 11, 12).
    i. Por pensar en él (vv. 17, 18).

Salmos penitenciales (6, 32, 38, 51, 102, 130, 143)

David fue el autor de al menos cinco de estos siete salmos penitenciales. Le debemos el 6, 32, 38, 51 y 143. Nosotros vamos a considerar aquí los salmos 32, 38 y 51.

1. Salmo 32
   Debemos relacionar este salmo con el 51. Este último describe las emociones de David cuando confesaba sus pecados de adulterio y asesinato (2 S. 11), mientras que éste presenta sus sentimientos antes de hacer dicha confesión, cuando todavía pesaba sobre él la terrible carga de la culpabilidad. Pablo cita en Romanos (4:7, 8) los primeros dos versículos de este salmo para ilustrar la enseñanza de la imputación, una de las grandes doctrinas de las Escrituras. Por imputación entendemos el acto de una persona que añade algo a la cuenta de otra persona. Encontramos tres imputaciones principales en la Biblia:
   a. La de la naturaleza de pecado de Adán a la humanidad (Ro. 3:23; 5:12).
   b. La del pecado del hombre sobre Cristo (Is. 53:5, 6; He. 2:9; 2 Co. 5:14-21; 1 P. 2:24).
   c. La de la justicia de Cristo sobre los pecadores que creen (Fil. 3:9; Stg. 2:23; Ro. 4:6-24).
2. Salmo 51
   Ya hemos visto el trasfondo desde el cual David escribió este salmo.
   a. Empieza su gran confesión haciendo lo que Dios espera que haga todo santo que ha pecado: reconocimiento voluntario de su pecado. El Padre va a aceptar nuestras lágrimas pero nunca nuestras excusas. David rehusa culpar a la sociedad, la herencia, la pobreza o el ambiente por su fracaso.
   b. En el versículo 4 declara: «Contra ti, contra ti solo he pecado.» En un sentido técnico esto, por supuesto, no era exactamente así. David había pecado contra sí mismo, contra Betsabé, contra Urías, contra Israel, que miraba a su amado rey con admiración y respeto. Pero su pecado contra Dios fue tan serio que todas las demás partes involucradas quedaban como borradas. Pablo cita la última parte de este versículo para probar la condenación universal de la humanidad (Ro. 3:24).
   c. En el versículo 7 David suplica ser purificado (o limpiado) con hisopo. Quizá estaba pensando en la primera Pascua que el pueblo hebreo celebró cinco siglos antes en Egipto. Sin duda él habría leído este relato muchas veces:
      «Y Moisés convocó a todos los ancianos de Israel, y les dijo: Sacad y tomaos corderos por vuestras familias, y sacrificad la pascua. Y tomad un manojo de hisopo, y mojadlo en la sangre que estará en un lebrillo, y untad el dintel y los dos postes con la sangre que estará en el lebrillo; y ninguno de vosotros salga de las puertas de su casa hasta la mañana. Porque Jehová pasará hiriendo a los egipcios; y cuando vea la sangre en el dintel y en los postes,

pasará Jehová aquella puerta, y no dejará entrar al heridor en vuestras casas para herir» (Ex. 12:21-23).

De forma que Dios le limpió. En el cumplimiento de los tiempos, el más grande descendiente de David llevaría a cabo esa purgación por los pecados de todos los creyentes en todo lugar. Las Escrituras nos dicen:

«...habiendo efectuado la purificación de nuestros pecados por medio de sí mismo, se sentó a la diestra de la Majestad en las alturas» (He. 1:3*b*).

David quería para sí este ministerio a fin de poder quedar más blanco que la nieve. Tres siglos después Dios usaría las palabras de David para dirigirse al pueblo de Israel. Por medio del profeta Isaías dijo: «Venid luego, dice Jehová, y estemos a cuenta: si vuestros pecados fueren como la grana, como la nieve serán emblanquecidos...» (Is. 1:18).

d. David pide algo en el versículo 11 de su oración que el creyente de hoy no necesita solicitar o no debería hacerlo. Independientemente de la seriedad de nuestro pecado, no necesitamos preocuparnos por perder la presencia en nosotros del Espíritu Santo. Jesús prometió a sus discípulos en el aposento alto:

«Y yo rogaré al Padre, y os dará otro Consolador, para que esté con vosotros para siempre» (Jn. 14:16).

e. Sin embargo, todo hijo de Dios necesita alguna vez repetir las palabras de la oración de David en el versículo 12. Toda la iglesia de Efeso necesitó hacerlo, como Jesús les dijo: «Pero tengo contra ti, que has dejado tu primer amor» (Ap. 2:4). Cuando este gozo y primer amor vuelven, tendrá en verdad lugar la conversión de los pecadores como se menciona en el versículo 13.

f. Este salmo de confesión nos aporta muchas preciosas verdades, pero quizá la mayor de todas la encontramos en los versículos 16 y 17. La razón para esto era muy simple: no existía sacrificio para el pecado de adulterio. Los culpables de este pecado eran sacados fuera y apedreados hasta morir (Lv. 20:10). De manera que David pasa de largo las ofrendas levíticas y se entrega a sí mismo por completo a la gracia y misericordia de Dios.

3. Salmo 38

Este salmo está, sin duda alguna y por varias razones, entre los pasajes más sobresalientes de toda la Biblia, principalmente por su absoluta franqueza. Esta oración tan lastimosa debería demostrar que la Biblia no es sólo un libro que el hombre no ha escrito, sino que no escribiría si pudiera. Aquí tenemos a David, el dulce cantor de Israel, el ungido de Dios, el hombre que tiene un corazón conforme al del Señor. Al estudiar cuidadosamente el lenguaje de esta oración, es casi imposible no pensar en la sorprendente posibilidad de que David estuviera enfermo con aquella clase de mal que acompaña frecuentemente a una vida y actividad inmoral (vv. 3-11).

Salmos imprecatorios (35, 55, 58, 59, 69, 83, 109, 137, 140)

A. Definición de estos salmos:

Imprecar es orar deseando y pidiendo el mal contra alguien o algo. Es sinónimo de maldecir.

B. El hecho de estos salmos:

Hay muchos momentos cuando los salmistas pidieron el juicio de Dios sobre sus enemigos. Solicitaron al Señor que:

1. Disputase y pelease contra ellos (35:1).
2. Fuesen avergonzados y confundidos (35:4).
3. Fuesen esparcidos (35:5).
4. El ángel de Jehová los acosara (35:5).
5. Fuese su camino tenebroso y resbaladizo (35:6).
6. La muerte les sorprendiese (55:15).
7. Descendiesen vivos al Seol (55:15).
8. Quebrase sus dientes (58:6).
9. Deshiciese sus defensas (58:7).
10. No tuviese misericordia de ellos (59:5).
11. Los consumiese con su furor (59:13).
12. Les pusiese lazo (69:22).
13. Oscureciese sus ojos (69:23).
14. Hiciese temblar sus lomos (69:23).
15. Fuese su palacio asolado (69:25).
16. Fuesen raídos del libro de los vivientes (69:28).
17. Fuesen hechos como estiércol para la tierra (83:10).
18. Que los persiguiese (83:15).
19. Los entregase a Satanás (109:6).
20. Fuesen sus días pocos (109:8).
21. Sus hijos anduviesen vagabundos y mendigasen (109:10).
22. Fuesen echados en el fuego (140:10).
23. Fuesen arrojados a abismos profundos (140:10).

C. El problema de estos salmos:

¿Cómo podemos reconciliar estas frases con la enseñanzas de Jesús en el Nuevo Testamento como aparecen, por ejemplo, en Mateo 5:44:

«Pero yo os digo: Amad a vuestros enemigos, bendecid a los que os maldicen, haced bien a los que os aborrecen, y orad por los que os ultrajan y os persiguen»?

D. Respuestas que se han sugerido para estos salmos: (El material que sigue ha sido tomado del librito *Notes for Lectures on the Psalms*, del doctor Roy L. Aldrich.)

1. Los Salmos son inspirados por Dios y el Espíritu Santo tiene el derecho de denunciar el pecado y a los pecadores.
2. Esto está en armonía con la ley (Sal. 28:4; Jer. 50:15).
3. Tal juicio contra el mal y los malhechores está en armonía con las enseñanzas de Cristo y de las epístolas (Mt. 18:6; 23:33; 26:24; Gá. 1:8, 9; 5:12; Stg. 5:3; Jud. 13, 15; 2 P. 2:12, 22; 2 Ts. 2:10-12; Ap. 14:10, 11).
4. Las Escrituras también contienen maldiciones contra los israelitas por caer en el pecado y en la idolatría (Lv. 26; Dt. 27—28; Is. 5:24, 25; 28:13, etc.).
5. David fue muy indulgente en su vida privada, pero en los Salmos muestra que la causa de Dios era su causa (Sal. 5:10, 11).
6. Los orientales estaban acostumbrados a usar un vocabulario más fuerte que los occidentales. Sus denuncias eran más exageradas y sus alabanzas más vehementes.
7. Muchas de las imprecaciones eran el resultado de la solidaridad sentida hacia el herido y el oprimido (Sal. 10:8-10).
8. Algunos de estos salmos son oraciones pidiendo victoria en la guerra (Sal. 144:5-7). Muchas

de las guerras de Israel fueron claramente aprobadas por el Señor.

9. Algunas de las peticiones hacen referencia a predicciones de las Escrituras (Sal. 137:8, 9). El salmista tiene ante sí una clara profecía donde se predice la caída de Babilonia en estos mismos términos (Is. 13:16; véanse también Jer. 50:15; 51:6, 36).
10. Algunas tienen que ver con Cristo y los que le traicionaron (Salmos 40, 55, 60). El Salmo 69:22-25 nos habla del castigo que le caería a Judas. El Salmo 109 ha sido llamado el «Salmo Iscariote».
11. A los inicuos se les ve en los salmos como impíos confirmados o apóstatas. Esto está en concordancia con la soberanía de Dios y con el carácter profético de los salmos. Muchos de los salmos miran hacia el futuro juicio terrenal contra los inicuos.
12. Dios manifiesta su gracia en las claras y repetidas amonestaciones que dirige a los malvados (Sal. 2:12).
13. La forma imperativa en que aparecen ciertas expresiones pueden ser perfectamente cambiadas en futuro sin forzar el sentido del hebreo. Por ejemplo, en vez de «sean avergonzados y confundidos», bien puede decir «serán avergonzados y confundidos». Esta oración sería entonces una profecía. (Véase Sal. 109:8-10.)

E. Una breve consideración de estos salmos:
1. Salmo 35. Este es el primero de los nueve salmos imprecatorios. (Veánse los versículos 1 al 8.) Debe tenerse también en mente que David había orado primeramente por sus fieros enemigos a pesar de sus crueldades para con él (vv. 12-16). Este es también el primero de cuatro Salmos Iscariotes; esto es, salmos que describen proféticamente la traición de Judas en el Nuevo Testamento. Los otros tres son: 41:9; 55:12-14; 109:6-8. Véase en los siguientes versículos la oración imprecatoria en cada uno de ellos:
2. Salmo 55:9.
3. Salmo 58:6-9.
4. Salmo 59:11-15.
5. Salmo 69:22-28.
6. Salmo 83:9-17.
7. Salmo 109:6-20.
8. Salmo 137. Aquí encontramos una oración imprecatoria doble:
   a. Para que Dios juzgue a Edom por su traición durante la caída de Jerusalén a manos de los babilonios (v. 7).
   b. Para que Dios juzgue a Babilonia (vv. 8, 9).
   Nota: no obstante, estas palabras no describen a un ejército israelita corriendo de un sitio para otro machacando los cuerpos de bebés babilonios, porque, históricamente hablando, fueron los babilonios los que conquistaron a Israel y no al revés. Esto puede considerarse como profético en relación con los persas, porque fueron ellos los que derrotaron a Babilonia. (Véanse Dan. 5; Is. 12:16.) Aquí nos aparece la ley divina de la retribución, como se nos enseña también en Exodo 32:34; Salmo 7:16; Proverbios 11:19, 21, y Gálatas 6:7.
9. Salmo 140. Véanse los versículos 8 al 10 para la oración imprecatoria.

Salmos graduales o ascendentes

A. ¿Quién los escribió?
Una opinión comúnmente sostenida es que fueron compuestos por tres hombres.
1. Ezequías escribió diez de ellos (120, 121, 123, 125, 126, 128, 129, 130, 132, 134).
2. Salomón escribió uno de ellos (127).
3. David escribió cuatro de ellos (122, 124, 131, 133).

B. ¿Por qué fueron escritos?
Muchos creen que la razón de su composición fue la siguiente: sobre el año 700 a.C. Dios sanó de una enfermedad fatal a un rey judío llamado Ezequías. En Isaías 38 tenemos recogida la oración de acción de gracias del agradecido rey, compuesta después de su recuperación. En el versículo 20 dice:

> «Jehová me salvará; por tanto cantaremos nuestros cánticos en la casa de Jehová todos los días de nuestra vida.»

Algunos eruditos (incluyendo a Thirtle, Lightfoot y Scroggie) creen que estos cantos de Ezequías son diez de los quince «Salmos graduales» anónimos que tenemos (120-134). Estos salmos tienen ciertamente una cierta semejanza de estilo. Ezequías pudo haber escrito diez de estos salmos en recuerdo de los diez grados de la sombra del reloj de sol (2 R. 20:9-11), y después fueron agregados cinco salmos no publicados antes, originales de David y Salomón (véase Pr. 25:1), para llegar a un total de quince en honor de los quince años más de vida que Dios le concedió (2 R. 21:6).

C. ¿Cómo tenían que ser cantados?
Veamos varias teorías:
1. Según una vieja tradición judía tenían que ser cantados cuando el coro ascendía por la escalinata semicircular que llevaba al atrio de los hombres en el templo.
2. Lo de «ascendentes» se puede referir a las etapas de la peregrinación a Jerusalén, para ser cantados por los peregrinos a lo largo del camino en su viaje a la ciudad sagrada durante los días de las fiestas sagradas.
3. «Ascendentes» se refería a cantos del coro más elevado, a cantores situados en la parte más alta de un lugar elevado.
4. La referencia puede ser musical, significando que las notas ascendían gradualmente.

Salmos de aleluya (113—118)

Estos seis salmos se cantaban en la noche de la Pascua.

A. Los Salmos 113 y 114 al comienzo de la comida pascual.
B. Los Salmos 115 y 116 al final. Estos fueron seguramente los que cantaron el Salvador y sus discípulos según Mateo 26:30. Son todavía recitados dieciocho veces al año en Palestina en ocasión de varias celebraciones, y veintiuna veces cada año por los judíos que viven fuera de la Tierra Santa.

Salmos históricos (78, 105, 106)

Estos tres salmos, que describen la historia de Israel, pueden resumirse de la siguiente manera:

A. Los pecados de Israel.
1. Rehusaron andar en la ley de Dios (78:10).
2. Se olvidaron de sus obras (78:11, 42; 106:13).
3. Hablaron contra el Señor (78:19).
4. No confiaron en su salvación (78:22).
5. Le mintieron (78:36).
6. Le enojaron (78:40).
7. Le provocaron (78:41).
8. Adoraron imágenes de talla (78:58; 106:19).
9. Envidiaron a su siervo Moisés (106:16).
10. Aborrecieron la Tierra Prometida (106:24).
11. Murmuraron en sus tiendas (106:25).
12. Comieron los sacrificios de los muertos (106:28).
13. Se juntaron con los paganos (106:35).
14. Sacrificaron sus hijos a los demonios (106:37).
15. Derramaron sangre inocente (106:38).

B. La gracia de Dios.
1. Se acordó de su pacto cuando clamaron a él (105:8-11).
2. Dividió el mar (78:13).
3. Les guió mediante una nube durante el día (78:14).
4. Les dirigió de noche con resplandor de fuego (78:14).
5. Les proveyó de agua sacándola de las rocas (78:15).
6. Les hizo llover maná (78:24).
7. Fue compasivo y olvidó sus iniquidades (78:38).
8. Hizo maravillas para ellos en Egipto (78:43; 105:27-36).
9. Les llevó hasta las fronteras de la Tierra Prometida (78:54).
10. Echó a las naciones paganas de delante de ellos (78:55).
11. Escogió a David para dirigirlos (78:70, 71).
12. No permitió que nadie les agraviase (105:14).
13. Los apacentó (78:72).
14. Castigó a los reyes por amor de ellos (105:14).
15. Los elevó por medio de José (105:17).
16. Les dio las riquezas de Egipto (105:37).
17. Los mantuvo sanos (105:37).
18. Continuamente les perdonó (106:43).
19. Escuchó constantemente su clamor (106:44).

Salmos alfabéticos o acrósticos (9, 10, 25, 34, 37, 111, 112, 119, 145)

Se llaman así porque cada línea de estos salmos comienza con una letra sucesiva de las veintidós que componen el alfabeto hebreo.

El Salmo 119 es, por supuesto, el más conocido de este grupo. Tiene veintidós estrofas, y cada estrofa ocho versículos, con un total de 176. Cada una de estas estrofas comienza con una de las veintidós letras del alfabeto hebreo. No todos estos salmos están completos en este arreglo; a algunos les falta una letra o más. De lo que resulta que:

A. A los salmos 9, 10, 25 les faltan varias letras.
B. A los salmos 34, 45 sólo les falta una letra.
C. Los salmos 37, 111, 112 y 119 tienen todas las letras.

Es razonable suponer que usaron este recurso literario para ayudar a la memoria.

Salmos mesiánicos

Vamos a considerar estos importantísimos salmos de dos maneras: Primero, en el orden en que Cristo los cumplió en el Nuevo Testamento. Segundo, en el orden en que aparecen en el libro de los Salmos.

A. En el orden en que Cristo los cumplió en el Nuevo Testamento.

1. Su obediencia (40:6-10).
«Sacrificio y ofrenda no te agrada ... Entonces dije: He aquí vengo; en el rollo del libro está escrito de mí...» (cp. He. 10:5-7).
2. Su celo (69:9).
«Porque me consumió el celo de tu casa...» (Jn. 2:17).
3. Su rechazo (118:22).
«La piedra que desecharon los edificadores ha venido a ser cabeza de ángulo» (véase Mt. 21:42).
4. Su traición.
«Aun el hombre de mi paz, en quien yo confiaba, el que de mi pan comía, alzó contra mí el calcañar» (41:9).
«Porque no me afrentó un enemigo, lo cual habría soportado; ni se alzó contra mí el que me aborrecía, porque me hubiera ocultado de él; sino tu, hombre, al parecer íntimo mío, mi guía y mi familiar; que juntos comunicábamos dulcemente los secretos, y andábamos en amistad en la casa de Dios» (55:12-14). (Véase Mt. 26:14-16, 21-25.)
5. Sus sufrimientos (22:1, 6, 7, 8, 16, 18).
«Me pusieron además hiel por comida, y en mi sed me dieron a beber vinagre» (69:21). (Véase Mt. 27:34, 48.)
«En tu mano encomiendo mi espíritu» (Sal. 31:5). (Véase Lc. 23:46.)
«El guarda todos sus huesos; ni uno de ellos será quebrantado» (34:20). (Véase Jn. 19:33-36; también Sal. 129:3.)
6. Los falsos testigos.
«Porque boca de impío y boca de engañador se han abierto contra mí; han hablado de mí con lengua mentirosa; con palabras de odio me han rodeado, y pelearon contra mí sin causa» (109:2, 3). (Véanse Mt. 26:59-61; 27:39-44.)
7. Su oración por sus enemigos.
«En pago de mi amor me han sido adversarios; mas yo oraba» (109:4). (Véase Lc. 23:34.)
8. Su resurrección.
«Porque no dejarás mi alma en el Seol, ni permitirás que tu santo vea corrupción» (16:10; comparar con Hechos 13:35).
«Anunciaré tu nombre a mis hermanos; en medio de la congregación te alabaré» (22:22; comparar con Jn. 20:17).
9. Su ascensión.
«Subiste a lo alto, cautivaste la cautividad, tomaste los dones para los hombres...» (68:18; comparar con Ef. 4:8).
10. Su entrada triunfal.
«Alzad, oh puertas, vuestras cabezas, y alzaos vosotras, puertas eternas, y entrará el Rey de gloria. ¿Quién es este Rey de gloria? Jehová el fuerte y valiente, Jehová el poderoso en batalla» (24:7, 8). (Véase Hch. 1.)
11. Su obra como Sumo Sacerdote.
«Juró Jehová, y no se arrepentirá: Tú eres sacerdote para siempre según el orden de Melquisedec» (110:4). (Véase He. 5—7.)
12. Su matrimonio (45:2, 6, 8, 13, 15). (Véase Ap. 19.)

13. Su destrucción de los paganos.
«Jehová dijo a mi Señor: Siéntate a mi diestra, hasta que ponga a tus enemigos por estrado de tus pies» (110:1). (Véase también Sal. 2.)
«Juzgará entre las naciones...» (110:6). (Véase Ap. 6—19.)
14. Su reinado milenario (89:27; 102:16-21).
«Le hiciste señorear sobre las obras de tus manos; todo lo pusiste debajo de sus pies» (8:6; comparar con He. 2).
«Será su nombre para siempre, se perpetuará su nombre mientras dure el sol. Benditas serán en él todas las naciones. Lo llamarán bienaventurado» (72:17). (Véanse Mt. 23:39; Ap. 11:15.)

B. En el orden en que aparecen en el libro de los Salmos.
1. Salmo 2: predice la destrucción de los paganos y el reinado milenario de Cristo. Este salmo contiene cuatro partes:
a. La rebelión del hombre (vv. 1-3).
b. La reacción de Dios (vv. 4-6).
c. El gobierno del Hijo (vv. 7-9).
d. La recomendación del salmista (vv. 10-12).
Pasajes mesiánicos:
Versículo 2: «Se levantarán los reyes de la tierra, y príncipes consultarán unidos contra Jehová y contra su ungido...» (Citado en Hch. 4:26.)
Versículo 7: «Yo publicaré el decreto; Jehová me ha dicho: Mi hijo eres tú; yo te engendré hoy.» (Citado en Hechos 13:33.)
2. Salmo 8: predice el reinado milenario de Cristo. Bien podemos comparar la declaración del versículo 6 de este salmo, que nos dice que Dios creó al hombre con sus dedos, con Isaías 53:1, donde se nos dice que redimirnos le costó a Dios sus brazos. De lo que se infiere que la redención es mucho más costosa que la creación.
Pasaje mesiánico:
Versículo 6: «Le hiciste señorear sobre las obras de tus manos; todo lo pusiste debajo de sus pies.»
3. Salmo 16: predice la muerte y la resurrección de Cristo.
Pasaje mesiánico:
Versículo 10: «Porque no dejarás mi alma en el Seol, ni permitirás que tu santo vea corrupción.» (Citado en Hechos 2:27.)
4. Salmo 22: predice los intensos sufrimientos de Cristo.
Este salmo tiene dos partes:
a. Los sollozos del crucificado (1-21).
b. El canto del glorificado (22-31).
Se ha sugerido que Pedro tenía este salmo en mente cuando escribió:
«Los profetas que profetizaron de la gracia destinada a vosotros, inquirieron y diligentemente indagaron acerca de esta salvación, escudriñando qué persona y qué tiempo indicaba el Espíritu de Cristo que estaba en ellos, el cual anunciaba de antemano los sufrimientos de Cristo, y las glorias que vendrían tras ellos» (1 P. 1:10, 11).
Si esto es cierto, entonces los versículos 1 al 21 del salmo hablan de sus sufrimientos, mientras que los versículos 22 al 31 describen su gloria.
Pasajes mesiánicos:
Versículo 1: «Dios mío, Dios mío, ¿por qué me has desamparado?» (Citado por Cristo en la cruz, Mt. 27:46.)
Versículo 8: «Se encomendó a Jehová; líbrele él; sálvele, puesto que en él se complacía.» (Citado por los inicuos líderes israelitas ante la cruz, Mt. 27:43.)
Versículo 16: «... Horadaron mis manos y mis pies...» (Cumplido por los soldados romanos al crucificarle, Mt. 27:35.)
Versículo 18: «Repartieron entre sí mis vestidos, y sobre mi ropa echaron suertes.» (Cumplido por los soldados romanos al pie de la cruz, Mr. 15:24.)
Versículo 22: «Anunciaré tu nombre a mis hermanos; en medio de la congregación te alabaré.» (Citado en He. 2:12.)
5. Salmo 23: predice el tierno ministerio pastoral de Cristo.
Pasaje mesiánico:
Versículo 1: «Jehová es mi pastor; nada me faltará.» (Aunque esta cita no aparece exactamente así en el Nuevo Testamento, Jesús mismo se refiere a ella en Jn. 10:1-18).
Este salmo es conocido como la Perla de los Salmos. Tiene tres partes:
a. Las ovejas y el pastor (1-3; habla de provisión).
b. El guía y el viajero (3, 4; habla de dirección).
c. El anfitrión y el invitado (5, 6; habla de comunión).
6. Salmo 24: predice la entrada triunfal de Cristo en el cielo. Este salmo, aunque originalmente escrito para celebrar la entrada de David en la recién capturada ciudad de Jerusalén y su subsiguiente dedicación como rey, puede también hablar de la entrada victoriosa del Salvador en la gloria después de haber terminado su obra de redención y ascender al monte de los Olivos. El salmo era cantado por dos coros:
a. Los versículos 1 al 6 eran cantados al pie del monte donde estaba ubicada la ciudad.
(1) El coro A cantaría los versículos 1-3.
(2) El coro B cantaría los versículos 4-6.
b. Los versículos 7-10 eran cantados en frente de las puertas de la ciudad.
(1) El coro A cantaría el versículo 7.
(2) El coro B. cantaría el versículo 8.
(3) El coro A cantaría la segunda parte del versículo 8 y también el 9.
(4) El coro B cantaría la primera parte del versículo 10.
(5) El coro A cantaría la segunda parte del versículo 10.
c. Ciertos salmos eran cantados en el servicio de la mañana en el templo cada día de la semana. Posiblemente lo cantaban en el siguiente orden:
(1) El lunes el coro cantaba el Salmo 48.
(2) El martes el Salmo 82.
(3) El miércoles el Salmo 94.
(4) El jueves el Salmo 81.
(5) El viernes el Salmo 93.

(6) El sábado el Salmo 92.
(7) El domingo el Salmo 24.

Pasajes mesiánicos:
Versículos 7-10: «Alzad, oh puertas, vuestras cabezas, y alzaos vosotras, puertas eternas, y entrará el Rey de gloria. ¿Quién es este Rey de gloria? Jehová el fuerte y valiente, Jehová el poderoso en batalla. Alzad, oh puertas, vuestras cabezas, y alzaos vosotras, puertas eternas, y entrará el Rey de gloria. ¿Quién es este Rey de gloria? Jehová de los ejércitos, él es el Rey de la gloria.»

(Aunque estos versículos no se citan directamente en el Nuevo Testamento, sin embargo, se habla en forma general de ellos en Hechos 2:32, 33.)

7. Salmo 31: predice los pensamientos y palabras del Salvador en la cruz.
Pasaje mesiánico:
Versículo 5: «En tu mano encomiendo mi espíritu...»
(Fue citado directamente por Jesús poco antes de expirar en la cruz según Lc. 23:46.) El apóstol Pablo se referiría más tarde al versículo 19 de este salmo en 1 Corintios 2:9.
8. Salmo 40: predice la obediencia de Cristo durante su vida en la tierra.
Pasaje mesiánico:
Versículo 6: «Sacrificio y ofrenda no te agrada; has abierto mis oídos...» (Citado en He. 10:5, 6.)
Versículo 7: «Entonces dije: He aquí, vengo; en el rollo del libro está escrito de mí» (Citado en He. 10:7.)
9. Salmo 41: predice la traición del Salvador por Judas. Este es el primero de tres salmos que hablan de ello. Los otros son el 55 y el 109.
Pasaje mesiánico:
Versículo 9: «Aun el hombre de mi paz, en quien yo confiaba, el que de mi pan comía, alzó contra mí el calcañar.» (Una referencia a Judas. Véase Jn. 13:18.)
10. Salmo 45: predice la belleza y las bodas de Cristo. Las raíces históricas de este salmo están probablemente en el casamiento de Salomón con la hija de Faraón (1 R. 3:1), pero ciertamente se presta para una referencia al pasaje de las bodas del Cordero que tenemos en Apocalipsis 19:7-9. Este salmo tiene dos partes:
   a. Primera parte: Las características del novio (1-8*a*).
      (1) Es el más justo de todos.
      (2) Sus palabras están llenas de gracia.
      (3) Goza de la constante bendición de Dios.
      (4) Es un defensor de la verdad, la humildad y la justicia.
      (5) Derrota a todos sus enemigos.
      (6) Su trono permanecerá para siempre.
      (7) La justicia es su cetro real.
      (8) Ama la justicia y aborrece la maldad.
      (9) Sus vestidos están perfumados con mirra, áloe y casia.
   b. Los privilegios de la novia (8*b*-17).
      (1) Su morada será un palacio de marfil lleno de música.
      (2) Será vestida con ropas finas con adornos de oro.
      (3) Será amada por su esposo por toda la eternidad.

Pasaje mesiánico:
Versículo 6: «Tu trono, oh Dios, es eterno y para siempre; cetro de justicia es el cetro de tu reino.» (Citado en He. 1:8.)
Versículo 7: «Has amado la justicia y aborrecido la maldad; por tanto, te ungió Dios, el Dios tuyo con óleo de alegría más que a tus compañeros» (Citado en He. 1:9.)
11. Salmo 68: predice la victoria gloriosa de Cristo y su entrada triunfal en el cielo.
Pasaje mesiánico:
Versículo 18: «Subiste a lo alto, cautivaste la cautividad, tomaste dones para los hombres....» (Citado en Ef. 4:8.) ¿Dónde estaba la morada de los justos que habían muerto antes del Calvario? Algunos estudiantes de la Biblia sostienen que antes de que Jesús muriera, las almas de todos los hombres descendían a una morada localizada en alguna parte de la tierra conocida como el Hades en el Nuevo Testamento y el Seol en el Antiguo Testamento. Había originalmente dos secciones en el Hades, una para los salvos y otra para los perdidos. La sección de los salvos es algunas veces llamada el «paraíso» (Lc. 23:43) y otras veces el «seno de Abraham» (Lc. 16:22).
No se sabe que se le diera ningún nombre a la sección de los no salvados excepto la designación general de Hades. En Lucas 16:19-31 el Salvador nos habla de un creyente pobre que murió y fue al seno de Abraham. Muchos creen que todo esto cambió cuando Cristo hizo el pago completo por los pecados de los creyentes en el Calvario. La *Biblia Anotada de Scofield* sugiere que el Señor, durante el tiempo entre su muerte y resurrección, descendió al Hades y sacó del paraíso a todos aquellos que habían sido salvos hasta entonces y entró triunfalmente con ellos en los cielos. Se presenta Efesios 4:8-10 como prueba de ello. El finado doctor Barnhouse escribe en su libro *Revelation*:
«Cuando ascendió a lo alto (Ef. 4:8) vació el paraíso y los llevó directamente a la presencia de Dios. La cautividad fue llevada cautiva.... A partir de ese momento nunca más hubo separación entre los que creen en Cristo. Las puertas del infierno nunca más prevalecerían contra ningún creyente.» (Véase Mt. 16:18.)
12. Salmo 69: predice el celo y los sufrimientos de Cristo.
Pasajes mesiánicos:
Versículo 9: «Porque me consumió el celo de tu casa....» (Citado en Jn. 2:17.)
Versículo 21: «Me pusieron además hiel por comida, y en mi sed me dieron a beber vinagre.» (Cumplido en Mt. 27:34, 48.)
13. Salmo 72: predice el reinado milenario de Cristo. No está absolutamente claro si este Salmo es una oración a Dios de Salomón o una oración de David concerniente a Salomón. En cualquier caso, describe el glorioso reinado milenario del Señor Jesucristo, descendiente de David. Notemos las siguientes características de su reinado:
   a. Juzgará a los afligidos con justicia (2).

b. Los montes y los collados florecerán (3).
c. Aplastará a los opresores (4).
d. Su gobierno será tan amoroso y beneficioso como el rocío para la hierba (6).
e. Los hombres buenos prosperarán en gran manera (7).
f. Su reinado se extenderá hasta los confines de la tierra (8).
g. Todas las naciones le traerán presentes y le servirán (10, 11).
h. Todos los pueblos le bendecirán y le alabarán (15).
i. Su nombre permanecerá y será honrado por siempre (17).

Pasaje mesiánico:
Versículo 8: «Dominará de mar a mar, y desde el río hasta los confines de la tierra.» (Citado por Juan en Ap. 11:15.)

14. Salmo 89: predice la fidelidad inalterable de Dios a favor de la dinastía de David por medio de Cristo, a pesar de la continua desobediencia de los miembros de esa dinastía. Este salmo fue escrito por Etán ezraíta, quien fue un reconocido sabio durante el reinado de Salomón (1 R. 4:31). Aunque no podemos estar seguros, bien puede ser que este salmo esté expresando los pensamientos de Salomón en sus últimos años, cuando a causa de sus pecados experimentó muchas dificultades. (Véase 1 R. 11.)
Pasaje mesiánico:
Versículo 27: «Yo también le pondré por primogénito, el más excelso de los reyes de la tierra.» (Referido por Pablo en Fil. 2:9-11.)
15. Salmo 102: predice la eternidad de Cristo. Este salmo puede corresponder a los últimos años del exilio babilónico, y su propósito era animar a los judíos a volver a Palestina y reedificar Jerusalén. También se refiere a la segunda venida del gran Rey de Jerusalén. (Véase el v. 16.)
Pasaje mesiánico:
Versículos 25-27: «Desde el principio tú fundaste la tierra, y los cielos son obra de tus manos. Ellos perecerán, mas tú permanecerás; y todos ellos como una vestidura se envejecerán; como un vestido los mudarás, y serán mudados; pero tú eres el mismo, y tus años no se acabarán.» (Citado en He. 1:10-12.)
16. Salmo 109: predice la traición de Judas y su terrible castigo.
Pasaje mesiánico:
Versículo 8: «Sean sus días pocos; tome otro su oficio.» (Citado por Pedro en Hechos 1:20.)
17. Salmo 110: predice el sacerdocio eterno de Cristo.
    a. Notemos la múltiple descripción de Cristo en este salmo:
        (1) Es Dios (v. 1).
        (2) Es Rey (v. 2).
        (3) Es sacerdote (v. 4).
        (4) Es juez (v. 6).
        (5) Es un poderoso guerrero (v. 6).
    b. Notemos la doble descripción del pueblo de Dios en este salmo:
        (1) Son sacerdotes: «Tu pueblo se te ofrecerá voluntariamente…» (literalmente, «ofrecerán ofrendas voluntarias» v. 3). (Cp. con Ap. 1:6.)
        (2) Son soldados: «… en el día de tu poder…» (literalmente, «tu ejército» v. 3). (Cp. con Ef. 6:11.)

    Pasajes mesiánicos:
    Versículo 1: «Jehová dijo a mi Señor: Siéntate a mi diestra, hasta que ponga a tus enemigos por estrado de tus pies.»
    Este versículo es más citado en el Nuevo Testamento que ningún otro del Antiguo Testamento. Es repetido al menos en cuatro ocasiones.
        (3) En Mateo 22:41-46 (para señalar la deidad de Cristo).
        (4) En Hechos 2:34, 35 (para mostrar la identidad de Cristo).
        (5) En Hebreos 1:13 (en forma de pregunta para indicar la superioridad de Cristo).
        (6) En Hebreos 10:12, 13 (para mostrar la obra terminada de Cristo).
    Versículo 4: «Juró Jehová, y no se arrepentirá: Tú eres sacerdote para siempre según el orden de Melquisedec.»
    Encontramos este versículo no menos de tres veces en el Nuevo Testamento y en las tres tratan acerca de su sumo sacerdocio.
        (7) En Hebreos 5:6 (para dar las cualificaciones de un sumo sacerdocio según el orden de Melquisedec).
        (8) En Hebreos 6:20 (para señalar la inmutabilidad de este sumo sacerdocio).
        (9) En Hebreos 7:21 (para mostrarnos la necesidad de este sumo sacerdocio).
18. Salmo 118: predice que Cristo es la piedra fundamental del edificio de Dios, rechazado por los hombres, pero elegido por el Señor. Este salmo, que se usaba frecuentemente durante la fiesta de los tabernáculos, pudo haber sido cantado por el Señor en el camino a Getsemaní.
Pasajes mesiánicos:
Versículo 22: «La piedra que desecharon los edificadores ha venido a ser cabeza del ángulo.»
Abundan, tanto en el Antiguo como en el Nuevo Testamento, las referencias a esta «piedra suprema de las Escrituras».
    a. Es cabeza del ángulo (Mt. 21:42; Ef. 2:20).
    b. La primera piedra (Zac. 4:7; Hch. 4:11).
    c. La roca golpeada (1 Co. 10:4).
    d. Piedra de tropiezo (1 Co. 1:23).
    e. La piedra desmenuzadora (Dn. 2:34).
    f. Piedra viva, escogida y preciosa (1 P. 2:4-7).
Versículo 26: «Bendito el que viene en el nombre de Jehová…» (Citado por la gente en la entrada triunfal, Mt. 21:9).

Como conclusión de esta sección sugerimos a continuación unos títulos para algunos de los salmos.

1. El salmo del hombre piadoso (1).
2. Salmos de la creación (8, 104).
3. El salmo del buen Pastor (22).
4. El salmo del gran Pastor (23)
5. El salmo del Pastor principal (24).
6. El salmo de la unidad (133).
7. Salmos de Jerusalén (48, 122, 126, 132, 137).
8. Salmos de la familia (127, 128).
9. El salmo de la seguridad (121).
10. El salmo del único Dios verdadero (115).
11. El salmo del éxodo (114).

12. El salmo del refugio (46).
13. El salmo de la escalera de la fe (37).
14. Los salmos de la suprema alabanza (103, 148, 150).
15. El salmo de la ancianidad (71).
16. El salmo de la gratitud (100).
17. El salmo de la muerte (90).
18. El salmo de la vida (91).
19. Los salmos de liberación (31, 116).
20. El salmo de la casa de Dios (84).
21. El salmo de la riqueza de Dios (50).
22. Los salmos de la Palabra de Dios (19, 119).
23. El salmo de la voz de Dios (29).
24. El salmo de la misericordia de Dios (136).
25. El salmo de la bondad de Dios (27, 107).
26. El salmo de la omnisciencia y omnipresencia de Dios (139).
27. El salmo de la omnipotencia de Dios (147).
28. El salmo del pacto davídico (89).
29. Los salmos de la historia de Israel (78, 105, 106).
30. El salmo del «¿por qué?» (42, 73).
31. Los salmos de la profunda desesperación (69, 88).

II. El libro de **Proverbios**.

Introducción:

1. Un proverbio es una frase breve que expresa la experiencia de la vida.
2. Son varios los autores del libro de Proverbios.
   a. Salomón (1—24). Se nos dice en 1 Reyes 4:32 que él escribió tres mil proverbios y compuso más de mil himnos o cantos. Sin embargo, los capítulos 1—24 contienen sólo una parte de esa cantidad.
   b. Los varones de Ezequías (25—29).
   c. Agur (30).
   d. Lemuel (31).
3. El libro nos presenta la enseñanza mediante la figura de un hombre joven que inicia su camino en la vida. Recibe la primera lección en 1:7. Dos escuelas le buscan y le envían información sobre sus programas de estudios. Una es la escuela de la sabiduría y la otra es la escuela de los necios o insensatos.
4. La palabra clave en Proverbios es, por supuesto, *sabiduría*.
   a. La sabiduría protegerá a sus discípulos (2:8).
   b. La sabiduría los dirigirá (3:5, 6).
   c. La sabiduría los perfeccionará (4:18).
5. Hay varios pasajes clásicos en este libro.
   a. Las advertencias de la sabiduría (1:20-31).
   b. Las recompensas de la sabiduría (3:5, 6).
   c. La energía de la sabiduría (6:6-11).
   d. La ramera impía (7:1-27).
   e. La esposa virtuosa (31:10-31).
   f. El Salvador soberano (8:22-31).
   g. Quince hechos famosos (30:18-31).
   h. El rebelde desenfrenado (30:11-14).
6. Proverbios es equivalente en el Antiguo Testamento a la epístola de Santiago. Resulta imposible componer un bosquejo cronológico de este libro. Se consideran en él como mínimo once asuntos diferentes.
   a. El buen nombre:
      (1) «La memoria del justo será bendita; mas el nombre de los impíos se pudrirá» (10:7).
      (2) «De más estima es el buen nombre que las muchas riquezas, y la buena fama más que la plata y el oro» (22:1).
   b. La juventud y la disciplina:
      (1) «El hijo sabio alegra al padre, pero el hijo necio es tristeza de su madre» (10:1; 17:21, 25, 19:13).
      (2) «El hijo sabio recibe el consejo del padre; mas el burlador no escucha las reprensiones» (13:1).
      (3) «El que detiene el castigo, a su hijo aborrece; mas el que lo ama, desde temprano lo corrige» (13:24).
      (4) «Castiga a tu hijo en tanto que hay esperanza; mas no se apresure tu alma para destruirlo» (19:18).
      (5) «Instruye al niño en su camino, y aun cuando fuere viejo no se apartará de él» (22:6).
      (6) «La necedad está ligada en el corazón del muchacho; mas la vara de la corrección la alejará de él» (22:15; 29:15, 17).
      (7) «No rehúses corregir al muchacho; porque si lo castigas con vara, no morirá. Lo castigarás con vara, y librarás su alma del Seol» (23:13, 14).
      (8) Véase 23:15-25.
      (9) Véase 30:11-14.
   c. Asuntos de negocios:
      (1) «El peso falso es abominación a Jehová; mas la pesa cabal le agrada» (11:1; 16:11; 20:10, 23).
      (2) No salgas fiador de quien no conoces bien (6:1-5; 11:15; 17:18).
      (3) No te niegues a hacer el bien cuando puedes hacerlo (3:27).
      (4) «Jehová no dejará padecer hambre al justo…» (10:3).
      (5) Los perezosos pronto empobrecen, pero los diligentes disfrutan de abundancia (10:4; 22:29).
      (6) El empleado perezoso averguenza al que lo envía. Es como el vinagre a los dientes o el humo a los ojos (10:26).
      (7) «El que confía en las riquezas caerá…» (11:28).
      (8) Es malo aceptar soborno para torcer la justicia (17:23).
      (9) Aprende a trabajar primero y luego podrás edificar tu casa (24:27).
      (10) «Velozmente pueden esfumarse las riquezas. La corona del rey no permanece en su familia para siempre; así, pues, vigila de cerca los intereses de tu negocio; entérate de la condición de tus rebaños y ganados. Entonces tendrás suficiente lana para vestidos y bastante leche de cabra para alimentar a todos los de tu casa después de recogido el heno y que venga la nueva cosecha y el pasto del monte sea recogido» (27:23-27, paráfrasis de *La Biblia al Día).*
   d. Matrimonio:
      (1) «Bebe el agua de tu misma cisterna…» (5:15).

(2) «... alégrate con la mujer de tu juventud» (5:18).
(3) «Como zarcillo de oro en el hocico de un cerdo es la mujer hermosa y apartada de razón» (11:22).
(4) «El que turba su casa heredará viento...» (11:29).
(5) «La mujer virtuosa es corona de su marido; mas la mala, como carcoma en sus huesos» (12:4).
(6) «La mujer sabia edifica su casa; mas la necia con sus manos la derriba» (14:1; 19:13).
(7) «El que halla esposa halla el bien, y alcanza la benevolencia de Jehová» (18:22).
(8) «Mejor es vivir en un rincón del terrado que con mujer rencillosa en casa espaciosa» (21:9; 25:24).
(9) «Mejor es morar en tierra desierta que con la mujer rencillosa e iracunda» (21:19).
(10) «Mujer virtuosa, ¿quien la hallará?» Nota: La respuesta más detalla a esta pregunta la encontramos en el capítulo 31 de Proverbios.

e. Inmoralidad:
(1) Significa burlarse de la ley de Dios (2:17).
(2) Lleva al camino de la muerte y al infierno (2:18; 7:27; 9:18).
(3) Contamina la conciencia (5:4).
(4) Le causa a uno gemidos de angustia y vergüenza cuando la enfermedad consume el cuerpo (5:11).
(5) Conduce a amargos remordimientos (5:12, 13).
(6) Será juzgada por el Señor (5:21).
(7) Llevará al hombre a la pobreza (6:26)
(8) Abrasará el alma con tanta seguridad como el fuego abrasa la piel (6:27, 32).
(9) Es (7:22, 23):
(a) Como el buey que va al degolladero.
(b) Como el necio que va a la prisión.
(c) Como el ave que se apresura a la red.

f. Malas compañías:
(1) Rehúsalas, porque en el intento de atrapar a otros sólo se atrapan a sí mismos (1:10-19).
(2) Recházalas, «porque comen pan de maldad, y beben vinos de robos» (4:17).
(3) No las aceptes, porque su amabilidad es un engaño, sólo te quieren para su propio beneficio (23:6-8).
(4) Rehúsalas, porque el verdadero carácter del hombre se ve en los amigos que elige (27:19).

g. Sabiduría:
(1) El temor de Dios es su raíz (1:7; 9:10).
(2) Ganará muchos honores (1:9).
(3) Librará de la inmoralidad (2:16).
(4) Dirigirá todos tus caminos (3:6).
(5) Da renovación, salud y vitalidad (3:8).
(6) Hará (cuando sabiamente diezmas) que tus graneros estén llenos y tus lagares rebosen de mosto (3:9, 10).
(7) Es mucho mejor que la plata, el oro, y las piedras preciosas (3:14; 8:11, 19).
(8) Da largura de días, riquezas, honor, placer y paz (3:16, 17; 9:11).
(9) Fue el método de Dios para la creación (3:19, 20).
(10) Es lo primero en la vida (4:7).
(11) Debería ser amada como como a una novia (7:4).
(12) Nos trae el favor de Dios (8:35).

h. Dominio propio:
(1) Es mejor tener dominio propio que conquistar una ciudad (16:32).
(2) Un hombre sin dominio propio empieza frecuentemente cosas que no puede terminar (25:8).
(3) El hombre sin riendas es como una ciudad sin protección (25:28).

i. Bebidas alcohólicas:
(1) Proporciona un falso valor y lleva al alboroto y la pelea (20:1).
(2) Llena el corazón de angustia y dolor (23:29).
(3) Enturbia los ojos y produce heridas (23:29).
(4) Muerde como una serpiente venenosa (23:32).
(5) Lleva a las alucinaciones y al *delirium tremens* (23:33).
(6) Lleva a decir estupideces (23:33).
(7) Te lleva a tambalearte como un marinero en medio del mar (23:34).
(8) Te hace que te dejes apalear sin ser consciente de ello (23:35).
(9) Hace que los líderes se olviden de sus deberes y perviertan el derecho (31:5).

j. La amistad:
(1) El amigo verdadero es fiel en todo momento y te ayuda en tiempo de necesidad (17:17).
(2) Las heridas del amigo son mejores que los besos del enemigo (27:6).
(3) Nunca abandones al amigo ni al amigo de tu padre (27:10).
(4) Los consejos del amigo son agradables como el perfume (27:9).
(5) La discusión amistosa es tan estimulante como las chispas que saltan cuando el hierro golpea al hierro (27:17).
(6) El hombre que quiera tener amigos debe ser amigo (18:24).
(7) Un amigo verdadero puede ser más íntimo que un hermano (18:24).

k. Las palabras y la lengua:
(1) Como plata escogida es la lengua del justo (10:20).
(2) El que refrena su lengua es sabio (10:19; 11:12).
(3) Los labios del justo instruyen a muchos (10:21).
(4) El hipócrita daña con la boca a su prójimo (11:9).
(5) «El que anda en chismes descubre el

secreto; mas el de espíritu fiel lo guarda todo» (11:13).

(6) «Hay hombres cuyas palabras son como golpes de espada; mas la lengua de los sabios es medicina» (12:18).

(7) «El que guarda su boca guarda su alma; mas el que mucho abre sus labios tendrá calamidad» (13:3).

(8) «El testigo verdadero libra las almas...» (14:25).

(9) «La blanda respuesta quita la ira; mas la palabra áspera hace subir el furor» (15:1).

(10) «La lengua apacible es árbol de vida; mas la perversidad de ella es quebrantamiento de espíritu» (15:4).

(11) «... y la palabra a su tiempo, ¡cuán buena es!» (15:23).

(12) «El corazón del justo piensa para responder...» (15:28).

(13) «Panal de miel son los dichos suaves; suavidad al alma y medicina para los huesos» (16:24).

(14) «El hombre perverso levanta contienda, y el chismoso aparta a los mejores amigos» (16:28; 17:9).

PROVERBIOS

ONCE TEMAS OPORTUNOS

El buen nombre
10:7; 22:1

La juventud y la disciplina
13:24; 19:18; 22:6, 15; 23:13, 14

Asuntos de negocios
11:1; 6:6-11; 10:4, 26

Matrimonio
5:15, 18; 11:22, 29; 12:4; 14:1; 19:13; 21:9, 19, 31:10

Inmoralidad
5:3-5; 6:24-32

Malas compañías
1:10-19; 4:17; 23:6-8; 27:19

Sabiduría
3:13-18; 8:35

Dominio propio
16:32; 25:28

Bebidas alcohólicas
20:1; 23:29-32

La amistad
17:17; 18:24; 26:6

Las palabras y la lengua
15:1, 23, 28; 16:24; 17:27; 18:21; 25:11; 26:17, 20, 22

PASAJES CLÁSICOS

La palabra a su tiempo, ¡cuán buena es! **(15:23)**

Capítulo	Versículos	Capítulo	Versículos
1	**24-28**	**24**	**16, 17, 28, 29**
3	**5, 6, 9, 10-12, 19-26**	**25**	**19-22**
6	**16-19**	**27**	**1**
8	**22-31**	**28**	**13**
11	**30**	**29**	**1, 18**
14	**12, 34**	**30**	**4-9, 11-14**
16	**3, 7, 18**	**31**	**10-12, 28, 30**
18	**10**		

(15) «El que comienza la discordia es como quien suelta las aguas; deja, pues, la contienda antes que se enrede» (17:14).

(16) El que tiene entendimiento ahorra sus palabras (17:27).

(17) Las palabras del chismoso producen heridas (18:8).

(18) Es una necedad y una vergüenza responder antes de escuchar (18:13).

(19) «La muerte y la vida están en poder de la lengua...» (18:21).

(20) «... y el que habla mentiras no escapará» (19:5*b*).

(21) «Manzana de oro con figuras de plata es la palabra dicha como conviene» (25:11).

(22) «Con larga paciencia se aplaca el príncipe, y la lengua blanda quebranta los huesos» (25:15).

(23) «El que pasando se deja llevar de la ira en pleito ajeno es como el que toma al perro por las orejas» (26:17).

(24) «Sin leña se apaga el fuego, y donde no hay chismoso, cesa la contienda» (26:20).

(25) «Alábete el extraño, y no tu propia boca; el ajeno, y no los labios tuyos» (27:2).

l. Varios grupos de proverbios:

(1) Siete cosas que Dios aborrece (6:16-19):
   (a) Los ojos altivos.
   (b) La lengua mentirosa.
   (c) Las manos derramadoras de sangre inocente.
   (d) El corazón que maquina pensamientos inicuos.
   (e) Los pies presurosos para correr al mal.
   (f) El testigo falso que habla mentira.
   (g) El que siembra discordia entre hermanos.

(2) Cuatro cosas que nunca se sacian (30: 15, 16):
   (a) El sepulcro.
   (b) La mujer estéril.
   (c) La tierra falta de agua.
   (d) El fuego.

(3) Cuatro cosas asombrosas y misteriosas (30:18, 19):
   (a) El rastro del águila en el aire.
   (b) El rastro de la culebra sobre la peña.
   (c) El rastro de un barco en el mar.
   (d) El rastro de un hombre en la doncella.

(4) Cuatro tipos de gente que son insoportables (30:21-23):
   (a) El esclavo que llega a ser rey.
   (b) El necio que se sacia de pan.
   (c) La mujer odiada que se casa.
   (d) La criada que toma el lugar de la señora.

(5) Cuatro animalitos pequeños pero sabios (30:24-28):
   (a) Las hormigas, no son fuertes

pero aseguran su comida en el verano.
   - (b) Los conejos, animales débiles que se protegen viviendo en las rocas.
   - (c) Las langostas, que sin tener rey marchan en orden perfecto.
   - (d) La araña, fácil de atrapar y matar, pero que se encuentran hasta en los palacios reales.
- (6) Cuatro monarcas majestuosos (30:29-31):
   - (a) El león, fuerte entre los animales que no retrocede ante nada.
   - (b) El ceñido de lomos.
   - (c) El macho cabrío.
   - (d) El rey que marcha al frente de su ejército.
- (7) Dos cosas que Agur había pedido a Dios (30:7-9):
   - (a) Le alejara de la vanidad y la mentira.
   - (b) «No me des pobreza ni riquezas; manténme del pan necesario; no sea que me sacie y te niegue, y diga: ¿Quién es Jehová? O siendo pobre, hurte, y blasfeme el nombre de mi Dios.»

Además de todo esto, disponemos en el libro de una serie de pasajes muy conocidos y amados, algunos de los más importantes son;

«Por cuanto llamé, y no quisisteis oír, extendí mi mano, y no hubo quien atendiese, sino que desechasteis todo consejo mío y mi reprensión no quisisteis, también yo me reiré en vuestra calamidad, y me burlaré cuando os viniere lo que teméis; cuando viniere como una destrucción lo que teméis, y vuestra calamidad llegare como un torbellino; cuando sobre vosotros viniere tribulación y angustia. Entonces me llamarán, y no responderé; me buscarán de mañana, y no me hallarán» (1:24-28).

«Fíate de Jehová de todo tu corazón, y no te apoyes en tu propia prudencia. Reconócelo en todos tus caminos, y él enderezará tus veredas. Honra a Jehová con tus bienes, y con las primicias de todos tus frutos; y serán llenos tus graneros con abundancia y tus lagares rebosarán de mosto.

No menosprecies, hijo mío, el castigo de Jehová, ni te fatigues de su corrección; porque Jehová al que ama castiga, como el padre al hijo a quien quiere.

Jehová con sabiduría fundó la tierra; afirmó los cielos con inteligencia. Con su ciencia los abismos fueron divididos, y destilan rocío los cielos.

Hijo mío, no se aparten estas cosas de tus ojos; guarda la ley y el consejo, y serán vida a tu alma, y gracia a tu cuello. Entonces andarás por tu camino confiadamente, y tu pie no tropezará. Cuando te acuestes, no tendrás temor, sino que te acostarás, y tu sueño será grato. No tendrás temor de pavor repentino, ni de la ruina de los impíos cuando viniere, porque Jehová será tu confianza, y él preservará tu pie de quedar preso» (3:5, 6, 9-12, 19-26).

«Seis cosas aborrece Jehová, y aun siete abomina su alma: los ojos altivos, la lengua mentirosa, las manos derramadoras de sangre inocente, el corazón que maquina pensamientos inicuos, los pies presurosos para correr al mal, el testigo falso que habla mentiras, y el que siembra discordia entre hermanos» (6:16-19).

«Jehová me poseía en el principio, ya de antiguo, antes de sus obras. Eternamente tuve el principado, desde el principio, antes de la tierra. Antes de los abismos fui engendrada; antes que fuesen las fuentes de las muchas aguas. Antes que los montes fuesen formados, antes de los collados, ya había sido yo engendrada; no había aún hecho la tierra, ni los campos, ni el principio del polvo del mundo. Cuando formaba los cielos, allí estaba yo; cuando trazaba el círculo sobre la faz del abismo; cuando afirmaba los cielos arriba, cuando afirmaba las fuentes del abismo; cuando ponía al mar su estatuto, para que las aguas no traspasasen su mandamiento; cuando establecía los fundamentos de la tierra, con él estaba yo ordenándolo todo, y era su delicia de día en día, teniendo solaz delante de él en todo tiempo. Me regocijo en la parte habitable de su tierra; y mis delicias son con los hijos de los hombres» (8:22-31).

«El fruto del justo es árbol de vida; y el que gana almas es sabio» (11:30).

«Hay camino que al hombre le parece derecho; pero su fin es camino de muerte. La justicia engrandece a la nación; mas el pecado es afrenta de las naciones» (14:12, 34).

«Encomienda a Jehová tus obras, y tus pensamientos serán afirmados. Cuando los caminos del hombres son agradables a Jehová, aun a sus enemigos hace estar en paz con él. Antes del quebrantamiento es la soberbia, y antes de la caída la altivez de espíritu» (16:3, 7, 18).

«Torre fuerte es el nombre de Jehová; a él correrá el justo, y será levantado» (18:10).

«Porque siete veces cae el justo, y vuelve a levantarse; mas los impíos caerán en el mal. Cuando cayere tu enemigo, no te regocijes, y cuando tropezare, no se alegre tu corazón. No seas sin causa testigo contra tu prójimo, y no te lisonjees con tus labios. No digas: Como me hizo, así le haré; daré el pago al hombre según su obra» (24:16,17, 28, 29).

«Como diente roto y pie descoyuntado es la confianza en el prevaricador en tiempo de angustia. El que canta canciones al corazón afligido es como el que quita la ropa en tiempo de frío, o el que sobre el jabón echa vinagre. Si el que te aborrece tuviere hambre, dale de comer pan, y si tuviere sed, dale de beber agua; porque ascuas amontonarás sobre su cabeza, y Jehová te lo pagará» (25:19-22).

«No te jactes del día de mañana; porque no sabes qué dará de sí el día» (27:1).

«El que encubre sus pecados no prosperará; mas el que los confiesa y se aparta alcanzará misericordia» (28:13).

«El hombre que reprendido endurece la cerviz, de repente será quebrantado, y no habrá para él medicina. Sin profecía el pueblo se desenfrena; mas el que guarda la ley es bienaventurado» (29:1, 18).

«¿Quién subió al cielo, y descendió? ¿Quién encerró los vientos en sus puños? ¿Quién ató las aguas en un paño? ¿Quién afirmó todos los términos de la tierra? ¿Cuál es su nombre, y el nombre de su hijo, si sabes? «Toda palabra de Dios es limpia; el es escudo a los que en él esperan. No añadas a sus palabras, para que no te reprenda, y seas hallado mentiroso. Dos cosas te he demandado; no me las niegues antes que muera: Vanidad y palabra mentirosa aparta de mí; no me des pobreza ni riquezas; manténme del pan necesario; no sea que me sacie y te niegue, y diga: ¿Quién es Jehová? O que siendo pobre, hurte, y blasfeme el nombre de mi Dios.

Hay generación que maldice a su padre y a su madre no bendice. Hay generación limpia en su propia opinión, si bien no se ha limpiado de su inmundicia. Hay generación cuyos ojos son altivos y cuyos párpados están levantados en alto. Hay generación cuyos dientes son espadas, y sus muelas cuchillos, para devorar a los pobres de la tierra, y a los menesterosos de entre los hombres» (30:4-9, 11-14).

«Mujer virtuosa, ¿quién la hallará? Porque su estima sobrepasa largamente a la de las piedras preciosas. El corazón de su marido está en ella confiado, y no carecerá de ganancias. Le da ella bien y no mal todos los días de su vida. Se levantan sus hijos y la llaman bienaventurada; y su marido también la alaba. Engañosa es la gracia, y vana la hermosura; la mujer que teme a Jehová, ésa será alabada» (31:10-12, 28, 30).

III. El libro de **Eclesiastés.**

Introducción:

1. El significado de la palabra es «predicador», uno que habla o se dirige a una asamblea.
2. El propósito del libro:
   a. «Eclesiastés tuvo como propósito convencer a los hombres de la inutilidad de toda perspectiva o punto de vista que no esté situada por encima del horizonte del hombre mismo. Pronuncia el veredicto "vanidad de vanidades" sobre cualquier filosofía de la vida que considere al mundo creado y al placer humano como un fin en sí mismos.» (Gleason L. Archer, *Reseña crítica de una Introducción al A.T.,* 2ª ed., Editorial Portavoz, p. 523.)
   b. «No es necesario alejarnos de la Biblia para encontrar una filosofía puramente humana de la vida. Dios nos ha dado en el libro de Eclesiastés el registro de todo lo que el pensamiento humano y la religión natural han podido descubrir conceriente al significado y la meta de la vida. Los argumentos del libro, por lo tanto, no son los argumentos de Dios, sino el relato que hace Dios de los argumentos del hombre. Esto explica por qué tales pasajes como 1:15, 2:24, 3:3, 4, 8, 11, 19, 20; 8:15 están en abierta contradicción con el resto de la Biblia.» (Henrietta Mears, *Lo que nos dice la Biblia,* Editorial Vida, p. 200.)
3. ¿Enseñó Salomón que no hay vida después de la muerte? La respuesta es ¡no! (Véanse 3:16; 11:9; 12:14.)
4. Las palabras clave en Eclesiastés son: hombre (usada cuarenta y siete veces), trabajo (treinta y seis), debajo del sol (treinta), y vanidad (treinta y siete).
5. El libro de Eclesiastés puede ser resumido mediante dos declaraciones, una hecha por un obrero que cuida del alcantarillado de Chicago, y la otra hecha por un conocido abogado agnóstico. Ambas declaraciones son en respuesta a preguntas sobre su filosofía personal de la vida.

   «Hay una declaración en la Biblia que resume mi vida: "Toda la noche hemos estado trabajando, y nada hemos pescado..."» (Lc. 5:5). —Clarence Darrow

   «He cavado la zanja para conseguir el dinero para comprar el alimento para recuperar las fuerzas para cavar la zanja.» —Obrero del Servicio de Alcantarillado y Desagües.

A. La búsqueda: Los problemas del hombre son expuestos (1—2).

Salomón tiene dudas aun antes de empezar la búsqueda. En su opinión:

Todo parece tan vano (1:2).

Las generaciones vienen y pasan, pero no parece que haya gran diferencia (1:4).

Sale el sol y se pone, el viento va y viene, pero no parece que se llegue a ninguna parte ni se logre ningún propósito (1:5, 6).

Los ríos corren al mar, pero este nunca se llena. El agua vuelve otra vez a los ríos y de nuevo va al mar (1:7).

Todo parece muy monótono y agotador (1:8).

Ningún hombre parece satisfecho, independientemente de todo lo que haya visto y oído (1:8).

La historia se repite continuamente, absolutamente nada nuevo ocurre bajo el sol (1:9, 10).

Todo lo que suceda hoy, sin importar lo que ocurra, habrá sido olvidado en cien años más (1:11).

¿Era así la vida realmente en todas partes? ¿Podía un hombre sabio y rico encontrar, buscando a lo ancho y largo de la tierra, paz y propósito? Salomón lo intentó. Lo hizo diligentemente bebiendo con gran deseo en los siguientes pozos:

1. La sabiduría humana.

   «Hablé en mi corazón, diciendo: He aquí yo me he engrandecido, y he crecido en sabiduría sobre todos los que fueron antes de mí en Jerusalén; y mi corazón ha percibido mucha sabiduría y ciencia. Y dediqué mi corazón a conocer la sabiduría, y también a entender las locuras y los desvaríos; conocí que aun esto era aflicción de espíritu» (1:16, 17).

Salomón tuvo la capacidad natural de acumular y aplicar más conocimiento sobre hechos que ningún otro hombre (aparte de Cristo), pero concluye tristemente:

«Porque en la mucha sabiduría hay mucha molestia; y quien añade ciencia, añade dolor» (1:18).

2. El placer (2:1-3).

«La filosofía ha fracasado, dice el predicador, de modo que veamos qué ofrece la alegría. La música, el baile, el vino (no en exceso), los cuentos graciosos, el diálogo inteligente: ahora cultiva estas cosas. Vienen bufones al palacio, donde antes sólo cabía la seria filosofía. Las salas del palacio resuenan con risas y diversión.» (Henrietta C. Mears, *Lo que nos dice la Biblia*, p. 192, 193).

Pero la risa y el licor no podían bajo ningún concepto satisfacer el alma humana.

Notemos la triste conclusión del rey: «A la risa dije: Enloqueces; y al placer: ¿De qué sirve esto?» (2:2). (Véase también 8:15.)

3. El alcohol (2:3).

«Propuse en mi corazón agasajar mi carne con vino...»

4. Los grandes proyectos de edificaciones (2:4).

«Engrandecí mis obras, edifiqué para mí casas...»

Salomón intenta ahora llenar el vacío de su corazón lanzándose a un gran programa de obras públicas. Pronto se destacan en el paisaje palestino las siluetas de acueductos, estanques, palacios y grandes edificios. Los bufones palaciegos ceden el lugar a los arquitectos. Pero pronto también empieza a cansar aquella campaña de edificaciones y es poco a poco abandonada.

5. Los parques y jardines hermosos (2:4*b*-6).

«Planté para mí viñas; me hice huertos y jardines, y planté en ellos árboles de todo fruto. Me hice estanques de aguas, para regar de ellos el bosque donde crecían los árboles» (2:4-6).

Repentinamente empezaron a surgir deliciosos jardines de flores exóticas y plantas tropicales. Jerusalén y sus alrededores florecieron como si fueran el huerto del Edén. Pero no pasó mucho tiempo sin que el cansancio y el desinterés malograra también esta ilusión.

6. La complacencia personal (2:7).

«Compré siervos y siervas, y tuve siervos nacidos en casa...» (2:7).

El rey tenía ahora un siervo para cada deseo. Pero nada podía satisfacer su anhelo de propósito y paz interior.

7. El sexo.

«Y tuvo setecientas mujeres reinas y trescientas concubinas...» (1 R. 11:3).

8. Las grandes riquezas.

«... también tuve posesión grande de vacas y ovejas, más que todos los que fueron antes de mí en Jerusalén. Me amontoné también plata y oro, y tesoros preciados de reyes y de provincias...» (2:7, 8).

9. El prestigio internacional.

«Y dijo [la reina de Sabá] al rey: Verdad es lo que oí en mi tierra de tus cosas y de tu sabiduría; pero yo no lo creía, hasta que he venido, y mis ojos han visto que ni aun se me dijo la mitad; es mayor tu sabiduría y bien, que la fama que yo había oído» (1 R. 10:6, 7).

10. La crianza de ganado (2:7).

Grandes rebaños de vacas, bueyes, ovejas, cabras y otros animales pastaban ahora en los verdes prados de Palestina. Pero aunque las pieles y las carnes de estos animales podían vestir y alimentar al hombre exterior, la persona interior permanecía desnuda y hambrienta.

11. La música (2:8).

«... me hice de cantores y cantoras, de los deleites de los hijos de los hombres, y de toda clase de instrumentos de música.»

Pero la nota perdida del contentamiento no se podía encontrar por medio de la música, por muy grande que fuera el talento de los músicos y bellas sus composiciones.

12. La literatura.

«Y compuso tres mil proverbios, y sus cantares fueron mil cinco» (1 R. 4:32).

13. Las ciencias naturales.

«También disertó sobre los árboles, desde el cedro del Líbano hasta el hisopo que nace en la pared. Asimismo disertó sobre los animales, sobre las aves, sobre los reptiles y sobre los peces» (1 R. 4:33).

14. El poder militar.

«Además de esto, Salomón tenía cuarenta mil caballos en sus caballerizas para sus carros, y doce mil jinetes» (1 R. 4:26).

«Hizo también el rey Salomón naves... en la ribera del mar Rojo...» (1 R. 9:26).

B. La reflexión: Los problemas humanos son estudiados (3—10).

Después de completar una jornada exhaustiva (y sin duda agotadora), Salomón vuelve a casa (4:1) y reflexiona sobre sus viajes. Saca en conclusión que la vida aparte de Dios es:

1. Completamente vana (2:11).
2. Llena de repetición (3:1-8).
3. Saturada de aflicción (4:1).
4. Dolorosa y frustrante (2:17).
5. Incierta (9:11, 12).
6. Sin propósito (4:2, 3; 8:15).
7. Incurable (1:15).
8. Injusta (7:15; 8:14; 9:11; 10:6, 7).
9. Está al nivel de la existencia animal (3:19).

C. Lo mejor: La solución de los problemas del hombre (11—12).

Salomón llega a la conclusión de que, incluso con Dios, la vida es un misterio, pero sin Dios es una horrible pesadilla. Por tanto, es mucho mejor para el hombre:

1. Encontrar a Dios cuanto antes en la vida (11:9, 10; 12:1, 2).
2. Temer a Dios a lo largo de toda la vida (12:13, 14).

J. Vernon McGee resume los versículos 1-7 del capítulo 12 de la siguiente manera:

Versículo 2: «Cuando la vista falla parece como si el sol, la luna y las estrellas se fueran oscureciendo. El tiempo vuela y una experiencia triste sigue a la otra; las nubes vuelven después de la lluvia.»

Versículo 3: «Cuando temblarán los guardas de la casa» se refiere a las piernas. El anciano empieza a tambalearse. «Hombres fuertes» se refiere a los hombros que ya no pueden mantenerse derechos. «Muelas» se refiere a los dientes. «Los que miran por las ventanas» habla de pérdida de la vista.

Versículo 4: La frase «puertas de afuera se cerrarán» indica que ya no se oye bien. «Por lo bajo del ruido de la muela» se refiere a la lengua. La voz de los ancianos pierde fuerza.

«Cuando se levantará a la voz del ave»: antes era necesario un despertador para despabilarlo, pero ahora el canto de un pájaro perturba su sueño.

«Todas las hijas del canto serán abatidas», se refiere a que ya no puede cantar en el coro porque le tiembla la voz y no puede mantener el tono.

Versículo 5: «temerán de lo que es alto», de las cosas que antes no le producían temor. «Habrá terrores en el camino», ya no disfruta de los viajes. «Florecerá el almendro», el pelo del anciano se está tornando gris, si es que no se le ha caído. «La langosta será una carga», aun las cosas pequeñas serán como una montaña. «Perderá el apetito», no tendrá deseo sexual. «Porque el hombre va a su morada eterna», la muerte está cerca.

Versículo 6: «Cadena de plata», la espina dorsal.

«Cuenco de oro», la cabeza.

«El cántaro», los pulmones.

«La rueda», el corazón.

IV. **Cantar de los Cantares.**

Trasfondo del libro:

A. Acto primero: la sulamita.

1. Salomón tenía una viña en los montes de Efraín, en un lugar que se llamaba Baal-hamon, a unas 50 millas (unos 80 km) al norte de Jerusalén (8:11).
2. La viña se la había alquilado a una familia compuesta de una madre, dos hijos y dos hijas con la que compartía la cosecha. La mayor de las hijas era la sulamita, y la otra la hermana pequeña que se cita (6:13; 8:8).
3. La sulamita era la cenicienta de la familia, era de una gran belleza natural, pero pasaba desapercibida para los demás.
4. Sus hermanos la hacían trabajar mucho cuidando de la viña, de forma que tenía pocas oportunidades para cuidar de su apariencia personal (1:6).
   a. Podaba las viñas.
   b. Les ponía trampas a las pequeñas zorras (2:15).
   c. Cuidaba del rebaño (1:8).
5. Por estar tanto tiempo al aire libre, expuesta al sol, tenía la piel quemada (1:6).

B. Acto segundo: el pastor extraño.

1. Un día llegó a la viña un apuesto forastero que pronto ganó el corazón de la joven sulamita. Aunque desconocido para ella, era en realidad Salomón disfrazado de humilde pastor.
2. Le pregunta acerca de sus rebaño (1:7).
3. El responde evasivamente, pero es muy claro en cuanto a su amor por ella (1:8-10).
4. El se marcha, pero le promete que un día volverá a ella.
5. Durante su ausencia ella sueña con él en dos ocasiones:
   a. Primero: sueña que ya están casados y una noche se despierta y descubre que él no está a su lado. Se levanta, se viste rápidamente y sale a buscarlo (3:2-4).
   b. Segundo: que su amado ha vuelto y le ruega que abra la puerta y le deje entrar. Ella rehusa porque no tiene deseo de vestirse de nuevo y ensuciar sus pies caminando hacia la puerta. Sin embargo, su corazón pronto la reprende por su injusta acción y va a abrir la puerta. ¡Pero él ya se ha marchado!

   Leemos:

   «Mi amado metió su mano por la ventanilla, y mi corazón se conmovió dentro de mí. Yo me levanté para abrir a mi amado, y mis manos gotearon mirra, y mis dedos mirra, que corría sobre la manecilla del cerrojo» (5:4, 5).

   El doctor J. Vernon McGee nos informa que una linda costumbre de aquellos días era que el amante pusiera mirra de suave fragancia en la parte de adentro del manillar de la puerta de la novia. La novia empezó entonces la frenética búsqueda de su amado que tan descuidadamente había ignorado. Durante la búsqueda los guardas de la ciudad la maltrataron, y el centinela de la muralla le arrancó el velo. Ella suplica a las mujeres de Jerusalén que la ayuden a encontrar a su amado y que le informen de su amor por él (5:6-8).

   Repentina y gozosamente descubre su paradero:

   «Mi amado descendió a su huerto, a las eras de las especias, para apacentar en los huertos, y para recoger los lirios. Yo soy de mi amado, y mi amado es mío; él apacienta entre los lirios» (6:2, 3).
6. Estos son los dos sueños de la sulamita concernientes a su misterioso y amado pastor. Pero, ¿por qué la dejó? ¿Dónde marchó? ¿Volverá?

C. Acto tercero: el monarca poderoso.

1. Un día llegan al pequeño pueblo de Sunem unas noticias electrizantes: el rey Salomón iba de camino a la ciudad. Pero la joven y solitaria enamorada no está interesada en la visita y no le presta ninguna atención, hasta que le llega la buena nueva de que es a ella a quien quiere ver el rey.
2. Ella se siente muy confundida hasta que al llegar a su presencia le reconoce como su amado pastor. El tiernamente le explica que aunque ya tiene sesenta reinas, ochenta concubinas y un sinnúmero de vírgenes, ella será su escogida y amor verdadero 6:8). La invita a que se vaya con él y le promete que cuidará de su hermana pequeña (8:8, 9).
3. La novia es entonces instalada en la carroza real hecha de madera del Líbano, con columnas de plata, el respaldo de oro, y el asiento tapizado en púrpura (3:9, 10).
4. Juntos viajan hasta el palacio real en Jerusalén, escoltados por sesenta soldados escogidos (3:7, 8)

D. La novia tal como la describe su amado.

1. Era la más hermosa de todas las mujeres (1:8).
2. Sus ojos eran suaves como palomas (1:15).

3. Era como un lirio entre espinos comparada con sus otras mujeres (2:2).
4. Sus cabellos eran como cabritos que retozan por los montes de Galaad (4:1).
5. Sus dientes eran perfectos y blancos como lana lavada (4:2).
6. Sus labios eran rojos como hilos de grana (4:3) y dulces como la miel (4:11).
7. Su cuello era esbelto como la torre de David (4:4).
8. Sus pechos eran como dos gacelas mellizas que pastan entre las rosas (4:5).
9. Era como un jardín donde brotan granados de frutos exquisitos (4:13).
10. Era como una fuente de huertos, pozo de aguas vivas, que corren del Líbano (4:15).
11. Sus muslos eran como joyas, obra de manos expertas (7:1).
12. Su ombligo era como una taza redonda llena de vino (7:2).
13. Su vientre era como un montón de trigo rodeado de lirios (7:2).
14. Su nariz era como la torre del Líbano que mira hacia Damasco (7:4).
15. Le ganó el corazón con una sola mirada de sus bellos ojos (4:9).

E. El novio tal como lo ve la amada.
   1. Era como un cervatillo saltando y brincando por los montes (2:9).
   2. Era blanco y rubio, inconfundible entre miles de hombres (5:10).
   3. Su cabeza era como oro finísimo y sus cabellos negros como el cuervo (5:11).
   4. Sus ojos eran como palomas junto al arroyo de aguas, serenos y profundos (5:12).
   5. Sus mejillas como hermosos jardines de fragantes flores (5:13).
   6. Sus labios eran como lirios perfumados y su aliento como mirra (5:13).
   7. Sus brazos eran como barras de oro incrustados de topacios (5:14).
   8. Su cuerpo era como de marfil cubierto de zafiros (5:14).
   9. Sus piernas eran como pilares de mármol afirmados sobre bases de oro puro. Su aspecto era distinguido como cedros del Líbano (5:15).

LA ETAPA DEL REINO DIVIDIDO

INTRODUCIÓN A LA ETAPA DEL REINO DIVIDIDO (1 Reyes 12—22; 2 Reyes 1—17; 2 Crónicas 10—36; Abdías; Joel; Jonás; Amós; Oseas; Miqueas; Isaías; Nahum; Sofonías; Habacuc; Jeremías; Lamentaciones)

1. Esta etapa cubre un período de unos 325 años, desde el 930 a.C. hasta el 605 a.C. Los sucesos más importantes tienen lugar en Jerusalén y en Samaria.
2. La etapa comienza con la tragedia de una guerra civil que divide a la nación en dos reinos antagónicos. Termina con la caída de ambos reinos en poder de dos naciones gentiles enemigas (1 R. 12; 2 R. 17, 25).
3. En este período se destacan los siguientes hechos:
   a. Un rey (Josías) descubre la Palabra de Dios en el templo y otro rey (Joacim) intenta destruirla quemándola (2 R. 22; Jer. 36).
   b. Son escritos al menos doce libros del Antiguo Testamento por once autores humanos. Son: Abdías, Joel, Jonás, Amós, Oseas, Miqueas, Isaías, Nahum, Sofonías, Habacuc y Jeremías (que escribió también Lamentaciones).
   c. Tiene lugar el segundo de uno de los cuatro grandes períodos de milagros en la Biblia.
      (1) El primero fue durante el tiempo de Moisés y Josué.
      (2) El segundo aconteció durante el ministerio de Elías y Eliseo.
      (3) El tercero fue durante los días de Daniel y Ezequiel.
      (4) El cuatro tuvo lugar en los días de Cristo y los apóstoles.
   d. Las tres personas que fueron resucitadas de entre los muertos durante el Antiguo Testamento: (1) 1 Reyes 17, (2) 2 Reyes 4, y (3) 2 Reyes 13.
   e. Se habla de Naamán, el único hombre leproso del Antiguo Testamento que fue sanado de la enfermedad (2 R. 5).
   f. La salvación de Samaria (la capital del norte) por cuatro leprosos, y la salvación de Jerusalén (la capital del sur) por el Ángel de Jehová (2 R. 7, 19).
   g. El comienzo de la raza de los samaritanos (2 R. 17).
   h. Suceden la segunda y la tercera de tres veces que Dios separa las aguas del río Jordán (2 R. 2). (Para la primera vez, véase Jos. 3.)
   i. El relato de cómo un coro que cantando derrotó al enemigo en el campo de batalla.
      «Y cuando se levantaron por la mañana, salieron al desierto de Tecoa. Y mientras ellos salían, Josafat, estando en pie, dijo: Oídme, Judá y moradores de Jerusalén. Creed en Jehová vuestro Dios, y estaréis seguros; creed a sus profetas, y seréis prosperados. Y habido consejo con el pueblo, puso a algunos que cantasen y alabasen a Jehová, vestidos de ornamentos sagrados, mientras salía la gente armada, y que dijesen: Glorificad a Jehová, porque su misericordia es para siempre. Y cuando comenzaron a entonar cantos de alabanza, Jehová puso contra los hijos de Amón, de Moab y del monte de Seir, las emboscadas de ellos mismos que venían contra Judá, y se mataron los unos a los otros» (2 Cr. 20:20-22).
   j. La señal de agua consumida por el fuego (1 R. 18).
      «Entonces cayó fuego de Jehová, y consumió el holocausto, la leña, las piedras y el polvo, y aun lamió el agua que estaba en la zanja» (1 R. 18:38).
   k. La escena de un hacha flotando en el agua (2 R. 6).
   l. La visión del segundo de dos hombres que partieron al cielo sin previamente morir (2 R. 2).
      «Y aconteció que yendo ellos y hablando, he aquí un carro de fuego con caballos de fuego apartó a los dos; y Elías subió al cielo en un torbellino» (2 R. 2:11).
   m. La única vez en el Antiguo Testamento que le es permitido a los hombres ver el ejército de ángeles de Dios (2 R. 6).
      «Y se levantó de mañana y salió el que servía al varón de Dios, y he aquí el ejército que tenía sitiada la ciudad, con gente de a caballo y carros. Entonces su criado le dijo: ¡Ha, señor mío! ¿Qué haremos? El le dijo: No tengas miedo, porque más son los que están con nosotros que los que están con ellos. Y oró Eliseo, y dijo: Te ruego, oh Jehová, que abras sus ojos, para que vea. Entonces Jehová abrió los ojos del criado, y miró; y he aquí que el monte estaba lleno de gente de a caballo, y de carros de fuego alrededor de Eliseo» (2 R. 6:15-17).
   n. Leemos acerca de siete oraciones en un monte, siete inmersiones en un río, y de siete estornudos en una cama (1 R. 18; 2 R. 5; 4).
      Elías hizo las siete oraciones en el monte Carmelo.
      Naamán se sumergió siete veces en el Jordán.
      Un niño resucitado estornudó siete veces en Sunem.

LA ETAPA DEL REINO DIVIDIDO

Esta etapa nos ofrece el período más entretejido, dinámico y detallado de toda la Biblia. La vamos a considerar bajo tres divisiones principales.

I. Una introducción a la etapa del reino dividido.
II. Los reyes que reinaron en esta etapa.
   En su presentación emplearemos un método doble:
   A. La visión de conjunto. El reinado de cada rey será brevemente bosquejado.
   B. El método de mirar con la lupa. El reinado de cada uno de los reyes importantes será examinado más en detalle.
III. Los libros del Antiguo Testamento que fueron escritos durante esta etapa.

I. Una introducción a la etapa del reino dividido.
   Después de la muerte de Salomón, una trágica gue-

LA ETAPA DEL REINO DIVIDIDO

1 de Reyes 12—22
2 de Reyes
2 de Crónicas 10—36
Abdías
Joel
Jonás
Amós
Oseas
Miqueas
Isaías
Nahum
Sofonías
Habacuc
Jeremías
Lamentaciones

REINO DEL SUR

Roboam	Jotam
Abiam	Acaz
Asa	Ezequías
Josafat	Manasés
Joram	Amón
Ocozías	Josías
Atalía	Joacaz
Joás	Joacim
Amasías	Joaquín
Uzías	Sedequías

REINO DEL NORTE

Jeroboam	Joacaz
Nadab	Joás
Baasa	Jeroboam II
Ela	Zacarías
Zimri	Salum
Omri	Manahem
Acab	Pekaía
Ocozías	Peka
Joram	Oseas
Jehú	

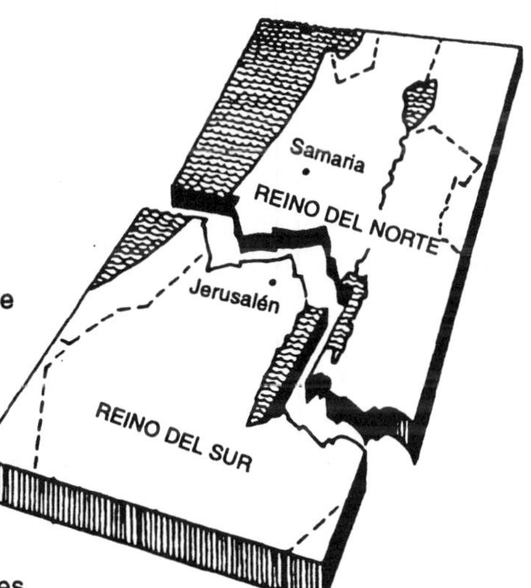

- Conocido como Judá
- Comenzó en el 931 a.C.
- El primer rey fue Roboam
- El último rey fue Sedequías
- Número total de reyes: veinte
- Ocho fueron hombres piadosos
- El reino consistió de dos tribus
- La capital era Jerusalén
- Fue capturado por los babilonios en el 606 a.C.
- Volvieron de la cautividad tres grupos separados
- Duró 325 años: 931-606 a.C.

- Conocido como Israel y Efraín
- Empezó en el 931 a.C.
- El primer rey fue Jeroboam
- El último rey fue Oseas
- Total de reyes: diecinueve
- Ninguno agradó a Dios
- El reino consistió de diez tribus
- La capital era Samaria
- Fue capturado por los asirios en el 721 a.C.
- Nunca volvieron de la cautividad
- Duró 210 años: 931-721 a.C.

rra civil dividió a Israel en dos reinos rivales, el reino del norte y el del sur.

A. El reino del norte:
1. Empezó en el 931 a.C. y permaneció 210 años.
2. El primer rey fue Jeroboam.
3. El último rey fue Oseas.
4. El total de reyes fue diecinueve y ninguno de ellos agradó al Señor.
5. Estuvo compuesto de diez tribus.
6. La capital del reino fue Samaria.
7. Fue capturado por los asirios en el 721 a.C.
8. Nunca volvieron de la cautividad

B. El reino del sur:
1. Empezó en el 931 a.C. y duró 325 años.
2. El primer rey fue Roboam.
3. El último rey fue Sedequías.
4. El total de reyes fue veinte: diecinueve reyes y una reina. Ocho de ellos fueron hombres piadosos que agradaron al Señor.
5. Estaba compuesto de dos tribus: Judá y Benjamín.
6. Su capital continuó siendo Jerusalén.
7. Fue capturado por los babilonios en el 606 a.C.
8. Volvieron de la cautividad tres grupos separados.

Nota: La etapa del reino dividido puede a su vez ser dividida en dos períodos:

a. El reino dividido (refiriéndonos tanto al reino del norte como el del sur) (931-721 a.C.).
b. El reino del sur solo (721-605 a.C.).

REYES DEL NORTE

1. Jeroboam

Fecha: **931-909** Duración: **22 años**
Texto bíblico: **1 Reyes 11:26—14:20; 2 Crónicas 9:29—13:22**

1. Fue miembro del consejo de ministros de Salomón, pero tuvo que huir a Egipto por un tiempo para librarse de la ira del rey.
2. Dirigió la rebelión de las diez tribus en Siquem.
3. Su religión falsa llevó a Israel a pecar.
4. El altar que levantó fue destruido, su brazo quedó paralizado, y su hijo murió, todo a consecuencia de su pecado.
5. Fue derrotado en la guerra que tuvo con Abiam, el segundo rey del reino del sur.
6. Sufrió una enfermedad de parte de Dios y murió.

2. Nadab

Fecha: **910-908** Duración: **2 años**
Texto bíblico: **1 Reyes 15:25-28**

1. Era hijo de Jeroboam
2. Fue asesinado por un rebelde llamado Baasa.

3. Baasa

Fecha: **909-885** Duración: **24 años**
Texto bíblico: **1 Reyes 15:27—16:7; 2 Crónicas 16:1-6**

1. Mató a Nadab y cumplió así la profecía de Ahías. Comparar 1 Reyes 14:4 con 15:29.
2. Tuvo guerra con Asa (tercer rey del sur) y edificó un muro para cortar el comercio con Jerusalén.
3. Fue predicho que su simiente sufriría el mismo castigo que Jeroboam.

4. Ela

Fecha: **885-883** Duración: **2 años**
Texto bíblico: **1 Reyes 16:6-14**

1. Era el hijo de Baasa.
2. Fue asesinado por un soldado rebelde cuando estaba embriagado.

5. Zimri

Fecha: **885** Duración: **7 días**
Texto bíblico: **1 Reyes 16:9-20**

1. Cumplió la profecía matando a Baasa y a toda su familia.
2. Fue cercado en su propia casa por soldados rebeldes y se suicidó prendiendo él mismo fuego a la casa.

6. Omri

Fecha **885-873** Duración: **12 años**
Texto bíblico: **1 Reyes 16:15-28**

1. Convirtió a Samaria en la capital del reino del norte.
2. Fue el rey más poderoso de su tiempo.
3. Arregló el matrimonio de su hijo Acab con Jezabel.

II. Los reyes de esta etapa del reino dividido.
La visión de conjunto
Reyes del norte:

A. Jeroboam (1 R. 11:26—14:20; 2 Cr. 9:29—13:22).
1. Fue miembro del consejo de ministros de Salomón, pero tuvo que huir a Egipto por un tiempo para librarse de la ira del rey (1 R. 11:28, 40).
2. Dirigió la rebelión de las diez tribus en Siquem.
3. Su religión falsa llevó a Israel a pecar.
4. El altar que levantó fue destruido, su brazo quedó paralizado, y su hijo murió, todo a consecuencia de su pecado.
5. Fue derrotado en la guerra que tuvo con Abiam el segundo rey del reino del sur.
6. Fue atacado por una plaga de parte de Dios y murió.
7. Reinó durante veintidós años (931—909 a.C.).

B. Nadab (1 R. 15:25-28).
1. Era el hijo de Jeroboam.
2. Fue asesinado por un rebelde llamado Baasa.
3. Nadab fue el primero de seis reyes del norte que murieron asesinados mientras reinaban.
4. Reinó durante dos años. (910-908 a.C.).

C. Baasa (1 R. 15:27—16:7; 2 Cr. 16:1-6).
1. Cumplió sin saberlo la profecía que el profeta Ahías había dado a la esposa de Jeroboam en cuanto a la muerte de Nadab y toda su familia. (Cp. 1 R. 14:14 con 15:29.)
2. Le declaró la guerra a Asa (tercer rey de Judá) y empezó a fortificar la ciudad de Ramá para controlar la carretera que llevaba a Judá, en la esperanza de cortar la comunicación y el comercio con Jerusalén (2 Cr. 16:1).
3. Fue rechazado por Dios a causa de su pecado. El profeta Jehú predijo que los descendientes de Baasa sufrirían el mismo juicio que Dios había traído sobre Jeroboam.
4. Baasa reinó durante veinticuatro años (909-885 a.C.).

Nota: Ya hemos podido observar que a veces los reinados coincidían. Es decir, que en ocasiones el padre y el hijo pudieron estar reinando al mismo tiempo. Esto explica la diferencia en el total de años en los reyes del norte *tal como los da la Biblia*, que es 252 años, cuando en *realidad el verdadero número* es alrededor de 208 años (empezando con Jeroboam en el 931 a.C. y terminando con Oseas en el 721 a.C.).

D. Ela (1 R. 16:6-14).
1. Era hijo de Baasa.
2. Fue asesinado por Zimri, el capitán de la guardia real.
3. Estaba embriagado cuando le mataron.
4. Reinó durante dos años (885-883 a.C.).

E. Zimri (1 R. 16:9-20).
1. Cumplió la profecía de Jehú matando a todos los miembros de la familia de Baasa. (Comparar 1 R. 16:7 con 16:12.)
2. Zimri fue poco después cercado en el palacio por Omri, el nuevo jefe del ejército, y murió suicidándose.
3. Reinó solamente siete días (885 a.C.).

F. Omri (1 R. 16:15-28).
1. Trasladó la capital del norte de Tirsa a Samaria.
2. Arregló el matrimonio político de su hijo Acab

con Jezabel, la hija de Et-baal, rey de los sidonios.
3. Reinó durante doce años (885-873 a.C.).

G. Acab (1 R. 16:28—22:40; 2 Cr. 18:1-34).
1. Se casó con Jezabel.
2. Se le concedió derrotar a los sirios en dos ocasiones.
3. Fue amonestado frecuentemente por Elías:
   a. Por estimular el culto a Baal.
   b. Por su participación en el asesinato de Nabot.
   c. Por perdonarle la vida al impío rey sirio.
4. Metió al piadoso rey Josafat (cuarto rey de Judá) en un doble compromiso:
   a. Una alianza matrimonial, por la cual dio a su hija Atalía, una mujer impía, como esposa a Joram, hijo de Josafat.
   b. Una alianza militar, mediante la que logró que Josafat se uniera con él en guerra contra Siria.
5. La muerte de su malvada esposa fue predicha por Elías.
6. Su propia muerte fue predicha tanto por Elías como por el profeta Micaías.
7. Fue herido y murió en guerra contra los sirios.
8. Reinó durante veintidós años (874-852 a.C.).

H. Ocozías (1 R. 22:40—2 R. 1:18; 2 Cr. 20:35-37).
1. Era el hijo mayor de Acab y Jezabel.
2. Convenció a Josafat de que se asociara con él para la construcción de una flota mercante en Ezión-geber (2 Cr. 20:35-37).
3. Sufrió una grave caída, que resultó fatal, estando en su palacio en Samaria.
4. Buscó la sanidad consultando al dios pagano Baal-zebub, pero recibió inmediata condenación de parte de Elías, a quien procuró arrestar sin conseguirlo.
5. Reinó durante dos años (853-851 a.C.).

I. Joram (2 R. 3:1—9:25; 2 Cr. 22:5-7).
1. Era el hijo más joven de Acab y hermanos de Ocozías.
2. Al igual que su padre y hermano, persuadió a Josafat para que se aliara con él, esta vez para pelear contra los moabitas. El profeta Eliseo obró un milagro en esta ocasión, por amor de Josafat, que resultó en la victoria de los aliados sobre Moab.
3. Eliseo más tarde ayudó al rey Joram previniéndole de algunas emboscadas que los sirios planeaban contra él.
4. Después Eliseo le impidió que matase a unos soldados enemigos sirios que Dios había cegado.
5. Joram todavía reinaba cuando Dios usó a cuatro leprosos para librar a la ciudad de Samaria de morir de hambre.
6. El era también el rey con quien se entrevistó el general sirio Naamán que estaba leproso.
7. Fue después asesinado por Jehú en Jezreel.
8. Reinó durante doce años (852-840 a.C.).

J. Jehú (2 R. 9:1—10:36; 2 Cr. 22:7-12).
1. Fue ungido por Eliseo y se le encomendó que ejecutara a todos los miembros de la dinastía de Acab, incluyendo a Joram y Jezabel.
2. Montado en su carro se dirigió al valle de Jezreel, donde mató tanto a Joram como a Ocozías, el sexto rey de Judá (que no hay que confundir con el Ocozías que fue hermano mayor de Joram).

REYES DEL NORTE

7. Acab

Fecha: **874-852** Duración: **22 años**
Texto bíblico: **1 Reyes 16:28—22:40; 2 Crónicas 18:1-34**

1. Se casó con Jezabel.
2. Su adoración de Baal fue la causa de una gran hambre que se padeció en la tierra de Israel.
3. Se le concedió que derrotara a Siria dos veces para demostrar un hecho.
4. Metió al piadoso rey Josafat (cuarto rey de Judá) en un doble compromiso, matrimonial y militar.
5. Su muerte a causa de sus muchos pecados fue predicha por tres profetas (1 R. 20:42; 21:19; 22:17, 28).
6. La muerte de su esposa Jezabel fue también predicha por Elías.
7. Experimentó una conversión superficial y temporal (1 R. 21:29).
8. Murió en el campo de batalla en guerra contra Siria.

8. Ocozías

Fecha: **853-851** Duración: **2 años**
Texto bíblico: **1 Reyes 22:40—2 Reyes 1:18; 2 Crónicas 20:35-37**

1. Era el hijo mayor de Acab y Jezabel.
2. Convenció a Josafat para que se asociara con él para construir una flota mercantil en Ezión-geber.
3. Sufrió una caída por la ventana de su palacio en Samaria que resultó fatal.
4. Se volvió al dios pagano Baal-zebub buscando curación.
5. A causa de esto fue reprendido por Elías, a quien procuró arrestar.

9. Joram

Fecha: **852-840** Duración: **12 años**
Texto bíblico: **2 Reyes 3:1—9:25; 2 Crónicas 22:5-7**

1. Era el hijo más joven de Acab y Jezabel.
2. Persuadió a Josafat para que se aliara con él en contra de Siria.
3. El profeta Eliseo realizó un milagro, por amor de Josafat, que les permitió ganar la batalla.
4. Eliseo ayudó después a Joram avisándole de varias emboscadas que los sirios habían planeado.
5. Pero, le impidió que matara a ciertos soldados enemigos sirios que habían sido cegados por Dios en forma sobrenatural.
6. Él fue el rey al cual acudió Naamán buscando sanidad de su enfermedad de la lepra.
7. Era rey cuando Dios usó a cuatro leprosos para salvar a Samaria de morir de hambre.
8. Fue asesinado por Jehú en Jezreel.

10. Jehú

Fecha: **841-813** Duración: **28 años**
Texto bíblico: **2 Reyes 9:1—10:36; 2 Crónicas 22:7-12**

1. Fue ungido por un mensajero de Eliseo.
2. Fue conocido como hombre sanguinario. Hirió de muerte a Ocozías rey de Judá, nieto de Josafat (no hay que confundirlo con el Ocozías, hijo mayor de Acab); mató a Joram, el rey del norte, a Jezabel, a setenta hijos y familiares de Joram, a cuarenta y dos príncipes de Judá, a los adoradores de Baal.

REYES DEL NORTE

11. Joacaz

Fecha: **814-797** Duración: **17 años**
Texto bíblico: **2 Reyes 13:1-9**

1. Era el hijo de Jehú.
2. Los sirios casi destruyeron su ejército
3. Experimentó un breve período de remordimiento por sus pecados, pero aparentemente no fue un verdadero arrepentimiento.

12. Joás

Fecha: **798-782** Duración: **16 años**
Texto bíblico: **2 Reyes 13:10—14:16; 2 Crónicas 25:17-24**

1. Visitó a Eliseo en su lecho de muerte.
2. Derrotó a Amasías (octavo rey de Judá) en el campo de batalla.
3. Relató una de las dos fábulas que aparecen en el Antiguo Testamento para ridiculizar la arrogancia de Amasías.
4. Saqueó Jerusalén, tomando rehenes y llevándose mucha riqueza.

13. Jeroboam II

Fecha: **793-752** Duración: **41 años**
Texto bíblico: **2 Reyes 14:23-29**

1. Reinó más tiempo que ningún otro rey del norte.
2. Fue uno de los reyes más poderosos del norte.
3. Recuperó gran parte del territorio que Israel había perdido.

14. Zacarías

Fecha: **753** Duración: **6 meses**
Texto bíblico: **2 Reyes 14:29—15:12**

1. Era el biznieto de Jehú y el cuarto rey de esta dinastía.
2. Fue asesinado por un rebelde llamado Salum, cumpliéndose así la profecía de Dios contra Jehú. Véase 2 Reyes 10:30; 14:29; 15:8-12.

15. Salum

Fecha: **752** Duración: **1 mes**
Texto bíblico: **2 Reyes 15:10-15**

Fue asesinado por un hombre perverso y cruel llamado Manahem.

16. Manahem

Fecha: **752-742** Duración: **10 años**
Texto bíblico: **2 Reyes 15:14-22**

1. Fue uno de los reyes más brutales de Israel.
2. Compró la protección de Pul (Tiglat-pileser) el rey asirio, con mil talentos (treinta y tres mil kilos) de plata.

17. Pekaía

Fecha: **742-740** Duración: **2 años**
Texto bíblico: **2 Reyes 15:22-26**

1. Era el hijo de Manahem.
2. Fue asesinado por Peka, capitán de su ejército.

3. Después marchó a la ciudad de Jezreel y mató a Jezabel.
4. A continuación demandó que le entregaran las cabezas de setenta familiares de Acab que vivían en la ciudad de Samaria.
5. Continuó con la purga matando incluso a los descendientes y amigos de Acab.
6. Finalmente, reunió, mediante engaño, a todos los sacerdotes de Baal en una gran asamblea en Jezreel y mandó matarlos a todos.
7. Reinó durante veintiocho años (841-813 a.C.).

K. Joacaz (2 R. 13:1-9).

1. Era el hijo de Jehú.
2. Estuvo sometido durante todo su reinado a Hazael, rey de Siria. Su ejército quedó reducido a cincuenta soldados de caballería, diez carros de guerra, y diez mil soldados de infantería.
3. Mostró en una ocasión remordimiento, por poco tiempo (como una vez lo había hecho Acab, véase 1 R. 21:27-30), pero aparentemente no fue un verdadero arrepentimiento.
4. Reinó durante diecisiete años (814-797 a.C.).

L. Joás (2 R. 13:10—14:16; 2 Cr. 25:17-24).

1. Era el hijo de Joacaz.
2. Visitó a Eliseo en su lecho de muerte.
3. Derrotó a Amasías en el campo de batalla (octavo rey de Judá).
4. Relató la segunda de las fábulas del Antiguo Testamento para ridiculizar las pretensiones de Amasías.
5. Tomó cautivo a Amasías y lo llevó a Jerusalén, marchándose después de la ciudad con rehenes y mucha riqueza.
6. Reinó durante dieciséis años (798-782 a.C.).

M. Jeroboam II (2 R. 14:23-29).

1. Era hijo de Joás.
2. Reinó más que ningún otro rey del norte.
3. Fue también el más poderoso de los reyes del norte.
4. Recuperó los territorios que Israel había perdido alrededor del mar Muerto. Dios le permitió prosperar y ensanchar su reino a pesar de sus malos caminos, porque Dios tuvo misericordia de la pobre condición de Israel en este tiempo (2 R. 14:25, 26).
5. El profeta Jonás vivió y ministró durante esta época.
6. Jeroboam II reinó durante cuarenta y un años (793-753 a.C.).

N. Zacarías (2 R. 14:29—15:12).

1. Era el hijo de Jeroboam II.
2. Fue asesinado por un rebelde llamado Salum.
3. Zacarías era tataranieto de Jehú y cuarto rey de esta familia. Con su muerte terminó esta dinastía, cumpliéndose así la profecía de Dios acerca de Jehú. (Véase 2 R. 10:30; 14:29; 15:8-12.)
4. Reinó durante seis meses (753 a.C.).

Ñ. Salum (2 R. 15:10-15).

1. Fue asesinado por un soldado muy cruel llamado Manahem.
2. Reinó solamente un mes (752 a.C.).

O. Manahem (2 R. 15:14-22).

1. Fue uno de los reyes más brutales que se sentaron en el trono del reino del norte.
2. Pagó con la muerte toda oposición de parte de sus súbditos, abriendo incluso el vientre a las mujeres encinta.

3. Compró la protección del rey asirio Pul (Tiglat-pileser), que en este tiempo había invadido Israel, con mil talentos de plata (equivalente a unos treinta y tres mil kilos).
4. Reinó durante diez años (752-742 a.C.)

P. Pekaía (2 R. 15:22-26).
1. Fue el hijo de Manahem
2. Fue asesinado por Peka, el jefe de su ejército.
3. Reinó durante dos años (742-741 a.C.).

Q. Peka (2 R. 15:27-31; 2 Cr. 28:5-8).
1. Se unió con Siria para atacar al rey Acaz, de Judá, pero no tuvieron éxito. La razón de esta guerra fue castigar al reino del sur por no haberse sumado a Siria e Israel en un esfuerzo unido para frenar la creciente amenaza de Asiria.
2. Durante su reinado, el rey asirio Tiglat-pileser invadió Israel y se apoderó de varias ciudades en la parte norte y este del país.
3. Peka fue asesinado por Oseas.
4. Reinó durante veinte años (740-732 a.C.).
   Nota: En este cómputo sólo aparecen ocho años (740-732). Se piensa que los primeros doce años (752-740) pudieron estar compartidos en una corregencia con Manahem y Pekaía.

R. Oseas (2 R. 15:20—17:6).
1. Él fue el último rey del reino del norte.
2. Después de convertirse en vasallo de Salmanasar, rey de Asiria, Oseas se unió con Egipto en una rebelión contra Asiria.
3. Por esta causa fue hecho prisionero y el pueblo deportado a Asiria (2 R. 17:4-6). Con Oseas terminó el reino del norte. Diez reyes murieron de muerte natural, siete fueron asesinados, uno se suicidó, otro murió en una batalla, otro por juicio de Dios, y otro falleció por una caída. Ninguno de estos reyes se volvió a Dios. Las diez tribus que fueron deportadas nunca regresaron a Palestina. En realidad, pronto perdieron su identidad tribal, aunque no su linaje. La futura restauración de las diez tribus perdidas de Israel se consumará al tiempo de la Segunda Venida de Cristo. (Véase Mt. 24:27-31.) El Dios justo tuvo que castigar a Israel por sus pecados. (Véase 2 R. 17:7-18.)
   a. El rey de Asiria trasladó gente de pueblos extranjeros a la tierra despoblada del reino del norte (2 R. 17:24).
   b. Poco después de llegar estos nuevos pobladores, Dios envió leones que los aterrorizaban y mataban. En su desesperación, los nuevos colonos enviaron un mensajero al rey de Asiria solicitando la ayuda de un profeta de Jehová, para que parase aquella plaga de leones (17:25, 26). Esto había sido profetizado por Moisés siglos antes. (Véase Ex. 23:29; Lv. 26:21, 22.)
   c. Fue enviado un sacerdote que empezó a ministrarles desde Bet-el. Los leones desaparecieron, y a la vez fue apareciendo una cierta forma de adoración de Jehová, pero sólo en forma, porque aquellas gentes siguieron adorando a sus antiguos ídolos (2 R. 17:27-34). Este es el comienzo de la raza y religión samaritanas que todavía existían en los tiempos de Jesús. (Véase Jn. 4.)
4. Oseas reinó durante nueve años (732-723 a.C.).

REYES DEL NORTE

18. Peka

Fecha: **740-732** Duración: **20 años**
Texto bíblico: **2 Reyes 15:27-31; 2 Crónicas 28:5-8**

1. En este cómputo sólo vemos ocho años. Se piensa que los primeros doce años (752-740) fueron compartidos en una especie de corregencia con Manahem y Pekaía.
2. Se unió a Siria en un intento, que no tuvo éxito, de castigar a Judá por no aliarse con ellos contra Asiria.
3. Vio como Asiria conquistaba algunas de las ciudades de Israel en la parte norte y este de su territorio.
4. Fue asesinado por Oseas.

19. Oseas

Fecha: **732-723** Duración: **9 años**
Texto bíblico: **2 Reyes 15:30—17:6**

1. Fue el último rey de Israel.
2. Se unió a Egipto en una rebelión contra Asiria.
3. Por esta razón fue depuesto y encarcelado por Asiria.

Reyes del sur:

A. Roboam (1 R. 11:42—14:31; 2 Cr. 9:31—12:16).
1. Era hijo de Salomón.
2. Su necedad provocó la guerra civil de Israel.
3. Tuvo dieciocho esposas y sesenta concubinas, que le dieron veintiocho hijos y sesenta hijas.
4. Su esposa favorita fue Maaca, la impía hija de Absalón.
5. Su reino fue invadido por Sisac rey de Egipto.
6. Reinó durante diecisiete años (931-914 a.C.).

B. Abiam (1 R. 14:31—15:8; 2 Cr. 13:1-22)
1. Derrotó a Jeroboam, rey del norte, en el campo de batalla, mediante una intervención sobrenatural de Dios.
2. A pesar de la ayuda que recibió de Dios en esta ocasión, más tarde degeneró en un rey impío.
3. Reinó durante tres años (914-911 a.C.).

C. Asa (1 R. 15:8-14; 2 Cr. 14:1—16:14).
1. Fue el primer rey justo y piadoso de Judá.
2. Dirigió a Judá en un avivamiento y fue un gran constructor.
3. Dios respondió a su oración y le libró de una invasión masiva etíope.
4. Llegó a desposeer a su abuela Maaca de sus privilegios a causa de su idolatría.
5. Tiempo después fue reprendido por un profeta y respondió arrojándolo en la cárcel.
6. Murió de una enfermedad de los pies, rehusando buscar su curación en Dios.
7. Reinó durante cuarenta y un año (911-870 a.C.).

D. Josafat (1 R. 22:41-50; 2 Cr. 17:1—20:37).
1. Fue el segundo de los reyes justos de Judá.
2. Inició un programa nacional de educación bíblica.
3. Comprometió su testimonio al asociarse con Acab y sus dos hijos, Ocozías y Joram.
4. Reinó durante veinticinco años (873-848 a.C.).

E. Joram (2 R. 8:26-29; 2 Cr. 21:1-20).
1. Se casó con Atalía la hija de Acab y Jezabel.
2. Empezó su reinado matando a sus seis hermanos.
3. Recibió un mensaje póstumo del profeta Elías

REYES DEL SUR

1. Roboam

Fecha: **931-914** Duración: **17 años**
Texto bíblico: **1 Reyes 11:42—14:31; 2 Crónicas 9:31—12:16**

1. Era el hijo de Salomón.
2. Su necedad y falta de tacto provocó la guerra civil.
3. Tuvo dieciocho esposas y sesenta concubinas.
4. Su esposa favorita fue Maaca, la hija malvada de Absalón.
5. Vio su reino y capital, Jerusalén, invadidas por Sisac de Egipto.

2. Abiam

Fecha: **914-911** Duración: **3 años**
Texto bíblico: **1 Reyes 14:31—15:8; 2 Crónicas 13:1-22**

1. Derrotó en el campo de batalla (mediante intervención sobrenatural) a Jeroboam, el rey del norte.
2. A pesar de la ayuda de Dios, degeneró en un rey impío.

3. Asa

Fecha: **911-870** Duración: **41 años**
Texto bíblico: **1 Reyes 15:8-14; 2 Crónicas 14:1—16:14**

1. Fue el primer rey piadoso de Judá.
2. Dirigió a Israel en un avivamiento.
3. Fue un gran constructor.
4. Vio como Dios respondía a su oración librando a Jerusalén de un ataque masivo de los etíopes (2 Crónicas 14:11).
5. Depuso a su abuela Maaca por su idolatría.
6. Más tarde él cayó moralmente cuando arrojó en la cárcel a un profeta que le había amonestado.
7. Murió de una enfermedad de los pies que rehusó confiar a Dios.

4. Josafat

Fecha: **873-848** Duración: **25 años**
Texto bíblico: **1 Reyes 22:41-50; 2 Crónicas 17:1—20:37**

1. Instituyó un programa de educación religiosa nacional, enviando maestros que enseñaran la Palabra de Dios.
2. Tiempo después echó a perder su testimonio al asociarse con tres reyes impíos del norte.
3. Nombró líderes religiosos y civiles, reconociendo así la separación de iglesia y estado.
4. Cuando Jerusalén se vio amenazada por una gran invasión moabita, oró al Señor y Dios intervino en forma sobrenatural.

5. Joram

Fecha: **853-845** Duración: **8 años**
Texto bíblico: **2 Reyes 8:16-24; 2 Crónicas 21:1-20**

1. Se casó con Atalía, la hija de Acab y Jezabel.
2. Empezó su reinado matando a sus seis hermanos.
3. Recibió un mensaje póstumo de parte de Elías prediciendo el juicio de Dios sobre él por su malvada conducta.
4. Fue atacado y derrotado por los filisteos y los árabes.
5. Murió de una horrible enfermedad y no hubo duelo en su enterramiento.

prediciendo el juicio de Dios sobre él a causa de su malvada conducta.
4. Fue atacado y derrotado por los filisteos y los árabes.
5. Murió de una horrible enfermedad y nadie lo lamentó en su funeral.
6. Reinó durante ocho años (853-845 a.C.).

F. Ocozías (2 R. 8:24—9:29; 2 Cr. 22:1-9).
1. Lo mató Jehú (el décimo rey del norte).
2. Reinó durante un año (841 a.C.).

G. Atalía (2 R. 11:1-20; 2 Cr. 22:1—23:21).
1. Era la madre del fallecido Ocozías.
2. A la muerte del rey, ella mató a todos sus hijos, excepto a uno que fue librado de ella y escondido.
3. Ella misma fue más tarde ejecutada.
4. Reinó durante seis años (841-835 a.C.)

H. Joás (2 R. 11:1—12:21; 2 Cr. 22:10—24:27).
1. Fue el único sobreviviente de la matanza de Atalía.
2. Por un tiempo vivió agradando a Dios, pero después degeneró en un líder cruel.
3. Sancionó la lapidación de Zacarías, el piadoso sumo sacerdote judío que había reprendido a Judá por su pecado y hecho un llamamiento nacional al arrepentimiento.
4. Fue asesinado por su propia guardia de palacio.
5. Reinó durante cuarenta años (835-795 a.C.).

I. Amasías (2 R. 14:1-20; 2 Cr. 25:1-28).
1. Fue un buen rey por un tiempo. Mandó ejecutar a los asesinos de su padre, pero no mató a sus hijos, obedeciendo la ley de Moisés que dice que los hijos no pagarían por los pecados de sus padres (Dt. 24:16; Ez. 18:4, 20).(Véanse 2 Cr. 25:1-4; 2 R. 12:21; 14:1-6.)
2. Amasías organizó el ejército de Judá y encontró que disponía de 300.000 soldados. Después contrató los servicios de 100.000 soldados mercenarios experimentados por la suma de cien talentos de plata (equivalentes a tres mil trescientos kilos de plata), para que le ayudaran a luchar contra Edom (2 Cr. 25:5, 6).
3. Un profeta le aconsejó que no usara a estos soldados y al rey le costó seguir este consejo, quedando resentido por la pérdida del dinero que había pagado por ellos. Pero el profeta le aseguró: «… Jehová puede darte mucho más que esto» (2 Cr. 25:9). Aquí tenemos una valiosa lección espiritual que deberíamos tener en cuenta cada vez que Dios nos pide que, por amor y obediencia a él, dejemos cualquier cosa que nos sea muy íntima y querida. Leer las conmovedoras palabras de Jesús a Pedro en Mateo 19:27-29.
4. Los soldados de Israel se volvieron a casa, pero ellos también se marcharon frustrados y enojados. En su camino de regreso entraron por la fuerza en varios pueblos judíos y mataron a 3.000 personas (2 Cr. 25:13).
5. Amasías entró en guerra contra Edom contando solamente con su ejército y derrotó completamente a los edomitas, matando de ellos a 20.000 soldados (26:11). Pero cometió la necedad de traer consigo algunos ídolos edomitas y empezó a adorarlos. Dios le advirtió por medio de un profeta de que este acto provocaba la ira divina, pero Amasías rehusó escuchar y despidió de mala manera al profeta. Antes de

retirarse, el profeta le predijo el juicio de Dios (25:14-16).

6. El temerario y arrogante Amasías declaró entonces la guerra a Joás de Israel, a causa probablemente de la vergonzosa acción del regreso de los mercenarios a su tierra (25:17). Joás, el rey del norte, respondió al desafío de Amasías relatándole la segunda (y última) fábula que encontramos en el Antiguo Testamento. (Véase Jue. 9:8-15 para la primera.) Notemos el lenguaje de la fábula:

   «Entonces Joás rey de Israel envió a decir a Amasías rey de Judá: El cardo que estaba en el Líbano envió al cedro que estaba en el Líbano, diciendo: Da tu hija a mi hijo por mujer. Y he aquí que las fieras que estaban en el Líbano pasaron, y hollaron el cardo» (2 Cr. 25:18).

7. Joás le estaba advirtiendo a Amasías que no permitiera que la victoria contra Edom le cegara a la realidad, sino que retirara su declaración de guerra. Pero el ruego cayó en oídos sordos.

   Amasías fue completamente derrotado por Joás en Bet-semes y lo llevaron como un prisionero común a Jerusalén, su propia ciudad-capital. Allí Joás ordenó la destrucción de 60 pies (180 m) de muro para reafirmar y celebrar su victoria. Después se marchó llevándose los tesoros del templo y del palacio real, y tomando muchos rehenes (2 Cr. 25:21-24).

8. Reinó durante veintinueve años (796-767 a.C.).

J. Uzías. (2 R. 15:1-7; 2 Cr. 26:1-23).
   1. Fue un soldado victorioso y un gran constructor.
   2. Intentó entrometerse en las funciones de los sacerdotes.
   3. Fue castigado por este pecado con la enfermedad de la lepra.
   4. Reinó durante cincuenta y dos años (792-740 a.C.).

K. Jotam (2 R. 15:32-38; 2 Cr. 27:1-9).
   1. Fue un buen rey (2 Cr. 27:6).
   2. Construyó la puerta superior del templo y edificó torres y fortalezas para protección.
   3. Derrotó a los amonitas y recibió un cuantioso tributo anual de ellos en plata y trigo.
   4. Reinó durante dieciséis años (750-732 a.C.).

L. Acaz (2 R. 16:1-20; 2 Cr. 28:1-27).
   1. Fue quizá el segundo peor rey de Judá.
   2. Sacrificó a sus propios hijos a ídolos paganos diabólicos.
   3. Fue la primera persona que supo acerca del nacimiento virginal del Mesías.
   4. Reinó durante dieciséis años (732-716 a.C.).

M. Ezequías (2 R. 18:1—20:21; 2 Cr. 29:1—32:33).
   1. Fue el segundo mejor rey de Judá.
   2. Fue también el más rico de todos.
   3. Organizó la más grande celebración de la Pascua desde los días de Salomón.
   4. Vio como el Ángel de Jehová derrotaba al ejército enemigo asirio cuando tenían cercada Jerusalén.
   5. El Señor le sanó de manera sobrenatural de una enfermedad y le concedió quince años más de vida.
   6. Gobernó durante veintinueve años (716-687 a.C.).

N. Manasés (2 R. 21:1-18; 2 Cr. 33:1-20).
   1. Reinó más tiempo que ningún otro rey del norte o del sur.

REYES DEL SUR

6. Ocozías

Fecha: **841** Duración: **1 año**
Texto bíblico: **2 Reyes 8:24—9:29; 2 Crónicas 22:1-9**

1. Era el hijo de Joram y Atalía.
2. Fue asesinado por Jehú (décimo rey del norte)

7. Atalía

Fecha: **841-835** Duración: **6 años**
Texto bíblico: **2 Reyes 11:1-20; 2 Crónicas 22:1—23:21**

1. A la muerte de su hijo Ocozías, ella usurpó el trono de Judá, matando a todos los posibles herederos del trono, excepto a uno (Joás), que lo escondieron.
2. Después de seis años de reinado, ella también fue ejecutada.

8. Joás

Fecha: **835-795** Duración: **40 años**
Texto bíblico: **2 Reyes 11:1—12:21; 2 Crónicas 22:10—24:27**

1. Fue el único sobreviviente de la sangrienta purga de Atalía.
2. Vivió agradando a Dios por un tiempo, pero después llegó a ser un tirano cruel.
3. Aprobó la lapidación de Zacarías, el sumo sacerdote de Judá, que tuvo el valor de reprenderle por su pecado.
4. Murió asesinado por su propia guardia de palacio.

9. Amasías

Fecha: **796-767** Duración: **29 años**
Texto bíblico: **2 Reyes 14:1-20; 2 Crónicas 25:1-28**

1. Fue un buen rey por un tiempo. Ejecutó a los asesinos de su padre Joás.
2. Fue reprendido por un profeta por contratar soldados mercenarios para que le ayudaran en su guerra contra Edom.
3. Con renuencia envió de regreso a su tierra a los mercenarios y, con la ayuda de Dios, derrotó a Edom con su propio ejército.
4. Obrando neciamente llevó a Jerusalén algunos ídolos edomitas con propósito de adorarlos.
5. El temerario Amasías le declaró después la guerra al reino del norte y fue completamente derrotado.

10. Uzías

Fecha: **792-740** Duración: **52 años**
Texto bíblico: **2 Reyes 15:1-7; 2 Crónicas 26:1-23**

1. Fue un buen soldado y un gran constructor.
2. Pretendió, sin embargo, entrometerse en las tareas de los sacerdotes y fue castigado con la enfermedad de la lepra.

11. Jotam

Fecha: **750-736** Duración: **16 años**
Texto bíblico: **2 Reyes 15:32-38; 2 Crónicas 27:1-9**

1. Fue un buen rey.
2. Construyó la puerta superior del templo y edificó también fortalezas y torres.
3. Derrotó a sus enemigos y recibió cuantiosas sumas anuales en tributos de parte de ellos.

REYES DEL SUR

12. Acaz

Fecha: **735-719** Duración: **16 años**
Texto bíblico: **2 Reyes 16:1-20; 2 Crónicas 28:1-27**

1. Fue quizá el segundo peor rey de Judá.
2. Sacrificó a sus propios hijos a dioses paganos.
3. Fue la primera persona que escuchó acerca del nacimiento virginal del Mesías. (Véase Is. 7:1-25.)
4. Ordenó la construcción de un altar pagano asirio y lo instaló en el templo con el fin de aplacar a Tiglat-pileser.

13. Ezequías

Fecha: **716-687** Duración: **29 años**
Texto bíblico: **2 Reyes 18:1—20:21; 2 Crónicas 29:1—32:33**

1. Fue el segundo mejor rey de Judá y el más rico de todos.
2. Emprendió obras de reparación del templo y organizó grupos musicales tanto de instrumentos como de canto.
3. Llevó a cabo la más grande celebración de la Pascua desde los días de Salomón.
4. Vio al Ángel de Jehová derrotar al enemigo asirio que había cercado Jerusalén.
5. Fue curado de manera sobrenatural de una enfermedad mortal y se le concedieron quince años más de vida.
6. Añadió quince salmos al canon del Antiguo Testamento.
7. Mostró neciamente las riquezas de Judá a unos embajadores babilonios deseoso de indagar.

14. Manasés

Fecha: **697-642** Duración: **55 años**
Texto bíblico: **2 Reyes 21:1-18; 2 Crónicas 33:1-20**

1. Reinó más tiempo que ningún otro rey del norte o del sur.
2. Fue el peor de todos los reyes.
3. Experimentó el nuevo nacimiento mientras se encontraba prisionero de sus enemigos.

15. Amón

Fecha: **643-641** Duración: **2 años**
Texto bíblico: **2 Reyes 21:19-26; 2 Crónicas 33:21-25**

1. Fue un hombre impío a semejanza de su padre, pero no se arrepintió como él.
2. Sus mismos siervos lo mataron en su propia casa.

16. Josías

Fecha: **641-610** Duración: **31 años**
Texto bíblico: **2 Reyes 22:1—23:30; 2 Crónicas 34:1—35:27**

1. Fue el rey más piadoso desde los días de David
2. Fue el último rey de Judá que agradó al Señor.
3. El libro de Moisés fue descubierto accidentalmente entre los escombros del templo al principio de su reinado.
4. Usó este suceso para dirigir a Judá en un gran avivamiento.
5. También llevó a cabo una celebración de la pascua mayor que la que hubo en los días de su bisabuelo Ezequías.
6. Cumplió con una antigua profecía dada trescientos años antes. Comparar 1 Reyes 13:1, 2 con 2 Reyes 23:15.
7. Murió en una guerra con los egipcios.

2. Fue el peor de todos los reyes.
3. Experimentó el nuevo nacimiento antes de su muerte.
4. Reinó durante cincuenta y dos años (697-642 a.C.).

Ñ. Amón (2 R. 21:19-26; 2 Cr. 33:21-25).
1. Fue, como su padre, un hombre impío y depravado.
2. Nunca se arrepintió como lo hizo su padre.
3. Sus sirvientes le mataron en su propia casa.
4. Reinó durante dos años (643-641 a.C.).

O. Josías (2 R. 22:1—23:20; 2 Cr. 34:1—35:27).
1. Fue el mejor rey desde los tiempos de David.
2. El libro de Moisés fue descubierto en el templo durante su reinado.
3. Dirigió al pueblo en un gran avivamiento.
4. Fue el último de los reyes de Judá que agradó a Dios.
5. Murió en una batalla contra los egipcios.
6. Reinó durante treinta y un años. (641-610 a.C.).

P. Joacaz (2 R. 23:31-33; 2 Cr. 36:1-4).
1. Este hijo intermedio de Josías tuvo un reinado corto (2 R. 23:30, 31) y corrupto (23:32). Fue destronado por el faraón Necao (quien anteriormente había matado a su padre Josías en el campo de batalla) cuando apenas llevaba noventa días reinando. Necao le impuso un tributo de cien talentos de plata y uno de oro (equivalente a 3.300 de plata y 33 kilos de oro). Fue finalmente traslado a Egipto donde murió en cautividad (2 R. 23:34).
2. Eliaquim, hermano menor de Joacaz, (Necao le cambió el nombre y le llamó Joacim) fue elegido por el faraón egipcio para reinar en Judá en lugar de Joacaz (2 R. 23:34). La situación estaba realmente mala, como lo demuestra el hecho de que un rey pagano podía imponer un rey sobre el pueblo de Dios.
3. Reinó durante tres meses (609 a.C.).

Q. Joacim (2 R. 23:34—24:5; 2 Cr. 36:5-7).
1. Era el hermano de Joacaz.
2. Fue probablemente el tercer peor rey de Judá.
3. Persiguió al profeta Jeremías.
4. Experimentó la primera de las atemorizantes visitas de Nabucodonosor.
5. Fue en este tiempo cuando Daniel y otros jóvenes hebreos fueron llevados a Babilonia por Nabucodonosor.
6. Murió y, como había predicho Jeremías, fue enterrado como un asno y no hubo quien lo llorara.
7. Reinó durante once años (609-598 a.C.).

R. Joaquín (2 R. 24:6-16; 2 Cr. 36:8-10).
1. Era el hijo de Joacim y nieto de Josías. Joaquín fue también llamado Conías (Jer. 22:24, 28; 37:1).
2. Empezó a reinar a los dieciocho años (2 R. 24:8).
Nota: tenemos aquí un problema textual, porque 2 Cr. 36:9 nos dice que tenía ocho años.
3. Fue un rey impío (2 R. 24:9). A causa de ello:
a. Ezequiel (19:5-9) y Jeremías (22:24-26) predijeron que sería llevado cautivo a Babilonia.
b. Debía ser considerado como si no tuviera hijos, porque ninguno de sus hijos se sentaría en el trono de David y reinaría sobre Judá.

La *New Scofield Bible* dice:

«Esta declaración no significa que no tendría hijos, porque en 1 Cr. 3:17, 18 se nombra a varios (cp. Mt. 1:12). A causa del juicio divino este rey sería considerado como si no hubiera tenido hijos, lo que quiere decir que ningún descendiente físico estaría en la lista de los reyes de Israel. En consecuencia, si nuestro Señor Jesucristo, quien va a ocupar el trono de David (Lc. 1:32, 33), hubiera sido engendrado por José, el esposo de María, que era de la línea de Jeconías (Mt. 1:12, 16), habría contradicho esta predicción divina. Los derechos dinásticos de Cristo al trono venían a través de José, su padre adoptivo, de Jeconías; pero la descendencia física de Jesús de la línea de David vino por medio de María, cuya genealogía se traza hasta David por medio de Natán, en vez de por medio de Salomón (cp. Lc. 3:31 con Mt. 1:17)» (pp. 793, 794).

4. Joaquín fue capturado durante el año octavo del reinado de Nabucodonosor (2 R. 24:12) y llevado cautivo a Babilonia, junto con otros 10.000 prisioneros judíos (Jer. 24:1; 29; 2 R. 24:14, 15). Ezequiel fue también deportado en esta fecha.
5. Después nombró a Sedequías (tío de Joaquín) para que ocupara el trono de Judá (2 R. 24:17).
6. Joaquín fue encerrado en una cárcel en Babilonia, donde permaneció durante treinta y seis años, hasta la muerte de Nabucodonosor. Evil-merodac, el nuevo rey de Babilonia le concedió la libertad, le permitió comer con él en la mesa real y le dio una pensión diaria para su sostenimiento (2 R. 25:27-30; Jer. 52:31-34).
7. Reinó durante tres meses (598 a.C.).

S. Sedequías (2 R. 24:17—25:30; 2 Cr. 36:11-21).
1. Era el hijo más joven de Josías.
2. Se rebeló contra Nabucodonosor. Por esta causa le sacaron los ojos y le llevaron cautivo a Babilonia.
3. Reinó durante once años (597-586 a.C.).

El método de mirar con la lupa

La etapa del reino dividido puede ser estudiada y resumida mediante un examen un tanto minucioso de la vida de veinte personas. Este número no incluye a los profetas que escribieron tales como Jonás, cuya vida la consideraremos junto con su libro. De los veinte, seis son reyes del norte, doce son reyes del sur, y dos son profetas. Son: Jeroboam, Omri, Acab, Jehú, Jeroboam II, Oseas (norte), Roboam, Asa, Josafat, Atalía, Joás, Uzías, Acab, Ezequías, Manasés, Josías, Joaquín, Sedequías (sur), Elías y Eliseo (profetas)

Los reyes importantes del norte

A. Jeroboam (el primer rey). Empezó a reinar en el 930 d.C. y reinó durante veintidós años.

A fin de considerar propiamente el reinado de Jeroboam es necesario que conozcamos algo de las circunstancias que le llevaron al poder. Todo empezó con la arrogancia y falta de tacto de Roboam, el hijo de Salomón.

1. Roboam fue a Siquem para ser coronado rey sobre todo Israel (1 R. 12:1; 2 Cr. 10:1).

REYES DEL SUR

17. Joacaz

Fecha: **609** Duración: **3 meses**
Texto bíblico: **2 Reyes 23:31-33; 2 Crónicas 36:1-4**

1. Era el hijo intermedio de Josías.
2. Fue destronado a los noventa días de empezar a reinar por el faraón Necao que había matado a su padre.
3. Fue llevado cautivo a Egipto donde murió.

18. Joacim

Fecha: **609-598** Duración: **11 años**
Texto bíblico: **2 Reyes 23:34—24:5; 2 Crónicas 36:5-7**

1. Era el hermano mayor de Joacaz.
2. Fue elevado al trono por el faraón egipcio.
3. Nabucodonosor lo hizo más tarde vasallo suyo cuando los babilonios derrotaron a los egipcios.
4. Se mostró completamente materialista y egocéntrico. Puede ser considerado como el tercer peor rey de Judá.
5. Mató a los inocentes y persiguió frecuentemente a Jeremías.
6. Quemó una copia de una parte de la Palabra de Dios. (Véase Jer. 36:22-32.)
7. Experimentó la primera de las temibles visitas de Nabucodonosor a Jerusalén.
8. Durante esta visita (606 a.C.), Daniel y otros jóvenes hebreos fueron llevados cautivos.
9. Cuando murió fue enterrado como un asno, tal como había predicho Jeremías.

19. Joaquín

Fecha: **598** Duración: **3 meses**
Texto bíblico: **2 Reyes 24:6-16; 2 Crónicas: 36:8-10**

1. Era el hijo de Joacim y nieto de Josías.
2. Incurrió en la ira y maldición de Dios de que ninguno de sus hijos se sentaría en el trono de Judá.
3. Tanto Ezequiel (19:5-9) como Jeremías (22:24-26) predijeron que sería llevado cautivo a Babilonia.
4. Esto ocurrió durante el segundo sitio a que Nabucodonosor sometió a Jerusalén. Ezequiel fue también deportado en esta ocasión.
5. Posteriormente murió en Babilonia.

20. Sedequías

Fecha: **597-586** Duración: **11 años**
Texto bíblico: **2 Reyes 24:17—25:30; 2 Crónicas 36:11-21**

1. Era el hijo más joven de Josías y tío de Joaquín.
2. Jeremías fue perseguido durante su reinado.
3. Se rebeló contra Babilonia junto con Egipto.
4. Fue capturado, Nabucodonosor ordenó que le sacaran los ojos y lo llevaron cautivo a Babilonia cargado de cadenas.
5. La ciudad de Jerusalén y el templo fueron completamente destruidos en esta ocasión.

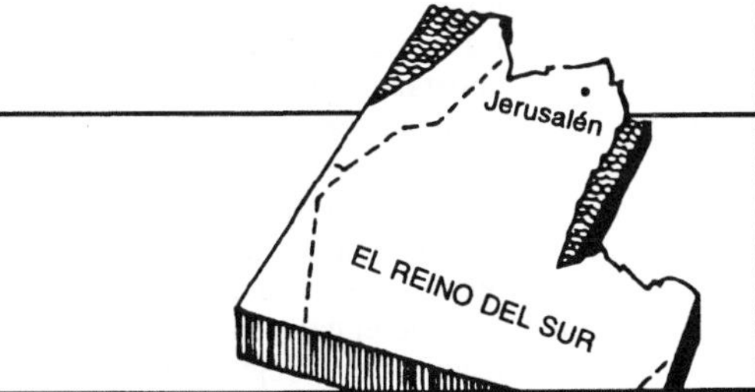

2. Allí una delegación encabezada por Jeroboam (que había regresado de Egipto después de la muerte de Salomón) le presenta un ultimátum mediante el cual el pueblo le exige una mejor vida bajo su reinado que la que habían conocido bajo Salomón (1 R. 12:3, 4; 2 Cr. 10:2-4).
3. Roboam solicita tres días de receso para considerar sus demandas. Durante este período consultó a los ancianos que habían servido con su padre y también a los jóvenes amigos que se habían criado con él. Aceptó el consejo de los jóvenes y a los tres días, respondió:

   «... Mi padre agravó vuestro yugo, pero yo añadiré a vuestro yugo; mi padre os castigó con azotes, mas yo os castigaré con escorpiones» (1 R. 12:14).
4. Al escuchar esta respuesta, diez de las tribus dieron oído al grito de Jeroboam que les incitaba a regresar a sus casas, y así comenzó la triste historia de la división del reino (1 R. 12:16).
5. Adoram, el encargado de recoger los impuestos para el rey, es apedreado hasta morir, y el atemorizado Roboam tiene que huir a Jerusalén para salvar su vida (1 R. 12:18). Pretende recuperar por la fuerza lo que ha perdido, pero Dios le amonesta a que no lo haga (1 R. 12:21-24); Roboam desobedeció continuamente este mandamiento a lo largo de su reinado. (Véase 1 R. 15:6.)
6. Jeroboam, el nuevo líder de la confederación de las diez tribus, se enfrenta inmediatamente a una seria amenaza. Tres veces al año, tal como lo mandaba la ley de Dios (véase Lv. 23; Ex. 23:17), el pueblo subía a Jerusalén para adorar a Dios. Jeroboam sabía que los sacerdotes usarían sin duda esta oportunidad para cambiar la opinión de la gente y hacer volver al pueblo al redil de Roboam. Jeroboam intenta resolver esta situación mediante el siguiente plan:
   a. Cambia los símbolos religiosos de Israel. En vez de tener los dos querubines de oro que había sobre el arca, ahora tendrían dos becerros de oro. Da base a su acción citando el ejemplo histórico del sumo sacerdote Aarón (En realidad, usó las palabras de Aarón para presentar a Israel estos becerros de oro. Cp. Ex. 32:4 con 1 R. 12:28.)
   b. Cambia el centro religioso de adoración de Jerusalén a Bet-el y Dan. Esto es una manifiesta desobediencia del claro mandamiento que Dios le dio. (Véase 1 R. 11:36.)
   c. Degradó el sacerdocio levítico haciendo «sacerdotes de entre el pueblo, que no eran de los hijos de Leví» (12:31). A causa de esto, la gran mayoría de los sacerdotes y levitas se marcharon a Judá, dejando detrás de ellos una situación de casi total apostasía. (Véase 2 Cr. 11:13-17.) Esto explica el hecho trágico de que ninguno de los diecinueve reyes del norte, empezando con Jeroboam y terminando con Oseas, en un período de 210 años aproximadamente, volvió su corazón ni reino a Dios.
   d. Cambió el calendario religioso de octubre a noviembre. Según Levítico 23, Israel debía observar seis fiestas principales, comenzando en abril y terminando en octubre. Estas seis fiestas, tres de las cuales caían en octubre, anticipaban la cruz (panes sin levadura), la resurrección (primeros frutos), Pentecostés (fiesta de los cincuenta días), el rapto (fiesta de las trompetas), la tribulación (el día de la expiación), y el milenio (la fiesta de los tabernáculos). Es evidente, sin embargo, que Jeroboam tenía muy poco interés en estas fiestas, porque se nos dice que él ideó esta fiesta de noviembre inventándola a su antojo. (Véase 12:33.)
7. Jeroboam visitó el altar en Bet-el para quemar incienso. Aquí tenemos al segundo de los reyes de Israel que tuvieron el atrevimiento de asumir también el oficio de sacerdote. Todos ellos fueron castigados severamente. Los otros dos fueron:
   a. Saúl (1 S. 13:9-14).
   b. Uzías (2 Cr. 26:16-21).
8. Por su idolatría Jeroboam recibió una profecía y un castigo por medio de un varón de Dios.
   a. La profecía. Que vendría un día cuando un rey de Judá llamado Josías destruiría totalmente la falsa religión de Jeroboam, quemando incluso los huesos de sus sacerdotes muertos sobre el mismo altar donde Jeroboam estaba sacrificando. Esta sorprendente profecía se cumplió exactamente 300 años después. (Cp. 1 R. 13:2 con 2 R. 23:15, 16.)
   b. El castigo. El altar de Jeroboam fue destruido y su mano quedó paralizada mediante una acción sobrenatural de Dios (1 R. 13:3-6). El profeta después oró y la mano del rey quedó restaurada.
9. En su camino de regreso a casa, el profeta tontamente prestó atención a las palabras de un viejo profeta de Bet-el que le mintió y por su desobediencia a Dios perdió su vida.
   a. Dios le había dicho que se volviera a casa inmediatamente.
   b. El viejo profeta le dijo que Dios había cambiado de idea y que ahora deseaba que se quedara y comiera en Bet-el.
   c. Cuando finalmente emprendió el camino para volver a su casa, le atacó un león y lo mató.
10. Poco después de este triste evento, Abías, el hijo de Jeroboam, se puso muy enfermo. El profeta Ahías transmite un terrible mensaje de Dios a la esposa de Jeroboam (quien había intentado disfrazarse), que debido a su gran impiedad el juicio de Dios vendría sobre él (14:10-14). Todo esto sucedió realmente. Este niño murió pronto (14:17) y pocos años después, Nadab, el hijo de Jeroboam que le había sucedido en el trono, fue asesinado con toda su familia por un rebelde llamado Baasa, usurpándole el trono (15:29). En este momento Dios dio el escalofriante primer aviso de la futura cautividad a manos de los asirios, la cual ocurrió 200 años después (14:15).
11. Dios castiga a Jeroboam con una plaga y muere, después de un depravado reinado de veintidós años. Leemos más de veinte veces la

frase de que «él hizo pecar a Israel». Le sucedió en el trono su hijo Nadab (1 R. 14:20; 2 Cr. 13:20). Nadab fue asesinado por un rebelde llamado Baasa después de reinar solamente dos años. El fue el primero de seis reyes del norte que fueron asesinados, los cuales son: (2) Ela, (3) Joram, (4) Zacarías, (5) Salum, y (6) Pekaía. Baasa, al matar a Nadab y sus familiares, cumplió sin saberlo la profecía que había sido dada por Ahías a la esposa de Jeroboam. (Cp. 1 R. 14:14 con 15:29.)

B. Omri (sexto rey).
  1. Subió al trono en el 885 a.C. y reinó durante doce años.
  2. Hizo de la ciudad de Samaria la nueva capital del reino del norte (1 R. 16:24).
  3. Fue el más impío de los reyes del norte hasta esa fecha.

C. Acab (séptimo rey).
  1. Empezó a reinar en el 874 y reinó durante veintidós años.
  2. Se casó con Jezabel y edificó un templo a Baal en Samaria (1 R. 16:31, 32).
  3. Fue más malvado que Omri, su padre (16:33). (Véase también 21:25, 26.)
  4. Al comienzo de su reino se cumplió una profecía pronunciada 500 años antes, relacionada con la reedificación de Jericó (comparar 16:34 con Jos. 6:26).
  5. Es confrontado por el profeta Elías quien le advierte que a causa de su pecado y de la impiedad de Israel, habría hambre en la tierra por tres años y medio (1 R. 17:1; Stg. 5:17).
  6. Acab es testigo de la derrota y ejecución de sus sacerdotes de Baal a manos de Elías en el monte Carmelo (18:40).
  7. Le es permitido por Dios derrotar dos veces a los arrogantes sirios para demostrar un hecho, la realidad de que Jehová es Señor por encima de todos (20:23, 28).

     En este momento, Ben-adad, rey de Siria, le declaró la guerra a Acab, que en principio trató de aplacarlo sobornando al codicioso monarca sirio, pero cuando esto falló, Acab determinó luchar (1 R. 20:1-11). Un profeta anónimo (quizá Elías) le reafirma a Acab que vencerá a los sirios, y dicha victoria tiene lugar muy pronto (20:13-19). Después de su derrota, los sirios llegan a la conclusión de que ha sido debido a un factor geográfico, porque la batalla se desarrolló en una zona montañosa, lo cual había dado al ejército israelita una gran ventaja. Los sirios creían que el Dios de Israel era un Dios de montañas. De manera que planean luchar otra vez contra Israel, pero en esta ocasión será en la llanura. No podían estar más equivocados, pues el Dios de Israel es ciertamente Dios de las montañas, pero también es Dios de:

     a. El Dios del valle (Ex. 17:8-13; 1 S. 17:3, 49).
     b. El Dios de la montaña (1 R. 18:19, 40).
     c. El Dios del llano (Jue. 11:33).
     d. El Dios del agua (Ex. 14:27, 28).
     e. El Dios del fuego (Dn. 3:19-26).

     Los sirios atacan otra vez y son derrotados completamente, perdiendo 127.000 soldados de infantería. El victorioso Acab desobedece el mandamiento de Dios y le perdona la vida a Ben-adad (como Saúl hizo una vez con Agag, 1 S. 15:31-33). El profeta de Dios le anuncia entonces que a causa de lo que Acab había hecho, Dios demandaría su vida por la vida de Ben-adad (1 R. 20:32-43, lo cual ocurrió tres años más tarde (véase 1 R. 22:29-37).
  8. Acab intenta adquirir sin lograrlo una viña escogida ubicada cerca de su palacio en Samaria, cuyo propietario era un hombre de Jezreel llamado Nabot. Samuel había advertido al principio de la monarquía acerca del riesgo de que los reyes quisieran apoderarse de las tierras de sus súbditos (1 S. 8:14). Aunque Nabot hubiera querido vender la viña, la ley levítica se lo prohibía. (Véanse Lv. 25:23; Nm. 36:7; Ez. 46:18.)

     Acab regresa a casa malhumorado. Jezabel se entera de la negativa de Nabot y le dice a su marido que se alegre y coma, que ella le dará la viña . Decide entonces escribir cartas en nombre de Acab, dirigidas a los líderes de Jezreel, donde Nabot vivía, y sellarlas con el sello real. En las cartas les manda que convoquen a los israelitas del lugar para una reunión de oración y ayuno, que se aseguren que Nabot esté presente y que paguen a dos testigos falsos para que le acusen de maldecir a Dios y al rey, y, en consecuencia, le mataran a pedradas. Esta orden horrible es ejecutada al pie de la letra (1 R. 21:4-14). Sus hijos son también apedreados. (Véase 2 R. 9:26.) La malvada Jezabel, ella misma una rabiosa adoradora de Baal, apela ahora astutamente a la ley de Moisés para obtener dos testigos contra el acusado (Lv. 24:17).

     Este juicio falso tendría su imitación final nueve siglos después, en las primeras horas de un viernes del mes de abril, cuando el Creador Todopoderoso es juzgado por sus miserables criaturas (Mt. 26:59-68). Jezabel es informada del resultado de su intriga y Acab jubiloso va a la viña para reclamarla (1 R. 21:15, 16). Dios le ordena a Elías que vaya y confronte a Acab en la viña de Nabot y pronuncie maldición divina sobre él y su familia. Un Acab enojado y, sin duda, atemorizado, escucha el juicio de Dios sobre él (21:19, 21-24). Todo lo dicho por Elías llegó a ser literalmente cierto.

     a. Los perros lamieron la sangre de Acab como habían lamido la de Nabot (1 R. 22:38).
     b. Sus descendientes fueron destruidos. Su hijo mayor Ocozías murió de una caída (2 R. 1:17), y Joram su hijo más joven, fue asesinado por Jehú (2 R. 9:24), y su cuerpo arrojado en el mismo campo donde Nabot había sido enterrado.
     c. Jezabel, su depravada mujer, fue devorada por los perros salvajes de Jezreel (2 R. 9:30-36).

     Nada más escuchar estas terribles profecías, Acab se humilla, y Dios le permite que al menos no vea la muerte de sus hijos. Pero su arrepentimiento es superficial y temporal (1 R. 21:27-29).
  9. En este tiempo Acab desea que el monarca reinante en Judá (cuyo nombre es Josafat) se una a él para combatir a Ben-adad de Siria, que ha

incumplido un pacto de tres años (1 R. 22:1) y sigue acuartelando tropas en Ramot de Galaad. Si Acab le hubiera ejecutado como Dios le mandó hacerlo, está situación no se habría producido ahora. Josafat no tenía nada material que ganar y sí mucho que perder moralmente. Su respuesta es trágica:

«... Yo soy como tú, y mi pueblo como tu pueblo, y mis caballos como tus caballos» (1 R. 22:4).

Josafat evidentemente tuvo sus dudas acerca de esta alianza, porque le pidió a Acab: «... Te ruego que consultes hoy la palabra de Jehová» (2 Cr. 18:4).

Acab inmediatamente convocó a 400 profetas, todos los cuales comían de su mesa y no dudaban en decirle al rey lo que a él le gustaba escuchar. Todos ellos predijeron la victoria y animaban al rey a ir a la guerra (2 Cr. 18:5, 6). Esta era la clase de hombres de los que Jeremías habló años más tarde (Jer. 23:21). Josafat, que todavía se sentía asediado por las dudas, preguntó si no había algún otro profeta de Dios al que pudieran preguntar. Acab amargamente le responde diciendo: «... Aún hay un varón por el cual podríamos consultar a Jehová, Micaías, hijo de Imla; mas yo le aborrezco, porque nunca me profetiza bien, sino solamente mal...» (1 R. 22:8). Quizá el mayor elogio que podría recibir Micaías es que era aborrecido por Acab. Aquel rey insensato y malo odiaba al profeta como un necio puede aborrecer al médico que le diagnostica cáncer.

Ante la insistencia amable del rey de Judá, Acab ordena a regañadientes que vayan a buscar a Micaías a la prisión, pero instruye privadamente a los mensajeros para que le adviertan al profeta que no contradiga la profecía de la mayoría. Micaías escucha lo que le dicen pero replica: «... Vive Jehová, que lo que Jehová me hablare, eso diré» (1 R. 22:14).

Mientras que los dos reyes esperan la llegada de Micaías, Sedequías, el portavoz de aquellos profetas títeres, desarrolla una escena intentando dramatizar para Acab cómo logrará la victoria sobre los sirios. Quizá había aprendido aquello sacando completamente fuera de contexto a Deuteronomio 33:17. Finalmente Micaías aparece delante de Acab, y sin duda, con un guiño en sus ojos y sarcasmo en su voz, imita a los otros profetas: «... Sube, y serás prosperado, y Jehová la entregará en manos del rey» (1 R. 22:15). Este sarcasmo debió ser dolorosamente evidente para los dos, porque Acab lívido por la ira, le gritó: «... ¿Hasta cuántas veces he de exigirte que no me digas sino la verdad en el nombre de Jehová» (22:16). Acab quería escuchar la verdad tanto como un criminal culpable desea oír a un juez pronunciar sentencia sobre él. Esas palabras fueron dichas indudablemente para impresionar a Josafat.

El guiño desaparece repentinamente de los ojos de Micaías y el tono burlón se transforma en sobrias palabras de juicio al decir: «... Yo vi a todo Israel esparcido por los montes, como ovejas que no tienen pastor; y Jehová dijo: Estos no tienen señor; vuélvase cada uno a su casa en paz» (22:17).

Nada más oírle, Acab explota otra vez y le dice a Josafat: «¿No te lo había yo dicho? Ninguna cosa buena profetizará él acerca de mí, sino solamente el mal» (22:18).

Micaías, no obstante, continúa y declara que Dios ha permitido que un espíritu de mentira engañe a los profetas de Acab, a fin de matar al depravado rey en la batalla. Al terminar esta verdadera profecía, es abofeteado por Sedequías, el profeta títere de Acab. Este punzante insulto sería más tarde experimentado tanto por nuestro Señor (Jn. 18:22) como por el apóstol Pablo (Hch. 23:2). Acab ordena que vuelvan a Micaías a la prisión y que le tengan a pan y agua hasta que él regrese de la guerra sano y salvo. Cuando sale, Micaías agrega que si Acab regresa con bien significará que Dios no había hablado por medio de él (1 R. 22:28).

10. Acab y Josafat se apresuran para marchar a Ramot de Galaad. En la víspera de la batalla, Acab sugiere que Josafat se ponga las ropas reales de Acab y él usaría el uniforme de un soldado de infantería. El rey del sur acepta el plan. Algunas veces parece como si Josafat fuera un tonto (1 R. 22:29, 30).

Josafat es inmediatamente visto por los sirios, que le confunden con Acab. El atemorizado y necio rey de Judá clama a Dios por protección, y los soldados sirios le dejan sin tocarle cuando se dan cuenta de que no es Acab (1 R. 22:31-33; 2 Cr. 18:30-32). Sin embargo, uno de los soldados sirios disparó su arco al azar contra las filas israelitas e hirió de muerte al disfrazado Acab, clavándole la flecha entre las juntas de la armadura. Al darse cuenta de que estaba gravemente herido, Acab ordenó al conductor de su carro que lo sacara del campo de batalla. Cuando el sol se ponía por el occidente, el rey murió (1 R. 22:34-37; 2 Cr. 18:33, 34). Acab es enterrado en Samaria y su carro lleno de sangre es llevado a un estanque cercano para lavarlo, donde los perros lamen la sangre, exactamente como Elías había predicho (1 R. 22:38, 39). Acab es sucedido en el trono por Ocozías, su hijo mayor, quien siguió en los malos caminos de su padre (1 R. 22:52, 53).

D. Jehú (décimo rey).

1. Empezó a reinar en el 841 a.C. y reinó durante veintiocho años.
2. Dios había mandado a Elías a que ungiera a Jehú como rey (1 R. 19:16), pero por alguna razón no lo había hecho, sino que lo hizo Eliseo por medio de un joven profeta (2 R. 9:1).
3. Jehú llegó a ser notorio por la manera de conducir su carro (9:20) y por la sangre que derramó. Ejecutó a
   a. Ocozías, rey de Judá y nieto de Josafat (9:27).
   b. Joram, rey del norte, que estaba en el trono en ese tiempo (9:24).
   c. Jezabel (9:30-37).
   d. Los setenta hijos de Acab (10:1, 11).
   e. Cuarenta y dos príncipes de Judá (10:14).
   f. A los adoradores de Baal (10:25).

Dios le ordenó que ejecutara a todos los miembros de la familia de Acab, incluida Jezabel, cuyo cuerpo se lo comieron los perros más tarde (2 R. 9:1-10), pero no sancionó los demás asesinatos. Examinemos brevemente sus sangrientas actividades.

Nada más ser ungido, Jehú monta en su carro y se encamina a toda velocidad hacia Jezreel para matar al rey Joram, el hijo más joven de Acab, que en estos momentos se estaba recuperando de las heridas que había sufrido en una batalla reciente. En aquel funesto día le acompañaba un visitante, el rey Ocozías de Judá, que era el nieto de Josafat y sobrino de Joram. Es dudoso que hallemos en la historia que dos jefes de estado reunidos en conferencia tuvieran madres más impías que estos dos. La madre de Joram era Jezabel, y la madre de Ocozías era Atalía.

Jehú es avistado mientras estaba todavía en el camino en el valle, y tanto Joram como Ocozías, temiendo una rebelión inminente, salen a su encuentro confiando en poder arreglar las cosas de una manera pacífica. Jehú rechaza los intentos de negociación de Joram y mata a los dos reyes, tío y sobrino, mediante una lluvia de flechas. El cuerpo sin vida de Joram es arrojado en el campo de Nabot, donde Acab (el fallecido padre del rey) tiró una vez el cuerpo de Nabot. Se cumplía la enseñanza bíblica de que «lo que el hombre sembrare, eso también segará» (2 R. 9:25-29).

Al entrar Jehú en Jezreel vio a Jezabel, la maquillada hechicera, que se burlaba de él asomada a una ventana alta, y ordena que la echen por la ventana, lo cual hacen y muere en la caída. Los perros salvajes devoraron su cuerpo, dejando solamente su calavera, los pies y las manos. Así se cumplió literalmente la terrible profecía dada a Acab. (Cp. 1 R. 21:23 con 2 R. 9:30-36.)

Jehú después escribe una carta a las autoridades de la ciudad de Samaria demandando las cabezas (literalmente) de los setenta hijos de Acab que vivían en la ciudad. Los atemorizados oficiales obedecen inmediatamente la sangrienta orden, echan las cabezas en canastas y se las envían a Jehú a Jezreel (10:11-14).

Jehú prosigue con su sangrienta purga matando a todo descendiente o amigo de Acab, incluyendo a cuarenta y dos familiares de Ocozías de Judá que acababan de llegar a Jezreel para visitar a Jezabel (10:11-14). Aquel brutal guerrero ordena después a todos los sacerdotes de Baal que acudan a una convocatoria religiosa especial en Jezreel, fingiendo ser él también un adorador de Baal. Sin embargo, tiene el plan secreto de matarlos a todos una vez que estén congregados en el lugar de reunión acordado.

Al poco tiempo, el templo de Baal en Jezreel se llenó de sacerdotes paganos. Es entonces cuando Jehú da la orden de matarlos y aquel falso dios fenicio se manifiesta impotente mientras sus adoradores van siendo sistemáticamente exterminados. Jehú seguidamente ordena que saquen las estatuas del templo y las quemen, que destruyan el altar y el templo. Todo quedó convertido en una letrina pública. A causa de su obediencia al mandamiento de Dios de destruir la dinastía de Acab, se le promete la permanencia de su propia dinastía en el trono hasta la cuarta generación (2 R. 10:30).

4. A pesar de sus reformas, Jehú continúa adorando los becerros de oro establecidos por Jeroboam (10:29-31) y muere sin arrepentirse.

E. Jeroboam II (decimotercer rey).
   1. Empezó a reinar en el 793 y reinó durante cuarenta y un años.
   2. Jeroboam II llegó a ser el más poderoso de los reyes del norte.
   3. Recuperó gran parte del territorio de Israel que los sirios les habían arrebatado (2 R. 3:5; 14:25-27).
   4. Esto fue profetizado por el profeta Jonás, que vivió durante el reinado de Jeroboam II (14:25).

F. Oseas (decimonoveno rey).
   1. Empezó a reinar en el 732 y reinó nueve años.
   2. Después de quedar sometido como vasallo al rey Salmanasar de Asiria, Oseas se alió con Egipto en una rebelión contra Asiria.
   3. A causa de ello fue apresado y encarcelado por Salmanasar (2 R. 17:4, 5).
   4. Samaria cayó en este tiempo y el pueblo del reino fue deportado a Asiria (2 R. 17:6).

Los reyes importantes del sur

A. Roboam (primer rey).
   1. Empezó a reinar en el 930 a.C. y reinó diecisiete años.
   2. Su falta de tacto y crueldad al responder a las demandas de algunos líderes ayudó a que se desatara la trágica guerra civil (1 R. 12:1-16).
   3. Fue ayudado inconscientemente por Jeroboam cuando éste provocó que los fieles sacerdotes y levitas del norte huyeran a Jerusalén. Estos hombres piadosos fueron en buena medida responsables de que el reino de Judá permaneciera en pie durante un siglo más después de la caída del reino del norte (2 Cr. 11:16, 17).
   4. El fracaso de Roboam empezó, sin duda, con su vida polígama, que le llevó a tener dieciocho mujeres y sesenta concubinas; estas mujeres le dieron veintiocho hijos y sesenta hijas. Otro factor contribuyente a su caída fue Maaca, su esposa favorita, hija de Absalón, quien aparentemente ejerció una funesta influencia sobre el rey y sobre Abías, el hijo de ambos, que le sucedió en el trono. El rey Asa, nieto de Maaca, pudo al fin doblegar su nefasto poder y la desposeyó de todos sus privilegios por su adoración idolátrica (2 Cr. 11:18-23; 12:1, 14; 2 R. 15:13). A medida que creció el poder de este rey también creció su maldad. Aparecieron en Judá templos, pilares e ídolos paganos en cada monte alto y debajo de cada árbol verde. Además, se extendió la homosexualidad en la tierra. Esta perversión sexual fue probablemente introducida entre los habitantes de Palestina por medio de Canaán, nieto de Noé. (Véase Gn. 9:20-25.)

   El pueblo de Israel había permitido ahora que esta perversión les degradara. En el Nuevo Testamento, el apóstol Pablo habla contra el pecado de sodomía quizá más fuerte que contra ningún otro pecado. (Ro. 1:18-32).

5. En el año quinto de Roboam, Sisac de Egipto invadió Judá con un poderoso ejército. A causa de la debilidad de Roboam, Judá es ahora invadida por primera vez en 100 años por una potencia extranjera. Sisac conquista las ciudades fortificadas de Judá y asedia Jerusalén. El profeta Semaías dirige a Roboam y a los atemorizados habitantes de Jerusalén en un avivamiento espiritual. Dios perdona a Jerusalén, pero permite que la ciudad tenga que pagar tributos a Sisac a fin de que se den cuenta de que es mucho mejor servir a su Rey celestial que a uno terrenal. Sisac despojó de sus tesoros al templo y del palacio real, incluyendo los escudos de oro que Salomón había hecho. Roboam los reemplazó después con escudos de bronce, simbolizando el rápido deterioro de la condición espiritual de Judá. Se podía ver ya el rastro de Icabod en la vida del reino del sur (2 Cr. 12:2-12; 1 S. 4:21).
6. Después de reinar durante diecisiete años, muere Roboam y es sucedido en el trono por su hijo Abías (1 R. 14:31).
7. Abías encuentra pronto una excusa para declararle la guerra a Jeroboam, el viejo enemigo de su padre. Se encuentran en el campo de batalla, Abías con 400.000 soldados y Jeroboam con 800.000. Antes de empezar el combate, Abías pronuncia un largo discurso dirigido a Jeroboam y a sus tropas sobre la necedad de rebelarse contra la casa de David y la impiedad de su adoración del becerro de oro, comparándolo con el verdadero templo y la verdadera adoración que se lleva a cabo en Jerusalén. Sin embargo, nada más terminar su discurso se da cuenta de que Jeroboam había enviado secretamente parte de su ejército a su retaguardia y que ahora los de Judá se encontraban rodeados por el enemigo. Abías clamó inmediatamente a Jehová y los sacerdotes tocaron las trompetas, y Jehová tornó en victoria lo que parecía una derrota irremediable. Jeroboam quedó derrotado y perdió 500.000 soldados (2 Cr. 13:1-7).
8. A pesar de esta victoria dada por Dios en el campo de batalla, Abías degeneró en un rey que hizo lo malo ante los ojos de Jehová (1 R. 15:3, 4). Después de tres años de reinado, murió y le sucedió en el trono su hijo Asa (1 R. 15:8).

B. Asa (tercer rey).

1. Empezó su reinado en el 911 a.C. y reinó cuarenta y un años.
2. Durante los primeros diez años de su reinado hubo paz en Judá y Asa usó sabiamente este tiempo.
   a. Dirigió al pueblo en un gran avivamiento (2 Cr. 14:2-5).
   b. Edificó ciudades y las fortificó con murallas, torres y puertas (2 Cr. 14:6, 7).
3. Esta paz quedó de repente amenazada cuando un ejército de un millón de etíopes avanza para invadirlos (14:9).
4. Asa se siente impotente ante un ejército tan numeroso y clama a Dios:

   «… ¡Oh Jehová, para ti no hay diferencia alguna en dar ayuda al poderoso o al que no tiene fuerzas! Ayúdanos, oh Jehová Dios nuestro, porque en ti nos apoyamos, y en tu nombre venimos contra este ejército. Oh Jehová, tú eres nuestro Dios; no prevalezca contra ti hombre» (14:11).
5. Dios respondió esta oración y personalmente deshizo a los etíopes (14:12).
6. Asa vuelve a casa agradecido y continúa con sus reformas (15:8-15).

   «Entonces prometieron solemnemente que buscarían a Jehová el Dios de sus padres, de todo su corazón y de toda su alma» (15:12).
7. El celoso rey llega incluso a desposeer de sus privilegios de reina madre a Maaca, la esposa de su abuelo Roboam, a causa de su idolatría (1 R. 15:13).
8. En el año treinta y seis de su reinado, Baasa, rey del norte, le declaró la guerra y empezó a fortificar a Ramá para controlar la carretera que llevaba a Jerusalén y cortar así el tráfico y el comercio con la ciudad (2 Cr. 16:1). En vez de confiar en Dios como hizo cuando la invasión etíope, procuró comprar la ayuda de Ben-adad, rey de Siria (2 Cr. 16:2-6).
9. Asa es reprendido severamente por el profeta Hanani y le advierte que a partir de ese momento se vería plagado de guerras a causa de su infidelidad. Le recuerda elocuentemente lo que pasó con los reyes insensatos de los tiempos pasados (2 Cr. 16:8, 9).

   Hanani le dice entonces:

   «Porque los ojos de Jehová contemplan toda la tierra, para mostrar su poder a favor de los que tienen corazón perfecto para con él. Locamente has hecho esto; porque de aquí en adelante habrá más guerra contra ti» (16:9).

   Asa respondió enojándose contra Hanani y arrojándole en la cárcel (2 Cr. 16:10). Este es el truco favorito pero inútil de los monarcas pecadores contra siervos de Dios que no cooperan. Acab lo había hecho contra Micaías (2 Cr. 18:7). Sedequías lo hizo también con Jeremías (Jer. 32:3), y Herodes con Juan el Bautista (Mt. 14:3). Así terminó Asa su buen reinado y empezó a oprimir al pueblo. Dos años antes de su muerte enfermó gravemente de sus pies, pero rehusó llevar su necesidad al Señor. Después de reinar durante cuarenta y un años, falleció y fue sucedido en el trono por su hijo Josafat (2 Cr. 16:10—17:1).

C. Josafat (cuarto rey).

1. Empezó a reinar en el 873 a.C. y reinó veinticinco años.
2. Empezó prosiguiendo con las reformas morales y proyectos de edificaciones que Asa su padre había iniciado (2 Cr. 17:3-6).
3. Durante su tercer año en el poder, instituyó un programa nacional de educación religiosa, enviando maestros a todas las ciudades importantes de Judá para instruir al pueblo en la ley de Moisés (17:7-9).
4. Vio aumentar su poder y recibió tributo de los filisteos (17:11).
5. En los últimos años de su reinado, sin embargo, malogró su testimonio comprometiéndose con los inicuos reyes del norte, Acab y sus dos hijos Ocozías y Oram.
   a. Su alianza matrimonial con Acab: permi-

tió torpemente que su hijo Joram se casara con Atalía, la impía hija de Acab y Jezabel (2 Cr. 18:1).

b. Su alianza militar con Acab en contra de Siria (2 Cr. 18:2, 3).
c. Su alianza mercantil con Ocozías, el hijo mayor de Acab, (2 Cr. 20:35-37).
d. Su alianza militar con Joram, el hijo menor de Acab, contra Moab (2 R. 3:6, 7).

6. Josafat regresó a casa después del fiasco sirio y es reprendido severamente por el profeta Jehú por su necedad en comprometerse con los reyes del norte (2 Cr. 19:1-3).

   El humillado Josafat reasumió una vez más sus reformas espirituales, involucrándose ahora directamente, visitando a su pueblo y animándoles a adorar a Dios, y nombrando hombres piadosos para juzgarles. Es verdaderamente digna de notarse su exhortación a estos jueces judíos (2 Cr. 19:6, 7).
7. También nombra a Amarías como sumo sacerdote para servir como último tribunal de apelación en asuntos religiosos, y a Zebadías, un anciano líder de Judá, para intervenir en todos los casos civiles importantes. Aquí tenemos otro ejemplo del principio de la «separación de iglesias y estado» que encontramos frecuentemente en el Antiguo Testamento (como también en el Nuevo Testamento) (2 Cr. 19:11).
8. En este tiempo los moabitas y sus aliados le declaran la guerra a Judá, y llega la información a Jerusalén de que un fuerte ejército marcha hacia la Ciudad Santa. Josafat tiembla ante esta terrible noticia y convoca un tiempo nacional de ayuno y oración. Gente procedente de todo el país acude a Jerusalén para unirse al rey cuando este dirige personalmente la oración al lado del santuario. Ora diciendo:

   «... Jehová Dios de nuestros padres, ¿no eres tú Dios en los cielos, y tienes dominio sobre todos los reinos de las naciones? ¿No está en tu mano tal fuerza y poder, que no hay quien te resista? ... ¡Oh Dios nuestro! ¿no los juzgarás tú? Porque en nosotros no hay fuerza contra tan grande multitud que viene contra nosotros; no sabemos qué hacer, y a ti volvemos nuestros ojos» (2 Cr. 20:6, 12).
9. Repentinamente el Espíritu de Dios descendió sobre un levita llamado Jahaziel que transmitió el siguiente mensaje:

   «... Oíd, Judá todo, y vosotros moradores de Jerusalén, y tú, rey Josafat. Jehová os dice así: No temáis ni os amedrentéis delante de esta multitud tan grande, porque no es vuestra la guerra, sino de Dios.... No habrá para qué peleéis vosotros en este caso; paraos, estad quietos, y ved la salvación de Jehová con vosotros. Oh Judá y Jerusalén, no temáis ni desmayéis; salid mañana contra ellos, porque Jehová estará con vosotros» (2 Cr. 20:15, 17).
10. El rey Josafat cayó sobre sus rodillas y dirigió al pueblo en un servicio de adoración y alabanza a Dios. El servicio termina con la participación del coro levítico cantando himnos gozosos de agradecimiento al Señor (20:18, 19).

    A la mañana siguiente temprano el ejército de Júdá sale a enfrentarse al enemigo. Después de consultar con sus consejeros, Josafat determina dejar que el coro inicie la marcha revestido con sus vestiduras santas y cantando: «Glorificad a Jehová, porque su misericordia es para siempre» (v. 21). Y así se encuentran con el enemigo. El Señor inmediatamente interviene causando consternación entre las tropas enemigas, y éstos empiezan a luchar entre sí, matándose unos a otros. Ninguna otra batalla se ha ganado, sin duda alguna, como esta en toda la historia. Los cantos ganaron a las espadas y los hosannas demostraron ser más fuertes que los caballos. Cuatro días después de la batalla, cuando habían recogido ya todo el botín que el enemigo había dejado (dinero, ropas, joyas), todos los de Judá se congregaron en un valle llamado Beraca, que significa «bendición», y de nuevo tuvieron un tiempo de alabanza a Dios (20:26-30).

D. Atalía (séptima cabeza reinante).

1. Empezó a reinar en el 841 a.C. y reinó durante seis años.
2. Ya hemos indicado que Atalía (la hija de Jezabel) se había casado con Joram, el hijo de Josafat. Tuvieron un hijo a quien llamaron Ocozías; cuando éste fue asesinado por Jehú, Atalía usurpó el trono (2 Cr. 22:10).
3. Esta mujer asesina ordenó entonces la ejecución de todos los miembros de la casa real de Judá.
4. Pero Josabet, la propia hija de Atalía (junto con esposo Joiada, que era el sumo sacerdote en esos días) escondió a Joás, un pequeño niño y único sobreviviente de aquella matanza (22:11).
5. Después de ocultar al niño durante seis años, Joiada planeó un golpe de estado para destronar a Atalía, la única reina de Judá. Joiada estaba apoyado por el ejército y los sacerdotes levitas. Cuando todo estaba preparado Joás fue sacado de donde estaba escondido, presentado en público y proclamado rey. Cuando la sorprendida y enfurecida reina corrió para aplastar la revuelta, fue detenida y ejecutada. Es irónico notar que esta madre asesina, que había intentado una vez eliminar la simiente de David, fue ella misma ejecutada con las lanzas de David (2 R. 11:4-6).

E. Joás (octavo rey).

1. Subió al trono en el 835 a.C. y reinó durante cuarenta años.
2. El joven rey cooperó con el sumo sacerdote Joiada en la promoción de un tiempo de renovación, que incluyó, entre otras cosas, la destrucción de los templos de Baal (2 Cr. 23:16-21; 24:1, 2).

   Joás determinó después que el templo de Dios necesitaba reparaciones y le ordenó a Joiada que las llevara a cabo. El sumo sacerdote construyó una caja especial de ofrendas para financiar las obras (2 R. 12:4-16). Esta es la primera ofrenda voluntaria levantada entre el pueblo desde la construcción del tabernáculo por Moisés. (Véanse Ex. 35 y Nm. 7.)
3. Después de la muerte de Joiada, Judá experimentó otra vez momentos difíciles. Mientras que el sumo sacerdote vivió, Joás caminó con rectitud, pero en cuanto que falleció tuvo lugar

una trágica transformación. Fue sin duda una manifestación de la gracia de Dios que Joiada viviera 130 años como llegó a vivir; pero ahora estaba muerto y Joás estaba sin él tan perdido como Lot sin Abraham (2 Cr. 24:2, 15, 16).

4. Notemos los tristes sucesos que tuvieron lugar en los últimos años de Joás:
   a. Poco después de los funerales de Joiada, los líderes de Judá indujeron al rey a que dejara la adoración a Dios y adorara los ídolos paganos. Joás comete ahora el mismo error, necio y fatal, que cometió Roboam, su antepasado en el trono: permitir que le aconsejen los corrompidos. (Véanse 1 R. 12:8; 2 Cr. 24:17-19.)
   b. El rey sirio Hazael empezó una campaña de engrandecimiento de su reino mediante la toma de la ciudad de Gat. Seguidamente emprendió la marcha hacia Jerusalén, pero fue contentado por Joás cuando este con urgencia le envió el oro y los tesoros del templo (2 R. 12:17, 18).
   c. Entonces el Espíritu de Dios descendió sobre Zacarías, hijo de Joiada, y denunció con osadía la idolatría de Judá e hizo un llamamiento al arrepentimiento nacional. No aceptaron esta palabra de amonestación y finalmente Joás ordenó que lo apedrearan hasta matarlo. Este es quizá el momento más negro de la historia de Judá: el asesinato de su propio sumo sacerdote. Nuestro Señor se referiría a ello ocho siglos y medio después (Mt. 23:35).

   Zacarías viene a ser el Esteban del Antiguo Testamento, pues ambos hombres fueron lapidados por decir la verdad. (Véase Hechos 7:51-59.) Sus últimas palabras fueron: «... Jehová lo vea y lo demande» (2 Cr. 24:22).

   Zacarías está pidiendo que su muerte sea vengada por Dios. Ya hemos señalado la favorable comparación entre Zacarías y Esteban, pero se da una diferencia significativa en que el sumo sacerdote muere demandando que Dios juzgue a sus asesinos, mientras que Esteban pide que el Señor los perdone (véase Hch. 7:60). La gracia del Nuevo Testamento va más allá que la ley del Antiguo Testamento.

5. Unos pocos meses después de la muerte de Zacarías, el ejército sirio volvió y Dios permitió que Jerusalén fuera capturada, los principales líderes ejecutados y la ciudad saqueada. Joás mismo fue mal herido en esta guerra y finalmente asesinado por sus siervos que conspiraron contra él.

F. Uzías (décimo rey).

1. Empezó a reinar en el 790 a.C. y reinó durante cincuenta y dos años.
2. Uzías es el segundo de los reyes de Judá en la duración de su reinado. Fue un buen rey y fue ayudado mucho por un piadoso profeta de Dios llamado Zacarías (2 Cr. 26:5). Nos maravillamos de los logros que alcanzó:
   a. Reconstruyó la ciudad de Elat y la recuperó para Judá.
   b. Sometió a su dominio las ciudades fuertes de los filisteos.
   c. Venció a los árabes.
   d. Hizo que los amonitas le entregaran un tributo anual.
   e. Su fama se extendió hasta Egipto y otras naciones.
   f. Construyó torres en Jerusalén.
   g. Edificó también torres en el desierto.
   h. Abrió muchos pozos.
   i. Crió mucha ganadería.
   j. Cultivó muchas viñas y huertas.
   k. Organizó su ejército en regimientos. Su ejército consistió de 307.500 soldados bien entrenados, que estaban mandados por 2.600 capitanes.
   l. Los equipó con el mejor equipo de guerra conocido.
   m. Construyó ingeniosas máquinas de guerra para lanzar muchas flechas y grandes piedras desde las torres (2 Cr. 26:6-15).
3. Pero cuando estaba en el apogeo de su prosperidad el orgullo le arruinó. Se nos dice: «Mas cuando ya era fuerte, su corazón se enalteció para su ruina» (26:16). La primera criatura de la creación de Dios que pecó escuchó palabras parecidas en contra suya. (Véanse Is. 14:12-15; Ez. 28:12-17.)
4. Su pecado fue entremeterse en las funciones del sacerdocio quemando incienso en el altar del incienso.
5. En el mismo momento que lo hacía fue confrontado y reprendido por el sumo sacerdote Azarías y otros ochenta sacerdotes valientes. Fue advertido de que dicha tarea estaba únicamente asignada a los descendientes de Aarón. Uzías se enfureció y no estuvo dispuesto a ceder. Allí mismo y cuando todavía tenía en su mano el incensario, Dios le castigó con lepra (26:17-21). Uzías fue el tercero y último de los reyes bíblicos que cometió el error fatal de asumir funciones que correspondían a los sacerdotes. Dios rechazó al primero (Saúl, 1 S. 13:11-14), le quitó el hijo al segundo (Jeroboam, 1 R. 14:17), y ahora castiga al tercero con lepra.
6. Uzías murió tiempo después en esta trágica condición.

   «Así el rey Uzías fue leproso hasta el día de su muerte, y habitó leproso en una casa apartada, por lo cual fue excluido de la casa de Jehová...» (2 Cr. 26:21).

G. Acaz (duodécimo rey).

1. Empezó a reinar en el 735 a.C. y reinó dieciséis años.
2. Este joven y arrogante rey de veinte años enfrentó dificultades desde el comienzo de su reinado.
   a. Se vio amenazado por la alianza de Rezín, rey de Siria, y Peka, rey de Israel (2 R. 15:37; 16:5, 6), que le atacaron por separado y conjuntamente. Querían castigarle porque rehusó unirse a ellos para formar un frente común a fin de frenar el creciente poder del rey de Asiria. (2 Cr. 28:5, 6; 2 R. 16:5).
   b. Isaías visitó al aterrorizado rey y le aseguró que no tenía que preocuparse porque la conspiración de Siria e Israel no prosperaría, y que ambas naciones serían pronto destruidas (en sesenta y cinco años) (Is. 7:1-9).

c. Dios entonces invitó a Acaz, por medio de Isaías, a que le pidiera una señal divina para probarle que sus enemigos serían de verdad destruidos como se había profetizado. El incrédulo rey rehusó hacerlo (aparentemente porque se había decidido a unirse a Israel); Isaías a pesar de todo predijo que una señal vendría de parte de Dios mismo para toda la casa de David (no sólo para Acaz) que demostraría el poder y el amor de Dios para toda la simiente de Abraham. Notemos el elocuente lenguaje:

    «Por tanto, el Señor mismo os dará señal: He aquí que la virgen concebirá, y dará a luz un hijo, y llamará su nombre Emanuel» (Is. 7:14).

    ¡Así predijo Isaías el nacimiento virginal de Cristo! Siete siglos después el ángel Gabriel le recordaría estas palabras a un angustiado carpintero de Nazaret (Mt. 1:18-25).

d. Acaz no sólo rehusó prestar atención a la palabra de Dios, sino que volvió su corazón a la adoración de Baal, ofreciendo incluso a sus propios hijos en sacrificio a esta deidad diabólica en el valle de Hinom, a las afueras de Jerusalén (2 Cr. 28:1-4).
e. Debido a esto, Dios permitió que muchos enemigos avasallaran y despojaran el reino de Acaz.
f. Acaz desesperado se volvió en busca de ayuda al rey Tiglat-pileser de Asiria. Trató de comprar su protección enviándole junto con la solicitud de ayuda el oro y la plata del templo (2 Cr. 28:16-21; 2 R. 16:7, 8).
g. Tiglat-pileser accedió y atacó a Siria, capturando Damasco y matando al rey Rezín, uno de los enemigos de Acaz. El rey de Judá viajó hasta Damasco para besar la mano del rey asirio. Mientras que estaba allí vio un altar pagano que le llamó la atención, copió su diseño y lo envió junto con la descripción y medidas al sacerdote Urías, con la orden de que se lo tuviera listo para su regreso. Este altar pagano reemplazó el viejo altar de bronce en el templo (2 R. 16:10-16). De esa manera continuó con esta viciosa adoración pagana (2 Cr. 28:22).
h. Tiglat-pileser prosiguió con sus conquistas deportando al pueblo de algunas ciudades del norte de Israel y de la tierra al este del Jordán (2 R. 15:29).

H. Ezequías (decimotercer rey).

1. Empezó su reinado en el 715 a.C. y reinó durante veintinueve años.
2. Sus reformas. Ezequías fue en la opinión de Dios el mejor rey de Judá hasta este momento. Sus logros espirituales serían sólo superados por su nieto Josías (2 R. 18:5). Quitó los santuarios paganos, rompió las piedras sagradas, destruyó las representaciones de Asera, y la serpiente de bronce que hizo Moisés (Nm. 21:9), que era adorada por el pueblo.
3. Su riqueza. Fue más rico que todos los otros reyes del norte o del sur, su vastas riquezas fueron solamente superadas por Salomón (2 Cr. 32:27-30).
4. Su servicio en el templo. Durante el primer mes de su reinado, Ezequías ordenó el restablecimiento de los sacrificios de animales, dándose cuenta de la gran ley mosaica que establece: «... y la misma sangre hará expiación de la persona» (Lv. 17:11; véase también He. 9:22). El rey organizó entonces la orquesta del templo, compuesta de arpas, salterios, címbalos, y un grupo especial de sacerdotes con trompetas. Fue también formado un coro de levitas que tenía en su repertorio los salmos de David. Cuando todo estuvo listo, el pueblo fue invitado a acudir al templo (2 Cr. 29:20-30). Este tuvo que ser uno de los grandes servicios de adoración de todos los tiempos.
5. Su gran celebración de la Pascua. Ezequías empezó a planear la más grande celebración de la pascua que habían tenido desde la dedicación del templo con Salomón hacía ya tres siglos (2 Cr. 30:26). La noticia corrió por toda Judá y se enviaron cartas a distintos lugares de Israel invitando a la gente al arrepentimiento y al gozo de la comunión con Dios, lo cual podrían alcanzar participando en la Pascua. Muchos del reino del norte se rieron e hicieron burla de semejante invitación (para un ejemplo del Nuevo Testamento, véase Lc. 14:16-24), pero otros respondieron gozosamente (2 Cr. 30:3-11).

   Se programó originalmente que la celebración durara siete días, pero se decidió unánimemente continuarla durante otros siete días. Se ofreció durante estos días una cantidad grande de animales, que incluía 20.000 novillos y 17.000 ovejas (2 Cr. 30:21-27). Cuando al fin los fieles regresaron a sus casas continuaron creciendo en el avivamiento, a medida que los ídolos familiares eran destruidos (2 Cr. 31:1). Ezequías también organizó a los sacerdotes y levitas en distintos cuerpos de servicio, nombrando a unos para ofrecer los sacrificios de animales y a otros para la alabanza (2 Cr. 31:2, 3). Años atrás, David había nombrado a 288 para dedicarse exclusivamente para la alabanza y la acción de gracias al Señor (1 Cr. 16:4; 6:31, 32). Una y otra vez leemos acerca de este consagrado coro:

   a. Cuando el templo fue dedicado en el reinado de Salomón (2 Cr. 5:12, 13).
   b. Cuando el Señor derrotó a una coalición de enemigos de su pueblo en tiempos de Josafat (2 Cr. 20:21).
   c. Cuando la inicua reina Atalía fue destronada bajo la dirección del sumo sacerdote Joiada (2 Cr. 23:13).
   d. Durante el avivamiento de Ezequías (2 Cr. 29:25-28).
   e. Durante la celebración de la Pascua en el tiempo de Josías (2 Cr. 35:15, 16).
   f. Cuando el remanente que volvió puso los fundamentos del templo en el tiempo de Esdras (Esd. 3:11, 13).

   El avivamiento espiritual del pueblo se mostró también en que entregaban los diezmos para las necesidades del templo. El sumo sacerdote Azarías depositó el excedente en cuartos especialmente preparados en el templo. Notemos su testimonio:

   «... Desde que comenzaron a traer las

ofrendas a la casa de Jehová, hemos comido y nos hemos saciado, y nos ha sobrado mucho, porque Jehová ha bendecido a su pueblo; y ha quedado esta abundancia de provisiones» (2 Cr. 31:10).

Esta gloriosa verdad aparece ampliada en el último de los libros del Antiguo Testamento (Mal. 3:8-10).

6. Sus logros militares. Judá estuvo pagando tributos a Asiria durante el reinado de Acaz, pero Ezequías se rebeló contra el rey Salmanasar de Asiria en el cuarto año de su reinado y nunca más pagó el tributo (2 R. 18:7). También dirigió con éxito una campaña contra los filisteos en este tiempo (2 R. 18:8).
7. Su enfermedad y recuperación. Ezequías cayó azotado por una enfermedad mortal, probablemente algún tipo de tumor, y Dios le comunicó por medio de Isaías que no se recuperaría. La razón para la enfermedad pudo ser su orgullo (2 Cr. 32:24, 25; Is. 38:17).

El afligido rey se humilló ante Dios y le rogó que le perdonara. El Señor le escuchó y le prometió que le añadiría quince años más a su vida (2 R. 20:1-6). En consecuencia, Ezequías fue el único ser humano que jamás vivió que pudo (durante quince años) contar con seguridad que volvería a ver amanecer el día cuando se retiraba a dormir.

Isaías preparó una masa de higos para ponerla sobre la llaga de Ezequías. Aquel emplasto no tenía, por supuesto, más poder sanador que tenía el barro que Jesús usó para untar los ojos del hombre ciego (Jn. 9:6). Ambos milagros de sanidad fueron el resultado de la fe en la promesa y poder de la Palabra de Dios (2 R. 20:7). Ezequías pidió una señal sobrenatural que probara que el tratamiento realmente funcionaría. Dios se lo concedió y, a petición del rey mismo, la sombra del reloj de sol del rey retrocedió diez grados (2 R. 20:8-11). El doctor John Davis escribe lo siguiente acerca de este milagro:

«La señal que Dios dio a Ezequías fue ciertamente uno de los más espectaculares milagros en la historia del Antiguo Testamento. En el patio del palacio había aparentemente una serie de gradas (no necesariamente un reloj de sol como solemos imaginárnoslo) arregladas de tal manera que la sombra que el sol proyectaba sobre ellas daría una noción aproximada del tiempo. A petición del rey, y probablemente en presencia de un buen grupo de sirvientes y funcionarios (¿y embajadores extranjeros, tal vez?), la sombra retrocedió diez gradas (o grados) ¿Cómo pudo Dios realizar realmente este milagro? ¿Hizo que la tierra se parara en su rotación y retrocediera un poco? Todos los verdaderos cristianos estaríamos de acuerdo en que Dios puede hacer tal cosa, porque él es el origen de todas las cosas y por él subsisten (Col. 1:17). Pero la Biblia nos da a entender claramente que este no fue el método que Dios usó; porque al referirse a este milagro, 2 Crónicas 32:24 declara que Ezequías oró a Jehová, él le respondió y le dio una señal (hebreo: *mopheth*). Pero en el versículo 31 se nos dice que Babilonia envió embajadores a Ezequías para inquirir acerca de este portento (*mopheth*) que había sido hecho en el país (2 Cr. 32:31). Fue, entonces, un milagro bien localizado geográficamente, que no involucró una paralización y retroceso de la rotación de la tierra, lo que implicaría que habría ocurrido en toda la zona del Cercano Oriente. En su lugar, el milagro sucedió en el "país" (Judá), y para ser más específico fue solamente en el patio de la casa del rey que la sombra retrocedió diez grados (Is. 38:8). Es la convicción de este escritor que la comprensión correcta de este milagro nos ayuda a entender lo que sucedió en aquel largo día del tiempo de Josué (Jos. 10:12-14). En razón de que lo que Josué necesitaba era una prolongación de la luz solar (no que la rotación de la tierra se hiciera más lenta), su necesidad podía ser satisfecha mediante una continuación sobrenatural de la luz del sol y de la luna en Palestina durante un día completo hasta que el ejército de Josué pudiera alzarse con la victoria y derrotar por completo al enemigo.» (*Solomon to the Exile*, pp. 128, 129.)

El profeta Isaías incluye en su libro para nosotros una página del diario de Ezequías, escrito durante la agonía de aquella terrible enfermedad. Es un relato bien sombrío en verdad (Is. 38:9-20).

Algunos creen que Ezequías pasó los últimos quince años de su vida poniendo en orden las Escrituras del Antiguo Testamento, debido a que se encuentran con frecuencia las letras hebreas «H Z K» al final de muchos libros del Antiguo Testamento en los manuscritos hebreos.

8. Sus visitantes babilonios. Ezequías recibió la visita de los enviados de una creciente potencia, que pronto se enfrentaría y derrotaría a la poderosa Asiria. Los babilonios pudieron haberle visitado por varias razones:
   a. Presentar sus respetos a un rey que hacía poco se había recuperado de una enfermedad mortal.
   b. Para saber cómo había sucedido. Los babilonios estaban realmente fascinados con la astrología, toda su vida nacional giraba alrededor del movimiento de los astros. (Véanse Is. 47:13; Dn. 2:27; Jer. 10:2.)
   c. Para determinar cuánto podrían sacar de Jerusalén cuando alcanzaran el poderío mundial (2 R. 20:12, 13).

Ezequías actuó neciamente mostrándoles todos sus tesoros y fue por ello reprendido severamente por el profeta Isaías. El profeta predijo entonces que tiempo después de la muerte del rey, Judá sería llevada en cautiverio por los babilonios, en parte para hacerse con los tesoros que Ezequías les había mostrado. La respuesta del rey manifiesta un gran egoísmo:

«... La palabra de Jehová que has hablado, es buena. Después dijo: Habrá al menos paz y seguridad en mis días» (2 R. 20:19). (Véase también Ro. 7:18.)

Nos dice la Escritura que Dios permitió la

visita de los babilonios para probar a Ezequías, pero él no pasó el examen (2 Cr. 32:31).

9. Su dura prueba con Senaquerib. Como ya hemos observado, Ezequías se había rebelado contra el pago de tributo a Asiria durante el cuarto año de su reinado. Pero al empezar su décimo cuarto año de reinado, el poderoso sucesor de Salmanasar empezó a amenazar a Jerusalén. Ezequías intenta componer las cosas aceptando el tributo que el rey asirio le impone de trescientos talentos de plata y treinta de oro (nueve mil novecientos kilos de plata y novecientos noventa de oro). Este triste intento de aplacar al ambicioso Senaquerib nos recuerda a Neville Chamberlain, el primer ministro británico, que acudió mansamente a Munich al final de los años treinta para entregarle a Hitler media Europa. Pero la táctica no funcionó como muy pronto descubrieron Ezequías y Chamberlain.

Senaquerib subió contra Jerusalén y la sitió (2 R. 18:17; Is. 36:1). Ezequías hizo un desesperado esfuerzo por defenderse reforzando los muros y reclutando un ejército, e incluso motivándoles con arengas desafiantes. Pero parece que el mismo rey tenía serias dudas en cuanto al resultado final de la crisis (2 Cr. 32:1-8).

Senaquerib había enviado con el ejército a su Rabsaces (título para su más alto oficial), quien primeramente intentó rendir la ciudad mediante el poder de sus palabras de amenaza. Lanzó sus terribles amenazas desde las fuentes de agua que abastecían a la ciudad, un lugar donde él sabía estaban concentrados el mayor número de judíos. Les dio siete razones por las que Jerusalén debería de rendirse inmediatamente (2 R. 18:17-35).

a. Egipto, su aliado, era incapaz de auxiliarles (v. 21).
b. Habían «ofendido» a Jehová su Dios al destruir todos los lugares de adoración excepto el de Jerusalén (v. 22).

   Los judíos que oyeron este argumento debieron de reírse mucho ante semejante estupidez. Es cierto que Ezequías había eliminado los santuarios paganos (18:4), pero sólo porque eran centro de adoración de Baal.

c. Jerusalén tenía un ejército débil (v. 23). Rabsaces ofrece incluso entregarles 2.000 caballos si ellos disponen de jinetes para montarlos.
d. Era la voluntad de Dios que él conquistara Jerusalén (v. 25). Era cierto que Isaías había predicho la invasión asiria de Palestina (Is. 10:5, 6), pero no porque ésta fuera su perfecta voluntad, sino como un castigo divino por sus pecados.
e. Asiria disponía de un gran ejército (v. 24).
f. Les ofreció condiciones aceptables de rendición (v. 31). Nadie en sus cabales se tragaría esa mentira, porque los asirios eran conocidos por no tratar bien a sus prisioneros.
g. Señaló también la total imposibilidad de que Jehová les pudiera salvar (v. 35). Este bocazas aprendería muy pronto por experiencia personal cuán «débil» era en realidad Jehová.

Durante toda esta manifestación de arrogancia de los asirios, la delegación judía, compuesta de tres hombres, sólo interrumpió una vez a Rabsaces. Tímidamente le pidieron que las «conversaciones de paz» se llevaran a cabo en arameo (siriaco), y no en hebreo, para evitar que lo entendiera la multitud que escuchaba. Los negociadores judíos temían que cundiera el pánico si la gente del pueblo se daba cuenta de la seriedad de la situación. Rabsaces no sólo lo rechazó sino que incluso elevó todavía más la voz para que todos pudieran escuchar. Pero no cundió el pánico sino que el pueblo se mantuvo en silencio. Esto fue sabio porque, ¿cómo responde una oveja a los gruñidos y ladridos de un perro salvaje? (2 R. 18:27, 28, 36).

10. Su oración por la ciudad de Jerusalén. La delegación judía informó inmediatamente a Ezequías de todas las amenazas del Rabsaces. El rey buscó a Dios fervientemente en oración y pronto supo por medio del gran profeta Isaías que él ya había determinado la muerte de Senaquerib, y que nada tenía que temer de las amenazas asirias. (Véase 2 R. 19:1-7 y también Fil. 4:6, 7.)

11. La respuesta de parte del Señor. En este momento Dios se dirige tanto a Ezequías como a Senaquerib por medio del profeta Isaías (2 R. 19:20-33). A Ezequías le dijo:

a. «He oído» (v. 20). Esto solo era ya suficiente para confortar el corazón del rey. (Véanse Sal. 20:1; 34:4; 120:1; Jon. 2:2; 1 Jn. 5:14.) Cuán diferentes son los ídolos sordos del paganismo. (Véanse Sal. 115:2-7;135:15-21.)
b. Volvería a plantar, sembrar y cosechar en los campos que los asirios habían destruido (v. 29).
c. El ciclo normal de la agricultura volvería a funcionar para el tercer año (v. 29).
d. Este tiempo de prueba produciría un fuerte remanente de creyentes fieles en Jerusalén (v. 31).

   A Senaquerib le dijo:

e. Sión no te tiene miedo (v. 21).
f. Te escarnece y menosprecia (v. 21).
g. La única razón por la que has logrado algunos éxitos es porque yo te lo he permitido (v. 25).
h. Conozco todas las cosas que piensas, dices y haces (v. 27).
i. Te pondré argolla en la nariz y freno en tu boca y te haré salir de Jerusalén (v. 28).

   Nota: Esta era una crueldad que los asirios solían infligir sobre sus cautivos. Otra nación pagana sufrirá la misma clase de juicio durante la tribulación. (Ez. 38:4.)

j. No entraría en Jerusalén ni siquiera dispararía su arco contra la ciudad (v. 32).
k. El mismo sería asesinado por miembros de su propia familia (v. 7).

   Nota: Los descubrimientos arqueológicos indican que Senaquerib murió aplastado por sus propios hijos. Lo hicieron deslizándose dentro de su capilla privada de oración y dejando caer sobre él la gigantesca estatua del dios Nisroc, ¡su dios! El doctor John Davis escribe: «Y así, el orgulloso y gran rey de Asiria, que se había jactado ante Ezequías de que Dios era impotente, no solamente perdió su ejército con un simple movimiento del dedo de Jehová, sino también él mismo murió aplastado por la imagen de un dios inexistente a quien había dedicado su vida.» (*Solomon to the Exile*, p. 124.)

l. Salvaría la ciudad por amor de sí mismo y de su siervo David (v. 34).

m. Todo esto será así porque cuando te burlaste de Jerusalén, te mofaste también de mí.

Dios no solamente prometió salvar Jerusalén, sino que aseguró al rey que ni una flecha enemiga caería dentro de la ciudad. Aquella misma noche el Ángel del Señor mató a 185.000 soldados asirios y en la mañana se vieron los cuerpos muertos a todo lo largo del horizonte. Algunos creen que este ángel era Cristo mismo. En cualquier caso, el poder de un ángel es tremendo. Nuestro Señor nos dice en Mateo 26:53 que él podía, si lo deseara, llamar a doce legiones de ángeles para ayudarle. En aquellos días una legión estaba compuesta de 6.000 hombres. Eso significa que Cristo tenía a su disposición al menos 72.000 guerreros celestiales. Los asirios experimentaron ahora lo que los egipcios habían sufrido unos ocho siglos antes (Ex. 12:29). Senaquerib volvió inmediatamente a Nínive y allí fue asesinado, tal como Dios lo había profetizado (2 R. 19:36, 37). Ezequías murió después de un glorioso reinado de veintinueve años y fue sucedido en el trono por su hijo Manasés (2 R. 20:20, 21; 2 Cr. 32:32, 33).

I. Manasés (decimocuarto rey).

1. Empezó a reinar en el 695 a.C. y reinó durante cincuenta y cinco años.
2. El decimocuarto rey de Judá fue, sin duda, único entre todos los reyes del norte y del sur. Notemos lo siguiente:
   a. Reinó más tiempo que ningún otro rey.
   b. Tuvo el padre más piadoso, hasta ese momento, de todos los reyes de Judá.
   c. Su nieto Josías fue el mejor de todos.
   d. Fue el único rey impío que se arrepintió genuinamente de sus pecados antes de su muerte.
   e. Fue el peor de todos los reyes hasta antes de su arrepentimiento.
3. El reinado de Manasés antes de su conversión (tal como se registra en 2 R. 21:2-6, 2 Cr. 33:1-20) probablemente sobrepasaría en maldad los gobiernos de Hitler y Stalin. Consideremos las siguientes acciones:
   a. Reconstruyó todos los altares de Baal que su padre había destruido (2 Cr. 33:3).
   b. Levantó altares para la adoración pagana de los astros del cielo (Zodiaco) en los atrios de la casa de Dios (2 Cr. 33:4, 5).
   c. Sacrificó a sus propios hijos en altares de dioses diabólicos en el valle de Hinom como lo había hecho su abuelo Acaz (33:6).
   d. Consultó a espíritus de adivinación y hechicería (33:6).
   e. La tradición dice que mató a Isaías cortándole en partes con una sierra (He. 11:37).
   f. Dios dijo que cometió más infamias y maldades que las naciones paganas que vivieron anteriormente en Palestina (2 R. 21:11).
   g. Derramó sangre inocente por todas partes (2 R. 21:16).
   h. Ignoró por completo varios avisos de parte del Señor en relación con todo esto (2 Cr. 33:10).
   i. Fue hecho prisionero temporalmente por el rey de Asiria.
   j. Se arrepintió mientras estaba en la prisión y Dios le perdonó.
   k. Le fue permitido reinar otra vez sobre Judá.
   l. Reinó durante cincuenta y cinco años y fue sucedido en el trono por su hijo Amón.

J. Josías (decimosexto rey).

1. Empezó a reinar en el 640 a.C. y reinó durante treinta y un años.
2. Josías fue el mejor de los reyes desde Salomón. «No hubo otro rey antes de él, que se convirtiese a Jehová de todo su corazón, de toda su alma y de todas sus fuerzas, conforme a toda la ley de Moisés; ni después de él nació otro igual» (2 R. 23:25).
   Sus logros nos asombran. Nos preguntamos cómo se las arregló para comer y dormir.
3. Las reformas de Josías.
   a. Comenzó a buscar a Dios siendo muy joven, de dieciséis años (2 Cr. 34:3).
   b. A la edad de veinte años empezó su gran obra de reforma (34:3).
   c. Destruyó todos los altares de Baal (34:4).
   d. Deshizo todas las imágenes y esculturas convirtiéndolas en polvo y esparciéndolo sobre los sepulcros de aquellos que habían sacrificado a ellas (34:4).
   e. Quemó los huesos de los sacerdotes paganos sobre sus propios altares (34:5).
   f. Llevó esto a cabo en ciudades distantes de Israel y en su propio reino (34:6).
   g. A la edad de veintiséis empezó a reparar el templo (34:8).
   h. Dirigió al pueblo en un «servicio multitudinario de arrepentimiento» como resultado del descubrimiento del libro de la ley de Moisés (2 R. 23:1-3, 18-21, 29-32). Después hizo que se leyera a todo el pueblo.
   i. Planeó y presidió una de las celebraciones de la Pascua más grandes de todos los tiempos (2 Cr. 35:1, 18).
   j. Mató a los sacerdotes paganos que antes habían nombrado otros reyes de Judá (2 R. 23:5).
   k. Sacó fuera de Jerusalén la imagen de Asera que estaba en el templo (2 R. 23:6).
   l. Derribó los lugares de prostitución masculina (23:7).
   m. Mandó venir a Jerusalén a los sacerdotes de Dios que vivían en otras ciudades de Judá (23:8).
   n. Destruyó el altar de Tofet que estaba en el valle de Hinom para que no se ofrecieran sacrificios humanos sobre él (23:10).
   ñ. Quitó también las esculturas de caballos y carros (dedicadas al dios sol) que estaban instaladas cerca de la entrada del templo (23:11).
   o. Derribó los altares de Acaz que estaban sobre el tejado del palacio (23:12).

p. También quitó los altares que Manasés había ordenado levantar en los atrios del templo (23:12).
q. Derribó los santuarios paganos de Astoret (dios de Sidón), Quemos (dios de Moab), y Milcom (dios de Amón) que Salomón había edificado para sus muchas mujeres (23:13).
r. También quebró el altar de Bet-el que había levantado Jeroboam I (23:15), cumpliéndose así una profecía de 300 años de antigüedad. (Véase 1 R. 13:1, 2.)
s. Demolió todos los santuarios paganos que había en los montes de Samaria (23:19).
t. Exterminó también a todos los brujos y adivinos (23:24).

4. El ministerio bíblico de Josías.
   a. Al limpiar el templo, el sumo sacerdote Hilcías descubrió un viejo rollo que resultó ser una copia de la ley de Moisés (2 R. 22:8).
   b. Josías fue informado y rasgó sus vestiduras de horror al darse cuenta de cuánto habían sido ignoradas y ridiculizadas las Escrituras del Antiguo Testamento durante el reinado tanto de su padre como de su abuelo (22:9-13). Aparentemente, durante el reinado del inicuo Manasés la Palabra de Dios había sido completamente destruida, y probablemente sería un delito grave poseer un ejemplar de la ley de Dios. Pero algunos sacerdotes fieles habían ocultado un ejemplar en el templo esperando días mejores.
   c. El joven rey ordenó a Hilcías buscar el consejo de una piadosa mujer, la profetisa Hulda, acerca de todo este asunto. Este mujer bien pudo ser una tía carnal de Jeremías. (Véanse 2 R. 22:14; Jer. 32:7.) Dios había hablado a veces a su pueblo por medio de una mujer, y lo haría otras veces después de esta ocasión (22:14).
      (1) Habló por medio de Miriam, la hermana de Moisés (Ex. 15:20).
      (2) Obró por medio de Débora (Jue. 5).
      (3) La esposa de Zacarías era una profetisa (Lc. 2:36).
      (4) Las cuatro hijas de Felipe eran tenidas por profetisas (Hch. 21:9).
   d. El mensaje de Hulda fue una doble profecía. Dijo:
      (1) Que a causa del trágico y vergonzoso fracaso espiritual de Judá, Dios ya había determinado juzgar a su pueblo. Pronunció sobre la Santa Ciudad las terribles palabras del Señor (22:17).
      (2) Que a causa del amor de Josías por el Señor, él no vería todo esto y que el juicio vendría después que él muriera. «... serás llevado a tu sepulcro en paz...» (2 R. 22:20).

      No debemos entender estas palabras en el sentido de que Josías moriría de forma tranquila en su lecho real (porque en realidad murió en el campo de batalla), sino que él sería librado del dolor de la cautividad a manos de los babilonios y de la subsiguiente destrucción de Jerusalén.
   e. Josías entonces convocó al pueblo en el templo y él personalmente leyó la ley de Moisés en voz alta y les instó a que obedecieran la Palabra de Dios (2 R. 23:1-3).

5. La gran celebración de la Pascua de Josías. Esta fiesta que había empezado en Egipto hacía casi 900 años (Ex. 12), no se había evidentemente vuelto a celebrar desde los días de Ezequías, hacía unos sesenta años. Pero Josías estaba ahora determinado a enmendar el olvido. Notamos con sorpresa el gran número de animales sacrificados en esta ocasión (2 Cr. 35:7, 8).
   a. Animales:
      (1) Treinta mil corderos.
      (2) Tres mil novillos.
      (3) Seis mil setecientas ovejas.
      (4) Trescientos bueyes.
   b. El arca del pacto.

      Según 2 Crónicas 35:18 esta fue la más grande celebración pascual de todos los tiempos. Durante esta celebración de la pascua, Josías subió la sagrada arca del testimonio a su lugar propio en el templo (2 Cr. 35:3). Esta es la última mención que se hace en el Antiguo Testamento del mueble más sagrado que jamás se haya construido. Su historia es realmente fascinante.
      (1) Es primeramente mencionada en Exodo 25:10.
      (2) Fue depositada en el tabernáculo por Moisés (Ex. 40:21).
      (3) Fue transportada por el pueblo de Israel durante los cuarenta años de su peregrinación en el desierto (Nm. 10:35; 14:44).
      (4) Siguió al pueblo de Israel cuando cruzaron el río Jordán (Jos. 4:5).
      (5) Fue llevada alrededor de Jericó (Jos. 6:13).
      (6) Fue puesta al lado de Josué en el monte Ebal mientras que él leía la ley a todo el pueblo (Jos. 8:33).
      (7) La instalaron formalmente en el nuevo tabernáculo levantado en Silo (Jos. 18:1).
      (8) Fue llevada al campo de batalla por los impíos Ofni y Finees (1 S. 4:4).
      (9) Fue capturada por los filisteos y retenida durante siete meses (1 S. 4:11; 6:1).
         (a) La trasladaron a Asdod donde derrotó a Dagón (1 S. 5:1).
         (b) La llevaron después a Ecrón donde causó una gran plaga (1 S. 5:10).
      (10) Fue llevada a Bet-semes por dos vacas que criaban, pero allí el Señor castigó a algunos de la ciudad por mirar dentro del arca (1 S. 6:12).
      (11) Luego la trasladaron a Quiriat-jearim donde permaneció durante veinte años (1 S. 7:1).
      (12) Fue llevada por Saúl a Gabaa. Aquí dio la victoria a los israelitas sobre los filisteos (1 S. 14:18).
      (13) David quiso trasladarla desde Baala a Jerusalén en un carro nuevo. Uza murió en el camino por tocarla (2 S. 6:3).

(14) Descansó durante tres meses en la casa de Obed-edom (2 S. 6:11).
(15) David la trasladó definitivamente a Jerusalén (2 S. 6:16).
(16) El sumo sacerdote Sadoc se la llevó a David, cruzando el torrente de Cedrón, cuando escapaba de la rebelión de Absalón (2 S. 15:24).
(17) La devolvieron a Jerusalén por orden de David (2 S. 15:25, 29).
(18) Fue instalada en el templo de Salomón (1 R. 8:1).
(19) No sabemos lo que sucedió al final con ella.

6. La trágica muerte de Josías.
   a. Necao, rey de Egipto, planeó dirigir un ejército a través de Judá para presentar un frente unido con Babilonia frente a Asiria en Carquemis (2 Cr. 35:20).
   b. A causa de esto Josías le declaró la guerra a Necao. El Faraón egipcio intentó en vano convencer al rey de Judá de que no tenía pleito con él, y le advirtió de que no interviniera, no fuera que Dios le destruyera en la guerra (35:20, 21).
   c. Josías rechazó la oferta de paz y atacó a Necao en el valle de Meguido. El campo de Meguido, localizado en la llanura de Esdraelón (Jezreel), había sido ya escenario de muchas batallas:
      (1) Débora y Barac derrotaron aquí a los cananeos (Jue. 4—5).
      (2) Gedeón derrotó aquí a los madianitas (Jue. 7).
      (3) David derrotó aquí a Goliat (1 S. 17).
      (4) Fue aquí donde los filisteo mataron a Saúl (1 S. 31).
      (5) Fue aquí donde Josías fue herido de muerte (2 Cr. 35:22).
      (6) Será en este campo donde un día tendrá lugar la gran batalla del Armagedón (Zac. 12:11; Ap. 16:16).
   d. Josías fue herido mortalmente por los flecheros de Necao a pesar de entrar disfrazado en la batalla (como lo hizo otro rey en otra ocasión). (Véase 1 R. 22:30.) Lo llevaron a Jerusalén donde lo sepultaron en medio de una gran ceremonia y dolor. El profeta Jeremías estuvo presente en el funeral (2 Cr. 35:23-25). Judá no volvió a tener más reyes buenos. De aquí en adelante el país cayó en un gran declive espiritual. Josías fue sucedido en el trono por su hijo Joacaz (2 Cr. 36:1).

K. Joacim (decimoctavo rey).
1. Empezó a reinar en el 609 a.C. y reinó durante once años.
2. Con la excepción de su tatarabuelo Manasés, Joacim puede ser catalogado como el peor de los reyes de Judá. Veamos su nefasto historial:
   a. Se construyó un gran palacio, de grandes recámaras, con muchas ventanas, cubierto con panel de madera de cedro y pintado de rojo. Se aprovechó para hacerlo del trabajo de esclavos, mientras que su propio pueblo sufría (Jer. 22:13, 14).
   b. Estaba lleno de egoísmo, codicia y deshonestidad (22:17).
   c. Mató a los inocentes, oprimió a los pobres y reinó con crueldad (22:17).
   d. Ordenó matar al profeta Urías, un hombre de Dios que denunció sus excesos. Mandó perseguirle y buscarlo en Egipto, trayéndole prisionero a Jerusalén (Jer. 26:20-22).
   e. Intentó frecuentemente silenciar al profeta Jeremías (26:24; 36:19, 26).
   f. Quemó en una ocasión un rollo que contenía los escritos y profecías inspiradas de Jeremías. Pero no le dio resultado, porque el profeta volvió a escribir todo lo que el rey había destruido y añadió una escalofriante profecía contra Joacim (36:22, 23, 27-32).
3. Joacim se convirtió en vasallo de Nabucodonosor después que los babilonios derrotaron a los asirios y egipcios en la batalla de Carquemis. En los últimos años de su reinado Nabucodonosor capturó Jerusalén y se llevó algunos de sus vasos sagrados a Babilonia. Encadenó a Joacim para llevárselo prisionero, pero aparentemente, por alguna razón, lo restauró en el trono de Judá como un rey vasallo (2 R. 24:1; Jer. 25:1; 2 Cr. 36:6, 7). Sí se llevó, sin embargo, algunos jóvenes judíos de la aristocracia, uno de los cuales fue Daniel (Dn. 1:3, 4).
4. Pasados tres años, Joacim fue convencido por el grupo pro Egipto de su corte para que se rebelara contra Babilonia.
5. Aunque Nabucodonosor no pudo aparentemente aplastar la rebelión en forma rápida en este tiempo, Dios castigó al inicuo rey de Judá permitiendo que la tierra fuera invadida por bandas de sirios, moabitas y amonitas (2 R. 24:2, 3).
6. Joacim murió y, como fue profetizado por Jeremías (Jer. 22:18, 19; 36:30), fue sepultado como un animal salvaje. Su cadáver fue sacado de Jerusalén y arrojado en un vertedero de basura, no fue llorado ni por su propia familia. Le sucedió en el trono su hijo Joaquín (2 R. 24:5, 6).

L. Sedequías (vigésimo rey).
1. Empezó a reinar en el 597 a.C. y reinó durante once años. Este fue el hijo más joven del piadoso rey Josías, y a semejanza de sus hermanos Joacim y Joaquín, Sedequías hizo lo malo ante los ojos de Jehová. Fue conocido como el «rey marioneta». (2 R. 24:18, 19; 2 Cr. 36:12).
2. Sedequías mostró al principio señales de querer obedecer la ley de Moisés (Jer. 34:8-10).
3. En el cuarto año de su reinado hizo un viaje a Babilonia, seguramente para reafirmar su lealtad a Nabucodonosor (Jer. 51:59).
4. Cuando volvió se vio forzado a imponer silencio al profeta Jeremías, quien hablaba mucho en voz alta en público (Jer. 27-29).
5. Jeremías sufrió mucho bajo el reinado de Sedequías.
   a. Fue aborrecido y conspiraron contra él a causa de su mensaje de juicio divino (Jer. 11:8-10).
   b. Fue arrestado por Pasur, el sacerdote del templo, golpeado y sujetado en el cepo durante una noche (20:1-3).

c. Casi lo matan después de uno de sus mensajes en un violento tumulto de sacerdotes y profetas falsos de Judá (26:7-9).
d. En el año cuarto del reinado de Sedequías, un falso profeta llamado Hananías refutó públicamente a Jeremías, diciendo que Jehová iba a romper el yugo de Babilonia en dos años (28:1-4).
e. Fue arrestado y arrojado en la cárcel acusado de traición (27:11-16).
f. Lo sacaron de allí y lo pusieron en una celda del palacio por orden del voluble Sedequías (37:21).
g. Sin embargo, pronto fue sacado de allí por judíos violentos que lo metieron en la cisterna del patio de la cárcel. No había agua en la cisterna y Jeremías se hundió en el lodo (38:1-6).
h. Lo liberaron otra vez y de nuevo trató de convencer a Sedequías, sin lograrlo, de que se sometiera al dominio babilonio como castigo de Dios (38:14-26).
i. Fue otra vez encarcelado durante los dos años últimos del triste y pervertido reinado de Sedequías. Dios le ordenó en este tiempo que comprara un campo de su primo Hanameel (32:6-15).

6. Sedequías rechazó neciamente el consejo de Jeremías y se rebeló contra Nabucodonosor; incluso aunque le había jurado lealtad (2 Cr. 36:13). El rey de Babilonia respondió yendo contra Jerusalén y sitiándola. La ciudad resistió durante treinta meses, pero en julio del 586 a.C. se rindió cayendo en manos de los babilonios. En la última noche Sedequías trató de escapar, pero fue capturado cerca de Jericó y llevado a la presencia de Nabucodonosor, quien le castigó a ver la ejecución de sus propios hijos y después le sacaron a él los ojos. Fue finalmente encadenado y llevado cautivo a Babilonia donde murió (Jer. 52:4-11; 39:1-7).

   Nota: Jeremías le había advertido de que tendría que mirar cara a cara al rey de Babilonia (32:4; 34:3), pero Ezequiel profetizó que no vería Babilonia con sus propios ojos (12:6, 12, 13). Estas terribles profecías se cumplieron.
7. Durante los últimos días de julio del 587, Nebuzaradán, capitán de la guardia de Nabucodonosor, prendió fuego al templo, junto con la mayoría de los edificios públicos y privados. Las murallas de la ciudad fueron destruidas (Jer. 52:12, 13).
8. Nabucodonosor ordenó también la ejecución del sumo sacerdote Serías, además de otros setenta y tres altos funcionarios. El exilio de Judá quedó ahora completado (Jer. 52:24-27). Desde este momento y hasta el 14 de mayo de 1948 d.C., Israel cesó de existir como nación.

Los profetas orales importantes

A. Elías.

Vamos a considerar el ministerio de Elías, uno de los profetas más interesantes y valerosos que jamás viviera, siguiendo primeramente un bosquejo de temas y después en estricto orden cronológico. Una consideración bosquejada de su vida por asuntos:

1. Elías y el rey Acab:
   a. Anuncio de la sequía de tres años y medio (1 R. 17:1).
   b. El desafío del monte Carmelo (18:17-20).
   c. Predicción del final de la sequía (18:41-46)
   d. La sentencia de muerte del rey y su esposa (21:17-24).
2. Elías y los cuervos en el arroyo de Querit (17:2-7).
3. Elías y la viuda de Sarepta (17:8-15).
4. Elías y Abdías (18:1-16).
5. Elías y el pueblo de Israel (18:20-24).
6. Elías y los sacerdotes de Baal (18:25-40).
7. Elías y Dios (19:1-18).
8. Elías y Eliseo
   a. Llamándole a un servicio especial (1 R. 19:19-21).
   b. Preparándole para un servicio especial (2 R. 2:1-10).
9. Elías y Ocozías (2 R. 1:1-17).
10. Elías y el carro de fuego (2 R. 2:11).

Un estudio cronológico de su vida

1. El doctor John Whitcomb presenta a este poderoso tisbita de la siguiente manera:

   «A semejanza de un meteoro que aparece como una ráfaga repentina de luz en el oscuro cielo, Elías aparece en escena sin trasfondo histórico y sin previo aviso.» (*Solomon to the Exile*, p. 50.)
2. Anuncia al malvado rey Acab que iban a padecer una gran sequía como castigo por el pecado (1 R. 17:1). Santiago, el escritor del Nuevo Testamento, se refiere a esta terrible sequía como una prueba del tremendo poder de la oración (Stg. 5:17). Santiago dice que la sequía duró tres años y medio. La falta de agua fue un castigo divino por el pecado. (Véanse Dt. 11:13-17; 28:24; 2 Cr. 7:12-15.)
3. Dios le ordena después a su profeta que vaya a esconderse (de la ira del rey) al arroyo de Querit, en el lugar donde se une al Jordán (17:2). Allí sería alimentado de manera sobrenatural por algunos cuervos.
4. Elías es después enviado a una ciudad ubicada en la misma región de donde procedía Jezabel, llamada Sarepta, donde Dios había encomendado a una viuda que le alimentara. Después de lo que le pudo haber parecido una eternidad (un año o más), Elías al fin se graduó del I.A.S. (Instituto del Arroyo Seco). La experiencia del arroyo seco casi siempre precede, en el plan de Dios para sus siervos escogidos, al desafío del monte Carmelo. Pablo pasó tres años en el I.B.A. (Instituto Bíblico de Arabia, Gá. 1:18) y Moisés paso unos cuarenta años en I.B.S. (Instituto Bíblico del Sinaí). (Véanse Ex. 3:1; 1 R. 17:8, 9.)

   Una vez más Dios lleva a cabo lo inesperado. Su profeta que había sido alimentado por unos cuervos, es ahora cuidado por una anciana viuda, solitaria y pobre. Elías le pide a esta viuda y a su hijo, carentes de recursos, que compartan con él los últimos alimentos de que disponen, y les promete que Dios va a hacer que sus vasijas de aceite y harina estén siempre llenas hasta que termine la sequía y puedan cosechar otra vez. La viuda comparte con

ELÍAS

ELÍAS Y EL REY ACAB
El anuncio de los tres años y medio de sequía (1 R. 17:1)
El desafío del monte Carmelo (17:17-19)
La predicción del fin de la sequía (18:41-46)
La sentencia de muerte pronunciada contra el rey y su esposa (1 R. 21:17-24)

ELÍAS Y LOS CUERVOS EN QUERIT
Es alimentado en forma sobrenatural por unos cuervos al lado de un arroyo seco (1 R. 17:2-7)

ELÍAS Y LA VIUDA DE SAREPTA
Dios le alimenta en forma sobrenatural mediante una viuda (1 R. 17:8-16)
Resucita al hijo de la viuda (17:17-24)

ELÍAS Y UN HOMBRE TEMEROSO LLAMADO ABDÍAS
Abdías era un creyente que adoraba a Dios en secreto y había ayudado a 100 profetas (1 R. 18:1-15)
Con gran resistencia y temor prepara un encuentro entre Elías y Acab (1 R. 18:16)

ELÍAS Y EL PUEBLO DE ISRAEL
Reprende y desafía a Israel en el monte Carmelo (1 R. 18:20-24)

ELÍAS Y LOS PROFETAS DE BAAL
Los profetas de Baal son incapaces de hacer que su dios responda con fuego (1 R. 18:25-29)
Ordena que los maten por su paganismo (18:40)

ELÍAS Y EL SEÑOR DIOS
Huye de Israel para librarse de la venganza de Jezabel (1 R. 19:1-3)
Es ministrado por un ángel (19:4-7)
Escucha la voz suave de Dios en una cueva (19:8-18)

ELÍAS Y EL PROFETA ELISEO
Llama a Eliseo a un servicio especial (1 R. 19:19-21)
Prepara a Eliseo para un servicio especial (2 R. 2:1-10)

ELÍAS Y OCOZÍAS DEL REINO DEL NORTE
Predice que el impío rey Ocozías morirá de la caída (2 R. 1:1-18)
Pide que descienda fuego del cielo para consumir dos compañías de soldados enviadas para arrestarle (1:9-12)
Perdona a una compañía dirigida por un capitán que ruega por misericordia (1:13-16)

ELÍAS Y EL CARRO DE FUEGO
Separa las aguas del Jordán y se para en la orilla oriental (2 R. 2:1-8) Recibe la última petición de Eliseo (2:9, 10)
Es trasladado al cielo sin morir (2:11)

él por fe y encuentra que la promesa de Dios es verdadera (17:10-16).

5. De repente, sin ninguna indicación previa, el hijo de la viuda fallece. La viuda, en sus expresiones de dolor en este momento, señala dos cosas significativas (1 R. 17:18):
   a. El testimonio de Elías. Notemos la expresión: «Varón de Dios». Aquí tenemos a una mujer que había visto al profeta fuera del púlpito y antes de que tomara su primera taza de café en la mañana. Ella le vio tal como era y todavía le pudo llamar «varón de Dios». La mayor prueba de la religión de un hombre es la prueba del hogar.
   b. Su propia inquietud de conciencia. Le preguntó si había ido a su casa para hacerla recordar sus pecados. Quizá había algo secreto y vergonzoso en su pasado que intranquilizaba constantemente su conciencia.
6. Elías tomó al niño en sus brazos y lo subió al cuarto donde estaba alojado, se echó tres veces sobre el cuerpo sin vida del muchacho y oró a Dios pidiendo que el Señor le devolviera a la vida. Dios escuchó su oración. Esta es la primera de ocho resurrecciones corporales que aparecen en la Biblia (sin contar la resurrección de Cristo). Son:
   a. Elías resucitó al hijo de la viuda (1 R. 17:22).
   b. Eliseo resucitó al hijo de la sunamita (2 R. 4:35).
   c. Los huesos de Eliseo resucitaron a un hombre cuyo cuerpo muerto tocó los restos del profeta durante un funeral(2 R. 13:21).
   d. Cristo resucitó a la hija de Jairo (Mt. 9:25).
   e. Cristo resucitó al hijo de la viuda (Lc. 7:14).
   f. Cristo resucitó a Lázaro (Jn. 11:43, 44).
   g. Pedro resucitó a Dorcas (Hch. 9:40, 41).
   h. Pablo resucitó a Eutico (Hch. 20:12).
7. Dios promete a Elías que pronto enviará lluvia y ordena a su profeta que confronte a Acab otra vez. En el camino hacia el palacio, Elías se encuentra con Abdías, un creyente apóstata que servía como mayordomo del rey. Abdías intenta impresionar a Elías con sus buenas obras (había ocultado a 100 profetas en una cueva para protegerlos de la ira asesina de Jezabel), y con resistencia y temor accede a informar a Acab de la presencia de Elías (1 R. 18:1-16).
8. En el encuentro Acab culpa a Elías de todas las dificultades que padece Israel.
9. Elías, por supuesto, rechaza las necias acusaciones de Acab y desafía al rey y a todos sus sacerdotes paganos a una prueba de fuego en el monte Carmelo, bajo las siguientes reglas:
   a. Dos bueyes serían sacrificados y puestos sobre dos altares, uno dedicado a Baal y otro a Dios.
   b. Se oraría a ambas deidades, y el verdadero dios demostraría que lo era enviando fuego del cielo que consumiera su sacrificio (1 R. 18:23-25).
10. Los sacerdotes de Baal oran primero, agonizando, gritando, danzando y sajándose para atraer la atención de su dios, pero todo fue en vano. Durante este tiempo Elías estuvo mofándose de ellos. Leemos que sobre el mediodía Elías se burlaba de ellos:
    «Ustedes tienen que gritar más fuerte para atraer la atención de su dios. Quizás está conversando con alguien, o quizás está sentado meditando, o quizás está de viaje, o se ha dormido y necesita ser despertado» (1 R. 18:27, *La Biblia al Día*).
11. Al atardecer le llegó el turno a Elías. Tomó doce piedras y reconstruyó un viejo altar de Jehová que estaba en aquel lugar. Luego hizo una zanja alrededor del altar y mandó que echaran doce cántaros de agua sobre el altar y el sacrificio, de forma que se llenó la zanja de agua. Finalmente, Elías se acercó y oró (18:36, 37).
12. Cayó fuego inmediatamente del cielo y consumió el sacrificio. Notemos el orden en que las cosas se consumieron en el altar:
    a. El holocausto. Esto habla de nosotros mismos (Ro. 12:1-3).

b. La madera. Esto habla de nuestros esfuerzos. Es trágicamente posible para un pastor experimentar el domingo en el culto fuego sin madera o madera sin fuego. Lo primero sucede cuando no ha estudiado y lo segundo cuando no ha orado.
c. Las piedras. Hablan de las cosas difíciles en nuestras vidas.
d. El polvo. Habla de las cosas inútiles en nuestras vidas.
e. El agua. Esto habla de las cosas imposibles en nuestras vidas (18:38).

13. Seguidamente Elías ejecutó a los profetas de Baal.
14. Finalmente, después de orar siete veces, hubo un gran aguacero (18:45). Dios a veces obra en forma indirecta, lo hace así para lograr ciertas cosas específicas. A través de esto:
    a. Elías recibió una valiosa capacitación para su futuro ministerio.
    b. Un rey irrespetuoso supo lo que es el temor de Jehová.
    c. Una mujer pagana creyó en el nombre del Señor.
    d. Un joven fue resucitado.
    e. Un apóstata fue restaurado a la comunión espiritual.
    f. La nación de Israel experimentó un avivamiento temporal.
    g. Un gran número de enemigos de Dios fueron destruidos.
15. Jezabel, al enterarse de lo que había hecho Elías, juró matarlo antes de veinticuatro horas, y Elías escapó para salvar su vida (19:2). Este hecho nos muestra dos verdades espirituales importantes:
    a. La infalibilidad de la Palabra de Dios. Ningún autor humano hubiera incluido el triste relato que leemos aquí. Esta experiencia en la vida de un siervo de Dios tan audaz y valeroso habría sido ignorada o negada.
    b. La falibilidad del hombre de Dios. Elías, al igual que David, fue un hombre que le falló a Dios en lo que supuestamente era su punto más fuerte. En el caso de David era la pureza y en la situación de Elías era el valor; pero ambos fallaron. Los dos necesitaron aprender la lección que Pablo enseña en 2 Corintios 12:1-10.
16. Elías huyó hacia el este y después de un día de camino cayó agotado debajo de un enebro, y le pidió a Dios que le quitara la vida (19:4). Esta oración fue hecha hace veintiocho siglos y Dios todavía no la ha contestado. Elías, a semejanza de Enoc, fue llevado en vida al cielo para que no muriera. (Cp. Gn. 5:24 con 2 R. 2:11.) Pero algún día el Señor va a permitir a su profeta que ponga su vida por Jesús. (Comparar Mal. 4:5, 6 con Ap. 11:3-12.) También Moisés (Nm. 11:15) y Jonás (4:3) oraron de esta manera desesperada.
17. Después de un buen descanso, un ángel de Dios le tocó y le ofreció alimentos (19:5). Dios frecuentemente permite a sus ángeles participar en sus asuntos con el hombre. (Véase He. 1:14; 1 P. 1:12.)

    Elías se encontraba completamente agotado después de haber caminado unas 150 millas (aproximadamente 240 km) desde Jezreel hasta Beerseba; necesitaba ahora descanso y alimento. Nuestras naturalezas física y espiritual están tan íntimamente entrelazadas que se afectan automáticamente la una a la otra. Parte de la terrible depresión que Elías sufría se debía al maltrato que había dado a su cuerpo. El estómago puede afectar al alma. (Véase Sal. 127:2.)
18. Finalmente, Dios mismo le habló con un sonido suave y delicado cuando se encontraba en una cueva, quizá la misma cueva desde la que Moisés pudo ver la gloria de Dios unos cinco siglos antes. (Cp. 19:9 con Ex. 33:21-23.) A pesar de su resistencia a hacer lo que Dios le indicaba, el Señor ordenó a Elías que llevara a cabo inmediatamente cuatro tareas:
    a. Que volviera y empezara a predicar de nuevo. Además, no estaba solo como él pensaba, porque el Señor tenía todavía 7.000 en Israel que no se habían arrodillado ante Baal ni lo habían besado (19:15, 18).
    b. Que ungiera a un hombre llamado Hazael como rey de Siria (19:15).
    c. Que ungiera a un hombre llamado Jehú como rey de Israel (19:16).
    d. Que empezara a entrenar a Eliseo para que le sucediera como profeta (19:16). Notemos de pasada que la oración de Elías aquí (19:10) es la única oración de un creyente israelita que intercede en contra de su amado Israel. Pablo dice específicamente que este era el caso (Ro. 11:1-4). Es innecesario decir que Dios nunca ha respondido, ni responderá, a esta clase de oración. Juan y Santiago manifestaron el mismo espíritu vengativo acerca de ciertos samaritanos incrédulos (Lc. 9:55).
19. Elías retornó y encontró a Eliseo arando. Se acercó a él y le echó su capa encima de sus hombros. Eliseo pidió permiso para hacer una fiesta de despedida para sus padres y criados y después siguió a Elías (19:19-21).
20. Elías confrontó al inicuo Acab en el viñedo de Nabot. Allí predijo el juicio divino de muerte para el rey y su esposa Jezabel por el asesinato a sangre fría del piadoso Nabot (1 R. 21:17-24).
21. Tiempo después, Ocozías, el impío rey del norte (hijo mayor de Acab), sufrió una caída desde una ventana en el piso alto de su palacio en Samaria y quedó muy lastimado. Temiendo lo peor, envió mensajeros al templo pagano dedicado a Baal-zebub, dios de Ecrón, en tierra de los filisteos, para preguntar si se recuperaría (2 R. 1:1-3). Este inicuo hijo de Acab aparentemente ignoraba la historia de Israel, porque si la hubiera conocido no habría confiado en un dios pagano que se mostró totalmente impotente para proteger a sus adoradores contra la ira del Arca de Dios (1 S. 5:10-12). Elías fue instruido por Dios para que saliera al encuentro de estos mensajeros y los hiciera volver a Ocozías con su profecía, de que debido a la idolatría del rey, él ciertamente moriría pronto (2 R. 1:3-6).

    Ocozías identificó correctamente la identidad de aquel varón osado, vestido con una capa peluda y ceñido con un cinturón de cuero, y ordenó a un capitán y cincuenta soldados que fueran a arrestarlo. Cuando los soldados se le acercaban, Elías pidió que descendiera fuego del cielo y fueron consumidos. El rey envió otros cincuenta y les sucedió lo mismo. El capitán del tercer grupo de cincuenta se arrodilló ante el profeta y le rogó que respetara sus vidas y les acompañara. Elías accedió y pronto estuvo frente al rey, a quien repitió palabras semejantes a las que una vez había dicho a su padre Acab. Ocozías murió poco después y fue sucedido en el trono por Joram, su hermano más joven (2 R. 1:7-17). Apenas reinó dos años.

22. El extraordinario ministerio de Elías se acerca ahora a su fin y pronto sería llevado en un torbellino al cielo sin morir. Recorrió rápidamente por última vez los lugares donde solía ministrar, desde Gilgal a Bet-el y desde Jericó al Jordán. Aprovechó las tres primeras paradas para probar la determinación de Eliseo, sugiriéndole que quizá él quisiera dejar aquella clase de vida que llevaba un profeta y volver a la tranquilidad de su hacienda. Rehusó hacerlo en cada ocasión (2:2, 4, 6), afirmándolo con las convincentes palabras: «Vive Jehová, y vive tu alma, que no te dejaré.» Eliseo, al igual que Rut, demostró que era digno de las bendiciones de Dios (Rut 1:15-17). Elías habló tanto en Bet-el como en Jericó con los hijos de los profetas que vivían en estos lugares. Estos hombres probablemente habrían podido ligar su herencia profética a las escuelas de profetas de los días de Samuel (1 S. 19:20). Pero ahora no formaban un grupo muy entusiasta.
    a. Estaban atemorizados (1 R. 18:4).
    b. Intentaron desanimar a Eliseo (2 R. 2:3, 5).
    c. Carecían de fe (2 R. 2:16-18).

    Cuando llegaron al río Jordán, Elías dobló su manto y golpeó el agua con él; las aguas se separaron y ellos pudieron cruzar en seco (2:8).

23. Elías entonces le preguntó a Eliseo qué quería que hiciera por él antes de que fueran separados. Eliseo pidió que le otorgara una doble porción de su espíritu. Elías le respondió que aquello era difícil, pero que le sería concedido si estaba presente cuando él partiera (2:9, 10).

24. Repentinamente un carro de fuego, tirado por caballos de fuego, apareció ante ellos y Elías fue arrebatado al cielo en un torbellino (2:11). Así se convirtió en la segunda persona que vio la gloria sin pasar por el sepulcro. (Véase Gn. 5:24 para la otra persona.)

B. Eliseo.

1. Separación de las aguas del Jordán (2 R. 2:14).
    Cuando Elías desapareció de su vista, Eliseo recogió el manto de su maestro y volvió a la orilla del Jordán para comprobar si su petición de poder le había sido concedida. Golpeó las aguas con el manto de Elías y gritó: «¿Dónde está Jehová, el Dios de Elías?» Las aguas del río se apartaron inmediatamente. Esta fue la tercera vez que semejante milagro ocurrió en la historia de Israel. (Cp. Jos. 3:17; 2 R. 2:8, 14.) En nuestro mundo de hoy, el grito es: «¿Dónde están los Elías del Señor Dios?»

    Todo esto fue observado por los estudiantes del I.B.J. (Instituto Bíblico de Jericó), pero estos profetas pesimistas encontraron difícil creer que Elías había sido realmente llevado al cielo. Por consiguiente, sugirieron que algunos de sus hombres más fuertes se organizaran en un equipo de rescate. «... quizá lo ha levantado el Espíritu de Jehová, y lo ha echado en algún monte o en algún valle. Y él les dijo: No enviéis» (2 R. 2:16). Como le insistieron repetidas veces, Eliseo estuvo de acuerdo en ir a buscarle; pero después que cincuenta hombres le buscaron durante tres días se dieron por vencidos (2 R. 2:17, 18).

    Eliseo usó su poder sobrenatural en toda su amplitud. Ningún otro en el Antiguo o Nuevo Testamento (aparte de Cristo), con la posible excepción de Moisés, se le puede comparar en sus milagros.

2. La purificación de las aguas de Jericó (2:19-22).
    En Jericó Eliseo purificó las aguas de un pozo de la ciudad que estaban contaminadas y que las gentes creían que producía abortos. El las sanó echando un tazón de sal en las dañinas aguas (2 R. 2:19-22). Siglos antes Moisés había realizado un milagro similar en Mara (Ex. 15:23-25).

3. Juicio sobre algunos maleantes en Bet-el (2:23, 24).
    En su camino a Bet-el le salió al encuentro una banda de jóvenes maleantes de aquella ciudad que se burlaban de su calvicie y del reciente arrebatamiento al cielo de Elías. Eliseo hizo que aparecieran dos osos que despedazaron a cuarenta y dos de aquellos muchachos como castigo divino (2 R. 2:23-25). La palabra hebrea *yeled* que se ha traducido a veces como «niños pequeños», debe sin duda traducirse como muchachos o jóvenes. La misma palabra la encontramos en 1 S. 16:11, refiriéndose a David, y para ese entonces David ya tenía bien establecida su reputación de «guerrero valiente» (1 S. 16:18), habiendo matado a un león y a un oso (1 S. 17:34-37). Notemos las palabras de mofa que usaban: «¡Calvo, sube! ¡Calvo, sube!», un esfuerzo obvio por ridiculizar el arrebatamiento de Elías. (Véase Lv. 26:21, 22.)

4. Hizo que se llenaran de agua unos estanques vacíos (2 R. 3:16-27).
    Este milagro tuvo lugar en los días de Josafat rey de Judá. Josafat había sido otra vez arrastrado por la dinastía de Acab a una alianza profana. Esta vez (la cuarta y la última), el rey Joram, el hijo más joven de Acab, le persuadió a ser parte de una alianza para derrotar a Moab, que se había rebelado contra Israel, rehusando pagar tributo después de la muerte de Acab (3:1-8).

    Los dos ejércitos aliados se encontraron en el desierto de Edom y pronto se enfrentaron con el problema del agua. En su desesperación los dos reyes se propusieron consultar con Eliseo cuando descubrieron que se encontraba secretamente entre ellos. Eliseo no hizo caso de los ruegos del malvado Joram, pero accedió a ayudar por amor de Josafat. Siguiendo sus instrucciones cavaron grandes estanques y al día siguiente Dios los llenó de agua (3:9-20).

Los moabitas se habían ya dado cuenta del inminente ataque y juntaron todas sus tropas tomando posiciones en la frontera. En el día de la batalla, los moabitas fueron confundidos por los rayos del sol que brillaban sobre el agua de los estanques, creyendo que era sangre; se lanzaron inmediatamente al ataque convencidos de que sus enemigos se habían enzarzado en un combate sangriento entre ellos (3: 21-23).

Esta acción precipitada les hizo caer en una trampa que les llevó a una completa derrota. El rey de Moab se refugió en una ciudad y cuando vio la situación desesperada en que se encontraba trató de romper el cerco dirigiendo a 700 hombres que manejaban espada. Cuando esto le falló, tomó a su hijo mayor y, ante el horror de los soldados aliados que lo observaban, le sacrificó a su dios como ofrenda quemada (3:22-27).

5. Llenó de aceite vasijas vacías (4:1-7).
En Samaria rescató a la viuda de un profeta temeroso de Dios que estaba azotada por la pobreza de manos de su acreedor, que la amenazaba con llevarse como esclavos a sus dos hijos por falta de pago. Eliseo ordenó a la mujer que pidiera prestadas a sus vecinas todas las vasijas que pudiera encontrar y que luego vaciara su jarro de aceite en las vasijas. Así lo hizo y todas las vasijas quedaron llenadas de forma sobrenatural, resolviéndose así su problema de deudas (2 R. 4:1-7). A Dios le encanta usar las cosas pequeñas:
   a. Usó la vara de Moisés (Ex. 4:2).
   b. Usó la vara de Aarón (Nm. 17:8).
   c. Usó la honda de David (1 S. 17:49).
   d. Usó la trompeta de Gedeón (Jue. 7:18).
   e. Usó el puñado de harina de la viuda (1 R. 17:12).
   f. Usó la comida de un jovencito (Jn. 6:9-11).
6. Resucitó en Sunem a un niño muerto (4:18-21, 32-37).
Una mujer prominente de la ciudad y su esposo le habían dado un lugar para descansar. Para recompensarla por su amabilidad, Eliseo le prometió que tendría un hijo. El hijo nació pero años después enfermó y murió. La madre en su desesperación buscó a Eliseo y le rogó que hiciera algo por su hijo. Él entonces envió a Giezi, su poco piadoso siervo, para que pusiera el báculo del profeta sobre el rostro del niño, pero fue en vano. Entonces llegó Eliseo, se tumbó sobre el niño en la cama, lo estrechó sobre su cuerpo; el niño entró en calor, estornudó siete veces y abrió sus ojos (2 R. 4:8-37). Más tarde Eliseo advirtió a esta mujer de que habría de parte de Dios un período de siete años de hambre y la aconsejó que se fuera con su familia a otro lugar. Al volver fue al rey Joram del norte para reclamarle su tierra. Sucedió que Giezi estaba allí contándole al rey cómo una vez Eliseo había resucitado a un niño, y en ese preciso momento la mujer entró. El rey quedó tan impresionado que ordenó se le restablecieran a la mujer sus propiedades (2 R. 8:1-6).
7. Purificación de la olla de comida en Gilgal (4:38-41).
El Gilgal, un estudiante de los hijos de los profetas echó por ignorancia en la olla de comida que estaba preparando Giezi, calabazas envenenadas. Nada más descubrirlo Eliseo lo purificó echando harina en la olla (2 R. 4:38-41).
8. Alimentó a 100 hombres de manera sobrenatural haciendo que veinte piezas de pan y un saco de trigo se multiplicaran y sobrara (4:42-44).
Estando cerca de Baal-salisa alimentó de forma sobrenatural a 100 hombres usando un saco de trigo y veinte piezas de pan de cebada. Una vez más Giezi, el sirviente del profeta mostró su naturaleza carnal dudando de que se pudiera hacer. Actuó él aquí como lo hicieron años después Felipe y Andrés antes del milagro de la alimentación de los 5.000 que Cristo realizó según Juan 6:5-13 (2 R. 4:42-44).
9. La curación de Naamán (5:1-19).
El rey de Siria tenía en este tiempo un general de su ejército que se llamaba Naamán. Este general era un hombre honorable, valiente y exitoso, pero era también leproso (2 R. 5:1). Una joven criada hebrea que servía en casa de Naamán le habló a su amo acerca del milagroso poder del profeta Eliseo en Israel. Actuando en base del testimonio de esta joven esclava, el rey de Siria envió a Naamán al rey Joram de Israel, llevándole un regalo de treinta mil monedas de plata, seis mil monedas de oro, y diez mudas de ropa, además de una carta personal de recomendación, solicitando la sanidad de su súbdito (5:2-6).
Joram se llenó a la vez de ira y de temor ante semejante petición y llegó a la conclusión de que esta demanda de Siria era una excusa para invadirles de nuevo. Eliseo, por otra parte, se enteró pronto del propósito de la visita de Naamán e invitó al leproso general a que le visitara (5:7, 8). Naamán llegó a la casa del profeta y esperó a la puerta, allí fue instruido por un criado para que fuera hasta el Jordán y se lavara siete veces en el río, a fin de curarse de la lepra. El soldado sirio se enfureció ante un «trato tan impersonal», pero fue finalmente convencido por sus siervos para que obedeciera quedando inmediatamente sanado al hacerlo (5:9-14).
Naamán volvió a la casa de Eliseo y esta vez el profeta le saludó, pero rehusó aceptar su regalo. Giezi, el criado de Eliseo, codició el regalo y poco después fue tras Naamán para decirle que su amo había cambiado de opinión acerca del obsequio. Naamán le dio seis mil monedas de plata y dos mudas de ropa nuevas. Eliseo lo descubrió y Giezi fue castigado a padecer la misma clase de lepra de la que Naamán había sido curado (5:15-27).
10. Predijo el juicio de lepra sobre Giezi (2 R. 5:15-27).
11. La recuperación de un hacha perdida (6:1-7).
Eliseo hizo que un hacha que había caído accidentalmente al río Jordán flotara en el agua (2 R. 6:1-7).
12. Reveló el plan secreto de guerra de Siria (6:8-12).
El profeta Eliseo, que se negó una vez a ayudar a Joram del reino del norte, le ayuda ahora avisándole de varios planes sirios de tenderle emboscadas (2 R. 6:8-10).

El rey de Siria llegó a pensar que tenía un traidor en sus propias filas que informaba al rey de Israel de todos sus proyectos, pero uno de sus oficiales le informó que era Eliseo el que conocía y revelaba sobrenaturalmente todos los planes (6:11, 12). En consecuencia, envió soldados de caballería e infantería a Dotán para prenderlo. Al despertarse al día siguiente, Eliseo se encontró cercado en la ciudad por el ejército sirio (6:13-15).

13. Oró para que su siervo pudiera ver a un invisible ejército celestial y para que fueran cegados los soldados sirios (6:15-23).

El criado de Eliseo estaba aterrado, pero el profeta pronto le reafirmó:

> «Él le dijo: No tengas miedo, porque más son los que están con nosotros que los que están con ellos. Y oró Eliseo, y dijo: Te ruego, oh Jehová, que abras sus ojos para que vea. Entonces Jehová abrió los ojos del criado, y miró; y he aquí que el monte estaba lleno de gente de a caballo, y de carros de fuego alrededor de Eliseo. Y luego que los sirios descendieron a él, oró Eliseo a Jehová, y dijo: Te ruego que hieras con ceguera a esta gente. Y los hirió con ceguera, conforme a la petición de Eliseo» (6:16-18).

Entonces Eliseo guió a estos soldados sirios ciegos a Samaria, donde sus ojos fueron abiertos. El rey Joram (del reino del norte) estaba determinado a matar a estos incapacitados soldados enemigos, pero el profeta se lo impidió (6:19-23). Este pequeño relato refuta por sí mismo la denuncia diabólica de liberales e incrédulos de que el Antiguo Testamento es solamente un relato sangriento de matanzas bajo la ley de «ojo por ojo y diente por diente». Aquí todo un ejército sirio fue derrotado mediante la compasión. (Véase Ro. 12:20, 21; Pr. 25:21, 22; Mt. 5:43-45.)

14. Cegó a todo un ejército sirio (2 R. 6:18-23).
15. Predijo que Samaria no perecería de hambre (2 R. 7).

Algunos años después (quizá después de la muerte de Naamán), los sirios invadieron otra vez el reino del norte y sitiaron a Samaria, la capital, causando que en la ciudad se pasara mucha hambre. Debió ser algo horrible e indescriptible, al punto de que una cabeza de asno llegó a costar ochenta monedas de plata, y un cuarto de litro de estiércol de paloma cinco monedas de plata. Llegó a ser tan desesperada la situación que practicaron incluso el canibalismo (6:29).

ELISEO

ELISEO Y DIECIOCHO EVENTOS EXTRAORDINARIOS

1. Partió las aguas del Jordán.
   2 Reyes 2:14
2. Purificó las aguas en Jericó.
   2 Reyes 2:19-22
3. Juzgó a unos jóvenes que se burlaban en Bet-el.
   2 Reyes 2:23, 24
4. Hizo que se llenaran de agua unos estanques vacíos.
   2 Reyes 3:16-27
5. Hizo que se llenaran de aceite unos envases vacíos.
   2 Reyes 4:1-7
6. Resucitó al hijo de la mujer de Sunem.
   2 Reyes 4:18-21; 32-37
7. Purificó una olla de guisado envenenado en Gilgal.
   2 Reyes 4:38-41
8. Alimentó a 100 hombres en forma sobrenatural aumentando veinte panes y un saco de trigo.
   2 Reyes 4:42-44
9. Sanó a Naamán de la lepra.
   2 Reyes 5:1-14
10. Predijo la lepra de Giezi como juicio de Dios.
    2 Reyes 5:15-27
11. Recuperó un hacha que se había caído al Jordán.
    2 Reyes 6:1-7
12. Reveló los planes de guerra secretos de Siria a Israel.
    2 Reyes 6:8-12
13. Oró para que su criado pudiera ver al ejército invisible de Dios.
    2 Reyes 6:13-17
14. El ejército sirio quedó ciego.
    2 Reyes 6:18-23
15. Prometió a los de Samaria que no morirían de hambre.
    2 Reyes 6:24—7:20
16. Predijo la muerte de Ben-adad de Siria y el reinado de Hazael.
    2 Reyes 8:7-15
17. Predijo tres victorias de Israel sobre Siria.
    2 Reyes 13:14-19
18. Resucitó a un hombre muerto tiempo después que él mismo había fallecido.
    2 Reyes 13:20, 21

Moisés había profetizado cinco siglos antes que estas llegarían a ser las consecuencias si desobedecían al Señor (Lv. 26:27-29). El reino de Judá en el sur sufrió situaciones parecidas de desesperación durante la destrucción de Jerusalén. (Comparar Dt. 28:53 con Lm. 4:10; véase 2 R. 6:25-29.) El rey Joram de Israel recordó con resentimiento cómo Eliseo le había impedido años atrás destruir al ejército sirio cuando estaba ciego a su merced, y juró ejecutar al profeta, culpándole por la terrible situación que ahora sufrían (6:31). El imperturbable profeta ignoró las amenazas del rey y predijo que el alimento sería tan abundante que al día siguiente se podrían comprar en el mercado de Samaria siete litros de harina o quince litros de cebada por una moneda de plata. También predijo que el ayudante personal del rey, un hombre muy arrogante, vería el alimento pero no viviría para comerlo (7:1, 2).

Fuera de las puertas de la ciudad se hallaban sentados cuatro leprosos hambrientos que decidieron en su desesperación rendirse al rey de Siria, y a ese fin se encaminaron hacia el campamento enemigo (7:3, 4). Pero el Señor hizo que sus propios pasos resonaran como ruido de carros de combate, caballería y gran ejército. Los sirios pensaron que el rey de Israel había contratado a los hititas y a los egipcios para atacarlos (7:5-7).

Dios ya había empleado este método antes (2 S. 5:23, 24; Jue. 7:16-21; 2 Cr. 20:20-25). Después de saquear el campamento, fueron y llevaron las buenas nuevas a Samaria. No tardando mucho, miles de personas, frenéticas y felices, salían corriendo por la puerta camino del campamento sirio. El rey ordenó a su ayudante personal que controlara la situación en la puerta, pero la gente ansiosa por salir le atropelló y murió, tal como Eliseo había profetizado. Aquel mismo día se compraban a la puerta de Samaria siete litros de harina o quince litros de cebada por una moneda de plata (7:8 20).

16. Predijo la muerte de Ben-adad rey de Siria, y el subsiguiente reinado de Hazael (2 R. 8:7-15).
Eliseo marchó a Damasco a visitar al rey Ben-adad de Siria que estaba enfermo. Hazael salió a su encuentro para saludarle y entregarle un presente de parte de Ben-adad de los mejores productos de la tierra que llevaba cargado en cuarenta camellos. Hazael llevaba el encargo de preguntarle si el rey sirio se recuperaría de su enfermedad. Eliseo le dio la extraña respuesta de que sí se sanaría, pero que todos modos moriría (2 R. 8:7-10).
Eliseo también predijo que Hazael sería el siguiente rey de Siria y que durante su reinado se derramaría mucha sangre israelita. Hazael lo negó, pero al día siguiente asfixió con una manta a su señor (2 R. 8:11-15).
Hazael tiempo después oprimiría a Israel sin compasión (2 R. 13:22). Eliseo instruyó a uno de los hijos de los profetas para que fuera a buscar a Ramot de Galaad a un soldado llamado Jehú y le ungiera como rey de Israel. Así lo hizo y Dios le encomendó que ejecutara a todos los miembros de la dinastía de Acab, incluida Jezabel, cuyo cadáver lo devorarían los perros después (2 R. 9:1-10). Nota: Dios había ordenado a Elías que ungiera tanto a Hazael como a Jehú, pero por alguna razón que ignoramos no lo hizo. (Véase 1 R. 19:15, 16.)
17. Predijo las tres victorias de Israel sobre Siria (2 R. 13:14-19).
Eliseo fue visitado en su lecho de muerte por Joás, el impío rey del norte, quien a pesar de todas sus iniquidades tenía aparentemente cierto afecto por el profeta. Al visitarle lloró ante su muerte inminente. Siguiendo las extrañas indicaciones de Eliseo, Joás arrojó una flecha a través de la venta del cuarto, lo cual simbolizaba la victoria de Israel sobre los sirios. Después le pidió que golpeara el suelo con unas flechas, lo que hizo tímidamente tres veces, enojándose Eliseo por ello, pues si hubiera golpeado el suelo cinco o seis veces se habría asegurado otras tantas victorias sobre Siria (2 R. 13:14-19).
Durante los años que siguieron Joás recuperó las ciudades que su padre había perdido anteriormente a manos de los sirios, y los derrotó en tres ocasiones, tal como Eliseo había predicho (13:22-25).
18. Resucitó a un hombre años después de haber muerto (13:20, 21).
Eliseo murió y fue enterrado. Varios años después, cuando estaban sepultando un cadáver cerca de la tumba del profeta, dicho cadáver tocó accidentalmente los huesos de Eliseo y revivió, poniéndose en pie (13:20, 21).

ABDÍAS (alrededor del 848 a.C.)

INTRODUCCIÓN:

1. Abdías es el más corto de los libros del Antiguo Testamento.
2. Nada sabemos acerca del autor excepto su nombre, que significa «siervo del Señor».
3. Este libro tiene un solo tema y es el castigo de Edom por su traición a Judá.
4. Hubo al menos cuatro ocasiones en las que Edom ayudó al saqueo de Jerusalén y de Judá. Fueron:
   a. Durante el reinado de Joram (853 a.C.) (2 Cr. 21:8, 16, 17; Amós 1:6)
   b. Durante el reinado de Amasías (796 a.C.) (2 Cr. 25:11, 12, 23, 24)
   c. Durante el reinado de Acaz (735 a.C.) (2 Cr. 28:16-21)
   d. Durante el reinado de Sedequías (597 a.C.) (2 Cr. 36:11-21; Sal. 137:7)

I. La casa de Edom: sería humillada por Dios (1:1-16).
   A. A causa de la ingratitud de su corazón (1:1-9).
      1. Se habían hecho orgullosos y arrogantes debido a que vivían protegidos por aquellos montes inaccesibles que rodeaban su capital, la ciudad de Petra.
         Nota: Estas ruinas únicas, escondidas entre aquellos elevados riscos de roca pura en las áridas regiones del mar Muerto, fueron descubiertas en 1812 d.C.
      2. Esaú había sido el padre y originador de este pueblo orgulloso (Gn. 25:30; 36:1).

LOS PROFETAS QUE ESCRIBIERON DURANTE LA ETAPA DEL REINO DIVIDIDO

AUTOR	AÑOS DE MINISTERIO	FECHA	DESTINO DEL ESCRITO
1. Abdías	10	850-840	Edom
2. Jonás	35	785-750	Nínive
3. Nahum	30	650-620	Nínive
4. Amós	7	760-753	Israel (reino del norte)
5. Oseas	60	760-700	Israel
6. Joel	7	841-834	Judá (reino del sur)
7. Isaías	58	739-681	Judá
8. Miqueas	35	735-700	Judá
9. Sofonías	20	640-620	Judá
10. Habacuc	3	609-606	Judá
11. Jeremías	52	627-575	Judá
12. Lamentaciones	-	586	Judá

3. Dios profetiza que sería registrado y saqueado cada rincón y grieta de Petra, y todos los tesoros serían buscados y quitados.
4. Los aliados de Edom se volverían contra ellos.
5. Sus hombres sabios se tornarían necios. Edom era famoso por sus hombres sabios. Elifaz, el más sensato de los tres amigos de Job, procedía de la región de Temán, a unos ocho kilómetros de Petra (Job 2:11; Abd. 1:8).
6. Los valientes guerreros de Temán quedarían confundidos e impotentes para evitar tan terrible desastre.

B. Debido a su actitud tan traicionera (1:10-16).

1. Abandonaron a sus hermanos de sangre (Judá) en momentos de gran necesidad. Ambos pueblos estaban emparentados, pues sus progenitores, Esaú y Jacob, fueron hermanos gemelos.
2. Se quedaron mirando lo que pasaba, rehusando mover un dedo para ayudar.
3. Se regocijaron en realidad de la agonía de Judá.
4. Se mofaron de ellos.
5. Ocuparon sus tierras después que los llevaron cautivos.
6. Se apostaron en los cruces de caminos y mataron a los que intentaban escapar.
7. A aquellos que no mataron los entregaron al enemigo, quedando como prisioneros de guerra.

II. La casa de Jacob: sería reavivada por Dios (1:17-21).

A. A pesar de sus terribles persecuciones y castigos, algunos merecidos y otros no, Judá sería un día completamente restaurada en la tierra de Palestina.

B. Los israelitas tendrían entonces control de tierras nunca antes ocupadas, incluyendo la tierra de Edom.

C. Los jueces de Jerusalén juzgarían sobre Edom y Petra durante el milenio.

Nota: Algunas de estas profecías relacionadas con Edom ya se han cumplido, al menos en parte.

1. Para el año 312 a.C., los nabateos, un pueblo árabe, habían desplazado a los edomitas que vivían en Petra.
2. Huyeron entonces al sur de Palestina y allí fueron más tarde sometidos por Juan Hircano, un héroe militar judío, durante el tiempo de los macabeos (134-104 a.C.).
3. El malvado rey Herodes procedía de este grupo edomita desplazado.
4. Fueron aniquilados junto con los judíos por los romanos en el año 70 d.C., cuando se rebelaron contra el Imperio Romano.
5. Otros pasajes bíblicos que predicen la caída de Edom son:
   Isaías 34:5-15; Ezequiel 25:12-14; 35:1-15; Amós 1:11, 12.
6. Con todo, el Dios de toda gracia restaurará un día a Edom a pesar de sus pecados como nación. (Véase Is. 11:14.)

JOEL (835-796 a.C.)

INTRODUCCIÓN

1. Al igual que con Abdías, conocemos muy poco acerca del profeta Joel. Era el hijo de Petuel y su nombre significa «Jehová es Dios».
2. Durante el tiempo del ministerio de Joel, la tierra de Judá fue atacada por una terrible plaga de langosta, más devastadora que ninguna otra en el pasado.
3. Joel, por inspiración divina, compara tan terrible plaga de langosta con el tiempo venidero de la tribulación.
4. Joel es también conocido como el profeta de pentecostés, porque sus palabras acerca del Espíritu Santo fueron citadas tiempo después por el apóstol Pedro en el día de pentecostés.

I. Israel y el juicio de Dios: un examen del pasado (1:1-20).

A. La severidad del juicio de la langosta.

«Lo que quedó de la oruga comió el saltón, y lo que quedó del saltón comió el revoltón; y la langosta comió lo que del revoltón había quedado» (1:4).

Algunos comentaristas interpretan estas palabras como descriptivas de las cuatro etapas del desarrollo de la oruga, mientras que otros piensan que se refieren a cuatro insectos diferentes. La langosta fue frecuentemente considerada como agente del juicio divino. (Véanse Dt. 28:38-42; Ex. 10:12-15; 1 R. 8:37; Ap. 9:1-12.)

B. Nombre bíblico para el juicio de la langosta.

«¡Ay del día! porque cercano está el día de Jehová, y vendrá como destrucción por el Todopoderoso» (1:15).

Esta es la segunda mención en los profetas menores del término «el día del Señor». Lo podemos encontrar en muchos pasajes del Antiguo y Nuevo Testamentos. (Véanse Is. 2:12; 13:6, 9; Ez. 13:5; 30:3; Jl. 2:1, 11, 31; 3:14; Am. 5:18, 20; Abd. 1:15; Sof. 1:7, 14; Zac. 14:1; Mal. 4:5; Hch. 2:20; 1 Ts. 5:2; 2 Ts. 2:2; 2 P. 3:10.) La frase se refiere casi siempre al período de los siete años de tribulación, pero el profeta Joel lo usa aquí (1:15) para referirse al juicio que Israel sufría en este momento.

II. Israel y el juicio de Dios: una anticipación del futuro (2:1—3:21).

A. La identidad de la invasión. ¿De qué nación está

JOEL

El profeta usó un suceso contemporáneo de su tiempo para describir eventos venideros.

SUCESO CONTEMPORÁNEO, Joel 1
Examen de la reciente plaga de langosta que sufre Israel
- Naturaleza: una terrible plaga de langosta ha invadido la tierra **(1:4, 12)**
- Razón: A causa del pecado de Israel **(1:5)**
- Solución que se sugiere: convocar al pueblo a una reunión de oración, ayuno y arrepentimiento **(1:14)**

EVENTOS FUTUROS, (Joel 2—3)
Predicción de una futura invasión enemiga de Israel
- Identidad: probablemente doble:
  1. La invasión rusa dirigida por Gog a mitad de la tribulación **(Ez. 38—39)**
  2. La invasión última a final de la tribulación, dirigida por el Anticristo **(Ap. 16:13-16; 19:11-21)**
- Localización: el valle de Josafat **(3:2, 9-14)**
- Propósito:
  1. El propósito de Satanás: destruir a Israel y a su Dios **(Sal. 2)**
  2. El propósito de Dios: destruir a Satanás y a sus aliados **(Ap. 16:16)**
- Resultados:
  1. La salvación de Israel **(3:15-21)**
  2. La santificación de Israel **(2:21-32)**

hablando el profeta en los capítulos 2 y 3? Se puede estar refiriendo a varios en general, enfatizando en especial el último.

1. La invasión asiria en 701 a.C., dirigida por Senaquerib y que fue parada por el ángel de Jehová ante los muros de Jerusalén (2 R. 19). Véase Joel 2:20.
2. La invasión babilónica en el 586 a.C., dirigida por Nabucodonosor (2 R. 24).
3. La invasión de Rusia, en medio de la tribulación, que será dirigida por Gog (Ez. 38, 39).
4. La invasión final, a lo último de la tribulación, dirigida por el anticristo en la batalla del Armagedón (Ap. 16:13-16; 19:11-21).

B. El lugar de reunión de la invasión.

«Reuniré a todas las naciones, y las haré descender al valle de Josafat, y allí entraré en juicio con ellas a causa de mi pueblo...» (3:2). (Véase también 3:9-14.)

Nota: Esta batalla, que será la mayor, la más arriesgada, sangrienta y cruel de todos los tiempos, se extenderá desde la ciudad de Meguido en el norte (Zac. 12:11; Ap. 16:16) hasta Edom en el sur (Is. 34:5, 6; 63:1), en una distancia de unas 200 millas (aproximadamente 320 km). Irá desde la costa del Mediterráneo en el oeste hasta los montes de Moab en el este, en una distancia de unas 100 millas (aproximadamente 160 km). De forma que el área total del campo de batalla será de unas 20.000 millas cuadradas (aproximadamente 51.800 km^2). El centro de la acción será aparentemente el valle de Josafat, localizado justo al este de Jerusalén, entre la Ciudad Santa y el monte de los Olivos. Es conocido también como el valle del Cedrón.

C. El doble propósito para este encuentro.

1. El propósito del Anticristo: destruir a Israel y a su Dios (Sal. 2).
2. El propósito de Dios: Destruir al Anticristo y a sus aliados.

D. El resultado de esta invasión.

«El sol y la luna se oscurecerán, y las estrellas retraerán su resplandor. Y Jehová rugirá desde Sion, y dará su voz desde Jerusalén, y temblarán los cielos y la tierra; pero Jehová será la esperanza de su pueblo, y la fortaleza de los hijos de Israel» (Jl. 3:15, 16). (Véase también Ap. 19:11-21.)

E. Las bendiciones que vendrán después que la invasión haya sido aplastada.

1. El Espíritu de Dios será derramado sobre toda carne (2:28-32). Debemos notar que el evento citado en este pasaje marcará el cumplimiento del deseo de Moisés (Nm. 11:29).

   Pedro citaría más tarde este pasaje de Joel en el día de Pentecostés (Hch. 2:16-21). No lo hizo indicando que Pentecostés fuera el *cumplimiento* de la profecía de Joel (pues no lo era), sino más bien un *ejemplo* de la misma.
2. Serán provistas todas las necesidades humanas (2:21-27).
3. La naturaleza misma será transformada (3:18).
4. Cristo Jesús reinará en Sion (3:21). El monte Sion es una altura que se levanta sobre la esquina sudoeste de la antigua muralla de la ciudad. Durante un tiempo estuvo dentro de las murallas de la antigua Jerusalén. Se le tiene como uno de los lugares más sagrados de Israel, pues allí está ubicada la tumba tradicional del rey David. Se cree que sobre él estuvo una vez el aposento alto donde Jesús y sus discípulos celebraron la última Pascua juntos y donde se estableció la cena del Señor (Mr. 14:12-16; Lc. 22:7-13). Se considera también que este es el aposento alto donde los doce discípulos estaban reunidos cuando el Espíritu Santo descendió sobre ellos en el día de Pentecostés (Hch. 1:12-14; 2:1-4).

JONÁS (780-750 a.C.)

INTRODUCCIÓN

A. El libro de Jonás es uno de los tres libros del Antiguo Testamento más aborrecidos por Satanás. Estos son:

1. Génesis, que predice la encarnación de Cristo de la simiente de la mujer (Gn. 3:15).
2. Daniel, que predice la gloriosa segunda venida de Cristo (Dn. 7:9-12) para destruir a sus enemigos.
3. Jonás, que predice (en forma tipificada) la muerte y resurrección de Cristo. (Cp. Jonás 2 con Mt. 12:38-41.)

B. Existen tres interpretaciones básicas del libro de Jonás.

1. La interpretación *mitológica*. Este es el punto de vista liberal, que contempla a Jonás como miraríamos a Robinson Crusoe, a Gulliver o a Hércules.
2. La interpretación *alegórica* (o parabólica). Desde esta perspectiva el libro es simplemente visto como una amplia parábola. Esto es:
   a. Jonás es en realidad Israel.
   b. El mar son las naciones gentiles en general.
   c. El pez es la cautividad babilónica.
   d. La regurgitación es el retorno durante el tiempo de Esdras.

   «Esto, sin duda alguna, no es el registro de hechos históricos reales ni se pretendía que lo fuera. Es una falta grave contra el autor tratar como prosa literal lo que él se proponía como poesía... Su narración es un relato con propósito moral, una parábola, poesía en prosa como el del buen samaritano.» (Julius Bewer, *International Critical Commentary*.)

3. El abordamiento *histórico-literal*. Sólo éste es el punto de vista correcto.
   a. El relato presenta un hecho histórico real.
   b. Los judíos y la iglesia primitiva creyeron que era literal.
   c. El autor de 2 Reyes (14:25) se refiere a Jonás como a un personaje histórico. Se habla de su ciudad natal, y se nos da el nombre de su padre y del rey bajo el cual sirvió.
   d. Jesús testificó de Jonás como de un relato literal (Mt. 12:38-41; 16:4; Lc. 11:29-32).
4. Jonás era oriundo de Gat-hefer de Zabulón (Jos. 19:13), al norte de Nazaret de Galilea. De manera que los fariseos estaban equivocados en cuanto a su declaración recogida en Juan 7:52: «... Escudriña y ve que de Galilea nunca se ha levantado profeta.»

I. La protesta de Jonás: demostración de la paciencia de Dios, (cap. 1).

A. El mandamiento de Dios: ¡Ve! (1:1, 2).

Dios ordena a su profeta que vaya a Nínive y predique contra la creciente maldad de esta ciudad.

B. La acción del ministro: ¡No! (1:3).

1. La inutilidad de su acción. Jonás intenta neciamente lo imposible: huir de la presencia de Dios (Sal. 139:7-12). Se compró un boleto para escapar a Tarsis (supuesto antiguo nombre de una región al sur de España), embarcándose en una nave en el puerto de Jope. Esta ciudad es significativa, porque fue aquí que ocho siglos después otro predicador judío recibió también la orden de compartir el evangelio con los gentiles (Hch. 10:5).
2. La razón de su acción: ¿Por qué desobedeció Jonás? Se han dado varias explicaciones:
   a. Porque era un cobarde. Esto es erróneo como podemos comprobar por 1:12.
   b. Porque era un ultra nacionalista. Esta parece ser la respuesta lógica. En este momento histórico. Asiria crecía en su poderío militar y muchos creían que era solo una cuestión de tiempo para verlos invadir Palestina. La crueldad de los asirios fue sin igual en los tiempos antiguos. Veamos los siguientes testimonios de diferentes autores:

   «Algunas de las víctimas eran sujetadas mientras que uno de la banda de torturadores, que eran representados en los monumentos gozándose diabólicamente en su horrible tarea, insertaba su mano en la boca del prisionero y le arrancaba la lengua de raíz. En otro lugar clavaban estacas en la tierra y sujetaban a las víctimas a ellas con cordeles por las muñecas y tobillos, estirándoles al punto de que no pudieran mover ni un solo músculo. Los verdugos se aplicaban entonces a la tarea. Con un afilado cuchillo hacían incisiones en la piel y ésta era arrancada centímetro a centímetro hasta que el hombre quedaba realmente desollado vivo. Las pieles eran después extendidas sobre la muralla de la ciudad, o se disponía de ellas de otra forma, con el fin de aterrorizar a las personas y dejar tras de sí impresiones duraderas de las terribles venganzas asirias. Para otros se preparaban largos y afilados postes. Solían elegir para torturar y ejecutar de esta manera a los hombres líderes de la ciudad. Las víctimas eran tumbadas en el suelo y les clavaban en el pecho la parte afilada del poste; después levantaban el poste llevando a la persona clavada en la punta; finalmente colocaban el poste en posición vertical sujetándolo en el agujero que a este fin hacían en el suelo, y allí dejaban morir a la persona.»

   «Pirámides de cabezas humanas marcaban el paso de los conquistadores; los muchachos y las muchachas eran quemados vivos o reservados para cosas aún peores; los hombres eran empalados, desollados, cegados, o privados de sus manos, pies, orejas o narices; mientras que las mujeres y los niños eran usados como esclavos; la ciudad capturada era incendiada y reducida a cenizas, y los árboles de las cercanías cortados.»

C. La mano de Dios: desató la tempestad (1:4-12).

1. Dios hizo que soplara un fuerte viento sobre el mar que causó una gran tempestad.
2. Los asustados marineros oraron a sus respectivos dioses paganos y arrojaron por la borda la carga que llevaban a fin de aligerar la nave.
3. Mientras tanto Jonás se había quedado dormido en la bodega. Al saberlo, el capitán bajó a despertarlo y le ordenó que él también orara a su Dios rogando que les salvara.
4. Los marineros en su desesperación echaron suertes para saber quién de ellos había ofendido a su Dios y había ocasionado la tempestad. Jonás resultó ser el culpable.
5. Jonás admitió ante ellos su nacionalidad y su pecado de desobediencia a Dios. Después les sugiere que le tiren a él por la borda.

D. La acción de los marineros: le arrojaron al mar (1:13-17).

1. Después de luchar un poco más contra los elementos, los marineros claman a Dios por perdón por lo que van a hacer con Jonás y rápidamente le arrojan al embravecido mar.
2. El mar se calma de forma inmediata y cesa la tempestad. Los maravillados marineros dan gracias a Jehová Dios.
3. Jonás es tragado por un pez que Dios había preparado.

De todos los milagros de la Biblia no hay ninguno más conocido que éste ni que haya producido más preguntas o dudas.

El doctor Vernon McGee escribe:

«El pez que aparece aquí no es ni el héroe ni el villano de la historia. El libro no trata ni siquiera acerca de un pez. El pez no es la estrella principal en este escenario. Distingamos entre lo que es esencial y accidental. Son accidentales el pez, la calabaza, el viento oriental, la nave y Nínive. Lo esencial es Jehová y Jonás, Dios y el hombre.»

Se pregunta frecuentemente si una ballena podría realmente tragarse a un hombre. En primer lugar, debe señalarse que en ninguna parte de las lenguas originales del Antiguo o Nuevo Testamentos se dice que una ballena tragó a Jonás. La palabra «ballena» no aparece en las versiones en castellano del libro de Jonás. La palabra hebrea para pez es *dag* y se refiere a un gran monstruo marino. En Mateo 12:40 la palabra griega que se traduce por «gran pez» (la Biblia de Reina-Valera 1569, revisión 1602 [Versión Antigua] traduce «ballena») es *ketos* que también se refiere a un monstruo marino. En segundo lugar, Dios *podría* haber usado una ballena si hubiera preferido hacerlo. El doctor Gleason Archer escribe el siguiente párrafo:

> «Se han informado numerosos casos, en épocas recientes, de hombres que han sobrevivido al duro trance de ser tragados por una ballena. La *Princeton Theological Review* (Revista teológica de Princeton) de octubre de 1927, refiere dos incidentes, uno en el año 1758 y el otro en 1771, según los cuales un hombre fue tragado por una ballena y vomitado poco tiempo después, con sólo lesiones leves. Otros casos son citados por R. K. Harrison, en IOT, p. 907.
>
> Uno de los casos más notables lo refiere Francis Fox, *Sixty-three Years of Engineering* (Sesenta y tres años de ingeniería) (Londres: J. Murray, 1924), pp. 298-300, quien informó que este incidente fue prolijamente investigado por dos científicos (Uno de los cuales fue M. de Parville, editor científico del *Journal des Debats* (Publicación de debates) en París. En febrero de 1891, el barco ballenero *Star of the East* (Estrella del Oriente), navegaba en las proximidades de las Islas Malvinas, y el vigía avistó una enorme ballena a unos cinco kilómetros del barco. Se bajaron dos botes y al poco tiempo uno de los arponeros pudo clavar su arpón en el enorme animal. Los tripulantes del segundo bote también atacaron al animal, pero un coletazo de la ballena lo hundió, y los marineros cayeron al mar. Uno de ellos se ahogó, pero el otro, James Batley, simplemente desapareció sin dejar huellas. Luego de muerta la ballena, la tripulación comenzó su tarea de quitarle la grasa con hachas y palas. Trabajaron todo el día y parte de la noche. Al día siguiente, con jarcias y aparejos pusieron sobre cubierta el estómago. Los marineros quedaron perplejos cuando observaron espasmódicos signos de vida, y dentro del estómago hallaron al marinero que había desaparecido, doblado e inconsciente. Lo pusieron sobre cubierta y le dieron un baño con agua de mar que pronto lo hizo revivir. Al finalizar la tercera semana se había recuperado totalmente de su estado de conmoción y reasumió sus actividades normales ... Su rostro, cuello y manos se veían descoloridos, con una blancura mortal y un aspecto de pergamino. Batley afirma que probablemente hubiera vivido en su habitáculo de carne hasta morir de hambre, porque se desmayó de miedo y no por falta aire.» (*Reseña crítica de una introducción al Antiguo Testamento,* Editoral Portavoz, p. 348, nota.)

II. La oración de Jonás: demostración del perdón de Dios, capítulo 2:
   A. La petición (2:1-8).
      1. Jonás empezó inmediatamente a orar de una manera muy fervorosa y entregada, su altar era quizá el más extraño que jamás se haya usado: los costados resbaladizos del estómago de un pez.
      2. Algunos creen que el lenguaje que Jonás emplea parece indicar que él murió realmente y que Dios lo resucitó después. Noten las siguientes frases:
         a. «Desde el seno del Seol clamé» (v. 2).
         b. «Mas tú sacaste mi vida de la sepultura» (v. 6).
         c. «Cuando mi alma desfallecía en mí» (v. 7).

         Dios pudo haberlo hecho así sin duda alguna, pero el simple examen del contexto nos sugiere que el profeta no murió, aunque sí estuvo al borde de la muerte.
      3. En dos ocasiones Jonás se refiere a «tu santo templo» (vv. 4, 7). El profeta en realidad está dirigiendo su oración en esa dirección. Estaría sin duda recordando la oración de Salomón en la dedicación del templo 150 años antes (1 R. 8:38, 39).

         > «Toda oración y toda súplica que hiciere cualquier hombre, o todo tu pueblo Israel, cuando cualquiera sintiere la plaga en su corazón, y extendiere las manos a esta casa, tú oirás en los cielos, en el lugar de tu morada, y perdonarás, y actuarás, y darás a cada uno conforme a sus caminos, cuyo corazón tú conoces (porque sólo tú conoces el corazón de todos los hijos de los hombres).»
      4. Podemos imaginarnos la figura patética del profeta orando al tiempo que chapoteaba y resbalaba en aquel lugar con su cabeza envuelta en algas marinas. El apóstata se ve obligado a veces a llevar un extraño halo.
      5. Cuando Jonás dice: «Descendí a los cimientos de los montes» (v. 6), está mencionando un hecho científico totalmente desconocido para la capacidad humana de aquellos días. Esta es otra pequeña prueba de que la Biblia es en verdad la Palabra de Dios.
      6. Jonás renuncia a su pecado, recuerda su voto de servicio y reconsagra su vida a Dios (vv. 8, 9).
   B. El perdón (2:9, 10).
      1. Termina su oración resumiendo en cinco palabras el mensaje de toda la Biblia: «La salvación es de Jehová» (v. 9).
      2. Luego el pez lo vomita y lo lanza a tierra seca.

III. La predicación de Jonás: demostración del poder de Dios, capítulo 3:
   A. La advertencia (3:1-4).
      1. Su campo de trabajo:

Nínive se levantaba en la orilla oriental del río Tigris, y fue una de las más grandes ciudades —sino la más grande— de la antigüedad. La protegía una muralla con 1.200 torres de más de 200 pies (60 m) de alto; la muralla en sí tenía más de 100 pies (30 m) de alto y una anchura tal que permitía que pudieran pasar a la vez tres carros. Su circunferencia era de 60 millas (96 km) y dentro del terreno que cerraban sus murallas podía crecer grano suficiente para alimentar a sus 600.000 habitantes. Jenofonte dice que la base de la muralla tenía unos 50 pies (17 m) de ancho y era de piedra pulida. La ciudad poseía un magnífico palacio con atrios y murallas que abarcaban unos 100 acres (unos 404.600 m²). Los techos se apoyaban en vigas de cedro que se sostenían sobre columnas de ciprés, unidas y fortalecidas por bandas labradas de bronce y plata. Las puertas estaban guardadas por grandes figuras de leones y toros esculpidos en piedra; sus puertas eran de ébano y ciprés con incrustaciones de hierro, plata y marfil; las salas y recámaras estaban recubiertas de paneles de alabastro y de ladrillos con inscripciones cuneiformes. Sus jardines colgantes estaban llenos de ricas plantas y raros animales. La ciudad también disponía de otros palacios, además de templos, bibliotecas y cuarteles que adornaban y enriquecían la ciudad. Todo fue construido mediante el trabajo de esclavos extranjeros.

2. Su mensaje:

«De aquí a cuarenta días Nínive será destruida» (v. 4)

Cuarenta es frecuentemente el número de prueba en la Biblia, como vemos a continuación:

a. En los días de Noé, el diluvio continuó durante cuarenta días (Gn. 7:17).
b. Moisés pasó cuarenta días en el monte Sinaí (Ex. 24:18).
c. Los doce espías exploraron la tierra de Canaán durante cuarenta días (Nm. 13:25).
d. Israel peregrinó durante cuarenta años por el desierto (Nm. 14:33).
e. Jesús fue tentado durante cuarenta días (Mt. 4:2).
f. Pasaron cuarenta días entre su resurrección y su ascensión (Hch. 1:3).

B. El lamento y la aflicción (3:5-9).

1. Este capítulo nos describe el más grande avivamiento de toda la historia conocida. Ningún otro milagro en este libro, ni en ningún otro libro del Antiguo Testamento, es comparable con la maravilla y grandeza de este milagro espiritual. En el Nuevo Testamento encontramos a Jesús que advierte que toda su generación, en general, se vería un día dramáticamente afectada porque: «Los hombres de Nínive se levantarán un día en el juicio contra esta generación, y la condenarán; porque ellos se arrepintieron a la predicación de Jonás, y he aquí más que Jonás en este lugar» (Mt. 12:41).

2. Los críticos, sin embargo, siempre dispuestos a desacreditar la Biblia, señalan muy felizmente que la historia secular no registra una experiencia espiritual como la que se describe aquí. El doctor H. Freeman escribe:

«La queja de que el arrepentimiento de Nínive no aparece registrado en la historia secular no sólo carece de valor porque es un argumento de silencio, sino porque ignora también el hecho de que el evento sí *aparece* registrado en la historia bíblica en el libro de Jonás. ¡Recordemos a los hititas! Fue un pueblo que aparece mencionado varias veces en el Antiguo Testamento. No obstante, no se podía encontrar ni rastro de ellos fuera de las Escrituras, por lo que los críticos miraban con suspicacia la información bíblica. Los descubrimientos arqueológicos, sin embargo, de primeros de este siglo no sólo confirmaron como exactas las referencias bíblicas, sino que revelaron que los hititas fueron un pueblo importante que formaron un imperio extenso durante los siglos XIV y XIII a.C.» (*Introduction to the Old Testament.*)

Con todo, es muy posible que la historia secular sí esté refiriéndose a esta experiencia espiritual registrada en el libro de Jonás. Es sabido que alrededor de este tiempo hubo un movimiento religioso en Nínive que resultó en el cambio de la adoración de muchos dioses a un solo Dios que llamaban Nebo. Nebo era el hijo en la trinidad religiosa babilónica. Su nombre significa «el Proclamador, el Profeta».

Era el revelador de la mente y voluntad de la trinidad. Nebo era el dios de la sabiduría, el creador, el supervisor angelical. Algunos creen que Nebo fue adorado en los primeros tiempos como el único y supremo Dios. Se sabe que el rey ninivita Adal-Nirari III (810-783) abogaba por un sistema de adoración monoteísta de alguna clase. Si la renovación espiritual religiosa que tuvo lugar en este tiempo fue el resultado de la predicación de Jonás, el uso, pues, de su nombre nacional para el Hijo de Dios es lo que posiblemente deberíamos esperar. Jonás no predicó el arrepentimiento a los ninivitas en el nombre Jehová (el Dios hebreo del pacto), sino en el nombre de Elohim (el Dios trino Creador del universo, Gn. 1:1). Algunos creen, sin embargo, que esta experiencia religiosa tuvo lugar tiempo después, durante el reinado del rey Asurdan III (771-754 a.C.). Si así fue, Dios tuvo todavía más tiempo para preparar a los ninivitas, porque:

a. Sufrieron de una gran plaga en el 765 a.C.
b. Un eclipse total de sol tuvo lugar el 15 junio del año 763 a.C.
c. Otra plaga les cayó en el 759 a.C.

C. La transformación (3:10).

«Y vio Dios lo que hicieron, que se convirtieron de su mal camino; y se arrepintió del mal que había dicho que les haría, y no lo hizo.»

Dos frases de este versículo merecen un breve comentario:

1. «Se arrepintió»: esto es, Dios cambió el curso de la acción que previamente se había propuesto. (Véanse también Gn. 6:6; Ex. 32:14; 2 S. 24:16.)
2. «Del mal»: aunque es cierto que la palabra hebrea *ra* (que se traduce aquí por mal) está generalmente relacionada con pecado, puede

también ser traducida (y así se hace muchas veces) por tales palabras como aflicción, calamidad, angustia, daño, tristeza y molestia. El contexto nos demuestra que este último significado es el correcto aquí en Jonás 3:10. Véanse también Jonás 1:7, 8 e Isaías 45:7 para ejemplos parecidos.

IV. El berrinche de Jonás: demostración de la compasión de Dios, capítulo 4:

A. Sus lamentos acerca de la ciudad (4:1-5).

1. Este capítulo, junto con 2 Samuel 11, 1 Reyes 19, Génesis 9, 13, y otros, demuestran sin la menor duda que la Biblia no es un libro que el hombre habría escrito si hubiera podido. El siervo escogido de Dios aparece aquí como un profeta mezquino y caprichoso, sentado en un monte a las afueras de Nínive confiando en que la ciudad rechazaría su primer mensaje y en consecuencia sería destruida. Las sobrias palabras de Jeremías se aplican sin duda muy bien aquí:

«Engañoso es el corazón más que todas las cosas, y perverso; ¿quién lo conocerá?» (Jer. 17:9).

2. A duras penas reconoce la gracia, la misericordia y la bondad de Dios, y en vergonzosa desesperación y desilusión se atreve a orar:

«Ahora, pues, oh Jehová, te ruego que me quites la vida; porque mejor me es la muerte que la vida» (4:3).

Véanse Números 11:15 (Moisés); Jeremías 20:14-18 (Jeremías); 1 Reyes 19:4 (Elías) para considerar unas solicitudes parecidas.

3. Dios intenta entonces razonar con Jonás como lo hizo una vez con Caín (Gn. 4:6, 7), y como todavía lo sigue haciendo con pecadores en todo lugar (Is. 1:18).

B. Aprendiendo bajo una calabacera (4:5-11).

1. Jonás se hace una enramada para protegerse del sol y continua allí malhumorado sentado en el monte.
2. Cuando el sol había quemado la enramada, Dios hace, para la sorpresa y alivio de Jonás, que crezca rápidamente una calabacera que le da sombra.
3. Pero Dios también prepara un gusano que hiere a la calabacera y muere.
4. Finalmente, el Señor somete a su profeta a un recio viento solano del este, que una vez más le hace clamar a Dios pidiendo que le quite la vida.
5. Dios le pregunta entonces a Jonás si le ha dolido la destrucción de la calabacera. El profeta le asegura enérgicamente que sí y cae entonces en la divina trampa. Las últimas palabras de Dios a Jonás debieron ablandar su corazón terco y carnal.

«Y dijo Jehová: Tuviste tú lastima de la calabacera, en la cual no trabajaste, ni tú la hiciste crecer; que en espacio de una noche nació, y en espacio de otra noche pereció. ¿Y no tendré yo piedad de Nínive, aquella gran ciudad donde hay más de ciento veinte mil personas que no saben discernir entre su mano derecha y su mano izquierda, y muchos animales?» (4:10, 11).

AMÓS (765-750 a.C.)

INTRODUCCIÓN

1. El nombre Amós significa «carga». Los nombres orientales tienen generalmente una razón de ser, éste puede estar refiriéndose a un embarazo y parto difícil o puede habérsele dado como un anuncio profético de su futuro ministerio para describir la carga de su corazón por el pecado de Judá e Israel.
2. Procedía de Tecoa, pequeño pueblo a unas 5 millas (unos 8 km) de Belén de Judá.
3. Amós era un pastor (1:1; 7:14, 15) y recogedor de higos silvestres (7:14). No había estudiado en la escuela de profetas, pero había sido llamado por Dios para ser un evangelista laico.
4. Fue llamado a ser profeta para toda la casa de Jacob (3:1, 13), pero sobre todo para el reino del norte (7:14, 15), en el santuario principal de Bet-el (7:10). Aquí llevó a cabo su gran campaña de avivamiento y habló fuertemente contra el pecado, la separación y la santificación.
5. Amós ministró durante los reinados de Uzías, rey de Judá, y Jeroboam II, rey de Israel, comenzando a ministrar dos años antes del gran terremoto que sacudió a Palestina (1:1). Este terremoto dejó tan fuerte recuerdo en el pueblo que Zacarías (un profeta hebreo posterior) se refiere a él 250 años más tarde (Zac. 14:5). Josefo, el historiador judío, habla de un sismo que tuvo lugar en el tiempo que Dios castigó al rey Uzías con lepra por su intromisión en las tareas de los sacerdotes (2 Cr. 26:16-21). (Josefo: *Las obras esenciales*, Editorial Portavoz, p. 172.)
6. En el tiempo del ministerio de Amós, Israel había llegado al zenit de su prosperidad bajo el reinado de Jeroboam II (2 R. 14:25). ¡Pero junto con la prosperidad nacional llegó también la perversión religiosa!

I. Denuncia de ocho naciones (caps. 1—6).

A. Siria. Capital: Damasco (1:1-5).

1. Esta nación había acosado frecuentemente a Israel, sobre todo durante los reinados de Ben-adad I y Hazael. (Véanse 1 R. 20:1; 2 R. 6:24; 2 R. 10:32, 33.)
2. Dios haría que:
   a. Ardiera el palacio real en la capital.
   b. Cayeran sus fortalezas militares.
   c. Muchos sirios murieran y otros fueran llevados de vuelta a Kir, a la tierra donde vivieron como esclavos. (Cp. 1:5 con 9:7.) Kir estaba localizada en Mesopotamia. (Véase también 2 R. 16:9.)

B. Filistea. Capital: Gaza (1:6-8).

Las cuatro ciudades principales de Filistea: Gaza, Asdod, Ascalón y Ecrón, serían juzgadas porque habían prendido y vendido a algunos hebreos como esclavos a Edom. (Véanse 2 Cr. 21:16, 17; Joel 3:4-8.)

C. Fenicia. Capital: Tiro (1:9, 10).

1. Habían quebrantado su pacto de hermandad con Israel (refiriéndose al acuerdo que David y Salomón habían hecho con Tiro). (Véase 1 R. 9:13.)
2. Tiro había atacado las ciudades de Israel y había vendido a sus ciudadanos como esclavos a Edom. (Véase Joel 3:4-8.).
3. Dios haría que los palacios y las fortalezas de Tiro fueran destruidas por fuego.

D. Edom. Capitales: Temán y Bosra (1:11, 12).

1. Temán estaba ubicada al sureste de Petra y Bosra estaba en la parte centro-norte de Edom.
2. Aunque los israelitas y edomitas estaba relacionados por parentesco familiar (un pueblo procedía de Jacob y el otro de Esaú, véase Gn. 25:30), Israel había sufrido bastante a manos de Edom. (Véanse también Mal. 1:2; Abd. 1:1-21.)
3. Sus fortalezas militares serían destruidas.

E. Amón. Capital: Rabá (1:13-15).
1. Los amonitas, descendientes de la hija menor de Lot (Gn. 19:38), habían cometido crímenes horribles, abriendo con sus espadas el vientre de mujeres hebreas embarazadas durante sus guerras de expansión en Galaad.
2. Dios destruiría sus ciudades y sometería a esclavitud a sus gentes.

F. Moab. Capital: Queriot (2:1-3).
1. Este pueblo, descendiente de la hija mayor de Lot (Gn. 19:37), había, entre otros crímenes, profanado las tumbas de los reyes de Edom, sin ningún respeto por los muertos. (Véase 2 R. 3:26, 27.)
2. Los moabitas serían derrotados en la guerra y prenderían fuego a sus palacios.

G. Judá. Capital: Jerusalén (2:4, 5).
1. Judá había rechazado la Palabra de Dios y desobedecido al Dios de la Palabra.
2. Habían endurecido sus corazones como lo hicieron sus padres.

H. Israel. Capital: Samaria (2:6-16).
1. Habían pervertido la justicia aceptando sobornos.
2. Habían vendido a los pobres como esclavos, cambiándolos por un par de zapatos.
3. Padres e hijos habían cometido el pecado de inmoralidad con la misma prostituta.
4. Holgazaneaban en las fiestas religiosas con ropas tomadas de sus deudores.
5. Habían ofrecido sacrificios de vino en el templo con dinero que habían robado.
6. Se mostraban completamente desagradecidos por las bendiciones de Dios recibidas en el pasado.
7. Habían causado que los nazareos pecaran tentándoles a beber vino.
8. A causa de todo esto, Dios hará que:
   a. Cruja la tierra como cruje una carreta cargada de trigo.
   b. Los más valientes de los guerreros tiemblen en la batalla.

I. Toda la casa de Jacob (Israel y Judá) (3:1—6:14).
1. El castigo de Jacob debe ser equivalente a sus privilegios (3:1-3).

   «Oíd esta palabra que ha hablado Jehová contra vosotros, hijos de Israel, contra toda la familia que hice subir de la tierra de Egipto. Dice así: A vosotros solamente he conocido de todas las familias de la tierra; por tanto, os castigaré por todas vuestras maldades. ¿Andarán dos juntos, si no estuvieren de acuerdo?»
2. Dios les estaba enviando un aviso final por medio de sus profetas (3:7).
3. Dios llama a los enemigos de Jacob para que den testimonio de todas sus iniquidades (3:9).
   a. Sus mujeres habían sido crueles y exigentes (4:1-3).
   b. Sus ceremonias religiosas, externas y vacías, habían llegado a ser un insulto para la santidad divina (4:4, 5; 5:21-26).
   c. Se habían rodeado de un lujo grosero, con camas de marfil para dormir y alimentos exquisitos (6:4).
   d. Pensaban más en la música mundana que en su propio Mesías (6:5).
   e. Habían bebido vino a jarra llena y se habían perfumado con perfumes olorosos, y a la vez se habían olvidado por completo del pobre y del necesitado (6:6).
4. El Señor había procurado por todos los medios volverlos al buen camino (4:6-13), pero ellos no habían respondido positivamente. De forma que su antiguo Salvador se transformaría en su propio juez.

   «Por tanto, de esta manera te haré a ti, oh Israel; y porque te he de hacer esto, prepárate para venir al encuentro de tu Dios, oh Israel» (4:12).
5. Dios les extiende una última invitación (5:4-15): «Buscad al que hace las Pléyades y el Orión, y vuelve las tinieblas en mañana, y hace oscurecer el día como noche; el que llama a las aguas del mar, y las derrama sobre la faz de la tierra; Jehová es su nombre» (Am. 5:8).
6. La invitación fue rechazada y el juicio caería.
   a. Jacob sería consumido como un león devora una oveja (3:12).
   b. Habría llanto y gritos de dolor en cada calle y plaza (5:16).
   c. En aquel día serán como el que huye de un león y se topa con un oso, o como el que entra en su casa, se apoya en la pared y le muerde una víbora (5:19).
   d. El noventa por ciento de sus soldados caería en la guerra (5:3).

II. El anuncio de cinco visiones (caps. 7—9).

A. La visión de la plaga de langosta (7:1-3).
1. En esta visión Dios revela a Amós su intención de destruir todas las cosechas después de la primera siega.
2. Amós intercedió por Israel y el Dios de toda gracia cambió el curso de su acción.

B. La visión del fuego (7:4-6).
1. Amós vio un fuego destructor, tan abrasador que consumía las aguas de Palestina. Caería sobre la tierra como un castigo por el pecado.
2. El profeta de nuevo clamó por misericordia y Dios dejó a un lado el merecido juicio.

C. La visión de la plomada (7:7-16).
1. Amós vio al Señor parado al lado de una pared con una plomada en la mano para verificar si estaba vertical.
2. Dios informó a Amós de:
   a. Que él iba a continuar probando a Israel con la plomada de la justicia divina.
   b. Que no les iba a perdonar ni una vez más.
   c. Que destruiría a la dinastía de Jeroboam II mediante la espada. Esto, por supuesto, sucedió literalmente (como todas las profecías de Dios). Jeroboam II fue sucedido en el trono por su hijo Zacarías, siendo asesinado por un rebelde llamado Salum a los seis meses de su reinado (2 R. 15:10-12). Dios volvería después a usar esta misma plomada con Judá en los días del inicuo rey Manasés (2 R. 21:13-15).

3. A estas alturas de su ministerio profético, Amós fue confrontado por Amasías, el presidente de la asociación sacerdotal de Bet-el, quien rápidamente envió dos mensajes.
   a. Uno al rey Jeroboam II avisándole de las actividades «desafiantes» de Amós.
   b. El otro dirigido al mismo Amós ordenándole que se marchara inmediatamente de Bet-el y se volviera a su tierra en Judá.
   Amós respondió al instante diciendo que, a pesar de sus humildes antecedentes (no era profeta ni hijo de profeta), había sido llamado por Dios y no permitiría que nadie le impidiera llevar a cabo su ministerio. Amós después le dio a Amasías de parte del Señor una de las más terribles profecías que se pueden pronunciar sobre un ser humano, a causa del intento de este falso sacerdote de querer silenciar al verdadero profeta de Dios.
   (1) La esposa de Amasías se convertiría en una prostituta común en las calles de Bet-el.
   (2) Sus hijos e hijas morirían a espada.
   (3) Su tierra y posesiones serían repartidas.
   (4) El mismo moriría en tierra de paganos

AMÓS

PRIMERA PARTE

Denuncia contra ocho naciones — Amós 1—6

NACIÓN	CRIMEN	CASTIGO
SIRIA (1:1-5)	Había acosado frecuentemente a Israel	• Damasco, la capital, sería destruida por el fuego • Sus fortalezas militares serían derribadas • Sus ciudadanos serían esclavizados
FILISTEA (1:6-8)	Habían vendido a algunos israelitas como esclavos a Edom	• Sus ciudades principales serían destruidas por fuego
FENICIA (1:9, 10)	Habían quebrantado su pacto de paz con Israel	• Serían incendiados los palacios y fortalezas de Tiro, la capital
EDOM (1:11, 12)	Habían asesinado a muchos judíos	• Sus ciudades serían destruidas
AMÓN (1:13-15)	Habían asesinado a mujeres judías embarazadas	• Sus ciudades serían destruidas • Sus ciudadanos quedarían esclavizados
MOAB (2:1-3)	Habían profanado las tumbas de los reyes de Edom	• Serían derrotados en la guerra
JUDÁ (2:4, 5)	• Habían rechazado la Palabra de Dios • Habían desobedecido al Dios de la Palabra	• El templo en Jerusalén sería destruido
ISRAEL (2:6-16)	• Habían aceptado sobornos • Habían esclavizado a los pobres • Habían cometido adulterio • Habían robado • Habían sido totalmente desagradecidos • Habían hecho pecar al inocente	• Su castigo les haría crujir como una carreta cargada de trigo • Sus ejércitos caerían en el campo de batalla

El profeta pronuncia además otras acusaciones contra toda la casa de Jacob, es decir, los dos reinos del norte y del sur (3—6)

SEGUNDA PARTE

El anuncio de cinco visiones — Amós 7—9

LA PLAGA DE LANGOSTAS (7:1-3)
EL GRAN FUEGO (7:4-6)
LA PLOMADA (7:7-16)
LA CESTA DE FRUTA MADURA (8:1-4)
EL SEÑOR AL LADO DEL ALTAR (9:1-15)

D. La visión de la cesta madura de fruta (8:1-14).
1. El significado de esta visión: Dios mostró a Amós una cesta llena de fruta madura, explicándole que simbolizaba a Israel que estaba ya maduro para el juicio.
2. La razón para esta visión de juicio: los mercaderes del reino del norte, crueles, corrompidos y materializados:
   a. Habían robado a los pobres vendiéndoles alimentos mohosos y atropellando a los necesitados.
   b. Deseaban que terminara el día de sábado y otras festividades religiosas para poder seguir engañando con medidas y pesas falsas.
   c. Esclavizaban a los pobres, comprándoles por una pieza de plata o por un par de sandalias.
3. Los resultados de esta visión de juicio:
   a. El desenfrenado canto del templo se transformará en llanto.
   b. Los muertos se veían por todas partes.
   c. Se verán horrendas señales en los cielos:
      «Acontecerá en aquel día, dice Jehová el Señor, que haré que se ponga el sol a mediodía, y cubriré de tinieblas la tierra en el día claro» (8:9). Este castigo espantoso tendrá su cumplimiento final durante el tiempo de la gran tribulación (Mt. 24:22, 29).
   d. No habrán palabras confortadoras de parte de Dios (8:11, 12).
      «He aquí vienen días, dice Jehová el Señor, en los cuales enviaré hambre a la tierra, no hambre de pan, ni sed de agua, sino de oír la palabra de Jehová. E irán errantes de mar a mar; desde el norte hasta el oriente discurrirán buscando palabra de Jehová, y no la hallarán.»

E. La visión del Señor junto al altar (9:1-15).
1. La condenación de los transgresores de Israel (9:1-10).
   «Aunque cavasen hasta el Seol, de allá los tomará mi mano; y aunque subieren hasta el cielo, de allá los haré descender. Si se escondieren en la cumbre del Carmelo, allí los buscaré y los tomaré; y aunque se escondieren de delante de mis ojos en lo profundo del mar, allí mandaré a la serpiente y los morderá» (9:2, 3).
2. La restauración del tabernáculo de David (9:11-15).
   a. La monarquía davídica se hallaba en una condición decadente con diez de las doce tribus rehusando rendirle homenaje. Pero todo esto cambiará durante el glorioso

milenio. Santiago citó Amós 9:11, 12 en el Concilio de Jerusalén (Hch. 15:14-17) como base para una importante decisión, esto es, ¿deben los gentiles ser circuncidados? La respuesta fue un *no* rotundo.

b. Las bendiciones de esta monarquía restaurada (con Cristo, que es la simiente santa de David) serían múltiples:
   (1) El tiempo de la cosecha apenas dará de sí antes de que los labradores comiencen a sembrar de nuevo.
   (2) Las viñas sobre las terrazas en los montes de Israel destilarían vino dulce en abundancia.
   (3) Los fieles de Israel verán sus haciendas restauradas y vivirán permanentemente en la tierra prometida.

OSEAS (755-715 a.C.)

INTRODUCCIÓN

1. El nombre Oseas significa «salvación». Profetizó en el reino del norte, y lloró por sus pecados como Jeremías lloraría más tarde por los pecados de Judá.
2. Este es quizá el libro más extraño de toda la Biblia, porque Dios instruyó a su profeta para que tomará por mujer a una prostituta.
   Había varias razones para que Dios lo hiciera así:
   a. La razón experimental. Al casarse Oseas con una mujer infiel podría quizá entender como ningún otro profeta algo de la angustia del corazón de Dios por el reino del norte, cuyas gentes estaban cometiendo constantemente adulterio y fornicación espiritual contra Jehová.
   Dios había comparado frecuentemente su relación con Israel con la que se da en el matrimonio. (Véanse Is. 62:5; Os. 2:19; Jer. 3:14.)
   b. La razón ilustrativa. Su propio matrimonio vendría a ser un ejemplo real y visible de su mensaje a Israel.
   c. La razón profética. Dios le iba a mandar que pusiera a sus hijos aquellos nombres que describirían el futuro castigo y posterior restauración de Israel.
3. Puede que ministrara por más tiempo que ningún otro profeta.
4. Oseas predijo la invasión asiria del reino del norte y vivió lo suficiente para ver sus profecías cumplidas en el 721 a.C.
5. Se refiere en su libro al reino del norte constantemente como a Efraín. Esta fue la primera en apostatar de las doce tribus de Israel.
6. El libro de Oseas es citado en el Nuevo Testamento más veces, en relación a su tamaño, que ningún otro libro del Antiguo Testamento, por un total de treinta veces. Comparar:
   a. Oseas 11:1 con Mateo 2:15.
   b. Oseas 6:6 con Mateo 9:13.
   c. Oseas 10:8 con Lucas 23:30.
   d. Oseas 2:23 con Romanos 9:25.
   e. Oseas 13:14 con 1 Corintios 15:55.

I. Un esposo agraviado y su esposa ofensora (Oseas y Gomer) (1—3).
   A. La mala reputación de la esposa de Oseas. Gomer era aparentemente una prostituta antes de casarse y fue después una adúltera. El profeta trató en vano de salvar su matrimonio tratando diferentes métodos:

OSEAS

UN ESPOSO AGRAVIADO Y LA ESPOSA OFENSORA

OSEAS Y GOMER, OSEAS 1—3

La mala reputación de la esposa

Gomer era una prostituta antes de su matrimonio y fue una adúltera después de casarse.

Oseas intentó salvar su matrimonio por diferentes métodos:
1. Apartándola del mercado público.
2. Comprándola en el mercado de esclavos.
3. Pidiendo a su propio hijo que razonara con su madre.

Los nombres de sus hijos

NOMBRE	SIGNIFICADO
JEZREEL	«Esparcidos» Esto predecía dos cosas: 1. La suerte de la dinastía de Jehú. 2. El reino del norte sería esparcido.
LO-RUHAMA	«No compadecida» o «No los perdonaré»
LO-AMMI	«No pueblo mío»

Efraín es acusado
1. A causa de su ignorancia (4:6)
2. A causa de su idolatría (4:12, 13, 17)
3. A causa de su inmoralidad (5:3)

Efraín es deseado (6:4)

A pesar de todo ¡Dios todavía les ama!

Efraín es descrito
1. Como una novilla indómita (4:16).
2. Como un horno encendido (7:4).
3. Como una torta a medio cocer (7:8).
4. Como una paloma atolondrada (7:11).
5. Como un arco torcido (7:16).
6. Como una vasija quebrada (8:8).
7. Como un asno montés (8:9).
8. Como un árbol de raíces secas (9:16).
9. Como una viña vacía (10:1).

Efraín es disciplinado (3:4)

Estará muchos días sin:

1. Rey	3. Sacrificio	5. Efod
2. Príncipe	4. Imagen	6. Terafines

La liberación de Efraín

1. 2:19, 23	3. 6:1-3	5. 13:10, 14
2. 3:5	4. 11:1, 4, 8, 9	6. 14:4-7

1. Apartándola de los mercados del mundo.
   «Por tanto, he aquí yo rodearé de espinos su camino, y la cercaré con seto, y no hallará sus caminos» (2:6).
   Oseas pensó que podría forzarla de esta manera a permanecer en casa. Buscó incluso la ayuda de Jezreel, su primer hijo, pidiéndole que razonara con su madre acerca de la insensatez de su conducta.
   «Contended con vuestra madre, contended; porque ella no es mi mujer, ni yo su marido; aparte, pues, sus fornicaciones de su rostro, y sus adulterios de entre sus pechos» (2:2).
   Pero nada de esto iba a servir, pues Gomer volvería a las andadas a la primera oportunidad.
2. Comprándola en el mercado de esclavos. Después de haber sido usada por sus lujuriosos amantes, fue abandonada y vendida como esclava.
   Dios le ordenó a Oseas que fuera a buscarla y la rescatara de esta situación. «La compré entonces para mí por quince siclos de plata y un homer y medio de cebada» (3:2).

B. Los nombres de los hijos de Oseas. El profeta engendró tres hijos con Gomer. Dios le mandó que pusiera a cada hijo un nombre con significado profético. Al primer hijo le puso el nombre de *Jezreel* (1:4), que significa «esparcidos», prediciendo dos eventos futuros.

1. La reprobación de la dinastía de Jehú, el rey del norte. Este brutal y sanguinario rey había matado a muchos en Jezreel o en sus cercanías. Entre sus víctimas se encontraban:
   a. Joram, rey de Israel, y Ocozías, rey de Judá, a quienes mató en el mismo día (2 R. 9:14-28).
   b. A Jezabel (2 R. 9:33).
   c. A los setenta hijos de Acab (2 R. 10:1-10).
   d. A los familiares distantes de Acab y a sus amigos políticos (2 R. 10:11, 17).
   e. A los príncipes de Judá (2 R. 10:12-14).
   f. A los sacerdotes de Baal (2 R. 10:18-28).

   Aunque Dios ciertamente le había encomendado que vengara la muerte de Nabot, asesinado por causa de Acab (1 R. 21), Jehú fue demasiado lejos en su brutal derramamiento de sangre. A causa de esto, sólo se le permitiría a Jehú reinar en el trono de Israel durante cuatro generaciones (2 R. 10:30), que fueron:
   - primera generación: su hijo Joacaz.
   - segunda generación: su nieto Joás.
   - tercera generación: su biznieto Jeroboam II.
   - cuarta generación: su tataranieto Zacarías.

   Cuando nació el hijo de Oseas, reinaba en Israel la tercera generación de la dinastía de Jehú, en la persona de Jeroboam II. No pasaría mucho tiempo sin que dicha dinastía llegara a su fin, lo cual aconteció en los días de Zacarías, quien murió asesinado apenas a los seis meses de subir al trono (2 R. 15:12).
2. La invasión asiria. En este tiempo el reino del norte dejó de existir y el pueblo fue esparcido (1:5).

   El segundo hijo fue una niña a quien llamaron *Lo-ruhama* (1:6), que significa «no compadecida», indicando con ello que el juicio de Dios era inminente. Junto con esta niña vino, no obstante, la promesa divina de que el Señor libraría a Judá, el reino del sur, de la invasión asiria (1:7). Esto, por supuesto, sucedió, tal como se registra en 2 Reyes 19:35.

   El tercer hijo fue un niño a quien pusieron por nombre *Lo-ammi* (1:9), que significa «no pueblo mío».

II. Un esposo agraviado y una esposa ofensora (Dios y Efraín) (4:14).
   A. Efraín es acusado:
      1. A causa de su ignorancia:
         «Mi pueblo fue destruido, porque le faltó conocimiento. Por cuanto desechaste el conocimiento, yo te echaré del sacerdocio; y porque olvidaste la ley de tu Dios, también yo me olvidaré de tus hijos» (4:6).
      2. A causa de su idolatría:
         «Mi pueblo a su ídolo de madera pregunta... Sobre las cimas de los montes sacrificaron, e incensaron sobre los collados... Efraín es dado a los ídolos; déjalo...» (4:12, 13, 17).
      3. A causa de la inmoralidad:
         «Yo conozco a Efraín, e Israel no me es desconocido; porque ahora, oh Efraín, te has prostituido, y se ha contaminado Israel» (5:3).
   B. Efraín es deseado: Dios le ama a pesar de todas sus iniquidades.
      «¿Qué haré a ti, Efraín? ¿Qué haré a ti, oh Judá? La piedad vuestra es como nube de la mañana, y como el rocío de la madrugada, que se desvanece» (6:4).
   C. Efraín es descrito:
      1. Estaba encendido de codicia como un horno ardiente (7:4). Dios dice que el pueblo tramaba el mal en sus corazones durante la noche y en la mañana estallaba en llamas.
      2. Se había mezclado con los paganos y había terminado por ser tan inútil como una torta que está solamente cocida por un lado (7:8).
      3. Era como una paloma atolondrada y carente de inteligencia, buscando ahora la ayuda de Egipto y volviéndose luego a Asiria (7:11).
      4. Era como un arco torcido cuya flecha nunca da en el blanco, que era la gloria de Dios (7:16).
      5. Era tenido entre las naciones como una vasija rota (8:8).
      6. Era terco y salvaje como un asno montés (8:9).
      7. Era como un árbol de raíces secas (9:16).
      8. Era como una viña vacía (10:1).
      9. Era como una novilla indómita (4:16).
   D. Efraín es disciplinado: Dios declara.
      «Porque sembraron viento, y torbellino segarán...» (8:7). (Véase también 10:13.)
      1. Dios, por tanto, no tendría (por un tiempo) misericordia de ellos (2:4).
      2. Estarían por muchos días sin (3:4):
         a. Rey. Oseas, el último rey de Israel, fue destronado en el 721 a.C., y en el 587 a.C. cesó de reinar Sedequías, el último rey de Judá. Como seis siglos después fue rechazado el único rey verdadero de Israel (Jn. 19:15). Esta trágica situación continuará hasta que Él vuelva otra vez (Ap. 19:11-16).
         b. Príncipe. El próximo príncipe del futuro Israel que se cita en las Escrituras no ministrará hasta el tiempo del milenio (Ez. 44:3).
         c. Sacrificio. Tito Vespasiano destruyó el templo en el año 70 d.C. y cesaron todos los sacrificios de animales. Volverán a ser instituidos otra vez durante la tribulación, pero el Anticristo hará que cesen (Dn. 9:27).
         d. Imagen. La palabra aquí significa literalmente «los pilares» y pueda estar refiriéndose al templo. Un templo será reconstruido durante la tribulación (Ap. 13), destruido (Zac. 14:2), y vuelto a edificar durante el milenio (Ez. 40:48).
         e. Efod. Esta es una referencia al sumo sacerdote de Israel, pues el efod era parte de la vestimenta que él llevaba. Su último sumo sacerdote planeó personalmente la muerte del Mesías de Israel. (Véanse Jn. 11:49-51; Mt. 26:57-68.)
         f. Terafines. Eran normalmente figuras o imágenes en forma humana. (Véase Gn. 31:34.) No sabemos exactamente lo que Oseas tenía en mente al decir esto.

3. Serían deportados como esclavos a Asiria (10:6).
4. Estarían (por un tiempo) esparcidos entre las naciones (8:8; 9:17).

E. La liberación de Efraín. Este glorioso evento algún día ciertamente tendrá lugar. Notemos los siguientes pasajes:
1. Oseas 2:19, 23.
2. Oseas 3:5.
3. Oseas 6:1-3.
4. Oseas 11:1, 4, 8, 9.
5. Oseas 13:10, 14.
6. Oseas 14:4-7.

MIQUEAS (740-690 a.C)

INTRODUCCIÓN:

1. Miqueas procedía de un pueblo llamado Moreset, en la frontera con Filistea, a unas 25 millas (unos 40 km) al suroeste de Jerusalén.
2. Fue contemporáneo de Isaías. Miqueas predicó al pueblo mientras que Isaías lo hizo en la corte.
3. Miqueas fue el último profeta de Dios para el reino del norte.
4. Fue el único profeta comisionado para predicar en ambos reinos. Ministró especialmente en las capitales de ambos reinos, esto es, Jerusalén y Samaria.
5. Incluyó en su pequeño libro una sorprendente cantidad de profecías.
   a. La caída de Samaria (1:6, 7).
   b. La invasión de Judá por los asirios (1:9-16).
   c. La caída de Jerusalén y la destrucción del templo (3:12; 7:13).
   d. El exilio en Babilonia (4:10).
   e. El retorno de la cautividad y la futura restauración de Israel (4:1-8, 13; 7:11, 14).
   f. El nacimiento de Cristo en Belén (5:2).
   g. El futuro reinado de Cristo (2:12, 13; 4:1, 7).
6. Miqueas es citado tres veces:
   a. Por los ancianos de Judá (Jer. 26:18, citan Mi. 3:12).
   b. Por los escribas cuando los magos llegaron a Jerusalén (Mt. 2:5, 6, citan a Mi. 5:2).
   c. Por Jesús cuando envió a los doce (Mt. 10:35, 36, citan Mi. 7:6).

I. La mirada exterior: los sermones públicos de Miqueas (caps. 1—6).

A. Proclamación del castigo de Israel (1:3).

1. Primer sermón (cap. 1):
   a. Dios mismo respondería pronto con juicio a causa de los pecados de Samaria y Jerusalén (1:1-5).
   b. Samaria sería completamente destruida (1:6). Esto sucedió, por supuesto, durante la invasión asiria. (Véase 2 R. 17:1-18.)
   c. El enemigo llegaría hasta las mismas puertas de Jerusalén (1:9). Pero Dios perdonaría a su amada ciudad por otros 115 años antes de permitir a los babilonios que la destruyeran. (Véase 2 R. 19:35.)
2. Segundo sermón (cap. 2):
   a. Dios condena a aquellos que piensan el mal durante la noche y en la mañana lo llevan a cabo (2:1).
   b. Dios promete que les pagará el mal con mal para ellos (2:3).
   c. Israel rechaza a sus verdaderos profetas diciéndoles que Dios no hará tales cosas (2:6).
   d. Su castigo terminará solamente cuando el Mesías (el que abre el camino y el Rey de 2:13) les saque del exilio por las puertas de las ciudades de su cautividad para llevarlos de vuelta a su casa.
3. Tercer sermón (cap. 3):
   a. Dios reprende especialmente a los líderes de Israel. Se suponía que ellos discernían lo bueno de lo malo, pero eran los peores pecadores (3:1-5).
   b. Sus falsos mensajes, dados solamente para agradar a la gente, llevarían a la destrucción del pueblo (3:6-7).
   c. Miqueas era el único de los profetas de aquel tiempo «lleno del poder del Espíritu de Jehová, y de juicio y de fuerza, para denunciar a Jacob su rebelión, y a Israel su pecado» (3:8).
   d. Por culpa de estos falsos profetas, Jerusalén sería arada como un campo y quedaría convertida en un montón de ruinas. El lugar en el monte Moriah donde estaba ubicado el templo se cubriría de maleza (3:12).

B. Profecía de la restauración de Israel (caps. 4—5). A pesar de sus terribles pecados, Dios un día, después que se hubiera consumado su pecado, les restauraría otra vez en la tierra de Palestina.

1. Cronología que llevaría a esta restauración:
   a. Judá deberá sufrir primero los setenta años de cautividad babilónica (4:10). Este es verdaderamente un pasaje extraordinario, porque en el tiempo que Miqueas lo escribió, Babilonia era una nación fuerte, pero no era la primera potencia mundial, sino Asiria.

MIQUEAS

Sus mensajes públicos (MIQUEAS 1—6)

Proclamación del castigo de Israel (3 sermones)
Capítulos 1—3
Profecía de la restauración de Israel (1 predicción)
Capítulos 4—5
1. Cronología de la restauración
- Setenta años de cautividad **(4—10)**
- Belén **(5:2)**
- Rechazo divino **(5:3)**
- Armagedón **(4:11)**
- Destrucción de los gentiles **(5:15)**

2. Resultados de la restauración **(4:1-6)**
Abogando por el arrepentimiento de Israel **(6:3-8)**

Sus contemplaciones personales, 7:1-6

«¡Ay de mí! porque estoy como cuando han recogido los frutos del verano, como cuando han rebuscado después de la vendimia, y no queda racimo para comer; mi alma deseó los primeros frutos» **(7:1).**

Sus peticiones en oración, 7:7-20

Su decisión por Dios **(7:7, 9)**
Su descripción de Dios **(7:18-20)**

---

b. El Mesías de Judá nacería en Belén (5:2).
c. El Señor los dejará por un tiempo como nación hasta su renacimiento espiritual durante la tribulación (5:3).
d. Las naciones se unirán entonces contra Israel en el Armagedón (4:11). (Véanse también Ap. 16:13-16; 19:17.)
e. Estas naciones quedarán completamente destruidas (5:15).

2. Los resultados finales de la restauración (Mi. 4:1-6).

C. Abogando por el arrepentimiento de Israel (6). (Véase Miqueas 6:3-8.)

II. La mirada interior: las contemplaciones personales de Miqueas (7:1-6).

«¡Ay de mí! porque estoy como cuando han recogido los frutos del verano, como cuando han rebuscado después de la vendimia, y no queda racimo para comer; mi alma deseó los primeros frutos» (7:1).

III. La mirada a lo alto: las peticiones de Miqueas en oración (7:7-20).

A. Su decisión por Dios:

«Mas yo a Jehová miraré, esperaré al Dios de mi salvación; el Dios mío me oirá» (7:7).

«La ira de Jehová soportaré, porque pequé contra él, hasta que juzgue mi causa y haga mi justicia; él me sacará a luz; veré su justicia» (7:9).

B. Su descripción de Dios (7:18-20):

«¿Qué Dios como tú, que perdonas la maldad, y olvida el pecado del remanente de su heredad? No retuvo para siempre su enojo, porque se deleita en misericordia. El volverá a tener misericordia de nosotros; sepultará nuestras iniquidades, y echará en lo profundo del mar todos nuestros pecados. Cumplirás la verdad a Jacob, y a Abraham la misericordia, que juraste a nuestros padres desde tiempos antiguos.»

ISAÍAS

INTRODUCCIÓN

1. El libro de Isaías puede ser comparado con la Biblia. La Biblia tiene sesenta y seis libros e Isaías sesenta y seis capítulos. El Antiguo Testamento tiene treinta y nueve libros y la primera sección de Isaías tiene treinta y nueve capítulos. El Nuevo Testamento tiene veintisiete libros y la segunda parte de Isaías tiene veintisiete capítulos. El Antiguo Testamento comprende la historia y el pecado de Israel, y así también Isaías 1—39. El Nuevo Testamento describe a la persona y ministerio de Cristo, como lo hace Isaías 40—66. El Nuevo Testamento comienza con el ministerio de Juan el Bautista; la segunda sección de Isaías (cap. 40) comienza con la predicción de su ministerio. El Nuevo Testamento termina refiriéndose a los nuevos cielos y la nueva tierra, e Isaías termina su libro refiriéndose a lo mismo. (Cp. Is. 66:22 con Ap. 21:1-3.)
2. El libro de Isaías está generalmente reconocido como uno de los seis grandes libros de la Biblia. Los otros son: Romanos, Juan, los Salmos, Génesis y Apocalipsis.
3. Se encontró un ejemplar de este libro entre los famosos manuscritos del mar Muerto descubiertos en una cueva en 1947 en Qumrán. Era una copia del siglo II d.C. y consistía de diecisiete hojas de casi 24 pies (8 m) de largo por 10 pulgadas (25 cm) de ancho. Esta copia era sorprendentemente similar a la del texto masotérico común del siglo XII a.C.
4. Isaías fue el más grande de los profetas del Antiguo Testamento y uno de los escritores más elocuentes que jamás hayan vivido, superando a veces las habilidades literarias de Shakespeare, Milton u Homero.
5. Profetizó durante los reinados de cinco reyes de Judá (Uzías, Jotam, Acaz, Ezequías y Manasés).
6. Es llamado el profeta mesiánico. Solamente en los Salmos encontramos más referencias a Cristo que en Isaías.
7. Jesús dijo que Isaías vio su gloria y «habló acerca de él» (Jn. 12:41).
8. Estuvo casado y tuvo dos hijos.
9. Se cree que su padre Amoz era hermano del rey Amasías de Judá, lo que significa que Isaías era de sangre real.
10. Isaías escribió otros libros que no se han conservado, tales como:
    a. La vida de Uzías (2 Cr. 26:22).
    b. Un libro sobre los reyes de Israel y Judá (2 Cr. 32:32).
11. Isaías es citado más veces en el Nuevo Testamento que ningún otro profeta del Antiguo Testamento. Los siguientes pasajes citan sus palabras en relación con:
    a. El ministerio de Juan el Bautista (Mt. 3:3; Lc. 3:4; Jn. 1:23).
    b. El ministerio de Cristo a los gentiles (Mt. 4:14, 15; 12:17, 18).
    c. El futuro reinado de Cristo sobre los gentiles (Ro. 15:12).
    d. El ministerio sanador de Cristo (Mt. 8:17).
    e. La ceguedad de Israel (Mt. 13:14; Hch. 28:25-27).
    f. La hipocresía de Israel (Mt. 15:7).
    g. La desobediencia de Israel (Ro. 10:16, 20).
    h. La salvación del remanente de Israel (Ro. 9:27, 29).
    i. Los sufrimientos de Cristo (Hch. 8:28, 30).
    j. El ungimiento de Cristo (Lc. 4:17).

El libro de Isaías

I. Bosquejo general
II. Resumen de las profecías de Isaías
III. Las diferentes personalidades mencionadas en Isaías
IV. La grandeza de Dios
V. El Mesías
VI. Los pecados de Israel
VII. Las naciones gentiles
VIII. La tribulación
IX. El milenio

Bosquejo general

I. Israel, siervo infiel de Dios (y sus diferentes enemigos) (1—35).
   A. La lista de sus pecados (1, 3, 5).
   B. La predicción de su futuro (2, 4, 9, 11, 12, 25-35).
   C. La visión de su gran profeta (6).
   D. La incredulidad de su impío rey (7).
   E. El juicio sobre sus enemigos (13—23).
      1. Babilonia (Is. 13, 14, 21).
      2. Asiria (14:24-27).
      3. Filistea (14:28-32).
      4. Moab (15—16).
      5. Damasco (17).
      6. Etiopía (18).
      7. Egipto (19—20).
      8. Edom (Idumea) (34:5-15).
      9. Arabia (21:13-17).
      10. Tiro (23).
      11. Todo el mundo (24—25).

II. Ezequías, el atemorizado siervo de Dios (36—39).
   A. Ezequías y el rey de Asiria (36—37).
   B. Ezequías y el Rey del cielo (38).
   C. Ezequías y el rey de Babilonia (39)
III. Cristo, el Siervo fiel de Dios (40—66)
   A. La liberación: la confortación de Jehová (40—48).
      1. Dios y los ídolos (40—46).
      2. Dios y las naciones (47—48).
   B. El liberador: la salvación de Jehová (49—57).
   C. Los liberados: la gloria de Jehová (58—66).

Resumen de las profecías de Isaías

I. Profecías cumplidas en el tiempo de su vida.
   A. Judá se salvaría de la amenaza asiria y de la invasión israelita (7:4, 16).
   B. Siria e Israel serían destruidas poco después por Asiria (8:4; 17:1-14; 28:1-4).
   C. Asiria invadiría Judá (8:7, 8).
   D. Judá no sería tomada durante esta invasión (37:33-35).
   E. Moab iba a ser juzgada por Asiria en el plazo de tres años (15—16).
   F. Egipto y Etiopía serían conquistadas por los asirios (18—20).
   G. Arabia sería destruida (21:13-17).
   H. Tiro iba a ser destruida (23:1-12).
   I. La vida de Ezequías sería extendida por otros quince años (38:5).
   J. Asiria sería juzgada por Dios (10:5-34; 14:24-27; 30:27-33; 37:36).
II. Profecías cumplidas después de su fallecimiento.
   A. La cautividad babilónica (3:1-8; 5:26-30; 22:1-14; 39:5-7).
   B. Babilonia sería derrotada por Ciro (13:17-22; 14:1-23; 21:2; 46:11; 48:14).
   C. Babilonia sufriría una desolación perpetua (13:20-22; 47:1-15).
   D. Las conquistas de un persa llamado Ciro (41:2, 3; 44:28; 45:1-4).
   E. El decreto de Ciro del retorno a Jerusalén (44:38; 45:13).
   F. El gozo del retorno del remanente (48:20; cp. también con Salmo 126).
   G. La restauración de Tiro (23:13-18).
   H. El arrasamiento total de Edom (34:5-17).
   I. El nacimiento, vida terrenal, sufrimiento, muerte, resurrección, ascensión y exaltación de Cristo Jesús (7:14, 15; 9:1, 2, 6; 11:1, 2; 35:5, 6; 42:1-3; 50:4-6; 52:13-15; 53:2, 10-12, 15; 61:1, 2).
   J. El ministerio de Juan el Bautista (Is. 40:3-5).
III. Profecías todavía por cumplirse.
   A. La tribulación (Is. 2:10-22; 13:6-13; 24:1-23; 26:20, 21; 34:1-10; 51:6).
   B. La batalla de Armagedón (Is. 34:1-10; 42:13, 14; 63:1-6; 66:15, 16).
   C. El milenio (Is. 2:2-4; 4:2-6; 11:6-10, 12; 14:3, 7, 8; 19:18-25; 29:18; 30:19, 23-26; 32:18; 35:1-10; 40:4, 5; 42:13, 14, 16; 44:23; 49:10-13; 51:3, 11; 52:1, 6-10; 56:6-8; 59:20, 21; 60:1-3, 11-13, 19-22; 62:1-4; 63:1-6; 65:18-25; 66:10, 12, 15, 16, 23).

Las diferentes personalidades

I. Isaías.
   A. El más grande de los profetas del Antiguo Testamento y autor de este libro (1:1).
   B. El contempló la gloria de Dios como pocos hombres la han experimentado (6:1-13). Para otras experiencias lean el relato de:
      1. Moisés (Ex. 33:18-23).
      2. Ezequiel (Ez. 1:1-28).
      3. Daniel (Dn. 7:9-14).
      4. Zacarías (Zac. 3:1-9).
      5. Esteban (Hechos 7:55-60).
      6. Pablo (2 Co. 12:1-4).
      7. Juan (Ap. 4—22).
   C. Se le ordenó que ofreciera al impío rey Acaz una señal concerniente a la fidelidad de Dios (7:3).
   D. Fue padre de dos hijos (*Sear-jasub*, 7:3; y *Maher-salal-hasbaz*, 8:3), a los que puso nombres que indicaban futuros eventos proféticos.
   E. Dios le ordenó que anduviera descalzo y desnudo (quizá de la cintura para arriba) durante tres años para simbolizar las dificultades que el Señor iba a enviar sobre los egipcios y etíopes (20:1-6).
II. Acaz: el inicuo padre de Ezequías que rechazó la bondadosa señal de la fidelidad de Dios para con Judá en su hora de necesidad (7:1-25).
III. Lucifer: aquel poderoso y pervertido ser angelical que se rebeló contra Dios y que ha llegado a ser conocido como Satanás y el diablo (Is. 14:12-14).

   «¡Cómo caíste del cielo, oh Lucero, hijo de la mañana! Cortado fuiste por tierra, tú que debilitabas a las naciones. Tú que decías en tu corazón: Subiré al cielo; en lo alto, junto a las estrellas de Dios, levantaré mi trono, y en el monte del testimonio me sentaré, a los lados del norte; sobre las alturas de las nubes subiré, y seré semejante al Altísimo» (14:12-14).

   Notemos esas cinco necias y fatales determinaciones del «yo» de Lucifer:
   A. «Subiré al cielo»: Satanás tenía sin duda en mente el tercer cielo, el lugar de Dios. (Véase 2 Co. 12:1-4.)
   B. «Junto a las estrellas de Dios, levantaré mi trono»: Esta es probablemente una referencia a los ángeles. Satanás deseaba la adoración de los ángeles.
   C. «Me sentaré, a los lados del norte»: Lucifer buscaba ahora entrar en el «despacho ejecutivo» de Dios, en alguna parte en el norte, y sentarse en el escritorio mismo del Señor. No solamente quería controlar a los ángeles sino también el número y tamaño de las galaxias llenas de estrellas.
   D. «Sobre las alturas de las nubes subiré»: Esto quizá puede referirse a aquella nube especial de gloria de Dios llamada Shekinah que encontramos frecuentemente en la Biblia.
   E. «Seré semejante al Altísimo»: Es revelador notar el nombre de Dios que Satanás usa aquí. Quería ser semejante a *El-Elyon*, el Altísimo. Este nombre significa literalmente «el más fuerte entre los fuertes». El diablo podía haber elegido otros nombres para Dios. Podía haber usado *El-Shaddai*, que significa «el proveedor, aquel que alimenta a sus hijos», pero no lo hizo. Podía haber elegido *Jehovah-Rohi*, que significa «el Dios pastor», pero evitó también usarlo. La razón es obvia: Satanás codiciaba la fortaleza de Dios, pero no estaba interesado en sus atributos de cuidado y dirección de las criaturas.
IV. Sebna (22:15-25).

   Este era el mayordomo del palacio, un hombre indulgente y egoísta (quizá durante la primera parte del reinado de Ezequías) que fue reprendido y desechado por Dios.
V. Eliaquim (36:3).

   Reemplazó a Sebna y fue el portavoz de Ezequías durante la crisis con Asiria que provocó Senaquerib.

VI. Rabsaces (36:2).
El locuaz y arrogante asirio, portavoz personal de Senaquerib durante el asedio de Jerusalén.

VII. Senaquerib (37:21).
El rey asirio cuyos esfuerzos por destruir Jerusalén fueron totalmente anulados por el Ángel de Jehová.

VIII. Ezequías (36:1).
El decimotercer rey de Judá que reinaba en Jerusalén cuando Dios salvó a la ciudad y a quien el Señor extendió la vida por otros quince años.

IX. Merodac-baladán (39:1).
El rey de Babilonia que envió espías (disfrazados de embajadores de buena voluntad) para felicitar a Ezequías por la recuperación de su salud, aunque su verdadera misión era informarse de la cantidad de riqueza que había en la ciudad y dónde la guardaban.

X. Juan el Bautista (40:3-5).
Comparar estos versículos con Mateo 3:1-3; Marcos 1:2, 3; Lucas 3:2-6; Juan 1:23.

XI. Ciro (44:28; 45:1).
El monarca persa de cuya persona y ministerio al remanente judío profetizó Isaías (de permitirles volver y reedificar el templo) dos siglos antes de que hubiera nacido.

La grandeza de Dios

I. Isaías 1:18:
«Venid luego, dice Jehová, y estemos a cuenta: si vuestros pecados fueren como la grana, como la nieve serán emblanquecidos; si fueren rojos como el carmesí, vendrán a ser como blanca lana.»
Grana: una referencia al carácter profundamente colorante del pecado. (Véase Nm. 19:2, 6, 9.)
Nieve: Salmo 51:7
Estemos a cuenta: Dios apela tanto al intelecto como a las emociones del ser humano. No tenemos que poner simplemente nuestra mente en neutral en nuestros tratos con Dios. (Véanse Is. 43:26; Ro. 12:1; Mt. 22:37; 2 P. 3:1.)

II. Isaías 12:2-5:
«He aquí Dios es salvación mía; me aseguraré y no temeré; porque mi fortaleza y mi canción es JAH Jehová, quien ha sido salvación para mí. Sacaréis con gozo aguas de las fuentes de la salvación. Y diréis en aquel día: Cantad a Jehová, aclamad su nombre, haced célebres en los pueblos sus obras, recordad que su nombre es engrandecido. Cantad salmos a Jehová, porque ha hecho cosas magníficas; sea sabido esto por toda la tierra.»
Estas benditas aguas habían sido anteriormente rechazadas. (Véanse 8:6 y Juan 4:10, 14.)

III. Isaías 25:1, 4, 8, 9:
«Jehová, tú eres mi Dios; te exaltaré, alabaré tu nombre, porque has hecho maravillas; tus consejos antiguos son verdad y firmeza. Porque fuiste fortaleza al pobre, fortaleza al menesteroso en su aflicción, refugió contra el turbión, sombra contra el calor; porque el ímpetu de los violentos, es como turbión contra el muro. Destruirá a la muerte para siempre; y enjugará Jehová el Señor toda lágrima de todos los rostros; y quitará la afrenta de su pueblo de toda la tierra; porque Jehová lo ha dicho. Y se dirá en aquel día: He aquí, éste es nuestro Dios, le hemos esperado, y nos salvará; éste es Jehová a quien hemos esperado, nos gozaremos y nos alegraremos en su salvación.»
Destruirá a la muerte. (Véanse 1 Co. 15:54; Os. 13:14; Ap. 20:14.)
Enjugará toda lágrima. (Véanse Ap. 7:17; 21:4.)

IV. Isaías 40:1-31:

A. En relación con los versículos 1, 2.
1. Dios manda a su profeta a que hable con ternura para confortar los corazones de su pueblo. El mensaje de consolación es triple:
   a. Que su tiempo de esclavitud ha terminado.
   b. Que ya han pagado por sus faltas.
   c. Que habían recibido amplio castigo por todos sus pecados.

B. Sobre los versículos 3-5.
1. Esta voz había tenido su cumplimiento parcial en su primera venida por medio de Juan el Bautista (Mt. 3:3), pero sólo veremos su final consumación en su segunda venida. (Véase Is. 35:2.) Notemos los principales aspectos de esta proclamación:
   a. Un camino derecho será preparado en el desierto para el Señor.
   b. Todos los valles serán rellenados.
   c. Todos los montes y colinas serán nivelados.
2. Cuando todo esto sea logrado (espiritualmente en los corazones de los israelitas), la gloria de Jehová será entonces revelada a toda carne.

C. Acerca de los versículos 6-8.
Una voz celestial ordena al profeta que grite acerca de la grandeza de Dios y de la insignificancia del hombre, diciendo:
1. La belleza y duración del hombre es como el de las flores o la hierba, que pronto se secan y pasan (Stg. 1:10; 1 P. 1:24, 25).
2. Por el contrario, la palabra de nuestro Dios permanece firme para siempre.

D. Sobre los versículos 9-11.
La voz ordena ahora a los mensajeros de Sion que se encuentran sobre un monte que proclamen osadamente:
1. ¡Ved aquí al Dios vuestro!
2. Viene como Rey para reinar sobre ellos y para recompensarlos.
3. Viene como un pastor para pastorearlos y dirigirlos tiernamente.

E. Acerca de los versículos 12 31.
Este Rey-Pastor que viene tendrá todo el poder.
1. Como se aprecia en su relación con la naturaleza (vv. 12-14).
   a. Mide el océano con la palma de su mano.
   b. Calcula con sus dedos la extensión del cielo.
   c. Conoce el peso de los montes y de la tierra.
   d. No necesita el consejo de ángeles, de demonios ni de hombres. (Véanse Ro. 11:34; 1 Co. 2:16.)
2. Como se ve en sus tratos con las naciones (vv. 15-17).
   a. Las naciones son para Él como una gota de agua en un balde o como una mota de polvo en la balanza.
   b. Levanta las islas en su mano como si no pesaran.
   c. Todos los árboles del Líbano no serían suficientes para consumir un sacrificio lo bastante grande para honrarle, ni todos sus animales serían bastantes para ofrecérselos a Él.
3. Como se ve en relación con los ídolos (vv. 18-20).

a. Dios no puede ser ni remotamente representado por una imagen de madera o de oro.
b. El hombre puede crear un dios falso pero solamente Dios puede crear al hombre. (Véase también 41:6, 7, 21-24, 29; 44:9-20; 46:1, 5-7.)

4. Como se ve en su trato con los poderosos de la tierra (vv. 21-24).
a. Es inexcusable la obstinada ignorancia que el hombre hace de Dios. (Véanse Ro. 1:18-23; 2 P. 3:5.)
b. Dios tiene su trono sobre la bóveda que cubre la tierra y ve a sus moradores como si fueran saltamontes. (Cp. Nm. 13:33.)
c. Extiende los cielos como un toldo.
d. Convierte en nada a los hombres poderosos (1 Co. 1:26-29).
e. Apenas están plantados en la tierra cuando empiezan a secarse. (Véase Salmo 103:15, 16.)

5. Como se ve en su relación con las estrellas (vv. 25, 26).
a. Él creó originalmente a todas las estrellas.
b. Conoce su número.
c. A todas les puso nombre. (Véase Salmo 147:4.)

6. Como se ve en su trato con los elegidos (vv. 27-31).
a. Se concluye a la luz de todo esto que los hijos de Dios no deben cuestionar la manera en que los trata. (Véase también Is. 54:7, 8.)
b. El eterno Dios tiene una fortaleza inagotable y una inteligencia infinita.
c. Él, por tanto, es el que renueva las fuerzas del desfallecido que espera en Él.
d. Esto les permite caminar, correr y volar como águilas.

V. Isaías 41:8-10:

«Pero tú, Israel, siervo mío eres; tú, Jacob, a quien yo escogí, descendencia de Abraham mi amigo. Porque te tomé de los confines de la tierra, y de tierras lejanas te llamé, y te dije: Mi siervo eres tú; te escogí, y no te deseché. No temas, porque yo estoy contigo; no desmayes, porque yo soy tu Dios que te esfuerzo; siempre te ayudaré, siempre te sustentaré con la diestra de mi justicia.»

«Israel … siervo mío.» Scofield destaca lo siguiente:

Tres siervos del Señor son mencionados en Isaías: (1) David (Is. 37:35); (2) Israel como nación (Is. 41:8-16; 43:1-10; 44:1-8; 21; 45:4; 48:20); y (3) el Mesías (42:1-12; 49:5-7; 50:4-6; 52:13-15; 53:1-12).

VI. Isaías 42:8-12:

«He aquí se cumplieron las cosas primeras»: es una posible referencia a la caída de Babilonia (Is. 13:17-22; 21:1-10) y a la destrucción de Asiria (10:5-34; 14:24-27; 30:27-33; 31:8).

«Y yo anuncio cosas nuevas»: los sufrimientos, la muerte, la resurrección y la ascensión del Siervo de Jehová, Cristo Jesús (52:13-15; 53:1-12).

«Canten los moradores de Sela (la roca)»: una posible referencia al remanente que se ocultará en Petra durante la tribulación. (Véanse Zac. 14:5; Dn. 11:41.)

VII. Isaías 43:2, 5, 6, 11, 25:

«Cuando pases por las aguas, yo estaré contigo; y si por los ríos, no te anegarán. Cuando pases por el fuego, no te quemarás, ni la llama arderá en ti. No temas, porque yo estoy contigo; del oriente traeré tu generación, y del occidente te recogeré. Diré al norte: Da acá; y al sur: No detengas; trae de lejos mis hijos, y mis hijas de los confines de la tierra. Yo, Yo Jehová, y fuera de mí no hay quien salve. Yo, yo soy el que borro tus rebeliones por amor de mi mismo, y no me acordaré de tus pecados.»

«Cuando pases por las aguas» (Ex. 14:19-31).

«Cuando pases por el fuego» (Sal. 66:12; Dn. 3:25-27).

«del oriente … occidente … norte … sur.» (Véase Mt. 24:31.)

«Fuera de mí no hay quien salve» (Hch. 4:12).

«Yo soy el que borro tus rebeliones» (Is. 44:22; Hch. 3:19).

«Y no me acordaré de tus pecados» (Sal. 103:10-12; Is. 38:17; 44:22; Mi. 7:19; He. 8:12).

VIII. Isaías 44:3:

«Porque yo derramaré aguas sobre el sequedal, y ríos sobre la tierra árida; mi Espíritu derramaré sobre tu generación, y mi bendición sobre tus renuevos.»

(Véanse Jl. 2:28-32; Hch. 2:16, 17.)

IX. Isaías 45:5-12, 18-23:

«Yo te ceñiré» (v. 5). Este pasaje describe la obra que Ciro llevaría a cabo, quien permitió que los judíos salieran de Babilonia y regresaran a Jerusalén. Dios les recuerda a todos que él permitió a Ciro capturar Babilonia.

«Creo la adversidad» (v. 7). Dios, por supuesto, no es el creador del mal ni del pecado. (Véanse Hab. 1:13; 2 Ti. 2:13; Tit. 1:2; Stg. 1:13; 1 Jn. 1:5.) Uno de los significados de la palabra hebrea *ra* tiene la idea de adversidad o calamidad, que es sin duda el significado que se pretende dar aquí.

«¡Hay del que pleitea con su Hacedor!» (v. 9). (Véanse Is. 10:15; 29:16; Ro. 9:19-21.) El Israel pecador es pintado aquí como cuestionando la manera en que Dios actúa con ellos; le acusan de que todo es deficiente e incierto (nótese la expresión: «No tiene manos»). Esto, por supuesto, es pura demencia, porque Dios más tarde les señalará que esas manos son las que crearon la tierra y al hombre (véase v. 12).

«No hablé en secreto» (v. 19). Dios nunca habla con conceptos y términos esotéricos de manera que sólo unos pocos selectos puedan entenderle. (Véase Jn. 18:19, 20.)

«Mirad a mí, y sed salvos, todos los términos de la tierra» (v. 22). Según su propio testimonio, este fue el versículo que llevó a C.H. Spurgeon a Cristo.

«Que a mí se doblará toda rodilla.» (Véanse Ro. 14:11; Fil. 2:10.)

X. Isaías 46:9, 10:

«Acordaos de las cosas pasadas desde los tiempos antiguos; porque yo soy Dios, y no hay otro Dios, y nada hay semejante a mí, que anuncio lo por venir desde el principio, y desde la antigüedad lo que aún no era hecho; que digo: Mi consejo permanecerá, y haré todo lo que quiero.»

«Acordaos de las cosas pasadas desde los tiempos antiguos» (v. 9). Quizá Dios tenía en mente cosas tales como la Pascua de salvación, la liberación del mar Rojo, la sanidad de las aguas en Mara, el maná celestial, etc.

«Que anuncio lo por venir desde el principio» (v. 10). La profecía bíblica es historia escrita con anticipación.

XI. Isaías 49:13-16:
«Cantad alabanzas, oh cielos, y alégrate, tierra; y prorrumpid en alabanzas, oh montes; porque Jehová ha consolado a su pueblo, y de sus pobres tendrá misericordia. Pero Sion dijo: Me dejó Jehová, y el Señor se olvidó de mí. ¿Se olvidará la mujer de lo que dio a luz, para dejar de compadecerse del hijo de su vientre? Aunque olvide ella, yo nunca me olvidaré de ti. He aquí que en las palmas de las manos te tengo esculpida; delante de mí están siempre tus muros.»

XII. Isaías 55:1-3:
Bien podríamos intitular a este capítulo: «La increíble salvación».

A. El Anfitrión (v. 1):
¡Es Dios mismo! El Padre es retratado aquí como estando detrás de un puesto en un mercado oriental, llamando la atención de aquellos que van pasando.

B. Los invitados (v. 1):
¿Quiénes son los invitados? Los sedientos y los que no tienen dinero.

C. El menú (vv. 1, 2):
Estos elementos constituyen la alimentación básica del alma humana.
1. Agua y vino: es una referencia al Espíritu de Dios. (Véanse Jn. 7:37-39; Ef. 5:18; 1 Ts. 1:6.)
2. Leche: una referencia a la Palabra de Dios. (Véase 1 P. 2:2.)
3. Pan: se refiere al Hijo de Dios. (Véase Jn. 6:35.)

D. Los términos de la invitación (vv. 6, 7):
1. Buscad a Jehová.
2. Llamadle.
3. Deje el impío su camino.
4. Volveos a Jehová.

E. El tiempo limitado de la invitación (vv. 6, 7):
1. Mientras puede ser hallado.
2. En tanto que está cercano.

F. La necesidad de la invitación (vv. 8, 9):
«Porque mis pensamientos no son vuestros pensamientos, ni vuestros caminos mis caminos, dijo Jehová. Como son más altos los cielos que la tierra, así son mis caminos más altos que vuestros caminos, y mis pensamientos más que vuestros pensamientos.»

G. Un ejemplo de la invitación (vv. 9, 10). ¡La lluvia! «Como son más altos los cielos que la tierra, así son mis caminos más altos que vuestros caminos, y mis pensamientos más que vuestros pensamientos. Porque como desciende de los cielos la lluvia y la nieve, y no vuelve allá, sino que riega la tierra, y la hace germinar y producir, y da semilla al que siembra, y pan al que come.»

H. La promesa de la invitación:
1. Para Israel:
   a. Las bendiciones del pacto davídico (v. 4).
   b. La aceptación de todas las naciones (v. 5).
   c. La plenitud del gozo y la paz (v. 12).
2. Para la naturaleza:
   La eliminación de la maldición (vv. 12, 13).
3. Para todos:
   a. La completa satisfacción del alma (v. 2).
   b. Abundante misericordia y perdón (v. 7).

XIII. Isaías 57:15, 19-21:
«Porque así dijo el Alto y Sublime, el que habita la eternidad, y cuyo nombre es el Santo: Yo habito en la altura y la santidad, y con el quebrantado y humilde de espíritu, para hacer vivir el espíritu de los humildes, y para vivificar el corazón de los quebrantados. Produciré fruto de labios: Paz, paz al que está lejos y al cercano, dijo Jehová, y lo sanaré. Pero los impíos son como el mar en tempestad, que no puede estarse quieto, y sus aguas arrojan cieno y lodo. No hay paz, dijo mi Dios, para los impíos.»
«Quebrantado y humilde de espíritu» (v. 15). (Véanse Sal. 34:18; 51:17; Is. 66:2; 2 Co. 7:10; 1 P. 5:6.)
«Paz al que está lejos y al cercano» (v. 19). (Véanse He. 13:15; Hch. 2:39; Ef. 2:17.)
«No hay paz ... para los impíos» (v. 21). (Véase Is. 48:22.)

XIV. Isaías 61:10:
«En gran manera me gozaré en Jehová, mi alma se alegrará en mi Dios; porque me vistió con vestiduras de salvación, me rodeó de manto de justicia, como a novio me atavió, y como a novia adornada con sus joyas.»
«Vestiduras de salvación» (Véanse Is. 64:6; Gn. 3:21; Mt. 22:2-13; Ap. 19:8; Jer. 33:11; Ap. 21:2.)

XV. Isaías 63:7-9:
«De las misericordias de Jehová haré memoria, de las alabanzas de Jehová, conforme a todo lo que Jehová nos ha dado, y de la grandeza de sus beneficios hacia la casa de Israel, que les ha hecho según sus misericordias, y según la multitud de sus piedades. Porque dijo: Ciertamente mi pueblo son, hijos que no mienten; y fue su Salvador. En toda angustia de ellos él fue angustiado, y el ángel de su faz los salvó; en su amor y en su clemencia los redimió, y los trajo, y los levantó todos los días de la antigüedad.»
«El fue angustiado.» (Véase Jue. 10:16.)
«El ángel de su faz.» (Véanse Gn. 16:9; 22:11; 48:16; Ex. 3:2; 14:19; Nm. 22:22; Jue. 2:4; 6:11; 13:3; 2 R. 19:35; Zac. 1:12; 12:8.)

El Mesías

I. Su encarnación.

A. Isaías 7:14, 15:
«Por tanto, el Señor mismo os dará señal: He aquí que la virgen concebirá, y dará a luz un hijo, y llamará su nombre Emanuel. Comerá mantequilla y miel, hasta que sepa desechar lo malo y escoger lo bueno.»
Debemos notar que se mencionan tres niños en relación con la visita de Isaías al impío rey Acaz y su rechazo de pedir a Dios una señal. Dos de los niños no habían nacido todavía. Eran:
1. Emanuel, que significa «Dios con nosotros». Hay seis implicaciones principales en relación con 7:14:
   a. Esta señal iba a ser dada por Dios. (Notemos la frase «el Señor mismo».)
   b. Sería dada a toda la casa de David y no solamente a Acaz (la expresión «os será» tiene sentido plural).
   c. Involucraba una señal milagrosa (Dios había invitado a Acaz a que le pidiera el milagro que él quisiera, «demandándola ya sea de abajo en lo profundo, o de arriba en lo alto» (v. 11).
   d. Tenía que ver con un nacimiento virginal. La palabra hebrea *almah* era un término común para designar a una mujer no casada, a una doncella virgen. (Véanse Gn. 24:43; Ex. 2:8; Sal. 68:25; Cnt. 1:3; Pr.

30:19.) Si la promesa no hubiera implicado un nacimiento virginal, difícilmente se le habría considerado una gran señal milagrosa. (Véase Mt. 1:22, 23 para el cumplimiento de esta profecía, donde se emplea la palabra griega *parthenos*, un término que describe absoluta virginidad.

e. Esta gran señal milagrosa resultaría en la encarnación de Dios mismo en carne humana, porque el nombre del niño sería el de *Emanuel* que significa «Dios con nosotros».

f. Esta divina criatura sería a la vez completamente humano, comiendo lo que cualquier otro niño comería, y creciendo en madurez como cualquier otro niño. (Comparar Is. 7:16 con Lc. 2:52.)

2. *Sear-jasub*, «un remanente volverá» (7:3). Este pequeño niño era el hijo de Isaías que le acompaño al palacio de Acaz. Isaías le dijo al incrédulo rey que antes de que este niño alcanzara la edad de distinguir lo bueno de lo malo, los dos enemigos de Acaz, Peka y Rezín, serían destruidos. Esto fue cumplido literalmente por el rey asirio Tiglat-pileser, quien mató a Rezín, rey de Siria, en el 732 a.C. (2 R. 16:9), y por Oseas, que asesinó a Peka poco después (2 R. 15:30).

3. *Maher-salal-hasbaz*, que significa «el despojo se apresura, la presa se precipita» (8:1-4). Este niño, hijo también de Isaías, fue llamado así para indicar la cautividad del reino del norte a manos de Asiria.

B. Isaías 9:6:

«Porque un niño nos es nacido, hijo nos es dado, y el principado sobre su hombro; y se llamará su nombre Admirable, Consejero, Dios Fuerte, Padre Eterno, Príncipe de Paz.»

1. Vemos aquí tanto su humanidad como su deidad.
   a. La frase «un niño nos es nacido» nos habla de su humanidad (Lc. 2:7; He. 2:14; 1 Jn. 4:9).
   b. La expresión «hijo nos es dado» se refiere a su deidad (Jn. 3:16).
2. Cinco grandes nombres se le atribuyen a este niño, hijo de María y de Dios.
   a. «Admirable»: gramaticalmente es un nombre en la lengua hebrea y, por tanto, un verdadero nombre. (Véase Jue. 13:18 donde se traduce unas veces por «secreto» y otras por «admirable».)
   b. «Consejero»: este hijo no necesitaría nunca una junta de consejeros porque «¿quién entendió la mente del Señor? ¿O quién fue su consejero?» (Ro. 11:34). (Véase también Jn. 2:24, 25.)
   c. «Dios Fuerte»: aquí es *El-Gibbohr*, «El poderoso héroe de Dios».
   d. «Padre Eterno»: literalmente «Padre de la eternidad». (Véanse Jn. 1:3; Col. 1:16; He. 1:2.)
   e. «Príncipe de Paz»: aquí es *Sar-Shalohim*, como se describe en Isaías 57:15-19.
3. Desde el mismo principio de la historia esta humanidad caída ha buscado a alguien (o algo) que fuera capaz de curar las heridas del corazón humano y llevarlo a la realización del perenne sueño universal de justicia. Muchos han solicitado ese puesto y muchos métodos se han aplicado, pero todo ha llevado a la desilusión y a la desesperanza. Pero aquí el profeta presenta a un candidato especial. ¿Cuáles son sus calificaciones? ¿Puede él satisfacer las cinco condiciones esenciales?
   a. ¿Cuál es su personalidad y carácter? La respuesta es: *Admirable*.
   b. ¿Qué formación posee? La respuesta: Conoce todas las cosas y es, por tanto, el supremo *Consejero*.
   c. ¿De qué nacionalidad es? La respuesta: É es el *Dios Fuerte*, y el unigénito Hijo del Dios vivo.
   d. ¿Cuál es su experiencia laboral anterior? Respuesta: planeó y llevó a cabo la creación del universo, es, por tanto, *Padre Eterno*.
   e. ¿Qué talento especial tiene? Respuesta: Como Dios-hombre es capaz de reconciliar al hombre con Dios, así que es el *Príncipe de Paz*.

   A la luz de todo esto, Isaías (junto con Pedro, Pablo, Juan y otros muchos) exhortan fervientemente a todos los pecadores que busquen los servicios de este candidato celestial. (Véase Is. 1:18.)

II. Su soledad y juventud en Nazaret.

A. Isaías 11:1, 2:

«Saldrá una vara del tronco de Isaí, y un vástago retoñará de sus raíces. Y reposará sobre él el Espíritu de Jehová; espíritu de sabiduría y de inteligencia, espíritu de consejo y de poder, espíritu de conocimiento y de temor de Jehová.»

1. Este pasaje describe lo que queda de lo que una vez fue un gran árbol y ha sido cortado: el tocón. Aquel gran árbol, el reino de David y Salomón, sería cortado a ras del suelo por las hachas de Asiria y Babilonia.
2. Pero este tocón se presenta en evidente contraste con el vasto número de tocones muertos que cubren la tierra después de que Dios ha cortado el gran bosque asirio descrito por Isaías en el capítulo 10 (y que hará a su tiempo con todas las naciones paganas). Hay una diferencia importante, y es que aquel tocón no está muerto y un vástago saldrá que llevará fruto. (Véase Ap. 5:5.)
3. La palabra hebrea para vástago es ***netser***, y era probablemente a lo que Mateo se refería cuando declaró que Cristo «vino y habitó en la ciudad que se llama Nazaret, para que se cumpliese lo que fue dicho por los profetas, que habría de ser llamado nazareno» (Mt. 2:23).
4. El Santo Espíritu de Dios reposaría sobre el niño de Belén y ciudadano de Nazaret, y le daría:
   a. Espíritu de sabiduría: la habilidad para discernir la naturaleza de las cosas.
   b. Espíritu de inteligencia: la capacidad para discernir las diferencias.
   c. Espíritu de consejo: la habilidad para adoptar conclusiones correctas.
   d. Espíritu de poder: la capacidad para llevar a cabo lo decidido.
   e. Espíritu de conocimiento: la capacidad de conocer personalmente la esencia del Padre Dios. Esta característica puede ser

considerada como la *raíz* de su ministerio, y estos son los cuatro primeros *frutos*.

f. Espíritu de temor de Dios: debido a su conocimiento, tiene la habilidad de refrenarse de hacer no lo que no agrada al Padre. (Véase Jn. 8:29.)

De modo que estos siete (contando al Espíritu Santo y sus dones) forman el candelero de siete lámparas, con su pie principal y sus tres brazos a cada lado (Ex. 25:31, 32; Ap. 1:4; 4:5; 5:6).

B. Isaías 53:2:

«Subirá cual renuevo delante de él, y como raíz de tierra seca; no hay parecer en él, ni hermosura; le veremos, mas sin atractivo para que le deseemos.»

(Solamente citamos este versículo aquí. Le consideraremos cuando tratemos el aspecto de su sufrimiento en relación con Isaías 53.)

C. Isaías 7:15:

«Comerá mantequilla y miel, hasta que sepa desechar lo malo y escoger lo bueno.»

Se refiere a la condición humilde de la familia del Salvador. Mantequilla y miel era el alimento común de los que caminaban en el desierto. No eran, por supuesto, los únicos alimentos, pero formaban la dieta básica.

III. Su relación con el Padre.

A. Amado por el Padre.

«He aquí mi siervo, yo le sostendré; mi escogido, en quien mi alma tiene contentamiento; he puesto sobre él mi Espíritu; él traerá justicia a las naciones» (Is. 42:1).

Fue citado en Mateo 12:18 y demostrado en Mateo 3:17 y 17:5.

B. Obediente al Padre.

«Jehová el Señor me dio lengua de sabios, para saber hablar palabras al cansado; despertará mañana tras mañana, despertará mi oído para que oiga como los sabios. Jehová el Señor me abrió el oído, y yo no fui rebelde, ni me volví atrás» (Is. 50:4, 5).

(Véanse Jn. 7:16; 8:28, 38; 12:49; 14:10, 24; Fil. 2:8; He. 10:5.)

IV. Su ministerio específico a los gentiles.

«Mas no habrá siempre oscuridad para la que está ahora en angustia, tal como la aflicción que le vino en el tiempo que livianamente tocaron la primera vez la tierra de Zabulón y a la tierra de Neftalí; pues al fin llenará de gloria el camino del mar, de aquel lado del Jordán, en Galilea de los gentiles. El pueblo que andaba en tinieblas vio gran luz; los que moraban en tierra de sombra de muerte, luz resplandeció sobre ellos» (Is. 9:1, 2).

Isaías señala aquí que justamente aquella región donde los ejércitos asirios habían causado muerte y oscuridad sería la primera en regocijarse en la luz de la predicación de Cristo. Mateo se refiere al cumplimiento de esta profecía en 4:12-16.

V. Su ministerio lleno de gracia para con todos.

«No gritará, ni alzará su voz, ni la hará oír en las calles. No quebrará la caña cascada, ni apagará el pábilo que humeare; por medio de la verdad traerá justicia» (Is. 42:2, 3).

Aquí se nos dicen tres cosas que el Siervo justo de Jehová *no* hará durante el curso de sus ministerio:

A. No gritaría en las calles. Al contrario de otros luchadores mundanos y ruidosos, este manso conquistador no alzaría su voz en las calles. Nuestro Señor no se parecería en nada a rebeldes vociferantes y enloquecidos.

B. No quebraría la caña cascada. Esto fue demostrado cuando libre y generosamente perdonó y restauró a aquella mujer inmoral que el pecado había retorcido y desgarrado (Jn. 8:1-11).

C. Ni apagará el pábilo que humeare. Esto lo demostró liberando al endemoniado gadareno de aquella legión de demonios que le encadenaban, llevándole a la luz de la sanidad y la esperanza (Mr. 5:1-20).

Se registra el cumplimiento de esta profecía en Mateo 12:14-21 y se amplía en 11:28-30.

VI. Sus milagros.

«Entonces los ojos de los ciegos serán abiertos, y los oídos de los sordos se abrirán. Entonces el cojo saltará como un ciervo, y cantará la lengua del mudo; porque aguas serán cavadas en el desierto, y torrentes en la soledad» (Is. 35:5, 6).

Aunque este pasaje tendrá su final cumplimiento en el milenio, se refiere en parte, sin embargo, al ministerio terrenal de Jesucristo.

A. Los ojos de los ciegos serán abiertos. (Véanse Mt. 9:29; 12:22; 20:34; Mr. 8:25; Jn. 9:7.)

B. Los oídos de los sordos se abrirán. (Véanse Mt. 11:5; Mr. 7:34.)

C. Las piernas de los cojos serán restauradas y afirmadas. (Véanse Mt. 9:2; Mr. 12:13; Jn. 5:8.)

VII. Su mensaje.

«El Espíritu de Jehová el Señor está sobre mí, porque me ungió Jehová; me ha enviado a predicar buenas nuevas a los abatidos, a vendar a los quebrantados de corazón, a publicar libertad a los cautivos, y a los presos apertura de la cárcel; a proclamar el año de la buena voluntad de Jehová, y el día de venganza del Dios nuestro; a consolar a todos los enlutados» (Is. 61:1, 2).

Scofield aporta una nota de bastante ayuda sobre este versículo:

«Observemos que el Señor Jesús suspende la lectura de este pasaje en la sinagoga de Nazaret (Lc. 4:16-21) con las palabras "el año agradable del Señor". La primera venida abrió el día de la gracia, "el año agradable del Señor", pero eso no cumple con el día de juicio que se llevará a cabo cuando vuelva el Mesías.»

(Véase 2 Ts. 1:7-10 y comparar con Is. 34:8; 35:4.)

VIII. Sus sufrimientos y muerte.

Isaías, 700 años antes de que ocurriera, nos da detalles sorprendentes y exactos de la crucifixión de Cristo en tres pasajes clave.

A. Isaías 50:6:

«Di mi cuerpo a los heridores, y mis mejillas a los que me mesaban la barba; no escondí mi rostro de injurias y de esputos.»

Esto, claro está, se cumplió literalmente:

1. Los heridores: Véanse Mateo 27:26, 30; Juan 18:22.
2. Los que escupían: Véanse Mateo 26:67; 27:30; Marcos 14:65; 15:19.

B. Isaías 52:14:

«Como se asombraron de ti muchos, de tal manera fue desfigurado de los hombres su parecer, y su hermosura más que la de los hijos de los hombres.»

Scofield dice:

«La traducción literal nos presenta un cuadro sorprendente: tenía un aspecto tan desfigurado de toda forma humana que su apariencia no era la de un hijo de hombre, es decir, no parecía humano. Este fue el resultado de la brutalidad descrita en Mateo 26:67, 68; 27:27-30.»

Si tomamos este pasaje en su valor real significa que Cristo sufrió más en la cruz que ningún otro ser humano haya sufrido jamás en cualquier lugar u ocasión.

C. Isaías 53:1-10*a*.

1. Acerca de los versículos 1-3.

a. Estas declaraciones introductorias bien pueden ser las voces del remanente de creyentes israelitas de todos los tiempos que dialogan acerca de su muerte. El primer versículo dice literalmente: «¿Quién cree lo que hemos oído?»

Leupold escribe:

«Por así decirlo, podemos ver aquí a dos discípulos hablando en la esquina de una calle en Jerusalén, repasando las cosas que habían sucedido en el Viernes Santo, a la luz de la mejor perspectiva que ahora tenían después de Pentecostés. Se sentían especialmente maravillados por su tremenda equivocación, de la que eran culpables, en relación con la extraordinaria figura que apareció en medio de ellos como el Siervo sufriente ... estaban todavía asombrados al recordar su ceguedad.» (*Exposition on Isaiah*, p. 225.)

Un ejemplo de esto podemos verlo en el testimonio de los dos discípulos de que iban a Emaús cuando comentaban acerca de su incredulidad (Lc. 24:13-32).

b. La pregunta «¿y sobre quién se ha manifestado el brazo de Jehová?» debería compararse con el Salmo 8:3. En este pasaje David dice que Dios sólo usó sus dedos para crearnos, pero Isaías declara que el Señor empleó sus brazos para redimirnos.

c. Los versículos 2 y 3 nos comparten la historia de Cristo desde la cuna hasta la cruz.

(1) Fue menospreciado debido a su humilde origen (v. 2). Véase también Juan 1:46.

(2) Fue rechazado a causa de su mensaje (v. 3). Véase también Lucas 4:16-30.

(3) Fue un varón de dolores y experimentado en quebranto debido a su misión terrenal. (v. 3). Véase también Lucas 19:10.

d. Su comienzo humilde le hacía parecer insignificante. ¿Quién realmente se fijó en él cuando era un jovencito en Nazaret? Podía ser comparado a lo común de la tierra que casi nadie le presta atención.

e. ¿Y qué acerca de la apariencia personal de Cristo? No tenemos ninguna descripción bíblica de nuestro Señor, porque no había necesidad de ello. Vino como el Siervo sufriente de Jehová y la única calificación de un siervo es ser capaz de cumplir con la tarea. Esto explica por qué el Evangelio de Marcos (que presenta a Cristo como el buey-siervo de Dios) no tiene ninguna genealogía. Podemos concluir diciendo que nuestro Señor era humilde, saludable, diligente, pero no atractivo. Probablemente no exhibía gran carisma ni desplegaba un estilo de vida deslumbrante y sorprendente. Los directores de los grandes programas de televisión no le habrían considerado candidato para una entrevista.

2. Sobre los versículos 4-6.

a. La *Biblia de Scofield* destaca lo siguiente acerca del versículo 4:

«Debido a que Mateo cita este pasaje y lo aplica a las enfermedades físicas (8:17), algunos han conjeturado que en la muerte expiatoria de Cristo estaban incluidos tanto el pecado como la enfermedad. Pero Mateo afirma que Cristo cumplió la primera parte de Isaías 53:4 durante su ministerio sanador en su tiempo de servicio en la tierra. Mateo 8:17 no hace referencia alguna a la muerte expiatoria de Cristo» (p. 759).

b. La última parte del versículo 4 nos informa que el pueblo de Israel en general miró a la cruz como la sentencia justa impuesta por Dios a un blasfemo llamado Jesucristo (Mt. 27:38-44). Es decir, que Israel aquí miraba a Jesús como la esposa y los amigos de Job le miraban a él: como un hombre que sufría por sus propios pecados. (Véase Job 2:9; 4:7; 8:3.)

c. El versículo 5 nos dice que él fue herido (traducido por atormentado en el *Lange's Commentary*; la versión de la Biblia *Dios Habla Hoy*, dice «traspasado» y «atormentado») y molido por nuestras iniquidades. Estas dos palabras «herido» y «molido» son los términos más fuertes que se pueden emplear para describir una muerte violenta y agonizante.

d. El versículo 6 empieza y termina con la palabra *todos*. «*Todos* nosotros nos descarriamos ... Jehová cargó en él el pecado de *todos* nosotros.» Cristo tomó sobre sí nuestro infierno para que nosotros pudiéramos participar de su cielo. El bendito Hijo de Dios se hizo el Hijo del Hombre para que los hijos de los hombres pudieran llegar a ser hijos de Dios.

3. Acerca de los versículos 7-9.

a. Algunos pueden preguntar cómo podemos saber nosotros que Isaías se está refiriendo realmente a Cristo en el capítulo 53, en razón de que no se menciona para nada el nombre del Salvador. Su identidad es claramente establecida en dos pasajes del Nuevo Testamento que lo relacionan directamente con Isaías 53.

(1) El testimonio de Juan el apóstol en Juan 12:37, 38, en el que se cita a Isaías 53:1.

(2) El testimonio de Felipe en Hechos 8:32 33, en el que se cita a Isaías 53:7, 8.

b. Se nos dice que aunque Él fue herido y molido, con todo no abrió su boca. Ni una sola vez durante las siete injustas comparencias ante Anás, Caifás, el Sanedrín, Pilato, Herodes, otra vez Pilato, y los soldados romanos, intentó el Señor justificarse en nada, ni defenderse acusándoles de juicio injusto (véase v. 7). Juan el Bautista estaba sin duda alguna pensando en la frase «como cordero fue llevado al matadero» cuando presentó al Señor por primera vez como «el Cordero de Dios» (Jn. 1:29).

c. El versículo 8 puede ser traducido: «Mediante la fuerza y una sentencia injusta fue eliminado, y sobre su suerte ¿quién pensó en ello?»

d. El versículo 9 nos dice que los líderes religiosos planeaban arrojar su cadáver al campo del alfarero junto con los dos malhechores. Dios intervino y fue sepultado en un sepulcro propiedad de un hombre rico (Mt. 27:57). Scofield nos dice lo siguiente en relación con el versículo 9:

«La palabra hebrea de la que se traduce "muerte" es un plural intensivo. Se ha sugerido que habla de la violencia de la muerte de Cristo, aquel dolor tan intenso que lo hace semejante a una repetición de la muerte» (p. 759).

4. Sobre el versículo 10*a*.

¿Quién realmente mató a Cristo? Muchos sin duda tuvieron parte en su muerte, entre ellos Judas, Caifás, Anás, los inicuos líderes religiosos judíos, Pilato, Herodes, los soldados romanos, el diablo, y los pecados de todos los pecadores. ¿Pero quién realmente fue el que lo pensó? ¡Aquí se nos dice que fue Dios mismo! Véanse Hechos 2:23; 1 Pedro 1:18-20; Apocalipsis 13:8.

IX. Su resurrección, ascensión y exaltación.

A. Isaías 52:13:

«He aquí que mi siervo será prosperado, será engrandecido y exaltado, y será puesto muy en alto.»

El término hebreo del que se traduce «prosperado», significa también tener éxito, y se emplea en lugares como Josué 1:7, 8 y Jeremías 23:5, ¡y que gran historia de éxito tenemos aquí!

Notemos los tres logros del Siervo de Dios que se predicen aquí:

1. Será exaltado (literalmente, ser elevado). Esta es una referencia a su resurrección. (Véase Mt. 28:1-10.)
2. Será engrandecido (que significa ser puesto en alto), y es una referencia a su ascensión. (Véase Hechos 1:9, 10.)
3. Puesto muy en alto (o muy exaltado). Esta es una referencia a su exaltación. (Véase Fil. 2:5-11.)

Todo esto es aún más significativo a causa de lo que sigue en Isaías 53, porque aquí tenemos al Siervo del Señor resucitado, ascendido y exaltado incluso antes de que fuera crucificado. ¿Quién sino sólo Dios podría tener tan gloriosa confianza?

B. Isaías 53 10*b*-12; 52:15:

«Cuando haya puesto su vida en expiación por el pecado, verá linaje, vivirá por largos días, y la voluntad de Jehová será en su mano prosperada. Verá el fruto de la aflicción de su alma, y quedará satisfecho; por su conocimiento justificará mi siervo justo a muchos, y llevará las iniquidades de ellos. Por tanto, yo le daré parte con los grandes, y con los fuertes repartirá despojos; por cuanto derramó su vida hasta la muerte, y fue contado con los pecadores, habiendo él llevado el pecado de muchos, y orado por los transgresores» (53:10*b*-12).

«Así asombrará él a muchas naciones; los reyes cerrarán ante él la boca, porque verán lo que nunca les fue contado, y entenderán lo que jamás habían oído» (52:15).

Estos últimos versículos nos ofrecen un gran resumen de los sufrimientos y de la satisfacción final del Siervo de Jehová. Pedro sin duda alguna tenía esto en mente cuando escribió:

«Los profetas que profetizaron de la gracia destinada a vosotros, inquirieron y diligentemente indagaron acerca de esta salvación, escudriñando qué persona y qué tiempo indicaba el Espíritu de Cristo que estaba en ellos, el cual anunciaba de antemano los sufrimientos de Cristo, y las glorias que vendrían tras ellos» (1 P. 1:10, 11).

CRISTO en ISAÍAS

1. Su encarnación **7:14, 15; 9:6**
2. Su juventud en Nazaret **11:1, 2; 53:2; 7:15**
3. Su relación con el Padre **42:1; 50:4, 5**
4. Sus milagros **35:5, 6**
5. Su mensaje **61:1, 2**
6. Su ministerio específico a los gentiles **9:1, 2**
7. Su ministerio lleno de gracia para todos **42:2, 3**
8. Su sufrimiento y muerte **50:6; 52:14; 53:1-10**
9. Su resurrección, ascensión y exaltación **52:13; 53:10-12**
10. Su reinado milenario **9:7; 42:4-7; 59:16-21; 11:3-5; 49:1-12; 32:1; 33:22**

1. Los sufrimientos del Siervo de Dios.
   a. Derramó su vida hasta la muerte como una ofrenda a Dios por el pecado. (Véase Jn. 10:11, 15, 18.)
   b. Fue contado con los criminales comunes.
   c. A pesar de todo, llevó el pecado de muchos y oró por los que le atormentaban. (Véanse He. 2:9; Lc. 23:34.)
2. La satisfacción del Siervo de Dios.
   a. Verá los hijos espirituales por los cuales murió para salvarlos. (Cp. He. 12:12 con Jud. 1:24.)
   b. Cumpliría con la voluntad y el deseo de su Padre.
   c. Recibirá del Padre los despojos de la victoria (Véase Ap. 11:15.)
   d. Será la fuente suprema de bendiciones para muchas naciones. (Véase Ap. 21:22-26.)
   e. Gozará de esta satisfacción por toda la eternidad. (Véanse Ap. 1:8; 1 P. 1:1, 2; He. 10:22.)

X. Su reinado milenario.
   A. Isaías 9:7:
   «Lo dilatado de su imperio y la paz no tendrán límite, sobre el trono de David y sobre su reino, disponiéndolo y confirmándolo en juicio y en justicia desde ahora y para siempre. El celo de Jehová de los ejércitos hará esto.»
   B. Isaías 42:4-7.
   C. Isaías 59:16-21:
   1. Estos versículos describen la búsqueda de un hombre por parte de Dios, y su elección de Cristo manifiesta que Él es el único aceptable Redentor. Isaías pinta aquí un cuadro que sería más tarde descrito por el apóstol Juan en Apocalipsis 5:1-14.
   2. Pablo nos informa que las piezas de la armadura que llevaba este Guerrero-Redentor están ahora a disposición de los soldados cristianos (Ef. 6:13-17).
   D. Isaías 11:3-5:
   «Y le hará entender diligente en el temor de Jehová. No juzgará según la vista de sus ojos, ni argüirá por lo que oigan sus oídos; sino que juzgará con justicia a los pobres, y argüirá con equidad por los mansos de la tierra; y herirá la tierra con la vara de su boca; y con el espíritu de sus labios matará al impío. Y será la justicia cinto de sus lomos, y la fidelidad ceñidor de su cintura.»
   E. Isaías 49:1-12.
   F. Isaías 32:1:
   «He aquí que para justicia reinará un rey, y príncipes presidirán en juicio.»
   G. Isaías 33:22:
   «Porque Jehová es nuestro juez, Jehová es nuestro legislador, Jehová es nuestro rey; el mismo nos salvará.»

Los pecados de Israel

I. Su necedad.
   A. No tienen ni siquiera el sentido común de los animales (1:3).
   B. Dios tenía que repetirles cada cosa una y otra vez (renglón tras renglón, línea sobre línea, un poquito allí, otro poquito allá) y todavía no podían entender (28:9-13).
II. Su hipocresía.
   A. Dios estaba hastiado de sus sacrificios que eran ofrecidos sin ningún pesar por sus pecados (1:11-14)
   B. Debido a ello él rehusaría ver sus manos extendidas y escuchar sus piadosas palabras cuando oraran (1:15).
   C. Los servicios de adoración de Israel no eran otra cosa que meras palabras aprendidas de memoria (29:13).
III. Sus mujeres (3:16-26).
   A. Antes de que Dios las juzgara (3:16-23):
   1. Caminaban con la cabeza levantada llenas de orgullo.
   2. Sus ojos miraban con insolencia.
   3. Llevaban adornos en los pies y tobillos.
   4. Iban cargadas de anillos, brazaletes y collares.
   5. Llevaban velos y cofias.
   6. Adornos en las orejas y en la nariz
   7. Llevaban vestidos elegantes, mantos, chales y bolsos.
   8. Usaban espejos, peinados ostentosos, gasas y tocados.
   9. Llevaban cinturones y usaban perfumes y amuletos.
   Que lejos estaba todo esto de la descripción de Pedro de lo que es la verdadera belleza y ornato (1 P. 3:1-4).
   B. Después de que Dios las juzgara (3:24-26):
   1. En vez de perfume habría pestilencia.
   2. En vez de cinturón llevarían una soga.
   3. En vez de peinados elegantes lucirían la cabeza calva.
   4. En vez de belleza tendrían vergüenza y desgracia.
IV. Su infructuosidad (5:1-7). La parábola de la viña del Señor.
   Esta parábola emplea una de las dos figuras tomadas del mundo vegetal para representar a la nación de Israel. La otra figura es la higuera. (Véase Mt. 21:33-46.)
   A. Lo que Dios hizo por su viña (5:1, 2).
   1. La plantó en la ladera fértil de un monte con vides escogidas.
   2. La trabajó con el arado y la despedregó.
   3. En medio de la viña levantó una torre y edificó un lagar.
   4. Esperó pacientemente por la cosecha.
   B. Lo que el Señor recibió de su viña: solamente uvas agrias (5:2).
   C. Lo que Dios iba a hacer con su viña (5:3-7).
   1. Quitaría la cerca y permitiría que creciera el pasto para que entrara a comer el ganado.
   2. No la podaría ni la limpiaría de hierbas, dejaría que crecieran los espinos y la maleza.
   3. Mandaría a las nubes que no derramaran lluvia sobre ella nunca más.
V. Seis cargos contra Judá (5:8-22).
   A. Negaban a otros sus derechos de propiedad.
   B. Se habían convertido en una nación de borrachos. (Véase también 28:1-8.)
   C. Se burlaban de Dios y le desafiaban a que les castigara.
   D. A la bueno llamaban malo y a lo malo bueno. Lo blanco era negro para ellos y lo negro era blanco; lo dulce decían que era amargo y lo amargo dulce. Aquí tenemos un ejemplo clásico de la «nueva moralidad» de hoy, practicada por Israel unos siete siglos a.C.
   E. Se consideraban sabios y sagaces en su propia opinión.

F. Aceptaban sobornos que resultaban en que el culpable saliera libre y el inocente fuera encarcelado.

VI. Sus líderes falsos.

A. 9:15, 16:

«El anciano y venerable de rostro es la cabeza; el profeta que enseña mentira, es la cola. Porque los gobernadores de este pueblo son engañadores, y sus gobernados se pierden.»

B. 28:14, 15:

«Por tanto, varones burladores que gobernáis a este pueblo que está en Jerusalén, oíd la palabra de Jehová. Por cuanto habéis dicho: Pacto tenemos hecho con la muerte, e hicimos convenio con el Seol; cuando pase el turbión del azote, no llegará a nosotros, porque hemos puesto nuestro refugio en la mentira, y en la falsedad nos esconderemos.»

VII. Su dependencia de Egipto (Is. 30:1-7; 31:1-3).

31:1, 3:

«¡Ay de los que descienden a Egipto por ayuda, y confían en caballos; y su esperanza ponen en carros, porque son muchos, y en jinetes, porque son valientes; y no miran al Santo de Israel, ni buscan a Jehová! Y los egipcios hombres son, y no Dios; y sus caballos carne, y no espíritu; de manera que al extender Jehová su mano, caerá el ayudador y caerá el ayudado, y todos ellos desfallecerán a una.»

VIII. Su trágica condición general.

A. 1:5, 6:

«¿Por qué querréis ser castigados aún? ¿Todavía os rebelaréis? Toda cabeza está enferma, y todo corazón doliente. Desde la planta del pie hasta la cabeza no hay en él cosa sana, sino herida, hinchazón y podrida llaga; no están curadas, ni vendadas, ni suavizadas con aceite.»

B. 59:1-8.

C. 64:6:

«Si bien todos nosotros somos como suciedad, y todas nuestras justicias como trapos de inmundicia; y caímos todos nosotros como la hoja, y nuestras maldades nos llevaron como viento.»

D. 65:2, 3:

«Extendí mis manos todo el día a pueblo rebelde, el cual anda por camino no bueno, en pos de sus pensamientos; pueblo que en mi rostro me provoca de continuo a ira, sacrificando en huertos, y quemando incienso sobre ladrillos.»

Las naciones gentiles

I. Babilonia (Is. 13—14, 21).

La *New Scofield Bible* señala lo siguiente:

«Esta profecía concerniente a Babilonia anuncia la caída de la nación y de la ciudad en manos de los medos (13:17-22), pero también aplica la palabra babilonia a la totalidad del poderío mundial gentil, empezando con Nabucodonosor (Dn 2:31, 32, 37, 38) y culminando con el cuarto poder mundial (Dn. 2:34, 35, 40-45) al tiempo del retorno de Cristo a la tierra como la Piedra Desmenuzadora. Este será el tiempo de los gentiles. Véase Lucas 21:24.»

A. Babilonia sería destruida por los medos (13:17-22).

B. Sus ejércitos serían acosados hasta su propia tierra a semejanza de como un lobo perseguiría a una gacela atemorizada (13:14).

C. Los soldados serían apuñalados, sus propios hijos asesinados y sus mujeres violadas (13:15, 16).

D. El profeta Isaías quedó horrorizado y se enfermó ante la descripción que Dios hacía de los castigos de Babilonia (21:3-5).

Este último pasaje se cumplió completamente cuando Darío tomó Babilonia. (Véase Dn. 5.) Al leerlo da la impresión de que es el relato de un testigo ocular de la destrucción tal como la registra Daniel. Sin embargo, Isaías escribió acerca de ello unos 200 años antes de que realmente aconteciera. (Véase también Jer. 51:8, 9.)

Isaías también describe vívidamente al centinela que informa al rey de la caída de la ciudad. (Véase 21:6-10. Véase también Jer. 51:31-33.)

E. Babilonia se convertiría en una tierra desolada, llena de erizos y de pantanos (14:23); los animales salvajes la convertirían en su morada, y los demonios acudirían allí a bailar (13:21).

F. Babilonia nunca sería reconstruida en aquel lugar. Debemos señalar aquí que algunos creen que el cumplimiento último de estos versículos debe esperar hasta el período de la tribulación, cuando la antigua Babilonia será reedificada a orillas del Eufrates. (Véase Ap. 18.). Se aboga por esta interpretación porque algunas de las profecías concernientes a la destrucción de Babilonia no fueron cumplidas cuando la ciudad cayó en manos de los medos. (Véase también Jer. 25:17-26; 51:26.)

G. Dios está usando a los gobernantes de dos naciones gentiles para describir la persona y la obra de Satanás. Una es Tiro (Ez. 28:1-19) y la otra es Babilonia (Is. 14:12-16).

Para otros ejemplos de la manera en que Satanás se presenta por medio de otros, véanse:

1. Génesis 3:15, donde Satanás se presenta por medio de la serpiente.
2. Mateo 16:22, 23, donde Satanás se presenta por medio de Simón Pedro.

II. Asiria (14:24-27).

A. Dios había determinado aplastar al ejército asirio en los montes de Israel (14:25).

B. Esto iba a hacerse para quitar de la gente el terrible yugo asirio.

III. Filistea (14:28-32).

A. Se le advierte a Filistea que no se regocije por la muerte del rey Acaz de Judá, quien en vida les había herido y castigado (14:29).

B. Su hijo (Ezequías) sería todavía más exigente con ellos (14:29).

C. Filistea finalmente sufriría una destrucción total bajo el cruel ataque de Sargón, el rey asirio.

IV. Moab (caps. 15—220
16).

A. Moab era la nación que procedía de Lot por medio de la relación incestuosa con su hija mayor. Este hijo ilegítimo fue el padre de los moabitas. El pueblo de Moab se convirtió en un enemigo implacable de la nación de Israel. Su rey Balac contrató los servicios de Balaam para que los maldijera. Pero Rut también procedía de esta tierra (Nm. 22:2-4; Rut 1:4).

B. Moab iba a ser castigada por Dios. Sus ciudades principales serían destruidas en una noche (15:1).

C. Todo el país se llenaría de llanto de un extremo a otro (15:8).

D. Los leones devorarían a los sobrevivientes (15:9).

E. Dios invitó a los refugiados de Moab a que se beneficiaran de su misericordia. Se les mandó que pagaran tributo a Israel en conformidad con acuerdos anteriores (2 R. 3:4-9; Is. 16:1).

F. Sin embargo, el orgullo les impidió hacerlo (16:6).
G. Isaías llora a causa del juicio de Dios sobre Moab por su terco orgullo (6:11).
H. Se estableció oficialmente que el juicio sobrevendría en el plazo de tres años. En esa fecha Asiria invadió Moab (16:14).

V. Damasco (cap. 17).
A. Damasco era la capital de Siria y es la ciudad más antigua del mundo que todavía permanece hoy. Efraín (otro nombre para el reino israelita del norte) y Damasco se habían aliado contra Judá, encadenando a aquella nación con el juicio divino. Ser compañeros en el crimen significa serlo también en el castigo (17:3).
B. Ambos aliados fueron más tarde asediados por Tiglat-pileser (2 R. 15:29) y finalmente deportados por Salmanasar (2 R. 17:6).

VI. Etiopía (cap. 18).
A. Se piensa que «la tierra que hace sombra con las alas» es Etiopía (18:1). Misioneros que han ministrado en aquel país nos dicen que es conocido como la tierra de los pájaros y es llamada «la Tierra de Alas».
B. Esta nación marchó contra Israel con un ejército (¿histórica o proféticamente?) pero fue frenada por Dios mismo. Sus soldados muertos quedarían abandonados en el campo de batalla para alimento de las aves y de las alimañas (18:4-6).
C. Después de esto (¿la tribulación?) Etiopía llevará ofrenda a Jehová de los ejércitos en Jerusalén (18:7).

VII. Egipto (caps. 19—20).
A. No hay nación tan prominente en la Biblia como Egipto. Se la menciona por primera vez cuando Abraham la visitó (Gn. 12). Tiempo después José vivió y murió allí (Gn. 39-50). Israel se hizo allí nación.
B. Egipto sería severamente castigada a causa de su idolatría (19:1). Este pueblo fue originalmente monoteísta pero luego fue cayendo gradualmente en la más vil idolatría. Adoraban al toro, la rana, el pez y varias aves. La prueba en el éxodo es una batalla entre estos dioses y Jehová. (Véase Ex. 7-12. Nótese en las profecías de Isaías en los capítulos 19-20.)
1. Egipto quedaría sometida a un imperio cruel (19:4), que pudo ser el Imperio Otomano, que la reduciría a la miseria y el hambre.
2. Los egipcios pelearían entre sí (19:2). En el tiempo de Isaías se levantó un faraón que no fue capaz de controlar esta gran nación y el ejército no le obedecía.
3. Los canales del río Nilo se llenarían y se ensuciarían con juncos podridos. Esto todavía sucede en el tiempo presente.
4. Parece que en el 19:7 tenemos una referencia a las plantas de las que sacaban el papiro, la clase de papel que se usaba en aquellos días. Esta era una de las industrias principales de Egipto y producía mucha riqueza. Estos

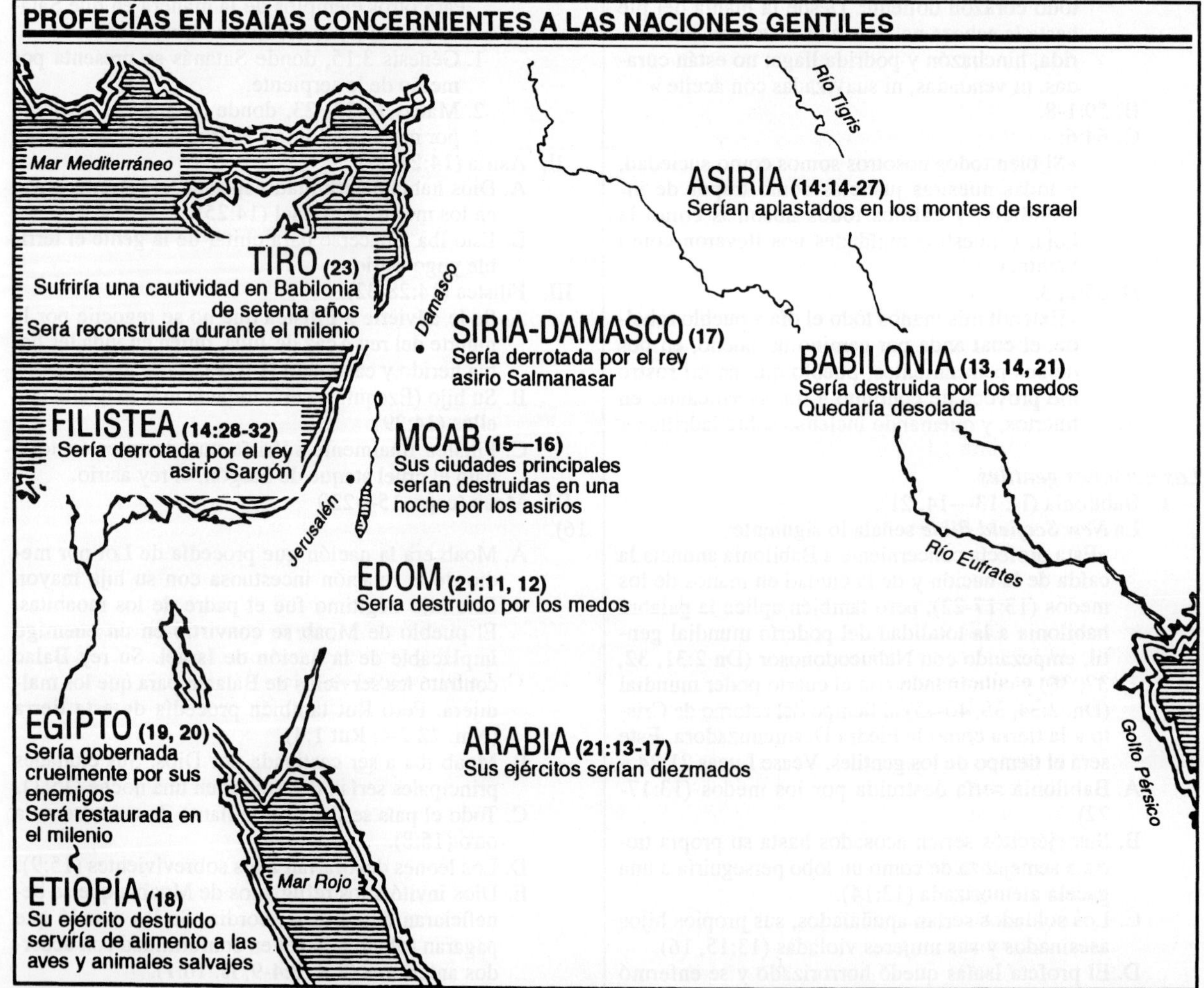

juncales desaparecieron y nunca más crecieron a lo largo de las márgenes del Nilo, donde Moisés fue una vez escondido.

5. La industria pesquera egipcia desaparecería (19:8, 10).
6. Su industria textil también desaparecería (19:9). Las telas de lino de Egipto eran conocidas en todo el mundo. Los tejidos de lino tomados de las momias son superiores a los que se hacen en los telares de Irlanda. Estos tejidos de lino fueron también usados en la construcción del tabernáculo. Todo esto desapareció.
7. Egipto caminaría tambaleándose en la historia mundial «como tambalea el ebrio en su vómito» (19:14).
8. Judá les produciría espanto a los egipcios (19:17).
9. Egipto sería invadida por Asiria en el plazo de tres años (20:1-6).

C. Pero todo esto cambiaría un día gloriosamente.
1. Dios aplastaría a Egipto en la tribulación pero luego compasivamente la sanaría (19:22).
2. Egipto e Iraq quedarán conectadas por una autopista que permitirá a ambas naciones viajar libremente a Jerusalén para adorar a Dios (19:23-25).

VIII. Edom (21:11, 12). Este pasaje incluye una pregunta y una respuesta.
A. La pregunta: «Guarda, ¿qué de la noche?»
B. La respuesta:«La mañana viene, y después la noche.»

La mañana y la noche llegarán. Lo que sería la gloria para algunos (los medos, que derrotarían a los edomitas) sería humillación y vergüenza para otros (los edomitas). De igual manera, el Nuevo Testamento presenta la venida gloriosa de Cristo como noche para algunos (los incrédulos, véase Jn. 9:4), y mañana para otros (los salvados, véase Ro. 13:11, 12).

IX. Arabia (21:13-17).
A. Arabia era la tierra de los ismaelitas, las tribus de beduinos del desierto, los que hoy conocemos como árabes.
B. Serían tan severamente juzgados que sólo unos pocos de sus flecheros valientes sobrevivirían (21:17).

X. Tiro (cap. 23).
Esta es la décima y la última de la cargas contra las naciones. Vernon McGee sugiere que cada una de estas grandes naciones simboliza o representa algún principio, filosofía o sistema que Dios va a juzgar. Son:
Babilonia: la religión falsa, la idolatría.
Asiria: la dureza despiadada.
Filistea: el orgullo extremado.
Moab: el formalismo religioso.
Damasco: el sincretismo.
Etiopía: el complejo industrial militar.
Egipto: el mundo.
Edom: la carne.
Arabia: la guerra.
Tiro: la banca internacional, las multinacionales.

Tiro y Sidón fueron dos grandes ciudades de los fenicios. Sus naves entraron en todos los puertos mediterráneos, llegando incluso a navegar más allá de los pilares de Hércules (estrecho de Gibraltar). Sus barcos transportaron estaño de Inglaterra. Edificaron la ciudad de Cartago en el norte de África.

A. Tiro fue destruida por los babilonios y deportados sus habitantes en cautividad durante setenta años (23:15).
B. Fue así a causa de su orgullo y extremado materialismo (23:8). (Para observar varias notables semejanzas en la historia de Judá y en la vida de Nabucodonosor, véanse Jer. 25:11; 29:10; Dn. 9:24; 4:28-37.)
C. Nabucodonosor llegó con su asedio militar hasta las ciudades de la costa, invadió sus palacios y los convirtió en montones de escombros (23:13).
D. Egipto, su aliado, lloraría a causa de su rápida destrucción, junto con sus propios marineros, a quienes no les sería posible volver a casa para desembarcar (23:5-7). Para notar otra notable semejanza, ver el dolor de este mundo por la destrucción de Babilonia durante la tribulación (Ap. 18).
E. Tiro sería reedificada después de setenta años (al igual que Jerusalén), pero pronto degeneraría otra vez en el craso materialismo y orgullo de tiempos pasados (23:17).

Nota: El estudiante debería examinar en este momento Ezequiel 26 donde termina el relato histórico. Alejandro el Grande destruyó completamente tanto las ciudades de la costa como las de las islas de Tiro en el 332 a.C.

F. Tiro será reconstruida en el milenio y bendecida por Dios (23:18). (Véase también Sal. 45:12.)

La tribulación

I. Los pasajes principales:
A. Isaías 2:10-22.
B. 13:6-13.
C. 24:1-23.
D. 26:20, 21.
E. 34:1-10.
F. 42:13, 14.
G. 51:6.
H. 63:1-6.
I. 66:15, 16.

II. La acción principal:
A. La tierra:
1. Será terriblemente conmovida (2:21).
2. Se moverá de su sitio (13:13).
3. Será arrasada y trastornada (24:1).
4. Consumida por fuego (24:6).
5. Temblará y se hará pedazos (24:19).
6. Se tambaleará como un borracho (24:20).
7. No podrá ocultar a sus muertos (26:21).

B. Los cielos.
1. Las estrellas, el sol y la luna se oscurecerán (13:10).
2. Los astros del cielo se desintegrarán y los cielos se envolverán como un rollo (34:4; 51:6).
3. Las estrellas caerán como caen los higos cuando se sacude la higuera (34:4).

C. La humanidad pecadora.
1. Se esconderán en las cuevas y se meterán en los hoyos del suelo (2:19).
2. Se desmayarán de espanto y los corazones desfallecerán (13:7; 24:17).
3. Se retorcerán de dolor como mujeres de parto (13:8).
4. No experimentarán gozo (24:8-10).
5. Se cubrirán los montes con su sangre y el hedor de los muertos llenará los valles (34:3).
6. Serán aplastados por la ira de Dios como se aplastan las uvas en el lagar (63:3).

LA TRIBULACIÓN EN ISAÍAS

LA TIERRA

PASAJES PRINCIPALES

2:10-22 13:6-13 24:1-23

ACCIÓN PRINCIPAL

Será conmovida
Se moverá de su sitio
Será devastada y trastornada
Será consumida por fuego
Temblará y se hará pedazos
Se tambaleará como un borracho
No podrá ocultar a sus muertos

LOS CIELOS

PASAJES PRINCIPALES

26:20, 21 34:1-10 42:13, 14

ACCIÓN PRINCIPAL

El sol, la luna y las estrellas se oscurecerán
Los astros del cielo se desintegrarán y el cielo se envolverá como un rollo
Las estrellas caerán como caen los higos cuando se sacude la higuera

LA HUMANIDAD PECADORA

PASAJES PRINCIPALES

51:6 63:1-6 66:15, 16

ACCIÓN PRINCIPAL

Se esconderán en las cavernas y agujeros de la tierra
Se desmayarán de espanto y los corazones desfallecerán
Se retorcerán de dolor como mujeres de parto
No experimentarán gozo
Se cubrirán los montes con sus muertos
Se llenarán los valles con el hedor
Serán hollados por Dios como se pisa la uva en el lagar

El milenio

I. La salvación de las naciones gentiles:
   A. Isaías 2:2-4:
      «Acontecerá en lo postrero de los tiempos, que será confirmado el monte de la casa de Jehová como cabeza de los montes, y será exaltado sobre los collados, y correrán a él todas las naciones. Y vendrán muchos pueblos, y dirán: Venid, y subamos al monte de Jehová, a la casa del Dios de Jacob; y nos enseñará sus caminos, y caminaremos por sus sendas. Porque de Sion saldrá la ley, y de Jerusalén la palabra de Jehová. Y juzgará entre las naciones, y reprenderá a muchos pueblos; y volverán sus espadas en rejas de arado, y sus lanzas en hoces; no alzará espada nación contra nación, ni se adiestrarán más para la guerra.»
      Isaías 2:4 está grabado sobre los cimientos del edificio de las Naciones Unidas en Nueva York. Esta gloriosa verdad se cumplirá literalmente, por supuesto, durante el milenio. Pero hasta aquel día, las pavorosas palabras de Joel 3:9, 10, que son exactamente lo opuesto a este pasaje, continuarán siendo verdad.
   B. 11:10:
      «Acontecerá en aquel tiempo que la raíz de Isaí, la cual estará puesta por pendón a los pueblos, será buscada por las gentes; y su habitación será gloriosa.»
   C. 19:18-25:
      Israel sufrió quizá más bajo los diversos reinados brutales de Asiria y Egipto que cualquier otro pueblo. Pero Dios unirá de una manera sobrenatural durante el milenio a estas tres naciones en hermosa comunión.
      1. Los egipcios hablarán la lengua hebrea.
      2. Edificarán un altar y un monumento al Señor.
      3. Dios contestará sus oraciones y los sanará.
      4. Egipto y Asiria (Iraq) estarán conectados por una autopista.
      5. Ambos pueblos adorarán a Jehová y recibirán sus ricas bendiciones.
   D. 52:10:
      «Jehová desnudó su santo brazo ante los ojos de todas las naciones, y todos los confines de la tierra verán la salvación del Dios nuestro.»
   E. 56:6-8.
   F. 66:23:
      «Y de mes en mes, y de día de reposo en día de reposo, vendrán todos a adorar delante de mí, dijo Jehová.»
   Estos versículos tan gloriosos Juan los resume en Apocalipsis 21:23-27.
II. La salvación de Israel y de Jerusalén:
   A. 4:2-6.
      1. El Señor los limpiará de toda impureza moral.
      2. Serán bendecidos una vez más durante el día y la noche por la presencia de la gloria de Jehová.
   B. 11:12:
      «Y levantará pendón a las naciones, y juntará los desterrados de Israel, y reunirá los esparcidos de Judá de los cuatro confines de la tierra.»
   C. 14:3:
      «Y en el día que Jehová te dé reposo de tu trabajo y de tu temor, y de la dura servidumbre en que te hicieron servir.»
   D. 30:19:
      «Ciertamente el pueblo morará en Sion, en Jerusalén; nunca más llorarás; el que tiene misericordia se apiadará de ti; al oír la voz de tu clamor te responderá.»
   E. 32:18:
      «Y mi pueblo habitará en morada de paz, en habitaciones seguras, y en recreos de reposo.»
   F. 44:23:
      «Cantad loores, oh cielos, porque Jehová lo hizo; gritad con júbilo profundidades de la tierra; prorrumpid, montes, en alabanza; bosques, y todo árbol que en él está; porque Jehová redimió a Jacob, y en Israel será glorificado.»
   G. 49:10-13.
   H. 51:3, 11:
      «Ciertamente consolará Jehová a Sion; consolará todas sus soledades, y cambiará su desierto en paraíso, y su soledad en huerto de Jehová; se hallará en ella alegría y gozo, alabanza y voces de canto. Ciertamente volverán los redimidos de Jehová; volverán a Sion cantando, gozo perpetuo habrá sobre sus cabezas; tendrán gozo y alegría, y el dolor y el gemido huirán.»
   I. 52:1, 6-9.
   J. 59:20, 21:
      «Y vendrá el Redentor a Sion, y a los que se volvieren de la iniquidad en Jacob, dice Jehová. Y este será mi pacto con ellos, dijo Jehová: El Espíritu mío que está sobre ti, y mis palabras que puse en tu boca, no faltará de tu boca, ni de la boca de tus hijos, ni de la boca de los hijos de tus hijos, dijo Jehová, desde ahora y para siempre.»

K. 60:1-3, 11-13, 19-22.
L. 62:1-4.
M. 65:18-24.
N. 66:10, 12:

«Alegraos con Jerusalén, y gozaos con ella, todos los que la amáis; llenaos con ella de gozo, todos los que os enlutáis por ella. Porque así dice Jehová. He aquí que yo extiendo sobre ella paz como un río, y la gloria de las naciones como torrente que se desborda; y mamaréis, y en los brazos seréis traídos, y sobre las rodillas seréis mimados.»

Estos versículos tan preciosos los resumió el apóstol Pablo en Romanos 11:1, 26, 27.

III. La salvación de los afligidos:

A. 29:18:

«En aquel tiempo los sordos oirán las palabras del libro, y los ojos de los ciegos verán en medio de la oscuridad y de las tinieblas.»

B. 35:3-6.
C. 42:16:

«Y guiaré a los ciegos por camino que no sabían, les haré andar por sendas que no habían conocido; delante de ellos cambiaré las tinieblas en luz, y lo escabroso en llanura. Estas cosas les haré, y no los desampararé.»

Estos versículos tan conmovedores los encontramos resumidos por Juan en Apocalipsis 22:1-5.

IV. La salvación de toda la naturaleza.

A. 11:6-9.
B. 14:7, 8.

«Toda la tierra está en reposo y en paz; se cantaron alabanzas. Aun los cipreses se regocijaron a causa de ti, y los cedros del Líbano, diciendo: Desde que tú pereciste, no ha subido cortador contra nosotros.»

C. 30:23-26.
D. 35:1, 2, 7-10:

«Se alegrarán el desierto y la soledad; el yermo se gozará y florecerá como la rosa. Florecerá profusamente, y también se alegrará y cantará con júbilo; la gloria del Líbano le será dada, la hermosura del Carmelo y de Sarón. Ellos verán la gloria de Jehová, la hermosura del Dios nuestro. El lugar seco se convertirá en estanque, y el sequedal en manaderos de aguas; en la morada de chacales, en su guarida, será lugar de cañas y juncos. Y habrá allí calzada y camino, y será llamado Camino de Santidad; no pasará inmundo por él, sino que él mismo estará con ellos; el que anduviere en este camino, por torpe que sea, no se extraviará. No habrá allí león, ni fiera subirá por él, ni allí se hallará, para que caminen los redimidos. Y los redimidos de Jehová volverán, y vendrán a Sion con alegría; y gozo perpetuo será sobre sus cabezas; y tendrán gozo y alegría, y huirá la tristeza y el gemido.»

E. 40:4, 5:

«Todo valle sea alzado, y bájese todo monte y collado; y lo torcido se enderece, y lo áspero se allane. Y se manifestará la gloria de Jehová, y toda carne juntamente la verá; porque la boca de Jehová ha hablado.»

F. 65:25:

«El lobo y el cordero serán apacentados juntos, y el león comerá paja como el buey; y el polvo será el alimento de la serpiente. No afligirán, no harán mal en todo mi santo monte, dijo Jehová.»

Estos versículos tan llenos de esperanza los resume el apóstol Pablo en Romanos 8:18-25.

EL MILENIO EN ISAÍAS

Una cuádruple salvación

De las naciones gentiles
2:2-4; 11:10; 19:18-25; 52:10; 56:6-8

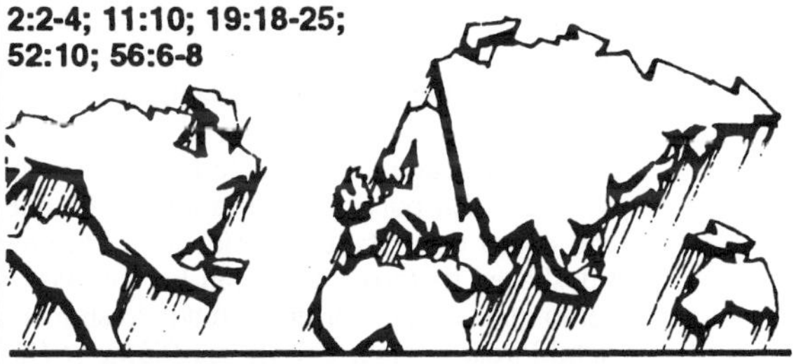

De Israel y Jerusalén
4:2-6; 11:12; 14:3; 30:19; 32:18; 44:23; 49:10-13; 51:3, 11; 52:1, 6-9; 59:20, 21; 60:1-3, 11-13, 19-22; 62:1-4; 65:18-24; 66:10, 12

De los afligidos **29:18; 35:3-6; 42:16**

De toda la naturaleza
11:6-9; 14:7, 8; 30:23-26; 35:1, 2, 7-10; 40:4, 5; 65:25

1.000

NAHUM (630-612 a.C.)

INTRODUCCIÓN

1. El nombre Nahum significa «consolador».
2. El cuartel general de Jesús en Galilea, en tiempos del Nuevo Testamento, era Capernaum, que literalmente significa «ciudad de Nahum». Muchos creen que el nombre de Capernaum le fue puesto en recuerdo del profeta.
3. El libro toca solamente un tema: la horrible y total destrucción futura de Nínive. En el tiempo de esta profecía, Nínive aparecía como inexpugnable, con sus murallas de 100 pies (más de 30 m) de altura y tan anchas que los carros podían correr sobre ellas. Tenía una circunferencia de unas 60 millas (unos 96 km) y se hallaba protegida por más de 1.200 torres.
4. Nínive cayó en el año 612 (unos dieciocho años después de darse esta profecía) y quedó completamente destruida. La atacaron los medos por el norte y los babilonios por el sur.
5. Nahum no solamente predijo la caída de Nínive, sino también la manera en que lo haría. (Nótese 1:8: «Mas con inundación impetuosa consumirá a sus adversarios....»)

La historia nos cuenta que Nabopolasar, el rey de Babilonia que dirigía las fuerzas invasoras, asedió la ciudad durante tres años, lanzando tres ataques masivos contra ella, pero sin lograr rendirla. Debido a esto los asirios se regocijaban dentro de la ciudad y organizaban frecuentes fiestas. Inesperadamente el río Tigris se desbordó y la corriente impetuosa azotó las murallas de la ciudad logrando abrir un agujero en ellas. Por allí penetraron los babilonios y la ciudad fue conquistada y destruida.

6. La destrucción de Nínive fue tan completa que cuando Alejandro Magno marchó con su ejército sobre el desolado terreno que una vez fue el cimiento de tan soberbios edificios y murallas, no pudieron comprobar que allí una vez hubo una ciudad. No fue hasta 1845 d.C. que las excavaciones en el lugar sacaron a la luz los restos de la ciudad de Nínive.
7. Dios había usado anteriormente a Jonás (150 años antes) para advertirles acerca del juicio, pero ahora, a causa de que la ciudad recayó en tan baja condición moral, el Señor llamó a Nahum para que profetizara sobre la realidad del juicio.

I. La paciencia de Dios (1:1-8).

«Jehová es tardo para la ira y grande en poder...» (Véanse Gn. 15:16; Sal. 103:8.)

Por más de 500 años, Nínive y los asirios fueron el terror del Asia occidental. Pero aunque la paciencia de Dios es infinita en profundidad no es eterna en duración. El tiempo del juicio llegaría pronto.

II. El orgullo de Senaquerib (1:9-14).

«De ti salió el que imaginó mal contra Jehová, un consejero perverso» (1:11).

Se está generalmente de acuerdo en que este consejero perverso es Senaquerib, el malvado rey asirio que invadió Judá y sitió Jerusalén en el 701 a.C. Aunque el ejército de Senaquerib había sido aplastado a las puertas de Jerusalén y el mismo fue asesinado años antes de esta profecía (véase 2 R. 19:35-37), la arrogancia de este rey parecía simbolizar el orgullo de Nínive y es, por tanto, usado aquí.

Senaquerib había hecho de Nínive una ciudad magnífica, trazando sus calles y plazas, y edificando en ella un famoso palacio que «no tenía rival». Sus dimensiones eran fantásticas, de unos 600 x 630 pies (183 x 192 m). Contenía al menos ochenta recámaras, muchas de las cuales estaban adornadas con esculturas.

III. La promesa de Judá (1:15).

«He aquí sobre los montes los pies del que trae buenas nuevas, del que anuncia la paz. Celebra, oh Judá, tus fiestas, cumple tus votos; porque nunca más volverá a pasar por ti el malvado; pereció del todo.»

Judá no volvería a tener temor de esta cruel nación.

IV. El castigo de Nínive (caps. 2—3).

A. La certeza de este terrible castigo (3:11-19).

Nahum compara a Nínive con Tebas (No Amón o ciudad de Amón, véase 3:8), la que fue gran capital del Egipto alto. También presumieron mucho de que no había poder en la tierra capaz de someterlos. Sin embargo, tanto Jeremías (46:25) como Ezequiel (30:14-16) predijeron su destrucción, lo que fue cumplido por Sargón de Asiria durante su campaña contra Egipto. Ahora le había llegado el tiempo a Nínive.

B. La descripción del castigo.

«Los escudos rojean a la luz del sol. ¡El ataque comienza! ¡Miren sus uniformes de grana! Vean sus carros relucientes que avanzan veloces. Tus propios carros corren por las calles y las plazas, como dardos, como el relámpago,

NAHUM

LA DESTRUCCIÓN DE NÍNIVE

El autor de la destrucción:

DIOS MISMO

La razón de la destrucción:

EL PECADO

El instrumento usado para su destrucción:

BABILONIA

1. **La paciencia de Dios (1:8)**
   Dios una vez contuvo su mano de juicio sobre Nínive por medio de Jonás, pero ahora su paciencia se había agotado.
2. **El orgullo del rey asirio (1:9-14)**
3. **La promesa a Judá (1:15)**
   Judá ya no tenía que temer a aquella cruel nación
4. **El castigo de Nínive (2—3)**
   Su certeza (3:11-19)
   Su descripción (2:3-9)

brillantes como antorchas. El rey llama a sus oficiales; ellos tropiezan en su prisa, corriendo hacia los muros para establecer sus defensas. Pero, ¡es demasiado tarde! ¡Las compuertas del río se abrieron! ¡El enemigo ha entrado! ¡En el palacio cunde el pánico! La reina de Nínive es llevada desnuda a la calle, y es conducida cautiva con todas sus damas que lloran tras ella; lloran como palomas, y se golpean el pecho. Nínive es como un viejo estanque corroído. Sus soldados se van, la dejan abandonada. No los puede retener. "Deténganse, esperen", grita ella, pero ellos siguen corriendo. ¡Saqueen la plata! ¡Saqueen el oro! Parecen no tener fin sus tesoros. Su abundante e incontable riqueza ha sido arrebatada. En poco tiempo la ciudad ha quedado como un matadero vacío; los corazones se deshacen de terror; tiemblan las rodillas; el pueblo queda despavorido, demudado su rostro y tembloroso» (Nah. 2:3-10, *La Biblia al Día*, Editorial Unilit).

SOFONÍAS (625-610 a.C.)

INTRODUCCIÓN

1. El nombre Sofonías significa «Jehová oculta o protege».
2. Era el tataranieto del rey Ezequías y, por tanto, de sangre real.
3. Ministró durante el reinado del rey Josías, el último de los reyes fieles a Dios. El profeta era de la familia de Josías.
4. Su ministerio bien pudo haber ayudado a la preparación del gran avivamiento del 621 a.C., bajo el reinado de Josías, cuando se descubrió la ley de Moisés durante la reparación del templo. (Véase 2 Cr. 34—35.)

I. Un día malo: el profeta anuncia juicio (1:1—3:8).

A. Sobre la tierra de Dios:
1. El hecho del juicio: Dios destruiría todo lo que hubiera en la tierra, incluyendo a los animales, el hombre, las aves y aun los peces (1:2-4).
2. La razón del juicio: Judá había adorado a Baal (el gran dios del panteón cananeo) y a Milcom (la principal deidad amonita) y había ignorado al verdadero Dios (1:5, 6).
3. El nombre de este juicio: el profeta lo llama «el día de Jehová». Este término es usado no menos de siete veces. (Véanse 1:7, 8, 14, 18; 2:2, 3.)
4. Los resultados de este juicio (1:14-18).

Nota: Sofonías evidentemente no sólo tenía en mente el hecho histórico de la invasión de Babilonia del 605-586 a.C., sino también la futura gran tribulación. (Véase Ap. 6:12-17.)

B. Sobre los enemigos de Dios:
1. Las ciudades filisteas de Gaza, Ascalón, Asdod y Ecrón serían arrancadas de raíz y dejadas arrasadas (2:4-6).
2. Moab y Amón serían destruidas como Sodoma y Gomorra por insultar a Judá e invadir su tierra (2:8-11). (Véase Gn. 19.)
3. Etiopía caería herida por la espada del Señor (2:12).
4. Asiria y su capital Nínive serían arrasadas y dejadas en completa desolación (2:13-15).

C. Sobre la ciudad de Dios:
1. Un grito de socorro empezaría en la puerta del Pescado y se escucharía de puerta en puerta hasta alcanzar la parte más alta de la ciudad (1:10).
2. Dios planeaba registrar con lámparas los rincones más oscuros de Jerusalén para encontrar y castigar a todos los pecadores (1:12, 13).
3. Los líderes de la ciudad son como leones rugientes y lobos nocturnos que devoran a todas sus víctimas (3:1-7).

II. Un día bueno: el profeta anuncia justicia (3:8-20).

A. Sobre los que un día fueron enemigos de Dios (3:9, 10):

«En aquel tiempo devolveré yo a los pueblos pureza de labios, para que todos invoquen el nombre de Jehová, para que le sirvan de común consentimiento. De la región más allá de los ríos de Etiopía me suplicarán; la hija de mis esparcidos traerá mi ofrenda.»

La expresión «pureza de labios» del 3:9 puede referirse a dos cosas:
1. Puede indicar una revocación de la maldición sobre el idioma que se produjo en Babel (Gn. 11:9), permitiéndole así al hombre redimido volver a gozar de una lengua universal, quizá compuesta de lo mejor de todas las lenguas hoy existentes.
2. Ello conlleva sin duda a la pureza moral. En otras palabras, este nuevo idioma no contendrá palabras sucias.

B. Sobre la tierra de Dios (3:13):

«El remanente de Israel no hará injusticia ni dirá mentira, ni en boca de ellos se hallará lengua engañosa, porque ellos serán apacentados, y dormirán, y no habrá quien los atemorice.»

C. Sobre la ciudad de Dios (3:14-20):
1. Jerusalén una vez más volverá a llenarse de música y canto, porque el tema de sus himnos, el Rey de Israel, estará allí (3:14, 15).
2. Dios mismo dirigirá este canto feliz (3:17).

SOFONÍAS

Juicio

El profeta anuncia juicio (1:1—3:8)
SOBRE LA TIERRA DE DIOS
El hecho del juicio (1:2-4)
La razón del juicio (1:5, 6)
El nombre del juicio (1:7, 8, 14, 18; 2:2)
Los resultados del juicio (1:14-18)

SOBRE LOS ENEMIGOS DE DIOS
Filistea (2:4-6)
Moab y Amón (2:8-11)
Etiopía (2:12)
Asiria (2:13-15)

SOBRE LA CIUDAD DE DIOS
Sus puertas (1:10)
Sus ciudadanos (1:12, 13)
Sus líderes (3:1-7)

Justicia

El profeta anuncia justicia (3:9-20)
SOBRE LOS ANTIGUOS ENEMIGOS DE DIOS
Durante el milenio todas las naciones adorarán a Dios (3:9)

SOBRE LA TIERRA DE DIOS
Israel habitará en paz (3:13)

SOBRE LA CIUDAD DE DIOS
Jerusalén se llenará de música y canto (3:14, 15)
Dios mismo dirigirá en canto (3:17)

HABACUC (620-610 a.C.)

INTRODUCCIÓN

1. Su nombre significa «abrazar».
2. Habacuc fue el último de los profetas menores que escribió para el reino del sur antes de la cautividad babilónica en el año 606 a.C., al igual que Miqueas fue el último de los profetas para el reino del norte antes de la cautividad asiria en el 721 a.C.
3. Era aparentemente uno de los levitas que servían como corista en el templo. Su declaración última: «Al jefe de los cantores, sobre mis instrumentos de cuerdas», revela que esta parte era realmente un canto.
4. Es un libro de profundas dudas. Habacuc ha sido llamado el Tomás Dubitativo del Antiguo Testamento. Sus dudas se centran alrededor de dos problemas dolorosos.
   a. ¿Cómo puede Dios permitir los pecados de Israel y no castigarlo? Dios le dice entonces que Judá será ciertamente castigada mediante los babilonios.
   b. ¿Cómo puede Dios permitir —preguntaba él— que una nación impía y pagana sea el instrumento para castigar a Judá, que al menos cree en el verdadero Dios y tiene todavía algunos hombres buenos?
5. A Habacuc le es dado presenciar una de las más grandes manifestaciones de la gloria y el poder de Dios de toda la Biblia (3:1-16). Es una reminiscencia de la que disfrutó Moisés en el Monte Sinaí (Ex. 19).
6. La gran declaración teológica de Habacuc: «El justo por su fe vivirá» (2:4), es citada no menos de tres veces en el Nuevo Testamento. (Véanse Ro. 1:17; Gá. 3:11; He. 10:38.)
7. Se ha señalado que el libro empieza con oscuridad

pero termina con gloria. Las dudas del profeta se convierten en gritos de victoria.

I. Las dudas (caps. 1—2).
A. Su pregunta: «¿Vas a castigar a nuestra nación?» El profeta lloraba por las maldades de Judá.
1. A donde quiera que miraba contemplaba opresión y soborno (1:3).
2. Las leyes no se cumplían y en los tribunales prevalecía la injusticia (1:4).
B. La respuesta de Dios: «Lo haré mediante los enemigos de Judá.» Esto sucedería en vida del profeta (1:5).
1. El empezaba ya a levantar un nuevo poder en el escenario mundial, los caldeos, una tribu semita que vivía entre Babilonia y el golfo Pérsico y que empezaron a afirmarse a sí mismos en contra del Imperio Asirio alrededor del 630 a.C. (1:6).
2. Llegarían a ser famosos por su crueldad (1:7).
a. Sus caballos eran más veloces que los leopardos (1:8).
b. Sus soldados eran más feroces que los lobos nocturnos (1:8).
C. Su pregunta: «¿Castigarás también a estos caldeos?» A Habacuc le costaba comprender por qué Dios iba a permitirle a esta nación pagana castigar a su propio pueblo, cuando ellos eran aún más pecadores que los judíos (1:12-17).

«Muy limpio eres de ojos para ver el mal, ni puedes ver el agravio; ¿por qué ves a los menospreciadores, y callas cuando destruye el impío al más justo que él?»

Habacuc continúa buscando respuestas. Él quiere saber:
1. ¿Va a ser el pueblo de Dios atrapado y matado como si fueran peces? (1:14).
2. ¿Se van a apoderar de ellos como con anzuelos y redes? (1:15).

Dios entonces responde a su pregunta acerca de si va a castigar a los caldeos.
D. La respuesta de Dios: «Sí, lo haré por medio de mis ayes.» Habacuc se sube a su puesto de vigilancia para esperar la respuesta del Señor, la cual no se hace esperar.
1. Dios le dice que los caldeos serían ciertamente castigados, pero en el tiempo por él establecido (2:3). Esto aconteció más tarde, porque como setenta y cinco años después Babilonia cayó en poder de los medos y los persas. (Ver Dn. 5.)
2. Babilonia sería castigada por sus muchos pecados.
a. Habían destruido muchas naciones sin compasión alguna (2:8).
b. Habían degenerado en una nación de bebedores (2:5).
c. Habían adorado a varios ídolos paganos (2:18, 19).
d. Todo esto sucedería sin duda alguna porque «Jehová está en su santo templo; calle delante de él toda la tierra» (2:20). En otras palabras, el juicio estaba a punto de empezar, el juez está ya sentado en el tribunal, por tanto, permanezca la sala en silencio.

II. Los gritos (cap. 3).
A. El alma del profeta es reanimada. Habacuc ya había concluido por sí mismo, aun antes de esto que «el justo por su fe vivirá» (2:4).

Pero ahora profundiza mucho en la gracia y en la gloria de Dios.

«Oh Jehová, he oído tu palabra y temí. Oh Jehová, aviva tu obra en medio de los tiempos, en medio de los tiempos hazla conocer; en la ira acuérdate de la misericordia» (3:2).
B. Los ojos del profeta son reafirmados. En 3:3-16 leemos que Habacuc contempló una manifestación tremenda de la gloriosa majestad de Dios.
1. Le ve moviéndose a través de los desiertos desde el monte Sinaí.
2. Su brillante resplandor llena la tierra.
3. De sus manos brotan rayos de luz.
4. Habacuc le ve que se detiene por un momento y mira a la tierra. La tierra tiembla, las naciones se estremecen y las montañas se derrumban, cuando él mira.
5. Le ve (en una visión histórica) partir las aguas del mar Rojo. (Véase Ex. 14.)
6. Le ve dirigir a Israel a Palestina por medio del desierto hostil.
C. El corazón del profeta se regocija.

«Con todo, yo me alegraré en Jehová, y me gozaré en el Dios de mi salvación» (3:18).
D. Los pies del profeta son renovados.

«Jehová el Señor es mi fortaleza, el cual hace mis pies como de ciervas, y en mis alturas me hace andar» (3:19).

HABACUC

Las dudas (Habacuc 1—2)

SU PREGUNTA: *¿Vas a castigar a nuestra nación?*
LA RESPUESTA DE DIOS: *Lo haré por medio de sus enemigos.*
Habacuc se preguntaba si Dios iba a permitir que los pecados de Judá quedaran sin castigar. *La cautividad en Babilonia era la respuesta.*
SU PREGUNTA: *¿Vas a castigar a nuestros enemigos?*
LA RESPUESTA DE DIOS: *Sí, ¡lo haré por medio de mis ayes!*
Dios le informa a Habacuc que Babilonia, el enemigo de Judá, sería también castigada por sus pecados.

«El justo por su fe vivirá» (2:4)

Los gritos (3)

El alma del profeta es reanimada (3:2).
Los ojos del profeta son reafirmados (3:3-16).
El corazón del profeta se regocija (3:18).
Los pies del profeta son renovados (3:9).

JEREMÍAS (Destino: reino del sur)

I. Los reyes bajo los cuales Jeremías ministró.
A. Josías. Jeremías fue llamado por Dios durante el reinado del rey Josías, el último rey bueno de Judá.
B. Joacim. Este rey impío quemó el rollo original de la profecía de Jeremías.
C. Joaquín. Reinó sólo tres meses. Hizo lo malo ante los ojos de Dios y Jeremías le condenó enérgicamente.
D. Sedequías. Fue el último rey de Judá; el profeta sufrió mucho durante su reinado.
E. Nabucodonosor. Jeremías es tratado respetuosamente por este gran conquistador babilonio.
F. Gedalías. Fue nombrado gobernador por Nabucodonosor para que le representara en Jerusalén.
G. Johanán. Se hizo cargo de la situación después del

JEREMÍAS

SU VIDA PERSONAL

1. Era el hijo de un sacerdote (**Jer. 1:1**).
2. Se le ordenó que permaneciera soltero (**16:2**).
3. Se resistió al principio al llamamiento de Dios, alegó como excusa que era muy joven (**1:6**).
4. Dios le aseguró que le había escogido a él desde antes que naciera (**1:5**).
5. Intentó encontrar un hombre honrado en Jerusalén (**5:1-5**).
6. Razonó con Judá para que volviera a Dios (**3:12-14; 26:1-7**).
7. Denunció sin temor el pecado de Judá y por ello fue perseguido por:
   - Su familia (**12:6**).
   - La gente de su pueblo (**11:21**).
   - Los líderes religiosos (**20:1-3; 26:7-9; 37:11-16**).
8. Hizo una lista de los pecados de Judá.
   - Su adoración de la «reina del cielo» (**7:18; 44:17**).
   - El sacrificio de sus propios hijos a dioses paganos (**8:31; 9:15**).
   - El asesinato de los propios profetas de Judá (**2:30**).
9. Les advirtió acerca de la cautividad babilónica que se avecinaba.
   - Jerusalén sería cercada y asediada (**4:17; 6:3-5**).
   - Sus propios árboles serían usados contra ella (**6:6**).
   - El templo sería destruido (**7:14**).
   - Los cadáveres servirían para comida de los animales (**7:32; 9:22; 12:8, 9**).
   - Desterrados durante setenta años (**7:15; 25:11; 29:10**).
10. Lloró por esta cautividad (**4:19-21; 8:18, 21; 9:1, 2, 10; 13:17; 14:17**).
11. Su manuscrito original fue quemado por el rey Joacim (**36:21-23**).
12. Amenazó con dejar el ministerio (**20:7-9, 14-18**).
13. Se le ordenó cuando todavía estaba en la cárcel que. comprara un campo como un acto de prueba (**32:6-15**).
14. Fue liberado por Nabucodonosor (**40:1-6; 39:14**).
15. Ayudó al gobernador Gedalías (**40:6**).
16. Aconsejó a Johanán cuando Gedalías había muerto (**42:1-5**).
17. Fue forzado por Johanán a marchar a Egipto (**43:1-7**).
18. Continuó predicando en contra del pecado (**43—44**).
19. Murió probablemente en Egipto.

«Te di por profeta
a las naciones.»
—Jeremías

REYES EN CUYOS REINADOS PROFETIZÓ

JOSÍAS: el último rey piadoso de Judá.

JOACIM: un rey impío que quemó el escrito profético.

JOAQUÍN: reinó sólo tres meses y fue juzgado por Dios.

SEDEQUÍAS: el último rey de Judá.

NABUCODONOSOR: el gran conquistador babilonio.

GEDALÍAS: el gobernador de Jerusalén nombrado por Nabucodonosor.

JOHANÁN: el sucesor de Gedalías cuando éste fue asesinado.

GENTE A LA QUE MINISTRÓ

1. Advirtió a la mayoría de Judá acerca de la cautividad que se avecinaba.
2. Animó a la minoría que ya se encontraba desterrada en Babilonia (véase cap. **29**).

NACIONES CONTRA LAS QUE PROFETIZÓ

EGIPTO 46:1-27
Sería derrotado por Nabucodonosor en la batalla de Carquemis.

FILISTEA 47:1-6
Sería invadida y destruida por los egipcios.

MOAB 48:1-47
Sería conquistada por Babilonia.

AMÓN 49:1-6
Sería destruida por su pecado contra Israel
Sería restaurada durante el milenio.

EDOM 49:7-22
Quedaría como Sodoma y Gomorra.

DAMASCO 49:23-27
Sería destruida en un solo día.

CEDAR Y HAZOR 49:28-35
Serían destruidas por Nabucodonosor.

ELAM 49:34-39
Sería invadida y dominada por Nabucodonosor.
Será restaurada durante el milenio.

BABILONIA 50:1—51:64
Estas profecías tienen que ver con dos Babilonias.
(Véase el siguiente bosquejo.)

trágico asesinato de Gedalías y más tarde obligó a Jeremías a que acompañara a un remanente judío a Egipto.

II. El triple ministerio de Jeremías.

A. Advirtió a la mayoría que todavía quedaba en Judá de la cautividad bajo Babilonia que se avecinaba.

B. Confortó a la minoría que ya estaba cautiva en Babilonia (cap. 29). Jeremías escribió una carta para alentar a los judíos exiliados en Babilonia (29:1-32).

1. Tenían que estar allí para una larga permanencia de setenta años.
2. Debían orar por la paz y prosperidad de Babilonia a fin de que ellos mismos pudieran vivir en paz.
3. Tenían que ignorar las mentiras de los falsos profetas y médiums en Babilonia, de otra manera serían castigados junto con ellos.
4. Jeremías pronuncia la sentencia de muerte de parte de Dios para dos de estos profetas llamados Acab y Sedequías, por sus mensajes falsos y sus pecados de adulterio (29:20-23).
5. También avisó a los exiliados acerca de un hombre llamado Semaías que estaba enviando cartas desde Babilonia a los líderes influyentes de Jerusalén en contra de Jeremías (29:23-32).
6. Dios todavía los amaba y algún día los traería de vuelta a Jerusalén (29:14).

C. Pronunció juicio sobre nueve naciones gentiles (46—51). Estas naciones eran:

Egipto (46:1-27).
Filistea (47:1-6).
Moab (48:1-47).
Amón (49:1-6).
Edom (49:7-22).
Damasco (49:23-27).
Cedar y Hazor (49:28-33).
Elam (49:34-39).
Babilonia (50—51).

Después de citar a cada una de estas naciones, trata con cada una de ellas en una forma específica:

1. Egipto (46:1-27).
   a. Egipto sería derrotado por Nabucodonosor en la batalla de Carquemis (46:2).
   b. Su ejército huiría aterrorizado y el río Éufrates se llenaría de cadáveres egipcios (46:5, 6).
   c. El mal que había producido su pecado (como el de Judá) era ya incurable (46:11).
   d. El faraón Hofra, rey de Egipto, es ridiculizado como un hombre que hace mucho ruido pero no tiene poder (46:17).
   e. Egipto quedaría dominado por Nabucodonosor (46:26).
2. Filistea (47:1-6).
   a. Sería invadida por los egipcios. Esto sucedió en el 606 a.C., el año en que murió el rey Josías (47:1).
   b. Los más fuertes entre los filisteos llorarían y los padres huirían, dejando abandonados e indefensos a sus hijos (47:2, 3).
   c. Tiro y Sidón, aliados de Filistea, serían destruidos al mismo tiempo (47:4).
   d. Gaza y Ascalón, las dos ciudades filisteas principales, quedarían completamente arrasadas (47:5).
3. Moab (48:1-47).
   a. Los ejércitos de Nabucodonosor invadirían Moab (48:1, 2).
   b. Su dios Quemos sería desterrado junto con sus sacerdotes y príncipes (48:7).
   c. Hasta ese momento Moab había vivido en relativa paz, librándose de otras invasiones (48:11).
   d. Al final, Moab se sentiría tan avergonzado de Quemos, su ídolo-dios nacional, como Israel lo estuvo de su becerro de oro en Bet-el (48:13).
   e. Moab, el antepasado que dio origen a los moabitas, había nacido en una cueva (Gn. 19:37). Durante la temible invasión babilónica los moabitas huirían buscando refugio en las cuevas (48:28).
4. Amón (49:1-6).
   a. Esta nación sería castigada por ocupar las ciudades de Israel después de la cautividad y por su adoración del falso dios Milcom (49:1).
   b. Milcom sería llevado en cautiverio junto con los sacerdotes y gente importante de Amón (49:3).
   c. Amón será restaurada durante el milenio (49:6).
5. Edom (49:7-22).
   a. Las ciudades de Edom quedarían tan silenciosas como Sodoma y Gomorra (49:18).
   b. Los gritos del pueblo de Edom pidiendo auxilio se escucharán tan lejos que llegarán hasta el mar Rojo (49:21).
   c. Dios, sin embargo, tendría misericordia de sus viudas y huérfanos (49:11).
6. Damasco (49:23-27).
   a. Todo su ejército sería destruido en un solo día (49:26).
   b. Un incendio empezaría en los muros de Damasco y consumiría los palacios de Ben-adad (49:27).
7. Cedar y Hazor (49:28-34).
   a. Cedar era el nombre de una tribu árabe que vivía en el desierto al este de Palestina y que sería destruida por Nabucodonosor (49:28).
   b. Dios mismo ordenó a Nabucodonosor que destruyera a estas tribus beduinas, ricas, arrogantes y materialistas (49:31).
   c. Hazor, otra tribu árabe ubicada en las cercanías, iba a quedar convertida para siempre en desierto y nunca la volverían a reedificar (49:33).
8. Elam (49:34-39).
   a. Elam estaba localizada al este de los ríos Tigris y Éufrates y tenía por capital a Susa. Fue invadida por Nabucodonosor en el invierno del año 596 a.C. Sedequías, el último rey de Judá, empezó a reinar en Jerusalén en ese año (49:34).
   b. Elam será restaurada durante el milenio (49:39).
9. Babilonia (50:1—51:64).
   a. Parece que Jeremías se refiere a dos Babilonias en estos versículos. Una es la Babilonia histórica, capturada por Darío, el caudillo persa, en octubre del 539 a.C. (véase Dn. 5), y la otra es la futura Babilonia que Dios mismo destruirá. (Véase Ap. 18:18.)
   b. Después de la destrucción de ambas Babilonias, Israel buscaría a su Dios. Esto

ocurrió históricamente (Esd. 1) y volverá a acontecer en el futuro (Zac. 13:9-11).

c. Después de la destrucción final de Babilonia (Ap. 18), la ciudad nunca más volverá a ser habitada (51:26).

d. Las naciones impías llorarían por la destrucción de ambas Babilonias (Jer. 50:46; Ap. 18).

e. Los israelitas debían de huir de ambas Babilonias (Jer. 51:6; Ap. 18:4).

f. Las dos ciudades son representadas como copas de oro llenas de iniquidades de las que las naciones bebieron y se embriagaron (Jer. 51:7; Ap. 17:1-6).

g. Los cielos se regocijan por la destrucción de ambas (Jer. 51:10, 48; Ap. 18:20).

III. La historia personal de Jeremías.

A. Fue llamado a una dedicación completa durante el reinado de Josías (1:1-10). Tenía que permanecer soltero (16:2).

1. Jeremías era hijo de Hilcías, una familia de sacerdotes que vivía en Anatot, a unas 3 millas (5 km) al noroeste de Jerusalén, en tierra de Benjamín (1:1).

2. Recibió el llamamiento a un ministerio de tiempo completo durante el año decimotercero del reinado del piadoso rey Josías (1:6).

a. Jeremías se resistió al principio a este llamamiento (como lo había hecho una vez Moisés, Ex. 3—4), presentando su juventud como una excusa (1:6).

b. Dios, no obstante, le reafirmó inmediatamente que:

(1) Le había escogido a él aun desde antes de su nacimiento para ser un portavoz divino para todas las naciones (1:5).

(2) Dios, por tanto, daría el mensaje al mensajero que él había elegido (1:7-10).

3. Debido a sus osados mensajes concernientes al juicio venidero, Jeremías fue perseguido por su propia familia (12:6), por sus paisanos de Anatot (11:21), y posteriormente por toda la nación de Judá.

4. Al comenzar su ministerio, Dios le mostró dos cosas que subrayaban la naturaleza e importancia de su ministerio.

a. Le fue mostrada una rama de almendro (1:11). A causa de que este árbol florece antes que los demás, el almendro simbolizaba lo cercano que estaba el cumplimiento del juicio de Dios.

b. Vio una olla de agua hirviendo que se inclinaba hacia el sur desde el norte. Esto simbolizaba la invasión babilónica (1:13).

5. Jeremías llora por la destrucción de Judá que se aproxima (4:19-21). Esto lo hizo frecuentemente (véanse 8:18, 21; 9:1, 2, 10; 13:17; 14:17).

6. Dios le encomienda (a semejanza del griego Diógenes, que una vez recorrió las calles de Atenas procurando encontrar a un hombre honrado): «Recorred las calles de Jerusalén, y mirad ahora e informaos; buscad en sus plazas a ver si halláis hombre, si hay alguno que haga justicia, que busque verdad; y yo la perdonaré» (5:1). Dios hizo una vez un acuerdo similar con Abraham en relación con Sodoma (véase Gn. 18:23-33).

7. Jeremías admite que esta espantosa condición es una realidad entre los pobres y los ignorantes, pero él siente que puede encontrar hombres honrados entre los líderes educados y ricos de Judá. Sin embargo, todos habían rechazado a Dios por completo (5:4, 5).

8. El rey Josías fallece después de treinta y un años de fructuoso reinado. El apenado profeta asiste a su funeral (2 Cr. 35:25). El último rey bueno de Judá ha muerto y el país iría espiritualmente cuesta abajo desde ahora en adelante.

B. Razona con Judá acerca de su reconciliación con Dios (3:12-14; 26:1-7).

1. Dios invitó repetidas veces a Israel a que volviera a él (2:9).

2. Le recibiría aun después de su inmoralidad con otros amantes (3:1). Esto estaba prohibido por la ley mosaica (véase Dt. 24:1-4).

3. Jeremías, usando una figura agrícola, contiende con ellos para que aren la dureza de sus corazones no sea que queden ahogados en espinos (4:3, 4).

4. Podían todavía escapar del juicio limpiando sus corazones y purificando sus pensamientos (4:14).

5. Arrepentirse significaba que podrían permanecer en la tierra (7:3).

6. Rechazarlo significaba que quedarían cubiertos por espesa oscuridad (13:16).

C. Declara sin temor el juicio venidero a manos de los babilonios. Seguidamente cita los pecados de Judá.

1. Judá ha olvidado la fuente de agua viva y se ha cavado para sí cisternas, cisternas rotas que no retienen el agua (2:13).

2. La nación se había transformado en una raza de gente degenerada (2:21).

3. Ningún jabón ni lejía, por mucho que fuera, sería capaz de limpiar sus manchas (2:22).

4. Los líderes tenían sus ropas manchadas con la sangre de los inocentes y de los pobres (2:34).

5. Tenían el descaro de una prostituta (3:3).

6. Adoraban a los dioses falsos en todo monte alto y bajo todo árbol frondoso (3:6).

7. Habían matado a sus profetas como un león mataría a su presa (2:30).

8. Eran tan insolentes como el bronce y duros y crueles como el hierro (6:28).

9. Habían establecido ídolos en el mismo templo y adoraban a una diosa pagana llamada «reina del cielo» (7:18; 44:17).

10. Habían sacrificado en realidad a sus propios hijos ofreciéndolos como ofrendas quemadas a los dioses paganos (7:31; 19:5).

D. Les advierte finalmente acerca de los terribles resultados que traería su desobediencia.

1. Grandes ejércitos marcharían sobre Jerusalén.

2. Ni Asiria ni Egipto podrían ayudar a Judá en contra de Babilonia (2:18, 36).

3. La gente huirá de las ciudades de Judá como uno huye de un león hambriento (4:5-7).

4. Jerusalén será asediada como los cazadores acosan a un animal salvaje herido (4:17; 6:3-5).

5. Gritarán de dolor como una mujer de parto (4:31; 6:24; 13:21).

6. Los propios árboles de Jerusalén serían cortados y usados como rampas para atacarla (6:6).
7. El templo sería destruido (7:14).
8. Los soldados enemigos se moverían entre las gentes del pueblo como serpientes venenosas (8:17).
9. Muchos morirían a espada (15:3), de enfermedad (16:3, 4), y de hambre (21:9).
10. Algunos serían dispersados como paja que arrastra el viento al desierto (13:24).
11. Los cadáveres insepultos llenarían los valles a las afueras de Jerusalén y servirían de alimento a las aves de rapiña y a las fieras (7:32, 33; 9:22; 12:8, 9).
12. Los enemigos de Judá profanarían las tumbas sagradas de sus reyes, sacerdotes y profetas, y dejarían esparcidos sus huesos al sol, la luna y las estrellas (8:1, 2).
13. Miles serían llevados cautivos a Babilonia por un período de setenta años (7:15; 25:11; 29:10).
14. La severidad del castigo de Judá espantaría a las naciones gentiles paganas que miraran (19:8; 22:8; 25:11).

E. Cuando la gente empezó a reírse de su mensaje y a rechazarlo, el profeta que advertía se transformó en el profeta llorón (4:19; 8:21; 9:1, 2, 10; 13:17: 14:17).

F. Debido a sus sermones y postura firme, Jeremías tuvo que sufrir mucho.

1. Fue perseguido por su propia familia (12:6).
2. Sus propios paisanos de Anatot tramaron contra él (11:21).
3. Fue rechazado y ultrajado por sus colegas sacerdotes y profetas.
   a. Pasur, el sacerdote principal del templo, mandó que lo golpearan y lo pusieran en el cepo (20:1-3).
   b. Fue casi linchado por un grupo de sacerdotes y profetas que se enfurecieron mucho a causa de uno de sus mensajes (26:7-9).
   c. Hananías, un falso profeta, lo ridiculizó (28).
4. Fue amenazado por el rey Joacim (26:21-24; 36:26).
5. Fue arrestado, golpeado, acusado de traición y encarcelado (37:11-16). Sedequías fue a buscar a Jeremías solicitándole sus oraciones después que Nabucodonosor había declarado la guerra a Judá (21:1, 2). Jeremías le envió un mensaje a aquel inicuo rey advirtiéndole que las oraciones eran inútiles en este caso, porque Dios iba a usar a los babilonios para castigar a Jerusalén, y que el propio rey Sedequías sería entregado al rey de Babilonia (21:3-7). Jeremías le dijo a Sedequías que la ciudad sería incendiada y que él sería capturado y llevado a Babilonia (34:1-5).

   Jeremías reprende a los judíos ricos, propietarios de casas, que violaban la ley mosaica que demandaba que todos los siervos hebreos fueran puestos en libertad después de servir durante seis años (34:8-16).

   El ejército egipcio del faraón Hofar acababa de llegar para ayudar a Judá a pelear contra Nabucodonosor. Jeremías le advierte a Sedequías que esta alianza política no le va a dar resultado, porque el rey de Babilonia derrotaría a los egipcios (37:5-10).

   Jeremías intentó en este tiempo visitar la tierra de Benjamín para inspeccionar una propiedad que había comprado (37:11, 12). Sin embargo, uno de la guardia llamado Irías le arrestó en la puerta de la ciudad y le acusó de querer pasarse a los caldeos (37:13). Jeremías lo negó, pero fue golpeado y encarcelado (37:14-16). Fue de nuevo buscado en secreto por Sedequías y una vez más predice la derrota de Jerusalén (37:17). Sedequías le mete en la cárcel del palacio en vez de dejarlo en la mazmorra en que antes le tenían (37:21).

   No obstante, Sedequías, presionado por los líderes religiosos que despreciaban a Jeremías, se vio forzado a meter al profeta en un confinamiento aún peor. Esta vez lo bajaron con cuerdas a una cisterna vacía que había en el patio de la guardia, donde pronto se hundió en la capa de lodo que cubría el fondo (38:1-6). Pero un amigo etíope llamado Ebed-melec, persuadió a Sedequías para que sacara al profeta de aquel sucio lugar. Fue necesaria la ayuda de treinta hombres para sacar al profeta de la cisterna, y lo devolvieron a la cárcel de la guardia en el palacio (38:7-13). Jeremías una vez más predijo la caída de Jerusalén (38:14-17). Véase también 32:1-5. Permaneció en la prisión hasta que la ciudad fue tomada (38:28).
6. Vio como su manuscrito original fue quemado por el malvado rey Joacim (36:21-23). Dios le encomienda que mande a su escriba Baruc que escriba todos los mensajes orales que Dios le había dado durante los últimos veintitrés años (36:1-2). Baruc lo lleva a cabo y después los lee al pueblo en el templo (36:8). Es invitado seguidamente a leérselos también a los líderes religiosos. Cuando terminó, estaban realmente atemorizados y decidieron que el rey Joacim debía también escucharlo (36:14-16).

   Un funcionario llamado Jehudí es encargado de leerle a Joacim el rollo, mientras el adusto rey está sentado ante un brasero encendido. Cuando Jehudí termina de leer las tres o cuatro primeras columnas, Joacim toma su cuchillo, corta aquella sección y la arroja al fuego. Al final todo el manuscrito es quemado (36:21-23). El Señor encarga de nuevo a Jeremías que vuelva a escribir el rollo, además de agregar otro material adicional, incluyendo aquellas espantosas palabras acerca de Joacim:

   «Por tanto, así ha dicho Jehová acerca de Joacim rey de Judá: No tendrá quien se siente sobre el trono de David; y su cuerpo será echado al calor del día y al hielo de la noche. Y castigaré su maldad en él, y en su descendencia y en sus siervos; y traeré sobre ellos, y sobre los moradores de Jerusalén y sobre los varones de Judá, todo el mal que les he anunciado y no escucharon. Y tomó Jeremías otro rollo y lo dio a Baruc hijo de Nerías escriba; y escribió en él de boca de Jeremías todas las palabras del libro que quemó en el fuego Joacim rey de Judá; y aun fueron añadidas sobre ellas muchas otras palabras semejantes» (Jer. 36:30-32).

   Después que Joacim quemó el rollo, Baruc quedó muy desalentado, pues probablemente le ocupó un año escribir todo el material. Dios no se olvida de él y le exhorta y le alienta por medio de Jeremías (45:1-5).

7. Dios le manda ahora que no ore por Judá (7:16; 11:14; 14:11; 16:5).
8. El profeta experimenta frustración y depresión (20:7-9, 14-18). Jeremías se siente tan frustrado por su incapacidad para lograr que Judá se vuelva a Dios que está decidido a dejar el ministerio.

   «Y dije: No me acordaré más de él, ni hablaré más en su nombre; no obstante, había en mi corazón como un fuego ardiente metido en mis huesos; traté de sufrirlo y no pude» (20:9). (Véanse también 1 R. 19:3, 4; Jonás 1:1-3; 1 Co. 9:16.)

   Es en este momento cuando también pronuncia una de las oraciones más desalentadoras de toda la Biblia (véase también Job 3):

   «Maldito el día en que nací; el día en que mi madre me dio a luz no sea bendito. Maldito el hombre que dio nuevas a mi padre, diciendo: Hijo varón te ha nacido, haciéndole alegrarse así mucho. Y sea el tal hombre como las ciudades que asoló Jehová, y no se arrepintió; oiga gritos de mañana, y voces a mediodía, porque no me mató en el vientre, y mi madre me hubiera sido mi sepulcro, y su vientre embarazado para siempre. ¿Para qué salí del vientre? ¿Para ver trabajo y dolor, y que mis días se gastasen en afrenta?» (20:14-18).

9. Escribe una carta de ánimo para todos aquellos judíos que se hallaban ya desterrados en Babilonia (29).
10. Cuando todavía está en la cárcel, Dios le ordena que le compre una propiedad a su primo Hanameel. Esto era para ilustrar que a pesar de que el ejército babilonio estaba ya atacando Jerusalén, «... aún se comprarán casas, heredades y viñas en este tierra» (32:15). Resulta muy interesante el trasfondo de todo esto: el Señor le dice a Jeremías que su primo Hanameel le va a visitar pronto, con la intención de venderle un terreno que poseía en Anatot. Jeremías tenía que comprarla por diecisiete piezas de plata (32:6-13). Baruc después pondría la escritura de compraventa, firmada y sellada, en una vasija de barro y la enterraría. El propósito de esta acción era demostrar que un día las personas volverían a disfrutar de propiedades en Judá, y las venderían y comprarían (32:14, 15).

    Jeremías fue confortado durante todo este tiempo en la cárcel por la promesa fiel de Dios:

    «Clama a mí y yo te responderé, y te enseñaré cosas grandes y ocultas que tú no conoces» (33:3).

    Estas «cosas», tremendas y emocionantes, aparecen en los capítulos 30—33. Entre otras están las siguientes:

    a. A pesar de la inminente cautividad en Babilonia, llegaría el tiempo cuando Dios sanaría las heridas a Jerusalén y le daría paz y prosperidad (33:4-6).
    b. Todavía amaba a Israel con amor eterno (31:3).
    c. Israel volvería a ser reunido en Palestina procedente de todos los rincones de la tierra (31:8). (Véase también 30:3, 10, 11.)

       «Irán con lloro, mas con misericordia los haré volver, y los haré andar junto a arroyos de aguas, por camino derecho en el cual no tropezarán; porque soy a Israel por padre.... Y vendrán con gritos de gozo en lo alto de Sión, y correrán al bien de Jehová ... y su alma será como huerto de riego, y nunca más tendrán dolor» (31:9-12).

       Nota: Jeremías predice en 31:15, 16 que el llanto amargo de Raquel por sus hijos en Ramá desaparecerá. Ramá es una antigua referencia al área dentro y en los alrededores de Belén. Nabucodonosor mató allí a muchos cautivos enfermos y debilitados que no resistirían el largo camino hasta Babilonia. Raquel, la esposa de Jacob, es por supuesto un símbolo de todas las madres israelitas que lloran. En Mateo 2:18 este triste versículo aparece enlazado con la ocasión en que Herodes ordena matar a los niños de Belén con el propósito de eliminar a Cristo.
    d. Israel entenderá durante el milenio la necesidad y el propósito de todos sus sufrimientos (31:18, 19).
    e. Las ciudades de Israel serán reconstruidas y Jerusalén llegará a ser motivo de alabanza y centro de poder de toda la tierra (33:7-9; 31:38, 39; 30:18-21).
11. Jeremías ve dos cestas de higos en el templo. Una de las cestas contiene higos frescos, buenos y maduros, la otra está llena de higos malos (24:1-3). Dios le explica que los higos buenos representan a los judíos desterrados en Babilonia (hombres como Daniel y Ezequiel), mientras que los higos malos simbolizan a Sedequías y sus corrompidos funcionarios (24:4-8).

    Dios le ordena a Jeremías que se haga un yugo y se lo sujetase al cuello con correas. Después tenía que enviar mensajes a los reyes de Edom, Moab, Amón, Tiro y Sidón por medio de sus embajadores en Jerusalén advirtiéndoles que el Señor había entregado sus países a Babilonia. Aquellos que se sometieran y llevaran el yugo de castigo con verdadero arrepentimiento serían librados, pero aquellos que rehusaran serían destruidos (27:1-11). Después de que Dios haya usado a Nabucodonosor para castigar a Judá y a las naciones vecinas, él también castigaría a Babilonia (27:7). Se le asegura a Judá que se volverían a reunir en Jerusalén después de la cautividad babilónica (27:22).

    Jeremías es acusado de mentir por un profeta llamado Hananías, que había predicho que la cautividad babilónica sólo duraría dos años y que aquellos que ya estaban en el destierro (tales como el rey Joacim, Daniel, Ezequiel, etc.), regresarían trayendo todos los tesoros del templo que se habían llevado (28:1-4). Dramatiza su acusación rompiendo el yugo que Jeremías llevaba puesto (28:10, 11).

    Jeremías predice que Dios quitará la vida a Hananías en un futuro cercano a causa de su ministerio mentiroso, lo cual sucedió en el plazo de dos años (28:13-17).

12. Jeremías fue a visitar el campamento donde residía la comunidad de recabitas. Estas personas pertenecían a una orden religiosa formada por Jonadab, hijo de Recab, durante el reinado de Jehú (841-814 a.C.). Ayudaron en la eliminación del baalismo en Israel. Evitaban residir en las ciudades, vivían como pastores y no bebían vino (35:2).
   a. Dios manda a Jeremías que pruebe a estas personas ofreciéndoles vino. Ellos lo rechazaron inmediatamente, diciendo:
      «No beberemos vino; porque Jonadab hijo de Recab nuestro padre nos ordenó diciendo: No beberéis jamás vino vosotros ni vuestros hijos» (35:6).
   b. Jeremías entonces presenta a Judá este gran ejemplo, y contrasta la obediencia de los recabitas con la desobediencia de Jerusalén (35:12-19).
13. Predicó un sermón en la puerta del templo y fue casi linchado por un grupo de sacerdotes enfurecidos por predecir la destrucción del templo (26:6-9). Lo defendieron algunos de los ancianos sabios de Judá, quienes recordaron a los enojados sacerdotes que el mensaje de Jeremías era semejante al del profeta Miqueas (Mi. 3:12). (Véase Jeremías 26:17-19.)

G. Jeremías bajo el reinado de Nabucodonosor.
1. Sedequías intentó escapar de la ciudad que estaba a punto de caer, pero fue capturado cerca de Jericó y llevado otra vez a Jerusalén. Allí es forzado a presenciar la ejecución de sus propios hijos y después a someterse a la agonía de que le saquen los ojos (39:4-7; 52:6-11).
2. Nabucodonosor instruyó a Nabuzaradán, capitán de la guardia, que tratase bien a Jeremías (39:11, 12).
3. Nabuzaradán lo libera de la prisión y lo lleva a Ramá, allí le da a elegir entre marchar con él a Babilonia o quedarse en Jerusalén. Jeremías prefiere quedarse y es puesto bajo la protección de Gedalías, el gobernador de Jerusalén nombrado por el rey de Babilonia (40:1-6; 39:14).

H. Jeremías bajo el mando de Gedalías.
1. Después de la guerra Gedalías intentó instituir una administración moderada que ayudara a la destruida Jerusalén (40:7-12).
2. Esto provoca pronto la ira de un judío rebelde llamado Ismael, quien conspira para asesinar a Gedalías. Un hombre llamado Johanán avisa al gobernador del complot, pero éste no lo toma en serio (40:13-16).
3. Ismael asesina a Gedalías y a otros muchos funcionarios judíos, peregrinos, y a algunos soldados babilonios. Arrojan después algunos de los cadáveres a una cisterna vacía (41:1-9).
4. Johanán llega al escenario de la masacre y logra restaurar el orden (41:11-17).

I. Jeremías bajo el mando de Johanán.
1. Johanán pide a Jeremías que averigüe cuál es la voluntad de Dios para el pequeño remanente judío que todavía queda en Jerusalén (42:1-5).
2. Al cabo de un período de diez días de oración a Dios, el Señor le dice al profeta que Él desea que el remanente permanezca en la ciudad, y no se vayan a Egipto como algunos ya habían planeado hacer (46:6-22).
3. Nada más escuchar la revelación que no estaban dispuestos a obedecer, Johanán y otros líderes acusan a Jeremías de mentiroso. Deciden marcharse a Egipto desobedeciendo la clara voluntad de Dios y fuerzan a Jeremías a que les acompañe (43:1-7).
4. Al llegar a Egipto muchos de los judíos recaen en sus viejos hábitos de idolatría, y empiezan a quemar incienso a la «reina del cielo» (este era otro nombre que daban a Astarté, la diosa pagana del amor y la guerra de Mesopotamia, 44:8-10, 15-19).
5. Jeremías les dice de parte del Señor que si rehusan arrepentirse y volverse a Jerusalén, todos ellos morirán (44:7-14, 28).
6. Para dramatizar esta amarga verdad, Dios le ordena enterrar unas piedras grandes debajo del pavimento, frente a la entrada del palacio del faraón egipcio. Esto significaba que Nabucodonosor invadiría y ocuparía Egipto y que establecería su trono sobre aquellas piedras. Jeremías predice entonces que él mataría a muchos judíos que rehusarían volver. Los demás morirían de otras plagas o en la esclavitud (43:9-13).

IV. Las profecías de Jeremías.
A. La caída de Jerusalén (1:14-16; 3; 4:5-9; 5:15-17; 6:1-6; 32:2, 3; 38:17, 18).
B. La destrucción del templo (7:11-15; 26:6-9).
C. La muerte de Joacaz, el depuesto rey de Judá, en Egipto (22:10-12).
D. La muerte tan vil y sin que nadie la llorara del rey Joacim de Judá (36:27-30). El profeta le había condenado fuertemente por su malvado reinado (22:13-19). Se había construido un palacio extravagante con obreros esclavos. Había matado a los inocentes y oprimido a los pobres. Se comportó con gran codicia, egoísmo y deshonestidad.

Por este tiempo, Urías, un profeta compañero de Jeremías, fue asesinado por Joacim por predicar sin temor la verdad de Dios (26:20-23). Jeremías, por tanto, predijo que el rey moriría y nadie lo lamentaría, lo enterrarían como a un asno, lo arrastrarían fuera de Jerusalén y lo arrojarían a un basurero.

E. Eliminación de la línea real del rey Joaquín (22:24-30).
1. Este joven hijo de Joacim reinó solamente tres meses, pero provocó de tal manera la ira divina, que Dios le dijo a Jeremías que aunque fuera un anillo de sellar puesto en su mano derecha, se lo arrancaría para entregarlo a los babilonios (22:24, 25).
2. Jeremías predijo que:
   a. Sería entregado a Nabucodonosor.
   b. Sería desterrado junto con su madre.
   c. Moriría en tierra extranjera.
   d. Sería tenido como una vasija rota e inútil.
   e. Sería tenido como un hombre sin hijos (aunque los tuvo) en lo que concernía a heredar el trono de David (22:25-29).

F. La muerte de dos falsos profetas (Acab y Sedequías) y el castigo de otro (Semaías) que estaban ministrando entre los primeros judíos cautivos que fueron desterrados a Babilonia (29:30-32).
G. La muerte de un falso profeta de Jerusalén llamado Hananías (28:13-17).
H. La cautividad de Seraías.
Jeremías advirtió a un hombre llamado Seraías que

él sería llevado cautivo por Nabucodonosor en una fecha posterior (esto aconteció literalmente unos seis años después, 51:59). Jeremías le dio un rollo a Seraías que contenía sus profecías contra Babilonia. El profeta le mandó que en cuanto llegara, leyera públicamente el rollo, después lo atara a una piedra y lo arrojara al río Éufrates. Esto simbolizaría que Babilonia se hundiría también para no levantarse nunca más (51:60-64).

I. El fracaso de la alianza militar egipcia-judía en contra de Babilonia (37:5-10).

J. La derrota de Egipto por Babilonia (46:1-26). Jeremías describe con vívidos detalles la famosa batalla de Carquemis en el mismo momento en que se está desarrollando. Egipto sufrió una gran derrota a manos de Nabucodonosor (46:1-12).

K. Babilonia invadiría y finalmente ocuparía Egipto (43:9-13).

L. Los setenta años de cautividad de Judá en Babilonia (25:11; 29:10).

M. El retorno a Jerusalén después de los setenta años (27:19-22; 30:3, 10, 11, 18-21; 31:9, 12, 38, 39; 33:3-9).
Jeremías promete que habrá restauración.
   1. Los hijos de Israel regresarán procedentes de todas partes del mundo (3:14; 31:10; 32:37-43).
   2. Dios les dará líderes conforme a su corazón (3:15).
   3. Palestina se volverá a llenar de la gloria y el pueblo de Dios (3:16-18). Este será un evento muy superior al del éxodo, cuando Dios los sacó de Egipto (16:14, 15; 23:7).
   4. Un descendiente justo y legítimo (el Salvador) ocupará el trono de David, y reinará con sabiduría y justicia (23:5, 6; 30:21; 33:17).
   5. Jerusalén será reconstruida y se volverá a llenar de gozo y acción de gracias (38:18-20; 31:4, 7-9, 12-14, 23-25; 33:10-12).

N. La derrota de Babilonia después de setenta años (25:12; 27:6).
Nota: El castigo que Babilonia recibiría de parte de Dios, tal como lo encontramos en los capítulos 50—52, se refiere evidentemente no sólo al juicio histórico (véase Dn. 5), sino también a un juicio futuro (véase Ap. 18).

Ñ. La captura de Sedequías (21:3-7; 34:1-5; 37:17). (Véanse 39:4-7; 52:6-11 para su cumplimiento.)

O. El trato favorable que recibirían en Babilonia los desterrados piadosos (24:1-7).

V. El nuevo pacto de Jeremías.
   A. La naturaleza del nuevo pacto (31:31-34).
      1. Abarcaría toda la casa de Israel.
      2. No sería como el pacto mosaico.
      3. Dios grabaría sus leyes en sus corazones. Israel siempre había sufrido de problemas de corazón que él mismo se había creado. Veamos el diagnóstico divino:
         «El pecado de Judá escrito está con cincel de hierro y con punta de diamante; esculpido está en la tabla de su corazón...» (Jer. 17:1).
      Pero el Médico Celestial les ofrecía bajo el nuevo pacto un trasplante de corazón garantizado y perfecto.
      4. Esta nación con corazones nuevos volvería a ser otra vez el pueblo de Dios, y el Señor su Dios.
   B. El tiempo del nuevo pacto. Entrará en vigor «después de aquellos días» (31:33), a continuación del «tiempo de angustia para Jacob» (30:7). Ambas expresiones se refieren a la gran tribulación venidera. Es decir, el nuevo pacto empezará a funcionar después del tiempo de la angustia de Jacob, al comienzo del milenio.
   C. La superioridad del nuevo pacto. Será inmutable, incondicional y eterno; lo opuesto del pacto mosaico (Ex. 19:5-8). M.F. Unger escribe:
      «El viejo pacto estaba basado en la observancia estricta de la ley. El nuevo pacto (He. 8:8-12) se basará completamente sobre la gracia y la sangre expiatoria de Cristo, que será el fundamento de la futura regeneración interna de Israel y de su restauración a la comunión con Dios. La entrada de Israel en las bendiciones del nuevo pacto (Ro. 11:1-26) asegurará su per-

LAS DOS BABILONIAS DE JEREMÍAS 50—51

La Babilonia histórica

Fue capturada por el persa Darío en el 539 a.C.

La Babilonia futura

Será destruida por Dios el Padre durante la tribulación. **(Véase Ap. 18:18.)**

- Después de la destrucción final de Babilonia (Ap. 18) la ciudad nunca más volverá a ser habitada **(51:26).**
- Las naciones paganas llorarán por la destrucción de ambas Babilonias **(Jer. 50:46; Ap. 18).**
- Los israelitas debían huir de ambas Babilonias **(Jer. 51:6; Ap. 18:4).**
- Ambas ciudades son descritas como copas de oro llenas de iniquidades, de las que las naciones han bebido y han perdido el sentido **(Jer. 51:7; Ap. 17:1-6).**
- Los cielos se gozan por la destrucción de las dos **(Jer. 51:10, 48; Ap. 18:20).**
- Después de la destrucción de ambas Babilonias, Israel buscaría a su Dios. Esto ocurrió históricamente (Esdras) y sucederá otra vez en el futuro **(Zac. 13:9).**

LAS DIECIOCHO PROFECÍAS DE JEREMÍAS

1. La caída de Jerusalén **(1:14-16; 4:5-9; 5:15-17; 6:1-6; 32:2, 3; 38:17, 18).**
2. La destrucción del templo **(7:11-15; 26:6-9).**
3. La muerte en Egipto del destronado rey Joacaz **(22:10-12).**
4. La muerte del rey Joaquín sin que nadie lo lamentara **(36:27-30).**
5. La interrupción definitiva de la línea real del rey Joaquín **(22:30).**
6. La muerte de dos falsos profetas y el castigo de otro que vivían en Babilonia **(29:20-32).**
7. La muerte de un falso profeta en Jerusalén **(28:13-17).**
8. La captura y el exilio de un amigo llamado Seraías **(51:59).**
9. El fracaso de la alianza militar egipcia-judía en contra de Babilonia **(37:5-10).**
10. La derrota de Egipto por Babilonia en Carquemis **(46:1-12).**
11. La invasión de Egipto por Babilonia **(43:9-13).**
12. Los setenta años de cautividad de Judá en Babilonia **(25:11; 29:10).**
13. La restauración de Jerusalén después de los setenta años **(27:19-22; 30:3, 10, 11, 18-21; 31:9, 12, 38, 39; 33:3-9).**
14. La derrota de Babilonia después de setenta años **(25:12; 27:7).**
15. La captura del rey Sedequías **(21:3-7; 34:1-5; 37:17).**
16. El buen trato en Babilonia de los piadosos desterrados **(24:1-7).**
17. El regreso del pueblo de Israel **(30: 3, 10; 31:8-12).**
18. La reconstrucción final de la tierra de Israel **(30:18-21; 31:38, 39; 33:7-9).**

manencia eterna como nación.» (*Unger's Bible Dictionary*, p. 352)

Dios mismo da seguridades a Israel acerca de la duración del nuevo pacto, cuando declara: «Si los cielos arriba se pueden medir, y explorarse abajo los fundamentos de la tierra, también yo desecharé toda la descendencia de Israel...» (31:37). (Véase también 32:20-26.)

D. El Mediador del nuevo pacto: el Hijo de David (33:15-18; 30:9).

VI. Pasajes clásicos de Jeremías.

A. «Y curan la herida de mi pueblo con liviandad, diciendo: Paz, paz; y no hay paz» (6:14).

B. «¿Es cueva de ladrones delante de vuestros ojos esta casa sobre la cual es invocado mi nombre? He aquí que también yo lo veo, dice Jehová» (7:11).

C. «Pasó la siega, terminó el verano, y nosotros no hemos sido salvos. Quebrantado estoy por el quebrantamiento de la hija de mi pueblo; entenebrecido estoy, espanto me ha arrebatado. ¿No hay bálsamo en Galaad? ¿No hay allí médico? ¿Por qué, pues, no hubo medicina para la hija de mi pueblo?» (8:20-22).

D. «¿Quién no te temerá, oh Rey de las naciones? Porque a ti es debido el temor; porque entre todos los sabios de las naciones y en todos sus reinos, no hay semejante a ti. El que hizo la tierra con su poder, el que puso en orden el mundo con su saber, y extendió los cielos con su sabiduría» (10:7, 12).

E. «Y yo era como un cordero inocente que llevan a degollar, pues no entendía que maquinaban designios contra mí, diciendo: Destruyamos el árbol con su fruto, cortémoslo de la tierra de los vivientes, para que no haya más memoria de su nombre» (11:19).

F. «¿Mudará el etíope su piel, y el leopardo sus manchas? Así también, ¿podréis vosotros hacer el bien, estando habituados a hacer el mal?» (13:23).

G. «Me dijo Jehová: Si Moisés y Samuel se pudieran delante de mí, no estaría mi voluntad con este pueblo; échalos de mi presencia y salgan. Fueron halladas tus palabras, y yo las comí; y tu palabra me fue por gozo y por alegría de mi corazón; porque tu nombre se invocó sobre mí, oh Jehová Dios de los ejércitos» (15:1, 16).

H. «No obstante, he aquí vienen días, dice Jehová, en que no se dirá más: Vive Jehová, que hizo subir a los hijos de Israel de tierra de Egipto; sino: Vive Jehová, que hizo subir a los hijos de Israel de la tierra del norte, y de todas las tierras adonde los había arrojado; y los volveré a su tierra, la cual di a sus padres» (16:14, 15).

I. «Así ha dicho Jehová: Maldito el varón que confía en el hombre, y pone carne por su brazo, y su corazón se aparta de Jehová. Será como la retama en el desierto, y no verá cuando viene el bien, sino que morará en los sequedales en el desierto, en tierra despoblada y deshabitada. Bendito el varón que confía en Jehová, y cuya confianza es Jehová. Porque será como el árbol plantado junto a las aguas, que junto a la corriente echará sus raíces, y no verá cuando viene el calor, sino que su hoja estará verde; y en el año de sequía no se fatigará, ni dejará de dar fruto. Engañoso es el corazón más que todas las cosas, y perverso, ¿quién lo conocerá? Yo Jehová, que escudriño la mente, que pruebo el corazón, para dar a cada uno según su camino, según el fruto de sus obras» (17:5-10).

J. «Palabra de Jehová que vino a Jeremías, diciendo: Levántate y vete a casa del alfarero, y allí te haré oír mis palabras. Y descendí a casa del alfarero, y he aquí que él trabajaba sobre la rueda. Y la vasija de barro que él hacía se echó a perder en su mano; y volvió y la hizo otra vasija, según le pareció mejor hacerla. Entonces vino a mí palabra de Jehová, diciendo: ¿No podré hacer yo de vosotros como este alfarero, oh casa de Israel? dice Jehová. He aquí que como el barro en mano del alfarero, así sois vosotros en mi mano, oh casa de Israel» (18:1-6).

K. «Me sedujiste, oh Jehová, y fui seducido; más fuerte fuiste que yo, y me venciste; cada día he sido escarnecido, cada cual se burla de mí. Porque cuantas veces hablo, doy voces, grito: Violencia y destrucción; porque la palabra de Jehová me ha sido para afrenta y escarnio cada día. Y dije: No me acordaré más de él, ni hablaré más en su nombre; no obstante, había en mí corazón como un fuego ardiente metido en mis huesos; traté de sufrirlo, y no pude» (20:7-9).

«Cantad a Jehová, load a Jehová; porque ha librado el alma del pobre de mano de los malignos. Maldito el día en que nací; el día en que mi madre me dio a luz no sea bendito. Maldito el hombre que dio nuevas a mi padre, diciendo: Hijo varón te ha nacido, haciéndole alegrarse así mucho» (20:13-15).

L. «Y a este pueblo dirás: Así ha dicho Jehová: He aquí pongo delante de vosotros camino de vida y camino de muerte» (21:8).

M. «¿No es mi palabra como fuego, dice Jehová, y como martillo que quebranta la piedra?» (23:29).

N. «Porque yo sé los pensamientos que tengo acerca de vosotros, dice Jehová, pensamientos de paz, y no de mal, para daros el fin que esperáis. Entonces me invocaréis, y vendréis, y oraréis a mí, y yo os oiré; y me buscaréis y me hallaréis, porque me buscaréis de todo vuestro corazón. Y seré hallado por vosotros, dice Jehová, y haré volver vuestra cautividad, y os reuniré de todas las naciones y de todos los lugares adonde os arrojé, dice Jehová; y os haré volver al lugar de donde os hice llevar» (29:11-14).

Ñ. «¡Ah, cuán grande es aquel día! tanto, que no hay otro semejante a él; tiempo de angustia para Jacob; pero de ella será librado» (30:7).

O. «Jehová se manifestó a mí hace ya mucho tiempo, diciendo: Con amor eterno te he amado; por tanto, te prolongué mi misericordia. He aquí yo los hago volver de la tierra del norte, y los reuniré de los fines de la tierra, y entre ellos ciegos y cojos, la mujer que está encinta y la que dio a luz juntamente; en gran compañía volverán acá. Irán con lloro, mas con misericordia los haré volver, y los haré andar junto a arroyos de aguas, por camino derecho en el cual no tropezarán; porque soy a Israel por padre, y Efraín es mi primogénito. Así ha dicho Jehová: Voz fue oída en Ramá, llanto y lloro amargo; Raquel que lamenta por sus hijos, y no quiso ser consolada acerca de sus hijos, porque perecieron. ¿Hasta cuando andarás errante, oh hija contumaz? Porque Jehová creará una cosa nueva sobre la tierra: la mujer rodeará al varón» (31:3, 8, 9, 15, 22).

P. «¡Oh Señor Jehová! he aquí que tú hiciste el cielo y la tierra con tu gran poder, y con tu brazo extendido, ni hay nada que sea difícil para ti. He aquí que yo soy Jehová, Dios de toda carne; ¿habrá algo que sea difícil para mí?» (32:17, 27).

Q. «Clama a mí, y yo te responderé, y te enseñaré cosas grandes y ocultas que tú no conoces. Como no puede ser contado el ejército del cielo, ni la arena del mar se puede medir, así multiplicaré la descendencia de David mi siervo, y los levitas que me sirven» (33:3, 22).

R. «Y tú no temas, siervo mío Jacob, no desmayes, Israel; porque he aquí yo te salvaré de lejos, y a tu descendencia de la tierra de su cautividad. Y volverá Jacob, y descansará y será prosperado, y no habrá quien lo atemorice» (46:27).

S. «Oh espada de Jacob, ¿hasta cuando reposarás? Vuelve a tu vaina, reposa y sosiégate» (47:6).

LAMENTACIONES (586 a.C.)

INTRODUCCIÓN

1. Este libro está compuesto de cinco elegías, en todas ellas se lamenta la trágica destrucción de Jerusalén por los babilonios.
2. La forma literaria es alfabética, parecida al Salmo 119.
   a. Cada uno de los veintidós versículos de los capítulos 1 y 2 comienza con una letra diferente del alfabeto hebreo.
   b. En el capítulo 3 nos encontramos con sesenta y seis versículos, arreglados en veintidós conjuntos de tres versículos, y cada uno de estos grupos empieza con una letra diferente
3. Dice la tradición que Jeremías se sentó a llorar a las afueras de la muralla norte de Jerusalén, al pie de la colina llamada Gólgota, donde tiempo después murió nuestro Señor.
4. J. Vernon McGee escribe:

   «El libro está lleno de lágrimas y tristeza, Es un himno de dolor, un poema de aflicción, un proverbio de patetismo, un canto de quebrantamiento, un salmo de tristeza, una sinfonía de pesadumbre... Es el muro de lamentaciones de la Biblia.» (*Briefing the Bible*, p. 232.)

I. La provocación contra Dios (Lm. 1). Alrededor del año 1000 a.C. David había establecido su capital en Jerusalén (2 S. 6). Desde entonces Dios había bendecido a esta ciudad amada durante casi 400 años. El había permitido que el reino del norte fuera destruido por los asirios y el pueblo deportado en el 721 a.C., pero Jerusalén había sido perdonada por otros 115 años. Sin embargo, toda esta misericordia y paciencia había sido en vano, porque Judá continuó provocando al Santo de Israel mediante su constante pecado. Pero el fin había llegado.

Notemos los siguientes versículos de acusación:

A. 1:1:

«¡Cómo ha quedado sola la ciudad populosa! La grande entre las naciones se ha quedado como viuda, la señora de provincias ha sido hecha tributaria.»

B. 1:3:

«Judá ha ido en cautiverio a causa de la aflicción y de la dura servidumbre; ella habitó entre las naciones, y no halló descanso; todos sus perseguidores la alcanzaron entre las estrechuras.»

C. 1:8:

«Pecado cometió Jerusalén, por lo cual ha sido removida; todos los que la honraban la han menospreciado, porque vieron su vergüenza; y ella suspira, y se vuelve atrás.»

D. 1:9:

«Su inmundicia está en sus faldas, y no se acordó de su fin; por tanto, ella ha descendido sorprendentemente, y no tiene quien la consuele. Mira, oh Jehová, mi aflicción, porque el enemigo se ha engrandecido.»

E. 1:17:

«Sion extendió sus manos; no tiene quien la consuele; Jehová dio mandamiento contra Jacob, que sus vecinos fuesen sus enemigos; Jerusalén fue objeto de abominación entre ellos.»

II. El castigo de parte de Dios (Lm. 2).

A. Destruyó toda casa en Judá (2:2).
B. Echó por tierra todas sus fortalezas militares (2:2).
C. Tensó su arco de juicio sobre la tierra (2:4).
D. Permitió que su propio templo cayera como si fuera un saco de hojas y ramas en un jardín (2:6).
E. Les fue permitido a los enemigos de Judá ridiculizar y destruir a sus ciudadanos (2:16).
F. Las calles de Jerusalén quedaron llenas de los cadáveres de jóvenes y ancianos del pueblo (2:21).

III. El profeta de Dios (Lm. 3). Las lágrimas de Jeremías caían como lluvia de primavera sobre la destrucción de Jerusalén y el sufrimiento de su pueblo.

A. La aflicción del profeta. A través de Lamentaciones Jeremías comparte con nosotros la agonía de su alma, como lo manifiestan los siguientes versículos:

1. 1:12:

   «¿No os conmueve a cuantos pasáis por el camino? Mirad, y ved si hay dolor como mi dolor que me ha venido; porque Jehová me ha angustiado en el día de su ardiente furor.»

2. 1:16:

   «Por esta causa lloro; mis ojos, mis ojos me fluyen aguas, porque se alejó de mí el consolador que dé reposo a mi alma; mis ojos son destruidos, porque el enemigo prevaleció.»

3. 2:11:

   «Mis ojos desfallecieron de lágrimas, se conmovieron mis entrañas, mi hígado se derramó por tierra a causa del quebrantamiento de la hija de mi pueblo, cuando desfallecía el niño y el que mamaba, en las plazas de la ciudad.»

4. 3:1-19:

Jeremías relata en este pasaje los sufrimientos que tuvo que padecer a manos de sus propios compatriotas aun antes de la invasión babilónica. (Véase 3:52-56.)

B. La seguridad del profeta. En medio de la terrible tormenta aparece un vislumbre de reafirmación.

«Esto recapacitaré en mi corazón, por lo tanto esperaré. Por la misericordia de Jehová no hemos sido consumidos, porque nunca decayeron sus misericordias. Nuevas son cada mañana; grande es tu fidelidad. Mi porción es Jehová, dijo mi alma; por tanto, en él esperaré. Bueno es Jehová a los que en él esperan, al alma que le busca. Bueno es esperar en silencio la salvación de Jehová. Bueno le es al hombre llevar el yugo desde su juventud. Porque el Señor no desecha para siempre; antes si aflige, también se compadece según la multitud de sus misericordias; porque no aflige ni entristece voluntariamente a los hijos de los hombres» (3:21-27, 31-33).

C. El consejo del profeta (3:40, 41).

«Escudriñemos nuestros caminos, y busquemos, y volvámonos a Jehová; levantemos nuestros corazones y manos a Dios en los cielos.»

IV. El pueblo de Dios (Lm. 4).

A. Los niños tienen la lengua pegada al paladar a causa de su sed (4:4).

B. La crema de la juventud de Judá es tratada como ollas de alfarero (4:2). (Véase también 5:13.)

C. Los ricos y los que comían manjares andan ahora pidiendo pan en las calles (4:5).

D. Sus poderosos príncipes, que antaño se les veía blancos y hermosos, ahora eran piel y huesos, y sus rostros oscurecidos y sombríos (4:7, 8). (Véase también 5:12.)

E. Mujeres piadosas y de buen corazón habían ahora cocido y comido a sus propios hijos (4:10).

F. Los falsos profetas y sacerdotes titubeaban por las calles como ciegos, con sus ropas manchadas de sangre (4:14).

G. Al mismo rey Sedequías le habían capturado, le habían sacado los ojos y llevado a la cautividad (4:20).

V. La oración a Dios (Lm. 5). La oración de Jeremías contiene cuatro elementos:

A. Recuerdo

«Acuérdate, oh Jehová, de lo que nos ha sucedido; mira, y ve nuestro oprobio» (5:1).

B. Arrepentimiento

«Cayó la corona de nuestra cabeza; ¡Ay ahora de nosotros! porque pecamos» (5:16).

C. Reconocimiento

«Mas tú, Jehová, permanecerás para siempre; tu trono de generación en generación» (5:19).

D. Renovación

«Vuélvenos, oh Jehová, a ti, y nos volveremos; renueva nuestros días como al principio» (5:21).

LA ETAPA DE LA CAUTIVIDAD

INTRODUCCIÓN A LA ETAPA DE LA CAUTIVIDAD

1. El Salmo 137 describe el comienzo de este período y el Salmo 126 nos habla del final.
2. Israel se *cura* de su pecado de idolatría mientras está en la *ciudad* de la idolatría.
3. Dos testigos oculares escriben sobre esta etapa. Uno era jefe de gobierno y el otro un sacerdote.
4. Este período histórico incluye:
   a. Tres hombres que no se doblegaron ni ante el riesgo de ser quemados (Dn. 3).
   b. Un *examen* del rey más grande de Babilonia (Nabucodonosor, Dn. 1—4) y una *anticipación* del que sería el más grande de los reyes de Grecia (Alejandro Magno, Dn. 7:6; 8:5-8, 21, 22; 11:3, 4).
   c. Una pelea entre un carnero persa y un macho cabrío griego (Dn. 8).
   d. Una mano (de Dios) que escribe y un valle de huesos (de hombre) que reviven y caminan (Dn. 5; Ez. 37).
   e. La única descripción de Dios el Padre en la Biblia (Dn. 7:9-14).
   f. Grandes profecías son reveladas mediante la caída de una piedra (Dn. 2) y el derribo de un árbol (Dn. 4).
   g. El segundo de tres intentos de consolidar la religión alrededor de una imagen: (1) Génesis 11; (2) Daniel 3; y (3) Apocalipsis 13.
   h. La historia real de cuando el oso aparece sobre los montes (Ez. 38—39).
   i. El futuro y último templo terrenal (Ez. 40—48).
5. Dios bendice una dieta básica y maldice una fiesta blasfema (Dn. 1, 5).
6. Los arcángeles Gabriel y Miguel son mencionados en este período (Dn. 8, 12).
7. En esta etapa aprendemos más acerca del ministerio de los querubines que en ningún otro período (Ez. 1, 10).
8. Se habla más en este tiempo acerca de la actividad del diabólico Antricristo que en ninguna otra etapa (Dn. 7, 8, 9, 11).
9. Ezequiel denuncia a la ciudad de Tiro y su materialismo (cap. 26) y describe a la ciudad milenaria de Dios (cap. 48).
10. Ezequiel comienza describiendo la partida de la nube que representa la gloria de Dios (Ez. 10:18), y concluye prediciendo el retorno de la gloria de Dios (Ez. 43:2).

LA ETAPA DE LA CAUTIVIDAD EZEQUIEL (alrededor del 597 a.C.)

INTRODUCCIÓN

1. Ezequiel era el hijo de un sacerdote de la línea de Sadoc. Fue desterrado a Babilonia en el 597 a.C. con el rey Joaquín. Su esposa falleció el mismo día que comenzó el sitio de Jerusalén en el 586 a.C. (Ez. 24:1, 15-18).
2. Tenía treinta años cuando comenzó a escribir. Vivió en Babilonia en un pueblo al lado del Quebar, un canal que se alimentaba del río Éufrates.
3. Su ministerio fue doble: recordar a los desterrados sus *pecados* y *alentarlos* en relación con las futuras bendiciones de Dios.
4. Ezequiel puede ser comparado con otros libros del Antiguo Testamento de la siguiente manera:
   a. Isaías habla de la salvación de Dios.
   b. Jeremías habla del juicio de Dios.
   c. Daniel habla del reino de Dios.
   d. Ezequiel habla de la gloria de Dios.

I. Ezequiel: la santificación del hombre de Dios (caps. 1, 2, 33).
   A. Ezequiel contempla la visión de los cuatro seres vivientes (1:1-28).
      1. La descripción de estas criaturas (1:4-28).
      2. La identidad de estas criaturas vivientes. ¿Quiénes son? Ezequiel nos las identifica más tarde (10:20) como querubines, ángeles de alto rango. Aparecen en la Palabra de Dios en tres ocasiones distintas.
         a. En el jardín de Edén, para evitar que Adán tome del fruto del árbol de la vida después de su pecado (Gn. 3:22-24).
         b. A Ezequiel en Babilonia (1:4-28).
         c. En el cielo, durante la visión de Juan (Ap.4:6-8).
      3. Los deberes de estas criaturas vivientes.
         a. Guardar y vindicar la justicia de Dios (Gn. 3:24; Ez. 26:1; 36:8, 35).
         b. Simbolizar la misericordia de Dios (Ex. 25:22; 37:9).
         c. Ayudar en la administración del gobierno de Dios (1 S. 4:4; Sal. 80:1; 99:1; Ez. 1:22, 26).
         d. Recordar eternamente el bendito ministerio terrenal del Señor Jesucristo. Esto lo vemos mediante el siguiente resumen del relato de los cuatro evangelios:
            (1) Mateo (escrito para los judíos), retrata a Cristo como un león, el Mesías.
            (2) Marcos (escrito para los romanos) presenta a Cristo como un buey, el Siervo.
            (3) Lucas (escrito para los griegos) representa a Cristo como el hombre perfecto.
            (4) Juan (escrito para todo el mundo) representa a Cristo mediante un águila, el Dios todopoderoso.
            (Véase Isaías 6:1-7 para la descripción de los serafines, otra orden especial de seres angelicales.)
   B. Ezequiel oye la voz del Dios vivo (2:1—8:27; 33:1-22).
      1. Fue comisionado para ser el centinela de Israel en Babilonia.
      2. Tenía que advertir a los impíos de que si ellos

abandonaban sus malos caminos Dios no los destruiría físicamente.

3. Tenía que avisar a los justos de que si ellos dejaban los caminos de rectitud Dios los destruiría por completo.
4. Tenía que llevarlo a cabo sin temor ni favoritismos.
5. Tenía que asimilar totalmente el mensaje de Dios (3:1, 2). (Véase también Ap. 10:8-11.)

II. Jerusalén: la desolación de la ciudad de Dios (caps. 4—24).

Hubo tres fases distintas en la cautividad babilónica y en el asedio de Jerusalén.

En el año 605 a.C., Daniel y otros pertenecientes a la nobleza fueron deportados (Dn. 1:3, 4; 2 Cr. 36:6, 7).

En el año 597 a.C., fueron llevados a Babilonia el rey Joaquín, Ezequiel y otros muchos (2 R. 24:10-16).

En el año 586 a.C., Sedequías, el último rey de Judá, fue desterrado en este tiempo, las murallas de Jerusalén fueron destruidas y el templo incendiado (2 R. 25:1-7).

Los sucesos recogidos en Ezequiel 4—24 tuvieron lugar entre la segunda y la tercera fase. Surgieron aparentemente falsos profetas, tanto en Jerusalén como en Babilonia, que descaradamente aseguraban a los judíos que el Señor no destruiría su ciudad santa, aunque ya había sido sitiada dos veces. Pero Ezequiel sabía que Dios sí iba a permitir que sucediera, e intentó por medio de simbolismos, parábolas, visiones y mensajes advertirles a todos que Jerusalén sufriría con toda certidumbre la desolación y la destrucción.

A. Los doce actos simbólicos de Ezequiel.

1. Trazó un mapa de Jerusalén sobre una plancha de adobe grande, mostrando a un ejército preparándose para atacar a la ciudad. Después agregó más detalles, dibujando el campamento enemigo alrededor de la ciudad y preparando las rampas de asalto. Finalmente tomó una lámina de hierro y la puso entre la ciudad y él, para simbolizar así la muralla impenetrable del ejército babilónico y mostrar la absoluta imposibilidad de escape (4:1-3).
2. Tenía que acostarse sobre su lado izquierdo unas pocas horas cada día, durante 390 días, para simbolizar la iniquidad del reino del norte. Cada día representaba un año (4:4, 5).
3. Después se acostó sobre su lado derecho durante unas horas cada día por cuarenta días, para representar así la iniquidad de Judá, el reino del sur. Esta vez también cada día representaba un año (4:6). Tenemos que admitir que no podemos conocer el significado completo de estos períodos de tiempo. Unger escribe:

   «La posición por 390 días sobre su lado izquierdo y 40 sobre su lado derecho (un total de 430 días, simbólicamente un año por cada día) recordaba la esclavitud egipcia (Ex. 12:40, 41). Una cautividad similar sobrevendría a Israel y Judá. Sin embargo, la cautividad del reino del norte iba a ser más larga.» (*Manual Bíblico de Unger*, Editorial Portavoz, p. 375.)
4. Preparó pan con harina de diversos cereales y legumbres, cocido con estiércol de vaca. Esto indicaba la escasez de alimentos en Jerusalén (4:9-17).
5. Afeitó su cabeza y barba con un cuchillo afilado, y luego dividió el pelo en tres partes iguales (5:1-4).
   a. Una parte tenía que quemarla.
   b. Otra parte la tenía que cortar con espada.
   c. La última parte tenía que esparcirla al viento.

   Todo esto indicaba lo que estaba preparado para Judá y Jerusalén. Una tercera parte de sus ciudadanos iba a morir por fuego durante el asedio de la ciudad. Otra tercera parte caería mediante la espada, y la restante tercera parte sería esparcida al viento.
6. Tenía que lamentarse dando golpes con las manos y los pies para llamar su atención (6:11).
7. Tenía que sacar unos pocos de sus enseres fuera de la casa. Al atardecer tenía que hacer un agujero en la muralla de la ciudad. Al pasar por el boquete cargado con sus posesiones, tenía que cubrir su rostro. Todo esto simbolizaría vívidamente lo siguiente (12:1-16):
   a. Las pocas posesiones que llevaba como equipaje representaba a los deportados saliendo deprisa de sus hogares.
   b. El agujero en la muralla simbolizaba su desesperación por salir de la asediada ciudad de Jerusalén.
   c. La cara cubierta representaba a Sedequías, el último rey de Judá, a quien le sacaron los ojos por su rebelión contra Nabucodonosor y fue llevado cautivo a Babilonia (2 R. 25:1-7).
8. Tenía que temblar al comer su alimento y angustiado racionar su agua como si fuera la última (12:17-20).
9. Tenía que blandir en el aire una espada reluciente y con sollozos herirse en los muslos (21:9-17).
10. Dibujó un mapa del Cercano Oriente y trazó dos rutas que el rey de Babilonia seguiría. Una le llevaba a Jerusalén y la otra a Rabá de los amonitas. Ambas ciudades se habían rebelado contra Nabucodonosor en el 593 a.C. Ezequiel dibujó al rey en la bifurcación del camino. ¿Qué ciudad destruiría primero? La triste respuesta es dada inmediatamente (21:18-22).

    «Él llamará a sus magos para usar adivinaciones; ellos arrojarán suertes agitando flechas de su aljaba; sacrificarán a los ídolos e inspeccionarán el hígado de su sacrificio. ¡Decidirán dirigirse hacia Jerusalén!» (21:21, 22, *La Biblia al Día*).
11. Dios le manda que ponga una olla al fuego y la llene de agua y de carnes escogidas, y la haga cocer hasta que la carne se desprenda de los huesos. Después que lo tire todo y vuelva a poner la olla al fuego para que se caliente hasta que desaparezca el moho y la herrumbre (24:1-14). Aquí, por supuesto, el simbolismo es claro. El fuego del juicio de Dios consumiría completamente a lo rico y noble de Jerusalén. Sus ciudadanos serán deportados de la tierra a fin de que la ciudad santa pueda ser limpiada de toda impureza y deterioro moral.
12. Le fue prohibido manifestar ningún pesar por la muerte repentina de su amada esposa (24:15-18). Charles Feinberg ha escrito:

    «El cubrirse la cabeza (2 S. 15:30), llevar los pies descalzos (Is. 20:2), y taparse la cara (Lv. 13:45; Mi. 3:7) le fueron prohibidos a Ezequiel. Los sacerdotes podían hacer duelo por sus seres queridos (Lv. 21:1-3), pero Ezequiel fue una excepción con un propósito especial. La costumbre en los tiempos antiguos era que, como parte del funeral, los amigos llevaran alimentos a los afligidos como una muestra de solidaridad (Dt. 26:14; Jer. 16:7; Os. 9:4). Ante el hecho del mandato de Dios, Ezequiel muestra completa subordinación de su propia voluntad y sentimientos al cumplimiento de su ministerio profético en la voluntad de Dios. A pesar de que sabía que las horas de vida de su esposa estaban contadas, se dedicó a cumplir el ministerio que tenía encomendado. ¡Qué gran ejemplo de obediencia!» (*The Prophecy of Ezekiel*, pp. 139, 140.)

Uno de los versículos más conmovedores de toda la Biblia es su testimonio en esta circunstancia:

> «Hablé al pueblo por la mañana, y a la tarde murió mi mujer; y a la mañana hice como me fue mandado» (24:18).

Dios le ordenó que no hiciera duelo por la muerte de su mujer, porque él, el Señor, no haría duelo por la muerte de Jerusalén. Es especialmente significativo observar que ella falleció el mismo día que Nabucodonosor inició su tercer y definitivo asalto sobre Jerusalén (24:2).

B. Los doce mensajes de juicio de Ezequiel.

A continuación un breve resumen de los puntos principales de estos mensajes de Ezequiel:

1. Dios se había retenido frecuentemente en su ira a pesar de la descarada desobediencia de Israel (20:7-10, 14, 21, 22).
2. Dios no se gozaba en juzgar a su pueblo ni siquiera en esta etapa desesperada, y vuelve a llamar a Judá al arrepentimiento (18:31, 32).
3. Pero Judá no escucharía, y la hora de su sentencia estaba ahora cerca (7:6, 12).
4. Judá sería entonces destruida *no* por los pecados de sus padres, sino por sus propias iniquidades (18:1-4, 20).
5. Incluso la presencia de hombres tales como Noé, Daniel y Job no podría hacer que la ciudad de Jerusalén se salvara (14:14, 20).
6. Sus ejércitos serían completamente impotentes para defenderla (7:14).
7. Su riqueza no podría comprarles ni un minuto adicional de libertad (7:19).
8. La ciudad santa de Dios se había convertido en la ciudad ramera de Satanás.
9. Dios, por consiguiente, traería a Jerusalén lo peor de las naciones y gentes para que ocuparan sus tierras y casas (7:24).
10. Las ciudades de Judá serían incendiadas y sus ídolos machacados (6:4, 6).
11. Cuatro grandes castigos caerían sobre sus ciudadanos: guerra, hambre, animales salvajes y enfermedades (14:21).

C. Las seis parábolas de Ezequiel.

1. La parábola de la vid inútil (15:1-8).
   a. La vid es un símbolo común del pueblo de Israel en la Biblia. (Véanse Dt. 32:32; Sal. 80:8-12; Is. 5:1-7; Jer. 2:21; Os. 10:1; Mt. 21:33.)
   b. El único propósito y valor de una vid es llevar fruto. No sirve para construir casas (su tronco es corto y retorcido), ni para hacer muebles (la madera es muy blanda), y tampoco sirve mucho como combustible (se quema rápidamente).
   c. Debido a que la vid había rehusado cumplir con la única tarea que tenía prescrita, sería arrancada y quemada (Jn. 15:6).
2. La niña adoptada que se transformó en una prostituta (16:1-63).
   El doctor Charles Feinberg escribe lo siguiente en la introducción a esta parábola:
   > «Aquí, en el capítulo más largo del libro de Ezequiel, se nos presenta el carácter del personaje en toda su sordidez, bajeza y miseria, a fin de que pueda ser visto claramente el infinito aborrecimiento de Dios del pecado de Israel. Según el rabí Eleizer ben Hyrcanus en la misná, este capítulo no era para leerse o traducirse en público.» (*The Prophecy of Ezekiel*, p. 85.)

   a. Dios había encontrado a una niña recién nacida, despreciada y abandonada en el campo. Se llamaba Israel (16:1-5). Esta es una referencia a la esclavitud de Israel en Egipto como se nos narra en los primeros capítulos de Éxodo. (Véanse especialmente Ex. 1:13, 14; 2:23; 3:7.)
   b. Dios adoptó amorosamente a esta pequeña niña. Cuando se hizo mayor se comprometió con ella en matrimonio, celebraron los ritos matrimoniales y se convirtió en su legítima esposa (16:8). Todo esto tuvo lugar, por supuesto, en el monte Sinaí cuando Dios ratificó su pacto con Israel. (Véase Ex. 19:5. Comparar también Ez. 16:9 con Ex. 19:14.)
   c. Después de su matrimonio Dios la vistió con las más hermosas vestiduras, la adornó con las más costosas joyas, y proveyó de los más ricos manjares para su amada (16:10-14). Esto ocurrió en la historia de Israel durante los reinados de David y Salomón. (Véanse 2 S. 8:11; 1 R. 3:13; 10:4-7.)
   d. Pero esta mujer se olvidó pronto de todas las bendiciones recibidas, despreció el amor y la fidelidad de su esposo, y se convirtió en una prostituta callejera (16:15-34).
   e. Esta acción intolerable no podía continuar sin castigo, porque su amado Esposo era también el Juez justo. Él, por tanto, la entregó a sus amantes asesinos para que abusaran de ella y la castigaran (16:36-41).
   f. Para este tiempo su maldad había incluso sobrepasado a la de su hermana mayor (Samaria, la capital del reino del norte), y la de su hermana menor (Sodoma). (Véase Ez. 16:46-50.)
   g. Después de que Dios la hubiera castigado, él otra vez la restauraría y la atraería hacia él (junto con sus dos hermanas pecadoras) a causa de su amor por ella y de su promesa a Abraham (16:53, 60, 63).
3. La parábola de las dos águilas (17:1-21). Los eventos mencionados en esta parábola se refieren a los asuntos internacionales de Judá,

Babilonia y Egipto ocurridos entre los años 597 al 588 a.C. Los personajes involucrados son Joaquín, Sedequías y Nabucodonosor. El registro histórico de estos sucesos lo encontramos en 2 R. 24:8-20; 2 Cr. 36:9-13; Jer. 37; 52:1-7.

4. La parábola del retoño de cedro (17:22-24).
   a. Un día Dios mismo va a plantar el mejor y más hermoso de los retoños sobre el monte más alto de Israel (17:22).
   b. El retoño se convertirá en un gran cedro y con su sombra y su fruto será de bendición a todos los que se acerquen a él (17:23).
   c. Por medio de ello el mundo entero conocerá acerca del plan y del poder de Dios (17:24).
   d. Estos versículos nos presentan sin duda alguna una profecía mesiánica. (Véanse Is. 2:2-4; Mi. 4:1-4.) El retoño es el Mesías (Is. 11:1; 53:2; Jer. 23:5, 6; 33:15; Zac. 6:12; Ap. 22:16) y el monte alto es el monte de Sion (Sal. 2:6).
5. La leona y sus cachorros (19:1-9).
   a. Una leona tuvo cachorros. Uno de ellos creció y aprendió a devorar hombres; a causa de esto fue atrapado y llevado a Egipto (19:1-4).
   b. Otro de los cachorros hizo lo mismo y también fue apresado y llevado a Babilonia (19:5-9).
   c. Algunos creen que la leona era Hamutal, la esposa de Josías, y madre de tres reyes de Judá. El primer cachorro fue Joacaz (2 R. 23:31-34), que fue hecho prisionero y encarcelado en Egipto por el faraón Necao. El otro cachorro fue Sedequías (el hijo pequeño de Hamutal). Éste fue el último rey de Judá y fue llevado prisionero a Babilonia por Nabucodonosor (2 R. 24:18).
6. Las dos hermanas pecadoras (23:1-49).
   a. Dos hermanas iniciaron su triste historia de prostitución entregándose a la inmoralidad con los egipcios (23:1-3).
   b. Los nombres de estas jóvenes son Ahola y Aholiba y se las identifica con Samaria y Jerusalén (23:4).
   c. La palabra *Ahola* significa «tabernáculo de ella» y puede referirse al hecho de que Dios nunca aprobó la falsa religión de Samaria (capital del reino del norte) tal como fue instituida por su primer rey Jeroboam (1 R. 12:25-33). Es decir, «tabernáculo de ella» significa que ella tuvo su propia religión que no incluía a Dios.
   d. La palabra *Aholiba*, que significa «mi tabernáculo en ella», indica quizá que la presencia de Dios permanecía todavía en el templo en Jerusalén a pesar del pecado de Judá.
   e. Se nos dice que estas dos jóvenes se hicieron prostitutas a causa de sus inmoralidades egipcias. Esto puede referirse al hecho de que ambas ciudades estaban muy influenciadas por las estructuras políticas y religiosas de Egipto.
   f. Ahola empezó entonces relaciones ilícitas con Asiria (23:5). Esto empezó con el rey del norte Manahem que estableció alianza con Asiria (2 R. 15:13-20).
   g. Aholiba hizo lo mismo con Babilonia (23:11). El rey Ezequías trató a los representantes babilonios casi como si fueran dioses (2 R. 20:12-19; 2 Cr. 32:31).
   h. Dios, por tanto, determinó entregar a estas dos hermanas a la completa brutalidad de sus respectivos amantes (23:9, 22, 24).

D. Visión de Ezequiel del templo (8:1—11:25).
1. Judá se aleja de la gloria de Dios.
   a. Ezequiel es arrebatado en una visión y transportado de Babilonia al templo en Jerusalén durante el mes de septiembre del 592 a.C. Aquí es testigo de las cosas que estaban sucediendo en la ciudad santa en ese mismo momento (8:1-3).
   b. Lo primero que ve es un ídolo al norte de la puerta del altar (8:5).
   c. Después entra a un cuarto escondido en el atrio del templo, donde ve las paredes cubiertas de toda clase de pinturas de reptiles, lagartos y seres abominables. En aquella recámara había setenta ancianos israelitas quemando incienso y rindiendo culto a esos ídolos pintados. Los dirigía en estas depravadas devociones Jazaanías, hijo de Safán. Ezequiel quedó muy sorprendido porque este Safán era el que había leído el libro de la ley al rey Josías durante el gran avivamiento experimentado treinta y tres años antes (2 R. 22:8-11). Pero su hijo les dirigía ahora en esta horrible apostasía (Ez. 8:7-11). (Véase también Ro. 1:21-23.)

   El doctor Feinberg escribe:

   > «Estos setenta hombres no eran en absoluto el Sanedrín, que no fue organizado hasta después de la restauración de Babilonia. Se refiere probablemente al modelo de estructura dado en Éxodo 24:9, 10 y Números 11:16. En los días de Ezequiel estos setenta representaban a los laicos. El Señor había nombrado setenta líderes en los tiempos pasados y su cometido principal era proteger en contra de la idolatría. ¡Qué perversión tan grande de su llamamiento!» (*The Prophecy of Ezekiel*, p. 51.)

   d. Después de esta experiencia repulsiva, el profeta va a la puerta norte del templo. Allí ve a las mujeres judías llorando por su dios Tamuz (8:14). La historia de la religión de Tamuz es verdaderamente sórdida:
      (1) La iglesia de Satanás empezó oficialmente en la torre de Babel en Génesis 11:1-9, casi veinticuatro siglos a.C. Allí, en la vega de Sinar, muy cerca probablemente del jardín original de Edén, se inició la adoración de Satanás.
      (2) Nimrod, el nieto impío y apóstata de Noé, fue el primer sacerdote a pleno tiempo de Satanás (Gn. 10:8-10).
      (3) La historia secular y la tradición nos dicen que Nimrod se casó con una mujer tan impía como él, que se lla-

maba Semerimus. Conocerá de la promesa divina de un futuro Salvador (Gn. 3:15), Semerimus atrevidamente declaró que Tamuz, su primer hijo, cumplió esta profecía.

(4) A partir de entonces, Semerimus instituyó un sistema religioso que hizo de ella y de su hijo objetos de adoración. Ella misma se convirtió en la suma sacerdotisa. Así comenzó el culto y adoración de madre-hijo que posteriormente se extendió al mundo entero.

(5) ¿Cuál era la enseñanza de esta iglesia satánica de Semerimus?

(a) Que Semerimus era el camino a Dios. Ella adoptó en realidad el título de «reina del cielo».

(b) Que sólo ella podía administrar salvación a los pecadores por medio de varios sacramentos, tales como el rociamiento de agua santa.

(c) Que a su hijo trágicamente lo mató un jabalí salvaje durante una expedición de caza.

(d) Que él, sin embargo, fue resucitado de entre los muertos cuarenta días más tarde. De modo, que después de esto las vírgenes del templo de este culto entraban cada año en un período de ayuno de cuarenta días en recuerdo de la muerte y resurrección de Tamuz.

(e) Al cabo de los cuarenta días celebraban un gozosa fiesta llamada Ishtar. En esta fiesta se intercambiaban y comían huevos coloreados como símbolo de la resurrección. Exhibían un árbol siempre verde y quemaban un tronco. Por último, se cocían y se comían pasteles adornados con la letra «T», para recordar a todos acerca de Tamuz.

Jeremías también habló acerca de este culto vicioso (Jer. 7:18; 44:25).

e. Ezequiel continuó su recorrido y vio a veinticinco hombres de espaldas al templo, mirando hacia el oriente y adorando al sol (8:16). De nuevo, el doctor Feinberg escribe:

«Lo que Ezequiel vio era el mayor insulto contra el Señor del cielo y de la tierra. Veinticinco hombres estaban adorando al sol, el objeto de la idolatría persa, en aquel sagrado recinto. Moisés les había advertido acerca de este constante peligro (Dt. 4:19) ... Los veinticinco hombres representaban a las veinticuatro órdenes del sacerdocio levítico con el sumo sacerdote a la cabeza. Ya habíamos notado la apostasía de los laicos y de las mujeres; ahora se revela en las filas de los sacerdotes. Como son los sacerdotes, así es el pueblo. ¡Pensemos en ello! Aquello cuya intención era manifestar la gloria de Dios en la creación (Sal. 19) es pervertido para disminuir la gloria del Creador, pues mientras que miraban de frente al sol, daban sus espaldas al templo de Dios. Era una actitud de desafío hacia Dios y de rechazo de su adoración. Era la mayor manifestación de repudio al Señor que podían hacer (véase 2 Cr. 29:6), la copa de su iniquidad estaba llena hasta rebosar.» (*The Prophecy of Ezekiel*, p. 52.)

f. Mientras estaba allí, aturdido por todo esta actividad blasfema que le rodeaba, vio aparecer a seis seres celestiales que llevaban en sus manos armas de destrucción. Les dirigía uno vestido con ropas de lino que llevaba a la cintura instrumentos para escribir (9:1, 2). Este ángel-líder parece que era el ángel-escriba de Dios, y los útiles para escribir, el libro de la vida. (Véanse Ex. 32:32; Sal. 69:28; 139:16; Is. 4:3; Dn. 12:1; Fil. 4:3.)

g. Dios le ordena al líder de este grupo que recorra las calles de Jerusalén y ponga una señal en la frente de todos aquellos que sienten pena y dolor por los pecados de Judá (9:3, 4). Esta señal era con el propósito de darles protección segura. (Véanse también Ap. 7:1-3; Gá. 6:17; Ap. 13:16-18; 14:1; 2 Ti. 2:19.)

h. Entonces se les mandó a los ángeles que llevaban instrumentos de destrucción que pasasen por la ciudad y mataran a todos los que no tuvieran la señal (9:5-11). Tenían que empezar en el templo, pues allí es donde empieza el juicio de Dios. (Véase 1 P. 4:17.)

i. Ezequiel ora por Jerusalén (como Abraham lo hizo una vez por Sodoma. Comparar Gn. 18:23-33 con Ez. 9:8), pero se le dice que la situación es tal que está más allá de toda oración (9:8-10).

j. Los líderes de Judá habían ignorado todos los avisos de parte de Dios, y estaban en realidad convencidos de que aquellos que estaban ya en la cautividad (incluyendo a Daniel y a Ezequiel) habían sido deportados a causa de sus pecados (11:14, 15).

2. La gloria de Dios se aleja de Judá.

a. Ezequiel ve que la gloria de Dios se eleva por encima del propiciatorio (9:3).

b. Después se elevó por encima de la puerta del templo (10:4).

c. De allí se trasladó a la entrada oriental del templo (10:18, 19).

d. Finalmente se movió hacia el monte de los Olivos y desapareció (11:23).

A partir de este momento, *Icabod*, aquella terrible palabra, podía haberse escrito sobre el cielo de Jerusalén: la gloria de Jehová se había alejado de Israel. (Véase 1 S. 4:22.) Pero de aquellos cielos oscurecidos por la desesperación sale un brillante rayo de esperanza, porque el profeta escucha la voz de Dios (11:17-20).

III. La condenación de los enemigos de Dios (25:1—32:32; 35:1-15).

A. Amón (25:1-7).

1. La nación amonita (que ocupaba la zona este

del Jordán al norte de Moab) procedía de la relación incestuosa entre Lot y su hija menor (Gn. 19:38).

2. Amón había mostrado frecuentemente su hostilidad hacia Judá. (Véanse 2 S. 10; Am. 1:13-15.) Se había unido a los babilonios contra Judá en el 600 a.C. (2 R. 24:2). Antes de esto, se había apoderado del territorio que pertenecía a la tribu de Gad después de la cautividad asiria (Jer. 49:1).
3. Su peor pecado, sin embargo, fue la diabólica alegría que manifestaron abiertamente por la destrucción del templo de Jerusalén, y por la matanza y esclavitud de sus ciudadanos (Lm. 2:15).
4. A causa de esto Dios iba a permitir que varias tribus de crueles beduinos invadieran su territorio. Rabá, la capital (la actual Amán), quedaría reducida a un campo de pasto para camellos.

B. Moab (25:8-11).

1. Este pueblo procedía de Lot y de su hija mayor. El hijo que nació fue llamado Moab (Gn. 19:37).
2. Su principal pecado fue el degradar al Jehová de Judá y considerarlo como cualquier otra dios nacional o tribal.
3. Las mismas tribus del desierto que invadieron a Amón ocuparían también las ciudades principales de Moab.

C. Edom (25:12-14; 35:1-15).

1. Esta nación tuvo su origen en Esaú, el hermano de Jacob (Gn. 25:33). Debido a este linaje común, Israel no pelearía con Edom en su camino a la Tierra Prometida (Dt. 23:7). Los edomitas se establecieron en el territorio al sur de Moab, desde el mar Muerto hasta el golfo de Aqaba.
2. A pesar de su herencia común, Edom fue considerado como el peor enemigo de Israel. (Véanse Abd. 1:10; Mal. 1:2-5.)
3. Sus pecados fueron varios:
   a. Se había regocijado por la caída de Judá (Sal. 137:7; Lm. 4:21, 22; Obd. 1:10-14). (Véase también Ez. 35:15.)
   b. Mataron de manera cruel a judíos indefensos durante la invasión babilónica (35:5).
   c. Planeaban apoderarse de toda la tierra de Palestina y expulsar de ella al Señor Dios (35:10).
4. Dios los castigaría permitiendo que varias naciones llenaran la tierra con cadáveres insepultos de edomitas (35:5-9).

D. Filistea (25:15-17).

1. Si Edom era el primero en la lista de enemigos de Israel, Filistea era ciertamente el segundo. Esta nación hostil se menciona más veces en el Antiguo Testamento que ninguna otra.
2. Hostigaron y oprimieron constantemente a Israel hasta el reinado del rey David. (Véase 1 S. 13—14.)
3. A causa de este odio y persecución continuos, Dios ejecutaría sobre ellos una terrible venganza (25:17).

E. Tiro (26:1—28:19).

1. La historia de Tiro.
   a. Tiro era la ciudad más antigua de Fenicia y aparece por primera vez en la Biblia en Josué 19:29. Fue la ciudad comercial más importante en el tiempo del Antiguo Testamento. Tiro significa «roca» y estaba en el centro del mundo mediterráneo.
   b. Tiro era, según Ezequiel (26:13) e Isaías (23:16) una ciudad de grandes músicos y amantes de la música.
   c. La ciudad ejerció gran influencia durante los reinados de David y Salomón. Hiram, rey de Tiro, fue un fiel amigo de David (2 S. 5:11). Posteriormente ayudó a David y Salomón en sus planes de edificaciones, especialmente con el templo (1 R. 5:1-12; 1 Cr. 14:1; 2 Cr. 2:3, 11).
   d. Quizá debemos hacer notar aquí que Tiro consistía en realidad de dos ciudades, una en la costa, a unas 60 millas (aproximadamente 96 km) al noroeste de Jerusalén, y la otra en una isla a algo más de media milla (como 1 km) de la costa en el Meditarráneo.
   e. Al tiempo de la profecía de Ezequiel, Tiro estaba en abierta rebelión contra Babilonia.
2. El pecado de Tiro.
   a. Tiro se había alegrado de la caída de Judá (26:2). La razón era que eso significaba paso libre para sus caravanas que iban desde el norte a Egipto en el sur. Con la desaparición de Judá ya no tendría que pagar el impuesto por el derecho de paso.
   b. Había vendido judíos como esclavos a los griegos y a los edomitas (Jl. 3:4-8; Am. 1:9, 10).
      (1) El rey en este tiempo era Itobaal II, quien presumía de ser tan fuerte como un dios y tan sabio como un Daniel (28:2, 3). La historia esta llena, por supuesto, de aquellos que cayeron a causa de su orgullo. Notar especialmente los ejemplos de Senaquerib (2 R. 18:33-35), Nabucodonosor (Dn. 3:15; 4:30), y Herodes (Hch. 12:21-23).
      (2) En su pretensión de ser un dios, el rey de Tiro se convirtió en una prefiguración del futuro Anticristo. (Véase 2 Ts. 2:4.)
   c. La ciudad estaba corrompida con grosero materialismo (27:4-25).
3. El castigo de Tiro.
   a. Varias naciones iban a levantar contra Tiro como olas del océano (26:3).
      (1) En los años 701-696 a.C., el rey asirio Senaquerib había tomado parte de la ciudad en el continente, pero no capturó la isla fortificada.
      (2) Nabucodonosor, el rey de Babilonia, también trató, durante trece años, de tomar las dos ciudades (585-573 a.C.), pero no pudo apoderarse de la isla al igual que Senaquerib.
   b. A pesar de la fuerte protección que le proporcionaba el agua, Ezequiel predice que sus murallas serían derribadas, su tierra sería barrida dejándola más pelada que una roca, y ambas ciudades quedarían sólo para que los pescadores extendieran sus redes (26:4, 5).

Pasaron 225 años sin que se cumpliera

esta profecía. Pero en el 332 a.C., Alejandro Magno llegó a este escenario y la isla fue tomada. Logró construir un largo puente desde la costa en tierra firme hasta la isla arrojando los escombros de la antigua ciudad al agua. Al hacer esto dejó literalmente pelada aquella área. Hace algunos años, un arqueólogo americano llamado Edward Robinson descubrió cuarenta o cincuenta columnas de mármol debajo del agua a lo largo de la costa de la antigua Tiro. Después de siete meses de asedio, Alejandro Magno tomó la ciudad en la isla y la destruyó. A partir de este momento, las playas de toda esta zona han sido usadas por los pescadores para extender y secar sus redes.

c. Ezequiel declaró, además, que la ciudad nunca más volvería a ser habitada (26:20, 21). Tiro nunca ha sido reedificada, a pesar de la existencia en las cercanías de las bien conocidas fuentes de agua de Roselain, que dan abundante agua a diario.

d. Sus barcos serían destruidos por violentos huracanes (27:26, 27).

e. Todo el mundo occidental conocido lamentaría y lloraría a causa de sus destrucción (26:16-18; 27:38-36). En los días de la tribulación el mundo hará lo mismo por la destrucción de Babilonia. (Véase Ap. 18.)

4. La fuerza siniestra existente detrás de Tiro (28:11-19).

a. La identidad de esta fuerza. Ya hemos notado que Ezequiel describe en el capítulo 28:1-10 el orgullo de Itobaal II, que era el rey de Tiro en este tiempo. Pero el profeta se traslada ahora más allá del escenario terrenal y nos describe la creación y caída de una criatura no humana vil y maligna. Este ser espantoso es el mismo Satanás, la fuerza que estaba realmente detrás de la maldad de Tiro. Dios habla frecuentemente a Satanás por medio de otra fuente indirecta. Por ejemplo:

(1) Habló al diablo por medio de la serpiente (Gn. 3:14, 15).

(2) Le habló también por medio de Simón Pedro (Mt. 16:23).

b. Las características de esta fuerza.

(1) Modelo de perfección, lleno de sabiduría y belleza (v. 12).
Nunca un ser humano ha sido descrito en estos términos, todo lo contrario. (Véase Ro. 3:23.)

(2) Estaba en Edén, el jardín de Dios (v. 13).
Algunos han especulado que Ezequiel tenía a Adán en mente al decir esto, pero en ninguna parte del relato del Génesis se nos habla del vestido de Adán diciendo: «De toda piedra preciosa era tu vestidura.»

(3) «Los primores de tus tamboriles y flautas estuvieron preparados para ti en el día de tu creación» (v. 13, tal como lo traduce la versión Reina-Valera de 1960).
El doctor J. Dwight Pentecost escribe en cuanto a esto:
«Los instrumentos musicales fueron concebidos originalmente como medios de alabar y adorar a Dios. No era necesario que Lucifer aprendiera a tocar un instrumento musical para alabarle. Por decirlo así, tenía un órgano de tubos dentro de sí, o era un órgano. Esto es lo que el profeta quiso decir cuando dijo: "los primores de tus tamboriles y flautas estuvieron preparados para ti en el día de tu creación". Lucifer, a causa de su hermosura, hacía lo que un instrumento musical haría en las manos de un diestro músico: producir un himno de alabanza a la gloria de Dios. Lucifer no necesitaba buscar quien tocara el órgano para él poder cantar la doxología: él era en sí una doxología.» (*Vuestro adversario el diablo*, Editorial Logoi, p. 14.)

(4) El ungido querubín protector (v. 14)
Nota: La versión Reina-Valera de 1960 no emplea la palabra ungido como lo hace el autor basándose en la versión inglesa del rey Jaime, pero sí aparece en el texto de la Reina-Valera Actualizada. (*Nota del traductor.*)

(a) Fue ungido. Sólo se ungía a tres personas en el Antiguo Testamento en razón de su oficio: el profeta, el sacerdote y el rey. Parece como si aquí se sugiriera que Lucifer pudo haber sido creado originalmente (bajo Cristo) como el profeta-sacerdote-rey celestial, pero falló. Quizá esta es la razón por la que Dios separó estos oficios. (Véanse 1 S. 13; 2 Cr. 26.)

(b) Era un querubín protector. Los querubines pertenecían a una orden especial de ángeles cuya misión era proteger la santidad de Dios. (Véanse Gn. 3; Ex. 25; 1 R. 6; Ez. 1; Ap. 4.) Tanto las evidencias arqueológicas como bíblicas sugieren que eran semejantes a un león, un buey, un águila y un hombre. Lucifer fue aparentemente creado (entre otros propósitos) para demostrar la obra terrenal de Cristo, como es presentada por los cuatro escritores de los evangelios.

Mateo: presenta a Cristo como Rey y usa el símbolo del león.

Marcos: le presenta como Siervo, y para ello usa el buey como símbolo.

Lucas: le presenta como el hombre perfecto.

Juan: le presenta como Dios y usa la figura del águila.

(5) «Se enalteció tu corazón a causa de tu hermosura» (v. 17). Aquí tenemos el primer pecado y la autocreación del primer pecador del universo.

F. Sidón (28:20-24).

1. Sidón estaba a unas 20 millas (unos 32 km) al norte de Tiro y fue fundada por el primogénito de Canaán (Gn. 10:15).
2. Parece que esta ciudad fue el cuartel general de la adoración a Baal. La princesa Jezabel, la mujer más nefasta que aparece en las Escrituras, procedía de allá y era una fanática de la adoración de Baal (1 R. 16:31-33). Además, Sidón era el centro de la adoración a Asera y Tamuz.
3. Debido a su influencia tan negativa, Sidón fue comparada a una «espina desgarradora y aguijón que da dolor» para la casa de Israel (v. 24).
4. Dios iba a castigar a Sidón enviando enfermedades y un ejército que la destruyera (v. 23). Esto sucedió en el 351 a.C., cuando la ciudad fue incendiada por los persas.

G. Egipto (29:1—32:32).

1. Su castigo histórico (por Nabucodonosor).

a. El pecado de Egipto, al igual que el de otras muchas naciones, fue el orgullo (29:3).
b. El faraón Hofra (el rey egipcio al que se refiere Ez. 29), de la dinastía veintiséis, parece ser que había convencido al rey Sedequías de Judá que Egipto le sería de más ayuda en contra de Nabucodonosor que Dios mismo (29:6). (Véase también 30:21-26.)
c. Ezequiel, por tanto, pronuncia sentencia sobre faraón, el pueblo e incluso los animales (29:8-12).
d. En el capítulo 31 Egipto es descrito como un poderoso cedro del Líbano que sobresale por encima de todos los demás árboles. Los pájaros descansaban en sus ramas y los animales parían bajo su sombra. Pero el árbol pronto quedó carcomido por el orgullo y Dios ordenó al leñador babilónico que lo cortara.
e. Ezequiel nos informa que Nabucodonosor conquistó Egipto por su riqueza a fin de pagar a sus soldados después del largo asedio de Tiro (Ez. 29:17-21).

EZEQUIEL

LA DESOLACIÓN DE LA CIUDAD DE DIOS

JERUSALÉN (4—9, 11—24)

Doce actos simbólicos

Dibuja un mapa de Jerusalén **(Ez. 4:1-3).**
Se acuesta sobre su lado izquierdo por unas horas al día durante 390 días **(4:4, 5).**
Se acuesta sobre su lado derecho por unas horas al día durante 40 días **(4:6).**
Prepara una comida escasa **(4:9-17).**
Se afeita su cabeza y la barba **(5:1-4).**
Aparece golpeando con los pies y las manos **(6:11).**
Abre un boquete en la pared **(12:1-16).**
Tiembla mientras que come su alimento **(12:17-20).**
Tira tajos con una espada **(21:9-17).**
Dibuja un mapa del Medio Oriente **(21:18).**
Pone a hervir una olla de agua **(24:1-14).**
No hace duelo en el funeral de su esposa **(24:15-18).**

Seis parábolas

La vid inútil **(15:1-8).**
La niña adoptada que se hace prostituta **(16:1-63).**
Las dos águilas **(17:1-21).**
El retoño tierno **(17:22-24).**
La leona y sus cachorros **(19:1-9).**
Las dos hermanas pecadoras **(23:1-49).**

Su visión del templo (8—11)

Ve como Judá se aleja de la gloria de Dios.
Ve como la gloria de Dios se aleja de Judá.

Doce mensajes

6:1-14	**14:13-23**	**21:1-7**
7:1-27	**18:1-32**	**22:1-16**
13:1-23	**20:1-44**	**22:17-22**
14:1-12	**20:45-49**	**22:23-31**

Nota: **Cuando ya se hallaba en el exilio, Ezequiel advierte a sus compañeros de cautiverio que Jerusalén, que ya se encontraba ocupada por los babilonios, sería más tarde totalmente destruida. A este fin usa drama, parábolas y sermones para enfatizar su advertencia.**

TIRO (26—28)

HISTORIA:	Fue el centro comercial más grande y famoso de los tiempos del Antiguo Testamento. El rey de Tiro ayudó tanto a David como a Salomón durante sus reinados.
LOCALIZACIÓN:	Tiro estaba formado en realidad por dos ciudades, una sobre la costa continental en el Mediterráneo, y la otra sobre una isla a media milla (1 km) de la costa.
PECADO:	Su orgullo y gran materialismo.
REY:	Et-baal II (durante el tiempo de Ezequiel).
CASTIGO:	Ambas ciudades serían destruidas y nunca más volverían a ser reedificadas. Aquella zona quedaría desolada y los pescadores la usarían para extender sus redes y secarlas al sol.
LA FUERZA:	Muchos creen que Dios realmente está describiendo y condenando a Satanás en 28:11-19.
SINIESTRA DETRÁS DE TIRO:	Él era el verdadero poder detrás de su pecado.

EGIPTO (29—32)

Permanecería desolado durante cuarenta años.
Quedaría como un reino menor.
Israel nunca más lo buscaría para que les ayudase.
Será castigado durante la tribulación.

f. Egipto quedaría arrasado y permanecería desolado durante cuarenta años (29:9, 11), y este es aproximadamente el tiempo que Babilonia dominó a Egipto. Beroso, historiador de Babilonia, declara que Nabucodonosor se llevó cautivos a muchos egipcios después que invadió y ocupó su país.
g. Después del período de cuarenta años de castigo Egipto se recuperaría un poco, pero permanecería para siempre como un reino de segunda fila (Ez. 29:13-15).
h. Israel nunca más volvería a depender de Egipto (29:16).

2. Su futuro castigo (30:1-19).
a. Aunque el nombre de Nabucodonosor aparece una vez en este pasaje (v. 10), se piensa que el cumplimiento final de los juicios mencionados aquí acontecerá durante la tribulación. Ezequiel lo indica cuando usa el término profético «el día de Jehová» (v. 3). Esta frase casi siempre se refiere a la tribulación de siete años. (Véanse Is. 13:6, 9; Jl. 1:15; 2:1, 11; 3:14; Am. 5:18; Abd. 1:15; Sof. 1:7, 14; Zac. 14:1; 1 Ts. 5:2; 2 Ts. 2:2; 2 P. 3:10.)
b. Según Daniel 11:40-43, Egipto será en verdad destruido durante la tribulación.
c. En aquel tiempo experimentará los juicios de Dios. (Véase 30:4-17.)

Podemos observar, para completar esta sección, que las palabras de Ezequiel en 32:17-21 han sido señaladas como el lamento más solemne que jamás se haya compuesto sobre un pueblo pagano. En él se pinta a Egipto descendiendo lentamente a las profundidades oscuras y horrendas del Seol en el corazón de la tierra. Allí yacerá al lado de otros pueblos que fueron también poderosos pero que ahora han desaparecido, tales como Asiria, Elam. los hititas, Edom y Sidón.

IV. La presentación de Jesucristo, el pastor de Dios (34).
A. Los muchos falsos profetas.
1. Que se cuidaban a sí mismos en vez de apacentar el rebaño (34:2, 3).
2. No ayudaron a las débiles, ni curaron a las enfermas, ni vendaron a las que tenían algún hueso roto, ni buscaron a las extraviadas (34:4).
3. Andaban dispersas por falta de pastor (34:5).
4. Eran presa fácil de todo animal salvaje (34:5).
5. Por tanto, los pastores serían castigados (34:9):
a. Se les quitará de su posición de pastores (34:10).
b. No serán alimentados por el gran Pastor (34:9, 10).
c. El Señor los juzgará y destruirá (34:16).

B. El único pastor verdadero. (Véanse Sal. 23; Jn. 10:11; He. 13:20; 1 P. 5:4.)
1. Buscará a las ovejas perdidas (34:11).
2. Las librará de sus enemigos (34:12).
3. Las recogerá de todas las naciones (34:13).
4. Las apacentará sobre los montes de Israel (34:14).
5. Las llevará a descansar a verdes prados (34:15).
6. Vendará a la perniquebrada (34:16).
7. Curará a las heridas y enfermas (34:16).
8. Pondrá a David a cargo del rebaño, como su pastor de confianza (34:23). (Véanse también Ez. 37:24; Jr. 30:9; Os. 3:5.)
9. Hará con ellas un pacto eterno (34:25).
10. Garantizará su seguridad y las pondrá en un paraíso perfecto (34:25-28).

V. La restauración de Israel, la nación de Dios (36—37).
A. La necesidad de esta restauración. Israel había sido ya desterrado de Palestina a causa de su pecado (36:17-19).
B. La razones para la restauración.
1. Avergonzar a las naciones gentiles que se habían burlado de la tragedia de Israel (36:1-7).
2. Vindicar el nombre de Dios (36:20-23, 32). Se había corrido el rumor de que el Dios de Israel era incapaz de (o no quería) proteger y purificar a su propio pueblo.

C. La visión de la restauración (37:1-14).
1. Dios le manda a Ezequiel que profetice sobre un valle lleno de huesos humanos, viejos y secos, esparcidos por todas partes (37:1-6).
2. Se extendió repentinamente un gran ruido por todo el valle y los huesos de cada cuerpo se juntaron y se unieron unos a otros como una vez estuvieron unidos (37:7).
3. Después se formaron los músculos y la carne sobre los huesos y la piel los cubrió (37:8).
4. Pero aquellos cuerpos completos no tenían aliento. Entonces se le ordenó a Ezequiel que:

> «Profetiza al espíritu, profetiza, hijo de hombre, y di al espíritu: Así ha dicho Jehová el Señor: Espíritu, ven de los cuatro vientos, y sopla sobre estos muertos, y vivirán. Y profeticé como me había mandado, y entró espíritu en ellos, y vivieron, y estuvieron sobre sus pies, un ejército grande en extremo» (37:9, 10).

D. El símbolo de esta restauración (37:15-22).
1. Ezequiel tenía que grabar las siguientes palabras sobre dos varas de madera:
a. En la primera vara: «Para Judá y los hijos de Israel sus compañeros.»
b. En la segunda: «Para José, palo de Efraín, y para toda la casa de Israel sus compañeros.»
2. El doctor Charles Feinberg escribe lo siguiente en relación con estas dos varas:

> «Estos palos que encontramos aquí son equivalentes a cetros, rememorativos de aquellos otros en los días de Moisés (Nm. 17:1, 2). "Para Judá y ... sus compañeros" (v. 16) nos muestra que el reino del sur incluía, además de Judá, la mayor parte de Benjamín y Simeón, la tribu de Leví y todos aquellos israelitas piadosos que se habían pasado del reino del norte, con toda su idolatría y falso sacerdocio, al reino del sur (véanse 2 Cr. 11:12; 15:9; 30:11, 18; 31:1). José es mencionado en relación con la otra vara. Fue elegido con toda probabilidad porque la casa de José, compuesta por las dos poderosas tribus de Efraín y Manasés, formaba el núcleo principal del reino del norte.» (*The Prophecy of Ezekiel*, p. 215.)

3. Ezequiel tenía entonces que sostener ambas varas juntas en una mano, indicando así la intención de Dios de reunificar una vez más a los dos reinos en Palestina (37:17-20).

E. Los resultados de esta restauración.

«El ladrón no viene sino para hurtar y matar y destruir; yo he venido para que tengan vida, y para que la tengan en abundancia.

Yo soy el buen pastor....»

Juan 10:10, 11

LA PRESENTACIÓN DE JESUCRISTO, EL PASTOR DE DIOS (Ezequiel 34)

LOS MUCHOS PASTORES FALSOS

Se cuidaban a sí mismos en vez de al rebaño **(34:2, 3)**

No ayudaron a las ovejas débiles, ni curaron a las enfermas, ni vendaron a las que tenían algún hueso roto, ni buscaron a las extraviadas **(34:4)**

Andaban esparcidas por falta de pastor **(34:5)**

Eran presa fácil de los animales salvajes **(34:5)**

Por tanto, los pastores serían castigados **(34:9)**

Serían quitados de su posición de pastores **(34:9)**

No serían alimentados por el gran Pastor **(34:9, 10)**

Iban a ser juzgados y destruidos **(34:16)**

EL ÚNICO VERDADERO PASTOR

Buscará a la oveja perdida **(34:11)**

Las liberará de sus enemigos **(34:12)**

Las juntará de entre todas las naciones **(34:13)**

Las pastoreará sobre los montes de Israel **(34:14)**

Las hará descansar sobre verdes prados **(34:15)**

Vendará a las perniquebradas **(34:16)**

Sanará a las enfermas **(34:16)**

Pondrá a David sobre ellos como su pastor de confianza **(34:23)** (véanse también **Ez. 37:24; Jer. 30:9; Os. 3:5)**

Establecerá un pacto eterno con ellos **(34:25)**

Garantizará su seguridad y los pondrá en un paraíso perfecto **(34:25-28)**

1. Una vez más vendrían a ser el pueblo de Dios (36:28; 37:27).
2. Los rociará con agua limpia (36:25, 29, 33). Esta es, por supuesto, una alusión al rito mosaico de la purificación (Nm. 19:17-19).
3. El Espíritu Santo morará en ellos (36:27; 37:14). (Véanse también Ez. 39:29; Is. 44:3; 59:21; Joel 2:28, 29, Hch. 2:16-18.)
4. Les dará corazones nuevos y deseos rectos (36:26).
5. Gozarán de las bendiciones del nuevo templo (37:26, 28).
6. David reinará sobre ellos (37:24).
7. Serán vindicados entre las naciones (36:30).
8. Disfrutarán de abundantes cosechas (36:29, 30, 34, 35). (Véanse también Is. 35:1, 2; 55:13; Zac. 8:12.)
9. Las ciudades de Israel se volverán a llenar de gente, especialmente Jerusalén (36:38).
10. Vivirán en la tierra santa para siempre (37:25).

VI. La demostración de la ira de Dios: Rusia (38—39).
Ezequiel nos describe en estos dos extraordinarios capítulos la invasión de Palestina en los últimos tiempos por una nación inicua ubicada al norte de Palestina.

A. La identidad de los invasores. ¿Dónde se halla la tierra de Magog? Parece casi seguro que estos versículos en Ezequiel se refieren a Rusia, hasta hace poco el oso rojo comunista. Veamos la siguiente triple prueba que lo demuestra:

1. La prueba geográfica.
Ezequiel nos dice en tres pasajes distintos (38:6, 15; 39:2) que esta nación invasora procederá de «los confines del norte» (como el término original hebreo lo indica). Un vistazo rápido a un mapamundi nos mostrará que sólo Rusia puede cumplir esta descripción.
2. La prueba histórica.
Josefo, el historiador judío de la antigüedad (primer siglo a.C.) nos asegura que los descendientes de Magog (que fue hijo de Jafet y nieto de Noé) emigraron a una zona al norte de Palestina. Pero incluso antes de Josefo, Herodoto, el famoso historiador griego del siglo quinto a.C., nos dice que los descendientes de Mesec se establecieron al norte de Palestina (Gn. 10:2).
3. La prueba lingüística.
El doctor John Walvoord escribe al respecto:

«En Ezequiel 38 se le describe a Gog como el "príncipe de Ros" (véanse la *Biblia de las Américas* y la *Versión Moderna*). La Reina-Valera 1960 lo presenta como el "príncipe soberano de Mesec y Tubal". La traducción "príncipe de Ros" es una traducción más literal de la expresión hebrea. "Ros" puede ser la raíz de la que procede el término moderno "Rusia". En el estudio de cómo las palabras antiguas se transforman en términos modernos, vemos que es bastante común que permanezcan las mismas consonantes, mientras que cambian las vocales. En la palabra "Ros" si la vocal "o" se cambia por "u" se convierte en el término moderno para "Rusia" con el sufijo añadido. Es decir, la palabra en sí parece ser una forma temprana del término del cual procede el nombre moderno de "Rusia". Gesenius, el famoso lexicógrafo, asegura que ésta es una identificación apropiada; esto es, que Ros es la forma primaria de la que hemos obtenido la palabra Rusia. Las dos palabras Mesec y Tubal también están relacionadas con otros términos rusos prominentes. La palabra "Meesec" es similar al nombre moderno de "Moscú", y la palabra "Tubal" es obviamente similar al de una de las provincias asiáticas de Rusia, la provincia de Tobolsk. Cuando juntamos toda esta evidencia, nos lleva a la conclusión de que estos términos son referencias tempranas a ciertas porciones de Rusia; por tanto, el argumento geográfico queda reforzado con el argumento lingüístico, y apoya la idea de que estas fuerzas invasoras procederán de Rusia.» (*The Nations in Prophecy*, pp. 107, 108.)

B. Los aliados en la invasión.
Ezequiel enumera las cinco naciones que se aliarán con Rusia en esta invasión, y son: Persia, Etiopía, Libia, Gomer y Togarma. Estas pueden referirse (aunque hay algo de incertidumbre) a los siguientes países de hoy día:

1. Persia: la moderna Irán.
2. Etiopía: las naciones africanas de raza negra.
3. Libia: las naciones árabes del norte de África.
4. Gomer: Alemania oriental.
5. Togarma: el sur de Rusia y los cosacos, o quizá Turquía.

C. Las razones de la invasión.

1. Apoderarse de las riquezas de Palestina (Ez. 38:11, 12) y controlar el Medio Oriente. Los antiguos conquistadores supieron siempre que aquel que quiera controlar Europa, Asia y África necesita controlar primero el puente del Medio Oriente que lleva a esos tres continentes.
2. Desafiar la autoridad del Anticristo (Dn. 11:40-44).

D. La cronología de la invasión.
Es imposible ser dogmático en cuanto a fechas. Lo que sigue es, por tanto, una simple sugerencia de lo que posiblemente suceda, basado en Ezequiel 38 y Daniel 11:40-44.

1. Egipto ataca a Palestina desde el sur siguiendo un plan preconcebido (Dn. 11:40*a*).
2. Rusia luego invade Israel desde el norte mediante un ataque terrestre y anfibio (Dn. 11:40*b*).
3. Rusia no se para en Israel sino que traiciona a su aliado continuando hacia el sur y ocupando Egipto también (Dn. 11:42, 43).
4. Mientras está en Egipto, Rusia recibe noticias alarmantes procedentes del este y del norte y regresará rápidamente a Palestina. No se nos dice de qué tratan estas noticias, pero se han formulado algunas teorías:
   a. Que se refieren a que el Anticristo ha sido asesinado, pero ha resucitado. (Véase Ap. 13:3.)
   b. Que tienen que ver con el contraataque inminente del líder occidental (el Anticristo).
   c. Que es el aviso de una confrontación con China y con India («príncipes del este»), que pueden estar movilizando sus ejércitos.

Debemos hacer notar aquí, sin embargo, que

LA RESTAURACIÓN DE LA NACIÓN DE DIOS

ISRAEL Ezequiel 36, 37

NECESIDAD DE LA RESTAURACIÓN

Israel fue desterrado de la tierra prometida a causa de su pecado **(36:17-19)**.

RAZONES DE LA RESTAURACIÓN

Castigar a los enemigos de Israel **(36:1-7)**.
Vindicar el nombre de Dios **(36:20-23)**.

EXPLICACIÓN DE LA VISIÓN

Ezequiel profetiza sobre un valle lleno de huesos secos de israelitas **(37:1-6)**.

Los huesos se vuelven a juntar y quedan cubiertos de carne **(37:7, 8)**.

Vuelve a hablar y el aliento de vida entra en sus cuerpos **(37:9-14)**.

SÍMBOLO DE LA RESTAURACIÓN

Ezequiel graba el nombre de Judá en una vara y el de Efraín en la otra **(37:15, 16)**.

Sostiene ambas varas juntas en una mano para indicar la intención de Dios de reunificar un día a las doce tribus otra vez **(37:17-20)**.

LOS RESULTADOS DE LA RESTAURACIÓN

Israel volverá a ser el pueblo de Dios **(36:28; 37:27)**.

Serán rociados con agua limpia **(36:25)**.

El Espíritu Santo morará en ellos **(36:27)**.

Les dará corazones nuevos **(36:26)**.

Tendrán un templo nuevo **(37:26, 28)**.

David los gobernará **(37:24)**.

Serán vindicados ante las naciones **(36:30)**.

Disfrutarán de abundantes cosechas **(36:29, 30, 34, 35)**.

Jerusalén y otras ciudades devastadas se repoblarán otra vez **(36:38)**.

Ocuparán para siempre la tierra prometida **(37:25)**.

algunos estudiosos de la Biblia identifican al sujeto al que se refiere Daniel 11:42 como el Anticristo y no el líder ruso. Si esto es así, la cronología que indicamos arriba debe ser corregida según corresponda.

E. La destrucción de los invasores.

Nada más regresar, Rusia es derrotada completamente sobre los montes de Israel. Esta derrota total es producida por los eventos siguientes causados por Dios mismo:

1. Un gran terremoto (Ez. 38:19, 20).
2. Una rebelión entre los mismos soldados rusos (Ez. 38:21).
3. Enfermedades entre los soldados (Ez. 38:22).
4. Lluvias, tormentas de granizo, fuego y azufre (Ez. 38:22; 39:6).

F. Los resultados de esta invasión.

1. Cinco sextas partes (ochenta y tres por ciento) de los soldados rusos son destruidos (Ez. 39:2).
2. Empieza el primero de los terribles banquetes de Dios (Ez. 39:4, 17-20). Parece que un banquete similar tendrá lugar más tarde, después de la batalla de Armagedón (Ap. 19:17, 18; Mt. 24:28).
3. La amenaza comunista cesará para siempre.
4. Se necesitarán siete meses para enterrar a todos los muertos (Ez. 39:11-15).
5. Tomará siete años quemar todas las armas de guerra (Ez. 39:9, 10).

El doctor John Walvoord escribe lo siguiente acerca de este período de siete años:

«Hay algunos ... problemas en relación con este pasaje que merecen estudio. Se hace referencia a arcos y flechas, escudos, carros y espadas. Esto es, por supuesto, armamento antiguo visto desde la perspectiva moderna. Es comprensible el gran uso de caballos, pues Rusia todavía los usa hoy en gran escala en su ejército. Pero, ¿por qué van a usar hoy armaduras, lanzas, arcos y flechas? Esto sin duda representa un problema. Se han dado dos o más respuestas a esta dificultad. Una es que Ezequiel está usando el vocabulario con el que estaba familiarizado —las armas que eran comunes en su día— para anticipar el armamento moderno. Lo que en realidad está diciendo es que cuando esa invasión ocurra los soldados irán completamente equipados para la guerra. Esta interpretación también presenta sus dificultades. Se nos dice en el pasaje que usarán la madera de los escudos, arcos, flechas y lanzas como leña para el fuego, pero si estos son símbolos resulta muy difícil quemar símbolos. No obstante, todavía se usa bastante la madera en la guerra moderna... Una segunda solución es que esta guerra es precedida por un acuerdo de desarme entre las naciones. Si este fuera el caso, sería necesario recurrir a cierta clase de armamento primitivo que sería fácil de hacer secretamente si se quiere llevar a cabo un ataque por sorpresa. Esto permitiría una interpretación literal del pasaje. Se ha sugerido una tercera interpretación basada en la premisa de que los modernos misiles de guerra se habrán desarrollado a tal punto en aquel día que van a requerir enormes cantidades de metal. Bajo estas circunstancias sería necesario abandonar el uso de armas metálicas y sustituirlo por madera como se indica en el armamento antiguo.» (*The Nations in Prophecy*, pp. 115, 116.)

VII. La manifestación de la gloria de Dios: el templo (caps. 40—48).

A. Su orden bíblico.

El templo milenario es el último de los siete grandes templos que aparecen en las Escrituras. Estos son:

1. El tabernáculo de Moisés, Éxodo 40 (1500-1000 a.C.).
2. El templo de Salomón, 1 Reyes 5—8 (1000-586 a.C.).
3. El templo de Zorobabel (reconstruido más tar-

LA DEMOSTRACIÓN DE LA IRA DE DIOS

RUSIA (Ezequiel 38—39)

1. IDENTIDAD DE LOS INVASORES

- Prueba geográfica
- Prueba histórica
- Prueba lingüística

2. LOS ALIADOS EN LA INVASIÓN

PERSIA: el Irán de hoy
ETIOPÍA: las naciones africanas del sur
LIBIA: las naciones de África del norte
GOMER: Europa oriental
TOGARMA: Turquía

3. RAZONES DE LA INVASIÓN

- Apoderarse de las riquezas de Israel **(38:11, 12).**
- Desafiar la autoridad del Anticristo **(Dn. 11:40-44).**

4. LOS RESULTADOS DE LA INVASIÓN

- Rusia quedará completamente derrotada por Dios **(38:21-23).**
- Cinco sextas partes de los soldados rusos perecerán en los montes de Israel **(39:2).**
- Se necesitarán siete años para quemar todas las armas de guerra **(39:9).**
- Tomará siete meses enterrar a todos los muertos **(39:12).**

de por Herodes), Esdras 6; Juan 2 (516 a.C. a 70 d.C.).

4. El templo del cuerpo de Cristo, Juan 2:21 (4 a.C. a 30 d.C.).
5. La Iglesia, el templo espiritual, Hechos 2; 1 Ts. 4 (desde Pentecostés hasta el rapto).
   a. De toda la Iglesia (Ef. 2:21).
   b. La iglesia local (1 Co. 3:16, 17).
   c. El cristiano individual (1 Co. 6:19).
6. El templo en la tribulación, Apocalipsis 11 (desde el rapto hasta el Armagedón).
7. El templo milenario, Ezequiel 40—48; Joel 3:18; Isaías 2:3; 60:13; Daniel 9:24; Hageo 2:7, 9).

B. Su santa oblación.

Palestina será redistribuida entre las doce tribus de Israel durante el milenio. La tierra misma será dividida en tres partes. Siete tribus ocuparán la parte norte y las otras cinco la parte sur. Entre estas dos áreas habrá una sección llamada «la santa oblación», es decir, aquella parte de la tierra que se apartará para el Señor. El doctor J. Dwight Pentecost cita a Merrill F. Unger a este respecto:

«La santa oblación será un cuadrado espacioso de terreno de unas 34 millas de lado (54 km aproximadamente). Aquí estará el centro de todos los intereses de la adoración y el gobierno de Dios que se establecerá en la tierra milenaria . . . El templo mismo estará establecido en medio de este cuadrado (la santa oblación) y no en la ciudad de Jerusalén, sobre un monte muy alto, el cual estará listo milagrosamente para cuando el templo sea edificado. (Véanse Is. 2:3; Mi. 4:1-4; Ez. 37:26.) (*Things to Come*, pp. 510, 514. Véase también la edición castellana *Eventos del provenir,* Editorial Vida, p. 387, 389.)

C. Sus dimensiones (40:1—42:20; 46:21-24).

D. Su propósito:
1. Proveer de un lugar donde la nube de la gloria de Dios permanezca (43:1-17).
2. Proveer de un centro para el Rey de la gloria (43:7). (Véanse también Is. 2:2, 3; Mi. 4:2.)

E. Su sacerdocio (44:5-31).

Se nos dice en cuatro ocasiones específicas que a

LA MANIFESTACIÓN DE LA GLORIA DE DIOS

EL TEMPLO (EZEQUIEL 40—48)

DISTRIBUCIÓN DE LA TIERRA

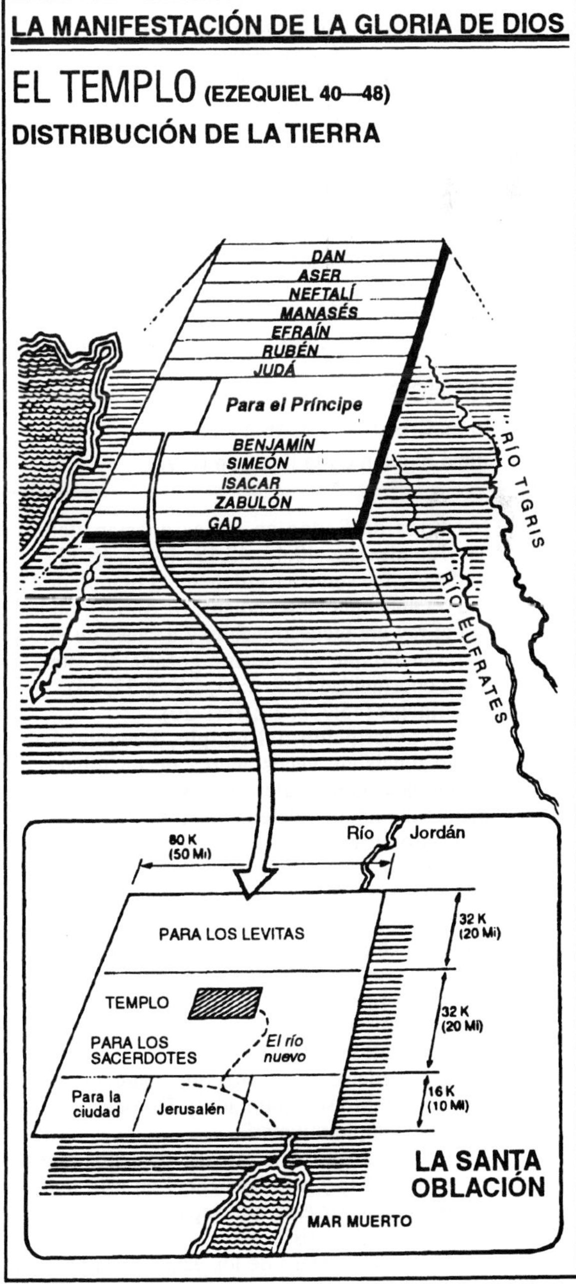

HECHOS SOBRE EL TEMPLO MILENARIO

• SU ORDEN BÍBLICO

1. El tabernáculo de Moisés **(Éx. 40)**.
   Fecha: 1444—1100 a.C.
2. El templo de Salomón **(1 R. 6)**.
   Fecha: 959—586 a.C.
3. El templo de Zorobabel **(Esd. 6)**.
   Nota: éste fue después ampliado por Herodes. **(Véase Jn. 2.)**
   Fecha: 516 a.C.—70 d.C.
4. El templo del cuerpo de Cristo **(Jn. 2)**.
   Fecha: 4 a.C. —30 d.C.
5. El templo espiritual: la Iglesia **(Hch. 2)**.
   Fecha: pentecostés-el rapto
   - Toda la Iglesia **(Ef. 2:21)**.
   - La iglesia local **(1 Co. 3:16, 17)**.
   - El creyente individual **(1 Co. 6:19)**.
6. El templo de la tribulación **(Ap. 11)**.
   Fecha: el rapto-Armagedón
7. El templo milenario **(Ez. 40—48)**.
   Fecha: el tiempo del milenio

• SU PROPÓSITO

1. Proveer un lugar para la nube de la gloria de Dios **(Ez. 43)**.
2. Proveer un centro para el Rey de la gloria **(43:7)**.

• SU SACERDOCIO

Los sacerdotes descendientes de Sadoc **(40:46)**.

• SU PRÍNCIPE

1. No es Cristo **(45:22; 46:16)**.
2. Quizá alguien de la línea de David.

• SUS ELEMENTOS DISTINTIVOS

1. No tendrá velo de separación.
2. No habrá mesa de los panes de la proposición.
3. No dispondrá de candeleros.
4. No habrá arca del pacto.
5. La puerta oriental estará cerrada **(44:2)**.

• SUS SACRIFICIOS

(Is. 56:7; 60:7; Jer. 33:18; Zac. 14:16-21)

1. Un *recordatorio* para todos de la necesidad del nuevo nacimiento.
2. Una *lección objetiva* del costo de la salvación.
3. Un *ejemplo* de lo terrible del pecado.
4. Una *ilustración* de la santidad de Dios.

• SU RÍO

(47:1-12)

1. La *fuente*: procede de debajo del templo.
2. Su *curso*: fluye hacia el mar Muerto y el mar Mediterráneo.
3. Su *fuerza*: tal abundancia que obliga a nadar.

• SU CIUDAD

1. La circunferencia: 6 millas (9,5 km) **(48:35)**.
2. Nombre: la Jerusalén milenaria se llamará «Jehová-sama», que significa «Jehová allí» **(48:35)**.

---

los hijos de Sadoc se les asignarían deberes sacerdotales (Ez. 40:46; 43:19; 44:15; 48:11).

Sadoc fue sumo sacerdote en el tiempo de David (el undécimo descendiente de Aarón). Su lealtad al rey era incuestionable, y a causa de ello se le prometió que su simiente gozaría de esta gloriosa oportunidad (1 S. 2:35; 1 R. 2:27, 35).

F. Su príncipe (45:7, 8, 17; 46:1-20).

En su descripción del templo, Ezequiel habla como diecisiete veces acerca de un misterioso «príncipe». Quienquiera que sea desempeña un papel muy importante en el templo, aparentemente como intermediario entre el pueblo y el sacerdocio. Estamos seguros de que no se refiere a Cristo, en razón de que prepara una ofrenda expiatoria por sí mismo (Ez. 45:22), y está casado y tiene hijos (Ez. 46:16). Algunos sugieren que este príncipe procede de la simiente de David y que él será para David lo que el falso profeta es para el Anticristo.

G. Sus elementos distintivos.

Algunos artículos y objetos que aparecían en los templos de Moisés, Salomón y Herodes no estarán en el templo milenario.

1. No habrá velo. Fue rasgado de arriba a abajo (Mt. 27:51) y no reaparecerá en este templo. No habrá barreras que separen al hombre de la gloria de Dios.
2. No estará la mesa de los panes de la proposición. No se necesitará porque el Pan de vida mismo estará presente.
3. No habrá candeleros porque no serán necesarios, pues la Luz del mundo alumbrará personalmente.
4. No estará el arca del pacto. Será innecesaria porque la nube de la gloria de Jehová cubrirá todo el mundo, como una vez cubrió el arca.
5. La puerta oriental estará cerrada. Observemos las palabras de Ezequiel: «... Esta puerta estará cerrada; no se abrirá, ni entrará por ella hombre, porque Jehová Dios de Israel entró por ella; estará, por tanto, cerrada» (Ez. 44:2).

   Se ha sugerido que esta puerta estará cerrada por las siguientes razones:

   a. Ésta será la puerta por la cual el Señor Jesucristo entrará al templo. Como una manifestación de honor para un rey oriental, ninguna persona podía pasar por la puerta por la que él entraba.
   b. Fue por esa puerta oriental que la gloria de Dios se había marchado por última vez en el Antiguo Testamento (Ez. 10:18, 19). Dios nos recuerda mediante el acto de cerrar la puerta que su gloria nunca más se apartará de su pueblo.

H. Sus sacrificios.

Como ya hemos visto, varias piezas del mobiliario del santuario del Antiguo Testamento no estarán en el templo milenario. No obstante, el altar de bronce de los sacrificios sí volverá a estar presente. Hay al menos cuatro profecías del Antiguo Testamento que hablan de sacrificios de animales en el templo milenario: Isaías 55:6, 7; 60:7; Zacarías 14:16-21; Jeremías 33:18. Pero, ¿por qué estos sacrificios de animales en la edad de oro del milenio?

A fin de poder responder debemos intentar proyectarnos a nosotros mismos dentro de este fabuloso tiempo futuro. En este período no habrá pecado, dolor, sufrimiento, enfermedad, Satanás ni separación; incluso el vocabulario será diferente en el milenio. Por ejemplo, hoy día la sociedad respetable y decente evita el uso de palabras sucias, y ¡así debe ser! Esta será también sin duda la práctica durante el milenio. ¿Cómo se cambiarán estas palabras? Citamos a continuación algunas de las palabras que no se usarán durante el reinado de mil años: temor, dolor, cárcel, odio, drogas. Estos términos son parte tan inherente de nuestra sociedad pecaminosa que es totalmente imposible evitarlas o ignorarlas. Al punto que queremos llegar es éste: durante el milenio nacerán millones de niños que serán criados por padres israelitas y gentiles redimidos que sobrevivieron a la tribulación. Sin embargo, a pesar de vivir en un medio perfecto, estos «hijos del reino» también necesitarán el nuevo nacimiento. Como hijos de Adán ellos, al igual que todos los demás, también precisarán salvación eterna (Ro. 3:23; Jn. 3:3). Pero, ¿cómo pueden ser alcanzados estos niños? ¿Qué lecciones objetivas se pueden usar?

Aquí tenemos a una generación que va a crecer sin conocer el temor, sin experimentar el dolor, sin contemplar el odio, sin usar drogas y sin ver una cárcel.

Esta es una razón para restituir el sistema de sacrificios durante el milenio. Funcionarán como:

1. Un recordatorio de la necesidad del nuevo nacimiento.
2. Una lección objetiva del costo de la salvación.
3. Un ejemplo de lo terrible que es el pecado.
4. Una ilustración de la santidad de Dios.

I. Su oficina.
   1. Asuntos generales, tales como pesas y medidas estándares, impuestos del templo, etc. (45:9-16).
   2. Asuntos específicos, tales como repartición de tierras (47:13—48:34). El área total de esta tierra es aproximadamente del tamaño de la que Dios le prometió a Abraham. (Véase Gn. 15:18-21.)

J. Su río (47:1-12).
   1. La fuente del río: procede de debajo del templo (47:1).
   2. El curso del río: fluye hacia el oriente y después al sur por el desierto y el río Jordán hacia el mar Muerto, donde sus aguas dulces van a purificar aquellas aguas sin vida (47:2, 6, 12).
   3. La fuerza del río: al principio llegaba a los tobillos de Ezequiel, después a sus rodillas, a continuación a su cintura, y finalmente tuvo que nadar sin conocer su profundidad (47:3-5).

K. Su nube de gloria (43:1-5).

L. Su ciudad.
   1. Jerusalén se convertirá en el centro de adoración mundial y ocupará un lugar elevado (Zac. 14:10). (Véase también Is. 2:2, 3.)
   2. La ciudad tendrá una circunferencia de 6 millas (9,5 km) (Ez. 48:35). En el tiempo de Cristo tenía cerca de 4 millas (unos 6,5 km).
   3. La ciudad será llamada «Jehová-sama», que significa «Jehová está allí» (Ez. 48:35).

DANIEL (605—536 a.C.)

INTRODUCCIÓN

1. Daniel era un joven adolescente llevado en cautiverio por Nabucodonosor durante el primer sitio de Jerusalén en el 605 a.C.
2. Era de sangre real.
3. Mientras estuvo en cautiverio sirvió fielmente bajo tres reyes: Nabucodonosor, Belsasar y Darío, sin comprometer en absoluto su fe en Dios.
4. Fue ministrado por Gabriel y Miguel, los dos únicos arcángeles conocidos (9:21; 10:13).
5. Nos dice más en su libro acerca del futuro Anticristo que cualquier otro escritor del Antiguo Testamento.
6. Ezequiel, uno de sus contemporáneos, se refiere a:
   a. La justicia de Daniel, comparándole con Noé y Job (Ez. 14:14).
   b. La sabiduría de Daniel (Ez. 28:3).
7. Jesús citó a Daniel durante su discurso en el monte de los Olivos (Mt. 24:15).
8. El elemento distintivo de este libro es que Daniel escribió la parte central del mismo (2:4—7:28) en lengua aramea.
9. Puede ser comparado con José, porque ambos hombres tenían el don de interpretación de sueños. (Cp. Gn. 37:5, 9; 40:8; 41:25 con Dn. 2:24; 4:19.)
10. Su libro marca el tercero de los cinco grandes períodos de milagros en la Biblia. Estos períodos son:
    a. El tiempo de Moisés y Josué.
    b. El tiempo del ministerio de Elías y Eliseo.
    c. La época de Daniel.
    d. El tiempo de Cristo y sus discípulos.
    e. El tiempo del ministerio de Pedro y Pablo.
11. Daniel puede ser caracterizado por su vida de propósito, oración y profecía.

I. Una dieta divina.
   A. La resolución de Daniel (1:1-8).
      1. Nabucodonosor había seleccionado a algunos jóvenes hebreos distinguidos para entrenarlos en la cultura babilónica. Daniel y sus tres amigos eran parte de este grupo de estudiantes (4).
      2. Estos jóvenes tenían asignadas raciones de lo mejor de la comida y bebida del rey (1:5).
      3. El lavado de cerebro empezó cuando el jefe del servicio de palacio les cambió los nombres (v. 7).
         a. *Ananías* (Dios es misericordioso) recibió el nombre de *Sadrac* (iluminado por el dios sol).
         b. *Misael* (¿Quién es como Dios?) fue llamado *Mesac* (Quien como Istar).
         c. *Azarías* (El Señor es mi ayuda) fue cambiado por *Abed-nego* (esclavo de Nabu). Nabu era el dios babilonio de la sabiduría y la educación.
         d. *Daniel* (Dios juzga) recibió el nombre de *Beltsasar* (Príncipe de Bel). Bel era el dios principal del panteón babilónico, equivalente a Zeus o Júpiter.
      4. Daniel se sometió al cambio de nombre, pero se propuso no aceptar la comida del rey (1:8). Tres factores pudieron influir en su decisión:

a. La carne y el vino habían sido probablemente ofrecidos en sacrificio a los ídolos.
b. Aquellos alimentos podían estar prohibidos por la ley de Moisés (Lv. 11:44-47).
c. El podía haber hecho con anterioridad el voto nazareo (Nm. 6:3).

5. Satanás sin duda intentaría hacer que Daniel racionalizara la situación de distintas maneras. Podía haber considerado:
a. El rey lo ha ordenado, es una ley y debo obedecerla.
b. La desobediencia podía acarrearle graves castigos.
c. Podía haber malogrado todas las posibilidades de promoción.
d. Al país que fueres, haz lo que viereis.
e. Estaba muy lejos de la patria y nadie se iba a enterar.
f. En cualquier caso Dios le había fallado a él permitiendo su captura y deportación.

B. La recomendación de Daniel (1:8-14).
1. Daniel pide permiso al jefe del servicio de palacio para cambiar el alimento. Pero a pesar del afecto que éste tiene por Daniel, se lo deniega por temor a la reacción de Nabucodonosor.
2. Daniel entonces le propone al mayordomo que estaba bajo el jefe del servicio hacer una prueba. Le sugiere que durante diez días coman solamente legumbres y agua. Al cabo de estos días el mayordomo podría comparar a Daniel y sus amigos con los demás jóvenes que comían de la mesa del rey (1:11-13). El mayordomo estuvo de acuerdo con esta prueba.

C. Las recompensas de Daniel (1:15-21).
1. De parte de Dios.
a. Pasados los diez días, Daniel y sus amigos tenían un aspecto más saludable y fuerte que los demás. Este es el primero de los milagros registrados en el libro de Daniel (1:15).
b. Al terminarse el período de entrenamiento, Daniel y sus amigos se mostraron diez veces más sabios e inteligentes que los magos y adivinos de Babilonia. Además de esto, Dios le concedió a Daniel la capacidad sobrenatural de interpretar sueños y visiones, un don que él usó bastante (véanse Dn. 2:31; 4:19).
2. De parte de Nabucodonosor (1:21). El rey babilonio pone a Daniel en el camino de una carrera política que se iba a extender durante setenta años bajo varios reinados de reyes babilonios y persas.

II. Una estatua y una piedra.

A. La frustración de los babilonios (2:1-13).
1. Nabucodonosor tiene una horrible pesadilla y llama a todo su gabinete ministerial para que le interpreten el sueño (2:1-3).
2. Le aseguran al rey que si él les relata el sueño, ellos le podrán dar inmediatamente una interpretación (2:4). Desde este versículo hasta el 7:28, el libro de Daniel aparece escrito en arameo, la lengua que se hablaba en la corte de Nabucodonosor. (Daniel escribió esta sección en lengua aramea porque era una lengua de los gentiles y porque esa parte del libro trata acerca de cuatro grandes imperios gentiles.)
3. Nabucodonosor rehúsa contarles el sueño, y les replica: «El asunto lo olvidé» (v. 5). Debemos notar aquí que él no les está diciendo que ha olvidado el sueño o que se ha ido de su mente, sino más bien que él ha demandado algo y quiere acción.
4. Seguidamente les anuncia su decisión de castigarles si le fallan, y de premiarles grandemente si le satisfacen (2:5, 6).
5. Los atemorizados magos y adivinos reconocen su incapacidad total para hacer lo que les piden y desalentados concluyen diciendo:

> «... no hay quien lo pueda declarar al rey, salvo los dioses cuya morada no es con la carne» (v. 11).

Seis siglos después sucedería algo maravilloso en Belén que cambiaría para siempre esta situación (véanse Jn. 1:14; Gá. 4:4.)

6. Nabucodonosor, rojo de ira, ordena matar a todos los sabios de Babilonia por su vergonzoso fracaso (2:12, 13). Este decreto incluye, por supuesto, a Daniel y sus tres amigos, quienes acababan de entrar a formar parte de esta élite.

B. La revelación de Dios (2:14-30).
1. A Daniel le llegan las noticias de esta decisión insensata, y le asegura a Arioc, capitán de la guardia del rey, que no es necesario cumplir esta orden porque su sueño será muy pronto revelado.
2. Daniel entonces se lo dice también al rey (2:14-16).
3. Regresa después a casa y dirige a sus amigos en un servicio de alabanza y oración (2:17-23). Encontramos aquí por primera vez la frase «el Dios del cielo», como aparece en 2:18. Esta expresión es propia de los libros del tiempo del cautiverio (véase Neh. 1:4). Ahora que Jerusalén y el templo estaban destruidos, Dios ya no moraba entre los querubines. Ezequiel vio marchar al cielo el Shekinah, la nube de gloria (véanse Ez. 9:3; 10:4, 18; 11:23). El es ahora el Dios del cielo.
4. Aquella misma noche Dios permite a Daniel ver en visión los mismos eventos que Nabucodonosor había anteriormente soñado (2:19).
5. Daniel, conmovido, alaba al Dios del cielo (2:21-23).
6. El profeta es después llevado a la presencia del rey, pero antes de declararle la interpretación del sueño deja perfectamente claro lo siguiente:

> «Pero hay un Dios en los cielos, el cual revela los misterios, y él ha hecho saber al rey ... Y a mí me ha sido revelado este misterio, no porque en mí haya más sabiduría que en todos los vivientes....» (2:28, 30)

C. La interpretación de Daniel (2:30-45).
1. La cronología del sueño (¿qué es lo que vio el rey?) (2:31-35).
a. Vio la imagen grande y poderosa de un hombre, compuesta de varios metales.
(1) La cabeza era de oro.
(2) El pecho y los brazos eran de plata.
(3) El vientre y los muslos eran de bronce.
(4) Las piernas eran de hierro y sus pies parte de hierro y parte de barro.

b. Esta estatua fue después destruida, convirtiéndose en polvo, por una piedra especial que cayó sobre ella cortada en forma sobrenatural de un monte.
c. La piedra entonces se transformó en un gran monte que llenó toda la tierra (2:34, 35).

2. La teología del sueño (¿qué significaba?) (2:36-45).
   a. La estatua representaba cuatro poderes gentiles mundiales.
      (1) La cabeza de oro era Babilonia.
      (2) El pecho y los brazos de plata era Persia.
      (3) El vientre y los muslos de bronce era Grecia.
      (4) Las piernas de hierro y los pies en parte de hierro y en parte de barro era Roma.
   b. En el tiempo del último de estos poderes mundiales, el Dios del cielo va a hacer añicos todos los reinos del mundo por medio de su piedra (el Señor Jesucristo) y establecerá un reino eterno (2:44, 45).
   c. El último poder mundial gentil (Roma) será reavivado en el tiempo de la tribulación, y consistirá de diez naciones. Esto se sobreentiende porque las grandes profecías concernientes al cuarto poder no fueron cumplidas en la historia de la antigua Roma. La Piedra demoledora no desmenuzó a aquellos reinos terrenales. Por el contrario, él fue llevado a la muerte por la sentencia de un magistrado del Cuarto Imperio. Durante su discurso del monte de los Olivos, nuestro Señor pronunció las siguientes palabras acerca de Jerusalén. Su mensaje era tanto histórico como profético en su alcance. El proclamó:

      «... y Jerusalén será hollada por los gentiles, hasta que los tiempos de los gentiles se cumplan» (Lc. 21:24).

      Scofield observa en relación con esto: «Los "tiempos de los gentiles" comenzaron con el cautiverio de Judá bajo Nabucodonosor (2 Cr. 36:1-21), tiempo desde el cual Jerusalén ha estado bajo el dominio gentil.» (*La Biblia Anotada de Scofield*, p. 1064.)

      Estos mismos imperios sobre los que Nabucodonosor soñó fueron luego representados en la profecía de Daniel (7:1-27) como cuatro bestias.
      (1) Babilonia era el león alado.
      (2) Persia era un oso.
      (3) Grecia era un leopardo alado.
      (4) Roma era una bestia espantosa y terrible.

      Esto nos indica que Dios ve al hombre de una manera diferente de como el hombre se ve a sí mismo.

3. Un resumen del sueño (fechas importantes en la historia de los cuatro reinos).
   Babilonia (fechas clave: 626-556 a.C.).
   a. Las semillas que dieron lugar a las manifestaciones religiosas de Babilonia fueron sembradas por Nimrod y sus seguidores en la torre de Babel (Gn. 11:9).
   b. Por el año 1830 a.C. la ciudad empezó a crecer en importancia.
   c. Hammurabi (1704-1662 a.C.) la haría más tarde mundialmente famosa por medio de su código.
   d. Babilonia estuvo controlada por los asirios desde el 900 hasta el 722 a.C.
   e. En el 722 a.C. un babilonio llamado Merodac-baladán (mencionado en 2 R. 20:12 e Is. 39:1) se levantó en contra de los asirios.
   f. En el 626 a.C. otro hombre fuerte llamado Nebopolasar fundó la dinastía que permanecía todavía en los días de Daniel.
   g. En el 612 a.C. liquidó definitivamente cerca de la ciudad de Harán lo que quedaba de la amenaza asiria.
   i. En el 605 a.C. envió a su hijo Nabucodonosor, mundialmente conocido, a luchar con los egipcios en un lugar llamado Carquemis. Los babilonios emergieron como los dominadores del mundo.
   j. Nabucodonosor (quien reinó del 606 al 561 a.C.) fue un jefe militar brillante y enérgico y el hombre más importante de su tiempo fuera del mundo judío. Era soldado, hombre de estado y arquitecto. Se casó con una princesa meda llamada Amyhia y creó para ella los famosos jardines colgantes de Babilonia, considerados por los griegos como la séptima maravilla del mundo antiguo.
   k. Nabucodonosor persiguió al ejército egipcio en retirada hasta cerca de Jerusalén. Su primera visita a Jerusalén fue breve, pues tuvo que volver urgentemente a Babilonia en el 605 a.C. a causa del fallecimiento inesperado de su padre. Dirigió el asedio de la ciudad santa en por los menos tres veces, y en la última de ellas la incendió y destruyó por completo. Estas ocasiones fueron:
      (1) 605 a.C. Entró en la ciudad y tomó posesión de ella, permitió a Joaquín reinar como un rey vasallo, se llevó algunos de los tesoros del templo y envió a Babilonia a algunos jovencitos judíos. Entre este grupo de adolescentes se encontraba Daniel y sus tres amigos (2 Cr. 36:6, 7; Dn. 1:1-3).
      (2) 597 a.C. Volvió otra vez y se llevó a Babilonia el resto de los tesoros, así como también al profeta Ezequiel, al rey Joaquín (hijo de Joacim) y a 10.000 de los príncipes, oficiales y ciudadanos principales (2 R. 24:14-16).
      (3) 586 a.C. Regresó para castigar la rebelión encabezada por Sedequías, el último rey de Judá. Esta vez demolió las murallas, destruyó el templo e incendió la ciudad. Mató a los hijos de Sedequías y a él le sacó los ojos, se lo llevó prisionero a Babilonia donde murió.
   l. Nabucodonosor murió en el 562 a.C.
   m. Su hijo Evil-merodac empezó su corto reinado en el 562 a.C. (2 R. 25:27). Liberó al rey Joaquín y le trató como a un soberano extranjero invitado.

n. En el 556, un noble asirio llamado Nabodino logró hacerse con el trono. Sin embargo, después de un corto plazo se medio retiró, y puso a su joven hijo Belsasar como su corregente en Babilonia.
ñ. Belsasar reinó hasta aquella aciaga noche del 13 de octubre del 556 a.C., cuando los medos y los persas entraron en la ciudad y se apoderaron de ella (Dn. 5).

Persia (fechas clave: 539-331 a.C.).

a. Ciro el Grande fundó el poderoso imperio persa en el 559 a.C. Es mencionado frecuentemente en el Antiguo Testamento (Esd. 1—5; Is. 44:28; 45:1; Dn. 1:21; 6:28: 10:1).
b. En el 546 derrotó al rey Creo de Lidia, un rey de fantásticas riquezas.
c. En el 539 se apoderó de la ciudad de Babilonia y ejecutó a Belsasar.
d. Pocos años después permitió a los judíos volver a su tierra.
e. Murió en el campo de batalla en el 529 a.C.
f. Le sucedió en el trono su hijo Cambises II (529-522) quien conquistó Egipto. Poco después de esto se suicidó y empezó una guerra civil.
g. Darío el Grande (522-486) sucedió a Cambises II y salvó al tambaleante imperio restableciendo la ley y el orden.
h. Darío fue derrotado por los griegos en la célebre batalla de Maratón en el 490 a.C.
i. Reinó después Jerjes (486-465), el hijo de Darío. Este es el rey Asuero del libro de Ester. Jerjes también fue derrotado por los griegos en Salamis en el 480.
j. Artajerjes I (465-423) era rey durante el tiempo en que Nehemías servía en el palacio.
k. Durante el corto reinado de Darío III (335-331) Alejandro Magno conquistó el Imperio Persa.

Grecia (fechas clave: 331-323 a.C.).

a. Desde el 546 al 479 a.C. los estados griegos vivieron bajo la constante amenaza de las invasiones persas, pero todo terminó después de las victoriosas batallas de Salamina y Platea.
b. Poco después de estas guerras con los persas, Grecia entró en su edad de oro, dirigidos por un líder demócrata ateniense llamado Pericles (461-429 a.C.). Algunos de sus ciudadanos han llegado a estar entre las personalidades más famosas que jamás han vivido.
   (1) Herodoto (485-425), el padre de la historia.
   (2) Hipócrates (460-370), el padre de la medicina moderna.
   (3) Sócrates (469-399), filósofo.
   (4) Platón (427-347), filósofo.
   (5) Aristóteles (384-322), filósofo.
   (6) Demóstenes (385-322), uno de los más grandes oradores de todos los tiempos.
c. Sin embargo, la edad de oro griega fue de corta duración debido a que Atenas y Esparta, dos de sus principales ciudades-estados, empezaron a luchar entre sí. Los tres conflictos armados que sostuvieron son conocidos como las guerras del Peloponeso (459-404 a.C.). Esparta sobresalió después de estas guerras.
d. En el 338 a.C. un hombre de Macedonia conquistó Grecia, pero fue asesinado dos años después, en el 336 a.C. Es conocido en la historia como Felipe de Macedonia (380-336 a.C.).
e. Le sucedió en el trono su hijo Alejandro Magno, quien llegó a ser uno de los más famosos conquistadores en la historia universal. Tenía veinte años en este momento y se preparó inmediatamente para llevar a cabo las órdenes de su padre de invadir Persia.
f. En el 334 a.C. cruzó el estrecho de Helesponto, que separaba Asia Menor del Cercano Oriente.
   (1) Derrotó a los persas en Gránico en el 334 a.C.
   (2) Los volvió a vencer en Iso en el 333 a.C.
   (3) Destruyó Tiro, dejó sin tocar a Jerusalén, y fue bien recibido en Egipto, donde fundó la ciudad de Alejandría.
   (4) Aniquiló definitivamente a los persas en Arbela en el 331 a.C.
g. Invadió la India en el 327. En esta fecha trazó también planes para reconstruir Babilonia y devolverle su antiguo esplendor. Murió en la India en el 323 a la edad de treinta y dos años.
h. Su extenso imperio quedó dividido entre sus cuatro generales.
   (1) Ptolomeo I, que reinó en Egipto. Cleopatra procede de esta dinastía.
   (2) Seleuco Nicator, quien se hizo con Siria. De esta dinastía procede el famoso Antíoco Epífanes IV (176-163 a.C.)
   (3) Casandro, quien gobernó en Grecia y Macedonia.
   (4) Lisímaco, quien reinó en Asia Menor.

Roma (fechas clave: 58 a.C. hasta el 476 d.C.).

a. La fecha tradicional de la fundación de Roma es el 21 de abril del 753 a.C. Cicerón dice que el nombre procede de Rómulo, su fundador. Éste reinó durante treinta y nueve años, desapareció después misteriosamente, y supusieron que había sido llevado al cielo.
b. Para el año 338 a.C., Roma controlaba la parte central de Italia.
c. Después vinieron las famosas guerras púnicas entre Roma y Cartago, con la destrucción de la última en el 146 a.C.
   (1) Primera guerra (264-241 a.C.).
   (2) Segunda guerra (218-202 a.C.): Aníbal apareció durante esta guerra. Aterrorizó a los romanos cuando logró en el 218 hacer pasar una manada de elefantes por los Alpes y derrotando dos poderosos ejércitos romanos. También los venció en Cannas en el 216 a.C. Finalmente el general romano Escipión derrotó a Aníbal en Zama en el 202 a.C. A partir de ese momento Roma quedó dueña del Mediterráneo.

(3) Tercera guerra (149-146 a.C.): la ciudad de Cartago, en el norte de África, fue tomada e incendiada.

d. Pompeyo, el famoso general romano, conquistó Palestina en el 63 a.C. Después Roma entró en un período de guerra civil y de incertidumbre.

e. Julio César salvó y consolidó el imperio durante sus conocidas guerras de las Galias (58-51 a.C.). El 15 de marzo del 44 a.C., César fue asesinado en Roma.

f. Octavio César (conocido también como Augusto) se consolidó como emperador al vencer a Casio y a Bruto (dos de los rebeldes que asesinaron a Julio César) en Filipos en el 42 a.C. Octavio derrotó también a Antonio y a Cleopatra en la batalla naval de Accio y se anexionó Egipto convirtiéndola en una provincia romana. Así entró Roma en el cenit de su poder y gloria. Siendo Octavio emperador de Roma nació nuestro Señor en Belén (Lc. 2:1). Octavio gobernó el imperio del 31 a.C. al 14 d.C.

g. Le sucedió en el trono imperial Tiberio César (14-37 d.C.). Los ministerios de Juan el Bautista y de Jesucristo tuvieron lugar en este tiempo.

h. Calígula (37-41 d.C.) fue un hombre rudo y maníaco y terminó siendo asesinado. Calígula estaba en el poder durante la primera parte del libro de los Hechos.

i. Claudio (41-54 d.C.) fue envenenado por su propia esposa. Pablo llevó a cabo sus grandes viajes misioneros durante este tiempo.

j. Nerón (54-68 d.C.). Después de un período de ocho años de gobierno normal, Nerón degeneró en un monstruo demente. Mandó incendiar Roma y acusó falsamente a los cristianos de ser los causantes, por lo que los persiguió con suma crueldad. Pedro y Pablo murieron como mártires durante su reinado. Nerón se suicidó en el 68 d.C.

k. El general romano Vespasiano (68-79 d.C.) fue el siguiente emperador. Ordenó a su hijo Tito destruir Jerusalén, lo cual logró hacer en el 70 d.C.

l. A su muerte heredó el trono su hijo Tito (79-81 d.C.). Durante su reinado se produjo la erupción del Vesubio que destruyó la ciudad de Pompeya.

m. Domiciano ascendió al poder en el año 81 d.C. Él fue quien desterró al apóstol Juan a la isla de Patmos (Ap. 1:9).

n. Los diez o más emperadores romanos tuvieron una cosa en común: persiguieron a los cristianos.

ñ. Diocleciano ascendió al poder en el 284 d.C. y es conocido como el último emperador que persiguió a los cristianos, pero también fue el más despiadado. Con el fin de proteger las fronteras organizó una tetrarquía, y nombró a Maximiano para gobernar la parte oriental del imperio. Abdicó en el 305 d.C..

o. Cuando Diocleciano dejó el trono dos aspirantes se lo disputaron inmediatamente. Uno fue el hijo de Maximiano y el otro fue Constantino. Se decidió en el campo de batalla y ganó Constantino al vencer a su rival en el puente Milvio en el año 312 d.C..

p. Constantino promulgó en el 313 su famoso edicto de tolerancia que tuvo el efecto de hacer del cristianismo la religión del estado. El también presidió el concilio de Nicea en el 325 d.C..

q. Juliano el Apóstata, sobrino de Constantino, ascendió al trono después de la muerte de su tío. Intentó reemplazar al cristianismo como religión dominante pero fracasó. Murió en el campo de batalla en el 363 d.C. y sus últimas palabras fueron: «¡Al final has vencido, Galileo!»

r. Teodosio el Grande (378-395 d.C.), un gran defensor del cristianismo, dividió una vez más el imperio en dos partes, la occidental y la oriental (como Diocleciano había hecho anteriormente).

s. Durante los años del 450 al 455 d.C., Atila de los hunos y los vándalos invadieron y saquearon Italia y Roma.

t. En el 476 d.C. fue destronado Rómulo Augusto, el último emperador romano de occidente.

D. La postración de Nabucodonosor (2:46-49).

1. El rey se inclinó ante Daniel y ordenó a sus súbditos que le ofrecieran sacrificios y quemaran incienso delante de él (2:46).
2. Reconoció al Dios de Daniel como «Dios de dioses» (2:47).
3. Elevó a Daniel a las posiciones más altas y le dio los cargos más importantes del reino (2:48).

III. El horno de fuego.

A. La orden del rey (3:1-7).

1. Nabucodonosor construyó una estatua de oro que tenía 90 pies (30 m) de alto por 9 pies (3 m) de ancho, y ordenó que la pusieran en la llanura de Dura, cerca de Babilonia.

Había varias razones detrás del proyecto:

a. Enaltecerse. Daniel había designado a Nabucodonosor como la cabeza de oro al explicar el significado del sueño de la estatua en el capítulo 2. Pero el vanidoso rey quería serlo él todo. Bob Thieme, maestro de la Biblia, escribe:

> «Supongamos por un momento que la imagen tenía de fondo la mitad de lo que tenía de ancho, es decir, 4,5 pies (1,5 m). Tomando estas tres dimensiones (90 x 9 x 4,5 pies [30 x 3 x 1,5 m]) podemos hallar el volumen de 3.645 pies cúbicos (135 m^3), equivalente a 4.400.000 libras (unos 135.000 kilos). Nos podemos imaginar lo que esa cantidad de oro costaría hoy en dólares. Eso nos da una idea de la fantástica riqueza del imperio de Nabucodonosor y también de su egolatría.» (*Daniel*, p. 3.)

b. Consolidar su imperio por medio de una religión común. Este es el segundo de tres grandes intentos del hombre de instituir una única religión mundial. La primera ocurrió en la torre de Babel (Gn. 11) y la última sucederá en Jerusalén durante la tribulación (Ap. 13).

LA ETAPA DE LA CAUTIVIDAD

DANIEL, EZEQUIEL

1. La dieta divina

Resolución:
No comer la comida del rey
Recomendación:
Probar con una dieta de legumbres por diez días
Recompensa:
Daniel se mostró diez veces más brillante que los demás

2. Una estatua y una piedra

La estatua es destruida por una gran piedra que representa a Jesucristo

Cabeza
ORO
POTENCIA MUNDIAL:
BABILONIA
606-539

Pecho y brazo
PLATA
POTENCIA MUNDIAL:
PERSIA
539-331

Vientre y muslos
BRONCE
POTENCIA MUNDIAL:
GRECIA
331-323

Piernas y pies
HIERRO Y BARRO
POTENCIA MUNDIAL:
ROMA
322 a.C.—476 d.C.
FUTURO

- **La frustración de los babilonios: los ayudantes del rey no pueden interpretar su sueño y son sentenciados a muerte.**
- **La revelación del Señor: Daniel explica el sueño.**
- **La postración del rey: al escuchar la interpretación del sueño, Nabucodonosor se humilla ante Daniel.**

En Daniel 7 son descritas las mismas cuatro naciones, pero desde la perspectiva del cielo, y aparecen entonces como cuatro bestias.

POTENCIA MUNDIAL	DESCRIPCIÓN
Babilonia	León alado
Persia	Oso
Grecia	Leopardo alado
Roma	Un monstruo

2. El rey entonces pide que se reúnan todos los personajes importantes del imperio en la llanura de Dura en un día determinado (3:2).
3. Cuando llega el día de la dedicación había una orquesta preparada (3:5).
4. Se les ordena que, en cuanto que empiece a sonar la música, todos deben arrodillarse y adorar la estatua (3:4, 5).
5. No cumplir con lo ordenado significaría la muerte inmediata en un horno de fuego. Sin duda alguna los reunidos pudieron ver las temibles llamas salir del horno de fuego. Los romanos ejecutaban a los malhechores mediante la crucifixión, los judíos por medio de la lapidación, y los babilonios quemándolos. (véase Jer. 29:22.) Este fue indudablemente el altar más persuasivo de la historia: arrodillarse o ser quemado.

B. La posición hebrea (3:8-23).

1. Sadrac, Mesac y Abed-nego permanecieron de pie durante la «invitación», de lo cual dieron parte al rey sus celosos policías (3:8-12).
2. Aquellos tres hombres jóvenes fueron llevados ante Nabucodonosor mismo quien les dio una última oportunidad de arrodillarse. (Daniel no estaba aparentemente presente en este servicio de dedicación. Sus deberes como primer ministro le obligaban a viajar bastante.) Los tres rehusaron, diciendo:

   «No es necesario que te respondamos sobre este asunto. He aquí nuestro Dios a quien servimos puede librarnos del horno de fuego ardiendo; y de tu mano, oh rey, nos librará. Y si no, sepas, oh rey, que no serviremos a tus dioses, ni tampoco adoraremos la estatua que has levantado» (3:16-18).

   Son especialmente dignas de mención las palabras «nuestro Dios ... puede librarnos». Esta frase la encontramos frecuentemente en el Nuevo Testamento (He. 7:25; 2:18; Jud. 1:24; Ef. 3:20; 2 Ti. 1:12). Su testimonio fue similar al de Job (Job 13:15).

   Estos tres jóvenes conocían, por supuesto, que podían echar mano de varias excusas para justificar el arrodillarse en esta ocasión.

   Por ejemplo:

   a. ¿Por qué no unirnos al sistema? ¡No puedes luchar contra los que tienen el poder en sus manos!
   b. Cooperemos con el viejo Nabuco y así le ganaremos para Cristo.
   c. Perro vivo es mejor que león muerto. Mejor rojo de vergüenza que muerto. «Aquel que lucha y huye vive para luchar otro día.»
   d. Nuestro líder Daniel no está aquí para ayudarnos a tomar la decisión correcta.

   Podían haber usado todas estas excusas, pero Sadrac, Mesac y Abed-nego no lo hicieron, ellos habían sido criados en el conocimiento de los Diez Mandamientos de la ley de Moisés. Vendría especialmente a su mente el segundo de ellos:

   «No te harás imagen, ni ninguna semejanza ... No te inclinarás a ellas, ni las honrarás...» (Ex. 20:4, 5).
3. Nabucodonosor, loco de ira y totalmente descontrolado, ordena que calienten siete ve-

ces más el horno y que aquellos tres héroes hebreos sean arrojados dentro (3:19-21).

4. Los soldados cumplen la horrible orden y sucede que ellos mismos perecen accidentalmente por las quemaduras sufridas al acercarse al horno (3:22).
5. Los tres hombres caen de cabeza en el medio de las llamas infernales.

C. La presencia del Señor (3:24-30).

1. Al fin las llamas van cediendo y el enojado monarca ve algo que lo deja espantado. Maravillado se vuelve a sus consejeros y les pregunta:

«¿No echaron a tres varones atados dentro del fuego?» (3:24).

Después de asegurarle inmediatamente que así era, el perplejo babilonio exclamó:

«He aquí yo veo cuatro varones sueltos, que se pasean en medio del fuego sin sufrir ningún daño; y el aspecto del cuarto es semejante a hijo de los dioses» (3:25).

Aquí notamos lo siguiente:

a. Los ve paseando. De lo que se infiere que lo único que quemaron las llamas fue las ligaduras, pues estaban atados cuando los echaron al horno.
b. Ve a uno «semejante a hijo de los dioses», («Hijo de Dios», dice la versión inglesa). Nabucodonosor no era consciente de la Trinidad, pero pudo ver al Hijo de Dios, al Señor Jesucristo.

IV. Un árbol en convulsión.

A. El árbol (Nabucodonosor) está corrompido por la vanidad (4:1-27).

1. Nabucodonosor relata su sueño a Daniel (4:1-18).

a. Este capítulo lo podríamos titular «El tratado de Nabucodonosor», porque contiene su testimonio personal de aquellos sucesos que le llevaron al arrepentimiento.
b. El sueño del árbol le vino a Nabucodonosor probablemente entre los años treinta y treinta y cinco de su reinado. Daniel tenía unos cuarenta y ocho años en este tiempo. Ya habían pasado veintiocho años desde la experiencia del horno de fuego.
c. «Conviene...» (v. 2), lleva implícita la idea de «pienso que es bueno que sepan». El rey quería que todos supieran lo que le había acontecido. (Véase Is. 52:7.)
d. «Yo ... estaba tranquilo en mi casa» (v. 4) El término hebreo aquí es *raan*, y es una expresión que indica prosperidad. Literalmente significa «reverdecer, estar cubierto de hojas».
e. Fue durante este momento de sosiego que tuvo este tremendo sueño. Los elementos principales son como sigue:

(1) Vio un árbol grande y frondoso que crecía en altura hasta llegar al cielo y era visto por todos. Los animales del campo se protegían bajo su sombra y las aves del cielo anidaban en sus ramas, y todos hallaban alimento abundante en él (4:10-12).

(2) Repentinamente apareció una figura angelical que ordenó que cortaran el árbol y esparcieran su fruto.

3. Un horno de fuego

La orden del rey: que todos los líderes se tenían que poner de rodillas y adorar la estatua de 90 pies (30 m) de alto. Razones:

1. Ensalzar su persona
2. Consolidar su imperio

Actitud de los hebreos: Sadrac, Mesac y Abed-nego rehusaron hacerlo y fueron arrojados al horno de fuego.

El enviado del Señor: Cristo mismo se unió a aquellos tres varones y salieron sin ser tocados por el fuego.

4. Un árbol en convulsión

El árbol (Nabucodonosor) está corrompido por la vanidad

1. Nabucodonosor relata el sueño a Daniel
2. El profeta le revela el significado del sueño

El árbol (Nabucodonosor) corregido por medio de la locura

1. El orgullo de Nabucodonosor
2. El castigo del rey
3. La alabanza de parte de Nabucodonosor

5. La mano del cielo

El banquete **Daniel 5:1**	El llamado **Daniel 5:7-23**
La blasfemia **Daniel 5:2-4**	El escrito **Daniel 5:24-29**
La pared **Daniel 5:5, 6**	La caída **Daniel 5:30, 31**

6. El foso de los leones

UN PLAN MALVADO (6:1-9)
Un plan trazado por algunos caldeos celosos para atrapar a Daniel usando su costumbre de oración diaria.

UN HOMBRE ARRODILLADO (6:10-20)
Daniel continúa con su hábito de orar y es echado en un foso de leones hambrientos.

UN BANDO CELESTIAL (6:21-28)
Daniel es liberado por el ángel de Dios que cierra la boca de los leones.

Sólo dejarían la cepa atada con cadenas de hierro y de bronce. Este árbol representaba a un hombre que le fue dada la mente de un animal y permaneció en esta lamentable condición durante siete años (4:13-16).

(3) Esto tenía que hacerse para que todo el mundo supiera que «el Altísimo gobierna el reino de los hombres, y a quien él quiere lo da, y constituye sobre él al más bajo de los hombres» (4:17).

2. Daniel revela el significado del sueño a Nabucodonosor (4:19-27).

a. La interpretación era tan terrible que Daniel, horrorizado, permaneció una hora en silencio (4:19).

b. Después reveló los detalles:

(1) El árbol representaba en verdad a un hombre, y ese hombre era Nabucodonosor. (Cp. Dn. 4:22 con 2 S. 12:7.) En la Biblia los árboles frecuentemente simbolizan varias cosas. Un árbol puede representar a un hombre (Sal. 1:3; Jer. 17:8; Is. 56:3). Puede representar al cristianismo (Mt. 13:31, 32). Y también puede representar juicio (Dt. 21:23; Gá. 3:13; He. 12:2; 1 P. 2:24).

(2) El visitante celestial era un ángel vigilante que pronunció sentencia sobre el árbol. (Cp. 4:23 con Mt. 3:10; Lc. 13:7.)

(3) No obstante, la destrucción no sería total, porque se ordenó que la cepa quedara atada con cadenas. Esto se hacía en el mundo antiguo para evitar que la cepa de un árbol cortado se agrietara, con lo cual se posibilitaba que volviera a crecer. Dios todavía tenía un propósito con Nabucodonosor.

(4) Con todo, el rey padecería durante siete años de demencia a causa de su orgullo. En este tiempo actuaría y pensaría como una animal salvaje. Esta enfermedad mental no es infrecuente y es conocida como zoantropía o licantropía. Frecuentemente el enfermo cree ser un lobo. Como ya hemos visto, esta alteración mental duraría siete años. La palabra «tiempos» (Dn. 4:25) es usada para expresar unidades de años en Daniel (7:25; 12:7) y en Apocalipsis (12:14).

(5) Esta aflicción solamente terminaría cuando Nabucodonosor se diera cuenta que «el Altísimo tiene dominio en el reino de los hombres, y que lo da a quien él quiere». (Cp. 4:25 con Ro. 13:1.)

c. Daniel entonces le ruega al orgulloso monarca: «Tus pecados redime con justicia», pero de nada sirvió (4:27).

B. El árbol (Nabucodonosor) corregido por medio de la demencia (4:28-37).

1. El orgullo de Nabucodonosor (4:28-30).

a. Un año después, el rey se paseaba por la terraza del palacio en la ciudad capital. Notemos su arrogante jactancia.

«... ¿No es ésta la gran Babilonia que yo edifiqué para casa real con la fuerza de mi poder, y para gloria de mi majestad?» (4:30).

La antigua ciudad de Babilonia era ciertamente todo esto, como da testimonio de ello la siguiente descripción tomada de Lehman Strauss y otros:

Babilonia fue fundada por Nimrod, biznieto de Noé (Gn. 10:8-10). Sobrevivió a una serie de conflictos y llegó a ser una de las ciudades más grandiosas y suntuosas del mundo conocido. Estaba muy bien construida y se extendía por un área de 15 millas cuadradas (unos 25 km) de lado. El río Éufrates la cruzaba diagonalmente. El famoso historiador Herodoto cuenta que la ciudad estaba rodeada por una muralla de 350 pies de alto (90 m) y 87 pies (24 m) de ancho. Sus cimientos eran de 35 pies de profundidad (más de 10,5 m) para evitar la invasión mediante túneles, y era lo suficientemente ancha como para que seis carros de caballos pudieran correr por ella.

Había alrededor de la muralla 250 torres de vigilancia ubicadas en lugares estratégicos. Por el exterior de la muralla había un foso lleno de agua procedente del río Éufrates, lo que constituía una protección adicional para la ciudad contra los ataques enemigos, pues cualquier ejército enemigo tenía que cruzar este foso antes de poder acercarse a las cien puertas de bronce de la ciudad. Pero además de ser un bastión de protección para el pueblo, Babilonia era un lugar de belleza y esplendor. Han quedado registrados en la historia sus famosos jardines colgantes como una de las siete maravillas del mundo antiguo. Ubicados en una amplia zona, se elevaban a gran altura en terrazas perfectamente trazadas unas sobre otras. Los visitantes podían admirarlas ascendiendo hasta lo más alto por medio de escaleras de 10 pies (3 m) de ancho.

Estos jardines colgantes tenían desde lejos una vista imponente. La torre misma se asentaba sobre una base de 300 pies (100 m) de ancho y otros tantos de alto. El gran templo de Marduc, cercano a la Torre de Babel, era el santuario más renombrado en todo el valle del Éufrates. Albergaba una imagen de oro de Bel y una mesa de oro que en conjunto pesaban no menos de 50.000 libras (22.680 kilos). En la cúspide había imágenes de oro de Bel e Istar, dos leones de oro, una mesa de oro de 40 pies (12 m) de largo y 15 pies (4,5 m) de ancho, y una imagen de oro con figura humana de 18 pies (6 m) de alto. Babilonia era literalmente una ciudad de oro. (Véase Is. 14:4.) La ciudad tenía 53 templos y 180 altares de Istar.

2. El castigo de Nabucodonosor (4:31-33).

a. Mientras el rey pronunciaba sus orgullosas palabras, el juicio de Dios cayó sobre él y fue arrojado del palacio (4:31).

b. Notemos los tristes resultados de su vanidad:

«En la misma noche se cumplió la palabra sobre Nabucodonosor, y fue echado de entre los hombres; y comía hierba como los bueyes, y su cuerpo se mojaba con el rocío del cielo, hasta que su pelo creció como plumas de águila, y sus uñas como las de las aves» (4:33).

A pesar de su condición tan desvalida, nadie le hizo daño durante estos años de demencia. Esto fue sin duda debido a la protección divina; además de que se consideraba que matar a un trastornado mental traía mala suerte. La enfermedad de Nabucodonosor le protegió de daños físicos, así como el fingimiento de locura de David en Gat le salvó la vida (1 S. 21:10-15).

c. El trastorno mental del rey es corroborado por la historia. Josefo cita a un historiador babilonio llamado Beroso quien menciona una enfermedad extraña padecida por el rey. (*Josefo: Las obras esenciales*, Portavoz, p. 186.) Está también el testimonio de Abydenus, el historiador griego del año 268 a.C.

3. La alabanza de Nabucodonosor (4:34-37). Nabucodonosor se humilla y recibe la múltiple bendición de Dios. Notemos estas bendiciones celestiales.
   a. Recupera la salud («mi razón me fue devuelta»).
   b. Recupera el reino («la majestad de mi reino»).
   c. Y también su reputación («mi dignidad»).
   d. Su esplendor («mi grandeza»).
   e. Sus relaciones («mis gobernadores y mis consejeros me buscaron»).
   f. Su retórica («Ahora yo Nabucodonosor alabo, engrandezco y glorifico...»).
   g. Alcanza su redención. (¿Fue salvo Nabucodonosor? Las palabras «alabo», «engrandezco» y «glorifico» son verbos activos que indican acción continuada. Es decir, Nabucodonosor continuó alabando y glorificando a Dios mucho tiempo después de su restauración. Esto difícilmente lo haría un pagano.)

V. Una mano del cielo.

A. El banquete (5:1).

1. El rey Belsasar organizó un gran banquete para mil de las altas personalidades de la nación, y corrió el vino en abundancia. Algunos historiadores dudaron por años la realidad histórica de la existencia de Belsasar. Según los registros conocidos, el último rey de Babilonia fue Nabónido, pero hallazgos recientes han autenticado definitivamente el reinado de Belsasar en Babilonia. Exponemos a continuación algunos de los descubrimientos del arqueólogo Sir Herbert Rawlinson en el año 1854 que confirman la existencia de dicho rey:
   a. Amel-Marduc, el único hijo de Nabucodonosor (llamado también Evil Merodac en 2 R. 25:27; Jer. 52:31-34), le sucedió en el trono en el 562 a.C.
   b. Fue asesinado por su cuñado Nergal-sarezer (Jer. 39:3, 13) en agosto del 560 a.C.
   c. Nergal-sarezer fue sucedido por su joven hijo Labas-Marduc en el 556 a.C.
   d. Nabónido, que se había casado con una de las hijas de Nabucodonosor, le asesinó y usurpó el trono poco tiempo después. Belsasar nació fruto de esta unión. Nabónido, que reinó del 556 al 539 a.C., por alguna razón no hizo de Babilonia su capital, sino que dejó la deslumbrante ciudad y residió en Tema (Arabia). Después hizo a su hijo Belsasar corregente suyo en Babilonia. Esta situación se entrevé varias veces en Daniel capítulo 5 cuando Belsasar ofrece a Daniel el tercer lugar en el reino (5:7, 16, 29).

2. La fiesta no pudo ser organizada en un momento más inoportuno, por decir lo menos negativo, pues Babilonia llevaba ya un tiempo bajo el ataque de los medo-persas. Quizá lo hicieron para elevar la moral.

B. La osadía (5:2-4).

1. Belsasar estaba sentado en su mesa borracho, depravado y poseído por el demonio. De pronto tiene una ocurrencia horrible: se acuerda de los vasos de oro y plata que su abuelo Nabucodonosor había llevado del templo en Jerusalén, y ordena que los traigan al salón del banquete. Propone a sus invitados que beban vino en ellos y alaben a los dioses de Babilonia.
2. Estos vasos sagrados fueron originalmente mandados hacer por Salomón (1 R. 7:48-51), mostrados por Ezequías (2 R. 20:13), y llevados por Nabucodonosor (2 Cr. 36:10).

C. La pared (5:5, 6).

1. Repentinamente, en medio de su borrachera, ve los dedos de una mano que escribe sobre la pared cercana a su mesa. Belsasar se quedó aterrorizado. Se nos dice: «Entonces el rey palideció, y sus pensamientos lo turbaron, y se debilitaron sus lomos, y sus rodillas daban la una contra la otra» (5:6). Cambió radicalmente.
2. «El rey gritó en alta voz» pidiendo ayuda, pero ya era demasiado tarde. Pronto experimentaría personalmente las dolorosas palabras de Proverbios 1:24-27. Diez siglos antes de esto un grupo de hechiceros egipcios hablaron acerca de esta mano del cielo en relación con las terribles plagas que ellos no habían podido evitar.

   Leemos:

   «Entonces los hechiceros dijeron a Faraón: Dedo de Dios es éste...» (Ex. 8:19).

D. El llamado (5:7-23).

1. Belsasar se vuelve a la astrología en su hora de mayor necesidad. ¡Qué poco ha cambiado la naturaleza humana! Sólo en los Estados Unidos de Norteamérica hay quince millones de personas que toman la astrología seriamente.
2. Pero este hombre pronto descubrió que la astrología no es el bálsamo de Galaad. Ningún horóscopo jamás escrito puede curar la herida del corazón humano. Sus sabios no pudieron ayudarle, y esto nos señala el tercer fracaso en el libro de Daniel.
3. Por fin, por consejo de la reina (probablemente su madre Nitocris), Belsasar llamó a Daniel (5:10-15).

4. El rey le ofreció ser el tercero en el reino si le interpretaba aquella misteriosa escritura (5:16).
5. Daniel está dispuesto a hacerlo pero rechaza las ofertas reales. Sin embargo, antes de interpretarle el mensaje, el anciano profeta repasa el impío historial de Belsasar.
   a. Nabucodonosor, el abuelo de Belsasar, había dejado un buen ejemplo para este joven nieto cuando se volvió a Dios después de su trastorno mental (5:18-21).
   b. El lo sabía, pero deliberadamente lo había rechazado y había endurecido su corazón (5:22, 23). (Véase también Pr. 29:1.)
   c. Belsasar había estado jugando con su alma inmortal, pues hasta el aire que respiraba provenía del Dios que él había blasfemado y rechazado (5:23).

E. El escrito (5:24-29).
1. Contenía un triple mensaje de Dios para Belsasar.
   a. «*Mene, Mene*»: Dios había medido los días de su reinado y le había puesto fin. Belsasar no siguió el sabio consejo de Moisés cuando oró: «Enséñanos de tal modo a contar nuestros días, que traigamos al corazón sabiduría» (Sal. 90:12). El triste final de Belsasar debe compararse con el conmovedor testimonio de Pablo antes de su muerte (2 Ti. 4).
   b. «*Tekel*»: había sido pesado en la balanza de Dios y estaba falto. En contraste podemos ver el testimonio de David en el Salmo 23:1: «Nada me faltará.» Belsasar no pesaba lo suficiente moralmente.
   c. «*Peres*» («Uparsin» es el plural de esta palabra): tu reino ha sido divido y dado a los medos y persas.

F. La caída (5:30, 31).
1. Herodoto, el historiador griego, nos dice que el ejército babilonio se desplazó primeramente al norte para frenar el avance de los medopersas, pero tuvo pronto que refugiarse tras las murallas de Babilonia. Ciro procedió entonces a desviar al río Eufrates de su curso normal, bajo las murallas de la ciudad, canalizando el agua hacia un estanque que habían cavado. Jenofonte, otro historiador griego, señala que los medo-persas entraron en la ciudad cuando los babilonios estaban borrachos en una orgía.
2. Belsasar fue ejecutado aquella misma noche y la ciudad quedó en poder de un anciano medo de sesenta y dos años llamado Darío.
3. El profeta Isaías predijo la caída de Babilonia doscientos años antes (Is. 21:1-10).

VI. El foso de los leones.

A. Una intriga diabólica (6:1-9).
1. Darío, el medo, se dedicó inmediatamente a reorganizar y consolidar el fantástico nuevo reino que había adquirido. Dividió el reino en 129 provincias, cada una bajo la dirección de un gobernador (sátrapas). Estos gobernadores eran responsables ante tres ministros, de los que Daniel era uno de ellos. Se han producido algunos interrogantes históricos acerca de la identidad de Darío, y hasta la fecha se han dado tres explicaciones principales:
   a. Que era realmente Ciro pero con nombre diferente.
   b. Que era Cambises el hijo de Ciro.
   c. Que era un «consejero especial» llamado Gubaru, nombrado por el gran rey Ciro para gobernar la ciudad en su nombre. Este tercer punto de vista parece ser el más lógico.
2. Daniel, que tenía ahora más de ochenta años, había sido bendecido con tantos dones y habilidades que Darío estaba pensando en ponerle por encima de los otros dos ministros (6:3).
3. Esto enfureció tanto a ambos ministros y a los gobernadores que tramaron la forma de quitarle de en medio (6:4).
4. Incapaces de encontrar nada malo en su vida civil, se propusieron atraparlo usando su vida religiosa (6:5).
5. Convencen a Darío para que firme un decreto válido por treinta días durante los cuales todos debían dirigir sus oraciones únicamente al rey. (6:6-9).

B. Un hombre en oración (6:10-20).
1. Daniel se entera de la promulgación del decreto y sin duda lo vio como el sucio manejo de su colegas para atraparle. Pero aquel anciano luchador continuó orando a Dios como siempre. Notamos que:
   a. Mantuvo sus ventanas abiertas.
   Cerrarlas hubiera sido una cobardía. Abrirlas (si esa no hubiera sido antes su costumbre) habría sido una sandez.
   b. Continuó orando tres veces al día, en la mañana, al mediodía y en la tarde.
   c. Se arrodilló. Esta es quizá la postura más común que encontramos descrita en la Biblia.
   d. Miraba hacia Jerusalén. Salomón había enseñado a hacerlo así en su oración de dedicación del templo (1 R. 8:44-48; 2 Cr. 6:36-39).
2. Estos depravados cazadores que habían puesto la trampa veían ahora a su víctima dentro de ella, y corrieron jubilosos a Darío para dar el golpe de muerte. El se dio cuenta de que le habían usado, y buscó desesperadamente un agujero por donde escapar en la inmutable ley de los medas y los persas; pero todo resultó en vano (6:11-15).
3. Daniel es arrestado y arrojado en un foso de hambrientos leones. En la Biblia se pinta frecuentemente al diablo como un león rugiente. (Véanse Sal. 10:9; 57:4; 2 Ti. 4:17; 1 P. 5:8; Dn. 6:16.)
4. Después de sellar la entrada del foso con su propio anillo, Darío regresó al palacio y pasó una noche miserable sin poder dormir (6:17, 18).
5. En la madrugada del siguiente día corrió al foso y ordenó que removieran la piedra que habían puesto sobre la entrada, y con voz triste llamó:
   «... Daniel, siervo del Dios viviente, el Dios tuyo, a quien tú continuamente sirves, ¿te ha podido librar de los leones?» (6:20).

C. Un bando celestial (6:21-28).
1. De la negrura de aquel foso de juicio sale un voz clara y gozosa:
   «Oh rey, vive para siempre. Mi Dios envió su ángel, el cual cerró la boca de los leones, para que no me hiciesen daño, por-

que ante él fui hallado inocente; y aun delante de ti, oh rey, yo no he hecho nada malo» (6:21, 22).

Pedro y Pablo tenían sin duda esta tremenda experiencia en mente cuando escribieron:

«Que por fe conquistaron reinos, hicieron justicia, alcanzaron promesas, taparon bocas de leones» (He. 11:33).

«De modo que los que padecen según la voluntad de Dios, encomienden sus almas al fiel Creador, y hagan el bien» (1 P. 4:19).

El mismo mensajero celestial que había salvado a los tres amigos de Daniel en el horno había protegido ahora al profeta en el foso.

2. La reacción del rey fue doble: estaba contento y furioso.
   a. Se regocijó en la salvación de Daniel y firmó un decreto ordenando a todos los ciudadanos del reino que consideraran al poderoso Dios de Judá (6:23, 25-27).
   b. Se vengó inmediatamente de aquellos que habían jugado con él y ordenó que ellos y sus familias fueran arrojados al mismo foso de leones. Sus cuerpos fueron descuartizados y devorados al instante por las hambrientos fieras (6:24). La ley de Persia era mucho más severa que la de los hebreos. (Véanse Ez. 18:20; Dt. 24:16; 2 R. 14:6; 2 Cr. 25:4; Jer. 31:29, 30.)

VII. Los reinos sin Dios y el reino de Dios.

A. Nabucodonosor, el león babilonio (7:4), y también la cabeza de oro en 2:32.

1. Daniel contempla en esta visión los mismos cuatro reinos impíos y el reino decisivo de Dios que Nabucodonosor había soñado en el capítulo 2. Pero él lo ve ahora desde una perspectiva totalmente diferente. Como ya ha sido señalado, el hombre puede ver sus reinos con el brillo de metales como el oro y la plata, pero Dios los ve como bestias salvajes y devoradoras.
2. Daniel ve una gran tormenta en un gran océano con cuatro vientos soplando en cada dirección. (Véanse Ap. 7:2; Ef. 2:2; 6:12.) Estos vientos pueden indicar fuerzas satánicas.
3. La primera bestia simboliza a Nabucodonosor y a Babilonia.
   a. Era semejante a un león. (Véanse Jer. 4:7; 49:19; 50:17, 43, 44.)
   b. Tenía alas de águila. (Véanse Jer. 48:40; 49:22; Lm. 4:19; Ez. 17:3; Hab. 1:8.) Nabucodonosor mostró estas alas en la batalla de Carquemis en el 605 a.C.
   c. Esas alas fueron arrancadas. Véase Daniel 4:33 (las alas de Nabucodonosor), y Daniel 5:31 (las alas de Babilonia).

B. Ciro, el oso persa (7:5), y también el pecho y los brazos de plata en 2:32.

1. Este oso se alzaba más de un lado que del otro, refiriéndose probablemente a la parte persa más fuerte de la alianza medo-persa.
2. Tenía tres costillas en su boca, una referencia a Babilonia, Egipto y Lidia, las tres naciones que Persia había conquistado.
3. Devoraría mucha carne. El rey persa Jerjes capitaneó un ejército de más de un millón y medio de hombres y 300 barcos durante su invasión a Grecia.

7. Los reinos sin Dios y el reino de Dios

«Y cuatro bestias grandes ... subían del mar» **(7:3).**

«... y he aquí con las nubes del cielo venía uno como hijo de hombre...» **(7:13).**

REINO	SÍMBOLO	REPRESENTANTE
BABILONIA 7:4 (2:37, 38)	UN LEÓN	Nabucodonosor
PERSIA 7:5 (2:39)	UN OSO	Ciro
GRECIA 7:6 (2:39)	UN LEOPARDO	Alejandro Magno
ROMA 7:7, 8 (2:40-43)	UNA BESTIA CON CUERNO Y GRANDES DIENTES	*Histórico:* los césares romanos *Profético:* el Anticristo
EL REINO ETERNO 7:9-14 (2:44, 45)	EL HIJO DEL HOMBRE	El Señor Jesucristo

C. Alejandro Magno, el leopardo griego (7:6), fue también el vientre y muslos de bronce del 2:32.

1. Era realmente como un leopardo. Alejandro viajó más rápido y conquistó más tierra que ningún otro hombre en la historia conocida.
2. Tenía cuatro cabezas. Después de su muerte a los treinta y dos años, su reino cayó en manos de sus cuatro generales.

D. El pequeño cuerno, el imperio romano (7:7, 8), y también las piernas de hierro y los pies de hierro y barro del 2:33.

1. En el 476 d.C. este monstruo se «retiró» a su cubil por un tiempo para invernar.
2. Será despertado en forma de diez naciones durante la tribulación por el pequeño cuerno, que no es otro que el Anticristo. Es llamado el hombre de pecado en 2 Tesalonicenses 2:3, 4 y la bestia del mar en Apocalipsis 13:1.
3. El Anticristo derrotará a tres de estos diez reinos (cuerno) en su ascensión al poder (7:8).
4. Ejercerá un gobierno universal durante los últimos tres años y medio de la tribulación (7:25). (Véanse también Ap. 13:5; Mt. 24:21.)
5. Derramará sangre sobre la tierra en una forma sin precedentes (7:7, 19).
6. Oprimirá a los santos de Dios (Israel) (7:25). (Véase también Ap. 12:13.)
7. Intentará cambiar la ley y las estaciones (7:25).
8. Blasfemará contra Dios (7:25). (Véase también Ap. 13:5, 6.)
9. Será derrotado en la venida de Cristo y su cuerpo será echado a las llamas del infierno (7:11).

E. Jesucristo, el Rey de reyes (7:13, 14), y también la Piedra demoledora del 2:34.

1. Viene en las nubes para reclamar su legítima herencia terrenal (7:13). Nuestro Señor advirtió al impío sumo sacerdote de Israel acerca

de esta venida durante el juicio injusto que le llevó al Calvario (Mr. 14:61, 62).

2. El Padre le da su trono universal y eterno, el Anciano de días (7:9, 13, 14). Esta es la única descripción de Dios en la Biblia, y se corresponde con la descripción que Juan hace de Jesús en Apocalipsis 1:9-18. Tanto David (Sal. 2:6-9) como el ángel Gabriel (Lc. 1:32) predicen que Jesús recibiría este trono del Padre.
3. Daniel ve a continuación un río de fuego que procede del trono (7:10). Esta corriente de juicio (He. 12:29; Is. 66:15, 16; 2 Ts. 1:8) se tornará más tarde en una fuente de bendiciones cuando se complete el juicio del gran trono blanco (Ap. 22:1).
4. Millones de ángeles permanecían en su presencia y servían al Anciano de días y a su Hijo (7:10). (Una cifra igualmente incontable de ángeles es mencionada en Ap. 5:11; Sal. 68:17; He. 12:22.)
5. Cientos de millones aparecen delante de él listos para ser juzgados, y los libros son abiertos (7:10). (Véase también Ap. 20:11-15.)

VIII. Los cuernos de los paganos.

A. Un carnero de dos cuernos (Persia, representada por Darío III) (8:1-4).

1. Daniel en su visión se ve a sí mismo en la fortaleza de Susa, una ciudad a unas 230 millas (unos 360 km) al este de Babilonia y a unas 120 millas (unos 190 km) al norte del golfo Pérsico.
2. Ve a un carnero victorioso que viene del este y que se abre camino hacia el oeste, norte y sur. Esto, por supuesto, representa las conquistas persas que incluyen a Siria (oeste), Armenia (norte) y Egipto (sur). Marcelino, un historiador del siglo IV, declara que el gobernante persa llevaba la cabeza de un carnero cuando estaba frente a su ejército.

B. Un macho cabrío (Grecia, representada por Alejandro Magno) (8:5-8).

1. Daniel ve después un macho cabrío que viene del oeste corriendo en dirección al carnero, a quien atacó derribándolo a tierra y pisoteándolo.
2. Esta profecía del carnero y del macho cabrío nos permite mirar con microscopio el conflicto entre la segunda y tercer potencias mundiales en la lucha del Este y Oeste, de Oriente y Occidente, de Asia y Europa. Se han descubierto dibujos históricos que representan a un macho cabrío cornudo como símbolo de los antiguos ejércitos griegos.
3. Se nos dice que el macho cabrío corrió contra el carnero «con la furia de su fuerza». La motivación detrás de la cruzada de Alejandro Magno era aplastar al odiado persa que había invadido Grecia. Como ya indicamos anteriormente, venció a los persas en tres ocasiones separadas:
   a. En Gránico en el 334 a.C.
   b. En Iso en el 333 a.C.
   c. En Arbelas en el 331 a.C.

   Podemos agregar aquí una nota histórica interesante. Nos dice Josefo que Juddua, el sumo sacerdote de Israel, revestido de toda su vestimenta, se encontró con Alejandro a las afueras de Jerusalén, y mostró al conquistador griego cómo un profeta hebreo, de nombre Daniel, había predicho 225 años antes sus victorias sobre los persas. Seguidamente el sumo sacerdote le leyó Daniel capítulo 8 y Alejandro cayó de rodillas y le adoró.
4. Daniel ve como de pronto este poderoso cuerno se rompe y se divide en cuatro. Alejandro murió en Babilonia en el 323 a.C., a la edad de treinta y dos años a consecuencia de una borrachera en una orgía. Su reino fue después dividido entre sus cuatro principales generales.
   a. Ptolomeo se quedó con el sur, Egipto.
   b. Seleuco se quedó con la sección oriental, Siria.
   c. Casandro reinó en la parte occidental, Grecia.
   d. Lisímaco gobernó el Asia Menor.

C. Dos pequeños reinos (Siria y el reavivado Impe-

8. Los cuernos de los paganos

REINO	SÍMBOLO	REPRESENTANTE
MEDOS Y PERSAS	Un carnero con dos cuernos **8:1-4, 20**	Darío III
GRECIA	Un macho cabrío con un cuerno **8:5-8, 21, 22**	Alejandro
Pasado **SIRIA**	Dos pequeños cuernos **8:9-20; 23-27**	Antíoco Epífanes
Futuro **EL IMPERIO ROMANO REAVIVADO**		El Anticristo

Darío III y Alejandro

Daniel predijo con una anticipación de unos 250 años la derrota completa de Darío III a manos de Alejandro Magno en el 322 a.C.

A la muerte de Alejandro a los 32 años, su reino quedó dividido entre sus cuatro generales.

Lisímaco
ASIA MENOR

Casandro
GRECIA

Seleuco Nicátor
SIRIA

Ptolomeo
EGIPTO

Ambos harían muchas conquistas **(Dn. 8:9; Ap. 13:4).**
Ambos se glorificarían a sí mismos **(8:11; Ap. 13:15).**
Ambos engañarían **(8:25; 2 Ts. 2:10).**
Ambos ofrecerían un falso programa de paz **(8:25; 1 Ts. 5:2).**
Ambos odiarían y perseguirían a Israel **(8:25; Ap. 12:13).**
Ambos profanarían el templo **(8:11; Mt. 24:15).**
Ambos estarían vigorizados por Satanás **(8:24; Ap. 13:2).**
Ambos serían activos en el Medio Oriente por siete años **(8:14; 9:27).**
Ambos hablarían en contra de Dios **(8:25; 2 Ts. 2:4).**
Ambos serían destruidos por Dios **(8:25; Ap. 19:19, 20).**

rio Romano, son representados por Antíoco Epífanes y el Anticristo) 8:9-27. Notamos que el arcángel Gabriel interpreta todo esto para Daniel. Esta es la primera mención de él en la Biblia. (Véanse también 9:21; Lc. 1:19, 26.)

1. El pequeño cuerno histórico: Antíoco Epífanes.
   a. Era sirio.
   b. Ascendió al trono en el 175 a.C. y reinó hasta el 164 a.C.
   c. Era un antisemita hasta el fondo. Entró en Jerusalén y mató a más de 40.000 judíos en tres días y vendió otros tantos como esclavos. Se piensa que fue el 6 de septiembre del 171 a.C. que empezó su profanación del templo.
   d. El 15 de diciembre del 168 a.C. la profanación alcanzó su máximo nivel, porque en esa fecha este idólatra sacrificó una gigantesca cerda sobre el altar de un ídolo que había erigido en el templo judío. Después forzó a los sacerdotes a tragarse la carne, hizo un caldo con el resto y la esparció por todo el templo. Finalmente se llevó los candelabros de oro, la mesa de los panes de la proposición, el altar del incienso y otras vasijas, y destruyó los libros de la Ley. Instalaron una gran imagen de Zeus (Júpiter) en el Lugar Santísimo. Todo esto fue calificado por los horrorizados judíos como la «abominación desoladora», y Jesús se refiere a ella en Mateo 24:15 como el trampolín para describir las actividades del futuro Anticristo.
   e. Por toda Palestina se edificaron altares a Júpiter, y los judíos fueron forzados a sacrificar en ellos. Pero en un pequeño pueblo judío llamado Modín (a unas 17 millas [27 km] al noroeste de Jerusalén), vivía un sacerdote llamado Matatías, de la casa de los asmoneos. Tenía cinco hijos y este valiente anciano no sólo rehusó adorar los ídolos de Antíoco, sino que también ejecutó osadamente al embajador religioso del rey. Así empezó la resistencia judía. Uno de sus hijos llamado Judas fue apodado «Macabeo», que significa «martillo».

      Durante los años siguientes, Judas logró reunir un pequeño ejército judío que presentó batalla de guerrillas a los sirios y los derrotó repetidas veces. Estas guerras se describen en dos libros apócrifos, llamados Primero y Segundo de Macabeos. El 25 de diciembre del 165 a.C., los patriotas judíos purificaron y rededicaron el templo que Antíoco había profanado. Esta fecha después se convirtió en la fiesta de la dedicación (Juan 10:22).

      Nota: En 8:14 se menciona un período de 2.300 días, que aparentemente empezó el 6 de septiembre del 171 a.C. y terminó el 25 de diciembre del 165 a.C. Fue, sin embargo, en base de este período que William Miller, el fundador del moderno movimiento adventista, se extravió. Contó los días como años y así llegó al 22 de octubre de 1844 como la fecha del retorno de Cristo.
   f. Antíoco murió en Babilonia en el 164 a.C. después de ser completamente derrotado en una batalla.
2. El pequeño cuerno profético: el Anticristo.
   El futuro enemigo de Israel hará todo lo que hizo su predecesor y mucho más. Podemos establecer la siguiente comparación entre los dos:
   a. Ambos harían muchas conquistas (Dn. 8:9; Ap. 13:4).
   b. Ambos se glorificarían a sí mismos (Dn. 8:11; Ap. 13:15).
   c. Ambos serían maestros de la mentira (Dn. 7:25; 2 Ts. 2:10).
   d. Ambos ofrecerían un falso «programa de paz» (Dn. 8:25; 1 Ts. 5:2, 3).
   e. Ambos odiarían y perseguirían a Israel (Dn. 8:25; Ap. 12:13).
   f. Ambos profanarían el templo (Dn. 8:11; Mt. 24:15).
   g. Ambos estarían vigorizados por Satanás (Dn. 8:24; Ap. 13:2).
   h. Ambos se mostrarían activos en el Medio Oriente por siete años (Dn. 8:14; 9:27).
   i. Ambos hablarían contra el Señor Dios (Dn. 8:25).
   j. Ambos serían completamente derrotados por Dios (Dn. 8:25; Ap. 19:19, 20).

IX. El secreto de las setenta veces siete.

A. Daniel: la oración de un profeta (9:1-19).

1. Este es uno de los grandes capítulos de toda la Biblia. Tiene un tema doble: el de la oración y el de la profecía. En este momento Daniel tenía unos ochenta y cinco años.
2. Daniel estaba leyendo el libro del profeta Jeremías (el anciano profeta había quedado probablemente como el guardián oficial de varios libros del Antiguo Testamento después de la destrucción del templo) y recordó que Dios había determinado que Jerusalén permanecería desolada durante setenta años (Jer. 25:11; 29:10).
3. Empezó entonces una intensa y prolongada oración a Dios concerniente a sus pecados personales y a los pecados nacionales de Israel que ante todo habían causado la cautividad. Su oración estuvo acompañada de ayuno, cilicio y ceniza (9:1-3). Estas tres acciones eran las acostumbradas en aquellos días cuando se sentía auténtica contrición de corazón. (Véanse Esd. 8:23; Neh. 9:1; Est. 4:1, 3, 16; Job 2:12; Jon. 3:5, 6.)
4. Le recuerda a Dios su pacto (9:4), posiblemente estaba pensando en el pacto abrahámico (que les prometía la tierra de Palestina para siempre) (Gn. 12:7; 13:14, 15-17; 15:7, 18-21; 17:8), y el pacto davídico (que garantizaba a Israel un rey y un reino eternos) (2 Cr. 13:5; 2 S. 7:12-16; 23:5).
5. Contrasta la gracia y la bondad de Dios con la inmoralidad e idolatría de Israel (9:5, 7, 8, 9).
6. Menciona a los reyes de Judá (9:8). Dos de ellos habían sido llevados cautivos a Babilonia junto con mucha gente del pueblo.
7. Está totalmente de acuerdo en que Judá tiene lo que se ha merecido, y que Dios les dijo la verdad cuando les advirtió acerca de la desobediencia y el castigo (9:12-14). (Véase Lv. 26.)
8. Termina su oración encomendándose comple-

tamente él y su pueblo a la gracia multiforme de Dios:

«... porque no elevamos nuestros ruegos ante ti confiados en nuestras justicias, sino en tus muchas misericordias» (9:18).

B. Gabriel: la profecía de un ángel (9:20-27).

Cuando Daniel estaba todavía orando, Dios envió al arcángel Gabriel a ministrarle y a explicarle la profecía más importante, más sorprendente y más profunda de toda la Palabra de Dios. Para otro ejemplo de cómo Dios contesta incluso mientras su hijo está orando, véase Génesis 24:15. Nótese el mensaje del arcángel en 9:24-27. Vamos ahora a considerar esta importante profecía preguntándonos e intentando responder seis preguntas clave.

9. El secreto de las setenta veces siete

DANIEL: LA ORACIÓN DE UN PROFETA

TIEMPO DE LA ORACIÓN	Primer año del dominio persa, 538 a.C. (9:2)
OCASIÓN DE LA ORACIÓN	Cuando Daniel estudiaba la profecía de Jeremías (9:2)
BASES DE LA ORACIÓN	La promesa de Dios (9:4) La misericordia de Dios (9:9, 18)
LA CONFESIÓN EN LA ORACIÓN	«Hemos pecado» (9:5, 8, 9, 11, 15, 16)
PETICIONES EN LA ORACIÓN	Que Dios los saque de Babilonia como una vez los sacó de Egipto (9:15) Que Dios les perdone (9:19) Que permita se reedifique el templo en Jerusalén (9:16, 17)
RESPUESTA A LA ORACIÓN	«Aún estaba hablando en oración, cuando el varón Gabriel… vino a mí…» (9:21).

GABRIEL: LA PROFECÍA DE UN ÁNGEL

PREGUNTAS	*RESPUESTAS*	
¿A QUIÉN SE REFIERE LA PROFECÍA?	Israel (9:24)	
¿QUÉ SON LAS SETENTA SEMANAS?	Se refieren a siete años de años, ó 490 años.	
¿CUÁNDO EMPEZARÍA ESTE PERÍODO?	Con la reconstrucción de las murallas de Jerusalén, el 14 de marzo del 455 a.C.	
¿CUÁLES SON LOS TRES PERÍODOS DENTRO DE LAS SETENTA SEMANAS?	Siete «semanas» o cuarenta y nueve años	Del 445 al 396 a.C. Las murallas de Jerusalén se reedificarían en tiempos angustiosos.
¿QUÉ OCURRIÓ DURANTE CADA PERÍODO?	Sesenta y dos semanas ó 434 años	Del 396 a.C. al 32 d.C. El Mesías sería crucificado
	ETAPA DE LA IGLESIA	
	Una «semana» o siete años	Desde el rapto al Armagedón Ministerio del Anticristo y retorno del verdadero Cristo.

(Tomado de *Daniel's Prophecy of the Seventy Weeks*, de A.J. McClain, pp. 30, 31)

1. ¿A quién se refiere esta profecía? Se refiere a Israel.
2. ¿Qué quiere decir mediante la expresión «setenta semanas»? En su curso por correspondencia del libro de Daniel, el doctor Alfred Martin, del Instituto Bíblico Moody, escribe las siguientes provechosas palabras:

   «La expresión que traducimos "setenta semanas" significa literalmente "setenta veces siete". Aparte del contexto uno nunca sabría cuáles eran las "siete". Tendríamos que preguntar ¿qué siete? Esta expresión hebrea sería tan ambigua como si nosotros dijéramos en castellano: "Fui a la tienda y compré una docena." ¿Una docena de qué? Uno de los principios básicos de interpretación es que siempre debemos interpretar a la luz del contexto, es decir, a la luz del pasaje en donde la declaración aparece. Al investigar este contexto, recordando que la visión fue dada en respuesta a la oración, notamos que Daniel había estado leyendo en Jeremías que Dios iba a permitir que la desolación de Jerusalén durara setenta días (Dn. 9:2). Esta es la clave. A Daniel se le dice en realidad: "Sí, Dios va a llevar a cabo los setenta años de cautividad; pero ahora te está mostrando que toda la historia del pueblo de Israel se va a consumar en el período de setenta veces siete años."» (*Daniel, the Framework of Prophecy*, pp. 85, 86.)

   Para clarificar más el significado de las setenta semanas, deberemos de notar que Israel tenía en su calendario no sólo una semana de siete días (como se indica en Ex. 23:12), sino también una «semana» de siete años (Lv. 25:3, 4, 8-10; Gn. 29:27, 28). En otras palabras, Dios le está diciendo aquí a Daniel que él va a continuar tratando con Israel por otros 490 años antes de que aparezca la justicia eterna.

   Para resumir este punto en particular:

   a. Israel tenía que permitir que su tierra reposara cada siete años (Lv. 25:1-4).
   b. Este mandamiento fue desobedecido (Lv. 26:33-35; Jer. 34:12-22; 2 Cr. 36:21).
   c. Como resultado, la nación había acumulado durante un período total de 490 años, una deuda de reposo de la tierra de setenta años.
   d. Daniel sabía todo esto y estaba orando acerca de ello. Reconoció que los setenta años de cautividad representaban los setenta años en los que aquellas violaciones habían acontecido.
   e. Gabriel le dice ahora que el pueblo tenía que pasar por otro período, similar en extensión (490 años) a aquel que había hecho el destierro necesario.
3. ¿Cuándo iba a empezar el período de las setenta semanas? Empezaría con la orden de reedificar las murallas de Jerusalén. Los dos primeros capítulos de Nehemías nos informan

que esta orden fue dada durante el año veinte de la ascensión al trono de Artajerjes. La *Enciclopedia Británica* establece esta fecha en el 14 de marzo del 445 a.C.

4. ¿Cuáles son los períodos distintivos mencionados dentro de la profecía de las setenta semanas y qué iba a ocurrir en cada período?
   a. Primer período.
   Siete semanas (cuarenta y nueve años), desde el 445 al 396 a.C. El suceso clave durante este período fue la reconstrucción de las murallas y de las calles de Jerusalén «en tiempos angustiosos». Esto sucedió literalmente. (Véase Neh. 2—6.)
   b. Segundo período.
   Sesenta y dos semanas (434 años), desde el 396 a.C. al 30 d.C. Al final de este segundo período el Mesías sería crucificado. (Véanse Mt. 27; Mr. 15; Lc. 23; Jn. 19.)

   Sir Robert Anderson, el brillante erudito británico y estudioso de la Biblia, ha convertido los dos primeros períodos en su número exacto de días. Esto lo ha hecho multiplicando 483 (la suma de los años de los dos primeros períodos) por 360 (los días del año bíblico, como se señala en Gn. 7:11, 24; 8:3, 4).

   El total del número de días en las primeras sesenta y nueve semanas (o 483 años) es 173.880. Anderson entonces señala que si empezamos a contar desde el 14 de marzo del 445 a.C. y vamos avanzando en la historia, estos días llegan hasta el 6 de abril del 32 a.C. (Robert Anderson, *El príncipe que ha de venir*, Editorial Portavoz, p. 143.)

   Fue exactamente en este día que Jesús hizo su entrada triunfal en la ciudad de Jerusalén. Sin duda nuestro Señor debió tener la profecía de Daniel en mente cuando dijo:

   > «¡Oh, si tú también conocieses, a lo menos en este tu día, lo que es para tu paz! Mas ahora está encubierto de tus ojos» (Lc. 19:42).

   Fue en este mismo día, por supuesto, que los fariseos planearon la muerte de Cristo (Lc. 19:47).

   Esto quiere decir que Daniel, que escribió cinco siglos y medio antes, predijo correctamente el día de la presentación y del rechazo de Cristo.
   c. Tercer período.
   Una semana (siete años) desde el rapto hasta el milenio. Al principio de este período, el Anticristo establecerá su pacto con Israel y empezará su terrible baño de sangre. Al final de la última semana (y de todo el período de las setenta semanas) el verdadero Mesías aparecerá y establecerá su perfecto milenio.

5. ¿Transcurren las setenta semanas en forma continua? Es decir, ¿hay brechas en esos 490 años, o transcurren sin pausa hasta que se completan?

   La teología dispensacionalista enseña que estas «semanas» no van pasando en forma continuada, sino que ha habido un espacio o paréntesis de casi 2000 años entre la semana sesenta y nueve y la setenta. Esta cronología puede asemejarse a un partido de baloncesto de setenta minutos. Durante sesenta y nueve minutos el partido se ha jugado a un ritmo intenso y continuado, pero entonces el árbitro, por alguna razón, pide tiempo (suspensión momentánea del partido) cuando el reloj marca que falta solamente un minuto para terminar. Nadie sabe con seguridad cuándo comenzará de nuevo la acción, pero en algún momento el árbitro va a entrar a la cancha y hacer sonar su silbato. En ese momento los equipos se van a reunir de nuevo para jugar el último minuto que les queda.

   Dios ha entrado en la historia y ha parado el reloj de la profecía en el Calvario. Esta divina «suspensión momentánea» ha durado ya veinte siglos, pero el Redentor pronto va a hacer sonar la trompeta y la «semana» final de la acción tendrá lugar en la tierra.

6. ¿Ofrece la Biblia otros ejemplos de brechas de tiempo en el programa divino? Realmente sí. Hay al menos tres casos en los que podemos encontrar espacios de muchos siglos en un corto párrafo.
   a. Isaías 9:6, 7.
   En la primera parte del versículo 6 encontramos una brecha de al menos veinte siglos separados por un coma. La frase «hijo nos es dado» se refiere a Belén, mientras que las palabras «y el principado sobre su hombro» señalan hacia el milenio.
   b. Zacarías 9:9, 10.
   El versículo 9 es una referencia clara a la entrada triunfal de nuestro Señor, pero el versículo 10 apunta hacia el milenio.
   c. Isaías 61:1, 2.
   En el versículo 2 de este pasaje, el ministerio terrenal de Cristo («proclamar el año de la buena voluntad de Jehová») y la tribulación («el día de venganza del Dios nuestro») aparecen separados por una sola coma. Es extremadamente importante no-

10. El conflicto en los lugares celestiales

UN HOMBRE MUY AMADO
EL HOMBRE DE DIOS

- Daniel había estado ayunando y orando durante tres semanas a la orilla del río Tigris.
- Varias posibles razones para ello:
  1. Porque habían sido elegidos muy pocos para regresar a Jerusalén.
  2. Por las dificultades que experimentaban los que habían vuelto.
  3. Debido a los futuros sufrimientos de Israel, implícitos en la profecía de las setenta semanas.

UN HOMBRE VESTIDO DE LINO
EL ÁNGEL DE DIOS

- La descripción del ángel **(10:5-9)**.
- La declaración del ángel **(10:10-17)**.
  1. Se le había *opuesto* el príncipe de Persia.
  2. Había sido *ayudado* por el arcángel Miguel.
- El deber del ángel **(10:18, 19)**: fortalecer y alentar a Daniel.
- La determinación del ángel **(10:20, 21)**: luchar de nuevo con el príncipe de Persia.

tar que cuando Jesús leyó este pasaje durante su sermón en Nazaret, terminó su lectura en esta coma, porque el «día de venganza» no era el propósito de su primera venida. (Véase Lc. 4:18, 19.)

Como un breve resumen final de las setenta semanas podemos notar:

7. Los seis logros principales de las setenta semanas:
   a. Terminar con todas los pecados y transgresiones humanas, especialmente los de la nación de Israel (Hch. 3:13-16; 28:25-31; Ez. 37:23; Ro. 11:26, 27).
   b. Hacer reconciliación por el pecado. Esto fue hecho en el Calvario cuando el Mesías fue crucificado (2 Co. 5:18-20).
   c. Vindicar a todos los verdaderos profetas mediante el cumplimiento de sus profecías.
   d. Demostrar la incapacidad del diablo para gobernar correctamente este mundo.
   e. Destruirle a él y a su principal agente, el anticristo (Ap. 19:20: 20:10).
   f. Iniciar el milenio (Sal. 45:3-7; Is. 11:3-5; Jer. 23:3-8).
8. Los tres períodos principales de las setenta semanas (490 años).
   a. Primer período (cuarenta y nueve años, o siete semanas), del 445 al 396 a.C.
   b. Segundo período (434 años, o sesenta y dos semanas), del 396 a.C. al 32 d.C.
   c. Un período de suspensión temporal (que ya ha durado casi veinte siglos). Esta brecha en el tiempo entre la semana sesenta y nueve y la setenta no fue revelado y, por tanto, desconocido para los profetas del Antiguo Testamento. (Véanse Ef. 3:1-10; 1 P. 1:10-12.)
   d. Tercer período (siete años, o una semana), desde el rapto hasta el milenio.
9. Las dos personajes principales de las setenta semanas:
   a. El Mesías: el Señor Jesucristo.
   b. El príncipe que vendrá: el inicuo Anticristo.

X. El conflicto en los lugares celestiales.

A. Un hombre afligido (10:1-4).

1. Daniel había apartado un tiempo de tres semanas para estar a solas con Dios. Durante este período se privó de tomar alimento, de beber vino y de ungirse. Esto último lo hacían generalmente a diario para protegerse del candente sol del desierto.
2. Debieron haber varias razones que propiciaron este tiempo de dolor.
   a. A causa de los pecados de su pueblo:
   b. Debido al largo período de sufrimiento (490 años) que su pueblo debía todavía soportar (capítulo 9).
   c. Debido al número tan mezquino (alrededor de 40.000) de judíos que habían elegido regresar con Zorobabel. Ya habían pasado dos años desde que Ciro promulgara el decreto (Esd. 1:1-4) permitiéndoles volver a Jerusalén.
   d. A causa de las dificultades que estaban experimentando aquellos que habían regresado.

   Nota: Dios aparentemente había negado a Daniel la oportunidad del regreso, debido quizá a su avanzada edad (alrededor de los noventa) y también al hecho de que su alta posición en el gobierno podía servir para ayudar al remanente que había regresado.

B. Un ángel en servicio (10:5-21).

1. La descripción de un ángel (10:5-9).
   a. Daniel inmediatamente empezó a palidecer a y debilitarse por el espanto de tan deslumbrante visión. Algunos creen que este ángel tuvo que ser el Señor Jesús. Aunque encontramos una descripción similar en Apocalipsis 1:12-16, no parece que podamos identificar al ángel en Daniel con Cristo. En 10:13 se nos dice que el ángel tuvo que llamar a Miguel, otro ángel, para que le ayudara. Es obvio que el Señor no habría necesitado ayuda.
   b. Los hombres que estaban con Daniel se llenaron también de espanto, aunque ellos no vieron la visión que contempló Daniel (10:7). (Tenemos un evento similar en Hechos 9:7, 8.)
2. La declaración del ángel (10:10-19).
   a. Se le había opuesto el príncipe de Persia (10:13). ¿Quién era este príncipe? Notamos rápidamente que:
      (1) Era poderoso, pues él solo bloqueó a uno de los ángeles más poderosos del cielo por veintiún días.
      (2) Era un perverso, pues opuso resistencia al mensajero de Dios. Era quizá un demonio de alto rango asignado por Satanás a Persia para controlar la actividad diabólica en aquel reino. (Véanse también Jn. 12:31; 14:30; 16:11; Mt. 9:34; 12:24; Is. 24:21.)
   b. Fue ayudado por el arcángel Miguel (10:13). Este es el otro arcángel que aparece en la Biblia. Es mencionado tres veces en el Antiguo Testamento (Dn. 10:13, 21; 12:1) y dos en el Nuevo Testamento (Jud. 1:9; Ap. 12:7). Esto fue, sin embargo, algo mutuo, porque el ángel que aparece aquí ayudó una vez a Miguel. (Véase Dn. 11:1.)

   Tenemos aquí levantado momentáneamente el velo de la guerra que se lleva a cabo en los lugares celestiales entre demonios, ángeles y creyentes. (Véanse los siguientes pasajes: 2 Co. 10:3-5; Ef. 6:12; Ro. 8:38; Ef. 1:21; 3:10; Col. 2:15.)

   El ángel después procede a confortar, reafirmar, fortalecer e instruir a Daniel acerca del final de los tiempos.
3. El deber del ángel (10:18, 19).
4. La determinación del ángel (10:20, 21).

   El ángel era consciente al regresar a Dios de que no sólo volvería a enfrentársele el demonio persa, sino ahora también el de Grecia. Satanás estaba aparentemente proveyendo refuerzos enviando a la batalla al que tenía designado para el Imperio Griego. Pero el ángel se sentía seguro sabiendo que una vez más tendría la ayuda de Miguel.

XI. Cronología de los reyes impíos. Este capítulo nos aporta el registro más detallado de la historia de toda la Biblia. Abarca sucesos que ocurrieron aproximadamente del 529 al 164 a.C. Nos describe también muchas cosas que van a ocurrir durante la futura tribulación. Pero lo asombroso es que Daniel lo escribió todo en el 540 a.C.

A. Alejandro Magno (11:1-20), incluyendo a sus predecesores y sucesores.

1. Cuatro reyes persas reinarían después de Ciro (el que reinaba cuando Daniel escribió esta parte) y el cuarto sería el más rico de todos. Así aconteció (11:2).
   a. Cambises (529-522).
   b. Esmerdis (522-521).
   c. Darío el Grande (521-486).
   e. Jerjes (486-465) (fue, con mucho, el más rico. Véase Est. 1:1-12).
2. Después de esto reinaría un rey poderoso (11:3). Este era Alejandro Magno (336-323).
3. Este líder moriría inesperadamente joven. Su reino no sería para nadie de su familia, sino que se lo repartirían los extraños en cuatro partes (11:4); y eso es lo que ocurrió. Poco después de su muerte, Felipe, su hermanastro; Alejandro II, su hijo legítimo; y Hércules, su hijo ilegítimo, fueron todos asesinados y los cuatro generales de Alejandro se repartieron el imperio.
4. Ptolomeo, uno de sus generales, reinó en el sur, iniciando una nueva dinastía en Egipto, y otro general llamado Seleuco Nicator hizo lo mismo en Siria. Ptolomeo reinó del 323 al 283 a.C., y Seleuco del 304 al 281 a.C. (11:5).
5. Estos dos reyes pelearían entre sí pero más tarde sus países formarían una alianza (11:6). Egipto y Siria se aliaron en el 250 a.C. Sucedió que cuando ambos generales murieron, Ptolomeo II Filadelfo (283-246), el hijo de Ptolomeo I, dio su hija Berenice en matrimonio a Antíoco II Theos (262-246), nieto de Seleuco.
6. Dos años más tarde murió su padre, Ptolomeo II, y su esposo Antíoco se divorció de ella y se volvió a casar con Laodice, con la que había estado casado anteriormente.
7. Laodice, llena todavía de resentimiento, envenenó a Antíoco y mando matar a Berenice. Después proclamó a su hijo Seleuco II rey de Siria.
8. Mientras tanto en Egipto, Ptolomeo III, hermano de Berenice, sucedió a su padre en el trono. Reinó del 246 al 221 a.C.
9. Ptolomeo III invadió Siria y vengó la muerte de su hermana Berenice ejecutando a Laodice. Seleuco II huyó a Asia Menor durante la invasión egipcia.
10. Ptolomeo III saqueó a Siria y se llevó un gran botín, incluyendo 40.000 talentos de plata y 2.500 vasijas preciosas (11:8-11).
11. En el 240 a.C. Seleuco II intentó sin éxito contraatacar a Ptolomeo III en Egipto. Seleuco murió y fue sucedido en el trono por su hijo Antíoco III (también conocido por el Grande). Antíoco reinó en Siria desde el 223 al 187 a.C.
12. Al fallecer Ptolomeo III fue sucedido en el trono por su hijo Ptolomeo IV Filopator (221-204).
13. Ptolomeo IV derrotó a Antíoco III en la crucial batalla de Rafia en el 217 a.C. En este enfrentamiento ambos bandos usaron gran cantidad de elefantes.
14. Ptolomeo IV murió en el 203 a.C., y le sucedió en el trono Ptolomeo V Epífanes (203-181).
15. Antíoco III (el Grande) recuperó el control de Palestina en el 198 a.C., al ganarlo en el campo de batalla frente a Ptolomeo V a las afueras de Sidón.
16. En el 193 a.C. Antíoco el Grande dio a su hija Cleopatra en matrimonio a Ptolomeo V. (Nota: ésta no fue la famosa Cleopatra de la historia, que no apareció en el escenario hasta el 69 a.C.) La razón de este casamiento era prevenir la intervención egipcia cuando él entrara en guerra con Roma. También esperaba que Cleopatra cuidara de los intereses sirios en

11. Cronología de los reyes impíos

DANIEL 11:1-20
Alejandro y sus predecesores

Este extraordinario capítulo contiene no menos de treinta y ocho profecías cumplidas. Entre ellas están las siguientes:

El reinado de cuatro reyes persas (v. 2).
La guerra del cuarto con Grecia.
El ascenso y la caída de Alejandro (vv. 3, 4).
La múltiple división de su imperio (v. 4).
La alianza eventual de dos de estos reinos (v. 6).
El saqueo de Siria por Egipto (v. 8).
La represalia sin éxito de Siria (v. 9).
La guerra civil en Egipto (v. 14).
La ocupación siria de Palestina (v. 16)
La profanación del templo por un rey sirio (vv. 31, 32).
La rebelión de los macabeos (v. 32).
La posterioir derrota de los macabeos (v. 33).

Daniel 11:21-35
Antíoco Epífanes

Fue un rey sirio cruel, que aborrecía a los judíos, y que ocupó militarmente Jerusalén por un tiempo. Reinó desde el 175 al 164 a.C.

Empezó su profanación del templo el 6 de septiembre del 171 a.C.

El más grande insulto tuvo lugar el 15 de diciembre del 168, cuando sacrificó una cerda gigante en el altar del templo.

Ejecutó en tres días a más de 40.000 judíos.

El 25 de diciembre del 165 (2.300 días después de la fecha del 6 de septiembre del 171; véase Dn. 8:9-14), algunos héroes judíos llamados los macabeos liberaron Jerusalén y terminó la ocupación siria.

DANIEL 11:36-45
El Anticristo

Actuará de manera caprichosa y egoísta.
Se ensalzará a sí mismo y blasfemará contra Dios.
Prosperará por un tiempo.
No tendrá respeto por el Dios de sus antepasados.
No tendrá deseo por las mujeres.
Honrará al dios de las fortalezas.
Será atacado por reyes del sur y del norte.
Ocupará la tierra de Palestina.
Ocupará también Egipto.
Recibirá noticias alarmantes mientras está en Egipto.
Regresará a Palestina en plan de guerra.
Será destruido por Cristo en el monte de Sion.

Egipto, porque planeaba secretamente invadir ese país. Pero Cleopatra se comportó como una esposa leal.

17. Antíoco III (el Grande) contó en este tiempo con la presencia en su corte de Aníbal, el renombrado general cartaginés derrotado por Roma que se hallaba refugiado en Siria. Juntos invadieron Grecia, pero en el 188 a.C. fueron expulsados completamente de esa parte del mundo por Roma.
18. Los grandes planes de Antíoco no pudieron prosperar. Murió en el 187 a.C. (11:19).
19. Le sucedió su hijo mayor Seleuco IV Filopator (187-176), quien fue asesinado por su propio primer ministro (11:20).

B. Antíoco Epífanes (11:21-35).

1. Fue el más joven de los hijos de Antíoco el Grande y es inmediatamente clasificado por la Palabra de Dios como un hombre despreciable (11:21).
2. Aquellos que le conocían bien le pusieron el apodo de Epífanes («hombre loco»).
3. Practicó el engaño y pretendió ser un Robin Hood del segundo siglo (1 Macabeos 3:28-31).
4. Derrotó en el 170 al rey egipcio Ptolomeo Filometor (181-145) en una batalla al este del delta del Nilo. Este joven rey era su propio sobrino, pues era hijo de su hermana Cleopatra.
5. Ptolomeo perdió esta batalla porque fue traicionado por algunos de sus propios amigos que se sentaban a su mesa (11:26).
6. Antíoco se llevó después a su sobrino a Siria y pretendió ser su amigo, pero ni el tío ni el sobrino se fiaban uno del otro (11:27).
7. Antíoco tenía la esperanza de apoderarse de Egipto, pero fue frenado por las poderosas legiones romanas (11:30).
8. Frustrado descargó su ira salvaje sobre la ciudad de Jerusalén (11:28-35).

C. El Anticristo (11:36-45).

1. Hará todo conforme a su antojo y voluntad egoísta (11:36). (Véanse también Ap. 13:7; 17:13.)
2. Se ensalzará a sí mismo y dirá ofensas terribles contra Dios (11:36). (Véanse también 2 Ts. 2:4; Ap. 13:6.) La expresión «hablará maravillas» que aparece en este versículo, significa literalmente «cosas increíbles, terribles». El anticristo va a proferir blasfemias increíbles contra Dios, insultos que nadie podía pensar ni se atrevería jamás a decir.
3. Dios le permitirá prosperar durante la tribulación (11:36). (Véanse también Ap. 11:7; 13:4, 7, 10.) La frase «porque lo determinado se cumplirá», nos recuerda, no obstante, que Dios está todavía en completo control, aun durante el terrible reinado de ese monstruo.
4. «Del dios de sus padres no hará caso» (11:37). Algunas versiones de la Biblia traducen la palabra dios en plural y parece que así debe ser. El Anticristo tramará venganza contra toda religión organizada. En realidad será él quien destruya a esa gran ramera, la sanguinaria Babilonia, que es esa super iglesia mundial. (Véase Ap. 17:5, 6.)
5. No tendrá deseo de mujeres (11:37). Se han formulado tres teorías para explicar esta frase.
   a. El deseo normal de amor, matrimonio, sexo (véase 1 Ti. 4:3).
   b. Aquellas cosas que caracterizan a las mujeres, tales como misericordia, bondad, amabilidad.
   c. El deseo de las mujeres hebreas de ser la madre del Mesías (1 Ti. 2:15).
6. Su dios será el dios de las fortalezas (11:38). El Anticristo gastará todos sus recursos en programas militares.
7. En los últimos días de la tribulación será atacado por el rey del sur (Egipto) y por el rey del norte (Rusia) (11:40). Según Ezequiel 38—39, estas dos naciones, especialmente Rusia, serán destruidas por Dios mismo sobre los montes de Israel.
8. Después de la derrota de Rusia, el Anticristo ocupará Palestina (11:41), pero no ocupará Edom ni Moab. Algunos creen que Dios no le permitirá dominar estas áreas porque Petra está ubicada allí, la ciudad montañosa donde se refugiará el remanente judío para protegerse del anticristo en los últimos días de la tribulación. (Véase Ap. 12:14.)
9. Nada más establecer su dominio, el Anticristo marchará a Egipto y lo controlará también (11:42, 43).
10. Mientras está en Egipto le llegan noticias alarmantes del este y del norte (11:44). No se indica la naturaleza exacta de estas noticias. Se han formulado varias sugerencias:
    a. Tiene que ver con información sobre un levantamiento judío. El doctor León Wood apoya esta interpretación en su libro *A Commentary on Daniel* (p. 313).
    b. Se refiere a una vasta invasión de un ejército de 200.000.000 de soldados procedente del Lejano Oriente (Ap. 9:16), bajo el liderazgo de «los reyes del este» (Ap. 16:12), quienes compiten con el Anticristo por el liderazgo universal. Estas naciones serían, entre otras, China y la India. El doctor J. Dwight Pentecost sugiere esta posibilidad. (*Eventos del porvenir,* Editorial Vida, p. 271.)
    c. Tiene que ver con noticias referentes a que miles de judíos están escapando de Jerusalén para refugiarse en Petra. El autor sugiere esta teoría como una posibilidad.
11. Regresa rápidamente y con gran furia destruye a muchos (11:44). No podemos establecer dogmáticamente la identidad de los que aquí son destruidos.
12. Aparentemente logra controlar con éxito la amenaza y establece su cuartel general en el monte de Sion. Permanece en este lugar hasta su total destrucción por el Rey de reyes al final de la tribulación (11:45). (Véase también Ap. 19:11-21.)

XII. Las condiciones últimas.

A. El ministerio de Miguel (12:1).

1. Miguel es el ángel guardián de Israel.
2. Ayudará a Israel a pasar por el peor período de la historia humana desde la creación del mundo. Jesús citó este versículo cuando habló de esta hora infernal. (Véase Mt. 24:21, 22.) Será Miguel el que echará a Satanás de los lugares celestiales a mediados de la tribulación (Ap. 12:7), y después este héroe angelical aparentemente ayudará a un tercio de la nación de Israel a escapar a Petra. (Véanse Zac. 13:8, 9; Ap. 12:14.)

3. Estos Israelitas ya tienen sus nombres escritos en el libro de la vida. (Véanse también Ex. 32:32; Sal. 69:28; Lc. 10:20; Mt. 24:22;; Ap. 20:12.)

B. Las dos resurrecciones (12:2, 3). Otros pasajes del Antiguo y Nuevo Testamentos indican claramente que estas dos resurrecciones no sucederán al mismo tiempo, sino que están más bien separadas por un período de mil años. Ninguna de las resurrecciones aquí mencionadas se refiere al rapto.

1. La resurrección de los que heredan la vida eterna. Esto ocurrirá al principio del milenio e incluirá a todos los santos del Antiguo Testamento y a todos los mártires de la tribulación. (Véanse Job 19:25, 26; Sal. 49:15; Is. 25:8; 26:19; Os. 13:14; He. 11:35; Ap. 20:4, 6.) El galardón de todos los justos ganadores de almas se menciona en Daniel 12:3.
2. La resurrección de aquellos para deshonra y eterna separación. Esto acontecerá después del milenio e incluirá a todas las personas no salvas de todos los tiempos. (Véase Ap. 20:5.) Nuestro Señor habla brevemente de ambas resurrecciones en Juan 5:28, 29.

C. Las dos profecías (12:4).

«Pero tú, Daniel, cierra las palabras y sella el libro hasta el tiempo del fin. Muchos correrán de aquí para allá, y la ciencia se aumentará.»

Sir Isaac Newton, el gran científico y cristiano, después de leer este pasaje hace muchos años, se afirma que dijo:

«Personalmente no puedo por más que creer que estas palabras se refieren al fin de mundo. Los hombres viajarán de un lugar a otro en maneras sin precedentes. Habrá inventos que permitirán a la gente viajar más deprisa de lo que lo hacen ahora.»

Esto fue escrito alrededor del 1680 d.C. Newton prosiguió especulando que esa velocidad quizá sobrepasaría las 50 millas (80 km) por hora. Unos ochenta años más tarde, Voltaire, el famoso ateo francés, leyó las palabras de Newton y replicó mordazmente:

«Miren lo que la tontería del cristianismo hace de una persona que por lo demás es un hombre brillante. Aquí tenemos a un científico de la talla de Newton que escribe que los hombres pueden realmente viajar a la velocidad de 30 ó 40 millas (50 ó 60 km) por hora. ¿Se ha olvidado de que si un hombre va a esa velocidad quedará sofocado? Su corazón se pararía.»

Uno se pregunta que habría dicho Voltaire si hubiera sabido que dos siglos después que el escribió eso, el astronauta americano Edward H. White, el 3 de junio de 1965, salió de su nave espacial a más de 100 millas (150 km) sobre la tierra y cruzó los Estados Unidos de costa a costa en menos de 15 minutos, a la velocidad de 17.500 millas por hora (28.000 km/h). O que durante los vuelos a la luna el hombre excedió en doce veces la velocidad de una bala de rifle. En esta misma profecía Daniel predice una intensificación del conocimiento. Los Estados Unidos de América tiene solamente 200 años de historia, pero durante este tiempo hemos desarrollado un sistema de educación pública que ha ido desde cero hasta el presente nivel. Solo en los Estados Unidos tenemos más de 60 millones de estudiantes, asistiendo a unas

12. Las condiciones últimas

«... y será tiempo de angustia, cual nunca fue...» (12:1).

- **EL QUE AYUDARÁ EN LA TRIBULACIÓN**
  El arcángel Miguel **(12:1).**
- **LA DURACIÓN DE LA TRIBULACIÓN**
  Tenemos citados aquí tres períodos relativos a la tribulación y a los eventos que seguirán.

1.260 días (12:7)
Esta es una referencia a la última y peor parte de la tribulación, de unos tres años y medio.

1.290 días (12:11)
Se refiere al primer período más treinta días adicionales. Este tiempo puede ser necesario para llevar a cabo los varios juicios a judíos, gentiles y ángeles.

1.335 días (12:12)
Esta parece ser una referencia al segundo período más cuarenta y cinco días. Este tiempo puede estar dedicado a la preparación del gobierno milenario.

- **EL INTERÉS ACERCA DE LA TRIBULACIÓN**
  De los dos ángeles y de los profetas del Antiguo Testamento **(12:5-8)**
- **LA SALVACIÓN DURANTE LA TRIBULACIÓN**
  «...todos los que se hallen escritos en el libro» **(12:1)**
  «Muchos serán limpios, y emblanquecidos y purificados...» **(12:10)**
- **LAS SEÑALES QUE PRECEDERÁN A LA TRIBULACIÓN**
  Aumento de la velocidad **(12:4)**

Incremento en el conocimiento **(12:4)**

- **LAS RESURRECCIONES QUE SEGUIRÁN A LA TRIBULACIÓN (12:2, 3)**

Al principio del milenio
Resurrección de los santos del Antiguo Testamento y mártires de la tribulación.

Al final del milenio
Resurrección de todos los que murieron sin ser salvos.

72.000 escuelas públicas elementales, 27.000 escuelas secundarias, y 1.200 escuelas superiores y universidades. Cada año gastamos más de 36.000 millones de dólares en financiar todo este sistema educativo.

D. Los tres períodos de tiempo (12:5-13).
   1. Mil doscientos sesenta días («por tiempo, tiempos, y la mitad de un tiempo», véase Dn. 12:7.)
      a. Daniel ve a otros dos ángeles que habían estado escuchando esta conferencia profética privada que aquel poderoso ángel le estaba dando al anciano hombre de estado. Los ángeles están en verdad muy interesados en el programa de salvación de Dios (1 P. 1:12), y uno de ellos repentinamente pregunta cuánto durará este terrible período de la tribulación (12:6). Parece que ninguno de los dos había escuchado los detalles de la visión de las setenta y dos semanas en 9:24-27.
      b. El arcángel les informa que la duración de esta horrible segunda parte de la tribulación será tanto como cueste quebrantar el orgullo y el poder de los judíos, o tres años y medio (12:7).
   2. Mil Doscientos noventa días (11:12). Este período se refiere a lo mismo mencionado arriba, pero incluye treinta días adicionales. Aunque no podemos ser dogmáticos, parece razonable concluir que será necesario un mes más para llevar a cabo el juicio de separación de cabritos y corderos que se menciona en Mateo 25:31-46.
   3. Mil trescientos treinta y cinco días (12:12). Aquí tenemos de nuevo que a un período de tiempo se le añaden cuarenta y cinco días. ¿Para qué se van a necesitar estos cuarenta y cinco días adicionales? Quizá sea el tiempo que se precisará para establecer el sistema de gobierno del reinado de Cristo. El doctor Franklin Logsdon ha escrito las siguientes palabras que son de bastante ayuda en relación con estos setenta y cinco días adicionales al período de tres años y medio.

      «Nosotros tenemos en los Estados Unidos una analogía nacional que nos ayuda a entenderlo. El presidente es elegido en los primeros días de noviembre, pero no es instalado como presidente hasta el 20 de enero. Tenemos aquí un intervalo de setenta días. Durante este tiempo se ocupa del nombramiento de los miembros de su gabinete, de los embajadores y de otros que van a componer su gobierno. En el período de setenta y cinco días entre el fin de la gran tribulación y la coronación, el Rey de la gloria tendrá que atender probablemente a ciertos asuntos.» (*Profiles in Prophecy*, p. 81.)

E. Las cuatro conclusiones finales.
   1. El arcángel Miguel levanta sus dos manos al cielo para dar testimonio de la veracidad de todo lo dicho (12:7). El gesto normal de levantar una mano al cielo muestra solemnidad e importancia (véanse Gn. 14:22; Dt. 32:40), pero aquí tenemos que son levantadas las dos manos. (Véase también Ap. 10:1-6.)
   2. Muchos serán limpiados (salvados) durante la tribulación (12:1); esto incluye tanto a los judíos como a los gentiles. (Véase Ap. 7:1-17.)
   3. Los inicuos, sin embargo, continuarán en sus malos caminos (12:10). (Véanse Ap. 9:20, 21; 11:9, 10.)
   4. Daniel tenía que preservar cuidadosamente sus escritos (12:4), pero todo su significado no será revelado hasta aquel día glorioso cuando él esté junto a los demás justos esperando su recompensa (12:9, 13).

LA ETAPA DEL RETORNO

INTRODUCCIÓN A LA ETAPA DEL RETORNO

1. Este período nos habla de los intentos de Satanás de acosar a los judíos en Palestina (libro de Nehemías) y de eliminarlos en Persia (libro de Ester).
2. Abarca la construcción del segundo templo y la terminación del canon del Antiguo Testamento.
3. Su duración es de aproximadamente 140 años.
4. Empieza con el ministerio histórico de Esdras el escriba (Esd. 7:6-10) y termina con el ministerio profético del profeta Elías (Mal. 4:5, 6).
5. Leemos acerca de la misión a medianoche de Nehemías impulsado por el Espíritu (Neh. 2) y de la también misión de medianoche de Amán inducida por Satanás (Est. 6).
6. Se nos habla sobre una conspiración contra un rey pagano (Est. 2:21-23) y de otra conspiración contra el Rey de reyes (Zac. 11:12, 13).
7. Esta etapa incluye la restauración de la fiesta de los Tabernáculos (Neh. 8:13-18) y la institución de la fiesta de Purim (Est. 9:20-32).

LA ETAPA DEL RETORNO: Esdras, Ester, Nehemías, Hageo, Zacarías, Malaquías

ESDRAS (445 a.C.)

INTRODUCCIÓN

1. Sedequías, el último rey de Judá, fue llevado a la cautividad por Nabucodonosor en el año 597 a.C. La ciudad de Jerusalén quedó destruida y el templo arrasado por el fuego el 18 de julio del 586 a.C. (véase 2 R. 24—25).
2. Daniel y Ezequiel, además de otros muchos ciudadanos de Judá, fueron deportados a Babilonia. Ambos ministraron y escribieron estando allí. Uno fue sacerdote y el otro primer ministro.
3. Babilonia cayó el 29 de octubre del 539 a.C. en manos del ejército medo-persa que la tenía sitiada, capitaneado por Ciro el Grande. Belsasar, el rey babilonio en ese momento, fue ejecutado. (Véase Dn. 5.)
4. Ciro instaló a su hábil general Darío el Medo (conocido también en la historia como Gubaru), como su corregente en la ciudad de Babilonia.
5. Ciro firmó durante su primer año de reinado el decreto que permitía a los judíos regresar a su tierra y reconstruir el templo en Jerusalén.
   a. Jeremías había predicho la duración de la cautividad (25:11, 12; 29:10).
   b. Isaías había en realidad llamado por su nombre a Ciro 170 años antes (Is. 44:28; 45:1).
6. Hubo tres retornos separados del remanente judío:
   a. El primero bajo Zorobabel en el 536 a.C.
   b. El segundo dirigido por Esdras en el 455 a.C.
   c. Nehemías condujo el tercero en el 445 a.C.
7. La construcción del templo empezó en el 535 a.C. Las obras fueron interrumpidas por un tiempo a causa de algunas acciones diabólicas.
8. Hageo y Zacarías ministraron durante este tiempo al desalentado remanente.
9. El templo fue completado y dedicado en octubre del 516.
10. Hubo al menos cinco reyes persas asociados con esta etapa del retorno, y son:
    a. Ciro el Grande (539-530 a.C.), el vencedor de Babilonia y el rey que otorgó el decreto (Esd. 1:1-4).
    b. Cambises (530-522 a.C.), el hijo de Ciro.
    c. Esmerdis (522-520 a.C.).
    d. Darío I el Grande (520-486 a.C.). Este no es Darío el Medo. Darío el Grande estableció de nuevo el orden y salvó al imperio del caos en el que cayó después de la muerte de Cambises. Permitió que continuaran las obras del templo.
    e. Jerjes I (486-465 a.C.). Hijo de Darío el Grande (el Asuero del libro de Ester).
    f. Artajerjes (465-424 a.C.). Era el hijo de Jerjes y el que reinaba en el tiempo del regreso de Esdras y Nehemías (Esd. 7:1, 8; Neh. 2:1).

I. El período bajo la dirección de Zorobabel (Esd. 1—6).
   A. El rey promulga el decreto.
      1. Su redacción (1:1-4).
         a. Dios pone en el corazón de Ciro el deseo de favorecer el retorno.
         b. Reconoce voluntariamente la soberanía de Dios al darle a él su reino.
         c. El lenguaje del decreto parece indicar que fue Daniel quien lo preparó para Ciro.
      2. El retorno (1:5-11).
         a. El Señor estimula en el corazón de muchos del pueblo hebreo un deseo santo por regresar a Palestina. Aunque sólo se mencionan tres tribus (Judá, Benjamín y Leví) sabemos por otros pasajes que hubo sin duda representantes de otras tribus entre los que retornaron.
            Nota:
            (1) Se nos dice en 2 Crónicas 11:13-17 que durante la guerra civil de Israel personas de otras tribus pasaron a territorio de Judá.
            (2) Jesús dijo que él había venido a ministrar a toda la casa de Israel (Mt. 10:6).
            (3) Mateo 4:13, 15 se refiere a las tribus de Zabulón y Neftalí.
            (4) La profetisa Ana era de la tribu de Aser (Lc. 2:36).
            (5) Pablo habla acerca de las «doce tribus» (Hch. 26:7).

         Estos versículos refutan por sí solos la doctrina falsa del israelismo británico, que enseña que las diez «tribus perdidas» son realmente los ingleses y los americanos.

LA ETAPA DEL RETORNO

Esdras Ester
Nehemías Hageo
Zacarías Malaquías

«Porque así dijo Jehová: Cuando en Babilonia se cumplan los setenta años, yo os visitaré, y despertaré sobre vosotros mi buena palabra, para haceros volver a este lugar.» **Jeremías 29:10**

CRONOLOGÍA DE LA ETAPA DEL RETORNO

REY EXTRANJERO	FECHA	SUCESO	TEXTO BÍBLICO	LIBRO DEL A.T.	LUGAR
Ciro el Grande	539-530	Conquista Babilonia	Daniel 5	Esdras 1—6	
		Promulga el decreto de retorno	Esdras 1—3		
Cambises	530-522	No aparece en el A.T.	—	Hageo	Jerusalén
Smerdis	522-520	Cesa la obra del templo	Esdras 4:1-23	Zacarías	
Darío el Grande	520-486	Ordena que prosiga la edificación	Esdras 4:24; 6:1-22	(véase Esdras 5:1; 6:14)	
Asuero	486-465	Hace reina a Ester	Ester 1—10	Ester	Persia
Artajerjes	465-424	Autoriza los retornos de Esdras y Nehemías	Esdras 7—12 Nehemías 1—13	Esdras 7—12 Nehemías	Jerusalén

b. Los hebreos que permanecieron en Babilonia contribuyeron para costear los gastos del retorno.

c. Ciro donó los vasos de oro que Nabucodonosor se había llevado del templo de Jerusalén sesenta años atrás, un total de 5.469 objetos de oro y plata.

B. Las reivindicaciones del pueblo.

1. Sus genealogías (2:1-57). Fue registrado muy cuidadosamente para la posteridad el árbol genealógico de todos aquellos que volvieron. Debemos fijarnos especialmente en el líder Zorobabel. Este hombre humilde era nieto de Joacim (Esd. 3:2; 1 Cr. 3:19). Enfrentó una tarea difícil con la reconstrucción del templo y fue frecuentemente confortado por Dios en forma personal. (Véanse Hag. 1:14; 2:4, 21, 23; Zac. 4:6, 7, 9, 10.) El número total de los que retornaron fue de 42.360.

2. Su teología (3:1-13).

a. Nada más llegar a Jerusalén construyeron el altar y, dirigidos por Jesúa, el nieto del último sumo sacerdote del Israel antes de la cautividad, instauraron de nuevo el sistema de sacrificios. Este Jesúa (llamado Josué por Hageo y Zacarías) se convirtió en el primer sumo sacerdote de la etapa del retorno.

b. La primera fiesta sagrada que observaron fue la de los tabernáculos.

c. La obra de reconstrucción del templo la empezaron en junio del 535 a.C.

d. Cuando echaron los cimientos lo hicieron con gran ceremonia. Podemos concluir, sin embargo, que el programa de este acto fue diferente de lo que pudiera haber sido antes o después. Notemos el relato poco corriente que tenemos en 3:10-13.

C. La difamaciones del diablo. Satanás procuró evitar por todos los medios que edificaran el templo.

1. Trató de que cayeran en las componendas (4:1-3). Los enemigos de Israel sugirieron que todos tenían derecho a participar en la edificación de un templo universal de adoración. Zorobabel y Jesúa lo rechazaron.

2. Probó después con la calumnia (4:4, 5). Los enemigos enviaron escritos difamatorios a los funcionarios persas. Recordaron al rey (Cambises) la historia de rebeliones de Jerusalén y recomendaron que se pararan las obras. Cambises estuvo de acuerdo y ordenó que cesaran las obras (4:18-23).

D. El apoyo del Señor. A pesar de todo Dios estaba obrando.

1. Tanto Hageo como Zacarías empezaron a ministrar al pueblo en este tiempo (5:1, 2).

2. Darío el Grande, el nuevo rey persa, se interesó personalmente en el asunto. Una investigación sacó pronto a la luz el decreto original de Ciro, que daba a los judíos el derecho de reconstrucción del templo. Darío, por tanto, ordenó que prosiguieran las obras y decretó que fueran pagadas de los ingresos de algunos de sus propios funcionarios (6:1-12).

3. El templo quedó terminado el 18 de febrero del 516 a.C. (6:15). La Pascua fue celebrada en Jerusalén en el mes de abril, por primera vez después de más de sesenta años (6:19).

II. La etapa bajo Esdras (Esd. 7—10). Entre los capítulos 6 y 7 de Esdras aparece un laguna de unos sesenta años. No disponemos de registro bíblico de los hechos que acontecieron durante este tiempo. J. Vernon McGee escribe lo siguiente acerca de Esdras: «Esta es una de las personalidades que no ha recibido el reconocimiento debido. Esdras era un descendiente del sumo sacerdote Hilcías (Esd.

7:1), que encontró una copia de la ley durante el reinado de Josías (2 Cr. 34:14). Como sacerdote no le fue posible ministrar durante la cautividad, pero se entregó al estudio de la Palabra de Dios, de manera que era un escriba diligente en la ley de Moisés (Esd. 7:6). Esdras fue un reformador y renovador. La renovación comenzó con la lectura de la Palabra de Dios por medio de él (véase Neh. 8). Él fue también probablemente el escritor de 1 y 2 de Crónicas y del Salmo 119, que exalta la Palabra de Dios. Organizó la sinagoga y fue el iniciador de la escuela de los escribas, ayudó al establecimiento del canon del Antiguo Testamento y arregló los salmos.» (*Through the Bible*, p. 117.)

A. La cooperación del rey (Esd. 7). El monarca persa Artajerjes ayudó bastante para que Esdras pudiera llevar a cabo su plan de regresar a Jerusalén encabezando un grupo de peregrinos. El rey escribió una carta oficial dirigida a las tres partes que tenían que ver con el viaje.
   1. A todos los judíos en Babilonia: Artajerjes invitó a que regresaran con Esdras tantos como quisieran. También les animó a que dieran generosamente para la ofrenda especial que Esdras estaba recogiendo (7:11-20).
   2. A todos los funcionarios persas que se hallaban al oeste del río Éufrates: éstos debían proveer a Esdras de todo lo que necesitara.
   3. A Esdras mismo: Esdras debía seleccionar y nombrar a sus propios colaboradores, a fin de gobernar sobre los judíos que vivían al oeste del Eufrates (7:25, 26).

B. Los preparativos para el viaje (Esd. 8).
   1. Esdras salió de Babilonia a mediados de marzo del 455 a.C. acompañado aproximadamente de 1.500 hombres y sus familias.
   2. Estando ya en camino los congregó a todos junto al río Ahava (un afluente del Éufrates) para revisar la lista de los que iban con él, para su asombro no encontró entre ellos a ningún levita (8:15).
   3. Envió entonces con urgencia una delegación a fin de persuadir a algunos levitas a que les acompañaran. El Espíritu del Señor obró y pronto se les unieron cerca de 300 levitas (8:16-20).
   4. Proclamó después un tiempo de ayuno y oración pidiendo a Dios que les concediera un buen viaje. Es interesante su confesión en 8:22.
   5. Nombró seguidamente a doce líderes para que se encargaran de la transportación de las ofrendas recibidas antes de salir de Babilonia. Era una suma considerable que superaba los cinco millones de dólares en oro y plata (8:24-29).
   6. El pequeño grupo llegó con bien a Jerusalén en agosto del 455 a.C. (7:9; 8:31, 32).

C. La plegaria del escriba (9:1-15).
   1. Esdras se entera pronto de que los judíos de la Ciudad Santa habían debilitado su testimonio al practicar costumbres paganas y casarse incluso con mujeres paganas (9:1, 2).
   2. El gran maestro de las Escrituras cae en profunda angustia y abre su corazón a Dios en relación con esta trágica situación. La oración de Esdras en 9:5-15 puede ser comparada favorablemente con la de Daniel (Dn. 9) y también con la de Nehemías (Neh. 9).

D. La purificación del pueblo (Esd. 10).
   1. La convicción de pecado entra pronto en el corazón de los líderes y concuerdan en que debe hacerse algo inmediatamente.
   2. Se envía una convocatoria a todos los pueblos y aldeas ordenando que todos los varones suban a Jerusalén en el quinto día de Diciembre.
   3. Los varones acuerdan, después de escuchar el mensaje de Esdras, despedir a todas las mujeres paganas. Esdras nombra a varios líderes para que se encarguen de todos los asuntos legales relacionados con esta decisión. El asunto quedó resuelto para el 15 de marzo del año siguiente.

SEIS GRANDES VIAJES

«Junto a los ríos de Babilonia, allí nos sentábamos, y aun llorábamos» **(Sal. 137:1).**

Tres viajes de Jerusalén a Babilonia

FECHA	CAUTIVOS	PROFETAS DEL ANTIGUO TESTAMENTO		REYES EXTRANJEROS	
606	**Daniel**	En Babilonia	**Daniel**	Antes del 539	Nabucodonosor
597	**Ezequiel**		**Ezequiel**		Belsasar
586	**Sedequías**	En Jerusalén	**Jeremías**	Después del 539	Rey Ciro y su general Darío

«Cuando Jehová hiciere volver la cautividad, seremos como los que sueñan» **(Sal. 126:1).**

Tres viajes de Babilonia a Jerusalén

FECHA	LÍDER	REYES EXTRANJEROS	PROFETAS DEL ANTIGUO TESTAMENTO
536	**Zorobabel y Josué**	• Ciro el Grande • Cambises • Esmerdis • Darío el Grande	**Hageo** **Zacarías**
455	**Esdras**	• Artajerjes	**Esdras**
445	**Nehemías**	• Artajerjes	**Nehemías**

ESDRAS

El período bajo la dirección de Zorobabel
(Esdras 1—6)

EL REY
PROMULGA EL DECRETO
- Ciro firma el decreto del retorno **(1:1-4)**.
- Una minoría judía responde **(1:5-11)**.

Unos 40.000 judíos salen para Jerusalén.

EL PUEBLO
REIVINDICA
- Su genealogía **(2)**.
- Su teología **(3)**.

Al llegar a Jerusalén edifican el altar y observan las fiestas.

EL DIABLO
DIFAMA
- Procura que caigan en las componendas **(4:1-3)**.
- Prueba con la calumnia **(4:4-24)**.

EL SEÑOR
LES SOSTIENE
- Por medio del ministerio de Hageo y Zacarías **(5:1; 6:14)**.
- Por medio de la búsqueda que Darío ordena del decreto de Ciro **(6)**.

LAGUNA DE SESENTA AÑOS

Tienen lugar los eventos que encontramos en el libro de **Ester**.

Etapa bajo la dirección de Esdras
(Esdras 7—10)

COOPERACIÓN
POR PARTE DEL REY (7)
- El rey Artajerjes ayuda a Esdras alentando a los judíos a acompañarle y escribiendo cartas a su favor.

PREPARACIÓN
DEL VIAJE (8)
- Esdras reúne a 1.500 familias y 300 sacerdotes levitas.
- Recoge una ofrenda equivalente a cinco millones de dólares.
- Observa un período de ayuno y oración.

LA PLEGARIA
DEL ESCRIBA (9)
- Se entera de que el pueblo ha debilitado su testimonio.
- Derrama su alma en oración delante de Dios a causa de sus pecados.

LA PURIFICACIÓN
DEL PUEBLO (10)
- Tienen convicción de pecado.
- Se arrepienten de sus pecados.

NEHEMÍAS (445 a.C.)
INTRODUCCIÓN

1. Era el año 445 a.C. Los judíos que regresaron ya llevaban en Jerusalén como noventa años; un cierto número de ellos permanecía aún en Babilonia y Persia.
2. Nehemías era uno de los que permanecía en Persia. Este hombre capaz había sido elevado a la posición de copero del rey Artajerjes, lo que equivalía a hombre de confianza del monarca.
3. Entristecido y desafiado por las noticias relacionadas con la situación tan desesperada que viven en la indefensa ciudad de Jerusalén, Nehemías decide marchar a la Ciudad Santa a reconstruir los muros.
4. Nehemías era un joven contemporáneo de Esdras.
   a. Esdras era sacerdote y maestro de la Biblia. Su principal tarea consistió en la purificación del pueblo en Jerusalén.
   b. Nehemías era político y edificador. Su principal tarea tuvo que ver con la protección del pueblo de Jerusalén.
5. El rey Artajerjes se había mostrado bondadoso para con Esdras diez años atrás y accedió también a la solicitud de Nehemías de marchar a Jerusalén. Este rey era hijo de Jerjes y, por consiguiente, hijastro de Ester, quien si duda pudo ejercer influencia sobre él a favor de Esdras y de Nehemías.
6. Nehemías es el último libro histórico del Antiguo Testamento.
7. Este libro es la autobiografía de un hombre llamado a edificar.

I. Las noticias concernientes al muro (Neh. 1).
   A. En diciembre del 446 a.C. Nehemías se entera por medio de su hermano Hanani, un judío que le visitaba (1:2; 7:2), de la lamentable situación en que se encontraba Jerusalén. Estas noticias le destrozaron el corazón (1:3).
   B. Al saberlo, Nehemías inicia un período de:
      1. Confesión a Dios por los pecados de su pueblo (1:6, 7).
      2. Intercesión a Dios por las necesidades de su pueblo (1:8-11).

II. La solicitud de construir el muro (2:1-8).
   A. En abril del 445 a.C., después de cuatro meses de oración, Nehemías ruega al rey: «... envíame a Judá, a la ciudad de los sepulcros de mis padres, y la reedificaré» (2:5).
   B. Artajerjes se lo concede y le entrega dos cartas.
      1. Una para las autoridades persas al oeste del río Eufrates, que le sirve como pasaporte para pasar.
      2. La otra era para Asaf, el guardabosques del rey, para que le entregara madera para la tarea de edificación.

III. La necesidad del muro (2:9-20). Poco después de llegar a Jerusalén, Nehemías inspecciona a media noche la situación del muro alrededor de la ciudad. A la mañana siguiente convoca a los líderes de Judá y comparte con ellos la carga de su corazón (2:17, 18).

Podemos concluir que había al menos dos razones que hacían urgente la construcción del muro:

A. Era necesario para protección, para mantener alejados a los extraños. Esto ayudaría a evitar ataques sorpresivos.

B. Era necesario para la separación, a fin de mantener a los propios dentro. Serviría para cortar la creciente mundanalidad de los judíos que se asociaban libremente con los paganos que les rodeaban.

IV. Las puertas del muro (Neh. 3). Las diferentes puertas que se mencionan aquí forman un bello cuadro que representan la vida cristiana. Notemos:

A. La puerta de las Ovejas (3:1), nos habla de la cruz (Jn. 10:11).

B. La puerta del Pescado (3:3), nos habla de ganar almas (Mt. 4:19).

C. La puerta Vieja (3:6), nos habla de nuestra vieja naturaleza (Ro. 6:1-23).

D. La puerta del Valle (3:13), nos habla de sufrimientos y pruebas (2 Co. 1:3-5).

E. La puerta del Muladar (3:14), nos habla de las obras de la carne (Gá. 5:16-21).

F. La puerta de la Fuente (3:15), nos habla del Espíritu Santo (Jn. 7:37-39).

G. La puerta de las Aguas (3:26), nos habla de la Palabra de Dios (Jn. 4:10-14).

H. La puerta de los Caballos (3:28), nos habla de la guerra espiritual que sostienen los creyentes (Ef. 6:10-17).

I. La puerta Oriental (3:29), nos habla del retorno de Cristo (Ez. 43:1, 2).

J. La puerta del Juicio (3:31), se piensa que esta era la puerta del juicio, y nos habla, por tanto, del tribunal de Cristo (1 Co. 3:9-15; 2 Co. 5:10).

V. La oposición al muro. La obra de Dios va a despertar siempre oposición humana y satánica. Estas fuerzas se combinaron de la forma más perversa para paralizar las obras. Emplearon varios métodos para lograrlo:

A. Ridiculización (2:19; 4:1-3). Nehemías no había hecho nada más que empezar cuando empezó la oposición de un trío infernal:

1. Sanbalat (el gobernador de Samaria).
2. Tobías (el líder amonita).
3. Gesem (el jefe árabe).

Estos perturbadores empezaron burlándose del trabajo que hacían. Tobías dijo: «Lo que ellos edifican del muro de piedra, si subiere una zorra lo derribará» (4:3). Pero Nehemías lo llevó a Dios en oración y siguió adelante con la obra (4:4, 5).

B. Enojo (4:1, 6-9). A pesar de la burla, el muro, no obstante, estuvo pronto a la mitad de su altura alrededor de la ciudad. El trío dejó de mofarse, pero en su furor conspiraron para atacar Jerusalén. Una vez más Nehemías testificaría: «Entonces oramos a nuestro Dios, y por causa de ellos pusimos guarda contra ellos de día y de noche» (4:9).

C. Desaliento (4:10). Pasado un tiempo muchos de los trabajadores se sintieron fatigados por el esfuerzo agotador de retirar tantos escombros acumulados durante años.

D. Temor (4:11-23). Los que edificaban eran conscientes de la posibilidad de un ataque inminente de parte de sus enemigos para exterminarlos en masa. Otra vez Nehemías estuvo a la altura de las circunstancias.

1. Situó guardias armados detrás del muro.
2. Los inspiró con su propia confianza en Dios.
3. Nombró a un vigilante para que tocara la trompeta y los alertara en caso de peligro.
4. Dispuso que todos los obreros estuvieran equipados con herramientas y armas, y así construyeron el muro.
5. Programó el trabajo desde el amanecer hasta que se ponía el sol. Durante este tiempo febril y heroico ninguno de los guardas u obreros se quitó la ropa.

E. Luchas internas (5:1-5). Algunos de los judíos ricos se aprovechaban de los más pobres forzándolos a venderse como esclavos y quitándoles sus propiedades. Nehemías se enfureció al enterarse y convocó un juicio público para considerar la conducta de estos hombres egoístas. En esta asamblea demandó y recibió la promesa de que les serían devueltas a las víctimas las ganancias deshonestas (5:6-13).

F. Pereza (4:10). Leemos que algunos de los líderes eran haraganes y no ayudaron en nada.

G. Astucia satánica (6:1-8). Los enemigos de Nehemías intentaron en cuatro ocasiones diferentes tener una sesión de «diálogo» con él. Pero él rehusó sabiendo que tramaban matarle.

Notemos:

1. La invitación a negociar:

   «... Ven, por tanto, y consultemos juntos» (6:7).

2. La respuesta refleja su convicción:

   «... Yo hago una gran obra, y no puedo ir; porque cesaría la obra, dejándola yo para ir a vosotros» (6:3).

H. Profetas mentirosos (6:10-14). Un falso profeta llamado Semaías fue sobornado por Sanbalat para atemorizar a Nehemías a fin de que se escondiera, bajo el pretexto de que Dios le había declarado que aquella misma noche sería asesinado.

VI. La bendición de completar el muro. A pesar de toda persecución y dificultad, Nehemías logró que se terminara de levantar el muro para primeros de septiembre, a los cincuenta y dos días de haber empezado (6:15). Muchas bendiciones resultaron de la realización de este proyecto:

A. La lectura de la Palabra de Dios (8:1-8; 9:3).

B. La restauración de la fiesta de los Tabernáculos (8:13-18).

1. Esta fiesta no había sido propiamente observada desde los días de Josué, hacía ya 900 años.
2. La fiesta fue instituida en Levítico 23. Su propósito y forma de observarla lo hallamos en 23:40-43.
3. El pueblo la celebró con gran gozo. Esdras leyó del libro de la ley de Moisés durante los siete días de la fiesta.

C. La recitación en oración de la historia de Israel (9:6-38). Esdras resumió en esta notable oración pública toda la historia de la fidelidad de Dios derramada sobre Israel.

D. La ratificación de un pacto especial (9:38; 10:1-29).

E. La repoblación de la ciudad de David (11:1, 2).

F. La denuncia de pecados:

1. De alianzas impías (9:1, 2, 10:30; 13:3).
2. De la falta de diezmos (10:32-39; 12:44-47; 13:10, 11).

3. De trabajos no lícitos en sábado (10:31; 13:15-22).
4. De matrimonios mixtos (13:23, 24).
5. Del uso no autorizado del templo (13:1-9).

El celo tan extraordinario de Nehemías y sus acciones audaces lograron que el proceso de arrepentimiento diera sus frutos.

1. Regresó por un tiempo a Persia (13:6), pero al volver a Palestina descubrió varias cosas inquietantes.
   a. El sacerdote encargado de la custodia del templo había convertido un cuarto grande donde se guardaban las ofrendas en una recámara nada menos que para su amigo Tobías.
   b. Nehemías le ordenó que saliera de allí inmediatamente y arrojó fuera todas sus pertenencias (13:9).
   c. Tuvo que volver a reorganizar el coro del templo que se había disuelto durante su ausencia (13:10).
2. Su celo no tuvo límite como lo demuestra el relato que tenemos en 13:23-25.
3. Su última acción que tenemos registrada consistió en echar a Joiada, hijo del sumo sacerdote Eliasib, por su matrimonio ilícito con la hija de Sanbalat (13:28).

G. El regocijo de todo el remanente. Cuando la obra de Dios se hace a su manera el pueblo se llena de gozo. Observemos las diferentes referencias que lo muestran:
1. La personas se enviaron regalos unas a otras y comieron juntos en la fiesta (8:12).
2. Los levitas cantaron y se acompañaron con címbalos, salterios y cítaras (9:4; 12:27, 28).
3. Nehemías dividió al pueblo en dos grupos. Cada uno caminó en dirección opuesta mientras completaban sus cantos de alabanza a Dios (12:31-34).
4. Esdras dirigió a un grupo especial de sacerdotes que tocaban las trompetas (12:35-37).
5. El resultado de todo esto es que «el alborozo de Jerusalén fue oído desde lejos» (12:43).

ESTER (478-464 a.C.)

INTRODUCCIÓN

1. Ester es uno de los dos libros del Antiguo Testamento que lleva nombre de mujer; el otro es el de Rut.
2. El nombre Ester significa «estrella».
3. Este libro nos habla acerca de los judíos que vivían en Persia y que no volvieron a Jerusalén después del decreto de Ciro. A fin de ubicar bien el relato histórico que tenemos aquí, consideremos lo siguiente:
   a. Los judíos regresaron primeramente a Jerusalén bajo la dirección de Zorobabel en el 536 a.C.
   b. El templo fue completado en el 516 a.C.
   c. Ester fue proclamada reina en el 478 a.C.
   d. Salvó a su pueblo en el 473 a.C.
   e. Esdras regresó a Jerusalén en el 455 a.C.
   f. Nehemías marchó a Palestina en el 445 a.C.

   De manera que Ester aparece en el escenario de la historia unos sesenta años después que fuera promulgado el decreto de Ciro y aproximadamente treinta y cinco años antes del retorno de Nehemías.
4. El nombre de Dios no aparece en el libro, como tampoco se encuentra en el Cantar de los Cantares. Por esta razón, la Iglesia se resistió al principio a aceptar este libro en el canon inspirado de las Escrituras, pero pronto quedó incluido.
5. A pesar de la omisión de todo nombre con que se designa a Dios, no hay otro libro en toda la Biblia en que sea más evidente la presencia de Dios obrando desde detrás del escenario que en este.
6. «Providencia» es la palabra clave para entender el libro de Ester, que literalmente significa «proveer con anticipación». La providencia ha sido definida por el teólogo Strong de la siguiente manera:

   «La providencia es aquella acción constante de Dios mediante la cual Él hace que todos los sucesos del mundo físico y moral coadyuven al cumplimiento del propósito original para el cual creó todas las cosas.»

   También ha sido definida como «la mano de Dios en el guante de la historia». La providencia es el último de los tres hechos que componen la soberanía de Dios tal como la ve el hombre. Estos son:
   a. La creación, que habla de la existencia del universo (Gn. 1:1).
   b. La preservación, que habla de la continuidad de este universo (He. 1:3; Col. 1:16, 17).
   c. La providencia, que da razón de su progreso y desarrollo (Sal. 135:6-10; Dn. 4:35).
7. Podríamos escribir con toda propiedad las palabras de Romanos 8:28 en las páginas del libro de Ester.

I. El ascenso de Ester (Est. 1—2).

A. El rechazo de Vasti (1:2-21).
1. En el tercer año de su reinado, el rey persa Asuero (Jerjes) dio una fiesta fantástica que duró 180 días. Fueron invitados miles de los funcionarios del reino procedentes de sus 127 provincias, desde la India hasta Etiopía (1:1-4).
2. Aunque no se declara específicamente, la razón probable de la fiesta era levantar la moral de sus vasallos y prepararles sicológicamente para la expedición que planeaba contra Grecia. El trasfondo de la escena es así:
   a. En el año 490 a.C., Darío el Grande, padre de Jerjes, había dirigido una gran flota compuesta de 600 naves para transportar 60.000 soldados de caballería e infantería en un esfuerzo por capturar Atenas y subyugar el mundo griego. Pero fue derrotado completamente por el general griego Milciades en una pequeña llanura llamada Maratón. A pesar de la gran diferencia numérica, los griegos rodearon a sus enemigos y los vencieron.
   b. La batalla de Maratón aparece como la número seis en el libro *History's 100 Greatest Events*, de William A. DeWitt.
3. Durante la última semana de la fiesta, el rey mandó llamar a su esposa, la reina Vasti, para mostrar su belleza a algunos de sus más importantes amigos ya medio embriagados. La reina se negó a exhibirse de esta manera (1:5-12).
4. El rey, lleno de ira, escuchó el consejo de sus amigos de que echara a Vasti para siempre de su presencia a fin de que otras mujeres en el reino no imitaran su desobediencia (1:13-21).

B. La elección de Ester (2:1-20).
1. Una vez pasado el enojo, el rey lamentó su precipitada decisión, pero ya era tarde, pues no se podía cambiar la estricta ley de Persia aunque fuera él quien la hubiera dado (2:1).

ESTER

El ascenso de Ester

Capítulos 1—2

El rechazo de Vasti:	El rey Asuero se divorcia de su esposa Vasti.
La elección de Ester:	Ester es la ganadora de un concurso de belleza y se convierte en la nueva reina.
La averiguación casual de Mardoqueo:	Se entera de un complot para asesinar al rey e informa de ello.

Las mentiras de Amán

Capítulos 3—5

Servidumbre infernal:	Amán es nombrado primer ministro y trama un plan para matar a los judíos.
Fortaleza de ánimo:	Al enterarse del malvado plan de Amán, tanto Mardoqueo como Ester manifiestan gran valor y sabiduría. • Se observa en el consejo de Mardoqueo a Ester. • Se ve en Ester por su decisión de presentarse ante el rey.

El premio de la fe

Capítulos 6—10

La ejecución de la bestia Amán
- Escena primera: la alcoba del rey. El rey se entera de la lealtad de Mardoqueo.
- Escena segunda: la sala de banquetes del rey. Se entera de la perfidia de Amán.

La institución de la fiesta de Purim

2. Aceptó la sugerencia de sus ministros de llevar a cabo una búsqueda de las mujeres más bellas del imperio, con el propósito de celebrar un concurso y que la ganadora se convirtiera en su nueva esposa (2:2-4).
3. Entre las bellezas que fueron llevadas al palacio se encontraba una joven judía llamada Hadasa, conocida también como Ester. Esta bella doncella había sido criada por un primo suyo, mayor que ella, llamado Mardoqueo, de la tribu de Benjamín (2:5-8).
4. Ester se ganó muy pronto el favor de Hegai, el encargado de supervisar todo el proceso de elección. Sin embargo, por consejo de Mardoqueo, Ester no reveló su identidad judía en este momento (2:9-11).
5. El concurso duró cuatro años, pero después que el rey vio a todas las finalistas, quedó prendado de Ester y la eligió para que se convirtiera en su reina (2:12-17).
6. Para celebrarlo, Asuero organizó otra gran fiesta y llegó hasta rebajar los impuestos en su provincia.

   Nota: La razón de todo esto era, en parte, compensar por su reciente derrota en Grecia. Debemos entender que pasaron aproximadamente cuatro años entre su divorcio de Vasti y su matrimonio con Ester. Damos a continuación un resumen de los sucesos que tuvieron lugar en este período.

   a. En la primavera del 480 a.C., Jerjes cruzó el estrecho de los Dardanelos con 100.000 hombres y cientos de naves. La historia nos dice que Jerjes lloró cuando vio desfilar los regimientos de este formidable ejército con todo el brillo de sus armaduras y el colorido de sus banderas. Cuando le preguntaron por qué lloraba, contestó: «Porque sé que toda esta gloria militar es sólo por un momento y que pronto desaparecerá para siempre. Porque en menos de cien años todos habremos muerto, incluido yo.»
   b. Poco después sufrió el primer desastre, pues una severa tormenta de primavera en el mar le hizo perder 400 de sus barcos. Ciego de furor y frustración, Jerjes golpeó las aguas con su cinturón.
   c. Nada más desembarcar en Grecia, su soberbio ejército fue frenado en el paso de las Termópilas durante un día completo por 300 soldados espartanos capitaneados por Leonidas, infligiéndoles grandes pérdidas y permitiendo que el pequeño ejército griego pudiera retirarse a un lugar más seguro.
   d. Jerjes pudo al fin pasar, llegó a Atenas e incendió la ciudad, destruyéndola; aunque la mayoría de sus ciudadanos habían huido a la isla de Salamina. Jerjes entonces, muy seguro de la victoria, embarcó su ejército para cruzar hasta Salamina, confiado en la superioridad numérica de tres a uno que tenía. Pero las naves griegas, más pequeñas y ágiles, dominaban la lucha en el mar. El rey persa vio pronto con horror cómo se hundían sus barcos y morían sus soldados.
   e. Regresó a Persia derrotado, dejando el resto del ejército en Grecia al mando del general Nardonio. Un año después, Nardonio fue derrotado y muerto en la batalla de Platea, en el 479 a.C. Este fue un golpe de muerte para el Imperio Persa. En el bien conocido libro de J.F.C. Fuller, *The Decisive Battles of the Western World*, aparecen las batallas de Salamina y Platea entre las más importantes de la historia conocida.

C. Mardoqueo se entera de un complot (2:19-23).
   1. Mardoqueo, que se había convertido en un funcionario de palacio, llega a escuchar la conversación de dos oficiales de la guardia real que tramaban un complot para asesinar a Jerjes.
   2. Lo comparte con la reina Ester y ésta informa a Jerjes. Ambos oficiales son ejecutados. Esto quedó registrado en el libro de la historia del

reinado de Jerjes. Nota: Jerjes fue asesinado años más tarde, en el 465 a.C., en un complot semejante.

II. Las mentiras de Amán (caps. 3—5).

A. Servidumbre infernal.

1. Poco después que Ester se convirtiera en reina, Jerjes nombró primer ministro a Amán, un político depravado. Amán era un amalecita, un descendiente del rey Agag, que reinó en los días de Saúl y de Samuel. Recordaremos que Saúl desobedeció a Dios y perdonó en guerra la vida del rey Agag (1 S. 15). Los amalecitas fueron enemigos acérrimos de Israel, los atacaron cuando iban camino de la tierra prometida (Ex. 17:14; Dt. 25:17-19).

2. El arrogante Amán se enteró pronto de que un judío llamado Mardoqueo no se inclinaba ante él, como había sido ordenado. Mardoqueo simplemente quería ser fiel a Dios, como lo habían también sido otros judíos cautivos en tierra extraña (véase Dn. 3).

3. Amán tramó la manera de exterminar no solamente a Mardoqueo, sino a todos los judíos que vivieran en el Imperio Persa. Esta es la acción antisemita más fuerte del Antiguo Testamento. En su estrategia diabólica se presentó ante el rey con las siguientes «recomendaciones»:

a. «... hay un pueblo esparcido y distribuido entre los pueblos en todas las provincias de tu reino, y sus leyes son diferentes de las de todo pueblo, y no guardan las leyes del rey, y al rey nada le beneficia el dejarlos vivir» (3:8). Esto era, por supuesto, una gran mentira.

b. Que él ingresaría gozosamente diez mil talentos de plata (330.000 kilos) en el tesoro real para contribuir a los gastos de tal purga (3:9). Amán, sin duda, había contado con la confiscación de los bienes de miles de personas inocentes a quienes planeaba degollar como corderos.

c. El rey, sin preocuparse de quién era ese «pueblo» y sin verificar los cargos, acepta el plan con gran indiferencia (3:10, 11).

d. Varias semanas después Amán ya tenía preparadas todas las cartas que quería enviar a todos los gobernadores y funcionarios del imperio, a cada uno según su lengua o dialecto. Correos reales fueron enviados con los decretos de ejecución que ordenaban que todos los judíos fueran asesinados el 28 de febrero del año siguiente, el 473 a.C. (3:12-15).

B. Fortaleza de ánimo (caps. 4—5).

1. La vemos en Mardoqueo (4:1-14).

a. Nada más enterarse del decreto de ejecución, Mardoqueo se identifica inmediatamente con su pueblo y le invade un profundo dolor.

b. A Ester, ignorante de la nueva ley, le llegan las noticias de la tristeza de su primo y pregunta cuáles son las razones de su dolor.

c. Mardoqueo la informa de lo que está pasando y la aconseja de que vea al rey sin pérdida de tiempo.

d. Ester le recuerda que está prohibido, bajo pena de muerte, entrar a la presencia del rey sin haber sido invitado, y ella no lo había sido en los últimos treinta días.

e. Mardoqueo la responde con la declaración que es quizá la clave de todo el libro (4:13, 14).

f. Dos frases son especialmente significativas:

(1) «Porque si callas ... respiro y liberación vendrá de alguna parte para los judíos.» Aunque el nombre de Dios no aparece por ninguna parte en el libro, Mardoqueo sin duda tenía su liberación en mente.

(2) «¿Y quién sabe si para esta hora has llegado al reino?» Esto fue exactamente así. Ester no solamente salvó después a los judíos que vivían en Persia sino también a los que estaban en Palestina, pues el decreto los incluía. Además de esto, no cabe la menor duda de que la reina ejerció una gran influencia sobre su hijastro Artajerjes, quien tiempo después se mostró tan benévolo con Esdras y con Nehemías.

2. La observamos también en Ester (4:15—5:14).

a. Ester solicita inmediatamente tres días de ayuno entre los judíos, y decide que ella entrará «a ver al rey, aunque no sea conforme a la ley; y si perezco, que perezca» (4:16). (Véase también Dn. 3:17, 18.)

b. Tres días más tarde Ester entró en el patio interior del palacio sin haber sido invitada, pero para su tranquilidad fue recibida calurosamente. Jerjes, dándose cuenta de que a su esposa le pasaba algo importante al arriesgarse de aquella manera, le preguntó:

«¿Qué tienes, reina Ester, y cuál es tu petición? Hasta la mitad del reino se te dará» (5:3).

(Véanse Dn. 5:16 y Mr. 6:22, 23. Véanse también Pr. 21:1; 19:12.)

c. La reina no reveló su petición en ese momento, sino simplemente solicitó que el rey y Amán participaran en un banquete que ella estaba preparando para el día siguiente. Jerjes aceptó gustosamente.

d. Al enterarse de la invitación el vanidoso Amán se llenó de orgullo, pero cuando vio a Mardoqueo a la entrada del palacio, que no se inclinaba ante él, se llenó de ira.

e. Al llegar a casa contó a Zeres, su mujer, y a sus amigos tanto su alegría como su enojo. Notemos como el pasaje bíblico de 5:12-14, revela con gran luz el verdadero carácter de Amán y de su esposa.

III. El galardón de la fe (caps. 6—10).

A. La ejecución de una bestia: Amán (6—8).

1. Escena primera: la alcoba del rey (6).

a. Jerjes tuvo insomnio una noche y ordenó que le leyeran algunos registros históricos, con la esperanza quizá de que fuera tan aburrido que le diera sueño (6:1).

b. El lector empezó a leer, «por casualidad», en el lugar donde se relataba cómo Mardoqueo salvó la vida del rey denunciando el intento de asesinato. A lo que el rey preguntó: «¿Qué honra o qué distinción se hizo a Mardoqueo por eso?» (6:3). La respuesta fue: «Nada se ha hecho con él.»

c. En este momento exacto Amán llegaba al palacio para conseguir la autorización del rey para colgar a Mardoqueo. Jerjes, todavía dispuesto a premiar a Mardoqueo (ni el rey ni Amán sabían lo que cada uno estaba pensando), usó a su primer ministro para pensar en voz alta y preguntó:

«¿Qué se hará al hombre cuya honra desea el rey?» (6:6).

d. El arrogante y egoísta Amán creyó que el rey estaba pensando en él y descaradamente recomendó:
   (1) Que debía ser honrado vistiéndole con las propias ropas del rey.
   (2) Que se le montara en el caballo real.
   (3) Que se le permitiera llevar la corona real.
   (4) Que el príncipe más noble del rey fuera el encargado de pasear a este héroe, montado en el caballo real, por las calles de la ciudad, pregonando que era honrado por el rey (6:7-9).

e. Al rey le pareció bien el consejo y ordenó a su perverso primer ministro que él mismo lo hiciera a favor de Mardoqueo. El desconcertado Amán salió tambaleándose para cumplir la orden del rey y después se marchó a su casa completamente humillado. Allí no recibió mucho consuelo, pues escuchó a su mujer decirle:

«... Si de la descendencia de los judíos es ese Mardoqueo delante de quien has empezado a caer, no lo vencerás, sino que caerás por cierto delante de él» (6:13).

f. Mientras hablaban, Amán recibió la invitación para el banquete de Ester (6:14).

2. Escena segunda: en el salón del banquete real (7).
   a. La perfidia descubierta (7:1-6).
      (1) Ester informó al rey que había en marcha un plan para matarla a ella y a su pueblo. El rey, lleno de asombro y furia, preguntó: «¿Quién es, y dónde está, el que ha ensoberbecido su corazón para hacer esto?» (7:5).
      (2) Ester señaló a Amán y contestó: «El enemigo y adversario es este malvado Amán» (7:6). (Véanse también 1 P. 5:8; 1 Jn. 2:13; 2 Ts. 2:8.)
   b. Cambian las suertes (7:7—8:17).
      (1) Jerjes, incapaz de hablar por la ira que le dominaba, salió por un momento al jardín de su palacio (7:7).
      (2) El cobarde Amán, lleno de pánico, suplicó a Ester que intercediera ante el rey por él. Turbado por el temor cayó accidentalmente sobre el diván en que estaba recostada la reina (7:8).
      (3) En ese preciso momento Jerjes regresó al salón del banquete e interpretó que Amán pretendía abusar de Ester. Sabiendo ya que Amán había preparado una horca para Mardoqueo, el rey ordenó que Amán fuera ahorcado en ella aquella misma noche. La orden fue cumplida inmediatamente (7:9, 10).

      Nota: Amán había violado aquella advertencia de Dios a Abraham que decía:

      «Bendeciré a los que te bendijeren, y a los que maldijeren maldeciré...» (Gn. 12:3).

      Él perdió su vida a causa de esta violación. (Véanse Pr. 26:27; Gá. 6:7, 8; Is. 54:17.) Faraón aprendió que el pueblo de Ester no podía ser ahogado (Ex. 14). Nabucodonosor aprendió que no podía ser quemado (Dn. 3). Darío aprendió que no podía ser devorado (Dn. 6), Amán descubrió que no podía ser colgado (Est. 7).
      (4) Después de su ejecución, Jerjes entregó a Ester los bienes de Amán y nombró a Mardoqueo primer ministro (8:1, 2).
      (5) Ambos rogaron después al rey que anulara la orden de Amán. Pero la ley entre los medas y persas no se podía abrogar una vez que había sido promulgada, ni siquiera el rey podía hacerlo. Jerjes hizo entonces lo mejor que podía en una situación así: ordenó a los judíos que se defendieran. Mardoqueo envió inmediatamente copias de este nuevo decreto a todas las 127 provincias del imperio (8:3-14).

B. La institución de la fiesta de Purim (caps. 9—10).
   1. Los judíos se prepararon y fueron capaces de resistir a sus enemigos el 23 de febrero, que era la fecha de su ejecución (9:1-19).
   2. Mardoqueo y Ester instituyeron entonces una nueva fiesta en recuerdo de la gran salvación que habían experimentado al escapar de las manos de Amán (9:20-32).
   3. Mardoqueo se convirtió en un notable estadista, un hombre piadoso que fue respetado tanto por los judíos como por los gentiles, porque ejerció el poder con habilidad y justicia (10).

Nota: Unos 2.400 años después que sucedieran los hechos narrados en el libro de Ester, tuvo lugar una pasmosa réplica de los mismos en la Rusia del siglo XX.

El 1 de marzo de 1953, escasamente ocho años después que el holocausto nazi quitara la vida a seis millones de judíos, José Stalin reveló un plan para liquidar a los tres millones de judíos de la entonces Unión Soviética. La propuesta debía entrar en efecto a partir del 9 de marzo, pero nunca se llevó a cabo, porque al día siguiente de presentarla, Stalin murió inesperadamente de un derrame cerebral.

Esta sorprendente noticia, frecuentemente rumoreada, ha sido oficialmente confirmada por Ludmila Lufanov, una bibliotecaria rusa, no judía, que trabajó por años en los archivos secretos rusos en Moscú. Logró salir de Rusia en los últimos años y trasladarse a los Estados Unidos, donde vive ahora. No hace mucho publicó en ruso su increíble testimonio en un periódico soviético, y una copia del mismo llegó a la prensa judía en Jerusalén.

Stalin, que tenía un odio paranoico a los judíos, había liquidado a miles de ellos en la década de los treinta, incluyendo a muchos que habían sido colaboradores leales desde el principio del movimiento bolchevique. No solamente liquidó a la infame sección judía del partido, llamada Yevesektzia, que se esforzó más que nadie para eliminar el judaísmo y la cultura judía, sino que exterminó a las mismas cabezas de la Yevesektzia. Después de la guerra, que había interrumpido sus planes contra los judíos, Stalin, enfurecido por la recepción que dieron en Moscú los judíos soviéticos a Golda Meir, la primera embajadora judía ante la antigua Unión Soviética, actuó con dureza.

Poetas, escritores y artistas judíos fueron liquidados (muchos de los cuales habían sido comunistas leales que nunca se quejaron cuando Stalin eliminaba a judíos religiosos y sionistas). Demandó que los países satélites hicieran lo mismo, y el mundo se asombró cuando Slansky, el jefe del partido comunista checoslovaco y leal partidario de Stalin, y otros líderes importantes judíos, fueron acusados de traición y ahorcados. Pero fue el infame «complot de los doctores» lo que iba a marcar el momento cumbre del genocidio judío.

En 1953 Stalin anunció repentinamente que se había descubierto un «complot» para asesinarle. Era un plan muy astuto, elaborado por unos médicos que eran todos judíos. La prensa del partido sacó la noticia en primera página, dando los nombres de los culpables. Empezaron a aparecer muchas denuncias de comunistas títeres de toda la Unión Soviética. Estaba claro que las palabras clave eran «judío», «cosmopolitismo» y sionismo». Stalin decidió que el colgar a los doctores serviría de pretexto para que las masas se desenfrenaran durante tres días y eliminaran dos terceras partes de los judíos soviéticos. El resto sería enviado a campos de concentración en Siberia donde también morirían.

El 1 de marzo de 1953 convocó para las 12:00 horas del día una reunión del Politburó en el Kremlin y les leyó a los líderes rusos su plan de exterminación de los judíos. Según las transcripciones secretas, dijo:

«Los asesinos de bata blanca han admitido su culpabilidad. El 9 de marzo serán ahorcados en la Plaza Roja delante de todos, pero este castigo no será suficiente para satisfacer a nuestro pueblo.... El enojo de las masas no quedará satisfecho, y habrá tres días en que nos veremos incapaces de controlar la justa ira popular que se desbordará sobre las cabezas de los judíos.»

Stalin concluyó diciendo que pasados aquellos tres días, los líderes de la comunidad judía admitirían por escrito su culpabilidad colectiva contra el pueblo ruso y suplicarían al gobierno que los salvara de la aniquilación total.

«Después de solicitar la intervención, el gobierno no podrá quedarse sin actuar, y a fin de separar a los racistas judíos del pueblo ruso, los judíos serían montados en vagones especiales de ferrocarril y enviados a la parte norte más lejana de la estepa siberiana. Sin embargo, sólo una tercera parte de los pasajeros de estos trenes especiales llegarían vivos a su destino; las otras dos terceras partes caerían víctimas de la ira del pueblo en las estaciones a lo largo del camino.»

Según la bibliotecaria, cuando Stalin terminó de leer su plan se produjo un silencio sepulcral en el salón de reuniones. El dictador se levantó furioso, maldijo a su gabinete, y salió dando un portazo.

El 2 de marzo, al día siguiente de dar a conocer su plan de exterminación de los tres millones de judíos, y una semana antes de que fuera llevado a efecto, Stalin murió de un derrame cerebral. Su cadáver embalsamado fue exhibido durante una semana y enterrado el 9 de marzo, que era justamente el día de la fiesta judía de Purim.

HAGEO (520 a.C.)

INTRODUCCIÓN

1. El nombre Hageo significa «mi fiesta».
2. Este libro es el segundo más pequeño en el Antiguo Testamento (Abdías en el más corto), y consta de treinta y ocho versículos.
3. Hageo fue contemporáneo de Zacarías. Ambos son mencionados en el libro de Esdras (5:1; 6:14), como aquel dúo dinámico de Dios que funcionó como alentadores del pueblo para la edificación del templo bajo el liderazgo de Zorobabel.
4. Las profecías de Hageo son las más precisas en fechas en toda la Biblia.
5. Este libro ha sido comparado a la epístola de Santiago en el Nuevo Testamento.
6. Podemos establecer la cronología de este período de la siguiente manera:
   a. En el 536 a.C., 50.000 judíos retornaron a Jerusalén bajo la dirección de Zorobabel.
   b. En el 536 a.C., en el séptimo mes, habían edificado el altar y ofrecido sacrificios.
   c. En el segundo mes del 535 a.C. empieza el trabajo del templo y poco después se paraliza.
   d. En el primer día del sexto mes del 520 a.C. (septiembre), Hageo hace un llamado a edificar.
      (1) Día 24 del sexto mes: empieza la construcción del edificio.
      (2) Día 21 del séptimo mes (octubre): Hageo lanza su segundo llamado.
      (3) Octavo mes (noviembre): Zacarías pronuncia su primer mensaje.
      (4) Noveno mes (diciembre): en el día 24 Hageo hace al pueblo su tercer y cuarto llamado.
      (5) Día 24 del undécimo mes (febrero): Zacarías tiene sus visiones.
   e. En el cuarto día del noveno mes del 518 a.C. (diciembre), Zacarías recibe visiones de parte de Dios.
   f. En el tercer día del mes duodécimo (marzo) del 516 a.C., completan la edificación del templo.
   g. En los días del 14 al 21 del primer mes (abril) del 515 a.C., celebraron gozosamente la Pascua.
   h. En el 455 a.C. Esdras llega a Jerusalén y empieza algunas reformas.
   i. En el 445 a.C. Nehemías empieza la construcción del muro. Este es el período de Malaquías.
7. Este libro en realidad es el registro resumido de cuatro sermones.
   a. El primero lo encontramos en 1:1-11.
   b. El segundo en 2:1-9.
   c. El tercero en 2:10-19.
   d. El cuarto en 2:20-23.
8. El pasaje de 1 Corintios 15:58 en el Nuevo Testamento podríamos muy bien insertarlo en el libro de Hageo.

I. El mensaje de septiembre iba dirigido a las manos del pueblo. Les decía: «¡Actuad!» (1:1-15).
   A. El pueblo había abandonado la edificación de su templo y después de quince años estaba sin terminar. Su débil excusa era:
      «No ha llegado aún el tiempo, el tiempo de que la casa de Jehová sea reedificada» (1:2).

A causa de su negligencia, Dios no podía bendecirlos, ni lo haría, con prosperidad espiritual ni material.

B. El consejo de Dios para ellos fue:

«Subid al monte, y traed madera, y reedificad la casa; y pondré en ella mi voluntad, y seré glorificado, ha dicho Jehová» (1:8).

C. El Señor entonces levantó los ánimos de Zorobabel (el gobernador) y de Josué (el sumo sacerdote). Esta pareja de hombres piadosos llevaron al pueblo a terminar la edificación del templo.

II. El mensaje de octubre iba dirigido a los corazones del pueblo. Les decía: «¡Tened paciencia!» (2:1-9).

A. A pesar de la insignificancia del templo que habían edificado, como ya hemos visto (Esd. 3:8-13), hubo llanto y también gozo en el día de la dedicación durante el tiempo de Zorobabel, pues algunos de los hombres más ancianos recordaban la gloria del templo de Salomón. El nuevo templo era inferior en tamaño y costo.

B. Era necesaria la paciencia a causa de la magnificencia del templo que un día se edificaría.

«La gloria postrera de esta casa será mayor que la primera, ha dicho Jehová de los ejércitos; y daré paz en este lugar, dice Jehová de los ejércitos» (2:9). Esta es, por supuesto, una referencia a la belleza del nuevo templo milenario que está todavía por edificarse. (Véase Ez. 40—48.)

III. El mensaje de diciembre iba dirigido a la cabeza del pueblo. Les decía: «¡Considerad!» (2:10-23).

A. El hecho de la contaminación de Judá (2:10-17). Dios pidió a Judá que respondiera a dos preguntas.

1. «Si alguno de ustedes lleva un santo sacrificio en su ropa, y por casualidad la ropa roza vino, pan o carne, ¿será santificada también esa comida?» (2:12, *La Biblia al Día*).

   La respuesta, por supuesto, era no: «La santificación no se transmite a las demás cosas de ese modo.»

2. «Pero si alguien toca un muerto, y por esta razón está ceremonialmente impuro y roza alguna cosa, ¿queda aquello contaminado?» (2:13).

   En este caso la respuesta era sí. Al punto al que Dios quería llegar era que cualquier justicia que Israel pudiera haber tenido en el pasado no se transfería automáticamente a ellos en el presente. Sino que su propia injusticia estaba afectándoles a ellos y a sus hijos.

B. El hecho de la determinación de Dios (2:17-19). Dios les promete que debido a su decisión de terminar la edificación del templo, él los bendeciría a partir de ese momento, aunque la estructura no estuviera terminada.

C. El hecho de la gran tribulación (2:20-22). Un día Dios va a destruir a todas las naciones gentiles que han afligido a Israel a través de los tiempos.

«... Yo haré temblar los cielos y la tierra; y trastornaré el trono de los reinos, y destruiré la fuerza de los reinos de las naciones; trastornaré los carros y los que en ellos suben, y vendrán abajo los caballos y sus jinetes, cada cual por la espada de su hermano» (2:21, 22). (Véanse también He. 12:26; Ap. 16:18-20.)

D. El hecho del ascenso de Zorobabel (2:23).

«En aquel día, dice Jehová de los ejércitos, te tomaré, oh Zorobabel hijo de Salatiel, siervo mío, dice Jehová, y te pondré como anillo de sellar; porque yo te escogí....»

Algunos creen que Zorobabel será el primer ministro de Dios durante el milenio.

HAGEO

¡ACTUAD!

- No abandonéis la edificación del templo.
- Id a los montes y traed madera.
- Alentaos todos acerca del Señor.

¡TENED PACIENCIA!

- A pesar de la insignificancia del templo que habéis edificado.
- Debido a la magnificencia del templo que un día será levantado.

¡CONSIDERAD!

- El hecho de la contaminación de Judá **(2:10-17).**
- El hecho de la determinación de Dios **(2:18, 19).**
- El hecho de la gran tribulación **(2:20-22).**
- El hecho del ascenso de Zorobabel **(2:23).**

ZACARÍAS (520 a.C.)

INTRODUCCIÓN

1. El nombre Zacarías significa «Jehová recuerda». Era de descendencia sacerdotal (como lo fueron Jeremías y Ezequiel).
2. Josefo nos dice que le mataron más tarde en el templo, por lo que se convirtió en un mártir de Cristo.
3. Fue un contemporáneo de Hageo más joven que él (véase 2:4).
4. Los escritos de Zacarías se asemejan a los de Daniel. Notemos también que:
   a. Daniel había nacido en Palestina, pero escribió su profecía en Babilonia.
   b. Zacarías había nacido en Babilonia, pero escribió su profecía en Palestina.
5. Zacarías nos recuerda el libro de Apocalipsis.
6. Su libro contiene más pasajes mesiánicos que cualquier otro de los profetas menores. Habla de lo siguiente:
   a. Cristo como el Renuevo (3:8).
   b. Cristo como el siervo de Dios (3:8).
   c. Cristo como el pastor herido (13:7).
   d. La entrada triunfal (9:9).
   e. La traición por treinta piezas de plata (11:12, 13).
   f. Las manos y pies traspasados de Jesús (12:10).
   g. Su retorno sobre el monte de los Olivos (14:3-8).

I. Las visiones del profeta (caps. 1—6). Zacarías recibió diez visiones, todas aparentemente durante la misma noche.

A. El jinete sobre un caballo rojo (1:7-17).

1. Zacarías ve a un jinete celestial montando un caballo alazán, rodeado de otros jinetes, todos montados sobre caballos de varios colores.
2. Este jinete singular montado sobre el caballo rojo es probablemente Cristo.
3. Los demás jinetes son ángeles «que Jehová ha enviado a recorrer la tierra» (1:10). Es confortante saber que Dios también tiene a sus «espías espirituales» recorriendo esta tierra pecadora, como lo hace Satanás (véanse Job 1:7; 2:2; 1 P. 5:8).
4. El ángel del Señor (Jesús) ora entonces por la atribulada ciudad de Jerusalén y el Padre le

asegura que «aún consolará Jehová a Sión, y escogerá todavía a Jerusalén» (1:17).

B. Los cuatro cuernos (1:18, 19). Zacarías ve cuatro cuernos de animales y le informan que representan los cuatro poderes mundiales que han dispersado a Judá, Israel y Jerusalén. Estos cuatro cuernos pueden simbolizar lo siguiente:
   1. Asiria: que había capturado a Israel, el reino del norte (2 R. 17).
   2. Babilonia: que había capturado a Judá, el reino del sur (2 R. 24).
   3. Persia: que había planeado en una ocasión destruir a todos los judíos (libro de Ester).
   4. Roma: que controlaba la ciudad de Jerusalén y le impuso fuertes impuestos en los días de Cristo.

   Estos cuatro cuernos podían, por supuesto, simbolizar los cuatro poderes mundiales mencionados por Daniel. (Véanse 2:37-45; 7:2-8, 17-28.) Aquí los identificaríamos como Babilonia, Persia, Grecia y Roma.

C. Los cuatro artesanos (1:20, 21). Un artesano es un obrero que trabaja la madera, la piedra o el hierro. Notemos que unas versiones de la Biblia en castellano traducen carpintero y otras herrero.
   1. La identidad de estos artesanos. Se han dado dos posibles explicaciones:
      a. Que se refieren a los cuatro juicios de que hablan tanto Ezequiel (14:21) como Juan (Ap. 6:1-8). Estos juicios son guerra, hambre, fieras y pestilencia.
      b. Que se refieren a los poderes que derrotaron a esas cuatro naciones.
         (1) Ciro sería uno, pues él derrotó a Babilonia (Dn. 5).
         (2) Alejandro el Grande sería otro, pues él derrotó a Persia (Dn. 8).
         (3) Varios generales romanos serían otro, pues ellos subyugaron a Grecia.
         (4) Cristo es el otro, pues él destruirá por completo al reavivado Imperio Romano (Ap. 19).
   2. El propósito de los artesanos: «Estos han venido para hacerlos temblar, para derribar los cuernos de las naciones que alzaron el cuerno sobre la tierra de Judá para dispersarla» (1:21).

D. El agrimensor (2:1-13).
   1. Zacarías ve a un hombre que lleva en su mano una cinta de medir y va camino de Jerusalén. Esta es la segunda de cuatro veces en la Biblia que bien Jerusalén o el templo son medidos. Notemos:
      a. El templo es medido en Jerusalén durante la tribulación (Ap. 11:1, 2).
      b. El templo y la ciudad son medidos durante el milenio (véanse Ez. 40:3-5; 37:26).
      c. La nueva Jerusalén eterna es medida después del milenio (Ap. 21:15).
   2. Le dan seguridades a Zacarías en relación con los siguientes emocionantes hechos concernientes a la Jerusalén milenaria:
      a. Que la ciudad estará un día tan llena de gente que algunos tendrán que vivir fuera de sus muros, aunque morando en perfecta seguridad.
      b. Que Dios mismo sería como un muro de fuego protector.
      c. Que él será la gloria de la ciudad.
      d. Que cualquiera que los tocare sería como si tocase a la niña de sus ojos. (Véanse también Dt. 32:7, 10; Sal. 17:8.)
   3. En los versículos 8 y 9 de este capítulo tenemos una prueba notable en el Antiguo Testamento concerniente a la Trinidad. Aquí encontramos como Jehová y el Señor hablan separadamente.
   4. El versículo 12 habla de Palestina como la tierra santa. Este es el único lugar de las Escrituras en que se la llama así.

E. La confrontación en el cielo (3:1-10). Las vestiduras de Josué el sumo sacerdote. Este es sin duda el capítulo más importante sobre el tema de la salvación en todo el Antiguo Testamento. En esta visión Zacarías ve al sumo sacerdote Josué en la presencia de Dios vestido con ropas muy sucias. Está siendo acusado por Satanás a causa de sus vestiduras sucias. Pero Cristo reprende a Satanás, le quita a Josué sus ropas sucias, y le hace vestir de ropas de gala. Josué es retado entonces a servir a Dios con todo su corazón. Se le promete que un día el Renuevo de Jehová aparecerá para limpiar la tierra de pecado. Aquí encontramos los siguientes hechos relativos a la salvación:
   1. El enemigo de la salvación. Satanás no se halla en el infierno hoy, como popularmente se piensa, sino que tiene acceso a la misma presencia de Dios, donde acusa constantemente a los creyentes. (Véanse también Job 1, 2; Ap. 12.)
   2. El agente de la salvación. Es, por supuesto, Cristo Jesús. En el versículo 2 tenemos otra prueba de la Trinidad, porque el Señor (Jesús) pide al Padre (Jehová) que reprenda a Satanás.
      a. Sus nombres: el Renuevo (3:8). Es llamado así en cuatro pasajes del Antiguo Testamento.
         (1) El retoño de David (Is. 11:1; Jer. 23:5; 33:15). Esto corresponde con Mateo, quien le presenta como el Rey de los judíos.
         (2) Mi siervo el Renuevo (Zac. 3:8). Esto corresponde con Marcos, quien le presenta como un siervo humilde.
         (3) El varón cuyo nombre es el Renuevo (Zac. 6:12, 13). Aquí se relaciona con Lucas, quien le presenta como el hombre perfecto.
         (4) El renuevo de Jehová (Is. 4:2). Este tiene que ver con Juan, quien le presenta como Dios Todopoderoso.
         (5) La piedra angular (3:9). (Véanse Is. 28:16; Sal. 118; 22; Mt. 21:42; Hch. 4:11; Ef. 2:20, 21.) Es decir:
            (a) Para los gentiles él es la piedra desmenuzadora (Dn. 2:34, 35, 44, 45).
            (b) Para Israel es piedra de tropiezo (Ro. 9:31-33).
            (c) Para los creyentes la principal piedra del ángulo (Ef. 2:19-22).
      b. Su ministerio:
         (1) Vestir a los creyentes con ropas de justicia. (Véanse Pr. 30:12; Is. 64:6; 4:3, 4; Ro. 10:1-4; Fil. 3:9.)
         (2) Interceder por todos los creyentes contra las mentiras de Satanás.

(Véanse Lc. 22:31; Ro. 8:34; He. 7:25; 9:24; 1 Jn. 2:1.)
(3) Iniciar el milenio y reinar durante ese período (véase Ap. 11:15-19).
3. El propósito de la salvación (3:6, 7). Estos versículos podríamos parafrasearlos de la siguiente manera: «Si anduvieres en mis caminos y cumplieres el ministerio que te he encargado, tú (Josué) no sólo tendrás el honor de cuidar de mi casa y de mis atrios, sino que cuando termines tu carrera en la tierra, serás promovido a un servicio mayor en los cielos entre los ángeles puros que están en mi presencia, y obedecen mi voz.» (Véanse también Sal. 103:20, 21; Ef. 2:4-10.)

F. El candelabro de oro y los dos olivos (4:1-14).

Aquí Zacarías tiene la visión de un candelabro de oro de siete lámparas, alimentadas por una reserva de aceite. A cada lado del candelabro se hallaba un olivo tallado.

1. El candelabro en la Biblia representa el testimonio de Dios en el mundo.
   a. Se puede referir a Israel, como lo hace aquí.
   b. Se puede referir a la Iglesia, como lo hace en Apocalipsis 1—3.
2. El aceite de oliva es, por supuesto, un símbolo del Espíritu Santo. (Véanse Lc. 4:18; Hch. 10:38; He. 1:9; 1 Jn. 2:20.) Notemos aquí las palabras de Dios en Zacarías 4:6:

   «... No con ejército, ni con fuerza, sino con mi Espíritu, ha dicho Jehová de los ejércitos.»

ZACARÍAS

- **Las diez *visiones* del profeta (Zacarías 1—6).**
- **La múltiple *vanidad* de la gente (Zacarías 7—8).**
- **La doble *visita* del Príncipe (Zacarías 9—13).**

LAS DIEZ VISIONES

1. EL JINETE SOBRE UN CABALLO ROJO (1:7-17)
- Una aparición de Cristo mismo, acompañado de algunos ángeles, vigilando sobre Jerusalén.

2. LOS CUATRO CUERNOS (1:18, 19)
- Puede representar cuatro poderes mundiales gentiles que esparcieron (o esparcirían) a Israel.
  1. Asiria (que capturó el reino del norte).
  2. Babilonia (que capturó el reino del sur).
  3. Persia (que conspiró contra los judíos. Véase el libro de **Ester**).
  4. Roma (que esparció a Israel y volverá a hacerlo).

3. LOS CUATRO ARTESANOS (1:20, 21)
- Una probable referencia a los cuatro juicios sellados de **Apocalipsis 6:1-8.**

4. EL AGRIMENSOR (2:1-13)
- Una referencia a la medición de Jerusalén durante el milenio **(Ez. 40:1-5; 48:30-35).**

5. LA CONFRONTACIÓN EN EL CIELO (3:1-10)

La acusación: llevaban ropas sucias.
Los acusados: Josué y el pueblo de Jerusalén.
El fiscal: Satanás.
El defensor: el Renuevo, llamado así cuatro veces en el Antiguo Testamento.

	El retoño de David **(Is. 11:1; Jer. 23:5; 33:15)**	Cumplimiento: Evangelio de Mateo.
	Mi siervo el Renuevo **(Zac. 3:8)**	Cumplimiento: Evangelio de Marcos.
Josué es limpiado y reafirmado	El varón cuyo nombre es el Renuevo **(Zac. 6:12)**	Cumplimiento: de Lucas.
	El renuevo de Jehová **(Is. 4:2)**	Cumplimiento: Evangelio de Juan.

6. EL CANDELABRO DE ORO Y LOS DOS OLIVOS (4:1-14)
- Significado histórico: Puede referirse al equipo ungido de Zorobabel y Josué.
- Significado profético: Puede referirse al equipo ungido de Elías y Moisés. **(Véase Ap. 11: 3-12).**

7. EL ROLLO QUE VUELA (5:1-4)
- Significado: Juicio de Dios sobre la tierra. El hombre ha quebrantado todo el código moral de Dios.

• Razón:	Pecado de jurar	Contra Dios	Vertical
	Pecado de robar	Contra el hombre	Horizontal

8. LA MUJER EN EL EFA (5:5-11)
- La mujer — Un tipo del pecado y la rebelión.
- La tapa — Un símbolo del poder limitante de Dios.
- El destino — Establecerse en Babilonia.

La rebelión organizada	Había empezado aquí **(Gn. 11)**
La rebelión organizada	Puede terminar aquí **(Ap. 18)**

9. LOS CUATRO CARROS DE GUERRA (6:1-8)
- Cuatro espíritus celestiales (ángeles) conducen estos carros, procedentes de dos montañas de bronce.
- Los carros pueden representar las cuatro primeras plagas de **Apocalipsis 6,** y las montañas el juicio de Dios.

10. LA CORONACIÓN DE JOSUÉ (6:9-15)
- Zorobabel lo hace para ilustrar el triple ministerio del Mesías que viene.
  1. Edificaría el templo.
  2. Ministraría como Sacerdote.
  3. Regirá como Rey.

ZACARÍAS Y EL PRÍNCIPE

Las dos visitas del Príncipe

SU PRIMERA VENIDA

- Viene para cuidar del rebaño de Dios **(11:7).**
- Es rechazado por los líderes de Israel **(11:8).**
- El entonces desecha a Israel **(11:10).** (Este es quizá el significado de romper su cayado llamado Gracia.)
- Hace su entrada triunfal en Jerusalén **(9:9).**
- Es vendido por treinta piezas de plata **(11:12).**
- Predice la destrucción de Jerusalén **(11:14).** (Este es el posible significado de quebrar su segundo cayado llamado Ataduras.)
- Es crucificado **(12:10).**

SU SEGUNDA VENIDA

- El reinado cruel del Anticristo **(11:16).**
- Jerusalén será sitiada y tomada **(14:2).**
- Dos terceras partes de los judíos perecerán **(13:8).**
- Una tercera parte de los judíos será salva **(13:9).**
- Cristo aparecerá sobre el monte de los Olivos **(14:4, 8).**
- Se peleará la batalla del Armagedón **(12:3; 14:2, 3).**
- Los enemigos de Dios serán destruidos **(12:4, 9; 14:12-15).**
- Israel reconocerá a Cristo **(12:10-14).**
- Israel será purificado **(13:1).**
- Israel se establecerá en la tierra santa **(10:6-12; 8:8).**
- Los gentiles adorarán al Señor **(14:16-19).**
- Jerusalén se llenará de niños felices **(8:5).**
- Cristo edificará el templo **(6:13).**
- Cristo reinará en todo el mundo como el Sacerdote-Rey **(6:13; 9:10).**

3. Los olivos se refieren a dos famosos equipos:
   a. El equipo histórico de Zorobabel y de Josué.
   b. El equipo profético de Elías y Moisés. (Véase Ap. 11.)

G. El rollo que volaba (5:1-4). Zacarías ve un rollo escrito que volaba de 30 pies (9 m) de largo por 15 pies (4,5 m) de ancho. Representaba la maldición de Dios que alcanzaba a toda la tierra de Israel.

1. El alcance de este juicio. Aunque sólo se mencionan aquí dos de los mandamientos originales, el de jurar en falso (el tercero, Ex. 20:7) y el de hurtar, (el octavo Ex. 20:15), cubren, no obstante, todo el código moral de Dios.
   a. El pecado de jurar en falso (usar el nombre de Dios mintiendo) representa todos los pecados contra Dios y es vertical en su naturaleza.
   b. El pecado de robar representa todos los pecados contra el hombre y es horizontal en su naturaleza.
2. Los acusados en este juicio. Todos los israelitas que no han sido salvos a lo largo de la historia. (Véanse Ro. 9:6; Mt. 23; 1 Ts. 2:15, 16; Ez. 11:21; 20:38.)
3. El tiempo del juicio. Después de la tribulación y antes del milenio. (Véase Mt. 25:1-30.)
4. El castigo de este juicio. Incluye aparentemente la muerte física y espiritual.

H. La mujer en el efa (5:5-11). El profeta ve ahora una medida de medir áridos (efa) cubierta por una pesada tapa de plomo. Cuando levantan la tapa ve a una mujer sentada dentro del efa, y le dicen:

1. La mujer dentro del efa representa el pecado y la maldad. La maldad es frecuentemente simbolizada en la Biblia por una mujer (véanse Mt. 13:33; Ap. 2:20; 17:1-7).
2. La pesada tapa de plomo probablemente simboliza el poder de Dios que frena el mal.
3. Se indica que su destino es Babilonia, donde se dice que (el pecado y la maldad) «le será edificada casa ... y cuando esté preparada lo pondrán sobre su base» (5:11). Esta declaración puede contener implicaciones históricas y proféticas. Es decir:
   a. Histórica: la torre de Babel, donde empezó la rebelión organizada contra Dios (véase Gn. 11:1-9).
   b. Profética: la ciudad de Babilonia, que puede ser en realidad reedificada durante la tribulación (véase Ap. 18).

I. Los cuatro carros de guerra (6:1-8) Zacarías ve cuatro carros de guerra manejados por cuatro seres celestiales que salen de entre dos montañas de bronce. Cada carro iba tirado por caballos de diferente color. Los colores eran rojo, o blanco, negro o gris. Los diferentes símbolos que encontramos aquí pueden significar lo siguiente:

1. Las dos montañas de bronce hablan del juicio de Dios. (Véanse Nm. 21:9; Jn. 3:14.)
2. Los carros manejados por ángeles representan a los agentes de Dios llevando a cabo varios juicios sobre las naciones gentiles. (Véanse Ap. 7:1-3; 8:2, 7, 10, 12; 9:14, 15; 11:15, 15:1; 16:1-3.)
3. Los caballos de diferentes colores se relacionan sin duda con aquellos que se mencionan en Apocalipsis 6:
   a. El rojo habla de guerra y derramamiento de sangre (Ap. 6:4).
   b. El negro habla de hambre (Ap. 6:5, 6).
   c. El blanco nos recuerda a la falsa paz (Ap. 6:2).
   d. El gris representa a la muerte (Ap. 6:8).

   Nota: Se nos dice que aquellos que «... salieron hacia la tierra del norte hicieron reposar mi Espíritu...» (6:8).

   Esto puede referirse al futuro juicio divino sobre Rusia durante la tribulación. (Véase Ez. 38—39.)

J. La coronación de Josué (6:9-15).

1. El Señor le dice a Zacarías que tres expatriados judíos van a regresar pronto a Jerusalén desde Babilonia, llevando ofrendas de oro y plata del remanente que queda allí. Le instruye para que haga una corona de oro con estas donaciones y la ciña sobre las sienes de Josué, explicándole que él representa al futuro Renuevo de Israel, al mismo Mesías.
2. Este bendito Mesías funcionará un día como Sacerdote y Rey, y edificará también el templo de Dios.
3. Se le dice también que estos tres exiliados que regresan representan a otros muchos que un día volverán a Palestina de lejanas tierras. (Véase también Is. 56:6-8.)

II. Las vanidades del pueblo (caps. 7—8).

A. Un grupo de judíos había subido a Jerusalén desde Bet-el para preguntar a los sacerdotes si podían abandonar la costumbre tradicional de ayunar y afligirse cada año durante el mes de agosto. *La Biblia Anotada de Scofield*, dice en una nota al pie de la página 931:

«La misión de estos judíos del cautiverio tenía que ver con un día de ayuno que el pueblo judío había instituído en memoria de la destrucción de Jerusalén. Ellos lo habían hecho de su propia voluntad, sin un mandamiento expreso de la Palabra de Dios. Al principio es indudable que había sincera contrición en la observancia de dicho ayuno, pero después llegó a ser una mera ceremonia. Los judíos de la dispersión estaban dispuestos a abolirlo, pero para ello querían tener la autorización de los sacerdotes. Todo el asunto, al igual que muchas cosas en el seudocristianismo de nuestros días, era extrabíblico, formalista y fútil.»

B. Dios les dice por medio de los sacerdotes que no importa gran cosa lo que hagan, porque sus corazones no eran sinceros. Les amonesta a que sean honrados en sus tratos con Dios y con sus vecinos.
C. Les promete que, a causa de su gracia, sus días de ayuno llegarán a ser un día celebraciones festivas, y su aflicción se tornará en canto. (Véanse 8:3, 4, 5, 8, 22, 23.)

III. La visitación del Príncipe (caps. 9—14).
  A. La primera venida del Príncipe.
    1. Él vino cuidar de las ovejas como el Padre le había instruido que lo hiciera (11:7).
    2. Los falsos pastores de Israel, sin embargo, le rechazaron (11:8).
    3. Él después rompió uno de sus cayados y se olvidó de Israel por un tiempo (11:10). (Véanse también Mt. 21:19, 42-46; 23:37-39.)
    4. Terminó su ministerio mediante la entrada triunfal en Jerusalén. «Alégrate mucho, hija de Sión; da voces de júbilo, hija de Jerusalén; he aquí tu rey vendrá a ti, justo y salvador, humilde, y cabalgando sobre un asno, sobre un pollino hijo de asna» (9:9). Esto fue cumplido dramáticamente, por supuesto, en Mateo 21:1-11.
    5. Fue vendido por treinta piezas de plata (11:12), el precio que se pagaba por un siervo que hubiera sido acorneado por un buey (Ex. 21:32). Esto fue cumplido en Mateo 26:15.
    6. Este precio, dado con menosprecio, fue después desechado con mayor desprecio, porque la expresión «échalo» aquí (11:13) indica un gesto de disgusto (como lo podemos ver por Ex. 22:31; Is. 14:19; 2 S. 18:17; 2 R. 23:12). Esta profecía fue cumplida en Mateo 27:3-10.
    7. A continuación rompió su segundo bastón, significando con ello quizá la destrucción de Jerusalén por Tito en el año 70 d.C. Esta tragedia terminó con toda la unidad que existía en Israel
    8. Él fue finalmente crucificado (12:10).
  B. La Segunda Venida del Príncipe:
    1. La sangría del falso pastor.
      a. A causa de que rechazaron al buen Pastor en su primera venida, Israel sería entregado por un tiempo a la crueldad del pastor anticristo poco antes de la segunda aparición de su glorioso pastor (11:15-17).
      b. Dos de cada tres perecerán en esta horrible purga (13:8).
    2. El duelo de Israel (12:10-14). Cuando él vuelva otra vez, Israel finalmente le reconocerá y hará duelo por su horrible crimen de regicidio, por haber matado a su propio Rey.

    «... Y mirarán a mí, a quien traspasaron, y llorarán como se llora por hijo unigénito, afligiéndose por él como quien se aflige por el primogénito» (12:10).

    3. La batalla del Armagedón (12:1-9; 14:1-3, 12-15).
    4. El arco de la victoria (10:4). Este arco es, por supuesto, el Hijo de Dios. Estamos seguros de su deidad por la declaración del Padre en 13:7: «... el hombre compañero mío, dice Jehová de los ejércitos....» Podemos traducirlo literalmente por «el hombre que es mi *igual*». Del arco de Dios viene a la tierra esta flecha vengadora.
      a. Castiga a aquellas naciones que han perseguido a Israel. (Véanse 9:1-8; 12-16.)
      b. Fortalecerá la casa de Judá y «los llamaré con un silbido, y los reuniré» (10:8).
      Nota: Dios había dicho anteriormente que él convocaría a sus enemigos contra ellos silbando (Is. 7:18, 19). Ahora convoca a su pueblo de la misma manera para que vuelva a su propia tierra.
      c. Finalmente, «hablará paz a las naciones, y su señorío será de mar a mar, y desde el río hasta los fines de la tierra» (9:10).
      d. El llevará a cabo todo esto en forma personal y visible (14:4, 8).
    5. Las bendiciones de Dios (9:16, 17; 13:1, 9; 14:9-11, 16, 20, 21).

MALAQUÍAS (435-396 a.C.)

INTRODUCCIÓN

1. Malaquías significa «mi mensajero».
2. Nada sabemos acerca de Malaquías aparte de su nombre y del hecho de que fue el último de los profetas del Antiguo Testamento.
3. Podemos considerar a Malaquías como una especie de resumen en miniatura de todo el Antiguo Testamento, porque el profeta abarca brevemente aquellas cinco grandes verdades que encontramos en los demás libros, y son:
   a. La *elección* de Israel por Dios (1:2; 2:4-6, 10).
   b. La *transgresión* de Israel contra Dios (1:6; 2:11, 17).
   c. La *manifestación* del Mesías (3:1; 4:2).
   d. La *tribulación* sobre las naciones (4:1).
   e. La *purificación* de Israel al final (3:2-4, 12, 16-18; 4:2-6).
4. Malaquías puede ser comparado con Moisés.
   a. Moisés nos dio la primera profecía del Antiguo Testamento relacionada con el Mesías (Gn. 3:15).
   b. Malaquías escribe la última profecía del Antiguo Testamento concerniente al Mesías (4:2).
5. El libro de Malaquías puede ser considerado como un cumplimiento parcial de la profecía de Daniel en 9:24-27. Esta gran predicción, conocida como las setenta semanas, (en realidad un período de 490 años) empezó en el 445 a.C., y estaba divida en tres grandes segmentos. El primero abarcaba un período de cuarenta y nueve años. Esto nos lo deja en el 396, o aproximadamente la fecha en que muchos creen que Malaquías completó su libro.

I. El amor de Dios es declarado (1:1-5).

A. En el segundo versículo de su libro Malaquías introduce la primera de siete preguntas petulantes que los israelitas carnales le hacían a Dios. Cada una de las preguntas era la reacción a una clara declaración previa que Dios había hecho.

Estas eran:

1. ¿En qué nos amaste? (1:2).
2. ¿En qué hemos menospreciado tu nombre? (1:6).
3. ¿En qué te hemos deshonrado? (1:7).
4. ¿En qué te hemos cansado? (2:17).
5. ¿En qué hemos de volvernos? (3:7).
6. ¿En qué te hemos robado? (3:8).
7. ¿En qué hemos hablado contra ti? (3:13).

B. S. Franklin Logsdon escribe lo siguiente en relación con la primera pregunta:

«La pregunta: "¿En qué nos amaste?" indica irritación de parte del pueblo que le lleva a acusar al Señor de no poder probar su amor. Tenían amargos recuerdos de las actitudes y acciones de los edomitas cuando Jerusalén fue saqueada por los filisteos y los árabes (2 Cr. 21:16, 17). Estos descendientes de Esaú habían animado y ayudado al enemigo para derrotar a sus hermanos, y el Señor no los había frenado (Abd. 11).

Mostraron un placer sádico por el infortunio de Judá burlándose de su desgracia (Abd. 12). Compartieron los despojos con el enemigo cuando la ciudad fue capturada (Abd. 13). Ayudaron al enemigo bloqueando la retirada de los que huían (Abd. 14), y le entregaron los que no pudieron escapar (Abd. 14). Es decir, en la hora de la prueba de Judá, los edomitas se quedaron mirando, se burlaron, insultaron, robaron, atraparon y asesinaron debido al odio heredado contra Jacob (y su posteridad) por haber obtenido la bendición de manera fraudulenta.

El pueblo de Israel estaba dolido con Dios a causa de esto. Era una espina que llevaban clavada en su memoria. Recordaban cómo sus padres, en cautiverio, sentados a las orillas de los ríos de Babilonia, lloraban: "Oh Jehová, recuerda contra los hijos de Edom el día de Jerusalén, cuando decían: Arrasadla, arrasadla hasta los cimientos" (Sal. 137:7). La pregunta en los días de Malaquías era en síntesis: "¿Por qué Dios lo permitió si nos amaba?"» (*Malachi, or, Will a Man Rob God?*, pp. 14, 15.)

C. Dios responde a esta primera pregunta señalando dos hechos.

1. Nunca va a permitir que Edom prospere porque maltrataron a Israel, la niña de sus ojos.
2. El ya había preferido a Israel sobre Esaú. Algunos han tenido mucha dificultad sobre la declaración de Dios de que *amó* a Jacob y *aborreció* a Esaú. Debemos observar aquí varios factores:

   a. En el relato de Génesis que nos cuenta la vida de ambos jóvenes nunca aparece que Dios aborreciera real y personalmente a Esaú y amara a Jacob. (Véanse Gn. 25, 27.)

   b. La declaración puede más bien referirse a las *naciones* que fundaron estos hombres. Dios aborreció definitivamente las actitudes y acciones tan malvadas de los edomitas, como lo indica el profeta Abdías.

   c. El nombre *Jacob* como aparece aquí es plural, lo que puede indicar que se refiere a toda la nación.

   d. La palabra hebrea para odio es *sane*, y algunas veces se usa para indicar preferencia o prioridad en vez de aborrecimiento. Este es también el caso con el término griego para odio, que es *misco*. Consideremos el siguiente ejemplo:

      (1) «Y vio Jehová que Lea era menospreciada [odiada], y le dio hijos; pero Raquel era estéril» (Gn. 29:31). El texto no indica en absoluto que Jacob odiara a su primera esposa, sino simplemente que prefería a la segunda.

      (2) «El pobre es odioso aun a su amigo, pero muchos son los que aman al rico» (Pr. 14:20).

      «Si alguno viene a mí, y no aborrece [odia] a su padre, y madre, y mujer, e hijos, y hermanos, y

MALAQUÍAS

El amor de Dios

SU AMOR ES DECLARADO

«Yo os he amado, dice Jehová ... Y amé a Jacob, y a Esaú aborrecí....» ***MALAQUÍAS 1:2, 3***

Tenemos en estos versículos un doble problema:

- ¿POR QUÉ «ABORRECIÓ» DIOS A ESAÚ? NOTEMOS:
  1. **El relato bíblico en Génesis 25, 27 nunca dice que Dios aborreciera a Esaú.**
  2. **La palabra hebrea de la que se traduce «aborrecer» u «odiar» puede también significar preferencia (véanse Gn. 29:31; Pr. 14:20; Lc. 14:26).**
  3. **El nombre Esaú incluía, sin duda, a toda esta perversa nación, cuyas actitudes y acciones Dios en verdad aborrecía.**
- ¿POR QUÉ AMABA DIOS A JACOB?: ESTE ES EL VERDADERO PROBLEMA EN ESTE PASAJE.

SU AMOR ES MENOSPRECIADO

- POR LOS SACERDOTES:
  1. **Quienes pretendían engañar al *Señor* mediante sus ofrendas defectuosas (1:7, 8).**
  2. **Que defraudaban al *pueblo* por medio de su mal ejemplo (2:7-9).**
- POR EL PUEBLO:
  1. **Por medio de sus desigualdades sociales (2:10).**
  2. **Por medio de sus matrimonios mixtos (2:11).**
  3. **Por medio de su inmoralidad (2:14).**
  4. **Por medio de su insinceridad (2:17).**
  5. **Por medio de su olvido de las ofrendas (3:8-10).**
  6. **Por medio de sus acusaciones (3:13-15).**

SU AMOR ES MOSTRADO

- RECORDANDO A SUS SANTOS (3:16).
- ENVIANDO A SU PROPIO HIJO.
  1. **En su primera venida fue presentado por Juan el Bautista (3:1*a*).**
  2. **En su segunda venida será presentado por el profeta Elías (4:5).**

EL PROPÓSITO DE SU SEGUNDA VENIDA

- EN RELACIÓN CON LOS GENTILES:
  Para consumirlos como estopa en un horno (4:1, 3).
- EN RELACIÓN CON LOS JUDÍOS:
  Aceptarán a Cristo (3:1*b*).
  Serán recogidos por Cristo (3:17).
  Serán purificados por Cristo (3:2, 3).
  Serán sanados por Cristo (4:2).

hermanas, y aun también su propia vida, no puede ser mi discípulo» (Lc. 14:26).

En este último caso está perfectamente claro que el Señor no estaba enseñando que la persona despreciara o aborreciera a su propia carne y sangre, sino simplemente que el creyente debe dar a Dios la prioridad en su vida.

e. El verdadero problema en el pasaje de Malaquías no es que Dios «aborreciera» a Esaú sino que *amara* a Jacob. Pero el hecho es que Dios amó en verdad a esta nación pecadora. Moisés les recuerda este amor durante su último discurso no menos de siete veces. (Véanse Dt. 4:37; 7:8, 13; 10:15; 15:16; 23:5; 33:3. Otros pasajes que declaran este hecho son: Is. 43:4; 48:14; 63:9; Jer. 31:3; Os. 3:1; 11:1, 4; 14:4.)

II. El amor de Dios es despreciado.
  A. Por los sacerdotes.
    1. Que pretendían engañar al Señor por medio de sus ofrendas en mal estado (1:6—2:9).
      a. Le habían ofrecido a Dios animales enfermos y defectuosos. Dios rechazaba estos sacrificios baratos y les retaba diciéndoles: «....Preséntalo, pues, a tu príncipe; ¿acaso se agradará de ti, o le serás acepto?...» (1:8).

      (Véase también el testimonio de David en 2 Samuel 24:24).
      b. No le habían dado a Dios aquella honra y respeto apropiados que
        (1) Un niño debe dar a su padre (1:6)
        (2) Un siervo debe rendir a su señor (1:6)
        (3) Un ciudadano debe pagarle a su rey (1:4).
    2. Habían defraudado al pueblo con su mal ejemplo (2:7-9).
  B. Por el pueblo.
    1. Por medio de la *desigualdad* social (2:10).
    2. Por medio de los *matrimonios mixtos* (2:11).
    3. Por medio de la *inmoralidad* (2:14).
    4. Por medio de su falta de *sinceridad* (2:17).
    5. Por medio de su *deuda* en las ofrendas (3:8-10).
    6. Por medio de sus *acusaciones* (3:13-15).
III. El amor de Dios es mostrado.
  A. Recordando a sus propios santos (3:16, 17). Debemos notar especialmente las últimas palabras del 3:16: «... y para los que piensan en su nombre.» Esto sin duda incluye los diferentes nombres que se le dan a Dios en el Antiguo Testamento, junto con sus significados. Una lista resumida de los nombres de Dios incluiría:
    1. *Elohim*: usado 2.570 veces, habla de la fortaleza y el poder de Dios (Gn. 1:1; Sal. 19:1).
    2. *El*: encontramos cuatro combinaciones de este nombre:
      a. *Elyon*: Dios Altísimo (Gn. 14:17-20; Is. 14:13, 14).
      b. *Roi*: El Dios que ve (Gn. 16:13).
      c. *Shaddai*: Todopoderoso, Omnipotente (usado cuarenta y ocho veces en el Antiguo Testamento; véanse Gn. 17:1; Sal. 91:1).
      d. *Olam*: el Dios eterno (Is. 40:28).
    3. *Adonai*: Maestro, Señor. Dios es dueño de su creación (Mal. 1:6).
    4. *Jehová*: el nombre más común de todos. Aparece 6.823 veces. Significa «el que siempre vive», el que tiene vida en sí mismo. Es el Dios del pacto (Gn. 2:4).

    Aparecen nueve composiciones de este nombre.
      a. *Jireh*: Jehová proveerá (Gn. 22:13, 14).
      b. *Nisi*: Jehová es mi estandarte (Ex. 17:15).
      c. *Shalom*: Jehová es paz (Jue. 6:24).
      d. *Sabbaoth*: Jehová de los ejércitos (1 S. 1:3; Is. 6:1-3).
      e. *Maccaddeshoem*: Jehová que santifica (Ex. 31:13).
      f. *Rohi (Raah)*: Jehová es mi pastor (Sal. 23:1).
      g. *Tsidkenu*: Jehová justicia nuestra (Jer. 23:6).
      h. *Sama*: Jehová allí, el Dios que está presente (Ez. 48:35).
      i. *Rafe*: Jehová tu sanador (Ex. 15:26).
  B. Enviando a su propio Hijo.
    1. En su primera venida fue presentado por Juan el Bautista (3:1). *La Biblia Anotada de Scofield*, nos dice:

    «La primera parte del v. 1 se cita con referencia a Juan el Bautista (Mt. 11:10; Mr. 1:2; Lc. 7:27), pero la segunda parte, "el Señor a quien vosotros buscáis", etc., no se cita en ningún lugar del N.T.» (p. 943).

    La razón para esta omisión es trágicamente evidente: Israel no esperó su primera venida ni le aceptó. (Véase Jn. 1:11.)

    J. Vernon McGee escribe:

    «Malaquías anunció la llegada de Juan el Bautista como el mensajero. Juan fue el Malaquías del Nuevo Testamento y empezó donde el Malaquías del Antiguo Testamento había quedado. Malaquías fue el primer locutor de radio que dijo: "La siguiente voz que van a escuchar va a ser la del mensajero del Señor."»
    2. En su segunda venida será presentado por el profeta Elías (4:5, 6). (Véase también Ap. 11:3-14.)

    Al profeta Elías se le concederá el privilegio de preparar a este viejo, corrompido, cruel y maldecido mundo para su momento más importante, trascendental y glorioso: la venida personal y visible del Rey de reyes y Señor de señores
      a. Aparecerá para castigar a los gentiles (4:1, 3).
      b. Vendrá para purificar a Israel (3:2-4).

SUCESOS IMPORTANTES ENTRE LOS DOS TESTAMENTOS

FECHA

1. **334 a.C.**: Alejandro Magno cruza el Helesponto.
2. **331 a.C.**: Alejandro Magno derrota a los persas.
3. **323 a.C.**: Alejandro muere a la edad de treinta y dos años en Babilonia.
4. **260 a.C.**: se lleva a cabo la traducción de la Septuaginta.
5. **214 a.C.**: comienza la construcción de la gran muralla china.
6. **175 a.C.**: se completa la literatura apócrifa.
7. **169 a.C.**: Antíoco Epífanes profana el templo el 15 de diciembre.
8. **166 a.C.**: estalla la rebelión de los Macabeos.
9. **165 a.C.**: el templo es purificado el 25 de diciembre.
10. **146 a.C.**: Roma destruye a Cartago y terminan las guerras púnicas.
11. **63 a.C.**: Pompeyo conquista Jerusalén.
12. **44 a.C.**: en marzo es asesinado Julio César.
13. **37 a.C.**: Herodes es nombrado gobernador de Jerusalén.
14. **20 a.C.**: comienza la reedificación y ampliación del templo.

LA ETAPA DEL EVANGELIO

INTRODUCCIÓN A LA ETAPA DEL EVANGELIO (Mateo, Marcos, Lucas y Juan)

Esta etapa abarca un período de treinta y cinco años aproximadamente. Se inicia con un anuncio en el templo de Dios (Lc. 1:11-20) y termina con la ascensión del Hijo de Dios (Lc. 24:51). Así como el Antiguo Testamento comienza con la creación del hombre a la imagen de Dios (Gn. 1:26), esta etapa comienza con Dios en la imagen de hombre (Jn. 1:14). El hombre creado a la imagen de Dios sería derrotado por Satanás en un bello jardín (Gn. 2:8), pero el Dios en forma humana derrotaría completamente a Satanás en el desierto estéril (Mt. 4:1).

Anteriormente a esta etapa, las ovejas morían por el Pastor (Ex. 12:1-13), pero ahora el Pastor moriría por las ovejas (Jn. 10:11).

En su nacimiento le fue ofrecido oro, incienso y mirra por unos magos que le adoraron (Mt. 2:11), pero en su muerte los hombres impíos que se mofaban de él le ofrecieron espinas, vinagre y salivazos (Mt. 27:29, 34; 26:67).

El relato evangélico nos lo describe salvando pecadores bajo un árbol (Jn. 1:48), subidos a un árbol (Lc. 19:4, 5), y colgados de un árbol (Lc. 23:43).

En sus páginas hallamos que es calmada una tormenta en el mar (Lc. 8:24) y que es maldecido un árbol infructuoso (Mt. 21:19).

Tres de las ocho resurrecciones bíblicas suceden en este período. Son: la hija de Jairo (Mr. 5:41), el hijo de la viuda (Lc. 7:14), y Lázaro (Jn. 11:43, 44). Al desarrollarse la historia, un carpintero soñador es reafirmado (Mt. 1:20, 21), y es restaurado un discípulo que le niega (Jn. 21:15-17).

Escuchamos conversaciones que vienen del cielo (Mt. 17:1-5) y otras que proceden de los sepulcros (Lc. 16:19-31). Las prostitutas son perdonadas (Jn. 4:39; 8:11) y los hipócritas son condenados (Mt. 23).

Aparecen aquí por primera vez los conceptos de iglesia (Mt. 16:18), comunión (Mt. 26:26-30), y la gran comisión (Mt. 28:19, 20).

En resumen, los ciegos ven, los sordos oyen, los mudos hablan, los paralíticos son sanados, los muertos se levantan, los endemoniados son liberados, y los perdidos son salvados.

LA ETAPA DEL EVANGELIO

Un examen de los pasos del Salvador

Cualquier estudiante serio de la vida de Cristo va a des-

LOS EVENTOS MÁS IMPORTANTES DEL NUEVO TESTAMENTO

A. EVENTOS DE LOS EVANGELIOS (Mateo—Juan)

LOS HECHOS MÁS SOBRESALIENTES DE LA VIDA DE CRISTO

1. Su nacimiento **(Lc. 2:1-7)**
2. La adoración de los pastores **(Lc. 2:8-20)**
3. La presentación en el templo **(Lc. 2:21-38)**
4. La adoración de los magos **(Mt. 2:1-12)**
5. La huida a Egipto **(Mt. 2:13-23)**
6. La visita al templo a la edad de doce años **(Lc. 2:41-50)**
7. Su bautismo **(Mt. 3:13-17)**
8. Sus tentaciones **(Mt. 4:1-11)**
9. Su presentación por Juan el Bautista **(Jn. 1:29)**
10. La primera limpieza del templo **(Jn. 2:13-25)**
11. La conversión de Nicodemo **(Jn. 3:1-21)**
12. La elección de los Doce **(Mt. 10:1-4)**
13. El encarcelamiento y la ejecución de Juan **(Mt. 14:1-12)**
14. La gran confesión de Pedro **(Mt. 16:13-20)**
15. La transfiguración **(Mt. 17:1-13)**
16. Su entrada triunfal **(Mt. 21:1-11)**
17. El llanto sobre Jerusalén **(Mt. 23:37-39; Lc. 19:41)**
18. En el aposento alto **(Jn. 13—14)**
19. En Getsemaní **(Jn. 18:1-11)**
20. Su arresto y enjuiciamiento **(Jn. 18:12—19:15)**
21. La crucifixión **(Jn. 19:16-18)**
22. La resurrección **(Mt. 28:1-7)**
23. La diez apariciones
24. La ascensión **(Lc. 24:51)**

B. EVENTOS DE LA IGLESIA PRIMITIVA Y DE LAS EPÍSTOLAS (Hechos-Apocalipsis)

1. Pentecostés **(Hch. 2:1-4)**
2. El sermón de Pedro **(2:14-40)**
3. La curación de un cojo **(3:1-11)**
4. La muerte de Ananías y Safira **(5:1-11)**
5. La elección de los primeros diáconos **(6:1-8)**
6. El martirio de Esteban **(7:1-60)**
7. La conversión del eunuco etíope **(8:26-39)**
8. La conversión de Saulo **(9:1-19)**
9. La conversión de Cornelio **(10:1-48)**
10. El establecimiento de la iglesia de Antioquía **(11:19-26)**
11. La liberación de Pedro **(12:1-19)**
12. El primer viaje misionero de Pablo **(13:2—14:28)**
13. El Concilio de Jerusalén **(15:1-35)**
14. El segundo viaje misionero de Pablo **(15:36—18:22)**
15. El tercer viaje misionero de Pablo **(18:23—21:16)**
16. El encarcelamiento de Pablo en Roma **(28:30)**
17. El destierro de Juan en Patmos **(Ap. 1:9)**

LOS 27 LIBROS DEL NUEVO TESTAMENTO

El **Cristo** de Dios — 4 Libros

Autor: MATEO — **Mateo**

Autor: MARCOS — **Marcos**

Autor: LUCAS — **Lucas**

Autor: JUAN — **Juan**

La **Iglesia** de Dios — 1 Libro

Autor: LUCAS — **Hechos de los Apóstoles**

La **correspondencia** de Dios — 22 Libros

Autor: PABLO

Gálatas
1 Tesalonicenses
2 Tesalonicenses
1 Corintios
2 Corintios
Romanos
Hebreos (¿?)
Efesios
Colosenses
Filemón
Filipenses
1 Timoteo
Tito
2 Timoteo

Autor: JUAN

1 Juan
2 Juan
3 Juan
Apocalipsis

Autor: PEDRO

1 Pedro
2 Pedro

Autor: SANTIAGO

Epístola de Santiago

Autor: JUDAS

Epístola de Judas

cubrir pronto que no se puede ser dogmático acerca de la duración del ministerio terrenal de nuestro Señor ni de la exacta secuencia de los hechos que acontecieron en él. Al hacer el presente trabajo, he sido fuertemente influenciado por el libro *The Life of Christ in Stereo*, de Johnston M. Cheney, que es una armonía de los evangelios. En él se sugiere, entre otras cosas, que el ministerio público de Cristo duró cuatro años. Cheney escribe:

«La cronología generalmente aceptada del ministerio de Cristo está basada en las referencias del Evangelio de Juan a las fiestas de la Pascua. Se citan tres pascuas en Juan 2:12; 6:4, y 11:55, y se presume otra en base de la referencia en 5:1 a una fiesta que no se nombra. Estas cuatro Pascuas nos dan un período de tres años desde la primera limpieza del templo hasta la semana de la pasión...

Si aceptamos, pues, la exactitud histórica de los documentos de Juan, es evidente que el ministerio de Jesús tiene que abarcar dos o tres años cuanto menos. Pero que tenga que limitarse a tres años no es algo requerido por los textos. Esta limitación se ha supuesto en razón del silencio de Juan a una quinta Pascua. Este punto de vista presume que Juan se refiere a cada Pascua del ministerio de Cristo...

Uno de los elementos más cuestionables de la crono-

LOS CINCUENTA Y TRES CAPÍTULOS MÁS IMPORTANTES DEL NUEVO TESTAMENTO

El Nuevo Testamento tiene 260 capítulos. Los siguientes 53 han sido seleccionados en razón de su valor histórico, profético, teológico o práctico.

MATEO
- **1** El bautismo de Jesús
- **4** Las tentaciones de Jesús
- **5** El sermón del Monte
- **6** La oración modelo
- **13** La parábola del sembrador
- **16** La promesa de la Iglesia
- **17** La transfiguración de Jesús
- **21** El rechazo de Israel por Jesús
- **27** La crucifixión de Jesús
- **28** La resurrección de Jesús

LUCAS
- **1** El nacimiento de Juan el Bautista
- **2** El nacimiento de Jesús

JUAN
- **2** El primer milagro de Jesús
- **3** Jesús y Nicodemo
- **11** La resurrección de Lázaro
- **13** La cena del Señor
- **14** El sermón sobre la casa del Padre
- **15** La permanencia en Cristo
- **17** La oración de Jesús

HECHOS
- **1** La ascensión del Señor
- **2** Pentecostés
- **9** La conversión de Saulo
- **13** El llamamiento de Saulo y Bernabé
- **15** El concilio de Jerusalén
- **16** La visión del hombre macedonio

ROMANOS
- **5** La justificación
- **6** La santificación
- **8** La glorificación
- **11** La dispensación
- **12** La consagración

1 CORINTIOS
- **3** El tribunal de Cristo
- **7** El matrimonio
- **11** Enseñanzas sobre la Cena del Señor
- **12** Los dones del Espíritu
- **13** El capítulo del amor
- **14** El don de lenguas
- **15** La resurrección

GÁLATAS
- **5** El fruto del Espíritu

EFESIOS
- **5** El amor de Cristo por su Iglesia
- **6** La protección del creyente

FILIPENSES
- **2** La *kenosis* (vaciamiento) de Jesús

1 TESALONICENSES
- **4** El rapto

2 TIMOTEO
- **3** Deberes de pastores y diáconos

HEBREOS
- **11** El capítulo de la fe
- **12** La disciplina del Señor

SANTIAGO
- **3** La murmuración

1 JUAN
- **1** La comunión con Dios

JUDAS
- La apostasía

APOCALIPSIS
- **6** El comienzo de la tribulación
- **13** El Anticristo
- **19** La Segunda Venida de Cristo
- **20** El juicio del gran trono blanco
- **21** Nuevos cielos y nueva tierra

logía tradicional de tres años es que comprime demasiados eventos en los últimos seis meses de su ministerio ... la alternativa lógica que podemos sugerir es la de que el ministerio de Jesús duró cuatro años.» (*The Life of Christ in Stereo* pp. 226-228.)

La parábola de Jesús en Lucas 13:6-9 también sugiere fuertemente una ministerio de cuatro años.

«Dijo también esta parábola: Tenía un hombre una higuera plantada en su viña, y vino a buscar fruto en ella, y no lo halló. Y dijo al viñador: He aquí, hace tres años que vengo a buscar fruto en esta higuera, y no lo hallo; córtala; ¿para qué inutiliza también la tierra? El entonces, respondiendo, le dijo: Señor, déjala todavía este año; hasta que yo cave alrededor de ella, y la abone. Y si diere fruto, bien; y si no, la cortarás después.»

En el anuncio comercial de una bebida refrescante en la televisión, se decía:

«Dr. Pepper, ¡qué incomprendido eres!
Cualquiera que te prueba, sabe que dejas buen sabor.»

Sustituyendo simplemente las palabras Dr. Pepper por Cristo Jesús, tendremos inmediatamente un trágico cuadro religioso, aunque auténtico, del siglo XX. Cristo, sin duda, es incomprendido. Una pequeña niña recitó una vez equivocadamente Juan 3:16: «Porque de tal manera amó Dios al mundo, que ha dado a su Hijo *olvidado*...» [El autor juega bien con las palabras en inglés *begotten* y *forgotten* que suenan de manera parecida.]

I. Cristo Jesús es malentendido por los liberales.
Veamos las siguientes sórdidas declaraciones sobre el Salvador:
   A. Albert Schweitzer:
      «Era un fanático engañado que perdió inútilmente su vida en devoción ciega a un sueño ilusorio. No hay nada más negativo que el estudio crítico de la vida de Cristo.»
   B. George Bernard Shaw:
      «Un hombre que fue sano hasta que Pedro le aclamó como el Cristo, y entonces se convirtió en un monomaníaco ... su engaño es común entre los dementes ... bastante consecuente con el fraude que Jesús llevó a cabo en Jerusalén después de que su engaño se apoderó completamente de él.»
   C. Rudolf Bultmann:
      «Pienso que de verdad no conocemos casi nada de la vida y personalidad de Jesús.»
   D. Hugh Schonfield:
      «Había que organizar una conspiración en la que la víctima fuera el principal instigador. Era una concepción y una empresa de pesadilla, el resultado de la pavorosa lógica de una mente enferma...»

II. Cristo Jesús es incomprendido por las sectas.
   A. La opinión de los testigos de Jehová:
      «El hombre Jesús está muerto, muerto para siempre» (Charles Russell).
   B. La opinión de la iglesia mormona:
      «Cristo Jesús era un polígamo; María y Marta, las hermanas de Lázaro, eran dos de sus mujeres, y María Magdalena fue otra. Incluso la fiesta de las bodas de Caná de Galilea, donde Jesús cambió el agua en vino, no fue otra cosa que la ocasión de uno de sus propios matrimonios» (Brigham Young).
   C. La opinión de la Ciencia Cristiana:
      «Dios es indivisible. Una porción de Dios no puede entrar en el hombre; ni tampoco la plenitud de Dios puede ser reflejada por un solo hombre» (Mary Baker Eddy).

III. Cristo Jesús es malentendido por personas que creen en la Biblia. Carecemos hoy casi totalmente de una fuerte predicación exegética sobre la vida de Cristo en los púlpitos fundamentalistas. Parece que la razón es que los liberales han hablado tanto y durante tanto tiempo sobre ello, que los creyentes lo evitan y sólo se interesan en su muerte. Ningún estudiante sincero de la Biblia va a negar, por supuesto, en ningún momento que su muerte en el Calvario es lo que nos redime. Nada hay mejor establecido en las Escrituras que esta preciosa verdad. Pero cuando estudiamos las verdades presentadas acerca de nuestro bendito Salvador desde el libro de Hechos hasta Apocalipsis, nos maravillamos de cuántas veces las epístolas le citan de los evangelios. Veamos algunas de estas referencias, todas las cuales enfatizan su *vida* lo mismo que su muerte en el Calvario.
   A. Hebreos 12:1-3:
      «Por tanto, nosotros también, teniendo en derredor nuestro tan grande nube de testigos, despojémonos de todo peso y del pecado que nos asedia, y corramos con paciencia la carrera que tenemos por delante, puestos los ojos en Jesús, el autor y consumador de la fe, el cual por el gozo puesto delante de él sufrió la cruz, menospreciando el oprobio, y se sentó a la diestra del trono de Dios. Considerad a aquel que sufrió tal contradicción de pecadores contra sí mismo, para que vuestro ánimo no se canse hasta desmayar.»
   B. Filipenses 2:5-8:
      «Haya, pues, en vosotros, este sentir que hubo también en Cristo Jesús, el cual siendo en forma de Dios, no estimó el ser igual a Dios como cosa a que aferrarse, sino que se despojó a sí mismo, tomando forma de siervo, hecho semejante a los hombres; y estando en la condición de hombres, se humilló a sí mismo, haciéndose obediente hasta la muerte, y muerte de cruz.»
   C. 2 Corintios 4:8-11:
      «Que estamos atribulados en todo, mas no angustiados; en apuros, mas no desesperados; perseguidos, mas no desamparados; derribados, pero no destruidos; llevando en el cuerpo siempre por todas partes la muerte de Jesús, para que también la vida de Jesús se manifieste en nuestros cuerpos. Porque nosotros que vivimos, siempre estamos entregados a muerte por causa de Jesús, para que también la vida de Jesús se manifieste en nuestra carne mortal.»
   D. 2 Corintios 3:18:
      «Por tanto, nosotros todos, mirando a cara descubierta como en un espejo la gloria del Señor, somos transformados de gloria en gloria en la misma imagen, como por el Espíritu del Señor.»

Consideremos los argumentos de Pablo en este capítulo. Dice:

1. El mensaje de la ley tiene gloria, pero se desvanece. Esta es la razón por la que Moisés llevaba un velo cuando bajó del monte Sinaí, a fin de que Israel no la viera desvanecerse (3:13). Esta gloria estaba representada por Moisés.
2. El mensaje de gracia posee también gloria, que nunca se desvanecerá. Por esto no se necesita ningún velo. Esta gloria es representada por Cristo.

3. Por tanto, a medida que el creyente estudia la *vida* de Cristo (la «gloria del Señor» como se la refiere aquí en 3:18, probado por Jn. 1:14), su vida se transforma (en griego, *metamorphoomai*) poco a poco a la imagen de Cristo.
4. Esa es la meta suprema del creyente en esta tierra: asemejarse lo más posible a Jesús. Este es, por supuesto, el propósito último de Dios a lo largo de toda la eternidad, pero él quiere empezar este proceso ahora. El doctor H.A. Ironside escribe en su libro sobre 2 Corintios:

   «Recordarán el relato de Hawthorne "The Great Stone Face" [El gran rostro de piedra]. Habla de un muchacho que vivía en un pueblo al pie de un monte. En la cima del monte se hallaba una gran imagen de piedra con un rostro hermoso y noble mirando hacia abajo en forma muy seria, muy solemne, a la gente del pueblo. Circulaba la leyenda de que un día iba a llegar al pueblo alquien que era exactamente como el rostro de la imagen de piedra, y que haría cosas maravillosas por la gente y sería el instrumento de grandes bendiciones. Esta historia llamó poderosamente la atención del muchacho, hasta el punto de que siempre que podía subía al monte para quedarse allí contemplando aquel rostro de piedra y pensar en aquel que un día llegaría. Pasaron los años y nadie apareció, pero el hombre joven hacía todavía lo que el muchacho había hecho: se iba a lo alto del monte y contemplaba la belleza, la majestad, la bondad de aquel gran rostro de piedra. Pasó la juventud y creció el adulto, pero nunca pudo quitar de su mente aquella historia; llegó la ancianidad y un día, mientras caminaba por el pueblo, alguien le miró y dijo: "¡Ya llegó! ¡Aquel que es el gran rostro de piedra!" Se había transformado en aquel que contemplaba continuamente. Si quieres llegar a ser como Cristo, mira a Jesús. Si quieres crecer en la gracia, mira a Jesús. Le encuentras revelado en su Palabra; por tanto, lee tu Biblia y medita sobre ello.

   Cantamos el himno:

   "Toma tiempo para ser santo,
   Habla mucho con el Señor."

   El doctor Lewis Sperry Chafer interrumpía casi siempre que se cantaba este himno y decía: "Por favor, permítanme cambiar la primera línea; cantemos: Toma tiempo para contemplarlo." A medida que le contemplemos llegamos a ser santos, porque "todos nosotros, reflejando como en un espejo la gloria del rostro sin velo del Señor, somos cambiados, transfigurados y transformados en su misma imagen de gloria en gloria, como por el Espíritu del Señor"» (pp. 92, 93).

E. Romanos 5:8-10:

   «Mas Dios muestra su amor para con nosotros, en que siendo aún pecadores, Cristo murió por nosotros. Pues mucho más, estando ya justificados en su sangre, por él seremos salvos de la ira. Porque si siendo enemigos, fuimos reconciliados con Dios por la muerte de su Hijo, mucho más, estando reconciliados, seremos salvos por su vida.»

F. 1 Pedro 2:21:

   «Pues para esto fuisteis llamados; porque también Cristo padeció por nosotros, dejándonos ejemplo, para que sigáis sus pisadas.»

Uno de los libros religiosos más famosos que se han escrito tiene este versículo como su fundamento, y es mi creencia que no lo interpreta bien. El libro es, por supuesto, *En sus pasos*, de Charles M. Sheldon. Se han vendido en inglés más de ocho millones de ejemplares. El autor describe en la novela una situación en la que un grupo de cristianos están decididos a hacer y a decir solamente aquellas cosas que Jesús habría hecho y dicho en ciertas situaciones. Pero está claro que Pedro no se refiere a esta práctica aquí; porque a causa de la vida sobrenatural de Cristo, aunque no fuera por ninguna otra razón más, sería absolutamente imposible. Por ejemplo, aquí tenemos a un cristiano cruzando un día el Atlántico, cuando de pronto ve una barca amenazada por una inesperada tormenta. Puede escuchar los gritos desesperados de los impotentes viajeros pidiendo auxilio. Rápidamente piensa: ¿Qué hubiera hecho Jesús? Sabemos exactamente lo que Él hizo al menos en dos ocasiones semejantes (Jn. 6:19; Mt. 8:26). Pero, ¿podemos hacer lo mismo hoy? Además, debemos notar que Pedro *no* nos dice que sigamos *en* sus pisadas, sino que sigamos *sus* pisadas.

Cuando Pedro usó aquí la palabra griega de la que traducimos «ejemplo», lo que hizo fue buscar una ilustración recordando sus días de escuela en la niñez. La palabra significa literalmente «escribir bajo». Era usada para palabras dadas a los niños para copiar y estudiar. El niño podía entonces aprender a escribir pasando su dedo sobre los ejemplos que tenía arriba. De igual manera, Pedro exhortaba a los creyentes a estudiar y a trazar las pisadas del bendito Salvador durante su ministerio en la tierra.

Estas pisadas son en verdad muy interesantes de leer. Su primer paso fue desde la gloria a Belén; el segundo fue de Belén a Jerusalén cuando tenía unos ocho días de edad. El último le llevó desde el monte de los Olivos hasta la gloria de donde había venido.

El siguiente estudio de la vida de Cristo es un intento de presentar estos pasos, que son setenta y dos en total, en un orden geográfico y cronológico. Para ayudar en el recorrido emplearemos un conjunto simple de símbolos de los temas (véase el cuadro). Por ejemplo, mientras estuvo en la tierra nuestro Señor realizó treinta y seis milagros que tenemos registrados en los evangelios. Dichos milagros aparecen correctamente ubicados en exacto orden cronológico, y van acompañados de su símbolo correspondiente, que en este caso es la estrella. Las treinta y ocho parábolas que Cristo dijo son tratadas de igual manera y llevan su símbolo, que es una boca abierta. Sus diecinueve oraciones están indicadas por manos en posición de orar; mientras que sus dieciséis sermones aparecen señalados por un libro abierto. Finalmente, sus cuarenta y cinco predicciones van acompañadas por el símbolo de un ojo. A todo ello debemos agregar las treinta y siete profecías del Antiguo Testamento que nuestro Señor cumplió, que quedan localizadas y simbolizadas mediante una corona.

Símbolo para los milagros de Cristo

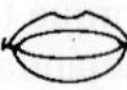
Símbolo para las parábolas de Cristo

Símbolo para las oraciones de Cristo

Símbolo para los sermones de Cristo

Símbolo para las predicciones de Cristo

Símbolo para las profecías del Antiguo Testamento cumplidas por Cristo

Esperamos fervientemente que por medio de este método el estudiante de la vida de Cristo pueda localizar fácilmente mediante estos símbolos todas y cada una de las cosas importantes que Jesús dijo e hizo según los relatos de los evangelios. Al final del estudio aparece una lista resumida de la vida de Cristo recogida de los setenta y dos pasos. Estos temas, algunos de los cuales han sido ya mencionados, cubren áreas tales como:

1. Los treinta y seis milagros del Salvador.
2. Sus treinta y ocho parábolas.
3. Las diecinueve oraciones del Maestro.
4. Sus cuarenta y cinco predicciones.
5. Sus dieciséis sermones.
6. Los treinta y seis diálogos que sostuvo.
7. Las dieciséis referencias del Antiguo Testamento acerca de Cristo.
8. Las veintidós citas que Jesús hizo del Antiguo Testamento.
9. Las diez pruebas de la deidad de Cristo.
10. Las treinta pruebas de la humanidad del Salvador.
11. Los treinta y siete nombres y títulos del Señor.
12. Las treinta y siete profecías del Antiguo Testamento cumplidas por Cristo.
13. Las veintisiete almas convertidas por el Señor.
14. Las quince clases de sufrimiento experimentados por el Salvador.
15. Las siete últimas palabras de Jesús.
16. Las diez apariciones del Cristo resucitado.
17. Los partidos políticos y religiosos del tiempo de Cristo.
18. Los varios lugares visitados por el Maestro.
19. Las muchas personas con las que se encontró Jesús.

LOS EVENTOS MÁS IMPORTANTES DE LA VIDA DE CRISTO

1. Su nacimiento **(Lc. 2:1-7)**
2. La adoración de los pastores **(Lc. 2:8-20)**
3. La dedicación en Jerusalén **(Lc. 2:21-38)**
4. La adoración de los magos **(Mt. 2:1-12)**
5. La huida a Egipto **(Mt. 2:13-23)**
6. La visita al templo a los doce años **(Lc. 2:41-50)**
7. Su bautismo **(Mt. 3:13-17)**
8. Sus tentaciones **(Mt. 4:1-11)**
9. Su presentación por Juan el Bautista **(Jn. 1:29)**
10. La primera limpieza del templo **(Jn. 2:13-25)**
11. La conversión de Nicodemo **(Jn. 3:1-21)**
12. La elección de los Doce **(Mt. 10:1-4)**
13. Encarcelamiento y ejecución de Juan **(Mt. 14:1-12)**
14. La gran confesión de Pedro **(Mt. 16:13-20)**
15. La transfiguración **(Mt. 17:1-13)**
16. Su entrada triunfal **(Mt. 21:1-11)**
17. Su llanto sobre Jerusalén **(Mt. 23:37-39; Lc. 19:41)**
18. En el aposento alto **(Jn. 13—14)**
19. En Getsemaní **(Jn. 18:1-11)**
20. Su arresto y enjuiciamiento **(Jn. 18:12—19:15)**
21. La crucifixión **(Jn. 19:16-18)**
22. La resurrección **(Mt. 28:1-7)**
23. Las diez apariciones
24. La ascensión **(Lc. 24:51)**

Vamos a considerar ahora una introducción *a* la vida de nuestro bendito Señor, así como una presentación y un resumen *de* la misma.

I. Los dos prólogos.
   A. El prólogo de Lucas (Lc. 1:1-4).
      1. Muchos habían escrito ya un relato de la vida de Cristo.
      2. Lucas se proponía hacer lo mismo, obteniendo los hechos de varios de los testigos oculares.
      3. Planeaba, por último, enviar su narración a su amigo Teófilo. Lucas también dedicaría más tarde su segundo libro, los Hechos de los Apóstoles, a Teófilo (Hch. 1:1).
   B. El prólogo de Juan (Jn. 1:1-5).
      1. Cristo Jesús estaba con el Padre desde la eternidad. (Véanse Pr. 8:22-31; Jn. 17: 5, 24.)
      2. El fue el Creador de todas las cosas. (Véanse Col. 1:16, 17; Ef. 3:9; He. 1:2.)
      3. Jesucristo es tanto la luz como la vida de los hombres. (Véanse Jn. 5:26; 1 Jn. 5:11; Jn. 8:12; 9:5; 12:35, 46.)
      4. Jesucristo resplandeció en las tinieblas de este mundo y las tinieblas no prevalecieron contra él.
      5. Estos cinco primeros versículos de Juan son los más profundos en la Biblia, y son dignos de haberse escrito en oro.

II. La dos genealogías.
   A. La genealogía de Mateo (Mt. 1:1-17).
      1. Contiene cuarenta y un nombres.
      2. Traza la línea genealógica descendiente desde Abraham, el padre de la raza hebrea, hasta José. (Véase Gá. 3:16.)
      3. Traza la línea desde David pasando por su hijo Salomón (2 S. 12:24).
      4. Nos da la línea de José.

         Nota de estudio: esta genealogía es notable por varias razones.
         a. Contiene los nombres de cuatro mujeres. En las genealogías del Oriente raramente aparecen mujeres.
         b. Estas cuatro mujeres tienen antecedentes cuestionables.
            (1) Tamar era una ex prostituta (Mt. 1:3; Gn. 38:13-30).
            (2) Rahab era también una ex prostituta (Mt. 1:5; Jos. 2:1).
            (3) Rut fue anteriormente pagana (Mt. 1:5; Rut 1:4).
            (4) Betsabé era una ex adúltera (Mt. 1:6; 2 S. 11:1-5).

            Pero por medio de la multiforme y maravillosa gracia divina, la primera mujer (Tamar) fue la mujer de Judá (hijo de Jacob) que dio origen a la familia del rey David; la segunda (Rahab) fue su tatarabuela; la tercera (Rut) fue su bisabuela; y la cuarta (Betsabé) fue su esposa y madre de Salomón. (Véase Rut 4:18-22.)
   B. La genealogía de Lucas (Lc. 3:23-38).
      1. Contiene setenta y cuatro nombres.
      2. Traza la línea genealógica ascendente desde José hasta Adán, el padre de la raza humana.
      3. Traza la relación con David por medio de otro hijo llamado Natán (2 S. 5:14).
      4. Nos da la línea davídica de María.

         Nota especial: varios problemas aparecen en relación con ambas genealogías.
         a. Mateo dice que el padre de José se llamaba Jacob (1:16), mientras que Lucas dice que era Elí (Lc. 3:23). En el mundo antiguo a veces se referían a los yernos como a sus propios hijos. De manera que muchos piensan que Elí era realmente el padre de María y suegro de José.
         b. Satanás era consciente del hecho de que la línea que llevaba a Cristo pasaba por David. El trató aparentemente de romper en alguna parte un eslabón en su cadena real. Con la subida al trono de Joaquín (el decimonoveno eslabón desde David), parecía que el diablo iba a ganar, porque Dios profirió la siguiente maldición contra este joven e impío rey:

            «Así ha dicho Jehová: Escribid lo que sucederá a este hombre privado de descendencia, hombre a quien nada próspero sucederá en todos los días de su vida; porque ninguno de su descendencia logrará sentarse sobre el trono de David, ni reinar sobre Judá» (Jer. 22:30).

            Esta declaración no significa que no tuviera hijos, porque en 1 Crónicas 3:17, 18 se nombran a algunos. (véase también Mt. 1:12.) Lo que quiere decir es que debido al juicio divino sería considerado sin descendencia en lo que al trono se refería. Sea cual sea su significado, parecía que la línea real de David y de Salomón había llegado a su final con Joaquín (llamado también Conías y Jeconías en el Antiguo Testamento). (Véanse Jer. 22:24; 2 R. 24:8.) Pero debió ser un rudo golpe para el diablo cuando supo que Dios no estaba limitado a una sola línea. David tenía otro hijo llamado Natán, y fue por medio de esta línea que vino María, la madre de Jesús.

III. Las tres anunciaciones.
   A. A Zacarías acerca del nacimiento de Juan el Bautista, el precursor del Mesías (Lc. 1:5-25).
      1. El arcángel Gabriel se le apareció al sacerdote Zacarías cuando estaba ofreciendo el incienso en el templo en Jerusalén. (Véanse Ex. 30:7; 2 Cr. 29:11.)

         Nota: Este era el primer mensaje hablado procedente del cielo en más de 400 años. La estación Radio Antiguo Testamento había dejado de transmitir con Malaquías 4. Pero Dios comienza ahora de nuevo la transmisión de mensajes. Radio Nuevo Testamento estaba en el aire oficialmente.
      2. El ángel del Señor le informa a Zacarías que sus oraciones han sido oídas y que su esposa, aunque mayor, dará a luz un hijo. Este es el octavo de nueve nacimientos en la Biblia en el que Dios interviene. Son:
         a. El nacimiento de Isaac a Abraham y Sara (Gn. 21:1).
         b. El nacimiento de Jacob y Esaú a Isaac y Rebeca (Gn. 25:21).
         c. El nacimiento de Rubén a Jacob y Lea (Gn. 29:31).
         d. El nacimiento de Isacar a Jacob y Lea (Gn. 30:17, 18).

e. El nacimiento de José a Jacob y Raquel (Gn. 30:22-24).
f. El nacimiento de Samuel a Elcana y Ana (1 S. 1:19).
g. El nacimiento de Sansón a Manoa y su esposa (Jue. 13:1, 2).
h. El nacimiento de Juan a Zacarías y Elisabet (Lc. 1:57).
i. El nacimiento de Jesús a María (Lc. 2:7).

3. Gabriel le dice a Zacarías que este hijo:
   a. Se llamaría Juan.
   b. Se abstendría de bebidas alcohólicas. Es decir, sería un nazareo (Nm. 6:3), como se suponía que debía ser Sansón (Jue. 13:4).
   c. Sería grande delante de Dios. (Véase Mt. 11:11.)
   d. Estaría lleno del Espíritu Santo desde el vientre de su madre. Esto también se dice acerca de otros dos hombres:
      (1) Jeremías (Jer. 1:5).
      (2) Pablo (Gá. 1:15).
   e. Haría que muchos de los hijos de Israel se volvieran al Señor. Esto lo hizo él en la primera venida de Cristo, como Elías lo hará un día en su segunda venida. (Véase Mal. 4:5, 6.)
   f. Predicaría con el poder y el espíritu de Elías. (Mt. 11:14; Mr. 9:12.)
   g. Prepararía el camino para la venida del Mesías, lo que daría cumplimiento a lo dicho en Isaías 40:3.
4. Como él y su mujer eran de edad avanzada, Zacarías tenía dificultades en creerlo. (Como una vez sucedió con Abraham y Sara. Véanse Gn. 17:17; 18:12.)
5. Gabriel reprende amablemente al anciano sacerdote por su incredulidad y le advierte que se quedará sin voz hasta el día del nacimiento de Juan.
6. El pueblo que esperaba afuera pronto se da cuenta de que algo muy extraño le ha ocurrido a Zacarías, y que no puede pronunciar la esperada bendición sobre ellos. Muchos en aquel grupo de gente estarían, sin duda, allí para ayudar a Zacarías a celebrar un evento tan especial como era quemar el incienso sobre el altar de oro. Un sacerdote sólo podía hacerlo una vez en toda su vida. Otros en la multitud estarían esperando escucharle pronunciar la gran bendición levítica que hallamos en Números 6:22-27:

   «Jehová habló a Moisés, diciendo: Habla a Aarón y a sus hijos y diles: Así bendeciréis a los hijos de Israel, diciéndoles: Jehová te bendiga, y te guarde; Jehová haga resplandecer su rostro sobre ti, y tenga de ti misericordia; Jehová alce sobre ti su rostro, y ponga en ti paz. Y pondrán mi nombre sobre los hijos de Israel, y yo los bendeciré.»

   Pero en aquel día no hubo celebración ni bendición. Algo mucho más especial y eterno estaba ocurriendo. Zacarías regresa a casa, y pronto su esposa, anciana y estéril, queda embarazada.
7. El nombre Zacarías significa «Dios recuerda» y el nombre Elisabet «su juramento». Con el nacimiento de Juan el Bautista Dios estaba recordando su pacto hecho en Salmo 89:34-37.

B. A María acerca del nacimiento de Jesús (Lc. 1:26-38).
1. Durante el sexto mes del embarazo de Elisabet, el arcángel Gabriel se aparece a una virgen de Nazaret (desposada con José) llamada María.
2. Le anuncia que ha sido elegida por Dios para que su bendito Hijo nazca en el mundo. (Véase Gá. 4:4.) Son especialmente dignas de ser consideradas las palabras en Lucas 1:28:

   «Y entrando el ángel en donde ella estaba, dijo: ¡Salve, muy favorecida El Señor es contigo; bendita tú *entre* las mujeres.»

   El ángel no dijo *sobre* las mujeres, sino *entre* las mujeres. Notemos también en 1:47 que la primera persona que aparece en las Escrituras que llamó Salvador a Jesús fue su madre. María necesitaba la salvación como cualquier otro. (Véase Romanos 3:23.)
3. Cumplimiento número uno de las profecías del Antiguo Testamento: que nacería de una virgen. (Cp. Is. 7:14 con Mt. 1:22, 23.)
4. El ángel predijo que el niño:
   a. Se llamaría Jesús.
   b. Sería llamado Hijo del Altísimo. Un demonio se refirió a él con este mismo nombre (Mr. 5:7).
   c. Heredaría el trono de David.
   d. Cumplimiento número dos de las profecías del Antiguo Testamento: que se le daría el trono de David. (Cp. 2 S. 7:11, 12; Sal. 132:11; Is. 9:6, 7; 16:5; Jer. 23:5 con Lc. 1:31, 32.)
   e. Reinaría sobre este trono para siempre. (Véanse Dan. 2:44; 7:14, 27; Mi. 4:7.)
   f. Cumplimiento número tres de las profecías del Antiguo Testamento: que su trono sería eterno. (Cp. Dn. 2:44; 7:14, 27; Mi. 4:7 con Lc. 1:33.)
5. María está perpleja: «¿Cómo será esto? pues no conozco varón» (Lc. 1:34).
6. El arcángel le asegura: «El Espíritu Santo vendrá sobre ti, y el poder del Altísimo te cubrirá con su sombra» (Lc. 1:35). Estos versículos (Lc. 1:31, 35) nos enseñan dos cosas importantes acerca de la encarnación:
   a. Jesús fue concebido por el Espíritu Santo.
   b. El elemento sobrenatural en la encarnación no fue el *nacimiento* de Cristo, sino más bien la *concepción*. Él nació como nacen todos los seres humanos. Es vital hacer esta distinción, porque él era completamente Dios como si nunca hubiera sido hombre, y era completamente hombre como si nunca hubiera sido Dios.
7. Gabriel predice que el hijo de María será también llamado Hijo de Dios. (Véanse Mt. 14:33; Mr. 1:1; Jn. 1:34; 20:31; Hch. 8:37; Ro. 1:4.)
8. Después la informa acerca del embarazo de su prima Elisabet.
   «Porque nada hay imposible para Dios» (Lc. 1:37). (Véanse también Gn. 18:14; Jer. 32:17; Mt. 19:26; Lc. 18:27.)
9. María se somete simple y humildemente a la voluntad de Dios: «He aquí la sierva del Señor; hágase conmigo conforme a tu palabra» (Lc. 1:38).

C. A José en relación con la pureza de María (Mt. 1:18-25).
1. Al enterarse de que estaba embarazada, José

EL NACIMIENTO Y LOS PRIMEROS AÑOS DE CRISTO

LOS DOS PRÓLOGOS

El prólogo de Lucas (Lc. 1:1-4)
El prólogo de Juan (Jn. 1:1-5)

LAS TRES ANUNCIACIONES

A Zacarías	**CONCERNIENTE AL NACIMIENTO DE JUAN**	**(Lc. 1:5-25)**
A María	**EN RELACIÓN CON EL NACIMIENTO DE JESÚS**	**(Lc. 1:26-38)**
A José	**CONCERNIENTE A LA PUREZA DE MARÍA**	**(Mt. 1:18-25)**

LOS TRES CANTOS DE ALABANZA

La alabanza de Elisabet a María	**(Lc. 1:39-45)**
La alabanza de María a Dios	**(Lc. 1:46-56)**
La alabanza de Zacarías a Dios	**(Lc. 1:57-79)**

LOS PRIMEROS TREINTA AÑOS DEL CRISTO ENCARNADO

De la gloria a Belén	**(Lc. 2:1-21)**	**Nacimiento**
De Belén a Jerusalén	**(Lc. 2:22-38)**	**Dedicación**
De Jerusalén regresa a Belén	**(Mt. 2:1-12)**	**Visita de los magos**
De Belén a Egipto	**(Mt. 2:13-18)**	**La huida**
De Egipto a Nazaret	**(Mt. 2:19-23; Lc. 2:40)**	**La niñez**
De Nazaret a Jerusalén	**(Lc. 2:41-50)**	**El enigma del templo**
De Jerusalén regresa a Nazaret	**(Lc. 2:51, 52)**	**Los años de preparación**

«como era justo, y no quería infamarla, quiso dejarla secretamente» (Mt. 1:19).

2. Aquella misma noche, sin embargo, Gabriel le asegura durante un sueño el inminente nacimiento virginal de Cristo.
3. Le dice a José que este niño «salvará a su pueblo de sus pecados» (Mt. 1:21). (Véanse también Hch 4:12; 5:31; 13:23, 38; He. 7:25.)
4. Gabriel se refiere a este niño como Emanuel, que significa «Dios con nosotros» (Mt. 1:23).
5. Cumplimiento número cuatro de las profecías del Antiguo Testamento: que se llamaría Emanuel. (Cp. Is. 7:14 con Mt. 1:23.)

   «He aquí, una virgen concebirá y dará a luz un hijo, y llamarás su nombre Emanuel, que traducido es: Dios con nosotros» (Mt. 1:23).

   Esta profecía era, por supuesto, un cumplimiento de Isaías 7:14 (véase Mt. 1:22). Algunos han cuestionado sin éxito la palabra hebrea *almah* en Isaías 7:14, alegando que no siempre significa virgen; pero en cualquier caso, no hay ninguna clase de duda acerca de la palabra griega para virgen, que es *parthenos*, que siempre y sin excepción se refiere a una joven doncella que no ha tenido experiencia sexual.
6. José hace los arreglos necesarios para recibir a María como su esposa legítima. José debe ser considerado, en todos los sentidos, como un hombre verdaderamente justo, con la madurez espiritual de un David, un Moisés, un Pedro o un Pablo. En verdad el José del Nuevo Testamento puede ser comparado favorablemente con el José del Antiguo Testamento. En ambos casos los padres se llamaron Jacob; ambos mostraron sorprendente madurez; ambos recibieron visiones de Dios; ambos estuvieron en Egipto. Uno es un tipo de Cristo y el otro fue su tutor legal.

   En realidad, si no hubiera sido por el pecado de Judá, José habría reinado en Jerusalén como un rey legítimo cuando Cristo nació. Era él y no Herodes el que tenía las credenciales apropiadas para sentarse sobre el trono de Israel.

IV. Los tres cantos de alabanza.

A. La alabanza de Elisabet a María (Lc. 1:39-45), llamado frecuentemente el *Magnificat.*

Nota: Esto ocurrió aparentemente antes de que José supiera del estado de María. María, nada más marcharse el arcángel, salió de prisa, y quizá en secreto, de Nazaret y se fue a visitar a Elisabet en algún sitio cerca de Jerusalén. José no se enteró de su condición hasta que no regresó tres meses después.

1. Juan saltó en el vientre de su madre al oír el saludo de María, y Elisabet fue llena del Espíritu Santo.
2. Elisabet bendijo a María: «Bendita tú entre las mujeres, y bendito el fruto de tu vientre» (Lc. 1:42). (Véase también Lc. 1:28.)

B. La alabanza de María a Dios (Lc. 1:46-56).

1. María responde: «Engrandece mi alma al Señor, y mi espíritu se regocija en Dios mi Salvador» (1:46, 47).
2. Se da cuenta de que la historia la reconocerá como la favorecida del Señor.
3. Alaba al Padre porque humilla a los poderosos, exalta a los humildes, llena a los hambrientos, y hace proezas con su brazo poderoso. (Véanse Is. 52:10; Sal. 33:10; 1 S. 2:6-8; Is. 53:1.)
4. Pasados tres meses María regresa a Nazaret.

C. La alabanza de Zacarías a Dios (Lc. 1:57-79).

1. El hijo de Zacarías nace y es circuncidado a los ocho días.
2. Los amigos y familiares suponen que el niño se llamará como el padre. El anciano sacerdote, sin embargo, todavía mudo, escribe que Juan será su nombre.
3. Recupera inmediatamente la voz y alaba a Dios en el poder del Espíritu Santo, dándole gracias:
   a. Por guardar sus promesas dadas a Abraham y a David.
   b. Por visitar y redimir a su pueblo. (Véanse también Sal. 111:9; Lc. 7:16.)
4. Zacarías después habla en relación con Juan:
   a. Será el precursor del Mesías. (Véanse Is. 40:3; Mt. 11:10.)
   b. Dará el conocimiento de la salvación. (Véase Jn. 1:29.)
   c. Predicará el arrepentimiento. (Véase Lc. 3:3.)
   d. Presentará al Salvador. «... con que nos visitó desde lo alto la aurora» (1:78). (Véanse también Nm. 24:17; Mal. 4:2.)

Nada más alcanzar la madurez, Juan se retira al desierto a fin de prepararse para su futuro ministerio como un evangelista nazareo.

V. Los cuatro biógrafos (Mateo, Marcos, Lucas y Juan). Cada uno de ellos presenta un cuadro diferente del Salvador.

A. Mateo: el Rey, simbolizado por un león. Escrito para los judíos.

B. Marcos: el Siervo, a semejanza de un buey. Escrito para los romanos.

C. Lucas: el Hombre perfecto, a semejanza de un hombre. Escrito para los griegos.

D. Juan: el Dios Todopoderoso, simbolizado por un águila. Escrito para todo el mundo. De manera que:

1. Tenemos una genealogía en Mateo porque un rey *debe* tener una.
2. Aparece una genealogía en Lucas porque un hombre perfecto *debe* tener una.
3. No hay ninguna genealogía en Marcos porque un siervo no *necesita* una.
4. No tenemos ninguna genealogía en Juan porque el Dios eterno *no la tiene*. El doctor Van Dyke dijo una vez:

   «Si cuatro testigos aparecieran delante de un juez para dar cuenta de un cierto suceso, y cada uno de ellos contara la misma historia con exactamente las mismas palabras, el juez concluiría que su testimonio *no* es muy valioso; que del único hecho del que no se podía dudar es que se habían puesto de acuerdo para contar la misma historia. Pero si cada hombre contaba lo que había visto, tal como él lo había visto, aquella evidencia sería mucho más creíble. Y cuando nosotros leemos los cuatro evangelios, ¿no es eso exactamente lo que encontramos? Los cuatro testigos nos cuentan la misma historia a su propia manera.»

   Debemos notar también que los cuatro evangelios no deben ser considerados como resúmenes *biográficos* de la vida de Cris-

EL CUÁDRUPLE RELATO DE LOS EVANGELIOS

	MATEO	MARCOS	LUCAS	JUAN
RETRATO DE CRISTO	REY SEMEJANTE A UN LEÓN	SIERVO SEMEJANTE A UN BUEY	HOMBRE PERFECTO SEMEJANTE A UN HOMBRE	DIOS PODEROSO SEMEJANTE A UN ÁGUILA
Recordatorio angelical Apocalipsis 4; Ezequiel 1	PRIMERA CRIATURA: SEMEJANTE A UN LEÓN	SEGUNDA CRIATURA: SEMEJANTE A UN BUEY	TERCERA CRIATURA: SEMEJANTE A UN HOMBRE	CUARTA CRIATURA: SEMEJANTE A UN ÁGUILA
Estilo del escritor	**MAESTRO**	**PREDICADOR**	**HISTORIADOR**	**TEÓLOGO**
Énfasis del escritor	*Sus sermones*	*Sus milagros*	*Sus parábolas*	*Sus doctrinas*
CULTURA DE LOS LECTORES ORIGINALES	JUDÍOS			
Genealogía	SÍ: **Mateo 1:1-17**	NO	SÍ: **Lucas 3:23-38**	NO
RAZÓN	Un rey debe tener una	Un siervo no la necesita	Un hombre perfecto debe tener una	Dios no tiene
RAÍCES	Traza la línea real de David por medio de su hijo Salomón		Traza la línea física de David por medio de otro hijo: Natán	
FRUTO	Nos lleva a José, el tutor legal de Jesús		Nos lleva a María, la madre física de Jesús	
Lugar de la acción principal	*C A P E R N A U M*	*E N*	*G A L I L E A*	*J E R U S A L É N EN JUDEA*
Doble división	Los evangelios sinópticos: enfatizan la humanidad de Cristo			El cuarto evangelio: enfatiza la divinidad de Cristo

to, sino más bien como resúmenes *teológicos*. Casi todo lo relacionado con la primera parte de su vida, desde el nacimiento hasta los treinta años, se deja fuera.

VI. El mensaje y el ministerio de Juan el Bautista (Mt. 3:1-12; Mr. 1:1-8; Lc. 1:80; 3:1-18; Jn. 1:6-28).

Nota: Aunque el ministerio completo de Juan no empezó a divulgarse hasta treinta años más tarde, precedió y preparó, el del Mesías; es, pues, procedente insertarlo en este punto de nuestro estudio.

A. El ministerio de Juan consistía en aparecer en el momento apropiado como un testigo de Cristo, quien sólo él era la luz verdadera de este mundo (Jn. 1:6-18).

1. Esta Luz ofrecería salvación a todos los hombres (1:9).
2. Esta luz, sin embargo, sería:
   a. Ignorada por el mundo que él había creado (Jn. 1:10).
   b. Rechazada por la nación que él había llamado (Jn. 1:11). (Véanse también Lc. 19:14; Hch. 13:46.)

   Se ha dicho que Juan 1:11 es el versículo más *triste* de la Biblia y que Juan 1:12 es el más *gozoso*.

   «A lo suyo vino, y los suyos no le recibieron.»

   «Mas a todos los que le recibieron, a los que creen en su nombre, les dio potestad de ser hechos hijos de Dios.»
3. Esta Luz, encarnada, llena de gracia y de verdad, transformaría en hijos de Dios a los pecadores arrepentidos. Es decir, el Hijo de Dios vino a ser el Hijo del Hombre para que los hijos de los hombres pudieran llegar a ser hijos de Dios (Jn. 1:11-14). Notamos por 1:13 que la salvación no es por *generación* (no de sangre), por *reformación* (no de la voluntad de la carne), ni por *confirmación* (no por la voluntad de hombre), sino por *regeneración* (de Dios).

B. Las ropas de Juan (hechas de piel de camello) y su alimento (langostas y miel silvestre) reflejan que estaba totalmente dedicado a su llamamiento santo (Mt. 3:4).

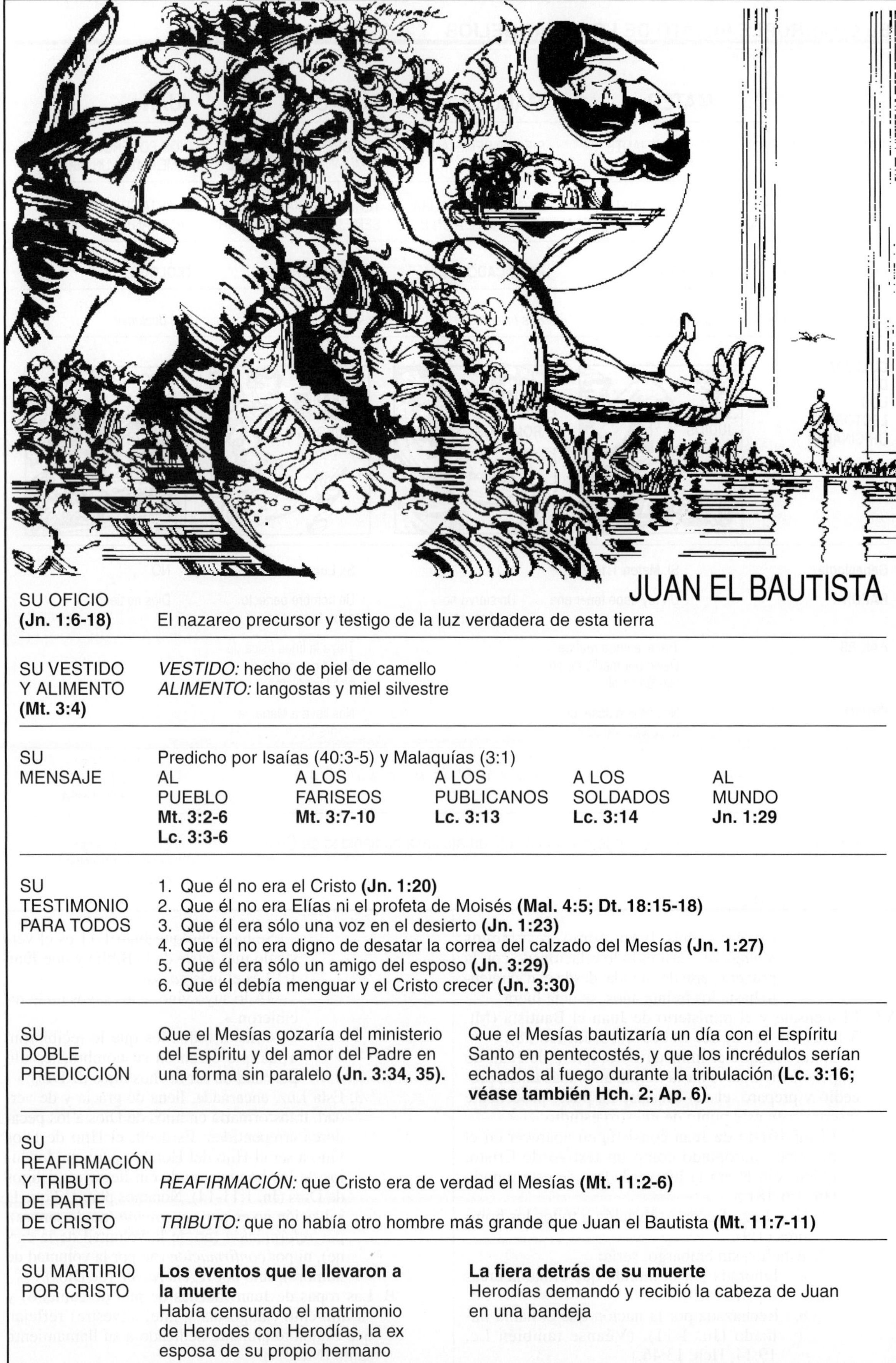

JUAN EL BAUTISTA

SU OFICIO **(Jn. 1:6-18)**	El nazareo precursor y testigo de la luz verdadera de esta tierra
SU VESTIDO Y ALIMENTO **(Mt. 3:4)**	*VESTIDO:* hecho de piel de camello *ALIMENTO:* langostas y miel silvestre
SU MENSAJE	Predicho por Isaías (40:3-5) y Malaquías (3:1) AL PUEBLO **Mt. 3:2-6** **Lc. 3:3-6** A LOS FARISEOS **Mt. 3:7-10** A LOS PUBLICANOS **Lc. 3:13** A LOS SOLDADOS **Lc. 3:14** AL MUNDO **Jn. 1:29**
SU TESTIMONIO PARA TODOS	1. Que él no era el Cristo **(Jn. 1:20)** 2. Que él no era Elías ni el profeta de Moisés **(Mal. 4:5; Dt. 18:15-18)** 3. Que él era sólo una voz en el desierto **(Jn. 1:23)** 4. Que él no era digno de desatar la correa del calzado del Mesías **(Jn. 1:27)** 5. Que él era sólo un amigo del esposo **(Jn. 3:29)** 6. Que él debía menguar y el Cristo crecer **(Jn. 3:30)**
SU DOBLE PREDICCIÓN	Que el Mesías gozaría del ministerio del Espíritu y del amor del Padre en una forma sin paralelo **(Jn. 3:34, 35).** Que el Mesías bautizaría un día con el Espíritu Santo en pentecostés, y que los incrédulos serían echados al fuego durante la tribulación **(Lc. 3:16; véase también Hch. 2; Ap. 6).**
SU REAFIRMACIÓN Y TRIBUTO DE PARTE DE CRISTO	*REAFIRMACIÓN:* que Cristo era de verdad el Mesías **(Mt. 11:2-6)** *TRIBUTO:* que no había otro hombre más grande que Juan el Bautista **(Mt. 11:7-11)**
SU MARTIRIO POR CRISTO	**Los eventos que le llevaron a la muerte** Había censurado el matrimonio de Herodes con Herodías, la ex esposa de su propio hermano **La fiera detrás de su muerte** Herodías demandó y recibió la cabeza de Juan en una bandeja

C. El mensaje de Juan al pueblo en general era:
   1. Arrepentíos porque el reino de los cielos se ha acercado (Mt. 3:2).
   2. Preparad el camino del Señor (Lc. 3:4-6).
   3. Someterse al bautismo en el río Jordán como prueba de su arrepentimiento (Mt. 3:6; Lc. 3:3).

D. El mensaje de Juan a grupos específicos era:
   1. A los fariseos y líderes judíos (Mt. 3:7-10). «Al ver él que muchos de los fariseos y de los saduceos venían a su bautismo, les decía: ¡Generación de víboras! ¿Quién os enseño a huir de la ira venidera? Haced, pues, frutos digno de arrepentimiento. Y no penséis decir dentro de vosotros mismos: A Abraham tenemos por Padre; porque yo os digo que Dios puede levantar hijos a Abraham aun de estas piedras. Y ya también el hacha está puesta a la raíz de los árboles; por tanto, todo árbol que no da buen fruto es cortado y echado en el fuego.»
   2. A los publicanos: «No exijáis más de lo que os está ordenado» (Lc. 3:13).
   3. A los soldados: «No hagáis extorsión a nadie, ni calumniéis; y contentaos con vuestro salario» (Lc. 3:14).
   4. A los nuevos convertidos: «El que tiene dos túnicas, dé al que no tiene; y el que tiene qué comer, haga lo mismo» (Lc. 3:11).
   5. Al mundo: «He aquí el Cordero de Dios, que quita el pecado del mundo» (Jn. 1:29).

E. El testimonio de Juan a todos:
   1. Que él no era el Cristo (Jn. 1:20).
   2. Que él no era el profeta Elías ni el profeta del que había hablado Moisés (1:21). (Véase también Mal. 4:5; Dt. 18:15, 18.) Los sacerdotes y los levitas estaban dentro de su derecho al cuestionar a Juan, pues era su responsabilidad verificar lo que enseñaban todos los maestros religiosos. (Véanse Dt. 13:1-5; 18:20-22.)
   3. Que él era sólo una voz que clamaba en el desierto (Jn. 1:23).
   4. Que él no era digno de desatar la correa de las sandalias del verdadero Mesías (1:27).
   5. Que él era el amigo del verdadero esposo (Jn. 3:29).
   6. Toda carne vería pronto la salvación de Dios (Lc. 3:6).
   7. Que esta salvación encarnada (Cristo) revelaría al Padre (Jn. 1:18).
   8. Que este Salvador disfrutaría del ministerio del Espíritu y del amor del Padre en forma sin precedente (Jn. 3:34, 35).
   9. Que bautizaría con el Espíritu Santo a los hombres por gracia en su primera venida, pero con el fuego del juicio en su segunda venida (Lc. 3:16). (Véanse Hch. 2 y Ap. 6.)
   10. Que Cristo debe crecer y él (Juan) menguar (Jn. 3:30).
   11. Cumplimiento número cinco de las profecías del Antiguo Testamento: que tendría un precursor. (Cp. Is. 40:3-5; Mal. 3:1 con Lc. 1:76-78; 3:3-6; Mt. 3:1-3.). De esta manera Juan viene a ser el último de los grandes profetas bíblicos, como Samuel fue el primero en el Antiguo Testamento. Así como Samuel presentó a Saúl, el primer rey de Israel (1 S. 10), Juan presentaría a su eterno Rey, Jesús (Jn. 1:29).

Los setenta y dos pasos de Cristo de la gloria a la gloria

Paso uno: desde la gloria hasta Belén (Lc. 2:1-21).
Paso dos: de Belén a Jerusalén (Lc. 2:22-38).
Paso tres: de Jerusalén a Nazaret (Lc. 2:39).
Paso cuatro: de Nazaret a Belén (Mt. 2:1-12).
Paso cinco: de Belén a Egipto (Mt. 2:13-18).
Paso seis: de Egipto a Nazaret (Mt. 2:19-23; Lc. 2:40).
Paso siete: de Nazaret a Jerusalén (Lc. 2:41-50).
Paso ocho: de Jerusalén a Nazaret (Lc. 2:51-52)
Paso nueve: de Nazaret a Betábara, al lado del Jordán (Mt. 3:13-17; Jn. 1:28).
Paso diez: de Betábara a las tentaciones del desierto (Mt. 4:1-11; Mr. 1:12, 13; Lc. 4:1-13).
Paso once: de las tentaciones del desierto a Betábara (Jn. 1:29-42).
Paso doce: de Betábara a Betsaida (Jn. 1:43-51).
Paso trece: de Betsaida a Caná (Jn. 2:1-11).
Paso catorce: de Caná a Capernaum (Jn. 2:12).
Paso quince: de Capernaum a Jerusalén (Jn. 2:13-3:21).
Paso dieciséis: de Jerusalén al río Jordán (Jn. 3:22-36).
Paso diecisiete: del río Jordán a Sicar en Samaria (Mt. 4:12; Lc. 3:19, 20; Jn. 4:1-42).
Paso dieciocho: de Sicar a Caná (Jn. 4:43-54).
Paso diecinueve: de Caná a Nazaret (Lc. 4:16-30).
Paso veinte: de Nazaret a Capernaum (Mt. 4:13-22; 8:14-17; Mr. 1:14-38; Lc. 4:31-42).
Paso veintiuno: de Capernaum a su primera gira de predicación en Galilea (Mt. 4:23; 8:2-4; Mr. 1:39-45; Lc. 4:43—5:16).
Paso veintidós: de su primera gira de predicación en Galilea a Capernaum (Mt. 9:2-9; Mr. 2:1-14; Lc. 5:17-28).
Paso veintitrés: de Capernaum a los campos sembrados de Galilea (Mt. 12:1-8; Mr. 2:23-28; Lc. 6:1-5).
Paso veinticuatro: de los campos de Galilea a una sinagoga galilea (Mt. 12:9-14; Mr. 3:1-6; Lc. 6:6-11).
Paso veinticinco: de una sinagoga en Galilea al monte Tabor (Mt. 5:1—7:29; 4:24, 25; 10:2-4; 12:15-21; Mr. 1:12; 3:7-19; Lc. 6:12-49; 12:22-31, 57-59; 16:17).
Paso veintiséis: del monte Tabor a Capernaum (Mt. 8:1, 5-13; Lc. 7:1-10).
Paso veintisiete: de Capernaum a Naín (Lc. 7:11-17, 36-50).
Paso veintiocho: de Naín a su segunda campaña de predicación en Galilea (Mt. 12:46-50; 13:1-52; Mr. 3:19-35; 4:1-34; Lc. 8:1-21; 12:10; 13:18-21).
Paso veintinueve: de Galilea a su segunda campaña de predicación en la región de los gadarenos (Mt. 8:18, 23, 24; Mr. 4:35—5:20; Lc. 8:22-39).
Paso treinta: de la tierra de los gadarenos a Capernaum (Mt. 9:1; 10:34; 11:2-19; Mr. 1:21-43; 2:15-22; Lc. 8:40-56; 5:29-39; 7:18-35; 16:16).
Paso treinta y uno: de Capernaum a Jerusalén (Jn. 5:1-47).
Paso treinta y dos: de Jerusalén a Nazaret (segunda visita) (Mt. 13:53-58; Mr. 6:1-6).
Paso treinta y tres: de Nazaret a su tercera campaña de predicación en Galilea (Mt. 9:35—10:1, 5-16, 24-33, 37—11:1; 14:1-13; Mr. 6:6-29; Lc. 9:1-9).
Paso treinta y cuatro: de su recorrido de predicación en Galilea a una zona desértica cerca de Betsaida (Mt. 14:13-23; Mr. 6:30-47; Lc. 9:10-17; Jn. 6:1-18).
Paso treinta y cinco: de la zona desértica de Betsaida a Genesaret (Mt. 14:24-36; Mr. 6:48-56; Jn. 6:19-21).
Paso treinta y seis: del llano de Genesaret a Capernaum (Mt. 15:1-20; Mr. 7:1-23; Jn. 6:22-71; 7:1).
Paso treinta y siete: de Capernaum a la región de Tiro y Sidón (Mt. 15:21-28; Mr. 7:24-30).
Paso treinta y ocho: de la región de Tiro y Sidón a la zona de Decápolis (Mr. 7:31-37).

Ministerio del Padre en la vida de Cristo

1 El Padre envió a su Hijo
(Jn. 3:16; 6:57; 8:16-18; 12:49; Gá. 4:4)

2 Puso su sello en Él
(Jn. 6:27)

3 Enseñó a su Hijo
(Jn. 8:28)

4 Le ungió
(Lc. 4:18; Is. 61:1; Hch. 10:38)

5 El Padre glorificó al Hijo
(Jn. 8:54)

6 Le dio mandamientos
(Jn. 10:18)

7 El Padre dio testimonio de su Hijo
(Jn. 8:18)

8 El Padre amó (y ama) a su Hijo
(Jn. 10:17)

9 Se complació en su Hijo
(Is. 42:1; Mt. 3:17; 17:5; 2 P. 1:17)

10 El Padre escuchó a su Hijo
(Mt. 26:53; Jn. 11:41, 42; 12:27, 28)

11 El Padre dio a su Hijo
(Jn. 3:16; 18:11; Ro. 8:32; 1 Jn. 4:9, 10)

12 Le resucitó de los muertos
(Ef. 1:20)

13 Exaltó a su Hijo
(Ef. 1:20; Fil. 2:9-11)

14 Le glorificó
(Jn. 12:28; 17:1)

15 Le hizo cabeza de la Iglesia
(Ef. 1:22)

16 Le dio el poder de juzgar
(Jn. 5:22, 27)

Ministerio del Espíritu Santo en la vida de Cristo

1 Fue engendrado por el Espíritu Santo **(Lc. 1:35)**

2 Fue ungido por el Espíritu Santo
(Mt. 3:16; He. 1:9)

3 Predicó en el poder del Espíritu Santo **(Lc. 4:18)**

4 Fue sellado por el Espíritu Santo
(Jn. 6:27)

5 Fue dirigido por el Espíritu Santo
(Mt. 4:1)

6 Obró milagros por medio del Espíritu Santo **(Mt. 12:28; Hch. 10:38)**

7 Fue lleno del Espíritu Santo
(Jn. 3:34; Lc. 4:1)

8 Se conmovió en el Espíritu Santo
(Jn. 11:33)

9 Se regocijó en el Espíritu Santo
(Lc. 10:21)

10 Se ofreció a Sí mismo por medio del Espíritu Santo **(He. 9:14)**

11 Fue levantado de entre los muertos por el Espíritu Santo **(Ro. 1:4; 1 P. 3:18)**

12 Dio mandamientos a sus apóstoles por medio del Espíritu Santo
(Hch. 1:2)

Paso treinta y nueve: de Decápolis al monte Tabor (Mt. 15:29-38; Mr. 8:1-9).
Paso cuarenta: del monte Tabor a Magdala (Mt. 15:39—16:12; Mr. 8:9-21).
Paso cuarenta y uno: de Magdala a Betsaida (Mr. 8:22-26; Jn. 7:2-9).
Paso cuarenta y dos: de Betsaida a Jerusalén (Jn. 7:10—10:39).
Paso cuarenta y tres: de Jerusalén a Perea (Jn. 10:40-42).
Paso cuarenta y cuatro: de Perea a Cesarea de Filipos (Mt. 16:13-28; Mr. 8:27—9:1; Lc. 9:18-27).
Paso cuarenta y cinco: de Cesarea de Filipos al monte Hermón (Mt. 17:1-23; Mr. 9:2-31; Lc. 9:28-45).
Paso cuarenta y seis: del monte Hermón a Capernaum (Mt. 17:24—18:35; Mr. 9:33—10:1; Lc. 9:46-50).
Paso cuarenta y siete: de Capernaum a Perea (Mt. 8:19-22; 11:20-30; 19:1, 2; Lc. 9:51—10:37; Mr. 10:1).
Paso cuarenta y ocho: de Perea a Betania y sus alrededores (Mt. 10:34-36; 12:22-38, 42-45; 19:3—20:28; 24:43-51; Mr. 10:2-45; Lc. 10:38—12:9; 13:22, 32-36; 13:1-17, 22, 33; 14:1—16:15, 18-31; 17:1-37; 18:1-34; Jn. 11:1-54).
Paso cuarenta y nueve: de Betania a Jericó (Mt. 20:29-34; Mr. 10:46-52; Lc. 18:35—19:28).
Paso cincuenta: de Jericó a Betania (Mt. 26:6-13; Mr. 14:3-9; Lc. 22:1; Jn. 11:55—12:11).
Paso cincuenta y uno: de Betania a Betfagé (Mt. 21:1-7; Mr. 11:1-7; Lc. 19:29-35).
Paso cincuenta y dos: de Betfagé al aposento alto (Mt. 10:17-23 21:8—23:39; 24:1-42; 25:1-46; 26:1-5; 14-38; Mr. 11:8—13:37; 14:1, 2, 10-25; Lc. 19:36—20:8, 20-40, 45-47; 21:1-38; 13:34, 35; 12:11, 12; 22:2-34; Jn. 12:12).
Paso cincuenta y tres: del aposento alto a Getsemaní (Mt. 26:31-56; Mr. 14:26-52; Lc. 22:35-53; Jn. 15:1—18:12)
Paso cincuenta y cuatro: de Getsemaní a la casa de Anás (Jn. 18:12-14; 19-24).
Paso cincuenta y cinco: de la casa de Anás al palacio de Caifás (Mt. 26:57—27:1; Mr. 14:53-72; Lc. 22:54-71; Jn. 18:15-18, 25-27).
Paso cincuenta y seis: del palacio de Caifás a la sala del tribunal de Pilato (Mt. 27:2, 11-14; Mr. 15:1-5; Lc. 23:1-6; Jn. 18:28-38).
Paso cincuenta y siete: del tribunal de Pilato al palacio de Herodes (Lc. 23:7-12).
Paso cincuenta y ocho: del palacio de Herodes al tribunal de Pilato (Mt. 27:15-26; Mr. 15:6-15; Lc. 23:13-25; Jn. 18:39—19:16).
Paso cincuenta y nueve: del tribunal de Pilato al pretorio (Mt. 27:27-31; Mr. 15:16-20).
Paso sesenta: del pretorio al Calvario (Mt. 27:32-56; Mr. 15:21-41; Lc. 23:26-49; Jn. 19:16-37).
Paso sesenta y uno: del Calvario a la tumba de José de Arimatea (Mt. 27:57-66; Mr. 15: 42-47; Lc. 23:50-56; Jn. 19:31-42).
Paso sesenta y dos: de la tumba de José a las profundidades de la tierra (1 P. 3:18-20).
Paso sesenta y tres: del corazón de la tierra a la resurrección (Mt. 28:2-4; Mr. 16:9-11; Lc. 24:12: Jn. 20:1-18).
Paso sesenta y cuatro: de la resurrección al Padre (Jn. 20:17).
Paso sesenta y cinco: del Padre al camino cerca de Jerusalén (Mt. 28:5-15; Mr. 16:2-8; Lc. 24:1-11).
Paso sesenta y seis: de la carretera cerca de Jerusalén al camino a Emaús (Mr. 16:12, 13; Lc. 24:13-35).
Paso sesenta y siete: de Emaús al aposento alto (Lc. 24:36-43; Jn. 20:19-23).
Paso sesenta y ocho: del aposento alto otra vez al aposento alto, una semana después (Jn. 20:24-29).
Paso sesenta y nueve: del aposento alto al mar de Tiberias (Jn. 21:1-25).
Paso setenta: del mar de Tiberias al monte Tabor (Mt. 28:16-20).
Paso setenta y uno: del monte Tabor al aposento alto (Mr. 16:14-18; Lc. 24:44-49).
Paso setenta y dos: del aposento alto al monte de los Olivos (Mr. 16:19, 20; Lc. 24:50-53; Hch. 1:4-11).

LOS SETENTA Y DOS PASOS DE CRISTO DE LA GLORIA A LA GLORIA

Paso uno: de la gloria a Belén

(Lc. 2:1-21)

A. José y María tienen que ir a Belén a causa de un edicto de empadronamiento que ordenaba que todos los ciudadanos hebreos se inscribieran en el censo en su lugar de nacimiento. Nota: Este es el tercero de tres viajes muy importantes que se hicieron a Belén. Rut y Noemí hicieron el primero (Rut 1:22), y el profeta Samuel realizó el segundo (1 S. 16).

B. María dio a luz al Salvador. «Lo envolvió en pañales, y lo acostó en un pesebre, porque no había lugar para ellos en el mesón» (Lc. 2:7).

1. Este fue el *cuarto* día más grande en la historia de la humanidad.
2. El *tercer* día más grande en la historia humana aconteció unos treinta y cuatro años más tarde, cuando este bebé, hecho ya hombre maduro, fue crucificado en el Calvario entre dos ladrones.

   «Y cuando llegaron al lugar llamado de la Calavera, le crucificaron allí, y a los malhechores, uno a la derecha y otro a la izquierda» (Lc. 23:33).
3. El *segundo* día más grande en la historia humana tuvo lugar tres días después, cuando un ángel dijo a unas mujeres afligidas:

   «No temáis vosotras; porque yo sé que buscáis a Jesús, el que fue crucificado. No está aquí, pues ha resucitado, como dijo. Venid, ved el lugar donde fue puesto el Señor» (Mt. 28:5, 6).
4. El día más *grande* en toda la historia humana está todavía por suceder. El apóstol Juan nos habla acerca de él:

   «El séptimo ángel tocó la trompeta, y hubo grandes voces en el cielo, que decían: Los reinos del mundo han venido a ser de nuestro Señor y de su Cristo; y él reinará por los siglos de los siglos» (Ap. 11:15).

   Uno puede comparar favorablemente Lucas 2:7 con Daniel 2:11. En el pasaje del Antiguo Testamento hallamos que el rey Nabucodonosor acaba de ordenar la muerte de sus sabios por su incapacidad para relatarle el sueño que hacía poco había tenido. Estos astrólogos protestaron, exclamando:

   «Porque el asunto que el rey demanda es difícil, y no hay quien lo pueda declarar al rey, salvo los dioses cuya morada no es con la carne.»

   Pero todo esto cambió con el advenimiento del cuarto día más grande en la historia.

   Leemos en Juan 1:14 que el Verbo se hizo carne. Una de las verdades más gloriosas de la encarnación era su eternidad. Esto quiere decir que los resultados de este cuarto día permanecerán para siempre. Él todavía *tiene*, y *tendrá* por siempre, un cuerpo de carne y hueso (véase Lc. 24:39).

C. Cumplimiento número seis de las profecías del Antiguo Testamento: que nacería en Belén. (Cp. Mi. 5:2 con Lc. 2:4-6; Mt. 2:5, 6.) 

D. El ángel del Señor lo anuncia a un grupo de pastores de las cercanías.

   «He aquí os doy nuevas de gran gozo, que será para

LA TIERRA DE LOS EVANGELIOS

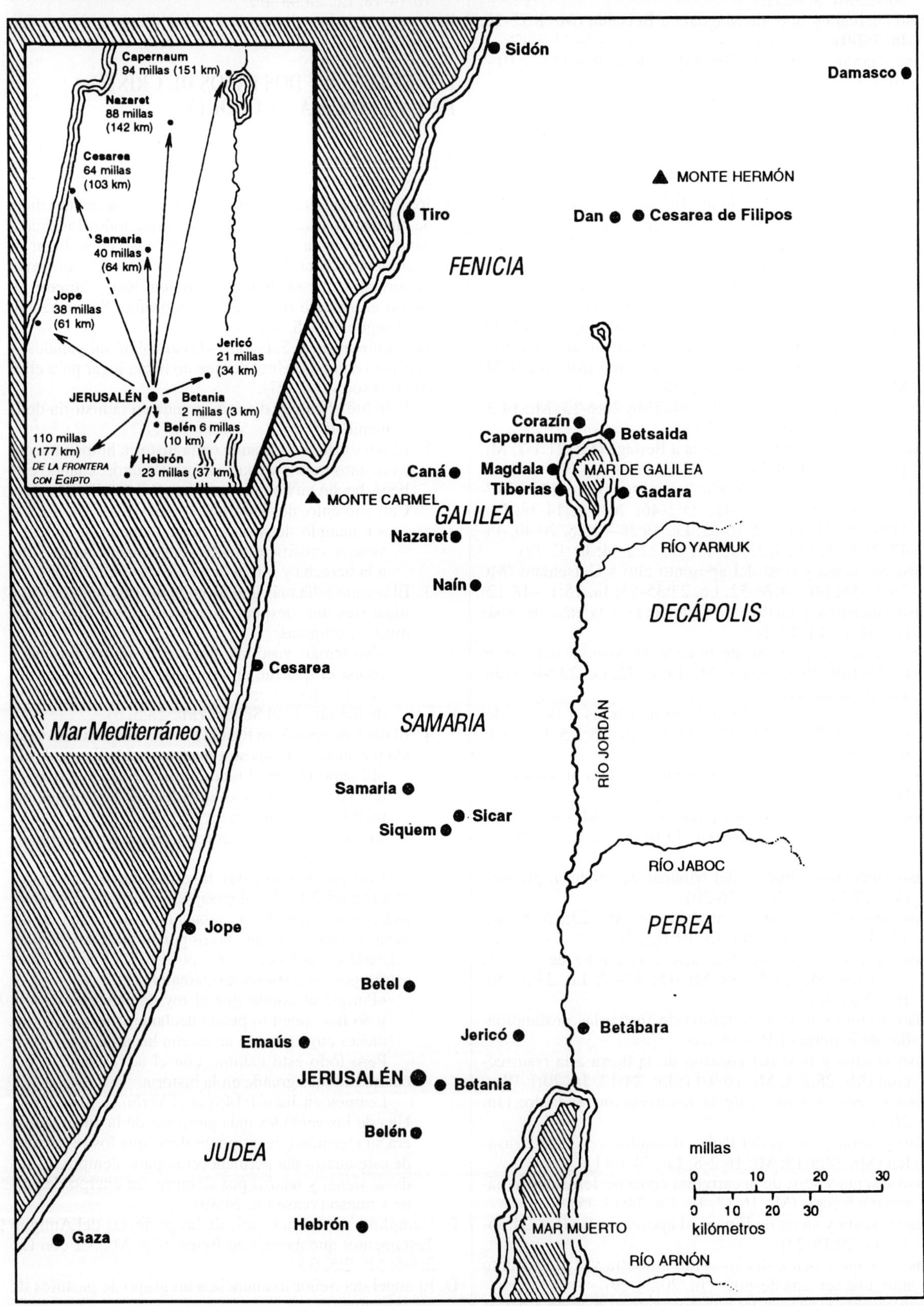

todo el pueblo» (Lc. 2:10). Véanse Génesis 12:3; Mateo 28:19; Lucas 2:31. 32; 24:47; Colosenses 1:23. «Que os ha nacido hoy, en la ciudad de David, un Salvador, que es Cristo el Señor ... Hallaréis al niño envuelto en pañales, acostado en un pesebre» (Lc. 2:11, 12).

E. Se le unió entonces al ángel una multitud de las huestes celestiales, alabando a Dios y diciendo: «¡Gloria a Dios en las alturas, y en la tierra paz, buena voluntad para con los hombres!» (Lc. 2:14). (Véase también Lc. 19:38.)

F. Los pastores fueron después a donde estaba el niño y le adoraron, y regresaron alabando a Dios.

G. El niño fue circuncidado al octavo día y le pusieron oficialmente el nombre de Jesús. (Véanse Gn. 17:12; Lv. 12:3.) Algunos han alegado que, aparte del testimonio de los escritores del Nuevo Testamento, no existe prueba secular de la historicidad de Jesús. Pero esto sencillamente no es cierto, porque hallamos menciones de su vida y de su muerte tanto en los antiguos registros romanos como en los judíos. Las siguientes citas lo demuestran:

«Jesús de Nazaret fue colgado en la víspera de la pascua. Durante los cuarenta días anteriores un heraldo iba delante de él pregonando: "Merece ser apedreado porque ha practicado la magia, ha extraviado a muchos en Israel y los ha incitado a la rebelión. Se permite que todo aquel que tenga algo que decir en su defensa que salga." Pero nadie lo hizo y fue colgado en la víspera de la Pascua.» (De *The Babylonial Jewish Talmud.)*

El Talmud también informa que Jesús fue un hijo ilegítimo de María y un soldado romano llamado Ben-Panther.

«Por este tiempo vivió un hombre sabio llamado Jesús, y su conducta era buena, y era sabido que era virtuoso. Muchos de entre los judíos y de las otras naciones se hicieron discípulos suyos. Pilato lo condenó a ser crucificado y a morir. Pero los que habían venido a ser sus discípulos no abandonaron el discipulado. Informaron que se les había aparecido tres días después de su crucifixión, y que estaba vivo. Por ello, quizá fue el Mesías, acerca de quien los profetas han dicho maravillas. Y la tribu de los cristianos, así llamada por él, no ha desaparecido hasta el día de hoy.» (*Josefo: Las obras esenciales,* Grand Rapids: Editorial Portavoz, p. 269.)

«Christus, el originador del nombre, había sufrido la pena de muerte durante el reinado de Tiberio, por sentencia del procurador Poncio Pilato, y la superstición quedó controlada por un momento, pero volvió a extenderse no solamente en Judea sino en la misma capital de Roma...» (*Anales,* de Tácito, escritor romano).

«Decir que en la antigüedad tenían el hábito de atribuir nacimientos sobrenaturales a sus grandes personajes y que el cristianismo siguió por el mismo camino es engañoso. ¿Son los nacimientos virginales de la antigüedad de la misma clase del que se atribuye a Jesús en los evangelios? Las palabras de Louis Matthew Sweet son dignas de mencionarse:

"Después de un estudio cuidadoso y laborioso, y a veces agotador, de la evidencia ofrecida y de las analogías aportadas, estoy convencido de que el paganismo no sabía nada acerca de nacimientos virginales. Son innumerables los nacimientos sobrenaturales, pero nunca aparece un nacimiento virginal en el sentido del Nuevo Testamento y jamás sin generación física, excepto en unos pocos casos de nacimientos mágicos de parte de una mujer que no tenía la menor pretensión de ser llamada virgen. En todos los casos registrados que he sido capaz de examinar, si la mujer había sido virgen antes de la concepción, no podía reclamar serlo después del parto."» (*A Short Life of Christ*, E. Harrison, p. 45.)

Las Escrituras no especifican el tiempo del año en que Cristo nació. La primera celebración conocida del 25 de diciembre está asociada con la iglesia en Roma a mediados del siglo cuarto, pero la práctica puede provenir del siglo segundo. El 6 de enero era la fecha observada en las iglesias orientales. Muchos han llegado a la conclusión de que el nacimiento no pudo acontecer en diciembre en razón del tiempo frío, porque los pastores difícilmente tendrían sus rebaños expuestos al frío en los montes. Pero la fecha tradicional no resulta totalmente inaceptable, porque la baja temperatura que a veces se produce en invierno se hace sentir generalmente después del tiempo de Navidad.

Nota especial de estudio: paremos en este punto y consideremos seis preguntas que pueden producirse en relación con los eventos que nos llevan al nacimiento del Salvador.

1. ¿Por qué el ángel Gabriel reprendió a Zacarías por su pregunta y no lo hizo con María por la misma causa?
   a. Zacarías: «¿En qué conoceré esto? Porque yo soy viejo, y mi mujer es de edad avanzada.» (Lc. 1:18).
   b. María: «¿Cómo será esto? pues yo no conozco varón» (Lc. 1:34). Respuesta: Zacarías llevaba muchos años orando por un hijo (Lc. 1:13), pero cuando llegó la respuesta dudó del poder de Dios para cumplirlo. Cuando algo maravilloso ocurre la persona más sorprendida es precisamente aquel cristiano que ha estado orando fervientemente porque sucediera. Sin embargo, no hay razón para pensar que María hubiera estado orando para ser la madre de Jesús.

   Un ejemplo clásico de esto lo encontramos en el libro de Hechos. Pedro estaba en la cárcel esperando ser ejecutado, y cuando los creyentes en Jerusalén se enteraron «la iglesia hacía sin cesar oración a Dios por él» (Hch 12:5). Por orden de Dios, un ángel llevó a cabo un rescate espectacular. Nada más quedar liberado Pedro corrió al culto de oración para dar la gran noticia. Notemos el sorprendente relato:

   «Y habiendo considerado esto, llegó a casa de María la madre de Juan, el que tenía por sobrenombre Marcos, donde muchos estaban reunidos orando. Cuando llamó Pedro a la puerta del patio, salió a escuchar una muchacha llamada Rode, la cual, cuando reconoció la voz de Pedro, de gozo no abrió la puerta, sino que corriendo adentro, dio la nueva de que Pedro estaba a la puerta. Y ellos le dijeron: Estás loca. Pero ella aseguraba que así era. Entonces ellos decían: ¡Es su ángel! Mas Pedro persistía en llamar; y cuando abrieron y le vieron, se quedaron atónitos» (Hch. 12:12-16).

   Pedro tuvo más dificultades en entrar a aquella reunión de oración que en salir de la cárcel.

2. ¿Por qué José y María esperaron tanto tiempo antes de marchar a Belén? Sabemos que ambos habían creído el mensaje del ángel acerca del niño en el vientre de María y estaban sin duda conscientes de la profecía de Miqueas 5:2 que declaraba que el Cristo nacería en Belén. ¿Por qué esperaron hasta el último minuto para partir? En realidad, uno tiende a pensar que si no hubiera sido por el decreto de César Augusto ellos ni siquiera habrían ido.

   Respuesta: Este autor no ha encontrado una respuesta satisfactoria. Quizá es mejor concluir que José (siendo un hombre de Dios como era) tuvo buenas razones para actuar de la manera en que lo hizo. Quizá el lector desee explorar un poco más.

3. ¿Por qué María y José no se hospedaron con sus familiares en Belén? Los mesones de aquellos días no

ÁNGELES Y DEMONIOS EN LA VIDA DE CRISTO

ÁNGELES	DEMONIOS
• Fueron creados por medio de Él y para Él **(Col. 1:16)**	• Le conocían **(Mr. 3:11; Lc. 4:34; Hch. 16:15)**
• Le adoran **(He. 1:6)**	• Le temían **(Lc. 8:28)**
• Predijeron su nacimiento **(Mt. 1:20, 21; Lc. 1:31)**	• Le obedecían **(Mr. 5;13)**
• Anunciaron su nacimiento **(Lc. 2:9-13)**	• Los expulsó de los humanos
• Le protegieron de Herodes **(Mt. 2:13; Sal. 91:11)**	*1. Un endemoniado en Capernaum* **(Mr. 1:25; Lc. 4:35)**
• Le ministraron en el desierto **(Mt. 4:11)**	2. Un endemoniado gadareno **(Mt. 8:32; Mr. 5:8; Lc. 8:33)**
• Le sirvieron en Getsemaní **(Lc. 22:43)**	3. Un mudo endemoniado **(Mt. 9:33)**
• Quitaron la piedra de la tumba **(Mt. 28:2)**	4. Una muchacha endemoniada **(Mt. 15:28; Mr. 7:29)**
• Anunciaron su resurrección **(Mt. 28:6)**	*5. Un muchacho endemoniado* **(Mt. 17:18; Mr. 9:25; Lc. 9:42)**
• Predijeron su Segunda Venida **(Hch. 1:10, 11)**	*6. Un endemoniado ciego y mudo* **(Mt. 12:22; Lc. 11:14)**
• Le acompañarán en su Segunda Venida **(2 Ts. 1:7, 8)**	*7. Una mujer con espíritu de enfermedad por dieciocho años* **(Lc. 13:10-17)**
	8. María Magdalena **(Mr. 16:9; Lc. 8:2)**

eran lugares de buena fama, por lo que José se debió sentir desesperado al tener que someter a su esposa embarazada al pecado y ruido de semejante lugar. Pero incluso esta posibilidad les fue negada.

Respuesta: Habría sido bastante difícil para ellos explicar (o esperar que entendieran) la naturaleza del nacimiento virginal. Todos los chismosos sabrían ya que José y María llevaban sólo seis meses casados, y allí estaba ella, esperando un bebé para esos días. ¿Sería de José? ¿No sería de algún extraño? José evitó el contacto con los familiares para librar a su amada esposa de todo esto.

4. ¿Por qué nació Jesús en un lugar que aparentemente servía para albergar animales?

   Respuesta: Porque los corderos nacían generalmente en un corral y éste era el Cordero de Dios.

5. ¿Por qué los ángeles aparecieron primero a los pastores?

   Respuesta: Porque ningún otro grupo humano en la tierra habría entendido mejor lo que Dios estaba llevando a cabo que aquellos hombres que criaban corderos y después los vendían para el propósito de los sacrificios en el templo. (Véanse Jn. 1:29; 10:11.)

   Nota: Ellos llegarían a entender después que en el pasado las ovejas habían muerto por el pastor, pero ahora el Pastor planeaba morir por las ovejas (Jn. 10:11).

   Cuando los pastores escucharon las buenas nuevas «vinieron, pues, apresuradamente» (Lc. 2:16). Después de encontrar a Jesús «dieron a conocer lo que se les había dicho acerca del niño ... y volvieron glorificando y alabando a Dios por todas las cosas que habían oído y visto...» (Lc. 2:17-20).

6. ¿Por qué usó Dios a los ángeles primero?

   Respuesta:

   a. Porque los ángeles están interesados en los asuntos de la salvación. (Véanse 1 P. 1:12; Ex. 25:20; Dn. 12:5, 6; Lc. 15:10; Ef. 3:10.)
   b. Porque estuvieron presentes en la creación del mundo y se regocijaron (Job 38:7). Es, pues, muy lógico que Dios les permitiera estar cerca en la presentación del Salvador del mundo.

Paso dos: de Belén a Jerusalén

(Lc. 2:22-38)

A. Jesús es llevado al templo para su dedicación al Señor.
   1. Tenía al menos cuarenta días en este momento, porque María habría sido considerada ceremonialmente impura hasta pasado este tiempo después del alumbramiento. (Véanse Lv. 12:2-4; Ex. 13:2.)
   2. Tenían que presentar dos ofrendas (Lv. 12:6).
      a. Un cordero de un año como holocausto.
      b. Un palomino o tórtola como ofrenda por el pecado.
   3. Sin embargo, si la familia era pobre, el Señor aceptaba dos aves (Lv. 12:8).
   4. José y María ofrecieron estas dos aves en lugar del cordero.

B. El Espíritu Santo había prometido a un anciano llamado Simeón que viviría hasta que viera al Mesías. Cuando Jesús fue llevado al templo, Simeón reconoce inmediatamente a este bebé de cuarenta días como el Ungido del Señor.

C. Simeón toma al pequeño Salvador en sus brazos.
   1. Da gracias al Padre por lo que había hecho.
   2. Predice lo que el Salvador hará.
      a. Será luz para los gentiles.
      b. Será la gloria de Israel.
      c. Será la causa de la caída y levantamiento de muchos en Israel. (Véanse Mt. 21:44; 1 Co. 1:23; 2 Co. 2:16; 2 P. 2:7.)

   d. Sus sufrimientos para lograr todo esto serán como una espada que traspasará el alma de María. (Véase Jn. 19:25, 26.)

D. Ana, una piadosa anciana de ochenta y cuatro años, llegó también en este momento y dio gracias al Padre por su don al mundo.
   1. Ella «no se apartaba del templo, sirviendo de noche y de día con ayunos y oraciones» (Lc. 2:37). (Véase también 1 Ti. 5:5.)
   2. Ana era una de las profetisas mencionadas en la Biblia.
      a. María, la hermana de Moisés, fue una (Ex. 15:20).
      b. Débora, juez de Israel, fue otra (Jue. 4:4).
      c. Hulda fue otra (2 R. 22:14).
      d. Las cuatro hijas de Felipe fueron profetisas (Hch. 21: 8, 9).

Paso tres: de Jerusalén a Nazaret
(Lc. 2:39)

Paso cuatro: de Nazaret a Belén
(Mt. 2:1-12) (Esto está implícito en el texto.)

A. Los magos llegaron a Jerusalén y le preguntaron a Herodes acerca del nacimiento del rey de los judíos. Consideremos varias preguntas que pueden ser formuladas.
   1. ¿Quiénes eran estos magos? Se ha pensado que eran quizá un grupo de astrónomos que vivía en el área de Mesopotamia.
   2. ¿Cómo asociaron la estrella con Jesús? Hay varias posibilidades. En el siglo XIV a.C., un profeta de este lugar llamado Balaam había hablado de esta estrella (Nm. 24:17). Tenían también los escritos de Daniel, quien había sido primer ministro de Babilonia y Persia unos 600 años antes de Cristo. Daniel, por supuesto, escribió mucho acerca de la Segunda Venida.
   3. ¿Por que fueron? Estos hombres estaban sin duda familiarizados con las diferentes religiones del Oriente, y sabían del vacío que todas ellas dejaban. Parece que siguieron a la estrella para encontrar paz y propósito para sus vidas.
   4. ¿Cuándo llegaron a Jerusalén? Quizá no sucedió sino como a los dos años después del anuncio de los ángeles a los pastores. Parece que el sentido del termi no «niño» en Mateo 2:9, 11, 13, 14 no es de bebé sino el de una criatura mayor. Cuando Herodes más tarde intentó quitarle la vida a este niño desconocido mandó matar a todos los niños de dos años para abajo (2:16).
   5. ¿Cuántos magos llegaron? No tenemos ninguna evidencia absoluta de que fueran tres. Por el contrario, el grupo puede haber sido desde dos a varios cientos.
   6. ¿Era la estrella una estrella normal y corriente? Quizá fue una luz especial creada por Dios para este propósito específico y no una esfera de gases incandescentes a miles de años luz de nuestra tierra.

B. El rey Herodes, turbado y preocupado, consultó con los principales sacerdotes y escribas acerca de la pregunta de los magos, y le informaron que Belén era el lugar del nacimiento del Mesías. (Véanse Mal. 2:7; Mi. 5:2.)

C. Herodes envía a los magos allá y les pide que le informen de sus averiguaciones, fingiendo estar deseoso de ir también él a adorarle, cuando lo que en realidad tramaba era matarlo.

   Nota: Los líderes judíos habían degenerado a tal nivel que no estaban dispuestos a caminar unos pocos kilómetros de Jerusalén a Belén a verificar si su Mesías de verdad había llegado. Pero aquí tenemos un grupo de sinceros gentiles que habían cruzado un árido y extenso desierto para encontrarlo.

D. Nada más llegar la estrella hasta la misma casa, se postraron a sus pies y le ofrecieron sus tesoros.
   1. Le ofrecieron oro, que habla de su deidad.
   2. Le ofrecieron incienso, que habla de su humanidad.
   3. Le ofrecieron mirra, que habla de sus futuros sufrimientos.
   4. Cumplimiento número siete de las profecías del Antiguo Testamento: que sería adorado por hombres poderosos y le ofrecerían presentes. (Cp. Sal. 72:10 e Is. 60:3, 6, 9 con Mt. 2:11.) Esta profecía dada por Isaías fue sólo parcialmente cumplida en su Primera Venida. El regalo de la mirra (símbolo de sus sufrimientos) no fue incluido por Isaías. La razón es porque esa profecía tendrá su cumplimiento último durante la Segunda Venida, cuando todas las naciones le ofrezcan presentes, los cuales hablan de su gloriosa humanidad y perfecta divinidad. La mirra *no* será ofrecida en este momento porque sus sufrimientos habrán terminado.

E. Dios les advierte de los verdaderos planes de Herodes sobre Jesús y los magos regresan a su tierra por otro camino.

Paso cinco: de Belén a Egipto
(Mt. 2:13-18)

A. José es instruido en sueños por el ángel del Señor de que huyan a Egipto.

B. Cumplimiento número ocho de las profecías del Antiguo Testamento: que viviría en Egipto por un tiempo. (Cp. Nm. 24:8, Os. 11:1 con Mt. 2:15.)

C. Cuando Herodes descubre que ha sido burlado ordena la matanza de los niños del área de Belén de dos años para abajo.

D. Cumplimiento número nueve de las profecías del Antiguo Testamento: que en el lugar de su nacimiento habría una masacre de infantes. (Cp. Jer. 31:15 con Mt. 2:17, 18.)

   Nota: Vemos aquí una divina ironía. En el Antiguo Testamento Dios saca a su pueblo escogido de Egipto para escapar de la ira de Satanás, pero en el Nuevo Testamento lleva a su Hijo amado a Egipto para que escape de esa misma ira.

Paso seis: de Egipto a Nazaret
(Mt. 2:19-23; Lc. 2:40)

A. Después de la muerte de Herodes, el ángel del Señor se aparece otra vez a José y le instruye para que regresen a Israel. (Véase Is. 51:12.)

B. José obedece, pero a causa de que Arquelao, el hijo de Herodes que reinaba en Judea, sintió temor de ir a Belén y se estableció con su familia en Nazaret de Galilea (Mt. 2:22, 23).

C. Cumplimiento número diez de las profecías del Antiguo Testamento: que sería llamado nazareno. (Cp. Is. 11:1 con Mt. 2:23.)

D. En Nazaret Jesús crecía y se fortalecía, y se llenaba de sabiduría; y la gracia de Dios era con él (Lc. 2:40).

Paso siete: de Nazaret a Jerusalén
(Lc. 2:41-50)

A. Jesús participa en su primera Pascua que tenemos registrada a la edad de doce años.

B. A su regreso a casa se dan cuenta de que no está con ellos, y lo encuentran finalmente en el templo conversando con los doctores de la ley. (Véanse Is. 11:1-4; 49:1, 2; 50:4.)

C. Aquellos eruditos doctores se maravillaron de su comprensión. (Véanse también Mt. 7:28; Mr. 1:22; Lc. 4:22, 32; Jn. 7:15.)

D. Pronuncia en estos momentos sus primeras palabras registradas: «¿Por qué me buscabais? ¿No sabíais que en los negocios de mi Padre me es necesario estar?» (Lc. 2:49). Comparar estas con sus palabras en el camino del cielo a Belén (He. 10:5-7).

Paso ocho: de Jerusalén a Nazaret

(Lc. 2:51, 52)

A. Regresa con María y José y se somete a ellos. (Véase Fil. 2:5-8.)

B. Crecía en sabiduría y en estatura, y en gracia para con Dios y los hombres.

Jesús, cuando era muchacho, aprendió seguramente hebreo, arameo y griego. Tiempo después leyó de un rollo en hebreo en Nazaret (Lc. 4), enseñó a las multitudes en arameo, y conversó con Pilato en griego.

Pudo haber leído también el Testamento de los Doce Patriarcas, que era un relato no canónico concerniente al testimonio de los doce hijos de Jacob. Seguramente estaría familiarizado con libros judíos bien conocidos sobre la ley y los escritos.

Nota: Según Lucas 2:52, su crecimiento se produjo en cuatro dimensiones:

1. En sabiduría (madurez mental).
2. En estatura (madurez física).
3. En gracia para con Dios (madurez espiritual).
4. En gracia para con los hombres (madurez social).

> LA NIÑEZ DE JESÚS
>
> «Este pequeño pueblo de Nazaret, en el norte de Palestina, era una representación en miniatura de todo el país en el sentido de que su situación permitía el contacto rápido con el mundo exterior y al mismo tiempo una considerable separación; las mismas características que Israel había tenido históricamente. Su tierra se encontraba en el cruce de caminos del mundo, y al mismo tiempo separada de él a causa de su peculiar topografía, que confinaba el flujo de los viajeros hacia las tierras bajas, pasando por la meseta donde se centraba la vida de la nación.
>
> Cuando era un muchacho, Jesús podía observar el horizonte en todas direcciones desde la cima de los montes de Nazaret. Los viajeros dan testimonio de la magnificencia del panorama desde estas alturas. La vista incluía al mar Mediterráneo hacia el oeste, el monte Carmelo y el llano de Sarón hacia el sur, el valle del Esdraelón y el monte Tabor al norte, el collado de More y el monte Gilboa en el sur, y Samaria más allá; todos formando casi una línea perfecta al norte y sur. Hacia el este, más allá de la depresión formada por el mar de Galilea y el Jordán, se levantaban los montes que señalaban el comienzo de la tierra de Basán y Galaad. Hacia el norte se extendía la quebrada región de Galilea, elevándose en forma de meseta en la distancia, con el monte Hermón brillando y sobresaliendo en el noreste.
>
> Ningún patriota hebreo podía recrear sus ojos en estos escenarios sin recordar los emocionantes eventos históricos que quedaron asociados para siempre con ellos: el triunfo de Elías sobre los profetas de Baal, la victoria de Débora y Barac, la derrota de los madianitas por Gedeón y sus cuatrocientos, la sentida muerte de Saúl y de Jonatán. Estos y otros muchos episodios resurgían fácilmente del pasado y eran revividos con la imaginación. Sí, Nazaret estaba retirado, pero no muy lejos de este remanso se hallaba el mundo de los negocios humanos. Su beneficio inmediato para Jesús fue proporcionarle una vida sencilla y, a la vez, no muy lejos, estaba la puerta de una vida más compleja y dinámica en la que él ministraría.
>
> Nazaret dependía para su sobrevivencia del cultivo de sus campos de cereales, viñas y arboledas, que se extendían a todo lo largo de los montes que la rodeaban. Aunque su trabajo le retenía en el pueblo, a Jesús le gustaba la vida del campo, y frecuentemente recorría la campiña disfrutando de su vista y sonidos. Años después, cuando buscaba escapar de la compañía humana para estar en comunión con el Padre, permaneció fiel a la influencia del medio en sus primeros años.
>
> A juzgar por sus parábolas, Jesús debió cultivar temprano en su vida el hábito de observar lo que sucedía a su alrededor. Pudo ver que no toda la semilla sembrada caía en buena tierra. Aprendió que era necesario tener árboles buenos a fin de asegurar frutos buenos.
>
> Preparó muchas veces el horno y lo alimentó con hierbas secas a fin de que su madre pudiera cocinar, hierbas que hacía poco habían estado creciendo en los campos. Probablemente había observado a María encender una luz y buscar cuidadosamente la moneda que se le había caído de la mano y rodado lejos de la vista. Tanto en su vida dentro de la casa como fuera de ella, estaba siempre alerta a lo que sucedía a su alrededor. Estas experiencias de sus primeros años le proporcionaron muchas ilustraciones de la vida real que usó cuando estuvo delante de la multitud enseñando.» (Everett F. Harrison, *A Short Life of Christ*, pp. 56, 57.)

Paso nueve: de Nazaret a Betábara a orillas del Jordán

(Mt. 3:13-17; Mr. 1:9-11; Lc. 3:21, 22). Jesús tiene ahora treinta años de edad (Lc. 3:23). (Véase también Nm. 4:1-3.)

A. Jesús es bautizado por Juan (quien se resiste alegando que es indigno de hacerlo) a fin de cumplir toda justicia. Encontramos una serie de bautismos mencionados en los evangelios. La palabra bautismo significa «identificarse con».

1. El bautismo de Juan el Bautista. Este era un bautismo nacional. (Véase Mr. 1:4.)
2. El bautismo de Jesús.
   a. Con agua por Juan (Mt. 3:15).
   b. Con el Espíritu Santo por el Padre (Mt. 3:16).
3. El bautismo del pecado sobre Jesús en el Calvario (Lc. 12:50; Mt. 20:22).
4. El bautismo del Espíritu Santo sobre los creyentes en pentecostés (Mt. 3:11*b*).
5. El bautismo de la ira de Dios sobre los pecadores en la tribulación (Mt. 3:11*b*; 3:12; 13:30).
6. El bautismo de los creyentes (Mt. 28:19).

   ¿Por qué fue Cristo bautizado? Se han dado cuatro razones:

7. Para identificarse con el oficio de profeta, sacerdote y rey. Estos tres eran ungidos en el Antiguo Testamento. En Levítico 8 tenemos la descripción del triple ungimiento de un sacerdote. Lo lavaban primeramente con agua, después lo ungían con aceite, y finalmente con sangre. Cristo se sometió a los dos primeros (el bautismo de agua y el del aceite del Espíritu), pero no al tercero.
8. Para identificarse a sí mismo ante Juan. (Véase Jn. 1:31-34.)
9. Para identificarse con Israel (Jn. 1:11).

10. Para identificarse con los pecadores (Is. 53:12; 2 Co. 5:21.)

B. Primera oración: en su bautismo (Lc. 3:21).

C. El Espíritu Santo desciende sobre él en forma de paloma, y el Padre expresa su complacencia. Aquí vemos a la Trinidad en acción. Notemos la declaración de Juan en este momento:

«... Vi al Espíritu que descendía del cielo como paloma, y permaneció sobre él. Y yo no le conocía; pero el que me envió a bautizar con agua, aquel me dijo: Sobre quien veas descender el Espíritu y que permanece sobre él, ése es el que bautiza con el Espíritu Santo» (Jn. 1:32, 33). (Véanse también Is. 11:2; 42:1.)

1. El ministerio del Espíritu Santo en la vida de Jesús:
   a. Fue engendrado por el Espíritu Santo (Lc. 1:35).
   b. Fue ungido aquí por el Espíritu Santo (Mt. 3:16). (Véase He. 1:9.)
   c. Predicó en el poder del Espíritu Santo (Lc. 4:18).
   d. Fue sellado por el Espíritu Santo (Jn. 6:27).
   e. Estaba guiado por el Espíritu Santo (Mt. 4:1).
   f. Obró sus milagros por medio del Espíritu Santo (Mt. 12:28; véase también Hch. 10:38).
   g. Estaba lleno del Espíritu Santo (Jn. 3:34; Lc. 4:1).
   h. Se conmovió en el Espíritu Santo (Jn. 11:33).
   i. Se regocijó en el Espíritu Santo (Lc. 10:21).
   j. Se ofreció a Sí mismo en el Calvario mediante el Espíritu Santo (He. 9:14).
   k. Fue levantado de entre los muertos por el Espíritu Santo (Ro. 1:4; 1 P. 3:18).
   l. Dio mandamiento a sus discípulos después de la resurrección por medio del Espíritu Santo (Hch. 1:2).
   m. Un día volverá y levantará a los muertos en Cristo por medio del Espíritu Santo (Ro. 8:11).
2. El ministerio del Padre en la vida de Jesús.
   a. Envía a su Hijo (Jn. 3:16; Gá. 4:4; Jn. 6:57; 8:16-18; 12:49).
   b. Sella a su Hijo (Jn. 6:27).
   c. Le enseña (Jn. 8:28).
   d. Le honra (Jn. 8:54).
   e. Le da mandamiento (Jn. 10:18).
   f. Da testimonio del Hijo (Jn. 8:18).
   g. Ama a su Hijo (Jn. 10:17).
   h. Glorifica a su Hijo (Jn. 12:28; 17:1).
   i. Resucita al Hijo (Ef. 1:20).
   j. Le exalta (Fil. 2:9-11; Ef. 1:20).
   k. Le hace cabeza de la Iglesia (Ef. 1:22).
   l. Le unge (Is. 61:1; Hch. 10:38).
   m. Se deleita en el Hijo (Is. 42:1; Mt. 3:17; 17:5; 2 P. 1:17).
   n. Escucha al Hijo (Mt. 26:53; Jn. 11:41, 42; 12:27, 28).
   ñ. Ofrece a su Hijo (Jn. 3:16; 18:11; Ro. 8:32, 1 Jn. 4:9, 10).
   o. Le da la autoridad de hacer juicio (Jn. 5:22, 27).

   Nota: esta es la primera de al menos tres ocasiones en las que el Padre habla desde el cielo acerca de su amado Hijo (véanse Mt. 17:5 y Jn. 12:28). Aunque la doctrina de la Trinidad está insinuada y anunciada en el Antiguo Testamento, la encontramos claramente manifestada por primera vez en la experiencia del bautismo de Cristo.

Paso diez: de Betábara a la tentación en el desierto

(Mt. 4:1-11; Mr. 1:12, 13; Lc. 4:1-13)

A. El hecho de su tentación: fue llevado por el Espíritu al desierto, y permaneció allí, con las fieras, durante cuarenta días ayunando.

B. La naturaleza de sus tentaciones: después de los cuarenta días, aparece Satanás y le tienta.
1. Primera tentación: convertir las piedras en pan.
2. Segunda tentación: saltar desde el pináculo del templo.
3. Tercera tentación: postrarse ante Satanás y adorarle.

C. La teología involucrada en las tentaciones:
1. ¿Sabía Satanás a quién estaba tentando? Sin duda que sí. El relato en Mateo 4:3 y 4:6 aparecen en el modo indicativo en el griego y deberían traducirse: «Puesto que eres el Hijo de Dios...»

EL BAUTISMO DE CRISTO

LAS RAZONES PARA EL BAUTISMO DE CRISTO

IDENTIFICACIÓN

UNO: para identificarse con los tres oficios y ungimientos del **Antiguo Testamento**

OFICIOS	*UNGIMIENTOS*	*CUMPLIMIENTO*
Profeta: sólo aceite	1. Con agua **(Lv. 8:6)**	Por Juan **(Mt. 3:15)**
Sacerdote: los tres	2. Con aceite **(Lv. 8:12)**	Por el Espíritu Santo **(Mt. 3:16)**
Rey: sólo aceite	3. Con sangre **(Lv. 8:23)**	Por Él mismo **(Mt. 26:28)**

DOS: para identificarse con el **MENSAJE DE JUAN (Jn. 1:31-34)**

TRES: para identificarse con **ISRAEL (Jn. 1:11)**

CUATRO: para identificarse con los **PECADORES (Is. 53:12; 2 Co. 5:21)**

LA TRINIDAD EN EL BAUTISMO DE CRISTO

Cristo es ungido por el Espíritu Santo	«Y Jesús, después que fue bautizado, subió luego del agua; y he aquí los cielos le fueron abiertos, y vio al Espíritu de Dios que descendía como paloma, y venía sobre él» **(Mt. 3:16).**
Cristo es aprobado por el Padre	«Y hubo una voz de los cielos que decía: Este es mi Hijo amado, en quien tengo complacencia» **(Mt. 3:17).**

TRIPLE APROBACIÓN DE CRISTO POR DIOS

Primera **(Mt. 3:17)** Segunda **(Mt. 17:5)** Tercera **(Jn. 12:28)**

2. ¿Qué beneficios le ofrecía Satanás a él?
   a. Primera tentación: satisfacer su estómago (y así depender de su propios recursos).
   b. Segunda tentación: saltar del templo (y así forzar la mano del Padre).
   c. Tercera tentación: hacerse con los reinos de este mundo (y así rechazar el Calvario).
3. ¿Qué método usó Satanás durante la segunda tentación? Intentó confundir a Cristo citando las Escrituras fuera de contexto. (Cp. Mt. 4:6 con Sal. 91:11, 12.)
4. ¿Tenía Satanás realmente el derecho de ofrecerle «todos los reinos del mundo y la gloria de ellos» (Mt. 4:8)? ¡Por supuesto que sí! (Véanse Ap. 13:7; Jn. 14:30.)
5. ¿Cómo respondió Cristo a Satanás? Mediante la Palabra de Dios.
   a. Primera tentación: «Escrito está: No sólo de pan vivirá el hombre, sino de toda palabra que sale de la boca de Dios.» (Cp. Mt. 4:4 con Dt. 8:3.)
   b. Segunda tentación: «Escrito está también: No tentarás al Señor tu Dios.» (Cp. Mt. 4:7 con Dt. 6:16.)

      Esta tentación fue probablemente un intento de Satanás de hacer cumplir en forma prematura (y equivocada) Malaquías 3:1:

      «He aquí, yo envío mi mensajero, el cual preparará el camino delante de mí; y vendrá súbitamente a su templo el Señor a quien vosotros buscáis, y el ángel del pacto, a quien deseáis vosotros. He aquí viene, ha dicho Jehová de los ejércitos.»

      El objetivo principal de Satanás en las tentaciones era hacer que Jesús actuara por sí mismo, independiente del Padre. ¿Qué significa realmente tentar a Dios? Se dice que Israel había tentado a Dios en diez ocasiones en su camino a la Tierra Prometida (véanse Nm. 14:11, 22; He. 3:9). Significa sencillamente sospechar de la bondad de Dios; se refiere a usar la bondad de Dios en una manera egoísta; quiere decir forzar la mano de Dios en algo. Si Cristo hubiera llegado a saltar desde el pináculo del templo, habría obligado a Dios a actuar para evitar que destruyera su cuerpo físico estrellándose contra el suelo.
   c. Tercera tentación: «Vete, Satanás, porque escrito está: Al Señor tu Dios adorarás, y a él sólo servirás.» (Cp. Mt. 4:10 con Dt. 6:13.) (Véase también Stg. 4:7.)

      El doctor Everett F. Harrison escribe lo siguiente en relación con la tercera tentación:

      «Satanás es desenmascarado en este episodio final. No podemos creer que está actuando por el interés del Hijo de Dios, pues no ofrece ninguna referencia de las Escrituras. Satanás nos descubre lo más íntimo de su ser. Aunque disfruta con la distinción de ser el príncipe de este mundo, distinción que sólo el pecado le pudo permitir alcanzar, codicia algo más que es infinitamente superior. Quisiera ser como el Altísimo. Desea recibir lo que es la prerrogativa más característica y exclusiva de Dios, la adoración. Un ángel verdadero aborrece tan sólo el pensamiento de ser adorado (Ap. 22:8, 9), pero este ángel caído lo codicia con todas sus fuerzas.

      Que tal oferta se le hiciera a Jesús da testimonio de su grandeza. Es muy importante lo que está en juego. Cuando Satanás hizo de Judas su víctima, el cebo fueron treinta monedas de plata. Satanás no pudo haber hecho una oferta más tentadora a nuestro Señor, porque las naciones y los confines de la tierra era la herencia prometida al Mesías (Sal. 2:8). En el Salmo 2 este pasaje sigue inmediatamente al reconocimiento divino del Mesías como Hijo. 'Pídeme', dice Dios; pero Satanás descaradamente usurpa el lugar del Altísimo.» (*A Short Life of Christ*, p. 90.)

      Y como hemos visto aquí, Cristo cita cada vez el libro de Deuteronomio. No es por accidente que la alta crítica en Alemania empezó su ataque a la Biblia con Deuteronomio.
6. ¿Es esta la única vez que Satanás tentó a Cristo? No; en Lucas 4:13 se nos dice: «Y cuando el diablo hubo acabado toda tentación, se apartó de él por un tiempo.» Notemos especialmente las tres últimas palabras. Satanás tentó a Cristo a lo largo de todo su ministerio (véase Mt. 16:23).
7. ¿Qué ocurrió después de las tentaciones en el desierto? «El diablo entonces le dejó; y he aquí vinieron ángeles y le servían» (Mt. 4:11). Los ángeles del cielo tuvieron un papel importante en el ministerio terrenal de Cristo.
   a. Le adoraron (He. 1:6).
   b. Anunciaron su nacimiento (Lc. 1—2; Mt. 1).
   c. Le ministraron:
      (1) En el desierto (Mt. 4:11).
      (2) En Getsemaní (Lc. 22:43).
   d. Quitaron la piedra de la tumba (Mt. 28:2).
   e. Estuvieron presentes en su ascensión (Hch. 1:10, 11).
   f. Anunciaron su resurrección (Mt. 28:6).
   g. Le acompañarán en su Segunda Venida (2 Ts. 1:7, 8).
8. ¿Pudo haber Cristo pecado durante la experiencia de las tentaciones? No; Dios no puede pecar. La Biblia declara que:
   a. Él no conoció pecado (2 Co. 5:21).
   b. No cometió pecado (1 P. 2:22; He. 4:15).
   c. No hay pecado en él (1 Jn. 3:5; Jn. 14:30) (Véase también He. 7:26.)
9. ¿Cuál fue el propósito de las tentaciones?
   a. El propósito no era ver si Él lo haría, sino probar que Él no podía pecar.

      Durante la colonización del Oeste americano, una compañía de ferrocarril se enfrentó con un problema. Un puente que cruzaba un profundo precipicio tenía la mala fama de no ser seguro. La investigación cuidadosa de los ingenieros del ferrocarril demostró que el temor era infundado, pero el rumor persistía. Al final decidieron formar un tren compuesto solamente de máquinas muy pesadas y durante un día completo cientos le vieron cruzar una y otra vez por encima del puente. ¿Por qué lo hicieron? ¿Lo hicieron los ingenieros para ver *si* el puente aguantaba, o lo hicieron para demostrar que *sí* resistiría? La respuesta obvia que daremos a este ejemplo se aplica al propósito de las tentaciones de Cristo.
   b. El propósito era proveer al creyente con un sumo sacerdote experimentado. (Véanse He. 4:15; 2:18.)

Paso once: de las tentaciones en el desierto a Betábara *(Jn. 1:29-42)*

A. Juan el Bautista presentó al Mesías como el Cordero de Dios.

«… He aquí el Cordero de Dios, que quita el pecado del mundo» (Jn. 1:29).

Sin ser quizá plenamente consciente de ello Juan estaba respondiendo a la pregunta que había hecho un jovencito veinte siglos antes.

«Entonces habló Isaac a Abraham su padre, y dijo: Padre mío. Y él respondió: Heme aquí, mi hijo. Y él dijo: He aquí el fuego y la leña; mas ¿dónde está el cordero para el holocausto?» (Gn. 22:7).

Escuchemos la conclusión gloriosa de este maravillosa tema mediante la voz de los ángeles del cielo que claman:

«El Cordero que fue inmolado es digno de tomar el poder, las riquezas, la sabiduría, la fortaleza, la honra, la gloria y la alabanza» (Ap. 5:12). (Véanse Gn. 22:7; Ex. 12:3; Is. 53:7; 1 P. 1:19; Ap. 5:6.)

B. Juan cuenta cómo reconoció Él al Mesías cuando el Espíritu descendió sobre Él en forma de paloma.

C. Juan, hijo de Zebedeo, y Andrés, el hermano más joven de Pedro, dos de los discípulos de Juan el Bautista, dejan a éste y siguen a Cristo.

D. Al poco tiempo Andrés lleva a su hermano Pedro a Cristo. Sin darse cuenta de ello, Andrés responde a la pregunta del perplejo Job:
   1. Job: «¡Quién me diera el saber dónde hallar a Dios!» (23:3).
   2. Andrés a Pedro: «Hemos hallado al Mesías (que traducido es, el Cristo)» (Jn. 1:41).

E. Jesús llamó «Cefas» (que quiere decir, Pedro [piedra]) a Simón. El propósito de Dios es cambiar los nombres (caracteres) de los hombres. (Véase Ap. 3:12.)
   1. Cambió a Abram por Abraham (Gn. 17:5).
   2. Cambió a Sarai por Sara (Gn. 17:15).
   3. Cambió a Jacob por Israel (Gn. 32:28).
   4. Cambió a Saúl por Pablo (Hch. 13:9).

Paso doce: de Betábara a Betsaida

(Jn. 1:43-51)

A. Jesús se encuentra con Felipe y le llama para que le siga.

B. Felipe localiza a su amigo Natanael y le dice: «Hemos hallado a aquel de quien escribió Moisés en la ley, así como los profetas: a Jesús, el hijo de José de Nazaret» (Jn. 1:45).

C. Natanael se muestra escéptico: «¿De Nazaret puede venir algo bueno?» (Jn. 1:46).

D. Felipe responde en forma positiva: «Ven y ve» (Jn. 1:46).
   1. Notamos que Felipe, un recién convertido, no tenía una comprensión completa del nacimiento virginal, pero con todo era un testigo efectivo.
   2. A Natanael se le atragantó el título de «Jesús de Nazaret» que Felipe usó. Él sabía que el Mesías nacería en Belén. Además, parece que tenía mala opinión de los galileos.
   3. Felipe no se metió en discusiones, sino que le invitó:«Ven y ve».

E. Natanael confesó a Cristo como Hijo de Dios y Rey de Israel.
   1. Se quedó sorprendido de que Jesús sabía que él estaba sentado bajo una higuera cuando Felipe le habló. El Salvador siempre trata con los hombres en el nivel donde se encuentran.
      a. Trató con Natanael *bajo* una higuera (Jn. 1:48).
      b. Trató con Zaqueo *subido* a un árbol sicómoro (Lc. 19:4, 5).
      c. Trató con un ladrón moribundo *clavado* al árbol de la cruz (Lc. 23:39-43).
   2. Se le promete a Natanael que un día vería los cielos abiertos, y a los ángeles de Dios subiendo y descendiendo sobre el Hijo del Hombre (Jn. 1:51). Esto sucedió en la ascensión. (Véase Hch. 1:9-11.)

      Aunque Natanael usa para con él el título Rey de Israel (1:49), nuestro Señor prefiere para sí el de Hijo del Hombre (1:51). Este fue su título favorito y lo usó mucho más que ningún otro. Natanael y Felipe son los primeros en escucharlo.
   3. Primera predicción: en relación con su ascensión (Jn. 1:50, 51). 

      Nota: Es emocionante observar que la primera predicción registrada que tenemos de nuestro Señor no está relacionada con su sufrimiento, su muerte, o incluso su resurrección, sino con su ascensión. Como Isaías una vez declaró acerca de Dios:

      «Acordaos de las cosas pasadas desde los tiempos antiguos; porque yo soy Dios, y no hay otro Dios, y nada hay semejante a mí, que anunció lo porvenir desde el principio, y desde la antigüe-

LAS TENTACIONES DEL DESIERTO

Gn. 3:6	1 Jn. 2:16	Mt. 4:1-11; Lc. 4:1-13
COMO LA EXPERIMENTÓ EL PRIMER ADÁN	**COMO LA DESCRIBE JUAN**	**COMO LA EXPERIMENTÓ EL SEGUNDO ADÁN**
«El árbol era bueno para comer»	«Los deseos de la carne»	«. . . di que estas piedras se conviertan en pan.»
«Era agradable a los ojos»	«Los deseos de los ojos»	«. . . le mostró todos los reinos del mundo y la gloria de ellos.»
«Árbol codiciable para alcanzar sabiduría»	«Y la vanagloria de la vida»	«. . . échate abajo; porque . . . a sus ángeles mandará acerca de ti.»

La SUTILEZA SATÁNICA de las tentaciones de Cristo

Primera tentación	Segunda tentación	Tercera tentación
Llena tu vientre	**Salta del templo**	**Hazte con los reinos de este mundo**
Y depender así de sus propios recursos	Y forzar así la mano de Dios	Y evitar así el Calvario

dad lo que aún no era hecho; que digo: Mi consejo permanecerá, y haré todo lo que quiero» (46:9, 10).

Paso trece: de Betsaida a Caná

(Jn. 2:1-11)

A. Jesús, María y sus discípulos participan en una boda en Caná.
B. María informa a Jesús que se les había terminado el vino.
C. Él quiere ayudar en este embarazoso problema, pero amablemente le recuerda a María que el propósito de su venida a la tierra no era simplemente obrar milagros. (Cp. Jn. 2:4 con Jn. 12:23.)
D. María instruye a los criados : «Haced todo lo que os dijere» (Jn. 2:5). (Véanse también Lc. 5:5, 6; Hch. 9:6; He. 5:9; 11:8.)
E. Se les pidió que llenaran de agua seis tinajas de piedra que usaban para agua.
F. Primer milagro: transformación del agua en vino (Jn. 2:7-9). Es significativo que nuestro Señor escogiera una boda para llevar a cabo su primer milagro. El matrimonio es la más antigua e importante de las tres instituciones establecidas por Dios. Dios mismo ofició en la primera ceremonia de bodas en Edén (Gn. 2:20-25). El Padre elegiría después la relación entre un hombre y su esposa para ilustrar el amor de Cristo por su Iglesia (Ef. 5:22-33). Y el gran suceso de los siglos, que está todavía por venir, es una fiesta de bodas: el matrimonio del Hijo de Dios con su esposa elegida (Ap. 19:6-9).

   Jesús usó tinajas para agua a fin de realizar su primer milagro. El desea hacer lo mismo hoy, pero ahora usa vasos de barro vivientes. Si se lo permitimos, nos llenará con el agua de la Palabra de Dios, y cuando lo derramamos (ofreciéndoselo a otros) se transforma en el vino del Espíritu.
G. El encargado de la fiesta da testimonio de la excelente calidad del vino.

Paso catorce: de Caná a Capernaum

(Jn. 2:12) Este se convertiría pronto en su lugar de residencia.

Paso quince: de Capernaum a Jerusalén

(Jn. 2:13—3:21)

A. Jesús participa de la Pascua y visita el templo. Se requería que todos los varones subieran a Jerusalén tres veces al año, en el tiempo de las fiestas de la Pascua, pentecostés y los tabernáculos.
B. Lleva a cabo su primera limpieza del templo al echar de allí a los materializados vendedores y cambistas. Lo volvería a hacer otra vez al final de su ministerio. (Cp. Jn. 2:15 con Mt. 21:12.)
C. Cumplimiento número once de las profecías del Antiguo Testamento: que sería celoso de las cosas del Padre. (Cp. Sal. 69:9; 119:139 con Jn. 2:13-17.)

   Notemos la declaración: «El celo de tu casa me consume» (Jn. 2:17). Está tomada del Salmo 69, que es uno de los seis salmos más citados en el Nuevo Testamento. (Los otros son los Salmos 2, 22, 89, 110 y 118.)
D. Los judíos le demandaron una señal que justificara lo que había hecho.
E. Segunda predicción: concerniente a su muerte y resurrección (Jn. 2:19-22).
   1. Les dice que su templo sería destruido.
   2. El lo levantaría después en tres días.
   3. Los judíos pensaban que él se refería al templo de Herodes, que tomó cuarenta y seis años edificarlo. Posteriormente usaron esta declaración retorciéndola fuera de su contexto durante el juicio contra Jesús, e incluso mientras estaba en la cruz. (Véanse Mt. 26:61; 27:40; Mr. 15:29.)
   4. Él estaba, por supuesto, refiriéndose a su cuerpo. (Véanse 1 Co. 3:16; 6:19; 2 Co. 6:16.) Los judíos debieron saberlo, pues Jesús usó aquí dos palabras diferentes. Usó el término *hieron* para referirse al templo de Herodes y la palabra *naos* cuando hablaba de su cuerpo.
   5. Sus discípulos recordaron esta conversación después de la resurrección (Lc. 24:8).
   6. El gentío voluble empezó a seguirle después de su milagro en Caná y de su demostración de fuerza en el templo, pero Él los evitó, plenamente consciente de los motivos carnales que los inducían. (Cp. Jn. 2:24, 25 con Mt. 9:4; Mr. 2:8; Jn. 6:64.)
F. Nicodemo va a Jesús de noche (Jn. 3:1-21).
   1. Aunque este hombre era un líder y maestro religioso necesitaba nacer de nuevo. Notemos la pregunta de Jesús en 3:10: «¿Eres tú maestro de Israel, y no sabes esto?» En griego se usa el artículo definido y significa: «¿Eres tú *el* maestro de Israel?» Nicodemo pudo haber sido el maestro más famoso en aquellos días.
   2. Jesús ilustra la necesidad de su visitante refiriéndose a Moisés y a la serpiente de bronce. (Cp. Jn. 3:14 con Nm. 21:9.) En esta ocasión que relata el Antiguo Testamento, Dios había enviado serpientes venenosas para castigar las rebeliones de Israel. El pueblo se arrepintió y el Señor proveyó de un remedio. Colocaron una serpiente de metal sobre un poste de madera de manera que todos la vieran. Cualquiera que fuera mordido sólo necesitaba mirar a la serpiente para ser sanado.

      Podemos parafrasear de la siguiente manera lo que Jesús le estaba diciendo a Nicodemo:

      «Nicodemo: a semejanza de aquellos israelitas, tú has sido mordido por una serpiente: la serpiente del pecado. Es una mordedura incurable y fatal. Pero Dios pronto va a levantar una cruz a las afueras de Jerusalén y sobre ella va a poner a un Salvador.»

      Podemos decir que no es posible percibir completamente el más famoso versículo de la Biblia, Juan 3:16, a menos que tenga uno algo de conocimiento sobre su trasfondo, que encontramos en Juan 3:14:

      «Y como Moisés levantó la serpiente en el desierto, así es necesario que el Hijo del Hombre sea levantado.»
   3. Jesús le habla a Nicodemo del gran amor de Dios por el mundo (Jn. 3:16).
   4. Podemos formular varias preguntas aquí:
      a. ¿Por qué vino de noche? No lo sabemos, y no es justo que le tachemos de cobarde. Quizá la actividad diaria de ambos hombres lo requería así.
      b. ¿Qué sabía Nicodemo acerca de Jesús? Sabía que venía de Dios a causa de sus milagros sobrenaturales. (Cp. Jn. 3:2 con 20:30, 31.)
      c. ¿Qué quiso decir Jesús mediante la expresión «el que no naciere de agua y del Espíritu, no puede entrar en el reino de Dios» (Jn. 3:5)? Veamos las cuatro explicaciones que se han sugerido.
         (1) Se refería a la regeneración bautismal. Esta opinión queda, por supuesto, completamente refutada por otros pasajes bíblicos. (Véanse Ef. 2:8, 9; 1 Co. 1:17; Ro. 5:1.)
         (2) Se refería al saco de agua que acompaña al nacimiento físico para contrastar así el nacimiento físico con el espiritual. Estaba diciendo que lo que se requería para poder vivir en este mundo era tener un nacimiento físico, y de igual manera, el requerimiento para poder vivir un día en el cielo es tener un nacimien-

to espiritual. Aquellos que sostienen este punto de vista señalan a Juan 3:6, donde creen que Jesús clarifica su posición.

(3) Se refería al bautismo de arrepentimiento de Juan en el Jordán, el cual los fariseos habían rechazado. (Cp. Lc. 3:3 con 7:30.)

(4) Se refería a la Palabra de Dios (el agua) y al Espíritu de Dios (Espíritu), sin los cuales el hombre no puede jamás salvarse. (Véanse Jn. 16:8-11; Ro. 11:6-15.) Los que abogan por esta interpretación señalan que el agua en la Biblia es frecuentemente el símbolo reconocido de la Palabra de Dios. (Véanse Sal. 119:9; Jn. 4:14; Ef. 5:25. 26; Tit. 3:5.)

d. ¿Aceptó Nicodemo a Cristo? Hay fuerte evidencia de que sí lo hizo, aunque él no fue aparentemente el mejor discípulo en dar testimonio verbal de Cristo. (Véanse Jn. 7:50; 19:39.)

5. Tercera predicción: concerniente a su muerte (Jn. 3:14).
6. En 3:13 Jesús dice: «Nadie subió al cielo, sino el que descendió del cielo; el Hijo del Hombre, que está en el cielo.» ¿Cómo podemos reconciliar esta declaración con aquella que describe la marcha al cielo de Elías, donde se nos dice: «... y Elías subió al cielo en un torbellino» (2 R. 2:11)?

   Se ha sugerido que Jesús estaba hablando del tercer cielo de 2 Corintios 12:2, mientras que el cielo al cual Elías fue arrebatado era el paraíso (o seno de Abraham), el cual, antes de la cruz, se creía que estaba ubicado en el corazón de la tierra.

Paso dieciséis: de Jerusalén al río Jordán
(Jn. 3:22-26)

A. Jesús bautiza en el río Jordán.
B. Juan el Bautista da un fiel testimonio acerca de Cristo a sus propios discípulos.

Paso diecisiete: del río Jordán a Sicar en Samaria
(Mt. 4:12; Lc. 3:19, 20; Jn. 4:1-42)

A. Juan el Bautista es encarcelado por denunciar el matrimonio ilegal de Herodes (Mt. 4:12; Lc. 3:19, 20; Mr. 1:14).
B. Jesús se da cuenta de que los fariseos le están metiendo en una competencia bautismal con Juan el Bautista, de manera que se va de Judea a Galilea (Jn. 4:1-3).
C. Durante una parada en el camino, Jesús tiene oportunidad de dar testimonio y ganar a una mujer samaritana inmoral (Jn. 4:4-42)
   1. Le pide que le dé de beber del agua del pozo que Jacob dio a su hijo José, y ella le recuerda inmediatamente que hay un grave problema racial. (Cp. Jn. 4:9 con 2 R. 17:24; Esd. 4:3; Lc. 9:52.)
   2. El no hace caso de sus burlas y la ofrece agua viva. (Cp. Jn. 4:10 con Is. 12:3; Ap. 22:17.)
   3. Ella le pregunta si él es mayor que el patriarca Jacob.
   4. Jesús de nuevo pasa por alto sus bruscas palabras y por segunda vez le ofrece el agua viva.
   5. Cuando ella le pregunta por esta agua viva, él le recuerda amablemente su pasado pecaminoso, mencionándole sus cinco anteriores matrimonios y señalándole que al presente vive en adulterio con su sexto marido.
   6. En un intento desesperado por evitar este doloroso asunto, ella le hace una pregunta teológica en relación al lugar donde se debe adorar, si en Jerusalén o en el monte Gerizín en Samaria.
   7. Jesús le responde diciendo que Dios es Espíritu, y los que le adoran deben hacerlo en espíritu y en verdad.
   8. Jesús le revela que él es el Mesías (4:26). (Véanse también Jn. 9:37; Mr. 14:61, 62.)
   9. Los discípulos regresan de comprar alimentos, y Jesús les instruye sobre cómo ganar almas. (Cp. 4:35 con Mt. 9:37.)
   10. La mujer vuelve trayendo a un grupo de samaritanos para que escuchen a Cristo, y muchos de ellos creen en él.
D. Este pasaje contiene uno de los más grandes ejemplos de ganar almas en toda la Biblia. Notemos unos pocos de sus puntos prácticos:
   1. Jesús rehusó discutir con la mujer.
   2. Evitó quedar enredado en conceptos teológicos en disputa.
   3. Nunca intimidó a la mujer, aunque era una gran pecadora.
   4. Insistió en hablar del agua viva, que era el asunto (el único) que de verdad interesaba.
   5. Concluyó dirigiéndola hacia Él (4:26).
   6. El cristiano tiene sólo que levantar los ojos para ver la abundante cosecha de almas perdidas que hay a su alrededor.
   7. Los cristianos a veces siembran semillas que otros cosecharán, de la misma manera en que a veces cosechan lo que otros sembraron. Dios es el único que da el crecimiento. (Véase 1 Co. 3:5-9.)

Paso dieciocho: de Sicar a Caná
(Jn. 4:43-54)

A. Jesús entra en Galilea, pero pasa de largo por su ciudad de Nazaret y prosigue hacia Caná porque «el profeta no tiene honra en su propia tierra» (Jn. 4:44).
B. Se le acercó un funcionario del rey procedente de Capernaum que deseaba que sanara a su hijo moribundo.
C. Segundo milagro: sanidad del hijo del funcionario real (Jn. 4:50). 
   1. Jesús le envía a casa con la promesa de que encontrará a su hijo curado.
   2. Al llegar a casa encuentra que es cierto. Él y toda su familia aceptan a Cristo.

Paso diecinueve: de Caná a Nazaret
(Lc. 4:16-30)

A. Le piden que lea las Escrituras en la sinagoga de su pueblo.
B. Abre la Escritura en Isaías 61:1, 2, donde el profeta predice que el Espíritu Santo ungiría al futuro Mesías a fin de hacer cosas maravillosas.
   1. Predicaría buenas nuevas a los pobres.
   2. Sanaría a los quebrantados de corazón.
   3. Pregonaría libertad a los cautivos.
   4. Restauraría la vista a los ciegos.
   5. Daría libertad a los oprimidos.
   6. Proclamaría el año agradable del Señor.
C. Primer sermón: basado en Isaías 61; predicado en Nazaret (Lc. 4:16-30). Nota: Jesús paró la lectura en las palabras «el año agradable del Señor», y no leyó la frase siguiente en Isaías 61:2, que dice: «Y el día de venganza del Dios nuestro.» Lo hizo así porque «el año agradable» corresponde a su Primera Venida, y el «día de venganza» tiene que ver con su Segunda Venida.
D. Jesús se identifica a sí mismo como el Mesías prometido en Isaías 61.
E. Cumplimiento número doce de las profecías del Antiguo Testamento: que sería lleno del Espíritu de Dios. (Cp. Is. 11:2; 61:1, 2; Sal. 45:7 con Lucas 4:18, 19.) 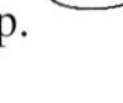
F. Hace referencia a Elías y a Naamán en un intento de convencer a sus paisanos de su incredulidad.

1. Había muchas viudas judías en necesidad en los días de Elías, pero Dios sólo alimentó a una, la viuda de Sarepta de Sidón (1 R. 17:9-16).
2. Había muchos judíos leprosos en los días de Eliseo, pero Dios sólo sanó a uno, a Naamán el sirio (2 R. 5:14).

G. Los judíos se llenan de ira al escuchar esto e intentan realmente matarle, pero «él pasó por en medio de ellos, y se fue» (Lc. 4:30). Esta es la primera de muchas ocasiones en las que los judíos intentaron matarle. (Véanse Jn. 5:16; 7:30; 8:40, 59; Lc. 11:53, 54.) Una de las razones de su odio ciego fue esta ilustración de fe de dos gentiles. Los judíos miraban a los gentiles como perros y cerdos. Esta es la primera de dos visitas de Jesús a Nazaret que tenemos registradas. (Para la otra visita véanse Mt. 13:54-58; Mr. 6:1-6.)

Paso veinte: de Nazaret a Capernaum

(Mt. 4:13-22; 8:14-17; Mr. 1:14-38; Lc. 4:31-42)

A. Jesús empieza ahora a enfatizar el reino de los cielos y la doctrina del arrepentimiento en su ministerio (Mt. 4:17; Mr. 1:14, 15).

B. Hace de Capernaum su centro de predicación (Mt. 4:13).

C. Cumplimiento número trece de las profecías del Antiguo Testamento: que sería luz para los gentiles. (Cp. Is. 9:1, 2; 42:1-3, 6, 7; 60:1-3 con Mt. 4:13-16; Hch. 13:47.)

D. Llamó a un discipulado de tiempo completo a Pedro, Andrés, Santiago y Juan cuando echaban sus redes en el mar de Galilea.
1. Les dijo: «Venid en pos de mí, y os haré pescadores de hombres» (Mt. 4:19).
2. Su respuesta fue: «Ellos entonces, dejando al instante las redes, le siguieron» (Mt. 4:20).

E. Tercer milagro: curación de un hombre con espíritu inmundo en Capernaum (Mr. 1:25; Lc. 4:35).
1. El demonio: «¡Ah! ¿qué tienes con nosotros, Jesús nazareno? ¿Has venido para destruirnos? Sé quién eres, el Santo de Dios» (Mr. 1:24).
2. El Salvador: «¡Cállate, y sal de él!» (1:25).
3. La gente: «¿Qué es esto? ¿Qué nueva doctrina es esta, que con autoridad manda aun a los espíritus inmundos, y le obedecen?» (Mr. 1:27).
4. Nota: Esta es la primera vez que encontramos a Cristo exorcizando a un demonio de un ser humano, pero le encontraremos haciéndolo en bastantes ocasiones. (Véanse Mt. 8:32; 9:33; 12:22; 15:28; 17:18; Lc. 8:2; 13:10-17.) Los demonios son ángeles caídos que se unieron a Lucifer (quien se convirtió en Satanás) durante la rebelión en el cielo antes de la creación del hombre. (Véanse Is. 14:12-15; Ez. 28:15-17; Ap. 12:4; Ef. 6:12.) Sus actividades son múltiples y llenas de malicia.
   a. Se oponen al propósito de Dios (Dn. 9:11-14).
   b. Llevan a cabo el programa de Satanás (1 Ti. 4:1; Ap. 16:12-14).
   c. Afligen a las personas en la tierra. A algunos les causa:
      (1) Demencia (Mt. 8:28; 17:15).
      (2) Mudez (Mt. 9:32, 33).
      (3) Ceguedad (Mt. 12:22).
      (4) Herirse a sí mismo (Mr. 5:5).
      (5) Parálisis (Lc. 13:11).
      (6) Sordera (Mr. 9:25).

   El número de demonios es aparentemente muy alto. Jesús expulsó a siete de María Magdalena (Mr. 16:9; Lc. 8:2) y posiblemente llegaron a 6.000 los del endemoniado gadareno (Mr. 5:9).

F. Cuarto milagro: curación de la suegra de Pedro (Mt. 8:15; Mr. 1:31; Lc. 4:39).

G. Sanó a muchos aquel día poniendo sus manos sobre ellos (Lc. 4:40, 41; Mr. 1:32-34; Mt. 8:16, 17).

H. Cumplimiento número catorce de las profecías del Antiguo Testamento: que Él sanaría a muchos. Comparar Isaías 53:4 con Mateo 8:16, 17. ¿Estaba prometida la sanidad física en la expiación? Ciertamente que sí, pero fue cumplido durante el ministerio terrenal de Cristo. Notemos:

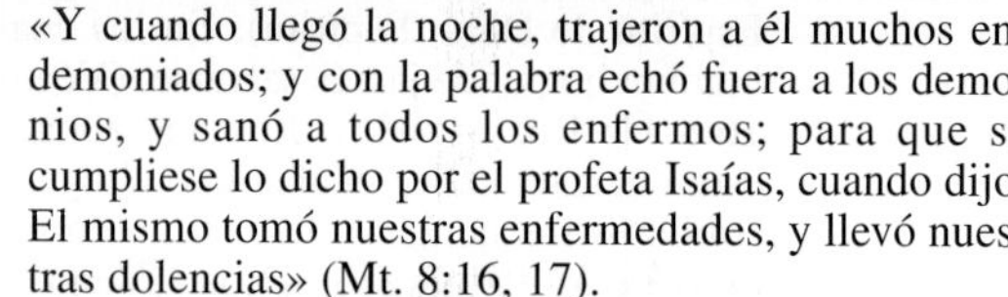

> «Y cuando llegó la noche, trajeron a él muchos endemoniados; y con la palabra echó fuera a los demonios, y sanó a todos los enfermos; para que se cumpliese lo dicho por el profeta Isaías, cuando dijo: El mismo tomó nuestras enfermedades, y llevó nuestras dolencias» (Mt. 8:16, 17).

Esto no significa, por supuesto, que Dios no pueda sanar y no sane los cuerpos de los creyentes hoy; pero sí quiere decir que el hijo de Dios no puede demandar sanidad física total sobre la base de Isaías 53:4.

I. Segunda oración: en la víspera de su primera gira de predicación por Galilea (Mr. 1:35; Lc. 4:42).
1. Fue un tiempo de oración en un lugar apartado.
2. Era la preparación para su primera ronda de predicación por Galilea.

Paso veintiuno: de Capernaum a su primera gira de predicación por Galilea

(Mt. 4:23; 8:2-4; Mr. 1:39-45; Lc. 4:43—5:16)

A. Empezó esta gira hablando a la multitud desde la barca de Pedro.

B. Quinto milagro: pesca de una gran cantidad de peces (Lc. 5:5, 6).
1. Le pidió a Pedro que llevara la barca a la parte honda del lago y echara la red.
2. Pedro se muestra escéptico: «Maestro, toda la noche hemos estado trabajando, y nada hemos pescado; mas en tu palabra echaré la red» (Lc. 5:5).
3. La red se llena repentinamente de tal cantidad de peces que se rompía.
4. Al ver esto Pedro, cae de rodillas a los pies de Jesús y confiesa su maldad.
5. Jesús calma sus temores y le reconfirma que le usará como pescador de hombres. J. Vernon McGee escribe:

> «¡Qué púlpito! Creo que esta ilustración es tanto figurativa como sugestiva. Cada púlpito en una barca de pesca; un lugar desde donde se proclama la Palabra de Dios y se intenta pescar.
>
> Simón Pedro pescó hombres. Recordemos lo bien que lo hizo el día de Pentecostés. La respuesta del Señor a Pedro fue realmente significativa: 3.000 almas se entregaron a Cristo después de su primer sermón. Pedro pescaba según las instrucciones divinas. Tenemos aquí otra lección. ¿Sabe usted que hay otro pescador? ¿Sabe que Satanás también anda pescando? Véase 2 Timoteo 2:26. Satanás también echa su anzuelo a las aguas. Dios busca pescar tu alma, pero Satanás también lo procura y ceba su anzuelo con las cosas de este mundo. Como podemos ver, el anzuelo de Dios es una cruz.» (*Luke*, pp. 69, 72.)

C. Sexto milagro: curación de un leproso (Mt. 8:3; Mr. 1:41).
1. El leproso se postró ante Jesús y le pidió que lo sanara.
2. Jesús tuvo compasión de él y le tocó.
3. Después le ordenó que se presentara ante el sacerdote para la purificación mosaica. (Véase Lv. 14:3, 4, 10, 22.) Nota: esta conmovedora solicitud de parte de un leproso sanado debió de causar bastante confusión y sorpresa entre los sacerdotes en el templo. Porque hasta ese momento no había habido necesidad de la

EVENTOS Y PERSONAS DEL ANTIGUO TESTAMENTO MENCIONADOS POR CRISTO

	REFERENCIA DEL ANTIGUO TESTAMENTO	EVENTOS	REFERENCIA DEL NUEVO TESTAMENTO
1.	GÉNESIS 1:27; 2:24	CREACIÓN DE ADÁN Y EVA	MARCOS 10:6-8
2.	GÉNESIS 4:10	ASESINATO DE ABEL	LUCAS 11:51
3.	GÉNESIS 6:5-13	CORRUPCIÓN EN LOS DÍAS DE NOÉ Y EL DILUVIO	LUCAS 17: 26, 27
4.	GÉNESIS 18:20; 19:24	CORRUPCIÓN EN LOS DÍAS DE LOT Y JUICIO POR FUEGO	LUCAS 17: 28, 29
5.	GÉNESIS 19:26	MUNDANALIDAD DE LA MUJER DE LOT	LUCAS 17:32
6.	ÉXODO 3:1-6	MOISÉS Y LA ZARZA ARDIENDO	LUCAS 20:37
7.	ÉXODO 16:15	MOISÉS Y EL MANÁ DEL CIELO	JUAN 6:31
8.	NÚMEROS 21:8	MOISÉS Y LA SERPIENTE DE BRONCE	JUAN 3:14
9.	1 SAMUEL 21:6	DAVID Y LOS PANES DE LA PROPOSICIÓN	MATEO 12:3, 4
10.	1 REYES 10:1	SALOMÓN Y LA REINA DE SABÁ	MATEO 12:42
11.	1 REYES 17:1, 9	ELÍAS, LA VIUDA Y EL HAMBRE	LUCAS 4:25, 26
12.	2 REYES 5	NAAMÁN Y SU LEPRA	LUCAS 4:27
13.	2 CRÓNICAS 24:20, 21	ASESINATO DE ZACARÍAS	LUCAS 11:51
14.	DANIEL 9:27; 11:31; 12:11	DANIEL Y LA ABOMINACIÓN DESOLADORA	MATEO 24:15
15.	JONÁS 1:17	JONÁS Y EL PEZ	MATEO 12:40; 16:4
16.	JONÁS 3:4-10	EL ARREPENTIMIENTO DE NÍNIVE	LUCAS 11:30; MATEO 12:41

ceremonia de purificación, pues no tenemos conocimiento de ningún israelita sanado de lepra hasta que Cristo vino, con la única excepción de María (Nm. 12:13-15). (Naamán, por supuesto, era sirio. Véase 2 R. 5:1, 14.)

4. Jesús le instruyó para que no dijera nada a nadie en público, pero el leproso sanado no pudo callarse y lo fue divulgando por todas partes.

D. Jesús sana a muchos durante esta gira de predicación (Mt. 4:23).

E. Tercera oración: después de sanar a un leproso (Lc. 5:16). Aunque se estaba haciendo famoso, él se retira para orar, dándose cuenta que su verdadera tarea no era la curación de los cuerpos de los hombres, sino más bien sus almas.

Paso veintidós: regresa a Capernaum después de su primera gira de predicación en Galilea

(Mt. 9:2-9; Mr. 2:1-14; Lc. 5:17-28)

A. Séptimo milagro: curación de un paralítico (Mt. 9:2, 6, 7; Mr. 2:5, 10-12; Lc. 5:20, 24, 25).

1. Este hombre es bajado por sus amigos a los pies de Jesús por un agujero en el techo.
2. Jesús le perdona sus pecados.
3. Por hacer esto, los fariseos le acusan de blasfemia.
4. Jesús entonces sana al paralítico de su enfermedad para que sepa que tiene autoridad para perdonar pecados.
5. La gente queda maravillada por lo que está sucediendo y alaba a Dios por ello. J. Vernon McGee escribe sobre esto:

> «Hay muchos que no van a recibir el mensaje de salvación a menos que uno levante su camilla y los lleve hasta donde puedan oír la voz del Señor. Están paralizados, inmovilizados por el pecado y por otras muchas cosas que el mundo tiene para ellos. Algunos están paralizados por los prejuicios y otros por la indiferencia. Ellos nunca van a oír a Cristo decirles: "Ten ánimo, hijo; tus pecados te son perdonados", a menos que levantemos su camilla y los llevemos a él.» (*Luke*, p. 74.)

B. Jesús llamó a Mateo (Leví) a ser su discípulo (Mt. 9:9; Mr. 2:13, 14; Lc. 5:27, 28).

1. El Salvador simplemente entró en la oficina de Leví y le dijo: «Sígueme» (Lc. 5:27).
2. Y Leví «dejándolo todo, se levantó y le siguió» (Lc. 5:28).

FIN DEL PRIMER AÑO

Paso veintitrés: de Capernaum a los campos de Galilea

(Mt. 12:1-8; Mr. 2:23-28; Lc. 6:1-5)

A. Jesús se ve metido en su primera discusión con los fariseos sobre el sábado porque permite a sus discípulos arrancar espigas y comer el grano en el día séptimo.

B. Jesús lo justifica recordándoles la acción de David en el Antiguo Testamento cuando comió de los panes de la proposición para recuperar las fuerzas.

1. El pan que David comió estaba en el templo (1 S. 21:3-6).
2. Este pan era sólo para los sacerdotes.

C. Les llama la atención al hecho de que Dios hizo el sábado por causa del hombre y no al hombre por causa del día de reposo (Mr. 2:27).

Paso veinticuatro: de los campos de Galilea a una sinagoga galilea

(Mt. 12:9-14; Mr. 3:1-6; Lc. 6:6-11)

A. Octavo milagro: curación del hombre con una mano seca (Mt. 12:13; Mr. 3:5; Lc. 6:10).

1. Jesús notó la presencia en la sinagoga de un hombre que tenía su mano derecha seca.
2. Los fariseos esperaron para ver si le sanaría en el día sábado.
3. Dándose cuenta de sus malas intenciones, les pregunta si era lícito hacer bien o mal en sábado.
4. Les recuerda que ellos sin duda sacarían en el día de reposo una oveja que hubiera caído en un hoyo, y él siente que un hombre es más importante que una oveja.
5. Jesús sana al hombre y su corazón se llena de enojo y tristeza por la dureza del corazón de ellos.

B. Los fariseos, fuera de sí por la ira que les consumía a causa de la acción de Jesús, consultan sobre cómo matarle.

Paso veinticinco: de una sinagoga en Galilea al monte Tabor (¿?)

(Mt. 5:1—7:29; 4:24, 25; 10:2-4; 12:15-21; Mr. 1:12; 3:7-19; Lc. 6:12-49; 12:22-31, 57-59; 16:17)

A. Sana a muchos a lo largo del camino (Mt. 4:24, 25; Mr. 3:7-12).

B. Los espíritus inmundos le reconocen como el Hijo de Dios cuando los hace salir de las personas (Mr. 3:11).

C. Continúa cumpliendo la profecía de Isaías (Mt. 12:17-21).

1. Que Él sería el siervo de Dios, escogido, amado y lleno del Espíritu.
2. Que su justicia se mostraría en todas las naciones.
3. No contendería ni gritaría en las calles.
4. No quebraría la caña cascada ni apagaría el pábilo que humeare.
5. Que su propio nombre significaría victoria y esperanza para las naciones.

D. Cumplimiento número quince de las profecías del Antiguo Testamento: que trataría bondadosamente con los gentiles. (Cp. Is. 9:1, 2; 42:1-3 con Mt. 12:17-21; 4:13-16.)

E. Cuarta oración: antes de escoger a sus doce discípulos (Lc. 6:12).

F. Después de pasar la noche en oración buscando dirección, nuestro Señor escoge a sus doce discípulos.

1. Simón Pedro.
2. Andrés.
3. Santiago, hijo de Zebedeo.
4. Juan.
5. Felipe.
6. Bartolomé.
7. Tomás.
8. Mateo.
9. Santiago, hijo de Alfeo.
10. Judas (Tadeo).
11. Simón el Zelote.
12. Judas Iscariote.

Véanse en Mateo 10:2-4; Marcos 3:13-19; y Lucas 6:13-16 las listas correspondientes.

G. Continúa al día siguiente sanando a las personas (Lc. 6:17-19).

H. Segundo sermón: sobre las características del reino (Mt. 5—7; Lc. 6:20-49; 12:22-31; 57-59; 16:17). Según nuestro Señor, un ciudadano del reino debe poseer los siguientes rasgos:

1. Debe ser pobre de espíritu, sabiendo que Dios le ha prometido un reino.
2. Debe afligirse y llorar si fuera necesario, sabiendo que un día reirá y será consolado.
3. Debe ser manso, porque en el futuro heredará la tierra.
4. Debe tener hambre y sed de justicia, y entonces será satisfecho.
5. Debe ser misericordioso a fin de que él mismo obtenga misericordia.
6. Debe ser puro de corazón, sabiendo que verá a Dios.
7. Debe ser un pacificador, a fin de que pueda ser llamado hijo de Dios
8. Debe gozarse en la persecución, sabiendo que su galardón será grande.
9. Debe ser la sal de la tierra y la luz del mundo.
10. Su justicia debe sobrepasar a la de los escribas y fariseos.
11. No debe enojarse indebidamente con su hermano, sino buscar constantemente la reconciliación.
12. No debe desear a la esposa de su hermano.
13. Debe honrar debidamente a su propia esposa.
14. Sus respuestas deben ser sí o no, y deben ser sinceras y dignas de confianza.
15. Debe amar a aquellos que le aborrecen y orar por los que le maldicen.
16. Debe ser compasivo.
17. Debe llevar a cabo sus obras de amor, ayunos y oraciones sin exhibiciones públicas.
18. Su vida de oración debe incluir los siguientes elementos:
    a. Una relación personal con Dios: «Padre nuestro». La palabra *nuestro* habla de la relación fraternal del creyente con otros cristianos. Aunque la Biblia no habla en ninguna parte de la paternidad universal de Dios, sí afirma la fraternidad universal de los creyentes. La palabra *Padre* expresa la relación entre Dios y el creyente.
    b. Fe: «Que estás en los cielos». Pablo declara que sin este elemento nuestras oraciones son inútiles. (Véase He. 11:6.)
    c. Adoración: «Santificado sea tu nombre». David creía que esta parte de la oración era tan importante que nombró a un grupo elegido selecto de hombres que no hacía otra cosa en el templo sino alabar y adorar a Dios. (Véanse 1 Cr. 23:5; 25:1, 7.) Juan ve en las visiones de Apocalipsis a cuatro seres vivientes que existen solamente para adorar a Dios, quienes «no cesaban día y noche de decir: Santo, santo, santo es el Señor Dios Todopoderoso, el que era, el que es, y el que ha de venir» (Ap. 4:8). Recordemos también la decla-

ración de Jesús a la mujer samaritana (Jn. 4:23, 24).

d. Expectación: «Venga tu reino». Este reino es el bendito reino milenario del que se habla tanto en el Antiguo Testamento. (Véanse Is. 2:2-4; 25:8; 35:1, 8, 10; 65:20, 25) y después visto anticipadamente por Juan en el Nuevo Testamento (Ap. 20:1-6).

e. Sumisión: «Hágase tu voluntad, como en el cielo, así también en la tierra». Jesús nos daría más tarde el mejor ejemplo de ello en Getsemaní. (Véase Mt. 26:39.)

f. Petición: «El pan nuestro de cada día, dánoslo hoy». Esto sugiere que nuestras oraciones deben ser diarias como nuestro pan.

g. Confesión: «Y perdónanos nuestras deudas». La sangre de Cristo nos va a limpiar de nuestros pecados, pero ninguno va a ser excusado. Sólo los pecados confesados pueden ser perdonados (véase 1 Jn. 1:9).

h. Compasión: «Como también nosotros perdonamos a nuestros deudores». (Véanse Mt. 18:21-35 y Jn. 4:20.)

i. Dependencia: «Y no nos metas en tentación, mas líbranos del mal». Debemos tener claro que aunque Dios nunca nos ha prometido librarnos *de* la tentación, sí ha prometido preservarnos *en* y *a través* de la tentación. (Véase 1 Co. 10:13.)

j. Reconocimiento: «Porque tuyo es el reino, y el poder, y la gloria, por todos los siglos». (Véase la gran oración de David en 1 Cr. 29:10-19 donde él anticipa realmente la parte final de la oración modelo de Jesús.)

19. Debe hacerse tesoros en los cielos y preferir a Dios antes que al oro en la tierra.
20. Debe buscar siempre primero el reino de Dios y su justicia.
21. Debe confiar en Dios para su alimentación, dirección y vestido.
22. Nunca debe juzgar críticamente a su hermano ni condenarle.
23. Será cuidadoso al hablar de cosas santas ante gente depravada.
24. Debe pedir, buscar y llamar a la puerta de su Padre, creyendo que recibirá, que encontrará y que ganará la entrada.
25. Debe hacer por otros lo que quiera que sea hecho por él.
26. Debe estar alerta de los falsos maestros, identificándolos por su frutos corrompidos.

I. Cuarta predicción: relacionada con el gran trono blanco del juicio (Mt. 7:21-23).
   1. Muchos incrédulos pretenderán en aquel día haber hecho grandes cosas en el nombre de Jesús.
      a. «Profetizamos en tu nombre.»
      b. «En tu nombre echamos fuera demonios.»
      c. «Y en tu nombre hicimos muchos milagros.»
   2. El Salvador, sin embargo, conociendo bien el corazón de los hombres, les dirá:
      a. «Nunca os conocí.»
      b. «Apartaos de mí, hacedores de maldad.»

J. Primera parábola: dos casas en una tempestad (Mt. 7:24-27; Lc. 6:47-49).
   1. Uno edifica sobre la roca y se mantiene firme.
   2. Otro edifica sobre la arena y cae.

K. Jesús termina su sermón y la gente está maravillada de su enseñanza, de su autoridad y de la claridad de sus ilustraciones.

Paso veintiséis: del monte Tabor (¿?) a Capernaum

(Mt. 8:1, 5-13; Lc. 7:1-10)

A. Noveno milagro: curación del siervo de un centurión (Mt. 8:13; Lc. 7:10).

B. Jesús se maravilla de la fe mostrada por este soldado gentil.
   1. «No soy digno de que entres bajo mi techo.»
   2. «Solamente dí la palabra, y mi criado sanará.»

C. Le entristece el hecho de que muchos gentiles como éste se sentarán un día con Abraham (el padre de la fe) en el cielo, mientras que muchos judíos serán echados al infierno.

Jesús se maravilló en dos ocasiones de la fe de los individuos, y ambos eran gentiles. Uno fue el centurión romano que aparece aquí (Mt. 8:10) y el otro fue una mujer cananea (Mt. 15:28). Por el contrario, de lo único que se pudo maravillar acerca de la nación de Israel fue de su trágica incredulidad (véase Mr. 6:6).

Paso veintisiete: de Capernaum a Naín

(Lc. 7:11-17, 36-50)

A. Décimo milagro: resurrección del hijo de la viuda (Lc. 7:14).
   1. Lleno de compasión le dice a la viuda que deje de llorar.
   2. Tocó el féretro y mandó al joven que se levantara.
   3. Se lo entregó a su madre.
   4. A causa de este milagro es reconocido como un gran profeta de Dios.

B. Segunda parábola: los dos deudores (Lc. 7:41, 42).
   1. Nuestro Señor estaba comiendo en la casa de un fariseo llamado Simón.
   2. Una mujer de mala reputación entra calladamente y (para sorpresa de los fariseos) hace lo siguiente:
      a. Empezó a llorar y regar con sus lágrimas los pies de Jesús.
      b. Después los besaba y los secaba con sus cabellos.
      c. Los ungió con perfume.
   3. Sabiendo que Simón le condenaba en su mente por permitir las acciones de la mujer, el Señor le relata la parábola de un acreedor que perdona a dos de sus deudores, a uno quinientos denarios y al otro cincuenta.
   4. Después le pregunta a Simón cuál de ellos amará más al prestamista.
   5. Finalmente relaciona la parábola con Simón y la mujer.
      a. Simón no le ha dado el beso de bienvenida, pero la mujer ha besado sus pies.
      b. Simón no ungió su cabeza con aceite, pero la mujer le ungió los pies con perfume.

Paso veintiocho: de Naín a su segunda campaña de predicación en Galilea

(Mt. 12:46-50; 13:1-52; Mr. 3:19-35; 4:1-34; Lc. 8:1-21; 12:10; 13:18-21)

A. Le acompañan en este viaje sus discípulos y algunas mujeres mayores, tales como María Magdalena, Juana (la esposa del intendente de Herodes) y otra llamada Susana (Lc. 8:1-3).

B. Le acusan de estar fuera de sí y se convierte en motivo de preocupación para sus familiares (Mr. 3:21).

C. Tercera parábola: sujeción de un hombre fuerte (Mr. 3:22-30).
   1. Le acusaban de echar fuera los demonios por Beelzebú, el príncipe de los demonios.
   2. El señala la insensatez de tal acusación al preguntarles: »¿Cómo puede Satanás echar fuera a Satanás?»
   3. Continúa recordándoles que una casa dividida contra sí misma no puede permanecer.
   4. Y concluye declarando que nadie puede entrar en la

El Sermón del Monte MATEO 5–7

La autopista de ocho carriles a la felicidad (Mt. 5:1-12)

BIENAVENTURANZA	DEMOSTRADA POR CRISTO	DEMOSTRADA POR OTROS	GALARDÓN
Los pobres espíritu (5:3)	1 Pedro 2:22	Job	El reino de los cielos
Los que lloran (5:4)	Mateo 26:37, 38	El José del Nuevo Testamento (Mt. 1:18-20)	Recibirán consolación
Los mansos (5:5)	Mateo 11:28-30; Juan 13:4, 5	Moisés (Nm. 12:3)	Heredarán la tierra
Los que tienen hambre y sed de justicia (5:6)	Juan 4:34	Pablo (Fil. 1:21; 3:7-14)	Serán saciados
Los misericordiosos (5:7)	Lucas 23:43; Hebreos 2:17	David	Alcanzarán misericordia
Los de limpio corazón (5:8)	Lucas 2:40, 52	El José del Antiguo Testamento	Verán a Dios
Los pacificadores (5:9)	Efesios 2:14-17	Bernabé	Serán llamados hijos de Dios
Los que padecen persecución por causa de la justicia (5:10)	Hechos 13:28	Daniel	El reino de los cielos

La ley de Dios y el Hijo de Dios

LA RELACIÓN DE CRISTO CON LA LEY

*«No penséis que he venido para abrogar la ley o los profetas; no he venido para abrogar, sino para cumplir. Porque de cierto os digo que hasta que pasen el cielo y la tierra, ni una jota ni una tilde pasará de la ley, hasta que todo se haya cumplido» **(Mt. 5:17, 18).***

LA AMPLIFICACIÓN QUE CRISTO HIZO DE LA LEY

... la ANTIGUA y la NUEVA...

«oísteis que fue dicho...»		***«pero yo os digo...»***	
5:21	No matarás.	**5:22**	Cualquiera que se enoje contra su hermano será culpable de juicio.
5:27	No cometerás adulterio.	**5:28**	Cualquiera que mira a una mujer para codiciarla, ya adulteró con ella en su corazón.
5:31	Cualquiera que repudie a su mujer, dele carta de divorcio.	**5:32**	El que repudia a su mujer, a no ser por causa de fornicación, hace que ella adultere.
5:33	No perjurarás, sino cumplirás al Señor tus juramentos.	**5:34, 37**	No juréis en ninguna manera ... Pero sea vuestro hablar: Sí, sí; no, no.
5:38	Ojo por ojo, y diente por diente.	**5:39**	No resistáis al que es malo; antes, a cualquiera que te hiera en la mejilla derecha, vuélvele también la otra.
5:43	Amarás a tu prójimo, y aborrecerás a tu enemigo.	**5:44**	Amad a vuestros enemigos, bendecid a los que os maldicen, haced bien a los que os aborrecen, y orad por los que os ultrajan y os persiguen.

El Sermón del Monte **MATEO 5, 6 y 7**

Normas para los redimidos

Regla sobre el dinero

«No os hagáis tesoros en la tierra, donde la polilla y el orín corrompen, y donde ladrones minan y hurtan; sino haceos tesoros en el cielo, donde ni la polilla ni el orín corrompen, y donde ladrones no minan ni hurtan» **(Mt. 6:19, 20).**

La regla de oro

«Así que, todas las cosas que queráis que los hombres hagan con vosotros, así también haced vosotros con ellos; porque esta es la ley y los profetas» **(Mt. 7:12).**

La regla sobre el juicio

«No juzguéis, para que no seáis juzgados» **(Mt. 7:1).**

Reglas sobre la preocupación

«No os afanéis, pues, diciendo: ¿Qué comeremos, o qué beberemos, o qué vestiremos? Porque los gentiles buscan todas estas cosas; pero vuestro Padre celestial sabe que tenéis necesidad de todas estas cosas. Mas buscad primeramente el reino de Dios y su justicia, y todas estas cosas os serán añadidas» **(Mt. 6:31-33).**

Regla sobre la oración

«Pedid, y se os dará; buscad y hallaréis; llamad, y se os abrirá. Porque todo aquel que pide, recibe; y el que busca, halla; y al que llama se le abrirá» **(Mt. 7:7, 8).**

Dúos

Dos metáforas 5:13, 14	*Vosotros sois la sal de la tierra* **(5:13).**	*Vosotros sois la luz del mundo* **(5:14).**
Dos puertas 7:13, 14	*Ancha es la puerta*	*Estrecha es la puerta*
	Que lleva a la perdición,	*Que lleva a la vida,*
	Y muchos son los que entran por ella	*Y pocos son los que la hallan*
Dos árboles 7:15-23	*Todo buen árbol da buenos frutos*	*el árbol malo da frutos malos*
	Un tipo de maestro verdadero	*Un tipo de maestro falso*
	Profesa y tiene fruto	*Sólo profesa*
Dos edificadores 7:24-27	*El hombre prudente*	*El hombre insensato*
	Edifica su casa sobre roca	*Edifica sobre arena*
	Sobrevive a la tormenta	*Queda destruido por la tormenta*

casa de un hombre fuerte para robar a menos que antes lo ate. Esto es, por supuesto, lo que el Señor ha hecho con Satanás.

5. Finalmente les advierte que acusarle de estar cooperando con Satanás es un pecado a los ojos de Dios que nunca será perdonado.

D. Le anuncian que su madre y hermanos están esperando para verle, y él usa la oportunidad para decirles que todo aquel que hace la voluntad de Dios es su hermano, hermana y madre (Mr. 3:31-35; Mt. 12:46-50; Lc. 8:19-21).

E. Tercer sermón: sobre los ejemplos del reino (Mt. 13:1-52; Mr. 4:1-34; Lc. 8:4-18; 13:18-21). Nota: El término «reino de los cielos», tal como lo usa Jesús, puede referirse a uno (o ambos) de los siguientes conceptos:

1. Al gobierno general que el Padre ejerce desde el cielo de los asuntos humanos desde la creación hasta el milenio. De manera que todos, creyentes e incrédulos, son parte de su reino. (Véase Dn. 4:17.)
2. El gobierno específico que el Hijo ejercerá desde Jerusalén sobre los asuntos humanos durante el milenio. En este tiempo será quitada la maldición del pecado, y todos los hombres morarán en un ambiente perfecto. (Véase Ap. 11:15.)

En el sermón que encontramos en esta sección

ORACIONES DIGNAS DE MENCIÓN

La oración modelo: Mateo 6:9-13

LENGUAJE	*ENSEÑANZA*
«Padre nuestro»	• Relación personal con Dios y otros creyentes
«Que estás en los cielos»	• Fe
«Santificado sea tu nombre»	• Adoración
«Venga tu reino»	• Expectación
«Hágase tu voluntad, como en el cielo, así también en la tierra»	• Sumisión
«El pan nuestro de cada día, dánoslo hoy»	• Petición
«Y perdónanos nuestras deudas»	• Confesión
«Como también nosotros perdonamos a nuestros deudores»	• Compasión
«Y no nos metas en tentación, mas líbranos del mal»	• Dependencia
«Porque tuyo es el reino, y el poder, y la gloria»	• Reconocimiento

nuestro Señor se refiere fundamentalmente al primer concepto general. El sermón consiste de ejemplos mediante nueve parábolas.

F. Cuarta parábola: el sembrador, la semilla y el terreno (Mt. 13:1-9, 18-23; Mr. 4:1-20; Lc. 8:4-15).
   1. Les relata la parábola: el sembrador salió a sembrar.
      a. Parte de ella cayó al lado del camino y fue pronto pisoteada por los hombres y comida por las aves.
      b. Otra cayó entre las rocas donde había poca tierra. La semilla brotó, pero se secó pronto por falta de humedad y de raíces.
      c. Parte cayó en un lado de la tierra llena de espinos y éstos la ahogaron.
      d. Otra parte cayó en buena tierra y dio fruto, unas espigas a treinta por uno, otras a sesenta y otras a cien.
   2. Explica la parábola: el es el Sembrador y la semilla es su Palabra.
      a. Están aquellos que reciben la palabra sin realmente entenderla. Satanás inmediatamente la pisotea y la destruye. Este es el ejemplo de la semilla que cae al lado del camino.
      b. Están aquellos que reciben la palabra de una manera muy superficial, y cuando llegan las persecuciones y las pruebas, desaparecen. Este es el ejemplo de la que cae entre rocas.
      c. Están los otros que reciben la Palabra pero la quieren mezclar con los placeres de la vida. Sin embargo, estas cosas mundanas terminan ahogándola. Este es el ejemplo de la que cayó entre espinos.
      d. Y, por último, están aquellos que reciben la Palabra con sinceridad y entendimiento. Estos son los únicos que llevarán mucho fruto. Estos son el ejemplo de treinta, sesenta y ciento por uno.

G. En este punto de su ministerio, nuestro Señor explica a sus discípulos en privado la razón de hablar en parábolas. La intención es revelar verdades espirituales a los sinceros, pero ocultarlas de los escépticos (Mt. 13:10-17; Mr. 4:10-12; Lc. 8:9, 10).

H. Quinta parábola: Satanás siembra cizaña en el campo del Señor (Mt. 13: 24-30, 36-43).
   1. Relata la parábola.
      a. Un hombre siembra buena semilla en su campo y luego se retira a descansar.
      b. Su enemigo viene durante la noche y siembra cizaña en aquel campo.
      c. El hombre decide no arrancar la cizaña a fin de no arrancar también el trigo.
      d. Planea esperar hasta el tiempo de la siega y ordenar entonces a los segadores que recojan y quemen la cizaña, y guarden el trigo en el granero.
   2. Explica la parábola.
      a. Él es el hombre, el campo es el mundo, y la buena semilla son los creyentes.
      b. El enemigo es Satanás y la cizaña son los incrédulos.
      c. La siega es el fin del siglo y los segadores son sus ángeles.
      d. El horno de fuego es el infierno y el granero es el cielo.

I. Sexta parábola: de sembrar a cosechar (Mr. 4:26-29).
   1. El crecimiento del reino es permanente pero misterioso.
   2. Primero brota una hierba, luego se forma la espiga, y más tarde los granos llenan la espiga.

J. Séptima parábola: la poderosa semilla de mostaza (Mt. 13:31, 32; Mr. 4:30-32; Lc. 13:18, 19).
   1. El reino, a semejanza de una semilla de mostaza, es muy pequeño cuando se planta.
   2. Sin embargo, cuando crece produce una de las plantas más grandes del jardín, hasta el punto de que las aves del cielo hacen nidos en sus ramas.

K. Octava parábola: la levadura en la comida y el reino de los cielos (Mt. 13:33; Lc. 13:20, 21).
   1. Aquí el reino de los cielos es comparado a la levadura que una mujer toma y esconde en tres medidas de harina.
   2. Toda la masa pronto quedó leudada.

   La *Biblia Anotada de Scofield* dice lo siguiente en relación con la levadura:

   «(1) La levadura, como substancia simbólica, se menciona siempre en el A.T. en el sentido malo (Gn. 19:3, refs.). (2) El uso de la palabra en el N.T. explica su significado simbólico. Es "malicia y maldad" en contraste con "sinceridad y verdad" (1 Co. 5:6-8). Es doctrina errónea (Mt. 16:12), según ésta se enseñaba o practicaba por fariseos, saduceos y Herodianos (Mt. 16:6; Mr. 8:15). La levadura de los fariseos era formalismo religioso (Mt. 23:14, 16, 23-28); la de los saduceos, escepticismo en cuanto a lo sobrenatural y a las Escrituras (Mt. 22:23, 29); y la de los Herodianos era la mundanalidad: ellos formaban un partido de Herodes entre los judíos (Mt. 22:16-21; Mr 3:6)» (p. 976).

L. Novena parábola: hallazgo de una fortuna en un campo (Mt. 13:44). 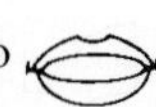

1. Un hombre encuentra un gran tesoro en un campo.
2. Vende con gozo todo lo que tiene para comprar el campo.

M. Décima parábola: la perla de gran precio (Mt. 13:45, 46).

1. Un comerciante en perlas descubre una perla de gran valor.
2. En consecuencia, él vende todo lo que tiene y la compra.

Nota: Algunos estudiosos de la Biblia creen que el tesoro escondido es Israel, y la perla de gran precio es la Iglesia. Si esto es así, esta es la primera referencia a la Iglesia en la Biblia.

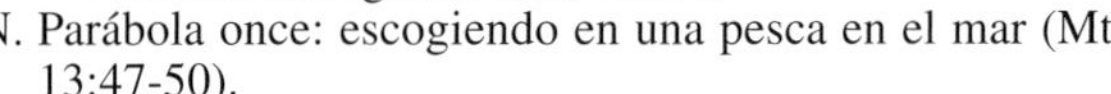

N. Parábola once: escogiendo en una pesca en el mar (Mt. 13:47-50).

1. Lanzan una gran red al mar y pesca toda clase de peces.
2. Los pescadores después separan los peces, recogiendo los buenos en cestas y desechando los malos.

Ñ. Parábola doce: un hombre instruido y su tesoro (Mt. 13:52).

1. Todo hombre que es entendido en el reino es como el dueño de una casa.
2. Puede sacar de su tesoro cosas viejas y nuevas.

O. Cumplimiento número dieciséis de las profecías del Antiguo Testamento: que hablaría en parábolas. (Cp. Is. 6:9, 10 con Mt. 13:10-15.)

El doctor M. F. Unger resume muy apropiadamente estas siete parábolas presentadas en Mateo 13, escribiendo:

«La siete parábolas (misterios) del reino (3-52). Se denominan misterios porque contienen verdades que no han sido reveladas con anterioridad. Las siete parábolas se refieren a la época presente cuando la viña, Israel, no es cuidada (Is. 5:1-17). La *parábola 1* revela que nuestro Señor siembra la semilla de la Palabra en el campo (el mundo), 3-23. La *parábola 2*, la de la buena simiente y la cizaña, 24-30, interpretada en 36-43, muestra la actividad y el engaño de Satanás durante la era presente, al falsificar el trigo, sustituyendo a los verdaderos hijos del reino por falsos creyentes (Mt. 7:21-23). La *parábola 3*, la semilla de mostaza, 31-32, simboliza el rápido crecimiento del misterio del reino. La *parábola 4*, la de la levadura oculta en tres medidas de harina, 35, advierte de cómo las falsas enseñanzas (la mujer), pueden afectar con la levadura del error la verdad de la Palabra en esta época (cp. Mt. 16:11, 12; Mr. 8:15; 1 Co. 5:6; Gá. 5:9). La *parábola 5*, presenta a nuestro Señor, que dio todo lo que tenía para poseer el tesoro (Israel), oculto en el campo, 44 (cp. Is. 53:4-10; Sal. 22:1; 2 Co. 8:9). El Señor restaurará este tesoro sobre la base de su muerte expiatoria. La *parábola 6* muestra a nuestro Señor como un mercader que halló 'una perla preciosa', (la iglesia, Ef. 5:25-27) y vendió todo en el Calvario para comprarla, 45-46. La *parábola 7* presenta a la red recogiendo conjuntamente lo bueno y lo malo, 47-52, los cuales permanecerán juntos durante esta era hasta que sean separados al final de la misma.» (*Manual Bíblico de Unger,* Editorial Portavoz, pp. 485, 486.)

Paso veintinueve: de la segunda campaña de predicación en Galilea al país de los gadarenos

(Mt. 8:18, 23-34; Mr. 4:35—5:20; Lc. 8:22-39)

A. Milagro once: Jesús calma una tormenta en el mar (Mt. 8:26; Mr. 4:39; Lc. 8:24).

1. Sobreviene una gran tormenta en el mar de Galilea mientras Jesús y los discípulos lo están cruzando.
2. El dormía en la popa, pero es despertado por las voces atemorizadas de los discípulos clamando por ayuda.
3. Jesús reprende a la tormenta y calma el mar.

B. Milagro doce: curación del endemoniado gadareno (Mt. 8:32; Mr. 5:8; Lc. 8:33).

1. Jesús es confrontado por un hombre con espíritu inmundo, que se comportaba como un loco descontrolado, y que cayó a sus pies.
   a. No podía ser sujetado con cadenas ni griillos.
   b. Vivía en los sepulcros, dando voces e hiriéndose con piedras.
2. El demonio de aquel maníaco y los otros muchos espíritus malos que estaban dentro del hombre reconocieron a Jesús como el Hijo de Dios, y le suplicaron que no los atormentara antes de tiempo.
   a. «¿Qué tienes con nosotros, Jesús, Hijo de Dios?»
   b. «¿Has venido acá para atormentarnos antes de tiempo?»
   c. «Te conjuro por Dios que no nos atormentes.»
3. Jesús permite que aquella legión de espíritus malos vaya a meterse,nadamás salir del hombre, en un hato de cerdos que estaban cerca.
4. Así lo hicieron, y todo el hato, compuesto de unos

MATEO 13

Una vista panorámica del reino de los cielos

1. DEFINICIÓN DEL **REINO DE LOS CIELOS**

PRIMER SIGNIFICADO

Aquel gobierno general de los asuntos de los hombres que el Padre ejerce desde el cielo desde la creación hasta el milenio. Tanto los creyentes como los incrédulos forman parte de este reino. **(Véanse Dn. 4:17, 32; Mt. 8:12; 22:2; 25:1.)**

SEGUNDO SIGNIFICADO

El gobierno específico de los asuntos humanos que el Hijo ejercerá desde Jerusalén durante el milenio. Sólo los creyentes entrarán en este reino. **(Véanse Mt. 6:10, 13; 25:34; 26:29.)**

Cristo tenía en mente este sentido general en **Mateo 13.**

2. SU DISTINCIÓN DEL **REINO DE DIOS**

PRIMER SIGNIFICADO

Sólo en raras ocasiones se usa la expresión reino de Dios en forma intercambiable con reino de los cielos (sentido milenario). **(Cp. Mr. 1:14, 15 con Mt. 3:1, 2. Véase también Hch. 1:3, 6.)**

SEGUNDO SIGNIFICADO

El significado más común es el de referencia al nuevo nacimiento. **(Véanse Jn. 3:3, 5; Hch. 8:12; 19:8; 20:25; 28:23, 31; 1 Co. 15:50.)**

dos mil cerdos, se precipitó al mar por un despeñadero y se ahogó.

5. Al poco tiempo toda la ciudad se enteró, y llenos de temor pidieron a Jesús que se marchara de sus contornos.
6. Al entrar en la barca de nuevo, el endemoniado sanado le ruega que le permita ir con él.
7. Nuestro Señor, por el contrario, le pide que vaya con su familia y les dé testimonio a ellos.

Paso treinta: de la región de los gadarenos a Capernaum

(Mt. 9:1, 10-34; 11:2-19; Mr. 2:15-22; 5:21-43; Lc. 5:29-39; 7:18-35; 8:40-56; 16:16)

A. Leví (Mateo) da un banquete para Jesús e invita algunos de sus amigos inconversos.
   1. El Maestro es criticado por los mal intencionados fariseos por comer con los publicanos y pecadores.
   2. Jesús los reprende y les explica que Él ha venido a llamar a pecadores al arrepentimiento y no a los que se consideran a sí mismos justos (Mt. 9:10-15; Mr. 2:15-20; Lc. 5:29-35).

B. Parábola trece: vestidos remendados y odres viejos (Mt. 9:16, 17; Mr. 2:21, 22; Lc. 5:36-39).
   1. Algunos discípulos de Juan el Bautista se acercaron a Jesús para preguntarle por qué ellos ayunaban y, sin embargo, Él y sus discípulos no lo hacían.
   2. El Señor les explica que en una boda los amigos del novio no ayunan, sino que están de fiesta mientras Él está con ellos.
   3. Les relata esta parábola para aclarárselo todavía más, declarándoles que nadie cose remiendo nuevo en vestido viejo, ni pone vino nuevo en odres viejos, porque ambos artículos se terminarán de romper. Lo que está indicando es que el vino nuevo de una vida controlada por el Espíritu no encaja bien en los viejos odres del legalismo judío.

C. Milagro trece: curación de una mujer con hemorragia interna (Mt. 9:22; Mr. 5:29; Lc. 8:44).
   1. Nuestro Señor va camino de realizar otro milagro cuando esta necesidad surge a su paso.
      a. La mujer: «Si tocare solamente su manto, seré salva.»
      b. Jesús a los discípulos: «¿Quién es el que me ha tocado? ... Alguien me ha tocado; porque yo he conocido que ha salido poder de mí.»
      c. Jesús a la mujer (después que confesó que le había tocado): «Hija, tu fe te ha salvado; vé en paz.»

D. Milagro catorce: Jesús resucitar a la hija de Jairo (Mt. 9:25; Mr. 5:41; Lc. 8:54).
   1. Jairo, uno de los principales de la sinagoga, recibe la noticia de que su hija ha muerto.
   2. Jesús le conforta y le exhorta a que siga creyendo.
   3. El Maestro toma a Pedro, a Santiago y a Juan y entra en el cuarto de la niña con sus padres.
   4. No hace caso de los comentarios de la gente que estaba afuera, y tomándola de la mano la restaura a la vida y manda que le den de comer.

E. Milagro quince: curación de dos ciegos (Mt. 9:29).
   1. Jesús: «¿Creéis que puedo hacer esto?»
   2. Los ciegos: «Sí, Señor.»
   3. Jesús: «Conforme a vuestra fe os sea hecho.»

F. Milagro deiciséis: curación de un mudo endemoniado (Mt. 9:33).
   1. La gente se maravilló a causa de este milagro.
   2. Los fariseos continuaron acusándole de hacerlo a través del príncipe de los demonios.

G. Contesta a las dudas de Juan, que estaba encarcelado, sanando a muchos (Mt. 11:2-6; Lc. 7:18-23).
   1. Juan había enviado a sus discípulos a Jesús para preguntarle si Él era el Mesías o si tenían que esperar a otro.
   2. En presencia de ellos restaura la vista a los ciegos, sana a los sordos, limpia a los leprosos y resucita a los muertos.
   3. Después les instruye para que vayan y le cuenten a Juan lo que han visto y oído. (Véase Is. 35:4-6.)

H. Cuarto sermón: sobre Juan el Bautista (Mt. 11:7-15; Lc. 7:24-30). Nuestro Señor honra a Juan. Según Jesús:
   1. Juan no era una caña sacudida por el viento, sino un profeta fiel y siempre listo para ministrar.
   2. Era el más grande los profetas.

      «De cierto os digo: Entre los que nacen de mujer no se ha levantado otro mayor que Juan el Bautista; pero el más pequeño en el reino de los cielos, mayor es que él» (Mt. 11:11).

      ¿A quien se refería Jesús con la declaración «el más pequeño ... mayor es»? Se han dado dos explicaciones:

      a. Que tenía al apóstol Pablo en mente. (Véanse Ef. 3:8; 1 Co. 15:9.)
      b. Que estaba pensando en el milenio, cuando el menor de los ciudadanos de aquel glorioso reino conocerá y experimentará más de la majestad de Dios que cualquier profeta, sacerdote o rey en el pasado.
   3. El pueblo común y los pecadores escuchaban con gozo a Juan, pero los impíos líderes judíos lo menospreciaban.
   4. El ministerio audaz de Juan marcó el comienzo de la oposición satánica al reino.
   5. Juan apareció en el espíritu del Elías del Antiguo Testamento.

      «Porque éste es de quien está escrito: He aquí, yo envío mi mensajero delante de tu faz, el cual preparará tu camino delante de ti» (Mt. 11:10).

      Jesús asocia aquí la profecía de Malaquías 3:1 con Juan el Bautista. No obstante, es importante señalar que no menciona la última parte del versículo, que dice: «Y vendrá súbitamente a su templo el Señor a quien vosotros buscáis....»

      Según Habacuc 2:20, cuando esto ocurra Cristo vendrá a juzgar. Su primera venida era para manisfestar la gracia y por eso se omite esta segunda parte.

I. Parábola catorce: una generación de gente inmadura (Mt. 11:16-19; Lc. 7:31-35).
   1. Jesús compara su generación a un grupo de niños volubles que juegan.
      a. Uno grupo dice: «Os tocamos la flauta, y no bailasteis.»
      b. El otro grupo responde: «Os endechamos, y no lamentasteis.»
   2. Declara que esta inconstancia podía verse en Israel también.
      a. Juan practicaba el ayuno y los fariseos decían que tenía demonio.
      b. Jesús no ayunaba y le acusaban de ser un comilón y bebedor de vino.

Paso treinta y uno: de Capernaum a Jerusalén

(Jn. 5:1-47)

A. Milagro diecisiete: curación de un hombre que había sido inválido por treinta y ocho años (Jn. 5:8).
   1. Jesús le pregunta a un inválido si quiere ser sano.
   2. El hombre responde que sí, pero que él no puede meterse en un estanque de agua que cree que le sanaría.
   3. Jesús ignora su fe mal dirigida y le sana.
   4. Pronto le confrontan los fariseos a causa de que el milagro ha sido realizado en sábado.
   5. El Maestro se encuentra más tarde en el templo con el hombre sanado y le amonesta a que no peque más.

PARÁBOLAS

MATEO 13

ILUSTRACIÓN	INFORMACIÓN	INTERPRETACIÓN	
EL SEMBRADOR, LA SEMILLA, Y LA TIERRA **MATEO 13:1-9, 18-23**	UN SEMBRADOR SIEMBRA EN CUATRO CLASES DE TERRENO • **Junto al camino**. La semilla es pisoteada por los hombres y comida por las aves del cielo. • **Terreno rocoso y superficial**. La semilla germina pero pronto se seca por falta de humedad y de raíces. • **Terreno lleno de espinos**. La semilla es pronto ahogada por los espinos. • **Terreno fértil**. La semilla germina y lleva fruto, produciendo en (algunas áreas) treinta, sesenta y ciento por uno	EL SEMBRADOR LA SEMILLA LOS TERRENOS	El sembrador es *CRISTO* La semilla es la *PALABRA DE DIOS* **Tierra junto al camino** La persona que recibe la Palabra sin verdaderamente entenderla. La semilla es pronto destruida por Satanás y los falsos maestros. **Terreno superficial** La persona que recibe la Palabra pero no la cultiva. Cae cuando llegan las pruebas y las persecuciones. **Terreno lleno de espinos** La persona que recibe la Palabra pero intenta mezclarla con los placeres de la vida. Estos pronto la ahogan. **Terreno fértil** La persona que recibe la Palabra con corazón sincero y entendido. Este es el único que lleva fruto.
SATANÁS SIEMBRA CIZAÑA EN EL CAMPO DEL SEÑOR **MATEO 13:24-30, 36-43**	• UN HOMBRE SIEMBRA BUENA SEMILLA EN SU CAMPO. • EL ENEMIGO VIENE DURANTE LA NOCHE Y SIEMBRA CIZAÑA. • LA DECISIÓN DEL HOMBRE ES ESPERAR A LA SIEGA CUANDO SE RECOGERÁ EL TRIGO Y SE QUEMARÁ LA CIZAÑA.	EL HOMBRE EL ENEMIGO EL CAMPO EL TRIGO LA CIZAÑA LA SIEGA LOS SEGADORES EL GRANERO EL HORNO	El hombre es *CRISTO* El enemigo es *SATANÁS* El terreno es el *MUNDO* El trigo son los *CREYENTES* La cizaña son los *INCRÉDULOS*, especialmente los falsos maestros. Véase Hechos 20:29, 30. La siega es el *FIN DEL MUNDO* Los segadores son *LOS ÁNGELES* El granero es *EL CIELO* El horno es *EL INFIERNO*
LA SEMILLA DE MOSTAZA Y LOS PÁJAROS **MATEO 13:31, 32**	• UNA PEQUEÑA SEMILLA DE MOSTAZA SEMBRADA SE CONVIERTE EN UN GRAN ÁRBOL. • LOS PÁJAROS VIENEN Y HACEN NIDOS EN SUS RAMAS.	LA SEMILLA EL ÁRBOL LOS PÁJAROS	Parece que representa a la Palabra de Dios. Este árbol no es natural, pues la semilla de mostaza sólo alcanza a ser una planta. Este árbol simboliza el cristianismo declarado. Los pájaros, como en la primera parábola, probablemente representan a los falsos maestros. **(Véase también Ap. 18:2.)**
LA LEVADURA EN LA COMIDA **MATEO 13:33**	• UNA MUJER PONE LEVADURA EN UNA MEDIDA DE HARINA. TODA LA MASA QUEDA PRONTO LEUDADA.	LA LEVADURA LAS TRES MEDIDAS DE HARINA LA MUJER	Tanto en el Antiguo como en el Nuevo Testamento, la levadura (como la lepra) es siempre un símbolo del mal. Hay cinco clases de pecado simbolizados por la levadura: *FARISEÍSMO:* Hipocresía, ritualismo **(Mt. 16:6-12; Lc. 12:1)** *SADUCEÍSMO:* Racionalismo, liberalismo **(Mt. 16:6-12)** *HERODIANISMO:* Materialismo, mundanalidad **(Mr. 8:15)** *CORINTIANISMO:* Inmoralidad, adulterio **(1 Co. 5:6-8)** *GALACIANISMO:* Legalismo **(Gá. 5:1, 9)** En el Antiguo Testamento se ofrecía a Dios una ofrenda de tres medidas de harina con el propósito de tener comunión con Él. **(Véanse Gn. 18:6; Lv. 14:10; Nm. 15:9; 28:12.)** Representa la falsa doctrina, es decir, la mezcla del mal con el sacrificio de pura comunión con Dios. **(Véanse Zac. 5:5-11; Ap. 2:20; 17:1-6; 18:1-8.)**

6. Los judíos siguen procurando matarle, no sólo por sus actividades en el día de reposo sino también porque llamaba Padre a Dios. (Jn. 5:16-18).

B. Quinto sermón: sobre el juicio y la resurrección (Jn. 5:19-47).
   1. Jesús declara que el Padre le ama y le instruye en sus acciones.
   2. Afirma que el Padre le ha dado toda potestad de juzgar y que desea que los hombres honren al Hijo como hacen con el Padre.
   3. Promete vida eterna a todos los que creen en Él.
   4. Les asegura que un día serán levantados de entre los muertos por el Hijo. Notemos su declaración:

      «No os maravilléis de esto; porque vendrá hora cuando todos los que están en los sepulcros oirán su voz; y los que hicieron lo bueno, saldrán a resurrección de vida; mas los que hicieron lo malo, a resurrección de condenación» (Jn. 5:28, 29).

      Otros versículos de la Biblia nos aclaran que hay aquí dos resurrecciones diferentes, separadas entre sí por mil años. La *primera* resurrección sucederá justo antes del milenio, e incluirá a todos los santos del Antiguo Testamento y de la tribulación. La *segunda* tendrá lugar después del milenio, y consistirá de todos los inconversos que han existido. (Véanse Dn. 12:2 y Ap. 20:5, 6, 11-15.)
   5. Nuestro Señor señala que su deidad es afirmada por al menos cuatro testimonios verdaderos:
      a. El de Juan el Bautista.
      b. Sus propios milagros (diecisiete hasta la fecha).
      c. El Padre mismo (en su bautismo).
      d. El del Antiguo Testamento (especialmente los escritos de Moisés).
   6. Con todo, señala tristemente que a pesar de ello la mayoría de Israel no le aceptaría.

C. Quinta predicción: sobre la futura resurrección (Jn. 5:28, 29).
   1. Los que hicieron el bien, saldrán a resurrección de vida.
   2. Los que hicieron el mal, saldrán a resurrección de condenación.

Paso treinta y dos: de Jerusalén a Nazaret (segunda visita)

(Mt. 13:53-58; Mr. 6:1-6)

A. Predica allí pero viene a ser motivo de preocupación para sus hermanos.
B. Con tristeza menciona que no hay profeta sin honra, sino en su propia tierra y en su casa, al escuchar a la gente decir:
   1. «¿No es éste el hijo del carpintero?»
   2. «¿No se llama su madre María, y sus hermanos, Jacobo, José, Simón, y Judas?»
   3. «¿No están todas sus hermanas con nosotros?»
C. No hizo muchos milagros allí a causa de la incredulidad de aquella gente.

Paso treinta y tres: de Nazaret a su tercera gira de predicación por Galilea

(Mateo 9:35—10:1, 5-16, 24-33, 37—11:1; 14:1-33; Mr. 6:6-29; Lc. 9:1-9)

A. Comparte con sus discípulos la carga de su corazón por los perdidos (Mt. 9:36-38).
   1. Les habla de la abundancia de la mies y de la escasez de obreros.
   2. Les anima a rogar al Padre a que envíe obreros a la mies.
B. Sexto sermón: a los doce que había comisionado (Mt. 10:5-16, 24-33, 37-42; Lc. 9:3-5; Mr. 6:8-11).
   1. Les confirma que su campo de trabajo es sólo el pueblo de Israel.
   2. Su ministerio sería múltiple. Tenían que:
      a. Predicar que el reino de los cielos se había acercado y que debían arrepentirse (Mr. 6:12).
      b. Sanar a los enfermos.
      c. Limpiar a los leprosos.
      d. Levantar a los muertos.
      e. Echar demonios.
   3. Debían hacer todo esto sin esperar paga, pero serían atendidos en su necesidad de comida y vestido por aquellos a quienes ministraran.
   4. Debían posar solamente en los hogares de aquellos que amaran a Dios.
   5. Tenían que sacudirse el polvo de los pies mientras abandonaban cualquier ciudad que hubiera rechazado el mensaje.
   6. Serían frecuentemente como ovejas en medio de lobos; les recomendaba, pues, ser sencillos como palomas y prudentes como serpientes.
   7. Debían esperar persecución, pero podían alentarse por el hecho de que el Padre tenía incluso contados todos sus cabellos.
   8. Tenían que confesar a Cristo delante de los hombres a fin de que Él les confesara a ellos un día delante del Padre.
   9. Debían ponerle siempre a él primero y llevar su propia cruz.
   10. Serían tratados como profetas por algunos que un día compartirían su galardón.
C. Después de darles instrucciones y enviarles en parejas, Él se va solo a predicar (Mt. 11:1).
D. Le informan de la muerte de Juan el Bautista, y se aparta con los doce a un lugar desierto (Mt. 14:1-13; Mr. 6:14-29; Lc. 9:7-9).
   1. Herodes había encarcelado a Juan por su fuerte denuncia del matrimonio ilegítimo del rey con Herodías, la ex esposa de su hermano Felipe.
   2. Herodías estaba resentida y demandó la ejecución de Juan, pero Herodes le tenía respeto e incluso estuvo interesado en su mensaje por un tiempo.
   3. Sin embargo, Herodías, ayudada por la atracción de la danza de su hermosa hija y por la naturaleza sensual del rey, exigió y consiguió la cabeza de Juan el Bautista en una bandeja.
   4. Herodes, turbado y perplejo, llegó más tarde a pensar que Jesús era en realidad Juan el Bautista resucitado.
   5. Así es como el más grande profeta del Nuevo Testamento salió del escenario terrenal. Jesús ya había comentado anteriormente acerca de la grandeza de este hombre. (Véase Mt. 11:1-11.) Una de las últimas declaraciones que tenemos acerca de Juan nos revela que este audaz profeta era también un hombre poderoso en la oración.

      Leemos acerca de los discípulos de Jesús que se le acercaron y le dijeron: «Señor, enséñanos a orar, como también Juan enseñó a sus discípulos» (Lc. 11:1).

Paso treinta y cuatro: de su tercer viaje de predicación por Galilea a un desierto cerca de Betsaida

(Mt. 14:13-23; Mr. 6:30-47; Lc. 9:10-17; Jn. 6:1-18)

A. Jesús se retira con sus discípulos para un descanso bien ganado, pero pronto es reconocido y rodeado por la multitud siempre presente.
B. Tuvo compasión de ellos y sanó muchos enfermos, enseñándoles también acerca del reino de Dios.
C. Milagro dieciocho: alimentación de 5.000 hombres y sus familias (Mt. 14:19; Mr. 6:41; Lc. 9:16; Jn. 6:11).

1. Jesús prueba a Felipe preguntándole cómo podrían alimentar a aquella multitud. Felipe lo considera imposible.
2. Andrés encuentra a un muchacho que tiene escasamente cinco panes de cebada y dos pececillos, pero él también opina como Felipe.
3. Los doce se ponen finalmente de acuerdo en que lo mejor es despedirle en la esperanza de que ellos encuentren de comer en los pueblos cercanos.
4. Jesús, por el contrario, ordena que la multitud se siente por grupos de cincuenta.
5. Toma después el almuerzo del jovencito, lo bendice y lo reparte, alcanzando para dar de comer a todos.
6. Más tarde los discípulos llenan doce cestas con las sobras. En realidad se dio de comer como a 15.000 personas, porque los 5.000 mencionados eran sólo los *hombres*. Habría también, sin duda, varios cientos de mujeres y niños presentes. Este es uno de los dos únicos milagros que aparecen en los cuatro evangelios. El otro es la restauración de una oreja cortada en el jardín de Getsamaní.

D. Quinta oración: en un monte cerca del mar después de alimentar a los 5.000 (Mt. 14:23; Mr. 6:46; Jn. 6:15).
1. Cristo se da cuenta de que los 5.000 hombres alimentados se hallan tan impresionados que planean forzarle a que sea su rey.
2. Por tanto, ordena a los discípulos que se marchen sin él y se retira a un monte a orar.

Paso treinta y cinco: del desierto de Betsaida al llano de Genesaret

(Mt. 14:24-36; Mr. 6:48-56; Jn. 6:19-21)

A. Milagro diecinueve: Jesús camina sobre el mar (Mt. 14:25; Mr. 6:48; Jn. 6:19).
1. Cristo observa que sus discípulos tienen dificultades en medio del lago, y va a su encuentro caminando sobre el agua.
2. Ellos se turbaron al verle, pero Él los tranquiliza y accede a la petición de Pedro de ir a su encuentro caminando también.
3. Pedro aparta su mirada de Jesús después de dar unos pasos sobre el agua, y el Maestro tiene que rescatarlo de perecer ahogado.
   a. Pedro: «¡Señor, sálvame!» (Mt. 14:30). (La oración más breve de la Biblia.)
   b. Jesús: «¡Hombre de poca fe! ¿Por qué dudaste?»
4. Jesús y Pedro suben abordo. Los demás le adoraron, diciendo: «Verdaderamente eres Hijo de Dios.»

B. Desembarcan en Genesaret y entran en los pueblitos cercanos, sanando Jesús a muchos.

FIN DEL SEGUNDO AÑO

Paso treinta y seis: del llano de Genesaret a Capernaum

(Mt. 15:1-20; Mr. 7:1-23; Jn. 6:22-71; 7:1)

A. Séptimo sermón: sobre el pan de vida (Jn. 6:26-59).
1. Parte de la multitud que había alimentado poco antes le rodea ahora otra vez.
2. Él conoce sus motivos carnales y les amonesta para que busquen el pan de vida y no simplemente el pan físico. (Véase Jn. 2:23-35.)
3. Les dice que el Padre le ha sellado y desea que todos los hombres crean en Él.
4. Declara que Él solo es el pan de vida, y todos aquellos que el Padre dirija vendrán a Él y nunca tendrán hambre.
5. Los judíos que conocían a José y a María ridiculizan su declaración de que Él procede del cielo, pero ignorándolo, dice que solo Él ha visto al Padre.
6. Promete resucitar a todos los creyentes en el día último.
7. Dice que Él pronto dará su carne por la vida del mundo.
8. Concluye afirmando que es absolutamente necesario que participen de su carne y sangre para tener seguridad de la vida eterna.

B. Algunos de sus seguidores quedan confundidos y ofendidos a causa de este sermón, y muchos le dejan en este momento para no volver nunca más (Jn. 6:60-66).

C. Jesús pregunta a los doce si ellos también quieren dejarle, a lo que Pedro responde inmediatamente (Jn. 6:67-69):
1. «Señor, ¿a quién iremos?»
2. «Tú tienes palabras de vida eterna.»
3. «Y nosotros hemos creído y conocemos que tú eres el Cristo, el Hijo del Dios viviente.»

D. Sexta predicción: sería traicionado (Jn. 6:70, 71).
Nota: Algunos creen, basados en este pasaje y otros que se refieren a Él, que Judas será el futuro Anticristo.
1. En Lucas 22:3 y Juan 13:27 se nos dice que Satanás entró en Judas. Esto nunca se dice de ninguna otra persona en la Biblia.
2. Hay dos momentos en el Nuevo Testamento donde se usa la expresión «hijo de perdición». En el primer caso, Jesús lo usa para referirse a Judas (Jn. 17:12), y en el segundo caso, Pablo se refiere al Anticristo (2 Ts. 2:3).

E. Octavo sermón: sobre la fuente de profanación (Mt. 15:1-20; Mr. 7:1-23).
1. Los fariseos acusan a Jesús de quebrantar la ley cuando permite a sus discípulos comer con las manos sin lavar.
2. Les responde que ellos son los que en verdad están quebrantando la ley a los ojos de Dios, como Isaías había profetizado (Is. 29:13). Esto lo hacían:
   a. Al hablar tanto y, a la vez, tener un corazón tan duro.
   b. Al enfatizar sus propias tradiciones e ignorar los mandamientos de Dios.
   c. Por la manera tan vergonzosa en que trataban a sus propios padres.
3. Les enseña que la verdadera fuente de la violación es interna, y consiste no de manos sucias sino de corazones contaminados. Seguidamente menciona las siguientes cosas:
   a. Los homicidios, los adulterios y los vicios sexuales.
   b. Los hurtos, los falsos testimonios, las blasfemias.
   c. Las avaricias, las maldades, el engaño.
   d. La lascivia, la envidia, la maledicencia, la soberbia, la insensatez.

Paso treinta y siete: de Capernaum a la región de Tiro y Sidón

(Mt. 15:21-28; Mr. 7:24-30)

A. Busca solaz en una casa pero se encuentra con una madre gentil desesperada.

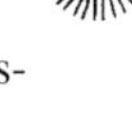

B. Milagro veinte: curación de una joven endemoniada (Mt. 15:28; Mr. 7:29).
1. Jesús al principio escucha en completo silencio su lastimoso ruego concerniente a su hija.
2. Después amablemente le recuerda que su ministerio de sanidad es primariamente para Israel.
3. Ella señala, sin embargo, que incluso los perros comen debajo de la mesa de las migajas que les caen a los hijos del dueño de la casa.
4. Jesús queda conmovido por su fe y sana a la hija.

Paso treinta y ocho: de Tiro y Sidón a la región de Decápolis
(Mr. 7:31-37)

A. Le piden que ponga su mano sobre un hombre sordo, que era además tartamudo.
B. Milagro veintiuno: curación de un sordo y tartamudo (Mr. 7:34, 35).
   1. Nuestro Señor realiza este milagro de una manera poco corriente:
      a. Metió sus dedos en los oídos del sordo.
      b. Escupió y tocó su lengua.
      c. Levantó los ojos al cielo y gimió.
   2. La gente se llenó de gran admiración, y dijo: «Bien lo ha hecho todo; hace a los sordos oír, y a los mudos hablar.»

¡Oh, que tuviera lenguas mil
para poder cantar
Las glorias de mi Dios y Rey,
y sus triunfos alabar!

Oh, mudos, de su amor hablad;
y sordos, oíd su voz;
Oh, cojos, de emoción saltad;
ciegos, ved al Salvador.

Charles Wesley

Paso treinta y nueve: de Decápolis al monte Tabor (¿?)
(Mt. 15:29-38; Mr. 8:1-9)

A. Sanó a muchas personas en este monte de Galilea.
B. Milagro veintidós: alimentación de 4.000 hombres y sus familias (Mt. 15:36; Mr. 8:6).
   1. Se compadece de estas familias que han estado con Él durante los últimos tres días y tienen mucha hambre.
   2. Los Doce sólo pueden encontrar siete panes y unos pocos pececillos.
   3. Jesús toma este alimento, lo bendice, y satisface con abundancia a todos los presentes.
   4. Los discípulos recogieron después siete canastas llenas de pedazos sobrantes.

Paso cuarenta: del monte Tabor (¿?) a la región de Magdalá
(Mt. 15:39—16:12; Mr. 8:9-21)

A. Le confrontan los fariseos y los saduceos demandándole que haga algunas señales milagrosas.
   1. Les reprende por su hipocresía y les señala una notoria inconsecuencia de su parte.
      a. Aceptan las señales del cielo que les hablan de los cambios del tiempo.
      b. Rechazan las señales del Hijo que les hablan acerca del Padre. (Nota: Aquí están demandando una señal cuando él acababa de realizar el milagro número veintidós que tenemos registrado en los evangelios.)

      Les declara que sólo una generación mala y adúltera se empeña en hacer tal demanda.
B. Séptima predicción: su resurrección (Mt. 16:4).
   1. Unicamente gente mala e infiel se atreve a exigir tales señales.
   2. La única señal que recibirá semejante generación será la del profeta Jonás. Esta es la razón por la que Satanás aborrece tanto el libro de Jonás. Ha procurado a lo largo de la historia que se le subestimara y se negara haciendo que sus seguidores ridiculizaran el que el pez se tragara a Jonás. No es el *pez* lo que el diablo aborrece sino lo que *prefigura.*
C. Jesús les advierte a sus discípulos que se cuiden de la levadura de los fariseos (el tradicionalismo), de los saduceos (el escepticismo), y de los herodianos (el materialismo).

Paso cuarenta y uno: de Magdalá a Betsaida
(Mr. 8:22-26; Jn. 7:2-9)

A. Milagro veintidós: curación de un ciego (Mr. 8:25).
   1. Jesús puso saliva en los ojos del ciego y también puso sus manos sobre él.
   2. Le preguntó después si veía algo.
   3. El hombre dice que ve hombres como árboles que andan. La *Biblia Anotada de Scofield* tiene la siguiente nota sobre este versículo:

      «La acción del Señor en este caso es muy significativa. Habiendo ya abandonado a Betsaida para juicio (Mt. 11:21-24), Él no estaba dispuesto a hacer más milagros en esa aldea, ni a permitir que se diera allí un testimonio acerca de Él (v. 26). La prueba a que Betsaida, como una comunidad, fue sometida, ya había terminado; sin embargo, Él se hallaba aún liso a mostrar misericordia a individuos en ella. Véase Ap. 3:20. Cristo se encuentra afuera, a la puerta de aquella iglesia; no obstante, Él dice? «Si alguno oye mi voz» (p. 1015).
   4. Jesús toca de nuevo sus ojos y ahora ve claramente. Como creyentes, muchas veces necesitamos un segundo toque de parte del Salvador, a fin de que no veamos a los que nos rodean como estadísticas impersonales sino como seres humanos necesitados.
B. Jesús es criticado por sus hermanos (Jn. 7:2-9).
   1. Opinan que Él evita la publicidad por causa de insinceridad.
   2. Intenta ayudarles a superar su torpe pensar manifestándoles que cuando llegue la hora del Calvario habrá abundancia de publicidad. Los nombres de cuatro de sus hermanos aparecen en Mateo 13:55 y son: Jacobo, José, Simón y Judas.
C. Cumplimiento número diecisiete de las profecías del Antiguo Testamento: que sería rechazado por los suyos. (Cp. Is. 53:3 y Sal. 69:8 con Jn. 1:11; 7:5.)
D. En Juan 7:6 nuestro Señor dice: «Mi tiempo aún no ha llegado....» El «tiempo» que Jesús tenía en mente aquí es, por supuesto, la crucifixión. Él estuvo siempre plenamente consciente de esta hora.

   Nota:

   «Jesús le dijo: ¿Qué tienes conmigo mujer [a su madre en la fiesta de bodas de Caná]? Aún no ha venido mi *hora»* (Jn. 2:4).

   «Entonces procuraban prenderle [un grupo de gente con malas inteciones]; pero ninguno le echó mano, porque aún no había llegado su *hora»* (Jn. 7:30).

   «Jesús les respondió [algunos griegos que querían verle] diciendo: Ha llegado la *hora* para que el Hijo del Hombre sea glorificado» (Jn. 12:23). (Véase también 12:27.)

   «Antes de la fiesta de la pascua, sabiendo Jesús que su *hora* había llegado para que pasase de este mundo al Padre...» (Jn. 13:1).

   «...Padre, la *hora* ha llegado....» (Jn. 17:1).

   Notemos especialmente las declaraciones que encontramos en Juan 7:30 y 8:20. Estos versículos nos enseñan que el siervo de Dios es indestructible hasta que la voluntad de Dios se ha llevado a cabo en su vida. (Véase también Ap. 11:7.)

Paso cuarenta y dos: de Betsaida a Jerusalén
(Jn. 7:10—10:39)

A. Jesús participa en la fiesta de los tabernáculos en Jerusalén, y es objeto de mucha especulación (7:12, 43).
   1. Unos pensaban que era simplemente un hombre bueno (7:12).
   2. Otros pensaban que era un engañador (7:12).

3. Algunos le reconocían como un gran maestro (7:14, 15, 46).
4. Otros le tenían como uno que quebrantaba el día de reposo (especialmente después de haber sanado al paralítico que llevaba enfermo treinta y ocho años) (7:19-25).
5. Otros lo consideraban un profeta (7:40).
6. Y algunos le aceptaron como su Mesías (7:31, 41).

B. Octava predicción: su ascensión (Jn. 7:33, 34).
1. Les dice que le buscarán infructuosamente.
2. Estará donde ellos no podrán ir.

C. Novena predicción: pentecostés (7:37-39).
1. Que el Espíritu Santo vendría después que Él fuera glorificado.
2. Que el Espíritu Santo produciría dentro de los creyentes ríos de agua viva.

«En el último y gran día de la fiesta, Jesús se puso en pie y alzó la voz, diciendo: Si alguno tiene sed, venga a mí y beba. El que cree en mí, como dice la Escritura, de su interior correrán ríos de agua viva» (7:37, 38).

El doctor Homer Kent del Grace Seminary sugiere lo siguiente:

«Se había desarrollado la costumbre de que los sacerdotes, durante la fiesta, tomaran diariamente un vaso de agua del estanque de Siloé y lo llevaran en procesión hasta el templo. Allí el agua era derramada sobre el altar de los sacrificios como un recuerdo de cómo Dios había provisto para sus necesidades en el desierto. En el octavo día se omitía el acto, significando la presencia de Israel en la tierra. Si este evento sucedió en el octavo día, la invitación de Cristo a los hombres de ir a él para recibir el agua viva fue especialmente dramática, porque reclamaba para sí el cumplimiento de la tipología que se desarrollaba en la fiesta. Él era el proveedor del agua viva. (Véanse también Jn. 4:10 y 1 Co. 10:4.)»

D. Nicodemo intenta defender a Jesús y es ridiculizado por los fariseos (7:50-53).
1. Nicodemo: «¿Juzga acaso nuestra ley a un hombre si primero no le oye, y sabe lo que ha hecho?»
2. Los fariseos: «¿Eres tú también galileo? Escudriña y ve que de Galilea nunca se ha levantado profeta»

Nota: Los fariseos estaban equivocados en su disputa de que ningún profeta había salido de Galilea, pues Jonás era de allí, y Nahum pudo haberlo sido.

E. Jesús perdona a la mujer adúltera (Jn. 8:1-11).
1. Este incidente es usado por los fariseos con malévola intención para poner a Jesús en oposición a Moisés y así atraparle.
2. El Señor, sin embargo, le da la vuelta a la situación y los acusadores salen acusados, mientras que la acusada sale libre y perdonada.
   a. Los fariseos a Jesús: «Maestro, esta mujer ha sido sorprendida en el acto mismo de adulterio. Y en la ley nos mandó Moisés apedrear a tales mujeres. Tú, pues, ¿qué dices?» (Véanse Lv. 20:10; Dt. 22:23, 24.)
   b. Jesús a los fariseos (después de escribir algo sobre la tierra): «El que de vosotros esté sin pecado sea el primero en arrojar la piedra contra ella.»
   c. Jesús a la mujer: «Mujer, ¿dónde están los que te acusaban? ¿Ninguno te condenó?» [Ella responde que se han marchado] «Ni yo te condeno; vete, y no peques más.»

F. Décima predicción: su ascensión (Jn. 8:14, 21).

G. Predicción once: su muerte (Jn. 8:28).

H. Habla acerca de su Padre y muchos creen en Él (Jn. 8:30-32).
1. Les anima a permanecer en su Palabra (8:31).
2. Les promete que esta verdad les hará libres (8:32).

I. Noveno sermón: el diablo y sus hijos (Jn. 8:33-59).
1. Jesús rechaza las pretensiones jactanciosas de los fariseos de que son los verdaderos hijos de Abraham.
   a. No están haciendo la clase de cosas que Abraham hizo (8:37-43).
   b. Están haciendo lo que Satanás acostumbra a hacer (8:44).
2. Le acusan de nuevo de estar poseído por el demonio (8:48, 52). Notemos también la hiriente acusación: «Nosotros no somos nacidos de fornicación» (8:41). Esta es una de varias ocasiones en las que los judíos hacen comentarios dudosos sobre las circunstancias poco comunes del nacimiento de Cristo. Cuando el Señor más tarde sana a un ciego, los fariseos rehusan creerlo, diciéndole al hombre curado: «Da gloria a Dios; nosotros sabemos que ese hombre es pecador» (9:24).
3. Jesús declara que Él ha existido desde antes de Abraham (8:56-58). «Abraham vuestro Padre se gozó de que había de ver mi día; y lo vio, y se gozó» (8:56). ¿Cuando ocurrió esto en la vida de Abraham? (Véanse Gn. 22 y He. 11:17-19.)

«Entonces le dijeron los judíos: Aún no tienes cincuenta años, ¿y has visto a Abraham?» (8:57).

Esta declaración nos da una idea acerca de la tremenda presión y carga que llevaba nuestro Señor. Apenas tiene treinta y tres años y ya le suponen tener cerca de cincuenta.

«Jesús les dijo: De cierto, de cierto os digo: Antes que Abraham fuese, yo soy» (8:58).

Notemos que no dice: «Yo era, sino Yo *soy*.» (Véase Ex. 3:14).

4. Los judíos intentan apedrearlo sin lograrlo (8:59).

J. Milagro veinticuatro: curación de un hombre nacido ciego (Jn. 9:7).
1. Jesús explica por qué Dios ha permitido que este hombre naciera ciego. No era por causa de pecado, sino para que Dios fuera glorificado (9:1-3).
2. A continuación escupe en el suelo, hace lodo con la saliva y unta los ojos del ciego, ordenándole después que se vaya a lavar al estanque de Siloé (9:6, 7).
3. El hombre lo hace y ve.
4. Seguidamente tienen lugar los siguientes seis diálogos:
   a. Entre el ciego y sus vecinos (9:8-12).
      (1) Algunos piensan que es el mismo hombre, pero otros dudan.
      (2) El hombre les asegura que sí es y les da testimonio de Cristo.
   b. Entre el ciego y los fariseos (9:13-17).
      (1) Los fariseos están encolerizados porque la curación se había realizado en sábado.
      (2) Rehusan aceptar el testimonio del hombre ciego.
   c. Entre los fariseos y los padres del ciego (9:18-23).
      (1) Los padres reconocen que el hombre en cuestión es en verdad su hijo y que había nacido ciego.
      (2) Pero no dan crédito a Jesús por esto por el temor de ser expulsados de la sinagoga.
   d. Entre el ciego y los fariseos (9:24-34).
      (1) El ciego repite su testimonio.
      (2) Los fariseos le ridiculizan y le acusan de ser discípulo de Cristo.
   e. Entre el ciego y Jesús (9:35-38).

(1) El Señor le pregunta si cree en el Hijo de Dios.
(2) El hombre desea creer, pero quiere más información.
(3) Jesús le declara su deidad y recibe la adoración del ciego.

f. Entre Jesús y los fariseos (9:39-41).
(1) Declara que él es la luz del mundo.
(2) Les advierte de su terrible ceguedad espiritual.

5. Este notable milagro:

a. Corrige dos errores.
(1) Que un individuo puede pecar antes de nacer. (Véanse vv. 1, 2.)
(2) Que todo sufrimiento es un resultado directo del pecado. (Véase el v. 3. Véase también Jn. 11:4, 14, 15.). Los discípulos aquí cometen el mismo grave error que cometieron los tres «amigos» de Job, y en el que caen también hoy algunos sanadores por fe. Es decir, suponer que todo sufrimiento proviene del pecado.

b. Confirma tres hechos.
(1) Que las personas religiosas son frecuentemente las más ciegas de todas. (Véanse vv. 16, 24, 39-41.)
(2) Que el temor a los hombres impide a muchos de aceptar a Cristo. (Véanse vv. 18-23 y Jn. 12:42, 43.)
(3) Que Cristo afirmaba ser el Hijo de Dios. (Véanse vv. 35-38).

K. Décimo sermón: sobre el buen pastor (Jn. 10:1-18).
El buen pastor:

1. Conoce a sus ovejas (10:3, 14).
2. Las dirige (10:3, 4, 27).
3. Habla con ellas (10:3, 4, 27).
4. Las salva (10:9, 28).
5. Las satisface (10:10).
6. Muere por ellas (10:11, 15).
7. Las une (10:16).

L. Resumen del décimo sermón. El doctor Homer Kent ha escrito uno de los mejores resúmenes sobre Juan 10:

1. El buen pastor forma su rebaño (10:1-6).
«En Palestina acostumbraban a guardar los rebaños de ovejas en cercados próximos a los pueblos. Muchos pastores metían sus ovejas en el redil durante la noche y volvían a recogerlas en la mañana para dirigirlas a los campos de pastos durante el día. Esta actividad mañanera de reunir a las ovejas alrededor del pastor es el tema de la primera parte del discurso.

El pastor del relato representa a Cristo, y el redil representa el judaísmo, el sistema religioso donde el pueblo de Dios estuvo reunido hasta la venida de Cristo. Esto parece desprenderse claramente de 10:16, donde Jesús llama a los gentiles "otras ovejas que no son de este redil". Debemos también recordar que Jesús estaba hablando a representantes del judaísmo que acababan de ver la excomunión del ciego salir. De esa manera estaba explicando cómo se relaciona el judaísmo con el Mesías y sus seguidores. El redil no representa al cielo, porque allí no hay ladrones (Mt. 6:20). Tampoco representa la salvación ni la Iglesia, porque el pastor encontró a las ovejas ya en el redil y entonces las sacó (10:3).

a. Llega por el camino apropiado (10:1, 2).
El pastor que tiene derecho sobre las ovejas no necesita meterse a escondidas ni saltar la cerca; él puede entrar por la puerta. Cristo pudo allegarse a su pueblo porque tenía el derecho de hacerlo. Las profecías del Antiguo Testamento se referían a él (y a nadie más). Nació de una virgen como Isaías había profetizado (Is. 7:14). Tenía derecho al trono de David por la línea de José, su padre legal (Mt. 1:1-16).

b. Es recibido por el portero (10:3*a*).
El portero era la persona encargada de vigilar el rebaño hasta la llegada del pastor, y entonces admitirle en el redil. Esto parece retratar a Juan el Bautista, aquel que presentó oficialmente al Pastor a la nación (1:26-34).

c. Llama a sus ovejas por su nombre (10:3*b*).
Muchos rebaños eran guardados en un redil palestino, pero eran separados por sus propios pastores, que llamaban a sus ovejas de una manera especial. De manera que cuando Cristo llegó al pueblo de Israel, no todos los judíos le reconocieron como el Mesías. Aunque muchos eran fieles al sistema religioso judío, no formaban el verdadero rebaño espiritual de Dios. Algunos, sin embargo, sí que eran del verdadero rebaño. Algunos sí esperaban verdaderamente la redención de Israel (como por ejemplo Zacarías, Elisabet, Simeón, Ana, María y José) y recibieron con gozo al Salvador que había llegado. El ciego de este relato era uno de ellos. Cuando el verdadero pastor llegó, él reconoció su voz.

d. Saca a sus ovejas del redil (10:3*c*-6).
Al presentarse Jesús ante la nación, los líderes le rechazaron; y no sólo le persiguieron a él sino también a todos los que le siguieron. Esta es la explicación del Señor a su relación con el ciego. Había sido expulsado del judaísmo porque había aceptado a Cristo. El redil del judaísmo había cumplido su propósito: Había conservado a la nación bajo la protección de la ley de Moisés y les había separado de las naciones idólatras del mundo. Pero ahora que Cristo había llegado, había empezado un nuevo orden (cp. Gá. 3:24, 25). Los fariseos podían objetar que Jesús no fue quien sacó al ciego sino que ellos le expulsaron. Sin embargo, Dios en su soberanía usa frecuentemente los actos humanos para llevar a cabo sus propósitos. El Mesías estaba formando su rebaño en cumplimiento de las antiguas profecías. Es de interés observar que el pasaje no declara en ninguna parte que el rebaño regresa de nuevo al redil.

La audiencia que escuchaba a Jesús estaba compuesta principalmente de fariseos incrédulos (9:40), y no se apropiaron de la verdad que él encarnaba (10:6).

2. El pastor alimenta a sus ovejas (10:7-10).
Jesús procede ahora a describir una segunda escena que nos da instrucción adicional. La escena corresponde al mediodía, y las ovejas aparecen fuera del redil pastando en las laderas de los montes y bebiendo en los arroyos. Jesús se llamó a sí mismo la "puerta" para enseñar la verdad de su provisión para los suyos. No debemos pensar que es la puerta del redil, porque él ya ha sido diferenciado de esa puerta al llamársele el Pastor que entra por la puerta (10:2). Más bien debemos entender la puerta como la representación de la entrada por la que la oveja pasa para encontrar pasto, agua y sombra.

a. Es la puerta a la salvación (10:7-9*a*).
La seguridad perfecta de la oveja consiste en

estar cerca del pastor. Así es con Cristo, pues la salvación espiritual es provista mediante la unión con Él. Por la fe en Él como Señor y Salvador, el creyente es introducido en el reino de la salvación. Cristo se convierte así en nuestro pastor, y asume la responsabilidad de suplir todas nuestras necesidades.

b. Es la puerta a nuestro sustento (10:9*b*).
Los pastores tenían la responsabilidad de localizar el pasto para sus rebaños, una tarea nada fácil en una tierra que era bastante árida. De la misma manera, Cristo es el que sustenta a los creyentes, y su crecimiento espiritual ocurre en la medida en que "se alimentan" de Él oyendo su palabra y obedeciéndola (Hch. 20:32; 1 Ti. 4:6; 2 P. 3:18). "Entrar y salir" es una expresión común de la Biblia que representa la idea de vivir y llevar adelante sus propios asuntos (Dt. 31:2; 2 Cr. 1:10; Hch. 1:21).

c. Es la puerta a la vida abundante (10:10).
La vida que el creyente recibe de Cristo es eterna. No es simplemente una extensión de nuestra vida mortal, sino una vida mucho más rica que lo que jamás ha conocido. Empieza a experimentarla en el momento en que pone su fe en Cristo. El acceso a Dios por medio de la oración, el conocimiento del perdón total de sus pecados, la posesión del Espíritu de Dios para iluminar la Palabra divina y guiarle en la vida diaria, todas estas cosas y muchas otras dan abundancia a la vida cristiana.

3. El pastor protege a su rebaño (10:11-18).

La escena cambia ahora al atardecer. Sucedía frecuentemente que los pastores palestinos llevaban sus rebaños tan lejos del redil buscando pastos y agua, especialmente en la estación seca, que no podían volver al redil al atardecer. Así que pasaban la noche afuera. Este era el tiempo cuando el peligro acechaba más, y era cuando más se necesitaba la protección del pastor.

a. Muere por sus ovejas (10:11-13).
Muchos pastores morían defendiendo sus rebaños. Había ladrones y bandas de ladrones que enfrentar, así como animales salvajes. En estos casos, no obstante, ellos no tenían la intención de morir. Cristo, por otro lado, iba a morir por sus ovejas a fin de que fueran salvas, pero él iba a hacerlo voluntariamente. Él "daría su vida". Sus ovejas estaban en el mayor de los peligros: "Todos nosotros nos descarriamos como ovejas, cada cual se apartó por su camino…" (Is. 53:6). Jesús estaba, pues, prediciendo su propia muerte, lo que ocurriría a la primavera siguiente.

Semejante acción sacrificial de parte del pastor estaba en agudo contraste con el asalariado, cuyo único interés era su propia ganancia. El asalariado cuidaba de las ovejas mientras fuera en su propio beneficio, pero no arriesgaría su vida por la propiedad de otro. La referencia podía estar relacionada con los líderes religiosos que se beneficiaban de su labores profesionales, pero no tenían interés auténtico en las "ovejas".

El sermón del Buen Pastor **(Juan 10:1-28)**

«El ladrón no viene sino para hurtar y matar y destruir; yo he venido para que tengan vida, y para que la tengan en abundancia.

Yo soy el buen pastor.…»
Juan 10:10, 11

LA ESCENA EN LA MAÑANA

EL BUEN PASTOR ORGANIZA SU REBAÑO

EL MENSAJE	EL SIGNIFICADO
• Él es el único pastor verdadero **10:1, 2**	• La condenación de todas las demás religiones
• Es reconocido por el portero **10:3**	• Una posible referencia a Juan el Bautista
• Llama a sus ovejas por su nombre **10:3**	• Algo que un extraño nunca haría
• Las saca afuera del redil **10:3-6**	• Del redil del judaísmo

LA ESCENA AL MEDIODÍA

EL BUEN PASTOR SUSTENTA A SU REBAÑO

La puerta y el alimento de la salvación **10:9**	«Yo soy la puerta; el que por mí entrare, será salvo.…»
La puerta y el alimento de la santificación **10:10**	«.… yo he venido para que tengan vida, y para que la tengan en abundancia.»

LA ESCENA AL ATARDECER

EL BUEN PASTOR PROTEGE A SU REBAÑO

• El da su vida por las ovejas **10:11**

• El conoce a las ovejas y las ovejas le conocen a él **10:14, 27**

• Recoge a sus ovejas **10:16**

• Es resucitado para las ovejas **10:18**

• Da a sus ovejas vida eterna **10:28, 29**

b. Conoce a sus ovejas (10:14, 15).

El pastor protege a sus ovejas porque tiene un conocimiento perfecto de ellas. Sabe de su propensión a vagar y de sus debilidades. De manera que él las cuida como miembros del rebaño. Ninguna puede vagar y extraviarse porque él las conoce a todas. "... a los que me diste, yo los guardé, y ninguno de ellos se perdió..." (17:12). Este conocimiento de las ovejas es tan completo como el conocimiento que el Padre y el Hijo tienen el uno del otro.

c. Recoge a sus ovejas (10:16-18).

Cristo, como el buen pastor, tiene también interés en "otras ovejas" que nunca han sido parte del "redil" del judaísmo. Parece que se refiere claramente a los gentiles que el pastor va a recoger de todas partes del mundo donde el evangelio sea predicado. Cuando sus ovejas responden a su voz en el evangelio, se convierten en "un rebaño" con "un pastor". A continuación de la muerte de Cristo y del establecimiento de la Iglesia del Nuevo Testamento en pentecostés, todos aquellos que respondieron a Cristo, ya fueran judíos o gentiles, son parte del rebaño con Cristo como el pastor. El apóstol Pablo habló de ello mediante la figura de un cuerpo, siendo los judíos y gentiles miembros de él (Ef. 3:6; Col. 3:11).» (*Light in the Darkness*, pp. 138-142.)

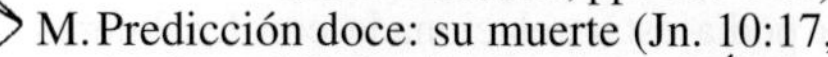

M. Predicción doce: su muerte (Jn. 10:17, 18).
1. Que el Padre le ama porque Él da su vida en sacrificio.
2. Nadie se la puede quitar, sino que Él la pone de sí mismo.

N. Su sermón hace una vez más que la gente decida si está con Él o contra Él (10:19-21).

Ñ. Los fariseos le enfrentan de nuevo (10:22-39).
1. Intentan apedrearle debido a su afirmación de que era uno con el Padre (10:30-33).
2. Él les responde que la prueba de la comida está en comerla, por lo que les invita a verificar la validez de sus palabras por las obras milagrosas que realiza (10:34-38).

O. Ellos procuran prenderle pero Él escapa otra vez de sus manos (10:39). Israel estaba ahora rechazando tanto sus *obras* (Jn. 5:16) como sus *palabras* (Jn. 8:58, 59; 10:30, 31).

Paso cuarenta y tres: de Jerusalén a Perea

(Jn. 10:40-42)

A. Cruza el Jordán y mora por un tiempo breve en el área donde Juan el Bautista bautizaba.

B. Muchos de esa zona creen en Él.

FIN DEL TERCER AÑO

Paso cuarenta y cuatro: de Perea a Cesarea de Filipos

(Mt. 16:13-28; Mr. 8:27—9:1; Lc. 9:18-27)

A. Sexta oración: cerca de Cesarea de Filipos (Lc. 9:18).

B. Jesús pregunta a sus discípulos quién dicen otros que es él.
1. Le responden que algunos piensan que es Juan el Bautista.
2. Otros, que es Elías.
3. Otros, que es Jeremías.

C. Les pregunta también quién creen ellos que es él. Pedro responde (Mt. 16:16).
1. Que es el Mesías.
2. El Hijo del Dios viviente.

D. Jesús afirma que esta confesión le ha sido revelada por el Padre.

E. Predicción trece: la Iglesia (Mt. 16:18, 19). El Señor promete lo siguiente en relación con su futura Iglesia:
1. Que la edificará sobre confesiones como la de Pedro.
2. Que las puertas del infierno no prevalecerán contra ella.
3. Que les dará a los creyentes las llaves del reino de los cielos.
4. Que los cielos y la tierra cooperarán atando y desatando los asuntos espirituales. Nota: Este pasaje lleva inmediatamente a formular algunas preguntas:
   a. ¿Planeaba Cristo edificar su Iglesia sobre Pedro y hacerle a él el primer papa? Podemos decir con certidumbre que no.
      (1) Porque el Señor dio más tarde a los demás apóstoles la misma responsabilidad que le había dado a Pedro. (Cp. Mt. 16:19 con Jn. 20:22, 23.)
      (2) Porque el Nuevo Testamento nos presenta claramente a Cristo y sólo a Él como el único fundamento de su Iglesia. (Véanse Hch. 4:11, 12; 1 Co. 3:11; 1 P. 2:4-8.)
      (3) Porque el Nuevo Testamento declara sin lugar a dudas que Cristo y sólo Él es la única cabeza de su Iglesia. (Véanse Ef. 1:20-23; 5:23; Col. 1:18; 2:18, 19.)
      (4) Porque la lengua original griega no da pie para ello. Tenemos aquí un juego de palabras. Jesús dijo: «Tú eres Pedro (*petros*, una piedra pequeña), y sobre esta roca (*petra*, una masa rocosa y compacta) edificaré mi iglesia.»
      (5) Por el testimonio personal de Pedro. (Véase 1 P. 5:1-4.)
      (6) Porque fue Santiago y no Pedro el que más tarde ministró en la Iglesia de Jerusalén y presidió el primer concilio celebrado allí. (Véase Hch. 15:13, 19.)

      ¿De qué, pues, estaba Cristo hablando? La respuesta la tenemos en Efesios 2:19-22 y Apocalipsis 21:14. ¿Qué quiso decir el Señor con «las puertas del infierno no prevalecerán contra ella»? J. Vernon McGee escribe sobre el particular:

      «Las puertas del infierno se refieren a las "puertas de la muerte". La palabra que se usa aquí es el Hades y el Seol del Antiguo Testamento, que tiene que ver con el mundo invisible y habla de la muerte. Las puertas de la muerte no prevalecerán contra la Iglesia de Cristo» (*Matthew*, tomo 2, p. 23.)

      Este glorioso evento es conocido como el rapto. (Véanse 1 Ts. 4:13-18; 1 Co. 15:51-57.)

      ¿Cuáles eran las «llaves del reino de los cielos» que Jesús le dio a Pedro? Una llave, por supuesto, abre puertas y pone a disposición algo que antes estaba cerrado.
5. Jesús predice aquí que a Pedro se le daría el privilegio de abrir las puertas de la salvación a varias gentes, lo cual hizo más tarde.
   a. Le abrió a Israel la puerta de la oportunidad cristiana en pentecostés (Hch. 2:38-42).
   b. Hizo lo mismo con los samaritanos (Hch. 8:14-17).
   c. Ministró de esta manera a los gentiles en la casa de Cornelio en Cesarea (Hch. 10).
6. ¿Qué quiso decir Jesús con atar y desatar en Mateo 16:19? Esta autoridad le fue dada a todos los apóstoles e incluso a todos los creyentes. (Véanse Mt. 18:18; Jn. 20:22, 23.) W.A. Criswell escribe:

«En griego el futuro perfecto se usa para expresar el concepto doble de una acción terminada en el pasado pero cuyos efectos existen todavía en el presente. "Fue atado y todavía lo está" y "fue desatado y todavía sigue así". Lo que quiere decir que si los discípulos actúan apropiadamente en su capacidad de mayordomos, lo harán de acuerdo con los principios y propósito de elección ordenados de antemano en el cielo.» (*Expository Notes on Matthew*, p. 101.)

En otras palabras, todas las acciones del creyente lleno del Espíritu Santo, bien sean positivas o negativas en naturaleza, van a llevar consigo la tremenda autoridad del mismo cielo.

F. Predicción catorce: su resurrección (Mt. 16:21; Mr. 8:31; Lc. 9:22).
  1. El Hijo del hombre padecería mucho.
  2. Sería rechazado por los ancianos, los principales sacerdotes y los escribas.
  3. Moriría y al tercer día resucitaría.

G. Es reconvenido por Pedro y, en consecuencia, él reprende a Pedro (Mt. 16:22, 23; Mr. 8:32, 33). Vemos en varias ocasiones que Dios reprende a Satanás a través de otros. (Véanse Gn. 3:14, 15 y Ez. 28:11-19.)

H. Cristo comenta sobre el verdadero valor de la vida de un hombre (Mt. 16:24-26; Mr. 8:34-37; Lc. 9:23-25).
  1. Querer conservarla por encima de todo es terminar perdiéndola.
  2. Perderla por amor de Él nos lleva a terminar ganándola.
  3. Ganar el mundo pero perder el alma es un trágico cambio de valores.

I. Predicción quince: Su Segunda Venida (Mt. 16:27; Mr. 8:38; Lc. 9:26).
  1. Regresará un día a esta tierra.
     a. Con la gloria del Padre.
     b. En compañía de ángeles.
  2. Pagará a cada hombre conforme a sus palabras y hechos.

J. Predicción dieciséis: su transfiguración (Mt. 16:28; Lc. 9:27).

Paso cuarenta y cinco: de Cesarea de Filipos al monte Hermón

(Mt.17:1-23; Mr. 9:2-32; Lc. 9:28-45)

A. Séptima oración: en el monte de la transfiguración (Lc. 9:28, 29).

B. Jesús se transfigura (Mt. 17:2; Mr. 9:3; Lc. 9:29).
  1. Pedro, Santiago y Juan le acompañan a la cumbre del monte Hermón a orar, pero pronto se quedan dormidos.
  2. De pronto su cara brilla como el sol y su ropa se vuelve blanca como la luz.
  3. Aparecen con Él dos visitantes celestiales, Moisés y Elías, que hablan con Jesús acerca de su muerte, resurrección y ascensión.
  4. Los tres discípulos están ahora despiertos, y Pedro declara, sin pensarlo mucho:

     «Señor, bueno es para nosotros que estemos aquí; si quieres, hagamos aquí tres enramadas: una para ti, otra para Mosiés, y otra para Elías.»
  5. En este momento se oye la voz del Padre que habla desde una nube de luz, y dice:

     «Este es mi Hijo amado, en quien tengo complacencia, a él oíd» (Mt. 17:5).
  6. Al oírlo los discípulos se postraron en tierra llenos de temor, pero Jesús los tranquiliza.
  7. Pensamientos acerca de la transfiguración:
     a. Las Escrituras sugieren que ésta pudo haber sido una escena nocturna, porque los discípulos acaban de despertar de un sueño profundo. (Véase Lc. 9:32.)
     b. Notemos que la luz era interna y no de algún gran foco cósmico que de repente se enfocara sobre Cristo. Su apariencia quedó afectada primero y después sus ropas. Saulo vio, tiempo después, a este Salvador resplandeciente (Hch. 9), así como también Juan (Ap. 1). Satanás ha tratado de imitar sin éxito este resplandor interno del Señor. (Véase 2 Co. 11:14.)
     c. La palabra «transfigurado» viene del término griego *metamorphoo,* de donde procede nuestra palabra «metamorfosis». Nos recuerda al gusano de seda que se transforma en mariposa.
     d. La transfiguración de Cristo no manifiesta su *deidad* sino más bien su *humanidad.* La transformación es la meta de la humanidad y la experimentaremos en el rapto. Adán y Eva bien pudieron estar vestidos de una luz de inocencia interna, pero todo se perdió a causa del pecado.
     e. Aparecen Moisés y Elías. Ambos habían experimentado antes una revelación especial de Dios (véanse Ex. 33:17-23 y 1 R. 19:9-13), en el mismo lugar (monte Sinaí-Horeb). La transfiguración responde a la doble solicitud de Moisés:
        (1) Ver la gloria de Dios (véase Ex. 33:18).
        (2) Entrar en la Tierra Prometida (véase Dt. 3:23-25). Algunos creen que estos dos hombres volverán a formar otra vez equipo para ministrar en el nombre de Dios durante la gran tribulación. (Véanse Mal. 4:5 y Ap. 11:3-14.)
  8. Pedro sugiere, sin pensarlo mucho, construir tres enramadas. Bien pudiera ser que se estuviera celebrando en este tiempo en Jerusalén la fiesta de los Tabernáculos. Esto es un tipo del milenio que viene como también un recordatorio de la redención de Israel de Egipto. (Véase Lv. 23:34-44.). Pero antes de que esto suceda (el milenio), tiene que tener lugar *otra* fiesta: la Pascua. (Véanse Lv. 23:4-8 y Mt. 26-27.) «.... Porque nuestra pascua, que es Cristo, ya fue sacrificada por nosotros» (1 Co. 5:7).
  9. Pedro nunca olvidaría esta gran experiencia. Más tarde escribió acerca de ella (2 P. 1:16-18).
  10. Jesús habló con Moisés y Elías acerca de su «partida» (Lc. 9:31). La palabra que se usa aquí es en realidad «éxodo» y es la misma que empleó Pedro tiempo después al describir su muerte que se acercaba. (Véase 2 P. 1:13, 14.)

C. Predicción diecisiete: su resurrección (Mt. 17:9; Mr. 9:9).

D. Jesús les comenta acerca del ministerio de Elías mientras descienden del monte (Mt. 17:10-13; Mr. 9:11-13).
  1. Les dice que Juan el Bautista ya ha venido en el espíritu de Elías.
  2. Les anuncia que Elías mismo vendrá otra vez durante el tiempo de la tribulación. (Véase Mal. 4:5.)

E. Predicción dieciocho: sus sufrimientos (Mt. 17:12; Mr. 9:12).
  1. Sufrirá mucho.
  2. Será aborrecido.

F. Milagro veinticinco: curación de un joven demoníaco (Mt. 17:18; Mr. 9:25; Lc. 9:42).
  1. Jesús desciende del monte y se le acerca un padre acongojado.
     a. Aquel hombre tenía un hijo poseído por un demonio.
        (1) El demonio le causaba al joven intenso sufrimiento.

(2) Le producía convulsiones epilépticas.
(3) Cuando le poseía le arrojaba al suelo en convulsiones violentas.
(4) Le hacía echar espumarajos por la boca y rechinar los dientes.
(5) Frecuentemente se hería.
(6) Había intentado matarle echándole en el agua y fuego.
(7) Estaba así desde su niñez.

b. El padre lo había llevado a los discípulos pero no habían podido ayudarle.

2. Jesús ordena que le lleven el muchacho.
   a. El Señor le dice al padre que si cree que él (Jesús) puedesanar al muchacho.
   b. El padre clama, diciendo: «Creo; ayuda mi incredulidad.»
3. Jesús reprende al espíritu malo y le manda que salga y que nunca regrese.
4. El demonio sale del muchacho sacundiéndole de tal manera que lo deja inconsciente.
5. Jesús lo reaviva tiernamente y entrega el joven sanado a su agradecido padre.
6. Los discípulos preguntan por qué no pudieron ellos ayudar al muchacho y el Señor les responde que:
   a. Les faltaba fe.
   b. Aquella clase de demonio sólo responde ante la oración y el ayuno.
7. Que contraste tan grande encontramos aquí al comparar lo que acababa de ocurrir en el monte (un cuadro de lo que Dios se proponía que fuera el hombre) con la escena en el valle (lo que el hombre ha llegado a ser por causa del pecado).
8. Esta es quizá la más terrible descripción de posesión demoniaca de toda la Biblia. Un resumen sobre los demonios incluye:
   a. Su *origen:* ángeles que se unieron a Satanás durante la rebelión en el cielo. (Véanse Is. 14:12-15; Ez. 28:11-17; Ap. 12:4.)
   b. Su *clasificación:* ángeles encarcelados (Jud. 1:6, 7; 2 P. 2:4) y ángeles no encadenados (Ef. 6:12). Algunos opinan que la razón por la que hay espíritus malos que están ya en prisiones de oscuridad es por su actividad en Génesis 6 antes del diluvio.
   c. Su *actividad:*
      (1) Se oponen al propósito de Dios (Dn. 10:10-14).
      (2) Llevan a cabo el programa de Satanás (1 Ti. 4:1;Ap. 9; 16:12-14).
      (3) Afligen a las personas en la tierra. Algunos causan demencia (Mt. 8:28), otros mudez (Mt. 9:33), algunos causan inmoralidad (Mr. 1:23-26), y finalmente, otros producen sordera (Mr. 9:25).
   d. Su *destino* (Mt. 25:41).

G. Predicción diecinueve: su traición (Lc. 9:44; Mt. 17:22).
H. Predicción veinte: su resurrección (Mr. 9:31; Mt. 17:23).
   1. Matarán al Hijo del hombre.
   2. Resucitará al tercer día.

Paso cuarenta y seis: del monte Hermón a Capernaum

(Mt. 17:24—18:35; Mr. 9:33—10:1; Lc. 9:46-50)

A. Milagro veintiséis: sacan un pez con una moneda en la boca (Mt. 17:27).
   1. Pedro promete a un cobrador de impuestos del templo que Jesús pagará las dos dracmas del impuesto.
   2. El Señor le pregunta a Pedro de quién recogen impuestos los reyes.
      a. ¿Deben ser pagados por los ciudadanos?
      b. ¿Deben ser pagados por los extranjeros?
   3. Pedro comprende su error pero nuestro Señor está de acuerdo en pagar el impuesto, a fin de no ser una piedra de tropiezo para el pueblo.
   4. A este fin instruye a Pedro para que se acerque al mar de Galilea.
      a. Tenía que echar un anzuelo y hacerse con el primer pez que cayera.
      b. Después tenía que abrir su boca y sacarle una moneda de plata.
      c. Usaría aquella moneda (un estatero) para pagar el impuesto de Jesús y el suyo propio.
   5. Aquí se demuestra que el segundo Adán ha recobrado lo que el primer Adán había perdido: el señorearse en «los peces del mar, en las aves de los cielos, en las bestias, en toda la tierra, y en todo animal que se arrastra sobre la tierra» (Gn. 1:26).

B. Sermón once: sobre la humildad y el infierno (Mt. 18:1-20; Mr. 9:33—10:1; Lc. 9:46-50). 
   1. Jesús responde a la pregunta de quién es el mayor en el reino de los cielos.
      a. Llama a un niño y lo pone en medio de ellos.
      b. Les enseña que el mayor en el reino es el que tiene la humildad de un niño.
      c. Promete que el que recibe a un niño en su nombre a Él recibe (Mt. 18:5).
      d. Advierte a todos los que le escuchan que el que debilite la fe de uno de estos pequeños mejor le sería ahogarse en el mar (Mt. 18:6).
      e. Les dice que sus ángeles en el cielo ministran por ellos delante del Padre (Mt. 18:10).
   2. Responde también a las preguntas concernientes al sectarismo (Mr. 9:38-41).
      a. El apóstol Juan había rechazado a uno que echaba fuera demonios en el nombre de Jesús por el simple hecho de que el hombre no era uno de los Doce.
      b. Jesús le reprende diciéndole que (en un sentido) si el hombre no estaba en contra suya, estaba en realidad a su favor, y viceversa (véanse Lc. 11:23; 9:50; Mr. 9:40).
      c. Promete que tendrán galardón todos aquellos extraños que traten amablemente a sus discípulos.
   3. Jesús predica sobre el infierno (Mt. 18:8, 9; Mr. 9:43-48).
      a. Les dice que si la mano o el pie les hacen caer en pecado es mejor cortárselos que tenerlos y ser echados en el fuego eterno.
      b. Y si lo que el ojo ve da piepara tropezar, es mejor sacárselo que no caer en el infierno.
      c. Es mucho mejor entrar en el cielo mutilado que no ir a parar al infierno todo completo, donde el fuego nunca se acaba.
   4. Jesús declara cuál es el propósito principal de su venida.
      a. Vino a buscar y a salvar lo que se había perdido (Mt. 18:11).
      b. De la misma forma en que un pastor dejaría su rebaño de noventa y nueve ovejas e iría a buscar la que se había perdido, así también lo haría él (Mt. 18:12, 13).
      c. Se gozaría más por hallar la que se había perdido que por las noventa y nueve que están a salvo.
   5. Jesús habla de reconciliación.
      a. Enseña que si es posible, debemos intentar reconciliarnos en privado con el hermano que haya pecado contra nosotros (Mt. 18:15-17).
      b. Si esto falla, debemos intentarlo de nuevo teniendo a uno o dos hermanos como testigos.
      c. Si no da resultado, llevémosle entonces delante de la asamblea.

d. Y si tampoco se logra solucionarlo así, debemos proceder a excomulgarlo.
e. Cuando dos creyentes están de acuerdo sobre este asunto y oran al Padre, les es hecho.
f. Cuando dos creyentes se congregan en el nombre de Jesús sobre este asunto, Él está en medio de ellos.

C. Pedro le hace a Jesús una pregunta relacionada con el perdón (Mt. 18:21-35).
1. La pregunta: «Señor, ¿cuántas veces perdonaré a mi hermano que peque contra mí? ¿Hasta siete?» (Mt. 18:21).
2. La respuesta: «No digo hasta siete, sino aun hasta setenta veces siete» (Mt. 18:22). Una antigua tradición judía, basada en Amós 1:3 y 2:6, decía que tres veces era suficiente. Como contraste, véase Génesis 4:24.

D. Parábola quince: el siervo perdonado que no quiso perdonar (Mt. 18:23-35).
1. Un vasallo debía a su rey la gran suma de diez mil talentos.
2. El rey planeaba vender todos los bienes de aquel hombre y meterlo a él en la cárcel, pero tuvo compasión y le perdonó por completo.
3. Aquel siervo perdonado tenía un consiervo que le debíala pequeña suma de cien denarios.
4. El consiervo no podía pagarle y, en consecuencia, fue a parar a la cárcel.
5. El rey se enteró de ello y lleno de enojo ordenó que encerraran en la cárcel a aquel siervo implacable.

Paso cuarenta y siete: de Capernaum a Perea

(Mt. 8:19-22; 11:20-30; 19:1, 2; Mr. 10:1; Lc. 9:51—10:37)

A. Sana y enseña a muchos (Mt. 19:1, 2; Mr. 10:1).

B. Intenta entrar en una aldea samaritana pero no le reciben porque su rostro estaba afirmado para ir a Jerusalén (Lc. 9:51-53). Pensamos frecuentemente de los samaritanos a la luz de la parábola del buen samaritano (Lc. 10:30-37), pero ellos, al igual que los judíos, le rechazarían.
1. Santiago y Juan le presionan para que pida que descienda fuego del cielo y consuma aquella aldea (Lc. 9:54-56).
2. Jesús les reprende y les recuerda que Él no ha venido para destruir la vida de los hombres sino para salvarlas.

C. Se entrevista con tres hombres que querían ser discípulos suyos, pero ninguno pasa el examen (Mt. 8:19-22; Lc. 9:57-62).
1. Un escriba le dice: «Maestro, te seguiré a dondequiera que vayas.» Jesús le responde: «Las zorras tienen guaridas, y las aves del cielo nidos; mas el Hijo del Hombre no tiene dónde recostar su cabeza» (Mt. 8:20).
2. El Señor le dice a un discípulo: «Sígueme.» El discípulo respondió: «Señor, permíteme que vaya primero y entierre a mi padre» (Mt. 8:21). Y Jesús le dice: «Deja que los muertos entierren a sus muertos» (Mt. 8:22).
3. Un discípulo le dice a Jesús: «Te seguiré, Señor; pero déjame que me despida primero de los que están en mi casa» (Lc. 9:61). El Señor le respondió: «Ninguno que poniendo su mano en el arado mira hacia atrás, es apto para el reino de Dios» (Lc. 9:62).

D. Sermón doce: a los setenta enviados a predicar (Mt. 11:20-24; Lc. 10:1-16).
1. Les recuerda que la cosecha es mucha pero los obreros pocos, y les insta a orar en relación con este asunto.
2. Les da las siguientes instrucciones:
a. Que se hospeden en el hogar de los creyentes cuando entren en una ciudad.
b. Que sanaran a los enfermos.
c. Que predicaran acerca del reino de Dios.
d. Que sacudieran el polvo de sus pies en aquellos lugares donde no los recibieran.
3. Ayes sobre tres ciudades.
a. Corazín y Betsaida.
(1) Tiro y Sidón se habrían arrepentido si hubieran recibido el testimonio de los hechos milagrosos que se estaban realizando en estas dos ciudades galileas.
(2) Por consiguiente, en el día del juicio el castigo para ellos sería peor que para la gente de Tiro y Sidón.
b. Capernaum.
(1) Capernaum había sido levantada hasta el cielo, pero por su incredulidad hasta el Hades sería hundida. Uno de los lugares más familiares hoy en Palestina son las ruinas de Capernaum.
(2) Sodoma, aquella malvada ciudad del Antiguo Testamento, saldría mejor librada en el juicio que Capernaum.
4. Les dice que el que les escuche y les reciba, es como si se lo hicieran a él, y el que les rechace está rechazándole a él y al que le envió.

E. Después de enviar a los setenta de dos en dos, nuestro Señor sale a predicar (Mt. 11:28-30).
1. Invita a que vayan a Él para descansar todos los que están trabajados y cargados.
2. Desea que tomen su yugo y aprendan de Él.
3. Él es manso y humilde de corazón.
4. Su yugo es fácil y su carga es ligera.

«Venid a mí todos los que estáis trabajados y cargados, y yo os haré descansar. Llevad mi yugo sobre vosotros, y aprended de mí, que soy manso y humilde de corazón; y hallaréis descanso para vuestras almas; porque mi yugo es fácil, y ligera mi carga» (Mt. 11:28-30).

Estas bellas palabras nos dan la única autodescripción de Cristo que encontramos en los evangelios. (Véase también Fil. 2:5-8.) También marcan un momento crucial en el ministerio de Jesús. El Rey rechazado se vuelve desde este momento de la nación que le rechaza, y ofrece ahora, no el reino, sino descanso y ayuda a todos aquellos que están en necesidad. Muchos de ellos serían gentiles.

Nota:

«He aquí mi siervo, a quien he escogido; mi Amado, en quien se agrada mi alma; pondré mi Espíritu sobre él, y a los gentiles anunciará juicio» (Mt. 12:18).

Debemos comparar esta nueva dimensión del ministerio con sus instruciones primeras a los doce apóstoles.

«A estos doce envió Jesús, y les dio instrucciones, diciendo: Por camino de gentiles no vayáis, y en ciudad de samaritanos no entréis, sino id a las ovejas perdidas de la casa de Israel» (Mt. 10:5, 6).

F. Los setenta regresan a Cristo (Lc. 10:17-20).
1. Su testimonio: «Señor, aun los demonios se nos sujetan en tu nombre.»
2. Su consejo:
a. «Yo veía a Satanás caer del cielo como un rayo.» (Véase Is. 14:12-15.)
b. «He aquí os doy potestad de hollar serpientes y escorpiones, y sobre toda fuerza del enemigo y nada os dañará» (Véase también Mr. 16:18.)

c. «Pero no os regocijéis de que los espíritus se os sujetan, sino regocijaos de que vuestros nombres están escritos en los cielos.»

G. Octava oración: se produce nada más escuchar el informe de los setenta que acaban de regresar (Mt. 11:25-27; Lc. 10:21, 22).

1. Alaba a su Padre por haber ocultado estas verdades de los materialistas y haberlas revelado a los que son como niños en la fe.
2. Él sabe que todo esto es agradable a los ojos del Padre.

H. Les recuerda a los Doce su gran privilegio porque muchos profetas y reyes habían deseado ver y oír, sin conseguirlo, lo que ellos estaban viendo y oyendo (Lc. 10:23, 24). (Véanse también 1 P. 1:10-13; He. 11:30-40.)

I. Parábola dieciséis: cómo saber quién es tu prójimo (Lc. 10:25-37).

1. Un maestro de la ley le pregunta a Jesús cuál es el camino a la vida eterna, y éste le responde que amar a Dios con todo su corazón y a su prójimo como a sí mismo.
2. Aquel abogado le pregunta entonces: «¿Y quién es mi prójimo?» (Lc. 10:25-37).
3. Jesús acepta el desafío y le relata esta parábola, describiendo tres actitudes básicas del corazón humano hacía su prójimo.
   a. Un hombre que viajaba de Jerusalén a Jericó es atacado y robado por una banda de malhechores. La actitud que se manifiesta aquí es: «lo tuyo es mío.»
   b. Un sacerdote y un levita pasan por allí pero los dos rehusan acercarse y ayudar. La actitud de ellos es: «Lo mío es mío.»
   c. Un samaritano acierta a pasar por allí.
      (1) Siente compasión ante la necesidad de aquel hombre y le cura las heridas con aceite y vino.
      (2) Monta al herido sobre su cabalgadura y lo lleva al mesón.
      (3) Se queda con él durante un día y antes de partir paga al mesonero lo necesario para que atienda al herido hasta su recuperación. Esta última actitud es la de: «Lo mío es tuyo.»
4. Jesús después le pregunta al maestro de la ley quién fue realmente el prójimo del hombre que cayó en manos de los ladrones, y, por supuesto, le responden que el samaritano.

Paso cuarenta y ocho: de Perea a Betania y sus alrededores

(Mt. 10:34-36; 12:22-38; 42-45; 19:3—20:28; 24:43-51; Mr. 10:2-45; Lc. 10:38—12:9; 13:1-17, 22-35; 14:1—16:15; 18-31 17:1-37; 18:1-34; Jn. 11:1-54)

Nota: Desde este momento y hasta su entrada triunfal es imposible trazar con exactitud el itinerario que siguió Jesús, excepto decir que se movió libremente por Betania, Jericó y el área de Perea.

A. Visitó el hogar de María y Marta en Betania (Lc. 10:38-42).

1. Marta está molesta y se queja a Jesús de que María está sentada escuchando y no la ayuda.
2. Jesús le explica a Marta que es más necesario para una persona escucharle a Él primero antes de ponerse a trabajar para Él.

B. Novena oración: antes de enseñar a sus discípulos cómo orar (Lc. 11:1).

C. Repite otra vez su oración modelo (véase también Mt. 6:9-13) y comenta sobre el tema de la oración (Lc. 11:1-13).

Hace la observación de que ningún padre terrenal va a dar a su hijo una piedra ni una serpiente en vez de pan o pescado, y tampoco lo hace el Padre celestial.

D. Milagro veintisiete: curación de un endemoniado ciego y mudo (Mt. 12:22; Lc. 11:14).

1. Los fariseos le acusan otra vez de hacer tales milagros por medio de Beelzebú, príncipe de los demonios.
2. Él repite la parábola que anteriormente había dicho sobre «atar primero a un hombre fuerte». (Véanse Mr. 3:22-30; Mt. 12:23-32; Lc. 11:15-21.)
3. Les dice que el que no está con Él está en realidad contra Él (Lc. 11:23).
4. Les advierte acerca del pecado imperdonable (Mt. 12:31, 32).
   a. «A cualquiera que dijere alguna palabra contra el Hijo del Hombre, le será perdonado.»
   b. «Pero al que hable contra el Espíritu Santo, no le será perdonado, ni en este siglo ni en el venidero.»

   ¿En qué consiste el pecado imperdonable? Poniéndolo en el contexto apropiado, tiene que ver con el atribuir al diablo las obras que Cristo hizo por medio del Espíritu Santo durante su ministerio en la tierra. Aquí tenemos a aquellos mal intencionados fariseos que habían visto con sus propios ojos las obras poderosas del Salvador y habían escuchado sus maravillosas enseñanzas. Después de haber sido testigos presenciales de esta extraordinaria manifestación de la divinidad, ¿cuál era su reacción? Afirmaban que tanto Él como su ministerio procedían del diablo. Pecar contra semejante luz era imperdonable. ¿Qué más podía hacer Dios para convencerlos?

   ¿Puede cometerse hoy el pecado imperdonable? A la luz de lo dicho anteriormente podemos decir que no. Cristo ya no camina por la tierra físicamente realizando milagros y predicando.
5. Jesús condena a los fariseos como una generación de víboras, y les advierte que algún día tendrán que responder en el juicio por sus horribles palabras (Mt. 12:33-37).

E. Parábola diecisiete: «El espíritu inmundo que vuelve» (Mt. 12:43-45; Lc. 11:24-26).

1. Describe en esta parábola la tragedia de reformar sin realmente regenerar.
2. Describe a un espíritu malo que ha abandonado a un hombre que no ha experimentado la salvación.
3. El hombre se siente aliviado y se pone a limpiar su casa.
4. El demonio, sin embargo, regresa posteriormente y descubre los cambios y las reformas realizadas.
5. Aquel espíritu malo invita a otros siete como él y entran en aquel hombre y se posesionan de él.

F. Jesús le dice a una mujer que aquellos que escuchan y guardan la palabra de Dios son más bienaventurados que su madre terrenal (Lc. 11:27, 28).

G. Predicción veintiuna: su resurrección (Mt. 12:38-40; Lc. 11:29,30).

1. Los fariseos estaban todavía importunándole demandándole una señalcuando ya había realizado veintisiete milagros registrados en los evangelios.
2. Jesús les dice que aquella generación malvada solamente recibirá la señal de Jonás.
   a. Jonás estuvo en el vientre del pez tres días y tres noches.
   b. Así también Jesús estaría en el interior de la tierra tres días y tres noches.

H. Predicción veintidós: el gran trono del juicio (Mt. 12:41, 42; Lc. 11:31, 32).

1. Los hombres de Nínive se levantarán en el día del juicio y condenarán a esa generación.

a. Se arrepintieron cuando Jonás les predicó (Jon. 3).
b. Él es mayor que Jonás, pero los fariseos no se arrepienten.
2. La reina de Sabá se levantará en el juicio y condenará a aquella generación (1 R. 10).
a. Ella viajó desde lejos para escuchar la sabiduría de Salomón.
b. Él es mayor que Salomón, pero los fariseos no quieren oír.

I. Condena a los escribas y fariseos por varios actos de maldad (Lc. 11:37-52).
1. Los fariseos son condenados:
a. Porque se cuidan de lavarse las manos pero el corazón lo tienen sucio.
b. Por poner sus tradiciones por encima de la justicia y del amor de Dios.
c. Por su naturaleza interna vanidosa y corrompida.
2. Los escribas son condenados:
a. Por poner sobre los hombres cargas inaguantables.
b. Por jactarse de los sepulcros que habían levantado a los profetas que mataron sus padres.
c. Por haber quitado la llave del conocimiento.

J. Cuando termina de hacer estos comentarios, ambos grupos le atacan violentamente (Lc. 11:53, 54).

K. Predicción veintitres: el gran trono blanco del juicio (Lc. 12:2, 3). (Véase también Ap. 20:11-15).
1. Todas las cosas que son hechas en secreto un día serán reveladas.
2. Todas las palabras dichas en secreto un día se sabrán.

L. Parábola dieciocho: «Un necio en apuros» (Lc. 12:16-21).
1. Un rico hacendado toma las siguientes decisiones después de una gran cosecha.
a. No tengo espacio para almacenar todos mis frutos.
b. Los derribaré y edificaré mayores.
c. Almacenaré allí todos mis frutos y bienes.
d. Después buscaré solamente placer, pues tengo mucho para dsifrutar durante bastantes años.
2. El Dios soberano toma también algunas decisiones en relación con este hacendado insensato.
a. «Necio, esta noche vienen a pedirte tu alma.»
b. «Y lo que has provisto, ¿de quién será?»

Nota: Esta es la primera vez en la Biblia que Dios personalmente llama necio a una persona. Este hombre era necio:

c. Porque pensó que podía satisfacer su alma eterna con bienes materiales. Notemos su declaración: «Alma, muchos bienes tienes guardados para muchos años; repósate, come, bebe, regocíjate» (12:19).

Recordemos la declaración de Jesús en Mateo 4:4; 16:26. El único alimento *verdadero* del alma es la Palabra de Dios.

d. Porque presume equivocadamente que viviría hasta una edad avanzada. Observemos también en lo que erróneamente tenía puesta su confianza: «Muchos bienes tienes guardadospara muchos años.» (Véanse Pr. 27:1; 29:1; Sal. 90:12; Is. 4:13-15.)

M. Parábola diecinueve: mantén las lámparas encendidas (Lc. 12:32-40; Mt. 24:43, 44).
1. Al creyente le ha sido prometido el reino de su Padre.
2. Le conviene, por tanto, guardar sus tesoros en el cielo, donde está a prueba de ladrones y orín.
3. Debe tener sus ropas preparadas y sus lámparas encendidas mientras espera al Esposo.
4. Será servido personalmente por el Esposo.
5. Debe estar siempre listo, pues el Esposo vendrá inesperadamente.

N. Parábola veinte: «el siervo infiel y el regreso de su señor» (Mt. 24:45-51; Lc. 12:42-48).
1. El siervo infiel.
a. Da por sentado que su señor va a prolongar su regreso indefinidamente.
b. Abusa de sus consiervos.
c. Se junta con los que se embriagan.
2. El señor que regresa.
a. Regresa en un momento totalmente inesperado.
b. Le manifiesta claramente su enojo.
c. Le cataloga entre los hipócritas.
d. Le castiga conforme al conocimiento que tiene de la verdad y su reacción a la misma.

Ñ. Comenta sobre el propósito de su venida y su significado para la humanidad (Lc. 12:49-53). Viene para:
1. Prender fuego en la tierra.
2. Ser bautizado con un bautismo especial (cargar con nuestros pecados en la cruz).
3. Producir división.
4. Dividir hogares.
a. El hijo se levantará contra el padre.
b. La nuera se levantará contra la suegra.
c. La hija se levantará contra la madre.
d. El padre se levantará contra el hijo.
e. La madre se levantará contra la hija.
f. La suegra se levantará contra la nuera.

O. Les advierte mediante hechos recientemente acontecidos que, a menos que se arrepientan, todos ellos perecerán (Lc. 13:1-5).
1. El suceso de algunos galileos matados por Pilato.
2. El caso de la torre de Siloé que cayó sobre dieciocho personas.

P. Parábola veintiuna: la higuera estéril (Lc. 13:6-9).
1. El propietario de una viña ordena a sus obreros cortar una higuera que llevaba tres años sin dar fruto.
2. El viñador le pide que le conceda un año más para fertilizarla.

Q. Milagro veintiocho: curación de una mujer que había estado enferma dieciocho años (Lc. 13:10-17).
1. Jesús sana en la sinagoga a una mujer jorobada que llevaba dieciocho años enferma. Nota: Aunque Satanás no puede *poseer* a un creyente, sí puede, no obstante, *oprimirle* y *afligirle* físicamente (véanse Job 1—2; 2 Co. 12:7). «Y a esta hija de Abraham, que *Satanás había atado* dieciocho años, ¿no se le debía desatar de esta ligadura en el día de reposo?»
2. El principal de la sinagoga critica a Jesús por haberla sanado en el día de reposo.
3. El Señor le reprende por su hipocresía y la gente que llenaba la sinagoga se regocija por lo acontecido.

R. Les habla acerca del camino angosto que lleva al cielo (Lc. 13:22-30).
1. Muchos tratarán de entrar en el cielo sin lograrlo.
2. Algunos de ellos serán de los habitantes de las ciudades en las que el mismo Señor había ministrado.
3. Todos llorarán y crujirán los dientes al ser separados de Abraham, Isaac, Jacob, y otros profetas en el reino de Dios.

S. Jesús envía un mensaje a Herodes (a quien llama zorra) y le advierte que ni siquiera el rey podrá impedirle morir en el Calvario a las afueras de Jerusalén (Lc. 13:31-33).

T. Milagro veintinueve: curación de un hidrópico (Lc. 14:4).

U. Parábola veintidós: escogiendo el último asiento en una fiesta de boda (Lc. 14:7-11).
1. Les dice que el que se enaltezca será humillado. Es decir, que el invitado que demanda un lugar cerca del anfitrión puede que le pidan que le ceda el lugar a otro invitado más importante.

2. Les enseña también que el que se humilla será enaltecido. Esto es, el invitado que se pone a sí mismo en el último lugar será invitado por el anfitrión a que se acerque más a la cabecera de la mesa.

V. Jesús aconseja al fariseo que le había invitado que incluya en sus futuras fiestas a los pobres, los mancos, los cojos y los ciegos (Lc. 14:12-14).

W. Parábola veintitrés: excusas de necios (Lc. 14:15-24).

1. Los invitados: tres hombres son invitados a una gran fiesta pero rehusan asistir por distintas razones.
   a. El primero: «He comprado una hacienda, y necesito ir a verla; te ruego que me excuses.» Sólo un necio compra un campo sin verlo antes.
   b. El segundo: «He comprado cinco yuntas de bueyes, y voy a probarlos; te ruego que me excuses.» Sólo un necio adquiriría bueyes que no ha probado antes.
   c. El tercero: «Acabo de casarme, y por tanto no puedo ir.» No hace falta hacer comentarios.
2. El anfitrión enojado:
   a. Ordena a sus siervos que vayan por las plazas y las calles de la ciudad, y que traigan a todos los pobres y enfermos que encuentren.
   b. Promete que ninguno de los que primeramente había invitado disfrutará de su banquete.

X. Jesús dice a la gente que todos los que quieran ser sus discípulos deben contar primero el costo (Lc. 14:25-35).

1. No hacerlo así sería tan imprudente como que un constructor pusiera los cimientos para una torre y se diera cuenta después de que no puede terminarla.
2. Sería tan poco prudente como que un rey le declarara la guerra a otro rey y después se diera cuenta de que sólo tiene la mitad de los recursos que su enemigo dispone.

   Fue en esta ocasión cuando Cristo hizo una declaración extraña. Dijo:

   «Si alguno viene a mí, y no aborrece a su padre, y madre, y mujer, e hijos, y hermanos, y hermanas, y aun también su propia vida, no puede ser mi discípulo» (Lc. 14:26).

   Estas palabras han molestado a algunas personas. Sin embargo, debe tenerse en cuenta que la palabra griega *misco* puede también significar preferencia de una cosa por encima de otra. El erudito del griego W.E. Vine muestra otros dos pasajes en los que esta preferencia en el significado es evidente.

   «Ninguno puede servir a dos señores; porque o aborrecerá al uno y amará al otro, o estimará al uno y menospreciará al otro. No podéis servir a Dios y a las riquezas» (Mt. 6:24).

   «El que ama su vida, la perderá; y el que aborrece su vida en este mundo, para vida eterna la guardará» (Jn. 12:25).

   Y en realidad Cristo enseñó al hombre a *amar* a su familia. (Véase Ef. 5:25, 28.)

Y. Parábola veinticuatro: la oveja perdida, la moneda extraviada, y el hijo pródigo (Lc. 15:1-32). Jesús relata estas tres parábolas cuando los fariseos le acusaban de juntarse y comer con los pecadores.

1. La oveja perdida (Lc. 15:3-7).
   a. Un pastor tiene cien ovejas, pero de pronto descubre que le falta una de ellas.
   b. Deja las noventa y nueve bien protegidas y va en busca de la que le falta hasta que la encuentra.
   c. La lleva a casa y llama a sus amigos para que se regocijen con él.
   d. Jesús les dice que de igual manera hay gozo en el cielo cuando un pecador se arrepiente, más que por noventa y nueve justos que no sienten la necesidad de arrepentirse.
2. La moneda extraviada (Lc. 15:8-10).
   a. Una mujer tiene diez monedas y pierde una.
   b. Enciende una luz y busca por toda la casa hasta que la encuentra.
   c. Entonces invita a sus amigos a la casa para que se regocijen con ella.
   d. Jesús les repite que de igual manera hay gozo en el cielo por un pecador que se arrepiente que por noventa y nueve justos que no sienten necesidad de arrepentirse.
3. El hijo pródigo (Lc. 15:11-32).
   a. El hijo menor de una familia demanda su parte en la propiedad del padre y se va de la casa.
   b. Pronto lo derrocha todo en una vida desenfrenada y empieza a padecer hambre.
   c. Se ve en la necesidad de trabajar cuidando cerdos, pero al fin vuelve en sí y decide:
      (1) Volver a la casa de su padre.
      (2) Confesar su pecado.
      Notemos lo que piensa:
      «Me levantaré e iré a mi padre, y le diré: Padre, he pecado contra el cielo y contra ti» (Lc. 15:18).
      Este joven es la séptima de ocho personas en la Biblia que pronuncia las difíciles palabras: «He pecado.» Los otros siete son: *Faraón* (Ex. 9:27; 10:16); *Balaam* (Nm. 22:34); *Acán* (Jos. 7:20); *Saúl* (1 S. 26:21); *David* (2 S. 12:13; 24:10); *Job* (7:20); y *Judas* (Mt. 27:4). Como hemos podido comprobar, algunos de los que las dijeron no lo hicieron de corazón.
      (3) Solicitar que le acepten como siervo.
   d. El padre desde lejos ve venir al hijo por el camino.
   e. Movido a compasión corre al encuentro del hijo, le abraza y le besa, y ordena que:
      (1) Traigan ropa para él.
      (2) Le pongan un anillo en su dedo.
      (3) Calzado en sus pies.
      (4) Maten el becerro engordado y hagan fiesta.
   f. El hijo mayor se llena de celos por esta actitud y se queja al padre.
      (1) La queja del hijo:
      «He aquí, tantos años te sirvo, no habiéndote desobedecido jamás, y nunca me has dado ni un cabrito para gozarme con mis amigos. Pero cuando vino este tu hijo, que ha consumido tus bienes con rameras, has hecho matar para él el becerro gordo.»
      (2) La respuesta del padre:
      «Hijo, tú siempre estás conmigo, y todas mis cosas son tuyas. Mas era necesario hacer fiesta y regocijarnos, porque este tu hermano era muerto, y ha revivido; se había perdido, y es hallado.»
   g. Podemos observar lo siguiente en relación con este pasaje de Lucas 15.
      (1) Observaciones generales:
         (a) Esta es básicamente una parábola con tres ilustraciones.
         (b) La Trinidad aparece simbolizada en esta parábola: El *Hijo* (el pastor) lo vemos en la primera; el *Espíritu Santo* (la luz) en la segunda; y el *Padre* en la tercera.
         (c) Encontramos aquí una progresión matemática relacionada con lo que se había perdido. El relato va de uno en cien, a uno en diez, a uno en dos.

(d) Lo que resalta en la parábola es que la restauración resulta en regocijo.

(2) Observaciones específicas relacionadas con la tercera parte:

(a) Este relato no es fundamentalmente el cuadro de la conversión de un pecador sino de la restauración de un creyente.

(b) La figura trágica en el relato no es el hijo menor que se arrepiente sino más bien la actitud de orgullo espiritual del mayor.

(c) La figura central aquí es el padre perdonador.

Z. Parábola veinticinco: las preocupaciones de un mayordomo (Lc. 16:1-13).

1. A un mayordomo derrochador le informan que le van a despedir pronto de su empleo.
2. No tenía fuerzas para trabajar, y le daba vergüenza pedir limosna, de forma que se prepara para el futuro de la siguiente manera:
   a. Reduce al cincuenta por ciento la deuda de uno que debía a su señor, y de esa forma se gana la amistad de un comerciante en aceite.
   b. Reduce también en un veinte por ciento otra deuda, granjeándose así la amistad de un comerciante en granos.

AA. Parábola veintiséis: cuando desde el Hades se hace una petición al paraíso (Lc. 16:19-31).

1. Jesús describe la vida de un cierto hombre rico.
   a. Se vestía con ropa fina y elegante.
   b. Vivía en esplendor y hacía fiestas diariamente.
   c. Murió, fue sepultado, y se despertó en el Hades.
2. Jesús describe también la vida de un hombre pobre llamado Lázaro.
   a. Vivía echado a la puerta de la casa del rico, cubierto de llagas.
   b. Ansiaba saciarse con las migajas que caían a diario de la mesa del rico.
   c. Murió y fue llevado por los ángeles al paraíso (al seno de Abraham).
3. Por último, el Señor describe la súplica del hombre rico.
   a. Vio a Abraham y a Lázaro en el paraíso lejos de él.
   b. Estaba sufriendo en el fuego, y le pidió a Abraham que le permitiera a Lázaro refrescar su lengua con un poco de agua.
   c. Le informan que es imposible hacerlo porque están separados por un gran abismo.
   d. Pide entonces a Abraham que envíe Lázaro a sus cinco hermanos para que no vayan a caer en donde él se encuentra.
   e. No le conceden su petición en razón de que sus hermanos disponían de amplia oportunidad de arrepentimiento si deseaban hacerlo.

En Lucas 16:31 Abraham dice: «Si no oyen a Moisés y los profetas, tampoco se persuadirán aunque alguno se levantare de los muertos.»

Esta declaración tiene un sentido profético, porque unos pocos meses más tarde el Señor llevaría a cabo uno de sus más grandes milagros: la resurrección de un cuerpo en descomposición, perteneciente a un hombre que también se llamaba Lázaro. (Véanse Jn. 11:53; 12:10.)

Este versículo (16:31) contiene una respuesta indirecta a la pregunta que hacen muchos: «¿Saben los santos que han partido a la gloria lo que está aconteciendo en la tierra?» Aparentemente sí, al menos hasta cierto punto, porque aquí tenemos a Abraham hablar acerca de un hombre (Moisés) que no nacería sino hasta seis siglos *después* que el «padre de los creyentes» dejara esta tierra.

Esta es la razón por la que Dios norealizagrandes milagros hoy. La voluntad de Dios se realiza hoy por medio de la fe y no de señales. Después del rapto se llevarán a cabo muchos milagros y señales durante la tribulación, pero los pecadores no creerán (véase Ap. 9:20, 21). Nota: Algunos estudiosos de la Biblia creen que antes de la muerte de Cristo las almas de todos los hombre descendían a un lugar localizado en alguna parte de la tierra, conocido como el Hades en el Nuevo Testamento y Seol en el Antiguo Testamento.

Originalmente el Hades tenía dos secciones, una para los salvos y otra para los perdidos. La sección de los salvos es a veces llamada el «paraíso» (véase Lc. 23:43), y otras veces se la cita como el «seno de Abraham» (véase Lc. 16:22). No se le da nombre a la sección de los no redimidos aparte de la designación general de Hades.

En Lucas 16:19-31 el Señor nos relata el caso de un creyente pobre que fallece y va a la sección de los salvos en el Hades, y un rico inconverso que también fallece y va a parar a la sección de los no salvos. No obstante, muchos creen que todo esto cambió después que Cristo pagó por completo por los pecados de los creyentes en el Calvario. La *Biblia Anotada de Scofield* sugiere que durante el tiempo de su muerte y resurrección, nuestro Señor descendió al Hades, vació el paraíso y encabezó un desfile triunfal en dirección al cielo de todos los que habían sido salvos hasta ese momento. Cita Efesios 4:8-10 como una prueba de ello.

En su libro *Revelation*, el fallecido doctor Donald Grey Barnhouse, escribe:

> «Cuando Él ascendió a lo alto (Ef. 4:8) vació el paraíso del Hades y llevó a los que allí se encontraban a la misma presencia de Dios. La cautividad fue llevada cautiva.... A partir de aquel instante ya no hay separación para aquellos que creen en Cristo. Las puertas del infierno ya no van a prevalecer contra ellos (Mt. 16:18). Pero, ¿qué acerca de los perdidos? El estado de los inconversos permaneció (y permanece) igual después de la cruz. Permanecen en el Hades esperando el juicio final del gran trono blanco (Ap. 20:11-15). Pero un cambio glorioso ha acontecido concerniente al estado de aquellos que han dormido en Cristo.»

Notemos las siguientes Escrituras:

> «Pero Esteban, lleno del Espíritu Santo, puestos los ojos en el cielo, vio la gloria de Dios, y a Jesús que estaba a la diestra de Dios. Y apedreaban a Esteban, mientras él invocaba y decía: Señor Jesús, recibe mi espíritu. Y puesto de rodillas, clamó a gran voz: Señor, no les tomes en cuenta este pecado. Y habiendo dicho esto, durmió» (Hch. 7:55, 59, 60).
>
> «Porque para mí el vivir es Cristo, y el morir es ganancia. Porque de ambas cosas estoy puesto en estrecho, teniendo deseo de partir y estar con Cristo, lo cual es muchísimo mejor» (Fil. 1:21, 23) «... estar ausentes del cuerpo (es estar) presentes en el Señor» (2 Co. 5:8).

BB. Parábola veintisiete: cuando nuestro mejor esfuerzo es lo mínimo que debemos hacer (Lc. 17:7-10). 

1. El señor de un cierto siervo esperaba que éste cum-

pliera con algunos deberes sin demandar que le elogiaran ni le dieran las gracias.
a. Tiene que cuidar de la propiedad de su señor.
b. Tiene que preparar su alimento.
c. Debe servirle en todo tiempo.
2. Se espera de igual manera que el siervo de Dios cumpla con ciertos deberes sin insistir en que se lo reconozcan de manera especial.
a. Ha de cumplir los mandamientos de Dios.
b. Tiene que admitir que realizar la tarea de la mejor manera posible es lo mínimo que debe hacer.

CC. Milagro trece: curación de diez leprosos (Lc. 17:11-19).
1. Jesús cura a los leprosos y después les indica que vayan a mostrarse al sacerdote para la limpieza ceremonial.
2. Uno de ellos, un samaritano, regresa y cae a sus pies para adorarle.
3. Jesús se maravilla que de los diez sanados, sólo un «extranjero», el samaritano, regresa para darle las gracias. Jesús sanó a muchas personas de su enfermedades durante su ministerio, pero ¿experimentaron todas ellas salvación espiritual en el momento de su sanidad física? La declaración del Señor aquí al leproso agradecido parece indicar que ese no fue el caso.

«Y le dijo: Levántate, vete; tu fe te ha salvado» (Lc. 17:19). (Véase también Jn. 5:8, 14.)

En cualquier caso, la llegada de estos diez leprosos al templo para su limpieza ceremonial debió de causar considerable confusión entre los sacerdotes al ponerse a repasar las antiguas regulaciones de Levítico que regían para estas situaciones, porque en el Antiguo Testamento ni *un* solo israelita (excepto María, véase Nm. 12) había sido jamás sanado de la lepra. Naamán, por supuesto, era sirio. (Véase 2 R. 5.)

DD. Predicción veinticuatro: sus sufrimientos (Lc. 17:25).

EE. Predicción veinticinco: los últimos días (Lc. 17:26-30).
1. Prevalecerán condiciones sensuales semejantes a las del tiempo de *Noé*. (Véase Gn. 6.)
a. Se dedicaban a comer y a beber.
b. Se casaban y se daban en casamiento.
c. La humanidad no estaba preparada para el diluvio.
2. Prevalecerán condiciones materialistas similares a las de los días de *Lot*. (Véase Gn. 19.)
a. Se dedicaban a comprar y a vender.
b. Se dedicaban a plantar y a edificar.
c. La humanidad no estaba preparada para el fuego.

FF. Predicción veintiséis: concerniente al Armagedón (Lc. 17:34-37).
1. Algunos serán tomados estando en la cama.
2. Otros lo serán estando en el molino.
3. Otros mientras trabajan en el campo.
4. Todos serán destruidos y los buitres comerán sus cuerpos.

Nota: Este pasaje ha sido usado frecuentemente como refiriéndose al rapto de los creyentes, pero el contexto más bien habla de los incorversos llevados al juicio del Armagedón. Indica también la exactitud científica de la Biblia. Notemos que Lucas dice que algunos serán tomados estando en cama (durante la noche), mientras que otros lo serán estando en el campo (durante el día), lo que manifiesta que el escritor, por inspiración divina, era consciente de la forma de la tierra.

GG. Parábola veintiocho: la viuda y el juez fastidiado (Lc. 18:1-8).
1. Jesús nos habla aquí de un juez despreocupado.
a. A este juez le reclama diariamente una mujer persistente que desea le hagan justicia en su pleito con su adversario.
b. El juez finalmente accede a fin de que las continuas súplicas de aquella mujer no agoten su paciencia.
2. El Señor compara a este juez con el Padre celestial.
a. El juez terrenal hizo justicia a pesar de su despreocupación.
b. El Padre celestial va a hacer mucho más debido a su gran interés.
3. Cristo concluye diciendo que debemos orar siempre y no desmayar.

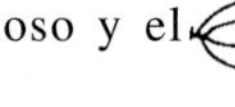
HH. Parábola veintinueve: el fariseo orgulloso y el publicano humilde (Lc. 18:9-14).
1. Dos hombres van al templo a orar:
a. El fariseo y su oración:
(1) «Te doy gracias porque no soy como los otros hombres.»
(2) «No soy ladrón, injusto ni adúltero.»
(3) «Ayuno dos veces a la semana.»
(4) «Doy diezmos de todo lo que gano.»
b. La oración del publicano:
(1) Se coloca en un lugar retirado y no alza ni siquiera los ojos.
(2) Se golpea el pecho.
(3) Confiesa sus pecados.
(4) Suplica misericordia.
2. Los dos hombres salen del templo.
a. Dios había escuchado y elevado al publicano.
b. Dios había rechazado y humillado al fariseo.

II. Jesús comenta sobre el divorcio (Mt. 19:3-12; Mr. 10:2-12; Lc. 16:18).
1. Explica la intención original de Dios:
a. Que el hombre deje a sus padres cuando se une en matrimonio.
b. Que el hombre y su esposa son considerados ahora como una sola carne.
c. Que nadie tiene el derecho de deshacer esta unión espiritual.
2. Explica la provisión posterior de Dios a causa de la dureza del corazón del hombre: la carta de divorcio.
3. Explica la actitud general de Dios en relación con el matrimonio:
a. El hombre que se vuelve a casar con otra mujer comete adulterio, excepto si su primera mujer le ha sido infiel.
b. El hombre que se casa con una mujer divorciada comete adulterio.
c. La mujer que se vuelve a casar con otro hombre comete adulterio, excepto si su primer marido le ha sido infiel.
d. La mujer que se casa con un hombre divorciado comete adulterio.
4. Explica la actitud general de Dios acerca de los que no se casan:
a. Hay eunucos que han nacido así.
b. Hay eunucos que lo son porque los hombres los han hecho.
c. Hay eunucos que se hacen a sí mismos eunucos por amor al reino de Dios.

JJ. Décima oración: después de recibir a unos niños pequeños (Lc. 18:15-17; Mt. 19:13-15; Mr. 10:13-16).

1. Le llevan a Jesús algunos niños pequeños para que ore por ellos.
2. Los discípulos tratan de impedir que le molesten y le entretengan.
3. El Señor los corrige y recibe gozoso a estos pequeños, diciendo:
   a. «Dejad a los niños venir a mí, y no se lo impidáis.»
   b. «Porque de los tales es el reino de los cielos.»
   c. «El que no recibe el reino de Dios como un niño, no entrará en él.»

KK. Milagro treinta y uno: resurrección de Lázaro (Jn. 11:43, 44).

1. Le informan a Jesús que su amigo Lázaro, de Betania, está a punto de fallecer.
2. Él decide ir al funeral a pesar de las objeciones de sus discípulos.
   a. Temen que le apedrearán si se acerca tanto a Jerusalén.
   b. Jesús les dice que debe hacer su obra mientras que el día dura.
      (1) Jesús: «Nuestro amigo Lázaro duerme; mas voy a despertarle.»
      (2) Tomás: «Vamos también nosotros, para que muramos con él» (no se muestra mucha fe aquí).
3. Se encuentra con Marta, la hermana de Lázaro, al llegar cerca de su hogar en Betania.
   a. Marta: «Señor, si hubieses estado aquí, mi hermano no habría muerto.»
   b. Jesús: «Tu hermano resucitará.»
   c. Marta: «Yo sé que resucitará en la resurrección, en el día postrero.»
   d. Jesús: «Yo soy la resurrección y la vida; el que cree en mí, aunque esté muerto, vivirá. Y todo aquel que vive y cree en mí, no morirá eternamente. ¿Crees esto?»
   e. Marta: «Sí, Señor; yo he creído que tú eres el Cristo, el Hijo de Dios, que has venido al mundo.»
4. Marta entra dentro de la casa y le dice a su hermana María que Jesús ha llegado.
5. El Señor la ve llorando y él también llora frente a la tumba de Lázaro.
6. Ordena que quiten la piedra de la tumba por encima de las objeciones de Marta.
   a. Marta: «Señor, hiede ya, porque es de cuatro días.»
   b. Jesús: «¿No te he dicho que si crees, verás la gloria de Dios?»

7. Undécima oración: antes de resucitar a Lázaro (Jn. 11:41, 42).
   a. «Padre, gracias te doy por haberme oído.»
   b. «Lo dije por causa de la multitud que está alrededor, para que crean que tú me has enviado.»
8. Jesús clama a gran voz: «¡Lázaro, ven fuera!»
9. Después de realizar este milagro los enemigos de Cristo empiezan a planear formalmente matarle a Él y a Lázaro si es necesario (Jn. 11:45-54).
   a. Los fariseos temen que todos pueden llegar a creer en él y esto haga que los romanos los marginen a ellos.
   b. El sumo sacerdote Caifás declara que a Israel le conviene que Jesús muera. Esta es la última profecía pronunciada por un sumo sacerdote de Israel. Notemos su contenido: «Esto no lo dijo por sí mismo, sino que como era el sumo sacerdote aquel año, profetizó que Jesús había de morir por la nación; y no solamente por la nación, sino también para congregar en uno a los hijos de Dios que estaban dispersos» (Jn. 11:51, 52).

      El *Comentario bíblico Moody: Nuevo Testamento* observa:

      «Juan quería que sus lectores tuvieran plena consciencia de que esta sentencia del sumo sacerdote era profética. Que, por así decirlo, le fueron puestas las palabras en los labios. *Profetizó.* He aquí un Balaam que desea maldecir a Jesús, pero de cuya profecía surge la realización del propósito de Dios de que Cristo muriera por la nación redentora y vicariamente; y no sólo por la nación, sino para que todos los dispersos hijos de Dios (así vistos por su presciencia), fuesen congregados en uno (cp. 10:16). ¡Qué apropiado fue que quien desempeñaba el cargo de sumo sacerdote presentara, sin darse cuenta, la obra de Cristo como Cordero de Dios que quita el pecado del mundo!» (Editorial Portavoz, p. 165.)

      Notemos también el temor del sumo sacerdote que propició esta profecía:

      «Si le dejamos así, todos creerán en él; y vendrán los romanos, y destruirán nuestro lugar santo y nuestra nación» (Jn. 11:48).

   La divina ironía de la historia es que, por supuesto, sucedieron ambas cosas. Los hombres creyeron en él y los romanos llegaron. Comentarios sobre este milagro:

1. Este es generalmente reconocido como el más grande de los milagros de nuestro Señor.
2. Es la primera vez que se asemeja la muerte de un creyente al dormir. (Cp. Jn. 11:11 con Mt. 9:24; 27:52; Hch. 7:60; 1 Co. 11:30; 15:50, 51; 1 T. 4:14.)
3. Notamos que Jesús esperó hasta que Lázaro llevaba cuatro días muerto. Quizá lo hizo así a causa de la superstición de los judíos de que después de fallecer una persona su espíritu rondaba sobre su cuerpo durante tres días, y la resurrección era al menos remotamente posible en ese período. Pero después de ese tiempo se había perdido toda esperanza.
4. Marta y no María es la heroína en este caso. (Véase Lc. 10:38-42 donde sucedió lo contrario.)
   a. Fue Marta y no María la que salió al encuentro de Jesús; María se quedó en la casa (11:20).
   b. El gran testimonio de Marta aquí está a la altura del que dio Simón Pedro en otra ocasión. (Cp. Jn. 11:27 con Mt. 16:16.)
5. Este pasaje nos registra la primera de cuatro veces en las que Cristo lloró. (Para las otras veces véanse He. 5:7; Lc. 19:41; Mt. 23:37-39.)
   a. Lloró como evidencia de su auténtica humanidad. (Véase He. 4:14-16.)
   b. Lloró a causa de la iniquidad de los hombres quevio a su alrededor. (Véase 11:37, 46.)
6. El Salvador mostró su deseo de obtener ayuda humana en la realización de este milagro.
   a. Ordenó que alguien quitara la piedra. (Véase 11:39.)
   b. Pidió que alguien desatara al resucitado Lázaro. (Véase 11:44.)

LL. Jesús habla con un hombre principal, joven y rico (Mt. 19:16-26; Mr. 10:17-27; Lc. 18:18-27).

1. Le sale al encuentro un joven líder judío, que corre hasta Él, se arrodilla y le pregunta sobre la vida eterna.
2. Jesús le responde que guarde los mandamientos.
3. Aquel hombre joven le contesta que siempre lo ha hecho.
4. El Señor le dice que aún le falta una cosa, y es:
   a. Que venda todo lo que tiene y lo dé a los pobres.
   b. Que regrese y siga a Jesús.

5. Aquel hombre se marchó triste, pues no estaba dispuesto a hacer ninguna de estas dos cosas.
6. El Señor comenta acerca de los ricos y el reino de Dios.
   a. Afirma que es más fácil para un camello pasar por el ojo de una aguja que para un rico entrar en el reino de Dios.
   b. Dice que, humanamente hablando, la salvación es imposible, pero que para Dios todo es posible.
7. Aquel joven líder y rico cometió tres graves errores:
   a. En relación con Cristo: sólo llegó a considerarlo como un «buen maestro».
   b. En relación con el plan de salvación: pensó que podría obtenerla mediante buenas obras.
   c. En relación con el orgullo de su corazón: pensó que ya la había ganado. Se nos dice que «los discípulos se asombraron de sus palabras» (Mr. 10:24). Para los judíos la prosperidad temporal era considerada una muestra del favor divino. (Véase Dt. 28:1-12.) Algunas personas hoy piensan de la misma manera.

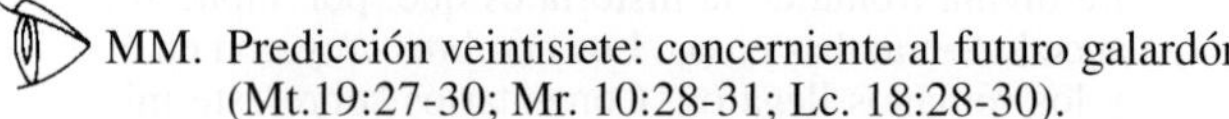

MM. Predicción veintisiete: concerniente al futuro galardón (Mt.19:27-30; Mr. 10:28-31; Lc. 18:28-30).
1. Jesús promete que los Doce recibirán galardones en el futuro si se sacrifican por Él.
   a. Se sentarán sobre doce tronos.
   b. Juzgarán a las doce tribus de Israel.
2. Promete también galardones futuros a todos los creyentes si se sacrifican por Él.
   a. Recibirán cien veces más en esta vida.
   b. Heredarán la vida eterna.
3. Notemos su declaración aquí:

«De cierto os digo que en la regeneración, cuando el Hijo del Hombre se siente en el trono de su gloria, vosotros que me habéis seguido también os sentaréis sobre doce tronos, para juzgar a las doce tribus de Israel» (Mt. 19:28).

La palabra «regeneración» la encontramos, aparte de en este lugar, sólo una vez más en el Nuevo Testamento. Aparece en Tito 3:5 donde se refiere al nuevo nacimiento del creyente. Aquí en Mateo 19:28 tiene también el sentido de nuevo nacimiento: la conversión de la vieja madre naturaleza. Este glorioso nuevo nacimiento se manifestará en el milenio. (Véanse Is. 11:6-9; Ro. 8:19-23; Hch. 3:21.)

NN. Parábola treinta: cuando los primeros serán postreros, y los postreros, primeros (Mt. 20:1-16).
1. El dueño de una finca salió a buscar obreros para su viñedo.
   a. Contrata a algunos a la salida del sol, ofreciéndoles un denario al día.
   b. Contrata a otros a las 9:00 a.m. por el mismo salario.
   c. Contrata a otros al mediodía por lo mismo.
   d. A otros a las 3:00 p.m. por lo mismo.
   e. Y a otros a las 5:00 p.m. por lo mismo.
2. Los llama al terminarse la jornada para pagarles a todos lo prometido, empieza con los obreros de las 5:00 p.m. y termina con los que empezaron a las 6:00 p.m.
3. Los que empezaron a trabajar al amanecer esperaban más paga que los que comenzaron a las 5:00 p.m, y se quejaron.
4. El dueño de la finca les dice:
   a. Que nadie les ha engañado, pues cada uno ha recibido lo acordado.
   b. Que era asunto suyo si él optaba por ser generoso.

ÑÑ. Predicción veintiocho: concerniente a su resurrección (Mt. 20:17-19; Mr. 10:32-34; Lc. 18:31-34).
1. Jesús les dice a sus discípulos que todas las Escrituras relacionadas con Él se cumplirán en Jerusalén.
   a. Será entregado a los principales sacerdotes y escribas.
   b. Será condenado a muerte por ellos.
   c. Le entregarán a los gentiles para su crucifixión.
   d. Le escarnecerán.
   e. Le tratarán de manera vergonzosa.
   f. Le escupirán.
   g. Le azotarán.
   h. Le matarán.
   i. Resucitará al tercer día.
2. Los discípulos se llenan de temor y espanto, y no terminan de entender aquellas solemnes palabras.

OO. Jesús recibe una solicitud de parte de la madre de Santiago y de Juan (Mt. 20:20-28; Mr. 10:35-45).
1. La petición: «Ordena que en tu reino se sienten estos dos hijos míos, el uno a tu derecha, y el otro a su izquierda.»
2. La negación: «No es mío darlo, sino a aquellos para quienes está preparado por mi Padre.»
3. La lección:
   a. «El hijo del Hombre no vino para ser servido, sino para servir, y para dar su vida en rescate por muchos.»
   b. Sus discípulos deben de igual manera ministrar a otros, porque el amor es el camino a la grandeza.

En esta ocasión Jesús les dice:

«No sabéis lo que pedís. ¿Podéis beber del vaso que yo bebo, o ser bautizados con el bautismo con que yo soy bautizado? Ellos dijeron: Podemos. Jesús les dijo: A la verdad, del vaso que yo bebo, beberéis, y con el bautismo con que yo soy bautizado, seréis bautizados» (Mr. 10:38, 39).

La copa era la del sufrimiento, y ambos hermanos ciertamente bebieron de ella. Uno fue decapitado (Hch. 12:2) y el otro sufrió el exilio por Cristo (Ap. 1:9).

Paso cuarenta y nueve: de Betania a Jericó

(Mt. 20:29-34; Mr. 10:46-52; Lc. 18:35—19:28)

A. Milagro treinta y dos: curación de un ciego (Mt. 20:34; Lc. 18:35—19:28).
1. Un mendigo ciego de Jericó se entera de que Jesús pasa por allí.
2. Él grita (a pesar de que la gente trata de impedirlo) pidiendo que el Hijo de David tenga misericordia de él.
3. Jesús le pregunta: «¿Qué quieres que te haga?»
4. Él responde: «Señor, que reciba la vista.»
5. El Salvador, lleno de compasión, toca los ojos del mendigo y recobra la vista.
6. El hombre agradecido sigue a Jesús glorificando a Dios.

B. Jesús saluda y salva a Zaqueo (Lc. 19:1-10).
1. El pecador:
   a. Zaqueo era jefe de los que cobraban impuestos para Roma.
   b. Era rico y algo deshonesto.
   c. Era pequeño de estatura.
   d. Se subió a un árbol sicómoro para ver a Jesús.
2. El Salvador:
   a. Miró al árbol y vio a Zaqueo.
   b. Le avisa que desea visitarle en su casa.
   c. La gente le critica por asociarse con esta clase de pecadores.

3. El santo (Zaqueo):
   a. Acepta a Cristo como su Mesías-Salvador.
   b. Decide dar la mitad de lo que posee a los pobres.
   c. Se propone devolver cuadruplicado lo que hasta entonces había robado.
   d. Se transforma en un verdadero hijo de Abraham.

C. Parábola treinta y una: tres mayordomos y su dinero (Lc. 19:11-27).
1. Un miembro de la nobleza se prepara para viajar a un país lejano, a fin de ser nombrado rey y regresar.
2. Llama a diez de sus siervos antes de partir.
   a. A cada uno de ellos le entrega diez minas (o cien dracmas).
   b. Le ordena a cada uno que negocie con el dinero hasta que él regrese.
3. Cuando tiempo después regresa los llama para que cada uno rinda cuentas.
   a. El primer siervo:
      (1) Había incrementado diez veces lo recibido.
      (2) Le dan autoridad sobre diez ciudades.
   b. El segundo siervo:
      (1) Había multiplicado por cinco lo recibido.
      (2) Le dan autoridad sobre cinco ciudades.
   c. El tercer hombre:
      (1) Había ignorado por completo lo recibido.
      (2) Le castigan severamente y pierde lo recibido a favor del primer siervo.

D. Milagro treinta y tres: curación de un hombre ciego (Mt. 20:34; Mr. 10:46, 52). Nota: Aunque hay muchas semejanzas entre este milagro y el anterior, no son el mismo caso. El primer hombre ciego, sin nombre, fue curado cuando nuestro Señor entraba en Jericó, mientras que el segundo ciego, llamado Bartimeo, fue sanado cuando salía de Jericó.
1. Bartimeo: «¡Jesús, Hijo de David, ten misericordia de mí!»
2. La gente: «Ten confianza; levántate, te llama.»
3. Jesús: «¿Qué quieres que te haga?»
4. Bartimeo: «Maestro, que recobre la vista.»
5. Jesús: «Vete, tu fe te ha salvado.»

Esta es la última visita de Jesús a Jericó, pues va ya de camino a Jerusalén. (Véase Mt. 20:29.) Antes de esto les había contado la historia de un hombre que había salido de Jerusalén camino de Jericó (la parábola del buen samaritano, Lc. 10:25-37). Pero ahora el Buen Samaritano original hace el viaje en dirección opuesta, saliendo de Jericó camino a Jerusalén, donde pronto «caerá en manos de ladrones».

FIN DEL MINISTERIO PÚBLICO DE CRISTO

Paso cincuenta: de Jericó a Betania
(Mt. 26:6-13; Mr. 14:3-9; Lc. 22:1; Jn. 11:55—12:11)

SÁBADO

A. Jesús es ungido por María de Betania (Mt. 26:6-13; Mr. 14:3-9).
1. Lázaro, sus dos hermanas y Jesús son invitados a cenar en casa de Simón el leproso en Betania (Jn. 12:1, 2).
2. María se acerca a Jesús durante la cena con un frasco de perfume de nardo puro, de mucho valor, y unge los pies de Jesús enjugándolos con sus cabellos (Jn. 12:3).
3. Todos los discípulos en general critican a María, pero particularmente Judas Iscariote.
   a. Los discípulos piensan que se debió haber vendido el perfume y haberlo dado a los pobres (Mt. 26:8, 9).
   b. Judas, el tesorero de los Doce, quería controlar el dinero porque era ladrón (Jn. 12:4-6).
4. Jesús reprende a los criticadores, señalando que:
   a. María había hecho algo bueno. Notemos la declaración de Jesús: «Déjala; para el día de mi sepultura ha guardado esto» (Jn. 12:7). Este fue el único ungimiento que recibió su cuerpo, pues a pesar de las repetidas veces que les había hablado de sus sufrimientos y de su muerte (véanse Mt. 16:21; 20:18, 19), solamente María tomó sus palabras en serio. (Véase también Jn. 10:11, 17, 18.)
   b. Ellos tendrían siempre oportunidad de ministrar a los pobres, pero no a Él.
   c. La devoción de María a Él sería recordada en dondequiera que se predicara el evangelio (Mt. 26:10-13; Mr. 14:6-9; Jn. 12:7, 8).

Los principales sacerdotes traman ahora cómo matar también a Lázaro, junto con Jesús, debido a que su resurrección había llevado a muchos a creer en Cristo (Jn. 12:9-11).

Paso cincuenta y uno: de Betania a Betfagé
(Mt. 21:1-7; Mr. 11:1-7; Lc. 19:29-35)

DOMINGO

A. Jesús envía a dos de sus discípulos a por un pollino.
1. El dueño de los animales pregunta: «¿Por qué desatáis el pollino?»
2. Los discípulos responden: «Porque el Señor lo necesita.»

B. Los discípulos montan a Jesús sobre el pollino.

Paso cincuenta y dos: de Betfagé al aposento alto
(Mt. 10:17-23; 21:8—23:39; 24:1-42; 25:1-46; 26:1-5, 14-30; Mr. 11:8—13:37; 14:1, 2, 10-25; Lc. 12:11, 12; 13:34, 35; 19:36—20:8, 20-40, 45-47; 21:1-38; 22:2-34; Jn. 12:12)

A. Entra en Jerusalén y recibe la calurosa bienvenida de la multitud (Mt. 21:9-11; Mr. 11:9, 10; Lc. 19:38; Jn. 12:12-15).
1. «¡Bendito el rey que viene en el nombre del Señor!»
2. «¡Hosanna al Hijo de David!»

B. Defiende a la multitud que grita diciéndoles a los fariseos que criticaban que «si estos callaran, las piedras clamarían» (Lc. 19:39, 40).

C. Cumplimiento número dieciocho de las profecías del Antiguo Testamento: que entraría triunfalmente en Jerusalén.

(Cp. Zac. 9:9 con Mt. 21:4, 5.) Las hojas de palmera usadas durante la entrada triunfal (Jn. 12:13) eran una manifestación de regocijo (Lv. 23:40; Neh. 8:15; Ap. 7:9). Podían tener también una significación política por haber sido usadas durante la fiesta de los Tabernáculos que se celebró cuando Judas Macabeo liberó el templo de manos de los sirios. (Véase 2 Macabeos 10:7.)

D. Jesús llora sobre Jerusalén (Lc. 19:41, 42).

Notemos sus palabras:

«¡Oh, si también tú conocieses, a lo menos en este tu día, lo que es para tu paz! Mas ahora está encubierto de tus ojos.»

Sir Robert Anderson, el famoso estudioso de la Biblia, ha puesto gran significado en las palabras «en este tu día». Según la profecía de Daniel 9:24-27 (frecuentemente llamada la profecía de las setenta semanas), Dios dijo a Daniel que trataría con Israel por otras setenta «semanas», lo que generalmente se interpreta como 490 años. La profecía continúa diciendo que después de sesenta y nueve de estas «semanas», ó 483 años, el Mesías sería rechazado y crucificado. La profecía empezaría el 14 de marzo del 445 a.C. Anderson sugiere que si empezamos a contar a partir de esa fecha descubrimos que los 483 años (173.880 días) terminan el 6 de abril del año 32 d.C. Fue exactamente en ese día que Jesús entró en Jerusalén montado en un pollino y, aunque bien recibido por las masas, fue oficialmente rechazado por los líderes de Israel. Según Anderson, nuestro Señor pensaba en esto cuando pronunció esta declaración. (*El príncipe que ha de venir,* Editorial Portavoz, pp. 142, 143.)

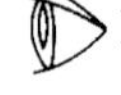

E. Predicción veintinueve: concerniente a la destrucción de Jerusalén (Lc. 19:43, 44).
   1. Que la ciudad sería cercada por sus enemigos.
   2. Que sus hijos serían matados y el templo destruido.

LUNES

F. Milagro treinta y cuatro: maldición de la higuera estéril (Mt. 21:19; Mr. 11:14).
   1. Jesús se acercó a una higuera y no encontró en ella nada más que hojas.
   2. La maldijo diciendo: «Nunca jamás nazca de ti fruto.» E inmediatamente se secó. Nota: de todos sus milagros, este fue sin duda el único que lo dejaría triste, porque mediante este acto simbólico está dejando a un lado a la nación de Israel (frecuentemente representada por una higuera), a causa de su falta de fruto. Esto queda confirmado en Mateo 21:42-45.

G. Predicción treinta: concerniente al rechazo de Israel (Mt. 21:43, 44).

H. Jesús lleva a cabo la segunda limpieza del templo (Mt. 21:12, 13; Mr. 11:15-17; Lc. 19:45, 46). Notemos su declaración en este momento: «Escrito está: Mi casa, casa de oración será llamada; mas vosotros la habéis hecho cueva de ladrones» (Mt. 21:13). El Señor está citando aquí Jeremías 7:12-15, que recuerda la destrucción del tabernáculo original de Moisés a manos de los filisteos en Silo, y predice la destrucción del templo de Salomón en Jerusalén por los babilonios. Jesús, por supuesto, sabía que en menos de cuarenta años el templo de Herodes sería destruido y quemado por los romanos. Pero en medio de las nubes de tormenta que aparecen en este versículo, aparece un brillante rayo de esperanza, porque sus palabras están asociadas con un templo futuro y final. Isaías nos habla acerca de esto:

> «Yo los llevaré a mi santo monte [a Israel durante el milenio], y los recrearé en mi casa de oración; sus holocaustos y sus sacrificios serán aceptos sobre mi altar; porque mi casa será llamada casa de oración para todos los pueblos» (Is. 56:7).

I. Sana a muchos ciegos y cojos en el templo, y los muchachos le aclaman (Mt. 21:14-16).

J. Cumplimiento número diecinueve de las profecías del Antiguo Testamento: que sería alabado por los niños. (Cp. Salmo 8:2 con Mateo 21:16.)

MARTES

K. Le preguntan acerca de la higuera que se secó y hace unos comentarios acerca de la fe que mueve montañas (Mt. 21:20-22; Mr. 11:20-26).

L. Los fariseos le preguntan acerca de la fuente de su autoridad (Mt. 21:23-27; Mr. 11:27-33; Lc. 20:1-8).
   1. Le demandan que les diga en base de qué autoridad hacía aquellas cosas.
   2. Él está de acuerdo en decírselo, pero primeramente quiere conocer si el bautismo de Juan era de Dios o de los hombres.
   3. Los fariseos se dan cuenta inmediatamente de que se han metido en un problema.
      a. Si responden que «de Dios», Él sin duda les va a preguntar: «¿Por qué, pues, no creísteis en Él?»
      b. Y si responden de «los hombres», el pueblo podría intentar apedrearlos, porque Juan era un héroe.
   4. Los fariseos no pudieron responder a su pregunta y él, por tanto, tampoco contesta la de ellos.

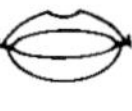

M. Parábola treinta y dos: dos hijos que cambian de opinión (Mt. 21:28-32).
   1. El dueño de un viñedo tiene dos hijos.
   2. Les pide a los dos jóvenes que vayan a trabajar al viñedo.
      a. El primer hijo le dice que no va a ir, pero luego se arrepiente y va.
      b. El segundo hijo le dice que sí va a ir, pero luego no lo hace.

N. Parábola treinta y tres: los labradores malvados (Mt. 21:33-46; Mr. 12:1-12; Lc. 21:9-19).
   1. El dueño de un viñedo lo arrendó a unos labradores y luego se marchó de viaje.
   2. Tiempo después envía a su siervo a recoger sus frutos.
   3. Los labradores lo maltratan y lo envían con las manos vacías.
   4. El dueño continúa enviando a sus siervos, pero todos son maltratados y a algunos los matan.
   5. Finalmente envía a su propio hijo, en la esperanza de que los labradores lo respetaran, pero también lo matan.
   6. El dueño del viñedo se enoja al punto de que ya no los soporta más y destruye a aquellos miserables.
   7. Jesús relaciona esta parábola consigo mismo y declara que a él le rechazan como la piedra que es «cabeza del ángulo» (Mt. 21:42).

Ñ. Cumplimiento número veinte de las profecías del Antiguo Testamento: que Él sería la piedra del ángulo rechazada. (Cp. Sal. 118:22, 23 con Mt. 21:42.)

O. Parábola treinta y cuatro: el invitado a la boda que acude sin la ropa apropiada (Mt. 22:1-14).
   1. Un rey prepara una fiesta de bodas para su hijo e invita a unos pocos selectos.
      a. Los invitados rehusan acudir e insultan o matan a los mensajeros del rey.
      b. El rey enojado manda a sus soldados para que los destruyan e incendien sus ciudades.

P. Jesús responde a preguntas de los fariseos y herodianos relacionadas con el pago de impuestos al emperador romano (Mt. 22:15-22; Mr. 12:13-17; Lc. 20:20-26).
   1. Su pregunta bien estudiada es: «¿Es lícito dar tributo a César, o no?»
   2. Él sabiamente responde: «Dad, pues, a César lo que es de César, y a Dios lo que es de Dios.»
      El doctor Charles Ryrie comenta:

> «Roma había impuesto el tributo a todo judío. La cuestión candente en la mente de muchos judíos de entonces era sencillamente ésta: Si Dios había dado a los hebreos la tierra de Israel, y había dispuesto que ellos residiesen allí y recibía sus sacrificios y ofrendas en reconocimiento de Su relación con ellos, ¿cómo podían pagar tributo a cualquier otro poder, rey, dios o personalidad? Si Cristo respondía que debían pagar, podrían acusarle de deslealtad al judaísmo; si decía que no, podrían denunciarle a los romanos» (*Biblia de Estudio Ryrie,* Editorial Portavoz, p. 1368.)

Q. Los saduceos liberales le preguntan acerca de la resurrección (Mt. 22:23-33; Mr. 12:18-27; Lc. 20:27-40).

1. Su necia ilustración:
   a. Un hombre que tenía seis hermanos se casa, pero fallece al poco tiempo dejando a la viuda sin descendencia.
   b. El segundo hermano se casa con la viuda, en cumplimiento de lo establecido en la ley de Moisés, pero también muere antes de engendrar un hijo.
   c. Y así sucesivamente, todos los hermanos se casan con la viuda y mueren.
   d. En la resurrección, ¿de cuál de ellos será la esposa?
2. Cristo les responde de forma directa y concreta:
   a. Les dice que están muy equivocados en cuanto al *hecho* bíblico de la resurrección.
      «¿No erráis por esto, porque ignoráis las Escrituras, y el poder de Dios? ... ¿no habéis leído en el libro de Moisés cómo le habló Dios en la zarza, diciendo: Yo soy el Dios de Abraham, el Dios de Isaac y el Dios de Jacob? Dios no es Dios de muertos, sino Dios de vivos...» (Mr. 12:24-27).
   b. Estaban también muy equivocados en relación con la *naturaleza* bíblica de la resurrección.
      «Porque cuando resuciten de los muertos ni se casarán ni se darán en casamiento, sino serán como los ángeles que están en el cielo.»

R. Le preguntan también acerca de cuál es el mandamiento más importante de la ley (Mt. 22:34-40; Mr. 12:28-34).
1. La pregunta: ¿Cuál de los mandamientos de la ley es el más importante? Los escribas habían dividido toda la ley en 613 preceptos.
2. La respuesta:
   a. El más importante es: «Amarás al Señor tu Dios con todo tu corazón, y con toda tu alma, y con toda tu mente. Este es el primero y grande mandamiento. Y el segundo es semejante. Amarás a tu prójimo como a ti mismo» (de estos dos mandamientos depende toda la ley y los profetas).
3. El escriba (quien hizo la pregunta original): «Maestro, verdad has dicho ... es más que todos los holocaustos y sacrificios.»
   a. El Salvador: «No estás lejos del reino de Dios.»

S. Jesús pregunta a los fariseos en relación con el Mesías esperado (Mt. 22:41-46; Mr. 12:34-37; Lc. 20:41-44).
1. Su pregunta: «¿Qué pensáis del Cristo? ¿De quién es hijo?»
2. La respuesta: «De David.»
3. Su pregunta: «¿Pues cómo David en el Espíritu le llama Señor?»
4. Su respuesta: no solamente no pudieron responder a esta pregunta, sino que a partir de este momento cesaron en sus malévolos esfuerzos de atraparle teológicamente.

T. Sermón trece: acusa a los líderes judíos de doce cargos (Mt. 23:1-36; Mr. 12:38-40; Lc. 20:45-47).
1. Les gusta lucirse con sus ropas y sentarse en lugares distinguidos.
2. Quitan sus casas a las viudas.
3. Hacen una burla de la oración.
4. Cargan a los hombres con sus vanas tradiciones.
5. Cierran a otros la puerta del reino de Dios.
6. Enseñan a los gentiles convertidos todos sus malos caminos.
7. Hacen sus promesas y juramentos con falsedad.
8. Ignoran lo más importante como la justicia, la misericordia y la fidelidad.
9. Cuelan el mosquito pero se tragan el camello.
10. Limpian el exterior pero el interior está podrido.
11. Honran la memoria de sus padres que mataron a los profetas.
    «Para que venga sobre vosotros toda la sangre justa que se ha derramado sobre la tierra, desde la sangre de Abel el justo hasta la sangre de Zacarías hijo de Berequías, a quien matasteis entre el templo y el altar» (Mt. 23:35).
    Este número lo tenemos recogido en 2 Crónicas 24:20-22. Dado que la muerte de Abel la tenemos registrada en Génesis 4, y que 2 Crónicas es el último libro en la Biblia hebrea, lo que Cristo estaba diciendo en realidad es «desde el primero hasta el último asesinato en la Biblia».
12. Ellos mismos más tarde azotarían y matarían a los profetas de Dios.

U. Jesús llora otra vez sobre Jerusalén (Mt. 23:37-39; Lc. 13:34, 35).
   «¡Jerusalén, Jerusalén, que matas a los profetas, y apedreas a los que te son enviados! ¡Cuántas veces quise juntar a tus hijos, como la gallina junta sus polluelos de bajo de sus alas, y no quisiste! He aquí vuestra casa oses dejada desierta. Porque os digo que desde ahora no me veréis, hasta que digáis: Bendito el que viene en el nombre del Señor» (Mt. 23:37-39).
   Notemos especialmente la referencia aquí de Jesús a «vuestra casa» (el templo) en contraste con la declaración «mi casa» de Juan 2:16 y Mateo 21:13. En este momento Israel es desechado por todo el tiempo de la duración de la etapa de la Iglesia (véase Mt. 21:33-46). La declaración de Jesús en 23:39 se cumplirá un día gloriosamente. (Véanse Sal. 118:26; Zac. 12:10.)
   Notemos que este capítulo (Mt. 23) que contiene las más fuertes acusaciones de Jesús contra los líderes de Israel, termina con la escena de Cristo Jesús llorando sobre la ciudad de Jerusalén.

V. El Señor observa cómo una viuda echaba todo lo que tenía en el arca de las ofrendas (dos blancas, que eran dos monedas de cobre) (Mr. 12:41-44; Lc. 21:1-4).

W. Predicción treinta y una: concerniente a su muerte (Jn. 12:20-26).
1. Felipe le comunica el deseo de algunos griego de verle.
2. El comenta acerca de su muerte.
   a. Que ha llegado la hora para que el Hijo del Hombre sea glorificado.
   b. Que él a su tiempo llevará mucho fruto mediante su muerte, a semejanza del grano de trigo cuando cae en tierra.

X. Duodécima oración: cuando unos griegos desean verle (Jn. 12:27, 28).
1. La oración del Hijo:
   a. «¿Y qué diré? ¿Padre, sálvame de esta hora?»
   b. «Mas para esto he llegado a esta hora.»
   c. «Padre, glorifica tu nombre.»
2. La respuesta del Padre: «Lo he glorificado, y lo glorificaré otra vez.»

Y. Predicción treinta y dos: En relación con su muerte (Jn. 12:32). «Y yo, si fuere levantado de la tierra, a todos atraeré a mí mismo.»

Z. Es rechazado por muchos de los líderes judíos, aunque creen en su mensaje (Jn. 12:37-43). Esto se debe a que:
1. Temen que los expulsen de la sinagoga.
2. Aman más la aprobación de los hombres que la de Dios.

AA. Cumplimiento número veintiuno de las profecías del Antiguo Testamento: que no creerían en sus milagros. (Cp. Is. 53:1 con Jn. 12:37, 38.)

BB. Sermón catorce: sobre la tribulación venidera (Mt. 24:1-42; 10:17-23; 25:1-46; Mr. 13:1-37; Lc. 21:5-36; 12:11, 12).
1. La destrucción de Jerusalén (Mt. 24:1, 2; Lc. 21:20-24).

El discurso del monte de los Olivos Mateo 24

LA DOBLE PREGUNTA (24:3)

«Dinos, ¿cuándo serán estas cosas?»	*«¿Y qué señal habrá de tu venida, y del fin del mundo?»*
LA DESTRUCCIÓN DEL TEMPLO	LA TRIBULACIÓN VENIDERA
OCURRIÓ EN EL 70 a.C.	TODAVÍA POR SUCEDER

LA TRIBULACIÓN VENIDERA

LOS PRIMEROS TRES AÑOS Y MEDIO **(24:1-14)**	La semana setenta de Daniel	LOS ÚLTIMOS TRES AÑOS Y MEDIO **(Mt. 24:15-31)**
• Intensificación de guerras • Hambres • Pestilencias • Terremotos • Persecución de Israel • Aparecerán muchos falsos maestros		• La abominación desoladora • Aparecerá el Anticristo y el falso profeta • El Armagedón • Reunión de los ángeles en Israel
«Y TODO ESTO SERÁ PRINCIPIO DE DOLORES» **(24:8)**		*«PORQUE HABRÁ ENTONCES GRAN TRIBULACIÓN»* **(24:21)**

a. La ciudad quedaría completamente cercada por el ejército enemigo. (Véase también Lc. 19:43, 44.)
b. El templo sería demolido hasta la última piedra.
c. Muchos del pueblo morirían y otros muchos serían llevados cautivos a todas las naciones.
d. Jerusalén sería hollada por los gentiles hasta que se cumpliera el tiempo de los gentiles. Nota: El Señor parece estar refiéndose aquí a dos destrucciones diferentes de la ciudad.
   (1) La primera es ahora histórica, ocurrió cuando Tito la destruyó en el año 70 d.C. El Señor advirtió que no quedaría piedra sobre piedra. Esta profecía quedó totalmente cumplida el 8 de septiembre del 70 d.C. En este día el general romano Tito Vespasiano logró abrir brecha en la muralla y capturar la ciudad. Se había esparcido el falso rumor entre los soldados romanos de que los judíos habían usado oro en vez de mortero para unir las piedras de mármol en el templo. De manera que los soldados apartaron literalmente toda piedra buscando infructuosamente el oro.
   (2) La segunda todavía es futura y ocurrirá en algún momento durante la tribulación.

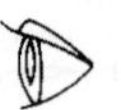

2. Predicción treinta y tres: acerca de la tribulación (Mt. 24:1-42; 10:17-23; 25:1-46; Mr. 13:1-37; Lc. 21:5-36; 12:11, 12).
3. La tribulación: primera parte (Mt. 24:3-14; 10:17-23; Mr. 13:4-13; Lc. 21:7-19; 12:11, 12).
   a. Se levantarán falsos profetas y mesías y engañarán a muchos.
   b. Se intensificarán las guerras y los rumores de guerras.
   c. Habrá hambre, pestilencias, terremotos y grandes señales en los cielos.
   d. Los creyentes serán azotados, encarcelados, aborrecidos y traicionados por sus propias familias.
   e. La maldad se multiplicará y el amor de muchos se enfriará. Nota: Muchas de estas cosas han sucedido ya, por supuesto, a lo largo de la historia de la Iglesia en una escala menor, y continuarán sin duda ocurriendo hasta el rapto.
4. La tribulación: segunda parte (Mt. 24:15-31; 36-42; Mr. 13:14-27; 32-37; Lc. 21:25-28; 34-36).
   a. La abominación desoladora (una estatua del Anticristo) será develizada en el lugar santísimo del templo.
   b. Empezará la más severa de las tribulaciones y persecuciones del mundo.
   c. El sol y la luna se oscurecerán.
   d. Las mareas de los océanoscrecerán y causarán gran destrucción.
   e. El corazón de los hombres experimentará el terror como nunca antes.
   f. Tendrá lugar la batalla del Armagedón.
   g. Cristo volverá a la tierra.
5. Predicción treinta y cuatro: concerniente a su Segunda Venida (Mt. 24:29-41).

   a. Sus elegidos serán reunidos de todas partes por los ángeles.
   b. Los desprevenidos inconversos se verán repentinamente separados y destruidos como lo fueron en los días de Noé y de Lot.

CC. Parábola treinta y cinco: La higuera y el futuro (Mt. 24:32-35; Mr. 13:28-31; Lc. 21:29-33).

1. Israel aparece representada aquí (y en otros lugares) mediante la figura de la higuera.
2. Dice que cuando Israel empiece a mostrar señales de vida van a suceder grandes cosas.
   a. Que el reino de Dios estará cerca.
   b. Que la misma generación que vea los primeros brotes vivirá para contemplar la consumación de todas las cosas.

DD. Parábola treinta y seis: Cinco lámparas que se apagaron (Mt. 25:1-13)

1. Las vírgenes recogen sus lámparas y salen para recibir al esposo.
2. El esposo viene repentinamente tarde en la noche.
3. Cinco de las diez vírgenes se dan cuenta de que les falta aceite y corren a buscarlo.
4. Al regresar encuentran que la puerta que lleva a la fiesta está cerrada.

EE. Parábola treinta y siete: tres siervos y sus talentos (Mt. 25:14-30).

1. Un hombre que marcha al extranjero entrega sus bienes a tres de sus siervos.
   a. A uno de ellos le da cinco talentos.
   b. A otro le entrega dos.
   c. Y a otro uno.
2. El dueño regresa y demanda que le informen de la administración de sus bienes.
   a. El hombre con cinco talentos ha ganado otros cinco y es recompensado.
   b. El siervo que había recibido dos talentos había ganado otros dos y también es recompensado.
   c. El que había recibido uno no hizo nada con él y es castigado. Esta parábola es similar a la de las minas en Lucas 19:11-27. La diferencia parece estar en que las *minas* representan la igualdad de oportunidades que todos tenemos, mientras que los *talentos* hablan de los distintos dones que Dios da a cada uno.

FF. Parábola treinta y ocho: la separación de las ovejas de los cabritos (Mt. 25:31-46).

1. En su Segunda Venida Jesús pondrá las ovejas (creyentes) a su mano derecha.
   a. Sus palabras de elogio:
      (1) «Venid, benditos de mi Padre, heredad el reino preparado para vosotros desde la fundación del mundo.»
      (2) «Porque tuve hambre, y me disteis de comer; tuve sed, y me disteis de beber.»
      (3) «Fui forastero, y me recogisteis.»
      (4) «Estuve desnudo, y me cubristeis.»
      (5) «Enfermo, y me visitasteis; en la cárcel, y vinisteis a mí.»
   b. Su pregunta: «Señor, ¿cuándo hicimos todo esto por ti?»
   c. Su respuesta: «De cierto os digo que en cuanto lo hicisteis a uno de estos mis hermanos más pequeños, a mí lo hicisteis.»
2. En su Segunda Venida Cristo va a colocar a los cabritos (los incrédulos) a su mano izquierda.
   a. Sus palabras de condenación:
      (1) «Apartaos de mí, malditos, al fuego eterno preparado para el diablo y sus ángeles.»
      (2) «Porque tuve hambre, y no me disteis de comer; tuve sed, y no me disteis de beber.»
      (3) «Fui forastero, y no me recogisteis.»
      (4) «Estuve desnudo, y no me cubristeis.»
      (5) «Enfermo, y en la cárcel, y no me visitasteis.»
   b. Su pregunta: «Señor, ¿cuándo te tratamos así?»
   c. La respuesta: «De cierto os digo que en cuanto no lo hicisteis a uno de estos más pequeños, tampoco a mí lo hicisteis.»

GG. Predicción treinta y cinco: concerniente a su muerte (Mt. 26:2). 

HH. Cumplimiento número veintidós de las profecías del Antiguo Testamento: que su amigo le traicionaría por treinta piezas de plata. (Cp. Sal. 41:9; 55:12-14; Zac. 11:12, 13 con Mt. 26:14-16, 21-25.)

1. Los líderes judíos se reúnen en el palacio de Caifás y traman la muerte de Jesús (Mt. 26:3-5; Mr. 14:1, 2; Lc. 22:2).
2. Satanás entra en Judas y éste se une a la conspiración por treinta piezas de plata ((Mt. 26:14, 15; Mr. 14:10, 11; Lc. 22:3-6).

JUEVES

II. Jesús envía a Pedro y a Juan a Jerusalén a hacer preparativos para la Pascua (Mt. 26:17-19; Mr. 14:12-16; Lc. 22:7-13).

1. Tenían que seguir a un hombre que llevaba un cántaro de agua.
2. Él les llevaría al aposento alto donde prepararían la Pascua.

JJ. Jesús entra en el aposento con sus discípulos (Mt. 26:20-29; Mr. 14:17-25: Lc. 22:14-34; Jn. 13:1—14:31).

1. Sus comentarios durante la celebración (Lc. 22:14-18).
   a. Sus deseo de comer la Pascua con ellos antes de que padezca.
   b. Que no participará otra vez de la Pascua hasta que todas las cosas se cumplan en el reino de Dios.
2. Lava los pies de sus discípulos (Jn. 13:1-17).
   a. Pedro le pregunta: «Señor, ¿tú me lavas los pies?»
   b. Jesús responde: «Lo que yo hago, tú no lo comprendes ahora; mas lo entenderás después.»
   c. Pedro le dice: «No me lavarás los pies jamás.»
   d. Jesús le contesta: «Si no te lavare, no tendrás parte conmigo.»
   e. Pedro responde: «Señor, no sólo mis pies, sino también las manos y la cabeza.»
   f. Jesús agrega: «El que está lavado, no necesita sino lavarse los pies, pues está todo limpio; y vosotros limpios estáis, aunque no todos.»

Aquí en Juan 13:10 Jesús usa dos palabras griegas distintas.

«Jesús le dijo: El que está lavado [*louo*, bañado completamente], no necesita sino lavarse [*nipto*, mojarse los pies, las manos, o la cara) los pies.»

El trasfondo aquí es el de la persona judía que regresa de los baños públicos. En el camino a casa sus pies pueden ensuciarse un poco del polvo de la calle y requerir algo de limpieza, pero no todo su cuerpo.

De igual manera, cuando un pecador se arrepiente está limpio para siempre. (Véase He. 10:1-12.) Esto corresponde al *louo* baño. Sin embargo, durante su peregrinaje terrenal el creyente, a veces permite que el pecado manche algunas partes de su cuerpo. Algunas veces son las manos, otras son los pies, y frecuentemente es la lengua. En ese caso necesita una *nipto* limpieza. Esto nos los provee 1 Juan 1:9:

«Si confesamos nuestros pecados, él es fiel y justo para perdonar nuestros pecados, y limpiarnos de toda maldad.»

g. Jesús les dice a los Doce:
   (1) Que deben seguir su ejemplo y lavarse los pies los unos a los otros.
   (2) Que el siervo no es mayor que su maestro.

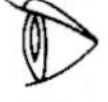

3. Predicción treinta y seis: su traición. (Jn. 13:18-33; Mt. 26:21-25; Mr. 14:18-21; Lc. 22:21-23).
   a. Los discípulos quedan muy sorprendidos y preguntan quién será.
   b. Jesús declara que es aquel a quien Él dé del pan mojado.
   c. Le dice a Judas en privado que sabe que le va a entregar.
   d. Satanás entra en Judas y éste sale del aposento alto.
   e. Los demás discípulos creen que sale a un mandado para Jesús.
4. Cristo instituye la Cena del Señor (Mt. 26:26-29; Mr. 14:22, 25; Lc. 22:19, 20).
   a. El pan: «Tomad, comed; esto es mi cuerpo.»
   b. La copa: «Bebed de ella todos; porque esto es mi sangre del nuevo pacto, que por muchos es derramada para remisión de los pecados.»

      Notemos su declaración en este momento: «Y os digo que desde ahora no beberé más de este fruto de la vid, hasta aquel día en que lo beba nuevo con vosotros en el reino de mi Padre» (Mt. 26:29).

      Aprendemos de estas palabras que la Pascua volverá a celebrarse durante el milenio.
5. El Señor reprende a los discípulos por su disputa (Lc. 22:24-27; Jn. 13:34, 35).
   a. Discutían acerca de quién era el más importante entre ellos.
   b. Jesús les dice que el más grande es aquel que es más humilde.

6. Predicción treinta y siete: la muerte de Pedro (Jn. 13:36).
   a. «A donde yo voy, no me puedes seguir ahora.»
   b. «Mas me seguirás después.»

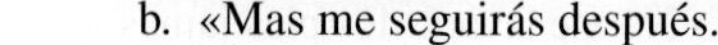

7. Predicción treinta y ocho: en relación con las negaciones de Pedro (Jn. 13:38; Lc. 22:34). Nota: La cronología del evangelio, arreglada según *The Life of Christ in Stereo*, indica claramente que Pedro traicionaría a su Señor no tres veces en una ocasión sino seis veces en dos ocasiones. Tenemos así que:
   a. Jesús predijo en el aposento alto la primera ocasión, diciendo que Pedro le negaría tres veces antes de que el gallo cantara. (Véanse Jn. 13:38; Lc. 22:34.)
   b. Camino de Getsemaní el Señor predijo la segunda ocasión, cuando dijo que Pedro le negaría antes de que el gallo cantara dos veces. (Véanse Mt. 26:34; Mr. 14:30.)
8. El orden de la Pascua es probablemente como sigue:
   a. Jesús da gracias y beben todos de la copa.
   b. Siguen las hierbas amargas, simbolizando su vida anterior de esclavitud en Egipto.
   c. Se explica el significado del cordero pascual.
   d. Cantan los Salmos 113 y 114, llamados Hallel o Salmos de Aleluya.
   e. Es probable que Jesús se lavara las manos ceremonialmente, después toma dos piezas de pan y lleva a cabo el acto de partir una de ellas
   f. Todo el grupo participa del cordero y de las hierbas amargas.
9. Observemos la conversación que sostuvieron cuando Jesús anunció las primeras negaciones en el aposento alto.
   a. Pedro: «Mi vida pondré por ti.»
   b. Jesús: «Simón, Simón, he aquí Satanás os ha pedido para zarandearos como a trigo; pero yo he rogado por ti, que tu fe no falte; y tú, una vez vuelto, confirma a tus hermanos.»
   c. Pedro: «Señor, dispuesto estoy a ir contigo no sólo a la cárcel, sino también a la muerte.» Él haría, por supuesto ambas cosas, pero después de pentecostés. (Véanse Hch. 12:1-18; 2 P. 1:14.)
   d. Jesús: «Pedro, te digo que el gallo no cantará hoy antes de que tú niegues tres veces que me conoces.»

      Nota: El diablo solicitó una vez permiso a Dios para probar y atormentar a otro siervo de Dios llamado Job. (Véase Job 1—2.) Satanás aparentemente había solicitado el mismo poder sobre Pedro. El apóstol bien pudo haber tenido en mente este evento cuando escribió acerca del diablo y del creyente en una de sus epístolas (1 P. 5:7-11). En cualquier caso, debería ser de gran consuelo para todos los creyentes saber que el Señor resucitado está todavía hoy, en este mismo momento, orando por ellos en la gloria. (Véanse Ro. 8:34; 1 Jn. 2:1; He. 7:25; 9:24.)

KK. Sermón quince: sobre la casa de su Padre (Jn. 14:1-31). 

1. Habla acerca del cielo.
   a. La casa del Padre tiene muchas moradas.
   b. Él va a preparar lugar para ellos.
   c. Predicción treinta y nueve: en relación con su regreso (Jn. 14:2, 3).

      «En la casa de mi Padre muchas moradas hay; si así no fuera, yo os lo hubiera dicho; voy, pues, a preparar lugar para vosotros. Y si me fuere y os preparare lugar, vendré otra vez, y os tomaré a mí mismo, para que donde yo estoy, vosotros también estéis.»

      Notemos la frase «vendré otra vez, y os tomaré a mí mismo». Esta es la única vez que se hace referencia al rapto en los cuatro evangelios, y la primera vez en las Escrituras que Dios promete sacar gente de la tierra.
2. Felipe y Tomás le preguntan.
   a. Tomás: «¿Cómo, pues, podemos saber el camino?»
   b. Jesús: «Yo soy el camino, y la verdad, y la vida; nadie viene al Padre sino por mí.»
   c. Felipe: «Señor, muéstranos el Padre, y nos basta.»
   d. Jesús: «El que me ha visto a mí, ha visto al Padre.»
3. Habla acerca del Espíritu Santo (14:16-21).
   a. El Espíritu Santo vendrá y permanecerá con ellos para siempre.
   b. El Espíritu Santo les enseñará también todas las cosas.
4. Judas también le pregunta (no el Iscariote) (14:22, 23).
   a. Judas: «Señor, ¿cómo es que te manifestarás a nosotros, y no al mundo?»
   b. Jesús:
      (1) «El que me ama, mi palabra guardará.»
      (2) «Mi Padre le amará, y vendremos a él, y haremos morada con él.»
5. Habla acerca de la paz (14:26, 27):
   a. Les promete dejar su paz con ellos.
   b. Esta paz les guardará de la angustia y del temor.
6. Les pide que dejen el aposento alto y marchen al huerto de Getsemaní. Mateo nos dice: «Y cuando hubieron cantado el himno, salieron al monte de los Olivos» (Mt. 26:30).

   Seis son los salmos llamados «Hallel». Son el 113, 114, 115, 116, 117 y 118. Todos ellos se cantaban en la víspera de la Pascua. Notemos algunos de los versículos en estos salmos:

«Me rodearon ligaduras de muerte, me encontraron las angustias del Seol; angustia y dolor había yo hallado» (116:3).

«Tomaré la copa de la salvación, e invocaré el nombre de Jehová» (Sal. 116:13).

«La piedra que desecharon los edificadores ha venido a ser cabeza del ángulo. De parte de Jehová es esto, y es cosa maravillosa a nuestros ojos. Este es el día que hizo Jehová; nos gozaremos y alegraremos en él» (118:22-24).

«Bendito el que viene en el nombre de Jehová...» (118:26).

Paso cincuenta y tres: del aposento alto a Getsemaní

(Mt. 26:31-56; Mr. 14:26-52; Lc. 22:35-53; Jn. 15:1—18:12)

A. Sermón dieciséis: sobre la vid y las ramas (Jn. 15:1—16:33).

1. Él es la vid y los creyentes son los pámpanos en la viña de su Padre.
   a. Para que un pámpano lleve fruto:
      (1) Debe ser limpiado por el Padre.
      (2) Debe permanecer en el Hijo (15:1-5).

      Notemos la progresión: *fruto, más* fruto, y *mucho* fruto (15:1-5). Este fruto puede significar *convertidos* (Ro. 1:13), *carácter* cristiano (Gá. 5:22, 23), o *conducta* (Fil. 1:11; Ro. 6:21, 22).
   b. Cuando un pámpano no lleva fruto lo cortan y lo echan en el fuego (15:6). Hay un problema de interpretación en relación con estos pámpanos sin fruto que son retiradas de la vid (15:2, 6). Disponemos de tres teorías:

      Una, que los pámpanos desechados representan a cristianos que pierden su salvación.

      Dos, que hay cristianos que cometen pecado de muerte como se describe en Hechos 5:1-11; 1 Corintios 11:27-34; 1 Juan 5:16. Lo que se quemará, según esta teoría, son sus obras, como se ve en 1 Corintios 3:11-15.

      Tres, que representan simples cristianos (gente religiosa) que son finalmente desechados a causa de su relación superficial con Cristo. Esto es lo que ya había ocurrido con Judas. (Véanse Jn. 13:27-30; 17:12.)
2. Jesús ha sido aborrecido injustamente por el mundo y sus discípulos también lo serán (15:18-25).
   a. Serán perseguidos por grupos religiosos.
   b. Los matarán en el «nombre» de Dios.

El sermón de Cristo en la noche del jueves de Pascua **Juan 14—16**

El Salvador

CRISTO	• El misterio de su regreso: primera mención del rapto **14:3** • El misterio de su cuerpo **14:20 (Véanse también Ef. 3:1-7; Col. 1:24-27.)**
CRISTO Y EL PADRE	• Él lo manifiesta **14:7-9** • Esta inseparablemente unido a él **14:10, 11** • Él le glorifica **14:13** • Va a Él **14:2, 12, 28; 16:10, 16, 28**
CRISTO Y EL ESPÍRITU SANTO	• Viene a petición de Cristo **14:16** • Viene para honrar a Cristo y testificar de Él **15:26; 16:13-15** • Viene para realizar una triple función **16:7-11**
CRISTO Y EL CREYENTE	• Él es la vid **15:1-8, 16** • Ellos son los pámpanos

El santo

EL CREYENTE Y EL PADRE	• El Padre mora en él **14:23** • Es amado por el Padre **14:21; 16:27** • Se le da el poder para hacer obras mayores que las de Cristo **14:12**
EL CREYENTE Y EL ESPÍRITU SANTO	• Para enseñar a los creyentes todas las cosas **14:26; 16:14, 15** • Para permanecer para siempre con los creyentes **14:16**
EL CREYENTE Y LAS PERSECUCIONES	• Le vendrán muchas persecuciones **14:27; 15:18-21** • Podrá gozarse en medio de esas circunstancias **16:1-4, 20-22, 33**
EL CREYENTE Y OTROS CREYENTES	• Amarlos **15:12-14, 17**

3. Debe ir al Padre a fin de que el Espíritu Santo pueda venir (15:26; 16:7-15).

   «Pero os digo la verdad: Os conviene que yo me vaya....» (16:7).

   Antes de esto el sumo sacerdote ya había usado también la palabra «conviene» como Jesús lo hace aquí. (Véanse Jn. 11:50; 18:14.)

   a. El Espíritu Santo glorificará al Hijo y testificará de él.
   b. Convencerá al mundo de pecado, de justicia y de juicio.
      (1) De pecado, porque el mundo no cree en Él.
      (2) De justicia, por cuanto Él iba al Padre.
      (3) De juicio, por cuanto el príncipe de este mundo (Satanás) ha sido ya juzgado.
   c. El Espíritu Santo guiará a los creyentes a toda verdad.

4. Pronuncia una cuádruple promesa para sus seguidores (16:20-33).
   a. Que su presente tristeza se convertirá en gozo (como el dolor de la mujer que da a luz se transforma en gozo cuando ha nacido el hijo).
   b. Que pueden pedirle libremente al Padre sobre sus necesidades en el nombre del Hijo.
   c. Que tendrán paz en medio de la tribulación.
   d. Que tendrán valor para vencer al mundo.

   Notemos su declaración en Juan 16:28 que es realmente un resumen de su ministerio:

   «Salí del Padre (la encarnación), y he venido al mundo (la manifestación); otra vez dejo el mundo (la crucifixión), y voy al Padre (la resurrección y la ascensión).»

B. Decimotercera oración: después de dejar el aposento alto (Jn. 17:1-26).

1. Nos ofrece un repaso múltiple del pasado: lo que Él ha hecho.
   a. Ha dado vida eterna a todos los elegidos (v. 2).
   b. Ha glorificado al Padre (v. 4).
   c. Ha terminado la obra que el Padre le encargó (v. 4).
   d. Ha revelado la persona de Dios al hombre (vv. 6, 26).
   e. Ha declarado la Palabra de Dios al hombre (vv. 8, 14).
   f. Ha guardado a los elegidos (v. 12; véase también 18:9).
   g. Los había enviado al mundo (v. 18).
   h. Se había santificado (separado) por ellos (v. 19).
   i. Había compartido con ellos su gloria (v. 22).

2. Nos ofrece una recomendación múltiple para el futuro: lo que el Padre haría.
   a. Le pide al Padre que glorifique al Hijo (vv. 1, 5).
   b. Que guarde a los elegidos (v. 11).
   c. Que unifique a los elegidos (v. 11).
   d. Que los llene de gozo (v. 13).
   e. Que los proteja (v. 15).
   f. Que los santifique (v. 17).
   g. Que los guíe en el mundo (v. 23).
   h. Que los reúna a todos en el cielo (v. 24).
   i. Que los llene de amor (v. 26).

   En esta oración Jesús ora por sí mismo (17:1-5), por los discípulos (17:6-19), y por la Iglesia (17:20-26).

   Nota: ¡Qué bendita reunión de trabajo de «Padre e Hijo» aparece en esta oración! El Hijo está ahora en la casa del Padre y el Espíritu Santo está bien ocupado entre nosotros llevando a cabo aquellas «recomendaciones de redención» establecidas por el Hijo y refrendadas por el Padre.

C. Aconseja a sus discípulos que planifiquen para el futuro (Lc. 22:35-38).

1. En el pasado fueron enviados sin bolsa ni provisión.
2. En el futuro tenían que cuidar de sus necesidades por sí mismos. En este momento Jesús dice:

   «Porque os digo que es necesario que se cumpla todavía en mí aquello que está escrito: Y fue contado con los inicuos; porque lo que está escrito de mí, tiene cumplimiento» (Lc. 22:37).

   Aquí Cristo se aplica enfáticamente a sí mismo una porción de Isaías 53. (Véase también Hch. 8:32-35.)

D. Canta un himno con sus discípulos y salen camino del monte de los Olivos (Mr. 14:26; Mt. 26:30).

E. Predicción cuarenta: sus discípulos le abandonarían (Mt. 26:31).

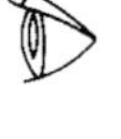

F. Predicción cuarenta y una: que los vería en Galilea después de su resurrección (Mt. 26:32; Mr. 14:28; 16:7).
1. Todos se escandalizarían de Él.
2. El pastor sería herido y el rebaño se dispersaría.

G. Predicción cuarenta y dos: acerca de la segunda de tres tandas de negaciones de Pedro (Mt. 26:33-35; Mr. 14:29-31).
1. Pedro: «Aunque todos se escandalicen de ti, yo nunca me escandalizaré.»
2. Jesús: «De cierto te digo que esta noche, antes que el gallo cante, me negarás tres veces.»
3. Pedro: «Aunque me sea necesario morir contigo, no te negaré.»

H. Cruza el torrente del Cedrón y entra en Getsemaní (Mt. 26:36; Mr. 14:32; Jn. 18:1). Diez siglos antes el rey David también cruzó de noche el Cedrón. (Véase 2 S. 15:23, 30.) Ambos hombres sufrieron el rechazo de los suyos y lloraron por ello.

I. Pide a Pedro, a Santiago y a Juan que se queden con Él para velar y orar (Mt. 26:37, 38; Mr. 14:33; Lc. 22:40).

J. Experimenta la agonía de aquel momento (Mt. 26:37, 38; Mr. 14:33, 34).
1. Estaba profundamente triste y angustiado.
2. Dijo que su alma estaba triste hasta la muerte.

K. Cumplimiento número veintitrés de las profecías del Antiguo Testamento: que sería un varón de dolores. (Cp. Is. 53:3 con Mt. 26:37, 38.)

L. Decimocuarta oración: su primera oración en Getsemaní (Mt. 26:39; Mr. 14:35, 36; Lc. 22:41, 42).
1. Su posición: arrodillado y postrado sobre su rostro.
2. Su oración:
   a. «Padre mío, si es posible, pase de mí esta copa.»
   b. «Pero no sea como yo quiero, sino como tú.»

M. Regresa y encuentra a sus discípulos durmiendo (Mt. 26:40, 41; Mr. 14:37, 38).
1. «Simón, ¿duermes?»
2. «¿No has podido velar una hora?»
3. «Velad y orad, para que no entréis en tentación.»
4. «El espíritu a la verdad está dispuesto, pero la carne es débil.»

N. Decimoquinta oración: su segunda oración en Getsemaní (Mt. 26:42; Lc. 22:44; Mr. 14:39).
1. Su posición: arrodillado y sudando, su sudor era como grandes gotas de sangre.
2. Su oración:
   a. «Padre mío, si es posible, pase de mí esta copa.»
   b. «Pero no sea como yo quiero, sino como tú.»

      Comparemos el «no como yo quiero» de Jesús con el deseo de Satanás de hacer su propia voluntad. Véase Isaías 14:12-14. De esta manera Getsemaní viene a ser la preparación para el Calvario. En el Calvario entregó su *cuerpo*, pero en Getsemaní rindió su *voluntad*.

Ñ. Un ángel del cielo le conforta (Lc. 22:43).

O. Encuentra a sus discípulos durmiendo la segunda vez (Mt. 26:43; Mr. 14:40).

La oración del gran sumo sacerdote Juan 17

Un informe del pasado

Lo que el Hijo había hecho

Había llevado a cabo su misión

- Glorificando al Padre **(17:4)**
- Proveyendo salvación, seguridad, y oportunidad de servir para los elegidos **(17:2, 12, 18)**
- Revelando la persona de Dios a los hombres **(17:6, 26)**
- Dando la Palabra de Dios a los hombres **(17:8, 14)**

Estaba listo para morir **(17:19)**

Una recomendación para el futuro

Lo que el Padre haría

Glorificar al Pastor **(17:1, 5)**

Edificar a las ovejas

- Guardándolas **(17:11)**
- Unificándolas **(17:11)**
- Llenándolas de gozo **(17:13)**
- Protegiéndolas **(17:15)**
- Santificándolas **(17:17)**
- Perfeccionándolas **(17:23)**
- Recibiéndolas un día **(17:24)**
- Llenándolas de amor **(17:26)**

P. Muchos artistas y escritores de himnos nos han dejado representaciones de esta oración, y en sus descripciones generalmente presentan una escena tranquila, con una luz del cielo cayendo sobre el Salvador arrodillado, con sus manos unidas en actitud de devoción, sus ojos mirando al cielo y sus labios entreabiertos, moviéndose mientras oraba. Todo es silencio y serenidad. Pero esto no es lo que dice el relato bíblico. El estudiante cuidadoso puede casi oír los gritos de los demonios y la crepitación de las llamas que llenaron el tranquilo huerto de Getsemaní en aquella terrible noche. Notemos la descripción que nuestro Señor hace de sus propios sentimientos durante esta hora. Dijo que estaba:

1. «Entristecido», es decir, repentinamente aterrorizado (Mr. 14:33).
2. «Angustiado», es decir, experimentó algo con lo que no estaba nada familiarizado, lo cual abatía su alma y la llenaba de incertidumbre y de una aguda aflicción (exégesis sugerida por el fallecido Kenneth S. Wuest, profesor de griego del Instituto Bíblico Moody).
3. «Muy triste, hasta la muerte», esto es, estaba tan rodeado y cargado por la aflicción, la tristeza y la angustia que sintió su vida amenazada.

Esto nos evidencia que el diablo hizo un esfuerzo total para matar a Cristo en Getsemaní a fin de evitar que su sangre se derramara unas pocas horas después en la cruz. Nuestro Señor se dio cuenta de ello y respondió como correspondía, según se nos dice en Hebreos 5:7:

> «Y Cristo, en los días de su carne, ofreciendo ruegos y súplicas con gran clamor y lágrimas al que le podía librar de la muerte, fue oído a causa de su temor reverente.»

El Padre escuchó su clamor pidiendo ayuda y envió a los ángeles a que le fortalecieran. (Véase Lc. 22:43.) Se nos dice que Él luchó con la decisión en tres sesiones de oración en el huerto, y en cada una de ellas se refirió a la copa. ¿En qué consistía la copa que le producía tan grande pavor? Algunos dicen que era la copa de los sufrimientos humanos, pero nuestro Señor no era ajeno al sufrimiento ni al dolor, pues lo había experimentado a través de su ministerio. Otros opinan que era la copa de la muerte física lo que el Señor rechazaba en este momento.

Pero debemos recordar que Él era el Príncipe de la vida, y, por tanto, la muerte no podía espantarle.

¿Cuál era, pues, la naturaleza de esta copa maldita? No nos dejan especulando en la oscuridad sobre este asunto, porque las Escrituras nos dicen claramente que la copa de Getsemaní estaba llena con los pecados de toda la humanidad. Nuestro Señor miró profundamente en el pozo inmundo del pecado humano y su alma gimió al sentir su nauseabundo olor y ver elevarse sus gases venenosos.

¿Es que no había otra manera de redimir a la humanidad que bebiendo aquella copa? No, no la había. En unas pocas horas Cristo apuraría hasta la última gota el contenido de la copa de la depravación humana.

En Hebreos 2:9, leemos: «Pero vemos a aquel que fue hecho un poco menor que los ángeles, a Jesús, coronado de gloria y de honra, a causa del padecimiento de la muerte, para que por la gracia de Dios gustase la muerte por todos.»

(Véanse también Is. 53; Ro. 4:25; 1 P. 2:24; 3:18; 2 Co. 5:21.)

Q. Decimosexta oración: su tercera oración en Getsemaní (Mt. 26:44).

R. Encuentra a sus discípulos durmiendo por tercera vez (Mt. 26:45, 46; Mr. 14:41; Lc. 22:45, 46).

1. «¿Por qué dormís?»
2. «Basta, la hora ha venido; he aquí el Hijo del Hombre es entregado en manos de los pecadores.»
3. «Levantaos, vamos; he aquí, se acerca el que me entrega.»

S. Es traicionado mediante el beso de un renegado (Mt. 26:47-56; Mr. 14:43-52; Lc. 22:47-53; Jn. 18:2- 12).

1. Judas conduce a una compañía de soldados y de líderes de los judíos a Getsemaní. Una compañía de hombres era equivalente a la décima parte de una legión romana. La legión estaba compuesta por 6.000 soldados. Quiere esto decir que aparecieron en el jardín unos 600 hombres para arrestar a Jesús.
2. Judas se acerca a Jesús.
   a. Jesús: «Amigo, ¿a qué vienes?»
   b. Judas: «¡Salve, Maestro! Y le besó.»
   c. Jesús: «Judas, ¿con un beso entregas al Hijo del Hombre?»

3. Jesús se acerca a los soldados.
   a. Jesús: «¿A quién buscáis?»
   b. Los soldados: «A Jesús nazareno.»
   c. Jesús: «Yo soy.»
      (Al oír esto, los sorprendidos soldados retrocedieron y cayeron a tierra y tiene Jesús que volverles a decir que él es a quien ellos buscan.) (Véanse Sal. 27:1, 2; 40:14.)
   d. Jesús: «Pues si me buscáis a mí, dejad ir a éstos.» (Él dijo esto para que se cumpliese la profecía que decía: «De los que me diste, no perdí ninguno» (Jn. 18:9).
4. Jesús es arrestado por los soldados.

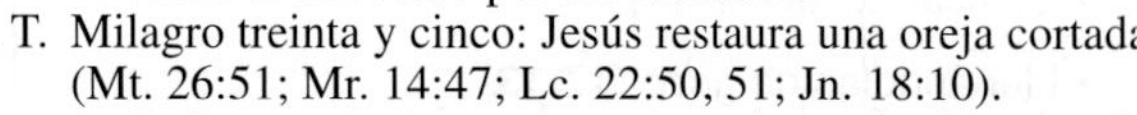

T. Milagro treinta y cinco: Jesús restaura una oreja cortada (Mt. 26:51; Mr. 14:47; Lc. 22:50, 51; Jn. 18:10).
   1. Pedro saca su espada y corta la oreja derecha de Malco, un siervo del sumo sacerdote.
   2. Jesús restaura rápidamente la oreja cortada, y dice: «Basta ya; dejad.»

U. Jesús reprende a Pedro por este acto de violencia (Mt. 26:52-54; Jn. 18:11).
   1. «Vuelve tu espada a su lugar; porque todos los que tomen espada, a espada perecerán.»
   2. «¿Acaso piensas que no puedo ahora orar a mi Padre, y que él no me daría más de doce legiones de ángeles?»
      Comparar esto con el poder de un solo ángel. (Véase 2 R. 19:35.)
   3. «¿Pero cómo entonces se cumplirían las Escrituras, de que es necesario que así sea?»
   4. «La copa que el Padre me ha dado, ¿no la he de beber?» Aparecen muchas copas en la Biblia: la copa de la *salvación* (Sal. 116:13); de *consolación* (Jer. 16:7); de *gozo* (Sal. 23:5); y de *juicio* (Sal. 11:6; Jer. 25:15; Ap. 14:10).

V. Jesús reprende también a sus captores por su acto de violencia (Mt. 26:55; Mr. 14:48, 49; Lc. 22:52, 53).
   1. «¿Como contra un ladrón habéis salido con espadas y con palos para prenderme?»
   2. «Cada día me sentaba con vosotros enseñando en el templo, y no me prendisteis.»
   3. «Mas todo esto sucede, para que se cumplan las Escrituras de los profetas.»
   4. «Mas esta es vuestra hora, y la potestad de las tinieblas.»

W. Es abandonado por todos (Mt. 26:56; Mr. 14:50-52).
   1. Los discípulos huyen.
   2. Un cierto hombre joven (¿Juan Marcos?) que los había estado siguiendo huye también.

X. Cumplimiento número veinticuatro de las profecías del Antiguo Testamento: que sería abandonado por sus discípulos. (Cp. Zac. 13:7 con Mt. 26:31, 56.)

PRIMER JUICIO INJUSTO

Paso cincuenta y cuatro: de Getsemaní a la casa de Anás
(Jn. 18:12-14, 19-24)

A. Jesús es interrogado por Anás en relación con sus discípulos y enseñanzas.
B. Jesús responde:
   1. «Yo públicamente he hablado al mundo.»
   2. «Siempre he enseñado en la sinagoga y en el templo.»
   3. «Nada he hablado en oculto.»
   4. «Pregunta a los que me han oído, qué les haya yo hablado.»
C. Jesús es abofeteado por uno de los alguaciles de Anás.
D. Esta es la primera de siete comparecencias ante tribunales a las que Jesús fue sometido. La *New Scofield Bible* resume muy bien estas terribles comparecencias:

«Fueron dos los sistemas legales que condenaron a Cristo: el judío y el romano, los dos sobre los que se basa la moderna jurisprudencia. El arresto y el proceso bajo la autoridad de Anás, Caifás y el sanedrín correspondía a la ley judía; los llevados a cabo bajo Pilato y Herodes correspondían a la ley romana. El juicio judío fue ilegal en varios aspectos:

1. El juez no era imparcial y no protegió al acusado. No hay evidencia de que un quórum de veintitrés jueces tomara parte en el proceso; y eran además hostiles (Mt. 26:62, 63).
2. El arresto fue ilegal porque fue llevado a cabo sin acusación formal.
3. Los juicios por causa criminal tenían que empezarse y celebrarse solamente durante el día. Las sesiones nocturnas eran ilegales.
4. Un veredicto de culpabilidad no podía darse en el mismo día a la conclusión del juicio. Tenía que darse al día siguiente.
5. La búsqueda de testigos falsos era ilegal (Mt. 26:59; Mr. 14:56; Jn. 11:53).
6. Ningún acusado podía ser condenado sobre sus propias declaraciones, pero los acusadores buscaron las respuestas y admisiones de Cristo para condenarle (Mt. 26:63-66; Jn. 18:19).
7. No presentaron en contra suya ninguna evidencia legal.

Una vez que Pilato había declarado inocente a Cristo (Mt. 27:24), todos sus actos subsiguientes fueron contrarios a la letra y el espíritu de la ley romana.» (p. 1042).

SEGUNDO JUICIO INJUSTO

Paso cincuenta y cinco: de la casa de Anás al palacio de Caifás
(Mt. 26:57—27:1; Mr. 14:53-72; Lc. 22:54-71; Jn. 18:15-18, 25-27)

A. Pedro y Juan siguieron a Jesús de lejos.
B. Caifás y el sanedrín procuran, de manera ilegal pero sin éxito, condenar a Jesús usando el testimonio de falsos testigos.
   1. El intento: «Nosotros le hemos oído decir: Yo derribaré este templo hecho a mano, y en tres días edificaré otro hecho sin mano.»
   2. El resultado: «Pero ni aun así concordaban en el testimonio.»
C. Caifás interroga a Jesús.
   1. El sumo sacerdote: «¿Eres tú el Cristo, el hijo del Bendito?»
   2. El Salvador:
      a. «Yo soy; y veréis al Hijo del Hombre sentado a la diestra del poder de Dios, y viniendo en las nubes del cielo.»

D. Predicción cuarenta y tres: concerniente a su Segunda Venida (Mt. 26:64).
E. Caifás rasga sus vestiduras ante la respuesta de Cristo. Al hacerlo quebranta la ley levítica (véase Lv. 21:10).
   1. «¡Ha blasfemado!»
   2. «¿Qué más necesidad tenemos de testigos?»
F. Caifás y su grupo condenan a Cristo y se vuelcan sobre él como lobos voraces.
   1. Le escupieron en el rostro (véase también Mt. 27:26, 30).

2. Le golpearon con los puños.
3. Le vendaron los ojos y se burlaban de él: «Profetízanos, Cristo.»
4. «¿Quién es el que te golpeó?»

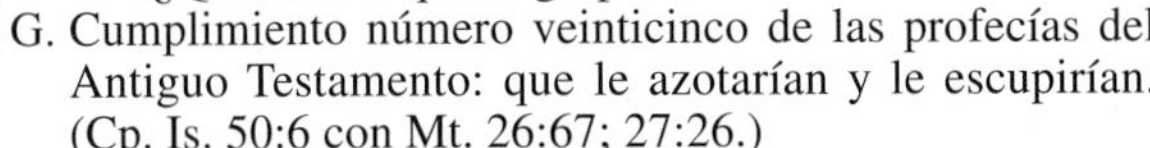

G. Cumplimiento número veinticinco de las profecías del Antiguo Testamento: que le azotarían y le escupirían. (Cp. Is. 50:6 con Mt. 26:67; 27:26.)

H. Pedro niega a su Señor (Mt. 26:58, 69-75; Mr. 14:54, 66-72; Lc. 22:54-62; Jn. 18::15-18, 25-27). Ya hemos hablado acerca de la posibilidad de que Cristo predijera que Pedro le negaría seis veces, tres antes de que el gallo cantara, y otras tres después de que cantara dos veces. Es, por supuesto, imposible ser dogmático en este asunto. Damos a continuación una sugerencia de lo que pudo haber sido la cronología de estas negaciones.

1. Pedro y Juan llegan (después de seguirle de lejos) al patio del palacio del sumo sacerdote.
2. Juan (que conocía al sumo sacerdote) entra aparentemente en la misma sala del juicio donde Jesús comparecía ante Anás y Caifás.
3. Pedro se queda afuera, atemorizado y frustrado por todos los sucesos que habían acontecido en las últimas horas.
4. A fin de calentarse, se acerca a la hoguera que habían encendido los criados y los alguaciles.

   Primeras negaciones:

   a. La criada portera: «¿No eres tú también de los discípulos de este hombre?»
      Pedro: «No lo soy.»
   b. Los guardas (la misma pregunta):
      Pedro: «No lo soy.»
   c. Otra de las criadas del sumo sacerdote: «También éste estaba con Jesús el nazareno.»
      Pedro: «No conozco al hombre. No sé lo que dices.»
      En este momento: «Y en seguida cantó el gallo» (Mt. 26:74).

   Segundas negaciones (una hora o así después):

   d. Un hombre y una mujer: «También éste estaba con Jesús el nazareno.»
      Pedro lo vuelve a negar.
   e. Un hombre y una criada: «Verdaderamente también éste estaba con él, porque es galileo.»
      Pedro: Una vez más, Pedro niega su relación con Jesús.
   f. Otro siervo pariente de Malco: «¿No te vi yo en el huerto con él? Verdaderamente tú eres de ellos; porque eres galileo, y tu manera de hablar es semejante a la de ellos.»
      Pedro: «Entonces él comenzó a maldecir , y a jurar: No conozco a este hombre de quien habláis.»

   (Y mientras que él hablaba, «el gallo cantó la segunda vez» (Mr. 15:72).

I. El Señor se vuelve y miró a Pedro (Mt. 26:75; Mr. 14:72; Lc. 22:61, 62). Nota: De alguna manera el Señor escucha los juramentos y las maldiciones de Pedro, y mira con tristeza a su discípulo.

1. Pedro recuerda la profecía acerca del canto del gallo y sus propias negaciones.
2. Se siente muy dolido por lo sucedido y sale de allí llorando amargamente. No es nuestro pecado lo que nos hace llorar, sino más bien ver al Salvador contra quien hemos pecado.

TERCER JUICIO INJUSTO

J. Jesús es condenado formalmente por el sanedrín (Mt. 27:1, 2; Mr. 15:1; Lc. 22:66—23:1).

LOS ÚLTIMOS DÍAS DEL MINISTERIO DE CRISTO

SÁBADO

Es ungido por María
(Jn. 12:1-11)

DOMINGO

La entrada triunfal
(Jn. 12:12-19)

LUNES

Segunda limpieza del templo
Maldición de la higuera
(Mt. 21:12-22)

MARTES

Confrontación con los fariseos
- Sobre su autoridad **(Mt. 21:23-27)**
- Sobre el pago del tributo **(Mt. 22:15-22)**
- Sobre la resurrección **(Mt. 22:23-33)**
- Sobre el mandamiento más importante **(Mt. 22:34-40)**

Denuncia de los fariseos
(Mt. 23)
Solicitud de unos griegos
(Jn. 12:20-50)
Discurso del monte de los Olivos
(Mt. 24—25)

MIÉRCOLES
DÍA DE SILENCIO

JUEVES

Preparación para la Pascua
(Mr. 14:12-16)
Los eventos del aposento alto
(Jn. 13—14; Mt. 26:20-35)
Camino a Getsemaní
(Jn. 15—16)
La oración sacerdotal del sumo sacerdote
(Jn. 17)
En Getsemaní
(Mt. 26:36-56)
Último milagro antes del Calvario
(Lc. 22:50, 51)

VIERNES

Los juicios injustos y la crucifixión

1. El sanedrín: «¿Eres tú el Cristo? Dínoslo.»
2. El Salvador:
   a. «Si os lo dijere, no creeréis.»
   b. «Pero desde ahora el Hijo del Hombre se sentará a la diestra del poder de Dios.»
   c. Predicción cuarenta y cuatro: en relación con su Segunda Venida (Lc. 22:69).
3. «¿Luego eres tú el Hijo de Dios?»
4. «Vosotros decís que lo soy.»
5. El sanedrín: «¿Qué más testimonio necesitamos? porque nosotros mismos lo hemos oído de su boca.»

K. Judas se suicida (Mt. 27:3-10).
1. Judas se llena de remordimientos y devuelve a los sacerdotes las treinta piezas de plata.
   a. Judas: «Yo he pecado entregando sangre inocente.» El «arrepentimiento» de Judas no es el arrepentimiento según Dios de 2 Corintios 7:10.
   b. Los sacerdotes: «¿Qué nos importa a nosotros? ¡Allá tú!»
2. Judas sale y se ahorca.
3. Los sacerdotes recogen el dinero y compran el campo del alfarero para sepultura de los extranjeros.

   «Así se cumplió lo dicho por el profeta Jeremías, cuando dijo: Y tomaron las treinta piezas de plata...» (Mt. 27:9).

   Tenemos aquí el problema de que esta cita es de Zacarías 11:12, 13 y no de Jeremías.

   El doctor John Walvoord sugiere lo siguiente:

   «Quizá la mejor explicación que tenemos es que la tercera sección del Antiguo Testamento comenzaba con el libro de Jeremías e incluía todos los que seguían. De igual manera que la primera sección era llamada la ley, e incluía los cinco libros primeros, y la segunda sección era llamada los Salmos, aunque estaban incluidos otros libros; así la tercera parte empezaba con Jeremías, y la referencia tiene que ver con esta sección del Antiguo Testamento más que con el libro de Jeremías como tal.»

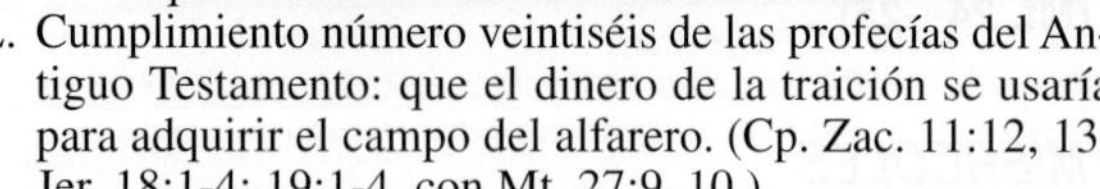

L. Cumplimiento número veintiséis de las profecías del Antiguo Testamento: que el dinero de la traición se usaría para adquirir el campo del alfarero. (Cp. Zac. 11:12, 13; Jer. 18:1-4; 19:1-4, con Mt. 27:9, 10.)

CUARTO JUICIO INJUSTO

Paso cincuenta y seis: del palacio de Caifás al pretorio de Pilato
(Mt. 27:2, 11-14; Mr. 15:1-5; Lc. 23:1-6; Jn. 18:28-38)

A. Pilato y los judíos:
1. Pilato exige saber qué había hecho Jesús.
2. Los judíos evaden la pregunta y responden diciendo simplemente que era un malhechor.
3. Pilato rehúsa seguir adelante a menos que se presenten cargos específicos.
4. Los judíos entonces relatan sus agravios, dándose cuenta de que no habría sentencia de muerte sin el consentimiento de Pilato.
5. Jesús es, pues, procesado en razón de tres cargos:
   a. Que pervierte a la nación. Esto era falso. (Véase Mt. 5: 17.)
   b. Que prohibe dar tributo al César. Esto también era falso. (Véase Mt. 22:21.)
   c. Que decía ser el Mesías prometido. Esto era cierto. (Véase Jn. 4:26.)

B. Pilato y el Salvador:
1. Pilato le pregunta si Él es el rey de los judíos.
2. Jesús le responde que sí, pero que su reino no es de este mundo, si su reino fuera de este mundo sus servidores pelearían para salvarle (Jn. 18:36).
3. Jesús le dice a Pilato que Él había venido al mundo para dar testimonio de la verdad.
4. Pilato le pregunta: «¿Qué es la verdad?» Pero se salió antes de que el Salvador pudiera responderle.

C. Pilato y los judíos:
1. Pilato informa a los judíos que esperaban que él no encontraba ningún delito en Jesús.
2. Los judíos le responden que Cristo había alborotado al pueblo desde Galilea hasta Jerusalén.
3. Al escuchar Pilato que Jesús era de Galilea, se lo entrega a Herodes que en esos días estaba en Jerusalén, por ser Galilea parte de la jurisdicción de Herodes.

QUINTO JUICIO INJUSTO

Paso cincuenta y siete: del pretorio de Pilato al palacio de Herodes
(Lc. 23:7-12)

A. Herodes se pone muy contento de poder ver a Jesús.
1. Había oído bastante acerca de Él y deseaba verle desde hacía tiempo.
2. Confiaba que Jesús realizara algunos milagros para su entretenimiento.

B. Herodes le hace muchas preguntas, pero el Salvador no le responde ni una palabra.

C. Entonces Herodes y sus soldados le tratan con desprecio y le visten con ropas vistosas como de rey.

D. Jesús es finalmente devuelto a Pilato por orden de Herodes.

E. A Pilato y a Herodes les sirve este incidente para superar viejas enemistades y volver a relacionarse.

SEXTO JUICIO INJUSTO

Paso cincuenta y ocho: del palacio de Herodes al pretorio de Pilato
(Mt. 27:15-26; Mr. 15:6-15; Lc. 23:13-25; Jn. 18:39—19:16)

A. Pilato presenta a Jesús delante de los judíos y ofrece castigarle y después soltarle.
1. Les recuerda que ni él ni Herodes habían podido hallar delito alguno en Él.
2. Les recuerda también la costumbre de soltar a un prisionero en el tiempo de la Pascua.
3. Su esposa en estos momentos le pasa un mensaje: «No tengas nada que ver con ese justo; porque hoy he padecido mucho en sueños por causa de él.»

B. Pilato pone a Jesús y a Barrabás delante de los judíos ofreciéndoles soltar a uno de ellos.
1. Los judíos prefieren a Barrabás en vez de a Jesús. Es irónico que el nombre Barrabás significa «hijo del padre.» Pilato pone, pues, a ambos hombres delante de los judíos que gritan. Los dos eran «hijos del padre».
   a. Barrabás era un prisionero importante.
   b. Era ladrón, asesino y sedicioso.
2. Los judíos exigen la crucifixión de Jesús.

C. Pilato todavía desea poner en libertad a Jesús y les recuerda por tercera vez que no había hallado ninguna falta en él.
1. Lo entrega a los soldados para que lo azoten en un intento de aplacar a los judíos.

2. Los soldados se burlan de Él y le colocan una corona de espinas sobre su cabeza, clavándola con fuerza.

D. Los judíos están sedientos de sangre y continúan demandando la muerte de Cristo, alegando que él decía que era el Hijo de Dios.

E. Pilato empieza a preocuparse e interroga a Jesús en privado.

1. Le recuerda al Señor que él tenía el poder para darle la libertad o para crucificarle.
2. Y el Señor le recuerda a él que no tendría ninguna autoridad si no le fuera dada de arriba.

F. Los impacientes judíos que esperaban fuera empiezan a gritar ahora: «Si a éste sueltas, no eres amigo de César.»

1. Pilato les responde: «¿A vuestro Rey he de crucificar?»
2. Los judíos contestan: «No tenemos más rey que César.»

G. Pilato se da cuenta de que nada se adelantaba, sino que había cada vez más alboroto, y presintiendo que podían producirse disturbios se lava las manos delante de la multitud.

1. Pilato: «Inocente soy yo de la sangre de este justo; allá vosotros.»
2. Los judíos: «Su sangre sea sobre nosotros, y sobre nuestros hijos.»

H. Pilato condena oficialmente a muerte a Jesús y suelta a Barrabás.

SÉPTIMO JUICIO INJUSTO

Paso cincuenta y nueve: del pretorio de Pilato al cuartel de los soldados
(Mt. 27:27-31; Mr. 15:16-20)

A. Los soldados se juntan para confrontar a Jesús.

1. Le quitan su ropa.
2. Le visten con una capa roja.
3. Le colocan una corona de espinas sobre su cabeza.
4. Le ponen una vara en su mano derecha.
5. Se inclinan ante Él haciéndole un homenaje de burla.
6. Le ridiculizan diciendo: «Salve, Rey de los judíos.»
7. Le escupen y le golpean la cabeza con la vara.

B. Los soldados le vuelven a poner sus ropas y le llevan para ser crucificado.

Paso sesenta: del cuartel de los soldados al Calvario
(Mt. 27:32-56; Mr. 15:21-41; Lc. 23:26-49; Jn. 19:16-37)

A. Los soldados fuerzan a un hombre llamado Simón para que cargue con la cruz de Jesús y la lleve hasta el Calvario (Mt. 27:32; Mr. 15:21; Lc. 23:26).

B. Un grupo de mujeres que lloran de dolor siguen a Jesús y le escuchan pronunciar sus sombrías palabras.

1. «Hijas de Jerusalén, no lloréis por mí, sino llorad por vosotras mismas y por vuestros hijos» (Lc. 23:27-31).
2. Predicción cuarenta y cinco: la destrucción de Jerusalén (Lc. 23:28-31).
3. «Entonces comenzarán a decir a los montes: Caed sobre nosotros; y a los collados: Cubridnos.»
4. «Porque si en el árbol verde hacen estas cosas, ¿en el seco, que no se hará?»

C. Jesús es crucificado (Mt. 27:34, 35; Mr. 15:24; Lc. 23:33; Jn. 19:18).

1. Le colocan entre dos ladrones (Mr. 15:27; Lc. 23:32, 33; Mt. 27:38).
2. Le dan a beber vino mezclado con mirra, mas Él lo rechaza (Mr. 15:23; Mt. 27:34).

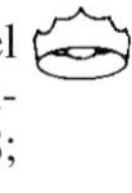

D. Cumplimiento número veintisiete de las profecías del Antiguo Testamento: que sería crucificado entre dos malhechores. (Cp. Is. 53:12 con Mt. 27:38; Mr. 15:27, 28; Lc. 22:37.)

E. Cumplimiento número veintiocho de las profecías del Antiguo Testamento: que le darían a beber vinagre. (Cp. Sal. 69:21 con Mt. 27:34, 48; Jn. 19:28-30.)

F. Cumplimiento número veintinueve de las profecías del Antiguo Testamento: que le traspasarían las manos y los pies. (Cp. Sal. 22:16; Zac. 12:10 con Mr. 15:25; Jn. 19:34, 37; 20:25-27.)

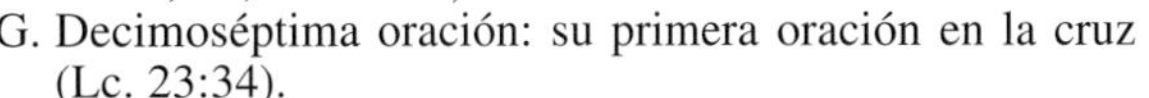

G. Decimoséptima oración: su primera oración en la cruz (Lc. 23:34).

H. Pilato manda escribir en hebreo, griego y latín la causa por la que Jesús es crucificado y lo fijan a la cabecera de la cruz: «Este es Jesús, el Rey de los judíos» (Mt. 27:37; Mr. 15:26; Lc. 23:38; Jn. 19:19-22).

1. A los judíos no les gusta y piden a Pilato que lo cambie.
2. Pilato rehúsa, diciendo: «Lo que he escrito, he escrito.»

Los soldados echan suertes sobre su túnica sin costura (Mt. 27:35; Lc. 23:34; Jn. 19:23, 24).

De acuerdo al horario comúnmente aceptado, nuestro Señor fue puesto en la cruz a las 9:00 A.M. de un viernes de abril. Allí sufrió durante seis horas y entregó el espíritu a las 3:00 P.M. Sin duda alguna estas fueron las seis horas más importantes de toda la historia humana, pasadas sobre un montículo solitario a las afueras de una ciudad.

I. Primera palabra sobre la cruz: «Padre, perdónalos, porque no saben lo que hacen» (Lc. 23:34).

Nota: Esta oración ha turbado a algunos, pues parece como si fuera una especie de cheque en blanco de perdón para todos los que participaron en la crucifixión de Jesús. Sabemos, por supuesto, que este no es el caso, porque el perdón sólo puede venir por medio de la fe (Ef. 2:8, 9). Algunos han señalado también que la palabra «perdón» aquí puede también significar «dejar, permitir», y así es en realidad traducida en otras trece ocasiones en el Nuevo Testamento. Si este fuera el caso, la oración de Cristo debería decir: «Padre, *déjalos* que me crucifiquen.» De manera que la oración sería un ruego para detener la ira de un Padre justo que ve a su amado Hijo ser asesinado por hombres impíos y pecadores. (Véanse Mt. 3:15; 19:14; Mr. 1:34.) Sin embargo, la mayoría de los estudiosos de la Biblia aceptan bien la palabra «perdónalos», e interpretan su oración como una petición a Dios para que no agregue este horrible crimen de regicidio (matar a su propio rey) a la cuenta personal de pecados de todos aquellos que le mataban. Pedro y Pablo ampliarían este punto en sermones posteriores (Hch. 3:14, 15, 17).

«Mas vosotros negasteis al Santo y al Justo, y pedisteis que se os diese un homicida, y matasteis al Autor de la vida, a quien Dios ha resucitado de los muertos, de lo cual nosotros somos testigos. Mas ahora, hermanos, sé que por ignorancia lo habéis hecho, como también vuestros gobernantes.»

Véase también 1 Corintios 2:8: «La que ninguno de los príncipes de este siglo conoció; porque si la hubieran conocido, nunca habrían crucificado al Señor de gloria.» La condición de nuestro Salvador de ser sin pecado queda una vez más demostrada en este versículo, por que él no oró: «Padre, perdóname.» No necesitaba perdón porque nunca cometió pecado. En resumen, la primera palabra significa que los hombres no son excusables, sino más bien perdonables. (Cp. Ro. 2:1 con 1 T. 1:13.)

J. Jesús es cruelmente escarnecido por varios grupos de espectadores (Mt. 27:39-44; Mr. 15:29-32; Lc. 23:35-39).
   1. Aquellos que pasaban por ahí:
      a. «Tú que derribas el templo, y en tres días lo reedificas, sálvate a ti mismo.»
      b. «Si eres Hijo de Dios, desciende de la cruz.»
   2. Los líderes judíos:
      a. «A otros salvó, a sí mismo no se puede salvar.» ¡Esto era cierto!
      b. «Sálvese a sí mismo, si éste es el Cristo, el escogido de Dios.»
      c. «Confió en Dios; líbrele ahora si le quiere; porque ha dicho: Soy Hijo de Dios.»
   3. Los soldados: «Si tú eres el Rey de los judíos, sálvate a ti mismo.»
   4. Los dos ladrones: «Si tú eres el Cristo, sálvate a ti mismo y a nosotros.»

K. Cumplimiento número treinta de las profecías del Antiguo Testamento: que repartirían entre sí sus vestidos, echando suertes. (Cp. Sal. 22:18 con Lc. 23:34; Jn. 19:23, 24.)

L. Cumplimiento número treinta y uno de las profecías del Antiguo Testamento: que estaría rodeado por sus enemigos y sería escarnecido por ellos. (Cp. Sal. 22:7, 8 con Mt. 27:39-44; Mr. 15:29-32.)

M. Uno de los malhechores acepta a Cristo como su Salvador (Lc. 23:40-43).
   1. Se arrepiente de sus propias faltas.
   2. Reprende a su compañero que se mofaba de Cristo:
      a. «¿Ni aun temes tú a Dios, estando en la misma condenación?»
      b. «Nosotros, a la verdad, justamente padecemos, porque recibimos lo que merecieron nuestros hechos; mas éste ningún mal hizo.»
   3. Mira a Cristo:
      a. El ladrón moribundo: «Acuérdate de mí cuando vengas en tu reino.»
      b. El moribundo Redentor: «De cierto te digo que hoy estarás conmigo en el paraíso.»

N. Segunda palabra en la cruz: «De cierto te digo que hoy estarás conmigo en el paraíso» (Lc. 23:43).

Nota: Esta declaración enfatiza varios hechos relacionados con la salvación.

   1. Que la salvación es ofrecida a todos, dondequiera que se encuentren. ¿Son válidas las conversiones en lecho de muerte? Por supuesto que sí, aquí tenemos una. Pero debemos añadir rápidamente que:
      a. Sólo aparece *una* conversión en lecho de muerte en toda la Biblia, a fin de que ningún moribundo se desespere.
      b. *Sólo* hay una, con el fin de evitar la presunción humana. D.L. Moody dijo una vez: «¿Tuvo alguna otra vez lugar el nuevo nacimiento en tan extraño lugar?» Observemos los siguientes contrastes:
         (1) En la mañana el ladrón estaba clavado a la cruz. En la tarde llevaba una corona.
         (2) En la mañana era enemigo de César. Por la tarde era amigo de Dios.
         (3) Por la mañana era despreciado por los hombres. En la tarde disfrutaba de comunión con los ángeles.
         (4) Por la mañana moría como un criminal en la tierra. En la tarde vivía como un ciudadano del cielo.
   2. Que la salvación es solamente por gracia mediante la fe. Su conversión refuta:
      a. La doctrina del sacramentalismo. Fue salvo sin necesidad de confirmación, Eucaristía ni membresía de iglesia.
      b. La doctrina de la regeneración bautismal.
      c. La doctrina del purgatorio.
      d. La doctrina de la salvación universal. Sólo *un* ladrón fue salvo.
   3. Que la salvación será rechazada por algunos a pesar de todo lo que Dios haga. El otro ladrón murió, perdido por toda la eternidad. Aquí vemos a tres hombres:
      a. Uno moría *por* el pecado (el Salvador).
      b. Otro moría *al* pecado (el ladrón arrepentido).
      c. El otro moría *en* pecado (el ladrón impenitente).

Toda la humanidad estaba representada ante la cruz. Estaban los indiferentes («el pueblo estaba mirando», Lc. 23:35); los religiosos («los gobernantes se burlaban de él», Lc. 23:35); los materialistas (los soldados «repartieron entre sí sus vestidos, echando suertes», Lc. 23:34); los buscadores anhelantes («Acuérdate de mí…» Lc. 23:42). En la cruz el mundo es realmente juzgado. (Véase Juan 12:31.)

Ñ. Jesús habla a su madre y a Juan (Jn. 19: 26, 27).
   1. A María: «Mujer, he ahí tu hijo.»
   2. A Juan: «He ahí tu madre.»
      a. María había estado cerca de él al pie de la cruz junto con María Magdalena, Salomé (la madre de Santiago y Juan), y otras fieles mujeres.
      b. Juan desde ahora toma bajo su cuidado a María.

O. Tercera palabra en la cruz: «Mujer, he ahí tu hijo. Hijo he ahí tu madre.» (Jn. 19:26, 27).

P. Cuarta palabra de Jesús en la cruz: «Dios mío, Dios mío, ¿por qué me has desamparado?» (Mt. 27:46).

Nota: Esta oración es más profunda en su misterio y más alta en su significado que cualquier otra oración en la Biblia. ¡Dios desamparado por Dios! ¿Quién puede entender eso? Los más sabios y profundos estudiosos de la Biblia se sienten inadecuados al abordar estas palabras. No podrán ser desentrañadas completamente por la mente humana, ni aunque haya experimentado el nuevo nacimiento. Solamente la eternidad nos dará su pleno significado. Elizabeth Clephane lo ha parafraseado muy bien:

«Nunca antes fueron las aguas tan profundas
que había que cruzar para redimir,
ni nunca fue la noche tan oscura
como ésta que pasó el Señor.
Aquí encontró a su oveja perdida.»

Tenemos aquí varios «por qué» todavía sin explicar:
1. ¿Por qué el Padre le volvió la espalda al Hijo?
2. ¿Por qué ni siquiera el Hijo conoce la razón?
3. ¿Por qué se tenía que derramar sangre inocente por el perdón del pecado?

La primera y la tercera de estas preguntas las tenemos parcialmente contestadas en Hebreos 9:22; 1 Pedro 2:24; 3:18; Isaías 53. ¿Y la tercera pregunta? ¿No lo sabía Cristo? Según Filipenses 2:5-8 Cristo se abstuvo voluntariamente de usar algunos de sus atributos divinos mientras estuvo en la tierra. Esto es:
1. Se privó de usar su omnipresencia por un tiempo (Jn. 11:15).
2. Se abstuvo de emplear su omnipotencia por un tiempo (Jn. 5:19).
3. Se privó de usar su omnisciencia por un tiempo (Lc. 8:45; Mr. 13:32. Véase también Lc. 2:40).

Q. Oración dieciocho: segunda oración en la cruz (Mt. 27:46).
   1. Unas extrañas tinieblas habían oscurecido el sol desde el mediodía hasta las 3:00 p.m.

2. Algunos de los presentes entre los espectadores escucharon esta oración y pensaron que llamaba a Elías (Mt. 27:45-47).

R. Quinta palabra en la cruz: «Tengo sed» (Jn. 19:28).

S. Cumplimiento número treinta y dos de las profecías del Antiguo Testamento: que estaría sediento. (Cp. Sal. 22:15 con Jn. 19:28.)

1. Alguien empapó una esponja con vinagre (vino agrio) y la puso en su boca.
2. Los que estaban mirando se preguntaban si vendría Elías a salvarle (Mt. 27:48, 49; Mr. 15:36; Jn. 19:28, 29).

T. Jesús toma el vinagre y da el grito de victoria (Mt. 27:50; Mr. 15:37; Jn. 19:30).

U. Sexta palabra en la cruz: «Consumado es» (Jn. 19:30).

Nota: Esta sexta declaración de Jesús es realmente una sola palabra en el original griego: *tetelestai,* y significa «está completamente acabado y para siempre». Esta palabra es una expresión de los labradores. Cuando dentro de su rebaño nacía una cría que era tan bella y tan bien formada que parecía no tener ningún defecto ni falta, el granjero miraba con orgullo al animal y decía: «*¡Tetelestai!*»

Era también un término que usaban los artistas. Cuando un pintor o un escultor daba el último toque a su pintura o escultura de mármol, se retiraba unos pasos para revisar y admirar su obra de arte, y al ver que no necesitaba ninguna corrección o mejoramiento, lleno de satisfacción, decía: «*¡Tetelestai, Tetelestai!*»

Nuestro Señor dijo: «Consumado es.»

Hay tres lugares importantes donde la Escritura emplea la expresión «consumado es». Se emplea en Génesis 2:1 para referirse a la obra de creación de Dios. Se usa aquí en Juan 19:30 para referirse a la salvación de su creación. (Véanse también Jn. 4:34; 5:36; 17:4.) Y se usa, por último, en Apocalipsis 10:7 y 16:17 para hablar acerca de la consumación de sus obras.

Con alegría notamos que Él *no* dijo «estoy consumado», porque Él sólo acababa de empezar.

«Levantado fue para morir.
«Consumado es», exclamó.
Y ahora exaltado en los cielos está.
«¡Qué gran Salvador tenemos!»

V. Séptima palabra en la cruz: «Padre, en tus manos encomiendo mi Espíritu» (Lc. 23:46).

W. Oración diecinueve: su tercera y última en la cruz (Lc. 23:46).

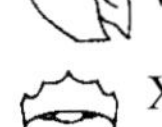

X. Cumplimiento número treinta y tres de las profecías del Antiguo Testamento: que él encomendaría su espíritu al Padre. (Cp. Sal. 31:5 con Lc. 23:46.) Debemos notar que Jesús no usó la última parte del Salmo 31:5, que dice: «Tú me has redimido, oh Jehová, Dios de verdad.»

Muchos hechos extraordinarios siguieron a la muerte del Salvador (Mt. 27:51-56; Mr. 15:38-41; Lc. 23:45, 47-49).

1. Un centurión romano que le observaba en sus sufrimientos y muerte, exclamó: «Verdaderamente este hombre era justo.»
2. El velo del templo se rasgó en dos, de arriba a abajo.
3. La tierra tembló, las rocas se partieron, se abrieron algunos sepulcros, y muchos santos se levantaron y salieron de sus sepulcros.
4. Después de la resurrección de Él, vinieron a la santa ciudad, y aparecieron a muchos.
5. El centurión admirado y atemorizado por todo lo que estaba sucediendo, exclamó otra vez: «Verdaderamente éste era Hijo de Dios.»
6. La gente que estaba observando, viendo todo lo que acontecía, se volvieron a sus casas golpeándose el pecho.
7. La *Biblia Anotada de Scofield* dice lo siguiente sobre estos eventos:

«El velo que se rasgó dividía el lugar santo del Santísimo, dentro del cual sólo podía entrar el sumo sacerdote una vez al año en el día de la expiación (véanse Ex. 26:31; Lv. 16:1-30.) El rasgado de aquel velo, que era un tipo del cuerpo humano de Cristo (He. 10:20), significaba que "un camino nuevo y vivo" se había abierto para que todos los creyentes pudieran entrar a la misma presencia de Dios, sin necesidad de ningún otro sacrificio o sacerdote que el de Jesucristo (cp. He. 9:1-8; 10:19-22). Aunque los sepulcros fueron abiertos al tiempo de la muerte de Cristo (vv. 50, 51), los cuerpos no se levantaron hasta después de la resurrección (v. 53). Cristo es el "primogénito de entre los muertos" (Col. 1:18; Ap. 1:5) y las "primicias de los que durmieron" (1 Co. 15:20). No se nos dice que estos cuerpos retornaron a sus tumbas. La gavilla mecida (Lv. 23:10-12) tipifica la resurrección de Cristo, pero parece indicarse por el símbolo usado que implica pluralidad. Fue un sólo "grano de trigo" lo que cayó a tierra en la crucifixión y enterramiento de Cristo (Jn. 12:24); pero fue una gavilla lo que salió de la resurrección. La inferencia es que estos santos marcharon al cielo con el Cristo resucitado.» (Véase la p. 1002.)

Y. Los cuatro evangelios registran la muerte de Cristo. Pero uno se pregunta, ¿cómo pudo suceder esto? ¿No era Cristo Dios encarnado? Ciertamente lo era. ¿Cómo pudo Dios entonces morir realmente en la cruz? A fin de explicar esto debemos regresar brevemente al libro de Génesis. Allí se nos habla de la creación de Adán y de su trágico pecado. Dios le había advertido que la desobediencia resultaría en muerte, y así sucedió. En realidad trajo sobre la humanidad dos clases de muerte: física y espiritual. Podemos definir ambas clases de muerte mediante una palabra: separación. Este es el significado bíblico y teológico de la palabra muerte. La muerte física es separación, la partida del espíritu del cuerpo de la persona. La muerte espiritual también es separación, porque es el apartamiento de la persona no salva de Dios. Esta es llamada a veces la muerte segunda (véanse Ap. 20:6, 14; 21:8).

De manera que estos dos enemigos infernales, la muerte física y la espiritual, que comenzaron con Adán, han continuado maldiciendo y atemorizando a la raza humana durante más de cuarenta siglos. Pero en el cumplimiento del tiempo Dios envió a su amado Hijo a este mundo. El Padre habla de su Hijo como el último Adán (uno entre otros varios nombres) en 1 Corintios 15:45.

¿Por qué este título? Porque Cristo vino a deshacer lo que el primer Adán había hecho. Esto es, Él vino para liberar a la humanidad de estos dos diabólicos enemigos: la muerte física y espiritual. Esto lo hizo en la cruz, donde murió espiritualmente al quedar separado de Dios; y murió físicamente al completar ambas tareas. A la muerte espiritual se le asestó inmediatamente el golpe mortal. Pablo nos aseguró más tarde que *nada* podía separar al creyente del amor de Dios (Ro. 8:35-39). Pero, ¿y qué de la muerte física? Pablo nos responde a la pregunta en 1 Corintios 15:51-55:

«He aquí, os digo un misterio: No todos dormiremos; pero todos seremos transformados, en un momento, en un abrir y cerrar de ojos, a la final trompeta; porque se tocará la trompeta, y los muertos serán resucitados incorruptibles, y nosotros seremos transformados. Porque es necesario que esto corruptible se vista de incorrupción, y esto mortal se vista de inmortalidad. Y cuando esto corruptible se haya vestido de incorrupción, y esto mortal se haya vestido de inmortalidad, entonces se cumplirá la palabra que está escrita: Sorbida es la muerte en victoria. ¿Dónde está, oh muerte, tu aguijón? ¿Dónde, oh sepulcro, tu victoria?»

Paso sesenta y uno: del Calvario a la tumba de José

(Mt. 27:57-66; Mr. 15:42-47; Lc. 23:50-56; Jn. 19:31-42)

A. Los judíos solicitaron que Pilato completara la ejecución de los dos ladrones y Cristo antes de que empezara el sábado (Jn. 19:31-37). Los judíos que habían matado con tanta malicia a un hombre expresaban ahora su «piadosa preocupación» de que el cuerpo fuera retirado cuanto antes para que no se contaminara el sábado.
   1. Los soldados encuentran a los dos ladrones todavía vivos y les quiebran las piernas.
   2. A Jesús le encontraron ya muerto y le abrieron el costado con una lanza, mirándole mientras lo hacían.

B. Cumplimiento número treinta y cuatro de las profecías del Antiguo Testamento: que sus huesos no serían quebrados. (Cp. Sal. 34:20; Ex. 12:46; Nm. 9:12 con Jn. 19:33-36.)

C. Cumplimiento número treinta y cinco de las profecías del Antiguo Testamento: que lo observarían en su muerte. (Cp. Zac. 12:10 con Jn. 19:37; Mt. 27:36.)

D. José de Arimatea pide osadamente a Pilato el cuerpo de Jesús (Mt. 27:57; Mr. 15:43; Lc. 23:50-52; Jn. 19:38).
   1. José era rico y uno que en secreto creía en Jesús.
   2. Era un miembro de buena reputación del sanedrín, no corrompido por su iniquidad.
   3. Era un hombre bueno y justo que buscaba el reino de Dios.

E. Pilato pregunta al centurión y le confirma que Jesús estaba ya realmente muerto (Mt. 15:44).

F. Le entregan a José el cuerpo sin vida del Salvador (Mt. 27:58, 59; Mr. 15:45, 46; Jn. 19:38-40).
   1. Él baja con cuidado el cuerpo de la cruz.
   2. Lleva unas sábanas limpias.
   3. Le ayuda Nicodemo, quien llegó con cien libras (unos treinta y tres kilos) de un perfume compuesto de mirra y áloes.
   4. José y Nicodemo envuelven el cuerpo de Jesús en lienzos con las especias aromáticas. La costumbre era usar una cantidad de especias equivalente a la mitad del peso del cuerpo del muerto. Quiere esto decir que el Señor debió pesar entre 190 y 200 libras (cerca de los 70 kg). Preparaban el cuerpo embalsamándolo con la mirra y las áloes y envolviéndole con tiras de lino. Parece que el proceso empezaba con un dedo.

G. Pusieron el cuerpo de Jesús en un sepulcro nuevo abierto en la roca que era propiedad de José de Arimatea (Mt. 27:60, 61; Mr. 15:46, 47; Lc. 23:53-56; Jn. 19: 41, 42).
   1. Los dos hombres rodaron una gran piedra para cerrar el sepulcro y se marcharon.
   2. Las dos Marías (la Magdalena y posiblemente la madre de Jesús) se quedaron un rato cerca de la tumba y después marcharon.

H. Cumplimiento número treinta y seis de las profecías del Antiguo Testamento: que en su enterramiento estaría entre los ricos. (Cp. Is. 53:9 con Mt. 27:57-60.)

SÁBADO

I. Los fariseos se reunieron con Pilato al día siguiente (Mt. 27:62-65).
   1. Su solicitud:
      a. «Señor, nos acordamos que aquel engañador dijo, viviendo aún: Después de tres días resucitaré.»
      b. «Manda, pues, que se asegure el sepulcro hasta el tercer día, no sea que vengan sus discípulos de noche, y lo hurten, y digan al pueblo: Resucitó de entre los muertos. Y será el postrer error peor que el primero.»
   2. Su respuesta: «Ahí tenéis una guardia; id, aseguradlo como sabéis.»

J. Los fariseos fueron y aseguraron el sepulcro, sellaron la piedra y pusieron la guardia (Mt. 27:66). Es triste notar que el único grupo que recordó la profecía de Cristo relativa a su resurrección, frecuentemente repetida, fue el de sus enemigos.

Paso sesenta y dos: de la tumba de José al corazón de la tierra

(1 P. 3:18-20)

DOMINGO

Paso sesenta y tres: del corazón de la tierra al huerto de la resurrección

(Mt. 28:2-4; Mr. 16: 9-11; Lc. 24:12; Jn. 20:1-18)

A. Jesús resucita físicamente de entre los muertos. Los dos últimos capítulos en Mateo (27—28), que hablan de su muerte y resurrección, podían ser correctamente titulados: «El Rey ha muerto. ¡Viva el Rey resucitado!»
   1. Hubo un gran terremoto.
   2. El ángel del Señor descendió del cielo.
      a. Su apariencia era como de un relámpago.
      b. Su ropa era blanca como la nieve.
      c. Removió la piedra y se sentó sobre ella.
   3. Los guardas temblaron de miedo, se quedaron como muertos, y finalmente huyeron. Los mismos soldados a los que se les había encomendado que previnieran el cumplimiento de la profecía de la resurrección de Cristo fueron sus primeros testigos.

B. Cumplimiento número treinta y siete de las profecías del Antiguo Testamento: que se levantaría de entre los muertos. (Cp. Sal. 16:10 con Mt. 28:2-7.)

C. María Magdalena llega al huerto para ayudar en el ungimiento de su cuerpo que tenían planeado (Jn. 20:1, 2).
   1. Ve que la piedra ha sido removida.
   2. Echa a correr para informar a Pedro y Juan: «Se han llevado del sepulcro al Señor, y no sabemos dónde le han puesto.»

D. Pedro y Juan llegan al huerto (Lc. 24:12; Jn. 20:3-10).
   1. Juan llega primero y mira dentro del sepulcro y ve los lienzos puestos a un lado.
   2. Pedro llega a continuación y entra dentro de la tumba, ve el sudario que había estado sobre la cabeza de Jesús puesto aparte de los lienzos. Jesús salió del sepulcro como una semilla que rompe la tierra. El viejo caparazón (el ropaje exterior) quedó en la tierra. (Véase Jn. 12:24).

PRIMERA APARICIÓN DEL CRISTO RESUCITADO

E. María Magdalena regresa al huerto sola (Jn. 20:11-18).
   1. Se queda junto a la tumba llorando.
   2. Mira dentro del sepulcro y ve a dos ángeles.
      a. Los ángeles: «Mujer, ¿por qué lloras?»
      b. María: «Porque se han llevado a mi Señor, y no sé dónde le han puesto.»
   3. Después de decir esto se vuelve y ve a Jesús, pero le confunde con el hortelano.
      a. Jesús: «Mujer, ¿por qué lloras? ¿A quién buscas?»

b. María: «Señor, si tú lo has llevado, dime dónde lo has puesto, y yo lo llevaré.»
c. Jesús: «¡María!»
d. María: «¡Raboni!» (que quiere decir, Maestro).
e. Jesús:
(1) «No me toques, porque aún no he subido a mi Padre.»
(2) «Mas ve a mis hermanos, y diles: Subo a mi Padre y a vuestro Padre, a mi Dios y a vuestro Dios» (Jn. 20:17).
Notemos la frase: «Ve a mis hermanos.» Hay una intimidad progresiva entre Jesús y sus discípulos. Los llamó siervos (Jn. 13:13), amigos (Jn. 15:15) y aquí hermanos.

4. María corre y cuenta a los discípulos que ha visto y hablado con el Señor resucitado, pero ellos no la creen (Mr. 16:9-11). Fue a una mujer samaritana a quien Jesús reveló que era el Mesías (Jn. 4:25, 26). Y Cristo ahora aparece también a otra mujer por primera vez en su cuerpo resucitado. Ambas mujeres habían sido personas de dudosa reputación. (Véase Mr. 16:9.)

Paso sesenta y cuatro: del huerto de la resurrección al Padre
(Jn. 20:17)

SEGUNDA APARICIÓN DEL CRISTO RESUCITADO

Paso sesenta y cinco: de la presencia del Padre a un camino cerca de Jerusalén
(Mt. 28:5-15; Mr. 16:2-8; Lc. 24:1-11)

A. Las mujeres que estuvieron con Cristo al pie de la cruz llegan al huerto.
1. Llevan especias y perfumes para completar el embalsamamiento.
2. Anticipaban una dificultad: «Pero decían entre sí: ¿Quién nos removerá la piedra de la entrada del sepulcro?»
3. Descubren que la piedra ha sido removida.
4. Entran dentro del sepulcro y allí son saludadas por dos ángeles.
a. «No os asustéis; buscáis a Jesús nazareno, el que fue crucificado.»
b. «¿Por qué buscáis entre los muertos al que vive? No está aquí, sino que ha resucitado.»
c. «Acordaos de lo que os habló, cuando aún estaba en Galilea, diciendo: Es necesario que el Hijo del Hombre sea entregado en mano de hombres pecadores, y que sea crucificado, y resucite al tercer día.»
d. «Pero id, decid a sus discípulos, y a Pedro, que él va delante de vosotros a Galilea; allí le veréis, como os dijo.»
5. Las mujeres están llenas a la vez de temor y gozo, y se apresuran para ir a contar a sus discípulos las buenas noticias.
6. Jesús se les aparece en el camino:
a. «¡Salve!»
b. «No temáis; id, dad las nuevas a mis hermanos, para que vayan a Galilea, y allí me verán.»
7. Las mujeres se abrazaron a los pies de Jesús y le adoraron, después continuaron su camino.
8. Los discípulos no les creyeron, les pareció una locura lo que ellas contaban.

B. Los guardas del sepulcro llegan al templo en Jerusalén e informan acerca de la resurrección.
C. Los principales sacerdotes les dan dinero para que mientan acerca de lo sucedido (Mt. 28:11-15).
1. Tenían que decir: «Sus discípulos vinieron de noche, y lo hurtaron, estando nosotros dormidos.»
2. Les aseguraron que ellos los protegerían para que no fueran castigados.

TERCERA APARICIÓN DEL CRISTO RESUCITADO

Paso sesenta y seis: del camino cerca de Jerusalén al camino a Emaús
(Mr. 16:12, 13; Lc. 24:13-35)

A. Jesús se acerca a dos de sus seguidores, Cleofas y otra persona (¿su esposa?) en la carretera que iba a Emaús, pero ellos no le reconocen.
1. Les pregunta de qué están hablando y por qué están tan tristes
2. Ellos le preguntan a Él dónde ha estado en los últimos días que no se ha enterado de los tremendos acontecimientos que han sucedido. Le informan:
a. Que había un profeta, Jesús de Nazaret, que era poderoso en hechos y en palabras delante de Dios.
b. Que había sido condenado y crucificado por los líderes de su pueblo.
c. Que con su muerte habían desaparecido sus esperanzas de redención para Israel.
d. Que se había descubierto que su cuerpo había desaparecido y corrían rumores infundados de que había resucitado.

B. Jesús les reprende por su incredulidad y les expone los pasajes mesiánicos del Antiguo Testamento, empezando por Moisés.
C. Cleofas invita a Jesús a que se quede con ellos a pasar la noche.
D. Los dos seguidores reconocen a Jesús cuando, estando juntos a la mesa para comer, toma el pan y lo bendice.
E. Jesús desaparece repentinamente de su presencia.
F. Los dos comparten entre sí la experiencia vivida con aquel extraño que no habían reconocido: «¿No ardía nuestro corazón en nosotros, mientras nos hablaba en el camino, y cuando nos abría las Escrituras?»
G. Deciden regresar de inmediato a Jerusalén y contar a los apóstoles que Jesús ha caminado y hablado con ellos.
H. Se enteran de que Jesús también ha aparecido a Pedro. ¡Qué encuentro debió ser ese! Pues la última vez que él había visto a Cristo fue cuando le negaba.

CUARTA APARICIÓN DEL CRISTO RESUCITADO

Jesús aparece a Simón Pedro (Lc. 24:34; 1 Co. 15:5).

QUINTA APARICIÓN DEL CRISTO RESUCITADO

Paso sesenta y siete: de Emaús al aposento alto
(Lc. 24:36-43; Jn. 20:19-23)

A. Jesús entra en el aposento estando las puerta cerrada y aparece delante de diez de los discípulos ya tarde en la noche del domingo. (Judas estaba muerto y Tomás se encontraba ausente.)
1. Su reacción:
a. Por sus palabras:
(1) «¿Por qué estáis turbados, y vienen a vuestro corazón estos pensamientos?»
(2) «Mirad mis manos y mis pies, que yo mismo soy.»

(3) «Palpad, y ved; porque un espíritu no tiene carne ni huesos, como veis que yo tengo.»

Esta experiencia nos proporciona una información valiosa en cuanto a nuestro propio cuerpo en la resurrección, porque tendremos un cuerpo semejante al suyo (1 Jn. 3:2). Jesús tenía un cuerpo de carne y hueso, y nosotros también lo tendremos. No obstante, no estaba limitado por la gravedad ni el tiempo, ni lo estarán nuestros cuerpos resucitados.

b. Por sus hechos:

(1) Les mostró sus manos, pies y costado traspasados.

(2) Comió un poco de pescado asado y de la miel que tenían preparada para comer.

B. Sopló y les impartió el Espíritu Santo. Como ya hemos notado, los discípulos estaban atemorizados hasta que reconocieron a Jesús.

«Y cuando les hubo dicho esto, les mostró las manos y el costado. Y los discípulos se regocijaron viendo al Señor» (Jn. 20:20).

La última parte de este versículo puede compararse a la declaración hecha por unos griegos a uno de los discípulos: «... Señor, quisiéramos ver a Jesús» (Jn. 12:21).

Temprano en la mañana Jesús le había dicho a María: «No me toques, porque aún no he subido a mi Padre; mas ve a mis hermanos, y diles: Subo a mi Padre y a vuestro Padre, a mi Dios y a vuestro Dios» (Jn. 20:17). Pero al anochecer de aquel mismo día, invita a los discípulos a que le toquen. ¿Qué es lo que ha cambiado? Muchos creen que ascendió aquella tarde al Padre para presentarle su sangre y rociarla sobre la mesa del propiciatorio en el tabernáculo celestial. La deuda por el pecado había sido ahora oficialmente pagada.

SEXTA APARICIÓN DEL CRISTO RESUCITADO

Paso sesenta y ocho: del aposento alto al aposento alto (una semana después)

(Jn. 20:24-29)

A. Tomás tiene dificultades para creer el emocionante informe que le dan los otros discípulos.
1. Su testimonio: «Al Señor hemos visto.»
2. Su incredulidad: «Si no viere en sus manos la señal de los clavos, y metiere mi dedo en el lugar de los clavos, y metiere mi mano en su costado, no creeré.»

B. Jesús entra otra vez en el aposento estando las puertas cerradas y aparece ante los discípulos, estando Tomás presente:
1. El Salvador: «Pon aquí tu dedo, y mira mis manos; y acerca tu mano, y métela en mi costado; y no seas incrédulo, sino creyente.»
2. El incrédulo: «¡Señor mío, y Dios mío!»
3. El Salvador: «Porque me has visto, Tomás, creíste; bienaventurados los que no vieron, y creyeron.»

SÉPTIMA APARICIÓN DEL CRISTO RESUCITADO

Paso sesenta y nueve: del aposento alto al mar de Tiberias

(Jn. 21:1-25)

A. Pedro y seis de los discípulos había pasado la noche en el mar sin lograr pescar nada.

B. Milagro treinta y seis: pesca de gran cantidad de peces (Jn. 21:6).
1. Jesús les llama al amanecer desde la orilla sin que ellos le reconozcan: «Hijitos, ¿tenéis algo para comer?» Lo que les estaba preguntando es si habían logrado pescar algo. Un día nos harán a nosotros la misma pregunta ante el tribunal de Cristo.
2. Los discípulos responden negativamente y le escuchan decir: «Echad la red a la derecha de la barca, y hallaréis.»
3. Lo hacen, y al sacarla inmediatamente aparece llena con 153 peces grandes.
4. Pedro reconoce al Señor y se acerca a la orilla nadando.

C. Jesús prepara el desayuno para los siete discípulos, y les invita, diciendo: «Venid, comed» (Jn. 21:12). Necesitamos que él nos alimente antes de que podamos alimentar a otros.

D. Jesús le hace a Pedro preguntas personales y directas sobre su afecto por Él.
1. Tres veces le pregunta si ama realmente al Salvador.
2. Las tres veces le responde afirmativamente. En el griego del Nuevo Testamento hay dos términos diferentes para expresar amor. Uno es amor *phileo*, que se refiere a la relación cálida entre dos seres humanos. La otra clase de amor se expresa mediante *agapeo*, que es el amor divino, el amor de Dios por el hombre pecador.

Este amor nunca se encontró en el corazón humano antes de la ascensión de Cristo. En realidad Jesús le pregunta a Pedro tres veces (Jn. 21:15-19) si de verdad le ama. En las dos primeras veces usa el término que se refiere al amor *agapeo* y le pregunta: «Pedro, ¿me amas con amor *agapeo*?» Pedro responde en ambas ocasiones usando la primera palabra. Dice: «Señor, tú sabes que te amo *[phileo]*.» Finalmente, nuestro Señor condescendientemente usa también la primera palabra *(phileo)*. La razón de ello, como Pedro sabría más tarde, nos la explica Pablo en Romanos 5:5:

«Porque el amor *[agapeo]* de Dios ha sido derramado en nuestro corazones por el Espíritu Santo que nos fue dado.»

Esa es la razón por la que Pedro responde en la manera en que lo hace, porque pentecostés, con el descenso del Espíritu Santo, no había llegado todavía, y no le era posible, por tanto, a Pedro amar a Cristo con este amor divino *(agapeo)*. Debemos también notar que Jesús le pide a Pedro que apaciente (21:15) a sus corderos y pastoree (21:16, 17) a sus ovejas. Tenemos aquí en el griego otro juego de palabras, porque Cristo está usando dos palabras diferentes, una para apacentar los corderos y otra para pastorear las ovejas. Se interpreta que está diciendo: alimenta a mis corderos y disciplina a mis ovejas. Hoy hemos alterado el orden de esta verdad: disciplinamos a los jóvenes y alimentamos a los viejos.

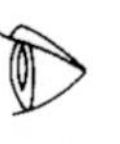

E. Predicción cuarenta y seis: el martirio de Pedro (Jn. 21:18, 19).
1. «Cuando eras más joven, te ceñías, e ibas a donde querías.»
2. «Mas cuando ya seas viejo, extenderás tus manos, y te ceñirá otro, y te llevará a donde no quieras.» (Véase 2 P. 1:14.)

F. Pedro desea conocer el destino reservado para el apóstol Juan.
1. Pedro: «Señor, ¿y qué de éste?»
2. Jesús: «Si quiero que él quede hasta que yo venga, ¿qué a ti? Sígueme tú.»

G. La respuesta de Jesús dio más tarde lugar al rumor de que Juan nunca moriría.

OCTAVA APARICIÓN DEL CRISTO RESUCITADO

Paso setenta: del mar de Tiberias al monte Tabor
(Mt. 28:16-20)

A. Jesús es adorado por los once discípulos a pesar de que todavía les quedan algunas dudas.
B. Comparte con ellos un hecho, un mandamiento y una promesa.
   1. El hecho: «Toda potestad me es dada en el cielo y en la tierra.»
   2. El mandamiento: «Por tanto, id, y haced discípulos a todas las naciones, bautizándolos en el nombre del Padre, y del Hijo, y del Espíritu Santo; enseñándoles que guarden todas las cosas que os he mandado.»
   3. La promesa: «He aquí yo estoy con vosotros todos los días, hasta el fin de mundo.»

NOVENA APARICIÓN DEL CRISTO RESUCITADO

Paso setenta y uno: de monte Tabor al aposento alto
(Mr. 16:14-18; Lc. 24:44-49)

A. Jesús reprende cariñosamente a sus discípulos por su incredulidad inicial acerca de la resurrección.
B. Les repite su mandamiento de evangelizar al mundo entero.
C. Les explica lo concerniente a Él en la ley de Moisés, los profetas y los Salmos.
D. Les dice que esperen en Jerusalén el cumplimiento de la promesa del Padre.

DÉCIMA APARICIÓN DEL CRISTO RESUCITADO

Paso setenta y dos: del aposento alto al monte de los Olivos
(Mr. 16:19, 20; Lc. 24:50-53; Hch. 1:4-11)

A. Les bendice y les promete el bautismo del Espíritu.
B. Les ordena ser testigos suyos en:
   1. Jerusalén.
   2. Judea.
   3. Samaria.
   4. Hasta lo último de la tierra.
C. Es recibido en la gloria para sentarse a la diestra del Padre.
D. Cumplimiento número treinta y ocho de las profecías del Antiguo Testamento: que ascendería. (Cp. Sal. 24:7-10 con Mr. 16:19; Lc. 24:51.) ¿Se le apareció el Cristo resucitado a alguna persona no salva? En base de Mateo 23:37-39 tendríamos que decir que no.

> «¡Jerusalén, Jerusalén, que matas a los profetas, y apedreas a los que te son enviados! ¡Cuántas veces quise juntar a tus hijos, como la gallina junta sus polluelos debajo de las alas, y no quisiste! He aquí vuestra casa os es dejada desierta. Porque os digo que desde ahora no me veréis, hasta que digáis: Bendito el que viene en el nombre del Señor.»

Con estas palabras concluimos nuestro breve estudio de la vida más extraordinaria que se haya vivido jamás. Debemos decir, sin embargo, que su gloriosa historia no está limitada a los cuatro evangelios. En realidad, cada uno de los sesenta y seis libros de la Biblia nos presenta un vislumbre de este maravilloso y poderoso Mesías. Consideremos el siguiente «resumen bíblico del Salvador»: Cristo en cada libro:

«Cristo es el tema de toda la revelación de Dios. Es prometido en el Génesis, revelado en la ley, prefigurado en la historia de la ley, ensalzado en su poesía, proclamado en su profecía, provisto en los evangelios, demostrado en los Hechos, preeminente en las epístolas y predominante en el Apocalipsis.

Lo podemos ver en cada libro de la Biblia. Hagamos un recorrido por todos sus libros y en cada uno de ellos veremos a Cristo. Comenzando por *Génesis*, allí aparece como la Simiente de la mujer; en *Éxodo* es el Cordero que muere en lugar de los pecadores; en *Levítico* es nuestro Sumo Sacerdote; en *Números* es la Estrella de Jacob y la serpiente de bronce; en *Deuteronomio* es el Profeta semejante a Moisés y la Roca; en *Josué* es el Capitán del ejército de Jehová; en *Jueces* es el Mensajero de Jehová; en *Rut* es el Familiar que redime y el Esposo fiel; en *1 Samuel* es visto como el gran Juez; en *2 Samuel* es el Rey; en *1 Reyes* es el elegido de David; en *2 Reyes* el más Santo de todos; en *1 Crónicas* aparece como el Rey por nacimiento; en *2 Crónicas* como el Rey por juicio.

En *Esdras* lo vemos como el Señor del cielo y de la tierra; en *Nehemías* como el Edificador; en *Ester* como nuestro Mardoqueo; en *Job* como nuestro Redentor; en los *Salmos* como el Hijo de Dios y el Buen Pastor; en *Proverbios* como la Sabiduría; en *Eclesiastés* como Aquel que está por encima del sol; en el *Cantar de los Cantares* como el gran Amante de la Iglesia, el más hermoso y el primero entre diez mil.

En *Isaías* es el Siervo sufriente y glorificado; en *Jeremías* es el Señor nuestra justicia; en *Lamentaciones* es el Varón de dolores; en *Ezequiel* es el Dios glorioso; en *Daniel* es la Piedra desmenuzadora y el Mesías. *Oseas* nos lo revela como el Hijo de Dios resucitado; *Joel* como el Dador del Espíritu; *Amós* como el Cristo eterno; *Abdías* como el Cristo perdonador; *Jonás* como el Profeta resucitado; *Miqueas* como el Belemita; en *Nahum* es Aquel que trae Buenas Nuevas; en *Habacuc* es el Señor que está en su santo templo; en *Sofonías* es el Cristo misericordioso; en *Hageo* es el Deseado de todas las naciones; en *Zacarías* es el Renuevo; y en *Malaquías* es el Sol de Justicia que trae sanidad en sus alas.

Mateo nos lo muestra como el Rey de los judíos; *Marcos* como el Siervo; *Lucas* como el perfecto Hijo del Hombre; *Juan* como el Hijo de Dios; en *Hechos* aparece como el Señor que asciende; en *Romanos* como el Señor nuestra justicia; en *1 Corintios* como nuestra Resurrección; en *2 Corintios* como nuestro Consolador; en *Gálatas* como el fin de la Ley; en *Efesios* como la Cabeza de la Iglesia; en *Filipenses* como Aquel que suple toda necesidad; en *Colosenses* como la plenitud de la Deidad; en *1 Tesalonicenses* el que viene a por su Iglesia; en *2 Tesalonicenses* el que viene con su Iglesia; en *1 Timoteo* aparece como el Mediador; en *2 Timoteo* es el Dador de las coronas; en *Tito* nuestro Gran Dios y Salvador; en *Filemón* el Pagador de nuestra deuda; en *Hebreos* el Sustentador de la fe y el cumplimiento de los tipos; en *Santiago* el Señor que se acerca; en *1 Pedro* la Piedra Viva y la Víctima Propiciatoria; en *2 Pedro* el Señor de la gloria; en *1 Juan* el Camino; en *2 Juan* la Verdad; en *3 Juan* la Vida; en *Judas* Él es nuestra seguridad; y en *Apocalipsis* es el León de la tribu de Judá; el Cordero de Dios; la Estrella de la Mañana; el Rey de reyes y Señor de señores.» (Robert J. Wells, *Prophetic Messages for Modern Times*; Dallas: Texas Printing House, Inc., 1944, pp. 205, 206.)

LAS DIEZ APARICIONES DEL CRISTO RESUCITADO

EL PRIMER DÍA

1. A María Magdalena en el huerto
   Mr. 16:9; Jn. 20:11-18
2. A las mujeres que regresaban de la tumba
   Mt. 28:9, 10
3. A dos discípulos en el camino a Emaús
   Lc. 24:13-32; Mr. 16:12, 13
4. A Pedro en Jerusalén
   Lc. 24:34; 1 Co. 15:5
5. A diez de los discípulos en el aposento alto
   Lc. 24:36-43; Jn. 20:19-23

LOS SIGUIENTES CUARENTA DÍAS

6. A los once en el aposento alto
   Jn. 20:24-29
7. A siete apóstoles en el mar de Galilea
   Jn. 21:1-24
8. A los once y a 500 creyentes en el monte Tabor
   Mt. 28:16-20; 1 Co. 15:6
9. A los once y a Santiago, el hermano de Jesús, en Jerusalén
   Mr. 16:14-18; Lc. 24:44-49; 1 Co. 15:7
10. A los once en el monte de los Olivos
    Lc. 24:50-53

EL RESUMEN DE SU VIDA

1. Los treinta y seis *milagros* del Salvador.
2. Las treinta y ocho *parábolas* del Salvador.
3. Las diecinueve *oraciones* del Salvador.
4. Las cuarenta y cinco *predicciones* del Salvador.
5. Los dieciséis *sermones* del Salvador.
6. Los treinta y seis *diálogos* del Salvador.
7. Las dieciséis *referencias al Antiguo Testamento* del Salvador.
8. Las veintidós *citas del Antiguo Testamento* del Salvador.
9. Las diez pruebas de la *deidad* del Salvador.
10. Las treinta pruebas de la *humanidad* del Salvador.
11. Los treinta y siete *nombres y títulos* del Salvador.
12. Los treinta y siete *profecías del Antiguo Testamento cumplidas* por el Salvador.
13. Las veintisiete *almas convertidas* por el Salvador.
14. Las quince *clases de sufrimiento* experimentados por el Salvador.
15. Las siete *declaraciones últimas* del Salvador.
16. Las diez *apariciones del Cristo resucitado.*
17. *Los partidos políticos y religiosos* de los días del Salvador.
18. *Los diferentes lugares visitados* por el Salvador.
19. Muchos *de las personas* con las que se entrevistó el Salvador.

LOS MILAGROS DEL SALVADOR

1. La conversión del agua en vino (Jn. 2:3-9).
2. La curación del hijo del oficial del rey (Jn. 4:50).
3. La curación de un hombre con espíritu inmundo (Mr. 1:25; Lc. 4:35).
4. La curación de la suegra de Pedro (Mt. 8:15; Mr. 1:31; Lc. 4:39).
5. La pesca milagrosa (Lc. 5:4-6).
6. Las sanidad de un leproso (Mt. 8:3; Mr. 1:41).
7. La curación de un paralítico (Mt. 9:2, 6, 7; Mr. 2:5, 10-12; Lc. 5:20, 24, 25).
8. La curación de un hombre con una mano seca (Mt. 12:10-13; Mr. 3:3-5; Lc. 6:8-10).
9. Curación del siervo del centurión (Mt. 8:13; Lc. 7:10).
10. Resurrección del hijo de la viuda (Lc. 7:14).
11. La tempestad es calmada (Mt. 8:26; Mr. 4:39, 40; Lc. 8:24, 25).
12. Curación del endemoniado gadareno (Mt. 8:32; Mr. 5:8, 9; Lc. 8:30-33).
13. Jesús sana a un mujer con hemorragia interna (Mt. 9:22; Mr. 5:29, 30; Lc. 8:44, 45).
14. La resurrección de la hija de Jairo (Mt. 9:25; Mr. 5:41; Lc. 8:54).
15. Curación de dos hombres ciegos (Mt. 9:28, 29).
16. Curación de un endemoniado mudo (Mt. 9:33).
17. Jesús sana a un hombre que llevaba inválido treinta y ocho años (Jn. 5:6-8).
18. Alimentación de 5.000 hombres y sus familias (Mt. 14:19; Mr. 6:39, 41; Lc. 9:14, 16; Jn. 6:5, 10, 11).
19. Jesús anda sobre el mar (Mt. 14:25, 29, 31; Mr. 6:48; Jn. 6:19).
20. Curación de una niña endemoniada (Mt. 15:28; Mr. 7:29).
21. Curación de un sordomudo (Mr. 7:34, 35).
22. Alimentación de 4.000 hombres y sus familias (Mt. 15:34, 36; Mr. 8:5, 6).
23. Restauración de un hombre ciego (Mr. 8:23, 25).
24. Curación de un ciego de nacimiento (Jn. 9:7, 11).
25. Curación de un muchacho lunático (Mt. 17:18; Mr. 9:25; Lc. 9:42).
26. Pedro pesca un pez que tiene una moneda en la boca (Mt. 17:25, 27).
27. Curación de un endemoniado ciego y mudo (Mt. 12:22, 26; Lc. 11:14).
28. Restablecimiento de una mujer que tenía dieciocho años enferma (Lc. 13:10-17).
29. Curación de un hombre enfermo de hidropesía (Lc. 14:4).
30. Curación de diez leprosos (Lc. 17:11-19).
31. Resurrección de Lázaro (Jn. 11:34, 43, 44).
32. Curación de un hombre ciego (Mt. 20:32, 34; Lc. 18:42)
33. Curación de otro hombre ciego (Mt. 20:32, 34; Mr. 10:46, 52).
34. Maldición de una higuera (Mt. 21:19; Mr. 11:14).
35. Restauración (curación) de un oreja cortada (Mt. 26:51; Mr. 14:47; Lc. 22:50, 51; Jn. 18:10).
36. Cogida de gran cantidad de peces (Jn. 21:5, 6).

UN BREVE RESUMEN DE SUS MILAGROS

Naturaleza de sus milagros

1. Curación de individuos (diecisiete en total).
   a. De fiebre (véanse 2 y 4).
   b. De lepra (véanse 6 y 30).
   c. De parálisis (véanse 7, 9 y 17).

d. De una mano seca (véase 8).
e. De hemorragia interna (véase 13).
f. De ceguera (véanse 15, 23, 24, 32 y 33).
g. De sordera (véase 21).
h. De hidropesía (véase 29).
i. De una oreja cortada (véase 35).

2. Reprensión de demonios (siete en total).
   a. Que producían convulsiones (véanse 3 y 25).
   b. Que causaban demencia (véase 12).
   c. Que causaban mudez (véase 16).
   d. Que causaban aflicciones desconocidas (véase 20).
   e. Que causaban ceguera y mudez (véase. 27).
   f. Que causaban parálisis (véase 28).
3. Resurrección de muertos (tres en total).
   a. De una niña (véase 14).
   b. De un muchacho (véase 10).
   c. De Lázaro (véase 31).
4. Protección de los discípulos (dos en total).
   a. Mientras estaban en la barca (véase 11).
   b. Mientras uno de ellos caminaba sobre el agua (véase 19).
5. Alimentación de personas (cinco en total).
   a. De los invitados a una boda (véase 1).
   b. De 5.000 hombres (véase 18).
   c. De 4.000 hombres (véase 22).
   d. De cuatro de sus discípulos (véase 5).
   e. De siete de sus discípulos (véase 36).
6. Proveer de dinero para el impuesto (véase 26).
7. Maldición de una higuera (véase 34).

Comentarios sobre sus milagros

1. Realizó sus milagros en todo lugar que fue necesario:
   a. En una boda (véase 1).
   b. En funerales (véanse 10, 14 y 31).
   c. En cementerios (véase 12).
   d. En sinagogas (véanse 3, 8 y 28).
   e. En las casas (véanse 4, 7, 14, 20 y 29).
   f. En la playa (véase 36).
   g. En un huerto (véase 35).
   h. En un monte (véanse 18, 22).
   i. En una alberca (véase 17).
   j. En barcas (véanse 5 y 11).
2. Nuestro Señor tocó a la persona en once de estas ocasiones (véanse 4, 6, 14, 15, 19, 21, 23, 25, 28, 33 y 35).
3. En una ocasión él fue tocado (véase 13).
4. En tres ocasiones escupió al llevar a cabo el milagro (véanse 21, 23, 24).
5. Cinco de sus milagros fueron realizados en sábado (véanse 8, 17, 24, 28 y 29).
6. Jesús se llenó de compasión al realizar seis de sus milagros (véanse 6, 10, 18, 22, 32 y 33).
7. El Señor se admiró cuando obró dos de sus milagros (véanse 9 y 20).
8. Gimió durante uno de sus milagros (véase 21).
9. Lloró durante uno de ellos (véase 31).
10. Cuatro de estos milagros tuvieron efectos de largo alcance:
    a. El quinto resultó en la dedicación al ministerio a pleno tiempo de Pedro, Andrés, Santiago y Juan.
    b. El treinta y uno sello su sentencia con los fariseos.
    c. El treinta y cuatro significó el rechazo divino de Israel.
    d. El treinta y cinco libró a Pedro de una muerte inmediata.
11. Algunos de sus milagros revelan las características del corazón humano.
    a. Su falta de fe (véanse 2, 11 y 19).
    b. Su perversidad (véanse 5, 16, 17, 27 y 28).
    c. Su ingratitud (véase 30).
12. Algunas veces hizo una pregunta al realizar el milagro.
    a. «¿Qué tienes conmigo, mujer?» (véase 1).
    b. «¿Qué es más fácil, decir: Los pecados te son perdonados, o decir: Levántate y anda?» (véase 7).
    c. «¿Es lícito en día de reposo hacer bien, o hacer mal?» (véase 8).
    d. «¿Por qué teméis, hombres de poca fe?» (véase 11).
    e. «¿Cómo te llamas?» (véase 12).
    f. «¿Quién es el que me ha tocado?» (véase 13).
    g. «¿Creéis que puedo hacer esto?» (véase 15).
    h. «¿Quieres ser sano?» (véase 17).
    i. «¿De dónde compraremos pan para que coman éstos?» (véase 18).
    j. «¿Por qué dudaste?» (véase 19).
    k. «¿Cuántos panes tenéis?» (véase 22).
    l. «Y le preguntó si veía algo» (véase 23).
    m. «Los reyes de la tierra, ¿de quiénes cobran los tributos o los impuestos?» (véase 26).
    n. «Y si Satanás echa fuera a Satanás, ¿cómo, pues, permanecerá su reino?» (véase 27).
    ñ. «¿Dónde le pusisteis?» (véase 31).

MILAGROS QUE MERECEN MENCIÓN ESPECIAL

	MILAGRO	PORQUÉ ES DIGNO DE MENCIÓN	TEXTO BÍBLICO
1.	LA CONVERSIÓN DEL AGUA EN VINO	Fue el primero	Jn. 2
2.	CAMINATA SOBRE EL AGUA	Demostró que estaba por encima de las leyes naturales	Jn. 6
3.	CUANDO CALMÓ EL MAR	Demostró que estaba en control de las leyes naturales	Mt. 8
4.	ALIMENTACIÓN DE LOS 5.000	Demostró que se interesaba por las personas y no sólo por las «almas».	Jn. 6
5.	CURACIÓN DEL ENDEMONIADO GADARENO	El caso más terrible de posesión demoníaca	Mr. 5
6.	RESURRECCIÓN DE LÁZARO	El mayor de sus milagros	Jn. 11
7.	CURACIÓN DE UN HOMBRE QUE NACIÓ CIEGO	Explicó el propósito de sus milagros	Jn. 9
8.	EL PEZ CON UNA MONEDA EN LA BOCA	Ilustra las obras del segundo Adán	Mt. 17
9.	MALDICIÓN DE LA HIGUERA	El más triste de todos los milagros registrados	Mt. 24
10.	PESCA DE UN GRAN NÚMERO DE PECES	El último de sus milagros	Jn. 21

o. «¿Qué queréis que os haga?» (véanse 32 y 33).
p. «Hijitos, ¿tenéis algo de comer?» (véase 36).

13. Otras veces dio una orden al realizar el milagro.
   a. «Llenad estas tinajas de agua» (véase 1).
   b. «Boga mar adentro, y echad vuestras redes para pescar» (véase 5).
   c. «Extiende tu mano» (véase 8).
   d. «Levántate, toma tu lecho, y anda» (véanse 17 y 7).
   e. «Hacedlos sentar en grupos, de cincuenta en cincuenta» (véase 18).
   f. «Ven» (véase 19).
   g. «Ve al Siloé, y lávate» (véase 24).
   h. «Ve al mar, y echa el anzuelo, y el primer pez que saques, tómalo» (véase 26).
   i. «¡Lázaro, ven fuera!» (véase 31).
   j. «Echad la red a la derecha de la barca, y hallaréis» (véase 36).
14. El primer milagro y el último aparecen solamente en el Evangelio de Juan (véanse 1 y 36).
15. Solamente dos milagros son registrados por los cuatro evangelios (véanse 18, 35).
16. Dieciséis de sus milagros son mencionados solamente por uno de los evangelios.
   a. Sólo Mateo registra los siguientes: 15, 16, 26 (veintidós es el total de los que aparecen en Mateo).
   b. Sólo Marcos registra los siguientes: 21, 23 (el total de los que aparecen en este evangelio son diecinueve).
   c. Sólo Lucas registra los siguientes: 5, 10, 28, 29, 30 (el total de los que aparecen en Lucas son diecinueve).
   d. Sólo Juan registra los siguientes: 1, 2, 17, 24, 31, 36 (el total de los que aparecen en Juan es de nueve).
17. Durante su primer año nuestro Señor realizó siete de los milagros que tenemos registrados (véanse 1-7).
18. Durante su segundo año llevó a cabo doce de los milagros conocidos (véanse 8-19).
19. Durante su tercer año realizó cinco de los milagros que conocemos (véanse 20-24).
20. Y durante el cuarto año realizó los últimos doce milagros registrados (véanse 25-36).

LAS PARÁBOLAS DEL SALVADOR

1. Dos casas azotadas por un huracán (Mt. 7:24-27; Lc. 6:47-49).
2. Dos deudores, uno de cincuenta y otro de quinientos denarios (Lc. 7:41, 42).
3. La sujeción de un hombre fuerte (Mr. 3:22-30).
4. El sembrador, la semilla y la tierra (Mt. 13:1-9; 18-23; Mr. 4:1-20; Lc. 8:4-15).
5. El diablo siembra cizaña en el campo del Señor (Mt. 13:24-30; 36-43).
6. De sembrar a segar (Mr. 4:26-29).
7. La poderosa semilla de mostaza (Mt. 13:31, 32; Mr. 4:30-32; Lc. 13:18, 19).
8. La levadura y el reino de los cielos (Mt. 13:33; Lc. 13:20, 21).
9. El tesoro encontrado en un campo (Mt. 13:44).
10. La perla de gran precio (Mt. 13:45, 46).
11. Separación de los peces cogidos en la red (Mt. 13:47-50).
12. El hombre capacitado y su tesoro (Mt. 13:52).
13. El vestido viejo y la vasija quebrada (Mt. 9:16, 17; Mr. 2:21, 22; Lc. 5:36-39).
14. Una generación de quejosos (Mt. 11:16-19; Lc. 7:31-35).
15. El perdonado que no quería perdonar (Mt. 18:23-35).
16. Cómo saber quién es tu prójimo (Lc. 10:25-37).
17. Los siete espíritus en una casa limpia (Mt. 12:43-45; Lc. 11:24-26).
18. Un necio en apuros (Lc. 12:16-21).
19. Mantened las lámparas encendidas (Lc. 12:32-40; Mt. 24:43, 44).
20. El siervo malo y el regreso de su Señor (Mt. 24:45-51; Lc. 12:42-48).
21. La higuera sin fruto (Lc. 13:6-9).
22. Elegir el último asiento en una fiesta de bodas (Lc. 14:7-11).
23. Rechazo de una invitación a cenar (Lc. 14:15-24).
24. La oveja perdida, la moneda extraviada y el hijo pródigo (Lc. 15:1-32).
25. Las preocupaciones de un mayordomo (Lc. 16:1-13).
26. Cuando el Hades rogó al paraíso (Lc. 16:19-31).
27. Cuando lo mejor que podemos hacer no es más que lo mínimo (Lc. 17:7-10).
28. Una viuda y el juez fastidiado (Lc. 18:1-8).
29. El fariseo orgulloso y el publicano humilde (Lc. 18:9-14).
30. Los primeros serán los últimos y los últimos los primeros (Mt. 20:1-16).
31. Los tres siervos y sus minas (Lc. 19:11-27).
32. Los dos hijos que cambiaron de actitud (Mt. 21:28-32).

PARÁBOLAS QUE MERECEN MENCIÓN ESPECIAL

	PARÁBOLA	ENSEÑANZA QUE SE PROPONÍA	TEXTO BÍBLICO
1.	EL SEMBRADOR, LA SEMILLA Y LA TIERRA	Explicar la naturaleza del reino de los cielos	Mt. 13
2.	EL BUEN SAMARITANO	Mostrar nuestro deber para con los demás. Demostrar tres posibles actitudes humanas.*	Lc. 10:30-37
3.	EL RICO INSENSATO	Prepararnos ante la incertidumbre de esta vida.	Lc. 12:16-21
4.	LA OVEJA, LA MONEDA Y EL HIJO PERDIDOS	La obra de la Trinidad en la salvación y restauración de los pecadores.	Lc. 15:3-32
5.	LÁZARO Y EL HOMBRE RICO	La agonía del infierno	Lc. 16:19-31
6.	EL REBROTE DE LA HIGUERA	Una gran señal concerniente al regreso de Cristo	Mt. 24:32-35
7.	LAS DIEZ VÍRGENES	El juicio y la salvación futuros de Israel	Mt. 25:1-13
8.	SEPARACIÓN DE LAS OVEJAS Y LOS CABRITOS	El juicio y la salvación futuros de los gentiles	Mt. 25:31-46

* Lo que es tuyo es mío (actitud de los la drones)
Lo que es mío es mío (actitud del levita y del sacerdote)
Lo que es mío es tuyo (actitud del buen samaritano)

Las oraciones en el huerto (Mt. 26:36-46; Mr. 14:32-42; Lc. 22:41-44)

PRIMERA ORACIÓN	SEGUNDA ORACIÓN	TERCERA ORACIÓN
• Cruza el torrente del Cedrón	• Ora otra vez y se somete	• Repite la misma oración
• Pide a Pedro, a Santiago y a Juan que oren	• Es fortalecido por un ángel	• Despierta a los tres por tercera vez
• Ora en relación con su copa y se somete a la voluntad del Padre	• Despierta otra vez a los adormilados discípulos	• Les avisa de la llegada de los soldados
• Despierta a los discípulos		

Las oraciones en el Calvario

PRIMERA ORACIÓN (Lc. 23:34)
«Padre, perdónalos, porque no saben lo que hacen.»

SEGUNDA ORACIÓN (Mt. 27:46); (Mr. 15:34)
«Dios mío, Dios mío, ¿por qué me has desamparado?»

TERCERA ORACIÓN (Lc. 23:46)
«Padre, en tus manos encomiendo mi Espíritu.»

33. Los labradores malvados (Mt. 21:33-46; Mr. 12:1-12; Lc. 21:9-19).
34. El invitado a una boda que no lleva la ropa apropiada (Mt. 22:1-14).
35. La higuera y el futuro (Mt. 24:32-35; Mr. 13:28-31; Lc. 21:29-33).
36. Las cinco lámparas que se apagaron (Mt. 25:1-13).
37. Tres mayordomos y sus talentos (Mt. 25:14-30).
38. La separación de las ovejas y los cabritos (Mt. 25:31-46).

UN BREVE RESUMEN DE SUS PARÁBOLAS

1. Sus parábolas tratan los siguientes temas:
   a. Los fundamentos correctos (véase 1).
   b. El perdón (véanse 2 y 15).
   c. Satanás (véanse 3, 5, 17).
   d. El corazón humano (véase 4).
   e. El reino de los cielos (véanse 4-13).
   f. La Iglesia (véase 10).
   g. El juicio final (véanse 5, 11 y 38).
   h. Israel (véanse 9, 14, 21, 33 y 35).
   i. La compasión (véase 16).
   j. Las riquezas (véase 18).
   k. La preparación (véanse 19, 20 y 36).
   l. La humildad (véase 22).
   m. Las actitudes mundanas (véase 25).
   n. El infierno (véanse 18, 26 y 34).
   ñ. La mayordomía (véanse 27, 31 y 37).
   o. La oración (véanse 28 y 29).
   p. El arrepentimiento (véase 32).
   q. La salvación (véase 24).
2. Tomó sus parábolas de varias áreas de la vida.
   a. La agricultura (véanse 4, 5, 6, 7, 18, 21, 35).
   b. La pesca (véase 11).
   c. Las bodas (véanse 22, 23, 34, 36).
   e. Los negocios del mundo (véanse 25, 2, 30).

LAS ORACIONES DEL SALVADOR

1. En su bautismo (Lc. 3:21).
2. Antes de su primera gira de predicación por Galilea (Mr. 1:35; Lc. 4:42).
3. Después de sanar a un leproso (Lc. 5:16).
4. Antes de escoger a sus doce discípulos (Lc. 6:12).
5. Después de la alimentación de los 5.000 (Mt. 14:23; Mr. 6:46; Jn. 6:15).
6. Antes de escuchar la gran confesión de Pedro (Lc. 9:18).
7. Durante su transfiguración (Lc. 9:28, 29).
8. Después de escuchar el informe de los setenta a su regreso (Mt. 11:25-27; Lc. 10:21, 22).
9. Después de visitar a María y a Marta (Lc. 11:1).
10. Al recibir a unos niños pequeños (Mt. 19:13-15; Mr. 10:13-16; Lc. 18:15-17).
11. Antes de resucitar a Lázaro (Jn. 11:41, 42).
12. Cuando unos griegos expresaron su deseo de verle (Jn. 12:27, 28).
13. Después de dejar el aposento alto (Jn. 17:1-26).
14. En el huerto (primera oración) (Mt. 26:39; Mr. 14:35, 36; Lc. 22:41, 42).
15. En el huerto (segunda oración) (Mt. 26:42; Mr. 14:39; Lc. 22:44).
16. En el huerto (tercera oración) (Mt. 26:44).
17. En la cruz (primera oración) (Lc. 23:34).
18. En la cruz (segunda oración) (Mt. 27:46, 47; Mr. 15:34, 35).
19. En la cruz (tercera oración) (Lc. 23:46).

UN RESUMEN DE SUS ORACIONES

1. Por lo que oró:
   a. Que el Padre bendijera su ministerio en Galilea (véase 2).
   b. Que el Padre le guiara al escoger a los Doce (véase 4).
   c. Que el Padre revelara la deidad del Hijo a Pedro (véase 6).
   d. Para agradecer al Padre por haber revelado verdades espirituales a los setenta (véase 8).
   e. Para agradecer al Padre el que siempre le escuche (véase 11).
   f. Que el Padre fuera glorificado (véase 12).
   g. Que el Padre le glorificara a Él (véase 13).
   h. Que el Padre guardara, santificara, uniera, perfeccionara y llevara a Cristo a todos los creyentes (véase 13).

PREDICCIONES MÁS NOTABLES

NATURALEZA DE LA PROFECÍA	*LOCALIZACIÓN DE LA PROFECÍA*	
1. SUS SUFRIMIENTOS, MUERTE Y RESURRECCIÓN	• **Jn. 2:19-22** • **Jn. 3:14** • **Jn. 10:11-18**	• **Mt. 16:4, 21** • **Mt. 17:22, 23** • **Mt. 20:17-19**
2. SU TRANSFIGURACIÓN	• **Mt. 16:28**	
3. SU TRAICIÓN	• **Jn. 6:70, 71**	
4. LAS NEGACIONES DE PEDRO	• **Jn. 13:38**	• **Mr. 14:26-31**
5. SU APARICIÓN A LOS DISCÍPULOS EN GALILEA	• **Mt. 26:31, 32**	
6. SU ASCENSIÓN	• **Jn. 1:50, 51**	
7. PENTECOSTÉS	• **Jn. 7:37-39**	
8. LA IGLESIA	• **Mt. 16:13-19**	
9. EL RAPTO	• **Jn. 14:2, 3**	
10. LA SEGUNDA VENIDA	• **Mt. 16:27**	• **Mt. 26:24**
11. EL JUICIO ANTE EL GRAN TRONO BLANCO	• **Mt. 7:21-23**	• **Mt. 12:41, 42**
12. LA FUTURA RESURRECCIÓN	• **Jn. 5:28, 29**	
13. LOS ÚLTIMOS DÍAS	• **Lc. 17:26-30**	
14. EL ARMAGEDÓN	• **Lc. 17:34-37**	
15. EL GALARDÓN FUTURO	• **Mr. 10:28-31**	
16. LA MUERTE DE PEDRO	• **Jn. 21:18, 19**	

- i. Que si fuera posible pasara de Él aquella hora de agonía (véanse 14, 15 y 16).
- j. Que se hiciera la voluntad del Padre (véanse 14, 15 y 16).
- k. Que sus enemigos fueran perdonados (véase 17).
- l. Que Él entendiera sus sufrimientos (véase 18).
- m. Que el Padre recibiera su espíritu (véase 19).

2. Aquellos por los que oró:
   - a. Unos niños pequeños (véase 10).
   - b. Sus enemigos (véase 17).
   - c. Por sí mismo (véanse 12, 13, 14, 15, 16, 18, 19).
   - d. Todos los creyentes (véase 13).
   - e. Los setenta discípulos (véase 8).
3. El tiempo de sus oraciones:
   - a. Toda la noche (véase 4).
   - b. Poco después de pasada la medianoche (véanse 13, 14, 15, 16).
   - c. Al amanecer (véase 2).
   - d. Temprano en la mañana (véase 17).
   - e. Al anochecer (véanse 18 y 19).
4. Cómo oró:
   - a. Levantando sus ojos al cielo (véanse 11 y 13).
   - b. Arrodillado (véanse 14 Y 15).
   - c. Postrado sobre su rostro (véanse 14 y 15).
   - d. Colgado en la cruz entre la tierra y el cielo (véanse 17, 18 y 19).

LAS PREDICCIONES DEL SALVADOR

1. Concerniente a su ascensión (Jn. 1:50, 51).
2. Acerca de su muerte y resurrección (Jn. 2:19-22).
3. En relación con su muerte (Jn. 3:14).
4. Concerniente al juicio ante el gran trono blanco (Mt. 7:21-23).
5. En relación con la futura resurrección (Jn. 5:28, 29).
6. Acerca de su traición (Jn. 6:70, 71).
7. Concerniente a su resurrección (Mt. 16:4).
8. En relación con su ascensión (Jn. 7:33, 34).
9. Acerca de pentecostés (Jn. 7:37-39).
10. Sobre su ascensión (Jn. 8:14, 21).
11. En relación con su muerte (Jn. 8:28).
12. Concerniente a su muerte (Jn. 10:17, 18).
13. Acerca de la Iglesia (Mt. 16:18, 19).
14. Concerniente a su resurrección (Mt. 16:21; Mr. 8:31; Lc. 9:22).
15. Concerniente a su Segunda Venida (Mt. 16:27; Mr. 8:38; Lc. 9:26).
16. Acerca de su transfiguración (Mt. 16:28; Lc. 9:27).
17. En relación con su resurrección (Mt. 17:9; Mr. 9:9).
18. Concerniente a sus sufrimientos (Mt. 17:12; Mr. 9:12).
19. En relación con su traición (Lc. 9:44; Mt. 17:22).
20. Acerca de su resurrección (Mr. 9:31; Mt. 17:23).
21. Concerniente a su resurrección (Mt. 12:38-40; Lc. 11:29, 30).
22. En relación con el juicio del gran trono blanco (Mt. 12:41, 42; Lc. 11:31, 32).
23. Acerca del gran trono blanco (Lc. 12:2, 3).
24. Sobre sus sufrimientos (Lc. 17:25).
25. En relación con los últimos días (Lc. 17:26-30).
26. Acerca del Armagedón (Lc. 17:34-37).

SERMONES MÁS NOTABLES

SERMÓN	LUGAR EN QUE SE PREDICÓ	PROPÓSITO	LUGAR EN LAS ESCRITURAS
1. Tomado de Isaías 61	Nazaret	Identificarse a Sí mismo como el Mesías judío.	**Lc. 4**
2. Sermón del Monte	Mt. Tabor (¿?)	Enseñar lo que los creyentes deberían hacer hoy. Anticipar lo que harán en el milenio.	**Mt. 5—7**
3. Sobre el juicio y la resurrección	En el templo en Jerusalén	Hacerse igual al Padre como *fuente* de vida.	**Jn. 5:19-47**
4. Sobre el Pan de vida	A la orilla del mar de Galilea	Hacerse igual al Padre como *pan* de vida.	**Jn. 6:22-71**
5. Sermón de la fiesta de los Tabernáculos	Fuera del templo en Jerusalén	Invitar a la gente a tomar del agua viva.	**Jn. 7:1-53**
6. Sermón en el atrio del tesoro	En el templo en Jerusalén	Identificarse a Sí mismo como la luz y la vida del mundo.	**Jn. 8:12-59**
7. Sermón del buen Pastor	En Jerusalén	Cumplir el Salmo 23 y Ezequiel 34.	**Jn. 10:1-28**
8. Discurso del monte de los Olivos	En el monte de los Olivos	Que sirva de guía para los creyentes judíos durante la tribulación.	**Mt. 24—25**
9. Sermón sobre la casa del Padre	En el aposento alto	Preparar a los discípulos para la crucifixión y pentecostés.	**Jn. 14**
10. Sermón sobre la vid y el Espíritu Santo	De camino a Getsemaní	Preparar a los creyentes para el servicio cristiano.	**Jn. 15—16**

27. En relación con los galardones futuros (Mt. 19:27-30; Mr. 10:28-31; Lc. 18:28-30).
28. Concerniente a su resurrección (Mt. 20:17-19; Mr. 10:32-34; Lc. 18:31-34).
29. Concerniente a la destrucción de Jerusalén (Lc. 19:43, 44).
30. En relación con el reino que sería quitado de Israel (Mt. 21:43, 44).
31. Acerca de su muerte (Jn. 12:20-26).
32. Concerniente a su muerte (Jn. 12:32).
33. Concerniente a la tribulación (Mt. 24:1-42).
34. En relación con su Segunda Venida (Mt. 24:29-41).
35. Acerca de su muerte (Mt. 26:2).
36. Acerca de su traición (Jn. 13:18-33; Mt. 26:21-25; Mr. 14:18-21; Lc. 22:21-23).
37. Concerniente a la muerte de Pedro (Jn. 13:36).
38. Concerniente a las tres primeras negaciones de Pedro (Jn. 13:38; Lc. 22:34).
39. En relación con su retorno (Jn. 14:2, 3).
40. En relación con el abandono de sus discípulos (Mt. 26:31).
41. Sobre el encuentro con sus discípulos en Galilea después de su resurrección (Mt. 26:32; Mr. 14:28; 16:7).
42. Respecto a las segundas tres negaciones de Pedro (Mt. 26:33-35; Mr. 14:29-31).
43. Acerca de su segunda venida (Mt. 26:64).
44. Concerniente a su segunda venida (Lc. 22:69).
45. En relación con la destrucción de Jerusalén (Lc. 23:28-31).
46. Acerca del martirio de Pedro (Jn. 21:18, 19).

UN BREVE RESUMEN DE SUS PREDICCIONES

Relacionadas con Él

1. Que sufriría, moriría y resucitaría (véanse 2, 3, 7, 11, 12, 14, 17, 18, 19, 20, 21, 24, 28, 31, 32 y 35).
2. Que se transfiguraría (véase 16).
3. Que sería traicionado (véanse 6, 19 y 36).
4. Que sería negado (véanse 38 y 42).
5. Que le abandonarían (véase 40).
6. Que aparecería en Galilea después de su resurrección (véase 41).
7. Que ascendería (véanse 1, 8, 10).
8. Que enviaría al Espíritu Santo (véase 9).
9. Que establecería su Iglesia (véase 13).
10. Que desecharía temporalmente a Israel (véase 30).
11. Que volvería otra vez (véanse 15, 39, 43 y 44).
12. Que un día resucitaría y juzgaría a todos los hombres (véanse 4, 5, 22, 23 y 27).

Sobre otros asuntos

1. Los últimos días (véase 25).
2. El Armagedón (véase 26).
3. La destrucción de Jerusalén (véanse 29 y 45).
4. La tribulación (véase 33).
5. La muerte de Pedro (véanse 37 y 46).

LOS SERMONES DEL SALVADOR

Predicó:

1. Sobre Isaías 61 en la sinagoga de su pueblo (Lc. 4:16-30).

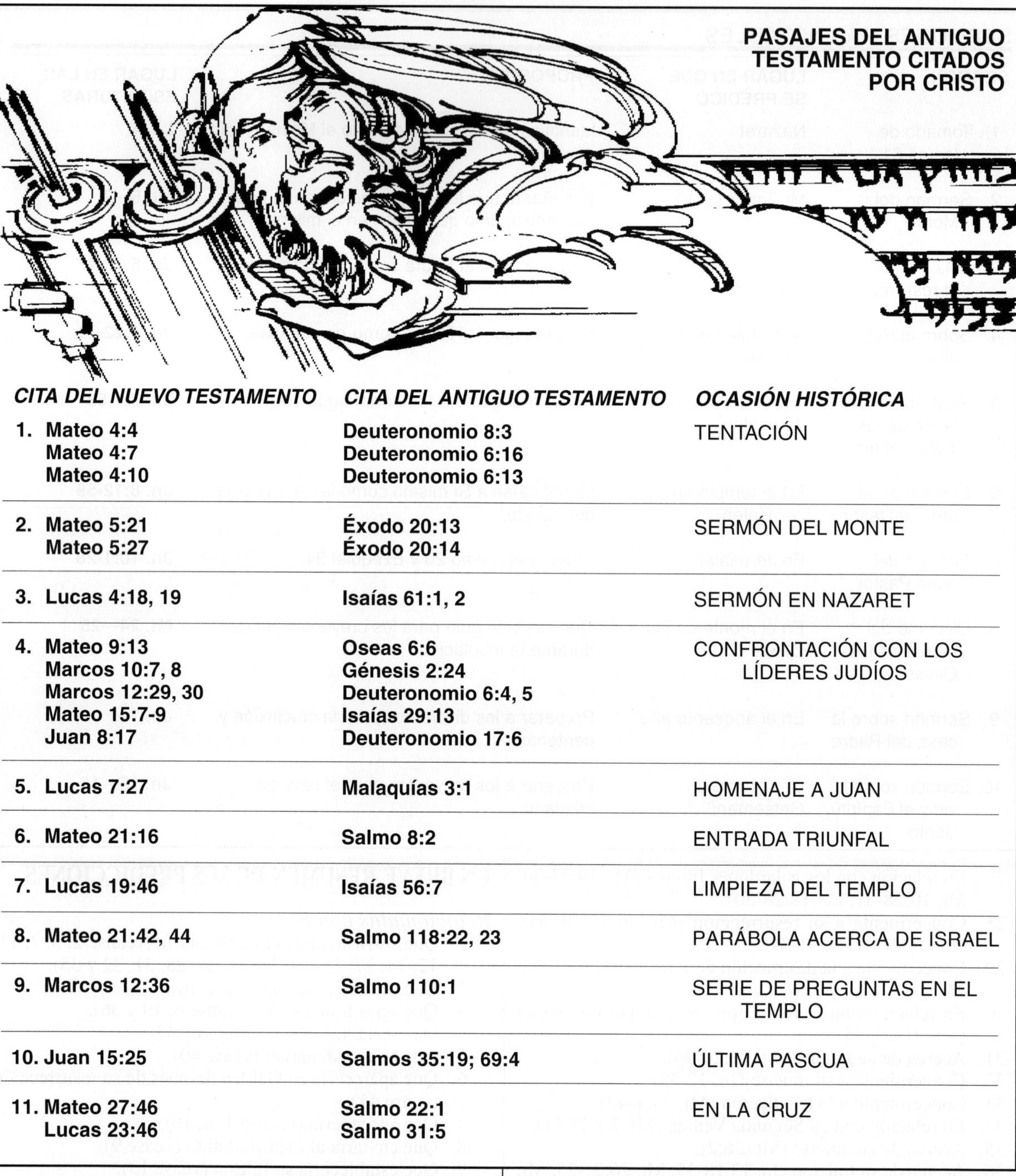

PASAJES DEL ANTIGUO TESTAMENTO CITADOS POR CRISTO

CITA DEL NUEVO TESTAMENTO	*CITA DEL ANTIGUO TESTAMENTO*	*OCASIÓN HISTÓRICA*
1. Mateo 4:4 Mateo 4:7 Mateo 4:10	**Deuteronomio 8:3 Deuteronomio 6:16 Deuteronomio 6:13**	TENTACIÓN
2. Mateo 5:21 Mateo 5:27	**Éxodo 20:13 Éxodo 20:14**	SERMÓN DEL MONTE
3. Lucas 4:18, 19	**Isaías 61:1, 2**	SERMÓN EN NAZARET
4. Mateo 9:13 Marcos 10:7, 8 Marcos 12:29, 30 Mateo 15:7-9 Juan 8:17	**Oseas 6:6 Génesis 2:24 Deuteronomio 6:4, 5 Isaías 29:13 Deuteronomio 17:6**	CONFRONTACIÓN CON LOS LÍDERES JUDÍOS
5. Lucas 7:27	**Malaquías 3:1**	HOMENAJE A JUAN
6. Mateo 21:16	**Salmo 8:2**	ENTRADA TRIUNFAL
7. Lucas 19:46	**Isaías 56:7**	LIMPIEZA DEL TEMPLO
8. Mateo 21:42, 44	**Salmo 118:22, 23**	PARÁBOLA ACERCA DE ISRAEL
9. Marcos 12:36	**Salmo 110:1**	SERIE DE PREGUNTAS EN EL TEMPLO
10. Juan 15:25	**Salmos 35:19; 69:4**	ÚLTIMA PASCUA
11. Mateo 27:46 Lucas 23:46	**Salmo 22:1 Salmo 31:5**	EN LA CRUZ

2. Sobre las características del reino de los cielos (el Sermón del Monte) (Mt. 5—7; Lc. 6:20-49; 12:22-31, 57-59; 16:17).
3. Sobre nueve ejemplos del reino de los cielos (Mt. 13:1-52; Mr. 4:1-34; Lc. 8:4-18; 13:18-21).
4. Acerca de Juan el Bautista (Mt. 11:7-15; Lc. 7:24-30).
5. Acerca del juicio y la resurrección (Jn. 5:19-47).
6. A los doce que iban a ministrar (Mt. 10:5-16; 24-33; 37:42; Mr. 6:8-11; Lc. 9:3-5).
7. Sobre el pan de vida (Jn. 6:26-59).
8. Sobre la fuente de la contaminación (Mt. 15:1-20; Mr. 7:1-23).
9. Acerca del diablo y sus hijos (Jn. 10:1-18; 8:33-59).
10. Sobre el Buen Pastor (Jn. 10:1-18).
11. Sobre la humildad y el infierno (Mt. 18:1-20 Mr. 9:33—10:1; Lc. 9:46-50).
12. A los setenta discípulos que partían a ministrar (Mt. 11:20-24; Lc. 10:1-16).
13. Acerca de la hipocresía religiosa (Mt. 23:1-36; Mr. 12:38-40; Lc. 20:45-47).
14. Sobre la última tribulación (discurso del monte de los Olivos) (Mt. 24:1-42; 10:17-23; 25:1-46; Mr. 13:1-37; Lc. 21:5-36; 12:11, 12).
15. Acerca de la casa de su Padre (Jn. 14:1-31).
16. Sobre la vid y los pámpanos (Jn. 15:1—16:33).

UN BREVE RESUMEN DE SUS SERMONES

1. Por poco le matan después de la predicación de uno de sus sermones (véase 1).
2. Predicó uno de sus sermones sentado en una barca (véase 3).

3. Predicó sus sermones más largos en dos montes (véanse 2 y 14).
4. Predicó varios de ellos cerca del templo en Jerusalén (véanse 5, 8, 9, 10, 13, 15 y 16).
5. Dedicó dos de sus sermones a predicadores (véanse 6 y 12).
6. Predicó un sermón en defensa propia (véase 9).
7. Pronunció uno de sus sermones en defensa de sus discípulos (véase 8).
8. Usó a un niño pequeño como ilustración para uno de sus mensajes (véase 11).
9. Predicó un sermón en el aposento alto (véase 15).
10. Predicó un sermón a la luz de la luna (véase 16).
11. Los evangelios sólo recogen un sermón predicado durante su primer año (véase 1).
12. Durante su segundo año predicó cinco de los sermones que tenemos registrados (véanse 2-6).
13. Durante su tercer año predicó cuatro de los sermones recogidos en los evangelios (7-10).
14. Durante su cuarto año predicó dos de sus sermones registrados (véanse 11 y 12).
15. Durante su última semana predicó cuatro de los mensajes que conocemos (véanse 13-16).

DIÁLOGOS PERSONALES DEL SALVADOR

1. Con Natanael en relación con su omnisciencia y ascensión (Jn. 1:47-51).
2. Con su madre acerca del propósito de su vida (Jn. 2:3, 4).
3. Con Nicodemo acerca del nuevo nacimiento (Jn. 3:1-21).
4. Con la mujer samaritana en relación con el agua viva (Jn. 4:6-26).
5. Con un leproso sobre la sanidad (Mt. 8:2-4).
6. Con un centurión en relación con la sanidad y la fe (Mt. 8:6-13; Lc. 7:4-9).
7. Con Simón el fariseo acerca del amor y el perdón (Lc. 7:40-47).
8. Con Jairo acerca de su hija (Mr. 5:22, 23, 35, 36).
9. Con un hombre paralítico acerca de su enfermedad y curación (Jn. 5:6-8, 14).
10. Con una madre sirofenicia en relación con su hija (Mt. 15:21-28).
11. Con un ciego en relación con su condición (Mr. 8:22-26).
12. Con una mujer adúltera en lo tocante a sus acusadores (Jn. 8:10 y 11).
13. Con un hombre que había nacido ciego en relación con su deidad (Jn. 9:7, 35-38).
14. Con el padre de un muchacho endemoniado (Mr. 9:17-24).
15. Con un abogado respecto a quién era su prójimo (Lc. 10:25-37).
16. Con tres que querían seguirle en relación con el discipulado (Lc. 9:57-62).
17. Con un hombre en público acerca de la avaricia (Lc. 12:13, 14).
18. Con un leproso en relación con la gratitud (Lc. 17:13-19).
19. Con un líder, joven y rico, con respecto a la vida eterna (Mt. 19:16-22).
20. Con un ciego acerca de su sanidad (Lc. 18:35-42).
21. Con Zaqueo en relación con la salvación (Lc. 19:1-10).
22. Con el ciego Bartimeo concerniente a su necesidad (Mr. 10:46-52).
23. Con un escriba en relación con el más importante de los mandamientos (Mr. 12:28-34).
24. Con Judas (no el Iscariote) en relación con la presencia de la Trinidad en el creyente (Jn. 14:22, 23).
25. Con Anás acerca de sus enseñanzas (Jn. 18:19-23).
26. Con Caifás en relación con su propia deidad (Mt. 26:62-64).
27. Con un ladrón moribundo en lo tocante al paraíso (Lc. 23:42, 43).
28. Con María Magdalena en relación con su resurrección (Jn. 20:14-18).
29. Con Cleofas con respecto a su propia resurrección (Lc. 24:17-27).
30. Con Pedro en relación con:
    a. Ganadores de almas (Lc. 5:4-11).
    b. La fe (Mt. 14:26-31).
    c. El discipulado (Jn. 6:66-70).
    d. Su deidad (Mt. 16:15-19).
    e. Sus sufrimientos (Mt. 16:21-23).
    f. El pago del tributo (Mt. 17:25-27).
    g. El perdón (Mt. 18:21, 22).
    h. La humildad (Jn. 13:6-11).
    i. Sus primeras negaciones (Jn. 13:36-38).
    j. Sus segundas negaciones (Mr. 14:29-31).
    k. Su amor por Cristo (Jn. 21:15-22).
31. Con Marta:
    a. Acerca de las cosas que son más importantes (Lc. 10:38-42).
    b. Tocante a la resurrección (Jn. 11:21-27; 39, 40).
32. Con Judas:
    a. En el aposento alto en relación con su traición (Mt. 26:25; Jn. 13:27).
    b. En el huerto respecto también a su traición (Mt. 26:49, 50; Lc. 22:48).
33. Con Pilato:
    a. Acerca de su reino (Mt. 27:11-14; Mr. 15:1-5; Lc. 23:3; Jn. 18:33-38).
    b. En relación con su autoridad (Jn. 19:8-11).
34. Con Santiago y Juan:
    a. Acerca de su sectarismo (Mr. 9:38-42).
    b. En relación con la venganza (Lc. 9:54-56).
    c. Con respecto a los lugares donde sentarse en el reino de los cielos (Mt. 20:20-23; Mr. 10:35-40).
35. Con Felipe:
    a. En relación con la alimentación de los 5.000 hombres (Jn. 6:5-7).
    b. Acerca de su Padre (Jn. 14:8, 9).
36. Con Tomás:
    a. En relación con el camino de vida (Jn. 14:5, 6).
    b. En lo que respecta a la incredulidad (Jn. 20:26-29).

EVENTOS Y PERSONAS DEL ANTIGUO TESTAMENTO MENCIONADOS POR EL SALVADOR

1. La creación de Adán y Eva (Gn. 1:27; 2:24; Mr. 10:6-8).
2. La muerte de Abel (Gn. 4:10; Lc. 11:51).
3. La corrupción en los días de Noé y el diluvio (Gn. 6, 7; Lc. 17:26, 27).
4. La corrupción en los días de Lot y el fuego del cielo (Gn. 19; Lc. 17:28, 29).
5. La mundanalidad de la mujer de Lot (Gn. 19:26; Lc. 17:32).
6. Moisés y la zarza ardiendo (Ex. 3; Mr. 12:26).
7. Moisés y el maná celestial (Ex. 16:15; Jn. 6:31).
8. Moisés y la serpiente de bronce (Nm. 21:8; Jn. 3:14).
9. David y los panes de la proposición (1 S. 21:6; Mt. 12:3, 4).
10. Salomón y la reina de Sabá (1 R. 10:1; Mt. 12:42).
11. Elías, una viuda y el hambre (1 R. 17:1, 9; Lc. 4:25, 26).
12. Naamán y su lepra (2 R. 5; Lc. 4:27).

13. El asesinato de Zacarías (2 Cr. 24:20, 21; Lc. 11:51).
14. Daniel y la abominación desoladora (Dn. 9:27; 11:31; 12:11; Mt. 24:15).
15. Jonás y el pez (Jon. 1:17; Mt. 12:40; 16:4).
16. Jonás y el arrepentimiento de los ninivitas (Jon. 3:4-10; Lc. 11:30; Mt. 12:41).

PASAJES DEL ANTIGUO TESTAMENTO CITADOS POR EL SALVADOR

1. Durante sus tentaciones:
   a. La primera tentación (en Mt. 4:4 cita Dt. 8:3).
   b. La segunda tentación (en Mt. 4:7 cita Dt. 6:16).
   c. La tercera tentación (en Mt. 4:10 cita Dt. 6:13).
2. Durante su Sermón del Monte:
   a. En Mateo 5:21 (cita Ex. 20:13, el sexto mandamiento).
   b. En Mateo 5:27 (cita Ex. 20:14, el séptimo mandamiento. Cp. también Mt. 5:31 con Dt. 24:1). (Nota: Más tarde citó estos mismos mandamientos durante su conversación con el joven rico. Véase Mr. 10:19.)
3. Durante su sermón en Nazaret (en Lc. 4:18, 19 cita Is. 61:1, 2).
4. En varias de sus confrontaciones con los líderes judíos:
   a. Al defender su asociación con pecadores (en Mt. 9:13, cita Os. 6:6).
   b. Al hablar acerca del matrimonio (en Mr. 10:7, 8, cita Gn. 2:24).
   c. Cuando le preguntan acerca de cuál es el mandamiento más importante (en Mr. 12:29, 30, cita Dt. 6:4, 5).
   d. Al rechazar sus vanas tradiciones (en Mt. 15:7-9; cita Is. 29:13).
   e. Cuando los fariseos cuestionan su autoridad (en Jn. 8:17; cita Dt. 17:6).
5. Durante sus palabras de homenaje a Juan el Bautista (en Lc. 7:27, 28 cita Mal. 3:1).
6. Durante su entrada triunfal (en Mt. 21:16 cita el Sal. 8:2).
7. Durante la limpieza del templo (en Lc. 19:46 cita Is. 56:7).
8. Durante una parábola acerca de Israel (en Mt. 21:42, 44 cita el Sal. 118:22, 23; Is. 8:14, 15).
9. Durante una serie de preguntas en el templo (en Mr. 12:36 cita el Sal. 110:1).
10. Durante su última noche en la Pascua al predecir que el mundo aborrecería a los discípulos como lo habían hecho con Él (en Jn. 15:25 cita el Sal. 35:19; 69:4).
11. En la cruz:
    a. En su cuarta palabra (en Mt. 27:46 cita el Sal. 22:1).
    b. En su séptima palabra (en Lc. 23:46 cita el Sal. 31:5).

LA DEIDAD DEL SALVADOR

Su deidad fue declarada:

1. Por los ángeles:
   a. Gabriel a María (Lc. 1:26-33).
   b. Gabriel a José (Mt. 1:20-23).
   c. Gabriel (¿?) a unos pastores (Lc. 2:8-11).
   e. Gabriel (¿?) a unas mujeres (Mt. 28:5, 6).
2. Por el Padre:
   a. En su bautismo (Mt. 3:16, 17).
   b. En su transfiguración (Mt. 17:5).
   c. Poco antes de su pasión (Jn. 12:27, 28).
3. Mediante sus milagros (Jn. 20:30, 31; 21:25).
4. Mediante sus mensajes llenos de autoridad (Lc. 4:32; Jn. 7:46).
5. Mediante la exactitud de sus profecías (Mt. 26:32).
6. Por medio de su vida sin pecado (Jn. 14:30), como lo atestiguaron las siguientes personas:
   a. Pilato (Jn. 19:4).
   b. La mujer de Pilato (Mt. 27:19).
   c. Judas (Mt. 27:4).
   d. El ladrón moribundo (Lc. 23:41).
   e. El centurión romano (Lc. 23:47).
7. Por los demonios:
   a. Cuando curó a unos endemoniados (Mt. 8:28, 29).
   b. Cuando sanó a un hombre en Capernaum (Lc. 4:33, 34).
   c. Cuando sanó a muchos en Capernaum (Lc. 4:41; Mr. 3:11).
8. Por aquellos que le adoraron:
   a. Los pastores (Lc. 2:15).
   b. Los magos (Mt. 2:2, 11).
   c. Un leproso (Mt. 8:2).
   d. Un hombre principal (Mt. 9:18).
   e. Una madre gentil (Mt. 15:25).
   f. Una madre hebrea (Mt. 20:20).
   g. Un maniático (Mr. 5:6).
   h. Un ciego (Jn. 9:38).
   i. Un apóstol (Tomás) (Jn. 20:28).
   j. Todos los apóstoles (Mt. 14:33; 28:9).
9. Por Satanás (Mt. 4:3, 6).
10. Por él mismo:
    a. Se refirió a sí mismo como el Hijo de Dios (Jn. 9:35; 10:36; 11:4).
    b. Perdonó pecados (Mr. 2:5, 10).
    c. Él es el juez de los hombres (Jn. 5:22, 27).
    d. Él es el autor de la vida (Jn. 5:24, 28, 29).
    e. Debe ser honrado como el Padre (Jn. 5:23).
    f. Sólo Él puede salvar (Jn. 10:28; Lc. 19:10; Jn. 14:6).

LA HUMANIDAD DEL SALVADOR

(Jesús fue tan humano como si nunca hubiera sido Dios.)

1. Tuvo un linaje humano (Lc. 1:31).
2. Tuvo un cuerpo humano (Mt. 26:12).
3. Tuvo un alma humana (Jn. 12:27).
4. Tuvo un espíritu humano (Mr. 2:8; Lc. 23:46).
5. Creció en sabiduría y estatura (Lc. 2:52, 40).
6. Hizo preguntas (Lc. 2:46; 8:45).
7. Aprendió obediencia (Lc. 2:51).
8. Los demás le vieron como un hombre:
   a. La mujer samaritana (Jn. 4:9).
   b. Los judíos (Jn. 8:57; 10:33).
   c. María Magdalena (Jn. 20:15).
9. Tenía carne y sangre (Jn. 6:51, 55).
10. Se relacionó con los demás (Jn. 2:1, 2).
11. Oró (Lc. 11:1).
12. Fue tentado (Mt. 4:1).
13. Tuvo hambre (Mt. 4:2; 21:18).
14. Tuvo sed (Jn. 4:7; 19:28).
15. Comió (Jn. 21:13-15; Lc. 24:41-43).
16. Se cansó (Jn. 4:6).
17. Durmió (Mt. 8:24).
18. Amó (Mr. 10:21).
19. Tuvo compasión (Mt. 9:36; 14:14; 15:32; Lc. 7:13; Mr. 1:41; 9:22, 23; 5:19).
20. Se enojó y se entristeció (Mr. 3:5).
21. Lloró (Jn. 11:35; Lc. 19:41).
22. Experimentó gozo (Lc. 10:21).
23. Tuvo celo (Jn. 2:17).

24. Se entristeció y se angustió (Mt. 26:37; Mr. 14:34).
25. Cantó (Mt. 26:30).
26. Sudó y agonizó (Lc. 22:44).
27. Se turbó, se conmovió (Jn. 11:33; 12:27; 13:21; Mr. 14:33, 34).
28. Se desangró (Jn. 19:34).
29. Murió (Mt. 27:50).
30. Fue sepultado (Mt. 27:59, 60).

LOS NOMBRES DEL SALVADOR

(Como se mencionan en los cuatro evangelios)

1. Niño:
   a. Los ángeles (Lc. 2:12)
   b. Herodes (Mt. 2:8, 9)
   c. El ángel del Señor (Mt. 2:13, 20; véanse también Mt. 1:18, 23: 2:11, 14, 21; Lc. 2:17, 21, 27, 40).
2. Pan de Dios, usado por Él mismo (Jn. 6:33).
3. El Esposo, usado por:
   a. Él mismo (Mt. 9:15; 25:1, 5, 6, 10).
   b. Juan el Bautista (Jn. 3:29).
4. Cristo, usado por:
   a. Herodes (Mt. 2:4).
   b. Pedro (Mt. 16:16; Jn. 6:69).
   c. Él mismo (Mt. 22:42; 23:8, 10; 24:5, 23; Lc. 24:26, 46; Jn. 20:31).
   d. Caifás (Mt. 26:63, 68).
   e. Pilato (Mt. 27:17, 22).
   f. Los principales sacerdotes (Mr. 15:32).
   g. Los ángeles (Lc. 2:11).
   h. El ladrón en la cruz (Lc. 23:39).
   i. Andrés (Jn. 1:41).
   j. La mujer samaritana (Jn. 4:25, 29).
   k. La multitud (Jn. 7:41).
   l. Marta (Jn. 11:27).
5. Consolación de Israel, usado por Simeón (Lc. 2:25).
6. La piedra que es cabeza del ángulo, usado por él mismo (Mt. 21:42).
7. Carpintero, usado por sus paisanos en Nazaret (Mt. 13:55).
8. La Aurora que visita desde lo alto, usado por Zacarías (Lc. 1:78).
9. La puerta, usado por Él mismo (Jn. 10:7, 9).
10. Emanuel, usado por Isaías (Mt. 1:23).
11. Amigo de pecadores, usado por una generación impía (Mt. 11:19).
12. Dios, usado por Tomás (Jn. 20:28).
13. Guiador, usado por Miqueas (Mt. 2:6).
14. Don de Dios, usado por él mismo (Jn. 4:10).
15. Santo de Dios, usado por un espíritu inmundo (Mr. 1:24).
16. Heredero, usado por unos ciudadanos malvados (Mt. 21:38).
17. Jesús, usado por:
   a. Gabriel (Mt. 1:21; Mr. 16:6; Lc. 1:31).
   b. José (Mt. 1:25).
   c. Demonios (Mt. 8:29; Mr. 1:24).
   d. La multitud en Jerusalén (Mt. 21:11).
   e. Pilato (Mt. 27:17, 22, 37).
   f. Diez leprosos (Lc. 17:13).
   g. Un ciego sanado (Jn. 9:11).
   h. Unos griegos (Jn. 12:21).
   i. Unos soldados (Jn. 18, 5, 7).
18. Rey (de los judíos y de Israel), usado por:
   a. Los magos (Mt. 2:2).
   b. Él mismo (Mt. 21:5; 25:34, 40).
   c. Pilato (Mt. 27:11, 37; Mr. 15:9, 12; Jn. 18:39; 19:14, 15, 19).
   d. Los soldados romanos (Mt. 27:29; Jn. 19:3).
   e. Los principales sacerdotes (Mt. 27:42).
   f. Natanael (Jn. 1:49).
   g. La multitud en la entrada triunfal (Jn. 12:13, 15).
19. El Cordero de Dios, usado por Juan el apóstol (Jn. 1:29, 36).
20. Señor, usado por:
   a. Los no salvos (Mt. 7:22; 25:11, 44; Jn. 6:34).
   b. Un leproso (Mt. 8:2).
   c. Los Doce (Mt. 8:25; 26:22; Lc. 9:54; 11:1; 22:49; 24:34; Jn. 11:12; 20:25).
   d. Él mismo (Mt. 12:8; 21:3; 24:42; Lc. 6:46; Jn. 13:14).

NOMBRES PARA CRISTO EN LOS EVANGELIOS

A
AMIGO DE PECADORES
AURORA

C
CARPINTERO
CONSOLACIÓN DE ISRAEL
CORDERO DE DIOS
CRISTO

D
DIOS
DON DE DIOS

E
EMANUEL
ESPOSO

G
GUIADOR O GOBERNANTE

H
HEREDERO
HIJO DE ABRAHAM
HIJO DE DAVID
HIJO DE DIOS
HIJO DE JOSÉ
HIJO DEL HOMBRE
HOMBRE

J
JESÚS

M
MAESTRO
MÉDICO
MESÍAS

N
NAZARENO
NIÑO

P
PAN DE DIOS
PASTOR
PIEDRA DEL ÁNGULO
PROFETA
PUERTA

R
RABÍ
REY DE ISRAEL
REY DE LOS JUDÍOS

S
SALVADOR
SANTO DE DIOS
SEÑOR

U
UNIGÉNITO

V
VARÓN
VERBO

Y
YO SOY:
EL BUEN PASTOR
EL CAMINO, LA VERDAD Y LA VIDA
EL PAN DE VIDA
LA LUZ DEL MUNDO
LA PUERTA
LA RESURRECCIÓN
LA VID VERDADERA

PROFECÍAS DEL ANTIGUO TESTAMENTO CUMPLIDAS POR CRISTO

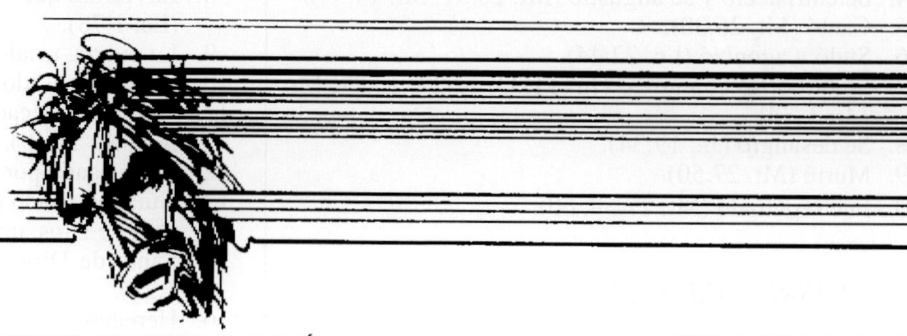

PREDICCIÓN DEL ANTIGUO TESTAMENTO	NATURALEZA DE LA PROFECÍA	CUMPLIMIENTO EN EL NUEVO TESTAMENTO
1. Is. 7:14	NACERÍA DE UNA VIRGEN	Mt. 1:22, 23
2. 2 S. 7:11, 12; Sal. 132:11; Is. 9:6; 16:5; Jer. 23:5	RECIBIRÍA EL TRONO DE DAVID	Lc. 1:31, 32
3. Dn. 2:44; 7:14, 27; Mi. 4:7	SU TRONO SERÍA ETERNO	Lc. 1:33
4. Is. 7:14	SERÍA LLAMADO EMANUEL	Mt. 1:23
5. Is. 40:3-5; Mal. 3:1	TENDRÍA UN PRECURSOR	Lc. 1:76-78; 3:3-6; Mt. 3:1-3
6. Mi. 5:2	NACERÍA EN BELÉN	Mt. 2:5, 6
7. Sal. 72:10; Is. 60:3, 6, 9	SERÍA ADORADO POR LOS MAGOS Y LE LLEVARÍAN REGALOS	Mt. 2:11
8. Nm. 24:8; Os. 11:1	PERMANECERÍA EN EGIPTO POR UN TIEMPO	Mt. 2:15
9. Jer. 31:15	SU LUGAR DE NACIMIENTO SUFRIRÍA UNA MATANZA DE NIÑOS	Mt. 2:17, 18
10. Is. 11:1	SERÍA LLAMADO NAZARENO	Mt. 2:23
11. Sal. 69:9; 119:139	TENDRÍA CELO POR EL PADRE	Jn. 2:16, 17
12. Is. 11:2; 61:1, 2; Sal. 45:7	ESTARÍA LLENO DEL ESPÍRITU SANTO	Lc. 4:18, 19
13. Is. 53:4	SANARÍA A MUCHOS	Mt. 8:16, 17
14. Is. 9:1, 2; 42:1-3	SERÍA COMPASIVO CON LOS GENTILES	Mt. 12:17-21; 4:13-16
15. Is. 6:9, 10	HABLARÍA EN PARÁBOLAS	Mt. 13:10-15
16. Is. 53:3; Sal. 69:8	SERÍA RECHAZADO POR LOS SUYOS	Jn. 1:11; 7:5
17. Zac. 9:9	ENTRARÍA TRIUNFALMENTE EN JERUSALÉN	Mt. 21:4, 5
18. Sal. 8:2	SERÍA ALABADO POR LOS NIÑOS	Mt. 21:16

e. Pedro (Mt. 14:28, 30; 16:22; 17:4; 18:21; Lc. 5:8; Jn. 6:68; 13:6, 36; 21:15, 16, 17, 21).
f. La madre de una niña endemoniada (Mt. 15:22).
g. El padre de un muchacho endemoniado (Mt. 17:15).
h. Dos hombres ciegos (Mt. 20:30).
i. Los creyentes fieles (Mt. 25:20, 22, 37).
j. El ángel del Señor (Lc. 2:11).
k. Unos que querían seguirle (Lc. 9:57, 59, 61).
l. Marta y María (Lc. 10:40; Jn. 11:3, 21, 27, 32, 39).
m. El ladrón en la cruz (Lc. 23:42).
n. Una mujer inmoral (Jn. 8:11).
ñ. Un ciego sanado (Jn. 9:36, 38).
o. El apóstol Juan (Jn. 13:25; 21:7).
p. Tomás (Jn. 14:5; 20:28).
q. Felipe (Jn. 14:8).
r. María Magdalena (Jn. 20:2).

21. Varón y hombre, usado por:
a. Juan el Bautista (Jn. 1:30).
b. Un ciego sanado (Jn. 9:11).

22. Maestro, usado por:
a. Él mismo (Mt. 10:24; 23:8).
b. Sus enemigos (Mt. 12:38; 22:16, 24, 36; Mr. 12:19; Lc. 11:45; 19:39; Jn. 8:4).
c. El joven rico (Mt. 19:16).
d. Judas (Mt. 26:25, 49).
e. Los Doce (Mr. 4:38; 13:1; Jn. 4:31; 9:2; 11:8).
f. El padre de un joven con espíritu inmundo (Mr. 9:17).
g. El apóstol Juan (Mr. 9:38; 10:35).
h. Pedro (Mr. 11:21; Lc. 5:5; 8:45; 9:33).
i. Un escriba sincero (Mr. 12:32).
j. Un oyente preocupado por el dinero (Lc. 12:13).
k. Marta (Jn. 11:28).
l. María Magdalena (Jn. 20:16).

23. Mesías, usado por:
a. Andrés (Jn. 1:41).
b. La mujer samaritana (Jn. 4:25).

24. Nazareno (Mt. 2:23).

25. Unigénito del Padre (Jn. 1:14, 18; 3:16, 18).

26. Profeta, usado por:
a. Él mismo (Mt. 13:57; Jn. 4:44).
b. La multitud en la entrada triunfal (Mt. 21:11).
c. Los fariseos (Mt. 21:46).
d. Los habitantes de Naín (Lc. 7:16).
e. Cleofas (Lc. 24:19).
f. La mujer samaritana (Jn. 4:19).
g. Los 5.000 que alimentó (Jn. 6:14).
h. La gente en Jerusalén (Jn. 7:40).
i. Un ciego sanado (Jn. 9:17).

27. Médico, usado por: Él mismo (Mt. 9:12; Lc. 4:23).

PROFECÍAS DEL ANTIGUO TESTAMENTO CUMPLIDAS POR CRISTO

	PREDICCIÓN DEL ANTIGUO TESTAMENTO	NATURALEZA DE LA PROFECÍA	CUMPLIMIENTO EN EL NUEVO TESTAMENTO
19.	Sal 118:22, 23	QUE SERÍA LA PIEDRA CABEZA DEL ÁNGULO DESECHADA	Mt. 21:42
20.	Is. 53:1	QUE NO CREERÍAN EN SUS MILAGROS	Jn. 12:37, 38
21.	Sal. 41:9: 55:12-14	QUE UN AMIGO LE TRAICIONARÍA POR TREINTA PIEZAS DE PLATA	Mt. 26:14-16, 21-25
22.	Is. 53:3	QUE SERÍA UN VARÓN DE DOLORES	Mt. 26:37, 38
23.	Zac. 13:7	QUE SUS DISCÍPULOS LE ABANDONARÍAN	Mt. 26:31, 56
24.	Is. 50:6	QUE LE AZOTARÍAN Y LE ESCUPIRÍAN	Mt. 26:67; 27:26
25.	Zac. 11:12, 13; Jer. 18:1-4; 19:1-4	QUE EL DINERO DE LA TRAICIÓN LO USARÍAN PARA COMPRAR EL CAMPO DEL ALFARERO	Mt. 27:9, 10
26.	Is. 53:12	QUE LE CRUCIFICARÍAN ENTRE DOS LADRONES	Mt. 27:38
27.	Sal. 69:21	QUE LE DARÍAN A BEBER VINAGRE	Mt. 27:34, 48; Jn. 19:28-30
28.	Sal. 22:16; Zac. 12:10	QUE TRASPASARÍAN SUS PIES Y MANOS	Mr. 15:25; Jn. 19:34, 37; 20:25-27
29.	Sal. 22:18	QUE SE REPARTIRÍAN SUS ROPAS ECHANDO SUERTES SOBRE ELLAS	Lc. 23:34; Jn. 19:23, 24
30.	Sal. 22:7, 8	QUE SUS ENEMIGOS LE RODEARÍAN Y LE RIDICULIZARÍAN	Mt. 27:39-44; Mr. 15:29-32
31.	Sal. 22:15	QUE TENDRÍA SED	Jn. 19:28
32.	Sal. 31:5	QUE ENCOMENDARÍA AL PADRE SU ESPÍRITU	Lc. 23:46
33.	Sal. 34:20; Éx. 12:46; Nm. 9:12	QUE SUS HUESOS NO SERÍAN QUEBRADOS	Jn. 19:33-36
34.	Zac. 12:10	QUE LE OBSERVARÍAN EN SU MUERTE	Jn. 19:37; Mt. 27:36
35.	Is. 53:9	QUE LE SEPULTARÍAN ENTRE LOS RICOS	Mt. 27:57-60
36.	Sal. 16:10	QUE RESUCITARÍA DE ENTRE LOS MUERTOS	Mt. 28:2-8
37.	Sal. 24:7-10; Is. 52:13	QUE ASCENDERÍA A LOS CIELOS	Mr. 16:19; Lc. 24:51

28. Rabí, usado por:
    a. Andrés y Juan (Jn. 1:38).
    b. Natanael (Jn. 1:49).
    c. Nicodemo (Jn. 3:2).
    d. La multitud en Capernaum (Jn. 6:25).
29. Pastor, usado por Él mismo (Mt. 9:36; 25:32; 26:31; Jn. 10:2, 11, 14, 16)
30. Hijo de Dios, usado por:
    a. Satanás (Mt. 4:3, 6).
    b. Los demonios (Mt. 8:29; Mr. 3:11; Lc. 4:41).
    c. Los Doce (Mt. 14:33).
    d. Pedro (Mt. 16:16; Jn. 6:69).
    e. Un centurión (Mt. 26:54).
    f. Marcos (Mr. 1:1).
    g. Gabriel (Lc. 1:35).
    h. Juan el Bautista (Jn. 1:34).
    i. Natanael (Jn. 1:49).
    j. Él mismo (Jn. 9:35; 10:36; 11:4).
    k. Marta (Jn. 11:27).
    l. Juan el apóstol (Jn. 20:31).
31. Hijo del Hombre (el nombre favorito de Jesús). Él dijo que el Hijo del Hombre:
    a. No tenía dónde recostar su cabeza (Mt. 8:20).
    b. Tiene potestad en la tierra para perdonar pecados (Mt. 9:6).
    c. Es señor del día de reposo (Mt. 12:8).
    d. Estaría en el corazón de la tierra tres días y tres noches (Mt. 12:40).
    e. Un día enviará a sus ángeles (Mt. 13:41).
    f. Vendrá en gran gloria (Mt. 16:27; 24:30; 26:64).
    g. Resucitaría de los muertos (Mr. 9:9; Mt. 17:9).
    h. Padecería mucho (Mt. 17:12; Mr. 8:31).
    i. Sería entregado (Mt. 17:22; 26:2, 45; Mr. 9:31; 10:33).
    j. Había venido para salvar lo que se había perdido (Mt. 18:11).
    k. Un día se sentará en el trono de su gloria (Mt. 19:28).
    l. No vino para ser servido, sino para servir (Mt. 20:28).
    m. Vendrá a la hora que nadie lo espere (Mt. 24:44; Lc. 12:40).
    n. Confesará a los creyentes delante de los ángeles Lc. 12:8).
32. Hijo de David, usado por:
    a. Dos ciegos en Capernaum (Mt. 9:27).
    b. Una multitud (Mt. 12:23).
    c. Una mujer sirofenicia (Mt. 15:22).
    d. Dos ciegos en Jericó (Mt. 20:30; Mr. 10:47).
    e. La gente en el día de la entrada triunfal (Mt. 21:9).

f. Unos muchachos en el templo (Mt. 21:15).
33. Hijo de Abraham (Mt. 1:1).
34. Hijo de José, usado equivocadamente por:
a. La gente de Nazaret (Lc. 4:22).
b. Felipe (Jn. 1:45).
35. El Verbo (Jn. 1:1).
36. Yo soy (usado siete veces por Cristo en el Evangelio de Juan).
a. Yo soy el pan de vida (Jn. 6:35).
b. Yo soy la luz del mundo (Jn. 9:5).
c. Yo soy la puerta (Jn. 10:9).
d. Yo soy el buen pastor (Jn. 10:11).
e. Yo soy la resurrección (Jn. 11:25).
f. Yo soy el camino, y la verdad, y la vida (Jn. 14:6).
g. Yo soy la vid verdadera (Jn. 15:1).

PROFECÍAS DEL ANTIGUO TESTAMENTO CUMPLIDAS POR EL SALVADOR

1. Que nacería de una virgen. (Cp. Is. 7:14 con Mt. 1:22, 23.)
2. Que recibiría el trono de David. (Cp. 2 S. 7:11, 12; Sal. 132:11; Is. 9:6, 7; 16:5; Jer. 23:5 con Lc. 1:31, 32.)
3. Que su trono sería eterno. (Cp. Dn. 2:44; 7:14, 27; Mi. 4:7 con Lc. 1:33.)
4. Que sería llamado Emanuel. (Cp. Is. 7:14 con Mt. 1:23.)
5. Que tendría un precursor. (Cp. Is. 40:3-5; Mal. 3:1 con Lc. 1:76-78; 3:3-6; Mt. 3:1-3.)
6. Que nacería en Belén. (Cp. Mi. 5:2 con Lc. 2:4-6; Mt. 2:5, 6.)
7. Que sería adorado por los magos y le llevarían regalos. (Cp. Sal. 72:10; Is. 60:3, 6, 9 con Mt. 2:11.)
8. Que viviría en Egipto por un tiempo. (Cp. Nm. 24:8; Os. 11:1 con Mt. 2:15.)
9. Que Belén, su lugar de nacimiento, sufriría una matanza de niños. (Cp. Jer. 31:15 con Mt. 2:17, 18.)
10. Que le llamarían nazareno. (Cp. Is. 11:1 con Mt. 2:23.)
11. Que tendría celo por el Padre. (Cp. Sal. 69:9; 119:139 con Jn. 2:13-17.)
12. Que estaría lleno del Espíritu Santo. (Cp. Is. 11:2; 61:1, 2; Sal. 45:7 con Lc. 4:18, 19.)
13. Que sanaría a muchos. (Cp. Is. 53:4 con Mt. 8:16, 17.)
14. Que trataría compasivamente a los gentiles. (Cp. Is. 9:1, 2; 42:1-3 con Mt. 12:17-21; 4:13-16.)
15. Que hablaría en parábolas. (Cp. Is. 6:9, 10 con Mt. 13:10-15.)
16. Que sería rechazado por los suyos. (Cp. Is. 53:3; Sal. 69:8 con Jn. 1:11; 7:5.)
17. Que entraría triunfalmente en Jerusalén. (Cp. Zac. 9:9 con Mt. 21:4, 5.)
18. Que sería alabado por los niños. (Cp. Sal. 8:2 con Mt. 21:16.)
19. Que Él sería la piedra (cabeza del ángulo) desechada. (Cp. Sal. 118:22, 23 con Mt. 21:42.)
20. Que no creerían en sus milagros. (Cp. Is. 53:1 con Jn. 12:37, 38.)
21. Que su amigo le traicionaría por treinta piezas de plata. (Cp. Sal. 41:9; 55:12-14; Zac. 11:12, 13 con Mt. 26:14-16, 21-25.)
22. Que sería un varón de dolores. (Cp. Is. 53:3 con Mt. 26:37, 38.)
23. Que sus discípulos le abandonarían. (Cp. Zac. 13:7 con Mt. 26:31, 56.)
24. Que le azotarían y le escupirían en el rostro. (Cp. Is. 50:6 con Mt. 26:67: 27:26.)
25. Que el dinero de la traición sería usado para comprar el campo del alfarero. (Cp. Zac. 11:12, 13; Jer. 18:1-4; 19:1-4 con Mt. 27:9, 10.)
26. Que le crucificarían entre dos ladrones. (Cp. Is. 53:12 con Mt. 27:38; Mr. 15:27, 28; Lc. 22:37.)
27. Que le darían a beber vinagre. (Cp. Sal. 69:21 con Mt. 27:34, 48; Jn. 19:28-30.)
28. Que sus manos y pies serían traspasados. (Cp. Sal. 22:16; Zac. 12:10 con Mr. 15:25; Jn. 19:34, 37; 20:25-27.)
29. Que se repartirían sus vestidos echando suertes sobre ellos. (Cp. Sal. 22:18 con Lc. 23:34; Jn. 19:23, 24.)
30. Que estaría rodeado por sus enemigos y que sería ridiculizado por ellos. (Cp. Sal. 22:7, 8 con Mt. 27:39-44; Mr. 15:29-32.)
31. Que sufriría sed. (Cp. Sal. 22:15 con Jn. 19:28.)
32. Que encomendaría al Padre su espíritu. (Cp. Sal. 31:5 con Lc. 23:46.)
33. Que sus huesos no serían quebrados. (Cp. Sal. 34:20; Ex. 12:46; Nm. 9:12 con Juan 19:33-36.)
34. Que mirarían al que traspasaron. (Cp. Zac. 12:10 con Jn. 19:37; Mt. 27:36.)
35. Que le enterrarían en sepultura de ricos. (Cp. Is. 53:9 con Mt. 27:57-60.)
36. Que resucitaría de entre los muertos. (Cp. Sal. 16:10 con Mt. 28:2-7.)
37. Que ascendería a los cielos. (Cp. Sal. 24:7-10 con Mr. 16:19; Lc. 24:51.)

LAS ALMAS CONVERTIDAS POR EL SALVADOR

1. Andrés (Jn. 1:40, 41).
Circunstancias: se convirtió cuando dejó a Juan el Bautista para seguir al Cordero de Dios.
Lugar: cerca del río Jordán.
Testimonio: «Hemos hallado al Mesías.»
2. Pedro (Jn. 1:41, 42).
Circunstancias: se convirtió cuando su hermano Andrés lo llevó a Cristo. Cristo le cambió el nombre poniéndole Cefas (que significa «una piedra»).
Testimonio: No aparece registrado hasta este momento. (Para un testimonio posterior véase Mt. 16:16.)
3. Felipe (Jn. 1:43, 45).
Circunstancias: se convirtió como resultado de una visita personal de Jesús a Betsaida de Galilea. Respondió al llamamiento del Maestro de que le siguiera.
Testimonio: «Hemos hallado a aquel de quien escribió Moisés en la ley; así como los profetas: a Jesús … de Nazaret.»
4. Natanael (Jn. 1:45-51).
Circunstancias: se convirtió cuando Felipe le llevó a Cristo. Al principio se mostró escéptico acerca de Jesús.
Testimonio: «Rabí, tú eres el Hijo de Dios; tú eres el Rey de Israel.»
5. Nicodemo (Jn. 3:1-21).
Circunstancias: se convirtió en Jerusalén durante una entrevista nocturna con Jesús. Era un maestro y líder principal entre los judíos, un hombre bueno y sincero, ¡pero no tenía salvación!
Testimonio: no tenemos registrado ninguno hasta este momento. (Véase Juan 7:51 para un testimonio posterior.)
6. La mujer samaritana (Jn. 4:29).
Circunstancias: se convirtió junto al pozo de Jacob a la afueras de la ciudad de Samaria. Ella dio inmediatamente testimonio de su experiencia a sus paisanos.

Testimonio: «Venid, ved a un hombre que me ha dicho todo cuanto he hecho. ¿No será éste el Cristo?»

7. Un oficial del rey (Jn. 4:53).
   Circunstancias: se convirtió en Capernaum después que Jesús sanó a su hijo moribundo.
   Testimonio: no aparece registrado.
8. La mujer adúltera (Jn. 8:11).
   Circunstancias: se convirtió en Jerusalén después de ser perdonada por Cristo y rescatada de manos de un grupo de fariseos que se consideraban justos.
   Testimonio: no aparece registrado.
9. Un ciego (Jn. 9:38).
   Circunstancias: se convirtió en Jerusalén después de recibir la vista. Dio un osado testimonio de Cristo entre los fariseos y fue expulsado de la sinagoga por esa causa.
   Testimonio: «Creo, Señor.»
10. Marta (Jn. 11:27).
    Circunstancias: se convirtió a las afueras de Betania poco después de la muerte de su hermano Lázaro.
    Testimonio: «Sí, Señor; yo he creído que tú eres el Cristo, el Hijo de Dios, que has venido al mundo.»
11. Un centurión (Mt. 8:5-13).
    Circunstancias: se convirtió en Capernaum después de solicitar a Jesús que sanara a su siervo. El Maestro se maravilló de su gran fe.
    Testimonio: no aparece registrado.
12. Mateo (Mt. 9:9).
    Circunstancias: se convirtió en su oficina de impuestos públicos en Jerusalén. Lo dejó todo para seguir a Cristo.
    Testimonio: no aparece registrado.
13. Una mujer sirofenicia (Mt. 15:28).
    Circunstancias: se convirtió cerca de la costa del Mediterráneo al solicitarle a Jesús que sanara a su hija endemoniada.
    Testimonio: no aparece registrado.
14. El endemoniado gadareno (Mr. 5:15-20).
    Circunstancias: quedó restablecido y se convirtió a las afueras de un cementerio en la orilla oriental del lago de Galilea. Su salvación costó la muerte de 2.000 cerdos.
    Testimonio: «Y se fue, y comenzó a publicar en Decápolis cuán grandes cosas había hecho Jesús con él.»
15. Una mujer con hemorragia interna (Mr. 5:28, 34).
    Circunstancias: se convirtió en medio de una multitud en Capernaum cuando por fe tocó la ropa de Jesús buscando su curación.
    Testimonio: «Si tocare tan solamente su manto, seré salva.»
16. Un leproso en Galilea (Mt. 8:2).
    Circunstancias: se convirtió durante la primera gira de predicación de Cristo en Galilea, al solicitar su curación.
    Testimonio: «Señor, si quieres, puedes limpiarme.»
17. El padre de un joven endemoniado (Mr. 9:24).
    Circunstancias: se convirtió cuando se encontró con Jesús al pie del monte de la transfiguración, cuando rogaba por la sanidad de su hijo atormentado.
    Testimonio: «Creo; ayuda mi incredulidad.»
18. El ciego Bartimeo (Mr. 10:46-52).
    Circunstancias: se convirtió a las afueras de Jericó cuando clamaba a Cristo solicitando le restableciera la vista.
    Testimonio: no aparece registrado.
19. Un paralítico (Lc. 5:20).
    Circunstancias: se convirtió en Capernaum cuando fue bajado por un agujero abierto en el techo de la casa.

LA CRUCIFIXIÓN DE CRISTO

Desde las 9:00 a.m. hasta el mediodía

- Simón de Cirene ayuda a Cristo a llevar la cruz.
- Algunas mujeres lloran por Jesús.
- Cristo es crucificado entre dos ladrones.
- Ponen la inscripción en la cabecera de la cruz.
- Los soldados echan suertes sobre sus ropas.
- Es cruelmente escarnecido por todos.

«PADRE, PERDÓNALOS PORQUE NO SABEN LO QUE HACEN» **(Lc. 23:34)**.

«DE CIERTO TE DIGO QUE HOY ESTARÁS CONMIGO EN EL PARAÍSO» **(Lc. 23:43)**.

«MUJER, HE AHÍ TU HIJO.... HE AHÍ TU MADRE» **(Jn. 19:26, 27)**.

Desde el mediodía hasta las 3:00 p.m.

«DIOS MÍO, DIOS MÍO, ¿POR QUÉ ME HAS DESAMPARADO?» **(Mt. 27:46)**.

«TENGO SED» **(Jn. 19:28)**.

«CONSUMADO ES» **(Jn. 19:30)**.

«PADRE, EN TUS MANOS ENCOMIENDO MI ESPÍRITU» **(Lc. 23:46)**.

- La tierra quedó en oscuridad.
- Cristo acepta tomar el vinagre.
- El velo del templo se rasgó.
- La tierra tembló y se abrieron los sepulcros.
- El centurión da testimonio de lo que ve en Cristo.
- La gente confundida regresa a sus casas.
- Los soldados abren el costado de Cristo.
- José y Nicodemo bajan su cuerpo de la cruz.
- Lo preparan parcialmente para la sepultura.
- Lo ponen en la tumba de José.
- Cierran el sepulcro con una gran piedra.

    Testimonio: no aparece registrado.
20. Una mujer inmoral pero con el corazón destrozado (Lc. 7:38, 47-50).
    Circunstancias: se convirtió en la casa de un fariseo cuando limpiaba los pies de Jesús con sus lágrimas y los secaba con sus cabellos.
    Testimonio: no aparece registrado.
21. Un leproso samaritano (Lc. 17:11-19).
    Circunstancias: se convirtió en un camino cuando regresó para darle las gracias a Jesús por la sanidad recibida.
    Testimonio: «... volvió, glorificando a Dios a gran voz, y se postró rostro en tierra a sus pies, dándole gracias....»
22. Un publicano (Lc. 18:13).
    Circunstancias: se convirtió cuando suplicaba por misericordia en el templo en Jerusalén.

Testimonio: no aparece registrado. (Nota: Aunque Jesús se refiere a este caso como una parábola, bien pudo haber estado pensando en una experiencia real.)

23. Zaqueo (Lc. 19:8, 9).
Circunstancias: se convirtió cuando bajaba de un árbol sicómoro para encontrarse con Jesús.
Testimonio: «He aquí, Señor, la mitad de mis bienes doy a los pobres; y si en algo he defraudado a alguno, se lo devuelvo cuadruplicado.»
24. Una mujer enferma por dieciocho años (Lc. 13:11-13).
Circunstancias: se convirtió en una sinagoga en Galilea cuando Jesús puso sus manos sobre ella para sanarla.
Testimonio: Ella «glorificaba a Dios».
25. María Magdalena (Mr. 16:9).
Circunstancias: se convirtió probablemente al comienzo del ministerio de Cristo cuando echó de ella siete demonios, como se refiere en este pasaje.
Testimonio: no aparece registrado.
26. Un centurión en el Calvario (Mt. 27:54).
Circunstancias: se convirtió mientras contemplaba a Cristo muriendo en la cruz.
Testimonio: «Verdaderamente éste era Hijo de Dios.»
27. El ladrón en la cruz (Lc. 23:42).
Circunstancias: se convirtió cuando colgaba en su cruz al lado de Cristo. Le pidió que le recordara cuando estuviera en su reino.
Testimonio: no aparece registrado.

LOS SUFRIMIENTOS DEL SALVADOR

1. Rechazado por:
   a. Su nación (Jn. 1:11).
   b. Su ciudad (Lc. 4:28, 29).
   c. Sus amigos (Mr. 3:21).
   d. Su familia (Jn. 7:5).
   e. El mundo religioso (Jn. 7:1; 9:22).
2. Tentado por Satanás (Lc. 4:1, 2, 13: 22:28).
3. Ridiculizado por causa de:
   a. Su lugar de procedencia (Jn. 1:46; 7:52).
   b. Su trasfondo (Jn. 8:41; 9:24, 29).
4. Amenazado constantemente:
   a. Por Herodes (Mt. 2:16).
   b. Por sus paisanos (Lc. 4:29).
   c. Por los judíos:
      (1) Porque sanaba en sábado (Jn. 5:16; Lc. 6:10, 11).
      (2) A causa de sus declaraciones (Jn. 8:58, 59; 10:30-33).
      (3) Debido a sus sermones (Jn. 8:40; Lc. 11:53, 54; Mr. 12:12; Mt. 26:1-4).
      (4) Por causa de sus milagros (Jn. 11:53; véase también Jn. 12:10).
   d. Por el diablo (Mt. 26:37, 38; Mr. 14:33, 34; Lc. 22:44).
5. Sin hogar (Mt. 8:20).
6. Traicionado por uno de sus discípulos (Jn. 13:21).
7. Negado por un amigo (Mt. 26:58, 69-75; Mr. 14:54, 66-72; Lc. 22:54-62; Jn. 18:15-18, 25-27).
8. Malentendido por sus discípulos (Mt. 15:16; 16:6-11; Mr. 6:52; Jn. 10:6; 12:16).
9. Abandonado por todos (Mt. 26:56).
10. Citado falsamente (Mt. 26:61).
11. Procesado ilegalmente siete veces:
    a. Primera vez, ante Anás (Jn. 18:12-14, 19-24).
    b. Segunda vez, ante Caifás (Mt. 26:57-68; Mr. 14:53-65).
    c. Tercera, ante el sanedrín (Mt. 27:1, 2; Mr. 15:1; Lc. 22:66—23:1).
    d. Cuarta, ante Pilato (Jn. 18:28-38; Mt. 27:2, 11-14; Mr. 15:1-5; Lc. 23:1-6).
    e. Quinta, ante Herodes (Lc. 23:7-12).
    f. Sexta, ante Pilato (Jn. 18:39—19:16; Mt. 27:15-26; Mr. 15:6-15; Lc. 23:13-25).
    g. Séptima, ante los soldados romanos (Mt. 27:27-31; Mr. 15:16-20).
12. Acusado de cargos falsos (Lc. 23:1, 2).
13. Escarnecido por:
    a. Los soldados romanos (Lc. 23:36, 37; Mr. 15:16-20).
    b. La multitud que miraba (Lc. 23:35).
    c. Los principales sacerdotes (Mr. 15:31).
    d. Los dos ladrones (Mr. 15:32; Mt. 27:44).
14. Torturado. A nuestro Señor:
    a. Le abofetearon (Jn. 18:22).
    b. Le vendaron los ojos (Lc. 22:64).
    c. Le escupieron (Mt. 26:67).
    d. Le golpearon (Mt. 26:67).
    e. Le azotaron (Mt. 27:26).
    f. Le golpearon la cabeza con una caña (Mt. 27:30).
    g. Le pusieron una corona de espinas (Mt. 27:29).
15. Fue crucificado (Mt. 27; Mr. 15; Lc. 23; Jn. 19)

LAS ÚLTIMAS SIETE PALABRAS DEL SALVADOR

1. «Padre, perdónalos, porque no saben lo que hacen» (Lc. 23:34).
2. «De cierto te digo que hoy estarás conmigo en el paraíso» (Lc. 23:43).
3. «Mujer, he ahí tu hijo. … He ahí tu madre» (Jn. 19:26, 27).
4. «Dios mío, Dios mío, ¿por qué me has desamparado?» (Mt. 27:46).
5. «Tengo sed» (Jn. 19:28).
6. «Consumado es» (Jn. 19:30).
7. «Padre, en tus manos encomiendo mi espíritu» Lc. 23:46).

LAS APARICIONES DEL CRISTO RESUCITADO

1. A María Magdalena en el huerto (Mr. 16:9; Jn. 20:11-18).
2. A las mujeres que regresaban de la tumba (Mt. 28:9, 10).
3. A dos discípulos en el camino a Emaús (Lc. 24:13-32; Mr. 16:12, 13).
4. A Pedro en Jerusalén (Lc. 24:34; 1 Co. 15:5).
5. A diez de sus apóstoles en el aposento alto (Lc. 24:36-43; Jn. 20:19-23).
6. A once de sus apóstoles en el aposento alto (Jn. 20:24-29).
7. A siete de sus discípulos en el mar de Galilea (Jn. 21:1-24).
8. A sus apóstoles y a 500 creyentes en el monte Tabor (Mt. 28:16-20; 1 Co. 15:6).
9. A once de sus apóstoles y a Santiago, su hermano, en Jerusalén (Mr. 16:14-18; Lc. 24:44-49; 1 Co. 15:7).
10. A los once en el monte de los Olivos (Lc. 24:50-53; Hch. 1:3).

LOS PARTIDOS POLÍTICOS Y RELIGIOSOS DEL TIEMPO DE CRISTO

I. Grupos políticos y religiosos

A. Los galileos:
   1. Eran los fanáticos de la «extrema derecha» de su día.
   2. Surgieron en el norte de Palestina encabezados por un tal Judas de Galilea, quien dirigió una rebelión en contra de todo elemento extranjero. Abogaban porque Galilea fuera para los galileos.
   3. Entraron en conflicto violento con Pilato, quien en una ocasión se sintió obligado a ejecutar a un cierto número de ellos (Lc. 13:1).
   4. Los enemigos de Cristo intentaron identificarle a Él y a sus discípulos con los galileos (Mt. 26:69; Mr. 14:70; Lc. 23:6).
B. Los herodianos:
   1. Grupo político formado por miembros de la familia de Herodes.
   2. Su autoridad emanaba del gobierno romano y favorecían las costumbres griegas.
   3. Se dedicaban a mantener el *status quo* y abogaban por la ley y el orden.
   4. Se unieron a los esfuerzos de los fariseos para silenciar a Cristo.
      a. Al principio de su ministerio terrenal (Mr. 3:6).
      b. A mediados del mismo (Mr. 12:13).
      c. Durante su última semana (Mt. 22:16).
   5. Le tenían como un revolucionario fanático.
   6. Cristo condenó claramente a los herodianos (Mr. 8:15; 12:13-17).
C. Los levitas:
   1. Eran los descendientes de Leví, el tercer hijo de Jacob (Gn. 29:34).
   2. Tenían la tarea de cuidar del templo.
   3. Los judíos enviaron a algunos sacerdotes y levitas a investigar el ministerio de Juan el Bautista en el desierto (Jn. 1:19).
   4. Jesús usó a un levita (que no quería comprometerse) en su parábola del buen samaritano (Lc. 10:32).
D. Los fariseos:
   1. Este grupo surgió en el tiempo de los macabeos, durante el reinado de Juan Hircano (135-104 a.C.).
   2. Eran tildados de separatistas por sus enemigos. Su nombre procede del verbo *parash.*
   3. Eran los exponentes y guardianes de la ley escrita y oral. Eran conservadores en sus creencias, en oposición a los saduceos que eran liberales.
   4. Fueron los enemigos más acérrimos y enconados de Cristo.
      a. Le condenaron por asociarse con los pecadores (Mt. 9:11; Lc. 7:39; 15:2).
      b. Le condenaron por sanar en el día sábado (Lc. 6:7; 14:1).
      c. Le condenaron por permitir a sus discípulos arrancar espigas para comer en el día sábado (Mt. 12:1, 2).
      d. Le acusaron de echar demonios mediante el poder de Satanás (Mt. 9:34).
      e. Buscaron matarle al comienzo de su ministerio (Mt. 12:14).
      f. Le demandaron que realizara milagros para ellos (Mt. 12:38; 16:1).
      g. Le despreciaron porque rehusó conformarse siempre a sus vanas tradiciones (Mt. 15:1, 2).
      h. Intentaron atraparle en varios asuntos teológicos:
         (1) Acerca del matrimonio (Mt. 19:3).
         (2) En relación con el tributo a César (Mt. 22:15).
         (3) En relación con el reino de Dios (Lc. 17:20).
         (4) En lo concerniente al adulterio (Jn. 8:3).
      i. Intentaron negar sus milagros (Jn. 9:15).
      j. Sembraron dudas acerca de la legitimidad de su nacimiento (Jn. 8:41; 9:24).
      k. Le acusaron de mentir (Jn. 8:13).
      l. Amenazaron con represalias a todos aquellos que le aceptaran (Jn. 9:22; 12:42).
      m. Tramaron su muerte (Jn. 11:47-53).
      n. Ordenaron su arresto en Getsemaní (Jn. 18:3).
      ñ. Demandaron que se pusiera una guardia en su tumba (Mt. 27:64).
   5. Los fariseos fueron públicamente denunciados por Juan el Bautista (Mt. 3:7; Lc. 7:30).
   6. También fueron severamente criticados por Jesús (Mt. 5:20; 16:11; 23:1-36; Lc. 18:10).
   7. La doctrina de los fariseos incluía:
      a. Un concepto casi fatalista de la soberanía de Dios.
      b. La creencia en la resurrección de los justos y en la condenación de todos los impíos.
      c. La existencia y el ministerio de los ángeles.
   8. Nicodemo (Jn. 3:1) y Pablo (Hch 23:6) fueron fariseos de nacimiento y por entrenamiento.
   9. La *Jewish Encyclopedia* señala siete tipos de fariseos:
      a. Los que hacían ostentación de sus buenas obras delante de los demás como si llevaran distintivos en el hombro.
      b. Aquellos que pedían a cualquiera que les acompañara que les esperaran un poco mientras hacían una buena obra.
      c. Los «ciegos» que se golpeaban contra los muros por cerrar los ojos para evitar mirar a las mujeres.
      d. Aquellos que caminaban con la cabeza agachada para evitar las malas tentaciones.
      e. Los que dedicaban tiempo a contar sus buenas obras para ver si ya habían superado sus fallos.
      f. El «temeroso de Dios» que, a semejanza de Job, era realmente justo.
      g. El fariseo que como Abraham amaba realmente a Dios.
   10. Se estimaba que llegaban a 6.000 los fariseos en el tiempo de Jesús.
E. Los saduceos:
   1. Este grupo procedía de Sadoc, el sumo sacerdote en el tiempo de Salomón (1 R. 2:35).
   2. Formaban el partido político de la aristocracia entre los judíos y eran los rivales de los fariseos.
   3. Eran los modernistas de aquellos días. Negaban la existencia de espíritus, de la resurrección de los justos y la inmortalidad del alma. Estaban totalmente en contra de todo lo sobrenatural.
   4. Ascendieron a la prominencia por el mismo tiempo que los fariseos. Ambos grupos deja-

ron temporalmente a un lado sus diferencias a fin de lograr su propósito común de eliminar a Cristo.
5. Intentaron poner en ridículo a Cristo en lo relacionado con la resurrección, pero terminaron siendo ellos los ridiculizados (Mr. 12:18: Lc. 20:27).

F. Los samaritanos:
1. Eran una raza mixta que vivían entre las provincias de Judea y Galilea.
2. Empezaron como tales en el año 722 a.C., cuando el rey asirio Sargón, se apoderó del reino del norte de Israel y deportó al pueblo, dejando sólo en la tierra a los más pobres e ignorantes de sus habitantes. Estos se mezclaron después con los miles que los asirios llevaron allí procedentes de otras tierras (2 R. 17:24-33).
3. Los samaritanos se ofrecieron después a ayudar a reconstruir el templo en el 535 a.C., pero fueron rechazados (Esd. 4:1-3).
4. Sanbalat, el gobernador samaritano, trato de impedir la reconstrucción de los muros de Jerusalén en el tiempo de Nehemías (Neh. 6:1-9).
5. Se produjo la completa separación entre judíos y samaritanos cuando el nieto del sumo sacerdote Eliasib se casó con la hija de Sanbalat, en contra de la ley que prohibía los matrimonios mixtos (Neh. 13:23-28). En razón de que él rehusó anular su matrimonio, fue inmediatamente expulsado del sacerdocio y desterrado. Se refugió en Samaria donde Sanbalat edificó un templo para él en el monte Gerizim. Este templo fue destruido por Juan Hircano en el 128 a.C., a causa de que los samaritanos habían permitido que el paganismo les invadiera bajo la influencia de Antíoco Epífanes IV, al dedicar su templo al dios griego Zeus.
6. Para el tiempo del Nuevo Testamento este mutuo aborrecimiento había llegado al máximo (Jn. 4:9; 8:48).
7. Jesús mismo ordenó a sus discípulos que no entraran en Samaria durante su primera gira de predicación (Mt. 10:5).
8. No obstante, poco antes de su ascensión les mandó que dieran testimonio de él en aquella tierra (Hch. 1:8).
9. Jesús mismo ministró a los samaritanos durante su ministerio terrenal (Jn. 4:1-42).
10. Un samaritano fue el héroe en una de sus más famosas parábolas (Lc. 10:33).
11. En una ocasión en que sanó a diez leprosos, sólo uno regresó para darle gracias y éste era samaritano (Lc. 17:16).
12. Jesús fue rechazado por los samaritanos durante su ministerio terrenal porque su aspecto era como de ir a Jerusalén (Lc. 9:53).

G. El sanedrín:
1. Este nombre proviene de dos palabras griegas: *sun* (junto a), y *hedra* (lugar para sentarse). Se refería a una junta o concilio que se reunía en sesión.
2. El sanedrín era el tribunal supremo religioso y legal de los judíos.
3. Quizá tuvo su origen en el los días de Moisés (Nm. 11:16, 17), o en el tiempo del rey Josafat (2 Cr. 19:8).
4. El concilio tenía setenta o setenta y dos miembros y consistía:
   a. Del sumo sacerdote, que actuaba como presidente.
   b. De los jefes de las veinticuatro divisiones de servicios sacerdotales.
   c. De los escribas.
   d. De los ancianos, que eran los representantes del pueblo.
5. Jesús estuvo delante de ellos durante su tercer juicio (Mt. 26:65, 66; 27:1, 2). Aquí fue donde también le vendaron los ojos, le escupieron y le pegaron.
6. Su juicio delante del sanedrín fue una parodia de la justicia.
   a. Se reunían normalmente en semicírculo con el prisionero colocado en el centro de cara a ellos. Pero esto no fue así en el caso de Jesús, porque le taparon los ojos.
   b. Disponían de dos secretarios, uno para registrar los votos a favor y otro para los votos en contra. Tampoco lo hicieron así con Cristo.
   c. Los argumentos a favor eran dados primero, pero tampoco ocurrió así en el juicio de Jesús.
   d. Si la votación era favorable el prisionero era puesto en libertad inmediatamente. Si resultaba contraria, la sentencia no podía dictarse hasta el día siguiente. Este procedimiento no se siguió con Jesús.

H. Los escribas:
1. Eran los estudiantes, intérpretes y maestros de las Escrituras del Antiguo Testamento y enemigos enconados del Señor.
2. Cristo los denunció públicamente por invalidar la palabra de Dios mediante sus tradiciones (Mt. 16:21; 21:15; 23:2; 26:3; Mr. 12:28-40).
3. A los escribas también se les llamaba abogados (Mt. 22:35; Lc. 10:25; 11:45-52; 14:3).

LOS DIFERENTES LUGARES QUE VISITÓ EL SALVADOR

1. Betábara: localizada a unos pocos kilómetros al norte de Jericó, en la orilla oriental del río Jordán, donde Juan bautizó a Jesús (Jn. 1:28; Mt. 3:13-17).
2. Betania: localizada a casi 2 millas (unos 3 km) de Jerusalén en la ladera oriental del monte de los Olivos, en el camino que va a Jericó. Betania era como la «oficina central» de Jesús en Judea, así como Capernaum lo era en Galilea.
   a. Aquí resucitó a Lázaro (Jn. 11).
   b. Marta y María hospedaron a Cristo aquí (Lc. 10:38-42).
   c. María le ungió los pies a Jesús aquí (Jn. 12:1-11).
   d. Simón el leproso vivía en este lugar (Mr. 14:3).
   e. Jesús bendijo a sus discípulos aquí poco antes de su ascensión desde el monte de los Olivos (Lc. 24:50).
3. Belén: localizada a unas 5 millas (unos 8 km) al sur de Jerusalén.
   a. Era la ciudad natal de María y José (Lc. 2:1-4).
   b. Allí nació Cristo también (Mi. 5:2; Jn. 7:42; Lc. 2).
4. Betfagé: localizada en la ladera del monte de los Olivos entre Jerusalén y Betania. Aquí comenzó la entrada triunfal (Mt. 21:1-11; Mr. 11:1-11; Lc. 19:29-40).
5. Betsaida: ubicada en el lugar donde el río Jordán entra en el mar de Galilea. Significa «lugar de pesca».

a. Era la ciudad de Felipe, Andrés y Pedro (Jn. 1:44).
b. Jesús le reprochó a esta ciudad, y a otras, su incredulidad (Lc. 10:11-14; Mt. 11:21).
c. Aquí sanó a un ciego (Mr. 8:22-26).

6. Bireh: localizado a unas 15 millas (unos 24 km) al norte de Jerusalén y el primer lugar de parada de las caravanas que iban de Jerusalén para Galilea. Se piensa que fue en este lugar donde José y María echaron de menos a Jesús a su regreso de la visita al templo a los 12 años (Lc. 2:41-45).
7. Cesarea de Filipos: situada al pie del monte Hermón, al noreste del mar de Galilea. Este fue sin duda el lugar más al norte adonde viajó nuestro Señor. Aquí escuchó la gran confesión de Simón Pedro (Mt. 16:13-16).
8. Caná: localizada a unas 4 millas (unos 6,5 km) al noreste de Nazaret, en el camino a Tiberias.
   a. Era la ciudad natal de Natanael (Jn. 21:2).
   b. Aquí realizó Jesús su primer milagro de transformar el agua en vino (Jn. 2:1-11).
   c. Aquí también llevó a cabo su segundo milagro de sanar al hijo de un oficial del rey (Jn. 4:46-54).
9. Capernaum: localizada en la orilla noroeste del mar de Galilea, a dos millas y media (unos 4 km) de la desembocadura del Jordán en el lago.
   a. Este lugar se convirtió en el centro de operaciones de Jesús al comienzo de su ministerio (Mt. 4:13; 9:1).
   b. Aquí llamó a Mateo (Mt. 9:9).
   c. Aquí pronunció su gran sermón sobre el pan de vida (Jn. 6:24-71).
   d. Aquí llevó a cabo nueve de los milagros que tenemos registrados, a saber, la curación de:
      (1) El siervo del centurión (Mt. 8:5-13).
      (2) La suegra de Pedro (Mt. 8:14, 15).
      (3) Un endemoniado (Mr. 1:21-27).
      (4) El paralítico que metieron por el techo (Mr. 2:1-5).
      (5) Una mujer con flujo de sangre (Mt. 9:22).
      (6) La hija de Jairo (Mt. 9:25).
      (7) Dos ciegos (Mt. 9:29).
      (8) Un hombre mudo y endemoniado (Mt. 9:33).
      (9) El milagro del dinero para el tributo (Mt. 17:24-27).
10. Corazín: situada a 2 millas (un poco más de 3 km) al norte de Capernaum. Cristo pronunció juicio sobre esta ciudad por su incredulidad (Mt. 11:21-23).
11. Emaús: ubicada a unas 7,5 millas (unos 12 km) al oeste de Jerusalén. Cristo apareció aquí a dos discípulos después de la resurrección, y sentados a la mesa se reveló a ellos (Lc. 24:13-31).
12. Gadara: localizada en la parte noreste del lago de Galilea, donde Jesús sanó al endemoniado gadareno (Mr. 5:1-21).
13. Getsemaní: situado al otro lado del arroyo de Cedrón por la parte del camino de subida a Jerusalén. Era el huerto donde él oró antes de la traición y arresto (Mt. 26:36-56; Jn. 18:1-14).
14. Jenin: a unas 24 millas (unos 36 km) al norte de Samaria donde algunos creen que Jesús sanó a los diez leprosos (Lc. 17:11-19).
15. Jericó: ubicada a unas 17 millas (unos 27 km) al noroeste de Jerusalén cerca del río Jordán.
   a. En este lugar Jesús sanó a un ciego llamado Bartimeo (Lc. 18:35).
   b. Aquí Zaqueo conoció a Cristo (Lc. 19:1-10).
   c. Jesús usó esta ciudad para ilustrar su parábola del buen samaritano (Lc. 10:30-37).
16. Jerusalén: la capital del mundo de Dios. Situada sobre una prominencia rocosa a unos 250 pies (830 m) sobre el nivel del mar Mediterráneo y a unos 3.800 pies (1.260 m) sobre el nivel del mar Muerto. Está a unas 33 millas (unos 52 km) al este del mar Mediterráneo, y a unas 14 millas (unos 22 km) al oeste del mar Muerto.
   a. Jesús fue dedicado aquí (Lc. 2:1-38).
   b. Participó en la Pascua a la edad de doce años (Lc. 2:41-50).
   c. Limpió el templo (Jn. 2:13-17).
   d. Habló con Nicodemo (Jn. 3:1-16).
   e. Sanó a un hombre que llevaba treinta y ocho años inválido (Jn. 5:8).
   f. Predicó sobre el Espíritu Santo durante la fiesta de los tabernáculos (Jn. 7:10-39).
   g. Perdonó a la mujer adúltera (Jn. 8:1-11).
   h. Predicó sobre el diablo y sus hijos (Jn. 8:33-59).
   i. Sanó a un hombre que nació ciego (Jn. 9:7).
   j. Predicó un mensaje sobre el buen pastor (Jn. 10:1-18).
   k. Hizo su entrada triunfal (Jn. 12:12-15).
   l. Maldijo a la higuera (Mt. 21:19).
   m. Condenó claramente a los fariseos hipócritas (Mt. 23:1-36).
   n. Pronunció el discurso del monte de los Olivos (Mt. 24—25).
   ñ. Lloró sobre Jerusalén (Lc. 19:41; Mt. 23:37-39).
   o. Llevó a cabo el culto del aposento alto (Jn. 13—14).
   p. Habló acerca de la vid y los pámpanos (Jn. 15—16).
   q. Pronunció su gran oración sacerdotal (Jn. 17).
   r. Fe arrestado en Getsemaní (Mt. 26:47-56).
   s. Restauró una oreja cortada (Lc. 22:51).
   t. Fue condenado a muerte (Mt. 27:26).
   u. Fue crucificado (Mt. 27:27-50).
   v. Fue sepultado (Mt. 27:57-60).
   w. Resucitó de entre los muertos (Mt. 28:1-10).
   x. Entró en el aposento alto por primera vez después de su resurrección (Lc. 24:36-43; Jn. 20:19-23).
   y. Visitó a sus discípulos en el aposento alto por segunda vez (Jn. 20:24-29).
   z. Fue al aposento alto por tercera y última vez (Mr. 16:14-18; Lc. 24:44-49).
   aa. Ascendió a los cielos (Hch. 1:4-11).
17. Río Jordán: nace al pie del monte Hermón, a una altura de 1.700 pies (unos 560 m) sobre el nivel del mar. Desde allí se dirige hacia las aguas de Merom a unas 12 millas (20 km) al sur, recorriendo desde allí las 5 millas (8 km) que le separan del mar de Galilea, a unos 682 pies (227 m) bajo el nivel del mar. Recorre, por último, 65 millas (104 km) hasta llegar al mar Muerto a unos 1.300 pies (430 m) bajo el nivel del mar. Esto significa que en sus 82 millas (132 km) de recorrido el Jordán baja unos 3.000 pies (1.000 m) de nivel. Nuestro Señor fue bautizado en el río Jordán (Mt. 3:13-17).
18. Cedrón: un valle de unos 2,75 millas (unos 4,5 km) de largo, situado inmediatamente al este de la muralla de Jerusalén entre la ciudad y el monte de los Olivos. Jesús cruzó este valle en su camino a Getsemaní (Jn. 18:1).
19. Magdala: situada a unas 3 millas (unos 5 km) al norte de Tiberias en la orilla occidental del mar de Galilea (Mt. 15:39). Esta era la ciudad natal de María Magdalena (Lc. 8:2; Mr. 16:9).
20. Monte Hermón: se halla localizado a unas 17 millas (unos 28 km) al norte del mar de Galilea. Es con mucho el monte más alto de Palestina, alcanzando los 9.101 pies (3.000 m) de altitud. Muchos creen que éste es el «monte alto» de Mateo 17:1 donde Cristo se transfiguró.

21. Monte de los Olivos: ubicado al este de Jerusalén, al otro lado del torrente del Cedrón. Su altura es de unos 2.641 pies (880 m).
    a. Cristo lloró aquí sobre Jerusalén (Lc. 19:41-44).
    b. Aquí pronunció su gran sermón profético (Mt. 24—25).
    c. Se dirigió allí después de tomar la Pascua en el aposento alto (Mt. 26:30; Mr. 14:26; Lc. 22:39).
    d. Desde aquí ascendió al cielo (Lc. 24:50, 51; Hch. 1:6-12).
22. Monte Tabor: situado a 5,5 millas (casi 9 km) al sureste de Nazaret, llega a una altura de unos 1.843 pies (615 m) sobre el nivel del mar. Algunos piensan que este fue el lugar de la transfiguración y no el monte Hermón. Sin embargo, el texto favorece más este último.
23. Monte Sion: la altura que se levanta próxima a la esquina en el suroeste de la antigua ciudad amurallada. Aquí estaba ubicado el aposento alto (Mr. 14:12-16; Lc. 22:7-13; Jn. 13—14).
24. Naín: una ciudad a unas 10 millas (16 km) al sureste de Nazaret, donde Jesús resucitó al hijo de una viuda (Lc. 7:11).
25. Nazaret: ubicada a medio camino entre el mar de Galilea y el mar Mediterráneo.
    a. Tanto José como María recibieron aquí el anuncio del nacimiento virginal (Lc. 1:26; Mt. 1:18-25).
    b. Jesús creció y vivió aquí hasta que empezó su ministerio (Lc. 2:39, 40, 51, 52).
    c. Predicó dos veces en la sinagoga:
        (1) Después de su primer sermón basado en Isaías 61, intentaron matarlo (Lc. 4:16-30).
        (2) Fue totalmente rechazado por sus paisanos después de su segundo mensaje (Mt. 13:53-58; Mr. 6:1-6).
26. Mar de Galilea: este mar interior, o lago, tiene casi 13 millas (21 km) de largo por 7,5 millas (12 km) de ancho, y 32 millas (51 km) de circunferencia. Está a 700 pies (230 m) por debajo del nivel del mar Mediterráneo, y su mayor profundidad es de 200 pies (65 m).
    a. Jesús alimentó, al lado de este gran lago, a los 5.000 (Jn. 6:1-14).
    b. En el monte de las Bienaventuranzas pronunció su Sermón del Monte (Mt. 5—7).
    c. En este lago calmó la tempestad (Mt. 8:23-27).
    d. Aquí caminó sobre el agua (Jn. 6:15-21).
    e. En estas aguas se ahogó el hato de 2.000 cerdos después de curar al maniático (Mr. 5:1-21).
    f. Aquí realizó su último milagro (Mr. 14:28; 16:7; Jn. 21).
27. Sicar: situada a unas 20 millas (unos 40 km) al norte de Jerusalén en Samaria. Aquí es donde Jesús se encontró con la mujer samaritana (Jn. 4).
28. Tiro: ciudad localizada en la costa del mar Mediterráneo, a unas 20 millas (unos 32 km) al oeste de Cesarea de Filipos. Jesús sanó a la hija de la mujer sirofenicia en esta área (Mr. 3:8; Lc. 6:17).
29. Desierto de las tentaciones: se desconoce el lugar exacto. Algunos piensan, no obstante, que debe haber sido la zona al sureste de Jerusalén, en el mar Muerto (Mt. 4:1).

MUCHAS DE LAS PERSONAS QUE CONOCIERON AL SALVADOR

I. Personas mencionadas en los evangelios.
   A. Los doce apóstoles.

Simón Pedro:

1. Era el más prominente y expresivo de los doce.
2. Procedía de Betsaida, un pueblo situado a la orilla del mar de Galilea (Jn. 1:44).
3. Era hermano de Andrés, y compañero de Santiago y Juan en el negocio de la pesca (Lc. 5:7).
4. Era casado (Mr. 1:30; 1 Co. 9:5).
5. Su hermano Andrés lo llevó a Cristo en un lugar cerca del río Jordán (Jn. 1:41-43).
6. Más tarde, a la orilla del mar de Galilea, fue llamado al ministerio a pleno tiempo (Lc. 5:3-11).
    a. Después de estar toda una noche pescando en vano, Jesús le mandó que fuera mar adentro y echara la red. Nada más hacerlo cogieron una gran cantidad de peces.
    b. Al ver esto, Pedro cayó de rodillas ante Jesús reconociendo lo indigno que era.
7. Vio a Cristo sanar a su suegra enferma con fiebre alta (Mt. 8:14, 15).
8. Pronto se convirtió en el primero de los tres que formaron el círculo íntimo de apóstoles. Los otros dos fueron Santiago y Juan. Sólo estos tres:
    a. Estuvieron con Jesús cuando resucitó a la hija de Jairo (Lc. 8:51).
    b. Le acompañaron en el monte de la transfiguración. Estando allí Pedro deseó hacer tres enramadas, una para Cristo, otra para Moisés y otra para Elías (Mt. 17:1-4).
    c. Cristo los llamó para que estuvieran cerca de Él en Getsemaní. A los tres les pidió que oraran y los tres pronto cayeron dormidos (Mt. 26:36-46).
9. Pedro caminó sobre el agua (Mt. 14:28-31).
10. En una ocasión Jesús vio cómo una multitud voluble le abandonaba y preguntó a los apóstoles si ellos también pensaban marcharse, a lo que Pedro respondió: «Señor, ¿a quién iremos? Tú tienes palabras de vida eterna. Y nosotros hemos creído y conocemos que tú eres el Cristo, el Hijo del Dios viviente» (Jn. 6:68, 69).
11. Pedro declaró su gran confesión sobre la deidad de Cristo: «Tú eres el Cristo, el Hijo del Dios viviente» (Mt. 16:16).
12. Fue tentado por Satanás para «corregir» a Cristo en relación con la profecía de su muerte y resurrección. Jesús le reprendió severamente por esta causa (Mt. 16:21-23).
13. Cristo le mandó que fuera a pescar a fin de que ambos pudieran pagar el tributo del templo: «Ve al mar, y echa el anzuelo, y el primer pez que saques, tómalo, y al abrirle la boca, hallarás un estatero; tómalo, y dáselo por mí y por ti» (Mt. 17:27).
14. Jesús le instruyó en relación con el perdón (Mt. 18:21, 22).
15. Le fue prometido un galardón futuro por haberlo dejado todo para seguir a Cristo (Mt. 19:27-30).

16. Jesús envió a Pedro y a Juan a que prepararan la Pascua (Lc. 22:8).
17. Pedro estaba presente en el aposento alto cuando Cristo:
    a. Les lavó los pies a los discípulos, a lo que él se resistió al principio (Jn. 13:6-9).
    b. Les anunció que uno de ellos le entregaría. Pedro le hizo señas a Juan para que le preguntará quién era (Jn. 13:24).
    c. Instituyó lo que conocemos como la «Cena del Señor» (Mt. 26:26-29).
18. Pedro marchó con Cristo al huerto de Getsemaní.
    a. Allí se quedó pronto dormido (Mr. 14:37, 38).
    b. Cortó la oreja a Malco, el siervo del sumo sacerdote judío (Jn. 18:10, 11).
19. Huyó atemorizado del huerto con todos los demás, y después siguió a Cristo de lejos (Mr. 14:50, 54).
20. Negó a su Señor tres veces temprano en la mañana al lado de una hoguera, en el patio de la casa del sumo sacerdote (Jn. 18:15-18; 25-27).
21. Su última negación fue aparentemente escuchada por el Salvador: «Hombre, no sé lo que dices. Y en seguida, mientras él todavía hablaba, el gallo cantó. Entonces, vuelto el Señor, miró a Pedro; y Pedro se acordó de la palabra del Señor, que le había dicho: Antes que el gallo cante, me negarás tres veces» (Lc. 22:60, 61).
22. Pedro, saliendo de allí, lloró amargamente (Lc. 22:62).
23. Nada más escuchar el informe de María Magdalena acerca de la tumba vacía, Pedro y Juan fueron allá a investigar (Lc. 24:12; Jn. 20:2-10).
24. Jesús resucitado se apareció a Simón Pedro (Lc. 24:34; 1 Co. 15:5).
25. Pedro estaba en el grupo de siete discípulos que se reunieron en el mar de Galilea. En este encuentro:
    a. Ayudó en la gran pesca que hicieron al obedecer a Cristo (Jn. 21:1-6).
    b. Saltó de la barca y se acercó a la orilla nadando en su deseo de ver al Señor (Jn. 21:7).
    c. Cristo le preguntó tres veces seguidas si le amaba (Jn. 21:15-17).
    d. Cristo predijo su muerte por martirio (Jn. 21:18, 19).
    e. Le preguntó a Jesús acerca de sus planes para con el apóstol Juan (Jn. 21:21).
26. Dirigió la reunión de diez días de oración y discusión de diferentes asuntos que celebraron en el aposento alto unos 120 discípulos (incluidos los apóstoles) antes de Pentecostés (Hch. 1:15-26).
27. Predicó su famoso sermón de pentecostés que tenemos registrado (Hch. 2:14-40).
28. Sanó al cojo de nacimiento a la puerta del templo y predicó otro sermón (Hch. 3:1-26).
29. Habló con gran osadía ante el sanedrín (Hch. 4:8-12, 19, 20).
30. Emitió juicio sobre Ananías y Safira por mentir al Espíritu Santo (Hch. 5:1-11).
31. Sanó a muchos creyentes enfermos (Hch. 5:15).
32. De nuevo habló sin temor ante el concilio de los saduceos (Hch. 5:29-32).
33. Fue enviado junto con Juan por la iglesia en Jerusalén a Samaria. Pedro en esta ocasión:
    a. Ministró en las necesidades espirituales de muchos samaritanos (Hch. 8:14-17).
    b. Reprendió a un hombre codicioso de dinero llamado Simón (Hch. 8:18-24).
34. Sanó a un hombre llamado Eneas, que llevaba ocho años en cama paralítico en Lida (Hch. 9:32-35). Esto llevó a muchos a convertirse al evangelio de Cristo.
35. Resucitó en Jope a una mujer creyente llamada Dorcas, en el mismo momento de su funeral (Hch. 9:36-42). Esta experiencia llevó también a muchos a creer en Cristo.
36. Estando en Jope recibió de Dios la «visión del lienzo» mediante el cual Dios le instruyó que el evangelio debía ser predicado tanto a los gentiles como a los judíos (Hch. 10:9-16).
37. El Señor le instruyó también para que fuera a Cesarea a ministrar a un gentil que buscaba a Dios llamado Cornelio. Así lo hizo y tuvo oportunidad de llevarlo a Cristo a él y a otros muchos (Hch. 10:17-48).
38. Pedro entonces defendió lo que había hecho entre los gentiles ante los dubitativos judíos creyentes (Hch. 11:1-18).
39. Lo metieron en la cárcel y fue liberado por el ángel del Señor la noche antes de su prevista ejecución (Hch. 12:1-11).
40. Fue inmediatamente a la casa de la madre de Juan Marcos, donde estaban reunidos los creyentes orando por su liberación (Hch. 12:12-19).
41. Defendió la libertad cristiana durante el concilio de Jerusalén, que se reunió para determinar si los gentiles tenían que someterse al rito judío de la circuncisión (Hch. 15:7-11).
42. Se reunió con Pablo tres años después que el apóstol tuviera su encuentro con Cristo camino a Damasco (Gá. 1:18).
43. En una ocasión fue reprendido por Pablo porque estaba comprometiendo su testimonio al ceder ante los legalistas de aquellos días (Gá. 2:11-16).
44. Escribió dos de las epístolas del Nuevo Testamento: 1 y 2 de Pedro.
45. Sabemos por la tradición que murió crucificado cabeza abajo en Roma.

Andrés:

1. Era un pescador oriundo de Betsaida, en Galilea (Jn. 1:44).
2. Fue primeramente un discípulo de Juan el Bautista, y cuando le presentaron a Jesús le aceptó como el Mesías (Jn. 1:40).
3. Inmediatamente después llevó a su hermano Pedro a Cristo (Jn. 1:41, 42).
4. Cristo le llamó a dedicarse al ministerio a pleno tiempo (Mt. 4:18, 19; 10:2).
5. Estuvo presente, junto con otros tres discípulos, cuando Jesús sanó a la suegra de Pedro (Mr. 1:29).
6. Estaba interesado en el estudio de la profecía (Mr. 13:3, 4).
7. Habló de manera pesimista antes de la alimentación de los 5.000 (Jn. 6:9).
8. Le informó a Cristo acerca de la solicitud de unos griegos que querían verle (Jn. 12:22).

LOS DOCE APÓSTOLES

SIMÓN PEDRO

Lc. 5:10	Hermano de Andrés y socio de Santiago y de Juan.
Mr. 1:30; 1 Co. 9:5	Era casado.
Jn. 1:41, 42	Conoció a Cristo por medio de su hermano Andrés.
Lc. 5:3-11	Jesús le llamó a seguirle a tiempo completo.
Mt. 8:14, 15	Vio a Cristo sanar a su suegra.
Lc. 8:51; Mt. 17:1-4 Mt. 26:36-40	Fue, junto con Santiago y Juan, uno de los tres discípulos clave.
Mt. 14:28-31	Caminó sobre el agua.
Jn. 6:68, 69; Mt. 16:16	Tuvo dos grandes momentos de confesión de la deidad de Cristo.
Mt. 16:21-23	Permitió que Satanás le influenciara en relación con la muerte de Cristo.
Mt. 17:27	Pescó un pez con una moneda en la boca.
Mr. 18:21, 22	Cristo le instruyó acerca del perdón.
Mt. 17:1-4	Vio la transfiguración del Señor.
Mt. 19:27	Le fue prometido un galardón por seguir a Cristo.
Lc. 22:8	Ayudó a preparar la última Pascua.
Jn. 13:6, 24, 36	Estuvo con Cristo en el aposento alto.
Jn. 18:10, 11	Le cortó la oreja a Malco en Getsemaní.
Mr. 14:50, 54	Siguió a Cristo de lejos.
Jn. 18:15-18, 25-27	Negó a Cristo en tres ocasiones.
Lc. 22:62	Lloró amargamente a causa de sus negaciones.
Lc. 24:12; Jn. 20:2-10	Visitó la tumba vacía con Juan.
Lc. 24:34; 1 Co 15:5	Se le apareció el Cristo resucitado.
Jn. 21:1-23	Fue testigo del último milagro de Cristo en el mar de Galilea.

ANDRÉS

Jn. 1:44	Hermano de Pedro y pescador de Betsaida de Galilea.
Jn. 1:40	Fue primeramente discípulo de Juan el Bautista.
Jn. 1:40	Aceptó a Cristo y llevó a su hermano al Señor.
Jn. 6:12-22	Fue probado por Cristo durante la alimentación de los 5.000.

JUAN

Mt. 4:21	Hermano de Santiago y pescador de oficio.
Mt. 17:1-4	El apóstol más prominente y uno de los tres discípulos clave.
Jn. 1:35	Fue primeramente discípulo de Juan el Bautista.
Lc. 9:49, 50	Cristo le reprendió amablemente en una ocasión por su sectarismo.
Mr. 10:35	Le pidió a Cristo un lugar de honor en el milenio.
Lc. 9:54	Mostró espíritu vengativo en una ocasión.
Lc. 22:8	Ayudó a preparar la Última Cena.
Jn. 13:23	Se recostó sobre el pecho de Jesús en la Última Cena.
Jn. 19:26	Fue el único apóstol que estuvo presente al pie de la cruz.
Jn. 19:27	Aceptó la responsabilidad de cuidar de María.
Jn. 20:2, 3	Visitó la tumba vacía junto con Pedro.
Jn. 21:7, 23	Fue testigo del último milagro de Cristo.

SANTIAGO

Mt. 4:21	Hermano de Juan y socio de Pedro y Andrés en el negocio de la pesca.
Mr. 3:17	Cristo le puso el sobrenombre de «Hijo del trueno».
Hch. 12:1, 2	Fue el primer apóstol en morir como mártir.

FELIPE

Jn. 1:43	Fue primeramente discípulo de Juan el Bautista.
Jn. 1:40-46	Llevó a Natanael a Cristo.
Jn. 6:5-7	Su fe fue probada durante la alimentación de los 5.000.
Jn. 12:20-22	Se le acercaron unos griegos para decirle que deseaban ver a Jesús.
Jn. 14:8, 9	Le pidió a Cristo que le mostrara al Padre.

NATANAEL *(llamado también* BARTOLOMÉ*)*

Jn. 1:45, 46	Felipe le dio testimonio de Cristo debajo de una higuera.
Jn. 1:49	Fue el primero en llamar a Cristo Hijo de Dios y Rey de Israel.
Jn. 1:51	Escuchó la primera predicción de Cristo (la ascensión).
Jn. 21:2	Fue testigo del último milagro de Cristo.

MATEO *(llamado también* Leví*)*

Lc. 5:27	Fue un publicano, encargado de recoger impuestos.
Mt. 9:9	Respondió a Cristo a la simple invitación de «sígueme».
Lc. 5:27-29	Fue el anfitrión de una gran fiesta en la que compartió su nueva fe.

TADEO *(llamado también* JUDAS*)*

Mr. 15:40	Hermano de Santiago el menor.
Jn. 14:22	Le preguntó a Cristo cómo se manifestaría.

SANTIAGO EL MENOR

Mr. 15:40	Este sobrenombre podía referirse a su estatura.

SIMÓN EL ZELOTE

Mt. 10:4; Mr. 3:18	Miembro de un partido político de extrema derecha llamado los zelotes.

TOMÁS

Jn. 11:16	Era hermano gemelo (Dídimo = gemelo).
Jn. 11:16	Perdió la esperanza cuando Cristo decidió ir a resucitar a Lázaro.
Jn. 14:5	En el aposento alto le preguntó a Cristo adónde iba.
Jn. 20:24	Estuvo ausente durante la primera aparición de Cristo resucitado en el aposento alto.
Jn. 20:25	Dijo que no podía creer a menos que viera y tocara a Cristo.
Jn. 20:28	Cayó a los pies de Cristo al verle una semana después.
Jn. 21:2	Estuvo presente durante el último milagro de Jesús.

JUDAS ISCARIOTE

Jn. 12:6	Se piensa que fue el único apóstol de Judea.
Jn. 12:4-6	Fue el tesorero del grupo.
Jn. 6:70, 71	Era un ladrón sin corazón.
Mt. 26:15, 16	Vendido a Satanás desde el principio del ministerio.
Lc. 22:3; Jn. 13:27	Aceptó traicionar a Cristo por treinta piezas de plata.
Jn. 13:26-30	Permitió que Satanás entrara realmente en él.
Jn. 18:2-4	Comió con Cristo del mismo plato en el aposento alto.
Mt. 26:49	Condujo a los soldados para arrestar a Cristo en Getsemaní.
Mt. 27:3, 4	Entregó al Salvador con un beso.
Mt. 27:5	Devolvió el dinero de la traición con un gran remordimiento.
	Salió y se ahorcó.
Jn. 17:12 **2 Ts. 2:3**	Será posiblemente el futuro Anticristo.

9. Estaba en el aposento alto, junto con otros diez discípulos, antes de la experiencia de Pentecostés (Hch. 1:13).

Juan, hijo de Zebedeo:

1. Era el hermano de Santiago y fue quizá el segundo discípulos más distinguido, después de Pedro.
2. Fue primeramente un discípulo de Juan el Bautista (Jn. 1:35).
3. Juan el Bautista fue quien lo presentó a Cristo (Jn. 1:36, 37).
4. Cristo lo llamó a seguirle mientras pescaba en el mar de Galilea (Mt. 4:18-22).
5. Fue llamado a ser apóstol, junto con otros once (Mt. 10:2-4; Lc. 6:14-16; Mr. 3:16-19).
6. Juan fue uno de los tres discípulos clave que fue testigo de:
   a. La resurrección de la hija de Jairo (Lc. 8:41).
   b. La transfiguración (Mt. 17:1).
   c. La oración de Jesús en Getsemaní (Mt. 26:37).
7. Fue reprendido amablemente por Cristo en una ocasión por su sectarismo (Lc. 9:49, 50):

   «Entonces respondiendo Juan, dijo: Maestro, hemos visto a uno que echaba fuera demonios en tu nombre; y se lo prohibimos, porque no sigue con nosotros. Jesús le dijo: No se lo prohibáis; porque el que no es contra nosotros, por nosotros es.»
8. Quería que Cristo juzgara a una ciudad que los había tratado con desdén mandando que descendiera fuego del cielo (Lc. 9:54).
9. Solicitó que se le concediera un lugar de honor en el reino milenario de Cristo (Mr. 10:35).
10. Cristo lo envió junto con Pedro para que hicieran los arreglos para la cena de su última Pascua (Lc. 22:8).
11. Le preguntó a Cristo en el aposento alto acerca de la identidad del que le traicionaría (Jn. 13:25).
12. Abandonó a Cristo en el huerto y después le siguió de lejos (Jn. 18:15).
13. Fue el único apóstol que estuvo al pie de la cruz (Jn. 19:26).
14. Aceptó la responsabilidad de cuidar de María después de la crucifixión de Jesús (Jn. 19:27).
15. Fue con Pedro a examinar la tumba vacía (Jn. 20:2, 3).
16. Fue el primero en reconocer a Jesús en la aparición después de la resurrección a la orilla del lago de Galilea (Jn. 21:7).
17. Se esparció el rumor acerca de Juan de que no moriría (Jn. 21:23).
18. Estaba con Pedro en la curación de un cojo de nacimiento (Hch. 3:1-11).
19. Fue enviado por la iglesia de Jerusalén para ministrar en Samaria (Hch. 8:14, 15).
20. Pablo le visitó (Gá. 2:9).
21. Escribió cinco libros del Nuevo Testamento: El Evangelio de Juan, las epístolas 1, 2 y 3 de Juan, y Apocalipsis.
22. Fue desterrado a la isla de Patmos durante el reinado de Nerón (o quizá el de Domiciano), recibió allí las visiones del Apocalipsis, fue después liberado, y murió de muerte natural mientras pastoreaba en Efeso.

Santiago, el hijo de Zebedeo:

1. Era aparentemente un pescador bien acomodado y hermano mayor de Juan el apóstol (Mt. 4:21).
2. Era, en el tiempo en que le llamó Jesús, socio de Simón Pedro en el negocio de la pesca (Lc. 5:10).
3. Fue llamado por Cristo para ser uno de sus doce apóstoles (Mt. 10:2).
4. El Señor le dio a él y a su hermano Juan el sobrenombre de «Hijos del trueno» (Mr. 3:17).
5. Él y su hermano Juan le solicitaron a Cristo una posición especial en su futuro reino. Por esta causa acarrearon sobre sí el enojo de los otros diez apóstoles (Mr. 10:35, 36, 41).
6. En una ocasión quería que descendiera fuego del cielo para consumir un pueblo samaritano que había rechazado a Cristo. El Señor le reprendió por esta actitud (Lc. 9:54, 55).
7. Fue uno de los tres que formaron el círculo íntimo de Jesús. Los otros dos fueron Pedro y Juan. Sólo estos tres:
   a. Acompañaron a Cristo en el monte de la transfiguración (Mr. 17:1).
   b. Estuvieron presentes cuando Jesús sanó a la suegra de Pedro (Mr. 1:29).
   c. Fueron testigos de la resurrección de la hija de Jairo (Mr. 5:37).
   d. Estando en el monte de los Olivos le preguntaron en privado a Jesús acerca de su Segunda Venida (Mr. 13:3, 4).
   e. Les pidió que oraran por él en el huerto de Getsemaní (Mr. 14:33).
8. Estaba con otros seis a la orilla del mar de Galilea después de la resurrección cuando Jesús perdonó a Pedro (Jn. 21:1, 2).
9. Estaba presente en el aposento alto el día de pentecostés (Hch. 1:13).
10. Fue encarcelado y murió como un mártir a manos del rey Herodes (Hch 12:1, 2).

Felipe:

1. Su hogar estaba en Betsaida
2. Fue primero discípulo de Juan el Bautista y compañero cercano del apóstol Juan (Jn. 1:43).
3. Llevó a Natanael a Cristo inmediatamente después de su conversión (Jn. 1:40-46).
4. Jesús le probó una vez en su fe al preguntarle cómo podrían alimentar a los 5.000. Felipe falló en la prueba (Jn. 6:5-7).
5. Durante la entrada triunfal se le acercaron unos griegos que deseaban ver a Jesús. Quizá esto puede indicar que Felipe era más accesible a los extraños que los otros once (Jn. 12:20-22).
6. Le pidió a Cristo en el aposento alto durante la última Pascua que les mostrara al Padre, y eso sería suficiente (Jn. 14:8, 9).
7. La tradición nos dice que marchó después como misionero a Frigia, que murió allí como mártir y que lo enterraron en Hierápolis.

Bartolomé:

1. También llamado Natanael (Jn. 1:45).
2. Felipe lo encontró debajo de una higuera (quizá era su hermano) y le persuadió para que fuera a conocer a Cristo (Jn. 1:45, 46).
3. Se convirtió a Cristo y fue el primero de los apóstoles que supo acerca de la ascensión (Jn. 1:50, 51). (Es decir, el Salvador predijo su pro-

pia ascensión antes que su muerte y resurrección.)
4. Bartolomé (o Natanael) fue uno de los siete apóstoles que estuvo presente en el desayuno con pescado que Cristo preparó en la playa del mar de Galilea (Jn. 21:2).
5. Una leyenda dice que tiempo después fue desollado vivo en Armenia por causa de su fe.

Mateo:
1. Era un publicano, un cobrador de impuestos al servicio de los romanos; se llamaba también Leví (Lc. 5:27).
2. Cristo le llamó usando una sola palabra: «Sígueme» (Mt. 9:9).
3. Preparó una gran fiesta en su casa antes de dejarlo todo e invitó a sus amigos, gente como él, con el propósito sin duda de presentarlos a Cristo (Lc. 5:27-29).
4. Un historiador de la iglesia del siglo v relata que murió como mártir en Etiopía adonde había ido como misionero.

Tomás:
1. Era gemelo, porque la palabra *dídimo* (usada en referencia a él), significa «gemelo». (Véase Jn. 11:16.)
2. Tuvo una impresión muy sombría de la decisión de Cristo de ir al funeral de Lázaro. Nada más oír el anuncio, este perplejo discípulo dijo: «Vamos también nosotros, para que muramos con él» (Jn. 11:16).
3. Le preguntó a Cristo adónde se iba cuando estaban en el aposento alto durante la Última Cena (Jn. 14:5).
4. No estuvo presente cuando Cristo se apareció a los discípulos en aquel primer domingo de resurrección en el aposento alto (Jn. 20:24).
5. Debido a su ausencia sintió que no podía creer la buena noticia. «Si no viere en sus manos la señal de los clavos, y metiere mi dedo en el lugar de los clavos, y metiere mi mano en su costado, no creeré» (Jn. 20:25).
6. Se encontró con el Salvador ocho días después y éste le invitó a que hiciera lo que había dicho, pero Tomás no pudo hacer otra cosa más que caer a sus pies y decir: «¡Señor mío, y Dios mío!» (Jn. 20:28).
7. Estuvo presente junto con otros seis discípulos cuando Cristo preparó el desayuno a la orilla del mar de Galilea (Jn. 21:2).
8. La tradición nos dice que fue a evangelizar a Partia, Persia e India, y que sufrió el martirio cerca de Madras, en el monte Santo Tomás.

Judas:
1. Era hermano de Santiago el menor (Mr. 15:40).
2. También fue conocido como Tadeo (Mt. 10:3; Mr. 3:18).
3. Le preguntó al Señor: «¿Cómo es que te manifestarás a nosotros y no al mundo?» (Jn. 14:22).
4. Dio su vida por Cristo en Persia, después de haber estado predicando también en Asiria.

Santiago el menor:
1. Era hermano de Judas, y quizá le llamaban «el menor» a causa de su estatura (Mr. 15:40). (La palabra «menor» es *mikros* en griego, y se refiere a algo de tamaño pequeño.)
2. Predicó en Palestina y después en Egipto, donde fue crucificado.

Simón el Zelote:
1. Era miembro de un partido político de extrema derecha llamado los Zelotes (Mt. 10:4; Mr. 3:18).
2. Dice la tradición que fue crucificado.

Judas Iscariote:
1. Se dice que vivía cerca de Hebrón en Judá, y fue el único discípulo entre los doce que no era galileo.
2. Era el tesorero del grupo de los Doce (Jn. 12:6).
3. Era un ladrón endurecido (Jn. 12:4-6).
4. Cedió a Satanás desde el principio del ministerio de Cristo (Jn. 6:70, 71).
5. Planeó traicionar a Cristo por treinta piezas de plata (Mt. 26:15, 16).
6. Satanás entró en este momento en él y lo controló por completo (Lc. 22:3; Jn. 13:27).
7. Estando en el aposento alto recibió de la mano de Jesús el pan mojado que lo señalaba como el traidor (Jn. 13:26, 27). Sin embargo, los discípulos no se dieron cuenta de lo que Jesús había hecho.
8. Condujo a los soldados a Getsemaní (Jn. 18:2-4).
9. Traicionó a Cristo con un beso (Mt. 26:49).
10. Lleno de remordimientos devolvió el dinero de la traición y reconoció ante los indiferentes sacerdotes judíos su horrible pecado (Mt. 27:3, 4).
11. Salió inmediatamente y se ahorcó (Mt. 27:5).
12. Algunos piensan que él es el futuro Anticristo, en base de las palabras de Jesús en Juan 17:12, y de la declaración de Pablo en 2 Tesalonicenses 2:3.

B. Personas relacionadas con los milagros de Jesús.
   1. El encargado de la fiesta de bodas en Caná que hizo comentarios elogiosos del vino que Jesús había transformado de agua (Jn. 2:9, 10).
   2. El alto oficial del rey cuyo hijo sanó Jesús (Jn. 4:50).
   3. El endemoniado de Capernaum a quien Jesús sanó en la sinagoga un día de reposo (Mr. 1:25).
   4. La suegra de Simón Pedro que Jesús sanó de una fiebre que la tenía postrada en cama (Mt. 8:15).
   5. El leproso a quien el Señor tocó y sanó durante su primera gira de predicación (Mr. 1:40, 41).
   6. El paralítico a quien Cristo sanó después que sus cuatro amigos lo bajaran por el techo (Mr. 2:5).
   7. El hombre de la mano seca a quien Jesús sanó en la sinagoga un sábado (Mr. 3:5).
   8. Un centurión que mostró gran fe y cuyo siervo fue sanado por Jesús (Mt. 8:5-13).
   9. La viuda de Naín cuyo hijo fue resucitado en su propio funeral (Lc. 7:14).
   10. El endemoniado gadareno que vivía entre las tumbas y del que Jesús expulsó una legión de demonios (6.000), que fueron a parar a una piara de cerdos (Mr. 5:12-19).
   11. La mujer enferma por doce años de flujo de

sangre que se sanó inmediatamente al tocar el manto de Cristo (Mr. 5:28).

12. La hija de Jairo que fue resucitada en su propio lecho de muerte (Mt. 9:25).
13. Los dos ciegos que fueron sanados después de seguir a Cristo en el camino clamando por misericordia (Mt. 9:27-29).
14. El mudo que habló después que Jesús echara al demonio que le causaba la aflicción (Mt. 9:32, 33).
15. El hombre que llevaba treinta y ocho años inválido a quien Jesús sanó en Jerusalén cerca del templo (Jn. 5:8).
16. La hija de la mujer sirofenicia que fue sanada de una aflicción causada por un demonio después que su madre mostró gran fe en Cristo (Mr. 7:29).
17. Un sordo y tartamudo que fue sanado después que Jesús tocó sus oídos y su lengua (Mr. 7:31-37).
18. El ciego de Betsaida que vio claramente después que Cristo tocó sus ojos dos veces (Mr. 8:22-25).
19. Un hombre de Jerusalén nacido ciego que se sanó después de obedecer a Cristo y lavarse en el estanque de Siloé (Jn. 9:7).
20. Aquel jovencito muy trastornado y afligido por un demonio sanado después que su padre lo llevó a Cristo al pie del monte de la transfiguración (Mt. 17:18).
21. El endemoniado sordo y mudo, cuya curación por Jesús fue atribuida al diablo por los perversos fariseos (Mt. 12:22-29).
22. Una mujer que llevaba dieciocho años sufriendo de una enfermedad inducida por Satanás y que fue sanada en sábado (Lc. 13:10-17).
23. Un hombre enfermo de hidropesía que fue también sanado en día de reposo (Lc. 14:1-4).
24. Los diez leprosos que fueron sanados por Jesús en Samaria cuando iba camino de Jerusalén. Sólo uno volvió para darle las gracias (Lc. 17:15).
25. Un hombre llamado Lázaro, que hacía cuatro días había muerto, fue resucitado de su tumba a las afueras de Betania (Jn. 11:43, 44).
26. Un hombre de nombre desconocido que fue sanado por Cristo a la entrada de Jericó (Lc. 18:35-43).
27. Un ciego llamado Bartimeo a quien Jesús sanó cuando salía de Jericó (Mr. 10:46-52).
28. Malco, el siervo del sumo sacerdote, a quien Simón Pedro le cortó la oreja con su espada, fue sanado por Cristo en Getsemaní (Jn. 18:10; Mt. 26:51).

C. Personas relacionadas con sus parábolas.

1. Dos constructores, uno sabio y otro insensato (Mt. 7:24-27).
2. Un fariseo llamado Simón cuya actitud crítica hacia los pecadores arrepentidos propició una parábola sobre el perdón (Lc. 7:36-50).
3. Un siervo a quien su rey perdonó mucho, pero que rehusó perdonar una pequeña deuda a un consiervo (Mt. 18:23-35).
4. El buen samaritano y los asociados con esa situación (Lc. 10:25-37).
5. Un necio materialista que vendió su alma inmortal por dinero (Lc. 12:13-21).
6. El siervo malvado que fue cogido *in fraganti* por el retorno inesperado de su amo (Lc. 12:45-48).
7. Tres invitados que rehusaron participar en las bodas del rey. Dos eran tontos y uno estaba tiranizado [¿por su mujer?] (Lc. 14:15-24).
8. El pastor que buscaba una oveja perdida (Lc. 15:3-7).
9. La mujer que buscaba una moneda extraviada (Lc. 15:8-10).
10. El padre que perdona a su hijo menor que se había perdido y reprende al mayor por su espíritu crítico (Lc. 15:11-32).
11. Un mayordomo poco honrado y sus acciones en favor propio (Lc. 16:1-7).
12. Un mendigo salvado llamado Lázaro, un hombre rico perdido en el infierno, y una conversación con Abraham más allá de la tumba (Lc. 16:19-31).
13. Una viuda persistente que recibió justicia de un juez fastidiado (Lc. 18:1-8).
14. La vida de oración de un fariseo arrogante y de un publicano humilde (Lc. 18:9-14).
15. El propietario de una viña que justifica sus acciones poco corrientes ante los trabajadores que le cuestionan (Mt. 20:1-16).
16. El hombre noble que se marcha lejos y confía diez minas (una mina correspondía a 100 dracmas) a sus diez siervos, uno de los cuales demostró que no era fiel (Lc. 19:11-27).
17. Dos hijos que cambiaron de actitud. Uno de ellos dijo que obedecería a su padre pero no lo hizo; el otro dijo que no lo haría, pero lo hizo (Mt. 21:28-32).
18. Un invitado que pagó caro el rehusar llevar la ropa apropiada en las bodas del hijo del rey (Mt. 22:11-14).
19. Diez vírgenes invitadas a unas bodas, cinco de las cuales fueron sabias y las otras imprudentes (Mt. 25:1-13).
20. Dos siervos fieles y uno negligente (Mt. 25:14-30).

D. Varias mujeres en los evangelios.

1. María (aparecen cuatro mujeres en los evangelios con este nombre).
   a. María de Betania. La hermana de Marta y Lázaro (Jn. 11:1). Cristo la elogió en una ocasión por poner las cosas más importantes en primer lugar (Lc. 10:42). Fue esta María la que ungió los pies y la cabeza de Jesús con perfume de nardo costoso y los secó con sus cabellos (Mr. 14:3; Jn. 12:3; Mt. 26:6-13).
   b. María la madre de Santiago y de José. Esta pudo haber sido la esposa de Cleofas (Lc. 24:18). Estuvo al pie de la cruz (Mt. 27:56, 61), cerca cuando enterraban a Jesús (Mr. 15:47), y fue a la tumba vacía (Mr. 16:1).
   c. María Magdalena. Jesús echó de ella siete demonios (Mr. 16:9; Lc. 8:2). Esta María fue la primera en ver al Cristo resucitado (Jn. 20:1-18).
   d. María, la madre humana de Jesús. Esta dulce virgen presentó a Cristo ante el mundo (Lc. 1—2). Estuvo presente cuando Él obró su primer milagro (Jn. 2:1-11). Le siguió fielmente en la última parte de su ministerio (Mt. 12:46), y estuvo presente al pie de la cruz (Jn. 19:25).
2. Salomé (aparecen dos Salomés en los relatos de los evangelios).

a. Salomé, la esposa de Zebedeo, y madre de Santiago y de Juan (Mt. 27:56; Mr. 15:40; 16:1). Ayudó a Cristo en su ministerio (Mr. 15:40, 41), y acudió a la tumba para ungir su cuerpo en la madrugada del domingo de resurrección (Mr. 16:1).
b. Salomé, la hija de Herodías y sobrina de Herodes Antipas. Sus danzas sensuales agradaron tanto a Herodes que obtuvo como premio la cabeza de Juan el Bautista (Mt. 14:3-11; Mr. 6:17-28). Su nombre no aparece en los evangelios.

3. Herodías. Fue la malvada nieta de Herodes el Grande que se casó con su tío Felipe, a quien luego dejó por Herodes Antipas. Juan el Bautista reprendió a Herodes por esta acción inmoral (Lc. 3:19, 20). Éste le metió en la cárcel por su osada predicación y luego lo decapitaron por sugerencia de Herodías (Mt. 14:3-14; Mr. 6:14-29).
4. Una viuda pobre. Fue elogiada por el Salvador cuando echó en el arca de las ofrendas las únicas dos blancas que tenía (Lc. 21:1-4).
5. Elisabet. La esposa de Zacarías y madre de Juan el Bautista (Lc. 1:5-57).
6. Ana. Hija de Fanuel, de la tribu de Aser, enviudó después de siete años de matrimonio. Llegó a ser profetisa, y a la edad de ochenta y cuatro años, cuando el niño Jesús fue llevado al templo para ser dedicado, ella le reconoció como el Mesías (Lc. 2:36-38).
7. Una mujer arrepentida. Esta mujer inmoral mostró su dolor y arrepentimiento lavando los pies de Jesús con sus propias lágrimas y secándolos con sus cabellos en la casa de Simón el fariseo (Lc. 7:36-38).
8. La mujer samaritana. Se convirtió en el pozo de Jacob, y, al regresar a casa, habló a la gente acerca de Cristo y los llevó a Él (Jn. 4:5-42).
9. Marta, la hermana de María y de Lázaro de Betania (Jn. 11:1). Cristo le recordó amablemente en una ocasión que no debía preocuparse excesivamente por las cosas materiales, sino que debía buscar ante todo una relación con Él (Lc. 10:41).
10. La mujer sorprendida en el acto de adulterio. Fue llevada a Jesús por los fariseos, quienes demandaban su muerte. Cristo la perdonó gratuitamente (Jn. 8:1-11).
11. Dos criadas que acusaron a Pedro de haber estado con Jesús. Esto ocurrió durante su juicio ante el sanedrín. Pedro negó a su Maestro delante de estas mujeres (Mt. 26:69, 71).

E. Personas relacionadas con su nacimiento.

1. Los pastores. Ellos fueron los primeros en saber acerca de su nacimiento; los ángeles mismos se lo anunciaron aquella noche (Lc. 2:8-20).
2. Simeón. Un hombre justo y piadoso a quien el Espíritu Santo le había revelado que no moriría hasta que viera al Mesías. Cuando el niño Jesús fue llevado al templo le tomó en sus manos y alabó a Dios (Lc. 2:25-34).
3. Ana. La anciana profetisa que también alabó a Jesús en el momento de la dedicación en el templo (Lc. 2:36-38).
4. Los magos. Estos devotos astrónomos y líderes religiosos, quizá de Persia, siguieron la estrella de Jesús, y cuando le encontraron se postraron adorándole y le ofrecieron sus presentes (Mt. 2:1-16).

F. Personas relacionadas con su muerte y resurrección.

1. Los guardias del templo. Son los hombres que arrestaron a Cristo en el huerto de Getsemaní (Mt. 26:47).
2. Los soldados romanos. Le ridiculizaron (Mt. 27:27, 28), le crucificaron y echaron suertes sobre sus ropas (Mt. 27:35). Poco después una escuadra de ellos montaron guardia en su tumba (Mt. 27:62-66).
3. Barrabás. Un reo encontrado culpable a quien el populacho prefirió por encima de Jesús para ser puesto en libertad (Mt. 27:16).
4. Simón de Cirene. Procedente de ese lugar de origen y padre de Alejandro y de Rufo, quien fue forzado por los romanos a cargar con la cruz de Cristo (Mr. 15:21).
5. Dos testigos falsos. Estos miserables intentaron retorcer las palabras de Cristo acerca del templo y de su resurrección sacándolas completamente de su contexto. Esto ocurrió durante el juicio de Jesús (Mt. 26:60, 61).
6. El alguacil que abofeteó a Jesús durante el juicio (Jn. 18:22).
7. Los dos ladrones. Uno murió salvo, el otro condenado (Lc. 23:32, 39-43).
8. El centurión. Un militar romano que estaba al pie de la cruz y quien, después de ser testigo de las señales que sucedieron a la muerte de Cristo, reconoció que Jesús era en verdad el Hijo de Dios (Mt. 27:54).
9. José de Arimatea. Un creyente judío, rico y valiente, que obtuvo el permiso para bajar a Cristo de la cruz y enterrarlo en su propia tumba (Mt. 27:57-60).
10. Cleofas. Uno de los dos discípulos (el otro fue probablemente su esposa María) a quien se le apareció Jesús resucitado en el camino a Emaús (Lc. 24:13-18).

G. Los sacerdotes.

1. Zacarías. El esposo de Elisabet y padre de Juan el Bautista (Lc. 1:5; 59, 60).
2. Anás. El sumo sacerdote emérito. Hombre corrompido y suegro de Caifás, el sumo sacerdote en ejercicio en el tiempo de la crucifixión de Jesús. El Salvador compareció primeramente ante este hombre detestable (Jn. 18:13).
3. Caifás. Jesús fue llevado ante él en la víspera de la crucifixión para su segundo juicio ilegal (Jn. 18:24).

H. Dirigentes.

1. Nicodemo. Un hombre principal entre los judíos que fue convertido por Cristo mismo (Jn. 3:1).
2. Augusto César. El emperador romano que promulgó el edicto de empadronamiento en el tiempo del nacimiento de Cristo (Lc. 2:1).
3. Tiberio César. El sucesor de Augusto que reinaba en el tiempo del ministerio de Cristo (Lc. 3:1).
4. Herodes (encontramos tres Herodes en el relato de los evangelios).
    a. Herodes el Grande (39 a.C. al 4 a.C.). Era un edomita que con el apoyo de Roma se proclamó a sí mismo rey de Palestina en el 39 a.C. Este fue el Herodes que intentó matar al niño Jesús (Mt. 2:1-16).

b. Herodes Arquelao (4 a.C. al 6 d.C.). El hijo mayor de Herodes el Grande que heredó Judea a la muerte de su padre (Mt. 2:22).
c. Herodes Antipas (4 a.C. al 29 d.C.), el hijo menor de Herodes el Grande que se quedó con Galilea. Reinó durante la mayor parte de la vida terrenal de Cristo. Su adúltero matrimonio fue condenado por Juan el Bautista (Mr. 6:18; Lc. 3:19, 20). Cristo se refirió a él como a «aquella zorra» (Lc. 13:32). Él también estuvo ante este Herodes en uno de sus juicios injustos (Lc. 23:5-12).

5. Pilato. El gobernador romano de Judea desde el año 26 al 36 d.C. (Mr. 15:1).
6. La familia de Cristo.
a. María (Mt. 1:8).
b. José (Mt. 1:19) era un carpintero bondadoso que vivía en Nazaret.
c. Después del nacimiento sobrenatural de Cristo, María y José tuvieron hijos naturales, criando al menos a cuatro hijos que sepamos: Santiago, José, Simón y Judas (Mt. 13:55). No creyeron en Cristo antes de la resurrección. (Véase Jn. 7:5.)
7. Algunos que quisieron seguir a Cristo.
a. Un cierto escriba, que al final renunció a seguirle debido a las dificultades que involucraba (Mt. 8:19, 20).
b. Otro discípulo, que no le siguió por causa de sus padres (Mt. 8:21, 22).
c. Un joven líder rico que no pudo vencer su amor al dinero (Mt. 19:16).
d. Un cierto joven, aparentemente desconocido, que había seguido a Cristo por un tiempo pero huyó atemorizado del huerto de Getsemaní dejando su ropa en manos de los guardias (Mr. 14:51, 52).
8. Asociados con Juan el Bautista.
a. Juan mismo. Jesús dijo que nunca antes había vivido un profeta más audaz y leal a Dios que Juan (Mt. 11:11).
b. Los discípulos de Juan. Estos se acercaron a Jesús en dos ocasiones. En la primera para preguntarle acerca de su estilo de vida (Mt. 9:14), y en la segunda en relación con su deidad (Mt. 11:2, 3).
9. Niños.
a. Jesús ordenó a los discípulos que no impidieran que le llevaran niños para bendecirlos (Mr. 10:14).
b. Usó a un niño como ilustración para la salvación (Mr. 9:36).
c. Usó el almuerzo de un jovencito (Jn. 6).
d. Los niños le cantaron alabanzas en el templo (Mt. 21:15).
10. Seres sobrenaturales.
a. Satanás (Mt. 4:1).
b. Demonios (Mr. 1:23, 24; 3:11; 5:8, 9; Lc. 9:42).
c. El arcángel Gabriel. Su ministerio a:
(1) María (Lc. 1:28).
(2) Zacarías (Lc. 1:11).
(3) José (Mt. 1:20, 24; 2:13, 19).
(4) Los pastores (Lc. 2:9).
d. Otros ángeles.
(1) Ayudaron en el nacimiento Jesús (Lc. 2:13, 14).
(2) Le sirvieron durante las tentaciones (Mr. 1:13).
(3) Le confortaron en Getsemaní (Lc. 22:43).
(4) Le ayudaron durante la resurrección (Mt. 28:2; Jn. 20:12).
11. La Trinidad.
a. El Padre (Mt. 3:17; Jn. 12:28; Mt. 17:5).
b. El Espíritu Santo (Mt. 3:16; 4:1).
12. Personas en general.
a. Dos abogados (intérpretes de la ley). Uno le tentó en relación con los Diez Mandamientos (Mt. 22:35), y otro sobre el asunto de la vida eterna (Lc. 10:25).
b. Simón el leproso. Uno a quien el Señor sanó y que preparó una cena para él antes de su entrada triunfal (Mt. 26:6).
c. Unos griegos. Este grupo deseó ver a Jesús durante el domingo de la entrada triunfal en Jerusalén (Jn. 12:20).
d. Los setenta. Un grupo especial que Jesús envió de dos en dos a realizar un censo religioso en Palestina (Lc. 10:1).
e. Teófilo. Un amigo de Lucas a quien él escribió su evangelio (Lc. 1:3), y el libro de Hechos (Hch. 1:1).
f. Un escriba sincero. Jesús dijo que este hombre no estaba lejos del reino de Dios (Mr. 12:34).

LA ETAPA DE LA IGLESIA PRIMITIVA

INTRODUCCIÓN A LA ETAPA DE LA IGLESIA PRIMITIVA (Hechos)

Esta etapa abarca un período aproximadamente de treinta y ocho años, desde el milagro de pentecostés hasta el martirio de Pablo. Es una historia admirable de testimonio cristiano. La acción se centra alrededor de dos «cruzadas»; la gran cruzada de Jerusalén (Hch. 1—12), dirigida por Pedro, y la cruzada mundial (Hch. 13—28), dirigida por Pablo. Los asociados que aparecen involucrados en estas campañas son: el apóstol Juan, Esteban, Felipe, Bernabé, Silas, Timoteo y Lucas.

Los registros bíblicos nos hablan de los primeros diáconos (Hch. 6:1-5), mártires (Santiago y Esteban; véanse 7:60; 12:2), y misioneros (Hch. 13:1-13). Los creyentes fueron llamados cristianos por primera vez durante este período (11:26).

También se nos habla de las dos últimas resurrecciones bíblicas: Dorcas (9:40, 41) y Eutico (20:9-12). La predicación del evangelio enfrenta toda suerte de dificultades diabólicas en este período. Satanás intenta impedirlo (4:18; 5:28), comprarlo (8:18), y finalmente desacreditarlo (16:16-18).

Vemos a ángeles y demonios en acción. Un ángel protege a un apóstol (Pedro, Hch. 12:7, 8) y hiere a un rey (Herodes, Hch. 12:23). Los demonios usan a magos (8:9; 13:6-10), adivinos (16:16-18), y vagabundos (19:13-16). Se producen grandes movimientos de conversiones (19:18-20) y tumultos (19:28-34).

En esta etapa de la iglesia primitiva aparecen tres conversiones significativas. La primera es la del eunuco (8:36-38), un descendiente de Cam (Gn. 10:6-20); la segunda es la de Saulo (Hch. 9:1-6), un descendiente de Sem (Gn. 10:21-31); y la tercera es la de Cornelio (Hch. 10:44-48), un descendiente de Jafet (Gn. 10:2-5).

El número de los convertidos aumenta de 120 (1:15) a 3.120 (2:41), a 8.120 (4:4), a un gran número de hombres y mujeres (5:14). Pablo predica el evangelio a carceleros (16:25-34), a filósofos (17:16-31), a fariseos (23:6), y a potentados (24:24, 25; 26:24-28).

Y por último, la historia que empieza con una reunión de oración en el aposento alto (Hch. 1:14) termina con alabanzas a Dios en la celda de una prisión (2 Ti. 4:6-8, 18).

HECHOS DE LOS APÓSTOLES

I. La Tierra Santa: la gran cruzada de Jerusalén, dirigida por Pedro el pescador (1—12; 1:1—8:40; 9:32—11:18; 12:1-24).
   A. Las actividades de Pedro:
      1. Pedro y los 120 (1:1-26).
         a. Lucas escribe su segunda carta a Teófilo. La primera (el Evangelio de Lucas), la escribió para decir lo que Cristo hizo por medio de su cuerpo físico mientras estaba en la tierra (véase Lc. 1:1-4). Su segunda carta (el libro de Hechos) la escribe para decir lo que Cristo, que había ascendido al cielo, estaba haciendo por medio de la Iglesia, su cuerpo espiritual.

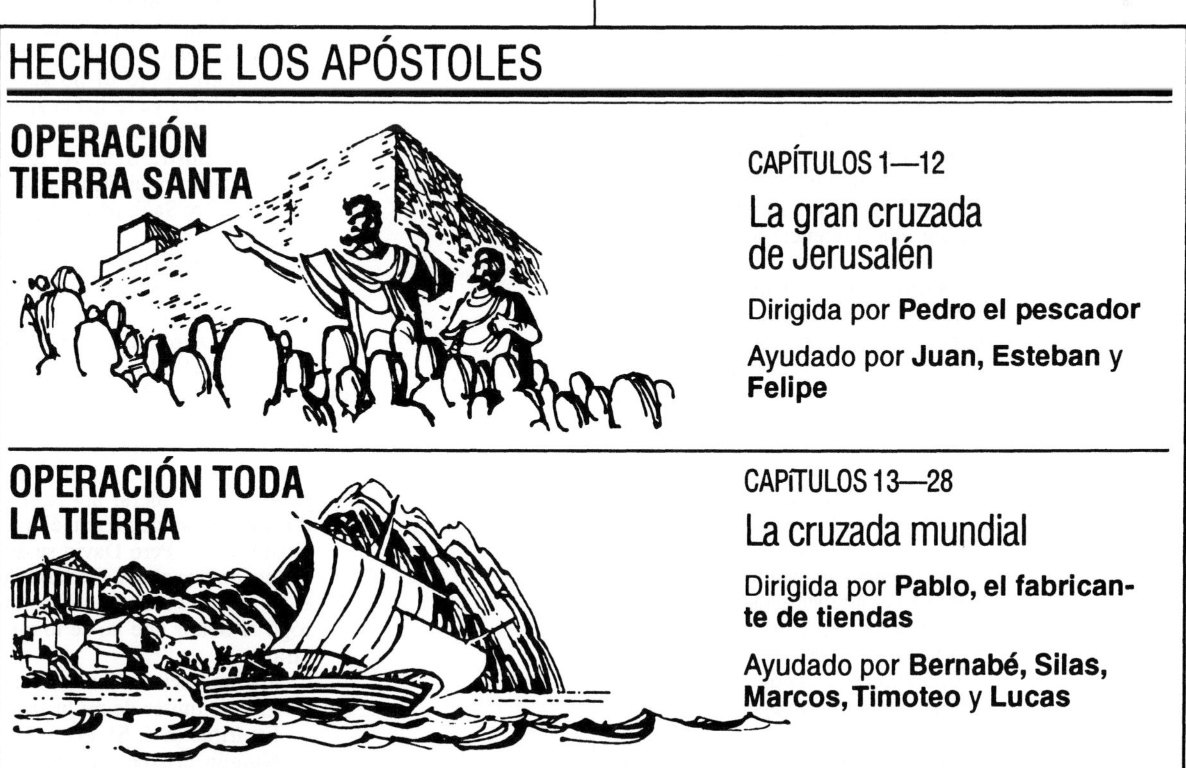

Actividades del equipo de la Tierra Santa

PEDRO

Los 120 **1:1-26**

La multitud de pentecostés **2:1-47**

El hombre cojo **3:1-11**

El sumo sacerdote **4:1-35**

Ananías y Safira **5:1-16**

Gamaliel, doctor de la ley **5:17-42**

Simón el mago **8:14-25**

Eneas el paralítico **9:32-35**

Dorcas **9:36-43**

El centurión Cornelio **10:1-48**

Los legalistas **11:1-18**

El ángel de Dios **12:1-24**

ESTEBAN

La queja de los griegos **6:1**

La conferencia de los Doce **6:2-4**

La elección de los siete **6:5-8**

La calumnia de los libertos **6:9-15**

El sermón de Esteban **7:1-53**

La lapidación de Esteban **7:54-60**

FELIPE

El evangelista en la ciudad de Samaria **(8:4-8)**

Felipe, el ganador de almas en el desierto de Gaza **(8:26-39)**

«Entonces Felipe, abriendo su boca, y comenzando desde esta escritura, le anunció el evangelio de Jesús.

Y yendo por el camino, llegaron a cierta agua, y dijo el eunuco: Aquí hay agua; ¿qué impide que yo sea bautizado?

Felipe dijo: Si crees de todo corazón, bien puedes. Y respondiendo, dijo: Creo que Jesucristo es el Hijo de Dios.

Y mandó parar el carro; y descendieron ambos al agua, Felipe y el eunuco, y le bautizó.»

b. Comienza recordándole a Timoteo «de todas las cosas que Jesús comenzó a hacer y a enseñar» (1:1). Esto estaba en agudo contraste con los fariseos, quienes, según el Salvador, «dicen, y no hacen» (Mt. 23:3).

c. Lucas habla de las «muchas pruebas indubitables» que respaldaban la resurrección. Durante ese tiempo nuestro Señor apareció al menos diez veces a sus seguidores.

d. Poco antes de su ascensión Cristo mandó a sus apóstoles que «no se fueran de Jerusalén, sino que esperasen la promesa del Padre» (1:4). Se ha gastado mucha tinta intentando explicar estas cuatro palabras: «la promesa del Padre». Varios pasajes de la Escritura señalan claramente que esta promesa del Padre (Jl. 2:28; Hch. 2:16), y también del Hijo (Jn. 14:16, 26; 15:26; 16:7), era una referencia a la venida del Espíritu Santo.

El Espíritu Santo ya había, por supuesto, ministrado en el Antiguo Testamento, pero ahora su presencia introduciría tres elementos completamente nuevos.

(1) Sería universal. Antes de esta época el Espíritu Santo había limitado su tarea en la humanidad a la nación de Israel. No tenemos evidencia, antes del libro de los Hechos, de que hubiera descendido sobre los griegos, los romanos, babilonios, etc. Pero ahora venía para bendecir a todos los pecadores arrepentidos en todo lugar.

(2) Sería permanente. Aunque el Espíritu Santo había descendido sobre ciertos hombres del Antiguo Testamento, frecuentemente se apartaba de ellos también.

(a) Como lo ilustra Sansón. Este hebreo de gran fuerza gozó de la presencia del Espíritu en varias ocasiones (Jue. 14:6, 19; 15:14). Pero después, debido a su pecado e inmoralidad, el Espíritu le dejó. Uno de los versículos más tristes de toda la Biblia registra este hecho, cuando Sansón se despierta para oírle decir a Dalila:

> «¡Sansón, los filisteos sobre ti! Y luego que despertó él de su sueño, se dijo: Esta vez saldré como las otras y me escaparé. Pero él no sabía que Jehová ya se había apartado de él» (Jue. 16:20).

(b) Como lo ilustra Saúl. Al igual que con Sansón, el Espíritu Santo vino sobre Saúl, pero después le dejó:

> «.... Y el Espíritu de Dios vino sobre él con poder...» (1 S. 10:10).
>
> «El Espíritu de Jehová se apartó de Saúl...» (1 S. 16:14).

(c) Como lo ilustra David. El Espíritu de Dios descendió sobre David cuando fue ungido por Samuel (1 S. 16:13) y, en lo que podemos considerar por las Escrituras, permaneció con él hasta su muerte. Pero David se dio cuenta de que podía apartarse de él y, al menos en una ocasión rogó al Señor que no se lo quitara.

> «No me eches de delante de ti, y no quites de mí tu santo Espíritu» (Sal. 51:11).

Ningún cristiano necesitará

hoy jamás orar de este manera (o no debería necesitarlo). Sin embargo, millones de creyentes podrían probablemente beneficiarse si oraran como David en el siguiente versículo: «Vuélveme el gozo de tu salvación...» (Sal. 51:12). David elevó esta oración después de su gran pecado con Betsabé.

(3) Sería perfeccionador. Es decir, el nuevo ministerio del Espíritu haría ahora que todos los pecadores arrepentidos crecieran en gracia y fueran semejantes a Jesús. Este no era el caso en el Antiguo Testamento. No tenemos indicaciones claras de que la naturaleza espiritual y moral de Sansón o de Saúl progresaran por la presencia del Espíritu Santo. Aparentemente sólo obtuvieron de él su poder, pero no su pureza.

e. Jesús no respondió a la pregunta de los apóstoles acerca del tiempo preciso cuando Dios restauraría el reino a Israel, pero sí les promete algo mucho más importante poco antes de su ascensión (Hch. 1:8):

«Pero recibiréis poder, cuando haya venido sobre vosotros el Espíritu Santo, y me seréis testigos en Jerusalén, en toda Judea, en Samaria, y hasta lo último de la tierra.»

Notemos que Él los llamaba a ser testigos. No potentados, sicólogos ni promotores, sino testigos.

Este versículo es en realidad un bosquejo divino del contenido del libro de Hechos. Notemos:

(1) Testigos en Jerusalén (Hch. 1—7).
(2) Testigos en Judea y en Samaria (Hch. 8—12).
(3) Testigos hasta lo último de la tierra (Hch. 13—28).

f. Cuando terminó de decir estas palabras, nuestro Señor fue alzado y le recibió la nube de la gloria de Dios (*Shekinah*) que le ocultó de sus ojos. Esta es la séptima de al menos nueve apariciones de esta divina y deslumbrante nube. Notemos que apareció:

(1) A Israel camino a Palestina (Ex. 13:21; 14:19, 20).
(2) Sobre el Lugar Santísimo en el tabernáculo (Lv. 16:2).
(3) Sobre el Lugar Santísimo en el templo (2 Cr. 5:13, 14).
(4) En el tiempo de Ezequiel (Ez. 10).
(5) En el nacimiento de Cristo (Lc. 2:9-11).
(6) En transfiguración (Mt. 17:5).
(7) Aquí en su ascensión (Hch. 1:9).
(8) Aparecerá de nuevo en el rapto (1 T. 4:17).
(9) Aparecerá otra vez durante su Segunda Venida (Mt. 24:30).

g. Mientras los discípulos le veían ascender, se aparecieron dos seres celestiales que dijeron:

«Varones galileos, ¿por qué estáis mirando al cielo? Este mismo Jesús, que ha sido tomado de vosotros al cielo, así vendrá como le habéis visto ir al cielo» (1:11).

Estos dos seres pueden haber sido hombres celestiales (como Moisés y Elías; véase Mt. 17:3) o ángeles (véanse Lc. 24:4; Jn. 20:12). En cualquier caso, nos informan de varias cosas concernientes a su regreso:

(1) Su partida fue personal y así lo será también su retorno (1 Ts. 4:16).
(2) Su ascensión fue visible y así lo será también su regreso (Fil. 3:21).
(3) Ascendió desde el monte de los Olivos y allí regresará (Zac. 14:4).

h. Los once apóstoles volvieron a Jerusalén donde se unieron con los demás creyentes en asamblea (120 en total) en un amplio aposento alto. Probablemente en el mismo lugar en el que Jesús celebró la Última Cena (Lc. 22:12), y donde se les apareció después de su resurrección (Jn. 20:19, 26). Bien pudo haber sido la casa de la madre de Juan Marcos. (Véase Hch. 12:12.) No debemos pensar, sin embargo, que el número de los creyentes estaba limitado en ese tiempo a los 120. (Véase 1 Co. 15:6.)

i. Se nos dice que «todos éstos [120] perseveraban unánimes en oración y ruego» (1:14). La palabra «unánimes» proviene de un término griego, *homothumadon*, que significa «de una sola mente». Se usa doce veces en el Nuevo Testamento, y de ellas once las encontramos en el libro de Hechos. Esta palabra era favorita tanto del pueblo de Dios como de la gente de Satanás.

(1) Usada por el pueblo de Dios (2:1; 2:46; 4:24; 5:12; 15:25).
(2) Usada por la gente de Satanás (7:57; 12:20; 18:12; 19:29).

Notamos que los primeros creyentes actuaron unánimes (con una sola mente) en asuntos de:

oración (1:14)
expectación (2:1)
comunicación (2:46)
consagración (4:24)
separación (5:12)
cooperación (15:25)

j. Entre los 120 estaban «las mujeres, y ... María la madre de Jesús, y ... sus hermanos» (1:14). Notemos:

(1) Las mujeres: se refiere a aquellas mujeres piadosas que habían seguido a Jesús desde Galilea. Entre ellas estaban, junto con otras:
   (a) Juana, esposa de Chuza, el administrador de Herodes (Lc. 8:3).
   (b) María y Marta (Jn. 11).
   (c) María, la madre de Santiago el menor (Mr. 15:40).
   (d) María Magdalena (Mr. 16:9).
   (e) Salomé (Mr. 15:40).
   (f) Susana (Mr. 8:3).
(2) María, la madre de Jesús. Esta es la

última mención que se hace de María en la Biblia.

(3) Sus hermanos. Estos eran los hijos de José y María (Mr. 13:55; Mr. 6:3) y hermanastros de Jesús, que no creyeron en él durante su ministerio terrenal (Jn. 7:3-5), pero que ahora sí creían. Se piensa que dos de ellos escribieron los libros del Nuevo Testamento que conocemos como epístolas de Santiago y Judas, que llevan sus respectivos nombres.

k. Durante esta reunión de oración Simón Pedro presenta a consideración del grupo la traición y muerte de Judas, lo que requiere la elección de otro apóstol que le sustituya (1:15-26).

(1) Pedro cita dos pasajes del Antiguo Testamento que muestran que la apostasía de Judas exige que se le reemplace. El Salmo 69:25 predice su separación, y el 109:8 su sustitución. Jesús ya había relacionado a Judas con el Salmo 41:9 (Jn. 13:18, 19).

(2) Debemos notar, no obstante, que fue la deserción de Judas y no su muerte lo que ocasionó su sustitución. No se tomó ninguna acción más tarde para reemplazar al martirizado apóstol Santiago (véase Hch. 12:2).

(3) Había dos requisitos en relación con la sustitución:

(a) El candidato tenía que haber seguido a Cristo a lo largo de todo su ministerio, no podía ser un recién convertido (véase Jn. 15:27).

(b) Tenía que ser un testigo de la resurrección.

l. A este respecto se han formulado dos preguntas:

(1) ¿Fue apropiado el método usado en la elección? Se nos dice que los discípulos «les echaron suertes» (1:26). ¿Cómo lo hicieron? El doctor Charles Ryrie escribe:

«Luego, echaron suertes sobre los nombres de los dos, puestos en una urna, y el primer nombre que saliera sería considerado como la elección del Señor.» (*Los Hechos de los Apóstoles*, Editorial Portavoz, p. 14.)

Este método estaba en perfecta armonía con la práctica del Antiguo Testamento. El sumo sacerdote lo usaba para escoger el macho cabrío de la expiación (Lv. 16:8), y más tarde para dividir la tierra de Palestina entre las tribus (Nm. 26:55).

(2) ¿Fue la elección misma correcta? Algunos dirían que fue un error, pues lo que Dios aparentemente se proponía es que fuera Pablo y no Matías el duodécimo apóstol. Sin embargo, no tenemos pruebas de esto. El título de apóstol no estuvo limitado a los doce, porque Bernabé (Hch. 14:14), Santiago (Gá. 1:19; 1 Co. 15:7) y Apolos (1 Co. 4:6-9) fueron también llamados apóstoles.

m. Debemos notar además que antes de echar las suertes oraron fervientemente.

«Tú, Señor, que conoces los corazones de todos, muestra cuál de estos dos has escogido» (1:24).

Quizá en este momento les vino a la mente la experiencia de ungimiento de David por Samuel (1 S. 16:7). Aparentemente sería Matías quien sería incluido en el cumplimiento de las promesas que aparecen en Mateo 19:28 y Apocalipsis 21:14.

2. Pedro y la multitud de pentecostés (2:1-47).

a. La cronología de pentecostés. Pentecostés (palabra griega que significa cincuenta) era la tercera de las seis grandes fiestas religiosas israelitas mencionadas en Levítico 23:

(1) La Pascua, la fiesta de los panes sin levadura (Lv. 23:4-8, una referencia al Calvario).

(2) La gavilla de los primeros frutos (Lv. 23:9-14, una referencia a la resurrección).

(3) La fiesta de las siete semanas (Lv. 23:15-21, una referencia profética a pentecostés).

(4) La fiesta de las trompetas (Lv. 23:23-25, una referencia al rapto y a la Segunda Venida de Cristo).

(5) La fiesta de la expiación (Lv. 16; 23:26-32, una referencia a la tribulación venidera).

(6) La fiesta de los tabernáculos (Lv. 23:33-43, una referencia al milenio).

b. La comparación de pentecostés:

(1) El pentecostés del Nuevo Testamento puede ser comparado al del Antiguo Testamento:

El pentecostés del Antiguo Testamento ocurrió cincuenta días después que Israel salió de Egipto. Nota: El cordero de la Pascua fue matado el 14 de abril del 1491 a.C., e Israel salió de Egipto a la noche siguiente (Ex. 12:1, 2, 6, 12, 31). Exactamente cincuenta días después llegaron al monte Sinaí durante la primera semana de junio (Ex. 19:1).

El pentecostés del Nuevo Testamento tuvo lugar cincuenta días después de la resurrección de Cristo. Nota: Nuestro Señor fue, por supuesto, crucificado durante la semana de la Pascua en el mes de abril (Jn. 19:14). Después de la resurrección permaneció cuarenta días con sus discípulos (Hch. 1:3). Entonces, diez días más tarde (Hch. 1:5; 2:1), aconteció el pentecostés del Nuevo Testamento.

El pentecostés del Antiguo Testamento celebraba un nacimiento, el de Israel como nación (Ex. 19:5).

El del Nuevo Testamento celebró otro nacimiento, el de la Iglesia (Hch. 2:41-47).

En el pentecostés del Antiguo

Testamento murieron unas 3.000 almas (Ex. 32:28).

En el del Nuevo Testamento se salvaron 3.000 almas (Hch. 2:41).

El pentecostés del Antiguo Testamento se inició de una manera poderosa:

«Aconteció que al tercer día, cuando vino la mañana, vinieron truenos y relámpagos, y espesa nube sobre el monte, y sonido de bocina muy fuerte; y se estremeció todo el pueblo que estaba en el campamento. Todo el monte Sinaí humeaba, porque Jehová había descendido sobre él en fuego; y el humo subía como el humo de un horno, y todo el monte se estremecía en gran manera» (Ex. 19:16, 18).

El del Nuevo Testamento también se inició con muestras de gran poder:

«Y de repente vino del cielo un estruendo como de un viento recio que soplaba, el cual llenó toda la casa donde estaban sentados; y se les aparecieron lenguas repartidas, como de fuego, asentándose sobre cada uno de ellos» (Hch. 2:2, 3).

(2) El pentecostés del Nuevo Testamento puede ser comparado con Belén:

En Belén Dios el Padre preparaba un cuerpo para que su Hijo obrara por medio de él.

«Por lo cual, entrando en el mundo dice: Sacrificio y ofrenda no quisiste; mas me preparaste cuerpo» (He. 10:5).

En pentecostés Dios el Padre preparaba un cuerpo para que su Espíritu obrara por medio de él.

«¿O ignoráis que vuestro cuerpo es templo del Espíritu Santo, el cual está en vosotros, el cual tenéis de Dios, y que no sois vuestros?» (1 Co. 6:19).

«¿Y qué acuerdo hay entre el templo de Dios y los ídolos? Porque vosotros sois el templo de Dios viviente, como Dios dijo: Habitaré y andaré entre ellos, y seré su Dios, y ellos serán mi pueblo» (2 Co. 6:16).

(3) El pentecostés del Nuevo Testamento puede ser comparado con la torre de Babel del Antiguo Testamento:

En Babel nosotros los pecadores actuábamos para nuestra propia gloria (Gn. 11:4).

En pentecostés hombres salvos esperaban por la manifestación de la gloria de Dios (Hch. 1:14).

En Babel Dios confundió las lenguas humanas (Gn. 11:9).

En pentecostés Dios clarificó las lenguas humanas (Hch. 2:8).

En Babel Dios esparció a los hombres por todo el mundo (Gn. 11:9).

En pentecostés Dios reunía a los hombres en la Iglesia (Ef. 1:10).

c. La congregación en pentecostés. «Moraban entonces en Jerusalén judíos, varones piadosos, de todas las naciones bajo el cielo» (2:5) Poco después las acciones divinas en pentecostés habían reunido a una gran multitud. Todos estaban maravillados porque todos «les oímos hablar en nuestras lenguas las maravillas de Dios» (2:11). No obstante, algunos se burlaron, diciendo: «Están llenos de mosto» (2:13). Pedro lo negó rápidamente. Sin embargo, podemos establecer una comparación entre estar llenos de vino y estarlo del Espíritu Santo. (Véase Ef. 5:18.)

Nota:

(1) Ambos son el resultado de un proceso abrumador (véase Jn. 7:37-39).
(2) Ambos dan una nueva osadía a aquel que está bajo su control.
(3) Ambos producen un deseo de más.

d. La clarificación de pentecostés. El apóstol Pedro predica un mensaje para explicar lo que estaba sucediendo y por qué.

(1) Empieza comparando lo que acaba de ocurrir con la profecía de Joel en el Antiguo Testamento acerca del derramamiento del Espíritu de Dios en toda carne (Jl. 2:28-32; cp. Hch. 2:16-21). Debemos hacer notar, no obstante, que el cumplimiento último de la profecía de Joel ocurrirá durante la tribulación (Hch. 2:19, 20; cp. Is. 13:10; Ez. 32:7; Mt. 24:29; Ap. 6:12).

(2) Pedro ofrece a continuación una prueba triple de que Cristo es en verdad el Mesías. Esto debido a:

(a) Sus obras (2:22; Jn. 3:2; 12:42-45).
(b) Su resurrección (2:24). Pedro cita el Salmo 16:8-11 para mostrar a Israel que la muerte y resurrección del Mesías estaban también incluidas en la voluntad de Dios. Les señala después que David (el autor del Salmo) no podía haber estado hablando de sí mismo.
(c) El ministerio del Espíritu Santo en pentecostés (2:33). Pedro finalmente interpreta que el Salmo 110:1 habla de Cristo. El Salvador mismo había hecho aquello mientras estuvo en la tierra (Mt. 22:41-45).

(3) El apóstol concluye declarando que la resurrección de Cristo era una absoluta necesidad porque:

(a) El poder de la muerte no podía retener al Príncipe de la vida (2:24).
(b) Dios había prometido a David que de su simiente saldría un Rey y un reino eternos (2:30).

(4) El mensaje de Pedro estremeció a sus oyentes hasta en lo más profundo de su ser.

«Al oír esto, se compungieron de corazón, y dijeron a Pedro y a los otros apóstoles: Varones hermanos, ¿qué haremos?» (2:37).

Aquí tenemos el primer ejemplo del ministerio de convicción del Espíritu Santo como lo había prometido Jesús en Juan 16:8, 9. Para otros ejemplos ver:

(a) Los samaritanos (8:12).
(b) Saulo (9:18; 22:16).
(c) Cornelio (10:47, 48).
(d) Lidia (16:15).
(e) El carcelero de Filipos (16:33).

(5) Pedro respondió: «Arrepentíos, y bautícese cada uno de vosotros en el nombre de Jesucristo para perdón de los pecados; y recibiréis el don del Espíritu Santo» (2:38). No ha habido quizá ningún otro versículo en toda la Biblia que haya sido objeto de tanta controversia como este. Veámoslo:

(a) Debemos recordar que el libro de los Hechos es un libro dispensacional y, por tanto, transitorio. Este era un mensaje para Israel en relación con el hecho de haber crucificado a su propio Mesías.
(b) La preposición *eis*, que aquí se traduce «para», se puede también traducir «a causa de», como se hace en Lucas 14:35; Mateo 3:11; 12:41.
(c) Sea lo que fuere que Pedro quiere decir aquí, debemos entender que las Escrituras no enseñan en ningún lugar que la salvación dependa del agua bautismal (1 Co. 1:17; cp. 15:1-4). Pablo indica claramente en las citadas referencias lo que es el evangelio, y él no incluye el bautismo. De manera que aquellos que insisten en el bautismo regenerador lo que literalmente hacen es «robar a Pablo para pagar a Pedro». (Véase también 2 P. 3:15, 16.)

e. La comunión en pentecostés (2:41-47).

(1) Los 3.000 israelitas que respondieron al sermón de Pedro fueron bautizados.
(2) Permanecieron firmes en:
(a) La doctrina.
(b) La comunión.
(c) La Cena del Señor.
(d) La oración.
(e) El bautismo.
(f) La alabanza y el gozo.
(3) Tenían todas las cosas en común (2:44). Nota: Este sistema de propiedad común de la iglesia primitiva (2:45) *no* era comunismo, sino el uso de los bienes en común. Notemos las diferencias:
(a) Los primitivos cristianos decían: «Lo que es mío es tuyo.»
(b) El comunismo dice: «Lo que es tuyo es mío.»

Debemos notar que:

(c) Este sistema fue temporal.
(d) Tenía sus problemas (Hch. 5:1; 6:1).
(e) Desapareció pronto (2 Ts. 3:7-10).

3. Pedro y el hombre cojo (3:1-11).

a. El milagro (3:1-11).

(1) Pedro y Juan fueron al templo a orar. (Los judíos observaban tres momentos de oración al día, basado probablemente en el Salmo 55:17 y en Daniel 6:10. Los cumplían a la tercera hora, las 9:00 A.M.; a la sexta hora, las 12:00 M.; y a la novena hora, a las 3:00 P.M.)
(2) Nada más entrar se encuentran con un inválido que mendigaba allí y les pide una limosna. Pedro le responde: «No tengo plata ni oro, pero lo que tengo te doy; en el nombre de Jesucristo de Nazaret, levántate y anda» (3:6).
(3) Aquel hombre quedó sanado instantáneamente y «entró con ellos en el templo, andando, y saltando, y alabando a Dios» (3:8). Este versículo es un recordatorio de la futura edad de oro de Israel, como la describe Isaías:

«Entonces el cojo saltará como un ciervo, y cantará la lengua del mudo; porque aguas serán cavadas en el desierto, y torrentes en la soledad» (Is. 35:6).

Nota: Se dice que en el año 1260, Tomás de Aquino visitó al papa Inocencio IV en Roma, quien le mostró la fabulosa riqueza del papado. Después del recorrido, el Papa le dijo: «Como puedes ver, buen Tomás, a diferencia del primer papa, no puedo decir: "No tengo plata ni oro." Tomás asintió en silencio y después respondió suavemente: "Ni tampoco puede usted decir: 'En el nombre de Jesucristo de Nazaret, levántate y anda.'" »

Este es el primero de muchos milagros apostólicos en el libro de los Hechos.

Notemos:

(a) Milagros de Pedro. Sanó a muchos que ponían a su paso en Jerusalén para que al menos su sombra los tocase (5:15, 16).

Curación de Eneas en Lida (9:32-35).

Resurrección de Dorcas en Jope (9:40-42).

(b) Milagros de Felipe (8:6, 7, 13).
(c) Milagros de Esteban (6:8)
(d) Milagros de Pablo: dejó ciego a un brujo en Chipre (13:11, 12).

Realizó señales y prodigios en Iconio (14:3, 4).

Curó a un inválido en Listra (14:8-18).

Liberó a una joven endemoniada en Filipos (16:18).

Sanó a muchos en Éfeso (19:11, 12).

Resucitó a un muerto en Troas (20:8-12).

Sanó a muchos en la isla de Malta (28:8, 9).

b. El mensaje (3:12-26).

Como resultado de este milagro acudió mucha gente al lugar llamado el pórtico de Salomón. Se menciona otra vez este sitio en 5:12. Parece que era un lugar informal de reunión para los primeros cristianos. Jesús también había estado aquí enseñando (Jn. 10:23). Pedro usa esta oportunidad para predicar acerca de la cruz.

(1) Los promotores de la cruz: los judíos.
  (a) Entregaron a Jesús a Pilato (3:13).
  (b) Le negaron cuando Pilato estaba decidido a soltarle. Pedro mismo, por supuesto, también le había negado una vez (3:13).
  (c) Prefirieron a un homicida antes que a su propio Mesías (3:14).

(2) La persona en la cruz: el Salvador.
  (a) Es el Hijo y Siervo de Dios (3:13).
  (b) Es Jesús (3:13).
  (c) Es el Santo (3:14).
  (d) Es el Justo (3:14).
  (e) Es el Autor de la vida (3:15).
  (f) Es el Cristo (3:18).
  (g) Es el Profeta de Dios (3:22).

(3) La profecía de la cruz: muchas profecías del Antiguo Testamento (Is. 53) habían predicho los sufrimientos de un Salvador. Nuestro Señor mismo habló acerca de ello antes y después de su muerte. (Véanse Mt. 16:21 y Lc. 24:25-27).

Son evidentes los cambios en Pedro, tanto en el hombre como en el mensaje.
  (a) El hombre: el mismo hombre que había negado a Cristo delante de una criada (Lc. 22:56, 57), lo tenemos aquí proclamándole con osadía ante todos.
  (b) El mensaje: Pedro se atrevió una vez a corregir a Cristo en relación con las declaraciones del Salvador acerca de la cruz (Mt. 16:22).

(4) El poder de la cruz:
  (a) En razón de ese poder había sido sanado aquel hombre cojo (3:16).
  (b) Ese poder aseguraba el perdón de pecados para los pecadores arrepentidos (3:19, 26).

(5) El programa de la cruz:
  (a) Cristo sufriría y moriría (3:18).
  (b) Dios lo resucitaría (3:15).
  (c) Ascendería a los cielos por un tiempo (3:21).
  (d) Vendrá otra vez (3:19, 20).

(6) El llamamiento de la cruz: «Arrepentíos y convertíos, para que sean borrados vuestros pecados...» (3:19).

4. Pedro y el sumo sacerdote (4:1-35).

a. La provocación (4:1-4).
  (1) Arrestan a Pedro y a Juan y los meten en la cárcel hasta el día siguiente por predicar a Cristo (4:1-3).
  (2) A pesar de todo, se añaden a la iglesia 5.000 nuevos creyentes (4:4, véanse también 2:41; 5:14; 6:7; 9:31; 12:24; 16:5; 19:20; 28:31).

b. El interrogatorio (4:4-22).
  (1) Le ordenan a Pedro que explique ante el sumo sacerdote lo que había ocurrido. El sanedrín estaba aquí (independientemente de la motivación) actuando dentro de su jurisdicción, porque la ley de Moisés determinaba específicamente que siempre que alguien realizara un milagro y lo usara como base de enseñanza, tenía que ser examinado y si encontraban que era falso, tenía que ser apedreado (Dt. 13:1-5).
  (2) Pedro, lleno del Espíritu Santo, les dice que el milagro fue realizado en el nombre del Mesías, a quien ellos habían crucificado. (Nota: la defensa de Pedro aquí fue un cumplimiento directo de la promesa de Jesús en Mateo 10:16-20. Véase también el testimonio de Pedro y su exhortación en 1 Pedro 3:15.)
  (3) Seguidamente asocia a Jesús con la profecía del Antiguo Testamento, mostrando que Cristo es la piedra cabeza del ángulo de la que se habla en el Salmo 118:22. Cristo mismo había usado antes este pasaje como refiriéndose a él (Mr. 12:10; 1 P. 2:4-8).
  (4) Concluye con el recordatorio de que:

  «Y en ningún otro hay salvación; porque no hay otro nombre bajo el cielo, dado a los hombres, en que podamos ser salvos» (4:12).

  (5) El sanedrín está sorprendido de la percepción teológica de estos apóstoles sin entrenamiento. Después de mandarlos salir de la sala del tribunal, se preguntan a sí mismos:

  «¿Qué haremos con estos hombres? Porque de cierto, señal manifiesta ha sido hecha por ellos ... y no lo podemos negar» (4:16).

  Es casi seguro que ellos lo *habrían negado* si hubiera podido (Mt. 28:11-15). No sólo no podían negar el *milagro*, sino que tampoco podían negar el *mensaje* de Pedro concerniente a la resurrección de Cristo. No tenemos ninguna indicación de que aquí o en algún otro momento el sanedrín intentara negar el hecho histórico de la resurrección del Señor. Podemos decir de paso que, en relación con el inválido curado, no hay argumentos válidos contra la evidencia de una vida transformada.
  (6) Llaman otra vez a Pedro y a Juan y

les prohiben predicar o enseñar en el nombre de Jesús. Ambos rehusan obedecer, alegando: «Porque no podemos dejar de decir lo que hemos visto y oído» (4:20). (Véanse también 1 Co. 9:16; Jer. 20:9; Am. 3:8; Job 32:18-20.)

c. La exaltación (4:23-35).

(1) Nada más soltarlos se reúnen con los demás creyentes en un culto de alabanza a Dios. Podemos notar:

(a) «... alzaron unánimes la voz a Dios...» (4:24).

(b) Reconocieron la soberanía de Dios (4:24). El título «Soberano Señor» en este versículo es *despotees* (déspota), que significa «jefe soberano y absoluto». (Véanse también Lc. 2:29 y Ap. 6:10.)

(c) Descansaron en la verdad de las Escrituras, incluyendo en sus oraciones las palabras del Salmo 2 (Hch. 4:25, 26).

(d) Pidieron cosas específicas (4:29, 30).

(e) Buscaron sólo la gloria de su Salvador (4:30).

Esta fue una auténtica oración de fe, porque en esencia lo que estaban diciendo era: «Señor, permítenos hacer más de aquellas cosas que primeramente nos comprometen a nosotros.»

(2) Como resultado de esta reunión de alabanza y oración:

(a) El edificio tembló por el poder de Dios (4:31).

(b) Los creyentes fueron llenos del Espíritu Santo (4:31).

(c) Las necesidades de la comunidad cristiana se suplían por la gracia de Dios (4:32-35).

«Y la multitud de los que habían creído era de un corazón y un alma; y ninguno decía ser suyo propio nada de lo que poseía, sino que tenían todas las cosas en común. Y con gran poder los apóstoles daban testimonio de la resurrección del Señor Jesús, y abundante gracia era sobre todos ellos. Así que no había entre ellos ningún necesitado; porque todos los que poseían heredades o casas, las vendían, y traían el precio de los vendido, y lo ponían a los pies de los apóstoles; y se repartía a cada uno según su necesidad.»

5. Pedro, Ananías y Safira (5:1-16).

a. El engaño (5:1, 2). Ananías y Safira mintieron en relación con la cantidad en que habían vendido una propiedad que habían prometido donar a la iglesia en Jerusalén. Su pecado fue el de tentar a Dios, en querer ver cuán lejos podemos ir dando por sentada la bondad de Dios. (Véanse Mt. 4:7; Ex. 17:2; Dt. 6:16.)

b. El descubrimiento (5:3, 4). Pedro desenmascara a Ananías y Dios lo castiga por haber mentido al Espíritu Santo. De manera que se convierte en el primer creyente que conocemos que cometiera el pecado de muerte. (Véanse 1 Co. 11:30-32; 1 Jn. 5:16.)

c. Las muertes (5:5-10).

(1) Tres horas más tarde de la muerte de Ananías, Pedro le pregunta a Safira y, después de confesar la misma mentira, es juzgada de la misma manera en que lo había sido su esposo.

(2) Satanás había atacado primeramente a la iglesia desde el exterior, como un león rugiente; pero ahora la atacaba desde dentro, como una serpiente.

6. Pedro y el maestro Gamaliel (5:12-42).

a. Estas experiencias incrementan tanto la pureza como la autoridad de la iglesia en Jerusalén. Notemos:

«Y por la mano de los apóstoles se hacían muchas señales y prodigios en el pueblo.... Y aun de las ciudades vecinas muchos venían a Jerusalén, trayendo enfermos y atormentados de espíritus inmundos; y todos eran sanados» (5:12, 16).

b. Por causa de su testimonio los apóstoles son metidos en la cárcel por los saduceos (5:17, 18).

c. El ángel del Señor los libera durante la noche y ellos continúan predicando (5:19-26).

d. Los vuelven a detener y el sumo sacerdote los acusa de desobediencia civil, quien dice:

«¿No os mandamos estrictamente que no enseñaseis en ese nombre? Y ahora habéis llenado a Jerusalén de vuestra doctrina, y queréis echar sobre nosotros la sangre de ese hombre» (5:28).

Nota: A la luz de Mateo 27:20, 25 resulta realmente extraña la sensibilidad de los líderes judíos.

e. Simón Pedro habla por los demás y declara: «En necesario obedecer a Dios antes que a los hombres» (5:29).

Nota: Pedro cree en la ley y el orden (1 P. 2:13, 14), pero siente que debe someterse ante todo a la más alta autoridad de Dios (Hch. 4:20).

f. Les acusa otra vez de su crimen contra Jesús: «....A quien vosotros matasteis colgándole en un madero» (5:30). Nota: el término en griego que traducimos aquí por matar es un verbo poco común y peculiar de Hechos, y aparece sólo otra vez en 26:21. Significa «matar con las propias manos». Lo que Pedro estaba diciendo en realidad es: «Sí, ciertamente, sois culpables de la sangre santa del Salvador, porque fueron vuestras manos, y no otras, las que lo mataron.»

g. Al oír esto, los líderes reunidos se enfurecían y querían matarlos (5:33). La expresión «se enfurecieron» es muy fuerte y aparece solamente otra vez en 7:54. El sanedrín rechazaba la acusación de haber sido ellos los que mataron a Cristo, pero, no obstante, aquí los hallamos dispuestos a derramar la sangre de sus discípulos también.

h. En este momento, un fariseo llamado Gamaliel, doctor de la ley muy respetado por el pueblo, se levanta y les da un buen consejo:

«Apartaos de estos hombres, y dejadlos; porque si este consejo o esta obra es de los hombres, se desvanecerá; mas si es de Dios, no la podréis destruir; no seáis tal vez hallados luchando contra Dios» (5:38, 39).

Una esposa persa dio una vez un consejo similar a su impío esposo (Est. 6:13).

i. El concilio escuchó las palabras de Gamaliel. Mandan azotar a los apóstoles (su primer sufrimiento físico) y después los dejan marchar, no sin antes advertirles de la manera más severa que no vuelvan a hablar en el nombre de Jesús. Su reacción a esta amenaza es la que se esperaba y resulta muy estimulante:

«Y ellos salieron de la presencia del concilio, gozosos de haber sido tenidos por dignos de padecer afrenta por causa del Nombre. Y todos los días, en el templo y por las casas, no cesaban de enseñar y predicar a Jesucristo» (5:41, 42).

7. Pedro y Simón el mago (8:14-25).

a. Pedro y Juan son enviados por la iglesia de Jerusalén para ayudar con la nueva obra que había empezado en Samaria como resultado de la predicación de Felipe.

b. Pedro y Juan oran por ellos «para que recibiesen el Espíritu Santo» (8:15). El doctor Homer Kent escribe al respecto:

«¿Por qué fue retenido el Espíritu hasta que llegaran Pedro y Juan? Los ritualistas insisten en que era necesaria la imposición de manos apostólica. Pero Saulo de Tarso recibió el Espíritu por la imposición de manos de Ananías, que no era un apóstol (9:17). Otros usan este pasaje para mostrar que la recepción del Espíritu es un evento totalmente separado de la regeneración (una segunda bendición), y alegan que una persona puede haber nacido de nuevo y no poseer necesariamente el Espíritu Santo, ignorando pasajes como Romanos 8:9.

La respuesta a este problema no debe ignorar la situación social e histórica. Los samaritanos necesitaban ver la verdad de que la salvación procedía de los judíos (Jn. 4:22). El cisma que había plagado a judíos y samaritanos habría entrado sin duda también a la iglesia, a menos que se hubiera usado un método que preservara la unidad de la misma. Podían haber surgido fácilmente judíos cristianos que no tendrían tratos con los cristianos samaritanos (cp. Jn. 4:9). Pero al retener el Espíritu hasta la llegada de los apóstoles, Dios aseguraba que el trabajo de Felipe se unía con el de los apóstoles en Jerusalén. Pedro usó las llaves que se le habían entregado (Mt. 16:18, 19) para abrir oficialmente la puerta a los samaritanos, tal como ya lo había hecho con los 3.000 judíos en el día de Pentecostés, y como lo haría más tarde con los gentiles en la casa de Cornelio (cap. 10). Sería un grave error, sin embargo, convertir este incidente en Samaria en norma para todos los creyentes subsiguientes. Un examen de cómo vino el Espíritu sobre Saulo (9:17) y sobre Cornelio (10:44) nos revela diferencias considerables, de manera que la experiencia samaritana no fue la regla general en el libro de los Hechos.» (*Jerusalem to Rome*, pp. 79, 80.)

Es emocionante observar que es Juan quien ayuda a Pedro a ministrar a los samaritanos, porque fue él y su hermano Santiago los que una vez le pidieron a Jesús que mandara descender fuego del cielo sobre aquella clase de gente (Lc. 9:54).

c. Un charlatán religioso llamado Simón intenta comprarles a Pedro y a Juan con dinero el poder del Espíritu Santo. Esta acción ha dado lugar en el vocabulario de la historia de la iglesia a la palabra «simonía», que denota la intención de comprar o vender privilegios eclesiásticos. Este *no* era un hombre salvo. Jesús mismo había hablado acerca de esta clase de fe falsa (Jn. 2:23-25; 6:26, 66).

8. Pedro y Eneas (9:32-35). Pedro cura instantáneamente en Lida a un hombre paralítico llamado Eneas que llevaba ocho años obligado a permanecer en cama.

9. Pedro y Dorcas (9:36-43). Pedro resucita en su propio funeral a una mujer piadosa llamada Dorcas que acababa de morir en Jope.

10. Pedro y Cornelio (10:1—11:18).

a. Después de resucitar a Dorcas, Pedro se queda por un tiempo en Jope en casa de un curtidor llamado Simón. Aparentemente la actitud de Pedro a la restricciones del judaísmo era ahora más abierta (aunque todavía necesitaría la visión del lienzo dada por Dios), porque aquí le tenemos hospedado en la casa de un curtidor. Este era un oficio inmundo a los ojos de un judío, porque involucraba el manejo de cuerpos muertos (9:43).

b. En Cesarea, a unos cuarenta y ocho kilómetros al norte en la costa, un militar romano llamado Cornelio buscaba la salvación. Se nos dicen aquí varias cosas acerca de este hombre:

(1) Era un centurión. Es decir, tenía el mando de cien soldados romanos. Los diferentes centuriones que aparecen en el Nuevo Testamento lo hacen en forma muy positiva. (Véanse Mt. 8:5-10; 27:54; Hch. 22:25, 26; 27:1, 3, 42-44.)

(2) Era un hombre piadoso. Deseaba conocer a Dios. Jesús dijo una vez: «El que quiera hacer la voluntad de Dios,

conocerá si la doctrina es de Dios...» (Jn. 7:17).

(3) Estaba, no obstante, perdido. (Cp. Nicodemo, Jn. 3).

c. Le aparece un ángel y le dice que envíe a por Pedro a Jope. Hay tres factores necesarios para la salvación de un pecador.

(1) El Espíritu de Dios (Jn. 16:8).

(2) La Palabra de Dios (Ro. 10:17).

(3) El ganador de almas de Dios (Ro. 10:14).

d. Cornelio envía a dos soldados devotos que tenía a su servicio para que traigan a Pedro. Él, ignorante de todo esto, está esperando la hora de la cena en casa de Simón, cuando Dios le envía la visión del lienzo. Del cielo desciende un lienzo lleno de toda clase de animales, y Dios le manda: «Levántate, Pedro, mata y come» (10:13).

e. Pedro rehúsa, diciendo: «Señor, no, porque ninguna cosa común o inmunda he comido jamás» (10:14). Su respuesta manifiesta una gran contradicción, porque si Dios es el Señor, no podemos decirle «no». Y *si* uno dice «no», entonces él no es el Señor.

f. Dios le responde a Pedro: «Lo que Dios limpió, no lo llames tú común» (10:15). Jesús ya había enseñado en realidad esa misma verdad (Mr. 7:14-23).

g. En este momento llegaron los soldados, y Pedro, dándose cuenta del propósito de la visión, se fue con ellos a encontrarse con Cornelio. Es conmovedor notar cómo Dios prepara a ambos, al pecador y al ganador de almas; porque dondequiera que Él está obrando se halla presente en ambos lados de la línea. El Señor siempre nos prepara *para* lo que él está preparando para *nosotros* (10:17-21). Notemos que esta es la segunda vez en la historia que Dios envía a un misionero judío de Jope para presentar el evangelio a algunos gentiles. (Véase Jon. 1:3.)

h. Cornelio recibe a Pedro muy afectuosamente e intenta adorarle. Pedro horrorizado, procura impedirlo: «Levántate, pues yo mismo también soy hombre» (10:26).

i. Pedro le habla de Cristo a Cornelio (10:38-43). Le dice:

«Cómo Dios ungió con el Espíritu Santo y con poder a Jesús de Nazaret, y cómo éste anduvo haciendo bienes y sanando a todos los oprimidos por el diablo, porque Dios estaba con él. Y nosotros somos testigos de todas las cosas que Jesús hizo en la tierra de Judea y en Jerusalén; a quien mataron colgándole en un madero. A éste levantó a Dios al tercer día, e hizo que se manifestase; no a todo el pueblo, sino a los testigos que Dios había ordenado de antemano, a nosotros que comimos y bebimos con él después que resucitó de los muertos. Y nos mandó que predicásemos al pueblo, y testificásemos que él es el que Dios ha puesto por Juez de vivos y muertos. De éste dan testimonio todos los profetas, que todos los que en él creyeren, recibirán perdón de pecados por su nombre.»

j. Cuando Pedro estaba todavía hablando, el Espíritu de Dios descendió sobre los que escuchaban (10:44). El doctor Homer Kent escribe al respecto:

«Esta experiencia fue la contrapartida gentil de pentecostés, como lo muestra 11:17 claramente, e incluye tanto el bautismo del Espíritu como el ser llenos de él. El fenómeno de hablar en lenguas fue una evidencia de lo último (como en 2:4), aunque no tenemos claro si tuvo lugar en la forma de hablar lenguas extranjeras como en pentecostés (entre la familia y los amigos de Cornelio podía haber personas de varios lugares del imperio), o en la variedad que se conoció en Corinto que requería un intérprete humano. Por las semejanzas, la forma fue quizá más probablemente la de pentecostés, en razón de que no se indica que se necesitara intérprete.» (*Jerusalem to Rome*, p. 95.)

k. Pedro bautiza a Cornelio y a los convertidos de su familia.

l. Pedro regresa a Jerusalén y explica su experiencia de predicación entre los gentiles a los inquietos cristianos judíos, quienes parecen quedar satisfechos por el momento (11:1-18).

«Entonces, oídas estas cosas, callaron, y glorificaron a Dios, diciendo: ¡De manera que también a los gentiles ha dado Dios arrepentimiento para vida!» (11:8).

11. Pedro y el ángel (12:1-24).

a. Herodes Agripa I, el rey que mandó matar a Juan el Bautista e interrogó a Jesús (Mt. 14:1-12; Lc. 23:6-12), ordenó de manera repentina y maliciosa la ejecución del apóstol Santiago, y metió también a Pedro en la cárcel con la intención de matarlo. Así es como Santiago se convirtió en el primer mártir cristiano. Su muerte es la única entre los doce que tenemos registrada en las Escrituras, con excepción de la de Judas. Su ejecución fue sin duda un cumplimiento de Mateo 20:23; Marcos 10:39. Se cree que Juan, el hermano de Santiago, fue el último de los apóstoles en morir.

b. En la víspera de su ejecución Pedro estaba durmiendo en la cárcel (12:6). Con su actitud parece indicar que tenía plena confianza en la promesa de Jesús de que viviría hasta la ancianidad (Jn. 21:18).

c. Durante aquella misma noche, en otra parte de la ciudad, «la iglesia hacía sin cesar oración a Dios por él» (12:5).

d. Pedro es liberado de manera sobrenatural de la prisión por un ángel, y corre a la casa donde estaban congregados los hermanos orando por él (12:7-12). El relato que sigue es uno de los más divertidos y también penetrantes que tenemos en toda la Biblia en relación con la oración. Notemos:

«Y habiendo considerado esto, llegó a casa de María la madre de Juan, el que tenía por sobrenombre Marcos, donde muchos estaban reunidos orando. Cuando llamó Pedro a la puerta del patio, salió a escuchar una muchacha llamada Rode, la cual, cuando reconoció la voz de Pedro, de gozo no abrió la puerta, sino que corriendo adentro, dio la nueva de que Pedro estaba a la puerta. Y ellos le dijeron: Estás loca. Pero ella aseguraba que así era. Entonces ellos decían: ¡Es su ángel! Mas Pedro persistía en llamar; y cuando abrieron y le vieron, se quedaron atónitos. Pero él, haciéndoles con la mano señal de que callasen, les contó cómo el Señor le había sacado de la cárcel. Y dijo: Haced saber esto a Jacobo y a los hermanos. Y salió, y se fue a otro lugar» (12:12-17).

Es trágico y a la vez cierto que frecuentemente los más sorprendidos cuando Dios realiza un milagro son aquellos que están orando más fervientemente para que suceda.

e. Herodes ordena que sean ejecutados los soldados encargados de la custodia de Pedro (12:18, 19).
f. Poco después Herodes cayó gravemente enfermo, castigado por Dios, por permitir que algunos ciudadanos de Tiro y Sidón le adorasen como a un dios (12:20-24).

B. Las actividades de Esteban (6:1—7:60).

1. La queja de algunos de los discípulos (6:1).
   a. Había surgido un problema en la iglesia a causa de su rápido crecimiento. Aquellos judíos que sólo hablaban griego se quejaron de que sus viudas estaban siendo discriminadas.
   b. Decían que en la distribución diaria de alimentos se les daba menos a ellas que a las viudas que hablaban hebreo.
2. Los Doce se reúnen para considerarlo (6:2-4).
   a. Los apóstoles entendían que su primera prioridad era persistir continuamente «en la oración y en el ministerio de la palabra» (6:4).
   b. Porque no es apropiado que «dejemos la palabra de Dios, para servir a las mesas» (6:2). Nota: La palabra para mesas es *trapezal*, y frecuentemente indica bancos, porque los prestamistas de dinero se sentaban a las mesas para conducir sus negocios (Mt. 21:12). Lo que se está proponiendo aquí es que busquen supervisores calificados, no simplemente cocineros y meseros.
   c. Se señalan cinco requisitos para estos oficiales.
      (1) Tenían que ser hombres.
      (2) Tenían que ser convertidos al Señor.
      (3) Tenían que tener buena reputación.
      (4) Tenían que ser espirituales.
      (5) Tenían que ser conocidos por su sabiduría.

   Observemos que no había dos clases de normas en la iglesia primitiva, una para pastores y otra para diáconos y demás líderes.
3. La elección de los siete (6:5-8).
   a. Los siete tenían nombres griegos, lo que puede indicar que todos procedían del grupo griego. Si fue así, manifiesta un gesto generoso hacia los que se quejaron.
   b. Nada más ser elegidos los siete, los «presentaron ante los apóstoles, quienes, orando, les impusieron las manos» (6:6). Esto lo hacían:
      (1) Como un acto de bendición (Mt. 19:13, 15; Gn. 48:14-20).
      (2) Con el propósito de curación (Mr. 5:23; 6:5).
      (3) Para impartir el Espíritu Santo (Hch. 8:17, 19; 9:17).
      (4) Con el propósito de ordenación (Hch. 6:6; 13:3; 1 Ti. 4:14; 2 Ti. 1:6; Nm. 8:9, 10).
      (5) Para identificación (Nm. 8:12).
   c. Después de haberlo hecho:

      «Y crecía la palabra del Señor, y el número de los discípulos se multiplicaba grandemente en Jerusalén; también muchos de los sacerdotes obedecían a la fe» (6:7).

      Así que cuando menguaron las quejas crecieron las conversiones (Sal. 51:12, 13).
   d. Dos de los primeros diáconos fueron hombres que hicieron grandes cosas: uno de ellos fue Felipe y el otro Esteban.
4. El sermón de Esteban (6:9-15).
   a. El ministerio de predicación de Esteban había ofendido a algunos de la sinagoga de los libertos, un grupo de antiguos esclavos que aparentemente tenían su propia sinagoga en Jerusalén (6:9).
   b. Incapaces de «resistir a la sabiduría y al Espíritu con que hablaba», le llevan ante el sanedrín (6:10, 12). Esta bendita sabiduría, imposible de contradecir, era un cumplimiento de las palabras de Jesús en Lucas 21:12-15.
   c. Le acusan falsamente ante el tribunal de blasfemia:
      (1) Contra Dios (6:11).
      (2) Contra el templo (6:13).
      (3) Contra la ley de Moisés (6:11, 13).
   d. Su rostro resplandecía mientras estaba en este proceso, «vieron su rostro como el rostro de un ángel» (6:15; véanse también Ex. 34:29-35; 1 P. 4:14).
   e. Esteban empieza trazando brevemente la relación histórica que existió entre:
      (1) Dios y Abraham (7:1-8).
      (2) Dios y José (7:9-19).
      (3) Dios y Moisés (7:20-44).
      (4) Dios y David (7:45-47).
   f. Esteban había estado aparentemente enseñando que el templo judío no era ya necesario para la adoración del verdadero Dios. Cristo mismo lo había dicho ya (Jn. 4:20-24). Para probar su afirmación señala los siguientes hechos:
      (1) Que Dios había bendecido a Abraham y a sus padres aunque no habían vivido en Palestina.
      (2) Que durante una buena parte de su historia, aunque habían vivido en la tierra, los israelitas no habían adorado en el templo.

(3) Que el hecho de poseer el templo no había evitado a Israel el ser rebelde y desobediente.

g. Parece que el propósito del discurso fue mostrar a Israel, en razón de su propia historia, que la posesión del templo no había sido una necesidad ni una garantía para la verdadera adoración a Dios.

h. Esteban termina su exposición con una fuerte denuncia de las iniquidades de los mismos líderes de Israel:

«¡Duros de cerviz, e incircuncisos de corazón y de oídos! Vosotros resistís siempre al Espíritu Santo; como vuestros padres, así también vosotros» (7:51).

Podemos observar aquí que hay tres muertes en la historia de Israel que marcan especialmente su rechazo de la voluntad de Dios:

(1) La muerte de Juan el Bautista, que indica el rechazo del Padre.

(2) La muerte de Cristo, que muestra el rechazo del Hijo.

(3) La muerte de Esteban, demuestra el rechazo del Espíritu Santo.

5. El apedreamiento de Esteban (7:54-60).

a. Su gran sermón hace que los oyentes se llenen de odio diabólico.

(1) Se enfurecieron en sus corazones (7:54).

(2) Les crujieron los dientes (7:54).

(3) Dieron grandes voces (7:57).

(4) Se taparon los oídos (7:57).

(5) Arremetieron a una contra él (7:57). Esta misma expresión se usa acerca de la piara de cerdos que salió del endemoniado y cayó al mar (Mr. 5:13). Podemos ver también su uso en Hechos 19:29.

b. Todo esto, no obstante, no tuvo efecto sobre Esteban, quien «lleno del Espíritu Santo»:

(1) Puso los ojos en el cielo (7:55).

(2) Vio la gloria de Dios (7:55). Notamos que empezó su sermón con el Dios de la gloria (7:2) y lo terminó con la gloria de Dios.

(3) Vio a Jesús que estaba a la diestra de Dios (7:55). Esteban es el primero de tres hombres en ver a Jesús después de su ascensión. Los otros dos son Pablo (Hch. 9:3-6) y Juan (Ap. 1:10, 12-16). Nota: Esteban vio a Jesús que estaba *de pie* (parece, según el autor, que ese es el significado aquí) a la diestra de Dios. Esta es la única referencia a esa posición del Salvador (después de su ascensión) hasta que no llegamos al libro de Apocalipsis. En todas las demás descripciones se le presenta sentado. (Véanse Mt. 26:64; Hch. 2:34; Col. 3:1; Ef. 1:20; He. 1:3, 13; 8:1; 10:12.) Quizá es que nuestro Señor se pone en pie para dar la bienvenida a sus santos al hogar celestial.

c. Esteban es apedreado por aquella gente sedienta de sangre. Esto no fue un proceso legal sino un linchamiento, porque la ley judía establecía en este tiempo que en los casos de pena capital se requería una segunda vista del juicio al menos un día más tarde. Después de esto tenían que obtener el permiso de la autoridad romana.

d. Esteban murió a manos de hombres perversos, como sucedió con su Maestro.

(1) Oró a Dios, diciendo: «Señor Jesús, recibe mi espíritu» (7:59), como también lo hizo Jesús (Lc. 23:46).

(2) Oró también por sus enemigos: «Señor, no les tomes en cuenta este pecado» (7:60), como también lo había hecho Jesús (Lc. 23:34).

Se nos dice que «habiendo dicho esto, durmió» (7:60). Este es la descripción que hace Dios de la muerte de un creyente (Mt. 27:52; Jn. 11:11; Hch. 13:36; 1 Co. 15:18, 20, 51; 1 Ts. 4:13-15; 2 P. 3:4).

C. Las actividades de Felipe (8:5-13, 26-40).

1. Poco después de su elección como diácono, Felipe marcha a Samaria y dirige allí una gran cruzada evangelizadora.

2. Muchos son los convertidos y muchos también los milagros realizados, lo cual resulta en «gran gozo en aquella ciudad» (8:8).

3. En el apogeo de su ministerio, Dios instruye a Felipe de esta manera: «Levántate y ve hacia el sur, por el camino que desciende de Jerusalén a Gaza, el cual es desierto» (8:26). Esta era una antigua ciudad filistea al suroeste de Jerusalén, cerca del mar Mediterráneo.

4. Aquí es dirigido a entrevistarse con un eunuco etíope, un alto funcionario, que servía como tesorero de la reina de Etiopía, y que regresaba de su peregrinación a Jerusalén.

5. Felipe se une a la caravana y nota que el eunuco va leyendo al profeta Isaías y le pregunta: «Pero, ¿entiendes lo que lees?» (8:30).

6. La respuesta del eunuco refleja la condición trágica de todos los pecadores perdidos: «¿Y cómo podré, si alguno no me enseñare?» (8:31; véanse Lc. 24:32, 45; Ro. 10:13-15, 17).

7. La acción de Felipe es como un bello resumen del método de trabajo del ganador de almas:

«Entonces Felipe, abriendo su boca, y comenzando desde este escritura, le anunció el evangelio de Jesús» (8:35).

8. El eunuco cree y es bautizado. En este momento «el Espíritu del Señor arrebató a Felipe» (8:39). Este pudo haber sido un traslado milagroso al estilo de los del Antiguo Testamento, como Ezequiel (3:12, 14; 8:3), y Elías (1 R. 18:12; 2 R. 2:16). En cualquier caso, Felipe fue por la costa hacia el norte, hasta llegar a Cesarea donde se estableció. Como veinte años después aparece otra vez en el libro de Hechos, viviendo todavía en Cesarea, cuando Pablo le visita a él y sus cuatro hijas (Hch. 21:8, 9). Este eunuco regresa a su tierra con gran gozo.

II. La gran cruzada mundial, dirigida por Pablo (caps. 13—28; cp. 9:1-31; 11:19-30; 12:25).

A. Su trasfondo.

1. Su linaje y juventud (Hch. 21:39; 22:3; 23:34; Ro. 11:1; Fil. 3:4, 5; 2 Co. 11:22).

a. Nació y se crió en Tarso, de Cilicia (Hch. 21:39).

b. Era de la tribu de Benjamín (Ro. 11:1).

c. Era «hebreo de hebreos» (Fil. 3:5).

2. Educación (Hch. 22:3; 23:6; 26:4, 5; Gá. 1:13, 14; Fil. 3:5).
   a. Se educó con Gamaliel (Hch. 22:3).
   b. Fue fariseo e hijo de fariseo (Hch. 23:6).
3. Carácter (Fil. 3:6; 1 Ti. 1:12, 13; 2 Ti. 1:3).
   a. Intentó con todo su corazón cumplir la ley (Fil. 3:6).
   b. Llevaba a cabo con mucho celo todo lo que hacía (Fil. 3:6).
   c. Persiguió a la iglesia por ignorancia (1 T. 1:13).

B. Su guerra contra la iglesia.
1. «Guardó las ropas» de aquellos que apedreaban a Esteban y consintió en su muerte (Hch. 7:57, 58; 8:1, 2; 22:20).
2. «Asolaba la iglesia» (Hch. 8:3). Esta palabra describe la acción de un cerdo salvaje destruyendo una viña.
3. Entraba en las casas de los cristianos, sacaba a hombres y mujeres y los llevaba a la cárcel (Hch. 8:3).
4. Persiguió a los cristianos hasta la muerte en varias ciudades (Hch. 22:5).
5. Azotó a los creyentes (Hch. 22:19).
6. Dio su voto para que los mataran (Hch. 26:10).
7. Intentó hacerlos maldecir a Cristo mediante la tortura (Hch. 26:11).
8. Persiguió con violencia a la iglesia y procuró destruirla (Gá. 1:13).

C. Su conversión (Hch. 9:1-19; 22:5-16; 26:12-20; 1 Co. 15:7-10; 1 Ti. 1:12-16).
1. Fue cegado por una luz celestial mientras iba de camino a Damasco para perseguir a los «de este Camino» (9:2). Esta es la primera de bastantes veces que los creyentes son llamados de esta manera. (Véanse 19:9, 23; 22:4; 24:14, 22.)
2. Cayó a tierra y escuchó la voz de Cristo que le decía: «Saulo, Saulo, ¿por qué me persigues?» (9:4). También vio a Jesús en este momento. (Véanse 9:17, 27; 22:14; 26:16; 1 Co. 9:1; 15:8.) Esta es la primera de al menos siete ocasiones cuando Pablo vio al Salvador glorificado. Las otras veces fueron:
   a. En Troas (16:9, 10).
   b. En Corinto (18:9, 10).
   c. En Jerusalén, durante su primera visita como creyente (22:17-21).
   d. En Jerusalén, durante su última visita (23:11).
   e. De camino a Roma (27:23, 24).
   f. Cuando fue arrebatado al tercer cielo (2 Co. 12:1-4).

   Notamos también aquí en Hechos 9:4 que perseguir a los cristianos es en realidad perseguir a Cristo. Jesús se identifica con su pueblo (Mt. 25; 1 Co. 12).
3. Saulo queda gloriosamente transformado en su vida y lo llevan ciego a Damasco, donde permanece solo sin alimento ni agua por tres días.
4. Dios aparece a Ananías, un creyente de Damasco, y le da la primera «tarjeta de un miembro en perspectiva» de la historia de la Iglesia.

   «Levántate, y ve a la calle que se llama Derecha, y busca en casa de Judas a uno llamado Saulo, de Tarso; porque he aquí, él ora» (9:11).

   Estas cinco palabras «porque he aquí, el ora», son en sí mismas un resumen de la vida de Pablo. Aquí le vemos empezar su ministerio en oración, y lo terminó de la misma manera (2 Ti. 4:16). Pablo literalmente oró en todo tiempo, en todo lugar y por todo. Oró por santos y pecadores, por potentados y carceleros, por judíos y gentiles, por líderes y laicos. (Véanse las siguientes referencias: Hch. 16:25; 20:36; 21:5; 22:17; 28:8; Ro. 1:9; 10:1; Ef. 1:16; Fil. 1:4, 9; Col. 1:3, 9: 1 Ts. 1:2; 2 Ti. 1:3; Flm. 1:4.)

   Ananías se resiste a ayudar a Saulo por «cuántos males ha hecho a tus santos en Jerusalén» (9:13). Sus objeciones no son aceptadas por Dios, quien le manda:

   «Ve, porque instrumento escogido me es éste, para llevar mi nombre en presencia de los gentiles, y de reyes, y de los hijos de Israel; porque yo le mostraré cuánto le es necesario padecer por mi nombre» (9:15, 16).

   Dios predice en este momento que Pablo será:
   a. Un vaso escogido. Pablo más tarde describió cuatro clases de vasos en sus escritos, y son:
      (1) Un vaso para honra (Ro. 9:21).
      (2) Vasos de misericordia (Ro. 9:23).
      (3) Vasos de barro (2 Co. 4:7).
      (4) Instrumento para honra, santificado (2 Ti. 2:21).

      Pablo mismo llegó a ser todos estos vasos.
   b. Un misionero a los gentiles (Hch. 13:47; 2 Ti. 1:11).
   c. Un siervo que sufriría. Dudamos que haya habido otro creyente que haya sufrido por Cristo más que Pablo.
      (1) Tramaron contra él:
         (a) En Damasco, después de su experiencia de salvación (Hch. 9:23-25; 2 Co. 11:32, 33).
         (b) En Jerusalén, durante su primera visita como creyente (Hch. 9:29).
         (c) En Macedonia, durante su tercer viaje misionero (Hch. 20:3).
         (d) En Jerusalén, ante un tumulto judío (Hch. 21: 30, 31).
         (e) En Jerusalén, ante el Sanedrín (Hch. 23:10).
         (f) En Jerusalén, a menos de cuarenta hombres (Hch. 23:12-22).
         (g) En Cesarea, a manos de algunos judíos (Hch. 25:3).
      (2) Los creyentes desconfiaban al principio de él (Hch. 9:26).
      (3) Algunos creyentes le tenían antipatía (Fil. 1:14-18).
      (4) Sus compatriotas y otros se oponían constantemente a su labor en:
         (a) Antioquía (13:45, 50).
         (b) Iconio (14:2-5).
         (c) Tesalónica (17:5; 1 Ts. 2:2, 14-16).
         (d) Berea (17:13).
         (e) Corinto (18:6, 12).
         (f) Éfeso (19:26)
      (5) Le apedrearon y le dieron por muerto (14:19).
      (6) Satanás lo sometió a fuerte presión (Hch. 13:8; 16:16-18; 1 Ts. 2:18; 2 Co. 12:7).

(7) Le azotaron con varas y le encarcelaron en Filipos (Hch. 16:19-24).
(8) Fue ridiculizado en:
(a) Atenas (17:18, 32).
(b) En Cesarea (26:24).
(9) Le acusaban falsamente con frecuencia (24:5-9; 25:7).
(10) Sufrió una terrible tormenta en el mar (27:14-20).
(11) Sufrió la mordedura de serpientes venenosas (28:3, 4)
(12) Lo encarcelaron:
(a) En Cesarea por más de dos años (Hch. 24:27).
(b) En Roma (2 Ti. 1:8; 2:9; Ef. 6:20; Fil. 1:13; Flm. 1:9).
(13) Todos le abandonaron (2 Ti. 4:10, 16; el testimonio de Pablo sobre sus sufrimientos en general lo encontramos en 2 Co. 1:6; 4:8-10; 6:4-10; 7:5; 11:24-28; Fil. 3:7, 8, 10; Ro. 8:18).

5. Dios restaura la vista a Saulo cuando Ananías pone sus manos sobre él. El Espíritu Santo desciende sobre él y es bautizado (9:17, 18).
6. Saulo empieza su ministerio en Damasco proclamando la deidad del Salvador Cristo Jesús. Todos los que le escuchan se maravillan. Les resulta difícil creer que este lobo diabólico y

Actividades del equipo de la cruzada mundial

PABLO: ANTES DE SU CONVERSIÓN

SU TRASFONDO ORIGINAL

LINAJE Y JUVENTUD	PREPARACIÓN	CARÁCTER
Nació y se crió en Tarso **(Hch. 21:39)**	Educado por Gamaliel **(Hch. 22:3)**	Un blasfemo ignorante **(1 Ti. 1:13)**
De la tribu de Benjamín **(Ro. 11:1)**	Fariseo e hijo de fariseo **(Hch. 23:6)**	Mostró gran celo 1. En intentar guardar la ley **(Fil. 3:6)**
Hebreo de hebreos **(Fil. 3:5)**		2. En intentar destruir la Iglesia **(Fil. 3:6)**

SU GUERRA CONTRA LA IGLESIA

- Tomó parte en la muerte de Esteban **(Hch. 7:27-58; 8:1; 22:20)**
- Asolaba la Iglesia **(Hch. 8:3)**
- Los arrojaba en la cárcel **(Hch. 8:3)**
- Los asediaba hasta la muerte **(Hch. 22:4)**
- Azotaba a los cristianos **(Hch. 22:19)**
- Daba su voto para matarlos **(Hch. 26:10)**
- Los forzaba a blasfemar mediante la tortura **(Hch. 26:11)**
- Persiguió a la iglesia con gran violencia **(Gá. 1:13)**

PABLO: SU CONVERSIÓN

LAS REFERENCIAS BÍBLICAS

Hechos 9:1-18 · **Hechos 22:5-16** · **Hechos 26:12-20** · **1 Corintios 15:8-10** · **1 Timoteo 1:12-16**

LOS DETALLES

- En el camino a Damasco para perseguir a los cristianos.
- Cayó a tierra y fue cegado por una luz del cielo.
- Escuchó a Cristo y le aceptó como Señor y Salvador
- Lo llevaron a la ciudad de Damasco donde permaneció tres días solo.
- Un creyente llamado Ananías le ministró.
- Recuperó la vista y predicó a Cristo en la sinagoga.

PABLO: LA PRIMERA PARTE DE SU MINISTERIO

- Dio testimonio de Cristo en la sinagoga en Damasco
Hechos 9:19-21
- Se retiró al desierto de Arabia por varios años
Gálatas 1:16, 17
- Regresó a Damasco con gran conocimiento y gran poder para predicar
Gálatas 1:17, 18; Hechos 9:22-25
- Escapó de Damasco y marchó a Jerusalén por primera vez desde su conversión
Hechos 9:26-29; Gálatas 1:18-20
- Lo enviaron a Tarso para escapar de una conjura contra su vida
Hechos 9:30; Gálatas 1:21
- Bernabé lo buscó para que le ayudara en Antioquía
Hechos 11:24-26
- Visita Jerusalén por segunda vez, llevando una ofrenda para los necesitados
Hechos 11:30; Gálatas 2:1-10
- Regresó a Antioquía para predicar y enseñar la Palabra
Hechos 12:25—13:3

sediento de sangre se haya convertido de repente en uno de los pastores más fieles y tiernos de las ovejas de Dios (9:19-22).

D. La primera parte de su ministerio.
   1. Pablo se va a Arabia a un retiro espiritual de tres años, probablemente para entender bien el significado de las Escrituras del Antiguo Testamento a la luz del recién encontrado Salvador (Gá. 1:17, 18).
   2. Al regresar a Damasco se entera de una conjura de los judíos con la intención de matarle, pero logra escapar con la ayuda de sus amigos que le bajan por la muralla de la ciudad en una canasta. Seguidamente lleva a cabo la primera de al menos cinco visitas a Jerusalén después de su conversión.
      a. La primera (Hch. 9:23-30; Gá. 1:18, 19).
      b. La segunda (Hch. 11:30).
      c. La tercera (Hch. 15:1-30; Gá. 2:2-10).
      d. La cuarta (Hch. 18:21-23).
      e. La última (Hch. 21:17—23:35).
   3. Saulo se entrevista con Pedro y Santiago y es respaldado (aunque la mayoría de los discípulos todavía le temen) por Bernabé durante su visita de quince días (Hch. 9:26-28; Gá. 1:18, 19).
   4. Sale de Jerusalén para escapar de un intento de los griegos de matarle y regresa a su ciudad natal de Tarso (Hch. 9:29-31).
   5. Siete años más tarde Bernabé le invita a que le ayude en Antioquía, donde había sido enviado para dirigir la nueva obra allí establecida. En esta ciudad es donde los discípulos son llamados cristianos por primera vez (Hch. 11:26; véanse también las otras dos referencias de este título en el Nuevo Testamento en Hch. 26:28 y 1 P. 4:16).
   6. Bernabé y Pablo visitan de nuevo Jerusalén, y llevan una ofrenda de alimentos para los santos allá que sufrían por causa del gran hambre que se padecía. El profeta Agabo había advertido acerca de esto (11:27-30). Aparece de nuevo en 21:10 advirtiendo acerca de algo diferente.
   7. Después de cumplir con la tarea que les había llevado a Jerusalén, Bernabé y Saulo regresan a Antioquía y se llevan con ellos a Juan Marcos, un joven sobrino de Bernabé (12:25).

E. Su primer viaje misionero (caps. 13—14).
   1. Saulo continua con su trabajo en Antioquía junto con los demás profetas y maestros de aquella extraordinaria iglesia. Aparecen mencionados en el texto para nuestro conocimiento hoy algunos de estos primeros líderes:
      a. Simón, llamado Niger: este hombre pudo haber sido el Simón de Cirene que se menciona en Marcos 15:21. «Niger» significa negro, indicando que podía proceder del norte de África.
      b. Manaén: El adjetivo que describe a Manaén significa hermano de leche. Lo que quiere decir que él y el malvado rey Herodes el Grande se habían criado juntos en el palacio real.
   2. Un día, estando ellos adorando y ayunando, el Espíritu Santo les mandó: «Apartadme a Bernabé y a Saulo para la obra a que los he llamado: (13:2).
   3. Después de un servicio de imposición de manos, la iglesia de Antioquía envió a predicar a los primeros misioneros cristianos. Notemos que esta iglesia local era totalmente independiente de la de Jerusalén y no reconocía ninguna jerarquía eclesiástica. Hallamos aquí una bella cooperación entre una iglesia local y el Espíritu Santo (13:2-4).
   4. En Pafos: Bernabé, Saulo y Juan Marcos fueron predicando por toda la isla de Chipre hasta que llegaron a Pafos, en la costa occidental de la isla. Aquí tuvieron lugar los siguientes eventos (13:5-13):
      a. A Saulo le llaman Pablo por primera vez (13:9).
      b. Pablo realiza su primer milagro conocido dejando temporalmente ciego a un falso profeta judío, que era también brujo, llamado Barjesús, que se oponía activamente al mensaje del evangelio. Su nombre significa «Hijo de salvación», pero Pablo lo llamó por su verdadero nombre: «Hijo del diablo» (13:10). Véase también Juan 8:44. Tanto Pedro como Pablo obraron milagros similares:
         (1) Ambos sanaron a un hombre cojo (3:1-8; cp. 14:8-12).
         (2) Ambos trataron con agentes satánicos que fingían (8:18-24; cp. 13:4-12).
         (3) Ambos fueron liberados de la cárcel milagrosamente (12:5-10; cp. 16:25-29).
         (4) Ambos resucitaron muertos (9:40; cp. 20:12).
      c. El gobernador de Pafos (Sergio Paulo) se convierte (13:12).
      d. Juan Marcos abandona al equipo y regresa a casa (13:13).
   5. En Antioquía de Pisidia (13:14-50).
      a. Les invitan a hablar y Pablo pronuncia el primer sermón suyo que tenemos recogido en las Escrituras. Fue similar al de Esteban en su reflexión histórica retrospectiva, al que probablemente escuchó. Pablo se levantó a predicar (el rabino [maestro] generalmente se sentaba), y una vez que logró captar la atención de los gentiles que estaban presentes, habló sobre:
         (1) La liberación del éxodo.
         (2) La peregrinación en el desierto.
         (3) La conquista de Canaán.
         (4) Los reinados de Saúl y David.
         (5) El ministerio de Juan el Bautista.
         (6) La crucifixión y resurrección del Señor Jesucristo, la simiente de David.

         Después dio una invitación:

         «Sabed, pues, esto, varones hermanos: que por medio de él se os anuncia perdón de pecados, y que de todo aquello de que por la ley de Moisés no pudisteis ser justificados, en él es justificado todo aquel que cree» (13:38, 39).
      b. Los gentiles invitan a Pablo a volver al sábado siguiente y hablarles de nuevo. El ministerio de Pablo a los gentiles está ahora a plena marcha. (Véanse Hch. 9:15; 22:21 —como Dios lo predijo— y Hch. 13:47; 14:27: 15:3, 12; Gá. 2:2; Ef. 3:1, 6; Col. 1:27; 1 Ti. 3:16; 2 Ti. 1:11; 4:17.)

c. Cuando les predicó otra vez «los gentiles … se regocijaban y glorificaban la palabra del Señor» (13:48), pero los judíos «se llenaron de celos, y rebatían lo que Pablo decía» (13:45). Esto causó que Pablo concluyera tristemente:

«A vosotros a la verdad era necesario que se os hablase primero la palabra de Dios; mas puesto que la desecháis, y no os juzgáis dignos de la vida eterna, he aquí, nos volvemos a los gentiles» (13:46; véanse también 18:6; 28:28).

6. En Iconio (14:1-5).

a. Muchos creyeron al mensaje del evangelio aquí, pero los judíos que no creyeron incitaron a los demás y crearon dificultades.

b. Al enterarse de lo que tramaban contra sus vidas, Pablo y Bernabé salieron para Listra.

7. En Listra (14:6-25).

a. Pablo sana a un hombre cojo de nacimiento, y la gente maravillada cree que aquella pareja de predicadores cristianos son dioses. A Bernabé le llamaron «Júpiter» y a Pablo «Mercurio». El poeta romano Ovidio (43 a.C.) habla del antiguo mito de la visita de Zeus y Hermes (dos dioses griegos) a esta área, disfrazados de seres humanos. Todos los rechazaron excepto una anciana pareja. Poco después, supuestamente en juicio, sobrevino una inundación que los destruyó a todos excepto a esta pareja.

b. Decididos a no cometer el mismo error, el sacerdote de Júpiter en Listra prepara toros y guirnaldas para ofrecer sacrificios y adorarles.

c. Horrorizados por esto, Pablo y Bernabé rasgaron sus vestiduras y les dijeron:

«Varones, ¿por qué hacéis esto? Nosotros también somos hombres semejantes a vosotros…» (14:15).

Todos los hombres están hechos del mismo material (véanse Stg. 5:17; Hch. 10:26; Ap. 22:9).

d. Después de predicarles a Cristo, Pablo es apedreado y dejado por muerto por la multitud desilusionada que había sido soliviantada por los judíos (que les habían perseguido desde Antioquía e Iconio). Nota: Algunos creen que Pablo realmente murió aquí y que Dios lo resucitó más tarde, disfrutando en este tiempo la experiencia de la visita al cielo a la que se refiere en 2 Corintios 12:1-9. Sin embargo, esa interpretación presenta una problema de tiempo, porque el apedreamiento ocurrió en el 47 ó 48 d.C., y Pablo escribió 2

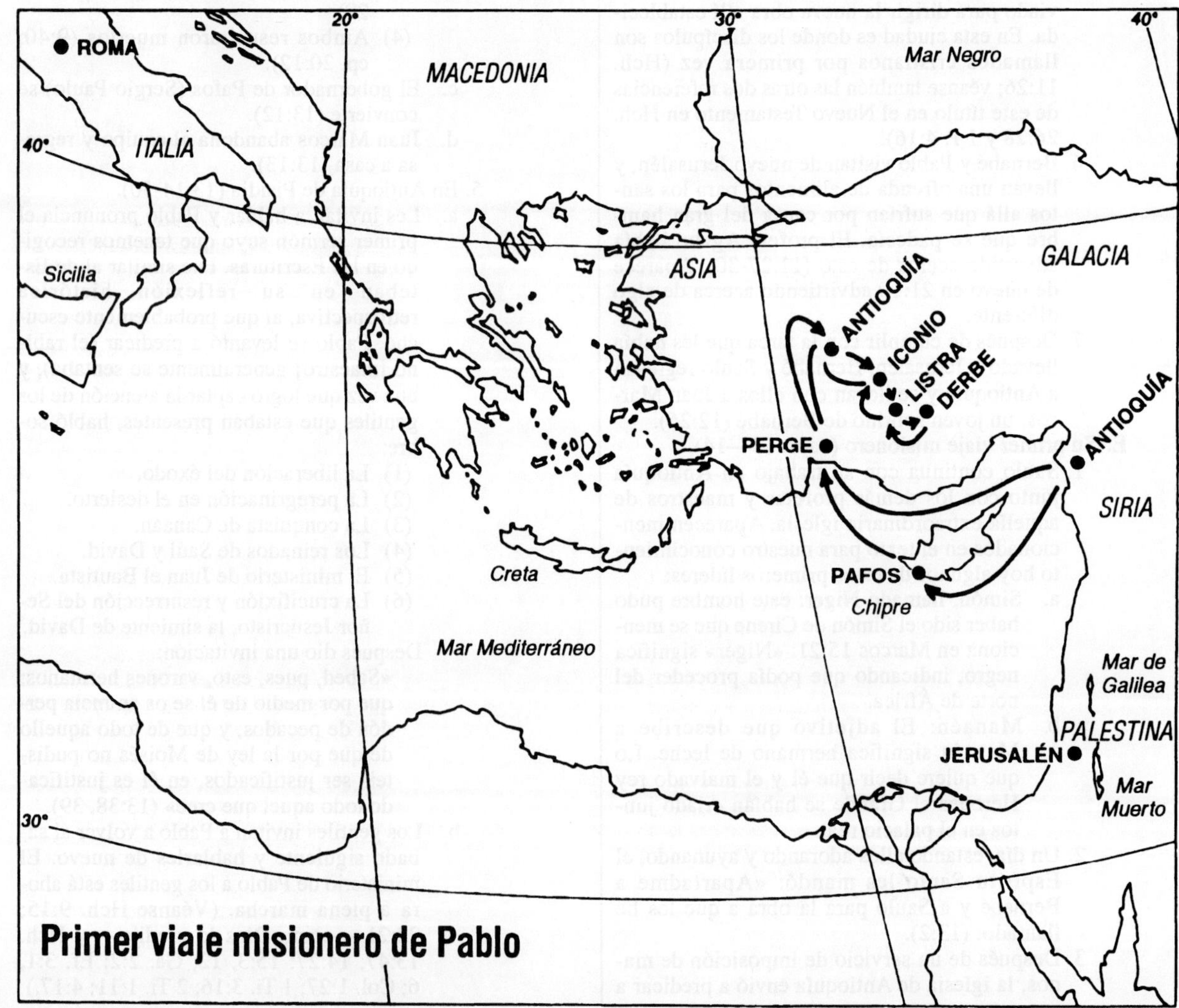

Primer viaje misionero de Pablo

Corintios unos siete años más tarde en el 55 d.C. Pero en 2 Corintios él dice que dicha experiencia tuvo lugar catorce años antes. En cualquier caso, éste pudo haber sido el momento en que él recibió las marcas del Señor Jesús de las que habla en Gálatas 6:17. Sea que hubiera muerto o que estuviera simplemente inconsciente, aquí sucedió un milagro, porque se nos dice que inmediatamente «se levantó y entró en la ciudad» (14:20).

e. La pareja continuó hasta Derbe, y después regresaron a Listra, Iconio y Antioquía, volviendo a visitar a los hermanos y organizando nuevas iglesias. Lo lograron mediante:
   (1) Confirmación.
   (2) Exhortación.
   (3) Ordenación.
   (4) Encomendándolos al Señor.
   El doctor Homer Kent escribe al respecto:

   «En cada iglesia que visitaban los creyentes quedaban organizados mediante la elección de ancianos. La palabra "constituir" o "nombrar" u "ordenar", según la traducción que se escoja (14:23), traduce una voz griega que originalmente significaba elegir mediante votación a mano alzada. El término también llegó a desarrollar el sentido general de "elegido" u "ordenado", como indica el verbo compuesto en Hechos 10:41. ¿Quiere decir 14:23 que Pablo y Bernabé nombraron los ancianos para cada una de las iglesias, o prevalece el sentido más restrictivo de que los misioneros establecieron ancianos en las iglesias mediante elección congregacional? Aunque no hay duda de que el término permite ambas interpretaciones, los siguientes factores favorecen la interpretación de una elección: (1) el uso del verbo *cheiroteneo* en lugar de uno de los muchos términos generales por "nombrar" sugiere que la característica especial de esta palabra es la que debe entenderse. (2) La otra sola vez que se usa este verbo exacto en el Nuevo Testamento aparece claramente el sentido de elección por la congregación (2 Co. 8:19). (3) La elección congregacional fue la práctica apostólica al escoger a los siete diáconos (Hch. 6:3).» (*Jerusalem to Rome*, pp. 118, 119.)

f. Pablo y Bernabé regresan a Antioquía donde con entusiasmo «refirieron cuán grandes cosas había hecho Dios con ellos, y cómo había abierto la puerta de la fe a los gentiles» (14:27).

Nota: Algunos creen (M. Tenney, H. Kent, etc.) que Pablo escribió la epístola a los Gálatas en este tiempo. Si así fuera, esta sería la primera carta del Nuevo Testamento.

F. Su papel en el concilio de Jerusalén (Hch. 15:1-35).
   1. Había surgido un serio problema en la iglesia primitiva acerca de si los convertidos gentiles tenían que someterse al rito judío de la circuncisión. Como se indica Pablo y Bernabé tuvieron «una discusión y contienda no pequeña» con estos legalistas de Antioquía (15:2). Parece que al principio tanto Pedro como Santiago (el hermano del Señor) habían adoptado esta postura (Gá. 2:11, 12); pero pronto, no obstante, cambiarían en sus convicciones.
   2. Se organizó una conferencia en Jerusalén para solventar la disputa. La reunión consistió al parecer de tres sesiones.
      a. La primera sesión pública (15:4, 5).
      b. La reunión privada de los apóstoles y ancianos (15:6).
      c. Una segunda sesión pública (15:7-29).
   3. En esta sesión final la asamblea escucha los informes de uno de los apóstoles líderes (Pedro), de los dos misioneros (Pablo y Bernabé), y del pastor de la iglesia de Jerusalén (Santiago, el hermano del Señor, quien era también el presidente de la asamblea).
      a. El informe de Pedro (15:7-11). Les recuerda cómo Dios le había ordenado predicar a los gentiles en la casa de Cornelio y concluye con una amonestación:

      «Ahora, pues, ¿por qué tentáis a Dios, poniendo sobre la cerviz de los discípulos un yugo que ni nuestros padres ni nosotros hemos podido llevar? Antes creemos que por la gracia del Señor Jesús seremos salvos, de igual modo que ellos» (15:10, 11).

      b. Informe de Pablo y Bernabé (15:12). Resumen con sencillez las cosas maravillosas que Dios les había permitido llevar a cabo durante su primer viaje misionero.
      c. Informe de Santiago (15:13-21).
         (1) Empieza resumiendo el propósito declarado y presente de Dios de visitar a «los gentiles, para tomar de ellos pueblo para su nombre» (15:14).
         (2) Después les recuerda que cuando esto se complete, Dios ha prometido lo siguiente: «Después de esto volveré y reedificaré el tabernáculo de David, que está caído...» (15:16). Esto, por supuesto, sucederá en el milenio.
         (3) Santiago concluye diciendo:

         «Por lo cual yo juzgo que no se inquiete a los gentiles que se convierten a Dios, sino que se les escriba que se aparten de las contaminaciones de los ídolos, de fornicación, de ahogado y de sangre» (15:19, 20).

         Notamos que la decisión final fue tomada por Santiago, el pastor de la iglesia de Jerusalén. Esta decisión (dirigida por el Espíritu Santo, véase v. 28) manifiesta gran sabiduría, porque evita ofender indebida e innecesariamente a los judíos inconversos. (Véase también 1 Co. 10:32, 33.)
   4. Esta decisión, apoyada totalmente por los participantes en el concilio, fue compartida con

Hechos 13:2—14:28

PABLO: SU PRIMER VIAJE MISIONERO

PARADA	SUCESO	TEXTO BÍBLICO
Pafos en Chipre	• El equipo está formado por Pablo, Bernabé y Juan Marcos. • Pablo realiza su primer milagro conocido: la ceguera de Elimas. • Empiezan a llamar por primera vez a Pablo por su nombre gentil. • Pablo gana para Cristo al gobernador de Pafos.	Hechos 13:4-12
Antioquía de Pisidia	• Predica su primer sermón recogido en la Escritura (seis puntos y una invitación). *LOS PUNTOS* 1. La liberación del éxodo. 2. La peregrinación en el desierto. 3. La conquista de Canaán. 4. Los reinados de Saúl y David. 5. El ministerio de Juan el Bautista. 6. La crucifixión y la resurrección de Cristo, la simiente de David. *LA INVITACIÓN* «Sabed, pues, esto, varones hermanos: que por medio de él se os anuncia perdón de pecados, y que de todo aquello de que por la ley de Moisés no pudisteis ser justificados, en él es justificado todo aquel que cree» **(Hch. 13:38, 39)**. • Muchos gentiles y algunos judíos recibieron su mensaje. • Los líderes judíos, sin embargo, lo rechazaron y los echaron de la ciudad. • Entonces declara su intención de irse a los gentiles (13:46)	Hechos 13:13-50
Iconio	• Muchos también creen aquí al evangelio. • Pero una vez más los líderes judíos les crearon dificultades.	Hechos 13:51—14:5
Listra	• Pablo cura a un hombre cojo de nacimiento. • La multitud intenta adorar a Pablo y a Bernabé al pensar que son los dioses griegos Júpiter y Mercurio. • Pablo rehusa y es apedreado, dándole por muerto. • Se recupera de manera sobrenatural y continua predicando en Listra y otras ciudades de alrededor.	Hechos 14:6-25
Antioquía de Siria	• Regresan a Antioquía y rinden a la iglesia el primer informe misionero de la historia. • Posiblemente Pablo escribió desde Antioquía la carta a los Gálatas, siendo así el primer libro del Nuevo Testamento.	Hechos 14:26-28

Hechos 15:1-35

PABLO: SU PAPEL EN EL CONCILIO DE JERUSALÉN

EL PROBLEMA

• ¿Debe forzarse a los gentiles convertidos a observar el rito de la circuncisión?

LAS SESIONES

• Primera sesión pública (15:4, 5)

• Sesión privada de los apóstoles y ancianos (15:6)

• Segunda sesión pública (15:7-21)
1. Informe de Pedro (15:7-11)
2. Informe de Pablo y Bernabé (15:12)
3. Informe de Santiago (15:13-21)

LA DECISIÓN

«Por lo cual yo juzgo que no se inquiete a los gentiles que se judío convierten a Dios; sino que se les escriba que se aparten de las contaminaciones de los ídolos, de la fornicación, de ahogado y de sangre» **(15:19, 20)**.

LAS CARTAS

Se escribieron cartas oficiales y las enviaron a todas las iglesias locales informándoles de la decisión del concilio (15:22-35).

las iglesias mediante una carta que enviaron por medio de hombres escogidos: Pablo, Bernabé, Judas y Silas (15:22, 23)

5. Pablo y Bernabé regresan a Antioquía (15:35).

G. Su segundo viaje misionero (15:36—18:22).

1. Discusión de Pablo y Bernabé (15:36-39).
   a. Pablo propone un segundo viaje misionero a fin de fortalecer a las iglesias locales establecidas durante el primer viaje. Bernabé acepta rápidamente.
   b. Bernabé propone que lleven con ellos otra vez a Juan Marcos. Pablo se niega rotundamente.
   c. «Y hubo tal desacuerdo entre ellos, que se separaron el uno del otro...» (15:39).
      (1) Pablo escogió a Silas y se encaminó hacia Siria.
      (2) Bernabé tomó a Juan Marcos y se marchó a Chipre. El Nuevo Testamento nos dice que tiempo después Pablo se reconcilió con ambos, Bernabé (1 Co. 9:6) y Juan Marcos (Col. 4:10; Flm. v. 24; 2 Ti. 4:11). Esta es la última mención que se hace de Bernabé en el libro de los Hechos.
2. Los logros de Pablo y de Silas (15:40—18:22).
   a. En Listra (16:1-5).
      (1) Timoteo se une al equipo.
      (2) Pablo lo circuncidó debido a que era en parte judío a fin de no ofender innecesariamente a los judíos. Más tarde Pablo rehusó circuncidar a Tito, un gentil (Gá. 2:3). Esta era una aplicación del principio declarado por él en 1 Corintios 9:20.
   b. En Troas (16:6-10).
      (1) El Espíritu Santo les impide predicar el evangelio en Asia y en Bitinia.
      (2) Notamos que la necesidad sola no constituye en sí misma el llamamiento. Podemos también decir que ellos no intentaron anticiparse a Dios. Acababan de llegar procedentes del este y se les había impedido que marcharan al sur o al norte, y ellos esperaron. Encontrar la perfecta voluntad de Dios no es siempre lo más sencillo del mundo, pero una vez que la hemos hallado, es la mayor bendición. (Véanse Mt. 7:7, 8; Lc. 11:9, 10.)
      (3) Estando en Troas, Pablo tiene la visión de un hombre macedonio que le suplica, diciendo: «Pasa a Macedonia y ayúdanos» (16:9).
      (4) El equipo evangelizador sale inmediatamente para Macedonia, con la ayuda ahora de Lucas, el médico amado. En 16:10 aparece por primera vez el «nosotros» en Hechos. (Véanse también 20:5, 6; 21:18; 27:1.)
   c. En Filipos (16:11-40). Este famoso capítulo recoge la conversión de una mujer de negocios, de una joven endemoniada y de un carcelero.
      (1) La mujer de negocios (16:13-15). Pablo predica en un culto de oración a la orilla del río y lleva a Lidia (una vendedora de ropas de púrpura de Tiatira) a Cristo. Ella es después bautizada junto con su familia y abre su casa para la predicación del evangelio.
      (2) La joven endemoniada (16:16-18). Pablo exorciza a un demonio de una joven esclava que queda liberada. Ella había estado siguiéndoles por la ciudad cantando: «Estos hombres son siervos del Dios Altísimo» (16:17). Al igual que un demonio había reconocido a Jesús como el Santo de Dios (Mr. 1:24), así este demonio reconoció el poder divino en Pablo y sus compañeros.
      (3) El carcelero (16:19-40).
         (a) Los amos de la joven esclava, enfurecidos, se vengan de Pablo logrando que él y Silas sean azotados y encarcelados por causar disturbios.
         (b) A media noche Pablo y Silas están orando y cantando alabanzas a Dios, y los prisioneros los escuchan (16:25). Aquí tenemos el primer concierto cristiano escuchado en Europa. Cantaron como lo hizo Cristo en la víspera de la crucifixión (Mt. 26:30; Mr. 14:26).
         (c) Dios envía un terremoto que libera a los prisioneros. Al verlo, el carcelero intenta matarse (temeroso de las consecuencias que podía sufrir por haberse escapado los prisioneros), pero Pablo se lo impide asegurándole que están todos allí. El carcelero hace entonces la pregunta más importante que todo pecador puede jamás hacer: «Señores, ¿qué debo hacer para ser salvo?» (16:30).

            La respuesta de Pablo es en realidad el evangelio resumido: «Cree en el Señor Jesucristo, y serás salvo, tú y tu casa» (16:31).
         (d) El carcelero y su familia creen y son bautizados aquella misma noche. Su primer acto de amor cristiano es lavar las heridas de Pablo y de Silas.
         (e) Pablo, Silas y Timoteo salen de Filipos después que los funcionarios municipales les pidieron disculpas, al enterarse los funcionarios de que habían azotado injustamente a dos ciudadanos romanos. Lucas aparentemente se queda en Filipos para supervisar la nueva obra. El «nosotros» no aparece de nuevo hasta el 20:5, 6, cuando Pablo regresa a Filipos en su tercer viaje.
   d. En Tesalónica (17:1-9).
      (1) Pablo pasa tres semanas en la casa de

Jasón (posiblemente un familiar, véase Ro. 16:21), organizando una iglesia de judíos convertidos; trabajaba mientras tanto haciendo tiendas para no ser una carga para los creyentes. (Véanse 1 Ts. 2:9; 2 Ts. 3:7-12.)

(2) Algunos judíos que no creen al evangelio se oponen a Pablo, y llevan a Jasón a los tribunales intentando encarcelarlo sin éxito.

(3) Pablo, Timoteo y Silas parten de noche para Berea.

e. En Berea (17:10-14).

(1) Pablo encuentra a las personas aquí más abiertas que en Tesalónica, porque «recibieron la palabra con toda solicitud, escudriñando cada día las Escrituras para ver si estas cosas eran así» (17:11).

(2) Pablo se ve obligado a huir otra vez de noche a causa de los disturbios que provocan los judíos. Timoteo y Silas se quedan en Berea.

f. En Atenas (17:15-34).

(1) Pablo predica a diario tanto en la sinagoga como en el mercado público mientras que espera la llegada de Timoteo y Silas.

(2) Algunos filósofos de los epicúreos y de los estoicos le invitan a explicar su mensaje en un foro abierto en el Areópago. El primer grupo llevaba el nombre de su fundador Epicuro (341-270 a.C.). Creían que aunque Dios existía, no tenía interés alguno en los asuntos humanos, y que el fin de la vida era el placer. El segundo grupo fue fundado por Zenón (300 a.C.) y creían que Dios era el alma del mundo la cual moraba en todas las cosas. Sostenían que la meta de la vida consistía en elevarse por encima de todas las cosas y en no mostrar emoción alguna ni ante el dolor ni ante el placer.

Ambos grupos mostraron poco interés por la teología de Pablo, refiriéndose a él como un «palabrero» (17:18). Esta palabra en el griego es *spermologos*, y habla literalmente de cuando los pájaros hacen sus nidos.

(3) Pablo les predica. Notemos su introducción llena de tacto:

«Entonces Pablo, puesto en pie en medio del Areópago, dijo: Varones atenienses, en todo observo que sois

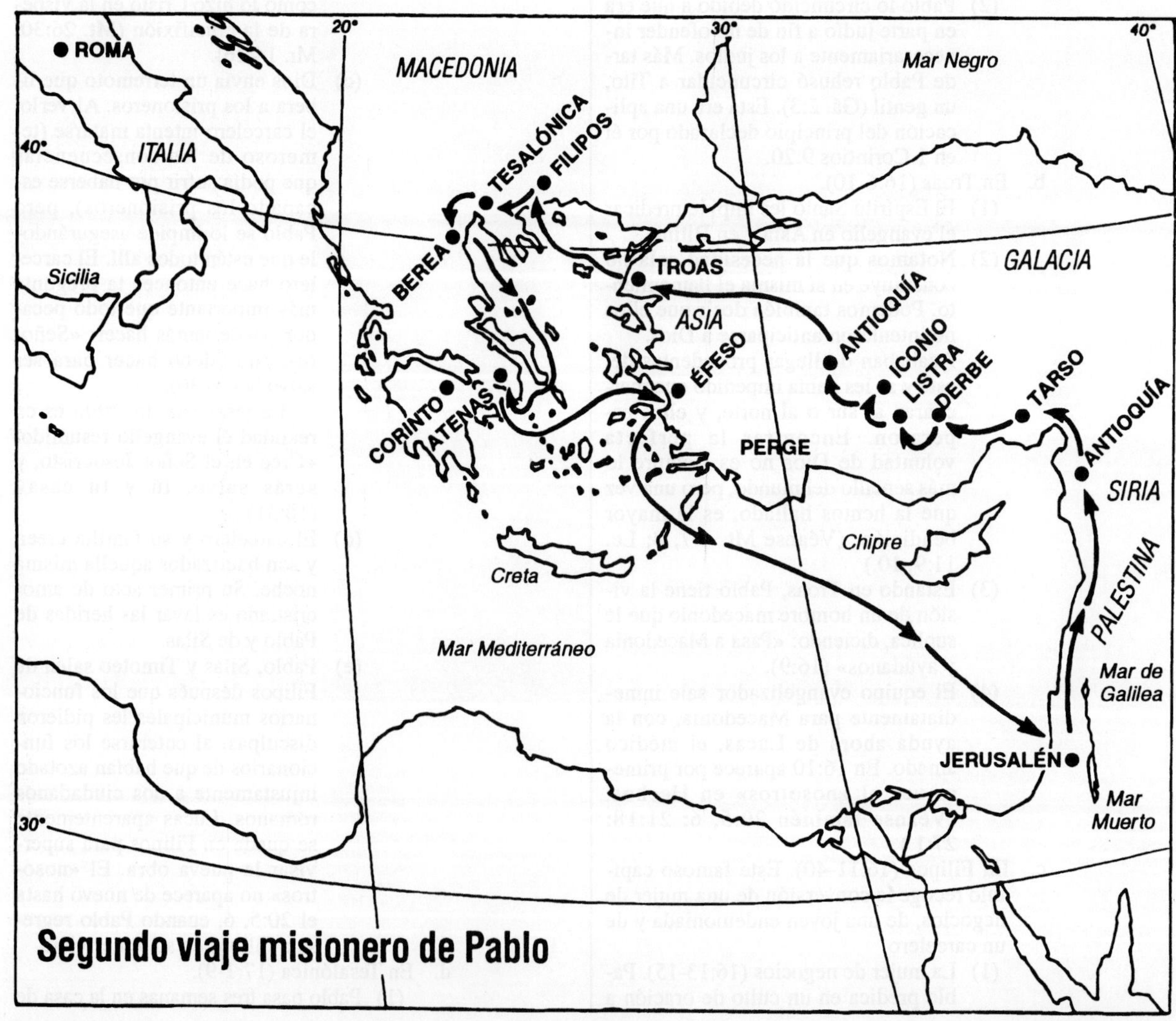

Segundo viaje misionero de Pablo

Hechos 15:36—18:22

PABLO: SU SEGUNDO VIAJE MISIONERO

PABLO Y BERNABÉ: SU DISCUSIÓN (15:36-39)
- Bernabé quiere que Juan Marcos les acompañe en el segundo viaje.
- Pablo se opone; Bernabé y Juan Marcos parten para Chipre.

PABLO Y SILAS: SUS LOGROS (15:40—18:22)

PARADA	SUCESO	TEXTO BÍBLICO
Listra	• Timoteo se une al equipo • Es circuncidado por Pablo	**Hechos 16:1-5**
Troas	• El Espíritu Santo les impide predicar en Turquía y en Bitinia • Pablo tiene la visión del macedonio • Lucas se une ahora al equipo	**Hechos 16:6-10**
Filipos	• Tres relatos emocionantes de conversión: UNA MUJER DE NEGOCIOS, UNA JOVEN ENDEMONIADA Y EL CARCELERO	**Hechos 16:11-40**
Tesalónica	• Pablo pasa tres semanas en casa de Jasón • Los judíos que no creen al evangelio se oponen una vez más	**Hechos 17:1-9**
Berea	• Pablo encuentra aquí un grupo de devotos estudiantes de las Escrituras • Se ve obligado a huir otra vez a causa de los alborotos de los judíos	**Hechos 17:10-14**
Atenas	• Pablo viaja solo a Atenas • Timoteo y Silas se le unirían más tarde • Predica su famoso sermón en el Areópago **TÍTULO DE SU MENSAJE: *EL DIOS NO CONOCIDO*** **NATURALEZA DE SU MENSAJE: *TRES PUNTOS*** Dios es el Creador de todas las cosas **(17:24-29)** Dios es el Salvador de todos **(17:30)** Dios es el Juez de todos **(17:31)** **RESULTADOS DE SU MENSAJE: *UNA TRIPLE REACCIÓN*** Algunos se burlan **(17:32)** Otros lo aplazan **(17:32)** Otros creen **(17:34)**	**Hechos 17:15-34**
Corinto	• Pablo se encuentra con Aquila y Priscila, una pareja cristiana, cuyo oficio es hacer tiendas • Silas y Timoteo se le unen ahora de nuevo • Declara por segunda vez su intención de irse a los gentiles **(18:6)** • Crispo, el principal de la sinagoga, se convierte a Cristo • Pablo es confortado mediante una visión del Señor • Sóstenes, el nuevo líder de la sinagoga, intenta que Pablo sea arrestado, pero él mismo es golpeado • Pablo permanece en Corinto dieciocho meses • Escribe desde aquí 1 y 2 Tesalonicenses	**Hechos 18:1-18**
Éfeso	• Permanece aquí poco tiempo • Le acompañan Aquila y Priscila, que se quedan en Éfeso	**Hechos 18:19-21**
Antioquía	• Regresa a su iglesia	**Hechos 18:22**

muy religiosos; porque pasando y mirando vuestros santuarios, hallé también un altar en el cual estaba esta inscripción: AL DIOS NO CONOCIDO. Al que vosotros adoráis, pues, sin conocerle, es a quien yo os anuncio» (17:22, 23).

Pablo entonces les presenta cuatro grandes verdades acerca de Dios.

(a) Es el Creador (17:24, 25).
(b) Es quien gobierna (17:26-29).
(c) Es el Salvador (17:30).
(d) Es el Juez (17:31).

En el curso de su discurso (17:28) Pablo cita a uno de sus propios poetas paganos (Arotus). Véase también Tito 1:12. Concluye su mensaje exhortando a sus oyentes al arrepentimiento.

«Por cuanto ha establecido un día en el cual juzgará al mundo con justicia, por aquel varón a quien designó, dando fe a todos con haberle levantado de los muertos» (17:31).

Si este hecho de que Dios ha establecido un día de juicio fuera bien conocido, el Domingo de Resurrección sería el día más pavoroso de todo el año para los incrédulos (véase Ap. 20:11-15).

(4) La reacción al mensaje del evangelio fue, como siempre, mixta.
(a) Algunos se burlaron. En esto estaban ambos grupos, los epicúreos, que no creían en una resurrección literal, y los estoicos, que ridiculizaban la resurrección personal.
(b) Algunos lo aplazaron: «Ya te oiremos acerca de esto otra vez» (17:32. Cp. con la respuesta de Félix en 24:25).
(c) Algunos creyeron.

g. En Corinto (18:1-18).

(1) Pablo se encuentra aquí con un cristiano judío llamado Aquila y su esposa Priscila, quienes recientemente habían sido expulsados de Roma por el emperador Claudio a causa de actitudes antisemitas que se habían dado en el imperio. Para alegría de Pablo ellos también hacían tiendas. Esta notable pareja se menciona seis veces en el Nuevo Testamento. Hay inscripciones en las catacumbas que indican que Priscila era de una distinguida familia de alto rango en Roma. Encontramos más tarde que la iglesia en Éfeso se reunía en su casa (1 Co. 16:19). Aparentemente años después regresaron a Roma (Ro. 16:3-5).
(2) Silas y Timoteo logran encontrarse con Pablo en este tiempo. Nota:
(a) Pablo les había dejado en Berea con instrucciones de que se unieran a él en Atenas, pero el plan no había funcionado (17:14-16).
(b) Silas había salido de Berea para Filipos a fin de ayudar a Lucas con la nueva iglesia allí (18:5).
(c) Timoteo, a solicitud de Pablo, había marchado de vuelta a Tesalónica para supervisar la obra allá (1 Ts. 3:1, 2).
(d) Ambos se encuentran ahora con Pablo en Corinto. Silas le lleva una ofrenda de amor de parte de los hermanos filipenses en apoyo de su obra misionera (2 Co. 11:8, 9; Fil. 4:15), y Timoteo le da un buen informe en relación con la obra en Tesalónica.
(3) Crispo, el principal de la sinagoga, cree al evangelio junto con otros muchos corintios, todos los cuales son bautizados.
(4) Pablo queda confortado por Dios quien le habla en una visión:

«No temas, sino habla, y no calles; porque yo estoy contigo, y ninguno pondrá sobre ti la mano para hacerte mal, porque yo tengo mucho pueblo en esta ciudad» (18:9, 10).

Todo ministro y misionero que sirve en la perfecta voluntad de Dios puede reclamar osadamente esta promesa preciosa en relación con su campo particular de servicio. Pablo permaneció en Corinto durante dieciocho meses (18:11). Durante este tiempo escribió las dos cartas a los Tesalonicenses.

(5) Una vez más los judíos incrédulos lograron llevar a Pablo ante el tribunal del procónsul Galión, acusándole de blasfemia. Galión rehusa juzgar este caso centrado en cuestiones religiosas.
(6) Un grupo de griegos descontrolados (organizado sin duda por los judíos con la intención de perjudicar a Pablo) se apodera de Sóstenes, el sucesor de Crispo en la sinagoga, y lo golpean fuertemente. Esta experiencia parece que le llevó también a su conversión a Cristo. (Véase 1 Co. 1:1.)
(7) Pablo sale para Éfeso acompañado de Aquila y Priscila. Se nos dice que en estos días se había «rapado la cabeza en Cencrea, porque tenía hecho voto» (18:18). Mucho se ha debatido acerca de si Pablo estaba perjudicando su testimonio al llevar a cabo esta acción del Antiguo Testamento.

h. En Éfeso (18:19-21). Queda aquí una corta temporada, declinando la invitación de permanecer por más tiempo, diciendo:

«Es necesario que en todo caso yo guarde en Jerusalén la fiesta que viene; pero otra vez volveré a vosotros, si Dios quiere…» (18:21).

La última frase de Pablo aquí debería ser parte de nuestro vocabulario y condicionar todos nuestros planes (véanse

21:14; 1 Co. 4:19; 16:7; He. 6:3; Stg. 4:15).

i. En Antioquía y Jerusalén (18:22).

H. Su tercer viaje misionero (18:23—21:16).

1. Pablo sale para Turquía otra vez, visitando y exhortando a los creyentes allá.
2. Por este tiempo un elocuente maestro de las Escrituras llamado Apolos (nacido en Alejandría, Egipto) llega a Éfeso. Apolos había oído acerca del ministerio y enseñanza de Juan el Bautista mientras estaba todavía en Alejandría, pero no había aprendido más a partir de entonces. Equipado con estos conocimientos limitados, había viajado bastante, proclamando fielmente lo que sabía.
3. En Éfeso le escuchan Aquila y Priscila, quienes:

   «... le tomaron aparte y le expusieron más exactamente el camino de Dios» (18:26).
4. Pasado un tiempo, Apolos se siente llamado a ir a Corinto y marcha allá, llevando consigo cartas de recomendación de los hermanos en Éfeso. Dios lo usa grandemente en Corinto, «porque con gran vehemencia refutaba públicamente a los judíos, demostrando por las Escrituras que Jesús era el Cristo» (18:28). Apolos llegaría a ser más tarde pastor de la iglesia en Corinto (1 Co. 3:6).
5. Pablo llega a Éfeso. Sus dos años de estadía aquí quedan marcados por tres notables sucesos:

   a. Los discípulos de Juan (19:1-12). Se encuentra con doce seguidores de Juan el Bautista y les pregunta: «¿Recibisteis el Espíritu Santo *cuando* creísteis?» (19:2). Su respuesta sincera es: «Ni siquiera hemos oído si hay Espíritu Santo» (19:2).

   Nota: Ellos no ignoraban la *existencia* del Espíritu Santo, porque Juan lo había enseñado claramente (Mt. 3:11, 16; Mr. 1:8, 10; Lc. 3:16:22), sino que sencillamente no se habían enterado de su bendito ministerio en pentecostés. Pablo actualiza sus conocimientos y bautiza a los doce en el nombre de Jesús. El relato bíblico dice:

   «Y habiéndoles impuesto Pablo las manos, vino sobre ellos el Espíritu Santo; y hablaban en lenguas, y profetizaban» (19:6).

   Continuó durante tres meses con su ministerio de enseñanza en la sinagoga y, cuando los judíos se opusieron, alquiló una escuela pública y continuó dando testimonio de Cristo. Probablemente enseñaba de 11:00 A.M. a 4:00 P.M., y trabajaba haciendo tiendas antes y después de esas horas. Dios hizo grandes milagros por medio de Pablo en este tiempo:

   «De tal manera que aun se llevaban a los enfermos los paños o delantales de su cuerpo, y las enfermedades se iban de ellos, y los espíritus malos salían» (19:12; cp. 5:15).

   b. Las adivinaciones de Esceva (19:13-20). Una familia de judíos ambulantes, compuesta de Esceva como principal sacerdote y sus siete hijos, habían estado observando a Pablo hacer sus poderosos milagros y decidieron intentar hacer exorcismos por su cuenta. Al ver a un hombre endemoniado, gritaron: «Os conjuro por Jesús, el que predica Pablo» (19:13).

   Lo que sigue sería divertido sino fuera trágico:

   «Pero respondiendo el espíritu malo, dijo: A Jesús conozco, y sé quién es Pablo; pero vosotros, ¿quiénes sois? Y el hombre en quien estaba el espíritu malo, saltando sobre ellos y dominándolos, pudo más que ellos, de tal manera que huyeron de aquella casa desnudos y heridos» (19:15, 16; cp. Mt. 7:21-23).

   El exorcismo es una práctica peligrosa a menos que el exorcista esté ungido por el Espíritu Santo. La noticia de lo sucedido se esparció rápidamente por toda la ciudad y resultó en gran bendición, pues muchos creyentes que habían estado practicando la magia confesaron sus hechos. El valor de los libros sobre magia que entregaron y se quemaron públicamente era de cincuenta mil monedas de plata (el autor le da un valor actual de US$10.000).

   c. Los defensores de Diana (19:21-41). Pablo se sintió dirigido por el Espíritu a regresar a Jerusalén y a hacer planes para visitar Grecia en el viaje de retorno. A este fin envía a Timoteo y a Erasto con antelación con el propósito de encontrarse con él en Grecia.

   Por este tiempo se produjo un gran alboroto instigado por un platero llamado Demetrio, cuyo negocio de fabricar templecillos de la diosa Diana se veía amenazado por causa de la predicación de Pablo. No tardando mucho el gran anfiteatro de la ciudad (con capacidad de acomodar a 25.000 personas) se llena de gente que grita histérica durante dos horas ininterrumpidas: «Grande es Diana de los Efesios» (19:34). El templo de Diana (el nombre griego era Artemis) era una de las siete maravillas del mundo antiguo. La imagen dentro del templo era la de una escultura de mujer con muchos pechos que significaba la fertilidad de la naturaleza. Se decía que la piedra original que había servido para esculpir la imagen había caído del cielo, lo que ha llevado a algunos historiadores a creer que pudo haber sido un meteorito.

   Pablo está decidido a aparecer en el anfiteatro, para acompañar a algunos creyentes que habían sido arrastrados allí, pero le persuaden a no hacerlo en el último minuto. Después de un tiempo de razonar, el secretario municipal de Éfeso convence a la multitud a solucionar el pleito en los tribunales y así logra que el populacho se disperse. Pablo escribió en este tiempo 1 y 2 a los Corintios.
6. Pablo en Troas (20:1-12).

   a. El apóstol pasa tres meses en Grecia, y cuando se dispone a embarcarse para Siria se entera de una conjura contra su vida organizada por los judíos, por lo que decide encaminarse al norte hacia Macedonia. Durante este tiempo escribe su carta a los Romanos.

b. Timoteo le acompaña en la primera parte del viaje y recoge a Lucas en Filipos.

c. En Troas un joven llamado Eutico cae accidentalmente y se mata, al quedarse dormido sentado en una ventana durante un sermón de medianoche predicado por Pablo. Para alivio de todos Pablo lo resucita y continúa su sermón. Al amanecer parte para Jerusalén.

Nota: Es especialmente significativa en esta porción de la Escritura la frase «el primer día de la semana» (20:7). La *New Scofield Bible* observa:

«Aunque Pablo estuvo en Troas siete días (v. 6), parece que ni él ni la iglesia se reunieron para partir el pan hasta el primer día de la semana (v. 7).

El hecho de que Pablo y otros asistieran algunas veces a los servicios en la sinagoga judía en sábado (17:1-3), no prueba que la iglesia apostólica guardara el día séptimo como día especial de adoración. Lo único que muestra es que los primeros misioneros llevaban el mensaje del evangelio a todo lugar donde encontraron personas reunidas (5:19, 20; 13:5; 16:13; 25-33; 17:17, 19, 22; 18:7; 19:9; 25:6, 23). Este testimonio era llevado a cabo diariamente (2:47; 17:17; 19:9) en todas las formas posibles (1 Co. 9:19-22). Las primeras iglesias fueron advertidas específicamente de no someterse a la esclavitud de ninguna observancia legalista del día sábado (Col. 2:16; cp. Gá. 4:9-11). Por otro lado, en el ejercicio de su libertad cristiana (Ro. 14:5, 6), estas mismas iglesias eligieron voluntariamente el primer día de la semana como el tiempo apropiado para la comunión y la adoración (Hch. 20:7; 1 Co. 16:2), el día en que el Señor resucitó y apareció repetidamente a sus discípulos (Jn. 20:19-24, 25-29). Era un día nuevo para un pueblo nuevo que pertenecía a una nueva creación (2 Co. 5:17), un día de conmemoración y gozo (Mt. 28:9), servicio (Mt. 28:10), y descanso espiritual (He. 4:9, 10).

La observancia de este primer día de la semana aparece corroborado en los escritos de los primeros padres de la iglesia: Bernabé (100 a.C.), Ignacio (107 a.C.), Justino Mártir (145-150 a.C.), e Ireneo (155-202 a.C.). El edicto de Laodicea (siglo IV a.C.) no cambió el día de adoración del séptimo al primer día de la semana, como algunas

Hechos 18:23—21:16

PABLO: SU TERCER VIAJE MISIONERO

PARADA	SUCESO	TEXTO BÍBLICO
Éfeso	MINISTERIO DE APOLOS EN ÉFESO Y EN CORINTO	Hechos 18:24-28
	Conocía sólo el mensaje de Juan el Bautista	
	Fue instruido más a fondo por Aquila y Priscila	
	Llegó a ser más tarde el pastor de la iglesia de Corinto	1 Corintios 3:6
	MINISTERIO DE PABLO EN ÉFESO	19:1-41
	CINCO EVENTOS CLAVE	
	Los discípulos de Juan	Hechos 19:1-7
	Las adivinaciones de Esceva	Hechos 19:13-17
	La dedicación de los convertidos	Hechos 19:18-20
	Los defensores de Diana	Hechos 19:23-41
	La decisión de Pablo	Hechos 19:21
Troas	RESUCITA A EUTICO	Hechos 20:6-12
Mileto	REVISA EL PASADO	
	Había estado con ellos dos años	Hechos 20:19, 31
	Había enseñado públicamente y por las casas	Hechos 20:20, 21
	Les había anunciado todo el consejo de Dios	Hechos 20:27
	No había codiciado nada de los demás	Hechos 20:33
	Había sido un ejemplo de Cristo	Hechos 20:35
	Estaba limpio de la sangre de todos	Hechos 20:26
	EXAMINA EL PRESENTE	
	Su situación	Hechos 20:22
	La de ellos	Hechos 20:28
	ANTICIPA EL FUTURO	
	Su oración	Hechos 20:24
	Su advertencia	Hechos 20:29, 30
Tiro	EL ESPÍRITU SANTO LE ADVIERTE QUE NO VAYA A JERUSALÉN	Hechos 21:4
Cesarea	VISITA A FELIPE Y SUS CUATRO HIJAS	Hechos 21:8, 9
	AGABO LE ACONSEJA NO SUBIR A JERUSALÉN	Hechos 21:10, 11

veces se ha alegado, sino más bien puso el sello oficial de aprobación a la observancia de una práctica de mucho tiempo en las primeras iglesias.» (*New Scofield Bible*, pp. 1194, 1195.)

7. Pablo en Mileto (20:13-38).
   a. Estando aquí Pablo envía a llamar a los ancianos de Éfeso, los cuales se apresuran a encontrarse con él en Mileto durante una parada del barco. En esta ocasión Pablo pronuncia su tercer discurso importante que conservamos.
      (1) El primero fue dirigido a los judíos en Pisidia (13:16-41).
      (2) El segundo fue a los gentiles en Atenas (17:22-31).
      (3) El tercero lo tenemos aquí, fue dirigido a la iglesia (20:18-35).
   b. Pablo desarrolla su discurso en forma triple:
      (1) Repasa el pasado:
         (a) Con muchas lágrimas y trabajo había servido al Señor durante tres años en Éfeso (20:19, 31; véase también 2 Co. 2:4).
         (b) Les había enseñado «públicamente y por las casas» acerca de la gracia de Dios para los pecadores y los santos (20:20, 21). Es muy significativo el hecho de que el teólogo más famoso del mundo fue también un gran ganador de almas.
         (c) Les había anunciado «todo el consejo de Dios» (20:27).
         (d) «Ni plata ni oro ni vestido de nadie» había codiciado (20:33). Notemos su testimonio aquí:

            «Antes vosotros sabéis que para lo que me ha sido necesario a mí y a los que están conmigo, estas manos me han servido. En todo os he enseñado que, trabajando así, se debe ayudar a los necesitados, y recordar las palabras del Señor Jesús, que dijo: Más bienaventurado es dar que recibir» (20:34, 35).

            Nota: Esta declaración no la encontramos en el relato de los cuatro evangelios (aunque quizá esté implícita en Lc. 14:12). Su propia vida, por supuesto, lo ejemplifica. (Véanse 2 Co. 8:9; Ef. 5:2; Fil. 2:5-8; y también Jn. 21:25.)
         (e) Él podía, por consiguiente, decir con confianza:

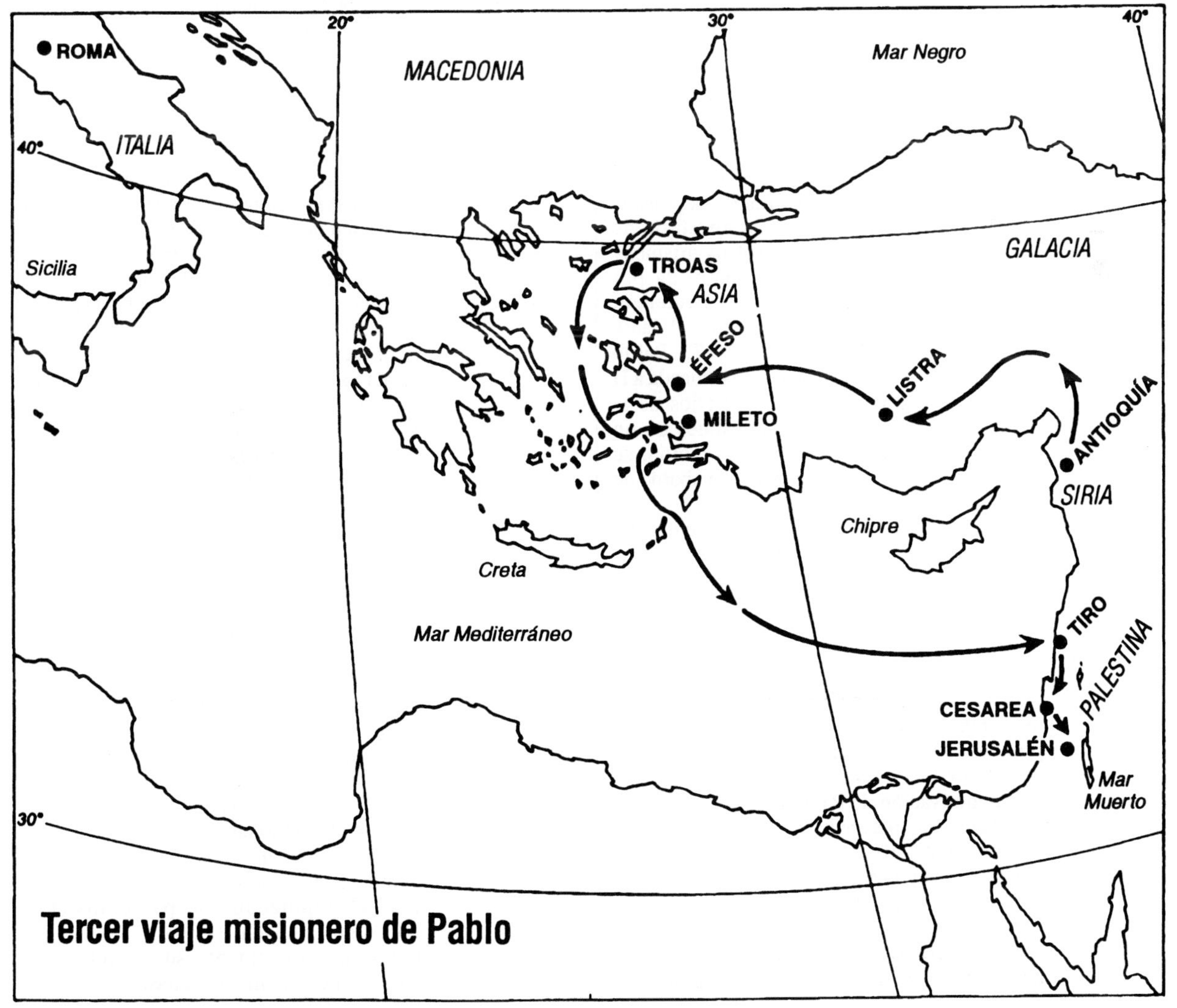

Tercer viaje misionero de Pablo

«Por tanto, yo os protesto en el día de hoy, que estoy limpio de la sangre de todos» (20:26).

(2) Examina el presente:

(a) Su situación:

«Ahora, he aquí, ligado yo en espíritu, voy a Jerusalén, sin saber lo que allá me ha de acontecer» (20:22).

(b) La situación de ellos:

«Por tanto, mirad por vosotros, y por todo el rebaño en que el Espíritu Santo os ha puesto por obispos, para apacentar la iglesia del Señor, la cual él ganó por su propia sangre» (20:28).

(3) Contempla el futuro:

(a) Pablo ora para que pueda acabar su carrera con gozo (20:24). Esto ciertamente fue así (2 Ti. 4:7).

(b) Entonces les hace una advertencia:

«Porque yo sé que después de mi partida entrarán en medio de vosotros lobos rapaces, que no perdonarán al rebaño. Y de vosotros mismos se levantarán hombres que hablen cosas perversas para arrastrar tras sí a los discípulos» (20:29, 30).

Pablo le escribiría tiempo después a Timoteo, quien estaba en Éfeso, acerca de estos «lobos rapaces» (1 Ti. 1:3-7). Su profecía concerniente a la apostasía de algunos de «vosotros mismos» fue tristemente cumplida por hombres como Himeneo, Alejandro, Fileto y otros. (Véanse 1 Ti. 1:20; 2 Ti. 2:17.) Pablo seguidamente los encomienda a la gracia de Dios y al Dios de la gracia (20:32). Después de un emotivo tiempo de oración, se despide de ellos y sube abordo de la nave.

8. La parada en Tiro (21:1-6). Pablo tiene que esperar siete días aquí a que descarguen el barco. Fue advertido en este momento por el Espíritu de Dios «que no subiese a Jerusalén» (21:4).

Parece como si el apóstol no hubiera percibido en este caso la voluntad de Dios, pues ya había sido advertido por el Señor desde el principio de su ministerio: «Date prisa, y sal prontamente de Jerusalén; porque no recibirán tu testimonio acerca de mí» (22:18).

La motivación de Pablo para ir a Jerusalén en esta ocasión parece haber sido su gran amor por su pueblo (Ro. 9:1-5), y su esperanza de que la ofrenda de amor de las iglesias gentiles, enviada por medio de él para los creyentes pobres de Jerusalén (Ro. 15:25-28), abriera los corazones de los creyentes judíos, todavía aferrados a la ley, al evangelio de la gracia de Dios. En cualquier caso, es significativo que esta parada en Jerusalén (aunque breve), es una de las muy pocas en las que no se dio ningún fruto. Después de un tiempo de oración muy valioso, Pablo sale de Tiro y navega para Cesarea.

9. Pablo en Cesarea (21:7-14).

a. Visita el hogar del evangelista Felipe y sus cuatro hijas solteras, todas las cuales profetizaban. Estas jóvenes son las últimas mencionadas en la Biblia con este don. Otras fueron:

(1) María (Ex. 15:20).

(2) Débora (Jue. 4:4).

(3) La esposa de Isaías (Is. 8:3).

(4) Hulda (2 R. 22:14).

(5) Ana (Lc. 2:36).

b. Dios le advierte de nuevo en relación con su viaje a Jerusalén y lo hace ahora por medio del profeta Agabo, que ilustra el trato que Pablo va a recibir allá mediante el acto de atarse los pies y las manos con el cinto del apóstol. Otros creyentes se unen a Agabo para rogar a Pablo que no vaya.

c. Conteniendo las lágrimas, les responde: «¿Qué hacéis llorando y quebrantándome el corazón? Porque yo estoy dispuesto no sólo a ser atado, mas aun a morir en Jerusalén por el nombre del Señor Jesús» (21:13).

10. Pablo en Jerusalén (21:15—23:30).

a. Santiago y los ancianos de la iglesia en Jerusalén se regocijan cuando Pablo relata cómo Dios ha bendecido sus viajes misioneros al mundo gentil.

b. Le informan acerca de un rumor que se había esparcido entre los cristianos judíos en Jerusalén de que él anda enseñando «a todos los judíos que están entre los gentiles a apostatar de Moisés, diciéndoles que no circunciden a sus hijos, ni observen las costumbres» (21:21).

c. A fin de probar que aquello no era cierto, le aconsejan que se someta al voto judío de rasurarse la cabeza y ayude con los gastos de cuatro hombres que estaban en la misma situación (21:22-25).

d. Pablo acepta el consejo, pero cuando días después unos judíos de Asia le ven en el templo con los cuatro hombres sacan la conclusión errónea de que estaba metiendo gentiles en aquel lugar sagrado y organizan un gran alboroto (21:26-29).

e. El tribuno de la compañía de soldados romanos de la ciudad lo salva de una muerte cierta y lo lleva a la fortaleza (21:31-34).

f. Después de convencer al tribuno de que él no era un sedicioso egipcio perseguido por la ley, éste le permite hablar a la multitud (21:35-40). Notemos que Pablo se defiende ante el pueblo en las mismas gradas en las que Pilato había condenado a Jesús veintiséis años atrás. En realidad los gritos del populacho son parecidos (Lc. 23:18, cp. con Hch. 21:36).

g. Les relata brevemente su conversión a Cristo en el camino a Damasco.

h. La multitud mantiene un silencio hostil (mientras les habla en hebreo) hasta que menciona su llamamiento divino a los gentiles. Nada más oír aquella aborrecida palabra empiezan a gritar con gran furia (22:21-23).

i. Meten a Pablo rápidamente dentro de la fortaleza y se disponen a azotarle para hacerle confesar los delitos cometidos, pero se libra de ello al declarar al tribuno que es ciudadano romano (22:24-29).

j. Al día siguiente llevan a Pablo ante el sanedrín para que se defienda a sí mismo. Notamos ahora:

(1) La represalia contra Pablo (23:1, 2). Por orden del sumo sacerdote, abofetean a Pablo en la boca, como una vez hicieron con el Señor (Jn. 18:22).

(2) El desquite del apóstol (23:3).

«¡Dios te golpeará a ti, pared blanqueda! ¿Estás tú sentado para juzgarme conforme a la ley, y quebrantando la ley me mandas golpear?»

La expresión «pared blanqueda» habla de una pared tambaleante cuya situación precaria se ha camuflado mediante una generosa capa de pintura. El sentido es que, aunque él tenía una alta posición, un día caería. Y de hecho, fue asesinado ocho años más tarde.

(3) El pesar de Pablo (23:4, 5). Aparentemente el apóstol no se había dado cuenta del todo de que estaba hablando con el sumo sacerdote, y pide disculpas por haber hablado mal contra él.

(4) El ardid de Pablo (23:6-10). Se identifica a sí mismo como fariseo y creyente en la resurrección de los muertos, lo que causa inmediatamente una división en el concilio, compuesto de fariseos y de saduceos que negaban la resurrección. Se produce tan gran disensión entre ellos que el tribuno ordena que saquen a Pablo de allí.

(5) La revelación a Pablo (23:11).

«Ten ánimo, Pablo, pues como has testificado de mí en Jerusalén, así es necesario que testifiques también en Roma.»

Nota: Pablo había expresado frecuente el deseo de ir a Roma (Ro. 1:13). En Éfeso llegó a trazar planes concretos para el viaje, pero en este momento no estaba seguro de que saliera vivo de la experiencia de Jerusalén (Ro. 15:31, 32). Pero ahora, por primera vez, Dios lo había dicho.

(6) El rescate de Pablo (23:12-30). Un sobrino de Pablo se entera del complot que tramaban cuarenta fanáticos judíos para matar al apóstol, quienes se «juramentaron bajo maldición, diciendo que no comerían ni beberían hasta que hubiesen dado muerte a Pablo» (23:12). El tribuno ordena trasladar aquella misma noche a Pablo a Cesarea, protegido por 470 hombres armados. Envía antes una carta al gobernador Félix dándole una explicación razonada de lo que pasaba con el prisionero.

11. Pablo en Cesarea (23:31—26:32).

a. Ante Félix (23:31—24:27). El gobernador era conocido, tanto a nivel oficial como personal, por su mala conducta. El historiador romano Tácito escribió: «Félix, en-

Hechos 21:17—23:30

PABLO: SU ÚLTIMA VISITA A JERUSALÉN

PARADA	SUCESO	TEXTO BÍBLICO
Jerusalén	El **RUMOR** contra Pablo	
	• Que había deshonrado la ley de Moisés	**Hechos 21:21**
	• Que había profanado el templo de Dios	**Hechos 21:28, 29**
	La **ACCIÓN EQUIVOCADA** de Pablo	
	• Se vuelve a colocar bajo la ley	**Hechos 21:26**
	El **RESCATE** de Pablo	**Hechos 21: 31, 32**
	El **TESTIMONIO** de Pablo	**Hechos 22:1-30**
	• El apóstol y el gentío judío	**Hechos 22:1-23**
	• El apóstol y el centurión romano	**Hechos 22:24-30**
	La **REPRESALIA** contra Pablo	**Hechos 23:1, 2**
	El **DESQUITE** de Pablo	**Hechos 23:3**
	El **PESAR** de Pablo	**Hechos 23:4, 5**
	El **ARDID** de Pablo	**Hechos 23:6-10**
	La **REVELACIÓN** a Pablo	**Hechos 23:11**
	El **FAMILIAR** de Pablo	**Hechos 23:12-22**
	El **TRASLADO** de Pablo	**Hechos 23:23-32**

Hechos 23:31—26:32

PABLO EN CESAREA

PARADA	SUCESO	TEXTO BÍBLICO
Cesarea	**ANTE FÉLIX**	**Hechos 23:33—24:27**
	• Las acusaciones de Tértulo	**Hechos 24:1-9**
	• La respuesta de Pablo	**Hechos 24:10-21**
	• La aprensión de Félix	**Hechos 24:24-26**
	ANTE FESTO	**Hechos 25:1-12**
	• Festo amenaza con enviar a Pablo a Jerusalén	
	• Pablo apela a César	
	ANTE AGRIPA	**Hechos 25:13—26:32**
	• Pablo da testimonio de su conversión	**Hechos 26:1-23**
	• Hace una invitación relacionada con su Salvador	**Hechos 26:24-32**

Hechos 27:1—28:31

PABLO: SU VIAJE Y TESTIMONIO EN ROMA

PARADA	SUCESO	TEXTO BÍBLICO
Mar Mediterráneo	**DE CAMINO A ROMA**	**Hechos 27:1—28:31**
	• La terrible tormenta en el mar	**Hechos 27:1-44**
	• La serpiente de Malta	**Hechos 28:1-10**
Roma	**EN ROMA**	**Hechos 28:14-31**
	• Su encuentro con los judíos	**Hechos 28:17-29**
	• Su ministerio a todos	**Hechos 28:30, 31**
	ESCRIBIÓ EN ESTE TIEMPO LAS CARTAS A LOS EFESIOS, COLOSENSES, FILIPENSES, FILEMÓN	

tregándose a toda clase de barbarie y de vicio, ejerció el poder como un rey con el espíritu de un esclavo.» A Félix lo encontraron culpable, tiempo después, del asesinato de Jonatán, el sumo sacerdote judío, hijo de Anás.

(1) El sumo sacerdote judío usa los servicios de Tértulo, un abogado profesional muy astuto, para acusar a Pablo ante Félix. Los cargos de que le acusan son:
  (a) Traición. Le acusan de perturbar la paz y crear disensiones políticas no sólo en Jerusalén sino en todo en mundo.
  (b) Herejía religiosa.
  (c) Profanación del templo.

(2) Le permiten a Pablo responder a estas acusaciones falsas.
  (a) Contesta a la primera alegando que había estado en Jerusalén solamente doce días y que no era posible haber creado tanta perturbación en tan poco tiempo.
  (b) En relación con la segunda acusación, muestra que él en realidad era *más* ortodoxo que algunos miembros del sanedrín que negaban la doctrina de la resurrección del Antiguo Testamento (véase Dn. 12:2).
  (c) Y acerca de la tercera, recuerda al tribunal que los judíos en Jerusalén no pudieron demostrar la veracidad de la misma.

(3) Félix decide aplazar la sentencia hasta que reciba el testimonio oficial de Lisias, el tribuno que había arrestado a Pablo.

(4) Poco después, Pablo tuvo la oportunidad de dar testimonio del evangelio ante Félix y su mujer, Drusila. La joven esposa, de apenas veinte años, era la hija más joven de Herodes Agripa (el asesino de Santiago, Hch. 12:1, 2), y hermana de Agripa II y de Berenice, mencionados en 25:13. Ella había abandonado a un rey pagano de Siria para casarse con Félix. (Drusila murió veintiún años después en la erupción del Vesubio.) Lucas nos dejó el testimonio escrito de esta predicación:

> «Pero al disertar Pablo acerca de la justicia, del dominio propio y del juicio venidero, Félix se espantó, y dijo: Ahora vete; pero cuando tenga oportunidad te llamaré» (24:25).

b. Ante Festo (25:1-12). En el año 58 hubo un tumulto de paganos y judíos en Cesarea, y los soldados de Félix actuaron con tanta violencia que enfureció a los judíos, quienes lograron su destitución. Fue sucedido por Festo.

(1) Festo resistió la presión de los judíos para que llevara a Pablo a Jerusalén, quienes planeaban matarle en el camino.

(2) Una vez más, un equipo de expertos judíos va hasta Cesarea para presentar oficialmente las acusaciones contra el apóstol.

(3) Presintiendo que Festo cedería ante los judíos para llevarle a Jerusalén (lo que significaría sin duda su muerte), Pablo apela a César (25:11). Al César a quien Pablo apelaba era Nerón, quien empezó a reinar en el 54 a.C. Sus primeros años fueron moderados, y no dio señales de las crueldades que luego mostraría.

c. Ante Agripa (25:13—26:32). Agripa II, hijo de Herodes Agripa, y Berenice fueron a Cesarea para saludar a Festo y a Drusila. Berenice era la hermana de ambos, Drusila y Agripa II.

(1) Al saber acerca de Pablo por medio de Festo, Agripa III solicitó una audiencia con tan famoso prisionero. En consecuencia, llevan a Pablo encadenado ante Agripa, quien les habla de Cristo. Empieza relatando su experiencia de conversión, que incluye:

(a) Su primera capacitación religiosa en Tarso.

(b) Su terrible persecución de los cristianos.

(c) Su conversión en el camino a Damasco.

(d) Su llamamiento a ser el apóstol de los gentiles. Pablo concluye con las siguientes palabras (26:22, 23):

> «Pero habiendo obtenido auxilio de Dios, persevero hasta el día de hoy, dando testimonio a pequeños y a grandes, no diciendo nada fuera de las cosas que los profetas y Moisés dijeron que habían de suceder: que el Cristo había de padecer, y ser el primero de la resurrección de los muertos, para anunciar luz al pueblo y a los gentiles.»

(2) Festo le interrumpió bruscamente en este momento, diciéndole: «Estás loco, Pablo; las muchas letras te vuelven loco» (26:24). Pablo pasa rápidamente por alto este arranque y presiona a Agripa a tomar una decisión. El sorprendido rey, responde: «Por poco me persuades a ser cristiano» (26:28).

Nota: No podemos determinar por este versículo que Agripa había llegado al punto de aceptar a Cristo. El texto griego, dice: «En resumidas cuentas, estás tratando de que me haga cristiano.» El rey pudo querer decir que no podía quedar convencido en tan poco tiempo.

(3) Cuando ya se habían llevado a Pablo de la sala, Agripa se vuelve a Festo y le dice: «Podía este hombre ser puesto en libertad, si no hubiera apelado a César» (26:32). Esto, por supuesto, no era verdad, porque Festo había ya dado a conocer su plan de llevarlo a Jerusalén (25:9), lo que hubiera significado la muerte segura de Pablo.

(4) Podemos hacer en este momento una comparación útil entre el Saúl del Antiguo testamento y el Saulo del Nuevo.

(a) El Saúl del Antiguo Testamento era alto e impresionante, pero el Saulo del Nuevo era probablemente pequeño y de poca apariencia (1 S. 9:2; cp. Gá. 4:13, 14; 2 Co. 10:10).

(b) Ambos eran de la tribu de Benjamín (1 S. 9:1, 2; Fil. 3:5).

(c) El Saúl del Antiguo Testamento empezó como amigo de Dios, pero terminó como su enemigo. El Saulo del Nuevo fue lo opuesto (1 S. 10, 31; Hch. 9; 2 Ti. 4).

(d) En la hora de la muerte el Saúl del Antiguo Testamento buscó a la adivina de Endor, mientras que el Saulo del Nuevo clamaba por la Palabra de Dios (1 S. 28:7; 2 Ti. 4:13).

(e) El Saúl del Antiguo Testamento se quitó la vida lleno de temor, mientras que el Saulo del Nuevo dio su vida lleno de esperanza (1 S. 31:4; 2 Ti. 4:6-8).

(f) La vida del Saúl del Antiguo Testamento se caracterizó por la desobediencia, mientras que la del Saulo del Nuevo por la obediencia (1 S. 13:13; 15:22, 23). «Por lo cual, oh rey Agripa, no fui rebelde a la visión celestial» (Hch. 26:19).

12. Pablo de camino a Roma (caps. 27—28).

a. Lucas se une ahora a Pablo, quien es embarcado junto con otros prisioneros en una nave que se dirigía al oeste, bajo la custodia del centurión Julio, un miembro de la guardia imperial. Este oficial romano trató más tarde a Pablo con respeto y bondad (27:1-3).

b. Después de una navegación difícil, llegaron a Buenos Puertos, en el sur de Creta. Ya estaba avanzado el otoño y era el tiempo (14 septiembre a 11 noviembre) en que los antiguos consideraban peligrosa la navegación, y después de esa fecha procuraban no adentrarse en alta mar. A pesar de tal conocimiento y de las protestas de Pablo (quien ya había estado en otros naufragios, véase 2 Co. 11:25), el patrón de

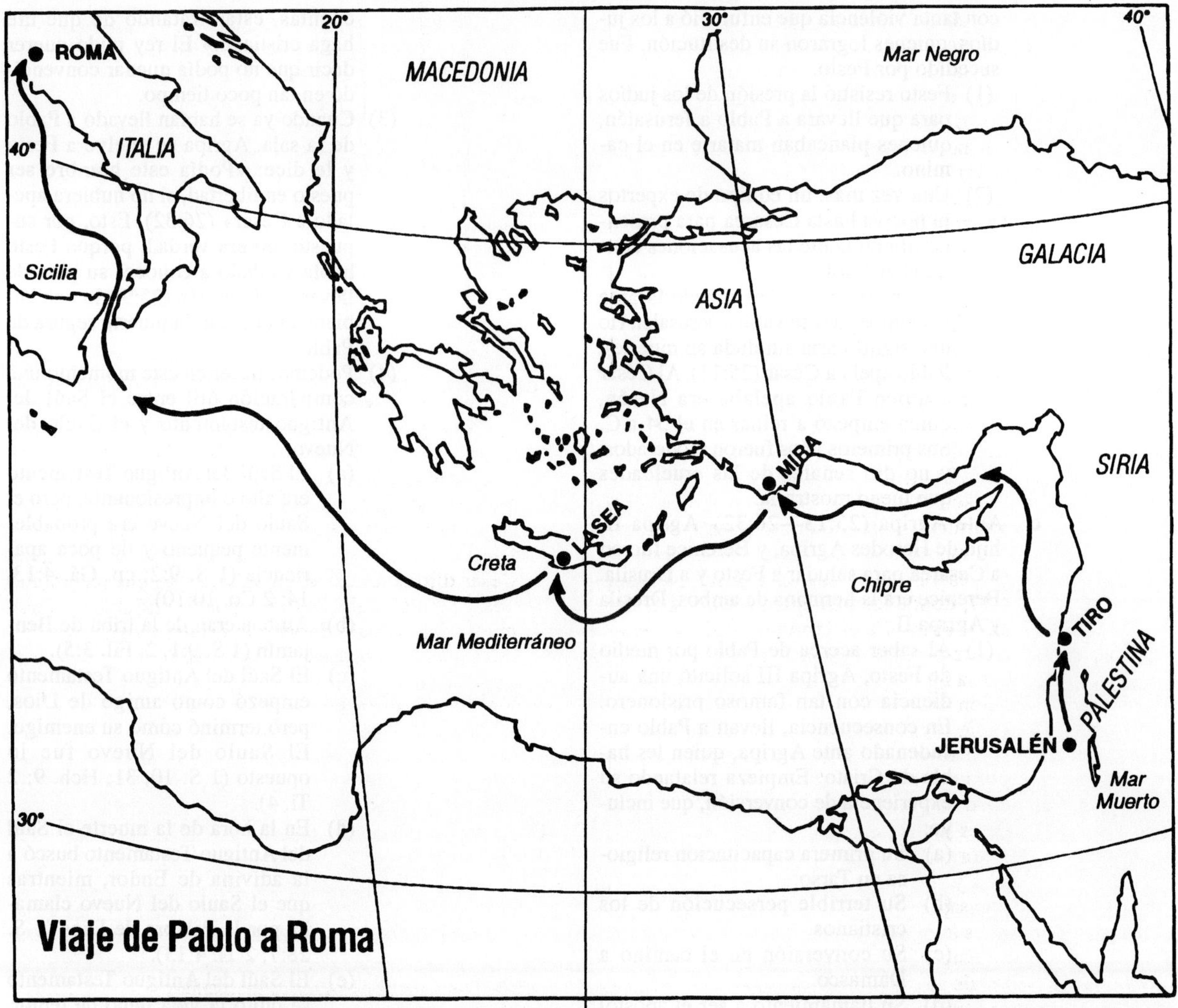

la nave se decide a navegar hasta Fenice para invernar allí.

c. Sin embargo, pronto quedaron atrapados en medio de un viento huracanado llamado Euroclidón. Lucas nos dejó en 27:16-20 uno de los más vívidas descripciones de una tormenta en el mar.

(1) La nave fue arrebatada por el viento y llevada mar adentro, quedando descontrolada.

(2) Los atemorizados marineros usaron sogas para reforzar el barco.

(3) Como al día siguiente la tempestad era todavía más fuerte empezaron a arrojar al mar la carga del barco.

(4) Y al tercer día se deshicieron también de los aparejos de la nave.

(5) Después de catorce días de gran peligro, Lucas escribe:

«Y no apareciendo ni sol ni estrellas por muchos días, y acosados por una tempestad no pequeña, ya habíamos perdido toda esperanza de salvarnos» (27:20).

d. Repentinamente el valeroso apóstol de Dios se pone en pie en la cubierta y anuncia: «Habría sido por cierto conveniente, oh varones, haberme oído, y no zarpar de Creta tan sólo para recibir este perjuicio y pérdida. Pero ahora os exhorto a tener buen ánimo, pues no habrá ninguna pérdida de vida en vosotros, sino solamente de la nave. Porque esta noche ha estado conmigo el ángel del Dios de quien soy y a quien sirvo, diciendo: Pablo, no temas; es necesario que comparezcas ante César; y he aquí, Dios te ha concedido todos los que navegan contigo. Por tanto, oh varones, tened buen ánimo; porque yo confío en Dios que será así como se me ha dicho» (27:21-25).

e. Más tarde advierte a los marineros que deben quedar abordo (y no intentar escapar en el bote salvavidas), y anima a todos a comer, dando públicamente gracias por su pan. Pronto las 276 personas abordo empiezan a comer (27:36).

f. Al amanecer la nave encalla en un banco de arena y queda inmóvil. Julio niega a los soldados el permiso de matar a los prisioneros a menos que intenten escapar, y ordena que todos abandonen la nave y naden hasta la cercana isla de Malta, donde pronto todos se hallan a salvo en la playa (27:44).

g. La gente de Malta los trata con gran compasión y enciendan una hoguera en la playa para que se calienten.

h. A Pablo le muerde en la mano una serpiente venenosa que estaba escondida entre la leña que había ayudado a recoger para el fuego. Para sorpresa de todos no sufre malestar alguno (28:6). Este suceso fue un cumplimiento directo de la profecía de Cristo en Marcos 16:18 y Lucas 10:19.

i. Durante los tres meses que tienen que permanecer allí, Pablo sana a muchos enfermos, incluido el padre de Publio, el gobernador de la isla, que estaba enfermo con fiebre.

j. A principio de la primavera abordan otro barco y emprenden viaje para Roma. Pablo es recibido por algunos creyentes romanos en el Foro de Apio a 43 millas (68 km) de Roma y en Tres Tabernas a 35 millas (56 km) de la capital.

   Nota: La frase en 28:15 «salieron a recibirnos», es la misma expresión que encontramos en relación con el rapto de los creyentes que se usa en 1 Tesalonicenses 4:17, donde leemos «para recibir al Señor en el aire». Es el término usado generalmente por una delegación que ha salido a dar la bienvenida a un visitante oficial y a quien acompañan a la ciudad.

k. Pablo al fin llega a Roma y se le concede gran libertad, siendo vigilado solamente por un soldado.

l. Poco después de su llegada reúne a los líderes judíos locales y les explica quién es y por qué está en Roma apelando a César. Los judíos se interesan por escuchar el mensaje acerca de Cristo y como resultado unos lo aceptan y otros, por supuesto, no.

   Esta sería la última de las siete defensas de su ministerio que hizo el apóstol y que tenemos recogidas en el Nuevo Testamento. Las otras son:

   (1) Ante la multitud en Jerusalén (22:1-23).
   (2) Ante el tribuno (22:24-30).
   (3) Ante el sanedrín (23:1-10).
   (4) Ante Félix (24:10-23).
   (5) Ante Festo (25:8-12).
   (6) Ante Agripa (26:1-32).

m. Pablo cita Isaías 6:9, 10 para los judíos que no creen al evangelio, referencia que también fue usada dos veces por Jesús (Mt. 13:14, 15; Mr. 4:12; Lc. 8:10) y por Juan (Jn. 12: 40, 41). Pablo ya lo había usado en su epístola a los Romanos (Ro. 11:8).

n. Lucas termina su extraordinario relato de la siguiente manera:

   > «Y Pablo permaneció dos años enteros en una casa alquilada, y recibía a todos los que a él venían, predicando el reino de Dios y enseñando acerca del Señor Jesucristo, abiertamente y sin impedimentos» (Hch. 27:30, 31).

   Durante este tiempo Pablo escribe las cartas a los Efesios, Colosenses, Filemón y Filipenses.

   Nota: La mayoría de los estudiosos de la Biblia creen que el apóstol quedó en libertad en esta ocasión y viajó una vez más por distintos lugares predicando a Cristo, hasta su arresto final y martirio. Fue durante su segundo encarcelamiento en Roma que escribió 1 y 2 Timoteo y Tito.

GÁLATAS

INTRODUCCIÓN

1. Pablo escribió al menos trece epístolas del Nuevo Testamento. Por años se dio por sentado que 1 Tesalonicenses había sido su primera carta. Sin embargo, bastantes eruditos conservadores creen ahora que Gálatas fue su primera epístola.
2. Uno de los problemas en fechar el libro está relacionado con los destinatarios. ¿Escribió Pablo la carta a las iglesias en el norte de Galacia (donde el apóstol estuvo predicando durante su segundo y tercer viajes) o a las iglesias del sur en Galacia (donde estuvo ministrando durante su primer viaje)? Si aceptamos la teoría del sur, entonces Gálatas probablemente fue su primera carta.
3. Los gálatas eran un pueblo céltico intenso y emotivo. César dijo de ellos: «Son volubles en sus resoluciones, amantes del cambio y poco confiables.» Esto quedó demostrado durante la primera visita que Pablo les hizo, pues en la mañana querían adorarlo y en la tarde pensaban en matarlo (Hch. 14). Eran una rama de los galos, procedentes originalmente del norte del mar Báltico, que se habían separado de una corriente migratoria principal hacia Francia y habían terminado estableciéndose en Asia Menor durante el siglo III a.C.
4. La obra de Pablo en Galacia había resultado bastante exitosa. Muchas personas, la gran mayoría gentiles, habían aceptado a Cristo. Pero después que marchó de allí, los judaizantes de Jerusalén (un grupo de judíos que pervertían el evangelio), habían llegado a Galacia enseñando que los gentiles debían sujetarse a los requerimientos de la ley a fin de ser salvos. Los gálatas recibieron este mensaje con el mismo celo con el que habían aceptado el de Pablo, por lo que se produjo entre ellos una epidemia general de circuncisiones.
5. No solamente atacaron el mensaje de Pablo, sino también su apostolado.
6. La carta a los Gálatas pudo haber sido el único libro que Pablo escribió personalmente sin la ayuda de un amanuense (véase 6:11).
7. Es, con 2 Corintios, la más autobiográfica de las cartas de Pablo y la única de sus epístolas dirigidas a un grupo de iglesias locales.
8. La palabra clave es *libertad*, usada once veces en la carta. Aparece más veces que en todas las demás epístolas juntas.
9. Se ha dicho que el judaísmo fue la cuna del cristianismo y casi se convierte también en su sepultura. Pero Dios levantó a Pablo, como el Moisés de la iglesia cristiana, para liberar a los creyentes de la esclavitud.
10. Gálatas termina lo que Pablo empieza en 2 Corintios (en relación con su apostolado), y comienza lo que el apóstol termina en Romanos (concerniente a la justificación por la fe).
11. Podemos encontrar un notable paralelismo entre Gálatas y Romanos. Al menos diecinueve pasajes pueden ser comparados favorablemente. Gálatas es un boceto de lo que en Romanos aparece como un retrato acabado.
12. He aquí una sugerencia de la cronología de los hechos que encontramos en Gálatas:

a. Los sucesos de pentecostés, en el 29 d.C. (Hch. 2).
b. La conversión de Pablo, en el 31 d.C. (Hch. 9).
c. Su visita a Arabia, en el 31 d.C. (Gá. 1:17).
d. El regreso a Damasco, en el 33 d.C.
e. Su primera visita a Jerusalén como creyente en Cristo, en el 33 d.C. (Gá. 1:18; Hch. 9:26).
f. Su partida para Siria y Cilicia, en el 35 d.C. (Hch. 9:30; Gá. 1:21).
g. Su ministerio en Antioquía, en el 35 d.C. (Hch. 11:25, 26).
h. Su segundo viaje a Jerusalén, en el 46 d.C. (Hch. 11:29, 30; Gá. 2:1-10).
i. El primer viaje misionero desde Antioquía, en el 46 d.C. (Hch. 13).
j. El regreso a Antioquía, en el 49 d.C. (Gá. 2:11; Hch. 14:26).
k. La confrontación con Simón Pedro en Antioquía (Gá. 2:11-14).
l. Su epístola a los gálatas (intentando corregir su error mediante carta como antes lo había hecho de palabra con Pedro).
m. El concilio de Jerusalén, en el 49 d.C. (Hch. 15).

13. La naturaleza de la carta a los Gálatas. J. Vernon McGee escribe:
a. «Es un mensaje solemne, severo, firme (Gá. 1:6-9; 3:1-5). No es para corregir la conducta, como en el caso de la carta a los Corintios, pero es correctiva, pues los creyentes gálatas estaban en grave peligro. Debido a que estaban atacando los fundamentos, todo estaba amenazado.

La epístola no contiene ninguna palabra de elogio o agradecimiento; no hay petición de oración, ni se menciona su posición en Cristo; tampoco se menciona a ninguno de los que estaban con él (1:2). Comparar con las otras epístolas de Pablo.
b. El corazón de Pablo aparece totalmente al descubierto, y podemos percibir profundos sentimientos y fuertes emociones. Esta es su epístola de lucha, le vemos en plena acción de batalla. No muestra tolerancia por el legalismo. Alguien ha dicho que Romanos procede de la cabeza de Pablo, mientras que Gálatas brotó de su corazón. "Gálatas inicia en forma controversial lo que en Romanos aparece sistemáticamente."
c. Es la declaración de emancipación de toda clase de legalismo. Esta era la epístola favorita de Martín Lutero, y se transformó en el estandarte de la Reforma. Ha sido llamada la Carta Magna de la iglesia primitiva, el manifiesto de la libertad cristiana, la fortaleza inexpugnable, el Gibraltar verdadero contra todo ataque al corazón del cristianismo. "Lleva la victoria inmortal sobre su frente."
d. Es la más fuerte declaración y defensa de la doctrina de la justificación por la fe que encontramos en las Escrituras o fuera de ella. Es la polémica de Dios en nombre de la verdad más vital de la fe cristiana contra todo ataque.

No solamente el pecador es salvado por gracia mediante la fe, sino que el pecador salvado vive por gracia. La gracia no es sólo el camino a la vida sino también un estilo de vida.» (*Thru the Bible*, p. 108.)

I. La vindicación: su defensa (caps. 1—2). Pablo defiende su apostolado.

A. La tristeza de Pablo por las dificultades por las que están pasando (1:1-9).

«Estoy maravillado de que tan pronto os hayáis

GÁLATAS

BREVE RESEÑA DE PABLO EN RELACIÓN CON SUS VIAJES PASADOS (1:10)

La fuente de su salvación y llamamiento apostólico

«Pues yo ni lo recibí ni lo aprendí de hombre alguno, sino por revelación de Jesucristo» **(1:12)**.

La necesidad de su salvación y llamamiento apostólico (1:13-15)

(Véanse también HcH. 22:1-16; 26:1-20; 1 Ti. 1:12-16)

SU TERRIBLE VIDA ANTERIOR

«... perseguía sobremanera la iglesia de Dios, y la asolaba» **(1:13)**.

SU MARAVILLOSO SEÑOR

«Pero cuando agradó a Dios, que me apartó desde el vientre de mi madre, y me llamó por su gracia» **(1:15)**.

El propósito de su salvación y llamamiento apostólico

«Revelar a su Hijo en mí, para que yo le predicase entre los gentiles» **(1:16)**.

Los eventos que siguieron a su salvación y llamamiento apostólico (1:17—2:21)

- Se convierte en el camino a Damasco **(Hch. 9:1-22)**
- Pasa aproximadamente tres años en Arabia **(Gá. 1:17)**
- Regresa a Damasco **(Gá. 1:7; Hch. 9:23-25; 2 Co. 11:32, 33)**
- Visita Jerusalén por primera vez desde su conversión **(Gá. 1:18-20; Hch. 9:26-29)**
- Parte para Siria y Cilicia **(Hch. 9:30; 22:17-21; Gá. 1:21)**
- Ministra con Bernabé en Antioquía **(Hch. 11:25, 26)**
- Vuelve a Jerusalén otra vez **(Gá. 2:1-10; Hch. 11:29, 30)**
- Regresa a Antioquía con Bernabé y Juan Marcos **(Hch. 12:25)**
- Sale para su primer viaje misionero **(Hch. 13)**
- Regresa a Antioquía **(Hch. 14:26)**
- Confronta a Pedro en Antioquía. Razón: *el legalismo de Pedro estaba negando:*
  a. La unidad de la Iglesia **2:14**
  b. La justificación sólo por fe **2:15, 16**
  c. La liberación de la ley **2:17, 18**
  d. La suficiencia de Cristo y su presencia en el creyente **2:19, 20**
  e. La gracia de Dios **2:21**

«Con Cristo estoy juntamente crucificado, y ya no vivo yo, mas vive Cristo en mí» **(2:20)**.

alejado del que os llamó por la gracia de Cristo, para seguir un evangelio diferente» (1:6).

1. Este «evangelio» no era realmente un *allos* (término griego que significa «otro de la misma clase»), sino un *heteros* (palabra griega que significa «otro de otra clase diferente»).
2. Este «evangelio» no debía recibirse aunque les llegara por medio de un ángel o de Pablo mismo.
3. Este «evangelio» si era recibido y creído resultaría en juicio y condenación divinos sobre sus receptores (1:8). La palabra griega *anathema* que Pablo usa aquí significa «caiga bajo maldición de Dios». (Véanse también Hch. 23:14; 1 Co. 12:3; Ro. 9:3; 2 Ts. 1:9.)

B. Pablo da un resumen de sus viajes hasta la fecha (2:1-10). Ya hemos observado que los perturbadores judaizantes habían atacado la autoridad y validez del apostolado de Pablo. Aparentemente le acusaban de ser un hombre que buscaba agradar a las personas (posiblemente un retorcimiento de su testimonio en 1 Corintios 9:22), que estaba siendo manejado por los otros apóstoles, y que no era como parecía ser. Decían también que no era uno de los doce que estuvieron con Jesús, sino alguien que se había agregado después. Pablo refuta ahora estas acusaciones.

1. La fuente de su salvación y llamamiento apostólico.

   «Pues yo ni lo recibí ni lo aprendí de hombre alguno, sino por revelación de Jesucristo» (1:12).

   El Salvador también le reveló a Pablo los hechos relacionados con:
   a. La cena del Señor (1 Co. 11:23).
   b. La muerte y resurrección de Cristo (1 Co. 15:3, 4).
2. La necesidad de su salvación y llamamiento apostólico (1:13-15). Pablo nos da aquí su testimonio y nos habla de la clase de vida que vivió antes de su conversión. Al apóstol le encantaba relatar su testimonio. (Véanse Hch. 22:1-16; 26:1-20; 1 Ti. 1:12-16.)

   Pablo agrega también que su llamamiento al ministerio cristiano empezó en realidad antes de su nacimiento: «Pero cuando agradó a Dios, que me apartó desde el vientre de mi madre, y me llamó por su gracia» (1:15).

   Otros dos hombres experimentaron este llamamiento divino antes de su nacimiento:
   a. El profeta Jeremías (Jer. 1:4-10).
   b. Juan el Bautista (Lc. 1:15-17).
3. El propósito de su salvación y de su llamamiento apostólico (1:16): «Revelar a su Hijo en mí, para que yo le predicase entre los gentiles...» (1:16). De manera que Dios le reveló *a* Cristo a fin de que él pudiera ser revelado *por medio* de Pablo.
4. Los eventos que siguieron a su salvación y llamamiento apostólico (1:17—2:21):
   a. Se convirtió en el camino a Damasco (Hch. 9:1-22).
   b. Pasó aproximadamente tres años en Arabia (Gá. 1:17).
   c. Regresó a Damasco (Gá. 1:17; Hch. 9:23-25; 2 Co. 11:32, 33).
   d. Visita Jerusalén por primera vez desde su experiencia de salvación (Gá. 1:18-20; Hch. 9:26-29).

      En esta ocasión permanece sólo quince días en la ciudad y se entrevista con Pedro y con Santiago, el hermano del Señor.
   e. Sale para Siria y Cilicia (Hch. 9:30; Gá. 1:21; Hch. 22:17-21).
   f. Ministra con Bernabé en Antioquía (Hch. 11:25, 26).
   g. Vuelve a Jerusalén junto con Bernabé y Tito (Gá. 2:1-10; Hch. 11:29, 30). Han pasado ya catorce años desde su conversión. Fue en este tiempo cuando los judaizantes empezaron a ejercer presión sobre Pablo para que mezclara su diabólico legalismo con la pura gracia de Dios, pero en lo que a este asunto se refiere tropezaron con un muro de piedra. Santiago, Pedro y Juan exhortaron a Pablo a seguir predicando el evangelio de la gracia de Dios a los gentiles.
   h. Regresó a Antioquía junto con Bernabé y Juan Marcos (Hch. 12:25).
   i. Sale desde Antioquía para su primer viaje misionero en compañía de Bernabé y Juan Marcos (Hch. 13).
   j. Regresa a Antioquía (Hch. 14:26).
   k. Se enfrenta a Simón Pedro en Antioquía (Gá. 2:11-14). Es difícil saber exactamente cuándo tuvo lugar esta confrontación. Algunos creen que tuvo que suceder más tarde, después del Concilio de Jerusalén. En cualquier caso, Pedro había permitido que la presión de los judaizantes, que siempre andaban cerca, le llevara a alejarse de los gentiles cuando llegaron ciertos judíos influyentes de Jerusalén. Pablo se lo recriminó severamente en público. Al hacer aquello Pedro estaba negando cinco doctrinas principales:
      (1) La unidad de la Iglesia (2:14).
      (2) La justificación sólo por la fe (2:15, 16).
      (3) La liberación de la ley (2:17, 18).
      (4) La suficiencia de Cristo y su presencia en el creyente (2:19, 20).
      (5) La gracia de Dios (2:21).

      No conocemos la reacción inmediata de Pedro a la reprensión de Pablo. Evidente se arrepintió y no le guardó mala voluntad por ello (véase 2 P. 3:15). En 2:20 Pablo nos deja una de las grandes declaraciones de la Biblia:

      «Con Cristo estoy juntamente crucificado, y ya no vivo yo, mas vive Cristo en mí; y lo que ahora vivo en la carne, lo vivo en la fe del Hijo de Dios, el cual me amó y se entregó a sí mismo por mí.»

II. La denuncia: un desastre (caps. 3—4). Pablo advierte a los gálatas acerca de la esclavitud de las obras. Usa aquí tres fuertes ilustraciones para convencerles de la gran diferencia entre el legalismo y la libertad.

A. Una ilustración personal. Un ejemplo basado en su experiencia personal (3:1-5). Pablo les dice aquí que tiene dos preguntas que hacerles:

1. Primeramente, ¿cómo recibieron la nueva naturaleza?

   «Esto sólo quiero saber de vosotros: ¿Recibisteis el Espíritu por las obras de la ley, o por el oír de la fe?» (3:2).
2. ¿Podemos añadir algo a la nueva naturaleza?

«¿Tan necios sois? ¿Habiendo comenzado por el Espíritu, ahora vais a acabar por la carne?» (3:3).

Warren Wiersbe escribe:

«La ilustración del nacimiento humano es apropiada para explicar esto. Se necesitan dos padres humanos para que un niño sea concebido y nazca, y se requieren dos padres *espirituales* para que uno nazca dentro de la familia de Dios: el Espíritu de Dios y la Palabra de Dios (Juan 3:1-8; 1 Pedro 1:22-25). Cuando un niño normal nace, tiene todo lo que necesita para vivir; no necesita que nada se le añada. Sería extraño que los padres tuvieran que llevar al niño de un mes al doctor para que recibiera los oídos, y a los dos meses los dedos.» (*Usted puede ser libre*, Editorial Bautista Independiente, p. 54.)

B. Una ilustración legal. Serie de ejemplos tomados de la ley mosaica (3:6—4:20).

1. Abraham y la ley.

a. Abraham fue tenido por justo mediante la fe en Dios mucho antes de que la ley fuera dada (3:6, 17).

b. Dios dijo a Abraham (Gn. 12:3) que los gentiles también serían justificados por la fe (3:8, 9).

c. Dios no solamente perdona a los pecadores por la fe, sino que también los preserva mediante ella: «El justo por la fe vivirá» (3:11). Esta importantísima declaración está tomada del libro de Habacuc en el Antiguo Testamento (2:4) y aparece tres veces en el Nuevo Testamento (Ro. 1:17 y He. 10:38).

2. Los pecadores y la ley.

«Porque todos los que dependen de las obras de la ley están bajo maldición, pues escrito está: Maldito todo aquel que no permaneciere en todas las cosas escritas en el libro de la ley, para hacerlas» (3:10; véase Dt. 27:26).

El autor del libro de Santiago en el Nuevo Testamento había ya escrito: «Porque cualquiera que guardare toda la ley, pero ofendiere en un punto, se hace culpable de todos» (Stg. 2:10). De manera que la ley del Antiguo Testamento puede compararse a una larga cadena; para romper dicha cadena la persona sólo necesita partir un eslabón y toda ella queda rota.

3. Israel y la ley.

a. Le fue entregada a Israel 430 años después de haberse dado la promesa (de la justificación por la fe). Warren Wiersbe escribe:

«Calcular los 430 años mencionados en el versículo 17 ha sido un problema para los estudiosos de la Biblia. Desde el llamamiento de Abraham (Génesis 12) hasta la llegada de Jacob a Egipto (Génesis 46) son 215 años. (Esto se puede computar de la manera siguiente: Abraham tenía 75 años cuando Dios lo llamó y 100 cuando Isaac nació (Génesis 12:4; 21:5). Esto nos da 25 años. Isaac tenía 60 años cuando Jacob nació (Génesis 25:26); y Jacob tenía 130 años cuando llegó a Egipto (Génesis 47:9). Así que, 25 + 60 +130 = 215 años). Pero Moisés nos dice que Israel vivió en Egipto 430 años (Éxodo 12:40); así que, el número total de años desde el llamamiento de Abraham hasta la entrega de la ley es 645 años, no 430. El período de estadía en Egipto, según Génesis 15:13 y Hechos 7:6, fue de 400 años, en números redondos.

Se han presentado varias soluciones para descifrar este enigma, pero tal vez la que más satisface sea ésta: Pablo cuenta desde el tiempo en que Jacob entró en Egipto, cuando Dios se le apreció y le *reafirmó* el pacto (Génesis 46:1-4). Los 430 años abarcan de la confirmación de la promesa a Jacob hasta la entrega de la ley en el Sinaí.» (*Usted puede ser libre*, Editorial Bautista Independiente, pp. 64-65.)

b. Fue un añadido para poner de manifiesto la desobediencia humana. «... Fue añadida a causa de las transgresiones...» (3:19).

c. «... fue ordenada por medio de ángeles en mano de un mediador» (3:19). Veamos los siguientes versículos que dan testimonio del hecho de la actividad de los ángeles en el Sinaí en la entrega de la ley.

«Jehová vino de Sinaí ... y vino de entre diez millares de santos, con la ley de fuego a su mano derecha» (Dt. 33:2).

«Los carros de Dios se cuentan por veintenas de millares de millares; el Señor viene del Sinaí a su santuario» (Sal. 68:17).

«Vosotros que recibisteis la ley por disposición de ángeles, y no la guardasteis» (Hch. 7:53).

«Porque si la palabra dicha por medio de los ángeles fue firme...» (He. 2:2).

d. Sirvió como el «ayo» (maestro o tutor y disciplinador) (de la palabra griega *paidagogos*): «De manera que la ley ha sido nuestro ayo, para llevarnos a Cristo...» (3:24). J. Vernon McGee escribe:

«La palabra clave aquí es ayo, y tiene poco que ver con un maestro de escuela en el contexto de hoy día. El término designaba a un esclavo o siervo que en el hogar romano estaba a cargo de los niños de la familia. Era el que los alimentaba, vestía, bañaba, limpiaba la nariz y enseñaba a andar. Cuando el pequeño llegaba a la edad de ir a la escuela, le tomaba de la mano y le llevaba. De esta función surgió el nombre de *paidagogos* (el que dirige al niño). La ley tomó a la humanidad de la mano, la llevó a la cruz de Cristo y le dijo: "Necesitas a Cristo." La ley nos lleva a Cristo. Estamos, pues, ahora bajo Cristo y no bajo la ley.» (*Thru the Bible*, p. 110.)

4. Cristo y la ley.

a. El nos ha liberado de su maldición. «Cristo nos redimió de la maldición de la ley, hecho por nosotros maldición (porque está escrito: Maldito todo el que es colgado en un madero)» (3:13; véase Dt. 21:23). Citamos de nuevo al doctor J. Vernon McGee:

«Esta era una ley extraña dado que el método de pena capital que se aplicaba bajo la ley era la lapidación. Pero si el delito había sido muy grave y horrible, el cadáver del criminal se colgaba para mostrar la seriedad del delito.» (*Ibid.*, p. 110.)

b. Cristo hizo todo esto por medio de un cuerpo humano en el tiempo establecido por Dios.

«Pero cuando vino el cumplimiento del tiempo, Dios envió a su Hijo, nacido de mujer y nacido bajo la ley, para que redimiese a los que estaban bajo la ley, a fin de que recibiésemos la adopción de hijos» (4:4, 5).

c. Unió a todos los pecadores arrepentidos al integrarlos en su propio cuerpo por medio del bautismo del Espíritu.

«Pues todos sois hijos de Dios por la fe en Cristo Jesús; porque todos los que habéis sido bautizados en Cristo, de Cristo estáis revestidos. Ya no hay judío ni griego; no hay esclavo ni libre; no hay varón ni mujer; porque todos vosotros sois uno en Cristo Jesús. Y si vosotros sois de Cristo, ciertamente linaje de Abraham sois, y herederos según la promesa» (3:26-29).

Había tres grandes divisiones en el mundo romano:

(1) Racial y religiosa: judíos y griegos.
(2) Social: esclavos y libres.
(3) El mundo del hombre y el de la mujer.

Pero en Cristo no hay distinción *espiritual* de ningún tipo.

d. Esto garantiza nuestra plena adopción como hijos de Dios.

«Pero también digo: Entre tanto que el heredero es niño, en nada difiere del esclavo, aunque es señor de todo; sino que está bajo tutores y curadores hasta el tiempo señalado por el padre. Así también nosotros, cuando éramos niños, estábamos en esclavitud bajo los rudimentos del mundo. Pero cuando vino el cumplimiento del tiempo, Dios envió a su Hijo, nacido de mujer y nacido bajo la ley, para que redimiese a los que estaban bajo la ley, a fin de que recibiésemos la adopción de hijos. Y por cuanto sois hijos, Dios envió a nuestros corazones el Espíritu de su Hijo, el cual clama: ¡Abba, Padre! Así que ya no eres esclavo, sino hijo; y si hijo, también heredero de Dios por medio de Cristo» (4:1-7).

Pablo aquí, por supuesto, no está diciendo que la ley nos hace niños de Dios, mientras que Cristo nos hace hijos de Dios. Pero sí está contrastando las diferencias entre un niño y un hijo bajo el sistema legal romano de aquellos días.

(1) La *niñez* habla de mi condición en la familia de Dios, mientras que la *adopción* se refiere a mi posición.
(2) Mediante la *regeneración* entramos en la familia, pero mediante la *adopción* gozamos de la familia.
(3) Las circunstancias que llevan a la *niñez* son privadas, mientras que aquellas que tienen que ver con la *adopción* son públicas.
(4) Un *niño* está bajo tutela, mientras que un *adulto adoptado* goza de plena libertad.

e. Pablo también contrasta las diferencias entre un hijo y un siervo (4:7).

(1) Un *siervo* retiene su vieja naturaleza, pero un *hijo* goza la de su padre.
(2) Un *siervo* tiene un dueño, mientras que un *hijo* tiene un padre.
(3) Un *siervo* obedece a causa de la ley y el temor, pero un *hijo* lo hace en base de la libertad y el amor.
(4) A un *siervo* no se le promete herencia, pero un *hijo* espera heredar legalmente todas las cosas.

5. La promesa y la ley.
   a. La ley no puede cambiar la promesa (3:15-18).
   b. La ley no es mayor que la promesa (3:19, 20).
   c. La ley no es contraria a la promesa (3:21-26).
   d. La ley no puede hacer lo que la promesa hace (3:27-29).
6. Los gálatas y la ley (4:8-20). El apóstol Pablo vuelve ahora a sus lectores. Quiere saber:
   a. ¿Por qué desean volver a ponerse las cadenas de la servidumbre después de haber sido liberados de la esclavitud espiritual (4:9, 10)? Esto es lo que exactamente estaban haciendo al observar los *días* (sábados y festividades religiosas judías), *meses* (celebración de la luna nueva que empezaba cada mes del calendario lunar judío), *tiempos* (temporadas de festividades de una semana como la fiesta de los tabernáculos, los panes sin levadura, etc.), y *años* (como los años sabáticos y del jubileo).
   b. ¿Dónde había quedado aquel espíritu feliz que hubo una vez entre el apóstol y los gálatas (4:11-15)? Les recuerda el afecto que sintieron una vez por él, que les hacía desear (si fuera posible) sacarse sus propios ojos para dárselos a él. Algunos conectan esta declaración en 4:15 con la que aparece en 2 Corintios 12:7 relacionada con el aguijón que Pablo tenía en su carne.
   c. ¿Por qué se habían alejado de él, que era su verdadero padre espiritual, para verle como un enemigo y unirse a los falsos maestros (4:16-20)? Quizá en ningún otro versículo expresa el apóstol más intensamente su agonía y aspiración por todos sus convertidos como lo hace en 4:19: «Hijitos míos, por quienes vuelvo a sufrir dolores de parto, hasta que Cristo sea formado en vosotros.»
   d. La ilustración alegórica que nos da el ejemplo de Agar y Sara (4:21-31). Debemos dejar bien claro que Pablo no está ne-

UNA ILUSTRACIÓN LEGAL

Abraham y la ley

- Abraham fue justificado por la fe en Dios **(3:16, 17)**
- Los gentiles serán también justificados por la fe **(3:8, 9)**
- Dios perdona y preserva a los pecadores mediante la fe

«El justo por la fe vivirá» **(3:11)**

Los pecadores y la ley

Porque todos los que dependen de las obras de la ley están bajo maldición **(3:10)**

Israel y la ley

- Le fue dada a Israel 430 años después de la promesa
- Fue añadida a causa de las transgresiones **(3:19)**
- «Fue ordenada por medio de ángeles en mano de un mediador» **(3:19)**
- Actuó como el «ayo» de Israel **(3:24)**

Cristo y la ley

- Nos redimió de la maldición de la ley **(3:13; véase Dt. 21:23)**
- Lo hizo por medio de un cuerpo humano en el tiempo establecido por Dios **(4:4, 5)**
- Unió a todos los pecadores arrepentidos mediante el bautismo en el Espíritu **(3:26-29)**
- Garantiza nuestra plena adopción como hijos de Dios **(4:1-7)**

La promesa y la ley

- La ley no puede cambiar la promesa **(3:15-18)**
- La ley no es mayor que la promesa **(3:19, 20)**
- La ley no es contraria a la promesa **(3:21-26)**
- La ley no puede hacer lo que la promesa puede hacer **(3:27, 29)**

Los gálatas y la ley

- ¿Por qué quieren ahora volver a sujetarse a las cadenas de esclavitud? **(4:9, 10)**
- ¿Dónde había quedado el espíritu feliz del que una vez gozaron? **(4:11-15)**
- ¿Por qué habían dejado a Pablo y se habían vuelto a los falsos maestros? **(4:16-20)**
- Una ilustración alegórica: el ejemplo de Agar y Sara **(4:21-31)**

gando la existencia histórica de estas mujeres en Génesis, ni tampoco intentado enseñar un «significado espiritual» más profundo y anteriormente escondido. Solamente está *usando* unos eventos del Antiguo Testamento para alegorizar un argumento.

(1) Los hechos de la alegoría de Pablo: Abraham tuvo dos hijos y dos esposas. Uno de los hijos (Ismael) era un hijo natural tenido con Agar, la esposa-esclava. El otro (Isaac) nació de manera sobrenatural de Sara, su esposa libre y legítima. Isaac es ridiculizado por Ismael en la ceremonia del destete. Por eso Dios le ordena a Abraham que despida tanto a Agar como a Ismael.

(2) Las aplicaciones de la alegoría de Pablo:

(a) Agar representa la ley, mientras que Sara habla de la gracia.

(b) Ismael representa la carne y a aquellos que intentan guardar la ley, y así permanecen como hijos esclavos.

(c) Isaac nos habla del espíritu y de aquellos que se vuelven a Jesús, y en consecuencia llegan a ser hijos libres.

(d) Agar representa al monte Sinaí y a la Jerusalén terrenal, que es el cuartel general del legalismo.

(e) Sara representa al monte de Sion (inferido) y a la Jerusalén celestial, el cuartel general de la libertad.

(f) Para el creyente, mezclar la ley y la gracia va a significar ser ridiculizado y perseguido como le sucedió a Isaac con Ismael.

III. La exhortación: un deseo (caps. 5, 6). Pablo les encomienda a la libertad en Cristo.

A. La libertad cristiana y el legalismo judío (5:1-12). ¿Qué significa rechazar esta gloriosa libertad en Cristo?

1. Significa cambiar el bendito yugo de Cristo por la pesada carga de la ley (5:1). Notemos el contraste entre estos dos yugos.

a. El yugo de Cristo:

«Venid a mí todos los que estáis trabajados y cargados, y yo os haré descansar. Llevad mi yugo sobre vosotros, y aprended de mí, que soy manso y humilde de corazón; y hallaréis descanso para vuestras almas; porque mi yugo es fácil, y ligera mi carga» (Mt. 11:28-30).

b. El yugo de la ley:

«Ahora, pues, ¿por qué tentáis a Dios, poniendo sobre la cerviz de los discípulos un yugo que ni nuestros padres ni nosotros hemos podido llevar?» (Hch. 15:10).

2. Significa hacerse deudor de toda la ley mosaica (3:3; véase también Dt. 27:26). Warren Wiersbe escribe al respecto:

«Imagínese a un automovilista conduciendo en una calle de la ciudad y, ya sea deliberada o inconscientemente, pasándose una luz roja. Un policía lo detiene y le pide su licencia de conducir. Inmediatamente el conductor empieza a defenderse. "Oficial, sé que me pasé la luz roja, pero nunca he robado a nadie; ni he cometido adulterio; y nunca he mentido en mi declaración de impuestos."

El policía sonríe al llenar la boleta de infracción, pues sabe que *ninguna cantidad de obediencia puede pagar por un acto de desobediencia.* La misma ley que protege al obediente, castiga al ofensor. Cuando uno se jacta de guardar una parte de la ley mientras que quebranta otra, en efecto, confiesa que merece el castigo.» (*Usted puede ser libre,* Editorial Bautista Independiente, p. 105.)

3. Significa caer de la gracia (5:4). Esto no quiere decir, por supuesto, que han perdido su salvación, porque Pablo en la epístola se refiere a los gálatas como:

a. Hermanos (nueve veces; véanse 1:2, 11; 3:15; 4:12, 31; 5:11, 13; 6:1, 18).
b. Hijos de Dios (3:26; 4:6).
c. Herederos de la promesa (3:29).

La palabra griega de la que aquí traducimos «caído» es *ekipto*, y la encontramos en Hch. 27:17, 26, 29, 32, refiriéndose a un barco que está fuera de control. Este es el significado aquí en Gálatas. Ponerse otra vez bajo la ley significa negar el dulce y seguro control de la gracia de Dios. Pablo ha declarado ya que es trágicamente posible frustrar (literalmente, anular, o dejar sin efecto) la gracia de Dios (véase Gá. 2:21).

4. Significa perder nuestra dirección en la carrera cristiana (5:7; véase también He. 12:1, 2). Quiere decir, en resumen, que quedamos reducidos a ser deudores, esclavos y corredores desorientados. Warren Wiersbe escribe acerca de esto:

«El creyente que vive bajo la gracia de Dios es libre, rico y corre en la línea que lo lleva a la recompensa. El creyente que deja la gracia por la ley es un esclavo, un deudor y un corredor que ha perdido el rumbo. En otras palabras, es un perdedor. Y la única manera de llegar a ser un ganador es rendirse al Espíritu Santo y *limpiarse de la levadura*, la doctrina falsa que mezcla a la ley y a la gracia.» (*Usted puede ser libre*, Editorial Bautista Independiente, p. 110.)

B. La libertad cristiana y la licencia de los libertinos (5:13).

«Porque vosotros, hermanos, a libertad fuisteis llamados; solamente que no uséis la libertad como ocasión para la carne, sino servíos por amor los unos a los otros.»

Pablo advierte ahora acerca de los peligros de lo opuesto al legalismo, que es el libertinaje.

C. La libertad cristiana y las obras de la carne (5:15-21). En Romanos 7 (al igual que en Gá. 5) Pablo relaciona los mandamientos de Dios con la corrupción de la carne. Lo hace señalando lo siguiente:

La ley en sí es buena (Ro. 7:7). El problema viene cuando el pecado usa la ley para que la persona se sienta culpable despertando en ella toda clase de deseos malos y prohibidos (Ro. 7:8).

Concluye diciendo:

«Y yo sin la ley vivía en un tiempo; pero venido el mandamiento, el pecado revivió y yo morí. Y hallé que el mismo mandamiento que era para vida, a mí me resultó para muerte» (Ro. 7:9, 10).

Seguidamente relaciona en Gálatas 5 diecisiete obras de la carne, que resultan de un uso indebido de la ley, y son:

1. Adulterio (pecados sexuales entre personas casadas).
2. Fornicación (pecados sexuales entre personas no casadas).
3. Inmundicia (impureza).
4. Lascivia (sensualidad).
5. Idolatría (adoración de ídolos).
6. Hechicerías (la palabra griega es *pharmakeia*, que puede referirse a hechizos y/o drogas).
7. Enemistades (odios).
8. Pleitos (en griego es *eris*, y se refiere a desavenencias, disensiones).
9. Celos (rivalidad, envidias).
10. Iras (cólera, rabia).
11. Contiendas (rivalidad, disputas).
12. Disensiones (divisiones).
13. Herejías (sectas).
14. Envidias (codicias, ambiciones).
15. Homicidios (quitar la vida ilegalmente a alguien).
16. Borracheras (quedar inutilizado por el alcohol).
17. Orgías (desenfreno).

D. Esta libertad y el fruto del Espíritu (5:22, 23). Warren Wiersbe escribe:

«El contraste entre *obras* y *fruto* es importante. El fruto debe salir de la vida, y en el caso del creyente, es la vida del Espíritu (Gá. 5:25). Cuando hablamos de *obras* pensamos en esfuerzo, labor, agotamiento y fatiga; pero cuando hablamos de *fruto* pensamos en belleza, silencio, y la vida que se desarrolla. La carne produce "*obras muertas*" (Hebreos 9:14), pero el Espíritu produce fruto viviente. Y este fruto contiene la semilla que producirá más fruto (Génesis 1:11). El amor genera más amor, y el gozo produce más gozo, y Cristo desea que llevemos "*fruto...más fruto...mucho fruto*" (Juan 15:2, 5, 8), porque así glorificamos a Dios. La vieja naturaleza no puede producir fruto; sólo la nueva lo puede hacer.

El Nuevo Testamento habla de varias clases de *fruto*: almas ganadas para Cristo (Romanos 1:13); una vida santa (Romanos 15:26-28), buenas obras (Col. 1:10), y alabanza (Hebreos 13:15). El "*fruto del Espíritu*" mencionado en nuestro pasaje tiene que ver con el *carácter* (Gálatas 5:22-23).» (*Usted puede ser libre*, Editorial Bautista Independiente, pp. 120-121.)

Notemos ahora los diferentes aspectos de este fruto producido por el Espíritu:

1. Amor (interés divino por otros).
2. Gozo (paz y suficiencia internas).
3. Paz (confianza y quietud del alma).
4. Paciencia (persistencia que no abandona).
5. Benignidad (amabilidad).
6. Bondad (el amor en acción).
7. Fe (fidelidad, que se puede confiar en uno).
8. Mansedumbre (fortaleza bajo control).
9. Templanza (dominio propio).

E. La libertad cristiana y el deber del creyente. El creyente ha de:

1. Amar a su prójimo como así mismo (5:14, 15).
2. Ser dirigido por el Espíritu (5:18, 25).
3. Considerarse a sí mismo crucificado con Cristo (5:24). Los legalistas, por supuesto, no harían esto. Ellos enfatizaban la circuncisión *no* la crucifixión.
4. Evitar la vanagloria y la envidia (5:26).
5. Restaurar con mansedumbre y oración al caído (6:1).
6. Sobrellevar las cargas de los demás (6:2).
7. Los legalistas harían lo opuesto: *añadir* más carga a los demás (Hch. 15:10; Mt. 23:4).
8. Evitar autoengañarse (6:13).
9. Llevar su propia carga (6:5).
10. Probarse a sí mismo (6:4).
11. Compartir (económicamente) con sus líderes espirituales (6:6).
12. Cultivar hábitos de vida apropiados (6:8).
13. No cansarse de hacer el bien (6:9).
14. Hacer el bien a todos (6:10).

LA LIBERTAD Y LAS MARCAS DE PABLO

LLEVAR FRUTO
«Mas el fruto del Espíritu es amor, gozo, paz, paciencia...» **(Gá. 5:22, 23).**

LLEVAR CARGAS
«Sobrellevad los unos las cargas de los otros, y cumplid así la ley de Cristo» **(Gá. 6:2).**

LLEVAR LA SIMIENTE
«... pues todo lo que el hombre sembrare...» (Gá. 6:7).
«No nos cansemos, pues, de hacer bien; porque a su tiempo segaremos...» (Gá. 6:9).

LLEVAR LAS MARCAS
«Traigo en mi cuerpo las marcas [el sello] del Señor Jesús» **(Gá. 6:17).**

F. La libertad cristiana y las marcas de Pablo (6:11-18). «De aquí en adelante nadie me cause molestias; porque yo traigo en mi cuerpo las marcas del Señor Jesús» (6:17).

J. Sidlow Baxter escribe:

«La epístola a los gálatas fue escrita a grupos de creyentes esparcidos en un área rural, en la que la mayoría eran obreros del campo de una clase u otra. A fin de comunicarse con la mentalidad y circunstancias de los gálatas, Pablo usa un lenguaje y unas metáforas que son especialmente apropiadas para ellos. Había cuatro cosas con las que ellos estaban especialmente familiarizados: llevar fruto, llevar las cargas, llevar las semillas, llevar las marcas (porque a causa de que muchos de los obreros del campo eran esclavos, llevaban la marca de sus propietarios). Veamos cómo lo usa Pablo al explicar la verdadera libertad en el Espíritu:

1. Llevar fruto: "Mas el fruto del Espíritu es amor, gozo, paz, paciencia, ..." (5:22, 23).
2. Llevar cargas: "Sobrellevad los unos las cargas de los otros, y cumplid así la ley de Cristo" (6:2).
3. Llevar la simiente: "... pues todo lo que el hombre sembrare..." (6:7). "No nos cansemos, pues, de hacer bien; porque a su tiempo segaremos..." (6:9).
4. Llevar marcas: "... traigo en mi cuerpo las marcas [o sello] del Señor Jesús" (6:17).

Había cinco clases de personas que llevaban marcas: los *esclavos* (como señal de propiedad), los *soldados* (como señal de lealtad), los *devotos* (como señal de consagración), los *criminales* (como señal de reconocimiento), y los *despreciados* (como señal de vituperio). Las marcas del Señor Jesús en el cuerpo de Pablo incluían todas estas en una.» (*Explore the Book*, tomo 6, pp. 153, 154, 158. Véase 2 Co. 11:23-28 para un testimonio de algunas de estas marcas.)

1 TESALONICENSES

INTRODUCCIÓN

1. La iglesia en Tesalónica fue fundada por Pablo durante su segundo viaje misionero (Hch. 17:1-10). De las muchas iglesias establecidas por el apóstol, sólo unas pocas (exactamente seis) recibirían una epístola neotestamentaria de parte de Pablo. De esas seis, solamente la iglesia de Corinto y la de Tesalónica recibirían la bendición de dos cartas inspiradas.
2. Pablo pasa al menos tres semanas en Tesalónica en casa de un tal Jasón (posiblemente un familiar, véase Ro. 16:21) organizando la iglesia, trabajando mientras tanto en su oficio de hacer tiendas a fin de no ser una carga para los creyentes. (Véanse 1 Ts. 2:9; 2 Ts. 3:7-12.)
3. La visita dura poco porque algunos judíos que no creen al evangelio se oponen. De manera que Pablo, Timoteo y Silas tienen que salir de la ciudad para Berea al amparo de la noche.
4. También tiene que salir pronto de Berea a causa de los mismos judíos y encaminarse hacía Atenas. Timoteo y Silas se quedan en Berea.
5. Mientras estaba en Atenas envía un recado a Timoteo encargando a su joven colaborador que vaya a fortalecer la obra en Tesalónica, lo que Timoteo cumple inmediatamente (1 Ts. 3:1, 2).
6. Desde Atenas Pablo sale para Corinto y allí se le unen más tarde Silas y Timoteo. Timoteo le da buenas noticias acerca de la obra en Tesalónica. Esto le produce a Pablo mucho gozo y escribe en este tiempo 1 y 2 a los Tesalonicenses desde Corinto.
7. La primera carta fue escrita para exhortar, establecer, instruir e inspirar. La iglesia estaba aparentemente compuesta de muchos gentiles (Hch. 17:4).
8. Henrietta Mears escribe:

   «El éxito de Pablo en Tesalónica no es la experiencia general que han tenido los misioneros en los países paganos. Carey en la India, Judson en Birmania, Morrison en la China, Moffat en el Africa tuvieron que esperar todos siete años para que se convirtiera la primera persona. Pro en este caso el Espíritu Santo le permitió a Pablo hacer una cosecha rápida.» (*Lo que nos dice la Biblia*, Editorial Vida, pp. 497, 498.)

I. La reputación de la iglesia (cap. 1).

A. Era una iglesia activa (1:1-3).

«Acordándonos sin cesar ... de la obra de vuestra fe, del trabajo de vuestro amor y de vuestra constancia en la esperanza...» (1:3).

B. Era una iglesia elegida (1:4, 5).

«Porque conocemos, hermanos amados de Dios, vuestra elección» (1:4).

La elección era tanto individual como corporativa. Alcanzaba tanto al cristiano como a la congregación. La última es la que vemos aquí. A C.H. Spurgeon le preguntaron una vez cómo reconciliaba él la elección de Dios con la libertad de escoger del hombre, a lo que respondió: «¡Nunca tengo que reconciliar a los amigos!»

Estas dos grandes verdades teológicas están presentes en la Biblia. No son contradictorias sino complementarias. Toda la Trinidad está directamente involucrada en esta elección.

1. En relación con el Padre: fuimos salvados desde antes de la fundación del mundo (Ef. 1:4; 2 Ti. 1:9).
2. En relación con el Hijo: Fuimos salvados en la cruz (Gá. 2:20).
3. En relación con el Espíritu Santo: Fuimos salvados en el momento de nuestra decisión de aceptar a Cristo (1 Co. 12:13; Tit. 3:5).

C. Era una iglesia ejemplar (1:7).

«De tal manera que habéis sido ejemplo a todos los de Macedonia y de Acaya que han creído.»

D. Era una iglesia entusiasta (1:8).

«Porque partiendo de vosotros ha sido divulgada la palabra del Señor, no sólo en Macedonia y Acaya, sino también en todo lugar vuestra fe se ha extendido....»

El doctor Charles Ryrie comenta:

«La palabra que se traduce «divulgada» es muy pintoresca. Las letras griegas simplemente cambiaron caracteres españoles para escribir nuestra palabra *eco.* Así la descripción es que el mensaje del evangelio estaba conmoviendo de tal forma las cuerdas de los corazones de los tesalonicenses que resonó en tonos alegres y claros en toda Grecia y en todo lugar.» (*1 y 2 Tesalonicenses,* Editorial Portavoz, p. 23.)

Es decir, que mientras que esperaban que sonara la trompeta *de* Cristo, los tesalonicenses hicieron sonar su trompeta *por* Cristo a pleno pulmón (véase 1 Ts. 4:16; véase también Ro. 1:8).

E. Era una iglesia expectante (1:9, 10).

«... cómo os convertisteis de los ídolos a Dios, para servir al Dios vivo y verdadero, y esperar de los cielos a su Hijo, al cual resucitó de los muertos, a Jesús, quien nos libra de la ira venidera.»

Notemos los tres tiempos del verbo en estos versículos:

1. Tiempo pasado: «os convertisteis».
2. Tiempo presente: «para servir al Dios vivo y verdadero».
3. Tiempo futuro: «esperar de los cielos a su Hijo».

Todo esto puede quedar bellamente enlazado con la declaración acerca de ellos en 1:3, donde habla de «la obra de vuestra fe, del trabajo de vuestro amor y de vuestra constancia en la esperanza». De forma que vemos:

4. En el pasado, volverse y mirar al Padre. Esta fue su obra de fe (véanse Jn. 6:28, 29; Hch. 20:21).
5. En el presente, servir, mirar hacia los campos. Este fue su trabajo de amor (véanse Jn. 4:35; 1 Co. 15:58; He. 6:10).
6. En el futuro, mirando, esperando al Hijo. Esta fue su constancia en la esperanza (véase 2 Ti. 4:8).

El doctor John Walwoord escribe:

«Pablo fue informado de cómo Dios había obrado en los tesalonicenses, lo que había resultado en que se volvieran a Dios de los ídolos para servir al Dios vivo y verdadero. Esta es una expresión muy precisa y debe ser bien entendida. No dice que se volvieran *de* los ídolos *a* Dios, sino más bien, que se volvieron *a* Dios de los ídolos para servir al único Dios vivo y verdadero. No se produjo una reforma primero y la fe en Cristo después, sino que la fe en Cristo sucedió primero y como resultado abandonaron los ídolos. El tiempo del verbo «convertisteis» en el griego del Nuevo Testamento es el aoristo, lo que significa que se volvieron de una vez y para siempre. Fue un acto único y definitivo.» (*The Thessalonian Epistle*, p. 17.)

II. Repaso de la historia de la iglesia (caps. 2—3). En estos capítulos Pablo recuerda a sus lectores aquellas circunstancias que se dieron en la fundación de la iglesia en Tesalónica, según aparece en Hechos 17.

A. Las actividades del pastor en Tesalónica: lo que Pablo dice acerca de sí mismo (2:1-12, 17, 19, 20; 3:1-5, 7-13).

B. Las actividades de las ovejas en Tesalónica: lo que el apóstol dice acerca de sus convertidos (2:13, 14; 3:6)

C. Las actividades de la serpiente en Tesalónica: lo que Pablo dice acerca de sus enemigos los judaizantes de Tesalónica (2:14-16, 18).

Examinémoslo ahora en detalle:

A. las actividades del pastor en Tesalónica (2:1-12, 17, 19, 20; 3:1-5, 7-13). Pablo nos ofrece en estos versículos una descripción múltiple de sí mismo y de su ministerio.

1. El viajero esforzado (2:1, 2).

«Pues habiendo antes padecido y sido ultrajados en Filipos, como sabéis, tuvimos denuedo en nuestro Dios para anunciaros el evangelio de Dios en medio de gran oposición» (2:2).

El término griego del que traducimos «oposición» es *agonia*, del que procede también nuestra palabra *agonía.*

2. El mayordomo fiel (2:3-6).

«Porque nuestra exhortación no procedió de error ni de impureza, ni fue por engaño» (2:3).

«Porque nunca usamos de palabras lisonjeras....» (2:5).

«Ni buscamos gloria de los hombres....» (2:6).

El apóstol declara aquí que su mensaje, motivación y método fueron todos aprobados por Dios.

3. La madre tierna (2:7, 8).

«Antes fuimos tiernos entre vosotros,

1 TESALONICENSES

La REPUTACIÓN de la iglesia

Activa 1:1-3
Elegida 1:4, 5
Ejemplar 1:6, 7
Entusiasta 1:8
Expectante 1:9, 10

REPASO de la historia de la iglesia

Pablo aquí repasa aquellas circunstancias que tuvieron que ver con la fundación de la iglesia.

Las actividades del pastor en Tesalónica

LO QUE PABLO DICE DE SÍ MISMO FUE...

Un viajero esforzado 2:1, 2
Un mayordomo fiel 2:3-6
Una madre tierna 2:7, 8
Un obrero infatigable 2:9
Un ejemplo fiel 2:10
Un padre amoroso 2:11, 12
Un hermano nostálgico 2:17
Un ganador de almas expectante 2:19, 20
Un director de misiones 3:1-5
Un guerrero de la oración 2:13; 3:7-13

Las actividades de las ovejas en Tesalónica

LO QUE PABLO DICE DE SUS CONVERTIDOS 2:13, 14; 3:6

Las actividades de la serpiente en Tesalónica

LO QUE PABLO DICE DE SUS ENEMIGOS: LOS JUDAIZANTES 2:14, 16

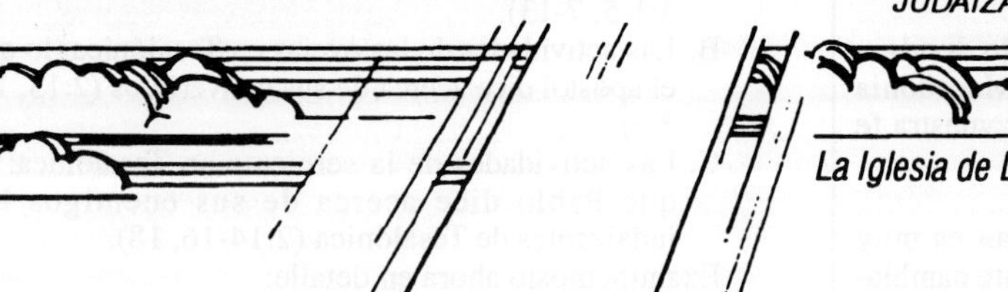
La Iglesia de Dios

El TRASLADO de la iglesia

LOS DESAFÍOS DEL TRASLADO

CONOCER LA VOLUNTAD DE DIOS
(Lo que Él quiere que yo haga) 4:3

HACERLO A LA MANERA DE DIOS
(Cómo quiere que lo haga)
a. En lo concerniente a mí mismo: pureza 4:3-5
b. En lo concerniente a los santos: amor 4:6-10
c. En relación con los pecadores: honradez 4:11, 12

LA CRONOLOGÍA DEL TRASLADO
UNA REALIZACIÓN 4:13
UN DESCANSO 4:14
UNA REVELACIÓN 4:15
UN RETORNO 4:16
UNA RESURRECCIÓN 4:16
EL RAPTO 4:17
UNA REUNIÓN 4:17
UNA RECONFIRMACIÓN 4:18

La RESPONSABILIDAD de la iglesia

Estar alerta 5:6
Ser respetuosa 5:12, 13
Ser cuidadosos 5:14
Estar gozosos 5:16
Orar 5:17
Ser fieles 5:21

como la nodriza que cuida con ternura a sus propios hijos» (2:7).

El doctor Charles Ryrie comenta:

«La palabra "cuida con ternura" significa "calentar" y es usada de la forma en que un ave madre abriga a sus polluelos (Dt. 22:6). La única otra vez que ocurre en el Nuevo Testamento es acerca de la relación del Señor con su Iglesia (Ef. 5:29).» (*Primera y Segunda Tesalonicenses*, Editorial Portavoz, p. 37.)

La *forma* en que una madre alimenta a sus hijos es casi tan importante como *el alimento* que les da de comer. Esto también nos lo enseñan las Escrituras en Efesios 4:15:«Siguiendo [hablando] la verdad [el alimento] en amor [la forma]....»

4. El obrero incansable (2:9).

«Porque os acordáis, hermanos, de nuestro trabajo y fatiga; cómo trabajando de noche y de día, para no ser gravosos a ninguno de vosotros, os predicamos el evangelio de Dios.»

Richard Wolff escribe:

«Pablo había aprendido a cortar y a coser la basta y peluda piel de las cabras que se usaba para hacer tiendas, calzado y esteras. Era la costumbre de los rabinos aprender un oficio.» (*General Epistles and Second Thessalonian*, p. 19.)

5. El ejemplo fiel (2:10).

«Vosotros sois testigos, y Dios también, de cuán santa, justa e irreprensiblemente nos comportamos con vosotros los creyentes.»

Notemos tres palabras clave aquí:

a. Santa: su testimonio ante Dios (espiritual).
b. Justa: su testimonio ante el hombre (social).
c. Irreprensible: su testimonio ante sí mismo (personal).

Aquel testimonio ante Dios, ante el hombre y ante sí mismo en la vida de Pablo manifestaba la madurez espiritual vital que todo buen líder debe mostrar.

6. El padre amoroso (2:11, 12).

«Así como también sabéis de qué modo, como el padre a sus hijos, exhortábamos y consolábamos a cada uno de vosotros» (2:11).

El apóstol frecuentemente se presenta a sí mismo como un padre. (Véanse 1 Co. 4:14; 2 Co. 6:13; Gá. 4:18, 19; Fil. 1:10.)

7. El hermano nostálgico (2:17).

«Pero nosotros, hermanos, separados de vosotros por un poco de tiempo, de vista pero no de corazón, tanto más procuramos con mucho deseo ver vuestro rostro.»

8. El ganador de almas expectante (2:19, 20).

«Porque ¿cuál es nuestra esperanza, o gozo, o corona de que me gloríe? ¿No lo sois vosotros, delante de nuestro Señor Jesucristo, en su venida? Vosotros sois nuestra gloria y gozo.»

La Palabra de Dios menciona al menos cinco posibles galardones, y son:

a. La corona incorruptible: dada a todos aquellos que dominan la vieja naturaleza (1 Co. 9:25-27).
b. La corona de vida: dada a todos aquellos que soportan con éxito la tentación (Stg. 1:2, 3; Ap. 2:10).
c. La corona de justicia: Dada a aquellos que aman de manera especial la doctrina del rapto (2 Ti. 4:8).
d. La corona de gloria: dada a los predicadores y maestros fieles (1 P. 5:2-4).
e. Corona de alegría: dada a los ganadores de almas (Pr. 11:30; 1 Ts. 2:19, 20).

Notemos la declaración de Pablo en el 2:19: «en su venida». El término griego aquí es *parousia*, y es una expresión técnica que se refiere a la llegada o la visita de un rey. La palabra aparece en muchos pasajes proféticos clave del Nuevo Testamento. (Véanse Mt. 24:3, 27, 37, 39; 2 Ts. 2:8; 1 Co. 15:22, 23; 1 Ts. 4:13-18; Stg. 5:7, 8; 1 Jn. 2:28; 2 P. 1:16; 3:4.)

9. El director de misiones (3:1-5). Ya hemos visto cómo Pablo tuvo que salir precipitadamente de Tesalónica y Berea a causa de los judíos que se oponían al evangelio. De Berea marchó a Atenas. Mientras estaba allí pidió a Timoteo (que había quedado en Berea) que regresara a Tesalónica por un poco de tiempo para fortalecer a la naciente iglesia. En este pasaje pide a los Tesalonicenses que no le tengan lástima por sus múltiples sufrimientos. El apóstol declara que sus pruebas no le han sorprendido ni le han hecho tambalear, porque «vosotros mismos sabéis que para esto estamos puestos» (3:3; véanse también Jn. 16:2; 1 Co. 4:9; 2 Ti. 3:12; Hch. 9:16).

William MacDonald ha escrito:

«Pablo les recuerda que incluso cuando estaba en Tesalónica les decía que los cristianos estaban llamados a sufrir aflicciones. Su predicción se cumplió en sus propias vidas, y ¡qué bien llegaron a saberlo! Las pruebas forman una disciplina necesaria en nuestras vidas:

Ponen a prueba la realidad de nuestra fe y eliminan a aquellos que meramente profesan la fe (1 P. 1:7).

Nos capacitan para confortar y exhortar a otros que están pasando por pruebas (2 Co. 1:4).

Nos ayudan a desarrollar ciertas gracias en nuestro carácter, como la paciencia (Ro. 5:3).

Aumentan nuestro celo por extender el evangelio (Hch. 4:29; 5:27-29; 8:3, 4).

Nos ayudan a eliminar la escoria de nuestras vidas (Job 23:10).» (*Letters to the Thessalonians*, p. 44.)

10. El guerrero de la oración (3:7-13). «Orando de noche y de día con gran insistencia....»

a. Por lo que daba gracias a Dios (3:7-9). Pablo estaba muy agradecido por el consuelo recibido con las buenas noticias que Timoteo le había llevado acerca del progreso de la iglesia en Tesalónica.

«Por ello, hermanos, en medio de toda nuestra necesidad y aflicción fuimos consolados de vosotros por medio de vuestra fe» (3:7).

Charles Ryrie escribe:

«La palabra *consolados* significa más que calmante; significa "fortaleciente", y vino a Pablo en un tiempo cuando lo necesitaba, porque estaba en medio de la presión de la necesidad y de la aflicción. Ambas palabras implican problemas externos ya que "necesidad" quiere decir "sofocante, zozobra abrumante", y "aflicción" significa la clase de problema abrumador. Es fácil ver por qué él habla de su situación en tales términos, porque estaba en Atenas solo y recientemente había sufrido cuatro experiencias sucesivas de aparentes derrotas desde que él había puesto el pie en Europa. En Filipos había sido encarcelado y se le pidió que dejara la ciudad. En Tesalónica había sido forzado a salir y a asegurar que no regresaría. En Berea fue perseguido por los judíos y compelido a irse de allí. En Atenas había tenido un poco de éxito con los filósofos de la ciudad. Seguramente estaba en necesidades y aflicciones y estas nuevas le dieron fortaleza y vida. Le trajeron un renuevo de energía, lo cual no era una cosa pasajera, sino una fuente continua de inspiración....» (*Primera y Segunda Tesalonicenses*, Editorial Portavoz, p. 36.)

b. Lo que le pidió a Dios (3:10-13):
   (1) Que le fuera permitido regresar a Tesalónica.
   (2) Que «el Señor os haga crecer y abundar en amor unos para con otros» (3:12).
   (3) Que Dios afirme sus corazones «irreprensibles en santidad» (3:13).

B. Las actividades de las ovejas en Tesalónica (2:13, 14; 3:6).
   1. Habían aceptado la Palabra de Dios como la verdad en medio del sufrimiento (2:13, 14).
   2. Anhelaban ver a Pablo de nuevo tanto como él deseaba verlos a ellos (3:6).

C. Las actividades de la serpiente en Tesalónica. Los peores enemigos de Pablo en Tesalónica (como en otras partes) habían sido aquellos malévolos judaizantes. ¡Qué bien los usó Satanás!
   1. Ya habían matado «al Señor Jesús y a sus propios profetas» (2:15). (Véanse también Hch. 2:23; 3:15; 5:30; 7:52.)
   2. «Y a nosotros nos expulsaron» (2:15).
   3. «No agradan a Dios, y se oponen a todos los hombres» (2:15).
   4. Le habían impedido «hablar a los gentiles para que éstos se salven» (2:16). (Véanse también Hch. 13:50; 14:5, 19; 17:5; 18:12; 22:22.)

   Pablo ha sido acusado de antisemitismo, pero esto es totalmente infundado. El apóstol mismo era, por supuesto, un israelita y muy orgulloso de su trasfondo racial (véase Fil. 3:4, 5). Además, el anhelo más profundo de su corazón era la conversión de su amada nación (véanse Ro. 9:1-3; 10:1).

   Satanás no sólo había actuado por medio de los judaizantes, sino que él mismo había obrado directamente:

   «Por lo cual quisimos ir a vosotros, yo Pablo ciertamente una y otra vez; pero Satanás nos estorbó» (2:18).

III. El traslado de la Iglesia (cap. 4).

A. Los desafíos de este traslado (4:1-12).
   1. A causa de este traslado el cristiano debe conocer la voluntad de Dios (¿qué quiere Dios que yo haga?)

   «Pues la voluntad de Dios es vuestra santificación...» (4:3).

   La voluntad de Dios para los pecadores es que lleguen a ser salvos (véanse 1 Ti. 2:4; 2 P. 3:9). De igual manera, su voluntad para los creyentes es su santificación. Pablo aquí se refiere a un crecimiento diario en la gracia y a la madurez en la fe. El primer paso en la santificación es la consagración (véase Ro. 12:1, 2).

   2. Debido a este traslado, el cristiano debe conocer la manera de obrar de Dios (¿cómo quiere Dios que lo haga?).
      a. Absteniéndose de la fornicación (4:3). Esta es una referencia a los pecados sexuales en general.
      b. No defraudando al hermano (4:6).
      c. Amando a su hermano (4:9).
      d. Trabajando diligentemente y esperando con paciencia el gran día del traslado de Dios (4:11, 12).

B. La cronología de este traslado (4:13-18). En este gran pasaje Pablo responde a preguntas que habían preocupado a los tesalonicenses. Cuando estuvo entre ellos (Hch. 17) habían aprendido sin duda muchas verdades preciosas acerca del retorno glorioso de Cristo a la tierra y del establecimiento de su reino. De hecho, para algunos esto les pareció que era algo inminente. Pero desde que el apóstol se marchó, algunos creyentes habían muerto. Ellos obviamente no estarían en la tierra en el momento de la Segunda Venida de Cristo. ¿Significaba esto que ellos se iban a perder algo? Este es el trasfondo del gran pasaje sobre el rapto que encontramos en este capítulo 4.

   Los siguientes seis versículos (13-18) nos hablan de:

   1. Una realización: «Tampoco queremos, hermanos, que ignoréis acerca de los que duermen, para que no os entristezcáis como los otros que no tienen esperanza» (4:13). Esta es una de las cuatro áreas clave en las que Pablo no quiere que seamos ignorantes. Las otras tres son:
      a. Los eventos del Antiguo Testamento (1 Co. 10:1).
      b. La restauración de Israel (Ro. 11:25).
      c. La manifestación de los dones espirituales (1 Co. 12:1).
   2. Un reposo: «Porque si creemos que Jesús murió y resucitó, así también traerá Dios con Jesús a los que durmieron en él» (4:14).

      La muerte de los creyentes es tenida como un sueño apacible. (Véanse Mt. 27:52; Jn. 11:11; Hch. 7:60; 13:36; 1 Co. 15:6, 18, 20, 51; 2 P. 3:4.) No obstante, debemos aclarar rápidamente que este versículo no enseña el sueño del alma. Esa doctrina sin base escritural es refutada por Mateo 17:3 y Apocalipsis 6:9-11.
   3. Una revelación: «Por lo cual os decimos esto en palabra del Señor: que nosotros que vivimos, que habremos quedado hasta la venida del Señor, no precederemos a los que durmieron» (4:15).

      Notemos el uso que hace Pablo del pronombre «nosotros». El apóstol esperaba aparentemente estar presente cuando Cristo viniera. Pero más tarde supo que no sería así. (Véase 2 Ti. 4:6.)
   4. Un regreso: «Porque el Señor mismo con voz de mando, con voz de arcángel, y con trom-

peta de Dios, descenderá del cielo...» (4:16).

Se supone que Miguel será el arcángel en razón de Daniel 12:1, 2. Sin embargo, es razonable sugerir que pudiera ser Gabriel el arcángel involucrado en esta ocasión por la parte tan vital que él jugó en los hechos relacionados con la primera venida de Cristo. (Véanse Lc. 1:19, 26; Mt. 1:20; 2:13.)

5. Una resurrección: «... y los muertos en Cristo resucitarán primero» (4:16).
6. El rapto: «Luego nosotros los que vivimos, los que hayamos quedado, seremos arrebatados juntamente con ellos en las nubes» (4:17*a*).
7. La reunión: «... para recibir al Señor en el aire, y así estaremos siempre con el Señor» (4:17*b*).
8. Una reafirmación: «Por lo tanto, alentaos los unos a los otros con estas palabras» (4:18).

IV. La responsabilidad de la iglesia (cap. 5). Esta sección final de la epístola de Pablo puede ser conocida como la descripción de la iglesia ideal.

A. Velad (5:1-11).

«Por tanto, no durmamos como los demás, sino velemos y seamos sobrios» (5:6).

1. Por lo que debemos velar: el glorioso retorno de Cristo.
2. Por qué debemos estar esperándolo:
   a. Por lo que somos: «Porque todos vosotros sois hijos de luz e hijos del día...» (5:5).

      Por el contrario, los no salvos son hijos de la noche y de las tinieblas. Un día el Sol de justicia aparecerá y en sus alas traerá sanidad (salvación) (Mal. 4:2). Es, por tanto, lógico que los hijos de la luz esperen ese día glorioso.
   b. Por causa de aquello de lo que somos liberados: «Porque no nos ha puesto Dios para ira...» (5:9). Esto es tanto una referencia a la ira externa (Jn. 3:36; Col. 3:6) como la de la tribulación (Ap. 6:17; 15:1; 11:18). Pablo empieza y termina su epístola a la iglesia de los Tesalonicenses con esta preciosa promesa. (Cp. 1:9 con 5:9.) Notemos la conclusión del apóstol aquí en 5:10:

      «Quien murió por nosotros para que ya sea que velemos, o que durmamos, vivamos juntamente con él.»

William MacDonald escribe:

«Este versículo enfatiza el precio tan tremendo que pagó nuestro Señor Jesucristo para librarnos de la ira y asegurar nuestra salvación. Murió por nosotros para que velando o durmiendo vivamos juntos con él. Nos encontraremos con dos clases de creyentes en su venida: (1) aquellos que hayan muerto; (2) aquellos que estén vivos. De los primeros se dice que están durmiendo, de los posteriores que estarán despiertos. Bien sea que estemos entre los vivos o entre los muertos al tiempo de su venida, viviremos con él. Los creyentes que mueren no pierden nada. El Señor le dijo lo mismo a Marta: "Yo soy la resurrección y la vida; el que cree en mí, aunque esté muerto [esto es, un cristiano que haya muerto], vivirá [será levantado en el rapto]. Y todo aquel que vive y cree en mí [un creyente que esté vivo en el tiempo del rapto], no morirá eternamente" (Jn. 11:25, 26).» (*Letters to the Thessalonians*, p. 68.)

B. Ser respetuosos (5:12, 13).

«Os rogamos, hermanos, que reconozcáis a los que trabajan entre vosotros, y os presiden en el Señor, y os amonestan; y que los tengáis en mucha estima y amor por causa de su obra. Tened paz entre vosotros.»

(Véanse también 1 P. 5:1-5; He. 13:7-9, 14, 17.)

C. Ser cuidadosos (5:14, 15).

«También os rogamos, hermanos, que amonestéis a los ociosos, que alentéis a los de poco ánimo, que sostengáis a los débiles, que seáis pacientes para con todos. Mirad que nadie pague a otro mal por mal; antes seguid siempre lo bueno unos para con otros, y para con todos.»

1. Que es lo que debían hacer:
   a. Amonestar a los ociosos. El término griego aquí es *ataktos*, que se refiere a soldados que desertan de su unidad.
   b. Alentar a los de poco ánimo. Quizá un término mejor aquí es atemorizados.
   c. Sostener a los débiles, los inmaduros. (Véase Ro. 14.)
2. Lo que no deben hacer: «Mirad que ninguno pague a otro mal por mal....» (Véanse también Ro. 12:17; 1 P. 3:9.)

D. Estar gozosos (5:16). «Estad siempre gozosos.» Este versículo es el más corto en el Nuevo Testamento griego (y no Jn. 11:35). Es, sin embargo, uno de los más difíciles de guardar.

E. Orar (5:17). «Orad sin cesar.» Charles Ryrie escribe:

«El gozo del cristiano lo pone en la disposición propia para orar sin cesar. Pablo ya ha usado la palabra *sin cesar* dos veces con respecto a su propio recuerdo de los tesalonicenses (1:3; 2:13) y ahora la impone sobre los creyentes. Fuera del Nuevo Testamento a veces se utiliza esta palabra para referirse a una tos seca e ilustra adecuadamente lo que Pablo tiene presente acerca de la oración. De la misma forma como una persona con una tos seca, que no es siempre audible al toser aunque la tendencia a toser esté siempre allí, así el cristiano que ora sin cesar no está siempre orando audiblemente y, sin embargo, la oración es siempre la actitud de su corazón y de su vida.» (*Primera y Segunda Tesalonicenses*, Editorial Portavoz, p. 60.)

F. Ser agradecidos (5:18).

«Dad gracias en todo, porque esta es la voluntad de Dios para con vosotros en Cristo Jesús.» (Véanse también Ef. 5:20; Col. 3:17; Fil. 4:6.)

La importancia de este mandamiento no podrá ser nunca enfatizada en exceso. La cura para el orgullo en nuestras vidas no es la práctica de la humildad, porque terminamos volviéndonos orgullosos de nuestra piedad, sino la gratitud. En Romanos capítulo 1 Pablo describe la terrible situación final de la apostasía mundial de los gentiles. El cuadro que pinta es uno de los escalofriantes de toda la Biblia. ¿Qué crimen tan horrible podría causar todo esto? Veamos su respuesta:

«Pues habiendo conocido a Dios, no le glorificaron como a Dios, ni le dieron gracias....» (Ro. 1:21).

Alguien ha ofrecido la siguiente pequeña regla: «No se preocupe por *nada*, ore en *todo tiempo*, sea *agradecido* por todo.»

G. Ser fieles (5:19-28).

1. «No apaguéis al Espíritu» (5:19). El Espíritu Santo es como un fuego. (Véanse Mt. 3:11; Lc. 3:16; Hch. 2:3; Mr. 9:48; He. 11:34.) Apagar el Espíritu es uno de los dos pecados que el creyente puede cometer contra la bendita tercera persona de la Trinidad que mora en nuestros corazones. El otro es contristar (Ef. 4:30). *Apagar* el Espíritu es no hacer aquello que él quiere que hagamos, mientras que *contristarlo* es hacer lo que no quiere que hagamos.
2. «No menospreciéis las profecías» (5:20). La iglesia en Tesalónica se había ido aparentemente a un extremo en este asunto, mientras la iglesias de Corinto se fueron más tarde al otro extremo. (Véase 1 Co. 14.)
3. «Examinadlo todo» (5:21*a*). Oledlo todo, pero no os traguéis cualquier cosa.
4. «Retened lo bueno» (5:21*b*).
5. «Absteneos de toda especie de mal» (5:22).

Notemos ahora su gran conclusión (5:23-28): «Y el mismo Dios de paz os santifique por completo; y todo vuestro ser, espíritu, alma y cuerpo, sea guardado irreprensible para la venida de nuestro Señor Jesucristo. Fiel es el que os llama, el cual también lo hará. Hermanos, orad por nosotros. Saludad a todos los hermanos con ósculo santo. Os conjuro por el Señor, que esta carta se lea a todos los santos hermanos. La gracia de nuestro Señor Jesucristo sea con vosotros. Amén.»

El versículo 23 se ha usado como un apoyo principal para la doctrina de la tricotomía, que enseña que el hombre es un ser triple, compuesto de espíritu, alma y cuerpo. Sea lo que fuere que esté implícito en este versículo, Pablo está pidiendo que Dios santifique la *totalidad* del creyente. Dios no está involucrado en «salvar almas», sino en santificar individuos. Jesús enfatizó esto fuertemente (véase Mt. 22:36-40).

Notemos las palabras finales del 5:23: «... para la venida de nuestro Señor Jesucristo.» Pablo termina este capítulo como lo ha hecho con los cuatro anteriores, con una referencia a la Segunda Venida de Cristo. En el primer capítulo (1:10) lo conecta con la *salvación*; en el segundo (2:19, 20), con el *servicio*; en el tercero (3:13) con la *estabilidad;* en el cuarto (4:18) con el *dolor*; y aquí con la *santificación*.

Pablo pide que esta epístola sea leída «a todos los santos hermanos» (5:27; véanse también Col. 4:16; 1 Ti. 4:13; Ap. 1:3).

2 TESALONICENSES

INTRODUCCIÓN

1. Esta carta se la escribió Pablo a la iglesia de Tesalónica al principio de los años cincuenta, a los pocos meses de haberles dirigido 1 Tesalonicenses. Ambas epístolas fueron enviadas desde el mismo lugar.
2. El apóstol les escribió la primera carta para decirles que no se habían perdido el rapto. Ahora les vuelve a escribir para asegurarles que no estaba pasando por la gran tribulación.
3. Proporcionalmente hablando, 2 Tesalonicenses dice más acerca del Anticristo que ningún otro libro de la Biblia.
4. Merril Tenney escribe:

«Prácticamente cada doctrina principal en el catálogo de la fe está representada en estas dos pequeñas epístolas. Aunque no fueron escritas como tratados doctrinales, ni con el objeto principal de dar a conocer los conceptos teológicos de su autor, contienen un bien redondeado cuerpo de enseñanza teológica.

Pablo y aquellos que recibieron sus epístolas creían en un Dios viviente (I, 1:9), el Padre (II, 1:2), que ha amado al hombre y lo ha elegido para que goce de la salvación que Él le da (II, 2:16; I, 1:4). Por medio de Jesucristo, su Hijo, nos ha enviado la liberación de su justa ira (I, 1:10), y por medio del mensaje del evangelio ha revelado esta libertad (I, 1:5, 2:9; II, 2:14). Este mensaje ha sido confirmado convirtiéndose en realidad, por el poder del Santo Espíritu (I, 1:5, 4:8). El evangelio concentra todo su interés en el Señor Jesucristo, que fue muerto por los judíos (I, 2:15). Resucitó de los muertos (I, 1:10, 4:14, 5:10). Está en el cielo (I, 1:10), pero volverá (I, 2:19, 4:15, 5:23; II, 2:1). Se reconoce y se proclama su deidad, llamándole Señor (I, 1:6), Hijo de Dios (I, 1:10) y Señor Jesucristo (I, 1:1, 3; 5:28; II, 1:1). Los creyentes 1) reciben la palabra de Dios (I, 1:16), 2) y se vuelven de los ídolos, para servir a Dios y esperar el regresar de Cristo (I, 1:9, 10). Su crecimiento normal se manifiesta en la santificación (I, 4:3, 7; II, 2:13). En su vida personal tienen que ser limpios (I, 4:4-6), industriosos (I, 4:11, 12), fervientes en la oración (I, 5:17), y alegres (I, 5:16). Teórica y prácticamente, las cartas a los Tesalonicenses abarcan todo lo que es esencial en la doctrina cristiana.» (*Nuestro Nuevo Testamento*, Editorial Portavoz, p. 238.)

I. Una palabra de aliento pastoral (cap. 1). Como ya ha sido indicado, los creyentes tesalonicenses estaban padeciendo severas persecuciones por causa de su fe en Cristo. Pablo les escribe ahora para asegurarles que esta no es la gran tribulación, y aprovecha para explicarles el porqué de estos sufrimientos.

A. Ellos podían sufrir con éxito la persecución del *hombre*.

1. Esta tribulación les ha ayudado a crecer en la fe.

   «Debemos dar siempre gracias a Dios por vosotros, hermanos, como es digno, por cuanto vuestra fe va creciendo.» (1:3*a*).

   El doctor Charles Ryrie afirma que este verbo «va creciendo» tiene un sentido muy fuerte, y lo encontramos solamente aquí en el nuevo Testamento, e indica un crecimiento orgánico, como el de una planta saludable.
2. Esta tribulación les ha ayudado a crecer en amor.

   «. . . y el amor de todos y cada uno de vosotros abunda para con los demás» (1:3). (Véase también Ro. 5:3).
3. Esta tribulación les ha ayudado a crecer en su constancia (paciencia).

   «Tanto, que nosotros mismos nos gloriamos de vosotros en las iglesias de Dios, por vuestra paciencia y fe en todas vuestras persecuciones y tribulaciones que soportáis» (1:4).
4. Les ha ayudado para prepararse para el reino de Dios.

   «...para que seáis tenidos por dignos del

Glorificación, tribulación, consagración

2 TESALONICENSES

CAPÍTULO 1	CAPÍTULO 2	CAPÍTULO 3
EL RAPTO DEL SEÑOR	LA IRA DEL SEÑOR	LA VOLUNTAD DEL SEÑOR
Aliento pastoral	Iluminación profética	Exhortación práctica
GLORIFICACIÓN	*TRIBULACIÓN*	*CONSAGRACIÓN*

reino de Dios, por el cual asimismo padecéis» (1:5).

5. Esta tribulación ayudará a que el nombre de Cristo sea glorificado.

   «Para que el nombre de nuestro Señor Jesucristo sea glorificado en vosotros, y vosotros en él, por la gracia de nuestro Dios y del Señor Jesucristo» (1:12).

   El doctor John Walvoord escribe:

   «Esta es una expresión usada frecuentemente pero quizá no siempre analizada o entendida como debiera. Las Escrituras declaran: "Los cielos cuentan la gloria de Dios, y el firmamento anuncia la obra de sus manos. Un día emite palabra a otro día, y una noche a otra noche declara sabiduría" (Sal. 19:1, 2). ¿Que se quiere decir cuando se afirma que los cielos cuentan la gloria de Dios? Los cielos manifiestan su sabiduría, poder e inteligencia. Los cielos cuentan la gloria de Dios en el sentido que revelan lo que Dios es y lo que Él puede hacer. Pero los cielos no están designados para revelar el amor de Dios, o su gracia o su justicia. Para eso están los cristianos. Nosotros estamos designados para mostrar "las abundantes riquezas de su gracia en su bondad para con nosotros en Cristo Jesús" (Ef. 2:7).» (*The Thessalonian Epistles*, p. 112.)

B. Escaparían con éxito de la tribulación de Dios.

1. El tiempo de esta tribulación:

   «... cuando se manifieste el Señor Jesús desde el cielo con los ángeles de su poder» (1:7). (Véanse también Mt. 13:39, 41, 49; 16:27; 24:31; 25:31.)

2. La naturaleza de esta tribulación:

   «En llama de fuego, para dar retribución...» (1:8).

3. Los receptores de esta tribulación (1:8):

   a. «... a los que no conocieron a Dios....» Estos son probablemente aquellos que nunca han oído del evangelio, pero que tienen tanto el testimonio de la conciencia como el de la naturaleza, y, por tanto, no tienen excusa. (Véanse especialmente Ro. 1:18-20; 2:12-16.)

   b. «... ni obedecen el evangelio de nuestro Señor Jesucristo.» Aquí tenemos sin duda una referencia a aquellos que sí supieron del evangelio pero lo rechazaron.

4. Los resultados de esta tribulación:

   «Los cuales sufrirán pena de eterna perdición, excluidos de la presencia del Señor y de la gloria de su poder» (1:9).

   William MacDonald escribe:

   «Tenemos aquí señaladas dos clases de personas que sufrirán la tribulación:

   a. Aquellos que no conocieron a Dios, que han rechazado el conocimiento del verdadero Dios como está revelado en la creación y en la conciencia (Ro. 1—2). Los que quizá nunca escucharon el evangelio.

   b. Aquellos que no han obedecido al evangelio de nuestro Señor Jesucristo. Estos han oído el evangelio y conscientemente lo han rechazado. El evangelio no es simplemente una declaración de hechos para creer sino una Persona a quien obedecer. Creer, en el sentido del Nuevo Testamento, involucra obedecer.

   "... sufrirán pena de eterna perdición..." (1:9). Un dios que no castiga el pecado no es Dios. La idea de que un Dios de amor no debe castigar pasa por alto el hecho de que Dios es también santo y debe hacer lo que es moralmente correcto.

   La naturaleza del castigo es definida aquí como eterna perdición (o destrucción). La palabra eterna (*aionios*) que traducimos aquí aparece 70 veces en el Nuevo Testamento. Tres veces puede significar una era de limitada duración (Ro. 16:25; Tit. 1:2). Las otras veces significa eternal o sin fin. Se emplea en Romanos 16:26 para describir la existencia infinita de Dios.

   Pero perdición o destrucción nunca significa aniquilación. Habla más bien de pérdida de bienestar, o ruina en el sentido de lo que concierne al propósito de la vida.

Los odres de los que Jesús habla en Lucas 5:37 quedaron destruidos (la misma palabra que se emplea aquí). No cesaron de existir, pero quedaron arruinados en lo que se refiere a su utilidad.

El castigo de los impíos incluye también expulsión de la presencia del Señor y de la gloria de su poder. Perderse sin él es quedarse sin él para siempre.» (*Letters to the Thessalonians*, pp. 87, 88.)

Un último pensamiento que nos puede ayudar antes de dejar este capítulo. En 1 Tesalonicenses Pablo abordaba el tema del *rapto* de Cristo (véase 1 Ts. 4:13-18). Pero ahora en el primer capítulo primero de 2 Tesalonicenses habla de la *revelación* de Cristo. Estos dos grandes eventos no son la misma cosa y no deberían ser confundidos. William MacDonald nos ofrece una distinción provechosa:

5. «El rapto.
   a. Cristo desciende del cielo (1 Ts. 4:16, 17).
   b. Viene por sus santos (1 Ts. 4:16, 17).
   c. El rapto es un misterio, es decir, una verdad desconocida en los tiempos del Antiguo Testamento (1 Co. 15:51).
   d. Nunca se dice que la venida de Cristo por sus santos será precedida de señales en los cielos.
   e. El rapto es identificado con el día de Cristo (1 Co. 1:8; 2 Co. 1:14; Fil. 1:6, 10).
   f. Se nos habla del rapto como un tiempo de bendición (1 Ts. 4:18).
   g. El rapto sucederá en un momento, en un abrir y cerrar de ojos (1 Co. 15:52). Esto implica fuertemente que no será visto por todo el mundo.
   h. El rapto parece involucrar primariamente a la Iglesia (Jn. 14:1-4; 1 Co. 15:51-58; 1 Ts. 4:13-18).
   i. Cristo viene como la estrella resplandeciente de la mañana (Ap. 22:16).
6. La revelación.
   a. Cristo viene a la tierra (Zac. 14:4).
   b. Cristo viene con sus santos (1 Ts. 3:13; Jud. 14).
   c. La revelación no es un misterio; es el tema de muchas profecías del Antiguo Testamento (Sal. 72; Is. 11; Zac. 14).
   d. La venida de Cristo con sus santos será anunciada por hechos portentosos en los cielos (Mt. 24:29, 30).
   e. La revelación es identificada con el día del Señor (2 Ts. 2:1-12).
   f. El énfasis principal de la revelación es de juicio (2 Ts. 2:8-12).
   g. La revelación será visible en todo el mundo (Mt. 24:27; Ap. 1:7).
   h. La revelación involucra primariamente a Israel, después también a las naciones gentiles.
   i. Cristo viene como el sol de justicia, con salvación en sus alas (Mal. 4:2).» (*Letters to the Thessalonians*, p. 85.)

II. Una iluminación profética (cap. 2).

A. Hechos concernientes al día del Señor (2:1-12).

1. El día del Señor y la iglesia (2:1-3).

«Pero con respecto a la venida de nuestro Señor Jesucristo, y nuestra reunión con él, os rogamos, hermanos, que no os dejéis mover fácilmente de vuestro modo de pensar, ni os conturbéis, ni por espíritu, ni por palabra, ni por carta como si fuera nuestra, en el sentido de que el día del Señor está cerca. Nadie os engañe en ninguna manera; porque no vendrá sin que antes venga la apostasía, y se manifieste el hombre de pecado, el hijo de perdición.»

La versión inglesa del rey Jaime usa la expresión «el día de Cristo» en vez del «día del Señor» que según el autor es la que procede aquí, como lo hace la versión hispana Reina-Valera. Hay una gran diferencia entre estos dos días bíblicos. El *día del Señor* se refiere a la tribulación venidera de siete años. (Véanse especialmente Joel 1:15; 2:1, 2; Ap. 6:12-17.) El *día de Cristo* señala hacia el futuro milenio. (Véanse 1 Co. 1:8; 5:5; Fil. 1:6, 10; 2:16.)

Aquellos creyentes de alguna manera habían sido llevados por Satanás a creer que el terrible día del Señor había llegado. Pablo les amonesta a que no permitan que nada ni nadie les zarandee en su fe. Les dice:

a. «Ni por espíritu.» Es decir, no crean a ningún profeta falso que les vaya diciendo que lo ha recibido «por medio del espíritu».
b. «Ni por palabra.» Es decir, que no escuchen a ningún maestro falso que les vaya enseñando tal cosa.
c. «Ni por carta como si fuera nuestra.» Esto es, no acepten ninguna carta que proceda supuestamente de él, porque tal carta es falsa.

Notemos la expresión «sin que antes venga la apostasía» (2:3). Algunos han traducido esta frase en inglés de manera diferente, creyendo que se refiere más bien al rapto. El autor reconoce que esa es una posibilidad teológica, pero el término griego aquí es *apostasia*, de donde procede nuestra palabra en castellano apostasía. Pero parece más probable que se refiera a la apostasía religiosa mundial de la que Pablo hablaría después. (Véanse 1 Ti. 4:1-3; 2 Ti. 3:1-5; 4:3, 4.)

M. F. Unger escribe:

«Antes que el día del Señor caiga sobre un mundo que ha rechazado a Cristo, primero tiene que venir la apostasía. Aquí no se trata de apostatar de la fe, que a menudo caracteriza a la era de la iglesia (1 Ti. 4:1-5; 2 Ti. 3:1-8; Ap. 3:14-22), sino la rebelión total y la caída completa en el error y en lo demoníaco del período que precederá inmediatamente a la venida de Cristo en gloria (Lc. 18:8; Ap. 9:20, 21).» (*Manual Bíblico de Unger*, Editorial Portavoz, p. 728.)

¿Cuál es entonces la relación entre la iglesia y el día del Señor? Es simplemente la siguiente: la tribulación no puede empezar hasta que la iglesia no sea quitada de la tierra.

2. El día del Señor y el anticristo (2:3-5, 8, 9).

a. Su nombre: «el hombre de pecado, el hijo de perdición» (2:3). Su primer nombre se refiere a su *carácter*, mientras que el segundo habla de su *origen*. Algunos creen que Judas Iscariote será el Anticristo, señalando que el título «hijo de perdición» aparece dos veces en el Nuevo Testamento. Jesús mismo lo había usado primero en referencia a Judas (Jn. 17:12), y ahora Pablo llama al Anticristo con el mismo nombre. Dicha evidencia esta lejos, por supuesto, de ser conclusiva.

b. Sus actividades (2:4, 9):
   (1) Se opondrá a Dios y se exaltará por encima de él y de cualquier otro objeto de adoración (Dn. 11:36, 37; Ap. 13:15, 16).
   (2) Ocupará el lugar santísimo del templo judío (Mt. 24:15).
   (3) Declarará realmente que él es Dios (Dn. 7:8, 20, 25).
   (4) Satanás mismo le sostendrá y le dará vigor (Ap. 13:4).
   (5) Obrará señales y falsos milagros (Ap. 13:13, 14).

c. Su juicio: «... el Señor matará con el espíritu de su boca, y destruirá con el resplandor de su venida» (2:8). (Véanse también Dn. 8:25; 11:45; Ap. 19:20.)

3. El día del Señor y el que lo detiene (2:6, 7).
«Porque ya está en acción el misterio de la iniquidad; sólo que hay quien al presente lo detiene, hasta que él a su vez sea quitado de en medio» (2:7).

Pablo declara aquí que aunque la influencia del Anticristo se podía sentir, incluso en aquel tiempo, toda su influencia y poder estaba refrenado por alguien que lo detenía.

¿Quién o qué es este poder que lo detiene? Se han dado varias teorías:

a. Es el gobierno humano. Sin embargo, esto es improbable, porque Satanás ya ejerce fuerte influencia sobre los reinos de esta tierra (Mt. 4:8).
b. Son los ángeles. Esto es también muy remoto. (Véase Jud. 1:9.)
c. Es el Espíritu Santo. Esta es con mucho la conclusión más lógica. El doctor Charles Ryrie escribe:

> «El argumento pretribulacionista es simplemente este. Es que restringe es Dios, y el instrumento para restringir es la Iglesia habitada por Dios (cp. Ef. 4:6 para la morada de Dios; Gá. 2:20, para la morada de Cristo; 1 Co. 6:19 para la morada del Espíritu). Debe recordarse que Cristo dijo, refiriéndose a la Iglesia divinamente morada y poderosa, que "las puertas del hades no prevalecerán contra ella" (Mt. 16:18), así que podemos decir que esta Iglesia habitada y con poder es un instrumento adecuado para restringir las fuerzas de las tinieblas. La Iglesia no irá a través de nada de la tribulación porque el que restringe será quitado antes de que el Hombre de Pecado sea revelado, con cuya revelación (con la firma del pacto con los judíos), Dn. 9:27) comienza el período de la tribulación. Ya que el que restringe es en última instancia Dios, y ya que Dios habita en todo cristiano, o Él deberá quitarse del corazón de los creyentes mientras ellos son dejados en la tierra para ir a través de la tribulación, o, cuando Él sea quitado, todos los creyentes son tomados con Él. Ya que es imposible para un creyente ser "deshabitado", la única alternativa es que los creyentes también serán quitados del camino antes de la aparición del Hombre de Pecado, lo cual señala el inicio de la tribulación.» (*Primera y Segunda Tesalonicenses*, Editorial Portavoz, p. 87.)

4. El día del Señor y los inconversos (2:10-12).
«Por esto Dios les envía un poder engañoso, para que crean la mentira, a fin de que sean condenados todos los que no creyeron a la verdad, sino que se complacieron en la injusticia» (2:11, 12).

Notemos que es *Dios* quien envía este poder engañoso. La soberanía de Dios se ve incluso en las actividades de los inconversos y en los ángeles apóstatas. (Véanse Ex. 4:21; Gn. 50:20; Jos. 11:20; 1 S. 16:14; 1 R. 22:19-23; Jue. 9:23.) El doctor John Walvoord escribe:

> «Algunos entienden por el versículo 11 que si una persona en el tiempo presente de la gracia escucha el evangelio y no recibe a Cristo como Salvador, cuando el Señor vuelva y traslade la Iglesia a la gloria, encontrarán que es imposible salvarse después del arrebatamiento de la Iglesia. Es improbable que una persona que rechaza a Cristo en el día de la gracia se vuelva a él en aquel terrible período de la tribulación. Pero el principio general de las Escrituras es que mientras que hay vida hay esperanza. Es posible, aunque muy improbable, que una persona que ha escuchado el evangelio en este tiempo presente de la gracia acuda a Cristo después del rapto. Las Escrituras enseñan definitivamente que Dios enviará un poder engañoso a aquellos que no crean después que la Iglesia haya sido arrebatada. Dios juzgará sus corazones, y si ellos deliberadamente rechazan la verdad, Él permitirá que crean la mentira. Honrarán al hombre de pecado como su dios y rey, en vez de reconocer al Señor Jesucristo. El resultado será: "A fin de que sean condenados todos los que no creyeron a la verdad, sino que se complacieron en la injusticia" (v. 12).» (*The Thessalonian Epistles*, p. 129.)

B. Hechos concernientes a los amados por el Señor (2:13-18).
«Pero nosotros debemos dar siempre gracias a Dios respecto a vosotros, hermanos amados por el Señor...» (2:13).

Pablo ya nos ha descrito previamente la eterna destrucción de los inconversos (1:9). Aquí nos habla ahora de la eterna salvación de los creyentes.

1. La fuente de esta salvación: «De que Dios os haya escogido desde el principio para salvación» (2:13*b*).
2. El método de esta salvación: «mediante la santificación por el Espíritu...» (2:13*c*).

   Se ha dicho que si no hubiera sido por el Padre y el Hijo no habríamos tenido la fiesta de la salvación, pero sin el Espíritu Santo no habría invitados.
3. El modo de esta salvación: «... la fe en la ver-

dad» (2:13*c*). Este es, por supuesto, el deber del pecador arrepentido.

4. La meta de esta salvación: «...alcanzar la gloria de nuestro Señor Jesucristo» (2:14).
5. Las responsabilidades de esta salvación: «Así que, hermanos, estad firmes, y retened la doctrina que habéis aprendido, sea de palabra, o por carta nuestra» (2:15).

III. Una exhortación práctica (cap. 3). En este capítulo final a los tesalonicenses Pablo les exhorta mediante un ruego, una reafirmación, una reprimenda y un repaso de lo dicho.

A. El ruego (3:1, 2):

«Por lo demás, hermanos, orad por nosotros, para que la palabra del Señor corra y sea glorificada, así como lo fue entre vosotros, y para que seamos librados de hombres perversos y malos; porque no es de todos la fe.»

B. La reconfirmación (3:3-5):

«Pero fiel es el Señor, que os afirmará y guardará del mal. Y tenemos confianza respecto a vosotros en el Señor, en que hacéis y haréis lo que os hemos mandado. Y el Señor encamine vuestros corazones al amor de Dios, y a la paciencia de Cristo.»

C. La reprimenda (3:6, 11-15):

1. Los receptores de la amonestación.
   a. Los desordenados (los indisciplinados). (3:6, 11).
   b. Los entremetidos (los chismosos) (3:11).
   c. Los perezosos (los holgazanes) (3:10).
   d. Los desobedientes (aquellos que rehuían cumplir las instrucciones del apóstol) (3:14).
2. La naturaleza de la reprimenda:
   a. Debían ser identificados y señalados (3:14).
   b. Debían ser amonestados por sus fallos (3:15).
   c. Debían ser (si todavía no se habían arrepentido) excluidos de la comunión de los hermanos (3:6, 14).
   d. Con todo, debían ser tratados como hermanos y no como enemigos (3:15).

D. El repaso de lo dicho (3:7-10):

«Porque vosotros mismos sabéis de qué manera debéis imitarnos; pues nosotros no anduvimos desordenadamente entre vosotros, ni comimos de balde el pan de nadie, sino que trabajamos con afán y fatiga de día y noche, para no ser gravosos a ninguno de vosotros; no porque no tuviésemos derecho, sino por daros nosotros mismos un ejemplo para que nos imitaseis. Porque también cuando estábamos con vosotros, os ordenábamos esto: Si alguno no quiere trabajar, tampoco coma.»

1 CORINTIOS

INTRODUCCIÓN

1. El apóstol Pablo ha sido el más grande de los misioneros de todos los tiempos. Este ex fariseo, que una vez aborreció y persiguió a los cristianos, llevó a cabo tres grandes viajes misioneros, durante los cuales estableció docenas de iglesias cristianas locales. De manera que el que una vez fue el peor de los «lobos» se transformó en el mejor de los «perros pastores del rebaño».
2. El hecho es que el Nuevo Testamento está compuesto en buena medida por algunas de las cartas que Pablo escribió a estas iglesias que él empezó y a sus pastores. En la lista encontramos:
   a. La epístola a la iglesia en Roma (Romanos).
   b. La epístola a la iglesia en Éfeso (Efesios).
   c. La epístola a la iglesia en Colosas (Colosenses).
   d. La carta a la iglesia en Filipos (Filipenses).
   e. La carta a la iglesia en Galacia (Gálatas).
   f. Las dos cartas a la iglesia en Tesalónica (1 y 2 Tesalonicenses).
   g. Los dos epístolas dirigidas a un pastor llamado Timoteo (1 y 2 Timoteo).
   h. La carta dirigida a un pastor llamado Tito (Tito).
   i. Las dos cartas dirigidas a la iglesia en Corinto (1 y 2 Corintios).

   Tenemos aquí, pues, un hecho notable: de los veintisiete libros que componen el Nuevo Testamento, no menos de doce los dirigió Pablo a sus amadas iglesias.
3. Parece que Pablo habría tenido muy poco tiempo para estos «movimientos cristianos» modernos que ignoran y menosprecian el ministerio y la importancia de las iglesias locales.
4. De todas sus cartas a las iglesias, Romanos es, sin duda, la más importante, pero 1 Corintios es probablemente la segunda en importancia. Lo es a causa de su gran sección sobre la resurrección de Cristo y del creyente (1 Co. 15), y, si no por otra razón, por su extensión, porque 1 Corintios es con mucho la más larga de las escritas por Pablo.
5. No hay casi ningún problema de la iglesia local de hoy que no sea considerado en 1 Corintios. La iglesia estaba llena de problemas teológicos y personales.
   a. Habían pervertido la doctrina del bautismo (capítulo 1).
   b. Se jactaban acerca de la poca sabiduría humana que tenían (cap. 1).
   c. Eran muy carnales (3:1).
   d. Se habían engañado a sí mismos (3:18).
   e. Habían profanado sus propios cuerpos (3:17).
   f. Se habían hecho muy vanidosos (4:18).
   g. Toleraban la inmoralidad (5:1).
   h. Se llevaban a los tribunales unos a otros (6:1).
   i. Estaban confundidos acerca del matrimonio (7:1).
   j. Habían abusado de la doctrina de la libertad cristiana (8:9).
   k. No iban vestidos en forma apropiada a la casa de Dios (11:6).
   l. Habían hecho una farsa de la Cena del Señor (11:30).
   m. Habían corrompido los dones del Espíritu, especialmente el de lenguas (cap. 14).
   n. Estaban confundidos en cuanto a la resurrección (cap. 15).
   ñ. Se habían olvidado de las ofrendas (cap. 16).

   Se ha dicho que si estos pecados fueran caballos, esta iglesia podría haber llenado muchos establos.

Antecedentes de la fundación de la iglesia de Corinto

1. Fue fundada por Pablo durante su segundo viaje misionero.
2. Hechos capítulo 18 nos relata el proceso de su fundación.
   a. Parte con Silas en su segundo viaje misionero (Hch. 15:40).
   b. En Listra incorporan a Timoteo al equipo (16:1).
   c. Pablo recibe en Troas su visión del varón macedonio (16:9).

d. En Filipos se convierten una mujer llamada Lidia, una joven poseída por el demonio y un carcelero romano (16:14-34).
e. Desde Filipos se van a Tesalónica (17:1).
f. De allí salen para Berea (17:10).
g. De Berea parten para Atenas (17:15).
h. De Atenas van finalmente a Corinto (18:1).
3. En Corinto Pablo se encuentra con Aquila y Priscila.
4. Crispo, el principal de la sinagoga, se convierte (18:8).
5. Dios conforta a Pablo mediante una visión (18:9).
6. Pablo permanece al menos dieciocho meses en aquella ciudad antes de marchar de allí (18:11).
7. La iglesia de Corinto fue después pastoreada por un hombre llamado Apolos.

Trasfondo de la Primera Epístola de Pablo a los Corintios

1. Pablo inicia su tercer viaje misionero durante el verano del año 53 d.C., aparentemente solo (Hch. 18:23).
2. Llega a Éfeso y se queda allí por tres años (18:10).
3. Mientras que ministra en Éfeso le visita una delegación de Corinto informándole de la trágica situación de aquella iglesia local.
4. Pablo, con gran preocupación en su corazón, se sienta y escribe 1 Corintios.

Un análisis de 1 Corintios

I. Preámbulo: los saludos de Pablo (1:1-10).
A. Pablo y Sóstenes envían sus recuerdos. Este Sóstenes pudo haber sido el mismo que se cita en Hechos 18:17, el principal de la sinagoga en Éfeso que instigó un tumulto contra Pablo, pero que le salió mal, porque algunos griegos enojados le golpearon a él. Aparentemente esto le llevó a la conversión.
B. Pablo dice (1:2): «Con todos los que en cualquier lugar invocan el nombre de nuestro Señor Jesucristo.» De manera que la carta fue escrita para *todos* los creyentes, como lo fueron también las demás (véanse 1 Ts. 5:27; Col. 4:16).
C. «Del Señor Jesucristo» (1:3). Se menciona seis veces este gran nombre en los diez primeros versículos de la epístola, a causa, sin duda, de que la iglesia no había honrado este gran título. Esta es la verdadera razón por la que *cualquier* iglesia puede tener dificultades.
D. «Fuisteis enriquecidos en él, en toda palabra y en toda ciencia» (1:5). Los creyentes corintios *conocían* la verdad Y podían *hablar* la verdad, pero no *practicaban* la verdad.
E. «De tal manera que nada os falta en ningún don.» La Biblia cita dieciocho dones y aparentemente la iglesia de Corinto los tenía todos.
F. El versículo 8 nos presenta una de las grandes declaraciones de la «seguridad del creyente» en toda la Biblia. Notemos las palabras:
1. Confirmará. Esto significa establecer y estar completamente seguros. Se usa el mismo verbo en Romanos 15:8, donde Pablo declara que Dios confirmó en Cristo las promesas que hizo en el Antiguo Testamento.
2. Irreprensibles. Este es un término legal que significa «no llamado ante el tribunal, libre de cargos y acusaciones». No quiere decir sin pecado, sino que no hay cargos. (Véanse también Col. 1:22; 1 Ti. 3:10.)
3. En el día de. Esta es una referencia al rapto.

Conclusión: Pablo está escribiendo a una de las iglesias más carnales, confundidas, egoístas y apartadas de la sana doctrina que conocemos. Él solamente podía predecir su salvación final en razón de la eterna seguridad de Dios, a pesar de su lamentable condición.

G. «Fiel es Dios» (1:9). Un breve resumen de su fidelidad incluiría lo siguiente:
1. Es fiel en defender a su pueblo.

> «Hallé a David mi siervo; lo ungí con mi santa unción. No lo sorprenderá el enemigo, ni hijo de iniquidad lo quebrantará. Mi verdad y mi misericordia estarán con él...» (Sal. 89:20, 22, 24).

2. Es fiel en tiempos de tentación.

> «No os ha sobrevenido ninguna tentación que no sea humana; pero fiel es Dios, que

1 CORINTIOS

SIETE CORRUPCIONES (1—6)

1. **Seguían líderes humanos: Pablo, Apolos, Cefas**
1:10-17
2. **Favorecían la sabiduría humana**
1:18—2:13
3. **Eran carnales**
2:14—3:7
4. **Se olvidaban del juicio futuro**
3:8-23
5. **Se agradaban a sí mismos**
4:1-21
6. **No disciplinaban**
5:1-13
7. **Fragmentaron el cuerpo de Cristo**
6:1-20

SEIS PREGUNTAS (7—16)

«En cuanto a las cosas de que me escribisteis...» **7:1**

SOBRE EL **matrimonio**
Capítulo 7

SOBRE LA **libertad cristiana**
Capítulos 8—10

SOBRE LA **conducta de la iglesia**
Capítulo 11

SOBRE LOS **dones espirituales**
Capítulos 12—14

SOBRE LA **RESURRECCIÓN**
Capítulo 15

SOBRE LA **OFRENDA**
Capítulo 16

no os dejará ser tentados más de lo que podéis resistir, sino que dará también juntamente con la tentación la salida, para que podáis soportar» (1 Co. 10:13).

3. Es fiel conservando salvos a los cristianos.

«Pero fiel es el Señor, que os afirmará y guardará del mal» (2 Ts. 3:3).

«Y el mismo Dios de paz os santifique por completo; y todo vuestro ser, espíritu, alma y cuerpo, sea guardado irreprensible para la venida de nuestro Señor Jesucristo. Fiel es el que os llama, el cual también lo hará» (1 Ts. 5:23, 24).

4. Es fiel en corregir a sus hijos.

«Conozco, oh Jehová, que tus juicios son justos, y que conforme a tu fidelidad me afligiste» (Sal. 119:75).

«Porque el Señor al que ama, disciplina, y azota a todo el que recibe por hijo» (He. 12:6).

5. Es fiel en perdonar los pecados confesados.

«Si confesamos nuestros pecados, él es fiel y justo para perdonar nuestros pecados, y limpiarnos de toda maldad» (1 Jn. 1:9).

6. Es fiel en escuchar nuestras oraciones.

«Oh Jehová, oye mi oración, escucha mis ruegos; respóndeme por tu verdad, por tu justicia» (Sal. 143:1).

Esto nos enseña que dado que Dios era quien les había llamado, y como él es fiel, su salvación estaba asegurada. Notamos con tristeza que Pablo no dice nada acerca de condición *presente* (como en las cartas a las otras iglesias), solamente menciona su *pasado* y su *futuro*.

H. «A la comunión con su Hijo Jesucristo nuestro Señor» (1:9). A los cristianos de todo el mundo les encanta el hablar, escribir y cantar acerca de esta comunión, y bien hacen en ello; pero debemos tener en cuenta que esta comunión a veces también involucra sufrimiento. Como Pablo da testimonio:

«A fin de conocerle, y el poder de su resurrección, y la participación de sus padecimientos, llegando a ser semejante a él en su muerte» (Fil. 3:10).

Demasiado frecuentemente parece que queremos lo primero sin lo segundo, pero no hay poder de su resurrección sin la participación en sus padecimientos.

I. «No haya entre vosotros divisiones» (1:10). El erudito del griego W. E. Vine señala cuatro pasos diferentes que pueden llevarnos desde la armonía al rompimiento trágico de la unidad cristiana, y son:

1. *Stasis*: un fuerte desacuerdo, una disensión (véanse Hch. 15:2; 23:7, 10).
2. *Dichostasia:* apartarse uno del otro (Gá. 5:20; Ro. 16:17).
3. *Schisma:* un cisma, un rompimiento fuerte (véanse 1 Co. 11:18; Jn. 7:43; 9:16; 10:19).
4. *Hairesis:* una separación establecida y madura (véanse Hch. 5:17; 24:5, 14: 26:5; 2 P. 2:1; Tito 3:10).

Pablo usa aquí la tercera palabra, *schisma*, sugiriendo con ello que la iglesia en Corinto estaba en peligro de un cisma, una fuerte división.

J. «Sino que estéis perfectamente unidos» (1:10). La frase «perfectamente unidos» que aparece en este versículo proviene del mundo griego. Es la palabra *katartizo*. Este término se usa en otros tres pasajes importantes del Nuevo Testamento:

1. «Por la fe entendemos haber sido constituido el universo por la palabra de Dios...» (He. 11:3). Aquí tenemos traducida la palabra *katartizo* por «constituido».
2. «Por lo cual, entrando en el mundo dice: Sacrificio y ofrenda no quisiste; mas me preparaste un cuerpo» (He. 10:5). Aquí la palabra es traducida por «preparaste».
3. «Pasando de allí, vio a otros dos hermanos, Jacobo hijo de Zebedeo, y Juan su hermano, en la barca con Zebedeo su padre, que remendaban sus redes; y los llamó» (Mt. 4:21). En este último pasaje la palabra es traducida por «remendar».

La conclusión a la que llegamos es sencillamente esta: el deseo de Dios es que todos los creyentes estén unidos:

Tan perfectamente como lo están el sol, la luna y las estrellas en el universo (He. 11:3).

Tan perfectamente como lo era el cuerpo que Dios preparó para Jesús (He. 10:5).

Tan perfectamente como una red bien remendada. Las almas no se salvan en una iglesia plagada de problemas, simplemente porque la red está rota y huyen.

II. El informe (1:11—6:20). Pablo responde a un informe que le ha llegado acerca de la iglesia de Corinto.

A. Estaban siguiendo líderes humanos (1:11-17). Pablo comienza citando su fuente de información: «Porque he sido informado ... por los de Cloé.» (Véase 1:11.) Muchas veces, los líderes cristianos reciben cartas de crítica sin firma, señalando las faltas del pastor o de algunos otros miembros en la iglesia. ¡Cuántas veces esos chismes procedentes de bocas anónimas (y sin fuerza moral) de miembros de la iglesia llevan a la destrucción de su propia congregación!

En los versículos 12 al 17 Pablo escribe para corregir su problema básico, el del bautismo. Desde entonces, muchas iglesias se han dividido por el asunto del bautismo. Pero aquí la discusión no era, sin embargo, acerca del modo, o incluso del propósito del bautismo, sino en relación con los diferentes hombres que habían bautizado a los creyentes en Corinto.

1. Pablo había bautizado a algunos de ellos, por supuesto (muy pocos en realidad), cuando estableció la iglesia.
2. Apolos, que pastoreó después la iglesia, bautizó también a algunos.
3. Pedro (Cefas) había bautizado aparentemente a algunos otros, aunque no sabemos cuándo sucedió esto. Algunos piensan que tuvo lugar en pentecostés.
4. Cristo también es mencionado en la lista. Como en el caso de Pedro, no tenemos ningún conocimiento de cuándo y dónde pudo haberlo él hecho.

En cualquier caso, aquí tenemos una iglesia local neotestamentaria lamentablemente dividida en cuatro grupos, y cada uno de ellos pretendiendo ser superior al otro en razón del hombre que los había bautizado.

5. El grupo paulino. El razonamiento de este primer grupo debió de ser así: «Somos de Pablo y, por supuesto, mejores que vosotros. Todos sabemos que Pablo es un gran predicador *doctrinal* y eso es lo que verdaderamente cuenta.»
6. El grupo apolino. El segundo grupo probablemente diría: «Nosotros somos de Apolos, y

cualquiera con un poco de sentido común estará de acuerdo en que es un predicador *elocuente* y supera con creces a Pablo.»

7. El grupo pedrino. El tercer grupo podría responder: «Nosotros somos de Cefas, y vosotros podéis jactaros todo lo que queráis acerca de doctrina y elocuencia, pero no hay nadie tan *sencillo y práctico* como Pedro.»
8. El grupo de Cristo. Este cuarto grupo podría ser retratado mirando por encima a todos los demás diciendo con un tono muy piadoso: «Nosotros somos de Cristo y, por tanto, no miramos a ningún *predicador humano* para seguirle y que nos alimente.»

«¿Fue crucificado Pablo por vosotros?» (1:13). Podemos ver que Pablo amonesta a los de su propio club primero. Es fácil reprender a un grupo si están equivocados y son, además tus contrarios, pero es algo muy diferente corregir severamente a aquellos que están por completo a tu favor. Pablo estaba en verdad dedicado a Cristo.

El doctor James Boyer escribe lo siguiente en relación con 1:16:

«El versículo 16 introduce una interesante excepción. Pablo de pronto recuerda a otros que también había bautizado a Estéfanas y su familia. Por 16:15 y 17 sabemos que este Estéfanas estaba entre los que habían llegado de Corinto y se hallaba probablemente presente en el momento cuando Pablo dictaba su carta. Puede ser que su presencia le recordara que también le había bautizado a él, cuando mencionaba a los demás. Así que si Pablo se olvidaba de Estéfanas también pudo haberse olvidado de otros, por lo que admite la posibilidad de que otros hubieran sido bautizados por él. Esto no está en contra de la doctrina de la inspiración. La inspiración no interfiere con el estilo personal y las características de los escritores individuales, ni tampoco la inspiración produce omnisciencia. La inspiración garantiza que lo que se ha escrito es lo que el Señor quería que se escribiera.» (*For a World Like Ours*, p. 32.)

«Pues no me envió Cristo a bautizar, sino a predicar el evangelio» (1:17). Este es probablemente el texto bíblico más fuerte que refuta la doctrina de la regeneración bautismal (la enseñanza no bíblica que afirma que debemos ser bautizados para ser salvos).

Notemos que Pablo no dice que Cristo le ha prohibido bautizar, porque el apóstol bautizó frecuentemente a sus convertidos (véanse Hch. 16:15, 33; 18:8; 19:5). Lo que está aquí diciendo es simplemente que el agua bautismal no es parte del evangelio de Cristo. Más adelante en esta misma carta Pablo define lo que es el evangelio:

«Además os declaro, hermanos, el evangelio ... que Cristo murió por nuestros pecados, conforme a las Escrituras, y que fue sepultado, y que resucitó al tercer día, conforme a las Escrituras» (1 Co. 15:1, 3, 4).

Este es el evangelio.

B. Favorecían la sabiduría humana (1:18—2:13).

Pablo les señala la necedad de esta tendencia, porque Dios había rechazado desde mucho tiempo ha la sabiduría humana.

«Pues está escrito: Destruiré la sabiduría de los sabios, y desecharé el entendimiento de los entendidos» (1:19). (Véanse también Job 5:12; Is. 29:14.)

Nota: En 3:19 Pablo escribe: «Él prende a los sabios en la astucia de ellos.» Podemos ver tres ejemplos clásicos en el Nuevo Testamento de esto mismo en Mateo 21:23-27 (en relación con el bautismo de Juan); Mateo 22:15-22 (en lo concerniente al tributo a César); y Juan 8:1-11 (en relación con una mujer adúltera). Dios en su eterna sabiduría eligió el método de la cruz para salvar a los hombres.

1. La reacción al plan de Dios.
   a. «Es un plan de necios.» (La conclusión de los inconversos; véase 1:18.)
   b. «Es poder de Dios.» (La conclusión de los creyentes; véase 1:18.)

      Nota: En el original se declara que los inconversos *perecen* y los creyentes se *salvan*. Tanto la salvación como la condenación aparecen en tiempo *presente*. (Véase Jn. 3:18, 26 en relación con los inconversos.) En relación con los salvos, el Nuevo Testamento describe su salvación en tres tiempos:

      (1) Tiempo pasado: Romanos 8:24 (justificación).
      (2) Tiempo presente: 1 Corintios 1:18 (santificación).
      (3) Tiempo futuro: Romanos 5:9 (glorificación).

   Al doctor Harry Ironside le preguntaron una vez si era salvo, a lo que el famoso pastor respondió: «Sí, he sido, lo estoy siendo, y lo seré.»
2. Los resultados del plan de Dios.
   a. Para los judíos que demandaban señales, era un tropezadero (1:22, 23. Véanse también Mt. 12:38; 16:1; Lc. 2:34.)

      Nota: Israel había rechazado el plan de Dios a pesar del hecho de que les había provisto de varias señales. (Véanse Jn. 3:2; 20:30; Hch. 2:19, 43; 5:12.)
   b. Para los griegos que buscaban «sabiduría» era locura (1:22, 23; véase también Hch. 17:21, 32.)
   c. Para todos los creyentes, que simplemente lo reciben (sin demandas) es santificación (1:30).
3. Las razones para el plan de Dios (caps. 27-29).

   «Sino que lo necio del mundo escogió Dios, para avergonzar a los sabios; y lo débil del mundo escogió Dios, para avergonzar a lo fuerte; y lo vil del mundo y lo menospreciado escogió Dios, y lo que no es, para deshacer lo que es, a fin de que nadie se jacte en su presencia.»

   Esto es, a fin de manifestar su gloria, Dios se deleita en escoger:
   a. Lo necio del mundo:
      (1) Un cordero que derrama su sangre en Éxodo 12.
      (2) Un roca golpeada en Éxodo 17.
      (3) Una serpiente de bronce en Números 21.
   b. Lo débil del mundo:
      (1) Una vara para derrotar a los egipcios en Éxodo 4.
      (2) Una honda para derrotar a un poderoso gigante en 1 Samuel 17.

(3) Una quijada de asno para derrotar a los filisteos en Jueces 15.

c. Lo vil del mundo y lo menospreciado:

(1) El hijo de una mujer ramera que llegó a ser un gran juez de Israel en Jueces 11.

(2) Una joven pagana que llegó a ser la bisabuela de David en Rut 4.

(3) Una mujer inmoral que se transformó en una gran ganadora de almas en Juan 4.

Nota: Pablo recuerda con tacto a la iglesia que había sido bueno que Dios no eligiera a los intelectuales y prestigiosos del mundo.

«Pues mirad, hermanos, vuestra vocación, que no sois muchos sabios según la carne, ni muchos poderosos, ni muchos nobles» (1:26).

El gran Juan Wesley recibió frecuentemente durante su ministerio la ayuda de una mujer noble de la alta sociedad británica llamada Lady Huntington. Esta generosa mujer, que dio tanto de su tiempo, talento y dinero para la obra de Cristo, testificaba en muchas ocasiones:

«Voy solamente al cielo gracias a la letra M. Le estoy muy agradecida a Pablo porque no dijo *ningún* noble es llamado, sino ni *muchos* nobles son llamados. Por tanto, sólo voy al cielo por la letra M.» [En inglés esta anécdota queda mejor ilustrada por la forma en que se escriben las palabras ningún (*any*) y muchos (*many*). Como puede apreciar el lector, la diferencia es sólo la letra m.) (Nota del editor.)]

4. El examen del plan de Dios (2:1-13). En estos versículos Pablo repasa su estadía en Corinto durante su segundo viaje misionero, cuando en este tiempo estableció la iglesia allí. Les recuerda:

a. Que el mensaje de la cruz no es del mundo (2:1-6).

«Así que, hermanos, cuando fui a vosotros para anunciaros el testimonio de Dios, no fui con excelencia de palabras o de sabiduría. Pues me propuse no saber entre vosotros cosa alguna sino a Jesucristo, y a éste crucificado. Y estuve entre vosotros con debilidad, y mucho temor y temblor; y ni mi palabra ni mi predicación fue con palabras persuasivas de humana sabiduría, sino con demostración del Espíritu y de poder» (2:1-4).

Antes de su visita a Corinto, Pablo les había hablado a los filósofos griegos en el Areópago de Atenas (Hch. 17:16-34). Pronunció allí un discurso poderoso y elocuente, combinando la filosofía, la poesía y la historia grandes verdades bíblicas. El mensaje, no obstante, produjo poco fruto. Algunos (aunque no todos) han concluido que aquí el apóstol está expresando su determinación de depender única y exclusivamente del poder del Espíritu Santo y no confiar para nada en la elocuencia, filosofía, etc. Otros piensan que su condición, como se describe en 2:3, era simplemente física, debido quizá al agotamiento nervioso. (Véase también 2 Co. 7:5.)

b. Que el mensaje de la cruz había sido ordenado desde antes de la fundación del mundo (2:8).

«La que ninguno de los príncipes de este siglo conoció; porque si la hubieran conocido, nunca habrían crucificado al Señor de gloria.»

c. Que el mensaje de la cruz está reservado para los herederos de este mundo (2:9-13).

«Antes bien, como está escrito: Cosas que ojo no vio, ni oído oyó, ni han subido en corazón de hombre, son las que Dios ha preparado para los que le aman. Pero Dios nos la reveló a nosotros por el Espíritu; porque el Espíritu todo lo escudriña, aun lo profundo de Dios» (2:9, 10).

C. Eran muy carnales (2:14—3:7). En estos extraordinarios versículos, Pablo divide a todos los hombres en tres categorías espirituales. Son:

1. El cadáver (el hombre natural): el hombre *psuchikos*.

«Pero el hombre natural no percibe las cosas que son del Espíritu de Dios, porque para él son locura, y no las puede entender, porque se han de discernir espiritualmente» (2:14).

Características del hombre *psuchikos:*

a. Quizá no esté completamente depravado (tanto como puede llegar a estar), pero es totalmente incapaz de comprender la Palabra de Dios (véase Hch. 8:31).

b. Ha llegado a la conclusión de que las Escrituras no tienen sentido (véanse Hch. 17:18, 32; 26:24).

c. Está muerto y necesita ser resucitado, porque no puede ser reavivado (véanse Ro. 5:12; Ef. 2:1).

2. El niño que llora (el hombre carnal): el hombre *sarkikos*.

«De manera que yo, hermanos, no pude hablaros como a espirituales, sino como a carnales, como a niños en Cristo» (3:1).

Características del hombre *sarkikos:*

a. Es incapaz de valerse por sí mismo, como un recién nacido. La palabra «niños» que se usa aquí en el original es *nepios*, y tiene el sentido de debilidad, de incapacidad para hablar, de inmadurez e inexperiencia. Efesios 4:14 también nos retrata esta condición:

«Para que ya no seamos niños fluctuantes, llevados por doquiera de todo viento de doctrina...» (véanse también Gá. 4:3; 2 P. 1:9).

b. Sólo es capaz de tomar leche (3:2). Esta condición siempre habla de infancia o de enfermedad. La leche es apropiada por un tiempo (1 P. 2:2), «pero el alimento sólido es para los que han alcanzado madurez, para los que por el uso tienen los sentidos ejercitados en el discernimiento del bien y del mal» (He. 5:14; véase también He. 5:11-13).

c. Camina y habla como un hombre inconverso. «¿No sois carnales, y andáis como hombres?» (3:3). Todos los creyentes deberíamos pensar en esta penetrante pregunta: «Si fuéramos arrestados y acusados de ser cristianos, ¿habría suficiente evidencia para condenarnos?» Los corintios al parecer podrían, en buena medida, haber salido inmunes.

d. Comparaban líderes espirituales en vez de verdades espirituales. (Véase 2:13 en oposición a 3:4.) Pablo responde a esto, diciendo: «Yo planté, Apolos regó; pero el crecimiento lo ha dado Dios» (3:6). Sólo Dios puede hacerlo (véase también 1 R. 18:30-38).

3. El conquistador (el hombre espiritual): el hombre *pneumatikos*.

«En cambio el espiritual juzga todas las cosas; pero él no es juzgado de nadie» (2:15).

Características del hombre *pneumatikos:*

a. *No* es un santurrón.
b. *No* es superior (en asuntos de talento, vigor, antecedentes, dinero, etc.).
c. *No* es sensacionalista.
d. *No* es un empalagoso.
e. *No* es excesivamente estricto.
f. *No* se separa de la sociedad.
g. *No* es superficial.
h. *No* es débil de carácter.
i. *Es* espiritual. Ser espiritual es estar en armonía con Dios, como lo están sus leyes (Ro. 7:14). Es decir, un hombre espiritual es uno que está controlado y motivado por el Espíritu Santo. (Véanse 1 Co. 15:46; Gá. 5:16, 25.)

A causa de esto puede juzgar correctamente «todas las cosas» (2:15). (Véase también 2 Ti. 2:15 en oposición a 2 P. 3:14-17.)

Pablo declara que «nosotros tenemos la mente de Cristo» (2:16). Todos los creyentes gozan de ello posicionalmente (2 Co. 5:17), pero el hombre espiritual lo tiene experimentalmente (Fil. 2:5).

D. Se olvidaban del juicio futuro (3:8-23).

1. El significado del *bema*. La palabra griega *bema* (que traducimos por «tribunal de Cristo» en la versión Reina-Valera), era un término familiar en los días del apóstol Pablo. El doctor Lehman Strauss escribe al respecto:

«En el gran estadio donde se celebraban las olimpiadas de la antigua Grecia había un lugar elevado donde se sentaba el juez de los juegos. Después que se habían terminado las competencias, todos los que habían ganado se reunían ante el *bema* para recibir su galardón o corona. El *bema* no era un tribunal judicial donde la gente recibía condenas, sino que era el lugar de los premios. De igual manera, el tribunal de Cristo no es un lugar de juicio y condena. La vida cristiana es como una carrera y el gran árbitro observa a cada participante. Después que la iglesia haya corrido su carrera, congregará a cada miembro delante del *bema* con el propósito de examinarle y concederle el galardón que le corresponda.» (*God's Plan for the Future*, p. 111.)

2. La realidad del *bema*. Muchos versículos del Nuevo Testamento hablan acerca de ello.

«Pero tú, ¿por qué juzgas a tu hermano? O tú también, ¿por qué menosprecias a tu hermano? Porque todos compareceremos antes el tribunal de Cristo. Porque escrito está: Vivo yo, dice el Señor, que ante mí se doblará toda rodilla, y toda lengua confesará a Dios. De manera que cada uno de nosotros dará a Dios cuenta de sí» (Ro. 14:10-12).

«La obra de cada uno se hará manifiesta; porque el día la declarará...» (1 Co. 3:13).

«Porque es necesario que todos nosotros comparezcamos ante el tribunal de Cristo...» (2 Co. 5:10).

3. El propósito del *bema*.

a. Las consideraciones negativas.

(1) El propósito del *bema* no es determinar si una persona en particular entra en el cielo o no, pues el destino eterno de cada persona ya ha sido determinado antes de que él deje esta vida.

(2) El propósito del *bema* no es castigar a los creyentes por pecados cometidos antes o después de su salvación. Las Escrituras son muy claras en indicar que ningún hijo de Dios tendrá que responder por sus pecados después de esta vida.

«No ha hecho con nosotros conforme a nuestras iniquidades, ni nos ha pagado conforme a nuestros pecados. Porque como la altura de los cielos sobre la tierra, engrandeció su misericordia sobre los que le temen. Cuanto está lejos el oriente del occidente, hizo alejar de nosotros nuestras rebeliones» (Sal. 103:10-12).

«... mas a ti agradó librar mi alma del hoyo de corrupción; porque echaste tras tus espaldas todos mis pecados» (Is. 38:17).

«Yo deshice como una nube tus rebeliones, y como niebla tus pecados...» (Is. 44:22).

«... sepultará nuestras iniquidades, y echará en lo profundo del mar todos nuestros pecados» (Mi. 7:19).

«Porque seré propicio ... y nunca más me acordaré de sus pecados y de sus iniquidades» (He. 8:12).

«... y la sangre de Jesucristo su Hijo nos limpia de todo pecado» (1 Jn. 1:7).

b. Consideraciones positivas. ¿Cuál es, entonces, el propósito del *bema* (el tribunal de Cristo)? Pablo nos dice en 1 Corintios 4:2 que todos los cristianos deben actuar como fieles mayordomos de Dios: «Ahora bien, se requiere de los administradores, que cada uno sea hallado fiel.» El apóstol Pedro escribió después de una manera similar: «... minístrelo ... como buenos administradores de la multiforme gracia de Dios» (1 P. 4:10).

En el mundo del Nuevo Testamento, un mayordomo era el responsable de la administración de los bienes de una familia. Era nombrado por el dueño y se le encargaba que cuidara de que todo funcionara bien. Tenía autoridad para contratar y despedir personal, para gastar y ahorrar, y era solamente responsable ante el propietario. Su única preocupación era la entrevista periódica con el amo en la que tenía que rendir cuentas de lo hecho hasta ese momento. Con este trasfondo en mente, podemos decir que un día todos los mayordomos compareceremos ante el *bema* de Cristo, nuestro Señor y Maestro, y que nos pedirán que rindamos cuentas de lo que hayamos hecho con nuestros privilegios y responsabilidades desde el momento de nuestra conversión. En resumen, podemos decir que:

(1) En el pasado Dios trató con nosotros como pecadores (Ef. 2:1-3; 1 Co. 6:9-11; Ro. 5:6-8).

(2) En el presente Dios trata con nosotros como hijos (Ro. 8:14; He. 12:5-11; 1 Jn. 3:1, 2).

(3) En el futuro Dios tratará con nosotros (en el *bema*) como mayordomos.

4. El material que será probado en el *bema* (tribunal de Cristo). En 1 Corintios 3:11 el apóstol Pablo nos explica el hecho glorioso de que en el momento de la salvación, el pecador arrepentido es colocado firmemente sobre el fundamento de la muerte, sepultura y resurrección de Cristo mismo. Su instrucción continua después de la salvación es que edifique sobre este fundamento. Pablo dice:

«... pero cada uno mire cómo sobreedifica ... y si sobre este fundamento alguno edificare oro, plata, piedras preciosas, madera, heno, hojarasca, la obra de cada uno se hará manifiesta; porque el día la declarará, pues por el fuego será revelada; y la obra de cada uno cuál sea, el fuego la probará» (1 Co. 3:10, 12, 13).

a. Consideraciones negativas. Debemos hacer notar inmediatamente que este pasaje *no* enseña la falsa doctrina conocida como el purgatorio, porque son las *obras* del creyente, y no el *creyente mismo*, las que serán sometidas al fuego.

b. Consideraciones positivas. Parece ser, según estos versículos, que Dios clasifica las obras de los creyentes en las siguientes seis áreas: oro, plata, piedras preciosas, madera, heno, hojarasca. Ha habido mucha especulación acerca de la clase de obras que se hacen en la tierra que constituirán oro y plata en el cielo. Parece más apropiado notar que estos seis objetos pueden ser fácilmente puestos en dos categorías:

(1) Aquellos objetos que son valiosos e indestructibles y que resisten el fuego, como el oro, la plata y las piedras preciosas.

(2) Aquellos que son objetos destructibles y menos valiosos, que son completamente consumidos por el fuego, como son la madera, el heno y la hojarasca.

c. Aunque es difícil saber exactamente qué es lo que compone una «obra de oro» o una «obra de hojarasca», la Palabra nos informa, no obstante, de ciertas áreas generales en las que Dios está muy interesado.

(1) Cómo tratamos a otros creyentes.

«Porque Dios no es injusto para olvidar vuestra obra y el trabajo de amor que habéis mostrado hacia su nombre, habiendo servido a los santos y sirviéndoles aún» (He. 6:10).

«El que recibe a un profeta por cuanto es profeta, recompensa de profeta recibirá; y el que recibe a un justo por cuanto es justo, recompensa de justo recibirá. Y cualquiera que dé a uno de estos pequeñitos un vaso de agua fría solamente, por cuando es discípulo, de cierto os digo que no perderá su recompensa» (Mt. 10:41, 42).

(2) Cómo ejercemos nuestra autoridad sobre otros.

«Obedeced a vuestros pastores, y sujetaos a ellos; porque ellos velan por vuestras almas, como quienes han de dar cuenta; para que lo hagan con alegría, y no quejándose, porque esto no es provechoso» (He. 13:17).

«Hermanos míos, no os hagáis maestros muchos de vosotros, sabiendo que recibiremos un juicio más severo» (Stg. 3:1, *La Biblia de las Américas*).

(3) Cómo usamos los dones que Dios nos ha dado.

«Por lo cual te aconsejo que avives el fuego del don de Dios que está en ti...» (2 Ti. 1:6).

«Ahora bien, hay diversidad de dones, pero el Espíritu es el mismo ... pero todas estas cosas las hace uno y el mismo Espíritu, distribuyendo individualmente a cada uno según la voluntad de Él» (1 Co. 12:4, 11, *La Biblia de las Américas*).

«Según cada uno ha recibido un don especial, úselo sirviéndoos los unos a los otros como buenos administradores de la multiforme gracia de Dios» (1 P. 4:10, *La Biblia de las Américas*).

A estos versículos podemos añadir la enseñanza general de las parábolas de Jesús de las minas (Lc. 19:11-26) y de los talentos (Mt. 25:14-29).

(4) Cómo usamos nuestro dinero.

«A los ricos de este siglo manda que no sean altivos, ni pongan la esperanza en las riquezas, las cuales son inciertas, sino en el Dios vivo, que nos da todas las cosas en abundancia para que las disfrutemos. Que hagan bien, que sean ricos en buenas obras, dadivosos, generosos; atesorando para sí buen fundamento para lo por venir, que echen mano de la vida eterna» (1 Ti. 6:17-19).

«Pero esto digo: El que siembra escasamente, también segará escasamente; y el que siembra generosamente, generosamente también segará. Cada uno dé como propuso en su corazón: no con tristeza, ni por necesidad, porque Dios ama al dador alegre» (2 Co. 9:6, 7).

«Cada primer día de la semana cada uno de vosotros ponga aparte algo, según haya prosperado...» (1 Co. 16:2).

(5) Cuánto sufrimos por Jesús.

«Bienaventurados sois cuando por mi causa os vituperen y os persigan, y digan toda clase de mal contra vosotros, mintiendo. Gozaos y alegraos, porque vuestro galardón es grande en los cielos; porque así persiguieron a los profetas que fueron antes de vosotros» (Mt. 5:11, 12).

«Amados, no os sorprendáis del fuego de prueba que os ha sobrevenido, como si alguna cosa extraña os aconteciese, sino gozaos por cuanto sois participantes de los padecimientos de Cristo, para que también en la revelación de su gloria os gocéis con gran alegría» (1 P. 4:12, 13).

«Respondió Jesús y dijo: De cierto os digo que no hay ninguno que haya dejado casa, o hermanos, o hermanas, o padre, o madre, o mujer, o hijos, o tierras, por causa de mí y del evangelio, que no reciba cien veces más ahora en este tiempo; casas, hermanos, hermanas, madres, hijos, y tierras, con persecuciones; y en el siglo venidero la vida eterna» (Mr. 10:29, 30).

«Porque esta leve tribulación momentánea produce en nosotros un cada vez más excelente y eterno peso de gloria» (2 Co. 4:17).

«Pues tengo por cierto que las aflicciones del tiempo presente no son comparables con la gloria venidera que en nosotros ha de manifestarse» (Ro. 8:18).

(6) Cómo usamos nuestro tiempo.

«Aprovechando bien el tiempo, porque los días son malos» (Ef. 5:16).

«Andad sabiamente para con los de afuera, redimiendo el tiempo» (Col. 4:5).

«Y si invocáis por Padre a aquel que sin acepción de personas juzga según la obra de cada uno, conducíos en temor todo el tiempo de vuestra peregrinación» (1 P. 1:17).

(7) Cómo corremos esa carrera en particular que Dios ha escogido para nosotros.

«¿No sabéis que los que corren en el estadio, todos a la verdad corren, pero uno solo se lleva el premio? Corred de tal manera que lo obtengáis» (1 Co. 9:24).

«Hermanos, yo mismo no pretendo haberlo ya alcanzado; pero una cosa hago: olvidando ciertamente lo que queda atrás, y extendiéndome a lo que está delante, prosigo a la meta, al premio del supremo llamamiento de Dios en Cristo Jesús» (Fil. 3:13, 14).

«... despojémonos de todo peso y del pecado que nos asedia, y corramos con paciencia la carrera que tenemos por delante» (He. 12:1).

«Asidos de la palabra de vida, para que en el día de Cristo yo pueda gloriarme de que no he corrido en vano, ni en vano he trabajado» (Fil. 2:16).

(8) Cuán efectivamente controlamos la vieja naturaleza.

«Todo aquel que lucha, de todo se abstiene; ellos, a la verdad, para recibir una corona corruptible, pero nosotros, una incorruptible. Así que, yo de esta manera corro, no como a la ventura; de esta manera peleo, no como quien golpea el aire, sino que golpeo mi cuerpo, y lo pongo en servidumbre, no sea que habiendo sido heraldo para otros, yo mismo venga a ser eliminado» (1 Co. 9:25-27).

(9) A cuántas almas he testificado y ganado para Cristo.

«El fruto del justo es árbol de vida; y el que gana almas es sabio» (Pr. 11:30).

«Porque, ¿cuál es nuestra esperanza, o gozo, o corona de que me gloríe? ¿No lo sois vosotros, delante de nuestro Señor Jesucristo, en su venida? Vosotros sois nuestra gloria y gozo» (1 Ts. 2:19, 20).

«Los entendidos resplandecerán como el resplandor del firmamento; y los que enseñan la justicia a la multitud, como las estrellas a perpetua eternidad» (Dn. 12:3).

(10) Cómo reaccionamos a la tentación.

«Hermanos míos, tened por sumo gozo cuando os halléis en diversas pruebas, sabiendo que la prueba de vuestra fe produce paciencia» (Stg. 1:2, 3).

«No temas en nada lo que vas a padecer. He aquí, el diablo echará a algunos de vosotros en la cárcel, para que seáis probados, y tendréis tribulación por diez días. Sé fiel hasta la muerte, y yo te daré la corona de la vida» (Ap. 2:10).

(11) Cuánto significa para nosotros la doctrina del rapto.

«Por lo demás, me está guardada la corona de justicia, la cual me dará el Señor, juez justo, en aquel día; y no sólo a mí, sino también a todos los que aman su venida» (2 Ti. 4:8).

(12) Cuán fieles somos a la Palabra y al rebaño de Dios.

«Apacentad la grey de Dios que está entre vosotros, cuidando de ella, no por fuerza, sino voluntariamente; no por ganancia deshonesta, sino con ánimo pronto; no teniendo señorío sobre los que están a vuestro cuidado, sino siendo ejemplos de la grey. Y cuando aparezca el Príncipe de los pastores, vosotros recibiréis la corona incorruptible de gloria» (1 P. 5:2-4).

«Te encarezco delante de Dios y del Señor Jesucristo, que juzgará a los vivos y a los muertos en su manifestación y en su reino, que prediques la palabra; que instes a tiempo y fuera de tiempo; redarguye, reprende, exhorta con toda paciencia y doctrina» (2 Ti. 4:1, 2).

«Por tanto, yo os protesto en el día de hoy, que estoy limpio de la sangre de todos; porque no he rehuido anunciaros todo el consejo de Dios. Por tanto, mirad por vosotros, y por todo el rebaño en que el Espíritu Santo os ha puesto por obispos, para apacentar la iglesia del Señor, la cual él ganó por su propia sangre» (Hch. 20:26-28).

5. Los resultados del *bema* (tribunal) de Cristo.

a. Algunos recibirán recompensas.

«Si permaneciere la obra de alguno que sobreedificó, recibirá recompensa» (1 Co. 3:14).

La Biblia menciona al menos cinco posibles galardones. Ya los describimos brevemente bajo la última sección. Estas recompensas son:

(1) La corona incorruptible, la cual se dará a aquellos que dominan su vieja naturaleza (1 Co. 9:25-27).

(2) La corona de gloria y gozo, la cual se dará a los ganadores de almas (Pr. 11:30; 1 Ts. 2:19, 20; Dn. 12:3).

(3) La corona de vida, la cual se dará a aquellos que triunfan sobre la tentación (Stg. 1:2, 3; Ap. 2:10).

(4) La corona de justicia, la cual se dará a aquellos que aman de manera especial la doctrina del rapto (2 Ti. 4:8).

(5) La corona de gloria, la cual se dará a los pastores y maestros fieles (1 P. 5:2-4; 2 Ti. 4:1, 2; Hch. 20:26-28).

Se ha sugerido que estas «coronas» serán en realidad talentos y habilidades con los cuales glorificar a Cristo. De manera que cuanto mayor sea el galardón, mayor será la habilidad.

b. Algunos sufrirán pérdidas.

«Si la obra de alguno se quemare, él sufrirá pérdida, si bien él mismo será salvo, aunque así como por fuego» (1 Co. 3:15).

La palabra para «sufrir» que se usa aquí en el griego del Nuevo Testamento es *zemioo*, y Pablo la usa de nuevo en Filipenses capítulo 3 para describir aquellas cosas que fueron su mayor fuente de orgullo antes de su conversión. Nos dice:

«Circuncidado al octavo día, del linaje de Israel, de la tribu de Benjamín, hebreo de hebreos; en cuanto a la ley, fariseo; en cuanto a celo, perseguidor de la iglesia; en cuanto a la justicia que es en la ley, irreprensible» (Fil. 3:5, 6).

Pero después de su conversión, Pablo escribe: «... por amor del cual lo he perdido todo ... para ganar a Cristo» (Fil. 3:8). Lo que nos dice toda esta enseñanza es simplemente esto: ante el *bema* el cristiano carnal sufrirá la pérdida de muchos logros alcanzados en el pasado, como le sucedió a Pablo, pero con una excepción importante: Pablo quedó compensado con creces, porque lo perdió todo para ganar a Cristo, mientras que el cristiano carnal no recibirá nada para reemplazar su madera, heno y hojarasca que el fuego consumió. Antes de dejar esta sección, podemos hacer la siguiente pregunta: «¿Es posible para un creyente perder a causa de la carnalidad los galardones que haya podido ganar aquí?» Algunos creen que esto es ciertamente posible en base de los siguientes versículos:

«Mirad por vosotros mismos, para que no perdáis el fruto de vuestro trabajo, sino que recibáis galardón completo» (2 Jn. 8).

«He aquí, yo vengo pronto; retén lo que tienes, para que ninguno tome tu corona» (Ap. 3:11).

«Nadie os prive de vuestro premio...» (Col. 2:18).

c. El pasaje en 3:14-17 señala en realidad tres clases de edificadores:

(1) El edificador sabio (3:14).

(2) El edificador carnal (3:15).

(3) El edificador impío (3:17).

El edificador inicuo *no* estará, por supuesto, ante el *bema*, pero sí estará en el juicio del gran trono blanco (Ap. 20:11-15). La palabra «destruirá» en 3:17 es *phtheiro* en el original griego y aparece frecuentemente asociada en el Nuevo Testamento con doctrina falsa y maestros corrompidos. (Véanse 1 Co. 15:33; Ef. 4:22; 2 P. 2:12; Jud. 10; Ap. 19:2.)

Debemos también observar que nos pedirán cuentas no sólo por lo que *hicimos*, sino también por lo que *podíamos* haber hecho de haberlo hecho (Ap. 3:1-3; Lc.

12:48; 1 Co. 4:1), y de lo que hubiéramos hecho si hubiéramos podido (Mt. 26:41; 1 R. 8:18).

6. En el Antiguo Testamento encontramos prefigurado el *bema*, (el tribunal de Cristo). Aunque la Iglesia no aparece mencionada para nada en el Antiguo Testamento, hay no obstante un pasaje que puede ser fácilmente aplicado al *bema*. Lo podemos encontrar en las palabras de Booz (una prefiguración de Cristo) a Rut (una prefiguración de la Iglesia), cuando dice: «He sabido todo lo que has hecho ... Jehová recompense tu obra, y tu remuneración sea cumplida de parte de Jehová Dios de Israel, bajo cuyas alas has venido a refugiarte» (Rt. 2:11, 12).

E. Se estaban agradando a sí mismos (4:1-21). Los líderes corintios estaban aparentemente hinchados de orgullo a causa de su autoridad en la iglesia local. Pablo intenta corregir esta pecaminosa actitud:
   1. Mediante seis ejemplos gráficos. En los capítulos 3 y 4, el apóstol nos describe la obra de un verdadero ministro de Cristo.
      a. Es un labrador (3:6). Tiene que cultivar.
      b. Es un albañil (3:10). Tiene que construir.
      c. Es un administrador (4:1). Tiene que estar en control.
      d. Es un padre (4:15). Tiene que aconsejar.
      e. Es un maestro (4:17). Tiene que comunicar.
      f. Es uno que disciplina (4:21). Tiene que corregir.
   2. Mediante dos ejemplos proféticos.
      a. Concerniente al *bema* (4:3-5). Los corintios en su orgullo se habían sentido en perfecta libertad de enjuiciar a los obreros cristianos. Sin embargo, Pablo les advierte contra:
         (1) Juzgar a otros.
         (2) Juzgarse incluso a sí mismos. La razón, por supuesto, es que debían esperar «hasta que venga el Señor, el cual aclarará también lo oculto de las tinieblas, y manifestará las intenciones de los corazones; y entonces cada uno recibirá su alabanza de Dios» (4:5).
      b. Acerca del milenio (4:8-10). Pablo emplea aquí uno de los mejores ejemplos de divino sarcasmo que tenemos en toda la Biblia. Hace la observación de que los corintios, por la manera en que se pavoneaban, parecían haberse convencido a sí mismos de que ya estaban realmente reinando en el milenio.
   3. Por medio del ejemplo personal de la vida de Pablo.
      a. Sus sufrimientos por el Salvador.
         (1) Había sido golpeado (la palabra indica golpes con puño cerrado), despreciado, ultrajado, perseguido, difamado. Notemos, sin embargo, su reacción a todo esto:

            «... nos maldicen, y bendecimos; padecemos persecución, y la soportamos. Nos difaman, y rogamos...» (4:12, 13).

         (2) Había padecido hambre, sed, desnudez, y «no tenemos morada fija» (4:11).
         (3) Había trabajado con sus propias manos para atender a sus necesidades. La palabra «trabajar» en 4:12 es *kopiao* en griego, que habla de la tarea que fatiga y aburre. No era simplemente el ganarse la vida, era un tipo de trabajo que requería bastante esfuerzo. (Véanse también 1 Ts. 2:9; 2 Co. 11:7.)
         (4) Pablo era considerado la «escoria del mundo, y el desecho de todos».
         (5) Era como un prisionero capturado y condenado que lo exhibían en un desfile romano, siendo un espectáculo para todos.

         Alguien ha señalado que el problema con los cristianos en muchos países hoy es que nadie trata de matarlos.
      b. Su preocupación por los santos.

         «No escribo esto para avergonzaros, sino para amonestaros como a hijos míos amados. Porque aunque tengáis diez mil ayos en Cristo, no tendréis muchos padres; pues en Cristo Jesús yo os engendré por medio del evangelio. Por tanto, os ruego que me imitéis» (4:14-16).

         Notemos que Pablo les amonesta a que le imiten a él. Repite esta petición al menos en otras tres ocasiones (1 Co. 11:1; 2 Ts. 3:9; Fil. 3:17). A la luz de esto no es muy bíblico para un pastor o líder cristiano (no importa cuán sincero sea) exhortar a su pueblo diciéndoles: «No miren a mi vida, no hagan lo que yo hago; ni incluso me miren como un ejemplo, solamente miren a Cristo.» Vean las palabras de Jesús sobre esto en Mateo 5:13-16. Notemos también las palabras de Pablo: «Yo os engendré por medio del evangelio» (4:15), que pueden compararse con las que encontramos en Gálatas 4:19 y 1 Tesalonicenses 2:11.

F. No estaban disciplinando (5:1-13).
   1. La necesidad de disciplina: «De cierto se oye que hay entre vosotros fornicación» (5:1). La palabra griega para fornicación es *porneia* (que es la raíz de la palabra pornografía). Pablo usa esta palabra diecisiete veces en sus escritos, de las que once veces aparece en 1 Corintios. Aquí la situación es la de un hombre que tiene relaciones sexuales con su madrastra. Notamos que
      a. Era un miembro de la iglesia. Se infiere:
         (1) Porque su compañera de pecado no es amonestada. La preocupación de Pablo se centra en que el pecado había sido cometido por un creyente. Aparentemente la mujer no era miembro.
         (2) Pablo ordena que sea expulsado de la comunión de la iglesia.
      b. Era reconocido como culpable: «De cierto se oye» (5:1).
      c. No se había arrepentido.
   2. La falta de disciplina. «Y vosotros estáis envanecidos. ¿No debierais más bien haberos lamentado, para que fuese quitado de en medio de vosotros el que cometió tal acción?» (5:2).

Estaban envanecidos, no por el pecado en sí, sino de su tolerancia y orgullo. A veces la tolerancia puede ser una manifiesta traición.

Pablo les reprende por no lamentarse por aquella tragedia. Cuanto mejor hubiera sido que aquellos envanecidos corintios hubieran seguido el consejo de los siguientes versículos:

> «Afligíos, y lamentad, y llorad. Vuestra risa se convierta en lloro, y vuestro gozo en tristeza» (Stg. 4:9).
>
> «Los sacrificios de Dios son el espíritu quebrantado; al corazón contrito y humillado no despreciarás tú, oh Dios» (Sal. 51:17).

Pero aparte de esta actitud de altivez, la corrupción en la iglesia hacía llorar el tierno corazón de Pablo, quien después escribiría:

> «Porque por la mucha tribulación y angustia del corazón os escribí con muchas lágrimas...» (2 Co. 2:4).

3. La autoridad para disciplinar. «En el nombre de nuestro Señor Jesucristo, reunidos vosotros y mi espíritu, con el poder de nuestro Señor Jesucristo» (5:4). Aunque se le advierte al cristiano individual que no juzgue a otro cristiano (1 Co. 4:5), la iglesia reunida en asamblea sí tiene ese derecho y la responsabilidad. (Véase también Mt. 18:20.)
4. El procedimiento de la disciplina. El Nuevo Testamento presenta varios pasos específicos para el ejercicio de la disciplina.
   a. Primero: «Por tanto, si tu hermano peca contra ti, ve y repréndele estando tú y él solos; si te oyere, has ganado a tu hermano» (Mt. 18:15). En esta etapa inicial debe prevalecer el espíritu de Gálatas 6:1:
      «Hermanos, si alguno fuere sorprendido en alguna falta, vosotros que sois espirituales, restauradle con espíritu de mansedumbre, considerándote a ti mismo, no sea que tú también seas tentado.»
   b. Segundo: «Mas si no oyere, toma aún contigo a uno o dos, para que en boca de dos o tres testigos conste toda palabra» (Mt. 18:16).
   c. Tercero: «Si no los oyere a ellos [que no les hiciera caso para nada], dilo a la iglesia» (18:17*a*).
   d. Cuarto: «Y si no oyere a la iglesia, tenle por gentil y publicano» (Mt. 18:17*b*). «Mas no le tengáis por enemigo, sino amonestadle como a hermano» (2 Ts. 3:15).
5. La seriedad de la disciplina.
   «El tal sea entregado a Satanás para destrucción de la carne, a fin de que el espíritu sea salvo en el día del Señor Jesús» (5:5).
   ¿Qué significa hacer esto? El término griego para *destrucción* que tenemos aquí es *olethros*, una referencia al acto de dañarse o echarse a perder algo. Pablo aparentemente les estaba diciendo: «Si este hermano se lo está pasando tan bien en su pecado, retírenlo por completo de la comunión con la iglesia y déjenle que Satanás lo zarandee un poco. Déjenle que pruebe lo que significa vivir en un mundo hostil sin el apoyo de las oraciones y sin el ministerio de una iglesia local.»
   De manera que cuando una iglesia local actúa así según la enseñanza y el espíritu de la Biblia, está cumpliendo literalmente el mandamiento divino de Job 2:6:
   «Y Jehová dijo a Satanás: He aquí, él está en tu mano; mas guarda su vida.»
   Pablo se vio forzado más tarde a tomar esta medida drástica con otras dos personas:
   «Manteniendo la fe y buena conciencia, desechando la cual naufragaron en cuanto a la fe algunos, de los cuales son Himeneo y Alejandro, a quienes entregué a Satanás para que aprendan a no blasfemar» (1 Ti. 1:19, 20).
6. La razón para la disciplina.
   a. Ayudar a la persona a reconciliarse con Dios, lo cual se logró porque aquel hombre se arrepintió (véase 2 Co. 2:6-8).
   b. Impedir que el pecado se extienda por toda la iglesia. «No es buena vuestra jactancia. ¿No sabéis que un poco de levadura leuda toda la masa?» (5:6). La levadura es un tipo del mal en la Biblia (véanse Mt. 16:6; Gá. 5:9).
   c. Para mantener el ideal de Cristo ante un mundo que observaba. (Véase Hch. 5:1-13.) Una de las razones por las que la iglesia tiene tan poca influencia en el mundo hoy es porque el mundo tiene demasiada influencia en la iglesia.
7. El alcance de la disciplina.
   a. Negativo: la iglesia no está para juzgar al mundo; es decir, no está para criticar y regañar a los inconversos porque fumen, jueguen a los juegos de azar, etc., sino para llevarlos a Cristo.
   b. Positivo: en el Nuevo Testamento aparecen al menos tres tipos de personas que deben ser separados de la comunión con la iglesia local.
      (1) El que crea dificultades constantemente (Pr. 6:19; 2 Ts. 3:6, 11, 14).
      (2) La persona de conducta inmoral (como esta que hemos visto en 1 Co. 5).
      (3) El herético (aquel que niega la divinidad de Cristo, el nacimiento virginal, etc.; Tit. 3:10; Ro. 16:17, 18).

G. Estaban fragmentando el cuerpo de Cristo.

«¿Osa alguno de vosotros, cuando tiene algo contra otro, ir a juicio delante de los injustos, y no delante de los santos?» (6:1).

1. Ante los ojos de Dios esta era una conducta impropia (6:1-7).
   a. Debido a quiénes estaban ellos juzgando en aquel momento, esto es, a otros creyentes. Pablo no está condenando aquí el sistema judicial como institución, porque él mismo lo había usado (véase Hch. 25:10, 11). Lo que está diciendo es que los cristianos que están reñidos deberían usar de todos los medios a su disposición para acabar con sus dificultades legales y no llevarse el uno al otro ante los tribunales paganos.
   b. A causa de a quiénes tenían ellos que juzgar en el futuro, es decir, al mundo y a los ángeles (véanse Dn. 7:18, 22; Mt. 19:28; 2 P. 2:4; Jue. 6; Ap. 20:4.)

2. Su acción era ilegal ante los ojos de Dios (6:8). «Pero vosotros cometéis el agravio, y defraudáis, y esto a los hermanos.» En otras palabras, no sólo rehusaron arreglar sus problemas fuera de los tribunales, sino que planeaban defraudarse los unos a los otros en los tribunales.
3. Su acción era desmedida ante los ojos de Dios (6:9-14).

   «Todas las cosas me son lícitas, mas no todas convienen; todas las cosas me son lícitas, mas yo no me dejo dominar de ninguna» (6:12).

   Por «todas las cosas» Pablo se está refiriendo, por supuesto, a todas las cosas *morales*. La palabra *lícitas* es en griego *sumphero* y la encontramos en otros lugares, significando «conveniente», «prudente» «propio». (Véanse Jn. 11:50; 16:7 donde aparece la misma palabra.)

   Los versículos 9 y 10 han preocupado a algunos cristianos, pero aquí el énfasis no está en la frase «no heredarán el reino de Dios» del versículo 9, sino en la frase «y esto erais algunos» del versículo 11. (Véanse Ef. 2:1, 2; 5:5; Tit. 3:3.)
4. La acción era inmoral a los ojos de Dios (6:15-20).
   a. Porque nuestros cuerpos son los miembros del Salvador. Pablo pregunta:

      «¿No sabéis que vuestros cuerpos son miembros de Cristo? ¿Quitaré, pues, los miembros de Cristo y los haré miembros de una ramera? De ningún modo» (6:15).

      El creyente tiene prohibido involucrarse en forma no bíblica en el sistema de este mundo pervertido. El hijo de Dios debe *huir* de todo contacto indebido en cuanto al sexo (1 Co. 6:18; 2 Ti. 2:22), el dinero (1 Ti. 6:10, 11), y la sociedad (1 Co. 10:14).
   b. Porque nuestros cuerpos son templos del Espíritu Santo (6:19, 20). (Véase también 1 P. 1:18, 19.)

III. La respuesta (caps. 7—16). Pablo les escribe ahora en relación a preguntas que le había hecho la iglesia de Corinto. En estos capítulos restantes Pablo responde al menos a seis de dichas preguntas. Pregunta número 1: ¿Qué hay en cuanto al matrimonio? (cap. 7).

A. Dificultades en relación con este capítulo. De todas las epístolas de Pablo, que contienen en total 100 capítulos, ninguna sección ha sido tan mal entendida como esta de 1 Corintios capítulo 7. Algunos han leído estos versículos y han sacado la conclusión errónea de que:
1. Pablo aborrecía el matrimonio en general y a las mujeres en particular. Esto es totalmente falso. (Véanse sus declaraciones en He. 13:4; Ef. 5:25-33; 1 Ti. 4:1-5; 5:14.)
2. Pablo enseñaba que las personas solteras podían servir mejor a Dios que las casadas. ¡Eso no es cierto! (Véase 1 Ti. 3:2, 11.)
3. Pablo admite que no habla por inspiración divina en este capítulo. Se ofrecen los siguientes cuatro versículos como «prueba» de ello:
   a. «Mas esto digo por vía de concesión, no por mandamiento» (7:6).
   b. «Y a los demás yo digo, no el Señor...» (v. 12).
   c. «En cuanto a las vírgenes no tengo mandamiento del Señor; mas doy mi parecer...» (v. 25).
   d. «Pero a mi juicio, más dichosa será si se quedare así; y pienso que también yo tengo el Espíritu de Dios» (v. 40).
4. Examinemos ahora brevemente cada uno de estos pasajes:
   a. Lo que Pablo estaba simplemente diciendo es que su opinión no era un mandamiento sino una sugerencia divina. Véase Romanos 12:1 para un pasaje comparable.
   b. El versículo 12 lo podemos explicar comparándolo con el versículo 10. En el 10 Pablo cita un mandamiento dado por el mismo Señor Jesús mientras estaba en la tierra (véase Mt. 19:6). Pero aquí tenemos una situación de grupo (uno de ellos convertido, el otro no) para el cual Jesús no había dado mandamiento mientras estuvo en la tierra, pero ahora lo hace desde el cielo por medio de la pluma inspirada de Pablo.
   c. La misma respuesta que dimos para el versículo 12 se puede aplicar para el 25.
   d. La palabra «pienso» que aparece aquí la podemos también traducir por «persuadido» (1 Co. 7:40). (Véanse Mt. 22:42; 1 Co. 8:2 donde se usa el mismo término griego. Véase también la declaración de Pablo en 1 Ti. 3:16; 1 Co. 2:4.)

B. Varias soluciones para este capítulo. Admitamos que 1 Corintios 7 es un capítulo difícil. No obstante, debemos tener en cuenta varios hechos.
1. Los capítulos 7—16 contienen las *respuestas* de Pablo a varias preguntas que la iglesia de Corinto le había hecho. Debemos, pues, recordar que aquí *sólo* aparecen las respuestas. Es muy posible, por consiguiente, que el conocimiento de la naturaleza de las *preguntas* arrojaría mucha luz sobre las respuestas. Pero por alguna razón Dios no quiso conservar esta información para nosotros.
2. Ciertos versículos en esta capítulo nos indican que el apóstol estaba dando un consejo en particular para el gobierno de una iglesia en particular en un momento concreto de la historia. Algunos de estos versículos se aplican a todos los cristianos, pero otros no. (Véase especialmente 7:7, 26, 29, 35.)

C. Los varios grupos de este capítulo. El contenido está dirigido a tres grupos de personas.
1. Aquellos matrimonios en los que ambos cónyuges son creyentes (7:1-11).
   a. Ambos cónyuges deben «cumplir» el uno con el otro (7:3). Esta frase se traduce por «buena voluntad» en Efesios 6:7.
   b. Ninguno de los cónyuges debe «negarse» al otro (7:5). El contexto nos muestra que se refiere a los derechos del uso matrimonial. Pablo les recuerda a los dos que ninguno tiene «potestad» sobre su propio cuerpo. Esto no quiere decir que no exista en el matrimonio el derecho de propiedad por separado sobre uno mismo. Ningún esposo o esposa puede citar con derecho las palabras de Mateo 20:15 a la otra parte: «¿No me es lícito hacer lo que quiero con lo mío?» Es decir, negar los de-

rechos sexuales al cónyuge es invitar a Satanás a que nos tiente. (Véanse también 2 Co. 2:11; 1 P. 5:8.)

2. Aquellos matrimonios en que uno de los cónyuges no es convertido (7:12-24). Pablo da aquí un consejo básico y es que el creyente debe permanecer con el no creyente si es posible. Esto debe hacerse:
   a. Porque la institución del matrimonio es ordenada por Dios (7:14).
   b. Porque el cónyuge no creyente es «santificado» por el esposo creyente (7:14). Esto sencillamente quiere decir que el Espíritu Santo puede obrar más fácilmente en la vida de un esposo inconverso si hay en el hogar el ejemplo de una esposa fiel y piadosa.
3. Los individuos solteros (7:25-40).
   a. Hay veces en que es mejor permanecer sin casarse por un tiempo (7:27).
   b. Hay veces en que una persona puede hacer más por Cristo soltero que casado (7:32-34).
   c. El creyente debe buscar en *todo* momento la voluntad perfecta de Dios en relación con casarse o permanecer soltero. (Véase especialmente 7:23, 24.)

Pregunta número 2: ¿Qué hay en cuanto a libertad cristiana? (caps. 8—10). Como hijo de Dios he sido liberado de la ley del pecado y de la muerte. ¿No significa esto que puedo hacer todo lo que deseo con tal de que sea legal? Pablo responde dando tres ejemplos.

A. Un ejemplo actual: los creyentes corintios (8:1-13).

1. Su confusión: había muchos templos paganos en Corinto en los que se sacrificaban muchos animales a diario. Los sacerdotes consumían parte de esta carne, mientras que el resto se vendía en los diferentes mercados públicos de la ciudad. Probablemente se vendía más barata debido al uso previo que había tenido. Algunos creyentes, atraídos quizá por la oferta, compraban aparentemente esta carne para sus hogares. A otros cristianos, sin embargo, les perturbaba que se hiciera. Esta, pues, era la pregunta: ¿Pueden los creyentes comer carne que ha sido previamente sacrificada a los ídolos?
2. La corrección de Pablo:

   «Si bien la vianda no nos hace más aceptos ante Dios; pues ni porque comamos, seremos más, ni porque no comamos, seremos menos» (8:8). (Véanse también Mt. 15:11; Ro. 14:17).

   «Acerca, pues, de las viandas que se sacrifican a los ídolos, sabemos que un ídolo nada es en el mundo, y que no hay más que un Dios» (8:4).

   «Pero no en todos hay este conocimiento…» (8:7).
3. La conclusión:

   «Por lo cual, si la comida le es a mi hermano ocasión de caer, no comeré carne jamás, para no poner tropiezo a mi hermano» (8:13).

   Pablo entonces advierte a los creyentes corintios:

   a. Sobre el riesgo de convertirse en una piedra de tropiezo (8:1). «El conocimiento envanece, pero el amor edifica.» El término griego para edificar es *oikodomeo*, y habla de la acción para edificar una casa (véanse Jn. 2:20; Mt. 7:24). El Nuevo Testamento nos habla de eso:
      (1) El creyente está llamado a edificarse a sí mismo (véase Jud. v. 20).
      (2) Debe edificar a otros creyentes (véanse 1 Ts. 5:11; Ro. 14:19).
      (3) Está llamado a ayudar a edificar a toda la iglesia (véase 1 Co. 14:12).

   La palabra «envanece» la encontramos siete veces en el Nuevo Testamento griego, seis de las cuales aparece aquí en 1 Corintios. (Véanse 4:6, 18, 19; 5:2; 8:1; 13:4.) Aparece asociada en cada caso con conocimiento mundano. Notemos las siguientes tres citas:

   «Y si alguno se imagina que sabe algo, aún no sabe nada como debe saberlo» (1 Co. 8:2).

   «El conocimiento es el acto de pasar de un estado de ignorancia inconsciente a otro de ignorancia consciente» (L.S. Chafer).

   «No sé lo que le puedo parecer al mundo, pero en mi opinión soy como aquel pequeño niño que se distrae en la playa jugando, de vez en cuando halla una piedrezuela más pulida o una concha más bonita que las demás, mientras que el gran océano de la verdad está ahí, desconocido ante mí» (Sir Isaac Newton).

   b. Evitar convertirse en una piedra de tropiezo.

   «Pero mirad que esta libertad vuestra no venga a ser tropezadero para los débiles» (8:9).

   Las Escrituras nos declaran que el cristiano es responsable ante, al menos, cinco clases de personas:
      (1) Ante el mundo en general (Mt. 5:16; 1 Ti. 3:7).
      (2) Ante su familia inmediata (Ef. 5—6).
      (3) Ante todos los creyentes en general (Ef. 4:32).
      (4) Ante los creyentes débiles en particular (Ro. 14:1; 15:1). Debe ser cuidadoso:
         (a) A fin de no causar problemas de conciencia a un hermano más débil (1 Co. 9:7, 10).
         (b) Para no ser causa de que un hermano más débil peque contra Cristo (8:12).
      (5) La iglesia local (1 Ti. 3:10; 1 Co. 10:32).

   c. ¿Cómo puede el creyente decidir acerca de lo que es correcto o incorrecto? La Biblia declara que una acción puede ser errónea en dos casos:
      (1) Cuando hay un factor *inherente* pecaminoso. Hay algunas cosas que son siempre malas porque van absolutamente en contra de la santidad de Dios. Cosas tales como asesinar, mentir, adulterar, robar, adorar ídolos, etc.

(2) Cuando hay un factor de pecado adquirido. Hay ciertas cosas que en sí, y por sí mismas, no son malas, pero que a través del tiempo y la costumbre se han corrompido. Un ejemplo de ello es el maquillarse, que una vez se consideró malo, pero que ahora (si se aplica discretamente) es generalmente aceptado entre las mujeres cristianas.

El primer factor es lo que se llama pecado de *carácter*, y al segundo podemos referirnos como pecado de *reputación*. El hijo de Dios debe evitar los dos.

B. Un ejemplo personal: el apóstol Pablo (9:1-27). En estos versículos Pablo señala que nadie tenía más derecho a ejercer la libertad cristiana que él.

1. Las bases de sus derechos.
   a. Era un apóstol y había visto a Cristo (9:1; véanse también Hch. 9:17; 1 Co. 15:8).
   b. Había fundado la iglesia en Corinto (9:1, 2).
2. El alcance de sus derechos.
   a. Comer y beber todo lo permitido (9:4).
   b. Casarse y gozar de la vida familiar (9:5).
   c. Que le sostuvieran las iglesias que había fundado (9:6-11, 13, 14). Esto era razonable y apropiado porque:
      (1) Al *soldado* se le paga por luchar y él era un soldado de Cristo.
      (2) El *labrador* disfruta del fruto de la viña que ha plantado, y él había plantado muchas viñas.
      (3) El *pastor* toma de la leche del rebaño, y Pablo había cuidado de muchas ovejas.
      (4) El *sacerdote* que ministra en las cosas santas vive del templo y Pablo era un ministro especial de Dios a los gentiles. «Así también ordenó el Señor a los que anuncian el evangelio, que vivan del evangelio» (9:14).
3. El uso que había hecho de sus derechos.

   «Pero no hemos usado de este derecho, sino que lo soportamos todo...» (9:12).

   Pablo después explica por qué decidió no hacer uso de sus derechos:

   «... por no poner ningún obstáculo al evangelio de Cristo ... porque prefiero morir, antes de que nadie desvanezca esta mi gloria ... presente gratuitamente el evangelio de Cristo, para no abusar de mi derecho en el evangelio ... Por lo cual, siendo libre de todos, me he hecho siervo de todos para ganar a mayor número ... Me he hecho débil a los débiles, para ganar a los débiles; a todos me he hecho de todo, para que de todos modos salve a algunos» (9:12—22).

   Su vida era un testimonio vivo de esas declaraciones. De este modo lo hizo:

   a. Al ministrar a los judíos (9:20). Circuncidó a Timoteo en Listra porque los judíos de aquella zona sabían que el padre del joven era griego. Tiempo después habló en hebreo a un tropel de judíos en Jerusalén (véanse Hch. 16 y 22).
   b. Al ministrar a los gentiles (9:21). Se puso en pie para predicar, que era una práctica común de los gentiles, mientras se dirigía a las personas en Antioquía. Intercaló citas de la literatura griega cuando habló a los atenienses en el Areópago (véanse Hch. 13 y 17).
   c. Al ministrar a los creyentes débiles (9:22). Se abstuvo de comer carne y mandó que los cristianos débiles fueran aceptados siempre en todas partes en completa comunión (véanse 1 Co. 8:13; Ro. 14:1; 15:1).
   d. Al ministrarse a sí mismo:

      «Sino que golpeo mi cuerpo, y lo pongo en servidumbre, no sea que habiendo sido heraldo para otros, yo mismo venga a ser eliminado» (9:27).

      La palabra «eliminado» que aparece aquí es *adokimos* en griego, que significa «desaprobado», «descalificado». Encontramos la misma palabra en 2 Timoteo 2:15.

C. Un ejemplo del Antiguo Testamento: Israel (10:1-33).

1. La narración (10:1-10). Ninguna otra nación en la historia del mundo ha gozado de la libertad y de la bendición de Dios como Israel, y, sin embargo, abusó de ello y fue juzgada por Dios.
   a. El examen de esta libertad (10:1-4).
      (1) Dios los había guiado mediante su nube de gloria (Ex. 13:21, 22).
      (2) Les dirigió para cruzar el mar Rojo (Ex. 14:22).
      (3) Les proveyó de alimento y agua (Ex. 16:15; 17:6).
   b. La rebelión contra esta libertad (10:5-10).
      (1) Eran culpables de idolatría (Ex. 32:3, 4).
      (2) Eran culpables de inmoralidad (Ex. 32:6; Nm. 25:1).
      (3) Eran culpables de rebeldía (Nm. 21:5).
   c. La pérdida de esta libertad.
      (1) Su idolatría fue castigada mediante la espada (Ex. 32:28).
      (2) Su inmoralidad fue castigada por medio de la enfermedad (Nm. 25:9). Nota: Algunos han imaginado que hay una contradicción aquí, porque Moisés nos dice que murieron 24.000 en esta plaga (Nm. 25:9), mientras que Pablo dice que murieron 23.000 (1 Co. 10:8). Debemos señalar, sin embargo, que el apóstol limita el número a aquellos que «cayeron en un día», mientras que Moisés nos da la cifra total de todo el período.
      (3) Su rebeldía fue castigada mediante serpientes (Nm. 21:6).
2. La aplicación (10:11-13). ¿Cuál era el propósito de Dios al dejar registrados todos estos sucesos tan morbosos relacionados con los fracasos de Israel? ¿Qué aplicación tienen para nosotros hoy? La respuesta es clara y concisa:

   «Y estas cosas les acontecieron como ejemplo, y están escritas para amonestarnos a nosotros, a quienes han alcanzado los fines de los siglos» (10:11).

   a. Están registradas para amonestarnos a nosotros acerca de nuestras propias debilidades.

«Así que, el que piensa estar firme, mire que no caiga» (10:12; véanse también 1 Co. 9:27; Gá. 6:1).

Es especialmente importante aquí la palabra «mire» que Pablo usa. En la Biblia Dios nos manda que prestemos atención a:

(1) Nuestra manera de hablar (Sal. 39:1).
(2) La presunción (1 Co. 10:12).
(3) Que otros nos engañen (Mt. 24:4).
(4) Nuestra libertad cristiana (1 Co. 8:9).
(5) Nuestro ministerio a otros (Hch. 20:28; 1 Ti. 4:16; Col. 4:17).

b. Están ahí para darnos seguridad acerca del poder de Dios.

«No os ha sobrevenido ninguna tentación que no sea humana; pero fiel es Dios, que no os dejará ser tentados más de lo que podéis resistir, sino que dará también juntamente con la tentación la salida, para que podáis soportar» (10:13).

Nos será de gran ayuda en este momento repasar la doctrina bíblica de la tentación.

(1) Definición de tentación.
   (a) Ser incitado a hacer lo malo. Satanás tentó a Cristo y tienta a los cristianos de esta manera. (Véanse Mt. 4:1; He. 2:18; 4:15; Stg. 1:13.)
   (b) Probarnos con el propósito de hacernos más fuertes. Dios «tienta» a sus hijos de esta manera (Gn. 22:1).
   (c) Abusar de la bondad de Dios. Israel tentó a Dios de esta manera, como también los creyentes pueden hacerlo hoy. (Véanse Sal. 78:18; Hch. 5:9; Mt. 4:7.)
(2) La fuente de la tentación.
   (a) El mundo. (Véanse Mt. 13:22; Jn. 16:33; Tit. 2:12; 2 P. 1:4; Gá. 1:4; 2 Ti. 4:10; 1 Jn. 2:15.)
   (b) La carne. (Véanse Mt. 26:41; Ro. 7:18; Gá. 5:19-21.)
   (c) El demonio. (Véanse 1 Cr. 21:1; Ef. 4:27; 6:11; 1 Ti. 3:6, 7; Stg. 4:7.)
(3) El propósito de la tentación. Como ya hemos visto, Dios permite la tentación para fortalecer a sus hijos. No es, por tanto, un pecado ser tentados. (Véanse Stg. 1:2, 12; 1 P. 1:6, 7.)
(4) La victoria sobre la tentación. (Véanse 1 P. 4:19; 2 P. 2:9.)

3. El resumen (10:14-33). Después de tres ejemplos apropiados acerca de los derechos y las responsabilidades cristianas, el apóstol concluye de la siguiente manera en relación con el comer carne sacrificada a los ídolos:

a. Un creyente no debe convertirse en un espía cuando compren en los establecimientos públicos de comestibles (10:25).
b. Tampoco debe convertirse en un detective de cocina cuando le invitan a comer en la casa de personas no convertidas (10:27).
c. Debe, sin embargo, evitar comer carne sacrificada a los ídolos si es avisado de ello por un creyente más débil (10:28).
d. Debe recordar siempre que comparte el mismo cuerpo de Cristo con todos los demás creyentes (10:16, 17).
e. Debe procurar siempre no ser «tropiezo ni a judíos, ni a gentiles, ni a la iglesia de Dios» (10:32).

Pregunta número 3: ¿Qué hay en cuanto a la conducta en la iglesia? (cap. 11).

A. Normas en relación con el vestir (11:1-16). En ningún lugar de la Biblia se nos dice cuál debe ser el largo de la falda de la mujer y del cabello del hombre. No obstante, Pablo nos da en este capítulo una lista de ciertos principios que deberían regir en la apariencia personal de los creyentes, especialmente cuando están en la casa de Dios.

1. La apariencia del hombre.

a. No debe llevar nada en la cabeza. Esto es para demostrar:

(1) Su relación con el Salvador. «Cristo es la cabeza de todo varón» (11:3). «Porque el varón no debe cubrirse la cabeza, pues él es imagen y gloria de Dios» (11:7).
(2) Su relación con su esposa. «Y el varón es la cabeza de la mujer» (11:3). «Pero la mujer es gloria del varón» (11:7).

Esto es, ningún hombre debe cubrir su cabeza en un culto cristiano, al contrario de como hacían los sacerdotes romanos y los rabinos judíos, quienes se la cubrían con una mitra o turbante. La costumbre empezó a causa de una interpretación errónea de Moisés y su velo. (Cp. Ex. 34:33 con 2 Co. 3:13.)

b. El hombre tenía que llevar el pelo más corto que la mujer. Dos factores parece que motivaron esta norma divina.

(1) A causa de sus implicaciones generales. «La naturaleza misma ¿no os enseña que al varón le es deshonroso dejarse crecer el cabello?» (11:14). En los días de Pablo el cabello largo en el hombre se asociaba con ser afeminado. Hoy más bien parece indicar (hasta cierto punto) rebeldía contra la autoridad.
(2) Debido a un voto específico. Este era el voto de los nazareos en el Antiguo Testamento. (Véanse Nm. 6:1-22; Jue. 13:4, 5; 1 S. 1:11; Lc. 1:15.)

2. La apariencia de la mujer.

a. Debía llevar su pelo largo para demostrar:

(1) Su sujeción a su esposo.
(2) Su nivel moral al mundo. Las rameras y las esclavas llevaban el pelo corto en los días de Pablo. Una mujer cristiana no era ni lo uno ni lo otro.

b. Debía cubrir su cabeza «por causa de los ángeles» (11:10). Algunos creen que este pasaje sugiere que los miembros de iglesia pueden compartir las bancas con ángeles. (Véanse Sal. 138:1; Ef. 3:10; 1 Ti. 5:21; He. 1:14; 1 P. 1:10, 12.)

B. Normas concernientes a la Cena del Señor (11:17-34).

1. La persona (11:23-25). Por medio de estos versículos aprendemos que:
   a. El hecho más importante en la mesa del Señor es el Señor de la mesa. Es su mesa. El la instituyó y sufrió por ella.
   b. Pablo no recibió la información relacionada con los detalles históricos de la última cena por medio de alguno de los otros apóstoles, sino de Cristo mismo. Esto era también cierto en lo concerniente a los detalles que tenían que ver con la predicación, muerte y resurrección del Salvador. (Véanse 1 Co. 15:3; Hch. 20:35; Gá. 1:11, 12.)
2. La perversión de la Cena (11:17-22). Aquellos volubles y egocéntricos corintios se habían involucrado a sí mismos de tal manera en la Cena que ignoraban por completo a los demás santos y al Salvador. Como resultado algunos (los acomodados) se atiborraban de comida y bebida mientras que otros (los pobres) salían hambrientos del templo. Muchas cosas ocurrieron en aquella noche en el aposento alto, pero aquí en 11:23 Pablo señala en especial la traición de Judas, lo que podía ser una insinuación para describir lo que los corintios estaban en realidad haciendo.

   Debemos notar que Pablo no está hablando aquí (11:22) en contra de los comidas con fines de promover la comunión entre hermanos que la iglesia puede llevar a cabo en su salón de reuniones sociales. Pero sí está enseñando acerca de limitar el culto de comunión al compartimiento del pan y del vino. Es importante que en este momento consideremos la frase «en memoria de mí» (11:25) porque refuta dos errores adicionales en relación con la Cena del Señor.
   a. El pan y el vino son memoriales y no sacramentos. El memorial tiene lugar porque ya hemos alcanzado la gracia, mientras que el sacramento se celebra para obtener gracia.
   b. El pan y el vino son simbólicos en naturaleza y no se transforman en nada. Por el contrario, la doctrina católicorromana de la transubstanciación enseña que los elementos del pan y el vino son realmente transformados por el sacerdote en el altar en el cuerpo y la sangre de Cristo.
3. El propósito (11:26, 28). En la Cena del Señor se nos dice que:
   a. Miremos al pasado. «Así, pues, todas las veces que comiereis este pan y bebiereis esta copa, la muerte del Señor anunciáis.»
   b. Miremos a nuestro interior: «Por tanto, pruébese cada uno a sí mismo.»
   c. Miremos hacia el futuro: «Hasta que él venga.»
4. Los participantes. ¿Quiénes son los invitados a esta mesa? La Cena del Señor es sólo para creyentes, pero incluye a todos los creyentes. Este parece que es el caso, bien que sean miembros bautizados de una iglesia local determinada o no.
5. Los prerequisitos. Dos clases de personas tienen prohibida la participación: los inconversos y los que no están limpios. El apóstol Juan (que participó en la primera celebración) ha dejado buenos consejos para ambos. Para el inconverso tiene Juan 3:16, y al creyente que no se halla limpio le ofrece 1 Juan 1:9.
6. El castigo (11:29, 30).

   «Porque el que come y bebe indignamente, sin discernir el cuerpo del Señor, juicio come y bebe para sí. Por lo cual hay muchos enfermos y debilitados entre vosotros, y muchos duermen.»

   Aquí encontramos varias palabras que merecen nuestra consideración.
   a. Indignamente. Esta palabra es un adverbio, no un adjetivo. Pablo no está diciendo: «Si alguien que no es digno participa», sino «si alguien participa de una manera indigna».
   b. Juicio. Esta palabra en el griego es *krima* y a veces ha sido traducida por «condenación» o «castigo», pero es mejor «juicio». (Véanse Ro. 11:33; 1 P. 4:17 y Ap. 20:4.) Este juicio se puede manifestar en forma doble:
      (1) Por medio de enfermedad física (11:30).
      (2) Mediante la muerte física: «Y muchos duermen.» El término griego que tenemos aquí para dormir es *koimao* y se refiere a la muerte física. (Véanse Jn. 11:11, 12; Hch. 7:60; 1 Co. 15:6, 18, 20, 51.)
7. El ruego (11:31-34).

Pregunta número 4: ¿Qué hay en cuanto a los dones espirituales? (12—14).

A. Definición de un don espiritual. Es una habilidad sobrenatural que Cristo da al creyente por medio del Espíritu Santo en el momento de su salvación. Debemos hacer dos distinciones en este momento:
   1. La distinción entre el don del Espíritu y los dones del Espíritu. El *don* fue dado en pentecostés cuando el Espíritu fue enviado por el Padre como Cristo había prometido (Hch. 1:4-8). Los *dones* nos son dados hoy.
   2. La distinción entre don espiritual y talento humano. El talento es una facultad natural y humana que tenemos desde que nacemos. El don es sobrenatural y lo recibimos en nuestro segundo nacimiento.
   3. La distinción entre un don espiritual y una posición oficial. El doctor Charles Ryrie ha escrito lo siguiente al respecto:

      «Muchos piensan del don espiritual como de un oficio en la iglesia que solamente unos privilegiados pueden ocupar. O de otra manera piensan que los dones espirituales están lejos del alcance del creyente medio que lo más que se puede esperar es que algún día pueda descubrir algún pequeño don y que se le permita ejercitarlo de alguna manera. Ambas concepciones son equivocadas.

      Un don espiritual es primeramente una habilidad concedida al individuo. Esto significa que el don no es un lugar de servicio, ya que el don es la habilidad y no el lugar donde la misma se ejercita. El don de pastor, por ejemplo, se asocia comúnmente con el oficio o posición que una persona pueda ejercer en el pastorado.

Pero el don es la habilidad de dar el cuidado de un pastor a la gente, sin tener en cuenta donde se lleva a cabo. Desde luego, el hombre que ocupa el oficio de pastor debe tener y ejercitar el don de pastor, pero lo mismo debe hacer el decano de una escuela cristiana. A decir verdad (aunque esto pueda parecer chocante al principio) ¿por qué no puede recibir una mujer cristiana el don de pastor para usarlo entre los niños de su barriada o en la escuela dominical o como decana de mujeres? Ahora bien, yo no digo que las mujeres deban convertirse en pastores de iglesias para tomar a su cargo la predicación y la dirección de la congregación. Creo que semejante oficio o posición de pastorado se ha reservado a los hombres solamente. Pero esto no significa que el don o la habilidad no pueda recibirlo una mujer.» (*Equilibrio en la vida cristiana*, pp. 102-103, Editorial Portavoz.)

B. La amplitud de los dones espirituales.
   1. Cada creyente posee al menos un don espiritual (véanse 1 Co. 7:7; 12:7, 11; Ef. 4:7; 1 P. 4:10).
   2. Ningún creyente posee todos los dones espirituales (véase 1 Co. 12:29, 30).

C. El propósito de los dones espirituales: glorificar al Padre (Ap. 4:11), y edificar a los creyentes y a la iglesia (Ef. 4:12, 13).

A fin de ilustrar estos dos propósitos, Pablo usa en 1 Corintios 12 la analogía del cuerpo humano y declara lo siguiente:
   1. Todos los creyentes son parte del cuerpo de Cristo (12:12-14).
   2. No todos los creyentes (como sucede con los miembros del cuerpo humano) tienen la misma función dentro de ese cuerpo (12:14).
   3. Cada miembro es igualmente importante para Dios (12:18).
   4. Cada miembro necesita a los demás. Esto es:
      a. El pie no debe decir: «Porque no soy mano, no soy del cuerpo» (12:15).
      b. La oreja no debe decir: «Porque no soy ojo, no soy del cuerpo» (12:16). Esta actitud es de envidia.
      c. El ojo no debe decir a la mano: «No te necesito» (12:21).
      d. La cabeza no debe decir a los pies: «No tengo necesidad de vosotros» (12:21). Esta actitud es de orgullo.
   5. Todos los miembros sufren y se gozan con los demás miembros (11:26).

D. El abuso de los dones espirituales.
   1. No usando los dones que nos han sido impartidos (véanse 1 Ti. 4:14; 2 Ti. 1:6).
   2. Intentando usar los dones que no nos han sido dados (véanse Nm. 16:1-3; Hch. 8:18-20).

E. ¿Cuántos dones espirituales hay? Pablo nos da en tres pasajes principales una lista de dieciocho dones diferentes. Dichos pasajes son: Ro. 12:6-8; 1 Co. 12:4-10, 28; Ef. 4:7, 8.

F. El factor tiempo de estos dones espirituales. Tenemos evidencia bíblica que nos indica que Dios ha dispuesto estos dones en dos categorías de tiempo:
   1. Los dones señales, que fueron dados durante el primer siglo y que luego desaparecieron. Estos son los dones de apostolado, profecía, sanidad, milagros, ciencia, lenguas e interpretación de lenguas. Estos dones fueron dados para satisfacer una doble necesidad:
      a. Para validar la autoridad de los apóstoles y de los primeros cristianos. (Véanse 2 Co. 12:12; He. 2:4; Ro. 15:19; Jn. 3:2: 20:30, 31; Mt. 10:5-8.) Los dones de sanidad y milagros eran los que ayudaban a alcanzar este propósito. (Véanse también Mt. 10:5-8; 11:4, 5.)
      b. Para dar a conocer nueva información divina y revelación. Los dones que sirvieron para lograr este propósito fueron los de profecía, ciencia y lenguas.

      Sin embargo, con la finalización del canon en el 95 d.C. los dones señales dejaron de ser necesarios. (Véanse 2 Ti. 3:14-17; 2 P. 1:16-21.)

      Nota: De estos dos notables pasajes aprendemos que:
      c. Que la Palabra escrita de Dios puede satisfacer por sí misma toda necesidad del hombre de Dios en la obra de Dios.
      d. Este testimonio escrito es más apto para llevar hoy a cabo la obra de Dios que incluso la transformación milagrosa de Cristo que presenció Pedro.
   2. Los dones permanentes (aquellos que han permanecido en la Iglesia a lo largo de su historia). Estos son los dones de sabiduría, fe, discernimiento de espíritus, servicio, enseñanza, exhortación, repartir, presidir, hacer misericordia, evangelismo y el de pastor-maestro.

G. La descripción de los dones espirituales.
   1. El don del apostolado. (Véanse Ef. 4:11; 1 Co. 12:28.) Se refiere a ciertos hombres llamados por Cristo mismo (Jn. 15:16) y dotados con autoridad especial para funcionar como «miembros fundadores» de la iglesia primitiva.
      a. Los requisitos. Según Pedro (Hch. 1:22) y Pablo (1 Co. 9:1) para calificar tenían que haber visto al Cristo resucitado.
      b. El número:
         (1) Los doce que llamó Jesús (Lc. 6:13).
         (2) Matías (Hch. 1:26).
         (3) Pablo (Ro. 1:1).
         (4) Bernabé (Hch. 14:14; Gá. 2:9).
         (5) Santiago (1 Co. 15:7; Gá. 1:19).
   2. El don de profecía. (Véanse Ro. 12:6; 1 Co. 12:10; 14:1, 3-6; Ef. 4:11.) Esta es la habilidad sobrenatural para recibir y transmitir una revelación de parte de Dios, especialmente aquella concerniente a eventos futuros. (Véanse Mt. 13:14; 2 P. 1:20, 21; Ap. 1:3; Hch. 11:27, 28; 21:10, 11.)
   3. El don de hacer milagros (véase 1 Co. 12:28). Consiste en la facultad sobrenatural de realizar aquellos hechos que están fuera y más allá del campo de lo natural. En la Biblia tenemos tres períodos que fueron testigos de una gran realización de milagros.
      a. Durante el tiempo de Moisés y Josué.
      b. En los días de Elías y Eliseo.
      c. En el tiempo de Cristo y sus apóstoles.
   4. El don de sanidad (véase 1 Co. 12:9, 28, 30). Es la habilidad sobrenatural de curar las enfermedades humanas, bien sean de origen fí-

sico, mental o demoníaco. Como hemos declarado anteriormente, hay evidencias de que los dones de señales desaparecieron en la última parte del siglo I cuando se completó el canon de las Sagradas Escrituras. Pablo poseyó sin duda alguna el don de sanidad (Hch. 14:10; 16:18; 19:12; 20:10; 28:8, 9), pero por alguna razón no lo usó durante los últimos meses de su ministerio. (Véanse Fil. 2:26, 27; 1 Ti. 5:23; 2 Ti. 4:20.)

Debemos enfatizar aquí que el hecho de que Dios haya retirado estos dones *no* significa que hoy Dios no puede sanar, o que no sanará de forma sobrenatural a un creyente. Sí quiere decir, sin embargo, que el *don* de sanidad por medio de una *persona* ha cesado. El plan de Dios para sanar en el día de hoy lo encontramos en Santiago 5:14-16.

5. El don de ciencia o conocimiento (véanse 1 Co. 12:8; 13:8). Hay cierta incertidumbre acerca de la naturaleza de este don. Sólo se le menciona dos veces. Lo más probable es que estuviera relacionado con el don de profecía y puede que involucrara la habilidad de recibir y registrar partes de la Palabra de Dios.
6. El don de lenguas. No hay quizá ningún otro asunto en toda la Biblia que haya generado más discusión, odio, confusión y división que el de las lenguas. Esta es la triste situación que existió en la iglesia de Corinto aunque Pablo les escribiera al respecto. Hoy el movimiento carismático está literalmente invadiendo el mundo cristiano.

Interpretaciones del fenómeno de las lenguas. No hay acuerdo universal en ninguno de los campos, a favor ni en contra de las lenguas, sobre la naturaleza exacta de este fenómeno en el Nuevo Testamento.

a. El punto de vista de lenguas no aprendidas: esta opinión nos dice que todas las citas que aparecen en el Nuevo Testamento sobre el hablar en lenguas se refieren al mismo hecho, esto es, a la habilidad sobrenatural de hablar repentinamente en lenguas humanas que no se conocían previamente. Los siguientes argumentos respaldan esta opinión:
   (1) Debido al uso del mismo vocabulario. El doctor John Walvoord escribe al respecto:

      «El uso de términos idénticos en referencia al hablar en lenguas en Hechos y 1 Corintios no nos da mucho fundamento para una distinción. Se usa el mismo vocabulario en todos los pasajes: *laleo* y *glosa* aparecen en varias construcciones gramaticales. En base del griego y de las declaraciones de los textos no hay razón para distinciones.» (*The Holy Spirit*, p. 183.)

      Señalan también que la palabra *glosa* aparece cincuenta veces en el Nuevo Testamento. De estas, dieciséis veces se refiere al órgano físico (véase Stg. 3:5), y treinta y tres veces al lenguaje humano.
   (2) A causa de que la palabra que se traduce «interpretarla» en 1 Corintios 14:13 es *diermeneu*, que literalmente significa «traducir». De las veintiuna ocasiones en que encontramos esta palabra en el Nuevo Testamento, dieciocho veces se refiere claramente a traducción (véase Hch. 9:36).
   (3) Debido a la descripción de los eventos de pentecostés (Hch. 2:6-11). Pedro nos dice también que la experiencia que vivió en Cesarea fue idéntica a la de pentecostés.
   (4) Porque aquella jerigonza no podía ser una señal para los inconversos (1 Co. 14:22).
   (5) Porque Jesús nos advirtió acerca de la palabrería. Los términos griegos *batta* y *logeo* que aparecen en Mateo 6:7 se refieren al acto de hablar sin pensar
   (6) Porque Pablo no nos da una redefinición o clarificación de Hechos 2 cuando escribe 1 Corintios 14.
   (7) Debido a que Pablo cita Isaías 28:11, 12 en 1 Corintios 14:21, y esta referencia está relacionada claramente con el lenguaje humano. Necesitamos aquí una breve explicación del trasfondo de Isaías 28.
      (a) El reino del norte fue destruido en el 721 a.C.
      (b) Isaías advierte al reino del sur (Judá) que le ocurrirá lo mismo si no se arrepiente.
      (c) Es ridiculizado por un grupo de sacerdotes y profetas embriagados que no creen en su mensaje.
      (d) Isaías les responde diciéndoles que debido a que no escucharán cuando Dios les hable en *hebreo, lo harán* cuando les hable en *asirio* (por medio de soldados enemigos).

      (Véanse también las palabras de Moisés en Dt. 28:15-68, especialmente el v. 49. Véase Jeremías 5:15 en relación con la invasión de Tito en el año 70 d.C.) De lo que concluimos que el hablarles en otras lenguas era para la mente hebrea símbolo de juicio.
   (8) A causa de la aparición de la alta crítica durante los siglos XVIII y XIX. En otras palabras, los críticos de la Biblia rechazaron el milagro de hablar en lenguas humanas no aprendidas y defendieron el punto de vista de la articulación extática, con lo cual identificaban las lenguas bíblicas con otras antiguas religiones de misterio.
b. El punto de vista de la articulación extática no humana (¿angelical?): esta posición sostiene que la lengua hablada decididamente no es terrenal, es celestial en su estructura. Los razonamientos que apoyan esta opinión son:
   (1) Los discípulos que hablaron en otras

lenguas en pentecostés fueron acusados de estar embriagados (Hch. 2:13), acusación que no habrían hecho si el lenguaje hubiera sido de naturaleza terrenal.

(2) Pablo dice que las lenguas cesarán (1 Co. 13:8), lo que es una declaración ridícula si el don consiste solamente en hablar en lenguas humanas no aprendidas.

(3) Debido a las palabras de Pablo en 1 Corintios 14:2: «Porque el que habla en lenguas no habla a los hombres, sino a Dios; pues nadie le entiende, aunque por el Espíritu habla misterios.»

(4) El apóstol tenía el don de hablar en lenguas (1 Co. 14:18), pero no pudo entender el idioma licaónico de la gente de Listra (Hch. 14:11).

(5) A causa de la distinción hecha entre mente y espíritu en 1 Corintios 14:14, 15. Aquí alguien afirma que Dios usa la *mente* para dar cierta revelación en lenguaje humano y emplea el *espíritu* del hombre para dar a conocer otra información en lenguaje no humano.

(6) Debido a la frase «en otras lenguas» de Hechos 2:4. Esta es una traducción de la palabra griega *heteros*, que significa «otra de clase diferente». (Véase también Gá. 1:6, 7.)

(7) A causa de lo que se dice en 1 Corintios 13:1: «Si yo hablase lenguas humanas y angélicas....» Nota: aquí podemos preguntar, ¿qué clase de idioma hablan los ángeles? Cuando hablaron con los hombres en la tierra sabemos que lo hicieron en hebreo (Gn. 19) y en griego (Lc. 1). Incluso durante su ministerio celestial hablaron en forma comprensible para el ser humano (véanse Is. 6; Ap. 4—5).

c. El propósito de las lenguas.

(1) Negativo:

(a) No era para la edificación de la iglesia (1 Co. 14:4, 19).

(b) No era tampoco para la edificación personal. Alguien puede objetar diciendo: ¿No dice Pablo: «El que habla en lengua extraña, a sí mismo se edifica»? Ciertamente lo dice (1 Co. 14:4). Sin embargo, aquí tenemos un problema. Si las lenguas son para edificación personal y el templo estaba lleno de gente que hablaba en lenguas (como el contexto claramente indica en 14:23), ¿cómo explicamos entonces que, aparte de la iglesia de Laodicea (Ap. 3:14-18), este grupo de Corinto era la iglesia más carnal y confundida de toda la Biblia? Ningún don debe usarse para edificación personal en una forma egoísta. Lo que Pablo puede estar haciendo aquí en realidad es *reprendiéndoles* por el mal uso que estaban haciendo del don.

(c) No era para demostrar el bautismo del Espíritu. (Este concepto erróneo aparece totalmente refutado en 1 Co. 12:13; Ro. 6:3, 4; Col. 2:9-12; Ef. 4:5; Gá. 3:27. 28.)

(2) Positivo:

(a) Para validar la autoridad de los apóstoles y de los primeros cristianos.

(b) Para demostrar el juicio de Dios contra la incredulidad de Israel.

(c) Para que sirviera como una señal para judíos inconversos que estuvieran buscando [salvación].

(d) Para enseñar nuevas verdades antes de la terminación del canon. Cuando Pablo escribió 1 Corintios 14 sólo existían tres libros del Nuevo Testamento (Santiago y 1 y 2 Tesalonicenses). No se disponía de un testimonio escrito en relación con asuntos tan importantes como:

La doctrina de la iglesia (posteriormente enseñada en Efesios y en Colosenses).

La doctrina de la justificación, santificación y glorificación (de la que Pablo hablaría más tarde en Romanos).

La doctrina de la apostasía (Judas).

La enseñanza sobre el perdón cristiano (Filemón).

El sacerdocio de Cristo (Hebreos).

La vida de Cristo (los cuatro evangelios).

El servicio cristiano práctico (1 y 2 Pedro).

El amor cristiano (como lo encontramos en 1, 2 y 3 Juan).

Consejo para pastores y diáconos (como se enseña en 1 y 2 Timoteo y Tito).

A la luz de todo esto ningún creyente podía citar o hablar de la bendita verdad que encontramos en 2 Timoteo 3:16, 17, simplemente porque no se había escrito.

d. La ordenación de las lenguas (1 Co. 14).

(1) El hablar en lenguas no ayuda a los cristianos en la iglesia (1 Co. 14:3, 4).

(2) Hablar en una lengua conocida ayuda a todos (1 Co. 14:3, 4).

(3) La lengua, a semejanza de un instrumento musical, no sirve de nada a menos que se escuche y se entienda distintamente (14:7).

(4) Esta distinción puede algunas veces significar la diferencia entre la vida y la muerte (14:8).

(5) Aunque Pablo dice que él había hablado en lenguas (14:18), no hace hincapié en ello para nada en ningu-

no de sus testimonios (como ante Félix o Agripa) o en sus viajes misioneros. Aunque no prohibe hablar en lenguas, tampoco lo estimula, porque se dio cuenta de que no todos los cristianos, ni incluso en aquellos días, tienen ese don. (Véanse 1 Co. 12:30; 14:39.)

(6) Pablo enseñó que en la iglesia, el predicar era muchísimo más preferible que el hablar en lenguas (14:19).

(7) Insistió en que no hablaran todos en lenguas a la vez (14:23).

(8) La predicación, no el hablar en lenguas, es el método de Dios para salvar a los perdidos (14:24, 25).

(9) Limitó el número de los que hablarían en lenguas en la iglesia, y debía establecerse turno (14:27).

(10) Prohibió por completo que las mujeres hablaran en lenguas (14:34). Pablo permite en 1 Corintios 11:3-10 que la mujer hable en su idioma nativo, pero aquí les prohibe hablar en lenguas extrañas.

(11) Todas las cosas que se hagan en la casa de Dios deben hacerse decentemente y con orden (14:40).

7. El don de interpretación de lenguas (véase 1 Co. 12:10). Esta era la habilidad sobrenatural de clarificar y traducir aquellos mensajes hablados en lenguas.
8. El don de sabiduría (véase 1 Co. 12:8). Consiste en la habilidad sobrenatural de aplicar correctamente el conocimiento divino y humano.
9. El don de discernimiento de espíritus (véanse 1 Co. 12:10; 1 Jn. 4:1). Es la facultad de distinguir entre las obras demoníacas, humanas y divinas. Tanto Pedro (Hch. 8:23) como Pablo (Hch. 13:10; 16:16-18) poseían este don.
10. El don de repartir (véase Ro. 12:8). Esta es la habilidad de acumular y dar grandes sumas de dinero para la gloria de Dios (véanse Hch. 4:32-37; Gá. 4:15; Fil. 4:10-18; 2 Co. 8:1-5. Véase también Lc. 21:1-4).
11. El don de la exhortación (véase Ro. 12:8). Consiste en la capacidad de hablar palabras de estímulo y desafío (Pr. 25:11). Varios personajes del Nuevo Testamento tenían este don:
    a. Bernabé (Hch. 11:22, 24).
    b. Judas (no el Iscariote) y Silas (Hch. 15:32).
    c. «Compañero fiel» (Fil. 4:3).
12. El don de ayudar (véanse Ro. 12:7; 1 Co. 12:28; Ef. 4:12). Esta es la habilidad de ofrecer ayuda práctica tanto en asuntos físicos como espirituales.
    a. Dorcas tenía este don (Hch. 9:36-39).
    b. Febe también lo tenía (Ro. 16:1, 2).
13. El don de hacer misericordia (Ro. 12:8). Es la habilidad de ministrar a los enfermos y afligidos.
14. El don de administrar (Ro. 12:8; 1 Co. 12:28). Consiste en la capacidad de organizar, administrar y promover personas o proyectos. (Véase Tito 1:4, 5; ver también el libro de Nehemías.)
15. El don de la fe. La Biblia describe tres clases de fe básicas:
    a. La fe que salva, que se da a todos los pecadores que se arrepienten (Hch. 16:31; Ro. 4:5; 5:1; 10:17).
    b. La fe que santifica, disponible para todos los creyentes (Gá. 2:20; 3:11; 5:22; Ef. 6:16; Ro. 1:17; He. 10:38).
    c. La fe de llevar a cabo grandes proyectos, que se le da a algunos creyentes (Ro. 12:3; 1 Co. 12:9). Esta clase de *don* de fe es la facultad sobrenatural de creer y esperar grandes cosas de Dios.
16. El don de la enseñanza (véanse Ro. 12:7; 1 Co. 12:28; Ef. 4:11). Es la capacidad de comunicar la Palabra de Dios y clarificar los detalles.
    a. Apolos tenía este don (Hch. 18:24, 25).
    b. Aquila y Priscila lo poseían (Hch. 18:26).
17. El don de evangelismo (véase Ef. 4:11). Es la habilidad sobrenatural de llevar los pecadores a Cristo y de capacitar y estimular a los creyentes a ser ganadores de almas. Todos los creyentes, por supuesto, debemos dar testimonio de Cristo tengamos ese don en especial o no (2 Ti. 4:5). Felipe, entre otros en el libro de Hechos, tenía este don (Hch. 8:5-12, 26-40).
    18. El don de pastor-maestro (véase Ef. 4:11). Esta es la habilidad sobrenatural de predicar y enseñar la Palabra de Dios, y de alimentar y dirigir el rebaño de Dios (véanse 1 P. 5:1-4; Hch. 20:28). Este es el único don entre los dieciocho que es doble en el que lo tiene. No todos los maestros son llamados a ser pastores, pero todos los pastores deben ser maestros.

H. El ingrediente indispensable en los dones espirituales (13). Podemos pensar de los dieciocho dones espirituales como ladrillos que Dios usa para la construcción de su templo santo y terrenal. En la analogía, *la caridad* (el amor) sirve como el «cemento celestial» que mantiene todos los ladrillos juntos.

Pablo termina el capítulo 12 con las palabras: «Procurad, pues, los dones mejores. Mas yo os muestro un camino más excelente» (12:31). De manera que el capítulo 13 es ese camino más excelente.

Debemos hacer notar, además, que Dios usó a Pablo, el gran teólogo, para escribir el más inspirador de los poemas sobre el amor en toda la historia del mundo. Cada Navidad, el Departamento Nacional de Seguridad en la Carretera nos hace la siguiente advertencia: «Si bebe, no maneje; y si maneja, no beba; porque el alcohol y la gasolina no ligan.» Algunos han sacado erróneamente la misma conclusión acerca de la teología y el amor, pero Dios ha ordenado que no se separen (véase Ap. 2:1-4). La teología sin amor nos lleva a la fría ortodoxia, y el amor sin teología nos lleva directamente a la herejía.

1. La importancia del amor (13:1-3). Sin amor:
    a. El don de lenguas es como metal que resuena y címbalo que retiñe.
    b. El don de profecía no sirve para nada.
    c. El entender todos los misterios no aprovecha.
    d. La posesión de todo el conocimiento es de escaso beneficio.
    e. El ejercer una fe que mueve montes es pura vanidad.
    f. El dar grandes sumas de dinero no sirve para acumular puntos.
    g. Sacrificar mi propio cuerpo no tiene valor.

2. La impecabilidad del amor (13:4-7).
   a. Es sufrido. El amor es paciente.
   b. Es benigno. El amor no es rudo ni grosero.
   c. No tiene envidia. El amor no es celoso. No desea despojar al otro de lo que tiene.
   d. No es jactancioso. El amor no es presuntuoso.
   e. No se envanece. El amor no es arrogante.
   f. No hace nada indebido. El amor no actúa en forma impropia.
   g. No busca lo suyo. El amor no es egoísta.
   h. No se irrita. El amor es bondadoso.
   i. No piensa el mal. El amor no piensa en el mal que hacen otros y busca la venganza.
   j. No se goza en la injusticia. El amor no encuentra placer en el mal.
   k. Se goza en la verdad. El amor encuentra placer en el bien.
   l. Todo lo sufre. El amor cubre (literalmente) todas las cosas.
   m. Todo lo cree. El amor no es suspicaz.
   n. Todo lo espera. El amor no se rinde, no pierde la esperanza.
3. La indestructibilidad del amor (13:8-13).
   a. En contraste con la profecía, las lenguas y el conocimiento, el amor es permanente (13:8).
   b. En contraste con la fe y la esperanza, el amor es superior (13:13). Nota: Pablo no está diciendo aquí que el amor es más duradero que la fe y la esperanza, sino simplemente que es más importante. En el cielo seguiremos ejerciendo en alguna forma divina estas virtudes, pero el amor es superior porque:
      (1) Es la raíz de la fe y la esperanza.
      (2) Es para otros, mientras que la fe y la esperanza son en gran medida personales.
      (3) Es la misma esencia del ser de Dios.

Pregunta número 5: ¿Qué hay en cuanto a la resurrección? (cap. 15). Sin duda alguna, este capítulo, junto con Romanos 8, debe ser considerado como uno de los grandes pasajes de toda la Biblia. Aquí tenemos el testimonio escrito más antiguo de la resurrección de Cristo.

A. La prominencia de la resurrección (15:1-4).
1. El hecho de la resurrección de Cristo: «resucitó» (15:4).
2. El factor tiempo en la resurrección de Cristo: «al tercer día» (15:4). Hay dos teorías principales en relación con esta frase.
   a. Que fue crucificado el viernes. Es bien conocida la costumbre judía de contar una parte del día como todo un día. Es decir, que estuvo en la tumba una parte del viernes (de las 3:00 P.M. a las 6:00 P.M.), todo el sábado, y una parte del domingo.
   b. Que fue crucificado el miércoles. Si la declaración de Mateo 12:40 la tomamos literalmente, el miércoles es el único día que nos permite contar exactamente tres días y tres noches.
3. La razón de la resurrección de Cristo: «por nuestros pecados» (15:3). Cristo no fue un mártir que muriera por su fe, sino un Salvador que moría por nuestros pecados. El *no* dijo: «Estoy consumado», sino «Consumado es». La tres personas de la Trinidad estaban involucradas en su muerte y resurrección.
   a. El Padre (Jn. 3:16; Hch. 2:24).
   b. El Hijo (Jn. 10:11, 18).
   c. El Espíritu Santo (He. 9:14; Ro. 1:4).
4. Los resultados de la resurrección de Cristo: «Por el cual asimismo… sois salvos» (15:2).

B. La prueba de la resurrección (15:5-11). Pablo se refiere a cuatro de ellas aquí.
1. El Nuevo Testamento registra diez apariciones principales del Salvador resucitado, y son:
   a. A María Magdalena (Jn. 20:11-18).
   b. A las otras mujeres (Mt. 28:9, 10).
   c. A los dos discípulos (Lc. 24:13-32).
   d. A Simón Pedro (Lc. 24:33-35).
   e. A los diez apóstoles (Lc. 24:36-43). (Nota: Estas cinco apariciones sucedieron en el primer día de la resurrección).
   f. A los once apóstoles (Jn. 20:26-31).
   g. A siete apóstoles (Jn. 21:1-14).
   h. A quinientos discípulos (1 Co. 15:6).
   i. A Santiago, su medio hermano (1 Co. 15:7).
   j. A los once apóstoles en el monte de los Olivos (Lc. 24:44-49; 1 Co. 15:7). (Estas últimas cinco sucedieron durante los cuarenta días hasta su ascensión.)
2. Pablo después habla de la aparición personal a él. De hecho, el Salvador se le apareció al apóstol en cinco ocasiones.
   a. En el camino a Damasco (Hch. 9:1-9; 22:6-11; 26:12-19).
   b. En Corinto (Hch. 18:9).
   c. En Jerusalén (Hch. 23:11).
   d. En un barco que se hundía (Hch. 27:23).
   e. En un lugar desconocido (quizá Listra; 2 Co. 12:1-4).

C. La prioridad de la resurrección (15:12-19, 29-32). En los días de Pablo, como en los nuestros, hubo algunos que negaban la resurrección en general. Los incrédulos de hoy abogan por varias teorías para explicar su interpretación de la resurrección.
1. La teoría del fraude. Que todo fue una patraña inventada por los discípulos.
2. La teoría del desvanecimiento. Que Cristo simplemente se desmayó en la cruz y que luego se recuperó en el frío de la tumba.
3. La teoría de la visión. Que los discípulos solamente se imaginaron que le habían visto.
4. La teoría del espíritu. Que sólo su espíritu se levantó de la tumba. Esto lo refuta Lucas 24:39.
5. La teoría del corazón. Que sólo resucitó en el corazón de sus amigos.

Pero Pablo declara en estos versículos que si se niega la doctrina de la resurrección, nos vemos obligados a nueve conclusiones horribles:
1. Toda la predicación del evangelio ha sido y continuará siendo completamente inútil.
2. Todos los predicadores del evangelio son unos necios y unos mentirosos bien notorios.
3. Todos los cristianos vivos permanecen todavía en sus pecados.
4. Todos los cristianos que partieron están en el infierno.
5. Toda razón y propósito de la vida misma queda destruido.
6. El Salvador mismo está todavía pudriéndose en una tumba del Cercano Oriente.

7. Todo culto cristiano se convierte en una farsa. Notemos el versículo 29:

«De otro modo, ¿qué harán los que se bautizan por los muertos, si en ninguna manera los muertos resucitan? ¿Por qué, pues, se bautizan por los muertos?»

Estos versículos han sido algo problemáticos:

a. Aspecto negativo: Cualquiera que sea su significado, *no* apoya la práctica totalmente contraria a la Biblia de la iglesia de los mormones de que los vivos se bauticen por los muertos. Morir sin Cristo es permanecer para siempre sin él y, por consiguiente, perdido. (Véanse Lc. 16:19-31; He. 2:3; Ap. 22:11.)

b. Aspecto positivo. Puesto que el bautismo nos habla de identificación, Pablo puede estar diciendo aquí que, si no hay resurrección de los muertos, ¿cuál es entonces el propósito de los cristianos que todavía viven en proseguir con el modelo de vida dejado por los creyentes que partieron?

8. Sufrir por Cristo no tiene sentido y es inútil (15:30, 32).

9. La satisfacción de los sentidos es el único camino. «... comamos y bebamos, porque mañana moriremos» (15:32).

D. La procesión de la resurrección (15:20-28).

«Mas ahora Cristo ha resucitado de los muertos; primicias de los que durmieron es hecho» (15:20).

Pablo se refiere en estos versículos a la tercera de las siete fiestas religiosas judías mencionadas en Levítico 23. Era llamada la fiesta de los primeros frutos. Notemos que:

1. En el primer día, los delegados elegidos marcaban en el campo de trigo el lugar en donde se iba a cortar la gavilla.
2. En el segundo día se cortaba la gavilla y se llevaba al templo.
3. En el tercer día se presentaba al Señor como una muestra y ofrenda de las primicias.

Notemos ahora los versículos 23, 24:

«Pero cada uno en su debido orden: Cristo, las primicias; luego los que son de Cristo, en su venida. Luego el fin, cuando entregue el reino al Dios y Padre, cuando haya suprimido todo dominio, toda autoridad y potencia.»

La palabra griega para «orden» aquí es *tagma*, un término militar que se refiere a las tropas marchando en orden de rango, como en un desfile. De manera que vemos:

a. La resurrección de Cristo (Mr. 16:2-8; Mt. 28:5-8; Lc. 24:1-8). Su resurrección encabeza el desfile porque era la primera de esta clase. El milagro que Cristo realizó con Lázaro (Jn. 11), por ejemplo, no fue una verdadera resurrección, sino simplemente la restauración de un cuerpo mortal muerto a un cuerpo mortal vivo. Lázaro *murió* otra vez más tarde. La resurrección final conlleva la inmortalidad.

b. La resurrección del rapto. «Luego los que son de Cristo, en su venida» (15:23). Estas «tropas» desfilan inmediatamente después de la cabeza. (Véanse 1 Co. 15:53; 1 Ts. 4:16.)

c. La resurrección premilenaria de los santos del Antiguo Testamento y de la tribulación. «Luego el fin» (15:24; véanse Jn. 5:24; Dn. 12:2; Ap. 20:5, 6).

E. La demanda de la resurrección (15:33, 34).

1. Se nos pide «velad debidamente, y no pequéis» (15:34).
2. Debemos evitar a aquellos que niegan la resurrección (15:33).

F. El modelo de la resurrección (15:35-38).

«Pero dirá alguno: ¿Cómo resucitarán los muertos? ¿Con qué cuerpo vendrán?» (15:35).

Pablo no describe el método que Dios va a usar para resucitar a los muertos, pero en su lugar nos ofrece un gran ejemplo mediante el grano de trigo (15:37).

Podemos sacar varias conclusiones de esta excelente ilustración:

1. El cuerpo mortal, al igual que el grano de trigo, no tiene poder para cambiarse a sí mismo. Solamente Dios puede hacer crecer el trigo y resucitar a los muertos.
2. El cuerpo mortal, como el grano de trigo, debe morir a fin de ser transformado.

«De cierto, de cierto os digo, que si el grano de trigo no cae en la tierra y muere, queda solo; pero si muere, lleva mucho fruto» (Jn. 12:24).

De manera que la muerte no suprime al grano sino que lo libera.

3. El nuevo cuerpo, a semejanza de un grano de trigo, no pierde su identidad. De alguna manera ambos retienen la semejanza de su estado anterior (1 Co. 13:12).

G. La perfección de la resurrección (15:39-49).

1. Los atributos del cuerpo mortal y pecaminoso:
   a. Se siembra en corrupción (un cuerpo perecedero) (15:42).
   b. Se siembra en deshonra (en un mundo de falso brillo) (15:43).
   c. Se siembra en debilidad (sujeto a enfermedades y debilidades) (15:43).
   d. Se siembra cuerpo animal (sujeto a las leyes de la naturaleza) (15:44).
2. Atributos del nuevo cuerpo sin pecado:
   a. Resucitará en incorrupción (un cuerpo imperecedero) (15:42).
   b. Resucitará en gloria (en un mundo perfecto) (15:43).
   c. Resucitará en poder (no sujeto a enfermedades ni debilidades) (15:43).
   d. Resucitará un cuerpo espiritual (no sujeto a las leyes de la naturaleza) (15:44).

Pablo dice en el versículo 44: «Hay un cuerpo animal, y hay un cuerpo espiritual.» ¿Cuál es la diferencia? Pensemos en un libro con una hoja de papel blanco metida dentro. En esta ilustración el libro es el cuerpo humano y la hoja de papel es su espíritu. En esta tierra el libro «domina» al espíritu; tiene la última palabra. Este es el cuerpo natural gobernado por las leyes físicas de la gravedad y del tiempo.

Pero ahora saquemos del libro la hoja de papel blanco y usémosla como una envoltura alrededor del libro. El papel (el espíritu) domina ahora; tiene la última palabra. Este es el cuerpo espiritual, que no está afectado por las leyes físicas de la gravedad y del tiempo, pero que goza de las bendiciones de la eternidad.

En los versículos 39-41 Pablo sugiere que el nuevo cuerpo espiritual es tan superior al viejo cuerpo natural como:

(1) El cuerpo humano lo es en relación con el de los animales (15:39).
(2) Los cielos con la tierra (15:40).
(3) El sol con la luna (15:41).

H. La promesa de la resurrección (15:50-53).

«He aquí, os digo un misterio: No todos dormiremos; pero todos seremos transformados, en un momento, en un abrir y cerrar de ojos, a la final trompeta; porque se tocará la trompeta, y los muertos serán resucitados incorruptibles, y nosotros seremos transformados. Porque es necesario que esto corruptible se vista de incorrupción, y esto mortal se vista de inmortalidad» (15:51-53).

Notemos ahora las siguientes frases:

1. «He aquí, os digo un misterio.» ¿Qué misterio? Supongamos que usted empieza a leer la Biblia en Génesis capítulo 1 y lee hasta 1 Corintios capítulo 14. Si para de leer ahí, usted habrá ya aprendido muchos hechos importantes relacionados con la creación, el pecado del hombre, el diluvio, Belén, el Calvario, la resurrección, y la existencia del cielo y el infierno.

   Pero entonces se verá forzado a concluir que el cristiano sólo puede ir al cielo después de morir físicamente. Habrá notado, no obstante, dos excepciones, la de Enoc (Gn. 5:24) y la de Elías (2 R. 2:11), pero aparte de éstos se verá claro que los creyentes tienen que pasar por el camino de la tumba para alcanzar la meta de la gloria.

   Pero ahora un secreto es revelado, y es: millones de cristianos llegarán un día al cielo sin haber muerto. «He aquí, os digo un misterio: No todos dormiremos; pero todos seremos transformados» (1 Co. 15:51). Este es, pues, el misterio del rapto.
2. «Todos seremos transformados.» Notemos la palabra *todos*. La Biblia no apoya la teoría de un rapto parcial.
3. «En un abrir y cerrar de ojos.» Esto ocurre tan rápidamente como un destello de luz brilla en un ojo, en un quinto de un segundo.
4. «Esto corruptible se vista de incorrupción.» Esta es una referencia a los cuerpos de los creyentes que partieron.
5. «Esto inmortal se vista de inmortalidad.» Con esto se refiere a los cuerpos de los creyentes vivos. (Véase también 1 Ts. 4:16, 17.)

I. El propósito de la resurrección (15:54).

«Y cuando esto corruptible se haya vestido de incorrupción, y esto mortal se haya vestido de inmortalidad, entonces se cumplirá la palabra que está escrita: Sorbida es la muerte en victoria» (véanse Is. 25:8; Os. 13:14).

Los cristianos deberíamos de comprender claramente el propósito de la resurrección. Es una trágica verdad que nuestro mundo es materialista, alguien ha definido el materialismo como el arte de conocer el *precio* de todo, pero no conocer el *valor* de nada. En ocasiones, sin embargo, en un intento de evitar esta filosofía, hay creyentes que van hasta el otro extremo y concluyen que Dios *sólo* está interesado en los asuntos no materiales. Este triste error lo vemos a veces en las iglesias cuando separamos las tareas a cumplir en espirituales y materiales. Sucede frecuentemente que esta actitud impone niveles morales más elevados en unos que en otros. Porque después de todo, ¿no son los asuntos «espirituales» más importantes que los «materiales»? La verdad es que Dios está *muy* interesado en los asuntos físicos o materiales, especialmente en los cuerpos de los cristianos. (Véanse 1 Co. 6:19, 20; 2 Co. 6:16; Ef. 5:28, 29; Ro. 12:1, 2.)

¿Cuál es entonces el propósito de la resurrección? Es, entre otras cosas, destruir al enemigo último del hombre. Pablo había ya escrito: «Y el postrer enemigo que será destruido es la muerte» (15:26). Los cinco enemigos naturales de la humanidad son:

1. El mundo (Gá. 1:4; 1 Jn. 2:15; Stg. 4:4).
2. La carne (Ro. 7:18; 8:8; Gá. 5:17; 1 Jn. 2:16).
3. El demonio (Mt. 13:39; Ef. 6:11).
4. La muerte espiritual (Jn. 5:24; 8:51; Ap. 2:11).
5. La muerte física (Sal. 55:4; He. 2:15).

J. El poder de la resurrección (15:55-58).

«¿Dónde esta, oh muerte, tu aguijón? ¿Dónde, oh sepulcro, tu victoria? Mas gracias sean dadas a Dios, que nos da la victoria por medio de nuestro Señor Jesucristo» (15:55, 57).

La muerte aparece aquí representada como una serpiente venenosa y su colmillo ponzoñoso es el pecado; pero Dios destruirá un día al reptil y su colmillo. Notemos también las frases gemelas:

1. «¿Dónde está, oh muerte, tu aguijón?» Esto puede referirse a los cristianos vivos que no experimentarán la muerte física a la venida de Cristo.
2. «¿Dónde, oh sepulcro, tu victoria?» Aquí puede estar refiriéndose a los creyentes que ya partieron, cuyos cuerpos el sepulcro se verá obligado a devolver.

Pablo termina este grandioso capítulo de la siguiente manera:

> «Así que, hermanos míos amados, estad firmes y constantes, creciendo en la obra del Señor siempre, sabiendo que vuestro trabajo en el Señor no es en vano» (15:58).

Pregunta número 6: ¿Qué hay en cuanto a la ofrenda? (cap. 16).

A. La localización de la ofrenda: «las iglesias de Galacia» (16:1). Debemos notar la mención de «las iglesias de Galacia». El Nuevo Testamento nunca habla de la iglesia en o de un país o provincia. La situación que encontramos hoy en varios países de «iglesia estatal» institucionalizada es completamente ajena a la Biblia.
B. La fuente de la ofrenda: «cada uno de vosotros» (16:2). La iglesia local debe ser sostenida por sus miembros. Observamos también que era algo en lo que debían participar todos.
C. El tiempo de la ofrenda: «cada primer día de la semana» (16:2). Esto era, por supuesto, el domingo. (Véanse Mr. 16:2, 9; Lc. 24:1; Jn. 20:1, 19; Hch. 20:7).
D. La cantidad de la ofrenda: «según haya prosperado» (16:2). Aunque no se indica en realidad una proporción, es impensable que el creyente le dé menos a Dios que lo que le da al mesero en el restaurante.
E. El propósito de la ofrenda: «para los santos» (16:1). Esta era una ofrenda especial para atender

a las necesidades inmediatas de los pobres en Jerusalén (véase Ro. 15:26).

F. Los responsables de la ofrenda: «a quienes hubieres designado» (16:3). En todos los asuntos financieros de una asamblea, la responsabilidad debe estar en manos de más de un hermano, a fin de evitar la mínima sospecha de que se maneja de forma indebida.

Pablo concluye esta epístola con algunos comentarios personales y con un poderoso desafío.

A. Los comentarios:
 1. Planeaba visitarles de nuevo pronto (16:5-9).
 2. Timoteo quizá les visitara también (16:10, 11).
 3. Le había rogado a Apolos para que fuera a Corinto, pero la voluntad de Dios había sido otra (16:12).
 4. Les insta a que sigan la dirección espiritual de Estéfanas, su primer convertido en Grecia (16:15, 16).
 5. Varios creyentes que estaban con Pablo en Éfeso les envían sus saludos (16:17-20).

B. El desafío:

«Velad, estad firmes en la fe; portaos varonilmente, y esforzaos. Todas vuestras cosas sean hechas con amor» (16:13, 14).

«El que no amare al Señor Jesucristo, sea anatema. El Señor viene» (16:22).

 1. La palabra «anatema» significa «listo para ser destruido». (Véanse Ro. 9:3; Gá. 1:8, 9.)
 2. La expresión «maranata» significa «el Señor viene». (Véanse Fil. 4:5; Stg. 5:7, 8; Ap. 1:7; 3:11.)

2 CORINTIOS

INTRODUCCIÓN

1. Pablo había organizado la iglesia de Corinto durante su segundo viaje misionero (Hch. 18:1-8).
2. Volvió a visitar la iglesia durante su tercer viaje misionero (2 Co. 12:14; 13:1).
3. Envió a Tito a Corinto para que organizara la ofrenda de amor para los santos en necesidad de Jerusalén (1 Co. 16:1; 2 Co. 8:6, 10). Tito lo lleva a cabo y regresa con el apóstol.
4. Escribió una carta (que no se ha conservado) a la iglesia de los corintios (1 Co. 5:9). Debemos tener en mente que Dios no decidió inspirar *todas* las cartas que Pablo escribió, además de las que también escribieron otros líderes cristianos, sino *sólo* aquellas que encontramos en el Nuevo Testamento.
5. Pasado un tiempo Pablo escribe otra carta. Esta es la de 1 Corintios que tenemos en el Nuevo Testamento. Hubo varias razones importantes por las que él escribió esta epístola.
   a. Para reprender a la iglesia. Pablo se había enterado de las divisiones que existían en la congregación por medio de los de la familia de Cloé que vivían en Corinto (1 Co. 1:11).
   b. Para instruir a la iglesia. Mientras que estaba en Éfeso le visitó un delegación de tres miembros de la iglesia que le entregó una lista de preguntas que llevaban para él de parte de los hermanos (1 Co. 16:17; 7:1; 8:1; 12:1).
6. Envió entonces a Timoteo a Corinto con esta carta del Nuevo Testamento (1 Co. 4:17; 16:10, 11).
7. Timoteo regresó después a Éfeso para quedarse allí con Pablo. Parece que este joven predicador no fue capaz de enderezar las cosas en Corinto (2 Co. 1:1).
8. Pablo desea visitar él mismo la iglesia en este tiempo pero no le es posible hacerlo (2 Co. 1:15-17).
9. Pronto le llegan noticias de que su obra en Corinto está siendo socavada por unos judaizantes legalistas que acababan de llegar de Jerusalén (2 Co. 3:1; 10:12-18; 11:22, 23).
10. Envía a Tito de nuevo a Corinto con el encargo de poner todo en orden y encontrarse más tarde con él en Troas (2 Co. 2:12, 13; 7:6, 7).
11. Pablo llega a Troas pero no encuentra allí a Tito. Después de un tiempo de inquietud, parte para Macedonia (2 Co. 2:12, 13).
12. Aquí se encuentra con Tito, quien le informa favorablemente acerca de la obra en Corinto.
13. Con gran alivio Pablo escribe lo que conocemos como 2 Corintios (2 Co. 7:5-15).
14. El apóstol puede al fin visitar Corinto poco después durante tres meses. Estando allí escribe la epístola a los Romanos (Hch. 20:3; Ro. 15:22-29; Ro. 16:1, 23).

I. La consolación (1:1-7).

A. La fuente de consolación y confortación:

«Bendito sea el Dios y Padre de nuestro Señor Jesucristo, Padre de misericordias y Dios de toda consolación» (1:3).

La palabra «consolación», o «confortación» que también se usa (proceden ambas del mismo término griego), la encontramos diez veces en los primeros siete versículos. Pablo comienza la epístola con esta palabra (1:3) y termina con ella (13:11). Cada miembro de la bendita Trinidad es un confortador:

 1. El Padre (2 Co. 1:3; Is. 49:13).
 2. El Hijo (Jn. 14:1; Is. 61:2; 2 Ts. 2:16).
 3. El Espíritu Santo (Jn. 14:16, 26; 15:26; 16:7).

«Consolar» o confortar» proceden de dos palabras griegas: *para* (junto a) y *kaleo* (llamar). De forma que consolar a un persona significa «estar junto a ella» o «responder a su llamado» para caminar con ella, fortalecerla, guiarla y, en ocasiones, defenderla. El término griego era usado frecuentemente en los tribunales griegos para referirse al representante legal o abogado defensor (véase 1 Jn. 2:1). Podemos decir sin duda alguna que Dios es la *única* fuente de auténtico confortamiento. La oración profética de Jesús en la cruz, como la hallamos en los Salmos (69:20), describe perfectamente a todos los seres humanos:

«El escarnio ha quebrantado mi corazón, y estoy acongojado. Esperé quien se compadeciese de mí, y no lo hubo; y consoladores, y ninguno hallé.»

B. La necesidad de consolación y confortación:

«... acerca de nuestra tribulación que nos sobrevino en Asia; pues fuimos abrumados sobremanera más allá de nuestras fuerzas, de tal modo que aun perdimos la esperanza de conservar la vida» (1:8).

Hay dos clases de personas que no necesitan ser consolados: el que no ha nacido y el que está muerto (véase Is. 40:1, 2). C.H. Spurgeon dijo que el predicador que predica para los atribulados nunca le faltará quien le escuche.

C. El propósito de la consolación y confortación:

«El cual nos consuela en todas nuestras tribulaciones, para que podamos también nosotros consolar a los que están en cualquier tribulación, por medio de la consolación con que nosotros somos consolados por Dios. Porque de la manera que abundan en nosotros las aflicciones de Cristo, así abunda también por el mismo Cristo nuestra consolación» (1:4, 5).

Hay una gran diferencia entre *solidaridad* y *empatía*. La primera puede solamente decir: «Siento mucho lo que te está pasando»; pero la segunda puede declarar: «Sé exactamente por lo que estás pasando.» Debido a que nuestro Señor Jesucristo pasó por toda nuestra experiencia humana, está en condiciones de consolarnos en forma completa (véanse He. 2:14-18; 4:14-16). El Salvador no sólo nos conforta sino que también sufre con nosotros (Hch. 9:4). Por tanto, la regla espiritual es: cuanto más sufrimos por Cristo, tanto más consuelo recibimos de él, y mayor capacidad desarrollamos para confortar a otros que sufren. De manera que el que ha sufrido mucho habla muchas lenguas.

II. La explicación (1:8—2:13).

A. Acerca de su tribulación en Asia (1:8-14). Pablo escribe: «... fuimos abrumados sobremanera más allá de nuestras fuerzas, de tal modo que aun perdimos la esperanza de conservar la vida» (1:8). No sabemos qué es lo que padeció en esta ocasión. Algunos han conectado esta epístola con el relato de Hechos 19:23-41, pero parece que Pablo no sufrió personalmente en aquel momento. (Véase 1 Co. 15:32 para una posible pista.) En cualquier caso, fue tan severo que llegó incluso a pensar en que iba a morir.

«Pero tuvimos en nosotros mismos sentencia de muerte, para que no confiásemos en nosotros mismos, sino en Dios que resucita a los muertos» (1:9).

La fe de Pablo aquí fue semejante a la Abraham e Isaac en el Antiguo Testamento (véanse Gn. 22:1-18; He. 11:17-19).

Veamos su testimonio acerca de la triple liberación de Dios (1:10):

1. «Nos libró.» Habla de la justificación.
2. «Nos libra.» Habla de la santificación.
3. «Aún nos librará.» Habla de la glorificación.

B. Acerca de su viaje a Macedonia (1:15-24; 2:1, 12, 13).

1. Lo que pensaba hacer:

«Con esta confianza quise ir primero a vosotros, para que tuvieseis una segunda gracia, y por vosotros pasar a Macedonia, y desde Macedonia venir otra vez a vosotros, y ser encaminado por vosotros a Judea» (1:15, 16).

2. Por qué no lo hizo:

«Esto, pues, determiné para conmigo, no ir otra vez a vosotros con tristeza» (2:1). (Véase también 1:23.)

Pablo se dio cuenta de que se iba a meter en un avispero si los visitaba en ese momento, y se sintió dirigido a dejarlo para otro momento.

3. A dónde fue al fin:

«Cuando llegué a Troas para predicar el evangelio de Cristo, aunque se me abrió puerta en el Señor, no tuve reposo en mi espíritu, por no haber hallado a mi hermano Tito; así, despidiéndonos de ellos, partí para Macedonia» (2:12, 13).

C. Acerca de sus lágrimas en Éfeso (2:2-11).

«Porque por la mucha tribulación y angustia del corazón os escribí con muchas lágrimas...» (2:4).

Parece que Pablo está refiriéndose aquí a su primera epístola a los Corintios.

1. Había llorado por el hecho de que la iglesia había rehusado reprender a aquel miembro que vivía en inmoralidad sin arrepentirse (1 Co. 5).
2. Ahora lloraba por el hecho de que la iglesia se negaba a restaurar a aquel hombre arrepentido.

«Así que, al contrario, vosotros más bien debéis perdonarle y consolarle, para que no sea consumido de demasiada tristeza» (2:7).

La restauración debía llevarse a cabo inmediatamente:

«Para que Satanás no gane ventaja alguna sobre nosotros; pues no ignoramos sus maquinaciones» (2:11).

III. La demostración (de la naturaleza del ministerio) (2:14—6:18).

A. Es de triunfo (2:14-16).

«Mas a Dios gracias, el cual nos lleva siempre en triunfo en Cristo Jesús, y por medio de nosotros manifiesta en todo lugar el olor de su conocimiento» (2:14).

Dios nos da la seguridad de la victoria, de la victoria total:

1. Sin importar cuándo se presentan los problemas (siempre).
2. Independientemente de dónde aparecen los problemas (en todo lugar).

Para ilustrar esta promesa, Pablo compara el ministerio a un triunfal desfile romano en el que el general victorioso (en este caso Jesús) dirige tanto a los *vencedores* (los salvados) como a los *cautivos* (los inconversos) a sus respectivos destinos.

De entre los que marchan en el desfile sube un aroma fragante, producido por incienso quemado. Esto es:

«A éstos [los cautivos] ciertamente olor de muerte para muerte, y a aquéllos [los vencedores] olor de vida para vida...» (2:16).

En el Antiguo Testamento, la presencia de José fue de muerte para el panadero (Gn. 40:16-19, 22), pero de vida para el copero (Gn. 40:9, 13, 21).

De igual manera, en el Nuevo Testamento, la presencia de Cristo significó muerte para el ladrón impenitente (Lc. 23:39), pero vida para el arrepentido (Lc. 23:40-43).

B. Es de sinceridad.

«Pues no somos como muchos, que medran falsificando la palabra de Dios, sino que con sinceridad...» (2:17). (Véase también 2 P. 3:14-16.)

La palabra «falsificando» aquí es equivalente a la tarea del buhonero o revendedor de la Palabra de Dios. Todos los falsos profetas son culpables de este horrible pecado (véase Hch. 8:18-23).

C. Es aprobada (por Dios mismo).

«... ¿O tenemos necesidad, como algunos, de cartas de recomendación para vosotros, o de recomendación de vosotros?» (3:1).

Los maestros judaizantes y legalistas que plagaron la obra misionera de Pablo llevaban consigo cartas impresionantes de recomendación de Jerusalén. El apóstol lo había hecho también antes de su conversión (Hch. 9:2). Pero ahora todo había cambiado. Las cartas de Pablo eran:

1. Personales: «Nuestras cartas sois vosotros.»

2. Permanentes: «Escritas en nuestros corazones.»
3. Públicas: «Conocidas y leías por todos los hombres.»

D. Es dependiente (3:4, 5).
«No que seamos competentes [suficientes] por nosotros mismos ... sino que nuestra competencia proviene de Dios» (3:5; véase también Fil. 4:13).

E. Es superior (3:6-18).
1. Su programa es superior. Pablo se refiere aquí a Exodo 34:29-35, cuando Moisés bajó del monte Sinaí después de recibir los Diez Mandamientos. En aquella ocasión su rostro brillaba de tal modo que se puso un velo para no atemorizar a los israelitas que esperaban abajo; pero en 2 Corintios 3:13 Pablo explica que la verdadera razón del velo era prevenir que Israel se fijara en un resplandor que desaparecería pronto.

Pero el nuevo programa de Dios es superior al de Moisés, porque su gloria, dada por Cristo, nunca se desvanecerá. (Véanse también Mt. 26:28; He. 8:8, 13.)

«... porque la letra [el programa de la ley en el Antiguo Testamento] mata, mas el espíritu [el nuevo programa de gracia del Nuevo Testamento] vivifica» (3:6).

2. Su poder es superior.
«Porque el Señor es el Espíritu; y donde está el Espíritu del Señor, allí hay libertad» (3:17).

3. Su propósito es superior. El nuevo ministerio de Dios en Cristo tiene un propósito doble:
a. Acerca de Israel: quitar el velo de la incredulidad de sus ojos (3:16).
b. Acerca de la iglesia: transformar a los cristianos a la misma imagen de Cristo (3:18).

F. Es abierta (4:1-4).
1. Es el caminar: «Antes bien renunciamos a lo oculto y vergonzoso, no andando con astucia» (4:2*a*).
2. En el hablar: «Ni adulterando la palabra de Dios, sino por la manifestación de la verdad recomendándonos a toda conciencia humana delante de Dios» (4:2*b*).

Esta apertura es vital, porque los pecadores ya están cegados por Satanás y no deberían sufrir el daño adicional causado por la vida de creyentes engañosos.

G. Honra a Cristo (4:5-7). El mensaje de Pablo destacaba tres cosas:
1. Quién es Cristo: es el Señor.
2. Qué ha hecho Cristo:
«Porque Dios, que mandó que de las tinieblas resplandeciese la luz, es el que resplandeció en nuestros corazones, para iluminación del conocimiento de la gloria de Dios en la faz de Jesucristo» (4:6).
3. Por qué Cristo decidió usar a Pablo.
«Pero tenemos este tesoro en vasos de barro, para que la excelencia del poder sea de Dios, y no de nosotros» (4:7).

H. Es de sufrimiento (4:8-18).
1. La naturaleza de este sufrimiento:
a. Con problemas por todas partes.
b. Preocupados.
c. Perseguidos.
d. Derribados.
e. El hombre exterior desgastado.
2. La victoria sobre el sufrimiento:
a. Atribulados, pero no angustiados.
b. En apuros, mas no desesperados.

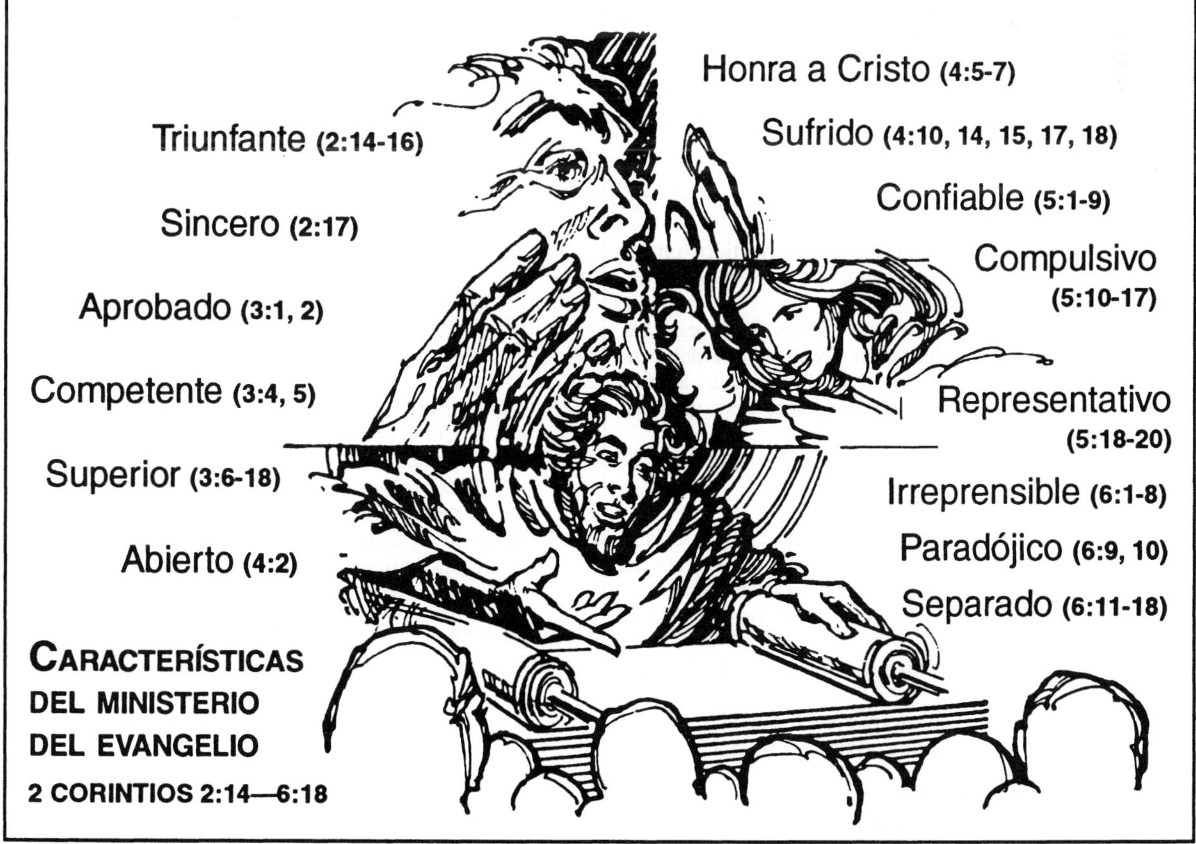

c. Perseguidos, mas no desamparados.
d. Derribados, pero no destruidos.
e. Renovados en el hombre interior.

3. Los resultados de este sufrimiento. Bendiciones inmediatas:
a. El privilegio de llevar las marcas de Cristo (4:10, 11; véanse también Ro. 8:36; 1 Co. 15:31; Gá. 6:17; Col. 1:24).
b. El privilegio de compartir la gloria de Dios (4:15).

Bendiciones futuras:
c. La resurrección (4:14).
d. Las recompensas (4:17, 18; véase también Mr. 10:28-30)

I. Es de confianza (5:1-9).
1. Dios nos dará en el futuro: «... una casa no hecha de manos, eterna, en los cielos» (5:1).
2. Lo que Dios nos ha dado en el presente: «... Dios, quien nos ha dado las arras del Espíritu» (5:5).

Notemos la confianza suprema de Pablo como resultado de estos hechos: «Así que vivimos confiados *siempre...*» (5:6). La palabra «siempre» aparece muchas veces en los escritos de Pablo en relación con:
La oración (Ro. 1:9).
La alabanza (1 Co. 1:4).
El trabajo (1 Co. 15:58).
La obediencia (Fil. 2:12).

J. Es compulsiva (5:10-17). Había al menos cuatro factores apremiantes que hacían que Pablo trabajara día y noche en el ministerio.
1. El juicio de los santos (5:10). Notemos:
a. El plan: es necesario.
b. Las partes: todos.
c. La presencia: comparezcamos.
d. Lugar: ante el tribunal de Cristo.
e. El propósito: para que cada uno reciba según lo que haya hecho mientras estaba en el cuerpo, sea bueno o sea malo.

Nota: La palabra «malo» aquí debería traducirse por «sin valor». (Cp. con 1 Co. 3:12.)

2. La necesidad de los pecadores (5:14).
«... pensando esto: que si uno murió por todos, luego todos murieron.»

Pablo deseaba que sus convertidos pudieran dar una buena rendición de cuentas a Cristo en aquel día.

3. El «temor del Señor» (5:11). Pablo está hablando aquí del temor reverente que debe caracterizar a todo creyente. El temor del apóstol era que él pudiera desagradar a su glorioso Maestro.
4. El amor de Cristo (5:14). «Porque el amor de Cristo nos constriñe....»
5. El poder del evangelio (5:17).
«De modo que si alguno está en Cristo, nueva criatura es; las cosas viejas pasaron; he aquí todas son hechas nuevas.»

Por tanto, este glorioso evangelio nos asegura:
a. Que podemos vivir *por medio de* Cristo (1 Jn. 4:9).
b. Que podemos vivir *con* Cristo (1 Ts. 5:10).
c. Que podemos vivir *para* Cristo (2 Co. 5:15).

K. Es representativa (5:18-21).
«Así que, somos embajadores en nombre de Cristo.»
1. Un embajador debe ser ciudadano del país que representa (Fil. 3:20; Col. 3:1, 2).
2. Es elegido (Jn. 15:16).
3. Se le pide que regrese a su patria antes de que se declare la guerra (1 Ts. 1:10; 5:1-10).

L. Es irreprensible (6:1-8).
«No damos a nadie ninguna ocasión de tropiezo, para que nuestro ministerio no sea vituperado; antes bien, nos recomendamos en todo como ministros de Dios...» (6:3, 4).

La Biblia ha sufrido mucho por culpa de sus amigos.

M. Es paradójica (6:9, 10). Una paradoja es una contradicción aparente, no real. La Biblia nos presenta un cierto número de paradojas. Tales como:
1. El que ama su vida, al final la perderá (Jn. 12:25).
2. El que aborrece su vida, al final la ganará.
3. Como desconocidos, pero bien conocidos (2 Co. 6:9).
4. Como moribundos, mas he aquí vivimos (2 Co. 6:9).
5. Como entristecidos, mas siempre gozosos (2 Co. 6:10)
6. Muriendo, pero dando fruto (Jn. 12:24).
7. Como pobres, mas enriqueciendo a muchos (2 Co. 6:10).
8. Como no teniendo nada, mas poseyéndolo todo (2 Co. 6:10).
9. Oyendo palabras que no pueden ser expresadas (2 Co. 12:4).
10. Siendo fuertes cuando somos débiles (2 Co. 12:10).
11. Conociendo el amor de Cristo que excede a todo conocimiento (Ef. 3:19).
12. Viendo las cosas que no se ven (2 Co. 4:18).

N. Podemos concluir diciendo que la misma vida y el ministerio de nuestro bendito Salvador fue en sí una divina paradoja.
1. Tuvo hambre, mas alimentó a las multitudes (Mt. 4:2; Jn. 6).
2. Tuvo sed y es el agua de vida (Jn. 19:28; 4:14).
3. Se fatigó y no obstante es nuestro reposo (Jn. 4:6; Mt. 11:29, 30).
4. Pagó impuestos, y con todo es el Rey de reyes (Mt. 17:27; Ap. 19:16).
5. Oró, y Él es el que escucha nuestras oraciones (Mr. 14:32-42; Jn. 14:13, 14).
6. Lloró, y no obstante Él es el que seca nuestras lágrimas (Jn. 11:35; Ap. 21:4).
7. Fue vendido por treinta piezas de plata, mas Él es el Redentor del mundo (Mt. 26:15; 1 P. 1:18, 19).
8. Como cordero fue llevado al matadero, no obstante, Él es el Buen Pastor (Is. 53:7; Jn. 10:11).
9. Lo colgaron de una cruz para que muriera, pero Él resucitó de los muertos (Jn. 19:33).

Ñ. Es de separación (6:11-18).
1. La naturaleza de esta separación.
«No os unáis en yugo desigual con los incrédulos...» (6:14).

Esta separación alcanzaría sin duda lazos humanos como:
a. El matrimonio.
b. Ciertas asociaciones de negocios.
c. Organizaciones eclesiásticas dudosas.

2. La lógica de la separación: «¿Qué compañerismo tiene...?»
a. La justicia con la injusticia.

b. La luz con las tinieblas.
c. Cristo con Belial.
d. El creyente con el incrédulo.
e. El templo de Dios y los ídolos.
3. Las recompensas de esta separación (6:17, 18).
«Por lo cual, salid de en medio de ellos, y apartaos, dice el Señor, y no toquéis lo inmundo; y yo os recibiré, y seré para vosotros por Padre, y vosotros me seréis hijos e hijas, dice el Señor Todopoderoso.»

IV. El agradecimiento (cap. 7).
A. La gratitud de Pablo a Dios por ver a Tito (7:1-6).
«Porque de cierto, cuando vinimos a Macedonia, ningún reposo tuvo nuestro cuerpo, sino que en todo fuimos atribulados; de fuera, conflictos; de dentro, temores. Pero Dios, que consuela a los humildes, nos consoló con la venida de Tito.»
B. La gratitud del apóstol a Dios por el informe de Tito (7:7-16). Tito le informó que había sido bien recibido por la iglesia en Corinto, y que la carta anterior de Pablo había producido los resultados deseados de dolor y arrepentimiento por sus varios pecados. Uno de ellos era el caso del pecado sexual de aquel hombre con su madrastra (1 Co. 5). Pablo exclama:
«Porque la tristeza que es según Dios produce arrepentimiento para salvación, de que no hay que arrepentirse; pero la tristeza del mundo produce muerte» (7:10).

V. La solicitación para los santos (caps. 8, 9).
A. Ejemplos de ofrendas:
1. Los macedonios (8:1-5).
a. Dieron mediante su entrega personal al Señor. «... sino que a sí mismos se dieron primeramente al Señor...» (8:5).
b. Dieron sometiéndose ellos mismos al apóstol. «... y luego a nosotros por la voluntad de Dios» (8:5).
c. Dieron compartiendo sus recursos con los santos en necesidad. «... el privilegio de participar en este servicio para los santos» (8:4).
2. El Hijo:
«Porque ya conocéis la gracia de nuestro Señor Jesucristo, que por amor a vosotros se hizo pobre, siendo rico, para que vosotros con su pobreza fueseis enriquecidos» (8:9).
Es decir, que nuestro Señor se hizo lo que no era (pobre), a fin de que nosotros pudiéramos ser lo que no éramos (ricos). El santo Hijo de Dios se transformó en el Hijo del Hombre, para que los pecadores hijos de los hombres pudieran llegar a ser hijos de Dios.
3. El Padre: «¡Gracias a Dios por su don inefable!» (9:15).
B. El espíritu de dar:
«Porque si primero hay la voluntad dispuesta, será acepta según lo que uno tiene, no según lo que no tiene» (8:12).
«Cada uno dé como propuso en su corazón: no con tristeza, ni por necesidad, porque Dios ama al dador alegre» (9:7).
C. La gracia del dar:
«Por tanto, como en todo abundáis, en fe, en palabra, en ciencia, en toda solicitud, y en vuestro amor para con nosotros, abundad también en esta gracia» (8:7).
Las palabras de Jesús al joven rico pueden aplicarse muy bien aquí (Mr. 10:21).
D. Los resultados del dar:
1. Los hechos.
a. Dar será de bendición para el necesitado.
«Porque la ministración de este servicio ... suple lo que a los santos falta...» (9:12).
b. Será también de bendición para el que da.
(1) El Señor proveerá para sus necesidades.
«Y poderosos es Dios para hacer que abunde en vosotros toda gracia, a fin de que, teniendo siempre en todas las cosas todo lo suficiente, abundéis para toda buena obra» (9:8).
«Y el que da semilla al que siembra, y pan al que come, proveerá y multiplicará vuestra sementera, y aumentará los frutos de vuestra justicia, para que estéis enriquecidos en todo para toda liberalidad, la cual produce por medio de vosotros acción de gracias a Dios» (9:10, 11).
(2) Los necesitados orarán por él.
«Asimismo en la oración de ellos por vosotros, a quienes aman a causa de la superabundante gracia de Dios en vosotros» (9:14).
c. Será de bendición para Dios.
«Porque la ministración de este servicio no sólo suple con plenitud lo que falta a los santos, sino que también sobreabunda a través de muchas acciones de gracias a Dios. Por la prueba dada por esta ministración, glorificarán a Dios...» (9:12, 13).
2. La prueba.
a. La prueba del *mundo* de Dios:
«Pero esto digo: El que siembra escasamente, también segará escasamente; y el que siembra generosamente, generosamente también segará» (9:6). (Véanse también Pr. 22:9; Gá. 6:7, 9.)
b. La prueba de la *Palabra* de Dios:
«Como está escrito: El que recogió mucho, no tuvo más, y el que poco, no tuvo menos» (8:15; véase también Ex. 16:18).
«Como está escrito: Repartió, dio a los pobres; su justicia permanece para siempre» (9:9; véase también Sal. 112:9).

VI. La reivindicación (10:13). Pablo dedica estos últimos capítulos a la defensa de su apostolado. Tanto su buen nombre como su ministerio habían sido socavados por algunos celosos judaizantes que probablemente habían llegado a Corinto procedentes de Jerusalén para crear dificultades. Pablo demuestra en su excelente defensa que:
A. Sus métodos eran superiores a los de sus acusadores.
1. No usaba armas carnales en su lucha contra Satanás (10:3-5).
«Porque las armas de nuestra milicia no son carnales, sino poderosas en Dios para la destrucción de fortalezas» (10:4).

Para derrotar a Satanás no podemos emplear fuego contra fuego, sino que debemos usar la sangre (véase Ap. 12:11).

2. No empleaba un sistema falso para medir (10:12, 17, 18).

«Porque no nos atrevemos a contarnos ni a compararnos con algunos que se alaban a sí mismos; pero ellos, midiéndose a sí mismos por sí mismos, y comparándose consigo mismos, no son juiciosos» (10:12).

Muy frecuentemente, tanto los creyentes como los inconversos son culpables de este sistema falso de comparación.

a. El incrédulo puede encontrar generalmente a alguien que es peor que él, aliviando así su conciencia que lo acusa y llevándolo a la conclusión de que su «moralidad superior» es suficiente, aparte de Cristo.

b. A veces también los líderes cristianos caen víctimas de esta trampa al comparar su ministerio con el trabajo de otro creyente. Esto puede llevar a la envidia (si su trabajo es más importante que el mío) o al orgullo (si ocurre lo opuesto).

Pablo había evitado cuidadosamente caer en esta trampa. Notemos sus palabras: «Mas el que se gloría, gloríese en el Señor, porque no es aprobado el que se alaba a sí mismo, sino aquel a quien Dios alaba» (10:17, 18).

3. No edificó sobre el fundamento de otros (10:13-16) El apóstol declaraba: «Miráis las cosas según la apariencia...» (10:7).

Aparentemente ellos lo habían hecho, porque sus enemigos decían de él: «... mas la presencia corporal débil, y la palabra menospreciable» (10:10). Pablo les responde, diciendo: «Pues aunque sea tosco en la palabra, no lo soy en el conocimiento...» (11:6). (Véase también 1 Co. 2:1-4.)

Tenemos una dificultad aquí, porque otro pasaje sugiere que Pablo era un orador elocuente y poderoso. (Véase Hch. 14:9-18.) En cualquier caso, Pablo no se gloriaba en las cualidades físicas que pudiera tener. En esto estaba apoyado por la enseñanza del Antiguo y del Nuevo Testamentos.

a. 1 Samuel 16:6, 7:

«Y aconteció que cuando ellos vinieron, él vio a Eliab, y dijo: De cierto delante de Jehová está su ungido. Y Jehová respondió a Samuel: No mires a su parecer, ni a lo grande de su estatura, porque yo lo desecho; porque Jehová no mira lo que mira el hombre; pues el hombre mira lo que está delante de sus ojos, pero Jehová mira el corazón.»

b. Juan 7:24:

«No juzguéis según las apariencias, sino juzgad con justo juicio.»

B. Sus motivos eran superiores a los de sus acusadores.

1. Su celo por la iglesia (11:1, 2).

«Porque os celo con celo de Dios; pues os he desposado con un solo esposo, para presentaros como una virgen pura a Cristo (11:2).» (Véase también Col. 1:28.)

Distingamos en este momento entre celo y envidia.

a. Celo: es el deseo de poseer lo que es nuestro. En contra de la opinión popular, esta es una tendencia natural y buena, siempre que se mantenga dentro de los límites correctos.

b. Envidia: el deseo de poseer lo que le pertenece a otra persona. Esto es siempre malo.

2. Su temor por la iglesia (11:3-6).

«Pero temo que como la serpiente con su astucia engañó a Eva, vuestros sentidos sean de alguna manera extraviados de la sincera fidelidad a Cristo. Porque si viene alguno predicando a otro Jesús que el que os hemos predicado, o si recibís otro espíritu que el que habéis recibido, u otro evangelio que el que habéis aceptado, bien lo toleráis» (11:3, 4). (Véanse también Mt. 24:4, 5; Ef. 4:14; Gá. 1:6-8.)

3. Su generoso servicio a la iglesia (11:7-9).

«¿Pequé yo humillándome a mí mismo, para que vosotros fueseis enaltecidos, por cuanto os he predicado el evangelio de Dios de balde? He despojado a otras iglesias, recibiendo salario para serviros a vosotros. Y cuando estaba entre vosotros y tuve necesidad, a ninguno fui carga, pues lo que me faltaba, lo suplieron los hermanos que vinieron de Macedonia, y en todo me guardé y me guardaré de seros gravoso» (2 Co. 11:7-9). (Véase también Fil. 4:15, 16.)

4. Su advertencia a la iglesia. Pablo advierte a los creyentes corintios acerca de la verdadera naturaleza de sus enemigos.

«Porque estos son falsos apóstoles, obreros fraudulentos, que se disfrazan como apóstoles de Cristo. Y no es maravilla, porque el mismo Satanás se disfraza como ángel de luz. Así que, no es extraño si también sus ministros se disfrazan como ministros de justicia; cuyo fin será conforme a sus obras» (2 Co. 11:13-15).

Pablo menciona (11:20) al menos cinco ofensas que los falsos ministros cometen contra los verdaderos creyentes:

a. Los esclavizan.
b. Los devoran.
c. Se aprovechan de ellos.
d. Se enaltecen a costa de los demás.
f. Los abofetean (espiritualmente).

5. Sus sufrimientos por la iglesia.

«De los judíos cinco veces he recibido cuarenta azotes menos uno. Tres veces he sido azotado con varas; una vez apedreado; tres veces he padecido naufragio; una noche y un día he estado como náufrago en alta mar; en caminos muchas veces; en peligros de ríos, peligros de ladrones, peligros de los de mi nación, peligros de los gentiles, peligros en la ciudad, peligros en el desierto, peligros en el mar, peligros entre falsos hermanos; en trabajo y fatiga, en muchos desvelos, en hambre y sed, en muchos ayunos, en frío y en desnudez; y además de otras cosas, lo que sobre mí se agolpa cada día, la preocupación por todas las iglesias.

¿Quién enferma, y yo no enfermo? ¿A

quién se le hace tropezar, y yo no me indigno? Si es necesario gloriarse, me gloriaré en lo que es de mi debilidad. El Dios y Padre de nuestro Señor Jesucristo, quien es bendito por los siglos, sabe que no miento. En Damasco, el gobernador de la provincia del rey Aretas guardaba la ciudad de los damascenos para prenderme; y fui descolgado del muro en un canasto por una ventana, y escapé de sus manos» (2 Co. 11:24-33).

(Notemos las otras muchas referencias de Pablo a sus sufrimientos en esta carta. Véanse 1:3-11; 4:8-11; 6:4, 8-10; 7:5; 12:7-10.)

C. Sus milagros fueron superiores a los de sus acusadores.

1. Su visión sobrenatural (12:1-6).

«Conozco a un hombre en Cristo, que hace catorce años (si en el cuerpo, no lo sé; si fuera del cuerpo, no lo sé; Dios lo sabe) fue arrebatado hasta el tercer cielo. Y conozco al tal hombre (si en el cuerpo, o fuera del cuerpo, no lo sé; Dios lo sabe) que fue arrebatado al paraíso, donde oyó palabras inefables que no le es dado al hombre expresar» (2 Co. 12:2-4).

Nota: No podemos ni siquiera especular acerca de lo que Pablo realmente vio en esta ocasión. Tiempo después el apóstol Juan tuvo aparentemente una visión parecida. (Véase Ap. 10:4.)

Algunos creen que Pablo realmente murió durante el apedreamiento que sufrió en Listra (Hch. 14:19), y que durante ese tiempo experimentó la visión que nos indica aquí en 2 Corintios 12 antes de ser resucitado por Dios.

2. Su fortaleza sobrenatural (12:7-10).

«Y para que la grandeza de las revelaciones no me exaltase desmedidamente, me fue dado un aguijón en mi carne, un mensajero de Satanás que me abofetee, para que no me enaltezca sobremanera; respecto a la cual tres veces he rogado al Señor, que lo quite de mí. Y me ha dicho: Bástate mi gracia; porque mi poder se perfecciona en la debilidad. Por tanto, de buena gana me gloriaré más bien en mis debilidades, para que repose sobre mí el poder de Cristo. Por lo cual, por amor a Cristo me gozo en las debilidades, en afrentas, en necesidades, en persecuciones, en angustias; porque cuando soy débil, entonces soy fuerte» (2 Co. 12:7-10). Nota: Este pasaje contiene la quinta referencia que Pablo hace de Satanás en 2 Corintios. De este versículos aprendemos:

a. Su título: el dios de este siglo (4:4).

b. Sus tácticas:

(1) Aprovecharse de los creyentes (2:11).

(2) Causar sufrimiento a los creyentes (12:7). (Véanse especialmente Job 1 y 2.)

(3) Cegar a los incrédulos (4:4).

c. Su falsedad: disfrazarse de ángel de luz (11:14).

d. Sus representantes: los falsos ministros (11:15).

¿Cuál era la naturaleza de su aguijón en la carne? Se han dado varias interpretaciones. La teoría principal es que sufría de una enfermedad de los ojos, que no era muy dolorosa pero que a veces era repulsiva. Parece que venía padeciendo de esta enfermedad desde catorce años antes de la fecha de esta epístola, lo que lo sitúa en el tiempo en que llegó a Galacia. Probablemente fue ocasionado por alguna debilidad física. (Véanse también Gá. 4:13-15; 6:11.)

Debemos recordar que estuvo ciego por un tiempo después de su conversión (Hch. 9:9). Satanás podía estar intentando sacar partido de una debilidad natural.

3. Sus señales sobrenaturales:

«Con todo, las señales de apóstol han sido hechas entre vosotros en toda paciencia, por señales, prodigios y milagros» (12:12).

D. Su misión era superior a la de sus acusadores. Pablo planeaba llevar a cabo su tercera visita a los corintios.

«Esta es la tercera vez que voy a vosotros. Por boca de dos o de tres testigos se decidirá todo asunto» (13:1). (Véase también Dt. 19:15.)

La misión que se proponía estaba basada sobre dos principios:

1. Era un padre amoroso.

«He aquí, por tercera vez estoy preparado para ir a vosotros; y no os seré gravoso, porque no busco lo vuestro, sino a vosotros, pues no deben atesorar los hijos para los padres, sino los padres para los hijos» (12:14).

2. Ellos eran hijos desobedientes.

«Pues me temo que cuando llegue, no os halle tales como quiero, y yo sea hallado de vosotros cual no queréis; que haya entre vosotros contiendas, envidias, iras, divisiones, maledicencias, murmuraciones, soberbias, desórdenes» (12:20).

E. Su Mesías era superior al de sus acusadores. Su maestro era Satanás (11:13-15) o su yo (10:20). Pero no el de Pablo.

«Pues buscáis una prueba de que habla Cristo en mí, el cual no es débil para con vosotros, sino que es poderoso en vosotros. Porque aunque fue crucificado en debilidad, vive por el poder de Dos. Pues también nosotros somos débiles en él, pero viviremos con él por el poder de Dios para con vosotros» (13:3, 4).

LA ETAPA DE LAS EPÍSTOLAS

INTRODUCCIÓN A LA ETAPA DE LAS EPÍSTOLAS (Romanos – Apocalipsis)

En ningún otro período de toda la historia del mundo se ha escrito tanta literatura inapreciable como durante los años del 45 al 100 de la era cristiana. Estos cincuenta y cinco extraordinarios años estuvieron literalmente llenos de joyas literarias preciosas que nos vinieron del mismo Dios. Tomaron la forma de veintidós cartas, conocidas comúnmente como las epístolas del Nuevo Testamento. Santiago, Judas, Juan, Pedro y Pablo fueron los hombres escogidos por Dios para completar su maravilloso manuscrito, conocido como la Biblia, que él había empezado como quince siglos antes por medio de Moisés en el desierto de Moab. El apóstol Juan, el último instrumento humano usado por Dios, lleva a su clímax con el Apocalipsis la gran revelación divina que empezó con el Génesis.

La Biblia es un libro que tiene a Cristo como centro. El Antiguo Testamento es la preparación de su vida, los evangelios son la manifestación de esa vida, el libro de los Hechos es la propagación de su vida, y las epístolas son la explicación de su vida. El tema central de las epístolas es Cristo y su Iglesia. La mayoría de estos libros están dirigidos a congregaciones locales (Gálatas, Romanos, 1 y 2 Tesalonicenses, 1 y 2 Corintios, Efesios, Filipenses, Colosenses). Otras están dirigidas a pastores de iglesias locales (1 y 2 Timoteo, Tito), mientras que otras están dirigidas a miembros individuales de las congregaciones locales (Filemón, 2 y 3 Juan).

Al menos una de las epístolas es una amada carta familiar (1 Juan), mientras que otra es tremendamente práctica (Santiago). Dos fueron escritas teniendo en mente a los creyentes que sufren (1 y 2 Pedro), otra advierte acerca de la apostasía que se acerca (Judas), y una sin firma (Hebreos) nos describe lo que Cristo está haciendo por su Iglesia en el cielo. La última epístola lo resume todo, concluyendo con el matrimonio del Esposo celestial con su esposa la Iglesia (Apocalipsis)

ROMANOS

INTRODUCCIÓN

La carta a los Romanos contiene 16 capítulos, 433 versículos y más de 9.500 palabras en las versiones en castellano. Si intentáramos determinar el valor de este libro por su doctrina, historia, profecía, y por los millones de santos y teólogos que sus páginas han producido durante los últimos veinte siglos, tendríamos que calcularlo en miles de millones de dólares. El autor de este *Auxiliar bíblico Portavoz* ha dedicado cientos (literalmente) de horas felices al estudio, y posterior resumen, de esta magnífica epístola. Ningún otro estudio bíblico ha estimulado y conmovido mi alma más que este.

Mi oración ferviente es que le plazca a Dios usar las siguientes páginas (con todo lo insuficientes que puedan ser) para, de igual manera que a mí, informar, iluminar e inspirar a muchos otros creyentes acerca de esta gran epístola, que es como la Constitución y la Declaración de Derechos de la fe cristiana.

El libro de Romanos puede asemejarse a cuatro edificios:

I. El tribunal de justicia divina: la ira de Dios (la condenación y la justificación) (Ro. 1—5).
   A. El secretario (1:1-17).
   B. Las actas del tribunal (1:18—4:25).
   C. La revisión (5:1-21).
II. La central de energía de la gracia: el método de Dios (la santificación y la preservación) (Ro. 6—8).
   A. El plan: primer piso, la santificación (Ro. 6).
   B. El dolor: segundo piso, la frustración (Ro. 7).
   C. El precio: tercer piso, la preservación (Ro. 8).
III. La sinagoga de Israel: La sabiduría de Dios (explicación y vindicación) (Ro. 9—11).
   A. La soberanía de Dios y la elección de Israel (Ro. 9).
   B. La justicia de Dios y el rechazo de Israel al presente (Ro. 10).
   C. La sabiduría de Dios y la restauración de Israel en el futuro (Ro. 11).
IV. El templo de Dios: la voluntad de Dios (transformación y exhortación) (Ro. 12—16).
   A. Las responsabilidades públicas de todos los redimidos (12:1—15:6).
   B. Comentarios personales para los creyentes romanos (15:14—16:27).

I. El tribunal de justicia divina: la ira de Dios (la condenación y la justificación) (Ro. 1—5). En los prime-

Las EPÍSTOLAS de Pablo

Primer VIAJE MISIONERO	LICENCIA	**Segundo** VIAJE MISIONERO	**Tercer** VIAJE MISIONERO	**PRIMER ENCARCELAMIENTO**	**LIBERACIÓN**	**ÚLTIMO ENCARCELAMIENTO**
	GÁLATAS	1 TESALONICENSES 2 TESALONICENSES	1 CORINTIOS 2 CORINTIOS ROMANOS HEBREOS (¿?)	EFESIOS COLOSENSES FILEMÓN FILIPENSES	1 TIMOTEO TITO	2 TIMOTEO

ros capítulos de Romanos, Pablo nos describe un caso legal que podríamos titular: «El Supremo Creador acusa a sus pecaminosas criaturas.»

A. El secretario del tribunal (1:1-17).

1. La elección de Pablo para el evangelio (1:1).
   a. Era un siervo (esclavo) de Jesucristo.
   b. Llamado a ser apóstol. Dos requisitos eran necesarios para el apostolado:
      (1) Haber visto al Señor Jesús (1 Co. 9:1; 15:8, 9).
      (2) Su llamamiento debía proceder de Dios mismo (Jn. 6:70; Hch. 9:15). Ningún hombre debería entrar en el ministerio a menos que sea llamado por Dios. (Véanse Jn. 15:16; Mt. 9:38; He. 5:14; Jer. 23:21; Ez. 13:4-6, 10.)
   c. Era un santo apartado. Hay tres separaciones específicas que se dieron en la vida de Pablo.
      (1) En su nacimiento (Gá. 1:15).
      (2) En el camino a Damasco (Hch. 9:15, 16): su conversión a Cristo.
      (3) En Antioquía (Hch. 13:1, 2): su llamamiento al ministerio.

      Pablo fue separado por y para Dios como lo fue Jeremías (Je. 1:5) y Juan el Bautista (Lc. 1:15).
2. La explicación del evangelio por Pablo (1:2-5).
   a. No es nuevo. Pablo decía que los profetas del Antiguo Testamento hablaron de ello. El cita el Antiguo Testamento en Romanos no menos de sesenta y una veces de catorce libros. Esto refuta completamente las pretensiones de las sectas de declarar verdades nuevas y exóticas acerca del evangelio. Se ha dicho correctamente que «si algo es nuevo, probablemente no es verdad, y si es verdad no es nuevo».
   b. Trata acerca de Jesús. Cristo es el autor y consumador del evangelio.
   c. Fue manifestado mediante la encarnación. Pablo habla del nacimiento virginal y de la humanidad de Cristo en 1:3. Cristo es del linaje de David.
   d. Fue proclamado por medio de la resurrección. La palabra griega para «declarado» de 1:4 es *horizo* (de donde procede nuestra palabra «horizonte»), que significa «marcado por señales ciertas». Lo que quiere decir que Cristo, el Hijo de Dios, es el linde claro entre la tierra y el cielo.
      (1) Se habla de su humanidad, como se puede ver:
         (a) Creció (Lc. 2:40, 52).
         (b) Tenía apariencia humana (Jn. 4:9; 20:15).
         (c) Tuvo hambre (Mt. 4:2).
         (d) Tuvo sed (Jn. 19:28).
         (e) Se fatigó (Mr. 4:38; Jn. 4:6).
         (f) Lloró (Jn. 11:35; Lc. 19:41).
         (g) Sufrió, se desangró y murió (1 P. 2:21; Jn. 19:34; Mt. 27:50).
      (2) Se habla de su deidad, como podemos ver:
         (a) Lo llaman Dios (Ti. 2:13).
         (b) Es eterno (Ap. 1:8, 18).
         (c) Es inmutable (He. 13:8).
         (d) Es omnipotente (He. 1:3).
         (e) Es omnisciente (Col. 2:3).
         (f) Es omnipresente (Mt. 18:20).

      Se habla de ambas naturalezas en Isaías 9:6; Gálatas 4:4; y 1 Timoteo 3:16. Nota: la frase «por la resurrección de entre los muertos» (1:4) está correctamente expresada en plural en castellano, pues abarca a todos los creyentes (véanse Ro. 6:4; Jn. 5:21; 1 Co. 15:22).
   e. Concede a la vez tanto la salvación como oportunidad de servicio. Notemos el testimonio de Pablo aquí: «Por quien recibimos la gracia y el apostolado» (1:5). Observemos que la gracia precede al apostolado, pues necesitamos la conversión antes de poder servir. En 2 Co. 11:13-15 se habla de ministros inconversos. Jesús tiene que decir «Ven y sígueme», antes de poder declarar: «Id por todo el mundo.» John Wesley fue un buen ejemplo de ello.
   f. Se recibe por fe (véanse Ro. 5:1; Ef. 2:8, 9).
3. La gratitud de Pablo por el evangelio (1:6-15).
   a. Pablo escribe a todos los creyentes romanos: «... amados de Dios, ... santos: Gracia y paz a vosotros, de Dios nuestro Padre y del Señor Jesucristo.» (1:7).

      Notemos que les llama «santos», pues todos los creyentes lo somos ante los ojos de Dios.

      Veamos también que la gracia precede a la paz. No puede haber paz aparte de la gracia. (Véanse Is. 57:21; Jer. 6:14; Lc. 7:50; 8:48; Ro. 5:1; 1 Ts. 5:3.)

      Pablo comienza cada una de sus trece epístolas con estas mismas palabras: «Gracia y paz». Pedro (1 P. 1:2; 2 P. 1:2) y Juan (3 Jn. 3) hacen lo mismo. Gracia es «el favor inmerecido» y aparece por primera vez en Génesis 6:8. Es quizá la segunda gran característica de Dios (después de la santidad) y podría ser definida como «la justicia de Dios a expensas de Cristo». (Véanse Ro. 5:20; Ef. 2:8, 9; 1 P. 3:18; 1 Co. 15:10.)
   b. El apóstol los elogia por su fe que es conocida en todo el mundo (1:8). Sabemos que el emperador Claudio había forzado a los judíos a salir de Roma a causa de un tal Cresto, que se piensa es un mal deletreo de «Cristo». (Véase también 1 Ts. 1:6-8.)
   c. Les asegura que ora constantemente por ellos y también por sí mismo para que «tenga al fin, por la voluntad de Dios, un próspero viaje para ir a vosotros». Dios contestó más tarde su oración pero no en la forma que él podía haber supuesto (Hch. 27—28). En Romanos 16 Pablo cita por nombre a 26 santos de la iglesia en Roma.
   d. Desea ir para serles de bendición y también para recibir él bendición (1:12). Anteriormente se había propuesto ir, pero sus planes habían sido estorbados, una vez por Satanás (1 Ts. 2:18) y otra vez por Dios (Hch. 16:6, 7). Esto quiere decir que los planes de Pablo no estaban más inspirados que los de los cristianos de hoy (véase Ro.

15:22, 23). El don espiritual mencionado en 1:11 era probablemente el de doctrina (1 P. 2:2).

e. Sentía que tenía una gran deuda de llevar el evangelio a todo pecador (1:14; véase también 2 R. 7:9). A causa de esto, Pablo podía decir: «Así que, en cuanto a mí, pronto estoy a anunciaros el evangelio también a vosotros que estáis en Roma» (1:15). Predicó en Jerusalén (el centro religioso del mundo) y se le opusieron ferozmente (Hch. 21:31; 22:22, 23). Predicó en Atenas (el centro intelectual) y se burlaron de él (Hch. 17:32). Predicaría más tarde en Roma (el centro político)y allí sufrió el martirio (2 Ti. 4:6).

4. La confianza de Pablo en el evangelio (1:16, 17).

a. Pablo menciona aquí los tres elementos básicos que componen su filosofía concerniente al evangelio:

(1) Soy deudor (1:14) de predicarlo.

(2) Estoy presto (1:15) para predicarlo.

(3) No me avergüenzo (1:16) de predicarlo. Lo que aquí quiere decir es que el evangelio no le va a dejar mal, nunca le va a dejar avergonzado.

b. El evangelio es poder de Dios (1:16). Hay dos reglas mediante las que se miden el poder de Dios en la Biblia. En el Antiguo Testamento era de conformidad con aquel poder que sacó a Israel de Egipto (véanse Ex. 14—15; Sal. 78). En el Nuevo Testamento la unidad de medida es la resurrección de Jesús (Ef. 1:20). El término griego para «poder» es *dunamis*, de donde proceden dos palabras: (1) dinamita: poder destructivo, y (2) dinamo: poder constructivo. El evangelio de Cristo es ambas cosas (véase 2 Co. 2:16).

c. El evangelio produce justicia (1:17). Esta palabra significa, en su definición más simple, «vestidura correcta». La Biblia nos enseña que todos los pecadores nos encontramos desnudos delante de Dios (Gn. 3:10; He. 4:13: Ap. 3:17). Algunos pecadores se dan cuenta de ello y tratan de vestirse creando sus propias vestiduras espirituales, pero Dios las ve como trapos de inmundicia (Is. 64:6). Sin embargo, el evangelio provee de vestiduras nuevas a todos los pecadores arrepentidos. (Véanse 2 Co. 6:7; Ef. 6:14; Ap. 19:7, 8.) Bien podemos usar esta palabra para resumir el libro de Romanos en forma triple:

(1) Dios es justo.

(2) Dios demanda que seamos justos.

(3) Dios provee de justicia.

d. El evangelio dice: «Mas el justo por la fe vivirá» (1:17). Estas siete palabras dieron origen a la reforma protestante cuando Martín Lutero las experimentó personalmente. Las encontramos en Habacuc 2:4 y aparecen tres veces citadas en el Nuevo Testamento.

(1) Aquí en Romanos 1:17, donde el énfasis está en «el justo».

(2) En Gálatas 3:11, donde el énfasis aparece en «vivirá».

(3) En Hebreo 10:38, donde el énfasis lo tenemos en «por la fe».

El obispo Lightfoot ha señalado lo siguiente en relación con estas siete palabras:

(4) La ley de Moisés contenía 613 preceptos.

(5) David los redujo a once en el Salmo 15.

(6) Isaías los deja en seis.

(7) Miqueas lo limita a tres.

(8) Isaías los reduce a dos en otro pasaje.

(9) Pero Habacuc y Pablo resumen el plan de Dios a una sola declaración.

La fe ha sido definida como «la mano del corazón».

B. Las actas del tribunal (1:18—4:25).

1. Los acusados:

a. Un idólatra (el hombre pagano) (1:18-32).

b. Un hipócrita (el hombre moral) (2:1-16).

c. Un hebreo (el hombre religioso) (2:17—3:8).

2. La acusación: alta traición contra el Rey del universo (3:23).

3. El Juez que preside: el Señor Jesucristo (Jn. 5:22; Hch. 17:31).

4. La acusación detallada: la ira de Dios se revela contra toda impiedad (los pecados contra su persona) e injusticia (pecados contra su voluntad). La primera categoría es vertical, mientras que la segunda es de naturaleza horizontal.

a. Esta ira se manifiesta de tres maneras:

(1) En el relato bíblico mismo (Jn. 3:36).

(2) En la cruz del Calvario (Mt. 27:46; 1 P. 3:18).

(3) En el mundo natural (por medio de terremotos, tornados, hambre, etc.)

b. La acusación de Dios contra el hombre abarca diez aspectos:

(1) Detienen con injusticia la verdad (1:18; véanse también Lc. 4:42; 2 Ts. 2:6, 7).

(2) Conocen a Dios pero no le glorifican como a Dios (1:21).

(3) No le dieron gracias (1:21). (Cp. Ro. 1:8; 1 Ts. 5:18).

(4) Empezaron con necias especulaciones: «se envanecieron en sus razonamientos» (1:21)

(5) Permitieron que sus mentes se entenebrecieran (1:21).

(6) Pensaban que eran sabios, pero se hicieron necios (1:22). El término griego que se emplea aquí para «necios» es *moraino*, de la forma verbal *moros*, que también se puede traducir por retrasado mental o subnormal.

Este fue el principio de la filosofía humana, un término mal empleado, porque significa «amante de la sabiduría». (Véanse Hch. 17:18-21; 1 Co. 1:18-21; 1 Ti. 6:3-5, 20; 2 Ti. 3:7; 4:4.)

(7) Prefirieron a los ídolos antes que al Dios vivo, y cambiaron la gloria del Dios eterno por:

(a) La del hombre: los griegos adoraban el cuerpo humano, como lo hace Hollywood hoy.

(b) La de las aves: los asirios se inclinaban ante las aves.
(c) La de los cuadrúpedos: los egipcios ponían sus ojos en vacas y cocodrilos.
(d) La de los reptiles: los paganos adoraban a las serpientes.

Notamos aquí en 1:23 la clara y vívida tendencia decadente del hombre. La Biblia no habla de evolución sino de involución.

(8) Entregaron sus cuerpos a las perversiones sexuales (1:26, 27). El pecado de la homosexualidad es generalmente la etapa última en las civilizaciones que se apartan de Dios. Dios castigó a Sodoma por causa de este pecado borrándola del mapa del Medio Oriente (Gn. 19), y posteriormente ordenó la destrucción de Jericó junto con otras ciudades del Antiguo Testamento (1 R. 14:24). En los años recientes ha aumentado considerablemente el número de los homosexuales en la civilización occidental.

(9) Estaban atestados de toda injusticia (1:29-32).
(a) Fornicación: pecados sexuales en general.
(b) Perversidad (Mr. 7:22).
(c) Avaricia (Col. 3:5).
(d) Maldad (saña ciega y cruel)
(e) Envidia (descontento con las posesiones y ventajas de los demás).
(f) Homicidios (Mt. 5:21, 22).
(g) Contiendas: disputas con la intención deliberada de extraviar.
(h) Engaños: acosar o poner trampas.
(i) Malignidad: mala voluntad, formas crueles.
(j) Murmuradores: calumniar secretamente.
(k) Detractores: calumnia declarada.
(l) Aborrecedores de Dios.
(m) Injuriosos: insolentes y ofensivos.
(n) Soberbios: arrogantes, fanfarrones
(ñ) Altivos.
(o) Inventores de males.
(p) Desobedientes a los padres.
(q) Necios: sin entendimiento (véase Ef. 4:17-19).
(r) Desleales.
(s) Sin afecto natural.
(t) Implacables.
(u) Sin misericordia.

(10) Ellos eran conscientes de la maldad de sus acciones, pero continuaban haciéndolo y animaban a otros a imitarlos (Mr. 14:10, 11; Ap. 11:10). Por causa de estas tendencias y actitudes Dios los entregó a una mente reprobada (los dejó con sus perversos pensamientos, con una mente incapaz del juicio racional) (Pr. 1:24-31; Ro. 1:24, 26, 28).

5. El jurado:
a. La ley de Dios (2:12).
b. Los hechos del hombre (2:6).

6. La defensa:
a. El pagano (1:18-32).
(1) Su excusa: «Debo ser disculpado por razón de ignorancia.»
(2) La excusa es rechazada: «Todos los hombres tienen tanto el testimonio de la conciencia (1:19) como el de la naturaleza» (1:20). (Véanse Is. 40:26; Sal. 8:3; 19:1-3; Hch. 14:17; 17:29). En otras palabras, Dios no cosecha ira donde no ha sembrado conocimiento.

Estos dos testimonios son inequívocos y universales. En consecuencia, todos los hombres están expuestos a ellos y acusados por ellos.

b. El hipócrita (2:1-16).
(1) Su excusa: «Debo ser disculpado en base de la comparación, porque yo no soy tan malo como el pagano salvaje.»
(2) La excusa es rechazada: «Tú has estado haciendo básicamente lo mismo, pero de una manera más refinada.» Un ejemplo clásico del hombre que condena a otro por lo mismo que él ha hecho es cuando David condenó al hombre rico porque le había quitado la cordera al pobre (2 S. 11, 12).

Comentarios adicionales sobre el hombre moral:

(3) Estas personas que se creen justas cometen uno de estos dos errores capitales:
(a) No entienden la altura de la ley de Dios.
(b) Subestiman la profundidad de su propia conducta moral.
(4) Desean el fruto del cristianismo pero sin las raíces.
(5) Subestiman el temible conocimiento de Dios (2:1). Pero Dios conoce todos los hechos.
(a) Conoce el número de las estrellas (Sal. 147:4).
(b) Conoce los pensamientos y las palabras del hombre (Sal. 139:1, 2, 4, 23, 24).
(c) Conoce el número de los cabellos de la cabeza del hombre (Mt. 10:30).
(d) Conoce el pasado, el presente y el futuro (Hch. 15:18).
(e) Conoce incluso lo que podía haber sucedido (Mt. 11:23).
(6) Menosprecian su bondad y paciencia (2:4). Menospreciar es dar poca importancia o tener a menos (Gn. 25:34; He. 12:2, 5). Lo que el hombre moral menosprecia es:
(a) La paciencia de Dios, esto es, la acción de retener su ira y su condena.
(b) La bondad de Dios, esto es, la acción de ofrecer su gracia.

El hombre moral toma muy a la

ligera la mano extendida de Dios y también su puño cerrado.

(7) Asumen que su moralidad les va a librar del juicio (2:3). Se ha dicho que hay cuatro posibles maneras en que un hombre puede escapar del castigo humano:

(a) Puede cometer una falta que nunca se descubra y quedar como un malhechor sin descubrir.

(b) Puede escapar a un lugar donde no le alcance la ley.

(c) Puede comprar a un abogado muy astuto y burlarse de la ley.

(d) Puede escaparse de la cárcel donde le metieron.

Pero de Dios no puede escapar (He. 2:3). La única esperanza del hombre es arreglarse con Dios antes del juicio.

Sin esta reconciliación todos los hombres serán juzgados por sus *pensamientos* (Ro. 2:16), *palabras* (Mt. 12:36), y *hechos* (Ap. 20:12). Esto sucederá así «porque no hay acepción de personas para con Dios» (2:11). (Véanse también Dt. 10:17; Hch. 10:34; Stg. 2:1, 9; Ef. 6:9; Col. 3:25.)

(8) El hombre moral que se considera a sí mismo justo, a semejanza del pagano, será juzgado por el doble testimonio de la naturaleza y de la conciencia (Ro. 1:19, 20; 2:12-15). La Biblia habla de varias clases de conciencia.

(a) Una buena conciencia (1 Ti. 1:5, 19).

(b) Una conciencia débil (1 Co. 8:12).

(c) Una conciencia acusadora (Jn. 8:9).

(d) Una conciencia corrompida (Tit. 1:15).

(e) Una conciencia endurecida (1 Ti. 4:2).

Debemos hacer notar que la conciencia no funciona legislativamente sino sólo judicialmente. Es como un árbitro que sigue las reglas pero no crea él las reglas. La conciencia es, pues, un aguijón, pero no una guía. Pablo resume esta sección diciendo: «Porque todos los que sin ley han pecado, sin ley también perecerán; y todos los que bajo la ley han pecado, por la ley serán juzgados: (Ro. 2:12; véase también Lc. 12:47, 48).

c. El hebreo (2:17—3:8).

(1) La excusa: «Debo ser disculpado sobre la base de que conozco la ley y doy clases de religión.»

(2) El rechazo de la excusa: «Tú sencillamente no practicas lo que predicas.»

Otros comentarios acerca del hombre religioso:

(3) Su ley no podía salvarle (2:17-24) El judío había corrompido esta ley y su conocimiento de Dios, y se había convertido en un horrible testimonio para los gentiles (2:24; véanse también Gn. 34:30; Ez. 36:17, 20). Era el cumplimiento de la ley de Dios y no su posesión lo que les libraba del juicio. Israel no había cumplido la ley (Mt. 21:13; 23:4-36; Hch. 15:10).

(4) Su circuncisión no pudo salvarle (2:25-27). Los judíos creían que Abraham (el primero en ser circuncidado, véase Gn. 17:11) estaba a la puerta del infierno para asegurarse de que ningún judío circuncidado entraría allí. Aunque la circuncisión era ciertamente el *sello* de la promesa de Dios, solamente la fe interna era la *fuente*. (Véanse Dt. 10:12, 16; 30:6.) El rito de la circuncisión ya había sido dejado a un lado según Hechos 15.

(5) Su nacimiento no podía salvarle (2:28, 29). La salvación no nos viene por medio de un lugar, cara o raza, sino por gracia. (Véase Jn. 8:39, 44.)

Pablo resume ahora rápidamente el caso contra Israel (3:1-8).

(6) Aunque los judíos tenían una ventaja nacional sobre los gentiles («les ha sido confiada la palabra de Dios», Ro. 3:2), no poseían bajo ningún concepto ninguna ventaja espiritual.

(7) Aunque Israel había rechazado a Cristo, la promesa de Dios no fallaría (Ro. 3:3, 4; véase también 2 Ti. 2:13).

(8) Aunque la injusticia de Israel «hace resaltar la justicia de Dios» (es decir, se ve más claramente), Él todavía los juzgará junto con los gentiles incircuncisos. Porque el fin *nunca* justifica los medios.

7. El veredicto (Ro. 3:9-20): «... ya hemos acusado a judíos y a gentiles, que todos están bajo pecado» (3:9). Los versículos que describen el veredicto están tomados de varios pasajes del Antiguo Testamento: los versículos 10-12 proceden de Eclesiastés 7:20; Salmos 14: 2, 3; 53:2, 3. Los versículos 13-18 proceden de los Salmos 5:9; 10:7; 36:1; 140:3; Is. 59:7, 8.

a. Encuentran al hombre depravado en su carácter (3:10-12), una referencia a lo que él es.

(1) «No hay justo ni aun uno.» Incluso María necesitó un Salvador (véase Lc. 1:46, 47).

(2) «No hay quien busque a Dios.» La Biblia no es el registro de la búsqueda de Dios por el hombre, sino de la búsqueda del hombre por Dios (véanse Gn. 3:9; Is. 1:18; 55:1).

(3) «Todos se desviaron» (Is. 53:6).

(4) «A una se hicieron inútiles.» Esta es una referencia a algo que fue originalmente bueno pero que se ha puesto malo, como leche descompuesta, la carne podrida, el pan enmohecido (Is. 1:6). Es decir, que los hombres

estamos en la condición de ser injustos, irracionales, impenitentes y sordos al llamamiento de Dios.

b. Encuentran al hombre depravado en su conversación (3:13, 14), esta es una referencia a lo que dice. Las palabras del hombre son como el colmillo de una serpiente y el hedor de un sepulcro.
c. Encuentran al hombre depravado en su conducta (3:15-18), una referencia a lo que hace.
   (1) Mata a su hermano.
   (2) Se burla de su Dios.

   Pablo ha probado su caso «para que toda boca se cierre y todo el mundo quede bajo el juicio de Dios» (3:19). Ha dejado expuesta la perversión religiosa del pagano, la fingida religiosidad del hipócrita, y la religión impotente del hebreo.

8. La sentencia: la muerte espiritual. Quedar separado para siempre de Dios para sufrir por toda la eternidad en el lago de fuego (Ro. 6:23; Ap. 20:11-15). El más grande de los delitos sólo puede ser castigado mediante el mayor de los castigos, a fin de que prevalezca la justicia.
9. El milagro (3:21-31): hasta este momento el pleito de Dios contra el hombre ha seguido bastante de cerca el procedimiento de la jurisprudencia humana. Pero de pronto sucede algo completamente diferente e inesperado que causaría sin duda que se le cortara la respiración a cualquier secretario judicial terrenal por la tremenda sorpresa. Después que el juez ha escuchado cuidadosamente todas las pruebas presentadas y ha prestado paciente atención a todas las excusas expuestas, no tiene otra opción que dictar la suprema sentencia, no sea que la verdadera justicia quede burlada. Pero antes de que la terrible sentencia sea llevada a cabo, este mismo juez cierra los libros, deja a un lado su mazo celestial, se levanta, se despoja de sus vestimentas judiciales, y desciende a morir por estos tres reos convictos. Esto y solamente esto es justificación.

   Este pecador desnudo, corrompido y sentenciado puede quedar ahora limpio, liberado y revestido de la misma justicia de Cristo. Observemos los hechos relacionados con esta justicia.

   a. La demostración de su justicia: el Calvario. «A quien Dios puso como propiciación» (3:25).
   b. Los testigos de esta justicia: «la ley y los profetas» (3:21). La ley mosaica requería dos testigos para certificar cualquier hecho (Dt. 19:15). Esta justicia fue frecuentemente anticipada por la ley mediante el sacerdocio y las ofrendas en el templo. También fue predicha por los profetas por medio de sus escritos (Is. 53; Lc. 24:25-27; Jn. 5:46; 1 P. 1:10, 11).
   c. El costo de esta justicia: adquirida a gran costo, pero dada gratuitamente. Esto excluye toda presunción (Ro. 3:24, 27).
   d. Los resultados de esta justicia: «a fin de que él [Dios] sea el justo, y el que justifica al que es de la fe de Jesús» (3:26).

      Al cerrarse el Antiguo Testamento, queda un gran problema sin resolver, que está centrado alrededor de dos hechos: la remisión de pecados y la paciencia (3:25).

      La remisión de pecados se refiere al hecho de pasar algo por alto, en este caso los pecados de los santos del Antiguo Testamento.

      La paciencia nos habla del acto de retener algo, en este caso la ira de Dios contra aquellos pecados (Sal. 50:16-23; Hch. 17:30).

      ¿Cómo podía Dios en realidad reconciliar su santidad y justicia con misericordia y gracia? Fue resuelto satisfactoriamente por Cristo...

      «A quien Dios puso como propiciación por medio de la fe en su sangre, para manifestar su justicia, a causa de haber pasado por alto, en su paciencia, los pecados pasados» (3:25; véase también Sal. 85:10).

      La palabra «propiciación» significa «satisfacción», y es una referencia al propiciatorio del templo en el Antiguo Testamento. Sobre este propiciatorio de oro derramaba el sacerdote la sangre de un cordero a fin de separar la ira de Dios del pecado humano. (Véanse 1 Jn. 2:2;4:10; He. 10:11, 12.) ¿Por qué murió Cristo? Entre otras cosas, para preservar y vindicar la justicia de Dios

   e. Los resultados de esta justicia: «La redención que es en Cristo Jesús» (3:24). La palabra redención quiere decir comprar de nuevo a alguien en el mercado de esclavos y darle la libertad. (Véanse Gá. 3:13; 4:5; Ef. 5:16; Col. 4:5; Lc. 24:21; Tit. 2:14; 1 P. 1:18.)
   f. El alcance de esta justicia: «Para todos» (3:22). Es ilimitado.
   g. Los receptores de esta justicia: «Para todos los que creen en él» (3:22). Está limitada en su otorgamiento.
   h. La necesidad de esta justicia: «Todos pecaron, y están destituidos de la gloria de Dios» (3:23).
   i. El requerimiento de esta justicia: «Concluimos, pues, que el hombre es justificado por la fe sin las obras de la ley» (3:28).

      «Porque Dios es uno, y él justificará por la fe» (3:30).

10. Los dos amigos del tribunal (4:1-25). El Juez presenta a dos bien conocidos expertos de la fe que dan testimonio de que ellos anticiparon y experimentaron el milagro de la justificación por la fe siglos atrás.
   a. El testimonio jurado de Abraham, el padre humano de Israel (4:1, 5, 9-25).
      (1) Abraham y su justicia (4:1-4, 9-12).
         (a) ¿Cómo fue salvado Abraham? «Porque ¿qué dice la Escritura? Creyó Abraham a Dios, y le fue contado por justicia» (4:3). (Véase Gn. 15:6.) La palabra «contado» puede ser también traducida por «imputado». Imputar es añadir algo a la cuenta de alguien. En la Biblia aparecen tres imputaciones principales.

Primera, la imputación del pecado de Adán a toda la raza humana (Ro. 3:23; 5:12; 1 Co. 15:22).

Segunda, la imputación del pecado de la humanidad sobre Cristo (Is. 53:5; He. 2:9; 1 P. 2:24; 2 Co. 5:14).

Tercera, la imputación de la justicia de Dios a todos los creyentes (Fil. 3:9).

(b) ¿Cuándo fue salvado Abraham? ¿Fue salvado antes o después de la circuncisión? Se nos dice en Génesis 15:6 que Abraham fue justificado. El tenía en este momento ochenta y cinco años (Gn. 16:16). En Génesis 17:24 se nos habla de su circuncisión, a la edad de noventa y nueve años. Es decir, que fue justificado y hecho un hijo de Dios casi catorce años antes de que se circuncidara.

(c) ¿Por qué fue salvado Abraham? «...para que fuese padre de todos los creyentes» (4:11). Esto incluye tanto a los incircuncisos (creyentes gentiles) como a los circuncidados (creyentes judíos). Pablo vuelve a señalar aquí que la circuncisión era simplemente el *sello* de la fe de Abraham, mientras que la justificación era la *fuente*. El doctor Allen Johnson escribe al respecto:

«Tenemos una buena ilustración de esto en las antiguas monedas de oro de veinte dólares. El sello de los Estados Unidos aparecía grabado en la moneda como señal de que era dinero legal, pero el valor de la moneda era el mismo incluso si se la fundía y el sello desaparecía. El mismo sello podía aparecer impreso en un lingote de hierro, pero la presencia del sello no alteraba el escaso valor intrínseco del lingote.» (*The Freedom Letter*, p. 76.)

(2) Abraham y su herencia (4:13-15).

(a) ¿Qué se le prometió a Abraham? «... que sería heredero del mundo» (4:13). Esta es una referencia al pacto abrahámico, que garantizaba que él sería padre de una gran nación y que sus descendientes poseerían un día Palestina para siempre. (Véanse Gn. 12:2, 3, 7; 13:14-17; 15:5, 18; 17:8.)

(b) ¿Cómo le fue dada la promesa? «Porque no por la ley fue dada a Abraham o a su descendencia la promesa de que sería heredero del mundo, sino por la justicia de la fe» (4:13).

En realidad, la promesa fue dada 430 años antes que la ley.

(3) Abraham y su posteridad (4:16-25).

(a) ¿Quiénes fueron los descendientes de Abraham (4:16)? El tuvo una triple descendencia:

Su simiente humana es Isaac (Gn. 21:3; Ro. 9:7).

Su simiente espiritual somos todos los creyentes (Gá. 3:7).

Y Cristo es su simiente singular (Gá. 3:16).

(b) ¿Cómo recibió Abraham su simiente terrenal?

«Tampoco dudó, por incredulidad, de la promesa de Dios, sino que se fortaleció en fe, dando gloria a Dios, plenamente convencido de que era también poderoso para hacer todo lo que había prometido» (4:20, 21).

(c) ¿Cuán firme es la simiente espiritual de Abraham? «Por tanto, es por fe, para que sea por gracia, a fin de que la promesa sea firme para toda su descendencia» (4:16).

Es por fe porque esta es la manera mejor de que un pecador ser salve. (Véanse Nm. 21; Jn. 3.) Es por gracia porque esta es la mejor forma en que Dios es glorificado. (Véanse Ef. 2; Ap. 4 y 5.)

(d) ¿Cómo logró la simiente singular de Abraham llevar todo esto a cabo? «El cual fue entregado por nuestras transgresiones, y resucitado para nuestra justificación» (4:25).

b. El testimonio jurado de David, el padre regio de Israel (4:6-8).

(1) ¿Qué grandes pecados se le perdonaron a David? Los de adulterio y homicidio (2 S. 11, 12).

(2) ¿Cómo fue David perdonado? Mediante la imputación de «justicia sin obras» (4:6). David escribió dos salmos que tratan de estos horribles pecados.

(a) El Salmo 32 habla del sufrimiento que experimentó a causa de la dilación (quizá un año) en confesar su pecado. Pablo cita el Salmo 32:1, 2 en Romanos 4:6-8.

(b) El Salmo 51 es la oración que elevó a Dios cuando confesó sus pecados. Notemos que dice:

«Porque no quieres sacrificio, que yo lo daría; no quieres holocausto. Los sacrificios de Dios son el espíritu quebrantado; al corazón contrito y humillado no des-

ROMANOS

EL VEREDICTO

«... hemos acusado a judíos y a gentiles, que todos están bajo pecado» (3:9).

«... para que toda boca se cierre y todo el mundo quede bajo el juicio de Dios» (3:19).

EL MILAGRO

JUSTIFICADOS POR MEDIO DE LA JUSTICIA DE CRISTO

EL SUMARIO DEL TRIBUNAL

Las bendiciones de la justificación (5:1-11)

1. Paz con Dios **5:1**
2. Acceso a Dios **5:2**
3. Certeza de parte de Dios **5:3, 4**
4. Dios mora en nosotros **5:5**
5. Preservados por Dios **5:6-11**

preciarás tú, oh Dios» (51:16, 17).

David no hace ningún esfuerzo por ofrecer un sacrificio. La razón era porque no había ofrenda en el sistema levítico que cubriera los pecados de adulterio y homicidio. David, con toda justicia, debería haber sido apedreado hasta morir. David, por tanto, evita la ley y se entrega completamente a la gracia de Dios.

C. La revisión.

1. Un resumen de la justificación (5:1-11).

a. Paz con Dios (5:1). El juicio ante el tribunal ha terminado. Se han firmado las condiciones del armisticio.

b. Acceso a Dios (5:2) El creyente puede ahora acercarse a Dios debido a su nueva posición. Hay una distinción en la Biblia entre nuestra posición y nuestro estado.

Nuestra posición se refiere a nuestra relación con Dios y ésta nunca cambia (1 Co. 15:1; 2 Co. 5:17).

Nuestro estado se refiere a nuestra condición en la tierra y puede cambiar (para bien o para mal) a diario (Fil. 2:19; Col. 4:7).

Nuestra nueva posición nos da ahora el bendito privilegio de la entrada libre a Dios, nunca experimentado antes por el judío o el gentil en el Antiguo Testamento. Tenemos ahora acceso hasta el mismo trono de Dios. En el Antiguo Testamento vemos muy poco de esto. Consideremos:

(1) Un gentil no podía cruzar las puertas del templo.

(2) La mujer hebrea se quedaba en el atrio de las mujeres.

(3) El hebreo que no fuera levita no podía pasar al lugar santo.

(4) Sólo el sumo sacerdote podía entrar en el lugar santísimo una vez al año. Pero en el Calvario, este velo que separaba al Dios de la gloria del hombre pecador fue rasgado en dos por Cristo. (Véanse Mt. 27:51; He. 10:19.)

c. Certeza de parte de Dios (5:3, 4). «Sabiendo que la tribulación produce...»:

(1) Paciencia (véanse He. 10:36; Stg. 1:3). Y esto produce...

(2) Prueba (experiencia o carácter probado) (véanse Sal. 94:12; 2 Co. 1:3-5; Gá. 4:19; Ef. 4:14, 15). Y esto nos lleva a...

(3) La esperanza. Se tienen que dar tres requisitos para la esperanza humana:

(a) Tiene que tratarse del futuro.

(b) Tiene que tratarse de algo bueno en el futuro.

(c) Tiene que tratarse de algo posible en el futuro.

La esperanza cristiana cumple con estos tres requisitos (Ef. 1:17-22; 1 P. 1:3, 4; Ti. 2:11). Existen dos clases de esperanza, expresadas por un verbo y un sustantivo.

(d) El verbo «esperar» dice: «Espero tener» (esperanza terrenal).

(e) El sustantivo «esperanza» dice: «Tengo la esperanza» (la confianza celestial).

Esta certeza de parte de Dios es lo que animó una vez a Andrew Murray a escribir:

«Primero, él me trajo aquí, es por su voluntad que estoy en este lugar angosto; me gozaré en ese hecho. Después, él me guardará aquí en su amor y me dará su gracia como su hijo. Entonces él hará de la prueba

EL CONTRASTE ENTRE ADÁN Y CRISTO

ADÁN		CRISTO
• Por medio de él entró el pecado y la muerte en el mundo.	**La naturaleza del acto**	• Él trajo justicia y vida al mundo.
• En el jardín del Edén.	**El lugar del acto**	• En la cruz del Calvario.
• Desobediencia **(Gn. 3:6).**	**La razón del acto**	• Obediencia **(Lc. 22:42).**
• Condenación 1. Juicio inmediato sobre sí mismo. 2. Juicio imputado sobre su posteridad. 3. Juicio eterno sobre todos.	**Los resultados del acto**	• Justificación. 1. Justificación inmediata. 2. Justicia imputada. 3. Vida terna.
• La **ley** sirve para demostrar la **seriedad** de su acto.	**La relación del acto con la ley y la gracia**	• La gracia sirve para demostrar el «**mucho más**» de su acto (5:9, 10, 15, 17, 20).
• Abundó.	**El alcance de su acto**	• Abundó mucho más.

una bendición, enseñándome las lecciones que quiere que yo aprenda y haciendo que obre en mí la gracia que quiere darme. Por último, a su debido tiempo, él me sacará de aquí. El cómo y el cuándo sólo Él lo sabe. De forma que (1) estoy aquí por la voluntad de Dios, (2) bajo su cuidado, (3) en su entrenamiento, (4) y durante su tiempo.»

d. Dios mora en nosotros (5:5) «... porque el amor de Dios ha sido derramado en nuestros corazones por el Espíritu Santo que nos fue dado.»

Hay tres palabras diferentes para amor en griego que se usan en el Nuevo Testamento. Pablo usa las tres en Romanos.

(1) *Storgos*: una tendencia natural al amor, la preocupación instintiva por los propios hijos, que se encuentra tanto en el hombre como en los animales. En las Escrituras sólo aparece *astorgos*, la forma negativa (Ro. 1:31).

(2) *Philos*: el bello amor de la amistad. Pablo lo describe en Romanos 12:10.

(3) *Agapeo*: el amor divino que encontramos sólo en Dios. Este amor no depende de la belleza del sujeto que se ama. La palabra la encontramos 320 veces en el Nuevo Testamento griego, pero raras veces en los escritos clásicos. Homero la usó diez veces y Eurípides tres.

Este amor nunca lo encontramos en el corazón humano antes de la ascensión de Cristo. En realidad, Jesús le preguntó a Pedro en tres ocasiones (Jn. 21:15-19) si verdaderamente le amaba. En las dos primeras veces Jesús usó la tercera clase de amor preguntándole de la siguiente manera: «Pedro, ¿tú *agapeo* a mí?» En ambas ocasiones Pedro le respondió empleando la segunda palabra. Le dijo: «Señor, tú sabes que yo te *phileo* a ti.» Finalmente, nuestro Señor (condescendiendo) usa también la segunda palabra. La razón de todo esto (como Pedro más tarde aprendería) lo explica Pablo en Romanos 5:5: «... el amor [*agapeo*] de Dios ha sido derramado en nuestros corazones por el Espíritu Santo que nos fue dado.» De manera que la razón por la que Pedro respondió como lo hizo fue porque el Espíritu Santo no había descendido todavía como lo hizo en pentecostés, y le era imposible amar a Cristo con este divino (*agapeo*) amor.

En Juan 11 tenemos un caso similar en el que se nos dice que Lázaro amó a Jesús con un amor *phileo*, pero que el Señor amó a Lázaro con amor *agapeo* (11:3, 5).

Hay dos pasajes muy conocidos del Nuevo Testamento en los que vemos el amor *agapeo* en acción.

«Porque de tal manera amó Dios al mundo, que ha dado a su Hijo unigénito, para que todo aquel que en él cree, no se pierda, mas tenga vida eterna» (Jn. 3:16).

«Maridos, amad a vuestras mujeres, así como Cristo amó a la iglesia, y se entregó a sí mismo por ella» (Ef. 5:25).

e. Preservados en Dios (5:6-11).

(1) En base de la obra de Cristo en la cruz del Calvario.

(a) ¿Qué es lo que hizo? «A su tiempo murió por los impíos» (5:6).

(b) ¿Cuándo lo hizo? «Cuando aún éramos débiles ... siendo aún pecadores ... siendo enemigos» (5:6, 8, 10; véanse también Ef. 2:1; 2:11, 12). Cristo buscó al pecador encontrándose con él a su mismo nivel.

(c) ¿Cómo lo hizo? «Justificados en su sangre» (5:9). La Biblia tiene muchas declaraciones bien claras acerca de la sangre de Cristo.

Era sangre inocente (Mt. 27:4, 19, 24).

Este fue el testimonio de Judas, la mujer de Pilato y de Pilato mismo.

Era sangre derramada (Mt. 26:28).

Era sangre preciosa (1 P. 1:18, 19).

Era sangre que limpia (1 Jn. 1:9).

Era sangre que condena (Mt. 27:25).

(d) ¿Por qué lo hizo? Para mostrar el amor de Dios (5:8).

Para librar a los hombres de la ira de Dios (5:9).

Esto incluye la ira de Dios de hoy (Jn. 3:36; Ro. 1:18); la ira de la tribulación (1 Ts. 1:10; 5:9); y la ira eterna de Dios (Ap. 20:15).

(2) A causa de la obra presente de Cristo a la diestra de la presencia de Dios. «... mucho más ... seremos salvos por su vida» (5:10). Este pasaje ha sido llamado el capítulo de los «muchos más». (Véase 5:9, 10, 15, 17, 20.)

Mi salvación fue comprada por el derramamiento de su sangre y es preservada mediante su intercesión. (Véanse He. 1:3; 6:18-20; 7:25; 9:24.)

2. Un resumen de la condenación (5:12-21).

a. La primera cabeza de la humanidad: Adán.

(1) Por medio de él entró el pecado en el mundo. Nos puede ser de ayuda que revisemos ahora tanto el origen como el significado del pecado.

(a) El origen del pecado: entró en el universo por medio de Satanás. (Véanse Ez. 28:11-19; Is. 14:12-15; Lc. 10:18; 1 Jn. 3:8; Ap. 12:3, 4.) Entró en la tierra por medio de Adán. (Véanse Gn. 2:16, 17; Ro. 5:12; 1 Co. 15:22; 1 Ti. 2:14.)

(b) El significado del pecado: «Errar el blanco» (en griego es *hamartia*). Esta figura nos habla del pecado como cualquier actitud o acto del hombre que no da gloria a Dios (Ro. 3:23). El uso secular de su forma verbal lo tenemos ilustrado en Jueces 20:16.

«Pasar la línea prohibida» (en griego es *parabasis*). (Véanse 1 Jn. 3:4; Hch. 1:25; Stg. 2:11.) Según esta expresión, el pecado abarca tanto la incapacidad humana de hacer lo bueno como la inclinación a hacer lo malo.

Hay varias teorías acerca del pecado de Adán y su relación con el hombre.

El punto de vista de Pelagio: decía que el pecado de Adán le afectó únicamente a él y resultó simplemente en un mal ejemplo moral.

La opinión del semi-pelagianismo: afirma que el pecado de Adán sólo debilitó mi voluntad para no pecar.

El punto de vista federal o agustiniano: debido a la unidad de la raza humana, el pecado de Adán es imputado a toda su posteridad. La naturaleza corrupta engendra corrupción. Esta es la postura de Pablo tanto en Romanos 5 y en 3:23:

«Por cuanto todos pecaron [tiempo aoristo que indica que es un acto en la historia de una vez para siempre], y están destituidos [tiempo imperfecto que indica que constantemente se quedan cortos] de la gloria de Dios.»

De manera que la Biblia distingue entre el pecado (la *raíz* de mi problema, causado por Adán) y los pecados (el *fruto* de mi problema, producido por mí mismo). Por tanto, no soy pecador porque peco, sino que peco porque soy pecador.

(2) Por medio de él entró la muerte en el mundo.

(a) Esto incluye la muerte física (Gn. 3:19; 5:5; Sal. 90:10).

(b) Y también la muerte espiritual (Mt. 7:23; 25:41; Ap. 2:11; 20:6, 14; 21:8).

Así que mediante la desobediencia de Adán muchos fueron hechos pecadores y condenados.

b. La segunda cabeza de la humanidad: Cristo.

(1) El trajo justicia y vida al mundo.

(2) Nos trajo el don gratuito y abundante de la gracia. La palabra «abundancia» es una antigua palabra latina que habla de plenitud.

Ya hemos notado los «muchos más» de este capítulo. Véanse especialmente los versículos 15, 17 y 20:

«Abundaron *mucho más* para los muchos la gracia» (5:15).

«*Mucho más* ... la abundancia de la gracia» (5:17).

«Mas cuando el pecado abundó, *sobreabundó* la gracia» (5:20).

Todo esto quiere decir que el pecador arrepentido recibe *mucho más* en Cristo que lo que ha perdido en Adán.

II. La central de energía de la gracia: el método de Dios (la santificación y la preservación. Ro. 6—8). Pablo no trata el tema de la santificación de los santos hasta el capítulo 6, pero a partir de ese momento no vuelve a tocar el asunto de la justificación de los pecadores. Creo que nos será de ayuda contrastar ahora estas dos palabras.

La *justificación* es un acto, mientras que la

santificación (que simplemente significa «ser apartado») es una obra.

La justificación es el medio, mientras que la santificación es el fin.

La primera quita la culpa y la pena del pecado, mientras que la segunda neutraliza el crecimiento y el poder del pecado.

La primera obra por nosotros, mientras que la segunda opera en nosotros.

Una nos declara justos, mientras que la otra nos hace justos.

La justificación nos provee de la vía que nos lleva al cielo, mientras qne la santificación nos proporciona el tren.

Ya hemos señalado que santificación simplemente quiere decir «ser apartado». De forma que en la Biblia encontramos:

1. Se ordenaba que fueran santificados objetos físicos (Ex. 40:10, 11; 19:23).
2. Las personas podían santificarse a sí mismas (Ex. 19:22).
3. Un hombre podía santificar a otro (Ex. 13:2).
4. Los malvados podían santificarse a sí mismos para practicar la iniquidad (Is. 66:17).
5. Dios santificó a Cristo (Jn. 10:36).
6. Cristo se santificó a sí mismo (Jn. 17:19).
7. Un creyente podía santificar a un incrédulo (1 Co. 7:14).
8. Se decía que los cristianos carnales eran santificados (1 Co. 1:2; 3:1, 2).
9. Se manda a los creyentes que santifiquen a Dios (1 P. 3:15). Los capítulos 6—8 componen el segundo «edificio» en el libro de Romanos. Nos encontramos con tres pisos en esta central de energía de la gracia.

A. El plan. Primer piso: la santificación (Ro. 6).

1. Sepan (6:1-10).

a. Que han sido «sepultados juntamente con él [Cristo] para muerte por el bautismo» (6:4). Pablo declara aquí que Cristo no solamente murió *en mi lugar,* sino *como* yo. La palabra bautismo habla de «identificación». Esta identificación con Cristo en el Calvario es uno de los muchos «bautismos secos» de la Biblia. Otros son:

(1) El bautismo del pecado y sufrimiento sobre Cristo (Mt. 20:22).

(2) El bautismo del Espíritu Santo sobre los creyentes en pentecostés (Hch. 1:5).

(3) El bautismo de los creyentes en el cuerpo de Cristo (1 Co. 12:13).

(4) El bautismo «por los muertos» (1 Co. 15:29). Nota: Se piensa que esto se refiere al acto de los creyentes vivos de identificarse con los mártires cristianos recogiendo sus banderas caídas.

(5) El bautismo «en Moisés» (1 Co. 10:2).

(6) El bautismo del juicio durante la tribulación (Mt. 3:11, 12).

b. Que han sido «plantados juntamente con él en la semejanza de su resurrección» (6:5). El creyente ha sido «trasplantado» tres veces:

(1) En el huerto del Edén, donde pecó con Adán.

(2) En la cruz, donde murió con Cristo.

(3) En la tumba, donde resucitó con Cristo.

c. Debido a estos dos hechos, el creyente está:

(1) «Muerto al pecado» (6:2).

(2) «Justificado del pecado» (6:7).

La muerte cancela todas las obligaciones. El pecado aparece aquí personificado como un tirano que oprime a sus esclavos hasta lo inaguantable. La única manera de liberarse es muriendo, pues así queda inactivo (aunque no desaparece) el cuerpo del pecado y despojado de su poder (véanse Ef. 4:22-24; Col. 3:9, 10).

2. Consideren (6:11, 12). Esto quiere decir que tenemos que actuar por *fe* sobre estos hechos independientemente de nuestros *sentimientos* personales.

3. Reconozcan (6:13-15).

a. Que tenemos que parar de presentar (tiempo presente) nuestros miembros al pecado como instrumentos de iniquidad.

b. De una vez y para siempre (tiempo aoristo) presentar nuestros miembros a Dios como instrumentos de justicia.

4. Obedezcan (6:16-23).

a. ¿A quién tenemos que obedecer?

(1) El cristiano debe obedecer a su nuevo Maestro e ignorar al anterior (6:16). Sólo podemos servir a un señor a la vez (Mt. 6:24).

(2) Debemos obedecer aquella forma de doctrina a la que hemos sido entregados. (La forma verbal por entregados en griego es la segunda persona de plural.) Hemos sido salvados para ser metidos ahora en el molde de la salvación. Tenemos ahora que obedecer los preceptos de este molde y permitir que ese molde forme nuestra nueva vida.

b. ¿Por qué tenemos que obedecer?

(1) Porque hemos «sido libertados del pecado» (6:22). Esta es la sexta vez que Pablo señala este hecho. (Véase 6:2, 6, 7, 14, 18.) Hay tres expresiones teológicas latinas que nos pueden ayudar a clarificar esta valiosa doctrina, y son:

(a) *Non posse non pecare*: incapaz de no pecar. Esto se refiere a la condición de los creyentes antes de su salvación.

(b) *Posse non pecare*: capaz de no pecar. Esto los describe después de su salvación. Ahora tienen el poder de vivir vidas victoriosas.

(c) *Non posse pecare*: incapaz de pecar. Esto habla de su existencia después del rapto.

(2) Porque Dios desea de los creyentes los frutos de la justificación, los cuales sólo se producen por medio de la obediencia (6:21, 22).

B. El dolor. Segundo piso: la frustración (Ro. 7).

Este capítulo ha sido el centro de mucha especulación. ¿Escribe Pablo aquí como un hombre salvo o como no salvo? Se ha sugerido que aparecen aquí descritas al menos tres condiciones espirituales relacionadas con la ley. Son:

1. El hombre espiritual y la ley (7:1-6).

a. Un hombre está sujeto a la ley como una mujer lo está a su marido.
b. Sólo la muerte podía liberar a la mujer infeliz de la sujeción a su marido, en este caso la muerte del esposo (7:3).
c. Sólo la muerte podía liberar al hombre infeliz sujeto a la ley, en este caso su propia muerte (7:4, 6): «Pero ahora estamos libres de la ley, por haber muerto.»

El griego habla aquí de una muerte violenta, como la del Calvario. Podemos decir que en cierto sentido era necesaria la muerte tanto para Cristo como para el creyente a fin de unirse. Consideremos lo siguiente:

(1) En el Antiguo Testamento, Cristo estaba ligado con el Israel infiel (vea el libro de Oseas).
(2) En el Nuevo testamento, los pecadores están encadenados por el poder del pecado y las cadenas de la ley.
(3) Entonces Cristo muere, así se libera de la relación del Antiguo Testamento con el Israel pecador (durante esta dispensación de la Iglesia); y al mismo tiempo el creyente también muere, liberándose de la ley y del pecado.
(4) Esta bendita relación quedará completamente consumada en las bodas del Cordero (véase Ap. 19:7, 8).

d. El propósito de todo esto es que «llevemos fruto para Dios» (7:4). El hombre espiritual está, por tanto, liberado de la ley.

2. El hombre natural y la ley (7:7-13). Algunos creen que estos versículos describen la vida de Pablo antes de su conversión. Hay, sin embargo, algunos problemas relacionados con este punto de vista. (Véase Fil. 3:6).

a. La ley fue usada por el pecado para matar a Pablo (7:9-11). Esta puede haber sido una referencia a su Bar Mitzvah (una ceremonia religiosa que observaban todos los jovencitos judíos a los trece años), en cuyo momento tomaba sobre sí las responsabilidades solemnes de la ley. Sus días de niñez inocente habían terminado; desde ese momento era responsable ante Dios por sus acciones.
b. La ley fue usada por el pecado para producir en él «toda codicia (toda clase de malos deseos)» (7:8). En otras palabras, la ley *revelaba* y, según es usada por el pecado, *reavivaba* la naturaleza pecaminosa de Pablo. De manera que el pecado usaba la ley como su base de operaciones en su lucha contra Pablo.
c. La ley en sí misma *no* es mala, sino por el contrario es «santa, justa y buena» (7:12).
   (1) Es santa porque procede de Dios (7:14).
   (2) Es justa porque correctamente condena al pecador.
   (3) Es buena porque prepara al pecador para Cristo (Gá. 3:24).
d. La ley se mostró ineficaz debido únicamente a la debilidad de la carne (7:18). Ese es el verdadero problema. El entrenador de fútbol más capaz y experimentado perdería todos los partidos si su equipo estuviera compuesto de jugadores ciegos y tullidos. El hombre natural está, pues, sentenciado por la ley.

3. El hombre carnal y la ley (7:14-25).

a. Pablo deseaba hacer lo bueno y evitar hacer lo malo: «Porque según el hombre interior, me deleito en la ley de Dios» (7:22; véanse también 2 Co. 4:16; Ef. 3:16).
b. Descubre, sin embargo, (para su profunda frustración) que estaba haciendo lo malo y evitando hacer lo bueno. Pablo tenía muy buenos deseos pero fallaba en la determinación. La voluntad estaba lista, pero no el camino. Encontró que «queriendo yo hacer el bien, hallo esta ley: que el mal está en mí» (7:21). Esta es la tercera de cinco «leyes» bíblicas que encontramos en Romanos:
   (1) La ley de Moisés (3:19).
   (2) La ley de la fe (3:2).
   (3) La ley del pecado (7:21, 23, 25).
   (4) Le ley de la mente (7:16).
   (5) La ley del espíritu (8:2, 4).
c. Con profunda desesperación grita: «¡Miserable de mí! ¿Quién me librará de este cuerpo de muerte?» (7:24). Esta puede haber sido una comparación espiritual con la costumbre romana de castigar al criminal atándole al cadáver de su víctima, usando así su propia descomposición y fetidez para ejecutar al homicida. Phillips escribe:

> «Supongamos que un biólogo está planeando llevar a cabo un experimento de injertar, en un momento dado del proceso de desarrollo, a una mariposa en una araña y hacerlo de tal manera que ambas criaturas se fusionaran en una sola y así crecieran hasta la madurez. ¡Qué choque tan tremendo de instintos se produciría en una monstruosidad así! Una parte de la naturaleza de tal criatura anhelaría el espacio abierto del cielo, mientras que a la otra le apetecería una tela de araña en un rincón oscuro y una dieta de sangre. ¿Que se podría hacer con semejante criatura? Nada, excepto matarla. Hay un sentido en el que Satanás llevó a cabo, en el huerto del Edén, una cirugía así de diabólica en la raza humana.» (*Exploring Romans*, p. 120.)

Pablo se da entonces cuenta de que el ser humano no puede cambiar, ni limpiar, ni conquistar, ni mandar, ni corregir ni crucificar la carne.

d. El apóstol termina el capítulo 6 con la declaración de que la vida eterna viene sólo por medio de Jesucristo (6:23). Concluye el capítulo 7 afirmando que la vida victoriosa sólo se alcanza por medio de Cristo Jesús (7:25).

Nota: Antes de dejar el capítulo 7 nos puede ser de ayuda el resumir brevemente el propósito y ministerio de la ley del Antiguo Testamento.

La ley consistía de tres secciones:

(1) Los Diez Mandamientos (Ex. 20:3-17; Dt. 5:7-21).

(2) Las regulaciones sociales relacionadas con la gente (Ex. 21—23).
(3) Las ordenanzas religiosas que tenían que ver con el tabernáculo (Ex. 24—40).

e. La ley fue dada casi cinco siglos después del pacto abrahámico y no abrogó en ningún sentido las promesas anteriores de Dios (Gn. 12:1-3; Gá. 3:17, 18). Era un camino *de* vida, pero no un camino *a* la vida (véanse Gá. 2:15, 16; 3:21; 2 Co. 3:7, 9).

f. ¿Por qué no vino Cristo durante el tiempo de Abraham? La fe ya estaba presente (véanse Gn. 15; Ro. 4). La respuesta es que el significado principal de la ley está en el desarrollo de una expectación por un Redentor mediante la revelación de la maldad humana.

g. La ley era, por tanto, una adición debido a que el pacto con Abraham carecía de suficiente énfasis en el pecado. Dios usó el ministerio de dos hombres para desarrollar plenamente el significado del arrepentimiento y de la fe que lleva a la salvación. Veamos a estos dos hombres:
(1) Moisés nos dio a conocer la maldición (Gá. 3:13).
(2) Abraham nos presentó la bendición (Gá. 3:9, 14).
(3) Moisés señaló al sistema de muerte (2 Co. 3:6; Ro. 7: 9, 10).
(4) Abraham apuntó al sistema de vida (Ro. 4:17-25; He. 11:19).
(5) Moisés nos lleva a la crucifixión (Gá. 2:19, 20; 3:13).
(6) Abraham nos dirige a la resurrección (He. 11:19; Ro. 4:17, 19, 23-25). «Es imposible separar los dos conceptos, porque el pecador necesita la redención y para ello ha de ser regenerado. El nuevo nacimiento presupone una verdadera conversión que se reviste de dos aspectos: el pecador vuelve las espaldas a sí mismo, pronunciando un "NO" rotundo frente a toda tendencia de justificación propia; al mismo tiempo vuelve su rostro a Dios, atreviéndose a decir "SÍ" a todas las promesas de la gracia de Dios. Expresado de otra forma, y en el lenguaje del Nuevo Testamento, la redención depende del arrepentimiento y de la fe. Provistos de esta llave podemos abrir las puertas de los misterios del Antiguo Testamento, averiguando su verdadero significado:

Por *el pacto de Abraham* (y por todo cuanto surge de él) Dios reiteraba la palabra FE en los oídos de su pueblo a través de un proceso de instrucción que duró dos mil años.

Por medio de la *ley de Moisés* Dios repetía la palabra ARREPENTIMIENTO, de modo que el régimen legal fue una escuela que enseñaba la contrición durante quince siglos.» (Erich Sauer, *La aurora de la redención del mundo*, pp. 173, 174.)

h. Entonces «Jesús vino a Galilea predicando el evangelio del reino de Dios, diciendo: El tiempo se ha cumplido, y el reino de Dios se ha acercado; arrepentíos, y creed en el evangelio» (Mr. 1:14, 15).

De esta manera, con una sola declaración, Jesús une perfectamente los mensajes de Moisés y de Abraham (véase también Hch. 20:21). Podemos, por tanto, concluir diciendo que la ley funcionó como:
(1) Una brida, mediante la cual Dios controlaba a Israel desde arriba.
(2) Una cerca, que separaba a Israel de las demás naciones del mundo.
(3) Un espejo, revelando la verdadera condición del hombre.
(4) Un estimulante, que saca a la superficie el pecado oculto del hombre.
(5) Un maestro, que nos prepara para Cristo y nos lleva a Él (Gá. 3:19, 24; Ro. 3:20; 7:7).

C. El premio: Tercer piso: la preservación. Pablo ha estado discutiendo hasta ahora:
1. ¿Por qué necesita el pecador ser salvado? Respuesta: a causa de la condenación.
2. ¿Cómo se salva el pecador? Respuesta: mediante la justificación.
3. ¿Que sucede después que el pecador ha sido salvado? Respuesta: la santificación. Él ahora va a preguntar y a responder:
4. ¿Permanece el pecador salvado? Respuesta: esta es la preservación.

Se ha dicho que si la Biblia fuera un anillo precioso engastado de joyas, la epístola a los Romanos sería la joya más bella del anillo, y el capítulo 8 la más hermosa de las facetas en dicha joya. Romanos 8 es en esencia una amplificación de Juan 5:24 y de Apocalipsis 21:5.

«De cierto, de cierto os digo: El que oye mi palabra, y cree al que me envió, tiene vida eterna; y no vendrá a condenación, mas ha pasado de muerte a vida» (Jn. 5:24).

«Y el que estaba sentado en el trono dijo: He aquí, yo hago nuevas todas las cosas. Y me dijo: Escribe; porque estas palabras son fieles y verdaderas» (Ap. 21:5).

¿Permanecerá salvo el pecador que ha creído? Sí, en base de siete cosas nuevas:

a. En razón de su nueva posición. Él ahora está en Cristo Jesús (8:1-4).
(1) El creyente ha sido separado por medio de Cristo de la ley del pecado y de la muerte (8:2).
(2) El creyente puede ahora cumplir las demandas de la ley de Moisés por medio de Cristo (8:4).

Notemos que Pablo no dice que no hay faltas, o pecado, o imperfección, sino que *no hay condenación*. Observamos también el elemento tiempo: es *ahora* cuando no hay condenación.

b. Debido a su nuevo invitado. Ahora mora en él el Espíritu Santo (8:5-13).

c. En base de su nueva adopción. Ahora ha sido adoptado por el Padre (8:14-17).
(1) La teología de la adopción: Adoptar significa recibir como hijo al que no lo es. La adopción sigue lógicamente a la regeneración. La regeneración

nos da la naturaleza de hijo de Dios, mientras que la adopción nos da la posición (Ro. 8:15-23; Gá. 4:4-6; Ef. 1:5; 2 Co. 6:18).

Contraste: diferencias entre la adopción espiritual y la adopción civil.

(a) Nosotros nunca adoptamos a nuestros propios hijos, pero Dios sólo adopta a los que son suyos.
(b) La adopción civil provee consuelo a los que no tienen hijos, pero Dios tenía a su amado Hijo (Mt. 3:17; 17:5) antes de adoptarnos a nosotros.
(c) Suele haber muchas características agradables en un hijo adoptado, pero no en los hijos de Dios antes de la adopción (Ro. 3:10-18).
(d) La adopción civil nunca le puede dar al hijo la misma naturaleza que tiene el padre, pero a los adoptados de Dios les es dada la misma mente de Cristo (1 Co. 2:16).
(e) En algunos casos la adopción civil puede ser anulada, pero los adoptados por Dios están completamente seguros.

Comparación entre la adopción espiritual y la adopción civil:

(f) El Padre debe iniciar la acción que lleva a la adopción (Is. 1:18; Jn. 3:16).
(g) Ambas adopciones proveen de una herencia al que antes no tenía ninguna (Ro. 8:17; 1 P. 1:1-9).
(h) Ambas adopciones proporcionan un nombre nuevo (Ap. 2:17; Jn. 1:42).

(2) La Trinidad en la adopción:
(a) Hay intimidad con el Padre. «Por el cual clamamos: ¡Abba, Padre!» (8:15). Esta es una manera muy especial de llamar a nuestro Padre. Sólo Jesús había usado este nombre hasta ese momento. (Véanse Mr. 14:36; Mt. 26:42.)
(b) El Espíritu Santo nos ilumina. El nos dirige (8:14) y nos da seguridad (8:16).
(c) Hay una herencia que compartimos con el Hijo. «Coherederos con Cristo» (8:17; véase también He. 2:11).

d. En razón de su nueva expectativa (8:18-25).

(1) La naturaleza de esta esperanza: la completa y final redención de toda la creación. Esto incluye:
(a) Al cristiano: recibirá un cuerpo nuevo.

Será un cuerpo semejante al de Cristo (1 Jn. 3:2).

Será un cuerpo de carne y hueso (Lc. 24:39). Nuestro Señor habló (Jn. 20:17), y comió y bebió (Lc. 24:30, 41-43; Jn. 21:13) con su cuerpo resucitado.

Será un cuerpo reconocible (1 Co. 13:12). Jesús fue reconocido por todos los creyentes después de su resurrección.

Será un cuerpo en el que predomine el Espíritu (1 Co. 15:44, 49).

Será un cuerpo que no estará limitado al espacio ni al tiempo (Jn. 20:19).

(b) La creación misma. «Toda la creación fue sujetada a vanidad» (8:20) como resultado de la rebelión del hombre en el Edén (Gn. 3:17, 18; Is. 24:5, 6). La palabra vanidad en griego es *maraios*, que significa «vano, vacío, sin propósito» (Ec. 1:5-8). Pero un día «la creación misma será libertada de la esclavitud de la corrupción» (8:21).

e. En razón de su nuevo Ayudador en la oración (8:26, 27). El Espíritu Santo que ya vive *en* nosotros (8:9, 11), y *da* testimonio a nuestro espíritu (8:16), ahora ora *por* nosotros (8:26).

(1) La necesidad de esta nueva ayuda. Pablo habla aquí de debilidad y tiene una sola debilidad en mente: nuestra ignorancia e incapacidad en la oración. «Pues qué hemos de pedir como conviene, no lo sabemos» (8:26).

No debemos pasar tampoco por alto la palabra «ayuda». Significa «auxiliar para completar la tarea». Es la misma palabra que se emplea en Lucas 10:40. Esto quiere decir que el Espíritu espera que el creyente también cumpla con su parte en la oración.

(2) La intensidad de esta nueva ayuda. «El mismo Espíritu intercede por nosotros con gemidos indecibles» (8:26). Esta es la tercera vez que se menciona la palabra «gemido» en este capítulo.
(a) El «gemido» de la creación (8:22).
(b) El «gemido» del creyente (8:23).
(c) El «gemido» del Espíritu Santo (8:26).

f. Debido a su nuevo conocimiento (8:28).

«Y sabemos que a los que aman a Dios, todas las cosas les ayudan a bien, esto es, a los que conforme a su propósito son llamados» (8:28).

Debemos notar aquí dos cosas que este versículo *no* dice:

(1) No está diciendo que todas las cosas sean buenas en sí mismas o por sí mismas, sino que ellas obran para bien nuestro. Un ejemplo clásico del Antiguo Testamento es el testimonio

SIETE CERTIDUMBRES

EL CREYENTE TIENE UNA NUEVA **Posición** (8:1-4)

EL CREYENTE TIENE UN NUEVO **Invitado** (8:5-13)

EL CREYENTE TIENE UNA NUEVA **Adopción** (8:14-17)

EL CREYENTE TIENE UNA NUEVA **Expectativa** (8:18-25)

EL CREYENTE TIENE UN NUEVO **Ayudador en la oración** (8:26, 27)

EL CREYENTE TIENE UN NUEVO **Conocimiento** (8:28)

EL CREYENTE TIENE UNA NUEVA **Meta** (8:29-39)

de José a sus hermanos. (Véanse Gn. 45:5-8; 50:20. Véase también Sal. 76:10.) Jacob, el padre de José, no entendió siempre este principio, por esto saca la dolorosa conclusión que hallamos en Génesis 42:36.

(2) No está diciendo que sea cierto para todas las personas, sino para aquellos que aman a Dios; pero para éstos es una declaración que lo incluye todo. Abarca tanto lo bueno como lo malo, lo brillante como lo oscuro, lo dulce como lo amargo, lo fácil como lo difícil, lo feliz como lo triste. Podemos confiar en ello en la prosperidad y en la pobreza, en la salud y en la enfermedad, en la calma y en la tormenta, en la vida y en la muerte.

g. Debido a su nueva meta (8:29-39). Para ser «hechos conformes a la imagen de su Hijo» (8:29). Dios tiene un propósito supremo en la tierra hoy, y es conformar al mayor número de personas a la imagen de su Hijo amado en el menor tiempo posible.

(1) Los pasos que llevan a esa meta son:

(a) El «conoció» anticipadamente a los creyentes (8:29).

(b) «Predestinó» a los creyentes (8:29).

(c) «Llamó» a los creyentes (8:30).

(d) «Justificó» a los creyentes (8:30).

(e) «Glorificó» a los creyentes (8:30).

Estas cinco palabras forman una cadena de oro de la gracia y la gloria de Dios, uniendo la eternidad pasada con la eternidad futura.

(2) La garantía absoluta de esta meta.

(a) ¿Quién se atreverá a calumniarnos ante el Padre? «¿Quién acusará a los escogidos? Dios es el que justifica» (8:33). Es decir, que el mismo Juez que una vez condenó al pecador (Ro. 3:19) es el que ahora le justifica. ¿Quién se atreverá a oponerse?

«El que no escatimó ni a su propio Hijo, sino que lo entregó por todos nosotros, ¿cómo no nos dará también con él todas las cosas?» (8:32).

(b) ¿Quién se atreverá a intentar separarnos del Hijo? «¿Quién nos separará del amor de Cristo?» (8:35).

¿Tribulación (presión exterior)? ¡No
¿Angustia (presión interior)? ¡No!
¿Persecución? ¡No!
¿Hambre? ¡No!
¿Desnudez? ¡No!
¿Peligro? ¡No!
¿Espada? ¡No!

Notemos que estas primeras siete cosas son como una breve biografía, histórica y profética, de la vida de Pablo.

¿La muerte (muerte física)? ¡No!
¿La vida (con sus tentaciones)? ¡No!
¿Los ángeles (ángeles buenos)? ¡No!
¿Principados (ángeles malos)? ¡No!
¿Potestades (poderes humanos)? ¡No!
¿Lo presente (sucesos de hoy)? ¡No!
¿Lo por venir (sucesos del mañana)? ¡No!
¿Lo alto? ¡No!
¿Lo profundo? ¡No!
¿Alguna otra criatura (alguna cosa concebible en el universo)? ¡No!

Cuando el fiel creyente Juan Crisóstomo fue llevado ante el emperador romano en el siglo v y le amenazaron con el destierro por causa de su fe, él contestó: «Vosotros no podéis desterrarme porque este mundo es la casa de mi Padre.» «Pero puedo matarte» —dijo el emperador. «Tampoco podéis hacerlo —dijo el noble campeón de la fe— porque mi vida está escondida con Cristo en Dios.» «Yo te quitaré esos tesoros.» «No, no podréis hacerlo, porque mis tesoros están en los cielos, aunque mi corazón está aquí.» «Te aislaré de todo hombre y no tendrás ningún amigo.» «Tampoco os será posible hacerlo, porque tengo un amigo en el cielo del cual no podéis separarme. Os desafío a que lo intentéis, porque nada que hagáis podrá dañarme.»

III. La sinagoga de Israel: la sabiduría de Dios (la explicación y la vindicación. Ro. 9—11). Introducción: Antes de proseguir Pablo sintió la necesidad de parar aquí y considerar dos problemas. Uno era el rechazo de Cristo por Israel. De esto no cabía la menor duda. ¿Cómo se podían cumplir entonces los grandes pasajes mesiánicos del Antiguo Testamento concernientes al reino venidero? Pablo sabía que el judío *incrédulo* podría sacar, en primer lugar, la conclusión de que él (Pablo) estaba equivocado al identificar a Cristo como el Mesías de Israel. También se dio cuenta de que el judío creyente podía llegar a pensar que Dios había de alguna manera fallado en su Palabra.

En principio el problema no parecía ser tan serio. Más de 3.000 judíos habían sido salvos en pentecostés (Hch. 2:41). Luego el número subió a 5.000, incluyendo a muchos sacerdotes en Jerusalén (Hch. 4:4; 6:7). Parecía que era sólo una cuestión de tiempo para que todo Israel llegara a ser salvo. El día del Señor estaba ciertamente cerca (Hch. 2:16-21). Pero de repente comenzó la oposición. El diácono Esteban fue apedreado hasta morir (Hch. 7:57-60). Aumentó la tragedia con la ejecución de Santiago el apóstol (Hch. 12:2). Los líderes cristianos de Jerusalén habían sido encarcelados frecuentemente. Esta era la situación cuando Pablo escribió la carta a los Romanos.

A propósito, debemos notar aquí que Pablo creía que la Iglesia había llegado a ser el Israel de Dios, por lo que ya no existía el problema. El segundo problema tenía que ver con la «central de energía de la gracia», que el apóstol describió de forma tan excelente en Romanos 6—8. ¿Qué ocurriría ahora? ¿Sería ahora Israel, «el pequeño taller de pruebas», demolido durante la «era de la gracia»? Pablo responde a estas preguntas de forma clara y concisa en los capítulos 9—11.

A. La soberanía de Dios y la elección de Israel en el pasado (Ro. 9).
   1. La doble confesión de Pablo (9:1-3).
      a. Tenía «gran tristeza y continuo dolor» en su corazón por Israel.
      b. Decía que desea ser el mismo «anatema, separado de Cristo por amor a mis hermanos, los que son mis parientes según la carne». Pablo mostró tanto la compasión de Moisés (Ex. 32:31, 32) como la de Cristo (Mt. 23:37) por la condición pecaminosa de Israel (véase también Gá. 1:8, 9).
   2. La múltiple ventaja de Israel (9:4, 5).
      a. Eran israelitas. Eran una nación especial (Dt. 7:6), que tenía poder con Dios (Gn. 32:28).
      b. Gozaban de la adopción. Toda la nación había sido adoptada por Dios (Ex. 4:22; Dt. 14:1; Jer. 31:9).
      c. Tenían la gloria. Esta es una referencia a la nube del Shekinah, aquella aparición visible y gloriosa de la presencia de Dios que:
         (1) Los dirigió por el desierto (Ex. 13:21, 22; Nm. 9:17-22).
         (2) Los protegió en el cruce del mar Rojo (Ex. 14:19, 20, 24).
         (3) Llenó el tabernáculo durante la dedicación de Moisés (Ex. 40:34-48).
         (4) Llenó el templo durante la dedicación de Salomón (1 R. 8:10, 11; 2 Cr. 5:13, 14).
         (5) Fue retirada en el tiempo de Ezequiel (Ez. 10).
      d. Tenían los pactos.
         (1) El pacto abrahámico: prometiendo que serían una gran nación (Gn. 12:2, 3, 7; 13:14-17; 15:5, 18; 17:8).
         (2) El pacto palestino: prometiéndoles la tierra (Dt. 30:3).
         (3) El pacto davídico: prometiendo un reino eterno (2 S. 7:12-16; 23:5; 2 Cr. 13:5).
         (4) El nuevo pacto: prometiéndoles un corazón nuevo (Jer. 31:31-34).
      e. Tenían la ley (Ex. 20; Dt. 5).
      f. Tenían el servicio a Dios. Era Israel el que ministraba tanto en el tabernáculo como en el templo.
      g. Ellos tenían las promesas. Estas incluían el nacimiento de Cristo y su futuro reinado (Is. 9:6, 7).
      h. Tenían a los padres. Israel disfrutaba de un linaje regenerado, que incluía gigantes como Abraham, Moisés, David, etc.
      i. Ellos produjeron la línea humana que facilitó la encarnación de Cristo (Mt. 1:1-16; Lc. 3:23-38).
   3. Los múltiples ejemplos de la historia (9:6-29). Pablo demuestra ahora la soberanía de Dios y su gracia inmerecida mediante la propia historia de Israel.
      a. El ejemplo de Ismael e Isaac (9:6-9). Podemos ver la soberanía de Dios en la elección de Isaac (el hijo más joven de Abraham) en lugar de Ismael (el hijo mayor). Sólo los descendientes de Isaac llegarían a ser ciudadanos de la nación escogida de Dios.
      b. El ejemplo de Esaú y Jacob (9:10-13). Algunos se han sentido perturbados por la declaración de Pablo en el versículo 13: «Como está escrito: A Jacob amé, mas a Esaú aborrecí.» Debe notarse que la declaración *no* se refiere para nada a los muchachos, sino a las naciones que ellos fundaron, es decir, Israel y Edom. Esta cita del Antiguo Testamento no la encontramos en Génesis sino en Malaquías 1:2-5. El profeta Abdías nos explica claramente *por qué* aborreció Dios a Edom. En cada uno de estos casos (9:6-13), Dios rechazó a hombres que habían nacido en el seno de familias patriarcales. En ambos casos los padres desearon que los rechazados heredaran el problema. Abraham rogó por Ismael (Gn. 17:18) e Isaac intentó pasar la bendición a Esaú (Gn. 27:1, 4, 30, 33).
      c. El ejemplo de Faraón (9:14-23).
         (1) Los *hechos* de los tratos de Dios con Israel y faraón.
            (a) Dios decidió perdonar el pecado de Israel con gracia inmerecida. «Tendré misericordia del que yo tenga misericordia, y me compadeceré del que yo me compadezca» (9:15).
            (b) Dios decidió castigar el pecado de faraón con un juicio merecido. «Para esto mismo te he levantado, para mostrar en ti mi

LA JUSTICIA DE DIOS Y EL RECHAZO DE ISRAEL EN EL PRESENTE

Romanos 10

1. LA **FUENTE** DE LA JUSTICIA DE DIOS (10:4, 5)
2. LA **DISPONIBILIDAD** DE LA JUSTICIA DE DIOS (10:6-8)
3. EL **MÉTODO** DE LA JUSTICIA DE DIOS (10:9, 10)
4. EL **ALCANCE** DE LA JUSTICIA DE DIOS (10:11-13)
5. LA **PRESENTACIÓN** DE LA JUSTICIA DE DIOS (10:14, 15)
6. EL **RECHAZO** DE LA JUSTICIA DE DIOS (10:16-21)

poder, y para que mi nombre sea anunciado por toda la tierra» (9:17).

(2) La *rectitud* de los tratos de Dios con Israel y faraón. Pablo responde aquí a dos objeciones:

(a) Que Dios no es justo. Algunos dirán que no fue muy correcto que endureciera el corazón de faraón. Debemos notar que se nos dice al menos siete veces en el libro de Éxodo que Dios endureció el corazón de faraón (4:21; 7:3; 9:12; 10:1, 20, 27, 11:10). ¿Cómo debemos entender esto? Una respuesta parcial, y sólo parcial, la podemos encontrar en las siguientes observaciones:

La manera en que un objeto dado reacciona cuando es confrontado por un agente exterior depende exclusivamente de la naturaleza de tal objeto. Por ejemplo, imaginémonos una escena invernal. El río Yonder está helado. Ambas orillas son de arcilla amarilla. De pronto aparece el sol y calienta con fuerza tanto las aguas como las márgenes del río. ¿Qué ocurre después? La reacción es como sigue: el hielo se derrite y la arcilla se endurece. El mismo agente actúa sobre ambos elementos, pero en un caso la influencia celestial ablanda a uno y endurece al otro.

Además, debemos señalar también que se nos dice que en cuatro ocasiones faraón endureció su propio corazón (Ex. 7:22; 8:15, 19; 9:35). La palabra «endurecer» en 9:18 (*kabed*) se traduce por «pesado» en Éxodo 17:12; 18:18; Salmo 38:4; Isaías 1:4. Es decir, Dios dejó su corazón pesado con iniquidades.

(b) El hombre no es responsable. «¿Por qué, pues, inculpa? porque ¿quién ha resistido a su voluntad?» (9:19). Pablo dedica muy poco tiempo a esta objeción. Dice simplemente que el alfarero tiene potestad sobre el barro con el que trabaja para hacer el vaso que él ha decidido hacer. Debemos agregar aquí (9:21) que Pablo no está diciendo que Dios *hizo* al barro como era, sino que él *trabajó* con él (véanse Jer. 18:1-6; Is. 45:9; 64:6-8). Se está hablando aquí de dos clases de vasos: «los vasos de ira preparados para destrucción» (9:22). El sentido es que él se hizo a sí mismo para esa situación; «los vasos de misericordia que él preparó de antemano para gloria» (9:23). Podemos decir en conclusión que el *infierno* (destrucción) es el destino merecido del hombre pecador, mientras que el *cielo* (gloria) es el destino inmerecido del hombre salvado.

d. El ejemplo de Oseas (9:24-26). Este profeta predijo que Dios llamaría «pueblo mío al que no era mi pueblo» (9:25; véanse también Os. 1:10; 2:23). Aquí vemos la soberanía de Dios en relación con los gentiles salvos (1 P. 2:9, 10).

e. El ejemplo de Isaías (9:27-29). Predijo: «Si fuere el número de los hijos de Israel como la arena del mar, tan sólo el remanente será salvo» (9:27; véase también Is. 1:9). La soberanía de Dios la vemos aquí en relación con el remanente israelita que sería salvo.

4. La doble conclusión de Pablo (9:30-33).
   a. Los gentiles, sin haberlo buscado, han alcanzado la justicia que es mediante la fe.
   b. Israel no ha alcanzado mediante la ley esta justicia a pesar de haberla estado buscando. Ellos esperaban a un león osado, pero Dios les envió un cordero que daba su sangre. Querían un trono, pero les fue ofrecida una cruz.

B. La justicia de Dios y el rechazo presente de Israel.

Introducción: Romanos 9 y 10 deberían leerse siempre juntos. El capítulo 9 muestra por qué algunos judíos son salvos y el capítulo 10 explica por qué la mayoría se pierde.

1. La fuente de la justicia (10:4, 5). «Porque el fin de la ley es Cristo, para justicia a todo aquel que cree» (10:4). Podríamos expresar este versículo de otra manera diciendo que Cristo es el fin de la ley del Antiguo Testamento para el creyente después de la cruz como George Washington fue el fin de la ley britá-

nica para los americanos después de la guerra de la independencia. (Véanse 2 Co. 3:6-11; He. 7:11-19; Gá. 3:24; Ef. 2:15; Col. 2:14.)

2. La disponibilidad de la justicia (10:6-8). «Mas ¿qué dice? Cerca de ti está la palabra, en tu boca y en tu corazón» (10:8). A causa de esto no debemos estar preocupados con:
   a. La encarnación. «¿Quién subirá al cielo? (esto es, para traer abajo a Cristo)» (10:6).
   b. La resurrección. «¿Quién descenderá al abismo? (esto es, para hacer subir a Cristo de entre los muertos)» (10:7).
3. El método de la justicia (10:9, 10). Algunos han hecho de la confesión oral una condición para la salvación sobre la base del 10:10: «Porque con el corazón se cree para justicia, pero con la boca se confiesa para salvación.» (Véase también 10:9.)

   La Biblia, por supuesto, no impone esta limitación. Pablo estaba evidentemente enfatizando la misma verdad que encontramos en Santiago 2:20, es decir, la presencia genuina de Cristo en el corazón del creyente le llevará sin duda a confesarle verbal y públicamente. El fruto dará evidencias de la raíz. (Véanse Mt. 10:32; Lc. 12:8; Jn. 12:42, 43; Mt. 12:34.) El método, pues, para alcanzar la justificación es la fe en Cristo.
4. El alcance de la justicia (10:11-13). «Todo aquel» (véase 10:11, 13). Pablo había antes demostrado que todos los hombres estaban perdidos. Ahora dice que todos pueden ser salvos. Comparar el «todo aquel» que tenemos aquí con lo que se dice en Apocalipsis 20:15.
5. La presentación de la justicia (10:14, 15). Estos versículos son un pequeño y bello discurso que demuestran la necesidad de llevar el evangelio que es *para* todos *a* todos. En otras palabras, la reconciliación mundial demanda la evangelización mundial. Puesto que la salvación por medio de Cristo es *para* todos, debe ser proclamada *a* todos. Pablo resume aquí el programa de Dios para la evangelización mundial, y lo hace en cinco pasos.
   a. A fin de ser salvo, el pecador debe invocar al Señor.
   b. Para poder invocarle debe creer en Él.
   c. Para poder creer debe primero oír.
   d. Para poder oír debe haber alguien que le predique. (Esto se refiere a cualquier forma de llevar el mensaje del evangelio, bien sea por medio de un agente humano, o programa radial, o un folleto, etc.)
   e. A fin de que pueda ser predicado el predicador debe ser enviado. Quiere decir enviado por Dios mismo (véanse Is. 6:8; Jn. 15:16; 20:21). El apóstol cita aquí las palabras de Isaías 52:7: «¡Cuán hermosos son los pies de los que anuncian la paz, de los que anuncian buenas nuevas!» La palabra griega que se usa aquí para «hermosos» significa «plenamente florecido, desarrollado, maduro». Lo que parece que Pablo está queriendo decir es que dar testimonio de Cristo da como resultado un cristiano completamente florecido, desarrollado y maduro.
6. El rechazo de la justicia (10:1-3; 16-21).
   a. Israel tenía celo de Dios pero sin conocimiento. Podemos, por supuesto, sufrir de lo opuesto: conocimiento sin celo. Lo primero lleva al fanatismo (Gá. 1:14; Hch. 22:3). Lo segundo lleva al frío formalismo.
   b. La oración de Pablo es que Dios le diera a Israel ese conocimiento. El apóstol tendría muy poco en común con la teología moderna. Fue Reinhold Niebuhr quien dijo: «No tratéis de convertir a los judíos ... ellos pueden encontrar más fácilmente a Dios en su propia fe que en el cristianismo.»
   c. Pablo aplica aquí las palabras de David acerca de la creación (Ro. 10:18; Sal. 19:4) a la realidad de la salvación, para demostrar que la incredulidad de Israel no era debido a que nunca hubiera escuchado, porque su oportunidad había sido tan amplia como los mismos cielos.
   d. Tanto Moisés (Dt. 32:21) como Isaías (53:1; 65:1) habían anticipado este lamentable rechazo (véase Ro. 10:16, 19, 20).
   e. Dios había sido muy paciente con su pueblo rebelde. «Todo el día [por más de quince siglos, todo el tiempo de la ley] extendí mis manos a un pueblo rebelde y contradictor» (Ro. 10:21; Is. 65:2; véase también Mt. 23:37-39). Israel había sido culpable de:
      (1) Desobediencia a la Palabra de Dios.
      (2) Disgusto con el Dios de la Palabra.

C. La sabiduría de Dios y la restauración de Israel en el futuro. (Ro. 11). Pablo acaba de hablar del rechazo de Israel en el capítulo 10, y ahora va a mostrar que ese rechazo no era *total* (1-25), ni *final* (26-33).

1. El rechazo no era total (11:1-25).
   a. Los grupos de Israel (11:1-10). La nación aparece ahora separada en dos diferentes categorías:
      (1) El grupo minoritario: «Así también aun en este tiempo ha quedado un remanente escogido por gracia» (11:5). Pablo nos ofrece dos pruebas de que Dios siempre ha tenido su remanente fiel.
         (a) Como se puede ver por medio de su propia conversión (11:1).
         (b) Como sucedió en el tiempo de Elías (11:2-4). El profeta llegó a creer que él era el único creyente que quedaba en su día, y llega al punto de que «invoca a Dios contra Israel» (11:2).

         Pero Dios (que *nunca* responde a esta clase de oración sin importar quien la haga) le informa inmediatamente: «Me he reservado siete mil hombres, que no han doblado la rodilla delante de Baal» (Ro. 11:4; véase también 1 R. 19:10, 14, 18).
      (2) El grupo mayoritario: «Y los demás fueron endurecidos» (11:7). El Israel de hoy sigue plagado con este endurecimiento o ceguera de tres maneras:

(a) El endurecimiento causado por la caída de Adán (Ef. 4:18).
(b) La ceguera causada por Satanás (2 Co. 4:4).
(c) La ceguera causada por Dios (Ro. 11:8).

Esta trágica ceguera espiritual fue predicha por Isaías (Is. 29:10; Ro. 11:8) y David (Sal. 69:22, 23; Ro. 11:9, 10). La razón de esta ceguera fue también predicha por David, a saber, el trato que lo judíos dieron a Cristo. Notemos las palabras en el Salmo 69:21, que precede a esta profecía de juicio por su ceguedad: «Me pusieron además hiel por comida, y en mi sed me dieron a beber vinagre.» (Véase su cumplimiento en Mt. 27:34, 48.)

b. La plenitud de los gentiles (11:11-25). Esta frase (que la encontramos en 11:25) debe distinguirse de la de los tiempos de los gentiles mencionada por Cristo en Lucas 21:24.

(1) Los «tiempos» de los gentiles es una frase de naturaleza política, y se refiere a aquel período desde la cautividad de Babilonia hasta el final de la tribulación. (Véanse Dt. 28:28-68; 2 Cr. 36:1-21; Dn. 9:24-27.)

(2) La *plenitud* de los gentiles es de naturaleza espiritual, y se refiere al período de tiempo necesario para completar el cuerpo de Cristo, compuesto de judíos y gentiles, que han sido salvos desde pentecostés hasta el rapto. (Véanse Hch. 15:14; Ef. 4:11-13; 1 Co. 12:12, 13.)

Los detalles acerca de este período de la plenitud de los gentiles es como sigue:

(3) Los creyentes gentiles son integrados al presente en el árbol de la salvación de Dios.

(4) Son tomados de un olivo silvestre (11:17).

(5) Han sido injertados en un buen olivo (11:24). Este proceso, como Pablo correctamente indica, es «contra naturaleza» (11:24). Normalmente, cuando lo silvestre es injertado en el olivo bueno, lo bueno queda dominado por lo silvestre. Sin embargo, cuando lo bueno es injertado en el árbol silvestre sucede lo opuesto.

(6) Se les advierte a los gentiles que no se ensoberbezcan ni se hagan arrogantes por su nueva situación «porque si Dios no perdonó a las ramas naturales, a ti tampoco te perdonará» (11:21).

Debemos, en este momento, considerar dos pensamientos:

(7) Pablo *no* está enseñando que la Iglesia ha tomado el lugar de Israel. Él ya ha preguntado y ha respondido esta cuestión el 11:1: «¿Ha desechado Dios a su pueblo? En ninguna manera.»

(8) *Tampoco* está enseñando que un creyente gentil pueda ser cortado de este árbol y perder su salvación. Simplemente está diciendo que si Dios no perdonó a Israel por su apostasía, tampoco lo hará con una Iglesia apóstata. El cristianismo va hoy en la misma dirección que Israel fue en el pasado, y Dios lo rechazará y juzgará por ello. (Véanse 1 Ti. 4:1-3; 2 P. 2:1-22; Ap. 3:14-22; 17:3-18.)

Pablo nos da los siguientes detalles en relación con la plenitud de los gentiles: «Porque no quiero, hermanos, que ignoréis este misterio» (11:25). Un misterio en la Biblia es una verdad que ha estado previamente oculta, sin revelar en el Antiguo Testamento, pero que ahora ha sido declarada, y a veces explicada, en el Nuevo Testamento.

(9) Hay doce de estos misterios. Que son los siguientes, sin más ampliación por ahora:
(a) El misterio del reino de los cielos (Mt. 13:3-50; Mr. 4:1-25; Lc. 8:4-15).
(b) El misterio del rapto (1 Co. 15:51, 52; 1 Ts. 4:16).
(c) El misterio de la Iglesia como cuerpo de Cristo (Ef. 3:1-11; 6:19; Col. 4:3; Ro. 16:25).
(d) El misterio de la Iglesia como la esposa de Cristo (Ef. 5:28-32).
(e) El misterio de la morada de Cristo en el creyente (Gá. 2:20; Col. 1:26, 27).
(f) El misterio de la encarnación de Cristo (Col. 2:2, 9; 1 Co. 2:7).
(g) El misterio de la piedad (1 Ti. 3:16).
(h) El misterio de la iniquidad (2 Ts. 2:3-12; Mt. 13:33).
(i) El misterio del presente endurecimiento o ceguedad de Israel (Ro. 11:25).
(j) El misterio de las siete estrellas (Ap. 1:20).
(k) El misterio de Babilonia la ramera (Ap. 17:5, 7).
(l) El misterio de Dios (Ap. 10:7; 11:15-19).

En Romanos 11:25 el misterio es «que ha acontecido a Israel endurecimiento en parte, hasta que haya entrado la plenitud de los gentiles».

2. El rechazo no era permanente (11:26-36).

a. El Israel de Dios (11:26-32).

(1) Serán restaurados mediante la ratificación del pacto prometido. «Y este será mi pacto con ellos, cuando yo quite sus pecados» (Ro. 11:27; véanse también Is. 59:21; 27:9; Jer. 31:31-37; He. 8:8; 10:16; Zac. 13:1).

(2) Serán restaurados por medio de su Cristo prometido. «Vendrá de Sión el Libertador, que apartará de Jacob la impiedad» (11:26; véase Is. 59:20).

b. El Dios de Israel (11:33-36).

«¡Oh profundidad de las riquezas de la sabiduría y de la ciencia de Dios! ¡Cuán insondables son sus juicios, e inescrutables sus caminos! Porque ¿quién entendió la mente del Señor? ¿O quién fue su consejero? ¿O quién le dio a él primero, para que le fuese recompensado? Porque de él, y por él, y para él, son todas las cosas. A él sea la gloria por los siglos. Amén.»

Esta es la primera de cinco bendiciones de Pablo que encontramos en Romanos. (Véanse también 15:33; 16:20; 16:24; 16:25-27.)

IV. El templo de Dios: la voluntad de Dios (la transformación y la exhortación) (Ro. 12—16).

A. Responsabilidades públicas de todos los redimidos (12:1—15:13).

1. El creyente y el yo (12:1-3). En el capítulo 6 Pablo da una *explicación* detallada de aquellos pasos que nos llevan a la santificación. Ahora extiende en este capítulo la *invitación*:

a. ¿Cómo se ofrece esta invitación? «Os ruego.» Pablo no da un mandamiento seco, sino una súplica. El servicio de amor no puede ser ordenado. Este es el lenguaje de la gracia y es el método del apóstol. (Véanse también 1 Co. 4:16; Ef. 4:1; 1 Ti. 2:1. Cp. con Lc. 12:20.)

b. ¿A qué se le invita al creyente? A presentar su cuerpo «en sacrificio vivo, santo, agradable a Dios». Notemos que:

(1) Tiene que ser su *cuerpo*. Dios no está principalmente interesado en nuestro tiempo, talentos o dinero. La única ofrenda que satisface al Redentor-Creador es el cuerpo de sus criaturas redimidas. (Véanse 1 Co. 3:16; 6:19, 20; 2 Co. 8:5.)

(2) Tiene que ser un cuerpo *vivo*. Algunas veces es más fácil morir por el Señor que vivir para Él.

(3) Tiene que ser un cuerpo vivo y *santo*.

c. ¿Por qué se le invita al creyente a hacer esto?

(1) Porque ya ha experimentado la misericordia de Dios. Otras confesiones religiosas hacen del sacrifico la raíz de la misericordia, pero el cristianismo lo convierte en la flor. (Cp. esto con 1 R. 18:26-29; 2 R. 3:26, 27.)

(2) Porque no es solamente el curso de acción apropiado y requerido, sino el camino práctico y razonable. Notemos que:

(a) Dios le dice al *pecador*: «Venid luego, dice Jehová, y estemos a cuenta: si vuestros pecados fueren como la grana, como la nieve serán emblanquecidos; si fueren rojos como el carmesí, vendrán a ser como blanca lana» (Is. 1:18). Lo más apropiado y práctico para el pecador es darle el corazón a Dios.

(b) Dios le dice al santo: «Presenta tu cuerpo en sacrificio vivo, santo, agradable a Dios, que es tu culto racional.» Lo apropiado y práctico para el santo es entregarle su cuerpo a Dios.

d. ¿Cuáles son los resultados de obedecer a la invitación?

(1) El creyente no será conformado (moldeado) desde fuera por el mundo.

(2) El creyente será transformado desde dentro por la renovación de su mente. El término «transformado» proviene del griego *metamorpheo*, de donde sacamos nuestra palabra *metamorfosis*, que habla del cambio biológico que lleva a un gusano de seda a transformarse en mariposa. Se usa esta misma palabra para la transfiguración de Jesús en Mateo 17:2. (Véase también 2 Co. 3:18.) Esta transformación se refiere a aquel acto del creyente mediante el cual arregla su *posición* exterior para que se ajuste a su *condición* interior. (Véanse 1 P. 1:14; 1 Jn. 2:15.) La renovación de la mente de la que se habla en 12:2 es probablemente una referencia al estudio de la Biblia y a la oración constantes (Ef. 4:23; Col. 3:10). Esta renovación diaria es la única verdadera protección contra el fracaso (1 Co. 9:24-27).

(3) El creyente entonces estará en condiciones de discernir y llevar a cabo la perfecta voluntad de Dios para su vida.

(4) Se verá así mismo como Dios le ve a él y no tendrá de sí «más alto concepto que el que debe tener» (12:3).

2. El creyente y el servicio (12:4-21).

a. Las herramientas para el servicio (12:4-8). El Espíritu Santo le ha provisto al creyente de varios dones sobrenaturales con los que puede servir a Cristo. Aquí se mencionan siete de estas herramientas de servicio:

(1) Profetizar.
(2) Servir.
(3) Enseñar.
(4) Exhortar.
(5) Repartir.
(6) Presidir.
(7) Hacer misericordia.

b. Las técnicas del servicio (12:9-21).

(1) Tenemos que amar sinceramente (sin fingimiento) a todos los santos (12:9, 10).

«Morar en el cielo, en amor con todos los santos, será una experiencia gloriosa; pero hacerlo aquí con los santos que conocemos bien es otra cosa muy diferente.»

(2) Tenemos que «aborrecer lo malo» (12:9; véanse Sal. 96:10; He. 1:9).

(3) Debemos «seguir [aferrarnos] lo bueno» (12:9; véase Hch. 8:29).

(4) Tenemos que crecer en el gozo, la paciencia y la oración (12:12).

(5) Tenemos que ser fervientes (hasta lo máximo) en nuestro deseo de agradar a Dios (12:11). El Señor aborrece la indiferencia (Ap. 3:15, 16).

(6) Tenemos que aportar con generosidad para las necesidades de los san-

tos (12:13; véanse 2 Co. 9:1; He. 13:16; 1 Jn. 3:17).

(7) Debemos hablar bien de aquellos que nos persiguen. La frase «no maldigáis» (12:14) no es un mandamiento prohibiendo usar un vocabulario profano contra nuestros enemigos, sino más bien contra el orar de manera impropia por ellos: «Señor, tú sabes lo que me ha hecho, espero que le des lo que se merece.» (Véanse 1 P. 2:23; 3:9; 1 Co. 4:12.)

(8) Tenemos que «gozarnos con los que se gozan; llorar con los que lloran» (12:15). Jesucristo lo hizo (Jn. 2, 11). (Las razones teológicas que lo apoyan aparecen en 1 Co. 12:26.)

(9) Tenemos que evitar ser «altivos, sino asociarnos con los humildes» (12:16). Diótrefes no se comportó así (véase 3 Jn. 9).

(10) Tenemos que destruir a nuestros enemigos. La manera de hacerlo es convirtiéndolos en nuestros amigos (12:18-21). Pablo dice: «Así que, si tu enemigo tuviere hambre, dale de comer; si tuviere sed, dale de beber; pues haciendo esto, ascuas de fuego amontonarás sobre su cabeza.» Encontramos dos ejemplos clásicos de ello en el Antiguo Testamento: en el trato de David al rey Saúl (1 S. 24, 26) y en la actitud de José hacia sus hermanos (Gn. 45).

3. El creyente y la sociedad (13:1-14); lo que tiene que hacer (13:1-10).

a. Sus deberes para con los gobernantes (13:1-7).

(1) Debe sujetarse a las autoridades superiores, «porque no hay autoridad sino de parte de Dios» (13:1). La Biblia enseña que el hijo de Dios no debe amar los *sistemas* de este mundo, ni dejarse moldear por sus *modelos*, pero con todo debe obedecer sus *leyes*. Las Escrituras nos presentan tanto la separación del mundo como la sujeción al Estado por parte del cristiano (Tit. 3:1; 1 P. 2:13).

Los judíos del tiempo del Imperio Romano fueron notoriamente malos ciudadanos. Rehusaron someterse a las leyes y usaron como base bíblica Deuteronomio 17:14, 15. Sin embargo, Pablo enseñó la sujeción a las autoridades a pesar del vergonzoso y mal trato que a veces sufrió de parte de ellos (Hch. 16:22-24, 37, 38; véanse Pr. 8:15, 16; Dn. 2:21; 4:17; Jn. 19:10, 11). De manera que el gobierno civil es una institución divina dada por Dios después del diluvio (Gn. 9) para asegurar el orden y prevenir la anarquía (véase Jue. 17:6).

(2) Debe saber que «quien se opone a la autoridad, a lo establecido por Dios resiste» (13:2). Deberíamos notar que Pablo nos está dando aquí principios generales para guiar la vida cristiana en una sociedad gobernada por leyes justas. No habla de las acciones en particular que el cristiano ha de tomar cuando estas leyes son injustas o inmorales. Esta cuestión se responde en otro pasaje (Hch. 5:29).

(3) Debe pagar los impuestos correspondientes tanto locales como nacionales, y respetar y honrar a los funcionarios del estado (13:7). Una vez un hombre paró a D.L. Moody en una calle de Chicago y le preguntó a dónde iba. El gran evangelista le respondió: «A depositar mi voto.» Algo sorprendido, aquel hombre le amonestó a que no lo hiciera «porque él era un ciudadano del cielo y esta tierra no era su destino final». Moody sonrió y le dijo: «Eso es verdad, pero mientras tanto pago mis impuestos en el condado de Cook.»

b. Sus deberes para con el resto de los ciudadanos (13:8-10). «No debáis a nadie nada, sino el amaros unos a otros; porque el que ama al prójimo, ha cumplido la ley» (13:8). Este pasaje no prohibe al cristiano comprar bienes a plazos. Entendiéndolo en su contexto nos está diciendo sencillamente que paguemos nuestras deudas. Pablo ya había dicho que *todos* los creyentes debemos el evangelio a los que no lo conocen a fin de que puedan escucharlo (Ro. 1:14).

Porqué debemos hacerlo (13:11-14). «Y esto, conociendo el tiempo, que es ya hora de levantarnos del sueño; porque ahora está más cerca de nosotros nuestra salvación que cuando creímos. La noche está avanzada, y se acerca el día. Desechemos, pues, las obras de las tinieblas, y vistámonos las armas de la luz.»

Pablo habla de la noche como si ya se hubiera acabado, mientras que Jesús dijo que estaba por venir (Jn. 9:4). Ambos tienen razón. Para los santos el alba ya apunta, pero para los pecadores la noche viene. El mundo presente es el único infierno que los creyentes van a conocer y es también el único cielo que los incrédulos van a experimentar. La larga noche del pecado se ha extendido por miles de años, desde su comienzo con la rebelión de Adán; pero la Estrella de la Mañana ya ha aparecido (Lc. 2). Pronto se levantará el Sol de justicia y en sus alas traerá salvación. Todos los escritores del Nuevo Testamento dan testimonio de esto. (Véanse 1 Co. 15:51; 1 Ts. 4:16, Pablo; Stg. 5:8, 1 P. 4:7; 1 Jn. 2:18, 28; Jud. 18.) Debemos notar especialmente la frase de Pablo «se acerca el día» del versículo 12. Este es el primero de al menos diez «días» importantes que aparecen en la Biblia, todos ellos futuros, que son:

(1) El día del rapto (Ro. 13:12; Ef. 4:30; Fil. 1:6, 10; 2:16; He. 10:37; 2 P. 1:19). (Podemos considerarlo como un día literal de veinticuatro horas.)

(2) El día del juicio ante Cristo (1 Co.

3:13; 5:5; 2 Ti. 1:18; 4:8; 1 Jn. 4:17). (Podemos considerarlo como un día literal de veinticuatro horas y es sólo para cristianos.)
(3) El día del Señor (Jl. 1:15: 2:1, 2, 11, 31; Hch. 2:20; 2 Ts. 2:3; Ap. 6:17). (Este «día» abarca toda la tribulación, es decir, un período de siete años.)
(4) El día de la Segunda Venida de Cristo (Mt. 24:36; 26:29; 1 Ts. 5:2-4; 2 Ts. 1:10). (Puede ser considerado como un día literal de veinticuatro horas.)
(5) El día del Armagedón (Ap. 16:14). (Podemos considerarlo también como un día literal de veinticuatro horas.)
(6) El día de la resurrección de los justos (Jn. 6:39, 40, 44, 54, 11:24). (Podemos considerarlo como un día literal de veinticuatro horas e incluye a los santos del Antiguo Testamento y a los creyentes de la tribulación.)
(7) El día del juicio de los ángeles caídos (Jud. 1:6). (También un día de veinticuatro horas literales.)
(8) El día de Cristo (1 Co. 1:8; 2 Co. 1:14; 2 Ti. 1:12). (Este «día» abarca todo el milenio, un período de mil años.)
(9) El día del juicio del gran trono blanco (Mt. 7:22; 11:22; Jn. 12:48; Hch. 17:31; Ro. 2:5, 16; 2 P. 2:9). (Podemos visualizarlo como un día de veinticuatro horas literales.)
(10) El día de la nueva creación (2 P. 3:7-13) (Parece que también será un día literal de veinticuatro horas.)

En consecuencia, Pablo exhorta a los creyentes: «Vistámonos las armas de la luz» (13:12; léase Ef. 6:10-17 para ver las piezas específicas de la armadura).

4. El creyente y los santos débiles en la fe (14:1-23).
   a. Ningún creyente debe juzgar a otro creyente aquí.
      (1) No tenemos que criticarle por causa de su legalismo (en cuestiones de dietas y días). «Porque el reino de Dios no es comida ni bebida, sino justicia, paz y gozo en el espíritu» (14:17).
      (2) No debemos comprometer nuestra libertad.

      «Sino más bien decidid no poner tropiezo u ocasión de caer al hermano. No sea, pues, vituperado vuestro bien. Así que, sigamos lo que contribuye a la paz y a la mutua edificación» (14:13, 16, 19).
   b. Todos los creyentes serán juzgados por el Maestro allá.

      «Pero tú, ¿por qué juzgas a tu hermano? O tú también, ¿por qué menosprecias a tu hermano? Porque todos compareceremos ante el tribunal de Cristo. Porque escrito está: Vivo yo, dice el Señor, que ante mí se doblará toda rodilla, y toda lengua confesará a Dios» (14:10-12).

   Encontramos catorce categorías especiales de juicio en la Biblia. Pablo se refiere a cuatro de ellas en la carta a los Romanos:
   (1) El juicio de Adán en el huerto del Edén (Ro. 5:12).
   (2) El juicio de Cristo en el Calvario (Ro. 4:25).
   (3) El juicio ante el tribunal de Cristo (Ro. 14:10).
   (4) El juicio de Satanás en la tribulación (Ro. 16:20).
5. El creyente y el Salvador (15:1-13). El ministerio terrenal de Cristo es un modelo para el creyente (1 P. 2:21-25).
   a. Fue un ministerio de sacrificio: «Porque ni aun Cristo se agradó a sí mismo» (15:3).
   b. Fue un ministerio sufriente: «Antes bien, como está escrito: Los vituperios de los que te vituperaban cayeron sobre mí» (15:3).
   c. Fue un ministerio bíblico (15:4).
   d. Fue un ministerio compartido: «Por tanto, recibíos los unos a los otros, como también Cristo nos recibió, para gloria de Dios» (15:7).
   e. Fue un ministerio cierto: «Para confirmar las promesas hechas a los padres» (15:8).
   f. Fue un ministerio valiente: «Por tanto, yo te confesaré entre los gentiles, y cantaré a tu nombre. Y otra vez dice: Alegraos, gentiles, con su pueblo» (15:9, 10; véanse también Sal. 18:49; 117:1; Dt. 32:43; Is. 11:10).

B. Observaciones personales para los creyentes romanos (15:14—16:27).
   1. Pablo presenta un repaso panorámico de su ministerio (15:14-21).
      a. Menciona su ministerio especializado: «Para ser ministro de Jesucristo a los gentiles» (15:16).
      b. Menciona también sus milagros: «Con potencia de señales y prodigios, en el poder del Espíritu de Dios» (15:19). El libro de Hechos recoge muchos de los milagros de Pablo:
         (1) El mago Elimas quedó ciego en Pafos (Chipre) (13:11, 12).
         (2) Varios milagros en Iconio (14:3, 4).
         (3) Curación de un cojo de nacimiento en Listra (14:8-18).
         (4) Curación de una joven endemoniada en Filipos (16:16-18).
         (5) Curación de muchos enfermos y endemoniados en Éfeso (19:11, 12).
         (6) Resucitación de Eutico en Troas (20:9, 10).
         (7) Restauración de la salud del padre de Publio, enfermo de fiebre y disentería, y curación de otros en la isla de Malta (28:8, 9).
      c. Habla de su campo misionero: «De manera que desde Jerusalén, y por los alrededores hasta Ilírico, todo lo he llenado del evangelio de Cristo» (Ro. 15:19).
      d. Se refiere a su metodología: «Y de esta manera me esforcé a predicar el evange-

lio, no donde Cristo ya hubiese sido nombrado, para no edificar sobre fundamento ajeno» (Ro. 15:20).

e. Menciona su motivación: «Sino, como está escrito: Aquellos a quienes nunca les fue anunciado acerca de él, verán; y los que nunca han oído de él, entenderán» (Ro. 15:21).

2. Les informa anticipadamente del ministerio que planea (15:22—16:27).

a. Está decidido a visitarles en un futuro cercano, cuando vaya de camino para España (15:24, 28). Las columnas de Hércules, la parte más occidental del continente europeo y del mundo civilizado de aquel día, atraían a Pablo. ¿Pudo al fin viajar a España? Poco antes de su muerte escribió: «He peleado la buena batalla, he acabado la carrera» (2 Ti. 4:7). Suponemos que sí lo hizo en razón de que España era parte de su carrera.

b. Solicita sus oraciones para el proyecto misionero de pasar a visitarles (15:25-27, 30, 31) Ahora iba camino de Palestina para entregar la ofrenda para los pobres de Jerusalén que había recogido en todas las iglesias gentiles. Pablo no tenía duda de que en el tiempo anterior a su conversión había sido causante de la pobreza de muchos cristianos en Jerusalén (15:31).

Notemos ahora:

(1) Las recomendaciones del apóstol: «Os recomiendo además nuestra hermana Febe» (16:1). Febe llevó la valiosa carta a los Romanos desde Corinto.

(2) Los saludos: baja de las alturas de la doctrina a las calles de Roma. Había empezado la epístola diciendo: «Sin cesar hago mención de vosotros siempre en mis oraciones» (1:9). Al final de la carta menciona a veintiocho de ellos por nombre:

Priscila y Aquila: «Saludad también a la iglesia de su casa» (16:5). Las iglesias locales se reunían en casas particulares al principio. (Véanse Hch. 12:12; Col. 4:15; 1 Co. 16:19; Flm. 2, 14, 15.) Pablo conocía a esta pareja desde hacía varios años (Hch. 18:2, 18, 26; 1 Co. 16:19).

Epeneto: el primer convertido de Pablo en Acaya (16:5).

María: «la cual ha trabajado mucho entre vosotros» (16:6).

Nota: Muchos de estos colaboradores fieles de Pablo eran mujeres. Fueron las mujeres quienes ayudaron a Cristo en su hora de necesidad cuando los hombres lo dejaron solo. Le ayudaron:

(a) En el camino a la cruz (Lc. 2:27).

(b) En la cruz (Jn. 19:25).

(c) En su enterramiento (Mt. 27:61; Lc. 23:55).

(d) Para embalsamar su cuerpo (Jn. 20:11; Mr. 16:1).

Andrónico y Junias: una pareja probablemente relacionada con Pablo (16:7).

Amplias: «amado mío en el Señor» (16:8).

Urbano: «nuestro colaborador en Cristo Jesús» (16:9).

Estaquis: «amado mío» (16:9).

Apeles: «aprobado en Cristo» (16:10). Este hombre aparentemente había pasado con éxito por una prueba.

Herodión: ¿nieto de Herodes el Grande? (16:11).

Los de la familia de Aristóbulo (16:10).

Los de la familia de Narciso (16:11).

Trifena y Trifosa: «las cuales trabajan en el Señor» (16:12).

Pérsida: «la cual ha trabajado mucho en el Señor» (16:12).

Rufo y su madre: «escogido en el Señor, y a su madre y mía» (16:13). Nota: Simón de Cirene, que llevó la cruz de Cristo, era el padre de Rufo (Mr. 15:21).

Asíncrito (16:14).

Flegonte (16:14).

Hermas (16:14).

Patrobas (16:14).

Hermes (16:14).

Filólogo (16:15).

Julia (16:15).

Nereo y su hermana (16:15).

Olimpas (16:15).

c. Detecta un posible futuro problema (16:17-18).

«Mas os ruego, hermanos, que no os fijéis en los que causan divisiones y tropiezos en contra de la doctrina que vosotros habéis aprendido, y que os apartéis de ellos. Porque tales personas no sirven a nuestro Señor Jesucristo, sino a sus propios vientres, y con suaves palabras y lisonjas engañan los corazones de los ingenuos.»

El Nuevo Testamento nos da tres razones para separar a un miembro de la comunión con la iglesia local.

(1) Por causar divisiones (Ro. 16:17; 2 Ts. 3:6; Pr. 6:19). Nota: cuando Pablo al fin llegó a Roma encontró a estos perturbadores en plena actividad. (Véanse Fil. 1:14-18; 3:18.)

(2) Por inmoralidad (1 Co. 5).

(3) Por herejía (Tit. 3:10).

En 1 Corintios 5:4 y Mateo 18:15-17 se nos describe el procedimiento para separar a tales personas. (Véase también 2 Ts. 3:14, 15.)

d. Anuncia la suerte de Satanás: «Y el Dios de paz aplastará en breve a Satanás bajo vuestros pies» (20). Esta profecía se cumplirá de dos maneras:

(1) Cuando sea echado en el abismo por mil años durante el milenio (Ap. 20:1-3).

(2) Cuando sea echado en el lago de fuego y azufre después del milenio (Ap. 20:10).

Después de enviarles los saludos de parte de siete compañeros de ministerio que estaban con él en ese momento (Timoteo, Lucio, Jasón, Sosípater, Gayo, Erasto, Cuarto, y Tercio, quien sirvió de escribano y envía sus propios saludos), Pablo concluye su más importante epístola con una doxología preciosa:

> «La gracia de nuestro Señor Jesucristo sea con todos vosotros. Amén. Y al que puede confirmaros según mi evangelio y la predicación de Jesucristo, según la revelación del misterio que se ha mantenido oculto desde tiempos eternos, pero que ha sido manifestado ahora, y que por las Escrituras de los profetas, según el mandamiento del Dios eterno, se ha dado a conocer a todas las gentes para que obedezcan a la fe, al único y sabio Dios, sea gloria mediante Jesucristo para siempre. Amén» (16:24-27).

EFESIOS

INTRODUCCIÓN

El doctor J. Vernon McGee, que escribió una excelente introducción a esta extraordinaria epístola, dice lo siguiente:

> «Cuatro hombres salieron de Roma en el año 62 d.C. para dirigirse a la provincia de Asia, que estaba localizada en lo que hoy conocemos como Asia Menor. Estos viajeros llevaban en su equipaje cuatro de los más sublimes escritos de la fe cristiana; documentos preciosos que serían invalorables si existieran hoy. Roma no llegó a entender el significado de estos escritos salidos de la pluma de un prisionero desconocido, si lo hubiera sabido habría buscado a estos mensajeros y destruido las cartas.
>
> Cuando se despedían del apóstol, Pablo les entregó a cada uno una epístola para llevarla a sus propias comunidades. Estas cuatro cartas son conocidas como "las epístolas carcelarias de Pablo" debido a que las escribió mientras se hallaba prisionero en Roma esperando la vista de su causa ante el emperador Nerón, a quien el apóstol había apelado en su derecho como ciudadano romano.
>
> Podemos identificar bien a estos cuatro hombres y sus respectivos destinos:
>
> 1. Epafrodito de Filipos (Fil. 4:18) llevó la carta a los Filipenses.
> 2. Tíquico de Éfeso (Ef. 6:21) llevó la carta a los Efesios.
> 3. Epafras de Colosas (Col. 4:12) llevó la carta a los Colosenses.
> 4. Onésimo, un esclavo de Colosas (Flm. 10), llevó la carta a Filemón (quien era su amo).
>
> Estas cuatro cartas presentan un cuadro bien compuesto de Cristo, la iglesia y la vida cristiana, y el funcionamiento e interrelaciones de todos ellos. Estas diferentes facetas presentan la vida cristiana en su más alta expresión.
>
> EFESIOS nos presenta "a la Iglesia que es su cuerpo". Esta es la Iglesia invisible de la que Cristo es la cabeza.
>
> COLOSENSES nos presenta a Cristo, "la cabeza del cuerpo, la Iglesia". Aquí el énfasis está sobre Cristo más bien que sobre la Iglesia.
>
> FILIPENSES nos habla del cristiano viviendo con Cristo como el elemento dinámico de la vida: "Todo lo puedo en Cristo que me fortalece" (Fil. 4:13).
>
> FILEMÓN nos presenta la vida cristiana en acción en una sociedad pagana: «Así que, si me tienes por compañero, recíbele como a mí mismo. Y si en algo te dañó, o te debe, ponlo a mi cuenta» (Flm. vv. 17, 18).
>
> El evangelio se puso en acción en el primer siglo y funcionó.» (*Exploring Through Ephesians*, p. 3.)

1. La iglesia en Éfeso fue fundada por Pablo durante su segundo viaje misionero.
2. Después de pasar dieciocho meses en Corinto (Hch. 18:11), marchó a Éfeso con Aquila y Priscila (Hch. 18:18).
3. Se quedó en Éfeso muy poco tiempo pero prometió volver (Hch. 18:19-21).
4. Aquila y Priscila permanecieron en Éfeso donde Dios los usó para instruir en los detalles de las Escrituras a un gran predicador llamado Apolos (Hch. 18:24-26).
5. Pablo regresó a la ciudad durante su tercer viaje misionero y se quedó durante tres años (19:8-10; 20:31).
6. Su estadía en Éfeso quedó marcada por tres eventos notables:
   a. La experiencia de los discípulos de Juan (Hch. 19:1-12).
   b. El caso de adivinación de los hijos de Esceva (19:13-20).
   c. El episodio de los defensores de Diana (19:21-41).
7. Durante su permanencia en Éfeso escribió 1 y 2 Corintios. (Véase 1 Co. 16:8, 9.)
8. Obró muchos milagros (Hch. 19:12).
9. Los ancianos de la iglesia de Éfeso le visitaron más tarde en Mileto, durante una breve parada allí en su camino a Jerusalén (Hch. 20:16-38).
10. Se cree que Pablo se refiere a esta carta en Colosenses 4:16.
11. Los creyentes de Éfeso fueron los únicos que recibieron más de una carta de un escritor bíblico. El apóstol Juan les envió también un mensaje (Ap. 2:1-7).
12. Esta iglesia disfrutó más que ninguna otra de grandes predicadores. Entre ellos estaban Pablo, Apolos, Juan y Timoteo.
13. Efesios es como el libro de Josué del Antiguo Testamento.
14. El doctor Pierson la llamó «la tercera epístola celestial de Pablo». Se ha hablado de ella como los Alpes del Nuevo Testamento, como la cumbre de las Escrituras.

I. La Iglesia es comparada con un *cuerpo* (cap. 1)
   A. La creación de este cuerpo (1:1-14).
      1. Fue planeado y llevado a cabo por el Padre (1:1-6).
         Nos bendijo.
         Nos escogió.
         Nos predestinó.
         Nos adoptó.
         Nos aceptó.
         ¡Todo esto sucedió antes de la fundación del mundo! (v. 4). Notemos lo siguiente en relación con estos seis versículos:
         a. Pablo escribe a «los santos y fieles *en* Cristo Jesús que están en Éfeso». El doctor J. Vernon McGee ha escrito:

EFESIOS

La Iglesia del Dios viviente

COMPARADA CON UN CUERPO
(1:23)
Capítulo uno

COMPARADA CON UN TEMPLO
(2:21)
CAPÍTULO DOS

COMPARADA CON UN MISTERIO
(3:4)
CAPÍTULO TRES

COMPARADA CON UN HOMBRE NUEVO
(Lc. 4:13, 24)
CAPÍTULO CUATRO

COMPARADA CON UNA ESPOSA
(5:25)
CAPÍTULO CINCO

COMPARADA CON UN SOLDADO
(6:11)
CAPÍTULO SEIS

«La preposición *en* cuando precede al nombre de Cristo se convierte en la palabra más importante de esta epístola. Los teólogos han acumulado una buena cantidad de términos teológicos impresionantes para definir nuestra salvación; palabras tales como redención, expiación, justificación, reconciliación, propiciación y sacrificio vicario sustitutorio de Cristo. Estos términos están bien, pues representan aspectos de las muchas facetas de nuestra salvación; pero ninguno, sin embargo, parece del todo adecuado. ¿Qué significa, pues, ser salvos? Esta es una pregunta que la Biblia la responde de la manera más simple: "en Cristo". Ser salvo significa estar en Cristo. El pecador que ha confiado en Cristo para su salvación tiene tanto derecho en el cielo como Cristo mismo — o no tiene ningún derecho— porque está *en* Cristo.» (***Exploring Through Ephesians***, p. 11.)

b. Pablo escribe: «Bendito sea el Dios y Padre de nuestro Señor Jesucristo» (véase v. 3). La palabra «bendito» es *eulogetos* y significa «hablar bien de, alabar, celebrar». Este adjetivo se usa sólo para Dios. (Véanse Mr. 14:61; Lc. 1:68; Ro. 1:25; 9:5; 2 Co. 1:3; 11:31; Ef. 1:3; 1 P. 1:3.) Cuando la palabra «bendito» se refiere al hombre, el término griego es *makarios*, y se traduce por «bienaventurado o feliz». (Véase Mt. 5:3-11.) Es decir, Dios desea que sus hijos lo bendigan hablando bien acerca de él. Además, Dios lo escucha y lo registra en su libro de memorias. (Véase Mal. 3:16.)

Notamos también que Pablo distingue cuidadosamente la diferencia entre la relación de Cristo con el Padre y nuestra relación con él. Véase también Juan 20:17 donde Jesús hace lo mismo. (Véanse también Jn. 1:14, 18: 3:16, 18; 1 Jn. 4:9; Ap. 1:5.)

2. Fue comprado y adquirido por el Hijo (1:7-12).

a. Nos redimió.
b. Nos perdonó.
c. Nos reveló la voluntad y el camino de Dios.
d. Nos aseguró una herencia.
e. Reunió «todas las cosas ... así las que están en los cielos, como las que están en la tierra» (1:10).
f. Todo esto ocurrió «en la dispensación del cumplimiento de los tiempos» (véase 1:10).

Nota especial: La palabra de la que se traduce «dispensación» aquí es *oikonomia*, y se emplea tres veces en el texto griego de Efesios. El apóstol escribe en relación con:

(1) La dispensación del cumplimiento de los tiempos (1:10).
(2) De la administración [o dispensación] de la gracia de Dios (3:2).
(3) La dispensación del misterio (3:9).

Creo que nos será de ayuda el que definamos ahora el concepto de dispensacionalismo como aparece desarrollado por Pablo.

La palabra griega *oikonomia* la encontramos diecinueve veces en el Nuevo Testamento, y la encontramos traducida por los siguientes términos en español:
Mayordomo (Lc. 3:8; 12:42; 16:11; 1 Co. 4:1, 2; Tit. 1:7; 1 P. 4:10).
Mayordomía (Lc. 16:2, 3, 4).
Comisión, dispensación, administración (1 Co. 9:17; Ef. 1:10; 3:2; Col. 1:25).
Dispensación (Ef. 3:9).
Edificación (1 Ti. 1:4).

Veamos las siguientes definiciones de dispensación:

«Es un período durante el cual el hombre es puesto a prueba con referencia a cierta revelación específica de la voluntad de Dios» (De la ***Biblia Anotada de Scofield***, p. 4.)

De manera que la idea esencial de la palabra dispensación es la del manejo o administración de los asuntos de una familia.

«En cuanto al uso de la palabra en las Escrituras se refiere, una dispensación puede definirse como una mayordomía, una administración, una supervisión o el manejo de los bienes de otro. Como hemos visto, esto incluye responsabilidad, el rendir cuentas, y la fidelidad por parte del mayordomo.... una dispensación es primordialmente un arreglo de mayordomía y no un tiempo determinado (aunque obviamente el convenio existirá durante un cierto período).... "Una dispensación es básicamente el convenio y no el tiempo; y una definición adecuada tendrá esto en consideración. Una definición breve de una dispensación es como sigue: Una dispensación es una economía, o administración, distinguible en el cumplimiento del propósito de Dios."» (Charles C. Ryrie, *Dispensacionalismo hoy*, Editorial Portavoz, pp. 29-30.)

En resumen: el dispensacionalismo contempla el mundo como una casa de familia dirigida por Dios. El Señor dispensa o administra los asuntos de este mundo-hogar conforme a su voluntad y según las diferentes etapas de la revelación en el proceso del tiempo. Estas diferentes etapas marcan distintamente las varias economías en la realización de su propósito total, y estas economías son las dispensaciones.

«Una dispensación es una período de tiempo en el que se expresa la perspectiva divina de la historia humana. En otras palabras, las dispensaciones son las categorías de la historia humana, el bosquejo divino de la historia, la interpretación divina de la historia humana» (R.B. Thieme, *Dispensations*, p. 8.)

Las divisiones del dispensacionalismo: se han dado varios números de dispensaciones. Algunos ven cuatro, Scofield da siete, la siguiente lista sugiere nueve.

(1) La dispensación de la inocencia: desde la creación del hombre hasta su caída (Gn. 1:26—3:6).
(2) La dispensación de la conciencia: desde la caída del hombre hasta el diluvio (Gn. 3:7—6:7).
(3) La dispensación del gobierno civil: desde el diluvio hasta la dispersión de Babel (Gn. 6:8—11:9).
(4) La dispensación de la promesa o el gobierno patriarcal: desde Babel hasta el monte Sinaí (Gn. 11:10—Ex. 18:27).
(5) La dispensación de la ley mosaica: desde el monte Sinaí hasta Pentecostés (Ex. 19:1—Hch. 1:26).
(6) La dispensación de la esposa del Cordero: la Iglesia: desde Pentecostés hasta el rapto (Hch. 2:1—Ap. 5:14).
(7) La dispensación de la ira del Cordero: la tribulación: desde el rapto hasta la Segunda Venida (Ap. 6:1—20:3).
(8) La dispensación del gobierno del Cordero: el milenio: desde la Segunda Venida hasta el juicio del gran trono blanco (Ap. 20:4-15).
(9) La dispensación de la nueva creación del Cordero: el mundo sin fin: desde el juicio del gran trono blanco hasta la eternidad (Ap. 21:1—22:21).

Al tener este bosquejo en mente, uno puede ver que en Efesios 1:10; 3:2, 9, Pablo está describiendo la sexta dispensación, esto es, la de la Iglesia.

3. Fue enseñado y protegido por el Espíritu (1:13, 14).
   a. El nos sella, lo que indica:
      (1) Propiedad (1 Co. 6:19, 20; 2 Ti. 2:19).
      (2) Seguridad (Ef. 4:30).
      (3) Obra terminada (Jer. 32:9, 10; Jn. 17:4; 19:30).
   b. Se convierte en nuestras arras. Las arras es algo de valor (dinero, joyas) que se entrega en garantía del cumplimiento de un compromiso. Todo esto sucedió en el momento de la salvación.

      Nota: Es llamado «el Espíritu Santo de la promesa» (1:13) debido a que Cristo mismo había prometido que vendría. (Véanse Jn. 14:16, 17; 16:7, 13; Hch. 1:4, 5.) En el versículo 14 tenemos la tercera y última doxología que hallamos en estos pocos versículos. (Véanse los versículos 6, 12, 14.)

B. La consagración de este cuerpo (1:15-23). Pablo pidió en ferviente oración que la iglesia de Éfeso pudiera conocer:
   1. Al Dios de la gloria.

      «Para que el Dios de nuestro Señor Jesucristo, el Padre de gloria, os dé espíritu de sabiduría y de revelación en el conocimiento de él» (v. 17).
   2. La gloria de Dios.
      a. Como se ve en sus santos. Pablo había orado pidiendo que pudieran conocer la *persona* de Dios, y ahora pide que puedan conocer también el *programa* y el *poder* de Dios.

         «Alumbrando los ojos de vuestro entendimiento, para que sepáis cuál es la esperanza a que él os ha llamado, y cuáles las riquezas de la gloria de su herencia en los santos, y cuál la supereminente grandeza de su poder para con nosotros los que creemos, según la operación del poder de su fuerza» (Ef. 1:18, 19).
      b. Como se ve en su Hijo.

         «La cual operó en Cristo, resucitándole de los muertos y sentándole a su diestra en los lugares celestiales, sobre todo principado y autoridad y poder y señorío, y sobre todo nombre que se nombra, no sólo en este siglo, sino también en el venidero» (1:20, 21). (Véanse también Ro. 8:38; Ef. 3:10; 6:12; Col. 1:16; 1 P. 3:22.)
      c. Como se ve en su iglesia.

         «Y sometió todas las cosas bajo sus pies, y lo dio por cabeza sobre todas las cosas a la iglesia, la cual es su cuerpo, la plenitud de Aquel que todo lo llena en todo» (Ef. 1:22, 23).

         De manera que el creyente lucha *des-*

de la victoria y no *por* la victoria. Dios ha actuado ya y hemos ganado. (Véanse también Mt. 28:18; Sal. 8:6; 110:1; 1 Co. 15:25, 26.)

II. La iglesia es comparada con un *templo* (cap. 2).

A. Lo que una vez éramos (2:1-3, 11, 12).

1. Estábamos muertos en delitos y pecados.
2. Obedientes a Satanás.
3. Éramos hijos de ira (por naturaleza y por elección).
4. Vivíamos en los deseos de la carne.
5. Estábamos separados de Cristo.
6. Alejados de la ciudadanía de Israel.
7. Ajenos a los pactos de la promesa.
8. Sin esperanza.
9. Sin Dios en el mundo.

B. Lo que Dios hizo (2:4-6).

1. Nos amó con misericordia.
2. Nos dio vida en Cristo.
3. Nos resucitó y nos hizo sentar en los lugares celestiales.

C. El porqué lo hizo Dios (2:7).

«Para mostrar en los siglos venideros las abundantes riquezas de su gracia en su bondad para con nosotros en Cristo Jesús.»

De manera que nosotros, que tan cumplidamente merecíamos su ira, mostraremos su gracia por toda la eternidad.

D. Cómo lo hizo Dios (2:8, 9, 13).

1. Por gracia mediante la fe.
2. Totalmente aparte de todo mérito humano.
3. Por medio de la sangre de Cristo.

E. Lo que ahora somos (2:10, 14-22).

1. Somos hechura de Dios. El término griego para hechura (2:10) es *poema*, de donde procede nuestra palabra poema. Dios tiene atesorados dos poemas en este universo:
   a. El poema de la creación (véanse Ro. 1:20; Ap. 4:11).
   b. El poema de la salvación (véanse Ef. 2:10; Ap. 5:9). Podemos, pues, estar seguros de nuestra salvación. Esta salvación *no es por* obras (2:8, 9), pero sí *para producir* buenas obras (2:10).
2. Nosotros los gentiles estamos unidos a Israel en Cristo. Porque él nos reconcilia con Dios en un solo cuerpo (2:16). Crisóstomo escribió una vez:

   «Esto no quiere decir que nos ha elevado a la alta dignidad de ellos, sino que nos ha puesto a ambos en una dignidad superior. Les daré una ilustración. Imaginemos que hay dos estatuas, una de plata y la otra de plomo, y las dos son fundidas, y de las dos sale oro. Así nos ha hecho él uno de los dos.»
3. Se nos asegura que tenemos acceso al Padre (2:18).
4. Somos «edificados sobre el fundamento de los apóstoles y profetas, siendo la principal piedra del ángulo Jesucristo mismo» (2:20).
5. Nosotros somos también «un edificio, bien coordinado ... para ser un templo santo en el Señor ... para morada de Dios en el Espíritu» (2:21, 22).

III. La Iglesia es asemejada a un *misterio* (cap. 3).

A. Su explicación de este misterio (3:1-13). Pablo abre su corazón.

1. El cuándo de este misterio:

   «Que en otras generaciones no se dio a conocer a los hijos de los hombres, como ahora es revelado a sus santos apóstoles y profetas por el Espíritu» (3:5).

   Cualquiera que sea este misterio, Pablo nos declara aquí que lo santos del Antiguo Testamento no supieron de él.
2. El qué de este misterio:

   «Que los gentiles son coherederos y miembros del mismo cuerpo, y copartícipes de la promesa en Cristo Jesús por medio del evangelio» (3:6).

   En el Antiguo Testamento se conocía la salvación de los gentiles, pero por medio de hacerse prosélitos de los judíos (véanse Is. 11:10: 42:6; 60:3; Zac. 2:11; Mal. 1:11). Compare estos versículos del Antiguo Testamento con Efesios 3:5, 6; Romanos 16:25; Colosenses 1:26.
3. El quién de este misterio:

   «Del cual yo fui hecho ministro por el don de la gracia de Dios que me ha sido dado según la operación de su poder. A mí, que soy menos que el más pequeño de todos lo santos, me fue dada esta gracia de anunciar entre los gentiles el evangelio de las inescrutables riquezas de Cristo» (Ef. 3:7, 8).

   Pablo se presenta aquí a sí mismo como el más pequeño de todos los santos. (Véanse también 1 Co. 15:8, 9; 2 Co. 12:11; 1 Ti. 1:15, 16.)
4. El porqué de este misterio:

   «Para que la multiforme sabiduría de Dios sea ahora dada a conocer por medio de la iglesia a los principados y potestades en los lugares celestiales» (3:10).

   Y así el mundo se transforma en una universidad donde tanto los demonios como los ángeles pueden estudiar la gracia de Dios. (Véanse también Ef. 1:21; 6:12; Col. 1:16; 2:15; 1 P. 1:12.)

B. Su ruego acerca de este misterio (3:14-21). Pablo dobla sus rodillas. Hallamos dos grandes oraciones en esta epístola.

1. En 1:15-23 ora por los ojos de los creyentes: «Alumbrando los ojos de vuestro entendimiento» (1:18). Quería que conocieran el tremendo poder de Dios.
2. En 3:14-21 por el corazón de los creyentes: «Para que habite Cristo por la fe en vuestros corazones» (3:17) Quería que experimentaran el tierno amor de Cristo.

Notemos rápidamente dos elementos de este amor:

3. El alcance de su amor.
   a. Abarca toda la familia a lo largo de todo el tiempo (3:15, véanse también Ef. 1:10; He. 12:23).
   b. Se ciñe al miembro individual en el tiempo presente (3:16, véase también 2 Co. 4:16).
4. La naturaleza de su amor.

   «... que excede a todo conocimiento...» (3:19).
5. La suficiencia del amor de Dios.

   «Y a Aquel que es poderoso para hacer todas las cosas mucho más abundantemente de lo que pedimos o entendemos, según el poder que actúa en nosotros, a él sea gloria en la iglesia en Cristo Jesús por todas las edades, por los siglos de los siglos. Amén» (Ef. 3:20, 21).

IV. Se compara la iglesia con un *hombre nuevo* (cap. 4).
   A. El nuevo hombre y su posición (4:4-16).
      1. La unidad de esta nueva posición (4:4-6). Siete grandes estabilizadores:
         a. Un cuerpo (el cuerpo de Cristo: la Iglesia). (Véanse 1 Co. 12:12, 27; Ef. 5:30.)
         b. Un Espíritu (el Espíritu Santo). (Véase 1 Co. 12:4.)
         c. Una esperanza. Las Escrituras declaran que esta esperanza es:
            (1) Buena (2 Ts. 2:16).
            (2) Mejor (He. 7:19).
            (3) Bienaventurada (Tit. 2:13).
            (4) Gloriosa (Col. 1:27).
            (5) Viva (1 P. 1:3).
            (6) Firme (He. 3:6; 6:11).
            (7) Eterna (Ti. 3:7).
         d. Un Señor (el Salvador) (1 Co. 12:5).
         e. Una fe (Jud. 1:3; 1 Co. 13:5; 16:13; Gá. 1:23; Fil. 1:27; 1 Ti. 1:2; 4:1; 5:8; 2 Ti. 4:7; Tit. 1:4).
         f. Un bautismo (en el cuerpo de Cristo. Ro. 6:3, 4; 1 Co. 12:13; Col. 2:9-12; Gá. 3:27, 28; 1 P. 3:21).
         g. Un Dios (El Padre) (Dt. 6:4; 1 Co. 12:6).
      2. El unificador de esta nueva posición (4:7), un gran Salvador.
         a. Su viaje (4:7-10). El doctor Homer Kent escribe lo siguiente en relación con estos versículos:

«Pablo, primeramente, emite una declaración de que Dios ha dado a los creyentes [dones] para capacitarlos, a fin de que alcancen el objetivo de andar en unidad (4:7). El párrafo anterior ha subrayado el hecho de la unidad al señalar la unidad de los creyentes en varios aspectos. Ahora Pablo expone que cada creyente es un participante individual y receptor de las gracias divinas que necesita. "Gracia" (*charis,* 4:7) aparentemente es el equivalente de *charisma,* el término más corriente del Nuevo Testamento referido a los varios dones espirituales dados por Cristo a los creyentes. Podría referirse, sin embargo, a la gracia interior subjetiva procedente de Dios y que luego tiene como resultado el *charisma,* el don manifestado (ver *Expositor's Greek Testament*).

La "gracia" de cada persona corresponde a la medida de lo que Cristo, en Su sabiduría soberana, ha dado libremente. No todos reciben los mismos dones, ni el mismo número de dones, ni la misma medida de un mismo don. Cristo reparte como mejor le parece.

La prueba escritural (4:8-10) citada en el arriba mencionado aserto, est sacada del Salmo 68:18. "Subiste a lo alto, condujiste cautivos y tomaste dones para los hombres." Las circunstancias históricas del Salmo no están claras. Describe un regreso triunfante y victorioso, probablemente el de David al monte Sion. Si el salmo fue destinado a ser mesiánico (como el uso aquí en Efesios sin duda sugiere), entonces David se considera como un tipo de Cristo, cuya victoria en la pasión fue seguida por la ascensión.

Los puntos principales de esta cita, más significativos para el autor, fueron la ascensión victoriosa y la distribución de dones a los hombres. Algunos otros aspectos, sin embargo, también son de especial interés. "El llevó cautiva la cautividad" es traducido por "llevó cautivos" (BJ), y "él llevó una multitud de cautivos" (RSV). Interpretado con respecto al Mesías, esto suele ser relacionado con la conquista por Cristo de sus enemigos: Satanás, el pecado, la muerte, la maldición. Otros (una minoría, pero incluyendo a muchos de los padres antiguos), explican estos "cautivos" como amigos, o como los redimidos en la tierra, o como los santos del Antiguo Testamento en el Hades (he., *sheol*).

En apoyo de esta última interpretación, se dan argumentos como los siguientes:

1. Lo que es llevado cautivo es subido al cielo. Esto no es cierto en cuanto a Satanás, el pecado, la muerte o la maldición.
2. El tiempo pasado (aoristo) "llevó cautivo" no se ajusta a la regeneración de creyentes posteriores tan acertadamente como lo haría respecto a alguna acción previa.
3. La interpretación de que esto se refiere al descenso de Cristo al reino de los muertos cuando Él murió, concuerda bien con 1 Pedro 3:19-20.
4. Concuerda con Mateo 27:50-53, donde la liberación visible de algunos de los santos del Antiguo Testamento del Hades puede insinuar la liberación espiritual de todos los santos.
5. Esto armoniza con el aparente cambio de lugar del paraíso, que en la era del Nuevo Testamento se afirma que est arriba y equiparado con el cielo (2ª Co. 12:2-4).» (*Efesios: La gloria de la Iglesia*, Editorial Portavoz, pp. 77-78.)

         b. Sus dones (4:11).

«Y él mismo constituyó a unos, apóstoles; a otros, profetas; a otros, evangelistas; a otros, pastores y maestros.»

         c. Su meta (4:12-16).

«A fin de perfeccionar a los santos para la obra del ministerio, para la edificación del cuerpo de Cristo, hasta que todos lleguemos a la unidad de la fe y del conocimiento del Hijo de Dios, a un varón perfecto, a la medida de la estatura de la plenitud de Cristo; para que ya no seamos niños fluctuantes, llevados por doquiera de todo viento de doctrina, por estratagema de hombres que para engañar emplean con astucia las artimañas del error, sino que siguiendo la verdad en amor, crezcamos en todo en aquel que es la cabeza, esto es, Cristo, de quien todo el cuerpo, bien concertado y unido entre sí por todas las coyunturas que se ayudan mutuamente, según la actividad propia de cada miembro, recibe su crecimiento para ir edificándose en amor.»

B. El nuevo hombre y su disposición (4:1-3, 16-32).
1. Su caminar (4:1-3; 17-19).
a. Positivo: adaptado al paso del Salvador (4:1-3).
(1) En humildad (Fil. 2:3; Mt. 11:29).
(2) En mansedumbre (2 Co. 10:1).
(3) En paciencia (Gá. 5:22).
(4) En tolerancia (Col. 3:13).
(5) En unidad (Jn. 17:21; 1 Co. 12:13).
b. Negativo: evitando andar como los sensuales (4:17-19).
2. Sus palabras (4:15, 29).
«Sino que siguiendo la verdad en amor.... Ninguna palabra corrompida salga de vuestra boca, sino la que sea buena para la necesaria edificación, a fin de dar gracia a los oyentes.»
3. Sus obras (4:20-28, 30-32).
a. Debe *despojarse* del viejo hombre «que está viciado conforme a los deseos engañosos» (4:22).
b. Debe *revestirse* del nuevo hombre «creado según Dios en la justicia y santidad de la verdad» (4:24).
c. Debe controlar su *lengua* (4:25).
«Por lo cual, desechando la mentira, hablad verdad cada uno con su prójimo, porque somos miembros los unos de los otros.»
Crisóstomo, el gran padre de la iglesia, escribió hace siglos sobre este versículo: «No permitamos que el ojo mienta al pie, ni el pie al ojo. Si hay un foso profundo y su boca está cubierta con ramas y hojas dando la apariencia al ojo de ser terreno firme, ¿No usaría el ojo al pie para averiguar si el terreno es firme y resiste? ¿Dirá el pie una mentira al ojo o le dirá la verdad? Y de igual manera, si el ojo ve una serpiente o una bestia salvaje, ¿le mentirá al pie?»
d. Debe controlar su *carácter* (4:26, 27).
«Airaos, pero no pequéis; no se ponga el sol sobre vuestro enojo, ni deis lugar al diablo.»
Moody una vez señaló que él no daría un peso por un cristiano sin temperamento, pero que no daría ni un centavo por un cristiano que no sepa controlar su genio. Hay, por supuesto, un enojo justo (véase Mr. 3:5). Sin embargo, a Satanás le gusta usar a las personas descontroladas.
e. Debe dejar de *robar* (4:28). El doctor Homer Kent escribe:
«La verdadera expresión de Pablo es "el que hurta". Es un participio presente y difícilmente puede ser aplicado a uno que "hurtaba" antes de ser convertido. Más bien, parece indicar la continua práctica de la ratería que aún caracterizaba a algunos de estos cristianos. debemos tener en cuenta que muchos de los primeros cristianos procedían de la esclavitud donde ratear era la forma de vida. La conversión no quita tales hábitos en el acto, especialmente en asuntos donde no se ha desarrollado una fuerte conciencia.
Además, reconozcamos que robar, en el sentido más amplio, no es desconocido entre los creyentes de la actualidad. Los decanos de estudiantes en escuelas cristianas pueden decirnos mucho acerca de este problema. Las declaraciones sobre la renta, las reclamaciones contra pólizas de seguros, y los exámenes en la escuela son solamente unos pocos ejemplos de situaciones en que los cristianos muchas veces son menos que honrados.
El mandato escritural no es solamente que se deje de robar, ni siquiera que se haga restitución. El principio cristiano establece que cada hombre trabaje honradamente en lo que sea bueno, no sólo para cubrir sus propias necesidades y así evitar la tentación de robar, sino para acumular algo de sobra, a fin de poder ayudar a otros que tienen necesidad. Esto presenta un vívido contraste a la actitud corriente, que da por sentado que a uno le corresponde todo lo que necesita, tanto si quiere o no quiere trabajar. El trabajar diligentemente quita al individuo algunas de las tentaciones de robar, y el ayudar a otros necesitados les ayuda a ellos a quitar la misma tentación.» (*Efesios: La gloria de la Iglesia*, Editorial Portavoz, p. 83.)
f. Dejar de *afligir* (4:30).
«Y no contristéis al Espíritu Santo de Dios, con el cual fuisteis sellados para el día de la redención.»
g. Debe *perdonar* a otros como él mismo es perdonado (4:32).

V. La Iglesia es comparada con una *esposa* (cap. 5).
A. La esposa: sus deberes como Iglesia (5:1-21).
1. Separarse del mundo (5:1-13).
«Pero fornicación y toda inmundicia, o avaricia, ni aún se nombre entre vosotros, como conviene a santos. Y no participéis en las obras infructuosas de las tinieblas, sino más bien reprendedlas» (5:3, 11).
2. Servir (5:14-16).
«Aprovechando bien el tiempo, porque los días son malos» (5:16).
3. Escudriñar (5:17).
«Por tanto, no seáis insensatos, sino entendidos de cuál sea la voluntad del Señor.»
4. Llenarse del Espíritu (5:18).
«No os embriaguéis con vino, en lo cual hay disolución; antes bien sed llenos del Espíritu.»
Nota: Este versículo no anima a beber en «forma moderada» como algunos suponen. El término griego para disolución es *asotia,* y habla de situaciones descontroladas de la vida.
5. Cantar alabanzas (5:19, 20).
«Hablando entre vosotros con salmos, con himnos y cánticos espirituales, cantando y alabando al Señor en vuestros corazones; dando gracias siempre por todo al Dios y Padre, en el nombre de nuestro Señor Jesucristo.»
B. El Esposo: su devoción a la Iglesia (5:22-33).
1. Su devoción queda ilustrada mediante el ma-

trimonio (5:22-24). La institución del matrimonio fue dada por Dios para alcanzar dos propósitos:

a. Para propagación de la especie humana (véase Gn. 1:27, 28).

b. Con fines de ilustración (véase Ef. 5:22-24). Dios eligió la relación humana —el amor de un hombre por su esposa— para ilustrar el amor de Cristo por la Iglesia.

2. Su devoción quedó demostrada en la cruz (5:25). «... así como Cristo amó a la iglesia, y se entregó a sí mismo por ella.» (Véase también Jn. 13:1.)

3. Su devoción se verá consumada en el rapto (5:26, 27).

«Para santificarla, habiéndola purificado en el lavamiento del agua por la palabra, a fin de presentársela a sí mismo, una iglesia gloriosa, que no tuviese mancha ni arruga ni cosa semejante, sino que fuese santa y sin mancha.»

a. La palabra «mancha» se refiere a las imperfecciones exteriores causadas por el mundo.

b. La palabra «arruga» se refiere a las imperfecciones interiores, causadas por la carne.

VI. A la Iglesia se la compara con un *soldado* (cap. 6).

A. Campamento de entrenamiento básico (6:1-9).

1. Padres e hijos:

a. El hijo debe honrar y obedecer a sus padres en el Señor. La palabra «obedecer» aquí es diferente de Efesios 5:22. Tanto Sansón como Absalón ofrecen ejemplos lamentables para aquellos que desobedezcan este mandamiento. (Véanse Jue. 14:1-3; 2 S. 15:1-12; 2 S. 18:15.)

b. Los padres tienen que instruir y amonestar a su hijo en el Señor. (Véanse Pr. 13:24; 19:18; 22:15; 23:13, 14; 29:15, 17; Dt. 6:6, 7.)

2. Siervos y amos (6:5-9).

a. Los siervos deben servir a sus maestros como si sirvieran a Cristo.

b. Los amos deben tratar a sus siervos como tratarían a Cristo. Ambos deben tener en mente que «el Señor de ellos y vuestro está en los cielos, y que para él no hay acepción de personas» (6:9).

B. La primera línea de batalla (6:10-24).

1. Nuestro enemigo: el diablo.

a. Su ejército: «Porque no tenemos lucha contra sangre y carne, sino contra principados, contra potestades, contra los gobernadores de las tinieblas de este siglo, contra huestes espirituales de maldad en las regiones celestes» (6:12).

(1) Principados. Esta es una posible referencia a los «generales» de Satanás que supervisan naciones enteras (véase Dn. 10).

(2) Potestades. Puede estar hablando de sus agentes secretos que se posesionan de seres humanos (véanse Mr. 5; Mt. 17).

(3) Gobernadores de las tinieblas. Quizá aquellos demonios que están a cargo de los negocios mundanos de Satanás.

(4) Huestes espirituales. Aquellos demonios encargados de las religiones del mundo.

b. Sus tácticas:

(1) «Las asechanzas del diablo» (6:11). K. Wuest, un erudito del griego, escribe: "Asechanzas" es *methodeia* en griego, y se refiere a engaños y artificios para perjudicar a alguien. Habla de métodos y planes para engañar y dañar.» (*Ephesians and Colossians*, p. 141.) (Véanse también 1 Ti. 3:7; 2 Co. 2:11.)

(2) «Dardos de fuego del maligno» (6:16). Se refiere a flechas impregnadas en sustancias combustibles y prendidas fuego antes de dispararlas. (Véanse también 1 P. 1:7; 4:12.)

2. Nuestro equipo: la armadura de Dios (6:11, 13-17). Consideremos cuidadosamente cada una de las piezas de la armadura mencionadas aquí. Pablo evidentemente usa como ilustración las piezas de la armadura del soldado que le vigilaba en la prisión en Roma, y saca aplicaciones espirituales de cada una.

a. «Ceñidos vuestros lomos con la verdad.» *Expositors' Commentary*, dice:

«El primer elemento de este equipo que se menciona es el cinto. Es muy apropiado hacerlo así, porque el soldado podía tener todos los demás elementos, pero al carecer del cinto no se sentía bien vestido ni armado. El cinturón no era un simple adorno para el soldado, sino una parte esencial de su equipo. Ceñido alrededor de la cintura, servía para sujetar la coraza y como sostén de la espada, y especialmente para mantener otras partes del equipo en su lugar, permitiéndole así libertad de movimientos.»

La verdad, como se menciona aquí, se refería probablemente a la confianza completa que se puede encontrar en un cristiano. Cuando la vida de un creyente está manchada por la mentira y la falsedad, inutiliza aquello que mantiene juntas las demás piezas de la armadura.

b. La coraza de justicia. Habla de aquellos actos justos practicados por el creyente. La coraza se usaba para proteger el corazón del soldado. Aquellos actos injustos cometidos por el cristiano le roban de esta protección vital, y ponen a merced de Satanás su corazón espiritual. (Véanse He. 10:22: 13:9; Stg. 1:26; 4:8; 1 Jn. 3:19-22.)

c. «Calzados los pies con el apresto del evangelio de la paz.» El soldado romano usaba sandalias que iban bien sujetas por tiras de cuero al pie y al tobillo, y las suelas llevaban clavos. Esto le daba a él un asiento firme en tiempo de lucha. Esto puede referirse a la seguridad y confianza que vienen por conocer las grandes verdades doctrinales asociadas con el evangelio. (Véanse 1 P. 3:15; Ef. 4:14.)

d. «El escudo de la fe.» K. Wuest escribe: «La palabra *escudo* que se usa aquí designa la protección (grande, rectangular, de 1,22 x 0,76 m [4' x 2,55'], y curvado hacia dentro) que usaban los soldados de infantería.» Hebreos 11 es un comentario sobre esta pieza de la armadura.

e. «El yelmo de la salvación.» El yelmo protegía la cabeza y el cerebro. Esta parte, al igual que las sandalias, puede referirse a la asimilación de la doctrina bíblica, a fin de que nuestros ojos no sean cegados, nuestros oídos cerrados y nuestras mentes confundidas por los ataques del mundo, la carne y el diablo.

f. «La espada del Espíritu.» Esta es la única arma *ofensiva* que aparece entre las distintas partes de la armadura. Las demás son *defensivas* en naturaleza. Se identifica la espada del Espíritu como la Palabra de Dios (véase He. 4:12). Esta es la armadura que se le manda al cristiano que lleve. K. Wuest escribe lo siguiente en relación con el mandamiento que encontramos en 6:13: «Por tanto, tomad toda la armadura de Dios»:

«Tomad es *analambano* en griego, y significa "ponérsela a fin de usarla". La forma verbal es imperativa aoristo, y la construcción habla de una orden dada al estilo militar, una orden para ser obedecida y sin discusión alguna. Esta armadura debe ser llevada permanentemente, sin relajarse para nada en la obediencia y la disciplina.

El historiador Gibbon cuenta como la relajación en la disciplina y en el ejercicio produjo soldados menos capaces de soportar la fatiga del servicio. Se quejaban del peso de la armadura y se les permitía quitarse partes de ella.» (*Ephesians and Colossians*, p. 142.)

3. Nuestra exhortación: el camino del éxito.

a. Debemos estar *firmes*. Pablo nos exhorta al menos cuatro veces a hacerlo (vv. 11, 13, 14). Nunca se le dice al creyente que ataque al diablo, sino que se mantenga firme y lo resista. (Véase 1 P. 5:8, 9.)

De manera que cuando seamos tentados a hacer lo malo, huyamos como José (Gn. 39:12), pero cuando seamos atacados por hacer el bien, debemos mantenernos firmes como lo hicieron los tres amigos de Daniel (Dn. 3). Se ha dicho que como peregrinos caminamos, como testigos hablamos, como tentados al mal huimos, y como soldados permanecemos firmes.

b. Debemos *orar.* (Véanse Mt. 17:21; Jud. 1:20; 1 Ti. 2:8; 1 Ts. 5:17.)

c. Debemos *vigilar*. (Véanse 1 Co. 16:13; 2 Co. 6:5; 11:27; Mt. 24:43; Lc. 12:37-40; Hch. 20:31; 1 Ts. 5:6; 1 P. 4:7; 2 Ti. 4:5; Ap. 3:2; 16:15.)

Podemos concluir diciendo que tanto el orar como el vigilar son el doble secreto divino para vencer:

(1) Al mundo (véase Mr. 13:33).
(2) A la carne (véase Mr. 14:38).
(3) Al diablo (véase Ef. 6:18).

Debemos tomarlo como oportunidades para servir a Cristo (véase Col. 4:2, 3).

4. Nuestros ejemplos: el apóstol Pablo y Tíquico (6:19-24).

a. Pablo (6:19-24).

b. Tíquico (6:21-24). El doctor Homer Kent escribe:

«Al finalizar esta carta, Pablo explica que la va a enviar mediante su mensajero Tíquico, quien también fue portador de las epístolas a Filemón y a los Colosenses (Col. 4:7). Es lo más probable que las tres cartas fueran llevadas en el mismo viaje.

Tíquico era uno de los colegas de más confianza de Pablo. Procedía de la provincia de Asia (Hch. 20:4), y podía haber sido de Éfeso, la capital. Había viajado con Pablo en el tercer viaje misionero y, presumiblemente, le acompañó a Jerusalén con la ofrenda. Ahora estaba en Roma con el apóstol, y tendría la gran responsabilidad de entregar estas tres importantes cartas a sus destinatarios y, asimismo, de conducir al esclavo fugado Onésimo sin novedad a su amo en Colosas. Años más tarde sería enviado una vez más por Pablo a Éfeso (2 Ti. 4:12). El llamarlo un "hermano amado" subrayaba el afecto personal que Pablo le tenía. Describirlo como "fiel ministro" señala su fiel ejecución de sus responsabilidades espirituales. "En el Señor" corresponde a ambas expresiones y significa la esfera espiritual en que Pablo y Tíquico encuentran la base de su asociación.» (*Efesios: La gloria de la Iglesia*, Editorial Portavoz, p. 139.)

COLOSENSES

INTRODUCCIÓN

1. Colosenses es una de las epístolas que Pablo escribió durante su primer encarcelamiento en Roma. Las otras son Efesios, Filipenses y Filemón.
2. La iglesia en Colosas probablemente se inició durante el tercer viaje misionero de Pablo. Aunque él nunca visitó personalmente la ciudad (véase Col. 2:1), sí vivió dos años en Éfeso enseñando la Palabra de Dios en casa de un tal Tiranno (véase Hch. 19:9, 10). Colosas se encontraba sólo a unas 90 millas (unos 145 km) de Éfeso, y se ha sugerido que uno de sus estudiantes en Éfeso fue un hombre de Colosas llamado Epafras. Después de «graduarse» de estos dos años de estudio bíblico, Epafras regresaría para dedicarse a la evangelización de todo el valle del Lico. En este valle, de unas 10 millas (unos 16 km) de largo se hallaban asentadas tres ciudades importantes: Laodicea, Hierápolis y Colosas. Laodicea se encontraba a poca distancia de Colosas, y es, por tanto, posible que aquel joven y celoso estudiante de Pablo fundara ambas iglesias. (Véanse también Col. 4:16 y Ap. 3:14-22.)
3. La iglesia de los colosenses estaba compuesta principalmente por creyentes gentiles (véase Col. 2:13).
4. Pablo tenía la intención de visitarlos después que saliera de la prisión (Flm. 1:22).
5. La iglesia en Colosas pudo haberse reunido en casa de Filemón, porque él vivía en Colosas con Onésimo, uno de sus esclavos (Col. 4:9 y la carta a Filemón).
6. Poco después de su comienzo, la iglesia en Colosas quedó infectada de un «virus» conocido como

gnosticismo judaico. Esto representaba lo peor del pensamiento judío y griego. Este «virus» consistía de lo siguiente:

a. La salvación solamente se podía obtener mediante el conocimiento. De manera que sólo los intelectualmente superiores tenían la esperanza de alcanzarla.
b. La fe (creer sin prueba material que lo demostrara) era necio y sin sentido.
c. La materia era mala en sí misma. Esta forma de pensamiento enseñaba que el mundo había sido creado por una serie de emanaciones angélicas. Es decir, Dios (la fuente original) había creado un ángel, y este ángel a otro, y así sucesivamente. Finalmente el último ángel creó el mundo tal como lo conocemos. Aunque esta filosofía admitía la *trascendencia* de Dios (Él está por encima de todo), negaba su *inmanencia* (que Él está en todas las cosas). Este punto de vista rechazó inmediatamente la encarnación de Cristo, la creación divina especial, la oración, la fe, los milagros, la Segunda Venida y la exactitud de la Biblia.
d. La meta del hombre era en esta forma de pensar un mórbido *ascetismo* (la negación de los goces de la vida y el maltrato del cuerpo por amor al espíritu), o la práctica de una actitud *licenciosa* sin barreras (si te gusta y te sientes bien, hazlo). La primera tendencia la practicaban los estoicos y la segunda los epicúreos. Scofield ha observado: «El cristianismo puro vive entre dos peligros siempre presentes: el peligro de evaporarse en una filosofía... y el de quedar congelado en las formas.»

Podemos decir, en conclusión, que este «virus» de error incluía la observancia de las dietas y del sábado judío, la circuncisión, la adoración de ángeles y la práctica del ascetismo. (Véanse Col. 2:11, 16; 2:18; 2:21-23.)

7. Epafras fue aparentemente incapaz de atajar en forma apropiada estas enseñanzas, y emprendió el largo y peligroso viaje de Colosas a Roma para consultar con el apóstol.
8. Cuando se fue de Colosas, Arquipo asumió el pastorado de la iglesia (Col. 4:17). Arquipo pudo haber sido el hijo de Filemón (Flm. 2).
9. Nada más llegar a Roma e informar a Pablo, Epafras fue también encarcelado (Flm. 23). Esto sería, sin duda alguna, a causa de su osada predicación.
10. Pablo escribe la carta a los Colosenses para enfrentar el problema y la envía con Tíquico, su hombre de confianza (Col. 4:7; cp. Hch. 20:4; Ef. 6:21; 2 Ti. 4:12; Tit. 3:12).
11. La epístola contiene uno de los más importantes y profundos pasajes cristológicos que encontramos en los escritos de Pablo. (Véase Col. 1:15-19.)
12. Podemos contrastar Colosenses con otras epístolas paulinas de la siguiente manera:
    a. En Romanos somos *justificados* en Cristo.
    b. En 1 Corintios somos *enriquecidos* en Cristo.
    c. En 2 Corintios somos *confortados* en Cristo.
    d. En Gálatas somos *libres* en Cristo.
    e. En Efesios somos *vivificados* en Cristo.
    f. En Filipenses somos *felices* en Cristo.
    g. En Colosenses estamos *completos* en Cristo
13. Este libro nos presenta entonces la gloriosa culminación de todos los demás. Estamos completos en Cristo. Esta plenitud es múltiple:
    a. Edificando en profundidad: «Si en verdad permanecéis fundados y firmes en la fe, y sin moveros de la esperanza del evangelio...» (1:23). Esta es la dimensión profunda de la vida.
    b. Edificando en altura: «Arraigados y sobreedificados en él, y confirmados en la fe...» (2:7). Esta es la dimensión más alta de la vida.
    c. Edificando interiormente: «Porque habéis muerto, y vuestra vida está escondida con Cristo en Dios» (3:3). Esta es la dimensión interna de la vida.
    d. Edificando exteriormente: «Andad sabiamente para con los de afuera, redimiendo el tiempo» (4:5). Esta es la dimensión externa de la vida.
14. Colosenses concluye en un sentido lo que Efesios introduce. En Efesios Pablo habla acerca del cuerpo de Cristo que es la Iglesia, mientras que en Colosenses escribe acerca de la Cabeza de ese cuerpo. A causa de esto ambos libros son en cierto sentido similares. Por ejemplo, setenta y ocho versículos de los noventa y cinco que tiene Colosenses son muy parecidos a los de Efesios.
15. Se ha dicho que Colosenses es a Efesios lo que Gálatas es a Romanos.

I. La deidad y la preeminencia del Salvador (cap. 1).
  A. La acción de gracias por esta divina preeminencia.
    1. Era la fuente de su oración (1:1-14).

«Por lo cual también nosotros, desde el día que lo oímos, no cesamos de orar por vosotros, y de pedir que seáis llenos del conocimiento de su voluntad en toda sabiduría e inteligencia espiritual, para que andéis como es digno del Señor, agradándole en todo, llevando fruto en toda buena obra, y creciendo en el conocimiento de Dios; fortalecidos con todo poder, conforme a la potencia de su gloria, para toda paciencia y longanimidad; con gozo dando gracias al Padre que nos hizo aptos para participar de la herencia de los santos en luz; el cual nos ha librado de la potestad de las tinieblas, y trasladado al reino de su amado Hijo, en quien tenemos redención por su sangre, el perdón de pecados» (1:9-14.)

    2. Era la fuente de su predicación (1:23-29).

«La esperanza del evangelio ... el cual se predica en toda la creación que está debajo del cielo; del cual yo Pablo fui hecho ministro ... según la administración de Dios que me fue dada para con vosotros, para que anuncie cumplidamente la palabra de Dios ... a quien anunciamos, amonestando a todo hombre, y enseñando» (1:23, 25, 28).

En estos versículos (1:23-29) Pablo declara que su predicación consiste tanto de los *sufrimientos* que él soportó como de los *secretos* que reveló.

Nota:

a. Los sufrimientos: «Ahora me gozo en lo que padezco por vosotros, y cumplo en mi carne lo que falta de las aflicciones de Cristo por su cuerpo que es la iglesia» (1:24). Hay sufrimientos de Cristo en los que, por supuesto, no podemos participar, como fue su sufrimiento por los pecados del mundo. Hay, sin embargo, sufrimientos de Cristo en los que sí podemos participar. Estos incluirían sufrimientos por amor de la justicia, o sobrellevar persecuciones del mundo por amor de su nombre.
b. Los secretos:

COLOSENSES

COLOSAS

La deidad y preeminencia del Salvador

CAPÍTULO UNO

LA ACCIÓN DE GRACIAS POR ESTA DIVINA PREEMINENCIA

Era la fuente de la oración de Pablo
«Siempre orando por vosotros, damos gracias a Dios, Padre de nuestro Señor Jesucristo» **(1:3)**.

Era la fuente de la predicación de Pablo
«... la esperanza del evangelio ... del cual yo Pablo fui hecho ministro» **(1:23)**.
«A quien anunciamos, amonestando a todo hombre, y enseñando a todo hombre en toda sabiduría...» **(1:28)**.

LA TEOLOGÍA DE ESTA DIVINA PREEMINENCIA

La relación de Cristo con el Padre
«El es la imagen del Dios invisible, el primogénito de toda creación» **(1:15)**.

La relación de Cristo con el universo
Fue su Creador en el pasado **(1:16)**
Es su sustentador en el presente **(1:17)**
Será su reconciliador en el futuro **(1:20-22)**

La relación de Cristo con la Iglesia
«Y él es la cabeza del cuerpo que es la iglesia» **(1:18)**.

El peligro y la perversión de la serpiente

CAPÍTULO DOS

LA NATURALEZA DE ESTAS PERVERSIONES

- Palabras seductoras **(2:4)**
- Filosofía **(2:8)**
- Tradiciones **(2:8)**
- Legalismo **(2:16, 17)**
- Misticismo **(2:18)**
- Idolatría **(2:18)**
- Ascetismo **(2:20, 21)**

LA RESPUESTA A ESTAS PERVERSIONES

- Saber quién es Jesús **(2:3, 9)**
- Saber lo que ha hecho por usted **(2:13-15)**
- Saber quien es usted **(2:10-12)**
- Saber lo que tiene que hacer por Él **(2:6, 7)**

El deber y la actuación de los santos

CAPÍTULOS TRES Y CUATRO

- En relación con el Hijo de Dios **(3:1-4)**
- En relación con la Palabra de Dios **(3:16)**
- En relación con la obra de Dios **(3:17)**
  1. Qué quitarnos **(3:5-9)**
  2. Qué ponernos **(3:10-12, 14)**
- En relación con la paz de Dios **(3:15)**
- En relación con nuestras conversaciones con Dios **(4:2-4)**
- En relación con nuestro testimonio para Dios
  1. Ante los inconversos **(4:5, 6)**
  2. En el hogar **(3:18-21)**
  3. En el trabajo **(3:22-25)**
  4. En la iglesia **(3:13)**
- En relación con los ministros de Dios **(4:7-18)**

«El misterio que había estado oculto desde los siglos y edades...» (1:26).

«A quienes Dios quiso dar a conocer las riquezas de la gloria de este misterio» (1:27).

«... conocer el misterio de Dios...» (2:2).

«Orando también al mismo tiempo por nosotros, para que el Señor nos abra puerta para la palabra, a fin de dar a conocer el misterio de Cristo, por el cual también estoy preso» (4:3).

¿Cuáles son estos «misterios» de los que Pablo habla? Un misterio bíblico es simplemente algo que se había mantenido en secreto en los tiempos del Antiguo Testamento, pero que es revelado en el Nuevo Testamento. Hay once de esos misterios. Pablo escribe acerca de ocho de ellos; Mateo nos describe uno; y el apóstol Juan nos habla de dos.

De los ocho de los que Pablo escribe, tres los encontramos en Colosenses, y son:

(1) El misterio de que el cuerpo de Cristo (la Iglesia) iba a estar compuesto tanto de judíos como de gentiles salvados (Col. 4:3; véanse también Ro. 16:25; Ef. 3:1-12; 6:19).

(2) El misterio de la morada de Cristo en el creyente (Col. 1:27; véase también Gá. 2:20).

(3) El misterio de la encarnación de Cristo (Col. 2:2, 9; véase también 1 Co. 2:7).

B. La teología de la divina preeminencia.

1. La relación de Cristo con el Padre. «El es la imagen del Dios invisible, el primogénito de toda creación» (1:15). La palabra *imagen* expresa semejanza, y se refiere a la manifestación visible de algo invisible. Cristo no es *similar* a Dios, *es* Dios.

   La palabra «primogénito» es *prototokos*, una referencia a la más alta posición. No habla de tiempo sino de títulos. Así se declara a Cristo Señor de toda la creación. (Véase Sal. 89:27.)

2. La relación de Cristo con el universo. Fue su Creador en el pasado (1:16). Es su sustentador

en el presente (1:17). Será su reconciliador en el futuro (1:20-22). Nota:

a. La naturaleza de esta reconciliación. Dicho con brevedad y simplicidad, se refiere a que todas las cosas dentro de este universo pecaminoso estarán en una relación correcta con el Padre. Esto no quiere decir, por supuesto, que todos los hombres (o cualquier ángel caído) terminarán por ser salvos; pero sí que la verdad gloriosa de Romanos 8:28 se cumplirá un día totalmente.
b. El tiempo de esta reconciliación. Empezó en la cruz, pero concluirá con el sonido de la séptima trompeta (véase Ap. 11:15).
c. El método de esta reconciliación (Col. 1:14, 21, 22).

3. La relación de Cristo con la Iglesia. «Y él es la cabeza del cuerpo que es la iglesia, él que es el principio, el primogénito de entre los muertos, para que en todo tenga la preeminencia» (1:18).

En resumen, podemos decir que, debido a su preeminencia, todas las cosas fueron hechas y sostenidas por él, que existen sólo para él, y que un día le serán entregadas.

II. El peligro y la perversión de la serpiente (cap. 2).

A. La naturaleza de estas perversiones:

1. Palabras seductivas: «Y esto lo digo para que nadie os engañe con palabras persuasivas» (2:4). Esta perversión correspondería sin duda al liberalismo del siglo XX, que ha prometido tanto y ha producido tan poco.
2. Filosofías: «Mirad que nadie os engañe por medio de filosofías y huecas sutilezas» (2:8*a*). La falsa filosofía es como un hombre ciego que busca en un cuarto oscuro a un gato negro que no está allí. Puede describirse también como aquella ciencia mediante la que estudias mucho y sabes cada vez menos, hasta que llegas al punto de saberlo todo acerca de nada.
3. Tradiciones: «Según las tradiciones de los hombres, ... y no según Cristo» (2:8*b*). No todas las tradiciones son malas, por supuesto, pero muchas lo son. El Señor Jesucristo criticó severamente las tradiciones esclavizantes de los impíos fariseos. (Véase Mt. 15:1-9.)
4. Legalismo: «Por tanto, nadie os juzgue en comida o en bebida, o en cuanto a días de fiesta, luna nueva o días de reposo, todo lo cual es sombra de lo que ha de venir; pero el cuerpo es de Cristo» (2:16, 17).

   Notemos especialmente el versículo 17 en estos momentos. Un cristiano que vuelve él mismo a ponerse bajo el legalismo sería como el hijo que admira la foto de su padre, pero ignora su presencia real y actual.
5. Misticismo: «Nadie os prive de vuestro premio, afectando humildad y culto a los ángeles...» (2:18). El misticismo enfatiza la luz interior y se olvida de la Luz verdadera. Puede confundir a la verdad con la experiencia personal.
6. Idolatría: «Culto a los ángeles» (2:18).
7. Ascetismo (2:20, 21): «Pues si habéis muerto con Cristo en cuanto a los rudimentos del mundo, ¿por qué, como si vivieseis en el mundo, os sometéis a preceptos tales como: No manejes, ni gustes, ni toques?»

B. La respuesta a estas perversiones:

1. Saber quién es Jesús. «En quien están escondidos todos los tesoros de la sabiduría y del conocimiento. Porque en él habita corporalmente toda la plenitud de la Deidad» (2:3, 9).
2. Saber lo que Él ha hecho por nosotros: «Y a vosotros, estando muertos en pecados y en la incircuncisión de vuestra carne, os dio vida juntamente con él, perdonándoos todos los pecados, anulando el acta de los decretos que había contra nosotros, que nos era contraria, quitándola de en medio y clavándola en la cruz, y despojando a los principados y a las potestades, los exhibió públicamente, triunfando sobre ellos en la cruz» (2:13-15).

   Debemos notar especialmente el versículo 14. Consideremos la declaración de Génesis 2:19 a fin de ampliar las bendiciones teológicas de este versículo: «... y todo lo que Adán llamó a los animales vivientes, ese es su nombre.» Adán debió de tener un vocabulario tremendo para poder poner dar nombre a todos los animales. Ernest Mayr, el reconocido taxonomista americano, que ha elaborado la lista de las especies existentes hoy, afirma que hay 3.500 mamíferos, 8.600 pájaros y 5.500 reptiles y anfibios. A pesar de todo esto, había siete palabras que Adán no conocía ni tenía experiencia con ellas antes de la caída, y son:

   a. Muerte (Gn. 2:17).
   b. Desnudez (3:7)
   c. Maldición (3:14).
   d. Dolor (3:17).
   e. Espinos (3:18).
   f. Sudor (3:19).
   g. Espada (3:24).

   Después de la caída, Adán tuvo que incorporar estos amargos y sangrientos términos a su vocabulario. El eco de estas terribles palabras persiguió a él y a la humanidad durante cuarenta siglos. Después vino el segundo Adán (un nombre para Jesús) y el Nuevo Testamento nos dice cómo él se enfrentó y trató con cada una de estas palabras.

   h. Muerte (Jn. 11:25).
   i. Desnudez (Jn. 19:23).
   j. Maldición (Gá. 3:13).
   k. Dolor (Is. 53:3).
   l. Espinas (Jn. 19:5).
   m. Sudor (Lc. 22:44).
   n. Espada (Jn. 19:34).

   En consecuencia, Pablo nos comparte en Colosenses 2:14 la gran verdad de que estas terribles obras de condenación han sido borradas para siempre.
3. Saber quiénes somos (2:10, 12).

   «Y vosotros estáis completos en él, que es la cabeza de todo principado y potestad. Sepultados con él en el bautismo, en el cual fuisteis también resucitados con él, mediante la fe en el poder de Dios que le levantó de los muertos.»
4. Saber lo que tenemos que hacer por Él (2:6, 7).

   «Por tanto, de la manera que habéis recibido al Señor Jesucristo, andad en él; arraigados y sobreedificados en él, y confirmados en la fe, así como habéis sido enseñados, abundando en acciones de gracias.»

III. El deber y la actuación de los santos (caps. 3—4).

A. En relación con el Hijo de Dios (3:1-4):

«Si, pues, habéis resucitado con Cristo, buscad las cosas de arriba, donde está Cristo sentado a la diestra de Dios. Poned la mira en las cosas de arriba, no en las de la tierra. Porque habéis muerto, y vuestra vida está escondida con Cristo en Dios. Cuando Cristo, vuestra vida, se manifieste, entonces vosotros también seréis manifestados con él en gloria.»

B. En relación con la Palabra de Dios (3:16):

«La palabra de Cristo more en abundancia en vosotros, enseñándoos y exhortándoos unos a otros en toda sabiduría, cantando con gracia en vuestros corazones al Señor con salmos e himnos y cánticos espirituales.»

C. En relación con la obra de Dios (3:17):

«Y todo lo que hacéis, sea de palabra o de hecho, hacedlo todo en el nombre del Señor Jesús, dando gracias a Dios Padre por medio de él.»

D. En relación con nuestra vida personal (3:5, 12):

«Haced morir, pues, lo terrenal en vosotros: fornicación, impureza, pasiones desordenadas, malos deseos y avaricia, que es idolatría. Vestíos, pues, como escogidos de Dios, santos y amados, de entrañable misericordia, de benignidad, de humildad, de mansedumbre, de paciencia.»

E. En relación con nuestra vida de oración (4:2-4):

«Perseverad en la oración, velando en ella con acción de gracias; orando también al mismo tiempo por nosotros, para que el Señor nos abra puerta para la palabra, a fin de dar a conocer el misterio de Cristo, por el cual también estoy preso, para que lo manifieste como debo hablar.»

F. En relación con nuestra vida pública (4:5, 6):

«Andad sabiamente para con los de afuera, redimiendo el tiempo. Sea vuestra palabra siempre con gracia, sazonada con sal, para que sepáis cómo debéis responder a cada uno.»

G. En relación con el hogar (3:18-21):

«Casadas, estad sujetas a vuestros maridos, como conviene en el Señor. Maridos, amad a vuestras mujeres, y no seáis ásperos con ellas. Hijos, obedeced a vuestros padres en todo, porque esto agrada al Señor. Padres, no exasperéis a vuestros hijos, para que no se desalienten.»

H. En relación con el trabajo (3:22-25):

«Siervos, obedeced en todo a vuestros amos terrenales, no sirviendo al ojo, como los que quieren agradar a los hombres, sino con corazón sincero, temiendo a Dios. Y todo lo que hagáis, hacedlo de corazón, como para el Señor y no para los hombres; sabiendo que del Señor recibiréis la recompensa de la herencia, porque a Cristo el Señor servís. Mas el que hace injusticia, recibirá la injusticia que hiciere, porque no hay acepción de personas.»

I. En relación con los hermanos de la iglesia (3:13, 14):

«Soportándoos unos a otros, y perdonándoos unos a otros si alguno tuviere queja contra el otro. De la manera que Cristo os perdonó, así también hacedlo vosotros. Y sobre todas estas cosas vestíos de amor, que es el vínculo perfecto.»

J. En relación con los líderes cristianos (4:7-18):

Al final de esta carta, intensa y fuerte, Pablo menciona los nombres de algunos de los líderes asociados de alguna manera con su ministerio en este tiempo, y son:

1. Tíquico, el portador de la carta a los Colosenses.
2. Onésimo, el siervo de Filemón que se había escapado.
3. Aristarco, compañero de prisión de Pablo en este tiempo.
4. Juan Marcos, el autor del evangelio de su nombre.
5. Justo, del que nada sabemos excepto que era un colaborador de Pablo.
6. Epafras, el pastor de Colosas que también se hallaba en la cárcel.
7. Lucas, el médico griego, amado de Pablo y autor del evangelio y del libro de Hechos.
8. Demas, un colaborador que posteriormente le abandonaría (2 Ti. 4:10).
9. Arquipo, el creyente de Colosas que se encargó del pastorado en ausencia del Epafras.

FILEMÓN

INTRODUCCIÓN

1. Esta carta es la más corta de las del Apóstol, y es una de las cuatro epístolas que escribió durante su primer encarcelamiento en Roma. Las otras son: Filipenses, Colosenses y Efesios.
2. Es una de cuatro cartas personales que Pablo escribió a personas. Las otras son 1 y 2 Timoteo y Tito.
3. El doctor J. Vernon McGee escribe:

   «Esta carta presenta un estilo diferente en la revelación. Dios había usado hasta este momento la ley, la historia, la poesía, la profecía y los evangelios, pero mediante las epístolas adopta un método más personal y directo. De esta manera íntima, Él mira hacia la cruz y habla acerca de la Iglesia. Alguien ha dicho que las epístolas son las cartas de amor de Cristo para nosotros. El doctor Deissman las clasifica en dos grupos: epístolas y cartas. Las epístolas son generales, mientras que las cartas son más personales y directas. Bajo esta división, la epístola a Filemón sería clasificada como una carta, porque es individual e íntima. No hay razón para pensar que Pablo no esperaba que su contenido se divulgara (en otras ocasiones él sabía que estaba escribiendo Sagrada Escritura). Esto no le quita la inspiración y el valor a Filemón, sino por el contrario ensalza su importancia y mensaje.» (*Thru the Bible*, p. 211.)
4. El trasfondo histórico de Filemón es como sigue:

   a. Onésimo, un esclavo propiedad de Filemón (un creyente rico de Colosas y amigo de mucho tiempo de Pablo) había robado a su amo y huido a Roma.

   b. De una manera providencial, Onésimo se cruzó en el camino con Pablo, lo que resultó en su conversión a Cristo.

   c. Al escuchar su testimonio, Pablo consideró que lo mejor era enviarle de vuelta a Filemón.

   d. A fin de preparar el camino para lo que podría ser un encuentro muy tenso, el apóstol escribió esta bella carta personal para Filemón, que se ha convertido en un modelo de tacto y ética cristianas.
5. Esta carta nos provee de una de las mejores ilustraciones de la gran verdad teológica de la *imputación*

(el acto de poner algo en la cuenta de otro) que podamos encontrar en la Biblia.

6. Esta epístola nos demuestra que el escribir cartas puede ser un ministerio si le permitimos a Dios que sea así. Los que encuentran difícil hablar de Dios pueden escribir acerca de él.

I. La apreciación y el elogio de Filemón (vv. 1-7).
  A. Papel de Filemón como amigo de Pablo.
    «Al amado Filemón, colaborador nuestro» (v. 1)
    Aunque Pablo nunca había estado en Colosas, sí que conocía a Filemón y habían estado juntos. Podemos suponer que este colosense, creyente y rico, había orado por Pablo y había apoyado económicamente su ministerio.
  B. El papel de Filemón como cabeza de familia.
    «Y a la amada hermana Apia, y a Arquipo nuestro compañero de milicia, y a la iglesia que está en tu casa» (v. 2).
    Se cree que Apia era la esposa de Filemón y Arquipo su hijo. Pablo parece decir en su carta a los Colosenses (4:17) que Arquipo se había responsabilizado del pastorado de la iglesia mientras que Epafras (fundador de la congregación) se hallaba visitando al apóstol en su casa-prisión en Roma. En cualquier caso, parece que Filemón tenía una familia unida en el Señor y podía repetir las palabras de Josué: «... escogeos hoy a quien sirváis ... pero yo y mi casa serviremos a Jehová» (Jos. 24:15).
  C. Papel de Filemón como hijo de Dios.
    «Porque oigo del amor y de la fe que tienes hacia el Señor Jesús...» (v. 5).
    No se le puede rendir mayor tributo a un creyente que éste. Pablo habla del amor de Filemón por Jesús (debido a quien es él) y de su fe en el Señor (por lo que él ha hecho).
  D. Papel de Filemón como ayudador de los santos.
    «Pues tenemos gran gozo y consolación en tu amor, porque por ti, oh hermano, han sido confortados los corazones de los santos» (v. 7).
    El hogar de Filemón fue probablemente un lugar de descanso y cobijo para los creyentes que pasaban por la ciudad. Su vida había tocado también la de los santos de la iglesia de Colosas.

II. Su apelación y ruego por Onésimo (vv. 8-17).
  A. La naturaleza de su ruego: que Filemón perdonara voluntariamente a Onésimo y lo restaurara a su anterior posición, teniendo en mente que él ya no era ahora simplemente su antiguo siervo sino su hermano en Cristo.
  B. Las bases para su apelación: se le pide a Filemón que perdone y restaure a Onésimo por amor de tres personas.
    1. Por amor de Onésimo. Este siervo desleal y deshonesto había aprendido ya mucho en Roma, y había también demostrado ser de gran ayuda para el apóstol. Pero su responsabilidad espiritual demandaba que regresara ahora y se sometiera a Filemón. Si rehusaba hacerlo las bendiciones de Dios serían para él limitadas.
    2. Por amor de Filemón. El nombre *Onésimo* significa «útil». Sin embargo, hasta su conversión, el parecido entre su nombre y sus acciones era puramente accidental; pero ahora Cristo había hecho de él un hombre nuevo. Por tanto, si no por otra razón (y había ciertamente otras buenas razones) Filemón debía restaurar a Onésimo a fin de que éste pudiera demostrar con sus acciones el significado de su nombre.
    3. Por amor de Pablo. Encontramos uno de los más bellos ejemplos de imputación de las Escrituras en las palabras: «Y si en algo te dañó, o te debe, ponlo a mi cuenta. Yo Pablo lo escribo de mi mano, yo lo pagaré...» (vv. 18, 19).

III. Las seguridades y promesa de Pablo (vv. 19-25).
    «Yo, Pablo, lo escribo de mi mano, yo lo pagaré; por no decirte que aun tú mismo te me debes también» (v. 19).
  A. Pablo ya le había recordado a Filemón los sufrimientos que estaba teniendo por Cristo en la prisión romana (v. 9), en contraste con la «buena vida» que Filemón estaba probablemente disfrutando en Colosas. La conclusión que se infiere es:
    «Si yo, Pablo, estoy dispuesto a soportar esta persecución por causa del Señor, ¿no puedes tú perdonar a un hermano creyente por amor de Cristo?»
  B. Después el apóstol le recuerda cariñosamente a

La carta de Pablo a FILEMÓN

El A B C del perdón cristiano

A FILEMÓN, el amo cristiano

Su papel como amigo de Pablo
«Al amado Filemón, colaborador nuestro» **(v. 1)**.

Su papel como hombre de familia
«Y a la amada Apia, y a Arquipo nuestro compañero de milicia, y a la iglesia que está en tu casa» **(v. 2)**.

Su papel como hijo de Dios
«Porque oigo del amor y de la fe que tienes hacia el Señor Jesús, y para con todos los santos» **(v. 5)**.

Su papel como ayudador de los santos
«Pues tenemos gran gozo y consolación en tu amor, porque por ti, oh hermano, han sido confortados los corazones de los santos» **(v. 7)**.

B ONÉSIMO, el esclavo recién convertido

La naturaleza de esta apelación
Perdonar y restaurar a su nuevo hermano en Cristo

Las bases para su apelación
Hacerlo por amor de tres personas:
Por amor de Onésimo.
Por el amor de Filemón: «El cual en otro tiempo te fue inútil, pero ahora a ti y a mí nos es útil» **(v. 11)**.
Por amor de Pablo: «Así que, si me tienes por compañero, recíbele como a mí mismo. Y si en algo te dañó, o te debe, ponlo a mi cuenta» **(vv. 17, 18)**.

C PABLO

Su apreciación y elogio de Filemón **(vv. 1-7)**.
Su apelación y ruego por Onésimo **(vv. 8-17)**.

Sus seguridades y promesa a Filemón (vv. 19-25)
«Yo Pablo lo escribo de mi mano, yo lo pagaré; por no decirte que aun tú mismo te me debes también» **(v. 19)**.

Su confianza en Filemón
«Te he escrito confiando en tu obediencia, sabiendo que harás más aun de lo que te digo» **(v. 21)**.

Su petición a Filemón
«Prepárame también alojamiento; porque espero que por vuestras oraciones os seré concedido» **(v. 22)**.

Filemón que su propia conversión tenía sus raíces en el ministerio del propio Pablo.

C. Termina su carta expresando:
 1. Su confianza en Filemón:
 «Te he escrito confiando en tu obediencia, sabiendo que harás aun mas de lo que te digo» (v. 21).
 2. Su petición a Filemón:
 «Prepárame también alojamiento; porque espero que por vuestras oraciones os seré concedido» (v. 22).

FILIPENSES

INTRODUCCIÓN

1. La iglesia de Filipos fue fundada como resultado de la visión sobrenatural que tuvo Pablo mientras se hallaba en Troas durante su segundo viaje misionero (véase Hch. 16:8-10).
2. Fue aparentemente la iglesia favorita de Pablo. Durante su breve estadía allí, él y Silas vieron cómo Dios obraba maravillosamente en la vida de al menos tres personas.
 a. Una mujer de negocios de Asia llamada Lidia a quien Dios salvó del judaísmo (Hch. 16:13-15).
 b. Una joven griega adivinadora a quien Dios salvó del satanismo (Hch. 16:16-18).
 c. Un carcelero romano a quien Dios salvó de la adoración al César (Hch. 16:19, 20).
3. Esta iglesia, que fue concebida en una visión, alcanzaría su momento cumbre en una cárcel. Extraños y maravillosos son en verdad los caminos del Señor.
4. La ciudad de Filipos fue fundada por Felipe de Macedonia (padre de Alejandro Magno) en el 357 a.C. y recibió el nombre de su fundador. Se encontraba a unas 700 millas (unos 1.100 km) de Roma y gozaba de todos los privilegios de la ciudadanía romana. El doctor J. Dwight Pentecost nos dice:
 «Roma, en sus planes de conquista del Medio Oriente, se hallaba en guerra con Macedonia. La historia nos dice que al ejército romano se le había agotado la sal, y era con sal que pagaban a los soldados romanos. (De ahí proviene la expresión de es "un hombre que no se gana su sal".) Las legiones amenazaron con desertar y regresar a sus casas, lo que significaba que Macedonia quedaría sin conquistar. Pero el pueblo de Filipos prefería ser gobernado más bien por los romanos que por los macedonios, de manera que recogieron una gran cantidad de sal y se la entregaron al ejército romano, y de esa manera fueron pagados los soldados. Continuó el proceso de conquista y lograron someter a Macedonia, incorporando todo el país al Imperio Romano. En recompensa, el emperador concedió a Filipos el estado de colonia, lo que significaba que los habitantes de Filipos tenía los mismos derechos como ciudadanos romanos que los residentes de la ciudad de Roma. Estaban bajo la protección especial del emperador y tenían todos los privilegios que otorgaba la ley romana. A semejanza de los residentes de Roma estaban libre de impuestos. Habían sido hechos romanos aunque vivían en Macedonia. En consecuencia, muchos soldados romanos prefirieron establecerse en Filipos al completar su servicio militar. De manera que Filipos se convirtió en una pequeña Roma: romanos en su lealtad, en sus leyes, en su filosofía y en sus apariencias. Fue aquí donde llegó el apóstol para empezar la penetración del continente europeo con el evangelio de la salvación por gracia mediante la fe.» (*The Joy of Living*, pp. 12, 13.)
5. Filipos fue entonces la primera ciudad europea en recibir el evangelio y en escuchar el primer concierto cristiano, que llevó a cabo un dúo especial a medianoche.
6. En el año 57 d.C., a fines de su tercer viaje misionero (unos cinco años después de su primera visita), parece que Pablo ya les había visitado brevemente dos veces (véanse 2 Co. 1:16; Hch. 19:21; 20:1-3.)
7. En el año 62 d.C. encontramos al apóstol prisionero en Roma. Hechos 28:30, 31 nos indican que quedó confinado en su propia casa de alquiler, encadenado a un soldado romano que cambiaba cada seis horas. Aunque no podía predicar en público, sí podía escribir (Ef. 6:20; Fil. 1:7, 14, 16; Col. 4:18; Flm. 1:1, 10, 13).
8. Fue, por consiguiente, en este tiempo, unos diez años después de su primera visita a Filipos, que Pablo escribe la epístola a los Filipenses, su iglesia favorita.
9. La iglesia, al saber de su encarcelamiento en Roma, le había enviado una ofrenda de amor por medio de Epafrodito. Unos años antes ya le habían enviado otra ofrenda de amor a Tesalónica para apoyarle en su esfuerzo misionero (Fil. 4:15, 16).
10. Mientras que se encontraba en Roma, Epafrodito cayó gravemente enfermo, estando a punto de morir, pero por la bondad de Dios se recuperó. Pablo escribe a los hermanos filipenses para darles las gracias por su ofrenda y las buenas noticias de la recuperación de Epafrodito.
11. Encontramos tres palabras clave en esta epístola. Una es *Cristo* (que la encontramos diecisiete veces en varias formas), otra es *gozo* (dieciocho veces), y la tercera es *mente* (que aparece mencionada doce veces).

I. Cristo: el propósito de la vida (cap. 1). «Porque para mí el vivir es Cristo, y el morir es ganancia» (1:21).
 A. Esto hacía que Pablo descansara en la seguridad de Dios (1:1-12).
 1. Sus saludos a los santos de Filipos.
 a. Escribe a los santos.
 b. Escribe también a los obispos y diáconos.
 El doctor John Walvoord comenta:
 «La mención de obispos y diáconos indica el avanzado estado de organización de la iglesia en Filipos, compuesta ahora de creyentes maduros y dotados, de los que habían surgido guías reconocidos. Como señala A. R. Fausset: "Esta es la primera carta de Pablo donde se mencionan obispos y diáconos, y la única en donde se les saluda por separado". Naturalmente, muy pronto en Hechos capítulo 6, hubo hombres designados en la iglesia para servir de una manera similar a los diáconos a los diáconos. Aunque no se les llama diáconos, la importancia que recibe esta designación de hombres para un servicio especial en los Hechos parece reconocer su significado. Los ancianos fueron designados en cada iglesia en fecha tan temprana como Hechos 14:23, y son mencionados en Hechos 11:30; 20:27-28; y 1 Tesalonicenses 5:12-13.» (*Filipenses: Triunfo en Cristo*, Editorial Portavoz, p. 24.)

Kenneth Wuest, el erudito del griego, escribe en una manera similar:

«La palabra *obispo* es la traducción de un término griego que se usaba en el mundo secular para designar a un supervisor en cualquier capacidad, como por ejemplo, el funcionario encargado de la reparación de un edificio o un oficial en el ejército. La palabra en sí significa "aquel que cuida o vigila". Pablo la emplea como otro nombre para anciano, siendo el último el título del oficio en lo que a la posición en la iglesia se refiere, y el primero era el título para indicar la responsabilidad o actividad del oficio, que era la supervisión del bienestar espiritual de la congregación local. Usa ambos nombres para designar a la misma persona en Hechos 20:17, 28. La palabra *diácono* es la forma castellana de un término griego que se empleaba en general para designar a un siervo. El término abarcaba tanto a los esclavos como a los siervos contratados, y representaba a un siervo, no tanto en la relación con el amo como en su actividad. La misma palabra se la traduce por "ministro" en 1 Corintios 3:5; 2 Corintios 3:6; Efesios 3:7. Aquí se refiere a una clase distinta de oficiales en la iglesia apostólica. El origen de la función aparece en Hechos 6.» (*Word Studies in Philippians*, p. 28.)

Como nota final consideremos los comentarios al respecto de J. Dwight Pentecost:

«La palabra "diácono" proviene de un término griego compuesto que significa "levantar el polvo". Representa a alguien que se mueve tan rápidamente

por las calles polvorientas de los pueblos de Palestina para llevar a cabo su tarea que sus pies levantan el polvo al caminar. Había tanto por hacer para los diáconos que no tenían tiempo para el ocio. Realizaban su ministerio con tal diligencia que sus pies no permitían que el polvo reposara; aquellos que eran apartados para este ministerio eran llamados diáconos, es decir, los que "levantaban el polvo".» (*The Joy of Living*, p. 114.)

2. Su acción de gracias por los santos de Filipos (1:3-5).

   «Doy gracias a mi Dios siempre que me acuerdo de vosotros» (1:3).

3. Su confianza en los santos de Filipos.

   «Estando persuadido de esto, que el que comenzó en vosotros la buena obra, la perfeccionará hasta el día de Jesucristo» (1:6).

   Por supuesto, debemos entender que la confianza de Pablo estaba puesta en realidad en el *Salvador* de aquellos santos filipenses.

4. Su oración concerniente a los santos en Filipos.

   «Y esto pido en oración, que vuestro amor abunde aun más y más en ciencia y en todo conocimiento, para que aprobéis lo mejor, a fin de que seáis sinceros e irreprensibles para el día de Cristo» (Fil. 1:9, 10).

   La palabra aprobar aquí significa darle el visto bueno a algo que ha sido probado durante un cierto tiempo. Era usado por los griegos, por ejemplo, para reconocer a los médicos que habían pasado sus exámenes y de esa manera obtenían sus certificados.

B. Hacía también que Pablo se gozara en medio de grandes sufrimientos (1:12-20). El apóstol podía alabar a Dios por sus experiencias en la cárcel, pues no habían obstaculizado al evangelio sino ayudado a su esparcimiento, lo cual se había logrado mediante tres cosas:

1. Su sujeción a las cadenas (1:13; 4:22). John Walvoord escribe al respecto:

   «No obstante, si se sigue la opinión mayoritaria, Pablo estaba bajo la custodia de los soldados imperiales que constituían la flor y nata del ejército romano, y el tiempo en que escribió la epístola fue mientras estaba en Roma, el centro del gobierno romano.

   Ya fuera en Roma o en otra parte, según la costumbre establecida, el apóstol estaría encadenado las veinticuatro horas del día, con toda probabilidad, a un soldado romano, con cambio de guardia cada seis horas. Sin duda alguna, ésta fue la más dura experiencia para Pablo, sujetándolo a todas las malvadas características y caprichos de su guarda, incluso cuando hablaba a sus amigos, cuando oraba o cuando intentaba escribir. Siempre presente estaba su guarda romano.

   A pesar de todo, las circunstancias también le dieron la oportunidad inapreciable de testificar, y cada guarda oyó la historia de Pablo. El relato de la gracia de Dios y de la transformación que ésta efectuó en su vida lo sujetó al más penetrante escrutinio de cada guarda, para ver si su testimonio era genuino. La más pequeña desviación, impaciencia o irritación le hubiera descalificado en su testimonio al guarda, y cualquier fallo en su consistencia hubiera sido pronto comunicado a otros. La sinceridad del apóstol y su radiante relato de la gracia de Dios manifestada a él fue según todas las apariencias muy efectiva, pues guarda tras guarda llegaron a conocer a Jesucristo de una manera efectiva.

   Solamente Dios conoce lo que sucedió en la habitación alquilada en la que se le permitía vivir a Pablo. Allí los guardas escuchaban las conversaciones de Pablo con amigos entrañables, y podían hacer preguntas sobre las extrañas palabras que oían de su prisionero. En las solitarias horas de la oscura noche, iluminada solamente por la luna, muchos guardas oyeron probablemente el testimonio de Pablo: su temprana profesión de fariseo, su antagonismo y persecución contra los cristianos, su notable conversión, y las causas de su encarcelamiento. Indudablemente, todo esto fue el tema de mucha conversación en la guardia pretoriana, y suscitó simpatías entre los soldados al comprender éstos la injusticia de su encarcelamiento. Sus cadenas se habían transformado en una efectiva línea de comunicación con la élite de los soldados del Imperio Romano que, si convertidos, llevarían consigo el evangelio hasta los confines de la tierra al ser destinados de localidad en localidad. Esto nos recuerda que cada circunstancia de la vida es una plataforma sobre la que la gracia transformadora de Dios se puede manifestar en la vida de los que pertenecen al Señor.» (*Filipenses: Triunfo en Cristo*, Editorial Portavoz, pp. 35, 36.)

2. La valentía de sus amigos (1:14). El encarcelamiento de Pablo había aparentemente animado a algunos de los creyentes tímidos a ser más osados en la comunicación del evangelio. La explicación quizá esté en la conversión de algunos de los soldados de la guardia pretoriana, pues su testimonio daría sin duda ánimo y valor a los miembros de la iglesia en Roma.

3. La carnalidad de sus enemigos (1:14-16).

   «Y la mayoría de los hermanos, cobrando ánimo en el Señor con mis prisiones, se atreven mucho más a hablar la palabra sin temor. Algunos a la verdad, predican a Cristo por envidia y contienda; pero otros de buena voluntad. Los unos anuncian a Cristo por contención, no sinceramente, pensando añadir aflicción a mis prisiones.»

El salmista escribió una vez: «Ciertamente la ira del hombre te alabará...» (Sal. 76:10).

Es decir, que a pesar de los motivos impuros e insinceros de sus adversarios en proclamar el evangelio, Pablo a pesar de todo se regocijaba porque: «¿Qué, pues? Que no obstante, de todas maneras, o por pretexto o por verdad, Cristo es anunciado; y en esto me gozo, y me gozaré aún» (1:18). El mayor problema del mundo, entonces y ahora, no es que el evangelio sea predicado imperfectamente, sino que no es predicado.

4. La confianza en su futuro (1:19, 20). Pablo está seguro de dos cosas:
   a. Que sus necesidades serán satisfechas por medio del Espíritu Santo. Warren Wiersbe escribe:

      «La palabra "suministración" está relacionada con la palabra *coro*. Cuando una ciudad griega iba a celebrar un festival especial, alguien tenía que pagar a los cantantes y a los danzarines. La donación que se pedía tenía que ser una donación generosa. Así que, esta palabra significaba "proveer generosa y abundantemente". Pablo no dependía de sus propios escasos recursos, sino de los generosos recursos de Dios, ministrados por el Espíritu Santo.» (*Gozosos en Cristo*, p. 29, Editorial Bautista Independiente.)

   b. Que el Salvador sería magnificado por medio del cuerpo de Pablo (1:20). ¿Cómo podía hacerse esto? Todos sabemos que a un objeto lejano lo podemos acercar por medio de un telescopio, y por medio de un microscopio podemos agrandar un objeto pequeño. Aplicando estos instrumentos correctamente en un sentido espiritual, el creyente puede hacer, por medio de su cuerpo, que Cristo aparezca tanto grande como cercano ante los ojos de los santos y pecadores que miran.

C. Haciendo que Pablo permaneciera gozoso en el servicio (1:21-30).

1. Su deseo era partir y estar con el Señor.

   «Porque para mí el vivir es Cristo, y el morir es ganancia. Porque de ambas cosas estoy puesto en estrecho, teniendo deseo de partir y estar con Cristo, lo cual es muchísimo mejor» (1:21, 23; véase también 2 Co. 5:8).

   Nota: Pablo habla de la muerte como partir (véase también 2 Ti. 4:6). Esta palabra *partir* era usada por:
   a. Los soldados cuando desmontaban sus tiendas de campaña y se trasladaban a otro lugar.
   b. Los políticos cuando liberaban a un prisionero.
   c. Los agricultores cuando le quitaban el yugo a los bueyes.

2. Su decisión fue quedarse y ministrar a los santos.

   «Pero quedar en la carne es más necesario por causa de vosotros» (1:24.)
   a. Este ministerio involucraba combatir. «...combatiendo unánimes por la fe del evangelio» (1:27). (Véase también Jud. v. 3.)
   b. Involucraba estabilidad. «Y en nada intimidados por los que se oponen...» (1:28). La palabra «intimidados» que aparece aquí era usada por los griegos para referirse a un caballo que huía asustado de la batalla (véanse también Is. 41:10; Mt. 10:28; He. 13:5, 6).
   c. Este ministerio involucraba también sufrimiento. «Porque a vosotros os es concedido a causa de Cristo, no sólo que creáis en él, sino también que padezcáis por él» (1:29).

II. Cristo: el modelo para la vida (cap. 2). El tema de Pablo en este capítulo es esa bella virtud cristiana que llamamos *unidad*.

A. la exhortación a la unidad (2:1-4).

1. Esta unidad está disponible (2:1). La palabra «si» en 2:1 debería ser traducida por «ya que» o «puesto que». Es decir,
   a. Puesto que *hay* consolación y exhortación en el Hijo de Dios.
   b. Puesto que *hay* estímulo y comunión en el Espíritu de Dios.

2. Esta unidad es alcanzable (2:2-4). No se puede conseguir mediante «contienda o por vanagloria; antes bien con *humildad*, estimando cada uno a los demás como superiores a él mismo» (2:3).

   Platón definió la «humildad» de la siguiente manera: «Aquel estado mental que se somete al orden divino del universo y no se empeña en exaltarse a sí mismo.» Aparece usada esta palabra en un documento secular en relación con el río Nilo y su baja posición. ¡Cuántas trágicas divisiones de iglesia se evitarían si fuera observado este principio!

B. Ejemplos de unidad (2:5-30).

1. El ejemplo de Cristo (2:5-8). Estos versículos están sin duda alguna entre los más importantes de toda la Escritura.

   «Haya, pues, en vosotros este sentir que hubo también en Cristo Jesús, el cual, siendo en forma de Dios, no estimó el ser igual a Dios como cosa a que aferrarse, sino que se despojó a sí mismo, tomando forma de siervo, hecho semejante a los hombres; y estando en la condición de hombre, se humilló a sí mismo, haciéndose obediente hasta la muerte, y muerte de cruz.»

   Observamos mediante estos versículos lo que Cristo hizo para unificar y unir a la criatura pecadora con su Creador santo.
   a. Dejó la gloria del cielo (Jn. 17:5; 2 Co. 8:9).
   b. Se despojó a sí mismo. El término griego que aparece en 2:7 es *kenoo* y significa «vaciarse». ¿Qué hizo Jesús para vaciarse a sí mismo?
      (1) Dicho en forma negativa: Él *no* dejó a un lado en ningún sentido de la palabra su deidad. ¡Él era, es y será por completo el Hijo de Dios! (Véanse Jn. 1:1; 17:5; 2 Co. 4:4; Col. 1:15; 2:9; He. 1:3.)
      (2) Dicho de manera positiva: lo que hizo, por un tiempo, fue esconder su gloria celestial en un marco humano. Aunque retuvo cada uno de los atributos de su deidad mientras estuvo en la tierra, con todo, entregó al Espíritu Santo el ejercicio independiente de dichas características divinas. (Véanse Sal. 22:6; Is. 53:3; Mr. 9:12; Ro. 15:3.) Debemos considerar dos frases en estos momentos. «En forma de Dios»: esto no quiere decir que Cristo tuvo una forma física an-

tes de la encarnación. Se refiere más bien a la naturaleza interna, esencial y permanente de una persona o cosa. Como ejemplo podemos decir: «El tenista estaba hoy en forma excelente.»

«No estimó el ser igual a Dios como cosa a que aferrarse»: quiere decir que él no consideró la manifestación externa de su deidad en el cielo como algo que había que retener a toda costa. Cristo no se preocupó en su encarnación de retener todo eso.

c. Hecho semejante a los hombres (Jn. 1:14; Ro. 1:3; 8:3; Gá. 4:4; He. 2:14, 17). Este hecho, simple pero asombroso, no puede ni remotamente ser comprendido por las mentes humanas. El Creador infinitamente santo aparece de repente en la semejanza de su criatura finita y pecadora, pero Él sin pecado.

¿Quién puede comprender una condescendencia tan increíble? Es como si un poderoso y majestuoso rey terrenal determinara dejar por un tiempo sus fabulosas riquezas y su maravillosa corte para encarnarse en el cuerpo de una hormiga. Dicho sea de paso, el título «Hijo del Hombre» era el nombre preferido del Señor mientras estuvo en la tierra.

d. Tomando forma de siervo. No vino como un César poderoso o como un renombrado filósofo humano, aunque incluso esto habría sido una condescendencia de proporciones colosales. Vino más bien como un siervo humilde.

e. Se humilló a sí mismo. Es decir, se sometió a la autoridad (véase 1 P. 2:21-24). Estuvo de acuerdo en hablar nuestro lenguaje, vestir nuestras ropas, comer nuestras comidas, respirar nuestro aire y soportar nuestro trato infame y perverso. Contrasta mucho su declaración en el huerto con la de Lucifer (Mt. 26:39, 42; Is. 14:13, 14).

f. Haciéndose obediente hasta la muerte (Mt. 26:39; Jn. 10:18; He. 5:8; 12:2).

g. Y muerte de cruz. No simplemente murió, sino que sufrió la peor de las muertes tanto física como judicialmente (Gá. 3:13; Is. 53; Sal. 22).

2. El ejemplo del Padre (2:9-11).

«Por lo cual Dios también le exaltó hasta lo sumo, y le dio un nombre que es sobre todo nombre, para que en el nombre de Jesús se doble toda rodilla de los que están en los cielos, y en la tierra, y debajo de la tierra; y toda lengua confiese que Jesucristo es el Señor, para gloria de Dios Padre» (Fil. 2:9-11).

Hemos examinado la humillación de Cristo, veamos ahora su exaltación.

a. El Padre mismo le ha exaltado hasta lo sumo (Is. 52:13; Jn. 17:1; Hch. 2:33; He. 2:9).

b. Le ha dado un nombre (posición y lugar de autoridad) que está por encima de todos los demás (Ef. 1:20; He. 1:4).

c. Será universalmente reconocido como Señor por todos.

(1) Los métodos de este reconocimiento: Doblar la rodilla ante Él y confesarle con la boca.

(2) La criaturas que participarán en este reconocimiento:

«Los que están en los cielos»: el mundo de los ángeles.

«Y en la tierra»: el mundo de los santos y pecadores.

«Y debajo de la tierra»: el mundo de los demonios.

(Véanse Ap. 5:13; 7:9-12; 14:6, 7; Is. 45:23; Ro. 10:9, 10.)

Nota: Confesarle en esta vida como Señor significa salvación, pero esperar hasta la vida venidera resultará en condenación. De forma que la pregunta suprema no es *cuándo* lo hará el ser humano, sino *dónde*.

3. El ejemplo de Pablo (2:12-18).

a. En asuntos de la salvación: ocuparse de ello.

«... ocupaos en vuestra salvación con temor y temblor» (2:12).

Notamos que *no* dice: «Obrad por vuestra salvación.» La idea aquí es completar algo. Los griegos usaban esta frase para hablar de llevar un problema matemático hasta su conclusión lógica y también para trabajar una mina de oro en un campo.

«Porque Dios es el que en vosotros produce así el querer como el hacer, por su buena voluntad» (2:13).

«No es por imitación sino por encarnación» (Gá. 2:20). La vida cristiana no es una serie de subidas y bajadas, sino de entradas y salidas. Dios obra dentro de nuestro ser y nosotros después lo exteriorizamos.

b. En asuntos de resplandecer: déjalo que se vea.

«Para que seáis irreprensibles y sencillos, hijos de Dios sin mancha en medio de una generación maligna y perversa, en medio de la cual resplandecéis como luminares en el mundo; asidos de la palabra de vida...» (2:15, 16).

El doctor J. Dwight Pentecost dice al respecto:

«El apóstol usa una expresión interesante cuando dice "manteniendo en alto el mensaje de vida". Contiene la idea de dos viajeros que caminan en la oscuridad de la noche, uno con una luz y el otro sin ella. El primero levanta su luz para que ilumine los pasos de su compañero... Dios nos ha puesto como luces. La palabra que Pablo usa aquí significa *luminaria*. Es el término que se usa para designar a los cuerpos celestes, como las estrellas. El mundo está esperando la manifestación del Sol de Justicia, pero hasta que aparezca en el horizonte para alumbrar de nuevo a este mundo, hay una estrella que puede alumbrar a fin de que los hombres no caigan. Tú eres el llamado a sostener firmemente la Palabra de vida; por tanto, hazlo todo sin murmuraciones ni quejas.» (*The Joy of Living*, pp. 101, 102.)

4. El ejemplo de Timoteo (2:19-24). Timoteo tuvo un contacto profundo y estable con esta iglesia. (Véanse Hch. 16:3; 17:14, 15; 19:22; 20:3, 4; Fil. 2:19-23.)
   a. En relación con la iglesia de Filipos, Timoteo fue un *pastor*.
      «... y que tan sinceramente se interese por vosotros» (2:20).
   b. En relación con el apóstol, Timoteo era un *hijo*.
      «... que como hijo a padre...» (2:22).
   c. En relación con el evangelio, Timoteo era un *siervo*.
      «... ha servido conmigo en el evangelio» (2:22).
      Timoteo aparece mencionado veinticuatro veces en las cartas de Pablo.
5. El ejemplo de Epafrodito (2:25-30). Este hombre era un creyente gentil de Filipos. Su nombre significa «encantador». Había sido enviado por los hermanos de Filipos para ministrar a Pablo y llevarle una ofrenda de parte de la iglesia.
   a. Su servicio:
      (1) «Mi hermano», habla de que estaban unidos por un amor común.
      (2) «Colaborador», indica que estaban unidos por una tarea común.
      (3) «Compañero de milicia», nos dice que estaban unidos en un riesgo común.
   b. Su enfermedad: «Pues en verdad estuvo enfermo, a punto de morir; pero Dios tuvo misericordia de él...» (2:27).
   c. Su tristeza: «Porque él tenía gran deseo de veros a todos vosotros, y gravemente se angustió porque habíais oído que había enfermado» (2:26).
      El doctor J. Dwight Pentecost escribe:
      «La frase "gravemente se angustió" es una expresión muy gráfica. Habla de ese estado confuso, inquieto, trastornado producido por una gran tensión física, mental o emocional. La carga de la añoranza por su familia e iglesia pesa tanto sobre él que no puede concentrarse en aquello que eran las ocupaciones normales. Esos estados acompañan frecuentemente a la enfermedad, y aquellos que cuidan de los que convalecen de enfermedades físicas deben estar preparados para lidiar con la angustia que es consecuencia de la debilidad física. Había sido tal la debilidad y el estado físico de Epafrodito que estuvo al borde de la perturbación a causa de la preocupación que su enfermedad causó.» (*The Joy of Living*, pp. 119, 120.)
   d. Su vida: El doctor Warren Wiersbe resume en forma apropiada la vida de Epafrodito al sugerir que era:
      (1) Un cristiano equilibrado (2:25).
         «El equilibrio es importante en la vida cristiana. Algunos enfatizan "la comunión" tanto que se olvidan del "progreso del evangelio". Otros están tan ocupados en defender "la fe del evangelio" que se olvidan de cultivar la comunión con otros creyentes. Epafrodito no cayó en ninguna de estas trampas. El era como Nehemías, el hombre que reedificó los muros de Jerusalén con su espada en una mano y la herramienta en la otra (Nehemías 4:17). No se puede edificar con una espada ni pelear con la herramienta. Se necesitan ambas para llevar a cabo la obra del Señor.
         El famoso predicador, H.A. Ironside, solía contar acerca de un grupo de creyentes que sólo se ocupaba de la "comunión". Ellos se interesaban poco en alcanzar a los perdidos o en defender la fe en contra de sus enemigos. Un letrero fue colocado en frente del lugar de reunión. El viento hizo caer algunas letras y nada quedó sino las palabras —SÓLO NOSOTROS. Era una descripción perfecta de este grupo de personas que no eran creyentes equilibrados.» (*Gozosos en Cristo*, Editorial Bautista Independiente, p. 68.)
      (2) Un cristiano preocupado (2:26, 27).
      (3) Un cristiano feliz (2:28-30).

III. Cristo: el premio de la vida (cap. 3).
   A. Los corruptores de este premio (3:1-3, 18, 19). Se piensa que estos versículos se refieren a los judaizantes. Pablo los describe a ellos y sus acciones con los términos más severos.
      1. Eran como perros. Habían estado siempre «mordiéndole» los talones al apóstol y ladrando sus falsas doctrinas.
      2. Eran malos obreros. Realizaban sus «buenas obras» en la carne (véanse Is. 64:6; Mt. 23:15).
      3. Mutiladores. La frase es un juego de palabras para referirse a la circuncisión. Ellos enseñaban, por supuesto, que la circuncisión era necesaria para la salvación. (Véanse Hch. 15:1; Gá. 6:12-18. El método verdadero de Dios para la circuncisión lo encontramos en Col. 2:11.)
      4. Eran enemigos de la cruz de Cristo.
      5. El vientre era su Dios (Col. 2:20-23).
      6. Estaban orgullosos de lo que deberían estar avergonzados.
      7. Eran materialistas hasta la médula.
   B. El costo de este premio (3:4-6). Pablo, después de conocer a Cristo, había «estimado como pérdida» todas sus ventajas terrenales.
      1. Había sido circuncidado al octavo día. Había tenido unos padres piadosos.
      2. Era un israelita puro. No un prosélito, ni un descendiente de Ismael o de Esaú, sino de la línea de Isaac y Jacob.
      3. Era de la tribu de Benjamín. Esta tribu pertenecía a la élite entre las tribus. De ella había salido el primer rey de Israel.
      4. Era un hebreo de hebreos, no un helenista (un judío contagiado de la cultura griega). (Véanse 2 Co. 11:22; Hch. 21:40; 22:2.) Había estudiado a los pies de Gamaliel (Hch. 22:3).

5. Era un fariseo. Es decir, había pertenecido a un grupo selecto y poseía el entrenamiento apropiado.
6. Había sido conocido por su gran celo en la defensa del judaísmo y por sus muchas buenas obras (1 Co. 15:9; Gá. 1:13, 14).
7. Había guardado (en todo lo humanamente posible) los mandamientos del Antiguo Testamento.

C. La corona de este premio (3:7-17, 20, 21). No obstante, inmediatamente después de su conversión, Pablo dejó a un lado toda confianza en ritos, raza, religión, reputación y justicia humana. Ahora poseía al Redentor de Dios. Ya hemos visto lo que Pablo perdió por amor de Cristo, veamos ahora lo que ganó a cambio.

1. Ganó un nuevo conocimiento (3:7, 8).

«Pero cuantas cosas eran para mí ganancia, las he estimado como pérdida por amor de Cristo. Y ciertamente, aun estimo todas las cosas como pérdida por la excelencia del conocimiento de Cristo Jesús, mi Señor, por amor del cual lo he perdido todo, y lo tengo por basura, para ganar a Cristo» (3:7, 8).

Jim Elliot, el misionero martirizado, escribió una vez: «No es lo que no se puede guardar, por ganar lo que no se puede perder.» (*Portales de esplendor*, Editorial Portavoz, p. 3.) (Véanse también Jer. 9:23; 1 Co. 2:2.)

2. Ganó una nueva justicia (3:9).
3. Ganó un nuevo poder (3:10).

«A fin de conocerle, y el poder de su resurrección, y la participación de sus padecimientos, llegando a ser semejante a él en su muerte» (3:10).

Demasiados cristianos se entusiasman acerca de las implicaciones de la primera parte de este famoso versículo, pero muestran poco interés en la segunda parte. Pero debemos tener en mente que no hay poder de la resurrección sin la participación en el sufrimiento. Los dos van de la mano. Conocer a Cristo de esta manera ha sido la meta de todos los creyentes piadosos a lo largo de la historia. Vea los siguientes testimonios:

a. Moisés: Éxodo 33:13.
b. David: Salmo 42:1, 2; 63:1, 2.
c. Felipe: Juan 1:45 (véanse también Ro. 6:3-5; 8:17).

4. Ganó una nueva meta (3:11-17). John Walvoord escribe:

«Pablo empieza diciendo: "No que lo haya alcanzado ya, ni que ya sea perfecto" (v. 12). La perfección que él poseería en la futura resurrección no la había alcanzado aún, ya que todavía tenía una naturaleza pecaminosa, un cuerpo pecaminoso, y estaba muy consciente de la necesidad de mayor progreso espiritual. Al afirmar que no era todavía perfecto, el apóstol Pablo utilizó una palabra griega, *teleioo*, que significa "llegar a la meta" o "cumplir un propósito". Esta palabra griega es la raíz de la palabra castellana *teleología* que se refiere al designio o propósito del universo. Esta misa palabra se halla en Lucas 13:32; Juan 17:23; 1 Corintios 2:6; 2 Corintios 12:9; Efesios 4:12, y muchos otros pasajes.» (*Filipenses: Triunfo en Cristo*, Editorial Portavoz, p. 84.)

Notemos especialmente la declaración de Pablo en 3:13: «Pero una cosa hago.» Para otros ejemplos bíblicos, véanse:

a. Jesús y el joven rico (Mr. 10:21).
b. Marta y Jesús (Lc. 10:42).
c. El hombre que había sido ciego (Jn. 9:25).
d. El salmista (Sal. 27:4). (Véase también Stg. 1:8.)

Warren Wiersbe escribe:

«La concentración es el secreto del poder. Si un río se desborda, el rea que le rodea se convertirá en pantano. Pero si a ese río se le construye una presa y se le controla, se convertir en una fuente de poder. Esto es completamente un asunto de valores y prioridades, es decir, vivir para aquello que más importa.» (*Gozosos en Cristo*, Editorial Bautista Independiente, p. 88.)

(En relación con la frase «extendiéndome a lo que está delante», véanse 1 Co. 9:24, 26; 2 Ti. 4:7, 8; He. 6:1; 12:1.)

5. Ganó una nueva esperanza (3:20, 21).

«Mas nuestra ciudadanía está en los cielos, de donde también esperamos al Salvador, al Señor Jesucristo; el cual transformará el cuerpo de la humillación nuestra, para que sea semejante al cuerpo de la gloria suya, por el poder con el cual puede también sujetar a sí mismo todas las cosas.»

J. Vernon McGee escribe:

«La señora Montgomery hace una mejor traducción del término griego que el que la Reina-Valera 1960 traduce por ciudadanía: "Porque nuestra ciudad-hogar está en los cielos." Esa expresión me gusta, pero la manera que yo preferiría traducirlo es: "Nosotros somos una colonia del cielo." Pablo era también un ciudadano romano, pero lo que estaba diciendo es "nuestra ciudadanía está en los cielos". O, "somos una colonia del cielo". ¿Qué significa esto? Quiere decir que el creyente, en razón de que es un ciudadano del cielo, debe recibir sus órdenes de allá. Debe obedecer las leyes del cielo. Como alguien ha dicho: "Todo el camino al cielo es cielo." La vida del creyente aquí debería reflejar todo el camino al cielo. Eso es lo que Pablo está exactamente diciendo. Ese es el futuro.» (*Probing Through Philippians*, p. 67.)

Y de la misma forma que Filipos era una colonia de Roma en territorio extranjero, la iglesia es también una colonia del cielo en la tierra, en territorio extranjero.

IV. Cristo: el poder de la vida (cap. 4).

A. Este poder puede unir (4:1-3).

B. Este poder puede fortalecer (4:4-7).

«Por nada estéis afanosos, sino sean conocidas vuestras peticiones delante de Dios en toda oración y ruego, con acción de gracias. Y la paz de Dios, que sobrepasa todo entendimiento, guardará vuestros corazones y vuestros pensamientos en Cristo Jesús» (Fil. 4:6, 7).

1. Las dos reglas:

a. «Por nada estéis afanosos.» La palabra «afanosos» significa aquí «ser arrastrado en diferentes direcciones». Pablo no está hablando acerca de estar preocupado sino de tener pánico. (Véanse Sal. 55:22; 1 P. 5:7.)

b. Tened espíritu de oración en todo. Más aún, nuestras oraciones deberían ser tanto definidas como devocionales. Se ha dicho que hay dos áreas en la que el cristiano *no* debería estar afanoso:
   (1) Aquellas cosas que puede cambiar. Aquí *transpiración* es la respuesta.
   (2) Aquellas cosas que él no puede cambiar. Y aquí *súplica* es la respuesta.

2. Los dos resultados (4:7).

«Y la paz de Dios, que sobrepasa todo entendimiento, guardará vuestros corazones y vuestros pensamientos en Cristo Jesús.»

La palabra *guardar* que aparece aquí era frecuentemente usada para describir a alguien o algo que estaba cuidadosamente guardado por la élite de la guardia pretoriana (la guardia del emperador). Todos los cristianos gozan de la paz *con* Dios que se menciona en Romanos 5:1, pero solamente aquellos que han sustituido con éxito la preocupación por la oración pueden gozar de la paz de Dios que sobrepasa todo entendimiento. Como podemos ver, esta paz guarda:

a. Nuestros corazones, protegiéndonos de sentimientos equivocados.
b. Nuestras mentes, protegiéndonos de pensamientos erróneos.

Debemos observar aquí que ese cuadro familiar que dice: «La oración lo cambia todo», *no* siempre es cierto; pero la oración sí que nos cambia a *nosotros*, protegiéndonos de aquellas cosas que nos llevaban a la desesperación. (Véanse Is. 26:3; Sal. 119: 165; 2 Co. 10:5.) Este entonces es el método maravilloso de Dios de guardarnos en paz.

C. Este poder puede purificar (4:8, 9). Estos versículos contienen la descripción más breve de Cristo de toda la Biblia. La frase «en esto pensad» podemos traducirla literalmente por «rumiarlo».

D. Este poder puede satisfacer (4:10-12). Pablo había aprendido a vivir con contentamiento en cualquier situación. Sin embargo, debemos añadir que contentamiento *no* es complacencia sino abstinencia. La presencia de Cristo en el cuerpo de Pablo aseguraba esta satisfacción. Notemos que hay dos clases de cristianos:
   1. El creyente termómetro. Su satisfacción depende completamente de circunstancias exteriores. El simplemente registra la temperatura exterior que prevalece.
   2. El creyente termostato. Su satisfacción es totalmente independiente de las circunstancias externas. No sólo no le afectan sino que, por el contrario, controla el área que lo rodea.

E. Este poder puede suplir (4:13-23). «Todo lo puedo en Cristo que me fortalece» (4:13). Las muchas pequeñas preposiciones que usa Pablo son muy importantes y conviene resumirlas:
   1. Estar *en* Cristo significa salvación.
   2. Obrar *por* medio de Cristo significa santificación.
   3. Vivir *para* Cristo significa dedicación.
   4. Rendirse *a* Cristo significa consagración.
   5. Estar *con* Cristo significa glorificación.

Pablo termina esta hermosa epístola de gozo con el siguiente glorioso recordatorio:

«Mi Dios, pues, suplirá todo lo que os falta conforme a sus riquezas en gloria en Cristo Jesús» (4:19).

1 TIMOTEO

INTRODUCCIÓN

1. Esta carta es uno de los tres libros del Nuevo Testamento escritos especialmente para pastores de iglesias locales. Las otras dos son 2 Timoteo y Tito.
2. Es también el primer libro del Nuevo Testamento que discute en detalle condiciones que deben prevalecer en una iglesia local.
3. Fue dirigida por Pablo a Timoteo, que estaba pastoreando la iglesia local en Éfeso.
4. El apóstol la escribió en los años 62 ó 63 d.C., entre su primer y segundo encarcelamiento. Los siguientes argumentos parecen probar esta teoría.
   a. Lucas nos dice que Pablo pasó dos años en una cárcel en Roma (Hch. 28:30).
   b. En este tiempo escribió Filipenses, Colosenses, Efesios y Filemón.
   c. En estas cartas expresa su confianza de que su liberación sucederá pronto (Fil. 1:23-25; 2:24; Flm. 1:22).
   d. En Romanos 15:24, Pablo comparte sus planes de visitar España. En 2 Timoteo 4:7 declara: «He acabado la carrera.» Sin embargo, en este tiempo de su primer encarcelamiento (Hch. 28) todavía no había viajado a España. Por lo tanto, debió de haber sido liberado para poder hacer el viaje.
5. Pablo escribió tanto a Timoteo como a Tito en este intervalo.
6. Roma fue incendiada el 19 de julio del 64 d.C. (probablemente por Nerón) y los cristianos fueron culpados de ello. El cristianismo se convirtió en una religión ilegal, y a los cristianos se les castigaba con la muerte.
7. Pablo fue probablemente arrestado otra vez después de julio del año 64 d.C. y condenado a muerte.
8. Durante su segundo y último encarcelamiento escribió 2 Timoteo.
9. El Nuevo Testamento tiene mucho que decir en relación con Timoteo.
   a. Su nombre aparece unas veinticuatro veces.
   b. Era de Listra y probablemente se convirtió durante el primer viaje misionero de Pablo (Hch. 14:19, 20; 16:1, 2).
   c. Su madre (Eunice) y su abuela (Loida) eran mujeres judías piadosas, pero su padre era un griego pagano (Hch. 16:1; 2 Ti. 1:5).
   d. Fue criado en la enseñanza de la Palabra de Dios (2 Ti. 3:14, 15).
   e. Pablo le invitó a unirse al equipo durante su segundo viaje misionero (Hch. 16:3). Dicho equipo estaba compuesto de Silas, Pablo y Lucas. Timoteo pudo haber sido escogido para ocupar el lugar de Juan Marcos. (Véase Hch. 13:5.)
   f. Pablo le circuncidó a fin de que tuviera libertad para predicar el evangelio en las varias sinagogas judías que visitarían (Hch. 16:3; véase también 1 Co. 9:20.)
   g. Timoteo fue ordenado oficialmente por Pablo y el presbiterio (1 Ti. 4:14; 2 Ti. 1:6).
   h. También acompañó a Pablo durante su tercer viaje misionero (Hch. 19:22; 20:4; 2 Co. 1:1, 19).
   i. Se convirtió en un asociado íntimo de Pablo du-

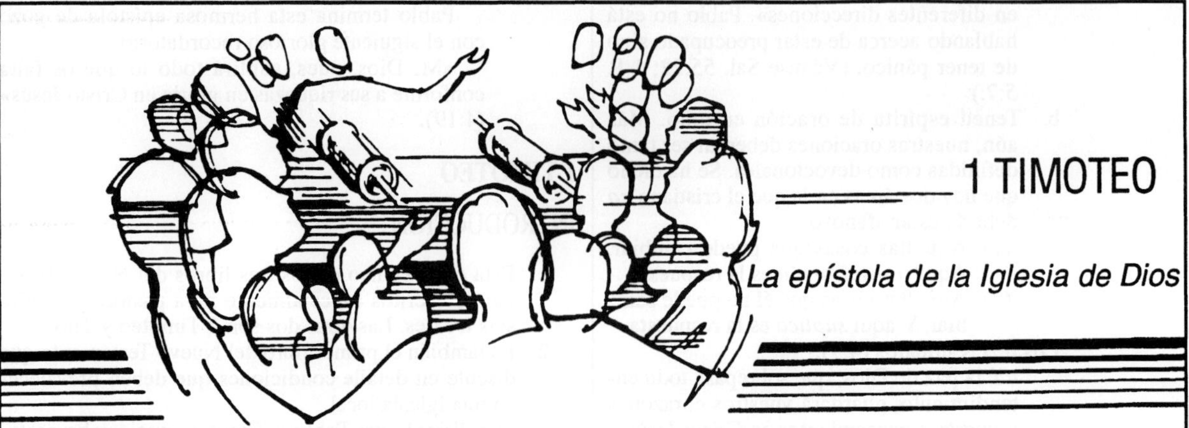

1 TIMOTEO

La epístola de la Iglesia de Dios

El SALVADOR y la Iglesia de Dios

Su deidad (1:17)
Su propósito (4:10)
Su encarnación (3:16)
Su ministerio exitoso (3:16)
Su sufrimiento y muerte (6:13)
Su resurrección (3:16)
Su ascensión (3:16)
Su intercesión (2:5)
Su retorno (6:14)
Su reino milenario (6:15)

PABLO y la Iglesia de Dios

Era un apóstol (1:1)
Era un antiguo blasfemo y el primero de los pecadores (1:13, 15)
Era un modelo y trofeo (1:16)
Era un siervo sufriente (4:10)
Era un padre espiritual (1:1)
Era un exhortador (6:13)
Era un predicador
Su mensaje: *el evangelio* (1:11)
Su campo misionero: *los gentiles* (2:7)
Su Maestro: *el Salvador* (1:12)

LOS ENCARGADOS DE LA IGLESIA y la Iglesia de Dios

Diecisiete calificaciones del obispo (3:1-7)

LAS PERSONAS y la Iglesia de Dios

ANCIANOS (5: 17, 19)
MIEMBROS RICOS (6:17, 18)
VIUDAS (5:3-6, 9, 11, 16)
SIERVOS (6:1, 2)

rante su primer encarcelamiento. (Véanse Fil. 1:1; Col. 1:1; Flm. 1:1.)

j. Como Pablo, él también fue encarcelado (véase He. 13:23). Ministró en al menos cinco de las iglesias del Nuevo Testamento:
(1) Tesalónica (1 Ts. 3:2, 6).
(2) Corinto (1 Co. 4:17; 16:10; 2 Co. 1:19).
(3) Filipos (Fil. 2:19-23).
(4) Berea (Hch. 17:14).
(5) Éfeso (1 Ti. 1:3).

k. Timoteo parece que fue una persona algo reservada y que no siempre disfrutó de buena salud (1 Ti. 4:12, 14-16).

l. Fue, no obstante, un hombre de Dios. (Véase 1 Ti. 6:11.)

10. El pasaje clave en 2 Timoteo 3:14, 15:

«Pero persiste tú en lo que has aprendido y te persuadiste, sabiendo de quién has aprendido; y que desde la niñez has sabido las Sagradas Escrituras, las cuales te pueden hacer sabio para la salvación por la fe que es Cristo Jesús.»

Teniendo esto en mente, sugerimos el siguiente bosquejo dividido en seis tópicos para el estudio de este libro:

a. El Salvador y la familia de Dios.
b. El apóstol Pablo y la familia de Dios.
c. El pastor (Timoteo) y la familia de Dios.
d. Los funcionarios de la iglesia y la familia de Dios.
e. Los falsos maestros y la familia de Dios.
f. Los varios miembros y la familia de Dios.

I. El Salvador y la familia de Dios. Pablo toca en 1 Timoteo no menos de diez grandes temas concernientes a la persona de nuestro Señor Jesucristo, y son:

A. Su deidad (1:17; 6:16).

«Por tanto, al Rey de los siglos, inmortal, invisible, al único y sabio Dios, sea honor y gloria por los siglos de los siglos. Amén.»

«El único que tiene inmortalidad, que habita en luz inaccesible; a quien ninguno de los hombres ha visto ni puede ver, al cual sea la honra y el imperio sempiterno. Amén.»

B. Su propósito (1:15; 4:10).
«... que Cristo Jesús vino al mundo para salvar a los pecadores.... que es el Salvador de todos los hombres, mayormente de los que creen» (1:15; 4:10).

C. Su encarnación (3:16).
«Dios fue manifestado en carne» (3:16; véanse también Jn. 1:14; Dn. 2:11; Gá. 4:4; Is. 7:14; 9:6).
Nota: 1 Timoteo 3:16 es uno de los versículos verdaderamente grandes de la Biblia, y podemos considerarlo como una ampliación de Juan 3:16. M. F. Unger escribe al respecto:
«Este versículo constituye un verdadero cuerpo de doctrina de la verdad revelada por medio de la Escritura, y puede haber sido un himno cristiano de los primeros años.» (*Manual bíblico de Unger*, Editorial Portavoz, p. 737.)

D. Su ministerio exitoso (3:16)
1. «Predicado a los gentiles» (naciones). Esta afirmación encuentra probablemente su cumplimiento en la palabras de la Gran Comisión en Mateo 28:18-20.
Notemos la pequeña frase «visto de los ángeles» en 3:16. El ministerio terrenal de Cristo fue contemplado tanto por los ángeles buenos como por los malos. (Véanse Lc. 2:13; Mt. 4:11; Lc. 22:43: ángeles buenos; y Mr. 1:23-26; 5:2-13; ángeles malos.)
2. «Creído en el mundo». A pesar del rechazo oficial de Israel, el evangelio de Jesús estaba siendo llevado por el pequeño grupo de dedicados misioneros, y ya se contaban por miles los creyentes (1 Co. 15:6).

E. Su sufrimiento y muerte (6:13; 2:6). «... Jesucristo, que dio testimonio de la buena profesión delante de Poncio Pilato» (6:13). «El cual se dio a sí mismo en rescate por todos...» (2:6).

F. Su resurrección (3:16). «Justificado en el Espíritu.» Esta frase parece corresponder con Romanos 1:4, el cual es una clara referencia a la resurrección de Cristo.

G. Su ascensión (3:16).
«Recibido arriba en gloria.»

H. Su intercesión (2:5).
«Porque hay un solo Dios, y un solo mediador entre Dios y los hombres, Jesucristo hombre.»

I. Su retorno (6:14).
«... la aparición de nuestro Señor Jesucristo.»

J. Su reino milenario (6:15).
«... el bienaventurado y solo Soberano, Rey de reyes, y Señor de señores.»

II. El apóstol Pablo y la familia de Dios. Pablo nos revela varios hechos acerca de sí mismo en esta carta a Timoteo y de la familia de Dios en Éfeso.

A. Era un apóstol por la voluntad de Dios (1:1; véase Hch. 9).

B. Le fue confiado el glorioso evangelio de Dios (1:11).

C. Fue fortalecido por Cristo para este ministerio (1:12).

D. Había sido un blasfemo de Cristo y un perseguidor de los cristianos (1:13).

E. A pesar de todo recibió misericordia y gracia porque lo había hecho en ignorancia e incredulidad (1:13, 14). Nota: en el versículo 14 Pablo cita las tres fuerzas motivadoras de su vida:
1. El amor. Su amor *por* Cristo le impulsaba a la obra (2 Co. 5:14).
2. La fe. Su fe *en* Cristo le fortalecía para realizar la tarea (Ef. 1:19).
3. La gracia. La gracia *de* Cristo le capacitaba para el ministerio (He. 12:28).
De manera que somos salvos *por* gracia (Ef. 2:8, 9), a fin de que podamos servir *por medio* de la gracia (Ro. 12:3-6).

F. Su ministerio fue dirigido a los gentiles (2:7).

G. A fin de cumplir con el ministerio que el Señor le había encomendado trabajó incansablemente y sufrió oprobio (4:10).

H. Se convirtió en un «ejemplo de los que habrían de creer en Él [Jesús] para vida eterna» (1:16). Quizá ninguna otra conversión ha demostrado ser más fructífera en almas ganadas que la de Pablo. El mismo lo menciona frecuentemente (véanse Gá. 1, 2; Fil. 3; Hch. 22, 26).

III. El pastor (Timoteo) y la iglesia de Dios. Pablo llena literalmente la epístola con consejos para Timoteo. No sólo dice lo *que* tiene que hacer, sino también el *porqué*:
«Si esto enseñas a los hermanos, serás buen ministro de Jesucristo, nutrido con las palabras de la fe y de la buena doctrina que has seguido» (4:6).
Notemos algunas de estas exhortaciones apostólicas:

A. Que se quede en Éfeso (1:3). Pablo le ruega que se quede allí, como indicando que Timoteo podría querer dejar este campo difícil.

B. Que conserve pura la sana doctrina (1:3).

C. Que evite enredarse en especulaciones religiosas y mundanas (1:4; 4:7; 6:20).

D. Que pelee la buena batalla (1:18; 6:12). La vida cristiana no es un campo de juego sino de combate.

E. Que mantenga una buena conciencia (1:19). Ir en contra de una buena conciencia es ir camino del naufragio espiritual.

F. Que ore por todos los hombres (2:1). Esto hay que hacerlo porque si la iglesia no ora, ¿quién lo va a hacer? Notemos que a la cabecera de la lista de Pablo están los reyes. En este tiempo era el malvado Nerón el que estaba en el trono de Roma.
1. Las clases de oraciones:
   a. Rogativas: peticiones por las necesidades propias.
   b. Oraciones: adoración y alabanza.
   c. Peticiones: peticiones por las necesidades de otros.
   d. Acciones de gracias: agradecimiento por las bendiciones ya recibidas y fe por la gracia futura (véase Fil. 4:6).
2. Las actitudes en la oración:
   a. Los hombres:
   «Quiero, pues, que los hombres oren en todo lugar, levantando manos santas [indica una relación correcta con Dios], sin ira ni contienda [indica una relación correcta con el hombre]» (2:8).
   b. Las mujeres:
   «Asimismo que las mujeres se atavíen de ropa decorosa...» (2:9).

G. Que no permita que en la congregación enseñe la doctrina una mujer (2:12). Kenneth Wuest, un erudito del griego, señala que Pablo está usando aquí el tiempo del infinitivo presente en vez del aoristo. De manera que el mandamiento aquí debería leerse: «No permito a la mujer ser maestra.» Esto, por supuesto, no prohibe a la mujer enseñar una clase para señoras o en la escuela dominical, etc. Pero los maestros de la doctrina en la familia de Dios deben ser los hombres (Hch. 13:1; 1 Co. 12:28, 29; Ef. 4:11). Pablo da inmediatamente a Timoteo dos razones que lo explican:

1. A causa de la creación original. «Porque Adán fue formado primero, después Eva» (2:13); (véanse también Ef. 5:22; 1 Co. 11:1-16).
2. Debido a la corrupción original. «Y Adán no fue engañado [*apatao*, simplemente engañar], sino que la mujer, siendo engañada [*exapatao*, engañar completamente], incurrió en transgresión» (2:14; véase también 1 Co. 11:8, 9).
3. La Palabra de Dios nos presenta un triple liderazgo establecido por Dios:
   a. El liderazgo de Cristo sobre su Iglesia (Col. 1:18).
   b. El liderazgo del pastor sobre su rebaño (Hch. 20:28).
   c. El liderazgo del varón sobre su esposa (1 Co. 11:1-16; 1 Ti. 2:12).

   Nota: Primera Timoteo 2:15 ha sido motivo de mucha especulación: «Pero se salvará engendrando hijos, si permaneciere en fe, amor y santificación, con modestia.» Se han dado dos interpretaciones básicas para explicar este versículo.

   (1) Que la salvación a la que se refiere aquí es salvación espiritual. Se ha señalado que el artículo definido precede a «engendrar» y debería leerse «el engendrar», por lo que tendría que ver con la simiente de la mujer de Génesis 3:15, 16. Por tanto, según esta interpretación, lo que Pablo está diciendo es que aunque fue una mujer la que preparó el camino para la corrupción del Edén, fue también una mujer la que preparó el camino para la encarnación en Belén.
   (2) Que la «salvación» aquí es del error doctrinal, y advierte contra las mujeres que enseñan supercherías.

H. Que advierta contra la apostasía (4:6).
I. Que se discipline a sí mismo (4:7).
J. Que cuide de sí mismo (4:16).
K. Que sea un ejemplo (4:12). El pastor no debe simplemente exhortar, sino también dar ejemplo. Debe ser capaz de decir: «Haz lo que *yo hago*, así como *lo que digo*.» Pablo menciona aquí cinco áreas:
   1. Palabra.
   2. Conducta.
   3. Amor.
   4. Fe.
   5. Pureza.
L. Que le preste atención a «la lectura, la exhortación y la enseñanza» (4:13). Pablo tiene la Palabra de Dios en mente aquí. Lo que quiere decir es que Timoteo debía en público:
   1. Leerla (lectura).
   2. Explicarla (enseñanza).
   3. Usarla para exhortar (exhortación).
M. Que desarrolle completamente su don espiritual (4:14, 15). Cuando no lo usamos, lo perdemos (véase He. 2:1-3). La palabra «aprovechamiento» en 4:15 habla de crecimiento, de avance, de desarrollo. Un pastor que crece suele producir una iglesia creciente. Un hombre no puede llevar a otros a donde él mismo no ha estado.
N. Que sea cuidadoso y amable (5:1, 2). Timoteo debía ser sin reproche en sus tratos con las personas, especialmente con las del sexo opuesto.
Ñ. Que honre a las viudas (5:3).
O. Que sea muy prudente al juzgar a los ancianos (5:1, 19).
P. Que reprenda públicamente el pecado público (5:20).
Q. Que evite los prejuicios y la parcialidad (5:21).
R. Que tenga cuidado de su propia salud física (5:23).
S. Que evite el amor al dinero (6:10, 11).
T. Que busque la justicia, la piedad, la fe, el amor, la paciencia y la mansedumbre (6:11).
U. Que amoneste a los ricos para que no confíen en las riquezas (6:17).

IV. Los encargados de la iglesia y la familia de Dios (3:1-13).

A. Clases de encargados.
   1. Obispos (3:1-7; véase también Tito 1:5-9). «Si alguno anhela obispado, buena obra desea» (3:1). El término griego para «obispo» es *episkopos* y se refiere a un supervisor. Pablo tiene aquí en mente, por supuesto, el ministerio del pastor. Otro nombre que encontramos en el Nuevo Testamento que puede referirse a la misma posición es el de «anciano» (*presbuteros* en griego). Estos dos términos, obispo y anciano, son usados frecuentemente en forma intercambiable (Hch. 20:17-28; Tit. 1:5-7). La palabra obispo habla de la responsabilidad de la posición, mientras que anciano habla de la madurez espiritual.
   2. Diáconos (3:8-12). La naturaleza exacta y los deberes de esta función no se establecen clara y sistemáticamente en el Nuevo Testamento. Podemos decir con bastante certidumbre que tal función fue creada para resolver problemas de organización de la naciente iglesia, debido en parte a su rápido crecimiento (Hch. 6:1-8). La palabra griega para «diácono» es *diakonos*. (Véase también Ro. 12:7, donde aparece traducida por «servicio», y Fil. 1:1.)
   3. Diaconisas (3:11) ¿Está indicando este versículo la existencia de diaconisas? En opinión de algunos sí.

B. Las calificaciones de los oficiales.
   1. Obispos (3:1-7).
      a. Debe ser varón.
      b. De ser irreprensible (sin tacha).
      c. Debe ser marido de una sola mujer. Pocas declaraciones del Nuevo Testamento han sido objeto de tanta especulación como esta pequeña frase en 3:2: «marido de una sola mujer». Se han dado dos interpretaciones principales.

      (1) El punto de vista de la «prohibición de la poligamia». Según esta teoría, lo que Pablo está simplemente diciendo es que no califica para ser obispo todo miembro de iglesia que tiene varias mujeres. Sin embargo, esta interpretación tiene varias serias dificultades.
         (a) Hacía bastante tiempo que Pablo ya había hablado acerca de esta prohibición (1 Co. 7:2 y Ro. 7:1-3).
         (b) El gobierno romano había declarado ilegal la poligamia en este tiempo.

(c) No hay evidencia de que la iglesia primitiva tuviera nunca este problema.
(d) Esta expresión literalmente dice «un hombre de una sola mujer» y la encontramos otra vez en 5:9 (aunque aquí al revés), donde se habla de una viuda como «una mujer de un solo hombre».

(2) La interpretación de «la prohibición de divorcio». Según esta teoría, se prohibe al hombre divorciado y vuelto a casar que desempeñe el pastorado, sin importar las circunstancias que motivaran el divorcio. Debemos tener en mente que Pablo no está discutiendo aquí la *salvación* del pecador sino las calificaciones para el pastorado.

d. Debe ser sobrio (temperado).
e. Debe ser prudente (serio, juicioso).
f. Decoroso (de buen comportamiento que se vea en su predicación, forma de vestir y estilo de vida).
g. Debe ser hospedador (amante de los extraños).
h. Debe ser apto para la enseñanza (tener la habilidad y el amor por la enseñanza; véase Ef. 4:11).
i. No debe ser dado al vino.
j. No debe ser pendenciero (propenso a la riña).
k. Debe ser desinteresado en cuanto al dinero.
l. Debe ser amable (afable, bondadoso).
m. Debe ser apacible (tranquilo, de buen temple).
n. No debe ser avaro (afán indebido por el dinero).
ñ. Debe gobernar bien su casa.
o. No debe ser un neófito (un recién convertido).
p. Que tenga buen testimonio de los de afuera (que sus vecinos hablen bien de él).

2. Diáconos (3:8-13).
a. Debe ser honesto (persona respetable).
b. No debe ser hipócrita (sin doblez).
c. No debe ser dado al vino.
d. No debe desear ganancias mal habidas.
e. Debe apegarse al misterio de la fe (conocer, explicar y defender las grandes verdades de la Biblia).
f. Debe mantener una conciencia limpia.
g. Debe ser persona probada en su testimonio dentro de la iglesia.
h. Debe ser irreprensible (su testimonio fuera de la iglesia debe ser impecable).
i. Su esposa debe ser una mujer piadosa.
j. Debe ser cabeza de su casa.

V. Los falsos maestros y la familia de Dios. En 1 Timoteo, Pablo no sólo advierte acerca de esta cizaña en medio del trigo, sino que también los describe a fin de que los de la familia de Dios puedan reconocerlos y tratarlos en la forma apropiada.
A. Discuten acerca de fábulas y genealogías interminables (1:4; 4:7).
B. Son culpables de vana palabrería (monólogos vacíos y sin sentido, 1:6).
C. Son auténticos ignorantes de aquellas cosas de las que hablan de manera tan dogmática (1:7).
D. Actúan en contra de su propia conciencia (1:19, 20; 4:2). El apóstol cita a dos hombres, Himeneo y Alejandro, que habían hecho exactamente eso (1:19, 20). Estos dos negaron después la doctrina de la resurrección (2 Ti. 2:17; 4:14).
E. Crecerán en número y actividad en los últimos días (4:1). Nota: la iglesia de Éfeso ya había sido advertida acerca de esto (Hch. 20:29, 30), y sería advertida otra vez más tarde (Ap. 2:2).
F. Sus enseñanzas estarían animadas por los demonios (4:1).
G. Prohibirían casarse y comer ciertos alimentos (4:3) Dios, por supuesto, había dado ya ambas cosas al hombre (Gn. 1:29; 9:3).
H. Son gente orgullosa que no saben nada, espiritualmente enfermos y con un interés mórbido en cuestiones controversiales (6:4).
I. Producen envidias, discordias, insultos y desconfianzas (6:4).
J. Provocan constantes fricciones (6:5).
K. Usan a la familia de Dios (la religión) como una fuente de riqueza (6:5).
L. Se oponen a la fe mediante los pretendidos «hechos» de la ciencia, que no son otra cosa que vana palabrería (6:20).

VI. Los distintos miembros de la familia de Dios.
A. Las viudas: algunas de ellas recibirían ayuda económica de parte de la iglesia.
1. Las viudas sin hijos (5:3, 5, 16).
2. Las viudas con familia (5:4).
3. Las viudas viviendo en el placer (5:6).
4. Las viudas mayores de sesenta años (5:9).
5. Las viudas jóvenes (5:11).

B. Los ancianos:
1. Debían ser doblemente apreciados aquellos que ministraban bien, especialmente en el área de la predicación y de la enseñanza (5:17).
2. Debería darse por supuesta su inocencia en toda acusación a menos que viniera respaldada por dos o tres testigos respetables (5:19).

C. Los siervos:
1. Debían considerar a sus amos como dignos de todo respeto (6:1).
2. Esto debía de hacerse bien que el amo fuera creyente o no (6:1, 2).

D. Los miembros ricos:
1. No deben ser altivos ni poner su esperanza en la incertidumbre de las riquezas de este mundo, sino en Dios (6:17).
2. Deben hacer el bien, es decir, ser ricos en buenas obras como lo son en dinero (6:18).
3. Deben ser generosos y estar listos para compartir (6:18). Las personas ricas deben *gozar* y también *emplear* sus riquezas.

TITO

INTRODUCCIÓN

1. Tito, al igual que Timoteo, era un predicador discípulo de Pablo.
2. El Apóstol le había encomendado a Tito que pusiera en orden la obra de la iglesia previamente establecida en la isla de Creta. Esta isla, ubicada al sureste de Grecia, tenía unas 150 millas (unos 240 km) de largo por unas 35 millas (unos 56 km) de ancho, por lo que es la de mayor extensión del Mediterráneo. Era la isla de las cien ciudades, llena de montañas y con valles muy fértiles. El monte Ida, el más alto de la isla, era tenido

como el lugar legendario del nacimiento del dios griego Zeus. Los cretenses eran parientes de los filisteos. Eran conocidos por su mala reputación de ser «siempre mentirosos, malas bestias, glotones ociosos» (Tit. 1:12). Este testimonio provenía de uno de sus mismos poetas y profetas. Se desconoce el origen de la iglesia, pero bien pudo haber sido plantada por los cretenses que estuvieron en pentecostés y que regresaron después a su país (véase Hch. 2:11).

3. Esta carta a Tito parece que se escribió al mismo tiempo que la de 1 Timoteo, en el intervalo entre el primer y segundo encarcelamiento de Pablo.
4. Las tres epístolas pastorales podemos compararlas favorablemente de la siguiente manera:
   a. En 1 y 2 Timoteo Pablo enfatiza la *doctrina*.
   b. En Tito enfatiza el *deber*.
   c. El hijo de Dios es llamado a *proteger* el evangelio en 1 Timoteo.
   d. Es llamado a *proclamarlo* en 2 Timoteo.
   e. Es llamado a *practicarlo* en Tito.
5. En un resumen de la persona y ministerio de Tito podríamos incluir:
   a. Que era un gentil (griego; véase Gá. 2:3).
   b. Que se convirtió probablemente mediante el ministerio de Pablo (Tit. 1:4).
   c. Algunos creen que pudo haber sido hermano de Lucas.
   d. Tito aparece por primera vez en el relato sagrado cuando acompañó a Pablo y a Bernabé a Jerusalén (Gá. 2:1).
   e. Pablo lo envió más tarde a Corinto para corregir ciertos desórdenes en la iglesia allí y para iniciar una ofrenda para los pobres de Jerusalén (2 Co. 8:6, 10).
   f. Se encontró después con el apóstol en Macedonia y lo volvieron a enviar a Corinto llevando la epístola de 2 Corintios a fin de preparar el camino para la llegada de Pablo y completar la ofrenda (2 Co. 2:3, 12, 13; 7:5, 6, 13, 14; 8:16, 17, 23; 12:14, 18).
   g. Parece que acompañó a Pablo durante su tercer viaje misionero.
   h. Aparece mencionado por última vez en 2 Timoteo 4:10, donde se indica que Pablo lo está enviando a Dalmacia (antigua Yugoslavia).
6. La epístola contiene dos pasajes doctrinales notables (véanse 2:11-14; 3:4-7).

I. Tito y el apóstol Pablo (1:1-4). En su introducción, Pablo se presenta a sí mismo en forma múltiple:
   A. En relación con el Padre, era un siervo (1:1).
   B. En relación con el Hijo, era un apóstol (1:1).
   C. En relación con la Palabra, era un predicador:
   «Y a su debido tiempo manifestó su palabra por medio de la predicación que me fue encomendada...» (1:3).
   De lo que se infiere que el método ordenado por Dios para la comunicación de su Palabra no es por medio del diálogo personal sino por la proclamación desde el púlpito.
   D. En relación con Tito, era un padre espiritual (1:4).

II. Tito y los ancianos (1:5-16).
   «Por esta causa te dejé en Creta, para que corrigieses lo deficiente, y establecieses ancianos en cada ciudad, así como yo te mandé» (1:5).
   A. Sus calificaciones (1:6-8): Pablo menciona aquí catorce características que debemos buscar en los potenciales ancianos.
      1. Irreprensible (literalmente, uno que es sin falta).
      2. Marido de una sola mujer (que no sea divorciado).
      3. Que sus hijos sean creyentes y no estén acusados de mala conducta ni de ser rebeldes (debe tener hijos que sean creyentes y vivan lo que creen).
      4. Que no sea soberbio (debe tener motivación pero no ser obstinado). Notemos el contraste entre la actitud de soberbia de Lucifer en el huerto del Edén (Is. 14:12-14; Ez. 28:11-17) y la sumisión de Cristo en el jardín de Getsemaní (Mt. 26:26-46).
      5. No iracundo.
      6. No dado al vino.
      7. No pendenciero (violento).
      8. No codicioso de ganancias deshonestas (materialista).
      9. Amante de la hospitalidad.
      10. Debe ser un hombre de bien.
      11. Sobrio.
      12. Justo.

La carta de Pablo a TITO

Tito y el apóstol 1:1-4

PABLO SE PRESENTA A SÍ MISMO EN FORMA MÚLTIPLE

En relación con el Padre, era un siervo **(1:1)**.
En relación con el Hijo, era un apóstol **(1:1)**.
En relación con la Palabra, era un predicador **(1:3)**.
En relación con Tito, era un padre espiritual **(1:4)**.

Tito y los ancianos 1:5-16

SUS CALIFICACIONES (1:6-8)

Irreprensible	Marido de una sola mujer
Con hijos creyentes y fieles	No soberbio
No iracundo	No dado al vino
No pendenciero	No codicioso de ganancias deshonestas
Hospedador	Amante de lo bueno
Sobrio	Justo
Santo	Temperado

SUS DEBERES (1:9-16)

Conocer las grandes verdades de la Palabra de Dios.
Exhortar (animar) a los creyentes.
Convencer (refutar) a los incrédulos.

Tito y la iglesia 2:1—3:11

LAS PERSONAS EN LA IGLESIA

Los ancianos	Las ancianas
Las mujeres jóvenes	Los hombres jóvenes
Los siervos	

EL SALVADOR DE LA IGLESIA

Su encarnación	Su gran ejemplo
Su muerte vicaria	Su Segunda Venida

LAS RESPONSABILIDADES DE LA IGLESIA (3:1, 2, 8-10)

Tito y el futuro 3:12-15

Sería relevado en la tarea por un tiempo.
Se encontraría con Pablo en el sur de Grecia.
Tenía que ayudar a Zenas.

13. Santo (sin contaminarse del mundo).
14. Con dominio propio.

B. Sus deberes (1:9-16):
1. Conocer las grandes verdades de la Palabra de Dios.
2. Exhortar (animar) a los creyentes.
3. Convencer (refutar) a los incrédulos.

Al ser fieles en la realización de estas áreas del ministerio, los ancianos podrían silenciar a los cretenses enemigos del evangelio. Notemos la fuerte descripción que hace Pablo de estos falsos maestros:

a. Eran culpables de trastornar casas enteras.
b. Eran oportunistas, codiciosos de dinero, que se aprovechaban de las personas religiosas.
c. Eran mentirosos, malas bestias, glotones, ociosos.
d. Tenían mentes sucias.

«Todas las cosas son puras para los puros, mas para los corrompidos e incrédulos nada les es puro...» (1:15).

Pablo está hablando aquí, por supuesto, de las leyes mosaicas sobre alimentos y no de cuestiones morales en general (véanse Mt. 15:11; Ro. 14:14; Hch. 10:15).

e. «Profesan conocer a Dios, pero con los hechos lo niegan, siendo abominables y rebeldes, reprobados en cuanto a toda buena obra» (1:16).

III. Tito y la iglesia (2:1—3:11).

A. Las personas en la iglesia (2:1-10). Pablo ahora fija su atención en cinco grupos clave en la iglesia local, e insta a Tito a que estimule el desarrollo de ciertas virtudes cristianas en cada grupo. Estos grupos son:
1. Los ancianos (2:1, 2).
2. Las ancianas (2:3).
3. Las mujeres jóvenes (2:4, 5).
4. Los hombres jóvenes (2:6-8).
5. Los siervos (2:9, 10).

B. El Salvador de la iglesia (2:11-15; 3:4-7).
1. Su encarnación:

«Porque la gracia de Dios se ha manifestado para salvación a todos los hombres» (2:11).

«Pero cuando se manifestó la bondad de Dios nuestro Salvador, y su amor para con los hombres» (3:4).

2. Su gran ejemplo:

«Enseñándonos que, renunciando a la impiedad y a los deseos mundanos, vivamos en este siglo sobria, justa y piadosamente» (2:12).

Podemos observar tres aspectos en este versículo:

a. El aspecto *interno*, personal: debemos vivir con sobriedad.
b. El aspecto de relación *con el hombre*: vivir justamente.
c. El aspecto de relación *con Dios*: Vivir piadosamente.

3. Su muerte vicaria:

«Quien se dio a sí mismo por nosotros para redimirnos de toda iniquidad y purificar para sí un pueblo propio, celoso de buenas obras» (2:14).

Habiendo sido comprados y purificados, se requiere ahora del pueblo de Dios que actúe.

«Nos salvó, no por obras de justicia que nosotros hubiéramos hecho, sino por su misericordia, por el lavamiento de la regeneración y por la renovación en el Espíritu Santo, el cual derramó en nosotros abundantemente por Jesucristo nuestro Salvador» (3:5, 6).

La misericordia de Dios, *menos* la justicia humana, *más* la renovación del Espíritu es igual a la *regeneración*.

4. Su segunda venida:

«Aguardando la esperanza bienaventurada y la manifestación gloriosa de nuestro gran Dios y Salvador Jesucristo. Para que justificados por su gracia, viniésemos a ser herederos conforme a la esperanza de la vida eterna» (2:13; 3:7).

C. Las responsabilidades de la iglesia.
1. Sujetarse a gobernantes y autoridades (3:1).
2. Estar dispuestos a toda buena obra (3:1).
3. Mantenerse haciendo buenas obras (3:8).
4. No difamar a nadie.
5. Ser amables y mostrar mansedumbre para con todos los hombres (3:2).
6. Evitar cuestiones necias, contenciones y discusiones legalistas (3:9).
7. Rechazar la herejía y a los heréticos (3:10).

IV. Tito y el futuro (3:12-15).

A. Sería relevado en la tarea por un tiempo bien por Artemas o por Tíquico. Tíquico había sido ya enviado por Pablo en varias misiones a las iglesias en Éfeso (Ef. 6:21) y Colosas (Col. 4:7). Tiempo después lo volvería a enviar a Éfeso (véase 2 Ti. 4:12).

B. Después se encontraría con Pablo en Nicópolis, en el sur de Grecia.

C. Tenía que ayudar a Zenas, el abogado, y a Apolos en lo relativo a su viaje. No se nos dice la naturaleza o ruta de este viaje.

2 TIMOTEO

INTRODUCCIÓN

1. Después de ser dejado en libertad de su primer encarcelamiento en Roma (Hch. 28), Pablo fue arrestado de nuevo.
2. Este segundo arresto pudo haber sucedido repentinamente en Troas, y esto explicaría el porqué Pablo salió de allí sin llevarse sus pergaminos, sus libros y su capote (2 Ti. 4:13).
3. Su segundo encarcelamiento fue muy diferente del primero.
   a. En el primero era un prisionero político que espera su juicio. En el segundo era un condenado que esperaba su muerte.
   b. En el primero vivió en una casa alquilada. Ahora estaba encerrado en una fría y oscura mazmorra.
   c. Durante su primer encarcelamiento muchos le visitaron. Ahora casi todos le han olvidado.
4. Esta es su carta más personal. En Romanos vemos a Pablo el teólogo; en 1 Corintios vemos al consejero; en 2 Corintios, al predicador; en Gálatas, al defensor de la fe; en 1 Timoteo y Tito, al estadista; pero aquí vemos a Pablo el *hombre*.
5. La carta es rica en alusiones personales. Pablo menciona veintitrés hombres, mujeres, amigos y enemigos.
6. Esta epístola es su canto de muerte y triunfo.
7. El doctor J. Vernon McGee escribe:

2 TIMOTEO

PABLO

Predicador, modelo, profeta, prisionero

Pablo el PREDICADOR (cap. 1)

***«Del cual yo fui constituido predicador, apóstol y maestro de los gentiles»* (1:11).**

EL PREDICADOR Y SU ALUMNO *(TIMOTEO)*

- SU INTERÉS POR TIMOTEO
  Oraba por él (1:3).
  Se acordaba de sus lágrimas (1:4).
- SU CONFIANZA EN TIMOTEO
- SU CONSEJO A TIMOTEO
  Aviva tu don (1:6).
  No te avergüences del mensaje de Cristo ni del mensajero (1:8).
  Retén el modelo de sana enseñanza (1:13).
  Cumple fielmente con el ministerio (1:14).

EL PREDICADOR Y SU PROPIO MINISTERIO

- REPASA SU TAREA AL MINISTRAR COMO:

APÓSTOL **(1:1)**	SIERVO **(1:3)**
PRISIONERO **(1:8)**	MAESTRO **(1:11)**
PADRE **(1:2)**	UNO QUE SUFRE **(1:12)**
PREDICADOR **(1:11)**	

- RETIENE SU ESPERANZA PERMANENTE

***«Por lo cual asimismo padezco esto; pero no me avergüenzo, porque yo sé a quién he creído, y estoy seguro que es poderoso para guardar mi depósito para aquel día»* (1:12).**

DOS INTERPRETACIONES
Una posible referencia a su SALVACIÓN, que Pablo tenía depositada con Cristo.
Una posible referencia a su SERVICIO, que Cristo había depositado con Pablo.

- LAMENTA LAS ACCIONES DE ALGUNOS FALSOS AMIGOS **(1:15).**
- SE GOZA EN LAS ACCIONES DE LOS VERDADEROS AMIGOS **(1:16-18).**

Pablo el MODELO (cap. 2)

***«Lo que has oído de mí ante muchos testigos, esto encarga a hombres fieles que sean idóneos para enseñar también a otros»* (2:2).**

Pablo el PROFETA (cap. 3)

***«También debes saber esto: que en los postreros días vendrán tiempos peligrosos»* (3:1).**

Pablo el PRISIONERO (cap. 4)

***«El tiempo de mi partida está cercano»* (4:6).**
***«He acabado la carrera»* (4:7).**

«Pablo habla en 2 Timoteo del resultado final de la predicación del evangelio. El gozo final no será la conversión total de la humanidad, ni será tampoco su presentación en el milenio. Por el contrario, vendrá una apostasía que borrará "la fe de" la tierra. Lo que está en armonía con las sorprendentes palabras de Jesús: "Pero cuando venga el Hijo del Hombre, ¿hallará fe en la tierra?" Esto no está en consonancia, por supuesto, con un evangelio social que espera transformar al mundo entrando en componendas con el sistema social. Estos vanos optimistas no muestran paciencia con las tristes palabras de 1 Timoteo. Con todo, los hechos fríos y duros de la historia y los eventos del presente han demostrado la exactitud de Pablo.» (*Second Timothy,* p. 196.)

I. Pablo el predicador (cap. 1).
«De cual yo fui constituido predicador, apóstol y maestro de los gentiles» (1:11).
   A. El predicador y su alumno (Timoteo).
      1. Oraba por él día y noche (1:3).
      2. Deseaba verle (1:4).
      3. Recordaba sus lágrimas (1:4).
      4. Tenía plena confianza en él (1:5).
      5. Le exhorta a que avive su don (1:6).
      6. No debe avergonzarse del mensaje de Cristo (1:8).
      7. Tampoco debe avergonzarse del mensajero de Cristo (1:8).

8. Le recomienda retener la sana doctrina (1:13).
9. Le insta a cumplir fielmente con el ministerio (1:14).

B. El predicador y su propio ministerio.
1. Repasa su ministerio hasta el presente. El apóstol da una múltiple descripción de sí mismo en este capítulo. Se ve como:
a. Un apóstol (1:1).
b. Un padre (1:2).
c. Un siervo fiel (1:3).
d. Un prisionero (1:8).
e. Un predicador (1:11).
f. Un maestro (1:11)
g. Uno que sufre (1:12).
2. Retiene su esperanza permanente.
«Por lo cual asimismo padezco esto; pero no me avergüenzo, porque yo sé a quién he creído, y estoy seguro que es poderoso para guardar mi depósito para aquel día» (1:12).
Se han dado dos interpretaciones en relación con el uso de «depósito» en este versículo:
a. Que Pablo se estaba refiriendo a su *salvación*, que él había depositado con Cristo.
b. Que se estaba refiriendo a su *servicio*, el cual Cristo había depositado con Pablo.
3. Muchos falsos amigos le habían olvidado mientras estaba en la prisión.
4. Onesíforo, un verdadero amigo, le había ayudado mientras se hallaba en la cárcel (1:16-18).

II. Pablo el modelo (cap. 2).
«Lo que has oído de mí ante muchos testigos, esto encarga a hombres fieles que sean idóneos para enseñar también a otros» (2:2).
El apóstol asemeja en este capítulo la vida del creyente (especialmente la del pastor) a ocho ocupaciones terrenales:
A. Un mayordomo (2:2) El mayordomo era el guardián y administrador de las propiedades de su amo en el mundo del Nuevo Testamento. De igual manera, se espera que el hombre de Dios sea fiel en el depósito recibido, el glorioso evangelio de Cristo. No solamente debe administrarlo bien, sino encargárselo a hombres fieles. La tarea de una iglesia local no es preservar la verdad en un museo enmohecido sino proclamarla a las masas fecundas.
B. Un soldado (2:3, 4).
1. Tiene que soportar las durezas de la guerra.
2. Tiene que evitar los enredos del mundo.
3. Debe agradar a su General.
C. Un atleta (2:5).
1. Debe luchar por el premio.
2. Debe cumplir con las reglas.
D. Un agricultor (2:6, 7).
1. Debe cumplir con la tarea de la siembra.
2. Participará en la hora de la siega.
E. Un instructor (2:11-14).
1. Debe recordarles a sus alumnos que morir *con* Cristo es vivir *con* él (2:11).
2. Debe recordarles también que sufrir *por* Cristo es reinar *con* él.
F. Un estudiante (2:15).
1. Como estudiante tiene que estudiar la Palabra de Dios:
a. Para que pueda ser aprobado ante Dios.
b. Para que pueda ser afirmado ante los hombres.
2. Como estudiante debe evitar las palabras de los hombres.
G. Un utensilio (2:20, 21).
«Pero en una casa grande, no solamente hay utensilios de oro y de plata, sino también de madera y de barro; y unos son para usos honrosos, y otros para usos viles. Así que, si alguno se limpia de estas cosas, será instrumento para honra, santificado, útil al Señor, y dispuesto para toda buena obra.»
H. Un siervo (2:24, 25).
«Porque el siervo del Señor no debe ser contencioso, sino amable para con todos, apto para enseñar, sufrido; que con mansedumbre corrija a los que se oponen....»

III. Pablo el profeta (cap. 3). «También debes saber esto: que en los postreros días vendrán tiempos peligrosos» (3:1). La palabra «peligrosos» que aparece aquí es traducida como «feroces en gran manera» en Mateo 8:28, al describir al endemoniado gadareno. Es decir, que en los últimos días Satanás va a procurar convertir este mundo en su propio cementerio.
A. Los síntomas de la enfermedad de «estos días últimos» (3:1-13). Los hombres serán:
1. Amadores de sí mismos.
2. Avaros.
3. Vanagloriosos.
4. Soberbios.
5. Blasfemos.
6. Desobedientes a los padres.
7. Ingratos.
8. Impíos.
9. Sin afecto natural.
10. Implacables.
11. Calumniadores.
12. Intemperantes.
13. Crueles.
14. Aborrecedores de lo bueno.
15. Traidores.
16. Impetuosos.
17. Infatuados.
18. Amadores de los deleites más que de Dios.
19. Serán religiosos sin Redentor (3:5). («Tendrán apariencia de piedad, pero negarán la eficacia de ella.»)
20. Tienen información sin iluminación (3:7). («Están siempre aprendiendo, y nunca pueden llegar al conocimiento de la verdad.»)
21. Seductores (brujos).
22. Engañando y siendo engañados.
B. La cura para la enfermedad de estos «últimos días» (3:14-17).
«Pero persiste tú en lo que has aprendido y te persuadiste, sabiendo de quién has aprendido; y que desde la niñez has sabido las Sagradas Escrituras, las cuales te pueden hacer sabio para la salvación por la fe que es en Cristo Jesús. Toda la Escritura es inspirada por Dios, y útil para enseñar, para redargüir, para corregir, para instruir en justicia, a fin de que el hombre de Dios sea perfecto, enteramente preparado para toda buena obra.»
Pablo declara en este extraordinario pasaje que la Biblia es útil para la:
1. Doctrina. La Biblia puede ser usada como el libro de texto perfecto para presentar la enseñanza sistemática de las grandes verdades relacionadas con Dios.
2. Redargüir. Debe ser usada para convencernos de lo malo que hay en nuestras vidas.
3. Corregir. La Biblia nos enseña entonces el camino correcto.
4. Instruir en justicia. La Palabra nos provee de

toda la información necesaria que permite que los cristianos estén completamente equipados para toda buena obra.

IV. Pablo el prisionero (cap. 4).

A. Su encargo final (4:1, 2, 5).

1. Que predique la palabra.
2. Que inste a tiempo y fuera de tiempo.
3. Que redarguya, reprenda y exhorte con toda paciencia.
4. Que permanezca alerta en todo momento.
5. Que soporte las aflicciones.
6. Que evangelice en su campo.
7. Que cumpla su ministerio.

B. Su advertencia final (4:3, 4).

1. En los últimos días los hombres no soportarán la sana enseñanza.
2. Estarán controlados por sus pasiones y caprichos.
3. En su agitación se buscarán muchos falsos maestros.
4. Por rehusar aceptar la verdad caerán víctimas de las fábulas.

C. Su testimonio final (4:6, 7).

«Porque yo ya estoy listo para ser sacrificado, y el tiempo de mi partida está cercano. He peleado la buena batalla, he acabado la carrera, he guardado la fe.»

1. La palabra que traducimos por «sacrificado» es un término litúrgico, y se refiere al derramamiento de una ofrenda religiosa líquida (vino) (Nm. 15:1-10). Pablo ya tenía su ministerio de ganar a los perdidos para Cristo como una ofrenda a Dios (Ro. 15:16; Fil. 2:17) y ahora su muerte cercana completaría el sacrificio.
2. La palabra «partida» se usaba en griego cuando «se desarmaba una tienda, se desmontaba un campamento, o se levantaba el ancla».
3. Su testimonio en el versículo 7 debería contrastarse con la declaración de Dios sobre el impío Belsasar en Daniel 5:26, 27.

D. Su petición final (4:9, 11-13, 19, 21).

1. A Timoteo, que fuera a verle inmediatamente.
2. Debía llevar con él a Juan Marcos. Años atrás este Marcos había acompañado a Pablo y a Bernabé en su primer viaje misionero, pero abandonó el equipo y regresó a casa. A causa de esta muestra de inmadurez, Pablo rehusó incluirle en el segundo viaje misionero. Aquello propició la separación de Pablo y Bernabé. (Ver Hch. 13:3; 15:36-40.) Desde entonces Juan Marcos había crecido en la gracia de Dios al punto de que Pablo deseaba verle antes de partir.
3. Le pidió que le llevara su capote que había dejado en Troas (4:13). William Tyndale, el gran traductor de la Biblia del siglo XVI, haría después una solicitud parecida cuando estaba confinado en una húmeda celda:

   «Ruego a su señoría, que lo es por el Señor Jesucristo, que si tengo que permanecer aquí durante el invierno, pida al Comisario que sea tan amable de enviarme, de mis cosas que él tiene, un gorro que me caliente, pues siento el frío en la cabeza dolorosamente. También un capote para remendar mis pantalones. Mi chaqueta y mis pantalones están muy deteriorados. Él tiene, de mi propiedad, una camisa de lana, que agradeceré me envíe. Pero sobre todo ruego e imploro que en su amabilidad haga lo mejor que pueda con el Comisario para que tenga la bondad de enviarme mi Biblia hebrea, la gramática y el vocabulario, para que pueda dedicar mi tiempo a esa tarea.»
4. Timoteo tenía que llevarle a Pablo sus libros.
5. Tenía que llevarle también los manuscritos. Se supone que se refería a sus copias del Antiguo Testamento. Esta declaración es sorprendente en sus implicaciones. Aquí tenemos a un hombre que había llevado a cabo los tres primeros viajes misioneros que se habían intentado por amor de Cristo, que había visto al Salvador en cuatro ocasiones, que había escrito la mitad del Nuevo Testamento, y que había organizado bastantes de las primeras iglesias en el mundo. Ahora en la hora de su muerte solicita que le lleven las Escrituras, porque evidentemente sentía que todavía podía aprender de sus preciosas páginas.

   El hijo de Dios nunca está en peligro de aprender demasiado acerca de la Palabra de Dios.

E. Su última tristeza (4:10, 14-16).

1. Demas le había desamparado (Col. 4:10; Fil. 1:24).
2. Alejandro le había causado muchos males (1 Ti. 1:20; Hch. 19:33).
3. Sus amigos en Roma no le había ayudado.

F. Su confianzo final (4:8, 17, 18).

1. Dios había estado con él en todos los peligros en el pasado (4:17).
2. Sabía que también estaría con él en los peligros futuros (4:18).
3. Los sufrimientos pasados y futuros serían galardonados ampliamente algún día por el Juez justo (4:8).

G. Su oración final (4:22).

«El Señor Jesucristo esté con tu espíritu. La gracia sea con vosotros. Amén.»

1 PEDRO

INTRODUCCIÓN

1. De los doce apóstoles que Jesús llamó, tres fueron escogidos para escribir libros o epístolas inspirados del Nuevo Testamento. Estos tres son Mateo, Juan y Pedro.
2. Pedro continúa cumpliendo en sus dos epístolas el mandamiento que Cristo le dio de apacentar sus corderos y ovejas. (Véase Jn. 21:15-17.)
3. El nombre de Pedro aparece 210 veces en el Nuevo Testamento. Él nombre de Pablo aparece 162 veces. Los nombres de todos los demás apóstoles juntos aparecen 142 veces.
4. Pedro ha sido llamado el «apóstol de la esperanza» (véanse 1:3, 13, 21; 3:15). Podríamos entonces clasificar a Pablo como el apóstol de la fe y a Juan como el apóstol del amor.
5. «Sufrimiento» es una de las palabras clave de esta epístola. Esta, o sus equivalentes, se usan dieciséis veces. Seis veces para hablar de los sufrimientos de Cristo y diez veces de los padecimientos de los creyentes. Otra palabra importante es «gracia», que aparece ocho veces.
6. La carta fue probablemente escrita al final de su vida. Se piensa que fue arrestado y juzgado poco después de escribirla; escribió 2 Pedro en el intervalo entre su juicio y ejecución (2 P. 1:13-21).

   Debió haber sido escrita sobre el año 64 d.C., o en las vísperas de la persecución ordenada por Nerón. Este emperador murió en el 68 d.C.

7. En 5:13 identifica a Babilonia como el lugar desde donde escribió. Se han producido dos teorías principales sobre la ubicación de Babilonia.
   a. Es literalmente la Babilonia asentada a orillas del río Éufrates. Esta sería la interpretación natural del pasaje. Ademas de que la lista de países en 1 Pedro 1:1, que abarca del Oriente al Occidente, sugiere que el escritor estaba en el Oriente en el momento de escribir. Vernon McGee escribe:
      «Había en este tiempo una amplia colonia de judíos en la antigua Babilonia, quienes habían huido de Roma durante la severa persecución de Claudio y en el tiempo en que el sanguinario Nerón estaba en el trono.» (*Through the Bible*, p. 256.)
   Además, los descendientes de los judíos que fueron llevados cautivos por Nabucodonosor todavía vivían en Babilonia y sus alrededores.
   b. Se refiere a Roma. Charles Ryrie escribe al respecto:
      «El lugar de la redacción fue "Babilonia" (5:13), nombre simbólico de Roma, muy usado por escritores que deseaban evitar problemas con las autoridades romanas. Pedro estuvo en Roma durante la última década de su vida y escribió esta epístola hacia el año 63, justamente antes de que estallase en el año 64 la persecución de Nerón. Pedro fue martirizado hacia el 67.» (*Biblia de estudio Ryrie*, p. 1748.)
   Se argumenta, además, que Pedro declara que Marcos estaba con él (5:13) cuando la epístola fue escrita. Sin embargo, poco antes de esto Pablo había escrito a Timoteo pidiéndole que fuera a verle a Roma y llevara a Marcos con él (2 Ti. 4:11).
8. Aparentemente la iglesia estaba afectada por la mundanalidad (2:11) en los miembros y por el materialismo en el púlpito (5:1-3).
9. Pedro desarrolla la doctrina de Cristo de una manera notable en esta corta epístola. Trata en ella:
   a. La encarnación de Cristo (1:20).
   b. Los nombres de Cristo:
      (1) Cordero sin mancha (1:19).
      (2) La principal piedra del ángulo: su relación con las Escrituras (2:6).
      (3) Piedra preciosa: su relación con los creyentes (2:7).
      (4) Piedra de tropiezo: su relación con los incrédulos(2:8).
      (5) Pastor y Obispo de vuestras almas (2:25).
      (6) El Príncipe de los pastores (5:4).
   c. Su vida sin mancha y sin contaminación (1:19; 2:22).
   d. Sus sufrimientos y muerte (1:11: 2:23, 24; 3:10; 4:1, 13; 5:1).
   e. Su resurrección (3:21, 22).
   f. Su ascensión (3:22).
   g. Su presencia en los cielos a la diestra de Dios (3:22).
   h. Su Segunda Venida (1:13, 17; 4:13; 5:1, 4).
10. Pedro también nos da una serie de títulos que describen a los creyentes. Quizá en ningún otro libro del Nuevo testamento hallaremos tantos. Se habla de nosotros como:
   a. Hijos obedientes (1:14).
   b. Niños recién nacidos (2:2).
   c. Piedras vivas (2:5).
   d. Sacerdocio santo (2:5).
   e. Real sacerdocio (2:9).
   f. Nación santa (2:9).
   g. Pueblo adquirido (2:9).
   h. Extranjeros y peregrinos (2:11).
   i. Cristianos (4:16).
   j. Justos (4:10).
   k. Elegidos de Dios (1:2).
   l. Pueblo de Dios (2:10).
   m. Oráculos de Dios (4:11).
   n. Grey de Dios (5:2).
11. Se considera generalmente que el Evangelio de Marcos refleja las enseñanzas de Pedro. Sin duda que el joven Juan Marcos había escuchado frecuentemente a Pedro predicar y hablar.
12. Pedro y Juan son los dos únicos escritores del Nuevo Testamento que hablan de Cristo como un Cordero (Jn. 1:29, 36; Ap. 5:6; 1 P. 1:19).
13. Una lectura cuidadosa de 1 Pedro y Efesios muestra más de cien paralelismos en la enseñanza y en el vocabulario.
   Notemos:

1 Pedro	Efesios
1:3	1:3
1:12	3:5, 10
4:11	3:6, 21
1:8	3:8
3:9	4:2
4:10	4:7, 11
2:2	4:13, 15

La salvación de Dios

SIMÓN PEDRO

1 PEDRO

Los detalles de soberanía (1:1-25)

Los deberes de los santos (2:1—3:13)

La disciplina del sufrimiento (3:14—4:19)

Los deleites del servicio (5:1-14)

Pedro estaba familiarizado con la carta a los Romanos y quizá también con otras epístolas de Pablo (véase 2 P. 3:15, 16).

I. La salvación de Dios: los detalles de la soberanía (1:1-25).

A. La fuente de nuestra salvación: la Trinidad (1:1, 2).

1. El Padre nos eligió. «Elegidos según la presciencia de Dios Padre» (v. 2). Observemos que no se nos dicen las bases de esta elección. Sin embargo, la elección de Dios está basada en su presciencia. Notemos: «Porque a los que antes conoció, también los predestinó...» (Ro. 8:29).

Debemos, no obstante, advertir también rápidamente que tanto la responsabilidad del hombre (Jn. 3:16; Ro. 10:13; Ap. 22:17) como la soberanía de Dios (Ef. 1:4, 5) se enseñan claramente en la Biblia.

Nuestro Señor combina en una sola declaración ambas doctrinas de la elección y el libre albedrío. Veamos sus palabras:

«Todo lo que el Padre me da, vendrá a mí [esto es elección]; y el que a mí viene, no le echo fuera [esto es libre albedrío]» (Jn. 6:37).

2. El Espíritu nos santifica. «En santificación del Espíritu» (1:2). Después que hemos sido elegidos, el Espíritu nos separa (el significado de la santificación), nos convence de pecado (Jn. 16:8), nos guía a Cristo (Jn. 16:13, 14).

Esto se alcanza mediante la obediencia del pecador creyente. Se ha dicho que solamente el que cree obedece, y sólo el que obedece cree.

3. El Hijo nos redime. «Y ser rociados con la sangre de Jesucristo» (1:2).

Richard De Haan escribe:

«Encontramos las bases para esta declaración en el sistema ceremonial del Antiguo Testamento. En algunos de los rituales la sangre de los animales sacrificados era rociada en áreas especiales. Este rociamiento tenía tres significados diferentes:

1. Primero, hablaba de limpieza. La persona que había sido curada de lepra, por ejemplo, se presentaba ante el sacerdote y era rociado con sangre para indicar que estaba limpio de la enfermedad (Lv. 14:1-7).
2. Segundo, este acto se usaba para simbolizar la ratificación del pacto entre Dios y el hombre. Cada vez que Jehová y su pueblo hacían un pacto era sellado mediante el rociamiento de la sangre del animal sacrificado (véase Ex. 24:3-8).
3. Tercero, la aplicación de la sangre designaba a ciertos artículos del tabernáculo o del templo como apartados para la adoración. A partir de aquel momento aquellos objetos se usaban para el servicio exclusivo al Señor (véase Ex. 29:20-22).» (*Good News for Bad Times*, p. 15.)

A la luz de todo esto, el trino Dios debe ser bendecido por el creyente (v. 3). El término griego para «bendito» es *eulogetos*, que significa «hablar bien de». De aquí nos viene nuestra palabra *elogiar*. Se espera, pues, que el hijo de Dios hable bien del trino Dios; al hacerlo así «bendecimos» a Dios. Notemos su reacción:

«Entonces los que temían a Jehová hablaron cada uno a su compañero; y Jehová escuchó y oyó, y fue escrito libro de memoria delante de él para los que temen a Jehová, y para los que piensan en su nombre» (Mal. 3:16).

B. Las bendiciones de nuestra salvación (1:3, 4).

1. Una esperanza viva. «Según su grande misericordia nos hizo renacer para una esperanza viva» (1:3). Pedro menciona en su epístola tres cosas vivas:
   a. Una esperanza viva (1:3).
   b. La palabra viva (1:23).
   c. Una piedra viva (2:4).
2. Un hogar permanente. «Para una herencia incorruptible, incontaminada e inmarcesible, reservada en los cielos para nosotros.»
   a. Este hogar (herencia) es *perfecto* (incorruptible).
   b. Este hogar es *puro* (incontaminado).
   c. Este hogar es *permanente* (inmarcesible).

C. Las pruebas en nuestra salvación (1:5-9).

«En lo cual vosotros os alegráis, aunque ahora por un poco de tiempo, si es necesario, tengáis que ser afligidos en diversas pruebas, para que sometida a prueba vuestra fe, mucho más preciosa que el oro, el cual aunque perecedero se prueba con fuego, sea hallada en alabanza, gloria y honra cuando sea manifestado Jesucristo» (vv. 6, 7).

Pedro habla de cuán preciosa es la prueba de nuestra fe. En su epístola también se refiere a la *sangre preciosa* (1:19), una *piedra preciosa* (2:4, 6, 7), un *espíritu afable y apacible* (3:4). Todas estas cosas, dice Pedro, son preciosas. Añade dos más en su segunda epístola: «Una *fe* igualmente preciosa» (1:1) y «preciosas y grandísimas *promesas*» (1:4).

El doctor Kenneth Wuest escribe lo siguiente en relación con el versículo 7:

«Pedro nos está diciendo que la aprobación de nuestra fe es mucho más preciosa que la aprobación del oro, aunque el oro se prueba por medio del fuego.... La imagen aquí es la de los antiguos orfebres que ponían el oro bruto en el crisol, sometiéndolo al fuego intenso hasta que se fundía y se formaba una masa líquida. Las impurezas se concentraban entonces en la superficie y eran retiradas. Cuando el orfebre era capaz de verse reflejado nítidamente en la superficie del líquido lo retiraba del fuego, pues sabía que ya era oro puro. Así es con Dios y su hijo. Nos pone en el crisol del sufrimiento, y en el proceso el pecado es gradualmente eliminado de nuestras vidas, nuestra fe es purificada de la escoria de la incredulidad que con tanta frecuencia se mezclan, y el resultado es el reflejo del rostro de Cristo Jesús en el carácter del cristiano. Esto es lo que Dios el Padre desea ver sobre todas las cosas en nosotros. Ser semejantes a Cristo es el ideal de Dios para sus hijos. El sufrimiento cristiano es uno de los medios más eficaces para alcanzar ese fin.» (*First Peter in the Greek New Testament*, p. 27.)

D. Los profetas del Antiguo Testamento y nuestra salvación (1:10-12). Estos extraordinarios versículos nos declaran lo siguiente:

1. Los profetas del Antiguo Testamento (como Isaías) no siempre entendieron sus profecías inspiradas acerca del futuro Mesías.
2. Cuando procuraron saber se les dijo que las predicciones serían sólo entendidas en una fecha posterior (en el tiempo del Nuevo Testamento). Nuestro Señor se refirió a esto durante su ministerio terrenal mientras hablaba con sus discípulos.

«Porque de cierto os digo, que muchos profetas y justos desearon ver lo que veis, y no lo vieron; y oír lo que oís, y no lo oyeron» (Mt. 13:17).

Debemos notar especialmente el versículo 11 del capítulo 1. Todas las profecías bíblicas concernientes al Señor Jesucristo (el autor de nuestra salvación) se resumen en esta corta frase: «Los sufrimientos de Cristo, y las glorias que vendrían tras ellos.»

Pedro conecta aquí la Primera Venida de Cristo (los sufrimientos) con su Segunda Venida (la gloria). Este es, en pocas palabras, un panorama del propósito, plan y programa del Dios todopoderoso. Notemos este bello bosquejo a medida que lo trazamos por medio de la Palabra de Dios:

a. Los sufrimientos: un Bebé envuelto en pañales (Lc. 2:12). La gloria: un Rey vestido de ropas reales (Sal. 93:1).
b. Los sufrimientos: un viajero cansado (Jn. 4:6). La gloria: un Dios que no se cansa ni desfallece (Is. 40:28, 29).
c. Los sufrimientos: no tenía dónde recostar su cabeza (Lc. 9:58). La gloria: será heredero de todo (He. 1:2).
d. Los sufrimientos: fue rechazado por Israel (Jn. 1:11). La gloria: será aceptado por todas las naciones (Is. 9:6).
e. Los sufrimientos: hombres impíos tomaron piedras para arrojárselas (Jn. 8:59). La gloria: los impíos clamarán a los montes y a las peñas que caigan sobre ellos para ocultarse de su presencia (Ap. 6:16).
f. Los sufrimientos: un humilde Salvador, familiarizado con el dolor (Is. 53:3). La gloria: el Dios todopoderoso ungido con el óleo de alegría (He. 1:9).
g. Los sufrimientos: fue vestido con un manto escarlata de mofa (Lc. 23:11). La gloria: irá vestido con ropas teñidas de la sangre de sus enemigos (Ap. 19:13).
h. Los sufrimientos: lo golpearon en la cabeza con una caña (Mt. 27:30). La gloria: regirá a las naciones con vara de hierro (Ap. 19:15).
i. Los sufrimientos: soldados malvados doblaron su rodilla para burlarse de Él (Mr. 15:19). La gloria: toda rodilla se doblará ante Él y todos lo reconocerán (Fil. 2:10).
j. Los sufrimientos: llevó una corona de espinas (Jn. 19:5). La gloria: llevará una corona de oro (Ap. 14:14).
k. Los sufrimientos: sus manos fueron traspasadas con clavos (Jn. 20:25). La gloria: llevará en su mano una hoz aguda (Ap. 14:14).
l. Los sufrimientos: sus pies fueron traspasados con clavos (Sal. 22:16). La gloria: sus pies se afirmarán sobre el monte de los Olivos (Zac. 14:4).
m. Los sufrimientos: no tuvo belleza ni esplendor (Is. 53:2). La gloria: será hermoso (Sal. 27:4).
n. Los sufrimientos: entregó su espíritu (Jn. 19:30). La gloria: vive para siempre (Ap. 1:18).
ñ. Los sufrimientos: fue puesto en una tumba (Mt. 27:59, 60). La gloria: se sentará en su trono (He. 8:1).

E. Los santos ángeles y nuestra salvación (1:12).

«Cosas en las cuales anhelan mirar los ángeles.»

Uno de los logros de nuestra salvación es servir como lección objetiva para los ángeles del cielo. Ellos no experimentan nuestra redención, pero están intensamente interesados en observarla. Los siguientes pasajes lo muestran claramente:

«Y yo Daniel miré, y he aquí otros dos que estaban en pie, el uno a este lado del río, y el otro al otro lado del río. Y dijo uno al varón vestido de lino, que estaba sobre las aguas del río: ¿Cuándo será el fin de estas maravillas?» (Dn. 12:5, 6).

«Porque según pienso, Dios nos ha exhibido a nosotros los apóstoles como a postreros, como a sentenciados a muerte; pues hemos llegado a ser espectáculo al mundo, a los ángeles y a los hombres» (1 Co. 4 : 9).

«Para que la multiforme sabiduría de Dios sea ahora dada a conocer por medio de la iglesia a los principados y potestades en los lugares celestiales» (Ef. 3:10).

F. Las demandas de nuestra salvación (1:13-17). A fin de estar a la altura de esta gloriosa salvación, Pedro exhorta al creyente a:

1. «Ceñid los lomos de vuestro entendimiento.» Pedro lo repetirá en su segunda carta: «Amados, esta es la segunda carta que os escribo, y en ambas despierto con exhortación vuestro limpio entendimiento» (2 P. 3:1).

   Este ceñirse los lomos nos recuerda una práctica de las gentes del Antiguo Testamento que llevaban aquellas túnicas largas. Un cinturón sujetaba la túnica en la cintura. Cuando llegaba el momento de tener que moverse con rapidez, se subían la túnica y se la sujetaban a la cintura. De esta manera se ceñían los lomos y estaban listos para la acción.
2. Sed sobrios.
3. Esperad por completo en la gracia de Dios.
4. No os volváis a vuestro antiguo estilo de vida.
5. Sed santos (separados) en toda vuestra manera de vivir.
6. Conducíos en temor (un temor reverente de no desagradar al Salvador).

G. El tremendo costo de nuestra salvación (1:10-22).

«Sabiendo que fuisteis rescatados de vuestra vana manera de vivir, la cual recibisteis de vuestros padres, no con cosas corruptibles, como oro o plata, sino con la sangre preciosa de Cristo, como de un cordero sin mancha y sin contaminación» (vv. 18, 19).

H. El método de nuestra salvación (1:23-25).

«Siendo renacidos, no de simiente corruptible, sino de incorruptible, por la palabra de Dios que vive y permanece para siempre. Porque: Toda carne es como hierba, y toda la gloria del hombre como flor de la hierba. La hierba se seca, y la flor se cae; mas la palabra del Señor permanece para siempre. Y esta es la palabra que por el evangelio os ha sido anunciada» (vv. 23-25).

II. La salvación de Dios: Los deberes de los santos (2:1—3:13).

A. Los deberes en relación con las Escrituras (2:1, 2). «Desead, como niños recién nacidos, la leche espiritual no adulterada, para que por ella crezcáis para salvación» (2:2).

La palabra «desear» habla de un anhelo intenso. David tenía ese deseo por la Palabra de Dios.

«El temor de Jehová es limpio, que permanece para siempre; los juicios de Jehová son verdad, todos justos. Deseables son más que el oro, y más que mucho oro afinado; y dulces más que miel, y que la que destila del panal» (Sal. 19:9, 10).

La nación de Israel no había mostrado deseo por la Palabra de Dios en el Antiguo Testamento. De manera que cuando el Hijo de Dios apareció lo vieron de la misma manera.

«... le veremos, mas sin atractivo para que le deseemos» (Is. 53:2).

La expresión «no adulterada» significa «pura», es decir, sin mezcla de ninguna clase. Apocalipsis 14:10 es un pasaje similar que trata de la ira pura, no adulterada, de Dios durante la tribulación.

B. En relación con el Salvador (2:3-8). Deben ver al Salvador como la Piedra preciosa de Dios. La palabra «piedra» aparece cinco veces, y «preciosa» la encontramos tres veces en estos versículos. Notemos los varios usos de esta analogía del Redentor como piedra como se le describe en la Biblia.

1. Él es la peña golpeada de la que todos beberán (Ex. 17:6; 1 Co. 10:4; Jn. 4:13, 14; 7:37-39).
2. Él es la piedra preciosa para todos aquellos que han bebido (1 P. 2:3, 7).
3. Él es la principal piedra del ángulo para la Iglesia (Ef. 2:20).
4. Él es la piedra de tropiezo para los judíos en su Primera Venida (Ro. 9:32, 33; 1 Co. 1:23).
5. Él es la primera piedra para los judíos en su Segunda Venida (Zac. 4:7).
6. Él es la piedra desmenuzadora, no cortada por mano humana, para los poderes del mundo gentil en su Segunda Venida (Dn. 2:34).
7. Él es la piedra quebrantadora de juicio para todos los incrédulos (Mt. 21:44).

Pedro dice (2:4) que esta gran piedra fue «desechada» por Israel. Esta palabra quiere decir «probada y después repudiada». Después de tenerle presente y examinarle durante treinta y tres años, Israel lo «desechó». Él no era lo que estaban esperando en un Mesías.

Notemos, además, la declaración del apóstol en 2:6:

«Por lo cual también contiene la Escritura: He aquí, pongo en Sion la principal piedra del ángulo....» Aquí tenemos un cumplimiento de la promesa de Cristo en Mateo 16:16, 18. Pedro *no* era el fundamento, sino Cristo. Finalmente (veamos 2:5), todos los creyentes somos «piedras vivas, sed edificados como casa espiritual y sacerdocio santo, para ofrecer sacrificios espirituales aceptables a Dios por medio de Jesucristo.» (Véase también Ap. 1:6.)

C. En relación con el cuerpo de Cristo (2:9, 10).

1. Servir como sacerdotes de Dios. «Mas vosotros sois linaje escogido, real sacerdocio, nación santa, pueblo adquirido» (2:9*a*).

El Israel del Antiguo Testamento *tenía* un sacerdocio, pero la Iglesia *es* un sacerdocio. La *Biblia Anotada de Scofield* nos ofrece el siguiente excelente resumen del sacerdocio:

a. «Antes de la proclamación de la ley, el que era cabeza de la familia ejercía también las funciones sacerdote para los suyos (Gn. 8:20; 26:25; 31:54).

b. Cuando la ley fue propuesta, la promesa divina para la perfecta obediencia a dicha ley fue que Israel sería para Dios "un reino de sacerdotes" (Ex. 19:6); pero Israel violó la ley, y Dios limitó el oficio sacerdotal a la familia de Aarón, designó a la tribu de Leví para que asistiera a los sacerdotes Aarónicos e instituyó de esta manera un sacerdocio que es típico del sacerdocio que ejerce el cristiano (Ex. 28:1).

c. En la dispensación de la gracia, todos los creyentes son incondicionalmente constituidos "reyes y sacerdotes" (1 P. 2:9; Ap. 1:6), una distinción que Israel no logró obtener por medio de obras. El sacerdocio del creyente es, por lo tanto, un derecho de nacimiento, así como cada descendiente de Aarón nacía para ser un sacerdote (He. 5:1).

d. El principal privilegio de un sacerdote es el tener acceso a Dios. Bajo la ley sólo el Sumo Sacerdote podía entrar en "el lugar santísimo", y esto una sola vez al año (He. 9:7). Pero cuando Cristo murió, el velo, que es un tipo del cuerpo de Cristo (He. 10:20), fue roto, de modo que ahora los sacerdotes neotestamentarios, que son todos los creyentes, tienen acceso a Dios en el lugar santísimo, al igual con Cristo, el Sumo Sacerdote (He. 10:19-22).» (*Biblia Anotada de Scofield,* pp. 1269-1270.)

e. En el ejercicio de su función sacerdotal, el sacerdote neotestamentario es:

(1) un sacrificador que ofrece un cuádruple sacrificio:

(a) su propio cuerpo (Ro. 12:1; Fil. 2:17; 2 Ti. 4:6; 1 Jn. 3:16; Stg. 1:27);

(b) alabanza a Dios, «el fruto de labios que confiesan su nombre», que ha de presentarse a El «de continuo» (He. 13:15, V.M.; Ex. 25:22: «y hablaré contigo de sobre el Propiciatorio»);

(c) sus bienes (He. 13:16; Ro. 12:13; Gá. 6:6, 10; 3 Jn. 5-8; He. 13:2, 16; Gá. 6:10; Tit. 3:14);

(d) su servicio, esto es, «hacer el bien» (He. 13:16).

(2) Un intercesor (Col. 4:12; 1 Tim. 2:1).

2. Brillar como faros de luz.

«Para que anuncies las virtudes de aquel que os llamó de las tinieblas a su luz admirable» (2:9*b*).

D. En relación con el gobierno (2:11-17).

1. Cumplir fielmente. «Manteniendo buena vuestra manera de vivir entre los gentiles» (2:12).
2. Ser obedientes. «Por causa del Señor someteos a toda institución humana» (2:13). Esto se refiere a todas aquellas ordenanzas que no contradicen la Biblia (Hch. 5:29).

E. En relación con sus trabajos (2:18-20).

«Criados, estad sujetos con todo respeto a vuestros amos; no solamente a los buenos y afables, sino también a los difíciles de soportar» (2:18).

F. En relación con los sufrimientos (2:21-25).

«Pues para esto fuisteis llamados; porque también Cristo padeció por nosotros, dejándonos ejemplo, para que sigáis sus pisadas» (2:21).

«La palabra "dejándonos" significa literalmente "dejando atrás".

Cuando Pedro usó la palabra que aquí traducimos por "ejemplo" echó mano de sus recuerdos infantiles para hacer una ilustración. El término significa literalmente "copiar debajo de". Era usada para palabras que se les daba a los niños para que las copiaran, como un ejercicio escrito y para ayudarles a aprender verdades morales. Algunas veces se usaba en relación con escribir sobre letras que ya estaban trazadas ... como es el caso de los niños que con aplicación y esmero siguen los modelos escritos de sus maestros y así aprenden a escribir. De igual modo, los santos deben, mediante esfuerzo laborioso y buena aplicación, ser semejantes al Señor Jesucristo en sus propias vidas personales.» (*First Peter in the Greek New Testament*, p. 67.)

Ese es el gran ejemplo del Salvador sufriente. Nuestro Señor sufrió de manera inocente, virtuosa y confiada. Cuando lo insultaban no respondía con insultos. Cuando lo hicieron sufrir no amenazaba. ¿Qué es lo que entonces hizo? «Encomendaba la causa al que juzga justamente» (2:23).

Notemos especialmente la declaración de Pedro: «Y por cuya herida fuisteis sanados» (2:24). ¿Hay sanidad física en el sacrificio de Cristo? Según Mateo 8:16, 17 eso fue predicho por Isaías (53:4) y se cumplió durante el ministerio terrenal de Cristo. Pero en 1 Pedro 2 el apóstol vincula claramente las heridas de Cristo con la sanidad de nuestras almas, *no* de nuestros cuerpos.

Kenneth Wuest escribe:

«La palabra "herida" en el griego presenta un cuadro de nuestro Señor con la espalda herida por los azotes que sufrió de manos de los soldados romanos. Los romanos usaban un látigo compuesto de tiras de cuero al que se ataban en las puntas pequeñas piezas de metal o de hueso puntiagudos. Los malhechores condenados a morir crucificados eran generalmente azotados antes de ser ejecutados. La víctima era desnudada hasta la cintura y luego atada, encorvada y con las manos atadas sujetas a la espalda, a un poste o columna. El cuerpo quedaba terriblemente herido. Los mártires cristianos de Esmirna, en el 155 d.C., fueron tan maltratados con los látigos que sus venas se veían, y sus músculos y tendones, y hasta los intestinos, quedaban al descubierto. Pedro recordaba el cuerpo de nuestro Señor después del azotamiento, la carne tan maltratada que la forma desfigurada se le aparecía ante sus ojos como una completa magulladura.» (*First Peter in the Greek New Testament*, p. 69.)

G. En relación con su hogar (3:1-7).

1. La esposa creyente (3:1-6) está llamada a:
   a. Estar sujeta a su marido.
   b. Ser casta.
   c. Ser bella interiormente.

   «Vuestro atavío no sea el externo de peinados ostentosos, de adornos de oro o de vestidos lujosos» (3:3).

Debemos indicar claramente que este versículo *no* prohibe a la mujer cristiana ir a la peluquería ni a la joyería. Aquellos que insisten en que sí lo hace tienen un problema aquí, porque Pedro también habla de prendas de vestir. Lo que este pasaje está enseñando es que la mujer creyente no debe vestirse en una manera exagerada y lujosa. La historia nos cuenta que las mujeres romanas eran muy ostentosas y ridículas en el adorno del pelo. La cabellera era arreglada en capas, entrelazadas entre sí por peines de oro y redecillas. Después que terminaba todo el proceso, muchas permanecían despiertas toda la noche a fin de no estropearse el peinado para las fiestas del día siguiente. Esa ostentosa exhibición externa ya había sido condenada siglos antes por el profeta Isaías (Is. 3:16-26). ¿De dónde debía proceder su belleza?

«Sino el interno, el del corazón, en el incorruptible ornato de un espíritu afable y apacible, que es de grande estima delante de Dios» (3:4).

Mediante el despliegue de la belleza interna (a la vez que se mantiene una apariencia exterior atractiva y pulcra) la mujer cristiana tiene una mejor oportunidad para ganar para Cristo a su marido no creyente (3:1).

Pedro pone como ejemplo a una esposa del Antiguo Testamento que mostró estas virtudes femeninas. A Sara, la esposa amada de Abraham.

2. El esposo creyente (3:7).

   «Vosotros, maridos, igualmente, vivid con ellas sabiamente, dando honor a la mujer como a vaso más frágil, y como a coherederas de la gracia de la vida, para que vuestras oraciones no tengan estorbo» (3:7).

Aquí se le pide al esposo cristiano que haga dos cosas en relación con su esposa:

a. Debe «vivir con ella sabiamente». Esto es, debe tener un conocimiento inteligente de la relación matrimonial. Debe sencillamente entender que:
   (1) Su esposa es el vaso más frágil. Esta debilidad está limitada, sin embargo, a la esfera física; ella no es más débil intelectual ni espiritualmente.
   (2) La esposa es su coheredera. Ella comparte con el varón igualdad espiritual ante Dios. De manera que el esposo arrogante que limita a su esposa a las tareas «de la cocina y de la alcoba», no sólo la ofende a ella sino también a Dios.
b. Debe «dar honor a la mujer». Esto es, asignarle un lugar especial en su corazón. Si estos principios no son seguidos, toda ora-

ción que se eleva desde aquella familia está obstaculizada.

H. En relación con la iglesia local (3:8-13).

1. Ser de un mismo sentir (mantener un espíritu de armonía).
2. Amarse el uno al otro.
3. Ser compasivos.
4. No devolviendo mal por mal, «sino por el contrario, bendiciendo» (3:9). Devolver mal por bien no *es natural*. Devolver mal por mal es lo *natural*. Devolver bien por mal es *sobrenatural*.

III. La salvación de Dios: la disciplina del sufrimiento (3:14—4:19).

A. El sufrimiento justifica al pecador.

«Porque también Cristo padeció una sola vez por los pecados, el justo por los injustos, para llevarnos a Dios» (3:18).

Notemos la *ruta* y los *resultados* de este sufrimiento.

1. Él «fue y predicó a los espíritus encarcelados» (3:19). ¿Qué significan estas palabras? ¿Quiénes son esos espíritus? Richard De Haan, en su libro *Good News for Bad Times* [Buenas noticias para tiempos malos], menciona las cuatro principales teorías que se han dado para explicar estas preguntas:

«En el cual también fue y predicó a los espíritus encarcelados, los que en otro tiempo desobedecieron, cuando una vez esperaba la paciencia de Dios en los días de Noé, mientras se preparaba el arca, en la cual pocas personas, es decir ocho, fueron salvadas por agua» (1 P. 3:19, 20).

«¿Quiénes eran estos espíritus? Su respuesta determina su interpretación de este intrincado e intrigante pasaje, y determina la respuesta a la segunda pregunta: "¿Qué mensaje se predicó?" La palabra "predicar" significa "proclamar" y puede referirse a la comunicación del evangelio o a dar un anuncio. Cuatro puntos de vista se han dado en relación con la identificación de estos "espíritus encarcelados".

a. Eran las almas de aquellos a los que Cristo predicó por el Espíritu Santo por medio de Noé durante los 120 años que duró la construcción del arca. Muchos buenos eruditos comparten esta opinión, pero no está exenta de dificultades. La antítesis expresada en las palabras "siendo a la verdad muerto en la carne, pero vivificado en espíritu" (v. 18), algunos dirían que se refiere más naturalmente al cuerpo humano y espíritu de nuestro Señor que al Espíritu Santo. Además, objetan que es cuestionable aplicar el término "espíritus" a las personas. La Biblia habla algunas veces de los seres humanos como "almas" y menciona "los espíritus de los justos hechos perfectos" (He. 12:23), pero la Palabra de Dios nunca llama "espíritus" a los seres humanos. Este término parece más bien reservado para los seres sobrenaturales y los seres no humanos.

b. Los "espíritus encarcelados" eran los descendientes mestizos de los ángeles caídos (los "hijos de Dios" de Gn. 6:1, 2) y las hijas de los hombres. Los que han adoptado esta interpretación sostienen que cuando Jesús murió descendió inmediatamente al Hades y anunció a estos espíritus encarcelados que él había pagado el precio por el pecado. Se objeta a esta opinión que no se nos da el propósito para esta declaración, y que debemos aceptar la teoría de que los ángeles caídos eran capaces de vivir en relación matrimonial con las hijas de los hombres y producir descendencia.

c. Que estos espíritus eran ángeles malvados del tiempo de Noé que se habían involucrado gravemente en el mal, pero que probablemente no se habían unido en realidad con mujeres. Aquellos que sostienen este punto de vista consideran que "los hijos de Dios" de Génesis 6 son ángeles caídos que entraron o se posesionaron de los cuerpos de hombres violentos. Como resultado, estos hombres procrearon hijos con tendencias aún más depravadas. El término *nephilum* que traducimos por "gigantes" en Génesis 6:4, indica más bien hombres que "caen sobre o atacan a otros" más que "caídos" o "gigantes". Algunos eruditos que apoyan esta explicación de los "espíritus encarcelados" ven a los ángeles que pecaron de Génesis como los mismos a los que Pedro se refiere como "arrojándolos … a prisiones de oscuridad" (2 P. 2:4). Dicen que el propósito de la entrada de Cristo en el Hades fue el de declarar a estos ángeles impíos que el juicio era seguro. Él había pagado el precio por el pecado, y les demostraría muy pronto que Él era en verdad su Señor al resucitar de entre los muertos. Esta interpretación es solamente posible para aquellos que creen que los "hijos de Dios" de Génesis 6 eran ángeles caídos, y que se posesionaron de cuerpos y personalidades humanas con el único propósito de arrastrar a la raza humana lejos de Dios.

d. Los "espíritus encarcelados" son seres malvados y creyentes del Antiguo Testamento. Aquellos que defienden esta opinión dicen que Cristo descendió al Hades en el intervalo entre su muerte y resurrección para hacer una declaración a todos los espíritus inicuos y para liberar a todos los santos del Antiguo Testamento que estaban esperando allí en un lugar especial. Pablo nos dice que Jesús "descendió primero a las partes más bajas de la tierra" y "llevó cautiva la cautividad" (Ef. 4:8-10). Algunos eruditos de la Biblia ven un doble propósito en el descenso de nuestro Señor al Hades. Dicen que primero anunció a los ángeles caídos que Él había conquistado el pecado y pagado su castigo. Después, sosteniendo que los creyentes de todas las edades antes del Calvario no estaban completamente perdonados hasta que Cristo hubiera realizado su sacrificio, mantienen que Cristo fue inmediatamente después de su muerte a tomarlos para llevarlos al cielo. Este punto de vista se puede sostener solamente si estamos convencidos de que la teoría de los "comportamientos" del Hades es bíblica, y que a los santos del Antiguo Testamento no les fue permitido entrar en el cielo hasta que Jesús murió en la cruz.

No es posible una identificación exacta de estos "espíritus encarcelados". Debido a la referencia que se hace a Noé, es muy probable, no obstante, que sean criaturas sobrenaturales relacionadas con las terribles condiciones que llevaron al diluvio, o aquellos a los que Noé predicó mientras preparaba el arca» (pp. 103, 104).

2. Él ahora «habiendo subido al cielo está a la diestra de Dios; y a él están sujetos ángeles, autoridades y potestades» (3:22).

Nos encontramos aquí con otra sección difícil de las Escrituras. De nuevo Richard De Haan nos ayuda con esta apropiada explicación:

«Pedro escribió: "Los que en otro tiempo desobedecieron, cuando una vez esperaba la paciencia de Dios en los días de Noé, mientras se preparaba el arca, en la cual pocas personas, es decir, ocho, fueron salvadas por agua. El bautismo que corresponde a esto ahora nos salva (no quitando las inmundicias de la carne, sino como la aspiración de una buena conciencia hacia Dios) por la resurrección de Jesucristo" (1 P. 3:20, 21).

La mejor manera de abordar estos versículos es examinar uno por uno los pensamientos según los expresó Pedro.

a. Noé y su familia fueron "salvados por agua". Un poco de reflexión nos lleva inmediatamente a la conclusión de que el agua no habría salvado a Noé y familia, sino que los habría destruido de no haber estado metidos en el arca. El diluvio, que destruyó al resto de la humanidad, vino a ser el medio intermediario de liberación al elevar el arca. Si no hubiera sido así, el arca habría quedado cubierta por las aguas como les sucedió a todas las demás cosas incluidos los montes.

b. La escena de seguridad en medio del juicio está representada por el bautismo. Pedro escribió al respecto: "El bautismo que corresponde a esto ahora nos salva" (1 P. 3:21).

El término griego que traducimos por "corresponde" o "representa" es *antitupon*, de la que viene nuestra palabra "prototipo". El agua del bautismo, por tanto, es un prototipo del agua del diluvio. Nos "salva", por consiguiente, en la misma forma que el diluvio "salvó" a Noé y su familia. El agua, que representaba juicio y muerte, sostuvo el arca a fin de que sus ocupantes no se hundieran. De igual manera, cuando nosotros entramos en las aguas del bautismo, símbolo de juicio y muerte, declaramos que hemos encontrado liberación de la ira divina porque estamos seguros en el arca; esto es, en Cristo. Mediante su muerte en la cruz cargó con el juicio de Dios contra el pecado, y por la fe en Él vivimos en seguridad. Cuando un creyente es bautizado proclama que mediante su unión con Cristo es rescatado de la condenación y de la muerte.

c. El agua del bautismo no es un agente limpiador. El versículo dice: "No quitando las inmundicias de la carne" (21). El bautismo, más que ser un agente purificador, es "la aspiración de una buena conciencia hacia Dios". La palabra griega que traducimos aquí por "aspiración" es *eperotema*, que también puede significar "pregunta", "apelación", o "promesa". Quizá el último sentido es el que mejor cuadra aquí, porque el bautismo es la declaración del cristiano de su intención de "andar en vida nueva" (véase Ro. 6:4). Esta promesa que brota de su limpia conciencia como antiguo pecador, libre ahora de culpa por su unión con Cristo Jesús por la fe» (*Op. cit.*, pp. 104, 105).

B. El sufrimiento purifica al santo.

1. Le da prosperidad espiritual.

«Mas también si alguna cosa padecéis por causa de la justicia, bienaventurados sois...» (3:14).

El apóstol está diciendo que en vista de que son vituperados son bienaventurados. Este término es la traducción de una palabra griega que significa también «próspero» o «dichoso». Se usa en Mateo 5:3-11 donde se traduce también por bienaventurado. Se refiere en este contexto a aquel estado o condición de prosperidad espiritual del creyente. Es decir, si el mundo persigue a un cristiano, eso es una indicación de la prosperidad espiritual de su vida. El mundo no persigue al cristiano carnal, sino al espiritual. Es la espiritualidad lo que le molesta al mundo.

«Pero no es solamente el hecho de la persecución una indicación de una vida espiritual próspera, sino también el hecho de que el Espíritu Santo reposa sobre el creyente. Las palabras "reposa sobre vosotros" (4:14) es la traducción de una palabra griega usada en un manuscrito del año 103 a.C. como un término técnico en la agricultura. El escritor habla de un agricultor que hace descansar su tierra sembrando en ella productos ligeros. Eso libera a la tierra de producir cultivos más pesados y así se le da una oportunidad de recuperación. La palabra se usa en Mateo 11:28, donde nuestro Señor dice: "Venid a mí todos los que estáis trabajados y cargados, y yo os haré descansar." Literalmente: "Yo os descansaré." La imagen que nuestro Señor nos proporciona aquí es que él hace que el pecador que acude a él cese en sus propios esfuerzos de llevar su carga de culpabilidad y sufrimiento, echándola sobre sí mismo, permitiendo que el creyente funcione en el poder de su nueva vida como un hijo de Dios. En nuestro pasaje de 1 Pedro, el Espíritu Santo descansa y refresca al creyente en el sentido que Él se hace cargo de su batalla contra el pecado y de su inútil esfuerzo de vivir una vida que agrade a Dios, dándole la victoria sobre el mal, cuyo poder fue quebrantado desde el momento en que Dios le salvó, y produciendo en su vida su propio fruto. El Espíritu de Dios descansa con poder refrescante y renovador sobre el hijo de Dios, permitiéndole vivir una vida que agrada al Señor y contra la cual el mundo arroja su veneno y odio.» (K. Wuest, *First Peter*, p. 120.)

2. Le da respuestas bíblicas.

«Sino santificad a Dios el Señor en vuestros corazones, y estad siempre preparados para presentar defensa con mansedumbre y reverencia ante todo el que os demande razón de la esperanza que hay en vosotros» (3:15).

Podemos afirmar que, en general, los santos que sufren buscan más las Escrituras que otros, si no por otra razón para encontrar consuelo en ellas y respuestas para sus dolores. El doctor Kenneth Wuest escribe:

«No solamente encontraban estos cristianos judíos refugio en Cristo Jesús al recibirle como Señor de sus vidas, sino que también debían estar listos para dar respuesta a los perseguidores que los atacaban a ellos y a la Palabra de Dios que ellos creían. La expresión "presentar defensa" es la traducción de una palabra griega que se usaba en el ámbito de los tribunales de justicia. Significa literalmente "convencer al acusador antes del juicio", y se refiere al abogado que convence al acusador de los cargos ilógicos contra su cliente. La exhortación aquí es convencer a los que critican a la Biblia y la acusan ilógica e injustamente, presentando una defensa verbal de ella.» (*Op. cit.*, p. 89.)

3. La da la victoria sobre su vieja naturaleza (4:1-3).

C. El sufrimiento unifica a la iglesia (4:7-11).

«Cada uno según el don que ha recibido, minístrelo a los otros, como buenos administradores de la multiforme gracia de Dios. Si alguno habla, hable conforme a las palabras de Dios; si alguno ministra, ministre conforme al poder que Dios da, para que en todo sea Dios glorificado por Jesucristo, a quien pertenecen la gloria y el imperio por los siglos de los siglos. Amén» (vv. 10, 11).

Pedro exhorta en estos versículos a los creyentes a que:

1. Sean fieles al hablar la Palabra de Dios.
2. Sean cabales al cumplir la voluntad de Dios.

D. El sufrimiento glorifica al Salvador (4:12-19).

«Amados, no os sorprendáis del fuego de prueba que os ha sobrevenido, como si alguna cosa extraña os aconteciese, sino gozaos por cuanto sois participantes de los padecimientos de Cristo, para que también en la revelación de su gloria os gocéis con gran alegría» (vv. 12, 13).

Notemos que Pedro en su epístola (4:16) se refiere a los creyentes como *cristianos*. Este título es usado solamente otras dos veces en toda la Biblia (Hch. 11:26 y 26:28). Lo que Pedro está diciendo en estos versículos es que el sufrimiento glorifica al Salvador *si* sufrimos como cristianos, es decir, por nuestra fe; pero si sufrimos como malhechores el Señor no es glorificado. Tenemos que sufrir a causa de nuestra posición, no por nuestra disposición. En 4:19 encontramos la gran conclusión en relación con todo el asunto del sufrimiento:

«De modo que los que padecen según la voluntad de Dios, encomienden sus almas al fiel Creador, y hagan el bien.»

IV. La salvación de Dios: los deleites del servicio (5:1-14).

A. Servir como pastor (5:1-4).

«Ruego a los ancianos que están entre vosotros, yo anciano también con ellos, y testigo de los padecimientos de Cristo, que soy también participante de la gloria que será revelada: Apacentad la grey de Dios que está entre vosotros, cuidando de ella, no por fuerza, sino voluntariamente, no por ganancia deshonesta, sino con ánimo pronto; no como teniendo señorío sobre los están a vuestro cuidado, sino siendo ejemplos de la grey. Y cuando aparezca el Príncipe de los pastores, vosotros recibiréis la corona incorruptible de gloria.»

Pedro se presenta a sí mismo en su epístola como un *apóstol* (1:1), un *anciano, testigo* y *participante* (5:1). Otra vez, como ya hemos visto (1:11), vuelve a unir «los padecimientos de Cristo con... la gloria que será revelada» (5:1).

1. Las responsabilidades del pastor (5:1-3).
   a. Apacentar la grey de Dios (véase Hch. 20:28). Esta responsabilidad incluye el cuidar, guiar y guardar las ovejas.
   b. Hacerlo de buena voluntad y no por obligación.
   c. Hacerlo humildemente, no como si fueran los dueños.
   d. Siendo un ejemplo para ellos.
2. Los galardones del pastor (5:4).

«Y cuando aparezca el Príncipe de los pastores, vosotros recibiréis la corona incorruptible de gloria.»

Este es uno de al menos cinco posibles galardones que el creyente puede obtener. Son:

a. La corona incorruptible, que será dada a todos aquellos que dominen su vieja naturaleza (1 Co. 9:25-27).
b. La corona de gozo, que será para los ganadores de almas (Pr. 11:30; 1 Ts. 2:19, 20; Dn. 12:3).
c. La corona de vida, para aquellos que resistan con éxito la tentación (Stg. 1:12; Ap. 2:10).
d. La corona de justicia, que será dada a aquellos que aman de manera especial la doctrina del rapto (2 Ti. 4:8).
e. La corona de gloria, que será dada a los predicadores y maestros fieles (1 P. 5:2-4; 2 Ti. 4:1, 2; Hch. 20:26-28).

Se ha sugerido que estas «coronas» serán en realidad talentos y habilidades con las cuales glorificar a Cristo. De manera que cuanto mayor sea el galardón, tanto más será la habilidad.

B. Servir como un santo (5:5-7).

«Igualmente, jóvenes, estad sujetos a los ancianos; y todos sumisos unos a otros, revestíos de humildad; porque: Dios resiste a los soberbios, y da gracia a los humildes. Humillaos, pues, bajo la poderosa mano de Dios, para que él os exalte cuando fuere tiempo; echando toda vuestra ansiedad sobre él, porque él tiene cuidado de vosotros.»

C. Servir como un soldado (5:8-14).

«Sed sobrios, y velad; porque vuestro adversario el diablo, como león rugiente, anda alrededor buscando a quien devorar; al cual resistid firmes en la fe, sabiendo que los mismo padecimientos se van cumpliendo en vuestros hermanos en todo el mundo» (vv. 8, 9).

Pedro termina ahora su magnífica carta recordando una vez más a sus lectores el ministerio del sufrimiento:

«Mas el Dios de toda gracia, que nos llamó a su gloria eterna en Jesucristo, después que hayáis padecido un poco de tiempo, él mismo os perfeccione, afirme, fortalezca y establezca» (5:10).

Debemos notar especialmente las palabras «el Dios de toda gracia». Esta es la historia de la vida cristiana. El creyente está llamado a ir de gracia en gracia (véase Jn. 1:16). Santiago dice: «El da mayor gracia» (Stg. 4:6). Las Escrituras hablan de:

1. La gracia salvadora (Ef. 2:8, 9).
2. La gracia para servir (1 Co. 15:9, 10).
3. La gracia santificadora (Ro. 5:17; 6:17).
4. La gracia de darse (2 Co. 8:1-9).
5. La gracia de cantar (Co. 3:16).
6. La gracia de hablar (Co. 4:6).
7. La gracia que fortalece (2 Ti. 2:1).
8. La gracia para sufrir (1 P. 5:10; 2 Co. 12:9).

Antes de terminar Pedro cita a Silvano, un «hermano fiel» (5:12). Él fue el escribano y el mensajero de esta carta. Parece que Silvano es la forma completa de Silas, y sin duda es el mismo que fue compañero de viaje de Pablo (véanse Hch. 15:40; 2 Co. 1:19; 1 Ts. 1:1; 2 Ts. 1:1).

2 PEDRO

INTRODUCCIÓN

1. Esta es la segunda y última epístola de Pedro.
2. La iglesia primitiva se mostró algo renuente a aceptar esta carta como canónica. Fueron dos las razones básicas para ello:
   a. Supuestas diferencias de estilo entre 1 y 2 Pedro.
   b. La diferencia de vocabulario entre las dos epístolas.
3. Sin embargo, un estudio cuidadoso de esta carta muestra que en verdad nos viene de la mano de Simón Pedro.
   a. Declara haber sido escrita por Pedro (1:1).
   b. El escritor estuvo presente en la transfiguración de Cristo (1:16-18; véase también Mt. 17:1-13).
   c. El Salvador le habló en relación con su muerte (1:13-15; véase también Jn. 21:18, 19).
   d. Había escrito anteriormente a sus lectores (3:1; véase también 1 P. 1:1).
4. Esta carta contiene la única referencia que conecta una carta apostólica con otra. Es decir, Pedro habla de los escritos de Pablo (3:15, 16).
5. Es muy similar al libro de Judas. De los veinticinco versículos de Judas, no menos de diecinueve aparecen repetidos de alguna manera en 2 Pedro.
6. El tema de 1 Pedro es el sufrimiento, mientras que el de 2 Pedro es el completo conocimiento. Aparece dieciséis veces con vocabulario parecido.
7. Segunda de Pedro puede ser comparada favorablemente con 2 Timoteo.
   a. Ambas cartas fueron las últimas escritas por sus autores.
   b. Ambas contienen un pasaje clave relacionado con el asunto de la inspiración (2 P. 1:20, 21; 2 Ti. 3:16).
   c. Ambas advierten acerca de los falsos maestros (2 Ti. 3 y 2 P. 2).
   d. Ambos hombres supieron que iban a morir como mártires por Cristo (2 Ti. 4:6; cp. 2 P. 1:13-15).
8. La declaración que resume la epístola la encontramos en 3:18:

   «Antes bien, creced en la gracia y el conocimiento de nuestro Señor y Salvador Jesucristo. A él sea gloria ahora y hasta el día de la eternidad. Amén.»

I. La multiplicación del poder de Dios (1:1-4).

«Gracia y paz os sean multiplicadas, en el conocimiento de Dios y de nuestro Señor Jesús. Como todas las cosas que pertenecen a la vida y a la piedad nos han sido dadas por su divino poder, mediante el conocimiento de aquel que nos llamó por su gloria y excelencia» (1:2, 3)

Notemos especialmente la tremenda frase en 1:3: «Como todas las cosas que pertenecen a la vida y a la piedad nos han sido dadas por su divino poder.» Henrietta Mears nos ofrece la siguiente ilustración relacionada con esta gloriosa declaración:

«Pensemos en un criminal condenado a la horca. Supongamos que un mensajero se aproxima y dice: "El gobernador ha tomado en sus manos su caso, y le traigo una billetera con mil dólares." El criminal dirá: "¿Para qué me sirven? Me ahorcan mañana." "Bueno, tengo otro mensaje. Ha considerado su caso y le manda los títulos de una propiedad avaluada en un millón de dólares." El condenado mueve la cabeza desesperadamente y dice: "¿Qué puedo hacer con eso? Me ahorcan mañana." Pero el mensajero prosigue: "¡Un momento! Tengo otra oferta para hacerle. Le he traído la ropa en que fue proclamado el gobernador, para que se la ponga, como un favor especial." El condenado rompe a llorar, mientras dice: "¿Se está burlando de mí? ¿Cómo quedaría yo subiendo los escalones del patíbulo y vistiendo la ropa del gobernador mismo?" Entonces el mensajero dice: "Espere, tengo un mensaje más todavía. El gobernador le ha mandado el perdón. ¿Qué me dice de eso?" El pobre hombre lo mira y le dice que no lo cree. Pero el mensajero le entrega el indulto, firmado por el gobernador, con el sello oficial. Entonces el hombre salta de gozo, mientras las lágrimas de gratitud le corren por las mejillas. Luego el mensajero dice: "No he terminado todavía. Le he traído el indulto, la billetera con el dinero, el título de propiedad, y la ropa oficial que son suyas por añadidura." Estas son esas "todas las cosas" que Dios nos ha dado en Cristo, su Hijo. Con ellas, nada puede vencer al joven cristiano.

El modo en que puedo escapar a los horrendos pecados de este mundo todos los días y todo el día, es participando de su naturaleza y haciendo que él viva a través de mí. Hagamos nuestras las *preciosas y grandísimas promesas, para que por ellas llegaseis a ser participantes de la naturaleza divina.*» (*Lo que nos dice la Biblia*, Editorial Vida, pp. 576-577.)

¿Qué son exactamente estas «preciosas y grandísimas promesas»? Consisten completamente de los gloriosos hechos doctrinales presentes en la Palabra de Dios. Pedro habla de todo esto «multiplicadas, en el conocimiento de Dios». Este conocimiento es conocimiento de la Palabra de Dios. El conocimiento ligero produce cristianos superficiales.

II. Las adiciones por los hijos de Dios (1:5-9).

«Vosotros también, poniendo toda diligencia por esto mismo, añadid a vuestra fe...» (1:5).

Pedro menciona ahora siete cualidades que el creyente debe ampliar y desarrollar, y son:

A. Virtud: esta cualidad ha sido descrita como «excelencia con energía». También incluye la alabanza al Señor por el hijo de Dios (1 P. 2:9).
B. Conocimiento: una referencia al discernimiento moral. Este discernimiento, por supuesto, viene por el estudio de la Biblia.
C. Dominio propio: temperancia, autocontrol (Pr. 16:32; 25:28).
D. Paciencia: perseverar con gracia.
E. Piedad: la devoción y adoración correctas a Dios.
F. Afecto fraternal: amabilidad, bondad.
G. Amor: amor por los santos, los pecadores, las Escrituras y el Salvador. Al alentar a sus lectores a que se provean de estos elementos cristianos, Pedro está cumpliendo literalmente la profecía de Jesús acerca de él que tenemos en Lucas 22:31, 32:

«Dijo también el Señor: Simón, Simón, he aquí Satanás os ha pedido para zarandearos como a trigo; pero yo he rogado por ti, que tu fe no falte; y tú, una vez vuelto [Jesús se está refiriendo a la madurez espiritual que vendría en pentecostés], confirma a tus hermanos.»

Veamos los resultados de todo esto:

«Porque si estas cosas están en vosotros, y abundan, no os dejarán estar ociosos ni sin fruto en cuanto al conocimiento de nuestro Señor Jesucristo» (1:8).

Este capítulo ha sido llamado el «capítulo de las matemáticas»:

1. Multiplicación: «Gracia y paz os sean multiplicadas» (1:2).
2. Suma: «Añadid a vuestra fe» (1:5).
3. Substracción: «La purificación de sus antiguos pecados» (1:9).

III. El examen del llamamiento de Dios (1:10-12).

«Por lo cual, hermanos, tanto más procurad hacer firme vuestra vocación y elección; porque haciendo estas cosas, no caeréis jamás» (1:10).

Pedro nos está diciendo aquí que debemos poseer la seguridad necesaria en relación con nuestra *salvación* de Dios y nuestro *servicio* a Dios. Ningún hijo de Dios es efectivo si tiene dudas acerca de alguna de estas cosas.

IV. La revelación al apóstol de Dios (1:13-15).

«Pues tengo por justo, en tanto que estoy en este cuerpo, el despertaros con amonestación; sabiendo que en breve debo abandonar el cuerpo, como nuestro Señor Jesucristo me ha declarado. También yo procuraré con diligencia que después de mi partida vosotros podáis en todo momento tener memoria de estas cosas.»

Pedro supo acerca de su muerte cercana (Jn. 21:18), como también *Moisés* (Dt. 4:22: 31:14), y *Pablo* (2 Ti. 4:6). Habla de su muerte como «mi partida» (1:15). La palabra empleada aquí es realmente «mi éxodo» (salida), y se emplea también para describir la muerte de Jesús (Lc. 9:31).

V. La transfiguración del Hijo de Dios (1:16-18).

«Habiendo visto con nuestros propios ojos su majestad» (1:16).

Pedro está recordando aquel momento glorioso cuando contempló, junto con Juan y Santiago, la transfiguración del Señor Jesucristo.

VI. La inspiración de la Palabra de Dios (1:19-21).

«Tenemos también la palabra profética más segu-

La plenitud del plan de Dios — SIMÓN PEDRO

2 PEDRO

La MULTIPLICACIÓN del poder de Dios **(1:1-4)**

Las ADICIONES por los hijos de Dios **(1:5-9)**

El EXAMEN del llamamiento de Dios **(1:10-12)**

La REVELACIÓN a los apóstoles de Dios **(1:13-15)**

La TRANSFIGURACIÓN del Hijo de Dios **(1:16-18)**

La INSPIRACIÓN de la Palabra de Dios **(1:19-21)**

La DESVIACIÓN de los enemigos de Dios **(2:1—3:4)**

La CONDENACIÓN del anterior mundo de Dios **(3:5, 6)**

La ANIQUILACIÓN del presente mundo de Dios **(3:7-12)**

La NUEVA CREACIÓN de un futuro mundo de Dios **(3:13-18)**

ra, a la cual hacéis bien en estar atentos como a una antorcha que alumbra en lugar oscuro, hasta que el día esclarezca y el lucero de la mañana salga en vuestros corazones; entendiendo primero esto, que ninguna profecía de la Escritura es de interpretación privada, porque nunca la profecía fue traída por voluntad humana, sino que los santos hombres de Dios hablaron siendo inspirados por el Espíritu Santo.»

Estos tres versículos contienen sin duda algunas de las más profundas declaraciones concernientes a la importancia, interpretación y comunicación de la Palabra de Dios.

A. La importancia de la Palabra de Dios (1:19). Pedro dice «tenemos también la palabra profética más segura». Conviene notar que acababa de describir la extraordinaria transfiguración, pero ahora declara que la Palabra escrita (las Escrituras) son una confirmación más segura para el creyente que incluso el testimonio de Pedro de lo sucedido en el monte. Esto, por supuesto, no contradice a la experiencia humana, pero sí nos dice que la experiencia humana debe ser confirmada por la Palabra de Dios. Notemos la bella descripción que Pedro hace de Cristo aquí: «Hasta que el día esclarezca y el lucero de la mañana salga en vuestros corazones.» Para la *Iglesia* Él es lucero de la mañana (Ap. 22:16), pero para *Israel* es el Sol de justicia (Mal. 4:2).

B. La interpretación de la Palabra de Dios (1:20). Este versículo nos está diciendo que ni un solo versículo de la Biblia debería ser interpretado aisladamente, aparte de los 31.172 versículos restantes. Por ejemplo:
   1. El bautismo por otro no se enseña en 1 Corintios 15:29 (sea cual fuere lo que enseña), porque ningún otro versículo de la Biblia confirma tal cosa.
   2. El bautismo de regeneración no puede ser inferido de Hechos 2:38, porque otros muchos versículos claramente lo contradicen. Es todavía cierto que un *texto* sacado de su *contexto* es un *pretexto*.

C. La comunicación de la Palabra de Dios (1:21). Pedro nos está diciendo que los autores de la Biblia fueron movidos por el Espíritu de Dios como —podemos así decirlo— un barco de vela es llevado por el viento. Ellos *no* entraron en éxtasis ni en trance, sino que fueron plenamente conscientes de lo que estaba sucediendo (véanse también 2 Ti. 3:16; Lc. 1:70; Hch. 3:18). Podemos añadir una palabra más. El mismo Espíritu Santo, que dio originalmente la Palabra, desea ahora enseñarla a, y a través de, los hombres de Dios. (Véanse 1 Co. 2:9-16; Jn. 14:26; 16:13, 14.)

VII. La desviación de los enemigos de Dios (2:1—3:4).
   A. La identidad de estos enemigos.
      1. En los primeros días:
         a. Ángeles impíos (2:4). Todos aquellos ángeles que se unieron a Lucifer durante su gran rebelión (Is. 14:12-15; Ez. 28:11-19; Ap. 12:3, 4) un día serán juzgados, junto con Satanás, por Dios. Sin embargo, muchos creen que en este pasaje Pedro tiene en mente a un grupo especial de ángeles caídos que añadieron a su iniquidad original el pecado descrito en Génesis 6:1-5. En consecuencia, estos espíritus malos ya han sido entregados «a prisiones de oscuridad [literalmente abismos], pare ser reservados [confinados] al juicio» (véase también Jud. v. 6).
         b. Aquellos moradores de la tierra del tiempo de Noé (2:5). «Y si no perdonó al mundo antiguo ... trayendo el diluvio sobre el mundo de los impíos.» La palabra griega que se usa para «diluvio» aquí es *kataklusmos* que significa «anegar con agua». De ella proviene nuestra palabra cataclismo.
         c. La gente del tiempo de Lot (2:6-9). «Y si condenó por destrucción a las ciudades de Sodoma y Gomorra» (2:6). El término griego que se emplea aquí para «destrucción» es *katastrepho,* que habla de una situación de desastre total. De ella proviene nuestra palabra catástrofe. (Véanse Gn. 19; Jud. v. 7.)

         En estos versículos (2:6-9) tenemos información adicional sobre Lot que no aparece en el relato de Génesis 19.
         (1) Hechos acerca de su *salvación.* Se refieren a él como justo. Esto habría sido difícil de deducir a veces del relato del Antiguo Testamento. «Pero el fundamento de Dios está firme, teniendo este sello: Conoce el Señor a los que son suyos...» (2 Ti. 2:19).
         (2) Hechos acerca de su *alma.* Se nos dice que «afligía cada día su alma justa, viendo y oyendo los hechos inicuos de ellos» (2:8). Notemos también las palabras: «Y libró al justo Lot, abrumado por la nefanda conducta de los malvados» (2:7). Encontramos en estos versículos las palabras «afligía» y «abrumado». En 2:7 el término griego es *kataphoneo,* que «significa oprimirse, agotarse con dura labor». La segunda palabra es *basanizo,* que significa «torturar, atormentar». Lot, al avenirse a aquellas situaciones, sometió su alma justa a dura labor y cruel tormento.
         (3) Hechos acerca de su *Salvador.* «Sabe el Señor librar de tentación a los piadosos» (2:9; véanse Gn. 19:15, 17, 22; Sal. 34:15, 17, 19; 1 Co. 10:13).

         Nuestro Señor usó durante su ministerio terrenal los relatos históricos de Noé y de Lot para ilustrar aquellas condiciones que van a prevalecer en el tiempo antes del juicio final.

         «Como fue en los días de Noé, así también será en los días del Hijo del Hombre. Comían, bebían, se casaban y se daban en casamiento, hasta el día en que entró Noé en el arca, y vino el diluvio y los destruyó a todos. Asimismo como sucedió en los días de Lot; comían, bebían, compraban, vendían, plantaban, edificaban; mas el día en que Lot salió de Sodoma, llovió del cielo fuego y azufre, y los destruyó a todos. Así será el día en el que el Hijo del Hombre se manifieste» (Lc. 17:26-30).

Podemos decir de pasada que Lot es un tipo de la Iglesia, que será llevada *antes* del juicio, mientras que Noé es una prefiguración de Israel, que será preservado *durante* el juicio.

d. Los falsos profetas. «Pero hubo también falsos profetas entre el pueblo ... Han dejado el camino recto, y se han extraviado siguiendo el camino de Balaam ... el cual amó el premio de la maldad» (2:1, 15). Véase Números 22—24 para recordar el trasfondo de Balaam. Él fue el típico ejemplo del profeta alquilado, ansioso de vender su don por dinero. De él se habla también en Judas 1:11 y Apocalipsis 2:14.

2. En los últimos días:
   a. Falsos maestros. «Como habrá entre vosotros falsos maestros» (2:1).
   b. Burladores. «Sabiendo primero esto, que en los postreros días vendrán burladores, andando según sus propias concupiscencias» (3:3).

B. La iniquidad de estos enemigos. ¿Cómo pueden ser reconocidas estas personas? ¿Cuáles son sus características y cuál es su mensaje? El apóstol indica veintiséis marcas para reconocerlos.

1. Traen herejías destructoras. Estas herejías son introducidas junto con la verdad. Un poco de veneno en una botella de leche es mucho más peligroso que una botella de veneno bien etiquetado, porque frecuentemente sucede que la leche envenenada no se reconoce hasta que es demasiado tarde (2:1).
2. Niegan al Señor que los rescató. Esta pequeña frase refuta completamente la doctrina de la expiación limitada (2:1).
3. Hablan mal del camino de la verdad (2:2). De esta manera se hacen con muchos discípulos. «Y muchos seguirán sus disoluciones.» Falsos creyentes se irán detrás de falsos maestros. El pasaje de 1 Corintios 11:19 explica por qué Dios permite las sectas de hoy día.
4. Se aprovecharán de los elegidos de Dios. «Y por avaricia harán mercadería de vosotros con palabras fingidas» (2:3). La frase «palabras fingidas» es *plastos* en el griego, y de ella nos viene la palabra «plástico». Pedro está diciendo que sus obras pueden estirarse o encogerse para amoldarse a todo sistema teológico. Sin embargo, los herejes serán castigados, pues «su perdición no se duerme» (véase también Dt. 32:35).
5. Siguen «la carne, andan en concupiscencia e inmundicia» (2:10).
6. Desprecian y aborrecen a las autoridades (2:10).
7. Son presuntuosos y tercos, y no muestran respeto por los hombres ni por los ángeles (2:10).
8. Poseen la naturaleza de los animales irracionales (2:12).
9. Condenan sin entender aquello que rechazan (2:12).
10. Están dedicados a la pervertida filosofía hedonista (2:13). «Tienen por delicia el gozar de deleites cada día.» Son de los que no trabajan para vivir. (Véanse también Hch. 17:21; Tit. 1:12; Fil. 3:19; 1 Ts. 5:7.)
11. Son una vergüenza y escándalo en su propia sociedad (2:13).
12. Pretenden tener raíces en el cristianismo histórico. «Quienes aun mientras comen con vosotros, se recrean en sus errores.» Se piensa que esto se refiere a aquella fiesta de amor que se tenía en los templos antes de celebrar la Cena del Señor (1 Co. 11:17-34).
13. Su corazón está lleno de adulterio (2:14). No pueden ver a una mujer sin desnudarla mentalmente.
14. Seducen a los débiles e inestables (2:14).
15. Están completamente materializados (2:14).
16. Son hijos de maldición (2:14).
17. Se han olvidado por completo del camino recto (2:15).
18. Son como fuentes sin agua (2:17).
19. Son como nubes vacías «empujadas por la tormenta; para las cuales la más densa oscuridad está reservada para siempre» (2:17).

   El doctor K. Wuest escribe:

   «La palabra tormenta es *lailaps* en griego y habla de una tempestad, un viento violento. No es una simple ráfaga, sino un viento continuo y violento, procedente de una tormenta de nubes negras ... que lo trastornan todo.» (*In These Last Days*, p. 59.)

20. Hablan «palabras infladas y vanas» (2:18).
21. Juegan con la naturaleza sensual del hombre (2:18). «Seducen con concupiscencias de la carne y disoluciones a los que verdaderamente habían huido de los que viven en error.» Es decir, arrastran a la destrucción a aquellos que bien podían haber escapado.
22. Son como ciegos que dirigen a ciegos (2:19) «Les prometen libertad, y son ellos mismos esclavos de corrupción.» En dos ocasiones por lo menos se refirió nuestro Señor a estas características mientras estuvo en la tierra.

   «Dejadlos; son ciegos guías de ciegos; y si el ciego guiare al ciego, ambos caerán en el hoyo» (Mt. 15:14).

   «¡Ay de vosotros, escribas y fariseos, hipócritas! porque recorréis mar y tierra para hacer un prosélito, y una vez hecho, le hacéis dos veces más hijo del infierno que vosotros» (Mt. 23:15).

23. «Su postrer estado viene a ser peor que el primero» (2:20). Uno de los relatos más espantosos que nos contó nuestro Señor acerca de la actividad demoníaca ilustra vívidamente esta característica de los enemigos de la fe. Dijo:

   «Cuando el espíritu inmundo sale del hombre, anda por lugares secos, buscando reposo, y no lo halla. Entonces dice: Volveré a mi casa de donde salí; y cuando llega, la halla desocupada, barrida y adornada. Entonces va, y toma consigo a otros siete espíritus peores que él, y entrados, moran allí; y el postrer estado de aquel hombre viene a ser peor que el primero. Así también acontecerá a esta mala generación» (Mt. 12:43-45).

   Aquí tenemos un caso de reforma pero sin regeneración. Pedro termina diciendo:

   «Porque mejor les hubiera sido [a los falsos maestros] no haber conocido el camino de la justicia, que después de haberlo conocido, volverse atrás del santo mandamiento que les fue dado» (2:21).

Debemos observar de nuevo que Cristo ya había hablado anteriormente acerca de este asunto.

«Aquel siervo que conociendo la voluntad de su señor, no se preparó, ni hizo conforme a su voluntad, recibirá muchos azotes. Mas el que sin conocerla hizo cosas dignas de azotes, será azotado poco; porque todo aquel a quien se haya dado mucho, mucho se le demandará; y al que mucho se le haya confiado, más se le pedirá» (Lc. 12:47, 48).

24. Son como perros y cerdos sucios (2:22). «El perro vuelve a su vómito, y la puerca lavada a revolcarse en el cieno.» ¿Está Pedro enseñando aquí que un cristiano puede perder su salvación? No, no lo está haciendo; para comprobarlo ver su declaración sobre la eterna seguridad en 1 Pedro 1:3-5. En ningún lugar de la Biblia llama Dios a un creyente perro y puerco. Se está hablando de los falsos maestros.
25. Ridiculizan la Segunda Venida y rechazan todo pensamiento de juicio. «¿Dónde está la promesa de su advenimiento? Porque desde el día en que los padres durmieron, todas las cosas permanecen así como desde el principio de la creación» (3:4).
26. Cierran completa y eternamente sus mentes a aquellas verdades reveladas en el mundo de Dios y en su Palabra. «Estos ignoran voluntariamente...» (3:5). Un agnóstico no es, por tanto, una persona que dice: «No puedo creer», sino más bien la persona que dice: «No quiero creer.» Son gente sin excusa. (Véase Ro. 1:18-20.)

VIII. La condenación del anterior mundo de Dios (3:5, 6). «En el tiempo antiguo fueron hechos por la palabra de Dios los cielos, y también la tierra, que proviene del agua y por el agua subsiste, por lo cual el mundo de entonces pereció anegado en agua.» La frase «proviene del agua y por el agua subsiste» puede referirse a la declaración de Génesis 1:7:

«E hizo Dios la expansión [el espacio], y separó las aguas que estaban debajo de la expansión, de las aguas que estaban sobre la expansión.»

Algunos estudiosos de la Biblia han abogado por un teoría que enseña que antes del gran diluvio mucha del agua que ahora hay en los océanos estaba en suspensión en la alta atmósfera en forma de vapor de agua invisible. De ahí se infiere que tan temprano como el segundo día de la creación Dios había hecho ya los preparativos para el juicio mediante agua que empleó en el tiempo de Noé. Estos océanos atmosféricos descendieron entonces en forma de lluvia

tal como se indica en Génesis 7:11. La palabra «anegado» es en griego *katakluzo*, de donde procede nuestra palabra «cataclismo».

IX. La aniquilación del presente mundo de Dios (3:7-12). Probablemente pocos hombres están tan calificados como el doctor Henry Morris para escribir acerca de estos versículos. Morris es el director del Institute for Creation Research [Instituo para la Investigación de la Creación]. Escribe lo siguiente al respecto:

«Pregunta: "¿Será el mundo destruido a la larga mediante un holocausto nuclear?" Respuesta: La generación de los años cuarenta todavía recuerda los increíbles titulares de agosto de 1945, describiendo la horrible destrucción de Hiroshima, cuando se supo por primera vez de la bomba atómica y la humanidad entró en la era nuclear. Muchos cristianos, estudiosos de la Biblia, recuerdan cómo pensaron inmediatamente en la gran profecía de 2 Pedro 3:10: "Pero el día del Señor vendrá como ladrón en la noche; en el cual los cielos pasarán con grande estruendo, y los elementos ardiendo serán deshechos, y la tierra y las obras que en ella hay serán quemadas."

Sí, la tierra será algún día destruida mediante un cataclismo, que puede consistir en una desintegración atómica real. El término griego que traducimos por "elementos" en el pasaje arriba citado se refiere realmente a las subdivisiones básicas de la materia, correspondiendo muy de cerca al concepto científico moderno de los elementos químicos. La palabra que traducimos por "ardiendo" significa "deshacerse". La expresión "pasarán" no significa "destruidos", sino más bien "desaparecer de la vista". Los "cielos" no quiere decir las estrellas, sino el "firmamento" o la "atmósfera". Finalmente, "grande estruendo" y "deshechos" son expresiones asociadas intrínsecamente con explosiones atómicas.

La profecía de Pedro puede estar muy bien describiendo un cataclismo final, cuando la tierra misma, con su atmósfera, experimentará una vasta reacción nuclear en cadena y perecerá en un tremendo holocausto nuclear. Aunque es concebible que las actividades del hombre puedan llevar a esa final conflagración, lo más probable es que sea Dios mismo quien lo cause.

La existencia de tan extraordinaria profecía en la Biblia es una evidencia de su inspiración. El descubrimiento científico de que la materia puede convertirse en energía es uno de los grandes triunfos de la ciencia del siglo XX, y con todo, esta anticipación clara de una desintegración atómica, ha estado en la Biblia por 1.900 años.»

Existen de hecho otras muchas referencias en la Biblia indicando la equivalencia fundamental de materia y energía, e incluso el hecho aún más notable de que la integridad estructural de la «materia» es sostenida por algo que no es material, la misteriosa energía que mantiene unido al átomo.

Pedro, por ejemplo, nos dice que los cielos y la tierra son ahora «reservados» por la misma Palabra omnipotente (2 P. 3:7) que los creó. De igual manera, en Hebreos 1:3 las Escrituras nos dicen que el Creador, el Señor Jesucristo, está ahora sustentando «todas las cosas con la palabra de su poder». Notemos que las «cosas» son mantenidas juntas mediante «poder» o energía. En este mismo sentido, Pablo nos dice que «todas las cosas en él subsisten» (literalmente, «se unen») (Col. 1:17).

Finalmente, la Biblia nos dice que los «mundos» (es decir, el «cosmos de espacio y tiempo») fueron formados por la Palabra de Dios, «de modo que lo que se ve fue hecho de lo que no se veía» (He. 11:3). Estos son unos pocos de los muchos ejemplos de las percepciones científicas de la Biblia; no explicadas, por supuesto, en la jerga técnica de los modernos libros de texto, sino expresando claramente las verdades básicas que están detrás de la jerga.

Además, no solamente se afirma en las citadas referencias el hecho básico de la naturaleza esencial no mecánica de la materia, sino también la identidad real y la fuente de las fuerzas nucleares y de las energías unificantes que mantienen unido el núcleo atómico. Esa fuente de poder es nada menos que Cristo mismo. Él es el Creador y Sustentador omnipotente del universo.

«No es de extrañarse que Pablo diga: "... ciertamente no está lejos de cada uno de nosotros. Porque en él vivimos, y nos movemos, y somos..." (Hch. 17:27, 28). Los mismos átomos de nuestro organismo son preservados de una desintegración instantánea por el Señor Jesucristo. Las mismas células cerebrales que los hombres emplean para idear sus vanas especulaciones acerca de su origen y destino, negando al Verbo que los creó, son mantenidas unidas por Aquel a quien ellos continuamente blasfeman con su incredulidad. Si él retirara por un instante su bondadoso poder sustentador, el mundo entero caería en el más completo caos.

Y, de hecho, ¡eso es exactamente lo que ocurrirá un día! De delante de la ira y de la gracia y de la misericordia ultrajadas "huyeron la tierra y el cielo, y ningún lugar se encontró para ellos" (Ap. 20:11). En el fuego de la disolución atómica serán purgados para siempre los largos efectos de la maldición que han llenado la tierra con cicatrices de convulsiones físicas, desórdenes, decadencia y muerte. Y aquello que trajo la maldición, la rebelión y el pecado en las personas del diablo y sus ángeles, y de todos aquellos hombres que han rechazado o menospreciado la Palabra de Dios y su gran salvación en Cristo Jesús, serán apartados para siempre de la presencia de Dios y de los redimidos (Ap. 20:10-15; 2 Ts. 1:9).

Pero entonces, la tierra con su cielo serán hechos de nuevo. Porque "nosotros esperamos, según sus promesas, cielos nuevos y tierra nueva, en los cuales mora la justicia" (2 P. 3:13). "Y el que estaba sentado en el trono dijo: He aquí, yo hago nuevas todas las cosas" (Ap. 21:5). El prístino poder creativo del Verbo será ejercido una vez más y vendrán "los tiempos de la restauración de todas las cosas" (Hch. 3:21). Dios responderá a las oraciones de los fieles a lo largo de todas las edades, cuando oran: "Venga tu reino. Hágase tu voluntad, como en el cielo, así también en la tierra" (Mt. 6:10).

¡Cuán necio es que alguien se atreva hoy a cuestionar la Palabra de Dios y a desdeñar su don de gracia de perdón y salvación! "El cielo y la tierra pasarán, pero mis palabras no pasarán" (Mt. 24:35). "Y el mundo pasa, y sus deseos; pero el que hace la voluntad de Dios permanece para siempre" (1 Jn. 2:17).» (*The Bible Has the Answer*, pp. 344-346.)

X. La nueva creación (3:13-18).

SANTIAGO

INTRODUCCIÓN

1. Santiago era el medio hermano más grande de Jesús (Mr. 6:3; Mt. 13:55). Era también hermano de Judas, el autor de la epístola que lleva ese nombre.
2. Santiago era un incrédulo antes de la resurrección (Jn. 7:3-10).
3. Cuando Cristo resucitó se le apareció también a él (1 Co. 15:7). Más tarde lo encontramos entre los que esperaban pentecostés en el aposento alto (Hch. 1:14).
4. Fue el primer pastor de la iglesia de Jerusalén (Hch. 12:17; 15:13; Gá. 2:1, 9, 10, 12).
5. Su epístola es quizá la más temprana del Nuevo Testamento, fechada alrededor del 45 a.C. Se menciona la sinagoga como lugar de reunión (2:2, Versión Moderna). Parece que fue escrita cuando la Iglesia se movía todavía en el círculo del judaísmo.
6. Es el libro de más sabor judío en el Nuevo Testamento. M. F. Unger escribe:

   «Si se eliminaran todos los pasajes que se refieren a Cristo, la epístola podría estar incluida en el canon del Antiguo Testamento más que en el del Nuevo Testamento. En este sentido, la epístola podría ser descrita como una interpretación de la ley del Antiguo Testamento y del Sermón del Monte, a la luz del evangelio de Cristo.» (*Manual bíblico de Unger*, Editorial Portavoz, p. 804.)

   Podría ser considerado como el libro de Proverbios del Nuevo Testamento.
7. H. H. Halley dice: «Se le reconocía como hombre preeminentemente santo según las normas de la Ley. Sus compatriotas le llamaban "el Justo". Se dice que Santiago pasaba tanto tiempo de rodillas, que se le hicieron duras y callosas como las de un camello. Se cree que era casado (1 Co. 9:5).» (*Compendio Manual de la Biblia,* Editorial Portavoz, p. 588.)
8. Lo mismo que Judas, Santiago no «sacó a relucir nunca» su relación familiar con Cristo. Se refiere a sí mismo simplemente como «siervo de Dios y del Señor Jesucristo» (1:1).
9. El griego de esta carta es de la más alta calidad.
10. Contiene solamente cuatro citas directas del Antiguo Testamento, pero hallamos al menos cincuenta y tres referencias al Antiguo Testamento en la epístola.
11. A Santiago, al igual que a Jesús, le gustaba usar los personajes del Antiguo Testamento y el reino de la naturaleza como ilustraciones. Notemos:

    Personajes del Antiguo Testamento:

    a. Abraham (2:21).
    b. Isaac (2:21).
    c. Rahab (2:25).
    d. Job (5:11).
    e. Elías (5:17).

    Reino de la naturaleza:

    f. El viento que forma las olas del mar (1:6).
    g. La hierba que pasa y la flor que se marchita (1:10, 11).
    h. Fuego (3:5).
    i. Fuentes de agua (3:11).
    j. Higos y aceitunas (3:12).
    k. Sembrar y recoger (3:18).
    l. Lluvias tempranas y tardías (5:7).
    m. Sequía (5:17).
12. Algunos se han imaginado que había contradicción entre Santiago y Pablo. Martín Lutero lo creyó y se refirió a este libro como «una epístola de paja». Notemos los siguientes paralelismos:

    Santiago: «Vosotros veis, pues, que el hombre es justificado por las obras, y no solamente por la fe» (2:24).

    Pablo: «Porque por gracia sois salvos por medio de la fe; y esto no de vosotros, pues es don de Dios; no por obras, para que nadie se gloríe» (Ef. 2:8, 9).

    Lutero y otros estaban, por supuesto, equivocados en su conclusión, pues no hay contradicción aquí. Veamos:

    Pablo habla de la justificación delante de Dios.

    Santiago describe la justificación ante el hombre.

    Somos justificados *mediante* la fe, dice Pablo.

    Somos justificados *para* buenas obras, dice Santiago.

    Pablo está interesado en la *raíz* de la justificación.

    Santiago esta preocupado por el *fruto* de la santificación.

    Fue Juan Calvino quien dijo: «Sólo la fe nos salva, pero la fe que salva no está sola.»

    Además, en ocasiones Pablo enfatiza las *obras* (1 Ti. 6:18; Tit. 3:8; Ef. 2:10), mientras que Santiago enfatiza la *fe* (Stg. 2:5).
13. Santiago se encontró con Pablo durante la primera visita de Pablo a Jerusalén después de su conversión en el camino a Damasco (Gá. 1:18, 19).
14. También conversó con él durante la última visita del apóstol a Jerusalén (Hch. 21:18-25).
15. Dice la tradición que poco antes de la destrucción de Jerusalén, cuando muchos judíos aceptaban a Cristo, el sumo sacerdote Anás convocó al sanedrín y ordenó a Santiago que renunciara públicamente a Cristo como el Mesías de Israel. Ante su negativa fue arrojado desde el pináculo del templo y apedreado hasta morir cuando yacía en el suelo muriendo a consecuencia de la caída.
16. La palabra «perfecto» aparece un cierto número de veces en este libro. Procede del término griego *teleios* y significa «maduro». Usaremos esta palabra al desarrollar el bosquejo de la epístola de Santiago.

I. El sufrimiento ayuda a madurar al hombre (1:1-20).

   A. Las fuentes del sufrimiento:

   «Hermanos míos, tened por sumo gozo cuando os halléis en diversas pruebas» (1:2).

   «Bienaventurado el varón que soporta la tentación...» (1:12).

   Estos versículos nos hablan de dos clases de sufrimiento:

   1. El sufrimiento de las pruebas. Estas provienen de Dios y tienen el propósito de hacernos crecer y sacar a relucir lo mejor de nosotros. Veamos un ejemplo:

      «Aconteció después de estas cosas, que probó Dios a Abraham, y le dijo: Abraham. Y él respondió: Heme aquí. Y dijo: Toma ahora tu hijo, tu único, Isaac, a quien amas, y vete a tierra de Moriah, y ofrécelo allí en holocausto sobre uno de los montes que yo te diré» (Gn. 22:1, 2; véase también He. 11:17).

      «Y te acordarás de todo el camino por donde te ha traído Jehová tu Dios estos cuarenta años en el desierto, para afligirte, para probarte, para saber lo que había en tu corazón, si habías de guardar o no sus mandamientos» (Dt. 8:2; véase también 8:3).

      «Y Moisés respondió al pueblo: No temáis; porque para probaros vino Dios, y para que su temor esté delante de vosotros, para que no pequéis» (Ex. 20:20).

Características del hombre maduro

SANTIAGO

SANTIAGO

El sufrimiento
AYUDA AL HOMBRE A MADURAR (1:1-20)
«Hermanos míos, tened por sumo gozo cuando os halléis en diversas pruebas.» **1:2**

El estudio de las Escrituras
AYUDA AL HOMBRE A MADURAR (1:13-17; 19, 20, 22-25)
«Recibid con mansedumbre la palabra implantada, la cual puede salvar vuestras almas.» **1:21**

La sinceridad
AYUDA AL HOMBRE A MADURAR (2:1-13)
«Porque cualquiera que guardare toda la ley, pero ofendiere en un punto, se hace culpable de todos.» **2:10**

El servicio cristiano
AYUDA AL HOMBRE A MADURAR (2:14-26)
«Porque como el cuerpo sin espíritu está muerto, así también la fe sin obras está muerta.» **2:26**

El hablar rectamente
AYUDA AL HOMBRE A MADURAR (3:1-18; 1:26, 27)
«Porque todos ofendemos muchas veces. Si alguno no ofende en palabra, éste es varón perfecto, capaz también de refrenar todo el cuerpo.» **3:2**

La sumisión a Dios
AYUDA AL HOMBRE A MADURAR (4:17)
«Someteos, pues, a Dios.» **4:7**

El sacrificio personal
AYUDA AL HOMBRE A MADURAR (5:1-6)

La paciencia
AYUDA AL HOMBRE A MADURAR (5:7-11)

La oración
AYUDA AL HOMBRE A MADURAR (5:12-18)

El ganar almas
AYUDA AL HOMBRE A MADURAR (5:19, 20)

«Pero vosotros sois los que habéis permanecido conmigo en mis pruebas» (Lc. 22:28).

«En lo cual vosotros os alegráis, aunque ahora por un poco de tiempo, si es necesario, tengáis que ser afligidos en diversas pruebas» (1 P. 1:6).

2. Los sufrimientos de las tentaciones. Estos provienen del diablo (quien usa al mundo y la carne) y tienen el propósito de hacer que salga a relucir lo peor de nosotros.

«Cuando alguno es tentado, no diga que es tentado de parte de Dios; porque Dios no puede ser tentado por el mal, ni él tienta a nadie; sino que cada uno es tentado, cuando de su propia concupiscencia es atraído y seducido» (Stg. 1:13, 14; véanse también Gn. 3:1-6; Mt. 4:1; 2 Co. 11:3, 4).

Podemos decir, en conclusión, que tanto las pruebas como las tentaciones son las caras opuestas de la misma moneda. Es decir, que tanto Dios como Satanás pueden estar trabajando en la vida de un creyente por medio del mismo hecho, el uno para purificarle y el otro para pervertirle. (Véase Job 1, 2.)

B. Las características del sufrimiento:
1. Son frecuentemente repentinas: «Cuando os halléis...» (1:2).
2. Son seguras: Santiago dice: *cuando* os halléis, no, *si* caéis.
3. Pueden ser variadas: «en diversas pruebas». Pueden ser físicas, económicas, espirituales, mentales. sociales, etc.

C. El propósito del sufrimiento: como ya hemos visto, Dios causa o permite que sucedan los sufrimientos en nuestra vida. ¿Por qué lo hace?
1. Porque el sufrimiento nos ayuda a cultivar la paciencia.

«Sabiendo que la prueba de vuestra fe produce paciencia. Mas tenga la paciencia su obra completa, para que seáis perfectos y cabales, sin que os falte cosa alguna» (1:3, 4).

2. Porque el sufrimiento nos traerá galardón en el cielo.

«Bienaventurado el varón que soporta la tentación; porque cuando haya resistido la prueba, recibirá la corona de vida, que Dios ha prometido a los que le aman» (1:12).

D. La actitud en el sufrimiento: ¿Cómo debe el creyente responder a las pruebas y tribulaciones?

«Hermanos míos, tened por sumo gozo cuando os halléis en diversas pruebas» (1:2, véanse también Mt. 5:12; 1 P. 1:6; 4:12-14).

II. El estudio de las Escrituras ayuda al hombre a madurar (1:17, 18, 21-25). Estos versículos nos aportan cuatro verdades preciosas.

A. El Padre nos ha dado el Libro.

«Toda buena dádiva y todo don perfecto desciende de los alto, del Padre de las luces, en el cual no hay mudanza, ni sombra de variación» (1:17).

B. El Libro nos da a nosotros el nuevo nacimiento.

«El, de su voluntad, nos hizo nacer por la palabra de verdad, para que seamos primicias de sus criaturas. Por lo cual, desechando toda inmundicia y abundancia de malicia, recibid con mansedumbre la palabra implantada, la cual puede salvar nuestras almas» (1:18, 21).

C. El creyente debe, por tanto, leerla cuidadosamente.

«Mas el que mira atentamente en la perfecta ley, la de la libertad, y persevera en ella, no siendo oidor olvidadizo, sino hacedor de la obra, éste será bienaventurado en lo que hace» (1:25).

D. El creyente debe, pues, considerarla atentamente.

«Pero sed hacedores de la palabra, y no tan solamente oidores, engañándoos a vosotros mismos» (1:22).

III. La sinceridad ayuda al hombre a madurar (2:1-13).

A. La raíz de la insinceridad (2:1-8). Su base es la parcialidad hacia los ricos.

«Porque si en vuestra congregación entra un hombre con anillo de oro y con ropa espléndida, y también entra un pobre con vestido andrajoso, y miráis con agrado al que trae la ropa espléndida y le decís: Siéntate tú aquí en buen lugar; y decís al pobre: Estate tú allí en pie, o siéntate aquí bajo mi estrado; ¿no hacéis distinciones entre vosotros mismos, y venís a ser jueces con malos pensamientos?» (2:2-4).

B. El fruto de la insinceridad (2:9-13).

«Pero si hacéis acepción de personas, cometéis pecado, y quedáis convictos por la ley como transgresores. Porque cualquiera que guardare toda la ley, pero ofendiere en un punto, se hace culpable de todos» (2:9, 10).

IV. El servicio cristiano ayuda al hombre a madurar (2:14-26).

A. El problema: estos versículos, como ya hemos señalado en la Introducción, han causado preocupación innecesaria entre muchos cristianos. ¿Contradice Santiago a Pablo en el asunto de la justificación? ¿Era ese su propósito? No creo que sea ese el caso, porque para cuando Santiago escribía su carta Pablo no había empezado sus mu chas epístolas.

B. La prueba:

«Hermanos míos, ¿de qué aprovechará si alguno dice que tiene fe, y no tiene obras? ¿Podrá la fe salvarle? Así también la fe, si no tiene obras, es muerta en sí misma. Pero alguno dirá: Tú tienes fe, y yo tengo obras. Muéstrame tu fe sin tus obras, y yo te mostraré mi fe por mis obras. Tú crees que Dios es uno; bien haces. También los demonios creen, y tiemblan. ¿Mas quieres saber, hombre vano, que la fe sin obras es muerta? Vosotros veis, pues, que el hombre es justificado por las obras, y no solamente por la fe» (2:14, 17-20, 24).

Estos versículos no tienen el propósito de hablar de la *salvación* sino de las *señales* de la salvación. La prueba de la comida estará siempre en el comerla. La *única* prueba de la salvación de un hombre es por medio de sus obras. Un creyente callado bien puede ser considerado un santo ante Dios, pero permanecerá como un pecador delante de los hombres hasta que no actúa en el servicio cristiano.

C. El modelo: Santiago menciona a dos personas del Antiguo Testamento para ilustrar lo que quiere decir aquí.

1. Abraham:

«¿No fue justificado por las obras Abraham nuestro Padre, cuando ofreció a su hijo Isaac sobre el altar?» (2:21).

Es importante que notemos aquí la cronología de la vida de Abraham. Fue justificado ante Dios a la edad de 85 años (Gn. 15:6; 16:16), y fue justificado ante el hombre a la edad (aproximadamente) de 137 años (Gn. 22:1-14; 23:1).

2. Rahab:

«Asimismo también Rahab la ramera, ¿no fue justificada por obras, cuando recibió a los mensajeros y los envió por otro camino?» (2:25).

La *salvación* de Rahab aparece registrada en Josué 2:1-14, y el *servicio* en 2:15, 16. El doctor Charles Ryrie escribe al respecto:

«Una fe improductiva no puede salvar, porque no es una fe genuina. Fe y obras pueden compararse a un vale, cupón, billete o "ticket" para el cielo, impreso en dos mitades con perforación de puntos en el centro. La parte del cupón perteneciente a las obras no sirve, no es buena, para el viaje al cielo, pero la parte que corresponde a la fe no es válida si se la arranca de la que pertenece a las obras.» (*Biblia de Estudio Ryrie*, Editorial Portavoz, p. 1743.)

V. El hablar rectamente ayuda al hombre a madurar (3:1-18; 1:26, 27).

A. La importancia de la lengua:

«Porque todos ofendemos muchas veces. Si alguno no ofende en palabra, éste es varón perfecto, capaz también de refrenar todo su cuerpo» (3:2).

Tomado apropiadamente en su contexto, esta es una de las declaraciones más profundas y de mayor alcance de toda la Biblia.

B. Las ilustraciones de la lengua:

1. Nuestras lenguas nos dirigen como el caballo es guiado por el freno que lleva en la boca.
2. Nuestras lenguas nos dirigen como un barco es dirigido por un pequeño timón.

Se ha dicho que podríamos comparar el cuerpo con la congregación y la lengua con el maestro.

C. La iniquidad de la lengua:

«Así también la lengua es un miembro pequeño, pero se jacta de grandes cosas. He aquí, ¡cuán grande bosque enciende un pequeño fuego! Y la lengua es un fuego, un mundo de maldad. La lengua está puesta entre nuestros miembros, y contamina todo el cuerpo, e inflama la rueda de la creación, y ella misma es inflamada por el infierno» (3:5, 6).

Un incendio tiene generalmente un comienzo muy pequeño. Aquí se nos dice que el tremendo poder destructivo de la lengua viene del infierno mismo. (Véase también 3:14-16.)

D. La incorregibilidad de la lengua:

«Porque toda naturaleza de bestias, y de aves, y de serpientes, y de seres del mar, se doma y ha sido domada por la naturaleza humana; pero ningún hombre puede domar la lengua, que es un mal que no puede ser refrenado, llena de veneno mortal» (3:7, 8).

Hablando humanamente, la lengua no puede ser

cambiada (3:7, 8; cp. Ro. 3:13, 14). Sólo la eternidad revelará la frustración y la agonía causada por palabras descuidadas o rencorosas.

E. La inconsecuencia de la lengua:

«Con ella bendecimos al Dios y Padre, y con ella maldecimos a los hombres, que están hechos a la semejanza de Dios. De una misma boca proceden bendición y maldición. Hermanos míos, esto no debe ser así. ¿Acaso alguna fuente echa por una misma abertura agua dulce y amarga?» (3:9-12).

Un rey egipcio llamado Amasis envió una vez un sacrificio a su dios y pidió que el sacerdote le devolviera la mejor y la peor parte del animal. El sacerdote le envió la lengua, con el mensaje de que tal órgano representaba ambas demandas. Se ha dicho que el cristiano debería vivir de tal manera que no dudara nunca en vender su loro al chismoso del pueblo.

F. La instrucción de la lengua:

«¿Quién es sabio y entendido entre vosotros? Muestre por la buena conducta sus obras en sabia mansedumbre. Pero la sabiduría que es de lo alto es primeramente pura, después pacífica, amable, benigna, llena de misericordia y de buenos frutos, sin incertidumbre ni hipocresía. Y el fruto de justicia se siembra en paz para aquellos que hacen la paz» (3:13, 17, 18).

VI. La sumisión a Dios ayuda al hombre a madurar (4:1-17).

«Someteos, pues, a Dios» (4:7).

A. Debemos hacerlo a fin de escapar de:

1. La carne (4:1-3).
2. El mundo (4:4, 5).
3. El diablo (4:6, 7).

B. Debemos hacerlo para gozar de:

1. La gracia de Dios.

«Pero él da mayor gracia. Por esto dice: Dios resiste a los soberbios, y da gracia a los humildes» (4:6).

2. La guía de Dios.

«¡Vamos ahora! los que decís: Hoy y mañana iremos a tal ciudad, y estaremos allá un año, y traficaremos, y ganaremos; cuando no sabéis lo que será mañana. Porque ¿qué es vuestra vida? Ciertamente es neblina que se aparece por un poco de tiempo, y luego se desvanece. En lugar de lo cual deberíais decir: Si el Señor quiere, viviremos y haremos esto o aquello» (4:13-15).

3. La bondad de Dios.

«Humillaos delante del Señor, y él os exaltará» (4:10).

VII. El sacrificio personal ayuda al hombre a madurar (5:1-6).

VIII. La paciencia ayuda al hombre a madurar (5:7-11).

A. Un ejemplo del pasado:

«Hermanos míos, tomad como ejemplo de aflicción y de paciencia a los profetas que hablaron en nombre del Señor. He aquí, tenemos por bienaventurados a los que sufren. Habéis oído de la paciencia de Job, y habéis visto el fin del Señor, que el Señor es muy misericordioso y compasivo» (5:10, 11).

B. Un ejemplo del presente:

«Por tanto, hermanos, tened paciencia hasta la venida del Señor. Mirad cómo el labrador espera el precioso fruto de la tierra, aguardando con paciencia hasta que reciba la lluvia temprana y la tardía» (5:7).

C. Un ejemplo del futuro:

«Tened también vosotros paciencia, y afirmad vuestros corazones; porque la venida del Señor se acerca» (5:8, 9).

IX. La oración ayuda al hombre a madurar (5:12-18).

«¿Está alguno enfermo entre vosotros? Llame a los ancianos de la iglesia, y oren por él, ungiéndole con aceite en el nombre del Señor. Y la oración de fe salvará al enfermo, y el Señor lo levantará; y si hubiere cometido pecados, le serán perdonados. Confesaos vuestras ofensas unos a otros, y orad unos por otros, para que seáis sanados. La oración eficaz del justo puede mucho» (5:14-16).

Estos versículos han sido objeto de mucha especulación.

A. ¿Qué significa el ungimiento del enfermo con aceite?

1. Lo que no dice:

a. Esta no es una referencia a la extrema unción, que es un dogma de fe de la Iglesia Católica, y que se usa para preparar a la persona para la muerte. La práctica en estos versículos es para restaurar a los enfermos, no para enterrarlos.

b. Esto no es una aprobación de los sanadores por fe. Debemos notar, por el contrario, que aparecen involucrados varios ancianos de la iglesia.

2. Lo que sí dice:

a. Los varones involucrados: «los ancianos de la iglesia» (5:14). Como ya hemos indicado anteriormente, estos eran los líderes espirituales de la iglesia.

b. La medicina usada: «ungiéndole con aceite» (5:14). Esta es una referencia al aceite de oliva, que se usaba como un remedio medicinal común en el antiguo Oriente (véanse Is. 1:6; Lc. 10:34). En su libro *The Game of Life*, el autor Roy Roberts nos aporta una explicación útil, que tomó del profesor James E. Rosscup:

«Dicho brevemente, el aceite tenía un valor terapéutico en los tiempos antiguos como lo tiene hoy también, pero lo entendemos mejor aquí como un símbolo de la acción milagrosa de Dios al curar. Tenía buenos efectos medicinales, pues suavizaba y poseía poder curativo para animales, como ovejas (Sal. 23:5), y hombres (Is. 1:6). Cristo, en la parábola del buen samaritano, cuenta cómo éste aplicó aceite a las heridas del hombre que ayudó (Lc. 10:34). Pero éste no es, por varias razones, el significado que le da Santiago aquí. Aunque era terapéutico en algunos casos, no servía para curar todas las enfermedades en general. Además, Santiago no dice en el versículo 15 que el aceite va a curar al enfermo, ni siquiera que el aceite más la oración vayan a hacerlo. Él dice específicamente "la oración de fe salvará al enfermo", y no afirma nada sobre el aceite. No es el aceite sino el Señor el que "lo levantará". Es más apropiado decir que el ungimiento es con el propósito de simbolizar de manera tangible que se encomienda a aquella persona al milagroso poder curativo de Dios. Es como una ayuda a su fe al propiciar un sentido de expectación. Cristo mismo aplicó a veces saliva a las personas, para simbolizar evidentemente, mediante el contacto físico, la sanidad que Dios iba a realizar (Mr. 7:33; 8:23). Hay apoyo en el Antiguo Testamento para la idea de que el ungimiento puede significar el encomendar la persona a Dios para que él obre en ella conforme a su voluntad. Aparecen numerosas aplicaciones de aceite, no para curar sino para separar o identificar en algún sentido cosas o personas con Dios. Jacob ungió la piedra en Betel para identificarla como el símbolo de "casa de Dios" en la que él había estado (Gn. 28:18; 31:13). Cuando derramó aceite sobre la piedra no era para sanarla. Era una costumbre ceremonial que más tarde se usó en relación con sacerdotes (Ex. 29:7; Lv. 8:12), profetas (1 R. 19:16), y reyes (1 S. 10:1; 1 R. 19:15). Esto simbolizaba su dedicación y su identificación con Dios para hacer su voluntad. Cuando Jesús envió a los doce discípulos, ellos "ungían con aceite a muchos enfermos, y los sanaban" (Mr. 6:13)» (pp. 171, 172).

B. ¿Es un enfermo automáticamente sanado mediante esta acción? Para expresarlo de otra manera: ¿es siempre la voluntad de Dios que el creyente experimente largas enfermedades? No siempre es la voluntad de Dios sanar a los cristianos. El sufrimiento, cuando es entendido y soportado correctamente por el creyente, puede dar gloria a Dios. (Véanse Ex. 4:11; 1 Ti. 5:23; 2 Ti. 4:20; 2 Co. 12:1-10; Jn. 9:1-3.) Otras veces, por supuesto, la enfermedad *es* un castigo por el pecado (véase Jn. 5:14).

C. ¿Qué es lo que está involucrado en la confesión de 5:16? Santiago nos dice que debemos confesarnos nuestras ofensas *unos a otros*. Como ya hemos visto, hay ocasiones en que los pecados no confesados producen sufrimiento. Puede que Santiago se esté refiriendo a ello en este momento. Si un creyente enfermo ha ofendido a otro en la iglesia, se le exhorta a que lo confiese, a fin de que Dios pueda bendecirle tanto espiritual como físicamente.

Santiago dice entonces: «La oración eficaz del justo puede mucho» (5:16). El «justo» del que se habla aquí puede referirse al anciano que ora por el enfermo, o al creyente mismo que, habiendo restaurado sus relaciones mediante la confesión, puede ahora orar efectivamente. Santiago menciona a Elías como un ejemplo de oración eficaz del Antiguo Testamento (5:17; cp. 1 R. 17—18).

X. El ganar almas ayuda al hombre a madurar.

«Hermanos, si alguno de entre vosotros se ha extraviado de la verdad, y alguno le hace volver, sepa que el que haga volver al pecador del error de su camino, salvará de muerte un alma, y cubrirá multitud de pecados» (5:19, 20).

HEBREOS

INTRODUCCIÓN

1. Imaginemos una conversación entre un hindú y un cristiano. El hindú escucha atentamente mientras el cristiano le resume brevemente el ministerio terrenal de Cristo Jesús. Al final del mensaje, cuatro preguntas pueden surgir rápidamente en su mente.
   a. Pregunta: ¿por qué tenía que nacer Jesús? Respuesta: «A Dios nadie le vio jamás; el unigénito Hijo, que está en el seno del Padre, él le ha dado a conocer» (Jn. 1:18).
   b. Pregunta: ¿por qué tenía que morir Jesús? Respuesta: «El cual se dio a sí mismo por nuestros pecados para librarnos del presente siglo malo, conforme a la voluntad de nuestro Dios y Padre» (Gá. 1:4).
   c. Pregunta: ¿por qué tenía que resucitar Jesús? Respuesta: «Y si Cristo no resucitó, vana es entonces nuestra predicación, vana es también nuestra fe» (1 Co. 15:14).
   d. Pregunta: ¿por qué tenía que ascender Jesús? Respuesta: ¡el libro de Hebreos!
2. El libro de Hebreos nos presenta la única discusión amplia del Nuevo Testamento acerca de Cristo como el Sumo Sacerdote del creyente. Responde a la pregunta: ¿qué fue al fin de Jesús?
3. El autor: desconocido. Se han sugerido tres nombres.
   a. Pablo.
      (1) Porque la iglesia primitiva creyó que él fue el autor.
      (2) Debido al cierre característico de la epístola (13:25; cp. 2 Ts. 3:17, 18).
      (3) A causa de la expresión: «Mas el justo por la fe vivirá.» Esta expresión es una cita del Antiguo Testamento (Hab. 2:4), la cual es usada tres veces en el Nuevo Testamento (Ro. 1:17; Gá. 3:11; He. 10:38). El razonamiento en este caso es que, puesto que Pablo es quien la usó las dos primeras veces, fue él quien probablemente volvió a usarla en Hebreos.
      (4) Debido a la declaración de Pedro en 2 Pedro 3:15, 16, donde dice que Pablo había escrito a las mismas personas a las que él dirigía su carta, los judíos de la dispersión (1 P. 1:1; 2 P. 3:1). Pedro habla de la carta de Pablo como Escritura. El libro de Hebreos es el único en el Nuevo Testamento que llena esta descripción.
      (5) Porque fue escrita desde Italia (13:24) por un amigo de Timoteo (13:23), que se hallaba encarcelado en este momento (10:34). Esto encaja bien con la situación de Pablo como se registra en Hechos 28.
   b. Bernabé.
      (1) Porque él era un levita y parece que el libro de Hebreos fue escrito por uno de ellos.
      (2) A causa de la comparación entre Hechos 4:36 y Hebreos 13:22.
   c. Apolos.
      (1) Debido al estilo griego tan elocuente de Hebreos.
      (2) A causa de que las citas del Antiguo Testamento en Hebreos están tomadas de la Septuaginta, mientras que Pablo siempre cita del Antiguo Testamento hebreo.
4. Los destinatarios de la carta. Varias teorías:
   a. Jerusalén. Lo cual es muy dudoso que fuera:

(1) Debido a Hebreos 2:3.
(2) Debido a Hebreos 6:10; 10:34. Los lectores de esta carta fueron aparentemente capaces de ministrar a otros, pero la iglesia de Jerusalén estaba asolada por la pobreza (He. 11:27-30).
(3) A causa de Hebreos 12:4. La iglesia de Jerusalén ya había sufrido el martirio (Hch. 7:59, 60; 12:2).
(4) Porque no se hace mención del templo.

b. Roma.
c. Éfeso.

5. El libro de Hebreos ha sido llamado el quinto Evangelio. Los primeros cuatro describen lo que Cristo hizo en la tierra, mientras que Hebreos nos dice lo que está haciendo ahora en el cielo.
6. Hebreos 10:11 nos revela que el libro fue escrito antes de la destrucción del templo por Tito Vespasiano en el año 70 d.C.
7. Hebreos puede compararse con Romanos.
   a. Romanos revela la *necesidad* de la fe cristiana.
   b. Hebreos revela su *superioridad.*
8. Hay seis palabras clave en este libro, y son:
   a. Perfecto, perfeccionó (usada catorce veces).
   b. Eterno, para siempre (usada quince veces).
   c. Mejor (trece veces).
   d. Participantes (nueve veces).
   e. Cielo (diecisiete veces).
   f. Sacerdote, sumo sacerdote (treinta y dos veces).
9. Aparecen al menos ochenta y seis referencias directas del Antiguo Testamento hebreo, tomadas de cien pasajes.

I. Cristo, la persona superior (1:1—5:10).

A. Él es superior a los profetas (1:1-3).

1. Por la declaración del Padre a Él. En el pasado Dios había dado su palabra a los profetas en etapas y de varias maneras, pero sólo Jesús podía declarar el mensaje completo del Dios invisible.
2. Debido a la descripción que el Padre hace de Él.
   a. Fue constituido heredero de todo (Sal. 2:8; Jn. 3:35).
   b. Es aquel por medio del cual Dios hizo todas las cosas (Jn. 1:3).
   c. Él es la expresión absoluta de todos los atributos de la divinidad (Jn. 1:18; Ro. 9:5).
   d. Él es «el resplandor de su gloria».
   e. Todas las cosas subsisten por Él (Col. 1:17).
   f. Él es el purificador de los pecados.
   g. Está ahora sentado a la diestra de Dios.

Estos versículos (2, 3) nos dan los primeros grandes nombres y títulos de Cristo en el libro de Hebreos.

La lista completa es:

Autor (12:2).
Apóstol (3:1).
Capitán (2:10; 12:2).
Consumador (12:2).
Cristo (3:6).
Dios (1:8).
Fiador (7:22).
Heredero (1:2).
Hijo (1:2).
Mediador (8:6).
Pastor (13:20).
Precursor (6:20).
Primogénito (1:6).
Señor (2:3).
Sumo Sacerdote (2:17).

B. Él es superior a los ángeles (1:4—2:18).

1. Debido a su rango. «Hecho tanto superior a los ángeles, cuanto heredó más excelente nombre que ellos» (1:4).
2. A causa de su relación. «Yo seré a él Padre, y él me será a mí hijo» (1:5). Por esta razón Dios manda a los ángeles del cielo que le adoren (1:6). Juan Bunyan escribió una vez: «Si Jesús no es Dios, entonces el cielo está lleno de idólatras.»
3. Debido a su reino. «Tu trono, oh Dios, por el siglo del siglo» (1:8).
4. A causa de su rectitud. «Cetro de equidad es el cetro de tu reino» (1:8).

Primera advertencia: sobre el descuidar la Palabra de Dios (2:1-4).

Hebreos contiene cinco advertencias clave y esta es la primera. Veamos el razonamiento. Si Israel en el Antiguo Testamento fue castigado por desobedecer la palabra de los ángeles, cuánto mayor no sería el castigo por desobedecer la Palabra de Dios revelada por su propio Hijo (Gn. 19; Dt. 33:2; Sal. 68:17; Hch. 7:54; Gá. 3:19; cp. Lc. 4:18-21; 19:10; Mt. 16:21; 20:28).

5. A causa de su ministerio redentor (2:5-18).
   a. La necesidad de este ministerio redentor. ¿Por qué fue necesario que Jesús se encarnara?
      (1) A fin de recuperar nuestro destino perdido (2:5-9).
      (a) El hombre fue originalmente creado para gobernar todas las cosas.
      (b) Fue puesto a prueba (hecho un poco menor que los ángeles) por un tiempo.
      (c) A causa de su pecado no ha sido todavía capaz de gobernar sobre todas las cosas.
      (d) Jesús vino para completar por el hombre el propósito original.

El autor Ray C. Stedman escribe lo siguiente:

«El escritor insiste en que cuando David dice "todo lo sujetaste bajo sus pies" quiere decir realmente todo. Porque añade: *Porque en cuanto le sujetó todas las cosas, nada dejó que no sea sujeto a él.* Este es el destino propuesto para el hombre, su dominio autorizado. El hombre fue hecho para ser el rey del universo de Dios. Sin duda que este pasaje incluye más que la tierra. Abarca el universo creado de Dios tal como el hombre ha sido capaz de descubrirlo, en todas sus riquezas ilimitadas de espacio y todo lo que está más allá. Todo esto será puesto bajo el dominio del hombre. Esta es una visión tremenda y vastísima.

Pero la autoridad del hombre era una autoridad derivada. El hombre mismo tenía que estar sujeto a Dios, quien moraba en él.

Él iba ser el medio por el cual el Dios invisible se hacía visible a sus criaturas. Él iba a ser la manifestación de la vida de Dios que reposa en la residencia real del espíritu humano. Mientras el hombre se sujetara al señorío de Dios dentro de sí mismo sería capaz de ejercer dominio sobre el universo que le rodeaba. Sólo cuando el hombre acepta el dominio puede ejercer dominio.

El escritor señala más aún que el hombre fue hecho menor que los ángeles por un tiempo limitado a fin de aprender lo que significaba el ejercicio de tal dominio. Le fue dado un dominio limitado: esta tierra, este pequeño planeta moviéndose a través de la galaxia a la cual pertenecemos, en medio de todas las demás galaxias del espacio. También le fue dado un cuerpo físico limitado, para que dentro de esa área limitada pudiera aprender los principios por medio de los que podría ejercer el dominio en el universo. Se describe esta limitación diciendo "fue hecho un poco menor que los ángeles".

El pasaje sigue describiendo el presente estado de poca importancia del hombre. *Pero todavía no vemos que todas las cosas le sean sujetas.* Aquí tenemos dicha en pocas palabras toda la historia del hombre. ¡Cuán visible es esta verdad! Todavía no vemos todas las cosas sujetas a él. El hombre intenta ejercer su dominio pero no puede hacerlo adecuadamente. Nunca ha olvidado la posición que Dios le dio, porque a lo largo de toda la historia de la raza humana hay una continua reafirmación de los sueños del hombre por el dominio de la tierra y del universo. Por esta razón, no podemos olvidarnos de los montes más altos. Sentimos la necesidad de subir a su cumbre, aun cuando nada se nos haya perdido allí y aunque sabemos que cuando lleguemos allí sólo veremos lo que los osos ya han visto: la otra ladera de la montaña. Pero tenemos que llegar allí; tenemos que explorar las profundidades del mar; tenemos que salir al espacio exterior. ¿Por qué? Porque está allí.

El hombre ha manifestado consistentemente una notable memoria racial. Recuerdos rudimentarios de lo que Dios le dijo que hiciera. El problema está en que cuando trata de llevarlo a cabo ahora crea situaciones peligrosas y muy explosivas, porque ya no posee la habilidad para ejercer dicho dominio. Las cosas se desequilibran. Por esto nos vemos confrontados con una situación cada vez más seria en nuestros días, cuando en nuestro intento de controlar los insectos mediante pesticidas y otros venenos creamos un desequilibrio que nos amenaza con graves resultados. La historia del hombre es la de precipitar continuamente una crisis en su intento de ejercer dominio.

Si vamos a los registros más remotos de la historia del hombre, a los más antiguos, encontramos al hombre luchando con los mismos problemas morales que enfrentamos hoy. Hemos avanzado maravillosamente en la tecnología, pero no hemos progresado de igual manera en las relaciones morales. En alguna parte el hombre ha perdido sus relaciones con Dios.

La caída del hombre es la única explicación adecuada para esta situación. Desde entonces el universo está lleno de vanidad. En todo lo que el hombre hace nunca llega a una conclusión satisfactoria. Es verdad incluso en la vida individual. ¿Cuántos han llevado a cabo los sueños e ideales con los que empezaron? ¿Quién puede decir: "He hecho todo lo que quería hacer; soy todo lo que quería ser"? Pablo en Romanos nos lo confirma: "*La creación fue sujeta a vanidad*" (Ro. 8:20).

Pero el autor de Hebreos dice: *Vemos a ... Jesús.* Esta es la esperanza del hombre. Con los ojos de la fe vemos ya a Jesús coronado y reinando sobre el universo; el hombre Jesús cumple con el destino perdido del hombre.» (*What More Can God Say?*, pp. 20-22.)

Qué contraste tan fantástico encontramos entre las dos frases en 2:8 y 9: «... pero todavía no vemos...» y «Pero vemos a Jesús....»

Aquello que el primer Adán perdió en el huerto el segundo Adán lo ganó en el Gólgota.

(2) A fin de recuperar nuestra unidad perdida (2:10-13). Como resultado de su sufrimiento, Cristo nos une ahora con el Padre y se convierte en nuestro hermano mayor.

(3) Con el fin de asegurar de nuevo nuestra confianza perdida (2:14-18).

«Así que, por cuanto los hijos participaron de carne y sangre, él también participó de lo mismo, para destruir por medio de la muerte al que tenía el imperio de la muerte, esto es, el diablo, y librar a todos los que por el temor de la muerte estaban durante toda la vida sujetos a servidumbre.»

C. Él es superior a Moisés (3:1-19). Razón: Moisés era un siervo en la casa de Dios, mientras que Cristo es el Hijo amado (3:1-6).

Segunda advertencia: sobre el dudar de la Palabra de Dios (3:7-19; véase también 4:11).

1. Un ejemplo:

«No endurezcáis vuestros corazones, como en la provocación, en el día de la tentación en el desierto, donde me tentaron vuestros padres; me probaron, y vieron mis obras cuarenta años. A causa de lo cual me disgusté contra esa generación, y dije: Siempre andan vagando en su corazón, y no han conocido mis caminos. Pon tanto, juré en mi ira: No entrarán en mi reposo» (3:8-11).

2. Una exhortación:

«Mirad, hermanos, que no haya en ninguno de vosotros corazón malo de incredulidad para apartarse del Dios vivo; antes exhortaos los unos a los otros cada día, entre tanto que se dice: Hoy; para que ninguno de vosotros se endurezca por el engaño del pecado» (3:12, 13).

Nota: La palabra «exhortaos» que encontramos en el versículo 13 es *parakaleo*, que significa urgir a alguien a que siga una cierta forma de conducta.

D. Él es superior a Josué (4:1-16).

«Porque si Josué les hubiera dado el reposo, no hablaría después de otro día. Por tanto, queda un reposo para el pueblo de Dios» (4:8, 9).

Jesús es superior a Josué porque el descanso que Él da es eterno, mientras que el descanso de Josué apenas duró de 25 a 40 años.

1. Las amonestaciones de la Palabra de Dios. En este capítulo encontramos las primeras de trece amonestaciones que encontramos en Hebreos. Veámoslas:
   a. «Temamos, pues, no sea que...» (4:1).
   b. «Procuremos, pues, entrar en aquel reposo...» (4:11).
   c. «Por tanto ... retengamos nuestra profesión» (4:14).
   d. «Acerquémonos, pues, confiadamente...» (4:16).
   e. «Por tanto, dejando ya los rudimentos...» (6:1).
   f. «Acerquémonos con corazón sincero...» (10:22).
   g. «Mantengamos firmes, sin fluctuar, la profesión de nuestra esperanza...» (10:23).
   h. «Y considerémonos unos a otros para estimularnos al amor...» (10:24).
   i. «... despojémonos de todo peso y del pecado...» (12:1).
   j. «... corramos con paciencia la carrera que tenemos por delante» (12:1).
   k. «... tengamos gratitud, y mediante ella sirvamos a Dios agradándole...» (12:28).
   l. «Salgamos, pues, a él, fuera del campamento, llevando su vituperio» (13:13).
   m. «Así que, ofrezcamos siempre a Dios por medio de él...» (13:15).

Notemos especialmente el punto *d* (4:16).

Lutero, Zuinglio y Calvino clavaron en el mástil de la Reforma tres grandes principios que tomaron de Hebreos, que aparecen claramente en este pasaje:

No sacrificio, sino el Calvario.
No sacerdote, sino Cristo.
No confesionario, sino el trono de la gracia.

2. Los «descansos» en la Palabra de Dios. Hemos descrito tres grandes descansos bíblicos.
   a. El descanso de la creación (4:4).
   b. El descanso de la salvación (4:10).
   c. El descanso de la consagración (4:11).
3. El poder de la Palabra de Dios.

«Porque la Palabra de Dios es viva y eficaz, y más cortante que toda espada de dos filos; y penetra hasta partir el alma y el espíritu, las coyunturas y los tuétanos, y discierne los pensamientos y las intenciones del corazón. Y no hay cosa creada que no sea manifiesta en su presencia; antes bien todas las cosas están desnudas y abiertas a los ojos de aquel a quien tenemos que dar cuenta» (4:12, 13).

E. Él es superior a Aarón (5:1-10).

1. Él posee completamente lo que Aarón sólo tuvo en parte.
   a. Como Aarón, fue tomado de entre los hombres (5:1).
   b. Como Aarón, fue escogido por Dios (5:4).
   c. Como Aarón, tuvo compasión (5:2).
   d. Como Aarón, aprendió obediencia (5:8; véase también He. 2:10). Nota: Cristo fue siempre perfecto en su persona, pero mientras estuvo en la tierra alcanzó perfección en su obra.
   e. Como Aarón, oró (5:7).
   f. Como Aarón, sufrió (5:8; véase también Fil. 2:8).
2. Él posee perfectamente aquello de lo que Aarón careció.
   a. Al contrario de Aarón, es el unigénito Hijo de Dios (5:5).
   b. A diferencia de Aarón, es sacerdote según el orden de Melquisedec (5:6).
   c. En contraste con Aarón, es el autor de eterna salvación (5:9).

II. Perfección, el propósito superior (5:11—6:20).

«Por tanto, dejando ya los rudimentos de la doctrina de Cristo, vamos adelante a la perfección...» (6:1).

Tercera advertencia: sobre el apartarnos de la Palabra de Dios (5:11—6:20).

A. Las particularidades de este peligro.

1. Los síntomas:
   a. Apatía (5:11).

   «Acerca de esto tenemos mucho que decir y difícil de explicar, por cuanto os habéis hecho tardos para oír.»

   b. Ambigüedad (5:12).

   «Porque debiendo ser ya maestros, después de tanto tiempo, tenéis necesidad de que se os vuelva a enseñar cuáles son los primeros rudimentos de las palabras de Dios; y habéis llegado a ser tales que tenéis necesidad de leche, y no de alimento sólido.»

El escritor Ray Stedman escribe:

«Leí acerca de un director de una escuela secundaria que tenía necesidad de cubrir un puesto administrativo. Nombró para el puesto a un maestro que tenía diez años de experiencia en la enseñanza. Cuando se anunció oficialmente el nombramiento, otro maestro de la escuela fue a verlo muy enojado. Le dijo: "¿Cómo se le ha ocurrido ascender a ese maestro para dicha posición? Él sólo tiene diez años de experiencia y yo tengo veinticinco; usted ha pasado por encima de mí favoreciéndolo a él." A lo que el director respondió: "Lo siento, pero usted está equivocado; usted no tiene veinticinco años de experiencia; usted sólo tiene un año de experiencia repetido veinticinco veces."» (*What More Can God Say?*)

La razón para esta incertidumbre e inmadurez la encontramos en 5:13, 14; cp. 1 Corintios 3:1, 2; 1 P. 2:1, 2. Véase también Josué 5:12, donde se nos dice que el maná cesó *después* que Israel entró en la Tierra Prometida.

c. Apostasía (6:4-6).

2. Las teorías. Quizá no encontraremos ningún otro pasaje en las Escrituras que haya sido objeto de mayor especulación e interpretación que éste. Varias teorías sostienen que estos versículos describen a una de las siguientes clases de personas.
   a. Personas salvadas pero que perdieron su salvación a causa de algún pecado muy grave. Si esto es cierto, entonces el mismo pasaje también enseña que nunca podrán volver a ser salvas.
   b. Creyentes declarados que han «saboreado» solamente algo de las cosas de Dios, pero que en realidad nunca llegaron a «ingerirlas y digerirlas». Sin embargo, esta opinión carece por completo de apoyo, porque la misma palabra griega se usa también en Hebreos 2:9 en relación con Jesús: «... para que por la gracia de Dios gustase la muerte por todos».
   c. Creyentes judíos que vivían cuando el templo estaba todavía en pie. La *Biblia Anotada de Scofield* presenta este punto de vista:

      «He. 6:4-8 presenta el caso de Judíos que profesando ser creyentes se habían apartado de la fe en Cristo después de haber llegado hasta el mismo umbral de la salvación y experimentado la obra de iluminación y convicción realizada por el Espíritu (Jn. 16:8-10). No se dice que ellos tuvieran fe. Su experiencia era semejante a la de los espías en Cades Barnea (Dt. 1:19-26), quienes contemplaron la tierra y tuvieron el fruto mismo de ella en sus manos, y sin embargo volvieron al desierto» (p. 1251).
   d. Un caso hipotético de lo que no pudo ocurrir.

      «"Y recayeron" (v. 6). Sería imposible renovarlos otra vez para arrepentimiento, porque en ese caso sería necesario que Cristo muriera crucificado una segunda vez. Evidentemente, eso no ocurrirá (He. 10:12, 14); por consiguiente, es imposible caer de la gracia.» (*The New Scofield Bible*, p. 1315.)
   e. Apóstatas que están en peligro de cometer pecado de muerte (véanse 1 Co. 11:30; Hch. 5:1-11; 1 Jn. 5:16, 17). Ninguno de estos puntos de vista está exento de problemas. Parece, sin embargo, (en opinión del autor) que la última interpretación es la que describe mejor esta apostasía y define a estas personas.
3. El ejemplo (6:7, 8). Debemos fijarnos que *no* es el campo el que es destruido sino el fruto. (Véanse también 1 Co. 3:15; Jn. 15:6; He. 10:30.)

B. Las protecciones contra este peligro (6:1-3, 8-20). *Si* este pecado puede ser cometido por los creyentes, ¿hay suficiente protección contra él para aquellos creyentes que lo desean? Hay, por supuesto.
1. El comportamiento del creyente (6:1-3, 8-12).
   a. Debe ir «adelante a la perfección [madurez]» (6:1). Es decir, debe salir ya de los cimientos y edificar paredes; dejar el ABC por el doctorado.
   b. Debe ministrar a los santos (6:10).
   c. Debe mostrar amor por el nombre de Jesús (6:10).
   d. Debe ser diligente (6:11).
   e. Debe imitar a aquellos que «por la fe y la paciencia heredan las promesas» (6:12).

   Aunque las buenas obras no van a salvar a ningún pecador del infierno, si que librará a un santo del juicio. (Véase 1 Co. 11:31.)
2. La promesa del Padre (6:13-18).
   a. El hecho de esta promesa:
      (1) Estaba disponible para Abraham.
      (2) También lo está para nosotros.
   b. La naturaleza de esta promesa. «... tengamos un fortísimo consuelo los que hemos acudido para asirnos de la esperanza puesta delante de nosotros» (6:18).
   c. La seguridad de esta promesa (6:17, 18). Está basada en dos cosas inmutables:
      (1) El carácter eterno de Dios (lo que Él es).
      (2) La Palabra escrita de Dios (lo que Dios ha dicho).
3. El sacerdocio de Cristo (6:19, 20). A Jesús se le describe aquí como un precursor. Esta palabra ha sido asociada con un barco pequeño llamado precursor. En el mundo antiguo, los barcos grandes para travesías marítimas experimentaban frecuentemente dificultades cuando se aproximaban a los puertos griegos poco profundos. Para contrarrestar estas dificultades, se enviaba un bote que iba delante del grande para ayudarle a entrar en puerto y anclar con seguridad. El doctor Kenneth Wuest escribe:

   «El ancla del creyente está, por tanto, asegurada dentro del velo, en el lugar santísimo en el cielo. Tenemos aquí unas imágenes preciosas. La vida presente es el mar; el alma es un barco... el alma del creyente, cuando las tempestades azotan al barco, es sostenida por el ancla dentro del velo, asegurada por la fe a la bendita realidad que está más allá del velo.» (*Hebrews in the Greek New Testament*, p. 125.)

III. Melquisedec: el sacerdocio superior (7—10). Ya ha sido establecido que Cristo es un sacerdote según el orden de Melquisedec y no el de Aarón. Esto nos ofrece inmediatamente una ventaja múltiple.

A. Nos ofrece una mejor fuente (cap. 7). De Aarón a Melquisedec. Cristo Jesús recibió:

1. Un real sacerdocio. Melquisedec era tanto rey como sacerdote (Gn. 14:18).
2. Un sacerdocio con autoridad. Melquisedec recibió los diezmos de Abraham (Gn. 14:20).

En Hebreos 7:4-10 el autor señala que por cuanto Leví (fundador del sacerdocio levítico del cual procedió Aarón como sumo sacerdote) estaba en los lomos de Abraham (pues llegó a ser su biznieto), él (Leví) en realidad le dio diezmos a Melquisedec por medio de Abraham. La conclusión es que bajo la ley levítica los sacerdotes recibían diezmos del pueblo, pero en el momento de Génesis 14 los sacerdotes levíticos pagaron diezmos a Melquisedec.

3. Un sacerdocio eterno. Melquisedec era «sin padre, sin madre, sin genealogía; que ni tiene principio de días, ni fin de vida» (7:3), pero Aarón murió (He. 7:8; cp. Nm. 20:23-29).

Nota: Esto *no* significa necesariamente que Melquisedec era Cristo en realidad (aunque bien pudo serlo), pero por cuanto no tenemos registro de su nacimiento ni de su muerte, se ha convertido en un tipo de Cristo, no sólo en su oficio sino también en su origen.

4. Un sacerdocio independiente. Melquisedec fue ordenado mediante un juramento de Dios y no de la tribu de Leví. En el Antiguo Testamento nadie podía servir como sacerdote a menos que fuera descendiente de Aarón (Esd. 2:61, 62). Sin embargo, ni Melquisedec ni Cristo procedían de esa tribu (He. 7:14, 22-24).
5. Un sacerdocio para siempre (He. 7:17; Sal. 110:4).
6. Un sacerdocio inmutable (7:24).
7. Un sacerdocio que lo incluía todo. Bajo este arreglo Cristo no *presentaba* una ofrenda sino que él *era* realmente la ofrenda (7:27). El escritor Ray Stedman dice lo siguiente en relación con el versículo 27:

> «Como sacerdote, Cristo Jesús no pudo encontrar una ofrenda sin tacha que pudiera ofrecer, por lo que Él se ofreció a sí mismo como sacrificio; no se encontró otro sacerdote digno de ofrecer semejante sacrificio, sino sólo Cristo como Sacerdote y víctima.» (*What More Can God Say?*, p. 115.)

Podemos ver esta doble providencia al escuchar las siete últimas expresiones de Cristo en la cruz. Las tres primeras muestran su ministerio sacerdotal, mientras que las últimas cuatro hablan de su papel sacrificial.

8. Un sacerdocio santo (7:26).

> «Porque tal sumo sacerdote nos convenía: santo, inocente, sin mancha, apartado de los pecadores, y hecho más sublime que los cielos» (7:26).

Esto contrasta con el sacerdocio levítico, cuyos representantes permitieron frecuentemente que la corrupción y la idolatría controlaran sus vidas (véanse Ex. 32:1-6, 21-25; 1 S. 2:12-17; 8:1-3).

9. Un sacerdocio perfeccionador (7:19, 25).

> «Por lo cual puede salvar también perpetuamente a los que por él se acercan a Dios, viviendo siempre para interceder por ellos» (7:25).

Este versículo se aplica a menudo en relación con la salvación de los perdidos, pero en su contexto se refiere a la *preservación* de los salvados. Es decir, que Cristo *murió* aquí en el Calvario para darnos salvación, y ahora *vive* allá en la gloria para mantenernos salvos. (Véanse también Ro. 8:34; Ap. 1:18.)

B. Nos ofrece un mejor pacto (cap. 8). Del antiguo pacto al nuevo. La palabra hebrea en el Antiguo Testamento para «pacto» era *berit*, y significa «cortar o dividir». (Véanse Gn. 15:10; Jer. 34:18, 19.) Este cortar se refería a los animales para el sacrificio. Las piezas sangrantes del animal cortado eran puestas a ambos lados, y las dos partes del *berit* pasaban entre ellas. Sin embargo, en el relato de Génesis 15, Dios hizo dormir a Abraham y él pasó solo por entre las partes, significando este particular *berit* que era incondicional. Esta ceremonia era también conocida como el pacto de sangre. Este concepto del Antiguo Testamento es expresado en el Nuevo testamento mediante la palabra *diatheke*. Un *diatheke* es un tratado entre dos partes, pero que obliga a una sola según los términos establecidos por la otra. Esta importante palabra aparece no menos de veinticinco veces en el libro de Hebreos, y siempre es traducida al castellano usando las palabras «pacto» o «testamento». (Véanse también Lc. 22:20; 1 Co. 11:25; 2 Co. 3:6.)

Otra palabra griega, *suntheke*, es, no obstante, el término empleado regularmente para un tratado; se usa cuatro veces y siempre en un sentido malo (véanse Jn. 9:22; Lc. 22:5; Hch. 23:20; 24:9).

En Hebreos 8 el autor contrasta el nuevo pacto con ciertos pactos del Antiguo Testamento (sin embargo, no el hecho con Abraham).

1. El antiguo pacto.
   a. Moisés fue el mediador (Ex. 19; Jn. 1:17; Gá. 3:19).
   b. Fue condicional (véase Dt. 28).
   c. No pudo producir la justicia necesaria (8:8).
   d. Fue escrito en tablas de piedra (Ex. 32:15).
2. El nuevo pacto.
   a. Cristo es el Mediador (9:15; Jn. 1:17).
   b. Es incondicional (8:9).
   c. Puede producir la justicia necesaria (8:11).
   d. Está escrito en corazones de carne (8:10).

Se han producido al menos cuatro teorías en relación con los que reciben este nuevo pacto, y son:

1. La Iglesia ha reemplazado a Israel como participante en el nuevo pacto. Pablo refutó totalmente este concepto en Romanos 9—11.
2. El nuevo pacto es solamente con el pueblo de Israel. Sin embargo, esto parece estar fuera de contexto con Hebreos 8.
3. Hay dos pactos nuevos en este capítulo. Uno se refiere a Israel y el otro a la Iglesia.
4. Hay un sólo pacto nuevo aquí que será cumplido escatológicamente por Israel, pero en el que la Iglesia participa hoy soteriológicamente.

De estos cuatro puntos de vista sacamos la conclusión de que, mientras que el tercero es posible, el cuarto es *probable*.

Las cosas mejores

Cristo: LA PERSONA SUPERIOR **1:1—5:10**
Perfección: El PRÓPOSITO SUPERIOR **5:11—6:20**
Melquisedec: El SACERDOCIO SUPERIOR **7:1—10:39**
Fe: El PRINCIPIO SUPERIOR **11:1—13:25**

Las mejores recomendaciones

NO DESCUIDAR su Palabra **2:1-4**
NO DUDAR de su Palabra **3:12, 13; 4:11**
NO APARTARSE de su Palabra **6:4-6**
NO MENOSPRECIAR su Palabra **10:26-29**
NO DISENTIR de su Palabra **12:25**

La Persona superior (*Cristo*)

Superior a los profetas **1:1-3**
Superior a los ángeles **1:4—2:8**
Superior a Moisés **3:1—4:7**
Superior a Josué **4:8-16**
Superior a Aarón **5:1-10**

El propósito superior 5:11—6:20

(*Perfección*)

El sacerdocio superior 7—10

(*Melquisedec*)

Nos ofrece una mejor fuente **(cap. 7)**
Nos ofrece un mejor santuario **(cap. 9)**

El principio superior (*fe*)

Las personas de fe **(cap. 11)**
El modelo de la fe **(cap. 12)**

«Porque no entró Cristo en el santuario hecho de mano, figura del verdadero, sino en el cielo mismo para presentarse ahora por nosotros ante Dios» **(He. 9:24).**

HEBREOS... *el «mejor» libro*

C. Nos ofrece un mejor santuario (cap. 9). Del terrenal al celestial.
1. El santuario terrenal. Su inferioridad:
a. Era de este mundo (9:1).
b. Era temporal (9:8; véase también 8:13).
c. Era una copia (sombra, tipo) del auténtico (9:9).
d. Era para la mayoría inaccesible (9:7).
e. Estaba asociado con la primera obra de creación de Dios (9:11).
f. Fue hecho por manos humanas (9:24).
g. Enfatizaba la sangre de los animales (9:13).
h. Era ineficaz en lo que se refiere a la salvación eterna (9:9).
i. No ofrecía una esperanza continua (9:10).
2. El santuario celestial. Su superioridad:
a. Está en los cielos.
b. Es permanente.
c. Es el verdadero.
d. Es totalmente accesible para todos (4:16; 10:19).
e. Esta asociado con la segunda obra de la redención de Dios.
f. Fue hecho sin intervención de manos humanas (9:24).
g. Representa la sangre de Cristo (9:12).
h. Es totalmente eficaz en materia de eterna salvación (9:12).
i. Ofrece una esperanza permanente. Notemos tres cortas frases en 9:24, 26, 28:

«Se presentó» (9:26): su primera tarea como *profeta.*

«Para presentarse ahora» (9:24): su tarea presente como *sacerdote.*

«Y aparecerá» (9:28): su futura tarea como *rey.*

El autor de Hebreos nos ha descrito ya el ministerio múltiple de nuestro Señor:
(1) Su encarnación (1:2; 2:16, 17).
(2) Su servicio (5:7-9).
(3) Su crucifixión (6:6, 7; 7:27; 2:9).
(4) Su resurrección (13:20).
(5) Su ascensión (4:4; 6:20).
(6) Su intercesión (7:25; 8:1; 9:12, 24).
(7) Su revelación (9:28).

D. Nos ofrece un sacrificio superior (cap. 10). De los corderos terrenales al Cordero de Dios.
1. La necesidad del Cordero de Dios:

«Porque la sangre de los toros y de los machos cabríos no puede quitar los pecados» (10:4).

Estos sacrificios podían *cubrir* el pecado (por un tiempo), pero no podían *limpiar* del pecado. (Véanse también 10:6, 11; Is. 1:11; Jer 6:20; Os. 6:6; Am. 5:21, 22.)

2. La obediencia del Cordero de Dios.

«Por lo cual, entrando en el mundo dice: Sacrificio y ofrenda no quisiste; mas me preparaste cuerpo... Entonces dije: He aquí que vengo, oh Dios, para hacer tu voluntad...» (10:5, 7).

Podemos considerar estas palabras como las primeras de nuestro Señor registradas en relación con su ministerio terrenal, pronunciadas quizá cuando dejaba su trono de gloria para incorporarse a aquella pequeña masa de carne humana en el vientre de María.

3. Los logros alcanzados por el Cordero de Dios:
a. Una redención completa.
b. La santificación presente.
c. La glorificación venidera.

«Y ciertamente todo sacerdote está día tras día ministrando y ofreciendo muchas veces los mismos sacrificios, que nunca pueden quitar los pecados; pero Cristo, habiendo ofrecido una vez para siempre un solo sacrificio por los pecados, se ha sentado a la diestra de Dios, de ahí en adelante esperando hasta que sus enemigos sean puestos por estrado de sus pies; porque con una sola ofrenda hizo perfectos para siempre a los santificados» (10:11-14).

4. La exhortación del Cordero de Dios:
a. Confianza en relación con los pecados:

«Añade: Y nunca más me acordaré de sus pecados y transgresiones ... Así que, hermanos, teniendo libertad para entrar en el Lugar Santísimo por la sangre de Jesucristo ... acerquémonos con corazón sincero, en plena certidumbre de fe...» (10:17, 19, 22; véase también 10:35-37).

b. Conciencia en relación con los santos: ¿Es el creyente responsable por el bienestar de otros cristianos? Ciertamente lo es. Notemos:

«Y considerémonos unos a otros para estimularnos al amor y a las buenas obras; no dejando de congregarnos, como algunos tienen por costumbre, sino exhortándonos; y tanto más, cuanto veis que aquel día se acerca» (10:24, 25; véase también 10:34).

Cuarta advertencia: sobre el menospreciar la Palabra de Dios (10:26-31).

¿Se refieren estos tremendos versículos a los salvos o a los no salvos? Aunque no podemos ser absolutamente dogmáticos, podríamos concluir por la frase en el versículo 30: «el Señor juzgará a su pueblo», que el autor tiene a los creyentes en mente. Si esto es correcto, entonces puede que tenga en mente el pecado de muerte, y si es así, este pasaje podría ligarse con Hebreos 6:4-6.

IV. La fe, el principio superior (caps. 1—13).

A. Las personas de fe (11). El autor de Hebreos termina el capítulo 10 con una declaración que es un resumen acerca del creyente y su gran Sumo Sacerdote. La declaración es: «Mas el justo vivirá por fe» (10:38).

Después de llegar hasta aquí en el estudio de la epístola, algún lector puede quizá estar pensando: ¿Cómo es exactamente esta fe? ¿Ha vivido alguien realmente de esta manera antes? El autor responde ahora a estas preguntas. Este capítulo ha sido llamado la lista de los héroes de la fe.

1. La descripción de la fe (11:1-3):

«Es, pues, la fe, la certeza de lo que se espera, la convicción de lo que no se ve. Porque por ella alcanzaron buen testimonio los antiguos. Por la fe entendemos haber sido constituido el universo por la palabra de Dios, de modo que lo que se ve fue hecho de lo que no se veía» (11:1-3).

a. «La fe es la plena certeza de que lo que esperamos ha de llegar. Es el convencimiento absoluto de que hemos de alcanzar lo que ni siquiera vislumbramos» (Paráfrasis de 11:1 de la *Biblia al día*).

b. «La fe capacita al alma creyente a tratar el futuro como si fuera presente, y a lo invisible como si se viera» (J. Oswald Sanders).

c. Según el versículo 3, la fe es vital si queremos ir más allá del primer versículo de Génesis 1. (Véase también 11:6.)

d. «La fe es confiar en lo que no vemos, pero no en lo desconocido. (Véase también 11:27.)

e. La fe es la escritura de propiedad de aquellas cosas que esperamos» (Moulton y Milligan).

2. La fe demostrada (11:4-40). El autor ahora nos recuerda a muchos creyentes del Antiguo Testamento que ilustran los extraordinarios logros alcanzados mediante la fe en Dios. Prestemos atención a los héroes y a sus carreras en las olimpiadas del cielo:

a. Los héroes:
   (1) Abel.
   (2) Enoc.
   (3) Noé.
   (4) Abraham.
   (5) Sara.
   (6) Isaac.
   (7) Jacob.
   (8) José.
   (9) Moisés.
   (10) Los padres de Moisés.
   (11) Josué.
   (12) Gedeón.
   (13) Rahab.
   (14) Barac.
   (15) Sansón.
   (16) Jefté.
   (17) David.
   (18) Samuel.
   (19) Otros.

b. Las carreras:
   (1) Por la fe se ofreció el sacrificio apropiado (Abel, v. 4).
   (2) Por la fe tuvo lugar un rapto (Enoc, v. 5).
   (3) Por la fe ocho personas escaparon de las aguas del diluvio (Noé, v. 7).
   (4) Por la fe se obedecieron mandamientos difíciles (Abraham).
      (a) Salir de su tierra (11:8-10).
      (b) Ofrecer en sacrificio su único hijo (11:17-19).

      Notemos, en relación con el versículo 19, que Abraham creyó en Dios en este momento antes de que hubiera ningún precedente de resurrección física bien por promesa o por ejemplo.

      Se ha observado que mediante la fe Abraham creyó a Dios cuando no sabía el *dónde* (11:8-10), ni el *cómo* (11:11, 12), ni el *cuándo* (11:13-16), y ni siquiera sabía el *porqué* (11:17-19).
   (5) Por la fe una mujer estéril dio a luz un hijo (Sara, vv. 11, 12).
   (6) Por fe se hicieron grandes predicciones:
      (a) En relación con el matrimonio y la familia de Jacob (Isaac, v. 20; véase también Gn. 28:1-4).
      (b) En lo concerniente a la tribu de la que saldría el Mesías (Jacob, v. 21; véase también Gn. 49:10).
      (c) En relación con el éxodo (José, v. 22; véase también Gn. 50:24, 25).
   (7) Por la fe fue ocultado un niño durante tres meses (por los padres de Moisés, v. 23)
   (8) Por la fe una nación fue liberada de la esclavitud (Moisés, vv. 24-29).
      (a) La determinación de Moisés de liberar a Israel (11:24).
      (b) Las razones para esta determinación (11:25-27).
      (c) Los resultados de esta determinación (11:28, 29).
   (9) Por fe cayeron los muros de una ciudad (Josué, v. 30).
   (10) Por fe una ramera fue salvada (Rahab, v. 31).
   (11) Por fe reformadores militares liberaron a Israel (Gedeón, Barac, Sansón, Jefté, v. 32).
   (12) Por fe un joven pastor fue ungido rey (Samuel, v. 32; véase también 1 S. 16).
   (13) Por fe fueron sometidos reinos (David, v. 32, 33; véase también 2 S. 8).
   (14) Por la fe se obraron acciones justas (v. 33). Muchos profetas, sacerdotes y reyes del Antiguo Testamento lo hicieron.
   (15) Por la fe se alcanzaron promesas (v. 33). Tenemos muchos ejemplos de ello en el Antiguo Testamento.
   (16) Por fe se cerraron bocas de leones (v. 33; véanse Jue. 14:5, 6; 1 S. 17:34-37; Dn. 6:22).
   (17) Por fe fueron apagados fuegos violentos (v. 34; véase Dn. 3:25).
   (18) Por fe se escaparon creyentes del filo de la espada (v. 34; véase 2 R. 6:14-17).
   (19) Por fe las debilidades se transformaron en potencias (v. 34).
   (20) Por fe muchos se hicieron fuertes en las batallas (v. 34).
   (21) Por fe muchos hicieron retroceder ejércitos extranjeros (v. 34).
   (22) Por fe las mujeres vieron sus muertos resucitar (v. 35; véanse 1 R. 17:24; 2 R. 4:35).
   (23) Por fe muchos soportaron torturas (v. 35).
   (24) Por fe muchos sobrellevaron cárceles (v. 36; véase 2 Cr. 16:10).
   (25) Por fe muchos soportaron pruebas (v. 37; véase Gn. 39:12).
   (26) Por fe sufrieron la muerte por espada, lapidación, aserrados (vv. 36, 37); véanse 2 Cr. 24:20-22; Mt. 23:35).

3. La fe depositada (11:13-16, 38-40). Después de leer todas estas hazañas, uno bien pudiera preguntarse qué meta pudo haber sostenido la fe de estos santos en el sufrimiento? Tenemos

la respuesta en los versículos señalados. Ellos depositaron su fe en aquella ciudad celestial «que tiene fundamentos, cuyo arquitecto y constructor es Dios» (11:10).

B. El modelo de la fe (cap. 12).

1. Puestos los ojos en el Hijo de Dios (12:1-3).

a. Ya hemos expresado nuestra convicción de que Pablo fue el autor de Hebreos. Este extraordinario apóstol fue muchas cosas: misionero, ganador de almas, pastor, teólogo, fabricante de tiendas, etc.; y parece que en su tiempo libre era también un amante de los deportes. Pablo usa frecuentemente en sus escritos la analogía de los deportes para ilustrar lo que quiere decir. Por ejemplo:

(1) La lucha. «Porque no tenemos lucha contra sangre y carne, sino contra principados, contra potestades, contra los gobernadores de las tinieblas de este siglo, contra huestes espirituales de maldad en las regiones celestes» (Ef. 6:12).

(2) Boxeo. «He peleado la buena batalla...» (2 Ti. 4:7). «... de esta manera peleo, no como quien golpea el aire» (1 Co. 9:26).

(3) Carreras. «¿No sabéis que los que corren en el estadio, todos a la verdad corren, pero uno solo se lleva el premio? Corred de tal manera que lo obtengáis. Así que, yo de esta manera corro...» (1 Co. 9:24, 26).

b. Aquí en Hebreos 12 usa la tercera analogía, la de las carreras.

c. «Por tanto, nosotros también, teniendo en derredor nuestro tan grande nube de testigos...» (12:1).

(1) Grande. A menudo nos sentimos (equivocadamente) solos, como le ocurrió una vez a Elías (1 R. 19:10, 14, 18).

(2) Nube. Esto enfatiza la palabra «grande». El término griego aquí no es ***nephele***, que habla de una nube pequeña y bien definida, sino ***nephos***, que indica una gran masa de nubes cubriendo el espacio visible del cielo.

(3) Testigos. ¿Quiénes son esos testigos? No son ángeles, porque la palabra griega es ***marturos***, refiriéndose a uno que ha visto, oído y realizado algo mientras sufría al mismo tiempo. Habla de un experto bien calificado. El contexto sugiere fuertemente que estos testigos son los héroes de la fe mencionados en el capítulo 11.

d. «Despojémonos de todo peso» (12:1). Aquí la palabra es *onkos*, y se refiere a un bulto o masa. La preocupación del corredor griego no era simplemente si algo era moral o inmoral, sino más bien cómo afectaría aquello a su carrera. Es decir, que el enemigo de los mejor no es frecuentemente lo peor, sino lo bueno.

e. «Y del pecado que nos asedia» (12:1). La palabra «asedia» significa «bloquear» «sitiar» «rodear, emboscar». Habla de una ropa mal ajustada. Pablo puede tener en mente el pecado de incredulidad, pero también puede referirse a cualquier pecado que el creyente permite que lo trastorne.

f. «Corramos con paciencia la carrera que tenemos por delante» (12:1). Notemos las implicaciones de esta declaración:

(1) Cada creyente ha sido metido en la carrera por Dios mismo. No es simplemente para pastores y misioneros. Notemos que la palabra común para carrera (*dromos*), no se usa aquí, sino el término griego ***agon***, del que proviene nuestra palabra «agonía». Esta es una carrera seria, importante.

(2) El paso y el ritmo de cada corredor es establecido por Dios.

(3) El objeto de la carrera es agradar a Dios y obtener el galardón. La meta *no* es el cielo.

(4) Se espera que cada corredor gane.

g. «Puestos los ojos en Jesús» (12:2). Esta frase nos habla de una mirada intensa, continua y firme. ¡Cuán fácil es apartar los ojos de él y mirar a la derecha o a la izquierda!

Quizá a nuestra izquierda vemos a uno que corre detrás de nosotros, y puede ser que el que lo hace a nuestra derecha vaya muy por delante de nosotros. Al mirar al corredor de la izquierda, nos podemos llenar de ***orgullo***, y de ***envidia*** al mirar al de la derecha. Ambos son pecado y hacen que nos retrasemos. Nos conviene, por tanto mantener nuestros ojos en Jesús.

(1) Si quieres desilusionarte, mira a otros.

(2) Si quieres desanimarte, mírate a ti mismo.

(3) Si quieres gozarte, mira a Jesús.

h. «El autor y consumador de la fe» (12:2). Cristo es tanto el fundador como el consumador de la fe cristiana. Confucio, Buda y Mahoma fueron los fundadores de tres movimientos religiosos mundiales, pero la muerte acabó con ellos.

i. «El cual por el gozo puesto delante de él sufrió la cruz» (12:2). La naturaleza de este gozo nos viene explicada en Judas v. 24:

«Y a aquel [Jesús] que es poderoso para guardaros sin caída, y presentaros sin mancha delante de su gloria con gran alegría» (véase también Jn. 17:6-12, 26).

j. «Menospreciando el oprobio, y se sentó a la diestra del trono del Dios» (12:2; véase Fil. 2:5-11).

k. «Considerad a aquel...» (12:3). Una y otra vez los escritores de las epístolas nos dirigen a los relatos de los evangelios.

2. Someteos a la disciplina de Dios (12:4-11).

a. Razones para la disciplina:

(1) Hacernos pensar en Dios y en su Palabra. «Y habéis ya olvidado la exhortación que como a hijos se os dirige» (12:5). Este es muchas veces nuestro problema: ¡Olvidamos! David aconseja: «Bendice, alma mía, a Jehová, y no olvides ninguno de sus

beneficios» (Sal. 103:2). La exhortación que encontramos aquí en Hebreos 12:5, 6 está tomada de Proverbios 3:11, 12.

(2) Para probar que Dios nos ama (12:6). «Porque el Señor al que ama, disciplina, y azota a todo el que recibe por hijo.» La palabra «disciplina» nos habla de instruir en el comportamiento correcto. La palabra «azota» se refiere a la corrección por el comportamiento equivocado.

(3) Para demostrar que realmente pertenecemos a Dios (12:7, 8). «Si soportáis la disciplina, Dios os trata como a hijos; porque ¿qué hijo es aquel a quien el padre no disciplina? Pero si se os deja sin disciplina, de la cual todos han sido participantes, entonces sois bastardos, y no hijos» (12:7, 8).

(4) Para hacernos más semejantes a Jesús (12:10). «Para que participemos de su santidad.»

b. Reacciones a la disciplina (12:5, 11):

(1) El creyente la puede menospreciar, esto es, no tenerla en consideración (como Esaú con su derecho de primogenitura).

(2) El creyente puede desalentarse ante la disciplina, es decir, tomarla con excesiva seriedad.

(3) El creyente puede ser ejercitado mediante la disciplina. La gran pregunta no es cuántos errores cometemos, sino cuánto aprendemos por medio de ellos. Los Salmos nos hablan acerca de esto:

«Bienaventurado el hombre a quien tú, Jah, corriges, y en tu ley lo instruyes» (94:12).

«Antes que fuera yo humillado, descarriado andaba; mas ahora guardo tu palabra» (119:67).

«Bueno me es haber sido humillado, para que aprenda tus estatutos» (119:71).

«Conozco, oh Jehová, que tus juicios son justos, y que conforme a tu fidelidad me afligiste» (119:75).

c. Resultados de la disciplina (12:11):

«Es verdad que ninguna disciplina al presente parece ser causa de gozo, sino de tristeza; pero después da fruto apacible de justicia a los que en ella han sido ejercitados» (12:11).

Quinta advertencia: sobre el desechar la Palabra de Dios (12:25).

3. Preparaos para el reino de Dios (12:12-29).

a. Levantad las manos caídas. Empezar a trabajar por Cristo (12:12).

b. Fortaleced las rodillas paralizadas. Empezar a orar (12:12).

c. Haced sendas derechas para vuestros pies. Homer Kent escribe:

«Si tenemos los pies lisiados, debemos tener cuidado especial en que el camino no tenga obstáculos peligrosos. Hablando en sentido espiritual, aquel cuya fe es débil no debe aventurarse en áreas donde su fortaleza espiritual es insuficiente. De lo contrario, tal creyente puede agravar su condición produciéndose una dislocación de sus miembros.» (*Epistle to the Hebrews*, p. 265.)

C. El desempeño de la fe (cap. 13).

1. Sus deberes:

a. Perseverar en el amor a los hermanos (13:1).

b. Continuar mostrando hospitalidad para con los extraños (13:2). El «hospedaron ángeles» de este versículo se puede referir a Génesis 18.

c. Acordarse de los presos y de los maltratados (13:3). Estos presos pueden ser personas encarceladas (como Pablo mismo) por causa de su testimonio.

d. Que el matrimonio sea honroso y mantenido con pureza. El séptimo mandamiento ha sido, es, y será un requerimiento continuo de Dios para que el hombre y la mujer lo obedezcan (salvos y no salvos): «No cometerás adulterio.»

e. Vivir liberados del amor al dinero (13:5).

f. Acordarse de sus líderes y de los que les enseñan la Palabra de Dios (13:7).

g. No ser llevados de acá para allá por enseñanzas extrañas (13:9).

h. Ofrecer continuamente sacrificios de alabanza a Dios (13:5; véase también 1 P. 2:5, 9). Además de esto, se espera del creyente que ofrezca el sacrificio de su propio cuerpo a Dios (Ro. 12:1) y de las buenas obras (He. 13:16).

i. Obedecer a sus pastores y sujetarse a ellos (13:17). La razón es porque un día Dios les va a pedir cuentas.

j. Orar por los líderes cristianos, especialmente por el autor de la carta a los Hebreos.

2. Sus deleites: la fe cristiana nos proporciona muchas y preciosas bendiciones. Notemos:

a. «... porque él [el Señor] dijo: No te desampararé, ni te dejaré» (13:5).

b. «De manera que podemos decir confiadamente: El Señor es mi ayudador; no temeré lo que me pueda hacer el hombre» (13:6).

c. «Jesucristo es el mismo ayer, y hoy, y por los siglos» (13:8).

d. «Tenemos un altar, del cual no tienen derecho de comer los que sirven al tabernáculo» (13:10).

e. «Porque no tenemos aquí ciudad permanente, sino que buscamos la por venir» (13:14).

f. «Y el Dios de paz que resucitó de los muertos a nuestro Señor Jesucristo, el gran pastor de las ovejas, por la sangre del pacto eterno, os haga aptos en toda obra buena para que hagáis su voluntad, haciendo él en vosotros lo que es agradable delante de él por Jesucristo; al cual sea la gloria por los siglos de los siglos. Amén» (13:20, 21).

JUDAS

INTRODUCCIÓN

1. Este Judas fue el hermano de Santiago (autor del libro de Santiago y primer pastor de la iglesia de Jerusalén como leemos en Hechos 15) y hermano de Jesús. (Véase Mr. 6:3.)
2. Al igual que sus demás hermanos, Judas no creyó en el ministerio de Jesús sino hasta después de la resurrección (Jn. 7:3-8); pero en algún momento entre la resurrección y la ascensión ambos hombres se convirtieron. Estuvieron presentes (junto con su madre María) en el aposento alto antes de pentecostés (Hch. 1:13).
3. Judas estaba aparentemente casado y ella le acompañaba cuando llevaba a cabo obra misionera (1 Co. 9:5).
4. El doctor S. Maxwell Coder escribe:

   «El comienzo de la era de la Iglesia se describe en el libro de los Hechos de los Apóstoles. El final de la era de la Iglesia queda explicado en la Epístola de Judas, la que podríamos titular los Hechos de los Apóstatas. El primer libro del cual puede decirse que registra la historia de la Iglesia, nos presenta las obras y las enseñanzas de los hombres de Dios por medio de los cuales Cristo comenzó a edificar Su Iglesia. La última epístola del Nuevo Testamento relata las obras y las doctrinas de los hombres que vivirán sobre la tierra cuando la historia de la Iglesia profesante llegue a su término.

   La Epístola de Judas es el único libro del conjunto de los escritos sagrados totalmente dedicado al tema de la gran apostasía que ha de manifestarse en el mundo antes de la Segunda Venida de Jesucristo. Este breve mensaje de 25 versículos solamente, constituye como un vestíbulo a la Revelación de Apocalipsis, introduciendo al estudiante de la Biblia a los juicios escatológicos prefigurados en él.

   Sin Judas, el panorama profético inaugurado con la persona de Cristo en los Evangelios y desarrollado a lo largo de las epístolas resultaría incompleto. Nuestro Señor hizo la pregunta: "Cuando venga el Hijo del Hombre, ¿hallar fe en la tierra?" (Lc. 18:8). Pablo nos muestra la terminología generalmente usada por los estudiantes de la Biblia para designar a quienes abandonan la fe de nuestros padres en los últimos días. Él lo llama "la apostasía" (2 Ts. 2:3). La describe como una separación de la fe (1 Ti. 4:1), una resistencia a la sana doctrina (2 Ti. 4:3).

   Según el apóstol Pedro, el Espíritu Santo ha revelado que en los últimos tiempos aparecerán falsos maestros, "que introducirán encubiertamente herejías destructoras, y aun negarán al Señor que les rescató" (2 P. 2:1; 3:3).

   Judas lleva la enseñanza de la Biblia entera con relación a la apostasía hasta un tremendo clímax. Primero, nos transporta hacia atrás hasta los mismos albores de la historia del hombre. Nos recuerda la apostasía cometida en las mismas puertas del Edén y en el seno del antiguo pueblo de Israel. Nuestros pensamientos son guiados por en medio de príncipes y profetas, de santos y de pecadores hasta llegar al fuego eterno y a las tinieblas que han de perdurar para siempre, hasta el mar y las estrellas; desde los juicios ya pronunciados hasta la gloria futura.» (*Judas: Los hechos de los apóstatas*, Editorial Portavoz, pp. 7, 8.)
5. Judas ha sido llamado el libro de Jueces del Nuevo Testamento.
6. Es muy parecido a 2 Pedro. Pedro coloca el ministerio de los falsos maestros en el futuro (2 P. 2:1), mientras que Judas los ve como ya presentes (1:4).
7. Judas cita dos libros no canónicos.
   a. La asunción de Moisés (v. 9).
   b. El libro de Enoc (vv. 14, 15).

   Pablo había hecho esto previamente. (Véanse Hch. 17:28; 2 Ti. 3:8.)
8. «Judas tenía la intención de escribir una epístola "acerca de nuestra común salvación" (v. 3), cuando el Espíritu le llevó a hacerlo en relación con la apostasía. Nos presenta una descripción gráfica y sorprendente de la apostasía. Lo que era una pequeña nube, del tamaño de la palma de un hombre, es hoy una tormenta de proporciones de un huracán, porque estamos en medio de la apostasía que él anticipó. La cuestión es cuánto más se agravará antes de que se produzca el rapto de los creyentes genuinos.» (*Thru the Bible*, p. 293, J. Vernon McGee.)

I. El problema de la apostasía (vv. 1-4).
   A. El autor de esta epístola: «Judas, siervo de Jesucristo, y hermano de Jacobo» (v. 1). Como podemos ver, Judas no nos «recuerda» que él en realidad era medio hermano de Jesús.
   B. Los receptores de la epístola: «A los llamados, santificados en Dios Padre, y guardados en Jesucristo» (v. 1).

      La frase «guardados en Jesucristo» debería traducirse «guardados o protegidos *por* Jesucristo». Se usa así en los encarcelamientos de Pedro y Pablo en Hechos 12:5 y 25:4, 21. (Véase también 1 P. 1:4.)

      Aun antes de que Judas advirtiera acerca de la terrible apostasía que ya había comenzado en el mundo de sus días y que crecería progresivamente, asegura a los creyentes que serán guardados por Cristo. Nos da aquí la respuesta inspirada a la oración de Cristo: «... Padre santo, a los que me has dado, guárdalos en tu nombre, para que sean uno, así como nosotros» (Jn. 17:11). (Véase también 1 Ts. 5:23.)

      Judas continua con: «Misericordia y paz y amor os sean multiplicados» (v. 2). Citamos de nuevo a S. Maxwell Coder:

      «El concepto *misericordia* nos invita a levantar nuestros ojos, el concepto *paz* nos inspira para ver nuestro interior, y el *amor* nos dirige nuestros sentimientos para derramarlos a nuestro alrededor. Los tres conjuntamente nos relacionan adecuadamente con Dios, con nuestro ser interior y con los hermanos a nuestro alrededor. Cuando estas tres virtudes se multipliquen, y solamente entonces, seremos capaces de enfrentarnos a la gran apostasía de los últimos días.» (*Judas: Los hechos de los apóstatas*, Editorial Portavoz, pp. 17, 18.)
   C. El propósito de la epístola (vv. 3, 4).

      «Amados, por la gran solicitud que tenía de escribiros acerca de nuestra común salvación, me ha sido necesario escribiros exhortándoos que contendáis ardientemente por la fe que ha sido una vez dada a los santos. Porque algunos hombres han entrado encubiertamente, los que desde antes había sido destinados para esta con-

El apóstata arrogante

JUDAS

Judas

El problema de la apostasía
Judas vv. 1-4

La descripción de la apostasía
Judas vv. 4, 8, 10, 16, 19

Ejemplos históricos y causas de la apostasía
Judas vv. 5-7, 9, 11

La metáfora de la apostasía
Judas vv. 12, 13

El juicio sobre la apostasía
Judas vv. 14, 15

Las protecciones contra la apostasía
Judas vv. 20-25

denación, hombres impíos, que convierten en libertinaje la gracia de nuestro Dios, y niegan a Dios el único soberano, y a nuestro Señor Jesucristo.»

Notamos:

1. La compulsión de Judas: «Me ha sido necesario» (v. 3). El significado de la palabra «necesario» es «presionar», «comprimir». Dios literalmente presionó a Judas para que escribiera esta carta (véase también 1 Co. 9:16).
2. El mandato de Judas: «Que contendáis ardientemente por la fe que ha sido una vez dada a los santos» (v. 3).

   Nos dice que debemos luchar, pero no ser contenciosos. Para esto último véase Tito 3:9. *Contender* involucra tanto una actitud defensiva como ofensiva. Una excelente ejemplo de esto en el Antiguo Testamento lo encontramos en Nehemías 4:17, 18.

   Notemos también aquello por lo que hemos de contender: *la fe*, esto es, toda la Palabra de Dios. Además, esta fe (en la lengua griega) fue una vez, y por todas, dada a los santos. Juan nos advertiría más tarde acerca de *añadirle* o *quitarle* a esta fe (véase Ap. 22:18, 19).
3. La preocupación de Judas: «Porque algunos hombres han entrado encubiertamente...» (4). La palabra «encubiertamente» significa literalmente «que se habían metido en las iglesias sin que los demás se dieran cuenta» (véase 2 P. 2:1).

II. La descripción de la apostasía. Judas usa dieciséis términos bien fuertes para describir el fruto terrible de la apostasía. Antes de mencionarlos, definamos lo que es en realidad un apóstata. S. Maxwell Coder escribe:

«Un apóstata ha recibido la luz, pero no la vida. Puede haber recibido hasta cierto grado, la Palabra escrita de Dios; pero no ha recibido la Palabra viva, al Hijo Unigénito del Padre.» (*Judas: Los hechos de los apóstatas*, Editorial Portavoz, p. 27.)

(Véanse también 2 Ts. 2:10; Hch. 8:13-23.)

Consideremos ahora sus doctrinas.

A. Son hombres impíos (v. 4). Quiere decir que no tienen temor ni reverencia por Dios (2 Ti. 3:5).
B. Convierten en libertinaje la gracia de Dios (4). Esto es lo que las sectas hacen hoy.
C. Niegan a Cristo y dicen cosas muy duras contra él (vv. 4, 15). Esto es lo que hicieron los herejes de aquellos días (Ti. 1:16).
D. Son dados a sueños sensuales (v. 8).
E. Mancillan la carne (la suya y la de otros) (v. 8).
F. Rechazan la autoridad tanto divina como humana (v. 8).
G. Ridiculizan la existencia de los ángeles (v. 8).
H. Se burlan y blasfeman de todo aquello que no conocen (v. 10).
I. En lo que conocen «se corrompen como animales irracionales» (v. 10).
J. Son murmuradores y buscadores de faltas (v. 16).
K. Andan en sus propios deseos (v. 16).
L. Son arrogantes (v. 16).
M. Adulan a las personas para sacar provecho (v. 16).
N. Causan divisiones (v. 19).
Ñ. Son sensuales (v. 19).
O. No tienen al Espíritu (v. 19).

III. Ejemplos históricos de apostasía (vv. 5, 6, 7, 9, 11). Judas describe en los citados versículos a siete personas o grupos que cayeron en la apostasía.

A. Israel:

«Mas quiero recordaros, ya que una vez lo habéis sabido, que el Señor, habiendo salvado al pueblo sacándolo de Egipto, después destruyó a los que no creyeron» (v. 5).

1. Pregunta: ¿Cuándo y dónde sucedió esto? Empezó en Cades-barnea, poco después que Israel saliera de Egipto camino de Palestina. En Cades fueron influenciados por una «multitud mixta» (un grupo no convertido de egipcios y otros que no eran hebreos), que había salido de Egipto con ellos y los llevaron a rebelarse contra Dios.
2. Pregunta: ¿Quiere esto decir que todos los hijos de Israel se hicieron apóstatas y que al morir fueron todos a un infierno eterno?

   No, no sucedió así, porque Dios *nunca* envía a su pueblo al infierno. (Véanse Ex. 3:7, 5:1; Dt. 33:29.) Lo que quiere decir es que es trágicamente posible, incluso para los creyentes, caer en la trampa de la apostasía y sufrir sin que ellos en realidad lleguen a ser apóstatas. (Véanse también 1 Co. 10:1-12; He. 3:12, 18, 19; 4:1.) La palabra *apollumi*, traducida como «destruir» en el versículo 5, es usada en otros varios lugares como «muerte física» (Lc. 15:17).

B. Los ángeles:

«Y a los ángeles que no guardaron su dignidad, sino que abandonaron su propia morada, los ha guardado bajo oscuridad, en prisiones eternas, para el juicio del gran día» (v. 6).

Trataremos con este grupo de apóstatas después de considerar el pecado y la destrucción de Sodoma y Gomorra.

C. Los ciudadanos de Sodoma y Gomorra:

«Como Sodoma y Gomorra y las ciudades vecinas, las cuales de la misma manera que aquéllos, habiendo fornicado e ido en pos de vicios contra naturaleza, fueron puestas por ejemplo, sufriendo el castigo del fuego eterno» (v. 7).

Algunas de las más profundas perversiones sexuales del mundo antiguo se dieron en Sodoma. Según Génesis 19, Dios destruyó este pozo de pecado.

Volvamos ahora a los ángeles impíos del versículo 6, porque puede existir una semejanza entre su pecado y el de Sodoma. Debemos considerar aquí dos cosas:

1. El hecho de su pecado. Las Escrituras son explícitas en cuanto a la existencia de dos clases de ángeles caídos: los no encadenados y los encadenados. Los no encadenados tienen acceso al presente a las regiones celestes y a los cuerpos de los hombres no salvos (Ef. 6:12; Lc. 8:27; Mr. 1:23). Estos ángeles no encadenados serán un día, por supuesto, juzgados por Dios. Su pecado principal fue el haber secundado a Satanás en su perversa rebelión contra Dios (1 Co. 6:3; Is. 14:12-17; Ez. 28:12-19). Los encadenados están ya en este momento encarcelados, como lo declaran tanto Pedro (2 P. 2:4) como Judas. Fue a este lugar adonde ciertos ángeles no encadenados le rogaron aparentemente a Cristo que no los enviara «antes de tiempo» (Mr. 1:24; Lc. 8:31; Mt. 8:28, 29).
2. La naturaleza de su pecado. Se cree que el pecado que llevó a un número limitado de ángeles a este castigo prematuro puede estar directamente relacionado con Génesis 6. Recordemos que en este capítulo leemos acerca de los «hijos de Dios» uniéndose en matrimonio con «las hijas de los hombres». Muchos creen que esta es una referencia a ángeles caídos (hijos de Dios) que en realidad se juntaron con mujeres terrenales (hijas de los hombres). El doctor Kenneth Wuest, un erudito del griego, señala el hecho de que las palabras «de la misma manera» en Judas (v. 7) son un acusativo adverbial que se refiere a la frase «habiendo fornicado». En otras palabras, se hace la comparación entre el pecado de Sodoma y el pecado de estos ángeles. ¿Cuál fue el pecado de Sodoma? La respuesta es claramente la perversión sexual. Wuest escribe:

   «La expresión "en pos de vicios contra naturaleza" es la traducción de la palabra griega *heteras*, que significa "otro de diferente clase". Al cometer su pecado de fornicación, los ángeles traspasaron los límites de su propia clase e invadieron el reino de otro orden de seres. El pecado de Sodoma fue la transgresión por el hombre de los límites impuestos por Dios.» (*Word Studies in First Peter*, p. 103.)

3. Un último pensamiento en relación con este pasaje y asunto. Judas amonesta a sus lectores a que recuerden tres ejemplos históricos de apostasía bien conocidos del Antiguo Testamento; son:
   a. La incredulidad de Israel.
   b. Los ángeles que no guardaron su dignidad.
   c. La destrucción de Sodoma.

   En relación con el primer ejemplo, las mentes de sus lectores irían inmediatamente a Números 14, al relato de la gran rebelión de Israel en Cades-barnea. Al leer el tercer ejemplo recordarían el temible pasaje de Génesis 19, que registra la terrible destrucción de Sodoma en la llanura. ¿Pero qué otro pasaje vendría a sus mentes relacionado con el segundo ejemplo histórico si Génesis 6 no es tenido en cuenta? Nota: ya hemos descrito para nuestro conocimiento los representantes de cada una de las tres grandes clases de criaturas de Dios mencionadas en las Escrituras: personas creyentes, ángeles e incrédulos.

D. El diablo:

«Pero cuando el arcángel Miguel contendía con el diablo, disputando con él por el cuerpo de Moisés, no se atrevió a proferir juicio de maldición contra él, sino que dijo: El Señor te reprenda» (9).

En este pasaje Satanás aparece indirectamente como un apóstata.

1. La fuente de esta declaración: parece que es una cita de un libro del primer siglo titulado *La asunción de Moisés*. Se encontró un ejemplar del mismo en 1861. Esto no quiere decir, por supuesto, que todo el libro sea inspirado simplemente por el hecho de que Judas cita una pequeña parte del mismo. Pablo citó de Tito 1:2. También menciona los nombres de dos de los magos de Egipto, aunque sus nombres no aparecen en el Antiguo Testamento (2 Ti. 3:8). Santiago también nos dice que la oración de Elías causó una sequía de tres años y medio, un hecho que no aparece registrado en el Antiguo Testamento (Stg. 5:17; cp. 1 R. 17:1; 18:1).
2. La teología de esta declaración: ¿por qué Satanás deseaba el cuerpo de Moisés? En *La asunción de Moisés* se dan dos razones por las que Moisés no debía tener un enterramiento digno.
   a. Porque anteriormente había asesinado a un egipcio.
   b. Porque Satanás es el rey de la muerte y tiene derecho a todos los cuerpos muertos.

   Los teólogos de la iglesia han dado otras dos razones para explicarlo, y ambas parecen más razonables que las anteriores:

   c. Porque Satanás quería el cuerpo para que Israel lo encontrara y terminara adorándolo como una reliquia sagrada. Sabemos que el pueblo adoró más tarde la serpiente de bronce que Moisés hizo una vez (2 R. 18:4).
   d. Porque Satanás deseaba evitar que Moisés apareciera con Elías en el monte de la transfiguración (Mt. 17).
3. El héroe de esta declaración. En Deuteronomio 34:5, 6, leemos: «Y murió allí Moisés siervo de Jehová, en la tierra de Moab, conforme al

dicho de Jehová. Y lo enterró en el valle, en la tierra de Moab, enfrente de Bet-peor; y ninguno conoce el lugar de su sepultura hasta hoy.» Aparentemente la expresión «lo enterró» se refiere al arcángel Miguel, el héroe de esta declaración. Aparece mencionado tres veces en el Antiguo Testamento (Dn. 10:13, 21; 12:1), y otra vez en el Nuevo Testamento, además de la referencia en Judas (Ap. 12:7-9).

E. Caín. «¡Ay de ellos! porque han seguido el camino de Caín» (v. 11). El camino (la apostasía) de Caín aparece descrito en Génesis 4:1-7. Él ofrendó a Dios un sacrificio sin sangre. Ese es el camino de los liberales apóstatas de hoy en día. Ellos se interesan en la cultura en vez de en el Calvario. (Véase 1 Jn. 3:11, 12.)

F. Balaam. «Y se lanzaron por lucro en el error de Balaam» (11). Balaam fue un falso profeta amante del dinero que aparece en Números 22—25. El error de Balaam es hacer del evangelio un artículo de mercado. Muchos apóstatas modernos lo hacen.

G. Coré. «Perecieron en la contradicción de Coré» (v. 11). Se nos dice en Números 16 que Coré encabezó una rebelión contra Moisés, el portavoz oficial de Dios. Fue tragado por el abismo a causa de este gran pecado, la tierra se abrió y él cayó en sus entrañas. Los modernos apóstatas hablan perversamente contra pastores, misioneros, maestros de la Biblia y otros ministros de Dios.

Al resumir esta sección, notemos las palabras de S. Maxwell Coder:

«Caín era labrador; Balaam fue un profeta; Coré, un príncipe de Israel. Una razón por haber seleccionado a estos tres hombres puede ser el demostrar la penetración del pecado de apostasía en todos los niveles de la sociedad sin fronteras entre las clases de hombres. Este mal no resulta peculiar para los líderes religiosos. Afecta a profetas, príncipes y a la gente en general. Hay apóstatas en el púlpito, en el palacio y en el hogar más humilde.» (*Judas: Los hechos de los apóstatas*, pp. 73, 74.)

IV. Las metáforas de la apostasía.

«Estos son escollos ocultos en vuestros ágapes, cuando banquetean con vosotros sin temor, apacentándose a sí mismos; son nubes sin agua llevadas por los vientos, árboles de otoño sin fruto, dos veces muertos y desarraigados; son olas furiosas del mar, que arrojan como espuma su propia vergüenza; estrellas errantes para quienes la oscuridad de las tinieblas ha sido reservada para siempre» (vv. 12, 13, *La Biblia de las Américas*).

Citamos una vez más de S. Maxwell Coder:

«Cuanto más minuciosamente examinamos esta gran epístola, más impresionante resulta la descripción de la doctrina de la apostasía. Judas ha llegado a recorrer la creación entera, desde los ángeles hasta los hombres y los animales irracionales. Pero quedaba el reino de la naturaleza, y en cinco cuadros pintados con rápida inspiración, hace pasar por delante de nuestros ojos, la tierra, el aire, los árboles, el mar y el cielo estrellado. Con este magnífico panorama cósmico y resumen final de las condiciones de la cristiandad en los últimos días, se da paso al último libro de la revelación de Dios: el Apocalipsis.» (*Judas: Los hechos de los apóstatas*, p. 81.)

A. Escollos ocultos. Describe los peligros ocultos de la apostasía. Notamos que estos escollos se ocultan en las fiestas de amor cristianas, lo que es una referencia a la Cena del Señor en los primeros tiempos de la Iglesia. ¿Cómo debemos entender esto? Pablo lo explica en 1 Corintios 11:17-30. La iglesia del primer siglo disfrutaba de una comida completa en la Comunión. Pero algunos de estos apóstatas (o quizá creyentes influidos por la apostasía) se habían unido a estas reuniones. Como resultado, algunos comían y bebían en abundancia, mientras que otros se quedaban con hambre. El juicio divino había caído sobre ellos y muchos habían muerto.

B. Nubes sin agua. Nos describe las falsas promesas de la apostasía. (Véase también Pr. 25:14.) Se dice que estas nubes son llevadas por los vientos. Los «vientos» aquí se refieren, sin duda, a la actividad demoníaca. Los apóstatas son cautivos de Satanás. Para un contrataste nuevo véase 2 Pedro 1:21.

C. Arboles de otoño. Describe la profesión estéril de la apostasía. La frase griega aquí es literalmente «árboles de últimos de otoño», sugiriendo el hecho de que la gran apostasía va a venir como el otoño de la era de la Iglesia declina y el invierno del juicio se acerca. (Véanse también Mt. 13:30; 15:30; Pr. 2:22.)

D. Olas furiosas. Nos describe el esfuerzo inútil de la apostasía. El mar es frecuentemente un símbolo del mal en la Biblia (Is. 57:20, 21). La apostasía de los últimos días se caracterizará por el mucho conocimiento (2 Ti. 3:7) y grandes obras (Mt. 7:22), pero nada de eso será de provecho.

E. Estrellas errantes. Esto nos describe el propósito sin sentido de la apostasía, y ésta es quizá su característica más pavorosa.

Creemos que es oportuno aquí un comentario de S. Maxwell Coder:

«A modo de contraste, los verdaderos creyentes gozan de una fiesta de amor sin fin. Han nacido de nuevo por medio del Espíritu Santo. Después de una vida llena de frutos, van a la morada preparada por Cristo para ellos, después de permanecer firmes y bien arraigados sin que les hayan movido los vientos de las falsas doctrinas. Vivirán la experiencia de gloria y honor eternamente, habitando en luz inmarcesible.

En vez de ser piedras peligrosas y sin vida, son rocas vivas (1 P. 2:5). En vez de ser nubes sin agua, son fuentes de agua de vida (Jn. 7:38). Lejos de ser árboles muertos, son llamados "árboles de justicia, plantíos de Jehová" (Is. 61:3). En contraste con las fieras ondas de mar, su paz es como un río y su justicia como las ondas de la mar (Is. 48:18). Mientras que la oscuridad eterna ha sido reservada para las estrellas erráticas, los verdaderos creyentes brillarán como las estrellas auténticas por siempre jamás (Dn. 12:3).» (*Judas: Los hechos de los apóstatas*, Editorial Portavoz, p. 89).

V. El juicio de la apostasía.

«De éstos también profetizó Enoc, séptimo desde Adán, diciendo: He aquí, vino el Señor con sus santas decenas de millares, para hacer juicio contra todos, y dejar convictos a todos los impíos de todas sus obras impías que han hecho impíamente, y de todas las cosas duras que los pecadores impíos han hablado contra él» (vv. 14, 15).

A. La fuente de esta declaración. Alrededor del año 100 a.C. se escribió un libro no canónico titulado

El Libro de Enoc. Contenía 108 capítulos. En 1773 se descubrió un ejemplar de este libro. El apóstol Judas fue inspirado por Dios para tomar de este libro las palabras que encontramos aquí en los versículos 14 y 15.

B. El autor de esta declaración. El libro, por supuesto, no fue escrito por Enoc, pero estas frases fueron aparentemente tomadas de su texto. Pero tanto Enoc como Noé fueron predicadores audaces de la profecía y de la justicia. (Véase también 2 P. 2:5.)

La fe asombrosa de este profeta anterior al diluvio la podemos ver en su predicción de la Segunda Venida de Cristo siglos antes de que nuestro Señor viniera por *primera* vez. Enoc predijo su venida en Génesis, mientras que Juan la proclama en Apocalipsis (véase Ap. 19:11-14). Ambos hombres se refieren al mismo evento.

1. Él viene con sus santos (Col. 3:4; 1 Ts. 3:13).
2. Viene a juzgar (He. 9:26-28; 2 P. 3:7).

VI. Las protecciones contra la apostasía (vv. 20-25).

A. Debemos edificar. «Pero vosotros, amados, edificándoos sobre vuestra santísima fe» (v. 20). Esto lo logramos mediante la Palabra de Dios. (Véanse 2 P. 1:5-7; Hch. 20:32; Ro. 10:17; 1 P. 2:2; 1 Jn. 2:5.)

B. Debemos orar. «Orando en el Espíritu Santo» (v. 20). Véase Efesios 6:18.

C. Debemos conservarnos en el amor de Dios (v. 21). En el versículo 1 se nos dice que somos guardados por Jesucristo, pero aquí se nos insta a permanecer en el amor de Dios. ¿Cómo podemos hacerlo? Aunque el creyente no puede salirse de los *límites* del amor de Dios (Sal. 139:7-12), si puede privarse de la plena *bendición* de este amor (Jn. 15:9).

D. Debemos esperar el rapto.

«Esperando la misericordia de nuestro Señor Jesucristo para vida eterna» (v. 21; véanse también Lc. 12:37; Tit. 2:13).

E. Debemos ganar a los perdidos (vv. 22, 23).

«A algunos que dudan, convencedlos. A otros salvad, arrebatándolos del fuego; y de otros tened misericordia con temor, aborreciendo aun la ropa contaminada por su carne.»

S. Maxwell Coder escribe:

«Como si de un breve manual para hacer obra personal de evangelización se tratara, se nos presentan tres grupos de personas: (1) quienes están en necesidad de ser tratados con tierna compasión; (2) quienes requieren una acción rápida y audaz por estar en eminente peligro de eterno juicio; y (3) quienes merecen un especial cuidado y precaución por parte del ganador de almas por haber peligro de contaminación a causa de los muchos pecados en que viven los perdidos.» (*Judas: Los hechos de los apóstatas*, pp. 119, 120.)

Se sugieren los siguientes ejemplos para representar a cada uno de estos tres grupos:

Primer grupo: aquellas personas con problemas de alcohol y drogas.

Segundo grupo: personas no salvas que están fuertemente influenciadas para unirse a algunas de las sectas falsas del cristianismo, como son los mormones.

Tercer grupo: una mujer hermosa y asuntos de inmoralidad en su vida.

Para concluir debemos notar la bendición grande y gloriosa de Judas: «Y a aquel que es poderoso para guardarnos sin caída, y presentarnos sin mancha delante de su gloria con gran alegría, al único y sabio Dios, nuestro Salvador, sea gloria y majestad, imperio y potencia, ahora y por todos los siglos. Amén» (vv. 24, 25).

1 JUAN

INTRODUCCIÓN

1. El Espíritu de Dios dirigió a Juan el apóstol para que escribiera cinco de los libros del Nuevo Testamento. Aparte de Pablo, ningún otro ha aportado tanto como él al texto sagrado del Nuevo Testamento. Sus cinco libros son: el Evangelio de Juan, tres epístolas y Apocalipsis. Podemos hacer la siguiente distinción entre estos libros:

   El Evangelio de Juan
   Habla de salvación
   Del pasado
   Cristo el profeta
   La cruz

   Las Epístolas de Juan
   Hablan de santificación
   El presente
   Cristo el sacerdote
   La *koinonia* (comunión)

   El Apocalipsis
   Habla de glorificación
   El futuro
   Cristo el Rey
   La corona

2. Juan escribió su evangelio para probar la deidad de Cristo; ahora escribe sus epístolas para demostrar su humanidad. Se dieron en ese tiempo énfasis heréticos sobre ambos aspectos.
3. La *Biblia Anotada de Scofield* sugiere:

   «La Primera Epístola de San Juan es una carta de carácter familiar dirigida por el Padre a sus "hijitos" que están en el mundo. Con la posible excepción del Cantar de los Cantares de Salomón, esta epístola es el más íntimo de todos los escritos divinamente inspirados.... El pecado del creyente se trata como la ofensa de un hijo contra su Padre, como un asunto de carácter puramente familiar (1:9; 2:1)» (p. 1277).
4. Juan nos describe en el Evangelio como ovejas del redil de Dios, en las epístolas como miembros de su familia, y en Apocalipsis como sacerdotes en su reino (Jn. 10; 1 Jn. 2; Ap. 1).
5. Algunos creen que Juan dirigió sus epístolas a los mismos lectores que después recibieron el Apocalipsis, es decir, las siete iglesias del Asia Menor.

   La primera carta es un poco difícil de bosquejar en la forma de capítulos. El siguiente es, por tanto, un bosquejo basado en diez áreas, y en todas ellas aparece el tema clave de 1 Juan, que es la *comunión.*

I. La fuente de esta comunión (1:1, 2; 3:5, 8, 16; 4:9, 10, 14, 19; 5:20). La fuente de esta comunión es la *encarnación* y la *crucifixión* de nuestro Señor Jesucristo.

A. «Lo que era desde el principio, lo que hemos oído, lo que hemos visto con nuestros ojos, lo que hemos contemplado, y palparon nuestras manos tocante al Verbo de vida (porque la vida fue manifestada, y la hemos visto, y testificamos, y os anunciamos la vida eterna, la cual estaba con el Padre, y se nos manifestó)» (1:1, 2).

B. «Y sabéis que él apareció para quitar nuestros pecados, y no hay pecado en él. El que practica el

La epístola del compañerismo

1 JUAN

La FUENTE de esta comunión

JESUCRISTO
Su encarnación **1:1, 2; 3:5, 8**
Su crucifixión **3:16; 4:9, 10, 14**

El PROPÓSITO de esta comunión

Para que podamos conocer y amar a Dios y su pueblo **(véanse también 1:4; 2:26; 3:13, 22; 5:13-15)**

Los REQUERIMIENTOS de esta comunión

ANDAR en luz **(1:7)**
RECONOCER nuestros pecados **(1:8)**
CONFESAR nuestros pecados **(1:9)**
GUARDAR sus mandamientos **(2:3-8; 5:2, 3)**
PERMANECER en Cristo **(2:28)**
GUARDARSE sin mancha del mundo **(2:3; 5:21)**
MINISTRAR a los hermanos en necesidad **(3:17)**

Las PRUEBAS de esta comunión

Un examen rápido para determinar el grado de nuestra comunión

¿Conduzco mi vida aquí en la tierra a la luz del rapto? **(3:3)**
SÍ ☐ NO ☐

¿Permanezco en pecado continuamente? **(3:6, 9; 5:18)**
SÍ ☐ NO ☐

¿Aborrezco a mi hermano espiritual? **(4:20)**
SÍ ☐ NO ☐

¿Deseo ayudar a mi hermano? **(3:17)**
SÍ ☐ NO ☐

¿Amo realmente a mi hermano? **(4:7, 21)**
SÍ ☐ NO ☐

¿Amo realmente a Dios? **(5:2)**
SÍ ☐ NO ☐

¿Disfruto la relación con otros siervos de Dios? **(4:6)**
SÍ ☐ NO ☐

¿Estoy constantemente lleno de temor? **(4:18)**
SÍ ☐ NO ☐

¿Soy capaz de vencer al mundo? **(5:4)**
SÍ ☐ NO ☐

¿Puede reconocer las doctrinas falsas cuando me las encuentro? **(4:13)**
SÍ ☐ NO ☐

¿Estoy en lo correcto en cuanto a la divinidad de Cristo? **(4:15; 5:1)**
SÍ ☐ NO ☐

¿Estoy en lo correcto en cuanto a la obra de Cristo? **(5:13, 20)**
SÍ ☐ NO ☐

El MANTENIMIENTO de esta comunión

del HIJO de Dios **(2:1, 2)**
por el ESPÍRITU DE DIOS **(2:20, 27)**
de parte del SANTO de Dios **(1:8, 9)**

Los MIEMBROS DE LA FAMILIA de esta comunión

Hijitos **(2:13)**
Jóvenes **(2:14)**
Padres **(2:14)**

Los ENEMIGOS de esta comunión

No améis el mundo, ni las cosas que están en el mundo ... Porque todo lo que hay en el mundo ... no proviene del Padre.... **(2:15, 16)**

Los SISTEMAS MALIGNOS en el mundo

Hch. 17:24; Jn. 3:16; 1 Jn. 5:19; Stg. 1:27; 4:4; Ro. 12:2; 1 Co. 11:32

Los ENGAÑADORES en el mundo 2:22; 2:26

Los ESPÍRITUS MALIGNOS en el mundo 4:1-3

Las PROMESAS de esta comunión

- Promesa de vida eterna **2:25**
- Seguridad en el rapto **2:28**
- Un cuerpo semejante al de Él **3:2**
- Seguridad en el juicio **4:17**
- Ánimo en el servicio **4:18**

Los TESTIGOS de esta comunión

EN EL CIELO
EL PADRE
EL HIJO
EL ESPÍRITU SANTO

EN LA TIERRA
EL AGUA (el bautismo)
LA SANGRE (la Comunión)

La SEPARACIÓN de esta comunión

La comunión con **Dios** nos apartará del **pecado** o el **pecado** nos apartará de la comunión con **Dios**.

pecado es del diablo; porque el diablo peca desde el principio. Para esto apareció el Hijo de Dios, para deshacer las obras del diablo» (3:5, 8).

C. «En esto hemos conocido el amor, en que él puso su vida por nosotros; también nosotros debemos poner nuestras vidas por los hermanos» (3:16).

D. «En esto se mostró el amor de Dios para con nosotros, en que Dios envió a su Hijo unigénito al mundo, para que vivamos por él. En esto consiste el amor: no en que nosotros hayamos amado a Dios, sino en que él nos amó a nosotros, y envió a su Hijo en propiciación por nuestros pecados» (4:9, 10).

E. «Y nosotros hemos visto y testificamos que el Padre ha enviado al Hijo, el Salvador del mundo» (4:14).

F. «Si alguno dice: Yo amo a Dios, y aborrece a su hermano, es mentiroso. Pues el que ama a su hermano a quien ha visto, ¿cómo puede amar a Dios a quien no ha visto?» (4:20).

Podemos ver inmediatamente por los versículos citados que Cristo Jesús no vino al mundo para predicar simplemente el evangelio, sino para que hubiera un evangelio que predicar.

II. El propósito de esta comunión.

A. Para que pudiéramos saber más acerca del Padre:
1. Él es luz (1:5).
2. Es justo (3:7).
3. Es omnisciente (sabe todas las cosas) (3:20).
4. Es amor (4:8, 16).
5. Es invisible (4:12).
6. Es vida (5:11).

B. Para que pudiéramos amar al Padre (4:19).

C. Para que pudiéramos entender el amor del Padre (3:16).

D. Para que pudiéramos permitir que el amor del Padre se perfeccionara en nosotros (2:5; 4:12).

E. Para que pudiéramos amar a la familia de Dios (3:11, 23; 4:7, 11).

F. Para que pudiéramos experimentar la plenitud del gozo (1:4).

G. Para que pudiéramos tener certidumbre en lo concerniente a nuestra salvación (5:13).

H. Para que pudiéramos tener seguridad en relación con nuestras oraciones (3:22; 5:14, 15).

I. Para que no seamos seducidos por el mundo (2:26).

J. Para que no nos sorprendamos ante la tribulación (3:13).

III. Los requerimientos de esta comunión.

A. Debemos andar en luz (1:7).

«Pero si andamos en luz, como él está en luz, tenemos comunión unos con otros....»

B. Debemos reconocer nuestros pecados (1:8).

«Si decimos que no tenemos pecado, nos engañamos a nosotros mismos, y la verdad no está en nosotros.»

C. Debemos confesar nuestros pecados (1:9).

«Si confesamos nuestros pecados, él es fiel y justo para perdonar nuestros pecados, y limpiarnos de toda maldad.»

La palabra «confesar» aquí es el término griego *homologeo*, que significa «estar de acuerdo con». Es decir, que cuando el Espíritu Santo señala un pecado en nuestra vida debemos estar inmediatamente de acuerdo con Él. Aunque la sangre de Jesucristo nos limpiará de todo pecado, no nos va a limpiar de ninguna excusa.

D. Debemos guardar sus mandamientos (2:3-8; 5:2, 3). Algunos han imaginado la existencia de una contradicción en estos versículos. Notemos:

«Hermanos, no os escribo mandamiento nuevo, sino el mandamiento antiguo que habéis tenido desde el principio ... os escribo un mandamiento nuevo...» (2:7, 8).

Sin embargo, cuando lo examinamos más de cerca, observamos que hay una gloriosa *adición* más que una *contradicción*.

1. El mandamiento antiguo:

«No te vengarás, ni guardarás rencor a los hijos de tu pueblo, sino amarás a tu prójimo como a ti mismo. Yo Jehová» (Lv. 19:18).

«Como a un natural de vosotros tendréis al extranjero que more entre vosotros, y lo amarás como a ti mismo; porque extranjero fuisteis en la tierra de Egipto. Yo Jehová vuestro Dios» (Lv. 19:34; véase también Dt. 10:19).

Es decir, el mandamiento en el Antiguo Testamento demandaba el amor como base de la relación; pero Jesús añadió a la intensidad de este amor durante su ministerio en la tierra. Veamos sus palabras:

2. El nuevo mandamiento:

«Un mandamiento nuevo os doy: Que os améis unos a otros; como yo os he amado, que también os améis unos a otros» (Jn. 13:34; véase también Jn. 15:12).

Este mandamiento les fue dado en el transcurso de la última cena en el aposento alto. Juan nunca olvidaría esa sagrada ocasión.

E. Debemos permanecer en Cristo (2:28).

«Y ahora, hijitos, permaneced en él...» (véase también Jn. 15).

F. Debemos guardarnos sin mancha del mundo. Esto incluye tanto la inmoralidad (3:3) como la idolatría (5:21).

G. Debemos ministrar a nuestros hermanos en su necesidad (3:17).

«Pero el que tiene bienes de este mundo y ve a su hermano tener necesidad, y cierra contra él su corazón, ¿cómo mora el amor de Dios en él?»

IV. Las pruebas de esta comunión. ¿Cómo podemos realmente saber que somos salvos y que caminamos diariamente con Él en comunión? Juan propone una lista de preguntas que nos ayudan a determinar tanto nuestra condición de hijos como nuestra comunión.

A. ¿Conduzco mi vida aquí en la tierra a la luz del rapto?

«Y todo aquel que tiene esta esperanza en él, se purifica a sí mismo, así como él es puro» (3:3).

B. ¿Vivo continuamente en pecado?

«Todo aquel que permanece en él, no peca; todo aquel que peca, no le ha visto, ni le ha conocido. Todo aquel que es nacido de Dios, no practica el pecado, porque la simiente de Dios permanece en él; y no puede pecar, porque es nacido de Dios» (3:6, 9).

«Sabemos que todo aquel que ha nacido de Dios, no practica el pecado, pues Aquel que fue engendrado por Dios le guarda, y el maligno no le toca» (5:18).

Estos versículos no enseñan, por supuesto, que seamos perfectos. Los verbos griegos están en el tiempo presente refiriéndose a la práctica *constante* del pecado. Aunque no estemos *sin pecado,* Juan ciertamente declara que deberíamos *pecar menos*.

C. ¿Aborrezco a mi hermano espiritual?

«Si alguno dice: Yo amo a Dios, y aborrece a su hermano, es mentiroso. Pues el que no ama a su hermano a quien ha visto, ¿cómo puede amar a Dios a quien no ha visto?» (4:20).

D. ¿Deseo ayudar a mi hermano? (3:17).

E. ¿Amo realmente a mi hermano? (4:7, 21). Juan se está refiriendo aquí al amor *verdadero*. El amor bíblico puede definirse como «un interés no egoísta por el bienestar de otro».

F. ¿Amó realmente a Dios?

«En esto conocemos que amamos a los hijos de Dios, cuando amamos a Dios, y guardamos sus mandamientos» (5:2).

G. ¿Me gozo en la relación con otros siervos de Dios?

«Nosotros somos de Dios; el que conoce a Dios, nos oye; el que no es de Dios, no nos oye. En esto conocemos el espíritu de verdad y el espíritu de error» (4:6).

H. ¿Vivo en constante temor?

«En el amor no hay temor, sino que el perfecto amor echa fuera el temor; porque el temor lleva en sí castigo. De donde el que teme, no ha sido perfeccionado en el amor» (4:18).

I. ¿Soy capaz de vencer al mundo?

«Porque todo lo que es nacido de Dios vence al mundo; y esta es la victoria que ha vencido al mundo, nuestra fe» (5:4).

J. ¿Puedo reconocer las falsas doctrinas cuando me las encuentro?

«Amados, no creáis a todo espíritu, sino probad los espíritus si son de Dios; porque muchos falsos profetas han salido por el mundo. En esto conoced el Espíritu de Dios: Todo espíritu que confiesa que Jesucristo ha venido en carne, es de Dios; y todo espíritu que no confiesa que Jesucristo ha venido en carne, no es de Dios; y este es el espíritu del anticristo, el cual vosotros habéis oído que viene, y ahora ya está en el mundo» (4:1-3).

K. ¿Estoy en lo correcto en cuanto a la divinidad de Cristo?

«Todo aquel que confiese que Jesucristo es el Hijo de Dios, Dios permanece en él, y él en Dios» (4:15).

«Todo aquel que cree que Jesús es el Cristo, es nacido de Dios; y todo aquel que ama al que engendró, ama también al que ha sido engendrado por él» (5:1).

L. ¿Estoy en lo correcto en cuanto a la obra de Cristo? (5:13, 20).

Este es, entonces, el examen mediante doce preguntas que nos presenta Juan. Si fallo en la prueba, debería concluir:

1. No soy salvo (o, más probablemente).
2. Necesito estudiar la Palabra de Dios, orar y crecer en gracia para servir al Maestro.

V. El mantenimiento de esta comunión. ¿Qué seguridad tenemos de que esta dulce comunión que gozamos hoy la disfrutaremos mañana cuando nos despertemos?

Conservamos esta comunión:

A. Mediante lo que hace el Hijo de Dios. ¿Qué sucedió con Jesús? ¿Dónde está y qué hace? Juan nos responde a estas preguntas. Está con el Padre y actúa a nuestro favor como:

1. Nuestro abogado.

«Hijitos míos, estas cosas os escribo para que no pequéis; y si alguno hubiere pecado, abogado tenemos para con el Padre, a Jesucristo el justo» (2:1).

La palabra «abogado» aquí es el término griego *parakletos*, que significa «llamar al lado de uno». La *Biblia Anotada de Scofield* define este oficio de la siguiente manera:

«Abogacía es la obra que Jesucristo realiza en la presencia del Padre a favor de los santos que han pecado, y por la cual, ellos son restaurados a la comunión con El...» (p. 1278).

2. Nuestra propiciación.

«Y él es la propiciación por nuestros pecados; y no solamente por los nuestros, sino también por los de todo el mundo» (2:2).

La raíz griega de la que traducimos «propiciación» aparece traducida como «propiciatorio» en Hebreos 9:5. El propiciatorio era una parte del arca del testimonio que se hallaba dentro del lugar santísimo. Sobre este propiciatorio de oro se rociaba en el día de la expiación la sangre de un animal (Lv. 16:14). Esto significaba que la demanda justa de la ley había sido ejecutada, y el lugar de juicio se había transformado en lugar de gracia y misericordia (He. 9:11-15). Quería decir que el hombre había sido reconciliado con Dios. La obra de Cristo sirve como una propiciación, por lo que la justicia de Dios queda satisfecha para siempre. (Véase también 4:10.)

B. Mediante la permanencia del Espíritu Santo.

«Pero vosotros tenéis la unción del Santo, y conocéis todas las cosas. Pero la unción que vosotros recibisteis de él permanece en vosotros, y no tenéis necesidad de que nadie os enseñe; así como la unción misma os enseña todas las cosas, y es verdadera, y no es mentira, según ella os ha enseñado, permaneced en él» (2:20, 27).

Este versículo *no* niega, por supuesto, la función del maestro humano (véase Ef. 4:11, 12). Lo que sí nos está diciendo es que debemos probar todo sistema de enseñanza mediante la Palabra de Dios.

C. Por medio de la cooperación del santo de Dios. ¿Cómo se espera que el creyente conserve su comunión con el cielo?

1. Reconociendo sus pecados (1:8).
2. Confesando sus pecados (1:9).

VI. Los miembros de la familia de esta comunión (2:13, 14). Parece que Juan clasifica aquí a la familia de Dios en tres grupos, según su madurez espiritual.

A. Hijitos: «Os escribo a vosotros, hijitos, porque habéis conocido al Padre» (2:13). La palabra griega que se utiliza aquí es *paidia*, refiriéndose a un bebé en Cristo.

B. Jóvenes: «Os escribo a vosotros, jóvenes, porque habéis vencido al maligno» (2:13). «Os he escrito a vosotros, jóvenes, porque sois fuertes, y la palabra de Dios permanece en vosotros, y habéis vencido al maligno» (2:14).

C. Padres: «Os escribo a vosotros, padres, porque conocéis al que es desde el principio» (2:13). «Os escribo a vosotros, padres, porque habéis conocido al que es desde el principio ... y habéis vencido al maligno» (2:14).

VII. Los enemigos de esta comunión. Juan menciona tres fuerzas terribles contra las que el creyente debe estar vigilante a fin de que no se dañe su caminar con Cristo.

A. Los sistemas de este mundo.

«No améis el mundo, ni las cosas que están en

el mundo. Si alguno ama al mundo, el amor del Padre no está en él. Porque todo lo que hay en el mundo, los deseos de la carne, los deseos de los ojos, y la vanagloria de la vida, no proviene del Padre, sino del mundo. Y el mundo pasa, y sus deseos; pero el que hace la voluntad de Dios permanece para siempre» (2:15-17).

1. Una definición de este mundo. En la Biblia aparecen varias clases de mundos.
   a. El mundo físico (Hch. 17:24).
   b. El mundo humano (Jn. 3:16).
   c. El mundo del mal (1 Jn. 5:19; Jn. 12:31; 15:18).

   En este pasaje Juan evidentemente tiene en mente este tercer mundo. El creyente *vive* en el primer mundo, es *miembro* del segundo, pero debe *evitar* el tercero.
2. Las divisiones dentro de este mundo:
   a. Los deseos de la carne.
   b. Los deseos de los ojos.
   c. La vanagloria de la vida.

   Al escribir Juan estas palabras sus pensamientos puede que volaran en el pasado a un bello huerto y a un terrible desierto donde dos personas fueron sometidas a estas tentaciones satánicas por el diablo mismo.

   Eva en el huerto (Gn. 3:6):

   «Y vio la mujer que el árbol era bueno para comer» (los deseos de la carne).

   «Y que era agradable a los ojos» (los deseos de los ojos).

   «Y árbol codiciable para alcanzar la sabiduría» (la vanagloria de la vida).

   Cristo en el desierto (Mt. 4:3, 8, 6).

   «Dí que estas piedras se conviertan en pan» (los deseos de la carne).

   «Le mostró [Satanás a Jesús] todos los reinos del mundo y la gloria de ellos» (los deseos de los ojos).

   «Échate abajo [desde el pináculo del templo]; porque escrito está: A sus ángeles mandará acerca de ti» (la vanagloria de la vida).
3. Las falsedades de este mundo. El doctor Warren Wiersbe escribe:

   «Sí, el mundo atrae al creyente por medio de los deseos de la carne, por el deseo de los ojos, y por la vanagloria de la vida. Y una vez que el mundo vence en alguna de estas áreas, el hijo de Dios pronto se dará cuenta. Perderá el regocijo en el amor del Padre, así como el deseo de hacer su voluntad. La lectura bíblica le llegará a ser aburrida y la oración una tarea difícil. Aun el compañerismo cristiano le parecerá vacío y desalentador. No es que haya algo mal en otros, sino que el mal está en el corazón mundano del creyente.» (*Usted puede ser real*, Editorial Bautista Independiente, pp. 62, 63.)
4. La destrucción de este mundo. «Y el mundo pasa» (véase también 2 P. 3:10-12).

B. Los engañadores de este mundo.

«Hijitos, ya es el último tiempo; y según vosotros oísteis que el anticristo viene, así ahora han surgido muchos anticristos; por esto conocemos que es el último tiempo» (2:18).

«Salieron de nosotros, pero no eran de nosotros; porque si hubiesen sido de nosotros, habrían permanecido con nosotros; pero salieron para que se manifestase que no todos son de nosotros» (2:19).

«¿Quién es el mentiroso, sino el que niega que Jesús es el Cristo? Este es anticristo, el que niega al Padre y al Hijo» (2:22).

«Os he escrito esto sobre los que os engañan» (2:26).

C. Los espíritus de este mundo.

«En esto conocemos que permanecemos en él, y él en nosotros, en que nos ha dado de su Espíritu» (4:13).

VIII. Las promesas de esta comunión.

A. Vida eterna con Cristo.

«Y esta es la promesa que él nos hizo, la vida eterna» (2:25).

B. Confianza en el rapto (2:28).

C. Recibir un nuevo cuerpo a semejanza de su cuerpo resucitado (3:2).

D. Confianza en el día del juicio (4:17).

E. Osadía en el servicio cristiano (4:18).

IX. Los testigos de esta comunión.

«Este es Jesucristo, que vino mediante agua y sangre; no mediante agua solamente, sino mediante agua y sangre. Y el Espíritu es el que da testimonio; porque el Espíritu es la verdad. Porque tres son los que dan testimonio en el cielo: el Padre, el Verbo y el Espíritu Santo; y estos tres son uno. Y tres son los que dan testimonio en la tierra: el Espíritu, el agua y la sangre; y estos tres concuerdan» (5:6-8).

Estos versículos no están entre los más fáciles de entender. Empecemos diciendo que la última parte del versículo 7 no aparece en la mayoría de los manuscritos más antiguos. Por lo que la primera parte debería decir: «Porque tres son los que dan testimonio...» Esto se refiere aparentemente a los tres testigos ya mencionados en el versículo 6 y ampliado en el 8. ¿Quiénes son estos testigos?

A. La identidad de los testigos:
1. El agua.
2. La sangre.
3. El Espíritu.

B. La interpretación de estos testigos:
1. El agua y la sangre. Se han dado al menos cuatro explicaciones sobre ello:
   a. El bautismo y la muerte de Cristo.
   b. El agua y la sangre que fluyeron de su costado.
   c. Una referencia simbólica a la purificación y a la redención.
   d. Una referencia simbólica a las ordenanzas del bautismo y la Cena del Señor.

   La mayoría de los teólogos conservadores se inclinan por la primera de estas interpretaciones: el bautismo y la muerte de Cristo (Mt. 3:13-17; He. 9:12).
2. El Espíritu. No hay duda de que Juan tiene en mente aquí al Espíritu Santo.

C. Las implicaciones de estos testigos. El testimonio de dos testigos era todo lo que era necesario para los hombres (Dt. 19:15; Mt. 18:16; Jn. 8:17), pero Dios nos ha dado *¡tres!*

X. La separación de este compañerismo (5:16, 17). «Hay pecado de muerte» (5:16). La Biblia enseña que mi *unión* con Cristo es tan fuerte que nada ni nadie puede romperla; pero mi *comunión* con él es tan frágil que el menor de los pecados la quebranta. M.F. Unger escribe al respecto:

«La oración y el problema de los pecados serios, 16-17. Es posible que un verdadero creyente caiga en el pecado, 16*a*. Si tal cosa ocurre los creyentes deben orar por él, 16*b*. Como resultado de la oración Dios preservará la vida física del cristiano que ha pecado (no la vida eterna porque esa vida es eterna e irrevocable). Sin embargo, esta intercesión es efectiva solamente en el caso de un pecado por el cual no corresponde la muerte física, 16*c*.

"Hay *pecado de muerte*" 16*d*. Este es el caso en que un creyente peca en forma persistente y voluntaria, lo cual produce "la muerte de la carne" (muerte física) "a fin de que el espíritu sea salvo" (1 Co. 5:1-5; Hch. 5:1-11; 1 Co. 11:30). Saúl y Sansón representan figuras típicas de este severo castigo en el Antiguo Testamento. Por ese pecado *no corresponde orar*, porque entraña la ejecución de una ley inmutable de Dios, que no puede alterarse por medio de la oración, 16*e*. El pecado tiene distintos grados de gravedad, 17. "Toda injusticia es pecado, pero hay pecado no de muerte [física]", que merece menor castigo, cf. 1 Co. 11:30.» (*Manual Bíblico de Unger*, Editorial Portavoz, pp. 852, 853.)

2 JUAN

INTRODUCCIÓN

1. Este es el único libro de la Biblia dirigido a una mujer.
2. Viene a ocupar en los escritos de Juan el mismo lugar que Filemón en los de Pablo.
3. Es el libro más corto de toda la Biblia.
4. Juan no menciona su nombre ni el de la mujer al que lo dirige. Esto quizá fue hecho así para prevenir la posible persecución por las autoridades romanas en este tiempo, que consideraban el cristianismo como una religión ilegal.

I. El apóstol elogia a esta dama (vv. 1-4). «Mucho me regocijé porque he hallado a algunos de tus hijos andando en la verdad» (v. 4). Debemos quizá hacer notar aquí que algunos estudiantes de la Biblia creen que esta «señora elegida» de la epístola era en realidad una iglesia local. Si este es el caso, los hijos aquí son miembros de la iglesia. Si embargo, la opinión del autor es que fue escrita a una mujer real y que éstos son sus hijos.

II. El apóstol manda a esta señora (vv. 5, 6). Estos mandatos son en realidad dos:
   A. Que camine en la verdad.
   B. Que camine en amor. Véase también el versículo 3. Qué importante es no separarlos. Practicar la verdad sin amor, nos lleva al *legalismo*. Emplear el amor sin interesarnos por la verdad nos lleva al *liberalismo*. Pablo también enfatiza el uso de ambos: «Sino que siguiendo la verdad en amor, crezcamos en todo en aquel que es la cabeza, esto es, Cristo» (Ef. 4:15).

III. El apóstol previene a esta dama (vv. 7-13).
   A. Que se cuide de Satanás (vv. 7, 9-11).
      «Porque muchos engañadores han salido por el mundo, que no confiesan que Jesucristo ha venido en carne. Quien esto hace es el engañador y el anticristo. Cualquiera que se extravía, y no persevera en la doctrina de Cristo, no tiene a Dios; el que persevera en la doctrina de Cristo, ése sí tiene al Padre y al Hijo. Si alguno viene a vosotros, y no trae esta doctrina, no lo recibáis en casa, ni le digáis: ¡Bienvenido! Porque el que dice: ¡Bienvenido! participa en sus malas obras.»
   B. Que se cuiden de sí mismos (v. 8).
      «Mirad por vosotros mismos, para que no perdáis el fruto de vuestro trabajo, sino que recibáis galardón completo.»
      Juan quería que esta amada hermana recibiera el galardón completo por su servicio fiel en el día del juicio ante Cristo (véase 1 Co. 3:5-17).

3 JUAN

INTRODUCCIÓN

1. J. Vernon McGee dice:
   «Esta carta es similar a la segunda epístola de Juan en que tiene un carácter personal y trata el mismo tema acerca de la verdad. Sin embargo, esta carta

La señora elegida

2 JUAN

Elogiada por el apóstol vv. 1-4
«Mucho me regocijé porque he hallado a algunos de tus hijos andando en la verdad, conforme al mandamiento que recibimos del Padre» **(v. 4).**

Ordenada por el apóstol vv. 5, 6
- que camine en amor
- que camine en la verdad

Prevenida por el apóstol vv. 7-13
- Que se cuide de Satanás

«Porque muchos engañadores han salido por el mundo, que no confiesan que Jesucristo ha venido en carne. Quien esto hace es engañador y el anticristo» **(v. 7).**

«Si alguno viene a vosotros, y no trae esta doctrina, no lo recibáis en casa, ni le digáis: ¡Bienvenido!» **(v. 10).**

- Que se cuiden de sí mismos

«Mirad por vosotros mismos, para que no perdáis el fruto de vuestro trabajo, sino que recibáis galardón completo» **(v. 8).**

3 JUAN

El exhortador	El egotista	El ejemplo
vv. 1-8	**vv. 9-11**	**vv. 12-14**
GAYO	*DIÓTREFES*	*DEMETRIO*
Su prosperidad	*Su orgullo*	*Su elogio*
JUAN ORA POR ÉL *«Amado, yo deseo que tú seas prosperado en todas las cosas, y que tengas salud, así como prospera tu alma»* **(v. 2).**	**CULPABLE DE CINCO CARGOS** 1. Había intentado ocupar el lugar del líder. 2. Había rehusado recibir al apóstol Juan. 3. Había calumniado al apóstol. 4. Había rehusado hospedar a los misioneros. 5. Había intentado excomulgar a los creyentes.	*«Todos dan testimonio de Demetrio, y aun la verdad misma; y también nosotros damos testimonio, y vosotros sabéis que nuestro testimonio es verdadero»* **(v. 12).**
JUAN LO ELOGIA Ha caminado en la verdad. Ha ministrado a los misioneros		

trata sobre principados. En su segunda epístola, Juan dice que la verdad es digna de que nos *mantengamos firmes*, y en la tercera afirma que la verdad es merecedora de *trabajar por ella*.» (*Third John*, p. 291.)

2. En su segunda epístola Juan trata el problema de recibir a *engañadores* (lo que no debería haberse hecho); en esta epístola discute el error de no recibir a *creyentes* (que sí debió de hacerse).
3. Este es el segundo libro más corto de la Biblia.
4. Esta epístola nos ofrece un excelente (aunque breve) vistazo de la vida de la Iglesia al final del primer siglo.

I. La prosperidad de Gayo (vv. 1-8). Encontramos al menos tres personas con este nombre que aparecen en el Nuevo Testamento. Uno estaba en Corinto (Ro. 16:23), otro estaba en Macedonia (Hch. 19:29), y al otro lo encontramos en Derbe (Hch. 20:4, 5). Sin embargo, es imposible identificar a este Gayo con uno de estos tres. Quienquiera que fuera, el apóstol Juan lo amaba entrañablemente.

A. Juan ora por él:

> «Amado, yo deseo que tú seas prosperado en todas las cosas, y que tengas salud, así como prospera tu alma» (v. 2).

El término griego que aquí traducimos por «prosperar» es *euodoumai*, y significa «tener buen viaje».

B. Juan lo elogia (vv. 3-8).

1. Gayo había extendido la hospitalidad cristiana a unos misioneros itinerantes y maestros de la Biblia.
2. Le habían informado que Gayo vivía conforme a las normas del evangelio y que conservaba su vida en santidad y en verdad.

II. El orgullo de Diótrefes (vv. 9-11). Vernon McGee escribe sobre él:

«Los misioneros de la iglesia primitiva eran itinerantes, iban de un lugar a otro. Dado que los lugares de hospedaje de aquellos días eran malos y sucios, los misioneros eran recibidos en los hogares de los creyentes. Gayo había abierto su casa y Juan le felicita por ello. Diótrefes se oponía a esta práctica y Juan se lo censura. Su defecto era que amaba ser el centro de la atención y el reconocimiento. Tenía que reinar o arruinar. Generalmente hay uno de estos en cada congregación que quiere controlar a la iglesia y al pastor. Era culpable de cinco cargos: (1) deseaba el liderazgo; (2) se había negado a recibir a Juan; (3) hizo declaraciones calumniosas contra los apóstoles; (4) se negó a recibir a los misioneros (él quería aparentemente ser el maestro); (5) había excomulgado a aquellos que habían hospedado a los misioneros (parece que trató de ser el primer Papa). Fue Diótrefes, el dictador.» (*Through the Bible*, p. 292.)

III. Los elogios a Demetrio (vv. 12-14).

«Todos dan testimonio de Demetrio, y aun la verdad misma; y también nosotros damos testimonio, y vosotros sabéis que nuestro testimonio es verdadero.»

APOCALIPSIS

INTRODUCCIÓN

Apocalipsis es el único libro profético del Nuevo Testamento, en contraste con los diecisiete que tiene el Antiguo Testamento.

Apocalipsis es el único libro en toda la Biblia que empieza prometiendo una bendición especial a todos aquellos que lo estudien, y termina con la promesa de maldición para todos aquellos que le añadan o le quiten.

Fue escrito por el apóstol Juan, quien había escrito ya otros cuatro libros del Nuevo Testamento: el Evangelio de Juan, 1, 2 y 3 Juan. El autor había penetrado previamente en la eternidad pasada más que ningún otro escritor de la Biblia (véase Jn. 1:1-3), y ahora se extiende más que nadie hacia la eternidad futura (véase Ap. 21, 22).

A. Apocalipsis puede ser comparado con el libro de Daniel.

1. En lo concerniente a la indestructibilidad de la nación judía (Dn. 3, 6; cp. Ap. 12).
2. En lo relativo al ministerio del Anticristo (Dn. 3:1-7; 7:7, 8, 24, 25; 8:9-12, 23-25; 9:27; 11:36-45; cp. Ap. 13).

3. En lo relacionado con la extensión de la tribulación (Dn. 9:24-27; cp. Ap. 11:2; 12:6, 14; 13:5).
   Sin embargo, notemos que Daniel era un libro sellado (Dn. 12:9), mientras que Apocalipsis no lo es (Ap. 22:10).

B. Apocalipsis puede ser comparado con el libro de Génesis. En Génesis se nos dice: «... y a la reunión de las aguas llamó Mares» (1:10). En Apocalipsis se nos dice: «... y el mar ya no existía más» (21:1).

En Génesis se describe al primer Adán con su esposa Eva en el huerto del Edén, reinando sobre la tierra (1:27, 28). El Apocalipsis describe al postrer Adán con su esposa, la Iglesia, en la ciudad de Dios, reinando sobre todo el universo (21:9).

En Génesis Dios creó el sol y la luna, el día y la noche (1:5, 16). En Apocalipsis se nos dice: «No habrá allí más noche...» (22:5). «La ciudad no tiene necesidad de sol ni de luna que brille en ella; porque la gloria de Dios la ilumina, y el Cordero es su lumbrera» (21:23).

En Génesis el árbol de la vida le es negado al hombre pecador (3:22). En Apocalipsis el árbol de la vida da «cada mes su fruto; y las hojas del árbol eran para la sanidad de las naciones» (22:2).

En Génesis el hombre oye a Dios decir: «Maldita será la tierra por tu causa» (3:17). En Apocalipsis el hombre escuchará a Dios decir: «Y no habrá más maldición» (22:3). En Génesis Satanás aparece para atormentar al hombre por un tiempo (3:1). En Apocalipsis Satanás desaparece para ser él mismo atormentado para siempre (20:10).

En Génesis la tierra antigua fue castigada mediante un diluvio (7:12). En Apocalipsis la nueva tierra será purificada mediante fuego (2 P. 3:6-12; Ap. 21:1). En Génesis el primer hogar del hombre estaba al lado de un río (2:10). En Apocalipsis el hogar eterno del hombre estará junto a un río: «Después me mostró un río limpio de agua de vida, resplandeciente como cristal, que salía del trono de Dios y del Cordero» (22:1). En Génesis el patriarca Abraham lloró por Sara (23:2). En Apocalipsis los hijos de Abraham verán cómo Dios mismo seca las lágrimas de sus ojos (21:4).

En Génesis Dios destruye una ciudad terrenal, la impía Sodoma (Gn. 19). En Apocalipsis Dios presenta a la ciudad celestial, la nueva Jerusalén, que desciende del cielo (Ap. 21:2).

Génesis termina con un creyente en Egipto yaciendo en un ataúd (50:1-3). Apocalipsis termina con todos los creyentes en la eternidad reinando para siempre (21:4).

J. Vernon McGee ha escrito:

«Este libro es como una gran estación central donde las grandes líneas ferroviarias de la profecía entran procedentes de otras porciones de la Escritura. Apocalipsis no las origina sino que presenta su consumación. Es imperativo tener un correcto entendimiento del libro para ser capaz de trazar cada gran tema de la profecía desde la primera referencia hasta su terminal.» (*Reveling Through Revelation*, p. 4.)

C. Algunos de los grandes temas de la profecía que encuentran su consumación aquí son:
   1. El Señor Jesucristo (Gn. 3:15; cp. Ap. 1:13; 12:5).
   2. La Iglesia (Mt. 16:18; cp. Ap. 19:7-9).
   3. La resurrección de los santos (Dn. 12:2, 3; 1 Ts. 4:13-18; 1 Co. 15:51, 52; Ap. 20:4-6).
   4. La gran tribulación (Dt. 4:30, 31; Is. 24; cp. Ap. 6—18).
   5. Satanás (Is. 14:12-15; Ez. 28:11-19; cp. Ap. 20:1-10).
   6. El hombre de pecado (2 Ts. 2:1-12; cp. Ap. 19:19-21).
   7. La religión falsa (Gn. 11:1-9; Mt. 13; cp. Ap. 17).
   8. Los tiempos de los gentiles (Dn. 2:37; Lc. 21:24; cp. Ap. 18).
   9. La Segunda Venida de Cristo (Jud. vv. 14, 15; cp. Ap. 19:11-16).

D. Se han dado al menos cuatro interpretaciones principales de este último libro de la Biblia.
   1. Es pura ficción. Este es el punto de vista de los agnósticos.
   2. Es una alegoría. Esto quiere decir que ninguna parte del libro debe tomarse literalmente. Es simplemente un relato simbólico de la lucha entre el bien y el mal a lo largo de las edades. Esta es la opinión de la mayoría de los liberales.
   3. Es histórico. Al afirmarlo hay dos clases de historia en mente.
      a. Historia pasada. Esta es frecuentemente llamada la teoría preterista. Esta palabra, «preterista», proviene del latín y significa «pasado». El doctor Charles Ryrie escribe:
         Así pues los intérpretes preteristas son aquellos que entienden el Apocalipsis como habiéndose cumplido ya en la historia antigua de la iglesia. Se dice que los capítulos 5—11 registran la victoria de la iglesia sobre el judaísmo; los capítulos 12—19 su victoria sobre la Roma pagana; y 20—22 su gloria a causa de estas victorias. Las persecuciones descritas son las de Nerón y Domiciano, y el libro entero fue completado para el tiempo de Constantino (312 d.C.).» (*Apocalipsis*, Editorial Portavoz, p. 8.)
      b. Historia continua. De nuevo citamos a Ryrie:
         «Este punto de vista de la interpretación mantiene que en Apocalipsis hay un panorama de la historia de la iglesia desde los días de Juan hasta el final de la era. Afirma que el libro ha estado en proceso de cumplirse a lo largo de toda la era cristiana. Los que mantienen esta opinión ven en los símbolos la aparición del papado, la corrupción de la iglesia y las distintas guerras a lo largo de la historia de la iglesia. Muchos de los reformadores interpretaron el libro de esta manera....» (*Apocalipsis*, Editorial Portavoz, pp. 8-9.)
   4. Es profética. Esta interpretación contempla los eventos del capítulo 4 en adelante como que han de ser todavía cumplidos. Sólo este punto de vista hace justicia al libro. El Apocalipsis, como cualquier otro libro en la Biblia, hay que tomarlo en su sentido pleno y normal de la palabra. Hacerlo de otra manera es ofender a Cristo, el divino Autor. El doctor David L. Cooper dijo una vez: «Si el sentido claro y evidente de las Escrituras tiene sentido común, no busques otro sentido.»

E. Este libro nos ofrece más títulos para el Salvador que ningún otro de la Biblia. Notemos algunos de ellos:
 1. Jesucristo (1:1).
 2. El testigo fiel (1:5).
 3. El primogénito de los muertos (1:5).
 4. El soberano de los reyes de la tierra (1:5).
 5. El Alfa y la Omega (1:8).
 6. El primero y el último (1:17).
 7. El Hijo del Hombre (1:13).
 8. El Hijo de Dios (2:18).
 9. El que tiene la llave de David (3:7).
 10. El que tiene las llaves de la muerte y del Hades (1:18).
 11. El León de la tribu de Judá (5:5).
 12. La raíz de David (5:5).
 13. El Cordero inmolado (5:6).
 14. El Cordero enojado (6:16, 17).
 15. El Cordero compasivo (7:17).
 16. Nuestro Señor (11:8).
 17. El hijo varón (12:5).
 18. El Rey de los santos (15:3).
 19. El Fiel y Verdadero (19:11).
 20. El Verbo de Dios (19:13).
 21. El Rey de reyes (19:16).
 22. El Señor de señores (19:16).
 23. El principio y el fin (22:13).
 24. La estrella resplandeciente de la mañana (22:16).

F. Los números 7 y 12 son predominantes en el libro de Apocalipsis.
 1. El número 7:
  a. Siete espíritus (1:4).
  b. Siete estrellas (1:16).
  c. Siete lámparas (4:5).
  d. Siete sellos (5:1).
  e. Siete cuernos (5:6).
  f. Siete ojos (5:6).
  g. Siete ángeles (8:2).
  h. Siete trompetas (8:2).
  i. Siete truenos (10:3).
  j. Siete cabezas (12:3).
  k. Siete diademas (12:3).
  l. Siete plagas (15:1).
  m. Siete copas (17:1).
  n. Siete montes (17:9).
  ñ. Siete reyes (17:10).
 2. El número 12:
  a. 12.000 de cada una de las 12 tribus (7:4-8).
  b. Una corona de doce estrellas (12:1).
  c. Doce puertas (21:12) d. Doce ángeles (21:12).
  e. Doce cimientos (21:14).
  f. Doce apóstoles (21:14).
  g. 12.000 estadios (21:16).

G. Hay más alusiones y citas del Antiguo Testamento en el libro de Apocalipsis que en ningún otro del Nuevo Testamento.
 1. Trece de Génesis.
 2. Veintisiete de Éxodo.
 3. Cuatro de Levítico.
 4. Tres de Números.
 5. Diez de Deuteronomio.
 6. Una de Josué.
 7. Una de Jueces.
 8. Una de 2 Samuel.
 9. Seis de 2 Reyes.
 10. Una de 1 Crónicas.
 11. Una de Nehemías.
 12. Cuarenta y tres de los Salmos.
 13. Dos de Proverbios.
 14. Setenta y nueve de Isaías.
 15. Veintidós de Jeremías.
 16. Cuarenta y tres de Ezequiel.
 17. Cincuenta y tres de Daniel.
 18. Dos de Oseas.
 19. Ocho de Joel.
 20. Nueve de Amós.
 21. Una de Habacuc.
 22. Dos de Sofonías.
 23. Quince de Zacarías.
 24. Una de Malaquías.

H. Apocalipsis es totalmente un libro acerca del Cordero de Dios. Podemos bosquejarlo de la siguiente manera:
Se instruye a los testigos del Cordero (1—3).
Se invita a adorar al Cordero (4—5).
Se invoca la ira del Cordero (6—19).
Se instituye el reinado del Cordero (20).
Se presenta a la esposa del Cordero (21—22).

Primera parte:

Se instruye a los testigos del Cordero (caps. 1—3).

I. El Siervo de Dios (1:1-10). Juan, el apóstol amado, recibe y transmite un mensaje especial.
 A. La fuente de este mensaje (1:1).
  1. Es dado por el Padre al Hijo.
  2. El Hijo lo da a un ángel (posiblemente Gabriel o Miguel).
  3. El ángel lo entrega al apóstol.
 B. La promesa de este mensaje (1:3).
 «Bienaventurado el que lee, y los que oyen las palabras de esta profecía, y guardan las cosas en ella escritas.»
 Esta es la primera de siete bienaventuranzas que aparecen en Apocalipsis. Vean también:
  1. 14:13: «Bienaventurados de aquí en adelante los muertos que mueren en el Señor.»
  2. 16:15: «Bienaventurado el que vela.»
  3. 19:9: «Bienaventurados los que son llamados a la cena de las bodas del Cordero.»
  4. 20:6: «Bienaventurado ... el que tiene parte en la primera resurrección.»
  5. 22:7: «Bienaventurado el que guarda las palabras ... de este libro.»
  6. 22:14: «Bienaventurados los que lavan sus ropas.»
 C. La razón para este mensaje (1:3).
 «Porque el tiempo está cerca.»
 La palabra aquí no es *chronos* (el término común para tiempo de reloj) sino *kairos*, que se refiere a una época determinada. Esta «época fija» fue descrita por Daniel en 9:24-27. Un día un grupo de judíos será capaz de llegar a la conclusión correcta, comparando Daniel y Apocalipsis, de que esta «época fija, determinada» está verdaderamente a sus mismas puertas.
 Además, Dios está deseoso de «manifestar a sus siervos las cosas que deben suceder pronto» [en el tiempo de Dios] (1:1). Véanse 2 Pedro 3:9; Romanos 16:20.
 La palabra «pronto» también puede significar rápidamente. Veamos los siguientes versículos que manifiestan el deseo de Dios de levantar la cortina del futuro para sus santos.
  1. «Porque no hará nada Jehová el Señor, sin que

El libro de APOCALIPSIS

PRIMERA PARTE

Se instruye a los testigos del Cordero (Ap. 1—3)

El Siervo de Dios (Ap. 1:1-10)

Juan recibe un mensaje especial en la isla de Patmos

LA FUENTE DE ESTE MENSAJE **(1:1)**
LA PROMESA DE ESTE MENSAJE **(1:3)**
LA RAZÓN DE ESTE MENSAJE **(1:3)**
LOS RECEPTORES DE ESTE MENSAJE **(1:4)**
EL TEMA DE ESTE MENSAJE **(1:5)**
LA DOXOLOGÍA DE ESTE MENSAJE **(1:6)**
EL LUGAR DE ESTE MENSAJE **(1:9)**
EL TIEMPO DE ESTE MENSAJE **(1:10)**
LA MANERA DE DAR EL MENSAJE **(1:10)**

El Hijo de Dios (Ap. 1:11-20)

- *SU DECLARACIÓN* **(1:11)**
- *SU DESCRIPCIÓN* **(1:12-16)**
- *SU MANIFESTACIÓN* **(1:17, 18)**
- *SU DEFINICIÓN* **(1:19, 20)**

Las iglesias de Dios (Ap. 2:1—3:22)

ÉFESO **(2:1-7)**
ESMIRNA **(2:8-11)**
PÉRGAMO **(2:12-17)**
TIATIRA **(2:18-29)**
SARDIS **(3:1-6)**
FILADELFIA **(3:7-13)**
LAODICEA **(3:14-22)**

revele su secreto a sus siervos los profetas» (Am. 3:7).

2. «Pero hay un Dios en los cielos el cual revela los misterios» (Dn. 2:28).
3. «Te alabo, Padre, Señor del cielo y de la tierra, porque escondiste estas cosas de los sabios y de los entendidos, y las revelaste a los niños» (Mt. 11;25).
4. «A vosotros os es dado conocer los misterios del reino de Dios» (Lc. 8:10).

D. Los receptores del mensaje (1:4).

«Las siete iglesias que están en Asia.»

E. El tema de este mensaje: la persona y la obra de Cristo Jesús.

1. Su tarea en el pasado: redención. «Al que nos amó [literalmente, "continúa amándonos"], y nos lavó [literalmente, "nos lavó de una vez para siempre"] de nuestros pecados con su sangre» (1:5).
2. Su tarea en el presente: santificación. «Y nos hizo reyes y sacerdotes para Dios, su Padre» (1:6).
3. Su tarea futura: glorificación. «He aquí que viene con las nubes, y todo ojo le verá, y los que le traspasaron; y todos los linajes de la tierra harán lamentación por él» (1:7; véanse también Dn. 7:13, 14; Mt. 24:30; Hch. 1:9).

F. La doxología del mensaje (1:6).

«A él sea gloria e imperio por los siglos de los siglos. Amén.»

Esta es la primera de cuatro grandes doxologías en Apocalipsis. Juan las presenta en un orden cronológico, de lo simple a lo sublime. Son:

1. 4:11: «Señor, digno eres de recibir la gloria y la honra y el poder.»
2. 5:13: «Sea la alabanza, la honra, la gloria y el poder.»
3. 7:12: «La bendición y la gloria y la sabiduría y la acción de gracias y la honra y el poder y la fortaleza.»

G. El lugar del mensaje (1:9).

«Yo Juan, vuestro hermano, y copartícipe vuestro en la tribulación, en el reino y en la paciencia de Jesucristo, estaba en la isla de Patmos, por causa de la palabra de Dios y el testimonio de Jesucristo.»

Juan nos explica aquí por qué estaba en esta isla. Fue desterrado allí desde el 86 al 96 d.C. Patmos era una escarpada isla volcánica ubicada frente a las costas del Asia Menor. Tiene aproximadamente unas 10 millas (unos 16 km) de largo por 6 millas (10 km) de ancho. Fue probablemente enviado allí por el emperador romano Domiciano. Este emperador era hermano de Tito Vespasiano (el que destruyó la ciudad de Jerusalén). Dios permitió que un pagano destruyera su ciudad terrenal, pero también usó a su hermano para facilitar que la nueva Jerusalén fuera descrita por primera vez a un hombre. ¡Misteriosos y maravillosos son en verdad los caminos de Dios!

Juan habla de estar experimentando tribulación. Podemos ofrecer al menos cuatro razones por las que Roma perseguía a los cristianos:

1. Por razones políticas. Los cristianos no participan en la adoración de los dioses del panteón. De hecho, los cristianos eran tenidos como ateos, porque no adoraban a un dios visible.
2. Por razones económicas. Ya no conseguían de los creyentes dinero ni sacrificios para los ídolos romanos.
3. Por razones «morales». Los cristianos fueron acusados frecuentemente de caníbales, porque se decía que secretamente «comían la carne y bebían la sangre» del fundador de su religión.
4. Con el propósito de usar a alguien como chivo expiatorio. Nerón intentó echar la culpa de varios problemas de estado a los cristianos que vivían en Roma.

H. El tiempo del mensaje (1:10).

«Yo estaba en el Espíritu en el día del Señor» (véanse también 4:2; 17:3; 21:10).

Este día era sin duda el domingo (véanse Mt. 28:1; Hch. 20:7; 1 Co. 16:1, 2).

I. La manera de entregar el mensaje (1:10).

«Y oí detrás de mí una gran voz como de trompeta.»

Aparece muchas veces el toque de llamada de la trompeta en este libro (véanse 4:1; 8:2, 7, 8, 10, 12; 9:1, 13; 11:15).

II. El Hijo de Dios (1:11-20).

A. Su declaración (1:11):

«Decía: Yo soy el Alfa y la Omega, el primero y el último. Escribe en un libro lo que ves, y envíalo a las siete iglesias que están en Asia: a Éfeso, Esmirna, Pérgamo, Tiatira, Sardis, Filadelfia y Laodicea.»

B. Su descripción (1:12-16):

1. Tenía siete estrellas y siete candeleros.
2. Vestía una ropa que le llegaba hasta los pies.
3. Llevaba ceñido al pecho un cinto de oro.
4. Su cabeza y cabellos eran blancos como lana o nieve.
5. Sus ojos eran como llama de fuego (He. 4:13).
6. Sus pies eran semejantes al bronce bruñido.
7. Su voz era como estruendo de muchas aguas (Sal. 29:3-9).
8. De su boca salía una espada aguda de dos filos (He. 4:12).
9. Su rostro era como el sol cuando resplandece en su fuerza (Mt. 17:2).

C. Su manifestación (1:17, 18):

«Cuando le vi, caí como muerto a sus pies. Y él puso su diestra sobre mí, diciéndome: No temas; yo soy el primero y el último; y el que vivo y estuve muerto; mas he aquí que vivo por los siglos de los siglos, amén. Y tengo las llaves de la muerte y del Hades.»

El efecto sobre Juan de esta visión deslumbrante fue nada menos que paralizante. Juan había caminado con Cristo durante tres años, le había visto realizar milagros y pronunciar sermones, había descansado sobre su pecho en el aposento alto y observó como moría en la cruz. Finalmente se había gozado en su resurrección y había sido testigo de su ascensión, pero todo esto había ocurrido sesenta años atrás. Ahora estaba contemplando al Redentor en todo su esplendor, y cayó como muerto a sus pies. Juan quedó como un insecto ante el tremendo resplandor del sol. Pero el amante Señor del apóstol hizo lo que tantas veces le había visto llevar a cabo: extendió su mano para tocar a aquel que está en necesidad. Comparar Apocalipsis con los siguientes relatos de los Evangelios:

1. Mateo 8:14, 15: «Vino Jesús a casa de Pedro, y vio a la suegra de éste postrada en cama, con fiebre. Y tocó su mano, y la fiebre la dejó....»
2. Mateo 9:27-30: «Le siguieron dos ciegos, dando voces y diciendo: ¡Ten misericordia de nosotros, Hijo de David! ... Entonces les tocó los ojos ... Y los ojos de ellos fueron abiertos....»
3. Mateo 17:7: «Entonces Jesús se acercó y los tocó [a Pedro, Santiago y Juan, que estaban espantados después de haber visto la transfiguración en el monte], y dijo: Levantaos, y no temáis.»
4. Juan 9:6: «Escupió en tierra ... y untó con el lodo los ojos del ciego.»
5. Lucas 5:12, 13: «Sucedió que estando él en una de las ciudades, se presentó un hombre lleno de lepra, el cual, viendo a Jesús, se postró con el rostro en tierra y le rogó, diciendo: Señor, si quieres puedes limpiarme. Entonces, extendiendo él la mano, le tocó....»
6. Lucas 7:14: «Y acercándose, toco el féretro [del hijo de viuda de Naín] ... Y dijo: Joven, a ti te digo, levántate.»
7. Lucas 22:51: «... .Y tocando su oreja [de uno de sus enemigos que Pedro había herido en el huerto], le sanó.»

Jesús aseguró a Juan: *He aquí que vivo.* El verdadero símbolo del cristianismo *no* es la cruz sino la tumba vacía. La historia nos habla de Julián el Apóstata, un sobrino del emperador Constantino, que creció en un hogar cristiano pero que en su juventud renunció a la fe cristiana y abrazó el paganismo. Cuando llegó a ser emperador de Roma en el año 361 d.C. intentó eliminar el cristianismo. Un día, durante su reinado, uno de sus allegados le preguntó a un humilde cristiano: «Y tu Jesús, ¿que está haciendo el carpintero de Nazaret ahora?»

A lo que respondió aquel inspirado cristiano: «Está haciendo un féretro para tu emperador.» En el 363, sólo dos años después de empezar a reinar, Julián murió en el campo de batalla, frente a un ejército persa. Sucedió entonces uno de los más famosos incidentes de la historia. Al sacar al emperador del campo de batalla, y estando próximo a morir, tendido en el suelo levantó los ojos a los cielos y dijo: «¡Al final has vencido, Galileo!»

Jesús aseguró además a Juan: «Y tengo las llaves de la muerte y del Hades.» Se mencionan cinco llaves en el Nuevo Testamento y nuestro Señor las tiene todas, las otras cuatro son:

Las llaves del reino (Mt. 16:19).
La llave de la ciencia (Lc. 11:52).
La llave de David (Ap. 3:7).
La llave del pozo del abismo (Ap. 9:1; 20:1).

D. Su definición (1:19, 20): Jesús interpreta ahora para Juan el significado de las siete estrellas y los candeleros que el apóstol había visto en su mano.

1. Las siete estrellas son los ángeles de las siete iglesias. J. Vernon McGee escribe:

«Los ángeles aquí pueden ser tanto humanos como divinos, porque la palabra es *mensajero*. Se puede referir a un miembro de las huestes celestiales, o a un pastor o maestro de la congregación. Personalmente creo que se refiere a los pastores locales. Es bueno oír llamar ángeles a los pastores, pues algunas veces somos llamados otras cosas.» (*Reveling Through Revelation*, p. 17.}

2. Los siete candeleros son siete iglesias específicas. Al oír esto, Juan pudo entender por qué Cristo aparecía vestido de esa manera. Cristo actúa ahora como nuestro Sumo Sacerdote. Los siete candeleros de oro hablan de su presente función en el cielo manteniendo las luces. Aarón encendía las lámparas es el tabernáculo, las apagaba con despabiladeras, las llenaba de aceite y cuidaba de las mechas. Cristo hace los mismo con sus actuales lámparas, que son las iglesias locales.

III. Las iglesias de Dios (caps. 2—3). Para cuando se escribió el Apocalipsis (entre los años 95-100 d.C.) podían muy bien existir ya más de cien iglesias locales autónomas en el mundo. Pablo había, por supuesto, plantado personalmente varias docenas de estas iglesias, y otros apóstoles habían hecho sin duda lo mismo. Pero de todas ellas Cristo eligió siete iglesias representativas y les habló directamente. Se ha dicho que estas siete aparecen en el registro sagrado para alcanzar al menos los siguientes propósitos:

A. El propósito contemporáneo: que Cristo tenía un mensaje directo para siete iglesias reales que existían en aquel tiempo.
B. Un propósito compuesto: que estos mensajes son de aplicación para todas las iglesias en todos los tiempos.
C. El propósito cronológico: que las características de estas iglesias sirven como una representación profética de los siete grandes períodos del cristianismo, desde pentecostés hasta el rapto. Se ha sugerido el siguiente bosquejo panorámico de esta predicción:
   1. Éfeso (30-300 d.C.): su nombre significa «deseable». La iglesia apostólica.
   2. Esmirna (100-313): su nombre significa «mirra». La iglesia mártir.
   3. Pérgamo (314-590): su nombre significa «matrimonio». La iglesia transigente.
   4. Tiatira (590-1517): su nombre significa «sacrificio continuo». La Iglesia Católica Romana.
   5. Sardis (1517-1700): su nombre significa «remanente». La Iglesia Reformada.
   6. Filadelfia (1700-1900): su nombre significa «amor fraternal». La iglesia avivada.
   7. Laodicea (1900-rapto): su nombre significa «los derechos del pueblo». La iglesia mundana.

El Salvador habla a sus iglesias en Apocalipsis 2 y 3. Tenemos, pues, registradas en estos capítulos (y no en Mt. 28 ni en Hch. 1) las últimas palabras de Cristo. Consideremos ahora cada una de ellas.

1. La iglesia de Éfeso (2:1-7).
   a. La ciudad. J. Vernon McGee nos describe Éfeso de la siguiente manera:

> «Éfeso era la ciudad principal de Asia Menor. Fue llamada "la Feria de la Vanidad de Asia". Era tanto el centro religioso como comercial de toda la provincia de Asia, y ejercía gran influencia tanto en Europa como en Asia.
>
> El templo de Diana se encontraba allí y era tenido como una de las siete maravillas del mundo antiguo, siendo el templo griego más grande que jamás se construyera (418 pies (104 m) de longitud por 240 pies (49 m) de ancho). Tenía más de 100 columnas exteriores de 56 pies (18 m) de altura, de las que 36 estaban talladas a mano. Estaba edificado en una zona pantanosa sobre una base artificial de pieles y carbón de madera a fin de que no fuera afectado por los terremotos. Las puertas eran de madera de ciprés; las columnas y paredes de mármol. Las escaleras fueron talladas de madera de viñas de Chipre. El templo servía como banco de Asia, y en él se depositaban vastas sumas de dinero. Era una auténtica galería de arte exhibiendo las mejores obras de arte.... Detrás de una cortina púrpura estaba la sensual imagen de Diana, la diosa de la fertilidad. Tenía muchos pechos, llevaba un bastón en una mano y en la otra un tridente» (*Reveling Through Revelation*, p. 19.)

   Éfeso era una ciudad grande con una población de unas 225.000 personas, y disponía de un gran puerto de mar.

   b. El Consejero (lo que Jesús dice acerca de sí mismo).
   c. El elogio (las cosas buenas acerca de la iglesia): empieza haciendo una declaración que repetirá a cada una de las siete iglesias: «Yo conozco tus obras» (2:2, 9, 13, 19; 3:1, 8, 15).
      (1) Era una iglesia evangelizadora.
      (2) Tenían paciencia (no como los cristianos a los que Pedro escribió; véase 2 P. 1:6).
      (3) Era una iglesia apartada (no como la iglesia de Corinto; véase 1 Co. 5).
      (4) Se mantenían puros en la doctrina.
      (5) Habían sufrido persecución pero perseveraban (a diferencia de los cristianos en el libro de Hebreos; véase He. 12:1-15).
      (6) Era una congregación democrática. «Pero tienes esto, que aborreces las obras de los nicolaítas, las cuales yo también aborrezco» (2:6). Este nombre proviene de dos palabras griegas, *nikao*, que significa «conquistar», y *laos* que significa «pueblo». Muchos creen que Juan está hablando aquí acerca de la creciente distinción entre clero y laicos.
   d. La condena: «Pero tengo contra ti, que has dejado tu primer amor» (2:4).

   Es trágicamente posible estar tan ocupado *trabajando* para Cristo que nos olvidamos de Él. Dios no creo a Adán para evangelizar al mundo con el evangelio, ni para edificar una gran escuela dominical en el huerto del Edén (con toda la importancia que esto tiene), sino para tener *comunión* con su Creador.

   e. El consejo: tenían que hacer tres cosas.
      (1) Recordar: debían dedicar sus mentes a Cristo.
      (2) Arrepentirse: tenían que entregar sus corazones a Cristo.
      (3) Repetir: dar sus manos a Cristo. De no hacer estas cosas cosecharían resultados nefastos. «Vendré pronto a ti, y quitaré tu candelero de su lugar» (2:5).

      El hijo de Dios no necesita orar con las palabras del Salmo 51:11: «No me eches de delante de ti, y no quites de mí tu Santo Espíritu.» Sin embargo, toda iglesia de creyentes cristianos debería repetir esta oración frecuentemente, porque no hay eterna seguridad para *ninguna* iglesia local que aparece en la Biblia. Un creyente jamás puede caer de la gracia, pero su iglesia sí puede. La historia nos ofrece la triste evidencia de que Cristo quitó, tiempo después, la lámpara de la iglesia de Éfeso, y ha estado sin iluminar por siglos, asfixiada por los musulmanes. Hoy no hay en Éfeso ninguna iglesia local en muchos kilómetros a la redonda.

f. El desafío: Al igual que empezó con una declaración que repetiría a las demás iglesias, nuestro Señor termina de igual manera. Aquí hace las siguientes declaraciones:
«El que tiene oído, oiga lo que el Espíritu dice a las iglesias» (2:7, 11, 17, 29; 3:6, 13, 22).
Para los de Éfeso el desafío es:
«Al que venciere, le daré a comer del árbol de la vida, el cual está en medio del paraíso de Dios» (2:7).
Este árbol, que una vez le fue dado a Adán, desapareció después de su pecado (Gn. 3:24). Aparece mencionado aquí otra vez por primera vez. (Véase también Ap. 22:2, 14.)
En 1 Juan 5:4, 5 encontramos la definición y el método para vencer.

g. El período de esta iglesia (30-100 d.C.). En este tiempo aparecieron los escritos del Nuevo Testamento, y se produjo el intento de evangelizar al conocido mundo romano. La lista de los héroes de este período incluye a los apóstoles, Pablo, Judas, Santiago, Lucas, etc.

2. La iglesia de Esmirna (2:8-11).

a. La ciudad.
(1) Se encontraba a unas 40 millas (unos 64 km) al norte de Éfeso.
(2) Era una ciudad espléndida de rara belleza situada en una amplia bahía.
(3) Estaba en la ruta directa entre India, Persia y Roma.
(4) Era muy conocida por sus escuelas de ciencias y medicina, por sus hermosos edificios y bien pavimentadas calles.
(5) Allí se hallaba el templo de Baco, el dios del vino.
(6) Muchos judíos apóstatas vivían allí.
(7) Era tenida como el lugar de nacimiento de Homero.

b. El Consejero: «El primero y el postrero, el que estuvo muerto y vivió, dice esto» (2:8).

c. El elogio:
(1) Habían sufrido pobreza por Cristo (aunque Dios los veía como ricos). Muchos creyentes pertenecieron sin duda a los distintos gremios de trabajadores de la comunidad antes de su conversión, pero debido aparentemente a su nueva fe cristiana habían perdido su derecho a esos gremios. En consecuencia, muchos se habían empobrecido. (Véanse también Mt. 6:20; 2 Co. 6:10.)
(2) Habían padecido persecución por causa de Cristo (pero Dios les prometió una galardón). El doctor Charles Ryrie escribe:
«Los instigadores de la persecución eran judíos apóstatas que, realmente, eran instrumentos de Satanás. En el martirio de Policarpo en Esmirna, en el 168, estos judíos ansiosamente ayudaron, recogiendo *en el sábado judío* madera y haces de leña para el fuego en que fue quemado.» (*Apocalipsis*, Editorial Portavoz, pp. 23-24). (Véanse también Ro. 2:28, 29; Jn. 8:44; Ap. 3:9.)
Jesús advierte a esta iglesia que tendrían «tribulación por diez días» (2:10). Puede estar refiriéndose a diez días reales de terrible derramamiento de sangre, o puede estar hablando de diez períodos de persecución intensa bajo diez emperadores romanos. Hablaremos de estos períodos bajo la letra g. Se ha estimado que al menos cinco millones de santos fueron martirizados durante este tiempo. Esto sería equivalente a 100 millones en proporción a la población mundial actual.

d. La condena: no se indica.

e. El consejo:
(1) No temas.
(2) Sé fiel.

f. El desafío es doble:
(1) «Yo te daré la corona de la vida» (2:10; véase también Stg. 1:12).
(2) «No sufrirá daño de la segunda muerte» (2:11).

g. El período de la iglesia (100-313).
(1) Las diez persecuciones romanas durante esta época:
(a) Nerón (64-68): mató a Pedro y a Pablo.
(b) Domiciano (81-96): pensó que el cristianismo era ateo. Murieron miles de cristianos. Desterró a Juan a Patmos.
(c) Trajano (98-117): fue el primero en promulgar leyes contra los cristianos. Quemó a Ignacio.
(d) Antonino Pío (137-161): bajo su reinado murió Policarpo, discípulo de Juan.
(e) Marco Aurelio (161-180): pensaba que el cristianismo era una superstición absurda. En su tiempo murió Justino Mártir, el gran escritor y defensor de la fe.
(f) Severo (193-211): mató al padre de Orígenes.
(g) Maximino (el Tracio) (235-238): bárbaro brutal. Mandó matar a todos los líderes cristianos.
(h) Decio (249-251): se propuso exterminar al cristianismo.
(i) Valeriano (253-260): mandó matar a Cipriano, obispo de Cartago.
(j) Diocleciano (284-305): durante su reinado se produjo la última y más severa de las persecuciones. Durante diez años, los creyente fueron buscados hasta en cavernas y bosques. Fueron quemados, arrojados a las bestias, o matados por todos los medios imaginables. Pero la propia es-

posa y la hija de Diocleciano aceptaron a Cristo.

(2) Entre los campeones de este período podemos contar a:

(a) Justino Mártir (100-167). Uno de los primeros defensores del cristianismo. Murió por Cristo en Roma.

(b) Ireneo (130-200). Discípulo de Policarpo, quien a su vez lo fue del apóstol Juan.

(c) Tertuliano (160-220). Obispo de Cartago y defensor del cristianismo.

(d) Eusebio (264-340). El primer historiador de la iglesia.

3. La iglesia de Pérgamo (2:12-17).

a. La ciudad.

(1) Era la capital política de Asia, ubicada a unas 75 millas (unos 120 km) al norte de Éfeso.

(2) Se jactaban de poseer una de las mejores bibliotecas, con 200.000 volúmenes. Esta biblioteca fue después donada a Cleopatra por Marco Antonio.

(3) Fue la ciudad donde se usó el pergamino por primera vez.

b. El Consejero: «El que tiene la espada aguda de dos filos dice esto» (2:12).

c. El elogio: habían guardado la fe, incluso aunque vivían en la ciudad que Satanás había elegido como su cuartel general temporal. Durante siglos el diablo había dirigido su imperio desde Babilonia (véanse Gn. 11:1-9; Dn. 5). Pero cuando aquella nación cayó, él aparentemente lo transfirió (al menos por un tiempo) a Pérgamo. En la ciudad se adoraba, entre otras cosas, a una serpiente viva. Satanás trasladó después otra vez su capital a Babilonia (Ap. 17—18).

Muchos cristianos habían muerto en Pérgamo como mártires de la fe. Aquí aparece mencionado uno: Antipas. Su nombre nunca aparece en otro registro histórico; pero Dios sabía acerca de este creyente humilde y anónimo que vivió y murió por Cristo hace veinte siglos. (Véanse Jn. 10:3; 2 Ti. 2:19.)

d. La condena: «Pero tengo unas pocas cosas contra ti» (2:14).

(1) Algunos estaban practicando la doctrina de Balaam. Este fue un falso profeta del Antiguo Testamento que intentó maldecir al pueblo de Israel (Nm. 22:1—25:9). El Nuevo Testamento se refiere a su doctrina, su error y su camino.

(a) Su camino (2 P. 2:15). Su camino era el de la codicia. Los servicios de Balaam siempre estaban listos para venderse.

(b) Su error (Jud. v. 11). Supuso equivocadamente que un Dios santo podía ser forzado a maldecir a un Israel pecador.

(c) Su doctrina (Ap. 2:14). El sacó la conclusión correcta de que si no puedes maldecirlos, corrómpelos entonces mediante la inmoralidad y la idolatría.

(2) Otros estaban practicando la doctrina de los Nicolaítas (2:15). Esta filosofía había sido ya condenada por Cristo en la iglesia de Éfeso (2:6). Sin embargo, observamos que lo que eran sólo *hechos* en la primera iglesia se había convertido ahora en *doctrina.*

e. El consejo: «Por tanto, arrepiéntete; pues si no, vendré a ti pronto, y pelearé contra ellos con la espada de mi boca» (2:16).

f. El desafío: «Al que venciere, daré...»

(1) Del maná escondido. Esto habla de la especial relación con Cristo. (Véanse Jn. 6:32-35; He. 9:4.)

(2) Una piedrecita blanca con un nombre nuevo escrito. Charles Ryrie escribe:

> «El significado de la piedra blanca con el nuevo nombre escrito se deriva de una o ambas de dos costumbres de aquellos días. La primera fue la de los jueces que determinaban un veredicto colocando en una urna una piedra blanca y una negra. Si salía la blanca quería decir absolución; así pues, la piedra blanca querría decir la seguridad que tienen los que están en Cristo Jesús de no ser condenados. La otra costumbre era el llevar amuletos alrededor del cuello como encantamientos de buena suerte. Si esto es a lo que se refiere, entonces la piedra es la forma en que el Señor recordaba a la gente que ellos le tenían a El y no necesitaban ninguna otra cosa.» (*Apocalipsis*, Editorial Portavoz, pp. 25-26.)

g. El período de la iglesia (315-590).

(1) Una de las personas clave de esta etapa fue un soldado llamado Constantino. Fue hecho emperador por su moribundo padre y el ejército romano. Nada más hacerse con el poder en el Oriente, se tuvo que enfrentar a Majencio, el emperador en Occidente. Constantino se dio cuenta de que tenía que fortalecer el ánimo de sus tropas y superar su desasosiego, y a este fin declaró que había visto en sueños la imagen de la cruz y había oído una voz que le decía: «Con este signo vencerás.» Aquello lo inspiró y llevó a sus hombres a la victoria, derrotando a su contrario en la batalla del puente Milvio, a las afueras de Roma.

En el año 313 firmó el Edicto de Tolerancia, que concedía libertad a los cristianos. Se hizo entonces costumbre unirse a la iglesia. El prometió piezas de oro y vestiduras blancas a todos los convertidos. De manera que pronto miles de paganos entraban en la iglesia llevando todavía consigo sus costumbres paganas. La iglesia llegó a ser tan mundana que ya no se apreciaba diferencia entre la iglesia y el mundo. Loraine Boettner cita las siguientes doctrinas no bíblicas que se filtraron en la iglesia durante este tiempo:

(a) Orar por los muertos (300).
(b) Hacer la señal de la cruz (300).
(c) La adoración a los santos y ángeles (375).
(d) La institución de la misa (394).
(e) La adoración a María (431).
(f) La doctrina de la extremaunción (526).
(g) La doctrina del purgatorio (593).

(2) La lista de los héroes cristianos de este tiempo incluiría a:

(a) Juan Crisóstomo (347-407), el más grande predicador de aquel tiempo.
(b) Jerónimo (340-420), el erudito que tradujo la Biblia al latín.
(c) Agustín (354-430), uno de los grandes teólogos de todos los tiempos.

4. La iglesia de Tiatira (2:18-29).

a. La ciudad.

(1) Estaba situada a unas 35 millas (unos 56 km) al sureste de Pérgamo.
(2) Había sido fundada por Alejandro Magno alrededor del año 300 a.C.
(3) Abundaban allí las organizaciones gremiales y albergaba las oficinas principales de gremios como los curtidores, alfareros, tejedores, tintoreros y de confección de ropa.
(4) Lidia, la primera convertida de Pablo en Europa (Hch. 16:14) era nativa de esta ciudad. Hoy tiene una población de unas 25.000 personas.

b. El Consejero: «El Hijo de Dios, el que tiene ojos como llama de fuego, y pies semejantes al bronce bruñido, dice esto» (2:18).

c. El elogio es múltiple:

(1) Buenas obras (las postreras mejores que las primeras).
(2) Amor.
(3) Servicio (fidelidad).
(4) Fe.
(5) Paciencia.

d. La condena: «Pero tengo unas pocas cosas contra ti» (2:20). La objeción principal del Señor contra esta iglesia estaba centrado en el hecho de que permitía la presencia en su seno de una falsa profetisa llamada Jezabel.

(1) La Jezabel del Antiguo Testamento. Esta fue la mujer pagana y asesina esposa del rey Acab (1 R. 16:28—19:21; 21:1-29; 2 R. 9:22-37).
(2) Su pecado en la iglesia:

(a) Enseñaba a los hombres, lo cual no estaba permitido (véase 1 T. 2:12-14).
(b) Enseñaba inmoralidad e idolatría.
(c) No quería arrepentirse.

(3) Su castigo:

(a) Sus seguidores pasarán por la gran tribulación y se transformarán en iglesias falsas en Apocalipsis 17.
(b) Sus hijos (seguidores) sufrirán la muerte segunda en el juicio del gran trono blanco (Ap. 20:11-15).
(c) Servirá de ejemplo para otras iglesias en lo concerniente a la ira de Dios. (Véanse también Hch. 5:11-13; 1 Ti. 5:22.)

e. El consejo: «Pero a vosotros y a los demás que están en Tiatira, a cuantos no tienen esa doctrina, y no han conocido lo que ellos llaman las profundidades de Satanás, yo os digo: No os impondré otra carga; pero lo que tenéis, retenedlo hasta que yo venga» (2:24, 25). Notemos la frase «las profundidades de Satanás». El diablo, como nuestro Señor, tiene sus libros de texto de doctrina sistemática. (Véase 1 Ti. 4:1.)

f. El desafío: «Al que venciere y guardare mis obras hasta el fin, yo le daré autoridad sobre las naciones, y las regirá con vara de hierro, y serán quebradas como vaso de alfarero; como yo también la he recibido de mi padre; y le daré la estrella de la mañana» (2:26-28). (Véanse también Sal. 2:9; Ap. 22:16.)

g. El período de la iglesia (590-1517). Como previamente hemos hecho notar, el nombre Tiatira significa «sacrificio continuo», y puede referirse en general a la Iglesia Católica Romana. Notemos los siguientes aspectos:

(1) Un estudio del papado: la palabra «papa» significa «padre». Al principio se usaba en relación con todos los obispos de Occidente, pero alrededor del 500 d.C. quedó restringida al obispo de Roma. La idea de que el obispo de Roma debía tener autoridad sobre toda la iglesia tuvo un lento desarrollo, con fuerte oposición a cada paso. El poder se hallaba distribuido en cinco áreas principales durante los primeros cuatro siglos: Roma, Constantinopla, Antioquía, Jerusalén y Alejandría.

León I (440-461). Fue el precursor de los futuros papas y obispo de Roma. Alcanzó gran popularidad por salvar dos veces las ciudad de caer en manos de Atila, rey de los hunos, y de Genserico, rey de los vándalos.

Gregorio I (590-694). Fue el primero que actuó realmente como papa. Consolidó al cristianismo después de la caída de Roma en el 476, y fue básicamente un hombre bueno.

(2) Algunos papas malos:

(a) Sergio III (904-911). Vivió con una notoria prostituta llamada Marozia, y lograron que su hijos ilegítimos llegaran a ser papas y cardenales.
(b) Benedicto IX (1033-1045). Fue elegido papa a la edad de doce

años. Cometió asesinatos y adulterios a la luz del día, y profanó tumbas con propósito de robo. Al fin, el pueblo de Roma encolerizado lo expulsó de la ciudad.

(c) Gregorio VI (1046). Fue uno de tres rivales que se disputaron el trono en este tiempo. Benedicto IX y Silvestre III también lo reclamaban. Roma se llenó de asesinos alquilados al tratar cada papa de eliminar a sus contrarios. Finalmente el emperador Enrique III intervino, quitó de en medio a los tres y nombró su propio papa, Clemente II.

(d) Inocencio III (1198-1216). Fue el más poderoso de todos los papas. Condenó la Carta Magna de Inglaterra y prohibió la lectura de la Biblia.

(3) Entre los héroes de este período se encuentran:

(a) Juan Wycliffe (1320-1384). Fue el primero en traducir toda la Biblia al inglés.

(b) Juan Huss (1369-1415). Fue un predicador intrépido que puso siempre a las Escrituras por encima de la iglesia. Murió en la hoguera por orden del papa.

(c) William Tyndale (1484-1536). Imprimió en 1525 por primera vez el primer ejemplar del Nuevo Testamento (escrito por Wycliffe) en inglés.

(d) Erasmo (1466-1536). Un gran estudioso y erudito del Nuevo Testamento griego.

5. La iglesia de Sardis (3:1-6).

a. La ciudad:

(1) Se hallaba a unas 30 millas (unos 48 km) al sur de Tiatira y era la capital de Lidia.

(2) Se pensaba que la ciudad era inexpugnable, pero Ciro el Grande la conquistó usando un pasadizo secreto en la escarpada montaña.

(3) Las monedas fueron acuñadas por primera vez aquí.

(4) Era notoria por su riqueza, siendo las alfombras una de sus principales industrias.

b. El Consejero: «El que tiene los siete espíritus de Dios, y las siete estrellas, dice esto» (3:1).

c. El elogio: «Pero tienes unas pocas personas en Sardis que no han manchado sus vestiduras; y andarán conmigo en vestiduras blancas, porque son dignas» (3:4).

Dios tiene siempre su remanente en cada iglesia y en cada época de la iglesia (véanse 1 R. 19:10, 18; Ro. 11:5).

d. La condena: «Yo conozco tus obras, que tienes nombre de que vives, y estás muerto» (3:1). J. Vernon McGee escribe:

«Tenemos aquí un cuadro del protestantismo. Las grandes verdades que se recuperaron durante la Reforma han quedado abandonadas por una iglesia transigente. Aunque las grandes denominaciones e iglesias todavía recitan los credos de la Iglesia, los han repudiado en realidad en sus mentes, corazones y vidas. Programas, rituales elaborados y la multiplicación de organizaciones han ido sustituyendo a la Palabra de Dios y a la vida espiritual auténtica. Hay actividad, pero sin acción; movimiento sin progreso, programa sin poder. Aunque las formas externas continúan, la vida se ha salido de la concha.» (*Reveling Through Revelation*, p. 28.)

La palabra a Sardis demuestra que la Reforma no fue la restauración de la iglesia ideal del Nuevo Testamento.

e. El consejo: «Sé vigilante, y afirma las otras cosas que están para morir; porque no he hallado tus obras perfectas delante de Dios. Acuérdate, pues, de lo que has recibido y oído; y guárdalo, y arrepiéntete. Pues si no velas, vendré sobre ti como ladrón, y no sabrás a qué hora vendré sobre ti» (3:2, 3).

f. El desafío: el desafío es doble para todos los que vencieren:

(1) Su nombre permanecería en el libro de la vida. Hallamos frecuentes referencias a este libro tanto en el Antiguo como en el Nuevo Testamentos (Ex. 32:32; Dn. 12:1; Sal. 69:28; Lc. 10:20; Fil. 4:3; He. 12:23; Ap. 3:5; 13:8; 17:8; 20:12, 15; 21:27; 22:19). Cualquiera que sea el significado aquí, estos versículos *no* enseñan que una persona salva puede perderse. En realidad es todo lo contrario, pues muchas referencias prueban que uno no puede perderse porque el nombre de cada persona salva está escrito en este libro. (Véanse especialmente Dn. 12:1; Lc. 10:20; Ap. 13:8; 17:8; 21:27.)

(2) Su nombre será confesado por Jesús delante del Padre (Lc. 12:8, 9).

g. El período de la iglesia (1517-1700). Entre los héroes de este tiempo se encuentran:

(1) Martín Lutero (1483-1546). Es una de las más grandes figuras de todos los tiempos; fue el fundador del protestantismo. Se graduó en la escuela de leyes y a continuación decidió ingresar en el sacerdocio. Después de tres años miserables encontró por fin la paz que buscaba en Romanos 1:17: «Mas el justo por la *fe* vivirá.» En 1508 se encontraba enseñando en la universidad de Wittenberg, y fue en esta ciudad, el 31 de octubre de 1517, que Lutero clavó sus famosas noventa y cinco tesis en la puerta de la iglesia, atacando la venta de indulgencias. Copias de estas tesis se leyeron ávidamente en toda Alemania, y se demostró que era la chispa que se necesitaba para incendiar a toda Europa. En la Dieta de Worms en 1521,

Lutero rehusó retractarse, pronunciando su famosa frase de «Aquí estoy, y no puedo hacer otra cosa. ¡Dios me ayude!» El legado precioso que Lutero nos dejó, incluye:

(a) El sacerdocio universal de los creyentes.

(b) La Biblia como la única autoridad para la fe cristiana.

(c) La justificación por la fe y no por obras.

(2) Zwinglio (1484-1531). El gran colaborador de Lutero.

(3) Juan Calvino (1509-1564). Es uno de los grandes teólogos de la fe cristiana. Sus cinco puntos principales de doctrina son:

(a) La depravación total del hombre.

(b) La elección incondicional del hombre por Dios.

(c) Expiación limitada (Cristo murió sólo por los creyentes).

(d) La gracia irresistible.

(e) La perseverancia de los santos (la eterna seguridad). Muchos cristianos no aceptan, por supuesto, todos estos puntos de teología.

(4) Juan Knox (1515-1572). El solo barrió al catolicismo romano de Escocia.

(5) Roger Williams (1604-1684). Llegó a Bay Colony (Massachusetts) en 1631. Después de ser echado de allí se fue a Providence, Rhode Island, donde fundó la primera Iglesia Bautista en América.

6. La iglesia en Filadelfia (3:7-13).

a. La ciudad.

(1) Fue edificada como un centro de cultura griega alrededor del 200 a.C.

(2) Se hallaba a unas 30 millas (unos 48 km) al sureste de Sardis.

(3) Era conocida por sus excelentes vinos.

(4) La ciudad tenía un alto porcentaje de judíos.

(5) Fue destruida por un terremoto en el año 17 a.C., pero Tiberio César la reedificó.

b. El Consejero: «Yo conozco tus obras; he aquí, he puesto delante de ti una puerta abierta, la cual nadie puede cerrar; porque aunque tienes poca fuerza, has guardado mi palabra, y no has negado mi nombre» (3:8).

J. Vernon McGee escribe lo siguiente en relación con la descripción de Cristo aquí:

«Cristo les recuerda que él es santo. Santo en su nacimiento (Lc. 1:35), santo en su muerte (Hch. 2:27), y santo en su presente tarea sacerdotal (He. 7:26). El es también verdadero (Jn. 1:9; 14:6; 15:1). "Verdadero" significa genuino con la nota añadida de perfección y cabalidad. Moisés no dio el pan verdadero. Véase Juan 6:32-35. Él también tiene la llave de David (véase Is. 22:22). Esta llave es diferente de las llaves de la muerte y del Hades (1:18). Esto habla de sus derechos reales como Señor del universo (Lc. 1:32). Se sentará en el trono de David en el milenio, pero hoy él es soberano.» (*Reveling Through Revelation*, p. 31.)

c. El elogio: la iglesia de Filadelfia escuchó dos de las cosas más preciosas y benditas que jamás se pueden decir acerca de una congregación local.

(1) Has dado testimonio abiertamente de la inspiración de la Palabra de Dios.

(2) Has confesado públicamente la encarnación del Hijo de Dios.

d. La condena: ninguna.

e. El consejo: «He aquí, yo vengo pronto; retén lo que tienes, para que ninguno tome tu corona» (3:11).

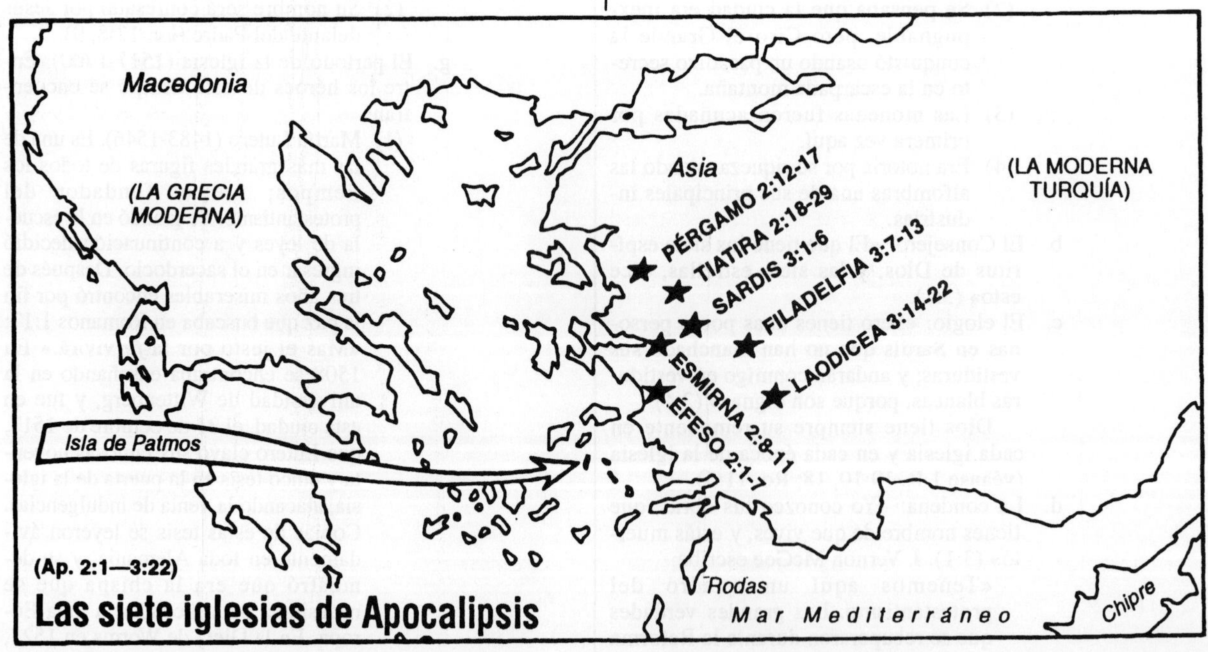

(Ap. 2:1—3:22)
Las siete iglesias de Apocalipsis

f. El desafío:
   (1) «He puesto delante de ti una puerta abierta, la cual nadie puede cerrar» (3:8). Esta es la primera de cuatro puertas que encontramos en Apocalipsis, y son:
      (a) La puerta del servicio (3:8). (Véanse también Hch. 14:27; 1 Co. 16:9; 2 Co. 2:12; Col. 4:3.)
      (b) La puerta de los corazones humanos (Ap. 3:20).
      (c) La puerta del rapto (4:1).
      (d) La puerta de la segunda venida (19:11).
   (2) Someteré a tus enemigos (3:9; véase también Fil. 2:10, 11).
   (3) Te protegeré de la hora de prueba (3:10).
   (4) Te haré columnas en el templo de mi Dios (3:12).
g. El período de la iglesia (1700-1900). Entre los héroes de este período están:
   (1) Jonathan Edwards (1703-1758). Uno de los grandes predicadores y teólogos de América. Su sermón «Pecadores en las manos de un Dios airado» es una obra maestra.
   (2) Juan Wesley (1703-1791). El fundador de la Iglesia Metodista y una de las grandes figuras de Inglaterra.
   (3) George Whitefield (1714-1770). Se le considera el mejor predicador público después de Simón Pedro. Ayudó a organizar la Iglesia Presbiteriana.
   (4) William Carey (1761-1834). El gran misionero a Birmania [hoy conocida como Myanmar].
   (5) Adoniram Judson (1788-1850). Misionero en China.
   (6) David Livingston (1813-1873). Misionero en África.
   (7) D.L. Moody (1837-1899). Evangelista mundialmente famoso.

7. La iglesia en Laodicea (3:14-22).
a. La ciudad: Charles Ryrie escribe:
   (1) «Estas siete iglesias yacen en el interior de un gran arco que comienza con Éfeso, girando hacia arriba y hacia el este a través de Esmirna y de Pérgamo y da la vuelta abajo hasta Laodicea. Así pues, esta última ciudad está como a unas 90 millas (145 km.) al este de Éfeso y a unas 45 millas (72 km.) al sureste de Filadelfia. El nombre de la ciudad significa "juicio del pueblo" y la iglesia puede ser representativa del período moderno.» (*Apocalipsis*, Editorial Portavoz, p. 31.)
   (2) La ciudad fue fundada por Antíoco II quien le puso el nombre de su esposa. Era un nombre común para mujeres.
   (3) Era un centro bancario y poseía gran riqueza.
   (4) Estaba embellecida con hermosos templos y teatros.
   (5) Disponía de una excelente y bien conocida escuela de medicina.
   (6) La ciudad era famosa por su colirio para los ojos.
   (7) Era reconocida por su industria de manufacturación de ropas de lana negra brillante.
   (8) Tenía manantiales de aguas minerales en las cercanías.
b. El Consejero: «He aquí el Amén, el testigo fiel y verdadero, el principio de la creación de Dios, dice esto» (3:14). Cristo se describe a sí mismo aquí como:
   (1) El testigo fiel y verdadero (una referencia a lo que Él es).
   (2) El principio de la creación de Dios (una referencia a lo que Él hace).
   John Phillips escribe:
      «Se presenta a la iglesia en Laodicea "como el principio de la creación de Dios", o como lo pone la *Biblia de las Américas* "el origen de la creación de Dios". El fue quien lanzó las estrellas al espacio, hizo que emergiera del seno de los mares y se perfilara sobre el cielo del mundo la poderosa cordillera del Himalaya. Ni una brizna de hierba crece sin su permiso, ni se mueve una mota de polvo. El es el origen de la creación de Dios. El Cristo dinámico que cuida y controla todo.» (*Exploring Revelation*, p. 89.)
c. El elogio. Esta iglesia puede contrastarse con la de Filadelfia. Cristo no hizo ninguna declaración negativa acerca de aquella, pero de Laodicea no pudo decir nada bueno.
d. La condena:
   (1) Lo que pensaban que eran: «Yo soy rico, y me he enriquecido, y de ninguna cosa tengo necesidad» (3:17; véase también Lc. 12:16-20).
   (2) Lo que Dios dice que eran:
      (a) Eran tibios en sus obras.
      «Yo conozco tus obras, que ni eres frío ni caliente. ¡Ojalá fueses frío o caliente! Pero por cuanto eres tibio, y no frío ni caliente, te vomitaré de mi boca» (3:15, 16).
      Citamos de nuevo a Charles Ryrie:
         «Cerca de Laodicea había aguas termales que sólo podían beberse cuando estaban muy calientes. Cuando el agua estaba tibia daba náuseas...» (*Apocalipsis*, Editorial Portavoz, p. 31.).
      Según estas palabras, Cristo aparentemente tiene más respeto por el fiero fanatismo o por el frío formalismo, que por la tibieza sin vida.
      (b) Estaban escasos en todos los sentidos.
         [1] Eran unos desventurados.
         [2] Eran miserables.
         [3] Eran pobres.

[4] Eran ciegos (véase 2 P. 1:9).
[5] Estaban desnudos.

e. El consejo: Debían obtener de Dios tres cosas que necesitaban urgentemente:
   (1) Oro refinado (fe) para ser ricos.
   (2) Vestiduras blancas (obras bendecidas por Dios) para cubrir su desnudez.
   (3) Colirio para sus ojos (perdón), para que pudieran ver.
f. El desafío:
   (1) «Yo reprendo y castigo a todos los que amo» (3:19; véase He. 12:5-8).
   (2) «He aquí, yo estoy a la puerta y llamo; si alguno oye mi voz y abre la puerta, entraré a él, y cenaré con él, y él conmigo» (3:20).

   J. Vernon McGee escribe:

   «Es una invitación a la cena, la última comida del día. Es una invitación a ir a él antes de la noche de la Gran Tribulación.» (*Reveling Through Revelation*, p. 36.)

   Millones de cristianos han visto sin duda el famoso cuadro de Holman Hunt representando a Cristo como la luz de mundo. El artista nos retrata a Cristo llevando una corona de espinas de pie ante la parte exterior de una puerta que representa el corazón humano. El cuadro se exhibe ahora en la catedral de San Pablo en Londres. Phillips escribe:

   «Cuando se exhibió por primera vez, los críticos comenzaron a comentar sobre la obra. Uno de ellos se volvió al pintor y dijo: "Mr. Hunt usted ha pintado una obra maestra, pero ha cometido un grave error. Ha pintado una puerta sin manilla." "Eso no es un error —replicó el artista— la manilla está por dentro."» (*Exploring Revelation*, p. 93)

   (3) «Al que venciere, le daré que se siente conmigo en mi trono, así como yo he vencido, y me he sentado con mi Padre en su trono» (3:21.)
g. El período de la iglesia. Poco comentario se necesita para describir el triste estado de la cristiandad como la conocemos hoy. Muchos grupos que descaradamente se llaman a sí mismos cristianos prefieren las dictaduras ateas a la democracia, estimulan la inmoralidad, apoyan la anarquía, rebajan la importancia de las grandes doctrinas bíblicas, ridiculizan a los que creen en la Biblia, y en general, cumplen literalmente la predicción de Pablo cuando escribió: «Tendrán apariencia de piedad, pero negarán la eficacia de ella» (2 Ti. 3:5). No obstante, debemos añadir rápidamente que una pequeña (aunque poderosa) pero creciente minoría de personas en las iglesias locales y escuelas están demostrando un amor por las Escrituras, el Salvador y las almas de los hombres que raramente se ha visto en la historia de la iglesia. Estas escuelas e iglesias están llenas de personas que le han oído llamar y le han abierto gustosamente sus puertas.

Segunda parte:

Se invita a adorar al Cordero (caps. 4—5).

I. Introducción. Juan empieza esta nueva sección con las palabras «después de esto» (4:1). La frase en griego es *meta tauta,* «después de estas cosas». ¿Qué cosas? El contexto parece referirse al rapto que sucede entre los capítulos 3 y 4. La frase *meta tauta* abre y cierra este versículo en la lengua original. Se menciona la Iglesia diecinueve veces en los tres primeros capítulos. Ahora desaparece completamente de las páginas del libro y no aparece de nuevo hasta el final de la tribulación en el capítulo 19. El único grupo piadoso que Satanás puede encontrar para atormentar durante la tribulación es el pueblo de Israel. Parece que sólo podemos sacar dos conclusiones de estos hechos.
   A. La Iglesia ha sido destruida por Satanás mediante la persecución. Este concepto no es, por supuesto, bíblico (véase Mt. 16:18).
   B. La Iglesia ha sido tomada por Cristo Jesús mediante el rapto. Varios pasajes del Nuevo Testamento apoyan fuertemente esta conclusión (véanse 1 Co. 15:51; 1 Ts. 4:16). Juan ahora:
      1. Ve una puerta (Jn. 10:9).
      2. Oye una trompeta (1 Ts. 4:16).
II. El libro sellado con siete sellos. Ahora somos llevados por medio del rapto al mismo cielo para ser testigos de la crisis del libro de los siete sellos.
   A. La iniciación. Juan se convierte ahora en el segundo de dos seres humanos conocidos a quien le es permitido vislumbrar aquel reino deslumbrante llamado cielo.
      1. Ve la gloria del Padre sentado sobre el trono (4:2, 3). El Apocalipsis es el libro del *trono.* Se usa la palabra cuarenta y cinco veces, en comparación con sólo las quince veces que aparece en el resto del Nuevo Testamento.

         Juan no puede distinguir ni dar ninguna descripción de Aquel que está sentado en el trono, excepto decir: «Y el aspecto de! que estaba sentado era semejante a piedra de jaspe y de cornalina» (4:3). Las dos piedras, la de jaspe de color blanco, y la cornalina, de color rojo vivo, pueden estar refiriéndose a las dos características básicas de Dios: su gloria y su gracia. Estas eran la primera y la última de las piedras que el sumo sacerdote llevaba sobre el pectoral en el Antiguo Testamento. Estas piedras representaban las doce tribus de Israel, arregladas según los nacimientos de los doce hijos de Jacob (Ex. 28). Rubén fue la primera tribu, cuyo nombre significa «ved, un hijo», y Benjamín fue el último, que significa «hijo de la mano derecha». Quizá sea esta la manera en que Dios nos recuerda a lo largo de la eternidad:
         a. La encarnación de Cristo (su humanidad), mediante la piedra de jaspe, Rubén («ved, un hijo»).
         b. La exaltación de Cristo (su deidad) por medio de la piedra de cornalina, Benjamín («hijo de mi mano derecha»).
      2. Ve un bellísimo arco iris, de color esmeralda, alrededor del trono (4:3).

SEGUNDA PARTE

Se invita a adorar al Cordero (Ap. 4—5)

La iniciación (Ap. 4:1-11)
Juan ve al Padre **(4:1-3)**
Juan ve a los veinticuatro ancianos **(4:4, 5)**
Juan ve a los cuatro seres vivientes **(4:6-11)**

La proclamación (Ap. 5:1, 2)
«*¿Quién es digno de abrir el libro y desatar sus sellos?*»

La investigación (Ap. 5:3)
«*Y ninguno, ni en el cielo ni en la tierra ni debajo de tierra, podía abrir el libro....*»

La lamentación (Ap. 5:4)
«*Y lloraba yo mucho....*»

La manifestación (Ap. 5:5-7)
El León soberano (y Cordero inmolado) es digno

La adoración (Ap. 5:8-14)
«*El Cordero que fue inmolado es digno...*» **(5:12)**

3. Ve también a veinticuatro ancianos con coronas de oro (4:4). Estos veinticuatro seres pueden ser la representación de dos grupos especiales de santos del Antiguo y Nuevo Testamentos (1 Cr. 24:3-5, 18; Lc. 1:5-9; Ap. 21:12-14). El griego nos está diciendo que ellos llevan coronas *stephanos* (coronas de mártires), en vez de *diadems* (coronas de monarcas). En consecuencia, deben ser más bien seres humanos y no angelicales. Daniel vio estos tronos cuando eran puestos (véase Dn. 7:9), pero estaban vacíos en aquellos días. Juan los ve ahora ocupados.
4. Ve relámpagos y escucha truenos, lo que significa que la terrible tormenta de la gran tribulación está a punto de desatar toda su furia (4:5). En el Antiguo Testamento se oyeron truenos en el monte Sinaí cuando Dios dio sus leyes a los hombres. Ahora hace lo mismo cuando se prepara para juzgar a los hombres por haber quebrantado sus leyes.
5. Ve que «delante del trono ardían siete lámparas de fuego, las cuales son los siete espíritus de Dios» (4:5). Se han dado varias sugerencias para explicar este versículo:
   a. Se refiere al ministerio terrenal de Cristo como es profetizado en Isaías 11:1-3.
   b. Se refiere al ministerio múltiple del Espíritu Santo (constreñir, convencer, regenerar, sellar, bautizar, morar, llenar).
   c. Se refiere a los siete ángeles del juicio de los que se habla más tarde en Apocalipsis 8:1-6.
6. Ve un mar de vidrio semejante al cristal (Ap. 4:6). El doctor Donald Barnhouse ha escrito lo siguiente en relación con este mar:

   «Delante del trono había un mar de vidrio, semejante al cristal. La referencia nos lleva inmediatamente al templo edificado por Salomón, basado en el modelo del tabernáculo. "Hizo fundir asimismo un mar de diez codos de un lado al otro, perfectamente redondo; su altura era de cinco codos" (1 R. 7:23). Esta enorme pila, de casi 15 pies (5 m) de diámetro, descansaba sobre doce bueyes de bronce, que miraban hacia fuera. Esta pila era usada por los sacerdotes para sus purificaciones. Cada vez que entraban en el lugar santo paraban en la pila para sus purificaciones ceremoniales. Podemos dar gracias a Dios porque esta pila se transformará en cristal, porque día vendrá cuando ninguno de los santos necesitará más la confesión.

   Uno de los grandes gozos que podemos tener en la espera del cielo es que el mar será de cristal. No tendré que ir nunca más ante el Padre celestial para confesarle que he pecado. No tendré que enfrentar nunca la mirada que Cristo dirigió a Pedro y le hizo salir y llorar amargamente. El mar será de cristal porque yo y todos los santos de todos los tiempos habremos sido hechos a la semejanza de nuestro Señor Jesucristo.» (*Revelation, an Expository Commentary*, p. 94.)
7. Después ve y escucha el testimonio de cuatros criaturas angelicales (4:6-8). La expresión en griego para «animales salvajes» es *therion*; pero aquí se usa la palabra *zoa* (la raíz para zoología) que significa «seres vivientes».
   a. ¿Quiénes son estos seres vivientes?
      J. Vernon McGee escribe:

      «Estas criaturas, de inteligencia superior, están en la presencia de Dios. Se asemejan a los querubines de Ezequiel 1:5-10; 10:20 y a los serafines de Isaías 6:2, 3. ¿Pertenecen a un orden nuevo de criaturas del cielo que no habían sido reveladas en las Escrituras antes?» (*Reveling Through Revelation*, p. 43.)
   b. ¿Cuál es su propósito? Quizá recordar a todas las criaturas a través de la eternidad el ministerio de Cristo en la tierra y en el cielo. Esto parece sugerido por su apariencia:
      (1) El primero es semejante a un león. Esto nos habla de Cristo como rey, como nos aparece retratado en el Evangelio de Mateo.
      (2) El segundo es semejante a un becerro. Nos habla de Cristo como un siervo, tal como lo vemos en el Evangelio de Marcos.
      (3) El tercero tenía apariencia de hombre. Nos comunica la humanidad de

Cristo, como lo podemos ver en el Evangelio de Lucas.

(4) El cuarto es semejante a un águila, lo que nos habla de la deidad de Cristo, como lo vemos en el Evangelio de Juan.

B. La proclamación. Juan ve estas siete cosas que le llenan de temor y asombro. Pero seguidamente es testigo del octavo evento, que le causa una tristeza que inunda su alma. La crisis del libro con los siete sellos va a empezar.

«Y vi en la mano derecha del que estaba sentado en el trono un libro escrito por dentro y por fuera, sellado con siete sellos. Y vi a un ángel fuerte que pregonaba a gran voz: ¿Quién es digno de abrir el libro y desatar sus sellos?» (5:1, 2).

¿Qué es este libro (un rollo, en realidad) sellado con tanta seguridad por siete sellos? Sea cual fuere su contenido, el rollo era sumamente importante, porque la historia nos dice que bajo la ley romana todos los documentos que tenían que ver con la vida y la muerte tenían que ser sellados siete veces. Algunos teólogos creen que éste es en realidad el título de propiedad legal de la tierra. Que lo que el ángel estaba proclamando era, en efecto: «¿Quién es digno de reclamar la propiedad de la tierra? ¿Quién es capaz de derramar los siete juicios sellados para purificar esta planeta e introducir la tan esperada edad de oro del milenio?» ¿Quién en realidad era digno? (Véase también Jer. 32:6-16.)

C. La investigación.

«Y ninguno, ni en el cielo ni en la tierra ni debajo de la tierra, podía abrir el libro, ni aun mirarlo» (5:3).

Sigamos al ángel en su triple búsqueda:

1. La búsqueda en los cielos. ¿Había entre los redimidos alguno digno de reclamar el título de propiedad de la tierra? No, no lo había.
   a. Adán originalmente lo poseyó (Gn. 1:28, 29), pero el diablo le hizo perderlo (Gn. 3:1-19).
   b. Noé, el héroe del diluvio, se convirtió después en un bebedor descontrolado del fruto de la vid, y se descalificó a sí mismo (Gn. 6—9).
   c. Abraham, el padre de Israel, se deslizó y marchó a Egipto temporalmente (Gn. 12).
   d. David, el hombre que tenía corazón conforme a Dios (1 S. 16:7), quebrantó después el corazón de Dios por causa de la lujuria y el asesinato (2 S. 11).
   e. Juan el Bautista, el precursor del Cristo, en un momento de debilidad dudó del mismo Mesías (Mt. 11:3).
   f. Pedro, la «roca», negó al Señor en su hora de necesidad (Mt. 26:70).
   g. Pablo, el cristiano más grande que hemos conocido, transigió en un momento determinado (Hch. 21).
2. La búsqueda en la tierra. ¿Quién puede lograr, en el ambiente pecaminoso de la tierra, lo que nadie pudo lograr en el ambiente puro del cielo? Predicadores y sacerdotes pueden ministrar en la tierra, y los reyes gobernar sobre secciones de ella, pero nadie puede reclamarla.
3. La búsqueda debajo de la tierra (en el Hades). Si ningún ángel ni santo *pudo* purificar esta tierra, tampoco, por supuesto, *podría* ningún pecador o demonio, aunque esto fuera posible.

D. La lamentación.

«Y lloraba yo mucho, porque no se había hallado a ninguno digno de abril el libro, ni de leerlo, ni de mirarlo» (5:4).

¿Por qué lloraba Juan? Quizá porque (entre otras cosas) él se daba cuenta de que la resurrección y glorificación de su propio cuerpo estaban directamente conectadas con la retirada de la maldición que pendía sobre esta tierra. (Véase Ro. 8:17-23.)

Este pasaje nos presenta el último ejemplo en que el creyente derrama lágrimas. El dolor, el sufrimiento y la muerte se han combinado para producir un océano de lágrimas humanas desde la trágica rebelión de Adán contra Dios.

1. Abraham lloró sobre el cuerpo de Sara (Gn. 23:2).
2. Israel lloró por las condiciones de esclavitud en Egipto (Ex. 2:23; 3:7).
3. Moisés lloró por causa del pecado de María (Nm. 12:13).
4. Josué lloró por la derrota de Israel (Jos. 7:6-9).
5. Noemí lloró al salir de Moab (Rt. 1:9).
6. Ana lloró a causa de su esterilidad (1 S. 1:10).
7. Samuel lloró a causa del fracaso de Saúl (1 S. 15:35).
8. David lloró a causa de su gran pecado (Sal. 32:4; 51:17).
9. Tamar lloró después de ser violada por Amnón (2 S. 13:19).
10. David lloró por la muerte de su hijo rebelde (2 S. 18:33).
11. Ezequías lloró a causa de las amenazas sobre Jesuralén (2 Cr. 32:20).
12. Los judíos cautivos lloraron en el camino a Babilonia (Sal. 137:1).
13. Daniel lloró por el pecado de Israel (Dn. 10:2).
14. Nehemías lloró a causa de la muralla derribada de Jerusalén (Neh. 1:4).
15. Mardoqueo lloró por los planes asesinos de Amán (Est. 4:1).
16. Una madre lloró por su hijo enfermo (Mt. 15:22).
17. Un padre lloró a causa de su hijo endemoniado (Mt. 9:24).
18. Una viuda lloró a causa de su hijo muerto (Lc. 7:13).
19. Dos hermanas lloraron por su hermano fallecido (Jn. 11:33).
20. El Salvador lloró por la muerte de Lázaro (Jn. 11:35) y por causa de Jerusalén (Lc. 19:41).

Pero todas estas lágrimas cesarán pronto cuando el verdadero Señor del universo vuelva.

E. La manifestación.

«Y uno de los ancianos me dijo: No llores. He aquí que el León de la tribu de Judá, la raíz de David, ha vencido para abrir el libro y desatar sus siete sellos. Y miré, y vi que en medio del trono y de los cuatro seres vivientes, y en medio de los ancianos, estaba en pie un Cordero como inmolado, que tenía siete cuernos, y siete ojos, los cuales son los siete espíritus de Dios enviados por toda la tierra. Y vino, y tomó el libro de la mano derecha del que estaba sentado en el trono» (Ap. 5:5-7).

John Phillips escribe al respecto:

«Juan se volvió para mirar a un León. Pero en vez de ver la áspera melena y los atemorizantes colmillos de un león, vio un Cordero. ¿Hubo alguna vez un momento más dramático en la historia del universo? El León no era otro que el Cordero.» (*Exploring Revelation*, p. 106.)

¿Quién es este Héroe celestial que tan osadamente toma el rollo de la mano derecha del Padre? No necesitamos especular ni por un segundo acerca de su personalidad, porque no es otro que el mismo Señor Jesucristo.

Las pruebas con abrumadoras.

1. El tiene las características de un cordero. En el Nuevo Testamento encontramos veintinueve referencias a nuestro Señor como un Cordero. En todas excepto una (1 P. 1:19) es el apóstol Juan quien emplea este título. Además.
   a. Es un cordero doméstico. Hay dos palabras para «cordero» en el griego del Nuevo Testamento. Una es *amnos* (un cordero en general) y el otro es *arnion* (un cordero doméstico). Aquí, en Apocalipsis 5:6, se esta usando la segunda palabra. (Véase 2 S. 12:1-4 para un pasaje del Antiguo Testamento relacionado.)
   b. Es un cordero inmolado. La palabra griega que se usa aquí para inmolado es *sphatto,* y se refiere a un tipo de muerte violenta. Encontramos la misma palabra en el siguiente pasaje: «Que nos amemos unos a otros. No como Caín, que era del maligno y mató a su hermano» (1 Jn. 3:11, 12).

      La palabra *sphatto* aparece sólo siete veces en el Nuevo Testamento, y en cuatro de ellas se refiere a la muerte de Cristo (Ap. 5:6, 9, 12; 13:8).
   c. Es un cordero todopoderoso. Aparece el cordero representado con siete cuernos, que en el lenguaje simbólico de la Biblia habla de poder y autoridad.
   d. Es un cordero omnisciente. El cordero es representado como poseyendo siete ojos, refiriéndose con ello a su perfecto conocimiento y sabiduría.
2. Tiene las características de un león. Juan le llama «el León de la tribu de Judá, la raíz de David», y Él lo es. Tres capítulos clave de la Biblia explican este título.
   a. En Génesis 49, Jacob moribundo predice que Judá, su cuarto hijo, será semejante a un león, y que posteriormente los reyes de Israel, incluido Cristo mismo, procederían de esta tribu (Gn. 49:8-10).
   b. En 2 Samuel 7 Dios le dijo a David (que era de la tribu de Judá) que su reino sería eterno y su casa reinaría para siempre (2 S. 7:8-17).
   c. En Lucas 1 el ángel Gabriel explica a María (quien era de la casa de David) que su hijo nacido de madre virgen heredaría todas las promesas del Antiguo Testamento como las encontramos en Génesis 49 y 2 Samuel 7 (Lc. 1:30-33). De manera que Juan ve a Cristo como un cordero, puesto que él vino a redimir a su pueblo. Esa fue su tarea en el *pasado.* También le ve como un león, porque vendrá y reinará sobre su pueblo. Esa será su misión en el *futuro.* La fuente de su derecho al cetro de la tierra está, por tanto, relacionada con sus características de Cordero inmolado, mientras que la fuerza de su reclamo es en base de sus poderosas características de León.

F. La adoración.

«Y cuando hubo tomado el libro, los cuatro seres vivientes y los veinticuatro ancianos se postraron delante del Cordero; todos tenías arpas, y copas de oro llenas de incienso, que son las oraciones de los santos; y cantaban un nuevo cántico, diciendo: Digno eres de tomar el libro y de abrir sus sellos; porque tú fuiste inmolado, y con tu sangre nos has redimido para Dios, de todo linaje y lengua y pueblo y nación; y nos has hecho para nuestro Dios reyes y sacerdotes, y reinaremos sobre la tierra.

Y miré, y oí la voz de muchos ángeles alrededor del trono, y de los seres vivientes, y de los ancianos; y su número era millones de millones, que decían a gran voz: El Cordero que fue inmolado es digno de tomar el poder, las riquezas, la sabiduría, la fortaleza, la honra, la gloria y la alabanza.

Y a todo lo creado que está en el cielo, y sobre la tierra, y debajo de la tierra, y en el mar, y a todas las cosas que ellos hay, oí decir: Al que está sentado en el trono, y al Cordero, sea la alabanza, la honra, la gloria y el poder, por los siglos de los siglos. Los cuatro seres vivientes decían: Amén; y los veinticuatro ancianos se postraron sobre sus rostros y adoraron al que vive por los siglos de los siglos» (Ap. 5:8-14).

1. La fuente de esta adoración. Viene de todas direcciones e incluye a todas las criaturas.
   a. Los veinticuatro ancianos.
   b. Los cuatro seres vivientes.
   c. Angeles sin número.
   d. Todos los que están en la tierra.
   e. Todos debajo de la tierra.

   Debemos señalar en este punto que Juan separa cuidadosamente en lo que escuchó los que *cantaban* de los que *decían* que escuchaba. De los varios grupos involucrados, sólo de los redimidos se dice que cantaban.

   W. A. Criswell escribe:

   «Los redimidos siempre cantan. Los lavados por la sangre del Cordero cantan. Los hijos de Dios cantan, pero no los ángeles. Mi conclusión es la siguiente: la música está compuesta de acordes mayores y menores. Los acordes menores hablan de la miseria, la muerte y las penas de la creación caída. La mayor parte de la naturaleza gime y lamenta en un acorde menor y lastimoso. El sonido del viento en el bosque, el sonido de la tormenta, el sonido del viento alrededor de la casa, suenan siempre en un acorde menor. Gimen. El océano nos da un sonido de lamento en su continuo y mudo afán. Incluso el más dulce canto del ruiseñor es el más triste. La mayoría de los sonidos de la naturaleza se producen en un acorde menor. Reflejan la miseria, la desesperación, el dolor, la agonía, el afán de esta creación caída. Pero los ángeles no saben nada de esta miseria, nada de esta desesperación, nada de la caída de nuestra raza perdida.» (*Expository Sermons on Revelation*, pp. 204, 205.)
2. El tema de esta adoración: «El Cordero que fue inmolado es digno.»

a. Lo que había hecho: «Porque tú fuiste inmolado, y con tu sangre nos has redimido para Dios» (5:9).

Notemos:

(1) Isaac preguntó una vez: «*¿Dónde está el cordero para el holocausto?*» (Gn. 22:7).

(2) Juan el Bautista respondió: «*He aquí* el Cordero de Dios» (Jn. 1:29).

(3) Toda la creación dice ahora: «El Cordero ... es *digno*» (Ap. 5:12).

J. Vernon McGee escribe:

«Cantan acerca de su sangre en el cielo. Aquí en la tierra muchas iglesias denominacionales están sacando de sus himnarios todos los himnos relacionados con la sangre de Cristo, pero no está sucediendo así en los himnarios del cielo. Allí se canta acerca de la sangre.»

Se nos dice que este himno es un nuevo cántico (5:9).

(4) El cántico *antiguo* es el de la creación. (Véanse Job 38:7; Ap. 4:11.)

(5) El *nuevo* cántico es el de la redención.

b. Lo que Él ahora recibe: «El poder, las riquezas, la sabiduría, la fortaleza, la honra, la gloria y la alabanza» (Ap. 5:12).

Tercera parte:

Se invoca la ira del Cordero (caps. 5—19).

«Mediante estos dos asombrosos e inspiradores capítulos hemos sido llevados al cielo. El rollo ha cambiado de manos y el derecho de juzgar y gobernar ha pasado a Cristo. Ahora tenemos que bajar del monte y de los palacios de marfil. Aquí abajo, en el rebelde planeta llamado Tierra, el ritmo aumenta y las pasiones crecen. Los hombres malos y engañadores son cada vez peores. La desobediencia a los padres ha llegado al límite, desafiando toda autoridad. Los hombres se han convertido en inventores de maldad, y sus terribles invenciones están llegando a ser monstruos que amenazan con destruir el globo. Hallegado el tiempo de que Dios intervenga en los asuntos humanos, de manera que le ha sido dada al Hijo la autoridad de juzgar.» (John Phillips, *Exploring Revelation*, p. 110.)

Al principio del capítulo 4, Juan nos llevó de la tierra al cielo por medio del rapto de Cristo. Ahora regresamos bruscamente a la tierra para presenciar la ira del Señor. Aparece invocada la ira de Jesucristo a lo largo de las siguientes siete avenidas:

I. Los juicios de los sellos.
II. El reinado del diablo.
III. Los juicios de las copas.
IV. La destrucción de los sistemas religiosos del mundo.
V. La destrucción del sistema económico del mundo.
VI. El baño de sangre del Armagedón.
VII. La destrucción del Anticristo y del falso profeta.

Examinemos ahora cada uno de estos siete terribles juicios.

I. Los juicios de los sellos (Ap. 6:1-17; 8:1—9:21; véase también Mt. 24:4-8).

A. El primer sello (Ap. 6:2).

«Y miré, y he aquí un caballo blanco; y el que lo montaba tenía un arco; y le fue dada una corona, y salió venciendo, y para vencer.»

Este es sin duda un cuadro simbólico del Anticristo sujetando bajo su dominio a las diez naciones del revivido Imperio Romano. Podemos pensar que este es el período de la «guerra fría». Notemos que no lleva flechas, lo que puede indicar que conquistaba más mediante la diplomacia que por medio de la guerra.

B. El segundo sello (Ap. 6:3, 4).

«Cuando abrió el segundo sello, oí al segundo ser viviente, que decía: Ven y mira. Y salió otro caballo, bermejo; y al que lo montaba le fue dado poder de quitar de la tierra la paz, y que se matasen unos a otros; y se le dio una gran espada.»

La dificultosa paz que el jinete del caballo blanco trae a la tierra es temporal y falsa. El Anticristo promete paz, pero sólo Dios puede en realidad producirla.

Como escribió Isaías: «Pero los impíos son como el mar en tempestad, que no puede estarse quieto, y sus aguas arrojan cieno y lodo. No hay paz, dijo mi Dios, para los impíos» (Is. 57:20, 21). Se inicia ahora un tiempo de abiertas y sangrientas hostilidades entre algunas naciones.

C. El tercer sello (Ap. 6:5, 6).

«Cuando abrió el tercer sello, oí al segundo ser viviente, que decía: Ven y mira. Y miré, y he aquí un caballo negro; y el que lo montaba tenía una balanza en la mano. Y oí una voz en medio de los cuatro seres vivientes, que decía: Dos libras de trigo por un denario, y seis libras de cebada por un denario; pero no dañes el aceite ni el vino.»

El doctor Charles Ryrie escribe lo siguiente en relación con este sello:

«El tercer juicio trae hambre a la tierra. El caballo negro pronostica muerte, y la balanza da a entender que se raciona cuidadosamente la comida. En circunstancias normales con un denario (el salario de un día en Palestina en tiempos de Jesucristo, Mt. 20:2) se podían comprar ocho medidas de trigo o veinticuatro de cebada. En estas condiciones de hambre, con el mismo salario sólo se podrán comprar una medida de trigo o bien tres de cebada. En otras palabras, habrá un octavo del suministro normal de comida. La frase "no dañes el aceite ni el vino" es un aspecto irónico en esta situación terrible. Aparentemente los artículos alimenticios caros no escasearían, pero naturalmente la mayoría de la gente no tendrá medios para ellos. Esta situación sólo servirá para atormentar a la población en su condición empobrecida.» (*Apocalipsis*, Editorial Portavoz, pp. 46-47.)

¿Será realmente el problema de la alimentación tan crítico como se pinta durante la tribulación?

Dean Stanley ha escrito una descripción muy gráfica de la destrucción de Jerusalén por Nabucodonosor en el 596 a.C., y la terrible hambruna que siguió. Sus palabras son como una ligera insinuación de las horribles condiciones que prevalecerán durante el tercer sello. Stanley escribe:

«El hambre y la enfermedad, su habitual acompañante, invadieron la hacinada población dentro de los murallas. Fue solamente por especial favor del rey que Jeremías recibía una ración diaria de pan estando en la cárcel, y al final has-

TERCERA PARTE

Se invoca la ira del Cordero (Ap. 6—19)

1. Derrama los juicios de los siete sellos **(6:1-17; 8:1—9:21)**
2. Permite que el diablo reine **(caps. 12—13)**
3. Derrama los juicios de las siete copas **(caps. 14—16)**
4. Destruye los sistemas religiosos del mundo **(cap. 17)**
5. Destruye los sistemas políticos y económicos del mundo **(cap. 18)**
6. Derrota a los pecadores y a Satanás en el Armagedón **(19:1-19, 21)**
7. Condena al infierno al Anticristo y al falso profeta **(19:20)**

EL PRIMER CASTIGO DIVINO

EL CORDERO DERRAMA LOS SIETE SELLOS DE JUICIO
Ap. 6:1-17; 8:1—9:21. Véase también Mt. 24:4-8.

Primer sello: *EL CABALLO BLANCO*
GUERRA FRÍA **(6:2)**

Segundo sello: *EL CABALLO ROJO*
GUERRA CALIENTE **(6:3, 4)**

Tercer sello: *EL CABALLO NEGRO*
HAMBRE **(6:5, 6)**

Cuarto sello: *EL CABALLO AMARILLO*
LA MUERTE SE EXTIENDE MEDIANTE LA GUERRA, EL HAMBRE Y LAS FIERAS **(6:7, 8)**

Quinto sello: EL CLAMOR DE LOS MÁRTIRES **(6:9-11)**

Sexto sello:
EL MAYOR TERREMOTO DE LA TIERRA, EL MÁS GRANDE TRASTORNO CÓSMICO, LA REUNIÓN DE ORACIÓN MÁS NUMEROSA **(6:12-17)**

INTERMEDIO
Un período corto entre los sellos sexto y séptimo **(7:1-17)**
LA CONVERSIÓN Y LLAMAMIENTO DE LOS 144.000 **(7:1-8)**
LA CONVERSIÓN DE UNA GRAN MULTITUD **(7:9-17)**

Séptimo sello:

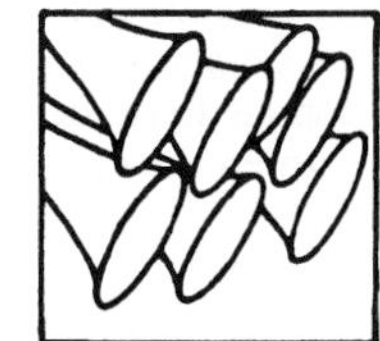

COMPUESTO DE LAS SIETE TROMPETAS **(8:1—11:19)**

PRIMERA TROMPETA **(8:7)**
Una tercera parte de la vegetación queda destruida

SEGUNDA TROMPETA **(8:8, 9)**
Una tercera parte de la vida oceánica y de los barcos queda destruida

TERCERA TROMPETA **(8:10, 11)**
Una tercera parte del agua dulce queda envenedada.

CUARTA TROMPETA **(8:12)**
Una tercera parte del sol, la luna y las estrellas quedan oscurecidas.

QUINTA TROMPETA **(9:1-12)**
Su localización **(9:1)**
Su líder **(9:1, 11)**
Su tormento **(9:3, 4)**
Su duración **(9:5, 6)**
Su descripción **(9:7-10)**
PRIMERA INVASIÓN INFERNAL DE LA TIERRA POR DEMONIOS

SEXTA TROMPETA **(9:13-21)**
Líderes **(9:14)** Daño **(9:15, 18)**
Origen **(9:14)** Descripción **(9:17-19)**
Número **(9:16)** Resultados **(9:20, 21)**
Duración **(9:15, 18)**
SEGUNDA INVASIÓN INFERNAL DE LA TIERRA POR DEMONIOS

INTERMEDIO **(10:1—11:14)**
EL MENSAJE DEL ÁNGEL DE DIOS **(10:1-11)**
LA MEDIDA DEL TEMPLO DE DIOS **(11:1, 2)**
EL MINISTERIO DE LOS TESTIGOS DE DIOS **(11:3-14)**

SÉPTIMA TROMPETA **(11:15-19)**
«¡EL REY VIENE!»

ta esto le faltó. Los nobles, que se enorgullecían de su bella apariencia, más puros que la nieve, más blancos que la leche, su cuerpo más rojizo que el coral y su porte más hermoso que el zafiro (Lm. 4:7), se habían quedado lívidos y negros por la privación. Sus esqueléticas figuras apenas podían ser reconocidas en las calles. Las damas de Jerusalén, vestidas con sus espléndidas ropas, podían ser vistas en los basureros. De estos estercoleros sacaban lo que podían para suplir la escasez de alimentos (Lm. 4:5). Había algo especialmente lastimoso en ver a los niños pequeños, sedientos, desmayándose en las calles, clamando a sus madres por pan y vino (Lm. 2:11, 12, 19). Más terrible aún era ver a los padres echar a sus hijos de su lado. Las madres hebreas parecían haber perdido incluso el instinto de la creación animal, para haber caído al nivel de las avestruces salvajes que abandonan sus nidos en el desierto (Lm. 4:3). Los padres devoraban a sus propios hijos (Ez. 5:10; Baruc 2:3). Llegaron incluso al punto de que madres piadosas cocieron a sus propios hijos, bebés recién nacidos (Lm. 2:20; 4:10).» (*The Unfolding Drama of Redemption*, p. 363, citado por W. G. Scroggie.)

D. El cuarto sello (Ap. 6:7, 8).
«Cuando abrió el cuarto sello, oí la voz del cuarto ser viviente, que decía: Ven y mira. Miré, y he aquí un caballo amarillo, y el que lo montaba tenía por nombre Muerte, y el Hades le seguía; y le fue dada potestad sobre la cuarta parte de la tierra, para matar con espada, con hambre, con mortandad, y con las fieras de la tierra.»

1. La identidad de estos jinetes. Juan los identifica como la «Muerte» y el «Hades», refiriéndose aparentemente a la muerte física y espiritual. Es decir, el diablo va a destruir los cuerpos y a condenar las almas de multitudes de incrédulos durante esta plaga del cuarto sello.
2. El daño causado por estos jinetes. Una cuarta parte de la humanidad perecerá durante esta plaga. Se ha estimado que durante la Segunda Guerra Mundial perdieron la vida una de cada cuarenta personas, pero sólo en el tiempo del juicio de este sello morirán una de cada cuatro personas, unos mil millones de seres humanos. Notemos la frase: «Y con las fieras de la tierra.» John Phillips ha escrito en relación con esto:

   «Las fieras están estrechamente relacionadas con esta plaga y eso puede darnos una pista. La criatura más destructiva de la tierra, en lo que respecta al hombre, no es el león ni el oso sino la rata. La rata es lista, adaptable y destructiva. Si se destruye un noventa y cinco por ciento de la cantidad de ratas habidas en un lugar determinado, se recuperarán en el plazo de un año. Han matado a más personas que todas las guerras en la historia, y las podemos encontrar en todo lugar donde habite el hombre. Las ratas desarrollan muchas enfermedades. Sus pulgas transmiten la peste bubónica, que mató una tercera parte de la población europea en el siglo XIV. Sus pulgas transmiten también el tifo, enfermedad que en cuatro siglos se estima ha matado a doscientos millones de personas. Las fieras, en este pasaje, están también relacionadas no solamente con pestilencias, sino con el hambre. Las ratas amenazan el abastecimiento de alimentos humanos, que devoran o contaminan, especialmente en los países menos desarrollados que pueden aguantar menos la pérdida.» (*Exploring Revelation*, p. 116.)

   Debemos hacer notar también las palabras del doctor Frank Holtman, jefe del Departamento de Bacteriología de la Universidad de Tennessee:

   «Aun cuando la mayor parte de la población de una ciudad podría ser destruida por una bomba atómica, el método bacteriológico podría eliminar fácilmente a todos en el plazo de una semana. El virus que causa la fiebre de parrot, una de las más mortíferas enfermedades humanas, es considerado por los científicos como el más apropiado para este propósito. Mientras que el costo de producción de bombas psitacosis es comparativamente barato, su potencia letal es extremadamente alta. Según Thomas R. Henry, editor científico, se requiere menos de un centímetro cúbico del virus para infectar 20 millones de seres humanos cuando se libera en la atmósfera en cantidad infinitesimal.»

E. El quinto sello (Ap. 6:9-11).

«Cuando abrió el quinto sello, vi bajo el altar las almas de los habían sido muertos por causa de la palabra de Dios y por el testimonio que tenían. Y clamaban a gran voz, diciendo: ¿Hasta cuándo, Señor, santo y verdadero, no juzgas y vengas nuestra sangre en los que moran en la tierra? Y se les dieron vestiduras blancas, y se les dijo que descansasen todavía un poco de tiempo, hasta que se completara el número de sus consiervos y sus hermanos, que también habían de ser muertos como ellos.»

Aquí tenemos una situación de persecución religiosa como nunca antes había sucedido. Estos tres versículos están llenos de implicaciones teológicas.

1. Refutan la condenable doctrina del sueño de las almas.
2. Corrigen el error de una resurrección general. Es evidente que estas almas martirizadas no recibieron sus cuerpos glorificados en el rapto, como lo hicieron los santos de todos los tiempos de la Iglesia. Podemos concluir, por tanto, que éstos son santos del Antiguo Testamento que experimentarán la gloriosa resurrección corporal después de la tribulación (véase Ap. 20:4-6).
3. Sugieren la posibilidad de un cuerpo intermedio. (Véase también 2 Co. 5:1-3.) El doctor John Walvoord escribe:

   «Estos mártires que aparecen aquí descritos no han sido resucitados de entre los muertos ni han recibido sus cuerpos resucitados. Se nos dice, con todo, que han recibido vestiduras blancas. El hecho de que tengan dichas vestiduras demanda que posean un cuerpo de alguna clase. Una túnica no se sostiene sobre un espíritu o alma inmaterial. No es la clase de cuerpo que los cristianos tienen ahora, es decir, el cuerpo de la tierra; tampoco es el cuerpo resucitado de carne y hueso del que Cristo habló después de su propia resurrección. Es un cuerpo temporal apropiado para su presencia en los cielos, pero que será reemplazado por su cuerpo de resurrección permanente que se les dará cuando Cristo vuelva.» (*The Revelation of Jesus*, p. 134.)

F. El sexto sello (6:12-17).

«Miré cuando abrió el sexto sello, y he aquí hubo un gran terremoto; y el sol se puso negro como tela de cicilio, y la luna se volvió toda como sangre; y las estrellas del cielo cayeron sobre la tierra, como la higuera dejar caer sus higos cuando es sacudida por un fuerte viento. Y el cielo se desvaneció como un pergamino que se enrolla; y todo monte y toda isla se removió de su lugar. Y los reyes de la tierra, y los grandes, los ricos, los capitanes, los poderosos, y todo siervo y todo libre, se escondieron en las cuevas y entre las peñas de los montes; y decían a los montes y a las peñas: Caed sobre nosotros, y escondednos del rostro de aquel que está sentado sobre el trono, y de la ira del Cordero; porque el gran día de su ira ha llegado; ¿y quién podrá sostenerse en pie?»

Como podemos ver, este terrible juicio nos presenta:

1. El más grande terremoto de la historia. Hemos sufrido, por supuesto, cientos de fuertes terremotos en la historia de la humanidad.
   a. El más antiguo que tenemos registrado tuvo lugar en julio del 365 d.C. en el Medio Oriente.

b. El más destructivo sucedió en enero de 1556 en China. Casi un millón de personas perdieron la vida.
c. El peor de los Estados Unidos:
   (1) El terremoto de San Francisco, el 18 de abril de 1906. Mató a 700 personas y costó 500 millones de dólares.
   (2) El terremoto de Anchorage, Alaska, del 27 de marzo de 1964, mató a 114 personas y costó 750 millones de dólares. Pero al *final* de la tribulación habrá uno que será todavía peor que el que tendrá lugar durante el sexto sello. (Véase Ap. 16:18.)

2. El más grande trastorno cósmico de la historia. Este puede ser el resultado de una guerra nuclear. Hal Lindsey dice al respecto:

   «¿Sabe lo que sucede en una explosión nuclear? La atmósfera retrocede sobre sí misma. Es esta tremenda presión del aire que vuelve a llenar el vacío lo que causa mucha de la destrucción en una explosión nuclear. Las palabras de Juan en este versículo presentan un cuadro perfecto de una guerra nuclear total. Cuando esto ocurra, Juan continua, cada monte e isla van a ser fuertemente sacudidos. Todo el mundo va a ser literalmente zarandeado. (*There's a New World Coming*, p. 110.)

3. La más grande reunión de oración de la historia. Pero clamarán por una petición equivocada. Lo único que puede proteger al pecador de la *ira* del Cordero es la *justicia* del Cordero.

G. Intermedio (7:1-17). Entre los sellos de juicio sexto y séptimo Dios establece una pausa. Durante este intermedio tienen lugar dos eventos significativos.

1. La conversión y el llamamiento de los 144.000 (Ap. 7:1-8).

   «Después de esto vi a cuatro ángeles en pie sobre los cuatro ángulos de la tierra, que detenían los cuatro vientos de la tierra, para que no soplase viento alguno sobre la tierra, ni sobre el mar, ni sobre ningún árbol. Vi también a otro ángel que subía de donde sale el sol, y tenía el sello del Dios vivo; y clamó a gran voz a los cuatro ángeles, a quienes se les había dado el poder de hacer daño a la tierra y al mar, diciendo: No hagáis daño a la tierra, ni al mar, ni a los árboles, hasta que hallamos sellado en sus frentes a los siervos de nuestro Dios. Y oí el número de los sellados: ciento cuarenta y cuatro mil sellados de todas las tribus de los hijos de Israel» (7:1-5).

   Este pasaje no está diciendo que Dios sólo va a salvar judíos durante la tribulación, porque en Apocalipsis 7:9-17 la Biblia declara que será salva una gran multitud de cada nación. Lo que este capítulo sí enseña es que Dios va a enviar a 144.000 evangelistas hebreos para evangelizar el mundo. Este será indudablemente un esfuerzo masivo, especialmente cuando consideramos que hoy hay unos 35.000 misioneros de todas las confesiones en el mundo. Nuestro Señor tenía en mente sin duda el ministerio de estos 144.000 cuando dijo: «Y será predicado este evangelio del reino en todo el mundo, para testimonio a todas las naciones; y entonces vendrá el fin» (Mt. 24:14).

   Judá encabeza esta lista, y no Rubén que era el primogénito. No aparecen Dan ni Efraín. Ambas tribus fueron halladas culpables de idolatría (Jue. 18; 1 R. 11:26; Os. 4). Las tribus de Leví y Manasés toman aquí su lugar. No obstante, aparecen ambas en la lista del templo milenario de Ezequiel (Ez. 48), lo que quiere decir que perdieron su oportunidad de predicar durante la tribulación. Algunos han sacado la conclusión, basados en Génesis 49:17 y Jeremías 8:16, que el Anticristo saldrá de la tribu de Dan.

   El doctor J. Dwight Pentecost nos ofrece una interesante explicación concerniente a la conversión de estos 144.000:

   «En 1 Corintios 15:8 tenemos una pista en relación con la manera en que Dios va a obrar después del rapto. Después de que el apóstol menciona a aquellos a los que se apareció el Cristo resucitado, para autenticar sus resurrección, dice:

   "Y al último de todos, como a uno nacido fuera de tiempo, me apareció a mí también" (RVA). Esta frase: "nacido fuera de tiempo", habla de un nacimiento prematuro, y eso es exactamente lo que el apóstol está diciendo: "Soy uno que nació prematuramente." ¿Qué quiere decir? Al comparar Apocalipsis 7 con 1 Corintios 15 sacamos la conclusión de que, después del rapto de la Iglesia, Dios realizará 144.000 veces el mismo milagro que llevó a cabo en el camino a Damasco con Saulo de Tarso.» (*Will Man Survive?*, p. 148.)

2. La conversión de «una gran multitud» (7:9-17).
   a. Su número: incontable (7:9).
   b. La alabanza: «La salvación pertenece a nuestro Dios que está sentado en el trono, y al Cordero» (7:10).
   c. El trasfondo: «Estos son los que han salido de la gran tribulación, y han lavado sus ropas, y las han emblanquecido en la sangre del Cordero» (7:14).
   d. Su servicio: sirven día y noche a Dios en su templo (7:15).
   e. Su galardón: el Cordero los pastoreará y los guiará (7:17).

H. El séptimo sello (8:1—11:19).

   «Cuando abrió el séptimo sello, se hizo silencio en el cielo como por media hora» (8:1).

Esta es la primera ocasión en la historia conocida que el cielo está en silencio. No se registra ni el más leve sonido de movimiento.

1. El propósito del silencio. Durante el sexto sello parece como que la humanidad se debilita por primera vez durante la tribulación. El Dios de misericordia y paciencia espera ahora por un completo arrepentimiento, pero todo es en vano. Dios no se complace en la muerte del impío (Ez. 33:11).
2. La duración del silencio. Dura treinta minutos. El número treinta aparece en la Biblia frecuentemente asociado con un tiempo de duelo. Israel hizo duelo durante treinta días por la muerte de Aarón (Nm. 20:29) y de Moisés (Dt. 34:8).
3. Examinemos ahora el contenido del séptimo sello, que consiste de siete trompetas de juicio.
   a. La primera trompeta (8:7).

«El primer ángel tocó la trompeta, y hubo granizo y fuego mezclados con sangre, que fueron lanzados sobre la tierra; y la tercera parte de los árboles se quemó, y se quemó toda la hierba verde» (Ap. 8:7).

Se ha observado que la vida vegetal fue la primera en ser creada y es la primera que será destruida (Gn. 1:11, 12). John Phillips escribe:

«Mirándolo como un acontecimiento literal, se nos está describiendo aquí un desastre ecológico sin paralelo en el tiempo histórico. El planeta es privado de una tercera parte de sus árboles y de toda su hierba. Las consecuencias de esto serán terribles. Los Estados Unidos, por ejemplo, padecen ya de una despoblación forestal tan extensa que el país dispone sólo de la vegetación necesaria para producir el sesenta por ciento del oxígeno que consume.» (*Exploring Revelation*, p. 129.)

b. La segunda trompeta (8:8, 9)

«El segundo ángel tocó la trompeta, y como una gran montaña ardiendo en fuego fue precipitada en el mar; y la tercera parte del mar se convirtió en sangre. Y murió la tercera parte de los seres vivientes que estaban en el mar, y la tercera parte de las naves fue destruida.»

El doctor Herman A. Hoyt escribe:

«Leemos aquí acerca de un gran monte ardiendo. Puede referirse a una masa meteórica que cae del cielo directamente al mar, quizá en el mar Mediterráneo. El resultado es que una tercera parte del agua queda de color rojo, lo que ocasiona que muera la tercera parte de la vida marítima. La muerte puede ser producida por una reacción química en el agua, tal como la radioactividad que sigue a una explosión atómica. La tercera parte de los barcos puede quedar destruida por la violencia de las aguas ocasionada por la caída de la masa.» (*Revelation*, p. 49.)

c. La tercera trompeta (8:10, 11).

«El tercer ángel tocó la trompeta, y cayó del cielo una gran estrella, ardiendo como una antorcha, y cayó sobre la tercera parte de los ríos, y sobre las fuentes de las aguas. Y el nombre de la estrella es Ajenjo. Y la tercera parte de las aguas se convirtió en ajenjo; y muchos hombres murieron a causa de esas aguas, porque se hicieron amargas.»

Esta estrella puede referirse a un meteorito que contiene gases sofocantes y amargos, que cae en los Alpes o en alguna otra fuente de agua dulce. Durante la segunda trompeta quedó contaminada una tercera parte del agua salada. Ahora una tercera parte del agua dulce sufre la misma suerte. En Palestina crecen muchas especies de ajenjos, todas ellas tienen un fuerte sabor amargo.

d. La cuarta trompeta (8:12).

«El cuarto ángel tocó la trompeta, y fue herida la tercera parte del sol, y la tercera parte de la luna, y la tercera parte de las estrellas, para que se oscureciese la tercera parte de ellos, y no hubiese luz en la tercera parte del día, y asimismo de la noche.»

Quizá nuestro Señor tenía en mente esta trompeta de juicio cuando dijo las siguientes palabras:

«Y si aquellos días no fuesen acortados, nadie sería salvo; mas por causa de los escogidos, aquellos días serán acortados» (Mt. 24:22).

«Entonces habrá señales en el sol, en la luna y en las estrellas...» (Lc. 21:25).

La profecía de Amós en el Antiguo Testamento es también significatica aquí:

«Acontecerá en aquel día, dice Jehová el Señor, que haré que se ponga el sol a mediodía, y cubriré de tinieblas la tierra en el día claro» (Am. 8:9).

Dios creó en el cuarto día el sol, la luna y las estrellas (Gn. 1:14-16). Tenían que servir como «señales para las estaciones, para días y años». Después del diluvio Dios prometió que no alteraría este orden divino (Gn. 8:22). Pero en la tribulación, durante la cuarta trompeta, cada lumbrera de la tierra quedará limitada por sentencia. Juan nos informa que entre la cuarta y la quinta trompeta:

«Y miré, y oí a un ángel volar por en medio del cielo, diciendo a gran voz: ¡Ay, ay, ay, de los que moran en la tierra, a causa de los otros toques de trompeta que están para sonar los tres ángeles!» (8:13).

La palabra ángel que encontramos aquí debería traducirse «águila». El águila es algunas veces representada como el método de Dios para juicio (Dt. 28:49; Os. 8:1). Es decir, Dios usará incluso la creación animal durante la tribulación. Esta señala la última de tres ocasiones en las que una criatura animal habla en la Biblia. (Para las otras dos, véanse Gn. 3:1-5, una serpiente; y Nm. 22:28-30, un asno.)

e. La quinta trompeta (9:1-12). J. Vernon McGee escribe:

«Las tres últimas trompetas se distinguen de las otras cuatro por la identificación de los tres ayes (8:13; 9:12; 11:14). Estos ayes marcan la más profunda oscuridad y la mayor intesidad de la gran tribulación. Aparece generalmente asociada con la última parte (tres años y medio), los días más negros de la historia humana.» (*Reveling Through Revelation*, p. 73.)

El capítulo nueve de Apocalipsis, que contiene la quinta y sexta trompetas de juicio, puede que sea la sección más reveladora en lo concerniente al tema de la demonología. Antes de esto, Dios había ya dado a conocer que hay dos clases de ángeles que no han caído; los querubines (Gn. 3:24; Ex. 25:8; Ez. 10:1-20), y los serafines (Is. 6:1-8). Parece que aquí se nos están describiendo las dos clases de ángeles caídos. Podemos notar ahora el primer tipo como nos lo revela la quinta trompeta de juicio.

(1) La localización de estos demonios: el pozo del abismo (9:1). La palabra «pozo» está indicando aquí que hay una entrada desde la superficie de la tierra hasta el corazón de nuestro planeta. Mediante este capítulo aprendemos por primera vez acerca de un lugar llamado el abismo sin fondo. Dios lo menciona no menos de siete veces en el libro de Apocalipsis (9:1, 2, 11; 11:7; 17:8; 20:1-3).

(2) La identidad de estos demonios. Algunos los han identificado con los hijos de Dios de Génesis 6:1, 2. La teoría aquí es que estos demonios intentaron tener relaciones sexuales con mujeres, lo que resultó en su inmediato confinamiento en el pozo del abismo. Sabemos que algunos demonios ya están encadenados y otros tienen acceso al presente a los cuerpos de los hombres.
   (a) Demonios desencadenados (Lc. 4:34; Mt. 8:29; Lc. 8:27-21).
   (b) Demonios encadenados (Jud. vv. 6, 7; 2 P. 2:4; 1 P. 3:18-20). *Tartarus* puede ser otro nombre para este pozo del abismo, se menciona en el texto griego de 2 Pedro 2:4. Satanás quedará allí confinado durante el milenio (Ap. 20:3).

(3) El que suelta a estos demonios. La «estrella que cayó del cielo» mencionada en 9:1 parece ser que es el mismo Satanás. (Véanse también Is. 14:12; Lc. 10:18; 2 Co. 11:14.) Antes de este momento Cristo tenía en su poder la llave del abismo (Ap. 1:18), pero ahora le permite al diablo usarla para un propósito específico.

(4) El tormento de estos demonios (9:3, 4).

«Y del humo salieron langostas sobre la tierra; y se les dio poder, como tienen poder los escorpiones de la tierra. Y se les mandó que no dañasen a la hierba de la tierra, ni a cosa verde alguna, ni a ningún árbol, sino solamente a los hombres que no tuviesen el sello de Dios en sus frentes.»

J.A. Seiss escribe:

«El dolor producido por la picadura de un escorpión, aunque en general no es fatal, es quizá el más intenso que un animal puede causarle al cuerpo humano. Este insecto es en sí mismo el más maligno de todos, y su veneno es de los más virulento. Se cuenta de un jovencito que fue picado en un pie por un escorpión, que cayó rodando por el suelo, rechinando los dientes y echando espuma por la boca. Pasó un buen rato antes de que los síntomas le cedieran, e incluso entonces no pudo hacer uso de su pie, pues estaba muy inflamado. Así es la clase de tormento que infligen este tipo de langostas que salen del abismo. Es también difícil protegerse de ellas, si es que es posible hacerlo, porque vuelan a donde quieren, como flechas por el aire, y se refugian en la oscuridad.» (*The Apocalypsis*, p. 83.)

(5) La duración de estos demonios. Charles Ryrie escribe:

«Aunque el tormento será horrible, Dios limitará en cierto modo la actividad de estos demonios. Se les limitará en cuanto a *qué* pueden dañar y *hasta dónde* pueden llegar y *por cuánto tiempo* pueden hacer lo que harán. No atacarán la vegetación de la tierra (como hacen las langostas corrientes); sólo pueden atacar a ciertos hombres, es decir, a aquellos que no tienen el sello de Dios en la frente (los 144.000, ver 7:3). Los malvados perseguirán a los siervos de Dios, los 144.000; pero, a cambio, serán atormentados con esta plaga que Dios permite. Las langostas-demonio también serán limitadas en que no pueden matara los hombres, sino sólo torturarles. Más aún, la duración de esta plaga será de cinco meses (cp. v. 10).

Resultado, v. 6. El resultado de este tormento será llevar a la gente al suicidio, pero no podrán morir. A pesar de que los hombres preferirán la muerte a la agonía de vivir, la muerte no será posible. Los cuerpos no se hundirán para ahogarse; los venenos y las pastillas no tendrán efecto; y de alguna manera hasta las balas y las navajas no tendrán el efecto deseado.» (*Apocalipsis,* Editorial Portavoz, p. 63.)

La razón por la que los hombres no podrán morir es probablemente porque Satanás tiene la llave del abismo y no permitirá a sus seguidores que dejen el escenario de la tierra, donde la batalla de la luz y las tinieblas se está librando.

(6) La descripción de estos demonios (9:7-10). Las formas de estas criaturas eran absolutamente monstruosas. Eran como caballos preparados para la batalla. Parece que llevaban coronas de oro sobre sus cabezas. Sus rostros eran como de hombres, pero sus cabellos eran como los de mujer, y sus dientes eran de león. Llevaban corazas de hierro; sus colas eran como de escorpión; y el so-

nido de sus alas era como de carros de guerra corriendo hacia la batalla.

El rey de estos demonios (9:11). Su nombre, en griego, es Apolión, que significa «destructor». Aquí tenemos al infernal «arcángel Miguel» de Satanás.

(7) La horrible realidad de estos demonios. John Phillips escribe:

«El hombre moderno dice que no cree en demonios, pero existen de todas formas. Además, son listos con astucia diabólica. La actitud del hombre hacia el mundo de los demonios puede compararse con la actitud que tenía en la Edad Media hacia las bacterias. Si pudiéramos retroceder al Londres de 1666, nos encontraríamos en un mundo de auténtica pesadilla. La plaga bubónica estaba en todo su apogeo. Las vistas y los sonidos de la ciudad son como el clímax de las películas de terror. La creencia general es que el aire fresco es el culpable. El Colegio de Médicos recomienda que se disparen frecuentemente las armas de fuego para alejar el aire mortal. La gente se encierra en sus habitaciones y queman cosas mal olientes para alejar el aire fresco. Las chimeneas están cerradas para que no salga el humo, los cuartos están grises por los humos, y la gente se ahoga en la sofocante atmósfera. En el exterior, nubes de humo negro cuelgan por toda la ciudad. Las personas se sientan en sus casas completamente cerradas, firmemente decididas a sufrir aquel humo beneficioso, convencidas de que así serán inmunes a la plaga. Si les dijéramos que están equivocados, que la plaga es causada por gérmenes, por pequeños microorganismos diseminados por las pulgas, ellos se reirían burlándose de nosotros.

El hombre moderno ha adoptado una actitud similar hacia el mundo de los demonios. Les decimos que el mundo está en el puño de Satanás y que dispone de incontables auxiliares, demonios invisibles que le ayudan a llevar a cabo sus malvados designios contra la humanidad. Les decimos también que estos seres invisibles son inteligentes y que pronto se les unirán muchos más de su misma clase, peores incluso que ellos. La gente nos mira con pena y burla, sugiriendo que enviemos nuestras teorías a los editores de materiales de ciencia ficción. A pesar de todo es cierto. Una vez que el pozo del abismo sea abierto, el mundo de los hombres quedará invadido por un virus mucho más espantoso que la plaga bubónica, un virus mucho más mortal porque es capaz de pensar, y porque dirige su ataque más bien al alma que al cuerpo.» (*Exploring Revelation*, p. 137.)

f. La sexta trompeta (9:13-21). Como ya hemos advertido, parece como que Juan describe dos clases de demonios que invadirán la tierra durante la tribulación. La sexta trompeta nos introduce ahora la segunda invasión.

(1) Los líderes de esta invasión. Cuatro agentes satánicos especiales. Estos pueden ser para Satanás lo que los cuatro seres vivientes son para Dios (Ap. 4:6-8).

(2) El ejército de esta invasión.

(a) Alcanzan el número de 200 millones. Según nuestro concepto, un ejército así ocuparía una extensión de 1 milla (kilómetro y medio) de ancho por 87 millas (unos 140 km) de largo.

(b) La descripción. Estos demonios, al contrario de la primera invasión, parecen ir montados en alguna clase de caballo infernal. Las cabezas de los caballos se asemejan a leones, y de sus bocas salen fuego, humo y azufre. Los jinetes llevan armaduras como de fuego.

(3) El origen de esta invasión. El río Éufrates. Aquí es donde el mal empezó en la tierra (Zac. 5:8-11; Gn. 3), donde comenzó la religión falsa (Gn. 4:3; 10:9, 10; 11:4), y donde llegará a su fin (Ap. 17—18).

(4) La duración de esta invasión. Trece meses.

(5) El daño causado por esta invasión. Una tercera parte de la humanidad perece por medio de fuego, humo y azufre. Una cuarta parte había ya sido aniquilada durante el juicio del cuarto sello (6:8). Esto significaría aproximadamente mil millones; y ahora perece una tercera parte, lo que quiere significa otros mil millones. Esta invasión es, por tanto, lo opuesto del juicio de la quinta trompeta, cuando a ningún ser humano le fue posible morir.

(6) Los resultados de esta invasión (9:20, 21).

«Y los otros hombres que no fueron muertos con estas plagas, ni aun así se arrepintieron de las obras de sus manos, ni dejaron de adorar a los demonios, y a las imágenes de oro, de plata, de bronce, de piedra y de madera, las cuales no pueden ver, ni oír, ni andar; y no se arrepintieron de sus homicidios, ni de sus hechicerías, ni de su fornicación, ni de sus hurtos.»

A estas alturas la mitad de la población de la humanidad ha sido exterminada. ¿Cuál es la respuesta de los sobrevivientes? Total endurecimiento de su corazón y rebelión creciente. En aquel año los informes de la Interpol mostrarán probablemente un incremento de un mil por ciento en idolatría, asesinatos, crímenes relacionados con las drogas (la palabra «hechicerías» es la traducción aquí del término griego *pharmakeion*, de la que procede nuestra palabra «farmacia». Es la palabra griega para drogas), sexo y robos.

g. Intermedio (Ap. 10:1—11:14). Ya notamos anteriormente una pausa entre los juicios de los sellos sexto y séptimo. Ahora tenemos un nuevo intervalo entre los juicios sexto y séptimo de las trompetas. Durante esta pausa tienen lugar tres hechos significativos.

(1) El mensaje de un ángel de Dios (10:1-11).

(a) ¿Quién es este ángel? Aparentemente no es Jesús, porque «juró por el que vive por los siglos de los siglos» (10:6). Si fuera Cristo habría jurado por sí mismo. (Véase He. 6:13.) Puede que sea el arcángel Miguel (véase Dn. 12:1). Es probablemente el mismo ángel al que se refiere en 5:2; 7:2; 8:3; 18:2.

(b) ¿Qué es lo que tiene? Un librito abierto. Este es probablemente el libro siete veces sellado de Apocalipsis 5:1.

(c) ¿Qué dice? Anuncia que no habrá más demora para que caiga sobre la tierra el terrible martillo del juicio de Dios. También le ordena a Juan que se coma aquel pequeño libro, anticipándole que será dulce en su boca pero amargo en su vientre. Hasta este momento Juan había sido testigo de la primera parte de la tribulación y había sido ciertamente dulce ver como los impíos gentiles recibían su justo castigo. Pero ahora se le va a permitir contemplar un anticipo de los últimos tres años y medio de la tribulación, que empezará con la matanza en masa del pueblo de Israel por el Anticristo. Esto fue sin duda muy amargo para él.

Debemos notar que este pasaje (10:4) contiene la única parte *sellada* del libro de Apocalipsis.

(2) La medición del templo de Dios (11:1, 2). Ahora le piden a Juan que mida el templo de la tribulación con una vara de 9 pies (3 m), parecida a una caña (véase Ez. 40:5). Tiene que registrar también la identidad de sus adoradores. Dios está siempre interesado en aquellos que le adoran. Sin embargo, el atrio exterior tenía que dejarlo aparte, «porque ha sido entregado a los gentiles; y ellos hollarán la ciudad santa cuarenta y dos meses» (11:2).

Véase también Lucas 21:24, donde Jesús predice esto. Tenemos referencias de estos cuarenta y dos meses finales de la tribulación en Daniel 7:25; 12:7; Apocalipsis 12:6, 14; 13:5.

(3) El ministerio de los testigos de Dios (11:3-14).

(a) Su identidad:

> «Y daré a mis dos testigos que profeticen por mil doscientos setenta días, vestidos de cilicio» (Ap. 11:3).

¿Quiénes son estos testigos?

Algunos sostienen que son Elías y Enoc. Hebreos 9:27 declara que está establecido que todos los hombres mueran, y dado que estos dos hombres no experimentaron la muerte física serán enviados de nuevo para dar testimonio y posteriormente morirán como mártires.

Otros opinan que son Elías y Moisés.

Elías: a causa de Malaquías 4:5, 6, que predice que Dios enviará a Elías durante aquel día de Jehová grande y terrible. (Véase también Mt. 17:11.) Debido a que Elías apareció con Moisés en el monte de la transfiguración para hablar con Jesús (Mt. 17:3).

Debido a la acción de Elías en el Antiguo Testamento de evitar que lloviera durante tres años, la cual será repetida por uno de los testigos en la tribulación (1 R. 17:1; cp. Ap. 11:6).

Moisés: a causa de Judas 9, donde se nos dice que, después de la muerte de Moisés, Satanás trató de hacerse con su cadáver, a fin de que Dios no pudiera usarle a él contra el Anticristo durante la tribulación.

Debido a la acción de Moisés de hacer que el agua se volviera sangre en los tiempos del Antiguo Testamento, que será repetida por uno de los testigos durante la tribulación (Ex. 7:19; cp. Ap. 11:6). Porque Moisés apareció con Elías en el monte de la transfiguración (Mt. 17:3).

(b) Su ministerio.

Profetizar vestidos de cilicio delante de los hombres como los candelabros ungidos por Dios.

Destruir a sus enemigos en la misma manera que sus enemigos intentarán destruirlos a ellos.

Evitar que llueva durante tres años y medio.

Convertir las aguas en sangre.

Herir la tierra con toda clase de plagas.

(c) Su muerte. Finalmente se le permite al Anticristo matarlos. La palabra «bestia» aparece primeramente mencionada aquí en 11:7. Hay otras treinta y cinco referencias a ella en Apocalipsis. Debemos notar también que no pudo matar a los testigos hasta «cuando hayan acabado su testimonio». Satanás no puede tocar ni un solo cabello del más humilde de los santos a menos que Dios le dé permiso para ello (véanse Job 1:12; 2:6).

Estos dos, lo mismo que Pablo, terminaron su testimonio (2 Ti. 4:7). Contrasta con esto la triste muerte de Belsasar (Dn. 5:26).

Para mostrar su desprecio por ellos, rehusa permitir que sus cuerpos sean enterrados, y los dejan que se descompongan en las calles de Jerusalén.

Los moradores de la tierra celebrarán sus muertes de forma diabólica, e incluso se enviarán regalos unos a otros. Esta es la única referencia a la palabra *regocijarse* en toda la tribulación.

Los cadáveres de estos dos profetas serán vistos por gentes de todas las naciones en el mundo durante un período de tres días y medio.

Sus cuerpos serán exhibidos en Jerusalén (11:8). Se la llama Sodoma por su inmoralidad, y Egipto por su mundanalidad.

(d) Su resurrección (aquí aparece tres veces la palabra «grande»).

Una gran voz los llama al cielo (Ap. 11:12).

Cayó gran temor sobre los que los vieron (Ap. 11:11).

Un gran terremoto destruyó la décima parte de Jerusalén y mató a 7.000 hombres prominentes (Ap. 11:13).

John Phillips:

«La muerte no puede retenerlos y se levantan de la tumba. Juan nos dice que tuvieron una resurrección triunfal. Dice: "Pero después de tres días y medio entró en ellos el espíritu de vida enviado por Dios, y se levantaron sobre sus pies, y cayó gran temor sobre los que los vieron." Pintemos la escena: mientras el sol bañaba las calles de Jerusalén, la gente en fiesta llegaba desde todas partes de la tierra para ver directamente los cadáveres de estos aborrecidos hombres. Allí estaban también las tropas con el uniforme de la bestia y la policía del templo. Allí están todos: hombres diabólicos de todos los reinos de la tierra llegan para festejar y danzar por el triunfo de la bestia. Y entonces sucede. Mientras la multitud presiona el cordón policíaco para mirar curiosamente los cuerpos muertos, se produce un cambio repentino.

Su color cambia de cadavérico al color rosado de la juventud. Aquellos miembros rígidos se doblan, se mueven. ¡Qué tremenda visión! ¡Se levantan! La gente retrocede, se separan, se vuelven a formar.

Juan nos agrega que tuvieron también un rapto triunfal. "Y oyeron una gran voz del cielo, que les decía: Subid acá. Y subieron al cielo en una nube; y sus enemigos los vieron." ¿Se arrepentirán estos hombres impíos al ver esto, el más grande de los milagros? De ninguna de las maneras. "Padre Abraham", clamó el hombre rico desde los tormentos del Hades. "Padre Abraham ... si alguno fuere a ellos de entre los muertos, se arrepentirán." Pronto le llega la solemne respuesta: "Si no oyen a Moisés y a los profetas, tampoco se persuadirán aunque alguno se levantare de los muertos" (Lc. 16:30, 31). Y aquí no sólo uno, sino dos, son los que se levantan, pero el arrepentimiento es lo que menos está en las mentes de los hombres.» (*Exploring Revelation*, p. 158.)

h. La séptima trompeta (11:15-19).

«El séptimo ángel tocó la trompeta, y hubo grandes voces en el cielo, que decían: Los reinos del mundo han venido a ser de nuestro Señor y de su Cristo; y él reinará por los siglos de los siglos» (11:15).

El séptimo ángel proclama la gloriosa noticia de que muy pronto el Señor Jesucristo tomará posesión de las naciones del mundo como su gobernador por propio derecho. El anuncio produce una doble reacción:

(1) Los ciudadanos del cielo se regocijan.

(2) Las naciones de la tierra se enfurecen.

El séptimo ángel nos prepara no solamente para la consumación de los siglos, sino también para la explicación de todas las cosas.

«Sino que en los días de la voz del séptimo ángel, cuando él comience a tocar la trompeta, el misterio de Dios se consumará» (10:7).

El doctor W.A. Criswell escribe:

«El misterio de Dios es la larga demora de nuestro Señor en tomar el reino para sí y en establecer justicia en la tierra. Vemos el misterio de Dios en estos miles de años en los que el pecado ... y la muerte corren sin freno.

Los enemigos de la justicia y de lo que es para nosotros más querido crecen en poder y esparcen sangre y oscuridad sobre la faz de la tierra, y nos preguntamos dónde está Dios. Matan a nuestros misioneros, los templos son incendiados, muchos millones de personas están oprimidos, viviendo en desesperación, y Dios simplemente mira. Parece que no interviene, ni dice nada, ni se mueve. El pecado simplemente continúa, crece. ¡Oh, el misterio de la tardanza del Señor Dios! Pero allí, en alguna parte del cielo estrellado está un ángel con una trompeta en sus manos, y por decreto del Dios Todopoderoso, hay un día, una hora, un momento, hay un tiempo señalado cuando el ángel tocará la trompeta y los reinos de este mundo se convertirán en los reinos de nuestro Dios y de su Cristo.» (*Sermons on Revelation*, pp. 199, 200.)

Nota: Al sonido de la trompeta «el templo de Dios fue abierto en el cielo, y el arca de su pacto se veía en el templo» (11:19). A la luz de estos versículos parece que existe un auténtico tabernáculo en el cielo. (Véanse Is. 6:1-8; Ex. 25:9, 20; He. 8:2, 5; 9:24; Ap. 14:15, 17; 15:5, 6, 8; 16:1, 17.)

II. El reinado del diablo (caps. 12—13). El diablo y los judíos (caps. 12).

A. Su odio hacia Israel en el pasado (12:1-5).

1. La mujer con la corona de doce estrellas (12:1, 2). La mujer representa, por supuesto, a la nación de Israel (Gn. 37:9, 10). Aquí tenemos la primera de seis mujeres simbólicas en el Apocalipsis:

a. Una mujer que sufre: Israel (Ap. 12).
b. Una ramera sanguinaria: los sistemas religiosos del mundo (Ap. 17).
c. Una reina arrogante: el sistema económico del mundo (Ap. 18).
d. Una esposa pura: la verdadera iglesia (Ap. 19). Notamos que clamaba en su agonía (12:2). El doctor Herman A. Hoyt escribe al respecto:

«El versículo 2 nos describe la actividad de la mujer desde el tiempo de Abraham hasta el nacimiento de Cristo. El tiempo presente de estos versículos nos provee de una situación dramática. La mujer está continuamente con el niño. Está constantemente clamando con dolores de parto. Está continuamente ... en proceso de parto.... Vemos aquí descritas las experiencias de Israel como nación desde el inicio de su existencia con el llamamiento de Abraham hasta el nacimiento de Cristo en Belén. Todo el mensaje del Antiguo Testamento desde Génesis hasta Malaquías, describe lo que tenemos aquí en un versículo.» (*Revelation*, p. 61.)

2. Un dragón con siete cabezas (12:3-5). No hay duda en lo concerniente a la identidad de esta maligna criatura. Se le dan al menos siete títulos y subtítulos sólo en Apocalipsis 12.

a. El gran dragón rojo (12:3).
   (1) Grande, debido a su vasto poder (véase Mt. 4:8, 9).
   (2) Rojo, porque fue el primer asesino (véase Jn. 8:44).
   (3) Dragón, debido a su maldad (véase 2 Co. 6:15).
b. La serpiente antigua (12:9).
   (1) Antigua, porque nos lleva hasta el huerto de Edén (Gn. 3).
   (2) Serpiente, lo que nos recuerda el primer cuerpo que usó (Gn. 3).
c. El diablo (12:9), uno que calumnia (véase 12:10; también Job 1, 2; Zac. 3:1-7; Lc. 22:31).
d. Satanás (12:9), el adversario (véase 1 P. 5:8).
e. El engañador (12:9). Nota: No sólo engaña a los hombres sino a los ángeles también. En 12:4 se nos dice que su cola «arrastraba [literalmente, "tiraba"; véase Hch. 14:19 donde se usa la misma palabra] la tercera parte de las estrellas del cielo....» Esta es aparentemente una referencia al número de los ángeles que Satanás logró persuadir en su rebelión primera contra Dios (Is. 14:12-15; Ez. 28:11-19).
f. El perseguidor de la mujer (12:4).

EL SEGUNDO CASTIGO DIVINO

EL CORDERO PERMITE QUE EL DIABLO REINE
Ap. 12—13

EL DIABLO Y LOS JUDÍOS
Su odio por Israel en el pasado **(12:1-5)**
Una mujer con doce estrellas
Un dragón con siete cabezas
Su odio por Israel en el futuro **(12:6-17)**
Su guerra contra Israel **(12:7-12)**
Su ira contra Israel **(12:6, 13-17)**

EL DIABLO Y EL MUNDO
Su asociado, el Anticristo **(13:1-10)**

g. El aborrecedor de Cristo (12:5). Este versículo nos dice tres cosas acerca de Cristo:
   (1) Su encarnación: «un hijo varón» (véase Gá. 4:4, 5).
   (2) Su ascensión: «arrebatado para Dios».
   (3) Su reino futuro: «regirá con vara de hierro a todas las naciones» (Sal. 2:6-9).

B. Su odio por Israel en el futuro (12:6-17).

1. Su guerra contra Miguel (12:7). Satanás pierde la batalla y es lanzado a la tierra. Ya no podrá acusar nunca más a los santos de Dios en el cielo. Ha sido vencido por medio de la sangre del Cordero (12:11).

2. Su ira contra Israel (12:13, 15, 17). Este es el último y el más severo de los movimientos antisemitas de la historia. A. W. Kac escribe:

«Junto con la supervivencia de los judíos, el fenómeno histórico más sorprendente es el odio con el que los judíos se han enfrentado en todos los países de la tierra. Esta hostilidad contra los judíos, que se conoce como antisemitismo, es tan antigua como la existencia judía. Es endémico, esto es, a semejanza de muchas enfermedades está siempre con nosotros en cierto grado; pero bajo ciertas circunstancias asume características y proporciones epidémicas. Se hace más notorio en cualquier lugar donde los judíos residen en suficiente número para que sus vecinos se den cuenta de su presencia. "El crecimiento del antisemitismo", declara Chaim Weizman, "es proporcional al número de judíos por kilómetro cuadrado. Llevamos los gérmenes del antisemitismo en nuestras mochilas en las espaldas".» (*Rebirth of the State of Israel*, p. 306.)

a. Satanás ha hecho, a lo largo de la historia, todos los intentos por exterminar a Israel. Lo ha hecho recurriendo a:
   (1) Esclavizarlos (Ex. 2).
   (2) Ahogarlos (Ex. 14).
   (3) Matarlos de hambre (Ex. 16).
   (4) Tentarlos (Ex. 32; Nm. 14).
   (5) Maldecirlos (Nm. 23).
   (6) Deportarlos (2 R. 17, 24).
   (7) Tragarlos (Jon. 2).
   (8) Quemarlos (Dn. 3).
   (9) Devorarlos (Dn. 6).
   (10) Colgarlos (Est. 3).

   A todo esto le podemos añadir, por supuesto, las cámaras de gas de Adolfo Hitler. Pero lo peor está todavía por venir.

b. Pero Dios mismo intervendrá y preservará «el resto de la descendencia de ella» (12:17). Juan nos dice:

«Y se le dieron a la mujer las dos alas de la gran águila, para que volase de delante de la serpiente al desierto, a su lugar, donde es sustentada por un tiempo, y tiempos, y la mitad de un tiempo» (Ap. 12:14).

«Y meteré en el fuego a la tercera parte, y los fundiré como se funde la plata, y los probaré como se prueba el oro. El invocará mi nombre, y yo le oiré, y diré: Pueblo mío; y él dirá: Jehová es mi Dios» (Zac. 13:9).

Esto parece que nos da a entender que al menos una tercera parte de Israel permanecerá fiel a Dios y se le permitirá escapar a un lugar especial de refugio durante la tribulación. Consideraremos ahora la localización de este lugar oculto. Aunque no aparece realmente especificado en las Escrituras, muchos estudiosos de la Biblia creen que este lugar será Petra. Lo basan en los siguientes pasajes:

(1) Zacarías 14:5: «Y huiréis al valle de los montes, porque el valle de los montes llegará hasta Azal; huiréis ... y vendrá Jehová mi Dios, y con él todos los santos.»

    (Se piensa que el «Azal» mencionado aquí está relacionado con Petra.)

(2) Isaías 63:1: «¿Quién es éste que viene de Edom, de Bosra, con vestidos rojos?» Los primeros versículos de Isaías 63 tratan de la Segunda Venida de Cristo. Él va a Edom (cuya capital es Petra) y a Bosra (una ciudad en Edom) por alguna razón que muchos creen es para recibir al remanente hebreo que se oculta allí.

(3) Daniel 11:41: «Entrará a la tierra gloriosa, y muchas provincias caerán; mas éstas escaparán de su mano: Edom y Moab, y la mayoría de los hijos de Amón.»

Por alguna razón no se permitirá que la tierra de Edom caiga en manos del Anticristo. Algunos suponen que la razón es la protección del remanente.

Hace muchos años que W. E. Blackstone, el reconocido erudito bíblico, sobre la base de estos versículos, escondió miles de ejemplares del Nuevo Testamento en las cuevas en, y alrededor de, Petra. Creía que algún día los atemorizados sobrevivientes de los sanguinarios ataques del Anticristo agradecerían la oportunidad de leer la Palabra de Dios, prefiriéndola incluso más que la mejor información sobre las cotizaciones bursátiles. El 14 de octubre de 1974 disfruté de la oportunidad de visitar Petra. Antes de salir de los Estados Unidos, mis estudiantes tuvieron la oportunidad de escribir sus nombres, junto con su versículo bíblico favorito, en la primeras páginas de una Biblia grande. Después incluí la siguiente carta:

«A la atención de todos los de origen hebreo: Esta Biblia fue dejada aquí el 14 de octubre de 1974 por los estudiantes y el decano del Instituto Bíblico Thomas Road en Lynchburg, Virginia, Estados Unidos. Instamos respetuosamente a los que la encuentren a que lean públicamente y en espíritu de oración los siguientes capítulos de la Biblia: Daniel 7 y 11; Mateo 24; 2 Tesalonicenses 2; Apocalipsis 12 y 13.»

Después envolvimos la Biblia en un

plástico fuerte y la depositamos en una cueva retirada, de entre las miles que hay en Petra.

Petra ha sido llamada la «ciudad del arco iris», y llegó a tener 267.000 habitantes. Era un centro mercantil importante en el cruce de una gran ruta de caravanas. La ciudad es inaccesible, excepto a través de un desfiladero entre las montañas, que es tan angosto que sólo permite el paso de dos caballos de frente. Las paredes perpendiculares del desfiladero tienen entre 100 y 200 metros de altura y brillan de esplendor, exhibiendo cada color del arco iris.

Los antiguos edificios, cortados sobre la roca sólida de los montes, todavía permanecen. Un manantial de limpias aguas corre sobre las rosadas rocas. Higueras silvestres crecen en las laderas. Todo parece esperar a Israel.

El diablo y el mundo (cap. 13).

C. Su asociado: el Anticristo (13:1-10).

«Y hablará palabras contra el Altísimo, y a los santos del Altísimo quebrantará, y pensará en cambiar los tiempos y la ley; y serán entregados en su mano hasta tiempo, y tiempos, y medio tiempo» (Dn. 7:25).

«Y el rey hará su voluntad, y se ensoberbecerá, y se engrandecerá sobre todo dios; y contra el Dios de los dioses hablará maravillas...» (Dn. 11:36).

«... el hombre de pecado, el hijo de perdición, el cual se opone y se levanta contra todo lo que se llama Dios o es objeto de culto; tanto que se sienta en el templo de Dios como Dios, haciéndose pasar por Dios ... cuyo advenimiento en por obra de Satanás, con gran poder y señales y prodigios mentirosos» (2 Ts. 2:3, 4, 9).

«¿Quién es el mentiroso, sino el que niega que Jesús es el Cristo? Este es anticristo, el que niega al Padre y al Hijo» (1 Jn. 2:22).

«Y miré, y he aquí un caballo blanco; y el que lo montaba tenía un arco; y le fue dada una corona, y salió venciendo, y para vencer» (Ap. 6:2).

«Me paré sobre la arena del mar, y vi subir del mar una bestia ... y la bestia que vi era semejante a un leopardo, y sus pies como de oso, y su boca como boca de león. Y el dragón le dio su poder y su trono, y grande autoridad. Y abrió su boca en blasfemias contra Dios...» (Ap. 13:1, 2, 6).

Estos pasajes nos describen al personaje más poderoso y perverso que jamás pisara la tierra. Vamos a examinar brevemente a este ser vil y depravado a lo largo de las siguientes líneas:

1. Sus características personales:
   a. Será un genio intelectual (Dn. 8:23).
   b. Será un genio de la oratoria (Dn. 11:36).
   c. Será un genio político (Ap. 17:11, 12).
   d. Será un genio comercial (Ap. 13:16, 17; Dn. 11:43).
   e. Será un genio militar (Ap. 6:2; 13:2).
   f. Será un genio religioso (Ap. 13:8; 2 Ts. 2:4). J. Vernon McGee escribe al respecto:

      «Él logrará la meta de algunos hoy: una sola religión mundial. ¿Se han dado cuenta del tremendo esfuerzo que se lleva a cabo hoy para unir a todas las religiones del mundo? Un rabí judío hizo un comentario alarmante: "Si el Mesías es una persona o una asamblea es algo de menor importancia —dijo Marcus Melchoir, el rabí principal de Dinamarca—. Creo que el tiempo mesiánico vendrá si las Naciones Unidas son hechas Mesías."

      Si este rabí está tan dispuesto a aceptar a las Naciones Unidas como Mesías, ¿no creen que reconocería también como Mesías a un hombre capaz de hacer lo que las Naciones Unidas no pueden aparentemente hacer: unir a toda Europa y alcanzar la paz mundial?» (*Reveling Through Revelation*, p. 19.)

   Usemos a varios presidentes norteamericanos como una analogía para describir las características de este líder mundial:
   (1) El liderazgo de un Washington y un Lincoln.
   (2) La elocuencia de un Franklin Roosevelt.
   (3) El encanto de un Teddy Roosevelt.
   (4) El carisma de un Kennedy.
   (5) La popularidad de un Eisenhower.
   (6) La astucia política de un Johnson.
   (7) El intelecto de un Jefferson.
2. Sus varios nombres y títulos (además del de Anticristo).
   a. El hombre de pecado (2 Ts. 2:3).
   b. El hijo de perdición (2 Ts. 2:3).
   c. El inicuo (2 Ts. 2:8).
   d. El rey caprichoso (Dn. 11:36).
   e. La bestia (Ap. 17:7; este título aparece treinta y seis veces en el libro de Apocalipsis).
   f. El cuerno pequeño (Dn. 7:8).
3. Sus precursores en el Antiguo Testamento. Al igual que hay muchos personajes del Antiguo Testamento que describen la persona y la obra del Señor Jesucristo (como Melquisedec en Génesis 14 e Isaac en Génesis 22), hay algunos hombres en el Antiguo Testamento que nos describen el futuro ministerio del Anticristo:
   a. Caín: por su asesinato de la simiente escogida (Gn. 4:5-14; Jud. v. 11; 1 Jn. 3:12).
   b. Nimrod: por su fundación de Babilonia y la torre de Babel (Gn. 10, 11).
   c. Faraón: por su opresión al pueblo de Dios (Ex. 1:8-22).
   d. Coré: por su rebelión (Nm. 16:1-3; Jud. v. 11).
   e. Balaam: por su intento de maldecir a Israel (Nm. 23, 24; 2 P. 2:15; Jud. v. 11; Ap. 2:14).
   f. Saúl: por su intrusión en el ministerio sacerdotal (1 S. 13:9-13).
   g. Goliat: por su orgullosa presunción (1 S. 17).
   h. Absalón: por su intento de quitarle el trono a David (2 S. 15:1-6).
   i. Jeroboam: por sustituir a la religión verdadera (1 R. 12:25-31).
   j. Senaquerib: por sus esfuerzos en destruir Jerusalén (2 R. 18:17).

k. Nabucodonosor: por su estatua de oro (Dn. 3:1-7).
l. Amán: por su intriga para exterminar a los judíos (Est. 3).
m. Antíoco Epífanes: por su profanación del templo (Dn. 11:21-35).

4. Su identidad.

a. Algunos creen que el Anticristo será un gentil, dado que procede del mar (Ap. 13:1), lo cual es frecuentemente un símbolo de los gentiles y de las naciones paganas.

Tim LaHaye escribe lo siguiente sobre la nacionalidad del Anticristo:

«Una de las preguntas que se formulan más a menudo acerca del Anticristo tiene que ver con su nacionalidad. Apocalipsis 13:1 nos dice: "... vi subir del mar"...., lo que habla del mar de pueblos alrededor del Mediterráneo. De ahí sacamos que será un gentil. Daniel 8:8, 9 nos sugiere que es un "cuerno pequeño" que sale de los cuatro cuernos griegos, indicándonos que será en parte griego. Daniel 9:26 nos habla de él como un príncipe del pueblo que vendrá, queriendo decir que será del linaje real del pueblo que destruyó a Jerusalén. Históricamente este fue el Imperio Romano, por lo que será predominantemente romano. Daniel 11:36, 37 nos dice que "del Dios de sus padres no hará caso". Tomándolo en su contexto, esto nos sugiere que será un judío. Con toda probabilidad el Anticristo será un gentil y, a semejanza de Adolfo Hitler y otros que temen revelar que tienen sangre judía, mantendrá su ascendencia judía en secreto. Puede ser que sólo Dios lo sepa, pero la Biblia nos enseña que será una persona con una mezcla de origen romano-griego-judío, una combinación de los pueblos de la tierra. Esto le califica técnicamente para ser una encarnación de todos los hombres inicuos.» (*Revelation*, p. 172.)

b. Algunos creen, en base de Apocalipsis 13:3 y 17:8, que será un individuo resucitado.

c. Otros creen que será Judas Iscariote en base de los siguientes versículos:

(1) Juan 6:70, 71. Jesús habla aquí de Judas como el diablo.

(2) Lucas 22:3; Juan 13:27. Aquí Satanás entra realmente en Judas. Esto nunca se dice de ninguna otra persona en la Biblia.

(3) Juan 17:12; 2 Tesalonicenses 2:3. El título «el hijo de perdición» lo encontramos solamente dos veces en el Nuevo Testamento. En el primer caso Jesús lo usa para referirse a Judas. En el segundo ejemplo Pablo lo emplea para referirse al Anticristo.

(4) Hechos 1:25. Pedro nos dice aquí que Judas después de su muerte fue a «su propio lugar». Algunos han visto esto como una referencia al pozo del abismo, y creen que Satanás ha retenido aquí a Judas por los últimos 2000 años en preparación para su futuro papel como el Anticristo.

5. Su ascenso al poder.

a. Por medio del poder de Satanás (Ap. 13:2; 2 Ts. 2:3, 9-12).

b. Con el permiso del Espíritu Santo. Su manifestación presente está siendo demorada por el Espíritu Santo hasta el rapto de la Iglesia. Dios tiene el control de todas las situaciones en la tierra y continuará estándolo. (Véanse Job 1 y 2; 2 Ts. 2:6, 7.)

c. Por medio de la formación de una organización de diez naciones. Él procederá de una confederación dictatorial de diez naciones que surgirá durante la tribulación. Aparecen mencionados estos dictadores como los «diez cuernos» de Daniel 7:7; Apocalipsis 12:3; 13:1; 17:7, 12. En su ascenso al poder derrotará a tres de estos dictadores (Dn. 7:8, 24). Esta confederación de los diez cuernos es el renovado Imperio Romano. Esto dimana del hecho de que los detalles proféticos más importantes concernientes al viejo Imperio Romano en Daniel 2:40-44 están todavía sin cumplir.

El renovado Imperio Romano es el último de siete imperios gentiles mundiales que han asolado a la nación de Israel. Se habla de estos poderes como siete cabezas en Apocalipsis 12:3; 13:1; 17:7. Y son:

Egipto, que esclavizó a Israel durante 400 años (Ex. 1-12).

Asiria, que se apoderó del reino del norte, llamado Israel (2 R. 17).

Babilonia, que capturó el reino del sur, llamado Judá (2 R. 24).

Persia, de donde salió el malvado Amán (Est. 3).

Grecia, que produjo indirectamente a Antíoco Epífanes (Dn. 11).

Roma, que destruyó Jerusalén en el año 70 d.C. (véase Lc. 21) y quien perseguirá a Israel como nunca antes en la historia durante el imperio reavivado (Ap. 12).

d. Por medio de la cooperación de los sistemas religiosos falsos (Ap. 17).

e. Por medio de su carisma y habilidad personal.

f. Por medio de una falsa (¿o real?) resurrección (Ap. 13:3).

g. Por medio de un falso programa de paz, probablemente en el Medio Oriente (Dn. 8:25).

h. Mediante un plan completo de engaño y falsedad (Mt. 24:24; 2 Ts. 2:9; Ap. 13:14). De noventa y una veces que aparecen en el Nuevo testamento palabras que significan «engaño» o «descarriado», veintidós de ellas corresponden claramente a pasajes relacionados con el Anticristo y la tribulación. (Véanse 2 Ts. 2:3, 9, 10, 11; Mt. 24:4, 5, 11, 24; 2 Ti. 3:13; Ap. 12:9; 18:23; 19:20; 20:3, 8, 10.)

Tres razones explican esta terrible decepción:

(1) Ignorancia universal de la Palabra de Dios (véase Mt. 22:29).

(2) Un actividad demoníaca feroz (véase 1 Ti. 4:1).

(3) El alma vacía (véase Lc. 11:24-26).

6. Sus actividades.
   a. Empieza controlando el bloque de poder occidental (Ap. 17:12).
   b. Hace un pacto de siete años con Israel, pero lo rompe después de tres años y medio (Dn. 9:27).

   Hay amplia evidencia bíblica que muestra que el Anticristo permitirá (e incluso lo estimulará) la edificación del templo y la celebración de nuevo de los sacrificios durante la tribulación. (Véanse Dn. 9:27; Mt. 24:15; 2 Ts. 2:4; Ap. 13:14, 15; 11:2.)

   En su libro *Will Man Survive?*, el doctor J. D. Pentecost cita un anuncio judío que apareció en el periódico *Washington Post* en mayo de 1967:

   «Se está empezado ahora un proyecto de reconstrucción del templo de Dios en Israel. Con la dirección y ayuda divina será completado. Esta será la señal de una nueva era en el judaísmo. Los judíos se sentirán inspirados a conducirse moralmente de tal manera que nuestro Hacedor se verá complacido en visitarnos en la tierra. Imagínese los sentimientos tan cálidos que gozaremos cuando este evento tan feliz tenga lugar.»

   c. Consigue el control absoluto del Medio Oriente después de la invasión rusa (Ez. 38, 39).
   d. Intenta destruir todo lo de Israel (Ap. 12).
   e. Destruye el sistema de falsa religión, de manera que podrá gobernar sin obstáculos (Ap. 17:16, 17).
   f. Se establece a sí mismo como Dios (Dn. 11:36; 2 Ts. 2:4-11; Ap. 13:5).
   g. Gobierna brevemente sobre todas las naciones (Sal. 2; Dn. 11:36; Ap. 13:16).
   h. Queda totalmente aplastado por el Señor Jesucristo en la batalla del Armagedón (Ap. 19).
   i. Es la primera criatura en ser lanzada en el lago de fuego (Ap. 19:20).

En julio de 1965, el *Reader's Digest* (*Selecciones*) publicó en la sección de libros condensados el libro *A Gift of Prophecy*, escrito por aquella famosa (pero igualmente falsa) profetisa llamada Jeane Dixon. El artículo termina con las siguientes palabras:

«Un niño nacido en el Medio Oriente el 5 de febrero de 1962 revolucionará el mundo y eventualmente unirá a todos los credos y sectas en una sola fe que abarque a todos. Esta persona, que ha sido el sujeto de algunas de las visiones más claras y fuertes de Jeane Dixon, es de un humilde origen campesino. La humanidad, dice ella, empezará a sentir el gran poder de este hombre para 1980, y crecerá en gran medida hasta 1999, y entonces habrá paz en la tierra para todos los hombres de buena voluntad.»

Al leer esto nos viene a la mente las palabras de nuestro Salvador a un grupo de fariseos impíos e incrédulos: «Yo he venido en nombre de mi Padre, y no me recibís; si otro viniere en su propio nombre, a ése recibiréis» (Jn. 5:43).

7. Su sorprendente habilidad para imitar. El Anticristo habría sido sin duda alguna un tremendo éxito mímico en cualquier programa estelar de la televisión. Notemos las siguientes áreas en las que intentará imitar a la persona y a la obra de Cristo:
   a. El Anticristo viene en la misma imagen de Satanás, como Cristo vino en la imagen de Dios (Ap. 13:4; 2 Ts. 2:9; cp. Col. 1:15 y He. 1:3).
   b. El Anticristo es la segunda persona en la satánica trinidad, como Cristo lo es en la Trinidad celestial (Ap. 16:13; cp. Mt. 28:19).
   c. El Anticristo procede del abismo, mientras que Cristo descendió del cielo (Ap. 11:7; 17:8; cp. Jn. 6:38).
   d. El Anticristo es una bestia salvaje, mientras Cristo es el Cordero que se ofrece en sacrificio (Ap. 13:2; cp. Ap. 5:6-9).
   e. El Anticristo recibe su poder de Satanás, como Cristo recibió su poder de su Padre (Ap. 13:2; cp. Mt. 28:18).
   f. El Anticristo experimentará una resurrección (quizá falsa), como Cristo experimentó una verdadera (Ap. 13:3; cp. Ro. 1:4).
   g. El Anticristo recibirá la adoración de los incrédulos, como Cristo la recibe de todos los creyentes (Ap. 13:3, 4, 8; Jn. 5:43; cp. Mt. 2:11; Lc. 24:52; Jn. 20:28; Fil. 2:10, 11).
   h. El Anticristo pronunciará discursos poderosos, como Cristo también lo hizo (Dn. 7:8; Ap. 13:5; cp. Jn. 7:46). Satanás proporcionará sin duda al Anticristo su vasto conocimiento de filosofía, ciencia y sabiduría humana acumulada a lo largo de los siglos (Ez. 28:12).
   i. La mayor parte de la actividad del Anticristo durará unos tres años y medio, aproximadamente lo mismo que el ministerio de Cristo (Ap. 13:5; 12:6, 14; cp. Jn. 2:13; 6:4; 11:55).
   j. El Anticristo intentará, sin éxito, combinar los tres oficios del Antiguo Testamento de profeta, sacerdote y rey, como Cristo un día llevará a cabo plenamente.
   k. El número simbólico del Anticristo es seis, mientras que el número simbólico de Cristo es siete (Ap. 13:18; cp. Ap. 5:6, 12).
   l. El Anticristo un día matará a su esposa ramera, mientras que Cristo un día glorificará a su esposa santificada (Ap. 17:16, 17; cp. Ap. 21:1, 2).

D. Su asociado: el falso profeta (13:11-18).

«Después vi otra bestia que subía de la tierra» (Ap. 13:11).

1. Su identidad. ¿Quién es esta segunda bestia de Apocalipsis 13 quien es también llamada en tres ocasiones posteriores «el falso profeta» (Ap. 16:13; 19:20; 20:10)? Algunos creen que será un judío (mientras que el Anticristo será un gentil), y que encabezará a la iglesia apóstata.
2. Sus actividades. Ya hemos señalado que el

Anticristo intentará imitar a Cristo; parece ser que el falso profeta tratará de copiar la obra del Espíritu Santo. De manera que se ha sugerido la siguiente analogía entre el Espíritu de Dios y la segunda bestia.

a. El Espíritu Santo es la tercera persona de la Trinidad celestial (Mt. 28:19), mientras que el falso profeta en la tercera persona en la trinidad satánica (Ap. 16:13).

b. El Espíritu Santo lleva a los hombres a la verdad (Jn. 16:13), mientras que el falso profeta dirige a los hombres al error (Ap. 13:11, 14).

c. El Espíritu Santo glorifica a Cristo (Jn. 16:13, 14), mientras que el falso profeta glorifica al Anticristo (Ap. 13:12).

d. El Espíritu Santo hizo que cayera fuego del cielo en pentecostés (Hch. 2:3), mientras que el falso profeta hará lo mismo en la tierra a la vista de los hombres (Ap. 13:13).

e. El Espíritu Santo da vida (Ro. 8:2), mientras que el falso profeta mata (Ap. 13:15).

f. El Espíritu Santo marca con un sello a todos aquellos que pertenecen a Dios (Ef. 1:13), mientras que el falso profeta marca a aquellos que adoran a Satanás (Ap. 13:16, 17).

3. Su marca.

«Y hacía que a todos, pequeños y grandes, ricos y pobres, libres y esclavos, se les pusiese una marca en la mano derecha, o en la frente; y que ninguno pudiese comprar ni vender, sino el que tuviese la marca o el nombre de la bestia, o el número de su nombre. Aquí hay sabiduría. El que tiene entendimiento, cuente el número de la bestia, pues es número de hombre. Y su número es seiscientos sesenta y seis» (Ap. 13:16-18).

Quizá no ha habido ningún otro pasaje en la Palabra de Dios que haya sido objeto de la más disparatada y a la vez seria especulación que este. ¿Cómo tenemos que entender el número 666? Para concluir esta sección citaremos a dos autores bien conocidos:

«En griego (como en hebreo o en latín) las letras del alfabeto servían también como signos para los números. *Alpha* significa uno; *beta*, dos, etc. Es posible, por tanto, para cualquier nombre ir añadiendo el valor numérico de cada letra y llegar a un total que forma un "número de hombre". El nombre del Anticristo dará el total del 666. Se ha buscado aplicar este método con referencia a todas las personas en la historia que han parecido ser el Anticristo. Mediante el arreglo más o menos de las letras de los nombres o títulos de estas personas han llegado al número 666 para los nombres de Nerón, Mahoma, el Papa, Napoleón e incluso Hitler, sin mencionar a otros muchos. En nuestra opinión, la prueba de que todas estas interpretaciones son todavía prematuras es que todas ellas resultan contradictorias. Estamos convencidos de que cuando el último y gran Anticristo aparezca, los verdaderos creyentes de todo el mundo lo reconocerán. El Espíritu Santo les dará suficiente luz para calcular unánimemente el número de su nombre.» (Rene Pache, *The Return of Jesus Christ*, p. 183.)

«Probablemente la más simple explicación sea en este caso la mejor, que el triple seis es el número de un hombre, cada cifra quedándose corta respecto al número perfecto siete. El seis en las Escrituras es el número de un hombre. Él tenía que trabajar seis días y descansar el séptimo. La imagen de Nabucodonosor era de sesenta codos de alta por seis de ancha. Sea cual fuere el significado profundo del número, implica que este título, que se refiere a la primera bestia, la obra maestra de Satanás, le limita al nivel del hombre, por lo que se queda muy corto de la divinidad de Cristo.» (Doctor John Walvoord, *The Revelation of Jesus Christ*, p. 210.)

Sea lo que fuere que está involucrado en esta marca infernal es aparentemente muy importante, porque se la menciona no menos de seis veces (véanse Ap. 14:9, 11; 15:2; 16:2; 19:20; 20:4).

III. Los juicios de las copas (caps. 14—16).

A. Los eventos que preceden a los juicios de las copas (14—15). Ya hemos visto que los capítulos 4 y 5 nos describen algunas acciones celestiales antes del comienzo de los terribles juicios de los sellos en Apocalipsis 6. Juan nos presenta aquí los juicios de las copas en una forma similar. Los capítulos 14—15 registran algunas acciones en el cielo antes del juicio de las copas en el capítulo 16.

1. El canto de los 144.000 (14:1-5). Notamos aquí:

a. Este es el mismo grupo que se menciona en el capítulo 7. Son creyentes redimidos. Aquí los vemos llevados en el rapto. Observemos que no falta ninguno. J. Vernon McGee escribe:

«Aparece claro por el capítulo 13 que este es el día más negro y la hora más terrible de la historia. Es verdaderamente una fiesta del infierno. Toda persona que piense se preguntará inevitablemente: ¿cómo pudo pasar este período el pueblo de Dios? ¿Cómo pudieron llegar hasta el fin con tantas cosas en contra de ellos? El Pastor que empezó con 144.000 ovejas aparece ahora identificado con 144.000. No perdió ni una.» (*Reveling Through Revelation*, p. 21.)

b. Este grupo compone el más grandioso coro de todos los tiempos.

c. Cantan un cántico nuevo acompañado por arpas celestiales (Sal. 57).

d. Estos son los que no se contaminaron con mujeres (14:4; cp. 9:21).

e. No se encontró ninguna mentira en sus bocas (14:5; cp. 2 Ts. 2:9-12).

2. Los mensajes de tres ángeles especiales (14:6-12).

a. El primer mensaje:

«Vi volar por en medio del cielo a otro ángel, que tenía el evangelio eterno para predicarlo a los moradores de la tierra, a toda nación, tribu, lengua y pueblo, diciendo a gran voz: Temed a Dios, y dadle gloria, porque la hora de su juicio ha llegado; y adorad a aquel que hizo el cielo y la tierra, el mar y las fuentes de las aguas» (Ap. 14:6, 7).

Vemos en este versículo algo absolutamente singular: un ángel de Dios predicando el evangelio a los pecadores. Hasta este momento Dios sólo había usado hombres para alcanzar a otros hombres (Hch. 1:8; 2 P. 1:21; 2 Co. 4:7), pero ahora, debido a la severidad de la tribulación, también son empleados los ángeles.

b. El segundo mensaje:

«Otro ángel le siguió, diciendo: Ha caído, ha caído Babilonia, la gran ciudad, porque ha hecho beber a todas las naciones del vino del furor de su fornicación» (Ap. 14:8).

Este segundo mensaje es para anunciar la inminente destrucción de la Babilonia política y económica (véase Ap. 18).

c. El tercer mensaje:

«Y el tercer ángel los siguió, diciendo a gran voz: Si alguno adora a la bestia y a su imagen, y recibe la marca en su frente o en su mano, él también beberá del vino de la ira de Dios, que ha sido vaciado puro en el cáliz de su ira; y será atormentado con fuego y azufre delante de los santos ángeles y del Cordero; y el humo de su tormento sube por los siglos de los siglos. Y no tienen reposo de día ni de noche los que adoran a la bestia y a su imagen, ni nadie que reciba la marca de su nombre» (Ap. 14:9-11).

Este es el último mensaje acerca de los tormentos del infierno que será predicado a los inconversos, y no es predicado por un Jonathan Edwards ni un Billy Sunday sino por un ángel. Aparentemente nadie respondió a la invitación. Dios derramará en este momento su ira sin diluir, algo que había hecho antes en el Calvario sobre Cristo. ¡Qué triste! Cristo bebió una vez esta copa de la ira pura de Dios por estos mismos pecadores no arrepentidos que ahora tienen que beberla ellos por la fuerza.

3. El mensaje del Espíritu Santo (14:13).

«Oí una voz que desde el cielo me decía: Escribe: Bienaventurados de aquí en adelante los muertos que mueren en el Señor. Sí, dice el Espíritu, descansarán de sus trabajos, porque sus obras con ellos siguen.» Hasta este momento en la historia, la regla general ha sido: Bienaventurados los *vivos*. (Véanse Ec. 9:4; Fil. 1:23, 24.) Pero ahora, es mejor para los creyentes morir. John Phillips escribe:

«En feliz contraste con la condena de aquellos que deifican a la bestia está el destino de aquellos que la desafían. Dos cosas debemos decir también de esto. Ellos resistirán. Juan dice: "Aquí está la paciencia de los santos, los que guardan los mandamientos de Dios y la fe de Jesús. Oí una voz que desde el cielo me decía: Escribe: Bienaventurados de aquí en adelante los muertos que mueren en el Señor. Sí, dice el Espíritu, descansarán de sus trabajos, porque sus obras con ellos siguen." Excepto para los 144.000, aquellos que desafían a la bestia pueden esperar la muerte en mil diabólicas maneras, pero esa muerte es inmediatamente transformada por Dios en bendición. "¡Te haré sufrir!", grita la bestia. "Nos harás santos", replican los vencedores. "¡Os perseguiré hasta la tumba!", dice la bestia. "Nos promocionarás a la gloria", responden los vencedores. "¡Te destruiré!", gruñe la bestia. "¡Nos bendecirás!", gritan los vencedores. La cólera de la bestia se descarga contra estos nobles mártires, pero todo es en vano. Al final fracasará. Ellos serán galardonados. "Sí, dice el Espíritu, descansarán de sus trabajos, porque sus obras con ellos siguen." Sus dificultades serán superadas. Entrarán en el descanso y premio de las riberas resplandecientes del mar de Cristo.» (*Exploring Revelation*, p. 193.)

Se ha dicho correctamente que este mundo es el único *cielo* que los inconversos van a tener, y el único *infierno* que los creyentes van a experimentar.

4. El primer anuncio de Armagedón (14:14-20):

«Miré, y he aquí una nube blanca; y sobre la nube uno sentado semejante al Hijo del Hombre, que tenía en la cabeza una corona de oro, y en la mano una hoz agu-

TERCER CASTIGO DIVINO

EL CORDERO DERRAMA LOS JUICIOS DE LAS SIETE COPAS
(Ap. 14—16)

LOS EVENTOS QUE PRECEDEN A LOS JUICIOS DE LAS COPAS **(Ap. 14—15)**
El canto de los 144.000 **(14:1-5)**
El mensaje de los tres ángeles especiales
- El primer mensaje **(14:6, 7)**
- El segundo mensaje **(14:8)**
- El tercer mensaje **(14:9-12)**

La voz del Espíritu Santo **(14:13)**
El primer anuncio de Armagedón **(14:14-20)**
Las vistas y sonidos del templo en el cielo **(15:2-4)**

LOS EVENTOS QUE ACOMPAÑAN A LOS JUICIOS DE LAS COPAS **(Ap. 16:1-21)**

EL JUICIO DE LA PRIMERA COPA **(16:2)**
Les salen llagas malignas a los seguidores del Anticristo

EL JUICIO DE LA SEGUNDA COPA **(16:3)**
Envenenamiento total del agua salada

EL JUICIO DE LA TERCERA COPA **(16:4-7)**
Total envenenamiento del agua dulce

EL JUICIO DE LA CUARTA COPA **(16:8, 9)**
Calor abrasador del sol

EL JUICIO DE LA QUINTA COPA **(16:10, 11)**
Oscuridad en la capital del Anticristo

EL JUICIO DE LA SEXTA COPA **(16:12-16)**
LOS RESULTADOS: el río Éufrates se seca
LA RAZÓN: preparativos para el Armagedón
LOS REBELDES: tres espíritus inmundos

EL JUICIO DE LA SÉPTIMA COPA **(16:17-21)**
El mayor terremoto del mundo
La mayor tormenta de granizo del mundo

da. Y del templo salió otro ángel, clamando a gran voz al que estaba sentado sobre la nube: Mete tu hoz, y siega; porque la hora de segar ha llegado, pues la mies de la tierra está madura. Y el que estaba sentado sobre la nube metió su hoz en la tierra, y la tierra fue segada.

Salió otro ángel del templo que está en el cielo, teniendo también una hoz aguda. Y salió del altar otro ángel, que tenía poder sobre el fuego, y llamó a gran voz al que tenía la hoz aguda, diciendo: Mete tu hoz aguda, y vendimia los racimos de la tierra, porque sus uvas están maduras. Y el ángel arrojó su hoz en la tierra, y vendimió la viña de la tierra, y echó las uvas en el gran lagar de la ira de Dios. Y fue pisado el lagar fuera de la ciudad, y del lagar salió sangre hasta los frenos de los caballos, por mil seiscientos estadios.»

Estudiaremos ampliamente en Apocalipsis 19 todas las implicaciones de estos versículos.

5. Las vistas y los sonidos del templo en el cielo (15:2-4).
   a. Juan escucha los cánticos de los vencedores (15:2-4).
      (1) Lo que cantan. Cantan el cántico de Moisés y el cántico del Cordero (15:3) Notemos los contrastes entre estos dos cantos:

      El canto de Moisés fue cantado a la orilla del mar Rojo (Ex. 15); el canto del Cordero se cantará al lado del mar de cristal. El canto de Moisés fue cantado sobre Egipto; el canto del Cordero se cantará sobre Babilonia. El canto de Moisés describe cómo Dios sacó a su pueblo; el canto del Cordero describirá cómo meterá Dios a su pueblo. El canto de Moisés fue el primer canto de las Escrituras; el canto del Cordero será el último canto de las Escrituras.

      (2) Lo que cantaban: «... pues sólo tú eres santo ... porque tus juicios se han manifestado» (15:4).
   b. Juan ve el humo del templo (15:5-8; véanse también Is. 6:1-8; Ex. 25:9, 40; He. 8:2, 5; 9:24; Ap. 14:15, 17; 16:1, 17).

      «Y uno de los cuatro seres vivientes dio a los siete ángeles siete copas de oro, llenas de la ira de Dios, que vive por los siglos de los siglos. Y el templo se llenó de humo por la gloria de Dios, y por su poder; y nadie podía entrar en el templo hasta que hubiesen cumplido las siete plagas de los siete ángeles» (15:7, 8).

      John Phillips escribe:

      «Desde el Calvario, el camino al lugar santísimo en el cielo ha estado abierto para todos, porque la sangre de Cristo nos preparó la autopista que nos lleva al corazón de Dios. Pero ahora, por un breve plazo, el camino real está cerrado. La ira de Dios, que una vez se derramó sobre su Hijo por amor al hombre, se derrama ahora otra vez. El mundo que crucificó al Cordero y que ahora ha culminado su rebelión con la adoración de la bestia va a ser completamente juzgado. Así que la gloria de Dios resplandece en el templo, lo llena de humo y permanece de guardia a la puerta. El camino al lugar santísimo ha sido cerrado por un tiempo.» (*Exploring Revelation*, p. 198.)

B. Los eventos que acompañan a los juicios de las copas (Ap. 16).
   1. La primera copa de juicio:

      «Fue el primero y derramó su copa sobre la tierra, y vino una úlcera maligna y pestilente sobre los hombres que tenían la marca de la bestia, y que adoraban su imagen» (16:2).

      J. Vernon McGee escribe:

      «Dios va a librar una guerra de gérmenes contra los seguidores del Anticristo ... Estas llagas putrefactas son peores que la lepra o el cáncer. Se pueden comparar a la sexta plaga de Egipto, pues es la misma clase de sarpullido y úlceras» (Ex. 9:8-12). (*Reveling Through Revelation*, p. 36.)
   2. La segunda copa de juicio:

      «El segundo ángel derramó su copa sobre el mar, y éste se convirtió en sangre como de muerto; y murió todo ser vivo que había en el mar» (16:3).

      El doctor Charles Ryrie escribe lo siguiente en relación con esta plaga:

      «La segunda copa se derrama sobre el mar, con el resultado de que todas las aguas se convierten en sangre y muere todo ser viviente del mar. Precisamente se dice que el mar "se convirtió en sangre como de muerto". La figura es de un muerto que se revuelca en su propia sangre. Los mares se llenarán de sangre. Bajo la segunda trompeta murió una tercera parte de las criaturas del mar (8:9); ahora la destrucción es completa. El hedor y la enfermedad que propagará por las orillas de los mares de la tierra no se puede imaginar.» (*Apocalipsis*, Editorial Portavoz, p. 98.)
   3. La tercera copa de juicio:

      «El tercer ángel derramó su copa sobre los ríos, y sobre las fuentes de las aguas, y se convirtieron en sangre. Y oí al ángel de las aguas, que decía: Justo eres tú, oh Señor, el que eres y que eras, el Santo, porque has juzgado estas cosas. Por cuanto derramaron la sangre de los santos y de los profetas, también tú les has dado a beber sangre; pues lo merecen. También oí a otro, que desde el altar decía: Ciertamente, Señor Dios Todopoderoso, tus juicios son verdaderos y justos» (Ap. 16:4-7).

      Dos cosas significativas debemos observar en estos versículos:
      a. La tercera copa de juicio es, entre otras cosas, una respuesta al clamor de los mártires bajo el altar al comienzo de la tribulación. Su oración en aquel momento fue: «¿Hasta cuándo, Señor, santo y verdadero, no juzgas y vengas nuestra sangre en los que moran en la tierra?» (Ap. 6:10).
      b. Estos versículos indican que Dios ha asignado un ángel especial como superinten-

dente de las tareas en la tierra. Cuando comparamos esto con Apocalipsis 7:1, donde se nos dice que cuatro ángeles controlan los vientos del mundo, nos damos cuenta de que, incluso durante la malicia infernal de la tribulación, este mundo está todavía controlado por Dios.

4. La cuarta copa de juicio:

   «El cuarto ángel derramó su copa sobre el sol, al cual fue dado quemar a los hombres con fuego. Y los hombres se quemaron con el gran calor, y blasfemaron el nombre de Dios, que tiene poder sobre estas plagas, y no se arrepintieron para darle gloria» (Ap. 16:8, 9; véanse también Dt. 32:24; Is. 24:6; 42:25; Mal. 4:1; Lc. 21:25).

   Quizá los dos pasajes más iluminadores en las Escrituras sobre la total depravación humana son los que encontramos en Apocalipsis 9:20, 21, y 16:9. Ambas secciones tratan acerca de la actitud del hombre hacia Dios durante la tribulación.

   a. «Y los otros hombres que no fueron muertos con estas plagas, ni aun así se arrepintieron de las obras de sus manos, ni dejaron de adorar a los demonios, y a las imágenes de oro, de plata, de bronce, de piedra y de madera, las cuales no pueden ver, ni oír ni andar; y no se arrepintieron de sus homicidios, ni de sus hechicerías, ni de su fornicación, ni de sus hurtos» (Ap. 9:20, 21).
   b. «... y no se arrepintieron para darle gloria» (Ap. 16:9).

   ¿Qué nos prueban estos versículos? Nos prueban que a pesar de las horribles guerras, de las terribles hambrunas, de los cielos oscurecidos, de las plagas de langostas, de las persecuciones demoníacas, de los poderosos terremotos, de las estrellas que caen, y de las úlceras cancerosas, el hombre pecador todavía no se arrepentirá.

5. La quinta copa de juicio:

   «El quinto ángel derramó su copa sobre el trono de la bestia; y su reino se cubrió de tinieblas, y mordían de dolor sus lenguas, y blasfemaron contra el Dios del cielo por sus dolores y por sus úlceras, y no se arrepintieron de sus obras» (Ap. 16:10, 11; véanse también Is. 60:2; Jl. 2:1, 2, 31; Nah. 1:6, 8; Am. 5:18; Sof. 1:15).

   Esta plaga, derramada sobre «el trono de la bestia», se concentrará aparentemente sobre las diez naciones del renacido Imperio Romano. De nuevo leemos otra vez aquellas trágicas palabras: «y no se arrepintieron de sus obras».

6. La sexta copa de juicio:

   «El sexto ángel derramó su copa sobre el gran río Éufrates; y el agua de éste se secó, para que estuviese preparado el camino a los reyes del oriente. Y vi salir de la boca del dragón, y de la boca de la bestia, y de la boca del falso profeta, tres espíritus inmundos a manera de ranas; pues son espíritus de demonios, que hacen señales, y van a los reyes de la tierra en todo el mundo, para reunirlos a la batalla de aquel gran día del Dios Todopoderoso» (Ap. 16:12-14).

   Aquí el Dios de los cielos emplea la guerra psicológica sobre sus enemigos, condicionándolos para que se junten en Armagedón en el futuro cercano.

   El río Éufrates tiene una longitud de unas 1.800 millas (unos 3.080 km) y en algunos puntos llega a tener 3.600 pies (1.200 m) de ancho, y su profundidad máxima es de 30 pies (10 m). Este río ha sido la línea divisoria entre las civilizaciones oriental y occidental desde el comienzo de la historia. Sirvió como la frontera oriental del Imperio Romano. De manera que el Éufrates ha venido a ser la cuna y la tumba de la civilización humana. Aquí se fundó la primera ciudad impía (Nod, edificada por Caín; véase Gn. 4:16, 17), y aquí se edificará la última ciudad rebelde (Babilonia, levantada por el Anticristo; véase Ap. 18).

7. La séptima copa de juicio:

   «El séptimo ángel derramó su copa por el aire; y salió una gran voz del templo del cielo, del trono, diciendo: Hecho está. Entonces hubo relámpagos y voces y truenos, y un gran temblor de tierra, un terremoto tan grande, cual no lo hubo jamás desde que los hombres han estado sobre la tierra. Y la gran ciudad fue dividida en tres partes, y las ciudades de las naciones cayeron; y la gran Babilonia vino en memoria delante de Dios, para darle el cáliz del vino del ardor de su ira. Y toda isla huyó, y los montes no fueron hallados. Y cayó del cielo sobre los hombres un enorme granizo como del peso de un talento; y los hombres blasfemaron contra Dios por la plaga del granizo; porque su plaga fue sobremanera grande» (16:17-21).

   Así terminan los juicios de los sellos, de las trompetas y de las copas. Tres cosas en esta última copa son dignas de mención:

   a. La declaración: «Hecho está» aparece tres veces en la Biblia, y en las tres ocasiones está relacionada con grandes eventos. La primera sucedió en el Calvario y las otras dos en el umbral de la eternidad.

      «Cuando Jesús hubo tomado el vinagre, dijo: Consumado es. Y habiendo inclinado la cabeza, entregó el espíritu» (Jn. 19:30).

      «Y me dijo: Hecho está. Yo soy el Alfa y la Omega, el principio y el fin. Al que tuviere sed, yo le daré gratuitamente de la fuente del agua de la vida» (Ap. 21:6).
   b. Tiene lugar el mayor terremoto del mundo. La intensidad de un movimiento sísmico es medido por un instrumento llamado la escala de Richter. El de mayor magnitud que tenemos registrado ha sido de 8,9. El que causó mayor pérdida de vidas fue el que tuvo lugar el 23 de enero de 1556, en Shensi, China, que mató a 830.000 personas. Con todo, aquel terremoto será como un ligero temblor en comparación con el que sucederá durante la tribulación, del que se nos dice que dejará en ruinas a las grandes ciudades del mundo.
   c. Cae sobre la humanidad la mayor tormen-

ta de granizo del mundo. Estas gigantescas piezas de hielo pesarán un talento (como 43 kilos cada una).

IV. La destrucción de los sistemas religiosos del mundo (Ap. 17).

«Vino entonces uno de los siete ángeles que tenían las siete copas, y habló conmigo diciéndome: Ven acá, y te mostraré la sentencia contra la gran ramera, la que está sentada sobre muchas aguas» (17:1).

Esa ramera, brutal, blasfema y sanguinaria, no es otra que la falsa iglesia universal, la esposa malvada de Satanás. Nada más empezar Dios su bendita obra de preparar para sí un pueblo, el diablo comenzó a hacer lo mismo. En realidad, el primer bebé que nació en esta tierra llegó a ser más tarde el primer convertido de Satanás. (Véanse Gn. 4:8; 1 Jn. 3:12.) Consideraremos ahora las actividades pasadas, presentes y futuras de esta pervertida prostituta.

A. La ramera vista históricamente.

1. La iglesia de Satanás comenzó oficialmente con la torre de Babel en Génesis 11:1-9, cerca de veinticuatro siglos a.C. Allí, en la fértil llanura de la tierra de Sinar, muy cerca probablemente del huerto de Edén original, la primera palada de tierra se movió con el propósito de adorar al diablo.
2. El primer ministro de Satanás de tiempo completo fue Nimrod, el nieto malvado y apóstata de Noé (Gn. 10:8-10).
3. La tradición y la historia secular nos dicen que Nimrod se casó con una mujer que era tan diabólica como él mismo llamada Semerimus. Conocedora de la promesa divina de un futuro Salvador (Gn. 3:15), Semerimus declaró atrevidamente que Tamuz, su hijo primogénito, había cumplido esa profecía.
4. Semerimus instituye a partir de este momento un sistema religioso que le convierte a ella y a su hijo en objetos de adoración divina. Ella misma llega a ser la primera sumo sacerdotisa. Así comienza el culto a la madre-hijo que se extiende por todo el mundo. La ciudad de Babilonia era el asiento de la adoración a Satanás hasta su caída en poder de los persas en el 539 a.C.
   a. De Babilonia pasa a Fenicia bajo el nombre de Astarté y Tamuz.
   b. De Fenicia se esparce a Pérgamo en Asia Menor. Esta es la razón de la amonestación de Juan a la iglesia de Pérgamo en el libro de Apocalipsis: «Yo conozco tus obras, y dónde moras, donde está el trono de Satanás...» (Ap. 2:13).
   c. En Egipto, el culto a la madre-hijo fue conocido como Isis y Horus.
   d. En Grecia llegó a ser Afrodita y Eros.
   e. En Roma la pareja fue adorada como Venus y Cupido.
   f. En China llegó a ser conocida como la Madre Shing Moo y su hijo.

   El doctor J. Dwight Pentecost escribe al respecto:

   «Hace algunos años visité un museo arqueológico en la ciudad de Méjico. Acababan de poner en exhibición un descubrimiento reciente que los arqueólogos mejicanos acreditaban como que pertenecían a un período alrededor del año 200 a.C. El objeto era el centro de la adoración religiosa entre algunos de los primeros pobladores de Méjico. Para mi gran sorpresa, era una imagen de una madre con su hijo en brazos. La religión babilónica se esparció por todas partes hasta llegar a ser la religión del mundo.» (*Prophecy for Today*, p. 133 [Hay traducción castellana con el título *Profecía para el mundo moderno*, de Editorial Unilit.])

CUARTO CASTIGO DIVINO

EL CORDERO DESTRUYE LOS SISTEMAS RELIGIOSOS DEL MUNDO (Ap. 17:1-18)

LA HISTORIA DE ESTA RAMERA RELIGIOSA **(17:1-6)**
Embriagada con la sangre de los mártires
Llena de las abominaciones del infierno
Cubierta con las riquezas del mundo

EL FUTURO DE ESTE SISTEMA RELIGIOSO **(17:7-18)**
Se asocia al principio con el Anticristo
Es destruida al final por el Anticristo

5. ¿Cuál era la enseñanza de la iglesia satánica de Semerimus?
   a. Que Semerimus misma era el camino a Dios. Ella llegó a adoptar el título de «Reina del cielo».
   b. Que ella sola podía administrar la salvación a los pecadores por medio de varios sacramentos, tales como el rociamiento con agua.
   c. Que a su hijo Tamuz le mató trágicamente una jabalí salvaje durante una expedición de caza.
   d. No obstante, fue resucitado de entre los muertos cuarenta días después. De manera que cada año, a partir de entonces, las vírgenes del templo de este culto entraban en un período de cuarenta días de ayuno en recuerdo de la muerte y resurrección de Tamuz.
   e. Después de aquellos cuarenta días, se celebraba una gozosa fiesta llamada Ishtar. En esta fiesta, se intercambiaban y se comían huevos coloreados como un símbolo de la resurrección. Se exhibía un árbol de hoja perenne y se quemaba un tronco navideño. Por último, se cocinaban tortas y se adornaban con la letra T (en recuerdo de Tamuz) y se comían.
6. Sobre el año 2000 a.C., Dios llamó a Abraham para que saliera de en medio de todo esto (véase Jos. 24:2, 3) y le dirigió a la tierra prometida. Pero para el siglo nueve antes de Cristo, Israel había retornado a esa adoración diabólica bajo el liderazgo de la impía Jezabel (1 R. 16:30-33). En este tiempo esta adoración se rendía bajo el culto a Baal.
7. Tanto Ezequiel como Jeremías advirtieron fuertemente contra esta influencia satánica:

   «Y me llevó a la entrada de la puerta de la casa de Jehová, que está al norte; y he aquí mujeres que estaban allí sentadas endechando a Tamuz» (Ez. 8:14).

«Los hijos recogen la leña, los padres encienden el fuego, y las mujeres amasan la masa, para hacer tortas a la reina del cielo... de ofrecer incienso a la reina del cielo y derramarle libaciones...» (Jer. 7:18; 44:25).

8. En el tiempo de Cristo, este culto había llegado a influenciar tanto la vida romana que los Césares no sólo eran coronados emperadores de Roma sino que llevaban también el título de *Pontifex Maximus*, que significa «sumo sacerdote». Eran los sumos sacerdotes de la iglesia satánica babilónica.
9. En el año 306 d.C., un emperador romano llamado Constantino se hallaba amenazado por un ejército enemigo poderoso. Dándose cuenta de que sus atemorizadas tropas necesitaban recuperar la confianza, Constantino fingió haber tenido una visión en la víspera de la batalla. Dijo que había visto una bandera azul con una cruz roja sobre ella, y haber oído una voz poderosa que le decía: *In hoc signo vinces*, «con este signo vencerás». Seguidamente llevó sus tropas a un río poco profundo y pidió que fueran oficialmente bautizadas, y ordenó que se pintara el signo de la cruz en todas las armas. Esto les inspiró, dirigió a sus soldados a la victoria, y después hizo del cristianismo la religión del Imperio Romano.

Los sacerdotes romanos de Tamuz pronto descubrieron que podían hacer la transición al cristianismo fácilmente (con ciertos cambios), y así introdujeron sus tradiciones religiosas en la iglesia, promoviendo el concepto de la adoración de madre-hijo, el sacramento del agua santa, etc.

Por casi 300 años, el diablo había intentado desesperadamente destruir la iglesia desde el exterior mediante sus terribles persecuciones, pero con el advenimiento de Constantino cambió de táctica, empezando a trabajar desde dentro. La iglesia corrompida ya había estado floreciendo en los días de Cristo, y el Salvador dirigió un ataque cáustico a algunos de sus diáconos y ancianos (Mt. 23).

B. La ramera vista en la actualidad. ¿Está obrando hoy el misterio de Babilonia? Ciertamente que sí, más fuerte y pervertida que nunca. Al menos tres escritores del Nuevo Testamento describen sus actividades y características en los últimos días:

1. Pablo:

«También debes saber esto: que en los postreros días vendrán tiempos peligrosos. Porque habrá hombres amadores de sí mismos, avaros, vanagloriosos, soberbios, blasfemos, desobedientes a los padres, ingratos, impíos, sin afecto natural, implacables, calumniadores, intemperantes, crueles, aborrecedores de lo bueno, traidores, impetuosos, infatuados, amadores de los deleites más que de Dios, que tendrán apariencia de piedad, pero negarán la eficacia de ella; a éstos evita» (2 Ti. 3:1-5).

«Porque vendrá tiempo cuando no sufrirán la sana doctrina, sino que teniendo comezón de oír, se amontonarán maestros conforme a sus propias concupiscencias, y apartarán de la verdad el oído y se volverán a las fábulas» (2 Ti. 4:3, 4).

2. Pedro:

«Pero hubo también falsos profetas entre el pueblo, como habrá entre vosotros falsos maestros, que introducirán encubiertamente herejías destructoras, y aun negarán al Señor que los rescató» (2 P. 2:1)

3. Juan:

«Yo conozco tus obras, que ni eres frío ni caliente. ¡Ojalá fueses frío o caliente! Pero por cuanto eres tibio, y no frío ni caliente, te vomitaré de mi boca. Porque tú dices: Yo soy rico, y me he enriquecido, y de ninguna cosa tengo necesidad; y no sabes que tú eres un desventurado, miserable, pobre, ciego y desnudo» (Ap. 3:15-17).

Esta iglesia ramera estará probablemente compuesta de masas apóstatas procedentes del protestantismo, el catolicismo y el judaísmo, y de cualquier otra religión mundial. Es completamente posible que el Concilio Mundial de Iglesias sea la punta de lanza de esta impía unión de los últimos días.

C. La ramera vista proféticamente. ¿Qué es lo que le reserva el futuro a esta malvada e infernal mujer? Según Apocalipsis 17, la falsa iglesia usará todas sus fuerzas diabólicas para elevar al Anticristo durante la primera parte de la tribulación. Florecerá por un tiempo, deleitándose en un lujo y opulencia extraordinarios. Pero de repente las cosas cambiarán drásticamente. Juan lo describe para nosotros:

«Y los diez cuernos que viste en la bestia [que representan a diez reyes que reinarán con ella], éstos aborrecerán a la ramera, y la dejarán desolada y desnuda; y devorarán sus carnes, y la quemarán con fuego» (17:16).

La razón probable para todo esto es que después que ella ha elevado al poder al Anticristo, la ramera intenta entonces controlarlo. La historia nos ofrece muchos ejemplos de los intentos de la Iglesia Católica Romana (y también de otros sistemas religiosos) de controlar a reyes y gobernantes. Consideremos el edicto del papa Gregorio VII en el siglo XI:

«Está establecido que el Romano Pontífice es el obispo universal, que su nombre es el único de esta clase en el mundo. Sólo a él le corresponde el ordenar o nombrar obispos.... Sólo él puede usar las insignias del imperio; todos los príncipes están obligados a besar su pie; él tiene el derecho de deponer emperadores, y de liberar a sus súbditos del juramento de lealtad. Tiene en sus manos el derecho supremo de mediación en la guerra y la paz, y sólo él puede decidir en discutidas sucesiones a los tronos, todos los reinos están sujetos a Pedro ... la Iglesia Romana nunca se ha equivocado, ... el Papa está por encima de todo juicio.» (*Short Paper on Church History*, p. 355.)

Pero el Anticristo no se someterá sino que se volverá contra ella, destruirá sus edificios, quemará sus libros sagrados y asesinará a sus sacerdotes. Uno de los cambios de eventos más irónicos en toda la historia será la destrucción de la falsa iglesia. Porque esta organización diabólica verá que su caída no será a manos de Gabriel, ni del Padre, ni del Hijo, ni del Espíritu, sino del Anticristo.

Se ha sugerido que él empezará detestando a la ramera, después despojándola, después humillándola, después devorándola, y por último destruyéndola.

Este odio está basado tanto en razones providenciales como prácticas. Para resumir las actividades futuras de esta horrible ramera, notemos:

1. Su influencia será universal (17:1).
2. Usará su influencia para corromper a toda la tierra (17:2).
3. Poseerá una riqueza ilimitada (17:4).
4. Se embriagará con la sangre de los santos (17:6). Sólo en la eternidad conoceremos cuantas docenas de millones de creyentes han sido cruelmente asesinados en el nombre de la religión.
5. Se asociará (por un tiempo) con la bestia (el Anticristo) (17:3, 7).
6. Lleva su nombre escrito en la frente (17:5). En el tiempo de Juan era común entre las prostitutas llevar su nombre escrito en joyas sobre sus frentes, de esta manera anunciaban su negocio.
7. Puede que tenga su cuartel general en Roma (17:9). Roma está asentada sobre siete montes.

V. La destrucción del sistema económico del mundo (Ap. 18).

«Después de esto vi a otro ángel descender del cielo con gran poder; y la tierra fue alumbrada con su gloria. Y clamó con voz potente, diciendo: Ha caído, ha caído la gran Babilonia, y se ha hecho habitación de demonios y guarida de todo espíritu inmundo, y albergue de toda ave inmunda y aborrecible» (18:1, 2).

En su excelente comentario sobre el libro de Apocalipsis, el doctor J. Vernon McGee, escribe lo siguiente:

«En los capítulos 17 y 18 nos aparecen dos Babilonias. La Babilonia del capítulo 17 es eclesiástica, la del capítulo 18 es económica. La primera es religiosa: la iglesia apóstata. La segunda es política y comercial. La iglesia apóstata es aborrecida por los reyes de la tierra (Ap. 17:16); la político-comercial es amada por los reyes de la tierra (Ap. 18:9). La iglesia apóstata es destruida por los reyes de la tierra; la Babilonia política es destruida por el juicio de Dios (vv. 5, 8). Evidentemente la Babilonia misterio es destruida primero, en medio de la tribulación; mientras que la Babilonia comercial es destruida en la segunda venida de Cristo. Estas dos Babilonias no son una sola ciudad, ni la misma ciudad.» (*Reveling Through Revelation*, p. 58.)

A. La localización de la ciudad. ¿Es esta una ciudad literal? No parece que haya dudas al respecto. Es una ciudad real y auténtica que superará a todas las demás ciudades durante la tribulación y servirá sin duda como cuartel general del Anticristo. ¿Será realmente reconstruida la antigua Babilonia a orillas del Éufrates, como en los tiempos de Daniel? Algunos creen que sí, por las siguientes razones:

1. La antigua Babilonia nunca fue destruida repentinamente como está profetizado en Isaías 13:19.
2. La descripción de la Babilonia literal dada por Jeremías en el capítulo 51 es muy similar a la dada por Juan en Apocalipsis 18.
3. Se dice que Babilonia será destruida durante el día de Jehová, que es un término del Antiguo Testamento que se refiere a la tribulación (Is. 13:6).
4. Según Isaías 14, Israel entrará en el descanso de Dios después que Babilonia sea destruida. Debido a que esto no ha ocurrido todavía, debe ser algo que está aún en el futuro.
5. Los descubrimientos arqueológicos han mostrado que se usaron otra vez ladrillos y piedras de la antigua Babilonia en nuevas edificaciones, en contra de lo que se profetiza en Jeremías 51:26.
6. Jeremías predice que Babilonia será la última entre los reinos de la tierra en beber la copa de la ira de Dios.
7. La visión de la mujer en el efa (Zac. 5:5-11) indica que habrá un retorno de la impiedad y del comercio a Babilonia.
8. La descripción en Apocalipsis 18 se entiende mejor si la tomamos literalmente.

Esta lista está tomada de *Bible Prophecy Notes*, de R. Ludwigson. El doctor Charles Ryrie escribe al respecto:

«Si la ciudad va a ser nuevamente reconstruida sobre el Éufrates es asunto a debatir (cf. Isaías 13:19-20; 21:9; Jeremías 500—51). No obstante, el nombre se emplea para más de una ciudad en estos capítulos; también se usa para referirse a un sistema. Se parece mucho a la manera en que los americanos hablan de la calle Wall o de la avenida Madison. Son calles reales, pero también representan las empresas financieras o de publicidad.» (*Apocalipsis*, Editorial Portavoz, p. 101.)

B. La descripción de la ciudad.

1. Se había convertido en la morada de demonios y falsas doctrinas (Ap. 18:2).
2. Tanto los gobernantes como los mercaderes han adorado en su altar de plata (Ap. 18:3).
3. Sus pecados se han amontonado hasta el cielo (Ap. 18:5).
4. Ha vivido en placer y lujo pecaminoso (Ap. 18:7).
5. Su prosperidad la ha cegado para no ver el juicio de Dios (Ap. 18:7). Aparecen en este ca-

EL QUINTO CASTIGO DIVINO

EL CORDERO DESTRUYE LOS SISTEMAS POLÍTICOS Y ECONÓMICOS DEL MUNDO

(Ap. 18:1-24)

EL CUARTEL GENERAL DE ESTOS SISTEMAS ESTARÁ EN UNA CIUDAD

La ubicación de la ciudad: quizá en la reedificada Babilonia

LA DESCRIPCIÓN DE LA CIUDAD

- Habitación de demonios y falsas doctrinas **(18:2)**
- Capital del materialismo ateo **(18:3, 11-17)**
- Llena de iniquidad y arrogancia **(18:5-7)**
- Centro de actividades de drogas y derramamiento de sangre **(18:23, 24)**

LA DESTRUCCIÓN DE LA CIUDAD

- El origen de esta destrucción: Dios mismo **(18:8, 20)**
- Los medios de esta destrucción: quizá mediante la energía nuclear. **(Véase 18:9, 10, 15, 17, 19.)**
- La reacción a su destrucción:

Desesperación en la tierra **(18:19)**

Regocijo en el cielo **(18:20)**

pítulo (18:11-17) no menos de veinticinco de los artículos más caros del mundo.

6. Ha engañado a todas las naciones con sus brujerías (Ap. 18:23).
7. Se ha manchado con la sangre de muchos de los santos de Dios (Ap. 18:24).

C. La destrucción de la ciudad.

«Otro ángel le siguió, diciendo: Ha caído, ha caído Babilonia, la gran ciudad, porque ha hecho beber a todas las naciones del vino del furor de su fornicación» (Ap. 14:8).

«... y la gran Babilonia vino en memoria delante de Dios, para darle el cáliz del vino del ardor de su ira» (Ap. 16:19).

«Después de esto vi a otro ángel descender del cielo con gran poder; y la tierra fue alumbrada con su gloria. Y clamó con voz potente, diciendo: Ha caído, ha caído la gran Babilonia...» (Ap. 18:1, 2).

La opinión del autor de este estudio es que Babilonia será literalmente reconstruida durante la tribulación. La ciudad de Babilonia del Antiguo Testamento aparece mencionada más veces en la Biblia que cualquier otra ciudad con la excepción de Jerusalén. Se menciona al menos 260 veces. ¿A qué se parecerá la «ciudad de Satanás» cuando sea restaurada? El doctor Lehman Strauss nos ha dado una excelente descripción de la antigua Babilonia:

«Babilonia fue fundada por Nimrod, el biznieto de Noé (Gn. 10:8-10). Sobrevivió a una serie de conflictos y llegó a ser una de las ciudades más grandiosas y suntuosas del mundo conocido. Estaba muy bien construida y se extendía sobre un área de unas 15 millas cuadradas (aproximadamente 40 km^2), cruzándola en diagonal el río Éufrates. El famoso historiador Herodoto dice que la ciudad estaba rodeada por una muralla de 350 pies (107 m) de alta y 87 pies (27 m) de ancha, lo suficientemente amplia para que pudieran correr sobre ella seis carros en línea. Alrededor de la muralla había 250 atalayas establecidas en lugares estratégicos. En el exterior de la gran muralla había una foso profundo que rodeaba la ciudad, y siempre estaba lleno de agua procedente del Éufrates. El foso era una defensa adicional contra los ataques enemigos, pues tenían que cruzarlo primero antes de llegar al muro de la ciudad.

Se estima que el costo de construcción de esta defensa militar fue superior a mil millones de dólares. Cuando consideramos el valor de mil millones de dólares en aquellos días, además del hecho de que fue edificada con el trabajo de esclavos, nos podemos imaginar el esplendor y la maravilla de semejante ciudad. Pero además de ser un bastión de protección era también un lugar de belleza. Los famosos jardines colgantes de Babilonia todavía se reconocen hoy como una de las siete maravillas del mundo. Se hallaban arreglados en un área de 400 pies cuadrados (37,16 m^2), y se levantaban uno sobre otro en terrazas, hasta una altura de 350 pies (107 m). Los visitantes podían llegar a la cima por medio de escaleras de 10 pies (3 m) de ancho. Cada terraza estaba cubierta por una gran plancha de piedra cubierta con una gruesa capa de asfalto, dos hiladas de ladrillos unidos con cemento, y, finalmente, planchas de plomo para evitar las filtraciones de agua. Las terrazas contenían abundancia de tierra fértil donde habían plantado parras, flores, arbustos y árboles. Desde lejos estos jardines colgantes daban la apariencia de un monte florido. El costo estimado de construcción de estos jardines se cuenta en cientos de millones de dólares.

La torre de Babel con sus templos de adoración presentaban una vista imponente. La torre misma se asentaba sobre una base de 300 pies (100 m) de ancho y se elevaba a una altura de 300 pies (100 m). El santuario que estaba en lo alto de la torre guardaba una imagen que ella sola se estima valía 17 millones de dólares, además de los vasos sagrados, que se usaban en la adoración de los dioses de Babilonia. Aparte de todo este esplendor y riqueza, también contenía el mobiliario más elaborado y costoso que jamás adornara un lugar de adoración.» (*The Prophecies of Daniel*, pp. 147, 148.)

A esto se parecía la antigua Babilonia. ¿Quién puede dudar que la Babilonia renovada aventajará en esplendor a la antigua? Como sugiere el doctor J. Vernon McGee:

«En este día Babilonia dominará y gobernará el mundo; ella tendrá el primer dictador. La bolsa de valores se regirá desde allí; establecerá los estilos y modas para el mundo; para que las cosas tengan éxito tendrán que tenerlo primero en Babilonia. Y todo en la ciudad será una manifestación de su rebelión contra el Dios todopoderoso y estará centrado en el Anticristo. Ninguno pensará que esta gran ciudad va a ser juzgada. Y con todo, para la hora en que el sol se ponga, Babilonia no será otra cosa que ruinas humeantes. Cuando las noticias se esparzan el mundo se quedará pasmado y entonces empezará el lamento. El mundo entero llorará cuando Babilonia caiga.» (*Reveling Through Revelation*, p. 6.)

Consideremos ahora varios aspectos involucrados en la destrucción de Babilonia.

1. El origen de su destrucción: Dios mismo. (Véase Ap. 18:8, 20.)
2. Los medios para la destrucción. Parece como lo más probable que se usará alguna clase de poder atómico para llevarlo a cabo. Esto viene sugerido por la rapidez del juicio, las llamas abrasadoras y la distancia que mantienen aquellos que la ven arder, posiblemente a causa del temor a la lluvia radioactiva. (Véase Ap. 18:9, 10, 15, 17, 19.)
3. La reacción a su destrucción.
   a. La de aquellos en la tierra.

      «Y echaron polvo sobre sus cabezas, y dieron voces, llorando y lamentando, diciendo: ¡Ay, ay de la gran ciudad, en la cual todos los que tenían naves en el mar se habían enriquecido de sus riquezas; pues en una hora ha sido desolada!» (Ap. 18:19).

      Hay tres clases de personas que llorarán por Babilonia: los reyes (18:9), los mercaderes (18:11) y los marineros (18:17).

   b. La de aquellos en el cielo.

      «Alégrate sobre ella, cielo, y vosotros, santos, apóstoles y profetas; porque Dios os ha hecho justicia en ella» (Ap. 18:20).

Hay tres eventos en la tribulación que causan que los cielos se regocijen:
(1) Cuando Satanás es arrojado a (Ap. 12:12).
(2) Cuando Babilonia es destruida (Ap. 18:20).
(3) Cuando el Cordero se desposa con la Iglesia (Ap. 19:7).

4. Las razones para su destrucción.
   a. La ciudad se convertirá en el cuartel general de toda actividad demoniaca durante la tribulación (Ap. 18:2).
   b. Su orgullo diabólico (Ap. 18:7).
   c. Su grosero materialismo. Esta malvada ciudad importará y exportará veintiocho artículos principales de mercadería, empezando con oro y terminando con cuerpos y almas de hombres (Ap. 18:12, 13).
   d. Actividades relativas a drogas (Ap. 18:23).
   e. Su derramamiento de sangre (Ap. 18:24).
5. El Antiguo Testamento predice su destrucción. En la noche del 539 a.C., la Babilonia del Antiguo Testamento fue capturada por los medos y los persas. Antes de esto, el profeta Daniel había leído las severas palabras de Dios al atemorizado Belsasar: «... Contó Dios tu reino, y le ha puesto fin ... Pesado has sido en balanza, y fuiste hallado falto ... Tu reino ha sido roto...» (Dn. 5:26-28). Un día Dios mismo escribirá de nuevo estas temibles palabras sobre los cielos de Babilonia.

VI. La matanza del Armagedón (Ap. 19:1-19, 21).

A. La fiesta de gloria en el cielo: la presentación de una desposada (19:1-10). Se celebra este acontecimiento glorioso mediante el uso de la palabra más importante de alabanza del cielo, que es *Alleluia* (Aleluya). No se encuentra en ningún otro lugar del Nuevo Testamento. El Espíritu Santo la ha reservado para esta ocasión. (En el Antiguo Testamento aparece unas veinticuatro veces en los Salmos.) Los cielos celebran ahora la victoria del Cordero sobre la ramera, y su fiesta de bodas. Se nos dice que «a ella se le ha concedido que se vista de lino fino, limpio y resplandeciente; porque el lino fino es las acciones justas de los santos» (19:8). El doctor Charles Ryrie ha escrito:

«El atavío de la esposa es de lino fino y se nos explica que es "las acciones justas de los santos". En otras palabras, el vestido de novia de la esposa se hará de las acciones justas hechas en vida. La esposa es la esposa gracias a la justicia de Cristo y se viste para la boda con motivo de sus acciones.» (*Apocalipsis*, p. 111.)

El doctor Lehman Strauss escribe: «¿Se les ha ocurrido alguna vez pensar que en la fiesta de bodas del Cordero cada uno de nosotros llevará el traje de bodas que hayamos preparado?»

B. La fiesta sangrienta en la tierra: la presentación de una batalla (Ap. 19:11-21). El Espíritu Santo de Dios ha escogido a cinco autores para describirnos en un lenguaje claro y escalofriante la más famosa de todas las batallas: Armagedón. Estos cinco escritores son: David, Isaías, Joel, Zacarías y Juan.

«¿Por qué se amotinan las gentes, y los pueblos piensan cosas vanas? Se levantarán los reyes de la tierra, y príncipes consultarán unidos contra Jehová y contra su ungido, diciendo: Rompamos sus ligaduras, y echemos de nosotros sus cuerdas. El que mora en los cielos se reirá; el Señor se burlará de ellos. Luego hablará a ellos en su furor, y los turbará con su ira. Los quebrantarás con vara de hierro; como vasija de alfarero los desmenuzarás» (Sal. 2:1-5, 9).

«Acercaos, naciones, juntaos para oír; y vosotros, pueblos, escuchad. Oiga la tierra y cuanto hay en ella, el mundo y todo lo que produce. Porque Jehová está airado contra todas las naciones, e indignado contra todo el ejército de ellas; las destruirá y las entregará al matadero. Y los muertos de ellas serán arrojados, y de sus cadáveres se levantará hedor; y los montes se disolverán por la sangre de ellos. Y todo el ejército de los cielos se disolverá, y se enrollarán los cielos como un libro; y caerá todo su ejército, como se cae la hoja de la parra, y como se cae la hoja de la higuera. Porque en los cielos se embriagará mi espada; he aquí que descenderá sobre Edom en juicio, y sobre el pueblo de mi anatema. Llena está de sangre la espada de Jehová, engrasada está de grosura, de sangre de corderos y de machos cabríos, de grosura de riñones de carneros; porque Jehová tiene sacrificios en Bosra, y grande matanza en tierra de Edom» (Is. 34:1-6).

«He pisado yo solo el lagar, y de los pueblos nadie había conmigo; los pisé con mi ira, y los hollé con mi furor; y su sangre salpicó mis vestidos, y manché todas mis ropas. Porque el día de la venganza está en mi corazón, y el año de mis redimidos ha llegado. Y con mi ira hollé los pueblos, y los embriagué en mi furor, y derramé en tierra su sangre» (Is. 63:3, 4, 6).

«Reuniré a todas las naciones, y las haré descender al valle de Josafat, y allí entraré en juicio con ellas a causa de mi pueblo, y de Israel mi heredad, a quien ellas esparcieron entre las naciones, y repartieron mi tierra. Proclamad esto entre las naciones, proclamad guerra, despertad a los valientes, acérquense, vengan todos los hombres de guerra. Forjad espadas de vuestros azadones, lanzas de vuestras hoces; diga el débil: Fuerte soy. Juntaos y venid, naciones todas de alrededor, y congregaos; haz venir allí, oh Jehová, a tus fuertes. Despiértense las naciones, y suban al valle de Josafat; porque allí me sentaré para juzgar a todas las naciones de alrededor. Echad la hoz, porque la mies está ya madura. Venid, descended, porque el lagar está lleno, rebosan las cubas; porque

SEXTO CASTIGO DIVINO

EL CORDERO DERROTA A LOS PECADORES Y A SATANÁS EN LA BATALLA DE ARMAGEDÓN
(Ap. 19:1-19, 21)

LA FIESTA DE GLORIA EN EL CIELO
Presentación de una desposada **(19:1-10)**

LA FIESTA DE GLORIA EN LA TIERRA
Presentación de una batalla **(19:11-21)**
- La localización de la batalla
- Las razones de la batalla
- La cronología de la batalla
- Los resultados de la batalla

mucha es la maldad de ellos. Muchos pueblos en el valle de la decisión; porque cercano está el día de Jehová en el valle de la decisión. El sol y la luna se oscurecerán, y las estrellas retraerán sus resplandor. Y Jehová rugirá desde Sion, y dará su voz desde Jerusalén, y temblarán los cielos y la tierra; pero Jehová será la esperanza de su pueblo, y la fortaleza de los hijos de Israel» (Jl. 3:2, 9-16).

«He aquí yo pongo a Jerusalén por copa que hará temblar a todos los pueblos de alrededor contra Judá, en el sitio contra Jerusalén» (Zac. 12:2).

«Porque yo reuniré a todas las naciones para combatir contra Jerusalén; y la ciudad será tomada, y serán saqueadas las casas, y violadas las mujeres; y la mitad de la ciudad irá en cautiverio, mas el resto del pueblo no será cortado de la ciudad. Después saldrá Jehová y peleará contra aquellas naciones, como peleó en el día de la batalla. Y esta será la plaga con que herirá Jehová a todos los pueblos que pelearon contra Jerusalén: la carne de ellos se corromperá estando ellos sobre sus pies, y se consumirán en las cuencas sus ojos, y la lengua se les deshará en su boca» (Zac. 14:2, 3, 12).

«Miré, y he aquí una nube blanca; y sobre la nube uno sentado semejante al Hijo del Hombre, que tenía en la cabeza una corona de oro, y en la mano una hoz aguda. Y del templo salió otro ángel, clamando a gran voz al que estaba sentado sobre la nube: Mete tu hoz, y siega; porque la hora de segar ha llegado, pues la mies de la tierra está madura. Y el que estaba sentado sobre la nube metió su hoz en la tierra, y la tierra fue segada. Salió otro ángel del templo que está en el cielo, teniendo también una hoz aguda. Y salió del altar otro ángel, que tenía poder sobre el fuego, y llamó a gran voz al que tenía la hoz aguda, diciendo: Mete tu hoz aguda, y vendimia los racimos de la tierra, porque sus uvas están maduras. Y el ángel arrojó su hoz en la tierra, y vendimió la viña de la tierra, y echó las uvas en el gran lagar de la ira de Dios. Y fue pisado el lagar fuera de la ciudad, y del lagar salió sangre hasta los frenos de los caballos, por mil seiscientos estadios» (Ap. 14:14-20).

«Y los reunió en el lugar que en hebreo se llama Armagedón» (Ap. 16:16).

«Entonces vi el cielo abierto; y he aquí un caballo blanco, y el que lo montaba se llamaba Fiel y Verdadero, y con su justicia juzga y pelea. Sus ojos eran como llama de fuego, y había en su cabeza muchas diademas; y tenía un nombre escrito que ninguno conocía sino él mismo. Estaba vestido de una ropa teñida en sangre; y su nombre es: EL VERBO DE DIOS. Y los ejércitos celestiales, vestidos de lino finísimo, blanco y limpio, le seguían en caballos blancos. De su boca sale una espada aguda, para herir con ella a las naciones, y él las regirá con vara de hierro; y él pisa el lagar del vino del furor y de la ira del Dios Todopoderoso. Y en su vestidura y en su muslo tiene escrito este nombre: REY DE REYES Y SEÑOR DE SEÑORES. Y vi a un ángel que estaba en pie en el sol, y clamó a gran voz, diciendo a todas las aves que vuelan en medio del cielo: Venid, y congregaos a la gran cena de Dios, para que comáis carnes de reyes y de capitanes, y carnes de fuertes, carnes de caballos y de sus jinetes, y carnes de todos, libres y esclavos, pequeños y grandes. Y vi a la bestia, a los reyes de la tierra y a sus ejércitos, reunidos para guerrear contra él que montaba el caballo, y contra su ejército. Y la bestia fue apresada, y con ella el falso profeta que había hecho delante de ella las señales con las cuales había engañado a los que recibieron la marca de la bestia, y habían adorado su imagen. Estos dos fueron lanzados vivos dentro de un lago de fuego que arde con azufre. Y los demás fueron muertos con la espada que salía de la boca del que montaba el caballo, y todas las aves se saciaron de las carnes de ellos» (Ap. 19:11-21).

El doctor S. Franklin Logsdon, en su librito titulado *Profiles of Prophecy*, escribe:

> «Un ex presidente de la Academia de Ciencias Noruega, ayudado por historiadores de Inglaterra, Egipto, Alemania e India, y usando una computadora, han encontrado que desde el año 3600 a.C. el mundo ha conocido sólo 296 años de paz. En este período de más de 55 siglos ha habido 14.531 guerras, grandes y pequeñas, en las que han muerto 3.600 millones de personas. Desde el año 650 a.C. ha habido 1.656 carreras de armamento, de las que todas excepto 16 han acabado en guerra, terminando en el colapso económico de los países involucrados» (p. 54).

Pero esta guerra futura del Armagedón será la más grande, sangrienta, vergonzosa y blasfema de todas. Consideremos ahora los elementos negativos y positivos de esta guerra.

Negativos:

1. Armagedón no es lo mismo que la invasión rusa de Ezequiel 38. Notemos las diferencias:
   a. La invasión rusa procede del norte, pero en Armagedón las naciones acuden de todas las direcciones.
   b. Rusia invade a fin de apoderarse de las riquezas de Israel, pero esta otra invasión es para destruir al Cordero y a su pueblo.
   c. Gog dirige la invasión rusa, pero esta otra la dirige el Anticristo.
2. Armagedón no es la última guerra en la Biblia, la última ocurrirá después del milenio (Ap. 20:7-9). El Armagedón tiene lugar al final de la tribulación.

Positivos:

3. La localización de la batalla. El doctor Herman A. Hoyt nos describe así la ubicación:

   > «Las asombrosas dimensiones de este conflicto apenas pueden ser concebidas por el hombre. El campo de batalla se extenderá desde Meguido en el norte (Zac. 12:11; Ap. 16:16) hasta Edom en el sur (Is. 34:5, 6; 63:1), en una distancia de 1.600 estadios, aproximadamente 200 millas (320 km). Abarcará desde el mar Mediterráneo en el oeste hasta los montes de Moab en el este, una distancia de casi 100 millas (160 km). Comprenderá el valle de Josafat (Jl. 3:2, 12) y los llanos del Esdraelón. En el centro de toda esta área estará la ciudad de Jerusalén (Zac. 14:1, 2).
   >
   > Dentro de esta área se amontonarán los hombres, sin duda cerca de 400 millo-

nes, para el holocausto final de la humanidad. Los reyes acudirán con sus ejércitos del norte y del sur, del este y del oeste.... En el sentido más dramático, este será el "valle de la decisión" para la humanidad (Jl. 3:14) y el gran lagar donde se volcará el furor y ira del Dios todopoderoso» (Ap. 19:15). (*The End Times*, p. 163.)

a. Así que habrá al menos cuatro nombres importantes involucrados en la batalla de Armagedón:
   (1) El valle de Josafat: un valle al este de Jerusalén, situado entre la Ciudad Santa y el monte de los Olivos (Jl. 3:2, 12).
   (2) El valle del Esdraelón: un valle de 22 millas (32 km) de longitud y 14 millas (23 km) de ancho, localizado al noroeste de Jerusalén, entre la ciudad y el mar Mediterráneo.
   (3) Meguido: un llano en el valle del Esdraelón (Zac. 12:11).
   (4) Bosra: una ciudad de Edom, al este del río Jordán y cerca de Petra, la capital de Edom. Estas dos ciudades jugarán un papel importante durante la segunda venida de nuestro Señor (Is. 34:6 y 63:1).

   Marvin Vincent escribe en relación con Armagedón y su ubicación:

   «Meguido se hallaba en el llano del Esdraelón, y ha sido el lugar elegido para acampar en cada enfrentamiento que se ha llevado a cabo en Palestina desde los días de Asiria hasta la marcha desastrosa de Napoleón Bonaparte de Egipto a Siria. Judíos, gentiles, sarracenos, cristianos de las Cruzadas y franceses anticristianos; egipcios, persas, drusos, turcos y árabes, guerreros de toda nación debajo del cielo han plantado sus tiendas en los llanos de Esdraelón, y han visto las banderas de sus naciones humedecerse con el rocío de los montes Tabor y Hermón.» (*Word Studies in the New Testament*, p. 542.)

b. Además de las registradas en la historia de la iglesia, tuvieron lugar en esta zona otros encuentros militares, tal como nos indica el Antiguo Testamento:
   (1) Débora y Barac derrotaron a los cananeos (Jue. 4—5).
   (2) Gedeón derrotó a los madianitas (Jue. 7).
   (3) Los filisteos derrotaron y mataron a Saúl (1 S. 31).
   (4) David derrotó a Goliat (1 S. 17).
   (5) Un rey egipcio mató a Josías (2 R. 23).

   Dos autores nos describen apropiadamente esta batalla:

   «Palestina será testigo de una matanza sin precedentes. La sangre correrá desde el Armagedón en el norte hasta el valle de Josafat, cubrirá la tierra de Edom y regará toda Palestina y la ciudad de Jerusalén. Juan contempla en visión esta carnicería, y la describe como un correr de la sangre hasta la altura de los frenos de los caballos. Está más allá de toda imaginación ver un lago de ese tamaño procedente de las venas de aquellos que han seguido a Satanás en su propósito de exterminar al pueblo de Dios y evitar que Cristo Jesús viniera a reinar.» (J. D. Pentecost, *Prophecy for Today*, p. 118 [Hay traducción castellana con el título *Profecía para el mundo moderno*, de Editorial Unilit.])

   «La batalla de Armagedón resultará en una matanza total de las legiones de la bestia. El fulgor de la aparición de Cristo producirá pánico y desmoralización entre los soldados (Zac. 12:2; 14:13). Este espanto y desmoralización les llevará a desertar del Anticristo, lo que le dejará totalmente impotente (2 Ts. 2:8). Esta grandiosa luz de los cielos producirá sorpresa y ceguera en los animales y locura en los hombres (Zac. 12:4). Una plaga procedente de esta luz correrá entre los ejércitos y hará que los hombres se pudran justo donde estén (Zac. 14:12, 15). La sangre de los animales y de los hombres formará un lago de más de 200 millas (322 km) de longitud y su altura llegará hasta el freno de los caballos (Ap. 14:19, 20). El hedor de esta masa de carne y sangre pudriéndose llenará toda la región (Is. 34:1-3). Los cuerpos lacerados y pudriéndose de hombres y bestias proporcionará abundante comida para las aves que se alimentan de carroñas (Ap. 19:17, 18, 21). La bestia y el falso profeta serán entonces arrojados vivos en el lago de fuego para siempre» (Ap. 19:20). (H. Hoyt, *The End Times*, p. 165.)

4. Las razones para esta batalla. ¿Qué es lo que atraerá a todas las naciones del mundo al área de Armagedón? Se reunirán allí quizá por varias razones. Damos a continuación las que nos parece son las tres más importantes:
   a. A causa de la soberanía de Dios. En cinco pasajes por lo menos se nos dice que Dios mismo va a congregar a las naciones allí:
      (1) «Las destruirá y las entregará al matadero» (Is. 34:2).
      (2) «Reuniré a todas las naciones, y las haré descender al valle de Josafat...» (Jl. 3:2).
      (3) «Porque yo reuniré a todas las naciones para combatir contra Jerusalén...» (Zac. 14:2).
      (4) «... porque mi determinación es reunir las naciones ... para derramar sobre ellos mi enojo, todo el ardor de mi ira...» (Sof. 3:8).
      (5) «Y los reunió en el lugar que en hebreo se llama Armagedón» (Ap. 16:16).
   b. Debido al engaño de Satanás (Ap. 16:13, 14). Se nos dice en este pasaje que tres espíritus inmundos engañarán a las naciones para llevarlas al Armagedón.
   c. Debido al odio de las naciones contra Cristo.

(1) Un cierto número de pasajes nos hablan de este odio diabólico (Sal. 2:1-3; Ap. 11:18).
(2) La naciones, dirigidas por el Anticristo, se darán cuenta sin duda del retorno inminente de Cristo (Ap. 11:15; 12:12).
(3) Serán también conscientes de su descenso al monte de los Olivos (Zac. 14:4; Hch. 1:9-12).
(4) No es irrazonable pensar que se reunirán en esta área para destruirlo en el momento de su regreso a la tierra.

5. La cronología de la batalla.
   a. La sequía del río Éufrates (Ap. 16:12). El doctor Donald Barnhouse cita a Seiss al describírnoslo:

   «Desde tiempo inmemorial, el Éufrates con sus tributarios ha sido un lazo formidable de unión entre los pueblos al este y al oeste del mismo. Tiene un recorrido de unas 1.800 millas (unos 2.896 km) y es muy poco vadeable en cualquier época del año. Su anchura va de 300 a 1.200 yardas (274 a 1.277 m), y su profundidad oscila entre 10 y 30 pies (3 y 10 m); y la mayor parte del tiempo se mantiene en sus máximas. Fue el límite de los dominios de Salomón, y se habla de él repetidas veces como el límite norte de las tierras prometidas a Israel.... La historia se refiere frecuentemente al gran obstáculo que el Éufrates ha sido para los movimientos militares; y ha sido siempre una línea divisoria entre los pueblos que han vivido al este y al oeste del río.» (*Revelation*, p. 301.)

   Entonces, cuando esta barrera de agua queda eliminada, decenas de millones de soldados de China, India y otros poderes asiáticos marcharán derechos hacia Armagedón y hacia la destrucción.

   b. La destrucción de Jerusalén. Quizá el evento más triste durante la tribulación sea el asedio y destrucción de la Ciudad Santa. Esta será la cuadragésima séptima vez, y la última, que será tomada la ciudad amada de David. Los siguientes pasajes dan testimonio de ello:

   «He aquí yo pongo a Jerusalén por copa que hará temblar a todos los pueblos de alrededor contra Judá, en el sitio contra Jerusalén» (Zac. 12:2).

   «Porque yo reuniré a todas las naciones para combatir contra Jerusalén; y la ciudad será tomada, y serán saqueadas las casas, y violadas las mujeres; y la mitad de la ciudad irá en cautiverio...» (Zac. 14:2).

   «Pero cuando viereis a Jerusalén rodeada de ejércitos, sabed entonces que su destrucción ha llegado» (Lc. 21:20).

   Cuando estos dos eventos sucedan, tanto los ángeles en el paraíso como los demonios en la perdición se quedarán mirando atónitos.

   John Phillips escribe lo siguiente al describir los eventos que se mencionan en 19:17-21.

   «Se nos dice mediante unas pocas frases gráficas cómo cae el tambaleante imperio de Satanás cuando el Señor aparece. Se nos informa también cómo serán destruidas las fuerzas de Satanás en Armagedón. Juan nos dice: "Y vi a un ángel que estaba en pie en el sol, y clamó a gran voz, diciendo a todas las aves que vuelan en medio del cielo: Venid, y congregaos a la gran cena de Dios, para que comáis carnes de reyes y de capitanes, y carnes de fuertes, carnes de caballos y de sus jinetes, y carnes de todos, libres y esclavos, pequeños y grandes." Al tiempo que los ejércitos, reunidos en el campo de batalla, contemplan sorprendidos la aparición del Rey de la gloria, fijan su mirada momentáneamente en el sol. Allí está un ángel con todo su esplendor, a su convocatoria acuden enormes cantidades de aves de rapiña, volando en círculos alrededor de los ejércitos, graznando unas a otras en espera de la gran comida, descendiendo en su vuelo ante las aterrorizadas tropas y elevándose otra vez a los cielos. La batalla todavía no ha empezado, pero los soldados están espantados. Con cada pasada los cielos se oscurecen cada vez más con estas aves de presa. No habrá un águila, un alcón o un buitre en toda la tierra que no responda a esta convocatoria y venga obediente a la gran cena de Dios. Los ejércitos de Satanás están sentenciados, los fieros buitres lo saben, y han acudido para enterrar a los muertos en el nombre del Dios vivo.

   Nos dicen después cómo van a ser juntadas las fuerzas de Satanás en Armagedón. Juan nos dice: "Y vi a la bestia, a los reyes de la tierra y a sus ejércitos, reunidos para guerrear contra el que montaba el caballo, y contra su ejército." Así de conciso se describe la movilización del mundo entero. Cualesquiera que fueran los motivos originales para converger en Armagedón, se olvidan todas las animosidades, y los hombres se unen para luchar contra el desafío que viene de lo alto.

   En tiempos recientes, los escritores de ciencia ficción han creado muchas obras imaginadas de invasión de nuestro planeta. Nos han presentado invasiones procedentes de Venus, Marte o de otras partes lejanas del espacio. Nos han descrito a un mundo atemorizado que repentinamente se une para enfrentarse a un peligro común procedente del espacio lejano. Esto es lo que ocurre aquí, pero no en la fantasía de la ficción, sino hecho realidad. Por fin el planeta es invadido desde el espacio exterior, pero no por monstruos parecidos a insectos, sino por el Señor mismo y su glorioso acompañamiento. El diablo sabe que ha llegado su hora, pero sin importarle la vida humana lucha hasta el fin. Lo que la bestia dirá a sus ejércitos, y a sus antagonistas, bien lo podemos imaginar:

"Caballeros: Estamos en guerra y hemos estado en guerra unos contra otros. Ha llegado el momento de unirnos en una causa común. Lo que nos une ahora es mucho más importante que lo que nos divide. Ya no es cuestión de quién de nosotros va a ser el soberano del mundo; lo que está en juego es nuestra supervivencia. Ha llegado la hora de unirnos contra Dios y contra su Ungido. El se ha metido en nuestro terreno. Se ha atrevido a aparecer en la tierra. Cuando vino por primera vez, le crucificamos; pero esta vez nos libraremos de Él para siempre. Hemos tratado de unirnos para la paz, pero no ha durado mucho. Unámonos ahora para la guerra. Enfrentémonos a esta invasión de nuestro planeta de una vez y para siempre. Lidiemos con esta invasión de cantores de salmos en túnicas blancas. Vamos a mostrarle cómo pueden luchar los hombres, libres del opio de toda religión. Arrojémosles nuestro desafío en su cara. Una y otra vez os he dado pruebas de mis poderes sobrenaturales. El pavoroso señor de las tinieblas a quien servimos ha desafiado a estas huestes celestiales por docenas de siglos y ha estado siempre a su altura. ¡Vamos, limpiemos el mundo y su atmósfera para siempre de estos indeseables cantores de himnos!"

Las naciones se unen, como nos lo predice el Salmo 2. Con todo, mientras la gran conferencia de reyes se separa y los heraldos proclaman las nuevas resoluciones, oleadas de risas vienen una tras otra del cielo, porque "el que mora en los cielos se reirá; el señor se burlará de ellos" (Sal. 2:4).

Es la misma historia de siempre. Las naciones en su necedad se unieron contra Cristo en su primer advenimiento. La iglesia primitiva lo proclamó así: "Soberano Señor, tú eres el Dios que hiciste el cielo y la tierra, el mar y todo lo que en ellos hay; que por boca de David tu siervo dijiste: ¿Por qué se amotinan las gentes, y los pueblos piensan cosas vanas? Se reunieron los reyes de la tierra, y los príncipes se juntaron en uno contra el Señor, y contra su Cristo. Porque verdaderamente se unieron en esta ciudad contra tu santo Hijo Jesús, a quien ungiste, Herodes y Poncio Pilato, con los gentiles y el pueblo de Israel, para hacer cuanto tu mano y tu consejo habían antes determinado que sucediera. Y ahora, Señor, mira sus amenazas" (Hch. 4:24-29). Las naciones se unieron contra Cristo en su primera venida y lo harán otra vez. Hicieron lo peor cuando le crucificaron, pero sólo lograron con ello llevar a cabo la voluntad de Dios. Les sucederá lo mismo cuando se unan contra el Señor para oponerse a su retorno. Las naciones se imaginarán que están realizando su propios planes al marchar hacia el Esdraelón, pero solamente están marchando hacia la realización de la voluntad de Dios. Son llevados a Armagedón.

Se nos dice por último cómo serán destruidas las fuerzas de Satanás en Armagedón. Leemos: "Y la bestia fue apresada, y con ella el falso profeta que había hecho delante de ella las señales con las cuales había engañado a los que recibieron la marca de la bestia, y habían adorado su imagen. Estos dos fueron lanzados vivos dentro de un lago de fuego que arde con azufre. Y los demás fueron muertos con la espada que salía de la boca del que montaba el caballo, y todas las aves se saciaron de las carnes de ellos." ¡Con qué pompa y arrogancia marchan los ejércitos a través de las llanuras de Galilea, cruzan los desfiladeros y se despliegan en los fértiles campos de Meguido! ¡Qué enormes cantidades de equipo militar se apilan en los montes! ¡Cuán grandes flotas de guerra se hallan ancladas en los puertos del mar Rojo, del golfo Pérsico y a lo largo de las costas del Mediterráneo oriental! ¡Qué animadas melodías de música marcial se escuchan! La tierra tiembla ante el paso de los soldados que marchan; los cielos se oscurecen por las nubes de aviones que los surcan. Armas nuevas y asombrosas, que la bestia entrega a los hombres, son instaladas en el campo. El falso profeta realiza milagros para animar a las tropas. Las órdenes finales son dadas.

Entonces, repentinamente, todo se acaba. En realidad no habrá guerra, no en el sentido que nosotros la entendemos. Sólo habrá una palabra dicha por Aquel que monta el caballo blanco. El habló una vez una palabra a una higuera y se secó. Habló otra vez palabra a vientos y olas amenazantes, y las nubes de la tormenta desaparecieron y las olas se calmaron. Otra vez habló a una legión de demonios que atormentaban el alma de un pobre hombre y huyeron instantáneamente. Ahora habla una palabra y la guerra se termina. Aquella bestia blasfema y gritadora es golpeada allí donde está; y el falso profeta, obrador de milagros procedente del abismo, es inmovilizado. Los dos son apresados y lanzados al lago de fuego donde arde el azufre. Otra palabra y los ejércitos dominados por el pánico caen como muertos. Todos, los mariscales, generales, almirantes y comandantes de la fuerza aérea, soldados y marineros, caen todos a la vez. Y las aves descienden y cubren el escenario. Así termina

SÉPTIMO CASTIGO DIVINO

EL CORDERO CONDENA AL ANTICRISTO Y AL FALSO PROFETA AL INFIERNO

(Ap. 19:20)

la batalla del Armagedón. Después de esto habrá paz en la tierra por mil años. Los hombres convertirán sus espadas en arados y sus lanzas en hoces, sus tanques en tractores y sus misiles en almacenes de granos. Los siglos pasarán y el vocabulario de guerra llegará a ser fragmentos de un lenguaje desaparecido de la humanidad.» (*Exploring Revelation*, pp. 247-250.)

VII. La destrucción del Anticristo y del falso profeta.

«Y la bestia fue apresada, y con ella el falso profeta que había hecho delante de ella las señales con las cuales había engañado a los que recibieron la marca de la bestia, y habían adorado su imagen. Estos dos fueron lanzados vivos dentro de un lago de fuego que arde con azufre» (19:20).

Cuarta parte:

El reinado del Cordero es instituido (cap. 20).

I. La gran cadena (20:1-3).

«Vi a un ángel que descendía del cielo, con la llave del abismo, y una gran cadena en la mano. Y prendió al dragón, la serpiente antigua, que es el diablo y Satanás, y lo ató por mil años; y lo arrojó al abismo, y lo encerró, y puso su sello sobre él, para que no engañase más a las naciones, hasta que fuesen cumplidos mil años; y después de esto debe ser desatado por un poco de tiempo.»

II. La gran resurrección (20:6).

«Bienaventurado y santo el que tiene parte en la primera resurrección; la segunda muerte no tiene potestad sobre éstos, sino que serán sacerdotes de Dios y de Cristo, y reinarán con él mil años.»

A. La resurrección de Cristo (1 Co. 15:23).

B. La resurrección de los creyentes en el rapto (1 Ts. 4:16; 1 Co. 15:51-53).

C. La resurrección de los santos del Antiguo Testamento y de la tribulación (Ap. 20:6). Muchos pasajes del Antiguo y Nuevo Testamento hablan de esta tercera resurrección. (Véanse Job 19:25, 26; Sal. 49:15; Is. 25:8; 26:19; Dn. 12:2; Os. 13:14; Jn. 5:28, 29; He. 11:35.)

D. La resurrección de los incrédulos (Ap. 20:5, 11-14).

III. El gran reinado (20:4, 6). Hace unos 270 años, Isaac Watts escribió un himno basado en las verdades que encontramos en el Salmo 98. El nombre de ese famoso himno es *Joy to the World!* («¡Al mundo paz, nació Jesús!») Es cantado en Navidad por millones de creyentes, y no creyentes, en todo el mundo. Pero el estudio más cuidadoso de las palabras de este himno nos revelan que Watts no tenía en mente la venida a Belén de Cristo, sino la venida milenaria de Cristo.

Nota del traductor: Se sugiere al estudiante de habla hispana que haga el estudio en la letra original en inglés, pues inevitablemente cambian un tanto las estrofas al pasarlas al castellano y ajustarlas a la música. Con todo, he aquí el himno en castellano:

¡Al mundo paz, nació Jesús!
Nació ya nuestro Rey;
El corazón ya tiene luz,
Y paz su santa grey.

¡Al mundo paz, el Salvador
En tierra reinará!
Ya es feliz el pecador, Jesús perdón le da.
Al mundo Él gobernará
Con gracia y con poder;
A las naciones mostrará
Su amor y su poder

A. El hecho del milenio. La palabra es un término latino que significa «mil años». «Y vivieron y reinaron con Cristo mil años» (Ap. 20:4). En los primeros versículos de Apocalipsis 20, Juan menciona este período de mil años siete veces. A pesar de ello, algunos argumentan que, dado que este número sólo aparece en un pasaje del Nuevo Testamento, no podemos insistir en que vaya realmente a pasar un período de mil años. Para enfatizarlo citan 2 Pedro 3:8, donde se dice: «... para con el Señor un día es como mil años, y mil años como un día.»

Es interesante notar (y quizá revelador) que el mismo grupo que intenta reducir el período de mil años de Apocalipsis a un día (y eliminar por completo el milenio), intenta también extender los seis días de la creación en Génesis a miles de años. Uno se siente tentado a preguntar: «¿por qué Dios no va a querer decir exactamente lo que dice?»

El doctor Rene Pache ha escrito unas palabras que son de mucha ayuda:

«Notemos de nuevo este hecho: la enseñanza del Antiguo Testamento en relación con el milenio es tan completa que los judíos lograron desarrollarla en el Talmud por ellos mismos, sin poseer la información proporcionada por el Nuevo Testamento más tarde. Por ejemplo: ellos habían ciertamente afirmado antes del Apocalipsis que el reino mesiánico duraría mil años. No deberíamos, por tanto, aseverar (como algunos lo han hecho) que sin el famoso pasaje de Apocalipsis 20:1-10 no existiría la doctrina del milenio.» (*The Return of Christ*, p. 380.)

B. A lo largo de la historia de la iglesia los eruditos cristianos han sostenido tres puntos de vista principales acerca del milenio.

1. Postmilenialismo. Esta teoría afirma que por medio de la predicación del evangelio, el mundo llegará un día a abrazar el cristianismo y se convertirá en una «sociedad universal de santos».

Cristo será invitado en este momento a que asuma el gobierno y reine sobre el planeta pacificado de los hombres. De manera que, aunque los postmilenialistas creen en un reinado literal de mil años, su posición es errónea, porque la Biblia enseña claramente que la situación del mundo irá de mal en peor, no mejor, antes de la Segunda Venida de Cristo (véanse 1 Ti. 4:1; 2 Ti. 3:1-5). Esta posición fue popularizada por un ministro unitario llamado Daniel Whitby (1638-1726), y floreció hasta la primera parte del siglo XX. Entonces vino la Primera Guerra Mundial y los hombres empezaron a cuestionar esa interpretación. La teoría

CUARTA PARTE

Se instituye el reinado del Cordero (Ap. 20:1-15)

1. LA GRAN CADENA (20:1-3)
2. LA GRAN RESURRECCIÓN (20:6)
3. EL GRAN REINADO (20:4-6)
4. LA GRAN REBELIÓN (20:7-10)
5. EL GRAN TRONO (20:11-15)
   - EL HECHO DE ESTE TRONO
   - EL JUEZ DE ESTE TRONO
   - EL JURADO DE ESTE TRONO
     1. EL LIBRO DE LA CONCIENCIA
     2. EL LIBRO DE LAS PALABRAS
     3. EL LIBRO DE LAS OBRAS SECRETAS
     4. EL LIBRO DE LAS ACCIONES PÚBLICAS
     5. EL LIBRO DE LA VIDA
   - LOS JUZGADOS EN ESTE TRONO
   - EL JUICIO ANTE ESTE TRONO

postmilenialista quedó finalmente en el olvido en medio de las cámaras de gas de Hitler durante la Segunda Guerra Mundial. Hoy es más difícil de encontrar a un postmilenialista que un automóvil Ford de 1940.

2. Amilenialista. Los defensores de este punto de vista afirman que no habrá un reinado de mil años, y que la Iglesia del Nuevo Testamento hereda todas las promesas espirituales y profecías del Israel del Antiguo Testamento. Desde este punto de vista, la bella profecía de Isaías de que la vaca y la osa pacerán juntas y el león comerá paja como el buey (Is. 11:7) no significa lo que aparentemente dice. Sin embargo, si el capítulo 11 de Isaías no puede ser tomado literalmente, ¿qué prueba tenemos de que el magnífico capítulo 53 no debería ser alegorizado también?
3. Premilenialismo. Esta posición enseña que Cristo vendrá inmediatamente antes del milenio y que reinará personalmente durante este glorioso reinado de mil años. Esta es la única postura bíblica correcta, y es la más antigua de las tres interpretaciones. Desde los tiempos apostólicos, la interpretación premilenialista ha sido sostenida por los padres de la Iglesia.

IV. La gran rebelión (20:7-10).

«Cuando los mil años se cumplan, Satanás será suelto de su prisión, y saldrá a engañar a las naciones que están en los cuatro ángulos de la tierra, a Gog y a Magog, a fin de reunirlos para la batalla; el número de los cuales es como la arena del mar. Y subieron sobre la anchura de la tierra, y rodearon el campamento de los santos y la ciudad amada; y de Dios descendió fuego del cielo, y los consumió. Y el diablo que los engañaba fue lanzado en el lago de fuego y azufre, donde estaban la bestia y el falso profeta; y serán atormentados día y noche por los siglos de los siglos.»

El lago de fuego y azufre eterno será el destino final del diablo. Satanás ha estado, está ahora, o estará en uno de los siguientes lugares:

A. En el cielo, como un ángel ungido (localización del pasado, Ez. 28:14).
B. En el cielo, como el principal acusador del pueblo de Dios (localización presente, Job 1, 2).
C. En la tierra, como el guía espiritual del Anticristo (localización futura, durante la tribulación, Ap. 12:12).
D. En el pozo del abismo (futuro, durante el milenio, Ap. 20:1-3).
E. En la tierra otra vez (futuro, después del milenio, Ap. 20:8, 9).
F. En el lago de fuego (futuro y para siempre, Ap. 20:10).

«Cuando los mil años se cumplan, Satanás será suelto de su prisión, y saldrá a engañar a las naciones que están en los cuatro ángulos de la tierra, a Gog y a Magog, a fin de reunirlos para la batalla; el número de los cuales es como la arena del mar. Y subieron sobre la anchura de la tierra, y rodearon el campamento de los santos y la ciudad amada…» (Ap. 20:7-9).

El doctor J. Vernon McGee escribe lo siguiente en relación con estos versículos:

«Cuando al doctor Chafer (fundador del Seminario Teológico de Dallas) le preguntaron una vez por qué Dios soltaría a Satanás una vez que ya lo tenía encerrado, él contestó: "Si usted me dice por qué Dios le permitió andar suelto la primera vez, yo le diré por qué lo hizo la segunda vez." Aparentemente Satanás es soltado al final del milenio para mostrar que las condiciones ideales del reino, bajo el reinado personal de Cristo, no cambian el corazón humano. Esto manifiesta la enormidad de la hostilidad del hombre contra Dios. Las Escrituras son exactas cuando nos describen que "el corazón es engañoso más que todas las cosas, y perverso". El hombre es un ser totalmente depravado. El soltar a Satanás al final de los mil años lo demuestra.» (*Reveling Through Revelation*, p. 74.)

Ya hemos considerado los propósitos alcanzados por los sacrificios durante el milenio. Parece que millones de niños en desarrollo contemplarán estos sacrificios y escucharán los amorosos llamamientos a la salvación de los sacerdotes, pero ellos endurecerán tercamente sus corazones pecaminosos. El hecho de que el poderoso Rey de la tierra en Jerusalén derramó un día su sangre como humilde Cordero en el Calvario no significará nada para ellos. Se conformarán exteriormente, pero interiormente lo menospreciarán. En conclusión, al final del milenio, se le ofrecerá al mundo, por primera vez en diez siglos, el hacer un compromiso y no solamente una profesión. Millones tomarán una decisión necia y fatal.

El doctor J. Dwight Pentecost cita a F.C. Jennings, quien escribe:

«¿Ha cambiado la naturaleza humana, al menos aparte de la gracia soberana? ¿Está al fin la mente carnal en amistad con Dios? ¿Han terminado con todas las guerras para siempre jamás los mil años de absoluto poder y absoluta benevolencia, ambos en incontenible actividad? Estas preguntas deben estar señaladas por una prueba práctica. Permítase que Satanás esté suelto una vez más de su prisión. Permítasele recorrer una vez más los sonrientes campos de la tierra que él conoció desde tiempo antiguos. La última vez los vio empapados de sangre e inundados de lágrimas, evidencias y acompañamiento de su propio reinado, los ve ahora "sonrientes de abundancia"...

Pero a medida que continúa su camino más allá de Jerusalén, el centro de esta bendición, estos recuerdos se hacen más vagos; hasta que, en el lejano "ángulo de la tierra", cesan por completo, por cuanto encuentra a miríadas que instintivamente se han apartado del estrecho contacto con ese centro santo, y están otra vez en condiciones para se engañados.» (*Eventos del porvenir*, Editorial Vida, pp. 416-147.)

No obstante, esta insurrección, insana e inmoral, está sentenciada a un fracaso completo y total. Juan, como corresponsal de guerra, nos deja la reseña de la batalla final:

«... y de Dios descendió fuego del cielo, y los consumió. Y el diablo que los engañaba fue lanzado en el lago de fuego y azufre, donde estaban la bestia y el falso profeta; y serán atormentados día y noche por los siglos de los siglos» (Ap. 20:9, 10).

Evidentemente esta batalla, aunque se habla de ella como la de Gog y Magog, no es la misma que se cita en Ezequiel 38 y 39.

El doctor J. Vernon McGee nos escribe en relación con esto:

«Debido a que esta rebelión se la menciona como la de "Gog y Magog", muchos estudiantes de la Biblia la identifican como la Gog y Magog de Ezequiel 38 y 39. Esto, por supuesto, no es posible, porque los conflictos descritos no son semejantes en lo que se refiere a tiempo, lugar o participantes; sólo el nombre es igual.

La invasión desde el norte por Gog y Magog de Ezequiel 38 y 39 rompe la falsa paz del Anticristo y le obliga a mostrar su mano en medio de la gran tribulación. Esta rebelión de estas fuerzas impías del norte causará tan grande impresión en la humanidad que, después de 1.000 años, la última rebelión del hombre llevará el mismo nombre. Hemos pasado por una experiencia parecida en este siglo. La Primera Guerra Mundial fue tan devastadora que cuando empezó de nuevo en Europa se la volvió a llamar "Guerra Mundial", sólo diferenciándola con el número 2. Ahora se está prediciendo la Tercer Guerra Mundial. De igual manera la guerra en Ezequiel 38 y 39 es Gog y Magog I, mientras que la citada en Ap. 20:8 es Gog y Magog II.» (*Reveling Through Revelation*, p. 77.)

V. El gran trono blanco (20:11-15).

«Y vi un gran trono blanco y al que estaba sentado en él, de delante del cual huyeron la tierra y el cielo, y ningún lugar se encontró para ellos. Y vi a los muertos, grandes y pequeños, de pie ante Dios; y los libros fueron abiertos, y otro libro fue abierto, el cual es el libro de la vida; y fueron juzgados los muertos por las cosas que estaban escritas en los libros, según sus obras. Y el mar entregó los muertos que había en él; y la muerte y el Hades entregaron los muertos que había en ellos; y fueron juzgados cada uno según sus obras. Y la muerte y el Hades fueron lanzados al lago de fuego. Esta es la muerte segunda. Y el que no se halló escrito en el libro de la vida fue lanzado al lago de fuego.»

A. La realidad de este trono (He. 9:27). Véase el pasaje de Apocalipsis 20:11-15 citado arriba:

«Estuve mirando hasta que fueron puestos tronos, y se sentó un Anciano de días, cuyo vestido era blanco como la nieve, y el pelo de su cabeza como lana limpia; su trono llama de fuego, y las ruedas del mismo, fuego ardiente. Un río de fuego procedía y salía de delante de él; millares de millares le servían, y millones de millones asistían delante de él; el Juez se sentó, y los libros fueron abiertos» (Dn. 7:9, 10).

B. El Juez en este trono: Cristo Jesús.

«Porque el Padre a nadie juzga, sino que todo el juicio dio al Hijo. Y también le dio autoridad de hacer juicio, por cuanto es el Hijo del Hombre» (Jn. 5:22, 27).

«A este levantó Dios al tercer día, e hizo que se manifestase. Y nos mandó que predicásemos al pueblo, y testificásemos que él es el que Dios ha puesto por Juez de vivos y muertos» (Hch. 10:40, 42).

«Te encarezco delante de Dios y del Señor Jesucristo, que juzgará a los vivos y a los muertos en su manifestación y en su reino» (2 Ti. 4:1).

C. El jurado en este trono: un juego de cinco libros.

1. El libro de la conciencia (Ro. 2:15). Aunque la conciencia humana no es una guía infalible, el hombre será, no obstante, condenado por aquellas ocasiones en que la violó deliberadamente.
2. El libro de las palabras (Mt. 12:36, 37).

   «Mas yo os digo que de toda palabra ociosa que hablen los hombres, de ella darán cuenta en el día del juicio. Porque por tus palabras serás justificado, y por tus palabras serás condenado.»
3. El libro de los secretos humanos.

   «En el día en que Dios juzgará por Jesucristo los secretos de los hombres...» (Ro. 2:16).

   «Porque Dios traerá toda obra a juicio, juntamente con toda cosa encubierta, sea buena o sea mala» (Ec. 12:14).
4. El libro de las acciones públicas.

   «... cuyo fin será conforme a sus obras» (2 Co. 11:15).

   «Porque el Hijo del Hombre vendrá en la gloria de su Padre con sus ángeles, y entonces pagará a cada uno conforme a sus obras» (Mt. 16:27).

QUINTA PARTE

Presentación de la esposa del Cordero (Ap. 21—22)

Vino entonces a mí uno de los siete ángeles... diciendo: Ven acá, yo te mostraré la desposada, la esposa del Cordero» **(21:9).**

Su morada: la ciudad celestial (21:1—22:5)

SUS OCUPANTES
SUS MEDIDAS
SUS MURALLAS
SUS CIMIENTOS
SU TRONO
SU ÁRBOL DE VIDA
SU FUENTE DE LUZ
SU DURACIÓN
SU UBICACIÓN
SU FORMA
SUS PUERTAS
SUS CALLES
SU RÍO
SU CENTRO DE ADORACIÓN
SUS ACTIVIDADES
• Un lugar de aprendizaje
• Un lugar de canto
• Un lugar de servicio
• Un lugar de comunión

Su esposo: el fiel Salvador (22:6-21)

SU PROMESA **(22:6, 7, 12, 20)**
SU MANDAMIENTO **(22:10)**
SU AUTODESCRIPCIÓN **(22:13, 16)**
SU INVITACIÓN **(22:17)**
SU AMONESTACIÓN **(22:18, 19)**
1. No añadir a la Palabra de Dios
2. No quitarle a la Palabra de Dios

5. El libro de la vida (Ex. 32:32, 33; Sal. 69:28; Dn. 12:1; Fil. 4:3; Ap. 3:5; 13:8; 17:8; 20:12, 15; 21:27; 22:19).

D. Los juzgados en este trono. Como dijimos anteriormente, sólo los inconversos comparecerán ante este tribunal. «Los malos serán trasladados al Seol, todas las gentes que se olvidan de Dios» (Sal. 9:17).

E. El juicio ante el trono: el lago de fuego eterno (Ap. 20:14, 15; Mt. 25:41, 46).

Quinta parte:

La presentación de la esposa del Cordero (caps. 21—22).

«Vino entonces a mí uno de los siete ángeles ... diciendo: Ven acá, yo te mostraré la desposada, la esposa del Cordero» (21:9).

I. Su morada: la ciudad celestial (21:1—22:5).

A. El descenso de esta ciudad (21:1, 2).

«Vi un cielo nuevo y una tierra nueva; porque el primer cielo y la primera tierra pasaron, y el mar ya no existía más» (Ap. 21:1).

Juan ve ahora un nuevo cielo y una nueva tierra. Es decir, que entre Apocalipsis 20 y 21, el viejo cielo y la vieja tierra han sido aparentemente destruidos. Debemos notar:

1. El hecho de esta destrucción.

«El cielo y la tierra pasarán, pero mis palabras no pasarán» (Mt. 24:35).

«Y tú, oh Señor, en el principio fundaste la tierra, y los cielos son obra de tus manos. Ellos perecerán, mas tú permaneces; y todos ellos se envejecerán como una vestidura, y como un vestido los envolverás, y serán mudados; pero tú eres el mismo, y tus años no acabarán» (He. 1:10-12).

«Pero el día del Señor vendrá como ladrón en la noche; en el cual los cielos pasarán con grande estruendo, y los elementos ardiendo serán deshechos, y la tierra y las obras que en ella hay serán quemadas» (2 P. 3:10, 11).

2. La razón para esta destrucción. En esta etapa en la Biblia, la última rebelión ha sido sofocada, el falso profeta, el Anticristo, y el mismo diablo han sido lanzados todos para siempre al lago de fuego eterno, y los impíos muertos han sido juzgados. A la luz de todo esto, ¿para qué es, pues, necesaria esta tremenda destrucción? Es una parte del proceso purificador.

Dios hará un día con la creación lo mismo que hizo con su amado Israel en el Antiguo Testamento: «He aquí te he purificado, y no como a plata; te he escogido en horno de aflicción» (Is. 48:10).

B. La descripción de esta ciudad (21:3—22:5).

1. Sus moradores. ¿Quiénes van a morar en la ciudad celestial?

a. El Padre (Ap. 4:2, 3; 5:1-7).
b. El Hijo (Ap. 5:6).
c. El Espíritu Santo (Ap. 14:13; 22:17).
d. Los ángeles santos y elegidos (He. 12:22; Ap. 5:11). Entre estos ángeles estarán:
(1) Los serafines (Is. 6:1-7).
(2) Los querubines (Sal. 80:1; 99:1; Ap. 4:6-8).
(3) Gabriel (Dn. 8:16; 9:21; Lc. 1:11, 19, 26, 27; Mt. 1:20; 2:13, 19).
(4) Miguel (Dn. 10:13, 21; 12:1; Jud. v. 9; Ap. 12:7).
e. Los veinticuatro ancianos (Ap. 4:4, 10, 11)
f. El Israel salvado (He. 11:16; Mt. 25:10, 23; Ap. 14:1-3; 15:1-3).
g. La Iglesia (He. 12:22, 23; Ap. 19:1, 7, 8; 21:1, 9-11).
h. Los redimidos de todos los tiempos (Ap. 5:9; 7:9, 10). En contraste con lo que acabamos de decir, notemos que serán *excluidos* de la ciudad celestial:
(1) Los cobardes.
(2) Los incrédulos.
(3) Los abominables.
(4) Los homicidas.
(5) Los fornicarios.

(6) Los hechiceros.
(7) Los idólatras.
(8) Los mentirosos (Ap. 21:8). «No entrará en ella ninguna cosa inmunda, o que hace abominación y mentira...» (21:27; véase también 22:15).

2. La ubicación. Se describe a la nueva Jerusalén como una ciudad flotando, estacionada en el espacio por encima de la tierra. La nueva tierra vendrá a ser, pues, un planeta satélite girando alrededor de esta capital estelar, de la que la tierra recibirá su luz (Ap. 21:24, 26).
3. Sus medidas. En 21:16 se nos dan las medidas de la ciudad, que son 12.000 estadios de longitud, de altura y de anchura. Según nuestra forma actual de medir, la ciudad abarcaría una superficie en cuadro de unas 1.500 millas (2.413 km) de longitud, de anchura y de altura. Si estuviera localizada en los Estados Unidos de Norteamérica, abarcaría la superficie comprendida entre las ciudades de Nueva York y Denver (Colorado) (de este a oeste), y desde Canadá a Florida (de norte a sur).
4. La forma. Algunos la ven como un cubo y otras la contemplan como una vasta pirámide.
5. Los muros. Miden unos 216 pies (66 m) de altura y están hecho de jaspe (21:12, 17, 18).
6. Las puertas. Tiene doce puertas: tres en el norte, tres en el sur, tres en el este y tres en el oeste. Cada puerta lleva el nombre de una de las tribus de Israel. Cada puerta está guardada por un ángel. Cada una de ellas está compuesta de una perla, y ninguna de ellas se cierra ni de noche ni de día (Ap. 21:12, 13, 21, 25). McGee escribe de nuevo:

   «Los nombres de las doce tribus de Israel pueden estar escritos en las puertas, pero el elemento importante es el material de que están construidas. Cada una de ellas es una perla, y ese es un material que habla de la Iglesia.

   "También el reino de los cielos es semejante a un mercader que busca buenas perlas, que habiendo hallado una perla preciosa, fue y vendió todo lo que tenía, y la compró" (Mt. 13:45, 46). La Iglesia es la perla de gran precio. La comparación de la iglesia con la formación de la perla es sorprendente y sugestiva. La perla es diferente de todas las demás gemas preciosas, porque en lugar de proceder de la tierra la perla sale del mar. Las otras piedras preciosas se encuentran en las rocas o en menas en la tierra; son sacadas, cortadas y pulidas para que revelen su belleza. Pero la perla se forma en el mar y es parte de un organismo vivo. Un granito de arena u otra partícula se introduce en la concha de un organismo vivo. A fin de protegerse a sí misma la ostra genera un líquido (llamado nácar) que envuelve al objeto; y así, agregando capa, sobre capa se va formando una perla bellísima.

   La nueva Jerusalén es el hogar de la Iglesia, y las puertas de perla están allí para recordarnos por toda la eternidad que éramos un granito de áspera y sucia arena que hería el costado de Cristo. No éramos atractivos sino unos rebeldes contra Dios, caminando conforme a las costumbres de este mundo. Pero Cristo tomó esa cosa fea que éramos nosotros y nos cubrió con su justicia. Tú y yo estamos cubiertos de Cristo. La belleza no está en el grano de arena, sino en lo que el organismo puso a su alrededor. Dios nos ve en Cristo y nos ve dignos y aceptables. La perla era poco apreciada por los judíos, pero era preciosa para los gentiles. No tenemos valor en nosotros y con todo somos la perla de gran precio. El precio que se pone sobre una cosa es su valor. El precio que Él pagó es lo que nos da valor. Cristo dio su vida para alcanzarnos y ahora somos preciosos para Él.» (*Reveling Through Revelation*, pp. 101, 102.)
7. Los cimientos. La ciudad descansa sobre unos cimientos compuestos de doce capas, y cada una de ellas está adornada con distintas piedras preciosas de la siguiente manera:
   a. Primer cimiento: está adornado con piedra de jaspe, clara como un cristal de diamante, brillante como un carámbano de hielo en el sol.
   b. Segundo cimiento: está adornado con zafiro, una piedra azul opaco, con lunares de oro.
   c. Tercer cimiento: se halla adornado de ágata, una piedra color azul cielo, con rayas de varios colores.
   d. Cuarto cimiento: está adornado con esmeraldas, una piedra verde brillante.
   e. Quinto cimiento: está adornado con ónice, una piedra blanca con capas rojas.
   f. Sexto cimiento: está adornado con cornalina, una piedra de color rojo vivo.
   g. Séptimo cimiento: está adornado con crisólito, una piedra de color amarillo dorado transparente.
   h. Octavo cimiento: está adornado con berilo, de color verde marino.
   i. Noveno cimiento: está adornado con topacio, una piedra de color dorado y verde transparente.
   j. Décimo cimiento: está adornado con crisopraso, una piedra verde y azul.
   k. Undécimo cimiento: está adornado con jacinto, una piedra de tono violeta.
   l. Duodécimo cimiento: está adornado con amatista, una piedra de color púrpura brillante. Estos doce cimientos no estaban solamente adornados con piedras preciosas costosas, sino que también llevaban los nombres de cada uno de los doce apóstoles del Nuevo Testamento (Ap. 21:14, 19, 20).
8. Las calles. La calle principal de la nueva Jerusalén está compuesta de oro puro. Los edificios también están hechos de oro puro (Ap. 21: 18, 21).
9. El trono (Ap. 4:2, 3, 6; 22:3).
10. El río (Sal. 46:4; Ap. 22:1).
11. El árbol de la vida (Ap. 22:2). Cuando Dios creó al hombre y lo puso en el huerto del Edén, puso a disposición de Adán el árbol de la vida. Pero cuando éste pecó fue alejado del Edén y de este árbol (véanse Gn. 2:9; 3:24). En ese momento de la historia humana el árbol de la

vida desaparece, pero reaparece en la nueva Jerusalén florecido, y florecido como nunca antes.

12. El centro de adoración (21:3, 22).

«Y oí una gran voz del cielo que decía: He aquí el tabernáculo de Dios con los hombres, y él morará con ellos; y ellos serán su pueblo, y Dios mismo estará con ellos como su Dios. Y no vi en ella templo; porque el Señor Dios Todopoderoso es el templo de ella, y el Cordero.»

13. La fuente de luz (21:23; 22:5).

«La ciudad no tiene necesidad de sol ni de luna que brillen en ella; porque la gloria de Dios la ilumina, y el Cordero es su lumbrera. No habrá allí más noche; y no tienen necesidad de luz de lámpara, ni de luz del sol, porque Dios el Señor los iluminará; y reinarán por los siglos de los siglos.» Por esta causa allí no habrá noche.

14. Las actividades.

a. El cielo será un lugar de aprendizaje:

«Porque en parte conocemos, y en parte profetizamos; mas cuando venga lo perfecto, entonces lo que es parte se acabará» (1 Co. 13:9, 10).

«Por esta causa también yo, habiendo oído de vuestra fe en el Señor Jesús, y de vuestro amor para con todos los santos, no ceso de dar gracias por vosotros, haciendo memoria de vosotros en mis oraciones, para que el Dios de nuestro Señor Jesucristo, el Padre de gloria, os dé espíritu de sabiduría y de revelación en el conocimiento de él, alumbrando los ojos de vuestro entendimiento, para que sepáis cuál es la esperanza a que él os ha llamado, y cuáles las riquezas de la gloria de su herencia en los santos, y cuál la supereminente grandeza de su poder para con nosotros los que creemos, según la operación del poder de su fuerza, la cual operó en Cristo resucitándole de los muertos y sentándole a su diestra en los lugares celestiales, sobre todo principado y autoridad y poder y señorío, y sobre todo nombre que se nombra, no sólo en este siglo, sino también en el venidero» (Ef. 1:15-21).

Es evidente, cuando uno pondera la teología de esta oración de Pablo, que el creyente no puede aprender por completo todas estas gloriosas verdades espirituales aquí en la tierra. Todos estos preciosos principios deben encontrar sin duda su consumación en la eternidad. Lo cual es también cierto de su última oración en esta misma epístola:

«Por esta causa doblo mis rodillas ante el Padre de nuestro Señor Jesucristo. Para que habite Cristo por la fe en vuestros corazones, a fin de que, arraigados y cimentados en amor, seáis plenamente capaces de comprender con todos los santos cuál sea la anchura, la longitud, la profundidad y la altura, y de conocer el amor de Cristo, que excede a todo conocimiento, para que seáis llenos de toda la plenitud de Dios» (Ef. 3:14, 17-19).

b. El cielo será un lugar de canto.

«Cantad loores, oh cielos, porque Jehová lo hizo; gritad con júbilo, profundidades de la tierra; prorrumpid, montes, en alabanza; bosque, y todo árbol que en él está; porque Jehová redimió a Jacob, y en Israel será glorificado» (Is. 44:23).

«Pero vemos … a Jesús … diciendo: Anunciaré a mis hermanos tu nombre, en medio de la congregación te alabaré» (He. 2:9, 12).

«Y cantaban un cántico nuevo, diciendo: Digno eres de tomar el libro y de abrir sus sellos; porque tú fuiste inmolado, y con tu sangre nos has redimido para Dios, de todo linaje y lengua y pueblo y nación» (Ap. 5:9).

«Y cantaban un cántico nuevo delante del trono … y nadie podía aprender el cántico sino aquellos ciento cuarenta y cuatro mil que fueron redimidos de entre los de la tierra» (Ap. 14:3).

«Y cantaban el cántico de Moisés siervo de Dios, y el cántico del Cordero, diciendo: Grandes y maravillosas son tus obras, Señor Dios Todopoderoso; justos y verdaderos son tus caminos, Rey de los santos» (Ap. 15:3).

c. El cielo será un lugar de servicio.

«… y sus siervos le servirán» (Ap. 22:3).

«Por esto están delante del trono de Dios, y le sirven día y noche en su templo…» (Ap. 7:15).

Aunque no podemos estar seguros de la naturaleza exacta de este servicio, sabemos por los pasajes que siguen que una parte de nuestro servicio para el Cordero será el ejercer autoridad y juicio sobre los hombres y los ángeles:

«Si sufrimos, también reinaremos con él…» (2 Ti. 2:12).

«¿O no sabéis que los santos han de juzgar al mundo? … ¿O no sabéis que hemos de juzgar a los ángeles?…» (1 Co. 6:2, 3).

«… y reinarán por los siglos de los siglos» (Ap. 22:5).

d. El cielo será un lugar de comunión. Se pregunta frecuentemente: «¿Nos reconoceremos unos a otros en el cielo?» Las Escrituras responden con un sí enfático. Durante su transfiguración, nuestro Señor habló abiertamente con Moisés y Elías (Mt. 17:3), cuando hacía siglos que estos dos héroes del Antiguo Testamento habían partido de la tierra, pero con todo se les reconocía como Moisés y Elías. Además, el apóstol Juan, durante su visión del Apocalipsis, ve y reconoce las diferencias entre ancianos, ángeles y los varios creyentes procedentes de todas las naciones de la tierra. Quizá la cúspide de esta bendita verdad la encontramos en el salmo del amor de Pablo:

«Ahora vemos por espejo, oscuramente; mas entonces veremos cara a cara. Ahora conozco en parte; pero entonces conoceré como fui conocido» (1 Co. 13:12).

No solamente gozarán los creyentes de la bendita comunión con otros creyentes sino algo más importante: nosotros conoceremos y seremos conocidos por el Salvador en una forma mucho más íntima de lo que es posible aquí en la tierra.

15. La duración.

«... y reinarán por los siglos de los siglos» (22:5).

II. Su esposo: el fiel Salvador (22:6-21).

A. Su promesa:

1. Que vendrá con toda seguridad (22:6): «Las cosas que deben suceder pronto.»
2. Que viene pronto (22:7): «¡He aquí, vengo pronto!» Véanse también los versículos 12 y 20.
3. Para galardonar a los fieles (22:12): «He aquí yo vengo pronto, y mi galardón conmigo, para recompensar a cada uno según sea su obra.»

B. Su mandamiento:

«No selles las palabras de la profecía de este libro, porque el tiempo está cerca» (Ap. 22:10).

C. Su autodescripción:

1. «Yo soy el Alfa y la Omega, el principio y el fin, el primero y el último» (Ap. 22:13).
2. «... Yo soy la raíz y el linaje de David, la estrella resplandeciente de la mañana» (Ap. 22:16).

D. Su invitación:

«Y el Espíritu y la Esposa dicen: Ven. Y el que oye, diga: Ven. Y el que tiene sed, venga; y el que quiera, tome del agua de la vida gratuitamente» (Ap. 22:17).

E. Su amonestación:

«Yo testifico a todo aquel que oye las palabras de la profecía de este libro: Si alguno añadiere a estas cosas, Dios traerá sobre él las plagas que están escritas en este libro. Y si alguno quitare de las palabras del libro de esta profecía, Dios quitará su parte del libro de la vida, y de la santa ciudad y de las cosas que están escritas en este libro» (Ap. 22:18, 19).

... Ven acá, yo te mostraré la desposada, la esposa del Cordero **(Ap. 21:9).**

Después de esto miré, y he aquí una gran multitud, la cual nadie podía contar, de todas naciones y tribus y pueblos y lenguas, que estaban delante del trono y en la presencia del Cordero, vestidos de ropas blancas, y con palmas en las manos; y clamaban a gran voz, diciendo: La salvación pertenece a nuestro Dios que está sentado en el trono, y al Cordero **(Ap. 7:9, 10).**

Entonces uno de los ancianos habló, diciéndome: Estos que están vestidos de ropas blancas, ¿quiénes son, y de dónde han venido? Yo le dije: Señor, tú lo sabes. Y él me dijo: Estos son los que han salido de la gran tribulación, y han lavado sus ropas, y las han emblanquecido en la sangre del Cordero **(Ap. 7:13, 14).**

El método teológico

Tal vez no haya otra palabra que haya sido distorsionada con tanto éxito por el diablo hoy como la palabra bíblica «doctrina». En la mente de millones de personas, la doctrina involucra los siguientes conceptos:

1. La doctrina es esa práctica absurda e inútil de discutir (en el espíritu y la tradición de los monjes medievales) cosas tales como: «¿Cuántos ángeles pueden bailar en la cabeza de un alfiler?» «¿Podría Dios crear una piedra tan pesada que no la pudiera levantar?» «¿Podría plantar un poste inamovible en el suelo y después tirarle una piedra que no se puede detener?»
2. La doctrina divide, mientras que el amor une.
3. No se puede mezclar la doctrina con el ganar almas.
4. La doctrina es pesada y teorética.
5. La doctrina está más allá del alcance de la mayor parte de la gente.
6. ¿Para qué aprender un cúmulo de doctrina cuando no vivimos a la altura de la luz que ahora tenemos?
7. La meta clave es permitir que la Biblia nos domine, y no gastar nuestras energías en dominar la Biblia.

Al contestar a estos alegatos, se podría decir que están tan alejados de la verdad como el Niño de Belén lo está de los renos de Papá Noel. No hace falta más que una breve refutación para cada argumento.

1. La verdadera doctrina bíblica no tiene absolutamente nada que ver con ángeles bailarines, piedras macizas, postes robustos y piedras veloces. La palabra *doctrina,* tal como se encuentra en la Biblia, se refiere a la recolección y presentación sistemática (y frecuentemente sencilla) de los hechos relacionados con cualquier gran conjunto de verdades.
2. La verdadera doctrina sí divide. Divide la luz de la oscuridad, el bien del mal y la vida de la muerte. Pero también une, porque los hombres pecaminosos no pueden conocer ni apropiarse del amor de Dios sin que haya doctrina.
3. No sólo se *pueden* mezclar las dos cosas, sino que se *deben* mezclar si se ha de cumplir con los mandamientos de Dios. Es emocionante notar que el ganador de almas más grande de todos los tiempos y el teólogo más grande que haya existido son la mismísima persona: el apóstol Pablo. El mismo hombre que fue de puerta en puerta, rogando con lágrimas que los hombres aceptaran a Cristo (Hch. 20:20, 21, 26), también escribió alrededor del cincuenta por ciento del Nuevo Testamento, incluyendo el más profundo de todos los libros doctrinales: la Epístola a los Romanos.
4. Por el contrario, la doctrina llena el corazón de los que leen y obedecen sus tremendas verdades con fuego y canción.

   «Y se decían el uno al otro: ¿No ardía nuestro corazón en nosotros, mientras nos hablaba en el camino, y cuando nos abría las Escrituras?» (Lc. 24:32).

   «Hablando entre vosotros con salmos, con himnos y cánticos espirituales, cantando y alabando al Señor en vuestros corazones» (Ef. 5:19).

   «Bienaventurado el que lee, y los que oyen las palabras de esta profecía, y guardan las cosas en ella escritas; porque el tiempo está cerca» (Ap. 1:3).

   «¡He aquí, vengo pronto! Bienaventurado el que guarda las palabras de la profecía de este libro» (Ap. 22:7).
5. Sencillamente no es cierto, y fue refutado por Cristo mismo.

   «En aquel tiempo, respondiendo Jesús, dijo: Te alabo, Padre, Señor del cielo y de la tierra, porque escondiste estas cosas de los sabios y de los entendidos, y las revelaste a los niños. Venid a mí todos los que estáis trabajados y cargados, y yo os haré descansar. Llevad mi yugo sobre vosotros, y aprended de mí, que soy manso y humilde de corazón; y hallaréis descanso para vuestras almas; porque mi yugo es fácil, y ligera mi carga» (Mt. 11:25, 28-30).
6. Seguir esta lógica distorsionada significaría no ir nunca más allá del primer mandamiento (Ex. 20:3), que dice que no hemos de tener ningún dios o interés por encima del verdadero Dios. ¿Pero quién no ha sido alguna vez culpable de esto? Deberíamos por lo tanto deducir que no hace falta guardar el sexto y el séptimo mandamiento («No matarás. No cometerás adulterio», Ex. 20:13, 14) sencillamente porque no siempre obedecemos el primer mandamiento?
7. Esta declaración es un disparate piadoso, porque no se puede estar ni remotamente influenciado, mucho menos dominado, por algo que se desconoce por completo. Es cierto que la meta del estudio bíblico es llegar a estar controlado por el Espíritu. Pero el *fruto* del Espíritu nunca puede llegar separado de la *raíz* del estudio personal.

Habiendo mencionado y contestado aquellas objeciones al estudio de la doctrina, veamos ahora algunas ventajas importantes de hacerlo.

1. La doctrina nos ayudará a salvarnos de la intoxicación teológica.

   «Entre tanto que voy, ocúpate en la lectura, la exhortación y la enseñanza. No descuides el don que hay en ti, que te fue dado mediante profecía con la imposición de las manos del presbiterio. Ocúpate en estas cosas; permanece en ellas, para que tu aprovechamiento sea manifiesto a todos. Ten cuidado de ti mismo y de la doctrina; persiste en ello, pues haciendo esto, te salvarás a ti mismo y a los que te oyeren» (1 Ti. 4:13-16).

   «Pero el Espíritu dice claramente que en los postreros tiempos algunos apostatarán de la fe, escuchando a espíritus engañadores y a doctrinas de demonios» (1 Ti. 4:1).

«Te encarezco delante de Dios y del Señor Jesucristo, que juzgará a los vivos y a los muertos en su manifestación y en su reino, que prediques la palabra; que instes a tiempo y fuera de tiempo; redarguye, reprende, exhorta con toda paciencia y doctrina. Porque vendrá tiempo cuando no sufrirán la sana doctrina, sino que teniendo comezón de oír, se amontonarán maestros conforme a sus propias concupiscencias, y apartarán de la verdad el oído y se volverán a las fábulas» (2 Ti. 4:1-4).

2. La doctrina nos ayudará a afirmarnos.
   «Para que ya no seamos niños fluctuantes, llevados por doquiera de todo viento de doctrina, por estratagema de hombres que para engañar emplean con astucia las artimañas del error» (Ef. 4:14).
3. La doctrina nos familiarizará con los detalles del plan eterno de Dios.
   a. En cuanto a la historia de Israel.
      «Porque no quiero, hermanos, que ignoréis, que nuestros padres todos estuvieron bajo la nube, y todos pasaron el mar» (1 Co. 10:1).
   b. En cuanto a la restauración de Israel.
      «Porque no quiero, hermanos, que ignoréis este misterio, para que no seáis arrogantes en cuanto a vosotros mismos: que ha acontecido a Israel endurecimiento en parte, hasta que haya entrado la plenitud de los gentiles» (Ro. 11:25).
   c. En cuanto a los dones espirituales.
      «No quiero, hermanos, que ignoréis acerca de los dones espirituales» (1 Co. 12:1).
   d. En cuanto al arrebatamiento.
      «Tampoco queremos, hermanos, que ignoréis acerca de los que duermen, para que no os entristezcáis como los otros que no tienen esperanza» (1 Ts. 4:13).
   e. En cuanto a la destrucción de la tierra.
      «Mas, oh amados, no ignoréis esto: que para con el Señor un día es como mil años, y mil años como un día. Pero el día del Señor vendrá como ladrón en la noche; en el cual los cielos pasarán con grande estruendo, y los elementos ardiendo serán deshechos, y la tierra y las obras que en ella hay serán quemadas» (2 P. 3:8, 10).
4. La doctrina nos ayuda a edificarnos.
   «Procura con diligencia presentarte a Dios aprobado, como obrero que no tiene de qué avergonzarse, que usa bien la palabra de verdad» (2 Ti. 2:15).
5. La doctrina nos ayuda a equiparnos.
   «Mas los malos hombres y los engañadores irán de mal en peor, engañando y siendo engañados. Pero persiste tú en lo que has aprendido y te persuadiste, sabiendo de quién has aprendido; y que desde la niñez has sabido las Sagradas Escrituras, las cuales te pueden hacer sabio para la salvación por la fe que es en Cristo Jesús. Toda la Escritura es inspirada por Dios, y útil para enseñar, para redargüir, para corregir, para instruir en justicia, a fin de que el hombre de Dios sea perfecto, enteramente preparado para toda buena obra» (2 Ti. 3:13-17).
   «Por lo demás, hermanos míos, fortaleceos en el Señor, y en el poder de su fuerza. Vestíos de toda la armadura de Dios, para que podáis estar firmes contra las asechanzas del diablo. Porque no tenemos lucha contra sangre y carne, sino contra principados, contra potestades, contra los gobernadores de las tinieblas de este siglo, contra huestes espirituales de maldad en las regiones celestes. Por tanto, tomad toda la armadura de Dios, para que podáis resistir en el día malo, y habiendo acabado todo, estar firmes. Estad, pues, firmes, ceñidos vuestros lomos con la verdad, y vestidos con la coraza de justicia, y calzados los pies con el apresto del evangelio de paz. Sobre todo, tomad el escudo de la fe, con que podáis apagar todos los dardos de fuego del maligno. Y tomad el yelmo de la salvación, y la espada del Espíritu, que es la palabra de Dios» (Ef. 6:10-17).

LA DOCTRINA DE LA TRINIDAD

LA DOCTRINA DE LA TRINIDAD

I. La existencia de Dios. La idea más grande y más profunda que pueda concebir la mente humana atañe la posibilidad de la existencia de un Dios personal. La magnitud de la importancia de la respuesta del hombre a esta idea no puede ser exagerada, porque la misma, no sólo gobernará su vida aquí, sino que también determinará su destino final. Si no se puede contestar satisfactoriamente la pregunta de *quién*, es imposible resolver los problemas de cómo, por qué, cuándo y dónde de la existencia propia.

A. Algunos argumentos filosóficos a favor de la existencia de Dios.

1. El argumento de la creencia universal: Toda la humanidad tiene alguna idea de un Ser supremo. Este argumento ha sido desafiado frecuentemente pero nunca refutado. Aunque los conceptos de Dios encontrados en muchas culturas y civilizaciones varían grandemente en cuanto al número, el nombre y la naturaleza de este Ser supremo, sin embargo la idea es la misma. Un ejemplo clásico es la sorprendente historia de Helen Keller (1880-1968). A los dos años de edad, la señorita Keller se quedó ciega, sorda y sin el sentido del olfato. Después de meses de esfuerzos angustiosos y estériles por parte de la maestra para comunicarse con esta niña, ocurrió un milagro. Un día Helen comprendió repentinamente el concepto y el significado del agua corriente. Desde este humilde fundamento, la señorita Keller construyó una alta torre de pensamiento, incluyendo la habilidad de usar la voz para hablar. Se convirtió en un ser humano educado y elocuente. Poco después de haber progresado al punto de poder participar en la conversación, se le habló de Dios y de su amor al mandar a Cristo a morir en la cruz. Se dice que respondió con gozo: «¡Siempre supe que estaba ahí, pero no sabía su nombre!»

2. El argumento cosmológico: todo efecto debe tener una causa adecuada. Robert Culver escribe:

«Uno de los grandes nombres de las ciencias, las matemáticas y la filosofía de Gran Bretaña es Sir Isaac Newton (1642-1727). Sir Isaac se hizo construir un modelo del sistema solar en miniatura. Había una gran bola dorada representando el sol en el centro, y alrededor de ella giraban esferas más pequeñas, representando los planetas: Mercurio, Venus, Tierra, Marte, Júpiter y los demás. Cada uno permanecía en una órbita relativamente igual a la del verdadero sistema solar. Por medio de varas, ruedas dentadas y correas, todo se movía alrededor de la bola dorada central con precisión exacta. Un amigo visitó al famoso hombre un día cuando estaba estudiando el modelo. El amigo no creía en la doctrina bíblica de la creación divina. Según los informes, la conversación fue la siguiente:

Amigo: "Newton, ¡qué cosa tan exquisita! ¿Quién te la hizo?"

Newton: "Nadie."

Amigo: "¿Nadie?"

Newton: "¡Así es! ¡Dije que nadie! Todas estas bolas y varas y ruedas y correas y engranajes se juntaron por casualidad y, maravilla de maravillas, ¡por casualidad empezaron a girar en sus órbitas fijas con perfecta coordinación!"

Por supuesto que el visitante entendió el argumento implícito: "En el principio creó Dios los cielos y la tierra."» (*The Living God*, pp. 29, 30.)

3. El argumento ontológico: «El hombre tiene una idea del Ser Más Perfecto. Esta idea incluye la idea de la existencia, ya que un ser, de otro modo perfecto, que no existiera no sería tan perfecto como un ser perfecto que existe. Por lo tanto, ya que la idea de la existencia está contenida en la idea del Ser Más Perfecto, el Ser Más Perfecto tiene que existir.» (C.C. Ryrie, *Síntesis de doctrina bíblica*, Editorial Portavoz, p. 15.)

4. El argumento antropológico: la conciencia y la naturaleza moral del hombre exigen un Creador consciente y moral. Este barómetro interno no provee ninguna información, y la información sobre la cual pasa juicio puede ser incorrecta. Pero aun así, la conciencia nos dice que *deberíamos* hacer lo correcto con respecto a la información que tenemos. Robert Culver escribe:

«Este sentido del deber puede estar débil (1 Co. 8:12), bien (1 P. 3:16), mancillado (1 Co. 8:7), endurecido (1 Ti. 4:2), fuerte o puro (1 Co. 8:7, 9). Pero nunca está ausente. La única explicación adecuada es que el gran Ser Moral, que nos creó a todos, implantó el sentido moral en nosotros. Ninguna otra explicación es adecuada.» (*The Living God*, p. 31.)

B. Argumentos bíblicos a favor de la existencia de Dios. Ninguno. La Biblia simplemente da por sentado la existencia de Dios.

Salmo 14:1: «Dice el necio en su corazón: No hay Dios. Se han corrompido, hacen obras abominables; no hay quien haga el bien.»

Hebreos 11:6: «Pero sin fe es imposible agradar a Dios; porque es necesario que el que se acerca a Dios crea que le hay, y que es galardonador de los que le buscan.»

Clark Pinnock resume todo esto acertadamente cuando escribe:

«Para las Escrituras entonces, la existencia de Dios es tanto una verdad histórica (Dios obró en la historia) como una verdad existencial (Dios se revela a toda alma). Su existencia es tanto objetiva como subjetivamente evidente. Es necesaria *lógicamente* porque nuestra suposición de orden, diseño y racionalidad descansa en ella. Es necesaria *moralmente* porque no hay ninguna explicación para la forma de la moralidad aparte de ella. Es necesaria *personalmente* porque el agotamiento de las posibilidades materiales todavía no puede satisfacer el corazón [del hombre]. La prueba más profunda a favor de la existencia de Dios aparte de la historia es la vida misma. Dios ha creado al hombre a su imagen, y el hombre no puede eludir las implicaciones de este hecho. Su identidad lo persigue por dondequiera.» (*Set Forth Your Case*, p. 77.)

II. La definición de Dios.

No hay sino un solo Dios, vivo y verdadero, infinito en su ser y perfección, espíritu puro, invisible, sin cuerpo, partes o pasiones, inmutable, inmenso, eterno, incomprensible, todopoderoso, sapientísimo, santísimo, libre, absoluto, que hace todas las cosas según el consejo de su propia voluntad, que es inmutable y justísima, y para su propia gloria; es amoroso, benigno y misericordioso, paciente, abundante en bondad y verdad, perdonador de la iniquidad, la transgresión y el pecado; galardonador de todos los que le buscan con diligencia, y sobre todo muy justo y terrible en sus juicios, que odia todo pecado, y que de ninguna manera dará por inocente al culpable. (*Catecismo de Westminster*, p. 12.)

III. Los nombres de Dios.

A. *Elohim:* es usado 2.570 veces; se refiere al poder y la fuerza de Dios.

Génesis 1:1: «En el principio creó Dios los cielos y la tierra.»

Salmo 19:1: «Los cielos cuentan la gloria de Dios, y el firmamento anuncia la obra de sus manos.»

B. *El:* cuatro compuestos de su nombre. Hay dos ocasiones significativas en las que se usó este nombre en el Antiguo Testamento. Una fue en labios del primer soberano de Jerusalén, y la otra del primer pecador de la historia.

1. *Elyon:* el poderoso más poderoso.

a. El primer soberano de Jerusalén (Melquisedec).

Génesis 14:17-20: «Cuando volvía de la derrota de Quedarlaomer y de los reyes que con él estaban, salió el rey de Sodoma a recibirlo en el valle de Save, que es el Valle del Rey. Entonces Melquisedec, rey de Salem, y sacerdote del Dios Altísimo, sacó pan y vino; y le bendijo, diciendo: Bendito sea Abram del Dios Altísimo, creador de los cielos y de la tierra; y bendito sea el Dios Altísimo, que entregó tus enemigos en tu mano. Y le dio Abram los diezmos de todo.»

b. El primer pecador de la historia (Satanás).

Isaías 14:13, 14: «Tú que decías en tu corazón: Subiré al cielo; en lo alto, junto a las estrellas de Dios, levantaré mi trono, y en el monte del testimonio me sentaré, a los lados del norte; sobre las alturas de las nubes subiré y seré semejante al Altísimo.»

2. *Roi:* el poderoso que ve. En Génesis 16, una Sarai iracunda y estéril había echado a su sirvienta embarazada y arrogante Hagar al desierto. Cuando ya no quedaba ninguna esperanza de sobrevivir, esta muchacha egipcia y pagana fue visitada y atendida por El Roi mismo: el Dios poderoso que ve.

Génesis 16:13: «Entonces llamó el nombre de Jehová, que con ella hablaba: Tú eres Dios que ve; porque dijo: ¿No he visto también aquí al que me ve?»

3. *Shaddai:* el que tiene seno. Es usado cuarenta y ocho veces en el Antiguo Testamento. La palabra hebrea *shad* se usa frecuentemente para designar el seno de una madre que amamanta.

Génesis 17:1: «Era Abram de edad de noventa y nueve años, cuando le apareció Jehová y le dijo: Yo soy el Dios Todopoderoso; anda delante de mí y sé perfecto.»

Esta revelación de Dios le llegó a Abraham en un momento de mucha necesidad en su vida. Su pecado al casarse con Hagar (Gn. 16) indudablemente impidió esa comunión plena y libre que había fluido antes entre él y Dios. Además, ahora era un hombre anciano, de casi 100 años, humanamente incapaz de engendrar el largamente esperado heredero.

Salmo 91:1: «El que habita al abrigo del Altísimo morará bajo la sombra del Omnipotente.»

4. *Olam:* el Dios eterno. Isaías 40 generalmente se considera uno de los más grandes capítulos del Antiguo Testamento. El profeta empieza prediciendo tanto la Primera como la Segunda Venida de Cristo. Después contrasta el impresionante poder del verdadero Dios con la miserable impotencia de todos los ídolos. Pero al Israel carnal le costaba aceptarlo, preguntándose cómo podrían suceder estos maravillosos acontecimientos para disipar sus dudas. Isaías declara:

Isaías 40:28-31: «¿No has sabido, no has oído que el Dios eterno es Jehová, el cual creó los confines de la tierra? No desfallece, ni se fatiga con cansancio, y su entendimiento no hay quien lo alcance. El da esfuerzo al cansado, y multiplica las fuerzas al que no tiene ningunas. Los muchachos se fatigan y se cansan, los jóvenes flaquean y caen; pero los que esperan a Jehová tendrán nuevas fuerzas; levantarán alas como águilas; correrán, y no se cansarán; caminarán, y no se fatigarán.»

C. *Adonai:* Amo, Señor. Dios es dueño de toda su creación.

Malaquías 1:6: «El hijo honra al padre, y el siervo a su señor. Si, pues, soy yo padre, ¿dónde está mi honra? Y si soy Señor, ¿dónde está mi temor? dice Jehová de los ejércitos a vosotros, oh sacerdotes, que menospreciáis mi nombre. Y decís: ¿En qué hemos menospreciado tu nombre?»

El nombre hebreo del Antiguo Testamento *Adonai* y su contraparte griega del Nuevo Testamento *Kurios* describen la relación entre el amo y el esclavo. De este modo *Adonai* conlleva una implicación doble.

1. El amo tiene el derecho de exigir la obediencia. Robert Lightner escribe:

«En la época del Antiguo Testamento, el

esclavo era posesión absoluta de su amo, sin ningún derecho propio. Su deber principal era el de llevar a cabo los deseos de su amo. El esclavo tenía una relación y una responsabilidad diferentes de las del siervo empleado. El siervo empleado podía renunciar si no le gustaban las órdenes de su amo. Pero no así el esclavo; éste no podía hacer otra cosa más que obedecer (cp. Gn. 24:1-12).» (*The God of the Bible*, p. 116.)

2. El esclavo tiene la provisión. Cito a Lightner nuevamente:

   «El esclavo no tenía ninguna preocupación propia. Era asunto del amo proveerle de alimento, abrigo y suplir las necesidades de la vida. Ya que el esclavo es posesión del amo, sus necesidades se convierten en las del amo. La obediencia es la única condición para esta provisión. Esta verdad está maravillosamente demostrada en Pablo, que era un esclavo, cuando les aseguró a los filipenses que Dios les proporcionaría todo lo que necesitaban (Fil. 4:19). Sólo el esclavo obediente puede esperar esto de su amo.» (*Ibid.* p. 117.)

D. *Jehová*. El nombre más común de Dios. Aparece 6.823 veces. El Dios de existencia propia, el Dios del pacto (Gn. 2:4). Los siguientes nueve nombres son compuestos de Jehová:

1. *Jireh:* el Señor proveerá.

   Génesis 22:13, 14: «Entonces alzó Abraham sus ojos y miró, y he aquí a sus espaldas un carnero trabado en un zarzal por sus cuernos; y fue Abraham y tomó el carnero, y lo ofreció en holocausto en lugar de su hijo. Y llamó Abraham el nombre de aquel lugar, Jehová proveerá. Por tanto se dice hoy: En el monte de Jehová será provisto.»

2. *Nisi:* el Señor, mi estandarte.

   Éxodo 17:15: «Y Moisés edificó un altar, y llamó su nombre Jehová-nisi.»

   Este pasaje es significativo, porque marca la primera batalla y la victoria subsiguiente de Israel en su marcha después de salir de Egipto. El gran legislador Moisés subió a un monte, y con los brazos abiertos oró por los ejércitos israelitas, encabezados por Josué, en su batalla campal en contra de los feroces amalecitas.

3. *Salom:* el Señor es paz.

   Jueces 6:24: «Y edificó allí Gedeón altar a Jehová, y lo llamó Jevohá-salom; el cual permanece hasta hoy en Ofra de los abiezeritas.»

   Al estudiar el relato apasionante de Gedeón, se lee cómo Jehovah-salom en verdad le trajo paz a Israel por encima de los madianitas a través de este guerrero y sus 300 soldados trompetistas.

4. *Sabaot:* el Señor de las huestes. *Sabaot* se deriva de la palabra hebrea *tsaba*, que significa «hueste». El Señor de las huestes es una referencia al capitán de los ejércitos celestiales. Se dice que estos ejércitos están compuestos por ángeles. (Véanse Sal. 68:17; 104:4; 148:2; Mt. 26:53.) Cristo mismo es su líder. (Véase Jos. 5:14.) El gran profeta Isaías describe su visión, durante la cual se le permitió ver a Jehová de los ejércitos (Is. 6:3).

   Isaías 6:1-3: «En el año que murió el rey Uzías vi yo al Señor sentado sobre un trono alto y sublime, y sus faldas llenaban el templo. Por encima de él había serafines; cada uno tenía seis alas; con dos cubrían sus rostros, con dos cubrían sus pies, y con dos volaban. Y el uno al otro daba voces, diciendo: ¡Santo, santo, santo, Jehová de los ejércitos; ¡toda la tierra está llena de su gloria!»

5. *Maccaddeschcem:* el Señor tu Santificador.

   Éxodo 31:13: «Tú hablarás a los hijos de Israel, diciendo: En verdad vosotros guardaréis mis días de reposo; porque es señal entre mí y vosotros por vuestras generaciones, para que sepáis que yo soy Jehová, que os santifico.»

   Este gran nombre para Dios, primero mencionado en Éxodo, aparece muchas veces en el libro siguiente, Levítico. Ser santificado es ser apartado, y eso es lo que Dios deseaba hacer con su pueblo: apartarlo para un servicio especial.

6. *Rohi* (Raah): el Señor mi pastor.

   Salmo 23:1: «Jehová es mi pastor; nada me faltará.»

   De todos los nombres compuestos de Jehová, este es el título que más fácilmente se comprende: ese Dios Pastor bueno, grande y supremo.

7. *Tsidkenu:* el Señor nuestra justicia.

   Jeremías 23:6: «En sus días será salvo Judá, e Israel habitará confiado; y este será su nombre con el cual le llamarán: JEHOVÁ, JUSTICIA NUESTRA.»

   Según Jeremías, el nombre oficial del Mesías durante el milenio futuro será Jehová-Tsidkenu.

8. *Sama:* el Señor que está presente.

   Ezequiel 48:35: «En derredor tendrá dieciocho mil cañas. Y el nombre de la ciudad aquel día será: Jehová-sama.»

   En este pasaje, Ezequiel nos describe las dimensiones del templo milenario y después nos da el nuevo nombre para Jerusalén durante la edad de oro de la tierra: Jehová-sama.

9. *Rafa:* el Señor nuestro sanador.

   Éxodo 15:26: «Y dijo: Si oyeres atentamente la voz de Jehová tu Dios, e hicieres lo recto delante sus ojos, y dieres oído a sus mandamientos, y guardares todos sus estatutos, ninguna enfermedad de las que envié a los egipcios te enviaré a ti; porque yo soy Jehová tu sanador.»

   Por medio de este nuevo nombre Dios le presentó a Israel los términos de su «seguro médico» cuando iban rumbo a Canaán. ¡Si tan sólo hubieran aceptado este plan tan misericordioso!

IV. La naturaleza de Dios.

A. Dios es espíritu. Emery Bancroft ha escrito:

   «Dios, siendo espíritu, es incorpóreo, invisible, sin sustancia material, sin partes físicas o pasiones, y en consecuencia, libre de todas las limitaciones temporales.» (*Fundamentos de teología bíblica*, Editorial Portavoz, p. 52.)

   Jesús lo aclaró cuando le dijo a la mujer samaritana: «Dios es espíritu; y los que le adoran, en espíritu y en verdad es necesario que adoren» (Jn. 4:24). Algunos se han perturbado, sin embargo, al comparar esta declaración con ciertas expresiones del Antiguo Testamento que hablan de los brazos de Dios (Dt. 33:27), sus ojos (Sal. 33:18), sus oídos (2 R. 19:16) y su boca (Is. 58:14). Sin embargo, estos términos no son más que expresiones antropomórficas. Una expresión antropomórfica es un término que se usa para explicar alguna función o característica de Dios usando palabras descriptivas de elementos humanos. Robert Lightner escribe:

«Tales expresiones no significan que Dios posea estas partes físicas. Él es Espíritu (Jn. 4:24). Más bien, significan que ya que Dios es espíritu y es eterno, es capaz de ejercer exactamente las funciones ejercidas por estas propiedades físicas del hombre.» (*The God of the Bible*, p. 67.)

B. Dios es una persona. Nuevamente cito a Robert Lightner:

«La personalidad involucra la existencia con el poder del autoconocimiento y la autodeterminación. Ser autoconsciente significa poder estar consciente de sí mismo entre los demás. Es más que la mera conciencia. Aun los animales poseen algo que los hace conscientes de las cosas que los rodean. La bestia, sin embargo, no puede objetivarse. El hombre, en contraste con la bestia, posee tanto la conciencia como el autoconocimiento. La autodeterminación tiene que ver con la habilidad de mirar hacia el futuro y preparar un curso de acción inteligente. También involucra el poder de la elección. La bestia también tiene determinación, pero no tiene autodeterminación, es decir, el poder de actuar por su propia voluntad libre y así determinar sus acciones. Generalmente se acepta que hay tres elementos de personalidad: intelecto, emoción y voluntad.» (*Ibid.*, p. 65.)

De este modo, como Persona, Dios exhibe todos los elementos involucrados en la personalidad.

1. Crea.

   Génesis 1:1: «En el principio creó Dios los cielos y la tierra.»

2. Destruye.

   Génesis 18:20; 19:24, 25: «Entonces Jehová le dijo: Por cuanto el clamor contra Sodoma y Gomorra se aumenta más y más, y el pecado de ellos se ha agravado en extremo. Entonces Jehová hizo llover sobre Sodoma y sobre Gomorra azufre y fuego de parte de Jehová desde los cielos; y destruyó las ciudades, y toda aquella llanura, con todos los moradores de aquellas ciudades, y el fruto de la tierra.»

3. Provee.

   Salmo 104:27-30: «Todos ellos esperan en ti, para que les des su comida a su tiempo. Les das, recogen; abres tu mano, se sacian de bien. Escondes tu rostro, se turban; les quitas el hálito, dejan de ser, y vuelven al polvo. Envías tu espíritu, son creados, y renuevas la faz de la tierra.»

4. Enaltece.

   Salmo 75:6, 7: «Porque ni de oriente ni de occidente, ni del desierto viene el enaltecimiento. Mas Dios es el juez; a éste humilla, y a aquél enaltece.»

5. Tiene cuidado.

   1 Pedro 5:6,7: «Humillaos, pues, bajo la poderosa mano de Dios, para que él os exalte cuando fuere tiempo; echando toda vuestra ansiedad sobre él, porque él tiene cuidado de vosotros.»

6. Oye.

   Salmo 94:9, 10: «El que hizo el oído, ¿no oirá? El que formó el ojo, ¿no verá? El que castiga a las naciones, ¿no reprenderá? ¿No sabrá el que enseña al hombre la ciencia?»

7. Aborrece.

   Proverbios 6:16: «Seis cosas aborrece Jehová, y aun siete abomina su alma.»

8. Se duele.

   Génesis 6:6: «Y se arrepintió Jehová de haber hecho hombre en la tierra, y le dolió en su corazón.»

9. Ama.

   Juan 3:16: «Porque de tal manera amó Dios al mundo, que ha dado a su Hijo unigénito, para que todo aquel que en él cree, no se pierda, mas tenga vida eterna.»

C. Dios es uno.

Deuteronomio 6:4, 5: «Oye, Israel: Jehová nuestro Dios, Jehová uno es. Y amarás a Jehová tu Dios de todo tu corazón, y de toda tu alma, y con todas tus fuerzas.»

1 Reyes 8:60: «A fin de que todos los pueblos de la tierra sepan que Jehová es Dios, y que no hay otro.»

Isaías 44:6-8: «Así dice Jehová Rey de Israel, y su Redentor, Jehová de los ejércitos: Yo soy el primero, y yo soy el postrero, y fuera de mí no hay Dios. ¿Y quién proclamará lo venidero, lo declarará y lo pondrá en orden delante de mí, como hago yo desde que establecí el pueblo antiguo? Anúncienles lo que viene, y todo lo que está por venir. No temáis, ni os amedrentéis; ¿no te lo hice oír desde la antigüedad, y te lo dije? Luego vosotros sois mis testigos. No hay Dios sino yo. No hay fuerte; no conozco ninguno.»

Isaías 45:5, 6: «Yo soy Jehová, y ninguno más hay; no hay Dios fuera de mí. Yo te ceñiré, aunque tú no me conociste, para que sepa desde el nacimiento del sol, y hasta donde se pone, que no hay más que yo; yo Jehová, y ninguno más que yo.»

Isaías 46:9: «Acordaos de las cosas pasadas desde los tiempos antiguos; porque yo soy Dios, y no hay otro Dios, y nada hay semejante a mí.»

Efesios 4:4-6: «Un cuerpo, y un Espíritu, como fuisteis también llamados en una misma esperanza de vuestra vocación; un Señor, una fe, un bautismo, un Dios y Padre de todos, el cual es sobre todos, y por todos, y en todos.»

1 Timoteo 2:5: «Porque hay un solo Dios, y un solo mediador entre Dios y los hombres, Jesucristo hombre.»

D. Dios es una Trinidad. C. C. Ryrie escribe:

«Hay solo un Dios, pero en la unidad de la Divinidad hay tres Personas eternas y coiguales, iguales en sustancia, pero distintas en subsistencia.» (*Síntesis de doctrina bíblica*, p. 36.)

Robert Culver escribe:

«Tradicionalmente se han empleado dos expresiones para designar ciertas relaciones internas entre el Padre y el Hijo, y el Padre y el Hijo con el Espíritu. Estas dos expresiones son la generación eterna del Hijo por el Padre y la eterna espiración (o procesión) del Espíritu proveniente del Padre y el Hijo. Se empezaron a utilizar alrededor de la época del Concilio de Nicea (325 d.C.). Expresaban en idioma bíblico la idea de que el Hijo y el Espíritu estaban eternamente con la Divinidad. Juan 1:14 se refiere a nuestro Señor como el "unigénito" del Padre. Y Juan 14:16, 26 y 15:26 hablan del Espíritu que "procede del Padre y del Hijo".» (*The Living God*, p. 96.)

1. Ideas falsas acerca de la Trinidad. Hay dos errores serios acerca de la doctrina de la Trinidad.
   a. El error del triteísmo. Esta doctrina sostiene que la Trinidad consiste en tres Dioses separados (pero coadyuvantes).
   b. El error del modalismo. Según esta idea hay un solo Dios que sencillamente se revela a través de tres diferentes modalidades, o papeles. Por ejemplo, un hombre individual podría ser considerado el *esposo* de su mujer, el *padre* de sus hijos y el *empleado* de su jefe.
2. Ilustraciones propuestas para demostrar la Trinidad. A través de la historia de la Iglesia se han ofrecido varias ilustraciones para demostrar la Trinidad. A continuación hay siete de tales ejemplos. Los primeros cuatro no tienen ningún fundamento bíblico, mientras que los últimos tres tienen algunas posibilidades limitadas.
   a. El trébol.
   b. Los tres estados del agua (líquido, vapor y sólido).
   c. La naturaleza tripartita del hombre (cuerpo, alma, espíritu).
   d. Las tres partes del huevo (cáscara, clara, yema).
   e. La naturaleza de la luz, que consiste en tres tipos de rayos:
      (1) los rayos químicos: rayos que son invisibles y no se pueden sentir ni ver.
      (2) los rayos de luz: rayos que se ven pero no se pueden sentir.
      (3) los rayos de calor: rayos que se sienten pero nunca se ven.
   f. El ejemplo dimensional: un libro es alto, ancho y largo. Estas tres cosas no se pueden separar, pero no son lo mismo.
   g. El triángulo.
3. Pasajes del Antiguo Testamento sobre la Trinidad.
   a. El primer nombre usado para Dios: Elohim (Gn. 1:1). Este nombre es plural pero está unido a un verbo singular.
   b. La creación del hombre.
      Génesis 1:26: «Entonces dijo Dios: Hagamos al hombre a nuestra imagen, conforme a nuestra semejanza; y señoree en los peces del mar, en las aves del cielo, en las bestias, en toda la tierra, y en todo animal que se arrastra sobre la tierra.»
   c. La expulsión del Edén.
      Génesis 3:22: «Y dijo Jehová Dios: He aquí el hombre es como uno de nosotros, sabiendo el bien y el mal; ahora, pues, que no alargue su mano, y tome también del árbol de la vida, y coma y viva para siempre.»
   d. La confusión de Babel.
      Génesis 11:7: «Ahora, pues, descendamos y confundamos allí su lengua, para que ninguno entienda el habla de su compañero.»
   e. El uso de la misma palabra, *echad*, en Génesis 2:24 y en Deuteronomio 6:4. *Echad* es la palabra hebrea para «uno». Estos pasajes enseñan que Dios es uno, como el marido y la mujer son uno.
   f. Las enseñanzas del rey Agur.
      Proverbios 30:4: «¿Quién subió al cielo, y descendió? ¿Quién encerró los vientos en sus puños? ¿Quién ató las aguas en un paño? ¿Quién afirmó todos los términos de la tierra? ¿Cuál es su nombre, y el nombre de su hijo, si sabes?»
   g. Las formas plurales usadas en Eclesiastés 12:1 e Isaías 54:5.
      (1) «Acuérdate de tu Creador en los días de tu juventud...» (Ec. 12:1). En el original es literalmente «tus creadores».
      (2) «Porque tu marido es tu Hacedor...» (Is. 54:5). Aquí «hacedor» debería ser traducido por «hacedores».
   h. Las conversaciones triunas en Isaías.
      Isaías 6:8: «Después oí la voz del Señor, que decía: ¿A quién enviaré, y quién irá por nosotros? Entonces respondí yo: Heme aquí, envíame a mí.»
      Isaías 48:16: «Acercaos a mí, oíd esto: Desde el principio no hablé en secreto; desde que eso se hizo, allí estaba yo; y ahora me envió Jehová el Señor, y su Espíritu.»
      Isaías 63:9, 10: «En toda angustia de ellos él fue angustiado, y el ángel de su faz los salvó; en su amor y en su clemencia los redimió, y los trajo, y los levantó todos los días de la antigüedad. Mas ellos fueron rebeldes, e hicieron enojar su Espíritu Santo; por lo cual se les volvió enemigo, y él mismo peleó contra ellos.»
   i. La conversación entre el Padre y el Hijo en los Salmos.
      Salmo 2:1-7: «¿Por qué se amotinan las gentes, y los pueblos piensan cosas vanas? Se levantarán los reyes de la tierra, y príncipes consultarán unidos contra Jehová y contra su ungido, diciendo: Rompamos sus ligaduras, y echemos de nosotros sus cuerdas. El que mora en los cielos se reirá; el Señor se burlará de ellos. Luego hablará a ellos en su furor, y los turbará con su ira. Pero yo he puesto mi rey sobre Sion, mi santo monte. Yo publicaré el decreto; Jehová me ha dicho: Mi hijo eres tú; yo te engendré hoy.»
      Salmo 45:6-8: «Tu trono, oh Dios, es eterno y para siempre; cetro de justicia es el cetro de tu reino. Has amado la justicia y aborrecido la maldad; por tanto, te ungió Dios, el Dios tuyo, con óleo de alegría más que a tus compañeros. Mirra, áloe y casia exhalan todos tus vestidos; desde palacios de marfil te recrean.»
      Salmo 110:1-5: «Jehová dijo a mi Señor: Siéntate a mi diestra, hasta que ponga a tus enemigos por estrado de tus pies.

Jehová enviará desde Sion la vara de tu poder; domina en medio de tus enemigos. Tu pueblo se te ofrecerá voluntariamente en el día de tu poder, en la hermosura de la santidad. Desde el seno de la aurora tienes tú el rocío de tu juventud. Juró Jehová, y no se arrepentirá: tú eres sacerdote para siempre según el orden de Melquisedec. El Señor está a tu diestra; quebrantará a los reyes en el día de su ira.»

4. Pasajes del Nuevo Testamento sobre la Trinidad.
   a. El bautismo de Cristo.
      Mateo 3:16, 17: «Y Jesús, después que fue bautizado, subió luego del agua; y he aquí los cielos le fueron abiertos, y vio al Espíritu de Dios que descendía como paloma, y venía sobre él. Y hubo una voz de los cielos, que decía: Este es mi Hijo amado, en quien tengo complacencia.»
   b. La tentación de Cristo.
      Mateo 4:1: «Entonces Jesús fue llevado por el Espíritu al desierto, para ser tentado por el diablo.»
   c. Las enseñanzas de Jesús.
      Juan 14:16: «Y yo rogaré al Padre, y os dará otro Consolador, para que esté con vosotros para siempre.»
      La palabra griega aquí traducida por «otro» es *allos*, que significa otro del mismo tipo. *Heteros* es la palabra griega que se usa para otro de un tipo diferente. Esta última nunca se usa con referencia a la Trinidad.
      Juan 14:26: «Mas el Consolador, el Espíritu Santo, a quien el Padre enviará en mi nombre, él os enseñará todas las cosas, y os recordará todo lo que yo os he dicho.»
   d. La fórmula bautismal.
      Mateo 28:19, 20: «Por tanto, id, y haced discípulos a todas las naciones, bautizándolos en el nombre del Padre, y del Hijo, y del Espíritu Santo; enseñándoles que guarden todas las cosas que os he mandado; y he aquí yo estoy con vosotros todos los días, hasta el fin del mundo. Amén.»
   e. La bendición apostólica.
      2 Corintios 13:14: «La gracia del Señor Jesucristo, el amor de Dios, y la comunión del Espíritu Santo sean con todos vosotros. Amén.»
5. Un resumen bíblico de la Trinidad.
   a. El Padre es Dios (Jn. 6:44-46; Ro. 1:7; 1 P. 1:2).
   b. El Hijo es Dios (Is. 9:6; Jn. 1:1, 20:28).
   c. El Espíritu es Dios (Hch. 5:3, 4; He. 9:14).

V. Los atributos de Dios. Reducido a la definición más sencilla, un atributo de Dios es lo que Dios ha revelado de algún modo como cierto respecto de sí mismo. Algunos teólogos prefieren la palabra «perfección» en lugar de atributo. A.W. Tozer ha escrito:

«Si un atributo es algo cierto acerca de Dios, también es algo que podemos concebir como cierto acerca de él. Dios, siendo infinito, debe poseer atributos acerca de los cuales no podemos saber nada.» (*The Knowledge of the Holy*, p. 19.)

«En el terrible abismo del ser divino pueden yacer atributos de los cuales no sabemos nada y que no tienen ningún significado para nosotros, así como los atributos de misericordia y gracia no pueden tener ningún significado personal para los serafines o los querubines. Estos seres santos pueden saber de estas cualidades de Dios, pero son incapaces de sentirlas comprensivamente por el motivo de que no han pecado, y por lo tanto no provocan la misericordia y la gracia de Dios. Así que puede haber, y creo que seguramente debe haber, otros aspectos del ser esencial de Dios que no ha revelado aún a sus hijos redimidos e iluminados por el Espíritu.» (*Ibid*, p. 52.)

Por último, se debe llegar a la conclusión de que hay facetas escondidas de la naturaleza de Dios, totalmente desconocidas (y tal vez no conocibles) por todo ser creado, aun los ángeles. Hay cosas que sólo las conoce Jehová Dios mismo. Consideremos ahora veintiún atributos o perfecciones de Dios.

A. Dios tiene una existencia independiente.

Éxodo 3:13, 14: «Dijo Moisés a Dios: He aquí que llego yo a los hijos de Israel, y les digo: El Dios de vuestros padres me ha enviado a vosotros. Si ellos me preguntaren: ¿Cuál es su nombre?, ¿qué les responderé? Y respondió Dios a Moisés: YO SOY EL QUE SOY. Y dijo: Así dirás a los hijos de Israel: YO SOY me envió a vosotros.»

Ya hemos hablado en un estudio previo de la existencia de Dios, pero uno de sus atributos es la existencia independiente. Esto significa sencillamente (con tremendas implicaciones) que Dios existe porque existe. No depende de nada ni de nadie para sus pensamientos (Ro. 11:33, 34), su voluntad (Ro. 9:19; Ef. 1:5), su poder (Sal. 115:3), o su consejo (Sal. 33:10, 11).

B. Dios es autosuficiente.

Salmo 50:10-12: «Porque mía es toda bestia del bosque, y los millares de animales en los collados. Conozco a todas las aves de los montes, y todo lo que se mueve en los campos me pertenece. Si yo tuviese hambre, no te lo diría a ti; porque mío es el mundo y su plenitud.»

Este atributo está estrechamente ligado al atributo de la existencia independiente, pero lo lleva un paso más allá. Significa que Dios nunca ha tenido en la eternidad pasada, ni tendrá nunca en las edades por venir, una sola necesidad para la cual su propia naturaleza divina no haya ya hecho provisión.

C. Dios es eterno. Definido sencillamente, significa que Dios está absolutamente libre de la tiranía del tiempo. En Él no hay pasado ni futuro, sino un eterno presente sin fin. El tiempo ni lo condiciona ni lo limita.

Deuteronomio 33:27: «El eterno Dios es tu refugio, y acá abajo los brazos eternos; él echó de delante de ti al enemigo, y dijo: Destruye.»

Salmo 102:11, 12: «Mis días son como sombra que se va, y me he secado como la hierba. Mas tú, Jehová, permanecerás para siempre, y tu memoria de generación en generación.»

Durante uno de sus diálogos con los malvados fariseos, el Hijo de Dios hizo referencia a su atributo de eternidad. Nótese su declaración:

Juan 8:56, 57: «Abraham vuestro padre se gozó de que había de ver mi día; y lo vio, y se gozó. Entonces le dijeron los judíos: Aún no tienes cincuenta años, ¿y has visto a Abraham?»

Es de observarse que no dijo «antes de que Abraham fuese, yo era», sino «antes que Abraham fuese, yo soy» (Jn. 8:58).

Salmo 90:2: «Antes que naciesen los montes y formases la tierra y el mundo, desde el siglo y hasta el siglo, tú eres Dios.»

D. Dios es infinito. Dios no tiene limitaciones. Sólo está limitado por su propia naturaleza y voluntad.

1 Reyes 8:22, 23, 27: «Luego se puso Salomón delante del altar de Jehová, en presencia de toda la congregación de Israel, y extendiendo sus manos al cielo, dijo: Jehová Dios de Israel, no hay Dios como tú, ni arriba en los cielos ni abajo en la tierra, que guardas el pacto y la misericordia a tus siervos, los que andan delante de ti con todo su corazón. Pero ¿es verdad que Dios morará sobre la tierra? He aquí que los cielos, los cielos de los cielos, no te pueden contener; ¿cuánto menos esta casa que yo he edificado?»

Jeremías 23:24: «¿Se ocultará alguno, dice Jehová, en escondrijos que yo no lo vea? ¿No lleno yo, dice Jehová, el cielo y la tierra?»

E. Dios es omnipresente. El gran teólogo A.H. Strong define este atributo de la siguiente manera:

«Dios, en la totalidad de su esencia, sin difusión o expansión, multiplicación o división, penetra y llena el universo en todas sus partes.» (*Systematic Theology*, p. 279.)

La omnipresencia de Dios, por lo tanto, significa que está presente en todás partes cón todo su ser al mismo tiempo. El gran peligro que debe evitarse en la comprensión correcta de este atributo es el grave error del panteísmo, que dice que Dios está en todas partes y que todo es Dios. Esto es totalmente falso. Se deberían tener en mente dos aspectos cuando se estudia la omnipresencia de Dios.

1. La inmanencia de Dios. Esto se refiere a que Dios está en el mundo, obrando dentro y a través de su creación.
2. La trascendencia de Dios. Esto afirma que Dios está por encima y más allá de su creación.

Salmo 139:7-12: «¿A dónde me iré de tu Espíritu? ¿Y a dónde huiré de tu presencia? Si subiere a los cielos, allí estás tú; y si en el Seol hiciere mi estrado, he aquí, allí tú estás. Si tomare las alas del alba y habitare en el extremo del mar, aun allí me guiará tu mano, y me asirá tu diestra. Si dijere: Ciertamente las tinieblas me encubrirán; aun la noche resplandecerá alrededor de mí. Aun las tinieblas no encubren de ti, y la noche resplandece como el día; lo mismo te son las tinieblas que la luz.»

Mateo 18:20: «Porque donde están dos o tres congregados en mi nombre, allí estoy yo en medio de ellos.»

F. Dios es omnipotente (todopoderoso).

Génesis 18:14: «¿Hay para Dios alguna cosa difícil? Al tiempo señalado volveré a ti, y según el tiempo de la vida, Sara tendrá un hijo.»

Apocalipsis 19:6: «Y oí como la voz de una gran multitud, como el estruendo de muchas aguas, y como la voz de grandes truenos, que decía: ¡Aleluya, porque el Señor nuestro Dios Todopoderoso reina!»

Esto significa que Dios puede hacer cualquier cosa que se pueda hacer y que no vaya en contra de su propia naturaleza. Los siguientes ejemplos ilustran estas dos cosas: Dios *no puede* crear una piedra tan pesada que no la pueda levantar, porque la naturaleza misma de este hecho sería imposible de efectuar; Dios *no puede* mentir, o robar, porque estas cosas irían en contra de su propia naturaleza. Aquí hay algunas áreas en las cuales se puede ver claramente la omnipotencia de Dios.

1. Sobre la naturaleza.
   a. Separa la luz de la oscuridad (Gn. 1:4).
   b. Separa las aguas con el firmamento (espacio) (Gn. 1:7).
   c. Separa los mares de la tierra seca (Gn. 1:10).
   d. Mide los océanos en sus manos (Is. 40:12).
   e. Pesa las montañas en su balanza (Is. 40:12).
   f. Considera a las naciones como una gota de agua en un cubo (Is. 40:15).
   g. Considera a las islas como pequeñas partículas de polvo (Is. 40:15).
2. Sobre los hombres.

   Daniel 4:30-32: Habló el rey y dijo: «¿No es ésta la gran Babilonia que yo edifiqué para casa real con la fuerza de mi poder, y para gloria de mi majestad? Aún estaba la palabra en la boca del rey, cuando vino una voz del cielo: A ti se te dice, rey Nabucodonosor: El reino ha sido quitado de ti; y de entre los hombres te arrojarán, y con las bestias del campo será tu habitación, y como a los bueyes te apacentarán; y siete tiempos pasarán sobre ti, hasta que reconozcas que el Altísimo tiene el dominio en el reino de los hombres, y lo da a quien él quiere.»
3. Sobre los ángeles.

   Salmo 103:20: «Bendecid a Jehová, vosotros sus ángeles, poderosos en fortaleza, que ejecutáis su palabra, obedeciendo a la voz de su precepto.»
4. Sobre Satanás (Job 1:12; 2:6). «Los primeros dos capítulos de Job tratan sobre las acusaciones de Satanás ante Dios en contra del patriarca. El diablo entonces somete a Job a varias pruebas fuertes y crueles, pero no sin antes obtener el permiso específico necesario del Dios omnipotente mismo.»
5. Sobre la muerte.

   Hebreos 2:14, 15: «Así que, por cuanto los hijos participaron de carne y sangre, él también participó de lo mismo, para destruir por medio de la muerte al que tenía el imperio de la muerte, esto es, al diablo, y librar a todos los que por el temor de la muerte estaban durante toda la vida sujetos a servidumbre.»

G. Dios es omnisciente (todo lo sabe). Dios tiene (sin un descubrimiento previo de los datos) un conocimiento completo y universal de todas las cosas pasadas, presentes y futuras. Esto incluye no sólo lo real sino también lo posible. Este conocimiento total e inmediato se basa en su eternidad (siempre ha existido y siempre existirá) y su omnipresencia (ha estado, está y siempre estará en todas partes al mismo tiempo).

Salmo 147:5: «Grande es el Señor nuestro, y de mucho poder; y su entendimiento es infinito.»

Isaías 40:13, 14: «¿Quién enseñó al Espíritu de Jehová, o le aconsejó enseñándole? ¿A quién pidió consejo para ser avisado? ¿Quién le enseñó el camino del juicio, o le enseñó ciencia, o le mostró la senda de la prudencia?»

Hebreos 4:13: «Y no hay cosa creada que no sea manifiesta en su presencia; antes bien todas las cosas están desnudas y abiertas a los ojos de aquel a quien tenemos que dar cuenta.»

Salmo 104:24: «¡Cuán innumerables son tus obras, oh Jehová! Hiciste todas ellas con sabiduría; la tierra está llena de tus beneficios.»

1. Ve todas las cosas.

   Proverbios 15:3: «Los ojos de Jehová están en todo lugar, mirando a los malos y a los buenos.»

2. Conoce todas las cosas (lo grande y lo pequeño de su universo).

   Salmo 147:4: «El cuenta el número de las estrellas; a todas ellas llama por sus nombres.»

   Mateo 10:29, 30: «¿No se venden dos pajarillos por un cuarto? Con todo, ni uno de ellos cae a tierra sin vuestro Padre. Pues aun vuestros cabellos están todos contados.»

3. Conoce a la humanidad.

   a. Nuestros pensamientos.

   Salmo 139:2*b*: «Has entendido desde lejos mis pensamientos.»

   Salmo 44:21: «¿No demandaría Dios esto? Porque él conoce los secretos del corazón.»

   b. Nuestras palabras.

   Salmo 139:4: «Pues aún no está la palabra en mi lengua, y he aquí, oh Jehová, tú la sabes toda.»

   c. Nuestros hechos (Sal. 139:3; Ap. 2:2, 9, 13, 19; 3:1, 8, 15).

   Salmo 139:2*a*: «Has escudriñado mi andar y mi reposo.»

   d. Nuestras tristezas.

   Éxodo 3:7: «Dijo luego Jehová: Bien he visto la aflicción de mi pueblo que está en Egipto, y he oído su clamor a causa de sus exactores; pues he conocido sus angustias.»

   e. Nuestras necesidades.

   Mateo 6:32: «Porque los gentiles buscan todas estas cosas; pero vuestro Padre celestial sabe que tenéis necesidad de todas estas cosas.»

   f. Nuestra devoción.

   Génesis 18:17-19: «Y Jehová dijo: ¿Encubriré yo a Abraham lo que voy a hacer, habiendo de ser Abraham una nación grande y fuerte, y habiendo de ser benditas en él todas las naciones de la tierra? Porque yo sé que mandará a sus hijos y a su casa después de sí, que guarden el camino de Jehová, haciendo justicia y juicio, para que haga venir Jehová sobre Abraham lo que ha hablado acerca de él.»

   Génesis 22:11, 12: «Entonces el ángel de Jehová le dio voces desde el cielo, y dijo: Abraham, Abraham. Y él respondió: Heme aquí. Y dijo: No extiendas tu mano sobre el muchacho, ni le hagas nada; porque ya conozco que temes a Dios, por cuanto no me rehusaste tu hijo, tu único.»

   2 Crónicas 16:9: «Porque los ojos de Jehová contemplan toda la tierra, para mostrar su poder a favor de los que tienen corazón perfecto para con él. Locamente has hecho en esto; porque de aquí en adelante habrá más guerra contra ti.»

   g. Nuestras debilidades.

   Salmo 103:14: «Porque él conoce nuestra condición; se acuerda de que somos polvo.»

   h. Nuestra insensatez.

   Salmo 69:5: «Dios, tu conoces mi insensatez, y mis pecados no te son ocultos.»

   i. Conoce a los suyos.

   Juan 10:14: «Yo soy el buen pastor; y conozco mis ovejas, y las mías me conocen.»

   2 Timoteo 2:19: «Pero el fundamento de Dios está firme, teniendo este sello: Conoce el Señor a los que son suyos; y: Apártese de iniquidad todo aquel que invoca el nombre de Cristo.»

4. Conoce el pasado, el presente y el futuro.

   Hechos 15:18: «Dice el Señor, que hace conocer todo esto desde tiempos antiguos.»

5. Conoce lo que podría haber sido.

   Mateo 11:23: «Y tú, Capernaum, que eres levantada hasta el cielo, hasta el Hades serás abatida; porque si en Sodoma se hubieran hecho los milagros que han sido hechos en ti, habría permanecido hasta el día de hoy.»

   A.W. Tozer ha escrito:

   «Dios se conoce perfectamente a sí mismo y, siendo la fuente y el autor de todas las cosas, resulta que conoce todo lo que puede ser conocido. Y esto lo conoce instantáneamente y con una plenitud de perfección que incluye todo dato posible de conocimiento en cuanto a todo lo que existe o pudiera haber existido en cualquier parte del universo en cualquier momento del pasado o que pueda existir en los siglos o las edades todavía por ser. Dios conoce instantáneamente y sin esfuerzo toda materia, toda mente y cada mente, todo espíritu, todo ser y cada ser, toda condición de la criatura y toda criatura, cada pluralidad y toda pluralidad, toda ley y cada ley, toda relación, toda causa, todo pensamiento, todo misterio, todo enigma, todo sentimiento, todo deseo, todo secreto guardado, todo trono y dominio, toda personalidad, toda cosa visible e invisible en el cielo y en la tierra, la moción, el espacio, el tiempo, la vida, la muerte, el bien, el mal, el cielo, y el infierno.» (*The Knowledge of the Holy*, p. 62.)

H. Dios es sabio. Ya hemos notado que la omnisciencia de Dios se basa en su eternidad y omnipresencia. Ahora podemos sugerir que su sabiduría se basa en su omnisciencia. Robert Lightner escribe:

«Aunque están muy estrechamente relacionadas, el conocimiento y la sabiduría no son lo mismo. Tampoco van juntos siempre. Sin duda todos hemos conocido a aquellos que han adquirido muchos datos pero que carecen de la habilidad de usarlos sabiamente. Tanto el conocimiento como la sabiduría son imperfectos en el hombre pero perfectos y perfectamente relacionados entre sí en Dios. Sólo él sabe como usar su conocimiento infinito para el mejor fin posible. Mediante su sabiduría Dios aplica su conocimiento a la realización de sus propios propósitos en maneras que le darán la mayor gloria a Él.» (*The God of the Bible*, p. 99.)

A continuación aparecen algunos de los muchos pasajes que declaran la sabiduría de Dios.

Salmo 136:5: «Al que hizo los cielos con entendimiento, porque para siempre es su misericordia.»

Proverbios 3:19: «Jehová con sabiduría fundó la tierra; afirmó los cielos con inteligencia.»

1 Corintios 2:7: «Mas hablamos sabiduría de Dios en misterio, la sabiduría oculta, la cual Dios predestinó antes de los siglos para nuestra gloria.»

1 Timoteo 1:17: «Por tanto, al Rey de los siglos, inmortal, invisible, al único y sabio Dios, sea honor y gloria por los siglos de los siglos. Amén.»

Judas v. 25: «Al único y sabio Dios, nuestro Salvador, sea gloria y majestad, imperio y potencia, ahora y por todos los siglos. Amén.»

I. Dios es inmutable. Resumido en una oración, esto significa que Dios nunca está en desacuerdo consigo mismo. Puede en determinados momentos cambiar su trato con los hombres de una dispensación a otra, pero su carácter divino permanece constante. Este es un atributo vital de Dios. Por ejemplo, una persona sólo puede cambiar en dos sentidos. Puede pasar de mejor a peor o de peor a mejor. Pero es impensable que Dios pudiera ir por ninguno de esos caminos.

Hebreos 1:10-12: «Y: Tú, oh Señor, en el principio fundaste la tierra, y los cielos son obra de tus manos. Ellos perecerán, mas tú permaneces; y todos ellos se envejecerán como una vestidura, y como un vestido los envolverás, y serán mudados; pero tú eres el mismo, y tus años no acabarán.»

Santiago 1:17: «Toda buena dádiva y todo don perfecto desciende de lo alto, del Padre de las luces, en el cual no hay mudanza, ni sombra de variación.»

Hechos 1:11: «Los cuales también les dijeron: Varones galileos, ¿por qué estáis mirando al cielo? Este mismo Jesús, que ha sido tomado de vosotros al cielo, así vendrá como le habéis visto ir al cielo.»

Hebreos 13:8: «Jesucristo es el mismo ayer, y hoy, y por los siglos.»

J. Dios es soberano. Esto significa que Dios es el gobernador absoluto y único del universo. Para ser verdaderamente soberano hay que tener libertad, poder, conocimiento, sabiduría y determinación totales para llevar a cabo un curso predeterminado de acción. Dios posee todo esto en medida infinita, y por lo tanto es soberano.

Generalmente surgen dos problemas antiguos siempre que se debate sobre la soberanía de Dios.

1. Si Dios es soberano, ¿cómo explicamos la presencia del pecado y la maldad? A.W. Tozer escribe:

   «El Zend-Avesta, el libro sagrado del zoroastrismo, la más elevada de las grandes religiones no-bíblicas, solucionaba esta dificultad con bastante prolijidad postulando un dualismo teológico. Había dos dioses, Ormaz y Ahrimán, y entre los dos crearon el mundo. El buen Ormaz creó todas las cosas buenas, y el malvado Ahrimán creó el resto. Era muy sencillo. Ormaz no tenía ninguna soberanía por la cual preocuparse, y aparentemente no le molestaba compartir sus prerrogativas con otro.» (*The Knowledge of the Holy*, p. 117.)

   Por supuesto, esta explicación es totalmente antiescritural. La única declaración positiva en nuestra ignorancia actual es que el Dios soberano ha permitido la entrada del pecado a este universo (pero no la dispuso), para que a través de todo ello Él pudiera recibir la mayor gloria (Ap. 4:11) y para que los elegidos (Ro. 8:28) pudieran recibir el mayor bien.

2. Si Dios es soberano, ¿cómo reconciliamos la responsabilidad y la libertad del hombre? Nuevamente, citamos a A.W. Tozer:

   «Este es mi punto de vista: Dios decretó soberanamente que el hombre tuviera la libertad de ejercer la elección moral, y desde el principio el hombre ha cumplido con ese decreto eligiendo entre el bien y el mal. cuando elige hacer el mal, no por ello contrarresta la voluntad soberana de Dios sino que la cumple, en la medida en que el decreto eterno decidió no qué elección habría de hacer el hombre sino que fuera libre para hacerla.» (*Ibid*, p. 118.)

   Salmo 135:6: «Todo lo que Jehová quiere, lo hace, en los cielos y en la tierra, en los mares y en todos los abismos.»

   Isaías 46:9-11: «Acordaos de las cosas pasadas desde los tiempos antiguos; porque yo soy Dios, y no hay otro Dios, y nada hay semejante a mí, que anuncio lo por venir desde el principio, y desde la antigüedad lo que aún no era hecho; que digo: Mi consejo permanecerá, y haré todo lo que quiero; que llamo desde el oriente al ave, y de tierra lejana al varón de mi consejo. Yo hablé, y lo haré venir; lo he pensado, y también lo haré.»

K. Dios es incomprensible. Mediante esto se declara que nadie sino Dios mismo puede siquiera remotamente entender y comprender a Dios.

Job 5:7-9: «Pero como las chispas se levantan para volar por el aire, así el hombre nace para la aflicción. Ciertamente yo buscaría a Dios, y encomendaría a él mi causa; el cual hace cosas grandes e inescrutables, y maravillas sin número.»

Job 11:7-9: «¿Descubrirás tú los secretos de Dios? ¿Llegarás tú a la perfección del Todopoderoso? Es más alta que los cielos; ¿qué harás? Es más profunda que el Seol; ¿cómo la conocerás? Su dimensión es más extensa que la tierra, y más ancha que el mar.»

Salmo 36:5, 6: «Jehová, hasta los cielos llega tu misericordia, y tu fidelidad alcanza hasta las nubes. Tu justicia es como los montes de Dios, tus juicios, abismo grande. Oh Jehová, al hombre y al animal conservas.»

Romanos 11:33: «¡Oh profundidad de las riquezas de la sabiduría y de la ciencia de Dios! ¡Cuán insondables son sus juicios, e inescrutables sus caminos!»

Para ilustrar este atributo, consideremos lo siguiente: supongamos que en el cielo podremos doblar cada año nuestro conocimiento de la persona y los atributos de Dios. Esta no es una suposición poco razonable, ya que el cristiano tendrá un cuerpo glorificado y sin pecado, junto con un deseo santo e incansable de saber más acerca de Jesús. Así que tenemos a un creyente que empieza la eternidad con una cantidad X de conocimiento acerca de Dios. Al terminar el segundo año lo ha doblado, el tercer año aprende cuatro veces eso, el cuarto año ocho veces eso, etc. Para fines del undécimo año habrá incrementado su conocimiento acerca de Dios 1000 veces. Al final del año veintiuno, la cifra salta a un millón. Al final del año treinta y uno, el número llega a mil millones. ¡Después del año cuarenta y uno llega a un trillón! ¡Al terminar el primer siglo de eternidad, su conocimiento de Dios (doblándose cada año) llegaría a 10^{30} (1 seguido de 30 ceros)! Esta cifra es miles de veces más que el total combinado de todos los granos de arena de todas las playas del mundo. Pero este número sencillamente marca los primeros cien años. ¿Cuánta duplicación de conocimiento habrá experimentado al final de su primer millón de años? Esta tremenda cifra ni siquiera puede ser comprendida por la mente mortal; pero sea lo que fuere, y no importa cuántos ceros represente, ¡se volverá a doblar al año siguiente!

El propósito de todo esto es sencillamente el siguiente: a través de incalculables e innumerables trillones y trillones de años en la eternidad infinita, cada hijo de Dios puede doblar su conocimiento acerca del Creador cada año, y sin embargo, nunca ni remotamente agotar la tremenda altura, profundidad o longitud concebible de la persona de Dios.

L. Dios es inescrutable.

«¡Oh profundidad de las riquezas de la sabiduría y de la ciencia de Dios! ¡Cuán insondables son sus juicios, e inescrutables sus caminos!» (Ro. 11:33).

Este atributo se refiere a las características inexplicables y misteriosas de Dios. Formula la pregunta más dolorosa de todas: ¿Por qué permite un Dios amante y sabio que ocurran ciertas tragedias terribles? Como ejemplo podemos citar el caso de un pastor joven, lleno del Espíritu. Ha pasado unos cuantos años preparándose diligentemente para el ministerio. Su esposa se ha sacrificado para ayudar a pagar sus estudios. Pero ahora todo está dando resultados. Su iglesia está experimentando un crecimiento asombroso. Cada semana se salvan almas. Cada domingo se bautizan nuevos conversos. Se compran más vehículos para la escuela dominical y se planea la construcción de un nuevo edificio. Una comunidad antes escéptica se encuentra ahora profundamente influenciada por este vibrante y entusiasta pastor y su gente. De repente, sin aviso previo, el ministro muere en un accidente fortuito. Poco después del entierro la congregación, todavía confundida y aturdida, le extiende un llamado a otro hombre. Pero el nuevo ministro demuestra poca compasión y menos habilidad en el liderazgo. Pronto la grey se esparce, y el testimonio una vez vibrante de una obra creciente y brillante queda prácticamente apagado.

¿Cuántas veces desde el martirio de Abel en el alba de la historia humana han ocurrido tragedias similares? Sólo hace falta cambiar los nombres, los lugares y algunos de los detalles. Pero la dolorosa y penetrante pregunta permanece: ¿Por qué permite Dios cosas tan terribles? Se puede ver una pista (y nada más que una pista) de la respuesta a esta pregunta en Apocalipsis 10:7: «Sino que en los días de la voz del séptimo ángel, cuando él comience a tocar la trompeta, el misterio de Dios se consumará, como él lo anunció a sus siervos los profetas.»

Pero hasta el sonar de esa feliz trompeta, el confundido hijo de Dios no puede llegar a mejor conclusión que la que una vez ofreciera Abraham: «El Juez de toda la tierra, ¿no ha de hacer los que es justo?» (Gn. 18:25).

Esta declaración sublime es desarrollada en por lo menos otras tres ocasiones bíblicas.

1. Por Moisés:

   «El es la Roca, cuya obra es perfecta, porque todos sus caminos son rectitud; Dios de verdad, y sin ninguna iniquidad en él; es justo y recto» (Dt. 32:4).

2. Por Job:

   «Desnudo salí del vientre de mi madre, y desnudo volveré allá. Jehová dio, y Jehová quitó; sea el nombre de Jehová bendito» (1:21).

   «He aquí, aunque él me matare, en él esperaré...» (13:15).

3. Por una multitud galilea de la época de Jesús:

   «Y en gran manera se maravillaban, diciendo: Bien lo ha hecho todo...» (Mr. 7:37).

M. Dios es santo. No hay duda alguna de que el atributo más sobresaliente de Dios que presenta las Escrituras, tanto en el Antiguo como en el Nuevo Testamento, es su santidad. Esta perfección por sí sola es tal vez la que más se acerca a describir al Creador eterno de todas las características que posee. Se ha sugerido que su santidad es la unión de todos los demás atributos, como la luz blanca pura es la unión de todos los rayos de colores del espectro. Nótense sólo algunas de las referencias bíblicas:

Levítico 19:2: «Habla a toda la congregación de los hijos de Israel, y diles: Santos seréis, porque santo soy yo Jehová vuestro Dios.»

Salmo 99:9: «Exaltad a Jehová nuestro Dios, y postraos ante su santo monte, porque Jehová nuestro Dios es santo.»

1 Pedro 1:15: «Sino, como aquel que os llamó es santo, sed también vosotros santos en toda vuestra manera de vivir.»

A.W. Tozer escribe:

«Santo es la forma de ser de Dios. Para ser santo no tiene que conformarse a una norma. El es esa norma. El es absolutamente santo con una plenitud infinita e incomprensible de pureza que es incapaz de ser de otra manera. Porque Él es santo, todos sus atributos son santos; es decir, todo lo que pensemos es parte de Dios debe ser considerado santo.

Dios es santo y ha puesto la santidad como la condición moral necesaria para la salud de su universo. La presencia temporal del pecado en el mundo sólo lo subraya. Todo lo santo es sano; la maldad es una enfermedad moral que debe terminar finalmente en la muerte. La formación del idioma mismo lo sugiere, ya que la palabra inglesa para "santo" se deriva del anglosajón *halig, hal,* que significa "sano, entero".

Ya que la primera preocupación de Dios por su universo es la salud moral, es decir, su santidad, cualquier cosa contraria a ella forzosamente está bajo su desagrado eterno. Para conservar su creación, Dios debe destruir todo lo que podría destruirla. Cuando se levanta para subyugar la iniquidad y salvar al mundo del inseparable colapso moral, se dice que está iracundo. Cada juicio iracundo en la historia del mundo ha sido una acción santa de conservación. La santidad de Dios, la ira de Dios y la salud de la creación están inseparablemente unidas. La ira de Dios es su intolerancia absoluta de todo lo que degrada y destruye. Él odia la iniquidad como una madre odia el polio que le quitaría la vida a su hijo.» (*The Knowledge of the Holy*, p. 113.)

En la Biblia Dios subraya su santidad con mandamientos directos, objetos, visiones personales y juicios individuales.

1. Los mandamientos directos.
   a. La ley moral (los Diez Mandamientos) (Ex. 10:10-25; 20:1-17).
   b. La ley espiritual (las fiestas y ofrendas) (Ex. 35—40; Lv. 1—7, 23).
   c. La ley ceremonial (dieta, sanidad, etc.) (Lv. 11—15).
2. Los objetos. El objeto principal era el tabernáculo mismo.
3. Las visiones personales.
   a. La visión de Moisés.
      Éxodo 33:18-23: «El entonces dijo: Te ruego que me muestres tu gloria. Y le respondió: Yo haré pasar todo mi bien delante de tu rostro, y proclamaré el nombre de Jehová delante de ti; y tendré misericordia del que tendré misericordia, y seré clemente para con el que seré clemente. Dijo más: No podrás ver mi rostro; porque no me verá hombre, y vivirá. Y dijo aún Jehová: He aquí un lugar junto a mí, y tú estarás sobre la peña; y cuando pase mi gloria, yo te pondré en una hendidura de la peña, y te cubriré con mi mano hasta que haya pasado. Después apartaré mi mano, y verás mis espaldas; mas no se verá mi rostro.»
   b. La visión de Isaías.
      Isaías 6:1-5: «En el año que murió el rey Uzías vi yo al Señor sentado sobre un trono alto y sublime, y sus faldas llenaban el templo. Por encima de él había serafines; cada uno tenía seis alas; con dos cubrían sus rostros, con dos cubrían sus pies, y con dos volaban. Y el uno al otro daba voces, diciendo: Santo, santo, santo, Jehová de los ejércitos; toda la tierra está llena de su gloria. Y los quiciales de las puertas se estremecieron con la voz del que clamaba, y la casa se llenó de humo. Entonces dije: ¡Ay de mí! que soy muerto; porque siendo hombre inmundo de labios, y habitando en medio de pueblo que tiene labios inmundos, han visto mis ojos al Rey, Jehová de los ejércitos.»
   c. La visión de Daniel.
      Daniel 7:9-14: «Estuve mirando hasta que fueron puestos tronos, y se sentó un Anciano de días, cuyo vestido era blanco como la nieve, y el pelo de su cabeza como lana limpia; su trono llama de fuego, y las ruedas del mismo, fuego ardiente. Un río de fuego procedía y salía de delante de él; millares de millares le servían, y millones de millones asistían delante de él; el Juez se sentó, y los libros fueron abiertos. Yo entonces miraba a causa del sonido de las grandes palabras que hablaba el cuerno; miraba hasta que mataron a la bestia, y su cuerpo fue destrozado y entregado para ser quemado en el fuego. Habían también quitado a las otras bestias su dominio, pero les había sido prolongada la vida hasta cierto tiempo. Miraba yo en la visión de la noche, y he aquí con las nubes del cielo venía uno como un hijo de hombre, que vino hasta el Anciano de días, y le hicieron acercarse delante de él. Y le fue dado dominio, gloria y reino, para que todos los pueblos, naciones y lenguas le sirvieran; su dominio es dominio eterno, que nunca pasará, y su reino uno que no será destruido.»
   d. La visión de Juan.
      Apocalipsis 4:8-11: «Y los cuatro seres vivientes tenían cada uno seis alas, y alrededor y por dentro estaban llenos de ojos; y no cesaban día y noche de decir: Santo, santo, santo es el Señor Dios Todopoderoso, el que era, el que es, y el que ha de venir. Y siempre que aquellos seres vivientes dan gloria y honra y acción de gracias al que está sentado en el trono, al que vive por los siglos de los siglos, los veinticuatro ancianos se postran delante del que está sentado en el trono, y adoran al que vive por los siglos de los siglos, y echan sus coronas delante del trono, diciendo: Señor, digno eres de recibir la gloria y la honra y el poder; porque tú creaste todas las cosas, y por tu voluntad existen y fueron creadas.»
4. Juicios individuales.
   a. Sobre Nadab y Abiú, por ofrecer fuego extraño (Lv. 10:1-3).
   b. Sobre Coré, por rebeldía (Nm. 16:4-12, 31-33).
   c. Sobre Uzías, por entrometerse en el oficio del sacerdote (2 Cr. 26:16-21).
   d. Sobre Herodes, por blasfemia (Hch. 12:20-23).
   e. Sobre Cristo, por los pecados del mundo (Is. 53:1-10; Sal. 22:1; He. 2:7; 1 P. 2:21-25; 3:18).

N. Dios es recto y justo. La rectitud puede ser definida como la equidad moral. La justicia es la ilustración de esta equidad moral. Dios revela su amor por la santidad en la rectitud. Dios revela su odio por el pecado en la justicia. Las Escrituras presentan este atributo doble en una perspectiva triple.

1. La rectitud y la justicia intrínsecas de Dios.
   Éxodo 9:27: «Entonces Faraón envió a llamar a Moisés y a Aarón, y les dijo: He pecado esta vez; Jehová es justo, y yo y mi pueblo impíos.»
   Esdras 9:15: «Oh Jehová Dios de Israel, tú eres justo, puesto que hemos quedado un remanente que ha escapado, como en este día. Henos aquí delante de ti en nuestros delitos; porque no es posible estar en tu presencia a causa de esto.»

Nehemías 9:8: «Y hallaste fiel su corazón delante de ti, e hiciste pacto con él para darle la tierra del cananeo, del heteo, del amorreo, del ferezeo, del jebuseo y del gergeseo, para darla a su descendencia; y cumpliste tu palabra, porque eres justo.»

Daniel 9:14: «Por tanto, Jehová veló sobre el mal y lo trajo sobre nosotros; porque justo es Jehová nuestro Dios en todas sus obras que ha hecho, porque no obedecimos a su voz.»

2. La rectitud y la justicia legislativas de Dios.

Salmo 67:4: «Alégrense y gócense las naciones, porque juzgarás los pueblos con equidad, y pastorearás las naciones en la tierra. Selah.»

Salmo 7:9: «Fenezca ahora la maldad de los inicuos, mas establece tú al justo; porque el Dios justo prueba la mente y el corazón.»

Salmo 96:10: «Decid entre las naciones: Jehová reina. También afirmó el mundo, no será conmovido. Juzgará a los pueblos en justicia.»

Salmo 119:137: «Justo eres tú, oh Jehová, y rectos tus juicios.»

a. Recompensando lo bueno.

2 Timoteo 4:8: «Por lo demás, me está guardada la corona de justicia, la cual me dará el Señor, juez justo, en aquel día; y no sólo a mí, sino también a todos los que aman su venida.»

Hay que señalar, sin embargo, que aunque la rectitud de Dios garantiza las recompensas, no las otorga. A.W. Strong escribe: «Ni la justicia ni la rectitud otorgan recompensas. Esto se deriva del hecho de que a Dios se le debe obediencia, no es opcional ni tampoco un obsequio. Ninguna criatura puede reclamar nada a cambio de su obediencia. Si Dios recompensa, recompensa en virtud de su bondad y fidelidad, pero no en virtud de su justicia o su rectitud.» (*Systematic Theology*, p. 293.)

b. Castigando lo malo.

2 Timoteo 4:14: «Alejandro el calderero me ha causado muchos males; el Señor le pague conforme a sus hechos.»

Apocalipsis 16:5-7: «Y oí al ángel de las aguas, que decía: Justo eres tú, oh Señor, el que eres y que eras, el Santo, porque has juzgado estas cosas. Por cuanto derramaron la sangre de los santos y de los profetas, también tú les has dado a beber sangre; pues lo merecen. También oí a otro, que desde el altar decía: Ciertamente, Señor Dios Todopoderoso, tus juicios son verdaderos y justos.»

3. La rectitud imputada de Dios.

Romanos 4:3: «Porque ¿qué dice la Escritura? Creyó Abraham a Dios, y le fue contado por justicia.»

Romanos 4:6-8: «Como también David habla de la bienaventuranza del hombre a quien Dios atribuye justicia sin obras, diciendo: Bienaventurados aquellos cuyas iniquidades son perdonadas, y cuyos pecados son cubiertos. Bienaventurado el varón a quien el Señor no inculpa de pecado.»

Filipenses 3:7-9: «Pero cuantas cosas eran para mí ganancia, las he estimado como pérdida por amor de Cristo. Y ciertamente, aun estimo todas las cosas como pérdida por la excelencia del conocimiento de Cristo Jesús, mi Señor, por amor del cual lo he perdido todo, y lo tengo por basura, para ganar a Cristo, y ser hallado en él, no teniendo mi propia justicia, que es por la ley, sino la que es por la fe de Cristo, la justicia que es de Dios por la fe.»

1 Pedro 2:24: «Quien llevó él mismo nuestros pecados en su cuerpo sobre el madero, para que nosotros, estando muertos a los pecados, vivamos a la justicia; y por cuya herida fuisteis sanados.»

O. Dios es veraz.

Tito 1:1, 2: «Pablo, siervo de Dios y apóstol de Jesucristo, conforme a la fe de los escogidos de Dios y el conocimiento de la verdad que es según la piedad, en la esperanza de la vida eterna, la cual Dios, que no miente, prometió desde antes del principio de los siglos.»

Juan 17:3: «Y esta es la vida eterna: que te conozcan a ti, el único Dios verdadero, y a Jesucristo, a quien has enviado.»

1 Tesalonicenses 1:9: «Porque ellos mismos cuentan de nosotros la manera en que nos recibisteis, y cómo os convertisteis de los ídolos a Dios, para servir al Dios vivo y verdadero.»

Romanos 3:4: «De ninguna manera; antes bien sea Dios veraz, y todo hombre mentiroso; como está escrito: Para que seas justificado en tus palabra, y venzas cuando fueres juzgado.

«Por verdad queremos decir aquel atributo de la naturaleza divina en virtud del cual el ser de Dios y el conocimiento de Dios se conforman eternamente el uno al otro.» (A.W. Strong, *Systematic Theology*, p. 260.)

Por lo tanto, la verdad es todo lo real acerca de Dios. El creyente bien puede decir: «Hablo (o sirvo a) la verdad» pero sólo el Hijo de Dios puede decir: «¡Yo soy la verdad!» (Jn. 14:6). Cito nuevamente a A.W. Strong:

«Ya que Cristo es la verdad de Dios, tenemos éxito en nuestra búsqueda de la verdad sólo en la medida en que lo reconocemos a él. El que todos los caminos conduzcan a Roma depende del sentido en que se esté apuntando. Si se sigue un punto en tierra hasta el mar, sólo se encuentra el océano. Darle la espalda a Jesucristo resulta en que toda búsqueda de la verdad no lleve sino a la niebla y la oscuridad.» (*Ibid*, p. 262.)

Dios es la fuente y norma de verdad única y final. Por eso la Biblia describe al «Dios, que no miente» (Tit. 1:2) y concluye que es totalmente «imposible que Dios mienta» (He. 6:18).

Esto se puede ampliar para decir que no sólo no puede mentir, sino que *no necesita* mentir. La mentira es casi siempre un recurso que usan los seres humanos para salir de una situación difícil, para impresionar a alguien, para ganar ventaja, etc. Pero el Dios Todopoderoso nunca se encuentra en ninguna de estas situaciones. Los Salmos nos hablan acerca de esto.

Salmo 50:10-12: «Porque mía es toda bestia del bosque, y los millares de animales en los collados. Conozco a todas las aves de los montes, y todo lo que se mueve en los campos me pertenece. Si yo tuviese hambre, no te lo diría a ti; porque mío es el mundo y su plenitud.»

P. Dios es fiel.

Deuteronomio 7:9: «Conoce, pues, que Jehová tu Dios es Dios, Dios fiel, que guarda el pacto y la misericordia a los que le aman y guardan sus mandamientos, hasta mil generaciones.»

Salmo 36:5: «Jehová, hasta los cielos llega tu misericordia, y tu fidelidad alcanza hasta las nubes.»

Salmo 89:1, 2: «Las misericordias de Jehová cantaré perpetuamente; de generación en generación haré notoria tu fidelidad con mi boca. Porque dije: Para siempre será edificada misericordia; en los cielos mismos afirmarás tu verdad.»

Lamentaciones 3:22, 23: «Por la misericordia de Jehová no hemos sido consumidos, porque nunca decayeron sus misericordias. Nuevas son cada mañana; grande es tu fidelidad.»

La fidelidad de Dios se refiere a su lealtad a sí mismo y a toda su creación. No cambiará (es más, no puede cambiar) su carácter ni dejar de cumplir todo lo que ha prometido. La fidelidad de Dios se ve en muchas áreas:

1. En la naturaleza.

Salmo 119:90: «De generación en generación es tu fidelidad; tú afirmaste la tierra, y subsiste.»

Génesis 8:22: «Mientras la tierra permanezca, no cesarán la sementera y la siega, el frío y el calor, el verano y el invierno, y el día y la noche.»

Colosenses 1:17: «Y él es antes de todas las cosas, y todas las cosas en él subsisten.»

2. En el cumplimiento de las promesas a sus amigos.

a. Adán.

Gálatas 4:4: «Pero cuando vino el cumplimiento del tiempo, Dios envió a su Hijo, nacido de mujer y nacido bajo la ley.»

b. Abraham.

Génesis 15:4: «Luego vino a él palabra de Jehová, diciendo: No te heredará éste, sino un hijo tuyo será el que te heredará.»

Génesis 18:14: «¿Hay para Dios alguna cosa difícil? Al tiempo señalado volveré a ti, y según el tiempo de la vida, Sara tendrá un hijo.»

Génesis 21:1, 2: «Visitó Jehová a Sara, como había dicho, e hizo Jehová con Sara como había hablado. Y Sara concibió y dio a Abraham un hijo en su vejez, en el tiempo que Dios le había dicho.»

c. Moisés.

Éxodo 3:21: «Y yo daré a este pueblo gracia en los ojos de los egipcios, para que cuando salgáis, no vayáis con las manos vacías.»

Éxodo 12:35, 36: «E hicieron los hijos de Israel conforme al mandamiento de Moisés, pidiendo de los egipcios alhajas de plata, y de oro, y vestidos. Y Jehová dio gracia al pueblo delante de los egipcios, y les dieron cuanto pedían; así despojaron a los egipcios.»

d. Josué.

Josué 1:1-5: «Aconteció después de la muerte de Moisés siervo de Jehová, que Jehová habló a Josué hijo de Nun, servidor de Moisés, diciendo: Mi siervo Moisés ha muerto; ahora, pues, levántate y pasa este Jordán, tú y todo este pueblo, a la tierra que yo les doy a los hijos de Israel. Yo os he entregado, como lo había dicho a Moisés, todo lugar que pisare la planta de vuestro pie. Desde el desierto y el Líbano hasta el gran río Éufrates, toda la tierra de los heteos hasta el gran mar donde se pone el sol, será vuestro territorio. Nadie te podrá hacer frente en todos los días de tu vida; como estuve con Moisés, estaré contigo; no te dejaré, ni te desampararé.»

Josué 23:14: «Y he aquí que estoy para entrar hoy por el camino de toda la tierra; reconoced, pues, con todo vuestro corazón y con toda vuestra alma, que no ha faltado una palabra de todas las buenas palabras que Jehová vuestro Dios había dicho de vosotros; todas os han acontecido, no ha faltado ninguna de ellas.»

e. David.

2 Samuel 7:12, 13: «Y cuando tus días sean cumplidos, y duermas con tus padres, yo levantaré después de ti a uno de tu linaje, el cual procederá de tus entrañas, y afirmaré su reino. El edificará casa a mi nombre, y yo afirmaré para siempre el trono de su reino.»

Lucas 1:31-33: «Y ahora, concebirás en tu vientre, y darás a luz un hijo, y llamarás su nombre Jesús. Este será grande, y será llamado Hijo del Altísimo; y el Señor Dios le dará el trono de David su padre; y reinará sobre la casa de Jacob para siempre, y su reino no tendrá fin.»

f. Ezequías.

2 Reyes 19:32-34: «Por tanto, así dice Jehová acerca del rey de Asiria: No entrará en esta ciudad, ni echará saeta en ella; ni vendrá delante de ella con escudo, ni levantará contra ella baluarte. Por el mismo camino que vino, volverá, y no entrará en esta ciudad, dice Jehová. Porque yo ampararé esta ciudad para salvarla, por amor a mí mismo, y por amor a David mi siervo.»

3. En el cumplimiento de las promesas a sus enemigos.

a. Acab.

1 Reyes 21:17-21: «Entonces vino palabra de Jehová a Elías tisbita, diciendo: Levántate, desciende a encontrarte con Acab rey de Israel, que está en Samaria; he aquí él está en la viña de Nabot, a la cual ha descendido para tomar posesión de ella. Y le hablarás diciendo: Así ha dicho Jehová: ¿No mataste, y también has despojado? Y volverás a hablarle, diciendo: Así ha dicho Jehová: En el mismo lugar donde lamieron los perros la sangre de Nabot, los perros lamerán también tu sangre, tu misma sangre.»

1 Reyes 22:34-38: «Y un hombre disparó su arco a la ventura e hirió al rey de Israel por entre las junturas de la armadura, por lo que dijo él a su cochero: Da la vuelta, y sácame del campo, pues estoy herido. Pero la batalla había arreciado aquel día, y el rey estuvo en su carro delante de los sirios, y a la tarde murió; y la sangre de la herida corría por el fondo del carro. Y a la puesta del sol salió un pregón por el campamento, diciendo: ¡Cada uno a su ciudad, y cada cual a su tierra! Murió, pues, el rey, y fue traído a Samaria; y sepultaron al rey en Samaria. Y lavaron el carro en el estanque de Samaria; y los perros lamieron su sangre (y también las rameras se lavaban allí), conforme a la palabra que Jehová había hablado.»

b. Jezabel.

1 Reyes 21:23: «De Jezabel también ha hablado Jehová, diciendo: Los perros comerán a Jezabel en el muro de Jezreel.»

2 Reyes 9:30: «Vino después Jehú a Jezreel; y cuando Jezabel lo oyó, se pintó los ojos con antimonio, y atavió su cabeza, y se asomó a una ventana.»

2 Reyes 9:35-37: «Pero cuando fueron para sepultarla, no hallaron de ella más que la calavera, y los pies, y las palmas de las manos. Y volvieron, y se lo dijeron. Y él dijo: Esta es la palabra de Dios, la cual él habló por medio de su siervo Elías tisbita, diciendo: En la heredad de Jezreel comerán los perros las carnes de Jezabel, y el cuerpo de Jezabel será como estiércol sobre la faz de la tierra en la heredad de Jezreel, de manera que nadie pueda decir: Esta es Jezabel.»

4. En momentos de tentación.

1 Corintios 10:13: «No os ha sobrevenido ninguna tentación que no sea humana; pero fiel es Dios, que no os dejará ser tentados más de lo que podéis resistir, sino que dará también juntamente con la tentación la salida, para que podáis soportar.»

5. En la disciplina de sus hijos.

Salmo 119:75: «Conozco, oh Jehová, que tus juicios son justos, y que conforme a tu fidelidad me afligiste.»

Hebreos 12:6: «Porque el Señor al que ama, disciplina, y azota a todo el que recibe por hijo.»

6. En el perdón de nuestros pecados.

1 Juan 1:9: «Si confesamos nuestros pecados, él es fiel y justo para perdonar nuestros pecados, y limpiarnos de toda maldad.»

7. En la respuesta a nuestras oraciones.

Salmo 143:1: «Oh Jehová, oye mi oración, escucha mis ruegos; respóndeme por tu verdad, por tu justicia.»

8. En asegurar la salvación de los salvos.

1 Corintios 1:8, 9: «El cual también os confirmará hasta el fin, para que seáis irreprensibles en el día de nuestro Señor Jesucristo. Fiel es Dios, por el cual fuisteis llamados a la comunión con su Hijo Jesucristo nuestro Señor.»

1 Tesalonicenses 5:23, 24: «Y el mismo Dios de paz os santifique por completo; y todo vuestro ser, espíritu, alma y cuerpo, sea guardado irreprensible para la venida de nuestro Señor Jesucristo. Fiel es el que os llama, el cual también lo hará.»

2 Tesalonicenses 3:3: «Pero fiel es el Señor, que os afirmará y guardará del mal.»

9. En la defensa de su pueblo.

Salmo 89:20: «Hallé a David mi siervo; lo ungí con mi santa unción.»

Salmo 89:24: «Mi verdad y mi misericordia estarán con él, y en mi nombre será exaltado su poder.»

1 Samuel 12:22: «Pues Jehová no desamparará a su pueblo, por su grande nombre; porque Jehová ha querido haceros pueblo suyo.»

2 Timoteo 2:13: «Si fuéremos infieles, él permanece fiel; él no puede negarse a sí mismo.»

Q. Dios es luz. Es tanto la fuente como el poder de toda iluminación. Esto se refiere no sólo a aquellos rayos dorados de energía que irradian del sol y las estrellas, sino también a los rayos morales, mentales y espirituales de información e inspiración.

1 Pedro 2:9: «Mas vosotros sois linaje escogido, real sacerdocio, nación santa, pueblo adquirido por Dios, para que anunciéis las virtudes de aquel que os llamó de las tinieblas a su luz admirable.»

1 Juan 1:7: «Pero si andamos en luz, como él está en luz, tenemos comunión unos con otros, y la sangre de Jesucristo su Hijo nos limpia de todo pecado.»

2 Corintios 4:6: «Porque Dios, que mandó que de las tinieblas resplandeciese la luz, es el que resplandeció en nuestros corazones, para iluminación del conocimiento de la gloria de Dios en la faz de Jesucristo.»

1 Timoteo 6:16: «El único que tiene inmortalidad, que habita en luz inaccesible; a quien ninguno de los hombres ha visto ni puede ver, al cual sea la honra y el imperio sempiterno. Amén.»

Santiago 1:17: «Toda buena dádiva y todo don perfecto desciende de lo alto, del Padre de las luces, en el cual no hay mudanza, ni sombra de variación.»

1 Juan 1:5: «Este es el mensaje que hemos oído de él, y os anunciamos: Dios es luz; y no hay ningunas tinieblas en él.»

R. Dios es bueno. A.W. Strong define la bondad de la siguiente manera:

«La bondad es el principio eterno de la naturaleza de Dios que lo lleva a comunicar de su propia vida y beatitud a aquellos que son como Él en carácter moral.» (*Systematic Theology*, p. 289.)

A.W. Tozer escribe en forma similar:

«La bondad de Dios es aquello que lo mueve a ser amable, cordial, benévolo y estar lleno de buena voluntad hacia los hombres. Es tierno de corazón y está lleno de pronta compasión, y su actitud constante hacia todo ser moral es abierta, franca y amistosa. Por su naturaleza se inclina a otorgar beatitud y se complace santamente en la felicidad de su pueblo.» (*The Knowledge of the Holy*, p. 88.)

Salmo 107:8: «Alaben la misericordia de Jehová, y sus maravillas para con los hijos de los hombres.»

Salmo 23:6: «Ciertamente el bien y la misericordia me seguirán todos los días de mi vida, y en la casa de Jehová moraré por largos días.»

Romanos 2:4: «¿O menosprecias las riquezas de su benignidad, paciencia y longanimidad, ignorando que su benignidad te guía al arrepentimiento?»

S. Dios es misericordioso.

«La misericordia es aquel principio eterno de la naturaleza de Dios que lo lleva a buscar el bien temporal y la salvación eterna de aquellos que se han resistido a su voluntad, aun a precio de un sacrificio propio infinito.» (A.W. Strong, *Systematic Theology*, p. 289.)

La misericordia de Dios es opcional, en el sentido de que Él no está en ninguna manera obligado a salvar a los pecadores como lo está a castigar a los pecadores. Pero Él escoge hacerlo.

El Antiguo Testamento habla cuatro veces más acerca de la misericordia de Dios que el Nuevo Testamento. Se menciona veintiséis veces tan sólo en el Salmo 136. La misericordia, entonces, entre otras cosas, es no recibir lo que merecemos; es decir, el infierno.

1. El ejemplo de David (Sal. 51). Este es el Salmo confesional que David llevó a Dios en oración después de su vergonzoso pecado con Betsabé, el cual incluyó tanto adulterio como homicidio. Empieza rogando por misericordia y termina reconociendo que ningún sacrificio animal podría limpiar su pecado. Entonces pasa por alto las ofrendas levíticas y se somete totalmente a la misericordia de Dios.
2. El ejemplo de Israel.

   Salmo 103:8-17: «Misericordioso y clemente es Jehová; lento para la ira, y grande en misericordia. No contenderá para siempre, ni para siempre guardará el enojo. No ha hecho con nosotros conforme a nuestras iniquidades, ni nos ha pagado conforme a nuestros pecados. Porque como la altura de los cielos sobre la tierra, engrandeció su misericordia sobre los que le temen. Cuanto está lejos el oriente del occidente, hizo alejar de nosotros nuestras rebeliones. Como el padre se compadece de los hijos, se compadece Jehová de los que le temen. Porque él conoce nuestra condición; se acuerda de que somos polvo. El hombre, como la hierba son sus días; florece como la flor del campo, que pasó el viento por ella, y pereció, y su lugar no se conocerá más. Mas la misericordia de Jehová es desde la eternidad y hasta la eternidad sobre los que le temen, y su justicia sobre los hijos de los hijos.»

   Hebreos 8:8, 12: «Porque reprendiéndolos dice: He aquí vienen días, dice el Señor, en que estableceré con la casa de Israel y la casa de Judá un nuevo pacto; porque seré propicio a sus injusticias, y nunca más me acordaré de sus pecados y de sus iniquidades.»
3. El ejemplo de Jonás.

   Jonás 4:2: «Y oró a Jehová y dijo: Ahora, oh Jehová, ¿no es esto lo que yo decía estando aún en mi tierra? Por eso me apresuré a huir a Tarsis; porque sabía yo que tú eres Dios clemente y piadoso, tardo en enojarte, y de grande misericordia, y que te arrepientes del mal.»
4. El ejemplo de Pablo.

   1 Timoteo 1:13, 16: «Habiendo yo sido antes blasfemo, perseguidor e injuriador; mas fui recibido a misericordia porque lo hice por ignorancia, en incredulidad. Pero por esto fui recibido a misericordia, para que Jesucristo mostrase en mí el primero toda su clemencia, para ejemplo de los que habrían de creer en él para vida eterna.»

T. Dios está lleno de gracia. La definición más sencilla de este hermoso atributo es el favor inmerecido. En esta coyuntura es bueno hacer un contraste entre la misericordia y la gracia. La *misericordia* de Dios le permite suspender el castigo *merecido.* La *gracia* de Dios le permite otorgar libremente el favor *inmerecido. Misericordia* es no recibir lo que merecemos, es decir, el infierno. *Gracia* es recibir lo que no merecemos, es decir, el cielo.

1 Pedro 5:10: «Mas el Dios de toda gracia, que nos llamó a su gloria eterna en Jesucristo, después que hayáis padecido un poco de tiempo, él mismo os perfeccione, afirme, fortalezca y establezca.»

1. Se puede ver la gracia de Dios a través de todas las dispensaciones de la historia. Se menciona por primera vez en la víspera de la primera destrucción universal del mundo (Gn. 6:8) y la última referencia aparece en el último versículo de las Escrituras (Ap. 22:21).
2. La gracia de Dios es siempre un don gratis.

   Romanos 3:24: «Siendo justificados gratuitamente por su gracia, mediante la redención que es en Cristo Jesús.»

   Efesios 2:8, 9: «Porque por gracia sois salvos por medio de la fe; y esto no de vosotros, pues es don de Dios; no por obras, para que nadie se gloríe.»
3. La gracia de Dios siempre antecede a su paz.

   Romanos 1:7: «A todos los que estáis en Roma, amados de Dios, llamados a ser santos: Gracia y paz a vosotros, de Dios nuestro Padre y del Señor Jesucristo.»

   Esta pequeña frase, «gracia y paz a vosotros», un saludo común en esa época, se encuentra muchas veces en el Nuevo Testamento, pero siempre en este orden; nunca «paz y gracia». También es cierto espiritualmente que no se puede experimentar la paz de Dios sino hasta después de haber apropiado su gracia.
4. La gracia de Dios estaba encarnada en Cristo (Jn. 1:17).

   Juan 1:14: «Y aquel Verbo fue hecho carne, y habitó entre nosotros (y vimos su gloria, gloria como del unigénito del Padre), lleno de gracia y de verdad.»

   Tito 2:11: «Porque la gracia de Dios se ha manifestado para salvación a todos los hombres.»
5. La gracia de Dios es más grande que el pecado del hombre.

   Romanos 5:20: «Pero la ley se introdujo para que el pecado abundase; mas cuando el pecado abundó, sobreabundó la gracia.»
6. La gracia de Dios fue exhibida en el Calvario.

Hebreos 2:9: «Pero vemos a aquel que fue hecho un poco menor que los ángeles, a Jesús, coronado de gloria y de honra, a causa del padecimiento de la muerte, para que por la gracia de Dios gustase la muerte por todos.»

7. La gracia de Dios hace del pecador lo que es (2 Co. 12:9).

1 Corintios 15:10: «Pero por la gracia de Dios soy lo que soy; y su gracia no ha sido en vano para conmigo, antes he trabajado más que todos ellos; pero no yo, sino la gracia de Dios conmigo.»

Hebreos 4:16: «Acerquémonos, pues, confiadamente al trono de la gracia, para alcanzar misericordia y hallar gracia para el oportuno socorro.»

8. La gracia de Dios fue tal vez el atributo que lo impulsó a crear el mundo en primer lugar (véase Ef. 2).

U. Dios es amor. Este atributo es simultáneamente el más universalmente conocido y malentendido de todos. Millones de personas sencillamente han equiparado el amor con Dios, debilitando de este modo o negando totalmente sus demás perfecciones. Un hombre y una mujer pueden engañar a sus respectivos cónyuges y justificar su relación adúltera con el gran «amor» que sienten el uno por el otro. Pero el amor de Dios no puede ser separado o aislado de su santidad y de su odio por el pecado. Sin embargo, habiendo dicho todo esto, hay que admitir que de todos sus atributos, el amor de Dios probablemente es la perfección comprendida más rápidamente por los pecadores que le buscan. El niño más pequeño puede cantar con gran entendimiento: «Sí, Cristo me ama, ¡la Biblia dice así!»

En esta coyuntura se pueden ofrecer dos definiciones del amor:

1. El amor es la preocupación desinteresada por el bien ajeno.
2. El amor es aquella acción de una persona que busca el mayor bien para otra persona.

De todos los veintiún atributos presentados durante este estudio, los últimos tres (la misericordia, la gracia y el amor) son probablemente los más difíciles de explicar a los ángeles, que nunca los han experimentado. Sería como tratar de explicar la imponente majestad de una magnífica puesta de sol y el sonido glorioso de una orquesta sinfónica cercana a un amigo que ha nacido ciego y sordo. A continuación se encuentran algunos objetos del amor de Dios.

1. Dios ama a Israel.

Deuteronomio 7:7, 8: «No por ser vosotros más que todos los pueblos os ha querido Jehová y os ha escogido, pues vosotros erais el más insignificante de todos los pueblos; sino por cuanto Jehová os amó, y quiso guardar el juramento que juró a vuestros padres, os ha sacado Jehová con mano poderosa, y os ha rescatado de servidumbre, de la mano de Faraón rey de Egipto.»

Isaías 49:15: «¿Se olvidará la mujer de lo que dio a luz, para dejar de compadecerse del hijo de su vientre? Aunque olvide ella, yo nunca me olvidaré de ti.»

Jeremías 31:3: «Jehová se manifestó a mí hace ya mucho tiempo, diciendo: Con amor eterno te he amado; por tanto, te prolongué mi misericordia.»

Oseas 11:1: «Cuando Israel era muchacho, yo lo amé, y de Egipto llamé a mi hijo.»

Malaquías 1:2: «Yo os he amado, dice Jehová; y dijisteis: ¿En qué nos amaste? ¿No era Esaú hermano de Jacob? dice Jehová. Y amé a Jacob.»

2. Dios ama al mundo.

Juan 3:16: «Porque de tal manera amó Dios al mundo, que ha dado a su Hijo unigénito, para que todo aquel que en él cree, no se pierda, mas tenga vida eterna.»

1 Timoteo 2:3, 4: «Porque esto es bueno y agradable delante de Dios nuestro Salvador, el cual quiere que todos los hombres sean salvos y vengan al conocimiento de la verdad.»

2 Pedro 3:9: «El Señor no retarda su promesa, según algunos la tienen por tardanza, sino que es paciente para con nosotros, no queriendo que ninguno perezca, sino que todos procedan al arrepentimiento.»

3. Dios ama a la Iglesia.

Efesios 5:25-32: «Maridos, amad a vuestras mujeres, así como Cristo amó a la iglesia, y se entregó a sí mismo por ella, para santificarla, habiéndola purificado en el lavamiento del agua por la palabra, a fin de presentársela a sí mismo, una iglesia gloriosa, que no tuviese mancha ni arruga ni cosa semejante, sino que fuese santa y sin mancha. Así también los maridos deben amar a sus mujeres como a sus mismos cuerpos. El que ama a su mujer, a sí mismo se ama. Porque nadie aborreció jamás a su propia carne, sino que la sustenta y la cuida, como también Cristo a la iglesia, porque somos miembros de su cuerpo, de su carne y de sus huesos. Por esto dejará el hombre a su padre y a su madre, y se unirá a su mujer, y los dos serán una sola carne. Grande es este misterio; mas yo digo esto respecto de Cristo y de la iglesia.»

4. Dios ama al pecador.

Romanos 5:8: «Mas Dios muestra su amor para con nosotros, en que siendo aún pecadores, Cristo murió por nosotros.»

5. Dios ama al cristiano espiritual.

Gálatas 2:20: «Con Cristo estoy juntamente crucificado, y ya no vivo yo, mas vive Cristo en mí; y lo que ahora vivo en la carne, lo vivo en la fe del Hijo de Dios, el cual me amó y se entregó a sí mismo por mí.»

6. Dios ama al cristiano carnal (Lc. 15:12-24).
7. Dios ama al Hijo.

Juan 3:35: «El Padre ama al Hijo, y todas las cosas ha entregado en su mano.»

Juan 10:17: «Por eso me ama el Padre, porque yo pongo mi vida, para volverla a tomar.»

Juan 15:9: «Como el Padre me ha amado, así también yo os he amado; permaneced en mi amor.»

Juan 17:23, 24: «Yo en ellos, y tú en mí, para que sean perfectos en unidad, para que el mundo conozca que tú me enviaste, y que los has amado a ellos como también a mí me has amado. Padre, aquellos que me has dado, quiero que donde yo estoy, también ellos estén conmigo, para que vean mi gloria que me has dado; porque me has amado desde antes de la fundación del mundo.»

Mateo 3:17: «Y hubo una voz de los cielos, que decía: Este es mi Hijo amado, en quien tengo complacencia.»

Mateo 17:5: «Mientras él aún hablaba, una nube de luz los cubrió; y he aquí una voz desde la nube, que decía: Este es mi Hijo amado, en quien tengo complacencia; a él oíd.»

8. Dios ama al dador alegre.

2 Corintios 9:7: «Cada uno dé como propuso en su corazón: no con tristeza, ni por necesidad, porque Dios ama al dador alegre.»

LA DOCTRINA DEL HIJO

LA DOCTRINA DEL HIJO

I. Introducción. Se ha calculado que alrededor de cuarenta mil millones de personas han vivido sobre la tierra desde Adán. Se puede ver un enorme contraste en esta gran multitud humana. Incluye a hombres negros, blancos, pardos y amarillos. Estos hombres han explorado y poblado cada rincón de la tierra. Hablan docenas de idiomas, practican multitud de religiones, y han formulado numerosas culturas.

Pero cada uno de los seres humanos comparte una cosa vital. El propósito de su vida aquí y su destino eterno después dependen totalmente de su relación personal con el objeto de este estudio: el Señor Jesucristo. Por lo tanto, es absolutamente imposible sobreenfatizar la importancia de su vida. La pregunta clave del universo sigue siendo: «¿Qué pensáis del Cristo?» (Mt. 22:42).

Nótese lo siguiente:

Para el artista Él es todo hermoso (Cnt. 5:16).

Para el arquitecto es la piedra del ángulo (1 P. 2:6).

Para el astrónomo es el Sol de la justicia (Mal. 4:2).

Para el panadero es el pan de vida (Jn. 6:35).

Para el banquero es el tesoro escondido (Mt. 13:44).

Para el constructor es el fundamento seguro (Is. 28:16).

Para el carpintero es la puerta (Jn. 10:7).

Para el doctor es el gran médico (Jer. 8:22).

Para el docente es el camino nuevo y vivo (He. 10:20).

Para el granjero es el sembrador y el Señor de la cosecha (Lc. 10:2).

II. La preexistencia de Jesucristo como Dios. Es posible sostener la preexistencia de Jesús sin creer en su divinidad (como algunos lo han hecho). Por ejemplo, la secta de los Testigos de Jehová se atreve a declarar que Cristo preexistió como el arcángel Miguel antes de Belén. Pero la Biblia declara dogmáticamente tanto su preexistencia como su deidad.

A. El hecho de su existencia divina.

1. Enseñada por Juan el Bautista.

«Juan dio testimonio de él, y clamó diciendo: Este es de quien yo decía: El que viene después de mí, es antes de mí; porque era primero que yo» (Jn. 1:15). (Véase también Jn. 1:27, 30.)

Según Lucas 1:36, el nacimiento de Juan ocurrió seis meses antes del nacimiento de Cristo, pero Juan declara que «era primero que yo», una referencia a la preexistencia de Jesús.

2. Enseñada por el apóstol Juan.

«En el principio era el Verbo, y el Verbo era con Dios, y el Verbo era Dios» (Jn. 1:1).

«(Porque la vida fue manifestada, y la hemos visto, y testificamos, y os anunciamos la vida eterna, la cual estaba con el Padre, y se nos manifestó)» (1 Jn. 1:2).

Aquí el apóstol Juan conecta la preexistencia de Jesús con su deidad.

3. Enseñada por el apóstol Pablo.

«El cual, siendo en forma de Dios, no estimó el ser igual a Dios como cosa a que aferrarse, sino que se despojó a sí mismo, tomando forma de siervo, hecho semejante a los hombres; y estando en la condición de hombre, se humilló a sí mismo, haciéndose obediente hasta la muerte, y muerte de cruz» (Fil. 2:6-8).

4. Enseñada por el apóstol Pedro.

«Ya destinado desde antes de la fundación del mundo, pero manifestado en los postreros tiempos por amor de vosotros» (1 P. 1:20).

5. Enseñada por Cristo mismo.

«Porque he descendido del cielo, no para hacer mi voluntad, sino la voluntad del que me envió» (Jn. 6:38).

«Yo soy el pan vivo que descendió del cielo; si alguno comiere de este pan, vivirá para siempre; y el pan que yo daré es mi carne, la cual yo daré por la vida del mundo. Sabiendo Jesús en sí mismo que sus discípulos murmuraban de esto, les dijo: ¿Esto os ofende? ¿Pues qué, si viereis al Hijo del Hombre subir adonde estaba primero?» (Jn 6:51, 61, 62).

«Jesús les dijo: De cierto, de cierto os digo: Antes que Abraham fuese, yo soy» (Jn. 8:58).

«Ahora pues, Padre, glorifícame tú al lado tuyo, con aquella gloria que tuve contigo antes que el mundo fuese» (Jn. 17:5).

Aquí Cristo pide que el Padre comparta su gloria con el Hijo. Pero nótese la declaración previa del Padre acerca de su gloria en Isaías:

«Yo Jehová; este es mi nombre; y a otro no daré mi gloria...» (Is. 42:8).

Por lo tanto, es ineludible concluir o que Cristo en verdad era Dios y tenía el derecho de reclamar esta gloria, o era un impostor arrogante que exigió algo que el Padre nunca le hubiera dado.

B. Las actividades del Cristo divino preexistente. ¿Qué estaba haciendo el Salvador antes de llegar a Belén? Las Escrituras no dejan duda de que estaba muy ocupado.

1. Estaba creando el universo.

«Todas las cosas por él fueron hechas, y sin él nada de lo que ha sido hecho, fue hecho» (Jn. 1:3).

«Porque en él fueron creadas todas las cosas, las que hay en los cielos y las que hay en la tierra, visibles e invisibles; sean tronos, sean dominios, sean principados, sean potestades; todo fue creado por medio de él y para él» (Col. 1:16).

«En estos postreros días nos ha hablado

por el Hijo, a quien constituyó heredero de todo, y por quien asimismo hizo el universo. Y: Tú, oh Señor, en el principio fundaste la tierra, y los cielos son obra de tus manos» (He. 1:2, 10).

Esta creación abarcaba todo, desde electrones hasta galaxias, desde ángeles hasta Adán.

2. Estaba controlando el universo creado.

«El cual, siendo el resplandor de su gloria, y la imagen misma de su sustancia, y quien sustenta todas las cosas con la palabra de su poder, habiendo efectuado la purificación de nuestros pecados por medio de sí mismo, se sentó a la diestra de la Majestad en las alturas» (He. 1:3).

«Y él es antes de todas las cosas, y todas las cosas en él subsisten» (Col. 1:17).

Nuestro Señor Jesús no sólo hizo todas las cosas, sino que las mantiene hechas.

3. Estaba comunicándose con el Padre.

«Yo en ellos, y tú en mí, para que sean perfectos en unidad, para que el mundo conozca que tú me enviaste, y que los has amado a ellos como también a mí me has amado» (Jn. 17:23).

«Padre, aquellos que me has dado, quiero que donde yo estoy, también ellos estén conmigo, para que vean mi gloria que me has dado; porque me has amado desde antes de la fundación del mundo» (Jn. 17:24).

III. El ministerio de Jesucristo en el Antiguo Testamento.

El Antiguo Testamento registra varias teofanías. Las teofanías son las apariciones de Cristo antes de Belén. La mayoría de los teólogos bíblicos mantienen que el episodio recurrente del Ángel de Jehová en el Antiguo Testamento debe identificarse con Cristo mismo. Esta posición teológica está fuertemente sugerida por dos pasajes clave.

El primero se encuentra en Génesis 48:16, en el cual el patriarca moribundo, Jacob, está bendiciendo a sus dos nietos. El anciano fundador de Israel ora:

«El Angel que me liberta de todo mal, bendiga a estos jóvenes....» (Gn. 48:16)

Ya que ningún ángel regular puede redimir a los hombres, se supone que el ángel aquí en realidad es Cristo.

El segundo pasaje se encuentra en Jueces 13, donde una pareja estéril acaba de enterarse por el ángel de Jehová del próximo nacimiento de Sansón. En gratitud, Manoa (el padre), pide el nombre del ángel para que pueda ponérselo al bebé. Nótese la respuesta, sin embargo:

«Y el ángel de Jehová respondió: ¿Por qué preguntas por mi nombre, que es oculto?» (Jue. 13:18, Reina-Valera, Versión Antigua).

Esta palabra, «oculto», viene de la misma raíz hebrea que se encuentra en Isaías 9:6, donde se traduce por «admirable».

«Porque un niño nos es nacido, hijo nos es dado, y el principado sobre su hombro; y se llamará su nombre Admirable, Consejero, Dios fuerte, Padre eterno, Príncipe de paz» (Is. 9:6).

Ya que sabemos que «Admirable» en este versículo se refiere a Cristo, es muy probable que Jueces 13:18 también lo haga.

Examinemos ahora algunas de esas teofanías del Antiguo Testamento.

A. Se le apareció a Agar, la esposa egipcia de Abraham (Gn. 16:7-14). La primera referencia bíblica al Ángel de Jehová ocurre aquí, cuando ministra tiernamente a una muchacha pagana encinta.

B. Se le apareció a Abraham (Gn. 18:1; 22:11-13). Estas dos apariciones ocurrieron en momentos críticos de la vida de Abraham. Una (Gn. 18) tenía que ver con la destrucción de Sodoma y la otra (Gn. 22) con la salvación a último momento de Isaac.

C. Se le apareció a Jacob (Gn. 28:13; 32:24-32; 48:16). Hay que recordar que Cristo no sólo se le apareció a Jacob sino que luchó con él. (Véase Gn. 32.) Sin duda fue el mismo ser divino que había visto parado en una escalera unos veinte años antes. (Véase Gn. 28.)

D. Se le apareció a Moisés (Ex. 3:2; 23:20; 33:18-23). Las tres ocasiones estaban conectadas con el monte Sinaí.

La primera fue *cerca* de la montaña.

«Viendo Jehová que él iba a ver, lo llamó Dios de en medio de la zarza, y dijo: ¡Moisés, Moisés! Y él respondió: Heme aquí. Y dijo: No te acerques; quita tu calzado de tus pies, porque el lugar en que tú estás, tierra santa es» (Ex. 3:4, 5).

La segunda ocasión fue *encima* de la montaña.

«He aquí yo envío mi Ángel delante de ti para que te guarde en el camino, y te introduzca en el lugar que yo he preparado» (Ex. 23:20).

Y la última ocasión fue *en* la montaña.

«Y cuando pase mi gloria, yo te pondré en una hendidura de la peña, y te cubriré con mi mano hasta que haya pasado» (Ex. 33:22).

E. Se le apareció a Josué (Jos. 5:13-15). Se le aparece a Josué en la víspera de la toma de Jericó, y se presenta como el Príncipe del ejército de Jehová.

F. Se le apareció a Gedeón (Jue. 6:11-24). El Ángel de Jehová encuentra a un Gedeón muy desanimado sacudiendo trigo junto al lagar para esconderlo de los madianitas opresores.

G. Se le apareció a los padres de Sansón (Jue. 13).

H. Se le apareció a Isaías (Is. 6:1-13). A Isaías se le permite ver más de la gloria del Cristo preencarnado que a cualquier otro profeta del Antiguo Testamento.

I. Se les apareció a tres jóvenes hebreos en el horno de fuego (Dn. 3:25). Las atónitas palabras del rey pagano Nabucodonosor que acompañan a esta aparición son muy emocionantes:

«Entonces el rey Nabucodonosor se espantó, y se levantó apresuradamente y dijo a los de su consejo: ¿No echaron a tres varones atados dentro del fuego? Ellos respondieron al rey: Es verdad, oh rey. Y él dijo: He aquí yo veo cuatro varones sueltos, que se pasean en medio del fuego sin sufrir ningún daño; y el aspecto del cuarto es semejante a hijo de los dioses» (Dn. 3:24, 25).

J. Se le apareció a Daniel (Dn. 6:22; 7:9-14). La primera de estas apariciones fue en un foso de leones.

«Entonces Daniel respondió al rey: Oh rey, vive para siempre. Mi Dios envió su ángel, el cual cerró la boca de los leones, para que no me hiciesen daño...» (Dn. 6:21, 22).

La segunda aparición fue en una visión.

«Estuve mirando hasta que fueron puestos tronos, y se sentó un Anciano de días, cuyo vestido era blanco como la nieve, y el pelo de su cabeza como lana limpia; su trono llama de fuego, y las ruedas del mismo, fuego ardiente. Un río de fuego procedía y salía de delante de él; millares de millares le servían, y millones de millones asistían delante de él; el Juez se sentó, y los libros fueron abiertos. Yo entonces miraba a causa del sonido de las grandes palabras que hablaba el cuerno; miraba hasta que mataron a la bestia, y su cuerpo fue destrozado y entregado para ser quemado en el fuego. Habían también quitado a las otras bestias su dominio, pero les había sido prolongada la vida hasta cierto tiempo. Miraba yo en la visión de la noche, y he aquí con las nubes del cielo venía uno como un hijo de hombre, que vino hasta el Anciano de días, y le hicieron acercase delante de él. Y le fue dado dominio, gloria y reino, para que todos los pueblos, naciones y lenguas le sirvieran; su dominio es dominio eterno, que nunca pasará, y su reino uno que no será destruido» (Dn. 7:9-14).

K. Se le apareció a Zacarías (Zac. 1:8-13; 2:8-11; 3:10; 6:12-15). En este libro, Zacarías describe a Cristo protegiendo a Jerusalén (1:8-13), midiendo a Jerusalén (2:8-11), limpiando a Jerusalén (3:10) y construyendo a Jerusalén (6:12-15).

IV. La encarnación de Jesucristo por el nacimiento virginal.

A. Ideas falsas acerca de la encarnación.

1. Los ebionitas. Negaban la realidad de la naturaleza divina de Jesús. El error ebionita es refutado por el apóstol Juan en el primer versículo de su evangelio.

«En el principio era el Verbo, y el Verbo era con Dios, y el Verbo era Dios» (Jn 1:1).

2. Los gnósticos. Negaban la realidad de la naturaleza humana de Jesús. El error gnóstico es refutado por el apóstol Juan en el primer versículo de su primera epístola:

«Lo que era desde el principio, lo que hemos oído, lo que hemos visto con nuestros ojos, lo que hemos contemplado, y palparon nuestras manos tocante al Verbo de vida» (1 Jn. 1:1).

3. Los arrianos. Afirmaban la preexistencia de Jesús pero negaban su divinidad.

Esta es la posición de los Testigos de Jehová hoy en día.

4. Los nestorianos. Creían que dos personas habitaban el cuerpo de Cristo: la persona humana y la divina.

5. Los eutiquianos. Fueron al extremo opuesto y dijeron que las dos naturalezas (la humana y la divina) se mezclaron para formar una tercera naturaleza totalmente distinta de las dos naturalezas originales.

B. El enfoque correcto de la encarnación.

«En una persona, Jesucristo, hay dos naturalezas, una humana y una divina, cada una en su totalidad e integridad, y estas dos naturalezas están orgánica e indisolublemente unidas, pero de tal forma que no se forma ninguna tercera naturaleza por ello.» (A.H. Strong, *Systematic Theology*, p. 673.)

«Siempre dice, yo, mí, mío. Siempre se lo trata de tú, ti, tuyo. Siempre se habla de él como él, su, suyo. Era la misma persona a quien se le dijo: "Desde el principio tú fundaste la tierra, y los cielos son obra de tus manos." (Charles Hodge, citado por Charles Baker, *A Dispensational Theology*, p. 300.)

Por lo tanto, en el Antiguo Testamento tenemos al hombre hecho a imagen de Dios, y en el Nuevo Testamento vemos a Dios hecho a imagen del hombre.

C. Los milagros involucrados en la encarnación.

1. El hecho de que Dios el Hijo pudiera tomar la plena naturaleza del hombre y sin embargo conservar la plena naturaleza de Dios.

La Biblia declara que era tan Dios como si nunca hubiese sido hombre, y tan hombre como si nunca hubiese sido Dios. Esto se conoce como la unión hipostática. No hay ninguna analogía terrenal que se pueda usar para ilustrarla siquiera remotamente. Los siguientes ejemplos se han ofrecido sin éxito:

a. La relación entre el cuerpo y el alma del hombre.
b. Aquella entre el Padre y el Hijo.
c. Aquella entre marido y mujer.
d. Aquella entre el creyente y el Espíritu Santo.
e. Aquella entre el oxígeno y el hidrógeno, la cual produce el agua.

2. El hecho de que un cuerpo humano pudiera ser concebido dentro del vientre de una madre sin un padre terrenal.

El milagro del nacimiento virginal no fue el nacimiento en sí, sino la concepción del cuerpo terrenal de Cristo.

Además, esta concepción no sólo fue sobrenatural, sino también única, porque Dios ya había obrado nacimientos sobrenaturales para Sara, Ana, Elisabet y otras.

D. La perpetuidad de la encarnación. Cuando el Hijo de Dios se encarnó en Belén fue un arreglo eterno. Seguirá manifestándose en este cuerpo (en su estado resucitado, por supuesto) a través de las edades.

E. Las profecías acerca de la encarnación. El Antiguo Testamento.

1. Por el profeta Isaías.

«Por tanto, el Señor mismo os dará señal: He aquí que la virgen concebirá, y dará a luz un hijo, y llamará su nombre Emanuel» (Is. 7:14).

«Porque un niño nos es nacido, hijo nos es dado, y el principado sobre su hombro; y se llamará su nombre Admirable, Consejero, Dios fuerte, Padre eterno, Príncipe de Paz. Lo dilatado de su imperio y la paz no tendrán límite, sobre el trono de David y sobre su reino, disponiéndolo y confirmándolo en juicio y en justicia desde ahora y para siempre. El celo de Jehová de los ejércitos hará esto» (Is. 9:6, 7).

2. Por el profeta Miqueas.

«Pero tú, Belén Efrata, pequeña para estar entre las familias de Judá, de ti me saldrá el que será Señor en Israel; y sus salidas son desde el principio, desde los días de la eternidad» (Mi. 5:2).

El Nuevo Testamento. En el Nuevo Testamento se les hicieron anuncios celestiales acerca de la encarnación a por lo menos ocho personas o grupos.

3. A Zacarías.

«E irá delante de él con el espíritu y el poder de Elías, para hacer volver los corazones de los padres a los hijos, y de los rebeldes a la prudencia de los justos, para preparar al Señor un pueblo bien dispuesto» (Lc. 1:17).

4. A María.

«Y ahora, concebirás en tu vientre, y darás a luz un hijo, y llamarás su nombre Jesús. Respondiendo el ángel, le dijo: El Espíritu Santo vendrá sobre ti, y el poder del Altísimo te cubrirá con su sombra; por lo cual también el Santo Ser que nacerá, será llamado Hijo de Dios» (Lc. 1:31, 35).

5. A Elisabet.

«Y exclamó a gran voz, y dijo: Bendita tú entre las mujeres, y bendito el fruto de tu vientre» (Lc. 1:42).

6. A José.

«Y pensando él en esto, he aquí un ángel del Señor le apareció en sueños y le dijo: José, hijo de David, no temas recibir a María tu mujer, porque lo que en ella es engendrado, del Espíritu Santo es. Y dará a luz un hijo, y llamarás su nombre Jesús, porque él salvará a su pueblo de sus pecados» (Mt. 1:20, 21).

7. A los pastores.

«Pero el ángel les dijo: No temáis; porque he aquí os doy nuevas de gran gozo, que será para todo el pueblo: que os ha nacido hoy, en la ciudad de David, un Salvador, que es Cristo el Señor. Esto os servirá de señal: Hallaréis al niño envuelto en pañales, acostado en un pesebre» (Lc. 2:10-12).

8. A los magos.

«Cuando Jesús nació en Belén de Judea en días del rey Herodes, vinieron del oriente a Jerusalén unos magos, diciendo: ¿Dónde está el rey de los judíos, que ha nacido? Porque su estrella hemos visto en el oriente, y venimos a adorarle» (Mt. 2:1, 2).

9. A Simeón.

«Y he aquí había en Jerusalén un hombre llamado Simeón, y este hombre, justo y piadoso, esperaba la consolación de Israel; y el Espíritu Santo estaba sobre él. Y le había sido revelado por el Espíritu Santo, que no vería la muerte antes que viese al Ungido del Señor. Y movido por el Espíritu, vino al templo. Y cuando los padres del niño Jesús lo trajeron al templo, para hacer por él conforme al rito de la ley, él le tomó en sus brazos, y bendijo a Dios, diciendo: Ahora, Señor, despides a tu siervo en paz, conforme a tu palabra; porque han visto mis ojos tu salvación, la cual has preparado en presencia de todos los pueblos; luz para revelación a los gentiles, y gloria de tu pueblo Israel» (Lc. 2:25-32).

10. A Ana.

«Esta, presentándose en la misma hora, daba gracias a Dios, y hablaba del niño a todos los que esperaban la redención en Jerusalén» (Lc. 2:38).

F. Las razones de la encarnación. ¿Por qué la encarnación por el nacimiento virginal? Dios nunca hace nada sin un buen motivo y, en este caso, había unas catorce razones excelentes para que se produjera la encarnación.

1. Para revelar al Dios invisible.

«A Dios nadie le vio jamás; el unigénito Hijo, que está en el seno del Padre, él le ha dado a conocer. Jesús le dijo: ¿Tanto tiempo hace que estoy con vosotros, y no me has conocido, Felipe? El que me ha visto a mí, ha visto al Padre; ¿cómo, pues, dices tú: Muéstranos el Padre?» (Jn. 1:18; 14:9).

2. Para cumplir la profecía.

«Y pondré enemistad entre ti y la mujer, y entre tu simiente y la simiente suya; ésta te herirá en la cabeza, y tú le herirás en el calcañar» (Gn. 3:15).

3. Para garantizar el pacto davídico. El pacto davídico le aseguró a David que algún día un heredero de su propia simiente reinaría sobre Israel en su trono para siempre.

«Ahora, pues, dirás así a mi siervo David: Así ha dicho Jehová de los ejércitos: Yo te tomé del redil, de detrás de las ovejas, para que fueses príncipe sobre mi pueblo, sobre Israel; y he estado contigo en todo cuanto has andado, y delante de ti he destruido a todos tus enemigos, y te he dado nombre grande, como el nombre de los grandes que hay en la tierra. Además, yo te fijaré lugar a mi pueblo Israel y lo plantaré, para que habite en su lugar y nunca más sea removido, ni los inicuos le aflijan más, como al principio, desde el día en que puse jueces sobre mi pueblo Israel; y a ti te daré descanso de todos tus enemigos. Asimismo Jehová te hace saber que él te hará casa. Y cuando tus días sean cumplidos, y duermas con tus padres, yo levantaré después de ti a uno de tu linaje, el cual procederá de tus entrañas, y afirmaré su reino. El edificará casa a mi nombre, y yo afirmaré para siempre el trono de su reino. Yo le seré a él padre, y él me será a mí hijo. Y si él hiciere mal, yo le castigaré con vara de hombres, y con azotes de hijos de hombres; pero mi misericordia no se apartará de él como la aparté de Saúl, al cual quité de delante de ti. Y será afirmada tu casa y tu reino para siempre delante de tu rostro, y tu trono será estable eternamente. Conforme a todas estas palabras, y conforme a toda esta visión, así habló Natán a David» (2 S. 7:8-17).

«Y ahora, concebirás en tu vientre, y darás a luz un hijo, y llamarás su nombre Jesús. Este será grande, y será llamado Hijo del Altísimo; y el Señor Dios le dará el trono de David su padre; y reinará sobre la casa de Jacob para siempre, y su reino no tendrá fin» (Lc. 1:31-33).

4. Para hacer sacrificio por nuestros pecados.

«Pero vemos a aquel que fue hecho un poco menor que los ángeles, a Jesús, coronado de gloria y de honra, a causa del padecimiento de la muerte, para que por la gracia de Dios gustase la muerte por todos» (He. 2:9).

«Porque la sangre de los toros y de los machos cabríos no puede quitar los pecados. Por lo cual, entrando en el mundo dice: Sacrificio y ofrenda no quisiste, mas me preparaste cuerpo. En esa voluntad somos santificados mediante la ofrenda del cuerpo de Jesucristo hecha una vez para siempre. Pero Cristo, habiendo ofrecido una vez para siempre un solo sacrificio por los pecados, se ha sentado a la diestra de Dios» (He. 10:4, 5, 10, 12).

«Y sabéis que él apareció para quitar nuestros pecados, y no hay pecado en él» (1 Jn. 3:5).

«Porque el Hijo del Hombre no vino para

ser servido, sino para servir, y para dar su vida en rescate por muchos» (Mr. 10:45).

5. Para reconciliar al hombre con Dios.
«Que Dios estaba en Cristo reconciliando consigo al mundo, no tomándoles en cuenta a los hombres sus pecados, y nos encargó a nosotros la palabra de la reconciliación» (2 Co. 5:19).
«Por lo cual debía ser en todo semejante a sus hermanos, para venir a ser misericordioso y fiel sumo sacerdote en lo que a Dios se refiere, para expiar los pecados del pueblo» (He. 2:17).
«Porque hay un solo Dios, y un solo mediador entre Dios y los hombres, Jesucristo hombre, el cual se dio a sí mismo en rescate por todos, de lo cual se dio testimonio a su debido tiempo» (1 Ti. 2:5, 6).

6. Para proveer un ejemplo para los creyentes.
«Pues para esto fuisteis llamados; porque también Cristo padeció por nosotros, dejándonos ejemplo, para que sigáis sus pisadas» (1 P. 2:21).
«El que dice que permanece en él, debe andar como él anduvo» (1 Jn. 2:6).

7. Para proveer al creyente con un sumo sacerdote.
«Por lo cual debía ser en todo semejante a sus hermanos, para venir a ser misericordioso y fiel sumo sacerdote en lo que a Dios se refiere, para expiar los pecados del pueblo» (He. 2:17).
«Por tanto, hermanos santos, participantes del llamamiento celestial, considerad al apóstol y sumo sacerdote de nuestra profesión, Cristo Jesús» (He. 3:1).

8. Para destruir al diablo y sus obras.
«Así que, por cuanto los hijos participaron de carne y sangre, él también participó de lo mismo, para destruir por medio de la muerte al que tenía el imperio de la muerte, esto es, al diablo» (He. 2:14).
«El que practica el pecado es del diablo; porque el diablo peca desde el principio. Para esto apareció el Hijo de Dios, para deshacer las obras del diablo» (1 Jn. 3:8).

9. Para escapar de la maldición histórica.
   a. Sobre la simiente de Adán.
   «Por tanto, como el pecado entró en el mundo por un hombre, y por el pecado la muerte, así la muerte pasó a todos los hombres, por cuanto todos pecaron» (Ro. 5:12).
   b. Sobre el rey Joacim y su hijo, Joaquín. Estos dos malvados gobernantes, Joacim (Jer. 36:30) y Joaquín (Jer. 22:30), fueron juzgados por Dios, y se les advirtió que su simiente física jamás prosperaría sobre el trono de David.

10. Para sanar a los quebrantados de corazón.
«El Espíritu del Señor está sobre mí, por cuanto me ha ungido para dar buenas nuevas a los pobres; me ha enviado a sanar a los quebrantados de corazón; a pregonar libertad a los cautivos, y vista a los ciegos; a poner en libertad a los oprimidos» (Lc. 4:18).

11. Para pregonar libertad a los cautivos (Lc. 4:18).

12. Para proclamar el año agradable del Señor (Lc. 4:19).

13. Para dar vida: vida abundante.
«El que cree en el Hijo tiene vida eterna; pero el que rehúsa creer en el Hijo no verá la vida, sino que la ira de Dios está sobre él» (Jn. 3:36).
«El ladrón no viene sino para hurtar y matar y destruir; yo he venido para que tengan vida, y para que la tengan en abundancia» (Jn. 10:10).

14. Para glorificar al Padre (Jn. 13:31; 14:13; 17:4).
«Entonces, cuando hubo salido, dijo Jesús: Ahora es glorificado el Hijo del Hombre, y Dios es glorificado en él» (Jn. 13:31).
«Y todo lo que pidiereis al Padre en mi nombre, lo haré, para que el Padre sea glorificado en el Hijo» (Jn. 14:13).
«Yo te he glorificado en la tierra; he acabado la obra que me diste que hiciese» (Jn. 17:4).

V. Los nombres bíblicos y los títulos de Jesucristo. Es posible que el aroma de la rosa sea igualmente delicioso si se le da cualquier otro nombre. Pero no sucede así con los nombres bíblicos, los cuales frecuentemente comunican una idea penetrante de la vida de los que los llevan. Esto es especialmente cierto en relación a Cristo. Se puede obtener abundante información acerca de su persona y su obra al estudiar los nombres y los títulos que le son atribuidos. Nótense algunos de ellos:

Abogado (1 Jn. 2:1).
Adán (1 Co. 15:45).
Admirable (Is. 9:6).
Afinador (Mal. 3:3).
Alfa (Ap. 1:8; 21:6).
Amado (Ef. 1:6).
Amén (Ap. 3:14).
Amigo de pecadores (Mt. 11:19).
Ángel de Jehová (Gn. 16:9-14; Jue. 6:11-14).
Apóstol (He. 3:1).
Aurora desde lo alto (Lc. 1:78).
Autor (He. 12:2).
Autor de la vida (Hch. 3:15).
Bienaventurado (1 Ti. 6:15).
Cabeza de la iglesia (Col. 1:18).
Carpintero (Mt. 13:55; Mr. 6:3).
Consolación de Israel (Lc. 2:25).
Cordero de Dios (Jn. 1:29, 36).
Cristo (Mt. 1:16; 2:4).
Deseado de todas las naciones (Hag. 2:7).
Dios (Jn. 1:1; Ro. 9:5; 1 Ti. 3:16).
Dios fuerte (Is. 9:6; 63:1).
Don de Dios (2 Co. 9:15).
Emanuel (Mt. 1:23).
Esposo (Mt. 9:15).
Estrella resplandeciente de la mañana (Ap. 22:16).
Fuerza de salvación (Sal. 18:2).
Fundamento (Is. 28:16).
Gloria de Jehová (Is. 60:1).
Guía (Sal. 48:14).
Guiador (Mt. 2:6).
Heredero de todo (He. 1:2).
Hijo de David. Fue llamado por este nombre por las siguientes personas:
   dos ciegos en Capernaum (Mt. 9:27).
   dos ciegos en Jericó (uno de ellos llamado Bartimeo; Mt. 20:30; Mr. 10:46, 47).
   la mujer cananea (Mt. 15:22).
   la multitud del Domingo de Ramos (Mt. 21:9).
Hijo de Dios. Cristo se refiere a Sí mismo por este nombre en sólo dos ocasiones: Juan 9:35; 10:36. Pero muchos le dicen así en los evangelios:

Gabriel (Lc. 1:35).
Marta (Jn. 11:27).
Natanael (Jn. 1:49).
Pedro (Mt. 16:16).
Satanás (Mt. 4:3, 6).
un centurión (Mt. 27:54).
un demonio (Mt. 8:29; Lc. 4:41).
un discípulo (Mt. 14:33).
Hijo de María (Mr. 6:3).
Hijo del Altísimo (Lc. 1:32).
Hijo del Hombre: su nombre favorito para Sí mismo.
Según su propio testimonio, el Hijo del Hombre:
Enviará a sus ángeles (Mt. 13:41).
Es el único con potestad para perdonar pecados (Mt. 9:6).
Es Señor del día de reposo (Lc. 6:5).
Estaría tres días en el corazón de la tierra (Mt. 12:40).
No tiene dónde recostar su cabeza (Mt. 8:20).
No vino para ser servido (Mt. 20:28).
Padecería (Mt. 17:12).
Resucitaría de los muertos (Mt. 17:9).
Se sentará en el trono de su gloria (Mt. 19:28).
Sería levantado (Jn. 3:14).
Vendrá nuevamente en la gloria de su Padre (Mt. 16:27; 24:30).
Vino a buscar y a salvar lo que se había perdido (Mt. 18:11).
Imagen misma de Dios (He. 1:3).
Jefe (Is. 55:4).
Jehová (Is. 26:4; 40:3).
Jesús (Mt. 1:21).
Juez (Mi. 5:1; Hch. 10:42).
Justicia (Jer. 23:6:33:16).
Legislador (Is. 33:22).
León de la tribu de Judá (Ap. 5:5).
Libertador (Ro. 11:26).
Limpiador (Mal. 3:3).
Lucero de la mañana (2 P. 1:19).
Maestro (Mt. 8:19; 26:18; Jn. 3:2; 11:28).
Manantial (Zac. 13:1).
Mediador (1 Ti. 2:5).
Médico (Mt. 9:12).
Mesías (Dn. 9:25; Jn. 1:41).
Ministro (He. 8:2).
Nazareno (Mr. 1:24).
Niño (Is. 9:6; Lc. 2:16).
Obispo (1 P. 2:25).
Padre eterno (Is. 9:6).
Pascua (1 Co. 5:7).
Pastor:
Buen pastor (Jn. 10:11, 14).
Gran pastor (He. 13:20).
Mi pastor (Sal. 23:1).
Príncipe de los pastores (1 P. 5:4).
Piedra (Mt. 21:42; Mr. 12:10; Hch. 4:11; Ro. 9:32, 33; Ef. 2:20; 1 P. 2:6, 7).
Poder de Dios (1 Co. 1:24).
Precursor (He. 6:20).
Primicias (1 Co. 15:23).
Principal piedra del ángulo (Ef. 2:20).
Príncipe (5:31).
Príncipe del ejército de Jehová (Jos. 5:14).
Principio de la creación (Ap. 3:14).
Profeta (Hch. 3:22).
Propiciación (1 Jn. 2:2; 4:10).
Puerta de las ovejas (Jn. 10:7).
Rabí. Fue llamado por este nombre en tres ocasiones bien conocidas:
por Judas (Mt. 26:25, *Biblia de las Américas*).
por María Magdalena (Jn. 20:16).
por Nicodemo (Jn. 3:2).
Raíz de David (Ap. 22:16).
Redentor (Is. 59:20; 60:16).
Refugio (Is. 25:4).
Renuevo (Zac. 3:8).
Rescate (1 Ti. 2:6).
Rey:
Rey de Israel (Mt. 27:42; Jn. 1:49).
Rey de reyes (Ap. 17:14; 19:16).
Roca (Dt. 32:15).
Rosa de Sarón (Cnt. 2:1).
Sacerdote (He. 4:14).
Sacrificio (Ef. 5:2).
Salvador. Fue llamado Salvador por:
los ángeles (Lc. 2:11).
los hombres de Samaria (Jn. 4:42).
su madre (Lc. 1:47).
Samaritano (buen) (Lc. 10:33).
Santo de Dios (Mr. 1:24).
Santo de Israel (Is. 41:14).
Santo Hijo (Hch. 4:30).
Segador (Ap. 14:15).
Segundo hombre (1 Co. 15:47).
Señor de señores (Ap. 19:16).
Serpiente de bronce (Jn. 3:14).
Siervo (Is. 42:1; 49:5-7).
Siloh (Gn. 49:10).
Simiente de Abraham (Gá. 3:16, 19).
Simiente de David (2 Ti. 2:8).
Simiente de la mujer (Gn. 3:15).
Soberano (1 Ti. 6:15).
Sol de justicia (Mal. 4:2).
Sumo sacerdote (He. 3:1; 7:1).
Testigo fiel (Ap. 1:5; 3:14; 19:11).
Todopoderoso (Ap. 1:8).
Ungido (Sal. 2:2).
Unigénito del Padre (Jn. 1:14).
Unigénito Hijo (Jn. 1:18).
Vara (Is. 11:1).
Varón/hombre (Hch 17:31; 1 Ti. 2:5).
Verbo: el nombre favorito del apóstol Juan para Cristo (Jn. 1:1; Ap. 19:13).
YO SOY: Se llama a sí mismo por este nombre siete veces en el Evangelio de Juan:
Yo soy el buen pastor (10:11).
Yo soy el camino (14:6).
Yo soy el pan de vida (6:35).
Yo soy la luz del mundo (9:5).
Yo soy la puerta (10:9).
Yo soy la resurrección (11:25).
Yo soy la vid verdadera (15:1).

VI. La humanidad de Jesucristo.

A. Tenía linaje humano (Lc. 1:31; Gá. 4:4).

B. Tenía cuerpo, alma y espíritu humano.

1. Cuerpo.

«Porque al derramar este perfume sobre mi cuerpo, lo ha hecho a fin de prepararme para la sepultura» (Mt. 26:12).

2. Alma.

«Ahora está turbada mi alma; ¿y qué diré? ¿Padre, sálvame de esta hora? Mas para esto he llegado a esta hora» (Jn. 12:27).

«Entonces Jesús les dijo: Mi alma está muy triste, hasta la muerte; quedaos aquí, y velad conmigo» (Mt. 26:38).

3. Espíritu.

«Y conociendo luego Jesús en su espíritu

que cavilaban de esta manera dentro de sí mismos, les dijo: ¿Por qué caviláis así en vuestros corazones?» (Mr. 2:8).

«Entonces Jesús, clamando a gran voz, dijo: Padre, en tus manos encomiendo mi espíritu. Y habiendo dicho esto, expiró» (Lc. 23:46).

C. Parecía un hombre.

1. A una mujer samaritana.

«La mujer samaritana le dijo: ¿Cómo tú, siendo judío, me pides a mí de beber, que soy mujer samaritana? Porque judíos y samaritanos no se tratan entre sí» (Jn. 4:9).

2. A los judíos.

«Entonces le dijeron los judíos: Aún no tienes cincuenta años, ¿y has visto a Abraham?» (Jn. 8:57).

3. A María.

«Jesús le dijo: Mujer, ¿por qué lloras? ¿A quién buscas? Ella, pensando que era el hortelano, le dijo: Señor, si tú lo has llevado, dime dónde lo has puesto, y yo lo llevaré» (Jn. 20:15).

4. Era de carne y sangre (He. 2:14).
5. Crecía (Lc. 2:40).
6. Hacía preguntas (Lc. 2:46).
7. Crecía en sabiduría (Lc. 2:52).
8. Su conocimiento estaba limitado. Se debe señalar que esta limitación era autoimpuesta. Según Filipenses 2:5-8 (un pasaje que examinaremos en gran detalle más adelante en este estudio), Cristo se abstuvo voluntariamente de usar (aunque siempre retuvo) ciertos atributos divinos mientras estaba aquí en la tierra, para poder depender totalmente del poder y la sabiduría del Espíritu Santo. Este hecho ayuda a entender los siguientes pasajes:

«Luego Jesús, conociendo en sí mismo el poder que había salido de él, volviéndose a la multitud, dijo: ¿Quién ha tocado mis vestidos?» (Mr. 5:30).

«Y dijo: ¿Dónde le pusisteis? Le dijeron: Señor, ven y ve» (Jn. 11:34).

«Y viendo de lejos una higuera que tenía hojas, fue a ver si tal vez hallaba en ella algo; pero cuando llegó a ella, nada halló sino hojas, pues no era tiempo de higos» (Mr. 11:13).

«Pero de aquel día y de la hora nadie sabe, ni aun los ángeles que están en el cielo, ni el Hijo, sino el Padre» (Mr. 13:32).

9. Oró (Mr. 1:35; Lc. 11:1).
10. Fue tentado (Mt. 4:1; He. 2:18; 4:15).
11. Aprendió obediencia (He. 5:8).
12. Tuvo hambre.

«Y después de haber ayunado cuarenta días y cuarenta noches, tuvo hambre» (Mt. 4:2).

«Por la mañana, volviendo a la ciudad, tuvo hambre» (Mt. 21:18).

13. Tuvo sed.

«Vino una mujer de Samaria a sacar agua; y Jesús le dijo: Dame de beber» (Jn. 4:7).

«Después de esto, sabiendo Jesús que ya todo estaba consumado, dijo, para que la Escritura se cumpliese: Tengo sed» (Jn. 19:28).

14. Se cansaba (Jn. 4:6).
15. Dormía.

«Y he aquí que se levantó en el mar una tempestad tan grande que las olas cubrían la barca; pero él dormía» (Mt. 8:24).

16. Amaba.

«Entonces Jesús, mirándole, le amó, y le dijo: Una cosa te falta: anda, vende todo lo que tienes, y dalo a los pobres, y tendrás tesoro en el cielo; y ven, sígueme, tomando tu cruz» (Mr. 10:21).

17. Tenía compasión.

«Y al ver las multitudes, tuvo compasión de ellas; porque estaban desamparadas y dispersas como ovejas que no tienen pastor» (Mt. 9:36).

18. Se enojaba y se entristecía.

«Entonces, mirándolos alrededor con enojo, entristecido por la dureza de sus corazones, dijo al hombre: Extiende tu mano. Y él la extendió, y la mano le fue restaurada sana» (Mr. 3:5).

19. Lloraba.

«Jesús lloró» (Jn. 11:35).

«Y cuando llegó cerca de la ciudad, al verla, lloró sobre ella» (Lc. 19:41).

20. Sentía gozo.

«Puestos los ojos en Jesús, el autor y consumador de la fe, el cual por el gozo puesto delante de él sufrió la cruz, menospreciando el oprobio, y se sentó a la diestra del trono de Dios» (He. 12:2).

«En aquella misma hora Jesús se regocijó en el Espíritu, y dijo: Yo te alabo, oh Padre, Señor del cielo y de la tierra, porque escondiste estas cosas de los sabios y entendidos, y las has revelado a los niños. Sí, Padre, porque así te agradó» (Lc. 10:21).

21. Se conmovía.

«Jesús entonces, al verla llorando, y a los judíos que la acompañaban, también llorando, se estremeció en espíritu y se conmovió» (Jn. 11:33).

«Ahora está turbada mi alma; ¿y qué diré? ¿Padre, sálvame de esta hora? Mas para esto he llegado a esta hora» (Jn. 12:27).

«Habiendo dicho Jesús esto, se conmovió en espíritu, y declaró y dijo: De cierto, de cierto os digo, que uno de vosotros me va a entregar» (Jn. 13:21).

«Y tomó consigo a Pedro, a Jacobo y a Juan, y comenzó a entristecerse y a angustiarse. Y les dijo: Mi alma está muy triste, hasta la muerte; quedaos aquí y velad» (Mr. 14:33, 34).

22. Sudó gotas como de sangre (Lc. 22:44).
23. Sufrió (1 P. 4:1).
24. Sangró (Jn. 19:34).
25. Murió (Mt. 27:50; 1 Co. 15:3).
26. Fue enterrado (Mt. 27:59, 60).

VII. La deidad de Jesucristo.

A. Mostrada por el Antiguo Testamento.

1. El testimonio de David.

«Tu trono, oh Dios, es eterno y para siempre; cetro de justicia es el cetro de tu reino. Has amado la justicia y aborrecido la maldad; por tanto, te ungió Dios, el Dios tuyo, con óleo de alegría más que a tus compañeros» (Sal. 45:6, 7).

«Jehová dijo a mi Señor: Siéntate a mi diestra, hasta que ponga a tus enemigos por estrado de tus pies» (Sal. 110:1).

2. El testimonio de Isaías.
   «Porque un niño nos es nacido, hijo nos es dado, y el principado sobre su hombro; y se llamará su nombre Admirable, Consejero, Dios fuerte, Padre eterno, Príncipe de paz» (Is. 9:6).
3. El testimonio de Daniel.
   «Miraba yo en la visión de la noche, y he aquí con las nubes del cielo venía uno como un hijo de hombre, que vino hasta el Anciano de días, y le hicieron acercarse delante de él. Y le fue dado dominio, gloria y reino, para que todos los pueblos, naciones y lenguas le sirvieran; su dominio es dominio eterno, que nunca pasará, y su reino uno que no será destruido» (Dn. 7:13, 14).

B. Mostrada por los evangelios.
1. Es omnipotente (Mt. 28:18).
   a. Sobre la enfermedad (Mt. 8:1-4; Lc. 4:39).
   b. Sobre los demonios (Mt. 8:16, 17; 28-32; Lc. 4:35).
   c. Sobre los hombres (Mt. 9:9; Jn. 17:2).
   d. Sobre la naturaleza (Mt. 8:26).
   e. Sobre el pecado (Mt. 9:1-8).
   f. Sobre las tradiciones (Mt. 9:10-17).
   g. Sobre la muerte (Lc. 7:14, 15; 8:54, 56; Jn. 11:4).
2. Es omnisciente (Jn. 2:24; 16:30).
   a. Conocía el paradero de Natanael (Jn. 1:48).
   b. Conocía el complot de Judas (Jn. 6:70; 13:11).
   c. Conocía el corazón de los fariseos (Mt. 12:25; Lc. 5:22; 6:8; 7:39, 40).
   d. Conocía los pensamientos de los escribas (Mt. 9:3, 4).
   e. Conocía la sinceridad de un escriba (Mr. 12:34).
   f. Conocía la historia de la mujer samaritana (Jn. 4:29).
   g. Conocía los problemas de sus discípulos (Lc. 9:46, 47). Si se entiende correctamente, no hay ninguna contradicción aquí entre su omnisciencia y la limitación de su conocimiento (que ya hemos tocado). El conservó hasta lo último de su deidad cuando estaba en la tierra (de ahí su omnisciencia) pero se abstuvo voluntariamente de usarla, para poder depender totalmente del Espíritu Santo (de ahí su conocimiento limitado en ciertas áreas).
3. Es omnipresente (Mt. 18:20; 28:20; Jn. 3:13; 14:20).
4. Es adorado como Dios (véase Mt. 4:9, 10).
   a. Por los ángeles (He. 1:6).
   b. Por los pastores (Lc. 2:15).
   c. Por los magos (Mt. 2:2, 11).
   d. Por un leproso (Mt. 8:2).
   e. Por un dirigente (Mt. 9:18).
   f. Por una mujer cananea (Mt. 15:25).
   g. Por una madre (Mt. 20:20).
   h. Por un maníaco (Mr. 5:6).
   i. Por un hombre que nació ciego (Jn. 9:38).
   j. Por Tomás (Jn. 20:28).
   k. Por unos griegos (Jn. 12:20, 21).
   l. Por sus apóstoles (Mt. 14:33; 28:9).
5. Perdona los pecados (Mr. 2:5, 10, 11).
6. Juzga.
   «Porque el Padre a nadie juzga, sino que todo el juicio dio al Hijo» (Jn. 5:22).
7. Salva (Mt. 18:11; Jn. 10:28).

C. Mostrada por el libro de los Hechos.
1. El testimonio de Esteban.
   «Y apedreaban a Esteban, mientras él invocaba y decía: Señor Jesús, recibe mi espíritu» (Hch. 7:59).
2. El testimonio de un eunuco.
   «Felipe dijo: Si crees de todo corazón, bien puedes. Y respondiendo, dijo: Creo que Jesucristo es el Hijo de Dios» (Hch. 8:37).

D. Mostrada por las epístolas.
1. En las escrituras de Pablo. Nótese el lenguaje de tan sólo algunos de estos grandes versículos paulinos sobre la deidad de Cristo.
   «Con Cristo estoy juntamente crucificado, y ya no vivo yo, mas vive Cristo en mí; y lo que ahora vivo en la carne, lo vivo en la fe del Hijo de Dios, el cual me amó y se entregó a sí mismo por mí» (Gá. 2:20).
   «El es la imagen del Dios invisible, el primogénito de toda creación. Porque en él fueron creadas todas las cosas, las que hay en los cielos y las que hay en la tierra, visibles e invisibles; sean tronos, sean dominios, sean principados, sean potestades, todo fue creado por medio de él y para él. Y él es antes de todas las cosas, y todas las cosas en él subsisten» (Col. 1:15-17).
   «Porque en él habita corporalmente toda la plenitud de la Deidad» (Col. 2:9).
   «E indiscutiblemente, grande es el misterio de la piedad: Dios fue manifestado en carne, justificado en el Espíritu, visto de los ángeles, predicado a los gentiles, creído en el mundo, recibido arriba en gloria» (1 Ti. 3:16).
   «Aguardando la esperanza bienaventurada y la manifestación gloriosa de nuestro gran Dios y Salvador Jesucristo» (Tit. 2:13).
2. En los escritos de Pedro. Considérese también una muestra del testimonio de Pedro acerca de la deidad de Cristo.
   «Quien habiendo subido al cielo está a la diestra de Dios; y a él están sujetos ángeles, autoridades y potestades» (1 P. 3:22).
   «Pues cuando él recibió de Dios Padre honra y gloria, le fue enviada desde la magnífica gloria una voz que decía: Este es mi Hijo amado, en el cual tengo complacencia» (2 P. 1:17).
3. En los escritos de Judas.
   «Al único y sabio Dios, nuestro Salvador, sea gloria y majestad, imperio y potencia, ahora y por todos los siglos. Amén» (Jud. v. 25).
4. En los escritos de Santiago.
   «Hermanos míos, que vuestra fe en nuestro glorioso Señor Jesucristo sea sin acepción de personas» (Stg. 2:1).
5. En los escritos de Juan.
   «Pero sabemos que el Hijo de Dios ha venido, y nos ha dado entendimiento para conocer al que es verdadero; y estamos en el verdadero, en su Hijo Jesucristo. Este es el verdadero Dios, y la vida eterna» (1 Jn. 5:20).
   «Y el que vivo, y estuve muerto; mas he aquí que vivo por los siglos de los siglos, amén. Y tengo las llaves de la muerte y del Hades» (Ap. 1:18).
   «Y en su vestidura y en su muslo tiene

escrito este nombre: REY DE REYES Y SEÑOR DE SEÑORES» (Ap. 19:16).

El doctor John Walvoord cita lo siguiente de Charles Hodge:

«Se le aplican todos los nombres y títulos divinos. Se lo llama Dios, el Dios poderoso, el Dios grande, Dios de todo; Jehová; Señor; el Señor de señores y Rey de reyes. Se le atribuyen todos los atributos divinos. Se declara que es omnipresente, omnisciente, todopoderoso e inmutable, igual ayer, hoy y siempre. Se lo presenta como el creador, sustentador y gobernador del universo. Todas las cosas fueron creadas por Él y para Él; y por Él subsisten todas las cosas. Es el objeto de la adoración de todas las criaturas inteligentes, aún las más grandes; se les ordena a todos los ángeles (es decir, todas las criaturas entre el hombre y Dios) que se postren delante de Él. Es el objeto de todos los sentimientos religiosos; de reverencia, amor, fe y devoción. Hombres y ángeles son responsables delante de Él por su carácter y su conducta. Él exigió que el hombre lo honrara como honraba al Padre; que ejerciera la misma fe en Él que en Dios. Declara que Él y el Padre son uno, y que los que lo habían visto a Él también han visto al Padre. Llama a todos los hombres a sí; promete perdonar sus pecados; mandarles el Espíritu Santo; darles descanso y paz; levantarlos en el día final; y darles vida eterna. Dios no es más, y no puede prometer más o hacer más de lo que se dice que Cristo es, promete y hace. Por lo tanto, Él ha sido el Dios de los cristianos desde el principio, en todas las edades y en todos los lugares.» (*Jesus Christ, Our Lord*, p. 31.)

VIII. La impecabilidad de Jesucristo. Este tema trata la ausencia de pecado en Jesús. Deben mencionarse dos hechos:

A. Cristo no pecó. Se nos informa que:

1. No conoció pecado.

«Al que no conoció pecado, por nosotros lo hizo pecado, para que nosotros fuésemos hechos justicia de Dios en él» (2 Co. 5:21).

2. No hizo pecado.

«El cual no hizo pecado, ni se halló engaño en su boca» (1 P. 2:22).

«Porque no tenemos un sumo sacerdote que no pueda compadecerse de nuestras debilidades, sino uno que fue tentado en todo según nuestra semejanza, pero sin pecado» (He. 4:15).

3. No tuvo pecado.

«Y sabéis que él apareció para quitar nuestros pecados, y no hay pecado en él» (1 Jn. 3:5).

«No hablaré ya mucho con vosotros; porque viene el príncipe de este mundo, y él nada tiene en mí» (Jn. 14:30).

B. Estos hechos acerca de la ausencia de pecado en Cristo mientras estuvo en la tierra son atestiguados por muchas personas, algunas de las cuales eran sus enemigos:

1. Pilato.

«Entonces Pilato salió otra vez, y les dijo: Mirad, os lo traigo fuera, para que entendáis que ningún delito hallo en él» (Jn 19:4).

2. La esposa de Pilato.

«Y estando él sentado en el tribunal, su mujer le mandó decir: No tengas nada que ver con ese justo; porque hoy he padecido mucho en sueños por causa de él» (Mt. 27:19).

3. Judas.

«Diciendo: Yo he pecado entregando sangre inocente. Mas ellos dijeron: ¿Qué nos importa a nosotros? ¡Allá tú!» (Mt. 27:4).

4. El ladrón moribundo.

«Nosotros, a la verdad, justamente padecemos, porque recibimos lo que merecieron nuestros hechos; mas éste ningún mal hizo» (Lc. 23:41).

5. El centurión romano.

«Cuando el centurión vio lo que había acontecido, dio gloria a Dios, diciendo: Verdaderamente este hombre era justo» (Lc. 23:47).

C. Cristo no podía pecar. No hay duda acerca del hecho de que Jesús no haya pecado mientras estuvo en la tierra, pero *¿podría* haberlo hecho? El autor W.E. Best escribe:

«El punto de vista de que Cristo podía pecar está indicado por la idea de la capacidad de pecar, y el hecho de que Él no pudiera pecar está expresado por el término impecabilidad. La sugerencia de la capacidad o posibilidad de pecar descalificaría a Cristo como Salvador, porque un Cristo pecable significaría un Dios pecable. La santidad es mucho más que la ausencia del pecado; es una virtud positiva. Los proponentes de la teoría de la capacidad de pecar dicen: "Cristo podría haber pecado, pero no lo hizo." Decir que podría haber pecado es negar la santidad positiva. Negar la santidad positiva, por lo tanto, es negar el carácter santo de Dios. La santidad es una virtud positiva que no tiene ni lugar para el pecado ni interés en él. El Señor Jesús no podía pecar porque los días de su carne sólo significaban una acumulación de experiencia, no una cambio de carácter. La humanidad santa fue unida con la deidad en una persona indivisible: el Cristo impecable. Cristo no puede tener más santidad porque es perfectamente santo; no puede tener menos santidad porque es incambiablemente santo.» (*Studies in the Person and Work of Jesus Christ*, p. 3.)

Sin embargo, surge la pregunta: si Cristo no pudo haber pecado, ¿entonces cuál era el propósito de las tentaciones en el desierto? Es de observarse que estas pruebas no eran para ver si Cristo pecaría, sino para *probar* que no lo haría.

IX. El ministerio terrenal de Jesucristo.

A. Se ha dicho con certeza que los primeros tres evangelios (Mateo, Marcos y Lucas) ofrecen la *presentación* del ministerio terrenal de Cristo, mientras que el cuarto (Juan) nos da la *interpretación* de esa vida.

B. El siguiente es tan sólo un breve bosquejo de los acontecimientos más importantes en su vida aquí en la tierra.

1. Su nacimiento (Lc. 2:7).
2. Su circuncisión (Lc. 2:21).
3. El viaje a Egipto (Mt. 2:14).
4. Los primeros años de su vida en Nazaret (Lc. 2:39).
5. La visita al Templo cuando tenía doce años (Lc. 2:42).
6. El bautismo (Mt. 3:16).
7. La tentación (Mt. 4:1).

8. El primer milagro en Caná (Jn. 2:7-9).
9. La primera purificación del templo (Jn. 2:15).
10. La conversación con Nicodemo (Jn. 3:1-21).
11. La conversación con la mujer samaritana (Jn. 4:1-42).
12. El sermón sobre Isaías 61 en Nazaret (Lc. 4:16-30).
13. La elección de los Doce (Mt. 10:2-4).
14. El Sermón del Monte (Mt. 5—7).
15. La parábola del sembrador (Mt. 13).
16. La alimentación de los 5.000 (Jn. 6:1-18).
17. La caminata sobre el agua (Jn. 6:19).
18. El perdón a una mujer adúltera (Jn. 8:1-11).
19. La curación de un hombre que había nacido ciego (Jn. 9:1-38).
20. El sermón sobre el buen pastor (Jn. 10:1-18).
21. La confesión de Pedro (Mt. 16:16).
22. La transfiguración (Mt. 17:1-23).
23. La parábola del buen samaritano (Lc. 10:25-37).
24. La parábola del rico insensato (Lc. 12:16-21).
25. La parábola del hijo pródigo (Lc. 15:1-32).
27. La resurrección de Lázaro (Jn. 11:1-44).
28. La conversación con el joven rico (Mt. 19:16-26).
29. La conversión de Zaqueo (Lc. 19:1-10).
30. El ungimiento por María de Betania (Jn. 12:1-8).
31. La entrada triunfal (Mt. 21:9-11).
32. La maldición de la higuera (Mt. 21:19).
33. La acusación de los líderes de Israel (Mt. 23).
34. El llanto por Jerusalén (Mt. 23:37-39; Lc. 19:41).
35. El discurso en el Monte de Olivos (Mt. 24–25).
36. La Última Cena (Jn. 13—14).
37. El Getsemaní (Jn. 18:1-11).
38. El juicio y la condena por Pilato (Jn. 19:1-16).
39. La crucifixión (Jn. 19:17-37).
40. La conversión del ladrón moribundo (Lc. 23:39-43).
41. Su gloriosa resurrección (Mt. 28; Mr. 16; Lc. 24; Jn. 20).
42. La aparición ante María Magdalena (Jn. 20:1-18).
43. La aparición en el camino de Emaús (Lc. 24:13-32).
44. La aparición ante sus discípulos (Lc. 24:33-48).
45. La restauración de Pedro (Jn. 21).
46. La ascensión (Lc. 24:51).

X. El carácter de Jesucristo. ¿Qué clase de hombre era nuestro Señor? ¿Cuáles fueron algunas de sus características? Considérense:

A. Su celo (Jn. 2:17).

1. Su celo le obligó a permanecer en Jerusalén de niño (Lc. 2:49).
2. Su celo le llevó a convertirse en el primer predicador de circuito (Lc. 4:42-44; 8:1).
3. Su celo hizo que sus amigos pensaran que estaba loco.

   Cuando lo oyeron los suyos, vinieron para prenderle; porque decían: Está fuera de sí (Mr. 3:21).

   Las palabras «está fuera de sí» pueden ser parafraseadas así: «Se ha vuelto loco por la religión.»
4. Su celo lo impulsó a arriesgar la vida para purificar el templo (Jn. 2:15-17).
5. Su celo no lo dejó descansar hasta que hubo cumplido su misión.

   «Fuego vine a echar en la tierra; ¿y qué quiero, si ya se ha encendido? De un bautismo tengo que ser bautizado; y ¡cómo me angustio hasta que se cumpla!» (Lc. 12:49, 50).

B. Su compasión (He. 5:2).

1. Por las multitudes sin pastor.

   «Y al ver las multitudes, tuvo compasión de ellas; porque estaban desamparadas y dispersas como ovejas que no tienen pastor» (Mt. 9:36).
2. Por las multitudes enfermas.

   «Y saliendo Jesús, vio una gran multitud, y tuvo compasión de ellos, y sanó a los que de ellos estaban enfermos» (Mt. 14:14).
3. Por las multitudes hambrientas.

   «Y Jesús, llamando a sus discípulos, dijo: Tengo compasión de la gente, porque ya hace tres días que están conmigo, y no tienen qué comer; y enviarlos en ayunas no quiero, no sea que desmayen en el camino» (Mt. 15:32).
4. Por una viuda (Lc. 7:13).
5. Por un leproso (Mr. 1:41).
6. Por un padre (Mr. 9:22, 23).
7. Por un endemoniado (Mr. 5:19).

C. Su mansedumbre y bondad (2 Co. 10:1; 1 P. 2:21, 22).

1. Al tratar nuestras debilidades.

   «He aquí mi siervo, a quien he escogido; mi Amado, en quien se agrada mi alma; pondré mi Espíritu sobre él, y a los gentiles anunciará juicio. No contenderá, ni voceará, ni nadie oirá en las calles su voz. La caña cascada no quebrará, y el pábilo que humea no apagará, hasta que saque a victoria el juicio. Y en su nombre esperarán los gentiles» (Mt. 12:18-21).
2. Al lavar los pies de los discípulos (Jn. 13:4, 5).
3. En sus propias palabras.

   «Venid a mí todos los que estáis trabajados y cargados, y yo os haré descansar. Llevad mi yugo sobre vosotros, y aprended de mí, que soy manso y humilde de corazón; y hallaréis descanso para vuestras almas; porque mi yugo es fácil, y ligera mi carga» (Mt. 11:28-30).
4. En sus sufrimientos y muerte.

   «Angustiado él, y afligido, no abrió su boca; como cordero fue llevado al matadero; y como oveja delante de sus trasquiladores, enmudeció, y no abrió su boca» (Is. 53:7).

D. Su valor.

1. Demostrado en la proclamación en su ciudad natal (Lc. 4:16-30). Durante su primer sermón registrado en Nazaret, señaló valientemente la incredulidad histórica de Israel que hizo que Dios, aun en la época del Antiguo Testamento, dejara de lado a veces al pueblo escogido y bendijera a gentiles creyentes en su lugar. Hubo un intento de asesinato al final de su mensaje.
2. Demostrado en sus dos purificaciones del templo (Jn. 2:13-17; Mt. 21:12-16). La primera se llevó a cabo al comienzo de su ministerio y la segunda durante la semana final. Las dos exigieron gran valor personal.
3. Demostrado en su ministerio intrépido a un

loco (Mr. 5:1-9). Ningún cobarde hubiera osado enfrentar (como lo hizo nuestro Señor) a este lunático violento que sin duda poseía fuerza sobrehumana y satánica.

4. Mostrado en que arriesgó su vida para levantar a Lázaro de los muertos (Jn. 11:7, 8, 16, 53). Estaba plenamente consciente (al igual que sus asustados discípulos) de que un viaje a Betania en este momento sencillamente invitaría a los judíos enfurecidos a tratar de apedrearlo nuevamente. (Véase Jn. 11:8.) Pero fue de todos modos.
5. Mostrado en su denuncia de los malvados fariseos (Mt. 23). Nunca en la historia escrita se reprendió tan completa y severamente a un grupo de hipócritas religiosos como lo hizo el Salvador con los malvados fariseos en Mateo 23. Además, condenó a este grupo poderoso y pervertido en persona.
6. Mostrado en su actitud hacia el Calvario.

«Iban por el camino subiendo a Jerusalén; y Jesús iba delante, y ellos se asombraron, y le seguían con miedo. Entonces volviendo a tomar a los doce aparte, les comenzó a decir las cosas que le habían de acontecer: He aquí subimos a Jerusalén, y el Hijo del Hombre será entregado a los principales sacerdotes y a los escribas, y le condenará a muerte, y le entregarán a los gentiles; y le escarnecerán, le azotarán, y escupirán en él, y le matarán; mas al tercer día resucitará» (Mr. 10:32-34).

«Cuando se cumplió el tiempo en que él había de ser recibido arriba, afirmó su rostro para ir a Jerusalén» (Lc. 9:51).

E. Su amor (Jn. 15:13). Como miembro de la Trinidad, Cristo naturalmente ama aquello que su Padre ama. Sin embargo, cuando estaba en el mundo, amó especialmente a:
1. Su Padre (Jn. 14:31; 15:10).
2. Sus discípulos (Jn. 13:34; 17:2, 9, 12; 19:25-27).
3. Niños pequeños (Mr. 10:13-16).
4. Ciertos amigos íntimos (Jn. 11:1-3; 13:23).
5. La ciudad de Jerusalén (Mt. 23:37; Lc. 19:41).

XI. Los biógrafos de Jesucristo. Fueron, por supuesto, cuatro autores humanos utilizados por el Espíritu Santo para describir el ministerio de Jesús. Cada uno lo presenta en un enfoque diferente. Nótese:

Mateo: el Rey profetizado; semejante a un león; profético; escrito para el judío; el Rey Davídico; el Renuevo justo de David.

Marcos: el Siervo obediente; semejante a un buey; práctico; escrito para el romano; el Siervo del Señor; mi Siervo, el Renuevo.

Lucas: el Hombre perfecto; semejante a un hombre; histórico, escrito para el griego; el Hijo del Hombre; el Hombre, el Renuevo.

Juan: el Dios poderoso; semejante a un águila; espiritual; escrito para todo el mundo; el Verbo de Dios; el Renuevo de Jehová (véanse Is. 4:2; Jer. 23:5, 6; Zac. 3:8, 6:12).

XII. La *kenosis* (el vaciamiento divino) de Jesucristo. Tal vez el pasaje más profundamente teológico de toda la Biblia se encuentre en Filipenses 2:5-11.

«Haya, pues, en vosotros este sentir que hubo también en Cristo Jesús, el cual, siendo en forma de Dios, no estimó el ser igual a Dios como cosa a que aferrarse, sino que se despojó a sí mismo, tomando forma de siervo, hecho semejante a los hombres; y estando en la condición de hombre, se humilló a sí mismo, haciéndose obediente hasta la muerte, y muerte de cruz. Por lo cual Dios también le exaltó hasta lo sumo, y le dio un nombre que es sobre todo nombre, para que en el nombre de Jesús se doble toda rodilla de los que están en los cielos, y en la tierra, y debajo de la tierra; y toda lengua confiese que Jesucristo es el Señor, para gloria de Dios Padre» (Fil. 2:5-11).

Estos versículos imparten la siguiente información:

A. Cristo dejó la gloria del cielo (Jn. 17:5; 2 Co. 8:9).

B. Se humilló. La palabra griega aquí en Filipenses 2:7 es *keeno* y significa «vaciar». ¿Precisamente de qué se vació Cristo?
1. Negativo: *no* puso de lado, en ningún sentido de la palabra, su deidad. Era, es y siempre será el Hijo absoluto de Dios. (Véase Jn. 1:1; 2 Co. 4:4; Col. 1:15; 2:9; He. 1:3.)
2. Positivo: por un tiempo sí escondió su fama celestial en un cuerpo terrenal. Aunque mantuvo cada uno de los atributos de deidad mientras estaba en la tierra, abdicó, sin embargo, el ejercicio independiente de esas características divinas.

Hay una opinión falsa común de *kenosis* que enseña que Jesucristo se vació de sus atributos *relativos* (su omnisciencia, su omnipotencia, su omnipresencia) mientras que conservó sus atributos *inmanentes* (su santidad, amor y verdad). Pero esto es un error. Es cierto que se abstuvo por un tiempo de utilizar algunos de esos atributos relativos, pero *nunca* renunció a ellos.

a. Se abstuvo de su omnipresencia por un tiempo.

«Entonces Jesús les dijo claramente: Lázaro ha muerto; y me alegro por vosotros, de no haber estado allí, para que creáis; mas vamos a él» (Jn. 11:14, 15).

b. Se abstuvo de su omnisciencia por un tiempo.

«Entonces Jesús dijo: ¿Quién es el que me ha tocado? Y negando todos, dijo Pedro y los que con él estaban: Maestro, la multitud te aprieta y oprime, y dices: ¿Quién es el que me ha tocado? Pero Jesús dijo: Alguien me ha tocado; porque yo he conocido que ha salido poder de mí» (Lc. 8:45, 46).

«Pero de aquel día y de la hora nadie sabe, ni aun los ángeles que están en el cielo, ni el Hijo, sino el Padre» (Mr. 13:32).

c. Se abstuvo de su omnipotencia por un tiempo.

«Respondió entonces Jesús, y les dijo: De cierto, de cierto os digo: No puede el Hijo hacer nada por sí mismo, sino lo que ve hacer al Padre; porque todo lo que el Padre hace, también lo hace el Hijo igualmente. Porque el Padre ama al Hijo, y le muestra todas las cosas que él hace; y mayores obras que estas le mostrará de modo que vosotros os maravilléis» (Jn. 5:19, 20).

En este momento, hace falta examinar dos frases que se encuentran en Filipenses 2.

En forma de Dios: esto no significa que Cristo tuviera una forma física antes de la encarnación. Se refiere a esa naturaleza interior, esencial y permanente de una persona o cosa. Como ejemplo podríamos decir: «Hoy el jugador de tenis estuvo en forma excepcional.»

No estimó el ser igual a Dios como cosa a que aferrarse: es decir, no pensó ni consideró que la manifestación exterior de su deidad en el cielo fuese un tesoro que debía ser tomado y guardado a toda costa. En su encarnación Cristo no se preocupó por mantener todo eso.

C. Fue hecho en la semejanza de los hombres (véanse Jn. 1:14; Ro. 1:3; Gá. 4:4; He. 2:14, 17). Este hecho sencillo pero totalmente asombroso no puede ser ni remotamente comprendido por la mente humana. El Creador santo e infinito de pronto se convierte en la semejanza de sus criaturas finitas y pecadoras (pero sin pecado). Es como si un rey terrenal poderoso y magnífico decidiera dejar de lado por un tiempo su acumulación de riquezas y, dejando atrás una corte asombrada y que lo adora, tomara el cuerpo de una humilde hormiga. El «Hijo del Hombre» era, dicho sea de paso, el nombre favorito del Señor para referirse a sí mismo mientras estuvo en la tierra. Tomó la forma de un siervo. No vino como un poderoso César humano o algún filósofo de fama universal. Aun esto habría sido una humillación de tremendas proporciones. Más bien vino como un humilde siervo. J. Vernon McGee escribe:

«Podría haber nacido en el palacio de Roma. Podría haber nacido César. Pero Dios ya había prometido que sería de la línea de David.... ¿Alguna vez notó lo que Isaías dijo acerca de él?:

"Saldrá una vara del tronco de Isaí, y un vástago retoñará de sus raíces" (Is. 11:1).

Eso me molestó por años. Tenía ganas de decir: "Isaías, tendrías que haber dicho del tronco de David." Pienso que si Isaías me hubiera podido hablar, me habría dicho: "Ustedes no se dan cuenta. ¡El tronco viene de Isaí!" Cuando Jesús nació, Israel estaba bajo el dominio de Roma; la línea real de David ya no estaba en el trono, sino que había vuelto a los campesinos. Isaí, el padre del rey David, era un campesino, un granjero de Belén. Y cuando Jesús nació, la línea real estaba nuevamente en la clase campesina. Jesús nació en una familia pobre. Aunque era el Hijo de David, el tronco venía de Isaí. Tomó la forma de un siervo.» (*Probing Through Philippians*, p. 36.)

D. Se humilló. Es decir, se sometió a la autoridad.

«Pues para esto fuisteis llamados; porque también Cristo padeció por nosotros, dejándonos ejemplo, para que sigáis sus pisadas; el cual no hizo pecado, ni se halló engaño en su boca; quien cuando le maldecían, no respondía con maldición; cuando padecía, no amenazaba, sino encomendaba la causa al que juzga justamente; quien llevó él mismo nuestros pecados en su cuerpo sobre el madero, para que nosotros, estando muertos a los pecados, vivamos a la justicia; y por cuya herida fuisteis sanados» (1 P. 2:21-24).

Consintió en hablar nuestro lenguaje, usar nuestra ropa, comer nuestro alimento, respirar nuestro aire y soportar nuestro trato vil y perverso. Contrástese su declaración en el huerto con la declaración de Satanás.

«Yendo un poco adelante, se postró sobre su rostro, orando y diciendo: Padre mío, si es posible, pase de mí esta copa; pero no sea como yo quiero, sino como tú. Otra vez fue, y oró por segunda vez, diciendo: Padre mío, si no puede pasar de mí esta copa sin que yo la beba, hágase tu voluntad» (Mt. 26:39, 42).

«Tú que decías en tu corazón: Subiré al cielo; en lo alto, junto a las estrellas de Dios, levantaré mi trono, y en el monte del testimonio me sentaré, a los lados del norte; sobre las alturas de las nubes subiré, y seré semejante al Altísimo» (Is. 14:13, 14).

E. Se hizo obediente hasta la muerte (véanse Mt. 26:39; Jn. 10:18; He. 5:8; 12:2).

F. Murió en la cruz. No sólo murió, sino que sufrió el peor tipo de muerte tanto física como judicialmente. (Véanse Sal. 22; Is. 53; Gá. 3:13.)

Hemos examinado la humillación de Cristo; ahora veamos su exaltación.

G. Ha sido muy exaltado por el Padre mismo.

«He aquí que mi siervo será prosperado, será engrandecido y exaltado y será puesto muy en alto» (Is. 52:13).

«Estas cosas habló Jesús, y levantando los ojos al cielo, dijo: Padre, la hora ha llegado; glorifica a tu Hijo, para que también tu Hijo te glorifique a ti» (Jn. 17:1).

«Así que, exaltado por la diestra de Dios, y habiendo recibido del Padre la promesa del Espíritu Santo, ha derramado esto que vosotros veis y oís» (Hch. 2:33).

«Pero vemos a aquel que fue hecho un poco menor que los ángeles, a Jesús, coronado de gloria y de honra, a causa del padecimiento de la muerte, para que por la gracia de Dios gustase la muerte por todos» (He. 2:9).

H. Se le ha dado un nombre (posición y lugar de autoridad) que es por encima de todos los nombres (Ef. 1:20, 21; He. 1:4).

I. Será reconocido universalmente como el Señor de todo.

1. Los métodos de este reconocimiento: doblando la rodilla y confesando con la lengua.
2. Las criaturas de este reconocimiento:
    a. Los que están en el cielo: el mundo de los ángeles.
    b. Los que están en la tierra: el mundo de los santos y los pecadores.
    c. Los que están debajo de la tierra: el mundo de los demonios. (Véanse Is. 45:23; Ro. 10:9, 10; Ap. 5:13; 7:9-12; 14:6, 7.)

    Nota: Confesarlo en esta vida como Señor significa la salvación, pero esperar hasta la próxima vida resultará en maldición. Por lo tanto, la pregunta suprema no es *cuándo* lo hará el ser humano, sino *dónde*.

XIII. El oficio de Jesucristo. En el Antiguo Testamento Dios creó tres grandes oficios para suplir las necesidades espirituales y materiales de su pueblo escogido. Estos oficios eran:

A. El profeta: una persona que representaba a Dios ante el hombre. Por lo tanto, el profeta ejercía:

1. Percepción retrospectiva. Conocía los secretos del pasado. Moisés habló de la creación del

hombre, su caída, el diluvio universal y otros acontecimientos antiguos que ocurrieron siglos antes de que él mismo naciera en Egipto.

2. Perspicacia. Conocía los problemas y las necesidades del presente. Los profetas como Isaías, Amós, Joel, Jeremías y otros dieron a gran voz el mensaje de la ira de Dios por el pecado y la decadencia de su época.

3. Previsión. Conocía los secretos del futuro. Daniel habla de la tribulación por venir, y Ezequiel describe el glorioso milenio.

B. El sacerdote: una persona que representaba al hombre ante Dios.

1. Los requisitos para el sacerdote:

a. Debe ser tomado de entre los hombres, un hombre con compasión por otros hombres (véase He. 5:1, 2).

b. Debe ser escogido por Dios (Nm. 16:5; He. 5:4).

c. Debe ser consagrado a Dios (Lv. 21:6, 7).

C. El rey, una persona que reinaba por Dios.

1. Había de ser de la tribu de Judá (Gn. 49:10).

2. Había de ser de la simiente de David (2 S. 7:8-17; Sal. 89:3, 4).

El cumplimiento por Cristo en el Nuevo Testamento:

D. Cumplió con el oficio de profeta.

1. Este oficio le fue predicho por Moisés en Deuteronomio 18:18,19 (véase Jn. 1:21).

2. Comenzó en el Río Jordán y terminó en el Calvario.

3. Fue reconocido como profeta. Véase Juan 4:19 (la mujer samaritana), Lucas 7:16 (el pueblo galileo), Mateo 21:11, Juan 7:40 (el pueblo de Jerusalén), Lucas 22:64 (sus enemigos), Lucas 24:19 (los discípulos en el camino de Emaús). Este es su ministerio *pasado*.

E. Cumple con el oficio de sacerdote.

1. Comenzó en la cruz y terminará con la Segunda Venida.

2. Cumplió con los requisitos para el oficio de sacerdote.

a. Fue tomado de entre los hombres (He. 2:16; 4:15).

b. Fue escogido por Dios (He. 5:4-6; Mt. 3:16, 17; 17:5).

c. Fue consagrado a Dios (Lc. 1:35; He. 7:26).

3. Cumplió con las responsabilidades del oficio de sacerdote.

a. Se ofreció a sí mismo en el Calvario (He. 2:9).

b. Oró (y ora) por los suyos (Jn. 17; Ro. 8:34; He. 7:25).

c. Bendice a los suyos (Ef. 1:3; 2:11-22).

Este es su ministerio *presente*.

F. Desempeñará el oficio de Rey.

1. Es de la tribu de Judá.

2. Es de la simiente de David.

«Y uno de los ancianos me dijo: No llores. He aquí que el León de la tribu de Judá, la raíz de David, ha vencido para abrir el libro y desatar sus siete sellos» (Ap. 5:5).

XIV. La muerte de Jesucristo.

A. La magnitud pavorosa del asesinato del Mesías de Israel, el homicidio del Creador.

1. Ponderado por los profetas del Antiguo Testamento.

«Los profetas que profetizaron de la gracia destinada a vosotros, inquirieron y diligentemente indagaron acerca de esta salvación, escudriñando qué persona y qué tiempo indicaba el Espíritu de Cristo que estaba en ellos, el cual anunciaba de antemano los sufrimientos de Cristo, y las glorias que vendrían tras ellos» (1 P. 1:10, 11).

«Entonces él les dijo: ¡Oh insensatos, y tardos de corazón para creer todo lo que los profetas han dicho! ¿No era necesario que el Cristo padeciera estas cosas, y que entrara en su gloria? Y comenzando desde Moisés, y siguiendo por todos los profetas, les declaraba en todas las Escrituras lo que de él decían» (Lc. 24:25-27).

«Di mi cuerpo a los heridores, y mis mejillas a los que me mesaban la barba; no escondí mi rostro de las injurias y de esputos» (Is. 50:6).

«Ciertamente llevó él nuestras enfermedades, y sufrió nuestros dolores; y nosotros le tuvimos por azotado, por herido de Dios y abatido. Mas él herido fue por nuestras rebeliones, molido por nuestros pecados; el castigo de nuestra paz fue sobre él, y por su llaga fuimos nosotros curados. Todos nosotros nos descarriamos como ovejas, cada cual se apartó por su camino; mas Jehová cargó en él el pecado de todos nosotros. Angustiado él, y afligido, no abrió su boca; como cordero fue llevado al matadero; y como oveja delante de sus trasquiladores, enmudeció, y no abrió su boca» (Is. 53:4-7).

«Dios mío, Dios mío, ¿por qué me has desamparado? ¿Por qué estás tan lejos de mi salvación y de las palabras de mi clamor?» (Sal. 22:1).

«Mas yo soy gusano, y no hombre; oprobio de los hombres, y despreciado del pueblo. Todos los que me ven me escarnecen; estiran la boca, menean la cabeza, diciendo: Se encomendó a Jehová; líbrele él; sálvele, puesto que en él se complacía» (Sal. 22:6-8).

«Porque perros me han rodeado; me ha cercado cuadrilla de malignos; horadaron mis manos y mis pies. Contar puedo todos mis huesos; entre tanto, ellos me miran y me observan. Repartieron entre sí mis vestidos, y sobre mi ropa echaron suertes» (Sal. 22:16-18).

«Me pusieron además hiel por comida, y en mi sed me dieron a beber vinagre» (Sal. 69:21).

«Y después de las sesenta y dos semanas se quitará la vida al Mesías...» (Dn. 9:26).

«Levántate, oh espada, contra el pastor, y contra el hombre compañero mío, dice Jehová de los ejércitos. Hiere al pastor, y serán dispersadas las ovejas...» (Zac. 13:7).

2. Ponderado por los apóstoles en el Nuevo Testamento.

«Estando ellos en Galilea, Jesús les dijo: El Hijo del Hombre será entregado en manos de hombres, y le matarán; mas al tercer día resucitará. Y ellos se entristecieron en gran manera» (Mt. 17:22, 23).

«Todavía un poco, y no me veréis; y de nuevo un poco, y me veréis; porque yo voy al Padre. Entonces se dijeron algunos de sus discípulos unos a otros: ¿Qué es esto que nos dice: Todavía un poco y no me veréis; y de nuevo un poco, y me veréis; porque yo voy al Padre?» (Jn. 16:16, 17).

3. Ponderado por los ángeles celestiales (1 P. 1:12; Ef. 3:10).

Se nos dice que los ángeles anhelan mirar las cosas de la salvación (1 P. 1:12). Seguramente algunas de las cosas que ocurrieron durante la vida terrenal de nuestro Señor les deben haber llenado de gozo y orgullo. Se maravillaron con su nacimiento. Fueron inspirados por sus sermones y emocionados por sus milagros. ¿Pero cómo reaccionaron aquellas criaturas celestiales cuando vieron a su amado Creador celestial sistemáticamente muerto por brutales y pecaminosos mortales? No lo podemos saber, pero seguramente su ser se habrá inundado de asombro y de una sensación de agravio.

B. El alcance de su muerte. ¿Por quién murió Cristo? En general, se puede decir que murió por el mundo y por cada hombre.

1. La muerte de Cristo por el mundo.

«Porque de tal manera amó Dios al mundo, que ha dado a su Hijo unigénito, para que todo aquel que en él cree, no se pierda, mas tenga vida eterna» (Jn. 3:16).

«El siguiente día vio Juan a Jesús que venía a él y dijo: He aquí el, Cordero de Dios, que quita el pecado del mundo» (Jn. 1:29).

«Y él es la propiciación por nuestros pecados; y no solamente por los nuestros, sino también por los de todo el mundo» (1 Jn. 2:2).

«Porque la gracia de Dios se ha manifestado para salvación a todos los hombres» (Tit. 2:11).

«Pero hubo también falsos profetas entre el pueblo, como habrá entre vosotros falsos maestros, que introducirán encubiertamente herejías destructoras, y aun negarán al Señor que los rescató, atrayendo sobre sí mismos destrucción repentina» (2 P. 2:1).

«El Señor no retarda su promesa, según algunos la tienen por tardanza, sino que es paciente para con nosotros, no queriendo que ninguno perezca, sino que todos procedan al arrepentimiento» (2 P. 3:9).

«El cual se dio a sí mismo en rescate por todos, de lo cual se dio testimonio a su debido tiempo» (1 Ti. 2:6).

«Que por esto mismo trabajamos y sufrimos oprobios, porque esperamos en el Dios viviente, que es el Salvador de todos los hombres, mayormente de los que creen» (1 Ti. 4:10).

2. La muerte de Cristo por los elegidos.

«Pero vosotros no creéis, porque no sois de mis ovejas, como os he dicho. Mis ovejas oyen mi voz, y yo las conozco, y me siguen, y yo les doy vida eterna; y no perecerán jamás, ni nadie las arrebatará de mi mano» (Jn. 10:26-28).

«Yo ruego por ellos; no ruego por el mundo, sino por los que me diste; porque tuyos son» (Jn. 17:9).

«Y dará a luz un hijo, y llamarás su nombre Jesús, porque él salvará a su pueblo de sus pecados» (Mt. 1:21).

«Por tanto, mirad por vosotros, y por todo el rebaño en que el Espíritu Santo os ha puesto por obispos, para apacentar la iglesia del Señor, la cual él ganó por su propia sangre» (Hch. 20:28).

«Quien nos salvó y llamó con llamamiento santo, no conforme a nuestras obras, sino según el propósito suyo y la gracia que nos fue dada en Cristo Jesús antes de los tiempos de los siglos, pero que ahora ha sido manifestada por la aparición de nuestro Salvador Jesucristo, el cual quitó la muerte y sacó a luz la vida y la inmortalidad por el evangelio» (2 Ti. 1:9, 10).

«Según nos escogió en él antes de la fundación del mundo, para que fuésemos santos y sin mancha delante de él» (Ef. 1:4).

«Maridos, amad a vuestras mujeres, así como Cristo amó a la iglesia, y se entregó a sí mismo por ella» (Ef. 5:25).

«Y la adoraron todos los moradores de la tierra cuyos nombres no estaban escritos en el libro de la vida del Cordero que fue inmolado desde el principio del mundo» (Ap. 13:8).

3. La muerte por cada hombre.

«Pero vemos a aquel que fue hecho un poco menor que los ángeles, a Jesús, coronado de gloria y de honra, a causa del padecimiento de la muerte, para que por la gracia de Dios gustase la muerte por todos»(He. 2:9).

C. Ejemplos del Antiguo Testamento. Durante la tarde del primer Domingo de Resurrección, el Cristo resucitado apareció ante dos discípulos en el camino a Emaús sin que ellos lo reconocieran. Después de observar su desesperación por la reciente crucifixión del Mesías de Israel, nuestro Señor los reprendió de la siguiente manera:

«Entonces él les dijo: ¡Oh insensatos, y tardos de corazón para creer todo lo que los profetas han dicho! ¿No era necesario que el Cristo padeciera estas cosas, y que entrara en su gloria? Y comenzando desde Moisés, y siguiendo por todos los profetas, les declaraba en todas las Escrituras lo que de él decían» (Lc. 24:25-27).

Los siguientes acontecimientos del Antiguo Testamento que hablan de la muerte de Jesús sin duda fueron referidos por nuestro Señor a aquellos discípulos durante la conversación de esa tarde.

1. Las túnicas de piel (Gn. 3:21).
2. El cordero de la Pascua (Ex. 12).
3. Las ofrendas levíticas (Lv. 1—5).
4. La ordenanza de la vaca alazana (Nm. 19).
5. El sacrificio en el día de la expiación (Lv. 16).
6. El arca (1 P. 3:18-22).
7. El paso por el mar Rojo (1 Co. 10:1, 2).
8. Los dos monumentos (Jos. 3–4).
9. El árbol echado en las aguas de Mara (Ex. 15:23-26).
10. La roca golpeada (1 Co. 10:4).
11. La serpiente de bronce (Jn. 3:14).

D. La importancia de su muerte. Henry Thiessen escribe:

«La muerte de Cristo ocupa un lugar destacado en el Nuevo Testamento. Los últimos tres días de la vida terrenal de nuestro Señor representa cerca de una quinta parte de las narraciones de los cuatro evangelios. Si los tres años y medio de su ministerio público hubiesen sido narrados tan cabalmente como los últimos tres días, tendríamos una «Vida de Cristo» de unas 8.400 páginas. Torrey [un conocido escritor cristiano] afirma que la muerte de Cristo se menciona directamente en el Nuevo Testamento unas 175 veces. Puesto que hay 7.959 versículos en el Nuevo Testamento, esto significaría que uno de cada cincuenta y tres versículos se refieren a este tema.» (*Lectures in Systematic Theology*, p. 313.)

Citamos nuevamente a Thiessen:

«La muerte de Cristo es lo esencial en el cristianismo. Otras religiones basan su derecho a ser reconocidas en las enseñanzas de sus fundadores; el cristianismo se diferencia de todas ellas por la importancia que le da a la muerte de su Fundador. Si se elimina la muerte de Cristo como la interpretan las Escrituras, el cristianismo desciende al nivel de las religiones étnicas. Aunque todavía tendríamos un sistema ético más elevado, si elimináramos la cruz de Cristo, no tendríamos más salvación que estas otras religiones. Cuando Napoleón fue exiliado a Santa Elena dijo que Alejandro, César, Carlomagno y él habían fundado grandes reinos por la fuerza, pero que Jesucristo había fundado el suyo por amor. Esto es cierto, si nos referimos al amor expresado en su muerte sustituidora.

Es de interés supremo en el cielo. La muerte de Cristo es un tema de interés supremo en el cielo. Podemos esperar que los que han ido al cielo tengan una idea más plena y verdadera de los valores de la vida que los que todavía están limitados por su visión y por su existencia en el cuerpo. Se nos dice que cuando Moisés y Elías aparecieron en el monte de la Transfiguración conversaron con Cristo «de su partida, que iba Jesús a cumplir en Jerusalén» (Lc. 9:30, 31). También encontramos que los cuatro seres vivientes y los veinticuatro ancianos cantaron la canción de redención por la muerte de Cristo (Ap. 5:8-10). Hasta la multitud de ángeles alrededor del trono, aunque ellos mismos no necesitaban la redención, se unieron al canto del Cordero que fue inmolado (Ap. 5:11, 12). Ya que aquellos a los cuales se les ha quitado completamente de los ojos el velo de las limitaciones humanas —aquellos que han entrado en los frutos más plenos de la redención a través de la sangre de Cristo— alaban la muerte de Cristo por sobre todo lo demás, nosotros los mortales deberíamos estudiar el verdadero significado de esa muerte.» (*Ibid*, pp. 313, 314.)

De hecho, el Señor mismo habló de su muerte con frecuencia. Véanse los siguientes pasajes:

«Respondió Jesús y les dijo: Destruid este templo, y en tres días lo levantaré» (Jn. 2:19).

«Y como Moisés levantó la serpiente en el desierto, así es necesario que el Hijo del Hombre sea levantado» (Jn. 3:14).

«Y diciendo: Es necesario que el Hijo del Hombre padezca muchas cosas, y sea desechado por los ancianos, por los principales sacerdotes y por los escribas, y que sea muerto, y resucite al tercer día» (Lc. 9:22).

«Estando ellos en Galilea, Jesús les dijo: El Hijo del Hombre será entregado en manos de hombres, y le matarán; mas al tercer día resucitará. Y ellos se entristecieron en gran manera» (Mt. 17:22, 23).

«Por eso me ama el Padre, porque yo pongo mi vida, para volverla a tomar» (Jn. 10:17).

«He aquí subimos a Jerusalén, y el Hijo del Hombre será entregado a los principales sacerdotes y a los escribas, y le condenarán a muerte, y le entregarán a los gentiles; y le escarnecerán, le azotarán, y escupirán en él, y le matarán; mas al tercer día resucitará» (Mr. 10:33, 34).

«Esta ha hecho lo que podía; porque se ha anticipado a ungir mi cuerpo para la sepultura» (Mr. 14:8).

«Y yo, si fuere levantado de la tierra, a todos atraeré a mí mismo» (Jn. 12:32).

«Entonces Jesús les dijo: Todos vosotros os escandalizaréis de mí esta noche; porque escrito está: Heriré al pastor, y las ovejas del rebaño serán dispersadas» (Mt. 26:31).

«Levantaos, vamos; ved, se acerca el que me entrega» (Mt. 26:46).

«Pero yo os digo la verdad: Os conviene que yo me vaya; porque si no me fuese, el Consolador no vendría a vosotros; mas si me fuere, os lo enviaré» (Jn. 16:7).

E. Las teorías falsas acerca de su muerte.

1. La teoría del pago a Satanás. Esta teoría dice que el hombre había vendido su alma inmortal a Satanás por el pecado, y que la muerte de Cristo era la nota de rescate del diablo. Esto es totalmente falso, porque la muerte de Cristo aseguró la maldición final y eterna del diablo. Lo único que Dios le debe a Satanás es un lugar eterno en el infierno de fuego.
2. La teoría de la influencia moral. Aquí se nos dice que Dios permitió que Cristo muriera para mostrar que puede compartir los sufrimientos humanos. A través este acto, Dios puede estimular la simpatía del hombre por Cristo. Esto también es falso, porque (entre otras razones) los mismos que lo condenaron a muerte siguieron odiándolo a él y a sus seguidores por sobre todas las cosas. Además, el plan eterno de Dios no es «compartir el sufrimiento del hombre con él», sino más bien salvarlo, para que ese hombre algún día pueda compartir las riquezas de Cristo.
3. La teoría del ejemplo. La muerte de Cristo sencillamente mostró cómo un hombre puede dar su vida por otros. ¿Pero que lograría este acto solo? Ha habido soldados, funcionarios de la ley, madres y otras personas que han hecho esto mismo miles de veces antes y después de la muerte de Cristo. ¿Qué añadiría el Calvario a todo esto?
4. La teoría de la satisfacción. Esta teoría enseña que Jesús murió para satisfacer el honor ofendido de Dios. Funcionó algo así como un duelo de pistolas al amanecer cuando un hombre insultado se venga por insultos y daños previos. Aunque esta teoría se acerca más a la verdad que las anteriores, todavía huele a error. No había nada de venganza en la muerte de Cristo.

F. La teoría sustituidora (y ortodoxa). Esta es la única idea correcta. El doctor John Walvoord escribe:

«En su muerte, Cristo satisfizo plenamente las

exigencias de un Dios justo por el juicio de los pecadores y, como sacrificio infinito, proveyó una base no sólo para el perdón del creyente, sino para su justificación y santificación.» (*Jesus Christ Our Lord*, p. 162.)

G. La necesidad de la muerte. Henry Thiessen escribe: «Al principio Dios, y el hombre estaban cara a cara el uno con el otro. Al pecar, Adán le volvió la espalda a Dios. Entonces Dios le volvió la espalda a Adán. La muerte de Cristo ha satisfecho las exigencias de Dios, y ahora Dios nuevamente ha vuelto su rostro hacia el hombre. Sólo queda que el hombre se vuelva y encare a Dios. Como Dios ha sido reconciliado por la muerte de su Hijo, ahora se le ruega al hombre que se reconcilie con Dios.» (Discurso 2, *Systematic Theology*, pp. 327, 328.)

Por lo tanto, la necesidad de la muerte de Cristo era doble:

1. Era necesaria por la santidad de Dios (Lv. 11:44; Pr. 15:9).
2. Era necesaria por la maldad del hombre (Ro. 3:10-20).

H. Los resultados de la muerte.

1. En relación a los pecadores, redención.

«En quien tenemos redención por su sangre, el perdón de pecados según las riquezas de su gracia» (Ef. 1:7).

«Cristo nos redimió de la maldición de la ley, hecho por nosotros maldición (porque está escrito: Maldito todo el que es colgado de un madero)» (Gá. 3:13).

«Y cuando hubo tomado el libro, los cuatro seres vivientes y los veinticuatro ancianos se postraron delante del Cordero; todos tenían arpas, y copas de oro llenas de incienso, que son las oraciones de los santos; y cantaban un nuevo cántico, diciendo: Digno eres de tomar el libro y de abrir sus sellos; porque tú fuiste inmolado, y con tu sangre nos has redimido para Dios, de todo linaje y lengua y pueblo y nación; y nos has hecho para nuestro Dios reyes y sacerdotes, y reinaremos sobre la tierra. Y miré, y oí la voz de muchos ángeles alrededor del trono, y de los seres vivientes, y de los ancianos; y su número era millones de millones, que decían a gran voz: El Cordero que fue inmolado es digno de tomar el poder, las riquezas, la sabiduría, la fortaleza, la honra, la gloria y la alabanza» (Ap. 5:8-12).

2. En relación a los santos, santificación.

«El cual se dio a sí mismo por nuestros pecados para librarnos del presente siglo malo, conforme a la voluntad de nuestro Dios y Padre» (Gá. 1:4).

«En esa voluntad somos santificados mediante la ofrenda del cuerpo de Jesucristo hecha una vez para siempre» (He. 10:10).

«Así que, hermanos, teniendo libertad para entrar en el Lugar Santísimo por la sangre de Jesucristo, por el camino nuevo y vivo que él nos abrió a través del velo, esto es, de su carne» (He. 10:19, 20).

3. En relación a Satanás, destrucción.

«Así que, por cuanto los hijos participaron de carne y sangre, él también participó de lo mismo, para destruir por medio de la muerte al que tenía el imperio de la muerte, esto es, al diablo» (He. 2:14).

«Y despojando a los principados y las potestades, los exhibió públicamente, triunfando sobre ellos en la cruz» (Col. 2:15).

«El que practica el pecado es del diablo; porque el diablo peca desde el principio. Para esto apareció el Hijo de Dios, para deshacer las obras del diablo» (1 Jn. 3:8).

«Y fue lanzado fuera el gran dragón, la serpiente antigua, que se llama diablo y Satanás, el cual engaña al mundo entero; fue arrojado a la tierra y sus ángeles fueron arrojados con él. Entonces oí una gran voz en el cielo, que decía: Ahora ha venido la salvación, el poder, y el reino de nuestro Dios, y la autoridad de su Cristo; porque ha sido lanzado fuera el acusador de nuestros hermanos, el que los acusaba delante de nuestro Dios día y noche» (Ap. 12:9, 10).

XV. El descenso de Jesucristo al corazón la tierra.

«Porque como estuvo Jonás en el vientre del gran pez tres días y tres noches, así estará el Hijo del Hombre en el corazón de la tierra tres días y tres noches» (Mt. 12:40).

«Porque también Cristo padeció una sola vez por los pecados, el justo por los injustos, para llevarnos a Dios, siendo a la verdad muerto en la carne, pero vivificado en espíritu; en el cual también fue y predicó a los espíritus encarcelados, los que en otro tiempo desobedecieron, cuando una vez esperaba la paciencia de Dios en los días de Noé, mientras se preparaba el arca, en la cual pocas personas, es decir, ocho, fueron salvadas por agua» (1 P. 3:18-20).

«Y eso de que subió, ¿qué es, sino que también había descendido primero a las partes más bajas de la tierra?» (Ef. 4:9).

Por lo visto en estos versículos, se sugieren los siguientes acontecimientos. Entre su muerte y resurrección, nuestro Señor descendió a las regiones inferiores de la tierra para realizar un ministerio doble:

A. Despoblar la sección «salvada» del Hades (Lc. 16:19-31). La deuda final por la salvación de estos creyentes ahora estaba saldada, permitiéndoles la entrada al tercer cielo (2 Co. 12:2).

B. Predicar el juicio sobre los ángeles caídos que habían intentado corromper la carne humana y así evitar la encarnación prometida de Cristo. (Véase Gn. 3:15; 6:1-4.) Por lo tanto, el tema del mensaje de Cristo fue: «¡No dio resultado!» (Véanse también 2 P. 2:4; Jud. v. 6.)

XVI. La resurrección de Jesucristo.

A. La resurrección, negada por algunos. Seguramente no hay doctrina más odiada por Satanás en toda la Biblia que la resurrección de Cristo. Ha intentado (siempre sin éxito) ridiculizarla, menoscabarla, negarla o simplemente explicarla. He aquí sólo algunas de las teorías cuya promoción el diablo ha inspirado en sus hijos (hombres impíos) acerca de esta preciosa doctrina.

1. La teoría del fraude. Esta teoría dice que o Jesús o sus discípulos (o ambos) sencillamente inventaron todo el asunto. Pretende que creamos que Cristo no fue más que un estafador astuto que leyó las profecías acerca del Mesías en el Antiguo Testamento y se dedicó a lograr que se cumplieran en Él. Sin embargo, habría sido algo difícil que un impostor planificara su

lugar de nacimiento (tenía que ser Belén), o que los soldados romanos cooperaran al no romperle los huesos en la cruz.

2. La teoría del desmayo. Esta teoría sostiene que Cristo sólo se desmayó en la cruz, y que luego el aire fresco y oscuro de la tumba lo revivió. ¿Pero cómo salió de esa tumba? ¿Qué luz brillante utilizó para cegar y aterrorizar a los soldados romanos que estaban de guardia afuera?
3. La teoría de la visión. Esta teoría propone que los primeros discípulos fueron culpables de utilizar alguna droga alucinante primitiva. Si fuera cierto, entonces la práctica debe haber estado ampliamente difundida, ya que más de 500 personas dijeron haberlo visto al mismo tiempo. No hay una pizca de evidencia bíblica o secular para apoyar semejante teoría tan vacía.
4. La teoría del espíritu. Esta teoría mantiene que sólo el espíritu de Jesús resucitó. Pero se dice que Jesús comió mientras estaba en su cuerpo resucitado. Hasta las marcas de los clavos todavía estaban ahí. Esta idea, como la anterior, no puede soportar la lógica del razonamiento ni por un segundo.
5. La teoría del corazón. Con ésta hemos de creer que Cristo sólo resucitó en el corazón de sus amigos. Sin embargo, el problema aquí es que ninguno de esos amigos realmente creyó que se levantaría literalmente de los muertos sino hasta después de verlo con sus propios ojos y oír sus palabras con sus propios oídos.

B. La resurrección, declarada por muchos.

1. David la predijo.

«Porque no dejarás mi alma en el Seol, ni permitirás que tu santo vea corrupción» (Sal. 16:10).

2. Isaías la predijo.

«Y se dispuso con los impíos su sepultura, mas con los ricos fue en su muerte; aunque nunca hizo maldad, ni hubo engaño en su boca. Con todo eso, Jehová quiso quebrantarlo, sujetándole a padecimiento. Cuando haya puesto su vida en expiación por el pecado, verá linaje, vivirá por largos días, y la voluntad de Jehová será en su mano prosperada. Verá el fruto de la aflicción de su alma, y quedará satisfecho; por su conocimiento justificará mi siervo justo a muchos, y llevará las iniquidades de ellos. Por tanto, yo le daré parte con los grandes, y con los fuertes repartirá despojos; por cuanto derramó su vida hasta la muerte, y fue contado con los pecadores, habiendo él llevado el pecado de muchos, y orado por los transgresores» (Is. 53:9-12).

3. Jesús mismo lo predijo muchas veces.

«Entonces respondieron algunos de los escribas y de los fariseos, diciendo: Maestro, deseamos ver de ti señal. El respondió y les dijo: La generación mala y adúltera demanda señal; pero señal no les será dada, sino la señal del profeta Jonás. Porque como estuvo Jonás en el vientre del gran pez tres días y tres noches, ahí estará el Hijo del Hombre en el corazón de la tierra tres días y tres noches» (Mt. 12:38-40).

«Desde entonces comenzó Jesús a declarar a sus discípulos que le era necesario ir a Jerusalén y padecer mucho de los ancianos, de los principales sacerdotes y de los escribas; y ser muerto, y resucitar al tercer día» (Mt. 16:21).

«Viniendo entonces los discípulos a Jesús, aparte dijeron: ¿Por qué nosotros no pudimos echarlo fuera? Estando ellos en Galilea, Jesús les dijo: El Hijo del Hombre será entregado en manos de hombres, y le matarán; mas al tercer día resucitará. Y ellos se entristecieron en gran manera» (Mt. 17:19, 22, 23).

«He aquí subimos a Jerusalén, y el Hijo del Hombre será entregado a los principales sacerdotes y los escribas, y le condenarán a muerte; y le entregarán a los gentiles para que le escarnezcan, le azoten, y le crucifiquen; mas al tercer día resucitará» (Mt. 20:18, 19).

«Pero después que haya resucitado, iré delante de vosotros a Galilea» (Mt. 26:32).

«Y diciendo: Es necesario que el Hijo del Hombre padezca muchas cosas, y sea desechado por los ancianos, por los principales sacerdotes y por los escribas, y que sea muerto, y resucite al tercer día» (Lc. 9:22).

«Y los judíos respondieron y le dijeron: ¿Qué señal nos muestras, ya que haces esto? Respondió Jesús y les dijo: Destruid este templo, y en tres días lo levantaré. Dijeron luego los judíos: En cuarenta y seis años fue edificado este templo, ¿y tú en tres días lo levantarás? Mas él hablaba del templo de su cuerpo. Por tanto, cuando resucitó de entre los muertos, sus discípulos se acordaron que había dicho esto; y creyeron la Escritura y la palabra que Jesús había dicho» (Jn. 2:18-22).

C. La resurrección, dudada por la mayoría. Es irónico y triste ver que la resurrección profetizada de Cristo fue recordada sólo por sus enemigos, los fariseos, y no por sus amigos.

«Al día siguiente, que es después de la preparación, se reunieron los principales sacerdotes y los fariseos ante Pilato, diciendo: Señor, nos acordamos que aquel engañador dijo, viviendo aún: Después de tres días resucitaré. Manda, pues, que se asegure el sepulcro hasta el tercer día, no sea que vengan sus discípulos de noche, y lo hurten, y digan al pueblo: Resucitó de entre los muertos. Y será el postrer error peor que el primero» (Mt. 27:62-64).

Hasta ahí sus enemigos. ¿Pero y qué de sus amigos?

1. Las mujeres no se acordaron (Mr. 16:1-3).
2. María Magdalena no se acordó (Jn. 20:13).
3. Pedro y Juan no se acordaron (Lc. 24:12; Jn. 20:9).
4. Los apóstoles no se acordaron (Lc. 24:9-11).
5. Los dos discípulos en el camino de Emaús no se acordaron (Lc. 24:13-31).
6. Tomás no se acordó (Jn. 20:24-29).

D. La resurrección, descrita por alguien (Pablo; véase 1 Co. 15).

1. Las pruebas de la resurrección.
   a. La tumba vacía.
   b. El tremendo cambio en la vida de los discípulos.
   c. El silencio tanto de los romanos como de los fariseos. Ninguno de estos grupos

enemigos intentó negar la resurrección de Cristo ni una sola vez. La odiaban y trataron de suprimirla, pero no pudieron refutarla.

d. El cambio del sábado al domingo como el día principal de adoración. Habría hecho falta un acontecimiento fantástico para cambiar la forma de pensar de los apóstoles, que tenían el sábado arraigado en el corazón y en su historia.

e. La existencia de la iglesia. En menos de cincuenta años después de la muerte de Cristo, la iglesia cristiana se había convertido en una gran potencia, de tal modo que el gobierno romano veía su influencia sobre hombres y mujeres con una preocupación cada vez mayor. Las leyendas y las religiones sencillamente no se desarrollan tan rápidamente.

2. Las apariciones después de la resurrección. Nuestro Señor apareció no menos de diecisiete veces después de su resurrección. Cinco de ellas ocurrieron durante el primer domingo de Pascua, y seis más se llevaron a cabo entre ese momento y su ascensión. Las otras seis ocurrieron entre pentecostés y la terminación de la Biblia. El doctor John Walvoord describe estas apariciones en su libro *Jesus Christ Our Lord* (pp. 193-195):

a. La primera aparición de Cristo fue a María Magdalena, pues permaneció en el lugar de la tumba después de que Pedro y Juan se habían ido. Ahí vio a Cristo y primero lo confundió con el hortelano, pero lo reconoció inmediatamente cuando Él le habló (Jn. 20:11-17; véase Mr. 16:9-11). Después de haber visto al Señor resucitado, María Magdalena volvió para relatar a sus amigos la aparición de Cristo (Mr. 16:10-11; Jn. 20:18).

b. La segunda aparición de Cristo fue a otras mujeres que regresaban a la tumba y vieron a Cristo en el camino (Mt. 28:9-10). Los mejores textos parecen indicar que la frase «mientras iban a dar las nuevas a los discípulos» es una interpolación, y que en realidad estaban de regreso después de haber hablado con los discípulos.

c. La tercera aparición fue a Pedro en la tarde del día de la resurrección. No hay detalles acerca de dicha aparición, pero es muy significativo que Cristo haya buscado primero a Pedro, el que lo negó, de entre todos los doce (Lc. 24:34; 1 Co. 15:5).

d. La cuarta aparición de Cristo fue a los discípulos mientras iban por el camino a Emaús. Por una tardanza sobrenatural en reconocerlo, Cristo pudo explicarles las Escrituras del Antiguo Testamento acerca de su muerte y resurrección. No conocieron su identidad hasta que partió el pan (Mr. 16:12, 13; Lc. 24:13-35).

e. La quinta aparición del Cristo resucitado fue a los diez discípulos (Mr. 16:14; Lc. 24:36-43; Jn. 20:19-23). El relato de Marcos se refiere a ellos como los once, pero es obvio por el contexto que sólo había diez allí, ya que Tomás estaba ausente. Después de la partida de Judas, frecuentemente se hablaba de los discípulos restantes como los «Once» aunque en realidad no todos estuvieran presentes. En forma similar, Pablo se refiere a los «Doce» como testigos de la reurrección (1 Co. 15:5), pero en realidad Judas Iscariote ya estaba muerto.

f. La sexta aparición fue a los once discípulos una semana después de su resurrección. En esta oportunidad, Tomás estaba presente (Jn. 20:26-29).

g. La séptima aparición fue a siete discípulos junto al mar de Galilea (Jn. 21:1-23). En esta ocasión, Jesús habló significativamente con Simón Pedro después de la pesca milagrosa.

h. La octava aparición fue a quinientas personas y es relatada por Pablo como una prueba sobresaliente de la resurrección (1 Co. 15:6).

i. La novena aparición fue a Santiago, el hermano del Señor (1 Co. 15:7). Hay cierta evidencia de que Santiago no era creyente antes de la resurrección (Jn. 7:3-5), pero inmediatamente después de la resurrección se lo cuenta entre los creyentes (Hch. 1:14; Gá. 1:19). Después se convirtió en uno de los grandes líderes de la iglesia apostólica.

j. La décima aparición fue a once discípulos en el monte de Galilea. En esa ocasión les dio la gran comisión de predicar el evangelio (Mt. 28:16-20). Se da una comisión similar en Marcos 16:15-18, que puede haber sido la misma instancia o una aparición anterior.

k. La undécima aparición ocurrió en el momento de su ascensión desde el monte de los Olivos (Lc. 24:44-53; Hch. 1:3-9). Esta fue la última aparición de Cristo a sus discípulos antes de su glorificación en el cielo.

l. La duodécima aparición del Cristo resucitado fue a Esteban justo antes de su martirio (Hch. 7:55, 56). Las apariciones subsiguientes, aunque de diferente carácter, confirman el hecho de su resurrección.

m. La decimotercera aparición de Cristo fue a Pablo en el camino a Damasco cuando se disponía a continuar su trabajo de perseguir a los cristianos (Hch. 9:3-6; cp. 22:6-11; 26:13-18). En esta ocasión Pablo se convirtió.

n. La decimocuarta aparición parece haber sido a Pablo en Arabia (Hch. 26:17; Gá. 1:12, 17). La aparición no se menciona claramente, pero se puede deducir de Gálatas 1:12. Algunos creen que las instrucciones a Pablo, mencionadas en Hechos 26:17, le fueron dadas en Arabia y no durante la aparición original en el camino a Damasco. No hay ningún registro de la revelación exacta dada a Pablo en Hechos 9 ó en Hechos 22. En Hechos 22:10 se le promete una revelación posterior que le daría las indicaciones necesarias.

ñ. La decimoquinta aparición de Cristo fue a Pablo en el templo cuando éste fue advertido acerca de la persecución por venir (Hch. 22:17-21; véanse 9:26-30; Gá. 1:18).

o. La decimosexta aparición de Cristo fue a Pablo cuando estaba encarcelado en Cesarea, y se registra que «se le presentó el

Señor» y le dijo que testificaría en Roma (Hch. 23:11).

p. La decimoséptima aparición de Cristo fue al Apóstol Juan al comienzo de la revelación que le fue dada (Ap. 1:12-20).

En conjunto, las apariciones son de una naturaleza tan variada y a tantas personas bajo circunstancias tan diferentes, que la comprobación de la resurrección de Cristo es tan sólida como cualquier dato histórico del primer siglo que se pudiera citar.

3. La importancia de la resurrección (véase 1 Co. 15:12-19). La resurrección de Cristo es la Constitución, la Declaración de Derechos y la Declaración de Independencia de la fe cristiana. En realidad, la señal del cristianismo no es la cruz sino una tumba vacía. Si se niega la resurrección, hay seis conclusiones horribles e ineludibles:

a. Toda la predicación del evangelio ha sido, es y siempre será total y completamente inútil.

b. Toda la fe pasada, presente y futura es inútil.

c. Todos los predicadores se convierten en grandes mentirosos.

d. Todos los cristianos vivos siguen en sus pecados.

e. Todos los cristianos muertos están en el infierno.

f. Queda destruida toda razón y todo propósito para la vida misma.

4. El orden de la resurrección (1 Co. 15:20-24). La resurrección de Cristo se representa aquí como la primera de su tipo, indicando así que los milagros previos, como la resurrección de Lázaro, tenían que ver con la restauración de un cuerpo mortal muerto a un cuerpo mortal vivo. La verdadera resurrección conlleva *glorificación*. Hay tres resurrecciones de este tipo:

a. La resurrección de Cristo (Mt. 28:5-8; Mr. 16:2-8); Lc. 24:1-8).

b. La resurrección del arrebatamiento.

«Porque es necesario que esto corruptible se vista de incorrupción, y esto mortal se vista de inmortalidad» (1 Co. 15:53).

«Porque el Señor mismo con voz de mando, con voz de arcángel, y con trompeta de Dios, descenderá del cielo; y los muertos en Cristo resucitarán primero» (1 Ts. 4:16).

c. La resurrección premilenaria de los santos del Antiguo Testamento y de la tribulación.

«De cierto, de cierto os digo: El que oye mi palabra, y cree al que me envió, tiene vida eterna; y no vendrá a condenación, mas ha pasado de muerte a vida» (Jn. 5:24).

«Y muchos de los que duermen en el polvo de la tierra serán despertados, unos para vida eterna, y otros para vergüenza y confusión perpetua» (Dn. 12:2).

«Pero los otros muertos no volvieron a vivir hasta que se cumplieron mil años. Esta es la primera resurrección. Bienaventurado y santo el que tiene parte en la primera resurrección; la segunda muerte no tiene potestad sobre éstos, sino que serán sacerdotes de Dios y de Cristo, y reinarán con él mil años» (Ap. 20:5, 6).

5. La naturaleza de la resurrección.

¿Qué tipo de cuerpo tuvo Jesús después de su resurrección? Esto es de gran importancia para el creyente, ya que algún día tendremos un cuerpo similar (véase Jn. 3:1-3).

a. Su nuevo cuerpo tenía carne y hueso.

«Mirad mis manos y mis pies, que yo mismo soy; palpad, y ved; porque un espíritu no tiene carne ni huesos, como veis que yo tengo. Y diciendo esto, les mostró las manos y los pies» (Lc. 24:39, 40).

b. Comió alimento en este nuevo cuerpo (véanse Lc. 24:41-43; Jn. 21:12, 13).

c. Su nuevo cuerpo todavía llevaba las marcas de su crucifixión.

«Luego dijo a Tomás: Pon aquí tu dedo, y mira mis manos; y acerca tu mano, y métela en mi costado; y no seas incrédulo, sino creyente» (Jn. 20:27).

«Y diciendo esto, les mostró las manos y los pies» (Lc. 24:40).

«Y miré, y vi que en medio del trono y de los cuatro seres vivientes, y en medio de los ancianos, estaba en pie un Cordero como inmolado, que tenía siete cuernos, y siete ojos, los cuales son los siete espíritus de Dios enviados por toda la tierra» (Ap. 5:6).

d. Su nuevo cuerpo no estaba sujeto a las leyes materiales.

«Cuando llegó la noche de aquel mismo día, el primero de la semana, estando las puertas cerradas en el lugar donde los discípulos estaban reunidos por miedo de los judíos, vino Jesús, y puesto en medio, les dijo: Paz a vosotros» (Jn. 20:19).

«Entonces les fueron abiertos los ojos, y le reconocieron; mas él se desapareció de su vista. Mientras ellos aún hablaban de estas cosas, Jesús se puso en medio de ellos, y les dijo: Paz a vosotros» (Lc. 24:31, 36).

6. El ejemplo de la resurrección: un grano de trigo (Jn. 12:24; 1 Co. 15:35-38).

7. La superioridad de la resurrección (1 Co. 15:39-41).

El nuevo cuerpo es tan superior al viejo cuerpo como:

a. El hombre a la bestia.

b. El cielo a la tierra.

c. El sol a la luna.

8. Los resultados de la resurrección (1 Co. 15:42-58).

a. En relación al creyente: *bendiciones inmediatas*.

(1) Una garantía de nuestra justificación.

«El cual fue entregado por nuestras transgresiones, y resucitado para nuestra justificación» (Ro. 4:25).

(2) Una garantía de poder y fortaleza actuales (Ef. 1:18–2:10).

(3) Una garantía de trabajo fructífero.

«Así que, hermanos míos amados, estad firmes y constantes, creciendo en la obra del Señor siempre, sabiendo que vuestro trabajo en el Señor no es en vano» (1 Co. 15:58).

(4) Una garantía de nuestra propia resurrección.

«Sabiendo que el que resucitó al Señor Jesús, a nosotros también nos resucitará con Jesús, y nos presentará juntamente con vosotros» (2 Co. 4:14).

Bendiciones futuras.

(5) Cambio de corrupción por incorrupción (1 Co. 15:42).

(6) Cambio de deshonra por gloria (1 Co. 15:43).

(7) Cambio de debilidad por poder (1 Co. 15:43).

(8) Cambio de un cuerpo material por un cuerpo espiritual (1 Co. 15:44).

b. En relación al Salvador:

(1) Es la marca de su deidad.

«Que fue declarado Hijo de Dios con poder, según el Espíritu de santidad, por la resurrección de entre los muertos» (Ro. 1:4).

«A éste levantó Dios al tercer día, e hizo que se manifestase» (Hch. 10:40).

(2) Es el impulso de su exaltación.

«El Dios de nuestros padres levantó a Jesús, a quien vosotros matasteis colgándole en un madero. A éste, Dios ha exaltado con su diestra por Príncipe y Salvador, para dar a Israel arrepentimiento y perdón de pecados» (Hch. 5:30, 31).

«Por lo cual Dios también le exaltó hasta lo sumo, y le dio un nombre que es sobre todo nombre, para que en el nombre de Jesús se doble toda rodilla de los que están en los cielos, y en la tierra, y debajo de la tierra» (Fil. 2:9-11).

(3) Marca el comienzo de su liderazgo de la iglesia.

«Y cuál la supereminente grandeza de su poder para con nosotros los que creemos, según la operación del poder de su fuerza, la cual operó en Cristo, resucitándole de los muertos y sentándole a su diestra en los lugares celestiales, sobre todo principado y autoridad y poder y señorío, y sobre todo nombre que se nombra, no sólo en este siglo, sino también en el venidero; y sometió todas las cosas bajo sus pies, y lo dio por cabeza sobre todas las cosas a la iglesia, la cual es su cuerpo, la plenitud de Aquel que todo lo llena en todo» (Ef. 1:19-23).

c. En relación al pecador: le advierte de un día de juicio venidero.

«Por cuanto ha establecido un día en el cual juzgará al mundo con justicia, por aquel varón a quien designó, dando fe a todos con haberle levantado de los muertos» (Hch. 17:31).

d. En relación al diablo: sella su suerte para siempre (He. 2:14; Ap. 20:10).

e. En relación al día de reposo: cambia el día de adoración del sábado al domingo (Hch. 20:7; 1 Co. 16:2; He. 7:12).

f. El símbolo de la resurrección: el bautismo (Ro. 6:3-11; Col. 2:11-13).

XVII. La ascensión y el ministerio actual de Jesucristo.

A. El hecho de esta ascensión y de este ministerio.

1. Las Escrituras en cuanto a su ascensión.

«Y el Señor, después que les habló, fue recibido arriba en el cielo, y se sentó a la diestra de Dios» (Mr. 16:19).

«Y aconteció que bendiciéndolos, se separó de ellos, y fue llevado arriba al cielo» (Lc. 24:51).

«Y habiendo dicho estas cosas, viéndolo ellos, fue alzado, y le recibió una nube que le ocultó de sus ojos» (Hch. 1:9).

2. Las Escrituras en cuanto a su ministerio presente.

«¿Quién es el que condenará? Cristo es el que murió; más aun, el que también resucitó, el que además está a la diestra de Dios, el que también intercede por nosotros» (Ro. 8:34).

«Si, pues, habéis resucitado con Cristo, buscad las cosas de arriba, donde está Cristo sentado a la diestra de Dios» (Col. 3:1).

«El cual, siendo el resplandor de su gloria, y la imagen misma de su sustancia, y quien sustenta todas las cosas con la palabra de su poder, habiendo efectuado la purificación de nuestros pecados por medio de sí mismo, se sentó a la diestra de la Majestad en las alturas» (He. 1:3).

«Ahora bien, el punto principal de lo que venimos diciendo es que tenemos tal sumo sacerdote, el cual se sentó a la diestra del trono de la Majestad en los cielos» (He. 8:1).

«Pero Cristo, habiendo ofrecido una vez para siempre un solo sacrificio por los pecados, se ha sentado a la diestra de Dios, de ahí en adelante esperando hasta que sus enemigos sean puestos por estrado de sus pies» (He. 10:12, 13).

«Puestos los ojos en Jesús, el autor y consumador de la fe, el cual por el gozo puesto delante de él sufrió la cruz, menospreciando el oprobio, y se sentó a la diestra del trono de Dios» (He. 12:2).

«Quien habiendo subido al cielo está a la diestra de Dios; y a él están sujetos ángeles, autoridades y potestades» (1 P. 3:22).

B. El propósito de esta ascensión y este ministerio.

1. Para ser nuestro Precursor.

«La cual tenemos como segura y firme ancla del alma, y que penetra hasta dentro del velo, donde Jesús entró por nosotros como precursor, hecho sumo sacerdote para siempre según el orden de Melquisedec» (He. 6:19, 20).

2. Para prepararnos un lugar.

«En la casa de mi Padre muchas moradas hay; si así no fuera, yo os lo hubiera dicho; voy, pues, a preparar lugar para vosotros» (Jn. 14:2).

3. Para dar dones espirituales a sus seguidores (Ef. 4:10-14).

4. Para animar a sus seguidores.

«Por tanto, teniendo un gran sumo sacerdote que traspasó los cielos, Jesús el Hijo de Dios, retengamos nuestra profesión. Porque no tenemos un sumo sacerdote que no pueda compadecerse de nuestras debilidades, sino uno que fue tentado en todo según nuestra semejanza, pero sin pecado. Acerquémonos, pues, confiadamente al trono de la gracia, para alcanzar misericordia y hallar gracia para el oportuno socorro» (He. 4:14-16).

«Por tanto, nosotros también, teniendo en derredor nuestro tan grande nube de testigos, despojémonos de todo peso y del pecado que nos asedia, y corramos con paciencia la carrera que tenemos por delante, puestos los ojos en Jesús, el autor y consumador de la fe, el cual por el gozo puesto delante de él sufrió la cruz, menospreciando el oprobio, y se sentó a la diestra del trono de Dios. Considerad a aquel que sufrió tal contradicción de pecadores contra sí mismo, para que vuestro ánimo no se canse hasta desmayar» (He. 12:1-3).

5. Para presentar oraciones sacerdotales por nosotros (Ro. 8:34; He. 4:14-16; 7:25-27; 8:1; 9:24).

Aquí obra en una manera doble:

a. Como nuestro *intercesor* (debido a la debilidad y las flaquezas del creyente).

Mientras estaba en la tierra, nuestro Señor una vez le dijo a Pedro:

«Dijo también el Señor: Simón, Simón, he aquí Satanás os ha pedido para zarandearos como a trigo; pero yo he rogado por ti, que tu fe no falte...» (Lc. 22:31, 32).

Según muchos pasajes del Nuevo Testamento, el Salvador sigue realizando este bendito ministerio para los suyos desde el cielo.

«Por lo cual puede también salvar perpetuamente a los que por él se acercan a Dios, viviendo siempre para interceder por ellos» (He. 7:25).

b. Como nuestro *abogado* (debido a los pecados del creyente).

«Si confesamos nuestros pecados, él es fiel y justo para perdonar nuestros pecados, y limpiarnos de toda maldad» (1 Jn. 1:9).

«Hijitos míos, estas cosas os escribo para que no pequéis; y si alguno hubiere pecado, abogado tenemos para con el Padre, a Jesucristo el justo» (1 Jn. 2:1).

«Porque no entró Cristo en el santuario hecho de mano, figura del verdadero, sino en el cielo mismo para presentarse ahora por nosotros ante Dios» (He. 9:24).

«Entonces oí una gran voz en el cielo, que decía: Ahora ha venido la salvación, el poder, y el reino de nuestro Dios, y la autoridad de su Cristo; porque ha sido lanzado fuera el acusador de nuestros hermanos, el que los acusaba delante de nuestro Dios día y noche» (Ap. 12:10).

6. Para mandar la promesa del Padre (el Espíritu Santo) (Jn. 16; Hch. 1:4; 2:33).

7. Para cuidar a sus iglesias (Ap. 1:10—3:22). En este asombroso pasaje, el Apóstol Juan, en la isla de Patmos, ve al Cristo resucitado y glorificado de pie entre siete candeleros de oro, vestido como sumo sacerdote. Se le dice que los candeleros simbolizan las iglesias locales en la tierra.

8. Para obrar a través de los suyos.

«De cierto, de cierto os digo: El que en mí cree, las obras que yo hago, él las hará también; y aun mayores hará, porque yo voy al Padre» (Jn. 14:12).

9. Para esperar hasta que sus enemigos se conviertan en estrado de sus pies (He. 10:12, 13).

XVIII. La doble futura venida de Jesucristo.

A. En el arrebatamiento, por los suyos.

«Tampoco queremos, hermanos, que ignoréis acerca de los que duermen, para que no os entristezcáis como los otros que no tienen esperanza. Porque si creemos que Jesús murió y resucitó, así también traerá Dios con Jesús a los que durmieron en él. Por lo cual os decimos esto en palabra del Señor: que nosotros que vivimos, que habremos quedado hasta la venida del Señor, no precederemos a los que durmieron. Porque el Señor mismo con voz de mando, con voz de arcángel, y con trompeta de Dios, descenderá del cielo; y los muertos en Cristo resucitarán primero. Luego nosotros los que vivimos, los que hayamos quedado, seremos arrebatados juntamente con ellos en las nubes para recibir al Señor en el aire, y así estaremos siempre con el Señor. Por tanto, alentaos los unos a los otros con estas palabras» (1 Ts. 4:13-18).

«He aquí, os digo un misterio: No todos dormiremos; pero todos seremos transformados, en un momento, en un abrir y cerrar de ojos, a la final trompeta; porque se tocará la trompeta, y los muertos serán resucitados incorruptibles, y nosotros seremos transformados. Porque es necesario que esto corruptible se vista de incorrupción, y esto mortal se vista de inmortalidad. Y cuando esto corruptible se haya vestido de incorrupción, y esto mortal se haya vestido de inmortalidad, entonces se cumplirá la palabra que está escrita: Sorbida es la muerte en victoria. ¿Dónde está, oh muerte, tu aguijón? ¿Dónde, oh sepulcro, tu victoria? ya que el aguijón de la muerte es el pecado, y el poder del pecado, la ley. Mas gracias sean dadas a Dios, que nos da la victoria por medio de nuestro Señor Jesucristo» (1 Co. 15:51-57).

B. Después de la tribulación, con los suyos.

«E inmediatamente después de la tribulación de aquellos días, el sol se oscurecerá, y la luna no dará su resplandor, y las estrellas caerán del cielo, y las potencias de los cielos serán conmovidas. Entonces aparecerá la señal del Hijo del Hombre en el cielo; y entonces lamentarán todas las tribus de la tierra, y verán al Hijo del Hombre viniendo sobre las nubes del cielo, con poder y gran gloria. Y enviará sus ángeles con gran voz de trompeta, y juntarán a sus escogidos, de los cuatro vientos, desde un extremo del cielo hasta el otro» (Mt. 24:29-31).

«De éstos también profetizó Enoc, séptimo desde Adán, diciendo: He aquí, vino el Señor con sus santas decenas de millares» (Jud. v. 14).

«He aquí que viene con las nubes, y todo ojo le verá, y los que le traspasaron; y todos los linajes de la tierra harán lamentación por él. Sí, amén» (Ap. 1:7).

«Entonces vi el cielo abierto; y he aquí un caballo blanco, y el que lo montaba se llamaba Fiel y Verdadero, y con justicia juzga y pelea. Sus ojos eran como llama de fuego, y había en su cabeza muchas diademas; y tenía un nombre escrito que ninguno conocía sino él mismo. Estaba vestido de una ropa teñida en sangre; y su nombre es: EL VERBO DE DIOS. Y los ejércitos celestiales, vestidos de lino finísimo, blanco y limpio, le seguían en caballos blancos. De su boca sale una espada aguda, para herir con ella a las naciones, y él las regirá con vara de hierro; y él pisa el lagar del vino del furor y de la ira del Dios Todopoderoso. Y en su vestidura y en su muslo tiene escrito este nombre: REY DE REYES Y SEÑOR DE SEÑORES. Y vi a un ángel que estaba en pie en el sol, y clamó a gran voz, diciendo a todas las aves que vuelan en medio del cielo: Venid, congregaos a la gran cena de Dios, para que comáis carnes de reyes y de capitanes, y carnes de fuertes, carnes de caballos y de sus jinetes, y carnes de todos, libres y esclavos, pequeños y grandes. Y vi a la bestia, a los reyes de la tierra y a sus ejércitos, reunidos para guerrear contra el que montaba el caballo, y contra su ejército. Y la bestia fue apresada, y con ella el falso profeta que había hecho delante de ellas las señales con las cuales había engañado a los que recibieron la marca de la bestia, y habían adorado su imagen. Estos dos fueron lanzados vivos en el lago de fuego que arde con azufre. Y los demás fueron muertos con la espada que salía de la boca del que montaba el caballo, y todas las aves se saciaron de las carnes de ellos» (Ap. 19:11-21).

XIX. El reino milenario de Jesucristo.

«Porque un niño nos es nacido, hijo nos es dado, y el principado sobre su hombro; y se llamará su nombre Admirable, Consejero, Dios fuerte, Padre eterno, Príncipe de paz. Lo dilatado de su imperio y la paz no tendrán límite, sobre el trono de David y sobre su reino, disponiéndolo y confirmándolo en juicio y en justicia desde ahora y para siempre. El celo de Jehová de los ejércitos hará esto» (Is. 9:6, 7).

«He aquí que vienen días, dice Jehová, en que levantaré a David renuevo justo, y reinará como Rey, el cual será dichoso, y hará juicio y justicia en la tierra. En sus días será salvo Judá, e Israel habitará confiado; y este será su nombre con el cual le llamarán: Jehová, justicia nuestra» (Jer. 23:5, 6).

«Este será grande, y será llamado Hijo del Altísimo; y el Señor Dios le dará el trono de David su padre; y reinará sobre la casa de Jacob para siempre, y su reino no tendrá fin» (Lc. 1:32, 33).

«Le dijo entonces Pilato: ¿Luego, eres tú rey? Respondió Jesús: Tú dices que yo soy rey. Yo para esto he nacido, y para esto he venido al mundo, para dar testimonio a la verdad. Todo aquel que es de la verdad, oye mi voz» (Jn. 18:37).

XX. Los testigos de Jesús en el Antiguo Testamento. La Biblia es un libro que está centrado en Cristo. Jesús mismo dijo que el Antiguo Testamento hablaba de Él (Jn. 5:39). A continuación hay un breve panorama de su relato en la historia, demostrado por algunos hombres y mujeres del Antiguo Testamento. Los acontecimientos de su vida nos recuerdan algún aspecto del ministerio del Salvador en el Nuevo Testamento.

A. Adán: su liderazgo sobre una nueva creación (Gn. 1:28; Ro. 5:17-19; 1 Co. 15:22, 45, 47; He. 2:7-9).
B. Moisés: su ministerio profético (Dt. 18:15-18; He. 3:5, 6).
C. Melquisedec: su ministerio sacerdotal (Gn. 14:18-20; Sal. 110:4; He. 5—8).
D. David: su ministerio real (2 S. 7:1-17; Mr. 11:10; Ap. 5:5; 22:16).
E. Jeremías: sus tristezas (Jer. 3:20; 5:1-5; 8:20-22; 9:1; 10:19; 11:19).
F. José: sus sufrimientos (el tipo más perfecto de Cristo en el Antiguo Testamento).
   1. Odiado sin motivo (Gn. 37:4, 8; Jn. 15:25).
   2. Ridiculizado (Gn. 37:19; Lc. 22:63).
   3. Víctima de un complot (Gn. 37:20; Jn. 11:53).
   4. Privado de su túnica (Gn. 37:23; Jn. 19:23, 24).
   5. Vendido por plata (Gn. 37:28; Mt. 26:14-16).
   6. Objeto de mentiras (Gn. 39:14; Mt. 26:61).
   7. Puesto en cautiverio con dos hombres culpables (Gn. 40:1-3; Lc. 23:32, 33).
   8. No reconocido por los suyos (Gn. 42:8; Jn. 1:11).
G. Isaac: su muerte (Gn. 22:2, 8, 10; Mt. 26:36, 42, 43).
H. Jonás: su resurrección (Jon. 1:17; Mt. 12:40; 16:4; Lc. 11:29).
I. Josué: su vida victoriosa (Jos. 1:3, 5, 6, 8, 9; Jn. 10:17, 18; 19:30).
J. Noé: su vida salvadora (Gn. 6:13, 14, 17, 18; 1 P. 3:18-22).
K. Abraham: su padre (Gn. 22:7, 8; Mt. 26:36, 42, 43).
L. Daniel: su aceptación por el Padre (Dn. 9:23; 10:11, 19; Mt. 3:17; 17:5).
M. Elías: su precursor (Is. 40:3, 4; Mt. 17:11, 12).
N. Eliseo: sus milagros: Eliseo realiza catorce milagros, casi el doble de cualquier otro hombre en el Antiguo Testamento, con la excepción de Moisés (2 R. 2:9; Jn. 3:2).
Ñ. Ezequiel: sus parábolas. Hay sesenta y nueve parábolas en el Antiguo Testamento; veintitrés de ellas se encuentran en el libro de Ezequiel (Ez. 17:2; 20:49; Mt. 13:3).
O. Rut: su Iglesia (Rut 2—4; 2 Co. 11:2).
P. Booz: su amor por la Iglesia (Rut 2—4; Ef. 5:25-27).
Q. Esdras: su celo por las Escrituras (Neh. 8; Mt. 21:42; 22:29; Mr. 12:10, 24; Lc. 4:21; 24:27; Jn. 10:35).
R. Nehemías: su celo por la Ciudad Santa (Neh. 1—2; Mt. 23:37-39; Lc. 19:41).
S. Absalón: su oposición;
   1. Por Judas. Absalón fue traidor y miembro del círculo íntimo de David, como lo fue Judas del círculo íntimo de Jesús (2 S. 15; Mt. 26:14).
   2. Por el Anticristo por venir. Absalón conspiró en contra del trono davídico, como lo hará el Anticristo (2 S. 15; Ap. 13).
T. Salomón: su sabiduría (1 R. 3:11-13; Lc. 4:22; Jn. 7:46).
U. Lot: sus seguidores corruptos (Gn. 19; 2 P. 2:7).

El HIJO de Dios en la PALABRA de Dios

GÉNESIS 3:15; 49:10	Simiente de la mujer y Siloh
ÉXODO 12:3	Cordero de la Pascua
LEVÍTICO 8:7-9	Sumo Sacerdote ungido
NÚMEROS 21:8; 24:17	Estrella de Jacob y serpiente de bronce
DEUTERONOMIO 18:15; 32:4	Profeta como Moisés y gran Roca
JOSUÉ 5:14	Príncipe del ejército de Jehová
JUECES 2:1	Mensajero de Jehová
RUT 2:1	Pariente, Redentor
1 SAMUEL 2:10	Gran Juez
2 SAMUEL 7:13	Simiente de David
1 REYES 8:15, 26	Jehová Dios de Israel
2 REYES 19:15	Dios de los querubines
1 CRÓNICAS 16:35	Dios de nuestra salvación
2 CRÓNICAS 20:6	Dios de nuestros padres
ESDRAS 1:2	Señor de los cielos y de la tierra
NEHEMÍAS 1:5	Dios que guarda el pacto
ESTER	El Dios de la providencia
JOB 19:25	Redentor que vive y volverá
SALMOS 2:1, 7, 12; 16:10; 23:1; 24:7-10	El Hijo ungido, el Santo, el Buen Pastor, y el Rey de Gloria
PROVERBIOS 8	La sabiduría de Dios
ECLESIASTÉS	El que está por encima del sol
CANTAR DE LOS CANTARES 5:10, 16	SEÑALADO ENTRE DIEZ MIL Y TODO ÉL CODICIABLE
ISAÍAS 7:14; 9:6; 52:13; 53:3	Emanuel nacido de una virgen; Niño e Hijo; Admirable, Consejero, Dios Fuerte, Padre Eterno, Príncipe de Paz; Siervo Justo y Varón de Dolores
JEREMÍAS 23:6; 33:16	El Señor de nuestra justicia
LAMENTACIONES 3:22, 23, 31-33	El Dios fiel y compasivo
EZEQUIEL	El Señor está allí
DANIEL 2:34; 3:25; 7:13	Piedra hiriente, Hijo de Dios, Hijo de hombre
OSEAS 13:9, 14	Rey de la resurrección
JOEL 2:28-32; 2:11; 3:2, 9-17	Dios de la batalla y dador del Espíritu
AMÓS 4:13; 7:9	Jehová Dios de los ejércitos y de la plomada
ABDÍAS 1:8, 15	Destructor de los orgullosos
JONÁS 2:10; 3:1; 4:9-11	El profeta levantado, Dios de la segunda elección, el paciente
MIQUEAS 4:1-5; 5:2; 7:18, 19	Dios de Jacob, el Belenita y el Dios perdonador
NAHUM 1:2, 15	El Dios vengador y portador de buenas nuevas
HABACUC 1:12, 13; 2:14; 3:13	El eternamente puro, glorioso y ungido
SOFONÍAS 3:15	El Rey de Israel
HAGEO 2:7	Deseado de todas las naciones
ZACARÍAS 3:8; 6:12; 6:13; 9:9; 12:10; 14:9	Renuevo, edificador del templo Rey de la entrada triunfal, el traspasado, Rey de la tierra
MALAQUÍAS 3:16	Señor de la memoria

El HIJO de Dios en la PALABRA de Dios

MATEO 2:2; 27:37	Rey de los judíos
MARCOS 9:35; 10:43, 44	Siervo
LUCAS 2:40, 52; 9:22, 56, 58; 22:48	Hombre perfecto
JUAN 1:1-5; 20:28, 31	Dios eterno
HECHOS 1:9	Señor ascendido
ROMANOS 10:4	El Señor de nuestra justicia
1 CORINTIOS 15	Nuestra resurrección
2 CORINTIOS 1:3	Dios de toda consolación
GÁLATAS 4:4, 5	Redentor de la ley
EFESIOS 1:22; 2:20; 5:23; 4:7, 8	Cabeza de la Iglesia y dador de dones
FILIPENSES 1:19; 4:19; 2:5-8	Proveedor de toda necesidad y Siervo obediente
COLOSENSES 1:19; 2:9	Plenitud de la Deidad
1 TESALONICENSES 4:13-18; 5:2, 23	El Cristo que ha de venir
2 TESALONICENSES 2:8	El Cristo consumidor
1 TIMOTEO 2:15; 3:16; 1:15	Mediador y Salvador de pecadores
2 TIMOTEO 4:8; 3:16, 17	Juez justo y recompensador y autor de las Escrituras
TITO 1:3; 2:10, 13; 3:4	Nuestro gran Dios y Salvador
FILEMÓN	Pagador de nuestra deuda
HEBREOS 1:2	Constituido Heredero de todo
1:4; 3:3	Superior a los profetas y de los ángeles
2:10; 5:9; 12:2	Capitán de nuestra salvación
2:17; 3:1; 4:14	Sumo Sacerdote misericordioso y fiel
7:25-27; 9:24	Gran Intercesor
12:24	Mediador del nuevo pacto
13:20	Gran Pastor de las ovejas
SANTIAGO 4:6-8; 5:15; 5:7, 8	Dios siempre presente, Gran Sanador y el que ha de venir
1 PEDRO 1:19; 2:21-24; 5:4; 3:22	Cordero sin mancha, gran ejemplo, pastor principal, Señor de Gloria
2 PEDRO 1:17	El Hijo amado
1 JUAN 1:1; 2:1; 2:2; 3:8; 4:15; 5:5	Verbo de vida, abogado, propiciación e Hijo de Dios
2 JUAN v. 3	Hijo del Padre
3 JUAN vv. 4, 8	La Verdad
JUDAS vv. 1, 25	Guardador y único Dios sabio
APOCALIPSIS 1:8; 5:5	El Alfa y la Omega, León de Judá
5:7; 6:17	El Cordero inmolado e iracundo
19:16	El Rey de reyes
22:16	La Estrella resplandeciente de la mañana

LA DOCTRINA DEL PADRE

LA DOCTRINA DEL PADRE

Imagínese como parte de un grupo de cristianos a los que se les ha dado un examen bíblico con sólo tres temas para desarrollar. A continuación las preguntas.

Número 1

Anote todo lo que sepa acerca de la persona y la obra de Jesucristo, la segunda persona de la Trinidad. (Es probable que la mayor parte del grupo pueda llenar varias páginas sobre el Salvador dentro de un espacio de tiempo razonable. Hasta aquí todo va bien.)

Número 2

Anote todo lo que sepa acerca de la persona y la obra del Espíritu Santo, la tercera persona de la Trinidad. (Ahora los bolígrafos no se mueven tan rápida ni confiadamente como antes. Hay largas pausas entre las oraciones. Al final del período dado, el creyente promedio probablemente habrá escrito por lo menos media página o más.)

Número 3

Anote todo lo que sepa acerca de la persona y la obra de Dios el Padre, primera persona de la Trinidad. (¡Qué silencio se hace en la sala! Por fin se escribe una oración: «Es el Padre de Jesucristo.» Pero, ¿qué se le puede añadir a esto? Es mi opinión que muy pocos de ese grupo de cristianos podrían escribir siquiera media docena de líneas acerca del Padre.)

Esta ignorancia casi universal acerca del Padre no tiene excusa, ya que el Salvador solo lo menciona más de 200 veces durante su ministerio terrenal. Nuestro Señor enseñó las siguientes cosas acerca del Padre:

A. Es espíritu (Jn. 4:24).
B. Es omnipotente (Mt. 19:26).
C. Es omnisciente (Mt. 10:29).
D. Es santo (Jn. 17:11).
E. Es justo (Jn. 17:25).
F. Es amante (Jn. 3:16; 17:23).
G. Es bueno (Mt. 5:26, 28-30; 10:29, 30).

W. Graham Scroggie escribe:

> «Pero la verdad sobresaliente que Cristo enseñó acerca de Dios es que Él es el *Padre*. Este término, aplicado a él, ocurre 189 veces: en Mateo, 44; en Marcos, 4; en Lucas, 17; y en Juan, 124.» (*A Guide to the Gospels*, p. 560.)

I. Es el Padre de toda vida.

«Porque contigo está el manantial de la vida; en tu luz veremos la luz» (Sal. 36:9).

«Porque como el Padre tiene vida en sí mismo, así también ha dado al Hijo el tener vida en sí mismo» (Jn. 5:26).

«El Dios que hizo el mundo y todas las cosas que en él hay … es quien da a todos vida y aliento y todas las cosas» (Hch. 17:24, 25).

«Esto, pues, digo y requiero en el Señor: que ya no andéis como los otros gentiles, que andan en la vanidad de su mente, teniendo el entendimiento entenebrecido, ajenos de la vida de Dios por la ignorancia que en ellos hay, por la dureza de su corazón» (Ef. 4:17, 18).

«Los cielos cuentan la gloria de Dios, y el firmamento anuncia la obra de sus manos» (Sal. 19:1).

«Alabadle, vosotros todos sus ángeles; alabadle, vosotros todos sus ejércitos. Alabadle, sol y luna; alabadle, vosotras todas, lucientes estrellas. Alabadle, cielos de los cielos, y las aguas que están sobre los cielos. Alaben el nombre de Jehová; porque él mandó, y fueron creados» (Sal. 148:2-5).

Véase también Colosenses 1:16.

A. Atiende y cuida de la vegetación.

«El hace producir el heno para las bestias, y la hierba para el servicio del hombre, sacando el pan de la tierra. Se llenan de savia los árboles de Jehová, los cedros del Líbano que él plantó» (Sal. 104:14, 16).

«Y por el vestido, ¿por qué os afanáis? Considerad los lirios del campo, cómo crecen: no trabajan ni hilan; pero os digo, que ni aun Salomón con toda su gloria se vistió así como uno de ellos. Y si la hierba del campo que hoy es, y mañana se echa en el horno, Dios la viste así, ¿no hará mucho más a vosotros, hombres de poca fe?» (Mt. 6:28-30).

B. Atiende y cuida de la naturaleza bruta.

«El hace producir el heno para las bestias, y la hierba para el servicio del hombre, sacando el pan de la tierra. Se llenan de savia los árboles de Jehová, los cedros del Líbano que él plantó. Allí anidan las aves; en las hayas hace su casa la cigüeña. Los montes altos para las cabras monteses; las peñas, madrigueras para los conejos. Pones las tinieblas, y es la noche; en ella corretean todas las bestias de la selva. Los leoncillos rugen tras la presa, y para buscar de Dios su comida. Todos ellos esperan en ti, para que les des su comida a su tiempo» (Sal. 104:14, 16-18, 20, 21, 27).

«Mirad las aves del cielo, que no siembran, ni siegan, ni recogen en graneros; y vuestro Padre celestial las alimenta. ¿No valéis vosotros mucho más que ellas? ¿No se venden dos pajarillos por un cuarto? Con todo, ni uno de ellos cae a tierra sin vuestro Padre» (Mt. 6:26; 10:29).

C. Atiende y cuida del tiempo.

«Todo lo que Jehová quiere, lo hace, en los cielos y en la tierra, en los mares y en todos los abismos. Hace subir las nubes de los extremos de la tierra; hace los relámpagos para la lluvia; saca de sus depósitos los vientos» (Sal. 135:6, 7).

«El es quien cubre de nubes los cielos, el que prepara la lluvia para la tierra, el que hace a los montes producir hierba. Da la nieve como lana, y derrama la escarcha como ceniza. Echa su hielo como pedazos; ante su frío, ¿quién resistirá? Enviará su palabra, y los derretirá;

soplará su viento, y fluirán las aguas» (Sal. 147:8, 16-18).

«El fuego y el granizo, la nieve y el vapor, el viento de tempestad que ejecuta su palabra» (Sal. 148:8).

D. Atiende y cuida de las estaciones.

«Mientras la tierra permanezca, no cesarán la sementera y la siega, el frío y el calor, el verano y el invierno, y el día y la noche» (Gn. 8:22).

«Si bien no se dejó a sí mismo sin testimonio, haciendo bien, dándonos lluvias del cielo y tiempos fructíferos, llenando de sustento y de alegría nuestros corazones» (Hch. 14:17).

II. Es el Padre de nuestro Señor Jesucristo. Durante su ministerio terrenal, Jesús habló más acerca del Padre que de cualquier otro tema.

A. El Padre envió a su Hijo.

«Entonces Jesús les dijo otra vez: Paz a vosotros. Como me envió el Padre, así también yo os envío» (Jn. 20:21).

«Como me envió el Padre viviente, y yo vivo por el Padre...» (Jn. 6:57).

«Yo soy el que doy testimonio de mí mismo, y el Padre que me envió da testimonio de mí» (Jn. 8:18).

«Pero cuando vino el cumplimiento del tiempo, Dios envió a su Hijo, nacido de mujer y nacido bajo la ley» (Gá. 4:4).

«Y nosotros hemos visto y testificamos que el Padre ha enviado al Hijo, el Salvador del mundo» (1 Jn. 4:14; véanse también Jn. 3:16; 8:16; 12:49).

B. El Padre ordenó que los ángeles adoraran a su Hijo.

«Y ... cuando introduce al Primogénito en el mundo, dice: Adórenle todos los ángeles de Dios» (He. 1:6; véase también Lc. 2:8-15).

C. Confirmó a su Hijo.

«Trabajad, no por la comida que perece, sino por la comida que a vida eterna permanece, la cual el Hijo del Hombre os dará; porque a éste señaló Dios el Padre» (Jn. 6:27).

D. Honró (y honra) a su Hijo.

«Pues cuando él recibió de Dios Padre honra y gloria, le fue enviada desde la magnífica gloria una voz que decía: Este es mi Hijo amado, en el cual tengo complacencia» (2 P. 1:17).

E. Dio testimonio de su Hijo (Jn. 8:18).

F. Amó (y ama) a su Hijo.

«Por eso me ama el Padre, porque yo pongo mi vida, para volverla a tomar» (Jn. 10:17).

G. Glorificó a su Hijo.

«Ahora está turbada mi alma; ¿y qué diré? ¿Padre, sálvame de esta hora? Mas para esto he llegado a esta hora. Padre, glorifica tu nombre. Entonces vino una voz del cielo: Lo he glorificado, y lo glorificaré otra vez» (Jn. 12:27, 28).

«Estas cosas habló Jesús, y levantando los ojos al cielo, dijo: Padre la hora ha llegado; glorifica a tu Hijo, para que también tu Hijo te glorifique a ti. Ahora pues, Padre, glorifícame tú al lado tuyo, con aquella gloria que tuve contigo antes que el mundo fuese» (Jn. 17:1, 5).

H. Enseñó a su Hijo.

«Les dijo, pues, Jesús: Cuando hayáis levantado al Hijo del Hombre, entonces conoceréis que yo soy, y que nada hago por mí mismo, sino que según me enseñó el Padre, así hablo» (Jn. 8:28).

I. Ungió a su Hijo.

«Vino a Nazaret, donde se había criado; y en el día de reposo entró en la sinagoga, conforme a su costumbre, y se levantó a leer. Y se le dio el libro del profeta Isaías, y habiendo abierto el libro, halló el lugar donde estaba escrito: El Espíritu del Señor está sobre mí, por cuanto me ha ungido para dar buenas nuevas a los pobres; me ha enviado a sanar a los quebrantados de corazón; a pregonar libertad a los cautivos, y vista a los ciegos; a poner en libertad a los oprimidos; a predicar el año agradable dei Señor. Y enrollando el libro, lo dio al ministro, y se sentó; y los ojos de todos en la sinagoga estaban fijos en él. Y comenzó a decirles: Hoy se ha cumplido esta Escritura delante de vosotros» (Lc. 4:16-21).

«Porque el que Dios envió, las palabras de Dios habla; pues Dios no da el Espíritu por medida» (Jn. 3:34).

J. Se complació en su Hijo.

«He aquí mi siervo, yo le sostendré; mi escogido, en quien mi alma tiene contentamiento; he puesto sobre él mi Espíritu; él traerá justicia a las naciones» (Is. 42:1).

«Y hubo una voz de los cielos, que decía: Este es mi Hijo amado, en quien tengo complacencia» (Mt. 3:17).

«Mientras él aún hablaba, una nube de luz los cubrió; y he aquí una voz desde la nube, que decía: Este es mi Hijo amado, en quien tengo complacencia; a él oíd» (Mt. 17:5).

«Pues cuando él recibió de Dios Padre honra y gloria, le fue enviada desde la magnífica gloria una voz que decía: Este es mi Hijo amado, en el cual tengo complacencia» (2 P. 1:17).

K. Oyó a su Hijo.

«Entonces quitaron la piedra de donde había sido puesto el muerto. Y Jesús, alzando los ojos a lo alto, dijo: Padre, gracias te doy por haberme oído. Yo sabía que siempre me oyes; pero lo dije por causa de la multitud que está alrededor, para que crean que tú me has enviado» (Jn. 11:41, 42).

«Ahora está turbada mi alma; ¿y qué diré? ¿Padre, sálvame de esta hora? Mas para esto he llegado a esta hora. Padre, glorifica tu nombre. Entonces vino una voz del cielo: Lo he glorificado, y lo glorificaré otra vez» (Jn. 12:27, 28).

«Entonces Jesús le dijo: Vuelve tu espada a su lugar; porque todos los que tomen espada, a espada perecerán. ¿Acaso piensas que no puedo ahora orar a mi Padre, y que él no me daría más de doce legiones de ángeles?» (Mt. 26:52, 53).

L. Ofreció a su Hijo.

«Jesús entonces dijo a Pedro: Mete tu espada en la vaina; la copa que el Padre me ha dado, ¿no la he de beber?» (Jn. 18:11).

«El que no escatimó ni a su propio Hijo, sino que lo entregó por todos nosotros, ¿cómo no nos dará también con él todas las cosas?» (Ro. 8:32).

«En esto se mostró el amor de Dios para con nosotros, en que Dios envió a su Hijo unigénito al mundo, para que vivamos por él. En esto consiste el amor: no en que nosotros hayamos amado a Dios, sino en que él nos amó a nosotros, y envió a su Hijo en propiciación por nuestros pecados» (1 Jn. 4:9, 10).

M. Estuvo totalmente satisfecho con su Hijo.
«Porque el que me envió, conmigo está; no me ha dejado solo el Padre, porque yo hago siempre lo que le agrada» (Jn. 8:29).
N. Resucitó a su Hijo.
«Pablo, apóstol (no de hombres ni por hombre, sino por Jesucristo y por Dios el Padre que lo resucitó de los muertos)» (Gá. 1:1).
«La cual operó en Cristo, resucitándole de los muertos y sentándole a su diestra en los lugares celestiales» (Ef. 1:20).
Ñ. Exalta a su Hijo.
«Por lo cual Dios también le exaltó hasta lo sumo, y le dio un nombre que es sobre todo nombre, para que en el nombre de Jesús se doble toda rodilla de los que están en los cielos, y en la tierra, y debajo de la tierra; y toda lengua confiese que Jesucristo es el Señor, para gloria de Dios Padre» (Fil. 2:9-11).
«Sobre todo principado y autoridad y poder y señorío, y sobre todo nombre que se nombra, no sólo en este siglo, sino también en el venidero» (Ef. 1:21).
O. Da a su Hijo como cabeza de la iglesia.
«Y sometió todas las cosas bajo sus pies, y lo dio por cabeza sobre todas las cosas a la iglesia» (Ef. 1:22).
P. Da el juicio al Hijo.
«El Padre ama al Hijo, y todas las cosas ha entregado en su mano» (Jn. 3:35).
«Porque el Padre a nadie juzga, sino que todo el juicio dio al Hijo ... y también le dio autoridad de hacer juicio, por cuanto es el Hijo del Hombre» (Jn. 5:22, 27).

Lewis S. Chafer escribe lo siguiente acerca de la relación entre el Padre y el Hijo.

«La relación de la Segunda Persona a la Primera Persona ha sido por la eternidad la de un Hijo, y, como cualquier cosa relacionada con la Deidad, no es sólo eterna pero es inmutable. Él no llegó a ser un Hijo del Padre, como dicen algunos que lo fue, por Su encarnación, o por Su resurrección, ni es Él un Hijo por un mero título, ni Él está asumiendo tal relación temporalmente para que pudiera ejecutar Su parte en el pacto de Redención.

Él fue el *Unigénito* del Padre desde toda la eternidad, no teniendo otra relación con el tiempo y la creación más que Él es su Creador. Es evidente que la relación del Padre y del Hijo solamente exhibe los aspectos de *emanación y manifestación* y no incluye los conceptos usuales de derivación, inferioridad, o distinción como del tiempo del comienzo.

Es probable que los términos *Padre e Hijo* como se aplican a la Primera y Segunda Personas de la Deidad, son algo de carácter antropomórficos. Esa sublime y eterna relación que existía entre estas dos personas se expresa mejor al entendimiento humano en los términos de Padre e Hijo, pero enteramente sin la implicación de que las dos Personas, por el lado divino, no sean iguales en cada particular.» (*Teología sistemática*, tomo I, Publicaciones Españolas, pp. 318, 319, 321.)

III. Es el Padre de todos los creyentes. Aunque Dios es el *Creador* de todos los hombres (Gn. 1:27; Ec. 12:1; Hch. 17:24-26), sólo es *Padre* de los creyentes.

«Mirad cuál amor nos ha dado el Padre, para que seamos llamados hijos de Dios; por esto el mundo no nos conoce, porque no le conoció a él» (1 Jn. 3:1).

A. Conoció al creyente desde antes (Ro. 8:29; 1 P. 1:2).
B. Predestinó al creyente.
«Porque a los que antes conoció, también los predestinó para que fuesen hechos conformes a la imagen de su Hijo, para que él sea el primogénito entre muchos hermanos» (Ro. 8:29).
«En él asimismo tuvimos herencia, habiendo sido predestinados conforme al propósito del que hace todas las cosas según el designio de su voluntad» (Ef. 1:11).
«Los gentiles, oyendo esto, se regocijaban y glorificaban la palabra del Señor, y creyeron todos los que estaban ordenados para vida eterna» (Hch. 13:48).
C. Escogió al creyente.
«Según nos escogió en él antes de la fundación del mundo, para que fuésemos santos y sin mancha delante de él» (Ef. 1:4).
«Pero nosotros debemos dar siempre gracias a Dios respecto a vosotros, hermanos amados por el Señor, de que Dios os haya escogido desde el principio para salvación, mediante la santificación por el Espíritu y la fe en la verdad» (2 Ts. 2:13).
«Pedro, apóstol de Jesucristo, a los expatriados de la dispersión en el Ponto, Galacia, Capadocia, Asia y Bitinia, elegidos según la presciencia de Dios Padre en la santificación del Espíritu, para obedecer y ser rociados con la sangre de Jesucristo: Gracia y paz os sean multiplicadas» (1 P. 1:1, 2).
«Obteniendo el fin de vuestra fe, que es la salvación de vuestras almas» (1 P. 1:9).
D. Le dio todos los creyentes escogidos a Cristo.
«Todo lo que el Padre me da, vendrá a mí; y al que a mí viene, no le echo fuera» (Jn. 6:37).
«Ninguno puede venir a mí, si el Padre que me envió no le trajere; y yo le resucitaré en el día postrero» (Jn. 6:44).
«Mi Padre que me las dio, es mayor que todos, y nadie las puede arrebatar de la mano de mi Padre» (Jn. 10:29).
«Sabiendo Jesús que el Padre le había dado todas las cosas en las manos, y que había salido de Dios, y a Dios iba» (Jn. 13:3).
E. Llamó al creyente (Ro. 8:30).
F. Conforma al creyente a la imagen de Cristo (Ro. 8:29).
G. Redimió al creyente.
«En quien tenemos redención por su sangre, el perdón de pecados según las riquezas de su gracia» (Ef. 1:7).
H. Justificó al creyente (Ro. 8:33).
I. Mora en el creyente.
«Respondió Jesús y le dijo: El que me ama, mi palabra guardará; y mi Padre le amará, y vendremos a él, y haremos morada con él» (Jn. 14:23).
J. Selló al creyente con el Espíritu Santo.
«En él también vosotros, habiendo oído la palabra de verdad, el evangelio de vuestra salvación, y habiendo creído en él, fuisteis sellados en el Espíritu Santo de la promesa» (Ef. 1:13).
«Y no contristéis al Espíritu Santo de Dios,

con el cual fuisteis sellados para el día de la redención» (Ef. 4:30).

Fue el Padre, por supuesto, que envió el Espíritu Santo por pedido de Cristo al creyente en primer lugar (véanse Juan 14:16, 26; 15:26).

K. Guarda al creyente.

«Mi Padre que me las dio, es mayor que todos, y nadie las puede arrebatar de la mano de mi Padre» (Jn. 10:29).

«Y ya no estoy en el mundo; mas éstos están en el mundo, y yo voy a ti. Padre santo, a los que me has dado, guárdalos en tu nombre, para que sean uno, así como nosotros» (Jn. 17:11).

L. Honra al creyente.

«Si alguno me sirve, sígame; y donde yo estuviere, allí también estará mi servidor. Si alguno me sirviere, mi Padre le honrará» (Jn. 12:26).

M. Bendice al creyente.

«Bendito sea el Dios y Padre de nuestro Señor Jesucristo, que nos bendijo con toda bendición espiritual en los lugares celestiales en Cristo» (Ef. 1:3).

N. Ama al creyente.

«Y el mismo Jesucristo Señor nuestro, y Dios nuestro Padre, el cual nos amó y nos dio consolación eterna y buena esperanza por gracia» (2 Ts. 2:16).

«El que tiene mis mandamientos, y los guarda, ése es el que me ama; y el que me ama, será amado por mi Padre, y yo le amaré, y me manifestaré a él» (Jn. 14:21).

«Y vosotros daréis testimonio también, porque habéis estado conmigo desde el principio» (Jn. 15:27).

Ñ. Consuela al creyente.

«Bendito sea el Dios y Padre de nuestro Señor Jesucristo, Padre de misericordias y Dios de toda consolación» (2 Co. 1:3).

«Enjugará Dios toda lágrima de los ojos de ellos; y ya no habrá muerte, ni habrá más llanto, ni clamor, ni dolor; porque las primeras cosas pasaron» (Ap. 21:4).

«Y el mismo Jesucristo Señor nuestro, y Dios nuestro Padre, el cual nos amó y nos dio consolación eterna y buena esperanza por gracia» (2 Ts. 2:16).

O. Santifica al creyente.

«Judas, siervo de Jesucristo, y hermano de Jacobo, a los llamados, santificados en Dios Padre, y guardados en Jesucristo» (Jud. v. 1).

Santifícalos en tu verdad; tu palabra es verdad (Jn. 17:17).

P. Confiere paz al creyente. (Véanse Ro. 1:7; 1 Co. 1:3; Gá. 1:3; Ef. 1:2; Fil. 1:2; Col. 1:2; 1 Ts. 1:1; 2 Ts. 1:2; Tit. 1:4.)

Q. Es glorificado cuando el creyente lleva fruto.

«En esto es glorificado mi Padre, en que llevéis mucho fruto, y seáis así mis discípulos» (Jn. 15:8).

R. Revela la verdad al creyente.

«En aquel tiempo, respondiendo Jesús, dijo: Te alabo, Padre, Señor del cielo y de la tierra, porque escondiste estas cosas de los sabios y de los entendidos, y las revelaste a los niños» (Mt. 11:25).

«Entonces le respondió Jesús: Bienaventurado eres, Simón, hijo de Jonás, porque no te lo reveló carne ni sangre, sino mi Padre que está en los cielos» (Mt. 16:17).

«En aquella misma hora Jesús se regocijó en el Espíritu, y dijo: Yo te alabo, oh Padre, Señor del cielo y de la tierra, porque escondiste estas cosas de los sabios y entendidos, y las has revelado a los niños. Sí, Padre, porque así te agradó» (Lc. 10:21).

«Para que el Dios de nuestro Señor Jesucristo, el Padre de gloria, os dé espíritu de sabiduría y de revelación en el conocimiento de él» (Ef. 1:17).

S. Suple las necesidades de los creyentes.

«Porque los gentiles buscan todas estas cosas; pero vuestro Padre celestial sabe que tenéis necesidad de todas estas cosas. Mas buscad primeramente el reino de Dios y su justicia, y todas estas cosas os serán añadidas» (Mt. 6:32, 33).

«Mi Dios, pues, suplirá todo lo que os falta conforme a sus riquezas en gloria en Cristo Jesús» (Fil. 4:19).

T. Busca la adoración de los creyentes.

«Mas la hora viene, y ahora es, cuando los verdaderos adoradores adorarán al Padre en espíritu y en verdad; porque también el Padre tales adoradores busca que le adoren» (Jn. 4:23).

U. Disciplina a los creyentes.

«Y habéis ya olvidado la exhortación que como a hijos se os dirige, diciendo: Hijo mío, no menosprecies la disciplina del Señor, ni desmayes cuando eres reprendido por él; porque el Señor al que ama, disciplina, y azota a todo el que recibe por hijo. Si soportáis la disciplina, Dios os trata como a hijos; porque ¿qué hijo es aquel a quien el padre no disciplina? Pero si se os deja sin disciplina, de la cual todos han sido participantes, entonces sois bastardos, y no hijos. Por otra parte, tuvimos a nuestros padres terrenales que nos disciplinaban, y los venerábamos. ¿Por qué no obedeceremos mucho mejor al Padre de los espíritus, y viviremos? Y aquéllos, ciertamente por pocos días nos disciplinaban como a ellos les parecía, pero éste para lo que es provechoso, para que participemos de su santidad» (He. 12:5-10).

V. Restaura al creyente.

«Confortará mi alma; me guiará por sendas de justicia por amor de su nombre» (Sal. 23:3).

«Vuélveme el gozo de tu salvación, y espíritu noble me sustente» (Sal. 51:12).

«Y el hijo le dijo: Padre, he pecado contra el cielo y contra ti, y ya no soy digno de ser llamado tu hijo. Pero el padre dijo a sus siervos: Sacad el mejor vestido, y vestidle; y poned un anillo en su mano, y calzado en sus pies. Y traed el becerro gordo y matadlo, y comamos y hagamos fiesta; porque este mi hijo muerto era, y ha revivido; se había perdido, y es hallado. Y comenzaron a regocijarse» (Lc. 15:21-24).

W. Un día juntará a todos los que creen en Cristo.

«De reunir todas las cosas en Cristo, en la dispensación del cumplimiento de los tiempos, así las que están en los cielos, como las que están en la tierra» (Ef. 1:10).

X. Un día recompensará a todos los creyentes.

«Guardaos de hacer vuestra justicia delante de los hombres, para ser vistos de ellos; de otra manera no tendréis recompensa de vuestro Padre que está en los cielos» (Mt. 6:1).

«Pero sin fe es imposible agradar a Dios;

porque es necesario que el que se acerca a Dios crea que le hay, y que es galardonador de los que le buscan» (He. 11:6).

«Por lo demás, me está guardada la corona de justicia, la cual me dará el Señor, juez justo, en aquel día; y no sólo a mí, sino también a todos los que aman su venida» (2 Ti. 4:8).

Y. Un día glorificará a todos los creyentes.

«Y a los que predestinó, a éstos también llamó; y a los que llamó, a éstos también justificó; y a los que justificó, a éstos también glorificó» (Ro. 8:30).

LA DOCTRINA DEL ESPÍRITU SANTO

LA DOCTRINA DEL ESPÍRITU SANTO

Durante uno de sus viajes misioneros, el apóstol Pablo le preguntó a un grupo de «miembros» de la iglesia de Efeso (en realidad eran discípulos de Juan el Bautista) acerca de la doctrina del Espíritu Santo. Su respuesta debe haber escandalizado un poco a Pablo, porque contestaron: «... Ni siquiera hemos oído si hay Espíritu Santo» (Hch. 19:2).

Si Pablo se sorprendió, seguramente el Padre y el Hijo se entristecieron al ver un ejemplo más de la ignorancia casi universal acerca del ministerio de la bendita tercera persona de la Trinidad. Esta declaración por los discípulos efesios ilustra, tal vez más que cualquier otro ejemplo en la Biblia, el tratamiento triste y vergonzoso que frecuentemente se le da. Su existencia misma ha sido ignorada y su ministerio malentendido. Que la oración del compositor Andrew Reed sea nuestra oración al abordar nuestro estudio del Espíritu Santo:

> «Espíritu Santo, con luz divina, este corazón mío ilumina; de la noche destierra sus sombras, y mi oscuridad en día transforma.»

I. La personalidad del Espíritu Santo. El Espíritu Santo de Dios es una persona, así como el Padre y el Hijo son personas, y por lo tanto experimenta todos los elementos inmaculados propios de una personalidad divina.

A. Tiene una mente.

«Mas el que escudriña los corazones sabe cuál es la intención del Espíritu, porque conforme a la voluntad de Dios intercede por los santos» (Ro. 8:27).

El primer «el» en este versículo se refiere al Hijo de Dios, como se puede ver en el versículo 34 de Romanos 8, mientras que el segundo «él» (tácito) se refiere al Espíritu Santo mismo. ¡Qué verdad fantástica tenemos aquí!; el creyente disfruta del ministerio intercesor tanto del Hijo como del Espíritu Santo.

B. Escudriña la mente humana.

«Pero Dios nos las reveló a nosotros por el Espíritu; porque el Espíritu todo lo escudriña, aun lo profundo de Dios» (1 Co. 2:10).

En el versículo anterior a éste (2:9), Pablo parafrasea a Isaías 64:4 y escribe:

«Antes bien, como está escrito: Cosas que ojo no vio, ni oído oyó, ni han subido en corazón de hombre, son las que Dios ha preparado para los que le aman.»

En consecuencia, algunos han concluido erróneamente que es imposible que alguien, ni siquiera los redimidos, conozcan algo de lo que es el cielo.

Pero aquí en el 2:10 se nos dice que el Espíritu Santo nos revela tales cosas.

C. Tiene una voluntad.

«Pero todas estas cosas las hace uno y el mismo Espíritu, repartiendo a cada uno en particular como él quiere» (1 Co. 12:11).

Esta es una referencia a los diversos dones espirituales que el Espíritu Santo imparte a los creyentes según su determinación.

D. Prohibe.

«Y atravesando Frigia y la provincia de Galacia, les fue prohibido por el Espíritu Santo hablar la palabra en Asia; y cuando llegaron a Misia, intentaron ir a Bitinia, pero el Espíritu no se lo permitió» (Hch. 16:6, 7).

E. Permite.

«Cuando vio la visión, en seguida procuramos partir para Macedonia, dando por cierto que Dios nos llamaba para que les anunciásemos el evangelio» (Hch. 16:10).

Esto explica la prohibición previa.

F. Habla. Nótese a quién le habla:

1. A Felipe en un desierto.

   «Y el Espíritu dijo a Felipe: Acércate y júntate a ese carro» (Hch. 8:29).

2. A Pedro en el techo de una casa.

   «Y mientras Pedro pensaba en la visión, le dijo el Espíritu: He aquí, tres hombres te buscan» (Hch. 10:19).

3. A algunos ancianos en Antioquía.

   «Ministrando éstos al Señor, y ayunando, dijo el Espíritu Santo: Apartadme a Bernabé y a Saulo para la obra a que los he llamado» (Hch. 13:2).

4. A las siete iglesias en Asia Menor (Ap. 2—3). En no menos de siete ocasiones (una para cada iglesia) leemos las siguientes palabras:

   «El que tiene oído, oiga lo que el Espíritu dice a las iglesias...» (véanse Ap. 2:7, 11, 17, 29, 3:6, 13, 22).

G. Ama.

«Pero os ruego, hermanos, por nuestro Señor Jesucristo y por el amor del Espíritu, que me ayudéis orando por mí a Dios» (Ro. 15:30).

Es maravilloso saber que cada creyente es amado por el Padre (Jn. 14:21; 16:27; 2 Co. 9:7; Ef. 2:4; 2 Ts 2:16; He. 12:6), el Hijo (Gá. 2:20; Ef. 3:19; Ap. 1:5; 3:19) *y* por el Espíritu Santo.

H. Se contrista.

«Y no contristéis al Espíritu Santo de Dios, con el cual fuisteis sellados para el día de la redención» (Ef. 4:30).

El mandamiento aquí es literalmente «dejen de entristecer al Espíritu Santo de Dios». Ya lo estaban haciendo. (Para más detalles acerca de la naturaleza de este dolor, véase Ap. 2:4.) En realidad este atributo del Espíritu Santo es una extensión de su amor, porque mientras nuestros enemigos pueden provocar nuestro enojo, Él sólo se contrista por los que ama.

I. Ora.

«Y de igual manera el Espíritu nos ayuda en nuestra debilidad; pues qué hemos de pedir como conviene, no lo sabemos, pero el Espíritu mismo intercede por nosotros con gemidos indecibles» (Ro. 8:26).

En los momentos difíciles de nuestra vida, cómo nos consuela saber que se está orando por nosotros, tal vez miembros de la familia o algún pastor piadoso, pero cuán mayor bendición es darse cuenta de que el Espíritu Santo de Dios ofrece oración ferviente y eficaz por nosotros.

En el Nuevo Testamento sólo hay unos 261 pasajes que se refieren al Espíritu Santo. Se lo menciona cincuenta y seis veces en los evangelios, cincuenta y siete en el libro de los Hechos, ciento doce en las epístolas paulinas, y treinta y seis en el resto del Nuevo Testamento.

II. La deidad del Espíritu Santo.

A. Es omnipresente.

«¿A dónde me iré de tu Espíritu? ¿Y a dónde huiré de tu presencia?» (Sal. 139:7).

En este Salmo, David concluyó que le era imposible escapar del Espíritu de Dios, aunque ascendiese a las alturas, descendiese a las profundidades, viajase por el mar o se rodease de oscuridad.

B. Es omnisciente.

«Pero Dios nos las reveló a nosotros por el Espíritu; porque el Espíritu lo escudriña, aun lo profundo de Dios. Porque ¿quién de los hombres sabe las cosas del hombre, sino el espíritu del hombre que está en él? Así tampoco nadie conoció las cosas de Dios, sino el Espíritu de Dios» (1 Co. 2:10, 11).

C. Es omnipotente.

«Y la tierra estaba desordenada y vacía, y las tinieblas estaban sobre la faz del abismo, y el Espíritu de Dios se movía sobre la faz de las aguas» (Gn. 1:2).

D. Es eterno.

«¿Cuánto más la sangre de Cristo, el cual mediante el Espíritu eterno se ofreció a sí mismo sin mancha a Dios, limpiará vuestras conciencias de obras muertas para que sirváis al Dios vivo?» (He. 9:14).

E. Es llamado Dios.

«Y dijo Pedro: Ananías, ¿por qué llenó Satanás tu corazón para que mintieses al Espíritu Santo, y sustrajeses el precio de la heredad? Reteniéndola, ¿no se te quedaba a ti? y vendida, ¿no estaba en tu poder? ¿Por qué pusiste esto en tu corazón? No has mentido a los hombres, sino a Dios» (Hch. 5:3, 4).

F. Se lo iguala al Padre y al Hijo. Aunque el Espíritu Santo ocupa un lugar de sumisión en la Trinidad, sin embargo no se queda atrás ni un poquito en los atributos del Padre o del Hijo. Se demuestra su igualdad perfecta con el Padre y el Hijo en los siguientes ejemplos del Nuevo Testamento:

1. En la experiencia bautismal de Cristo.

«Y Jesús, después que fue bautizado, subió luego del agua; y he aquí los cielos le fueron abiertos, y vio al Espíritu de Dios que descendía como paloma, y venía sobre él. Y hubo una voz de los cielos, que decía: Este es mi Hijo amado, en quien tengo complacencia» (Mt. 3:16, 17).

2. En la tentación de Cristo.

«Entonces Jesús fue llevado por el Espíritu al desierto, para ser tentado por el diablo. Y después de haber ayunado cuarenta días y cuarenta noches, tuvo hambre. Y vino a él el tentador, y le dijo: Si eres Hijo de Dios, di que estas piedras se conviertan en pan. El respondió y dijo: Escrito está: No sólo de pan vivirá el hombre, sino de toda palabra que sale de la boca de Dios. Entonces el diablo le llevó a la santa ciudad, y le puso sobre el pináculo del templo, y le dijo: Si eres el Hijo de Dios, échate abajo; porque escrito está: A sus ángeles mandará acerca de ti, y, en sus manos te sostendrán, para que no tropieces tu pie en piedra. Jesús le dijo: Escrito está también: No tentarás al Señor tu Dios» (Mt. 4:1-7).

3. En la declaración de Jesús en el aposento alto.

«Y yo rogaré al Padre, y os dará otro Consolador, para que esté con vosotros para siempre» (Jn. 14:16).

«Mas el Consolador, el Espíritu Santo, a quien el Padre enviará en mi nombre, él os enseñará todas las cosas, y os recordará todo lo yo os he dicho» (Jn. 14:26).

«Pero cuando venga el Consolador, a quien yo os enviaré del Padre, el Espíritu de verdad, el cual procede del Padre, él dará testimonio acerca de mí» (Jn. 15:26).

4. En las declaraciones de Pablo.

«Porque por medio de él los unos y los otros tenemos entrada por un mismo Espíritu al Padre» (Ef. 2:18).

«La gracia del Señor Jesucristo, el amor de Dios, y la comunión del Espíritu Santo sean con todos vosotros. Amén» (2 Co. 13:14).

«Porque la ley del Espíritu de vida en Cristo Jesús me ha librado de la ley del pecado y de la muerte. Porque lo que era imposible para la ley, por cuanto era débil por la carne, Dios, enviando a su Hijo en semejanza de carne de pecado y a causa del pecado, condenó al pecado en la carne» (Ro. 8:2, 3).

5. En las declaraciones de Pedro.

«Elegidos según la presencia de Dios Padre en santificación del Espíritu, para obedecer y ser rociados con la sangre de Jesucristo: Gracia y paz os sean multiplicadas» (1 P. 1:2).

«Si sois vituperados por el nombre de Cristo, sois bienaventurados, porque el glorioso Espíritu de Dios reposa sobre vosotros. Ciertamente, de parte de ellos, él es blasfemado, pero por vosotros es glorificado» (1 P. 4:14).

6. En las declaraciones del libro de los Hechos.

«Así que, exaltado por la diestra de Dios, y habiendo recibido del Padre la promesa del Espíritu Santo, ha derramado esto que vosotros veis y oís» (Hch. 2:33).

7. En la declaración de Jesús en el Monte de Olivos.

«Por tanto, id, y hace discípulos a todas las naciones, bautizándolos en el nombre del Padre, y del Hijo, y del Espíritu Santo; enseñándoles que guarden todas las cosas que os he mandado; y he aquí yo estoy con vosotros todos los días, hasta el fin del mundo. Amén» (Mt. 28:19, 20).

III. Los nombres y títulos del Espíritu Santo. Con frecuencia se puede aprender mucho acerca de alguien en las Escrituras por el mero estudio de los nombres y títulos dados a esa persona. Algo así sucede con el

Espíritu Santo. Los trece títulos que se le atribuyen reflejan su verdadera naturaleza. Se lo llama:

A. El Espíritu de Dios.

«¿No sabéis que sois templo de Dios, y que el Espíritu de Dios mora en vosotros?» (1 Co. 3:16).

B. El Espíritu de Cristo.

«Mas vosotros no vivís según la carne, sino según el Espíritu, si es que el Espíritu de Dios mora en vosotros. Y si alguno no tiene el Espíritu de Cristo, no es de él» (Ro. 8:9).

C. El Espíritu eterno.

«¿Cuánto más la sangre de Cristo, el cual mediante el Espíritu eterno se ofreció a sí mismo sin mancha a Dios, limpiará vuestras conciencias de obras muertas para que sirváis al Dios vivo?» (He. 9:14).

D. El Espíritu de verdad.

«Pero cuando venga el Espíritu de verdad, él os guiará a toda la verdad; porque no hablará por su propia cuenta, sino que hablará todo lo que oyere, y os hará saber las cosas que habrán de venir» (Jn. 16:13).

E. El Espíritu de gracia.

«¿Cuánto mayor castigo pensáis que merecerá el que pisoteare al Hijo de Dios, y tuviere por inmunda la sangre del pacto en la cual fue santificado, e hiciere afrenta al Espíritu de gracia?» (He. 10:29).

F. El Espíritu de gloria.

«Si sois vituperados por el nombre de Cristo, sois bienaventurados, porque el glorioso Espíritu de Dios reposa sobre vosotros. Ciertamente, de parte de ellos, él es blasfemado, pero por vosotros es glorificado» (1 P. 4:14).

G. El Espíritu de vida.

«Porque la ley del Espíritu de vida en Cristo Jesús me ha librado de la ley del pecado y de la muerte» (Ro. 8:2).

H. El Espíritu de sabiduría y revelación.

«Para que el Dios de nuestro Señor Jesucristo, el Padre de gloria, os dé espíritu de sabiduría y de revelación en el conocimiento de él» (Ef. 1:17).

I. El Consolador.

«Mas el Consolador, el Espíritu Santo, a quien el Padre enviará en mi nombre, él os enseñará todas las cosas, y os recordará todo lo que yo os he dicho» (Jn. 14:26).

J. El Espíritu de promesa.

«Y estando juntos, les mandó que no se fueran de Jerusalén, sino que esperasen la promesa del Padre, la cual, les dijo, oísteis de mí. Porque Juan ciertamente bautizó con agua, mas vosotros seréis bautizados con el Espíritu Santo dentro de no muchos días» (Hch. 1:4, 5).

K. El Espíritu de adopción.

«Pues no habéis recibido el espíritu de esclavitud para estar otra vez en temor, sino que habéis recibido el espíritu de adopción, por el cual clamamos: ¡Abba, Padre!» (Ro. 8:15).

L. El Espíritu de santidad.

«Que fue declarado Hijo de Dios con poder, según el Espíritu de santidad, por la resurrección de entre los muertos» (Ro. 1:4).

M. El Espíritu de fe.

«Pero teniendo el mismo espíritu de fe, conforme a lo que está escrito: Creí, por lo cual hablé, nosotros también creemos, por lo cual también hablamos» (2 Co. 4:13).

IV. Los emblemas del Espíritu Santo. Igual que los trece nombres y títulos, los seis emblemas usados para designarlo arrojan luz sobre su naturaleza y su misión.

A. La paloma: indica pureza, paz y modestia.

«También dio Juan testimonio, diciendo: Vi al Espíritu que descendía del cielo como paloma, y permaneció sobre él» (Jn. 1:32).

«Mas una es la paloma mía, la perfecta mía; es la única de su madre, la escogida de la que le dio a luz. La vieron las doncellas, y la llamaron bienaventurada; las reinas y las concubinas, y la alabaron» (Cnt. 6:9).

«Y dije: ¡Quién me diese alas, como de paloma! Volaría yo, y descansaría» (Sal. 55:6).

«Paloma mía, que estás en los agujeros de la peña, en lo escondido de escarpados parajes, muéstrame tu rostro, hazme oír tu voz; porque dulce es la voz tuya, y hermoso tu aspecto» (Cnt. 2:14).

B. Agua: indica vida y purificación.

«Porque yo derramaré aguas sobre el sequedal, y los ríos sobre la tierra árida; mi Espíritu derramaré sobre tu generación, y mi bendición sobre tus renuevos» (Is. 44:3).

«En el último y gran día de la fiesta, Jesús se puso en pie y alzó la voz, diciendo: Si alguno tiene sed, venga a mí y beba. El que cree en mí, como dice la Escritura, de su interior correrán ríos de agua viva. Esto dijo del Espíritu que habían de recibir lo que creyesen en él; pues aún no había venido el Espíritu Santo, porque Jesús no había sido aún glorificado» (Jn. 7:37-39).

C. Aceite: indica luz, sanidad y ungimiento para el servicio.

«El Espíritu del Señor está sobre mí, por cuanto me ha ungido para dar buenas nuevas a los pobres; me ha enviado a sanar a los quebrantados de corazón; y pregonar libertad a los cautivos, y vista a los ciegos; a poner en libertad a los oprimidos» (Lc. 4:18).

«Cómo Dios ungió con el Espíritu Santo y con poder a Jesús de Nazaret, y cómo éste anduvo haciendo bienes y sanando a todos los oprimidos por el diablo, porque Dios estaba con él» (Hch. 10:38).

«Has amado la justicia, y aborrecido la maldad, por lo cual te ungió Dios, el Dios tuyo, con óleo de alegría más que a tus compañeros» (He. 1:9).

«Pero vosotros tenéis la unción del Santo, y conocéis todas las cosas» (1 Jn. 2:20).

D. Sello: indica propiedad, una transacción terminada, identificación, seguridad, autenticidad, valor, autoridad.

«En él también vosotros, habiendo oído la palabra de verdad, el evangelio de vuestra salvación, y habiendo creído en él, fuisteis sellados con el Espíritu Santo de la promesa» (Ef. 1:13).

«Y no contristéis al Espíritu Santo de Dios, con el cual fuisteis sellados para el día de la redención» (Ef. 4:30).

«El cual también nos ha sellado, y nos ha dado las arras del Espíritu en nuestros corazones» (2 Co. 1:22).

Hay tres ocasiones importantes en la Biblia cuando se emplea un sello:

1. Darío usó un sello cuando echó a Daniel en el foso de los leones.

«Entonces el rey mandó, y trajeron a Daniel, y le echaron en el foso de los leones. Y el rey dijo a Daniel: El Dios tuyo, a quien tú continuamente sirves, él te libre. Y fue traída una piedra y puesta sobre la puerta del foso, la cual selló el rey con su anillo y con el anillo de sus príncipes, para que el acuerdo acerca de Daniel no se alterase» (Dn. 6:16, 17).

2. Asuero empleó un sello (siguiendo el consejo del malvado Amán) para planear la matanza general de los judíos persas.

«Y dijo Amán al rey Asuero: Hay un pueblo esparcido y distribuido entre los pueblos en todas las provincias de tu reino, y sus leyes son diferentes de las de todo pueblo, y no guardan las leyes del rey, y al rey nada le beneficia el dejarlos vivir. Si place al rey, decrete que sean destruidos; y yo pesaré diez mil talentos de plata a los que manejan la hacienda, para que sean traídos a los tesoros del rey. Entonces el rey quitó el anillo de su mano, y lo dio a Amán hijo de Hamedata agagueo, enemigo de los judíos, y le dijo: La plata que ofreces sea para ti, y asimismo el pueblo, para que hagas de él lo que bien te pareciere. Entonces fueron llamados los escribanos del rey en el mes primero, al día trece del mismo, y fue escrito conforme a todo lo que mandó Amán, a los sátrapas del rey, a los capitanes que estaban sobre cada provincia y los príncipes de cada pueblo, a cada provincia según su escritura, y a cada pueblo según su lengua; en nombre del rey Asuero fue escrito, y sellado con el anillo del rey» (Est. 3:8-12).

3. Pilato hizo sellar la tumba de Jesús.

«Entonces ellos fueron y aseguraron el sepulcro, sellando la piedra y poniendo la guardia» (Mt. 27:66).

E. Viento: indica poder invisible.

«El viento sopla de donde quiere, y oyes su sonido; mas ni sabes de dónde viene ni a dónde va; así es todo aquel que es nacido del Espíritu» (Jn. 3:8).

«Cuando llegó el día de Pentecostés, estaban todos unánimes juntos. Y de repente vino del cielo un estruendo como el de un viento recio que soplaba, el cual llenó toda la casa donde estaban sentados» (Hch. 2:1, 2).

F. Fuego: indica presencia, aprobación, protección, purificación, don, juicio.

1. La presencia del Señor.

«Y se le apareció el Ángel de Jehová en una llama de fuego en medio de una zarza; y él miró, y vio que la zarza ardía en fuego, y la zarza no se consumía» (Ex. 3:2).

2. La aprobación del Señor.

«Y salió fuego de delante de Jehová, y consumió el holocausto con las grosuras sobre el altar; y viéndolo todo el pueblo, alabaron, y se postraron sobre sus rostros» (Lv. 9:24).

3. La protección del Señor.

«Y Jehová iba delante de ellos de día en una columna de nube para guiarlos por el camino, y de noche en una columna de fuego para alumbrarles, a fin de que anduviesen de día y de noche» (Ex. 13:21).

4. La purificación del Señor.

«En el año que murió el rey Uzías vi yo al Señor sentado sobre un trono alto y sublime, y sus faldas llenaban el templo. Por encima de él había serafines; cada uno tenía seis alas; con dos cubrían sus rostros, con dos cubrían sus pies, y con dos volaban. Y el uno al otro daba voces, diciendo: Santo, santo, santo, Jehová de los ejércitos; toda la tierra está llena de su gloria. Y los quiciales de las puertas se estremecieron con la voz del que clamaba, y la casa se llenó de humo. Entonces dije: ¡Ay de mí! que soy muerto; porque siendo hombre inmundo de labios, y habitando en medio de pueblo que tiene labios inmundos, han visto mis ojos al Rey, Jehová de los ejércitos. Y voló hacia mí uno de los serafines, teniendo en su mano un carbón encendido, tomado del altar con unas tenazas; y tocando con él sobre mi boca, dijo: He aquí que esto tocó tus labios, y es quitada tu culpa, y limpio tu pecado. Después oí la voz del Señor, que decía: ¿A quién enviaré, y quién irá por nosotros? Entonces respondí yo: Heme aquí, envíame a mí» (Is. 6:1-8).

5. El don del Señor.

«Y se les aparecieron lenguas repartidas, como de fuego, asentándose sobre cada uno de ellos» (Hch. 2:3).

6. El juicio del Señor.

«Porque nuestro Dios es fuego consumidor» (He. 12:29).

G. Las arras: indica los primeros frutos, una fianza, una señal, una garantía del pago completo final.

«El cual también nos ha sellado, y nos ha dado las arras del Espíritu en nuestros corazones» (2 Co. 1:22).

«Mas el que nos hizo para esto mismo es Dios, quien nos ha dado las arras del Espíritu» (2 Co. 5:5).

«Que es las arras de nuestra herencia hasta la redención de la posesión adquirida, para alabanza de su gloria» (Ef. 1:14).

V. Los diversos ministerios del Espíritu Santo. Muchos creen equivocadamente que el Espíritu Santo vino a la tierra por primera vez en pentecostés, relatado en Hechos 2. Esto no es cierto. La Palabra de Dios asigna no menos de once grandes ministerios del Espíritu, y los primero tres se llevaron a cabo en la época del Antiguo Testamento. Los once ministerios son:

Uno: su ministerio con el universo.
Dos: su ministerio con las Escrituras.
Tres: su ministerio con la nación de Israel.
Cuatro: su ministerio con el diablo.
Cinco: su ministerio con el Salvador.
Seis: su ministerio con el pecador.
Siete: su ministerio con la Iglesia.
Ocho: su ministerio el día de pentecostés.
Nueve: su ministerio con el creyente.
Diez: su ministerio en cuanto a los dones espirituales.
Once: su ministerio en cuanto al fruto de Cristo.

Ahora consideraremos brevemente a cada uno por separado.

A. Su ministerio con el universo. Según David, el Padre creó todas las cosas.

«Los cielos cuentan la gloria de Dios, y el firmamento anuncia la obra de sus manos» (Sal. 19:1).

Sin embargo, Juan declara que el Hijo lo hizo. «Todas las cosas por él fueron hechas, y sin él nada de lo que ha sido hecho, fue hecho. En él estaba la vida, y la vida era la luz de los hombres» (Jn. 1:3, 4).

Por último, en otros pasajes se dice que el Espíritu Santo realizó el acto inicial de la creación. ¿Qué hemos de creer? Por supuesto que la respuesta es que las tres personas de la Trinidad participaron. Como ilustración, consideremos a un ejecutivo importante que decide construir una casa grande y costosa. Emplea a un arquitecto para diseñar los planos necesarios para la casa. El arquitecto consigue un constructor competente para seguir los planos. En esta ilustración el ejecutivo es el Padre, el arquitecto es el Hijo y el constructor es el Espíritu Santo, de modo que los siguientes versículos se refieren a la obra de este Constructor divino.

«Envías tu Espíritu, son creados, y renuevas la faz de la tierra» (Sal. 104:30).

«Su espíritu adornó los cielos; su mano creó la serpiente tortuosa» (Job 26:13).

«El espíritu de Dios me hizo, y el soplo del Omnipotente me dio vida» (Job 33:4).

«Y la tierra estaba desordenada y vacía, y las tinieblas estaban sobre la faz del abismo, y el Espíritu de Dios se movía sobre la faz de las aguas» (Gn. 1:2).

Se ha sugerido que la palabra hebrea (aquí traducida por «movía») se refiere al suave movimiento de una paloma que abriga su nido, dándole el calor del cuerpo a los huevos hasta que salen los polluelos.

B. Su ministerio con las Escrituras. En resumen, el Espíritu Santo es el autor de la Palabra de Dios. Además, ha escogido tres métodos básicos en la preparación y recepción de su manuscrito divino, la Biblia. Los «pasos del Espíritu» son los siguientes:

Revelación: el proceso por el cual el Espíritu Santo impartió a los cuarenta escritores humanos de la Biblia el mensaje que quería que transmitiesen.

Inspiración: el proceso por el cual el Espíritu Santo guió la pluma misma de esos cuarenta escritores para que el mensaje verbal se transcribiese correctamente.

Iluminación: el proceso por el cual el Espíritu Santo toma la palabra escrita cuando se predica o se lee e ilumina los oídos humanos que la escuchan. Los siguientes pasajes confirman todo esto.

1. El Espíritu Santo es el autor del Antiguo Testamento.
   a. Según David.
      «El Espíritu de Jehová ha hablado por mí, y su palabra ha estado en mi lengua» (2 S. 23:2).
   b. Según Isaías.
      «Y este será mi pacto con ellos, dijo Jehová: El Espíritu mío que está sobre ti, y mis palabras que puse en tu boca, no faltarán de tu boca, ni de la boca de tus hijos, ni de la boca de los hijos de tus hijos, dijo Jehová, desde ahora y para siempre» (Is. 59:21).
   c. Según Jeremías.
      «Y extendió Jehová su mano y tocó mi boca, y me dijo Jehová: He aquí he puesto mis palabras en tu boca» (Jer. 1:9).
   d. Según Jesús.
      «Porque de cierto os digo que hasta que pasen el cielo y la tierra, ni una jota ni una tilde pasará de la ley, hasta que todo se haya cumplido» (Mt. 5:18).
      «Si llamó dioses a aquellos a quienes vino la palabra de Dios (y la Escritura no puede ser quebrantada)» (Jn. 10:35).
   e. Según Pedro.
      «Porque nunca la profecía fue traída por voluntad humana, sino que los santos hombres de Dios hablaron siendo inspirados por el Espíritu Santo» (2 P. 1:21).
   f. Según Pablo.
      «Y que desde la niñez has sabido las Sagradas Escrituras, las cuales te pueden hacer sabio para la salvación por la fe que es en Cristo Jesús. Toda la Escritura es inspirada por Dios, y útil para enseñar, para redargüir, para corregir, para instruir en justicia, a fin de que el hombre de Dios sea perfecto, enteramente preparado para toda buena obra» (2 Ti. 3:15-17).
2. El Espíritu Santo es el autor del Nuevo Testamento.
   a. Según Jesús.
      «Os he dicho estas cosas estando con vosotros. Mas el Consolador, el Espíritu Santo, a quien el Padre enviará en mi nombre, él os enseñará todas las cosas, y os recordará todo lo que yo os he dicho» (Jn. 14:25, 26).
   b. Según Pablo.
      «Si alguno se cree profeta, o espiritual, reconozca que lo que os escribo son mandamientos del Señor» (1 Co. 14:37).
      «Lo cual también hablamos, no con palabras enseñadas por sabiduría humana, sino con las que enseña el Espíritu, acomodando lo espiritual a lo espiritual» (1 Co. 2:13).
      «Por lo cual os decimos esto en palabra del Señor: que nosotros que vivimos, que habremos quedado hasta la venida del Señor, no precederemos a los que durmieron» (1 Ts. 4:15).
   c. Según Pedro.
      «Por lo cual, oh amados, estando en espera de estas cosas, procurad con diligencia ser hallados por él sin mancha e irreprensibles, en paz. Y tened entendido que la paciencia de nuestro Señor es para salvación; como también nuestro amado hermano Pablo, según la sabiduría que le ha sido dada, os ha escrito, casi en todas sus epístolas, hablando en ellas de estas cosas; entre las cuales hay algunas difíciles de entender, las cuales los indoctos e inconstantes tuercen, como también las otras Escrituras, para su propia perdición» (2 P. 3:14-16).
   d. Según Juan.
      «Yo estaba en el Espíritu en el día del Señor y oí detrás de mí una gran voz como de trompeta, que decía: Yo soy el Alfa y la Omega, el primero y el último. Escribe en un libro lo que ves, y envíalo a las siete iglesias que están en Asia: a Efeso, Esmirna, Pérgamo, Tiatira, Sardis, Filadelfia y Laodicea» (Ap. 1:10, 11).
      «El que tiene oído, oiga lo que el

Espíritu dice a las iglesias. Al que venciere, le daré a comer del árbol de la vida, el cual está en medio del paraíso de Dios» (Ap. 2:7).

C. Su ministerio con la nación de Israel.

1. Descendió sobre los líderes de Israel. Se dice que no menos de dieciséis personas del Antiguo Testamento experimentaron el ungimiento del Espíritu Santo.

a. José.

«Y dijo Faraón a sus siervos: ¿Acaso hallaremos a otro hombre como éste, en quien esté el espíritu de Dios?» (Gn. 41:38).

b. Moisés.

«Y yo descenderé y hablaré allí contigo, y tomaré del espíritu que está en ti, y pondré en ellos; y llevarán contigo la carga del pueblo, y no la llevarás tú solo» (Nm. 11:17).

c. Josué.

«Y Jehová dijo a Moisés: Toma a Josué hijo de Nun, varón en el cual hay espíritu, y pondrás tu mano sobre él» (Nm. 27:18).

d. Otoniel.

«Y el Espíritu de Jehová vino sobre él, y juzgó a Israel, y salió a batalla, y Jehová entregó en su mano a Cusan-risataim rey de Siria, y prevaleció su mano contra Cusan-risataim» (Jue. 3:10).

e. Gedeón.

«Entonces el Espíritu de Jehová vino sobre Gedeón, y cuando éste tocó el cuerno, los abiezeritas se reunieron con él» (Jue. 6:34).

f. Jefté.

«Y el Espíritu de Jehová vino sobre Jefté; y pasó por Galaad y Manasés, y de allí pasó a Mizpa de Galaad, y de Mizpa de Galaad pasó a los hijos de Amón» (Jue. 11:29).

g. Sansón. Vemos por lo menos tres ocasiones en las cuales el Espíritu Santo descendió sobre este fuerte hombre hebreo.

«Y el Espíritu de Jehová vino sobre Sansón, quien despedazó al león como quien despedaza un cabrito, sin tener nada en su mano; y no declaró ni a su padre ni a su madre lo que había hecho» (Jue. 14:6).

«Y el Espíritu de Jehová vino sobre él, y descendió a Ascalón y mató a treinta hombres de ellos; y tomando sus despojos, dio las mudas de vestidos a los que habían explicado el enigma; y encendido en enojo se volvió a la casa de su padre» (Jue. 14:19).

«Y así que vino hasta Lehi, los filisteos salieron gritando a su encuentro; pero el Espíritu de Jehová vino sobre él, y las cuerdas que estaban en sus brazos se volvieron como lino quemado con fuego, y las ataduras se cayeron de sus manos. Y hallando una quijada de asno fresca aún, extendió la mano y la tomó, y mató con ella a mil hombres» (Jue. 15:14, 15).

h. Saúl.

(1) Después de haber sido ungido rey por Samuel.

«Y cuando llegaron allá al collado, he aquí la compañía de los profetas que venía a encontrarse con él; y el Espíritu de Dios vino sobre él con poder, y profetizó entre ellos» (1 S. 10:10).

(2) Justo antes de su victoria en Jabes de Galaad.

«Al oír Saúl estas palabras, el Espíritu de Dios vino sobre él con poder; y él se encendió en ira en gran manera» (1 S. 11:6).

i. David. A diferencia del caso de Saúl, nunca se nos dice que el Espíritu Santo haya dejado a David. Sin embargo, en una ocasión David temió que se retirara. (Véase Sal. 51:11.)

«Y Samuel tomó el cuerno del aceite, y lo ungió en medio de sus hermanos; y desde aquel día en adelante el Espíritu de Jehová vino sobre David. Se levantó luego Samuel, y se volvió a Ramá» (1 S. 16:13).

j. Elías.

(1) Por el testimonio de Abdías.

«Acontecerá que luego que yo me haya ido, el Espíritu de Jehová te llevará adonde yo no sepa, y al venir yo y dar las nuevas a Acab, al no hallarte él, me matará; y tu siervo teme a Jehová desde su juventud» (1 R. 18:12).

(2) Por el testimonio de unos profetas en Jericó.

«Y dijeron: He aquí hay con tus siervos cincuenta varones fuertes; vayan ahora y busquen a tu señor; quizá lo ha levantado el Espíritu de Jehová, y lo ha echado en algún monte o en algún valle. Y él les dijo: No enviéis» (2 R. 2:16).

k. Eliseo.

«Viéndole los hijos de los profetas que estaban en Jericó al otro lado, dijeron: El espíritu de Elías reposó sobre Eliseo. Y vinieron a recibirle, y se postraron delante de él» (2 R. 2:15).

l. Ezequiel.

«Y luego que me habló, entró el Espíritu en mí y me afirmó sobre mis pies, y oí al que me hablaba» (Ez. 2:2).

m. Daniel.

(1) Por testimonio del rey Nabucodonosor.

«Beltsasar, jefe de los magos, ya que he entendido que hay en ti espíritu de los dioses santos, y que ningún misterio se te esconde, declárame las visiones de mi sueño que he visto, y su interpretación» (Dn. 4:9).

(2) Por testimonio de una reina asustada.

«En tu reino hay un hombre en el cual mora el espíritu de los dioses santos, y en los días de tu padre se halló en él luz e inteligencia y sabiduría, como sabiduría de los dioses; al que el rey Nabucodonosor tu padre, oh rey, constituyó jefe sobre todos los magos, astrólogos, caldeos y adivinos» (Dn. 5:11).

(3) Por testimonio del rey Darío.
«Pero Daniel mismo era superior a estos sátrapas y gobernadores, porque había en él un espíritu superior; y el rey pensó en ponerlo sobre todo el reino» (Dn. 6:3).

n. Miqueas.
«Mas yo estoy lleno de poder del Espíritu de Jehová, y de juicio y de fuerza, para denunciar a Jacob su rebelión, y a Israel su pecado» (Mi. 3:8).

ñ. Azarías el profeta.
«Vino el Espíritu de Dios sobre Azarías hijo de Obed» (2 Cr. 15:1).

o. Zacarías el sumo sacerdote.
«Entonces el Espíritu de Dios vino sobre Zacarías hijo del sacerdote Joiada; y puesto en pie, donde estaba más alto que el pueblo, les dijo: Así ha dicho Dios: ¿Por qué quebrantáis los mandamientos de Jehová? No os vendrá bien por ello; porque por haber dejado a Jehová, él también os abandonará» (2 Cr. 24:20).

2. Descendió sobre los ancianos de Israel.
«Entonces Jehová descendió en la nube, y le habló; y tomó del espíritu que estaba en él, y lo puso en los setenta varones ancianos; y cuando posó sobre ellos el espíritu, profetizaron, y no cesaron» (Nm. 11:25).

3. Descendió sobre el tabernáculo de Israel.
«Entonces una nube cubrió el tabernáculo de reunión, y la gloria de Jehová llenó el tabernáculo» (Ex. 40:34).

4. Descendió sobre el templo de Israel.
«Y cuando los sacerdotes salieron del santuario, la nube llenó la casa de Jehová» (1 R. 8:10).

5. Condujo a Israel por el desierto.
«Y enviaste tu buen Espíritu para enseñarles, y no retiraste tu maná de su boca, y agua les diste para su sed» (Neh. 9:20).

A pesar de su bondad hacia ellos, Israel contristó al bendito Espíritu Santo.

«Mas ellos fueron rebeldes, e hicieron enojar su santo espíritu; por lo cual se les volvió enemigo, y él mismo peleó contra ellos» (Is. 63:10).

6. Descenderá sobre Israel durante la tribulación.
«Vi también a otro ángel que subía de donde sale el sol, y tenía el sello del Dios vivo; y clamó a gran voz a los cuatro ángeles, a quienes se les había dado el poder de hacer daño a la tierra y al mar, diciendo: No hagáis daño a la tierra, ni al mar, ni a los árboles, hasta que hayamos sellado en sus frentes a los siervos de nuestro Dios. Y oí el número de los sellados: ciento cuarenta y cuatro mil sellados de todas las tribus de los hijos de Israel» (Ap. 7:2-4).

«Y después de esto derramaré mi Espíritu sobre toda carne, y profetizarán vuestros hijos y vuestras hijas; vuestros ancianos soñarán sueños, y vuestros jóvenes verán visiones. Y también sobre los siervos y sobre las siervas derramaré mi Espíritu en aquellos días. Y daré prodigios en el cielo y en la tierra, sangre, y fuego, y columnas de humo. El sol se convertirá en tinieblas, y la luna en sangre, antes que venga el día grande y espantoso de Jehová. Y todo aquel que invocare el nombre de Jehová será salvo; porque en el monte de Sion y en Jerusalén habrá salvación, como ha dicho Jehová, y entre el remanente al cual él habrá llamado» (Jl. 2:28-32).

7. Descenderá sobre Israel durante el milenio.
«Y derramaré sobre la casa de David, y sobre los moradores de Jerusalén, espíritu de gracia y de oración; y mirarán a mí, a quien traspasaron, y llorarán como se llora por hijo unigénito, afligiéndose por él como quien se aflige por el primogénito» (Zac. 12:10).

«Y sabréis que yo soy Jehová, cuando abra vuestros sepulcros, y os saque de vuestras sepulturas, pueblo mío. Y pondré mi Espíritu en vosotros, y viviréis, y os haré reposar sobre vuestra tierra; y sabréis que yo Jehová hablé, y lo hice, dice Jehová» (Ez. 37:13, 14).

«Ni esconderé más de ellos mi rostro; porque habré derramado de mi Espíritu sobre la casa de Israel, dice Jehová el Señor» (Ez. 39:29).

D. Su ministerio con el diablo. El Espíritu Santo ahora funciona como un dique divino, conteniendo y limitando el poder pleno de Satanás y el pecado.

1. Como dice Isaías.
«Y temerán desde el occidente el nombre de Jehová, y desde el nacimiento del sol su gloria; porque vendrá el enemigo como río, mas el Espíritu de Jehová levantará bandera contra él» (Is. 59:19).

2. Como dice Pablo.
«Porque ya está en acción el misterio de la iniquidad; sólo que hay quien al presente lo detiene, hasta que él a su vez sea quitado de en medio. Y entonces se manifestará aquel inicuo, a quien el Señor matará con el espíritu de su boca, y destruirá con el resplandor de su venida; inicuo cuyo advenimiento es por obra de Satanás, con gran poder y señales y prodigios mentirosos, y con todo engaño de iniquidad para los que se pierden, por cuanto no recibieron el amor de la verdad para ser salvos. Por esto Dios les envía un poder engañoso, para que crean la mentira, a fin de que sean condenados todos los que no creyeron a la verdad, sino que se complacieron en la injusticia. Pero nosotros debemos dar siempre gracias a Dios respecto a vosotros, hermanos amados por el Señor, de que Dios os haya escogido desde el principio para salvación, mediante la santificación por el Espíritu y la fe en la verdad, a lo cual os llamó mediante nuestro evangelio, para alcanzar la gloria de nuestro Señor Jesucristo» (2 Ts. 2:7-14).

Aquí Pablo declara que, al principio de la tribulación, se quitará en cierta medida el poder de restricción del Espíritu Santo, permitiendo que Satanás y su odioso Anticristo reinen brevemente sobre la tierra por un período de siete años.

E. Su ministerio con el Salvador. Desde su concepción física hasta su ascensión final, el Señor Jesucristo fue dirigido por el Espíritu Santo.

1. El Salvador fue concebido por el Espíritu Santo.

«Respondiendo el ángel, le dijo: El Espíritu Santo vendrá sobre ti, y el poder del Altísimo te cubrirá con su sombra; por lo cual también el Santo Ser que nacerá, será llamado Hijo de Dios» (Lc. 1:35).

«El nacimiento de Jesucristo fue así: Estando desposada María su madre con José, antes que se juntasen, se halló que había concebido del Espíritu Santo. José su marido, como era justo, y no quería infamarla, quiso dejarla secretamente. Y pensando él en esto, he aquí un ángel del Señor le apareció en sueños y le dijo: José, hijo de David, no temas recibir a María tu mujer, porque lo que en ella es engendrado, del Espíritu Santo es» (Mt. 1:18-20).

Así que el verdadero Padre del cuerpo de Cristo fue el Espíritu Santo, y el verdadero milagro no fue el nacimiento del Salvador, sino su concepción sobrenatural.

2. El Salvador fue ungido por el Espíritu Santo.

«Y Jesús, después que fue bautizado, subió luego del agua; y he aquí los cielos le fueron abiertos, y vio al Espíritu de Dios que descendía como paloma, y venía sobre él» (Mt. 3:16).

«El Espíritu del Señor está sobre mí, por cuanto me ha ungido para dar buenas nuevas a los pobres; me ha enviado a sanar a los quebrantados de corazón; a pregonar libertad a los cautivos, y vista a los ciegos; a poner en libertad a los oprimidos» (Lc. 4:18).

«Cómo Dios ungió con el Espíritu Santo y con poder a Jesús de Nazaret, y cómo éste anduvo haciendo bienes y sanando a todos los oprimidos por el diablo, porque Dios estaba con él» (Hch. 10:38).

«Has amado la justicia, y aborrecido la maldad, por lo cual te ungió Dios, el Dios tuyo, con óleo de alegría más que a tus compañeros» (He. 1:9).

3. El Salvador fue sellado por el Espíritu Santo.

«Trabajad, no por la comida que perece, sino por la comida que a vida eterna permanece, la cual el Hijo del Hombre os dará; porque a éste señaló Dios el Padre» (Jn. 6:27).

Aquí el sello demuestra la identificación del Hijo tanto con el Padre como con el Espíritu. También habla de su genuinidad, valor y autoridad.

4. El Salvador fue guiado por el Espíritu Santo.

«Entonces Jesús fue llevado por el Espíritu al desierto, para ser tentado por el diablo» (Mt. 4:1).

5. El Salvador recibió poder del Espíritu Santo.

«Pero si yo por el Espíritu de Dios echo fuera los demonios, ciertamente ha llegado a vosotros el reino de Dios» (Mt. 12:28).

Según Filipenses 2:5-8, Cristo se abstuvo de usar, de forma independiente, sus atributos divinos (su omnipresencia, omnisciencia, etc.) mientras estuvo en la tierra, y decidió depender completamente del Espíritu Santo para obtener poder y dirección.

6. El Salvador estaba lleno del Espíritu Santo.

«Porque el que Dios envió, las palabras de Dios habla; pues Dios no da el Espíritu por medida» (Jn. 3:34).

«Jesús, lleno del Espíritu Santo, volvió del Jordán, y fue llevado por el Espíritu al desierto» (Lc. 4:1).

La palabra «lleno» se refiere sencillamente al control. Por lo tanto, el Salvador fue totalmente controlado por el Espíritu Santo mientras estuvo en la tierra.

7. El Salvador se conmovía en el Espíritu Santo.

«Jesús entonces, al verla llorando, y a los judíos que la acompañaban, también llorando, se estremeció en espíritu y se conmovió» (Jn. 11:33).

8. El Salvador se regocijaba en el Espíritu Santo.

«En aquella misma hora Jesús se regocijó en el Espíritu, y dijo: Yo te alabo, oh Padre, Señor del cielo y de la tierra, porque escondiste estas cosas de los sabios y entendidos, y las has revelado a los niños. Sí, Padre, porque así te agradó» (Lc. 10:21).

9. El Salvador se ofreció a sí mismo en el Calvario a través del Espíritu Santo.

«¿Cuánto más la sangre de Cristo, el cual mediante el Espíritu eterno se ofreció a sí mismo sin mancha a Dios, limpiará vuestras conciencias de obras muertas para que sirváis al Dios vivo?» (He. 9:14).

10. El Salvador fue resucitado de entre los muertos por el Espíritu Santo.

«Que fue declarado Hijo de Dios con poder, según el Espíritu de santidad, por la resurrección de entre los muertos» (Ro. 1:4).

«Porque también Cristo padeció una sola vez por los pecados, el justo por los injustos, para llevarnos a Dios, siendo a la verdad muerto en la carne, pero vivificado en espíritu» (1 P. 3:18).

11. El Salvador mandó a sus discípulos después de su muerte por el Espíritu Santo.

«Hasta el día en que fue recibido arriba, después de haber dado mandamientos por el Espíritu Santo a los apóstoles que había escogido» (Hch. 1:2).

12. El Salvador volverá algún día y levantará a los muertos en Cristo por el Espíritu Santo.

«Y si el Espíritu de aquel que levantó de los muertos a Jesús mora en vosotros, el que levantó de los muertos a Cristo Jesús vivificará también vuestros cuerpos mortales por su Espíritu que mora en vosotros» (Ro. 8:11).

El propósito de esta sección específica de nuestro estudio debería ser muy obvio. Si le fue necesario al Hijo de Dios, que no tuvo pecado, depender totalmente del Espíritu Santo para formar cada palabra y dirigir cada paso, ¡cuánto más vital es para *nosotros hoy*!

F. Su ministerio con el pecador. Durante su discurso a la medianoche, justo antes de entrar al Getsemaní, nuestro Señor les dijo las siguientes palabras a sus discípulos acerca del Espíritu Santo:

«Pero yo os digo la verdad: Os conviene que yo me vaya; porque si no me fuese, el Consolador no vendría a vosotros; mas si me fuere, os lo enviaré. Y cuando él venga, convencerá al mundo de pecado, de justicia y de juicio. De pecado, por cuanto no creen en mí; de justicia, por cuanto voy al Padre, y no me veréis más; y de juicio, por cuanto el príncipe de este mundo ha sido ya juzgado» (Jn. 16:7-11).

La palabra clave de este pasaje es la palabra

griega *elegcho*, traducida por «convencer», que también aparece en otros pasajes traducida por otras palabras.

Redargüir.

«¿Quién de vosotros me redarguye de pecado? Pues si digo la verdad, ¿por qué vosotros no me creéis?» (Jn. 8:46).

Acusar.

«Pero ellos, al oír esto, acusados por su conciencia, salían uno a uno, comenzando desde los más viejos hasta los postreros; y quedó solo Jesús, y la mujer que estaba en medio» (Jn. 8:9).

Reprender.

«Por tanto, si tu hermano peca contra ti, vé y repréndele estando tú y él solos; si te oyere, has ganado a tu hermano» (Mt. 18:15).

Así es que el santo Sabueso Celestial, como se le ha llamado, rastrea al pecador, y cuando lo «atrapa», 1) lo convence; 2) lo acusa; y 3) lo reprende.

1. Convence al hombre:
   a. Del pecado. Aquí el pecado no es la inmoralidad sexual, la adicción a la nicotina o el uso de malas palabras, sino rechazar el sacrificio de Cristo en el Calvario. Este es, por supuesto, el pecado fundamental que condena el alma del hombre al infierno para siempre.

      «El que en él cree, no es condenado; pero el que no cree, ya ha sido condenado, porque no ha creído en el nombre del unigénito Hijo de Dios» (Jn. 3:18).

      Es importante entender bien este hecho. Muchas veces el pecador está confundido e incierto. ¿De cuántos pecados tiene que arrepentirse para ser salvo? ¿Qué pasa con los pecados que pudo haber olvidado? Este concepto no sólo causa confusión para el hombre inmoral no salvo, sino también para el hombre moral no salvo. Después de todo, no bebe, no juega, no fuma ni evade los impuestos. Por lo tanto llega a la conclusión de que no necesita la salvación. Pero el hecho es que él también, al igual que el disoluto, es culpable de rechazar el sacrificio de Cristo en la cruz, y por lo tanto tiene gran necesidad del arrepentimiento y la salvación.
   b. De la justicia de Cristo. Más adelante, el Espíritu Santo guió al apóstol Pablo a escribir toda una epístola sobre la palabra «justicia». En esa epístola (el libro de Romanos), Pablo enfatiza tres cosas:
      (1) Dios *es* justicia.
      (2) Dios *exige* justicia.
      (3) Dios *provee* justicia.
   c. Del juicio venidero. En este sentido, el Espíritu Santo le mostraría al pecador que:
      (1) Todas las personas no salvas le pertenecen a Satanás.

         «Vosotros sois de vuestro padre el diablo, y los deseos de vuestro padre queréis hacer. El ha sido homicida desde el principio, y no ha permanecido en la verdad, porque no hay verdad en él. Cuando habla mentira, de suyo habla; porque es mentiroso, y padre de mentira» (Jn. 8:44).
   d. La suerte de Satanás ya está en marcha.

      «Y el Dios de paz aplastará en breve a Satanás bajo vuestros pies. La gracia de nuestro Señor Jesucristo sea con vosotros» (Ro. 16:20).
   e. Por lo tanto, todos los pecadores compartirán su suerte algún día.

      «Entonces dirá también a los de la izquierda: Apartaos de mí, malditos, al fuego eterno preparado para el diablo y sus ángeles» (Mt. 25:41).
2. Hay siete ejemplos clásicos y claros de este ministerio de convicción del bendito Espíritu Santo en el libro de los Hechos.
   a. La multitud en pentecostés.

      «Varones israelitas, oíd estas palabras: Jesús nazareno, varón aprobado por Dios entre vosotros con las maravillas, prodigios y señales que Dios hizo entre vosotros por medio de él, como vosotros mismos sabéis; a éste, entregado por el determinado consejo y anticipado conocimiento de Dios, prendisteis y matasteis por manos de inicuos, crucificándole» (Hch. 2:22, 23).

      «Al oír esto, se compungieron de corazón, y dijeron a Pedro y a los otros apóstoles: Varones hermanos, ¿qué haremos?» (Hch. 2:37).
   b. El eunuco etíope.

      «Y el Espíritu dijo a Felipe: Acércate y júntate a ese carro. Acudiendo Felipe, le oyó que leía al profeta Isaías, y dijo: Pero, ¿entiendes lo que lees? El dijo: ¿Y cómo podré, si alguno no me enseñare? Y rogó a Felipe que subiese y se sentara con él. El pasaje de la Escritura que leía era este: Como oveja a la muerte fue llevado; y como cordero mudo delante del que lo trasquila, así no abrió su boca. En su humillación no se le hizo justicia; mas su generación, ¿quién la contará? Porque fue quitada de la tierra su vida. Respondiendo el eunuco, dijo a Felipe: Te ruego que me digas: ¿de quién dice el profeta esto; de sí mismo, o de algún otro? Entonces Felipe, abriendo su boca, y comenzando desde esta escritura, le anunció el evangelio de Jesús. Y yendo por el camino, llegaron a cierta agua, y dijo el eunuco: Aquí hay agua; ¿qué impide que yo sea bautizado? Felipe dijo: Si crees de todo corazón, bien puedes. Y respondiendo, dijo: Creo que Jesucristo es el Hijo de Dios. Y mandó parar el carro; y descendieron ambos al agua, Felipe y el eunuco, y le bautizó» (Hch. 8:29-38).
   c. Saulo de Tarso.

      «Saulo, respirando aún amenazas y muerte contra los discípulos del Señor, vino al sumo sacerdote, y le pidió cartas para las sinagogas de Damasco, a fin de que si hallase algunos hombres o mujeres de este Camino, los trajese presos a Jerusalén. Mas yendo por el camino, aconteció que al llegar cerca de Damasco, repentinamente le rodeó un resplandor de luz del cielo; y cayendo en tierra, oyó una voz que le decía: Saulo, Saulo, ¿por qué me persigues? El dijo: ¿Quién eres, Señor? Y le dijo: Yo soy Jesús, a quien tú persigues; dura cosa te es dar coces contra el aguijón. El, temblando y temeroso, dijo: Señor, ¿qué quieres que yo haga? Y el Señor le dijo: Levántate y entra en la ciudad, y se te dirá lo que debes hacer» (Hch. 9:1-6).

d. Un centurión llamado Cornelio.

«Mientras aún hablaba Pedro estas palabras, el Espíritu Santo cayó sobre todos los que oían el discurso» (Hch. 10:44).

e. El carcelero de Filipos.

«Pero a medianoche, orando Pablo y Silas, cantaban himnos a Dios; y los presos los oían. Entonces sobrevino de repente un gran terremoto, de tal manera que los cimientos de la cárcel se sacudían; y al instante se abrieron todas las puertas, y las cadenas de todos se soltaron. Despertando el carcelero, y viendo abiertas las puertas de la cárcel, sacó la espada y se iba a matar, pensando que los presos habían huido. Mas Pablo clamó a gran voz, diciendo: No te hagas ningún mal, pues todos estamos aquí. El entonces, pidiendo luz, se precipitó adentro, y temblando, se postró a los pies de Pablo y de Silas; y sacándolos, les dijo: Señores, ¿qué debo hacer para ser salvo? Ellos dijeron: Cree en el Señor Jesucristo, y serás salvo, tú y tu casa. Y le hablaron la palabra del Señor a él y a todos los que estaban en su casa. Y él, tomándolos en aquella misma hora de la noche, les lavó las heridas; y en seguida se bautizó él con todos los suyos. Y llevándolos a su casa, les puso la mesa; y se regocijó con toda su casa de haber creído a Dios» (Hch. 16:25-34).

f. Un gobernador llamado Félix.

«Algunos días después, viniendo Félix con Drusila su mujer, que era judía, llamó a Pablo, y le oyó acerca de la fe en Jesucristo. Pero al disertar Pablo acerca de la justicia, del dominio propio y del juicio venidero, Félix se espantó, y dijo: Ahora vete; pero cuando tenga oportunidad te llamaré» (Hch. 24:24, 25).

g. Un rey llamado Agripa.

«Entonces Agripa dijo a Pablo: Se te permite hablar por ti mismo. Pablo entonces, extendiendo la mano, comenzó así su defensa» (Hch. 26:1).

«Que el Cristo había de padecer, y ser el primero de la resurrección de los muertos, para anunciar luz al pueblo y a los gentiles. Diciendo él estas cosas en su defensa, Festo a gran voz dijo: Estás loco, Pablo; las muchas letras te vuelven loco. Mas él dijo: No estoy loco, excelentísimo Festo, sino que hablo palabras de verdad y de cordura. Pues el rey sabe estas cosas, delante de quien también hablo con toda confianza. Porque no pienso que ignora nada de esto; pues no se ha hecho esto en ningún rincón. ¿Crees, oh rey Agripa, a los profetas? Yo sé que crees. Entonces Agripa dijo a Pablo: Por poco me persuades a ser cristiano» (Hch. 26:23-28).

En conclusión, se puede decir que el ministerio principal realizado por el Espíritu Santo en el pecador es el de la convicción, pura, profunda y sencillamente.

G. Su ministerio con la Iglesia. De las tres instituciones básicas de la Biblia (matrimonio, gobierno humano e Iglesia), ninguna es de mayor importancia para el Espíritu Santo que la Iglesia. Fue para promover el crecimiento de la Iglesia que vino formalmente en pentecostés.

1. El Espíritu Santo y la Iglesia universal. Él la formó.

«Así que ya no sois extranjeros ni advenedizos, sino conciudadanos de los santos, y miembros de la familia de Dios, edificados sobre el fundamento de los apóstoles y profetas, siendo la principal piedra del ángulo Jesucristo mismo, en quien todo el edificio, bien coordinado, va creciendo para ser un templo santo en el Señor; en quien vosotros también sois juntamente edificados para morada de Dios en el Espíritu» (Ef. 2:19-22).

2. El Espíritu Santo y la iglesia local.

a. Desea inspirar su servicio de adoración.

«Porque nosotros somos la circuncisión, los que en espíritu servimos a Dios y nos gloriamos en Cristo Jesús, no teniendo confianza en la carne» (Fil. 3:3).

Si el pastor y la congregación se lo permiten, el Espíritu de Dios puede garantizar tanto la presencia como el poder de Dios en cada reunión de la iglesia.

b. Desea dirigir su obra misionera.

«Y el Espíritu dijo a Felipe: Acércate y júntate a ese carro» (Hch. 8:29).

«Ministrando éstos al Señor, y ayunando, dijo el Espíritu Santo: Apartadme a Bernabé y a Saulo para la obra a que los he llamado. Ellos, entonces, enviados por el Espíritu Santo, descendieron a Seleucia, y de allí navegaron a Chipre» (Hch. 13:2, 4).

«Y atravesando Frigia y la provincia de Galacia, les fue prohibido por el Espíritu Santo hablar la palabra en Asia; y cuando llegaron a Misia, intentaron ir a Bitinia, pero el Espíritu no se lo permitió. Cuando vio la visión, en seguida procuramos partir para Macedonia, dando por cierto que Dios nos llamaba para que les anunciásemos el evangelio» (Hch. 16:6, 7, 10).

c. Desea ayudar con los servicios de canto.

«No os embriaguéis con vino, en lo cual hay disolución; antes bien sed llenos del Espíritu, hablando entre vosotros con salmos, con himnos y cánticos espirituales, cantando y alabando al Señor en vuestros corazones» (Ef. 5:18, 19).

Muchas veces ha sucedido que un predicador visitante en una iglesia local ha descubierto con alegría que el director de música ha escogido aquellas canciones y música especial que corresponden perfectamente con el mensaje. Es obvio que tanto el predicador como el director de música han sido sensibles al ministerio del Espíritu.

d. Desea escoger sus predicadores.
«Por tanto, mirad por vosotros, y por todo el rebaño en que el Espíritu Santo os ha puesto por obispos, para apacentar la iglesia del Señor, la cual él ganó por su propia sangre» (Hch. 20:28).

e. Desea ungir a sus predicadores.
«Y ni mi palabra ni mi predicación fue con palabras persuasivas de humana sabiduría, sino con demostración del Espíritu y de poder» (1 Co. 2:4).

Aquí vemos el orden de servicio divino. Primero elige y después unge a sus siervos. La elección es un acontecimiento único y definitivo, pero el ungimiento debe ser buscado diariamente.

f. Desea advertir a sus miembros.
«Pero el Espíritu dice claramente que en los postreros tiempos algunos apostatarán de la fe, escuchando a espíritus engañadores y a doctrinas de demonios» (1 Ti. 4:1).

g. Desea determinar sus decisiones.
«Porque ha parecido bien al Espíritu Santo, y a nosotros, no imponeros ninguna carga más que estas cosas necesarias» (Hch. 15:28).

Esta decisión tan importante acerca de la circuncisión que se tomó en el Concilio de Jerusalén es un hermoso ejemplo del trabajo en equipo de una iglesia local y el Espíritu Santo. Esas asambleas gobernadas por el voto congregacional con frecuencia se enorgullecen por su política democrática. Pero la verdadera meta sólo puede ser alcanzada por medio de un esfuerzo conjunto demócrata-teocrático.

h. Desea condenar o bendecir sus esfuerzos, según sea necesario.
«El que tiene oído, oiga lo que el Espíritu dice a las iglesias. Al que venciere, le daré a comer del árbol de la vida, el cual está en medio del paraíso de Dios» (Ap. 2:7).

«El que tiene oído, oiga lo que el Espíritu dice a las iglesias. El que venciere, no sufrirá daño de la segunda muerte» (Ap. 2:11).

«El que tiene oído, oiga lo que el Espíritu dice a las iglesias. Al que venciere, daré a comer del maná escondido, y le daré una piedrecita blanca, y en la piedrecita escrito un nombre nuevo, el cual ninguno conoce sino aquel que lo recibe» (Ap. 2:17).

«El que tiene oído, oiga lo que el Espíritu dice a las iglesias» (Ap. 2:29). (Cp. 3:6, 13, 22.)

Con frecuencia las iglesias se preocupan mucho por mejorar su imagen a los ojos de la nueva generación, la sociedad, el mundo de los negocios, los círculos académicos, etc. Pero la verdadera preocupación debería dirigirse hacia el Único que está en condiciones de mejorar y corregir, es decir, el Espíritu Santo.

i. Desea encabezar sus programas de visitación y evangelización.
«Y el Espíritu y la Esposa dicen: Ven. Y el que oye, diga: Ven. Y el que tiene sed, venga; y el que quiera, tome del agua de la vida gratuitamente» (Ap. 22:17).

En esta última invitación de las Escrituras vemos cómo el Espíritu Santo habla a través de la Iglesia para animar a los que no son salvos a venir a Cristo.

H. Su ministerio en cuanto al día de pentecostés. Si se hiciera una lista de todos los días importantes de la historia, el día de pentecostés sería uno de los primeros. En esa ocasión el Espíritu Santo realizó una de sus obras más grandes y de mayor alcance.

«Cuando llegó el día de Pentecostés, estaban todos unánimes juntos. Y de repente vino del cielo un estruendo como de un viento recio que soplaba, el cual llenó toda la casa donde estaban sentados; y se les aparecieron lenguas repartidas, como de fuego, asentándose sobre cada uno de ellos. Y fueron todos llenos del Espíritu Santo, y comenzaron a hablar en otras lenguas, según el Espíritu les daba que hablasen» (Hch. 2:1-4).

1. El trasfondo del día de pentecostés. Momentos antes de su dramática ascensión, nuestro Señor resucitado mandó a sus discípulos:

«Y estando juntos, les mandó que no se fueran de Jerusalén, sino que esperasen la promesa del Padre, la cual, les dijo, oísteis de mí» (Hch. 1:4).

Se ha usado mucha tinta para tratar de explicar esas cuatro palabras, «la promesa del Padre». ¿Cuál era esa promesa del Padre? Varios pasajes de las Escrituras ponen en claro que esta promesa del Padre, y también del Hijo, era una referencia a la llegada del Espíritu Santo.

«Y después de esto derramaré mi Espíritu sobre toda carne, y profetizarán vuestros hijos y vuestras hijas; vuestros ancianos soñarán sueños, y vuestros jóvenes verán visiones» (Jl. 2:28).

«Varones hermanos, era necesario que se cumpliese la Escritura en que el Espíritu Santo habló antes por boca de David acerca de Judas, que fue guía de los que prendieron a Jesús» (Hch. 1:16).

«Y yo rogaré al Padre, y os dará otro Consolador, para que esté con vosotros para siempre» (Jn. 14:16).

«Mas el Consolador, el Espíritu Santo, a quien el Padre enviará en mi nombre, él os enseñará todas las cosas, y os recordará todo lo que yo os he dicho» (Jn. 14:26).

«Pero cuando venga el Consolador, a quien yo os enviaré del Padre, el Espíritu de verdad, el cual procede del Padre, él dará testimonio acerca de mí» (Jn. 15:26).

«Pero yo os digo la verdad: Os conviene que yo me vaya; porque si no me fuese, el Consolador no vendría a vosotros; mas si me fuere, os lo enviaré» (Jn. 16:7).

Por supuesto (como ya hemos visto) que el Espíritu Santo ya había realizado un ministerio en el Antiguo Testamento, pero ahora su tarea era la de introducir tres elementos completamente nuevos.

a. Su nuevo ministerio había de ser universal. Anteriormente el Espíritu Santo había limitado su obra en la humanidad a la nación de

Israel. No se registra antes del libro de los Hechos que haya descendido sobre los griegos, o los romanos, o los babilonios, etc. Pero aquí en los Hechos llegó para bendecir a todos los pecadores arrepentidos del mundo.

b. Había de ser permanente. Aunque el Espíritu Santo descendió sobre algunos hombres del Antiguo Testamento, también se apartó de ellos con frecuencia.

(1) Lo ilustra el caso de Sansón. Este hombre fuerte hebreo disfrutó de la presencia del Espíritu Santo en varias ocasiones.

«Y el Espíritu de Jehová vino sobre Sansón, quien despedazó al león como quien despedaza un cabrito, sin tener nada en su mano; y no declaró ni a su padre ni a su madre lo que había hecho» (Jue. 14:6).

«Y el Espíritu de Jehová vino sobre él, y descendió a Ascalón y mató a treinta hombres de ellos; y tomando sus despojos, dio las mudas de vestidos a los que habían explicado el enigma; y encendido en enojo se volvió a la casa de su padre» (Jue. 14:19).

«Y hallando una quijada de asno fresca aún, extendió la mano y la tomó, y mató con ella a mil hombres» (Jue. 15:15).

Pero después, debido al pecado y la inmoralidad, el Espíritu de Dios se apartó de Sansón. Uno de los versículos más trágicos de la Biblia registra este acontecimiento, cuando Sansón se despierta para oír las siguientes palabras de Dalila:

«Y le dijo: ¡Sansón, los filisteos sobre ti! Y luego que despertó él de su sueño, se dijo: Esta vez saldré como las otras y me escaparé. Pero él no sabía que Jehová ya se había apartado de él» (Jue. 16:20).

(2) Lo ilustra el caso de Saúl. Al igual que con Sansón, el Espíritu Santo descendió sobre Saúl, pero después se apartó de él, como lo demuestra lo siguiente:

«Y cuando llegaron allá al collado, he aquí la compañía de los profetas que venía a encontrarse con él; y el Espíritu de Dios vino sobre él con poder, y profetizó entre ellos» (1 S. 10:10).

«El Espíritu de Jehová se apartó de Saúl, y le atormentaba un espíritu malo de parte de Jehová» (1 S. 16:14).

(3) Lo ilustra el caso de David. El Espíritu de Dios descendió sobre David cuando fue ungido por Samuel:

«Y Samuel tomó el cuerno del aceite, y lo ungió en medio de sus hermanos; y desde aquel día en adelante el Espíritu de Jehová vino sobre David. Se levantó luego Samuel, y se volvió a Ramá» (1 S. 16:13).

Por lo que se sabe, el Espíritu Santo permaneció con él hasta que murió. Pero David sabía que el Espíritu Santo podía apartarse, y en por lo menos una ocasión le rogó al Señor sobre ello.

«No me eches de delante de ti, y no quites de mí tu santo Espíritu» (Sal. 51:11).

c. Había de perfeccionar. En otras palabras, su nuevo ministerio consistiría en hacer que todos los pecadores arrepentidos creciesen en gracia y fuesen como Jesús. Este no era el caso en el Antiguo Testamento. No hay ninguna indicación de que la naturaleza espiritual de Saúl o Sansón fuese mejorada por la presencia del Espíritu Santo. Aparentemente sólo obtuvieron su poder, no su pureza.

2. La cronología del día de pentecostés. El pentecostés (de una palabra griega que sencillamente significa cincuenta) es la tercera de las seis grandes fiestas judías mencionadas en Levítico 23. Estas fiestas resumen toda la obra futura de la Trinidad en el Nuevo Testamento. Considérese:

a. La Pascua, la fiesta de los panes sin levadura (una referencia al Calvario). Véanse los versículos 4-8.

b. La gavilla de los primeros frutos (una referencia a la resurrección). Véanse los versículos 9-14.

c. La fiesta de las siete semanas (una referencia profética al pentecostés). Véanse los versículos 15-21.

d. La fiesta de las trompetas (una referencia al arrebatamiento y a la Segunda Venida de Cristo). Véanse los versículos 23-25.

e. La fiesta de expiación (una referencia a la tribulación venidera). Véanse los versículos 26-32.

f. La fiesta de los tabernáculos (una referencia al milenio). Véanse los versículos 33-43.

3. Las comparaciones de pentecostés.

a. Se puede comparar el pentecostés del Nuevo Testamento con el pentecostés del Antiguo Testamento. El pentecostés del Antiguo Testamento ocurrió cincuenta días después de que Israel había salido de Egipto.

«Habló Jehová a Moisés y a Aarón en la tierra de Egipto, diciendo: este mes os será principio de los meses; para vosotros será éste el primero en los meses del año» (Ex. 12:1, 2).

«Y lo guardaréis hasta el día catorce de este mes, y lo inmolará toda la congregación del pueblo de Israel entre las dos tardes» (Ex. 12:6).

«Pues yo pasaré aquella noche por la tierra de Egipto, y heriré a todo primogénito en la tierra de Egipto, así de los hombres como de las bestias; y ejecutaré mis juicios en todos los dioses de Egipto. Yo Jehová» (Ex. 12:12).

«E hizo llamar a Moisés y a Aarón de noche, y les dijo: Salid de en medio de mi pueblo vosotros y los hijos de Israel, e id, servid a Jehová, como habéis dicho» (Ex. 12:31).

Cincuenta días después llegaron al monte Sinaí.

«En el mes tercero de la salida de los hijos de Israel de la tierra de Egipto, en el mismo día llegaron al desierto de Sinaí» (Ex. 19:1).

El pentecostés del Nuevo Testamento ocurrió cincuenta días después de la resurrección de Cristo. Nótese que nuestro Señor fue crucificado durante la semana de la Pascua en abril.

«Era la preparación de la pascua, y como la hora sexta. Entonces dijo a los judíos: ¡He aquí vuestro Rey!» (Jn. 19:14).

Después de la resurrección pasó cuarenta días con sus discípulos.

«A quienes también, después de haber padecido, se presentó vivo con muchas pruebas indubitables, apareciéndoseles durante cuarenta días y hablándoles acerca del reino de Dios» (Hch. 1:3).

El pentecostés del Nuevo Testamento se realizó unos diez días después.

«Porque Juan ciertamente bautizó con agua, mas vosotros seréis bautizados con el Espíritu Santo dentro de no muchos días» (Hch. 1:5).

«Cuando llegó el día de Pentecostés, estaban todos unánimes juntos» (Hch. 2:1).

El pentecostés del Antiguo Testamento celebraba un aniversario: el de la nación de Israel.

«Ahora, pues, si diereis oído a mi voz, y guardareis mi pacto, vosotros seréis mi especial tesoro sobre todos los pueblos; porque mía es toda la tierra» (Ex. 19:5).

Las Escrituras nos dicen que los ángeles participaron en el otorgamiento de la ley en el monte Sinaí. Véanse Hechos 7:53; Gálatas 3:19.

El pentecostés del Nuevo Testamento celebraba un aniversario: el de la Iglesia.

«Así que, los que recibieron su palabra fueron bautizados; y se añadieron aquel día como tres mil personas. Y perseveraban en la doctrina de los apóstoles, en la comunión unos con otros; en el partimiento del pan y en las oraciones. Y sobrevino temor a toda persona; y muchas maravillas y señales eran hechas por los apóstoles. Todos los que habían creído estaban juntos, y tenían en común todas las cosas; y vendían sus propiedades y sus bienes, y lo repartían a todos según la necesidad de cada uno. Y perseverando unánimes cada día en el templo, y partiendo el pan en las casas, comían juntos con alegría y sencillez de corazón, alabando a Dios, y teniendo favor con todo el pueblo. Y el Señor añadía cada día a la iglesia los que habían de ser salvos» (Hch. 2:41-47).

El pentecostés del Antiguo Testamento atestiguó la muerte de unas 3.000 almas.

«Y los hijos de Leví lo hicieron conforme al dicho de Moisés; y cayeron del pueblo en aquel día como tres mil hombres» (Ex. 32:28).

La adoración del becerro de oro por parte de Israel mientras estaba acampado al pie del monte Sinaí fue un episodio trágico en su historia.

El pentecostés del Nuevo Testamento atestiguó la salvación de unas 3.000 almas.

«Así que, los que recibieron su palabra fueron bautizados; y se añadieron aquel día como tres mil personas» (Hch. 2:41).

Hay un contraste asombroso entre las dos instancias de pentecostés. De hecho, la diferencia es tan importante, que Pablo ocupa todo un capítulo de una de sus epístolas para hablar de ella. Nótense estos dos versículos de ese capítulo:

«No que seamos competentes por nosotros mismos para pensar algo como de nosotros mismos, sino que nuestra competencia proviene de Dios, el cual asimismo nos hizo ministros de un nuevo pacto, no de la letra, sino del espíritu; porque la letra mata, mas el espíritu vivifica» (2 Co. 3:5, 6).

El pentecostés del Antiguo Testamento fue presentado de manera tremenda.

«Aconteció que al tercer día, cuando vino la mañana, vinieron truenos y relámpagos, y espesa nube sobre el monte, y sonido de bocina muy fuerte; y se estremeció todo el pueblo que estaba en el campamento» (Ex. 19:16).

«Todo el monte Sinaí humeaba, porque Jehová había descendido sobre él en fuego; y el humo subía como el humo de un horno, y todo el monte se estremecía en gran manera» (Ex. 19:18).

El pentecostés del Nuevo Testamento fue presentado de una manera tremenda.

«Y de repente vino del cielo un estruendo como de un viento recio que soplaba, el cual llenó toda la casa donde estaban sentados; y se les aparecieron lenguas repartidas, como de fuego, asentándose sobre cada uno de ellos» (Hch. 2:2, 3).

b. Se puede comparar el pentecostés del Nuevo Testamento con Belén. En Belén, Dios el Padre estaba preparando un cuerpo por el cual obraría su Hijo.

«Por lo cual, entrando en el mundo dice: Sacrificio y ofrenda no quisiste; mas me preparaste cuerpo» (He. 10:5).

En pentecostés, Dios el Padre estaba preparando un cuerpo por el cual obraría su Espíritu.

«¿O ignoráis que vuestro cuerpo es templo del Espíritu Santo, el cual está en vosotros, el cual tenéis de Dios, y que no sois vuestros?» (1 Co. 6:19).

«¿O no sabéis que el que se une con una ramera, es un cuerpo con ella? Porque dice: Los dos serán una sola carne» (1 Co. 6:16).

Por esto, el pentecostés nunca podrá repetirse, así como Belén nunca podrá tampoco repetirse. Por lo tanto, es tan antiescritural orar para que ocurra otro pentecostés como sería orar para que los pastores y los magos volvieran a aparecer. Los acontecimientos de Lucas 2 y Hechos 2 han quedado en el pasado para siempre.

c. Se puede comparar el pentecostés del Nuevo Testamento con Babel en el Antiguo Testamento. En Babel vemos a hombres pecaminosos trabajando para conseguir su propia gloria.

«Y dijeron: Vamos, edifiquémonos una ciudad y una torre, cuya cúspide llegue al cielo; y hagámonos un nombre, por si fuéremos esparcidos sobre la faz de toda la tierra» (Gn. 11:4).

En pentecostés vemos a hombres salvos aguardando la gloria de Dios.

«Todos éstos perseveraban unánimes en oración y ruego, con las mujeres, y con María la madre de Jesús, y con sus hermanos» (Hch. 1:14).

En Babel Dios confundió el idioma del hombre.

«Por esto fue llamado el nombre de ella Babel, porque allí confundió Jehová el lenguaje de toda la tierra, y desde allí los esparció sobre la faz de toda la tierra» (Gn. 11:9).

En pentecostés Dios aclaró el idioma del hombre.

«¿Cómo, pues, les oímos nosotros hablar cada uno en nuestra lengua en la que hemos nacido?» (Hch. 2:8).

En Babel Dios esparció a los hombres por todo el mundo.

«Por esto fue llamado el nombre de ella Babel, porque allí confundió Jehová el lenguaje de toda la tierra, y desde allí los esparció sobre la faz de toda la tierra» (Gn. 11:9).

En pentecostés Dios juntó a los hombres dentro de la Iglesia.

«De reunir todas las cosas en Cristo, en la dispensación del cumplimiento de los tiempos, así las que están en los cielos, como las que están en la tierra» (Ef. 1:10).

I. Su ministerio con el cristiano. Hasta ahora hemos hablado del ministerio del Espíritu Santo en cuanto al universo, las Escrituras, Israel, Satanás, Cristo, los pecadores, la Iglesia y pentecostés. Pero, ¿qué ministerio realiza para ese grupo especial de personas neotestamentarias llamadas cristianas? Desde el instante en que una persona no salva ora: «Dios, ten misericordia de mí, que soy pecador», el Espíritu Santo realiza una obra quíntupla en ella.

1. El Espíritu Santo regenera al pecador creyente. Literalmente lo crea de nuevo y le da la naturaleza de Dios. El Espíritu Santo hace las veces de «partera» divina para el pecador arrepentido al traerlo al reino de Dios. Esto se logra con el instrumento del «agua», un símbolo lingüístico de la Palabra de Dios. Los siguientes pasajes lo confirman:

«Nos salvó, no por obras de justicia que nosotros hubiéramos hecho, sino por su misericordia, por el lavamiento de la regeneración y por la renovación en el Espíritu Santo» (Tit. 3:5).

«Respondió Jesús y le dijo: De cierto, de cierto te digo, que el que no naciere de nuevo, no puede ver el reino de Dios. Nicodemo le dijo: ¿Cómo puede un hombre nacer siendo viejo? ¿Puede acaso entrar por segunda vez en el vientre de su madre, y nacer? Respondió Jesús: De cierto, de cierto te digo, que el que no naciere de agua y del Espíritu, no puede entrar en el reino de Dios. Lo que es nacido de la carne, carne es; y lo que es nacido del Espíritu, espíritu es. No te maravilles de que te dije: Os es necesario nacer de nuevo» (Jn. 3:3-7).

«Siendo renacidos, no de simiente corruptible, sino de incorruptible, por la palabra de Dios que vive y permanece para siempre» (1 P. 1:23).

«El, de su voluntad, nos hizo nacer por la palabra de verdad, para que seamos primicias de sus criaturas» (Stg. 1:18).

2. El Espíritu Santo bautiza al pecador creyente.

«¿O no sabéis que todos los que hemos sido bautizados en Cristo Jesús, hemos sido bautizados en su muerte? Porque somos sepultados juntamente con él para muerte por el bautismo, a fin de que como Cristo resucitó de los muertos por la gloria del Padre, así también nosotros andemos en vida nueva» (Ro. 6:3, 4).

«Porque por un solo Espíritu fuimos todos bautizados en un cuerpo, sean judíos o griegos, sean esclavos o libres; y a todos se nos dio a beber de un mismo Espíritu» (1 Co. 12:13).

«Porque todos los que habéis sido bautizados en Cristo, de Cristo estáis revestidos» (Gá. 3:27).

«Un cuerpo, y un Espíritu, como fuisteis también llamados en una misma esperanza de vuestra vocación; un Señor, una fe, un bautismo» (Ef. 4:4, 5).

«Sepultados con él en el bautismo, en el cual fuisteis también resucitados con él, mediante la fe en el poder de Dios que le levantó de los muertos» (Col. 2:12).

Con frecuencia se formula la siguiente pregunta: ¿Es necesario que uno sea bautizado para ser salvo? La respuesta es un sí enfático: *pero no por el bautismo de agua.* El propósito del Espíritu Santo al colocar al creyente en el cuerpo de Cristo es doble:

a. Lo hace para contestar la oración de Cristo por unidad cristiana.

«Para que todos sean uno; como tú, oh Padre, en mí, y yo en ti, que también ellos sean uno en nosotros; para que el mundo crea que tú me enviaste» (Jn. 17:21).

b. Lo hace para preparar una novia para Cristo, compuesta por todos los creyentes salvados desde el pentecostés hasta el arrebatamiento.

«Así nosotros, siendo muchos, somos un cuerpo en Cristo, y todos miembros los unos de los otros» (Ro. 12:5).

«Siendo uno solo el pan, nosotros, con ser muchos, somos un cuerpo; pues todos participamos de aquel mismo pan» (1 Co. 10:17).

«Porque por un solo Espíritu fuimos

todos bautizados en un cuerpo, sean judíos o griegos, sean esclavos o libres; y a todos se nos dio a beber de un mismo Espíritu» (1 Co. 12:13).

«Vosotros, pues, sois el cuerpo de Cristo, y miembros cada uno en particular» (1 Co. 12:27).

«Y sometió todas las cosas bajo sus pies, y lo dio por cabeza sobre todas las cosas a la iglesia, la cual es su cuerpo, la plenitud de Aquel que todo lo llena en todo» (Ef. 1:22, 23).

«Un cuerpo, y un Espíritu, como fuisteis también llamados en una misma esperanza de vuestra vocación» (Ef. 4:4).

«A fin de perfeccionar a los santos para la obra del ministerio, para la edificación del cuerpo de Cristo» (Ef. 4:12).

«Porque el marido es cabeza de la mujer, así como Cristo es cabeza de la iglesia, la cual es su cuerpo, y él es su Salvador» (Ef. 5:23).

«Porque somos miembros de su cuerpo, de su carne y de sus huesos» (Ef. 5:30).

«Y la paz de Dios gobierne en vuestros corazones, a la que asimismo fuisteis llamados en un solo cuerpo; y sed agradecidos» (Col. 3:15).

«Porque os celo con celo de Dios; pues os he desposado con un solo esposo, para presentaros como una virgen pura a Cristo» (2 Co. 11:2).

«Y oí como la voz de una gran multitud, como el estruendo de muchas aguas, y como la voz de grandes truenos, que decía: ¡Aleluya, porque el Señor nuestro Dios Todopoderoso reina! Gocémonos y alegrémonos y démosle gloria; porque han llegado las bodas del Cordero, y su esposa se ha preparado. Y a ella se le ha concedido que se vista de lino fino, limpio y resplandeciente; porque el lino fino es las acciones justas de los santos. Y el ángel me dijo: Escribe: Bienaventurados los que son llamados a la cena de las bodas del Cordero» (Ap. 19:6-9).

3. El Espíritu Santo mora en el pecador creyente. En otras palabras, no sólo nos une con el Salvador (por el bautismo), sino que se une a sí mismo con nosotros. Jesús, antes de su crucifixión, predijo ambos ministerios. Dijo:

   «En aquel día vosotros conoceréis que yo estoy en mi Padre, y vosotros en mí, y yo en vosotros» (Jn. 14:20).

   «Y nosotros no hemos recibido el espíritu del mundo, sino el Espíritu que proviene de Dios, para que sepamos lo que Dios nos ha concedido» (1 Co. 2:12).

   «¿No sabéis que sois templo de Dios, y que el Espíritu de Dios mora en vosotros?» (1 Co. 3:16).

   «Y yo rogaré al Padre, y os dará otro Consolador, para que esté con vosotros para siempre» (Jn. 14:16).

   «En el último y gran día de la fiesta, Jesús se puso en pie y alzó la voz, diciendo: Si alguno tiene sed, venga a mí y beba. El que cree en mí, como dice la Escritura, de su interior correrán ríos de agua viva. Esto dijo del Espíritu que habían de recibir los que creyesen en él; pues aún no había venido el Espíritu Santo, porque Jesús no había sido aún glorificado» (Jn. 7:37-39).

   «Mas vosotros no vivís según la carne, sino según el Espíritu, si es que el Espíritu de Dios mora en vosotros...» (Ro. 8:9).

   «Y el que guarda sus mandamientos, permanece en Dios, y Dios en él. Y en esto sabemos que él permanece en nosotros, por el Espíritu que nos ha dado» (1 Jn. 3:24).

   El propósito de este ministerio morador es el de controlar la naturaleza recientemente creada.

   «De modo que si alguno está en Cristo, nueva criatura es; las cosas viejas pasaron; he aquí todas son hechas nuevas» (2 Co. 5:17).

   «Digo, pues: Andad en el Espíritu, y no satisfagáis los deseos de la carne. Porque el deseo de la carne es contra el Espíritu, y el del Espíritu es contra la carne; y éstos se oponen entre sí, para que no hagáis lo que quisiereis. Pero si sois guiados por el Espíritu, no estáis bajo la ley» (Gá. 5:16-18).

   «Para que os dé, conforme a las riquezas de su gloria, el ser fortalecidos con poder en el hombre interior por su Espíritu» (Ef. 3:16).

4. El Espíritu Santo sella al pecador creyente.

   «El cual también nos ha sellado, y nos ha dado las arras del Espíritu en nuestros corazones» (2 Co. 1:22).

   «En él también vosotros, habiendo oído la palabra de verdad, el evangelio de vuestra salvación, y habiendo creído en él, fuisteis sellados con el Espíritu Santo de la promesa» (Ef. 1:13).

   «Y no contristéis al Espíritu Santo de Dios, con el cual fuisteis sellados para el día de la redención» (Ef. 4:30).

   Parece ser que la misma presencia del Espíritu Santo es el sello aquí, dado por el Padre para asegurar al creyente que su salvación es eterna. También se habla del sello como las arras.

   «El cual también nos ha sellado, y nos ha dado las arras del Espíritu en nuestros corazones» (2 Co. 1:22).

   «Mas el que nos hizo para esto mismo es Dios, quien nos ha dado las arras del Espíritu» (2 Co. 5:5).

   «Que es las arras de nuestra herencia hasta la redención de la posesión adquirida, para alabanza de su gloria» (Ef. 1:14).

5. El Espíritu Santo llena al pecador creyente.

   «Y fueron todos llenos del Espíritu Santo, y comenzaron a hablar en otras lenguas, según el Espíritu les daba que hablasen» (Hch. 2:4).

   Este ministerio del Espíritu Santo ha suscitado mucha controversia y muchos errores a lo largo de la historia de la Iglesia. Por ejemplo, ¿qué diferencia hay entre la morada y la llenura del Espíritu Santo? Para ayudar a comprender esta distinción vital, consideremos la siguiente ilustración.

   Hay un invitado en la casa. Pero al entrar en esa casa, inmediatamente se lo restringe a una pequeña habitación cerca de la entrada. El anfitrión hasta puede llegar a olvidarse de él durante un tiempo. Finalmente el dueño de la casa se convence del mal trato que le está dando al invitado y entonces le da libre acceso a todas las habitaciones de la casa.

En esta ilustración, el Espíritu Santo es, por supuesto, el invitado. El anfitrión es el pecador creyente, y la casa representa su vida.

La diferencia entre morar y llenar es la diferencia entre estar restringido a un cuarto pequeño y tener libre acceso a todas las habitaciones.

Llenar, por lo tanto, no significa que el creyente recibe más del Espíritu Santo, sino que el Espíritu Santo recibe más del creyente.

A la luz de estos cinco ministerios podemos observar que:

6. El pecador creyente recibe estos cinco ministerios instantáneamente. Todos ocurren por fe y no dependen en absoluto de los sentimientos emotivos de la persona en un momento dado.
7. No se pueden perder los primeros cuatro ministerios, y por lo tanto no hace falta y no corresponde pedirlos nuevamente. En ninguna parte de la Biblia se nos manda que le pidamos a Dios que nos bautice con su Espíritu o que nos selle con su Espíritu, o que nos regenere y more en nosotros. Si una persona ha aceptado a Cristo, el Espíritu Santo la regenera, la bautiza, la sella y habita en ella por toda la eternidad.
8. Sin embargo, el quinto ministerio se puede perder, y por lo tanto debe ser pedido cuantas veces haga falta. Los siguientes pasajes lo ponen de manifiesto:

   «No os embriaguéis con vino, en lo cual hay disolución; antes bien sed llenos del Espíritu» (Ef. 5:18).

   «Digo, pues: Andad en el Espíritu, y no satisfagáis los deseos de la carne» (Gá. 5:16).

   Los creyentes del libro de los Hechos fueron llenos del Espíritu Santo muchas veces en su vida.

   «Y fueron todos llenos del Espíritu Santo, y comenzaron a hablar en otras lenguas, según el Espíritu les daba que hablasen» (Hch. 2:4).

   «Entonces Pedro, lleno del Espíritu Santo, les dijo: Gobernantes del pueblo, y ancianos de Israel» (Hch. 4:8).

   «Buscad, pues, hermanos, de entre vosotros a siete varones de buen testimonio, llenos del Espíritu Santo y de sabiduría, a quienes encarguemos de este trabajo» (Hch. 6:3).

   «Pero Esteban, lleno del Espíritu Santo, puestos los ojos en el cielo, vio la gloria de Dios, y a Jesús que estaba a la diestra de Dios» (Hch. 7:55).

   «Fue entonces Ananías y entró en la casa, y poniendo sobre él las manos, dijo: Hermano Saulo, el Señor Jesús, que se te apareció en el camino por donde venías, me ha enviado para que recibas la vista y seas lleno del Espíritu Santo» (Hch. 9:17).

   «Porque era varón bueno, y lleno del Espíritu Santo y de fe. Y una gran multitud fue agregada al Señor» (Hch. 11:24).

   «Entonces Saulo, que también es Pablo, lleno del Espíritu Santo, fijando en él los ojos» (Hch. 13:9).

   «Y los discípulos estaban llenos de gozo y del Espíritu Santo» (Hch. 13:52).
9. Los primeros cuatro ministerios nos dan paz *con* Dios.

   «Justificados, pues, por la fe, tenemos paz para con Dios por medio de nuestro Señor Jesucristo» (Ro. 5:1).

   Pero el quinto ministerio nos asegura la paz *de* Dios.

   «Y la paz de Dios, que sobrepasa todo entendimiento, guardará vuestros corazones y vuestros pensamientos en Cristo Jesús» (Fil. 4:7).

   Así es que todos los cristianos, por alejados que estén, disfrutan de la paz con Dios, pero sólo los creyentes controlados por el Espíritu pueden conocer la bendita paz de Dios.
10. En Hechos 2:13 y Efesios 5:18 se hace una comparación entre estar lleno del Espíritu y estar lleno de vino.

    «Mas otros, burlándose, decían: Están llenos de mosto» (Hch. 2:13).

    «No os embriaguéis con vino, en lo cual hay disolución; antes bien sed llenos del Espíritu» (Ef. 5:18).

    Se pueden hacer las siguientes comparaciones entre los dos:

    a. Ambos controlan al que los usa y le dan un nuevo coraje, uno en el buen sentido de la palabra y el otro en el malo.
    b. Ambos producen el deseo de tener más.
11. El quinto ministerio se pierde cuando hay desobediencia en la vida del creyente. Esta desobediencia puede manifestarse en cualquiera (o ambas) de las siguientes maneras:

    a. El pecado de *apagar* al Espíritu Santo.

       «No apaguéis al Espíritu» (1 Ts. 5:19).

       Este pecado involucra no hacer lo que el Espíritu Santo quiere que hagamos. Es de una naturaleza negativa. La misma palabra se utiliza en otras ocasiones para referirse a apagar un fuego.

       «La caña cascada no quebrará, y el pábilo que humea no apagará, hasta que saque a victoria el juicio» (Mt. 12:20).

       «Sobre todo, tomad el escudo de la fe, con que podáis apagar todos los dardos de fuego del maligno» (Ef. 6:16).

       «Apagaron fuegos impetuosos, evitaron filo de espada, sacaron fuerzas de debilidad, se hicieron fuertes en batallas, pusieron en fuga ejércitos extranjeros» (He. 11:34).
    b. El pecado de *contristar* al Espíritu Santo.

       «Y no contristéis al Espíritu Santo de Dios, con el cual fuisteis sellados para el día de la redención» (Ef. 4:30).

       Este pecado involucra hacer lo que el Espíritu Santo no quiere que hagamos. Es de una naturaleza positiva.

       Como ilustración veamos esto: un creyente toma un avión en Chicago rumbo a Los Ángeles y se sienta junto a un hombre inconverso. Durante el vuelo, el Espíritu intenta testificar al hombre inconverso por medio del cristiano, pero éste se queda callado y no testifica. Hasta ahora el creyente ha *apagado* al Espíritu Santo. No ha hecho lo que el Espíritu de Dios quería que hiciese.

Sin embargo, más adelante durante el vuelo, los dos hombres se presentan y comienzan a hablar, pero no acerca de cosas espirituales. De hecho, para vergüenza del cristiano, intercambian varios chistes verdes [o colorados]. Ahora el hombre salvo ha dado el segundo paso y ha *contristado* al Espíritu Santo, pues ha hecho lo que el Espíritu Santo no quería que hiciese.

Si no se abandonan estos dos pecados por mucho tiempo, pueden conducir al «pecado de muerte» descrito en los siguientes pasajes:

«El tal sea entregado a Satanás para destrucción de la carne, a fin de que el espíritu sea salvo en el día del Señor Jesús» (1 Co. 5:5).

El pecado de muerte en este caso fue la inmoralidad de un creyente de Corinto totalmente carnal.

«Por lo cual hay muchos enfermos y debilitados entre vosotros, y muchos duermen» (1 Co. 11:30).

En el caso de Ananías y Safira, la deshonestidad flagrante y la hipocresía descarada condujeron al pecado de muerte (Hch. 5:1-11). Sabemos que Ananías era realmente creyente por la pregunta que le hizo Pedro:

«¿Por qué llenó Satanás tu corazón para que mintieses al Espíritu Santo...?» (Hch. 5:3).

El pecado de muerte no significa que se pierda la salvación, pero sí implica la posibilidad de que Dios quite al pecador de la escena de la tierra antes de lo planeado originalmente. Pablo parece haber estado pensando en esto cuando escribió:

«Así que, yo de esta manera corro, no como a la ventura; de esta manera peleo, no como quien golpea al aire, sino que golpeo mi cuerpo, y lo pongo en servidumbre, no sea que habiendo sido heraldo para otros, yo mismo venga a ser eliminado» (1 Co. 9:26, 27).

12. El quinto ministerio puede ser (y debería ser) recuperado inmediatamente. Se puede lograr:
    a. Conociendo el medio de Dios para el perdón y la limpieza: la sangre de Cristo.

       «Pero si andamos en luz, como él está en luz, tenemos comunión unos con otros, y la sangre de Jesucristo su Hijo nos limpia de todo pecado» (1 Jn. 1:7).
    b. Conociendo el método de Dios para el perdón y la limpieza: la confesión del cristiano.

       «Si confesamos nuestros pecados, él es fiel y justo para perdonar nuestros pecados, y limpiarnos de toda maldad» (1 Jn. 1:9).

       Esta confesión es absolutamente esencial, porque aunque la sangre de Cristo nos limpia de todo pecado, no nos limpia de ninguna *excusa*.

       Dios no exige que las vasijas sean de oro ni de plata, pero sí exige que estén limpias. La unión con el Espíritu es tan fuerte que nada la puede romper, pero la comunión con el Espíritu es tan frágil que el pecado más pequeño la puede destrozar.

       Consideremos otra ilustración: una familia sale de California para visitar a unos amigos en Nueva York. La primera mitad del viaje se desarrolla plácidamente, pero cuando están en la zona de Chicago, se descompone el auto. Con alguna dificultad, se consiguen los servicios de un mecánico y el auto se compone. ¿Qué medida toma la familia ahora? ¿Se vuelve el conductor a California e intenta salir nuevamente para Nueva York? Todos estarían de acuerdo en que esto sería una estupidez. ¿Qué hace la familia? Sencillamente sigue desde donde tuvo el contratiempo.

       Esta pequeña historia tiene una aplicación directa en la vida llena del Espíritu. Cuando Dios salva a alguien, lo pone en el camino al cielo. El viaje puede ser tranquilo por un tiempo para en nuevo convertido. Pero llegará un momento en el cual se descompondrá en el camino. Tal vez el desperfecto espiritual sea resultado de palabras airadas, o de un hecho malvado, o de una acción negligente. El Espíritu ha sido apagado y contristado y el progreso se detiene inmediatamente. Ahí está el hombre.

       ¿Qué debe hacer? Debe obtener los servicios del mecánico divino, el Espíritu Santo. Si confiesa sus pecados y depende de la sangre de Cristo, su quebrado testimonio será restaurado. ¿Qué debe hacer el creyente *entonces*? Por supuesto que la respuesta es obvia; pero hay un falso concepto entre los cristianos de hoy que cuando un hijo de Dios peca (especialmente si es un pecado grave) automáticamente pierde todo el progreso anterior y tiene que comenzar de nuevo. ¡Eso no es cierto! El secreto de una vida llena del Espíritu es saber que la comunión quebrada puede ser reestablecida inmediatamente por la confesión y por la sangre de Cristo.
13. El quinto ministerio garantiza las siguientes bendiciones para el creyente:
    a. El Espíritu Santo orará por él.

       «Y de igual manera el Espíritu nos ayuda en nuestra debilidad; pues qué hemos de pedir como conviene, no lo sabemos, pero el Espíritu mismo intercede por nosotros con gemidos indecibles» (Ro. 8:26).

       Esta *debilidad* es nuestra incapacidad de orar como debiéramos. Este es el motivo por el cual el Espíritu nos socorre. Sin embargo, debemos recordar que la Biblia dice que nos «ayuda», lo cual significa que desea que el cristiano también haga su parte. Por lo tanto, para que se ore eficazmente por nosotros, nosotros mismos debemos orar.

       «Pero vosotros, amados, edificándoos sobre vuestra santísima fe, orando en el Espíritu Santo» (Jud. v. 20).

       «Porque por medio de él los unos y los otros tenemos entrada por un mismo Espíritu al Padre» (Ef. 2:18).

       «Orando en todo tiempo con toda oración y súplica en el Espíritu, y velando en ello con toda perseverancia y súplica por todos los santos» (Ef. 6:18).

b. El Espíritu Santo lo guiará.

«Pero cuando venga el Espíritu de verdad, él os guiará a toda la verdad; porque no hablará por su propia cuenta, sino que hablará todo lo que oyere, y os hará saber las cosas que habrán de venir» (Jn. 16:13).

«Porque todos los que son guiados por el Espíritu de Dios, éstos son hijos de Dios» (Ro. 8:14).

c. El Espíritu Santo le enseñará.

«Pero la unción que vosotros recibisteis de él permanece en vosotros, y no tenéis necesidad de que nadie os enseñe; así como la unción misma os enseña todas las cosas, y es verdadera, y no es mentira, según ella os ha enseñado, permaneced en él» (1 Jn. 2:27).

d. El Espíritu Santo le dará poder para testificar.

«Pero recibiréis poder, cuando haya venido sobre vosotros el Espíritu Santo, y me seréis testigos en Jerusalén, en toda Judea, en Samaria, y hasta lo último de la tierra» (Hch. 1:8).

e. El Espíritu Santo impartirá el amor de Cristo al creyente y a través del creyente.

«Y la esperanza no avergüenza; porque el amor de Dios ha sido derramado en nuestros corazones por el Espíritu Santo que nos fue dado» (Ro. 5:5).

f. El Espíritu Santo lo conformará a la imagen de Cristo.

«Por tanto, nosotros todos, mirando a cara descubierta como en un espejo la gloria del Señor, somos transformados de gloria en gloria en la misma imagen, como por el Espíritu del Señor» (2 Co. 3:18).

La meta final y la intención declarada del Padre es conformar al creyente a la imagen de Cristo por toda la eternidad. Pasajes tales como Filipenses 3:21 y 1 Juan 3:2 lo expresan claramente. Pero Dios el Espíritu desea comenzar esta obra gloriosa en cada hijo de Dios en el momento de salvación. (Véase Fil. 3:10.)

g. El Espíritu Santo fortalecerá la naturaleza nueva.

«Para que os dé, conforme a las riquezas de su gloria, el ser fortalecidos con poder en el hombre interior por su Espíritu» (Ef. 3:16).

Lo hace por medio del estudio bíblico (1 P. 2:2) y la oración (Jud. v. 20).

h. El Espíritu Santo le revelará la verdad bíblica.

«Pero Dios nos las reveló a nosotros por el Espíritu; porque el Espíritu todo lo escudriña, aun lo profundo de Dios» (1 Co. 2:10).

i. El Espíritu Santo le dará seguridad acerca de la salvación y el servicio.

«El Espíritu mismo da testimonio a nuestro espíritu, de que somos hijos de Dios» (Ro. 8:16).

«Y el que guarda sus mandamientos, permanece en Dios, y Dios en él. Y en esto sabemos que él permanece en nosotros, por el Espíritu que nos ha dado» (1 Jn. 3:24).

j. El Espíritu Santo le dará libertad.

«Porque la ley del Espíritu de vida en Cristo Jesús me ha librado de la ley del pecado y de la muerte» (Ro. 8:2).

«Porque el Señor es el Espíritu; y donde está el Espíritu del Señor, allí hay libertad» (2 Co. 3:17).

k. El Espíritu Santo le hará decir cosas apropiadas.

«Pero cuando os trajeren para entregaros, no os preocupéis por lo que habéis de decir, ni lo penséis, sino lo que os fuere dado en aquella hora, eso hablad; porque no sois vosotros los que habláis, sino el Espíritu Santo» (Mr. 13:11).

Hay varios ejemplos del cumplimiento de esta bendita profecía bendita. Véanse Hechos 4:8-22; 5:29-33; 7:55.

J. Su ministerio en cuanto a los dones de Cristo.

«Un cuerpo, y un Espíritu, como fuisteis también llamados en una misma esperanza de vuestra vocación; un Señor, una fe, un bautismo, un Dios y Padre de todos, el cual es sobre todos, y por todos, y en todos. Pero a cada uno de nosotros fue dada la gracia conforme a la medida del don de Cristo. Por lo cual dice: Subiendo a lo alto, llevó cautivo la cautividad, y dio dones a los hombres» (Ef. 4:4-8).

La Biblia describe con frecuencia a la Trinidad en el acto de dar. A Dios le agrada dar. Fue el Padre quien dio a su muy amado Hijo.

«Porque de tal manera amó Dios al mundo, que ha dado a su Hijo unigénito, para que todo aquel que el él cree, no se pierda, mas tenga vida eterna» (Jn. 3:16).

Fue el Hijo quien dio libremente su sangre preciosa.

«Y tomó el pan y dio gracias, y lo partió y les dio, diciendo: Esto es mi cuerpo, que por vosotros es dado; haced esto en memoria de mí» (Lc. 22:19).

Por último, después de su llegada en pentecostés, el Espíritu Santo comenzó su ministerio de dar dones a la Iglesia, y seguirá haciéndolo hasta el arrebatamiento.

1. La definición de un don espiritual.

Un don espiritual es una habilidad sobrenatural dada por Cristo al creyente por medio del Espíritu Santo en el momento de su salvación. Aquí debemos hacer dos distinciones.

a. La distinción entre el don del Espíritu y los dones del Espíritu. El don fue otorgado en pentecostés, cuando el Espíritu Santo vino en respuesta a la promesa de Cristo. Los dones son otorgados hoy.

b. La distinción entre los dones y los talentos. Un talento es una habilidad humana y natural con la cual se nace. Puede ocurrir en el área de la música, la oratoria, la organización, etc. Pero ningún talento natural, por grande que sea, puede ser utilizado por su dueño para glorificar a Dios a no ser que sea autorizado por el Espíritu Santo. Cuando esto ocurre, el talento se puede convertir en don.

Como ilustración, consideremos alguien

que es un músico brillante y talentoso. Su habilidad es aclamada por millones. Pero el artista no es cristiano, y por lo tanto su talento no puede ser utilizado por el Espíritu Santo para la gloria de Dios. Pero digamos que el hombre oye el evangelio y acepta a Cristo como Salvador. Ahora el Espíritu Santo puede decidir que quiere transformar el talento natural del hombre en un don sobrenatural. Como no hay un don específico para la música como tal, los nuevos esfuerzos del músico para Cristo probablemente entrarían bajo la exhortación, que es un don específico.

2. El alcance de los dones espirituales.
   a. Cada creyente tiene por lo menos un don espiritual.

      «Cada uno según el don que ha recibido, minístrelo a los otros, como buenos administradores de la multiforme gracia de Dios» (1 P. 4:10).

      «Pero a cada uno de nosotros fue dada la gracia conforme a la medida del don de Cristo» (Ef. 4:7).

      «Quisiera más bien que todos los hombres fuesen como yo; pero cada uno tiene su propio don de Dios, uno a la verdad de un modo, y otro de otro» (1 Co. 7:7).

      «Pero a cada uno le es dada la manifestación del Espíritu para provecho» (1 Co. 12:7).

      «Pero todas estas cosas las hace uno y el mismo Espíritu, repartiendo a cada uno en particular como él quiere» (1 Co. 12:11).

   b. Ningún creyente tiene todos los dones.

      «¿Son todos apóstoles? ¿son todos profetas? ¿todos maestros? ¿hacen todos milagros? ¿Tienen todos dones de sanidad? ¿hablan todos lenguas? ¿interpretan todos?» (1 Co. 12:29, 30).

3. El propósito de los dones espirituales.
   a. Glorificar al Padre.

      «Señor, digno eres de recibir la gloria y la honra y el poder; porque tu creaste todas las cosas, y por tu voluntad existen y fueron creadas» (Ap. 4:11).

   b. Edificar la Iglesia.

      «A fin de perfeccionar a los santos para la obra del ministerio, para la edificación del cuerpo de Cristo, hasta que todos lleguemos a la unidad de la fe y del conocimiento del Hijo de Dios, a un varón perfecto, a la medida de la estatura de la plenitud de Cristo» (Ef. 4:12, 13).

4. El abuso de los dones espirituales.
   a. No usar los dones concedidos.

      «Por lo cual te aconsejo que avives el fuego del don de Dios que está en ti por la imposición de mis manos» (2 Ti. 1:6).

      «No descuides el don que hay en ti, que te fue dado mediante profecía por la imposición de las manos del presbiterio» (1 Ti. 4:14).

   b. Tratar de usar dones que no nos fueron concedidos.
   c. No usar los dones con amor.

      «Si yo hablase lenguas humanas y angélicas, y no tengo amor, vengo a ser como metal que resuena, o címbalo que retiñe» (1 Co. 13:1).

      ¡Cuántas veces se abusan esos dones benditos! Sólo la eternidad revelará la cantidad de hombres que ha habido y hay en el ministerio que nunca tendrían que haber estado ahí. Por otra parte, (y es igualmente trágico) sin duda ha habido un gran número de hombres llamados al servicio de Dios que nunca respondieron. Pero tal vez el mayor abuso de todos es utilizar los dones sin amor.

      Si se entiende correctamente el material dado hasta ahora sobre los dones, se puede entender por qué Dios utiliza grandemente a un cristiano carnal a pesar de los pecados evidentes (o a veces secretos) en su vida. Sin embargo, en tales casos Dios sólo está bendiciendo el don y no al individuo personalmente. En el tribunal de Cristo (véase 1 Co. 3) sin duda habrá muchas sorpresas, cuando unos cuantos líderes cristianos mundialmente reconocidos reciban muy poca recompensa personal de Cristo por sus pecados y su carnalidad.

5. El número de los dones espirituales. En tres pasajes principales, el apóstol Pablo menciona dieciocho dones espirituales distintos. Estos pasajes son: Romanos 12:6-8; 1 Corintios 12:4-7; Efesios 4:11.
6. La naturaleza de los dones espirituales. Parecería ser que estos dieciocho dones se pueden colocar en dos categorías básicas, los dones permanentes y los dones temporales, dados como señales.
7. La descripción de los dones espirituales.
   a. Los siete dones temporales dados como señales. Estos incluyen los dones de apostolado, profecía, milagros, sanidad, lenguas, interpretación de lenguas y ciencia.

      A esta altura es pertinente preguntar con qué criterio designamos los dones como señales de duración temporal. La respuesta se encuentra en la naturaleza milagrosa del don en sí. Imaginemos a un portavoz enviado por Dios hace unos veinte siglos, antes de que se escribiera la mayor parte del Nuevo Testamento. Este portavoz tiene un mensaje del Señor. Pero, ¿cómo pueden los oyentes estar seguros de que no es uno más de tantos profetas falsos? Una indicación dramática de su autenticidad sería la habilidad de realizar señales milagrosas. Nótense los siguientes versículos al respecto:

      «Este vino a Jesús de noche, y le dijo: Rabí, sabemos que has venido de Dios como maestro; porque nadie puede hacer estas señales que tú haces, si no está Dios con él» (Jn. 3:2).

      «Hizo además Jesús muchas otras señales en presencia de sus discípulos, las cuales no están escritas en este libro» (Jn. 20:30).

      «Porque no osaría hablar sino de lo que Cristo ha hecho por medio de mí para la obediencia de los gentiles, con la palabra y con las obras» (Ro. 15:18).

      «Con todo, las señales de apóstol han sido hechas entre vosotros en toda paciencia, por señales, prodigios y milagros» (2 Co. 12:12).

«Testificando Dios juntamente con ellos, con señales y prodigios y diversos milagros y repartimientos del Espíritu Santo según su voluntad» (He. 2:4).

Los dones como señales se otorgaron principalmente para validar la autoridad del Salvador y de sus apóstoles antes de que se escribiera el Nuevo Testamento. Después ya no hacía falta esta prueba milagrosa porque las Escrituras mismas revelan lo verdadero y lo falso.

(1) El don del apostolado. Es una referencia a ciertos hombres llamados por Cristo mismo y revestidos con poder especial para operar como los «miembros fundadores» oficiales de la recientemente organizada Iglesia.

«Y él mismo constituyó a unos, apóstoles; a otros, profetas; a otros, evangelistas; a otros, pastores y maestros» (Ef. 4:11).

«Y a unos puso Dios en la iglesia, primeramente apóstoles, luego profetas, lo tercero maestros, luego los que hacen milagros, después los que sanan, los que ayudan, los que administran, los que tienen don de lenguas» (1 Co. 12:28).

(a) Requisitos apostólicos. Tenía que haber visto al Cristo resucitado.

«Comenzando desde el bautismo de Juan hasta el día en que de entre nosotros fue recibido arriba, uno sea hecho testigo con nosotros, de su resurrección» (Hch. 1:22).

«¿No soy apóstol? ¿No soy libre? ¿No he visto a Jesús el Señor nuestro? ¿No sois vosotros mi obra en el Señor?» (1 Co. 9:1).

(b) El número apostólico. El número total de los primeros apóstoles no estaba limitado a doce. (Véanse Lc. 6:13; Hch. 1:26; 14:14; Ro. 1:1; 11:13; Gá. 1:19; 1 Co. 9:1; 15:7; 2 Co. 11:5; 12:12.)

(2) El don de la profecía.

«De manera que, teniendo diferentes dones, según la gracia que nos es dada, si el de profecía, úsese conforme a la medida de la fe» (Ro. 12:6).

«A otro, el hacer milagros; a otro, profecía; a otro, discernimiento de espíritus; a otro, diversos géneros de lenguas; y a otro, interpretación de lenguas» (1 Co. 12:10).

(Véanse también 1 Co. 14:1, 3-6; Ef. 4:11.)

Profecía es la capacidad sobrenatural de ver el futuro. La Biblia misma fue escrita en esta forma. (Véanse Mt. 13:14; 2 P. 1:20, 21.)

«Bienaventurado el que lee, y los que oyen las palabras de esta profecía, y guardan las cosas en ella escritas; porque el tiempo está cerca» (Ap. 1:3).

«En aquellos días unos profetas descendieron de Jerusalén a Antioquía. Y levantándose uno de ellos, llamado Agabo, daba a entender por el Espíritu que vendría una gran hambre en toda la tierra habitada; la cual sucedió en tiempo de Claudio» (Hch. 11:27, 28).

«Y permaneciendo nosotros allí algunos días, descendió de Judea un profeta llamado Agabo, quien viniendo a vernos, tomó el cinto de Pablo, y atándose los pies y las manos, dijo: Esto dice el Espíritu Santo: Así atarán los judíos en Jerusalén al varón de quien es este cinto, y le entregarán en manos de los gentiles» (Hch. 21:10, 11).

(3) El don de los milagros. Es la habilidad sobrenatural de realizar acciones más allá del alcance de la naturaleza, la habilidad de dejar de lado por un tiempo las reglas normales de la naturaleza.

«Y a unos puso Dios en la iglesia, primeramente apóstoles, luego profetas, lo tercero maestros, luego los que hacen milagros, después los que sanan, los que ayudan, los que administran, los que tienen don de lenguas» (1 Co. 12:28).

(4) El don de sanidad. Una habilidad sobrenatural para curar las enfermedades humanas, ya sean de origen físico, mental o demoníaco.

«A otro, fe por el mismo Espíritu; y a otro, dones de sanidades por el mismo Espíritu. Y a unos puso Dios en la iglesia, primeramente apóstoles, luego profetas, lo tercero maestros, luego los que hacen milagros, después los que sanan, los que ayudan, los que administran, los que tienen don de lenguas. ¿Tienen todos dones de sanidad? ¿hablan todos lenguas? ¿interpretan todos?» (1 Co. 12:9, 28, 30).

(a) El propósito del don de sanidad. Como en el caso de los milagros, este don aparentemente se dio para dar fe de la autoridad y el poder del que sanaba.

(b) La limitación del don de sanidad. Cristo no sanó a todos aquellos con quienes se encontró. (Véanse Lc. 4:25-27; Jn. 5:3-9.)

Pablo estaba limitado en sus habilidades sanadoras, como se ve en su propia aflicción (2 Co. 12:7-10).

Por lo visto en el caso de Epafrodito (Fil. 2:26, 27).

Por lo visto en el caso de Timoteo (1 Ti. 5:23).

Por lo visto en el caso de Trófimo (2 Ti. 4:20).

(5) El don de lenguas.

«A otro, el hacer milagros; a otro, profecía; a otro, discernimiento de espíritus; a otro, diversos géneros de lenguas; y a otro, interpretación de lenguas» (1 Co. 12:10).

Hasta que se terminó de escribir el Nuevo Testamento, Dios utilizó el don de lenguas como una señal para el incrédulo (tanto judío como gentil) y como un medio para edificar al creyente.

«El que habla en lengua extraña, a sí mismo se edifica; pero el que profetiza, edifica a la iglesia. Así que, las lenguas son por señal, no a los creyentes, sino a los incrédulos; pero la profecía, no a los incrédulos, sino a los creyentes» (1 Co. 14:4, 22).

(6) El don de la interpretación de lenguas (1 Co. 12:10). Esta es la habilidad sobrenatural de clarificar e interpretar aquellos mensajes pronunciados en una lengua desconocida.

(7) El don de ciencia. Es la habilidad sobrenatural de recibir una porción de la Palabra de Dios por revelación y transmitirla por inspiración.

«Porque a éste es dada por el Espíritu palabra de sabiduría; a otro, palabra de ciencia según el mismo Espíritu» (1 Co. 12:8).

Estos son, entonces, los siete dones temporales.

b. Los once dones permanentes.

(1) El don de sabiduría (1 Co. 12:8). Si la definición del don de ciencia es correcta, entonces el don de sabiduría se referiría a la habilidad sobrenatural de *aplicar* correctamente y *emplear* espiritualmente la información recogida a través del don de ciencia.

(2) El don de discernimiento de espíritus.

«A otro, el hacer milagros; a otro, profecía; a otro, discernimiento de espíritus; a otro, diversos géneros de lenguas; y a otro, interpretación de lenguas» (1 Co. 12:10).

(Véase también 1 Jn. 4:1.)

Este don es la habilidad sobrenatural de distinguir entre los espíritus demoníacos, humanos y divinos en otra persona. Tanto Pedro como Pablo poseían este don.

(3) El don de repartir.

«El que exhorta, en la exhortación; el que reparte, con liberalidad; el que preside, con solicitud; el que hace misericordia, con alegría» (Ro. 12:8).

Este don es la habilidad sobrenatural de acumular y repartir grandes cantidades de recursos económicos personales para la gloria de Dios. Al parecer, en el libro de los Hechos había miembros en tres iglesias locales con este don.

(a) La iglesia de Jerusalén (Hch. 4:32-37).
(b) La iglesia de Galacia (Gá. 4:15).
(c) La iglesia de Filipos (Fil. 4:10-18).

Se puede ver un presagio de este don anterior a pentecostés en el relato de la ofrenda de la viuda (Lc. 21:14).

(4) El don de la exhortación (Ro. 12:8; véase también Pr. 25:11).

Varias personas del Nuevo Testamento tenían este don:

(a) Bernabé (Hch. 11:22-24).
(b) Judas (no el Iscariote) y Silas (Hch. 15:32).
(c) Un creyente identificado como «compañero fiel» (Fil. 4:3).
(d) Pablo.

«Por tanto, tuve por necesario exhortar a los hermanos que fuesen primero a vosotros y preparasen primero vuestra generosidad antes prometida, para que esté lista como de generosidad, y no como de exigencia nuestra» (2 Co. 9:5).

(Véanse también Hch. 14:22; 1 Ts. 2:11; 4:1; 5:14.)

(e) Pedro.

«Ruego a los ancianos que están entre vosotros, yo anciano también con ellos, y testigo de los padecimientos de Cristo, que soy también participante de la gloria que será revelada» (1 P. 5:1).

(f) Judas (Jud. v. 3).

(5) El don de servicio. La habilidad sobrenatural de dar ayuda práctica en asuntos tanto físicos como espirituales.

«O si de servicio, en servir; o el que enseña, en la enseñanza» (Ro. 12:7).

«Y a unos puso Dios en la iglesia, primeramente apóstoles, luego profetas, lo tercero maestros, luego los que hacen milagros, después los que sanan, los que ayudan, los que administran, los que tienen don de lenguas» (1 Co. 12:28).

A este don se le llama el don de ayuda en 1 Corintios 12:28. ¡Cuánta falta hace hoy el don de ayuda en las iglesias locales! Parece haber una abundancia de pastores elocuentes y evangelistas pintorescos, ¿pero dónde están los que ayudan?

(a) Dorcas tenía este don (Hch. 9:36-39).
(b) Febe tenía este don (Ro. 16:1, 2).

(6) El don de hacer misericordia.

«El que exhorta, en la exhortación; el que reparte, con liberalidad; el que preside, con solicitud; el que hace misericordia, con alegría» (Ro. 12:8).

Hay muchos laicos sin preparación que poseen esta habilidad sobrenatural de ministrar a los enfermos y afligidos.

(7) El don de presidir o administrar (véase Ro. 12:8). Esta es la habilidad sobrenatural de organizar, administrar y promover los diversos asuntos de una iglesia local (Tit. 1:4, 5). La iglesia local no crecerá más allá de cierto punto a no ser que se utilice el ministerio de personas dotadas con este don.

(8) El don de fe. La Biblia describe tres tipos de fe:

(a) La fe salvadora: dada a todo pecador arrepentido.

«Ellos dijeron: Cree en el Señor Jesucristo, y serás salvo, tú y tu casa» (Hch. 16:31).

(Véanse también Ro. 4:5; 5:1; 10:17.)

(b) La fe santificadora: al alcance de todo creyente.

«Con Cristo estoy juntamente crucificado, y ya no vivo yo, mas vive Cristo en mí; y lo que ahora vivo en la carne, lo vivo en la fe del Hijo de Dios, el cual me amó y se entregó a sí mismo por mí» (Gá. 2:20).

(Véanse también Gá. 3:11; 5:22; Ef. 6:16; Ro. 1:17; He. 10:38.)

(c) La fe de mayordomía: dada a algunos creyentes.

«Digo, pues, por la gracia que me es dada, a cada cual que está entre vosotros, que no tenga más alto concepto de sí que el que debe tener, sino que piense de sí con cordura, conforme a la medida de fe que Dios repartió a cada uno» (Ro. 12:3).

(Véase 1 Co. 12:9.)

Este es el tipo de fe que es un *don*, una habilidad sobrenatural para creer y esperar grandes cosas de Dios.

(9) El don de enseñanza. La habilidad sobrenatural de comunicar y aclarar los detalles de la Palabra de Dios.

«O si de servicio, en servir; o el que enseña, en la enseñanza» (Ro. 12:7).

Este don fue dado a:

(a) Pablo.

«Porque no he rehuido anunciaros todo el consejo de Dios» (Hch. 20:27).

(b) Apolo (Hch. 18:24, 25).

(c) Aquila y Priscila (Hch. 18:26).

Aunque nadie puede presentar un evangelio mejor que el de la Biblia, hay personas que pueden enseñar ese evangelio mejor que otras. Este es el don de enseñanza.

(10) El don de evangelismo. La habilidad sobrenatural de encaminar a los pecadores a Cristo y de hacer sentir a los creyentes la necesidad de ganar almas. Todos los creyentes han de testificar para Cristo, tengan o no este don especial. Timoteo, por ejemplo, no era evangelista, pero ganaba almas.

«Pero tú sé sobrio en todo, soporta las aflicciones, haz obra de evangelista, cumple tu ministerio» (2 Ti. 4:5).

Sin embargo, hay otros que recibieron este don. Felipe, entre otros del libro de los Hechos, lo tenía (Hch. 8:26-40; 21:8).

(11) El don de pastor-maestro. La habilidad sobrenatural de predicar y enseñar la Palabra de Dios y de alimentar y conducir la grey de Dios.

«Ruego a los ancianos que están entre vosotros, yo anciano también con ellos, y testigo de los padecimientos de Cristo, que soy también participante de la gloria que será revelada: apacentad la grey de Dios que está entre vosotros, cuidando de ella, no por fuerza, sino voluntariamente; no por ganancia deshonesta, sino con ánimo pronto; no como teniendo señorío sobre los que están a vuestro cuidado, sino siendo ejemplos de la grey. Y cuando aparezca el Príncipe de los pastores, vosotros recibiréis la corona incorruptible de gloria» (1 P. 5:1-4).

(Véase también Hch. 20:28.)

De los dieciocho dones que hay, éste es el único don con «porción doble». Así es que no todos los maestros son llamados a ser pastores, pero todos los pastores han de ser maestros.

K. Su ministerio en cuanto al fruto del Espíritu. Ahora llegamos al undécimo y último ministerio registrado como ejecutado por el Espíritu Santo de Dios. En un sentido muy real es el que mejor demuestra su meta final aquí en la tierra, es decir, la de llevar fruto para Cristo a través de los creyentes.

«Mas ahora que habéis sido libertados del pecado y hechos siervos de Dios, tenéis por vuestro fruto la santificación, y como fin, la vida eterna» (Ro. 6:22).

«Así también vosotros, hermanos míos, habéis muerto a la ley mediante el cuerpo de Cristo, para que seáis de otro, del que resucitó de los muertos, a fin de que llevemos fruto para Dios» (Ro. 7:4).

«Para que andéis como es digno del Señor, agradándole en todo, llevando fruto en toda buena obra, y creciendo en el conocimiento de Dios» (Col. 1:10).

1. Los mandatos de dar fruto.

a. Dios desea que su nueva creación haga lo mismo que le mandó hacer a la antigua creación.

«Y los bendijo Dios, y les dijo: Fructificad y multiplicaos; llenad la tierra, y sojuzgadla, y señoread en los peces del mar, en las aves de los cielos, y en todas las bestias que se mueven sobre la tierra» (Gn. 1:28).

b. Dios desea que el creyente cumpla la profecía acerca de José.

«Rama fructífera es José, rama fructífera junto a una fuente, cuyos vástagos se extienden sobre el muro» (Gn. 49:22).

c. Dios desea que sus hijos experimenten las bendiciones del Salmo 1.

«Será como árbol plantado junto a corrientes de aguas, que da su fruto en su tiempo, y su hoja no cae; y todo lo que hace, prosperará» (Sal. 1:3).

d. Dios desea que sus hijos de luz obren *hoy* como lo hará su árbol de vida en la eternidad. (Véase Ap. 22:1, 2.)

2. Los requisitos previos para dar fruto.

a. Hay que morir al mundo.

«De cierto, de cierto os digo, que si el grano de trigo no cae en la tierra y muere, queda solo; pero si muere, lleva mucho fruto» (Jn. 12:24).

b. Hay que permanecer en el Salvador. (Véase Jn. 15:1-5, 16.)

En el Antiguo Testamento, la nación de Israel fue la vid escogida por Dios.

«Hiciste venir una vid de Egipto; echaste las naciones, y la plantaste» (Sal. 80:8).

Pero Israel se negó a dar fruto.

«Israel es una frondosa viña, que da abundante fruto para sí mismo; conforme a la abundancia de su fruto multiplicó también los altares, conforme a la bondad de su tierra aumentaron sus ídolos» (Os. 10:1).

Fue así que esa nación finalmente fue dejada de lado por Jesús.

«Por tanto os digo, que el reino de Dios será quitado de vosotros, y será dado a gente que produzca los frutos de él» (Mt. 21:43).

En los evangelios, Cristo fue la vid escogida por Dios mientras estaba en la tierra.

«Yo soy la vid verdadera, y mi Padre es el labrador» (Jn. 15:1).

(Véanse también Is. 11:1; 53:2.)

Jesús les dijo a sus discípulos que habían de ser ramas. La única función útil de una rama es la de llevar fruto. La rama no produce el fruto; sencillamente lo lleva.

3. Los dos tipos de fruto.

a. El fruto externo: ganar almas.

«¿No decís vosotros: Aún faltan cuatro meses para que llegue la siega? He aquí os digo: Alzad vuestros ojos y mirad los campos, porque ya están blancos para la siega. Y el que siega recibe salario, y recoge fruto para vida eterna, para que el que siembra goce juntamente con el que siega» (Jn. 4:35, 36).

(Véanse también Ro. 1:13; Pr. 11:30.)

b. El fruto interno: parecerse a Cristo.

«Mas el fruto del Espíritu es amor, gozo, paz, paciencia, benignidad, bondad, fe, mansedumbre, templanza; contra tales cosas no hay ley» (Gá. 5:22, 23) (cp. Ef. 5:9).

Debe notarse que la palabra fruto en ambos pasajes es singular. Pablo no dice «los frutos del Espíritu son», sino «el fruto del Espíritu es». La razón es ésta: el fruto del Espíritu, a diferencia de los dones del Espíritu, ha de ser poseído por todos y cada uno de los creyentes.

4. Los once frutos del Espíritu.

a. Amor.

«Y sobre todas estas cosas vestíos de amor, que es el vínculo perfecto» (Col. 3:14).

b. Gozo.

«Mas el fruto del Espíritu es amor, gozo, paz, paciencia, benignidad, bondad, fe» (Gá. 5:22).

«Porque el reino de Dios no es comida ni bebida, sino justicia, paz y gozo en el Espíritu Santo» (Ro. 14:17).

c. Paz. Hay dos tipos de paz:

(1) La paz *con* Dios.

«Justificados, pues, por la fe, tenemos paz para con Dios por medio de nuestro Señor Jesucristo» (Ro. 5:1).

Esta es la paz *posicional*, e incluye a todos los creyentes en el momento de su salvación.

(2) La paz *de* Dios.

«Y la paz de Dios, que sobrepasa todo entendimiento, guardará vuestros corazones y vuestros pensamientos en Cristo Jesús» (Fil. 4:7).

Esta paz la *experimentan* sólo aquellos creyentes que están llenos del Espíritu de Dios. Se puede definir como tranquilidad en la tribulación.

d. Paciencia: la capacidad de soportar una situación insoportable con alegría y tolerar lo intolerable con resignación.

«En pureza, en ciencia, en longanimidad, en bondad, en el Espíritu Santo, en amor sincero» (2 Co. 6:6).

«¿O menosprecias las riquezas de su benignidad, paciencia y longanimidad, ignorando que su benignidad te guía al arrepentimiento?» (Ro. 2:4).

e. Benignidad: una amabilidad calmada y respetuosa.

«Que a nadie difamen, que no sean pendencieros, sino amables, mostrando toda mansedumbre para con todos los hombres» (Tit. 3:2).

«Porque el siervo del Señor no debe ser contencioso, sino amable para con todos, apto para enseñar, sufrido» (2 Ti. 2:24).

f. Fe.

«Con Cristo estoy juntamente crucificado, y ya no vivo yo, mas vive Cristo en mí; y lo que ahora vivo en la carne, lo vivo en la fe del Hijo de Dios, el cual me amó y se entregó a sí mismo por mí» (Gá. 2:20).

«Y que por la ley ninguno se justifica para con Dios, es evidente, porque: El justo por la fe vivirá» (Gá. 3:11).

g. Justicia: hechos justos; el cumplimiento de la tarea asignada.

«Llenos de frutos de justicia que son por medio de Jesucristo, para gloria y alabanza de Dios» (Fil. 1:11).

«Es verdad que ninguna disciplina al presente parece ser causa de gozo, sino de tristeza; pero después da fruto apacible de justicia a los que en ella han sido ejercitados» (He. 12:11).

h. Bondad: hechos sanos; andar la segunda milla.

«Y a cualquiera que te obligue a llevar carga por una milla, vé con él dos» (Mt. 5:41).

i. Mansedumbre: dureza sojuzgada.

(1) Pablo utilizó este método para tratar con la iglesia de Corinto.

«¿Qué queréis? ¿Iré a vosotros con vara, o con amor y espíritu de mansedumbre?» (1 Co. 4:21).

(2) Este es el método a ser utilizado por personas espirituales para restaurar a un hermano caído.

«Vestíos, pues, como escogidos de Dios, santos y amados, de entrañable misericordia, de benignidad, de humildad, de mansedumbre, de paciencia; soportándoos unos a otros, y perdonándoos unos a otros si alguno tuviere queja contra otro. De la manera que Cristo os perdonó, así también hacedlo vosotros» (Col. 3:12, 13; cp. Gá. 6:1).

(3) Ha de utilizarse para mantener la unidad dentro de la iglesia.

«Con toda humildad y mansedumbre, soportándoos con paciencia los unos a los otros en amor, solícitos en guardar la unidad del Espíritu en el vínculo de la paz» (Ef. 4:2, 3).

(4) Es el método a ser utilizado para tratar con todos los hombres.

«Porque el siervo del Señor no debe ser contencioso, sino amable para con todos, apto para enseñar, sufrido; que con mansedumbre corrija a los que se oponen, por si quizá Dios les conceda que se arrepientan para conocer la verdad» (2 Ti. 2:24, 25) (cp. Tit. 3:2).

j. Templanza: dominio propio. El gran ejemplo neotestamentario de esto es el apóstol Pablo. Obsérvese su testimonio:

«Por lo cual, siendo libre de todos, me he hecho siervo de todos para ganar a mayor número. Me he hecho a los judíos como judío, para ganar a los judíos; a los que están sujetos a la ley (aunque yo no esté sujeto a la ley) como sujeto a la ley, para ganar a los que están sujetos a la ley; a los que están sin ley, como si yo estuviera sin ley (no estando yo sin ley de Dios, sino bajo la ley de Cristo), para ganar a los que están sin ley. Me he hecho débil a los débiles, para ganar a los débiles; a todos me he hecho de todo, para que de todos modos salve a algunos. Y esto hago por causa del evangelio, para hacerme copartícipe de él. ¿No sabéis que los que corren en el estadio, todos a la verdad corren, pero uno solo se lleva el premio? Corred de tal manera que lo obtengáis. Todo aquel que lucha, de todo se abstiene; ellos, a la verdad, para recibir una corona corruptible, pero nosotros, una incorruptible. Así que, yo de esta manera corro, no como a la ventura; de esta manera peleo, no como quien golpea el aire, sino que golpeo mi cuerpo, y lo pongo en servidumbre, no sea que habiendo sido heraldo para otros, yo mismo venga a ser eliminado» (1 Co. 9:19-27).

k. Verdad: vivir una vida abierta, sin engaño ni hipocresía.

«Por lo cual, teniendo nosotros este ministerio según la misericordia que hemos recibido, no desmayamos. Antes bien renunciamos a lo oculto y vergonzoso, no andando con astucia, ni adulterando la palabra de Dios, sino por la manifestación de la verdad recomendándonos a toda conciencia humana delante de Dios» (2 Co. 4:1, 2).

LA DOCTRINA DEL HOMBRE

LA DOCTRINA DEL HOMBRE

Abordaremos este estudio del hombre de la siguiente manera:

I. Su origen.
II. Su naturaleza.
III. Sus deberes y responsabilidades originales.
IV. Su pecado y caída trágica.
V. Su condición actual.
VI. Su destino.

I. Su origen. Se han propuesto tres teorías para explicar el origen del hombre.

A. La evolución atea. Esta teoría mantiene que el hombre es el producto accidental y fortuito de una serie ciega e impersonal de acontecimientos químicos y biológicos. Definida en términos sencillos, la evolución es el proceso por el cual todos los organismos vivientes se han desarrollado desde las formas sencillas hasta las más complejas. Esta teoría nos haría creer que nuestro mundo y todo lo que contiene llegó a existir a partir de un poco de lodo que evolucionó en el pasado. Se nos asegura que si le damos suficiente tiempo a un poco de lodo, producirá, por sí mismo, la música de un Beethoven, los cuadros de un Rafael, los escritos de un Shakespeare y las enseñanzas de Cristo. Huelga decir que esta teoría no sólo es antiescritural sino que carece de sentido.

B. La evolución teísta. Esta teoría enseña que hay un Dios, el Creador de la materia, que eligió el método de la evolución para hacer llegar todas las cosas, incluyendo al hombre, a su estado actual. Sin embargo, la evolución como método está clara, fuerte y completamente refutada por la Biblia.

1. El libro de Génesis enseña que la vida comenzó en tierra seca, mientras que la evolución dice que comenzó en el fondo de un océano remoto.

   «Después dijo Dios: Produzca la tierra hierba verde, hierba que dé semilla; árbol de fruto que dé fruto según su género, que su semilla esté en él, sobre la tierra. Y fue así. Produjo, pues, la tierra hierba verde, hierba que da semilla según su naturaleza, y árbol que da fruto, cuya semilla está en él, según su género. Y vio Dios que era bueno» (Gn. 1:11, 12).

2. El libro de Génesis declara que las aves existieron antes que los insectos, mientras que la evolución invierte ese orden.

   «Dijo Dios: Produzcan las aguas seres vivientes, y aves que vuelen sobre la tierra, en la abierta expansión de los cielos. Luego dijo Dios: Produzca la tierra seres vivientes según su género, bestias y serpientes y animales de la tierra según su especie. Y fue así» (Gn. 1:20, 24).

3. El libro de Génesis afirma que las aves y los peces fueron creados al mismo tiempo, pero la evolución dice que los peces evolucionaron cientos de millones de años antes de que se desarrollaran las aves.

   «Y creó Dios los grandes monstruos marinos, y todo ser viviente que se mueve, que las aguas produjeron según su género, y toda ave alada según su especie. Y vio Dios que era bueno» (Gn. 1:21).

4. El libro de Génesis enfatiza (diez veces) que la entidades creadas debían reproducirse «según su género», mientras que la evolución postula el ascenso lento de todos los organismos de un antepasado común.

5. El libro de Génesis dice que Adán fue hecho del polvo de la tierra a la imagen de Dios, mientras que la evolución afirma que Adán descendió de una criatura subsimiesca.

6. El libro de Génesis afirma que la mujer salió del costado del hombre, mientras que la evolución enseña que el hombre y la mujer se desarrollaron simultáneamente.

7. El libro de Génesis nos dice que el hombre originalmente fue vegetariano, mientras que la evolución nos enseña que probablemente era un caníbal que cazaba cabezas.

   «Y dijo Dios: He aquí que os he dado toda planta que da semilla, que está sobre toda la tierra, y todo árbol en que hay fruto y que da semilla; os serán para comer» (Gn. 1:29).

C. La creación especial. Esta es la creencia de que el hombre es el producto directo de la mano de Dios y de que las declaraciones de Génesis 1 y 2 han de ser interpretadas literalmente. Además, algunos estudiosos de la Biblia ven en estos dos primeros capítulos argumentos claros para creer en una semana especial de creación de seis días de veinticuatro horas. Creen que esto se puede ver:

1. En el uso del idioma hebreo. Si los días realmente hubiesen sido largos períodos de tiempo, se había utilizado la palabra hebrea *olam* (que significa un período largo e indeterminado), en vez de la palabra hebrea *yom* (que significa día).

   El uso de un adjetivo numérico con la palabra *día* en Génesis 1 lo limita a un día normal ... en las narraciones históricas el adjetivo numérico siempre limita la palabra a un período de veinticuatro horas (cp. Nm. 7 para ver un paralelo notable). (John C. Whitcomb, Jr., *Creation According to God's Word*, p. 4.)

2. En las genealogías que se encuentran en Génesis 5 y 11. Si la evolución es correcta y el hombre realmente tiene un millón de años, entonces tendríamos que admitir un lapso de cincuenta mil años entre cada uno de los nombres que aparecen en estos dos capítulos. Además, si la vida misma tiene casi mil millones

de años, entonces cada día de Génesis 1 tendría que representar aproximadamente 125 millones de años.

3. En las palabras de Moisés en el monte Sinaí.

«Seis días trabajarás, y harás toda tu obra; mas el séptimo día es reposo para Jehová tu Dios; no hagas en él obra alguna, tú, ni tu hijo, ni tu hija, ni tu siervo, ni tu criada, ni tu bestia, ni tu extranjero que está dentro de tus puertas. Porque en seis días hizo Jehová los cielos y la tierra, el mar, y todas las cosas que en ellos hay, y reposó en el séptimo día; por tanto, Jehová bendijo el día de reposo y lo santificó» (Ex. 20:9-11).

«Guardarán, pues, el día de reposo los hijos de Israel, celebrándolo por sus generaciones por pacto perpetuo. Señal es para siempre entre mí y los hijos de Israel; porque en seis días hizo Jehová los cielos y la tierra, y en el séptimo día cesó y reposó» (Ex. 31:16, 17).

4. En las palabras de David.

«Por la palabra de Jehová fueron hechos los cielos, y todo el ejército de ellos por el aliento de su boca. El junta como montón las aguas del mar; él pone en depósitos los abismos. Porque él dijo, y fue hecho; él mandó, y existió» (Sal. 33:6, 7, 9).

5. En las palabras de Jesús. El Salvador aparentemente aceptaba literalmente los tres primeros capítulos de Génesis.

«Hijo de Enós, hijo de Set, hijo de Adán, hijo de Dios» (Lc. 3:38).

«El, respondiendo, les dijo: ¿No habéis leído que el que los hizo al principio, varón y hembra los hizo?» (Mt. 19:4).

«Si os he dicho cosas terrenales, y no creéis, ¿cómo creeréis si os dijere las celestiales?» (Jn. 3:12).

«Porque si creyeseis a Moisés, me creeríais a mí, porque de mí escribió él. Pero si no creéis a sus escritos, ¿cómo creeréis a mis palabras?» (Jn. 5:46, 47).

6. En las palabras de Pablo.

«Por tanto, como el pecado entró en el mundo por un hombre, y por el pecado la muerte, así la muerte pasó a todos los hombres, por cuanto todos pecaron. No obstante, reinó la muerte desde Adán hasta Moisés, aun en los que no pecaron a la manera de la transgresión de Adán, el cual es figura del que había de venir. Pues si por la transgresión de uno solo reinó la muerte, mucho más reinarán en vida por uno solo, Jesucristo, los que reciben la abundancia de la gracia y del don de la justicia. Porque así como por la desobediencia de un hombre los muchos fueron constituidos pecadores, así también por la obediencia de uno, los muchos serán constituidos justos» (Ro. 5:12, 14, 17, 19).

«Porque el anhelo ardiente de la creación es el aguardar la manifestación de los hijos de Dios. Porque la creación fue sujetada a vanidad, no por su propia voluntad, sino por causa del que la sujetó en esperanza; porque también la creación misma será libertada de la esclavitud de corrupción, a la libertad gloriosa de los hijos de Dios» (Ro. 8:19-22).

«Porque el varón no procede de la mujer, sino la mujer del varón, y tampoco el varón fue creado por causa de la mujer, sino la mujer por causa del varón. Porque así como la mujer procede del varón, también el varón nace de la mujer; pero todo procede de Dios» (1 Co. 11:8, 9, 11).

«No toda carne es la misma carne, sino que una carne es la de los hombres, otra carne la de las bestias, otra la de los peces, y otra la de las aves. Se siembra cuerpo animal, resucitará cuerpo espiritual. Hay cuerpo animal, y hay cuerpo espiritual. Así también está escrito: Fue hecho el primer hombre Adán alma viviente; el postrer Adán, espíritu vivificante. Mas lo espiritual no es primero, sino lo animal; luego lo espiritual. El primer hombre es de la tierra, terrenal; el segundo hombre, que es el Señor, es del cielo. Cual el terrenal, tales también los terrenales; y cual el celestial, tales también los celestiales. Y así como hemos traído la imagen del terrenal, traeremos también la imagen del celestial» (1 Co. 15:39, 44-49).

«Pero temo que como la serpiente con su astucia engañó a Eva, vuestros sentidos sean de alguna manera extraviados de la sincera fidelidad a Cristo» (2 Co. 11:3).

«Porque Adán fue formado primero, después Eva; y Adán no fue engañado, sino que la mujer, siendo engañada, incurrió en transgresión» (1 Ti. 2:13, 14).

7. En la afirmación de Benjamín Warfield (uno de los más grandes teólogos ortodoxos de la época moderna). Aunque Warfield admitía la posibilidad de que el hombre hubiese existido por más de 100 mil años, personalmente creía que la fecha de la creación del hombre no era anterior a 5.000 a 10.000 a.C. (*Estudios bíblicos y teológicos*, p. 237).

8. En la declaración de Edward Young (un erudito sobresaliente del hebreo).

Los seis días se han de entender en un sentido cronológico, es decir, un día después del otro en sucesión. Este hecho queda enfatizado al ser los días designados como primero, segundo, tercero, etc. (*Westminster Theological Journal*, [mayo 1962], p. 169).

9. En la obra titulada en inglés *Interpreter's Bible*, tomo I, p. 417.

No puede haber duda alguna de que por «día» el autor quiere decir exactamente lo que nosotros entendemos: el tiempo que se requiere para que la tierra rote una vez sobre su eje. Su hubiese querido decir un eón, dada su afición a los números, seguramente hubiese dicho el número de milenios que comprende cada período.

Nota: Aunque la *Interpreter's Bible* (una obra muy liberal) sin duda consideraría a los primeros once capítulos de Génesis como puro mito, sin embargo mantiene que el autor de Génesis creía en el relato de una creación de seis días literales.

Al concluir esta primera sección es importante recordar la necesidad absoluta de creer la Palabra de Dios acerca de nuestro origen, porque si permitimos que Satanás altere nuestras creencias, podríamos terminar dudando acerca de nuestra misión actual como embajadores de Cristo y de nuestro destino futuro.

Conviene ahora recordar las palabras que Jesús le dijo a Nicodemo:

«Si os he dicho cosas terrenales, y no creéis, ¿cómo creeréis si os dijere las celestiales?» (Jn. 3:12).

II. Su naturaleza. Al tratar sobre la naturaleza humana, haremos cinco preguntas básicas e intentaremos contestarlas.

A. ¿De qué manera está hecho el hombre a la imagen y semejanza de Dios?

«Entonces dijo Dios: Hagamos al hombre a nuestra imagen, conforme a nuestra semejanza; y señoree en los peces del mar, en las aves de los cielos, en las bestias, en toda la tierra, y en todo animal que se arrastra sobre la tierra. Y creó Dios al hombre a su imagen, a imagen de Dios lo creó; varón y hembra los creó» (Gn. 1:26, 27).

¿Cómo hemos de interpretar estas palabras? Se han propuesto varias teorías a lo largo de la historia de la Iglesia cristiana.

1. Que esta semejanza es una referencia a la trinidad del hombre. En otras palabras, así como Dios es trino en naturaleza (Padre, Hijo y Espíritu Santo), hizo del hombre una criatura trina que consiste en espíritu, alma y cuerpo. Los que proponen esta teoría señalan los siguientes versículos para apoyar sus afirmaciones:

«Porque la palabra de Dios es viva y eficaz, y más cortante que toda espada de dos filos; y penetra hasta partir el alma y el espíritu, las coyunturas y los tuétanos, y discierne los pensamientos y las intenciones del corazón» (He. 4:12).

«Y el mismo Dios de paz os santifique por completo; y todo vuestro ser, espíritu, alma y cuerpo, sea guardado irreprensible para la venida de nuestro Señor Jesucristo» (1 Ts. 5:23).

2. Que el hombre es creado a la imagen de Dios por cuanto su Creador le dio conciencia propia, conciencia de Dios y un sentido de moralidad. Expresado sencillamente esto significa que el hombre puede identificarse a sí mismo, conocer a su Dios, mirar retrospectivamente a su nacimiento y hacer planes para su muerte.

3. Que cuando Dios pronunció estas palabras estaba pensando en la encarnación futura de Cristo, el Dios-hombre, y su obra actual de conformar al cristiano a sí mismo. Nótense los siguientes versículos:

«Mas nuestra ciudadanía está en los cielos, de donde también esperamos al Salvador, al Señor Jesucristo; el cual transformará el cuerpo de la humillación nuestra, para que sea semejante al cuerpo de la gloria suya, por el poder con el cual puede también sujetar a sí mismo todas las cosas» (Fil. 3:20, 21).

«Porque a los que antes conoció, también los predestinó para que fuesen hechos conformes a la imagen de su Hijo, para que él sea el primogénito entre muchos hermanos» (Ro. 8:29).

«Amados, ahora somos hijos de Dios, y aun no se ha manifestado lo que hemos de ser; pero sabemos que cuando él se manifieste, seremos semejantes a él, porque le veremos tal como él es» (1 Jn. 3:2).

4. Sea como fuere, parece haber en todos los hombres una imagen de Dios que no se puede perder y una imagen que *sí* se puede perder.

a. La imagen que no se puede perder.

«Porque el varón no debe cubrirse la cabeza, pues él es imagen y gloria de Dios; pero la mujer es gloria del varón» (1 Co. 11:7).

«Pero ningún hombre puede domar la lengua, que es un mal que no puede ser refrenado, llena de veneno mortal. Con ella bendecimos al Dios y Padre, y con ella maldecimos a los hombres, que están hechos a la semejanza de Dios» (Stg. 3:8, 9).

En el versículo siguiente, Dios instituye la pena de muerte y la justifica con el razonamiento de que el asesino debe morir por tomar la vida de otra criatura hecha a la imagen de Dios.

«El que derramare sangre de hombre, por el hombre su sangre será derramada; porque a imagen de Dios es hecho el hombre» (Gn. 9:6).

Por lo tanto, la Biblia indica que todos los hombres no salvos todavía tienen ciertos rasgos de la imagen original de la creación de Dios.

b. La imagen que se puede perder.

«No mintáis los unos a los otros, habiéndoos despojado del viejo hombre con sus hechos, y revestido del nuevo, el cual conforme a la imagen del que lo creó se va renovando hasta el conocimiento pleno» (Col. 3:9, 10).

«Y vestíos del nuevo hombre, creado según Dios en la justicia y santidad de la verdad» (Ef. 4:24).

Entonces parecería que se perdió una parte de la imagen de Dios después que Adán pecó y que ahora debe ser restaurada por el Espíritu Santo en el momento de la salvación. Esta imagen perdida parecería ser la capacidad de conocer a Dios y el deseo de amarlo.

B. ¿Es el hombre un ser dicótomo (de dos partes), o es un ser tricótomo (de tres partes)? Es decir, ¿consiste en cuerpo y alma, o tiene cuerpo, alma y espíritu?

1. Los siguientes dos argumentos apoyan la dicotomía.

a. El hombre es un ser dicótomo no sólo por el plan de Dios, sino por la naturaleza misma del universo, que sólo reconoce lo material y lo no material. En otras palabras, el cuerpo del hombre pertenece a lo material y el alma a lo no material. ¿Qué queda después? Por lo tanto, como el espíritu del hombre es decididamente no material, debe ubicarse en el campo de lo no material, y entonces se vuelve idéntico al alma.

b. Con frecuencia se usan los términos *alma* y *espíritu* intercambiablemente en la Biblia. La Virgen María parece hacer exactamente esto en su himno de alabanza a Dios.

«Entonces María dijo: Engrandece mi alma al Señor; y mi espíritu se regocija en Dios mi Salvador» (Lc. 1:46, 47; cp. 2 Co. 7:1; Stg. 5:20; 1 P. 2:11).

2. Las evidencias básicas de la tricotomía incluirían:

a. El hecho de que algunos pasajes usan los dos términos intercambiablemente no significa que no haya una distinción. Por ejemplo, a veces se usan las frases «reino de Dios» y «reino de los cielos» intercambiablemente; sin embargo, la mayoría de los estudiosos bíblicos reconocen una diferencia general e indiscutible entre ellas.

b. En por lo menos dos pasajes esenciales, el Nuevo Testamento hace una diferencia meticulosa entre el espíritu y el alma.

«Y el mismo Dios de paz os santifique por completo; y todo vuestro ser, espíritu, alma y cuerpo, sea guardado irreprensible para la venida de nuestro Señor Jesucristo» (1 Ts. 5:23).

«Porque la palabra de Dios es viva y eficaz, y más cortante que toda espada de dos filos; y penetra hasta partir el alma y el espíritu; las coyunturas y los tuétanos, y discierne los pensamientos y las intenciones del corazón» (He. 4:12).

c. La palabra hebrea *nephesh* se traduce por la palabra «alma» la mayor parte de los cientos de veces que aparece en el Antiguo Testamento. Pero en contadas ocasiones se traduce por otras palabras, como «animal» y «ser».

«El que hiere a algún animal ha de restituirlo, animal por animal» (Lv. 24:18).

«Entonces Jehová Dios formó al hombre del polvo de la tierra, y sopló en su nariz aliento de vida, y fue el hombre un ser viviente» (Gn. 2:7).

«Jehová Dios formó, pues, de la tierra toda bestia del campo, y toda ave de los cielos, y las trajo a Adán para que viese cómo las había de llamar; y todo lo que Adán llamó a los animales vivientes, ese es su nombre» (Gn. 2:9).

Lo anterior sencillamente lleva a lo siguiente: a veces la Biblia ofrece una imagen de los animales como criaturas que poseen un alma. Por lo tanto, como el hombre es diferente de los animales, debe tener algo más elevado, y ese algo más elevado es el espíritu. En ningún lugar de las Escrituras leemos que un animal tenga espíritu.

d. La tricotomía es la mejor teoría para explicar los tres niveles de conciencia en todos los hombres: la conciencia de sí mismo (por el alma), la conciencia del mundo (por el cuerpo) y la conciencia de Dios (por el espíritu).

El doctor Merrill F. Unger, erudito del hebreo, ha escrito lo siguiente en cuanto a este asunto:

«Con frecuencia se emplean los dos términos intercambiablemente ... sin embargo, no siempre se emplean alma y espíritu intercambiablemente como términos sinónimos. Por ejemplo, se dice que el alma está perdida, pero no el espíritu. Cuando no se están haciendo distinciones técnicas, la Biblia es dicótoma, si no, es tricótoma. Los teólogos no han dejado de estudiar estas distinciones detenidamente.» (*Unger's Bible Dictionary*, p. 1043.)

C. ¿Cómo y dónde recibe el hombre el alma?

1. Primera opinión: Todos los hombres han conocido otras existencias antes de esta vida terrenal, en el cielo o en algún lugar del pasado, y por lo tanto reciben su alma original de existencias previas en su cuerpo terrenal. Esta es la teoría de la preexistencia y huelga decir que no tiene ningún fundamento bíblico.

Leslie B. Flynn escribe:

«Origen, el líder cristiano de Alejandría, mantuvo el preexistencialismo para justificar la amplia disparidad de condiciones en las cuales la gente entra en nuestro mundo. Filo, el filósofo judío, abrazó la misma teoría para explicar el aprisionamiento del alma en el cuerpo. Cuatro siglos antes de Cristo, Platón enseñó la preexistencia del alma para explicar la existencia de ideas que no se derivan del sentido.» (*Man, Ruined and Restored*, p. 45.)

2. Segunda opinión: Toda alma humana es una creación inmediata y especial de Dios, y entra en el feto en desarrollo en una etapa temprana. Esta es la teoría creacionista. Se ofrecen los siguientes versículos para apoyar este punto de vista:

«Y el polvo vuelva a la tierra, como era, y el espíritu vuelva a Dios que lo dio» (Ec. 12:7).

«Profecía de la palabra de Jehová acerca de Israel. Jehová, que extiende los cielos y funda la tierra, y forma el espíritu del hombre dentro de él, ha dicho» (Zac. 12:1).

«Porque no contenderé para siempre, ni para siempre me enojaré; pues decaería ante mí el espíritu, y las almas que yo he creado» (Is. 57:16).

«Por otra parte, tuvimos a nuestros padres terrenales que nos disciplinaban, y los venerábamos. ¿Por qué no obedeceremos mucho mejor al Padre de los espíritus, y viviremos?» (He. 12:9).

Sin embargo, se ha hecho una objeción básica a la teoría de la creación. Si Dios crea cada alma individualmente en el cielo y la manda al cuerpo en desarrollo, ¿por qué son todos los hombres pecadores? Está mal, además, decir que el cuerpo corrompe el alma, porque en ninguna parte enseñan las Escrituras que la fuente del pecado en el hombre surja de su cuerpo de carne, sangre y hueso. Por el contrario, se dice que el pecado viene de la voluntad terca y rebelde del hombre, y la voluntad es un aspecto del alma. En otras palabras, ¿crea Dios en primer lugar un alma que es pecaminosa? Si lo hace, se convierte en el autor del pecado. Pero si crea un alma pura e inocente, ¿por qué y cómo y cuándo se convierte el hombre en pecador? ¿No habría una persona de entre las más de sesenta mil millones que han vivido o están viviendo en esta tierra que hubiese decidido mantener su alma pura, sin mancha ni pecado?

3. Tercera opinión: Que tanto el cuerpo como el alma se transmiten por medio de generaciones

naturales. Este es la teoría traduciana, y es el punto de vista de la mayoría de los teólogos (con excepciones notables como la de Charles Hodge). Los pasajes que tenderían a apoyar este punto de vista son los siguientes:

«¿Quién hará limpio a lo inmundo? Nadie» (Job 14:4).

«He aquí, en maldad he sido formado, y en pecado me concibió mi madre» (Sal. 51:5).

«Se apartaron los impíos desde la matriz; se descarriaron hablando mentira desde que nacieron» (Sal. 58:3).

«Lo que es nacido de la carne, carne es; y lo que es nacido del Espíritu, espíritu es» (Jn. 3:6).

«Entre los cuales también todos nosotros vivimos en otro tiempo en los deseos de nuestra carne, haciendo la voluntad de la carne y de los pensamientos, y éramos por naturaleza hijos de ira, lo mismo que los demás» (Ef. 2:3).

Sin embargo, al igual que en el caso del creacionismo, hay una acusación grave en contra del punto de vista traduciano. El problema es éste: si el hijo recibe el alma de sus padres, ¿cómo escapó Jesús de la naturaleza pecaminosa de María para conservarse como el Salvador puro y perfecto que fue? Pero parecería que este argumento ignora un hecho básico pero absolutamente vital: la personalidad del Señor Jesucristo no comenzó a existir en Belén a través del método creacionista ni del traduciano. El hecho bíblico irrefutable es que Jesús siempre existió como Dios. Por lo tanto, aunque pudo orar «me preparaste cuerpo» (He. 10:5), más tarde también oró:

«Ahora pues, Padre, glorifícame tú al lado tuyo, con aquella gloria que tuve contigo antes que el mundo fuese» (Jn. 17:5).

D. ¿Qué es el alma? La naturaleza del alma del hombre, como la doctrina de la Trinidad, es un misterio que sencillamente no puede ser comprendido por la mente mortal. Sólo un tonto intentaría dar una respuesta dogmática a esta pregunta. Por lo tanto, las siguientes declaraciones son sugerencias, no respuestas absolutas. Es la opinión de este escritor que la Biblia no indica tanto que *tengo* un alma, sino que *soy* un alma. *Tengo* un cuerpo y *tengo* un espíritu, pero *yo* soy el alma. Pero repito, ¿quién puede ser dogmático en esto?

«He aquí, os digo un misterio: No todos dormiremos; pero todos seremos transformados, en un momento, en un abrir y cerrar de ojos, a la final trompeta; porque se tocará la trompeta, y los muertos serán resucitados incorruptibles, y nosotros seremos transformados. Porque es necesario que esto corruptible se vista de incorrupción, y esto mortal se vista de inmortalidad. Y cuando esto corruptible se haya vestido de inmortalidad, entonces se cumplirá la palabra que está escrita: Sorbida es la muerte en victoria» (1 Co. 15:51-54).

E. ¿Cuáles son las características básicas del alma? Cuando se consultan las diversas obras teológicas sobre la naturaleza del hombre, se descubre que la discusión suele centrarse alrededor de cuatro palabras básicas. Estas son: intelecto, sensibilidad, conciencia y voluntad. Que quede bien claro nuevamente que no es posible hacer una definición absoluta y global, pero las siguientes declaraciones pueden ser pautas útiles.

1. Intelecto: el aspecto del alma que me dice si un asunto dado es bueno o malo.
2. Sensibilidad: el aspecto del alma que me dice lo que me *gustaría* hacer respecto al asunto.
3. Conciencia: aquel aspecto del alma que me dice lo que *debería* hacer respecto al asunto.

La Biblia menciona varios tipos diferentes de conciencia:

a. Una conciencia mala.

«Acerquémonos con corazón sincero, en plena certidumbre de fe, purificados los corazones de mala conciencia, y lavados los cuerpos con agua pura» (He. 10:22).

b. Una conciencia corrompida.

«Todas las cosas son puras para los puros, mas para los corrompidos e incrédulos nada les es puro; pues hasta su mente y su conciencia están corrompidas» (Tit. 1:15).

c. Una conciencia débil.

«Pero no en todos hay este conocimiento; porque algunos, habituados hasta aquí a los ídolos, comen como sacrificado a ídolos, y su conciencia, siendo débil, se contamina. De esta manera, pues, pecando contra los hermanos e hiriendo su débil conciencia, contra Cristo pecáis» (1 Co. 8:7, 12).

d. Una buena conciencia.

«Entonces Pablo, mirando fijamente al concilio, dijo: Varones hermanos, yo con toda buena conciencia he vivido delante de Dios hasta el día de hoy» (Hch. 23:1).

«Pues el propósito de este mandamiento es el amor nacido de corazón limpio, y de buena conciencia, y de fe no fingida. Manteniendo la fe y buena conciencia, desechando la cual naufragaron en cuanto a la fe algunos» (1 Ti. 1:5, 19).

«Orad por nosotros; pues confiamos en que tenemos buena conciencia, deseando conducirnos bien en todo» (He. 13:18).

«Teniendo buena conciencia, para que en lo que murmuran de vosotros como de malhechores, sean avergonzados los que calumnian vuestra buena conducta en Cristo. El bautismo que corresponde a esto ahora nos salva (no quitando las inmundicias de la carne, sino como la aspiración de una buena conciencia hacia Dios) por la resurrección de Jesucristo» (1 P. 3:16, 21).

e. Una conciencia limpia.

«Que guarden el misterio de la fe con limpia conciencia» (1 Ti. 3:9).

f. Una conciencia cauterizada.

«Por la hipocresía de mentirosos que, teniendo cauterizada la conciencia» (1 Ti. 4:2).

4. Voluntad: aquel aspecto del alma que me dice lo que *haré* respecto al asunto.

III. Sus deberes y responsabilidades originales. ¿Por qué creó Dios al hombre? Antes de dar los diversos motivos, debemos afirmar vehementemente que Dios *no* creó al hombre porque se sentía solo. Mucho antes de crear a los ángeles o al hombre, el Padre disfrutaba de una bendita comunión con su Hijo amado.

«Ahora pues, Padre, glorifícame tú al lado tuyo, con aquella gloria que tuve contigo antes que el mundo fuese. Padre, aquellos que me has dado, quiero que donde yo estoy, también ellos estén conmigo, para que vean mi gloria que me has dado; porque me has amado desde antes de la fundación del mundo» (Jn. 17:5, 24).

«Jehová me poseía en el principio, ya de antiguo, antes de sus obras. Eternamente tuve el principado, desde el principio, antes de la tierra. Antes de los abismos fue engendrada; antes que fuesen las fuentes de las muchas aguas. Antes que los montes fuesen formados, antes de los collados, ya había sido yo engendrada; no había aún hecho la tierra, ni los campos, ni el principio del polvo del mundo. Cuando formaba los cielos, allí estaba yo; cuando trazaba el círculo sobre la faz del abismo; cuando afirmaba los cielos arriba, cuando afirmaba las fuentes del abismo; cuando ponía al mar su estatuto, para que las aguas no traspasasen su mandamiento; cuando establecía los fundamentos de la tierra, con él estaba yo ordenándolo todo, y era su delicia de día en día, teniendo solaz delante de él en todo tiempo» (Pr. 8:22-30).

¿Por qué, entonces, creó al hombre? De acuerdo con un pasaje en Apocalipsis:

«Señor, digno eres de recibir la gloria y la honra y el poder; porque tú creaste todas las cosas, y por tu voluntad existen y fueron creadas» (Ap. 4:11).

El hombre, entonces, fue creado para demostrar la gloria de Dios y para tener comunión con el Dios de la gloria. En el momento de su creación, se le dan los siguientes deberes y responsabilidades:

A. El hombre había de asumir la dirección de toda la naturaleza.

«Entonces dijo Dios: Hagamos al hombre a nuestra imagen, conforme a nuestra semejanza; y señoree en los peces del mar, en las aves de los cielos, en las bestias, en toda la tierra, y en todo animal que se arrastra sobre la tierra» (Gn. 1:26).

El Nuevo Testamento deja ver claramente que el hombre fue hecho para asumir la dirección de todo el universo (He. 2:5-8).

B. El hombre había de tener su sede en el Edén y cuidar especialmente de ese hermoso paraíso.

«Tomó, pues, Jehová Dios al hombre, y lo puso en el huerto de Edén, para que lo labrara y lo guardase» (Gn. 2:15).

C. El hombre había de proveer un nombre para todo ser viviente.

«Jehová Dios formó, pues, de la tierra toda bestia del campo, y toda ave de los cielos, y las trajo a Adán para que viese cómo las había de llamar; y todo lo que Adán llamó a los animales vivientes, ese es su nombre. Y puso Adán nombre a toda bestia y ave de los cielos y a todo ganado del campo; mas para Adán no se halló ayuda idónea para él» (Gn. 2:19, 20).

D. El hombre había de amar y proteger a su esposa.

«Por tanto, dejará el hombre a su padre y a su madre, y se unirá a su mujer, y serán una sola carne» (Gn. 2:24).

E. El hombre había de reproducirse y poblar la tierra con su especie.

«Y los bendijo Dios, y les dijo: Fructificad y multiplicaos; llenad la tierra, y sojuzgadla, y señoread en los peces del mar, en las aves de los cielos, y en todas las bestias que se mueven sobre la tierra» (Gn. 1:28).

F. El hombre había de disfrutar de todos los frutos de los diversos árboles (menos uno).

«Y mandó Jehová Dios al hombre, diciendo: De todo árbol del huerto podrás comer» (Gn. 2:16).

G. Se le prohibió al hombre tomar del fruto del árbol de la ciencia del bien y del mal.

«Mas del árbol de la ciencia del bien y del mal no comerás; porque el día que de él comieres, ciertamente morirás» (Gn. 2:17).

IV. Su trágico pecado y caída.

A. La tentación que llevó a la caída. Según Génesis 3:1, Satanás, obrando a través de la serpiente, sedujo a Eva para que desobedeciese a Dios y comiese del fruto prohibido.

«Pero la serpiente era astuta, más que todos los animales del campo que Jehová Dios había hecho; la cual dijo a la mujer: ¿Conque Dios os ha dicho: No comáis de todo árbol del huerto?» (Gn. 3:1).

Aquí vemos cómo se acercó Satanás a Eva. Comienza por *dudar* disimuladamente de la Palabra de Dios, pero pronto pasa a *negar* abiertamente la Palabra de Dios.

«Entonces la serpiente dijo a la mujer: No moriréis» (Gn. 3:4).

B. La transgresión que causó la caída.

«Y la mujer respondió a la serpiente: Del fruto de los árboles del huerto podemos comer; pero del fruto del árbol que está en medio del huerto dijo Dios: No comeréis de él, ni le tocaréis, para que no muráis» (Gn. 3:2, 3).

En estos versículos Eva comete dos errores fatales. *Agrega* algo a la Palabra de Dios (Dios no dijo: «Ni le tocaréis»), y después *resta* algo a la Palabra de Dios (omitió el mandato original: «Ciertamente morirás»).

«Mas del árbol de la ciencia del bien y del mal no comerás; porque el día que de él comieres, ciertamente morirás» (Gn. 2:17).

«Yo testifico a todo aquel que oye las palabras de la profecía de este libro: Si alguno añadiere a estas cosas, Dios traerá sobre él las plagas que están escritas en este libro. Y si alguno quitare de las palabras de esta profecía, Dios quitará su parte del libro de la vida y de la santa ciudad y de las cosas que están escritas en este libro» (Ap. 22:18, 19).

«Toda palabra de Dios es limpia; él es escudo a los que en él esperan. No añadas a sus palabras, para que no te reprenda, y seas hallado mentiroso» (Pr. 30:5, 6).

«Y vio la mujer que el árbol era bueno para comer, y que era agradable a los ojos, y árbol codiciable para alcanzar la sabiduría; y tomó de su fruto, y comió; y dio también a su marido, el cual comió así como ella» (Gn. 3:6).

C. La prueba que siguió a la caída. Adán el pecador, tras un breve e inútil esfuerzo por esconderse, confiesa su crimen. Ahora el Juez justo abre la sesión en el Edén y comienza el juicio. En poco tiempo se pronuncia una triple sentencia:

1. Para la serpiente.

«Y Jehová Dios dijo a la serpiente: Por cuanto esto hiciste, maldita serás entre todas las bestias y entre todos los animales del campo; sobre tu pecho andarás, y polvo comerás todos los días de tu vida» (Gn. 3:14).

Isaías indica que este juicio sobre la serpiente seguirá vigente aún durante el milenio.

«El lobo y el cordero serán apacentados juntos, y el león comerá paja como el buey; y el polvo será el alimento de la serpiente. No afligirán, ni harán mal en todo mi santo monte, dijo Jehová» (Is. 65:25).

2. Para Satanás.

«Y pondré enemistad entre ti y la mujer, y entre tu simiente y la simiente suya; ésta te herirá en la cabeza, y tú le herirás en el calcañar» (Gn. 3:15.)

A primera vista este versículo parecería predecir el odio natural del hombre por las serpientes. Pero por siglos estudiosos piadosos de la Biblia han visto una verdad mucho más preciosa y profunda detrás de estas palabras. Porque en este versículo dicen ver nada menos que una emocionante predicción de la cruz y la resurrección, de la gran victoria del Salvador sobre Satanás. Teológicamente, entonces, se podría traducir el versículo 15 de la siguiente manera: «Y habrá un odio intenso entre Satanás y Cristo. Finalmente Cristo aplastará la cabeza de Satanás, sufriendo una herida en el calcañar en el proceso.» Véanse también:

«Y el Dios de paz aplastará en breve a Satanás bajo vuestros pies. La gracia de nuestro Señor Jesucristo sea con vosotros» (Ro. 16:20).

«Mas él herido fue por nuestras rebeliones, molido por nuestros pecados; el castigo de nuestra paz fue sobre él, y por su llaga fuimos nosotros curados» (Is. 53:5).

3. Para Adán. Adán y Eva experimentarían una sentencia de siete vertientes como consecuencia de su pecado.

a. Vergüenza.

«Entonces fueron abiertos los ojos de ambos, y conocieron que estaban desnudos; entonces cosieron hojas de higuera, y se hicieron delantales» (Gn. 3:7).

b. Temor.

«Y oyeron la voz de Jehová Dios que se paseaba en el huerto, al aire del día; y el hombre y su mujer se escondieron de la presencia de Jehová Dios entre los árboles del huerto. Mas Jehová Dios llamó al hombre, y le dijo: ¿Dónde estás tú? Y él respondió: Oí tu voz en el huerto, y tuve miedo, porque estaba desnudo; y me escondí» (Gn. 3:8-10).

c. Discordia.

«Y el hombre respondió: La mujer que me diste por compañera me dio del árbol, y yo comí. Entonces Jehová Dios dijo a la mujer: ¿Qué es lo que has hecho? Y dijo la mujer: La serpiente me engañó, y comí» (Gn. 3:12, 13).

Este es el primer ejemplo histórico de cargarle la responsabilidad a otro.

d. Muerte.

(1) Muerte física.

«Y fueron todos los días que vivió Adán novecientos treinta años; y murió» (Gn. 5:5).

«Los días de nuestra edad son setenta años; y si en los más robustos son ochenta años, con todo, su fortaleza es molestia y trabajo, porque pronto pasan, y volamos» (Sal. 90:10).

(2) Muerte espiritual.

«Y entonces les declararé: Nunca os conocí; apartaos de mí, hacedores de maldad» (Mt. 7:23).

«Entonces dirá también a los de la izquierda: Apartaos de mí, malditos, al fuego eterno preparado para el diablo y sus ángeles» (Mt. 25:41).

«El que tiene oído, oiga lo que el Espíritu dice a las iglesias. El que venciere, no sufrirá daño de la segunda muerte» (Ap. 2:11).

«Bienaventurado y santo el que tiene parte en la primera resurrección; la segunda muerte no tiene potestad sobre éstos, sino que serán sacerdotes de Dios y de Cristo, y reinarán con él mil años» (Ap. 20:6).

«Y la muerte y el Hades fueron lanzados al lago de fuego. Esta es la muerte segunda» (Ap. 20:14).

«Pero los cobardes e incrédulos, los abominables y homicidas, los fornicarios y hechiceros, los idólatras y todos los mentirosos tendrán su parte en el lago que arde con fuego y azufre, que es la muerte segunda» (Ap. 21:8).

e. Sufrimiento.

«A la mujer dijo: Multiplicaré en gran manera los dolores en tus preñeces; con dolor darás a luz los hijos; y tu deseo será para tu marido, y él se enseñoreará de ti» (Gn. 3:16).

f. Cansancio del trabajo.

«Y al hombre dijo: Por cuanto obedeciste a la voz de tu mujer, y comiste del árbol de que te mandé diciendo: No comerás de él; maldita será la tierra por tu causa; con dolor comerás de ella todos los días de tu vida. Espinos y cardos te producirá, y comerás plantas del campo. Con el sudor de tu rostro comerás el pan hasta que vuelvas a la tierra, porque de ella fuiste tomado; pues polvo eres, y al polvo volverás» (Gn. 3:17-19).

g. Separación.

«Y dijo Jehová Dios: He aquí el hombre es como uno de nosotros, sabiendo el bien y el mal; ahora, pues, que no alargue su mano, y tome también del árbol de la vida, y coma, y viva para siempre. Y lo sacó Jehová del huerto del Edén, para que labrase la tierra de que fue tomado. Echó, pues, fuera al hombre, y puso al oriente del huerto de Edén querubines, y una espada encendida que se revolvía por todos lados, para guardar el camino del árbol de la vida» (Gn. 3:22-24).

D. Las teorías que explican la caída. ¿Estaban los efectos de la caída de Adán limitados a él solo, o siguen haciéndose sentir de algún modo en la vida del hombre del siglo XX?

1. La posición liberal: como toda la historia sen-

cillamente es una leyenda hebrea, no puede haber, por supuesto, efecto alguno.

2. La posición pelagiana: Pelagio fue un monje británico que enseñó que el pecado de Adán solamente lo afectó a él, porque Dios sólo le imputa a los hombres los pecados que cometen personal y conscientemente. Pelagio dijo que el único efecto del pecado de Adán para la posteridad fue el del mal ejemplo. La doctrina del pelagianismo fue condenada por el concilio de Cartago en el 418 d.C.
3. La posición arminiana: Arminio (1560-1609) fue un profesor que vivió y enseñó en Holanda. Esta teoría enseña que aunque el pecado de Adán debilitó decididamente la voluntad de su posteridad para permanecer sin pecado, no destruyó esa posibilidad.
4. La posición agustiniana: Agustín fue uno de los más grandes padres de la iglesia primitiva. Enseñó que debido a la unidad de la raza humana en Adán, el pecado del hombre se le imputa a su posteridad. En consecuencia, la naturaleza corrupta engendra naturaleza corrupta. Este punto de vista final representa la única posición que está ampliamente apoyada por las Escrituras.

   «Por tanto, como el pecado entró en el mundo por un hombre, y por el pecado la muerte, así la muerte pasó a todos los hombres, por cuanto todos pecaron» (Ro. 5:12).

   «Así que, como por la transgresión de uno vino la condenación a todos los hombres, de la misma manera por la justicia de uno vino a todos los hombres la justificación de vida. Porque así como por la desobediencia de un hombre los muchos fueron constituidos pecadores, así también por la obediencia de uno, los muchos serán constituidos justos» (Ro. 5:18, 19).

   «Porque así como en Adán todos mueren, también en Cristo todos serán vivificados» (1 Co. 15:22).

   Se debería decir aquí que en el Nuevo Testamento el apóstol Pablo con frecuencia hace una distinción entre «pecado» y «pecados». Según Pablo:

   Pecado: la raíz de mi problema y una referencia a mi naturaleza corrupta que recibí de Adán.

   Pecados: el fruto de mi problema y una referencia a aquellas acciones que resultan de mi naturaleza corrupta.

   Es esencial comprender esta distinción, porque Dios no nos dará un trato favorable en relación a nuestros pecados hasta que le permitamos tratar nuestra naturaleza pecaminosa. Yo peco (cometo transgresiones particulares) porque soy pecador, y por lo tanto no me convierto en pecador porque peco. Es así que el modernismo se contenta con tratar los forúnculos en la piel de la humanidad (los pecados) pero el verdadero mal está en la sangre (la naturaleza pecaminosa). Pablo lo resume todo en un solo versículo, que debería ser traducido literalmente:

   «Por cuanto todos pecaron [pretérito, en Adán] y están [presente, en la experiencia diaria] destituidos de la gloria de Dios» (Ro. 3:23).

   Por lo tanto, de todo esto podemos concluir que la transgresión particular de Adán resultó en una naturaleza pecaminosa para él, pero para nosotros es al revés: nuestra naturaleza pecaminosa resulta en transgresiones particulares.

V. Su condición actual.

A. Las falacias.

1. El hombre es *polvo*, y por lo tanto no puede ser salvado. Según esta posición, la única diferencia real entre un hongo, un hombre y una montaña reside sencillamente en la disposición accidental de sus átomos.
2. El hombre es *divino* y por lo tanto no necesita ser salvado. En consecuencia, como testigos cristianos, se nos dice que nuestro ministerio principal hacia el pobre alcohólico perdido y desamparado es informarle que está hecho a la imagen de Dios y que lleva la chispa divina dentro de sí mismo. Por lo tanto, sólo necesita avivar esa pequeña llama para comenzar a vivir la vida victoriosa que Dios desea para él.

B. Los hechos. En su primera epístola a la iglesia de Corinto, Pablo coloca a todos los hombres vivientes en tres categorías espirituales:

1. El hombre natural.

   «Pero el hombre natural no percibe las cosas que son del Espíritu de Dios, porque para él son locura, y no las puede entender, porque se han de discernir espiritualmente» (1 Co. 2:14).

   La Biblia describe a todos los hombres no salvos (el hombre natural) como espiritualmente depravados.

   a. Aspectos negativos de la depravación.

   (1) La depravación no significa que todos los hombres no salvos sean completamente depravados. La mayoría de los hombres estadounidenses, por ejemplo, no asesinan niños ni roban bancos. Pero algunos lo hacen. Asimismo, pocas amas de casa repentinamente abandonan a su familia para convertirse en prostitutas.

   (2) La depravación no significa que el pecador no tenga ninguna noción de Dios, ni del bien y el mal. Con frecuencia, para vergüenza del cristiano, hombres y mujeres no salvos demuestran una moralidad más elevada que la que demuestran sus vecinos y familiares que profesan la fe.

   (3) La depravación no enseña que un hombre no salvo no pueda admirar lo noble o aun llevar a cabo hechos nobles y heroicos. Muchos relatos marciales registran el valor de soldados no salvos que hacen el sacrificio supremo de salvar la vida de sus compañeros en peligro. En otras ocasiones, bomberos y policías no salvos han dado su vida para proteger a individuos que tal vez ni siquiera conocían.

   b. Los aspectos positivos de la depravación.

   (1) La depravación significa que todos los pecadores son capaces de hacer cosas malvadas. Esto significa que un Winston Churchill amante de la libertad todavía tenía dentro de su

naturaleza toda la crueldad potencial de un Adolfo Hitler.

(2) La depravación enseña que ningún pecador tiene la capacidad de agradar a Dios.

Los siguientes pasajes bíblicos describen acertadamente al hombre natural:

«Mas yo os conozco, que no tenéis amor de Dios en vosotros» (Jn. 5:42).

«Y yo sé que en mí, esto es, en mi carne, no mora el bien; porque el querer el bien está en mí, pero no el hacerlo» (Ro. 7:18).

«Por cuanto los designios de la carne son enemistad contra Dios; porque no se sujetan a la ley de Dios, ni tampoco pueden; y los que viven según la carne no pueden agradar a Dios» (Ro. 8:7, 8).

«En aquel tiempo estabais sin Cristo, alejados de la ciudadanía de Israel y ajenos a los pactos de la promesa, sin esperanza y sin Dios en el mundo» (Ef. 2:12).

«Como está escrito: No hay justo, ni aun uno; no hay quien entienda, no hay quien busque a Dios. Todos se desviaron, a una se hicieron inútiles; no hay quien haga lo bueno, no hay ni siquiera uno» (Ro. 3:10-12).

2. El hombre carnal.

«De manera que yo, hermanos, no pude hablaros como a espirituales, sino como a carnales, como a niños en Cristo. Os di a beber leche, y no vianda; porque aún no erais capaces ni sois capaces todavía, porque aún sois carnales; pues habiendo entre vosotros celos, contiendas y disensiones, ¿no sois carnales, y andáis como hombres?» (1 Co. 3:1-3).

Aquí Pablo describe tristemente a un cristiano en quien mora el Espíritu Santo, pero que permite que las pasiones de la carne lo controlen. Pablo lo trata de bebé, porque nunca ha aprendido a crecer.

3. El hombre controlado por el Espíritu.

«En cambio el espiritual juzga todas las cosas; pero él no es juzgado de nadie» (1 Co. 2:15).

VI. Su destino. En medio de su desesperación, el sufriente patriarca Job clamó una vez:

«El hombre nacido de mujer, corto de días, y hastiado de sinsabores, sale como una flor y es cortado, y huye como la sombra y no permanece» (Job 14:1, 2).

Más adelante en el mismo diálogo, Job suspiraría y preguntaría:

«Si el hombre muriere, ¿volverá a vivir? Todos los días de mi edad esperaré, hasta que venga mi liberación» (Job 14:14).

Finalmente, en el capítulo 19, Job reafirma su propia fe personal en Dios y en el destino del hombre. Job exclama:

«Yo sé que mi Redentor vive, y al fin se levantará sobre el polvo; y después de deshecha esta mi piel, en mi carne he de ver a Dios» (Job 19:25, 26).

Se ha dicho que las tres preguntas más grandes de la humanidad son las siguientes:

¿De dónde vine?
¿Por qué estoy aquí?
¿Adónde voy?

Hasta aquí este estudio ha contestado las primeras dos preguntas. Esta sección final contestará la tercera.

A. Ideas falsas acerca del destino del hombre.

1. *Nirvana*: una filosofía oriental hindú (que durante ciertos períodos históricos se ha infiltrado en el pensamiento cristiano) que enseña que al morir, el hombre termina toda existencia personal y es absorbido por un gran principio vivificador en el universo. Según esta idea, el hombre, mientras vive, puede ser imaginado como el pequeño rizo de una onda espumando en la superficie de un gran océano. Pero cuando el viento cesa (el momento de la muerte), la onda es recibida de nuevo en el océano de donde vino, y pierde su identidad previa para siempre. Esto es refutado por:

«Y he aquí les aparecieron Moisés y Elías, hablando con él» (Mt. 17:3).

Aquí vemos tanto a Moisés (que había muerto 2.000 años antes) como a Elías (que había desaparecido hacía más de siete siglos) que vuelven a aparecer en el monte de la Transfiguración ante Pedro, Jacobo y Juan. Por supuesto, esto prueba que la ausencia de esta tierra no significa el fin de la personalidad ni de la persona.

«Pero si se predica de Cristo que resucitó de los muertos, ¿cómo dicen algunos entre vosotros que no hay resurrección de muertos? Porque si no hay resurrección de muertos, tampoco Cristo resucitó. Y si Cristo no resucitó, vana es entonces nuestra predicación, vana es también vuestra fe. Y somos hallados falsos testigos de Dios; porque hemos testificado de Dios que él resucitó a Cristo, al cual no resucitó, si en verdad los muertos no resucitan. Porque si los muertos no resucitan, tampoco Cristo resucitó; y si Cristo no resucitó, vuestra fe es vana; aún estáis en vuestros pecados. Entonces también los que durmieron en Cristo perecieron. Si en esta vida solamente esperamos en Cristo, somos los más dignos de conmiseración de todos los hombres. Mas ahora Cristo ha resucitado de los muertos; primicias de los que durmieron es hecho» (1 Co. 15:12-20).

«Así también es la resurrección de los muertos. Se siembra en corrupción, resucitará en incorrupción. Se siembra en deshonra, resucitará en gloria; se siembra en debilidad, resucitará en poder. Se siembra cuerpo animal, resucitará cuerpo espiritual. Hay cuerpo animal, y hay cuerpo espiritual. Así también está escrito: Fue hecho el primer hombre Adán alma viviente; el postrer Adán, espíritu vivificante. Mas lo espiritual no es primero, sino lo animal; luego lo espiritual. El primer hombre es de la tierra, terrenal; el segundo hombre, que es el Señor, es del cielo. Cual el terrenal, tales también los terrenales; y cual el celestial, tales también los celestiales. Y así como hemos traído la imagen del terrenal, traeremos también la imagen del celestial» (1 Co. 15:42-49).

2. *Restauracionismo*: la creencia de que en una vida futura todos los hombres tendrán una segunda oportunidad de tomar la decisión a favor de Dios que no tomaron en esta vida. Esto es refutado por:

«El hombre que reprendido endurece la cerviz, de repente será quebrantado, y no habrá para él medicina» (Pr. 29:1).

«Respondió Jesús y le dijo: De cierto, de cierto te digo, que el que no naciere de nuevo, no puede ver el reino de Dios» (Jn. 3:3).

«Porque de tal manera amó Dios al mundo, que ha dado a su Hijo unigénito, para que todo aquel que en él cree, no se pierda, mas tenga vida eterna. Porque no envió Dios a su Hijo al mundo para condenar al mundo, sino para que el mundo sea salvo por él. El que en él cree, no es condenado; pero el que no cree, ya ha sido condenado, porque no ha creído en el nombre del unigénito Hijo de Dios» (Jn. 3:16-18).

«Había un hombre rico, que se vestía de púrpura y de lino fino, y hacía cada día banquete con esplendidez. Había también un mendigo llamado Lázaro, que estaba echado a la puerta de aquél, lleno de llagas, y ansiaba saciarse de las migajas que caían de la mesa del rico; y aun los perros venían y le lamían las llagas. Aconteció que murió el mendigo, y fue llevado por los ángeles al seno de Abraham; y murió también el rico, y fue sepultado. Y en el Hades alzó sus ojos, estando en tormentos, y vio de lejos a Abraham, y a Lázaro en su seno. Entonces él, dando voces, dijo: Padre Abraham, ten misericordia de mí, y envía a Lázaro para que moje la punta de su dedo en agua, y refresque mi lengua; porque estoy atormentado en esta llama. Pero Abraham le dijo: Hijo, acuérdate que recibiste tus bienes en tu vida, y Lázaro también males; pero ahora éste es consolado aquí, y tú atormentado. Además de todo esto, una gran sima está puesta entre nosotros y vosotros, de manera que los que quisieren pasar de aquí a vosotros, no pueden, ni de allá pasar acá. Entonces le dijo: Te ruego, pues, padre, que le envíes a la casa de mi padre, porque tengo cinco hermanos, para que les testifique, a fin de que no vengan ellos también a este lugar de tormento. Y Abraham le dijo: A Moisés y a los profetas tienen; óiganlos. El entonces dijo: No, padre Abraham; pero si alguno fuere a ellos de entre los muertos, se arrepentirán. Mas Abraham le dijo: Si no oyen a Moisés y a los profetas, tampoco se persuadirán aunque alguno se levantare de los muertos» (Lc. 16:19-31).

Si estos versículos enseñan algo, es la afirmación fuerte y severa de que después de la muerte no hay ninguna posibilidad de salvación para una persona no salva. Podemos ser tentados a discutir con Dios el *porqué* del asunto, pero no el *qué*. Origen (uno de los padres de la Iglesia del siglo II) fue uno de los primeros proponentes del restauracionismo. Hasta enseñó la posibilidad de que Satanás mismo fuese restaurado a la fe contra la cual se rebeló. Los resturacionistas usan los siguientes versículos bíblicos como «prueba» de su posición.

«Y él envíe a Jesucristo, que os fue antes anunciado; a quien de cierto es necesario que el cielo reciba hasta los tiempos de la restauración de todas las cosas, de que habló Dios por boca de sus santos profetas que han sido desde tiempo antiguo» (Hch. 3:20, 21).

«Porque así como en Adán todos mueren, también en Cristo todos serán vivificados» (1 Co. 15:22).

«De reunir todas las cosas en Cristo, en la dispensación del cumplimiento de los tiempos, así las que están en los cielos, como las que están en la tierra» (Ef. 1:10).

«Porque esto es bueno y agradable delante de Dios nuestro Salvador, el cual quiere que todos los hombres sean salvos y vengan al conocimiento de la verdad» (1 Ti. 2:3, 4).

«Que por esto mismo trabajamos y sufrimos oprobios, porque esperamos en el Dios viviente, que es el Salvador de todos los hombres, mayormente de los que creen» (1 Ti. 4:10).

«Porque también Cristo padeció una sola vez por los pecados, el justo por los injustos, para llevarnos a Dios, siendo a la verdad muerto en la carne, pero vivificado en espíritu; en el cual también fue y predicó a los espíritus encarcelados» (1 P. 3:18, 19).

Sin embargo, una hojeada rápida al contexto de los versículos anteriores nos muestra que todos los «restaurados» son los que han aceptado a Cristo como Salvador. El pasaje de 1 Pedro ha sido tema de controversia, pero sea como fuere, no enseña el restauracionismo. El verbo «predicó» en el versículo 19 en el griego original no se refiere a la predicación del evangelio.

3. *Materialismo*: la creencia atea de que el hombre, al morir, deja de ser para siempre y se descompone silenciosamente en la nada. Esta filosofía ha sido fielmente descrita en una lápida antigua: «No era, fui, no soy, no me importa.» Esto es refutado por:

«Pero esto digo, hermanos: que la carne y la sangre no pueden heredar el reino de Dios, ni la corrupción hereda la incorrupción. He aquí, os digo un misterio: No todos dormiremos; pero todos seremos transformados, en un momento, en un abrir y cerrar de ojos, a la final trompeta; porque se tocará la trompeta, y los muertos serán resucitados incorruptibles, y nosotros seremos transformados. Porque es necesario que esto corruptible se vista de incorrupción, y esto mortal se vista de inmortalidad. Y cuando esto corruptible se haya vestido de incorrupción, y esto mortal se haya vestido de inmortalidad, entonces se cumplirá la palabra que está escrita: Sorbida es la muerte en victoria. ¿Dónde está, oh muerte, tu aguijón? ¿Dónde, oh sepulcro, tu victoria? ya que el aguijón de la muerte es el pecado, y el poder del pecado, la ley. Mas gracias sean dadas a Dios, que nos da la victoria por medio de nuestro Señor Jesucristo» (1 Co. 15:50-57).

Se puede definir al materialismo correctamente como el astuto arte mundano de conocer el *precio* de todo y no conocer el *valor* de nada.

4. *Aniquilamiento*: esta teoría, adoptada por los

Testigos de Jehová y varios otros grupos, enseña que todos los impíos algún día serán literalmente «descreados» o aniquilados por Dios. Es refutada por:

«E irán éstos al castigo eterno, y los justos a la vida eterna» (Mt. 25:46).

«Y el tercer ángel los siguió, diciendo a gran voz: Si alguno adora a la bestia y a su imagen, y recibe la marca en su frente o en su mano, él también beberá del vino de la ira de Dios, que ha sido vaciado puro en el cáliz de su ira; y será atormentado con fuego y azufre delante de los santos ángeles y del Cordero; y el humo de su tormento sube por los siglos de los siglos. Y no tienen reposo de día ni de noche los que adoran a la bestia y a su imagen, ni nadie que reciba la marca de su nombre» (Ap. 14:9-11).

Los que creen en el aniquilamiento tratan de fundamentar sus afirmaciones citando ciertos versículos bíblicos de los Salmos:

«Porque los malignos serán destruidos, pero los que esperan en Jehová, ellos heredarán la tierra» (Sal. 37:9).

«Jehová guarda a todos los que le aman, mas destruirá a todos los impíos» (Sal. 145:20).

Refutación: la misma palabra hebrea *karath*, traducida por «destruidos» en el Salmo 37:9 también se usa en referencia a la crucifixión del Mesías, profetizada en Daniel 9:26. Cristo ciertamente no fue aniquilado en el Calvario.

La misma palabra traducida por «destruirá» en el Salmo 145:20 se utiliza para describir el castigo tanto de Egipto (Ex. 10:7) como de Israel (Os. 13:9), ninguna de las cuales ha sido aniquilada todavía.

5. *Sueño del alma*: la idea de que el alma duerme entre la muerte y la resurrección. Es refutada por:

«Así que vivimos confiados siempre, y sabiendo que entre tanto que estamos en el cuerpo, estamos ausentes del Señor (porque por fe andamos, no por vista); pero confiamos, y más quisiéramos estar ausentes del cuerpo, y presentes al Señor. Por tanto procuramos también, o ausentes o presentes, serle agradables» (2 Co. 5:6-9).

«Porque de ambas cosas estoy puesto en estrecho, teniendo deseo de partir y estar con Cristo, lo cual es muchísimo mejor; pero quedar en la carne es más necesario por causa de vosotros» (Fil. 1:23, 24).

«Cuando abrió el quinto sello, vi bajo el altar las almas de los que habían sido muertos por causa de la palabra de Dios y por el testimonio que tenían. Y clamaban a gran voz, diciendo: ¿Hasta cuándo, Señor, santo y verdadero, no juzgas y vengas nuestra sangre en los que moran en la tierra? Y se les dieron vestiduras blancas, y se les dijo que descansasen todavía un poco de tiempo, hasta que se completara el número de sus consiervos y sus hermanos, que también habían de ser muertos como ellos. Miré cuando abrió el sexto sello, y he aquí hubo un gran terremoto; y el sol se puso negro como tela de cilicio, y la luna se volvió toda como sangre» (Ap. 6:9-12).

Este pasaje de Apocalipsis no sólo refuta el sueño del alma sino que, por el contrario, enseña que los creyentes que han partido pueden tanto hacer preguntas como recibir respuestas en el cielo. También parece sugerir la posibilidad de un cuerpo temporal antes del cuerpo futuro de resurrección.

6. *Purgatorio*: la creencia de los católicos romanos de que todos los que mueren en paz con la iglesia pero que no son perfectos deben ser sometidos a sufrimientos penales y purificadores. Sin embargo, esto es sólo para los que mueren en pecado venial (menor), porque todos los que mueren en pecado mortal están condenados eternamente al infierno. La doctrina romana enseña que la permanencia de la persona en el purgatorio puede ser acortada por medio de presentes o cultos llevados a cabo por personas vivientes de parte del ser querido difunto a través de la Iglesia Católica. Esto es refutado por:

«Pero estando ya presente Cristo, sumo sacerdote de los bienes venideros, por el más amplio y más perfecto tabernáculo, no hecho de manos, es decir, no de esta creación, y no por sangre de machos cabríos ni de becerros, sino por su propia sangre, entró una vez para siempre en el Lugar Santísimo, habiendo obtenido eterna redención. Porque si la sangre de los toros y de los machos cabríos, y las cenizas de la becerra rociadas a los inmundos, santifican para la purificación de la sangre, ¿cuánto más la sangre de Cristo, el cual mediante el Espíritu eterno se ofreció a sí mismo sin mancha a Dios, limpiará vuestras conciencias de obras muertas para que sirváis al Dios vivo?» (He. 9:11-14).

«Porque no entró Cristo en el santuario hecho de mano, figura del verdadero, sino en el cielo para presentarse ahora por nosotros ante Dios; y no para ofrecerse muchas veces, como entra el sumo sacerdote en el Lugar Santísimo cada año con sangre ajena. De otra manera le hubiera sido necesario padecer muchas veces desde el principio del mundo; pero ahora, en la consumación de los siglos, se presentó una vez para siempre por el sacrificio de sí mismo para quitar de en medio el pecado. Y de la manera que está establecido para los hombres que mueran una sola vez, y después de esto el juicio, así también Cristo fue ofrecido una sola vez para llevar los pecados de muchos; y aparecerá por segunda vez, sin relación con el pecado, para salvar a los que le esperan» (He. 9:24-28).

«Pero Cristo, habiendo ofrecido una vez para siempre un solo sacrificio por los pecados, se ha sentado a la diestra de Dios. Este es el pacto que haré con ellos después de aquellos días, dice el Señor: Pondré mis leyes en sus corazones, y en sus mentes las escribiré, añade: Y nunca más me acordaré de sus pecados y transgresiones» (He. 10:12, 16, 17).

7. *Limbo*: otro aspecto de la teología católica que enseña que todos los niños no bautizados y los incompetentes mentales al morir van a un lu-

gar permanente de «alegría natural» que no es el cielo. Esto es refutado por:

«En aquel tiempo los discípulos vinieron a Jesús, diciendo: ¿Quién es el mayor en el reino de los cielos? Y llamando Jesús a un niño, lo puso en medio de ellos, y dijo: De cierto os digo, que si no os volvéis y os hacéis como niños, no entraréis en el reino de los cielos. Así que, cualquiera que se humille como este niño, ése es el mayor en el reino de los cielos. Y cualquiera que reciba en mi nombre a un niño como este, a mí me recibe. Y cualquiera que haga tropezar a alguno de estos pequeños que creen en mí, mejor le fuera que se le colgase al cuello una piedra de molino de asno, y que se le hundiese en lo profundo del mar. ¡Ay del mundo por los tropiezos! porque es necesario que vengan tropiezos, pero ¡ay de aquel hombre por quien viene el tropiezo! Por tanto, si tu mano o tu pie te es ocasión de caer, córtalo y échalo de ti; mejor te es entrar en la vida cojo o manco, que teniendo dos manos o dos pies ser echado en el fuego eterno. Y si tu ojo te es ocasión de caer, sácalo y échalo de ti; mejor te es entrar con un solo ojo en la vida, que teniendo dos ojos ser echado en el infierno de fuego. Mirad que no menospreciéis a uno de estos pequeños; porque os digo que sus ángeles en los cielos ven siempre el rostro de mi Padre que está en los cielos» (Mt. 18:1-10).

8. *Reencarnación*: la creencia en la transmigración o el renacimiento del alma que ha sido fundamental a la mayor parte de las religiones y filosofías de la India. Lo que se siembra en la vida actual se siega en la próxima; las buenas obras resultan en un renacer en buen estado, las obras malas en un renacer en mal estado. Es así que el estado de vida del hombre no se ve como algo fortuito o sin sentido, sino como el resultado, para bien o mal, de los efectos de una existencia previa y la predeterminación de un estado futuro. Esta teoría, como las siete anteriores, carece totalmente de apoyo bíblico.

B. Consideraciones bíblicas acerca del destino del hombre.

1. Antes de la cruz. ¿Cuál era la habitación de los muertos antes del Calvario? Algunos estudiosos de la Biblia mantienen que antes de que Jesús muriera las almas de todos los hombres descendían a una habitación ubicada en alguna parte de la tierra, conocida como el Hades en el Nuevo Testamento y como el Seol en el Antiguo Testamento. Originalmente había dos secciones en el Hades, una para los salvos y otra para los perdidos. A la sección de los salvos a veces se le llama «paraíso» y a veces «el seno de Abraham».

«Entonces Jesús le dijo: De cierto de digo que hoy estarás conmigo en el paraíso» (Lc. 23:43).

«Aconteció que murió el mendigo, y fue llevado por los ángeles al seno de Abraham; y murió también el rico, y fue sepultado» (Lc. 16:22).

No se da ningún nombre para la sección de los no salvos aparte de la designación general del Hades. En Lucas 16:19-31, el Salvador relata la historia de un creyente pobre que murió y fue a la parte de los salvos del Hades y de un incrédulo rico que murió y fue a la sección de los no salvos (véase VI A 2, *Restauracionismo*, p. 683).

Se pueden derivar varias conclusiones extremadamente interesantes de este relato histórico contado por Cristo.

a. Las actividades de los ángeles al llevar a los creyentes a recibir su recompensa.
b. Las posibilidades de un cuerpo intermedio, previo a la resurrección, tanto para los perdidos como para los salvados.
c. La ironía de un habitante del infierno que quiere salvar almas.
d. La naturaleza del pedido del hombre rico de mandar a Lázaro a testificar a sus cinco hermanos perdidos, razonando que «si alguno fuere a ellos de entre los muertos, se arrepentirán». Este patético pedido fue denegado, por la sencilla razón de que no hubiese surtido efecto. El hecho es que Cristo realmente levantó a un hombre de los muertos con el mismo nombre de Lázaro varios meses después. ¿Cuáles fueron los resultados? ¿Se volvieron los judíos incrédulos al Salvador? No. De hecho, ocurrió justamente lo contrario, porque los malvados fariseos no sólo decidieron matar a Jesús por su acción (Jn. 11:53) sino que planearon (si llegara a hacer falta) asesinar también al Lázaro resucitado (Jn. 12:10, 11).

Sin embargo, muchos creen que todo esto cambió después de que Cristo hizo el pago total por los pecados de los creyentes en el Calvario. La *Biblia de Scofield* sugiere que durante el período de su muerte y resurrección, nuestro Señor descendió al Hades, despobló el paraíso, y encabezó una entrada triunfal espiritual en los cielos con todos los que habían sido salvos hasta ese momento. Se ofrece lo siguiente como prueba:

«Por lo cual dice: Subiendo a lo alto, llevó cautiva la cautividad, y dio dones a los hombres. Y eso de que subió, ¿qué es, sino que también había descendido primero a las partes más bajas de la tierra? El que descendió, es el mismo que también subió por encima de todos los cielos para llenarlo todo» (Ef. 4:8-10).

En su libro *Revelation*, el difunto doctor Donald Barnhouse escribe:

«Cuando ascendió en lo alto vació el Hades del paraíso y lo llevó directamente a la presencia de Dios. La cautividad fue llevada cautiva.... De ahí en adelante no habría ninguna separación para los que creen en Cristo. Las puertas del Hades nunca más prevalecerían en contra de ningún creyente.»

«Y yo también te digo, que tú eres Pedro, y sobre esta roca edificaré mi iglesia; y las puertas del Hades no prevalecerán contra ella» (Mt. 16:18).

2. Después de la cruz. El estado de los muertos no salvos quedó (y queda) igual después de la cruz. Siguen en el Hades esperando el gran juicio final ante el trono blanco.

«Y vi un gran trono blanco y al que estaba sentado en él, de delante del cual huyeron la tierra y el cielo, y ningún lugar se encontró para ellos. Y vi a los muertos, grandes y pequeños, de pie ante Dios; y los libros fueron abiertos, y otro libro fue abierto, el cual es el libro de la vida; y fueron juzgados los muertos por las cosas que estaban escritas en los libros, según sus obras. Y el mar entregó los muertos que había en él; y la muerte y el Hades entregaron los muertos que había en ellos; y fueron juzgados cada uno según sus obras. Y la muerte y el Hades fueron lanzados al lago de fuego. Esta es la muerte segunda. Y el que no se halló inscrito en el libro de la vida fue lanzado al lago de fuego» (Ap. 20:11-15).

Esto significa que el hombre rico perdido todavía está en el Hades, habiéndose sumado a él desde entonces Judas, Herodes, Nerón, Hitler, etc., y ahí se quedará hasta después del milenio y la resurrección de los injustos.

«Pero los otros muertos no volvieron a vivir hasta que se cumplieron mil años...» (Ap. 20:5).

Pero ha habido un cambio glorioso con respecto al estado de los que duermen en Jesús. Nótense los siguientes pasajes bíblicos:

«Pero Esteban, lleno del Espíritu Santo, puestos los ojos en el cielo, vio la gloria de Dios, y a Jesús que estaba a la diestra de Dios. Y apedreaban a Esteban, mientras él invocaba y decía: Señor Jesús, recibe mi espíritu. Y puesto de rodillas, clamó a gran voz: Señor, no les tomes en cuenta este pecado. Y habiendo dicho esto, durmió» (Hch. 7:55, 59, 60).

«Porque para mí el vivir es Cristo, y el morir es ganancia. Porque de ambas cosas estoy puesto en estrecho, teniendo deseo de partir y estar con Cristo, lo cual es muchísimo mejor» (Fil. 1:21, 23).

«Pero confiamos, y más quisiéramos estar ausentes del cuerpo, y presentes al Señor» (2 Co. 5:8).

Entonces, según estos versículos, tanto Esteban como Pablo, junto con todos los otros creyentes que han partido, están ahora en los cielos con Cristo. En el siguiente pasaje bíblico Pablo se refiere a este lugar como «el tercer cielo».

«Ciertamente no me conviene gloriarme; pero vendré a las visiones y a las revelaciones del Señor. Conozco a un hombre en Cristo, que hace catorce años (si en el cuerpo, no lo sé; si fuera del cuerpo, no lo sé; Dios lo sabe) fue arrebatado hasta el tercer cielo. Y conozco al tal hombre (si en el cuerpo, o fuera del cuerpo, no lo sé; Dios lo sabe), que fue arrebatado al paraíso, donde oyó palabras inefables que no le es dado al hombre expresar» (2 Co. 12:1-4).

RESUMEN BÍBLICO DEL INFIERNO

I. La negación de la doctrina.

De las muchas doctrinas de la Biblia, sin duda la primera que el incrédulo niega y que el creyente débil cuestiona es la doctrina del infierno. Satanás ha logrado esta codiciada meta a través de los tres métodos siguientes:

A. *Racionalismo*: «No hay Dios, y por lo tanto no puede haber infierno.» Este racionalismo con frecuencia se cubre con el manto de la «ciencia». Harold Bryson escribe:

«Otras personas niegan la existencia del infierno en base al pensamiento moderno. Algunos dan por sentado que muchos descubrimientos científicos del siglo veinte hacen imposible la creencia en una vida futura. Usando el estudio científico de la disolución de los elementos químicos del cuerpo, niegan toda posibilidad de una resurrección corporal. Además, la teoría de la evolución orgánica intenta demostrar el origen común del hombre con las formas inferiores de vida. La evolución destruye la base para creer que el hombre tiene un destino más elevado que el de cualquier otra criatura. Algunos ingenuamente insisten en que la penetración del espacio no deja lugar para las enseñanzas bíblicas sobre el cielo y el infierno. Se ha dado por sentado que si el hombre no encuentra evidencia del cielo en el espacio, tampoco hay infierno en la dirección contraria.» (*Yes, Virgina, There Is a Hell*, p. 12.)

Charles Darwin rechazó la doctrina del infierno.

«La incredulidad avanzó en mí muy lentamente, pero por fin venció. Me cuesta ver cómo alguien podría desear que el cristianismo fuese cierto; porque si lo es, el lenguaje claro del texto parece indicar que los hombres que no creen —y eso incluiría a mi padre, mi hermano y casi todos mis mejores amigos— serán castigados eternamente. Esta es una doctrina condenable.» (*The Christian Agnostic*, p. 164.)

El clérigo agnóstico inglés John A.T. Robinson, obispo de Woolwich, escribe:

«Todavía hay algunos que querrían restituir el infierno, como algunos quieren restituir ... la horca. Generalmente son los mismos que quieren purgar a la Gran Bretaña de ... sexo y violencia.» (*But That I Can't Believe*, p. 69.)

B. *Burla*: «Puede que haya un Dios, pero es tonto especular acerca de multitudes de espíritus incorpóreos friéndose en algún lago de fuego literal en alguna parte.»

Uno de los ateos estadounidenses más famosos fue Robert G. Ingersoll, quien ridiculizó la idea del infierno cada vez que tuvo oportunidad de hacerlo. Cuando le pidieron que pensara en un lema para promover un cigarro que llevaría su nombre, contestó: «Fume en este mundo, no en el venidero.» A Ingersoll le encantaban las obras del gran poeta Robert Burns. Muchas veces dijo que una página de Burns tenía más valor literario que todo un libro de Moisés. Cuando Ingersoll murió, cierto cómico sugirió que un epitafio apropiado para su lápida sería la sencilla impresión de su autor favorito: «Robert Burns» (que significa en inglés «Roberto arde»).

En relación con este tema, Ingersoll dijo:

«La idea del infierno nació de la venganza y la brutalidad por una parte, y de la cobardía por otra ... No siento ningún respeto por cualquiera que la predique ... No me gusta esta doctrina, la odio, la desprecio, ¡la desafío!»

Se dice que el famoso editor de noticias Horace Greeley se negó a hacer una donación a un grupo religioso que solicitó fondos para ser utilizados para «evitar que la gente fuese al infierno». Su razonamiento era que en su opinión todavía hacía falta mucha más gente en el infierno.

C. *Religión*: «Hay un Dios, pero es un Dios de amor, y por lo tanto no mandaría, y no podría mandar, a nadie al infierno.» Esta es, por supuesto, la posición del liberalismo. Teólogos recientes como Karl Barth, Emil Brunner, Paul Tillich y otros negaron o minimizaron la doctrina del infierno. Las sectas del cristianismo tienen por lo menos una cosa en común: que no hay infierno.

La iglesia de la Ciencia Cristiana define al infierno como un error de la mente mortal.

Los Testigos de Jehová enseñan que los malvados sencillamente serán aniquilados.

Los mormones creen en el infierno, pero no como una existencia sin fin. Enseñan que la vida después de la muerte tiene tres niveles: el celestial, el terrestre y el teleste. El nivel celestial incluye a los mormones en un estado intermedio, que finalmente se convertirán en dioses. El nivel terrestre incluye a los cristianos y otras personas que rechazaron el mensaje mormón. El nivel teleste está reservado para los que están en el infierno actualmente esperando una resurrección final. Los mormones enseñan que éstos posteriormente serán salvados y no sufrirán castigo eterno.

Los Adventistas del Séptimo Día sostienen que algún día Dios eliminará todo el pecado y todos los pecadores para volver a establecer un universo limpio.

El difunto obispo James Pike escribió:

«Un cielo de dicha infinita y un infierno de tormento infinito es una contradicción imposible. El tipo de persona que estaría calificada para el cielo no sería dichosa sabiendo que muchas personas están sufriendo sin ninguna posibilidad de cambio: los desvalidos. Los aptos para el cielo querrían ir al infierno para ayudar a los que están en necesidad. Jesús, según los informes de su ministerio terrenal, también estaría a su lado. Dios en su cielo se sentiría solo y bien podría unirse a los demás ahí —o cambiar todo el programa.» (*Protestant Power and the Coming Revolution*, p. 173.)

Sea cuales fueren las dudas y las negaciones de los hombres, la Biblia declara dogmáticamente la existencia y la realidad del infierno. Aquí el creyente devoto concordaría con el apóstol Pablo cuando dijo: «De ninguna manera; antes bien sea Dios veraz, y todo hombre mentirosos; como está escrito: Para que seas justificado en tus palabras, y venzas cuando fueres juzgado» (Ro. 3:4).

II. La doctrina del infierno.

A. Los antecedentes del infierno del Gehenna.

Ya hemos visto que, después de la tribulación, todos los muertos no salvados serán resucitados del Hades en el corazón de la tierra para comparecer ante el juicio del gran trono blanco. (Esto se declara claramente en Ap. 20:11-15.) Entonces serán echados en el infierno del Gehenna para siempre. Gehenna es una palabra neotestamentaria con antecedentes en el Antiguo Testamento. Se encuentra doce veces en el Nuevo Testamento griego, once de las cuales en boca del Salvador mismo (Mt. 5:22, 29, 30; 10:28; 18:9; 25:15, 33; Mr. 9:43, 45; 9:47; Lc. 12:5; Stg. 3:6). Sería útil aquí incluir una breve etimología de la palabra «Gehenna». En el Antiguo Testamento, un malvado rey israelita llamado Acaz abandonó la adoración a Jehová para seguir al dios-demonio Moloc. En su esfuerzo loco e inmoral por agradar a Moloc, el rey sacrificó a sus propios hijos en el fuego como ofrenda a su abominable ídolo.

«De veinte años era Acaz cuando comenzó a reinar, y dieciséis años reinó en Jerusalén: mas no hizo lo recto ante los ojos de Jehová, como David su padre. Antes anduvo en los caminos de los reyes de Israel, y además hizo imágenes fundidas a los baales. Quemó también incienso en el valle de los hijos de Hinom, e hizo pasar a sus hijos por fuego, conforme a las abominaciones de las naciones que Jehová había arrojado de la presencia de los hijos de Israel. Asimismo sacrificó y quemó incienso en los lugares altos, en los collados, y debajo de todo árbol frondoso» (2 Cr. 28:1-4).

«Asimismo profanó a Tofet, que está en el valle del hijo de Hinom, para que ninguno pasase su hijo o su hija por fuego a Moloc» (2 R. 23:10).

Todo esto ocurrió en un valle muy profundo y estrecho al sur de Jerusalén llamado el valle de Hinom. Se llamaba así por sus dueños, los hijos de Hinom. Jeremías el profeta también escribe acerca del Valle de Hinom y de Tofet.

«Y han edificado los lugares altos de Tofet, que está en el valle del hijo de Hinom, para quemar al fuego a sus hijos y a sus hijas, cosa que yo no les mandé, ni subió en mi corazón. Por tanto, he aquí vendrán días, ha dicho Jehová, en que no se diga más, Tofet, ni valle del hijo de Hinom, sino valle de la Matanza; y serán enterrados en Tofet, por no haber lugar. Y serán los cuerpos muertos de este pueblo para comida de las aves del cielo y de las bestias de la tierra; y no habrá quien las espante» (Jer. 7:31-33).

Walter Price escribe:

«Es probable que Tofet fuese el lugar donde se unían tres valles al sur de Jerusalén. El valle de Tiropoeon, que corre a través de la antigua ciudad y por el muro occidental del monte del templo, cruza el valle de Hinom aquí. El valle del hijo de Hinom pasa por el lado occidental de la ciudad y dobla al oriente debajo del Ofel para encontrarse con el valle de Cedrón. Los tres valles convergen en el lugar donde el Israel antiguo ofrecía sacrificios al dios amonita Moloc (2 Cr. 28:3; 33:6). El campo de Acéldama también se encuentra aquí (Mt. 27:7, 8; Hch. 1:18, 19). El Talmud ubica la boca del infierno en este lugar. Los árabes también llaman a esta punta inferior del valle de Hinom, donde se encuentra con el Cedrón en Tofet, el valle del Infierno. En la época de Jesús el basural municipal se encontraba allí. La lucha entre los judíos y los romanos terminó aquí en el 70 d.C. Hasta 600.000 cuerpos de judíos muertos en la defensa de Jerusalén en contra de los romanos fueron llevados por la Puerta del Estercolero para ser enterrados en Tofet.» (*The Coming Antichrist*, pp. 202, 203.)

Al combinar los significados del Antiguo y del Nuevo Testamento, por lo tanto, se describe un lugar de suciedad y aflicción, de humo y dolor, de fuego y muerte. Esta, entonces, es la palabra que el

Espíritu Santo escogió para describir el destino final de los no salvos.

B. La ubicación del infierno.

¿Dónde queda el infierno? La Biblia definitivamente indica que el Hades está en alguna parte en el corazón de la tierra.

«Abrió la tierra su boca, y los tragó a ellos, a sus casas, a todos los hombres de Coré, y a todos sus bienes. Y ellos, con todo lo que tenían, descendieron vivos al Seol, y los cubrió la tierra, y perecieron de en medio de la congregación» (Nm. 16:32, 33).

Sin embargo, se enseña lo siguiente acerca del Gehenna:

«Mas los hijos del reino serán echados a las tinieblas de afuera; allí será el lloro y el crujir de dientes» (Mt. 8:12).

«Entonces el rey dijo a los que servían: Atadle de pies y manos, y echadle en las tinieblas de afuera; allí será el lloro y el crujir de dientes» (Mt. 22:13).

«Y al siervo inútil echadle en las tinieblas de afuera; allí será el lloro y el crujir de dientes» (Mt. 25:30).

«Estos son fuentes sin agua, y nubes empujadas por la tormenta; para los cuales la más densa oscuridad está reservada para siempre» (2 P. 2:17).

«Fieras ondas del mar, que espuman su propia vergüenza; estrellas errantes, para las cuales está reservada eternamente la oscuridad de las tinieblas» (Jud. v. 13).

Por estos cinco versículos se ve claramente que el infierno de Gehenna está ubicado fuera de esta tierra, en un lugar de oscuridad remota, a ser hallada tal vez en un lejano lugar cerca del borde del universo de Dios.

C. La naturaleza y las características del infierno.

¿Cómo será realmente el Gehenna? Considérese que:

1. El infierno es un lugar de fuego inextinguible.

«Su aventador está en su mano, y limpiará su era; y recogerá su trigo en el granero, y quemará la paja en fuego que nunca se apagará» (Mt. 3:12).

«Enviará el Hijo del Hombre a sus ángeles, y recogerán de su reino a todos los que sirven de tropiezo, y a los que hacen iniquidad, y los echarán en el horno de fuego; allí será el lloro y el crujir de dientes» (Mt. 13:41, 42).

«Si tu mano te fuere ocasión de caer, córtala; mejor te es entrar en la vida manco, que teniendo dos manos ir al infierno, al fuego que no puede ser apagado» (Mr. 9:43).

Se han adoptado posiciones opuestas en cuanto a la literalidad del fuego. Se ha sugerido que el fuego no es realmente fuego sino algo mucho peor. Sin embargo, el idioma griego indicaría otra cosa. La misma palabra griega para fuego (*pur*) que se utiliza en Mateo 13:42 también se encuentra en Mateo 17:15 y Lucas 17:29.

«Y los echarán en el horno de fuego; allí será el lloro y el crujir de dientes» (Mt. 13:42).

«Señor, ten misericordia de mi hijo, que es lunático, y padece muchísimo; porque muchas veces cae en el fuego, y muchas en el agua» (Mt. 17:15).

«Mas el día en que Lot salió de Sodoma, llovió del cielo fuego y azufre, y los destruyó a todos» (Lc. 17:29).

2. El infierno es un lugar de recuerdo y arrepentimiento.

En Lucas 16:19-31 el hombre rico no salvo experimentó el recuerdo y el arrepentimiento por su condición perdida en el Hades. Seguramente estas experiencias no disminuirán en el Gehenna.

3. El infierno es un lugar de sed.

Parecería muy difícil aceptar este relato literalmente a no ser que el fuego en el infierno sea literal. Pero, ¿qué hay del dedo de Lázaro y la lengua del hombre rico? ¿Se puede interpretar literalmente? Se ha especulado en base a este pasaje, y también al de 2 Corintios 5, que tanto los no salvados como los salvados reciben algún tipo de cuerpo temporal hasta la resurrección final de todos.

4. El infierno es un lugar de sufrimiento y dolor.

«El también beberá del vino de la ira de Dios, que ha sido vaciado puro en el cáliz de su ira; y será atormentado con fuego y azufre delante de los santos ángeles y del Cordero; y el humo de su tormento sube por los siglos de los siglos. Y no tienen reposo de día ni de noche los que adoran a la bestia y a su imagen, ni nadie que reciba la marca de su nombre» (Ap. 14:10, 11).

5. El infierno es un lugar de frustración e ira.

«Y los echarán en el horno de fuego; allí será el lloro y el crujir de dientes» (Mt. 13:42).

«Y lo castigará duramente, y pondrá su parte con los hipócritas; allí será el lloro y el crujir de dientes» (Mt. 24:51).

6. El infierno es un lugar de separación.

Muchas veces el inconverso hace chistes acerca del infierno de la siguiente manera: «Bueno, si voy al infierno, no voy a estar solo, porque todos mis amigos estarán ahí también.» Pero la verdad es muy diferente. En por lo menos cuatro pasajes se le llama «la segunda muerte» al Gehenna.

«El que tiene oído, oiga lo que el Espíritu dice a las iglesias. El que venciere, no sufrirá daño de la segunda muerte» (Ap. 2:11).

«Bienaventurado y santo el que tiene parte en la primera resurrección; la segunda muerte no tiene potestad sobre éstos, sino que serán sacerdotes de Dios y de Cristo, y reinarán con él mil años. Y el que no se halló inscrito en el libro de la vida fue lanzado al lago de fuego» (Ap. 20:6, 15).

Como ya se ha mencionado, la «muerte» en la Biblia se refiere a la separación. Es así que el infierno es literalmente la segunda muerte, porque el pecador estará separado de Dios para siempre; y como Gehenna es un lugar de oscuridad, esta separación sin duda también lo aislará del compañerismo de los amigos inconversos.

Por lo tanto, lo peor del infierno está íntimamente relacionado con lo mejor del cielo, es decir, aquél es un lugar donde la ausencia de Jesucristo será muy evidente, mientras que éste último es un lugar donde su presencia será muy evidente.

7. El infierno es un lugar de ira divina pura.
El hombre ya ha experimentado algo de la ira de Dios en esta tierra, pero no en un estado puro. Después del diluvio ha estado el arco iris, porque hasta ahora Dios siempre ha oído y contestado la oración del profeta Habacuc:

«Oh Jehová, he oído tu palabra, y temí. Oh Jehová, aviva tu obra en medio de los tiempos, en medio de los tiempos hazla conocer; en la ira acuérdate de la misericordia» (Hab. 3:2).

¡Pero ya no! Todos los hombres inconversos vivientes deberían ponderar cuidadosamente las siguientes temibles palabras:

«El también beberá del vino de la ira de Dios, que ha sido vaciado puro en el cáliz de su ira; y será atormentado con fuego y azufre delante de los santos ángeles y del Cordero» (Ap. 14:10).

8. El infierno es un lugar preparado originalmente para Satanás y sus huestes.
Tal vez lo más triste del infierno es que el hombre inconverso va allí como un huésped no invitado, por así decirlo. Nótense las palabras de Jesús:

«Entonces dirá también a los de la izquierda: Apartaos de mí, malditos, al fuego eterno preparado para el diablo y sus ángeles» (Mt. 25:41).

¡Qué trágico, en consecuencia, es que el pecador rechace el cielo, el lugar preparado para todos los hombres arrepentidos, para acabar descendiendo al infierno, un lugar que no fue creado para él originalmente.

«En la casa de mi Padre muchas moradas hay; si así no fuera, yo os lo hubiera dicho; voy, pues, a preparar lugar para vosotros» (Jn. 14:2).

9. El infierno es un lugar creado para toda la eternidad.
La palabra griega para «eterno» es *aionios*, y se encuentra setenta y una veces en el Nuevo Testamento. Sesenta y cuatro de ellas se refieren a Dios, a su poder, Espíritu, reino, y pacto eternos, entre otros. Las otras siete veces están directamente relacionadas con la duración del infierno. En otras palabras, el infierno durará el mismo tiempo que las obras de Dios, o sea para siempre. Muchos pasajes muestran esta verdad:

«Y muchos de los que duermen en el polvo de la tierra serán despertados, unos para vida eterna, y otros para vergüenza y confusión perpetua» (Dn. 12:2).

«E irán éstos al castigo eterno, y los justos a la vida eterna» (Mt. 25:46).

«Como Sodoma y Gomorra y las ciudades vecinas, las cuales de la misma manera que aquéllos, habiendo fornicado e ido en pos de vicios contra naturaleza, fueron puestas por ejemplo, sufriendo el castigo del fuego eterno» (Jud. v. 7).

Es indudable que la verdad más difícil de aceptar, aun para los cristianos, es la duración del infierno. Se podría entender que un pecador de sesenta y cinco años vaya al infierno por 65 años, ó por 650 ó por 6500 ó hasta por 65 millones de años. Pero, ¿por qué para siempre? ¿Cómo puede un Dios justo castigar justamente para siempre aquellos pecados que se cometieron durante un breve período de tiempo en la tierra?

La respuesta plena existe sólo en la mente de Dios. Sin embargo, el infierno es una ilustración viva de lo nefando que es el pecado y de lo santo que es Dios. Así es que los pecados en contra de la santidad eterna de Dios sólo pueden ser castigados por la justicia eterna de Dios.

Por último, se debería notar lo siguiente: como no hay injusticia ni parcialidad en Dios (Ro. 2:6, 11), es natural que los grados de sufrimiento en el infierno varíen grandemente, en relación directa con la vida del pecador en la tierra. Varios pasajes bíblicos lo confirman.

«Entonces comenzó a reconvenir a las ciudades en las cuales había hecho muchos de sus milagros, porque no se habían arrepentido, diciendo: ¡Ay de ti, Corazín! ¡Ay de ti, Betsaida! Porque si en Tiro y en Sidón se hubieran hecho los milagros que han sido hechos en vosotras, tiempo ha que se hubieran arrepentido en cilicio y en ceniza. Por tanto os digo que en el día del juicio, será más tolerable el castigo para Tiro y para Sidón, que para vosotras. Y tú, Capernaum, que eres levantada hasta el cielo, hasta el Hades serás abatida; porque si en Sodoma se hubieran hecho los milagros que han sido hechos en ti, habría permanecido hasta el día de hoy. Por tanto os digo que en el día del juicio, será más tolerable el castigo para la tierra de Sodoma, que para ti» (Mt. 11:20-24).

«Aquel siervo que conociendo la voluntad de su señor, no se preparó, ni hizo conforme a su voluntad, recibirá muchos azotes. Mas el que sin conocerla hizo cosas dignas de azotes, será azotado poco; porque a todo aquel a quien se haya dado mucho, mucho se le demandará; y al que mucho se le haya confiado, más se le pedirá» (Lc. 12:47, 48).

«Y oyéndole todo el pueblo, dijo a sus discípulos: Guardaos de los escribas, que gustan de andar con ropas largas, y aman las salutaciones en las plazas, y las primeras sillas en las sinagogas, y los primeros asientos en las cenas; que devoran las casas de las viudas, y por pretexto hacen largas oraciones; éstos recibirán mayor condenación» (Lc. 20:45-47).

«Entonces le dijo Pilato: ¿A mí no me hablas? ¿No sabes que tengo autoridad para crucificarte, y que tengo autoridad para soltarte? Respondió Jesús: Ninguna autoridad tendrías contra mí, si no te fuese dada de arriba; por tanto, el que a ti me ha entregado, mayor pecado tiene» (Jn. 19:10, 11).

D. Los ocupantes del infierno.
¿Quiénes estarán confinados eternamente en el Gehenna?

1. Satanás.
«Y el Dios de paz aplastará en breve a Satanás bajo vuestros pies. La gracia de nuestro Señor Jesucristo sea con vosotros» (Ro. 16:20).

«Y el diablo que los engañaba fue lanzado en el lago de fuego y azufre, donde estaban la bestia y el falso profeta; y serán atormentados día y noche por los siglos de los siglos» (Ap. 20:10).

2. El Anticristo.

«Y entonces se manifestará aquel inicuo, a quien el Señor matará con el espíritu de su boca, y destruirá con el resplandor de su venida» (2 Ts. 2:8).

3. El falso profeta.

«Y la bestia fue apresada, y con ella el falso profeta que había hecho delante de ella las señales con las cuales había engañado a los que recibieron la marca de la bestia, y habían adorado su imagen. Estos dos fueron lanzados vivos dentro de un lago de fuego que arde con azufre» (Ap. 19:20).

Como este juicio se lleva a cabo antes del milenio, estos dos espantosos criminales se convierten en la primera y la segunda criaturas no salvas en entrar al lago de fuego.

4. Los ángeles caídos.

«Porque si Dios no perdonó a los ángeles que pecaron, sino que arrojándolos al infierno los entregó a prisiones de oscuridad, para ser reservados al juicio» (2 P. 2:4).

La palabra traducida por «infierno» es *tartaros* en el Nuevo Testamento griego y sólo se encuentra aquí. Es posible que *tartaros* sea un lugar especial en el Gehenna.

«Y a los ángeles que no guardaron su dignidad, sino que abandonaron su propia morada, los ha guardado bajo oscuridad, en prisiones eternas, para el juicio del gran día» (Jud. v. 6)

Según Pablo, el creyente participará del juicio de los ángeles caídos. (Véase 1 Co. 6:3.)

5. Judas Iscariote.

El traidor de Jesucristo se individualiza aquí en forma particular porque hay quienes creen (especialmente el difunto Kenneth S. Wuest, profesor del Instituto Bíblico Moody) que Judas será consignado a un lugar especial en el Gehenna en base a las palabras de Pedro sobre él en el aposento alto justo antes de pentecostés.

«Para que tome la parte de este ministerio y apostolado, de que cayó Judas por transgresión, para irse a su propio lugar» (Hch. 1:25).

6. Todas las personas inconversas.

En Apocalipsis 21:8 Juan clasifica a todos los pecadores en ocho categorías generales:

«Pero los cobardes e incrédulos, los abominables y homicidas, los fornicarios y hechiceros, los idólatras y todos los mentirosos tendrán su parte en el lago que arde con fuego y azufre, que es la muerte segunda» (Ap. 21:8).

RESUMEN BÍBLICO DEL CIELO

Tanto el cielo como el infierno son ignorados, ridiculizados o negados por el mundo de hoy. En su libro *The Biblical Doctrine of Heaven*, el doctor Wilbur Smith menciona dos citas significativas de un teólogo y un científico de renombre mundial acerca del cielo.

«Es imprudente que los cristianos afirmen tener conocimiento o de los muebles del cielo o de la temperatura del infierno» (doctor Reinhold Niebuhr).

«En cuanto a la teología cristiana, ¿se podrá imaginar algo más espantosamente idiota que la idea cristiana del cielo?» (doctor Alfred Whitehead).

Un enfoque común del clérigo liberal es creer en un cielo y un infierno literales, pero limitar los dos a esta tierra. En otras palabras, las buenas experiencias de la vida son el «cielo» y los momentos malos el «infierno». Probablemente, sin que se percate de ello, su filosofía antiescritural contiene una verdad muy potente. El hecho es que este mundo es el único infierno que el creyente ha de conocer y el único cielo que el incrédulo ha de conocer.

A veces se hace una objeción «piadosa» acerca del estudio mismo del cielo. La protesta es la siguiente: «¿No le parece que podemos tener la mente tan puesta en el cielo que no tenemos ninguna utilidad *terrenal*?» Puede ser, pero por cada uno que hay así, probablemente hay diez creyentes con la mente tan puesta en la *tierra* que no tienen ninguna utilidad *celestial*. (Véase Col. 3:1-3.)

En realidad, la Palabra de Dios nos dice una cantidad sorprendente de verdades acerca de nuestro futuro hogar. Contrario a la opinión general, las Escrituras hablan mucho más del cielo que del infierno.

I. La capital del cielo.

En la Biblia leemos acerca de tres cielos. Brevemente, son:

A. El primer cielo: el hogar de las aves y las nubes.

«Miré, y no había hombre, y todas las aves del cielo se habían ido» (Jer. 4:25).

«Su follaje era hermoso y su fruto abundante, y había en él alimento para todos. Debajo de él se ponían a la sombra las bestias del campo, y en sus ramas hacían morada las aves del cielo, y se mantenía de él toda carne» (Dn. 4:12).

«Jesús le dijo: Las zorras tienen guaridas, y las aves del cielo nidos; mas el Hijo del Hombre no tiene dónde recostar su cabeza» (Mt. 8:20).

Es fácil ver que por hermoso que este cielo puede llegar a ser, no es el hogar eterno de los redimidos.

B. El segundo cielo: hogar del sol, la luna y las estrellas.

«De cierto te bendeciré, y multiplicaré tu descendencia como las estrellas del cielo y como la arena que está a la orilla del mar; y tu descendencia poseerá las puertas de sus enemigos» (Gn. 22:17).

«Los cielos cuentan la gloria de Dios, y el firmamento anuncia la obra de sus manos» (Sal. 19:1).

En la década del sesenta (comenzando con la órbita rusa en 1961 y culminando con el alunizaje estadounidense en 1969) el hombre logró por primera vez en la historia desarrollar una nave espacial que lo llevase más allá del primer cielo al segundo. Pero por amplio y maravilloso que sea, el segundo cielo (como el primero) no puede ser confundido con el cielo de la salvación.

C. El tercer cielo: el hogar de Dios.

«Conozco a un hombre en Cristo, que hace catorce años (si en el cuerpo, no lo sé; si fuera del cuerpo, no lo sé; Dios lo sabe) fue arrebatado hasta el tercer cielo» (2 Co. 12:2).

«Pero ¿es verdad que Dios morará sobre la tierra? He aquí que los cielos, los cielos de los cielos, no te pueden contener; ¿cuánto menos esta casa que yo he edificado? Oye, pues, la oración de tu siervo, y de tu pueblo Israel; cuando oren en este lugar, también tú lo oirás en el lugar de tu morada, en los cielos; escucha y perdona» (1 R. 8:27, 30).

Éste y sólo éste es el verdadero tercer cielo. Ya se ha comentado que la capacidad intelectual del hombre lo transportó hace unos años del primer al segundo cielo. Pero no se puede inventar ningún vehículo espacial que lo lleve del segundo al tercer cielo. Ese viaje sólo puede ser realizado por la sangre, no por el cerebro. De hecho, en una ocasión Jesús le dijo a Nicodemo que el hombre no podía ver el cielo, y mucho menos entrar en él, si no se producía el segundo nacimiento. (Véase Jn. 3:3.)

En Mateo 6:9 nuestro Señor enseñó a orar a sus discípulos:

«Vosotros, pues, oraréis así: Padre nuestro que estás en los cielos, santificado sea tu nombre» (Mt. 6:9).

Por supuesto que aquí se estaba refiriendo al tercer cielo, la morada de Dios. Sin embargo, la Biblia enseña que dentro de esta habitación celestial existe una ciudad deslumbrante, noble y santa llamada la Nueva Jerusalén. Esta hermosa y bendita ciudad no sólo es el centro de la presencia de Dios sino que será el hogar permanente de todos los redimidos por toda la eternidad. Los creyentes tanto del Antiguo como del Nuevo Testamento esperaban y anhelaban llegar a esa ciudad celestial.

«Del río sus corrientes alegran la ciudad de Dios, el santuario de las moradas del Altísimo» (Sal. 46:4).

«Cosas gloriosas se han dicho de ti, Ciudad de Dios» (Sal. 87:3).

«Porque esperaba la ciudad que tiene fundamentos, cuyo arquitecto y constructor es Dios. Pero anhelaban una mejor, esto es, celestial; por lo cual Dios no se avergüenza de llamarse Dios de ellos; porque les ha preparado una ciudad» (He. 11:10, 16).

«Sino que os habéis acercado al monte de Sion, a la ciudad del Dios vivo, Jerusalén la celestial, a la compañía de muchos millares de ángeles» (He. 12:22).

«En la casa de mi Padre muchas moradas hay; si así no fuera, yo os lo hubiera dicho; voy, pues, a preparar lugar para vosotros. Y si me fuere y os preparare lugar, vendré otra vez, y os tomaré a mí mismo, para que donde yo estoy, vosotros también estéis» (Jn. 14:2, 3).

«Y yo Juan vi la santa ciudad, la nueva Jerusalén, descender del cielo, de Dios, dispuesta como una esposa ataviada para su marido» (Ap. 21:2).

II. Las características del cielo (datos acerca de la Nueva Jerusalén).

A. La forma de la ciudad.

«La ciudad se halla establecida en cuadro, y su longitud es igual a su anchura … la longitud, la altura y la anchura de ella son iguales» (Ap. 21:16).

Esta descripción admite dos posibilidades, es decir, que la Nueva Jerusalén o tiene forma de cubo o de una enorme pirámide.

B. El tamaño de la ciudad.

«… y él midió la ciudad con la caña, doce mil estadios» (Ap. 21:16).

Según nuestras mediciones actuales, la ciudad tendría aproximadamente 1400 millas (2.253 km) de largo, alto y ancho. Si se la pusiera en los Estados Unidos, se extendería desde Nueva York hasta Denver, Colorado, y desde Canadá hasta la Florida.

¿Cuán grande es una ciudad de este tamaño? En nuestra tierra, la superficie del agua mide aproximadamente 120 millones de millas cuadradas (310.800.000 km^2) y la superficie de la tierra mide 60 millones de millas cuadradas (155.400.000 km^2). Si se multiplica 1400 por 1400 por 1400 [2.253 X 2.253 X 2.253 km] (las dimensiones de la Nueva Jerusalén), se llega al total de las millas cúbicas de la ciudad, una cifra asombrosa de 2.700 millones (más de 11.400 millones de km^3). ¡Es unas quince veces mayor que la superficie combinada de toda la tierra, incluyendo el área de la tierra y el agua!

Se ha calculado que aproximadamente 40.000 millones de personas han vivido en nuestro planeta desde la creación de Adán. De este número, más de 4.000 millones viven hoy. Los estudios de densidad urbana nos aseguran que cada uno de estos 40.000 millones podrían caber cómodamente en el primer «piso de fundamento» de esta maravillosa metrópoli de 1400 capas.

C. Los habitantes de la ciudad.

¿Quién habitará en esa brillante ciudad de las estrellas?

1. Los santos y ángeles escogidos.

«Sino que os habéis acercado al monte de Sion, a la ciudad del Dios vivo, Jerusalén la celestial, a la compañía de muchos millares de ángeles» (He. 12:22).

«Y miré, y oí la voz de muchos ángeles alrededor del trono, y de los seres vivientes, y de los ancianos; y su número era millones de millones» (Ap. 5:11).

Por supuesto que Dios conoce su número, pero se les presentan a los hombres como innumerables. Puede haber tantos ángeles como hay estrellas en los cielos, porque los ángeles se asocian frecuentemente con las estrellas (Job 38:7; Sal. 148:1-3; Ap. 9:1, 2; 12:3, 4, 7-9). Si es así, hay billones incalculables de estos seres celestiales. (Véanse Sal. 68:17; Mt. 26:53; Dn. 7:9, 10.)

2. Los 24 ancianos (Ap. 4:4).

3. La Iglesia.

Como lo indican los siguientes pasajes, en realidad la Nueva Jerusalén es el anillo de casamiento del Esposo para su esposa amada.

«Sino que os habéis acercado al monte de Sion, al ciudad del Dios vivo, Jerusalén la celestial, a la compañía de muchos millares de ángeles, a la congregación de los primogénitos que están inscritos en los cielos, a Dios el Juez de todos, a los espíritus de los justos hechos perfectos» (He. 12:22, 23).

«Después de esto oí una gran voz de gran multitud en el cielo, que decía: ¡Aleluya! Salvación y honra y gloria y poder son del Señor Dios nuestro. Gocémonos y alegrémonos y démosle gloria; porque han llegado las bodas del Cordero, y su esposa se ha preparado. Y a ella se le ha concedido que se vista de lino fino, limpio y resplandeciente; porque el lino fino es las acciones justas de los santos» (Ap. 19:1, 7, 8).

«Vi un cielo nuevo y una tierra nueva; porque el primer cielo y la primera tierra pasaron, y el mar ya no existía más. Vino entonces a mí uno de los siete ángeles que tenían las siete copas llenas de las siete plagas postreras, y habló conmigo, diciendo: Ven acá, yo te mostraré la desposada, la esposa del Cordero. Y me llevó en el Espíritu a un monte grande y alto, y me mostró la gran ciudad santa de Jerusalén, que descendía del cielo, de Dios, teniendo la gloria de Dios. Y su fulgor era semejante al de una piedra preciosísima, como piedra de jaspe, diáfana como el cristal» (Ap. 21:1, 9-11).

4. El Israel salvado.

Aunque la Nueva Jerusalén es básicamente un regalo de bodas del Esposo (Cristo) a la Esposa (la Iglesia), Israel también es invitado a morar dentro de estas paredes de jaspe.

Hay varios pasajes que lo confirman:

«Pero anhelaban una mejor, esto es, celestial; por lo cual Dios no se avergüenza de llamarse Dios de ellos; porque les ha preparado una ciudad» (He. 11:16).

«Pero mientras ellas iban a comprar, vino el esposo; y las que estaban preparadas entraron con él a las bodas; y se cerró la puerta. Su señor le dijo: Bien, buen siervo y fiel; sobre poco has sido fiel, sobre mucho te pondré; entra en el gozo de tu señor» (Mt. 25:10, 23).

Nuestro Señor cita estas palabras durante su discurso en el monte de los Olivos. Al relatar las dos parábolas compara al Israel redimido con algunos invitados a las bodas que estaban preparados (la parábola de las diez vírgenes) y después con dos siervos fieles (la parábola de los talentos). Es así que muestra al Israel redimido junto a la esposa y el Esposo.

5. El Padre.

«Y al instante yo estaba en el Espíritu; y he aquí, un trono establecido en el cielo, y en el trono, uno sentado. Y el aspecto del que estaba sentado era semejante a piedra de jaspe y de cornalina; y había alrededor del trono un arco iris, semejante en aspecto a la esmeralda» (Ap. 4:2, 3).

No parece haber duda alguna de que el que Juan ve sobre el trono es el Padre mismo.

La única otra descripción del Padre en la Biblia se encuentra en Daniel 7:9:

«Estuve mirando hasta que fueron puestos tronos, y se sentó un Anciano de días, cuyo vestido era blanco como la nieve, y el pelo de su cabeza como lana limpia; su trono llama de fuego, y las ruedas del mismo, fuego ardiente.»

6. El Hijo.

«Y miré, y vi que en medio del trono y de los cuatro seres vivientes, y en medio de los ancianos, estaba en pie un Cordero como inmolado, que tenía siete cuernos, y siete ojos, los cuales son los siete espíritus de Dios enviados por toda la tierra» (Ap. 5:6).

Aquí aprendemos que el Cordero de Dios no sólo es un habitante del cielo sino la fuente misma y el poder y el centro del cielo, sin el cual no habría ningún cielo. Vemos que:

La luz del cielo es el rostro de Jesús.
El gozo del cielo es la presencia de Jesús.
El canto del cielo es el nombre de Jesús.
El tema del cielo es la obra de Jesús.
El trabajo del cielo es la obra de Jesús.
La plenitud del cielo es la Persona de Jesús.

7. El Espíritu Santo.

Aunque el Espíritu de Dios no es tan prominente como el Padre o el Hijo, indudablemente también estará presente en la Nueva Jerusalén, como lo atestiguan los siguientes pasajes:

«Oí una voz que desde el cielo me decía: Escribe: Bienaventurados de aquí en adelante los muertos que mueren en el Señor. Sí, dice el Espíritu, descansarán de sus trabajos, porque sus obras con ellos siguen» (Ap. 14:13).

«Y el Espíritu y la Esposa dicen: Ven. Y el que oye, diga: Ven. Y el que tiene sed, venga; y el que quiera, tome del agua de la vida gratuitamente» (Ap. 22:17).

D. El fundamento de la ciudad.

La ciudad descansa sobre doce cimientos de piedras que sirven de fundamento, cada capa adornada con una piedra preciosa diferente. Son:

El primer cimiento: incrustado con jaspe, un diamante transparente como el cristal, brillante como un carámbano a la luz del sol.
El segundo cimiento: incrustado con zafiro, una piedra azul opaca con salpicado de oro.
El tercer cimiento: incrustado con ágata, una piedra celeste atravezada por rayas de diferentes colores.
El cuarto cimiento: incrustado con esmeralda, una piedra de un verde brillante.
El quinto cimiento: incrustado con ónice, una piedra blanca con capas rojas.
El sexto cimiento: incrustado con cornalina, una piedra de un rojo encendido.
El séptimo cimiento: incrustado con crisólito, una piedra transparente de un amarillo dorado.
El octavo cimiento: incrustado con berilo, una piedra de un verde mar.
El noveno cimiento: incrustado con topacio, una piedra transparente de un verde dorado.
El décimo cimiento: incrustado con crisopraso, una piedra de un verde azulado.
El undécimo cimiento: incrustado con jacinto, una piedra violeta.
El duodécimo cimiento: incrustado con amatista, una piedra de un morado centelleante.

Estos doce cimientos no sólo estaban incrustados con piedras preciosas, sino que cada capa llevaba el nombre de uno de los doce apóstoles del Nuevo Testamento.

«Y el muro de la ciudad tenía doce cimientos, y sobre ellos los doce nombres de los doce apóstoles del Cordero» (Ap. 21:14).

E. Los muros de la ciudad.

Los muros de la Nueva Jerusalén miden unos 216 pies (66 m) de alto y están hechos de jaspe.

«Y midió su muro, ciento cuarenta y cuatro codos, de medida de hombre, la cual es de ángel. El material de su muro era de jaspe; pero la ciudad era de oro puro, semejante al vidrio limpio» (Ap. 21:17, 18).

Es obvio que el muro no es una medida de seguridad, sino de diseño y belleza únicamente. En términos comparativos, un muro de 216 pies (66 m) alrededor de una ciudad con una altura de 1400 millas (2.253 km) sería como un bordillo de una pulgada alrededor del edificio Empire State de Nueva York.

F. Las puertas de la ciudad.
Hay doce puertas en la ciudad, tres de cada lado. Cada puerta lleva el nombre de una de las tribus de Israel. Cada puerta está compuesta de una hermosa perla blanca.

«Tenía un muro grande y alto con doce puertas; y en las puertas, doce ángeles, y nombres inscritos, que son los de las doce tribus de los hijos de Israel; al oriente tres puertas; al norte tres puertas; al sur tres puertas; al occidente tres puertas. Las doce puertas eran doce perlas; cada una de las puertas era una perla» (Ap. 21:12, 13, 21*a*).

G. La calle principal de la ciudad.
El bulevar central de la Nueva Jerusalén está compuesto de oro puro y transparente.

«.... Y la calle de la ciudad era de oro puro, transparenten como vidrio» (Ap. 21:21*b*).

Cuando se considera el precio del oro (casi 600 dólares la onza a principios de la década de los 80), el valor total de la ciudad se vuelve incomprensible.

H. El trono dentro de la ciudad.
«Y al instante yo estaba en el Espíritu; y he aquí, un trono establecido en el cielo, y en el trono, uno sentado. Y el aspecto del que estaba sentado era semejante a piedra de jaspe y de cornalina; y había alrededor del trono un arco iris, semejante en aspecto a la esmeralda. Y delante del trono había como un mar de vidrio semejante al cristal; y junto al trono, y alrededor del trono, cuatro seres vivientes llenos de ojos delante y detrás» (Ap. 4:2, 3, 6).

I. El río de vida de la ciudad.
«Después me mostró un río limpio de agua de vida, resplandeciente como cristal, que salía del trono de Dios y del Cordero» (Ap. 22:1).

Sin duda el Espíritu Santo quiso referirse en cierta medida a este río cuando inspiró a David para que escribiese:

«Será como árbol plantado junto a corrientes de aguas, que da su fruto en su tiempo, y su hoja no cae; y todo lo que hace, prosperará» (Sal. 1:3).

«Del río sus corrientes alegran la ciudad de Dios, el santuario de las moradas del Altísimo» (Sal. 46:4).

J. El árbol de la vida en la ciudad.
«En medio de la calle de la ciudad, y a uno y otro lado del río, estaba el árbol de la vida, que produce doce frutos, dando cada mes su fruto; y las hojas del árbol eran para la sanidad de las naciones» (Ap. 22:2).

Cuando Dios creó al hombre y lo puso en el huerto del Edén puso a disposición de Adán (entre muchas otras cosas) el árbol de la vida. Pero cuando el hombre pecó fue echado del Edén y alejado de este árbol.

«Y Jehová Dios hizo nacer de la tierra todo árbol delicioso a la vista, y bueno para comer; también el árbol de vida en medio del huerto, y el árbol de la ciencia del bien y del mal» (Gn. 2:9).

«Echó, pues fuera al hombre, y puso al oriente del huerto de Edén querubines, y una espada encendida que se revolvía por todos lados, para guardar el camino del árbol de la vida» (Gn. 3:24).

En ese momento de la historia humana, el árbol de la vida desapareció, pero aquí en la Nueva Jerusalén brotará y florecerá como nunca. En su libro *Reveling Through Revelation*, el doctor J. Vernon McGee escribe las siguientes palabras acerca de este río y este árbol:

«Hasta este capítulo, la Nueva Jerusalén parece ser toda mineral sin nada vegetal. Su aspecto es como la exhibición deslumbrante de una joyería fabulosa, pero no hay hierba suave sobre la cual sentarse, ni un solo árbol verde del cual disfrutar, nada de agua para tomar o alimento para comer. Sin embargo, aquí se introducen los elementos que agregan una gran delicadeza a esta ciudad de primorosa belleza.»

Paul Lee Tan escribe:

«Puesto que el árbol de vida se encuentra «a uno y a otro lado del río», los teólogos han deducido que el «árbol» no es un solo árbol, sino un solo tipo de árbol ... una hilera de árboles a cada lado del río. Otros, sin embargo, ven un árbol plantado en el medio del río, con ramas que se extienden sobre ambas riberas. El árbol es lo suficientemente grande como para abarcar todo el río, así que el río está en medio de la calle, y el árbol está a ambos lados del río.» (*The New Jerusalem*, p. 28.)

K. La relación entre esta ciudad y la Jerusalén terrenal.
Ya hemos visto que habrá dos ciudades fabulosas de Dios en el futuro. Una se encuentra en la tierra. Se conocerá como Jehová-tsidkenu, que significa «Jehová, justicia nuestra» (Jer. 23:6; 33:16) y Jehová-sama, que significa «Jehová está allí» (Ez. 48:35). La otra ciudad está suspendida en el espacio y se llama la Nueva Jerusalén (Ap. 21:2). Por supuesto que ésta es miles de veces más grande que la ciudad terrenal y durará para siempre.

L. La naturaleza de los cuerpos resucitados en esta ciudad. En resumen, todos los cuerpos resucitados habitarán en la ciudad celestial pero reinarán en la ciudad terrenal. Habiendo examinado nuestra ubicación futura, ¿qué sabemos acerca de nuestra transformación y (finalmente) nuestra vocación? En otras palabras, ¿cuál será la naturaleza de estos cuerpos resucitados y qué actividades llevaremos a cabo con ellos?

En 1 Corintios 15, Pablo contesta preguntas acerca de esta transformación. En los versículos 39-41 Pablo sugiere que el nuevo cuerpo espiritual es tan superior al viejo cuerpo natural como:

El cuerpo humano lo es en relación con el de los animales (15:39).

Los cielos lo son en relación con la tierra (15:40).

El sol lo es en relación con la luna (15:41).

Así será entonces la naturaleza de nuestro cuerpo transformado:

1. Estos cuerpos serán como el glorioso cuerpo de Cristo (Fil. 3:21; 1 Jn. 3:1-3).
2. Serán de carne y hueso (Lc. 24:39, 40).
3. Cristo comió en su cuerpo glorificado (Lc. 24:41-43; Jn. 21:12-15).
4. Estos cuerpos no estarán sujetos a las leyes de gravedad y del tiempo (Jn. 20:19; Lc. 24:31, 36).
5. Serán cuerpos identificables (Mt. 8:11; Lc. 16:23; 1 Co. 13:12).
6. Serán cuerpos eternos (2 Co. 5:1).
7. Serán (como ya hemos visto) cuerpos en los cuales predomina el espíritu (1 Co. 15:44, 49).

M. Las actividades de los redimidos en la ciudad.

Un concepto popular pero totalmente pervertido del cielo describe la vida futura en los cielos en términos de espíritus sin cuerpos sentados piadosamente sobre nubes esponjosas tocando arpas de oro. Tal vez sea así el cielo según Walt Disney, pero no según el Nuevo Testamento. Las Escrituras indican que:

1. El cielo será un lugar donde habrá mucho canto.

«Cantad loores, oh cielos, porque Jehová lo hizo; gritad con júbilo, profundidades de la tierra; prorrumpid, montes, en alabanza; bosque, y todo árbol que en él está; porque Jehová redimió a Jacob, y en Israel será glorificado» (Is. 44:23).

«Diciendo: Anunciaré a mis hermanos tu nombre, en medio de la congregación te alabaré» (He. 2:12).

«Y cantaban un cántico nuevo delante del trono, y delante de los cuatro seres vivientes, y de los ancianos; y nadie podía aprender el cántico sino aquellos ciento cuarenta y cuatro mil que fueron redimidos de entre los de la tierra» (Ap. 14:3).

«Y cantan el cántico de Moisés siervo de Dios, y el cántico del Cordero, diciendo: Grandes y maravillosas son tus obras, Señor Dios Todopoderoso; justos y verdaderos son tus caminos, Rey de los santos» (Ap. 15:3).

2. El cielo será un lugar de compañerismo.

Uno de los himnos evangélicos más amados se titula «Dulce Comunión». La primera estrofa comienza con: «¡Dulce comunión la que gozo ya en los brazos de mi Salvador!» A veces ocurren peleas triviales en las iglesias locales, pero en el cielo prevalecerá la comunión verdadera y eterna.

No sólo disfrutarán los creyentes de una bendita comunión con otros creyentes sino que, lo que es más importante aún, conoceremos y seremos conocidos por el Salvador en una forma mucho más íntima de la que es posible aquí en la tierra.

3. El cielo será un lugar de servicio.

«Por esto están delante del trono de Dios, y le sirven día y noche en su templo; y el que está sentado sobre el trono extenderá su tabernáculo sobre ellos» (Ap. 7:15).

«Y no habrá más maldición; y el trono de Dios y del Cordero estará en ella, y sus siervos le servirán» (Ap. 22:3).

Aunque no podemos ser dogmáticos en cuanto a la naturaleza exacta de este servicio, sabemos por los siguientes pasajes que una porción de nuestro trabajo para el Cordero será ejercer autoridad y juicio sobre hombres y ángeles:

«¿O no sabéis que los santos han de juzgar al mundo? Y si el mundo ha de ser juzgado por vosotros, ¿sois indignos de juzgar cosas muy pequeñas? ¿O no sabéis que hemos de juzgar a los ángeles? ¿Cuánto más las cosas de esta vida?» (1 Co. 6:2, 3).

«Si sufrimos, también reinaremos con él; si le negáremos, él también nos negará» (2 Ti. 2:12).

«No habrá allí más noche; y no tienen necesidad de luz de lámpara, ni de luz del sol, porque Dios el Señor los iluminará; y reinarán por los siglos de los siglos» (Ap. 22:5).

4. El cielo será un lugar de aprendizaje.

«Porque en parte conocemos, y en parte profetizamos; mas cuando venga lo perfecto, entonces lo que es en parte se acabará» (1 Co. 13:9, 10).

¿Qué aprenderemos en el cielo?

a. Aprenderemos acerca de la *persona* de Dios.
b. Aprenderemos acerca del *plan* de Dios. Una de las preguntas más dolorosas que se hacen los cristianos en la tierra es por qué un Dios amante y sabio permite que pasen ciertas tragedias terribles. Tomemos el ejemplo de un pastor joven, lleno del Espíritu, que ha pasado muchos años preparándose diligentemente para el ministerio. Su esposa se ha sacrificado para ayudarle a estudiar. Ahora todo está dando fruto. Su iglesia está experimentando un crecimiento asombroso. Hay personas que se salvan todas las semanas. Hay nuevos convertidos que se bautizan todos los domingos. Se compran autobuses adicionales para la escuela dominical y se hacen planes para un nuevo edificio. Poco a poco una comunidad escéptica descubre que está siendo influenciada profundamente por este pastor vibrante y animado y su gente. De repente, sin previo aviso, el ministro muere en un accidente inesperado. Poco después del entierro, la congregación, todavía confundida y aturdida, extiende una invitación a otro hombre. Pero el nuevo ministro demuestra poca compasión y menos habilidad como líder. Pronto la grey se esparce y el testimonio emocionante de una obra creciente y luminosa queda prácticamente apagado.

¿Cuántas veces desde el martirio de Abel al alba de la historia humana han ocurrido tragedias similares? Pero la pregunta ardiente y penetrante permanece: ¿Por qué permite Dios cosas tan terribles?

Podemos estar seguros de que en el cielo Dios nos llevará aparte a cada uno de nosotros y nos explicará el motivo de todos nuestros sufrimientos y nuestras pruebas. Entonces diremos las palabras pronunciadas por una multitud galilea en la época de Jesús: «Bien lo ha hecho todo» (Mr. 7:37).
c. Aprenderemos acerca del *poder* de Dios.

«En el principio creó Dios los cielos y la tierra» (Gn. 1:1).

¿Cuán grande es nuestro universo? Es tan grande que un rayo de luz (que se mueve a razón de unos 700 millones de millas [más de 1.126 millones de kilómetros] por hora) tarda más de 10.000 millones de años en cruzar el universo conocido. Dentro de este universo hay incontables billones de estrellas, planetas y demás cuerpos celestes. Dios los creó todos para instruir al hombre acerca de su poder y su gloria (Sal. 19:1; 147:4; Is. 40:26). ¡Algún día visitaremos cada estrella y exploraremos cada rincón del universo de nuestro Padre!

LA DOCTRINA DE LA IGLESIA

LA DOCTRINA DE LA IGLESIA

En el libro de los Efesios, el apóstol Pablo advirtió a sus lectores en cuanto a «las asechanzas del diablo» y «los dardos de fuego del maligno» (Ef. 6:11, 16). Por supuesto que Satanás siempre se ha opuesto encarnizadamente tanto a la obra como a los obreros de Dios. Su batalla con Jesucristo comenzó en el huerto del Edén (Gn. 3:15) y continuó sin tregua durante el Antiguo Testamento, pero con el advenimiento de la encarnación, la vida, la crucifixión, la resurrección y la ascensión de Cristo, la intensidad de la lucha aumentó mil veces. Durante los primeros siglos de la historia de la iglesia, el diablo atacó la doctrina de la deidad de Cristo. Después (tras una terrible derrota en el 325 d.C.) se movilizó en contra de la doctrina de la justificación por la fe. Pero no había contado con la actuación de un tal Martín Lutero. Nuevamente, tomando otra dirección, atacó la inspiración de las Escrituras. Esto llegó a su cenit durante los últimos años del siglo XIX y los primeros años del siglo XX, alrededor de la época en que Dios estaba levantando grandes instituciones bíblicas para contrarrestar este ataque satánico.

Por fin, en un esfuerzo desesperado por corromper y confundir la obra de Dios (antes de la venida del Hijo de Dios), Satanás ha declarado una guerra total en contra de la esposa de Cristo, la Iglesia misma. Hoy basta una mirada al horizonte del cristianismo para descubrir el éxito que Satanás ha tenido en este intento. Hay una necesidad imperiosa de estudiar y volver a las enseñanzas bíblicas de la Iglesia. Es necesario «para que Satanás no gane ventaja alguna sobre nosotros; pues no ignoramos sus maquinaciones» (2 Co. 2:11).

I. El significado de la palabra «iglesia». La palabra griega en el Nuevo Testamento para nuestra palabra española «iglesia» es *ekklesía*. Se deriva del verbo *ekkaleo*. El compuesto *ek* significa «fuera» y *kaleo* significa «llamar» o «convocar». Por lo tanto, el significado literal es «llamar afuera».

A. Su conexión con el mundo hebreo del Antiguo Testamento. La palabra griega neotestamentaria *ekklesía* tiene cierta conexión con la palabra hebrea *qahal*, que se encuentra unas 100 veces en el Antiguo Testamento. Se traduce por las palabras españolas «congregación, asamblea, compañía». *Qahal* puede referirse a las asambleas que se convocan para:

1. Dar o planificar un consejo malvado (Gn. 49:6; Sal. 26:5). En el pasaje de Génesis, Jacob se está lamentando de un hecho malvado cometido por Simeón y Leví, dos de sus hijos, que planearon y ejecutaron el asesinato a sangre fría de varios paganos. (Véase también Gn. 34.)
2. Tratar asuntos civiles (1 R. 12:3; Pr. 5:14). En 1 Reyes 12:3, los ancianos de Israel se habían reunido en Siquem para discutir un asunto civil muy importante: la coronación de Roboam, el hijo de Salomón, como el próximo rey.
3. Planear una guerra (Nm. 22:4; Jue. 20:2). El primero de estos pasajes registra el consejo de guerra de Moab en contra de Israel, y el segundo relata la triste reunión de las once tribus de Israel que se habían unido para luchar en contra de la duodécima tribu, la de Benjamín.
4. Con fines de adoración religiosa a Dios (2 Cr. 20:5).

La palabra también puede describir la congregación de los ángeles (Sal. 89:5).

B. Su conexión con el mundo secular griego. En el griego secular, *ekklesía* se refería únicamente a una asamblea o reunión y nunca a la gente que formaba esa asamblea. Hasta una turba violenta e ignorante podía ser denominada *ekklesía* (Hch. 19:32). Cuando la gente se desbandaba, no se consideraba que formaran parte de una *ekklesía*. Por lo tanto, la mente griega jamás vería una conexión religiosa en esta palabra.

C. Su conexión con el mundo teológico del Nuevo Testamento. El Nuevo Testamento revela el desarrollo de la palabra *ekklesía* desde el sencillo significado general de «asamblea» hasta la designación técnica y teológica de «pueblo de Dios». De las 114 veces que aparece en el Nuevo Testamento, con sólo cinco excepciones (Hch. 7:38; 19:32, 39, 41; He. 2:12), la iglesia *ekklesía* se presenta con este enfoque. Uno de estos cinco pasajes (Hch. 7:38) tiene que ver con el discurso de Esteban ante el sanedrín durante el cual describió a la nación de Israel en el monte Sinaí como «la congregación en el desierto». Las próximas tres veces aparecen como referencias a la turba griega violenta de Éfeso (Hch. 19:32, 39, 41), mientras que el pasaje final (He. 2:12) aparentemente describe el canto de adoración de Cristo para el Padre con relación a todos los escogidos, los santos de tanto el Antiguo como del Nuevo Testamento.

II. El origen de la Iglesia. ¿Cuándo y dónde comenzó realmente la Iglesia? Aquí nos encontramos con varios puntos de vista diferentes.

A. Comenzó con Adán en Génesis 3. En una discusión sobre este asunto, el doctor Earl Radmacher cita a R.B. Kuiper, quien dice:

«Si damos por sentado, como indudablemente podemos hacerlo, que Adán y Eva creyeron la promesa de Dios de que la simiente de la serpiente heriría a la simiente de la mujer en el calcañar, pero que la simiente de la mujer heriría la cabeza de la serpiente ... entonces se puede afirmar que ellos constituyeron la primera iglesia cristiana.» (*The Nature of the Church*, pp. 193, 194.)

B. Comenzó con Abraham en Génesis 12. Esta es la posición de la mayoría de los teólogos del pacto. La lógica de este punto de vista es la creencia de que así como Israel una vez funcionó como Iglesia de Dios en el Antiguo Testamento, así la Iglesia ahora funciona como el Israel de Dios en el Nuevo Testamento.

C. Comenzó con Juan el Bautista en Mateo 3. El argumento aquí es que Juan fue el primero que bautizó bíblicamente, y como Cristo después mandó que su Iglesia practicara esto por todo el mundo (Mt. 28:19), la conclusión es que la Iglesia comenzó con Juan.

D. Comenzó con Cristo. Aquí hay cuatro períodos distintos propuestos por los que creen que comenzó con el Salvador.

1. Con el llamamiento de los doce apóstoles en Mateo 10. Thomas P. Simmons mantiene este punto de vista. Escribe:

   «Al ubicar la fundación de la Iglesia debemos encontrar un momento en el cual comienza a existir algo que corresponde a la descripción de Iglesia. Esta regla nos señala el momento cuando, después de una noche de oración, Cristo escogió a los doce apóstoles. Con esta selección, estos doce hombres se convirtieron en un cuerpo por primera vez. Tenían una cabeza: Cristo. Tenían un tesorero: Judas. Tenían que ser creyentes bautizados. Se habían reunido para llevar a cabo la voluntad de Cristo. ¿En qué se convirtieron si no...?» (*A Systematic Study of Bible Doctrine*, p. 354.)

2. Con la confesión de Pedro en Mateo 16. Los proponentes de esta posición ubican a la Iglesia en este punto por la sencilla razón de que es la primera vez que Cristo la menciona. (Véase Mt. 16:18.)

3. Con la Última Cena en Mateo 26, Marcos 14, Lucas 22 y Juan 13. Los que defienden este punto de vista señalan que fue entonces que Cristo instituyó la ordenanza de la Cena del Señor, indicando que la Iglesia ahora existía.

4. Con la noche del primer Domingo de Resurrección después de la resurrección de Jesús en Juan 20.

   «Entonces Jesús les dijo otra vez: Paz a vosotros. Como me envió el Padre, así también yo os envío. Y habiendo dicho esto, sopló, y les dijo: Recibid el Espíritu Santo» (Jn. 20:21, 22).

   Se argumenta que el último elemento necesario para completar la Iglesia prometida se da aquí, es decir, la persona y el poder del Espíritu Santo.

E. Con Pablo. Aquí, como en el caso de Cristo, se ofrecen varios períodos.

1. El momento de su conversión en Hechos 9. Los proponentes de esta teoría nos recuerdan que la Iglesia difícilmente pudo haber comenzado sino hasta después de la conversión de su teólogo y escritor de epístolas más famoso: el apóstol Pablo.

2. La época de su primer viaje misionero en Hechos 13. Algunos están convencidos de que aunque se hace referencia a la asamblea en Jerusalén como Iglesia, en realidad no era tal, sino más bien un grupo de creyentes mayormente judíos que estaban operando bajo una economía modificada del Antiguo Testamento. Sin embargo, en Hechos 13, Pablo comienza el ministerio de establecer iglesias locales cien por ciento cristianas.

3. En la época de su encarcelamiento romano en Hechos 28. Durante este encarcelamiento romano (el primero), Pablo escribió las epístolas a los Filipenses, Filemón, Colosenses y Efesios. Los discípulos de esta última corriente piensan que estas cuatro epístolas neotestamentarias solas (que después incluirían las tres epístolas de Pablo a Timoteo y Tito) constituyen el mensaje de Dios a las iglesias locales; de ahí su posición de que la Iglesia se originó en Hechos 28.

F. Estas son entonces las teorías. ¿Cuál hemos de creer? Se puede citar a hombres piadosos y capacitados en apoyo de cada punto de vista, pero la mayor parte de los estudiosos bíblicos mantienen la posición de que la Iglesia comenzó el día de pentecostés. Este punto de vista ha sido ampliamente defendido tanto por el doctor Lewis Sperry Chafer como por el doctor Charles C. Ryrie. Estos hombres escriben:

   «Aparentemente por falta de debida consideración de todo lo que entra en el caso, algunos teólogos han sostenido la idea de que las cosas que caracterizan la revelación del Antiguo Testamento son llevadas adelante sin ningún cambio al Nuevo Testamento. La necesidad de observar las distinciones dispensacionales se levanta en conexión con el súbito abandono de rasgos existentes y la introducción de nuevos rasgos que marcan la transición de una dispensación a la siguiente. Esta línea de demarcación es especialmente clara entre la edad presente y la que la precedió, y entre esta edad y la que ha de seguir a ésta. Ciertos eventos que sirven para producir estos cambios son propiamente llamados *transformadores de la edad*. Las cosas no pueden ser lo mismo en esta edad después de la muerte de Cristo, su resurrección, su ascensión, y el advenimiento del Espíritu en el día de Pentecostés, como lo fueron en la edad pasada. De igual manera, las cosas no pueden ser lo mismo en la edad venidera, como lo son en la presente, después de que haya tenido lugar el segundo advenimiento de Cristo para reinar en la tierra, cuando Satanás sea atado, el traslado de la Iglesia, y la restauración de Israel. Los que no ven ninguna fuerza en esta declaración escasamente han considerado el inmensurable significado de estos sucesos transformadores de la edad. A la luz de estos asuntos determinantes, se puede ver (a) que no podría haber Iglesia en el mundo —constituida como está y con las distinciones de sus características— hasta que Cristo muriera; porque su relación a esa muerte no es sencillamente una anticipación, sino que está basada totalmente en su obra consumada por la cual es purificada por la preciosa sangre de Él. (b) No podría haber Iglesia sino hasta que Cristo hubiera resucitado de los muertos para proveerla con la vida de resurrección. (c) No podría haber Iglesia hasta que Él hubiera ascendido a las alturas para llegar a ser su Cabeza; porque ella es una nueva creación con el Cristo resucitado como la nueva Cabeza de mando. Él es a la Iglesia lo que es la cabeza al cuerpo. Tampoco podría sobrevivir pro un momento si no fuera por la intercesión de Él y su abogacía en el cielo. (d) No podría haber Iglesia en la tierra sino hasta el advenimiento del Espíritu Santo; porque la realidad más básica y fundamental respecto a la Iglesia es que ella es el templo para la habitación de Dios por medio del Espíritu. Ella es regenerada, es bautizada, y sellada por el Espíritu.» (Lewis Chafer, *Teología sistemática*, tomo II, Publicaciones Españolas, pp. 46, 47.)

Parece ser evidente que el día de Pentecostés marcó el comienzo de la iglesia por los siguientes motivos:

1. «El Señor habló de la Iglesia como futura en Mateo 16:18 lo que, al parecer, demuestra que la Iglesia no existía en tiempos del Antiguo Testamento.
2. La resurrección y ascensión de Cristo son esenciales para el funcionamiento de la Iglesia. Está edificado sobre la resurrección (Ef. 1:19-20) y la dádiva de los dones es necesaria para su operación, al tiempo que la distribución de los dones depende, a su vez, de que Cristo fue ascendido (Ef. 4:7-12). Si por algún esfuerzo imaginativo de la teología pudiera decirse que el cuerpo de Cristo había existido antes de la ascensión de Cristo, entonces habría que concluir que se trataba de un cuerpo que no tenía dones y era inoperante. Lo que hace en esta edad que la Iglesia es algo claro y distintivo es el hecho de que se está construyendo sobre la resurrección y ascensión de Cristo.
3. Pero la principal evidencia de que la iglesia comenzó en el día de Pentecostés reside en el hecho de que se registró un trabajo de bautismo por parte del Espíritu Santo. El Señor declaró que este ministerio particular y distintivo del Espíritu era todavía futuro, justamente antes de su ascensión (Hch. 1:5). En el día de Pentecostés ocurrió por primera vez (el relato no lo dice así en Hechos 2, pero sí en Hechos 11:15-16), y podemos preguntarnos: ¿qué es lo que hace el bautismo del Espíritu Santo? La contestación la encontramos en 1 Corintios 12:13: coloca al creyente en el cuerpo de Cristo. Ya que éste es el único camino para entrar en el cuerpo de Cristo (es decir, por la obra de bautismo del Espíritu), y ya que esta obra del Espíritu comenzó primeramente en Pentecostés, la conclusión parece obvia entonces de que la Iglesia, que es el cuerpo de Cristo, comenzó en el día de Pentecostés. (Charles Ryrie, *Síntesis de doctrina bíblica*, Editorial Portavoz, p. 178.)

III. La naturaleza de la Iglesia. Antes de tratar de determinar lo que *sí es*, consideremos lo que la Iglesia *no es*.

A. La Iglesia considerada desde un punto de vista negativo.

1. No es un nuevo nombre para Israel.

Los teólogos del pacto enseñan que la Iglesia se ha convertido en el pueblo escogido de Dios, como lo fue Israel una vez. Pero esto no es así, como se puede ver en los siguientes argumentos.

a. Las promesas son diferentes.
   (1) Las promesas y las provisiones para Israel eran básicamente terrenales en su alcance (véanse Ex. 15:26; Dt. 28).
   (2) Las promesas para la Iglesia son básicamente celestiales en su alcance (véanse Ef. 1:3; Col. 3:1-3).

b. La simiente es diferente.
   (1) La simiente física de Abraham se refiere a Israel (Ro. 9:7).
   (2) La simiente espiritual de Abraham se refiere a la Iglesia (Gá. 3:7).

c. Los nacimientos son diferentes.
   (1) Israel celebraba su aniversario al pie del monte Sinaí (Ex. 19—20).
   (2) La Iglesia celebraba su aniversario en pentecostés (Hch. 2). El autor de los Hebreos señala el gran contraste entre estas dos entidades (12:18-24).
   (3) Los israelitas se convirtieron en lo que eran por su nacimiento físico.
   (4) Los creyentes se convierten en lo que son por su nacimiento espiritual.

d. La nacionalidad es diferente.
   (1) Israel pertenecía a esta tierra y al sistema mundial.
   (2) La Iglesia está compuesta de todas las naciones y no tiene ciudadanía aquí, sino que sus miembros son extranjeros y peregrinos (1 P. 2:11).

e. La relación con el Padre es diferente.
   (1) Dios nunca es presentado como el Padre de los israelitas individualmente en el Antiguo Testamento.
   (2) Dios se presenta como el Padre de todos los creyentes neotestamentarios (Ro. 8:15; 1 Jn. 3:1).
   (3) Israel ahora está bajo el juicio de Dios (Ro. 10:21; 11:8).
   (4) La Iglesia está libre de todo juicio actual (Col. 2:13-15).
   (5) Israel era el siervo de Dios (Is. 41:8).
   (6) La Iglesia —cada creyente— es hija de Dios (Jn. 1:12; 1 Jn. 3:1).

f. La relación con el Hijo es diferente.
   (1) Israel se presenta como una esposa infiel (Is. 54:1-17; Jer. 3:1, 14, 20; Ez. 16:1-59; Os. 2:1-23).
   (2) La Iglesia se presenta como una novia pura y virgen que ha de casarse en el cielo (2 Co. 11:2; Ap. 19:7-9).
   (3) Cristo era una piedra de tropiezo para Israel (1 Co. 1:23; 1 P. 2:8).
   (4) Cristo es el fundamento y la piedra angular de la Iglesia (Ef. 2:20-22; 1 P. 2:4, 5).
   (5) Cristo es el Mesías y el Rey de Israel (Jn. 1:49).
   (6) Cristo es el Salvador, el Esposo y la Cabeza de la Iglesia (Ef. 5:23).

g. La relación con el Espíritu Santo es diferente.
   (1) El Espíritu Santo descendió pocas veces sobre israelitas individuales en el Antiguo Testamento.
   (2) El Espíritu Santo mora dentro de cada creyente neotestamentario (véase 1 Co. 6:19).

h. El templo es diferente.
   (1) Israel *tenía* un templo (Ex. 25:8).
   (2) La Iglesia *es* un templo (Ef. 2:21).

Los contrastes mencionados deberían dejar claramente establecido que la Iglesia no es Israel. Pablo hizo una distinción cuidadosa entre estas dos entidades diferentes cuando escribió:

«No seáis tropiezo ni a judíos, ni a gentiles, ni a la iglesia de Dios» (1 Co. 10:32).

2. No es el reino.
La Iglesia ha de ser edificada durante esta edad presente (Ef. 4:12), mientras que el reino ha de ser establecido en un tiempo futuro (Hch. 15:16; Ap. 11:15).
3. No es un edificio compuesto de madera, ladrillos, clavos y argamasa.
4. No es un estado ni una organización nacional. Earl Radmacher escribe:
«Es común hoy, especialmente en los países europeos, ver una conexión estrecha entre el estado y la iglesia, de forma tal que una iglesia en particular esté gobernada y mantenida por el estado. Es interesante notar que todos los reformadores, que tan heroicamente liberaron a la Iglesia de la Iglesia Católica Romana y el Papa, impusieron una iglesia estatal sobre la gente dondequiera que fueron, y las iglesias que apoyaban la libertad religiosa absoluta fueron perseguidas por estas iglesias estatales.» (*The Nature of the Church*, p. 149.)
5. No es una organización denominacional. Nuevamente, Radmacher escribe:
«Con frecuencia la gente habla de las diversas denominaciones o iglesias, como, por ejemplo, la Iglesia Episcopal, la Iglesia Luterana, la Iglesia Presbiteriana; pero este uso de *ekklesía* nunca se encuentra en las Escrituras.» (*Ibid.*, p. 150.)
6. No es lo que los teólogos católicos romanos dicen que es.
«Se ha visto que la doctrina católica romana entra en dos divisiones, es decir, el cuerpo místico de Cristo y la iglesia en la tierra. Estas no se refieren a dos iglesias diferentes, porque los constituyentes de cada una de ellas son los mismos; sino que se refieren a dos aspectos de la iglesia. A raíz de la identificación del cuerpo místico con la iglesia visible, su conclusión es que no hay salvación fuera de la iglesia visible. Aunque hay numerosos libros sobre el diálogo protestante-católico y sus intereses ecuménicos, se ha indicado que cualquier «regreso» de los protestantes a Roma debe involucrar el reconocimiento del Papa como el vicario de Cristo.» (*The Nature of the Church*, p. 368.)
7. No es lo que los teólogos liberales dicen que es.
«El liberalismo, por estar fuertemente influenciado por el evangelio social, vio poca necesidad de que existiesen las iglesias locales, que sencillamente impedían el progreso de la transformación de la sociedad al aferrarse febrilmente a sus dogmas y tradiciones eclesiásticas. La iglesia era vista como una institución ajena a la fe cristiana y una organización estrictamente humana y mundana.» (*Ibid.*, p. 369.)
8. No es lo que los teólogos neoliberales dicen que es.
«El neoliberalismo, reaccionando en contra de la organización mundana y humana de los liberales, aportó un nuevo sentido de la importancia de la Iglesia. Han llegado a creer que hay una Iglesia por encima y más allá de las divididas denominaciones. Es una sociedad viviente, comenzada con la obra de Jesús, cuya obra continúa a través de las edades. Por lo tanto, no es sencillamente una organización social; es una institución divina, fundada por Dios. Esta institución frecuentemente es llamada *koinonia* por los neo-liberales, la comunión espiritual de todos los que se han dedicado al reino de Dios. No hay que dejarse engañar por la aparente ortodoxia, porque en realidad es una forma sutil de existencialismo en el cual la Iglesia es sencillamente un estado subjetivo de ser en relación con el encuentro yo-tú. El neoliberalismo niega que la Iglesia organizada haya sido parte del plan de Cristo.» (*Ibid.*, p. 369.)
9. No es lo que los teólogos neoortodoxos dicen que es.
«La neoortodoxia tiene algunas similitudes notables con el neoliberalismo en cuanto a la doctrina de la iglesia, especialmente en relación a su naturaleza variable. La Iglesia es un «acontecimiento»; es decir, «la Iglesia no es constituida de una vez por todas, sino que está siendo continuamente recreada por la actividad divina renovada». Sin embargo, hay diferencias notables. No sólo le da Barth un lugar mucho mayor al Espíritu Santo como el Creador de la Iglesia, sino que, mientras que el neoliberalismo tiende a pensar en la Iglesia organizada como un mal necesario, Barth entiende que la iglesia organizada es *la Iglesia*. Por último, cree que la Iglesia única, santa y universal existe en cada una de las iglesias locales.» (*Ibid.*, p. 369.)
10. No es lo que los teólogos neoevangélicos dicen que es.
«El neoevangelicalismo encuentra una de sus diferencias más grandes con el fundamentalismo en su doctrina de la Iglesia. El neoevangelicalismo tiende a sacrificar la pureza de la Iglesia por la paz y la unidad de ella. Es su opinión que los herejes e incrédulos dentro de la Iglesia no afectan su naturaleza. Por lo tanto, están dispuestos a sacrificar la pureza por la unidad y la oportunidad. Dicen que la tarea de separar el trigo de la cizaña será de Cristo durante el segundo advenimiento. Se presta poca atención a los pasajes del Nuevo Testamento que exigen una disciplina y purga definida en la Iglesia. Puesto que el neoevangelista cree que se puede efectuar un acercamiento con el liberalismo y la neoortodoxia, está dispuesto a subordinar la particularidad doctrinal.» (*Ibid.*, p. 369.)

B. La Iglesia considerada desde un punto de vista positivo. Hemos examinado brevemente diez teorías sobre lo que la iglesia *no es*. La pregunta ahora es: ¿qué *es* la iglesia? Se pueden distinguir tres posiciones.
1. La *ekklesía* del Nuevo Testamento se refiere solamente a aquellos grupos geográficos de creyentes bautizados que se reúnen regularmente, dirigidos por pastores y diáconos, para fines de adoración, instrucción, comunión y

evangelismo. Por supuesto que esta posición negaría categóricamente la existencia de una Iglesia universal e invisible. Thomas P. Simmons mantiene este punto de vista. Escribe:

«Ahora, la iglesia universal, invisible, imaginaria nunca funciona colectivamente. No tiene cultos, no observa ninguna ordenanza, no manda ni mantiene ningún misionero. Sencillamente es una cosa inexistente, sin función, propósito ni razón de ser. Es la iglesia local la que funciona para Cristo. Y es sólo la iglesia local que puede llamarse correctamente el cuerpo de Cristo.» (*A Systematic Study of Bible Doctrine*, p. 353.)

La posición de la esposa de Cristo, que dice que sólo un grupo selecto formará parte de la esposa del Salvador, lleva este punto de vista a su extremo.

2. La *ekklesía* del Nuevo Testamento se refiere principal, sino únicamente, al cuerpo invisible de Cristo compuesto por todos los creyentes salvados desde el día de pentecostés hasta el arrebatamiento.

   El extremo de este punto de vista es apocar, sino abiertamente negar, el valor de las asambleas de las iglesias locales, sustituyéndolas por fiestas bautismales en piscinas, evangelismo de cafés y restaurantes y diálogos y sesiones religiosas ecuménicas.

3. La *ekklesía* del Nuevo Testamento abarca tanto el cuerpo total de Cristo (incluyendo los creyentes vivientes y difuntos) como las asambleas locales individuales, con el énfasis principal en las segundas. Esta posición es la mantenida por la mayoría de los estudiosos bíblicos. Parece tratarse del cuerpo total en 1 Corintios 15:9, Gálatas 1:13, Efesios 5:25-32, Hebreos 12:23, Apocalipsis 19:6-9, mientras que la mayor parte de las referencias restantes a la *ekklesía* describen las asambleas de las iglesias locales.

IV. El propósito de la Iglesia.

A. Su propósito considerado desde un punto de vista negativo.

1. El propósito de la Iglesia no es el de salvar al mundo.

   La levadura de Mateo 13:33 no es una imagen del evangelio que penetra y purifica a la sociedad, convirtiéndola en la edad de oro del milenio. Por el contrario, los acontecimientos mundiales se volverán mucho peores antes de que mejoren (2 Ti. 3:1-7; 2 P. 3:1-5).

2. El propósito de la iglesia no es el de servir al mundo.

   En ninguna parte del Nuevo Testamento se le dice a la Iglesia que milite por leyes más estrictas de control ambiental, o marche a favor de los derechos civiles, o que organice reuniones de oración por guerras indeseadas. Por supuesto que esto no significa que los creyentes individualmente no pueden estar involucrados en la actividad social.

3. El propósito de la Iglesia no es el de tratar de gobernar el mundo, como lo hizo durante el medioevo en Europa.

4. El propósito de la Iglesia no es el de luchar en contra del mundo.

   Con demasiada frecuencia los creyentes bíblicos son víctimas de este error. Aunque hay ocasiones especiales en las que las iglesias locales deben adoptar una posición y denunciar la inmoralidad y el pecado, la tarea de la Iglesia no es la de usar todas sus energías y sus recursos en luchar en contra del comunismo y el alcoholismo.

5. El propósito de la Iglesia no es el de imitar al mundo.

   Se ha hecho la triste observación de que hoy la Iglesia es tan parecida al mundo, y (a veces) el mundo es tan parecido a la Iglesia, que los ángeles mismos no pueden distinguirlos.

6. El propósito de la Iglesia no es aislarse del mundo.

   Este es el error opuesto al de la imitación. Alrededor de la época de Constantino surgió un movimiento religioso conocido como «monasticismo». La filosofía del monasticismo era que se podían evitar las perversiones del mundo retirándose de la gente de este mundo. Pero la tarea de la Iglesia no es la de pasarse la vida en contemplación silenciosa.

B. Su propósito considerado desde un punto de vista positivo. C.I. Scofield, autor de una *Biblia Anotada,* fue uno de los grandes maestros bíblicos de este siglo. Pero muchos no pueden estar de acuerdo con él en cuanto al propósito de la iglesia. Scofield escribe:

«Se habla mucho acerca de la "misión de la Iglesia". La "Iglesia que es su cuerpo" tiene la misión de edificarse hasta que el cuerpo esté completo (Ef. 4:11-16; Col. 2:19), pero a la iglesia visible, como tal, no se le ha encargado ninguna misión. La comisión de evangelizar al mundo es personal, no corporativa. Hasta donde llega la historia de las Escrituras, la obra de evangelización fue llevada a cabo por individuos llamados directamente por el Espíritu para hacer esa obra. Las iglesias y los individuos contribuyeron a la obra de estos hombres, pero no hay ningún rastro de ninguna responsabilidad corporativa de "la Iglesia" como tal.» (*Bible Correspondence Course*, III, p. 431.)

Es casi inconcebible leer estas palabras de la pluma de semejante gigante del estudio bíblico. Seguramente, Pablo no habría estado de acuerdo con él. La fuerza motriz detrás de sus acciones malvadas antes de su conversión era la destrucción de toda iglesia local (Hch. 8:3). El propósito ardiente después de su salvación fue el de establecer iglesias locales (Hch. 14:23). El único motivo de su segundo viaje misionero fue el establecer esas iglesias (Hch. 15:36, 41; 16:5). Una de sus cargas más pesadas era el bienestar de esas iglesias locales (2 Co. 11:28). De las trece epístolas neotestamentarias conocidas, nueve están escritas directamente a iglesias locales y tres a pastores de iglesias locales. En estas epístolas da instrucción detallada acerca de las reuniones de adoración (1 Co. 11:1-16), la Cena del Señor (1 Co. 11:17-34), los dones (1 Co. 12) y las responsabilidades de los pastores, diáconos y ancianos (1 Ti. 3; Tit. 1) de las iglesias locales.

A la luz de lo anterior, es muy difícil concluir que Pablo considerase a la Iglesia como una institución sin programa, plan ni propósito.

La verdad es que Cristo literalmente le ha asignado a su Iglesia muchas y variadas responsabilidades y tareas.

1. Ha de amar a Dios.
   «Pero tengo contra ti, que has dejado tu primer amor» (Ap. 2:4).
2. Ha de glorificar a Dios (Ef. 1:5, 6, 11, 12, 13; 3:21; 2 Ts. 1:12). ¿Cómo glorificamos a Dios?
   a. Con nuestra alabanza y oración (Sal. 50:23; Jn. 14:13; He. 13:15).
   b. Con nuestro fruto (Jn. 15:8).
   c. Con nuestra ofrenda (Fil. 4:18; He. 13:16).
   d. Con nuestra predicación y ministerio (1 P. 4:11).
   e. Con nuestro amor (Ro. 15:5, 6).
   f. Con nuestro reconocimiento del Hijo de Dios (Fil. 2:9-11).
   g. Con nuestra fe en la Palabra de Dios (Ro. 4:20).
   h. Con nuestro sufrimiento (Jn. 21:18, 19; 1 P. 4:14, 16).
   i. Con nuestro testimonio (2 Ts. 3:1).
3. Ha de mostrar la gracia de Dios (Ef. 2:7; 3:6, 10; 1 P. 2:9).
4. Ha de evangelizar el mundo (Mt. 28:19, 20; Mr. 16:15; Lc. 24:47; Jn. 20:21; Hch. 1:8).
   Gordon G. Johnson escribe:
   «Un día el doctor Wilfred Grenfell, misionero médico en Labrador, fue invitado a una cena en Londres, junto con un grupo de hombres y mujeres británicos socialmente prominentes. Durante el transcurso de la cena, la mujer que se había sentado junto a él se volvió y le dijo: "¿Es cierto, doctor Grenfell, que usted es misionero?" El doctor Grenfell la miró un momento antes de contestar. Entonces dijo: "¿Es cierto, señora, que usted no lo es?"» (*My Church*, p. 88.)
5. Ha de bautizar a los creyentes (Mt. 28:19).
6. Ha de instruir a los creyentes (Mt. 28:19; Fil. 4:8, 9; 1 Ti. 4:6; 5:17; 2 Ti. 2:2, 24, 25).
7. Ha de edificar a los creyentes (1 Co. 14:26; Ef. 4:11, 12, 16; 1 Ts. 5:11; 2 P. 3:18; Jud. v. 20).
8. Ha de disciplinar a los creyentes.
   Hay tres tipos de disciplina neotestamentaria.
   a. La autodisciplina (1 Co. 11:31; 2 Co. 7:1; 1 Jn. 3:3).
   b. La disciplina soberana (Jn. 15:2; Hch. 5:5, 10; 1 Co. 11:32; He. 12:9, 10; 1 P. 4:17).
   c. La disciplina eclesiástica (Mt. 18:17; Ro. 16:17; 1 Co. 5:1-13; Gá. 6:1; 2 Ts. 3:6, 14; Tit. 3:10, 11; 2 Jn. 1:10).
   Se tratará la naturaleza de esta disciplina por juicio más adelante en nuestro estudio.
9. Ha de proveer comunión para los creyentes (Hch. 2:42; 1 Co. 1:9; 2 Co. 8:4; 13:14; Gá. 2:9; Fil. 1:5; 2:1; 1 Jn. 1:3, 6, 7).
   John MacArthur, hijo, escribe:
   «La palabra neotestamentaria para comunión es *koinonia*. Significa comunión o compañerismo, comunicación íntima. Dios hizo a los hombres para compañerismo. En Génesis 2:18, Dios dice: "No es bueno que el hombre esté solo." El hombre no fue hecho para estar aislado; estar solo no es la voluntad de Dios. La gente fue hecha para el compañerismo. Y la Iglesia, el cuerpo de Cristo, es el epítome del compañerismo: ¡un cuerpo para compañerismo! La Iglesia es compañerismo. La intención nunca fue que la iglesia fuera sólo un edificio —un lugar donde las personas solitarias entran, escuchan y salen, siempre solas— sino un lugar de comunión.
   Bruce Larson dice: "Es probable que el bar de la esquina sea la mejor imitación que hay de la comunión que Cristo quiere darle a su Iglesia. Es una imitación que reparte licor en vez de gracia, escape en vez de realidad. Pero es una comunión tolerante, aceptadora e inclusiva. No se escandaliza y es democrática. Se les puede contar secretos a otros y generalmente no los repiten, ni quieren hacerlo. El bar prospera no porque la mayoría de la gente sea alcohólica, sino porque Dios ha puesto en el corazón humano el deseo de conocer y ser conocido, de amar y ser amado; así que muchos buscan una imitación por el precio de unas cuantas cervezas."
   Esa necesidad de compañerismo es el genio de la iglesia.» (John MacArthur, Jr., *The Church, The Body of Christ*, p. 169.)
   MacArthur sigue con una discusión de la base, la naturaleza, los peligros y las responsabilidades involucradas en esta bendita comunión.
   a. La base de la comunión cristiana: la persona de Cristo (1 Jn. 1:3).
   b. La naturaleza de la comunión cristiana: compartir (Hch. 2:44-47; 4:32, 34, 35).
   c. El peligro de perder la comunión cristiana: el pecado (1 Co. 10:16, 21).
   d. Las responsabilidades de la comunión cristiana:
      (1) Confesar nuestras faltas (Stg. 5:16).
      (2) Reprender el pecado el uno del otro (Ef. 5:11; 1 Ti. 5:20).
      (3) Perdonarse mutuamente (2 Co. 2:6, 8; Ef. 4:32; Col. 3:13).
      (4) Llevar las cargas los unos de los otros (Gá. 6:2).
      (5) Restaurar el uno al otro con mansedumbre (Gá. 6:1).
      (6) Preferir al hermano más débil (Ro. 14:13; 15:1).
      (7) Reconfortar y exhortar el uno al otro (1 Ts. 4:18; 5:11).
      (8) Orar el uno por el otro (Stg. 5:16).
      (9) Edificar el uno al otro (Ro. 14:19; He. 10:24).
      (10) Amonestar el uno al otro (Ro. 15:14; Col. 3:16).
10. Ha de cuidar a los suyos en el momento de necesidad (2 Co. 8, 9; 1 Ti. 5:1-16; Stg. 1:27).
11. Ha de provocar los celos de Israel.
    Robert L. Saucy escribe:
    «La extensión de las bendiciones de la salvación a los que no eran parte de Israel durante la edad de la Iglesia, cuando Israel está legalmente cegado, es un designio de Dios para efectuar la salvación final de Israel y el cumplimiento de las promesas de su pacto. Esto a su vez traerá la plena bendición mesiánica sobre todas las naciones (Ro. 11:11-15). El apóstol explica esta intención de Dios cuando dice de Israel: "¿Han tropezado los de Israel para que cayesen? En

ninguna manera; pero por su transgresión vino la salvación a los gentiles, para provocarles celos" (v. 11, cp. 10:10). El apóstol magnificó su ministerio como apóstol de los gentiles según su testimonio, "por si en alguna manera pueda provocar a celos a los de mi sangre, y hacer salvos a algunos de ellos" (11:13, 14).

Al injertar a los gentiles en la raíz de la bendición abrahámica que inicialmente le pertenecía a Israel, Dios tiene el propósito de provocar los celos de Israel a través de la Iglesia para que desee volver al lugar de bendición por medio del arrepentimiento y el reconocimiento de Cristo como su verdadero Mesías.» (*The Church in God's Program*, p. 89.)

12. Ha de preparar gobernadores para el reino milenario (Ro. 8:17; 2 Ti. 2:12).
13. Ha de servir como una fuerza de moderación y luz en este mundo presente (Mt. 5:13-16; 2 Ts. 2:6, 7; cp. Gn. 18:22, 23: 19:12-25).
14. Ha de promover todo lo bueno (Gá. 6:10). Henry Thiessen escribe:

«Aunque el creyente ha de separarse de toda alianza mundanal (2 Co. 6:14-18), sin embargo ha de apoyar todas las causas que traten de promover el bienestar social, económico, político y educativo de la comunidad. Pablo dice: "Así que, según tengamos oportunidad, hagamos bien a todos, y mayormente a los de la familia de la fe" (Gá. 6:10).

Aquí notamos que tenemos un deber principal hacia nuestros hermanos en la fe, pero también tenemos un deber para con el resto del mundo. En esta época de servicio social es necesario ser claros en cuanto al lugar de este ministerio para el mundo. La práctica de Jesús es siempre el mejor ejemplo a seguir. Siempre subordinó la ayuda física y material a la espiritual. Iba haciendo el bien y sanando a todos los que estaban oprimidos por el diablo, aunque nunca perdió de vista su misión principal (Hch. 10:38-43). Debemos dedicarnos al servicio social bajo el mismo principio por el cual un hombre levanta los clavos puntiagudos que encuentra en la calle de camino al trabajo. Una cosa es que dedique todo su tiempo a quitar los clavos de las calles, y otra que quite todos los clavos que pueda sin interferir con su tarea principal. Es decir, la obra de reforma debe estar definitivamente subordinada a la obra de evangelización. Lo mismo se aplica en el caso de la filantropía. El nuevo cristiano debe hacer que toda su benevolencia dé testimonio de Cristo. Es cierto que Jesús dio de comer a cinco mil como un acto humanitario; pero también es cierto que lo hizo principalmente como testimonio de su propio poder y deidad. Evidentemente asistió a comidas y cenas para poder testificar de la verdad. Parece que sanó al hombre que había nacido ciego para ganar su alma (Jn. 9:35-38). En otras palabras, el cristiano debe hacer que todas sus buenas obras testifiquen de Cristo.» (*Lectures in Systematic Theology*, p. 436.)

En resumen, se puede decir que la tarea de la iglesia local es hacer que la mayor cantidad de personas se parezca a Jesús todo cuanto se pueda en el menor tiempo posible. Dios Padre ama tanto a su Hijo que desea poblar todo el universo por toda la eternidad con individuos que se parezcan a Jesucristo (1 Jn. 3:2). Pero desea empezar la obra en pecadores arrepentidos aquí y ahora.

V. La fundación de la Iglesia. De todos las declaraciones registradas de nuestro Señor mientras estuvo en la tierra, tal vez las dos peor interpretadas, mal entendidas y calumniadas son las de Mateo 16:18, 19:

«Y yo también te digo, que tú eres Pedro, y sobre esta roca edificaré mi iglesia; y las puertas del Hades no prevalecerán contra ella. Y a ti te daré las llaves del reino de los cielos; y todo lo que atares en la tierra será atado en los cielos; y todo lo que desatares en la tierra será desatado en los cielos.»

A. ¿Significa esto realmente que Jesús predijo que su Iglesia se edificaría sobre un hombre, y que ese hombre era Simón Pedro? ¿Estaba Cristo edificando su Iglesia sobre Pedro y pensando en convertirlo en el primer papa? Hemos de contestar categóricamente que no.
   1. Porque Cristo les dio a los demás apóstoles posteriormente las mismas responsabilidades que le dio a Pedro aquí. (Cp. Mt. 16:19 con Jn. 20:22, 23.)
   2. Porque el Nuevo Testamento presenta claramente a Cristo y sólo a Cristo como el fundamento de su Iglesia. (Véanse Hch. 4:11, 12; 1 Co. 3:11; 1 P. 2:4-8.)
   3. Porque el Nuevo Testamento claramente presenta a Cristo y sólo a Cristo como la Cabeza de su Iglesia. (Véanse Ef. 1:20-23; 5:23; Col. 1:18; 2:18, 19.)
   4. Por el idioma griego. Hay un juego de palabras en esta afirmación. Jesús dijo: «Tú eres Pedro [*petros*, una piedra pequeña], y sobre esta roca [*petra*, una roca o peñasco colosal] edificaré mi iglesia.»
   5. Por el testimonio personal de Pedro. (Véase 1 P. 5:1-4.)
   6. Porque Jacobo, no Pedro, fue el líder de la iglesia de Jerusalén. (Véase Hch. 15:13, 19.)

B. Entonces, ¿qué fue lo que hizo Cristo? La respuesta la encontramos en el libros de Efesios: «Así que ya no sois extranjeros ni advenedizos, sino conciudadanos de los santos, y miembros de la familia de Dios, edificados sobre el fundamento de los apóstoles y profetas, siendo la principal piedra del ángulo Jesucristo mismo, en quien todo el edificio, bien coordinado, va creciendo para ser un templo santo en el Señor; en quien vosotros también sois juntamente edificados para morada de Dios en el Espíritu» (2:19-22).

C. ¿Qué quiso decir con «las puertas del Hades no prevalecerán contra ella?» J. Vernon McGee escribe: «Las puertas del hades se refieren a "las puertas de la muerte". La palabra que se usa aquí es la que se usa para el hades y el seol del Antiguo Testamento, la cual se refiere al mundo oculto y quiere decir muerte» (*Matthew*, tomo II, p. 23).

D. ¿Cuáles eran las «llaves del reino de los cielos» que Jesús le dio a Pedro? Una llave, por supuesto, abre puertas y da acceso a algo que antes estaba cerrado. Aquí Jesús predice que Pedro tendría el privilegio de abrir la puerta de la salvación a varios pueblos. Y así lo hizo después.

1. Abrió la puerta del cristianismo a Israel en pentecostés (Hch. 2:38-42).
2. Hizo lo mismo por los samaritanos (Hch. 8:14-17).
3. Desempeñó este ministerio con los gentiles en la casa de Cornelio en Cesarea (Hch. 10).

E. ¿Qué quiso decir Cristo con el atar y desatar en Mateo 16:19? Esta autoridad fue concedida a todos los apóstoles e incluso a otros creyentes. (Véanse Mt. 18:18; Jn. 20:22, 23.) W. A. Criswell escribe:

«En griego, el tiempo del verbo futuro perfecto se usa para expresar la doble noción de una acción terminada en el pasado, pero cuyos efectos perduran en el presente. "Habiendo sido atado y permaneciendo aún atado", y "habiendo sido desatado y permaneciendo aún desatado". El significado es: si los discípulos actúan en su debida capacidad de administradores estarán actuando de conformidad con los principios y propósitos electivos ordenados de antemano en los cielos.» (*Expository Notes on Matthew*, p. 101.)

En otras palabras, todas las acciones del creyente lleno del Espíritu, ya sean positivas o negativas en naturaleza, llevarán en sí la imponente autoridad del mismo cielo.

VI. La historia, el crecimiento y el carácter de las diferentes iglesias neotestamentarias. En 1 Corintios 10:11 Pablo escribe:

«Y estas cosas les acontecieron como ejemplo, y están escritas para amonestarnos a nosotros, a quienes han alcanzado los fines de los siglos.»

Aquí se refiere a acontecimientos del Antiguo Testamento. Pero nosotros podemos, con justificación bíblica, aplicar estas mismas palabras a los acontecimientos registrados para nosotros en el Nuevo Testamento. Los líderes actuales de la Iglesia pueden sacar un gran provecho al examinar los gozos, las tristezas, los pecados y los puntos fuertes de estas primeras iglesias locales. El siguiente es un breve resumen de veintitrés de tales iglesias neotestamentarias.

A. La iglesia de Jerusalén:

1. Comenzó en pentecostés (Hch. 2:47) con por lo menos 3120 personas (Hch. 2:41).
2. Fue pastoreada por Santiago, el medio hermano de Cristo (Hch. 15:13).
3. Hizo muchas maravillas y señales (Hch. 2:43; 5:12-16).
4. Tenía todas las cosas en común (Hch. 2:44, 45; 4:32-35).
5. Era unánime (Hch. 2:46).
6. Pasaba mucho tiempo en oración (Hch. 2:42; 3:1; 4:24; 12:5-17).
7. Testificaba cada vez que podía (Hch. 3:12; 4:5; 5:42; 4:33).
8. Irradiaba a Jesús (Hch. 4:13; 6:15).
9. Dios mantenía su pureza (tenía normas) (Hch. 5:1-11; 8:18-24).
10. Crecía constantemente (Hch. 2:47; 5:14; 4:4; 12:24).
11. Sufrió persecución (Hch. 4:1-3; 4:21; 5:17-41; 7:54-60; 8:1-3; 12:1-4).
12. Nombraba diáconos (Hch. 6:1-7).
13. Practicaba el bautismo y la Cena del Señor (Hch. 2:41, 46).
14. Enviaba misioneros a otros lugares (Hch. 8:5, 14; 11:22; 13:1-3; 15:22).
15. Tuvo una reunión importante acerca de la circuncisión (Hch. 15).
16. Era guiada por el Espíritu (Hch. 2:1-18; 4:31; 13:2-4; 15:28).
17. Predicaba la palabra (Hch. 2:16-36; 3:13-26; 5:42; 6:4; 7:1-53).
18. Contendía por la fe (Hch. 15:1-21).
19. Aparentemente más adelante transigió con los judaizantes (Hch. 21:18-25).

B. La iglesia de Antioquía de Siria:

1. Fue fundada durante el período de persecución que siguió al martirio de Esteban (Hch. 11:19).
2. Experimentó una gran congregación de almas (Hch. 11:21).
3. La iglesia de Jerusalén envió a Bernabé para que le diera el «visto bueno» (Hch. 11:22).
4. Él se convirtió en su primer pastor (Hch. 11:23).
5. Se agregaron muchos a la iglesia en esta época (Hch. 11:24).
6. Bernabé entonces designó a Saulo pastor asociado (Hch. 11:25).
7. Los dos trabajarían aquí durante un año (Hch. 11:26).
8. Fue donde los creyentes fueron llamados cristianos por primera vez (Hch. 11:26).
9. Tomaron una gran ofrenda de amor para los creyentes necesitados de Jerusalén (Hch. 11:30).
10. Fue la iglesia madre de los primeros dos misioneros cristianos (Pablo y Bernabé) (Hch. 13:1-3; 14:26).
11. Después se convirtió en su sede, tanto después de su primer viaje misionero (Hch. 14:26) como después del Concilio de Jerusalén (Hch. 15:35).
12. Silas era de esta iglesia (Hch. 15:34).
13. Fue donde Pablo corrigió a Pedro en cuanto a asuntos legalistas (Gá. 2:11).

C. La iglesia de Antioquía de Pisidia:

1. Fue fundada por Pablo durante su primer viaje misionero (Hch. 13:14).
2. Fue donde predicó su primer sermón registrado (Hch. 13:16).
3. Fue formada con los que se convirtieron como resultado de esa reunión (Hch. 13:43).
4. Pablo se apartó de los judíos (Hch. 13:46).
5. Pablo relata su llamado celestial para que fuera luz a los gentiles (Hch. 13:47).

D. La iglesia de Listra:

1. Fue organizada durante el primer viaje misionero de Pablo (Hch. 14:6).
2. Fue donde sanó al hombre cojo (Hch. 14:10).
3. Esto hizo que casi fuera adorado (Hch. 14:11).
4. Pablo fue apedreado (Hch. 14:19; 2 Ti. 3:11).
5. Fue donde Pablo recogió a Timoteo durante su segundo viaje misionero (Hch. 16:1-3).

E. La iglesia de Derbe (Hch. 14:21, 22).

F. La iglesia de Iconio:

1. Pablo llevó a muchos a Cristo aquí durante su primer viaje (Hch. 14:2).
2. También hizo grandes señales y maravillas (Hch. 14:3).
3. Fue echado por judíos incrédulos (Hch. 14:5).

G. La iglesia de Filipos.

1. Pablo organizó una iglesia en el hogar de una mujer convertida llamada Lidia (Hch. 16:15, 40).
2. Una muchacha poseída por demonios fue la próxima persona convertida (Hch. 16:18).
3. A ella le siguió el carcelero de Filipos (Hch. 16:33).

4. Pablo después escribió una carta a esta iglesia (Fil. 1:1).
5. Timoteo ministró a esta iglesia (Fil. 2:19).
6. Había enviado a Epafrodito para que ministrase a Pablo mientras el apóstol estaba encarcelado (Fil. 2:25).
7. Estaba en peligro de volverse legalista (Fil. 3:1-3).
8. Pablo escribe y le pide al «compañero fiel» que ayude a dos mujeres de la iglesia, llamadas Evodia y Síntique, que estaban peleándose (Fil. 4:1-3).
9. Ayudó a suplir las necesidades materiales de Pablo (Fil. 4:15, 18).

H. La iglesia de Tesalónica.
1. Fue fundada durante el segundo viaje misionero de Pablo (Hch. 17:1).
2. Fue testigo de una gran cosecha de almas (Hch. 17:4).
3. Pablo fue acusado de trastornar el mundo entero (Hch. 17:6).
4. A pesar de su celo, no eran buenos estudiosos de la Biblia (Hch. 17:3).
5. Más adelante, Pablo escribió dos cartas a esta iglesia (1 Ts. 1:1; 2 Ts. 1:1).
6. Los creyentes tenían fama de ser buenos testigos (1 Ts. 1:8).
7. Fueron perseguidos por los judíos incrédulos por su fe (1 Ts. 2:14).
8. Timoteo ministró a esta iglesia (1 Ts. 3:1, 2).
9. Tenía algunos miembros perezosos (2 Ts. 3:10).
10. Tenía algunos miembros entrometidos (2 Ts. 3:11).
11. Tenía algunos miembros desobedientes (2 Ts. 3:14, 15).

I. La iglesia de Berea:
Esta iglesia fue alabada por su conocimiento de la Palabra de Dios y por su amor a ella (Hch. 17:11).

J. La iglesia de Atenas:
No se sabe a ciencia cierta si se estableció una asamblea local después del sermón de Pablo en el Areópago, pero si fue así, es probable que un convertido llamado Dionisio haya sido el líder (Hch. 17:34).

K. La iglesia de Corinto:
1. Fue fundada durante el segundo viaje misionero de Pablo (Hch. 18:1).
2. Aquila y Priscila ayudaron (Hch. 18:2).
3. El principal de la sinagoga judía, un hombre llamado Crispo, fue una de las primeras personas convertidas por el ministerio de Pablo (Hch. 18:8).
4. Su sucesor, Sóstenes, evidentemente también se convirtió más adelante (cp. Hch. 18:17 con 1 Co. 1:1).
5. Pablo se quedó dieciocho meses (Hch. 18:11).
6. Pablo escribió varias cartas a esta iglesia (1 Co. 5:9; 2 Co. 10:9, 10), dos de las cuales están incluidas en el canon neotestamentario (1 Co. 1:2; 2 Co. 1:1).
7. Experimentó una confusión casi total en asuntos relacionados con:
   a. El bautismo (1 Co. 1:12).
   b. La sabiduría terrenal (1 Co. 1:26).
   c. La carnalidad y las contiendas (1 Co. 3:1-3).
   d. El juzgar a otros injustamente (1 Co. 4:5).
   e. La inmoralidad (1 Co. 5:1).
   f. Someter a otros creyentes a la justicia secular (1 Co. 6:1-4).
   g. El matrimonio (1 Co. 7:1).
   h. La libertad cristiana (1 Co. 8—9).
   i. La mesa del Señor (1 Co. 11:17-34).
   j. Los dones espirituales (1 Co. 12—14).
   k. La doctrina de la resurrección (1 Co. 15).
   l. El diezmo (1 Co. 16).
8. Más adelante fue pastoreada por Apolo (1 Co. 3:6).

L. La iglesia de Éfeso:
1. Fue fundada durante el segundo viaje misionero de Pablo (Hch. 18:19).
2. Pudo haber sido pastoreada por Apolos, Timoteo y el apóstol Juan.
3. Pablo hizo muchos milagros allí y vio mucho fruto (Hch. 19:11-41).
   a. Se quemaron libros malvados.
   b. Se desafió a la falsa diosa Diana.
4. Pablo fue testificando de puerta en puerta (Hch. 20:17-21).
5. Fue la única iglesia cristiana que recibió cartas de dos escritores neotestamentarios. Pablo le escribió Efesios (Ef. 1:1), y el apóstol Juan más adelante le dirigiría una porción de Apocalipsis (Ap. 2:1-7). Según la carta de Juan, esta iglesia:
   a. Trabajaba mucho y tenía paciencia.
   b. Tenía altas normas.
   c. Sufría por Cristo.
   d. Había dejado su primer amor.
   e. Necesitaba recordar, arrepentirse y volver a Cristo para que no se le quitase el candelero.
   f. Odiaba las obras de los nicolaítas.

M. La iglesia de Troas:
«Fue aquí que Pablo resucitó a Eutico, un creyente que se había dormido durante el sermón de Pablo y se había caído del tercer piso del edificio» (Hch. 20:7-12).

N. La iglesia de Roma:
1. Se desconoce el origen y el fundador de esta iglesia.
2. Priscila y Aquila trabajaron allí y en su hogar se reunía una iglesia local (Ro. 16:3-5).
3. Tenía un testimonio resonante en todo el mundo (Ro. 1:8).
4. Pablo menciona a más amigos personales aquí que en cualquier otro libro neotestamentario escrito por él. Se pueden contar los nombres de unos veintiséis individuos en Romanos 16.

Ñ. La iglesia de Galacia:
1. Pablo organizó varias iglesias locales en Galacia durante su primer viaje.
2. Aparentemente había sido víctima de los judaizantes legalistas que continuamente importunarían el evangelio de la gracia de Pablo (Gá. 1:6-9).
3. La epístola neotestamentaria a los Gálatas fue escrita a estas iglesias (Gá. 3:1).

O. La iglesia de Colosas:
1. Fue fundada por Epafras durante el tercer viaje de Pablo (Col. 1:2; 1:7; 4:12, 13).
2. Filemón y Onésimo asistían a esta iglesia (Col. 4:9; Flm. 1:1, 2).
3. Pablo mandó que la epístola a los Colosenses fuera leída a la iglesia de Laodicea, y que la que le escribió a ésta fuera leída en la iglesia colosense (Col. 4:16).

P. La iglesia en Babilonia (1 P. 5:13):
   1. Estaba llena de creyentes afligidos (1 P. 1:6).
   2. Parte de esta aflicción se debía al pecado (1 P. 4:15-17).

Q. La iglesia de Esmirna (Ap. 2:8-11):
   1. Había sufrido mucho por Cristo.
   2. Había sido blasfemada por los de la sinagoga de Satanás.
   3. Satanás había echado en la cárcel a algunos de ellos.

R. La iglesia de Pérgamo (Ap. 2:12-17):
   1. Estaba ubicada en el corazón mismo de la adoración satánica.
   2. Había permanecido fiel a Cristo a pesar del martirio.
   3. Sin embargo, los miembros toleraban a algunos en la iglesia que eran culpables de pecados sexuales.
   4. También toleraban a algunos que mantenían la doctrina de los nicolaítas.

S. La iglesia de Tiatira (Ap. 2:18-29):
   1. Había hecho muchas buenas obras.
   2. Pero había permitido que una profetiza falsa llamada Jezabel enseñara que el pecado sexual no era un asunto serio.

T. La iglesia de Sardis (Ap. 3:1-6):
   1. Tenía fama, pero estaba muerta.
   2. Debía fortalecer lo poco bueno que quedaba.

U. La iglesia de Filadelfia (Ap. 3:7-13):
   1. No era fuerte, aunque había obedecido la Palabra de Dios.
   2. Había hecho esto durante la persecución.

V. La iglesia de Laodicea (Ap. 3:14-20):
   1. Era la peor iglesia mencionada en el Nuevo Testamento.
   2. Los creyentes no eran ni fríos ni calientes.
   3. Se jactaban de su riqueza, diciendo que no tenían necesidad de nada, pero en realidad eran desventurados, miserables, pobres, ciegos y desnudos.
   4. Dios les amonestó para que se arrepintiesen completamente y le permitiesen volver a entrar y tener comunión con ellos.

Clarence Benson ofrece la siguiente evaluación del crecimiento, el carácter y la organización de la iglesia primitiva:

«El número de creyentes aumentaba diariamente, y poco tiempo después del día de pentecostés el número llegó a cinco mil. Al final del siglo I, Plinio le dijo al emperador troyano que "son tantos los que creen en Cristo que los templos de adoración pagana están desiertos". Al final del siglo III había no menos de cinco millones de seguidores, porque "la Iglesia sacó imperios de sus bisagras y desvió el flujo de los siglos de su canal". Para el siglo X había cincuenta millones de miembros, y a pesar de la larga noche del papismo y la frialdad del formalismo subsecuentes, a principios del siglo XIX la cristiandad declarada llegaba a doscientos millones.

La historia clásica de la Roma antigua se encuentra en la obra *Historia de la decadencia y caída del Imperio Romano* de Gibbon, escrita en el siglo XVIII por un erudito decididamente antagónico al cristianismo. Pero hasta Gibbon mencionó cuatro razones claras por las cuales el cristianismo creció con tanta rapidez en el mundo antiguo:

A. El celo inflexible y el entusiasmo de los cristianos.
Siguieron las enseñanzas de Jesús al pie de la letra. Se negaron a transigir con religiones paganas o códigos seculares. Como comenta un historiador posterior: "Eran completamente felices, siempre metidos en dificultades."

B. La doctrina cristiana de la vida futura.
Hay ignorancia, inseguridad e insinceridad abiertas acerca de la inmoralidad aun entre los más brillantes escritores griegos y romanos.

C. El poder milagroso atribuido a la iglesia primitiva.
"Y con gran poder los apóstoles daban testimonio" (Hch. 4:33). Los discípulos hicieron milagros maravillosos para demostrar la verdad de sus declaraciones. Algunos de ellos están registrados en el Nuevo Testamento, pero hubo muchos más.

D. La moral pura y austera de los cristianos.
No transigían con las inmoralidades paganas. Abandonaban los pecados cuando se hacían cristianos, vivían vidas ejemplares y exhibían un nivel de virtud desconocido en el mundo antiguo. La forma virtuosa de vivir estaba más allá de la comprensión de los hombres. Habían estado acostumbrados a las religiones de "misterio" importadas del Oriente, cuyo atractivo dependía de ritos secretos. Pero los antiguos cristianos exhibían lo que el apóstol llama "el misterio de la piedad". La meta principal del cristiano en esa época era ser como Cristo en la vida.

El carácter de la iglesia local es la suma del carácter de sus miembros. Hoy hay una gran diferencia en el carácter de los diversos miembros de la iglesia promedio: la "cizaña" y el "trigo" pueden crecer juntos en cualquier asamblea local, es decir que hay miembros salvos y no salvos. La iglesia apostólica fue quizás la mejor aproximación a la iglesia verdadera. Los primeros cristianos eran:

1. Unidos (Hch. 2:44; 4:32; Ef. 4:1-7).
"Todos los que habían creído estaban juntos, y tenían en común todas las cosas." La organización apostólica era más que una iglesia cristiana. Era una familia cristiana. Unidos por lazos más solemnes y sagrados que los vínculos de la sangre, vivían cada día en ayuda mutua, separados del mundo. Los miembros estaban completamente de acuerdo en todos los asuntos de mayor peso de la iglesia, porque todos eran enseñados por el mismo Espíritu. Eran de un solo parecer acerca de Dios, Cristo, el Espíritu Santo, la depravación del pecado, la necesidad de santidad, la inspiración de las Escrituras y la importancia de la oración. Se evidenciaron grandes operaciones del Espíritu de Dios como resultado de su unidad.

2. Firmes (Hch. 2:42; Ef. 4:14-16).
   a. Firmes en la doctrina.
   Nunca se volvieron de los hechos a las fábulas, nunca adularon a los maestros, nunca vacilaron como las ondas del mar, ni se dejaron llevar de un lado a otro por la desesperación. Eran firmes en su fe en la Palabra de Dios.
   b. Firmes en la comunión.
   Si los miembros se hubiesen detenido para criticar, sin duda que habrían encontrado defectos en su iglesia, pero sentían que la sociedad de Jerusalén formaba la verdadera Iglesia, así que permanecieron firmes. Eran rápidos en admitir sus propios fracasos, pero lentos para criticar las faltas ajenas.

c. Firmes en las ordenanzas.
Cristo era la esencia de los sermones y el centro de la adoración. La institución de la Cena del Señor y del bautismo representó la obra de gracia en el corazón de los primeros creyentes (Ro. 6:3, 4; 1 Co. 11:23-26).

d. Firmes en la oración.
Oraban "unánimes" y recibieron una respuesta tan maravillosa que siguieron constantes en la oración. La verdadera Iglesia está compuesta de cristianos que oran (Hch. 1:3, 4, 12-14).

3. Caritativos (Hch. 2:45; 4:34, 35; Ef. 4:28-32).
"Vendían sus propiedades y sus bienes, y lo repartían a todos según la necesidad de cada uno." Los miembros daban espontáneamente. Su amor por las almas perdidas era tan grande que vendieron sus negocios y sus tierras, poniendo el dinero a los pies de los discípulos. Renunciaron al cuidado de sus posesiones con alegría por el cuidado de las inapreciables almas inmortales. Las personas que participaban de esta manera de compartir respondieron como resultado de una expresión espontánea de afecto y fe cristiana, no por dirección o fuerza legislada. Su caridad era un testimonio maravilloso del amor de Cristo en sus vidas. Los que los veían podían comentar: "¡Cómo aman los cristianos!"

4. Gozosos (Hch. 2:46, 47; Ef. 5:18-21).
Perseveraban unánimes diariamente en el templo con alegría y sencillez de corazón. Era esta sencillez de corazón lo que les daba alegría. No estaban divididos entre Cristo y el mundo, sino que al ser totalmente del Señor, se regocijaban en el Señor. Su comunión con Cristo no estaba nublada por las cosas del tiempo y los sentidos. Todas las cosas estaban llenas de Dios, y como se regocijaban en Dios, estaban llenos de su gozo.

5. Prósperos (Hch. 2:41, 46; 5:14; 6:7; 13:44; 16:5; 18:8).
Nunca hubo una iglesia tan ricamente bendecida como la organización apostólica. Crecía a pasos agigantados. Durante los primeros dos siglos, la Iglesia corrió como reguero de pólvora, y de la nada asumió proporciones tan enormes que todo el mundo fue "trastornado".

a. Gozaban del favor de Dios.
Los primeros miembros fueron añadidos al Señor (Hch. 5:14) y por el Señor (2:47*b*). Estos miembros eran añadiduras reales. Con frecuencia hoy sólo se añaden los nombres de los miembros a las iglesias. Estos nombres aumentan los números, pero no aumentan la fuerza de las iglesias. Estos miembros adulteran las iglesias, las debilitan y las profanan, causándoles dolor y deshonra. Es muy obvio que el diablo añade continuamente a las iglesias personas que no son salvas. Cuando el Señor añade a la iglesia es algo muy diferente. Tales miembros están unidos, son constantes, caritativos y gozosos; su presencia es la que hace prosperar a las iglesias.

b. Gozaban del favor de los hombres.
Es algo muy notable que a pesar de la oposición y persecución de los dirigentes y los gobiernos, la Iglesia primitiva era extremadamente popular, mucho más que la iglesia promedio de hoy. La sinceridad y el gozo de esos primeros cristianos no podía dejar de impactar a los hombres del mundo que estaban buscando vida y alegría. Estos hombres creían en la realidad de lo que veían, y cuando se dieron cuenta de que los miembros de la iglesia eran unidos, constantes, caritativos, gozosos y sencillamente sinceros, se conmovieron grandemente» (*Evangelical Teacher Training Association*).

VII. Los símbolos de la Iglesia. Hay seis símbolos principales que representan a Cristo y su Iglesia en el Nuevo Testamento. Son:

A. La cabeza y el cuerpo.
«Porque de la manera que en un cuerpo tenemos muchos miembros, pero no todos los miembros tienen la misma función, así nosotros, siendo muchos, somos un cuerpo en Cristo, y todos miembros los unos de los otros» (Ro. 12:4, 5).
«¿No sabéis que vuestros cuerpos son miembros de Cristo?...» (1 Co. 6:15).
«Porque así como el cuerpo es uno, y tiene muchos miembros, pero todos los miembros del cuerpo, siendo muchos, son un solo cuerpo, así también Cristo. Porque por un solo Espíritu fuimos todos bautizados en un cuerpo» (1 Co. 12:12, 13).
«Vosotros, pues, sois el cuerpo de Cristo, y miembros cada uno en particular» (1 Co. 12:27).
«Un cuerpo, y un Espíritu...» (Ef. 4:4).
«Y él es la cabeza del cuerpo que es la iglesia.» (Col. 1:18; véanse también 1 Co. 10:16, 17; Ef. 1:23; 2:16; 4:12, 16; 5:23; Col. 3:15.)
A la luz de estos versículos, la Iglesia, su cuerpo, ha de:
1. Estar sujeta *a* la cabeza.
2. Experimentar unidad *con* la cabeza.
3. Trabajar gozosamente *para* la cabeza.
4. Seguir la dirección *de* la cabeza.

B. El Esposo y la esposa.
«Porque os celo con celo de Dios; pues os he desposado con un solo esposo, para presentaros como una virgen pura a Cristo» (2 Co. 11:2).
«Maridos, amad a vuestras mujeres, así como Cristo amó a la iglesia, y se entregó a sí mismo por ella, para santificarla, habiéndola purificado en el lavamiento del agua por la palabra, a fin de presentársela a sí mismo, una iglesia gloriosa, que no tuviera mancha ni arruga ni cosa semejante, sino que fuera santa y sin mancha. Así también los maridos deben amar a sus mujeres como a sus mismos cuerpos. El que ama a su mujer, a sí mismo se ama. Porque nadie aborreció jamás a su propia carne, sino que la sustenta y la cuida, como también Cristo a la iglesia, porque somos miembros de su cuerpo, de su carne y de sus huesos. Por esto dejará el hombre a su padre y a su madre, y se unirá a su mujer, y los dos serán una sola carne. Grande es este misterio; mas yo digo esto respecto de Cristo y de la iglesia» (Ef. 5:25-32).
«... Ven acá, yo te mostraré la desposada, la esposa del Cordero» (Ap. 21:9; véanse también Ef. 5:2; 3:14-21).
Por estos versículos aprendemos que el amor de Cristo por su Iglesia es:

1. Incondicional.
2. Ilimitado.
3. Incognoscible.
4. Inmerecido.
5. Inigualable.

C. La Vid y los pámpanos.

«Yo soy la vid verdadera, y mi Padre es el labrador. Todo pámpano que en mí no lleva fruto, lo quitará; y todo aquel que lleva fruto, lo limpiará, para que lleve más fruto. Ya vosotros estáis limpios por la palabra que os he hablado. Permaneced en mí, y yo en vosotros. Como el pámpano no puede llevar fruto por sí mismo, si no permanece en la vid, así tampoco vosotros, si no permanecéis en mí. Yo soy la vid, vosotros los pámpanos; el que permanece en mí, y yo en él, éste lleva mucho fruto; porque separados de mí nada podéis hacer» (Jn. 15:1-5).

Este hermoso pasaje relata las responsabilidades del pámpano.

1. Ha de permanecer en la vid.
2. Ha de llevar (no producir) fruto de y para la vid.
3. Sólo ha de llevar fruto. El pámpano no sirve para nada más. Su madera no se puede utilizar para muebles, para leña ni para construcción.
4. Ha de llevar mucho fruto. Esto es un vivo contraste con Israel, la vieja vid sin fruto de Dios del Antiguo Testamento (Jue. 9:7-15; Sal. 80:8; Is. 5:1-7; Ez. 15:2; Os. 10:1).
5. Ha de dejarse podar.

D. El Pastor y las ovejas.

«Yo soy el buen pastor; el buen pastor su vida da por las ovejas» (Jn. 10:11).

«Y el Dios de paz que resucitó de los muertos a nuestro Señor Jesucristo, el gran pastor de las ovejas, por la sangre del pacto eterno» (He. 13:20).

«Y cuando aparezca el Príncipe de los pastores, vosotros recibiréis la corona incorruptible de gloria» (1 P. 5:4).

Entonces, para su Iglesia, Cristo es el Buen Pastor (por lo que ha hecho en el pasado, es decir, la justificación; véase Sal. 22); el Gran Pastor (por lo que hace en el presente, es decir, la santificación; véase Sal. 23); y el Príncipe de los pastores (por lo que va a hacer en el futuro, es decir, la glorificación; véase Sal. 24).

E. El Sumo Sacerdote y un reino de sacerdotes.

«Mas vosotros sois linaje escogido, real sacerdocio, nación santa, pueblo adquirido por Dios, para que anunciéis las virtudes de aquel que os llamó de las tinieblas a su luz admirable» (1 P. 2:9).

«Y nos hizo reyes y sacerdotes para Dios, su Padre...» (Ap. 1:6).

«Y nos has hecho para nuestro Dios reyes y sacerdotes, y reinaremos sobre la tierra» (Ap. 5:10).

«Bienaventurado y santo el que tiene parte en la primera resurrección; la segunda muerte no tiene potestad sobre éstos, sino que serán sacerdotes de Dios y de Cristo, y reinarán con él mil años» (Ap. 20:6).

El sacerdote del Antiguo Testamento había de ofrecer un sacrificio animal. El sacerdote del Nuevo Testamento también ha de ofrecer sacrificios, pero de distinto tipo. Ha de ofrecer:

1. El sacrificio de su cuerpo como ofrenda viva (Ro. 12:1).
2. El sacrificio de alabanza (1 P. 2:5, 9; He. 13:15).
3. El sacrificio de hacer el bien (He. 13:16).
4. El sacrificio de la ayuda mutua (He. 13:16).

F. La piedra angular y las piedras vivientes.

«Así que ya no sois extranjeros ni advenedizos, sino conciudadanos de los santos, y miembros de la familia de Dios, edificados sobre el fundamento de los apóstoles y profetas, siendo la principal piedra del ángulo Jesucristo mismo, en quien todo el edificio, bien coordinado, va creciendo para ser un templo santo en el Señor; en quien vosotros también sois juntamente edificados para morada de Dios en el Espíritu» (Ef. 2:19-22).

«Acercándoos a él, piedra viva, desechada ciertamente por los hombres, mas para Dios escogida y preciosa, vosotros también, como piedras vivas, sed edificados como casa espiritual y sacerdocio santo, para ofrecer sacrificios espirituales aceptables a Dios por medio de Jesucristo» (1 P. 2:4, 5).

Nota: hay dos palabras griegas traducidas por la misma palabra española «templo».

1. *Naos*, que se refiere al lugar santo y al Lugar Santísimo.
2. *Hieron*, que se refiere a toda la estructura del templo, los atrios externos, los pórticos, etc.

El templo mencionado en Efesios 2:21 es *naos*. Mientras estuvo en la tierra, Cristo nunca entró en el *naos*, que estaba limitado a los sacerdotes levíticos únicamente. Sacó a los vendedores del templo *hieron*, no del templo *naos*. Pero ahora su Iglesia se ha *convertido* en aquello en lo cual no pudo *entrar* durante su ministerio terrenal.

El doctor Earl Radmacher escribe lo siguiente en cuanto al papel de Cristo como la piedra angular.

«En Cristo, el judío y el gentil se han unido como la piedra angular por la cual se unen las dos partes del edificio. En Cristo, el edificio tiene coherencia y estabilidad de estructura. En Cristo, el resto del edificio encuentra su armonía interna, unidad, correspondencia y diseño.» (*The Nature of the Church*, p. 262.)

VIII. Las prefiguraciones de la iglesia en el Antiguo Testamento.

La institución de la Iglesia no fue revelada en el Antiguo Testamento. Pablo así lo declara en Efesios 3:1-12. Sin embargo, hay dos esposas especiales mencionadas en el Antiguo Testamento cuyas vidas se prestan maravillosamente como notables prefiguraciones del advenimiento de la Iglesia neotestamentaria. Estas dos mujeres son Eva y Rebeca.

A. La esposa Eva.

1. Eva procedió del costado de Adán, así como la Iglesia salió del costado de Cristo (Gn. 2:21, 22; cp. Jn. 19:34).
2. Eva se esposó con la primera cabeza de la creación, mientras que la Iglesia se uniría a la Cabeza final de la creación (Gn. 1:28; cp. Ap. 11:15).
3. Eva se convirtió en hueso de sus huesos y carne de su carne, y la Iglesia hizo lo mismo con Cristo (Gn. 2:23; cp. Ef. 5:30).

B. La esposa Rebeca. Génesis 24 es el capítulo tipo más largo de todo el Antiguo Testamento. Los cuatro personajes clave involucrados en este capítulo son Abraham, Isaac, el siervo y Rebeca.

1. Abraham manda a su siervo fiel a una tierra lejana para buscar una esposa para su hijo Isaac. Se convierte así en el tipo del Padre que ha hecho lo mismo por su Hijo (Gn. 24:4; Mt. 22:2, 3).
2. Isaac, habiendo sido ofrecido en el monte Moriah, está conforme con esperar la llegada de su esposa. Se convierte en el tipo del Hijo que ahora aguarda la llegada de su esposa en el cielo (Gn. 24:63; He. 10:12-14).
3. El siervo llega a esa lejana tierra con el único propósito de encontrar allí una esposa. Se convierte en una prefiguración del Espíritu Santo.
   a. Fue enviado por el Padre (Jn. 14:16).
   b. Vino en pentecostés para tomar una esposa (1 Co. 12:13).
   c. Glorifica a Cristo como el siervo lo hizo con Isaac (Gn. 24:36; Jn. 16:13, 14).
4. Rebeca, al oír hablar de Isaac, acepta ir con el siervo. Se convierte en una prefiguración de la Iglesia.
   a. Como la Iglesia y Cristo, amó a su esposo aun antes de verlo (1 P. 1:8).
   b. Como la Iglesia y Cristo, recibió las arras de las riquezas de Isaac (Gn. 24:53; 2 Co. 1:22; Ef. 1:14).
   c. Como la Iglesia y Cristo, empieza su largo peregrinaje para encontrarse con su esposo (Gn. 24:59; 1 P. 2:11).
   d. Como la Iglesia y Cristo, es objeto de las oraciones de su esposo (Gn. 24:63; Ro. 8:34).
   e. Como la Iglesia y Cristo, es recibida en la casa de su suegro (Gn. 24:67; Jn. 14:2).

IX. La organización de la Iglesia. Henry Thiessen escribe:

«Ha habido personas y grupos de creyentes que han enseñado que las Escrituras no dan ninguna justificación para las iglesias organizadas que existen hoy. Se afirma que los creyentes deben reunirse, observar la Cena del Señor, estudiar la Palabra de Dios y cooperar en el servicio cristiano sin necesidad de nada que se asemeje a una organización formal. Pero es obvio que éste es un punto de vista extremo. Hay indicaciones de que muy a principios de nuestra era, la Iglesia en Jerusalén debió haber tenido por lo menos una organización general, y hay evidencias definitivas de que poco después se organizaron iglesias locales.

El hecho de que debió haber habido una organización sencilla aun en la iglesia de Jerusalén es evidente por varias razones. Los creyentes se adherían a una norma doctrinal definida y se reunían para tener comunión espiritual (Hch. 2:42; cp. Ef. 2:20); se unían en oración (Hch. 2:42; Mt. 18:19, 20); practicaban el bautismo (Hch. 2:41) y observaban la Cena del Señor (Hch. 2:42, 46); mantenían registros de los miembros (Hch. 2:14, 41; 4:4); se reunían para adorar públicamente (Hch. 2:46); y proveían ayuda material para los necesitados entre ellos (Hch. 2:44, 45). Los apóstoles eran los ministros de esta iglesia, pero pronto añadieron a los siete hombres de Hechos 6:1-7 para encargarse del ministerio a los pobres. En el día de pentecostés estaban reunidos en "el aposento alto" (Hch. 1:13; 2:1), dondequiera que haya estado localizado; pero era más común que se reuniesen en la casa de un cristiano (Hch. 2:46), aunque para algunos cultos aparentemente todavía visitaban el templo (Hch. 2:46, 3:1), como acabamos de ver. Todos estos factores indican los comienzos de una organización en la iglesia de Jerusalén.

A. Había personas encargadas de la iglesia. Aparte del ejemplo de esta primera iglesia, hay muchas otras indicaciones de que las Escrituras enseñan la conveniencia y necesidad de organizar a los grupos locales de creyentes en iglesias. Pablo y Bernabé, al volver de Derbe en su primer viaje, "constituyeron ancianos en cada iglesia" (Hch. 14:23). El original indica que esto se hizo por votación y no por autoridad apostólica. Pablo definitivamente le pide a Tito que establezca ancianos (Tit. 1:5). Ya hemos visto que la iglesia de Jerusalén nombró diáconos para encargarse de las necesidades de los pobres (Hch. 6:1-7). Debe haber habido una manera de averiguar el sentir de la gente, y una regla que estableciera quién podía votar sobre el asunto (Hch. 6:2-6). En la iglesia de Efeso había "ancianos" (Hch. 20:17), en la iglesia de Antioquía, "profetas y maestros" (Hch. 13:1) y en la iglesia de Filipos, "obispos y diáconos" (Fil 1:1).

B. Tenían horarios fijos de reunión. Se nos informa que los discípulos se reunieron el primer día de la semana, inmediatamente después de la resurrección de Jesús (Jn. 20:19, 26). En su Primera Epístola a los Corintios, Pablo ordena a los lectores que aparten algo, según el Señor les hubiera prosperado, el primer día de la semana (1 Co. 16:2). Es decir, en ese día se había de recoger la ofrenda. En el último viaje de Pablo a Jerusalén, se detiene en Troas y se reúne con los discípulos allí el primer día de la semana (Hch. 20:7). Y en Apocalipsis Juan nos dice que estaba en el Espíritu en el "día del Señor" (1:10). Ya hemos hecho mención de la obra de Canright, en la cual prueba que la observancia del domingo se originó con los apóstoles. Se debe haber tomado una medida con respecto al día a ser observado, y las transacciones presuponen una organización.

C. Regulaban el decoro de la iglesia (1 Co. 14:34) y ejercían disciplina en la iglesia. Jesús había dado instrucciones para que en el caso de que un creyente que se negara a acatar la amonestación privada, la disputa fuera referida a la iglesia para fines de disciplina (Mt. 18:17). Pablo les pide muy decididamente a los corintios que ejerzan la disciplina de la iglesia (1 Co. 5:13). Da instrucciones similares a la iglesia de Roma (Ro. 16:17). En 3 Juan 10 se nos dice que Diótrefes manejó la disciplina de la iglesia altivamente. Nuevamente aquí se presupone una organización; es necesario marcar las pautas en tales asuntos.

D. Juntaban dinero para la obra del Señor. Al escribir a la iglesia de Corinto desde Efeso, Pablo dice que ya ha dado órdenes en las iglesias de Galacia, y después les ordena que contribuyan con la ofrenda para los santos (1 Co. 16:1, 2). Han de dar sistemáticamente (el primer día de la semana), proporcionalmente (según cada uno sea prosperado) y con un propósito (para los santos). En su Segunda Epístola a los Corintios, les anima a dar con liberalidad (2 Co. 8:7-9); 9:6) y alegría (2 Co. 9:7). Alaba a las iglesias macedonias por su gran liberalidad en este sentido (2 Co. 8:1-5), y anima a la iglesia de Corinto a seguir su ejemplo (2 Co. 8:6—9:5). En su Epístola a los Romanos cuenta acerca de la ofrenda que está llevando a Jerusalén (Ro. 15:25-28). Ante Félix, Pablo se refiere a esta ofrenda que había llevado a su país (Hch. 24:17). Es evidente que piensa que esta contribución es de las "iglesias de Galacia" y las "iglesias de Macedonia". Se da a entender lo mismo cuando Pablo dice que los corintios habían comenzado un año antes (2 Co. 8:10; 9:2). Lo hicieron como individuos que formaban parte de una iglesia; sin embargo se refiere a ellos como un grupo. En su exhortación a llevar a cabo su intención anterior parece haber implícito un esfuerzo organizado (2 Co. 8:11; 9:3-5).

E. Mandaban cartas de recomendación a las demás iglesias. Esto se hizo cuando Apolo salió de Efeso y fue a Corinto (Hch. 18:24-28). También se da a entender en la pregunta sarcástica de Pablo acerca de si haría falta llevar cartas de recomendación cuando volviera a Corinto (2 Co. 3:1). Es probable que Romanos 16:1, 2 sea un ejemplo de ese tipo de carta con respecto a Febe. A medida que creció esta práctica, se debe haber hecho necesario determinar el parecer de la iglesia acerca de quiénes eran dignos de tales cartas. Tal procedimiento presupone una organización. El Concilio de Jerusalén tomó una decisión con respecto a las condiciones bajo las cuales se podría admitir a los gentiles a la comunión (Hch. 15:22-29). Esto también presupone una organización de algún tipo.» (*Lectures in Systematic Theology*, pp. 415-417.)

X. El gobierno de la iglesia. Dentro de los confines del cristianismo organizado de hoy hay tres sistemas diferentes de gobierno eclesiástico.

A. La forma monárquica, jerárquica. También se conoce como el sistema episcopal, tomado de la palabra griega *episkopos*, traducida en el Nuevo Testamento por la palabra española «obispo» (Hch. 20:28; Fil. 1:2; 1 Ti. 3:2; Tit. 1:7; 1 P. 2:25).

Las Iglesias Católica, Episcopal, Metodista y Ortodoxa han adoptado (con diversas modificaciones) esta forma básica de gobierno eclesiástico. Es un gobierno por obispos, ayudados por sacerdotes y diáconos. El concepto básico es que el derecho de consagrar otros obispos y ordenar tanto a sacerdotes como a diáconos les pertenece sólo a los obispos mismos. Esto provee una sucesión de obispos que gobiernan los dos ministerios subordinados.

Este sistema de gobierno surgió durante el segundo siglo d.C. y no se halla en el Nuevo Testamento.

B. La forma federal, representativa. Se conoce también como el sistema presbiteriano, tomado de la palabra griega *presbuteros*. Esta palabra, que se encuentra sesenta y dos veces (como sustantivo), se traduce por la palabra española «anciano». La Iglesia Presbiteriana y la Reformada de hoy son las que mejor ilustran este sistema de gobierno.

El sistema federal opera de una manera algo similar a la del gobierno estadounidense. Cada iglesia local elige ancianos gobernantes para representarla. Este grupo forma la sesión eclesiástica. Generalmente se hace una distinción entre los ancianos que gobiernan pero no enseñan, predican ni administran las ordenanzas, y los ancianos (el principal de los cuales es el pastor) que sí lo hacen (1 Ti. 5:17).

El grupo que le sigue en jerarquía en este sistema es el presbiterio, que incluye a todos los ministros ordenados o ancianos docentes y a un anciano gobernador de cada congregación local en un distrito dado. Aunque los pastores son elegidos por su propia congregación, deben ser aprobados por el presbiterio.

Encima del presbiterio está el sínodo (de una palabra griega que significa «compañía»), y encima del sínodo está la asamblea general, una especie de Tribunal Supremo. Charles Ryrie escribe lo siguiente:

«Argumentos en apoyo de ese tipo federal incluyen el hecho de que los ancianos fueron nombrados por los apóstoles (Hch. 14:23 y Tito 1:5), de que obviamente había gobernantes sobre las iglesias, además de los apóstoles (He. 13:7, 17), de que en materia de disciplina los dirigentes dieron instrucciones de cómo obrar (1 Co. 5:1 y 1 Ti. 5:20) y de que los pasajes de ordenación implican el sistema federal.» (*Síntesis de doctrina bíblica*, Editorial Portavoz, p. 166.)

W. L. Lingle sugiere que el concilio de Jerusalén de Hechos 15 ilustra esta forma de gobierno. Escribe:

«Si la iglesia de Antioquía hubiera sido completamente independiente podría haber resuelto este problema por sí misma, y con hombres tales como Pablo y Bernabé estaba más que capacitada para hacerlo. De hecho, la iglesia de Antioquía refirió este asunto a un concilio eclesiástico en Jerusalén.... Nótese bien que estaba compuesto por apóstoles y ancianos. Se debe haber parecido bastante a un sínodo o una asamblea general presbiteriana. Nótese también que este concilio compuesto de apóstoles y ancianos, después de deliberaciones completas, resolvió el asunto autoritariamente, y que la iglesia de Antioquía y las demás iglesias aceptaron sus decisiones.» (*Presbyterians: Their Ministry and Beliefs*, p. 16.)

C. La forma congregacional, democrática. Este tipo de gobierno se ve claramente en la Iglesia Bautista, Congregacional, Evangélica Libre, Discípulos de Cristo y Bíblica Independiente. Los seguidores de esta forma creen que ningún hombre o grupo de hombres debe ejercer autoridad sobre una asamblea local. Por lo tanto, el gobierno debe estar en manos de los miembros mismos. Se considera que el pastor es el único anciano en la iglesia. Es llamado y elegido por la congregación. Los diáconos son escogidos para ayudarle a pastorear el rebaño.

Nuevamente cito a Charles Ryrie:

«Los argumentos en pro de esta forma de gobierno incluyen muchos pasajes que hablan de las responsabilidades de toda la iglesia, como 1 Corintios 1:10 y Filipenses 1:27, los que parecen responsabilizar a todo el grupo de la iglesia en las ordenanzas, no justamente a los dirigentes (Mt. 28:19-20 y 1 Co. 11:2, 20), la aparente inclusión de toda la iglesia en la elección de los dirigentes (Hch. 6:3, 5 y 15:2, 30 y 2 Co. 8:19) y el hecho de que toda la iglesia estaba complicada en el ejercicio de la disciplina (Mt. 18:17, 1 Co. 5 y 2 Ts. 3:14ss.).

Bajo el sistema congregacional el pastor frecuentemente viene considerado como el único anciano de la iglesia. Esto viene apoyado por el hecho de que las siete iglesias de Apocalipsis 2 y 3, tenían, al parecer, un solo dirigente (llamado "ángel", pero refiriéndose a un dirigente humano) y por el hecho de que en 1 Timoteo 3 la primera parte del pasaje habla *del* obispo (anciano) mientras que la segunda parte (vv. 8-13) menciona a los diáconos. Esto parecería indicar que había solamente un anciano en cada iglesia, aunque había varios diáconos.» (*Síntesis de doctrina bíblica*, p. 167.)

XI. Los que están a cargo de la iglesia.

A. Los tipos de oficios.

1. Obispos (1 Ti. 3:1-7; véase también Tit. 1:5-9). «Palabra fiel: Si alguno anhela obispado, buena obra desea» (3:1).

La palabra griega para «obispo» es *episkopos* y se refiere a un supervisor. Por supuesto que aquí Pablo tenía en mente el puesto de pastor. Otro nombre que se encuentra en el Nuevo Testamento que puede referirse a la misma posición es «anciano» (*presbuteros* en el griego). Estos dos términos, obispo y anciano, con frecuencia se utilizan indistintamente (Hch. 20:17-28; Tit. 1:5-7). El primer término (obispo) se refiere a la responsabilidad del oficio, mientras que el segundo término (anciano) se refiere a su madurez espiritual.

2. Diáconos (1 Ti. 3:8-12). En ninguna parte del Nuevo Testamento se expone de manera sistemática la naturaleza y los deberes exactos de este oficio. Es casi seguro que el oficio fue creado para resolver el problema de organización de la iglesia primitiva, debido en parte a su rápido crecimiento (Hch. 6:1-8). La palabra griega para «diácono» is *diakonos*. (Véanse también Ro. 12:7, donde se traduce por «servicio», y Fil. 1:1.)

3. Diaconisas (1 Ti. 3:11). ¿Indica este versículo el oficio de diaconisa? Algunos piensan que sí, entre ellos el doctor Homer Kent, del Seminario Teológico Grace, y el doctor Kenneth Wuest, profesor de griego del Instituto Bíblico Moody.

B. Requisitos para los encargados de una iglesia local.

1. Obispo (1 Ti. 3:1-7).

a. Debe ser hombre.

b. Debe estar libre de culpa (ser irreprensible).

c. Debe ser el esposo de una mujer. Pocas declaraciones neotestamentarias han sido objeto de tanta especulación como el versículo 2: «marido de una sola mujer». Hay dos interpretaciones principales de este versículo.

(1) La prohibición de la poligamia. Según esta teoría, Pablo está diciendo sencillamente que ningún miembro de iglesia que tuviera varias esposas en su hogar era apto para obispo. Sin embargo, este punto de vista presenta serias dificultades.

(a) Pablo ya había prohibido la poligamia años antes (Ro. 7:1-3; 1 Co. 7:2).

(b) El gobierno romano había proscrito la poligamia para esta época.

(c) No hay evidencia de que la iglesia primitiva hubiera tenido este problema.

(d) El término dice literalmente un «hombre de una mujer», y se encuentra nuevamente en 5:9 (al revés), donde habla de una viuda como «mujer de un hombre».

(2) La prohibición del divorcio. Según esta teoría, un hombre que se divorcia y se vuelve a casar no puede ocupar el oficio del pastorado, sean cuales fueren las circunstancias del divorcio.

d. Debe estar atento (ser prudente).

e. Debe ser sobrio (serio).

f. Debe mostrar una buena conducta (ser decoroso). Esto se reflejaría en sus sermones, su ropa y su estilo de vida.

g. Debe ser hospedador (amar a los desconocidos).

h. Debe ser «apto para enseñar» (con capacidad y amor por la enseñanza; véase Ef. 4:11).

i. No debe ser dado al vino.

j. No debe ser pendenciero (belicoso).

k. No debe codiciar el dinero.

l. Debe ser paciente (razonable, amable).

m. Debe ser apacible (no contencioso).

n. No debe ser avaro (codiciar algo ajeno).

ñ. Debe gobernar bien su propia casa.

o. No debe ser neófito (recién convertido).

p. Debe tener buen testimonio de los de afuera (un buen testimonio público en su comunidad inmediata).

2. Diácono (1 Ti. 3:8-13).

a. Debe ser honesto (tenido en alta estima).

b. No deben tener doblez (presentar dos caras, contar chismes).

c. No debe ser dado al vino.

d. No debe ser codicioso.

e. Debe guardar el misterio de la fe (conocer, explicar y defender las grandes verdades teológicas de la Biblia).

f. Debe mantener una conciencia limpia.

g. Debe ser probado (su testimonio dentro de la iglesia debe ser bueno).

h. Debe ser irreprensible (su testimonio fuera de la iglesia debe ser bueno).

C. Las responsabilidades de estas personas. En Filipenses 1:1, Pablo escribe a «todos los santos en Cristo Jesús que están en Filipos, con los obispos y diáconos».

Tres autores bien conocidos escriben acerca de estas personas y sus deberes. El primero es el doctor John Walvoord.

«La mención de obispos y diáconos indica el avanzado estado de organización de la iglesia en Filipos, compuesta ahora de creyentes maduros y dotados, de los que habían surgido guías reconocidos. Como señala A. R. Fausset: "Esta es la primera carta de Pablo donde se mencionan obispos y diáconos, y la única en donde se les saluda por separado". Naturalmente, muy pronto en Hechos capítulo 6, hubo hombres designados en la iglesia para servir de una manera similar a los diáconos. Aunque no se les llama diáconos, la importancia que recibe esta designación de hombres para un servicio especial en los Hechos parece reconocer su significado. Los ancianos fueron designados en cada iglesia en fecha tan temprana como Hechos 14:23, y son mencionados en Hechos 11:30; 23:27-28; y 1 Tesalonicenses 5:12-13.» (*Filipenses: Triunfo en Cristo*, Editorial Portavoz, p. 24.)

El estudioso del griego Kenneth Wuest escribe:

«La palabra obispo es la traducción de una palabra griega utilizada en los quehaceres seculares de un supervisor en cualquier capacidad, por ejemplo, el encargado de la reparación de un templo o un oficial en el ejército. La palabra en sí significa "mirar". Pablo la utiliza como otro nombre para referirse a un anciano, siendo éste el título del oficio en cuanto a los estatutos de la iglesia, y aquél el título que indicaba la responsabilidad y actividad del oficio, la de vigilar el bienestar de la iglesia local. Une los dos nombres para designar a una sola persona en Hechos 20:17, 28.

La palabra diácono es la ortografía española de una palabra griega que se utilizaba como término general para designar a un siervo. Incluía tanto a esclavos como a siervos empleados. Representaba a un siervo, no en relación con su amo, sino en su actividad. La misma palabra se traduce como "servidor" en 1 Corintios 3:5, y "ministro" en 2 Corintios 3:6 y Efesios 3:7. Aquí se refiere a una clase específica de encargados en la iglesia apostólica. Se nos da el origen del oficio en Hechos 6.» (*Word Studies in Philippians*, p. 28.)

Como nota final aquí, consideremos los comentarios de J. Dwight Pentecost:

«La palabra "diácono" viene de una palabra compuesta griega que significa "levantar el polvo". Presenta la imagen de alguien que se mueve tan rápidamente por los senderos polvorientos de las aldeas de Palestina para cumplir con su deber que los pies levantan el polvo al andar. Los diáconos tenían tanto que hacer que no podían entretenerse ni demorarse. Iban haciendo su ministerio con tanta diligencia que levantaban el polvo; por lo tanto, los apartados para este ministerio eran "los que levantan el polvo" o diáconos.» (*The Joy of Living*, p. 114.)

De estos dos oficios, el más importante es el de obispo (pastor). En general, se puede decir que sus responsabilidades son las siguientes:

1. Ha de administrar las ordenanzas (Mt. 28:19, 20).
2. Ha de ser un hombre de oración (1 Ti. 4:1, 6).
3. Ha de amonestar a su rebaño (1 Ti. 4:1, 6).
4. Ha de estudiar la Palabra (2 Ti. 2:15).
5. Ha de predicar la Palabra (2 Ti. 4:2; Hch. 6:2-4).
6. Ha de exhortar y reprender (1 Ts. 5:12; Tit. 2:15).
7. Ha de vigilar las almas.
   a. La propia (Hch. 20:28; Col. 4:17; 1 Ti. 4:16; 6:11).
   b. Las de otros (Hch. 20:28-31; He. 13:17).
8. Ha de apacentar y conducir su rebaño (Hch. 20:28; 1 P. 5:2).
9. Ha de ser un ejemplo para todos (1 Co. 11:1; 4:16; Fil. 3:17; 2 Ts. 3:9; 1 Ti. 4:12; He. 13:7; 1 P. 5:3).

El pastor John MacArthur, hijo, escribe acerca de la cuádruple perspectiva de Pablo sobre las prioridades pastorales en Hechos 20:19-22:

«1. Una perspectiva correcta en cuanto a *Dios*. "Sirviendo al Señor con toda humildad, y con muchas lágrimas, y pruebas que me han venido por las asechanzas de los judíos."
2. Una perspectiva correcta en cuanto a la *iglesia*. "Y cómo nada que fuese útil he rehuido de anunciaros y enseñaros, públicamente."
3. Una perspectiva correcta en cuanto a los *perdidos*. "Y por las casas, testificando a judíos y a gentiles acerca del arrepentimiento para con Dios, y de la fe en nuestro Señor Jesucristo."
4. Una perspectiva correcta en cuanto a *sí mismo*. "Ahora, he aquí, ligado yo en espíritu, voy a Jerusalén, sin saber lo que allá me ha de acontecer."» (*Leadership, God's Priority for the Church*, p. 15.)

MacArthur después agrega cinco prioridades más a esta lista, según vemos en Hechos 20:28-35.

«1. Mantener una buena relación con Dios. "Por tanto, mirad por vosotros."
2. Apacentar y conducir el rebaño de Dios. "Y por todo el rebaño en que el Espíritu Santo os ha puesto por obispos, para apacentar la iglesia del Señor, la cual él ganó por su propia sangre."
3. Amonestar y vigilar ... proteger el rebaño (de falsos maestros y otros emisarios de Satanás). "Porque yo sé que después de mi partida entrarán en medio de vosotros lobos rapaces, que no perdonarán al rebaño. Y de vosotros mismos se levantarán hombres que hablen cosas perversas para arrastrar tras sí a los discípulos. Por tanto, velad, acordándoos que por tres años, de noche y de día, no he cesado de amonestar con lágrimas a cada uno."
4. Orar y estudiar. "Y ahora, hermanos, os encomiendo a Dios, y a la palabra de su gracia, que tiene poder para sobreedificaros y daros herencia con todos los santificados."
5. Estar libre de intereses propios. "Ni plata ni oro ni vestido de nadie he codiciado. Antes vosotros sabéis que para lo que me ha sido necesario a mí y a los que están conmigo, estas manos me han servido. En todo, os he enseñado que, trabajando así, se debe ayudar a los necesitados, y recordar las palabras del Señor Jesús, que dijo: Más bienaventurado es dar que recibir."» (*Ibid.*, p. 41.)

Antes de dejar esta sección, ¿qué podemos decir de las responsabilidades de las mujeres en una iglesia local? Vuelvo a citar a MacArthur:

«En Romanos 16:1, se hace referencia a una mujer, Febe, como *diakonon*, indicando así que tanto hombres como mujeres pueden servir en este oficio.

Las Escrituras tienen mucho que decir en cuanto al papel de la mujer en la iglesia.

Inmediatamente después de la ascensión de Cristo, las mujeres se reunieron con los apóstoles y discípulos en el aposento alto de Jerusalén. En los comienzos de la iglesia primitiva, las mujeres eran una parte vital (Hch. 5:14). Uno de los primeros creyentes, María, la madre de Juan Marcos, donó su casa como lugar de reunión para los creyentes de Jerusalén. Lidia hizo lo mismo en Filipos (Hch. 16:14, 15). En el último capítulo de Romanos, ocho mujeres son nombradas entre las veintiséis personas que Pablo distingue por su servicio significativo para Cristo. Las hijas de Felipe fueron utilizadas por Dios para profetizar (Hch. 21:8, 9).

Aquila y Priscila fueron utilizados para instruir a Apolos (Hch. 18:24-26).

Aparte del precedente histórico, las Escrituras dan claras indicaciones para el ministerio de las mujeres: las mujeres tienen un lugar vital en el evangelismo. Salmo 68:11: "El Señor daba palabra; había grande multitud de las que llevaban buenas nuevas."

Tal vez Pablo les haya dado el cumplido máximo a las mujeres cuando dijo: "... La mujer es la gloria del varón" (1 Co. 11:7).

Aparte de estas áreas positivas del ministerio para las mujeres, las Escrituras indican algunas áreas en las cuales las mujeres NO han de servir: 1 Timoteo 2:11, 12 es la declaración más importante en el área de los roles de liderazgo en la iglesia. Junto con 1 Corintios 14:33-35 indica un principio espiritual universal: que el orden divino para las mujeres es la subordinación (no inferioridad) a los hombres. Este principio se basa en el hecho de que la mujer fue creada después (1 Ti. 2:13) y fue la primera en pecar (1 Ti. 2:14). Ya que el énfasis en ambos pasajes parece aplicarse más fácilmente a la adoración pública, las mujeres no han de estar en posiciones de autoridad sobre los hombres.

En ninguna parte del Nuevo Testamento se manda a una mujer a servir como anciana. De hecho, es obvio que 1 Timoteo 3:1-7 y Tito 1:5-9, que mencionan las cualificaciones para los ancianos, sólo pueden referirse a un hombre.

En principio, 1 Timoteo 2:12 puede parecer negativo y hostil hacia las mujeres, pero las palabras de hecho "... expresan un sentimiento de simpatía y comprensión básica. Significan: que una mujer no entre en una esfera de actividad para la cual no es apta por su misma creación" (Wm. Hendriksen, *1 & 2 Timothy & Titus*, p. 108).

El dar a las mujeres responsabilidades destinadas a los hombres hace mal uso de su llamamiento divino y aliena sus áreas de mayor ministerio.» (*Leadership*, pp. 38-40.)

Es útil citar aquí a Charles Ryrie:

«Muchas veces ocurre tanto en el campo doméstico como exterior que sencillamente no hay hombres para hacer la obra. En tales instancias este escritor cree que debemos recordar que Pablo no sólo mandó que las cosas se hiciesen decentemente y con orden, sino también que se hiciesen. En tales casos, entonces, es mejor que la obra sea hecha por mujeres capaces, aunque no sea lo ideal, en lugar de que no se haga nada. Sin embargo, se les debe advertir a las mujeres no continuar en dicha obra después de que haya hombres entrenados disponibles para hacerla.... Es absolutamente esencial conocer el patrón bíblico. La única forma práctica de servir a la situación actual es de apuntar nuestros esfuerzos hacia lo ideal.» (*The Role of Women in the Church*, pp. 80, 81.)

XII. Las ordenanzas de la iglesia. El significado de una ordenanza: una ordenanza es un rito simbólico externo y visible ordenado por la Biblia para que sea practicado por la iglesia y que expone una verdad central de la fe cristiana. Es una conmemoración o recuerdo de algún acontecimiento histórico precioso de gran significado.

La diferencia entre una ordenanza y un sacramento: «Un sacramento es algo presentado a los sentidos, que tiene el poder, por institución divina, no sólo de significar, sino también de transmitir la gracia eficazmente» (definición del Concilio Católico Romano de Trento en 1551). Un ordenanza difiere entonces de un sacramento en que se lleva a cabo no para obtener gracia, sino porque el que la observa ya ha obtenido esa gracia.

El número de ordenanzas: la Iglesia Católica Apostólica Romana enseña que hay siete sacramentos. Estos son: ordenación (o sacerdocio), confirmación, matrimonio, extrema unción, penitencia, bautismo, y eucaristía (comunión). De estos siete, el Nuevo Testamento sólo menciona dos, y como ya hemos visto los considera como ordenanzas conmemorativas y no como sacramentos. Estas dos son la Cena del Señor y el bautismo.

A. La Cena del Señor.

1. Los pasajes bíblicos que describen la Cena del Señor. Mateo 26:26-30; Marcos 14:22-26; Lucas 22:17-20; 1 Corintios 11:23-34. No se mencionan los detalles de la cena en el Evangelio de Juan. Sin embargo, algunos piensan que Jesús la tenía presente en Juan 6:51, 53-56.
2. Los nombres de la Cena del Señor.
   a. La *eucharist* (la palabra griega para «acción de gracias»). Tomada de 1 Corintios 11:24.
   b. La *eulogia* (la palabra griega para «bendición»). Tomada de 1 Corintios 10:16: «la copa de bendición».
   c. La *phosphora* (la palabra griega para «ofrenda»). Este nombre se llegó a utilizar porque se daban regalos u ofrendas para los pobres durante la celebración de la cena.
   d. Comunión. Este nombre se deriva de 1 Corintios 10:16: «la comunión de la sangre de Cristo».
   e. El partimiento del pan. Esta expresión se encuentra en Hechos 2:42 y algunos piensan que se refiere a la Cena del Señor.
3. Diferentes puntos de vista respecto a la Cena del Señor.
   a. Transubstanciación: la doctrina católica que enseña que el pan y el vino se convierten en el cuerpo y la sangre de Cristo cuando son consagrados por el sacerdote durante la misa, aunque todavía tengan el mismo aspecto y el mismo gusto. Es así que el participante literalmente come la carne de Cristo y toma su sangre. No hace falta decir que esto no tiene apoyo bíblico. De hecho, está totalmente refutado por el libro de Hebreos (7:24-27; 9:12, 24, 25, 28; 10:11, 12).
   b. Consubstanciación: la doctrina luterana que enseña que aunque el pan y el vino no cambian, la presencia del cuerpo de Cristo de todos modos está «en, con y bajo» ambos elementos. Aunque este error no es tan grave como el anterior, tampoco tiene ningún apoyo bíblico.
   c. Conmemoración: la doctrina que enseña que el pan y el vino son sólo símbolos que recuerdan y ayudan al creyente a observar tanto la Primera como la Segunda Venida de nuestro Señor. Esta práctica es tanto bíblica como razonable (1 Co. 11:24-26).

4. El tipo de la Cena del Señor en el Antiguo Testamento. Hay un tipo hermoso en el Cordero de la Pascua, cuya sangre salvó a los israelitas de la plaga de la muerte en Egipto antes del éxodo.

   «Pues yo pasaré aquella noche por la tierra de Egipto, y heriré a todo primogénito en la tierra de Egipto, así de los hombres como de las bestias; y ejecutaré mis juicios en todos los dioses de Egipto. Yo Jehová. Y la sangre os será por señal en las casas donde vosotros estéis; y veré la sangre y pasaré de vosotros, y no habrá en vosotros plaga de mortandad cuando hiera la tierra de Egipto» (Ex. 12:12, 13).

   «Y Moisés convocó a todos los ancianos de Israel, y les dijo: Sacad y tomaos corderos por vuestras familias, y sacrificad la pascua. Y tomad un manojo de hisopo, y mojadlo en la sangre que estará en un lebrillo, y untad el dintel y los dos postes con la sangre que estará en el lebrillo; y ninguno de vosotros salga de su casa hasta la mañana» (Ex. 12:21, 22).

   «Y cuando os dijeren vuestros hijos: ¿Qué es este rito vuestro?, vosotros responderéis: Es la víctima de la pascua de Jehová, el cual pasó por encima de las casas de los hijos de Israel en Egipto, cuando hirió a los egipcios, y libró nuestras casas. Entonces el pueblo se inclinó y adoró» (Ex. 12:26, 27).

   En el Nuevo Testamento Pablo conecta el Cordero de la Pascua con la Mesa del Señor. Nótese:

   «Limpiaos, pues, de la vieja levadura, para que seáis nueva masa, sin levadura como sois; porque nuestra pascua, que es Cristo, ya fue sacrificada por nosotros. Así que celebremos la fiesta, no con la vieja levadura, ni con la levadura de malicia y de maldad, sino con panes sin levadura, de sinceridad y de verdad» (1 Co. 5:7, 8).

5. El propósito de la Cena del Señor. La mesa del Señor involucra una visión de tres vertientes.
   a. Hemos de mirar al pasado. «Así, pues, todas las veces que comiereis este pan, y bebiereis esta copa, la muerte del Señor anunciáis hasta que él venga» (1 Co. 11:26).
   b. Hemos de mirar a nuestro interior. «Por tanto, pruébese cada uno a sí mismo, y coma así del pan, y beba de la copa» (1 Co. 11:28).
   c. Hemos de mirar hacia el futuro. «... Hasta que él venga» (1 Co. 11:26).

   Por lo tanto, la Cena del Señor es histórica, personal y profética. Habla de la cruz, la conciencia y la corona.

6. Los participantes de la Cena del Señor. ¿Qué grupo está invitado a esta mesa? La Cena del Señor es sólo para creyentes, pero incluye a todos los creyentes. Esto parece ser así, ya sean miembros de una iglesia local dada o no.

7. Las condiciones previas para la Cena del Señor. Las personas a quienes se les prohibe participar: los no salvos y los no limpios. El apóstol Juan (que asistió a la primera Cena del Señor) ha dado un buen consejo para ayudar a los dos tipos de personas. A los no salvos les ofrece Juan 3:16, y a los no limpios (los cristianos descarriados), les extiende 1 Juan 1:9.

8. El castigo de la Cena del Señor.

   «Porque el que come y bebe indignamente, sin discernir el cuerpo del Señor, juicio come y bebe para sí. Por lo cual hay muchos enfermos y debilitados entre vosotros, y muchos duermen» (1 Co. 11:29, 30).

   Algunas de estas palabras merecen nuestra consideración.

   Indignamente. La palabra utilizada aquí es un adverbio, no un adjetivo. Pablo no dice «si alguien que no es digno participa», sino más bien «si alguien participa de una manera indigna».

   Juicio. La palabra griega es *krima*. (Véanse Ro. 11:33; 1 P. 4:17 y Ap. 20:4 donde aparece la misma palabra.) Este juicio puede manifestarse de dos formas: a través de la enfermedad física (11:30) y a través de la muerte física: «y muchos duermen». La palabra griega para «sueño» utilizada aquí es *koimao* y se refiere a la muerte física (Jn. 11:11, 12; Hch. 7:60; 1 Co. 15:6, 18, 20, 51).

   En este culto de Santa Cena los corintios inconstantes y egoístas se habían involucrado tanto en la cena que habían llegado a ignorar a los demás santos y al Salvador totalmente. Como resultado algunos (los ricos) se atiborraban de comida y bebida mientras que otros (los pobres) salían de allí con hambre.

   Ocurrieron muchas cosas esa noche trascendental en el aposento alto, pero aquí en 1 Corintios 11:23 Pablo señala la traición de Judas, que pudo haber sido una referencia para describir lo que los corintios realmente estaban haciendo.

   Se debería notar que Pablo no enseña aquí (1 Co. 11:22) que no debe haber banquetes de compañerismo en el sótano o en el patio de una iglesia. Sin embargo, sí parece limitar el culto de la comunión en sí al pan y al vino.

9. La frecuencia de la Cena del Señor. Charles Ryrie escribe:

   «¿Cuántas veces debería observarse la cena del Señor? Algunas iglesias lo realizan cada tres meses y normalmente la preceden con un servicio de preparación en algún día de la semana, antes del domingo, que es cuando se va a observar. Otros la practican una vez por mes, en tanto que otros piensan que deben observarlo cada domingo. La verdad es que la Biblia no especifica claramente la frecuencia exacta de celebrar la santa cena, aunque, al parecer, los primeros creyentes lo hacían diariamente, inmediatamente después de Pentecostés. Esto no significa que lo observasen en cada casa donde se reunían cada adía, sino que se celebraba cada día en algún lugar de la ciudad de Jerusalén (Hch. 2:46).

   En Troas (Hch. 20:7) se observaba el domingo, pero el texto no dice explícitamente que se hiciera el mismo domingo, aunque tal conclusión sería fácil de aceptar según el pasaje. Pero, sea la que fuere la frecuencia con que se celebre, sería bueno celebrarla a veces en los servicios de la noche, no sólo porque era una cena, sino porque, además, permitiría a quienes no pueden venir por la mañana participar de una forma regular. Y ya que es una de las cosas más importantes que una iglesia puede hacer, habría que conceder siempre amplio margen en la celebración y no «encasillarla» y despacharla con prisa.» (*Síntesis de doctrina bíblica*, Editorial Portavoz, p. 170.)

B. El bautismo.

«Por tanto, id, y haced discípulos a todas las naciones, bautizándolos en el nombre del Padre, y del Hijo, y del Espíritu Santo» (Mt. 28:19).

1. El significado de la palabra bautismo. El doctor Gordon G. Johnson escribe:

«¿Qué dicen las autoridades griegas acerca del significado de la palabra? Consideremos a tres de los léxicos más conocidos. El léxico griego clásico fue escrito por Liddell y Scott, hombres de la Iglesia Anglicana. El léxico griego del Nuevo Testamento fue compilado por Thayer, un estudioso de la Iglesia Congregacional. El léxico de términos teológicos fue escrito por un luterano alemán llamado Cremer. Todos estos hombres concuerdan en que la palabra en su origen significa zambullir, hundir, sumergir o inundar.

En su *Meaning and Use of Baptizein*, el doctor Thomas J. Conant resume un estudio del uso de la palabra a través de la historia de la literatura griega con las siguientes palabras: "En toda ella, la palabra ha mantenido su significado básico sin cambios. Desde la época más antigua de la literatura griega hasta su cierre, un período de unos 2000 años, no se ha hallado un ejemplo en el cual la palabra tuviera algún otro significado."

Las palabras rociar o verter no se emplean nunca en el Nuevo Testamento para referirse al rito del bautismo. Esto ha obligado a los estudiosos de todas las denominaciones a admitir que en el significado original y en el uso neotestamentario, bautismo significa inmersión. Lutero dijo: "El término bautismo es una palabra griega. Se puede traducir por zambullir, cuando ponemos algo en agua para cubrirlo enteramente con el agua." Calvino dijo: "La palabra bautizar significa sumergir; y el rito de la inmersión fue observado por la iglesia antigua." Brenner, un católico romano, dice: "Durante 1300 años, el bautismo fue general y regularmente una inmersión de la persona bajo agua, y sólo en casos extraordinarios se practicaba la aspersión o ser vertía agua sobre el bautizado. Aun más, esto último se disputaba como modo de bautismo y hasta se prohibía." Se puede hacer mención de otros hombres, pero esto basta para mostrar la aceptación universal del significado de la palabra "bautismo".

Entonces tenemos derecho a preguntar: "¿Cómo y cuándo se convirtió la aspersión en una manera de bautizar?" Esta manera surgió porque la gente llegó a pensar que había algo mágico en el bautismo que daba salvación al receptor. Este concepto no puede ser apoyado por las Escrituras. Pero si fuera cierto, la persona que muriera sin el bautismo estaría perdida. Una persona enferma o mal herida no podría ser sumergida por su condición física, pero podría morirse. Si el bautismo fuera necesario para la salvación, estaría perdida. Por lo tanto, se comenzó a practicar la aspersión.

El primer registro del uso de la aspersión fue alrededor del 250 d.C. cuando Novaciano yacía enfermo en su lecho y pensó que iba a morir. Se hizo verter agua encima en la cama como un acto de bautismo. No fue sino hasta 1311 d.C. que la Iglesia Católica permitió la aspersión o la inmersión como modos aceptables de bautismo en el Concilio de Ravena. En 1644 la Iglesia Anglicana adoptó la aspersión por voto del Parlamento. El año anterior, la Asamblea Eclesiástica votó sobre el asunto y lo recomendó al Parlamento. El voto fue 25 a 24 a favor de la aspersión. Una iglesia neotestamentaria no puede hacer tal concesiones al capricho humano.» (*My Church*, pp. 41, 42.)

2. Los tipos de bautismo. Ya se ha demostrado que el significado teológico básico de la palabra bautismo es «identificación». A continuación una lista de ocho tipos diferentes de bautismo mencionados en el Nuevo Testamento. Cada uno puede ser correctamente definido por la palabra «identificación».
   a. El bautismo del pecado de Cristo en el Calvario (Lc. 12:50).
   b. El bautismo del Espíritu Santo de los creyentes en pentecostés (Mt. 3:11; Hch. 1:5; 2:1-4).
   c. El bautismo de todos los cristianos por el Espíritu Santo para que formen parte del cuerpo de Cristo (1 Co. 12:13).
   d. El bautismo de Israel en Moisés (1 Co. 10:2).
   e. El bautismo de Juan el Bautista (bautismo nacional de arrepentimiento) (Mr. 1:4; Hch. 13:24).
   f. El bautismo de Jesús.
      (1) Con agua por Juan (Mt. 3:15).
      (2) Con el Espíritu Santo por el Padre (Mt. 3:16).
   g. El bautismo por los muertos (1 Co. 15:29).
   h. El bautismo con agua de los nuevos creyentes en el libro de Hechos.
      (1) En pentecostés. Ese día, Pedro y los apóstoles bautizaron a 3.000 personas (Hch. 2:41).
      (2) En Samaria. Allí Felipe el evangelista bautizó a muchos (Hch. 8:12).
      (3) En Gaza. Allí Felipe bautizó al eunuco etíope (Hch. 8:38).
      (4) En Damasco. Allí Ananías bautizó a Pablo (Hch. 9:18).
      (5) En Cesarea. Allí Pedro bautizó a Cornelio y sus amigos (Hch. 10:48).
      (6) En Filipos. Allí Pablo bautizó a Lidia y al carcelero de Filipos (Hch. 16:15, 33).
      (7) En Corinto. Allí Pablo bautizó a Crispo, Gayo, Estéfanas y a otros (Hch. 18:8; 1 Co. 1:14, 16).
      (8) En Efeso. Allí Pablo bautizó a algunos seguidores de Juan el Bautista (Hch. 19:3-5).

3. Las interpretaciones falsas del bautismo.
   a. Que es necesario para la salvación. Esta es

una equivocación total. Docenas de pasajes clave, tales como Romanos 4:1-6; Efesios 2:8, 9; Tito 3:5 y muchos más afirman claramente que la salvación es por gracia mediante la fe y nada más.

La refutación más fuerte de la regeneración bautismal se encuentra en 1 Corintios 1:17: «Pues no me envió Cristo a bautizar, sino a predicar el evangelio....» En 1 Corintios 15:1-4 Pablo explica lo que es el evangelio, y el bautismo decididamente no forma parte de él (véase también 1 Co. 4:15).

Un texto que se repite muchas veces como «prueba» de la regeneración bautismal es Hechos 2:38: «Pedro les dijo: Arrepentíos, y bautícese cada uno de vosotros en el nombre de Jesucristo para perdón los de pecados....» La preposición griega *eis* (aquí traducida por «para») también puede ser traducida por «a causa de».

Además, la pregunta hecha en el versículo anterior no es la limitada que dice: «¿Qué debo hacer para ser salvo?» de Hechos 16:30, sino una más amplia: «¿Qué haremos?» Por lo tanto, no es raro que aquí tengamos una respuesta más amplia que la de Hechos 16:30.

b. Que reemplaza a la circuncisión. Esto no puede ser, por varios motivos.
   (1) La circuncisión se practicaba únicamente en los bebés varones, pero en el Nuevo Testamento se menciona el bautismo de mujeres (Hch. 8:12; 16:14, 15).
   (2) La circuncisión no tenía nada que ver con la fe del bebé. Sólo se tenía en cuenta su nacionalidad.
   (3) El bautismo no tiene nada que ver con la nacionalidad del creyente. Sólo se tiene en cuenta la fe.
   (4) Los creyentes judíos siguieron practicando la circuncisión aun después de la institución del bautismo (Hch. 16:3).

4. El punto de vista bíblico sobre el bautismo.
   a. Que *todos* los creyentes sean bautizados. F.F. Bruce escribe: «La idea de un cristiano no bautizado sencillamente no existe en el Nuevo Testamento» (*The Book of the Acts*, p. 77). Por lo tanto, el bautismo no es una opción personal sino un mandato divino.
   b. Que *sólo* los creyentes sean bautizados. Las dos palabras, *creer* y *bautismo*, están inseparablemente unidas en el Nuevo Testamento. Siempre se supone que la fe es la *raíz* de la cual el bautismo es el *fruto*. Nótese:

«Así que, los que recibieron su palabra fueron bautizados» (Hch. 2:41).

«Pero cuando creyeron a Felipe, que anunciaba el evangelio del reino de Dios y el nombre de Jesucristo, se bautizaban hombres y mujeres» (Hch. 8:12).

«Y yendo por el camino, llegaron a cierta agua, y dijo el eunuco: Aquí hay agua; ¿qué impide que yo sea bautizado? Felipe dijo: Si crees de todo corazón, bien puedes. Y respondiendo, dijo: Creo que Jesucristo es el Hijo de Dios. Y mandó para el carro; y descendieron ambos al agua, Felipe y el eunuco, y le bautizó» (Hch. 8:36-38).

«Entonces una mujer llamada Lidia, vendedora de púrpura, de la ciudad de Tiatira, que adoraba a Dios, estaba oyendo; y el Señor abrió el corazón de ella para que estuviese atenta a lo que Pablo decía. Y cuando fue bautizada, y su familia, nos rogó, diciendo: Si habéis juzgado que yo sea fiel al Señor, entrad en mi casa, y posad. Y nos obligó a quedarnos» (Hch. 16:14, 15).

«Y sacándolos, les dijo: Señores, ¿qué debo hacer para ser salvo? Ellos dijeron: Cree en el Señor Jesucristo, y serás salvo, tú y tu casa. Y le hablaron la palabra del Señor a él y a todos los que estaban en su casa. Y él, tomándolos en aquella misma hora de la noche, les lavó las heridas; y en seguida se bautizó él con todos los suyos» (Hch. 16:30-33).

«Y Crispo, el principal de la sinagoga, creyó en el Señor con toda su casa; y muchos de los corintios, oyendo, creían y eran bautizados» (Hch. 18:8).

«Dijo Pablo: Juan bautizó con bautismo de arrepentimiento, diciendo al pueblo que creyesen en aquel que vendría después de él, esto es, en Jesús el Cristo. Cuando oyeron esto, fueron bautizados en el nombre del Señor Jesús» (Hch. 19:4, 5).

A la luz de las Escrituras, la práctica de bautizar a los bebés debe ser completamente descartada.

5. El simbolismo del bautismo. ¿Exactamente qué simboliza el bautismo? La interpretación que uno haga de este punto determina también lo que uno crea sobre el *modo* de bautizar. Hay dos puntos de vista acerca del simbolismo del bautismo.
   a. El punto de vista del infusionista. Es el que rocía o vierte el agua bautismal. El infusionista cree que el propósito del bautismo es representar la venida del Espíritu Santo sobre el creyente. Razona que como el Calvario está representado por una ordenanza (la Cena del Señor), no hace falta una segunda ordenanza que represente el mismo acontecimiento.
   b. El punto de vista del inmersionista. Es el que requiere la inmersión completa del creyente en el agua. El inmersionista relaciona el bautismo con la muerte, la sepultura y la resurrección de Cristo, porque se dice que el creyente ha sido bautizado en su muerte, sepultura y resurrección, según Romanos 6:1-10 y Colosenses 2:11-13.

Aunque es cierto que hay una similitud con la Cena del Señor, también hay diferencias importantes. Nótese:
   (1) La Cena del Señor habla principalmente de la muerte de Cristo.
   (2) El bautismo habla principalmente de la muerte del creyente.
   (3) En la Cena del Señor se ve el regreso de Cristo.

(4) En el bautismo se ve la resurrección de Cristo.
(5) La Cena del Señor enfoca la justificación (la cruz) y la glorificación (la corona).
(6) El bautismo enfoca la santificación.
«Porque somos sepultados juntamente con él para muerte por el bautismo, a fin de que como Cristo resucitó de los muertos por la gloria del Padre, así también nosotros andemos en vida nueva» (Ro. 6:4).

6. El propósito del bautismo. Robert L. Saucy sugiere un propósito doble.
a. Identificación con el Salvador.
«El bautismo es, por lo tanto, principal y primordialmente, identificación con Jesucristo. Por este acto, el iniciado indicaba que estaba entrando en el reino del señorío y el poder de Cristo. Pero no sólo se pronunciaba el nombre de Cristo sobre el bautizado, sino que el bautizado también invocaba el nombre del Señor (Hch. 22:16). Al hacerlo, confesaba abiertamente en penitencia y fe su sumisión al señorío de Jesús (cp. Ro. 10:9). Es, como apunta muy bien Beasley-Murray, el momento en que aquel que ha sido enemigo de Cristo lleva a cabo su "rendición final". El bautismo es por lo tanto una señal de la obra del evangelio en la cual Dios une al creyente consigo mismo a través de Cristo, y el creyente testifica de la realidad subjetiva de esa unión con su vida.

La identificación con Cristo es también la identificación con sus grandes actos de salvación. Las aguas del bautismo se relacionan así con el lavamiento o la limpieza de la profanación del pecado (Hch. 22:16; 1 Co. 6:11; He. 10:22; cp. Hch. 2:38). Sin embargo, con aun mayor frecuencia en las Escrituras el acto bautismal significa la muerte del creyente a la vida antigua y su resurrección como una nueva criatura en unión con Cristo. El apóstol basa su llamamiento a una vida santa en el hecho de que "somos sepultados juntamente con él para muerte por el bautismo, a fin de que como Cristo resucitó de los muertos por la gloria del Padre, así también nosotros andemos en vida nueva" (Ro. 6:4). Escribe a los colosenses de manera similar: "Sepultados con él en el bautismo, en el cual fuisteis también resucitados con él, mediante la fe en el poder de Dios que le levantó de los muertos" (Col. 2:12). Pedro ve una analogía con el bautismo en las aguas del diluvio de juicio y muerte por las cuales Noé fue llevado por el arca a una nueva vida (1 P. 3:20ss). Aunque la limpieza del pecado es un resultado de esta participación con Cristo, la experiencia de la salvación es, en el fondo, la muerte a la vida antigua y la resurrección a una nueva vida en unión con Cristo. Moule enfatiza la importancia de comprender esto y su significado en la comprensión del bautismo cuando nota que "en cuanto se trata el bautismo principalmente como una limpieza, la tendencia es de interpretarlo como una limpieza de los pecados pasados, con el corolario que después el bautizado debe permanecer limpio. Pero mientras el ser miembro del cuerpo de Cristo se trate como una nueva vida … la agencia sobrenatural y totalmente divina es más prominente".»

b. La identificación con la iglesia.
«La identificación con Cristo es al mismo tiempo la identificación con su cuerpo: la Iglesia. La muerte y la resurrección con Cristo se refieren no sólo a la unión con Cristo sino a una unidad de Cristo compuesta por muchos miembros. "Porque así como el cuerpo es uno, y tiene muchos miembros, pero todos los miembros del cuerpo, siendo muchos, son un solo cuerpo, así también Cristo" (1 Co. 12:12; cp. Ro. 12:4, 5). No se une uno a la Cabeza sin al mismo tiempo unirse con el cuerpo. Así que Pablo escribe que todos los creyentes en Cristo son creados en "un solo y nuevo hombre" (Ef. 2:15).

Ya que el bautismo significa la realidad interior de la participación en su cuerpo, era el rito normal para entrar en el cuerpo visible. En este acto los nuevos conversos se identificaban exteriormente con la comunión de creyentes (Hch. 2:41). No sólo se hace pública la transición individual de la vida vieja a la vida nueva en el bautismo, sino que también se proclama la transición de la unión con el mundo a la unión con la comunidad de creyentes. En el rito del bautismo el creyente se declaraba del lado de los discípulos de Cristo.» (*The Church in God's Program*, pp. 194, 195.)

XIII. La adoración de la iglesia.
«Dad a Jehová la gloria debida a su nombre; adorad a Jehová en la hermosura de la santidad» (Sal. 29:2).

«Mas la hora viene, y ahora es, cuando los verdaderos adoradores adorarán al Padre en espíritu y en verdad; porque también el Padre tales adoradores busca que le adoren. Dios es Espíritu; y los que le adoran, en espíritu y en verdad es necesario que adoren» (Jn. 4:23, 24).

A. La definición de adoración. Hay tres palabras griegas que se traducen por la misma palabra española «adoración». Estas palabras son:
1. *Proskuneo*: «inclinarse o postrarse en humildad sumisa y reverencia profunda».
2. *Sebomai*: «mirar con temor».
3. *Latreuo*: «servir».

Andrew W. Blackwood la ha definido de este modo: «La adoración es la respuesta del hombre a la revelación que Dios ha hecho de sí mismo.» Adorar a Dios, por lo tanto, es atribuirle el homenaje supremo del cual sólo Él es digno.

B. La importancia de la adoración. La diferencia entre Adán y todas las demás criaturas del huerto no residía en su tamaño ni en su fuerza, sino en la capacidad (y el mandato) de adorar al Creador.

C. Las razones de la adoración.

1. Hemos de adorar a Dios por su obra en la creación.
«Venid, adoremos y postrémonos; arrodillémonos delante de Jehová nuestro Hacedor» (Sal. 95:6).
«Los veinticuatro ancianos se postran delante del que está sentado en el trono, y adoran al que vive por los siglos de los siglos, y echan sus coronas delante del trono, diciendo: Señor, digno eres de recibir la gloria y la honra y el poder; porque tú creaste todas las cosas, y por tu voluntad existen y fueron creadas» (Ap. 4:10, 11; véase también Sal. 8).
2. Hemos de adorar a Dios por su obra en la redención.
«Y cantaban un nuevo cántico, diciendo: Digno eres de tomar el libro y de abrir sus sellos; porque tú fuiste inmolado, y con tu sangre nos has redimido para Dios, de todo linaje y lengua y pueblo y nación» (Ap. 5:9).

D. Los elementos de la adoración. ¿Cómo han de adorar a Dios los miembros de las iglesias neotestamentarias? ¿Qué características deben estar presentes en sus vidas personales y en sus asambleas locales? ¿Cuál es la mejor manera de efectuar la verdadera adoración en la iglesia?
1. Por medio del ministerio de la Palabra de Dios.
a. Debe ser *estudiada* (Hch. 6:2; 2 Ti. 2:15; 3:15).
b. Debe ser *leída* (Col. 4:16; 1 Ts. 5:27; 1 Ti. 4:13; Ap. 1:3).
c. Debe ser *enseñada* (Hch. 2:42; 6:7; 12:24; 18:28; 19:20; 1 Ti. 4:6; 2 Ti. 1:13; 2:2).
d. Debe ser *predicada* (2 Ti. 4:2).
2. Por medio de la observación de las ordenanzas.
a. La ordenanza del bautismo.
b. La ordenanza de la Cena del Señor.
3. Cantando salmos, himnos y cánticos espirituales. (Véanse Ef. 5:19; Col. 3:16; Stg. 5:13.) Robert Saucy escribe: «Las muchas doxologías que ensalzan la "beatitud" (Ro. 1:25; 9:5; 2 Co. 11:31; Ef. 1:3) y la "gloria" de Dios (Ro. 11:36; Gá. 1:5; Fil. 4:20; 2 Ti. 4:18) que ocurren al principio, así como en el medio y al final de las epístolas neotestamentarias expresan lo que ocurría en los cultos de adoración.» (*The Church in God's Program*, p. 184.)
4. Por medio de oraciones, intercesiones, súplicas y acciones de gracias. (Véanse Hch. 2:42, 46; 3:1; 4:31; Ef. 6:18; Fil. 4:6; Col. 4:2; 1 Ts. 5:17; 1 Ti. 2:1, 2, 8.)
5. Por medio de la ofrenda de sacrificios. Según 1 Pedro 2:5-9 y Apocalipsis 1:6, todo creyente neotestamentario es un sacerdote de Dios. La función principal del sacerdote del Antiguo Testamento era sacrificar. Así es también para los sacerdotes del Nuevo Testamento. Su servicio sacerdotal a Dios tiene cuatro vertientes.
a. El sacrificio de nuestro cuerpo (Ro. 12:1).
b. El sacrificio de nuestra alabanza (He. 13:15).
c. El sacrificio de nuestras buenas obras (He. 13:16).
d. El sacrificio de nuestros bienes (Fil. 4:18).

XIV. La mayordomía de la iglesia.
«Así, pues, ténganos los hombres por servidores de Cristo, y administradores de los misterios de Dios. Ahora bien, se requiere de los administradores, que cada uno sea hallado fiel» (1 Co. 4:1, 2).
«... como buenos administradores de la multiforme gracia de Dios» (1 P. 4:10).
En el mundo neotestamentario, un mayordomo era el administrador de una casa o de una propiedad. El dueño lo nombraba y le encomendaba el buen funcionamiento de la propiedad. Tanto Pablo como Pedro escriben con este trasfondo en mente, recordándonos que somos mayordomos de Dios. Las responsabilidades que se nos encomiendan tienen tres aspectos.

A. La manera cómo utilizamos nuestro tiempo. El pastor David Jeremiah escribe:
«Hay un don que viene a nosotros de una fuente real cada día de nuestra vida, brillante y resplandeciente, completamente puro, sin mancha. ¿Cuál es ese don? Es el don inestimable del tiempo. Todos los días recibimos un abastecimiento fresco y nuevo: 24 horas, 1.440 minutos, 86.400 segundos. Son 24 horas que nunca hemos vivido, horas que nunca volveremos a vivir.» (*Biblical Stewardship*, p. 9.)

B. La manera en la cual utilizamos nuestros talentos (véanse Mt. 25:14-30; Lc. 12:37; 1 Co. 4:7; 7:7).
El pastor Jeremiah señala lo siguiente:
1. Dios le ha dado a cada persona sabiamente un talento o talentos para utilizarlos para su gloria.
2. Nuestro juicio se basará en lo que hagamos con lo que tenemos.
3. Si no usamos nuestro talento para Dios lo perderemos.

C. La manera cómo utilizamos nuestro dinero.
«En el Nuevo Testamento hay treinta y ocho parábolas. Doce de ellas tratan del dinero. Uno de cada seis versículos en Mateo, Marcos y Lucas tiene que ver con el dinero. Como el cien por ciento de lo que tenemos viene de Dios, somos responsables de usarlo todo sabiamente y de acuerdo con la voluntad de Dios. Al igual que en todas las demás áreas de mayordomía, Dios está interesado en el cuadro total, no sólo en un porcentaje. A él le importa lo que hacemos con nuestro tesoro.» (*Biblical Stewardship*, p. 23.)
¿Qué pienso acerca del dinero?
1. Debo reconocer que el dinero viene de Dios (Dt. 8:18; 1 Cr. 29:11, 12; Stg. 1:17).
2. Debo reconocer que el dinero en sí no puede satisfacer (Is. 55:1, 2).
Se ha dicho que hay dos tipos de personas infelices en este mundo. El primer grupo es infeliz porque no consiguió las cosas que quería, mientras que el segundo grupo es infeliz porque sí las consiguió.
3. Debo negarme a sustituir el Salvador por la plata (véanse Lc. 16:13; 1 Ti. 6:10, 17).
4. Debo creer que Dios en su gracia satisfará todas las necesidades que honestamente no puedo satisfacer por mí mismo (Mt. 6:31, 32; Fil. 4:19).
5. El patrón de ofrendar.
a. El ejemplo de los macedonios (2 Co. 8:1-3).
b. El ejemplo del Padre (2 Co. 9:15).
c. El ejemplo del Hijo (2 Co. 8:9).
6. El plan de ofrendar. Nuestra ofrenda debe ser sistemática (1 Co. 16:2).
7. La paradoja de ofrendar. Una paradoja es una

contradicción aparente (pero no real). Esta es la paradoja. Si tengo $100 y le doy $15 a Dios, deben quedarme $85. Pero de algún modo esos $85 a la larga pagarán más cuentas y comprarán más bienes y servicios de lo que podrían haber hecho los $100 originales. El ejemplo clásico de esto son los dos pequeños peces y los cinco panes de cebada que un niño le dio a Cristo (Jn. 6:9-13; véase también Pr. 11:24, 25).

8. El propósito de ofrendar.
   a. Sostener la obra de Dios (1 Ti. 5:17, 18).
   b. Recibir bendiciones (Pr. 3:9, 10; 28:20; Mal. 3:10; Lc. 6:38; 2 Co. 9:6).
   c. Desafiar a otros cristianos (2 Co. 9:2). Pablo alienta a la iglesia de Corinto a seguir recogiendo su ofrenda para los santos necesitados, señalando que al hacerlo su «celo ha estimulado a la mayoría» (2 Co. 9:2).
   d. Glorificar al Padre (2 Co. 9:12).
   e. Ayudar a los santos necesitados (Hch. 11:29; 1 Jn. 3:17).
9. El privilegio de ofrendar. Ya sea que nos demos cuenta de ello o no, Dios no necesita nuestro dinero. (Véase Sal. 50:12-15.) Pero en su gracia nos ha permitido devolverle —y ser reconocidos por ello— lo que ya es suyo.
10. El placer de ofrendar. «Cada uno dé como propuso en su corazón: no con tristeza, ni por necesidad, porque Dios ama al dador alegre» (2 Co. 9:7; véase también 2 Co. 8:11, 12).

XX. La disciplina de la iglesia.

A. La definición de la disciplina. Disciplinar es castigar a una persona por desobedecer las leyes de la unidad social a la cual pertenece con el propósito de restaurarla a esas leyes.

B. La base de la disciplina. La base de la disciplina de una iglesia local es la santidad de Dios.

«Tus testimonios son muy firmes; la santidad conviene a tu casa, oh Jehová, por los siglos y para siempre» (Sal. 93:5).

«Porque escrito está: Sed santos, porque yo soy santo» (1 P. 1:16).

No tomar en serio esta santidad es una invitación a la disciplina (He. 10:30; 1 P. 4:17).

C. La autoridad de la disciplina. La autoridad final reside en Cristo, quien autoriza a su iglesia a ejercerla cuando hace falta (Mt. 16:19; 18:17-20; 1 Co. 5:4).

D. Los objetos de la disciplina. ¿Quién requiere la disciplina de la iglesia?

1. Los que causan problemas y siembran la discordia (Pr. 6:16, 19; Ro. 16:17).
2. Los revoltosos, desordenados e indisciplinados (1 Ts. 5:14; 2 Ts. 3:6, 11).
3. Los que desobedecen las grandes doctrinas de la fe (2 Ts. 3:14).
4. Los que niegan las grandes doctrinas de la fe (1 Ti. 6:3, 5; 2 Ti. 2:16-18; Tit. 3:10; 2 Jn. 1:10, 11; Ap. 2:14).
5. Los inmorales (1 Co. 5:1-5).

E. Los procedimientos a utilizar en la disciplina. La disciplina de la iglesia ha de ser manejada con oración, cuidado y justicia.

1. Primer paso: observar a los que necesitan disciplina (Ro. 16:17; 2 Ts. 3:14).
2. Segundo paso: concertar una reunión privada con el ofensor (Mt. 18:15).
3. Tercer paso: si esto fracasa, concertar una segunda reunión, esta vez con la presencia de algunas más (Mt. 18:16). Durante estas reuniones privadas y semiprivadas, la persona deberá ser amonestada (Tit. 3:10), reprendida (2 Ti. 4:2) y advertida (1 Ts. 5:14) repetidamente.
4. Cuarto paso: como medida final, ha de llevarse a la persona no arrepentida ante toda la iglesia (Mt. 18:17; 1 Ti. 5:20).
5. Quinto paso: si la persona culpable se niega a someterse a la disciplina de la iglesia, ha de ser excomulgada espiritualmente. Esto significa dos cosas temibles: una *negación* y una *entrega*.
   a. Se le ha de negar el compañerismo cristiano.
      (1) «Mas os ruego ... que os apartéis de ellos» (Ro. 16:17).
      (2) «Pero os ordenamos ... que os apartéis de todo hermano que ande desordenadamente...» (2 Ts. 3:6).
      (3) «Apártate de los tales» (1 Ti. 6:3, 5).
      (4) «Deséchalo» (Tit. 3:10).
      (5) «No os juntéis con él» (2 Ts. 3:14).
   b. Ha de ser *entregada* a Satanás.

      «El tal sea entregado a Satanás para destrucción de la carne, a fin de que el espíritu sea salvo en el día del Señor Jesús» (1 Co. 5:5).

      «De los cuales son Himeneo y Alejandro, a quienes entregué a Satanás para que aprendan a no blasfemar» (1 Ti. 1:20).

      ¿Qué significa hacer esto? La palabra griega para destrucción en 1 Corintios 5:5 es *olethros*, una referencia a la acción de arruinar o estropear algo.

      Aparentemente Pablo estaba diciendo: «Si este hombre (el miembro de la iglesia que estaba viviendo en adulterio) está disfrutando tanto su pecado, entonces prívenlo completamente de la comunión y dejen que Satanás lo maltrate un poco. Déjenlo probar lo que es enfrentar un mundo hostil sin las oraciones y el ministerio de una iglesia local.»

      Entonces, cuando una iglesia local bíblica excomulga a una persona así, literalmente cumple con el mandato divino de Job 2:6: «Y Jehová dijo a Satanás: He aquí, él está en tu mano; mas guarda su vida.»

F. La actitud del corazón en la disciplina.

1. Hemos de evitar tanto la venganza como la arrogancia.

   «Hermanos, si alguno fuere sorprendido en alguna falta, vosotros que sois espirituales, restauradle con espíritu de mansedumbre, considerándote a ti mismo, no sea que tú también seas tentado» (Gá. 6:1).
2. Hemos de considerar a la persona como un hermano errante, no un enemigo acérrimo.

   «Mas no lo tengáis por enemigo, sino amonestadle como a hermano» (2 Ts. 3:15).
3. Hemos de acercarnos con él tristeza, no con sarcasmo (véanse 1 Co. 5:2; 2 Co. 2:4).
4. Hemos de estar dispuestos a perdonar cuando ocurre el arrepentimiento (2 Co. 2:7; 7:10, 11). Esta última actitud es de importancia suprema por dos motivos.
   a. Para que no sea consumido de demasiada tristeza (2 Co. 2:7).

b. Para que Satanás no gane ventaja alguna sobre nosotros; pues no ignoramos sus maquinaciones (2 Co. 2:11).

G. El propósito de la disciplina.

1. Mantener las normas de la iglesia ante un mundo que observa (Mt. 5:13-16; Hch. 5:1-16; Ro. 2:24).
2. Evitar que el pecado se disemine por toda la iglesia (Jos. 7:3; 1 Co. 5:6, 7).
3. Ayudar a la persona culpable a volver a Dios (2 Co. 2:6-8).
4. Es escapar el juicio doble de Dios sobre los santos que pecan habitualmente.
   a. Enfermedad (1 Co. 11:30).
   b. Muerte física (1 Co. 11:30).
      «Si, pues nos examinásemos a nosotros mismos, no seríamos juzgados» (1 Co. 11:31).

H. El alcance de la disciplina. La iglesia debe disciplinar (si hace falta) a *todos* los creyentes, pero *sólo* a los creyentes. No tiene autoridad alguna para juzgar a incrédulos mundanos por fumar, usar malas palabras, participar de ciertas actividades sexuales, etc. Su único deber para con una persona no salva es el de guiarla a Jesucristo.

I. La reacción a la disciplina. ¿Cómo ha de reaccionar la persona culpable cuando es disciplinada, ya sea por Dios mismo o por una iglesia local?

1. Puede despreciarla, es decir, tratarla con ligereza (como lo hizo Esaú en relación a su primogenitura; He. 12:5).
2. Puede desmayar, es decir, tratar la disciplina con demasiada seriedad (He. 12:5).
3. Puede ejercitarse en ella (He. 12:10, 11). El asunto no es tanto el mal hecho (aunque por supuesto esto es importante), sino la actitud que se adopta.

XVI. La guerra de la iglesia.

A. Nuestro enemigo: el diablo (Ef. 5:10-18).

1. Sus secuaces:
   «Porque no tenemos lucha contra sangre y carne, sino contra principados, contra potestades, contra los gobernadores de las tinieblas de este siglo, contra huestes espirituales de maldad en las regiones celestes» (Ef. 6:12).
   a. Principados. Una posible referencia a los «generales» de Satanás, quienes supervisan naciones enteras (véase Dn. 10).
   b. Potestades. Puede referirse a sus «soldados» que se posesionan de seres humanos (véanse Mt. 17; Mr. 5).
   c. Gobernadores de este siglo. Los demonios a cargo de los asuntos mundanales de Satanás.
   d. Huestes espirituales de maldad. Los demonios a cargo de la religión mundanal.
2. Sus tácticas:
   a. «Las asechanzas del diablo» (Ef. 6:11).
      El estudioso del griego K. Wuest escribe:
      «Asechanzas es *methodeia* en el griego, refiriéndose a «artimañas, engaño, maña, trampería». Significa hacer seguimiento o investigar por método o plan fijado, seguir astutamente, urdir estratagemas, engañar.» (*Ephesians and Colossians*, p. 141.)
      (Véanse también 2 Co. 2:11; 1 Ti. 3:7.)
   b. «Los dardos de fuego del maligno» (6:16).
      Esto se refiere a las flechas mojadas en alquitrán, brea, o algún material parecido, y después encendidas antes de ser lanzadas (véanse también 1 P. 1:7; 4:12).

B. Nuestro equipo: la armadura de Dios (Ef. 6:11, 13-17). Notemos atentamente cada pieza de la armadura que aquí se menciona. Es obvio que Pablo toma las piezas de armadura usadas por los soldados romanos y hace una aplicación espiritual de cada una.

1. El cinturón de la verdad. El *Expositor's Commentary* dice:
   «El primero que se menciona en la lista de los artículos del equipo es el cinturón. Es apropiado, porque el soldado podía tener todas las demás piezas de su equipo y, sin embargo, si le faltaba el cinturón, no estaba completamente vestido ni seguramente armado.
   El cinturón no era un mero adorno del soldado, sino una parte esencial del equipo. Ceñía los lomos y el extremo de la coraza (y sostenía la espada en épocas posteriores). Era de especial utilidad para mantener las demás piezas en su lugar, lograr una actitud militar correcta y la libertad de movimiento.»
   La verdad, en esta mención, probablemente se refiere a la veracidad del cristiano. Por lo tanto, un creyente cuya vida está manchada con el engaño y la falsedad pierde lo que mantiene a las demás piezas de la armadura en su lugar.
2. La coraza de justicia. Se refiere a las acciones justas practicadas por el creyente. La coraza servía para proteger el corazón del soldado. Por lo tanto, las acciones injustas de un cristiano le roban esta protección vital y exponen su corazón espiritual a Satanás. (Véanse He. 10:22; 13:9; Stg. 1:26; 4:8; 1 Jn. 3:19-22.)
3. El apresto del evangelio. Los soldados romanos usaban sandalias con tiras de cuero que iban sobre el empeine y alrededor del tobillo, y las suelas estaban llenas de clavos. Esto les daba agarre en el momento del ataque. Puede ser una referencia a la seguridad y confianza que vienen con el conocimiento de las grandes verdades doctrinales asociadas con el evangelio. (Véanse Ef. 4:14; 1 P. 3:15.)
4. El escudo de la fe. K. Wuest escribe:
   «La palabra escudo utilizada aquí designaba el escudo de la infantería pesada, un escudo grande y oblongo, de 4 pies por 2,5, (1,2 x 0,76 m) a veces con una curva del lado interno.»
   Hebreos 11 es un comentario sobre esta pieza de la armadura.
5. El yelmo de la salvación. El yelmo, por supuesto, protegía la cabeza y el cerebro. Esta pieza (como las sandalias) puede referirse al estudio de la doctrina bíblica, para que los ojos no sean cegados, ni los oídos ensordecidos, ni la mente confundida por los ataques del mundo, la carne y el diablo.
6. La espada del Espíritu. Esta es la única arma ofensiva mencionada entre las diversas piezas de la armadura. Las demás son de naturaleza defensiva. La espada del Espíritu se identifica como la Palabra de Dios (véase He. 4:12). Esta

es, entonces, la armadura que el cristiano debe usar.

K. Wuest escribe acerca del mandamiento en Efesios 6:13: «Por tanto, tomad toda la armadura de Dios»:

«Tomad es *analambano*, que significa "levantar para utilizar"…. El verbo es un imperativo aorista, cuya construcción emite un mandato con vigor y brusquedad militar, un mandato para ser obedecido inmediata y completamente. Por lo tanto, el cristiano ha de tomar y ponerse toda la armadura de Dios como una acción permanente, y dejarse puesta la armadura durante todo el curso de la vida, sin relajar la disciplina necesaria para el uso constante de dicha protección. El historiador Gibbon cuenta la manera en que el relajamiento y la falta de ejercicio hacía que los soldados estuviesen menos dispuestos y fuesen menos aptos para soportar la fatiga del servicio. Se quejaban del peso de la armadura y conseguían permiso para sacarse la mayor parte de ella.» (*Ephesians and Colossians*, p. 142.)

C. Nuestra exhortación: el trío triunfal.

1. Hemos de estar firmes. Pablo nos exhorta a estarlo no menos de cuatro veces (vv. 11, 13, 14). Nunca se le dice al creyente que ataque al diablo, sino que se oponga a él y lo resista (véase 1 P. 5:8, 9). Por lo tanto, cuando estamos tentados a hacer el mal, debemos huir como lo hizo José (Gn. 39:12), pero cuando Satanás nos ataca por hacer el bien, debemos mantenernos firmes como lo hicieron los tres amigos de Daniel (Dn. 3).
2. Hemos de orar. (Véanse Mt. 17:21; 1 Ts. 5:17; 1 Ti. 2:8; Jud. v. 20.)
3. Hemos de velar. (Véanse Mt. 24:43; Lc. 12:37-40; Hch. 20:31; 1 Co. 16:13; 2 Co. 6;5; 11:27; 1 Ts. 5:6; 2 Ti. 4:5; 1 P. 4:7; Ap. 3:2; 16:15.) Por lo tanto, podemos concluir que velar y orar son los secretos divinos gemelos para vencer:
   a. El mundo (Mr. 13:33).
   b. La carne (Mr. 14:38).
   c. El diablo (Ef. 6:18).

XVII. El destino de la Iglesia. A todos nos gustan las historias con un final feliz. La historia de la Iglesia tiene un final feliz. El Esposo toma a la esposa y juntos viven felices para siempre. El destino glorioso de la Iglesia es el siguiente:

A. Ser arrebatada por el Esposo en el arrebatamiento (1 Co. 15:51-53; 1 Ts. 4:15-17; Ap. 4:1).

B. Ser examinada y premiada ante el tribunal de Cristo (Ro. 14:10-12; 1 Co. 3:13; 2 Co. 5:10).

C. Unirse con Cristo *en las bodas* del Cordero (2 Co. 11:2; Ef. 5:22-32; Ap. 19:7, 8).

D. Sentarse con Cristo en la *cena* nupcial del Cordero (Ap. 19:9).

E. Reinar con Cristo durante el milenio (Ap. 1:6; 3:21; 20:6).

F. Compartir la Nueva Jerusalén con Cristo por toda la eternidad (Ap. 21:1, 2, 9-27).

G. Ilustrar la gloria de Cristo por toda la eternidad (Ef. 1:6, 12; 2:1-7; 3:10).

LA DOCTRINA DEL PECADO

LA DOCTRINA DEL PECADO

La palabra «pecado» se encuentra cientos de veces en la Biblia, tanto en el Antiguo como el Nuevo Testamento. La primera mención se hace en Génesis 4:7, donde se dice que estaba al acecho a la puerta del primer asesino del mundo: Caín.

La segunda referencia se encuentra en Génesis 18:20, donde causa la destrucción violenta y temible de Sodoma. La última mención se hace en Apocalipsis 18:5, donde invoca la ira total de un Dios enfurecido sobre los sistemas políticos y económicos de todo el mundo.

¿Qué es esta cosa mortal y maldita tan odiada por Dios y tan perjudicial para el hombre?

Hace unos veinte siglos, el ángel Gabriel se le apareció a un angustiado carpintero llamado José para tranquilizarlo acerca de la pureza de María.

«Y pensando él en esto, he aquí un ángel del Señor le apareció en sueños y le dijo: José, hijo de David, no temas recibir a María tu mujer, porque lo que en ella es engendrado, del Espíritu Santo es. Y dará a luz un hijo, y llamarás su nombre Jesús, porque él salvará a su pueblo de sus pecados» (Mt. 1:20, 21).

Aproximadamente treinta años después de este anuncio angelical, este bebé, que ahora se había convertido en un hombre fuerte, fue presentado públicamente por Juan el Bautista de la siguiente manera:

«He aquí el Cordero de Dios, que quita el pecado del mundo» (Jn. 1:29).

Estos versículos nos dicen que la razón básica de la encarnación del Hijo de Dios fue tratar con esta terrible cosa llamada pecado.

I. La definición y el significado del pecado. Hay dos palabras en el Nuevo Testamento griego que tal vez definen el pecado con la mayor justeza:
   A. *Hamartema*: «errar el blanco». Aquí el pecado puede ser visto como cualquier actitud o acción humana que no da en el blanco de la meta de la gloria de Dios. Pablo enfatiza este significado fuertemente en Romanos 3:23: «Por cuanto todos pecaron, y están destituidos de la gloria de Dios.» El uso secular de su forma verbal está ilustrado en Jueces 20:16, donde se dice que la tribu de Benjamín tenía un cuerpo de soldados zurdos que «tiraban una piedra con la honda a un cabello, y no erraban».
   B. *Parabasis*: «traspasar una línea prohibida». Según esta definición, el pecado ocurre cuando el hombre pasa deliberadamente (o accidentalmente) la línea de la ley de Dios. Los siguientes pasajes lo hacen resaltar:

      «Todo aquel que comete pecado, infringe también la ley; pues el pecado es infracción de la ley» (1 Jn. 3:4).

      «... de que cayó Judas por transgresión...» (Hch. 1:25).

      «....Ahora bien, si no cometes adulterio, pero matas, ya te has hecho transgresor de la ley.» (Stg. 2:11)

      Esto enfatiza el aspecto positivo del pecado. Las siguientes son varias definiciones teológicas del pecado:

      «El pecado es la falta de conformidad a la ley moral de Dios, ya sea por hecho, disposición o estado» (A.H. Strong).

      «El pecado es una transgresión a la ley divina o una falta de conformidad a esa ley» (Charles Hodge).

      «En última instancia se puede definir el pecado como cualquier cosa en la cual la criatura no expresa el carácter santo del Creador o es contraria a ese carácter» (James Oliver Buswell, Jr.).

      «El pecado es la inquieta renuencia de parte de la criatura de permanecer en la esfera y la limitación en la cual el Creador, guiado por infinita sabiduría, lo había puesto» (L.S. Chafer).

II. El origen del pecado.
   A. El origen del pecado en el universo. Según cinco pasajes bíblicos clave, una vez (tal vez antes de la creación de la tierra) una criatura angelical poderosa llamada Lucifer condujo una malvada rebelión en contra de Jehová Dios en un intento alocado de destronar al rey legítimo: el Señor Jesucristo. Aunque esta traición fracasó, introdujo, sin embargo, en el universo un elemento malvado desconocido hasta entonces. Este principio pervertido era el pecado. Lucifer se degeneró en el diablo y se convirtió, por lo tanto, en la fuente y el poder del pecado. Los cinco pasajes bíblicos mencionados con anterioridad son: Ezequiel 28:11 19; Isaías 14:12-15; Lucas 10:18; 1 Juan 3:8; Apocalipsis 12:3, 4.
   B. El origen del pecado en el mundo. Aunque fue un ángel quien introdujo el pecado en el universo, fue el hombre que lo invitó al mundo. En el Antiguo Testamento, Moisés describe el hecho históricamente, y en el Nuevo Testamento Pablo lo describe teológicamente.

      «Y mandó Jehová Dios al hombre, diciendo: De todo árbol del huerto podrás comer; mas del árbol de la ciencia del bien y del mal no comerás; porque el día que de él comieres, ciertamente morirás» (Gn. 2:16, 17).

      «Y vio la mujer que el árbol era bueno para comer, y que era agradable a los ojos, y árbol codiciable para alcanzar la sabiduría; y tomó de su fruto, y comió; y dio también a su marido, el cual comió así como ella» (Gn. 3:6).

      «Por tanto, como el pecado entró en el mundo por un hombre, y por el pecado la muerte, así la muerte pasó a todos los hombres, por cuanto todos pecaron» (Ro. 5:12).

      «Porque así como en Adán todos mueren...» (1 Co. 15:22).

      Lewis Chafer escribe:

      «El hecho esencial sobre el cual nunca haremos el suficiente énfasis es el de que Satanás les propuso a nuestros primeros padres que siguieran el mismo camino por el cual él mismo se había aventurado, y en el cual proseguía, y que consistía en declararse independientes de Dios y apartarse de su voluntad y de sus planes. La ambición, un tanto corta de vista, indudablemente cegada por un orgullo impío, estuvo dispuesta a cambiar el estado y el destino que el amor, la sabiduría y el poder infinitos le habían dado por el infeliz bienestar de una vida egoísta con su eterna experiencia agónica de muerte. Evidentemente, a estos seres humanos no se les presentó la verdad íntegra. Se les dijo que serían como *Elohim* (Gn. 3:5), pero eso era solamente en un sentido: en el sentido de que sus ojos serían abiertos y sabrían el bien y el mal. Ellos como seres creados estaban disfrutando del bien; pero como seres caídos experimentarían el mal. Ellos no iban a ganar nada, sino que lo iban a perder todo. Toda criatura, sea angélica o humana, es, por creación, no sólo propiedad del Creador, según los derechos más vitales que pueda haber, sino que, por ser creada, depende completamente del Creador. Esta relación era bendita realmente y no causaba ninguna ofensa. El oponerse Adán y Eva a Dios por medio de la desobediencia, se embarcaron en una nave peligrosa, sin brújula, sin timón o gobernalle para navegar en un mar tempestuoso y sin costas. Tal rumbo sólo podía conducirlos a un fracaso ignominioso y a los juicios finales a que serán sometidos por Aquél a quien rechazaron y del cual se apartaron. Así queda plenamente demostrada la verdad de que el pecado es sólo una locura.

En último análisis no hay sino dos filosofías de la vida. El estar de acuerdo con la voluntad de Dios es una de estas filosofías. Ese fue el arreglo divino original para los humanos. La otra filosofía consiste en abandonar al Creador y rebelarse contra su autoridad y propósito. Con respecto a esta última filosofía, se puede decir que probablemente no hay ningún orgullo tan despreciable como aquel que se levanta contra la autoridad del Creador, y que presume inventar un programa de vida y de realizaciones que le sirva de sustituto al plan y al designio de Dios. Esta última filosofía es satánica y este horrible hecho no se cambia aunque toda la raza humana haya abrazado el ideal satánico. Con la aparición de Satanás en el huerto de Edén, no se estaba agregando ningún gran volumen para la elucidación de su filosofía. Habiendo cumplido su innoble propósito con la estrategia que sólo Satanás sabe emplear —apeló a los deseos humanos, empequeñeció el pecado, atacó el carácter de Dios, al indicar que a Dios le hace falta amor y que no es digno de confianza— les propuso a Adán y Eva la semejanza con *Elohim*. La antigua traducción, "... seréis como dioses..." es completamente incorrecta. El texto original dice: *"Seréis como Elohim."* En estas breves palabras se expresa perfectamente la filosofía satánica, y conducen, a pesar del breve momento de satisfacción para el orgullo propio, el lago de fuego. Se anuncia el mismo fin para los ángeles y para los hombres que adopten y prosigan este camino hasta su amargo fin.

El propósito de Satanás no consistía solamente en rechazar a Dios; él tenía en sus designios un gran sistema universal, un *cosmos*, en el cual se proponía emplear mal los elementos que correspondían a la creación de Dios, los cuales son *buenos* en sí mismos. Satanás no crea nada. Ninguno de los pasos del proyecto satánico del *cosmos* era más esencial que el de lograr la alianza con la humanidad. Los hechos que estaban en juego en el jardín de Edén eran los relacionados con la carrera de Satanás, que determinarían la realización de toda su empresa. Él tenía que lograr la supremacía sobre el hombre, pues de lo contrario hubiera fallado completamente. Muy poca fue la comprensión que tuviera Adán y Eva, de que mientras lograban la independencia de Dios, llegaban a ser esclavos de Satanás.» (*Teología sistemática*, tomo I, Publicaciones Españolas, pp. 674-676.)

Berkhof sugiere lo siguiente sobre el tema:

«La caída del hombre fue ocasionada por la tentación de la serpiente que sembró en la mente del hombre las semillas de la desconfianza y de la incredulidad. Aunque fue, indudablemente, la intención del tentador hacer caer a Adán como cabeza del pacto, sin embargo, se dirigió a Eva, probablemente porque (a) ella no era la cabeza del pacto y por tanto no tendría el mismo sentido de responsabilidad; (b) ella no había recibido el mandato de Dios directamente sino en forma indirecta, y consecuentemente sería más susceptible al argumento y a la duda; y (c) con seguridad demostraría ser el agente más efectivo para llegar hasta el corazón de Adán. El procedimiento seguido por el tentador es perfectamente claro. En primer lugar siembra la semilla de la duda poniendo a discusión la buena intención de Dios y sugiriendo que su mandato había sido, efectivamente, un atropello a la libertad y a los derechos del hombre. Cuando se da cuenta, mediante la disposición de Eva, de que la semilla ya tenía raíz, añade las semillas de la incredulidad y del orgullo negando que la transgresión tuviera que resultar en muerte e intimando claramente que el mandato había sido inspirado con el propósito egoísta de conservar al hombre en sujeción. Y afirma el tentador que comiendo del árbol el hombre se volverá como Dios. Las grandes esperanzas engendradas así, indujeron a Eva a mirar ansiosamente al árbol, y mientras más lo veía, mejor le parecía el fruto. Por último el deseo le alzó la mano, y comió y le dio a su marido, y también él comió.» (*Teología sistemática*, Editorial T.E.L.L., p. 265.)

III. La naturaleza del pecado.

A. El pecado no es eterno. En el siglo III un, filósofo persa llamado Manes desarrolló una escuela de pensamiento llamada maniqueísmo. Esta enseñaba esencialmente que hay dos principios eternos e impersonales que existen juntos en el universo. Uno es el principio del bien y el otro es el principio del mal.

B. El pecado no es la mera ausencia del bien. Algunos enseñan que así como la oscuridad es la mera ausencia de luz, el pecado es sencillamente la ausencia del bien. Esto no tiene apoyo bíblico, porque el pecado es tan real y positivo en el alma del hombre como el cáncer y la lepra lo son en su cuerpo físico.

C. El pecado no es la mera debilidad o flaqueza de la carne humana. Este punto de vista falso consideraría al pecado como meras debilidades de la carne, como el hambre, la sed y el cansancio.

D. El pecado no tiene normas propias. El pecado debe derivar sus medidas de lo que es positivo y bueno. Se puede dar el bien sin el mal (lo cual fue históricamente cierto) pero el mal no puede existir sin el bien. Por su misma naturaleza, el pecado (y el mal) deben combatir y pervertir algo contrario a ellos. Cada pecado, en realidad, es una perversión de algún principio bueno.

E. El pecado y el mal realmente no pueden manifestarse como tales, sino que deben (en cierta medida) disfrazarse de bien.

Por ejemplo, la razón dada por Hitler para la matanza sistemática de innumerables judíos y europeos orientales era «la protección y el bien» de su propio pueblo: Alemania.

Un rebelde se siente con la libertad de violar y quemar para «despertar la conciencia» de una sociedad indiferente a la «crisis» de su propio grupo minoritario.

Un secuestrador amenaza y aterroriza a un avión lleno de pasajeros para «corregir» el daño que cierto gobierno pudo haber hecho al detener a prisioneros políticos «inocentes».

Es así que, aun en un mundo maldito por el pecado, el mal no se atreve a exponerse directamente como el lobo depravado y vil que realmente es, sino que se ve forzado a asumir de algún modo la apariencia de un cordero.

F. El pecado no sólo debe disfrazarse *del* bien, sino que también debe conectarse *con* el bien.

En sí mismo no tiene poder unificador. En este sentido puede compararse con un virus, y el bien con una célula sana.

Se están llevando a cabo muchas investigaciones acerca de la naturaleza y la composición del virus. Algunos creen que es un puente entre lo viviente y lo no viviente. Un virus contiene ADN (ácido desoxirribonucleico), ese código genético necesario a todo organismo viviente, pero no tiene moléculas de azúcar ni de grasa, ni tiene nucleótidos ni aminoácidos. Puede hacerse el muerto como un cristal durante mucho tiempo. Al revivir, se prende de la pared de una célula viviente como un mosquito, insertando un conducto tubular e inyectando sus propios genes de ADN. Estos genes se apoderan de la función total de la célula, recogiendo nucleótidos libres y produciendo copias del virus original. El virus hasta secreta una enzima que descompone el ADN de la célula existente y la usa para sí mismo.

Cuando se juntan varios cientos de virus reproducidos, la célula queda agotada. Entonces el virus original (que está afuera de la pared celular) secreta un enzima final que disuelve la pared de la célula. Un ejército de partículas del virus salen en búsqueda de nuevas células para invadirlas, dejando atrás la cáscara seca de lo que una hora antes había sido una célula viva y sana. La operación es sencilla, cruel y eficaz.

Por lo tanto (como ya hemos dicho), el pecado debe disfrazarse *de bien* y conectarse *con* él. Pero no sucede así con el bien, que no tiene ninguna conexión con el mal y no puede disfrazarse sino que debe manifestarse por su verdadera naturaleza.

G. Un aspecto del mal que generalmente no se considera es que con frecuencia debe luchar consigo mismo.

Por ejemplo, un avaro no se lleva bien con un derrochador. Un estoico orgulloso siente desdén por un glotón. Un heterosexual promiscuo siente asco por las perversiones sexuales de un homosexual.

Pero no es así con el bien, donde todos los elementos y atributos se complementan y no se contradicen. El amor, la gracia, la verdad, la sabiduría y la justicia son todos amigos íntimos. Por lo tanto, el bien tiene un solo enemigo: el mal, pero todo mal tiene dos enemigos: el bien y otro mal conflictivo. Un ejemplo clásico de esto se vio durante la Segunda Guerra Mundial, cuando los dos hombres más malvados del mundo se odiaban con una pasión insólita. Estos dos enemigos implacables eran Adolfo Hitler y José Stalin.

H. Aunque hasta ahora hemos usado el pecado y el mal intercambiablemente, a veces hay que diferenciar entre los dos términos.

Por ejemplo, el pecado no es siempre exactamente lo mismo que el mal. Con frecuencia nos referimos a ciclones, inundaciones, fuegos, terremotos y acontecimientos similares como males, y bien pueden serlo. Pero no se les puede llamar pecado. Hemos de entender esto, ya que muchos cristianos se han turbado y confundido por las palabras de Dios en Isaías 45:7, donde leemos:

«Que formo la luz y creo las tinieblas, que hago la paz y creo la adversidad. Yo Jehová soy el que hago todo esto.»

Aquí se utiliza la palabra hebrea *ra*, que también puede traducirse por «calamidad». Así es que aunque leemos que Dios puede crear un mal, las Escrituras nos aseguran que no crea el pecado. (Véanse 2 Co. 5:21; Tit. 1:2; He. 4:15; 6:18; Stg. 1:13; 1 P. 2:22; 1 Jn. 3:5.)

IV. La universalidad del pecado. Las siguientes fuentes dan testimonio del hecho indiscutible de que todos los hombres son pecadores:

A. El testimonio de la historia. Se ha calculado que unos cuarenta mil millones de seres humanos han vivido (o están viviendo) sobre la tierra desde Adán. Es razonable sugerir que tal vez un tercio de estas cuarenta mil millones de personas perdió la vida por obra de otro ser humano. Cientos de millones de criaturas vivientes de carne y sangre han sido apuñaladas, apedreadas, ahorcadas, baleadas, asfixiadas, bombardeadas, quemadas, enterradas vivas, colgadas y ahogadas por otras criaturas vivientes de carne y sangre.

B. El testimonio de la conciencia. ¡Cuántas veces el «medidor de pecado» interno del hombre lo ha llevado a la desesperación y hasta al suicidio por sus acciones pecaminosas! Este garrote que es la conciencia golpea a todos los hombres, sin tener en cuenta su inteligencia, fuerza, linaje o poder económico. Aunque se puede mancillar la conciencia, no se la puede negar.

C. El testimonio de las religiones. Louis Berkhof escribe lo siguiente:

«La historia de las religiones y de la filosofía dan testimonio de ello. La historia de las religiones testifica la universalidad del pecado. La pregunta de Job, "¿Cómo se justificará el hombre con Dios?" es una pregunta hecha no únicamente en el reino de la revelación especial, sino también fuera de ella, en el mundo gentil. Las religiones de los gentiles dan testimonio de un conocimiento universal del pecado y de la necesidad de reconciliación con un Ser Supremo. Hay un sentimiento general de que los dioses están ofendidos y que debemos propiciarlos de alguna manera. Hay una voz universal de la conciencia que testifica respecto al hecho de que el hombre fracasó en alcanzar el ideal y está condenado ante la vista de algún poder superior. Los altares bañados con la sangre de los sacrificios, y con frecuencia, de sacrificios de niños muy queridos, las repetidas confesiones del agravio que se hizo y las oraciones para verse libres del mal —apuntan en conjunto al conocimiento del pecado. A donde quiera que vayan nuestros misioneros encuentran esta clase de testimonios. La historia de la filosofía indica los mismo hechos. Los primitivos filósofos griegos ya se encontraban luchando con el problema del mal moral y desde aquella época suya ningún filósofo de renombre ha sido capaz de ignorarlo. Todos se sintieron constreñidos a admitir la universalidad del pecado y eso a pesar del hecho de que no eran capaces de explicar el fenómeno. Cierto es que en el siglo XVIII hubo un optimismo superficial que soñó con la bondad inherente del hombre; pero en su necedad hizo caso omiso de los hechos y fue rechazado severamente por Kant. Muchos teólogos anchos se vieron inducidos a crear y a predicar esta bondad inherente del hombre como evangelio de verdad; pero actualmente muchos de ellos lo reconocen como uno de los más perniciosos errores del pasado. Con toda seguridad, los hechos de la vida no garantizaban semejante optimismo.» (*Teología sistemática*, p. 286.)

D. El testimonio de las Escrituras.

1. Declaraciones generales acerca de la maldad del hombre.

«... Porque no hay hombre que no peque...» (1 R. 8:46).

«¿Quién podrá decir: Yo he limpiado mi corazón, limpio estoy de mi pecado?» (Pr. 20:9).

«Engañoso es el corazón más que todas las cosas, y perverso» (Jer. 17:9).

«Ciertamente no hay hombre justo en la tierra, que haga el bien y nunca peque» (Ec. 7:20).

«Si bien todos nosotros somos como suciedad, y todas nuestras justicias como trapo de inmundicia; y caímos todos nosotros como la hoja, y nuestras maldades nos llevaron como viento» (Is. 64:6).

«Por cuanto todos pecaron, y están destituidos de la gloria de Dios» (Ro. 3:23).

«Mas la Escritura lo encerró todo bajo pecado... (Gá. 3:22).

«Porque todos ofendemos muchas veces...» (Stg. 3:2).

«Si decimos que no tenemos pecado, nos engañamos a nosotros mismos, y la verdad no está en nosotros» (1 Jn. 1:8).

«Si decimos que no hemos pecado, le hacemos a él mentiroso, y su palabra no está en nosotros» (1 Jn. 1:10).

2. Declaraciones personales acerca de la maldad del hombre.

En por lo menos ocho ocasiones diferentes en la Biblia, una persona se ve forzada a pronunciar esas dos palabras trágicas, pero verdaderas: «He pecado».

a. Faraón (Ex. 9:27; 10:16)
b. Balaam (Nm. 22:34)
c. Acán (Jos. 7:20)
d. Saúl (1 S. 26:21)
e. David (2 S. 12:13; 24:10)
f. Job (7:20; véanse 27:6; 40:3, 4; 42:6)
g. El hijo pródigo (Lc. 15:21)
h. Judas (Mt. 27:4)

Aquí se ve una tragedia doble, porque de estas ocho confesiones, parecería que sólo tres realmente fueron sinceras y resultaron en el perdón de un Dios misericordioso.

E. El testimonio de nuestros hijos. Hay que enseñarles el bien a los hijos. El mal ya lo conocen. El compartir no es natural, el egoísmo sí lo es.

V. La extrema maldad del pecado. Hay dos áreas insondables que hasta el creyente más espiritual apenas puede penetrar. Una es la altura suprema de la santidad del Creador. La otra es la temible profundidad de la maldad de la criatura. Las Escrituras nos ofrecen tres pruebas e ilustraciones principales de la extrema maldad del pecado.

A. La prueba angelical. Considérese un artesano bondadoso de mucha experiencia que crea una figura magnífica de la nada. Una vez creada, le da vida a la figura, la cubre con piedras preciosas y le provee un hermoso sistema musical. El artesano entonces pone a su ser recientemente creado sobre todo el universo para gobernarlo (bajo autoridad del artesano) y disfrutarlo. Millones de otras seres creados buscan su liderazgo. Su única responsabilidad es la de servir a su sabio y maravilloso Creador. Pero un oscuro día, sin motivo alguno, este ser privilegiado que había recibido tanto del artesano, se vuelve furioso con su benevolente benefactor y dirige una malvada rebelión para sacarlo del mismo universo que originalmente creó.

¡Qué ingratitud tan despreciable y pervertida sería esa! Sin embargo, tal fue el caso cuando Lucifer se rebeló contra su poderoso Creador, Jehová Dios. Ninguna criatura, angelical ni humana, podrá jamás entender la profundidad y la vileza de este pecado a la luz de su trasfondo (Is. 14:12-15; Ez. 28:11-19).

B. La prueba humana. L.S. Chafer escribe:

«Un individuo, el primer hombre de la creación cometió un pecado. Ese pecado fue tan inocuo, según se ve aparentemente, que los hombres están inclinados a ridiculizar el pensamiento de que Dios se dio cuenta de tal acto. Ese pecado es, sin embargo, según la estimación divina, suficientemente malo como para causar la degeneración y la depravación de los seres que no habían caído, pero que cometieron dicho pecado, y para hacer que incontables millones de su posteridad sufran en la carne, y mueran, y que la inmensa mayoría de ellos pasen la eternidad en el reino del terror.» (*Teología sistemática*, tomo I, pp. 677, 678.)

C. La prueba divina.

«El Hijo de Dios sufrió en grado infinito, y murió en una cruz por causa del pecado. No había otro medio para poder lograr la Redención. Sin embargo, si sólo se hubiera cometido un solo pecado en este mundo, siempre hubieran sido necesarios los horribles sufrimientos y la muerte del Hijo de Dios, a fin de que pudiera haber perdón divino para ese pecado y justificación para ese pecador.» (*Ibid.*, p. 678.)

VI. Las consecuencias del pecado.

A. En Lucifer. Como Lucifer fue el primer pecador, naturalmente experimentó los primeros terribles resultados del pecado.

1. Consecuencias inmediatas: Lucifer perdió su envidiable posición como querubín ungido del cielo (Ez. 28:14) y se convirtió en el dragón depravado de la tierra (Ap. 12:7).
2. Consecuencias futuras: un día el diablo será arrojado para siempre en el lago de fuego, lugar que Dios mismo preparó para el primer pecador del universo (Mt. 25:41; Ap. 20:10).

B. En el hombre. Cuando Adán le abrió la puerta al pecado, dos criminales viciosos también entraron, e inmediatamente comenzaron a atormentar a la raza humana. Estos dos terribles bandidos son la muerte física y la muerte espiritual. En la Biblia, el significado teológico de la muerte es «separación».

1. La muerte física: Dios creó a Adán con la posibilidad de vivir para siempre (Gn. 2:9), pero Adán pecó (Gn. 3:19), y por lo tanto tuvo que experimentar más tarde la muerte física, es decir, la separación de su cuerpo y alma (Gn. 5:5; Sal. 90:10; Jn. 19:30).
2. La muerte espiritual: como consecuencia del pecado, todas las personas no salvas algún día estarán eternamente separadas de Dios en el lago de fuego. Esta es la segunda muerte (Mt. 7:23; 25:41; Ap. 2:11; 20:6, 14; 21:8). Además se debe decir que, aunque la segunda muerte mencionada arriba todavía está en el futuro para el pecador, la Biblia enseña que ahora mismo Dios considera que todas las personas no salvas están muertas en sus delitos y pecados y están separadas de su comunión (Ef. 2:1-12). Tanto la muerte física como la muerte espiritual parecen estar en la mente de Dios cuando le advierte a Adán acerca de las consecuencias del pecado. El hebreo de Génesis 2:17 se puede traducir: «Porque el día que comas de él, al morir verdaderamente morirás.»

En resumen, se puede decir entonces que el pecado:

a. Entorpece los oídos del hombre (Hch. 28:27)
b. Oscurece sus ojos (Ef. 4:18).
c. Desvía sus pies (Is. 53:6).
d. Corrompe su lengua (Ro. 3:13, 14).
e. Engaña a su corazón (Jer. 17:9).
f. Devora su intelecto (1 Co. 2:14).
g. Condena su alma (Ez. 18:4).

C. En la naturaleza. Después del pecado, el paraíso se convirtió en un desierto. Las rosas tenían espinas, y el dócil tigre repentinamente se convirtió en un carnívoro hambriento. Esto seguirá siendo así hasta que se levante la maldición durante el milenio. En el Nuevo Testamento Pablo escribe acerca de las consecuencias del pecado en la naturaleza:

«Porque el anhelo ardiente de la creación es el aguardar la manifestación de los hijos de Dios. Porque la creación fue sujetada a vanidad, no por su propia voluntad, sino por causa del que la sujetó en esperanza; porque también la creación misma será libertada de la esclavitud de corrupción, a la libertad gloriosa de los hijos de Dios. Porque sabemos que toda la creación gime a una, y a una está con dolores de parto, hasta ahora» (Ro. 8:19-22).

D. En los santos ángeles. El pecado del hombre aparentemente se convirtió en una lección para los ángeles cuando su Creador les permitió participar en la tarea bendita de redimir a la humanidad. Los siguientes pasajes parecen apoyar esto:

«... pues hemos llegado a ser espectáculo ... a los ángeles...» (1 Co. 4:9).

«Te encarezco delante de Dios y del Señor Jesucristo, y de sus ángeles escogidos...» (1 Ti. 5:21).

«... [La ley] fue ordenada por medio de ángeles...» (Gá. 3:19).

«... cosas [acerca de la salvación] en las cuales anhelan mirar los ángeles...» (1 P. 1:12).

«¿No son todos [los ángeles] espíritus ministradores, enviados para servicio a favor de los que serán herederos de la salvación?» (He. 1:14).

E. En Dios mismo. ¿Qué efecto tuvo el pecado del hombre en Dios? Significó que ya no podía descansar como lo había hecho cuando la creación fue completada (Gn. 2:2). Significó que empezaba su segunda (y más grande) obra: la de la redención. Hasta hoy, Dios sigue obrando en los asuntos de la redención.

«Y Jesús les respondió: Mi Padre hasta ahora trabaja, y yo trabajo» (Jn. 5:17).

«Me es necesario hacer las obras del que me envió...» (Jn. 9:4).

«... el que comenzó en vosotros la buena obra, la perfeccionará hasta el día de Jesucristo» (Fil. 1:6).

VII. La imputación del pecado. ¿Estaban los efectos de la caída de Adán limitados a él mismo, o de algún modo siguen haciéndose sentir en la vida de los hombres del siglo XX?

A. La posición liberal. La historia completa no es más que una leyenda hebrea.

B. La posición pelagiana. Pelagio fue un monje británico que enseñó que el pecado de Adán sólo lo afectó a él mismo, porque Dios sólo le imputa a los hombres los pecados que cometen personal y conscientemente. Pelagio dijo que el único efecto del pecado de Adán en la posteridad era el del mal ejemplo. La doctrina del pelagianismo fue condenada por el concilio de Cartago en el 418 d.C.

C. La posición arminiana. Arminio (1560-1609) fue un profesor que vivió y enseñó en Holanda. Esta teoría enseña que aunque el pecado de Adán debilitó decididamente la voluntad de su posteridad para permanecer sin pecado, no destruyó esa posibilidad.

D. La posición agustiniana. Agustín fue uno de los más grandes padres de la iglesia primitiva. Enseñó que debido a la unidad de la raza humana con Adán, su pecado se le imputa a su posteridad. En consecuencia, la naturaleza corrupta engendra naturaleza corrupta. Este punto de vista final representa la única posición que está ampliamente apoyada por las Escrituras.

«Por tanto, como el pecado entró en el mundo por un hombre, y por el pecado la muerte, así la muerte pasó a todos los hombres, por cuanto todos pecaron» (Ro. 5:12).

«Así que, como por la transgresión de uno vino la condenación a todos los hombres, de la misma manera por la justicia de uno vino a todos los hombres la justificación de vida» (Ro. 5:18).

Conviene leer aquí los resúmenes ofrecidos por dos teólogos de renombre.

«El origen del pecado en la raza humana. Con respecto al origen del pecado en la historia de la humanidad la Biblia enseña que comenzó con la transgresión de Adán en el paraíso y que fue, por lo tanto, un acto perfectamente voluntario de parte del hombre. El tentador vino del mundo espiritual con la sugestión de que el hombre, colocándose en oposición a Dios, se convertiría en igual a Dios. Adán sucumbió a la tentación y cometió el primer pecado, comiendo del fruto prohibido. Pero no paró ahí el asunto, puesto que por aquel primer pecado, Adán se convirtió en siervo del pecado. Aquel pecado trajo con él una mancha permanente, mancha que debido a la solidaridad de la raza humana tenía que afectar no solamente a Adán sino a toda su descendencia también. Como un resultado de la caída, el padre de la raza únicamente podría transmitir a su descendencia una naturaleza humana depravada. De aquella fuente sucia fluye el pecado como una corriente impura que alcanza a todas las generaciones de los hombres, manchando a cada uno y a todo lo que cae en contacto con ella. Este estado de cosas es el que precisamente hace que la pregunta de Job siempre sea pertinente, "¿Quién hará limpio a lo inmundo? Nadie", Job 14:4. Pero esto no es todo. Adán pecó no solamente como padre de la raza humana sino también como la cabeza representativa de todos sus descendientes; y por tanto, la culpa de su pecado también los alcanza, de manera que todos se merecen el castigo de la muerte. Este es el sentido fundamental en que el pecado de Adán es el pecado de todos. Eso es lo que Pablo nos enseña en Romanos 5:12; "Por tanto, como el pecado entró en el mundo por un hombre y por el pecado la muerte, y así la muerte pasó a todos los hombres, por cuanto todos pecaron". Las últimas palabras pueden significar únicamente que todos pecaron en Adán y que pecaron en tal forma que se convirtieron todos en merecedores del castigo de la muerte. Aquí no se considera al pecado únicamente como mancha, sino también como culpa que trae consigo el castigo. Dios considera que todos los hombres son pecadores culpables en Adán, precisamente del mismo modo que juzga que todos los creyentes son justos en Jesucristo. Esto mismo significan las palabras de Pablo en donde dice: "Así que como por la transgresión de uno vino la condenación a todos los hombres, de la misma manera, por la justicia de uno vino a todos los hombres la justificación de vida. Porque así como por la desobediencia de un hombre los muchos serán constituidos pecadores, así también por la obediencia de uno, los muchos serán constituidos justos", Romanos 5:18, 19.» (L. Berkhof, *Teología sistemática*, pp. 262, 263.)

«De hecho, el principio representativo corre a través de toda la gama de la vida humana. La acción representativa es un hecho sociológico en todas partes y se reconoce en todos los sistemas legales ordenados. Por ejemplo, se puede decir con propiedad que yo firmé la Declaración de Independencia el 4 de julio de 1776. Yo no estuve ahí, pero mis representantes sirvieron de representantes y estoy involucrado en las consecuencias de su acción. Además, declaré la guerra y entré a participar en la Segunda Guerra Mundial con toda la nación el 7 de diciembre de 1941. No estuve presente cuando se tomó la medida. Sólo estaba escuchando por radio. Podría haber sido un niño todavía por nacer. Sin embargo, mis representantes actuaron por mí y, al representarme, se convirtió en mi acción, y estoy involucrado en todas las consecuencias de esa acción.

De igual modo, me convertí en un malvado y culpable pecador en el huerto del Edén. Le di la espalda a la comunión con mi Dios santo. Corrompí a propósito el carácter de santidad piadosa que Dios le impartió a su creación. Intencionadamente empecé a difundir la corrupción a través de la creación que Dios quería que yo gobernase. No estuve ahí, no, pero mi representante sí, y él actuó como tal en mi lugar y fui expulsado del huerto y excluido del árbol de la vida.» (J. Oliver Buswell, *A Systematic Theology of the Christian Religion*, p. 295.)

VIII. Los tipos de pecados. ¿Son peores algunos pecados que otros? Aunque es cierto que la Biblia enseña de manera general que ser culpable de un pecado es ser culpable de todos (Stg. 2:10), también indica que hay pecados de mayor grado y pecados de menor grado. Notamos las siguientes palabras de Jesús:

«Aquel siervo que conociendo la voluntad de su señor, no se preparó, ni hizo conforme a su voluntad, recibirá muchos azotes. Mas el que sin conocerla hizo cosas dignas de azotes, será azotado poco; porque a todo aquel a quien se haya dado mucho, mucho se le demandará; y al que mucho se le haya confiado, más se le pedirá» (Lc. 12:47, 48).

Consideremos algunos de los diversos tipos de pecado indicados en la Palabra de Dios.

A. Pecados de ignorancia.

«Y Jesús decía: Padre, perdónalos, porque no saben lo que hacen…» (Lc. 23:34).

«Respondió Jesús [a Pilato] … el que a ti me ha entregado [el judío malvado], mayor pecado tiene» (Jn. 19:11).

«Porque todos los que sin ley han pecado, sin ley también perecerán; y todos los que bajo la ley han pecado, por la ley serán juzgados» (Ro. 2:12).

«Doy gracias al que me fortaleció, a Cristo Jesús nuestro Señor, porque me tuvo por fiel, poniéndome en el ministerio, habiendo yo sido antes blasfemo, perseguidor e injuriador; mas fue recibido a misericordia porque lo hice por ignorancia, en incredulidad» (1 Ti. 1:12, 13).

B. Pecados de debilidad.

«¿Quién podrá entender sus propios errores? Líbrame de los que me son ocultos» (Sal. 19:12).

«No ha hecho con nosotros conforme a nuestras iniquidades, ni nos ha pagado conforme a nuestros pecados. Porque él conoce nuestra condición; se acuerda de que somos polvo» (Sal. 103:10, 14).

«Y de igual manera el Espíritu nos ayuda en nuestra debilidad; pues qué hemos de pedir como conviene, no lo sabemos, pero el Espíritu mismo intercede por nosotros con gemidos indecibles» (Ro. 8:26).

«... todo lo que no proviene de fe, es pecado» (Ro. 14:23).

«Así que, los que somos fuertes debemos soportar las flaquezas de los débiles...» (Ro. 15:1).

«Velad y orad, para que no entréis en tentación; el espíritu a la verdad está dispuesto, pero la carne es débil» (Mt. 26:41).

C. Pecados por descuido.

«Yo dije: Atenderé a mis caminos, para no pecar con mi lengua... (Sal. 39:1).

«Guardaos, pues, que vuestro corazón no se infatúe... (Dt. 11:16).

«Pero mirad que esta libertad vuestra no venga a ser tropezadero para los débiles (1 Co. 8:9).

«Así que, el que piensa estar firme, mire que no caiga» (1 Co. 10:12).

«Por tanto, es necesario que con más diligencia atendamos a las cosas que hemos oído, no sea que nos deslicemos» (He. 2:1).

D. Pecados de soberbia.

«Preserva también a tu siervo de las soberbias...» (Sal. 19:13).

«Y mayormente a aquellos que, siguiendo la carne, andan en concupiscencia e inmundicia, y desprecian el señorío. Atrevidos y contumaces, no temen decir mal de las potestades superiores» (2 P. 2:10).

«Quienes habiendo entendido el juicio de Dios, que los que practican tales cosas son dignos de muerte, no sólo las hacen, sino que también se complacen con los que las practican» (Ro. 1:32).

E. El pecado imperdonable.

«Por tanto os digo: Todo pecado y blasfemia será perdonado a los hombres; mas la blasfemia contra el Espíritu no les será perdonada. A cualquiera que dijere alguna palabra contra el Hijo del Hombre, le será perdonado; pero al que hable contra el Espíritu Santo, no le será perdonado, ni en este siglo ni en el venidero» (Mt. 12:31, 32).

Se ha derramado mucha tinta por estas palabras. ¿Cuál es este pecado imperdonable? ¿Quién lo puede cometer? ¿Puede cometerse hoy? Se han ofrecido dos interpretaciones principales para explicar este pecado.

1. Que el pecado puede ser cometido por cualquier incrédulo hoy y ocurre cuando un pecador rechaza la voz de convicción del Espíritu Santo una vez más de lo prudente. A partir de ese momento, el Espíritu Santo deja de tratar con el pecador para siempre y está condenado sin esperanza, sin oportunidad de salvación, no importa cuánto la quiera más adelante. A veces se ofrece Génesis 6:3 como apoyo para esta teoría. Sin embargo, un examen del pasaje muestra que este significado está completamente fuera del contexto. En realidad no hay base bíblica para la primera teoría.
2. Que el pecado fue dispensacional en naturaleza, que fue el pecado de atribuir a Satanás los milagros terrenales hechos por nuestro Salvador, y por lo tanto no puede ser cometido hoy. Esta es la teoría generalmente aceptada por la mayoría de los estudiosos de la Biblia, y el contexto del pasaje parecería apoyar su validez. (Véase Mt. 12:22-24.)

F. El pecado de muerte.

«Por lo cual hay muchos enfermos y debilitados entre vosotros, y muchos duermen» (1 Co. 11:30).

«....Hay pecado de muerte...» (1 Jn. 5:16).

Al igual que en el caso del pecado imperdonable, el pecado de muerte ha sido objeto de cierta controversia. La interpretación comúnmente aceptada es que el pecado sólo puede ser cometido por un hijo de Dios, y ocurre cuando el creyente vive una vida tan despreciable que el Padre finalmente lo lleva al cielo antes de lo que lo habría hecho normalmente. En otras palabras, así como hay parto prematuro, hay muerte prematura. Algunos piensan que hay evidencia de esta teoría en Hechos 5:1-11; 1 Corintios 5:1-5 (en este caso, sin embargo, el creyente corintio aparentemente se arrepintió, véase 2 Co. 2:6-11). Algunos de los que mantienen esta teoría la usan como base teológica para la interpretación de pasajes difíciles como Hebreos 6:4-10; 10:26-30.

IX. Las metáforas del pecado.

A. El pecado es *venenoso* como una víbora (Sal. 140:3; Mt. 23:33).
B. El pecado es *terco* como una mula (Job 11:12).
C. El pecado es *cruel* como un oso (Dn. 7:5).
D. El pecado es *destructivo* como una oruga (Jl. 2:25).
E. El pecado es *impuro* como un perro salvaje (Pr. 26:11).
F. El pecado es *astuto* como un zorro (Lc. 13:32).
G. El pecado es *feroz* como un lobo (Jn. 10:12).
H. El pecado *devora* como un león (Sal. 22:13; Dn. 7:4).
I. El pecado es *sucio* como un cerdo (2 P. 2:22).

X. El pecado del cristiano. Una de las más grandes e impactantes bendiciones de la salvación es el trato que Dios le da al tema de nuestro pecado. El pecador arrepentido recibe la salvación inmediata y eterna de la *pena* del pecado (en el pasado), la victoria sobre el *poder* del pecado (en el presente) y la garantía del alejamiento final de la *presencia* del pecado (en el futuro). ¿Pero qué pasa cuando el cristiano no usa el poder disponible y cae en pecado? ¿Cómo ve Dios el pecado en la vida de su hijo? ¿Es realmente posible (como algunos han dicho) permanecer sin pecado desde la cruz hasta la corona?

A. El hecho del pecado. Charles Ryrie escribe:

> «El ser cristiano no le exime a uno de pecar. Desde luego, hay quienes enseñan que se erradica la naturaleza de pecado en esta vida, pero los gráficos y las doctrinas del Nuevo Testamento parecen enseñar otra cosa. La verdad es que Juan menciona tres falsas alegaciones que hacía la gente en su día a este respecto, según vemos en su primera carta 1:8-10. El versículo 8 habla de negar la presencia del principio del pecado; el versículo 9, la negación de pecados particulares, y el versículo 10, la negación del pecar personalmente.» (*Síntesis de doctrina bíblica*, Editorial Portavoz, p. 112.)

B. El efecto del pecado. El hijo de Dios inmediatamente pierde las seis cosas siguientes cuando peca. También se puede perder una séptima cosa.

1. La pérdida de luz (1 Jn. 1:6)
2. La pérdida de gozo (Sal. 51:12; Jn. 15:11; Gá. 5:22; 1 Jn. 1:4).

3. La pérdida de paz (1 Jn. 3:4-10).
4. La pérdida de amor (1 Jn. 2:5, 15-17; 4:12).
5. La pérdida de comunión (1 Jn. 1:3, 6, 7).
6. La pérdida de confianza (1 Jn. 3:19-22).
7. La posible pérdida de la salud y hasta de la vida física (1 Co. 5:17; 11:30).

C. Medidas preventivas en contra del pecado.
1. La Palabra de Dios (Sal. 119:11; Jn. 15:7; 17:17; 2 Ti. 3:16, 17). Con frecuencia se ha observado que la Biblia hace que se deje el pecado, o que el pecado hace que se deje la Biblia.
2. La intercesión del Hijo de Dios (Lc. 22:32; Jn. 17:15; Ro. 8:34; He. 7:23-25).
3. El ministerio del Espíritu de Dios (Zac. 4:6; Jn. 7:37-39).

D. El remedio para el pecado. El doctor L. S. Chafer escribe:

«La responsabilidad que reposa sobre los que no son regenerados, de la cual depende el perdón de todos los pecados y la salvación, se expresa en una palabra que lo incluye todo: *creer*; mientras que la responsabilidad que reposa sobre el hombre regenerado, de la cual depende el perdón y la restauración de las relaciones normales con Dios se expresa también en una sola palabra: *confesar*. Cada uno de estos verbos se adapta específicamente a la situación, las circunstancias y relaciones a que corresponden. Cuando se les dice a los que no son regenerados que deben *confesar* sus pecados, como condición previa para el perdón y la salvación, se presenta una indecible confusión, la cual se produciría también si les decimos a los regenerados que tienen que *creer*, como condición previa para lograr la renovación de sus relaciones normales con Dios. Muchos errores de esta clase se encuentran en nuestros himnos. En algunos himnos se ponen en los labios de los inconversos ciertas palabras que los animan a pensar que ellos son hijos desobedientes que desean volver a Dios. De hecho, el hombre no regenerado nunca antes ha estado en relaciones favorables con Dios. Cuando recibe el perdón, como parte de su salvación, de ahí en adelante experimenta una *unión* con Dios que permanece para siempre; pero cuando al cristiano se le perdona el pecado, es para *restaurarlo* en la comunión con Dios, la cual puede quebrantarse de nuevo en cualquier momento. Los santos de todas las edades han vuelto a disfrutar de las bendiciones de su relación de pacto con Dios mediante la confesión de su pecados. Este retorno, sin embargo, es completamente diferente al momento inicial cuando entraron a disfrutar esa relación de pacto con Dios. La pérdida de la bendición que se incluye en el pacto es en realidad diferente de la pérdida del pacto en sí. En el caso del creyente cristiano, que está relacionado con Dios mediante el Nuevo Pacto, hecho con la sangre de Cristo, la restauración a la comunión se logra siempre mediante la confesión del pecado a Dios. Leemos en 1 Juan 1:9: "Si confesamos nuestros pecados, él es fiel y justo para perdonar nuestros pecados, y limpiarnos de toda maldad." Similarmente, en 1 Corintios 11:31, 32 se declara: "Si, pues, nos examinásemos a nosotros mismo, no seríamos juzgados; mas siendo juzgados, somos castigados por el Señor, para que no seamos condenados con el mundo." Puesto que la confesión y la auto disciplina se refieren a la misma acción por parte del cristiano, estos pasajes hacen hincapié en la misma importante verdad. La confesión y la autodisciplina son la manifestación externa del arrepentimiento que hay en el corazón; y el arrepentimiento, que es un cambio de pensamiento y de propósitos, es el que hace que el cristiano vuelva a estar de acuerdo con su Dios. "¿Andarán dos juntos, si no estuvieren de acuerdo?" (Am. 3:3). El cristiano no puede a la vez tener comunión con Dios, que es Luz, y andar en tinieblas (1 Jn. 1:6). Andar en la luz no significa *llegar a ser luz*, lo cual significaría lograr la santidad infinita. Solo Dios es Luz. Andar en la luz no significa tampoco que uno nunca hace nada malo. Significa que cuando la Luz escudriñadora, que es Dios, penetra en el corazón y en la vida, y descubre aquello que es contrario a la voluntad divina, la persona confiesa de todo corazón e inmediatamente el pecado que hay en su vida a Dios, y El considera que ese pecado queda definidamente juzgado ante sus ojos. Al creyente cristiano se le da la garantía de que cuando se ajusta de esa manera a la luz (lo cual es *andar en la luz*), se le perdona el pecado, y la sangre de Cristo lo limpia de su contaminación. Tanto el versículo 8 como el versículo 10 del primer capítulo de la *Primera Epístola de Juan* tienen la naturaleza de un paréntesis. Las palabras de seguridad que se nos presentan en el versículo 7 continúan en el versículo 9, donde leemos: "Si confesamos nuestros pecados, él es fiel y justo para perdonar nuestros pecados, y limpiarnos de toda maldad." En la confesión está el ajuste con Dios, que es Luz. Debe observarse que la confesión de pecados se hace en primer lugar y siempre a Dios, y se hace extensiva a otros en la medida en que ellos hayan sido perjudicados por el pecado cometido. Es claro también que este perdón y esta limpieza divina no se nos presentan como actos de la misericordia y de la bondad divinas; más bien se nos indica que se realizan mediante la justicia que se hizo posible por medio del hecho de que el castigo que merece el pecado cayó sobre el Sustituto, que es el Cordero que Dios proveyó. Puesto que el Sustituto soportó el castigo, Dios aparece como *justo*, y no como *misericordioso*, cuando perdona al cristiano que peca, por el solo hecho de *confesar* su pecado (1 Jn. 1:9). Al perdonar al cristiano que confiesa sus pecados, Dios es fiel a su carácter eterno y a su designio; y también es *justo* por el hecho de que Cristo llevó sobre Sí el castigo por el pecado. La base de esta provisión por medio de la cual el cristiano puede recibir el perdón y la limpieza es la fidelidad y la justicia de Dios, y su declaración es la culminación de este pasaje: "Y él es la propiciación por nuestros pecados" (1 Jn. 2:2). Puesto que esta porción tiene que ver solamente con los pecados de los cristianos, el gran aspecto de la propiciación a favor del mundo perdido sólo se menciona de paso. Nunca será demasiado el hincapié que se haga en el hecho de que Cristo *es* la Propiciación por *nuestros* pecados. Mediante su muerte, El hizo que Dios sea propicio y se sienta libre de perdonar y limpiar al cristiano que confiesa su pecado.

Es evidente que el perdón divino para el cristiano es de carácter familiar. No es la clase de perdón que se recibe una sola vez como parte de la salvación (Col. 2:13), sino el perdón que se le concede al que ya es miembro permanente de la familia de

Dios. La unión vital con Dios, la cual se logra por medio de Cristo, nunca se ha quebrantado, ni puede quebrantarse en la vida del cristiano (Ro. 8:1). Esta renovación es para que el cristiano vuelva a su comunión normal con Dios. No hay ninguna parte de la doctrina cristiana en la cual pueda verse más claramente este carácter único y específico de la presente relación de gracia del creyente cristiano con Dios, que en este perdón familiar.» (*Teología sistemática*, tomo I, pp. 769-771.)

XI. Los motivos del pecado. Ya hemos observado las enseñanzas bíblicas de que Dios nunca es mostrado como el autor del pecado. Pero, ¿por qué lo permitió? ¿No lo pudo haber evitado? La respuesta es que por supuesto que lo podría haber evitado, pero eligió no hacerlo. ¿Por qué? Se han hecho varias sugerencias al respecto.

A. Dios creó tanto a los ángeles como a los hombres como seres inteligentes con naturalezas morales y con la capacidad para escoger entre el bien y el mal. Si Dios hubiera detenido a Lucifer y a Adán un segundo antes de su pecado, en efecto habría violado su naturaleza moral y los habría reducido al papel de robots andantes.

B. Dios permitió que el hombre pecara para poder demostrar su gracia. Antes de Adán, Dios ya exhibía su omnipresencia (al estar en todas partes al mismo tiempo), su omnipotencia (al poner a las galaxias en movimiento) y su omnisciencia (al crear los ángeles). Pero había un atributo, una característica tal vez más cercana a su corazón que cualquier otra, y esa era su gracia. Si no hay pecado, no hay necesidad de gracia.

Más adelante Pablo diría: «... mas cuando el pecado abundó, sobreabundó la gracia» (Ro. 5:20). ¿Por qué entonces permitió Dios que Adán pecara? Ningún hombre lo sabe. Pero parece razonable creer que parte de la respuesta se encuentra en la sugerencia recién mencionada: que fue para que Dios mostrara su maravillosa gracia. Nuevamente, en las palabras de Pablo:

«Aun estando nosotros muertos en pecados, nos dio vida juntamente con Cristo (por gracia sois salvos) ... para mostrar en los siglos venideros las abundantes riquezas de su gracia en su bondad para con nosotros en Cristo Jesús» (Ef. 2:5, 7).

XII. La victoria final y definitiva sobre el pecado. En cuatro pasajes clave, los escritores neotestamentarios Pablo, Pedro y Juan nos describen esta victoria emocionante. Nótese:

«Porque preciso es que él reine hasta que haya puesto a todos sus enemigos debajo de sus pies. Y el postrer enemigo que será destruido es la muerte. Porque todas las cosas las sujetó debajo de sus pies. Y cuando dice que todas las cosas han sido sujetadas a él, claramente se exceptúa aquel que sujetó a él todas las cosas. Pero luego que todas las cosas le estén sujetas, entonces también el Hijo mismo se sujetará al que le sujetó a él todas las cosas, para que Dios sea todo en todos» (1 Co. 15:25-28).

(Véanse también He. 12:22-24; 2 P. 3:7-13; Ap. 20:11-15.)

LA DOCTRINA DE LA SALVACIÓN

LA DOCTRINA DE LA SALVACIÓN

Se ha dicho que entre las miles y miles de palabras que usamos, las dos más *difíciles* de pronunciar son «me equivoqué» y las dos más *encantadoras* son «cheque adjunto». Puede ser, pero creo que se puede decir con certeza que la palabra más dinámica de nuestro idioma es *salvación*.

I. El significado de la salvación. Salvación significa la liberación exitosa de alguien o algo de un peligro inminente. La palabra misma conlleva una implicación doble:

A. Que alguien o algo necesita ser salvado.

1. Sólo una persona enferma necesita un médico. El hombre está gravemente enfermo. (Véanse Is. 1:6; Mt. 9:12.)
2. Sólo una persona acusada necesita un abogado. El hombre está condenado en el tribunal de Dios (Ro. 3:10-19).
3. Sólo una persona que se está ahogando necesita un salvavidas. El hombre está anegado por las aguas del pecado (Sal. 69:1, 2).
4. En su excelente libro *Salvation Is Forever*, Robert Gromacki da los siguientes motivos por los cuales los hombres se encuentran perdidos.

a. Están perdidos por su rechazo de la revelación bíblica (Sal. 19:1; Hch. 14:17; Ro. 1:19, 20).

b. Están perdidos por desobedecer a su propia conciencia (Ro. 2:14-16).

c. Están perdidos por su relación con el mundo (Ef. 2:2; Stg. 4:4; 1 Jn. 2:15-17).

d. Están perdidos por su relación con Satanás (Mt. 4:8, 9; Jn. 8:42-44; 12:31; 2 Co. 4:4; Col. 1:13; 1 Jn. 3:10; 5:19).

e. Están perdidos por su relación con el pecado (Gn. 2:17; 8:21; Job 14:4; Ec. 7:20; Jer. 17:19; Mr. 7:20-23; Ro. 5:12; 7:14; Ef. 4:18).

El pecador no necesariamente es todo lo *malo* que puede ser (como un Adolfo Hitler), pero sí está todo lo *perdido* que puede estar. El hombre está tanto muerto (espiritualmente) como moribundo (físicamente). (Véase Gn. 2:17.) Esto se puede comparar con un criminal condenado a muerte que espera ser ejecutado en la silla eléctrica y que al mismo tiempo sufre de un cáncer incurable.

f. Están perdidos por su relación con Dios (Jn. 3:36; Ef. 2:12; 1 Jn. 5:12; Jud. v. 19).

B. Que alguien tiene la capacidad y la disposición para salvar. Tal Salvador debe cumplir ambos requisitos.

1. Debe ser capaz de salvar. Es posible que alguien tenga el deseo de salvar pero no sea capaz de salvar a otro. Muchos médicos han esperado en frustración absoluta al lado de la cama de un paciente moribundo deseando ayudar, pero totalmente incapaces de hacerlo.
2. Debe estar dispuesto a salvar. Es posible que alguien tenga la capacidad de salvar a otro pero no el deseo de hacerlo. En 1978, un hombre que necesitaba urgentemente una transfusión de un tipo raro de sangre murió en los Estados Unidos. La tragedia de la historia es que sufrió y murió sin necesidad, porque uno de sus propios parientes tenía ese tipo raro de sangre y fácilmente podría haberla donado, pero se negó tercamente a hacerlo. Tal vez la mejor de las habilidades después de todo es la *disponibilidad*.

II. La fuente de la salvación. Jesucristo es la fuente de la salvación. Cumple con los dos requisitos.

1. Puede salvar.

«Pues en cuanto él mismo padeció siendo tentado, es poderoso para socorrer a los que son tentados» (He. 2:18).

«Y a Aquel que es poderoso para hacer todas las cosas mucho más abundantemente de lo que pedimos o entendemos, según el poder que actúa en nosotros» (Ef. 3:20).

«... porque yo sé a quién he creído, y estoy seguro que es poderoso para guardar mi depósito para aquel día» (2 Ti. 1:12).

«Por lo cual puede también salvar perpetuamente a los que por él se acercan a Dios, viviendo siempre para interceder por ellos» (He. 7:25).

«Y a aquel que es poderoso para guardaros sin caída, y presentaros sin mancha delante de su gloria con gran alegría» (Jud. v. 24).

2. Quiere salvar.

«Y he aquí vino un leproso y se postró ante él, diciendo: Señor, si quieres, puedes limpiarme. Jesús extendió la mano y le tocó, diciendo: Quiero; sé limpio. Y al instante su lepra desapareció» (Mt. 8:2, 3).

«Porque esto es bueno y agradable delante de Dios nuestro Salvador, el cual quiere que todos los hombres sean salvos y vengan al conocimiento de la verdad» (1 Ti. 2:3, 4).

«El Señor no retarda su promesa ... sino que es paciente para con nosotros, no queriendo que ninguno perezca, sino que todos procedan al arrepentimiento» (2 P. 3:9).

III. Las falsas esperanzas de salvación.

Hay camino que al hombre le parece derecho; pero su fin es camino de muerte (Pr. 14:12).

A. La educación. En dos ocasiones distintas Pablo le advierte a Timoteo acerca de la locura de depender de la educación (1 Ti. 6:20; 2 Ti. 3:7).

B. El ser miembro de una iglesia.

C. Las buenas obras (Ef. 2:8, 9).

D. El bautismo (1 Co. 1:17).

E. El ambiente correcto.
F. El cumplimiento de la ley (Gá. 2:16).
G. La confirmación. La confirmación religiosa está tan alejada de la transformación redentora como un pedazo de carbón lo está de un brillante diamante.
H. El cumplimiento de la Regla de Oro.
I. La sinceridad.
J. El ser miembro de una logia.
K. El diezmo.
L. Las organizaciones seculares (el Cuerpo de Paz, las Naciones Unidas, etc.; véanse Sal. 2; Ap. 18). Durante la gran tribulación, las organizaciones seculares del mundo se combinarán para oponerse al Padre y tratar de destronar a su Hijo, para ser ellas mismas totalmente destruidas por el resplandor de su venida.
M. Las organizaciones religiosas (el Consejo Mundial de Iglesias, etc.; véase Ap. 17). El movimiento de religiones unificadas también será destruido durante la tribulación.

IV. El método tripartito de la salvación. Aunque Dios ha tratado con sus criaturas bajo diferentes dispensaciones (las etapas anteriores a la ley, la edad de la ley, la etapa después de la ley, etc.), *salva* a todas por el mismo método tripartito:
A. La salvación siempre es por sangre (He. 9:22). Además, esta sangre debe ser inocente, derramada y aplicada.
B. La salvación siempre es por una persona (Jon. 2:9; Hch 4:12; 1 Ts. 5:9; He. 5:9).
C. La salvación siempre es por gracia (Ef. 2:8, 9; Tit. 2:11).
1. Esta gracia es precedida por la fe del pecador (Ro. 5:1; He. 11:6).
2. Esta gracia va seguida de la paz del Salvador (Ro. 1:7; 1 Co. 1:3; Gá. 1:3).

V. La obra de la Trinidad en la salvación. Stephen D. Swihart ofrece la siguiente provechosa información: La relación del Padre con el Hijo, y del Hijo con el Espíritu Santo en el plan de la salvación, es única. Un estudio cuidadoso del siguiente bosquejo pondrá la asociación en claro.
A. La obra del Padre: diseñar el plan en la eternidad.
1. Conocer de antemano (Ro. 8:29; 11:2; 1 P. 1:2, 20).
2. Predestinar (Hch. 4:28; Ro 8:29, 30; 1 Co. 2:7; Ef. 1:5, 11).
3. Escoger/elegir (Mt. 20:16; 22:14; 24:22, 24, 31; Mr. 13:20, 22, 27; Lc. 18:7; Hch. 9:15; 22:14; 26:16; Ro. 8:33; 9:11; 11:5, 7, 28; 16:13; Ef. 1:4; Col. 3:12; 1 Ts. 1:4; 2 Ts. 2:13; 2 Ti. 2:10; 1 P. 1:2; 2:4, 6, 9; 2 P. 1:10; Ap. 17:14).
4. Llamar (Mt. 20:16; 22:14; Hch. 2:39; Ro. 1:6, 7; 8:29, 30; 9:7, 11, 24; 11:29; 1 Co. 1:2, 9, 24, 26; Gá. 1:6, 15; 5:8, 13; Ef. 1:18; 4:1, 4; Fil. 3:14; Col. 3:15; 1 Ts. 2:12; 5:24; 2 Ts. 1:11; 2:14; 1 Ti. 6:12; 2 Ti. 1:9; He. 3:1; 9:15; 11:18; 1 P. 1:15; 2:9, 21; 3:1; 5:10; 2 P. 1:3, 10; Jud. v. 1; Ap. 17:14).
B. La obra del Hijo: llevar a cabo el plan en la plenitud del tiempo.
1. El pacto eterno de Dios con Cristo: real.
a. Mateo 26:54; Marcos 14:21; Lucas 22:22 con Lucas 24:25-27, 46; Hechos 2:23; 4:25-28; 13:27, 28; 26:22, 23; 1 Corintios 15:3, 4; 1 Pedro 1:11, 20.
b. Segunda Corintios 1:20; Gálatas 3:17; cp. Lucas 1:68-79; Hebreos 11:13, 17-19, 39, 40.
c. Romanos 8:28-30; Efesios 3:11; cp. Efesios 1:3-14; 2 Timoteo 1:9.
d. Filipenses 2:6-8; Hebreos 10:5-9; cp. Juan 4:34; 5:30; 6:38; 17:14; 18:11.
e. Isaías 42:6; cp. Malaquías 3:1.
f. Hebreos 7:22; cp. Hebreos 9:15, 16; 12:24; 13:20.
2. El pacto eterno de Dios con Cristo: revelado.
a. Que Cristo sería la segunda Cabeza federal de la raza humana (1 Co. 15:45-47).
b. Que Cristo participaría de carne y huesos (He. 10:5-9).
c. Que Cristo funcionaría en una relación de Hijo y Siervo con Dios (Is. 43:10; 49:3-6; 52:13: Mt. 12:8-20; Jn. 10:17; 12:49; 14:28, 31; Hch. 3:26; Fil. 2:7).
d. Que Cristo moriría por los pecados del mundo (Mt. 1:21; 18:11; Jn. 1:29; 12:23, 47; 17:1-5; Hch. 3:26; Ro. 5:6; 1 Ti. 1:15; He. 2:14, 15; 10:5-10; 1 Jn. 3:5, 8; 4:9, 10).
e. Que Cristo recibiría como heredad las naciones, junto con todo poder y autoridad (Sal. 2:6-8; 8:5-8; 22:27; 110:1-7; Dn. 7:13, 14; Mt. 11:27; 28:18; Jn. 3:35; Ef. 1:20-23; Ap. 1:5).
C. La obra del Espíritu: declarar el plan diariamente.
1. Propagación (Lc. 8:5-15; Ro. 1:16; 10:14-17; 15:18-21; 1 Co. 1:18-24; Col. 1:4-6; 1 Ts. 1:5, 6; 2:13; 2 Ts. 2:13, 14; He. 4:12; Stg. 1:18, 21; 1 P. 1:23-25).
2. Convicción (Zac. 12:10; Jn. 16:7-11; 1 Co. 14:24).
3. Regeneración (Jn. 3:3-7; Tit. 3:5, 6).
4. Santificación (Ro. 15:16; 2 Ts. 2:13; 1 P. 1:2). (*The Victor Bible Source Book*, pp. 120, 121.)

VI. El costo de la salvación.
A. Según David y Moisés, la *creación* fue efectuada por los dedos de Dios, y sucedió por su palabra hablada. Nótese:

«Y dijo Dios: Sea la luz; y fue la luz» (Gn. 1:3; véanse también 1:6, 9, 11, 14, 20, 24, 26).

«Cuando veo tus cielos, obra de tus dedos, la luna y las estrellas que tú formaste, digo: ¿Qué es el hombre, para que tengas de él memoria, y el hijo del hombre, para que lo visites?» (Sal. 8:3, 4).

«Por la palabra de Jehová fueron hechos los cielos, y todo el ejército de ellos por el aliento de su boca. Porque él dijo, y fue hecho; él mandó, y existió» (Sal. 33:6, 9).

B. Según Isaías y Pedro, la *salvación* fue efectuada por el brazo de Dios, y ocurrió a través de su sangre derramada. Nótese:

«¿Quién ha creído a nuestro anuncio? ¿y sobre quién se ha manifestado el brazo de Jehová?» (Is. 53:1).

«Ciertamente llevó él nuestras enfermedades, y sufrió nuestros dolores; y nosotros le tuvimos por azotado, por herido de Dios y abatido. Mas él herido fue por nuestras rebeliones, molido por nuestros pecados; el castigo de nuestra paz fue sobre él, y por su llaga fuimos nosotros curados. Todos nosotros nos descarriamos como ovejas, cada cual se apartó por su camino; mas Jehová cargó en él el pecado de todos nosotros» (Is. 53:4-6).

«Sabiendo que fuisteis rescatados de vuestra vana manera de vivir, la cual recibisteis de vuestros padres, no con cosas corruptibles, como oro o plata, sino con la sangre preciosa de Cristo, como de un cordero sin mancha y sin contaminación» (1 P. 1:18, 19).

En el libro de Apocalipsis, Juan registra la alabanza de Cristo por parte de todo el cielo por su obra en la *creación* (4:11) y la *salvación* (5:9).

VII. Los tipos de salvación en el Antiguo Testamento.

A. Adán y Eva, ilustrando que la salvación nos viste (Gn. 3:21; Zac. 3:1-5; Ap. 3:5, 18; 19:7, 8). El primer resultado terrible del pecado para Adán y Eva fue darse cuenta de su vergüenza y desnudez ante Dios (Gn. 3:7). Pero el misericordioso Creador los perdonó, y vistió a sus dos ciudadanos pecaminosos del Edén (3:21).

B. Caín y Abel, ilustrando que la salvación nos garantiza aceptación. También demuestra (en el ejemplo de Caín) la manera incorrecta de ser aceptado (Gn. 4:4; Ef. 1:6). Abel hizo la primera «profesión pública de Cristo» registrada en la tierra cuando ofreció el sacrificio de sangre, mientras que Caín se convirtió en el primer rebelde religioso al ofrecer un sacrificio sin sangre.

C. El arca y la Pascua, ilustrando que la salvación nos protege de la ira de Dios (Gn. 7:1; Ex. 12:23; véanse también Ro. 1:18; Col. 3:6; 1 Ts. 1:10; Ap. 6:17). Los que no están protegidos estarán sujetos a un juicio de ira en el mundo futuro (el mensaje del arca), y a un gran juicio personal ante el trono blanco (la lección de la Pascua).

D. Abraham e Isaac, ilustrando que la salvación nos provee un sustituto aceptable (Gn. 22:12-14; véanse también Is. 53:4-6; 1 P. 3:18). Unos veinte siglos después de que Abraham ofreciera a Isaac, otro Padre ofreció su único Hijo en el mismo lugar, pero esta vez no hubo un indulto a último momento.

E. El maná y la roca golpeada, ilustrando que la salvación nos satisface (Ex. 16:14; 17:6; véanse también Sal. 103:5; 107:9). Pan del cielo y agua de una roca. La satisfacción tierna y total de la salvación de Dios.

F. La serpiente de bronce, ilustrando que la salvación nos cura (Nm. 21:9; Jn. 3:14). En el Nuevo Testamento, Cristo aplicó este acontecimiento del Antiguo Testamento a sí mismo y condujo a Nicodemo a la salvación.

G. Naamán, ilustrando que la salvación nos limpia (2 R. 5:1-14; Sal. 51:7). Este pagano sirio fue el único hombre en todo el Antiguo Testamento que fue limpiado de la terrible calamidad de la lepra.

H. El tabernáculo, ilustrando que la salvación restaura la comunión perdida (Ex. 25:22; Sal. 23:3). Uno de los momentos más trágicos de Israel en el Antiguo Testamento fue la adoración de un dios egipcio diabólico en forma de becerro de oro. (Véase Ex. 32.) Hubo tanto idolatría como inmoralidad en el sórdido asunto. Pero el tabernáculo recién construido pudo volver a asegurar la comunión de Israel con Dios.

VIII. El vocabulario de la salvación. Hay quince palabras clave en el vocabulario de la salvación. Son:

conversión	redención	justificación
sustitución	regeneración	santificación
reconciliación	imputación	glorificación
propiciación	adopción	conservación
remisión	súplica	origen

Ahora examinaremos cada uno de estos importantes términos.

A. Conversión.

«La ley de Jehová es perfecta, que convierte el alma...» (Sal. 19:7).

«Vuélveme el gozo de tu salvación, y espíritu noble me sustente. Entonces enseñaré a los transgresores tus caminos, y los pecadores se convertirán a ti» (Sal. 51:12, 13; véanse también Mt. 18:3; Hch. 3:19; 15:3; Stg. 5:20).

La palabra griega traducida por «conversión» se refiere a un desvío doble de parte de una persona. Uno tiene que ver con el *arrepentimiento* (desviarse de algo) y el otro con la *fe* (desviarse hacia algo).

1. Arrepentimiento (griego, *metanoia*).

a. Lo que no es el arrepentimiento:

(1) No es una reforma, esa acción de comenzar en un hoja en blanco.

(2) No es el remordimiento, esa acción de lamentar el *fruto* del crimen pero no su *raíz*. A continuación hay dos ejemplos bíblicos.

Esaú: «... no hubo oportunidad para el arrepentimiento, aunque la procuró con lágrimas» (He. 12:17; para el trasfondo completo de este versículo, léase Gn. 27).

Judas: «Entonces Judas, el que le había entregado, viendo que era condenado, devolvió arrepentido las treinta piezas de plata a los principales sacerdotes y a los ancianos» (Mt. 27:3). El versículo 5 de Mateo 27 demuestra que esto sólo fue remordimiento y no arrepentimiento genuino donde dice: «Y arrojando las piezas de plata en el templo, salió, y fue y se ahorcó.»

(3) *No* es la penitencia, esa acción de tratar de compensar los pecados con las buenas obras.

b. Lo que sí es el arrepentimiento: es un cambio voluntario y sincero en la mente del pecador, que hace que se aparte de su pecado. Se debería notar que hemos dicho *pecado* y no *pecados*. El verdadero arrepentimiento involucra el apartamiento de un pecado específico: el rechazo previo de Cristo. Jesús nos lo dijo muy claramente.

«Pero yo os digo la verdad: Os conviene que yo me vaya; porque si no me fuese, el Consolador no vendría a vosotros; mas si me fuere, os lo enviaré. Y cuando él venga, convencerá al mundo de pecado, de justicia y de juicio. De pecado, por cuanto no creen en mí; de justicia, por cuanto voy al Padre, y no me veréis más; y de juicio, por cuanto el príncipe de este mundo ha sido ya juzgado» (Jn. 16:7-11).

El interés principal de Dios no es convencer al pecador que deje de fumar, de usar malas palabras, de tomar y de tener relaciones sexuales ilícitas, por malas que sean estas cosas, porque dejar esas cosas nunca lo salvará. El gran pecado que finalmente lo condenará para siempre es el rechazo de Jesucristo. El arrepentimiento por lo tanto tiene que ver con el alejamiento de este horrible crimen de despreciar el Calvario.

En el ministerio de Juan:

«Arrepentíos, porque el reino de los cielos se ha acercado» (Mt. 3:2).

«Haced, pues, frutos dignos de arrepentimiento» (Mt. 3:8).

En el ministerio de Jesús:

«.... Porque no he venido a llamar a justos, sino a pecadores, al arrepentimiento» (Mt. 9:13).

«Os digo: No; antes si no os arrepentís, todos pereceréis igualmente» (Lc. 13:5).

«Os digo que así habrá más gozo en el cielo por un pecador que se arrepiente, que por noventa y nueve justos que no necesitan de arrepentimiento» (Lc. 15:7).

«Y les dijo ... que se predicase en su nombre el arrepentimiento y el perdón de pecados en todas las naciones, comenzando desde Jerusalén» (Lc. 24:46, 47).

En el ministerio de Pedro:

«Pedro les dijo: Arrepentíos, y bautícese cada uno de vosotros en el nombre de Jesucristo para perdón de los pecados; y recibiréis el don del Espíritu Santo» (Hch. 2:38).

«Así que, arrepentíos y convertíos...» (Hch. 3:19).

En el ministerio de Pablo:

«Sino que anuncié primeramente a los que están en Damasco, y Jerusalén, y por toda la tierra de Judea, y a los gentiles, que se arrepintiesen y se convirtiesen a Dios, haciendo obras dignas de arrepentimiento» (Hch. 26:20).

«Pero Dios, habiendo pasado por alto los tiempos de esta ignorancia, ahora manda a todos los hombres en todo lugar, que se arrepientan» (Hch. 17:30).

2. Fe.
   a. Lo que no es.
      (1) No es un «salto a ciegas en la oscuridad».
      (2) No es suposición.
      (3) No es especulación.
      (4) No es opinión o hipótesis.
   b. Lo que sí es. Es un cambio voluntario y sincero en la mente del pecador, que lo dirige al Salvador.

      Ya hemos visto las dos caras de la moneda de la salvación. El arrepentimiento es volverse *del* pecado y la fe es volverse *a* Cristo. Pablo incluye los dos conceptos en su mensaje de despedida de los ancianos de Efeso.

      «Testificando a judíos y a gentiles acerca del arrepentimiento para con Dios, y de la fe en nuestro Señor Jesucristo» (Hch. 20:21).
   c. Cómo se produce.

      «Así que la fe es por el oír, y el oír, por la palabra de Dios» (Ro. 10:17).

      Aquí Pablo dice que la fe viene de oír el mensaje, y el mensaje viene por la predicación de Cristo.
   d. El porqué es tan necesaria.

      «Pero sin fe es imposible agradar a Dios; porque es necesario que el que se acerca a Dios crea que le hay, y que es galardonador de los que le buscan» (He. 11:6).
      (1) El pecador es salvado por la fe (Ro. 5:1; Ef. 2:8, 9).
      (2) El santo es santificado (crece en gracia) por la fe. Por lo tanto, por la fe:
         Vivimos (Ro. 1:17).
         Estamos firmes (2 Co. 1:24).
         Andamos (2 Co. 5:7).
         Luchamos (1 Ti. 6:12).
         Vencemos (1 Jn. 5:4).

B. Sustitución.

   «Porque también Cristo padeció una sola vez por los pecados, el justo por los injustos, para llevarnos a Dios» (1 P. 3:18).

1. Sustitución temporal. En los días del Antiguo Testamento, antes del Calvario, las ovejas morían por el pastor.

   «Y extendió Abraham su mano y tomó el cuchillo para degollar a su hijo. Entonces el ángel de Jehová le dio voces desde el cielo, y dijo: Abraham, Abraham. Y él respondió: Heme aquí. Y dijo: No extiendas tu mano sobre el muchacho, ni le hagas nada; porque ya conozco que temes a Dios, por cuanto no me rehusaste tu hijo, tu único. Entonces alzó Abraham sus ojos y miró, y he aquí a sus espaldas un carnero trabado en un zarzal por sus cuernos; y fue Abraham y tomó el carnero, y lo ofreció en holocausto en lugar de su hijo» (Gn. 22:10-13).

   «Hablad a toda la congregación de Israel, diciendo: En el diez de este mes tómese cada uno un cordero según las familias de los padres, un cordero por familia. Mas si la familia fuere tan pequeña que no baste para comer el cordero, entonces él y su vecino inmediato a su casa tomarán uno según el numero de las personas; conforme al comer de cada hombre, haréis la cuenta sobre el cordero. El animal será sin defecto, macho de un año; lo tomaréis de las ovejas o de las cabras. Y lo guardaréis hasta el día catorce de este mes, y lo inmolará toda la congregación del pueblo de Israel entre las dos tardes. Y tomarán de la sangre, y la pondrán en los dos postes y en el dintel de las casas en que lo han de comer» (Ex. 12:3 7).

   «Pues yo pasaré aquella noche por la tierra de Egipto, y heriré a todo primogénito en la tierra de Egipto, así de los hombres como de las bestias; y ejecutaré mis juicios en todos los dioses de Egipto. Yo Jehová. Y la sangre os será por señal en las casas donde vosotros estéis; y veré la sangre y pasaré de vosotros, y no habrá en vosotros plaga de mortandad cuando hiera la tierra de Egipto» (Ex. 12:12, 13).

2. Sustitución permanente.

   «Porque la sangre de los toros y de los machos cabríos no puede quitar los pecados» (He. 10:4).

   En la época del Nuevo Testamento, después del Calvario, el Pastor murió por las ovejas.

   «Yo soy el buen pastor; el buen pastor su vida da por las ovejas.» (Jn. 10:11)

   Entonces, en la cruz Cristo se convirtió en lo que no era —es decir, pecado— para que nosotros pudiéramos convertirnos en lo que no éramos —es decir, justicia. El Hijo de Dios se convirtió en el Hijo del hombre para que los hijos de hombres pudieran convertirse en hijos de Dios. (Véase 2 Co. 5:21. Léase Is. 53 cuidadosamente.)

C. Reconciliación.
«Que Dios estaba en Cristo reconciliando consigo al mundo...» (2 Co. 5:19).

1. El significado de la reconciliación.
   a. El significado en el Antiguo Testamento. La palabra hebrea *kaphar*, que significa cubrir algo, se encuentra unas ochenta y tres veces en el Antiguo Testamento, en general traducida por «expiación» y unas pocas veces por reconciliación.
   b. El significado del Nuevo Testamento. La palabra griega *allasso* significa cambiar de enemistad en amistad. (Véanse especialmente Ef. 2:16; Col. 1:20-22; también Mt. 5:24; Ro. 5:10, 11; 11:15; 1 Co. 7:11; 2 Co. 5:18-20.)
2. Las implicaciones de la reconciliación.
   a. Que existía una animosidad previa.
   b. Que la parte(s) ofendida(s) ahora ve(n) las cosas de otro modo.
3. Las dos fases de la reconciliación.
   a. Dios ha reconciliado al mundo consigo mismo por medio de Cristo.
   «Y todo esto proviene de Dios, quien nos reconcilió consigo mismo por Cristo, y nos dio el ministerio de la reconciliación; que Dios estaba en Cristo reconciliando consigo al mundo, no tomándoles en cuenta a los hombres sus pecados, y nos encargó a nosotros la palabra de la reconciliación» (2 Co. 5:18, 19).
   b. Ahora el hombre ha de reconciliarse con Dios por medio de Cristo.
   «Así que, somos embajadores en nombre de Cristo, como si Dios rogase por medio de nosotros; os rogamos en nombre de Cristo: Reconciliaos con Dios» (2 Co. 5:20).
4. La cronología de la reconciliación.
   a. En el Edén Dios y el hombre estaban en comunión.
   b. Después de la caída, Dios y el hombre se alejaron el uno del otro.
   c. En el Calvario Dios volvió su rostro hacia el hombre.
   d. En la conversión (por medio del arrepentimiento y la fe) el hombre vuelve su rostro hacia Dios.

D. Propiciación.
«Y él es la propiciación por nuestros pecados; y no solamente por los nuestros, sino también por los de todo el mundo» (1 Jn. 2:2).
«En esto consiste el amor: no en que nosotros hayamos amado a Dios, sino en que él nos amó a nosotros, y envió a su Hijo en propiciación por nuestros pecados» (1 Jn. 4:10).

1. El significado de la propiciación. La palabra griega *hilasmos* significa «volver favorable, satisfacer, aplacar».
2. El método de la propiciación.
   «Siendo justificados gratuitamente por su gracia, mediante la redención que es en Cristo Jesús, a quien Dios puso como propiciación por medio de la fe en su sangre» (Ro. 3:24, 25).
   «Pero ahora en Cristo Jesús, vosotros que en otro tiempo estabais lejos, habéis sido hechos cercanos por la sangre de Cristo» (Ef. 2:13).
3. La necesidad de la propiciación. Era necesaria por la ira de Dios (esa reacción severa de la naturaleza divina ante el mal en el hombre).
   «El que cree en el Hijo tiene vida eterna; pero el que rehúsa creer en el Hijo no verá la vida, sino que la ira de Dios está sobre él» (Jn. 3:36).
   «Porque la ira de Dios se revela desde el cielo contra toda impiedad e injusticia de los hombres que detienen con injusticia la verdad» (Ro. 1:18).
   «Nadie os engañe con palabras vanas, porque por estas cosas viene la ira de Dios sobre los hijos de desobediencia» (Ef. 5:6).
   «Cosas por las cuales la ira de Dios viene sobre los hijos de desobediencia» (Col. 3:6).
   «Y decían a los montes y a las peñas: Caed sobre nosotros, y escondednos del rostro de aquel que está sentado sobre el trono, y de la ira del Cordero» (Ap. 6:16).
   «Y se airaron las naciones, y tu ira ha venido, y el tiempo de juzgar a los muertos, y de dar el galardón a tus siervos los profetas, a los santos, y a los que temen tu nombre, a los pequeños y a los grandes, y de destruir a los que destruyen la tierra» (Ap. 11:18).
   «Él también beberá del vino de la ira de Dios, que ha sido vaciado puro en el cáliz de su ira; y será atormentado con fuego y azufre delante de los santos ángeles y del Cordero» (Ap. 14:10).
   «De su boca sale una espada aguda, para herir con ella a las naciones, y él las regirá con vara de hierro; y él pisa el lagar del vino del furor y de la ira del Dios Todopoderoso» (Ap. 19:15).
4. El lugar de la propiciación.
   a. El lugar temporal del Antiguo Testamento: el propiciatorio en el tabernáculo (típicamente).
   «Y de allí me declararé a ti, y hablaré contigo de sobre el propiciatorio, de entre los dos querubines que están sobre el arca del testimonio, todo lo que yo te mandare para los hijos de Israel» (Ex. 25:22).
   «Y sobre ella los querubines de gloria que cubrían el propiciatorio; de las cuales cosas no se puede ahora hablar en detalle. Y así dispuestas estas cosas, en la primera parte del tabernáculo entran los sacerdotes continuamente para cumplir los oficios del culto» (He. 9:5, 6).
   b. El lugar permanente del Nuevo Testamento: la cruz central del Gólgota (realmente).
   «Porque si siendo enemigos, fuimos reconciliados con Dios por la muerte de su Hijo, mucho más, estando reconciliados, seremos salvos por su vida» (Ro. 5:10).
   «Y por medio de él reconciliar consigo todas las cosas, así las que están en la tierra como las que están en los cielos, haciendo la paz mediante la sangre de su cruz» (Col. 1:20).
5. Los resultados de la propiciación.
   a. Dios está justificado al perdonar el pecado.
   b. Dios está justificado al otorgar la justicia.
   «A quien Dios puso como propiciación

por medio de la fe en su sangre, para manifestar su justicia, a causa de haber pasado por alto, en su paciencia, los pecados pasados, con la mira de manifestar en este tiempo su justicia, a fin de que él sea el justo, y el que justifica al que es de la fe de Jesús» (Ro. 3:25, 26).

E. Remisión.

«De éste [Jesús] dan testimonio todos los profetas, que todos los que en él creyeren, recibirán perdón de pecados por su nombre» (Hch. 10:43; véanse también Mt. 26:28; Lc. 24:47; He. 9:22).

1. El significado de la remisión. Este concepto es prácticamente sinónimo de la palabra *perdón*. Se refiere a mandar de vuelta, guardar.
   a. En Mateo 1:19 es traducido por «dejar», en Mateo 5:31 por «repudiar» y en Hebreos 9:26 por «quitar de en medio».
   b. En Lucas 6:37, Efesios 4:32 y Colosenses 2:13 es traducido por «perdonar».
2. El ejemplo de la remisión en el Antiguo Testamento. Hay una ilustración clásica en Levítico 16, donde el sumo sacerdote llevaba dos machos cabríos al tabernáculo durante el gran día de expiación. Un macho cabrío era sacrificado y su sangre derramada sobre el propiciatorio. En cuanto al otro macho cabrío, leemos:

   «Y pondrá Aarón sus dos manos sobre la cabeza del macho cabrío vivo, y confesará sobre él todas las iniquidades de los hijos de Israel, todas sus rebeliones y todos sus pecados, poniéndolos así sobre la cabeza del macho cabrío, y lo enviará al desierto por mano de un hombre destinado para esto. Y aquel macho cabrío llevará sobre sí todas las iniquidades de ellos a tierra inhabitada; y dejará ir el macho cabrío por el desierto» (Lv. 16:21, 22).

   A la luz de esto, nótense cuidadosamente las palabras de Pablo en Hebreos 13:12, 13:

   «Por lo cual también Jesús, para santificar al pueblo mediante su propia sangre, padeció fuera de la puerta. Salgamos, pues, a él, fuera del campamento, llevando su vituperio» (He. 13:12, 13).
3. El problema de la remisión.

   «A quien Dios puso como propiciación por medio de la fe en su sangre, para manifestar su justicia, a causa de haber pasado por alto, en su paciencia, los pecados pasados» (Ro. 3:25).

   Cuando se cerró el Antiguo Testamento, quedaba un gran problema por resolver. Se centraba en las palabras *remisión* y *paciencia*.
   a. La palabra *remisión* (como ya hemos visto) se refiere a la acción de permitir que algo pase de largo, en este caso los pecados de los santos del Antiguo Testamento.
   b. La palabra *paciencia* se refiere a la acción de refrenar algo, en este caso, la ira de Dios sobre esos pecados (Sal. 50:16-22; Hch. 14:16; 17:30).

   ¿Cómo, entonces, pudo Dios reconciliar su *santidad* y *justicia* con su *misericordia* y *gracia*? Por supuesto que este problema fue gloriosamente resuelto por Cristo, quien fue puesto «como propiciación» (Ro. 3:25). Esto entonces se convirtió en el gran cumplimiento de la predicción: «La misericordia y la verdad se encontraron; la justicia y la paz se besaron» (Sal. 85:10). Así es que Pablo pudo escribir con confianza absoluta:

   «Con la mira de manifestar en este tiempo su justicia, a fin de que él sea el justo, y el que justifica al que es de la fe de Jesús» (Ro. 3:26).
4. La unicidad de la remisión. De las quince palabras clave en el vocabulario de la salvación, sólo la remisión tiene que ver con la *resta*; todas las demás hablan de la gloriosa *suma*.

F. Redención.

«Bendito el Señor Dios de Israel, que ha visitado y redimido a su pueblo» (Lc. 1:68).

«Cristo nos redimió de la maldición de la ley...» (Gá. 3:13).

«Y cantaban un nuevo cántico, diciendo: Digno eres de tomar el libro y de abrir sus sellos; porque tú fuiste inmolado, y con tu sangre nos has redimido para Dios, de todo linaje y lengua y pueblo y nación» (Ap. 5:9).

1. El significado tripartito de la redención.
   a. Pagar el precio de rescate por algo o alguien.

      «Y no por sangre de machos cabríos ni de becerros, sino por su propia sangre, entró una vez para siempre en el Lugar Santísimo, habiendo obtenido eterna redención» (He. 9:12).
   b. Quitar un esclavo del mercado.

      «Cristo nos redimió de la maldición de la ley, hecho por nosotros maldición (porque está escrito: Maldito todo el que es colgado en un madero)» (Gá. 3:13).
   c. Efectuar una liberación plena.

      «Porque sabemos que toda la creación gime a una, y a una está con dolores de parto hasta ahora; y no sólo ella, sino que también nosotros mismos, que tenemos las primicias del Espíritu, nosotros también gemimos dentro de nosotros mismos, esperando la adopción, la redención de nuestro cuerpo» (Ro. 8:22, 23; véanse también Ro. 3:24; 1 Co. 1:30; Ef. 1:7, 14; 4:30; Col. 1:14).
2. El ejemplo de la redención en el Antiguo Testamento. Uno de los oficios más importantes del Antiguo Testamento era el del *goel*, o pariente-redentor. El *Diccionario de teología* describe el oficio de la siguiente manera:

   (1) «Se usa para expresar la recuperación de la posesión de una propiedad que había sido vendida a causa de una deuda (Lv. 25:25). (2) Se usa para la restauración o preservación del nombre de uno que murió sin tener descendencia: entonces su hermano debía suscitarle simiente, para que su nombre no fuese olvidado en Israel (Dt. 25:5; cp. Gn. 38:8). Booz es el ejemplo más conocido en este sentido (Rut 3—4) (*Diccionario de teología*, Editorial T.E.L.L., p. 253.)

   Había tres requisitos que un *goel* tenía que cumplir.
   a. Debía ser un pariente cercano (Lv. 25:48, 49; Rt. 3:12, 13).
   b. Debía tener la capacidad de redimir (Jer. 50:34).
   c. Debía estar dispuesto a redimir.

   Jesucristo, por supuesto, cumplía con los tres requisitos.

Se convirtió en un pariente cercano (He. 2:14-16; 4:15).
Podía redimir (Jn. 10:11, 18).
Estaba dispuesto a redimir (He. 10:4-10).

3. El costo de la redención.
«Sabiendo que fuisteis rescatados de vuestra vana manera de vivir, la cual recibisteis de vuestros padres, no con cosas corruptibles, como oro o plata, sino con la sangre preciosa de Cristo, como de un cordero sin mancha y sin contaminación» (1 P. 1:18, 19).

G. Regeneración.
«Nos salvó, no por obras de justicia que nosotros hubiéramos hecho, sino por su misericordia, por el lavamiento de la regeneración y por la renovación en el Espíritu Santo» (Tit. 3:5).

1. La definición de la regeneración. Es el proceso por el cual Dios imparte al pecador creyente una nueva naturaleza por medio de un segundo nacimiento.
«Respondió Jesús y le dijo [a Nicodemo]: De cierto, de cierto te digo, que el que no naciere de nuevo, no puede ver el reino de Dios» (Jn. 3:3).
«Mas a todos los que le recibieron, a los que creen en su nombre, les dio potestad de ser hechos hijos de Dios; los cuales no son engendrados de sangre, ni de voluntad de carne, ni de voluntad de varón, sino de Dios» (Jn. 1:12, 13).
«Todo aquel que cree que Jesús es el Cristo, es nacido de Dios...» (1 Jn. 5:1).

2. La necesidad de la regeneración. Es necesaria por la corrupción de la naturaleza humana.
«¿Mudará el etíope su piel, y el leopardo sus manchas? Así también, ¿podréis vosotros hacer bien, estando habituados a hacer mal?» (Jer. 13:23; véanse también Ro. 3:10-18; 7:18; 8:7; Gá. 5:19-21).
Por naturaleza todos los hombres:
a. Están muertos para Dios (Ef. 2:1).
b. Son hijos de ira (Ef. 2:3).
c. Son hijos de desobediencia (Ef. 2:2).
d. Están malditos con la naturaleza pecaminosa de Adán (Ro. 5:12; 1 Co. 15:47).

3. El alcance de la regeneración.
a. Individual (Tit. 3:5).
b. Universal. Por universal se entiende la redención de la naturaleza misma. Esto ocurrirá durante el milenio. (Véanse Mt. 19:28; Ro. 8:19-23.)

4. El medio de la regeneración. Hay tres factores esenciales para que el pecador experimente la redención.
a. La Palabra de Dios (Jn. 3:5; Ef. 5:26; Tit. 3:5; Stg. 1:18; 1 P. 1:23).
b. El hombre de Dios (Ro. 10:13-15; 1 Co. 4:15; 2 Co. 5:18-20; Gá. 4:19; Fil. 1:10).
c. El Espíritu de Dios (Jn. 3:5, 6; 1 Co. 2:14; Tit. 3:5).
Estos tres factores no deben ser tomados a la ligera. Enseñan que desde Adán ningún pecador ha sido salvado sin ellos. Sin embargo, algunos pueden negar la necesidad del segundo factor (el hombre de Dios), señalando que hay muchas personas que han venido a Cristo solas, después de leer un tratado evangélico. ¿Pero cómo se escribió, se imprimió y se distribuyó ese tratado en primer lugar? Es obvio que hubo seres humanos salvados de por medio. Si esto es cierto, entonces es razonable suponer que así como el Espíritu Santo busca un instrumento humano (las madres) para traer almas vivientes al mundo, así también busca instrumentos humanos (ganadores de almas) para llevar a los pecadores al reino de Dios.

5. Las ilustraciones bíblicas de la regeneración. De las muchas conversiones que hay en la Biblia, las dos que tal vez más vivamente demuestran el cambio de vida efectuado por la regeneración son las de Manasés, en el Antiguo Testamento, y Saulo de Tarso en el Nuevo Testamento.
a. Manasés (2 R. 21:1-18; 2 Cr. 33:1-20).
(1) El decimocuarto soberano de Judea fue, sin duda, el rey más singular que se haya sentado en el trono del reino del norte o del sur. Nótese lo siguiente:
(a) Fue rey durante más tiempo que cualquier otro de los dos reinos (cincuenta y cinco años).
(b) Tuvo el padre más piadoso de todos los reyes de Judea hasta ese momento (Ezequías).
(c) Su nieto Josías fue el mejor rey de todos.
(d) Fue el único rey malvado que se arrepintió genuinamente antes de morir.
(e) Fue el más malvado de todos los reyes antes de su salvación.
(2) El reino de Manasés antes de su conversión (registrado en 2 R. 21:1-18; 2 Cr. 33:1-20) probablemente hubiera excedido a los de Stalin y Hitler en cuanto a su maldad. Considérese la siguiente información:
(a) Volvió a construir todos los altares paganos a Baal que su padre había destruido (2 Cr. 33:3).
(b) Erigió un centro zodíaco para la adoración pagana del sol, la luna y las estrellas en cada casa de Dios (2 Cr. 33:4, 5).
(c) Sacrificó a sus propios hijos a dioses satánicos en el valle de Hinom, como lo había hecho su abuelo Acaz (33:6).
(d) Consultaba a adivinos y encantadores (33:6).
(e) La tradición dice que asesinó a Isaías haciéndolo aserrar (He. 11:37).
(f) Dios dijo que era más malvado que las naciones paganas que una vez habían ocupado a Palestina (2 R. 21:22).
(g) Derramó sangre inocente sobre Jerusalén de punta a punta (2 R. 21:16).
(h) Desatendió completamente las repetidas advertencias de Dios en medio de todo esto (2 Cr. 33:10).
(i) Fue prisionero por un tiempo del rey de Asiria.
(j) Se arrepintió mientras estaba en prisión y fue perdonado por Dios.

(k) Después se le permitió volver como rey de Judá.

b. Saulo de Tarso. Su guerra contra la iglesia:
   (1) Cuidó la ropa de los que asesinaron a Esteban y consintió en su muerte (Hch. 7:57, 58; 8:1, 2; 22:20).
   (2) Asolaba a la iglesia (Hch. 8:3). Esta palabra describe la acción de un puerco salvaje que desarraiga una viña.
   (3) Entraba en las casas de los cristianos y los arrastraba hasta la cárcel (Hch. 8:3).
   (4) Persiguió a los cristianos hasta la muerte en varias ciudades (Hch. 22:5).
   (5) Azotaba a los creyentes (Hch. 22:19).
   (6) Votó para que se los matara (Hch. 26:10).
   (7) Trató de obligarlos a maldecir a Cristo por medio de la tortura (Hch. 26:11).
   (8) Persiguió a la iglesia sobremanera y la «asolaba» (Gá. 1:13).

   Su conversión (Hch. 9:1-19; 22:5-16; 26:12-20; 1 Co. 15:7-10; 1 Ti. 1:12-16):
   (9) Fue cegado por una luz celestial cuando iba en el camino cerca de Damasco para perseguir a «hombres o mujeres de este Camino» (Hch. 9:2).
   (10) Cayó en tierra y oyó que Cristo decía: «Saulo, Saulo, ¿por qué me persigues?» (Hch. 9:4). También *vio* a Jesús en ese momento.
   (11) Pablo fue salvado gloriosamente y llevado ciego a Damasco donde permaneció solo, sin comida ni bebida, durante tres días.

6. Los frutos de la regeneración. La persona nacida dos veces ahora ama lo siguiente:
   a. A otros cristianos (1 Jn. 3:14).
   b. A Jesús (1 Jn. 5:1, 2).
   c. La vida separada (1 Jn. 2:15, 16, 5:4).
   d. A sus enemigos (Mt. 5:43-45).
   e. La Palabra de Dios (Sal. 119:24, 40, 47, 48, 72, 97, 103, 111, 113, 127, 129, 140, 143, 159, 162, 165, 168; 1 P. 2:2).
   f. Las almas de los hombres (Ro. 9:1-3; 10:1; 2 Co. 5:14).
   g. La oración (Ef. 5:19, 20).

H. Imputación.

«Bienaventurado el varón a quien el Señor no inculpa de pecado» (Ro. 4:8).

1. La definición de imputación: la imputación es la acción de una persona de agregar algo bueno o malo a la cuenta de otra persona.
2. Tipos de imputación. En la Biblia hay tres imputaciones teológicas principales:
   a. La imputación del pecado de Adán a la raza humana.

   «Por tanto, como el pecado entró en el mundo por un hombre, y por el pecado la muerte, así la muerte pasó a todos los hombres, por cuanto todos pecaron» (Ro. 5:12).

   «Porque así como en Adán todos mueren...» (1 Co. 15:22; véase también Ro. 3:23).

   A primera vista esta primera imputación parece totalmente injusta. ¿Por qué debería imputárseme a mí el pecado de Adán cuando ocurrió en una parte remota del mundo miles de años antes de que yo naciera? Si la historia terminara ahí podría ser injusta, pero ahí no termina. Sigamos leyendo.

   b. La imputación del pecado de la raza a Cristo.

   «Mas él herido fue por nuestras rebeliones, molido por nuestros pecados; el castigo de nuestra paz fue sobre él, y por su llaga fuimos nosotros curados» (Is. 53:5).

   «Verá el fruto de la aflicción de su alma, y quedará satisfecho; por su conocimiento justificará mi siervo justo a muchos, y llevará las iniquidades de ellos» (Is. 53:11).

   «... para que por la gracia de Dios gustase la muerte por todos» (He. 2:9).

   «Quien llevó él mismo nuestros pecados en su cuerpo sobre el madero, para que nosotros, estando muertos a los pecados, vivamos a la justicia; y por cuya herida fuisteis sanados» (1 P. 2:24; véase también 2 Co. 5:14-21).

   La primera imputación fue involuntaria (ningún ser humano aceptaría voluntariamente la culpa de Adán), pero la segunda imputación se efectuó en un voluntario completamente dispuesto.

   «Yo soy el buen pastor; el buen pastor su vida da por las ovejas» (Jn. 10:11).

   «Nadie me la quita, sino que yo de mí mismo la pongo...» (Jn. 10:18).

   c. La imputación de la justicia de Dios al pecador creyente.

   «Pero cuantas cosas eran para mí ganancia, las he estimado como pérdida por amor de Cristo. Y ciertamente, aun estimo todas las cosas como pérdida por la excelencia del conocimiento de Cristo Jesús, mi Señor, por amor del cual lo he perdido todo, y lo tengo por basura, para ganar a Cristo, y ser hallado en él, no teniendo mi propia justicia, que es por la ley, sino la que es por la fe de Cristo, la justicia que es de Dios por la fe» (Fil. 3:7-9).

   Esta imputación, como la segunda, debe ser voluntaria. Dios no le impone la justicia de Cristo a nadie.

3. Ejemplos bíblicos de la imputación.
   a. Abraham.

   «Y se cumplió la Escritura que dice: Abraham creyó a Dios, y le fue contado por justicia, y fue llamado amigo de Dios» (Stg. 2:23; véanse también Gn. 15:6; Ro. 4:3).

   b. David.

   «Como también David habla de la bienaventuranza del hombre a quien Dios atribuye justicia sin obras, diciendo: Bienaventurados aquellos cuyas iniquidades son perdonadas, y cuyos pecados son cubiertos. Bienaventurado el varón a quien el Señor no inculpa de pecado» (Ro. 4:6-8; véase también Sal. 32:1, 2).

   c. Onésimo. El doctor J. Dwight Pentecost escribe:

   «La celda de Pablo en Roma se convirtió en un púlpito desde el cual se propagó el evangelio a multitudes de la ciudad capital del Imperio Romano. Entre aquellos a quienes llegó el evangelio con poder transformador estaba un esclavo prófugo, Onésimo, que le había robado a su amo y había llegado a Roma desde la ciudad de Colosas en Asia Menor. Aunque Pablo podría haber usado a este nuevo hijo en la fe para ministrar a sus necesidades como prisionero, se propuso enviar a Onésimo de vuelta a Filemón, su amo. Pablo escribió la carta a Filemón para exhortarle a perdonar y restaurar a su esclavo prófugo, y tenerlo como hermano en Cristo. Pablo reconoció que antes de que se pudiera hacer tal restauración, hacía falta pagar la deuda que Onésimo había contraído. Onésimo no tenía con qué pagar esa deuda, así que al escribir su epístola el Apóstol dice (vv. 17-19): "Así que, si me tienes por compañero, recíbele como a mí mismo. Y si en algo te dañó, o te debe, ponlo a mi cuenta. Yo Pablo lo escribo de mi mano, yo lo pagaré...." Y con estas palabras el Apóstol dio un ejemplo clásico de la gran doctrina cristiana de la imputación.» (*Things Which Become Sound Doctrine*, p. 40.)

d. Esteban.

«Y apedreaban a Esteban, mientras él invocaba y decía: Señor Jesús, recibe mi espíritu. Y puesto de rodillas, clamó a gran voz: Señor, no les tomes en cuenta este pecado. Y habiendo dicho esto, durmió» (Hch. 7:59, 60).

e. Pablo.

«En mi primera defensa ninguno estuvo a mi lado, sino que todos me desampararon; no les sea tomado en cuenta» (2 Ti. 4:16)

I. Adopción.

«Pero cuando vino el cumplimiento del tiempo, Dios envió a su Hijo, nacido de mujer y nacido bajo la ley, para que redimiese a los que estaban bajo la ley, a fin de que recibiésemos la adopción de hijos» (Gá. 4:4, 5).

1. La teología de la adopción.
   a. La definición de adopción. La palabra literalmente significa ubicar a un hijo. La adopción es la continuación lógica de la regeneración. La regeneración da la naturaleza de un hijo de Dios, mientras que la adopción da la posición como hijo de Dios (Ro. 8:15-23; 2 Co. 6:18; Gá. 4:4-6; Ef. 1:5).
   b. La diferencia entre la adopción espiritual y la adopción civil.
      (1) Nosotros nunca adoptamos a nuestros propios hijos, pero Dios no adopta a ningún otro.
      (2) La adopción civil reconforta a los que no tienen hijos, pero Dios tenía un Hijo amado (Mt. 3:17; 17:5) antes de adoptarnos a nosotros.
      (3) Generalmente hay muchas características agradables en un niño adoptado por lo civil, pero no así en los hijos de Dios antes de su adopción (Ro. 3:10-18).
      (4) La adopción civil nunca puede darle la naturaleza del padre al hijo, pero los adoptados por Dios reciben la mente misma de Cristo (1 Co. 2:16).
      (5) En algunos casos, la adopción civil puede ser declarada nula, pero los adoptados por Dios están completamente seguros.
   c. La comparación entre la adopción espiritual y la adopción civil.
      (1) El Padre debe comenzar la acción que lleva a la adopción (Is. 1:18; Jn. 3:16).
      (2) Ambas adopciones dan una herencia a quien antes no tenía ninguna (Ro. 8:17; 1 P. 1:1-9).
      (3) Ambas adopciones proveen un nuevo nombre (Jn. 1:42; Ap. 2:17).
2. La Trinidad en la adopción.
   a. Hay una intimidad con el Padre. «... por el cual clamamos: ¡Abba, Padre!» (Ro. 8:15). Este es un nombre muy personal para el Padre propio. Sólo Jesús lo había usado hasta entonces (Mt. 26:42; Mr. 14:36).
   b. Hay una iluminación por el Espíritu. Nos guía (Ro. 8:14) y nos da seguridad (8:16).
   c. Hay una herencia con el Hijo. «Somos coherederos con Cristo» (Ro. 8:17; véase también He. 2:11).

J. Súplicas (oración).

«Exhorto ante todo, a que se hagan rogativas, oraciones, peticiones y acciones de gracias, por todos los hombres» (1 T. 2:1).

«Orando en todo tiempo con toda oración y súplica en el Espíritu» (Ef. 6:18).

«Por nada estéis afanosos, sino sean conocidas vuestras peticiones delante de Dios en toda oración y ruego, con acción de gracias» (Fil. 4:6).

Se puede decir que ningún pecador se salva sin oración y que ningún creyente se santifica (es decir, crece en la gracia) sin oración. La oración puede ser como la de Salomón (una de las más largas en la Biblia, con treinta versículos; véase 1 R. 8:23-53), o como la oración de Pedro (una de las más cortas, con un versículo de sólo dos palabras; véase Mt. 14:30). Pero de todas formas, la oración debe ser ejercida.

1. La definición de la oración. La oración se puede definir como «tener comunión con Dios». Es algo más que sencillamente hablarle *a* Dios; es más bien hablar *con* Dios. Implica dar y recibir.
2. Los elementos de la oración. Según la oración modelo de Jesús que se nos dio por pedido de los discípulos (véanse Lc. 11:1; Mt. 6:9-13), la oración incluye los siguientes diez elementos:
   a. Una relación personal con Dios: «Padre nuestro». La palabra *nuestro* significa la relación fraternal entre el creyente y todos los demás cristianos. Aunque la Biblia no presenta la paternidad universal de Dios en ninguna parte, sí declara la fraternidad universal de los creyentes. La palabra *Padre* significa la relación entre Dios y el creyente.
   b. Fe: «que estás en los cielos». Pablo declara que sin este elemento nuestras oraciones son inútiles. (Véase He. 11:6.)
   c. Adoración: «santificado sea tu nombre». David creía que esta parte de la oración era

tan importante que nombró a un grupo selecto de hombres que no hacían otra cosa en el Templo que alabar y adorar a Dios. (Véanse 1 Cr. 23:5; 25:1, 7.) En el libro de Apocalipsis, Juan vio cuatro ángeles especiales que existían sólo para adorar a Dios y que «no cesaban día y noche de decir: Santo, santo, santo es el Señor Dios Todopoderoso, el que era, el que es, y el que ha de venir» (Ap. 4:8). Véase también la declaración de Cristo a la mujer samaritana (Jn. 4:23, 24).

d. Expectativa: «Venga tu reino». Este reino es ese reino milenario bendito del cual se habla tanto en el Antiguo Testamento (véanse Is. 2:2-4; 25:8; 35:1, 8, 10; 65:20, 25) y que más adelante fue visto en visión por Juan en el Nuevo Testamento (Ap. 20:1-6).

e. Sumisión: «Hágase tu voluntad, como en el cielo, así también en la tierra.» Jesús daría el mayor ejemplo de este elemento en el Getsemaní (Mt. 26:39).

f. Petición: «El pan nuestro de cada día, dánoslo hoy.» Esto sugiere que nuestra oración debería ser como nuestro alimento: diario.

g. Confesión: «Y perdónanos nuestras deudas.» La sangre de Cristo nos perdona todo pecado, pero ni una sola excusa. Sólo el pecado confesado puede ser perdonado (véase 1 Jn. 1:9).

h. Compasión: «como también nosotros perdonamos a nuestros deudores». (Véanse Mt. 18:21-35 y 1 Jn. 4:20.)

i. Dependencia: «Y no nos metas en tentación, mas líbranos del mal.» Se debe entender que aunque Dios nunca prometió librarnos *de* ser tentados, sí ha prometido protegernos *en* la tentación y mientras ésta dure (1 Co. 10:13).

j. Reconocimiento: «porque tuyo es el reino, y el poder, y la gloria, por todos los siglos». (Véase la gran oración de David en 1 Cr. 29:10-19, donde anticipa la última parte de la oración modelo de Jesús.)

3. Razones para orar. ¿Por qué debemos orar?

a. Por el mandato repetido de Dios de hacerlo (1 S. 12:23; Ro. 12:12; Col. 4:2; 1 Ts. 5:17; 1 Ti. 2:8).

b. Por el ejemplo de Cristo (He. 5:7; 1 P. 2:21-23).

c. Por el ejemplo de la iglesia primitiva (Hch. 1:14; 2:42; 6:4; 12:5).

d. Porque la oración es el método escogido de Dios para:

(1) Derrotar al diablo (Lc. 22:32; 1 P. 4:7).
(2) Salvar al pecador (Lc. 18:13).
(3) Restaurar al descarriado (Stg. 5:16).
(4) Fortalecer al santo (Jud. v. 20).
(5) Enviar obreros (Mt. 9:38; Hch. 13:2, 3).
(6) Curar a los enfermos (Stg. 5:13-15).
(7) Glorificar el nombre de Dios (Ap. 5:8; 8:2-4).
(8) Lograr lo imposible (Mt. 21:22; Mr. 9:29; Hch. 12:5-7; Stg. 5:17, 18).
(9) Dar cosas buenas (Sal. 102:17; Mt. 7:7-11).
(10) Impartir sabiduría (Stg. 1:5).
(11) Dar paz (Fil. 4:5-7).
(12) Guardar del pecado (Mt. 26:41).
(13) Revelar la voluntad de Dios (Lc. 11:9, 10).

e. Por el ejemplo del cristiano más grande de todos los tiempos: Pablo (Hch. 9:10, 11; 16:25; 20:36; 21:5; Ro. 1:9; 10:1; Ef. 1:16; Fil. 1:4; Col. 1:3; 1 Ts. 1:2; 2 Ts. 1:11; 1 Ti. 2:8; 2 Ti. 1:3; Fil. 1:4).

4. La dirección de la oración. ¿A quién debemos orar? ¿Al Padre? ¿Al Hijo? ¿Al Espíritu? La regla neotestamentaria básica es ésta: la oración se debe hacer *al* Padre, *por medio del* Espíritu, *en el nombre de* Jesús (Ro. 8:15, 16, 26, 27).

5. Los objetos de la oración. ¿Por quién debemos orar?

a. Por nosotros mismos. En las Escrituras, el siervo de Abraham (Gn. 24:12), Pedro (Mt. 14:30) y el ladrón moribundo (Lc. 23:42) todos oraron por sí mismos. La primera oración fue por dirección, la segunda por protección para no morir ahogado, y la tercera por salvación.

b. El uno por el otro (Stg. 5:16; Ro. 1:9).

c. Por los pastores. El apóstol Pablo pidió oración para sí mismo a los creyentes de Efeso y de Colosas.

«Y por mí, a fin de que al abrir mi boca me sea dada palabra para dar a conocer con denuedo el misterio del evangelio, por el cual soy embajador en cadenas; que con denuedo hable de él, como debo hablar» (Ef. 6:19, 20).

«Orando también al mismo tiempo por nosotros, para que el Señor nos abra puerta para la palabra, a fin de dar a conocer el misterio de Cristo, por el cual también estoy preso» (Col. 4:3).

d. Por los creyentes enfermos (Stg. 5:14, 15).

c. Por los gobernantes.

«Exhorto ante todo, a que se hagan rogativas, oraciones, peticiones y acciones de gracias, por todos los hombres; por los reyes y por todos los que están en eminencia, para que vivamos quieta y reposadamente en toda piedad y honestidad. Porque esto es bueno y agradable delante de Dios nuestro Salvador» (1 Ti. 2:1-3).

Qué fácil es (y qué pecaminoso) criticar a nuestros líderes, pero no recordarlos nunca en oración.

f. Por nuestros enemigos (Mt. 5:44; Hch. 7:59, 60).

g. Por Israel (Sal. 122:6; Is. 62:6, 7).

h. Por todos los hombres (1 Ti. 2:1).

6. Las posiciones de los que oran. No hay una posición específica. El corazón es lo que cuenta. Nótense las diferentes posiciones descritas en la Biblia.

a. De pie (Mr. 11:25) (sugerido por Jesús).*

* En el griego, la frase «estéis orando» significa literalmente «os pongáis en pie para orar» (véase Francisco Lacueva, *Nuevo Testamento interlineal griego-español*, Editorial CLIE, p. 190.) Véanse también la *Biblia de las Américas* (margen) y la Biblia de H. Pratt (Versión Moderna). (Nota del editor.)

b. Sentado (1 Cr. 17:16-27, *Biblia de las Américas*) (hecho por David).
c. Inclinado (Ex. 34:8) (Moisés).
d. Acostado (Sal. 6:6) (David).
e. Postrado (Sal. 28:2) (David).
f. Sobre el rostro (Mt. 26:39) (Jesús).
g. Arrodillado (1 R. 8:54; Dn. 6:10; Lc. 22:41; Hch. 20:36) (Salomón, Daniel, Jesús, Pablo).
h. Con el rostro entre las rodillas (1 R. 18:42) (Elías).

7. El momento de la oración: cualquiera.
a. Temprano por la mañana (Mr. 1:35).
b. Al mediodía (Sal. 55:17).
c. Por la tarde (Hch. 3:1).
d. De noche (Sal. 141:2).
e. A medianoche (Hch. 16:25).

8. Estorbos para la oración.
a. Pecado conocido (Sal. 66:18).
b. Falta de sinceridad (Mt. 6:5).
c. Motivos carnales (Stg. 4:3).
d. Incredulidad (Stg. 1:5, 6).
e. Actividad satánica (Dn. 10:10-13). En ciertas ocasiones, el Dios soberano puede permitir que la interferencia satánica destruya la oración del creyente por un corto tiempo. Generalmente es con el propósito de probar y purificar a su hijo, vivamente ilustrado por el libro de Job y el décimo capítulo de Daniel.
f. Problemas domésticos (1 P. 3:7).
g. Orgullo (Lc. 18:10-14).
h. Robo a Dios (Mal. 3:8-10).
i. Negarse a ayudar a los necesitados (Pr. 21:3; 1 Jn. 3:16, 17).
j. Negarse a someterse a la enseñanza bíblica (Pr. 1:24-28; 28:9; Zac. 7:11-14).
k. Negarse a perdonar o a ser perdonado (Mt. 5:23, 24; 6:12, 14).

9. Requisitos de la oración. ¿Cuáles son las reglas de la oración? Es absolutamente necesario cumplir con los siguientes puntos:
a. La oración debe ser humilde (Sal. 10:17; Lc. 18:13, 14).
b. La oración debe ser audaz (1 Jn. 5:13-15).
c. La oración debe tener fe (He. 11:6).
d. La oración debe ser sincera (Sal. 145:18).
e. La oración debe ser sencilla (Mt. 6:7).
f. La oración debe ser persistente (Lc. 18:7; Col. 4:2).
g. La oración debe ser definida (Sal. 27:4; Hch. 12:5). Muchas veces, nuestras oraciones son tan vagas e indefinidas que carecen de sentido. Peticiones tales como «Señor, salva el alma que esté más cerca del infierno» o «sana a todos los enfermos y reconforta a todos los que se sienten solos» sencillamente no proveen ninguna base para la acción divina.
h. Las oraciones deben estar de acuerdo con las Escrituras (1 Jn. 5:14). Deben estar fundadas y limitadas por la palabra de Dios si hemos de hallar su voluntad para nuestras vidas.

K. Justificación. Esta es la undécima gran palabra del vocabulario de la salvación.

«¿Cómo, pues, se justificará el hombre para con Dios? ¿Y cómo será limpio el que nace de mujer?» (Job 25:4).

«Justificados, pues, por la fe, tenemos paz para con Dios por medio de nuestro Señor Jesucristo» (Ro. 5:1).

1. La necesidad de la justificación. En su Epístola a los Romanos, el apóstol Pablo presenta al hombre pecador en un tribunal en medio de un juicio por su propia vida. El *cargo* es alta traición en contra del Rey del universo (Ro. 3:23). El *Juez* que preside la sesión es el mismo Señor Jesucristo (Jn. 5:22; Hch. 17:13). El *jurado* está compuesto por la Ley de Dios y los hechos del hombre (Ro. 2:6, 12). Después de una deliberación apropiada, se pronuncia un *veredicto* justo y razonable: «culpable» (Ro. 3:9-20). Se dicta entonces una *sentencia* aterrorizadora: muerte espiritual, lo que significa la separación eterna de Dios para sufrir por toda la eternidad en el lago de fuego (Ro. 6:23; Ap. 20:11-15).

A la luz de todo esto es fácil ver que hacía falta desesperadamente la justificación.

2. La definición de la justificación.
a. Consideraciones negativas (lo que *no* es):
(1) No significa ser absuelto, es decir, defenderse con éxito de todos los cargos (Ro. 3:19).
(2) No significa ser indultado, es decir, ser culpable pero recibir una segunda oportunidad.
(3) No significa ser puesto en libertad condicional, es decir, ser culpable y ser liberado con ciertas restricciones.

b. Consideraciones positivas (lo que *sí* es): El gran teólogo A. Strong ha definido a la justificación en la siguiente manera:

«Por justificación queremos decir esa acción judicial de Dios en la cual, por cuenta de Cristo, a quien el pecador se une por fe, declara que el pecador ya no está expuesto al castigo de la ley, sino que está restaurado y vuelve a gozar del favor de Dios.» (*Systematic Theology*, p. 849.)

La justificación, entonces, es esa acción legal por la cual la condición del hombre ante Dios cambia para bien.

3. El método de la justificación.
«Por tanto, es por fe, para que sea por gracia…» (Ro. 4:16).
a. Es por fe (Ro. 5:1), porque es la mejor manera de salvar al pecador (Nm. 21:5-9; cp. Jn. 3:14-16). Se puede encontrar uno de los grandes ejemplos de salvación en el Antiguo Testamento en Números 21 (al cual se hace referencia en Jn. 3). Muchos israelitas pecadores habían sufrido heridas mortales por serpientes venenosas. Pero Dios ofreció una cura, pidiendo sólo que, por fe, la víctima mirara a una serpiente de bronce colocada sobre una asta.
b. Es por gracia (Ro. 3:24; Tit. 3:7), porque es la mejor manera de glorificar a Dios (Ef. 2:1-10).

4. Los dos grandes ejemplos de la justificación.
a. Abraham. Fue justificado aparte de la circuncisión (Gn. 15:6). En Génesis 16:16 se nos dice que tenía ochenta y seis años en el momento de su conversión. En el 17:24 se nos dice que tenía noventa y nueve años cuando se efectuó la circuncisión (véase especialmente Ro. 4:1-5, 9-25).

Nota: Algunos han imaginado una contradicción entre Pablo (Ro. 4:4, 5) y Santiago (Stg. 2:24) respecto a la justificación de Abraham. No existe tal contradicción. Notemos lo que estos dos hombres dicen acerca de la justificación. Pablo dice que el hombre es justificado por la *fe* ante Dios. Santiago dice que el hombre es justificado por las *obras* ante los hombres. Pablo dice que la fe es la *raíz* de la justificación. Santiago dice que las obras son el *fruto* de la justificación.

La enseñanza de la Reforma fue: «Las buenas obras no hacen al hombre bueno, pero el hombre bueno hace buenas obras.»

b. David. Fue justificado aparte de las ofrendas levíticas (Sal. 32:1, 2; 51:16, 17; Ro. 4:6-8).

5. Los resultados de la justificación.
   a. La remisión del castigo por el pecado (Hch. 13:38, 39; Ro. 4:7; 6:23; 8:1, 33, 34; 2 Co. 5:21; Ef. 1:7; 4:32; Col. 2:13).
   b. La restauración al favor divino (Ro. 5:1-11).
   c. La imputación de la justicia de Cristo (Mt. 22:11; Lc. 15:22-24; Ro. 4:11; 1 Co. 1:30; 2 Co. 5:21).

En conclusión, el hombre sólo justifica al inocente, pero Dios sólo justifica al culpable. El hombre justifica en base al mérito propio, pero Dios justifica en base al mérito del Salvador.

L. Santificación.

«Y por ellos yo me santifico a mí mismo, para que también ellos sean santificados en la verdad» (Jn. 17:19).

«Maridos, amad a vuestras mujeres, así como Cristo amó a la iglesia, y se entregó a sí mismo por ella, para santificarla, habiéndola purificado en el lavamiento del agua por la palabra» (Ef. 5:25, 26).

«Pues la voluntad de Dios es vuestra santificación...» (1 Ts. 4:3).

«Y el mismo Dios de paz os santifique por completo» (1 Ts. 5:23).

1. La definición de la santificación.
   a. Consideraciones negativas (lo que *no* es):
      (1) *No* es la erradicación de la naturaleza pecaminosa. De hecho, los que se jactan de la erradicación de su naturaleza pecaminosa dicen haber obtenido lo que Pablo, Santiago y Juan admitieron no haber logrado.

      «No que lo haya alcanzado ya, ni que ya sea perfecto; sino que prosigo, por ver si logro asir aquello para lo cual fui también asido por Cristo Jesús. Hermanos, yo mismo no pretendo haberlo ya alcanzado; pero una cosa hago: olvidando ciertamente lo que queda atrás, y extendiéndome a lo que está delante, prosigo a la meta, al premio del supremo llamamiento de Dios en Cristo Jesús» (Fil. 3:12-14; cp. Stg. 3:2; 1 Jn. 1:8, 9; 2:1).

      Nota: La posición opuesta (e igualmente errónea) del erradicacionismo es el *antinomianismo*, que literalmente significa «contra la ley». Esta era la teoría de que el cristiano no estaba bajo ninguna obligación moral de observar los mandamientos. El primer punto de vista era un intento de *eliminar* el pecado, mientras que el segundo sencillamente lo *disfrutaba*.

      Tanto la perfección impecable como las imperfecciones pecaminosas son doctrinas antiescriturales. Aunque el cristiano no puede *parar de pecar*, sin embargo puede, por medio de la santificación, *pecar menos*.

      (2) *No* es la «segunda bendición». En 2 Corintios 1:15 Pablo escribe: «Con esta confianza quise ir primero a vosotros, para que tuvieseis una segunda gracia.» Algunos han tomado su teología de la segunda bendición de este versículo. Sin embargo, Pablo describe a los creyentes corintios en su primera epístola como personas que habían sido ya santificadas (1:2; 6:11).

      (3) *No* es el bautismo del Espíritu Santo. En 1 Corintios 12:13, Pablo dice que *todos* los creyentes han sido bautizados por el Espíritu Santo, cualquiera que sea su condición espiritual personal. Compárese con 1 Corintios 3:1-4.

   b. Consideraciones positivas (lo que *sí* es): La santificación ocurre de varias maneras unas 300 veces en el Nuevo Testamento y 760 veces en el Antiguo Testamento para un total de 1060 en la Biblia. El significado básico en todas estas ocasiones es «apartar».*
      (1) Los días y las estaciones fueron santificados (Gn. 2:3; Dt. 5:12; Neh. 13:19-22; Jl. 1:14; 2:15).**
      (2) Objetos físicos fueron santificados, entre otros:
         El monte Sinaí (Ex. 19:23).
         Las ofrendas levíticas (Ex. 29:27).
         Los campos (Lv. 27:22).
         El tabernáculo (Ex. 29:44).
         Las puertas de la ciudad (Neh. 3:1).
         Las casas (Lv. 27:14).
      (3) La gente había de santificarse (Lv. 11:44).
      (4) Un hombre podía santificar a otro (Ex. 13:1, 2).
      (5) Los malhechores se santificaban (Is. 66:17).
      (6) Moisés fue castigado por no santificar a Dios (Dt. 32:51).
      (7) Dios santificó a Cristo (Jn. 10:36).
      (8) Cristo se santificó a sí mismo (Jn. 17:19).
      (9) El cónyuge creyente de un matrimonio puede santificar al cónyuge incrédulo (1 Co. 7:14).

---

* En las Biblias españolas, la palabra para santificación se traduce a veces por las palabras *consagrar, dedicar, arreglar*. (Nota del editor.)

** La palabra *proclamad*, en Joel 1:14 y 2:15, literalmente significa *consagrad*. (Nota del editor.)

(10) Se dice que los cristianos carnales son santificados (1 Co. 12; cp. 3:3).
(11) Los creyentes han de santificar a Dios (1 P. 3:15).

2. El contraste de la santificación. Puede ser útil hacer un contraste ahora entre la santificación y la justificación.
   a. La justificación tiene que ver con nuestra *posición*, mientras que la santificación tiene que ver con nuestro *estado*.
   b. La justificación es lo que Dios hace *por* nosotros, mientras que la santificación es lo que Dios hace *en* nosotros.
   c. La justificación es un *hecho*, mientras que la santificación es una *obra*.
   d. La justificación es el *medio*, mientras que la santificación es el *fin*.
   e. La justificación nos da *seguridad*, mientras que la santificación nos da *solidez*.
   f. La justificación *declara* que somos buenos, mientras que la santificación *hace* que seamos buenos.
   g. La justificación quita la *culpa* y la *pena* por el pecado, mientras que la santificación controla el *crecimiento* y el *poder* del pecado.
   h. La justificación provee los *rieles* que conducen al cielo, mientras que la santificación provee el *tren*.

3. El logro de la santificación. En Romanos 6, Pablo expone claramente el programa que lleva al proceso del crecimiento en gracia y madurez espiritual que es la santificación y que dura toda la vida. El plan incluye cuatro mandatos sencillos.
   a. Saber (Ro. 6:1-10).
      (1) Que hemos sido «sepultados juntamente con él [con Cristo] para muerte por el bautismo» (6:4). Aquí Pablo dice que Cristo no sólo murió *por* mí sino *en mi lugar*. La palabra «bautismo» sencillamente significa «identificación». Esta identificación con Cristo en el Calvario es uno de los muchos «bautismos secos» de la Biblia. Otros incluyen:
         (a) El bautismo del pecado y del sufrimiento con que fue bautizado Cristo (Mt. 20:22).
         (b) El bautismo del Espíritu Santo a los creyentes en pentecostés (Hch. 1:5).
         (c) El bautismo de los creyentes en el cuerpo de Cristo (1 Co. 12:13).
         (d) El bautismo «por los muertos» (1 Co. 15:29).
         Nota: Se piensa que esto se refiere a la acción de los creyentes vivos identificados con creyentes martirizados al levantar sus estandartes caídos.
         (e) El bautismo «en Moisés» (1 Co. 10:2).
         (f) El bautismo del juicio durante la tribulación (Mt. 3:11, 12).
      (2) Que hemos sido «plantados juntamente con él en la semejanza de su … resurrección» (6:5). El creyente ha sido pues «transplantado» tres veces:
         (a) Al huerto del Edén, donde pecó con Adán.
         (b) A la cruz, donde murió con Cristo.
         (c) A la tumba, donde resucitó con Cristo.
      (3) Debido a estos dos hechos, el creyente está:
         (a) «Muerto al pecado» (6:2).
         (b) «Justificado del pecado» (6:7).
         La muerte cancela todas las obligaciones. Aquí la muerte es personificada como un tirano cruel que impone contribuciones insoportables en sus súbditos. La única forma de evitarlas es la muerte. Esto vuelve el cuerpo del pecado inactivo (sin quitarlo) e impotente. (Véanse también Ef. 4:22-24; Col. 3:9, 10.)
   b. «Considerar» (Ro. 6:11, 12). Esto sencillamente significa que por la fe hemos de actuar según estos hechos a pesar de cualquier sentimiento personal.
   c. «Someterse» (Ro. 6:16-23).
      (1) Hemos de dejar de someter (tiempo presente) los miembros de nuestro cuerpo como instrumentos de injusticia.
      (2) Hemos de someter de una vez por todas (tiempo aorista) los miembros de nuestro cuerpo como instrumentos de justicia.
   d. «Obedecer».
      (1) ¿A quién hemos de obedecer?
         (a) El cristiano ha de obedecer a su nuevo Señor e ignorar al viejo (Ro. 6:16). Sólo podemos servir a un señor a la vez (Mt. 6:24).
         (b) El cristiano ha de obedecer la forma de doctrina a la cual ha sido entregado. (El verbo griego «entregar» está en la segunda persona plural.) Originalmente fue salvado al ser vertido en el molde de la salvación. Ahora ha de obedecer los preceptos de este molde y permitir que forge y forme su nueva vida.
      (2) ¿Por qué hemos de obedecer?
         (a) Porque hemos sido «libertados del pecado» (6:22). Hay tres términos teológicos latinos que pueden clarificar esta preciosa doctrina. Son:
         Non posse non pecare: incapaz de no pecar. Esto se refiere a los creyentes antes de la salvación.
         Posse non pecare: capaz de no pecar. Esto se refiere a los creyentes después de la salvación. Ahora tienen el poder de vivir vidas victoriosas.
         Non posse pecare: incapaz de pecar. Esto describe la existencia después del arrebatamiento.
         (b) Porque Dios desea los frutos de la justificación de los creyentes que sólo pueden resultar de la obediencia (6:21, 22).

M. Glorificación.

«Y a los que predestinó, a éstos también llamó; y a los que llamó, a éstos también justificó; y a los que justificó, a éstos también glorificó» (Ro. 8:30).

«Por quien también tenemos entrada por la fe a

esta gracia en la cual estamos firmes, y nos gloriamos en la esperanza de la gloria de Dios» (Ro. 5:2).

«Pues tengo por cierto que las aflicciones del tiempo presente no son comparables con la gloria venidera que en nosotros ha de manifestarse» (Ro. 8:18).

«[El cuerpo humano] se siembra en deshonra, resucitará en gloria; se siembra en debilidad, resucitará en poder» (1 Co. 15:43).

«Cuando Cristo, vuestra vida, se manifieste, entonces vosotros también seréis manifestados con él en gloria» (Col. 3:4).

«Ruego a los ancianos que están entre vosotros, yo anciano también con ellos, y testigo de los padecimientos de Cristo, que soy también participante de la gloria que será revelada» (1 P. 5:1).

1. El significado de la glorificación. Se refiere a las perfecciones físicas, mentales y espirituales finales y absolutas de todos los creyentes (Ro. 8:22, 23; 1 Co. 15:41-44, 51-55; 2 Co. 4:14-18; 5:1-4; Jud. vv. 24, 25).
2. El momento de la glorificación. Comenzará con el arrebatamiento y continuará por toda la eternidad. (1 Co. 15:51-53; 1 Ts. 4:13-18).
3. El propósito de la glorificación. La glorificación es el lado final tanto lógico como necesario del gran triángulo de la salvación. Completa la justificación y la santificación. Nótese:
   a. En el pasado, Cristo el Profeta nos salvó de la pena por el pecado por medio de la justificación.
   b. En el presente, Cristo el Sacerdote nos salva del poder del pecado por medio de la santificación.
   c. En el futuro, Cristo el Rey nos salvará de la presencia del pecado por medio de la glorificación.
4. Los resultados de la glorificación. ¿Qué tipo de cuerpo tendrá el creyente?
   a. Será un cuerpo como el de Cristo (Fil. 3:21; 1 Jn. 3:2).
   b. Será un cuerpo de carne y hueso (Lc. 24:39).
   c. Será un cuerpo reconocible (1 Co. 13:12).
   d. Será un cuerpo en el cual predominará el Espíritu (1 Co. 15:44, 49).

      «Se siembra cuerpo animal, resucitará cuerpo espiritual. Hay cuerpo animal, y hay cuerpo espiritual» (1 Co. 15:44).

      «Y así como hemos traído la imagen del terrenal, traeremos también la imagen del celestial» (1 Co. 15:49).

      Por supuesto que la situación está al revés ahora, como lo señala Marcos 14:38: «Velad y orad, para que no entréis en tentación; el espíritu a la verdad está dispuesto, pero la carne es débil» (Mr. 14:;38).
   e. Será un cuerpo no limitado por el tiempo, la gravedad ni el espacio. En por lo menos tres ocasiones durante los primeros días después de su resurrección, nuestro Señor desafió todas las leyes naturales al aparecer repentinamente dentro y fuera de habitaciones cerradas para consolar a sus discípulos.

      La primera ocasión: desapareció de la casa de los dos discípulos de Emaús.

      «Entonces les fueron abiertos los ojos, y le reconocieron; mas él se desapareció de su vista» (Lc. 24:31).

      La segunda ocasión: apareció ante los apóstoles en Jerusalén.

      «Cuando llegó la noche de aquel mismo día, el primero de la semana, estando las puertas cerradas en el lugar donde los discípulos estaban reunidos por miedo de los judíos, vino Jesús, y puesto en medio, les dijo: Paz a vosotros» (Jn. 20:19).

      La tercera ocasión: apareció (ocho días después) ante once apóstoles en Jerusalén.

      «Ocho días después, estaban otra vez sus discípulos dentro, y con ellos Tomás. Llegó Jesús, estando las puertas cerradas, y se puso en medio y les dijo: Paz a vosotros» (Jn. 20:26).
   f. Será un cuerpo eterno (2 Co. 5:1).
   g. Será un cuerpo glorioso (Ro. 8:18; 1 Co. 15:43).

      La palabra hebrea para «gloria» es *kabod*, que significa literalmente «ser pesado», prestándose a alguien cargado de riquezas (Gn. 31:1), poder (Is. 8:7) y posición (Gn. 45:13). También puede referirse a la hermosura moral (Ex. 33:18-23).

      La palabra griega para gloria es *doxa*, que significa literalmente «manifestar una opinión honrosa».

      Ambas palabras sugieren la luminosidad y el brillo de una luz sobrenatural. Juntando todos estos significados, se puede sugerir que el cuerpo glorificado del creyente estará sobrenaturalmente enriquecido y facultado para servir a Dios en una posición señalada irradiando el brillo de la gracia a los ángeles y al universo.

N. Conservación.

«Y el mismo Dios de paz os santifique por completo; y todo vuestro ser, espíritu, alma y cuerpo, sea guardado irreprensible para la venida de nuestro Señor Jesucristo. Fiel es el que os llama, el cual también lo hará» (1 Ts. 5:23, 24).

«Judas, siervo de Jesucristo, y hermano de Jacobo, a los llamados, santificados en Dios Padre, y guardados en Jesucristo» (Jud. v. 1).

O. Origen.

«Asimismo se alegró mucho el rey David, y bendijo a Jehová delante de toda la congregación; y dijo David: Bendito seas tú, oh Jehová, Dios de Israel nuestro padre, desde el siglo y hasta el siglo. Tuya es, oh Jehová, la magnificencia y el poder, la gloria, la victoria y el honor; porque todas las cosas que están en los cielos y en la tierra son tuyas. Tuyo, oh Jehová, es el reino, y tú eres excelso sobre todos. Las riquezas y la gloria proceden de ti, y tú dominas sobre todo; en tu mano está la fuerza y el poder, y en tu mano el hacer grande y el dar poder a todos. Ahora pues, Dios nuestro, nosotros alabamos y loamos tu glorioso nombre. Porque, ¿quién soy yo, y quién es mi pueblo, para que pudiésemos ofrecer voluntariamente cosas semejantes? Pues todo es tuyo, y de lo recibido de tu mano te damos» (1 Cr. 29:10-14).

Ahora hablaremos con brevedad (y valor) del último concepto en el vocabulario de la salvación. Tiene que ver con lo que es, sin duda, el tema más profundo (y frecuentemente pervertido) en toda la Palabra de Dios. A lo largo de la historia de la

Iglesia (especialmente del siglo XVI en adelante) ningún otro tema ha causado tanto estruendo y alboroto como éste. Algunos lo detestan mientras otros se deleitan en él, pero ningún estudioso honesto de la Biblia puede pasarlo por alto. ¿Por qué medio y por qué motivo fue originado el plan de salvación? ¿Por qué no se salvan todos los hombres? ¿Pueden verdaderamente ser salvos todos los hombres?

1. Los términos incluidos en el tema del origen de la salvación. Debemos considerar ocho palabras: decreto, ordenación, presciencia, elección, consejo, predestinación, propósito y llamamiento.

a. Decreto.

«Porque en él fueron creadas todas las cosas, las que hay en los cielos y las que hay en la tierra, visibles e invisibles; sean tronos, sean dominios, sean principados, sean potestades; todo fue creado por medio de él y para él» (Col. 1:16).

«Señor, digno eres de recibir la gloria y la honra y el poder; porque tú creaste todas las cosas, y por tu voluntad existen y fueron creadas» (Ap. 4:11).

La *Confesión de fe de Westminster y el catecismo menor* define el decreto de Dios de la siguiente manera: «Dios, desde la eternidad, por el sabio y santo consejo de su voluntad, ordenó libre e inalterablemente todo lo que sucede» (p. 14).

En su libro *Teología sistemática*, L. Berkhof menciona siete características de este decreto.

(1) Está fundado en la sabiduría divina.

«Y de aclarar a todos cuál sea la dispensación del misterio escondido desde los siglos en Dios, que creó todas las cosas; para que la multiforme sabiduría de Dios sea ahora dada a conocer por medio de la iglesia a los principados y potestades en los lugares celestiales, conforme al propósito eterno que hizo en Cristo Jesús nuestro Señor» (Ef. 3:9-11).

«¡Cuán innumerables son tus obras, oh Jehová! Hiciste todas ellas con sabiduría; la tierra está llena de tus beneficios!» (Sal. 104:24).

«Jehová con sabiduría fundó la tierra; afirmó los cielos con inteligencia» (Pr. 3:19).

(2) Es eterno.

«El decreto divino es eterno en el sentido de que descansa completamente en la eternidad. En un sentido verdadero puede decirse que todos los actos de Dios son eternos, puesto que en el Ser Divino no existe la sucesión de los momentos. Pero algunos de esos actos terminan en el tiempo, como por ejemplo, la creación y la justificación. De aquí que no los llamemos actos eternos de Dios, sino temporales. El decreto, sin embargo, en tanto que se relaciona con cosas externas a Dios, permanece en sí mismo un acto interno del Ser Divino y es por tanto eterno en el más estricto sentido de la palabra.» (*Teología sistemática*, T.E.L.L., p. 122.)

«Dice el Señor, que hace conocer todo esto desde tiempos antiguos» (Hch. 15:18; véanse también Ef. 1:4; 2 Ti. 1:9).

(3) Es eficaz.

«Esto no quiere decir que Dios ha determinado hacer El mismo que acontezcan — mediante una aplicación directa de su poder — todas las cosas incluidas en su decreto; sino solamente que El ha decretado que ciertamente acontecerán, es decir, que nada frustrará su propósito.» (*Ibid.*, p. 122.)

«El consejo de Jehová permanecerá para siempre...» (Sal. 33:11).

«Muchos pensamientos hay en el corazón del hombre; mas el consejo de Jehová permanecerá» (Pr. 19:21).

«Acordaos de las cosas pasadas desde los tiempos antiguos; porque yo soy Dios, y no hay otro Dios, y nada hay semejante a mí, que anuncio lo por venir desde el principio, y desde la antigüedad lo que aún no era hecho; que digo: Mi consejo permanecerá, y haré todo lo que quiero» (Is. 46:9, 10; véase también Is. 14:24).

(4) Es inmutable.

«Atendiendo a diversas razones, el hombre puede y con frecuencia altera sus planes. Posiblemente al planear le faltó seriedad de propósito, o no entendió bien todo lo que el plan alcanzaba, o le faltaba poder para realizarlo. Pero en Dios nada que se parezca a esto es concebible. No le falta conocimiento, veracidad, ni poder. Por tanto, Dios no necesita cambiar su decreto debido a un error motivado por la ignorancia, ni debido a incapacidad para ejecutarlo. Y tampoco tendrá por qué cambiarlo, puesto que El es Dios inmutable, fiel y verdadero.» (*Ibid.*, pp. 122, 123.)

«Varones israelitas, oíd estas palabras: Jesús nazareno, varón aprobado por Dios entre vosotros con las maravillas, prodigios y señales que Dios hizo entre vosotros por medio de él, como vosotros mismos sabéis; a éste, entregado por el determinado consejo y anticipado conocimiento de Dios, prendisteis y matasteis por manos de inicuos, crucificándole, al cual Dios levantó, sueltos los dolores de la muerte, por cuanto era imposible que fuese retenido por ella» (Hch. 2:22-24.)

(5) Es incondicional o absoluto. Esto significa que no depende del tiempo, de la bondad o maldad de los hombres, del mercado de valores, etc. (Véase Dn. 4:25-37.)

(6) Es universal o que lo abarca todo.

«El decreto incluye todo lo que tiene que suceder en el mundo, sea que corresponda al reino físico o al moral, sea que se trate del bien o del mal, Ef. 1:11. Incluye: (a) Las buenas acciones de los hombres, Ef. 2:10; (b) sus actos malvados, Pr. 16:4; Hch. 2:23; 4:27 y 28; (c) los eventos contingentes, Gn. 45:8; 50:50; Pr. 16:33; (d) los medios tanto como el fin, Sal. 119:89-91; 2 Tes. 2:13; Ef. 1:4; (e) la duración de la vida del hombre, Job 14:5; Sal. 39:4, y el lugar de su habitación, Hch. 17:26.» (*Ibid.*, p. 123.)

(7) En lo que al pecado se refiere, éste se considera permisivo.

«Se acostumbra hablar del decreto de Dios como permisivo, en cuanto al mal moral se refiere. Mediante su decreto Dios volvió las acciones malvadas de los hombres en infaliblemente seguras, sin que decida efectuarlas por medio de acción inmediata sobre y en la voluntad finita. Esto significa que Dios no obra positivamente «tanto el querer como el hacer», cuando el hombre va en contra de la divina voluntad revelada. Debería notarse cuidadosamente, sin embargo, que este decreto permisivo no implica un permiso pasivo de algo que no está bajo el control de la voluntad divina. Es un decreto que vuelve absolutamente seguros los futuros actos pecaminosos, pero en los cuales Dios determina (a) no estorbar la propia determinación pecaminosa de una voluntad finita; y (b) conducir y sujetar los resultados de esta propia determinación pecaminosa. Sal. 78:29; 106:15; Hch. 14:16; 17:30.» (*Ibid.*, p. 123.)

b. Ordenar (griego, *tasso*), también traducido por «establecer» y «destinar». Ordenar significa «colocar o poner en orden, arreglar». En el Nuevo Testamento tenemos tres ejemplos no teológicos de esto.

«Pero los once discípulos se fueron a Galilea, al monte donde Jesús les había ordenado» (Mt. 28:16).

«Porque también yo soy hombre puesto bajo autoridad, y tengo soldados bajo mis órdenes; y digo a éste: Vé, y va; y al otro: Ven, y viene; y a mi siervo: Haz esto, y lo hace» (Lc. 7:8).

«Sométase toda persona a las autoridades superiores; porque no hay autoridad sino de parte de Dios, y las que hay, por Dios han sido establecidas» (Ro. 13:1).

En el sentido teológico, nótese:

«Los gentiles, oyendo esto, se regocijaban y glorificaban la palabra del Señor, y creyeron todos los que estaban ordenados para vida eterna» (Hch. 13:48).

«Sabiendo que fuisteis rescatados de vuestra vana manera de vivir, la cual recibisteis de vuestros padres, no con cosas corruptibles, como oro o plata, sino con la sangre preciosa de Cristo, como de un cordero sin mancha y sin contaminación, ya destinado desde antes de la fundación del mundo, pero manifestado en los postreros tiempos por amor de vosotros» (1 P. 1:18-20).

c. Presciencia (griego, *proginosko*). Esto significa «saber empíricamente, saber de antemano». Este conocimiento previo se ve en operación en las siguientes áreas:

(1) El reino de la creación misma.

«Dice el Señor, que hace conocer todo esto desde tiempos antiguos» (Hch. 15:18).

(2) La nación de Israel.

«Oíd esta palabra que ha hablado Jehová contra vosotros, hijos de Israel, contra toda la familia que hice subir de la tierra de Egipto. Dice así: A vosotros solamente he conocido de todas las familias de la tierra; por tanto, os castigaré por todas vuestras maldades» (Am. 3:1, 2).

«Digo, pues: ¿Ha desechado Dios a su pueblo? En ninguna manera ... No ha desechado Dios a su pueblo, al cual desde antes conoció...» (Ro. 11:1, 2).

(3) La crucifixión y la resurrección de Cristo.

«A la verdad el Hijo del Hombre va, según lo que está determinado; pero ¡ay de aquel hombre por quien es entregado!» (Lc. 22:22).

«A éste, entregado por el determinado consejo y anticipado conocimiento de Dios, prendisteis y matasteis por manos de inicuos, crucificándole; al cual Dios levantó, sueltos los dolores de la muerte, por cuanto era imposible que fuese retenido por ella» (Hch. 2:23, 24).

«Ya destinado [Cristo] desde antes de la fundación del mundo» (1 P. 1:20).

«Y la adoraron todos los moradores de la tierra cuyos nombres no estaban escritos en el libro de la vida del Cordero que fue inmolado desde el principio del mundo» (Ap. 13:8).

(4) El creyente.

(a) Su condición física (Sal. 139).

(b) Su condición espiritual.

«Porque a los que antes conoció, también los predestinó...» (Ro. 8:29).

«Elegidos según la presciencia de Dios Padre...» (1 P. 1:2).

d. Elección (griego, *eklektos*). Elegir es «escoger o decidir entre muchos». Significa seleccionar para una tarea señalada.

(1) Cristo fue el escogido de Dios.

«Acercándoos a él, piedra viva, desechada ciertamente por los hombres, mas para Dios escogida y preciosa» (1 P. 2:4; véanse también Is. 42:1; 49:5; Lc. 23:35; 1 P. 2:6).

(2) Cierto grupo de ángeles ha sido escogido.

«Te encarezco delante de Dios y del Señor Jesucristo, y de sus ángeles escogidos...» (1 T. 5:21).

(3) El Israel del Antiguo Testamento era una nación escogida.

«El Dios de este pueblo de Israel escogió a nuestros padres...» (Hch. 13:17; véanse también Dt. 4:37; 7:6-8; 1 R. 3:8; Is. 44:1, 2; Mt. 24:22, 24, 31; Ro. 9:25-27).

(4) Los judíos creyentes de hoy son un grupo escogido.

«Así también aun en este tiempo ha quedado un remanente escogido por gracia» (Ro. 11:5).

(5) Ciertos hombres fueron escogidos para llevar a cabo tareas importantes en el ministerio de Dios:

(a) Jeremías (Jer. 1:5).
(b) David (1 S. 16:12; 2 S. 7:8; Sal. 78:70-72).
(c) Abraham (Gn. 12:1-3).
(d) Juan el Bautista (Lc. 1:13-17).
(e) Pablo (Hch. 9:15).
(f) Isaac (Ro. 9:7).
(g) Jacob (Ro. 9:11).

(6) Los doce apóstoles fueron escogidos por Dios.

«Entonces llamando a sus doce discípulos...» (Mt. 10:1).

«No me elegisteis vosotros a mí, sino que yo os elegí a vosotros, y os he puesto para que vayáis y llevéis fruto...» (Jn. 15:16; véanse también Jn. 6:70; Hch. 1:2, 24; 10:41).

(7) El plan de salvación fue escogido por Dios.

«Sino que lo necio del mundo escogió Dios, para avergonzar a los sabios; y lo débil del mundo escogió Dios, para avergonzar a lo fuerte; y lo vil del mundo y lo menospreciado escogió Dios, y lo que no es, para deshacer lo que es» (1 Co. 1:27, 28).

(8) Las personas de la salvación fueron escogidas por Dios.

«¿Quién acusará a los escogidos de Dios?...» (Ro. 8:33).

«Según nos escogió en él antes de la fundación del mundo...» (Ef. 1:4).

«Pero nosotros debemos dar siempre gracias a Dios respecto de vosotros, hermanos amados por el Señor, de que Dios os haya escogido desde el principio para salvación...» (2 Ts. 2:13).

«Por tanto, todo lo soporto por amor de los escogidos, para que ellos también obtengan la salvación que es en Cristo Jesús con gloria eterna» (2 Ti. 2:10).

«Pablo, siervo de Dios y apóstol de Jesucristo, conforme a la fe de los escogidos de Dios y el conocimiento de la verdad que es según la piedad, en la esperanza de la vida eterna, la cual Dios, que no miente, prometió desde antes del principio de los siglos» (Tit. 1:1, 2).

«Hermanos míos amados, Oíd: ¿No ha elegido Dios a los pobres de este mundo, para que sean ricos en fe y herederos del reino que ha prometido a los que le aman?» (Stg. 2:5).

«Pedro, apóstol de Jesucristo, a los expatriados de la dispersión en el Ponto, Galacia, Capadocia, Asia y Bitinia, elegidos según la presciencia de Dios Padre en santificación del Espíritu, para obedecer y ser rociados con la sangre de Jesucristo: Gracia y paz os sean multiplicadas» (1 P. 1:1, 2).

«Mas vosotros sois linaje escogido, real sacerdocio, nación santa, pueblo adquirido por Dios, para que anunciéis las virtudes de aquel que os llamó de las tinieblas a su luz admirable» (1 P. 2:9).

«Pelearán contra el Cordero, y el Cordero los vencerá, porque él es Señor de señores y Rey de reyes; y los que están con él son llamados y elegidos y fieles» (Ap. 17:14).

e. Consejo (griego, *boulema*). Esta palabra se refiere a la «intención deliberada y voluntaria». Los siguientes son ejemplos bíblicos:

(1) La intención de los fariseos de matar a Cristo (Jn. 11:53).
(2) La intención de los fariseos de matar a Pedro y a Juan (Hch. 5:33).
(3) La intención del centurión de salvar a Pablo (Hch. 27:43).
(4) La intención de Dios de ofrecer a Cristo (Hch. 2:23; 4:26-28).
(5) La intención de Dios de salvar a los escogidos.

«En él asimismo tuvimos herencia, habiendo sido predestinados conforme al propósito del que hace todas las cosas según el designio de su voluntad» (Ef. 1:11).

«Por lo cual, queriendo Dios mostrar más abundantemente a los herederos de la promesa la inmutabilidad de su consejo, interpuso juramento» (He. 6:17).

(6) La intención de Dios de controlar todas las cosas.

«El consejo de Jehová permanecerá para siempre; los pensamientos de su corazón por todas las generaciones» (Sal. 33:11).

«Muchos pensamientos hay en el corazón del hombre; mas el consejo de Jehová permanecerá» (Pr. 19:21).

«Jehová, tú eres mi Dios; te exaltaré, alabaré tu nombre, porque has hecho maravillas; tus consejos antiguos son verdad y firmeza» (Is. 25:1).

«Que anuncio lo por venir desde el principio, y desde la antigüedad lo que aún no era hecho; que digo: Mi consejo permanecerá, y haré todo lo que quiero» (Is. 46:10).

f. Predestinación (griego, *proorizo, horizo*). Predestinar es «marcar de antemano, determinar un límite». La palabra española «horizonte» viene de *horizo*. Es nuestro horizonte, por supuesto, lo que marca la división entre la tierra y el cielo. La palabra griega también se traduce por las palabras «determinación» y «declaración». Esta palabra se usa en referencia a:

(1) La declaración de la deidad de Cristo (Ro. 1:4). Cuando estaba en la tierra, Dios el Padre marcó la verdadera identidad y naturaleza de su hijo amado, Jesucristo.

(2) La predeterminación de la muerte de Cristo en manos de hombres malvados (Lc. 22:22; Hch. 2:23; 4:27, 28).

(3) La predeterminación de fronteras nacionales.

«El Dios que hizo el mundo y todas las cosas que en él hay, siendo Señor del cielo y de la tierra, no habita en templos hechos por manos humanas, ni es honrado por manos de hombres, como si necesitase de algo; pues él es quien da a todos vida y aliento y todas las cosas. Y de una sangre ha hecho todo el linaje de los hombres, para que habiten sobre toda la faz de la tierra; y les ha prefijado el orden de los tiempos, y los límites de su habitación» (Hch. 17:24-26).

(4) La predeterminación de los creyentes a ser conformados a Cristo.

«Porque a los que antes conoció, también los predestinó para que fuesen hechos conformes a la imagen de su Hijo, para que él sea el primogénito entre muchos hermanos. Y a los que predestinó, a éstos también llamó; y a los que llamó, a éstos también justificó; y a los que justificó, a éstos también glorificó» (Ro. 8:29, 30).

«Dándonos a conocer el misterio de su voluntad, según su beneplácito, el cual se había propuesto en sí mismo, de reunir todas las cosas en Cristo, en la dispensación del cumplimiento de los tiempos, así las que están en los cielos, como las que están en la tierra. En él asimismo tuvimos herencia, habiendo sido predestinados conforme al propósito del que hace todas las cosas según el designio de su voluntad» (Ef. 1:9-11).

La confesión de fe de Westminster y catecismo menor expresa esta acción de Dios de la siguiente manera:

«Dios, desde la eternidad, por el sabio y santo consejo de su voluntad, ordenó libre e inalterablemente todo lo que sucede; y sin embargo, de tal manera que ni Dios es autor del pecado, ni hace violencia a la voluntad de las criaturas, ni quita la libertad o contingencia de las causas segundas, sino que las establece» (p. 14).

g. Propósito (griego, *prothesis*). Esto significa literalmente «exponer».

(1) La exposición de los panes de la proposición en el tabernáculo (Lc. 6:4; He. 9:2).

(2) La exposición de las naciones para juicio.

(a) Asiria (Is. 14:26).

(b) Tiro (Is. 23:9).

(c) Babilonia (Is. 46:11).

(d) Israel (Jer. 4:28; 51:29).

(3) La exposición de Faraón como objeto del juicio de Dios (Ro. 9:17).

(4) La exposición del plan divino para que obrara por Isaac (en lugar de Ismael) y Jacob (en lugar de Esaú) (Ro. 9:6-13).

h. Llamamiento (griego, *kaleo, klesis*). La palabra aquí significa «convocar oficialmente».

(1) Usada en referencia a las parábolas de Jesús.

(a) La parábola de los obreros de la viña (Mt. 20:8).

(b) La parábola de los talentos (Mt. 25:14).

(2) Usada en referencia al llamamiento de los escogidos.

«Y a los que predestinó, a éstos también llamó; y a los que llamó, a éstos también justificó; y a los que justificó, a éstos también glorificó» (Ro. 8:30).

«Fiel es Dios, por el cual fuisteis llamados a la comunión con su Hijo Jesucristo nuestro Señor» (1 Co. 1:9).

«Yo pues, preso en el Señor, os ruego que andéis como es digno de la vocación con que fuisteis llamados» (Ef. 4:1).

«Y os encargábamos que anduvieseis como es digno de Dios, que os llamó a su reino y gloria» (1 Ts. 2:12).

«Por lo cual asimismo oramos siempre por vosotros, para que nuestro Dios os tenga por dignos de su llamamiento, y cumpla todo propósito de bondad y toda obra de fe con su poder» (2 Ts. 1:11).

«Quien nos salvó y llamó con llamamiento santo, no conforme a nuestras obras, sino según el propósito suyo y la gracia que nos fue dada en Cristo Jesús antes de los tiempos de los siglos» (2 Ti. 1:9).

«Por tanto, hermanos santos, participantes del llamamiento celestial, considerad al apóstol y sumo sacerdote de nuestra profesión, Cristo Jesús» (He. 3:1).

«Por lo cual, hermanos, tanto más procurad hacer firme vuestra vocación y elección; porque haciendo estas cosas, no caeréis jamás» (2 P. 1:10).

Estas son, entonces, las ocho palabras clave que deben ser consideradas en el estudio del origen de la salvación. Nuevamente y como repaso, las ocho palabras son: decreto, ordenación, presciencia, elección, consejo, predestinación, propósito y llamamiento.

2. Las dos posiciones básicas acerca del tema del origen de la salvación. ¿Por qué algunas personas se salvan y otras se pierden? ¿Tiene el hombre *algún poder de decisión* en su salvación? ¿Tiene *todo el poder de decisión*? Ningún estudioso serio de la Biblia niega el *hecho* de la elección de Dios. Sin embargo, hay hombres buenos que no están de acuerdo acerca de la *naturaleza* de esa elección.

a. Posición número uno (resumida por el doctor John R. Rice).

(1) Definición.

«Las únicas personas que Dios destina para ser salvadas son aquellas que conoció de antemano, es decir, aquellos que, en su conocimiento infinito, Dios sabe que, al tener la oportunidad, confiarán en Cristo para ser salvas. No es que la predestinación *cause* que las personas confíen en Cristo y sean salvas. No, sólo son predestinadas a ser salvas porque Dios sabe que confiarán en Cristo. La predestinación está totalmente basada en la presciencia de Dios.» (*Predestinated for Hell? No!*, p. 90.)

El teólogo tal vez más cualificado para mantener esta posición es Henry C. Thiessen, quien escribe:

«Además, Él escogió a los que sabía de antemano que aceptarían a Cristo. Las Escrituras definitivamente basan la elección de Dios en su presciencia: "Porque a los que antes conoció, también los predestinó ... y a los que predestinó, a éstos también llamó" (Ro. 8:29, 30); "a los ... elegidos según la presciencia de Dios Padre" (1 P. 1:1, 2). Aunque en ninguna parte se nos dice que es la presciencia de Dios lo que determina su elección, la enseñanza repetida de las Escrituras de que el hombre es responsable de aceptar o rechazar la salvación nos lleva a postular que la base de la elección es la reacción del hombre a la revelación que Dios ha hecho de Sí mismo. Repetimos: ya que la humanidad está irremediablemente muerta en transgresiones y pecados y no puede hacer nada para obtener la salvación, Dios misericordiosamente restaura a todos los hombres la capacidad suficiente para escoger en el asunto de la sumisión a Él. Esta es la gracia de Dios que trae la salvación y que ha aparecido a todos los hombres. En su presciencia percibe lo que cada uno hará con esta habilidad restaurada, y escoge a los hombres para salvación en armonía con su conocimiento de la elección que ellos hacen de Él. No hay mérito en esta transacción.» (*Systematic Theology*, pp. 344, 345.)

(2) Defensa. Se ofrecen varios principios bíblicos para apoyar esta primera posición. Algunos de ellos se encuentran a continuación:

(a) Porque se dice que Cristo murió por todos los hombres. (Véanse Jn. 1:4, 7; 12:32, 33, 47; Ro. 5:18; 8:32; 1 Ti. 2:6; 4:10; He. 2:9; 2 P. 2:1; 3:9; 1 Jn. 2:2.)

(b) Por la justicia de Dios.

Henry Thiessen escribe:

«Se admite que Dios no tiene ninguna obligación de proveerle la salvación a nadie, ya que todos son responsables de su condición perdida actual. También se admite que Dios no está realmente obligado a salvar a nadie, aunque Cristo ha provisto la salvación para los hombres. Pero es difícil ver cómo Dios puede escoger a algunos de entre la multitud de hombres culpables y condenados, proveer salvación para ellos y asegurar su salvación eficazmente, y no hacer nada por todos los demás, si, como leemos, la justicia es la base de su trono. Dios no sería parcial si permitiera que todos los hombres fueran a su destino merecido; ¿pero cómo puede ser otra cosa si no parcial si escoge a algunos de esta multitud de hombres y hace cosas por ellos y en ellos que se niega a hacer por los demás, si no hay algo acerca de las dos clases que marca una diferencia? Mantenemos que la gracia común se extiende a todos, y que todos tienen la habilidad restaurada para "tener la voluntad de hacer su voluntad". La gracia que conlleva la salvación de Dios ha aparecido a todos los hombres; pero algunos reciben la gracia de Dios en vano. Nos parece que sólo si Dios hace las mismas provisiones para todos y ofrece lo mismo para todos es realmente justo.» (*Systematic Theology*, pp. 346-347.)

(c) Porque Cristo cargó con todas nuestras iniquidades (Is. 53:6).

(d) Por el mandato a todos los hombres a que se arrepientan (Hch. 17:30).

(e) Por la invitación universal a «todo el que cree» (Jn. 3:16; Ro. 10:13; Ap. 22:17).

b. Posición número dos.

(1) Definición. Augustus H. Strong explica este punto de vista:

«La elección es esa acción eterna de Dios, por la cual, en su soberana complacencia, y sin deberse a ningún mérito propio, escoge a ciertos individuos de entre el número de hombres pecaminosos para ser los destinatarios de la gracia especial de su Espíritu, y así ser convertidos en participantes voluntarios de la salvación de Cristo.» (*Systematic Theology*, p. 779.)

Años antes que Strong, un padre de la iglesia, Agustín, había escrito de manera similar: «Nos escoge a nosotros, no porque creemos sino para que podamos creer; para que no digamos que nosotros lo escogimos primero a Él.»

(2) Defensa. Charles F. Baker escribe lo siguiente en defensa de la segunda posición:

«Al tratar la doctrina de la elección debemos tener presentes ciertos datos bíblicos. El primero es que Dios es completamente justo. Cuando Pablo introduce el tema de la elección en Romanos 9, hace la pregunta que viene a la mente de cualquiera que ha considerado la doctrina seriamente: "¿Qué, pues, diremos? ¿Que hay injusticia en Dios?" (v. 14). Y en seguida contesta: "En ninguna manera". El segundo dato que hay que considerar es el estado del hombre bajo el pecado. El hombre es un ser responsable que debe responder por sí mismo totalmente ante Dios. Es responsable de su apostasía de Dios y de su condición perdida. Sólo merece el juicio de Dios. Lo tercero que presentan las Escrituras es que ningún hombre busca a Dios por su propia cuenta. En otras palabras, las Escrituras enseñan que, aunque Dios proveyera una salvación para todo el mundo, nadie la aceptaría ni sería salvo si Dios mismo no tomara la iniciativa de buscar al hombre.» (*A Dispensational Theology*, p. 389.)

3. Las objeciones dirigidas en contra de estas interpretaciones del origen de la salvación.

a. Primera posición.

(1) Deja la salvación completamente en las manos del hombre. Como resultado:

(a) El que gana almas tiene el cien por ciento del poder para decidir quién va a tener la oportunidad de ir al cielo.

(b) El pecador (al oír el mensaje) tiene el cien por ciento del poder para decidir si va a ir al cielo.

(2) Riñe con la palabra «elección». Si Dios solamente supiera quién iba a aceptarlo estaría limitado a mirar en una bola de cristal, y no eligiría ni escogería en ningún sentido de la palabra. Sería como «elegir» que todos los que nazcan en los Estados Unidos de América el año que viene sean estadounidenses.

(3) Limita el propósito de Dios y su gloria a las acciones de los hombres.

b. Segunda posición.

(1) Hace que Dios haga acepción de personas.

(2) Obliga a los elegidos a ser salvos.

(3) Niega la libertad del hombre.

(4) Presenta la elección como una acción arbitraria de Dios.

(5) Desanima el evangelismo y la actividad misionera.

(6) Genera orgullo en la mente de los elegidos.

(7) Riñe con el sentido de la frase «todo el que cree».

(8) Conduce a la doctrina de la reprobación, el decreto de que ciertas personas se pierdan.

4. Algunas conclusiones sobre el origen de la salvación. A la luz de todo lo que acabamos de discutir, ¿cuál posición es la correcta? ¿Qué hemos de creer y enseñar?

a. La Biblia claramente presenta en el lenguaje más fuerte *tanto* la soberanía de Dios *como* la responsabilidad del hombre. Además, estas dos cosas sencillamente no pueden ser totalmente reconciliadas en la mente humana. Hacerlo sería como tratar de echar el Océano Atlántico en un baldecito. Considérese la siguiente ilustración. He aquí un gran río que fluye desde la eternidad pasada hacia eternidad futura. Su destino final es la gloria de Dios y el bienestar de los elegidos. A cada lado del río hay una ribera de arcilla. Un lado del río es la ribera de la soberanía de Dios y el otro es la ribera de la responsabilidad humana. Se pueden ver a elegidos en las dos riberas discutiendo (y a veces censurando) la teología de los habitantes de la otra ribera. Pero al hacerlo ignoran el grande y glorioso río de gracia que fluye a sus pies. La voluntad perfecta de Dios dirigiría a ambas bandas a navegar en ese río y experimentar sus abundantes bendiciones. Hacen falta dos riberas para tener un río.

Como pensamiento final, ¿qué le pasa al río si se quita una de las riberas? Por supuesto que esto ha ocurrido con ríos terrenales por medio de terremotos o bombas enemigas. Cuando esto ocurre, las aguas que una vez dieron vida dejan de correr y el río se convierte en un pantano maloliente e infestado de insectos.

La sobreenfatización de un aspecto de la elección y la ignorancia o negación del otro pueden convertir el río redentor de la salvación en un pantano teológico y sectario.

b. No tenemos todos los datos acerca de nada (1 Co. 8:2). Dios nos ha dicho todo lo que quiere que *nosotros* sepamos, pero no todo lo que *Él* sabe. (Véase también 1 Co. 13:9, 12.) Después de una discusión de la soberanía de Dios, Pablo confiesa abiertamente su ignorancia y prorrumpe en canto acerca de la sabiduría maravillosa e incomparable de Dios:

«¡Oh profundidad de las riquezas de la sabiduría y de la ciencia de Dios! ¡Cuán insondables son sus juicios, e inescrutables sus caminos! Porque ¿quién entendió la mente del Señor? ¿O quién le dio a él primero, para que le fuese recompensado? Porque de él, y por él, y para él, son todas las cosas. A él sea la gloria por los siglos. Amén» (Ro. 11:33-36)

c. Dios no puede hacer *nada* que no sea justo o razonable. No es sólo que no lo *haría* sino que no lo *podría* hacer (He. 6:18). Por lo tanto debemos interpretar todo lo que Dios *hace* por lo que *es*.

«.... El Juez de toda la tierra, ¿no ha de hacer lo que es justo?» (Gn. 18:25).

«El es la Roca, cuya obra es perfecta, porque todos sus caminos son rectitud; Dios de verdad y sin ninguna iniquidad en él; es justo y recto» (Dt. 32:4).

«Al momento fueron abiertos sus oídos, y se desató la ligadura de su lengua, y hablaba bien. Y les mandó que no lo dijesen a nadie; pero cuanto más les mandaba, tanto más y más lo divulgaban. Y en gran manera se maravillaban, diciendo: Bien lo ha hecho todo; hace a los sordos oír, y a los mudos hablar» (Mr. 7:35-37).

Las palabras del rey Salomón de hace unos treinta siglos son oportunas para cerrar esta sección.

«Procuró el Predicador hallar palabras agradables, y escribir rectamente palabras de verdad. Las palabras de los sabios son como aguijones; y como clavos hincados son las de los maestros de las congregaciones, dadas por un Pastor. Ahora, hijo mío, a más de esto, sé amonestado. No hay fin de hacer muchos libros; y el mucho estudio es fatiga de la carne. El fin de todo discurso oído es este: Teme a Dios, y guarda sus mandamientos; porque esto es el todo del hombre» (Ec. 12:10-13).

IX. La perfección de la salvación. Un proverbio moderno reza: «La juventud es algo tan maravilloso que es una lástima gastarla toda en los adolescentes.» Sea como fuere, se puede modificar el proverbio para referirse a la salvación: «La salvación es algo tan maravilloso que es una lástima gastarla toda en el alma.»

La verdad es que cuando hablamos de ganar almas para Cristo estamos insinuando que la salvación está limitada a esa área. Sin embargo, la salvación de Dios abarca completamente el alma, el espíritu y el cuerpo del hombre.

A. La salvación en relación al cuerpo humano.

«Se siembra cuerpo animal, resucitará cuerpo espiritual. Hay cuerpo animal, y hay cuerpo espiritual» (1 Co. 15:44).

«El cual transformará el cuerpo de la humillación nuestra, para que sea semejante al cuerpo de la gloria suya, por el poder con el cual puede también sujetar a sí mismo todas las cosas» (Fil. 3:21).

«Y no sólo ella, sino que también nosotros mismos, que tenemos las primicias del Espíritu, nosotros también gemimos dentro de nosotros mismos, esperando la adopción, la redención de nuestro cuerpo» (Ro. 8:23).

B. La salvación en relación al alma humana.

«La cual tenemos como segura y firme ancla del alma, y que penetra hasta dentro del velo» (He. 6:19).

«Por lo cual, desechando toda inmundicia y abundancia de malicia, recibid con mansedumbre la palabra implantada, la cual puede salvar vuestras almas» (Stg. 1:21).

«Obteniendo el fin de vuestra fe, que es la salvación de vuestras almas» (1 P. 1:9).

«De modo que los que padecen según la voluntad de Dios, encomienden sus almas al fiel Creador, y hagan el bien» (1 P. 4:19).

C. La salvación en relación al espíritu humano.

«El Espíritu mismo da testimonio a nuestro espíritu, de que somos hijos de Dios» (Ro. 8:16).

«El Señor Jesucristo esté con tu espíritu. La gracia sea con vosotros. Amén» (2 Ti. 4:22).

«A la congregación de los primogénitos que están inscritos en los cielos, a Dios el Juez de todos, a los espíritus de los justos hechos perfectos» (He. 12:23).

X. La seguridad de la salvación. ¿Presenta la Biblia una salvación *completa* (incondicional y permanente) u ofrece una salvación *agujereada* (condicional y temporal)?

A. Los problemas de la seguridad eterna. L. S. Chafer y J. F. Walvoord escriben:

«Aunque la mayoría de los creyentes en Cristo aceptan la doctrina de que pueden estar seguros de la salvación en cualquier momento dado de su experiencia, con frecuencia se hace la pregunta: "¿Puede una persona que fue salvada volver a perderse?" Ya que el temor de perder la salvación podría afectar seriamente la tranquilidad del creyente, y ya que su futuro es tan vital, esta pregunta es un aspecto muy importante de la doctrina de la salvación.

La aseveración de que una persona salvada puede volver a perderse se basa en ciertos pasajes bíblicos que parecen dar lugar a preguntas acerca de la continuación de la salvación. En la historia de la Iglesia, ha habido sistemas opuestos de interpretación conocidos como el calvinismo, en apoyo de la seguridad eterna, y el arminianismo, en oposición a la seguridad eterna (ambos nombres tomados de sus apologistas principales, Juan Calvino y Jacobo

Arminio).» (*Grandes temas bíblicos*, Editorial Portavoz, p. 253.)

Los que mantienen la posición arminiana nos aseguran confiadamente que su punto de vista está ampliamente apoyado por unos cien pasajes bíblicos. Sería útil examinar ahora los más importantes. Pueden organizarse bajo los siguientes encabezamientos temáticos:

1. Estos pasajes tratan sobre los falsos maestros: Mateo 7:15-23; 24:11, 24; 2 Corintios 11:13-15; 1 Timoteo 4:1; 2 Pedro 2:1-22; 3:16, 17; 1 Juan 2:19; 2 Juan 1:7; Judas v. 4, vv. 10-16; Apocalipsis 22:18, 19.

   Los hombres descritos en los versículos anteriores eran apóstatas. Un apóstata es alguien que ha recibido la luz pero no la vida. Sabe algo de la Palabra de Dios, pero no sabe nada acerca del Dios de la Palabra. Se niega pues a aceptar aun mentalmente las grandes verdades de la Biblia. Su descripción y sus hechos son los siguientes:

   a. Es un lobo cruel y rapaz vestido de oveja (Mt. 7:15; Hch. 20:29).
   b. Odia a las verdaderas ovejas (Hch. 20:29).
   c. Engañará a muchos con grandes señales y maravillas (Mt. 24:11, 24).
   d. Es un perverso constructor de imperios (Hch. 20:30).
   e. Causa división y es materialista (Ro. 16:17, 18).
   f. Hace discursos impresionantes, usando lenguaje florido (Ro. 16:18).
   g. Engaña permitiendo que Satanás lo disfrace como ángel de luz en lugar de demonio de oscuridad (2 Co. 11:13, 15).
   h. Su naturaleza y su mensaje están controlados por demonios (1 Ti. 4:1-3).
   i. Pervierte la doctrina del Hijo de Dios (2 P. 2:1; 2 Jn. 1:7; Jud. v. 4).
   j. Pervierte la doctrina de la Palabra de Dios (2 P. 3:16; Ap. 22:18, 19).
   k. Pervierte la doctrina de la gracia de Dios (Jud. v. 4).
   l. Puede ser (con el tiempo) identificado por sus frutos (Mt. 7:16-20; Stg. 3:11, 12; 1 Jn. 2:19).

2. Estos pasajes tratan el acto mismo de la conversión: Mateo 10:32, 33; Juan 8:51; 1 Corintios 15:1, 2; 2 Corintios 13:5; Colosenses 1:23; Hebreos 2:1-4; 12:25, 29; Santiago 2:14-26; 1 Juan 3:6, 8, 9; 5:18; 2 Juan 1:9.

   Nótense algunos de estos pasajes:

   a. «De cierto, de cierto os digo, que el que guarda mi palabra, nunca verá muerte» (Jn. 8:51). ¿Exactamente a qué «palabra» (enseñanza, mandamiento) se está refiriendo Jesús aquí? En una conversación anterior (Jn. 6:28), una multitud le había preguntado: «¿Qué debemos hacer para poner en práctica las obras de Dios?» Nuestro Señor les respondió: «Esta es la obra de Dios, que creáis en el [Cristo] que él [el Padre] ha enviado» (Jn. 6:29).
   b. «Además os declaro, hermanos, el evangelio que os he predicado, el cual también recibisteis, en el cual también perseveráis; por el cual asimismo, si retenéis la palabra que os he predicado, sois salvos, si no creísteis en vano» (1 Co. 15:1, 2).

      La frase clave aquí es «si no creísteis en vano». ¿Qué significa? Pablo lo explica en el 15:12. Aparentemente había en Corinto algunos creyentes declarados que negaban la resurrección de Cristo. El apóstol dice que en primer lugar no eran salvos y que su fe era vana, ya que es imposible que uno que niegue la resurrección de Cristo experimente el nuevo nacimiento.

      La palabrita «si» en 15:2 también ha molestado a algunos. Pero aquí en el Nuevo Testamento griego está en la condición de primera clase, y debería ser traducida «ya que». Lo mismo sucede con el *si* de Colosenses 1:23.
   c. «Todo aquel que es nacido de Dios, no practica el pecado, porque la simiente de Dios permanece en él; y no puede pecar, porque es nacido de Dios» (1 Jn. 3:9).

      «El estudioso del griego Kenneth Wuest escribe:

      El infinitivo en el tiempo presente del griego siempre significa una acción continua, habitual, nunca el mero hecho de la acción.... la traducción por lo tanto es, «No puede pecar habitualmente». El texto griego aquí no ofrece ninguna justificación para la enseñanza errónea de la perfección sin pecado.» (*In the Last Days*, p. 150.)

      La misma construcción griega también se aplica a 1 Juan 3:6; 5:18.
   d. «A cualquiera, pues, que me confiese delante de los hombres, yo también le confesaré delante de mi Padre que está en los cielos. Y a cualquiera que me niegue delante de los hombres, yo también le negaré delante de mi Padre que está en los cielos» (Mt. 10:32, 33).

      Al principio de este capítulo, Jesús da instrucciones a sus apóstoles antes de enviarlos a predicar por primera vez. En los versículos recién citados les recuerda la seriedad de su tarea. Han de advertir a sus oidores que el rechazo personal del Mesías aquí en la tierra significaría que él los rechazaría a ellos algún día en el cielo.

3. Estos pasajes tratan de las recompensas cristianas: 1 Corintios 3:11-15; 2 Corintios 5:9, 10; Gálatas 6:9; Colosenses 3:24, 25; 2 Timoteo 2:12; Santiago 1:12; 2 Juan 1:18; Apocalipsis 2:7, 11, 17, 26; 3:5, 12, 21.

   a. «Si sufrimos, también reinaremos con él; si le negáremos, él también nos negará» (2 Ti. 2:12). Se puede relacionar esta ***negación*** con 1 Corintios 3:15: «Si la obra de alguno se quemare, él sufrirá pérdida, si bien él mismo será salvo, aunque así como por fuego.» Por lo tanto la negación aquí es la de la recompensa.
   b. «Sabiendo que del Señor recibiréis la recompensa de la herencia, porque a Cristo el Señor servís. Mas el que hace injusticia, recibirá la injusticia que hiciere, porque no hay acepción de personas» (Col. 3:24, 25).

4. Estos pasajes tratan la pérdida de lo mejor de Dios: 1 Corintios 9:27; 10:5; Hebreos 3:11-19; 4:1-16; 12:14, 15.

   a. «Sino que golpeo mi cuerpo, y lo pongo en

servidumbre, no sea que habiendo sido heraldo para otros, yo mismo venga a ser eliminado» (1 Co. 9:27). La palabra «eliminado» aquí es *adokimos*, que significa «desaprobado». Pablo no estaba preocupado en lo más mínimo por la *salvación* que había recibido de Dios (2 Ti. 1:12), pero estaba muy preocupado acerca de su *servicio* para Dios. No quería ser dejado de lado en algún estante espiritual.

b. «Pero de los más de ellos no se agradó Dios; por lo cual quedaron postrados en el desierto» (1 Co. 10:5). También: «Por tanto, juré en mi ira: No entrarán en mi reposo» (He. 3:11).

Estos versículos presentan el relato trágico del Antiguo Testamento acerca de la incredulidad de Israel en el desierto de Parán en Números 14, cuando se negaron a entrar en Palestina. Por eso Dios no permitió que nadie mayor de veinte años entrara (con la excepción de Josué y Caleb). Hasta se le negó la entrada a Moisés (por un pecado posterior). Sin embargo, todo esto no tenía nada que ver con la maldición espiritual, sino más bien con la destrucción física. Sencillamente (y lamentablemente) significaba que la mayor parte de esa generación jamás saldría del desierto caliente a una tierra que fluía leche y miel. En los Salmos se nos cuenta la reacción de Dios ante el terrible pecado de Israel en el desierto. Nótese:

«Pues sus corazones no eran rectos con él, ni estuvieron firmes en su pacto. Pero él, misericordioso, perdonaba la maldad, y no los destruía; y apartó muchas veces su ira, y no despertó todo su enojo» (Sal. 78:37, 38).

«Muchas veces los libró; mas ellos se rebelaron contra su consejo, y fueron humillados por su maldad. Con todo, él miraba cuando estaban en angustia, y oía su clamor» (Sal. 106:43, 44).

Ciertamente no se puede cuestionar la salvación eterna de Moisés aunque no se le haya permitido entrar a la tierra. Sin embargo, se lo menciona en el Nuevo Testamento (Mt. 17:1-4).

La razón por todo lo anterior es sencillamente ésta: el autor de los Hebreos usa este ejemplo histórico para exhortar a los creyentes a esmerarse en su vida cristiana y entrar en la voluntad perfecta de Dios.

«Temamos, pues, no sea que permaneciendo aún la promesa de entrar en su reposo, alguno de vosotros parezca no haberlo alcanzado.... Procuremos, pues, entrar en aquel reposo, para que ninguno caiga en semejante ejemplo de desobediencia» (He. 4:1, 11).

5. Estos pasajes tratan sobre la disciplina de Dios:
   a. «Pero el que duda sobre lo que come, es condenado, porque no lo hace con fe; y todo lo que no proviene de fe, es pecado» (Ro. 14:23).
   b. «Incurriendo así en condenación, por haber quebrantado su primera fe» (1 Ti. 5:12).
   c. «Porque el que come y bebe indignamente, sin discernir el cuerpo del Señor, juicio come y bebe para sí» (1 Co. 11:29).

La palabra problemática en los primeros dos versículos es «condenación». La palabra griega sería mejor traducida por «juicio», como en el tercer ejemplo. En el primer pasaje Pablo se refiere a un creyente que come ciertas comidas sin saber si Dios las aprobaría o no. En el segundo pasaje habla de viudas jóvenes que habían mostrado una actitud mundanal acerca del sexo y el matrimonio. En el tercer pasaje, el apóstol habla de los creyentes que participan de la Cena del Señor con pecados conocidos en sus vidas. Aunque *ninguna* de estas personas sería condenada, todas serían juzgadas por Dios. Pedro resume todo esto usando la misma palabra griega.

«Porque es tiempo de que el juicio comience por la casa de Dios; y si primero comienza por nosotros, ¿cuál será el fin de aquellos que no obedecen al evangelio de Dios?» (1 P. 4:17; véase también He. 12:5-11).

6. Estos pasajes tratan de los frutos, el testimonio y la madurez cristiana: Mateo 5:13; Juan 8:31; 15:1-6; Hechos 13:43; 14:22; Santiago 1:26; 2 Pedro 1:9-11; 1 Juan 2:24.
   a. «Hablando él estas cosas, muchos creyeron en él. Dijo entonces Jesús a los judíos que habían creído en él: Si vosotros permaneciereis en mi palabra, seréis verdaderamente mis discípulos; y conoceréis la verdad, y la verdad os hará libres» (Jn. 8:30-32). Nuestro Señor después ampliaría esta declaración: «... yo he venido para que tengan vida, y para que la tengan en abundancia» (Jn. 10:10). Aunque todos los cristianos tienen *vida*, sólo los cristianos que llevan fruto disfrutan de la vida *abundante*.
   b. «El que en mí no permanece, será echado fuera como pámpano, y se secará; y los recogen, y los echan en el fuego, y arden» (Jn. 15:6). Notamos que aquí son *hombres* los que juntan esos pámpanos estériles y los queman, *no Dios*. Cristo da un ejemplo similar durante el Sermón del Monte.

«Vosotros sois la sal de la tierra; pero si la sal se desvaneciere, ¿con qué será salada? No sirve más para nada, sino para ser echada fuera y hollada por los hombres» (Mt. 5:13).

Por lo tanto, estos versículos describen el testimonio inútil ante los hombres, no la salvación perdida ante Dios.

7. Estos pasajes tratan sobre el creyente influenciado por doctrinas falsas: 2 Corintios 11:2-4; Gálatas 5:4; Colosenses 2:4, 8, 18; 1 Tesalonicenses 3:5; 1 Timoteo 1:6, 19, 20; 6:20, 21; 2 Timoteo 2:18, 26.

Una de las razones por las cuales el cristiano ha de madurar en la fe es:

«Para que ya no seamos niños fluctuantes, llevados por doquiera de todo viento de doctrina, por estratagema de hombres que para engañar emplean con astucia las artimañas del error» (Ef. 4:14).

Aquí Pablo admite con tristeza que es trágicamente posible que un verdadero creyente se enrede en una falsa doctrina.

a. La falsa doctrina del legalismo.

«De Cristo os desligasteis, los que por la ley os justificáis; de la gracia habéis caído» (Gá. 5:4).

Es probable que este versículo sea el favorito de la teología arminiana, especialmente la frase «de la gracia habéis caído». Pero hay que preguntarse exactamente qué les hizo caer. Fue un esfuerzo frenético (y estéril) por cumplir una ley mosaica. ¿Significa esto que un cristiano que hace lo mejor que puede para hacer buenas obras perderá su salvación? ¡No! Pablo culpa a los gálatas *no* por su *maldad* contra la ley, sino por su *esfuerzo* por guardar la ley. Por lo tanto, caer de la gracia es la acción de permitir que el legalismo de la ley obstruya el gozo de la libertad plena del amor. Es posible que tanto Pedro (Gá. 2:11-14) como Santiago (Hch. 21:18-26) hayan «caído de la gracia» por un tiempo por este asunto. (Véase también 1 Ti. 1:6, 7.)

b. La falsa doctrina de la sabiduría y la filosofía del mundo.

«Mirad que nadie os engañe por medio de filosofías y huecas sutilezas, según las tradiciones de los hombres, conforme a los rudimentos del mundo, y no según Cristo» (Col. 2:8; véase también 1 Ti. 6:20, 21).

c. La falsa doctrina de la adoración a los ángeles (Col. 2:18).

d. La falsa doctrina de la teoría de una resurrección previa (véanse 1 Ti. 1:19, 20; 2 Ti. 2:18).

8. Estos pasajes tratan sobre el pecado de muerte: Hechos 5:1-11; Romanos 6:16; 8:13; 1 Corintios 5:5; 11:30; Hebreos 6:4-20; 10:26; Santiago 1:13-15; 5:19, 20; 1 Juan 5:16. El pecado de muerte es un pecado que sólo un creyente puede cometer. Se refiere no a su alma eterna sino a su servicio terrenal. Se comete cuando permite que su vida se vuelva tan carnal e improductiva, que Dios sencillamente se lo lleva temprano por medio de la muerte física. Este pecado (o tal vez pecados) puede variar de cristiano a cristiano.

a. Ananías y Safira cometieron este pecado (Hch. 5:1-11).

b. Algunos de los creyentes corintios lo habían cometido (1 Co. 11:30).

c. El hombre de 1 Corintios 5 estaba en peligro de cometerlo (vv. 1-5).

d. Himeneo y Alejandro estaban en peligro de cometerlo (1 Ti. 1:20).

e. Algunos de los destinatarios del libro de Hebreos estaban en peligro de cometerlo (He. 5:1—6:8; 10:26).

9. Este pasaje trata del pecado imperdonable.

«Por tanto os digo: Todo pecado y blasfemia será perdonado a los hombres; mas la blasfemia contra el Espíritu no les será perdonada. A cualquiera que dijere alguna palabra contra el Hijo del Hombre, le será perdonado; pero al que hable contra el Espíritu Santo, no le será perdonado, ni en este siglo ni en el venidero» (Mt. 12:31, 32).

Estos versículos han inquietado a muchos cristianos e incrédulos por igual. Aquí hay que hacer dos preguntas básicas.

a. ¿A quiénes les dijo Jesús estas palabras? Fueron dirigidas a los fariseos malvados (Mt. 12:24, 25).

b. ¿Qué pecado grave habían cometido? Por muchos meses habían tenido el privilegio inestimable de oír los sermones del Salvador y de ver sus poderosos milagros. Pero en vez de creer, habían envilecido al Hijo de Dios, acusándolo de hacer milagros por medio de energía satánica. Al hacer esto cometieron el pecado imperdonable. ¿Qué más podría hacer Dios mismo para convencerlos? No era, por supuesto, que *no podían* creer, es que *se negaban* a creer.

A la luz de lo anterior, no se puede cometer el pecado imperdonable hoy, puesto que Jesús no está caminando en su cuerpo humano haciendo milagros.

10. Estos pasajes tratan sobre la nación de Israel y la tribulación: Mateo 22:1-13; 24:13, 45-51; 25:1-30; Lucas 13:23-30.

a. Cada uno de estos pasajes trata de los israelitas no salvos que sobrevivirán a la tribulación pero que no tendrán la preparación espiritual para encontrarse con su Mesías que vuelve. Jesús usa el método parabólico para expresar esta triste verdad en cada uno de los cinco pasajes.

(1) La parábola del invitado a las bodas sin vestido de bodas (Mt. 22:1-13).

(2) La parábola del siervo infiel (Mt. 24:45-51).

(3) La parábola de las diez vírgenes (Mt. 25:1-13).

(4) La parábola de los ocho talentos (Mt. 25:14-30).

(5) La parábola de la puerta cerrada (Lc. 13:23-30).

b. Hay un pasaje que trata de la mera sobrevivencia física durante la tribulación. Nótese:

«... mas el que persevere hasta el fin, éste será salvo» (Mr. 13:13). ¿A qué «fin» se refiere aquí? Según los versículos 4, 6 y 14 es evidente que es el fin de la tribulación.

11. Este pasaje trata sobre las naciones gentiles: Romanos 11:13-24. Hay que notar los versículos 21 y 22 especialmente.

«Porque si Dios no perdonó a las ramas naturales, a ti tampoco te perdonará. Mira, pues, la bondad y la severidad de Dios; la severidad ciertamente para con los que cayeron, pero la bondad para contigo, si permaneces en esa bondad; pues de otra manera tú también serás cortado.»

Al examinar todo este pasaje, consideremos cuatro preguntas.

a. ¿A quién está hablando Pablo? A los gentiles (11:13).

b. ¿De qué está hablando? Relata la oportunidad de los gentiles de compartir las bendiciones espirituales de Abraham (véase especialmente Ro. 4:23-25).

c. ¿Quiénes son las ramas caídas mencionadas en 11:17? Representan a la nación de Israel, que acababa de rechazar a su propio Mesías (Mt. 21:42, 43).

d. ¿Quiénes son las ramas injertadas aquí? Representan a las personas gentiles.

La conclusión es que este pasaje no tiene nada que ver con la pérdida de la salvación por las personas, sino más bien con los gentiles que reciben las bendiciones que perdió Israel (durante la edad de la Iglesia).

12. Estos pasajes tratan sobre el testimonio de las iglesias locales: Apocalipsis 2—3.

«Pero tengo contra ti, que has dejado tu primer amor. Recuerda, por tanto, de dónde has caído, y arrepiéntete, y haz las primeras obras; pues si no, vendré pronto a ti, y quitaré tu candelero de su lugar, si no te hubieres arrepentido» (Ap. 2:4, 5).

«Sé vigilante, y afirma las otras cosas que están para morir; porque no he hallado tus obras perfectas delante de Dios. Acuérdate, pues, de lo que has recibido y oído; y guárdalo, y arrepiéntete. Pues si no velas, vendré sobre ti como ladrón, y no sabrás a qué hora vendré sobre ti» (Ap. 3:2, 3).

«Yo conozco tus obras, que ni eres frío ni caliente. ¡Ojalá fueses frío o caliente! Pero por cuanto eres tibio, y no frío ni caliente, te vomitaré de mi boca» (Ap. 3:15, 16).

El último versículo del capítulo 1 pone bien en claro que Jesús habla estas palabras a iglesias locales, y el asunto en cuestión tiene que ver con el testimonio personal de cada iglesia local, no los miembros individuales dentro de la iglesia.

13. Estos pasajes tratan sobre el consentimiento con la cabeza en lugar de la aceptación de corazón: Mateo 13:1-8, 18-23; Lucas 11:24-28; Juan 6:66.

a. La semilla y los cuatro suelos (Mt. 13:1-8, 18-23). Algunos han sacado la conclusión errónea de que los cuatro individuos (representados por diferentes tipos de suelo) fueron salvados originalmente, y que sólo uno retuvo la salvación. Sin embargo, un poco de lógica mostrará el error de esta posición. ¿Enseña la Biblia que toda persona que oye el evangelio será salva? No. Además, las Escrituras enseñan que una persona no puede ser salva sin mostrar con el tiempo *algún* tipo de fruto, por pequeño que sea. Por lo tanto, la única persona que nació de nuevo fue la cuarta, evidenciado por su fruto.

b. El hombre y los espíritus inmundos (Lc. 11:24-28). Este es un caso claro de reforma moral sin regeneración. Un demonio no puede habitar en el corazón de un hombre salvo (y mucho menos ocho; véase 1 Jn. 4:1-6).

c. Los discípulos desertores (Jn. 6:66). La palabra «discípulo» significa sencillamente «uno que aprende». Muchos de los que seguían a Cristo no hacían más que seguir la corriente. Cuando las cosas se pusieron difíciles, se alejaron. Es posible que hayan *profesado* la salvación por un tiempo, pero nunca la *poseyeron.* (Véanse también Jn. 2:23-25; 12:42, 43.)

14. Estos pasajes tratan sobre la destrucción de Jerusalén por Nabucodonosor: Ezequiel 3:18-21; 33:8.

Una de las reglas más importantes en la comprensión correcta de cualquier pasaje de la Biblia es ponerlo en el contexto apropiado. Ezequiel escribió estas palabras alrededor del 597 a.C. en Babilonia (donde había sido llevado cautivo por Nabucodonosor) antes de la destrucción final de Jerusalén, que ocurrió en el 586 a.C. Mientras Ezequiel estaba exiliado, Dios le había encargado ser «atalaya a la casa de Israel» (3:17; 33:7). Había de advertir a los que todavía vivían en Jerusalén que, a no ser que se arrepintieran inmediatamente, les esperaba un destino similar. En otras palabras, esos ciudadanos arrogantes de Jerusalén creían que, como ya habían escapado el primer (605 a.C.) y el segundo (597 a.C.) sitio, no tenían nada que temer y no necesitaban arrepentirse.

15. Este pasaje trata sobre ciertos asuntos como el perdón cristiano: Mateo 18:23-35.

Una de las reglas básicas en la interpretación de una parábola es no tratar de hacer que «camine en cuatro patas»; es decir, que hay que evitar imaginar un gran significado espiritual para cada pequeño detalle de la parábola. Por ejemplo, ¿hemos de deducir por el versículo 25 que Dios enviará a la esposa y los hijos de un hombre al infierno por la deuda de pecado del esposo? Esta tontería está ampliamente refutada por Ezequiel 18:20 y muchos otros pasajes bíblicos. En realidad, la clave de la parábola se encuentra en Mateo 18:21, cuando Pedro le pregunta a Cristo cuántas veces debe perdonar el cristiano.

16. Estos pasajes tratan sobre el libro de la vida: Exodo 32:32, 33; Salmo 69:28; Daniel 12:1; Filipenses 4:3; Apocalipsis 3:5; 13:8; 17:8; 20:12, 15; 21:27; 22:19. Véanse también Lucas 10:20; Romanos 9:3. Evidentemente hay dos libros diferentes bajo consideración aquí.

a. El libro de la vida física.

«Y aconteció que al día siguiente dijo Moisés al pueblo: Vosotros habéis cometido un gran pecado, pero yo subiré ahora a Jehová; quizá le aplacaré acerca de vuestro pecado. Entonces volvió Moisés a Jehová, y dijo: Te ruego, pues este pueblo ha cometido un gran pecado, porque se hicieron dioses de oro, que perdones ahora su pecado, y si no, ráeme ahora de tu libro que has escrito» (Ex. 32:30-32).

Moisés se pudo haber estado ofreciendo aquí a sí mismo como sustituto físico por la nación de Israel, que acababa de contristar y enojar a Dios por medio del pecado de adorar el becerro de oro.

«Sean raídos del libro de los vivientes, y no sean escritos entre los justos» (Sal. 69:28).

Aquí es obvio que David se refiere a la muerte física de sus enemigos.

b. El libro de la vida eterna.

«Pero no os regocijéis de que los espíritus se os sujetan, sino regocijaos de que vuestros nombres están escritos en los cielos» (Lc. 10:20).

17. Estos pasajes tratan sobre ciertos individuos:
   a. Esaú (He. 12:16, 17). El relato aquí se refiere a los acontecimientos registrados en Génesis 25:27-34 y 27:1-46. Tienen que ver con la primogenitura y la bendición del hijo mayor, y no tienen nada que ver con la doctrina de la salvación. No hay la más mínima evidencia de que Esaú haya sido un hombre salvo.
   b. Balaam (Nm. 22—24). Balaam era el típico profeta profesional, buscando sólo hacer de su don un mercado. Para el rey Balac, era el mejor profeta que se podía comprar. Tres pasajes neotestamentarios ponen bien en claro que Balaam nunca fue un hombre salvo (2 P. 2:15; Jud. v. 11; Ap. 2:14).
   c. Saúl. ¿Fue el primer rey de Israel un hombre salvo? Algunos han dicho que sí lo fue, en base a los siguientes versículos: 1 Samuel 10:6-12; 11:6, 13-15; 12:13; 14:35; 15:30, 31. Sin embargo, la mayor parte de los estudiosos de la Biblia han mantenido que no lo fue. Hay un gran número de pasajes que parecerían apoyar esta posición: 1 Samuel 13:13, 14; 14:37, 44; 15:22, 23, 35; 16:14; 18:10-12; 20:30-33; 22:17; 28:6, 16.
   d. Judas. ¿Fue salvo alguna vez el traidor más notorio del mundo? Las Escrituras contestan con un *no* contundente. Véanse Lucas 22:3, 22; Juan 6:70, 71; 12:4-6; 13:27.

      El doctor Robert Gromacki ha escrito: «El *arrepentimiento* de Judas ha causado cierta perplejidad. Mateo escribió: "Entonces Judas, el que le había entregado, viendo que era condenado, devolvió arrepentido las treinta piezas de plata a los principales sacerdotes y a los ancianos, diciendo: Yo he pecado entregando sangre inocente. Mas ellos dijeron: ¿Qué nos importa a nosotros? ¡Allá tú! Y arrojando las piezas de plata en el templo, salió, y fue y se ahorcó" (Mt. 27:3-5).

      ¿Qué clase de arrepentimiento fue éste? Esta palabra griega específica indica un lamento emocional (*metamelomai*), no un arrepentimiento por culpa moral y espiritual (*metanoeo*). Judas lamentaba lo que le había pasado a Jesús porque no había pensado que iría tan lejos. Después de haber pasado tres años con Jesús sabía que Jesús no merecía la muerte. Trató de cambiar la acción del tribunal devolviendo la plata, pero era demasiado tarde. En remordimiento, se ahorcó. Si hubiera sido un arrepentimiento genuino habría buscado a Jesús o a los once apóstoles. Cuando los discípulos oraron acerca del nombramiento del duodécimo apóstol dijeron: "Tú, Señor, que conoces los corazones de todos, muestra cuál de estos dos has escogido, para que tome la parte de este ministerio y apostolado, de que cayó Judas por transgresión, para irse a su propio lugar" (Hch. 1:24, 25).

      Judas no cayó de la salvación; cayó del apostolado. Hay una gran diferencia. Judas es un ejemplo perfecto de los obreros cristianos no salvos mencionados por Jesús en la conclusión del Sermón del Monte: "No todo el que me dice: Señor, Señor, entrará en el reino de los cielos, sino el que hace la voluntad de mi Padre que está en los cielos. Muchos me dirán en aquel día: Señor, Señor, ¿no profetizamos en tu nombre, y en tu nombre echamos fuera demonios, y en tu nombre hicimos muchos milagros? Y entonces les declararé: Nunca os conocí; apartaos de mí, hacedores de maldad" (Mt. 7:21-23).

      Judas había hecho todas estas cosas (Mt. 10; Lc. 10). Había desempeñado un ministerio para Cristo, pero no conocía a Cristo como su Salvador del pecado. Era un hombre totalmente perdido, desde el principio hasta el fin.» (*Salvation Is Forever*, pp. 166, 167.)
   e. Simón (Hch. 8:5-25). En Juan 2:23-25 se registra que unos cuantos siguieron a Jesús para seguir la corriente «viendo las señales que hacía». Pero se nos dice que Jesús «no se fiaba de ellos, porque conocía a todos». Estos hombres inconstantes estaban interesados en sus *milagros,* pero eran sordos a su *mensaje*. El pasaje de Hechos 8 registra algo similar. Aunque Simón «creyó» (probablemente en base a los milagros hechos por Felipe, véase 8:6), y hasta fue bautizado (8:13), no hay indicación de que haya sido salvo. (Véanse especialmente los vv. 20-23.)
   f. El hijo pródigo (Lc. 15:11-32). ¿Cuál fue el propósito de Jesús al relatar esta parábola? Era enfatizar el gozo en el cielo por los hombres que se arrepienten aquí en la tierra. Esto se indica claramente en los versículos 7, 10 y 32. ¿Es el arrepentimiento de esta historia el de un hombre perdido que se salva, o de un hombre salvo que es restaurado a la comunión? Es lo segundo. Este hijo no perdió la salvación y la volvió a recuperar, porque en medio del pecado y de la desesperación todavía podía decir: «Me levantaré e iré a *mi padre*.» Ningún hombre inconverso podría referirse a Dios de tal forma.
   g. Demas. «Porque Demas me ha desamparado, amando este mundo, y se ha ido a Tesalónica» (2 Ti. 4:10). Sean cuales fueren las conclusiones que se puedan sacar aquí, es un comentario triste sobre uno de los compañeros de Pablo. Anteriormente habíamos leído de la comunión de él tanto con el apóstol como con Lucas (Col. 4:12). La verdad del asunto es que, así como Juan Marcos lo había hecho una vez (Hch. 13:13), Demas le falló a Pablo en un momento de gran necesidad. Sin embargo, la historia de Juan Marcos tuvo un final feliz (2 Ti. 4:11). Tal vez la historia de Demas también tendría un mejor final si conociéramos todos los detalles.

B. Las pruebas de la seguridad eterna. Hemos hablado detenidamente acerca de los problemas de la seguridad eterna. Ahora, ¿cuáles son las pruebas de esta preciosa doctrina bíblica? ¿Enseña realmente la Biblia que una vez que se es salvo, se es salvo para siempre? Por cierto que lo hace. De hecho, la obra de toda la Trinidad la garantiza.

1. La obra del Padre:
   a. Por su plan y su programa (Ro. 8:28-30; Ef. 1:3-11; 2:7). Nótense las características de este plan.
      (1) Predestinar a todos los que conocía de antemano para ser conformados a la imagen de Cristo (Ro. 8:29).
      (2) Aceptar a todos los que están en Cristo (Ef. 1:6; Col. 3:3). Esto significa que el creyente tiene tanto derecho de estar en el cielo como Cristo, porque está en Cristo.
      (3) Llamar, justificar y glorificar a todos los aceptados en Cristo (Ro. 8:30). Nótese especialmente la última frase de este versículo, «a éstos también glorificó». Por supuesto que la glorificación no se llevará a cabo hasta que ocurra el arrebatamiento (1 Co. 15:51-54). Pero aquí en Romanos 8:30, Pablo pone la palabra en el tiempo pasado. En otras palabras, a los ojos de Dios, el creyente *ya* está glorificado en el cielo con Cristo. Este es el versículo más fuerte en la Biblia sobre la seguridad eterna.
      (4) Juntarlos todos en Cristo en la plenitud de los tiempos (Ef. 1:10).
      (5) Mostrar a los que ha juntado en Cristo como trofeos de su gracia durante la eternidad (Ef. 2:7).
   b. Por su poder (Jn. 10:29; Ro. 4:21; 8:31-39; 14:4; 1 Co. 1:8, 9; Ef. 3:20; Fil. 1:6; 2 Ti. 1:12; 4:18; He. 7:25; 1 P. 1:5; Jud. v. 24).
   c. Por su amor (Ro. 5:7-11; 8:31-33).
   d. Por su fidelidad en disciplinar a los suyos (He. 12:1-11).
2. La obra del Hijo:
   a. Por sus promesas (Jn. 5:24; 6:37; 10:27, 28).
   b. Por su oración (Jn. 17:9-12, 15, 20).
   c. Por su muerte (Is. 53:5, 11; Mt. 26:28; Jn. 19:30).

      Aquí se ve la ley del doble riesgo. La ley dice que un hombre no puede ser juzgado o castigado dos veces por el mismo crimen. Con su muerte, Cristo fue castigado por mi pecado. Al aceptarlo como Salvador consentí en dejarle pagar mi deuda de pecado. Pero si posteriormente debo pagar por mi propio pecado en el infierno (porque caí de la gracia antes de la muerte), entonces el Juez justo del universo se vuelve culpable de quebrantar la ley del doble riesgo.
   d. Por su resurrección (Ro. 6:3-10; Col. 2:12-15).
   e. Por su ministerio actual.
      (1) Su obra como nuestro *abogado* en el cielo garantiza nuestra seguridad eterna (Ro. 8:34; He. 9:24; 1 Jn. 2:1).
      (2) Su obra como nuestro *intercesor* en el cielo garantiza nuestra seguridad eterna (Jn. 17:1-26; Ro. 8:34; He. 7:23-25).

         Chafer y Walvoord escriben:

         «El ministerio actual de Cristo en la gloria tiene que ver con la seguridad eterna de los salvos que están en la tierra. Cristo intercede por nosotros y actúa como nuestro abogado. Como intercesor tiene en mente la debilidad, la ignorancia y la falta de madurez del creyente, cosas por las cuales no hay culpa. En este ministerio, Cristo no sólo ora por los suyos que están en el mundo y por cada una de sus necesidades (Lc. 22:31, 32; Jn. 17:9, 15, 20; Ro. 8:34), sino que en base a su propia suficiencia en su sacerdocio inmutable, garantiza que serán salvos para siempre (Jn. 14:19; Ro. 5:10; He. 7:25).» (*Grandes temas bíblicos*, Editorial Portavoz, p. 260.)

         La declaración que resume todo lo anterior se encuentra en Romanos 5:10: «Porque si siendo enemigos, fuimos reconciliados con Dios por la muerte de su Hijo, mucho más, estando reconciliados, seremos salvos por su vida.» La verdad gloriosa que Pablo está literalmente gritando aquí es ésta: Jesucristo murió para salvarme, pero ahora vive para seguir salvándome. Por eso Hebreos 5:9 dice que es el autor de *eterna* salvación.
3. La obra del Espíritu Santo:
   a. Regenera al creyente (Jn. 3:3-7; Tit. 3:5; Stg. 1:18; 1 P. 1:23). Esto significa que el cristiano tiene una nueva naturaleza que quiere hacer las cosas de Dios.
   b. Bautiza al creyente en el cuerpo de Cristo (Ro. 6:3, 4; 1 Co. 12:13; Gá. 3:27; Ef. 4:4, 5; Col. 2:12). El creyente se convierte así en hueso de su hueso y carne de su carne.
   c. Mora en el creyente (Jn. 7:37-39; 14:16; Ro. 8:9; 1 Co. 2:12; 3:16; 6:19; 1 Jn. 3:24). Nótese especialmente Juan 14:16:

      «Y yo rogaré al Padre, y os dará otro Consolador, para que esté con vosotros *para siempre.*»
   d. Sella al creyente (2 Co. 1:22; 5:5; Ef. 1:13, 14; 4:30). Ya se ha señalado que es probable que Romanos 8:30 sea el versículo más fuerte en cuanto a la seguridad eterna. El segundo sin duda sería Efesios 4:30:

      «Y no contristéis [literalmente, dejad de contristar] al Espíritu Santo de Dios, con el cual fuisteis sellados para el día de la redención.»

      ¿Cuál es este día de la redención? Según Romanos 8:23 es una referencia al arrebatamiento. En otras palabras, el hijo de Dios está sellado por el Espíritu de Dios hasta el día mismo del arrebatamiento.
   e. Fortalece al creyente (Ef. 3:16).
   f. Ora por el creyente (Ro. 8:26).

XI. Las garantías de la salvación.

«Estas cosas os he escrito a vosotros que creéis en el nombre del Hijo de Dios, para que sepáis que tenéis vida eterna, y para que creáis en el nombre del Hijo de Dios» (1 Jn. 5:13).

«Examinaos a vosotros mismos si estáis en la

fe; probaos a vosotros mismos...» (2 Co. 13:5).

En su excelente libro sobre la salvación, el doctor Robert Gromacki menciona doce cosas por las cuales se puede probar la experiencia propia de la salvación. Son:

«A. Primero, ¿ha disfrutado usted de comunión espiritual con Dios, con Cristo y con otros creyentes? (1 Jn. 1:3, 4).

B. Segundo, ¿es usted sensible al pecado? (1 Jn. 1:5-10).

C. Tercero, ¿es usted básicamente obediente a los mandamientos de las Escrituras? (1 Jn. 2:3-5).

D. Cuarto, ¿cuál es su actitud hacia el mundo y sus valores? (1 Jn. 2:15).

E. Quinto, ¿ama usted a Jesucristo y espera ansioso su venida? (2 Ti. 4:8; 1 Jn. 3:2, 3).

F. Sexto, ¿practica usted menos el pecado ahora que ha profesado la fe en Cristo? (1 Jn. 3:5, 6).

G. Séptimo, ¿ama a otros creyentes? (1 Jn. 3:14).

H. Octavo, ¿ha experimentado la contestación a la oración? (1 Jn. 3:22; 5:14, 15).

I. Noveno, ¿tiene usted el testimonio interno del Espíritu Santo? (Ro. 8:15, 16; 1 Jn. 4:13).

J. Décimo, ¿tiene usted la habilidad de discernir entre la verdad espiritual y el error? (Jn. 10:3-5, 27; 1 Jn. 4:1-6).

K. Undécimo, ¿cree usted en las doctrinas básicas de la fe? (1 Jn. 5:1).

L. Duodécimo, ¿ha experimentado usted persecución por su posición cristiana? (Jn. 15:18-20; Fil. 1:28).» (*Salvation Is Forever*, pp. 177-182.)

LA DOCTRINA DE SATANÁS

LA DOCTRINA DE SATANÁS

Prácticamente no existe una cultura, tribu o sociedad en este mundo que no tenga un concepto o un temor de un poder malvado invisible. Esto ha sido atestiguado tanto por misioneros cristianos como por antropólogos seculares. Los brujos, las cabezas reducidas, los muñecos de vudú y los postes totémicos, todos dan evidencia dramática de este temor universal. Bien puede caber preguntarse de dónde vino este temor y hacia quién está dirigido. Consideremos lo siguiente:

I. La existencia de Satanás.

A. El mundo duda de su existencia.

1. Muestra de ellos es el típico concepto de las caricaturas. En la mayor parte del mundo actual se representa al diablo como una traviesa criatura medieval y mítica, con dos cuernos y una cola en forma de tenedor, vestida con ropa interior roja de franela, ocupada en echarle carbón a los hornos del infierno. El cómico de la televisión [norteamericana] Flip Wilson se ganó una fortuna haciendo reír a millones de personas con su famosa línea: «El diablo me obligó a hacerlo.»

2. Otra muestra es la negación desde los púlpitos liberales. Por supuesto que ya hace mucho que los liberales que niegan a Cristo se deshicieron de conceptos tan «anticuados» como el *viejo diablo* y el *nuevo nacimiento*. El doctor Reinhold Niebuhr, un teólogo liberal, una vez escribió: «No es prudente que los cristianos afirmen tener ningún conocimiento de los muebles del cielo o de la temperatura del infierno.» El difunto obispo Pike dijo que cuando era un joven seminarista había rechazado completamente un cielo angelical en la alturas o un infierno diabólico al rojo vivo. En la década del cincuenta, una revista nacional secular hizo un censo de unos 5.000 clérigos americanos, y descubrió que un setenta y tres por ciento de ellos ridiculizaba el concepto de un diablo personal.

3. Lo muestra también el silencio de los púlpitos conservadores. Hasta los pastores y laicos que creen en la Biblia parecen ser muy reacios a hablar del diablo. Hace un tiempo se publicó un artículo titulado «Si yo fuera el diablo». Permítaseme citar brevemente de él.

«Si yo fuera el diablo, lo primero que haría sería negar mi propia existencia. Este extraño enfoque está, por supuesto, completamente opuesto a aquel utilizado por Dios, quien desea, tal vez por sobre todas las cosas, ¡que se crea plenamente en él! (Véase He. 11:6.) Pero no es así con Satanás. Este discípulo de la duda parece prosperar más cuando se lo subestima, ignora o niega.

Supongamos que hay una iglesia que cree en la Biblia y que está atravesando una crisis espiritual. Por varios meses, ningún alma se ha convertido. La asistencia y las ofrendas están bajas y los miembros se están inquietando. Por fin, en desesperación, la congregación nombra un comité especial para descubrir la fuente de esta frialdad y falta de vida. Después de mucho orar e indagar, el comité presenta su informe. ¿Qué halló? Creo que podemos pensar sin temor a equivocarnos que el comité promedio culparía a uno o más de los siguientes factores: (1) el pastor; (2) algunos de los miembros del personal de la iglesia; (3) una congregación fría; o (4) un vecindario difícil.

Pero, ¿qué grupo investigador presentaría la siguiente denuncia?: "¡Creemos que la fuente principal de nuestros problemas durante los últimos meses es satánica! ¡Creemos que la razón por la que no ha habido almas salvadas recientemente es que el diablo ha atacado frontalmente a nuestra iglesia! Concluimos nuestro informe con una fuerte recomendación de que la congregación convoque una reunión especial, reprenda a Satanás, ruegue por la sangre de Cristo y reclame la victoria."

Si yo fuera el diablo negaría mi existencia en el mundo y la disimularía en la iglesia local, para quedar libre de hacer mis cosas sin ser percibido, molestado ni controlado.» (*The Baptist Bulletin*, diciembre de 1971, p. 13.)

B. La Biblia declara su existencia. Hemos visto la manera en que se duda, se niega o se le resta importancia a la existencia de Satanás en el mundo de los hombres. Pero en la Palabra de Dios sucede todo lo contrario.

1. El diablo es mencionado en siete libros del Antiguo Testamento: Génesis, 1 Crónicas, Job (doce veces), Salmos, Isaías, Ezequiel y Zacarías.

2. Se encuentra en diecinueve libros del Nuevo Testamento y todos los escritores neotestamentarios hacen referencia a él.

a. Mateo se refiere a él.

«Entonces Jesús fue llevado por el Espíritu al desierto, para ser tentado por el diablo» (Mt. 4:1).

b. Marcos se refiere a él.

«Vienen a Jesús, y ven al que había sido atormentado del demonio, y que había tenido la legión, sentado, vestido y en su juicio cabal; y tuvieron miedo» (Mr. 5:15).

c. Lucas se refiere a él.

«Y entró Satanás en Judas, por sobrenombre Iscariote, el cual era uno del número de los doce» (Lc. 22:3).

d. Juan se refiere a él.

«El que practica el pecado es del diablo; porque el diablo peca desde el principio. Para esto apareció el Hijo de Dios, para deshacer las obras del diablo» (1 Jn. 3:8).

e. Pablo se refiere a él.

«Y el Dios de paz aplastará en breve a Satanás bajo vuestros pies. La gracia de nuestro Señor Jesucristo sea con vosotros» (Ro. 16:20).

f. Pedro se refiere a él.

«Sed sobrios y velad; porque vuestro adversario el diablo, como león rugiente, anda alrededor buscando a quien devorar» (1 P. 5:8).

g. Santiago se refiere a él.

«Someteos, pues, a Dios; resistid al diablo, y huirá de vosotros» (Stg. 4:7).

h. Judas se refiere a él.

«Pero cuando el arcángel Miguel contendía con el diablo, disputando con él por el cuerpo de Moisés, no se atrevió a proferir juicio de maldición contra él, sino que dijo: El Señor te reprenda» (Jud. v. 9).

3. El Señor Jesucristo lo menciona unas quince veces. Nótense algunas de ellas:

«Entonces Jesús le dijo: Vete, Satanás, porque escrito está: Al Señor tu Dios adorarás, y a él solo servirás» (Mt. 4:10).

«Pero él, volviéndose, dijo a Pedro: ¡Quítate de delante de mí, Satanás!; me eres tropiezo, porque no pones la mira en las cosas de Dios, sino en las de los hombres» (Mt. 16:23).

«Entonces dirá también a los de la izquierda: Apartaos de mí, malditos, al fuego eterno preparado para el diablo y sus ángeles» (Mt. 25:41).

«Y les dijo: Yo veía a Satanás caer del cielo como un rayo» (Lc. 10:18).

«Vosotros sois de vuestro padre el diablo, y los deseos de vuestro padre queréis hacer. El ha sido homicida desde el principio, y no ha permanecido en la verdad, porque no hay verdad en él. Cuando habla mentira, de suyo habla; porque es mentiroso, y padre de mentira» (Jn. 8:44).

«Jesús les respondió: ¿No os he escogido yo a vosotros los doce, y uno de vosotros es diablo?» (Jn. 6:70).

«Dijo también el Señor: Simón, Simón, he aquí Satanás os ha pedido para zarandearos como a trigo» (Lc. 22:31).

Por lo tanto, negar la personalidad de Satanás es negar tanto las declaraciones de las Escrituras como el testimonio del Salvador mismo.

II. El origen de Satanás. Con frecuencia el cínico lanza una doble acusación al cristiano: «Está bien, *si* tu Dios es tan sabio y tan bueno, ¿por qué creó al diablo?; y *si* es tan poderoso, ¿por qué no lo destruye?» Una respuesta bíblica sencilla a estas dos preguntas es: «*No lo ha hecho,* pero *lo hará.*»

Hay dos pasajes importantes en la Palabra de Dios acerca del origen y la caída del diablo.

A. El origen y la caída relatados por Ezequiel. En su libro, Ezequiel predice el juicio venidero sobre la ciudad de Tiro en los capítulos 26, 27 y la primera parte del capítulo 28. Esto ya se ha cumplido, porque la ciudad fue saqueada por Nabucodonosor en el 573 a.C. y después fue destruida por Alejandro en el 332 a.C. Pero durante la segunda mitad del capítulo 28, el profeta va más allá del panorama terrenal y nos describe la creación y el juicio de una criatura vil y depravada. Consideremos el pasaje.

«Hijo de hombre, levanta endechas sobre el rey de Tiro, y dile: Así ha dicho Jehová el Señor: Tú eras el sello de la perfección, lleno de sabiduría, y acabado en hermosura. En Edén, en el huerto de Dios estuviste; de toda piedra preciosa era tu vestidura; de cornerina, topacio, jaspe, crisólito, berilo y ónice; de zafiro, carbunclo, esmeralda y oro; los primores de tus tamboriles y flautas estuvieron preparados para ti en el día de tu creación. Tú, querubín grande, protector, yo te puse en el santo monte de Dios, allí estuviste; en medio de las piedras de fuego te paseabas. Perfecto eras en todos tus caminos desde el día que fuiste creado, hasta que se halló en ti maldad. A causa de la multitud de tus contrataciones fuiste lleno de iniquidad, y pecaste; por lo que yo te eché del monte de Dios; y te arrojé de entre las piedras de fuego, oh querubín protector. Se enalteció tu corazón a causa de tu hermosura, corrompiste tu sabiduría a causa de tu esplendor; yo te arrojaré por tierra; delante de los reyes te pondré para que miren en ti. Con la multitud de tus maldades y con la iniquidad de tus contrataciones profanaste tu santuario; yo, pues, saqué fuego de en medio de ti, el cual te consumió, y te puse en ceniza sobre la tierra a los ojos de todos los que te miran. Todos los que te conocieron de entre los pueblos se maravillarán sobre ti; espanto serás, y para siempre dejarás de ser» (Ez. 28:12-19).

Observemos ahora algunas palabras clave en este pasaje:

1. «Tú eras el sello de la perfección, lleno de sabiduría, y acabado de hermosura» (v. 12). Nunca se describe a un ser humano en estos términos, sino más bien lo contrario. Nótense los siguientes pasajes:

«... porque no hay hombre que no peque...» (1 R. 8:46).

«¿Quién podrá decir: Yo he limpiado mi corazón, limpio estoy de mi pecado?» (Pr. 20:9).

«Engañoso es el corazón más que todas las cosas, y perverso; ¿quién lo conocerá?» (Jer. 17:9).

«Ciertamente no hay hombre justo en la tierra, que haga el bien y nunca peque» (Ec. 7:20).

«Todos nosotros nos descarriamos como ovejas, cada cual se apartó por su camino; mas Jehová cargó en él el pecado de todos nosotros» (Is. 53:6).

«Si bien todos nosotros somos como suciedad, y todas nuestras justicias como trapo de inmundicia; y caímos todos nosotros como la hoja, y nuestras maldades nos llevaron como viento» (Is. 64:6).

«Por cuanto todos pecaron, y están destituidos de la gloria de Dios» (Ro. 3:23).

«Mas la Escritura lo encerró todo bajo pecado...» (Gá. 3:22).

«Porque todos ofendemos muchas veces...» (Stg. 3:2).

«Si decimos que no tenemos pecado, nos engañamos a nosotros mismos, y la verdad no está en nosotros» (1 Jn. 1:8).

«Si decimos que no hemos pecado, le hacemos a él mentiroso, y su palabra no está en nosotros» (1 Jn. 1:10).

Así que vemos que es imposible que en este versículo Ezequiel se esté refiriendo a un ser humano.

2. «En Edén, en el huerto de Dios estuviste» (v. 13). Algunos han especulado que Ezequiel se estaba refiriendo a Adán aquí, pero en ninguna parte de Génesis se dice que la ropa de Adán fuera «de toda piedra preciosa ... y oro».
3. «Los primores de tus tamboriles y flautas» (v. 13). Tocante a esto, el doctor J. Dwight Pentecost escribe:

   «Los instrumentos musicales fueron concebidos originalmente como medios de alabar y adorar a Dios. No era necesario que Lucifer aprendiera a tocar un instrumento musical para alabarle. Por decirlo así, tenía un órgano de tubos dentro de sí, o era un órgano. Esto es lo que el profeta quiso decir cuando dijo: "los primores de tus tamboriles y flautas estuvieron preparados para ti en el día de tu creación". Lucifer, a causa de su hermosura, hacía lo que un instrumento musical haría en las manos de un diestro músico: producir un himno de alabanza a la gloria de Dios. Lucifer no necesitaba buscar quien tocara el órgano para él poder cantar la doxología: él era en sí una doxología.» (*Vuestro adversario, el diablo*, Editorial Logoi, p. 14.)
4. «Eras el querubín ungido que cubrías *con tus alas*» (v. 14, Biblia de H. Pratt o Versión Moderna).
   a. Fue ungido. En el Antiguo Testamento había tres oficios ungidos: el de profeta, el de sacerdote y el de rey. Aquí hay una sugerencia de que Lucifer tal vez haya sido creado originalmente para servir (bajo la dirección de Cristo) como profeta, sacerdote y rey del cielo. Pero fracasó. Esta puede ser la razón por la cual Dios separó estos oficios. Notamos esta separación definida de los oficios de sacerdote y rey en dos pasajes específicos del Antiguo Testamento.
      (1) El ejemplo del rey Saúl. En 1 Samuel 13, Saúl intenta desempeñar por la fuerza el oficio del sacerdocio ofreciendo un sacrificio. Leamos los detalles:

      «Entonces dijo Saúl: Traedme holocausto y ofrendas de paz. Y ofreció el holocausto. Y cuando él acababa de ofrecer el holocausto, he aquí Samuel que venía; y Saúl salió a recibirle, para saludarle. Entonces Samuel dijo: ¿Qué has hecho? Y Saúl respondió: Porque vi que el pueblo se me desertaba, y que tú no venías dentro del plazo señalado, y que los filisteos estaban reunidos en Micmas, me dije: Ahora descenderán los filisteos contra mí a Gilgal, y yo no he implorado el favor de Jehová. Me esforcé, pues, y ofrecí holocausto. Entonces Samuel dijo a Saúl: Locamente has hecho; no guardaste el mandamiento de Jehová tu Dios que él te había ordenado; pues ahora Jehová hubiera confirmado tu reino sobre Israel para siempre. Mas ahora tu reino no será duradero. Jehová se ha buscado un varón conforme a su corazón, al cual Jehová ha designado para que sea príncipe sobre su pueblo, por cuanto tú no has guardado lo que Jehová te mandó» (1 S. 13:9-14).
      (2) El ejemplo del rey Uzías. Este rey de Judea fue un rey sabio y bueno durante la mayor parte de su reinado. Sin embargo, como Lucifer, permitió que su corazón se enloqueciera por el poder. Escuchemos el triste resultado:

      «Mas cuando ya era fuerte, su corazón se enalteció para su ruina; porque se rebeló contra Jehová su Dios, entrando en el templo de Jehová para quemar incienso en el altar del incienso. Y entró tras él el sacerdote Azarías, y con él ochenta sacerdotes de Jehová, varones valientes. Y se pusieron contra el rey Uzías, y le dijeron: No te corresponde a ti, oh Uzías, el quemar incienso a Jehová, sino a los sacerdotes hijos de Aarón, que son consagrados para quemarlo. Sal del santuario, porque has prevaricado, y no te será para gloria delante de Jehová Dios. Entonces Uzías, teniendo en la mano un incensario para ofrecer incienso, se llenó de ira; y en su ira contra los sacerdotes, la lepra le brotó en la frente, delante de los sacerdotes en la casa de Jehová, junto al altar del incienso. Y le miró el sumo sacerdote Azarías, y todos los sacerdotes, y he aquí la lepra estaba en su frente; y le hicieron salir apresuradamente de aquel lugar; y él también se dio prisa a salir, porque Jehová lo había herido. Así el rey Uzías fue leproso hasta el día de su muerte, y habitó leproso en una casa apartada, por lo cual fue excluido de la casa de Jehová; y Jotam su hijo tuvo cargo de la casa real, gobernando al pueblo de la tierra» (2 Cr. 26:16-21).
   b. Fue un querubín guardián. Un querubín era un tipo especial de ser angelical cuyo propósito era proteger la santidad de Dios (véanse Gn. 3; Ex. 25; 1 R. 6; Ez. 1; Ap. 4). La evidencia tanto arqueológica como bíblica sugiere que se asemejaban a un león, un becerro, un águila y un hombre. Aparentemente Lucifer fue creado (entre otros fi-

nes) para demostrar la obra terrenal de Cristo, presentada por los cuatro autores de los evangelios.

Mateo presenta a Cristo como el Rey semejante a un león.

Marcos lo presenta como el siervo semejante a un becerro.

Lucas lo presenta como el hombre perfecto.

Juan lo presenta como el Dios semejante a un águila.

De hecho, algunos estudiosos de la Biblia sugieren que estas cuatro criaturas descritas en Apocalipsis 4 existen para llevar a cabo la tarea que Dios una vez le había asignado a Lucifer. La razón por la cual hay cuatro puede ser que Dios decidió no darle nunca más tanto poder a un solo ángel. Juan describe el lugar y las actividades de estos cuatro querubines.

«Y delante del trono había como un mar de vidrio semejante al cristal; y junto al trono, y alrededor del trono, cuatro seres vivientes llenos de ojos delante y detrás. El primer ser viviente era semejante a un león; el segundo era semejante a un becerro; el tercero tenía rostro como de hombre; y el cuarto era semejante a un águila volando. Y los cuatro seres vivientes tenían cada uno seis alas, y alrededor y por dentro estaban llenos de ojos; y no cesaban día y noche de decir: Santo, santo, santo es el Señor Dios Todopoderoso, el que era, el que es, y el que ha de venir» (Ap. 4:6-8).

5. «Se enalteció tu corazón a causa de tu hermosura» (v. 17). Aquí tenemos el primer pecado y la autocreación del primer pecador en todo el universo. En el Nuevo Testamento, el apóstol Pablo se refiere a esta trágica narración histórica, usándola como una advertencia en contra de la ordenación de un candidato pastoral inmaduro.

«Palabra fiel: Si alguno anhela obispado, buena obra desea. Pero es necesario que el obispo sea irreprensible, marido de una sola mujer, sobrio, prudente, decoroso, hospedador, apto para enseñar; no dado al vino, no pendenciero, no codicioso de ganancias deshonestas, sino amable, apacible, no avaro; que gobierne bien su casa, que tenga a sus hijos en sujeción con toda honestidad (pues el que no sabe gobernar su propia casa, ¿cómo cuidará de la iglesia de Dios?); no un neófito, no sea que envaneciéndose caiga en la condenación del diablo. También es necesario que tenga buen testimonio de los de afuera, para que no caiga en descrédito y en lazo del diablo» (1 Ti. 3:1-7).

B. El origen y la caída relatados por Isaías.

«¡Cómo caíste del cielo, oh Lucero, hijo de la mañana! Cortado fuiste por tierra, tú que debilitabas a las naciones. Tú que decías en tu corazón: Subiré al cielo; en lo alto, junto a las estrellas de Dios, levantaré mi trono, y en el monte del testimonio me sentaré, a los lados del norte; sobre las alturas de las nubes subiré, y seré semejante al Altísimo» (Is. 14:12-14).

Nótense estas cinco declaraciones de intención insensatas y fatales del diablo:

1. *Subiré* al cielo. Es obvio que Satanás tenía en mente el tercer cielo, la morada misma de Dios (véase 2 Co. 12:2).
2. Junto a las estrellas de Dios, *levantaré* mi trono. Es probable que sea una referencia a los ángeles. Satanás deseaba la adoración de los ángeles.
3. En el monte del testimonio me *sentaré*, a los lados del norte. Lucifer ahora busca entrar en la «oficina ejecutiva» de Dios en algún lugar del norte para sentarse en su mismo escritorio. Intentaría controlar no sólo a los ángeles, sino el tamaño y el número de las galaxias estrelladas también.
4. Sobre las alturas de las nubes *subiré*. Esto bien puede ser una referencia a esa nube especial de la gloria *shekinah* de Dios que se encuentra con tanta frecuencia en la Biblia.
5. *Seré* semejante al Altísimo. Es revelador notar el nombre que Satanás usa por Dios aquí. Quería ser como El-Elyon, el más Alto. Este nombre literalmente significa «el fuerte más fuerte». El diablo podría haber escogido otros nombres para Dios. Podría haber usado El-Shaddai, que significa «el que tiene pechos, el que alimenta a sus hijos», pero no lo hizo. Podría haber escogido Jehová-Rohi, que significa «el Dios pastor», pero también evitó este título. La razón es obvia. Satanás codiciaba el poder de Dios, mas no estaba interesado en sus atributos de alimentador y guía.

Aquí se puede ver un gran contraste entre la actitud de Lucifer en el huerto de Dios y la actitud del Salvador siglos después en el huerto de Getsemaní. En el primer huerto, el diablo luchó fieramente por su propia voluntad, pero en el segundo huerto, en tres ocasiones, nuestro manso Mesías oró: *«No se haga mi voluntad»*. Veamos el relato de Mateo de este episodio de medianoche:

«Entonces llegó Jesús con ellos a un lugar que se llama Getsemaní, y dijo a sus discípulos: Sentaos aquí, entre tanto que voy allí y oro. Y tomando a Pedro, y a los dos hijos de Zebedeo, comenzó a entristecerse y a angustiarse en gran manera. Entonces Jesús les dijo: Mi alma está muy triste, hasta la muerte; quedaos aquí, y velad conmigo. Yendo un poco adelante, se postró sobre su rostro, orando y diciendo: Padre mío, si es posible, pase de mí esta copa; pero no sea como yo quiero, sino como tú. Vino luego a sus discípulos, y los halló durmiendo, y dijo a Pedro: ¿Así que no habéis podido velar conmigo una hora? Velad y orad, para que no entréis en tentación; el espíritu a la verdad está dispuesto, pero la carne es débil. Otra vez fue, y oró por segunda vez, diciendo: Padre mío, si no puede pasar de mí esta copa sin que yo la beba, hágase tu voluntad. Vino otra vez y los halló durmiendo, porque los ojos de ellos estaban cargados de sueño. Y dejándolos, se fue de nuevo, y oró por tercera vez, diciendo las mismas palabras» (Mt. 26:36-44).

Hasta ahora hemos considerado la existencia y el origen de Satanás. ¿Qué hay de su personalidad?

III. La personalidad de Satanás.

A. Es una persona real. En 1 Corintios 15, el apóstol Pablo distingue entre los cuerpos celestiales y los cuerpos terrenales. Escribe:

«No toda carne es la misma carne, sino que una carne es la de los hombres, otra carne la de las bestias, otra la de los peces, y otra la de las aves. Y hay cuerpos celestiales, y cuerpos terrenales; pero una es la gloria de los celestiales, y otra la de los terrenales» (1 Co. 15:39, 40).

A la luz del hecho de que Satanás es un ángel caído del mundo celestial, algunos creen que es razonable sugerir que él también posee un cuerpo, por supuesto que no un cuerpo terrenal de carne y sangre, pero sí tal vez un cuerpo de alguna sustancia.

B. Tiene inteligencia.

«Para que Satanás no gane ventaja alguna sobre nosotros; pues no ignoramos sus maquinaciones» (2 Co. 2:11).

«Pero temo que como la serpiente con su astucia engañó a Eva, vuestros sentidos sean de alguna manera extraviados de la sincera fidelidad a Cristo» (2 Co. 11:3).

C. Tiene memoria. Uno de los episodios más asombrosos en el ministerio terrenal de Cristo fue la experiencia de la tentación por Satanás.

«Entonces Jesús fue llevado por el Espíritu al desierto, para ser tentado por el diablo. Y después de haber ayunado cuarenta días y cuarenta noches, tuvo hambre. Y vino a él el tentador, y le dijo: Si eres Hijo de Dios, dí que estas piedras se conviertan en pan. El respondió y dijo: Escrito está: No sólo de pan vivirá el hombre, sino de toda palabra que sale de la boca de Dios. Entonces el diablo le llevó a la santa ciudad, y le puso sobre el pináculo del templo, y le dijo: Si eres Hijo de Dios, échate abajo; porque escrito está: A sus ángeles mandará acerca de ti, y, En sus manos te sostendrán, para que no tropieces con tu pie en piedra. Jesús le dijo: Escrito está también: No tentarás al Señor tu Dios. Otra vez le llevó el diablo a un monte muy alto, y le mostró todos los reinos del mundo y la gloria de ellos, y le dijo: Todo esto te daré, si postrado me adorares. Entonces Jesús le dijo: Vete, Satanás, porque escrito está: Al Señor tu Dios adorarás, y a él solo servirás. El diablo entonces le dejó; y he aquí vinieron ángeles y le servían» (Mt. 4:1-11).

Con frecuencia se nos recuerda cómo Jesús citó las Escrituras para refutar al diablo, y así lo hizo, citando tres veces del libro de Deuteronomio. Pero a veces se pasa por alto que aquí en este mismo pasaje de Mateo 4, el diablo también citó las Escrituras ante Cristo. Nótese nuevamente la referencia:

«Y le dijo: Si eres Hijo de Dios, échate abajo; porque escrito está: A sus ángeles mandará acerca de ti, y, en sus manos te sostendrán, para que no tropieces con tu pie en piedra» (Mt. 4:6).

Esta cita fue tomada del Salmo 91:11, 12. Sin duda lo sacó completamente del contexto y lo torció, pero Shakespeare tenía razón: «el diablo cita las Escrituras». Ahora puede surgir la pregunta: ¿cómo pudo Satanás hacerlo? Aparentemente había *memorizado* el Salmo 91. Muchos cristianos ni siquiera han *leído* ese Salmo, pero parece que Satanás lo ha registrado en su memoria. Hay otro ejemplo de esta «serpiente declamadora de las Escrituras» en Apocalipsis 12:12:

«Por lo cual alegraos, cielos, y los que moráis en ellos. ¡Ay de los moradores de la tierra y del mar! porque el diablo ha descendido a vosotros con gran ira, sabiendo que tiene poco tiempo.»

Satanás será echado del cielo en el medio de la tribulación y bajará a la tierra «con gran ira, sabiendo que tiene poco tiempo». ¿Cómo lo sabe? La respuesta obvia es que ha leído detenidamente el noveno capítulo de Daniel. Si yo fuera el diablo, leería la Biblia. Entonces podría torcer y acomodar las Escrituras para engañar tanto a los santos como a los pecadores.

D. Tiene una voluntad. Pablo instruye a Timoteo en el trato de los cristianos descarriados. Dice que sea manso pero firme, para que «escapen del lazo del diablo, en que están cautivos a voluntad de él» (2 Ti. 2:26).

E. Tiene emociones.

1. Deseo.

«Dijo también el Señor: Simón, Simón, he aquí Satanás os ha pedido para zarandearos como a trigo» (Lc. 22:31).

2. Orgullo. Al describir las cualificaciones de un diácono, Pablo menciona la siguiente restricción:

«No un neófito, no sea que envaneciéndose caiga en la condenación del diablo» (1 Ti. 3:6).

3. Ira.

«Por lo cual alegraos, cielos, y los que moráis en ellos. ¡Ay de los moradores de la tierra y del mar! porque el diablo ha descendido a vosotros con gran ira, sabiendo que tiene poco tiempo» (Ap. 12:12).

F. Tiene gran habilidad para la organización. La Biblia habla de las sinagogas, doctrinas y cosas profundas de Satanás.

«Pero el Espíritu dice claramente que en los postreros tiempos algunos apostatarán de la fe, escuchando a espíritus engañadores y a doctrinas de demonios» (1 Ti. 4:1).

«Yo conozco tus obras, y tu tribulación, y tu pobreza (pero tú eres rico), y la blasfemia de los que se dicen ser judíos, y no lo son, sino sinagoga de Satanás» (Ap. 2:9).

«Pero a vosotros y a los demás que están en Tiatira, a cuantos no tienen esa doctrina, y no han conocido lo que ellos llaman las profundidades de Satanás, yo os digo: No os impondré otra carga» (Ap. 2:24).

1. Fue el diablo quien organizó y condujo la primera rebelión en contra de Dios. Apocalipsis 12:4 indica que persuadió a un tercio de los ángeles del cielo a marchar con él.

«Y su cola arrastraba la tercera parte de las estrellas del cielo, y las arrojó sobre la tierra. Y el dragón se paró frente a la mujer que estaba para dar a luz, a fin de devorar a su hijo tan pronto como naciese» (Ap. 12:4).

2. Será el diablo quien organice y conduzca la última rebelión en contra de Dios.

«Cuando los mil años se cumplan, Satanás será suelto de su prisión, y saldrá a engañar a las naciones que están en los cuatro ángulos de la tierra, a Gog y a Magog, a fin de reunirlos para la batalla; el número de los cuales es como la arena del mar. Y subieron sobre la anchura de la tierra, y rodearon el campamento de los santos y la ciudad amada; y de Dios descendió fuego del cielo, y los consumió» (Ap. 20:7-9).

La contemplación de las habilidades de organización del diablo, demostradas en estos dos episodios, uno un relato histórico y el otro un acontecimiento futuro, es sencillamente abrumadora. Para ilustrar esta habilidad, consideremos lo siguiente: durante la Guerra Civil de los Estados Unidos, indudablemente el general sureño más amado y respetado era Robert E. Lee. Lee era amable y considerado con sus tropas, brillante en batalla y a nada temía. Durante algunas de las batallas menores, a veces las tropas confederadas se negaban a luchar hasta que su alabado líder se moviera hacia atrás, para que no muriera por un pedazo de tierra sin importancia. «Más vale que mueran mil antes que Lee» fue el refrán y la preocupación del soldado común. A la luz de esta casi adoración a Lee, ¿qué oportunidad tendría un soldado descontento en su intentos torpes para destruir al valiente General y asumir el liderazgo total él mismo? Además, ¿cuál sería la probabilidad de que pudiera persuadir a un tercio de los oficiales y de la infantería a unirse voluntariamente a él? Y sin embargo esto es precisamente lo que Lucifer hizo según Apocalipsis 12:4. No sólo logró hacer este truco increíble durante los primeros días de la tierra, sino que algún día lo volverá a hacer, esta vez después del glorioso milenio.

3. Fue el diablo quien sistemáticamente sometió al patriarca Job del Antiguo Testamento a pruebas rigurosas en un intento por quebrarlo. (Véase Job 1—2.) Pablo advierte acerca del diablo y sus cohortes malvados (pero altamente organizados):

   «Vestíos de toda la armadura de Dios, para que podáis estar firmes contra las asechanzas del diablo. Porque no tenemos lucha contra sangre y carne, sino contra principados, contra potestades, contra los gobernadores de las tinieblas de este siglo, contra huestes espirituales de maldad en las regiones celestes» (Ef. 6:11, 12).

IV. Los nombres de Satanás. Hay no menos de veintidós nombres y títulos para este pervertido ex príncipe del paraíso, cuyo estudio de por sí arroja mucha luz sobre su malvado carácter.

A. Satanás (adversario): el más común de sus nombres, utilizado unas cincuenta y tres veces.

B. El diablo (calumniador): utilizado treinta y cinco veces.

C. El príncipe de la potestad del aire.

«En los cuales anduvisteis en otro tiempo, siguiendo la corriente de este mundo, conforme al príncipe de la potestad del aire, el espíritu que ahora opera en los hijos de desobediencia» (Ef. 2:2).

D. El dios de este siglo.

«En los cuales el dios de este siglo cegó el entendimiento de los incrédulos, para que no les resplandezca la luz del evangelio de la gloria de Cristo, el cual es la imagen de Dios» (2 Co. 4:4).

E. El rey de la muerte.

«Así que, por cuanto los hijos participaron de carne y sangre, él también participó de lo mismo, para destruir por medio de la muerte al que tenía el imperio de la muerte, esto es, al diablo» (He. 2:14).

F. El príncipe de este mundo.

«Ahora es el juicio de este mundo; ahora el príncipe de este mundo será echado fuera» (Jn. 12:31).

G. El gobernador de las tinieblas.

«Porque no tenemos lucha contra sangre y carne, sino contra principados, contra potestades, contra los gobernadores de las tinieblas de este siglo, contra huestes espirituales de maldad en las regiones celestes» (Ef. 6:12).

H. Leviatán (el que habita en el mar de la humanidad).

«En aquel día Jehová castigará con su espada dura, grande y fuerte al leviatán serpiente veloz, y al leviatán serpiente tortuosa; y matará al dragón que está en el mar» (Is. 27:1).

Aquí se compara a Satanás con un poderoso dinosaurio marino que nadó en las aguas al principio de la historia de la tierra. Job describe a estas temibles serpientes marinas:

«¿Sacarás tú al leviatán con anzuelo, o con cuerda que le eches en su lengua? ¿Pondrás tú soga en sus narices, y horadarás con garfio su quijada?» (Job 41:1, 2).

«¿Quién abrirá las puertas de su rostro? Las hileras de sus dientes espantan. La gloria de su vestido son escudos fuertes, cerrados entre sí estrechamente. El uno se junta con el otro, que viento no entra entre ellos. Pegado está el uno con el otro; están trabados entre sí, que no se pueden apartar. Con sus estornudos enciende lumbre, y sus ojos son como los párpados del alba. De su boca salen hachones de fuego; centellas de fuego proceden. De sus narices sale humo, como de una olla o caldero que hierve. Su aliento enciende los carbones, y de su boca sale llama. En su cerviz está la fuerza, y delante de él se esparce el desaliento. Las partes más flojas de su carne están endurecidas; están en él firmes, y no se mueven. Su corazón es firme como una piedra, y fuerte como la muela de abajo. De su grandeza tienen temor los fuertes, y a causa de su desfallecimiento hacen por purificarse. Cuando alguno lo alcanzare, ni espada, ni lanza, ni dardo, ni coselete durará. Estima como paja el hierro, y el bronce como leño podrido. Saeta no le hace huir; las piedras de honda le son como paja. Tiene toda arma por hojarasca, y del blandir de la jabalina se burla. Por debajo tiene agudas conchas; imprime su agudez en el suelo. Hace hervir como una olla el mar profundo, y lo vuelve como una olla de ungüento. En pos de sí hace resplandecer la senda, que parece que el abismo es cano. No hay sobre la tierra quien se le parezca; animal hecho exento de temor. Menosprecia toda cosa alta. Es rey sobre todos los soberbios» (Job 41:14-34).

I. Lucifer (portador de luz, el refulgente).

«¡Cómo caíste del cielo, oh Lucero, hijo de la mañana! Cortado fuiste por tierra, tú que debilitabas a las naciones» (Is. 14:12).

Fue llamado Lucifer, porque una vez ejerció como «hijo de la mañana». Pero con el advenimiento de Cristo, «nacerá el Sol de justicia, y en sus alas traerá salvación» (Mal. 4:2).

J. El dragón.

«Después hubo una gran batalla en el cielo: Miguel y sus ángeles luchaban contra el dragón; y luchaban el dragón y sus ángeles» (Ap. 12:7).

K. El engañador.

«Y el diablo que los engañaba fue lanzado en el lago de fuego y azufre, donde estaban la bestia y el falso profeta; y serán atormentados día y noche por los siglos de los siglos» (Ap. 20:10).

Satanás no sólo es un engañador, sino también un autoengañador. Este es el peor engaño. Una vez creyó y todavía cree que puede derrotar a Jehová Dios y su Cristo.

L. Apolión (destructor).

«Y tienen por rey sobre ellos al ángel del abismo, cuyo nombre en hebreo es Abadón, y en griego, Apolión» (Ap. 9:11).

La increíble brutalidad y crueldad del hombre hacia su prójimo sólo puede ser explicada por la energía malvada, y a veces hasta la posesión, por este terrible destructor.

M. Beelzebú (príncipe de los demonios).

«Mas los fariseos, al oírlo, decían: Este no echa fuera los demonios sino por Beelzebú, príncipe de los demonios» (Mt. 12:24).

Nuestro bendito Señor una vez fue comparado con el diablo por los malvados fariseos.

N. Belial (vileza, implacabilidad)

«¿Y qué concordia Cristo con Belial? ¿O qué parte el creyente con el incrédulo?» (2 Co. 6:15).

La vileza y la implacabilidad muchas veces van de la mano, como se puede ver en el aumento de los casos de violaciones viciosas y asesinatos sin sentido.

Ñ. El malo.

«El campo es el mundo; la buena semilla son los hijos del reino, y la cizaña son los hijos del malo» (Mt. 13:38).

En esta misma parábola, nuestro Señor describe a Satanás como el malo que sembró la mala semilla (la cizaña) en el campo de trigo de Dios.

«Sabemos que somos de Dios, y el mundo entero está bajo el maligno» (1 Jn. 5:19).

O. El tentador.

«Por lo cual también yo, no pudiendo soportar más, envié para informarme de vuestra fe, no sea que os hubiese tentado el tentador, y que nuestro trabajo resultase en vano» (1 Ts. 3:5).

Se lo llama el tentador, por supuesto, porque su primer crimen en contra de la humanidad fue el de convencer a Eva a desobedecer a Dios. (Véase Gn. 3.)

P. El acusador de los hermanos.

«Entonces oí una gran voz en el cielo, que decía: Ahora ha venido la salvación, el poder, y el reino de nuestro Dios, y la autoridad de su Cristo; porque ha sido lanzado fuera el acusador de nuestros hermanos, el que los acusaba delante de nuestro Dios día y noche» (Ap. 12:10).

Este título describe una de las actividades actuales más malévolas y malentendidas del diablo. La consideraremos en más detalle en una parte posterior de nuestro estudio.

Q. Ángel de luz.

«Y no es maravilla, porque el mismo Satanás se disfraza como ángel de luz. Así que, no es extraño si también sus ministros se disfrazan como ministros de justicia; cuyo fin será conforme a sus obras» (2 Co. 11:14, 15).

Estos versículos y este título de por sí explican el surgimiento de muchas sectas falsas hoy día. ¡Cuán pulidos y populares llegan a ser frecuentemente sus ministros! Con qué habilidad pueden distorsionar y torcer la Palabra de Dios.

R. Mentiroso.

«Vosotros sois de vuestro padre el diablo, y los deseos de vuestro padre queréis hacer. El ha sido homicida desde el principio, y no ha permanecido en la verdad, porque no hay verdad en él. Cuando habla mentira, de suyo habla; porque es mentiroso, y padre de mentira» (Jn. 8:44).

Es mentiroso por sus palabras en Génesis 3:4, 5.

«Entonces la serpiente dijo a la mujer: No moriréis; sino que sabe Dios que el día que comáis de él, serán abiertos vuestros ojos, y seréis como Dios, sabiendo el bien y el mal» (Gn. 3:4, 5).

S. Asesino.

«Vosotros sois de vuestro padre el diablo, y los deseos de vuestro padre queréis hacer. El ha sido homicida desde el principio, y no ha permanecido en la verdad, porque no hay verdad en él. Cuando habla mentira, de suyo habla; porque es mentiroso, y padre de mentira» (Jn. 8:44).

Fue Satanás quien inspiró a Caín para matar a su piadoso hermano Abel, ganándose así el título de asesino.

T. Enemigo.

«El enemigo que la sembró es el diablo; la siega es el fin del siglo; y los segadores son los ángeles» (Mt. 13:39).

U. León rugiente.

«Sed sobrios, y velad; porque vuestro adversario el diablo, como león rugiente, anda alrededor buscando a quien devorar» (1 P. 5:8).

Así como el león es el rey de las bestias, también Satanás es el rey de los demonios. Los dos son poderosos e implacables hacia sus víctimas.

V. Las actividades de Satanás. Hasta ahora hemos considerado la *existencia*, el *origen*, la *personalidad* y los *nombres* de Satanás. Ahora examinaremos sus *actividades*. ¿Exactamente qué es lo que hace este ex príncipe del paraíso? Veremos que aparte de cualquier otra cosa de la cual se lo pueda acusar, Satanás nunca puede ser acusado de pereza.

A. Imita a Dios.

La imitación bien puede ser la forma más sincera de halagar a alguien. Aunque el diablo odia a Dios, tiene, sin embargo, la obsesión de ser como Dios. ¡Qué ironía que Dios ofrece libremente a todo pecador arrepentido ese privilegio inapreciable que Satanás ha buscado desesperada e inútilmente tanto tiempo!, es decir, ser como Dios. El apóstol Juan nos describe esta verdad:

«Mirad cuál amor nos ha dado el Padre, para que seamos llamados hijos de Dios; por esto el mundo no nos conoce, porque no le conoció a él. Amados, ahora somos hijos de Dios, y aún no se ha manifestado lo que hemos de ser; pero sabemos que cuando él se manifieste, seremos semejantes a él, porque le veremos tal como él es» (1 Jn. 3:1, 2).

¿Cómo imita Satanás a Dios? Considérese:

1. Tiene una falsa trinidad.

«Y la bestia que vi era semejante a un leopardo, y sus pies como de oso, y su boca como boca de león. Y el dragón le dio su poder y su trono, y grande autoridad» (Ap. 13:2).

«Y vi salir de la boca del dragón, y de la boca de la bestia, y de la boca del falso profeta, tres espíritus inmundos a manera de ranas» (Ap. 16:13).

Por supuesto que la verdadera Trinidad está compuesta por el Padre, el Hijo y el Espíritu Santo. Pero Satanás imita a este trío celestial con su proprio trío infernal. En esta terrible trinidad, él asume el papel del Padre; el anticristo se compara con el Hijo; y al falso profeta se le asigna el papel del Espíritu Santo.

2. Tiene sinagogas.

«Yo conozco tus obras, y tu tribulación, y tu pobreza (pero tú eres rico), y la blasfemia de los que se dicen ser judíos, y no lo son, sino sinagoga de Satanás» (Ap. 2:9).

Es trágico pero cierto que hoy hay literalmente miles de iglesias, sólo en los Estados Unidos, en las cuales no se hace referencia ni siquiera remota al Libro, la sangre y la bendita esperanza. El doctor Donald Barnhouse solía decir que cuando se busca al diablo, no hay que olvidarse de revisar detrás de los púlpitos.

3. Tiene doctrinas.

«Pero el Espíritu dice claramente que en los postreros tiempos algunos apostatarán de la fe, escuchando a espíritus engañadores y a doctrinas de demonios» (1 Ti. 4:1).

Algunas dc las doctrinas impartidas en la escuela de teología sistemática de Satanás serían: el amor libre, el aborto voluntario, la homosexualidad, la salvación por buenas obras, la evolución y muchos otros credos actuales que deshonran a Cristo.

4. Tiene misterios.

«Pero a vosotros y a los demás que están en Tiatira, a cuantos no tienen esa doctrina, y no han conocido lo que ellos llaman las profundidades de Satanás, yo os digo: No os impondré otra carga» (Ap. 2:24).

«Porque ya está en acción el misterio de la iniquidad; sólo que hay quien al presente lo detiene, hasta que él a su vez sea quitado de en medio» (2 Ts. 2:7).

5. Tiene un trono.

«Yo conozco tus obras, y dónde moras, donde está el trono de Satanás; pero retienes mi nombre, y no has negado mi fe, ni aun en los días en que Antipas mi testigo fiel fue muerto entre vosotros, donde mora Satanás» (Ap. 2:13).

«Y la bestia que vi era semejante a un leopardo, y sus pies como de oso, y su boca como boca de león. Y el dragón le dio su poder y su trono, y grande autoridad» (Ap. 13:2).

Nótese especialmente la frase «donde está el trono de Satanás». Esto parece indicar que Satanás ha mudado su sede de Babilonia (véase Gn. 11:1-9) a Pérgamo en Turquía durante la época de Juan. Sin embargo, más adelante (véase Ap. 18) el apóstol Juan sugiere que la capital del diablo se trasladará nuevamente a Babilonia durante la tribulación.

6. Tiene un reino.

«Y le dijo el diablo: A ti te daré toda esta potestad, y la gloria de ellos; porque a mí me ha sido entregada, y a quien quiero la doy» (Lc. 4:6).

Con frecuencia se pregunta si Satanás realmente tenía el derecho de ofrecerle al Salvador los reinos de esta tierra. En un sentido muy real, sí lo tenía. Nótese el testimonio del apóstol Juan:

«No hablaré ya mucho con vosotros; porque viene el príncipe de este mundo, y él nada tiene en mí» (Jn. 14:30).

«Sabemos que somos de Dios, y el mundo entero está bajo el maligno» (1 Jn. 5:19).

7. Tiene adoradores.

«Y adoraron al dragón que había dado autoridad a la bestia, y adoraron a la bestia, diciendo: ¿Quién como la bestia, y quién podrá luchar contra ella?» (Ap. 13:4).

8. Tiene ángeles.

«Después hubo una gran batalla en el cielo: Miguel y sus ángeles luchaban contra el dragón; y luchaban el dragón y sus ángeles» (Ap. 12:7).

En un versículo anterior (Ap. 12:4), Juan parece indicar que Satanás pudo haber persuadido a un tercio de los ángeles del cielo a unirse a él en una vil rebelión en contra de Jehová Dios.

9. Tiene ministros.

«Así que, no es extraño si también sus ministros se disfrazan como ministros de justicia; cuyo fin será conforme a sus obras» (2 Co. 11:15).

Es interesante notar que el movimiento que decía: «Dios está muerto» varias décadas atrás no fue iniciado por un comunista o un ateo, sino que fue producto de un profesor metodista que enseñaba en una facultad de una universidad religiosa. Dicho sea de paso, ese movimiento está muerto ahora, mientras que Dios está muy vivo.

10. Hace milagros.

«Inicuo cuyo advenimiento es por obra de Satanás, con gran poder y señales y prodigios mentirosos» (2 Ts. 2:9).

Ciertos líderes religiosos falsos han engañado a multitudes de personas por su aparente habilidad de hacer milagros genuinos. Pero las Escrituras declaran que el diablo también tiene este poder. Óigase la advertencia de Jesús sobre este tema.

«No todo el que me dice: Señor, Señor, entrará en el reino de los cielos, sino el que hace la voluntad de mi Padre que está en los cielos. Muchos me dirán en aquel día: Señor, Señor, ¿no profetizamos en tu nombre, y en tu nombre echamos fuera demonios, y en tu nombre hicimos muchos milagros? Y entonces les declararé: Nunca os conocí; apartaos de mí, hacedores de maldad» (Mt. 7:21-23).

11. Ofrece sacrificios.

«Antes digo que lo que los gentiles sacrifican, a demonios lo sacrifican, y no a Dios; y no quiero que vosotros os hagáis partícipes con los demonios» (1 Co. 10:20).

12. Tiene comunión (1 Co. 10:20).

13. Tiene ejércitos.

«Acontecerá en aquel día, que Jehová castigará al ejército de los cielos en lo alto, y a los reyes de la tierra sobre la tierra» (Is. 24:21).

Estos ejércitos infernales algún día serán rotundamente derrotados por el Dios Todopoderoso en Armagedón.

«Miré, y he aquí una nube blanca; y sobre la nube uno sentado semejante al Hijo del Hombre, que tenía en la cabeza una corona de oro, y en la mano una hoz aguda. Y del templo salió otro ángel, clamando a gran voz al que estaba sentado sobre la nube: Mete tu hoz, y siega; porque la hora de segar ha llegado, pues la mies de la tierra está madura. Y el que estaba sentado sobre la nube metió su hoz en la tierra, y la tierra fue segada. Salió otro ángel del templo que está en el cielo, teniendo también una hoz aguda» (Ap. 14:14-17).

«Y los reunió en el lugar que en hebreo se llama Armagedón» (Ap. 16:16).

«Entonces vi el cielo abierto; y he aquí un caballo blanco, y el que lo montaba se llamaba Fiel y Verdadero, y con justicia juzga y pelea. Sus ojos eran como llama de fuego, y había en su cabeza muchas diademas; y tenía un nombre escrito que ninguno conocía sino él mismo. Estaba vestido de una ropa teñida en sangre; y su nombre es: EL VERBO DE DIOS. Y los ejércitos celestiales, vestidos de lino finísimo, blanco y limpio, le seguían en caballos blancos. De su boca sale una espada aguda, para herir con ella a las naciones, y él las regirá con vara de hierro; y él pisa el lagar del vino del furor y de la ira del Dios Todopoderoso. Y en su vestidura y en su muslo tiene escrito este nombre: REY DE REYES Y SEÑOR DE SEÑORES» (Ap. 19:11-16).

Así vemos, por medio de estos trece ejemplos, cómo Satanás imita a Dios. Pero, ¿en qué otra actividad participa este ángel apóstata?

B. Siembra cizaña en medio del trigo de Dios. Nuestro Señor describió esta actividad en su parábola más extensa.

«Les refirió otra parábola, diciendo: El reino de los cielos es semejante a un hombre que sembró buena semilla en su campo; pero mientras dormían los hombres, vino su enemigo y sembró cizaña entre el trigo, y se fue. Y cuando salió la hierba y dio fruto, entonces apareció también la cizaña. Vinieron entonces los siervos del padre de familia y le dijeron: Señor, ¿no sembraste buena semilla en tu campo? ¿De dónde, pues, tiene cizaña? El les dijo: Un enemigo ha hecho esto. Y los siervos le dijeron: ¿Quieres, pues, que vayamos y la arranquemos? El les dijo: No, no sea que al arrancar la cizaña, arranquéis también con ella el trigo. Dejad crecer juntamente lo uno y lo otro hasta la siega; y al tiempo de la siega yo diré a los segadores: Recoged primero la cizaña, y atadla en manojos para quemarla; pero recoged el trigo en mi granero» (Mt. 13:24-30).

«Entonces, despedida la gente, entró Jesús en la casa; y acercándose a él sus discípulos, le dijeron: Explícanos la parábola de la cizaña del campo. Respondiendo él, les dijo: El que siembra la buena semilla es el Hijo del Hombre. El campo es el mundo; la buena semilla son los hijos del reino, y la cizaña son los hijos del malo. El enemigo que la sembró es el diablo; la siega es el fin del siglo; y los segadores son los ángeles. De manera que como se arranca la cizaña, y se quema en el fuego, así será en el fin de este siglo. Enviará el Hijo del Hombre a sus ángeles, y recogerán de su reino a todos los que sirven de tropiezo, y a los que hacen iniquidad, y los echarán en el horno de fuego; allí será el lloro y el crujir de dientes. Entonces los justos resplandecerán como el sol en el reino de su Padre. El que tiene oídos para oír, oiga» (Mt. 13:36-43).

C. Instiga la falsa doctrina.

«Pero el Espíritu dice claramente que en los postreros tiempos algunos apostatarán de la fe, escuchando a espíritus engañadores y a doctrinas de demonios; por la hipocresía de mentirosos que, teniendo cauterizada la conciencia, prohibirán casarse, y mandarán abstenerse de alimentos que Dios creó para que con acción de gracias participasen de ellos los creyentes y los que han conocido la verdad» (1 Ti. 4:1-3).

D. Pervierte la Palabra de Dios. Sus métodos son:

1. La saca fuera de contexto.

«Y le dijo: Si eres Hijo de Dios, échate abajo; porque escrito está: A sus ángeles mandará acerca de ti, y, en sus manos te sostendrán, para que no tropieces con tu pie en piedra» (Mt. 4:6).

«Pero la serpiente era astuta, más que todos los animales del campo que Jehová Dios había hecho; la cual dijo a la mujer: ¿Conque Dios os ha dicho: No comáis de todo árbol del huerto? Y la mujer respondió a la serpiente: Del fruto de los árboles del huerto podemos comer; pero del fruto del árbol que está en medio del huerto dijo Dios: No comeréis de él, ni le tocaréis, para que no muráis. Entonces la serpiente dijo a la mujer: No moriréis» (Gn. 3:1-4).

2. Hace que se interprete mal. ¡Cuánta angustia, frustración y confusión ha causado el diablo al hacer que cristianos e incrédulos interpreten mal la Palabra de Dios!

3. Sobreenfatiza un aspecto de una doctrina e ignora la otra. Un ejemplo clásico sería, por supuesto, la doctrina de la predestinación y de la libre voluntad. Un número incontable de creyentes (predicadores incluidos) se han ido por la borda por sobreenfatizar un aspecto de esta moneda que tiene dos caras.

4. Atenúa ciertas doctrinas. Tal vez la gran verdad bíblica soslayada actualmente sea la doctrina vital de la iglesia local. Cito nuevamente del artículo «Si yo fuera el diablo»:

«Entonces me volvería a la institución más odiada y fatal de todas: ¡la iglesia local! Seguiría atacándola desde afuera (para mantener la práctica), pero concentraría la mayor parte de mis malvados esfuerzos desde adentro. Mi credo y mi refrán sería "la iglesia está muerta". Si yo fuera el diablo haría todo lo posible para convencer a los cristianos declarados de que la iglesia local está acabada. No débil, no ineficaz, sino muerta y en estado de descomposición. Les alentaría a cavar un pozo, tallar un epitafio y enterrarla lo más callada y rápidamente posible. El cristianismo entonces pasaría a nuevas glorias, en las cuales los grupos pequeños reemplazarían a los domingos por la noche, y los sermones se dejarían de lado para sustituirlos por sesiones en grupo.»

Digamos en conclusión que, contrario a lo que se opina generalmente, Satanás *no* le tiene miedo a la Palabra de Dios. De hecho, se deleita en utilizarla, *si* es que la puede interpretar mal de algún modo. Esto lo demuestran perfectamente las sectas falsas, cuyos seguidores frecuentemente recitan versículos bíblicos por docenas para «probar» sus falsas doctrinas, todas tomadas fuera de contexto.

E. Estorba las obras de los siervos de Dios.

«Por lo cual quisimos ir a vosotros, yo Pablo ciertamente una y otra vez; pero Satanás nos estorbó» (1 Ts. 2:18).

No puede hacerlo, por supuesto, sin el permiso directo de Dios, quien a veces permite obstáculos para enseñar lecciones espirituales al creyente.

F. Resiste las oraciones de los siervos de Dios.

«Entonces me dijo: Daniel, no temas; porque desde el primer día que dispusiste tu corazón a entender y a humillarte en la presencia de tu Dios, fueron oídas tus palabras; y a causa de tus palabras yo he venido. Mas el príncipe del reino de Persia se me opuso durante veintiún días; pero he aquí Miguel, uno de los principales príncipes, vino para ayudarme, y quedé allí con los reyes de Persia» (Dn. 10:12, 13).

Al igual que en el punto anterior, se debería notar que Satanás no puede hacerlo sin la aprobación de Dios. Es así que a veces nuestra vida de oración se vuelve difícil, no por pecado personal o falta de voluntad de parte de Dios, sino sólo por interferencia satánica.

G. Ciega a los hombres a la verdad.

«En los cuales el dios de este siglo cegó el entendimiento de los incrédulos, para que no les resplandezca la luz del evangelio de la gloria de Cristo, el cual es la imagen de Dios» (2 Co. 4:4).

H. Roba la Palabra de Dios del corazón humano.

«Cuando alguno oye la palabra del reino y no la entiende, viene el malo, y arrebata lo que fue sembrado en su corazón. Este es el que fue sembrado junto al camino» (Mt. 13:19).

I. Acusa a los cristianos delante de Dios.

«Y dijo Jehová a Satanás: ¿De dónde vienes? Respondiendo Satanás a Jehová, dijo: De rodear la tierra y de andar por ella. Y Jehová dijo a Satanás: ¿No has considerado a mi siervo Job, que no hay otro como él en la tierra, varón perfecto y recto, temeroso de Dios y apartado del mal? Respondiendo Satanás a Jehová, dijo: ¿Acaso teme Job a Dios de balde? ¿No le has cercado alrededor a él y a su casa y a todo lo que tiene? Al trabajo de sus manos has dado bendición; por tanto, sus bienes han aumentado sobre la tierra. Pero extiende ahora tu mano y toca todo lo que tiene, y verás si no blasfema contra ti en tu misma presencia. Dijo Jehová a Satanás: He aquí, todo lo que tiene está en tu mano; solamente no pongas tu mano sobre él. Y salió Satanás de delante de Jehová» (Job 1:7-12).

«Y Jehová dijo a Satanás: ¿No has considerado a mi siervo Job, que no hay otro como él en la tierra, varón perfecto y recto, temeroso de Dios y apartado del mal, y que todavía retiene su integridad, aun cuando tú me incitaste contra él para que lo arruinara sin causa? Respondiendo Satanás, dijo a Jehová: Piel por piel, todo lo que el hombre tiene dará por su vida. Pero extiende ahora tu mano, y toca su hueso y su carne, y verás si no blasfema contra ti en tu misma presencia. Y Jehová dijo a Satanás: He aquí, él está en tu mano; mas guarda su vida» (Job 2:3-6).

«Me mostró al sumo sacerdote Josué, el cual estaba delante del ángel de Jehová, y Satanás estaba a su mano derecha para acusarle. Y dijo Jehová a Satanás: Jehová te reprenda, oh Satanás; Jehová que ha escogido a Jerusalén te reprenda. ¿No es éste un tizón arrebatado del incendio? Y Josué estaba vestido de vestiduras viles, y estaba delante del ángel. Y habló el ángel, y mandó a los que estaban delante de él, diciendo: Quitadle esas vestiduras viles. Y a él le dijo: Mira que he quitado de ti tu pecado, y te he hecho vestir de ropas de gala» (Zac. 3:1-4).

«Y fue lanzado fuera el gran dragón, la serpiente antigua, que se llama diablo y Satanás, el cual engaña al mundo entero; fue arrojado a la tierra, y sus ángeles fueron arrojados con él. Entonces oí una gran voz en el cielo, que decía: Ahora ha venido la salvación, el poder, y el reino de nuestro Dios, y la autoridad de su Cristo; porque ha sido lanzado fuera el acusador de nuestros hermanos, el que los acusaba delante de nuestro Dios día y noche» (Ap. 12:9, 10).

Estos versículos nos informan acerca de una de las obras más traicioneras de Satanás: la de hablar mal de los creyentes. De hecho, este fue uno de los motivos principales por los cuales el Cristo crucificado y resucitado tuvo que ascender al cielo, para cumplir su función como nuestro abogado divino.

Los siguientes pasajes se refieren este ministerio:

«Dijo también el Señor: Simón, Simón, he aquí Satanás os ha pedido para zarandearos como a trigo; pero yo he rogado por ti, que tu fe no falte; y tú, una vez vuelto, confirma a tus hermanos» (Lc. 22:31, 32).

«Por lo cual puede también salvar perpetuamente a los que por él se acercan a Dios, viviendo siempre para interceder por ellos» (He. 7:25).

«¿Quién acusará a los escogidos de Dios? Dios es el que justifica. ¿Quién es el que condenará? Cristo es el que murió; más aun, el que también resucitó, el que además está a la diestra de Dios, el que también intercede por nosotros» (Ro. 8:33, 34).

J. Tiende lazos a los hombres.

«Y escapen del lazo del diablo, en que están cautivos a voluntad de él» (2 Ti. 2:26).

«También es necesario que tenga buen testimonio de los de afuera, para que no caiga en descrédito y en lazo del diablo» (1 Ti. 3:7).

Una vieja canción reza: «Cuando menos el peligro temes, es cuando más cerca el lazo del diablo tienes.»

K. Tienta.

«Entonces Jesús fue llevado por el Espíritu al desierto, para ser tentado por el diablo» (Mt. 4:1).

«Vestíos de toda la armadura de Dios, para que podáis estar firmes contra las asechanzas del diablo» (Ef. 6:11).

La palabra «tentar» puede referirse a dos cosas:

1. Examinar, probar con la idea de mejorar, como en Génesis 22:1.

   «Aconteció después de estas cosas, que probó Dios a Abraham....»

2. Para seducir a hacer el mal, como en Mateo 4:1.

L. Aflige.

«Entonces salió Satanás de la presencia de Jehová, e hirió a Job con una sarna maligna desde la planta del pie hasta la coronilla de la cabeza» (Job 2:7).

«Y a esta hija de Abraham, que Satanás había atado dieciocho años, ¿no se le debía desatar de esta ligadura en el día de reposo?» (Lc. 13:16).

«Y para que la grandeza de las revelaciones no me exaltase desmedidamente, me fue dado un aguijón en mi carne, un mensajero de Satanás que me abofetee, para que no me enaltezca sobremanera» (2 Co. 12:7).

«Cómo Dios ungió con el Espíritu Santo y con poder a Jesús de Nazaret, y cómo éste anduvo haciendo bienes y sanando a todos los oprimidos por el diablo, porque Dios estaba con él» (Hch. 10:38).

En realidad lo que hay que tener en mente aquí es que las víctimas en estos versículos son creyentes. Aunque Satanás no puede *poseer* a un cristiano, sin embargo (en la medida en que Dios se lo permita, por supuesto) puede *oprimir* a un hijo de Dios, tanto mental como físicamente. A veces Dios permite que esto ocurra para purificar a su hijo (como en el caso de Job), y otras veces para castigar a un creyente por su pecado. Pablo escribe acerca de este segundo caso.

«De cierto se oye que hay entre vosotros fornicación, y tal fornicación cual ni aun se nombra entre los gentiles; tanto que alguno tiene la mujer de su padre. Y vosotros estáis envanecidos. ¿No debierais más bien haberos lamentado, para que fuese quitado de en medio de vosotros el que cometió tal acción? Ciertamente yo, como ausente en cuerpo, pero presente en espíritu, ya como presente he juzgado al que tal cosa ha hecho. En el nombre de nuestro Señor Jesucristo, reunidos vosotros y mi espíritu, con el poder de nuestro Señor Jesucristo, el tal sea entregado a Satanás para destrucción de la carne, a fin de que el espíritu sea salvo en el día del Señor Jesús» (1 Co. 5:1-5).

M. Engaña.

«Y fue lanzado fuera el gran dragón, la serpiente antigua, que se llama diablo y Satanás, el cual engaña al mundo entero; fue arrojado a la tierra, y sus ángeles fueron arrojados con él» (Ap. 12:9).

«Y saldrá a engañar a las naciones que están en los cuatro ángulos de la tierra, a Gog y a Magog, a fin de reunirlos para la batalla; el número de los cuales es como la arena del mar» (Ap. 20:8).

«Y el diablo que los engañaba fue lanzado en el lago de fuego y azufre, donde estaban la bestia y el falso profeta; y serán atormentados día y noche por los siglos de los siglos» (Ap. 20:10).

Un viejo proverbio dice: El peor engaño es el autoengaño. Puede que sea cierto, pero en el área de la fe, el engaño más *común* es el engaño satánico. Es probable que su mayor engaño de todos los tiempos es el concepto falso, pero casi universalmente creído, de que se puede llegar al cielo por medio de las obras.

N. Socava la santidad del hogar.

«El marido cumpla con la mujer el deber conyugal, y asimismo la mujer con el marido. La mujer no tiene potestad sobre su propio cuerpo, sino el marido; ni tampoco tiene el marido potestad sobre su propio cuerpo, sino la mujer. No os neguéis el uno al otro, a no ser por algún tiempo de mutuo consentimiento, para ocuparos sosegadamente en la oración; y volved a juntaros en uno, para que no os tiente Satanás a causa de vuestra incontinencia» (1 Co. 7:3-5).

Muy pocos consejeros matrimoniales toman en consideración la actividad satánica cuando aconsejan a parejas con problemas matrimoniales. A veces la verdadera culpa no es del marido o de la mujer sino de Satanás. El diablo odia la institución del matrimonio porque fue originada y dada por Dios mismo. (Véase Gn. 2:20-25.)

Ñ. Incita tanto a santos como a pecadores a pecar contra la santidad de Dios.

1. Fue Satanás quien hizo que David desobedeciera a Dios.

   «Pero Satanás se levantó contra Israel, e incitó a David a que hiciese censo de Israel» (1 Cr. 21:1).

2. Fue Satanás quien hizo que Judas traicionara a Cristo.

   «Y cuando cenaban, como el diablo ya había puesto en el corazón de Judas Iscariote, hijo de Simón, que le entregase» (Jn. 13:2).

3. Fue Satanás quien hizo que Pedro reconviniera a Jesús y luego lo negara.

   «Entonces Pedro, tomándolo aparte, comenzó a reconvenirle, diciendo: Señor, ten compasión de ti; en ninguna manera esto te acontezca. Pero él, volviéndose, dijo a Pedro: ¡Quítate de delante de mí, Satanás!; me eres tropiezo, porque no pones la mira en las cosas de Dios, sino en las de los hombres» (Mt. 16:22, 23).

   «Jesús le respondió: ¿Tu vida pondrás por mí? De cierto, de cierto te digo: No cantará el gallo, sin que me hayas negado tres veces» (Jn. 13:38).

4. Fue Satanás quien hizo que Ananías le mintiera al Espíritu Santo.

   «Y dijo Pedro: Ananías, ¿por qué llenó Satanás tu corazón para que mintieses al Espíritu Santo, y sustrajeses del precio de la heredad?» (Hch. 5:3).

VI. Las diversas localizaciones geográficas y espirituales de Satanás. Ya hemos demostrado el error común actual que imagina a Satanás como una criatura mítica y medieval con dos cuernos y una cola bifurcada. Ahora viene la pregunta: ¿Qué hay de sus localizaciones pasadas, presentes y futuras? El diablo es como un falsificador de cheques que constantemente cambia de lugar. Satanás ha estado, está o estará en los seis lugares siguientes:

A. En los cielos, como director del coro de Dios. Este fue su lugar en el pasado, antes de la caída. Véase Ezequiel 8.

B. En los cielos, como enemigo principal de Dios. Esta es su ubicación actual.

«Un día vinieron a presentarse delante de Jehová los hijos de Dios, entre los cuales vino también Satanás. Y dijo Jehová a Satanás: ¿De dónde vienes? Respondiendo Satanás a Jehová, dijo: De rodear la tierra y de andar por ella» (Job 1:6, 7).

«Me mostró al sumo sacerdote Josué, el cual estaba delante del ángel de Jehová, y Satanás estaba a su mano derecha para acusarle. Y dijo Jehová a Satanás: Jehová te reprenda, oh Satanás; Jehová que ha escogido a Jerusalén te reprenda. ¿No es éste un tizón arrebatado del incendio?» (Zac. 3:1, 2).

C. En la tierra únicamente. Esta será su primera ubicación futura. Durante la última mitad de la tribulación venidera, Satanás será echado del cielo, y su esfera de actividades estará limitada a este mundo. Véase Apocalipsis 12:7-12.

Algunos creen que este pasaje se refiere a su caída original en Génesis, pero esto no puede ser, como lo prueban las dos frases «el acusador de nuestros hermanos» y «por medio de la sangre del Cordero». En otras palabras, en el momento de la primera caída no había «hermanos» a quienes acusar, y la sangre del cordero perfecto de Dios todavía no se había derramado.

En este pasaje también hay que notar la frase «porque el diablo ha descendido a vosotros con gran ira, sabiendo que tiene poco tiempo». ¿Cómo sabrá esto el diablo? Por haber leído el libro de Daniel. Al llegar al capítulo 9 y leer acerca de las setenta semanas, entendió que la duración de la tribulación sería de siete años.

D. En el abismo. Este será su segundo lugar futuro. Inmediatamente después de la victoria de Cristo en Armagedón, leemos las siguientes palabras:

«Vi a un ángel que descendía del cielo, con la llave del abismo, y una gran cadena en la mano. Y prendió al dragón, la serpiente antigua, que es el diablo y Satanás, y lo ató por mil años; y lo arrojó al abismo, y lo encerró, y puso su sello sobre él, para que no engañase más a las naciones, hasta que fuesen cumplidos mil años; y después de esto debe ser desatado por un poco de tiempo» (Ap. 20:1-3).

E. En la tierra por última vez después del milenio. Este será su tercer lugar futuro.

«Cuando los mil años se cumplan, Satanás será suelto de su prisión, y saldrá a engañar a las naciones que están en los cuatro ángulos de la tierra, a Gog y a Magog, a fin de reunirlos para la batalla; el número de los cuales es como la arena del mar. Y subieron sobre la anchura de la tierra, y rodearon el campamento de los santos y la ciudad amada; y de Dios descendió fuego del cielo, y los consumió» (Ap. 20:7-9).

¿Dónde conseguirá Satanás este gran ejército? Este ejército consistirá de muchos de los millones de personas nacidas durante el milenio de padres salvos que hayan sobrevivido la gran tribulación y entrado en la edad de oro de la tierra. Sin embargo, muchos de estos «hijos del reino» se negarán a aceptar a Cristo, a pesar de su ambiente perfecto, dándole honra al Rey Jesús de labios únicamente, pero con el corazón no regenerado. Así, cuando Satanás sea suelto, se unirán ávidamente a su rebelión en contra del ungido de Dios.

F. En el lago de fuego para siempre. Este será el lugar futuro final del diablo.

«Y el diablo que los engañaba fue lanzado en el lago de fuego y azufre, donde estaban la bestia y el falso profeta; y serán atormentados día y noche por los siglos de los siglos» (Ap. 20:10).

VII. Las limitaciones de Satanás. Al juntar y analizar los numerosos pasajes bíblicos que hay sobre el diablo, se hace evidente que es la criatura más poderosa en todo el universo de Dios. Este dragón depravado y terrible tiene más fuerza y astucia que cualquier arcángel o santo. Pero a pesar de todo ello, sigue siendo una criatura y no el Creador. Como resultado de esta bendita verdad, su poder y conocimiento son limitados. Ahora consideraremos las restricciones de este dragón rojo.

A. No es omnipresente. El diablo no puede estar en la China, Chicago y Cuba al mismo tiempo. Sin embargo, esto de ningún modo quiere decir que los creyentes en esos lugares no pueden ser tentados al mismo tiempo, porque Satanás tiene literalmente millones de ángeles caídos para hacer su voluntad, extendiendo así su ministerio universalmente.

B. No es omnipotente. Aunque es la criatura más poderosa del universo, su poder, comparado con el de Dios, es como el de la hormiga y el de un gran elefante.

C. No es omnisciente. Es cierto que el diablo ha adquirido una inmensa cantidad de conocimiento por el solo hecho de haber estado merodeando durante los últimos 6.000 años, pero ignora por completo muchas cosas conocidas por el creyente más humilde y peor preparado. No sabe nada del amor de Dios, de su misericordia, su gracia y su perdón. El diablo no conoce el futuro, ni todos los secretos del pasado. Con frecuencia se pregunta acerca de la mentada sabiduría de Satanás y su costumbre de leer la Biblia. Si realmente ha leído la Palabra de Dios, ¿no sabe que su destino está sellado y que el lago de fuego será su prisión eterna? Sí conoce estas profecías, pero hay que recordar que según Ezequiel 28:17, el pecado ha corrompido la sabiduría de Satanás hasta el punto de que todavía cree que puede derrotar a Dios. A veces el criminal más astuto es un homicida psicopático.

VIII. La victoria del creyente sobre Satanás. La palabra *nikao* aparece veintiocho veces en el Nuevo Testamento griego, y casi siempre se traduce por la palabra «vencer». Hay tres versículos importantes en los cuales se usa esta palabra:

«Estas cosas os he hablado para que en mí tengáis paz. En el mundo tendréis aflicción; pero confiad, yo he vencido al mundo» (Jn. 16:33).

«Hijitos, vosotros sois de Dios, y los habéis vencido; porque mayor es el que está en vosotros, que el que está en el mundo» (1 Jn. 4:4).

«El que venciere heredará todas las cosas, y yo seré su Dios, y él será mi hijo» (Ap. 21:7).

Si el lenguaje significa algo, estos versículos prometen al hijo de Dios la victoria total sobre su enemigo: el diablo. Pero, ¿cómo experimenta el cristiano esta victoria prometida? Lo hace al tener en mente los mismos datos fundamentales que cualquiera que quiere ser vencedor, ya sea en el campo de batalla secular o espiritual. He aquí entonces cuatro datos fundamentales:

A. Debe conocer sus propias debilidades.
B. Debe conocer su propia fuerza.
C. Debe conocer la debilidad de su enemigo.
D. Debe conocer la fuerza del enemigo.

Sobreestimar o subestimar cualquiera de estas cuatro áreas podría ser un error fatal.

En una de sus parábolas, nuestro Señor advierte justamente acerca de esto:

«Porque ¿quién de vosotros, queriendo edificar una torre, no se sienta primero y calcula los gastos, a ver si tiene lo que necesita para acabarla? No sea que después que haya puesto el cimiento, y no pueda acabarla, todos los que lo vean comiencen a hacer burla de él, diciendo: Este hombre comenzó a edificar, y no pudo acabar. ¿O qué rey, al marchar a la guerra contra otro rey, no se sienta primero y considera si puede hacer frente con diez mil al que viene contra él con veinte mil? Y si no puede, cuando el otro está todavía lejos, le envía una embajada y le pide condiciones de paz» (Lc. 14:28-32).

Ahora examinaremos los cuatro datos que el vencedor debe conocer:

A. La debilidad del cristiano.

«Yo soy la vid, vosotros los pámpanos; el que permanece en mí, y yo en él, éste lleva mucho fruto; porque separados de mí nada podéis hacer. El que en mí no permanece, será echado fuera como pámpano, y se secará; y los recogen, y los echan en el fuego, y arden» (Jn. 15:5, 6).

Cuando me convertí, pensaba que la vida cristiana era una cuestión de mitad y mitad. Es decir, yo llevaría la mitad de la carga y Dios se ocuparía de la otra mitad. Pero para desaliento mío, constantemente se me caía mi parte. Entonces le sugerí a Dios que llevara Él el sesenta por ciento, y yo me haría cargo del cuarenta por ciento restante. Pero esto también resultó ser demasiado pesado. Entonces razoné que un acuerdo de setenta/treinta seguramente funcionaría. Fracasé nuevamente. Por fin, después de muchos años en la obra del Señor, a veces creo que he llegado a un acuerdo de noventa y ocho/dos. Pero todavía estoy tentado a creer que seguramente a *esta altura*, yo debería ser capaz de llevar por lo menos el dos por ciento de la obra del Maestro por mí mismo. Sencillamente tiene que haber algo que pueda hacer en la carne para Dios. Sin embargo, Jesús dijo: «Porque separados de mí nada podéis hacer.»

En Romanos 7:18, Pablo se refiere a lo mismo: «Y yo sé que en mí, esto es, en mi carne, no mora el bien; porque el querer el bien está en mí, pero no el hacerlo» (Ro. 7:18).

Entonces, el primer dato básico que debe conocer el cristiano para asegurar la victoria sobre Satanás es su propia debilidad.

B. La fuerza del cristiano. Este es el segundo principio vital a ser observado para garantizar el éxito espiritual. ¿Cuál es, entonces, nuestra fortaleza principal? La respuesta es:

«Con Cristo estoy juntamente crucificado, y ya no vivo yo, mas vive Cristo en mí; y lo que ahora vivo en la carne, lo vivo en la fe del Hijo de Dios, el cual me amó y se entregó a sí mismo por mí» (Gá. 2:20).

«Todo lo puedo en Cristo que me fortalece» (Fil. 4:13).

C. La debilidad de Satanás. Tercero, debemos comprender plenamente la debilidad de nuestro enemigo. Según las Escrituras, el diablo es débil en las siguientes áreas:

1. No puede tentar al creyente sin el permiso de Dios. Esto se demuestra claramente en Job 1:8-12.

«Y Jehová dijo a Satanás: ¿No has considerado a mi siervo Job, que no hay otro como él en la tierra, varón perfecto y recto, temeroso de Dios y apartado del mal? Respondiendo Satanás a Jehová, dijo: ¿Acaso teme Job a Dios de balde? ¿No le has cercado alrededor a él y a su casa y a todo lo que tiene? Al trabajo de sus manos has dado bendición; por tanto, sus bienes han aumentado sobre la tierra. Pero extiende ahora tu mano y toca todo lo que tiene, y verás si no blasfema contra ti en tu misma presencia. Dijo Jehová a Satanás: He aquí, todo lo que tiene está en tu mano; solamente no pongas tu mano sobre él. Y salió Satanás de delante de Jehová» (Job 1:8-12).

Aquí debería notarse que en el versículo 10 Satanás dijo la verdad exacta, porque Dios verdaderamente había cercado a Job. Por lo tanto, cuando un hijo de Dios está bajo una tentación o una prueba grande, debería tener en mente las siguientes emocionantes verdades:

Primero, Dios sabe exactamente cuánto puede soportar su hijo.

«Porque él conoce nuestra condición; se acuerda de que somos polvo» (Sal. 103:14).

Segundo, no permitirá que Satanás vaya más allá de ese punto.

«No os ha sobrevenido ninguna tentación que no sea humana; pero fiel es Dios, que no os dejará ser tentados más de lo que podéis resistir, sino que dará también juntamente con la tentación la salida, para que podáis soportar» (1 Co. 10:13).

Tercero, sólo permite la tentación en primer lugar para fortalecernos y purificarnos. En Génesis 50, José miró retrospectivamente junto con sus hermanos la traición de haberlo vendido a la esclavitud egipcia. Concluyó así:

«Vosotros pensasteis mal contra mí, mas Dios lo encaminó a bien, para hacer lo que vemos hoy, para mantener en vida a mucho pueblo» (Gn. 50:20).

Santiago y Pedro también afirman este tercer principio.

«Santiago, siervo de Dios y del Señor Jesucristo, a las doce tribus que están en la dispersión: Salud. Hermanos míos, tened por sumo gozo cuando os halléis en diversas pruebas, sabiendo que la prueba de vuestra fe produce paciencia. Mas tenga la paciencia su obra completa, para que seáis perfectos y cabales, sin que os falte cosa alguna» (Stg. 1:1-4).

«Bienaventurado el varón que soporta la tentación; porque cuando haya resistido la prueba, recibirá la corona de vida, que Dios ha prometido a los que aman» (Stg. 1:12).

«En lo cual vosotros os alegráis, aunque ahora por un poco de tiempo, si es necesario, tengáis que ser afligidos en diversas pruebas, para que sometida a prueba vuestra fe, mucho más preciosa que el oro, el cual aunque perecedero se prueba con fuego, sea hallada en alabanza, gloria y honra cuando sea manifestado Jesucristo» (1 P. 1:6,7).

2. No soporta ser resistido.

«Someteos, pues, a Dios; resistid al diablo, y huirá de vosotros» (Stg. 4:7).

¿Pero cómo se resiste al diablo? Santiago da la respuesta: sometiéndose primero a Dios.

«Ni deis lugar al diablo» (Ef. 4:27).

Satanás disfruta un debate vigoroso (como el que tuvo con Eva en Génesis 3), pero no puede tolerar el ser resistido. El cristiano puede resistir al diablo con éxito si hace lo siguiente:

Primero, debe saber la manera cómo ataca el diablo. Pablo nos advierte sobre esto.

«Para que Satanás no gane ventaja alguna sobre nosotros; pues no ignoramos sus maquinaciones» (2 Co. 2:11).

Pero, ¿cuáles son sus maquinaciones? En la última sección de nuestro estudio consideraremos brevemente las dieciséis maquinaciones mortales del diablo.

Segundo, debe hacer guardia y esperar el ataque de Satanás.

«Sed sobrios, y velad; porque vuestro adversario el diablo, como león rugiente, anda alrededor buscando a quien devorar» (1 P. 5:8).

Tercero, debe tener la protección adecuada cuando Satanás ataque.

«Por lo demás, hermanos míos, fortaleceos en el Señor, y en el poder de su fuerza. Vestíos de toda la armadura de Dios, para que podáis estar firmes contra las asechanzas del diablo. Porque no tenemos lucha contra sangre y carne, sino contra principados, contra potestades, contra los gobernadores de las tinieblas de este siglo, contra huestes espirituales de maldad en las regiones celestes. Por tanto, tomad toda la armadura de Dios, para que podáis resistir en el día malo, y habiendo acabado todo, estar firmes. Estad, pues, firmes, ceñidos vuestros lomos con la verdad, y vestidos con la coraza de justicia, y calzados los pies con el apresto del evangelio de la paz. Sobre todo, tomad el escudo de la fe, con que podáis apagar todos los dardos de fuego del maligno. Y tomad el yelmo de la salvación, y la espada del Espíritu, que es la palabra de Dios» (Ef. 6:10-17).

Por supuesto que el apóstol Pablo pasó los últimos años de su ministerio en una prisión romana (Hch. 28). Sin duda tuvo muchas oportunidades de ver cómo los guardias romanos se ponían toda la armadura de batalla. Como el libro de los Efesios se escribió en esta época, parece muy probable que el Espíritu Santo inspiró a Pablo para tomar cada pieza de la armadura y aplicarla a la lucha cristiana en contra de Satanás. Se ha observado con frecuencia que Pablo no menciona ninguna pieza de armadura para proteger las partes posteriores. La razón es obvia, por supuesto. Se esperaba que el soldado romano nunca le diera la espalda al enemigo.

3. No puede soportar la sangre de Cristo ni el testimonio positivo del cristiano.

«Y ellos le han vencido por medio de la sangre del Cordero y de la palabra del testimonio de ellos, y menospreciaron sus vidas hasta la muerte» (Ap. 12:11).

D. La fuerza de Satanás. Este es el cuarto y último principio que hay que comprender para asegurar la victoria: los puntos fuertes del enemigo. A continuación damos una lista de lo que podríamos llamar «Las dieciséis maquinaciones mortales del diablo».

1. La decepción. ¿Quién no ha experimentado esta emoción literalmente cientos de veces? Pero para el cristiano conocedor, *todas* las decepciones son disposiciones de *Él* (de Dios) y deben ser consideradas como tales, para que Satanás no saque ventaja. Sentirse decepcionado es olvidar Romanos 8:28:

«Y sabemos que a los que aman a Dios, todas las cosas les ayudan a bien, esto es, a los que conforme a su propósito son llamados.»

2. El desaliento. El desaliento es la segunda etapa de la decepción. Todo desaliento viene del diablo. Se cuenta una anécdota en la historia de la Iglesia relacionada con el gran reformador Martín Lutero. Hacía días que estaba en el valle del desaliento. El Papa estaba tratando de matarlo. Algunos de sus amigos lo habían rechazado. De repente vio que su piadosa esposa bajaba las escaleras vestida de negro, como si estuviera de luto.

—Mujer, ¿adónde vas? —le preguntó.

—A un funeral, esposo mío —contestó ella.

—Pero, ¿quién murió? —dijo él.

—Dios —contestó ella suavemente.

Al oír eso, el gran reformador explotó indignado. No bastaba que el Papa estuviera tratando de matarlo; ahora tenía que tratar con la blasfemia en su propia casa.

—Mujer, ¿quién te dijo tal cosa? —preguntó.

Mirándolo fijamente en los ojos (como sólo puede hacerlo una esposa), le dijo:

—¡Tú, Martín! Por la forma en que te has estado comportando durante las últimas semanas, estaba segura de que te habías enterado de algún modo de que Dios estaba muerto.

En ese momento, Lutero se arrodilló y le pidió a Dios y a su esposa que lo perdonaran por su desaliento.

Estar desalentado es olvidar 1 Samuel 30:6:

«Y David se angustió mucho, porque el pueblo hablaba de apedrearlo, pues todo el pueblo estaba en amargura de alma, cada uno por sus hijos y por sus hijas; mas David se fortaleció en Jehová su Dios.»

3. La desesperación. La desesperación es la tercera y última etapa de la decepción y el desaliento. A no ser que se controle, puede ser fatal para la vida cristiana. Desesperarse es olvidar 2 Corintios 4:8:

«Que estamos atribulados en todo, mas no angustiados; en apuros, mas no desesperados.»

4. La duda. Satanás usó esta terrible arma por

primera vez en el huerto del Edén. Empezó su ataque contra Eva dudando de la Palabra de Dios.

«Pero la serpiente era astuta, más que todos los animales del campo que Jehová Dios había hecho; la cual dijo a la mujer: ¿Conque Dios os ha dicho: No comáis de todo árbol del huerto?» (Gn. 3:1).

Dudar es olvidar 1 Timoteo 2:8:

«Quiero, pues, que los hombres oren en todo lugar, levantando manos santas, sin ira ni contienda.»

5. La incredulidad. La incredulidad es la forma final de la duda. Esto fue demostrado ampliamente en el Edén. Como ya hemos notado, Satanás empezó por dudar de la Palabra de Dios en Génesis 3:1. Después terminó (cuando se dio cuenta de que Eva estaba escuchando) por negar el mandato del Señor.

   «Entonces la serpiente dijo a la mujer: No moriréis; sino que sabe Dios que el día que comáis de él, serán abiertos vuestros ojos, y seréis como Dios, sabiendo el bien y el mal» (Gn. 3:4, 5).

   No creer es olvidar Hebreos 3:12:

   «Mirad, hermanos, que no haya en ninguno de vosotros corazón malo de incredulidad para apartarse del Dios vivo.»

6. La distracción. Esta arma del diablo puede ser muy sutil, porque con frecuencia las distracciones en sí no son malas. De hecho, pueden ser buenas y sanas. Por ejemplo, es muy fácil distraerse de la voluntad perfecta de Dios a causa de la familia o del empleo propio. Se ha dicho correctamente que muchas veces, el verdadero enemigo de lo *mejor* no es lo *peor*, sino lo *bueno*.

   Distraerse es olvidar Mateo 14:30:

   «Pero al ver el fuerte viento, tuvo miedo; y comenzando a hundirse, dio voces, diciendo: ¡Señor, sálvame!»

7. El doble ánimo. ¡Cuántos creyentes han sido afectados por este virus! Las Escrituras están repletas de ejemplos. Considérense sólo estos pocos:

   «Ninguno puede servir a dos señores; porque o aborrecerá al uno y amará al otro, o estimará al uno y menospreciará al otro. No podéis servir a Dios y a las riquezas» (Mt. 6:24).

   «Para que ya no seamos niños fluctuantes, llevados por doquiera de todo viento de doctrina, por estratagema de hombres que para engañar emplean con astucia las artimañas del error» (Ef. 4:14).

   «No améis al mundo, ni las cosas que están en el mundo. Si alguno ama al mundo, el amor del Padre no está en él. Porque todo lo que hay en el mundo, los deseos de la carne, los deseos de los ojos, y la vanagloria de la vida, no proviene del Padre, sino del mundo. Y el mundo pasa, y sus deseos; pero el que hace la voluntad de Dios permanece para siempre» (1 Jn. 2:15-17).

   La palabra neotestamentaria que describe al hombre de doble ánimo en griego literalmente significa «un hombre de dos almas». Es como un corcho que flota en una ola, llevado ahora a la playa, ahora lejos de ella. El antiguo fabulista Esopo describió a una persona con mente doble cuando escribió acerca de una época en la cual las bestias y las aves estaban en guerra. El murciélago trataba de pertenecer a los dos bandos. Cuando ganaban las aves, volaba por todas partes proclamando que era un ave; cuando las bestias ganaban una batalla, iba por todos lados asegurando que era una bestia. Pero pronto su hipocresía fue descubierta tanto por las bestias como por las aves. Tuvo que esconderse, y ahora sólo puede aparecer de noche.

   Tenemos una versión más moderna en la Guerra Civil de los Estados Unidos. Había un observador neutral que trató de escapar después de quedar atrapado por accidente en una terrible batalla. Esperando permanecer neutral, se puso un pantalón sureño y un saco norteño y salió corriendo por la zona intermedia, sólo para ser baleado inmediatamente por ambos bandos. Tanto el pantalón como el saco terminaron acribillados.

   Tener doble ánimo es olvidar Santiago 1:8 y 4:8:

   «El hombre de doble ánimo es inconstante en todos sus caminos.»

   «Acercaos a Dios, y él se acercará a vosotros. Pecadores, limpiad las manos; y vosotros los de doble ánimo, purificad vuestros corazones.»

8. La deshonestidad. Son casi infinitas las maneras en que Satanás puede usar esta terrible arma. No hace falta que el hijo de Dios sencillamente mienta o robe para que sea deshonesto. Ocultar ciertos datos en una situación dada puede ser deshonroso. Ser menos de lo que deberíamos ser como pastores, padres u obreros es estafar a nuestra gente e hijos, y por tanto, ser deshonestos. Se calcula que los falsos «sanadores por fe» (que no pueden hacer lo que aseveran) y los liberales zalameros (que no creen lo que dicen) recaban más de *quinientos mil millones* de dólares al año.

   Ser deshonesto es olvidar 2 Corintios 4:2:

   «Antes bien renunciamos a lo oculto y vergonzoso, no andando con astucia, ni adulterando la palabra de Dios, sino por la manifestación de la verdad recomendándonos a toda conciencia humana delante de Dios.»

9. El engaño. La palabra engaño aparece muchas veces en el Nuevo Testamento. Al considerarlas, es asombroso ver cuántas veces se encuentra en pasajes que tienen que ver o con la Palabra de Dios, o con los postreros días, o con las dos cosas. Nótense sólo algunas de ellas:

   «Y entonces se manifestará aquel inicuo, a quien el Señor matará con el espíritu de su boca, y destruirá con el resplandor de su venida; inicuo cuyo advenimiento es por obra de Satanás, con gran poder y señales y prodigios mentirosos, y con todo engaño de iniquidad para los que se pierden, por cuanto no recibieron el amor de la verdad para ser salvos. Por esto Dios les envía un poder engañoso, para que crean la mentira, a fin de que sean condenados todos los que no creyeron a la verdad, sino que se complacieron en la injusticia» (2 Ts. 2:8-12).

«Pues no somos como muchos, que medran falsificando la palabra de Dios, sino que con sinceridad, como de parte de Dios, y delante de Dios, hablamos en Cristo» (2 Co. 2:17).

«Por lo cual, teniendo nosotros este ministerio según la misericordia que hemos recibido, no desmayamos. Antes bien renunciamos a lo oculto y vergonzoso, no andando con astucia, ni adulterando la palabra de Dios, sino por la manifestación de la verdad recomendándonos a toda conciencia humana delante de Dios» (2 Co. 4:1, 2).

«Porque éstos son falsos apóstoles, obreros fraudulentos, que se disfrazan como apóstoles de Cristo» (2 Co. 11:13).

«Porque muchos engañadores han salido por el mundo, que no confiesan que Jesucristo ha venido en carne. Quien esto hace es el engañador y el anticristo» (2 Jn. v. 7).

En otras palabras, el arma grande del diablo en los postreros días es el engaño. Por un lado, las sectas extrañas de nuestra época engañan a la gente tratando de *agregar* cosas a la Palabra de Dios, mientras que los liberales engañan *quitándole* cosas a las Escrituras. Jesús mismo aparentemente advierte en contra de los dos grupos engañadores en su último mensaje hablado.

«Yo Jesús he enviado mi ángel para daros testimonio de estas cosas en las iglesias. Yo soy la raíz y el linaje de David, la estrella resplandeciente de la mañana. Y el Espíritu y la Esposa dicen: Ven. Y el que oye, diga: Ven. Y el que tiene sed, venga; y el que quiera, tome del agua de la vida gratuitamente. Yo testifico a todo aquel que oye las palabras de la profecía de este libro: Si alguno añadiere a estas cosas, Dios traerá sobre él las plagas que están escritas en este libro. Y si alguno quitare de las palabras del libro de esta profecía, Dios quitará su parte del libro de la vida, y de la santa ciudad y de las cosas que están escritas en este libro» (Ap. 22:16-19).

Ser engañador es olvidar Jeremías 17:9:

«Engañoso es el corazón más que todas las cosas, y perverso; ¿quién lo conocerá?»

10. Torpeza. Puede haber desacuerdo en cuanto al autor del libro de Hebreos, o aun preguntas acerca de la ubicación de los destinatarios. Pero no hay duda sobre la condición espiritual de los lectores. En una palabra, sufrían de torpeza. El autor les recordó la falta de maestros bíblicos sólidos en su grupo para frenar la ola de iniquidad y apostasía generalizada aun en esa época. Pero el autor concluyó que sencillamente no podían ser utilizados. Explica con tristeza por qué:

«Porque debiendo ser ya maestros, después de tanto tiempo, tenéis necesidad de que se os vuelva a enseñar cuáles son los primeros rudimentos de las palabras de Dios; y habéis llegado a ser tales que tenéis necesidad de leche, y no de alimento sólido. Y todo aquel que participa de la leche es inexperto en la palabra de justicia, porque es niño; pero el alimento sólido es para los que han alcanzado madurez, para los que por el uso tienen los sentidos ejercitados en el discernimiento del bien y del mal» (He. 5:12-14).

Esta torpeza también estaba infectando a la iglesia de Corinto. Escuchemos la severa admonición de Pablo:

«De manera que yo, hermanos, no pude hablaros como a espirituales, sino como a carnales, como a niños en Cristo. Os di a beber leche, y no vianda; porque aún no erais capaces, ni sois capaces todavía, porque aún sois carnales; pues habiendo entre vosotros celos, contiendas y disensiones, ¿no sois carnales, y andáis como hombres?» (1 Co. 3:1-3).

Sufrir de torpeza es olvidar Hebreos 5:11:

«Acerca de esto tenemos mucho que decir y difícil de explicar, por cuanto os habéis hecho tardos para oír.»

11. El estancamiento. El estancamiento sencillamente es la torpeza descontrolada. El siguiente es un resumen del plan general de Dios con el pecado y el pecador. Mientras que antes estábamos muertos *en* el pecado, después de la gracia maravillosa de Dios hemos de estar muertos *al* pecado. Nótese:

«Y él os dio vida a vosotros, cuando estabais muertos en vuestros delitos y pecados ... aun estando nosotros muertos en pecados, nos dio vida juntamente con Cristo (por gracia sois salvos)» (Ef. 2:1, 5).

«¿Qué, pues, diremos? ¿Perseveraremos en el pecado para que la gracia abunde? En ninguna manera. Porque los que hemos muerto al pecado, ¿cómo viviremos aún en él? Así también vosotros consideraos muertos al pecado, pero vivos para Dios en Cristo Jesús, Señor nuestro» (Ro. 6:1, 2, 11).

Por lo tanto, hemos de estar *muertos* al pecado, pero *vivos* para la justicia. Pero muchos creyentes han permitido que Satanás tuerza estas dos cosas, volviéndose muertos a la justicia y vivos al pecado.

«Así también la fe, si no tiene obras, es muerta en sí misma. Porque como el cuerpo sin espíritu está muerto, así también la fe sin obras está muerta» (Stg. 2:17, 26).

Sufrir de estancamiento es olvidar Apocalipsis 3:1:

«Escribe al ángel de la iglesia en Sardis: El que tiene los siete espíritus de Dios, y las siete estrellas, dice esto: Yo conozco tus obras, que tienes nombre de que vives, y estás muerto» (Ap. 3:1).

12. La demora. En el juicio del gran trono blanco puede que se revele que se ha utilizado esta terrible arma para condenar almas al infierno más que cualquier otra. Se ha comentado que muchos hombres están en el infierno hoy porque tenían la intención de salvarse las once, pero murieron a las diez y media. Es imperativo advertir a los pecadores del terrible peligro del aplazamiento, porque Dios nunca prometió salvar a nadie mañana. Tanto Santiago como el autor de los Hebreos advierten de este peligro.

«Otra vez determina un día: Hoy, diciendo después de tanto tiempo, por medio de David, como se dijo: Si oyereis hoy su voz, no endurezcáis vuestros corazones. Porque si

Josué les hubiera dado el reposo, no habría después de otro día» (He. 4:7, 8).

«¡Vamos ahora! los que decís: Hoy y mañana iremos a tal ciudad, y estaremos allá un año, y traficaremos, y ganaremos; cuando no sabéis lo que será mañana. Porque ¿qué es vuestra vida? Ciertamente es neblina que aparece por un poco de tiempo, y luego se desvanece. En lugar de lo cual deberíais decir: Si el Señor quiere, viviremos y haremos esto o aquello» (Stg. 4:13-15).

Demorar es olvidar Proverbios 27:1:

«No te jactes del día de mañana; porque no sabes qué dará de sí el día.»

13. La discordia. Se ha observado correctamente que hay muchas más iglesias bíblicas que se han dividido por la *disposición* que por la *posición*. Esto significa que la causa trágica de una división generalmente se debe a la discordia y no a la doctrina. Algún alborotador o alborotadora comienza su chisme fatal en una iglesia local, haciendo preguntas y suscitando dudas en la mente de la gente, dudas que de otra forma nunca hubieran surgido. ¡Con cuánta eficacia utiliza Satanás esta herramienta y qué doloroso será en el tribunal de Cristo para los sembradores carnales de la discordia! Sembrar discordia es olvidar Proverbios 6:16-19:

«Seis cosas aborrece Jehová, y aun siete abomina su alma: los ojos altivos, la lengua mentirosa, las manos derramadoras de sangre inocente, el corazón que maquina pensamientos inicuos, los pies presurosos para correr al mal, el testigo falso que habla mentiras, y el que siembra discordia entre hermanos» (Pr. 6:16-19).

14. La contaminación. Varios cientos de jóvenes se acercaron al altar de la famosa Iglesia Moody Memorial de Chicago para contestar al llamamiento al servicio cristiano. El orador, el doctor Vance Havner, miró al grupo y pronunció una declaración algo extraña. Dijo: «Jóvenes, Dios está complacido de que hayan venido a este altar de oración. Pero *no* oren: "Señor, úsame".» Después siguió con la explicación de su declaración. «No hace falta pedir que Dios los use porque lo hará. De hecho, los desgastará, porque ninguno de ustedes dará abasto. Lo que deberían pedir, por lo tanto, es: "Señor, hazme usable".»

Dios no exige vasijas de oro ni recipientes de plata, pero sí insiste en que estén limpios. Un creyente que se contamina con las cosas de este mundo nunca puede ser utilizado por Dios, independientemente de la educación, habilidad, energía o experiencia que tenga.

Contaminarse es olvidar 1 Corintios 3:16, 17.

«¿No sabéis que sois templo de Dios, y que el Espíritu de Dios mora en vosotros? Si alguno destruyere el templo de Dios, Dios le destruirá a él; porque el templo de Dios, el cual sois vosotros, santo es.»

15. Difamar. ¡Cuántas veces son culpables los cristianos de criticar o empequeñecer a otros creyentes! De hecho, algunos de los comentarios más hirientes que un hijo de Dios puede recibir vienen de otro hijo de Dios. Debemos tener mucho cuidado de protegernos contra esta arma satánica, porque todos los creyentes ganarán o sufrirán recompensas en el tribunal de Cristo por ella.

«Porque Dios no es injusto para olvidar vuestra obra y el trabajo de amor que habéis mostrado hacia su nombre, habiendo servido a los santos y sirviéndoles aún» (He. 6:10).

«El que recibe a un profeta por cuanto es profeta, recompensa de profeta recibirá; y el que recibe a un justo por cuanto es justo, recompensa de justo recibirá. Y cualquiera que dé a uno de estos pequeñitos un vaso de agua fría solamente, por cuanto es discípulo, de cierto os digo que no perderá su recompensa» (Mt. 10:41, 42).

Difamar a alguien es olvidar el Salmo 101:5:

«Al que solapadamente infama a su prójimo, yo lo destruiré; no sufriré al de ojos altaneros y de corazón vanidoso.»

16. La desobediencia. Hay dos hombres famosos con nombres muy parecidos en la Biblia: Saúl en el Antiguo Testamento y Saulo en el Nuevo Testamento. Se puede hacer un estudio muy provechoso comparando y contrastando a estos dos hombres. Los dos eran de la tribu de Benjamín (1 S. 9:2; Fil. 3:5). Uno era alto e imponente; el otro era bajo e indistinto (1 S. 9:2; 2 Co. 10:10; Gá. 4:13, 14). El primero comenzó como amigo de Dios pero terminó como enemigo, mientras que el segundo comenzó como enemigo pero terminó como amigo (1 S. 9:16; 10:6, 7; 28:6: Hch. 9:1; 2 Ti. 4:18). Uno acudió a la adivina de Endor a la hora de la muerte, mientras que el otro se volvió a la Palabra de Dios (1 S. 28:7; 2 Ti. 4:13). ¿Qué fue lo realmente marcó la diferencia entre estos dos hombres? La respuesta es trágicamente sencilla: uno fue desobediente, el otro fue obediente.

«Y Samuel dijo: ¿Se complace Jehová tanto en los holocaustos y víctimas, como en que se obedezca a las palabras de Jehová? Ciertamente el obedecer es mejor que los sacrificios, y el prestar atención que la grosura de los carneros. Porque como pecado de adivinación es la rebelión, y como ídolos e idolatría la obstinación. Por cuanto tú desechaste la palabra de Jehová, él también te ha desechado para que no seas rey» (1 S. 15:22, 23).

«Ocupado en esto, iba yo a Damasco con poderes y en comisión de los principales sacerdotes, cuando a mediodía, oh rey, yendo por el camino, vi una luz del cielo que sobrepasaba el resplandor del sol, la cual me rodeó a mí y a los que iban conmigo. Y habiendo caído todos nosotros en tierra, oí una voz que me hablaba, y decía en lengua hebrea: Saulo, Saulo, ¿por qué me persigues? Dura cosa te es dar coces contra el aguijón. Yo entonces dije: ¿Quién eres, Señor? Y el Señor dijo: Yo soy Jesús, a quien tú persigues. Pero levántate, y ponte sobre tus pies; porque para esto he aparecido a ti, para ponerte por ministro y testigo de las cosas que has visto, y de aquellas en que me apareceré a ti, librándote de tu pueblo, y de los gentiles, a quienes ahora te envío, para que abras sus ojos, para que se conviertan de las tinieblas a la luz, y de la potestad de Satanás a Dios; para que reciban, por la fe que es en mí, perdón de pecados y herencia entre los santificados. Por lo cual, oh rey Agripa, no fui rebelde a la visión celestial» (Hch. 26:12-19).

«Porque el pecado no se enseñoreará de vosotros; pues no estáis bajo la ley, sino bajo la gracia. ¿Qué, pues? ¿Pecaremos, porque no estamos bajo la ley, sino bajo la gracia? En ninguna manera. ¿No sabéis que si os sometéis a alguien como esclavos para obedecerle, sois esclavos de aquel a quien obedecéis, sea del pecado para muerte, o sea de la obediencia para justicia? Pero gracias a Dios, que aunque erais esclavos del pecado, habéis obedecido de corazón a aquella forma de doctrina a la cual fuisteis entregados; y libertados del pecado, vinisteis a ser siervos de la justicia» (Ro. 6:14-18).

LA DOCTRINA DE LOS ÁNGELES

LA DOCTRINA DE LOS ÁNGELES

A lo largo de toda su historia, el hombre con frecuencia se ha preguntado si será realmente el único ser inteligente en su universo, y si la vida, tal como la conocemos, está limitada a la Tierra únicamente. Uno de los campos de investigación científica más recientes es la búsqueda de vida extraterrestre. Se están mandando mensajes en clave a los lugares recónditos del espacio por medio de telescopios radiales. El científico después espera ansiosamente los resultados de su audaz sondeo. ¿Serán recibidas sus señales por oídos no terrestres? Si hay vida allá afuera, ¿será amistosa o enemiga?

A la luz de todo esto, es trágico que el hombre no se vuelva a la Palabra de Dios en su búsqueda, porque la Biblia contesta esta pregunta claramente, así como todas las demás preguntas que enfrenta la humanidad.

¿Hay vida inteligente en el universo? ¿Hay otras criaturas vivientes y racionales «allá afuera» aparte del hombre? Por supuesto que sí. ¿Son amigas o enemigas? Son ambas cosas. ¿Es su «civilización» más antigua que la nuestra? Sí lo es. ¿Aprenderemos algún día a comunicarnos con ellas? No sólo lo *haremos* sino que algunos seres humanos *ya las han* conocido y hablado con ellas.

¿Quiénes son estas criaturas cósmicas? Se llaman *ángeles*.

La creencia en ángeles se encuentra en la historia de todas las naciones. Los egipcios, fenicios y griegos antiguos y otros, todos expresaron su creencia en ángeles. A.S. Joppie escribe:

> «Los mahometanos creen en los ángeles. Creen que hay dos ángeles asignados a cada persona. El ángel de la derecha registra todas las buenas acciones. El ángel de la izquierda registra todas las malas acciones.
>
> Los hebreos enseñaban que había cuatro grandes ángeles: (1) Gabriel, quien revela los secretos de Dios a los hombres. (2) Miguel, quien lucha con los enemigos de Dios y se venga de ellos. (3) Rafael, quien recibe los espíritus que salen de los muertos. (4) Uriel, quien llamará a todos a juicio.» (*All About Angels*, p. 43.)

En el libro apócrifo de Tobías hay un relato sobre un ángel llamado Rafael. El joven a quien acompañaba el ángel estaba en peligro de ser devorado por un gran pez. El ángel lo salvó. Entonces le dijo al joven que usara el corazón y el hígado del pescado contra la influencia demoníaca, la hiel para enfermedades de los ojos, etc.

Según la leyenda musulmana, cuando Mahoma fue llevado al cielo vio un ángel con «70.000 cabezas; cada cabeza tenía 70.000 caras; cada cara tenía 70.000 bocas; cada boca tenía 70.000 lenguas; y cada lengua hablaba 70.000 idiomas». ¡Eso haría un total de más de 31.000 *billones* de idiomas y casi 5.000 millones de bocas!

La evidencia arqueológica más antigua sobre los ángeles hasta la fecha aparece en la estela de Ur-Nammus (2250 a.C.), y muestra ángeles volando sobre la cabeza de este rey mientras estaba orando.

Pero basta de tradición e historia. ¿Qué dice la Biblia acerca de los ángeles?

I. La existencia de los ángeles. Treinta y cuatro libros de la Biblia mencionan a los ángeles, en total unas 273 veces (108 veces en el Antiguo Testamento y 165 en el Nuevo Testamento).*

«Pues a sus ángeles mandará acerca de ti, que te guarden en todos tus caminos» (Sal. 91:11).

«Sino que os habéis acercado al monte de Sion, a la ciudad del Dios vivo, Jerusalén la celestial, a la compañía de muchos millares de ángeles» (He. 12:22).

«El que hace a los vientos sus mensajeros, y a las flamas de fuego sus ministros» (Sal. 104:4).

«Alabadle, vosotros todos sus ángeles; alabadle, vosotros todos sus ejércitos» (Sal. 148:2).

II. El origen de los ángeles.

A. La fuente de su origen.

Los ángeles, como todo lo demás en este universo, fueron hechos por Dios el Padre a través de Jesucristo en la energía del Espíritu Santo. Véanse Génesis 1:1, 2; 2:1; Nehemías 9:6; Juan 1:1-3; Efesios 3:9; Colosenses 1:16.

B. El método de su origen. Los ángeles, como el hombre, fueron creados por un acto especial de Dios. No evolucionaron.

«Alabadle, vosotros todos sus ángeles; ... alaben el nombre de Jehová; porque él mandó, y fueron creados» (Sal. 148:2, 5).

Por lo tanto, cada ángel es una creación directa de Dios. Tal vez por eso sea que se hace referencia a ellos como hijos de Dios (Gn. 6:2, 4; Job 1:6; 2:1). La palabra «hijo» parece indicar una creación directa de Dios, así como Adán fue llamado «hijo de Dios» (véase Lc. 3:38). También se les dice así a los creyentes, ya que son creados de nuevo en Cristo individualmente como hijos de Dios (Jn. 3:3; Gá. 3:26; Ef. 2:8-10; 4:24; 1 Jn. 3:1, 2).

Su número, completado en la creación, fue fijado para siempre. Esto se deduce porque nunca leemos que Dios haya creado más, y Jesús dijo que no se reproducen (Mt. 22:30). Además, ya que se nos dice que no pueden morir (Lc. 20:36), concluimos que el número original de ángeles jamás aumentará ni se reducirá en tamaño. Por estos motivos deben ser considerados una *compañía* de seres, y no una *raza*.

C. El momento de su origen.

«Entonces respondió Jehová a Job desde un torbellino, y dijo: ¿Dónde estabas tú cuando yo fundaba la tierra? Házmelo saber, si tienes inte-

* Esta cuenta se refiere a la versión de la Biblia en inglés King James. En la versión española Reina-Valera, 1960, los ángeles se mencionan 114 veces en el Antiguo Testamento y 174 en el Nuevo Testamento. Hemos de señalar, empero, que las versiones españolas a veces se refieren a los ángeles también como «espíritus», «mensajeros», «ministros», «carros», «santos», «serafines» y «querubines». (Nota del editor.)

ligencia. Cuando alababan todas las estrellas del alba, y se regocijaban todos los hijos de Dios?» (Job 38:1, 4, 7).

En estos versículos Dios declara que la creación de los ángeles aconteció antes de la creación del mundo.

D. El propósito de su origen. Los ángeles fueron creados para glorificar a Jesucristo.

«Porque en él fueron creadas todas las cosas, las que hay en los cielos y las que hay en la tierra, visibles e invisibles; sean tronos, sean dominios, sean principados, sean potestades; todo fue creado por medio de él y para él» (Col. 1:16).

«Y otra vez, cuando introduce al Primogénito en el mundo, dice: Adórenle todos los ángeles de Dios» (He. 1:6).

«Señor, digno eres de recibir la gloria y la honra y el poder; porque tú creaste todas las cosas, y por tu voluntad existen y fueron creadas» (Ap. 4:11).

III. La naturaleza de los ángeles.

A. Son seres espirituales. (Véanse Sal. 104:4; He. 1:7, 14.)

Aunque Cristo mismo nos informó que los seres espirituales no tienen carne ni huesos (Lc. 24:39), ¿prueba esto que los ángeles no tienen ningún tipo de cuerpo? Parecería que no, porque teólogos devotos y capacitados han expresado ambas opiniones sobre este asunto en siglos pasados. Por lo tanto, no se puede ser dogmático en cuanto a esto. Algunos han señalado 1 Corintios 15:40 como una indicación de que *sí* tienen cuerpos:

«Y hay cuerpos celestiales, y cuerpos terrenales; pero una es la gloria de los celestiales, y otra la de los terrenales.»

De todos modos, en dos ocasiones específicas se relata que los ángeles tomaron alimento físico (Gn. 18:1-8; 19:1-3) y en una ocasión que usaron la fuerza física (Hch. 12:7).

B. Son seres invisibles. Aunque a veces se manifiestan, su práctica normal es permanecer invisibles. Una razón básica de esto es evitar que los hombres, tanto no salvos como salvos, los adoren. (Véanse Ro. 1:18-32; Col. 2:18; Ap. 19:10; 22:9.)

C. Son innumerables. Por supuesto que Dios conoce su número, pero a los hombres se los presentan como innumerables. Puede ser que haya tantos ángeles como hay estrellas en los cielos, porque los ángeles están asociados con las estrellas (Job 38:7; Sal. 148:1-3; Ap. 9:1, 2; 12:3, 4, 7-9). Si es así, existirían *billones* incontables de estos seres celestiales. Marcos 5:9 nos da una idea de la gran cantidad de ángeles que existe, pues Satanás podía asignar a 6.000 de los caídos para atormentar a un pobre lunático. Véase también: «Jehová vino de Sinaí ... entre diez millares de santos» (Dt. 33:2). Sin duda que los «santos» aquí son ángeles.

«Estuve mirando hasta que fueron puestos tronos, y se sentó un Anciano de días, cuyo vestido era blanco como la nieve, y el pelo de su cabeza como lana limpia; su trono llama de fuego, y las ruedas del mismo, fuego ardiente. Un río de fuego procedía y salía de delante de él; millares de millares le servían, y millones de millones asistían delante de él; el Juez se sentó, y los libros fueron abiertos» (Dn. 7:9, 10).

«Los carros de Dios se cuentan por veintenas de millares de millares» (Sal. 68:17).

«¿Acaso piensas que no puedo ahora orar a mi Padre, y que él no me daría más de doce legiones de ángeles?» (Mt. 26:53).

«Sino que os habéis acercado al monte de Sión, a la ciudad del Dios vivo, Jerusalén la celestial, a la compañía de muchos millares de ángeles» (He. 12:22).

«Y miré, y oí la voz de muchos ángeles alrededor del trono ... y su número era millones de millones» (Ap. 5:11).

Uno de los motivos (tal vez el motivo principal) de la dispensación de la gracia por Dios a todos los pecadores arrepentidos se encuentra en las palabras de Pablo en el libro de los Efesios: «Para mostrar en los siglos venideros las abundantes riquezas de su gracia en su bondad para con nosotros en Cristo Jesús» (Ef. 2:7). No es de dudarse que gran parte de esta muestra de gracia será para el beneficio de los ángeles. Por lo tanto, si su número es tan grande como parece, entonces cada pecador redimido tendrá una enorme congregación de *miles de millones* de ángeles a quienes predicar y testificar.

D. Tienen personalidad separada e individual; probablemente no haya dos iguales.

Tienen las tres características necesarias para que haga personalidad:

1. Inteligencia (Dn. 9:21, 22; 10:14; Ap. 19:10; 22:8, 9).
2. Voluntad (Is. 14:12-15; Jud. v. 6).
3. Emoción. Expresan *gozo* (Job 38:7; Lc. 2:13) y *deseo* (1 P. 1:12).

E. Son superiores a los hombres (por la caída de Adán). (Véanse Sal. 8:4, 5; He. 2:6-11.)

1. Son más fuertes que los hombres.

«Bendecid a Jehová, vosotros sus ángeles, poderosos en fortaleza, que ejecutáis su palabra, obedeciendo a la voz de su precepto» (Sal. 103:20).

«... cuando se manifieste el Señor Jesús desde el cielo con los ángeles de su poder» (2 Ts. 1:7).

«Mientras que los ángeles, que son mayores en fuerza y en potencia...» (2 P. 2:11).

2. Son más inteligentes que los hombres (Dn. 9:21, 22; 10:14).
3. Son más veloces que los hombres.

«Aún estaba hablando en oración, cuando el varón Gabriel ... volando con presteza, vino a mí» (Dn. 9:21).

«Vi volar por en medio del cielo a otro ángel...» (Ap. 14:6).

Su superioridad en estas áreas parece surgir de dos cosas.

a. El no estar entorpecidos por una naturaleza caída.
b. El no estar limitados por las leyes de la gravedad y del tiempo.

F. Sin embargo, son inferiores a Dios.

1. No son omnipresentes (Dn. 10:12). El ángel de Daniel 10 estaba en el cielo en el momento de la oración de Daniel y fue enviado por Dios para ayudarle.
2. No son omnipotentes (Dn. 10:13; Jud. v. 9). Este mismo ángel estaba bajo presión satánica, lo que le estorbó por tres semanas.
3. No son omniscientes.

«Pero del día y la hora nadie sabe, ni aun los ángeles de los cielos, sino sólo mi Padre» (Mt. 24:36).

G. Ellos, como el hombre, pudieron haber sido creados a la imagen de Dios. ¿En qué manera fue creado el hombre a la imagen de Dios? Se ha sugerido que esta imagen consiste en dos cosas: personalidad y santidad.

1. La *personalidad* da la *capacidad* básica de tener comunión con la persona de Dios, porque, naturalmente sólo las personas reales pueden tener comunión.
2. La *santidad* provee el *requisito* para disfrutar de esa comunión, porque dos personas no pueden tener comunión a no ser que estén moralmente de acuerdo (He. 12:14).

Si la definición anterior es correcta, entonces se puede decir que también los ángeles han sido creados a la imagen de Dios.

IV. La clasificación moral de los ángeles. Se cree que todos los ángeles fueron creados originalmente sin faltas y, como Adán en el huerto, tuvieron algún tipo de prueba. Su categoría teológica durante este tiempo era *posse non pecarre* (capaces de no pecar). Pero el período de prueba terminó cuando el ángel principal del cielo, Lucifer, instigó una gran rebelión en contra de Jehová Dios mismo. (Véanse Is. 14:12-15; Ez. 28:11-19.) Apocalipsis 12:3, 4 sugiere que pudo persuadir a un tercio de los ángeles del cielo a unirse a él en esta terrible rebelión. Los que lo hicieron entraron en la categoría de *non posse non pecarre* (incapaces de no pecar), mientras que los dos tercios restante fueron declarados en la de *non posse pecarre* (incapaces de pecar).

De ahí en adelante se habla de los ángeles *fieles* como santos y escogidos (Mr. 8:38; 1 Ti. 5:21), mientras que a los ángeles *caídos* se les conoce como los ángeles del diablo (Mt. 25:41; Ap. 12:9).

V. Las características de los ángeles fieles.

A. Su rango.

1. Los arcángeles.

a. Miguel. Su nombre significa «que es como Dios». Esto debería contrastarse con el deseo malvado de Satanás de ser «semejante al Altísimo» (Is. 14:14). La Biblia menciona a Miguel por su nombre en cuatro ocasiones diferentes.

(1) Ayuda a un ángel de menor rango a contestar la oración de Daniel (Dn. 10:13, 21).
(2) Estará de parte de Israel durante la tribulación (Dn. 12:1).
(3) Disputa con Satanás por el cuerpo de Moisés (Jud. v. 9).
(4) Lucha contra Satanás en el cielo (Ap. 12:7).

b. Gabriel. Su nombre significa «el poderoso de Dios».

(1) Le explica la visión del carnero y del macho cabrío a Daniel (Dn. 8:16).
(2) Le explica las setenta semanas a Daniel (Dn. 9:21).
(3) Le predice el nacimiento de Juan el Bautista a Zacarías (Lc. 1:19).
(4) Le predice el nacimiento de Jesús a María (Lc. 1:26).
(5) Le da seguridad a José acerca de la pureza de María (Mt. 1:20).
(6) Le advierte a José acerca del complot de Herodes (Mt. 2:13).
(7) Le cuenta a José de la muerte de Herodes (Mt. 2:19).

Nota: algunos estudiosos de la Biblia han identificado a Gabriel con las diferentes apariciones del Ángel del Señor en las páginas restantes del Nuevo Testamento. De ser cierto, entonces Gabriel aparece en las diez siguientes ocasiones.

(8) Les anuncia el nacimiento de Cristo a los pastores (Lc. 2:9).
(9) Fortalece a Cristo en el huerto de Getsemaní (Lc. 22:43).
(10) Quita la piedra después de la resurrección de Cristo (Mt. 28:2).
(11) Libera a los apóstoles de la prisión (Hch. 5:19).
(12) Manda a Felipe al desierto de Gaza para encontrarse con el eunuco (Hch. 8:26).
(13) Le dice a Cornelio que mande a buscar a Pedro (Hch. 10:3).
(14) Libera a Pedro de la prisión (Hch. 12:7).
(15) Ejecuta al malvado Herodes por blasfemia (Hch. 12:23).
(16) Reconforta a Pablo en la cubierta de un barco que se está hundiendo (Hch. 27:23).
(17) Tocará la trompeta en el arrebatamiento (1 Ts. 4:16).

2. Los querubines (Gn. 3:24; Ex. 25:18-20; Ez. 1:4-28); 10:1-22).

a. La descripción de los querubines:

(1) Cada uno tiene cuatro rostros.
(a) El rostro delantero es como el de un hombre.
(b) El rostro de la derecha es como el de un león.
(c) El rostro de la izquierda es como el de un buey.
(d) El rostro posterior es como el de un águila.
(2) Cada uno tiene dos pares de alas.
(a) Un par se extiende desde la mitad de la espalda.
(b) El otro par se usa para cubrir el cuerpo.

Estas alas hacen un ruido como el de las olas que se estrellan contra la playa.

(3) Tienen piernas de hombre, pero sus pies están hendidos, como las patas de los becerros, que brillan como bronce bruñido.
(4) Tienen cuatro manos humanas, una debajo de cada ala.
(5) Aparentemente van en grupos de cuatro. Las alas extendidas de cada querubín tocan aquellas de los tres restantes, de modo que forman un cuadrado. Cuando se mueven, lo hacen como grupo, sin girar los cuerpos.

b. Los deberes de los querubines:

(1) Impidieron que Adán se allegara al árbol de la vida después de la caída, para que no comiera de él y viviera para siempre en su pecado (Gn. 3:24).

Nota: hay una analogía interesante entre los querubines guardianes de la entrada al paraíso y los toros y leones alados de Babilonia y Asiria, figuras colosales con rostros humanos haciendo guardia en las entradas de los templos y los palacios. Ya que ambas naciones ocuparon el lugar donde pudo haber estado situado el huerto del Edén original, es razonable sugerir que estos ídolos eran copias pervertidas de los querubines verdaderos.

(2) Dos querubines de oro fueron construidos por mandato de Dios y colocados uno en cada extremo superior de la tapa del arca en el Lugar Santísimo del tabernáculo (Ex. 25:18-20; He. 9:5).
(3) Se le aparecieron a Ezequiel (Ez. 1; 10).
(4) Antes de su caída, Satanás (conocido entonces como Lucifer) era el ángel querubín principal (Is. 14:12; Ez. 28:14).

3. Los serafines (Is. 6:1-7). La palabra hebrea para *serafines* significa «los que arden», y probablemente se refiere a la devoción ardiente a Dios de parte de estos seres angelicales. Estos seres son mencionados sólo una vez en la Biblia. Su descripción y sus deberes son los siguientes:
   a. Tienen seis alas. Dos son utilizadas para cubrir su rostro, dos para cubrir sus pies y dos para volar.
   b. Proclaman la majestad de Dios en un gran coro, cantando: «Santo, santo, santo, Jehová de los ejércitos; toda la tierra está llena de su gloria» (Is. 6:3).
   c. El sonido impresionante de sus grandes alabanzas sacude el fundamento del templo celestial.
   d. Isaías, el gran profeta, ve todo esto en una visión. Inmediatamente siente una convicción en cuanto a su propio pecado y al pecado de la nación de Israel.
   e. Uno de los serafines le ministra, volando al altar celestial y tomando un carbón encendido con unas tenazas. Entonces tocó los labios de Isaías con él y dijo: «He aquí que esto tocó tus labios, y es quitada tu culpa, y limpio tu pecado» (Is. 6:7).
4. Los seres vivientes (Ap. 4:6-9; 5:8; 6:1, 3, 5, 7). Estos seres celestiales especiales tienen algunas similitudes tanto con los querubines como con los serafines, pero parecen estar en una clase aparte. Su número parece estar limitado a cuatro. Se ha sugerido que ahora tienen los privilegios y las responsabilidades que una vez fueran asignados a Lucifer, antes de que se convirtiera en el diablo.
   a. El apóstol Juan ve a estos cuatro parados ante el brillante mar de cristal en el cielo alrededor del trono de Dios.
   b. Están cubiertos de ojos, tanto delante como detrás.
   c. Cada uno tiene una cara diferente.
      (1) Uno tiene la cara de un león.
      (2) Uno tiene la cara de un buey.
      (3) Uno tiene la cara de un hombre.
      (4) Uno tiene la cara de un águila.
   d. Cada criatura tiene seis alas.

      Nota: Como ya se ha dicho, hay similitudes entre los querubines y los seres vivientes. Pero también se pueden observar diferencias. Los querubines tienen cuatro rostros cada uno, mientras que los seres vivientes sólo tienen uno. Los querubines tienen cuatro alas cada uno, mientras que los seres vivientes tienen seis.
   e. Sin cesar día y noche proclaman la adoración de Dios, diciendo: «Santo, santo, santo es el Señor Dios Todopoderoso, el que era, el que es, y el que ha de venir» (Ap. 4:8).
   f. Cada uno de los seres vivientes anunciará uno de los primeros cuatro grandes juicios de la tribulación del libro con los siete sellos (Ap. 6:1, 3, 5, 7).
   g. Se ha sugerido que los rostros tanto de los querubines como de los seres vivientes sirven para recordar a los elegidos por toda la eternidad los ministerios terrenales llevados a cabo por nuestro bendito Señor. Estos rostros corresponden directamente a la cuádruple presentación de Cristo en los evangelios.
      (1) Mateo lo presenta como el león de la tribu de Judá.
      (2) Marcos lo presenta como el humilde buey.
      (3) Lucas lo presenta como el hombre perfecto.
      (4) Juan lo presente como la poderosa águila divina.
5. Ángeles gobernadores (Ef. 1:21; 3:10; Col. 1:16; 2:10; 1 P. 3:22). Estos pasajes mencionan las siguientes características de organización.
   a. Principados.
   b. Potestades.
   c. Tronos.
   d. Autoridades.
   e. Dominios.
   f. Poder.

   Aunque es imposible distinguir claramente entre los seis, es obvio, sin embargo, que describen diversos niveles de posiciones gobernantes asignadas a los ángeles, yendo tal vez (usando una analogía humana) desde generales hasta soldados rasos.
6. Ángeles guardianes.

   «Mirad que no menospreciéis a uno de estos pequeños; porque os digo que sus ángeles en los cielos ven siempre el rostro de mi Padre que está en los cielos» (Mt. 18:10).

   «¿No son todos espíritus ministradores, enviados para servicio a favor de los que serán herederos de la salvación?» (He. 1:14).

   La Biblia no dice si cada creyente tiene un ángel guardián específico o si varios ángeles sencillamente protegen y ayudan a los herederos de la salvación en diferentes oportunidades.
7. Ángeles asociados con caballos y carros.

   «Y aconteció que yendo ellos y hablando, he aquí un carro de fuego con caballos de fuego apartó a los dos; y Elías subió al cielo en un torbellino» (2 R. 2:11).

   «Y oró Eliseo, y dijo: Te ruego, oh

Jehová, que abras sus ojos para que vea. Entonces Jehová abrió los ojos del criado, y miró; y he aquí que el monte estaba lleno de gente de a caballo, y de carros de fuego alrededor de Eliseo» (2 R. 6:17).

«Los carros de Dios se cuentan por veintenas de millares de millares...» (Sal. 68:17).

«Vi de noche, y he aquí un varón que cabalgaba sobre un caballo alazán, el cual estaba entre los mirtos que había en la hondura; y detrás de él había caballos alazanes, overos y blancos. Entonces dije: ¿Qué son éstos, señor mío? Y me dijo el ángel que hablaba conmigo: Yo te enseñaré lo que son éstos. Y aquel varón que estaba entre los mirtos respondió y dijo: Estos son los que Jehová ha enviado a recorrer la tierra. Y ellos hablaron a aquel ángel de Jehová que estaba entre los mirtos, y dijeron: Hemos recorrido la tierra, y he aquí toda la tierra está reposada y quieta» (Zac. 1:8-11).

«Y los ejércitos celestiales, vestidos de lino finísimo, blanco y limpio, le seguían en caballos blancos» (Ap. 19:14).

Si estos versículos han de ser interpretados literalmente, hay que concluir (a pesar de los problemas involucrados) que ciertos ángeles trabajan muy de cerca con criaturas del reino animal en el ejercicio de su ministerio.

B. Su aspecto. Ya hemos visto una descripción detallada de los querubines y de los serafines. Pero, ¿qué hay del aspecto general de los ángeles? Las Escrituras ofrecen la siguiente descripción.

«Su aspecto era como un relámpago, y su vestido blanco como la nieve» (Mt. 28:3).

«Y cuando entraron en el sepulcro, vieron a un joven sentado al lado derecho, cubierto de una larga ropa blanca; y se espantaron» (Mr. 16:5).

«Aconteció que estando ellas perplejas por esto, he aquí se pararon junto a ella dos varones con vestiduras resplandecientes» (Lc. 24:4).

«Vi descender del cielo a otro ángel fuerte, envuelto en una nube, con el arco iris sobre su cabeza; y su rostro era como el sol, y sus pies como columnas de fuego» (Ap. 10:1).

«Y del templo salieron los siete ángeles que tenían las siete plagas, vestidos de lino limpio y resplandeciente, y ceñidos alrededor del pecho con cintos de oro» (Ap. 15:6).

«Después de esto vi a otro ángel descender del cielo con gran poder; y la tierra fue alumbrada con su gloria» (Ap. 18:1).

Considerando su deslumbrante esplendor y grande gloria, no es difícil entender por qué tanto hombres no salvos (Col. 2:18) como salvos (Ap. 19:10; 22:8, 9) han intentado adorar a los ángeles.

C. Sus nombres y títulos.

1. Ministros (Sal. 103:20, 21; 104:4). Esto representa sus deberes religiosos y su servicio espiritual.
2. Hueste (Gn. 32:1, 2; Jos. 5:14; 1 S. 17:45; Sal. 89:8). Este nombre habla de su servicio militar.
3. Carros (2 R. 6:16, 17; Sal. 68:17; Zac. 6:5). Esto puede referirse a su rapidez.
4. Vigilantes (Dn. 4:13, 17). Esto habla de sus deberes como supervisores y agentes.
5. Hijos de los poderosos (Sal. 29:1; 89:6). Este título puede referirse a su impresionante fortaleza y poder.
6. Hijos de Dios (Gn. 6:2, 4; Job 1:6; 2:1; 38:7). El doctor L.S. Chafer escribe:

   «En la fraseología del Antiguo Testamento a veces se les denomina a los ángeles *hijos de Dios*, mientras los hombres son llamados *siervos de Dios*. En el Nuevo Testamento esto se ve al revés. Los ángeles son los siervos y los cristianos son los hijos de Dios. Este orden tan peculiar pudiera deberse al hecho de que en el Antiguo Testamento se ve a los hombres relacionados a esta esfera en la cual los ángeles son superiores; mientras que en el Nuevo Testamento se ve a los santos en relación a su estado final de exaltación a la semejanza de Cristo, un estado superior al de los ángeles.» (*Teología sistemática*, tomo II, Publicaciones Españolas, p. 443.)
7. Santos (Sal. 89:7; Dn. 8:13; Zac. 14:5). Esto se refiere a su separación total para la voluntad de Dios.
8. Estrellas (Job 38:7; Sal. 148:2, 3; Ap. 12:3, 4). Esto puede indicar tanto su número como su resplandor.

D. Su obra y ministerio.

1. Sus actividades en el cielo.
   a. Adoran a la Persona de Dios (1 R. 22:19; Sal. 29:1, 2; Is. 6:3; Ap. 4:8; 19:4).
   b. Observan al pueblo de Dios (Lc. 12:8, 9; 15:10; 1 Co. 4:9; 11:10; Ef. 3:10; 1 Ti. 5:21; 1 P. 1:12).

      «Porque según pienso, Dios nos ha exhibido a nosotros los apóstoles como postreros, como a sentenciados a muerte; pues hemos llegado a ser espectáculo al mundo, a los ángeles y a los hombres» (1 Co. 4:9).

      «Por lo cual la mujer debe tener señal de autoridad sobre su cabeza, por causa de los ángeles» (1 Co. 11:10).

      «... el evangelio ... enviado del cielo; cosas en las cuales anhelan mirar los ángeles» (1 P. 1:12).
   c. Investigan el plan profético de Dios (Dn. 12:5, 6).
   d. Se regocijan en las obras de Dios.
      (1) Su obra de creación (Job 38:7; Ap. 4:11).
      (2) Su obra de redención (1 Ti. 3:16; Ap. 5:11, 12).
   e. Cumplen la voluntad de Dios (Gn. 28:12; Sal. 103:29; 104:4; Dn. 7:10).
   f. Atestiguan la ira de Dios (Ap. 14:10).
2. Sus actividades en la tierra.
   a. En relación con los salvos (véanse especialmente He. 1:14; Ap. 22:16).
      (1) Informan, instruyen e interpretan tanto la voluntad como la Palabra de Dios. Las siguientes personas recibieron ese tipo de ministerio de los ángeles.
         (a) Daniel (Dn. 7:16; 10:5, 11).
         (b) Zacarías (Zac. 1:9, 13, 14, 19; 2:3; 5:5-10; 6:4, 5).
         (c) Zacarías (Lc. 1:11-17).
         (d) María (Lc. 1:26-33).

(e) José (Mt. 1:20; 2:13, 19).
(f) Los pastores (Lc. 2:9-12).
(g) Las mujeres en la tumba (Lc. 24:4-7).
(h) Los apóstoles (Hch. 1:10, 11).
(i) Felipe (Hch. 8:26).
(j) Cornelio (Hch. 10:3-6).
(k) Juan (Ap. 17:1, 21:9).

(2) Protegen.

«El ángel del Jehová acampa alrededor de los que le temen, y los defiende» (Sal. 34:7).

«Pues a sus ángeles mandará acerca de ti, que te guarden en todos tus caminos» (Sal. 91:11).

El doctor Billy Graham cuenta el siguiente relato:

«El reverendo John G. Paton, misionero en las islas Nuevas Hébridas, cuenta un relato apasionante acerca del cuidado protector de los ángeles. Una noche su sede misionera fue rodeada por nativos hostiles con el propósito de matar a los Paton por medio de un incendio. John Paton y su esposa oraron toda esa noche de terror para que Dios los librara. Cuando amaneció, se asombraron al ver que sus atacantes se iban sin explicación. Dieron gracias a Dios por salvarlos.

Un año después, el jefe de la tribu se convirtió a Jesucristo, y el señor Paton, recordando lo que había pasado, le preguntó al jefe qué había impedido que él y sus hombres quemaran la casa y los mataran. El jefe contestó asombrado: "¿Quiénes eran todos esos hombres que estaban ahí con ustedes?" El misionero contestó: "No había hombres allí; sólo mi esposa y yo." El jefe insistió en que había visto a muchos hombres haciendo guardia, cientos de hombres grandes con ropa brillante y espadas desenvainadas en la mano. Parecían tener la estación misionera rodeada de tal modo que los nativos tuvieron miedo de atacar. Sólo entonces se dio cuenta el señor Paton de que Dios había enviado a sus ángeles para protegerlos. El jefe estuvo de acuerdo en que no había ninguna otra explicación. ¿Pudo haber sido que Dios había mandado una legión de ángeles para proteger a sus siervos, cuyas vidas estaban en peligro?» (*Angels: God's Secret Agents*, p. 3 [Hay traducción castellana titulada *Ángeles: Agentes secretos de Dios*, de Editorial Caribe.])

(a) Los ángeles protegieron a Lot de los sodomitas (Gn. 19:10, 11).
(b) Los ángeles protegieron a Eliseo de los sirios (2 R. 6:15-17).

(3) Consuelan.

«Y echándose debajo del enebro, se quedó dormido; y he aquí luego un ángel le tocó, y le dijo: Levántate, come» (1 R. 19:5).

«Porque esta noche ha estado conmigo el ángel del Dios de quien soy y a quien sirvo, diciendo: Pablo, no temas...» (Hch. 27:23, 24).

(4) Rescatan.

«Mas un ángel del Señor, abriendo de noche las puertas de la cárcel y sacándolos [a los apóstoles]...» (Hch. 5:19).

«Y he aquí que se presentó un ángel del Señor, y una luz resplandeció en la cárcel; y tocando a Pedro en el costado, le despertó, diciendo: Levántate pronto. Y las cadenas se le cayeron de las manos» (Hch. 12:7).

(5) Ministran al creyente en el momento de la muerte.

«Aconteció que murió el mendigo, y fue llevado por los ángeles al seno de Abraham...» (Lc. 16:22).

b. En relación a los no salvos.

(1) Juzgaron a los egipcios (Ex. 12:13, 23).
(2) Juzgaron a los sodomitas (Gn. 19:13).
(3) Juzgaron a los asirios (2 R. 19:35).
(4) Juzgaron a Herodes (Hch. 12:23).
(5) Juzgarán a la tierra durante la tribulación.
    (a) Retienen los cuatro vientos del cielo (Ap. 7:1).
    (b) Pronuncian los juicios de las siete trompetas (Ap. 8:2).
    (c) Arrojan a Satanás y a sus ángeles del cielo (Ap. 12:7, 8).
    (d) Anuncia el infierno eterno que le espera a todos los incrédulos (Ap. 14:10).
    (e) Predicen la caída de Babilonia (Ap. 14:8).
    (f) Anuncian la caída de Babilonia (Ap. 18:1, 2).
    (g) Derraman los juicios de las siete copas (Ap. 15:1).
    (h) Anuncian a Armagedón (Ap. 16:17).
    (i) Acompañan a Cristo en su segunda venida (2 Ts. 1:7, 8).
    (j) Juntan a los no salvos para el infierno eterno (Mt. 13:39-43).
    (k) Atan a Satanás en el abismo (Ap. 20:1).

c. En relación a Israel.

(1) Los ángeles lucharon por Israel (Jue. 5:20).
(2) Le dieron la ley a Israel (Dt. 33:2; Hch. 7:53; Gá. 3:19; He. 2:2).
(3) Sellan a los 144.000 israelitas (Ap. 7:1-3).
(4) Volverán a reunir al Israel fiel (Mt. 24:31).

d. En relación al Salvador.

(1) Lo adoran (He. 1:6).
(2) Fueron creados por él y para él (Col. 1:17).

(3) Predijeron su nacimiento (Mt. 1:20, 21; Lc. 1:31).
(4) Anunciaron su nacimiento (Lc. 2:9-13).
(5) Ayudaron a protegerlo (Sal. 91:11; Mt. 2:13).
(6) Le ministraron en el desierto (Mt. 4:11).
(7) Le ministraron en el huerto (Lc. 22:43).
(8) Quitaron la piedra de la tumba (Mt. 28:2).
(9) Anunciaron su resurrección (Mt. 28:6).
(10) Predijeron su Segunda Venida (Hch. 1:10, 11).
(11) Lo acompañarán en la Segunda Venida (2 Ts. 1:7, 8).
(12) Están totalmente sujetos a él (1 P. 3:22).

El doctor Lewis Sperry Chafer cita al doctor Cooke:

«¡Con cuánta constancia acompañaban (los ángeles) al Salvador encarnado durante Su misteriosa vida terrenal entre los hombres! En Su nacimiento ellos son Sus heraldos y con cánticos triunfantes anuncian las buenas nuevas a la humanidad. En su tentación le ministran; en su agonía lo socorren; al resucitar ellos son los primeros en proclamar su triunfo; al ascender ellos vienen para escoltarle a su trono de intercesión; en su estado glorificado le rinden a Él su homenaje supremo como Señor; y cuando Él venga para juzgar al mundo ellos formarán parte de su comitiva! ¡Qué pensamientos sublimes les vendrían a la mente, y cuántas emociones de gozo y de admiración sentirán los ángeles al presenciar las escenas que vieron durante la vida terrenal de Cristo, y las que todavía ven en el cielo con su naturaleza doble y su obra de redención ya completada! *¡Dios encarnado!* Todo eso fue nuevo para ellos. ¡Qué condescendencia tan asombrosa! *¡Él obedeció a sus propias leyes como si fuera una mera criatura, y con la actitud de un siervo!* Eso fue completamente nuevo. Ellos le habían visto como el gobernador del universo, pero jamás hasta este momento como un súbdito. *Entró en conflicto con Satanás y experimentó una prolongada tentación.* Eso fue nuevo. Le habían visto sacar al ángel rebelde de su presencia y arrojarlo a la perdición eterna; pero jamás hasta ahora lo había sujetado a la tentación del ser cuya sutileza y poder habían seducido a miríadas para su ruina eterna. *Sufrió el escarnio y los reproches de parte de los pecadores.* Esto también fue nuevo. Ellos habían visto a millares de espíritus felices adorarle y amarle; pero jamás hasta ahora le había visto a Él personalmente insultado, vituperado y maltratado por sus criaturas. *¡Él gimió en el Getsemaní y luego fue crucificado entre dos malhechores, muriendo como una víctima sacrificial!* Esto fue nuevo. ¡Lo habían visto a Él sumamente feliz y glorioso; pero al verlo moribundo, al oír ese grito de agonía y contemplarlo como un cadáver sangriento —y todo para salvar al mundo de pecadores que se habían rebelado contra Él! ¡Qué amor tan misterioso! *Luego lo vieron, después de todo lo dicho, ya entronizado y glorificado en su naturaleza humana.* Todo eso fue cosa nueva en la historia moral del universo. Todas esas escenas estaban llenas de interés, de maravilla y de misterio; una serie de maravillas en grados sucesivos más elevados hasta culmina en la presencia permanente del Dios-hombre en el cielo y resplandeciente de una gloria que llena los cielos de los cielos. En todo eso tenemos temas en los cuales las mentes angélicas pudieron instruirse por largo tiempo; aquí estaba el desarrollo de verdades escondidas; aquí estaba el descubrimiento de las perfecciones divinas antes desconocidas; y aun desarrollándose con mayor refulgencia mientras siguen avanzando las edades!» (*Teología sistemática*, tomo II, p. 442.)

E. Su destino.
1. Pasar la eternidad en la Nueva Jerusalén junto con los escogidos (He. 12:22, 23; Ap. 22:10-12).
2. Aprender a lo largo de la eternidad acerca de la gracia de Dios mostrada por los escogidos (Ef. 2:4-7; 3:10, 11).

VI. Las características de los ángeles malvados.

A. Los nombres de los ángeles caídos.
1. *Shedim.* «Sacrificaron [los israelitas] a los demonios, y no a Dios...» (Dt. 32:17). La palabra hebrea traducida aquí por «demonios» es *shedim.* «Sacrificaron sus hijos y sus hijas a los demonios» (Sal. 106:37; véase también 1 Co. 10:20).
2. *Seirim, sair, satyr.* «Y nunca más sacrificarán sus sacrificios a los demonios...» (Lv. 17:7). «Sino que dormirán allí las fieras del desierto, y sus casas se llenarán de hurones; allí habitarán avestruces, y allí saltarán las cabras salvajes» (Is. 13:21). La palabras «cabras salvajes» es *satyr* en el hebreo, y se piensa que está relacionado con algún tipo de criatura demoníaca. El doctor Fred Dickason escribe:

   «Los hebreos habían de sacrificar en el altar del tabernáculo y no a los demonios-becerros en el desierto (LXX, *daimonia*). Jeroboam I designó la adoración a los *seirim* (2 Cr. 11:15) y Josías «derribó los altares de las puertas [shearim]», que debe leerse *seirim* (2 R. 23:8).» (*Los ángeles: Escogidos y malignos*, Editorial Portavoz, p. 145.)
3. *Elilim.* «Porque todos los dioses de los pueblos son ídolos; pero Jehová hizo los cielos» (Sal. 96:5).
4. *Gad.* «Pero vosotros los que dejáis a Jehová, que olvidáis mi santo monte, que ponéis mesa para la Fortuna...» (Is. 65:11). La palabra «fortuna» es *gad* en hebreo.
5. *Qeter.* «No temerás el terror nocturno, ni saeta que vuele de día, ni pestilencia que ande en oscuridad, ni mortandad que en medio del día destruya» (Sal. 91:5, 6). La frase «que en me-

dio del día destruya» puede referirse a una actividad demoníaca.
6. Los ángeles del diablo (Mt. 25:41; Ap. 12:9).
7. Los ángeles que no guardaron su primer estado (2 P. 2:4; Jud. v. 6).
8. Espíritus familiares (Dt. 18:11; Is. 8:10; 19:3).
9. Espíritus inmundos (Mt. 10:1; Mr. 1:27; 3:11; 5:13; Hch. 5:16; 8:7; Ap. 16:13).
10. Espíritus malos (Lc. 7:21; Hch. 19:12, 13).
11. Espíritus seductores (1 Ti. 4:1).
12. Espíritus malvados (Lc. 11:26).
13. Demonios. La palabra *daimon* aparece más de setenta y cinco veces en el Nuevo Testamento griego. Hay varias teorías acerca del origen de los demonios. Entre ellas se encuentran las siguientes:
    a. Son los espíritus de hombres malos que han muerto. Sin embargo, esto no puede ser, porque la Biblia declara que los muertos no salvos están en el Hades y no merodeando por la tierra (Sal. 9:17; Lc. 16:23; Ap. 20:13).
    b. Son espíritus de una raza preadámica. Pero no hay ningún fundamento bíblico para este punto de vista. La Biblia declara que Adán fue el primer hombre (1 Co. 15:45).
    c. Son los espíritus de la unión antinatural entre ángeles y mujeres en Génesis 6. Sin embargo, este punto de vista, como los dos anteriores, carece del más mínimo fundamento bíblico.

    La conclusión más lógica es que la palabra «demonio» es sencillamente otro título o nombre de los ángeles caídos. Los siguientes versículos describen las actividades de los demonios: Mateo 4:24; 7:22; 8:16; 9:32;10:8; 12:22; 15:22; 17:18; Marcos 1:32, 34, 39; 3:13; 6:13; 9:38; 16:9, 17; Lucas 4:33, 41; 8:2; 11:14; Juan 7:20; 8:48; 1 Corintios 10:20, 21; 1 Timoteo 4:1; Santiago 2:19; Apocalipsis 9:20.

B. La ubicación de los ángeles caídos.
1. Los ángeles no encadenados tienen cierta medida de libertad en la época actual (Sal. 78:49; Ef. 6:12; Ap. 12:7-9).
2. Los ángeles encadenados no tienen ninguna libertad en la época actual.
    a. Los ángeles en el infierno (2 P. 2:4; Jud. v. 6).
    b. Los ángeles en el abismo (Lc. 8:31; Ap. 9:1, 2, 11; 11:7; 17:8; 20:1-3).
    c. Los ángeles atados en el río Éufrates (Ap. 9:14).

C. El pecado de los ángeles atados. Ya se ha observado que un tercio de los ángeles del cielo se unieron a Lucifer en su rebelión en contra de Dios. Estos, por supuesto, son los ángeles caídos de la Biblia. Algún día serán juzgados por Dios y lanzados en el infierno de Gehenna. Pero, ¿por qué algunos de ellos han sido ya puestos en prisión? Muchos estudiosos de la Biblia creen que la respuesta se encuentra en Génesis 6:1, 2, 4:

> «Aconteció que cuando comenzaron los hombres a multiplicarse sobre la faz de la tierra, y les nacieron hijas, que viendo los hijos de Dios que las hijas de los hombres eran hermosas, tomaron para sí mujeres, escogiendo entre todas.... Había gigantes en la tierra en aquellos días, y también después que se llegaron los hijos de Dios a las hijas de los hombres, y les engendraron hijos. Estos fueron los valientes que desde la antigüedad fueron varones de renombre.»

Ha habido mucha controversia en torno a estos versículos. ¿Quiénes eran los «hijos de Dios» que se casaron con la hijas de los hombres? Hay dos interpretaciones básicas. La interpretación sencilla es que los hijos de Dios eran aquellos individuos descendientes de Set, mientras que las hijas de los hombres eran las muchachas no salvas que pertenecían al linaje de Caín. La segunda y más complicada interpretación mantiene que los hijos de Dios eran seres angelicales malvados y caídos de algún tipo que cometieron actos físicos inmorales y antinaturales con las mujeres en general.

1. Argumentos básicos para la primera posición.
    a. Esta es la forma más natural de interpretar el pasaje.
    b. La declaración de Jesús en Mateo 22:30:
       > «Porque en la resurrección ni se casarán ni se darán en casamiento, sino serán como los ángeles de Dios en el cielo.»
    c. La ley de la biogénesis: la vida engendra vida similar. Nótese la frase «según su género» en Génesis 1:11, 12, 21, 24, 25.
    d. La declaración de Pablo en 1 Corintios 15:38-40: «Y hay cuerpos celestiales, y cuerpos terrenales.» Esto indicaría que los dos nunca podrían unirse.
    e. Moisés no usó la palabra hebrea normal para ángeles (*malak*) que después usa por lo menos veintiocho veces en el Pentateuco.
    f. «Los valientes» (supuesta progenie de ángeles y mujeres) es la palabra hebrea *gibbor* (Gn. 6:4) que se usa docenas de veces en el Antiguo Testamento y siempre se refiere a hombres humanos (Jue. 6:12).
2. Argumentos básicos para la segunda posición.
    a. El lenguaje hebreo parece favorecerla.
       (1) La frase hebrea *bne-elohim* (hijos de Dios) siempre se refiere a los ángeles en el Antiguo Testamento (Job 1:6; 2:1; 38:7; Dn. 3:25).
       (2) La palabra hebrea *nephilim* (traducida por «gigantes» en Gn. 6:4) en realidad debería ser «los caídos». La palabra normal para un hombre enorme es *rapha*. Los hombres como Og y Goliat fueron descritos con la palabra *rapha* (Dt. 3:11; 1 Cr. 20:6).
    b. Leyendas paganas antiguas. Casi siempre hay una base para las leyendas antiguas comunes, por extrañas y distorsionadas que se hayan vuelto. En 6:4 leemos acerca de «varones de renombre», que algunos creen ser la base histórica para las leyendas de Hércules y otros hijos de los dioses de la mitología. Esto después corresponde a figuras babilónicas tales como Gilgamesh, el supuesto hijo de una diosa y un mortal. Se lo llamó «dos tercios dios y un tercio hombre».
    c. La opinión común de los eruditos judíos. Josefo, un gran historiador judío, hace resaltar esto en sus escritos. La Septuaginta (la traducción griega del Antiguo Testamento hebreo y la Biblia utilizada por los judíos) traduce a Génesis 6:2 como los «ángeles de Dios».
    d. La interpretación de la iglesia primitiva. No fue sino hasta el siglo IV que se ofreció

otro punto de vista opuesto al de la teoría los ángeles. El difunto doctor James M. Gray (ex presidente del Instituto Bíblico Moody) escribió: «Hay razones para creer que este punto de vista no habría cambiado ... si no hubiera sido por ciertas opiniones y prácticas erróneas del cristianismo» (*Spiritism and Fallen Angels*). Gray sugiere dos de estas razones:

(1) La adoración de los ángeles. En algún momento después del siglo IV, la Iglesia comenzó a adorar a los ángeles, así que lo más natural sería negar que cualquier ángel haría cosas tan viles con la humanidad.

(2) El celibato. Si estos hijos de Dios realmente eran hombres humanos, entonces los monjes tendrían justificación bíblica para participar en actos sexuales a pesar de sus votos oficiales de celibato.

e. Varios pasajes neotestamentarios.

«Porque también Cristo padeció una sola vez por los pecados, el justo por los injustos, para llevarnos a Dios, siendo a la verdad muerto en la carne, pero vivificado en el espíritu; en el cual también fue y predicó a los espíritus encarcelados, los que en otro tiempo desobedecieron, cuando una vez esperaba la paciencia de Dios en los días de Noé, mientras se preparaba el arca, en la cual pocas personas, es decir, ocho, fueron salvadas por agua» (1 P. 3:18-20).

Algunos piensan que estos espíritus eran los hijos de Dios de Génesis 6. El motivo de su iniquidad fue un intento satánico de corromper la carne humana y así evitar que la encarnación prometida (Gn. 3:15) se llevara a cabo. Pero aquí Pedro muestra a Cristo diciéndoles que su malvado plan no había funcionado. Para otro pasaje sobre el tema, véase Judas vv. 5-7.

f. El hecho de que hay dos tipos de ángeles caídos, los que están desatados y los que ya están atados. Los *desatados* ahora tienen acceso a lugares altos y a los cuerpos de los hombres no salvos (Mr. 1:23; Lc. 8:27; Ef. 6:12). Los *atados* están encarcelados actualmente (2 P. 2:4; Jud. vv. 5-7). La idea es que están atados por su participación en Génesis 6.

En conclusión, se debería notar que recientemente se ha propuesto un *tercer* punto de vista que dice que los hijos de Dios realmente eran ángeles caídos que controlaron y poseyeron totalmente a los hombres malvados que vivían antes del diluvio. Estos demonios hasta podrían haber intentado cambiar (por ingeniería genética, como la que vemos hoy), el código ADN de los futuros bebés como algún virus mortal.

D. La organización y el rango de los ángeles caídos.

«Porque no tenemos lucha contra sangre y carne, sino contra principados, contra potestades, contra los gobernadores de las tinieblas de este siglo, contra huestes espirituales de maldad en las regiones celestiales» (Ef. 6:12; véase también Mt. 12:24-30).

Estos versículos indican que el reino de los ángeles malvados de Satanás está tan organizado como el grupo angelical escogido de Dios.

1. Hay ángeles malvados que gobiernan a las naciones de este mundo (Dn. 10:13).
2. Un ángel malvado llamado Legión encabezaba un gran grupo de espíritus caídos que habían poseído al endemoniado gadareno (Mr. 5:9).
3. El abismo está controlado por un ángel llamado Abadón (en hebreo) y Apolión (en griego); (Ap. 9:11).
4. Cuatro ángeles militares conducirán a un ejército infernal de 200 millones durante la última parte de la tribulación (Ap. 9:15).
5. Tres ángeles organizan los acontecimientos que llevan a la batalla de Armagedón (Ap. 16:13, 14).

E. El aspecto de los ángeles caídos. Los ángeles caídos, como los ángeles buenos, son seres espirituales invisibles. Sin embargo, a veces se manifiestan. Hay tres pasajes neotestamentarios que ofrecen una descripción de estas corrompidas criaturas.

1. Apocalipsis 9:7-10. La forma de estas criaturas es absolutamente horrible. Son como caballos preparados para la batalla. Parecen tener coronas de oro en la cabeza. Su rostro es como de hombre, su cabello como de mujer, sus dientes como de león. Tienen corazas como de hierro. Su cola es como la de un escorpión. El ruido de sus alas es como el de muchos carros corriendo a la batalla.
2. Apocalipsis 9:13-21. Estos demonios están montados sobre una especie de caballo infernal. La cabeza de los caballos se parece a la cabeza de un león, con humo, fuego y azufre encendido saliendo de su boca. Los jinetes usan corazas de un rojo vivo.
3. Apocalipsis 16:13.

   «Y vi salir de la boca del dragón, y de la boca de la bestia, y de la boca del falso profeta, tres espíritus inmundos a manera de ranas.»

F. La personalidad de los ángeles caídos. El autor John Phillips escribe:

«El hombre moderno profesa no creer en los demonios, pero existen de todos modos. Además, son astutos con una artimaña diabólica. La actitud del hombre hacia el mundo demoníaco bien puede ser comparada con la actitud del hombre en el medioevo con respecto a las bacterias. Si pudiéramos transportarnos a Londres en el año 1666, nos encontraríamos en un mundo de pesadilla. La peste bubónica está en su apogeo. Las imágenes y los sonidos de la ciudad son como la culminación terrible de una película de horror. La creencia general es que el aire fresco es el culpable. La Academia de Médicos recomienda la detonación frecuente de armas de fuego para alejar el aire nocivo. La gente se encierra en sus habitaciones y quema mezclas malolientes para ahuyentar al aire fresco. Se sellan las chimeneas, los cuartos están grises y llenos de humo, y la gente se ahoga en el hedor sofocante. Afuera, densas nubes de humo negro están suspendidas sobre la ciudad. La gente se sienta en los cuartos herméticos, firmes en su decisión de soportar el humo ardiente, convencidas de que así serán inmunes a la peste. Les decimos que están equivocados, que la peste no es causada por el aire fresco sino por gérmenes, organismos microscópicos propagados por las pulgas, y se ríen de nosotros.

El hombre moderno ha adoptado una actitud similar frente al mundo de los demonios. Le decimos que él (Satanás) tiene huestes innumerables de demonios invisibles que le ayudan en sus oscuros designios en contra de la humanidad. Decimos que esos seres no vistos son inteligentes, y que a ellos pronto se unirán innumerables seres de su tipo aun peor que ellos. La gente nos mira con desdén y lástima, y sugiere que les vendamos nuestras teorías a las editoriales de libros de ciencia ficción. Pero de todos modos es cierto. Una vez que se abra el pozo, el mundo de los hombres será invadido por un virus mucho peor que la peste bubónica, un virus todavía más mortal, porque puede pensar y porque dirige su ataque en contra del alma en vez del cuerpo.» (*Exploring Revelation*, p. 137.)

1. Los ángeles caídos tienen nombre (Lc. 8:30; Ap. 9:11).
2. Hablan.

   «... Déjanos; ¿qué tienes con nosotros, Jesús nazareno? ¿Has venido para destruirnos? Yo te conozco quién eres, el Santo de Dios. ...Tú eres el Hijo de Dios...» (Lc. 4:34, 41).

   «Este, al ver a Jesús, lanzó un gran grito, y postrándose a sus pies exclamó a gran voz: ¿Qué tienes conmigo, Jesús, Hijo del Dios Altísimo? Te ruego que no me atormentes» (Lc. 8:28).

   «Y clamaron diciendo: ¿Qué tienes con nosotros, Jesús, Hijo de Dios? ¿Has venido acá para atormentarnos antes de tiempo?» (Mt. 8:29).

   «Y le rogaron todos los demonio, diciendo: Envíanos a los cerdos para que entremos en ellos» (Mr. 5:12).

   «Pero respondiendo el espíritu malo, dijo: A Jesús conozco, y sé quién es Pablo; pero vosotros, ¿quiénes sois?» (Hch. 19:15).

   «Y los espíritus inmundos, al verle, se postraban delante de él, y daban voces, diciendo: Tú eres el Hijo de Dios» (Mr. 3:11).
3. Tienen inteligencia.
   a. Saben quién es Jesús (Lc. 4:34).
   b. Saben de su condenación futura (Mt. 8:29).
   c. Pueden distinguir entre los salvos y los no salvos (Hch. 16:15; Ap. 9:4).
   d. Son capaces de formular una teología sistemática en torno a Satanás (1 Ti. 4:1).
4. Tienen emociones.
   a. Miedo (Lc. 8:28; Stg. 2:19).
   b. Desdén (Hch. 16:15).
5. Tienen mucha fuerza (Ex. 8:7; 7:11, 12; Dn. 10:13; Mr. 5:2-4; 9:17-26; Hch. 19:16; 2 Co. 10:4, 5; Ap. 9:15-19).

G. Las actividades de los ángeles caídos.

1. Se oponen al propósito de Dios (Dn. 10:10-14; Ef. 6:12).
2. Ejecutan el programa de Satanás (1 Ti. 4:1; Ap. 9; 16:12-14).
3. Propagan doctrina falsa (2 Ts. 2:2; 1 Ti. 4:1).
4. Afligen a los seres humanos.
   a. Algunos causan locura (Mt. 8:28; 17:15, 18; Mr. 5:15; Lc. 8:27-29).
   b. Algunos causan la mudez (Mt. 9:33).
   c. Algunos causan inmoralidad (Mt. 10:1; Mr. 1:23-26; 3:11; Lc. 4:36; Hch. 5:16; 8:7; Ap. 16:13).
   d. Algunos causan sordera (Mr. 9:25).
   e. Algunos causan epilepsia (Mt. 17:15-18).
   f. Algunos causan ceguera (Mt. 12:22).
   g. Algunos causan manía suicida (Mr. 9:22).
   h. Algunos causan daño personal (Mr. 9:18).
   i. Algunos causan defectos físicos (Lc. 13:11).
5. Pueden poseer a los seres humanos. En la Biblia hay por lo menos doce importantes ejemplos de individuos poseídos por ángeles caídos.
   a. Saúl, el primer rey de Israel, frecuentemente era atormentado por un espíritu malo (1 S. 16:14; 18:10; 19:9). Se volvió locamente celoso de David (1 S. 18:8) y trató de matarlo muchas veces:
      (1) Atravesándolo con una lanza (1 S. 18:11; 19:10).
      (2) Engañándolo (1 S. 18:25).
      (3) Persiguiéndolo como a un animal salvaje en el desierto de Judá por unos trece años (1 S. 24:1, 2, 11; 24:11; 26:1, 2).

      Trató de matar a su propio hijo, Jonatán, por ser amigo de David (1 S. 20:33). Asesinó a ochenta y cinco sacerdotes de Dios por ayudar a David (1 S. 22:17). Fue desechado por Dios (1 S. 28:6). Visitó a la adivina de Endor en la hora de su muerte (1 S. 28:7).
   b. Las siete personas poseídas por demonios y liberadas por Jesús.
      (1) Un hombre con un espíritu inmundo en Capernaum (Mr. 1:25; Lc. 4:35).
      (2) Un endemoniado gadareno (Mt. 8:32; Mr. 5:8; Lc. 8:33).
      (3) Un endemoniado mudo (Mt. 9:33).
      (4) Una niña endemoniada (Mt. 15:28; Mr. 7:29).
      (5) Un niño endemoniado (Mt. 17:18; Mr. 9:25; Lc. 9:42).
      (6) Un endemoniado ciego y sordo (Mt. 12:22; Lc. 11:14).
      (7) Una mujer enferma por dieciocho años (Lc. 13:10-17).

      Nótese especialmente los resultados terribles de la posesión demoníaca descritos en los dos estudios de caso del endemoniado gadareno y el niño endemoniado.
   c. El lunático.
      (1) Era muy feroz, tanto que ningún hombre podía controlarlo.
      (2) Había roto todas las cadenas que se le habían puesto.
      (3) Estaba viviendo en medio de las tumbas.
      (4) Constantemente gritaba y se cortaba con las piedras.
      (5) Andaba desnudo y era controlado por 6.000 demonios.
      (6) Había estado poseído durante mucho tiempo.
   d. El niño.
      (1) Había sido poseído desde la infancia.
      (2) El demonio lo lastimaba y golpeaba.
      (3) Era tirado en el agua y en el fuego.
      (4) Sufría de convulsiones severas.
      (5) Muchas veces era tirado al suelo con

violencia y se revolcaba, echando espuma por la boca.
(6) Quedó inconsciente, y se temía que estuviera muerto cuando Jesús le despojó del demonio.

e. María Magdalena (Mr. 16:9; Lc. 8:2). María estaba poseía por siete demonios antes de su conversión.
f. Simón (Hch. 8:18-24). Un demonio poseyó a Simón para que distorsionara el mensaje del evangelio en un sistema pervertido de ganancia.
g. Elimas (Hch. 13:8-11). Este mago endemoniado intentó frustrar los esfuerzos de Pablo por ganar al gobernador de Chipre para Cristo.
h. Una joven esclava (Hch. 16:16-18). En este asombroso relato, un demonio (a través de una muchacha poseída) trató de identificarse con la obra de Pablo, para confundir el mensaje de Cristo en la mente de los filipenses).

A esta lista se podrían agregar las numerosas personas poseídas que fueron liberadas por los apóstoles. (Véanse Hch. 5:16; 8:7; 19:12.)

6. Los demonios infligirán una terrible tortura a la humanidad no salva durante la gran tribulación.

El noveno capítulo de Apocalipsis, que contiene los juicios de la quinta y sexta trompetas, puede ser la sección más reveladora de toda la Biblia en cuanto a la demonología.

a. El tormento de estos demonios.

«Y del humo salieron langostas sobre la tierra; y se les dio poder, como tienen poder los escorpiones de la tierra. Y se les mandó que no dañasen a la hierba de la tierra, ni a cosa verde alguna, ni a ningún árbol, sino solamente a los hombres que no tuviesen el sello de Dios en sus frentes» (Ap. 9:3, 4).

J.A. Seiss escribe:

«El dolor de la picadura del escorpión, aunque generalmente no es mortal, es, sin embargo, tal vez el dolor más intenso que un animal le puede infligir al cuerpo humano. El insecto mismo es el más ... maligno que existe, y su veneno es como él mismo. (Se cuenta) de un niño picado en el pie por un escorpión que ... se revolcaba en el suelo, crujiendo los dientes, y echando espuma por la boca. Pasó mucho tiempo antes de que moderara sus quejidos, y aun entonces no podía usar el pie, que estaba muy inflamado. Y tal es la naturaleza del tormento que estas langostas del abismo infligen. También es difícil protegerse de ellas, si es que hubiera alguna protección, porque vuelan por donde quieren, se lanzan por el aire y viven en la oscuridad.» (*The Apocalypse*, p. 83.)

b. La duración de estos demonios. Charles Ryrie escribe:

«Aunque el tormento será horrible, Dios limitará en cierto modo la actividad de estos demonios. Se les limitará en cuanto a *qué* pueden dañar y *hasta dónde* pueden llegar y *por cuánto tiempo* pueden hacer lo que harán. No atacarán la vegetación de la tierra (como hacen las langostas corrientes); sólo pueden atacar a ciertos hombres, es decir, a aquellos que no tienen el sello de Dios (los 144.000, cp. 7:3). Los malvados perseguirán a los siervos de Dios, los 144.000; pero, a cambio, serán atormentados con esta plaga que Dios permite. Las langostas-demonio también serán limitadas en que no pueden matar a los hombres, sino sólo torturarles. Más aún, la duración de esta plaga será de cinco meses (cp. v. 10). *Resultado*, v. 6. El resultado de este tormento será llevar a la gente a la gente al suicidio, pero no podrán morir. A pesar de que los hombres preferirán la muerte a la agonía de vivir, la muerte no será posible. Los cuerpos no se hundirán para ahogarse; los venenos y las pastillas no tendrán efecto; y de alguna manera hasta las balas y las navajas no tendrán el efecto deseado.» (*Apocalipsis*, Editorial Portavoz, p. 63.)

Probablemente, la razón por la cual los hombres no pueden morir es que Satanás tiene la llave del pozo y no permitirá que sus seguidores dejen la escena terrestre, adonde se está librando la batalla entre la luz y la oscuridad.

c. La descripción de estos demonios (Ap. 9:7-10). Parecería que el apóstol Juan describe a dos tipos de demonio que invadirán la tierra durante la tribulación. La sexta trompeta ahora anuncia la segunda invasión.
(1) Los líderes de esta invasión. Cuatro ángeles satánicos especiales. Estos pueden cumplir la misma función con respecto a Satanás que los cuatro seres vivientes cumplen para con Dios (Ap. 4:6-8).
(2) Los ejércitos de esta invasión. El número: doscientos millones. Según las mediciones normales, este gran ejército ocuparía un territorio de 1 milla de ancho por 87 millas de largo (1,6 km de ancho por 140 km de largo).

La descripción. Estos demonios, a diferencia de los de la primera invasión, parecen estar montados en algún tipo de caballo infernal. La cabeza de los caballos se parece mucho a la del león, echando humo, fuego y azufre encendido por la boca. Los jinetes llevan corazas de un rojo vivo.
(3) La fuente de esta invasión: el río Éufrates. Ahí es donde comenzó el mal en la tierra (Gn. 3; Zac. 5:8-11), donde comenzó la religión falsa (Gn. 4:3; 10:9, 10; 11:4) y donde tendrá su fin (Ap. 17—18).
(4) La duración de esta invasión: trece meses.
(5) El daño causado por esta invasión. Un tercio de la humanidad muere por fuego, humo y azufre. Un cuarto ya ha sido muerto por el cuarto sello (Ap. 6:8). Eso sería aproximadamente mil millones. Ahora muere un tercio, es decir que mueren otros mil millones. La invasión es entonces lo

opuesto al juicio de la quinta trompeta, durante el cual ningún hombre pudo morir.

(6) Los resultados de esta invasión.

«Y los otros hombres que no fueron muertos con estas plagas, ni aun así se arrepintieron de las obras de sus manos, ni dejaron de adorar a los demonios, y a las imágenes de oro, de plata, de bronce, de piedra y de madera, las cuales no pueden ver, ni oír, ni andar; y no se arrepintieron de sus homicidios, ni de sus hechicerías, ni de su fornicación, ni de sus hurtos» (Ap. 9:20, 21).

Para entonces más de la mitad de la población mundial habrá sido eliminada. Y, ¿cuál es la respuesta de los sobrevivientes? Una falta total de arrepentimiento y una rebeldía intensificada. Es probable que ese mismo año los informes del FBI muestren un aumento del mil por ciento en idolatría, homicidio, crímenes relacionados con la droga (la palabra «hechicerías» viene del griego *pharmakeion*, de donde obtenemos nuestra palabra «farmacia»; es la palabra griega que se usa para drogas), sexo, delitos graves y robo.

d. El rey de estos demonios (9:11). Se llama Apolión, que significa «destructor». Aquí está la versión infernal de Satanás del arcángel Miguel.

7. Sin embargo, Dios a veces utiliza a los demonios para cumplir su propósito divino.
   a. Un demonio fue utilizado para castigar al malvado rey Abimelec (Jue. 9:23).
   b. Un demonio fue utilizado para preparar la ejecución del rey Acab en la batalla (1 R. 22:19-23).
   c. Un demonio hizo resaltar la verdadera naturaleza del impío rey Saúl (1 S. 16:14).
   d. Los demonios fueron utilizados para castigar las rebeliones de Israel durante el tiempo de peregrinación en el desierto.

   «Envió sobre ellos el ardor de su ira; enojo, indignación y angustia, un ejército de ángeles destructores» (Sal. 78:49).

   e. Los demonios serán utilizados para llevar naciones impías a Armagedón para la matanza al final de la tribulación (Ap. 16:13-16).

H. El destino de los ángeles no salvos.
   1. Ser juzgados por Cristo y su Iglesia (1 Co. 6:3).
   2. Ser arrojados en el lago de fuego para siempre (Mt. 25:41; 2 P. 2:4; Jud. v. 6).

¿Hay alguna posibilidad de que un ángel caído se salve? El doctor Fred Dickason escribe:

«También podemos concluir, además, que los ángeles malignos son *irredimibles*. Los que siguieron a Satanás y su pecado cayeron definitivamente y permanecen inmutablemente en su estado del mal sin tener ni la opción, ni tan siquiera la posibilidad, de la redención. Han sido irrevocablemente condenados al lago de fuego (Mt. 25:41).

¿Qué pruebas tenemos de esta afirmación? En primer lugar, no existe referencia alguna de que ningún ángel haya sido nunca rescatado del mal. Sí, es cierto que este es un argumento que se basa en el silencio, y éstos nunca son excesivamente convincentes; pero si la redención de Cristo se hubiera extendido a los ángeles, estaríamos en nuestro derecho de esperar alguna mención de ello en la revelación de Dios de la obra de gracia de su Hijo Jesucristo. Muchas cosas, aparte de la salvación de los hombres, fueron fruto de la muerte de Jesús; pero nada se menciona acerca de la salvación de los ángeles. Podemos leer en la Biblia de la cruz de Jesús y de cómo juzgará a los ángeles (Jn. 16:11; Col. 2:14, 15), pero nunca se presenta para ellos, en ningún sentido, como una bendición.

En segundo lugar, en Hebreos 2:16 se nos especifica claramente que Cristo no socorrió ni salvó a los ángeles, y que sólo lo hizo con el hombre creyente. Dejó de lado a los ángeles para ayudar a los hombres.

En tercer lugar, en Hebreos 2:14-17 queda implícito, y es también evidente teniendo en cuenta la naturaleza de los ángeles, que Cristo no podía —ni lo fue— ser partícipe de la naturaleza de los ángeles. Hebreos nos explica que Cristo salva a los que son sus «hermanos» (2:11). Tenía que ser como ellos, y de hecho uno de ellos, para poderlos salvar; así que participó «de carne y sangre» (2:14), lo que significó su entrada en la raza humana a través del nacimiento virginal. Al nacer, conservó la esencia de su divinidad (aunque no siempre su expresión) y añadió a su persona la auténtica naturaleza humana, aunque sin pecado. Como Dios-hombre forma parte de nuestra raza, ya que es un auténtico humano, si bien también es divino. Jesús fue, en la cruz, el mediador eficaz entre Dios y los hombres al ser Dios-hombre y al representar tanto a Dios como a los hombres en el conflicto de la deuda de nuestro pecado. Como hombre, sufrió el castigo y fue un verdadero sustituto, ya que participó de nuestra humanidad de una manera real.

Cristo no podía rescatar a los ángeles como lo hizo con los hombres, es decir, representándoles y redimiéndoles. La naturaleza de los ángeles lo impide. Los ángeles no son una raza en la que puedan tener lugar cambios genuinos; son creaciones individuales de Dios y no procrean (Mt. 22:28-30). Cristo no podía convertirse en su pariente-redentor a través de nacimiento para representarles como una raza ante Dios.

Pero Cristo se convirtió en el último Adán, la cabeza de un nuevo linaje de hombres nacidos de nuevo por la fe en Cristo, y nosotros tenemos un cántico que ningún ángel puede cantar; de Jesús el Dios-hombre y de su gracia salvadora (Jn. 1:12, 13; He. 2:9-12).

Debemos rechazar cualquier enseñanza acerca de la restauración universal del hombre, o incluso de Satanás, con Dios. Solamente los humanos pueden ser salvos, y sólo los que confían en Cristo en esta vida lo serán. Así lo enseñó Cristo, quien murió y se levantó de entre los muertos (Mt 25:41; Jn. 5:29; 8:24). Los hombres impíos y los ángeles están destinados al eterno tormento del lago de fuego (Ap. 14:10, 11; 19:20; 20:11-15).» (*Los ángeles: Escogidos y malignos*, Editorial Portavoz, pp. 38-39.)

LA DOCTRINA DE LA BIBLIA

LA DOCTRINA DE LA BIBLIA

Primera parte: Cómo se formó la Biblia

Todo el mundo sabe que la Biblia ha sido y sigue siendo el libro de mayor venta en el mundo, pero no todo el mundo sabe exactamente cómo este asombroso libro llegó hasta nosotros. *Podría* haber sido así: Durante una «sesión ecuménica sobre las Escrituras» hace muchos años, un grupo de profetas y sacerdotes se reunieron en Jerusalén para escribir un best-séller religioso. Pronto se formó un comité que asignó los libros, nombró los autores, y se encargó de todos los demás detalles. Al completarse, el presidente del comité de propaganda encargó a la prensa palestina la impresión del primer millón de ejemplares.

Dijimos que *podría* haber sucedido así. Pero por supuesto no fue así. Dios usó tres métodos maravillosos al formar el más bendito de todos los libros: la Biblia. Estas tres «herramientas de la Trinidad» son la *revelación*, la *inspiración* y la *iluminación*. Usemos una historia terrenal como ilustración.

Hace más de cincuenta años, un famoso científico alemán llamado Albert Einstein desarrolló un concepto matemático muy importante acerca de la naturaleza de nuestro universo. Imaginemos la escena. De repente lo invita a su casa para una conferencia secreta. Lo invita a sentarse y enseguida explica por qué le ha pedido que venga. Comienza: «Acabo de completar una de las teorías científicas más globales desde la época de Isaac Newton. Quiero que anote todo esto y lo mande a los medios de difusión de todo el mundo. Aquí está mi asombrosa teoría: ¡la energía es igual a la masa por el cuadrado de la velocidad de la luz ($E=mc^2$)!»

Después sigue explicando cómo la masa y la energía son equivalentes, y que la propiedad llamada masa no es más que energía concentrada. Usted se siente abrumado por su asombrosa comprensión del universo. Por fin para y dice: «Quiero que escriba todo esto en sus propias palabras, pero para estar seguro de que todo está correcto, quiero ayudarle a escoger las palabras.»

Las próximas horas pasan de este modo. El doctor Einstein le guía suave pero firmemente en la selección de los verbos y los sustantivos de su propio vocabulario. Por fin lo tiene todo escrito, la revelación exacta y completa de la verdad de Albert Einstein descrita perfectamente en la letra de usted y con su almacén personal de palabras.

Antes de irse, el anciano científico le vuelve a hablar: «Quiero decirle algo que le animará: pienso llamar a todos los editores importantes de los diarios y noticieros para decirles que el mensaje que van a recibir de usted es la verdad, y que deben creerlo y publicarlo.»

Aquí tenemos un ejemplo (aunque débil) de las tres herramientas de Dios y cómo funcionan. La *revelación* ocurrió cuando el doctor Einstein lo llamó y le comunicó su gran verdad. La *inspiración* se llevó a cabo cuando le guió a escribirla. La *iluminación* sucedió cuando animó a los editores de noticias a aceptar el informe dado por usted.

¿Cómo entonces recibimos nuestra Biblia? Bueno, alrededor del 1400 a.C., Dios empezó a llamar a unos cuarenta hombres y mujeres a su presencia. No los llamó a todos juntos. De hecho, tardó casi quince siglos en completar el trabajo. Contó la carga de su gran corazón en un lenguaje sencillo pero sublime a esos cuarenta escogidos. Con una quietud santa le oyeron contar acerca de la creación y la corrupción, de la condenación, la justificación, la santificación y la glorificación. Verdaderamente palabras de gran peso. Cuando hubo terminado, dejó de lado la primera herramienta utilizada para formar la Biblia. La *revelación* se había llevado a cabo.

Ahora vemos a este Autor todopoderoso mientras guía rápida pero cuidadosamente a cada vasija humana escogida en su tarea de escribir. Cada uno de los cuarenta recibe un tratamiento diferente. Job, un granjero rico, escribirá en una forma distinta a la de Amós, un granjero pobre. Las palabras del culto Pablo serán a veces más complicadas que las de Juan o Pedro, quienes no tenían formación. Pero todos llevarán la aprobación divina del mismo cielo.

Finalmente, el último escriba suelta su pluma. Los ángeles miran mientras su Creador deja de lado la segunda herramienta en la formación de su manuscrito. La *inspiración* se ha llevado a cabo.

Pronto muchos miles de hombres y mujeres se unen a esos cuarenta originales y comienzan con su tarea asignada de llevar la historia de la gloria de Dios hasta lo último de la tierra. Al hacerlo, multitudes sin nombre se detienen, convencidos de corazón y salvados de sus pecados. ¿Por qué poder secreto se llevó a cabo todo esto? La respuesta es sencilla: el Autor de la Biblia está empleando la tercera y última herramienta: la *iluminación* sigue llevándose a cabo.

Así, las Escrituras toman forma. Resumiendo lo dicho hasta ahora, pensemos en las tres herramientas de la siguiente manera:

Revelación: de Dios al hombre (el hombre oye lo que Dios quiere que se escriba).

Inspiración: del hombre al papel (el hombre escribe lo que Dios quiere que se escriba).

Iluminación: del papel al corazón (el hombre recibe la luz de lo que Dios ha escrito).

Ahora que hemos observado el propósito de estas tres herramientas, volvamos nuestros pensamientos a la naturaleza de cada herramienta. Hemos examinado el fruto de las herramientas, pero ¿y la raíz? ¿Cómo hizo Dios el arma en sí? Consideremos primero:

I. Revelación. Sabemos que Dios habló al hombre pero, ¿cómo habló? Hebreos 1:1 nos informa que habló a los padres y a los profetas de muchas maneras. Un examen cuidadoso de la Biblia revela por lo menos ocho métodos diferentes de comunicación. Son:

A. Con frecuencia habló a los hombres por medio de ángeles. Considérese:

1. Fueron ángeles los que le aseguraron a Abraham acerca del nacimiento de Isaac y le informaron de la decisión de Dios de destruir a Sodoma (Gn. 18).
2. Fueron ángeles los que le advirtieron a Lot que se escapara de Sodoma antes de que la terrible destrucción se llevara a cabo (Gn. 19).
3. El ángel Gabriel le explicó la naturaleza de la tribulación a Daniel (Dn. 9:21-27).

4. Gabriel le informó a Zacarías que tendría un hijo que se convertiría en el precursor de Cristo (Lc. 1:11-20).
5. Gabriel le informó a María que Dios la había escogido como vasija para el nacimiento de Cristo (Lc. 1:26-37).
6. Fueron ángeles los que anunciaron el nacimiento de Jesús a los pastores (Lc. 2:8-14).
7. Un ángel anunció la resurrección de Cristo a unas mujeres (Mt. 28:5-7).
8. Un ángel dirigió a Felipe al eunuco que estaba buscando a Dios (Hch. 8:26).
9. Un ángel guió a Pedro sacándolo de una cárcel romana (Hch. 12:7-10).

B. Habló a los hombres por medio de una fuerte voz.
   1. Habló directamente con Adán (Gn. 3:9-19).
   2. Habló directamente con Noé (Gn. 6:13-21).
   3. Habló directamente con Abraham (Gn. 12:1-3).
   4. Habló directamente con Moisés (Ex. 20:1-17).
   5. Habló directamente con Josué (Jos. 1:1-9).
   6. Habló directamente con Samuel (1 S. 3:1-14).
   7. Habló directamente con Natán acerca de David (2 S. 7:4-16).
   8. Habló directamente con Elías (1 R. 17:2-4).
   9. Habló directamente con Jeremías (Jer. 1:4, 5).

C. Habló con los hombres por medio de una voz queda y delicada (1 R. 19:11, 12; Sal 32:8).

D. Habló con los hombres por medio de la naturaleza (Sal. 19:1-3; Hch. 14:15-17; Ro. 1:18-20).

E. Habló con un hombre por medio de la boca de un asno (Nm. 22:28). ¡Este debe haber sido uno de los momentos más graciosos de la Biblia!

F. Habló con los hombres por medio de sueños. Dios escogió este método en varias ocasiones.
   1. Jacob recibió la confirmación del pacto abrahámico en un sueño (Gn. 28:12).
   2. Salomón recibió sabiduría y advertencia en un sueño (1 R. 3:5; 9:2).
   3. En el Nuevo Testamento, José recibió tres mensajes en tres sueños.
      a. Asegurándole acerca de la pureza de María (Mt. 1:20).
      b. Mandándole que huyera a Egipto (Mt. 2:13).
      c. Ordenándole que volviera a Palestina (Mt. 2:19-22).
   4. Los magos recibieron una advertencia acerca de las malas intenciones de Herodes en un sueño (Mt. 2:12).

G. Habló a los hombres por medio de visiones. El *Unger's Bible Dictionary* define la visión como: «Una presentación sobrenatural de ciertos paisajes o circunstancias en la mente de una persona mientras está despierta.» Puede notarse que muchas grandes verdades de las Escrituras fueron relatadas a los hombres a través de este singular método.
   1. Jacob recibió instrucciones de ir a Egipto en una visión (Gn. 46:2).
   2. David fue advertido de juicio en una visión (1 Cr. 21:16).
   3. Jsaías vio la santidad de Dios en una visión (Is. 6:1-8).
   4. Daniel vio los grandes poderes gentiles en una visión (Dn. 7, 8).
   5. Daniel vio las glorias de Cristo en una visión (Dn. 10:5-9).
   6. Daniel vio la subida y caída de Alejandro Magno en una visión (Dn. 8).
   7. Ezequiel vio la reunión de Israel en una visión (Ez. 37).
   8. Se ordenó a Ananías ministrar a Saulo en una visión (Hch. 9:10).
   9. Se le indicó a Cornelio mandar a buscar a Pedro en una visión (Hch. 10:3-6).
   10. Se le ordenó a Pedro ministrar a Cornelio en una visión (Hch. 10:10-16).
   11. Se le ordenó a Pablo ir a Macedonia en una visión (Hch. 16:9).
   12. Pablo fue reconfortado en Corinto por una visión (Hch. 19:9).
   13. Pablo fue reconfortado en Jerusalén por una visión (Hch. 23:11).
   14. Pablo vio las glorias del tercer cielo en una visión (2 Co. 12:1-4).
   15. El apóstol Juan recibió el libro de Apocalipsis en una visión.

H. Habló a los hombres por medio de Cristofanías. Una Cristofanía es una aparición prebelénica de Cristo. Algunos teólogos han visto varias de estas apariciones en el Antiguo Testamento, creyendo que el término «el Ángel de Jehová» es en realidad otro nombre para Cristo. Si esto es cierto, se podrían proponer los siguientes ejemplos de comunicación por Cristofanía.
   1. El Ángel de Jehová luchó con Jacob (Gn. 32:24-30).
   2. El Ángel de Jehová redimió a Jacob de todo mal (Gn. 48:16).
   3. El Ángel de Jehová habló con Moisés desde la zarza ardiente (Ex. 3:2).
   4. El Ángel de Jehová protegió a Israel en el mar Rojo (Ex. 14:19).
   5. El Ángel de Jehová preparó a Israel para la Tierra Prometida (Ex. 23:20-23; Sal. 34:7; Is. 63:9; 1 Co. 10:1-4).
   6. El Ángel de Jehová comisionó a Gedeón (Jue. 6:11).
   7. El Ángel de Jehová ministró a Elías (1 R. 19:7).
   8. El Ángel de Jehová tranquilizó a Josué (Jos. 5:13-15).
   9. El Ángel de Jehová salvó a Jerusalén (Is. 37:36).
   10. El Ángel de Jehová salvó a tres hombres hebreos piadosos (Dn. 3:25).

¿Cómo entonces comunicó Dios su revelación a los cuarenta escritores humanos? A decir verdad, sencillamente no lo sabemos. Podría haber utilizado cualquiera de estos ocho métodos de comunicación aquí descritos o una combinación de ellos.

II. Inspiración. Hemos hablado de varias posibilidades y maneras que Dios pudo haber utilizado para transmitir su revelación a los escritores humanos. Ahora consideremos el próximo gran paso, el de la inspiración. Los oídos pueden haber escuchado el mensaje pero, ¿cómo reaccionarán los dedos? ¿Qué implica el transferir la voz de Dios al vocabulario humano? Ahora examinaremos cinco áreas relacionadas con este tema. Pero antes de hacerlo, definamos la palabra en sí. El término «inspiración» se encuentra sólo una vez en el Nuevo Testamento. Ocurre en 2 Timoteo 3:16. Pablo dice: «Toda la Escritura es inspirada por Dios....» La palabra griega es *theopneustos* y literalmente significa «soplado por Dios».

A. Diversas teorías sobre la inspiración.
   1. La teoría natural. Ésta dice que los escritores de la Biblia fueron inspirados en el mismo sentido en que Shakespeare fue inspirado. En otras palabras, esa chispa de inspiración divi-

na que supuestamente está en todos los hombres sencillamente ardió un poco más fuerte en el corazón de los escritores bíblicos. El apóstol Pedro rechaza esta teoría totalmente.

«Entendiendo primero esto, que ninguna profecía de la Escritura es de interpretación privada» (2 P. 1:20).

2. La teoría mecánica. Esta teoría sostiene que Dios fría e inexpresivamente dictó la Biblia a sus escritores como el administrador de una oficina dictaría una carta impersonal a su secretaria. Debería hacerse notar aquí que la Biblia es la historia del amor divino, y Dios no es ni remotamente mecánico ni frío en cuanto a este tema. Por lo tanto, el Espíritu Santo jamás traspasó los límites del vocabulario del escritor. Es así que el culto Pablo usa muchas palabras de «ochenta y cinco centavos» mientras que el menos letrado Juan emplea más de las palabras de «veinticinco centavos». Pero ambas escrituras están igualmente inspiradas por Dios. (Véase 2 Ti. 3:16.) El doctor Charles Hodge ha escrito acertadamente sobre este tema:

«La Iglesia jamás ha mantenido lo que se ha estigmatizado como la teoría mecánica de la inspiración. Los escritores sagrados no eran máquinas. Su autoconocimiento no estaba suspendido; tampoco fueron suplantados sus poderes intelectuales. Los hombres santos hablaban a medida que los movía el Espíritu Santo. Eran hombres, no máquinas; no eran instrumentos inconscientes, sino mentes vivas, pensantes, voluntarias, que el Espíritu utilizó como órganos...Los escritores sagrados dejaron sus características en sus diversas producciones tan claramente como si no hubiesen sido sujetos a ninguna influencia extraordinaria.» (*Systematic Theology*, tomo I, p. 157.)

3. La teoría del contenido (o concepto). Esta teoría dice que sólo la idea principal de un párrafo o de un capítulo está inspirada. Esta teoría queda inmediatamente refutada por muchos pasajes bíblicos.

«Porque de cierto os digo que hasta que pasen el cielo y la tierra, ni una jota ni una tilde pasará de la ley, hasta que todo se haya cumplido» (Mt. 5:18).

«Estas son las palabras postreras de David. Dijo David hijo de Isaí, dijo aquel varón que fue levantado en alto, el ungido del Dios de Jacob, el dulce cantor de Israel: El Espíritu de Jehová ha hablado por mí, y su palabra ha estado en mi lengua» (2 S. 23:1, 2).

4. La teoría parcial. Dicha teoría sostiene que sólo ciertas partes de la Biblia están inspiradas. Esta sería, por supuesto, la posición del teólogo liberal, el cual aceptaría gozosamente las porciones de la Biblia que tratan del amor y de la fraternidad, pero rechazaría rápidamente los pasajes que tratan del pecado, la justicia y el juicio futuro. Pero hay que decir que el cielo y el infierno son como lo alto y lo bajo: no puede existir el uno sin el otro. Pablo refuta la teoría parcial en 2 Timoteo 3:16.

En su texto, *A Dispensational Theology*, el doctor Charles F. Baker escribe:

«Se dice que cierto obispo había dicho que la Biblia fue inspirada en partes. Cuando se le preguntó en qué se basaba para hacer tal declaración, citó a Hebreos 1:1, diciendo que ese pasaje significaba que Dios habló en diversos tiempos en diversos grados. Por lo tanto, algunas partes estaban completamente inspiradas, otras estaban sólo parcialmente inspiradas y otras no tenían inspiración alguna. El obispo se sintió abochornado cuando un laico le preguntó: "¿Cómo sabe usted que Hebreos 1:1, la escritura en la cual basa su argumento, es una de esas partes plenamente inspiradas?"» (p. 38).

5. La teoría de reglas espirituales únicamente. Esta dice que la Biblia puede ser considerada nuestra regla infalible para la fe y la práctica en todos los asuntos de religión, ética y valor espiritual, pero no en otros asuntos como declaraciones históricas y científicas. Esta es una tontería piadosa. Considérese lo siguiente: Imaginemos un pastor muy amado por su congregación. ¿Qué sentiría este hombre de Dios si sus miembros sólo aceptaran las declaraciones «morales» y «espirituales» hechas por él desde el púlpito? ¿Cómo reaccionaría cuando los miembros se sonrieran y tomaran a la ligera cualquier declaración científica o histórica que hiciera? El error de la teoría de las reglas espirituales solas es que cualquier libro u hombre cuyas declaraciones científicas o históricas son cuestionables no es fiable en asuntos de declaraciones morales y espirituales. Esta teoría está fuertemente refutada por Jesús mismo en Juan 3:12.

«Si os he dicho cosas terrenales, y no creéis ¿cómo creeréis si os dijere las celestiales?»

6. La teoría verbal-plenaria. Es la teoría que afirma que todas (plenaria) las palabras en sí (verbal) de la Biblia están inspiradas por Dios. Este es el único punto de vista correcto.

«El respondió y dijo: Escrito está: No sólo de pan vivirá el hombre, sino de toda palabra que sale de la boca de Dios» (Mt. 4:4).

«Toda la Escritura es inspirada por Dios, y útil para enseñar, para redargüir, para corregir, para instruir en justicia, a fin de que el hombre de Dios sea perfecto, enteramente preparado para toda buena obra» (2 Ti. 3:16, 17).

«Lo cual también hablamos, no con palabras enseñadas por sabiduría humana, sino con las que enseña el Espíritu, acomodando lo espiritual a lo espiritual» (1 Co. 2:13).

«Porque las palabras que me diste, les he dado; y ellos las recibieron, y han conocido verdaderamente que salí de ti, y han creído que tú me enviaste» (Jn. 17:8).

«El espíritu es el que da vida; la carne para nada aprovecha; las palabras que yo os he hablado son espíritu y son vida» (Jn. 6:63).

B. Textos bíblicos sobre la inspiración.

Por supuesto que la Biblia declara fuertemente que sus escritos son de Dios. Al compilar algunos textos selectos, descubrimos que:

1. Ninguna Escritura del Antiguo Testamento fue idea propia del profeta (2 P. 1:20).
2. Todas las Escrituras del Antiguo Testamento

fueron dadas por el Espíritu Santo a medida que obraba en los hombres (2 P. 1:21).

3. Esta inspiración soplada por el Espíritu fue dada de muchas maneras (He. 1:1).
4. Una vez dada, esta escritura inspirada:
   a. No podía ser quebrantada ni echada abajo (Jn. 10:35).
   b. Es exacta en todos sus detalles, hasta la más mínima letra y tilde (Mt. 5:18).
   c. Permanece para siempre (Mt. 5:18; 1 P. 1:25).
5. Los escritores del Antiguo Testamento no siempre entendían la naturaleza de todo lo que escribían (Lc. 10:23, 24; 1 P. 1:10-12).
   a. No entendían completamente los detalles del sufrimiento de Cristo.
   b. Sí entendían que los misterios serían más claros para una generación posterior a la suya.
6. Los cuatro evangelios fueron dados por inspiración de Dios (He. 1:1, 2; 2 P. 3:2).
7. Pablo creía que sus escritos estaban inspirados por Dios (1 Co. 2:4; 15:3; 1 Ts. 2:13; 4:15).

   Nota: algunos han pensado que Pablo afirmó no estar inspirado cuando escribió ciertos pasajes de 1 Corintios 7. Considérese lo siguiente:

   «Mas esto digo por vía de concesión, no por mandamiento» (v. 6).

   «Y a los demás yo digo, no el Señor...» (v. 12).

   «En cuanto a las vírgenes no tengo mandamiento del Señor; mas doy mi parecer...» (v. 25).

   «Pero a mi juicio, más dichosa será si se quedare así; y pienso que también yo tengo el Espíritu de Dios» (v. 40).

   Examinemos ahora cada uno de estos pasajes brevemente:
   a. En el versículo 6, la palabra «concesión» literalmente significa «una opinión conjunta» y puede referirse a la «opinión considerada» inspirada tanto de Pablo como de Sóstenes. Sea como fuere, Pablo sencillamente estaba diciendo que esta opinión no era un mandamiento sino más bien una sugerencia divina. Para un pasaje comparable, véase Romanos 12:1.
   b. El versículo 12 puede ser explicado comparándolo con el versículo 10. Ahí Pablo cita una mandamiento pronunciado por el mismo Señor Jesús cuando estaba en la tierra (Mt. 19:6). Pero aquí hay una situación de grupo (un cónyuge salvo, uno no salvo) sobre la cual Jesús no dio ningún mandamiento mientras estuvo en la tierra, pero ahora sí lo hace en el cielo por medio de la pluma inspirada de Pablo.
   c. La misma respuesta que se da para el versículo 12 se aplica al versículo 25.
   d. La palabra «pensar» en el versículo 40 también podría traducirse por «estar persuadido». Véanse Mateo 22:42 y 1 Corintios 8:2 donde se utiliza la misma palabra griega.
8. Pablo utilizó las palabras del Espíritu Santo para explicar los hechos del Espíritu Santo (1 Co. 2:13).
9. Los escritos de Pablo fueron recibidos mediante una revelación especial de Cristo (Gá. 1:11, 12).
10. Los escritos de Pablo habían de ser leídos por todos (Col. 4:6; 1 Ts. 5:27).
11. Pedro creía que sus escritos estaban inspirados por Dios (2 P. 3:2).
12. Pedro creía que los escritos de Pablo estaban inspirados (2 P. 3:15, 16).
13. Juan creía que sus escritos estaban inspirados (Ap. 22:18, 19). Juan advirtió:
    a. Que si alguien añadía a sus palabras, Dios le mandaría plagas horribles.
    b. Que si alguien restaba de sus palabras, Dios quitaría su nombre de la Ciudad Santa.

C. Las implicaciones de la inspiración.

La consideración cuidadosa del tema de la inspiración lleva a las nueve conclusiones siguientes:

1. La inspiración verbal y plenaria no enseña que todas las partes de la Biblia son de igual importancia, sino que todas están igualmente inspiradas. Por ejemplo, es obvio que Jueces 3:16 no es tan importante como Juan 3:16, pero ambos versículos fueron inspirados por Dios.

   «Y Aod se había hecho un puñal de dos filos, de un codo de largo; y se lo ciñó debajo de sus vestidos a su lado derecho» (Jue. 3:16).

   «Porque de tal manera amó Dios al mundo, que ha dado a su Hijo unigénito, para que todo aquel que en él cree, no se pierda, mas tenga vida eterna» (Jn. 3:16).
2. La inspiración verbal y plenaria no garantiza la inspiración de ninguna traducción moderna o antigua sino sólo los idiomas originales: hebreo y griego.
3. La inspiración verbal y plenaria no admite enseñanzas falsas, pero a veces registra la mentira de alguien. Por ejemplo, Satanás distorsiona la verdad y le miente a Eva (Gn. 3:4). Por lo tanto, tenemos un registro correcto de las palabras del diablo. Al leer la Biblia, hay que hacer una distinción cuidadosa entre lo que Dios registra y lo que permite. Aunque la mentira, el homicidio, el adulterio y la poligamia se encuentran en la Palabra de Dios, nunca fueron aprobados por el Dios de la Palabra.
4. La inspiración verbal y plenaria no admite ningún error histórico, científico ni profético en absoluto. Aunque se reconoce que la Biblia no es un texto científico, sin embargo se mantiene que toda declaración científica de las Escrituras es completamente verídica.
5. La inspiración verbal y plenaria no prohibe la investigación personal. El escritor neotestamentario Lucas comienza el relato de su evangelio con las siguientes palabras:

   «Puesto que ya muchos han tratado de poner en orden la historia de las cosas que entre nosotros han sido ciertísimas, tal como nos lo enseñaron los que desde el principio lo vieron con sus ojos, y fueron ministros de la palabra, me ha parecido también a mí, después de haber investigado con diligencia todas las cosas desde su origen, escribírtelas por orden...» (Lc. 1:1-3).
6. La inspiración verbal y plenaria no niega la utilidad de las fuentes extrabíblicas. Podríamos citar varios ejemplos.
   a. En por lo menos dos ocasiones, Pablo cita a autores paganos (Hch. 17:28; Tit. 1:12).
   b. Judas cita un antiguo libro hebreo que no está incluido en la Biblia (Jud. vv. 14, 15).

7. La inspiración verbal y plenaria no anula la personalidad del autor humano. Los escritores de la Biblia no experimentaron ningún trance como lo hacen algunos medios durante sesiones espiritistas, sino que al contrario siempre retuvieron sus poderes físicos, mentales y emocionales. Hay varios pasajes que dan testimonio de esto. Véanse Isaías 6:1-11; Daniel 12.
8. La inspiración verbal y plenaria no excluye el uso del lenguaje pictórico y simbólico. Esto quiere decir que el Espíritu Santo no exige que aceptemos cada palabra de la Biblia en una manera inflexible y legalista. Por ejemplo, no se pretendería afirmar que Dios tiene plumas como un ave, usando el Salmo 91:4 como referencia. La idea sencillamente es que el creyente perseguido puede acudir a su Padre celestial para obtener protección y calor.
9. La inspiración verbal y plenaria no significa uniformidad en todos los detalles dados en la descripción del mismo acontecimiento. Citamos un ejemplo del Antiguo Testamento y otro del Nuevo Testamento.
   a. El ejemplo del Antiguo Testamento: el reinado malvado del rey Manasés está vivamente descrito en dos capítulos diferentes. Son 2 Reyes 21:1-18 y 2 Crónicas 33:1-20. En 2 Reyes leemos únicamente de sus malvados caminos, pero en 2 Crónicas se nos cuenta acerca de sus oraciones pidiendo perdón y de la salvación subsecuente. La razón puede ser que Dios permitió que el autor de 2 Reyes describiera el reinado de Manasés desde un punto de vista terrenal (aunque inspiró la pluma del autor), mientras que guió la pluma del autor de 2 Crónicas para que registrara el reinado de Manasés desde un punto de vista celestial. Por supuesto que sólo Dios conoce el verdadero arrepentimiento cuando lo ve brotar del corazón humano.
   b. El ejemplo del Nuevo Testamento: hay cuatro relatos distintos de la inscripción en la cruz del Calvario.
      (1) Mateo dice: «ESTE ES JESÚS, EL REY DE LOS JUDÍOS» (Mt. 27:37).
      (2) Marcos dice: «EL REY DE LOS JUDÍOS» (Mr. 15:26).
      (3. Lucas dice: «ESTE ES EL REY DE LOS JUDÍOS» (Lc. 23:38).
      (4) Juan dice: «JESÚS NAZARENO, REY DE LOS JUDÍOS» (Jn. 19:19).

   El título completo probablemente decía: «ESTE ES JESÚS NAZARENO, EL REY DE LOS JUDÍOS.»
10. La inspiración verbal y plenaria nos asegura que Dios incluyó todas las cosas necesarias que Él quería que supiéramos, y excluyó todo lo demás (2 Ti. 3:15-17).

D. La importancia de la inspiración.

De las tres herramientas involucradas en la formación de nuestra Biblia, la inspiración es la más importante. Esto es verdad porque:

1. Puede haber inspiración sin revelación. Ya hemos visto la manera en que Lucas investigó cuidadosamente ciertos datos acerca de la vida de Cristo y después fue guiado a ponerlos por escrito (Lc. 1:1-4; 1 Jn. 1:1-4).
2. Puede haber inspiración sin iluminación. Pedro nos dice que los profetas del Antiguo Testamento no siempre entendían todo lo que escribían (1 P. 1:11). Pero sin inspiración, la Biblia no puede permanecer.

E. La terminación de la inspiración.

¿Todavía hay inspiración? ¿Ha inspirado Dios la escritura (o lo hará algún día) del libro sesenta y siete de la Biblia? Durante casi veinte siglos, los cristianos evangélicos de todo el mundo han creído que cuando el apóstol Juan escribió Apocalipsis 22:21 y limpió su pluma, la inspiración cesó. Además, en general se cree que su advertencia de no añadir ni restar nada de su libro incluía no sólo el libro de Apocalipsis sino toda la Biblia. (Véase Ap. 22:18, 19.) Es de suma importancia entender esto con claridad; de lo contrario, se podrían formar las siguientes conclusiones trágicas. Si la inspiración sigue hoy, hay que admitir que:

1. Dios podría haber inspirado las extrañas y malvadas escrituras de un Joseph Smith, una Mary Baker Eddy, un Charles Russell o un Herbert W. Armstrong.
2. Tal vez todavía no tenemos todos los detalles acerca del plan de salvación, detalles vitales para evitar el infierno y entrar al cielo.
3. Dios ha permitido que millones de cristianos piadosos y fieles crean una horrible mentira por unos 2000 años.

III. Iluminación. Ya hemos dicho que sin la inspiración no se habrían escrito las Escrituras. Ahora podemos aseverar que sin la iluminación ningún pecador habría sido salvo. La iluminación, entonces, es el método utilizado por el Espíritu Santo para arrojar luz divina a todos los hombres que buscan a Dios cuando examinan la Palabra de Dios. La iluminación va de la palabra escrita al corazón humano.

A. Razones de la iluminación.

¿Por qué es necesario este tercer paso? ¿Por qué no puede el hombre pecador sencillamente leer y obedecer el mensaje bíblico sin la ayuda divina?

1. Es necesario debido a la ceguera natural.

   Pablo escribe sobre esto:

   «Pero el hombre natural no percibe las cosas que son del Espíritu de Dios, porque para él son locura, y no las puede entender, porque se han de discernir espiritualmente» (1 Co. 2:14).

   Nuestro Señor también comentó sobre esto durante su ministerio terrenal.

   «Respondiendo Simón Pedro, dijo: Tú eres el Cristo, el Hijo del Dios viviente. Entonces le respondió Jesús: Bienaventurado eres, Simón, hijo de Jonás, porque no te lo reveló carne ni sangre, sino mi Padre que está en los cielos» (Mt. 16:16, 17).
2. Es necesario debido a la ceguera satánica.

   Nuevamente notamos las sobrias palabras de Pablo:

   «Pero si nuestro evangelio está aún encubierto, entre los que se pierden está encubierto; en los cuales el dios de este siglo cegó el entendimiento de los incrédulos...» (2 Co. 4:3, 4).
3. Es necesario debido a la ceguera carnal (1 Co. 3; He. 5:12-14; 2 P. 1).

B. Los resultados de la iluminación.

1. Los pecadores son salvados.

   «Jehová abre los ojos a los ciegos...» (Sal. 146:8).

«La exposición de tus palabras alumbra...» (Sal. 119:130).

2. Los cristianos son fortalecidos.

«Desead, como niños recién nacidos, la leche espiritual no adulterada, para que por ella crezcáis para salvación» (1 P. 2:2).

«Pero Dios nos las reveló a nosotros por el Espíritu...» (1 Co. 2:10).

«Porque Dios, que mandó que de las tinieblas resplandeciese la luz, es el que resplandeció en nuestros corazones, para iluminación del conocimiento...» (2 Co. 4:6).

«Lámpara es a mis pies tu palabra, y lumbrera a mi camino» (Sal. 119:105).

C. Las implicaciones de la iluminación.

1. El Espíritu Santo busca cierto grado de sinceridad antes de iluminar el corazón humano. Nos apresuramos a decir, no obstante, que la sinceridad sola no basta para salvar a nadie. Sin embargo, también debería notarse que es igualmente imposible que una persona no sincera sea salva. La primera implicación se encuentra en varios pasajes.

«Pero sin fe es imposible agradar a Dios; porque es necesario que el que se acerca a Dios crea que le hay, y que es galardonador de los que le buscan» (He. 11:6).

«Dios es Espíritu; y los que le adoran, en espíritu y en verdad es necesario que le adoren» (Jn. 4:24).

Además, se debería decir ahora que ningún cristiano debería considerar que la iluminación es automática. Es decir, Dios nunca ha prometido revelar verdades bíblicas preciosas y profundas a ningún creyente que no escudriña las Escrituras por sí mismo.

Nótense las siguientes amonestaciones:

«El respondió y dijo: Escrito está: No sólo de pan vivirá el hombre, sino de toda palabra que sale de la boca de Dios» (Mt. 4:4).

«Pero éstas se han escrito para que creáis que Jesús es el Cristo, el Hijo de Dios...» (Jn. 20:31).

«Y éstos eran más nobles que los que estaban en Tesalónica, pues recibieron la palabra con toda solicitud, escudriñando cada día las Escrituras para ver si estas cosas eran así» (Hch. 17:11).

«Procura con diligencia presentarte a Dios aprobado, como obrero que no tiene de qué avergonzarse, que usa bien la palabra de verdad» (2 Ti. 2:15).

«Desead, como niños recién nacidos, la leche espiritual no adulterada, para que por ella crezcáis para salvación» (1 P. 2:2).

2. El Espíritu Santo con frecuencia busca la ayuda de un creyente para llevar a cabo su tarea de iluminar el corazón de otros. Esto se ve:

a. En el ministerio de Felipe al eunuco etíope.

«Acudiendo Felipe, le oyó que leía al profeta Isaías, y dijo: Pero ¿entiendes lo que lees? El dijo: ¿Y cómo podré, si alguno no me enseñare?... Entonces Felipe, abriendo su boca, y comenzando desde esta escritura, le anunció el evangelio de Jesús» (Hch. 8:30, 31, 35).

b. En el ministerio de Pablo a los judíos de Tesalónica.

«Y Pablo, como acostumbraba, fue a ellos, y por tres días de reposo discutió con ellos» (Hch. 17:2).

c. En el ministerio de Aquila y Priscila a Apolo.

«Y comenzó a hablar con denuedo en la sinagoga; pero cuando le oyeron Priscila y Aquila, le tomaron aparte y le expusieron más exactamente el camino de Dios» (Hch. 18:26).

d. En el ministerio de Apolos a los judíos de Corinto.

«Porque con gran vehemencia refutaba públicamente a los judíos, demostrando por las Escrituras que Jesús era el Cristo» (Hch. 18:28).

Segunda parte: Opiniones sobre la Biblia

I. La posición de Israel. A pesar de su pecado y de sus pesares, el Israel del Antiguo Testamento era firme en su creencia de que sus treinta y nueve libros santos eran verdaderamente la Palabra de Dios. Aunque uno de sus reyes trató de quemarla (Jer. 36), la nación como conjunto seguía creyendo en ella. Las siguientes palabras de Moisés resumen hermosamente la posición de Israel en cuanto a la Palabra de Dios:

«Oye, Israel: Jehová nuestro Dios, Jehová uno es. Y amarás a Jehová tu Dios de todo tu corazón, y de toda tu alma, y con todas tus fuerzas. Y estas palabras que yo te mando hoy, estarán sobre tu corazón; y las repetirás a tus hijos, y hablarás de ellas estando en tu casa, y andando por el camino, y al acostarte, y cuando te levantes. Y las atarás como una señal en tu mano, y estarán como frontales entre tus ojos; y las escribirás en los postes de tu casa, y en tus puertas» (Dt. 6:4-9).

II. La posición de la iglesia primitiva. Durante el tercer, cuarto y quinto siglo, la Iglesia celebró no menos de 184 concilios, no para tratar de los derechos civiles, los problemas ecológicos o los males políticos, sino para tratar cualquier y toda herejía que pudiera alterar la pureza de la Palabra de Dios.

III. La posición del agnosticismo. En el libro *A Guide to the Religions of America*, el doctor Bertrand Russell asevera lo siguiente:

«El agnóstico considera la Biblia exactamente del mismo modo que los clérigos ilustrados. No piensa que está divinamente inspirada; piensa que su historia antigua es legendaria, y no más exactamente cierta que la de Homero; piensa que su enseñanza moral a veces es buena, pero a veces es muy mala. Por ejemplo: Samuel le ordenó a Saúl, en una guerra, que matara no sólo a todo hombre, mujer y niño del enemigo, sino también todas las ovejas y el ganado. Saúl, sin embargo, perdonó la vida a las ovejas y al ganado, y por esto se nos dice que debemos condenarlo. Nunca pude admirar a Eliseo por maldecir a los niños que se rieron de él, o creer (lo que la Biblia asevera) que una Deidad benevolente mandaría a dos osas a matar a los niños.»

IV. La posición del liberalismo. Tal vez el liberal más famoso del siglo XX haya sido el difunto Harry Emerson Fosdick. Ha escrito las siguientes palabras que caracterizan la actitud liberal:

«Cuando uno vuelve a las Escrituras con una mente acostrumbrada a funcionar en el modernismo, se encuentra en un mundo extraño.... Conociendo la astronomía moderna, encuentra en la Biblia que el sol y la luna permanecen inmóviles en la sombra regresiva de un reloj de sol. Conociendo la biología moderna, oye que cuando Eliseo había estado muerto tanto tiempo que sólo quedaban los huesos, otro cuerpo muerto, lanzado en la caverna donde estaba enterrado, tocó su esqueleto y volvió a vivir, o que después de la resurrección de nuestro Señor muchos de los santos muertos desde hacía mucho tiempo se levantaron y aparecieron en Jerusalén. Conociendo la física moderna, lee en la Biblia que la luz fue creada tres días antes que el sol, y que la cabeza de un hacha flotó cuando Eliseo tiró un palo en el agua. Conociendo la medicina moderna, encuentra en las Escrituras muchos males conocidos, epilepsia, sordera, mudez, ceguera, locura, atribuidos a las acciones de demonios.... Vivimos en un mundo nuevo. No hemos mantenido las formas de pensamiento y las categorías de explicaciones de la astronomía, la geología y la biología que se encuentran en la Biblia. Hemos adquirido nuevas definitiva e irrevocablemente....»

V. La posición de las sectas. En general se puede decir que las principales sectas del cristianismo reconocen a la Biblia de labios; sin embargo, consideran los escritos de sus diversos fundadores como iguales o superiores a las Escrituras. Por ejemplo:

A. La Ciencia Cristiana (fundada por Mary Baker Eddy; 1821-1910). George Channing, un orador y practicante internacional de la Ciencia Cristiana, escribe lo siguiente:

«Cada persona, de cualquier religión, puede encontrar lo que le satisface en el sentido espiritual en la Biblia. Pero los seguidores de la Ciencia Cristiana piensan que el libro de la señora Mary Baker Eddy, *Ciencia y salud con clave de las Escrituras*, ofrece el sentido espiritual completo de la Biblia. Creen que este significado completo no habría estado a su alcance sin el descubrimiento de la señora Eddy.»

B. Los Testigos de Jehová (fundados por Charles Taze Russell; 1851-1916). El señor Russell anuncia tranquilamente en las primeras páginas de sus Estudios en las Escrituras que sería mucho mejor dejar de leer la Biblia y leer los comentarios suyos que omitir sus escritos y leer la Biblia.

C. El mormonismo (fundado por Joseph Smith; 1805-1844). Esta secta enseña que el *Libro del mormón*, publicado por primera vez en 1830, debe ser considerado en pie de igualdad con la Biblia.

VI. La posición de la Iglesia Católica Apostólica Romana. La iglesia de Roma cree que ella es el guardián divinamente señalado de la Biblia y que tiene la palabra final sobre lo que significa cualquier pasaje específico. Acepta los libros apócrifos como parte de las Escrituras inspiradas. La posición de Roma en cuanto a la Biblia podría ser diagramada como un triángulo, con el Papa en el extremo superior, y la Biblia y la tradición de la iglesia en el extremo inferior.

VII. La posición del misticismo. Los que tienen este enfoque se inclinan fuertemente hacia la «luz interior» divina para revelarles y guiarles a toda la verdad. En consecuencia, las experiencias y los sentimientos personales se consideran vitales en el descubrimiento de la verdad divina, junto con la Palabra de Dios en sí.

VIII. La posición de la neoortodoxia (popularizada por Karl Barth en su *Epístola a los Romanos*, publicada por primera vez en inglés en 1918). Esta posición mantiene que la Biblia bien puede contener la Palabra de Dios pero que, hasta que no se convierte en tal, está tan muerta y falta de inspiración como cualquier otro libro histórico antiguo o moderno. Por lo tanto, se considera que la naturaleza de la Biblia no es objetiva sino subjetiva. Sólo es la Palabra de Dios cuando se *convierte* en la Palabra de Dios para mí. La neoortodoxia consideraría los primeros once capítulos como «mitos religiosos». Este término se define como un «portador de verdad teológica con vestimenta histórica, pero la verdad teológica no depende de la historicidad de la vestimenta en sí para su validez».

IX. La posición del neoevangelicalismo. A fines de 1957, uno de los líderes de esta posición escribió lo siguiente: «El neoevangelicalismo es el último vestido de la ortodoxia o la neoortodoxia es la última expresión del liberalismo teológico. El nuevo evangelismo difiere del fundamentalismo en su disposición de tratar los problemas sociales que el fundamentalismo evitó. No tiene por qué haber una dicotomía entre el evangelio personal y el evangelio social.... El neoevangelicalismo ha cambiado su estrategia de la separación a la infiltración.... El evangélico cree que el cristianismo es intelectualmente defendible, pero que el cristiano no puede ser oscurantista en los asuntos científicos relacionados con la creación, la edad del hombre, la universalidad del diluvio y otros asuntos bíblicos debatibles.»

X. La posición de la ortodoxia. Este enfoque mantiene que sólo la Biblia es la revelación iluminada, inspirada por Dios, y por lo tanto la única base de autoridad para los creyentes. La ortodoxia asevera que la Biblia es objetiva en naturaleza y proclama, no un evangelio social, sino un evangelio para el pecador. Según este punto de vista, cuando hay una contradicción clara entre la Biblia y cualquier «dato» histórico o científico aceptado, es el «dato» que debe ceder a la Biblia, no al revés.

A. Este era la opinión de los escritores del Antiguo Testamento acerca del Antiguo Testamento.

1. Moisés (Ex. 4:10-12).
2. Samuel (1 S. 8:10).
3. Josué (Jos. 23:14).
4. David (2 S. 23:2, 3).
5. Isaías (Is. 1:10).
6. Jeremías (Jer. 1:6-9).
7. Ezequiel (Ez. 3:10-12).
8. Daniel (Dn. 10:9-12).
9. Joel (Jl. 1:1).
10. Amós (Amos 3:1).
11. Abdías (Abd. 1:1).
12. Jonás (Jon. 1:1).
13. Miqueas (Mi. 1:1).
14. Nahum (Nah. 1:1).
15. Habacuc (Hab. 2:2).
16. Sofonías (Sof. 1:1).
17. Hageo (Hag. 1:1).
18. Zacarías (Zac. 1:1).
19. Malaquías (Mal. 1:1).

Hay que recordar que el Antiguo Testamento se refiere a sí mismo como la Palabra de Dios unas 3.808 veces.

B. Este era la opinión de los escritores neotestamentarios acerca del Antiguo Testamento. Los escritores neotestamentarios se refieren a por lo menos 161 acontecimientos del Antiguo Testamento y citan más de 246 pasajes del Antiguo Testamento. A continuación se encuentran algunos de estos acontecimientos y pasajes:

1. Acontecimientos del Antiguo Testamento relatados en el Nuevo Testamento (de los 161 acontecimientos, hacemos mención de los veintidós más importantes):
   a. La creación (Gn. 1:1; He. 11:3).
   b. El hombre hecho a la imagen de Dios (Gn. 1:26; 1 Co. 11:7).
   c. El descanso de Dios (Gn. 2:2, 3; He. 4:4).
   d. La institución del matrimonio (Gn. 2:24; Mt. 19:4-6).
   e. La caída (Gn. 3:6-8; Ro. 5:12-19).
   f. El asesinato de Abel (Gn. 4:8; 1 Jn. 3:12).
   g. La trasposición de Enoc (Gn. 5:21-24; He. 11:5).
   h. El arca de Noé (Gn. 6:14-16; 7:1-12; Lc. 17:26, 27; 2 P. 3:6).
   i. El llamamiento de Abraham (Gn. 12:1; He. 11:8).
   j. El encuentro de Abraham y Melquisedec (Gn 14:18-20; He. 7:1-4).
   k. La destrucción de Sodoma (Gn. 19; Mt. 11:24; Lc. 17:32).
   l. El nacimiento de Isaac (Gn. 19:26; Gá. 4:23).
   m. El sacrificio de Isaac (Gn. 22:10; He. 11:17-19).
   n. La zarza ardiente (Ex. 3:2; Lc. 20:37; Hch. 7:30).
   ñ. El éxodo (Ex. 12—14; Hch. 7:36; He. 11:29; 1 Co. 10:1).
   o. La provisión del maná (Ex. 16:15; Jn. 6:31).
   p. El otorgamiento de la ley (Ex. 20; Gá. 3:19).
   q. La serpiente de bronce (Nm. 21:8, 9; Jn. 3:14).
   r. Elías y la sequía (1 R. 17, Lc. 4:25; Stg. 5:17).
   s. La sanidad de Naamán (2 R. 5:14; Lc. 4:27).
   t. Daniel en el foso de los leones (Dn. 6:22; He. 11:33).
   u. Jonás en el vientre del gran pez (Jon. 1:17; Mt. 12:40; 16:4).
2. Pasajes del Antiguo Testamento mencionados en el Nuevo Testamento:
   a. Seréis, pues, santos, porque yo soy santo (Lv. 11:44; 1 P. 1:16).
   b. No te dejaré, ni te desampararé (Jos. 1:5; He. 13:5).
   c. Temblad y no pequéis (Sal. 4:4; Ef. 4:26).
   d. No hay quien haga el bien (Sal. 14:1; Ro. 3:10).
   e. Porque Jehová al que ama castiga (Pr. 3:12; He. 12:6).
   f. Enjugará Jehová el Señor toda lágrima de todos los rostros (Is. 25:8; Ap. 21:4).
   g. Oh muerte, yo seré tu muerte (Os. 13:14; 1 Co. 15:54).
   h. Derramaré mi espíritu sobre toda carne (Jl. 2:28; Hch. 2:17).
   i. Y todo aquel que invocare el nombre del Jehová será salvo (Jl. 2:32; Ro. 10:13).
   j. De Jehová es la tierra y su plenitud (Sal. 24:1; 1 Co. 10:26).
   k. No menosprecies, hijo mío, el castigo de Jehová (Pr. 3:11; He. 12:5).
   l. Bendito el que viene en el nombre de Jehová (Sal. 118:26; Mt. 21:9).
   m. El amor cubrirá todas las faltas (Pr. 10:12; 1 P. 4:8).
   n. ¡Cuán hermosos son sobre los montes los pies del que trae alegres nuevas! (Is. 52:7; cp. Ro. 10:15).

C. Este era el parecer de los escritores neotestamentarios en cuanto al Nuevo Testamento.
   1. El testimonio de Pedro (2 P. 3:2).
   2. El testimonio de Pablo (1 Co. 2:4, 13; 15:3; 1 Ts. 2:13; 4:15).
   3. El testimonio de Juan (Ap. 22:18, 19).
   4. El testimonio de Santiago (Stg. 1:21; 4:5).
   5. El testimonio de Judas (Jud. v. 3).

D. Este era el parecer del Señor Jesucristo respecto a toda la Biblia.
   1. Nuestro Señor comenzó su ministerio citando del Antiguo Testamento. Compárese Mateo 4:4, 7, 10 con Deuteronomio 8:3; 6:13, 16.
   2. Nuestro Señor terminó su ministerio citando del Antiguo Testamento. Cinco de sus siete declaraciones en la cruz fueron tomadas de las páginas del Antiguo Testamento. Compárese:
      a. Lucas 23:34 con Isaías 53:12.
      b. Lucas 23:43 con Isaías 53:10, 11.
      c. Mateo 27:46 con Salmo 22:1.
      d. Juan 19:28 con Salmo 69:21.
      e. Lucas 23:46 con Salmo 31:5.
   3. Nuestro Señor predicó uno de sus primeros mensajes públicos sobre un texto del Antiguo Testamento. Compárese Lucas 4:16-19 con Isaías 61:1, 2.
   4. Nuestro Señor les informó a los fariseos que erraban, «ignorando las Escrituras» (Mt. 22:29).
   5. Nuestro Señor justificó sus propias acciones refiriéndose al Antiguo Testamento:
      a. cuando comió un día de reposo (Mt. 12:1-8).
      b. cuando sanó un día de reposo (Mt. 12:10-21).
      c. cuando limpió el templo (Mt. 21:13).
      d. cuando aceptó la alabanza de las multitudes durante su entrada triunfal (Mt. 21:16).
   6. Nuestro Señor creía en la historia del Antiguo Testamento. Se refirió a:
      a. la creación (Mr. 10:6).
      b. el arca de Noé (Mt. 24:38).
      c. la esposa de Lot (Lc. 17:32).
      d. la destrucción de Sodoma (Lc. 17:29).
      e. Jonás y el pez (Mt. 12:40).
      f. la reina de Sabá y Salomón (Mt. 12:42).
      g. el arrepentimiento de Nínive (Mt. 12:41).
      h. Naamán el leproso (Lc. 4:27).
      i. Elías y la viuda (Lc. 4:25, 26).
      j. Moisés y la serpiente (Jn. 3:14).
      k. el primer matrimonio (Mt. 19:5-7).
      l. la sangre de Abel (Lc. 11:51).
      m. Abraham, Isaac y Jacob (Mt. 22:31, 32).
      n. la zarza ardiente (Lc. 20:37).
      ñ. el maná del desierto (Jn. 6:31).
      o. el asesinato de Zacarías (Mt. 23:35).
   7. Nuestro Señor dijo que la ley sería cumplida (Mt. 5:18) y que las Escrituras no podían ser quebrantadas (Jn. 10:35).

      Se ha calculado que más de la décima parte de las palabras de Jesús registradas en el Nuevo Testamento fueron tomadas del Antiguo Testamento. En los cuatro evangelios, 180 de los 1.800 versículos que registran sus discursos son citas o referencias al Antiguo Testamento.

      Al concluir esta sección debemos decir que

el Nuevo Testamento hace referencia directa o indirectamente a cada uno de los libros del Antiguo Testamento (con la posible excepción del Cantar de los Cantares). Alrededor de la mitad de los grandes sermones del libro de los Hechos están compuestos de versículos tomados del Antiguo Testamento. El sermón de Pedro de veintitrés versículos pronunciado en pentecostés hace referencia a doce de esos versículos del Antiguo Testamento (Hch. 2:14-36). La naturaleza del mensaje de cuarenta y ocho versículos de Esteban es totalmente propio del Antiguo Testamento (Hch. 7:2-50). El primer sermón registrado de Pablo, que ocurre en Hechos 13:16-41, consiste en veintiséis versículos y quince de éstos son del Antiguo Testamento.

Tercera parte: Lo que grandes personalidades han dicho acerca de la Biblia

I. Presidentes de los Estados Unidos.
 A. George Washington (primero): «Es imposible gobernar el mundo correctamente sin la Biblia.»
 B. John Adams (segundo): «La Biblia es el mejor libro del mundo. Contiene más … que todas las bibliotecas que he visto.»
 C. Thomas Jefferson (tercero): «La Biblia hace las mejores personas del mundo.»
 D. John Quincy Adams (sexto): «Es una mina inestimable e inagotable de conocimiento y virtud.»
 E. Andrew Jackson (séptimo): «Ese libro, señor, es la roca sobre la cual descansa nuestra República.»
 F. Zachary Taylor (duodécimo): «Fue por amor de las verdades de este gran libro que nuestros padres abandonaron sus playas natales por lo inexplorado.»
 G. Abraham Lincoln (decimosexto): «Si no fuera por este Libro, no sabríamos la diferencia entre el bien y el mal. Creo que la Biblia es el mejor don que Dios le ha dado al hombre.»
 H. Ulysses S. Grant (decimoctavo): «La Biblia es el ancla de nuestras libertades.»
 I. Rutherford B. Hayes (decimonoveno): «La mejor religión que el mundo ha conocido jamás es la religión de la Biblia. Edifica todo lo bueno.»
 J. Benjamin Harrison (vigesimotercero): «Es de la Palabra de Dios que ha salido un sistema para endulzar la vida.»
 K. William McKinley (vigesimoquinto): «Cuanto más profundamente estudiemos este maravilloso Libro … mejores ciudadanos seremos.»
 L. Theodore Roosevelt (vigesimosexto): «Ningún hombre educado puede darse el lujo de no conocer la Biblia.»
 M. Woodrow Wilson (vigesimoctavo): «La Biblia es la sola fuente suprema de revelación del significado de la vida.»
 N. Herbert Hoover (trigesimoprimero): «Todas las inspiraciones de nuestra civilización nacen de las enseñanzas de Cristo … leer la Biblia … es un imperativo de la vida americana.»
 Ñ. Franklin D. Roosevelt (trigesimosegundo): «Es una fuente de fortaleza.… Pienso que un estudio completo de la Biblia es un estudio de humanidades para cualquiera.»
 O. Dwight D. Eisenhower (trigesimocuarto): «En el sentido más elevado, la Biblia es para nosotros el único depósito de las verdades espirituales eternas.»

II. Líderes mundiales.
 A. William Gladstone: «He conocido a noventa y cinco grandes hombres del mundo en mi época, y de éstos, ochenta y siete eran seguidores de la Biblia.»
 B. Winston Churchill: «Descansamos con seguridad en la roca firme de las Sagradas Escrituras.»
 C. Chiang Kai-Shek: «La Biblia es la voz del Espíritu Santo.»
 D. Haile Selassie: «La Biblia no sólo es un gran libro de referencia histórica, sino que también es una guía para la vida diaria, y por este motivo la respeto y la amo.»
 E. Syngman Rhee: «Mis compañeros de prisión sostenían la Biblia y daban vueltas a las páginas porque mis dedos estaban tan destrozados que no los podía usar. Leí la Biblia, y la he leído desde entonces el resto de mi vida.»

III. Generales.
 A. Douglas MacArthur: «Créame, señor, no pasa nunca una noche, por cansado que esté, que no lea la Palabra de Dios antes de acostarme.»
 B. William K. Harrison: «La Biblia es la Palabra de Dios, dada por inspiración suya para uso y beneficio nuestro.»
 C. Robert E. Lee: «La Biblia es un libro en comparación con el cual todos los demás a mis ojos son de menor importancia, y uno que nunca ha dejado de darme luz y fuerza en todas mis perplejidades y aflicciones.»
 D. Stonewall Jackson: «Las promesas de Dios no cambian … esforcémonos por adornar la doctrina de Cristo en todo.»
 E. Oliver Cromwell (al oír la lectura de Fil. 4:11-13 antes de morir): «Aquel que fue el Cristo de Pablo es mi Cristo también.»

IV. Científicos.
 A. Sir Isaac Newton: «Consideramos las Escrituras de Dios como la filosofía más sublime. Encuentro más marcas de autenticidad en la Biblia que en cualquier otra historia profana.»
 B. Sir Francis Bacon: «El tomo de las Escrituras … revela la voluntad de Dios.»
 C. Sir John Herschel: «Todos los descubrimientos humanos parecen estar hechos para el solo propósito de confirmar cada vez más las verdades venidas desde lo alto y contenidas en las Sagradas Escrituras.…»
 D. Michael Faraday: «¿Por qué se descarría la gente cuando tienen este bendito Libro para guiarles?»
 E. James Dwight Dana: «Jóvenes, al salir, recuerden que yo, un anciano, que sólo he conocido la ciencia toda mi vida, les digo que no hay datos más verdaderos que los datos que se encuentran en las Sagradas Escrituras.»

V. Historiadores.
 A. Arnold J. Toynbee: «Atraviesa el intelecto y obra directamente en el corazón.»
 B. H.G. Wells: «La Biblia ha sido el Libro que ha mantenido el tejido de la civilización occidental.… La civilización que tenemos no podría haber existido ni podría haberse mantenido sin ella.»
 C. Thomas Carlyle: «¡Un libro noble! ¡El libro de todos los hombres! … grande en su sinceridad, en su sencillez, en su melodía épica.»

VI. Médicos.
 A. Mark Hopkins: «Así tenemos todo tipo de prueba histórica concebible, tanto externa como interna. Eso claman las mismas piedras.»

B. Charles W. Mayo: «En enfermedad o en salud, se puede hallar consolación y consejo constructivo en la Biblia.»

VII. Abogados.

A. Daniel Webster: «Creo que las Escrituras del Antiguo y del Nuevo Testamento son la voluntad y la Palabra de Dios.»

B. Benjamin Franklin: «Jóvenes, mi consejo para ustedes es que cultiven un conocimiento de las Sagradas Escrituras y una fe firme en ellas.»

C. Patrick Henry: «Este es un Libro que vale más que todos los demás que hayan sido impresos.»

VIII. Educadores.

A. Timothy Dwight: «La Biblia es una ventana en este mundo-prisión a través de la cual podemos mirar la eternidad.»

B. William Lyon Phelps: «Puede llamársele instruido a todo aquel que tiene un buen conocimiento de la Biblia.... Creo que el conocimiento de la Biblia sin un curso universitario es de más valor que un curso universitario sin la Biblia.»

C. Henry Van Dyke: «Ningún otro libro en el mundo ha tenido una vitalidad tan extraña, un poder tan extrovertido de influencia e inspiración.... Ningún hombre que tenga este tesoro es pobre o afligido.»

IX. Filósofos y escritores.

A. Charles Dana: «De todos los libros, el más indispensable, el más útil, y cuyo conocimiento es más eficaz es la Biblia.»

B. Horace Greeley: «Es imposible esclavizar mental o socialmente a un pueblo que lee la Biblia.»

C. Immanuel Kant: «La existencia de la Biblia como libro para la gente es el mayor beneficio que la raza humana haya recibido jamás.»

D. John Locke: «Tiene a Dios por Autor, la salvación como fin, y la verdad, sin ninguna mezcla de error, como tema: es toda pura, sincera, nada le sobra, nada le falta.»

E. El conde León Tolstoy: «Sin la Biblia, la educación del niño en el estado actual de la sociedad es imposible.»

F. John Ruskin: «Todo lo que he enseñado en arte, todo lo que he escrito, cualquier grandeza que haya habido en cualquier pensamiento mío, cualquier cosa que haya hecho en mi vida, se debe sencillamente al hecho de que, cuando era niño, mi madre leía una porción de la Biblia conmigo todos los días, y todos los días me hacía aprender parte de ella de memoria.»

G. John Milton: «No hay canciones como las canciones de las Escrituras; no hay discursos como los discursos de los profetas.»

H. William Cowper: «Una gloria dora la página sagrada, majestuosa como el sol: da luz a cada edad; da, pero no pide nada prestado....»

I. John Dryden: «Habla no menos que Dios en cada línea; palabras de mando cuya fuerza todavía es la misma....»

J. Sir Walter Scott: «Dentro de este terrible volumen yace el misterio de los misterios.»

K. Charles Dickens: «Es el mejor Libro que haya habido y jamás habrá en el mundo....»

X. Personas de diversos campos.

A. J. Edgar Hoover: «La Biblia es la guía infalible que señala el camino de la vida perfecta para los hombres.»

B. Bernard Baruch: «Siempre he colocado a la Biblia en primer lugar entre los cuatro libros que pienso que todo el mundo debería leer y estudiar. En ella se encuentran todos los problemas que acosan a la humanidad.»

C. Helen Keller: «En la Biblia encuentro una confianza más poderosa que la peor de las maldades....»

D. Lowell Thomas: «La Biblia es de importancia vital en la enseñanza de la libertad....»

E. El rey Jorge V: «La Biblia inglesa es ... lo más valioso que ofrece este mundo.»

XI. Los padres de la Iglesia.

A. Agustín: «Cedamos y otorguemos nuestro consentimiento a la autoridad de las Sagradas Escrituras, que no saben ni cómo ser engañadas ni cómo engañar....»

B. Juan Crisóstomo: «¡Es una gran cosa, esta lectura de las Escrituras! Porque yo digo que no es posible agotar nunca las mentes de las Escrituras. Es un pozo que no tiene fondo.»

C. Atanasio: «Fueron habladas y escritas por Dios por medio de hombres que hablaban de Dios.... Que ningún hombre añada a ellas, ni tampoco reste nada de ellas.»

D. Origen: «De mi parte, creo que ni una jota ni una tilde de la instrucción divina es en vano. Nunca hemos de decir que hay algo no pertinente o superfluo en las Escrituras del Espíritu Santo....»

E. Jerónimo: «Prestad atención un momento para que os diga cómo habéis de andar en las Santas Escrituras. Todo lo que leemos en el Libro Divino, aunque reluce y brilla por fuera, es todavía mucho más dulce por dentro.»

F. Martín Lutero: «No puede ser de otra forma, porque las Escrituras son divinas; en ellas Dios habla, y son su Palabra. Oír o leer las Escrituras es nada menos que oír a Dios.»

G. Juan Calvino: «Las Escrituras son la escuela del Espíritu Santo, en la cual, como nada se omite que sea necesario y útil para saber, así también nada se enseña que no es beneficioso saber.»

Al concluir esta sección puede ser necesario hacer un alto y considerar algunas objeciones anticipadas acerca de todos esta «propaganda piadosa» para la Biblia. Algunos piensan que las declaraciones hechas por las personas políticas, tales como los presidentes estadounidenses, se hicieron solamente con el fin de obtener votos, porque se dice que ningún ateo sería elegido para la Casa Blanca. Pero decir esto es negar la integridad de casi todos los presidentes americanos. También debería señalarse que muchas de estas declaraciones fueron hechas en un momento en el cual o el hombre no era candidato para reelección, o ya había salido de la Casa Blanca.

Además, aunque la historia muestra a muchos «enemigos de la Biblia» que después se convirtieron en «amigos de la Biblia», nunca registra lo opuesto. Para ir un paso más adelante, se puede demostrar que ningún malvado y asesino dictador o tirano de la historia fue amigo de la Biblia y que ningún líder bueno y sabio era enemigo de la Palabra de Dios. Por lo tanto, negar la autoridad de la Biblia es ponerse en contra de casi todos los grandes líderes de la civilización occidental. Aunque es cierto que esto en sí no constituye una prueba absoluta de las Escrituras, se presta sin embargo, al famoso proverbio de Lincoln:

> «Se puede engañar a algunas personas todo el tiempo, y a todo el mundo por un tiempo, ¡pero no se puede engañar a todo el mundo todo el tiempo!»

Cuarta parte: Los símbolos de la Biblia

I. Un espejo.

«Porque si alguno es oidor de la palabra pero no hacedor de ella, éste es semejante al hombre que considera en un espejo su rostro natural. Porque él se considera a sí mismo, y se va, y luego olvida cómo era. Mas el que mira atentamente en la perfecta ley, la de la libertad, y persevera en ella, no siendo oidor olvidadizo, sino hacedor de la obra, éste será bienaventurado en lo que hace» (Stg. 1:23-25).

Se la llama espejo porque refleja la mente de Dios y la verdadera condición del hombre.

II. Una semilla.

«Siendo renacidos, no de simiente corruptible, sino de incorruptible, por la palabra de Dios que vive y permanece para siempre» (1 P. 1:23).

«El, de su voluntad, nos hizo nacer por la palabra de verdad, para que seamos primicias de sus criaturas» (Stg. 1:18).

«Oíd, pues, vosotros la parábola del sembrador: Cuando alguno oye la palabra del reino y no la entiende, viene el malo, y arrebata lo que fue sembrado en su corazón. Este es el que fue sembrado junto al camino. Y el que fue sembrado en pedregales, éste es el que oye la palabra, y al momento la recibe con gozo; pero no tiene raíz en sí, sino que es de corta duración, pues al venir la aflicción o la persecución por causa de la palabra, luego tropieza. El que fue sembrado entre espinos, éste es el que oye la palabra, pero el afán de este siglo y el engaño de las riquezas ahogan la palabra, y se hace infructuosa. Mas el que fue sembrado en buena tierra, éste es el que oye y entiende la palabra, y da fruto; y produce a ciento, a sesenta, y a treinta por uno» (Mt. 13:18-23).

Se la llama semilla porque una vez que es plantada correctamente, produce vida, crecimiento y fruto.

III. Agua.

«Maridos, amad a vuestras mujeres, así como Cristo amó a la iglesia, y se entregó a sí mismo por ella, para santificarla, habiéndola purificado en el lavamiento del agua por la palabra, a fin de presentársela a sí mismo, una iglesia gloriosa, que no tuviese mancha ni arruga ni cosa semejante, sino que fuese santa y sin mancha» (Ef. 5:25-27).

Se la llama agua por sus propiedades para limpiar, apagar la sed y refrescar. (Véanse Sal. 42:1; 119:9; Pr. 25:25; Is. 55:10; He. 10:22; Ap. 22:17.)

IV. Una lámpara.

«Lámpara es a mis pies tu palabra, y lumbrera a mi camino» (Sal. 119:105).

«Porque el mandamiento es lámpara, y la enseñanza es luz» (Pr. 6:23).

«Tenemos también la palabra profética más segura, a la cual hacéis bien en estar atentos como a una antorcha que alumbra en lugar oscuro, hasta que el día esclarezca y el lucero de la mañana salga en vuestros corazones» (2 P. 1:19).

Se la llama lámpara porque nos muestra dónde estamos ahora, nos guía en el próximo paso y nos protege de las caídas.

V. Una espada.

«Porque la palabra de Dios es viva y eficaz, y más cortante que toda espada de dos filos; y penetra hasta partir el alma y el espíritu, las coyunturas y los tuétanos, y discierne los pensamientos y las intenciones del corazón» (He. 4:12).

«Y tomad el yelmo de la salvación, y la espada del Espíritu, que es la palabra de Dios» (Ef. 6:17).

Se la llama espada por su capacidad para cortar, operando con igual eficacia sobre pecadores, santos y Satanás. De las diversas piezas de la armadura mencionadas en Efesios 6:11-17, todas a ser llevadas por el creyente, la única pieza ofensiva es la «espada del Espíritu, que es la palabra de Dios».

VI. Metales preciosos.

A Oro (Sal. 19:10; 119:127).

B. Plata (Sal. 12:6).

«Por eso he amado tus mandamientos más que el oro, y más que oro muy puro» (Sal. 119:127).

«Las palabras de Jehová son palabras limpias, como plata refinada en horno de tierra, purificada siete veces» (Sal. 12:6).

Se hace referencia a ella como metales preciosos porque es deseable, preciosa, bella y de gran valor.

VII. Alimento nutritivo.

A. Leche.

«Desead, como niños recién nacidos, la leche espiritual no adulterada, para que por ella crezcáis para salvación» (1 P. 2:2).

B. Carne.

«Porque debiendo ser ya maestros, después de tanto tiempo, tenéis necesidad de que se os vuelva a enseñar cuáles son los primeros rudimentos de las palabras de Dios; y habéis llegado a ser tales que tenéis necesidad de leche, y no de alimento sólido. Y todo aquel que participa de la leche es inexperto en la palabra de justicia, porque es niño; pero el alimento sólido es para los que han alcanzado madurez, para los que por el uso tienen los sentidos ejercitados en el discernimiento del bien y del mal» (He. 5:12-14).

C. Pan.

«Yo soy el pan vivo que descendió del cielo; si alguno comiere de este pan, vivirá para siempre; y el pan que yo daré es mi carne, la cual yo daré por la vida del mundo» (Jn. 6:51).

D. Miel.

«Deseables son más que el oro, y más que mucho oro afinado; y dulces más que miel, y que la que destila del panal» (Sal. 19:10).

Se hace referencia a ella como alimento nutritivo por la fuerza que imparte.

VIII. Un martillo.

«¿No es mi palabra como fuego, dice Jehová, y como martillo que quebranta la piedra?» (Jer. 23:29).

Se hace referencia a ella como martillo por su habilidad para destruir y para edificar. (Véanse Hch. 9:4; Jud. v. 20.)

IX. Un fuego.

«Y dije: No me acordaré mas de él, ni hablaré más en su nombre; no obstante, había en mi corazón como un fuego ardiente metido en mis huesos; traté de sufrirlo, y no pude» (Jer. 20:9).

«Y se decían el uno al otro: ¿No ardía nuestro corazón en nosotros, mientras nos hablaba en el camino, y cuando nos abría las Escrituras?» (Lc. 24:32).

Se la llama fuego por su habilidad para juzgar, purificar y consumir.

Quinta parte: La autoridad suprema de la Biblia

Tal vez la descripción más grande y definitiva de la Biblia fue escrita por el apóstol Pablo en una carta a un joven pastor. Pablo escribió:

«Y que desde la niñez has sabido las Sagradas Escrituras, las cuales te pueden hacer sabio para la salvación por la fe que es en Cristo Jesús. Toda la Escritura es inspirada por Dios, y útil para enseñar, para redargüir, para corregir, para instruir en justicia, a fin de que el hombre de Dios sea perfecto, enteramente preparado para toda buena obra» (2 Ti. 3:15-17).

En este notable pasaje, Pablo asevera que la Biblia es de provecho:

1. Para la doctrina: es decir, se puede utilizar como el texto perfecto para presentar las enseñanzas sistemáticas de las grandes verdades relacionadas con Dios mismo.
2. Para reprender: es decir, la Biblia ha de utilizarse para convencernos del mal en nuestra vida.
3. Para corregir: es decir, nos mostrará el camino correcto.
4. Para instruir en justicia: es decir, la Palabra de Dios provee todos los detalles necesarios para que el cristiano se prepare totalmente para toda buena obra.

Por todo esto, la Biblia con todo derecho exige la autoridad absoluta y única sobre cualquier otra fuente en la vida del hijo de Dios. Esta autoridad sobrepasaría las siguientes:

I. La razón humana. Dios nos dio la mente y ¡desea que la utilicemos! Esto se puede ver en dos pasajes clásicos, uno dirigido a los no salvos, y el otro a los salvos.

«Venid luego, dice Jehová, y estemos a cuenta: si vuestros pecados fueren como la grana, como la nieve serán emblanquecidos; si fueren rojos como el carmesí, vendrán a ser como blanca lana» (Is. 1:18).

«Así que, hermanos, os ruego por las misericordias de Dios, que presentéis vuestros cuerpos en sacrificio vivo, santo, agradable a Dios, que es vuestro culto racional. No os conforméis a este siglo, sino transformaos por medio de la renovación de vuestro entendimiento, para que comprobéis cuál sea la buena voluntad de Dios, agradable y perfecta» (Ro. 12:1, 2).

Sin embargo, hay veces cuando Dios desea que sometamos nuestro razonamiento humano a él. Nótese la siguiente amonestación:

«Fíate de Jehová de todo tu corazón, y no te apoyes en tu propia prudencia. Reconócelo en todos tus caminos, y él enderezará tus veredas. No seas sabio en tu propia opinión; teme a Jehová, y apártate del mal» (Pr. 3:5-7).

Con frecuencia nuestro razonamiento es el de Naamán, quien cuando se le pidió que se bañara siete veces en las aguas sucias del Jordán, contestó enojado:

«He aquí yo decía para mí: Saldrá él luego, y estando en pie invocará el nombre de Jehová su Dios, y alzará su mano y tocará el lugar, y sanará la lepra» (2 R. 5:11).

Pero Eliseo no lo hizo así. Con frecuencia los caminos de Dios son diferentes de nuestros caminos.

«Porque mis pensamientos no son vuestros pensamientos, ni vuestros caminos mis caminos, dijo Jehová. Como son más altos los cielos que la tierra, así son mis caminos más altos que vuestros caminos, y mis pensamientos más que vuestros pensamientos» (Is. 55:8, 9).

II. La Iglesia. En el Nuevo Testamento abundan pasajes que declaran que Cristo es la Cabeza de la Iglesia. (Véanse Ef. 1:22; 2:19, 20; 4:15, 16; 5:23-30; Col. 1:18; 2:9.) Hay que recordar que el Salvador dio a luz a la Iglesia, no al revés. (Véase Mt. 16:18.) Entonces el cristiano debe acudir a la Biblia y no a ninguna iglesia terrenal para hallar la instrucción final. A veces hasta esas iglesias locales mencionadas en la misma Biblia estaban gravemente equivocadas. Nótese la siguiente descripción de iglesias neotestamentarias, algunas de las cuales fueron fundadas por el mismo Pablo.

A. La iglesia de Éfeso.

«Pero tengo contra ti, que has dejado tu primer amor. Recuerda, por tanto, de dónde has caído, y arrepiéntete, y haz las primeras obras; pues si no, vendré pronto a ti, y quitaré tu candelero de su lugar, si no te hubieres arrepentido» (Ap. 2:4, 5).

B. La iglesia de Pérgamo.

«Pero tengo unas pocas cosas contra ti: que tienes ahí a los que retienen la doctrina de Balaam, que enseñaba a Balac a poner tropiezo ante los hijos de Israel, a comer de cosas sacrificadas a los ídolos, y a cometer fornicación. Y también tienes a los que retienen la doctrina de los nicolaítas, la que yo aborrezco. Por tanto, arrepiéntete; pues si no, vendré a ti pronto, y pelearé contra ellos con la espada de mi boca» (Ap. 2:14-16).

C. La iglesia de Tiatira.

«Pero tengo unas pocas cosas contra ti: que toleras que esa mujer Jezabel, que se dice profetisa, enseñe y seduzca a mis siervos a fornicar y a comer cosas sacrificadas a los ídolos» (Ap. 2:20).

D. La iglesia de Sardis.

«Escribe al ángel de la iglesia en Sardis: El que tiene los siete espíritus de Dios, y las siete estrellas, dice esto: Yo conozco tus obras, que tienes nombre de que vives, y estás muerto. Sé vigilante, y afirma las otras cosas que están para morir; porque no he hallado tus obras perfectas delante de Dios. Acuérdate, pues, de lo que has recibido y oído; y guárdalo, y arrepiéntete. Pues si no velas, vendré sobre ti como ladrón, y no sabrás a qué hora vendré sobre ti» (Ap. 3:1-3).

E. La iglesia de Laodicea.

«Yo conozco tus obras, que ni eres frío ni caliente. ¡Ojalá fueses frío o caliente! Pero por cuanto eres tibio, y no frío ni caliente, te vomitaré de mi boca. Porque tú dices: Yo soy rico, y me he enriquecido, y de ninguna cosa tengo necesidad; y no sabes que tú eres un desventurado, miserable, pobre, ciego y desnudo. Por tanto, yo te aconsejo que de mí compres oro refinado en fuego, para que seas rico, y vestiduras blancas para vestirte, y que no se descubra la vergüenza de tu desnudez; y unge tus ojos con colirio, para que veas. Yo reprendo y castigo a todos los que amo; sé, pues, celoso, y arrepiéntete» (Ap. 3:15-19).

III. La tradición. En esta edad atómica y espacial en la cual el cambio ocurre a la velocidad de una nave espacial, muchos han llegado a apreciar algunas de nuestras hermosas tradiciones del pasado. ¡Y con buena razón! Pero las tradiciones, como los cambios, pueden estar equivocadas. Si algo empezó mal, sigue estando mal a pesar de los siglos que lo separan de nosotros hoy. Muchas veces se introdujeron furtivamente en el pasado perjudiciales «tradiciones de los padres» en la Iglesia del Dios viviente. Nuestro Salvador mismo se afligía al ver que se conservaban algunas tradiciones judías perjudiciales. Nótense sus palabras:

«Ya no ha de honrar a su padre o a su madre. Así habéis invalidado el mandamiento de Dios por vuestra tradición» (Mt. 15:6).

Más tarde Pablo también haría una advertencia sobre esto:

«Mirad que nadie os engañe por medio de filosofías y huecas sutilezas, según las tradiciones de los hombres, conforme a los rudimentos del mundo, y no según Cristo» (Col. 2:8).

IV. Los papas y los predicadores. Aun los pastores más piadosos no son más, después de todo, que hombres finitos completamente capaces (aparte de la gracia de Dios) de cometer los pecados más viles. Esto también es cierto respecto a los papas.

V. Los sentimientos y las experiencias. A veces los cristianos caen en el error porque «se sienten guiados» a hacer o decir ciertas cosas. Sin embargo, debemos aprender que a veces nuestros sentimientos pueden ser traicioneros y totalmente indignos de confianza. El salmista habló de esto muchas veces:

«Hubiera yo desmayado, si no creyese que veré la bondad de Jehová en la tierra de los vivientes» (Sal. 27:13).

«¿Por qué te abates, oh alma mía, y te turbas dentro de mí? Espera en Dios; porque aún he de alabarle, salvación mía y Dios mío» (Sal. 42:5).

«Con mi voz clamé a Dios, a Dios clamé, y él me escuchará. Al Señor busqué en el día de mi angustia; alzaba a él mis manos de noche, sin descanso; mi alma rehusaba consuelo. Me acordaba de Dios, y me conmovía; me quejaba, y desmayaba mi espíritu. No me dejabas pegar los ojos; estaba yo quebrantado, y no hablaba. Consideraba los días desde el principio, los años de los siglos. Me acordaba de mis cánticos de noche; meditaba en mi corazón, y mi espíritu inquiría: ¿Desechará el Señor para siempre, y no volverá más a sernos propicio? ¿Ha cesado para siempre su misericordia? ¿Se ha acabado perpetuamente su promesa? ¿Ha olvidado Dios el tener misericordia? ¿Ha encerrado con ira sus piedades? Dije: Enfermedad mía es esta; traeré, pues, a la memoria los años de la diestra del Altísimo» (Sal. 77:1-10).

«Y dije en mi apresuramiento: Todo hombre es mentiroso» (Sal. 116:11).

Eso no sólo sucede con nuestros sentimientos sino también con nuestras experiencias. Uno de los tres «amigos» de Job, Elifaz, basó todo su consejo al sufriente Job en la experiencia (Job 4:12-16). Más adelante Dios mismo lo reprende severamente por hacerlo (Job 42:7).

Por lo tanto, por valiosa que pueda ser la experiencia personal, no puede sustituirse por la Palabra revelada de Dios.

A continuación hay una lista de las diversas funciones de este autorizado libro llamado Biblia.

A. Sustenta (Sal. 119:116).
B. Ordena los pasos (Sal. 119:133).
C. Produce gozo (Sal. 119:162).
D. Fortalece (Sal. 119:28; 1 Jn. 2:14).
E. Da esperanza (Sal. 119:74, 81).
F. Ilumina (Sal. 119:195, 130).
G. Da entendimiento (Sal. 119:169).
H. Muestra la voluntad de Dios (Is. 55:11).
I. Edifica (Hch. 20:32).
J. Produce fruto (Jn. 15:7).
K. Convence de pecado (He. 4:12).
L. Convierte el alma (Stg. 1:18; 1 P. 1:23).
M. Limpia la conciencia (Jn. 15:3).
N. Consagra la vida (Jn. 17:17).
Ñ. Corrige lo malo (2 Ti. 3:16).
O. Confirma lo bueno (Jn. 8:31).
P. Consuela el corazón (Sal 119:50, 54).

Por esto, el hijo de Dios ha de responder a este autorizado libro de las siguientes maneras:

Leyéndolo (Dt. 31:11; Is. 34:16; Lc. 4:16; Ef. 3:4; Col. 3:16; 4:1; 1 Ts. 5:27; 2 Ti. 4:13; Ap. 1:3).
Prestándole atención (Sal. 119:9; 1 Ti. 4:16).
Plantándolo (Mt. 28:19, 20).
Deseándolo (1 P. 2:2).
Predicándolo (2 Ti. 4:2).
Usándolo correctamente (2 Ti. 2:15).
Viviendo por él (Mt. 4:4).
Usándolo (Ef. 6:17).
Sufriendo por él y, si hace falta, muriendo por él (Ap. 1:9; 6:9; 20:4).

El hijo de Dios ha de *conocerlo* en su intelecto, *guardarlo* en su corazón, *mostrarlo* en su vida y *sembrarlo* en el mundo.

Véanse también los siguientes versículos bíblicos: Deuteronomio 4:1-10; 12:32; Josué 1:8; Salmo 33:6; Proverbios 30:5, 6; Marcos 4:24; Lucas 8:12; Juan 12:48-50; Romanos 8:7; 1 Corintios 2:14; Hebreos 1:1-3; 2:1-4; Apocalipsis 1:1-3; 20:12; 22:18, 19.

Sexta parte: Cómo se recogieron y conservaron los sesenta y seis libros de la Biblia

I. Los materiales de escritura de la Biblia. El Espíritu de Dios movió a los autores de la Biblia a registrar sus valiosos mensajes en el objeto de uso común en sus respectivas épocas. Nuevamente vemos la maravillosa condescendencia de Dios. Estos materiales de escritura fueron:

A. La arcilla (Jer. 17:13; Ez. 4:1).
B. Piedra (Ex. 24:12; 13:18; 32:15, 16; 34:1, 28; Dt. 5:22; 27:2, 3; Jos. 8:31, 32).
C. Papiro (hecho pegando y uniendo dos capas de juncos de papiro partidos para formar una hoja) (2 Jn. v. 12; Ap. 5:1).
D. Vitela (piel de becerro), pergamino (piel de cordero), cuero (piel vacuna) (2 T. 4:13).
E. Metal (Ex. 28:36; Job 19:24; Mt. 22:19, 20).

II. El idioma original de la Biblia.

A. El Antiguo Testamento fue escrito en hebreo, con las siguientes excepciones en arameo: Esdras 4:8—6:18; 7:12-26; Jeremías 10:11; Daniel 2:4—7:28. ¿Por qué escogió Dios el hebreo? En su libro *A General Introduction to the Bible*, los autores Geisler y Nix afirman lo siguiente:

«Es un idioma pictórico, que habla con metáforas vivas y audaces que desafían y dramatizan la historia. El idioma hebreo tiene una facilidad para presentar "imágenes" de los acontecimientos narrados. "El hebreo pensaba en imágenes y por lo tanto sus sustantivos son concretos y vivos. No existe el género neutro; para el semita todo tiene vida. No hay palabras compuestas.... No hay riqueza de adjetivos..." El idioma muestra "grandes poderes de asociación y, por lo tanto, de imaginación". Algo de esto se pierde en la traducción al inglés, pero aun así, "mucho del carácter vivo, concreto y franco de nuestro Antiguo Testamento inglés es en realidad una transposición al inglés de algo del genio de la lengua hebrea". Como idioma pictórico, el hebreo presenta una imagen viva de las acciones de Dios en medio de un pueblo que se convirtió en ejemplo o ilustración para futuras generaciones (cp. 1 Co. 10:11). La intención era presentar el Antiguo Testamento gráficamente en un "idioma gráfico".

Además, el hebreo es un idioma personal. Se dirige al corazón y a las emociones y no sólo a la mente o la razón. A veces hasta las naciones tienen personalidad (cp. Mal. 1:2, 3). Siempre se dirige a la persona en las realidades concretas de la vida y no a lo abstracto o teórico. El hebreo es un idioma por medio de cual el mensaje más bien se siente y no se piensa. Como tal, el idioma era altamente propicio para transmitir al creyente individual, así como también a la comunidad de creyentes, la relación personal del Dios viviente en los acontecimientos de la nación judía. Era mucho más apto para registrar la realización de la revelación en la vida de una nación que para proponer esa revelación para la propagación a todas las naciones» (pp. 219, 220).

B. Todo el Nuevo Testamento fue escrito en griego. Nuevamente citamos de Geisler y Nix:

«El griego era un idioma intelectual. Era más un idioma de la mente que del corazón, un hecho del cual dieron abundante testimonio los grandes filósofos griegos. El griego era más apropiado para codificar una comunicación o una reflexión sobre una revelación de Dios para poder ponerla en una forma comunicable sencilla. Era un idioma que podía comunicar lo creíble de manera inteligible mejor que el hebreo. Es por esa razón que el griego del Nuevo Testamento era un medio sumamente útil para expresar la verdad propuesta en el Nuevo Testamento, así como el hebreo lo era para expresar la verdad biográfica del Antiguo Testamento. Ya que el griego tenía una precisión técnica que no existía en el hebreo, las verdades teológicas que se expresaban de una forma más general en el hebreo del Antiguo Testamento se formularon con mayor precisión en el griego del Nuevo Testamento.

Además, el griego era un idioma casi universal. La verdad de Dios en el Antiguo Testamento, que fue revelada inicialmente a una nación (Israel), fue registrada apropiadamente en el idioma de la nación (hebreo). Pero la revelación más completa dada por Dios en el Nuevo Testamento no estaba restringida de ese modo. En las palabras del Evangelio de Lucas, el mensaje de Cristo había de ser predicado «en su nombre en todas las naciones» (Lc. 24:47). El idioma más apropiado para la propagación de este mensaje era naturalmente el que más se hablaba en el mundo. Tal era el griego común (*koine*), un idioma completamente internacional del mundo mediterráneo del primer siglo.

Se puede concluir, entonces, que Dios escogió los idiomas mismos para comunicar su verdad, los que, en su providencia, habían sido preparados para expresar de la manera más eficaz el tipo de verdad que deseaba en ese momento particular del desarrollo de su plan general. El hebreo, con su viveza pictórica y personal, expresaba bien la verdad biográfica del Antiguo Testamento. El griego, con su potencial intelectual y universal acomodaba bien las demandas doctrinales y evangelizadoras del Nuevo Testamento» (p. 221).

III. La razón para escribir la Biblia. Tal vez la diferencia suprema entre el hombre y todas las demás criaturas (aparte de su alma inmortal, por supuesto), es la habilidad dada por Dios para expresar sus pensamientos sobre el papel. Se ha dicho que aunque sin duda fue deseable hablar *a* los profetas «de muchas maneras» en el pasado, la mejor forma de comunicarse con *todos* los hombres de *todas* las edades es por medio del registro escrito. Por supuesto que el método escrito tiene muchas ventajas.

A. Precisión: los pensamientos deben ser algo precisos para poder ser escritos.

B. Propagación: la forma más precisa de comunicar un mensaje generalmente es por escrito.

C. Preservación: los hombres mueren, y las memorias fallan, pero el registro escrito permanece. Se puede decir que el Nuevo Testamento en especial fue escrito por las siguientes razones:

1. Por los requisitos de la iglesia primitiva (1 Ts. 5:27; 1 Ti. 4:13; 2 Ti. 3:16, 17).
2. Por las falsas doctrinas (para contrarrestarlas).
3. Por causas misioneras (para propagarlas).
4. Por la persecución y la política.

IV. El Antiguo Testamento.

A. El orden de los libros en el Antiguo Testamento hebreo. Los treinta y nueve libros de nuestro Antiguo Testamento aparecen en una forma algo diferente en una Biblia hebrea actual. Cubren el mismo material, pero son veinticuatro en número y están ordenados en una división tripartita:

1. La ley (Tora).
   a. Génesis
   b. Exodo
   c. Levítico
   d. Números
   e. Deuteronomio
2. Los profetas (Nebim).
   a. Profetas anteriores, cuatro libros:
      (1) Josué
      (2) Jueces
      (3) Samuel
      (4) Reyes
   b. Profetas posteriores (mayores y menores):
      Sección mayor
      (1) Isaías
      (2) Jeremías
      (3) Ezequiel
      Sección menor
      (1) Oseas
      (2) Joel
      (3) Amós
      (4) Abdías
      (5) Jonás
      (6) Miqueas
      (7) Nahum
      (8) Habacuc
      (9) Sofonías
      (10) Hageo
      (11) Zacarías
      (12) Malaquías
3. Los escritos.
   a. Los libros poéticos (3):

(1) Salmos
(2) Proverbios
(3) Job
b. Los rollos (5):
(1) Cantar de los Cantares
(2) Rut
(3) Lamentaciones
(4) Eclesiastés
(5) Ester
c. Proféticos, históricos (3):
(1) Daniel
(2) Esdras—Nehemías
(3) Crónicas

B. El orden sugerido de las escrituras. Muchos creen que Job es el libro más antiguo de la Palabra de Dios. Pudo haber estado escrito ya en el año 2000 a.C. Una de las partes más antiguas es la sección que se encuentra en Éxodo 17. Este registro ocurrió en el camino de Israel a Palestina. Josué acababa de ganar una tremenda victoria sobre una tribu feroz desértica de amalecitas. Después de terminada la batalla, leemos:

«Y Jehová dijo a Moisés: Escribe esto para memoria en un libro, y dí a Josué que raeré del todo la memoria de Amalec de debajo del cielo» (Ex. 17:14).

Otras secciones antiguas de la Palabra de Dios incluirían, por supuesto, la Ley de Moisés. (Véase Dt. 31:24-26). La siguiente es sólo una sugerencia en cuanto a la época en que se escribieron los libros del Antiguo Testamento:

1. Job: 2150 a.C.
2. Pentateuco: 1402 a.C.
3. Josué: antes del 1350 a.C.
4. Jueces y Rut: antes del 1050 a.C.
5. Salmos: antes del 965 a.C.
6. Proverbios, Eclesiastés, Cantar de los Cantares: antes del 926 a.C.
7. Primero y Segundo de Samuel: antes del 926 a.C.
8. Primero de Reyes y Primero de Crónicas: antes del 848 a.C.
9. Abdías: 848 a.C.
10. Joel: 835 a.C.
11. Jonás 780 a.C.
12. Amós: 765 a.C.
13. Oseas: 755 a.C.
14. Isaías: 750 a.C.
15. Miqueas: 740 a.C.
16. Jeremías y Lamentaciones: 640 a.C.
17. Nahum: 630 a.C.
18. Habacuc y Sofonías: 625 a.C.
19. Ezequiel: 593 a.C.
20. Segundo de Reyes y Segundo de Crónicas: antes del 539 a.C.
21. Daniel: antes del 538 a.C.
22. Hageo y Zacarías: 520 a.C.
23. Ester: después del 476 a.C.
24. Esdras: después del 458 a.C.
25. Nehemías: después del 445 a.C.
26. Malaquías: 432 a.C.

C. La ubicación de los libros del Antiguo Testamento.

1. Antes del cautiverio babilónico. Antes de este período (606 a.C.), los libros del Antiguo Testamento aparentemente estaban junto al arca del pacto en el templo. Esto está indicado en los siguientes pasajes:

«Y Moisés vino y contó al pueblo todas las palabras de Jehová, y todas las leyes; y todo el pueblo respondió a una voz, y dijo: Haremos todas las palabras que Jehová ha dicho. Y Moisés escribió todas las palabras de Jehová, y levantándose de mañana edificó un altar al pie del monte, y doce columnas, según las doce tribus de Israel. Y tomó el libro del pacto y lo leyó a oídos del pueblo, el cual dijo: Haremos todas las cosas que Jehová ha dicho, y obedeceremos» (Ex. 24:3, 4, 7).

«Y cuando acabó Moisés de escribir las palabras de esta ley en un libro hasta concluirse, dio órdenes Moisés a los levitas que llevaban el arca del pacto de Jehová, diciendo: Tomad este libro de la ley, y ponedlo al lado del arca del pacto de Jehová vuestro Dios, y esté allí por testigo contra ti» (Dt. 31:24-26).

«Entonces dijo el sumo sacerdote Hilcías al escriba Safán: He hallado el libro de la ley en la casa de Jehová. E Hilcías dio el libro a Safán, y lo leyó. Viniendo luego el escriba Safán al rey, dio cuenta al rey y dijo: Tus siervos han recogido el dinero que se halló en el templo, y lo han entregado en poder de los que hacen la obra, que tienen a su cargo el arreglo de la casa de Jehová. Asimismo el escriba Safán declaró al rey, diciendo: El sacerdote Hilcías me ha dado un libro. Y lo leyó Safán delante del rey» (2 R. 22:8-10).

«Entonces Josué hizo pacto con el pueblo el mismo día, y les dio estatutos y leyes en Siquem. Y escribió Josué estas palabras en el libro de la ley de Dios; y tomando una gran piedra, la levantó allí debajo de la encina que estaba junto al santuario de Jehová» (Jos. 24:25, 26).

«Samuel recitó luego al pueblo las leyes del reino, y las escribió en un libro, el cual guardó delante de Jehová» (1 S. 10:25).

2. Durante el cautiverio babilónico. Los libros probablemente fueron llevados a Babilonia y luego juntados por Daniel. En 9:2 de su libro, el profeta Daniel escribe:

«En el año primero de su reinado, yo Daniel miré atentamente en los libros el número de los años de que habló Jehová al profeta Jeremías, que habían de cumplirse las desolaciones de Jerusalén en setenta años.»

Aquí Daniel dice específicamente que estaba leyendo Jeremías y «los libros», sin duda una referencia a los otros libros del Antiguo Testamento escritos hasta ese entonces.

3. Después del cautiverio babilónico. Estos libros pudieron haber sido llevados de vuelta a Jerusalén por el profeta Esdras y guardados en el templo nuevamente completado. (Véanse Esd. 3:10, 11: 6:15-18; Neh. 8:1-8.)

V. El Nuevo Testamento. El Nuevo Testamento fue escrito en un período de unos cincuenta años (aproximadamente entre 50-100 d.C.) por ocho autores humanos diferentes.

A. A continuación presentamos lo que puede haber sido el orden cronológico y las posibles fechas de los libros neotestamentarios.

1. Santiago: 49 d.C. (escrita en Corinto).
2. Primera y Segunda de Tesalonicenses: 52 d.C. (escritas en Corinto).

3. Primera de Corintios: 55 d.C. (escrita en Macedonia).
4. Segunda de Corintios: 56 d.C. (escrita en Macedonia).
5. Gálatas: 57 d.C. (escrita en Éfeso).
6. Romanos: 58 d.C. (escrita en Corinto).
7. Lucas: 59 d.C. (escrito en Cesarea).
8. Hechos: 60 d.C. (escrito en Roma).
9. Filipenses, Colosenses, Efesios, Filemón: 61, 62 d.C. (escritas en Roma).
10. Mateo: 63 d.C. (escrito en Judea).
11. Marcos: 63 d.C. (escrito en Roma).
12. Hebreos: 64 d.C. (escrito en Jerusalén).
13. Primera de Timoteo: 65 d.C. (escrita en Macedonia).
14. Primera de Pedro: 65 d.C. (escrita en Babilonia).
15. Segunda de Pedro: 66 d.C. (se desconoce dónde se escribió).
16. Tito: 66 d.C. (escrita en Grecia).
17. Judas: 67 d.C. (se desconoce dónde se escribió).
18. Segunda de Timoteo: 67 d.C. (escrita en Roma).
19. Juan: 85-90 d.C. (escrito en Éfeso).
20. Primera de Juan: 90-95 d.C. (escrita en Judea).
21. Segunda y Tercera de Juan: 90-95 (escritas en Efeso).
22. Apocalipsis: 90-95 d.C. (escrito en la isla de Patmos).

B. Los escritores humanos.
1. Mateo: autor de Mateo.
2. Marcos: autor de Marcos.
3. Lucas: autor de Lucas y Hechos.
4. Juan: autor de Juan, Primera, Segunda y Tercera de Juan, y Apocalipsis.
5. Santiago: autor de Santiago.
6. Judas: autor de Judas.
7. Pedro: autor de Primera y Segunda de Pedro.
8. Pablo: autor de las catorce epístolas restantes del Nuevo Testamento.

VI. La determinación del canon.

A. Pruebas a las cuales fueron sometidas los libros bíblicos. Varios libros de la Biblia, especialmente los del Nuevo Testamento, fueron sometidos a ciertas pruebas rígidas por la iglesia primitiva. Estas prueban incluían:
1. Paternidad literaria: ¿quién escribió el libro o la epístola?
2. Aceptación por las iglesias locales: ¿había sido leído por las diversas iglesias? ¿cuál era su opinión?
3. Reconocimiento por los padres de la iglesia: ¿habían citado del libro los alumnos de los discípulos? Por ejemplo, un hombre llamado Policarpo era discípulo del apóstol Juan. Por lo tanto, una prueba de un libro podría haber sido: «¿Qué pensaba Policarpo del libro?»
4. Tema del libro (contenido): ¿qué enseñaba el libro? ¿Contradecía otros libros reconocidos?
5. Edificación personal: ¿tenía el libro la capacidad de inspirar, convencer y edificar a las congregaciones locales y a los creyentes individuales?

Al cerrar esta sección debemos decir que fue una combinación de estos cinco pasos lo que ayudaba a determinar si un libro estaba inspirado o no. La canonicidad *no* era determinada por la edad ni el idioma de un libro dado. Por ejemplo, se mencionaron muchos libros antiguos en el Antiguo Testamento (véanse Nm. 21:14; Jos. 10:3) que no estaban en el canon del Antiguo Testamento. Algunos de los libros apócrifos (como Tobías) también fueron escritos en hebreo, pero no fueron incluidos en el Antiguo Testamento, mientras que algunos libros (como partes de Daniel), escritos en arameo, fueron incluidos en el canon.

B. Los escritos que eran inaceptables. Después que se reconoció que el canon del Antiguo Testamento estaba oficialmente cerrado, y antes del período neotestamentario, surgió un cuerpo de literatura llamado libros apócrifos. Esta palabra significa literalmente «lo que está escondido», y consiste de catorce libros.

1. El contenido de los libros apócrifos del Antiguo Testamento.
   a. Primero de Esdras cubre mucho del material que se encuentra en Esdras, Nehemías y 2 Crónicas. Pero también incluye una historia fantástica acerca de tres siervos judíos en Persia. El rey Darío les preguntó a todos cuál era la cosa más grande del mundo. Uno dijo el vino, otro contestó las mujeres, mientras que el tercero aseveró que era la verdad. Este ganó, y cuando se le ofreció una recompensa, sugirió que el rey permitiera que los judíos reconstruyeran el templo en Jerusalén.
   b. Segundo de Esdras contiene ciertas visiones dadas a Esdras acerca del gobierno del mundo por Dios y de la restauración de ciertas Escrituras perdidas.
   c. Tobías es la historia de un judío piadoso (Tobías) que es cegado accidentalmente (por la deposición de un gorrión) y después es sanado por un ángel llamado Rafael, quien le aplica al ojo una mezcla de corazón, hígado y hiel de pescado.
   d. Judit es la historia de una princesa judía hermosa y devota que salva a Jerusalén de la destrucción por los ejércitos invasores de Nabucodonosor. Lo hace seduciendo al general enemigo con su belleza, llevando luego a Jerusalén su cabeza en el bolso.
   e. El resto de Ester. Hay insertos adicionales en este libro para mostrar la mano de Dios en la narración al agregar la palabra «Dios» en el texto. La palabra Dios no aparece en el libro de Ester en el Antiguo Testamento.
   f. La Sabiduría de Salomón ha sido llamado «la joya de los apócrifos» y es uno de los libros más excelsos entre ellos.
   g. Eclesiástico, también llamado «la Sabiduría de Jesús, Hijo de Sirac» se parece al libro de Proverbios y da reglas para la conducta personal en todos los detalles de la vida civil, religiosa y doméstica.
   h. Primero de Macabeos, un relato histórico del período macabeo que narra los acontecimientos de la lucha heroica de los judíos por la libertad (175-135 a.C.).
   i. Segundo de Macabeos cubre en parte el mismo período que 1 Macabeos pero es algo inferior en su contenido.
   j. Baruc supuestamente fue escrito por el secretario de Jeremías, Baruc. Contiene oraciones y confesiones de los judíos en el exilio, junto con promesas de restauración.
   k. El «Cántico de los tres mancebos», agrega-

do al libro de Daniel, justo después del episodio del horno de fuego (Dn. 3:23); contiene una oración elocuente de Azarías, uno de los tres varones hebreos echados en el fuego.

l. La historia de Susana es un relato que narra cómo la inocencia de la esposa piadosa de un judío rico de Babilonia, falsamente acusada de adulterio, fue probada por la sabiduría de Daniel.

m. La historia de Bel y el dragón también se añade al libro de Daniel. El libro contiene dos historias.

(1) La primera trata de cómo Daniel prueba ante el rey que su gran dios Bel es un ídolo muerto y que los sacerdotes de Bel son timadores religiosos.

(2) El *Nuevo manual bíblico de Unger* describe la segunda historia con las siguientes palabras:

«La otra leyenda concierne a un dragón adorado en Babilonia. Daniel, a quien se le ordena rendirle homenaje, lo alimenta con una mezcla de brea, pelo y grasa lo que hace que reviente. El populacho enfurecido obliga al rey a echar a Daniel en el foso de los leones, donde es alimentado al sexto día por el profeta Habacuc, quien es transportado por un ángel a Babilonia por el cabello en momentos en que llevaba alimento y bebida a los segadores en Judea. El séptimo día el rey rescata a Daniel y echa los que lo querían destruir a los leones hambrientos.» (*Nuevo manual bíblico de Unger,* Editorial Portavoz, p. 357.)

n. La oración de Manasés es la supuesta oración confesional del malvado rey Manasés de Judá, después de que fuera llevado a Babilonia como prisionero por los asirios.

2. Razones para rechazar los libros apócrifos. «¿Por qué ustedes los protestantes no tienen todos los libros de la Biblia?» Muchas veces, los que han aceptado los apócrifos en sus traducciones de la Biblia confrontan a los cristianos y amantes de la Biblia con esta pregunta. ¿Por qué *no* incluimos estos catorce libros? Hay muchas buenas razones bíblicas para ello.

a. Los apócrifos nunca fueron incluidos en el canon del Antiguo Testamento por autoridades reconocidas como los fariseos, el profeta Esdras, etc.

b. Jamás fueron citados por los judíos, ni por Jesús, ni por ningún escritor del Nuevo Testamento.

c. El gran historiador judío Josefo los excluyó.

d. El bien conocido filósofo judío Filón no los reconoció.

e. Los primeros padres de la iglesia los excluyeron.

f. El traductor bíblico Jerónimo no aceptó los libros como inspirados, aunque el Papa le obligó a incluirlos en la Biblia latina (la Vulgata).

g. Ninguno de los catorce libros afirma estar divinamente inspirado; de hecho, algunos hasta la niegan.

h. Algunos libros contienen errores históricos y geográficos.

i. Algunos libros enseñan doctrinas falsas, como orar por los muertos.

j. No se puede encontrar ningún libro apócrifo en ninguna lista catalogada de los libros canónicos compuesta durante los primeros cuatro siglos d.C. De hecho, no fue sino hasta 1596, en el Concilio de Trento, que la Iglesia Católica Apostólica Romana reconoció estos libros oficialmente, básicamente en un intento de reforzar su posición, que había sido grandemente debilitada por el gran reformador Martín Lutero.

C. Se dudó de algunos libros canónicos que luego fueron plenamente aceptados. Durante los primeros años de la historia de la iglesia primitiva había unos doce libros bíblicos a los cuales se les hicieron objeciones temporales por diversos motivos.

1. Libros del Antiguo Testamento.

a. Cantar de los Cantares: porque a algunos les parecía no ser más que un poema sobre el amor humano.

b. Eclesiastés: porque algunos pensaban que enseñaba el ateísmo. (Véase 9:5.)

c. Ester: porque no menciona la palabra «Dios» en todo el libro.

d. Ezequiel: porque parecía contradecir la ley mosaica.

e. Proverbios: porque parecía contradecirse. (Véase 26:4, 5.)

2. Libros del Nuevo Testamento.

a. Hebreos: por la incertidumbre acerca de la paternidad literaria del libro.

b. Santiago: porque parecía contradecir las enseñanzas de Pablo. (Cp. Stg. 2:20 con Ef. 2:8, 9.)

c. Segunda y Tercera de Juan: porque parecían ser sencillamente cartas personales.

d. Judas: porque el autor se refiere a un libro no canónico del Antiguo Testamento, el libro de Enoc.

e. Apocalipsis: por la incertidumbre acerca de la paternidad literaria del libro y por sus muchos símbolos misteriosos.

VII. La finalización del canon.

A. El Antiguo Testamento. Para el año 300 a.C. (a más tardar), todos los libros del Antiguo Testamento habían sido escritos, coleccionados, honrados y reconocidos como libros oficiales y canónicos. Muchos creen que el profeta Esdras dirigió el primer concilio de reconocimiento.

B. El Nuevo Testamento. Durante el Tercer Concilio de Cartago, que se llevó a cabo en el 397 d.C., los veintisiete libros del Nuevo Testamento fueron declarados canónicos. Sin embargo, es absolutamente necesario entender que la Biblia *no* es una colección autorizada de libros, sino más bien una colección de libros autorizados. En otras palabras, los veintisiete libros del Nuevo Testamento no fueron inspirados porque el Concilio de Cartago proclamó que lo eran, sino que el Concilio de Cartago los proclamó como tales porque ya habían sido inspirados.

Séptima parte: Traducciones importantes de la Biblia

Tal vez la narración más emocionante de la historia de la humanidad es el relato verídico de los esfuerzos sinceros (y a veces agonizantes) de traducir la preciosa Palabra de Dios al idioma de un época en particular. Se han gastado literalmente miles de millones de horas de trabajo intenso para hacerlo. Examinaremos brevemente algunos de los frutos mejores conocidos de todo este estudio.

I. Ediciones hasta la época de Jesús.

A. Los rollos del mar Muerto. En 1947, en una serie de cuevas cerca del mar Muerto, se hizo un descubrimiento que pronto emocionaría a todo el mundo religioso: los rollos del mar Muerto. El doctor William F. Albright dice que este hallazgo fue «el descubrimiento más importante que se haya hecho jamás en cuanto a los manuscritos del Antiguo Testamento». Es probable que estos rollos hayan sido escondidos allí en algún momento del siglo II a.C. por un grupo de judíos llamados los esenios. Incluían fragmentos de todos los libros del Antiguo Testamento de la Biblia hebrea, con la excepción del libro de Ester.

Fue especialmente emocionante un rollo completo del libro de Isaías. La razón por la cual este descubrimiento fue tan importante es que, hasta ese momento, la copia más antigua que teníamos de las escrituras de Isaías se había hecho durante el siglo XII d.C. Ahora los eruditos podían aproximarse mil años más a la época en la cual escribió el profeta en realidad (alrededor del 700 a.C.) Cuando se hizo una comparación entre la copia del mar Muerto y la copia del siglo XII d.C., se halló que eran casi idénticas, nuevamente asegurándonos que la copia que tenemos hoy de la Palabra de Dios es verdaderamente precisa y fiable.

B. La Septuaginta griega. La Septuaginta griega es una traducción del Antiguo Testamento hebreo al idioma griego. Se hizo alrededor del 280 a.C. a pedido de algunos líderes judíos. El motivo era que muchos judíos se habían ido a Egipto y otros lugares fuera de Palestina y en consecuencia no podían leer ni hablar el hebreo. Así que se preparó una traducción al idioma griego común de la época. Se llamó la «Septuaginta» (la palabra griega para setenta) porque, según la tradición, supuestamente fue traducida por setenta eruditos judíos en setenta días. La Septuaginta era la Biblia en la época de Jesús.

II. Ediciones hasta el siglo VII d.C.

A. Los papiros. Estos consistían en cientos de páginas encontradas en Egipto central en 1895. Algunas estaban metidas en sarcófagos y en cuerpos embalsamados de cocodrilos. Entre las diversas páginas había un fragmento de 3 1/2" X 2 1/2" (9 X 6 cm) que contenía a Juan 18:31-38. La determinación de la edad con el método del carbono-14 ha probado que fue escrito alrededor del 125 d.C. Este fragmento es el manuscrito más antiguo conocido de la Biblia.

B. La Vulgata Latina. Durante el siglo IV d.C. se pensó que hacía falta una nueva traducción de la Biblia al latín, que por entonces era el idioma común del mundo occidental. Fue así que en el 382 d.C. Damasco, el obispo de Roma, nombró al gran erudito Jerónimo para comenzar a hacerlo. Jerónimo trabajó en ese proyecto durante los próximos veinticinco años, yendo directamente al hebreo y al griego. El término «Vulgata» viene de la palabra latina que significa «común». Hasta la versión del rey Jaime de 1611, la Vulgata latina fue la Biblia reconocida por casi 1200 años. En 1228 la Vulgata fue dividida en capítulos por Stephen Langton, el arzobispo de Canterbury. Fue dividida en versículos por Robert Stephens en 1551, y estos versículos fueron numerados por Montano alrededor del 1571 d.C. La Vulgata también fue la primera Biblia impresa por Juan Gutenburg en 1455. Una de esas copias impresas yace ahora en la Biblioteca del Congreso de los Estados Unidos y su valor ha sido calculado en 350.000 dólares estadounidenses.

C. Manuscrito Sinaítico o *Códice Sinaíticus*. Este era un antiguo manuscrito de la Septuaginta griega, escrito aproximadamente en el 330 d.C. Fue descubierta por el erudito bíblico alemán Tischendorf en el convento de Santa Catalina en el monte Sinaí en 1844. En medio de un cesto de basura a punto de ser quemado, vio páginas de vitela escritas en griego. El Manuscrito Sinaítico contenía 199 páginas del Antiguo Testamento. El 24 de diciembre de 1933 este códice, que había estado tan cerca de ser quemado, fue vendido por los rusos al gobierno británico por 510.000 dólares estadounidenses, convirtiéndolo en la compra más cara de un libro de todas las edades.

D. Manuscrito Vaticanus. Escrito también alrededor del 330 d.C., ha estado en la biblioteca del Vaticano en Roma desde 1481. Los papas católicos habían negado constantemente el permiso hasta el siglo XIX para que estudiosos competentes de la Biblia lo estudiaran. Se piensa que tanto este manuscrito como la copia del monte Sinaí son dos de las cincuenta copias originales encargadas por el emperador Constantino poco después de asumir el control del Imperio Romano en el 312 d.C. Sin embargo, está incompleto, faltando las epístolas pastorales, Filemón, Apocalipsis y los últimos capítulos de Hebreos.

E. Manuscrito Alejandrino. Data de alrededor del 450 d.C. y fue escrito en Egipto. Fue dado al patriarca de Alejandría en 1708 (de ahí su nombre). En 1757 fue transferido al museo británico.

F. La versión cóptica. Durante el siglo II surgió un nuevo tipo de idioma que era una especie de híbrido del griego y el egipcio. Llegó a conocerse como el copto. Se hicieron varias traducciones de la Palabra de Dios en esta época (alrededor del 350 d.C.) del griego al copto.

G. La versión etíope. Etiopía era la tierra al sur de Egipto en África. El eunuco etíope de Hechos 8:26-39 probablemente introdujo el cristianismo allí. Esta era una buena traducción verbal del griego. Era fluida, fácil de leer y útil. Data de alrededor del 350 d.C.

H. La versión gótica. La tierra de los godos se encontraba al norte del río Danubio y al oeste del mar Negro. Los godos eran un pueblo muy belicoso. Durante una de sus incursiones en Asia Menor capturaron a un joven llamado Ulfilas. Ulfilas, cristiano y erudito, tradujo más tarde las Escrituras al gótico, con la excepción de 1 y 2 Samuel y 1 y 2 Reyes. Esto se debe a las muchas guerras registradas en estos cuatro libros del Antiguo Testamento. Ulfilas no quería alentar a los godos en ese sentido. La versión gótica, que data de alrededor del 350 d.C., fue la primera traducción de la Biblia a una lengua bárbara. Todavía existe una de las versiones de Ulfilas. Se llama el Códice Argento y fue escrito en letras doradas y plateadas sobre vitela violeta. Ahora descansa en la Biblioteca Universitaria de Upsala, en Suecia.

I. La versión armenia. Armenia está al norte de Mesopotamia. Alrededor del 406 d.C., un gran misionero y escritor llamado Mesrob comenzó a traducir la Biblia al armenio, después de haber reducido el idioma a un alfabeto. La versión armenia ha sido llamada «la más hermosa y precisa de todas las versiones antiguas: la reina de las versiones».

III. Versiones de la Biblia en castellano. Citamos a continuación del *Nuevo manual bíblico de Unger*:*

«**Reina-Valera.** Casiodoro de Reina realizó la traducción original en 1569, en base a los textos originales, cotejando al mismo tiempo con traducciones anteriores. En 1602 apareció una versión revisada por Cipriano de Valera. Posteriormente ha sido actualizada en varias oportunidades, siendo 1960 la fecha de la última revisión hecha por las Sociedades Bíblicas Unidas. La comisión designada para esta tarea tenía como objeto actualizarla en todos sus aspectos a fin de "hacer brillar con mayor esplendor y claridad el mensaje de la versión de Casiodoro de Reina y Cipriano de Valera en el corazón y la vida de nuestros contemporáneos." La versión de 1960 es la más difundida en los círculos protestantes y evangélicos en general.

Reina Valera 1977. Lanzada por la Editorial CLIE, de Terrassa, España, tiene como propósito una puesta al día del lenguaje castellano de la antigua versión de Reina-Valera, sin por ello sacrificar la exactitud y precisión del lenguaje ni desvirtuar el contenido doctrinal que se desprende del original. En el criterio de revisión del NT ha pesado mucho la atención dada a las recientes corrientes textuales (Westcott y Hort, Nestle, Aland, etc.). El resultado es un texto ágil, muy legible, sin por ello perder vigor en su contenido formal. Sus numerosas notas lingüísticas y la gran cantidad de referencias paralelas constituyen un valor añadido para el estudio.

Felipe Scío de San Miguel. Apareció esta versión en Valencia en 1790, traducida de la Vulgata latina. Fue la primera Biblia castellana autorizada por la iglesia católica e impresa en España. Dice Vigoroux que "como el traductor se aplica a seguir tan de cerca como le es posible el texto latino sin ocuparse en manera alguna del texto original o las versiones anteriores a la suya, falta a veces claridad y precisión."

Versión Mejicana. Fue realizada por ocho sacerdotes en base a la Vulgata y la versión francesa de Vence y editada por Mariano Galván y Rivera entre 1813 y 1833. Contenía notas con las diferencias que notaban los traductores entre la Vulgata y los textos originales. Se trata de la primera Biblia traducida e impresa íntegramente en América hispana (México).

Torres Amat y Petisco. Aun cuando en 1822 apareciera como traducción de Félix Torres Amat, se ha establecido posteriormente que el autor de la versión fue José Miguel Petisco. Traducción hecha en base a la Vulgata, afirma el traductor que su versión fue comparada con los textos originales.

* La información en esta sección III no es traducción del original en inglés de esta obra, sino que reemplaza la información dedicada en ella a las versiones inglesas. (Nota del editor.)

Versión Moderna. Traducción realizada por H. B. Pratt en 1893, revisada y mejorada en 1929. Monseñor Juan Straubinger menciona su fidelidad a los originales hebreo y griego.

Versión Hispanoamericana del Nuevo Testamento. La primera edición apareció en 1916, basada en el texto de Tischendorf, Wescott, Hort y Nestlé. Browning afirma que "... es sin disputa, la mejor que existe [hasta ese momento] en cuanto a la pureza del idioma castellano moderno, y por la fidelidad de la traducción a los idiomas originales."

Versión Besson del Nuevo Testamento. Es el primer NT traducido y publicado en América Latina (Buenos Aires, 1919) empleando los textos originales. La tercera edición de esta traducción de Pablo Besson ha sido publicada por la Casa Bautista de Publicaciones.

Nácar-Colunga. Publicada por la Biblioteca de Autores Cristianos, Madrid, en 1944. Se trata, se afirma en el prólogo, de la "primera traducción íntegra de las Sagradas Escrituras hechas directamente de las lenguas originales, hebreo y griego por autores católicos a la lengua de Cervantes." Afirma Gillis que se trata de "una versión de mucho valor."

Bover-Cantera. Apareció en 1947 como "versión crítica sobre los textos hebreo y griego," según manifiestan los traductores José María Bover y Francisco Cantera Burgos. Para Gillis es una versión excelente, que da muestras "de erudición, y de atención escrupulosa al sentido de los idiomas originales." Es una traducción menos literal que la de Nácar y Colunga.

Versión de Straubinger. En 1948 apareció el NT y en 1951 el AT, realizados en Argentina por Monseñor Juan Straubinger. Aunque la traducción es buena, especialmente en algunos libros —el Salterio, p. ej.— lo más valioso de esta Biblia son sus excelentes notas que aparecen en la edición original Argentina.

Sagrada Biblia. Publicada por Editorial Herder, de Barcelona, en 1964, se trata de una "edición popular ... con miras puramente pastorales, apostólicas," siendo preparada por "varios escrituristas a base de versiones castellanas de uso secular y de versiones modernas, nacionales y extranjeras," y revisadas por Serafín de Ausejo "según los textos originales de la Biblia."

Biblia de Jerusalén. Publicada por Desclée de Brouwer, Bruselas, en 1967. "La selección crítica de los textos [se ha hecho], en su mayor parte, según los criterios de la versión francesa" correspondiente. Las "ayudas críticas y exegéticas de primera calidad que constituyen el resultado de muchas décadas de investigación seria y científica, debida en buena parte a los miembros de la Escuela Bíblica de Jerusalén," justifican la designación de Biblia de Jerusalén.

Dios Llega al Hombre. Conocida como la versión popular del NT. La Biblia completa lleva el título de *Dios Habla Hoy*.

La Biblia al Día es una paráfrasis del Antiguo y Nuevo Testamento hecha por Kenneth N. Taylor.

Nueva Versión Internacional, El Nuevo Testamento. Se trata de una traducción castellana (1979) del NT de la versión inglesa New International Version (1973), aunque cotejada con el original. Se dan útiles indicaciones lingüísticas y textuales.

Biblia de las Américas, una traducción del NT (1973) y del AT (1986), es producto de la intensa labor de eruditos de varios países de Hispanoamérica, de España y de los EE.UU. Se ciñe a los idiomas originales de las Sagradas Escrituras, y observa las reglas de la gramática moderna en una dimensión continental contemporánea, usando un estilo ágil y ameno, procurando mantener la mayor belleza literaria. Con numerosas lingüísticas y referencias paralelas, es una versión de suma utilidad.» (*Nuevo manual bíblico de Unger*, Editorial Portavoz, pp. 686, 687.)

Octava parte: Pruebas de que la Biblia es la Palabra de Dios

I. Primer elemento sobrenatural: su asombrosa unidad. La unidad de la Biblia es un hecho que ningún lector honesto puede negar. En el prefacio de la mayoría de las Biblias se presenta una lista de los treinta y nueve libros del Antiguo Testamento y los veintisiete libros del Nuevo Testamento en dos columnas paralelas. Pero una presentación más correcta sería la ubicación de toda la colección de los sesenta y seis libros en un círculo en el sentido de las agujas de un reloj, con Génesis en la posición del primer minuto después de las doce, Exodo en el segundo, Levítico en el tercero, y así sucesivamente. Por último, se pondría el libro de Apocalipsis en el número doce, junto a Génesis. Es emocionante ver cómo estos dos libros, Génesis el primero y Apocalipsis el último, convergen perfectamente en una unidad que sólo Dios podía crear. Por ejemplo:

En Génesis leemos: «En el principio creó Dios los cielos y la tierra» (1:1).
En Apocalipsis leemos: «Vi un cielo nuevo y una tierra nueva» (21:1).

En Génesis vemos una descripción del primer Adán y su esposa Eva en el huerto del Edén, reinando sobre la tierra (1:27, 28).
En Apocalipsis vemos una descripción del postrer Adán con su esposa, la Iglesia, en la Ciudad de Dios, reinando sobre todo el universo (21:9).

En Génesis se nos dice: «Y a la reunión de las aguas llamó Mares» (1:10).
En Apocalipsis se nos dice: «Y el mar ya no existía más» (21:1).

En Génesis Dios creó el día y la noche, el sol y la luna (1:5, 16).
En Apocalipsis «no habrá allí más noche» (22:5). «La ciudad no tiene necesidad de sol ni de luna que brillen en ella; porque la gloria de Dios la ilumina, y el Cordero es su lumbrera» (21:23).

En Génesis se le niega el árbol de la vida al hombre pecador (3:22).
En Apocalipsis el árbol de la vida «produce doce frutos, dando cada mes su fruto; y las hojas del árbol eran para la sanidad de las naciones» (22:2).

En Génesis el hombre oye a Dios decir: «Maldita será la tierra por tu causa» (3:17).
En Apocalipsis el hombre oirá a Dios decir: «Y no habrá más maldición» (22:3).

En Génesis, Satanás aparece para atormentar al hombre (3:1).
En Apocalipsis, Satanás desaparece, para ser él atormentado para siempre (20:10).

En Génesis, la antigua tierra fue castigada por medio de un diluvio (7:12).
En Apocalipsis, la nueva tierra será purificada por medio de fuego (2 P. 3:6-12; Ap. 21:1).

En Génesis, el primer hogar del hombre fue junto a un río (2:10).
En Apocalipsis, el hogar eterno del hombre será junto a un río: «Después me mostró un río limpio de agua de vida, resplandeciente como cristal, que salía del trono de Dios y del Cordero» (22:1).

En Génesis, el patriarca Abraham llora a Sara (23:2).
En Apocalipsis, Dios mismo enjugará toda lágrima de los ojos de los hijos de Abraham (21:4).

En Génesis, Dios destruye una ciudad terrenal, la malvada Sodoma, de las arenas (cap. 19).
En Apocalipsis, Dios presenta una ciudad celestial, la nueva Jerusalén, desde los cielos (21:1).

Génesis termina con un creyente en Egipto, yaciendo en un sepulcro (50:1-3).
Apocalipsis termina con todos los creyentes en la eternidad, reinando para siempre (21:4).

A. Esta unidad se logra a pesar del largo tiempo involucrado en su escritura.
   1. Pasaron más de quince siglos entre la escritura del Génesis y la de Apocalipsis.
   2. Pasaron casi 400 años entre la escritura de Malaquías y la de Mateo.
B. Esta unidad se logra a pesar de los muchos autores (cuarenta) y sus diversas profesiones (aproximadamente diecinueve).
   «El Señor daba palabra; había grande multitud de los que llevaban buenas nuevas» (Sal. 68:11).
   1. Moisés era un príncipe egipcio.
   2. Josué era soldado.
   3. Samuel era sacerdote.
   4. David era rey.
   5. Ester era reina.
   6. Rut era ama de casa.
   7. Job era un granjero próspero.
   8. Amós era un granjero pobre.
   9. Esdras era escriba.
   10. Isaías era profeta.
   11. Daniel era primer ministro.
   12. Nehemías era copero del rey.
   13. Mateo era recolector de impuestos.
   14. Marcos era evangelista.
   15. Lucas era médico.
   16. Juan era un pescador próspero.
   17. Pedro era un pescador pobre.
   18. Judas y Santiago probablemente eran carpinteros.
   19. Pablo era tendero.
C. Esta unidad se logra a pesar de los diferentes lugares geográficos en los cuales se escribió la Biblia.
   1. En el desierto (Ex. 17).
   2. En el monte Sinaí (Ex. 20).
   3. En Palestina (la mayor parte).
   4. En Egipto (¿Jeremías?).
   5. En la isla de Patmos (Apocalipsis).
   6. En Babilonia (Daniel).
   7. En Persia (Ester).
   8. En Corinto (1 y 2 Tesalonicenses).
   9. En Éfeso (¿Gálatas?).
   10. En Cesarea (¿Lucas?).
   11. En Roma (2 Timoteo).

D. Esta unidad se logra a pesar de los muy diversos estilos literarios.
1. Historia.
2. Profecía.
3. Biografía.
4. Autobiografía.
5. Poesía.
6. Ley.
7. Epístolas.
8. Simbólico.
9. Proverbial.
10. Doctrinal.

Imaginemos una novela religiosa de sesenta y seis capítulos comenzada por un solo escritor alrededor del siglo VI d.C. Después de que el autor completa sólo cinco capítulos, muere repentinamente. Pero durante los próximos 1000 años, hasta el siglo XVI, unos treinta escritores «independientes» no profesionales se sienten obligados a contribuir con esta novela religiosa inacabada. Pocos de los autores tienen algo en común. Hablan diferentes idiomas, viven en diferentes países en diferentes épocas, tienen trasfondos y oficios totalmente distintos y escriben en estilos diferentes.

Imaginemos además que al completar el capítulo treinta nueve, por algún motivo se deja de escribir. No se agrega ni una palabra desde el siglo XVI hasta el siglo XX. Después de este largo atraso, se empieza nuevamente, cuando ocho autores nuevos agregan los últimos veintisiete capítulos.

Con todo esto en mente, ¿cuáles serían las probabilidades de que esta novela religiosa se convirtiera en una unidad moral, científica, profética e histórica? La respuesta obvia es: ni siquiera una en un millón. Y sin embargo, esta es la historia de la Biblia.

II. Segundo elemento sobrenatural: su indestructibilidad.

Se cuenta la historia de un turista que visitó una herrería. Al ver las pilas de martillos descartados pero sólo un yunque enorme preguntó: «¿Con qué frecuencia reemplaza el yunque?» El dueño contestó con una sonrisa: «¡Nunca! ¡Es el yunque que gasta a los martillos!»

Así también sucede con la Palabra de Dios. Los martillos de la persecución, la burla, la crítica superior, el liberalismo y el ateísmo han dado sus malvados golpes en el yunque divino por siglos, todos en vano. Ahí yacen, en pilas oxidadas, mientras que el gran yunque de las Escrituras permanece entero, inamovible y sin astillar.

A. Su indestructibilidad a pesar de las persecuciones políticas (desde los emperadores romanos).

En el 303 d.C., el emperador Diocleciano creyó que había destruido todas y cada una de las odiadas Biblias. Después de muchos años de matanza y destrucción implacables, erigió una columna de victoria sobre las cenizas de una Biblia quemada. El título de la columna decía: «El nombre cristiano está extinguido». Veinte años más tarde, el nuevo emperador Constantino ofreció una recompensa por cualquier Biblia que hubiera quedado. En veinticuatro horas, se sacaron de sus escondites no menos de cincuenta Biblias, las cuales fueron presentadas al rey.

B. Su indestructibilidad a pesar de las persecuciones religiosas.

1. Evidente en las persecuciones por los papas católicos.

Casi sin excepción, los primeros papas se opusieron a la lectura y la traducción de la Biblia. En 1199, el papa Inocencio III ordenó que se quemaran todas las Biblias.

2. Evidente en las persecuciones en contra de John Wycliffe y William Tyndale.

De todos los héroes de la historia de la Iglesia, no hay nombres tan estrechamente asociados con la Palabra de Dios como los de Wycliffe y Tyndale. La mención misma de estos dos hombres sin duda era suficiente para que el diablo se volviera furioso. Por lo tanto no es sorprendente leer de los malsanos ataques que sufrieron.

a. John Wycliffe. Wycliffe vivió en una época (a principios del siglo XIV) cuando el tema ardiente era: ¿quién gobernará a Inglaterra, el Rey o el Papa? Wycliffe creía que la mejor forma de romper el oneroso yugo del romanismo era poner la Biblia en manos del pueblo. Lo hizo traduciendo (por primera vez en la historia) toda la Biblia al inglés. Después organizó y envió un grupo de predicadores (llamados lollardos) para enseñar la Palabra de Dios por toda Inglaterra.

El 28 de diciembre de 1348, mientras estaba dirigiendo un culto en la iglesia de Lutterworth, repentinamente sufrió una parálisis y murió tres días más tarde. Después de su muerte, los que odiaban sus actividades de traducción bíblica dijeron las siguientes cosas de Wycliffe:

«"John Wycliffe, el órgano del diablo, el enemigo de la Iglesia, la confusión del pueblo, el ídolo de los herejes, el espejo de los hipócritas, el promotor del cisma, el segador de odio, el almacén de mentiras, el pozo de lisonjas, fue derribado por el juicio de Dios ... esa boca, que solía hablar cosas enormes en contra de Dios y en contra de sus Santos o su Iglesia santa, fue quitado de en medio ... mostrando claramente que la maldición que Dios había pronunciado contra Caín también lo visitó a él." [De boca de un monje]

"Ese pernicioso miserable John Wycliffe, hijo de la antigua serpiente, precursor del Anticristo, que había completado su iniquidad invirtiendo una nueva traducción de las Escrituras."» (H.S. Miller, *Biblical Introduction*, p. 329.)

Uno casi pensaría que el Salvador tenía esto en mente cuando habló las siguientes palabras:

«Estas cosas os he hablado, para que no tengáis tropiezo. Os expulsarán de las sinagogas; y aun viene la hora cuando cualquiera que os mate, pensará que rinde servicio a Dios. Y harán esto porque no conocen al Padre ni a mí» (Jn. 16:1-3).

Una cita final del libro de Miller parecería ser relevante aquí:

«En 1415, el Concilio de Constanza que entregó a John Hus y a Jerónimo de Praga a una muerte cruel, exigió que los huesos del notorio hereje Wycliffe ... fueran sacados de suelo consagrado y dispersados a una distancia del sepulcro. Trece años después (1428), 44 años después de su muerte, el papa Clemente VIII ordenó el fin de las demoras; la tumba fue abierta, el ataúd y el esqueleto fueron llevados a la orilla del río Swift, se prendió una hoguera, los huesos fueron quemados y las cenizas tiradas al río. En las palabras tan citadas de Thomas Fuller: "El Swift los llevó al Avon, el Avon al Severn, el Severn a los mares estrechos; éstos hasta el océano principal; y así las cenizas de Wycliffe son el emblema de su doctrina, que ahora está dispersa en todo el mundo"» (pp. 329-330).

b. William Tyndale (1484-1536). Tyndale fue uno de los más grandes traductores de la Palabra de Dios de todas las épocas. Nació en Inglaterra, y conocía tan bien siete idiomas (hebreo, griego, latín, italiano, español, inglés y holandés) que cuando hablaba cualquiera de ellos parecía hablar su lengua natal. La famosa versión del rey Jaime es prácticamente una quinta revisión de la de Tyndale, y mantiene muchas de las palabras y mucho del carácter, la forma y el estilo de su versión. En 1525 imprimió la primera copia del Nuevo Testamento producida en Inglaterra. La meta general de su vida tal vez tenga su mejor expresión en una declaración que hizo en 1521:

«Desafío al Papa y todas sus leyes; si Dios guarda mi vida, antes de que pasen muchos años haré que un muchacho que maneja el arado conozca ... las Escrituras.»

En 1529, ocurrió un acontecimiento divertido y emocionante en Inglaterra y Europa en relación con la Palabra de Dios. Tyndale había sido expulsado de Inglaterra y había huido a Alemania, pero había seguido produciendo Nuevos Testamentos y mandándolos a Inglaterra. Un día el obispo de Londres (el obispo Tunstall) le mencionó a un comerciante británico, un hombre llamado Packington y amigo secreto de Tyndale, su deseo de comprar todas las copias del Nuevo Testamento.

Dijo Packington: «Señor mío, si os place, puedo comprarlos, porque sé dónde los venden, si es vuestro placer pagar por ellos. Entonces os aseguraré que habéis comprado cada libro que se ha impreso.»

Dijo el obispo: «Estimado señor Packington, haced vuestra diligencia y conseguidlos; y de todo corazón os pagaré todo lo que os cuesten, porque los libros son erróneos ... y pienso destruirlos todos, y quemarlos en la Cruz de San Pablo.»

Packington entonces fue a Tyndale y le dijo: «William, sé que eres un hombre pobre, y que tienes una montaña de Nuevos Testamentos y libros, por los cuales has puesto en peligro a tus amigos y te has empobrecido; y ahora tengo un comprador, quien con dinero presto te comprará todo lo que tienes, si piensas que te es provechoso.»

«¿Quién es el comprador?» —preguntó Tyndale.

«El obispo de Londres» —contestó Packington.

«Ah, es porque los va a quemar.»

«Sí, por supuesto, pero ¿y qué? El obispo los quemará de todos modos, y es mejor que tengas el dinero para que puedas imprimir otros.»

«Lo haré —dijo Tyndale— porque obtendremos dos beneficios: primero, tendré dinero para salir de deudas, y todo el mundo se opondrá a que se queme la Palabra de Dios; y segundo, el dinero restante que me quedará me hará más estudioso para corregir este Nuevo Testamento, y así imprimirlo nuevamente, y confío que el segundo será mucho mejor que el primero.» Así que se hizo el pacto. El obispo consiguió los libros, Packington recibió el agradecimiento y Tyndale tuvo el dinero. Más tarde, un hombre llamado Constantino se encontraba bajo juicio acusado de hereje, y el juez le prometió su favor si le decía cómo Tyndale había recibido tanta ayuda para imprimir tantos Testamentos.

Él contestó: «Señor mío, os diré la verdad: es el obispo de Londres quien ha ayudado, porque nos ha dado mucho dinero por los Nuevos Testamentos para quemarlos y eso ha sido, y sigue siendo, nuestra principal ayuda y consuelo.» (*Biblical Introduction*, p. 334.)

Nuevamente citamos del texto de Miller:

«Tyndale fue ejecutado el viernes 6 de octubre de 1536. Según las leyes del emperador, sólo los anabautistas eran quemados vivos, así que se escapó de ese fin. Fue llevado afuera y se le permitió pasar unos momentos en oración. Con celo ferviente y voz fuerte clamó: «Señor, ¡abre los ojos del rey de Inglaterra!» Entonces sus pies fueron atados al poste, se le ató una cadena de hierro alrededor del cuello, con una soga de cáñamo atada en un nudo flojo, y se apilaron haces de leña y paja a su alrededor. Cuando se dio la señal acordada, se apretó la soga y Tyndale fue estrangulado. Entonces se aplicó la antorcha y el cuerpo fue rápidamente consumido» (pp. 338, 339).

C. Su indestructibilidad a pesar de la persecución filosófica. Hay varios ejemplos de ello:

1. Voltaire. Una vez dijo: «Un siglo más y no quedará una Biblia en la tierra.» El siglo pasó y la circulación de la Biblia es una de las maravillas de la época. Después de su muerte, su vieja imprenta y la casa misma donde vivía fueron compradas por la Sociedad Bíblica de Ginebra y convertida en depósito para Biblias.

   El 24 de diciembre de 1933, el gobierno británico le compró el valioso Manuscrito Sinaítico a los rusos por medio millón de dólares. Ese mismo día, una primera edición de la obra de Voltaire costaba once centavos en las librerías de París.

2. Thomas Paine. Una vez dijo: «He atravesado la Biblia como un hombre atravesaría un bosque con un hacha para derribar los árboles. He derribado árbol tras árbol; aquí yacen. Nunca

volverán a crecer.» Thomas Paine pensó que había demolido la Biblia, pero desde que descendió a la tumba de un ebrio en 1809 la Biblia ha salido adelante como nunca antes.

3. José Stalin. Este carnicero sangriento se apoderó de toda Rusia después de la muerte de Lenin a fines de la década de los veinte. Desde entonces hasta su muerte en la década de los cincuenta, Stalin instituyó una purga para «prohibir la Biblia» en la antigua Unión Soviética como no había sido vista nunca antes. Este miserable literalmente intentó borrar la Palabra de Dios y el Dios de la Palabra de la mente de los rusos. ¿Pudo hacerlo? Sabemos que hoy más que nunca, después de la caída del comunismo, hay obra de evangelización en la antigua Unión Soviética, y que cada vez más gente allí cree en Dios y en su Palabra.

III. Tercer elemento sobrenatural: su precisión histórica. Hace menos de un siglo, los agnósticos se deleitaban en hacer referencias burlonas a los «cientos de errores históricos» de la Biblia. Pero después llegó la ciencia de la arqueología y con cada pala llena de tierra, las burlas se han vuelto menos visibles, hasta que hoy casi no se pueden ver. Cuando se piensa en la erudición histórica y la Biblia, tres brillantes estudiosos vienen a la mente. Son:

A. Sir William Ramsey. Durante muchos años, Ramsey fue profesor de humanidades en la Universidad de Aberdeen, en Escocia. En su época era la autoridad más eminente del mundo sobre la geografía y la historia de Asia Menor (la Turquía de hoy). En su celo por estudiar todo documento antiguo disponible sobre ese período y esa zona, hizo una investigación intensa del libro de los Hechos y del Evangelio de Lucas del Nuevo Testamento. Sin embargo, este estudio fue empezado con mucho escepticismo. En ese momento escribió la siguiente descripción del libro de los Hechos: «... un relato altamente imaginativo y lleno de colorido del cristianismo primitivo».

Pero después de muchos años de estudio intenso, este estudioso, que comenzó como incrédulo, se convirtió en un fuerte defensor de la Palabra de Dios. La precisión histórica absoluta de los escritos de Lucas, hasta en los detalles más minuciosos, cautivaron primero su mente y después su corazón. Ramsey escribió muchos libros, pero uno de los más conocidos se titula: *The Bearing of Recent Discovery on the Trustworthiness of the New Testament.* Tal vez la siguiente cita sea la que mejor ilustra la opinión general de Ramsey de la Biblia:

«En mi opinión, la historia de Lucas no tiene igual en cuanto a su fiabilidad...se pueden acosar las palabras de Lucas a un grado superior al de cualquier otro historiador y soportan el examen más profundo y el tratamiento más severo.»

B. William F. Albright. Uno de los estudiosos de Oriente más grandes y más respetados que haya vivido es William F. Albright. Escribe los siguiente en cuanto a la Biblia y sus hallazgos históricos:

«El lector puede quedarse tranquilo: no se ha hallado nada que perturbe una fe razonable y no se ha descubierto nada que pueda refutar una sola doctrina teológica.... Ya no nos molestamos con intentos de "armonizar" la religión y la ciencia o "probar" la Biblia. La Biblia puede defenderse a sí misma.» (Robert Young, *Young's Analytical Concordance to the Bible*, p. 51.)

C. Robert Dick Wilson. Es probable que el lingüista del Antiguo Testamento más altamente calificado de todos los tiempos haya sido Robert Dick Wilson. Nació en 1856 y cursó sus estudios universitarios en la Universidad de Princeton, recibiéndose en 1876. Entonces completó tanto su maestría como su doctorado. Además de esto pasó dos años en la Universidad de Berlín cursando estudios de postgrado. Wilson impartió cursos de Antiguo Testamento en el Seminario Teológico Western de Pittsburgh y volvió a Princeton, donde logró fama internacional como un estudioso del hebreo sin par. Se sentía perfectamente cómodo en más de cuarenta idiomas semíticos antiguos. El doctor Wilson escribe lo siguiente acerca de sí mismo:

«Si se lo llama experto a alguien, lo primero que hay que hacer es establecer el hecho de que lo sea. Un experto puede valer más que un millón de otros testigos que no son expertos. Antes de que un hombre tenga el derecho de hablar acerca de la historia y del idioma ... del Antiguo Testamento, la Iglesia cristiana tiene el derecho de exigir que el hombre establezca su capacidad de hacerlo. Durante cuarenta y cinco años continuos, desde que dejé la universidad, me he dedicado al solo gran estudio del Antiguo Testamento, en todos sus idiomas, en toda su arqueología, en todas sus traducciones, y en lo posible, en todo lo relacionado con su texto e historia. Les digo esto para que puedan ver por qué puedo hablar como experto y lo hago. Puedo agregar que el resultado de mis cuarenta y cinco años de estudio de la Biblia me ha llevado a una fe cada vez más firme en el hecho de que en el Antiguo Testamento tenemos un relato histórico verídico de la historia del pueblo israelita; y tengo el derecho de encomendar esto a algunos de esos jóvenes inteligentes que creen que pueden reírse del cristiano chapado a la antigua y del creyente en la Palabra de Dios ... He dicho que soy un experto. ¿Tengo el derecho de hacerlo? Bueno, cuando estaba en el seminario solía leer mi Nuevo Testamento en nueve idiomas diferentes. Aprendí el hebreo de memoria, para poder recitarlo sin perder una sílaba ... en cuanto me gradué del Seminario, me convertí en profesor de hebreo por un año y después fui a Alemania. Cuando llegué a Heidelburg, tomé una decisión. Decidí —y lo hice con oración— consagrar mi vida al estudio del Antiguo Testamento. Tenía veinticinco años entonces; y juzgué por la vida de mis antepasados que viviría para tener setenta años; así que debería tener cuarenta y cinco años para trabajar. Dividí el período en tres partes. Durante los primeros quince años me dedicaría al estudio de los idiomas necesarios. Durante los segundos quince me dedicaría al estudio del texto del Antiguo Testamento; y guardé los últimos quince años para la tarea de escribir los resultados de mis estudios e investigaciones previas para poder dárselas al mundo. Y el Señor me ha permitido llevar a cabo ese plan hasta casi el año exacto.» (David Otis Fuller, *Which Bible?*, pp. 40, 41.)

D. Autenticación arqueológica. El *Compendio ma-*

nual de la Biblia de Halley menciona unos 112 ejemplos. *El manual bíblico de Unger* menciona 96. Un resumen de ambas listas incluiría lo siguiente, todo lo cual verifica la precisión histórica de la Biblia.

1. El huerto del Edén (Gn. 2:8-14). Hace mucho que la arqueología estableció que la parte baja del valle del Tigris y el Éufrates en la Mesopotamia (donde estaba el Edén) fue la cuna de la civilización.
2. La caída del hombre (Gn. 3:1-24). Muchas culturas no hebreas registran este acontecimiento. Se encuentra en una tabla babilónica llamada el Sello de la Tentación, en los archivos asirios llamados el Sello de Adán y Eva, y en la Biblioteca Egipcia de Amen-hotep III.
3. La longevidad de la humanidad primitiva (Gn. 5:1-32). El más antiguo bosquejo conocido de la historia mundial es Prisma de Weld-Blumdell, escrito alrededor del 2170 a.C. Este bosquejo incluye una lista de ocho gobernantes prediluvianos. Se dijo que el reinado más corto había sido de 18.600 años y que el más largo cubría un período de 43.200 años. Por supuesto que ésta era una gran exageración, pero la idea es que la base histórica de todo esto puede encontrarse en el relato de Génesis que dice con acierto que Matusalén vivió hasta tener 969 años de edad. Una objeción común a esta y a otras supuestas leyendas dice que la humanidad primitiva sencillamente inventó mitos en los cuales sus antepasados hacían las cosas que ella habría querido hacer. Pero la falacia de este argumento se puede demostrar con el hecho de que no hay ninguna leyenda antigua de una nación o tribu de hombres voladores, a pesar del hecho de que todos los hombres en todas partes siempre han querido volar por los aires.
4. El diluvio universal (Gn. 6:1—9:29). Hay tanta evidencia del diluvio en la época de Noé que es difícil saber por dónde empezar. Se puede demostrar que, sin excepción, cada cultura humana importante tiene una tradición acerca del diluvio. Esto es especialmente cierto en la antigua civilización babilónica, como se puede ver en su Epopeya de Gilgamés. Si se le permite una ilustración personal al autor, conozco a un misionero de las Nuevas Tribus llamado Rod Wallin. Hace algunos años, Rod comenzó su obra en medio de un pueblo primitivo en la región montañosa de Nueva Guinea. Fue el primer hombre blanco en pisar esa zona. Pasó muchos años aprendiendo su difícil idioma. Entonces descubrió para su asombro que estos nativos tenían una tradición detallada del diluvio.
5. La torre de Babel (Gn. 11:1-9). Se han excavado más de dos docenas de antiguas torres de templos llamadas zigurats en Mesopotamia.
6. El lugar de nacimiento de Abraham (Gn. 11:27-31). La excavación del arqueólogo de renombre internacional C.L. Wooley en Mesopotamia en 1922-1934 ha convertido a Ur de los caldeos en uno de los sitios antiguos mejor conocidos de todas las edades. Cuando Abraham salió de Ur en el 2000 a.C., la ciudad estaba en el apogeo de su esplendor como centro comercial y religioso. (Véase también Jos. 24:2.)
7. La visita de Abraham a Egipto (Gn. 12:10-20). Debido a limitaciones de espacio, muchos de los siguientes acontecimientos del Antiguo Testamento que han sido autenticados por la arqueología serán sencillamente mencionados y no ampliados.
8. La batalla de Abraham con los reyes en Génesis 14.
9. La destrucción de Sodoma y Gomorra (Gn. 18—19). En el extremo sudeste del mar Muerto, William Albright encontró una gran cantidad de reliquias de un período que data de entre el 2500 y el 2000 a.C., con evidencia de una densa población que por algún motivo cesó abruptamente alrededor del 2000 a.C. La evidencia indicaba un terremoto y una explosión.
10. José y la esposa de Potifar (Gn. 39). Hay un relato egipcio llamado «La historia de dos hermanos» que pudo haber tenido como base los acontecimientos narrados en Génesis 39.
11. El hambre que duró siete años (Gn. 41:46-57).
12. La entrada de Israel en Egipto (Ex. 1:1-6).
13. El episodio de los ladrillos sin paja (Ex. 1:11; 5:7-19).
14. El nacimiento de Moisés (Ex. 2:10).
15. La muerte del primogénito del faraón (Ex. 12:29).
16. El éxodo (Ex. 12:1—14:31).
17. El hecho de que la casa de Rahab se encontraba en el muro de Jericó (Jos. 2:15).
18. La caída de Jericó (Jos. 6:1-27). El arqueólogo Garstang halló evidencia que Jericó fue destruida alrededor de 1400 a.D. (alrededor de la fecha dada a Josué) y que las paredes habían caído planas, hacia afuera y cuesta abajo. Esto era extremadamente raro, porque si la ciudad hubiera sido capturada en la forma normal, sus paredes habrían sido empujadas hacia adentro por las armas embestidoras de la época. También halló la capa de cenizas dejadas por el fuego de Josué. (Véase Jos. 6:24.)
19. La victoria de Débora sobre los cananeos (Jue. 4:23, 24; 5:19).
20. El reinado de Saúl (1 S. 9:1—31:13).
21. Las conquistas de David (2 S. 1:1—24:25).
22. El oro de Salomón (1 R. 14:25, 26).
23. Los establos de Salomón (1 R. 9:19; 10:26-29). El Instituto Oriental ha hallado las ruinas de sus establos con sus postes de piedra para atar los caballos y pesebres.
24. Los hornos de cobre de Salomón (1 R. 7).
25. La marina de Salomón (1 R. 9).
26. Los becerros de Jeroboam (1 R. 12:25-33).
27. La invasión de Sisac (1 R. 14:25-28).
28. La edificación de Samaria por Omri (1 R. 16:24).
29. La reedificación de Jericó (1 R. 16:34).
30. La casa de marfil de Acab (1 R. 22:39).
31. La caja de cosméticos de Jezabel (2 R. 9:30). Los platillos reales en los cuales mezcló sus cosméticos han sido encontrados en Samaria entre las ruinas de la casa de marfil de Acab.
32. El cautiverio asirio de Samaria (2 R. 15:29).
33. El túnel de Ezequías (2 R. 20:20; 2 Cr. 32:3, 4).
34. El reinado de Manasés (2 R. 21:1-15).
35. El palacio de Ester (Est. 1:2).
36. El cautiverio babilónico de Judá (2 R. 25).

37. El reinado de Belsasar (Dn. 5).
38. La caída de Babilonia (Dn. 5).
39. El edicto de Ciro (Esdras 1:2, 3; 2 Cr. 36:22, 23).
40. El arrepentimiento de Nínive en la época de Jonás (Jon. 4). La historia ha mostrado que durante el reinado de Salmanaser II (el rey de Nínive en la época de Jonás) hubo un movimiento religioso repentino que resultó en un cambio de la adoración de muchos dioses a la de un Dios que llamaban Nebo. Nebo probablemente era el nombre asirio por el hebreo *Elohim* (Gn. 1:1). Parecería que en una época anterior había sido adorado como el Dios supremo y único. La nación volvió a la adoración de este Dios.

IV. El cuarto elemento sobrenatural: su precisión científica. Ya se ha dicho en este estudio que aunque la Biblia es principalmente un mensaje espiritual de Dios y no específicamente un texto científico, todas las declaraciones científicas encontradas en las Escrituras deben de todos modos ser tomadas literalmente. En realidad, la Biblia contiene muchas más declaraciones científicas de lo se piensa. Algunos de los preceptos incluyen:

A. El hecho de que la tierra es una esfera. Unos siete siglos a.C. el profeta hebreo Isaías escribió:

«El está sentado sobre el círculo de la tierra...» (Is. 40:22).

Aunque es cierto que ya en el 540 a.C. algunos filósofos griegos postularon esta idea, el hombre común pensaba que la tierra era plana hasta la introducción de la brújula y los viajes de Colón y Magallanes en el siglo XV.

B. El hecho de que la tierra está suspendida en el espacio. Se piensa que el libro de Job es uno de los más antiguos de la Biblia, escrito tal vez antes del 1500 a.C. En esa época, una de las teorías «científicas» más avanzadas respecto a la Tierra era que nuestro planeta era plano y estaba firmemente apoyado sobre el caparazón de una tortuga gigante que iba caminando lentamente a través de un mar cósmico de algún tipo. Pero nótense las refrescantes (y precisas) palabras de Job:

«El extiende el norte sobre vacío, cuelga la tierra sobre nada» (Job 26:7).

Los científicos del mundo no supieron nada de esto hasta que salieron las escrituras de Sir Isaac Newton en el 1687 d.C.

C. El hecho de que las estrellas son innumerables. Casi veinte siglos a.C., Dios habló a Abraham una noche y le dijo:

«Y lo llevó fuera, y le dijo: Mira ahora los cielos, y cuenta las estrellas, si las puedes contar. Y le dijo: Así será tu descendencia» (Gn. 15:5).

Así describe la Biblia a los cielos. (Véanse también Jer. 33:22; He. 11:12.) ¿Y la opinión científica de la época? No fue hasta el 150 d.C. que el famoso astrónomo Ptolomeo declaró dogmáticamente que el número de las estrellas era exactamente 1056.

D. El hecho de que haya montañas y cañones en el mar. Hace sólo un siglo, se pensaba en el tamaño y el volumen del océano como los de un recipiente de agua, que bajaba suavemente desde la costa hasta el medio, donde tenía su mayor profundidad. Se pensaba que después subía hacia el otro lado. Por supuesto que ahora sabemos que esto es totalmente falso. Algunas de las montañas más elevadas y de los cañones más profundos están en el fondo del Océano Pacífico. De hecho, el hoyo más profundo que se ha encontrado hasta ahora es la fosa de las islas Marianas, cerca de las Filipinas; tiene más de 7 millas (11 km) de profundidad.

Pero mucho antes de que la oceanografía lo descubriera, la Biblia lo había descrito gráficamente. En uno de sus cantos de liberación, David habló de los cañones del mar (2 S. 22:16) y un profeta renegado describió las montañas sumergidas durante el primer viaje submarino del mundo. (Véase Jonás 2:6.)

E. El hecho de que haya vertientes y fuentes en el mar. Poco después de la Segunda Guerra Mundial, barcos investigadores descubrieron muchos volcanes submarinos. Hoy se calcula que hay por lo menos 10.000. La investigación adicional realizada por el doctor William W. Rubey, del U.S. Geological Survey, ha demostrado que el índice actual del aumento de agua por salidas volcánicas submarinas es de 430 millones de toneladas cada año. El calor de la tierra lleva el agua atrapada de roca fundida subterránea y la manda por una de estas salidas naturales.

Este interesante hecho está vivamente descrito en por lo menos tres pasajes del Antiguo Testamento. (Véanse Gn. 7:11; 8:2; Pr. 8:28.)

F. El hecho de que haya caminos de agua (corrientes marítimas) en el mar. En su librito *Has God Spoken?*, el autor A.O. Schnabel escribe lo siguiente:

«En el Salmo 8:8, David dijo que Dios había sujetado todas las cosas a los hombres, incluyendo: "todo cuanto pasa por los senderos del mar". La palabra hebrea para "senderos" conlleva el sentido literal de "caminos habituales".

A Matthew Fountaine Maury se le llama "el descubridor de los senderos de los mares". Este estadounidense es el padre de la oceanografía moderna y el responsable del establecimiento de la Academia de Annapolis. Hay una estatua de Maury en Richmond, Virginia, con mapas del mar en una mano y la Biblia en la otra. Antes de los trabajos de Maury, no había mapas ni vías de navegación. Un día, durante una enfermedad pasajera, su hijo mayor le estaba leyendo de la Biblia, y leyó el Salmo 8:8. Maury lo detuvo y le dijo: "Léelo de nuevo." Después de volver a oírlo exclamó: "Es suficiente: si la Palabra de Dios dice que hay senderos en el mar, deben estar ahí y voy a encontrarlos." A los pocos años había trazado las vías y las corrientes marítimas. Su *Physical Geography of the Sea* fue el primer texto de la oceanografía moderna» (p. 38).

G. El hecho del ciclo hidrológico. Esto incluiría la precipitación, la evaporación, la construcción de las nubes, el movimiento de la humedad por los circuitos del viento, etc. (Véanse Job 26:8; 36:27, 28; 37:16; 38:25-27; Sal. 135:7; Ec. 1:6, 7.)

H. El hecho de que todas las cosas vivientes se reproducen según su propia especie.

«Y creó Dios los grandes monstruos marinos, y todo ser viviente que se mueve, que las aguas produjeron según su género, y toda ave alada según su especie. Y vio Dios que era bueno» (Gn. 1:21).

«Y de todo lo que vive, de toda carne, dos de cada especie meterás en el arca, para que tengan vida contigo; macho y hembra serán» (Gn. 6:19).

Durante cientos de años, los científicos siguieron la teoría de la generación espontánea de Aristóteles (350 a.C.). Creían que los huevos de todos los animales inferiores (insectos, etc.) estaban formados de materia en descomposición. Pensaban que las ranas y otros pequeños seres vivientes marinos se originaban en charcos de fango. De hecho, no fue sino hasta 1862 que Louis Pasteur probó de una vez por todas que no había tal cosa llamada generación espontánea. Después, en 1865, un monje llamado Johann Mendel probó, aun más decididamente, las rígidas leyes de la herencia. Pero todo esto se puede aprender en los primeros capítulos de la Biblia.

I. Los datos involucrados en la salud y la higiene. La gran ley fue dada en la Biblia por Moisés, por supuesto, quien estableció cientos de reglas para mantener la salud y la higiene. Moisés se había criado en la corte del faraón, y había vivido los primeros cuarenta años de su vida allí. Para esa época se estaba escribiendo un famoso libro médico antiguo llamado *El papiro de Ebers* en Egipto. Debido al papel de Egipto en el mundo en ese momento, esta obra pronto obtuvo fama como la norma oficial de su época. En realidad estaba lleno de curas falsas, cuentos de viejas y prácticamente todas las falsas supersticiones de ese tiempo. En su libro *Ninguna enfermedad* (Editorial Vida), el escritor S. McMillen escribe:

«Se aconsejan varios cientos de remedios para enfermedades en el papiro de Ebers. Las drogas incluyen «sangre de lagartijas, dientes de cerdo, carne podrida, grasa hedionda, humedad de las orejas de cerdo, grasa de ganso, cascos de asnos, grasas animales de diversos orígenes, excremento animal, incluyendo el de los humanos, burros, antílopes, perros, gatos y hasta moscas.»

El motivo de todo lo anterior es sencillamente este: que Moisés estaba familiarizado con el conocimiento médico de su época. Sin embargo, en todos sus escritos y en los remedios probados para la salud y la higiene, no se refiere ni siquiera indirectamente ni una sola vez a las «curas» falsas que se encuentran en el Papiro de Ebers. Examinemos ahora lo que sí recetaba para la salud del Israel errante:

1. En cuanto a enfermedades. Moisés dictó leyes generales acerca de las enfermedades. Incluían leyes para los que tenían lepra o casos de llagas abiertas. Estableció reglas para el reconocimiento de individuos infectados, para la cuarentena o el aislamiento, y acerca de la impureza de lo tocado por estas personas. Nuevamente cito de *Ninguna enfermedad*:

«Durante cientos de años, la temible enfermedad de la lepra había matado a innumerables millones de personas en Europa. El alcance del horrible mal entre los europeos está descrito por el doctor George Rosen, profesor de salud pública en la Universidad de Columbia: "La lepra produjo la mayor sombra sobre la vida diaria de la humanidad medieval. Ni siquiera la Peste Bubónica del siglo XIV ... produjo un estado de terror similar...."

¿Qué ofrecían los médicos para detener los estragos cada vez mayores de la lepra? Algunos enseñaban que era causado por comer comida picante, pimienta, ajo y la carne de cerdos enfermos. Otros médicos decían que era causada por conjunciones malignas de los planetas. Por supuesto que sus sugerencias para la prevención eran totalmente inútiles.... ¿Qué fue lo que [finalmente] controló las grandes plagas del medioevo? George Rosen nos da la respuesta: "La Iglesia asumió el liderazgo, ya que los médicos no tenían nada que ofrecer. La Iglesia usó como principio guiador el concepto del contagio presentado en el Antiguo Testamento.... Esta idea y sus consecuencias prácticas están definidas con gran claridad en el libro de Levítico ... una vez que se había determinado la presencia de la lepra, el paciente había de ser segregado y excluido de la comunidad. Siguiendo los preceptos expuestos en Levítico, la Iglesia asumió la tarea de combatir la lepra.... Cumplió el primer gran logro ... en la erradicación metódica de la enfermedad."»

2. En cuanto a la higiene. Hay dos citas útiles del doctor McMillen al respecto:

«Hasta fines del siglo XVIII, las disposiciones higiénicas, aun en las grandes capitales, eran muy primitivas. La regla era que el excremento fuera tirado en las calles, que estaban sucias y sin pavimentar. Los pueblos y las ciudades estaban envueltos por hedores tremendos. Era la fiesta de las moscas, que se multiplicaban en la suciedad y propagaban enfermedades intestinales que mataban a millones.

Esa pérdida de vidas humanas podría haber sido evitada si tan sólo la gente hubiera tomado en serio la provisión de Dios para librar al hombre de las enfermedades. Con una oración, el Libro de los libros señalaba el camino a la liberación de las epidemias mortales de la tifoidea, el cólera y la disentería: "Tendrás un lugar fuera del campamento adonde salgas; tendrás también entre tus armas una estaca; y cuando estuvieres allí fuera, cavarás con ella, y luego al volverte cubrirás tu excremento" (Dt. 23:12, 13).»

El doctor McMillen sigue diciendo que hasta el comienzo de este siglo había un índice espantoso de mortandad en los hospitales del mundo debido a la infección causada porque los médicos no se lavaban las manos. Tan sólo en la sala de maternidad del mundialmente famoso Centro Médico Hospitalario de Viena, una de cada seis mujeres moría por infección. McMillen escribe:

«Tal mortandad no habría ocurrido si los cirujanos hubiesen seguido el método que Dios le dio a Moisés respecto al lavado meticuloso de las manos y el cambio de ropa después del contacto con enfermedades contagiosas.... El método de las Escrituras especificaba no sólo lavarse en una fuente, sino lavados repetidos con agua corriente, con intervalos permitidos para el secado y la exposición al sol para matar a las bacterias que no habían sido eliminadas con el lavado.»

3. En cuanto a la circuncisión. Es apropiado mencionar ahora unos comentarios finales de McMillen. En el tercer capítulo de su libro habla de la asombrosa escasez de cáncer cervical entre las mujeres judías. La ciencia médica ahora ha atribuido esta bendición al rito de la circuncisión practicado por los hombres judíos. Esta sencilla operación evita el crecimiento del bacilo Smegma que causa el cáncer y que puede ser transmitido a una mujer durante las relaciones sexuales por un hombre no circuncidado. McMillen entonces escribe:

«Hay un dato final pero muy singular acerca del asunto de la circuncisión. En noviembre de 1946, un artículo en *El Boletín de la Asociación Médica Americana* dio una lista de razonas por las cuales es aconsejable la circuncisión del varón recién nacido. Tres meses después apareció una carta de otro especialista en el mismo boletín. Estaba muy de acuerdo con el autor del artículo en cuanto a las ventajas de la circuncisión, pero lo criticó por no haber mencionado el momento más seguro para realizar la operación. Es un buen argumento. L. Emmet Holt y Rustin McIntosh informan que el bebé recién nacido tiene una susceptibilidad especial al sangrado entre el segundo y el quinto día de vida.... Se considera que la tendencia a la hemorragia se debe al hecho de que el importante elemento para coagular la sangre, la vitamina K, no se forma sino hasta el quinto o séptimo día.... Un segundo elemento necesario para la coagulación normal de la sangre es la protrombina.... Parece ser (en base de datos de la pediatría) que un bebé de ocho días tiene más protrombina disponible que en cualquier otro día de su vida. En consecuencia se observa que por la consideración de las determinaciones de vitamina K y protrombina, el día ideal para realizar la circuncisión es el octavo.»

Con todo esto en mente, es maravillosa la precisión del Libro en la lectura del siguiente pasaje:

«Dijo de nuevo Dios a Abraham: En cuanto a ti, guardarás mi pacto, tú y tu descendencia después de ti por sus generaciones. Este es mi pacto, que guardaréis entre mí y vosotros y tu descendencia después de ti: Será circuncidado todo varón de entre vosotros. Circuncidaréis, pues, la carne de vuestro prepucio, y será por señal del pacto entre mí y vosotros. Y de edad de ocho días será circuncidado todo varón entre vosotros por vuestras generaciones; el nacido en casa, y el comprado por dinero a cualquier extranjero, que no fuere de tu linaje» (Gn. 17:9-12).

J. Los datos relacionados con la sangre humana. La Biblia también hace comentarios precisos en cuanto a la sangre humana. En Levítico 17:11, Dios dicta una de sus sentencias clave en cuanto a este tema. Declara:

«Porque la vida de la carne en la sangre está....» Es en vano la búsqueda en este Libro antiguo de alguna referencia a la falsa práctica médica conocida como flebotomía que azotó a la humanidad desde el siglo IV a.C. hasta el siglo XIX d.C. Sólo la eternidad revelará cuántos enfermos murieron por esta «cura». Ningún escritor no bíblico entendía la naturaleza de la sangre. De hecho, muchos científicos (Herófilo, por ejemplo, un médico en el museo médico de Alejandría, Egipto) creía que la sangre era portadora de *enfermedad* y no de vida. Se cree que la muerte de nuestro propio George Washington se debió en parte a una sangría excesiva.

K. Los datos relacionados con las dos leyes de la termodinámica. Aparte de la gravedad en sí, dos de las leyes más sólidas e inmutables en toda la Física son la primera y la segunda ley de la termodinámica. El mismo Albert Einstein testificó que en todo el universo conocido, no hay un momento ni un lugar donde no se apliquen las dos.

Primera ley de la termodinámica: la preservación de la energía. Esta ley asevera que aunque la energía puede cambiar de forma, no puede ser ni creada ni destruida, y que por lo tanto la suma total es constante. En consecuencia no se está creando ni destruyendo energía en ninguna parte del universo conocido.

Segunda ley de la termodinámica: el deterioro de la energía. Esta ley asevera que cuando la energía se está transformando de un estado a otro, parte se convierte en energía calorífera que no puede volver a convertirse en formas útiles. En otras palabras, se puede considerar al universo como un reloj cuya cuerda se está acabando lentamente.

Estas dos leyes absolutas no fueron plenamente entendidas o establecidas por los científicos sino hasta alrededor del 1850 d.C. Sin embargo hay literalmente docenas de referencias específicas a estas leyes en la Palabra de Dios.

1. Pasajes que describen la primera ley.

«Fueron, pues, acabados los cielos y la tierra, y todo el ejército de ellos. Y acabó Dios en el día séptimo la obra que hizo; y reposó el día séptimo de toda la obra que hizo. Y bendijo Dios al día séptimo, y lo santificó, porque en él reposó de toda la obra que había hecho en la creación» (Gn. 2:1-3).

«Por la palabra de Jehová fueron hechos los cielos, y todo el ejército de ellos por el aliento de su boca. El junta como montón las aguas del mar; él pone en depósitos los abismos. Tema a Jehová toda la tierra; teman delante de él todos los habitantes del mundo. Porque él dijo, y fue hecho; él mandó, y existió» (Sal. 33:6-9).

«Desde el principio tú fundaste la tierra, y los cielos son obra de tus manos» (Sal. 102:25).

«Pero los que hemos creído entramos en el reposo, de la manera que dijo: Por tanto, juré en mi ira, no entrarán en mi reposo; aunque las obras suyas estaban acabadas desde la fundación del mundo.... Porque el que ha entrado en su reposo, también ha reposado de sus obras, como Dios de las suyas» (He. 4:3, 10).

2. Pasajes que describen la segunda ley.

«Ellos perecerán, mas tú permanecerás; y todos ellos como una vestidura se envejecerán; como un vestido los mudarás, y serán mudados» (Sal. 102:26).

«Pues tengo por cierto que las aflicciones del tiempo presente no son comparables con la gloria venidera que en nosotros ha de manifestarse. Porque el anhelo ardiente de la creación es aguardar la manifestación de los hijos de Dios. Porque la creación fue sujetada a vanidad, no por su propia voluntad, sino por causa del que la sujetó en esperanza; porque también la creación misma será libertada de la esclavitud de la corrupción, a la libertad gloriosa de los hijos de Dios» (Ro. 8:18-23).

«Y: Tú, oh Señor, en el principio fundaste la tierra, y los cielos son obra de tus manos. Ellos perecerán, mas tú permaneces; y todos ellos se envejecerán como una vestidura, y como un vestido los envolverás, y serán mudados; pero tú eres el mismo, y tus años no acabarán» (He. 1:10-12).

Dios creó la primera ley después de la creación original (véase Gn. 1:31) e instituyó la segunda ley después de la caída del hombre (Gn. 3:17). Finalmente, se puede suponer que ambas leyes serán revocadas después del juicio ante el gran trono blanco.

«Porque he aquí que yo crearé nuevos cielos y nueva tierra; y de lo primero no habrá memoria, ni más vendrá al pensamiento» (Is. 65:17).

«Porque como los cielos nuevos y la nueva tierra que yo hago permanecerán delante de mí, dice Jehová, así permanecerá vuestra descendencia y vuestro nombre» (Is. 66:22).

«Pero nosotros esperamos, según sus promesas, cielos nuevos y tierra nueva, en los cuales mora la justicia» (2 P. 3:13).

«Vi un cielo nuevo y una tierra nueva; porque le primer cielo y la primera tierra pasaron, y el mar ya no existía más. Y yo Juan vi la santa ciudad, la nueva Jerusalén, descender del cielo, de Dios, dispuesta como una esposa ataviada para su marido. Y oí una gran voz del cielo que decía: He aquí el tabernáculo de Dios con los hombres, y él morará con ellos; y ellos serán su pueblo, y Dios mismo estará con ellos como su Dios. Enjugará Dios toda lágrima de los ojos de ellos; y ya no habrá muerte, ni habrá más llanto, ni clamor, ni dolor; porque las primeras cosas pasaron. Y el que estaba sentado en el trono dijo: He aquí, yo hago nuevas todas las cosas. Y me dijo: Escribe; porque estas palabras son fieles y verdaderas» (Ap. 21:1-5).

Aquí tenemos entonces por lo menos doce principios científicos correctamente descritos por la Biblia, algunos de ellos siglos antes de que el hombre los descubriera. No sólo incluye la Palabra de Dios lo que es científicamente correcto, sino que omite totalmente los disparates «científicos» que se encuentran en todas las demás escrituras religiosas antiguas.

Los egipcios creían que el mundo salió de un gran huevo cósmico. El huevo tenía alas y voló. Esto resultó en la mitosis. También creían que el sol era un reflejo de la luz de la tierra, y que el hombre surgió de gusanitos blancos que encontraron en el lodo que fluye después que el Nilo se desborda. En las sagradas Vedas de la India leemos:

«La luna está 50.000 leguas más allá del sol, y brilla con su propia luz; la noche sucede cuando el sol se oculta detrás de una enorme montaña, que mide varios miles de pies, y que está ubicada en el centro de la tierra; que este mundo, chato y triangular, está compuesto de siete estados: uno de miel, otro de azúcar, un tercero de mantequilla, y otro más de vino, y toda la masa está apoyada sobre las cabezas de innumerables elefantes que al temblar producen terremotos.»

En la biblioteca del Louvre de París hay 3,5 millas (más de 5 km) de libros científicos obsoletos. En 1861 la Academia Francesa de Ciencias publicó un folleto de cincuenta y un «datos científicos» que supuestamente contradecían la Biblia. Estos fueron utilizados por los ateos de esa época para burlarse de los cristianos. Actualmente, cada uno de los cincuenta y un «datos» son *in*aceptables para los científicos modernos.

Seguramente el cristiano devoto puede pronunciar un amén vigoroso junto con el doctor James Dwight Dana, de la Universidad de Yale, tal vez el geólogo más eminente de la historia americana, que una vez se dirigió a una clase de graduados con estas palabras:

«¡Jóvenes! Al salir al mundo para enfrentar problemas científicos, recuerden que yo, un anciano que ha conocido sólo la ciencia toda su vida, les digo que no hay nada más cierto en el universo que las declaraciones científicas contenidas en la Palabra de Dios.»

V. Quinto elemento sobrenatural: la precisión profética. Una de las pruebas de fuego de cualquier religión es su habilidad para predecir el futuro. En esta área (como en todas las demás) la Biblia reina suprema. Se puede buscar en vano en las páginas de otros escritos sagrados para encontrar aunque sea una sola línea de profecía acertada. Unos siete siglos a.C., el profeta Isaías escribió:

«Traigan, anúnciennos lo que ha de venir; dígannos lo que ha pasado desde el principio, y pondremos nuestro corazón en ello; sepamos también su postrimería, y hacednos entender lo que ha de venir. Dadnos nuevas de lo que ha de ser después, para que sepamos que vosotros sois dioses...» (Is. 41:22, 23).

¡Así sea! Consideremos ahora las profecías asombrosamente acertadas en las siguientes categorías:

A. Profecías relacionadas con la nación de Israel.

1. Israel se convertiría en una gran nación (Gn. 12:1-3).
2. Sus reyes saldrían de las tribus de Judá (Gn. 49:10).
3. Pasaría 400 años en Egipto (Gn. 15:13).
4. La nación sufriría una guerra civil (1 R. 11:31).
5. La nación pasaría setenta años en Babilonia (Jer. 25:11; 29:10).
6. Volvería (en parte) a Jerusalén después de los setenta años (Dn. 9:1, 2).
7. Con el tiempo Israel sería dispersada entre las naciones del mundo (Dt. 28:25, 64; Lv. 26:33).
8. Israel se convertiría en refrán de estas naciones (Dt. 28:37).
9. Israel prestaría a muchas naciones pero no tomaría prestado de ninguna (Dt. 28:12).

10. Sería acosada y perseguida (Dt. 28:65-67).
11. A pesar de todo, Israel mantendría su identidad (Lv. 26:44; Jer. 46:28).
12. Permanecería sola y apartada entre las naciones (Nm. 23:9).
13. Israel rechazaría a su Mesías (Is. 53).
14. Por ello, sus enemigos habitarían en su tierra (Lv. 26:32; Lc. 21:24).
15. Jerusalén sería destruida (Lc. 19:41-44; 21:20).
16. A pesar de todas estas cosas, Israel perduraría para siempre (Gn. 17:7; Is. 66:22; Jer. 31:35, 36; Mt. 24:34).
17. Israel volvería a Palestina en los postreros días antes de la Segunda Venida de Cristo (Dt. 30:3; Ez. 36:24; 37:1-14; 38:1—39:29).

B. Profecías relacionadas con diversas naciones gentiles.

1. Edom. Esaú, el hermano de Jacob, fue el fundador de la nación de Edom (véase Gn. 36). Años después de su muerte, Edom se negó a ayudar a Israel, la nación fundada por Jacob (véase Nm. 20) y se deleitó en perseguir al pueblo de Dios. Por este motivo, Dios pronunció la suerte de Edom. Según varias profecías bíblicas:
   a. Su comercio cesaría.
   b. Su raza se extinguiría.
   c. Su tierra sería desolada (Jr. 49:17, 18; Ez. 35:3-7; Abdías; Mal. 1:4).

   Todo esto ha acontecido a pesar de su increíblemente fortificada capital de Petra. En el 636 d.C., Petra fue capturada por Mahoma, y poco después de esto, Petra y Edom desaparecieron de las páginas de la historia.
2. Babilonia. Babilonia fue la primera de las cuatro potencias mundiales mencionadas en Daniel 2:31-43 y 7:1-8. Daniel profetizó el fin de la gran Babilonia, como lo hicieron Isaías (13:17-19) y Jeremías (51:11). Esto ocurrió literalmente la noche del 13 de octubre del 539 a.C. cuando Darío, el medo, tomó la ciudad desviando el curso del río Eufrates que había corrido bajo las murallas de la ciudad. (Véase Dn. 5.)
3. Media-Persia. Uno de los pasajes más notables de la profecía es Daniel 8:1-7, 20, 21, escrito junto a un río en el 551 a.C. En una visión se le cuenta a Daniel una serie de batallas que no ocurrirían hasta unos 217 años más tarde. Aquí el profeta nos describe las tremendas derrotas sufridas por Darío III (representado aquí por un carnero) a manos del griego Alejandro Magno (simbolizado con un macho cabrío). Esto aconteció en tres batallas decisivas: Granico, en el 334 a.C.; Issos, en el 333 a.C.; y Gaugamela, en el 331 a. C.
4. Grecia. En este mismo capítulo, Daniel predice la disolución del Imperio Griego (con la muerte de Alejandro) en cuatro potencias separadas, más pequeñas, cada una gobernada por uno de sus generales (Dn. 7:6, 8:8, 20, 21). Esto ocurrió exactamente así en el 301 a.C. después de que Alejandro muriera en Babilonia de una fiebre devoradora a la edad de treinta y tres años.
5. Roma. En Daniel 2:40, 41 leemos:

   «Y el cuarto reino será fuerte como hierro; y como el hierro desmenuza y rompe todas las cosas, desmenuzará y quebrantará todo. Y lo que viste de los pies y los dedos, en parte de barro cocido de alfarero y en parte de hierro, será un reino dividido...»

   Aquí Daniel predijo acertadamente que Roma, el cuarto reino (que subiría al poder entre la época de Nabucodonosor y de Cristo) sería «fuerte como hierro».

   Y así lo fue Roma. Para el 300 a.C. Roma se había convertido en una de las mayores potencias del mundo Mediterráneo. Para el 200 a.C. había conquistado a Cartago, su archienemiga. En el 63 a.C., el general romano Pompeyo entró en Jerusalén. Sin embargo, Daniel notó en su profecía que «será un reino dividido». Por supuesto que esto ocurrió en el 364 d.C.
6. Egipto. Unos 600 años antes de Cristo, el profeta Ezequiel escribió:

   «... vino a mí palabra de Jehová, diciendo: Hijo de hombre, pon tu rostro contra Faraón rey de Egipto, y profetiza contra él y contra todo Egipto. En comparación con los otros reinos será humilde; nunca más se alzará sobre las naciones; porque yo los disminuiré, para que no vuelvan a tener dominio sobre las naciones» (Ez. 29:1, 2, 15).

   Por supuesto que la historia de Egipto es una de las más antiguas registradas en la civilización occidental. El país fue unificado en un solo reino alrededor del 3200 a.C. y fue gobernado por una sucesión de dinastías hasta la época de Alejandro Magno, quien conquistó a Egipto en el 332 a.C. Notamos que Ezequiel no predice la desaparición de Egipto, como lo hizo con Edom (35:3-7), sino simplemente la caída de Egipto. La profecía era que Egipto sería cortado y nunca volvería a ser una potencia mundial. Esta profecía se ha cumplido al pie de la letra.
7. Rusia. Véase Ezequiel 38—39. (Rusia será tratada bajo la sección relacionada con las profecías de las condiciones de los postreros días.)

C. Profecías relacionadas con ciudades específicas.

1. Tiro. La profecía de Ezequiel en el capítulo 26 en relación con la ciudad de Tiro es seguramente una de las más grandiosas en toda la Biblia. Tiro en realidad estaba compuesta de dos ciudades, una en la costa, a unas 60 millas (96 km) al noroeste de Jerusalén, y la otra en una isla, media milla hacia adentro del mar Mediterráneo. En esta profecía, Ezequiel predice que:
   a. El rey babilonio, Nabucodonosor, tomaría la ciudad.
   b. Otras naciones después participarían en la destrucción de Tiro.
   c. La ciudad sería destruida y arrasada, como la superficie de una piedra.
   d. Se convertiría en un lugar para tender redes.
   e. Sus piedras y su madera serían tiradas al mar (Zac. 9:3, 4).
   f. La ciudad no se reconstruiría nunca.

   ¿Ha ocurrido todo esto? Considérense los siguientes datos históricos:

   Ezequiel escribió todo esto alrededor del 590 a.C. Unos cuatro años después, en el 586 a.C., Nabucodonosor sitió la ciudad de Tiro. El sitio duró trece años, y en el 573 a.C. la ciudad costanera fue destruida. Pero no pudo tomar la ciudad isleña. Durante los próximos 241 años, la ciudad isleña de Tiro vivió en seguridad y sin duda habría ridiculizado la profecía de Ezequiel acerca de la destrucción total.

Pero en el 332 a.C., Alejandro Magno apareció en escena, y la ciudad isleña fue condenada. Alejandro construyó un puente desde la costa hasta la isla tirando los escombros de la vieja ciudad en el agua. Al hacerlo literalmente barrió la costa. (Hace unos años un arqueólogo americano llamado Edward Robinson descubrió entre cuarenta y cincuenta columnas de mármol bajo el agua junto a la costa de la antigua Tiro.)

Después de un sitio de siete meses, Alejandro tomó la ciudad y la destruyó. Desde entonces, la zona costanera circundante ha sido utilizada por los pescadores locales para tender y secar sus redes.

Tiro nunca ha sido reconstruida a pesar de los conocidas manantiales de Roselain situados muy cerca de ella que producen unos 10.000 galones de agua diariamente.

2. Jericó. En el sexto capítulo de Josué vemos una descripción detallada de la caída de los muros de Jerusalén y la subsecuente destrucción de la ciudad. Inmediatamente después de esto, Josué hace una sorprendente profecía de tres vertientes acerca de la ciudad caída:
   a. Que Jericó sería reconstruida por un hombre.
   b. Que el hijo mayor de este constructor moriría cuando comenzaba el trabajo en la ciudad.
   c. Que el hijo menor del constructor moriría cuando la obra se completara. (Véase Jos. 6:26.)

   Josué pronunció esas palabras alrededor del 1450 a.C. Pero, ¿ocurrió todo esto? Unos cinco siglos después, en el 930 a.C., se nos dice:

   Que un hombre llamado Hiel de Bet-el reedificó a Jericó.

   Que al poner los cimientos murió su hijo mayor, Abiram.

   Que cuando se completaron las puertas murió su hijo menor, Segub. (Véase 1 R. 16:34.)

3. Nínive (Nah. 1—3). En la época de Jonás, Dios había salvado a la malvada ciudad de Nínive por medio de la predicación del arrepentimiento de ese profeta hebreo (después de un desagradable viaje submarino). Pero la ciudad pronto volvió a sus costumbres malvadas. Así que alrededor del 650 a.C. otro profeta, Nahum, predijo la derrota total de Nínive.

   En la época de la profecía Nínive parecía ser impregnable; sus muros medían 100 pies (unos 30 m) de alto y eran lo suficientemente anchos como para que los carros pudieran andar encima de ellos. La ciudad tenía una circunferencia de 60 millas (96 km) y estaba adornada por más de 1.200 torres fuertes.

   A pesar de todo esto, la ciudad cayó, menos de cuarenta años después de la profecía de Nahum. Una alianza entre los medos y los babilonios rompió sus murallas en agosto del 612 a.C., después de un sitio de dos meses. La victoria se debió en parte a la liberación de la fuente de agua de la ciudad por traidores dentro de ella. La destrucción fue tan total que Alejandro Magno marchó con sus soldados sobre la tierra desolada que una vez había sostenido a sus grandes edificios, sin saber que una vez había habido una ciudad allí.

4. Jerusalén (Mt. 24:1, 2; Lc. 19:41-44; 21:20-24). Estas tristes palabras fueron pronunciadas por Jesús mismo. Predijo que Jerusalén sería destruida, sus ciudadanos serían exterminados, y su templo sería totalmente arruinado, sin que quedara una piedra sobre otra.

   Todo esto ocurrió literalmente menos de cuarenta años más tarde. En febrero del 70 d.C., el general romano Tito sitió a Jerusalén con 80.000 hombres para aplastar una rebelión que había comenzado unos cinco años antes. En abril de ese año comenzó el sitio en serio. Las condiciones pronto se volvieron desesperantes dentro de los muros de la ciudad. Las mujeres se comieron a sus propios hijos, y los hombres se peleaban a muerte por alimentarse con un pedazo de excremento de ave. Finalmente, en septiembre del mismo año, sus muros fueron derribados y comenzó la matanza. Cuando terminó, más de un millón de judíos yacían muertos. Algunos de estos habían sido crucificados por Tito. Finalmente el templo fue arrasado y la tierra descubierta fue arada, tal como lo había predicho nuestro Señor.

D. Profecías relacionadas con personas específicas.

1. Josías. El siguiente incidente concierne a un malvado rey israelita llamado Jeroboam:

   «He aquí que un varón de Dios por palabra de Jehová vino de Judá a Bet-el; y estando Jeroboam junto al altar para quemar incienso, aquél clamó contra el altar por palabra de Jehová y dijo: Altar, altar, así ha dicho Jehová: He aquí que a la casa de David nacerá un hijo llamado Josías, el cual sacrificará sobre ti a los sacerdotes de los lugares altos que queman sobre ti incienso, y sobre ti quemarán huesos de hombres» (1 R. 13:1, 2).

   Esto aconteció en el 975 a.C. Pasaron 350 años; después, en el 624 a.C., se nos cuenta de las actos de un nuevo rey de Israel:

   «Igualmente el altar que estaba en Bet-el, y el lugar alto que había hecho Jeroboam hijo de Nabat, el que hizo pecar a Israel; aquel altar y el lugar alto destruyó, y lo quemó, y lo hizo polvo, y puso fuego a la imagen de Asera. Y se volvió Josías, y viendo los sepulcros que estaban allí en el monte, envió y sacó los huesos de los sepulcros, y los quemó sobre el altar para contaminarlo, conforme a la palabra de Jehová que había profetizado el varón de Dios, el cual había anunciado esto» (2 R. 23:15, 16).

2. Ciro. Es posible que Isaías haya sido el profeta más grande del Antiguo Testamento. Este hombre elocuente y piadoso escribió y predicó durante unos sesenta y dos años. Pero aunque Jerusalén estaba en paz cuando él ministró, Isaías predijo su cautiverio (como lo hizo Jeremías; véanse Jer. 25:12; 29:10) y su restauración subsecuente:

   «Que dice de Ciro: Es mi pastor, y cumplirá todo lo que yo quiero, al decir a Jerusalén:

Serás edificada; y al templo: Serás fundado» (Is. 44:28).

Isaías escribió estas palabras alrededor del 712 a.C. Para el 606 a.C., Nabucodonosor, el rey babilonio, había tomado a Jerusalén y había llevado muchos judíos cautivos (véase el Sal. 137) a su capital. Durante setenta largos años permanecieron ahí. Por supuesto que todo esto fue predicho por Jeremías (Jer. 25:12; 29:10). Después, en el 536 a.C., ocurrió el milagro. El profeta Esdras nos cuenta:

«En el primer año de Ciro rey de Persia, para que se cumpliese la palabra de Jehová por boca de Jeremías, despertó Jehová el espíritu de Ciro rey de Persia, el cual hizo pregonar de palabra y también por escrito por todo su reino, diciendo: Así ha dicho Ciro rey de Persia: Jehová el Dios de los cielos me ha dado todos los reinos de la tierra, y me ha mandado que le edifique casa en Jerusalén, que está en Judá» (Esd. 1:1, 2).

Por lo tanto, Isaías predijo acertadamente que Ciro permitiría que los judíos volvieran y reedificaran su templo en Jerusalén 176 años antes de que ocurriera.

3. Alejandro Magno. Aunque Daniel no se refiere a él por nombre, parece haber poca duda de que Alejandro es el «macho cabrío» mencionado en Daniel 8:3-8.

Alejandro fue el primer verdadero conquistador mundial. Cruzó el Helesponto en la primavera del 334 a.C. y pronto se encontró con las tropas persas y las aplastó en la batalla del Issos en el 333 a.C. Josefo, el historiador judío, nos cuenta que cuando Alejandro se acercó a Jerusalén, el sumo sacerdote salió a su encuentro, quien entonces le mostró que sus victorias sobre los persas habían sido profetizadas por Daniel en el 553, unos 220 años antes. Se cuenta que el guerrero griego quedó tan impresionado con todo esto que adoró al sumo sacerdote y perdonó a Jerusalén.

4. Antíoco Epífanes. Como Alejandro, no se menciona por nombre a Antíoco, pero seguramente Daniel 8:9-14 se refiere a él. Antíoco era un sangriento general sirio que odiaba a los judíos y que conquistó a Palestina en el 167 a.C. Después entró al Lugar Santísimo en el templo y lo profanó horriblemente matando un cerdo sobre el altar. Daniel predijo este terrible acontecimiento unos 386 años antes de que ocurriera.

5. Juan el Bautista. En Isaías 40:3-5, el profeta describe correctamente el futuro mensaje de Juan el Bautista con 700 años de anticipación. (Véase también Mt. 3:1-3.)

E. Profecías cumplidas por nuestro Señor durante su ministerio terrenal. En el Antiguo Testamento hay unas treinta y siete profecías básicas acerca del ministerio terrenal del esperado Salvador. Mientras estuvo en la tierra, Jesucristo cumplió cada una de las predicciones. Considérense los siguientes textos:

1. Nacería de una virgen (cp. Is. 7:14 con Mt. 1:22, 23).
2. Se le daría el trono de David (cp. 2 S. 7:12,13 con Lc. 1:31).
3. Sería llamado Emanuel (cp. Is. 7:14 con Mt. 1:23).
4. Sería rechazado por los suyos (cp. Is. 53:3 con Jn. 1:11, 7:5).
5. Tendría un precursor (cp. Is. 40:3-5; Mal. 3:1 con Mt. 3:1-3; Lc. 1:76-78; 3:3-6).
6. Nacería en Belén (cp. Mi. 5:2, 3 con Mt. 2:5, 6).
7. Recibiría la visita de los magos y se le entregarían presentes (cp. Is. 60:3, 6, 9 con Mt. 2:11).
8. Estaría en Egipto un tiempo (cp. Os. 11:1 con Mt. 2:15).
9. Su lugar de nacimiento sufriría la masacre de sus niños (cp. Jer. 3:15 con Mt. 2:17, 18).
10. Sería llamado nazareno (cp. Is. 11:1 con Mt. 2:23).
11. Sentiría celo por su padre (cp. Sal. 69:9 con Jn. 2:13-17).
12. Estaría lleno del Espíritu de Dios (cp. Is. 61:1-3; 11:2 con Lc. 4:18, 19).
13. Sería una luz a los gentiles (cp. Is. 42:1-3, 6, 7; con Mt. 4:13-16; 12:18-21).
14. Sanaría a muchos (cp. Is. 53:4 con Mt. 8:16, 17).
15. Trataría a los gentiles con benignidad (cp. Is. 9:1, 2; 42:1-3 con Mt. 12:17-21).
16. Hablaría en parábolas (cp. Is. 6:9, 10 con Mt. 13:10-15).
17. Haría una entrada triunfal en Jerusalén (cp. Zac. 9:9 con Mt. 21:4, 5).
18. Sería alabado por los niños (cp. Sal. 8:2 con Mt. 21:16).
19. Sería la piedra angular rechazada (cp. Sal. 118:22, 23 con Mt. 21:42).
20. No se creería en sus milagros (cp. Is. 53:1 con Jn. 12:37, 38).
21. Su amigo lo traicionaría por treinta piezas de plata (cp. Sal. 41:9; 55:12-14; Zac. 11:12, 13 con Mt. 26:14-16, 21-25).
22. Sería un varón de dolores (cp. Is. 53:3 con Mt. 26:37, 38).
23. Sería abandonado por sus discípulos (cp. Zac. 13:7 con Mt. 26:31, 56).
24. Se lo heriría y escupiría (cp. Is. 50:6 con Mt. 26:67; 27:26).
25. El dinero de su precio sería utilizado para comprar el campo de un alfarero (cp. Jer. 18:1-4; 19:1-3; Zac. 11:12, 13 con Mt. 27:9, 10).
26. Sería crucificado entre dos ladrones (cp. Is. 53:12 con Mt. 27:38; Mr. 15:27, 28; Lc. 22:37).
27. Se le daría vinagre a beber (cp. Sal 69:21 con Mt. 27:34, 48).
28. Le traspasarían las manos y los pies (cp. Sal. 22:16; Zac. 12:10 con Mr. 15:25; Jn. 19:34, 37; 20:25-27).
29. Se dividirían sus vestidos y se echarían suertes por ellos (cp. Sal. 22:18 con Lc. 23:34; Jn. 19:23, 24).
30. Sería rodeado y ridiculizado por enemigos (cp. Sal. 22:7, 8 con Mt. 27:39-44; Mr. 15:29-32).
31. Tendría sed (cp. Sal. 22:15 con Jn. 19:28).
32. Encomendaría su espíritu al Padre (cp. Sal. 31:5 con Lc. 23:46).
33. Sus huesos no serían quebrados (cp. Ex. 12:46; Nm. 9:12; Sal. 34:20 con Jn. 19:33-36).
34. Lo mirarían al morir (cp. Zac. 12:10 con Mt. 27:36; Jn. 19:37).
35. Sería enterrado con los ricos (cp. Is. 59:9 con Mt 27:57-60).
36. Sería levantado de los muertos (cp. Sal. 16:10 con Mt. 28:2-7).

37. Ascendería (Sal. 24:7-10 con Mr. 16:19; Lc. 24:50).

VI. El sexto elemento sobrenatural: su influencia universal en la civilización.

A. La civilización occidental está fundada directamente sobre la Biblia y sus enseñanzas. Su misma manera de vivir tuvo su origen en Hechos 16:9, cuando Pablo, obediente a su visión celestial, dirigió su segundo viaje misionero hacia Europa en vez de hacia Asia y el Oriente.

B. El calendario mundial y la mayoría de sus días feriados emanan de la Biblia.

C. Fue la Biblia que elevó a los sangrientos salvajes de las Islas Británicas a la decencia.

D. La Biblia ha influenciado, si no dirigido, el avance de todas las bellas artes.

1. Literatura. Ruskin cita más de 5.000 referencias bíblicas en sus obras. Las principales obras de Milton están arraigadas en la Palabra de Dios, como lo están las de Shakespeare y las de otros, tales como Coleridge, Scott, Pope, Bryant, Longfellow, Kipling, Carlyle, Macaulay, Hawthorne, Irving y Thoreau, para mencionar unos pocos.

2. Arte. Se conservan muchos cuadros hasta hoy de renombre internacional con escenas bíblicas. Estos cuadros se pueden encontrar en todos los museos importantes del mundo. Han sido pintados por los más grandes y más talentosos artistas de todos los tiempos. Algunos de ellos son Leonardo da Vinci, Rembrandt, Rafael, Miguel Ángel y otros.

3. Música. La Biblia ha producido más música inspirada que la combinación de todos los demás libros del mundo.

Bach: la historia ha llegado a la conclusión de que Juan Sebastián Bach «previó toda idea [musical] importante que ha surgido desde su época. Es la inspiración del pianista, del organista y del compositor». Bach fue un ardiente luterano que dedicó la mayor parte de su genio a música centrada en la Iglesia. Considérense también

Mendelssohn: autor de «San Pablo, Elías».
Brahms: «Réquiem».
Beethoven: «Monte de Olivos», «Sansón y Dalila».
Handel: «El Mesías» (toma citas de 15 libros de la Biblia).
Haydn: «La Creación».

E. La Biblia ha producido las leyes del mundo occidental. Las primeras tentativas de formas de gobierno como el derecho consuetudinario inglés, la Declaración de Derechos, la Carta Magna y la propia Constitución de los Estados Unidos de América están todos arraigados en el don que Dios le entregó a Moisés en el monte Sinaí: los Diez Mandamientos.

VII. El séptimo elemento sobrenatural: su cuidado y reproducción.

A. En la historia no ha habido ningún libro copiado tantas veces y con tanto cuidado como la Palabra de Dios. El Talmud menciona las siguientes reglas para copiar el Antiguo Testamento:

1. El pergamino tenía que ser hecho de la piel de un animal limpio, preparado únicamente por judíos, y había de ser sujetado con cuerdas de animales limpios.

2. Cada columna debía tener no menos de cuarenta y ocho líneas y no más de sesenta.

3. La tinta sólo podía ser negra, y debía ser preparada según una fórmula especial.

4. No se podía escribir ninguna palabra ni letra de memoria; el escriba debía tener ante él una copia auténtica, y debía leer y pronunciar en voz alta cada palabra antes de escribirla.

5. Debía limpiar su pluma reverentemente cada vez antes de escribir la Palabra de Dios, y debía lavar todo su cuerpo antes de escribir el sagrado nombre de Jehová.

6. Un error en la hoja condenaba toda la hoja; si se hallaban tres errores en cualquier página, todo el manuscrito era condenado.

7. Se contaba cada palabra y cada letra, y si se omitía una letra, o se agregaba una letra, o si una letra tocaba a otra, el manuscrito era condenado y destruido inmediatamente.

El viejo rabino le hizo la siguiente solemne advertencia a cada joven escriba: «Ten cuidado de cómo haces tu tarea, porque tu tarea es la tarea del cielo; ¡no sea que omitas o agregues una letra de un manuscrito y así te conviertas en un destructor del mundo!»

También se le decía al escriba que mientras estaba escribiendo, aunque un rey entrara en la habitación y hablara con él, el escriba debía ignorarlo hasta que terminara la página en la cual estaba trabajando, para no cometer ningún error. De hecho, algunos textos estaban anotados, es decir, cada letra era contada individualmente. Es así que al copiar el Antiguo Testamento anotaban que la letra *aleph* (la primera letra del alfabeto hebreo) aparecía 42.377 veces, y así sucesivamente.

Según Westcott y Hort, los puntos en los cuales no podemos estar seguros de las palabras originales son insignificantes en proporción al conjunto, algo así como 1/1000. Es así que sólo una letra de cada 1.580 en el Antiguo Testamento se presta a cuestionamiento, y ninguna de las dudas cambiaría ninguna enseñanza doctrinal en lo más mínimo.

B. Actualmente hay casi 5.000 manuscritos griegos antiguos del Nuevo Testamento. Tal vez no parezcan ser muchos hasta que se considera que:

1. Mil quinientos años después de que Herodoto escribiera su historia, quedaba sólo una copia en todo el mundo.

2. Mil doscientos años después de que Platón escribiera su obra clásica, quedaba sólo un manuscrito.

3. Actualmente existen sólo unos pocos manuscritos de Sófocles, Eurípides, Virgilio y Cicerón.

VIII. El octavo elemento sobrenatural: su asombrosa circulación. Cuando David Hume dijo: «Veo el ocaso del cristianismo y la Biblia», estaba muy confundido, porque no podía distinguir entre el amanecer y el ocaso.

A. Sólo la mitad del uno por ciento de todos los libros publicados sobreviven siete años. El ochenta por ciento de todos los libros son olvidados en un año. Por ejemplo, imaginemos que durante este año se publican 200 libros nuevos en los Estados Unidos. Las estadísticas muestran que para el año próximo sólo quedarían cuarenta de estos 200. Al final del séptimo año, de los 200 originales, únicamente sobreviviría un libro solitario.

¿Cuál otro libro religioso antiguo puede compararse aun remotamente con la Biblia? ¿Dónde se puede ir hoy a comprar una copia del Zendavesta o del Libro de los muertos de Egipto? De hecho, docenas de religiones que una vez florecieron sencillamente han desaparecido de la faz de la tierra sin dejar el menor rastro. Pero el niño más pequeño puede entrar a casi cualquier librería de los Estados Unidos y obtener una copia de la Palabra de Dios.

IX. El noveno elemento sobrenatural: su honestidad absoluta. Tal vez no haya una sola declaración que resuma tan completamente a la Biblia como la siguiente: «La Biblia no es un libro que el hombre *podría* escribir si quisiera hacerlo, ni que *escribiría* si pudiera hacerlo.» Analicémosla sección por sección.

«El hombre no podría escribir la Biblia si quisiera hacerlo.» Aunque el hombre tuviera toda la espiritualidad necesaria, no sabría los datos involucrados en las declaraciones históricas, científicas y proféticas que ya hemos visto en la Biblia. Por lo tanto, sin la dirección de Dios, la Biblia no es un libro que el hombre podría escribir si quisiera hacerlo.

«El hombre no escribiría la Biblia si pudiera hacerlo.» Supongamos que Dios le diera al hombre pecaminoso todos los datos y la capacidad para escribir la Biblia. ¿Qué pasaría entonces? El hombre aun así *no la escribiría* correctamente si *pudiera* hacerlo. Nótense los siguientes motivos:

A. Por las cosas malas que Dios escribe acerca de algunos de sus amigos. Hay cinco hombres que vienen inmediatamente a la mente. La mayoría de estas personas se mencionan en el «Salón de la Fama» de la fe (Hebreos 11).

1. Noé: verdaderamente un hombre de Dios. Anduvo con Dios, era un hombre justo (Gn. 6:9) y obedeció a Dios (He. 11:7). Sin embargo, después del diluvio, este gran héroe de la fe se emborracha totalmente y expone su desnudez y vergüenza ante toda su familia (Gn. 9:20-24). Seguramente un autor meramente humano no habría escrito todo esto.
2. Moisés: el hombre más manso de todo el mundo en su época (Nm. 12:3) y un líder que guió solo a toda una nación de hebreos esclavizados fuera del cautiverio de Egipto. Pero camino a Palestina leemos de su ira y de su desobediencia directa a la Palabra de Dios claramente revelada. (Véase Nm. 20:7-12.) Seguramente el hombre habría eliminado esta parte de la historia de Moisés.
3. David: sin excepción el más grande rey humano que haya ocupado un trono. Dios mismo testificaría que éste era un hombre con un corazón conforme a Él. (Véanse 1 S. 13:14; 16:7, 12, 13.) El valor de David (1 S. 17:34-36, 49), su amor a Dios (Sal. 18, 103, etc.) y su bondad (1 S. 24:6, 7) eran universalmente reconocidos. Pero en 2 Samuel 11, este mismo rey es acusado acertadamente de lascivia, adulterio, engaño y asesinato a sangre fría. ¿Quién si no Dios escribiría de este modo?
4. Elías: hay pocos profetas en el Antiguo Testamento tan pintorescos y apasionantes como Elías tisbita. En 1 Reyes 18, defiende la causa de Dios ante 450 sacerdotes de Satanás, pero en el próximo capítulo se lo muestra huyendo despavorido de una mujer.
5. Pedro: el portavoz autoproclamado de Cristo que afirmó con tanta seguridad al Salvador que «aunque todos se escandalicen de ti, yo nunca me escandalizaré» (Mt. 26:33). Pero en el momento de gran necesidad de Jesús, leemos de Pedro que «comenzó a maldecir, y a jurar: No conozco al hombre» (Mt. 26:74).

B. Por las cosas buenas que Dios escribe acerca de algunos de sus enemigos. Como ya hemos visto, en muchas ocasiones Dios registra cosas malas acerca de sus amigos, y con frecuencia menciona cosas buenas acerca de sus enemigos. Esto se puede ver en los relatos de Esaú (Gn. 33), Artajerjes (Neh. 2); Darío (Dn. 6); Gamaliel (Hch. 5:34-39); Julio (Hch. 27:1-3), etc.

El motivo de todo lo anterior es sencillamente señalar que la Biblia *no* es un libro editado. Dios literalmente cuenta las cosas tal cual son. Los autores humanos, por sinceros que sean, sencillamente no escriben de ese modo con constancia.

C. Por ciertas doctrinas que son repugnantes para la mente natural. Se podrían dar muchos ejemplos, pero los siguientes servirán como ilustración:

1. La doctrina del infierno eterno. (Véase Ap. 14:10, 11.)
2. La doctrina de la impotencia total del hombre. (Véanse Ro. 7:18; Ef. 2:8, 9.)
3. La doctrina del juicio final para los salvos y los no salvos. (Véanse 1 Co. 3:9-15; Ap. 20:11-15.)

X. El décimo elemento sobrenatural: su poder para transformar vidas. Según un antiguo proverbio, «por la muestra se conoce el paño». Así es. Sin duda la mayor prueba de que la Biblia verdaderamente es la Palabra de Dios es su asombrosa capacidad de cambiar a la humanidad corrupta.

La Biblia es un hermoso palacio construido con sesenta y seis bloques de mármol sólido: los sesenta y seis libros. En el primer capítulo de Génesis entramos al vestíbulo, lleno de los grandes hechos de la creación.

El vestíbulo provee acceso a los tribunales de la ley —los cinco libros de Moisés— a través de los cuales llegamos a la galería de cuadros de los libros históricos. Sobre estas paredes encontramos escenas de batallas, representaciones de hechos heroicos y retratos de hombres eminentes que pertenecen a los primeros días de la historia del mundo.

Más allá de la galería de cuadros encontramos el cuarto del filósofo —el libro de Job— a través del cual entramos el cuarto de música —el libro de los Salmos— donde oímos las más grandes melodías que oídos humanos hayan oído jamás.

Después llegamos a la oficina administrativa —el libro de los Proverbios— donde encontramos el siguiente lema en el medio de la habitación: «La justicia engrandece a la nación; mas el pecado es afrenta de las naciones.»

De la oficina administrativa pasamos a la capilla —Eclesiastés, o el Cantar de los Cantares— con la rosa de Sarón y el lirio del valle, y todo tipo de perfume fino y fruta y flores y aves de canto.

Finalmente llegamos al observatorio —los profetas— con sus telescopios fijos en estrellas cercanas y lejanas, todas dirigidas hacia «la estrella resplandeciente de la mañana» que pronto había de surgir.

Cruzando el patio llegamos a la sala de audiencias del Rey, los Evangelios, donde hallamos cuatro vívidos retratos del Rey mismo. Después entramos al taller del Espíritu Santo, los Hechos de los Apóstoles, y más allá a la sala de la correspondencia, las epístolas, donde vemos a Pablo, Pedro, Santiago, Juan, y Judas ocupados en sus escritorios.

Antes de salir nos detenemos un momento en la galería externa, Apocalipsis, donde vemos algunos cuadros notables de los juicios por venir y las glorias por ser reveladas, terminando con una imagen impresionante de la sala del trono del Rey.

LA DOCTRINA DE LA PROFECÍA

LA DOCTRINA DE LA PROFECÍA

I. El arrebatamiento de la Iglesia [también conocido como «rapto»].

A. El significado de la palabra «arrebatamiento». El término se deriva del verbo latino *rapere*, que significa «transportar de un lugar a otro». Por lo tanto, el próximo gran acontecimiento predicho por la Biblia se llevará a cabo cuando el Señor Jesús venga en el aire para llevarse a los suyos. Varios pasajes bíblicos apoyan esto:

«Por lo cual os decimos esto en palabra del Señor: que nosotros que vivimos, que habremos quedado hasta la venida del Señor, no precederemos a los que durmieron. Porque el Señor mismo con voz de mando, con voz de arcángel, y con voz de trompeta de Dios, descenderá del cielo; y los muertos en Cristo resucitarán primero. Luego nosotros los que vivimos, los que hayamos quedado, seremos arrebatados juntamente con ellos en las nubes para recibir al Señor en el aire, y así estaremos siempre con el Señor» (1 Ts. 4:15-17).

«He aquí, os digo un misterio: No todos dormiremos; pero todos seremos transformados, en un momento, en un abrir y cerrar de ojos, a la final trompeta; porque se tocará la trompeta, y los muertos serán resucitados incorruptibles, y nosotros seremos transformados. Porque es necesario que esto corruptible se vista de incorrupción, y esto mortal se vista de inmortalidad» (1 Co. 15:51-53).

B. Los participantes del arrebatamiento. ¿Por quiénes vendrá Jesús? Es la opinión de este resumen teológico que Cristo regresará por su Iglesia, que está compuesta por todas las personas salvadas desde pentecostés hasta el arrebatamiento en sí. Los participantes del arrebatamiento incluyen a:

1. El mismo Señor Jesús.
2. El arcángel (tal vez Miguel; véanse Dn. 10:13, 21; 12:1; Jud. v. 9; Ap. 12:7).
3. Los cuerpos de los creyentes muertos: «porque es necesario que esto corruptible se vista de incorrupción».
4. Los cuerpos transformados de los creyentes vivientes: «y esto mortal se vista de inmortalidad».

C. Los enfoques falsos del arrebatamiento.

1. Que el arrebatamiento es lo mismo que la Segunda Venida de Cristo. Falso. En el arrebatamiento Jesús viene *por* su Iglesia en el aire, mientras que en la Segunda Venida, viene *con* su pueblo a la tierra. (Véanse Jud. vv. 14, 15; Ap. 19:11-16.)
2. Que el arrebatamiento sólo incluirá a los cristianos «espirituales» y que los cristianos carnales serán dejados para soportar la tribulación. Esta teoría está refutada por una palabrita en 1 Corintios 15:51, donde Pablo dice que «*todos* seremos transformados». Con frecuencia se le llama a este enfoque falso la teoría del «arrebatamiento parcial».
3. Que el arrebatamiento no ocurrirá sino hasta la mitad de la tribulación, forzando así a toda la Iglesia a sufrir los primeros tres años y medio de la ira de Dios. Esta teoría se llama midtribulacionismo, y está refutada por Pablo en 1 Tesalonicenses 5:9 donde dice: «Porque no nos ha puesto Dios para ira....»
4. Que el arrebatamiento no ocurrirá sino hasta el final de la tribulación. Esto se conoce como el postribulacionismo, y está refutado por 1 Tesalonicenses 5:9 y Apocalipsis 3:10.

El Nuevo Testamento presenta a la Iglesia como el cuerpo y la esposa de Cristo. Si el enfoque del midtribulacionismo o del postribulacionismo fuera correcto, entonces parte de este cuerpo sufriría una amputación, y una sección de la esposa quedaría atrás. Aparte de esto, habría que concluir que todos los cuerpos de los cristianos carnales muertos también permanecerían en la tumba. Esto sencillamente no es la clara enseñanza de la Palabra de Dios.

La Biblia nos enseña que el arrebatamiento es pretribulacional en naturaleza e incluye a todos los creyentes. (Véanse Ro. 5:9 y 1 Ts. 1:10.) Tal vez la prueba más grande de esta declaración es el hecho de que hasta el capítulo 6 de Apocalipsis se menciona a la Iglesia muchas veces, pero desde el capítulo 6 hasta él capítulo 19 (el período de la tribulación) no hay ninguna mención de la Iglesia en la tierra. De hecho, el único grupo piadoso que Satanás puede encontrar para perseguir es la nación de Israel. (Véase Ap. capítulo 12.)

En Apocalipsis 4:1, Juan declara que: «Después de esto miré, y he aquí una puerta abierta en el cielo; y la primera voz que oí, como de trompeta, hablando conmigo, dijo: Sube acá....» Se nos dice que los cristianos son los embajadores de Dios en la tierra (2 Co. 5:20) y que un día Él declarará la guerra contra esta tierra. Lo primero que hace un rey o un presidente después de declarar la guerra contra otro país es hacer regresar a sus embajadores. Así deducimos que la Iglesia escapará a la tribulación.

D. El propósito del arrebatamiento.

1. Para juzgar y recompensar a la Iglesia de Dios.

   «Porque es necesario que todos nosotros comparezcamos ante el tribunal de Cristo, para que cada uno reciba según lo que haya hecho mientras estaba en el cuerpo, sea bueno o sea malo» (2 Co. 5:10).

2. Para quitar el Espíritu de Dios.

   «Porque ya está en acción el misterio de la iniquidad; sólo que hay quien al presente lo detiene, hasta que él a su vez sea quitado de en medio» (2 Ts. 2:7).

   Muchos teólogos creen que el «él» de este

versículo es una referencia al Espíritu Santo. Es así como el Espíritu de Dios ha estado desempeñando el papel de un dique divino, reteniendo fielmente las aguas del pecado. Pero en el arrebatamiento, esta influencia bendita será quitada en gran medida para preparar el camino para la tribulación.

E. El misterio del arrebatamiento. En 1 Corintios 15:51 Pablo declara: «He aquí, os digo un misterio....» ¿Cuál es este secreto del Salvador? Supongamos que se comenzara a leer la Biblia desde el primer capítulo de Génesis y se leyera hasta 1 Corintios, capítulo 14. Si se dejara de leer ahí, ya se habrían aprendido muchos datos importantes, como la creación, el pecado del hombre, el diluvio, Belén, el Calvario, la resurrección y la existencia del cielo y del infierno.

Pero habría que concluir que el cristiano sólo puede llegar al cielo después de una muerte física. Por supuesto que se notarían las dos excepciones de Enoc (Gn. 5:24) y de Elías (2 R. 2:11), pero aparte de ellos, estaría claro que los creyentes tienen que pasar por el camino de la tumba antes de llegar a la meta de la gloria.

Pero ahora el secreto se ha divulgado, y es el siguiente: millones de cristianos algún día llegarán al cielo sin morir. «He aquí, os digo un misterio: No todos dormiremos; pero todos seremos transformados» (1 Co. 15:51). Este es, entonces, el misterio del arrebatamiento.

F. La trompeta del arrebatamiento. En por lo menos tres pasajes bíblicos acerca del arrebatamiento se menciona una trompeta (1 Co. 15:52; 1 Ts. 4:16; Ap. 4:1). ¿Cómo hemos de entender esto? El doctor J. Dwight Pentecost escribe: «La frase "trompeta de Dios" es significativa, porque en el Antiguo Testamento la trompeta se utilizaba para dos cosas: para llamar a batalla y para llamar a la adoración.» (J. Dwight Pentecost, *Prophecy for Today*, p. 30 [Hay traducción castellana titulada *Profecías para el mundo moderno*, Editorial Unilit.])

Pero, ¿cuál de los dos significados está involucrado en el arrebatamiento? El doctor Pentecost sugiere que *ambos* significados están presentes, uno dirigido a los ángeles y el otro a los creyentes.

1. Para los ángeles, el sonido de la trompeta significará «¡Preparaos para la batalla!» Según varios pasajes neotestamentarios (Jn. 14:30; Ef. 6:12; 1 Jn. 5:19) este mundo presente está en las manos del maligno, el diablo, y el mismo ambiente está lleno de su poder y de su presencia malvados. Es obvio que Satanás resistirá la remoción de los creyentes de su dominio y la liberación de su malvado sistema carnal. Por lo tanto, la trompeta ordena a los ángeles: «¡Preparaos para la batalla! ¡Preparad el camino para el arrebatamiento de los cuerpos resucitados y de los creyentes vivos!»
2. Para los creyentes, el sonido de la trompeta significará: «¡Preparaos para adorar!» En Números 10:1-3 leemos:

   «Jehová habló a Moisés, diciendo: Hazte dos trompetas de plata; de obra de martillo las harás, las cuales te servirán para convocar la congregación, y para hacer mover los campamentos. Y cuando las tocaren, toda la congregación se reunirá ante ti a la puerta del tabernáculo de reunión.»

   En cuanto a la trompeta del arrebatamiento, Números 10:4 parece tener un significado especial:

   «Mas cuando tocaren sólo una, entonces se congregarán ante ti los príncipes, los jefes de los millares de Israel.»

   En el arrebatamiento sólo se toca una trompeta, sugiriendo que a los ojos de Dios *todos* los creyentes ocupan un lugar de suma importancia. Todos somos «príncipes» en la mente de Dios.

G. El Antiguo Testamento presagia el arrebatamiento.

1. Se ve en Enoc, que fue sacado del mundo *antes* del juicio del diluvio (Gn. 5:24).
2. Se ve también Lot, que fue sacado de Sodoma *antes* del juicio por fuego (Gn. 19:22-24).

H. El desafío del arrebatamiento. Por causa de este glorioso acontecimiento futuro, el hijo de Dios ha de hacer muchas cosas.

1. Ha de asistir a los servicios del Señor con regularidad.

   «No dejando de congregarnos, como algunos tienen por costumbre, sino exhortándonos; y tanto más, cuanto veis que aquel día se acerca» (He. 10:25).
2. Ha de observar la Cena del Señor con el arrebatamiento en mente.

   «Así, pues, todas las veces que comiereis este pan, y bebiereis esta copa, la muerte del Señor anunciáis hasta que él venga» (1 Co. 11:26).
3. Ha de amar a los creyentes y a todos los hombres.

   «Y el Señor os haga crecer y abundar en amor unos para con otros y para con todos, como también lo hacemos nosotros para con vosotros, para que sean afirmados vuestros corazones, irreprensibles en santidad delante de Dios nuestro Padre, en la venida de nuestro Señor Jesucristo con todos sus santos» (1 Ts. 3:12, 13).
4. Ha de ser paciente.

   «Tened también vosotros paciencia, y afirmad vuestros corazones; porque la venida del Señor se acerca» (Stg. 5:8).
5. Ha de vivir una vida apartada.

   «... pero sabemos que cuando él se manifieste, seremos semejantes a él, porque le veremos tal como él es. Y todo aquel que tiene esta esperanza en él, se purifica» (1 Jn. 3:2, 3).

   «... renunciando a la impiedad y a los deseos mundanos, vivamos en este siglo sobria, justa y piadosamente, aguardando la esperanza bienaventurada y la manifestación gloriosa de nuestra gran Dios y Salvador Jesucristo» (Tit. 2:12, 13).

   «Y ahora, hijitos, permaneced en él, para que cuando se manifieste, tengamos confianza, para que en su venida no nos alejemos de él avergonzados» (1 Jn. 2:28).
6. Ha de abstenerse de juzgar a otros.

   «Así que, no juzguéis nada antes de tiempo, hasta que venga el Señor, el cual aclarará también lo oculto de las tinieblas, y manifestará las intenciones de los corazones; y entonces cada uno recibirá su alabanza de Dios» (1 Co. 4:5).

7. Ha de predicar la Palabra.

«Te encarezco delante de Dios y del Señor Jesucristo, que juzgará a los vivos y a los muertos en su manifestación y en su reino, que prediques la palabra; que instes a tiempo y fuera de tiempo; redarguye, reprende, exhorta con toda paciencia y doctrina» (2 Ti. 4:1, 2).

«Apacentad la grey de Dios.... Y cuando aparezca el Príncipe de los pastores, vosotros recibiréis la corona incorruptible de gloria» (1 P. 5:2, 4).

8. Ha de consolar a los acongojados.

«Porque el Señor mismo con voz de mando, con voz de arcángel, y con trompeta de Dios, descenderá del cielo ... Por tanto, alentaos los unos a los otros con estas palabras» (1 Ts. 4:16, 18).

9. Ha de ganar almas.

«Conservaos en el amor de Dios, esperando la misericordia de nuestro Señor Jesucristo para vida eterna. A algunos que dudan, convencedlos. A otros salvad, arrebatándolos del fuego...» (Jud. vv. 21-23).

10. Ha de interesarse por el cielo.

«Si, pues, habéis resucitado con Cristo, buscad las cosas de arriba, donde está Cristo sentado a la diestra de Dios. Poned la mira en las cosas de arriba, no en las de la tierra. Porque habéis muerto, y vuestra vida está escondida con Cristo en Dios. Cuando Cristo, vuestra vida, se manifieste, entonces vosotros también seréis manifestados con él en gloria» (Col. 3:1-4).

I. El efecto del arrebatamiento. ¿Cuál será la reacción de una sociedad enferma por el pecado cuando millones de personas desaparezcan repentinamente? Los creyentes ciertamente serán echados de menos. Es obvio por lo que dice la Biblia que la desaparición repentina, tanto de Enoc como de Elías (dos figuras del arrebatamiento del Antiguo Testamento), provocó confusión y alarma entre sus amigos. ¡Cuánta más confusión y alarma vendrá por la desaparición repentina y misteriosa de literalmente millones de hombres, mujeres, niños y niñas!

II. El *bema*: el tribunal de Cristo

A. El significado del tribunal *bema*. La palabra griega *bema* (traducida por «tribunal») era un término conocido por la gente de la época de Pablo. El doctor Lehman Strauss escribe:

«En las grandes arenas olímpicas, había una silla elevada en la cual se sentaba el juez de la competencia. Después de que terminaban las competencias, los competidores vencedores se reunían ante el *bema* para recibir sus premios o coronas. El *bema* no era un banco judicial donde se condenaba a las personas; era un lugar para premiar. De igual manera, el tribunal de Cristo no es un banco judicial ... la vida cristiana es una carrera, y el árbitro divino está mirando a cada concursante. Después de que la Iglesia haya terminado la carrera, juntará a todos los miembros ante el *bema* con el propósito de examinar a cada uno y darle el premio apropiado.» (*God's Plan for the Future*, p. 111.)

B. El hecho del tribunal *bema*. Muchos versículos neotestamentarios hablan de esto.

«Pero tú, ¿por qué juzgas a tu hermano? O tú también, ¿por qué menosprecias a tu hermano? Porque todos compareceremos ante el tribunal de Cristo. Porque escrito está: Vivo yo, dice el Señor, que ante mí se doblará toda rodilla, y toda lengua confesará a Dios. De manera que cada uno de nosotros dará a Dios cuenta de sí» (Ro. 14:10-12).

«La obra de cada uno se hará manifiesta; porque el día la declarará, pues por el fuego será revelada...» (1 Co. 3:13).

«Porque es necesario que todos nosotros comparezcamos ante el tribunal de Cristo...» (2 Co. 5:10).

C. El propósito del tribunal *bema*.

1. Consideraciones negativas.

a. El propósito del tribunal *bema no* es determinar si una persona en particular entra o no en el cielo, porque el destino eterno de cada hombre ya está determinado antes de que deje esta vida.

b. El propósito del tribunal *bema no* es castigar a los creyentes por pecados cometidos antes o después de su salvación. Las Escrituras son muy claras en que ningún hijo de Dios tendrá que responder por sus pecados después de esta vida.

«He aquí, amargura grande me sobrevino en la paz, mas a ti agradó librar mi vida del hoyo de corrupción; porque echaste tras tus espaldas todos mis pecados» (Is. 38:17).

«Yo deshice como una nube tus rebeliones, y como niebla tus pecados...» (Is. 44:22).

«... y la sangre de Jesucristo su Hijo nos limpia de todo pecado» (1 Jn. 1:7).

2. Consideraciones positivas. ¿Cuál es entonces el propósito del tribunal *bema*? En 1 Corintios 4:2, Pablo dice que todos los cristianos deben comportarse como administradores fieles de Dios:

«Ahora bien, se requiere de los administradores, que cada uno sea hallado fiel.»

Más adelante el apóstol Pedro escribe en forma similar:

«Cada uno según el don que ha recibido, minístrelo a los otros, como buenos administradores de la multiforme gracia de Dios» (1 P. 4:10).

En el mundo neotestamentario, el administrador manejaba una casa grande o una heredad. El dueño lo designaba y le confiaba la marcha ordenada de su propiedad. Tenía autoridad para emplear y despedir, para gastar y ahorrar, siendo responsable sólo ante el dueño. Sólo debía preocuparse por tener una reunión periódica con su amo, en la cual debía rendir cuentas por la condición de la propiedad hasta ese momento.

Con este trasfondo en mente, se puede decir que en el tribunal *bema* todos los administradores tendrán que presentarse ante su Señor y Amo y rendir cuentas de la manera en que han utilizado sus privilegios y sus responsabilidades desde el momento de su conversión.

En conclusión, se puede ver que:

a. En el pasado, Dios nos trataba como pecadores (Ro. 5:6-8; 1 Co. 6;9-11); Ef. 2:1-3).

b. Ahora, Dios nos trata como hijos (Ro. 8:14; He. 12:5-11; 1 Jn. 3:1, 2).

c. En el futuro, Dios nos tratará (en el *bema*) como administradores.

D. Los materiales a ser probados en el tribunal *bema*. En 1 Corintios 3:11, el apóstol Pablo explica el hecho glorioso de que en el momento de la salvación un pecador arrepentido queda colocado firmemente en el fundamento de la muerte, el entierro y la resurrección de Cristo mismo. El mandato continuado después de la salvación es de levantarse y edificar sobre este fundamento. Pablo dice:

«... pero cada uno mire cómo sobreedifica. Y si sobre este fundamento alguno edificare oro, plata, piedras preciosas, madera, heno, hojarasca, la obra de cada uno se hará manifiesta; porque el día la declarará, pues por el fuego será revelada; y la obra de cada uno cuál sea, el fuego la probará» (1 Co. 3:10*b*, 12, 13).

Consideraciones negativas. Se debería señalar de inmediato que este pasaje *no* enseña la falsa doctrina conocida como el purgatorio, porque son las *obras* del creyente y no el creyente *en sí* que estarán sujetas al fuego.

Consideraciones positivas. Por estos versículos es obvio que Dios clasifica las obras de los creyentes en una de las seis categorías siguientes: oro, pata, piedras preciosas, madera, heno, hojarasca. Ha habido mucha especulación acerca del tipo de obra aquí que será considerado oro o plata allí. Pero parece ser más apropiado notar que los seis objetos pueden ser fácilmente ubicados en dos categorías:

Aquellos objetos indestructibles y valiosos que sobreviven y mejoran con el fuego. Estos son el oro, la plata y las piedras preciosas.

Aquellos objetos destructibles y sin valor que se consumen totalmente en el fuego. Estos son la madera, el heno y la hojarasca.

Aunque es difícil saber exactamente en qué consiste una «obra de oro» o una «obra de hojarasca», sin embargo se nos informa de ciertas áreas generales en las cuales Dios está especialmente interesado.

1. La manera en que tratamos a otros creyentes.

«Porque Dios no es injusto para olvidar vuestra obra y el trabajo de amor que habéis mostrado hacia su nombre, habiendo servido a los santos y sirviéndoles aún» (He. 6:10).

«El que recibe a un profeta por cuanto es profeta, recompensa de profeta recibirá; y el que recibe a un justo por cuanto es justo, recompensa de justo recibirá. Y cualquiera que dé a uno de estos pequeñitos un vaso de agua fría solamente, por cuanto es discípulo, de cierto os digo que no perderá su recompensa» (Mt. 10:41-42).

2. La manera en que ejercemos nuestra autoridad sobre otros.

«Obedeced a vuestros pastores, y sujetaos a ellos; porque ellos velan por vuestras almas, como quienes han de dar cuenta; para que lo hagan con alegría, y no quejándose, porque esto no os es provechoso» (He. 13:17).

«Hermanos míos, no os hagáis maestros muchos de vosotros, sabiendo que recibiremos mayor condenación» (Stg. 3:1).

3. La manera en que empleamos las habilidades que Dios nos dio.

«Por lo cual te aconsejo que avives el fuego del don de Dios que está en ti...» (2 Ti. 1:6).

«Ahora bien, hay diversidad de dones, pero el Espíritu es el mismo. Pero todas estas cosas las hace uno y el mismo Espíritu, repartiendo a cada uno en particular como él quiere» (1 Co. 12:4, 11).

«Cada uno según el don que ha recibido, minístrelo a los otros, como buenos administradores de la multiforme gracia de Dios» (1 P. 4:10).

A estos versículos se les puede agregar la enseñanza general de las parábolas de Jesús acerca de las diez minas (Lc. 19:11-26) y de los ocho talentos (Mt. 25:14-29).

4. La manera en que utilizamos nuestro dinero.

«A los ricos de este siglo manda que no sean altivos, ni pongan la esperanza en las riquezas, las cuales son inciertas, sino en el Dios vivo, que nos da todas las cosas en abundancia para que las disfrutemos. Que hagan bien, que sean ricos en buenas obras, dadivosos, generosos; atesorando para sí buen fundamento para lo por venir, que echen mano de la vida eterna» (1 Ti. 6:17-19).

«Pero esto digo: El que siembra escasamente, también segará escasamente; y el que siembra generosamente, generosamente también segará. Cada uno dé como propuso en su corazón: no con tristeza, ni por necesidad, porque Dios ama al dador alegre» (2 Co. 9:6, 7).

«Cada primer día de la semana cada uno de vosotros ponga aparte algo, según haya prosperado...» (1 Co. 16:2).

5. Cuánto sufrimos por Jesús.

«Bienaventurados sois cuando por mi causa os vituperen y os persigan, y digan toda clase de mal contra vosotros, mintiendo. Gozaos y alegraos, porque vuestro galardón es grande en los cielos...» (Mt. 5:11, 12).

«Amados, no os sorprendáis del fuego de prueba que os ha sobrevenido, como si alguna cosa extraña os aconteciese, sino gozaos por cuanto sois participantes de los padecimientos de Cristo, para que también en la revelación de su gloria os gocéis con gran alegría» (1 P. 4:12, 13).

«Respondió Jesús y dijo: De cierto os digo que no hay ninguno que haya dejado casa, o hermanos, o hermanas, o padre, o madre, o mujer, o hijos, o tierras, por causa de mí y del evangelio, que no reciba cien veces más ahora en este tiempo; casas, hermanos, hermanas, madres, hijos, y tierras, con persecuciones; y en el siglo venidero la vida eterna» (Mr. 10:29, 30).

«Porque esta leve tribulación momentánea produce en nosotros un cada vez más excelente y eterno peso de gloria» (2 Co. 4:17).

«Pues tengo por cierto que las aflicciones del tiempo presente no son comparables con la gloria venidera que en nosotros ha de manifestarse» (Ro. 8:18).

6. La manera en que ocupamos nuestro tiempo.

«Aprovechando bien el tiempo, porque los días son malos» (Ef. 5:16).

«Y si invocáis por Padre a aquel que sin

acepción de personas juzga según la obra de cada uno, conducíos en temor todo el tiempo de vuestra peregrinación» (1 P. 1:17).

«Enséñanos de tal modo a contar nuestros días, que traigamos al corazón sabiduría» (Sal. 90:12).

7. La manera en que corremos la carrera particular que Dios ha escogido para nosotros.

   «¿No sabéis que los que corren en el estadio, todos a la verdad corren, pero uno solo se lleva el premio? Corred de tal manera que lo obtengáis» (1 Co. 9:24).

   «Hermanos, yo mismo no pretendo haberlo ya alcanzado; pero una cosa hago: olvidando ciertamente lo que queda atrás, y extendiéndome a lo que está delante, prosigo a la meta, al premio del supremo llamamiento de Dios en Cristo Jesús» (Fil. 3:13, 14).

   «Por tanto, nosotros también, teniendo en derredor nuestro tan grande nube de testigos, despojémonos de todo peso y del pecado que nos asedia, y corramos con paciencia la carrera que tenemos por delante» (He. 12:1).

8. Con qué eficacia controlamos la vieja naturaleza.

   «Todo aquel que lucha, de todo se abstiene; ellos, a la verdad, para recibir una corona corruptible, pero nosotros, una incorruptible. Así que, yo de esta manera corro, no como a la aventura; de esta manera peleo, no como quien golpea el aire, sino que golpeo mi cuerpo, y lo pongo en servidumbre, no sea que habiendo sido heraldo para otros, yo mismo venga a ser eliminado» (1 Co. 9:25-27).

9. A cuántas almas testificamos y ganamos para Cristo.

   «Porque ¿cuál es nuestra esperanza, o gozo, o corona de que me gloríe? ¿No lo sois vosotros, delante de nuestro Señor Jesucristo, en su venida? Vosotros sois nuestra gloria y gozo» (1 Ts. 2:19, 20).

   «Los entendidos resplandecerán como el resplandor del firmamento; y los que enseñan la justicia a la multitud, como las estrellas a perpetua eternidad» (Dn. 12:3).

10. La manera en que reaccionamos ante la tentación.

   «Hermanos míos, tened por sumo gozo cuando os halléis en diversas pruebas, sabiendo que la prueba de vuestra fe produce paciencia» (Stg. 1:2, 3).

   «No temas en nada lo que vas a padecer. He aquí, el diablo echará a algunos de vosotros en la cárcel, para que seáis probados, y tendréis tribulación por diez días. Sé fiel hasta la muerte, y yo te daré la corona de la vida» (Ap. 2:10).

11. Cuánto significa para nosotros la doctrina del arrebatamiento.

   «Por lo demás, me está guardada la corona de justicia, la cual me dará el Señor, juez justo, en aquel día; y no sólo a mí, sino también a todos los que aman su venida» (2 Ti. 4:8).

12. Cuán fieles somos a la Palabra de Dios y a la grey de Dios.

   «Apacentad la grey de Dios que está entre vosotros, cuidando de ella, no por fuerza, sino voluntariamente; no por ganancia deshonesta, sino con ánimo pronto; no como teniendo señorío sobre los que están a vuestro cuidado, sino siendo ejemplos de la grey. Y cuando aparezca el Príncipe de los pastores, vosotros recibiréis la corona incorruptible de gloria» (1 P. 5:2-4).

   «Te encarezco delante de Dios y del Señor Jesucristo, que juzgará a los vivos y a los muertos en su manifestación y en su reino, que prediques la palabra...» (2 Ti. 4:1, 2).

E. Los resultados del tribunal *bema* de Cristo.

1. Algunos recibirán recompensas.

   «Si permaneciere la obra de alguno que sobreedificó, recibirá recompensa» (1 Co. 3:14)

   La Biblia menciona por lo menos cinco recompensas posibles. Estas ya han sido descritas brevemente en la sección anterior. Las recompensas incluyen:

   a. La corona incorruptible: dada a aquellos que se imponen a la vieja naturaleza (1 Co. 9:25-27).
   b. La corona del regocijo: dada a los ganadores de almas (Pr. 11:30; Dn. 12:3; 1 Ts. 2:19, 20).
   c. La corona de vida: dada a aquellos que triunfan sobre la tentación (Stg. 1:2, 3; Ap. 2:10).
   d. La corona de justicia: dada a aquellos que aman de forma especial la doctrina del arrebatamiento (2 Ti. 4:8).
   e. La corona de gloria: dada a los predicadores y maestros fieles (Hch. 20:26-28; 2 Ti. 4:1, 2; 1 P. 5:2-4).

   Se ha sugerido que estas «coronas» en realidad serán talentos y habilidades para glorificar a Cristo. Es decir, cuanto mayor la recompensa, tanto mayor la habilidad.

2. Algunos sufrirán pérdidas.

   «Si la obra de alguno se quemare, él sufrirá pérdida...» (1 Co. 3:15).

F. La prefiguración del Antiguo Testamento del tribunal *bema* de Cristo. Aunque no se menciona a la Iglesia en ninguna parte del Antiguo Testamento, sin embargo hay un pasaje que puede ser aplicado muy fácilmente al tribunal *bema*. Se puede encontrar en las palabras de Booz (una prefiguración de Cristo) a Rut (una prefiguración de la Iglesia):

   «... He sabido todo lo que has hecho.... Jehová recompense tu obra, y tu remuneración sea cumplida de parte de Jehová Dios de Israel, bajo cuyas alas has venida a refugiarte» (Rt. 2:11, 12).

III. Las bodas del Cordero.

A. El hecho de las bodas. Muchos pasajes en la Palabra de Dios enseñan que la boda más fantástica y maravillosa de todos los tiempos está aún por ocurrir en este universo.

1. Estas bodas están descritas a través de las parábolas de Jesús.

   «El reino de los cielos es semejante a un rey que hizo fiesta de bodas a su hijo» (Mt. 22:2).

   «Entonces el reino de los cielos será semejante a diez vírgenes que tomando sus lámparas, salieron a recibir al esposo» (Mt. 25:1).

«Estén ceñidos vuestros lomos, y vuestras lámparas encendidas; y vosotros sed semejantes a hombres que aguardan a que su señor regrese de las bodas, para que cuando llegue y llame, le abran en seguida» (Lc. 12:35, 36).

`2. Estas bodas están descritas a través de la visión de Juan.

«Gocémonos y alegrémonos y démosle gloria; porque han llegado las bodas del Cordero, y su esposa se ha preparado» (Ap. 19:7).

B. El anfitrión de las bodas. El Nuevo Testamento presenta muy claramente al Padre como el Anfitrión divino que hace las bodas. Se lo representa preparándolas y después enviando a sus siervos a invitar a los huéspedes escogidos (Lc. 14:16-23).

C. El Esposo de las bodas. El Hijo amado del Padre (Mt. 3:17; 17:5), el Señor Jesucristo, es el Esposo.

1. Por lo dicho por Juan el Bautista.

«Respondió Juan y dijo: No puede el hombre recibir nada, si no le fuere dado del cielo. Vosotros mismos me sois testigos de que dije: Yo no soy el Cristo, sino que soy enviado delante de él. El que tiene la esposa, es el esposo; mas el amigo del esposo, que está a su lado y le oye, se goza grandemente de la voz del esposo; así pues, este mi gozo está cumplido. Es necesario que él crezca, pero que yo mengüe» (Jn. 3:27-30).

2. Por lo dicho por el Señor Jesucristo.

«No he venido a llamar a justos, sino a pecadores al arrepentimiento. Entonces ellos le dijeron: ¿Por qué los discípulos de Juan ayunan muchas veces y hacen oraciones, y asimismo los de los fariseos, pero los tuyos comen y beben? El les dijo: ¿Podéis acaso hacer que los que están de bodas ayunen, entre tanto que el esposo está con ellos? Mas vendrán días cuando el esposo les será quitado; entonces, en aquellos días ayunarán» (Lc. 5:32-35).

D. La esposa de las bodas. En dos pasajes clave, el apóstol Pablo pone bien en claro la identidad de la esposa:

«Las casadas estén sujetas a sus propios maridos, como al Señor; porque el marido es cabeza de la mujer, así como Cristo es cabeza de la iglesia, la cual es su cuerpo, y él es su Salvador. Así que, como la iglesia está sujeta a Cristo, así también las casadas lo estén a sus maridos en todo. Maridos, amad a vuestras mujeres, así como Cristo amó a la iglesia, y se entregó a sí mismo por ella, para santificarla, habiéndola purificado en el lavamiento del agua por la palabra, a fin de presentársela a sí mismo, una iglesia gloriosa, que no tuviese mancha ni arruga ni cosa semejante, sino que fuese santa y sin mancha. Así también los maridos deben amar a sus mujeres como a sus mismos cuerpos. El que ama a su mujer, a sí mismo se ama. Porque nadie aborreció jamás a su propia carne, sino que la sustenta y la cuida, como también Cristo a la iglesia, porque somos miembros de su cuerpo, de su carne y de sus huesos. Por esto dejará el hombre a su padre y a su madre, y se unirá a su mujer, y los dos serán una sola carne. Grande es este misterio; mas yo digo esto respecto de Cristo y de la iglesia» (Ef. 5:22-32).

«Porque os celo con celo de Dios; pues os he desposado con un solo esposo, para presentaros como una virgen pura a Cristo» (2 Co. 11:2).

E. Los invitados a las bodas.

«Y el ángel me dijo: Escribe: Bienaventurados los que son llamados a la cena de las bodas del Cordero...» (Ap. 19:9).

¿Quiénes son los huéspedes invitados a las bodas del Cordero y la Iglesia?

1. En general. Un grupo que incluiría a todos los gentiles creyentes que fueron convertidos antes de Pentecostés o después del arrebatamiento.

2. En particular. Un grupo que incluiría a todos los israelitas salvados en todo el mundo. Las diez vírgenes mencionadas en Mateo 25 son los israelitas. Las cinco prudentes representan a los israelitas salvados y las cinco insensatas representan a los no salvados. No pueden representar a la Iglesia, porque la Iglesia es la *esposa*, que está adentro con el Esposo. Las vírgenes son los huéspedes que han sido invitados a las bodas. Nótese que nunca se invita a una novia a su propia boda. Si ella se niega a ir, no hay boda.

F. El orden de las bodas. Las bodas de Cristo y la Iglesia seguirán el patrón original del matrimonio descrito en el Nuevo Testamento. Éste consistía de tres etapas distintas:

1. La etapa del desposorio. Los matrimonios neotestamentarios frecuentemente empezaban cuando la pareja era muy joven (a veces hasta antes del nacimiento) con el padre del esposo. El padre firmaba un acta legal delante del juez apropiado, prometiendo su hijo a una mujer escogida. El padre entonces ofrecía la dote apropiada. Por lo tanto, aunque la novia jamás había visto al esposo, estaba sin embargo desposada con él. Un ejemplo neotestamentario de este primer paso es el de María y José.

«El nacimiento de Jesús fue así: Estando desposada María su madre con José, antes que se juntasen, se halló que había concebido del Espíritu Santo» (Mt. 1:18).

Tanto María como José eran de Belén, y tal vez habían sido desposados, o prometidos, desde la infancia. Pero ahora se halló que María estaba encinta antes de que se pudiera consumar el matrimonio, y por supuesto que José sólo podía llegar a una conclusión: ella le había sido infiel. Entonces el ángel del Señor le explicó a José las glorias del nacimiento virginal.

La etapa del desposorio consistía de dos pasos: la selección de la novia y el pago de la dote.

Con esto en mente, podemos aseverar que las bodas del Cordero todavía están en la etapa del desposorio:

a. La novia ha sido escogida.

«Bendito sea el Dios y Padre de nuestro Señor Jesucristo, que nos bendijo con toda bendición espiritual en los lugares celestiales en Cristo, según nos escogió en él antes de la fundación del mundo, para que fuésemos santos y sin mancha delante de él» (Ef. 1:3, 4).

b. La dote ha sido pagada.

«¿O ignoráis que vuestro cuerpo es templo del Espíritu Santo, el cual está en vosotros, el cual tenéis de Dios, y que no sois vuestros? Porque habéis sido comprados por precio; glorificad, pues, a Dios en vuestro cuerpo y en vuestro espíritu, los cuales son de Dios» (1 Co. 6:19, 20).

«Sabiendo que fuisteis rescatados de vuestra vana manera de vivir, la cual recibisteis de vuestros padres, no con cosas corruptibles, como oro o plata, sino con la sangre preciosa de Cristo, como de un cordero sin mancha y sin contaminación» (1 P. 1:18, 19).

2. La etapa de la presentación. En el momento apropiado, el padre mandaba a sus siervos a la casa de la novia para que pudieran ejecutar el contrato legal correspondiente. La novia entonces era llevada al hogar del padre del esposo.

Cuando todo estaba listo, el padre de la novia ponía la mano de ella en la mano del padre del novio. Éste entonces la ponía en la de su hijo.

Aplicando este trasfondo a las bodas del Cordero, la Iglesia todavía aguarda esta segunda etapa, la etapa de la presentación, que conocemos como el arrebatamiento. Los siguientes versículos hablan de esta etapa:

«... Cristo amó a la iglesia, y se entregó a sí mismo por ella ... a fin de presentársela a sí mismo, una iglesia gloriosa, que no tuviese mancha ni arruga ni cosa semejante, sino que fuese santa y sin mancha» (Ef. 5:25, 27).

«Y a aquel que es poderoso para guardaros sin caída, y presentaros sin mancha delante de su gloria con gran alegría» (Jud. v. 24).

«Gocémonos y alegrémonos y démosle gloria; porque han llegado las bodas del Cordero, y su esposa se ha preparado. Y a ella se le ha concedido que se vista de lino fino, limpio y resplandeciente; porque el lino fino es las acciones justas de los santos» (Ap. 19:7, 8).

Después siguen los acontecimientos que constituyen la segunda etapa:

a. El Padre Celestial enviará por la novia.

«Después de esto miré, y he aquí una puerta abierta en el cielo; y la primera voz que oí, como de trompeta, hablando conmigo, dijo: Sube acá...» (Ap. 4:1).

b. Se mostrarán los papeles legales correspondientes.

«Pero el fundamento de Dios está firme, teniendo este sello: Conoce el Señor a los que son suyos...» (2 Ti. 2:19).

c. La novia será llevada a la casa del Padre.

«En la casa de mi Padre muchas moradas hay; si así no fuera, yo os lo hubiera dicho; voy, pues, a preparar lugar para vosotros» (Jn. 14:2, 3).

3. La etapa de la celebración. Después de completada la ceremonia de casamiento privada, empezaba la cena pública de las bodas. Se invitaban a muchos huéspedes para este acontecimiento. Fue durante una de estas celebraciones que nuestro Señor obró su primer milagro, el de convertir el agua en vino (véase Jn. 2:1-11). Más adelante Jesús se refirió a este tercer paso cuando dijo las siguientes palabras:

«Estén ceñidos vuestros lomos, y vuestras lámparas encendidas; y vosotros sed semejantes a hombres que aguardan a que su señor regrese de las bodas, para que cuando llegue y llame, le abran en seguida. Bienaventurados aquellos siervos a los cuales su señor, cuando venga, halle velando; de cierto os digo que se ceñirá, y hará que se sienten a la mesa, y vendrá a servirles» (Lc. 12:35-37).

G. La fecha de las bodas. ¿Cuándo se llevan a cabo las bodas? A la luz de lo que ya se ha dicho, parecería que la *ceremonia* de las bodas (la etapa de la presentación) se llevará a cabo en privado en el cielo, tal vez poco después del tribunal *bema* de Cristo. La *cena* de las bodas (la etapa de la celebración) se llevará a cabo públicamente en la tierra poco después de la Segunda Venida de Cristo.

No es ningún accidente que la Biblia describa el milenio inmediatamente después del comienzo de la cena de celebración. (La cena se describe en Apocalipsis 19, mientras que el milenio se describe en Apocalipsis 20.) En la época neotestamentaria, la duración y el costo de esta cena dependían de la riqueza del padre. Por lo tanto, cuando su Hijo amado se case, el Padre de toda gracia (cuya riqueza es ilimitada) festejará la ocasión dándole a su Hijo y a la esposa una celebración que durará mil años.

H. La seguridad de las bodas. Las bodas terrenales pueden ser impedidas por diversos problemas inesperados.

1. En un casamiento terrenal puede haber un rechazo de último momento por parte de la novia o el novio. Pero no así con las bodas celestiales.

a. El Esposo ya ha expresado su gran amor por su novia (Ef. 5:25), y él nunca cambia.

«... Este mismo Jesús, que ha sido tomado de vosotros al cielo, así vendrá como le habéis visto ir al cielo» (Hch. 1:11).

«Jesucristo es el mismo ayer, y hoy, y por los siglos» (He. 13:8).

b. La novia ya ha sido glorificada y está sin pecado, y por lo tanto no puede ser tentada a cambiar de parecer ni perder su amor por el Esposo.

«... una iglesia gloriosa, que no tuviese mancha ni arruga ni cosa semejante, sino que fuese santa y sin mancha» (Ef. 5:27).

«Porque con una sola ofrenda hizo perfectos para siempre a los santificados» (He. 10:14).

2. En un casamiento terrenal puede surgir un problema legal serio, como que no se haya alcanzado la edad reglamentaria, o hasta un matrimonio previo, pero no así en las bodas celestiales. (Véase Ro. 8:33-39.)

3. En un casamiento terrenal podría intervenir la tragedia de la muerte, pero no así en la boda celestial.

a. La novia no morirá nunca.

«Y todo aquel que vive y cree en mí, no morirá eternamente» (Jn. 11:26).

b. El Esposo no morirá nunca.

«Y el que vivo, y estuve muerto; mas he aquí que vivo por los siglos de los siglos, amén...» (Ap. 1:18).

IV. La crisis de un Libro sellado siete veces.

A. La proclamación.

«Y vi en la mano derecha del que estaba sentado en el trono un libro escrito por dentro y por fuera, sellado con siete sellos. Y vi a un ángel fuerte que pregonaba a gran voz: ¿Quién es digno de abrir el libro y desatar sus sellos?» (Ap. 5:1, 2).

Las circunstancias que rodean a esta crisis ocurren poco después del arrebatamiento de la Iglesia. Juan ha sido llevado al cielo (Ap. 4:1), donde escribe acerca de las cosas maravillosas que ve y oye.

1. Ve la gloria del Padre sobre el trono (Ap. 4:2, 3).
2. Ve un hermoso arco iris verde alrededor de este trono (Ap. 4:3).
3. Ve a veinticuatro ancianos con coronas de oro (Ap. 4:4). (Estos veinticuatro pueden consistir en un cuerpo representativo de santos tanto del Antiguo como del Nuevo Testamento. El texto griego nos dice que todos llevan coronas *stephanos*, o coronos de mártires, en lugar de diademas o coronas reales. Por lo tanto deben ser seres humanos y no ángeles.)
4. Oye relámpagos y truenos, lo que significa que la terrible tormenta de la gran tribulación está por desatar su furia (Ap. 4:5).
5. Ve un mar de vidrio semejante al cristal (Ap. 4:6).

El doctor Donald Barnhouse ha escrito lo siguiente en cuanto a este mar:

«Ante el trono había un mar de vidrio, como el cristal. La concordancia nos lleva inmediatamente al templo construido por Salomón según el modelo del tabernáculo. "Hizo fundir asimismo un mar de diez codos de un lado al otro, perfectamente redondo; su altura era de cinco codos, y lo ceñía alrededor un cordón de treinta codos" (1 R. 7:23). Este gran mar, de 15 pies de diámetro (4,5 m), se apoyaba en la espalda de doce bueyes de bronce que miraban hacia afuera. Los sacerdotes iban allí para purificarse. Cada vez, antes de entrar al lugar santo, paraban para la ceremonia de la purificación. Pero gracias a Dios la jofaina será convertida en cristal. Llegará el día en que ninguno de los santos necesitará la confesión. Uno de los mayores gozos de la anticipación del cielo es que la jofaina es de cristal. Nunca tendré que volver al Padre Celestial para decirle que he pecado. Nunca tendré que volver a encontrarme con esa mirada de Cristo que hizo que Pedro saliera y llorara amargamente. La jofaina es de cristal sólo porque yo y todos los santos de todas las edades habremos sido hechos como el Señor Jesucristo.» (Donald G. Barnhouse, *Revelation: An Expository Commentary*, p. 94.)

6. Ve y oye el testimonio de cuatro criaturas angélicas especiales (Ap. 4:6-8).

La primera de estas criaturas tenía las características de un león, la segunda de un becerro, la tercera de un hombre y la cuarta de un águila. Juan ve estas cuatro cosas y escribe acerca de ellas, porque lo llenan de deleite. Pero ahora es testigo de un séptimo acontecimiento, que hace que la desesperación inunde su alma. La crisis de un libro sellado siete veces está por empezar. ¿Qué es este libro (en realidad un rollo), sellado tan seguramente con siete sellos? Sea cual fuere su contenido, el rollo era extremadamente importante, porque la historia nos informa que bajo la ley romana todos los documentos legales relacionados con la vida y la muerte tenían que ser sellados siete veces. Algunos teólogos creen que es el título legal de la tierra. Por lo tanto, la proclamación de los ángeles era, en efecto: «¿Quién es digno de reclamar el título de la tierra? ¿Quién puede verter el juicio sellado siete veces, purificar el planeta e introducir el largamente anhelado milenio de oro?» ¿Quién verdaderamente *era* digno?

B. La investigación.

«Y ninguno, ni en el cielo ni en la tierra ni debajo de la tierra, podía abrir el libro, ni aun mirarlo» (Ap. 5:3).

Sigamos al ángel mientras comienza su búsqueda tripartita.

1. La búsqueda en el cielo. ¿Había alguien entre los redimidos digno de reclamar el título de la tierra? No había.
   a. Originalmente Adán tenía el título (Gn. 1:28, 29), pero el diablo se lo hizo perder con engaño (Gn. 3:1-19).
   b. Noé, el héroe del diluvio, después se convirtió en el ebrio de la viña, quedando así descalificado (Gn. 6-9).
   c. Abraham, el padre de Israel, se apartó y fue a Egipto temporalmente (Gn. 12).
   d. David, el hombre conforme al corazón de Dios (1 S. 16:7), más adelante le partió el corazón a Dios con lascivia y homicidio (2 S. 11).
   e. Juan el Bautista, el precursor de Cristo, en un momento de debilidad dudó de ese mismo Mesías (Mt. 11:3).
   f. Pedro, la «piedra», negó a su Señor en la hora de necesidad (Mt. 26:70).
   g. Pablo, tal vez el cristiano más grande que haya vivido jamás, transigió en su testimonio (Hch. 21).
2. La búsqueda en la tierra. ¿Quién podría cumplir en el ambiente pecaminoso de la tierra lo que ningún hombre podía lograr ni siquiera en el ambiente perfecto del cielo? Los predicadores y los sacerdotes podían ministrar al mundo, y los reyes reinar sobre partes de él, pero no podían *reclamarlo*.
3. La búsqueda debajo de la tierra (en el Hades). Si ningún santo ni ángel podía purificar la tierra, de seguro que ningún pecador o demonio lo haría.

C. La lamentación.

«Y lloraba yo mucho, porque no se había hallado a ninguno digno de abrir el libro, ni de leerlo, ni de mirarlo» (Ap. 5:4).

¿Por qué lloró Juan? Tal vez porque (entre otras cosas) se dio cuenta de que la resurrección y la glorificación final de su propio cuerpo estaban directamente relacionadas con la remoción de la maldición sobre esta tierra. (Véase Ro. 8:17-23.)

D. La manifestación.

«Y uno de los ancianos me dijo: No llores. He aquí que el León de la tribu de Judá, la raíz de David, ha vencido para abrir el libro y desatar sus siete sellos. Y miré, y vi que en medio del trono y de los cuatro seres vivientes, y en medio de los ancianos, estaba en pie un Cordero como inmolado, que tenía siete cuernos, y siete ojos, los cuales son los siete espíritus de Dios enviados por toda la tierra. Y vino, y tomó el libro de la mano derecha del que estaba sentado en el trono» (Ap. 5:5-7).

¿Quién es este Héroe celestial que tan audazmente quita el rollo de la mano derecha del Padre? No hace falta especular ni un segundo acerca de su identidad, porque es el Señor Jesucristo mismo. La prueba es contundente.

1. Tiene las características de un cordero. Se hace referencia a nuestro Señor como cordero veintinueve veces en el Nuevo Testamento. En todos los casos salvo uno (1 P. 1:19), es el apóstol Juan quien emplea este título. Además:
   a. Es un cordero de casa. Hay dos palabras para «cordero» en el Nuevo Testamento griego. Una es *amnos* (un cordero en general) y la otra es *arnion* (un cordero especial de casa). Aquí en Apocalipsis 5:6 se utiliza la segunda palabra griega. Para un pasaje relacionado en el Antiguo Testamento, véase 2 Samuel 12:1-4.
   b. Es un cordero inmolado. Aquí la palabra griega para inmolado es *sphatto*, que se refiere a una muerte violenta. La misma palabra se encuentra en el pasaje siguiente: «... Que nos amemos unos a otros. No como Caín, que era del maligno y mató a su hermano...» (1 Jn. 3:11, 12).

      La palabra *sphatto* aparece sólo siete veces en el Nuevo Testamento, y cuatro de estos empleos se refieren a la muerte de Cristo (Ap. 5:6, 9, 12; 13:8).
   c. Es un cordero todopoderoso. Se representa al cordero con siete cuernos, que en el lenguaje bíblico simbólico se refiere al poder y a la autoridad.
   d. Es un cordero omnisciente. Se representa al cordero con siete ojos, refiriéndose a un conocimiento y una sabiduría perfectas.
2. Tiene las características de un león. Juan lo llama «el León de la tribu de Judá», y así es. Tres capítulos bíblicos clave explican este título.
   a. En Génesis 49, el moribundo Jacob predijo que Judá, su cuarto hijo, sería como un león, y que los reyes posteriores de Israel, incluyendo a Cristo mismo, vendrían de su tribu (Gn. 49:8-10).
   b. En 2 Samuel 7, Dios le dijo a David (quien era de la tribu de Judá) que su reino sería eterno y que su casa reinaría para siempre (2 S. 7:8-17).
   c. En Lucas 1, el ángel Gabriel le explicó a María (que era de la casa de David) que su hijo concebido virginalmente heredaría todas las promesas del Antiguo Testamento halladas en Génesis 49 y en 2 Samuel 7 (Lc. 1:30-33).

   Juan ve a Cristo como el Cordero, ya que vino una vez a redimir a su pueblo. Esa fue su obra pasada. Juan también lo ve como un león, porque volverá a reinar sobre su pueblo. Esta será su obra futura. La *fuente* de su reclamo del cetro de la tierra por lo tanto está relacionada con sus características de cordero inmolado, mientras que el *poder* de su reclamo se debe a sus características poderosas de león.

E. La adoración. (Véase Ap. 5:9-14.)

V. La tribulación. Un Job desanimado y desalentado una vez exclamó en desesperación:

«El hombre nacido de mujer, corto de días, y hastiado de sinsabores, sale como una flor y es cortado, y huye como la sombra y no permanece» (Job 14:1, 2).

La descripción pesimista de Job es trágicamente acertada para el hombre no salvo, alejado de la gracia de Dios. A lo largo de su historia tortuosa y pecaminosa ha sido presa de calamidades, desastres y plagas que lo han acechado como acecharía un lobo a una liebre.

Pero según la Biblia, hay una calamidad por venir diferente a todas las que este cansado mundo ha conocido. Aunque este período futuro será relativamente corto, destruirá sin embargo a más de la población mundial que todos los desastres previos combinados. De hecho, casi mil millones de personas serán cortadas durante el *comienzo* de este terrible desastre venidero.

A. Los nombres de este período. Se pueden hallar no menos de doce títulos en la Biblia para este período espeluznante.

1. El día del Señor. Este título se usa con más frecuencia que cualquier otro. Véanse, por ejemplo, Isaías 2:12; 13:6; Ezequiel 13:5; 30:3; Joel 1:15; 2:1, 11, 31; 3:14; Amós 5:18, 20; Abdías 15; Sofonías 1:7, 14; Zacarías 14:1; Malaquías 4:5; Hechos 2:20; 1 Tesalonicenses 5:2; 2 Tesalonicenses 2:2; 2 Pedro 3:10.

   Se debe distinguir entre el día del Señor y el día de Cristo. El día de Cristo es una referencia al milenio. Véanse 1 Corintios 1:8; 5:5; 2 Corintios 1:14; Filipenses 1:6, 10; 2:16.
2. El día de la venganza de Jehová (Is. 34:8; 63:1-6).
3. El tiempo de angustia para Jacob (Jer. 30:7).
4. La septuagésima semana (Dn. 9:24-27).
5. El tiempo del fin (Dn. 12:9).
6. El gran día de su ira (Ap. 6:17).
7. La hora de su juicio (Ap. 14:7).
8. El fin de este siglo (Mt. 13:40, 49).
9. La indignación (Jer. 26:20; 34:2).
10. La muchedumbre de las abominaciones (Dn. 9:27).
11. El tiempo de angustia, cual nunca fue (Dn. 12:1).
12. La tribulación (Mt. 24:21, 29).

La palabra «tribulación» se deriva del latín *tribulum*, que era una herramienta agrícola utilizada para separar la cáscara del maíz. Las implicaciones teológicas de su empleo en la Biblia incluirían conceptos tales como un apretamiento, una aflicción, una carga de angustia y problemas, una ligadura de opresión.

Con esto en mente, parecería que de los doce nombres de la calamidad venidera, el último es el que mejor describe este período. Por lo tanto, de ahora en adelante se utilizará el término tribulación.

B. La naturaleza de la tribulación. Los pasajes siguientes describen aptamente esa época futura y temible.

«Aullad, porque cerca está el día de Jehová.... Por tanto, toda mano se debilitará, y desfallecerá todo corazón de hombre. Por lo cual las estrellas de los cielos y sus luceros no darán su luz; y el sol se oscurecerá al nacer, y la luna no dará su resplandor. Y castigaré al mundo por su maldad...» (Is. 13:6, 7, 10, 11).

«Porque Jehová está airado contra todas las naciones, e indignado contra todo el ejército de ellas; las destruirá y las entregará al matadero. Y los muertos de ellas serán arrojados, y de sus cadáveres se levantará hedor; y los montes se disolverán por la sangre de ellos. Y todo el ejército de los cielos se disolverá, y se enrollarán los cielos como un libro...» (Is. 34:2-4).

«He pisado yo solo el lagar ... los pisé con mi ira, y los hollé con mi furor; y su sangre salpicó mis vestidos, y manché todas mis ropas. Porque el día de la venganza está en mi corazón.... Y con mi ira hollé los pueblos, y los embriagué en mi furor, y derramé en tierra su sangre» (Is. 63:3, 4, 6).

«Porque se levantará nación contra nación, y reino contra reino; y habrá pestes, y hambres, y terremotos en diferentes lugares. Y muchos falsos profetas se levantarán, y engañarán a muchos; y por haberse multiplicado la maldad, el amor de muchos se enfriará. Porque habrá entonces gran tribulación, cual no la ha habido desde el principio del mundo hasta ahora, ni la habrá. Y si aquellos días no fuesen acortados, nadie sería salvo...» (Mt. 24:7, 11, 12, 21, 22).

«Entonces habrá señales en el sol, en la luna y en las estrellas, y en la tierra angustia de las gentes, confundidas a causa del bramido del mar y de las olas; desfalleciendo los hombres por el temor y la expectación de las cosas que sobrevendrán en la tierra; porque las potencias de los cielos serán conmovidas» (Lc. 21:25, 26).

«...el día del Señor vendrá así como ladrón en la noche; que cuando digan: Paz y seguridad, entonces vendrá sobre ellos destrucción repentina, como los dolores a la mujer encinta, y no escaparán» (1 Ts. 5:2, 3).

«... y he aquí hubo un gran terremoto; y el sol se puso negro como tela de cilicio, y la luna se volvió toda como sangre; y las estrellas del cielo cayeron sobre la tierra, como la higuera deja caer sus higos cuando es sacudida por un fuerte viento. Y el cielo se desvaneció como un pergamino que se enrolla; y todo monte y toda isla se removió de su lugar. Y los reyes de la tierra, y los grandes, los ricos, los capitanes, los poderosos, y todo siervo y todo libre, se escondieron en las cuevas y entre las peñas de los montes; y decían a los montes y a las peñas: Caed sobre nosotros, y escondednos del rostro de aquel que está sentado sobre el trono, y de la ira del Cordero; porque el gran día de su ira ha llegado; ¿y quién podrá sostenerse en pie?» (Ap. 6:12-17).

C. La duración de la tribulación. Para establecer este período debemos considerar brevemente la profecía individual más importante, más asombrosa y más profunda de toda la Palabra de Dios. Con frecuencia se hace referencia a ella como la profecía de las setenta semanas y fue escrita por Daniel, que estaba viviendo en Babilonia alrededor del 550 a.C. Daniel, un antiguo cautivo judío, había estado leyendo la profecía de Jeremías, que predecía que después de un período de cautiverio de setenta años, Dios permitiría que los judíos volvieran a Jerusalén (Jer. 25:11; 29:10). Mientras Daniel estudiaba esas palabras empezó a orar, confesando tanto sus pecados como los pecados de Israel. Durante esta oración poderosa y acongojada, el ángel Gabriel se le apareció y le relató la profecía de las setenta semanas, que aparece a continuación:

«Setenta semanas están determinadas sobre tu pueblo y sobre tu santa ciudad, para terminar la prevaricación, y poner fin al pecado, y expiar la iniquidad, para traer la justicia perdurable, y sellar la visión y la profecía, y ungir al Santo de los santos. Sabe, pues, y entiende, que desde la salida de la orden para restaurar y edificar a Jerusalén hasta el Mesías Príncipe, habrá siete semanas, y sesenta y dos semanas; se volverá a edificar la plaza y el muro en tiempos angustiosos. Y después de las sesenta y dos semanas se quitará la vida al Mesías, mas no por sí; y el pueblo de un príncipe que ha de venir destruirá la ciudad y el santuario; y su fin será con inundación, y hasta el fin de la guerra durarán las devastaciones. Y por otra semana confirmará el pacto con muchos; a la mitad de la semana hará cesar el sacrificio y la ofrenda. Después con la muchedumbre de las abominaciones vendrá el desolador, hasta que venga la consumación, y lo que está determinado se derrame sobre el desolador» (Dn. 9:24-27).

1. ¿A quién se refiere esta profecía? Se refiere a Israel.
2. ¿Qué significa el término «setenta semanas»? En su curso por correspondencia sobre el libro de Daniel, el doctor Alfred Martin, del Instituto Bíblico Moody, escribe las siguientes palabras aclaratorias:

   «La expresión traducida por "setenta semanas" literalmente significa "setenta sietes". Aparte del contexto no se sabría qué son los "siete". Habría que preguntar, "¿siete qué?" Esta expresión hebrea sería tan ambigua como si se dijera en nuestro idioma: "Fui al almacén y compré una docena." ¿Una docena de qué? Uno de los principios básicos de la interpretación es que siempre hay que interpretar en el contexto del pasaje en el cual ocurre una declaración dada. Al explorar este contexto, recordando que la visión fue dada en respuesta a la oración, se nota que Daniel había estado leyendo en Jeremías que Dios cumpliría "las desolaciones de Jerusalén en setenta años" (Dn. 9:2). Esa es la pista. En efecto, se le dice a Daniel que: "Sí, Dios cumplirá setenta años de cautiverio; pero ahora te está mostrando que toda la historia del pueblo de Israel será consumada en un período de setenta sietes de años."» (Alfred Martin, *Daniel, the Framework of Prophecy*, pp. 85, 86.)

   Para mayor clarificación del significado de las setenta semanas, habría que notar que Israel no sólo tenía en su calendario una semana de siete días (como en Ex. 23:12), sino también una «semana» de siete años (Gn. 29:27,

28; Lv. 25:3, 4, 8-10). En otras palabras, aquí Dios le está diciendo a Daniel que seguiría tratando con Israel durante 490 años más antes de traer la justicia eterna.

3. ¿Cuándo había de comenzar el período de las setenta semanas? Había de comenzar con la orden de reconstruir los muros de Jerusalén. Los primeros dos capítulos de Nehemías nos informan que esta orden fue dada durante el vigésimo año de la ascensión de Artajerjes. La *Enciclopedia Británica* fija esta fecha en el 14 de marzo del 445 a.C.

4. ¿Cuáles son los cuatro períodos diferentes mencionados dentro de la profecía de las setenta semanas y qué había de pasar durante cada período?

   a. El primer período. Siete semanas (cuarenta y nueve años), desde el 445 a.C. hasta el 396 a.C. El acontecimiento clave durante este período fue la construcción de las calles y los muros de Jerusalén «en tiempos angustiosos». Esto aconteció literalmente. Véase Nehemías 2—6.

   b. El segundo período. Sesenta y dos semanas (434 años), desde el 396 a.C. hasta el 30 d.C. Al final de este segundo período, el Mesías fue crucificado. Véanse Mateo 27, Marcos 15, Lucas 23 y Juan 19.

   El brillante estudioso británico de la Biblia, Sir Robert Anderson, ha reducido los primeros dos períodos a su número exacto de días. Lo ha hecho multiplicando 483 (los años combinados de los primeros dos períodos) por 360 (los días de un año bíblico, explicado en Génesis 7:11, 24; 8:3, 4). (*El príncipe que ha de venir,* Editorial Portavoz, p. 143.)

   El número total de días durante las primeras sesenta y nueve semanas (o 483 años) es 173.880. Anderson entonces señala que si se empieza a contar el 14 de marzo del 445 a.C. y se prosigue en la historia, estos días se acabarían el 6 de abril del 32 d.C.

   Fue en ese preciso día que Jesús hizo su entrada triunfal en la ciudad de Jerusalén. Seguramente el Señor debe haber tenido en mente la profecía de Daniel cuando dijo: «¡Oh, si también tú conocieses, a lo menos en este tu día, lo que es para tu paz! Mas ahora está encubierto de tus ojos» (Mt. 19:42).

   Por supuesto que también fue en este mismo día que los fariseos planearon la muerte de Cristo (Lc. 19:47). Es así que Daniel, escribiendo unos cinco siglos y medio antes, predijo correctamente el mismísimo día de la presentación y el rechazo de Cristo.

   c. El tercer período. Media semana (tres años y medio) después, la primera mitad de la tribulación. Al comienzo de este período, el Anticristo hará un pacto de siete años con Israel.

   d. El cuarto período. Media semana (tres años y medio), la segunda mitad de la tribulación. Al comienzo de este período, el Anticristo romperá su pacto con Israel y comenzará su terrible baño de sangre. Al final de la última semana (y del período completo de las setenta semanas), el verdadero Mesías vendrá y establecerá su milenio perfecto.

5. ¿Son consecutivas las setenta semanas? Es decir, ¿hay un lapso en alguna parte de estos 490 años, o continúan sin pausa hasta que se completan?

   La teología dispensacional enseña que estas «semanas» no son consecutivas, sino que ha habido una pausa o un paréntesis de casi 2000 años entre la semana sesenta y nueve y la setenta.

   La cronología puede compararse con un partido de baloncesto de setenta minutos. Durante sesenta y nueve minutos, el partido se ha jugado furiosa y continuamente. Entonces el árbitro, por algún motivo, suspende el partido temporalmente cuando queda sólo un minuto de juego. Nadie está seguro de cuándo comenzará de nuevo la acción, pero en algún momento el árbitro intervendrá y tocará el silbato. En ese momento los equipos se juntarán para jugar el último minuto del juego.

   Dios ha intervenido y ha parado el reloj de la profecía en el Calvario. Esta «suspensión temporal» divina ha durado unos veinte siglos, pero pronto el Redentor tocará su trompeta y se llevará a cabo la última «semana» de la acción en esta tierra.

6. ¿Ofrece la Biblia algún otro ejemplo de suspensiones temporales en los programas divinos? Seguro que sí. Hay por lo menos tres ocasiones en las cuales se pueden encontrar suspensiones de muchos siglos en un solo párrafo corto.

   a. Isaías 9:6, 7. En la primera parte del versículo 6 se separa un intermedio de por lo menos veinte siglos con una coma. La frase «un niño nos es nacido» se refiere a Belén, mientras que las palabras «y el principado sobre su hombro» anticipa el milenio.

   b. Zacarías 9:9, 10. El versículo 9 es una referencia clara a la entrada triunfal de nuestro Señor, pero el versículo 10 mira adelante hacia el milenio.

   c. Isaías 61:1, 2. En el versículo 2 de este pasaje el ministerio terrenal de Cristo («proclamar el año de la buena voluntad de Jehová») y la tribulación («y el día de venganza del Dios nuestro») sólo están separados por una coma. Es extremadamente importante notar que cuando Jesús leyó este pasaje durante su sermón en Nazaret, terminó la lectura en esta coma, porque «el día de venganza» no era el propósito de su primera venida. Véase Lucas 4:18, 19.

D. El propósito de la tribulación. ¿Por qué este período terrible? Hay por lo menos seis razones bíblicas:

1. Para recoger la cosecha que ha sido segada a lo largo de las edades por Dios, Satanás y la humanidad. Este aspecto es tan importante que nuestro Señor dedicó todo un sermón para discutirlo. (Véanse Mateo 13:3-8, 18-30, 37-43.)

2. Para demostrar la falsedad de las afirmaciones del diablo. Desde su caída (Is. 14:12-14), Satanás ha estado tratando de convencer a un universo escéptico que él, y no Cristo, es el gobernante lógico y verdadero de la creación. Por lo tanto, durante la tribulación el Dios soberano le dará paso libre e ininterrumpido

para hacer realidad sus aseveraciones. No hace falta decir que Satanás fracasará totalmente.

3. Para preparar una gran multitud martirizada para el cielo.

«Después de esto miré, y he aquí una gran multitud, la cual nadie podía contar, de todas naciones y tribus y pueblos y lenguas, que estaban delante del trono.... Estos son los que han salido de la gran tribulación, y han lavado sus ropas, y las han emblanquecido en la sangre del Cordero» (Ap. 7:9, 14).

4. Para preparar una gran multitud viviente para el milenio.

«Y serán reunidas delante de él todas las naciones; y apartará los unos de los otros, como aparta el pastor las ovejas de los cabritos. Y pondrá las ovejas a su derecha, y los cabritos a su izquierda. Entonces el Rey dirá a los de su derecha: Venid, benditos de mi Padre, heredad el reino preparado para vosotros desde la fundación del mundo» (Mt. 25:32-34).

5. Para castigar a los gentiles.

«Porque la ira de Dios se revela desde el cielo contra toda impiedad e injusticia de los hombres...» (Ro. 1:18).

«Por esto Dios les envía un poder engañoso, para que crean la mentira, a fin de que sean condenados todos los que no creyeron a la verdad, sino que se complacieron en la injusticia» (2 Ts. 2:11, 12).

6. Para purgar a Israel.

«Os haré pasar bajo la vara ... y apartaré de entre vosotros a los rebeldes...» (Ez. 20:37, 38).

«Y se sentará para afinar y limpiar la plata; porque limpiará a los hijos de Leví, los afinará como a oro y como a plata, y traerán a Jehová ofrenda en justicia» (Mal. 3:3).

E. Los personajes de la tribulación. Al igual que una obra de Shakespeare, una cantidad de actores desempeñarán su papel y recitarán sus líneas durante el drama más ensombrecedor de la tierra: la tribulación.

1. El Espíritu Santo. A diferencia de algunos, el Espíritu Santo *no* será quitado cuando la Iglesia sea arrebatada. En vez de ello (parecería) que desarrollará un ministerio similar a su obra en el Antiguo Testamento. De todos modos, su presencia será sentida durante la tribulación, como lo indica el profeta Joel. (Véanse Joel 2:28, 30-32.)

2. El diablo.

«... ¡Ay de los moradores de la tierra y del mar! porque el diablo ha descendido a vosotros con gran ira, sabiendo que tiene poco tiempo» (Ap. 12:12).

3. Dos testigos especiales (¿del Antiguo Testamento?)

«Y daré a mis dos testigos que profeticen por mil doscientos sesenta días, vestidos de cilicio» (Ap. 11:3).

4. El Anticristo.

«Y hablará palabras contra el Altísimo, y a los santos del Altísimo quebrantará...» (Dn. 7:25).

«Y el rey hará su voluntad, y se ensoberbecerá, y se engrandecerá sobre todo dios; y contra el Dios de los dioses hablará maravillas...» (Dn. 11:36).

Me paré sobre la arena del mar, y vi subir del mar una bestia.... Y la bestia que vi era semejante a un leopardo, y sus pies como de oso, y su boca como boca de león. Y el dragón le dio su poder y su trono y grande autoridad. Y abrió su boca en blasfemias contra Dios...» (Ap. 13:1, 2, 6).

5. El falso profeta.

«Después vi otra bestia que subía de la tierra...» (Ap. 13:11).

6. Una multitud de ángeles especializados. Los ángeles han sido empleados a lo largo de la Biblia para llevar a cabo la obra de Dios, pero en ningún otro momento estarán tan ocupados como estarán durante la tribulación. El libro de Apocalipsis nos describe lo siguiente:

a. Siete ángeles con siete trompetas (Ap. 8, 9, 11).
b. Siete ángeles con siete copas de ira (Ap. 16).
c. Un ángel con el sello del Dios viviente (Ap. 7:2).
d. Un ángel con un incensario de oro (Ap. 8:3).
e. Un ángel con un librito y una caña para medir (Ap. 10:1, 2; 11:1).
f. Un ángel con el evangelio eterno (Ap. 14:6).
g. Un ángel con una hoz para cosechar (Ap. 14:19).
h. Un ángel con un mensaje de perdición (Ap. 18:1, 21).
i. Un ángel con una invitación extraña (Ap. 19:17).
j. Un ángel con una llave y una gran cadena (Ap. 20:1).

En el Antiguo Testamento, el profeta Daniel nos informa que uno de estos ángeles será el mismo arcángel Miguel (Dn. 12:1).

7. Ciento cuarenta y cuatro mil predicadores israelitas.

La Biblia enseña claramente que los 144.000 estarán compuestos por 12.000 predicadores salvos y encomendados de cada una de las doce tribus de Israel (Ap. 7). Es interesante comparar las diferentes listas de las doce tribus de Israel en la Biblia. Por ejemplo, aquí en Apocalipsis 7 las dos tribus de Dan y Efraín se omiten y son reemplazadas por José (el padre de Efraín) y Leví (el hermano sacerdotal de Dan).

No se nos dice el motivo por esta omisión. Algunos creen que Dan es excluido por indicios de que el Anticristo vendrá de esa tribu (Gn. 49:17; Jer. 8:16). La ausencia de Efraín puede deberse a su triste tendencia a la apostasía (Os. 6:4, 10).

Sea cual fuere el motivo de su omisión aquí, el hecho glorioso es que tanto Dan como Efraín ocupan su lugar correcto en la tierra de Israel durante el milenio. Los dos son mencionados por Ezequiel (Ez. 48:2, 5) cuando describe la ubicación de las doce tribus durante el reinado de mil años de Cristo.

El doctor J. Dwight Pentecost ofrece las siguientes palabras interesantes acerca de la conversión de los 144.000:

«En 1 Corintios 15:8 hay una pista acerca de

la manera en que Dios obrará después del arrebatamiento de la Iglesia. Después que el Apóstol menciona a aquellos a quienes se les apareció el Cristo resucitado, para autenticar su resurrección, dice: "Y al último de todos, como a un abortivo, me apareció a mí." Esta frase "un abortivo" significa un nacimiento prematuro. Eso es exactamente lo que dice el apóstol Pablo: "Yo soy uno que nació prematuramente." ¿Qué quiso decir? Al comparar Apocalipsis 7 con la declaración de Pablo en 1 Corintios 15, concluimos que después del arrebatamiento de la Iglesia, Dios obrará el mismo milagro que obró en Saulo de Tarso en el camino de Damasco 144.000 veces.» (J. Dwight Pentecost, *Will Man Survive?*, p. 148.)

8. Un ejército de demonios en forma de langostas procedentes del abismo (Ap. 9:1-12).
   a. La descripción de estos demonios.

      «El aspecto de las langostas era semejante a caballos preparados para la guerra; en las cabezas tenían como coronos de oro; sus caras eran como caras humanas; tenían cabello como cabello de mujer; sus dientes eran como de leones; tenían corazas como corazas de hierro; el ruido de sus alas era como el estruendo de muchos carros de caballos corriendo a la batalla; tenían colas como de escorpiones, y también aguijones; y en sus colas tenían poder para dañar a los hombres durante cinco meses» (Ap. 9:7-10).

   b. La destrucción por estos demonios.

      «Y se les mandó que no dañasen a la hierba de la tierra, ni a cosa verde alguna, ni a ningún árbol, sino solamente a los hombres que no tuviesen el sello de Dios en sus frentes. Y les fue dado, no que los matasen, sino que los atormentasen cinco meses; y su tormento era como tormento de escorpión cuando hiere al hombre. Y en aquellos días los hombres buscarán la muerte, pero no la hallarán; y ansiarán morir, pero la muerte huirá de ellos» (Ap. 9:4-6).

      En este capítulo nos enteramos por primera vez de un lugar llamado el pozo del abismo. Dios lo menciona no menos de siete veces en el libro de Apocalipsis. Véanse Apocalipsis 9:1, 2, 11; 11:7; 17:8; 20:1, 3. Es posible que éste sea el mismo lugar al que hacen referencia tanto Pedro como Judas en sus escritos. Véanse 2 Pedro 2:4; Judas v. 6.

9. Un ejército de jinetes y caballos demoníacos del río Éufrates (Ap. 9:13-21).
   a. Su aspecto y sus acciones.

      «Así vi en visión los caballos y a sus jinetes, los cuales tenían corazas de fuego, de zafiro y de azufre. Y las cabezas de los caballos eran como cabezas de leones; y de su boca salían fuego, humo y azufre. Por estas tres plagas fue muerta la tercera parte de los hombres; por el fuego, el humo y el azufre que salían de su boca. Pues el poder de los caballos estaba en su boca y en sus colas; porque sus colas, semejantes a serpientes, tenían cabezas, y con ellas dañaban» (Ap. 9:17-19).

   b. Su número. Este ejército demoníaco infernal tendrá 200 millones de integrantes (Ap. 9:16).
   c. Su líderes.

      «... Desata a los cuatro ángeles que están atados junto al gran río Éufrates. Y fueron desatados los cuatro ángeles que estaban preparados para la hora, día, mes y año, a fin de matar a la tercera parte de los hombres» (Ap. 9:14, 15).

      Es así que este ejército fantástico de 200 millones es llevado a la batalla por estos cuatro demonios.

10. Tres espíritus inmundos.

    «Y vi salir de la boca del dragón, y de la boca de la bestia, y de la boca del falso profeta, tres espíritus inmundos a manera de ranas; pues son espíritus de demonios, que hacen señales, y van a los reyes de la tierra en todo el mundo, para reunirlos a la batalla de aquel gran día del Dios Todopoderoso» (Ap. 16:13, 14).

11. Un gobernante cruel y loco por el poder procedente del norte. Hace unos 2600 años, un profeta hebreo llamado Ezequiel profetizó que una nación al norte de Palestina, que odia a Dios se levantaría e invadiría a Israel justo antes de la Segunda Venida de Cristo. Predice esto en Ezequiel 38 y 39, donde averiguamos la siguiente información:
    a. Que el nombre de esta nación será Magog (Ez. 38:2). En este mismo versículo Ezequiel especifica dos ciudades de Magog: Mesec y Tubal. Estos nombres son asombrosamente similares a los de Moscú y Tobalec, ambas ciudades de la antigua Unión Soviética.
    b. Que el líder de esta nación será Gog (Ez. 38:3).
    c. Que Rusia (Magog) invadirá a Israel en los postreros días (Ez. 38:8).
    d. Que esta invasión se llevará a cabo con la ayuda de varios aliados de Magog (Ez. 38:5, 6), como
       (1) Irán (Persia).
       (2) Sudáfrica (Etiopía).
       (3) El norte de África (Libia).
       (4) Europa oriental (Gomer).
       (5) El sur de Rusia (Togarma).

    En Ezequiel 38:15, el profeta describe el gran papel que desempeñarán los caballos durante la invasión. Es un hecho bien conocido que los cosacos del sur de Rusia siempre han poseído y criado las manadas más grandes de caballos de la historia.

12. Una mujer perseguida.

    «Apareció en el cielo una gran señal: una mujer vestida del sol, con la luna debajo de sus pies, y sobre su cabeza una corona de doce estrellas» (Ap. 12:1).

    Estas palabras sin duda son simbólicas, pero ¿a quién se refieren?
    a. Su identidad.
       (1) No es María. María nunca pasó tres años y medio en el desierto, como esta mujer (Ap. 12:6, 14). María tampoco fue odiada ni perseguida personalmente como vemos aquí (Ap.

12:13, 17). Aunque María sí dio a luz a Aquel que un día «regirá con vara de hierro a todas las naciones» (Ap. 12:5), el lenguaje de este capítulo hace referencia a algo más amplio que María.

(2) No es la Iglesia. La Iglesia no trae el niño al mundo, como lo hace esta mujer (Ap. 12:5), sino lo opuesto. Véase Mateo 16:18.

(3) Es Israel. Un cristiano judío que lea Apocalipsis 12:1 sin duda pensará en el pasaje del Antiguo Testamento en el cual José describe un sueño extraño a su padre y once hermanos:

«... He aquí que he soñado otro sueño, y he aquí que el sol y la luna y once estrellas se inclinaban a mí» (Gn. 37:9).

Por supuesto que esto se cumplió cuando los once hermanos de José se inclinaron ante él en Egipto (Gn. 43:28). El propósito de lo anterior es mostrar que el lenguaje de Apocalipsis 12:1 describe a Israel y nada más.

b. Sus actividades.

(1) Esta mujer (Israel) es odiada por Satanás a causa de:

(a) Su obra histórica de traer a Cristo al mundo (Mi. 5:2; Ap. 12:5, 13).

(b) Su obra futura de difundir el evangelio al mundo (Mt. 24:14; Ap. 7:1-8; 12:17).

(2) Esta mujer es escondida por Dios durante tres años y medio (Ap. 12:6, 14). Algunos creen, basándose en Zacarías 13:9, que aproximadamente un tercio de los israelitas que viven durante la terrible tribulación escaparán la ira de Satanás huyendo a la antigua ciudad de Petra.

13. Una vil ramera.

«Vino entonces uno de los siete ángeles que tenían las siete copas, y habló conmigo diciéndome: Ven acá, y te mostraré la sentencia contra la gran ramera, la que está sentada sobre muchas aguas; con la cual han fornicado los reyes de la tierra, y los moradores de la tierra se han embriagado con el vino de su fornicación. Y me llevó el Espíritu al desierto; y vi una mujer sentada sobre una bestia escarlata llena de nombres de blasfemia, que tenía siete cabezas y diez cuernos. Y la mujer estaba vestida de púrpura y escarlata, y adornada de oro, de piedras preciosas y de perlas, y tenía en la mano un cáliz de oro lleno de abominaciones y de la inmundicia de su fornicación; y en su frente un nombre escrito, un misterio: BABILONIA LA GRANDE, LA MADRE DE LAS RAMERAS Y DE LAS ABOMINACIONES DE LA TIERRA. Vi a la mujer ebria de la sangre de los santos, y de la sangre de los mártires de Jesús; y cuando la vi, quedé asombrado con gran asombro» (Ap. 17:1-6).

14. Una reina altiva.

«Después de esto vi a otro ángel descender del cielo con gran poder; y la tierra fue alumbrada con su gloria. Y clamó con voz potente, diciendo: Ha caído, ha caído la gran Babilonia, y se ha hecho habitación de demonios y guarida de todo espíritu inmundo, y albergue de toda ave inmunda y aborrecible. Porque todas las naciones han bebido del vino del furor de su fornicación; y los reyes de la tierra han fornicado con ella, y los mercaderes de la tierra se han enriquecido de la potencia de sus deleites. Y oí otra voz del cielo, que decía: Salid de ella, pueblo mío, para que no seáis partícipes de sus pecados, ni recibáis parte de sus plagas; porque sus pecados han llegado hasta el cielo, y Dios se ha acordado de sus maldades. Dadle a ella como ella os ha dado, y pagadle doble según sus obras; en el cáliz que ella preparó bebida, preparadle a ella el doble. Cuanto ella se ha glorificado y ha vivido en deleites, tanto dadle de tormento y llanto; porque dice en su corazón: Yo estoy sentada como reina, y no soy viuda, y no veré llanto» (Ap. 18:1-7).

15. Una esposa pura.

«Gocémonos y alegrémonos y démosle gloria; porque han llegado las bodas del Cordero, y su esposa se ha preparado. Y a ella se le ha concedido que se vista de lino fino, limpio y resplandeciente; porque el lino fino es las acciones justas de los santos» (Ap. 19:7, 8).

Por supuesto que esta es una descripción de la Iglesia, que está compuesta de todos los creyentes salvos desde el Pentecostés hasta el arrebatamiento. Véanse 2 Corintios 11:2; Efesios 5:23-32.

16. Un gran guerrero del cielo.

«Entonces vi el cielo abierto; y he aquí un caballo blanco, y el que lo montaba se llamaba Fiel y Verdadero, y con justicia juzga y pelea. Sus ojos eran como llama de fuego, y había en su cabeza muchas diademas; y tenía un nombre escrito que ninguno conocía sino él mismo. Estaba vestido de una ropa teñida en sangre; y su nombre es: EL VERBO DE DIOS. Y los ejércitos celestiales, vestidos de lino finísimo, blanco y limpio, le seguían en caballos blancos. De su boca sale una espada aguda, para herir con ella a las naciones, y él las regirá con vara de hierro; y él pisa el lagar del vino del furor y la ira del Dios Todopoderoso. Y en su vestidura y en su muslo tiene escrito este nombre: REY DE REYES Y SEÑOR DE SEÑORES» (Ap. 19:11-16).

a. Su identidad. No hay ninguna duda en cuanto a la persona a quién se refieren estas palabras. Ningún ángel del cielo, ningún soldado de la tierra, ningún demonio del infierno podría ajustarse ni remotamente a esta descripción. Este guerrero celestial es el mismo Señor Jesucristo.

b. Sus nombres y títulos.

(1) Fiel y Verdadero.
(2) El Verbo de Dios.
(3) El Rey de reyes.
(4) El Señor de señores.
(5) Un nombre sólo conocido por Él mismo.

c. Su propósito en venir.

(1) Para herir a las naciones.

(2) Para juzgar a las naciones.
(3) Para regir a las naciones.

Otro pasaje de Apocalipsis describe este gran acontecimiento:

«El séptimo ángel tocó la trompeta, y hubo grandes voces en el cielo, que decían: Los reinos del mundo han venido a ser de nuestro Señor y de su Cristo; y él reinará por los siglos de los siglos. Y los veinticuatro ancianos que estaban sentados delante de Dios en sus tronos, se postraron sobre sus rostros, y adoraron a Dios, diciendo: Te damos gracias, Señor Dios Todopoderoso, el que eres y que eras y que has de venir, porque has tomado tu gran poder, y has reinado. Y se airaron las naciones, y tu ira ha venido, y el tiempo de juzgar a los muertos, y de dar el galardón a tus siervos los profetas, a los santos, y a los que temen tu nombre, a los pequeños y a los grandes, y de destruir a los que destruyen la tierra» (Ap. 11:15-18).

F. La cronología de la tribulación. Hemos examinado muy brevemente los dieciséis *actores* principales de la tribulación; ahora volvemos nuestra atención a la *acción* durante este período de siete años. *La primera mitad de la tribulación* (tres años y medio):

1. La organización formal de la super iglesia ramera (Ap. 17).
2. La aparición del Anticristo y su falso profeta. Ya hemos observado unas cuantas cosas acerca de este pervertido par procedente del abismo. Véanse Daniel 7:19-25; 11:36-45; 2 Tesalonicenses 2:1-12; Apocalipsis 13. Es muy posible que el Anticristo venga de las Naciones Unidas, mientras que el falso profeta bien puede venir del Concilio Mundial de Iglesias.

   También es muy factible que ambos personajes estén vivos y activos en el mundo ahora mismo, y que estén esperando el arrebatamiento para quitar la última barrera, permitiéndoles así comenzar su obra mortífera y maldita.
3. La restauración del Imperio Romano (Dn. 2:41; 7:7, 8; Ap. 13:1; 17:12). En su discurso en el monte de los Olivos, nuestro Señor pronunció la siguiente sentencia sombría acerca de Jerusalén. Era tanto histórica como profética en su alcance.

   «... y Jerusalén será hollada por los gentiles, hasta que los tiempos de los gentiles se cumplan» (Lc. 21:24).

   En relación con esto, Scofield observa que: Los «tiempos de los gentiles» comenzaron con el cautiverio de Judá bajo Nabucodonosor (2 Cr. 36:1-21), tiempo desde el cual Jerusalén ha estado bajo el dominio gentil. (*Biblia Anotada de Scofield*, p. 1064.)

   Tanto la historia como la profecía de la declaración de Cristo fueron tomadas de dos capítulos del libro de Daniel. En el capítulo 2 Dios revela estos «tiempos de los gentiles» a un rey babilonio, y en el capítulo 7 le revela su gran secreto a Daniel mismo.

   De estos dos largos pasajes y de la historia secular concluimos que:

   a. Cuatro poderes (o reinos) principales gobernarán a Palestina.
   b. Estos poderes son vistos por la humanidad como oro, plata, bronce, hierro y barro.
   c. Estos poderes son vistos por Dios como cuatro animales salvajes: un león alado, un oso, un leopardo alado y un animal indescriptiblemente brutal y maligno.
   d. Estos cuatro poderes representan a
      (1) Babilonia: desde el 625 a.C. hasta el 539 a.C.
      (2) Media-Persia: desde el 539 a.C. hasta el 331 a.C.
      (3) Grecia: desde el 331 a.C. hasta el 323 a.C.
      (4) Roma: aquí se han de observar tres períodos:
         (a) El primer período —el imperio original— desde el 300 a.C. hasta el 476 d.C.
         (b) El segundo período —la influencia interventora— desde el 476 d.C. hasta ahora. Nos asombra la influencia mundial continuada de Roma siglos después del colapso oficial de su imperio. Como observa Erich Sauer:

            «La *administración* romana ha persistido en la organización de la Iglesia de Roma, coincidiendo las provincias eclesiásticas con las anteriores del estado y convirtiéndose la ciudad de Roma —la metrópoli del antiguo imperio— en la capital de la Iglesia universal, la sede del papado

            La *lengua romana* ha sobrevivido en el latín de la Iglesia romana, y todavía sigue siendo la lengua técnica e internacional de la jurisprudencia, la medicina y la ciencia natural. Las lenguas romances, hijas directas del latín, se hablan en una parte considerable del territorio del antiguo imperio.

            La *ley romana* persiste en la legislación y cuerpos de jurisprudencia de los países occidentales. El *corpus juris romanum* (el cuerpo de la ley romana) del emperador Justiniano (imperio oriental, 527-565) llegó a ser la base de la jurisprudencia de los pueblos latino y germanos durante la edad media y hasta los tiempos modernos.

            El *ejército romano* persiste en los sistemas militares modernos que adoptaron el modelo romano para sus armamentos y métodos de defensa. En todas partes se emplean voces derivadas directamente del latín en el lenguaje militar: capitán, mayor, general, batallón, regimiento, armada, infantería, artillería, caballería, etc.» (Erich Sauer, *El triunfo del crucificado,* Editorial Portavoz, p. 132.)
         (c) El tercer período —el imperio re-

sucitado—desde el arrebatamiento hasta Armagedón.

e. Este Imperio Romano resucitado consistirá de diez naciones.

f. El Anticristo unirá a estas naciones occidentales personalmente.

Basta consultar un periódico para seguir el cumplimiento veloz de esta profecía del Imperio Romano resucitado. Los estudiantes de Historia concuerdan en que la unidad de cualquier imperio de naciones depende de cuatro factores. Estos son el factor militar, el económico, el político y el religioso.

4. El pacto de siete años del Anticristo con Israel.

«Y será anulado vuestro pacto con la muerte, y vuestro convenio con el Seol no será firme...» (Is. 28:18).

«Y por otra semana confirmará el pacto con muchos...» (Dn. 9:27).

a. El trasfondo del pacto. Del 4 al 8 de junio de 1967 se llevó a cabo la famosa guerra de los seis días entre Israel y Egipto. Cuando se disipó el humo, Israel había logrado una victoria asombrosa y fantástica. Su territorio había crecido de 7.992 millas cuadradas (unos 20.699 km^2) a más de 26.000 millas cuadradas (unos 67.340 km^2). Con menos de 50.000 tropas había casi eliminado a los 90.000 soldados de Nasser. Durante esa semana fatídica, Egipto sufrió 30.000 bajas, perdió 197 aviones y 700 tanques, y vio cómo se esfumaban 2.000 millones de dólares. Israel, en cambio, perdió 61 tanques, 275 personas y tuvo 800 heridos. Pero a pesar de todo esto, la posición de Israel en Palestina hoy está lejos de ser segura. Sigue rodeada de enemigos poderosos que han jurado a sus dioses ahogarla en el mar. Aparte de esto, su vecino del norte, la antigua Rusia soviética, mira su territorio con un interés cada vez mayor.

La Palabra de Dios indica que esta ya intolerable situación empeorará. Entonces (poco después del arrebatamiento), ante su asombro y alivio, un gran líder occidental (el Anticristo) aparentará amistarse con Israel. De hecho, propondrá un tratado especial de seguridad de siete años, garantizando el *statu quo* en el Medio Oriente. Israel caerá ciegamente en esta trampa.

b. La traición del pacto.

«Y por otra semana confirmará el pacto con muchos; a la mitad de la semana hará cesar el sacrificio y la ofrenda. Después con la muchedumbre de las abominaciones vendrá el desolador...» (Dn. 9:27).

5. El abrimiento de los primeros seis sellos (Mt. 24:4-8; Ap. 6:1-17).

«Y vi en la mano derecha del que estaba sentado en el trono un libro escrito por dentro y por fuera, sellado con siete sellos» (Ap. 5:1).

«Vi cuando el Cordero abrió uno de los sellos, y oí a uno de los cuatro seres vivientes decir como con voz de trueno: Ven y mira» (Ap. 6:1).

a. El primer sello (Ap. 6:2).

b. El segundo sello (Ap. 6:3, 4).

c. El tercer sello (Ap. 6:5, 6).

d. El cuarto sello (Ap. 6:7, 8).

e. El quinto sello (Ap. 6:9-11).

f. El sexto sello (Ap. 6:12-17).

6. El regreso masivo de los judíos a Palestina. Uno de los capítulos más sorprendentes en toda la Biblia tiene que ver con el regreso posterior de los judíos a Palestina (Ez. 37:1-14).

Aun hoy estamos viendo el principio de esta futura reunión israelita.

En 1882 había aproximadamente 25.000 judíos en Palestina.
En 1900 había 50.000.
En 1922 había 84.000.
En 1931 había 175.000.
En 1948 había 650.000.
En 1952 había 1.421.000.
Hoy hay más de 3.000.000 de judíos en Palestina.

Es así que el número de judíos ha aumentado casi 120 veces ¡en menos de 95 años! Se han reunido desde más de cien países.

7. La conversión y el llamado de los 144.000.

«Después de esto vi a cuatro ángeles en pie sobre los cuatro ángulos de la tierra, que detenían los cuatro vientos de la tierra, para que no soplase viento alguno sobre la tierra, ni sobre el mar, ni sobre ningún árbol. Vi también a otro ángel que subía de donde sale el sol, y tenía el sello del Dios vivo; y clamó a gran voz a los cuatro ángeles, a quienes se les había dado el poder de hacer daño a la tierra y al mar, diciendo: No hagáis daño a la tierra, ni al mar, ni a los árboles, hasta que hayamos sellado en sus frentes a los siervos de nuestro Dios. Y oí el número de los sellados: ciento cuarenta y cuatro mil sellados de todas las tribus de los hijos de Israel» (Ap. 7:1-4).

Este pasaje no significa que Dios sólo salvará a judíos durante la tribulación, porque en Apocalipsis 7:9-17 la Biblia declara que una gran multitud de todas las naciones será salva. Sin embargo, lo que enseña este capítulo es que Dios enviará a 144.000 hebreos a evangelizar al mundo. Este será un número verdaderamente masivo, especialmente al considerar que hay menos de 35.000 misioneros de todas las persuasiones en el mundo hoy.

Sin duda que el Señor tenía el ministerio de los 144.000 en mente cuando dijo:

«Y será predicado este evangelio del reino en todo el mundo, para testimonio a todas las naciones; y entonces vendrá el fin» (Mt. 24:14).

8. La reconstrucción del templo judío. Hay amplia evidencia bíblica para mostrar que el Anticristo permitirá (y tal vez alentará) la edificación del templo y el ofrecimiento de sacrificios durante la tribulación. Véanse Daniel 9:27; 12:11; Mateo 24:15; 2 Tesalonicenses 2:4; Apocalipsis 11:2; 13:14, 15.

9. El ministerio de los dos testigos (Ap. 11:3-13).

a. Su identidad. Algunos eruditos creen que estos dos son Moisés y Elías.

b. Su ministerio.

(1) Profetizar en cilicio ante los hombres

como los candeleros ungidos de Dios.
(2) Destruir a sus enemigos del mismo modo que sus enemigos tratarían de destruirlos a ellos.
(3) Evitar que llueva durante tres años y medio.
(4) Convertir las aguas en sangre.
(5) Herir la tierra con todo tipo de plaga.

c. Su muerte.
(1) Finalmente se le permite al Anticristo matarlos.
(2) Para mostrar su desdén por ellos, se niega a permitir el entierro de sus cuerpos, y deja que se descompongan en las calles de Jerusalén.
(3) Toda la tierra celebra su muerte durante una Navidad infernal; los hombres hasta intercambian regalos.
(4) Los cadáveres de estos dos profetas son vistos por todas las naciones del mundo durante un período de tres días y medio.

d. Su resurrección (aquí la palabra «gran» aparece tres veces).
(1) Una gran voz los llama al cielo (Ap. 11:12).
(2) Un gran temor cae sobre los testigos (Ap. 11:11).
(3) Un gran terremoto destruye la décima parte de Jerusalén y mata a 7.000 hombres destacados (Ap. 11:13).

G. *La parte media de la tribulación* (un breve período indeterminado). Ya hemos sugerido que la tribulación de siete años puede ser dividida en tres secciones. La primera parte dura tres años y medio, la segunda tal vez sólo unos días, y la tercera tres años y medio más. Ahora observaremos seis acontecimientos importantes que pueden, con cierto grado de certeza, colocarse en este breve período intermedio.

1. La invasión de Gog y Magog en Palestina (Ez. 38, 39).

«Hijo de hombre, pon tu rostro contra Gog, de la tierra de Magog, príncipe de Ros, Mesec y Tubal; y profetiza contra él; y dirás: Así dice Jehová el Señor: ¡He aquí que estoy yo contra ti, oh Gog, príncipe de Ros, Mesec y Tubal!» (Ez. 38:2, 3, Biblia de H. Pratt, o Versión Moderna)

a. La identidad de los invasores. ¿Dónde está la tierra de Magog? Parece casi seguro que estos versículos de Ezequiel se refieren la antigua Unión Soviética. Nótese la siguiente prueba tripartita de ello.
(1) Evidencia geográfica. Ezequiel nos dice en tres pasajes diferentes (38:6, 15; 39:2) que esta nación invasora vendrá de «los confines del norte» (como dice el hebreo original). Una mirada rápida a cualquier mapa mundial demuestra que sólo Rusia puede corresponder a esta descripción.
(2) Evidencia histórica. El antiguo historiador judío Josefo (siglo I d.C.) nos asegura que los descendientes de Magog (que era hijo de Jafet y nieto de Noé) emigraron a una zona al norte de Palestina. Pero aun antes de Josefo, el famoso historiador griego Herodoto (siglo V a.C.) escribe que los descendientes de Mesec habitaban al norte de Palestina.
(3) Evidencia lingüística. El doctor John Walvoord escribe en cuanto a esto que:

«En Ezequiel 38, Gog es descrito como "príncipe de Ros" (VM). La Versión Reina-Valera, 1960 lo expresa como "príncipe soberano". La traducción "príncipe de Ros" es una traducción más literal del hebreo. La palabra "Ros" puede ser la raíz del término moderno "Rusia". Si estudiamos cómo las palabras antiguas se convierten en lenguaje moderno es muy común ver que las consonantes permanecen iguales y que las vocales cambian. En la palabra "Ros", si la "o" se convierte en "u" tenemos la raíz de la palabra moderna "Rusia", a la que se añade un sufijo. Es decir, la palabra en sí parece ser una forma antigua de la palabra de donde proviene "Rusia". Genesio, el prestigioso lexicógrafo, nos asegura que ésta es la identificación apropiada, o sea, que Ros es una forma antigua de la palabra Rusia que usamos hoy. Los términos "Mesec" y "Tubal" también corresponden a algunas palabras prominentes en Rusia. El término "Mesec" es similar al nombre moderno de "Moscú" y "Tubal" es obviamente similar al nombre de una de las provincias asiáticas prominentes de Rusia, la provincia de Tobolsk. Toda esta evidencia junta señala a la conclusión de que estos términos son referencias antiguas a porciones de Rusia; por lo tanto, el argumento geográfico está reforzado por el argumento lingüístico y apoya la idea que esta fuerza invasora viene de Rusia.» (*The Nations in Prophecy*, pp. 107, 108.)

Algunas personas podrían preguntarse si la tierra de Magog debería seguir identificándose con Rusia luego de la caída del comunismo. Mark Hitchcock escribe al respecto:

«El Imperio Soviético ha terminado, pero un nuevo imperio parece surgir de sus cenizas. El nuevo imperio no es la nueva comunidad de naciones, ni siquiera Rusia: el nuevo imperio es la gran ola islámica. Sorprendentes acontecimientos están sucediendo en nuestro mundo hoy, especialmente en el mundo musulmán, incluso en el mismo momento en que escribo estas líneas. Nunca antes en la historia habían cambiado tan rápida y dramáticamente los acontecimientos mundiales desde el punto de vista de la profecía bíblica. Nunca habían convergido más claramente tantas verdades bíblicas pertinentes. Las repúblicas meridionales de la antigua Unión Soviética son todas naciones musulmanas con la excepción de Ucrania, Kirgizia, Turkmenistán y Tajikistán. Estas seis naciones nuevas representan veintiuno por ciento de la población de la antigua Unión Soviética, un total de cincuenta y siete millones de habitantes. Estas naciones recién independientes tienen tres cosas en común. Primero, como ya hemos señalado, todas son musulmanas. Segundo, todas carecen de moneda firme. Tercero, todas poseen armas nucleares dentro de sus fronteras a su disposición. Estos tres factores son, evidentemente, una combinación peligrosa. El escenario es claro: estas seis repúblicas podrían conspirar con sus hermanos islámicos de Irán, Siria, Pakistán, Libia y Turquía para intercambiar dispositivos nucleares por moneda firme. El lazo común que los une es el compromiso compartido de destruir a Israel. Este escenario ya empieza a revelarse a medida que vemos a estas nuevas naciones musulmanas formar alianzas con otras naciones, y muchas de estas naciones musulmanas también están creando lazos estrechos entre sí. Por lo menos una nación musulmana ha adquirido armas nucleares de una de las repúblicas musulmanas recién independientes. ¡Estas alianzas y actividades podrían ser el cumplimiento directo de Ezequiel 38—39! » (Mark Hitchcock, *After the Empire*, pp. 3-5.)

b. Los aliados en la invasión. Ezequiel menciona a cinco naciones que se unirán a Rusia durante su invasión. Estas son Persia, Cus, Fut, Gomer y Togarma. Estas pueden referirse (aunque hay cierta incertidumbre al respecto) a las siguientes naciones modernas:

Persia: el Irán moderno.

Cus [Etiopía]: las naciones africanas negras (el sur de África).

Fut [Libia]: las naciones africanas árabes (el norte de África).

Gomer: la parte oriental de Alemania.

Togarma: el sur de Rusia y los cosacos, o tal vez Turquía.

c. Los motivos de la invasión.

(1) Apoderarse de las riquezas de Palestina (Ez. 38:11, 12).

(2) Dominar el Medio Oriente. Los conquistadores antiguos siempre supieron que el que quiere controlar a Europa, Asia y África, primero debe dominar el puente del Medio Oriente que conduce a estos tres continentes.

(3) Desafiar la autoridad del Anticristo (Dn. 11:40-44).

d. La cronología de la invasión. Aquí es completamente imposible ser dogmático. Por lo tanto, lo siguiente es sólo una sugerencia de una posibilidad, basada en Ezequiel 38 y Daniel 11:40-44.

(1) Siguiendo un plan preconcebido, Egipto ataca a Palestina desde el sur (Dn. 11:40*a*).

(2) Rusia entonces invade a Israel desde el norte por medio de un ataque tanto anfibio como terrestre (Dn. 11:40*b*).

(3) Rusia no para en Israel, sino que sigue hacia el sur y traiciona a su aliado ocupando a Egipto también (Dn. 11:42, 43).

(4) Mientras está en Egipto, Rusia oye noticias inquietantes del este y del norte y vuelve apresuradamente a Palestina. No se nos dice de qué se trata la noticia. Se han ofrecido varias teorías:

(a) Que contiene la noticia electrizante de que el Anticristo ha sido asesinado, pero ha resucitado. Véase Apocalipsis 13:3.

(b) Que tiene que ver con el inminente contraataque del líder occidental (el Anticristo).

(c) Que advierte de una confrontación con la China y la India («reyes de oriente») que pueden estar mobilizando sus tropas.

e. La destrucción de los invasores. Al volver, Rusia es derrotada contundentemente en las montañas de Israel. Esta aplastante derrota es efectuada por los siguientes acontecimientos, causados por Dios mismo:

(1) Un gran terremoto (Ez. 38:19, 20).

(2) Una rebelión entre las tropas rusas (Ez. 38:21).

(3) Una plaga entre las tropas (Ez. 38:22).

(4) Inundaciones, grandes piedras de granizo, fuego y azufre (Ez. 38:22; 39:6).

f. Los resultados de la invasión.

(1) Cinco sextos (el ochenta y tres por ciento) de los soldados rusos son destruidos (Ez. 39:2).

(2) Comienza la primera fiesta espeluznante de Dios (Ez. 39:4, 17, 18, 19, 20). Parecería que una fiesta similar se lleva a cabo más adelante, después de la batalla de Armagedón (Mt. 24:28; Ap. 19:17, 18).

(3) La amenaza de Gog cesará para siempre.

(4) Se necesitarán siete meses para enterrar a los muertos (Ez. 39:11-15).

(5) Se necesitarán siete años para quemar las armas de la guerra (Ez. 39:9, 10).

El doctor John Walvoord escribe lo siguiente acerca de este período de siete años:

«Hay algunos … problemas en el

pasaje que merecen ser estudiados. Se hace una referencia a arcos y flechas, a escudos, carrozas y espadas. Estas, por supuesto, son armas antiguas desde el punto de vista de la guerra moderna. El uso extenso de caballos se comprende, ya que hoy Rusia usa mucho los caballos en conexión con su ejército. Pero, ¿por qué habrían de usar armadura, lanzas, arcos y flechas? Esto ciertamente plantea un problema. Se han dado dos o más respuestas. *Una* es que Ezequiel está utilizando un lenguaje con el cual estaba familiarizado —las armas que eran comunes a su época— para anticipar a las armas modernas. Lo que está diciendo es que cuando venga este ejército, estará plenamente equipado con armas de guerra. Tal interpretación también tiene problemas. Se nos dice en el pasaje que usaban los mangos de madera de las lanzas y los arcos y las flechas como leña. Si son símbolos, es difícil quemar símbolos. Sin embargo, aun en la guerra moderna se utiliza mucha madera....

Una segunda solución es que la batalla es precedida por un acuerdo de desarme entre las naciones. Si fuera así, sería necesario recurrir a armas primitivas hechas fácil y secretamente para lograr un ataque sorpresivo. Esto permitiría una interpretación literal del pasaje.

Una tercera solución también se ha sugerido en base a la premisa de que la guerra moderna de misiles se habrá desarrollado tanto en esa época que los misiles emplearán toda acumulación considerable de metal. Bajo estas circunstancias, sería necesario abandonar el uso en gran escala de armas de metal y sustituirlas por las de madera como se indica en las armas primitivas.» (*The Nations in Prophecy*, pp. 115, 116.)

2. El martirio de los dos testigos (Ap. 11:7). Hay un indicio en Apocalipsis 11:8 de que los dos testigos serán crucificados por el Anticristo.
3. El martirio de los 144.000 evangelistas hebreos (Ap. 14:1-5).
4. La expulsión del monstruo del cielo (Ap. 12:3-15).
   a. La identidad de este monstruo. No hay ninguna duda acerca de la identidad de esta criatura de las nubes. Se lo identifica con no menos de cuatro títulos.
      (1) El gran dragón escarlata (Ap. 12:3).
      (2) La serpiente antigua (Ap. 12:9).
      (3) El diablo (Ap. 12:9).
      (4) Satanás (Ap. 12:9).
   b. La ubicación de este monstruo. Satanás ha estado, está ahora o estará en uno de los siguientes lugares:
      (1) En el cielo, como el ángel ungido de Dios (lugar pasado: Ez. 28:14).
      (2) En el cielo, como el enemigo principal de Dios (lugar actual: Job 1—2).
      (3) En la tierra, como guía espiritual del Anticristo (lugar futuro, durante la tribulación: Ap. 12:12).
      (4) En el pozo del abismo (futuro, durante el milenio: Ap. 20:1-3).
      (5) De nuevo en la tierra (futuro, después del milenio: Ap. 20:8, 9).
      (6) En el lago de fuego (futuro y eterno: Ap. 20:10).
   c. Las actividades de este monstruo.
      (1) Engaña a todos los incrédulos vivientes (Ap. 12:9).
      (2) Acusa a todos los creyentes que partieron (Ap. 12:10).
      (3) Persigue a la nación de Israel (Ap. 12:13).
5. La destrucción de la falsa iglesia (Ap. 17:16). Una de las situaciones más irónicas de toda la historia será la destrucción de la falsa iglesia. Esta malvada organización tendrá su fin no por mano de Gabriel, ni del Padre, el Hijo, o el Espíritu, sino por el Anticristo.

   Ya hemos visto cómo la falsa iglesia lleva al Anticristo al poder. Pero entonces, aparentemente intenta controlarlo. Él, sin embargo, no lo permitirá y destruirá sus edificios, quemará sus libros sagrados y asesinará a sus sacerdotes.

H. *La última mitad de la tribulación* (tres años y medio).
   1. La manifestación plena del Anticristo. Después del juicio de Rusia, la destrucción de la falsa iglesia y el asesinato de la mayor parte de los predicadores de Dios (los 144.000 y los dos testigos), sin duda habrá un tremendo vacío en el mundo. El Anticristo lo explotará inmediatamente. Lo siguiente es sólo una sugerencia de la cronología de los acontecimientos que pueden llevarse a cabo en este momento crítico.
      a. El Anticristo y su falso profeta establecen su sede en Jerusalén después de que Dios destruye a Rusia.
      b. Aquí en la Ciudad Santa, tal vez durante un discurso televisado, el Anticristo es asesinado repentinamente, ante la vista de millones de televidentes pasmados (Ap. 13:3, 14).
      c. Antes de su entierro —tal vez durante la ceremonia estatal— de repente se levanta de los muertos. ¡El mundo queda electrificado!
      d. El Anticristo inmediatamente es adorado por el mundo como Dios.
      e. El falso profeta entonces hace una estatua del Anticristo, hace que hable, y la coloca en el Lugar Santísimo (Dn. 9:27; 12:11; Mt. 24:15; 1 Ts. 2:4).
      f. Se promulga una ley que estipula que nadie puede comprar, vender, trabajar ni obtener ninguna cosa necesaria para la vida si no tiene una marca especial en la mano derecha o en la frente que lo identifique como adorador de la bestia (Ap. 13:16, 17).
      g. El número de esta marca es el 666 (Ap. 13:18).

2. La persecución mundial de Israel.

«En aquel tiempo se levantará Miguel, el gran príncipe que está de parte de los hijos de tu pueblo; y será tiempo de angustia, cual nunca fue desde que hubo gente hasta entonces...» (Dn. 12:1).

Cuando los israelitas vean la estatua del Anticristo en su Lugar Santísimo, se acordarán de las palabras de Cristo. Él les había advertido precisamente de esto muchos siglos antes (Mt. 24:15-20).

«Y cuando vio el dragón que había sido arrojado a la tierra, persiguió a la mujer que había dado a luz al hijo varón» (Ap. 12:13).

Ahora los judíos del mundo seguirán uno de estos tres caminos:

a. Muchos israelitas serán muertos por el Anticristo.

«Y acontecerá en toda la tierra, dice Jehová, que las dos terceras partes serán cortadas en ella, y se perderán; mas la tercera quedará en ella» (Zac. 13:8).

b. Algunos israelitas seguirán al Anticristo.

«Muchos tropezarán entonces, y se entregarán unos a otros, y unos a otros se aborrecerán. Y muchos falsos profetas se levantarán, y engañarán a muchos; y por haberse multiplicado la maldad, el amor de muchos se enfriará» (Mt. 24:10-12).

«Yo conozco ... la blasfemia de los que se dicen ser judíos, y no lo son, sino sinagoga de Satanás» (Ap. 2:9).

«He aquí, yo entrego de la sinagoga de Satanás a los que se dicen ser judíos y no lo son, sino que mienten; he aquí, yo haré que vengan y se postren a tus pies, y reconozcan que yo te he amado» (Ap. 3:9).

c. Un remanente de Israel será salvado.

«Y se le dieron a la mujer las dos alas de la gran águila, para que volase de delante de la serpiente al desierto, a su lugar, donde es sustentada por un tiempo, y tiempos, y la mitad de un tiempo» (Ap. 12:14).

«Y meteré en el fuego a la tercera parte, y los fundiré como se funde la plata, y los probaré como se prueba el oro. El invocará mi nombre, y yo le oiré, y diré: Pueblo mío; y él dirá: Jehová es mi Dios» (Zac. 13:9).

Por lo tanto, parecería que por lo menos un tercio de Israel permanecerá fiel a Dios, y Él permitirá que este remanente fiel escape a un escondite especial por el resto de la tribulación. Ahora consideraremos la ubicación de este escondite. Aunque no está especificado en las Escrituras, muchos estudiosos de la Biblia creen que este lugar será Petra. Se basan en los tres pasajes siguientes:

(1) Zacarías 14:5: «Y huiréis al valle de los montes, porque el valle de los montes llegará hasta Azal; huiréis ... y vendrá Jehová mi Dios, y con él todos los santos.» (Se piensa que el «Azal» mencionado aquí está relacionado con Petra.)

(2) Isaías 63:1: «¿Quién es éste que viene de Edom, de Bosra, con vestidos rojos?» Los primeros versículos de Isaías 63 tratan de la Segunda Venida de Cristo. Viene a Edom (cuya capital es Petra) por algún motivo, y muchos creen que ese motivo es recibir su remanente hebreo que se esconde allí.

(3) Daniel 11:41: «Entrará a la tierra gloriosa, y muchas provincias caerán; mas éstas escaparán de su mano: Edom....»

Así es que por algún motivo no se permitirá que la tierra de Edom caiga en manos del Anticristo. Algunos piensan que el motivo es proteger al remanente.

3. La rotura del último sello de juicio (Ap. 8, 9; 11:15-19). Este último sello de juicio consiste de siete plagas que se desatan al son de las trompetas.

a. El son de la primera trompeta (Ap. 8:7).
b. El son de la segunda trompeta (Ap. 8:8, 9).
c. El son de la tercera trompeta (Ap. 8:10, 11).
d. El son de la cuarta trompeta (Ap. 8:12).
e. El son de la quinta trompeta (Ap. 9:1).
f. El son de la sexta trompeta (Ap. 9:13).
g. El son de la séptima trompeta (Ap. 11:15).

4. Los mensajes de tres ángeles especiales (Ap. 14:6-12).

a. El primer mensaje (Ap. 14:6, 7).
b. El segundo mensaje (Ap. 14:8).
c. El tercer mensaje (Ap. 14:9-11).

5. El derramamiento de las siete copas de ira (Ap. 16).

«Oí una gran voz que decía desde el templo a los siete ángeles: Id y derramad sobre la tierra las siete copas de la ira de Dios» (Ap. 16:1).

a. La primera copa de juicio (Ap. 16:2).
b. La segunda copa de juicio (Ap. 16:3).
c. La tercera copa de juicio (Ap. 16:4-7).
d. La cuarta copa de juicio (Ap. 16:8, 9).
e. La quinta copa de juicio (Ap. 16:10, 11).
f. La sexta copa de juicio (Ap. 16:12-14).
g. La séptima copa de juicio (Ap. 16:17-21).

6. La repentina destrucción económica y política de Babilonia (Ap. 18).

«Otro ángel le siguió, diciendo: Ha caído, ha caído Babilonia, la gran ciudad, porque ha hecho beber a todas las naciones del vino del furor de su fornicación» (Ap. 14:8).

«... y la gran Babilonia vino en memoria delante de Dios, para darle el cáliz del vino del ardor de su ira» (Ap. 16:19).

«Después de esto vi a otro ángel descender del cielo con gran poder; y la tierra fue alumbrada con su gloria. Y clamó con voz potente, diciendo: Ha caído, ha caído la gran Babilonia...» (Ap. 18:1, 2).

Es probable que la Babilonia literal sea reconstruida durante la tribulación. La ciudad de Babilonia del Antiguo Testamento se menciona más veces en la Biblia que cualquier otra ciudad salvo Jerusalén. Se menciona no menos de 260 veces.

7. La batalla de Armagedón (Ap. 16:16). El Espíritu Santo de Dios ha escogido cinco capacitados autores para describirnos en un idioma

claro y estremecedor la más famosa de todas las batallas: el Armagedón. Estos cinco autores son David, Isaías, Joel, Zacarías y Juan. (Véanse Is. 34:1-6; 63:3, 4, 6; Jl. 3:2, 9-16; Zac. 12:2; 14:2, 3, 12; Ap. 16:16; 19:11-21.)

En su folletín titulado *Prophiles of Prophecy*, el doctor S. Franklin Logsdon escribe:

«Un ex presidente de la Academia Noruega de Ciencias, ayudado por historiadores de Bretaña, Egipto, Alemania y la India y usando una computadora electrónica, ha descubierto que desde el 3600 a.C. el mundo sólo ha conocido 292 años de paz. Durante este período de más de 55 siglos ha habido 14.531 guerras, grandes y pequeñas, en las cuales murieron más de 3,6 mil millones de personas. Desde el 650 a.C., ha habido 1.656 carreras armamentistas, todas menos 16 de ellas terminando en guerra, y esas 16 dieron como resultado la ruina económica de los países involucrados.»

Pero esta guerra del Armagedón será por mucho la más grande, audaz, sangrienta, atrevida y blasfema de todos los tiempos. Ahora consideraremos los elementos negativos y positivos de esta guerra.

a. *Negativos*
   (1) El Armagedón no es lo mismo que la invasión rusa de Ezequiel 38. Nótense las diferencias:
      (a) Rusia invade desde el norte, pero en el Armagedón las naciones vienen de todas partes.
      (b) Rusia invade para apoderarse de la riqueza de Israel, pero esta invasión es para destruir al Cordero y su pueblo.
      (c) Gog dirige la invasión rusa, pero el Anticristo está a la cabeza de ésta.
   (2) El Armagedón no es la última guerra de la Biblia; la última guerra ocurre después del milenio (Ap. 20:7-9). El Armagedón se lleva a cabo al final de la tribulación.
b. *Positivos*
   (1) La ubicación de la batalla. El doctor Herman A. Hoyt describe certeramente la ubicación:

«El hombre prácticamente no puede concebir las tremendas dimensiones de este conflicto. El campo de batalla se extenderá desde Meguido al norte (Zac. 12:11; Ap. 16:16) hasta Edom al sur (Is. 34:5, 6; 63:1), una distancia de 1.600 estadios, aproximadamente 200 millas (322 km). Se extenderá desde el mar Mediterráneo al oeste hasta los montes de Moab en el este, una distancia de casi 100 millas (1.600 km). Incluirá el valle de Josafat (Jl. 3:2, 12) y las planicies de Esdraelón. En el centro de toda la zona estará la ciudad de Jerusalén (Zac. 14:1, 2). En esta zona, los millones de hombres multiplicados, sin duda cerca de los 400 millones, estarán reunidos para el holocausto final de la humanidad. Los reyes con sus ejércitos vendrán del norte y el sur, del este y el oeste.... En el sentido más dramático, éste será el "valle de la decisión" para la humanidad (Jl. 3:14) y el gran lagar en el cual será derramado el furor de la ira del Dios Todopoderoso (Ap. 19:15).» (*The End Time*, p. 163.)

Por lo tanto, parecería haber por lo menos cuatro nombres importantes involucrados en la batalla del Armagedón:

(a) El valle de Josafat: un valle situado justo al este de Jerusalén, entre la Ciudad Santa y el monte de los Olivos. Véase Joel 3:2, 12.
(b) El valle de Esdraelón: un valle de 20 millas de largo y 14 millas de ancho (unos 32 X 23 km), situado al norte y al oeste de Jerusalén entre la Ciudad Santa y el mar Mediterráneo.
(c) Meguido: una planicie ubicada en el valle de Esdraelón (Zac. 12:11).
(d) Bosra: una ciudad en Edom, al este del río Jordán y cerca de Petra, la capital de Edom. Estas dos ciudades desempeñarán un papel importante durante la Segunda Venida de nuestro Señor. Véanse Isaías 34:6 y 63:1.

Marvin Vincent escribe lo siguiente acerca del Armagedón y su ubicación:

«Meguido estaba en la llanura de Esdraelón, que ha sido un lugar escogido para acampar en todas las contiendas llevadas a cabo en Palestina, desde los días de Nabucodonosor, rey de Asiria, hasta la marcha desastrosa de Napoleón Bonaparte desde Egipto hasta Siria. Judíos, gentiles, sarracenos, cruzados cristianos y franceses anticristianos; egipcios, persas, drusos, turcos y árabes, guerreros de todas las naciones que están debajo del cielo, han plantado sus tiendas en las llanuras de Esdraelón, y han contemplado las banderas de sus naciones húmedas del rocío del Tabor y del Hermón.» (*Word Studies in the New Testament*, pp. 542, 543; citado por J. Dwight Pentecost, *Eventos del porvenir*, Editorial Vida, pp. 260, 261.)

Aparte de la historia de la Iglesia, varias batallas se llevaron a cabo en esta zona, como lo registra el Antiguo Testamento:

(e) Fue aquí donde Débora y Barac derrotaron a los cananeos (Jue. 4—5).
(f) Fue aquí donde Gedeón derrotó a los madianitas (Jue. 7).
(g) Fue aquí donde los filisteos de-

rrotaron y mataron a Saúl (1 S. 31).

(h) Fue aquí donde David derrotó a Goliat (1 S. 17).

(i) Fue aquí donde un rey egipcio mató a Josías (2 R. 23).

(2) Los motivos de la batalla. ¿Qué hará que se reúnan todas las naciones del mundo en la zona del Armagedón? Se juntarán allí tal vez por varios motivos. Parecería que los siguientes son tres de los motivos más importantes:

(a) Por la soberanía de Dios. En por lo menos cinco pasajes diferentes se nos dice que Dios mismo reunirá a las naciones aquí:

«... las entregará al matadero» (Is. 34:2).

«Reuniré a todas las naciones, y las haré descender al valle de Josafat...» (Jl. 3:2).

«Porque yo reuniré a todas las naciones para combatir contra Jerusalén...» (Zac. 14:2).

«Y los reunió en el lugar que en hebreo se llama Armagedón» (Ap. 16:16).

(b) Por el engaño de Satanás (Ap. 16:13, 14). En este pasaje se nos dice que tres espíritus inmundos especiales engañarán a las naciones para que se reúnan en el Armagedón.

(c) Por el odio de las naciones por Cristo. Varios pasajes se refieren a este odio diabólico (Sal. 2:1-3; Ap. 11:18). Las naciones, acaudilladas por el Anticristo, sin duda se darán cuenta del regreso inminente de Cristo (Ap. 11:15; 12:12). También estarán conscientes de su llegada al monte de los Olivos (Zac. 14:4; Hch. 1:9-12). Por lo tanto es razonable deducir que se reunirán en esa zona para destruirlo en el momento de su retorno a la tierra.

(3) La cronología de la batalla.

(a) La sequía del río Éufrates (Ap. 16:12). Él doctor Donald Barnhouse cita a Seiss para describirla:

«Desde tiempos inme-moriales, el Éufrates con sus tributarios ha sido una frontera grande y formidable entre los pueblos situados al este y al oeste de él. Recorre una distancia de 1.800 millas (unos 2.896 km), y casi no hay ningún lugar ni ninguna época en que se pueda cruzar. Tiene una anchura de 300 a 1.200 yardas (de 274 a 1.097 m), y una profundidad de 10 a 30 pies (3 a 9 m); la mayor parte del tiempo es aun más profundo y ancho. Era la frontera del dominio de Salomón, y se hace referencia repetida a él como el límite norte de las tierras prometidas a Israel.... La historia con frecuencia se refiere al gran obstáculo que el Eufrates ha sido para los movimientos militares; siempre ha sido una línea de separación entre los pueblos que viven al este de él y aquellos que viven al oeste de él.» (*Revelation*, p. 301).

Es así que cuando se quite esta barrera líquida, decenas de millones de soldados de China, India y otros poderes asiáticos marcharán derecho hacia el Armagedón y la destrucción.

(b) La destrucción de Jerusalén. Tal vez el acontecimiento más triste de la tribulación será el sitio y la destrucción de la Ciudad Santa. Esta será la toma número cuarenta y siete, y la última, de la amada ciudad de David. Los siguientes pasajes dan testimonio de ello:

«Porque yo reuniré a todas las naciones para combatir contra Jerusalén; y la ciudad será tomada, y serán saqueadas las casas, y violadas las mujeres; y la mitad de la ciudad irá en cautiverio...» (Zac. 14:2).

«Pero cuando viereis a Jerusalén rodeada de ejércitos, sabed entonces que su destrucción ha llegado» (Lc. 21:20).

Cuando estos dos acontecimientos se lleven a cabo, tanto los ángeles en el paraíso como los demonios en la perdición seguramente contendrán la respiración. La razón del suspenso se tratará en la próxima sección principal.

VI. La Segunda Venida de Cristo. Con toda seguridad el apóstol Juan debe haber escrito las siguientes palabras con gran temor.

«El séptimo ángel tocó la trompeta, y hubo grandes voces en el cielo, que decían: Los reinos del mundo han venido a ser de nuestro Señor y de su Cristo; y él reinará por los siglos de los siglos» (Ap. 11:15).

«Entonces vi el cielo abierto; y he aquí un caballo blanco, y el que lo montaba se llamaba Fiel y Verdadero, y con justicia juzga y pelea. Sus ojos eran como llama de fuego, y había en su cabeza muchas diademas; y tenía un nombre escrito que ninguno conocía sino él mismo. Estaba vestido de una ropa teñida en sangre; y su nombre es: EL VERBO DE DIOS. Y los ejércitos celestiales, vestidos de lino finísimo, blanco y limpio, le seguían en caballos blancos. De su boca sale una espada aguda, para herir con ella a las naciones, y él las regirá con vara de hierro; y él pisa el lagar del vino del furor y de la ira del Dios Todopoderoso. Y en su vestidura y en su muslo tiene escrito este nombre: REY DE REYES Y SEÑOR DE SEÑORES» (Ap. 19:11-16).

A. La cronología de la Segunda Venida de Cristo.

1. Comienza con temibles manifestaciones en los cielos.

«E inmediatamente después de la tribulación de aquellos días, el sol se oscurecerá, y la luna no dará su resplandor, y las estrellas caerán del cielo, y las potencias de los cielos serán conmovidas» (Mt. 24:29).

«Entonces habrá señales en el sol, en la luna y en las estrellas, y en la tierra angustia de las gentes, confundidas a causa del bramido del mar y de las olas; desfalleciendo los hombres por el temor y la expectación de las cosas que sobrevendrán en la tierra; porque las potencias de los cielos serán conmovidas» (Lc. 21:25, 26).

2. En medio de esto, los cielos se abren y Jesús aparece.

«Entonces aparecerá la señal del Hijo del Hombre en el cielo; y entonces lamentarán todas las tribus de la tierra, y verán al Hijo del Hombre viniendo sobre las nubes del cielo, con poder y gran gloria» (Mt. 24:30).

«He aquí que viene con las nubes, y todo ojo le verá...» (Ap. 1:7).

«Entonces vi el cielo abierto; y he aquí un caballo blanco, y el que lo montaba se llama Fiel y Verdadero...» (Ap. 19:11).

3. El Salvador que regresa desciende en el monte de los Olivos, causando un gran terremoto (Zac. 14:4, 8). El doctor J. Dwight Pentecost escribe lo siguiente acerca del terremoto:

«Una revista de noticias informó hace tiempo que una gran cadena de hoteles envió un equipo de ingenieros y geólogos a Jerusalén para explorar la posibilidad de construir un hotel en la cima del monte de los Olivos. Después de su investigación informaron que el lugar no era bueno para la construcción, porque el monte de los Olivos es el centro de una falla geológica, y un terremoto en esa zona podría dividir al monte, y el hotel ciertamente sería destruido. Así que decidieron no construir allí y buscaron otra propiedad en otra zona. Más adelante otro hotel fue construido en el monte de los Olivos con una vista espectacular de la antigua ciudad de Jerusalén.» (*Will Man Survive?*, p. 162.)

4. Después de descender en el monte de los Olivos, Cristo se dirige a Petra y Bosra, las dos ciudades principales de Edom. Parecería que va a Edom para juntar el remanente israelita escondido. Acompañado por los santos ángeles, la Iglesia y el remanente, Cristo marcha hacia Armagedón (Is. 34:6; 63:1).

B. El propósito de la Segunda Venida de Cristo.

1. Derrotar al Anticristo y las naciones reunidas en Armagedón. Dos autores nos describen bien esta batalla:

«Palestina ha de experimentar un baño de sangre de proporciones nunca antes alcanzadas, que fluirá del Armagedón en el norte, bajando por el valle de Josafat, cubrirá la tierra de Edom y bañará toda Judea y la ciudad de Jerusalén. Juan mira esta escena de matanza y la describe como sangre que fluye hasta los frenos de los caballos. Está más allá de la imaginación humana ver un lago de ese tamaño que ha sido llenado de las venas de los que han seguido el propósito de Satanás de tratar de exterminar el pueblo escogido de Dios para evitar que Jesucristo reine.» (Pentecost, *Prophecy for Today*, pp. 118, 119 [Hay traducción castellana titulada *Profecías para el mundo moderno*, Editorial Unilit.])

La batalla de Armagedón resultará en una matanza general entre las legiones de la bestia. El brillo de la aparición de Cristo producirá un temblor y una desmoralización de los soldados (Zac. 12:2; 14:13). El resultado de esta desmoralización y de este temblor será la deserción del Anticristo, volviéndolo inoperante (2 Ts. 2:8). Esta luz tremenda del cielo producirá asombro y ceguera en los animales y locura en los hombres (Zac. 12:4). Una plaga arrasará a los ejércitos desde esa luz y los hombres se descompondrán parados (Zac. 14:12, 15). La sangre de los animales y los hombres formará un lago de 200 millas de largo (unos 321 km) con una profundidad hasta los frenos de los caballos (Ap. 14:19, 20). El hedor de esta masa podrida de carne y sangre llenará toda la región (Is. 34:1-3). Las formas destrozadas de los hombres y la carne podrida de los hombres y las bestias proveerá un festín para las aves de rapiña (Ap. 19:17, 18, 21). La bestia y el falso profeta entonces serán lanzados vivos en el lago de fuego para siempre (Ap. 19:20).» (Hoyt, *The End Times*, p. 165.)

2. Volver a reunir, regenerar y restaurar al Israel fiel. Tal vez la promesa más frecuente de todo el Antiguo Testamento tiene que ver con la restauración final de Israel por Dios. Los profetas lo repiten tan a menudo que se vuelve un refrán: un coro de confianza.

Nótese lo siguiente:

«No temas, porque yo estoy contigo; del oriente traeré tu generación, y del occidente te recogeré. Diré al norte: Da acá; y al sur: No detengas; trae de lejos mis hijos y mis hijas de los confines de la tierra» (Is. 43:5, 6).

«Porque pondré mis ojos sobre ellos para bien, y los volveré a esta tierra, y los edificaré, y no los destruiré; los plantaré y no los arrancaré» (Jer. 24:6).

«Así ha dicho Jehová el Señor: Yo os recogeré de los pueblos, y os congregaré de las tierras en las cuales estáis esparcidos, y os daré la tierra de Israel» (Ez. 11:17).

Tal vez el canto más sublime de alabanza relacionado con la restauración de Israel sea el que canta el profeta Miqueas:

«¿Qué Dios como tú, que perdona la maldad, y olvida el pecado del remanente de su heredad? No retuvo para siempre su enojo, porque se deleita en misericordia. El volverá a tener misericordia de nosotros; sepultará nuestras iniquidades, y echará en lo profundo del mar todos nuestros pecados» (Mi. 7:18, 19).

En el Nuevo Testamento nuestro Señor también habla acerca de esto durante uno de sus últimos sermones:

«Y enviará sus ángeles con gran voz de trompeta, y juntarán a sus escogidos, de los cuatro vientos, desde un extremo del cielo hasta el otro» (Mt. 24:31).

Así reunirá nuestro Señor a Israel cuando vuelva y, como ya hemos dicho, empezará por aparecer ante el remanente escondido en Edom. Aquí notamos:

a. Su aflicción temporal.

«Y derramaré sobre la casa de David, y sobre los moradores de Jerusalén, espíritu de gracia y de oración; y mirarán a mí, a quien traspasaron, y llorarán como se llora por hijo unigénito, afligiéndose por él como quien se aflige por el primogénito. En aquel día habrá gran llanto en Jerusalén, como el llanto de Hadad-rimón en el valle de Meguido. Y la tierra lamentará, cada linaje aparte; los descendientes de la casa de David por sí, y sus mujeres por sí» (Zac. 12:10-12).

«Y le preguntarán: ¿Qué heridas son estas en tus manos? Y él responderá: Con ellas fui herido en casa de mis amigos» (Zac. 13:6).

«He aquí que viene con las nubes, y todo ojo le verá, y los que le traspasaron; y todos los linajes de la tierra harán lamentación por él» (Ap. 1:7).

b. Su gozo final.

«Destruirá a la muerte para siempre; y enjugará Jehová el Señor toda lágrima de todos los rostros; y quitará la afrenta de su pueblo de toda la tierra; porque Jehová lo ha dicho. Y se dirá en aquel día: He aquí, éste es nuestro Dios, le hemos esperado, y nos salvará; éste es Jehová a quien hemos esperado, nos gozaremos y nos alegraremos en su salvación» (Is. 25:8, 9).

«Yo, yo soy el que borro tus rebeliones por amor de mí mismo, y no me acordaré de tus pecados» (Is. 43:25).

«Ciertamente consolará Jehová a Sion; consolará todas sus soledades, y cambiará su desierto en paraíso, y su soledad en huerto de Jehová; se hallará en ella alegría y gozo, alabanza y voces de canto» (Is. 51:3).

«Porque con alegría saldréis, y con paz seréis vueltos; los montes y los collados levantarán canción delante de vosotros, y todos los árboles del campo darán palmadas de aplauso» (Is. 55:12).

3. Juzgar y castigar al Israel infiel. En el libro de Romanos, el gran apóstol Pablo hace dos declaraciones importantes acerca de su amada nación de Israel. Escribe:

«Y luego todo Israel será salvo, como está escrito: Vendrá de Sion el Libertador, que apartará de Jacob la impiedad» (Ro. 11:26).

«No que la palabra de Dios haya fallado; porque no todos los que descienden de Israel son israelitas» (Ro. 9:6).

Con la primera declaración, Pablo por supuesto quiso decir que todo el Israel *fiel* sería salvo. Como ya hemos visto, este bendito acontecimiento ocurrirá durante la tribulación.

En la segunda declaración Pablo habla del Israel *infiel.* En otras palabras, no todo lo que brilla es oro. Desde el momento en que Dios comenzó a obrar a través de Abraham (el primer hebreo), Satanás también comenzó a obrar a través de miembros de esa misma raza. Es así que como la Biblia ha sido abrazada por el Israel fiel a través de la historia, también se le ha opuesto el Israel infiel.

Por lo tanto, cuando el maestro de todo Israel vuelva, será especialmente misericordioso con el *verdadero* Israel, y especialmente duro con el *falso* Israel. Nótese la historia trágica del falso Israel.

a. Sus pecados en contra del Padre.
   (1) Rebeldía (Nm. 14:22, 23).
   (2) Rechazo (1 S. 8:7).
   (3) Hurto (Mal. 3:2-5).

b. Sus pecados en contra del Hijo.
   (1) Lo rechazó (Jn. 1:11).
   (2) Lo crucificó (Hch. 2:22, 23; 3:14, 15; 4:10; 5:30; 1 Ts. 2:14-16).

c. Sus pecados en contra del Espíritu Santo: resistencia obstinada. (Véase Hch. 7:51.)

d. Sus pecados en contra del reino.
   (1) Se negó a usar las habilidades que Dios le dio para promoverlo (Mt. 25:24-30; Lc. 19:20-24).
   (2) Tomó a la ligera la cena de las bodas (Mt. 22:5).
   (3) Se negó a usar la vestimenta apropiada para las bodas (Mt. 22:11-13).

e. Sus pecados en contra de su propio pueblo.
   (1) Robó de las viudas (Mt. 23:14).
   (2) Mató a sus propios profetas (Mt. 23:31, 34, 35; Hch. 7:58).

f. Sus pecados en contra del mundo.
   (1) Condujo a otros a su propia ceguera atormentada (Mt. 23:16, 24).
   (2) Estaba llena de hipocresía (Mt. 16:6, 12; Ro. 2:17-23).
   (3) Había blasfemado el nombre de Dios entre los gentiles (Ro. 2:24).

g. Sus pecados en contra del evangelio.
   (1) Se opuso a él en Jerusalén (Hch. 4:2; 5:28; 9:29; 21:28; 23:2, 12).
   (2) Se opuso a él en Damasco (Hch. 9:22-25).
   (3) Se opuso a él en Antioquía de Pisidia (Hch. 13:45, 50).
   (4) Se opuso a él en Iconio (Hch. 14:2).
   (5) Se opuso a él en Listra (Hch. 14:19).
   (6) Se opuso a él en Tesalónica (Hch. 17:5).
   (7) Se opuso a él en Berea (Hch. 17:13).
   (8) Se opuso a él en Corinto (Hch. 18:6, 12).
   (9) Se opuso a él en Cesarea (Hch. 25:6, 7).

El apóstol Pablo amaba entrañablemente a su nación, y sin duda escribió la descripción siguiente del Israel infiel y su juicio futuro con un corazón apesadumbrado y acongojado:

«Los cuales mataron al Señor Jesús y a sus propios profetas, y a nosotros nos expulsaron; y no agradan a Dios, y se oponen a todos los hombres, impidiéndonos hablar a los gentiles para que éstos se salven; así colman ellos siempre la medida de sus pecados, pues vino sobre ellos la ira hasta el extremo» (1 Ts. 2:15, 16).

Es así que la trágica profecía de Ezequiel algún día será cumplida en el Israel infiel:

«Mas a aquellos cuyo corazón anda tras el deseo de sus idolatrías y de sus abominaciones, yo traigo su camino sobre sus propias cabezas, dice Jehová el Señor» (Ez. 11:21).

«Y apartaré de entre vosotros a los rebeldes, y a los que se rebelaron contra mí...» (Ez. 20:38).

4. Separar las ovejas de los cabritos (Mt. 25:31-46).
   a. Las interpretaciones falsas de este juicio.
      (1) Que este juicio de «las ovejas y los cabritos» es el mismo que el juicio ante el gran trono blanco de Apocalipsis 20:11-15. No es lo mismo, porque uno se lleva a cabo al final de la tribulación y el otro ocurre al final del milenio.
      (2) Que el juicio de las ovejas y los cabritos tiene que ver sólo con naciones enteras. Algunos han imaginado a las naciones alineadas ante Dios. Cuando Él da la orden, Rusia se adelanta y es juzgada, después Estados Unidos, después Cuba, etc. No es así. La palabra traducida por «naciones» en Mateo 25:32 debería ser «gentiles».
   b. La base de este juicio. La prueba en este juicio es la forma en que los gentiles que sobrevivan la tribulación han tratado al Israel fiel (aquí llamado «mis hermanos» por Cristo).

      En la Alemania nazi, durante la Segunda Guerra Mundial, los judíos fugitivos a veces fueron socorridos y protegidos por varias familias alemanas que, a pesar de su nacionalidad, no estaban de acuerdo con Adolfo Hitler. Aparentemente lo mismo ocurrirá durante la tribulación. Gentiles de todas las naciones oirán el mensaje del Israel fiel, lo creerán y, arriesgando su propia vida, protegerán a los mensajeros.
5. Atar a Satanás.

   «Y el Dios de paz aplastará en breve a Satanás bajo vuestros pies...» (Ro. 16:20).

   «Vi a un ángel que descendía del cielo, con la llave del abismo, y una gran cadena en la mano. Y prendió al dragón, la serpiente antigua, que es el diablo y Satanás, y lo ató por mil años; y lo arrojó al abismo, y lo encerró, y puso su sello sobre él, para que no engañase más a las naciones, hasta que fuesen cumplidos mil años...» (Ap. 20:1-3).
6. Resucitar santos del Antiguo Testamento y de la tribulación. Es la opinión de este Auxiliar que durante el arrebatamiento de la Iglesia Dios sólo levantará a los creyentes que han sido salvados desde Pentecostés hasta el arrebatamiento. Según esta interpretación, todos los demás creyentes serán resucitados justo antes del milenio.
   a. El hecho de esta resurrección. Hay por lo menos nueve pasajes que se refieren a esta resurrección.
      (1) Job 19:25, 26.
      (2) Salmo 49:15.
      (3) Isaías 25:8.
      (4) Isaías 26:19.
      (5) Daniel 12:2.
      (6) Oseas 13:14.
      (7) Juan 5:28, 29.
      (8) Hebreos 11:35.
      (9) Apocalipsis 20:4, 5.
   b. El orden de esta resurrección. Esta es la tercera de cuatro resurrecciones bíblicas principales. Son:
      (1) La resurrección de Cristo (1 Co. 15:23).
      (2) La resurrección de los creyentes en el arrebatamiento (1 Ts. 4:16; 1 Co. 15:51-53).
      (3) La resurrección de los santos del Antiguo Testamento y de la tribulación.
      (4) La resurrección de los no salvados (Ap. 20:5, 11-14).

      Así es que uno de los motivos de la Segunda Venida será resucitar a los santos no relacionados con la Iglesia. Durante muchos largos siglos, el padre Abraham ha estado aguardando pacientemente aquella ciudad «que tiene fundamentos, cuyo arquitecto y constructor es Dios» (He. 11:10); Dios no lo decepcionará.
7. Juzgar a los ángeles caídos.

   «¿O no sabéis que hemos de juzgar a los ángeles?» (1 Co. 6:3).

   Por supuesto que todos los ángeles caídos están incluidos en este juicio. Pero algunos creen que se dividen en dos categorías principales: los atados y los no atados.
   a. Los ángeles caídos no atados.

      «Y le preguntó Jesús, diciendo: ¿Cómo te llamas? Y él dijo: Legión. Porque muchos demonios habían entrado en él. Y le rogaban que no los mandase ir al abismo» (Lc. 8:30, 31).

      «Porque no tenemos lucha contra sangre y carne, sino contra principados, contra potestades, contra los gobernadores de las tinieblas de este siglo, contra huestes espirituales de maldad en las regiones celestes» (Ef. 6:12).

      La idea en estos pasajes sencillamente es que hay un grupo de ángeles caídos (demonios) que tienen libertad de movimiento, y por lo tanto pueden poseer los cuerpos tanto de hombres como de animales. Su pecado fue el de seguir a Satanás en su abominable rebelión en contra de Dios. Véanse Isaías 14:12-17; Ezequiel 28:12-19.
   b. Ángeles caídos atados.

      «Porque también Cristo padeció una sola vez por los pecados, el justo por los injustos, para llevarnos a Dios, siendo a la verdad muerto en la carne, pero vivificado en el espíritu; en el cual también fue y predicó a los espíritus encarcelados, los que en otro tiempo desobedecieron, cuando una vez esperaba la paciencia de Dios en los días de Noé, mientras se preparaba el arca, en la cual pocas personas, es decir, ocho, fueron salvadas por agua» (1 P. 3:18-20). (Véanse también 2 P. 2:4; Jud. v. 6.)

Según estos pasajes, estos ángeles caídos no tienen la libertad de los ángeles anteriores, sino que están en «detención solitaria» aguardando su juicio al final de la tribulación. ¿Por qué la diferencia? Muchos estudiosos de la Biblia creen que este grupo de ángeles era culpable de dos pecados graves: no sólo se unieron a la rebelión de Satanás, sino que ejercieron una perversión sexual con «las hijas de los hombres» antes del diluvio. Véase Génesis 6:2.

C. El elemento tiempo involucrado en la Segunda Venida de Cristo. Según Daniel 12:11, 12, habrá un período de setenta y cinco días entre la Segunda Venida de Cristo y el reino milenario. El doctor S. Franklin Logsdon ha escrito:

«En los Estados Unidos tenemos una analogía nacional. El presidente es elegido a principios de noviembre, pero no toma posesión de su cargo hasta el 20 de enero. Hay un intervalo de más de 70 días. Durante este tiempo se ocupa en el nombramiento de los miembros del Gabinete, los emisarios al exterior y otros funcionarios que conformarán su gobierno. En el período de 75 días entre la terminación de la gran tribulación y la coronación, el Rey de gloria también se ocupará de ciertos asuntos.» (*Profiles of Prophecy*, p. 81.)

Por lo tanto, parecería que los setenta y cinco días serán usados para cumplir siete cosas básicas mencionadas bajo el apartado «El propósito de la Segunda Venida de Cristo».

VII. El milenio: el reinado de mil años de Cristo.

A. El hecho del milenio. La palabra en sí es un término latino que significa «mil años».

«... y vivieron y reinaron con Cristo mil años» (Ap. 20:4).

En los primeros siete versículos de Apocalipsis 20, Juan menciona el período de mil años no menos de seis veces. A pesar de esto, algunos han razonado que, ya que este número sólo se encuentra en un pasaje neotestamentario, no se puede insistir en que el período de mil años realmente acontezca. Para enfatizar este punto se hace referencia a 2 Pedro 3:8:

«... para con el Señor un día es como mil años, y mil años como un día.»

Es interesante (y tal vez revelador) notar que el mismo grupo que intenta acortar el período de mil años de Apocalipsis a un día (y así eliminar completamente el milenio) también intenta alargar los seis días de la creación en Génesis a miles de años. Estamos tentados a preguntar: «¿Por qué no puede ser que Dios quiera decir exactamente lo que dice?»

El doctor Rene Pache escribe las siguientes útiles palabras:

«Volvamos a notar este hecho: la enseñanza del Antiguo Testamento acerca del milenio es tan completa que los judíos en el Talmud lograron desarrollarlo completamente solos, sin tener los dones provistos más adelante por el Nuevo Testamento. Por ejemplo, habían mantenido antes del Apocalipsis que el reino mesiánico duraría por lo menos mil años. Por lo tanto, no habría que decir (como algunos lo han hecho) que sin el famoso pasaje de Apocalipsis 20:1-10 no existiría la doctrina del milenio.» (*The Return of Jesus Christ*, p. 380.)

Durante la historia de la Iglesia cristiana ha habido tres puntos de vista principales acerca del milenio.

1. El *posmilenialismo*. Esta teoría afirma que, por medio de la predicación del evangelio, el mundo finalmente abrazará al cristianismo y se convertirá en una «sociedad universal de santos». Entonces se invitará a Cristo a tomar el mando y a reinar sobre el pacífico planeta del hombre. Por lo tanto, aunque los posmilenialistas creen en un reinado literal de mil años, su posición es falsa, porque la Biblia enseña claramente que la situación mundial se pondrá cada vez peor antes de la Segunda Venida de Cristo, no cada vez mejor. Véanse 1 Timoteo 4:1; 2 Timoteo 3:1-5. Esta posición fue popularizada por un ministro unitario llamado Daniel Whitby (1638-1726) y floreció hasta principios del siglo XX. Después vino la Primera Guerra Mundial y los hombres empezaron a dudar. La teoría posmilenialista finalmente fue dejada calladamente de lado entre las cámaras de gas de Hitler durante la Segunda Guerra Mundial. Hoy es prácticamente imposible encontrar un posmilenialista.
2. El *amilenialismo*. Este punto de vista enseña que no habrá ningún reinado de mil años, y que la Iglesia del Nuevo Testamento hereda todas las promesas y las profecías espirituales del Israel del Antiguo Testamento. Según este punto de vista, la hermosa profecía de Isaías de las crías de la osa y de la vaca echadas juntas y del león comiendo paja como un buey (Is. 11:7) sencillamente no significa lo que dice. Sin embargo, si no se puede tomar literalmente el capítulo 11 de Isaías, ¿qué prueba tenemos de que el magnífico capítulo 53 no debería ser igualmente alegorizado?
3. El *premilenialismo*. Este punto de vista enseña que Cristo volverá justo antes del milenio y que reinará personalmente durante este glorioso reino de mil años. Esta posición es la única que es bíblica y la más antigua de las tres. Desde el tiempo apostólico en adelante, los primeros padres de la Iglesia mantuvieron la posición premilenial.
   a. Teólogos que la mantuvieron durante el siglo I d.C.
      (1) Clemente de Roma: 40 a 100.
      (2) Ignacio: 50-115.
      (3) Policarpo: 70-167.
   b. Teólogos que la mantuvieron durante el siglo II d.C.
      (1) Justino Mártir: 100-168.
      (2) Ireneo: 140-202.
      (3) Tertuliano: 150-220.
   c. Teólogos que la mantuvieron durante el siglo III d.C.
      (1) Cipriano: 200-258.
      (2) Comodiano: 250.

   Sin embargo, empezando en el siglo IV, la Iglesia Católica Apostólica Romana comenzó a crecer, y el premilenialismo comenzó a menguar, porque Roma se consideraba el instrumento de Dios para inaugurar el reino de gloria prometido. Durante siglos la preciosa doctrina del premilenialismo se perdió salvo en unos pocos grupos.

   Pero en los últimos siglos, Dios en su

gracia ha reavivado el premilenialismo y lo ha restaurado a su lugar apropiado, usando hombres como Alford, Seiss, Darby y C.I. Scofield.

B. El propósito del milenio.

1. Recompensar a los santos de Dios.

«... Ciertamente hay galardón para el justo...» (Sal. 58:11).

«... mas el que siembra justicia tendrá galardón firme» (Pr. 11:18).

«Gozaos y alegraos, porque vuestro galardón es grande en los cielos...» (Mt. 5:12).

«Porque el Hijo del Hombre vendrá en la gloria de su Padre con sus ángeles, y entonces pagará a cada uno conforme a sus obras» (Mt. 16:27).

«Entonces el Rey dirá a los de su derecha: Venid, benditos de mi Padre, heredad el reino preparado para vosotros desde la fundación del mundo» (Mt. 25:34).

2. Contestar la oración modelo tan frecuentemente elevada. En Lucas 11:1-4 y Mateo 6:9-13 nuestro Señor, por pedido de sus discípulos, sugirió una oración modelo para ayudar a todos los creyentes en su oración. Una de las pautas era: «Venga tu reino.» Aquí el Salvador estaba invitando a sus seguidores a orar por el milenio. Un día Él volverá en respuesta a las incontables millones de veces que estas tres palabritas han ido al cielo dirigidas por los cristianos: «Venga tu reino.»

3. Redimir a la creación. En Génesis 3 Dios maldijo la naturaleza por el pecado de Adán. Desde ese momento, el paraíso de Dios se convirtió en un desierto. Las rosas de repente tenían espinas, y el dócil tigre se convirtió en un carnívoro hambriento. Pero durante el milenio todo esto cambiará. Pablo nos describe la transformación en su epístola a los Romanos:

«Porque el anhelo ardiente de la creación es el aguardar la manifestación de los hijos de Dios. Porque la creación fue sujetada a vanidad, no por su propia voluntad, sino por causa del que la sujetó en esperanza; porque también la creación misma será libertada de la esclavitud de corrupción, a la libertad gloriosa de los hijos de Dios. Porque sabemos que toda la creación gime a una, y a una está con dolores de parto, hasta ahora» (Ro. 8:19-22).

4. Cumplir tres pactos importantes del Antiguo Testamento.
   a. El pacto de Abraham. Dios prometió a Abraham dos cosas básicas:
      (1) Que su simiente (Israel) se convertiría en una gran nación (Gn. 12:1-3; 13:16; 15:5; 17:7; 22:17, 18).
      (2) Que su simiente (Israel) un día sería dueño de Palestina para siempre (Gn. 12:7; 13:14, 15, 17; 15:7, 18-21; 17:8).
   b. El pacto davídico (2 Cr. 13:5; 2 S. 7:12-16; 23:5). Esta promesa era tripartita:
      (1) Que de David provendría un trono eterno.
      (2) Que de David provendría un reino eterno.
      (3) Que de David provendría un Rey eterno.
   c. El nuevo pacto (Is. 42:6; Jer. 31:31-34; He. 8:7-12). Esta promesa también era tripartita:
      (1) Que perdonaría su iniquidad y olvidaría su pecado.
      (2) Que les daría un corazón nuevo.
      (3) Que usaría a Israel para llegar hasta los gentiles y enseñarles.

5. Probar un argumento. Este es la idea: sea cual fuere su ambiente o su herencia, la humanidad fracasará inevitablemente sin la gracia de Dios. Por ejemplo:
   a. La edad de la *inocencia* terminó con la desobediencia obstinada (Gn. 3).
   b. La edad de la *conciencia* terminó con la corrupción universal (Gn. 6).
   c. La edad del *gobierno humano* terminó con la adoración al diablo en la torre de Babel (Gn. 11).
   d. La edad de la *promesa* terminó cuando el pueblo de Dios salió de la Tierra Prometida y fue esclavizado en Egipto (Ex. 1).
   e. La edad de la *ley* terminó cuando las criaturas mataron a su Creador (Mt. 27).
   f. La edad de la *Iglesia* terminará con la apostasía mundial (1 Ti. 4).
   g. La edad de la *tribulación* terminará con la batalla de Armagedón (Ap. 19).
   h. La edad del *milenio* terminará con un intento de destruir a Dios mismo (Ap. 20). (Nota: Más adelante se hablará exactamente de dónde y cómo Satanás reunirá a este ejército humano perdido al fin del milenio.)

6. Cumplir con el significado principal de la profecía bíblica. Toda la profecía bíblica acerca del Señor Jesucristo está resumida en un minúsculo versículo del apóstol Pedro:

«... los sufrimientos de Cristo, y las glorias que vendrían tras ellos» (1 P. 1:11).

Aquí Pedro conecta la Primera Venida de Cristo (los sufrimientos) con su Segunda Venida (las glorias).

Este versículo contiene la «historia de la gloria sufriente» del Salvador. Además, cuando un pecador se arrepiente y se convierte en parte del cuerpo de Cristo, él también comparte este destino. Nótese lo siguiente:

«Pues tengo por cierto que las aflicciones del tiempo presente no son comparables con la gloria venidera que en nosotros ha de manifestarse» (Ro. 8:18).

«Y nuestra esperanza respecto de vosotros es firme, pues sabemos que así como sois compañeros en las aflicciones, también lo sois en la consolación» (2 Co. 1:7).

«Si sufrimos, también reinaremos con él...» (2 Ti. 2:12).

«Amados, no os sorprendáis del fuego de prueba que os ha sobrevenido, como si alguna cosa extraña os aconteciese, sino gozaos por cuanto sois participantes de los padecimientos de Cristo, para que también en la revelación de su gloria os gocéis con gran alegría» (1 P. 4:12, 13).

«Ruego a los ancianos que están entre vosotros, yo anciano también con ellos, y testigo de los padecimientos de Cristo, que soy también participante de la gloria que será revelada» (1 P. 5:1).

C. Los títulos del milenio.

1. El mundo venidero (He. 2:5).
2. El reino de los cielos (Mt. 5:10).
3. El reino de Dios (Mr. 1:14).
4. El día postrero (Jn. 6:40).
5. La regeneración (Mt. 19:28).

«Y Jesús les dijo: De cierto os digo que en la regeneración, cuando el Hijo del Hombre se siente en el trono de su gloria, vosotros que me habéis seguido también os sentaréis sobre doce tronos, para juzgar a las doce tribus de Israel» (Mt. 19:28).

La palabra «regeneración» sólo aparece dos veces, aquí y en Tito 3:5, donde Pablo habla del nuevo nacimiento del creyente. La palabra significa literalmente «nueva creación». Por lo tanto, el milenio será a la tierra lo que la salvación es al creyente.

6. Los tiempos de refrigerio (Hch. 3:19).
7. La restauración de todas las cosas (Hch. 3:21).
8. El día de Cristo. Este es por mucho el nombre bíblico más común del milenio. Véanse 1 Corintios 1:8; 5:5; 2 Corintios 1:14; Filipenses 1:6; 2:16.

D. Ejemplos del milenio en el Antiguo Testamento.

1. El día de reposo. La palabra literalmente significa «descanso». En la época del Antiguo Testamento, Dios sabiamente apartó un período de descanso después de un período de actividad. Se había de observar un reposo:
   a. Después de seis días de trabajo (Ex. 20:8-11; Lv. 23:3).
   b. Después de seis semanas de trabajo (Lv. 23:15, 16).
   c. Después de seis meses de trabajo (Lv. 23:24, 25, 27, 34).
   d. Después de seis años de trabajo (Lv. 25:2-5).
2. El año del jubileo (Lv. 25:10-12).
3. El tabernáculo: porque la gloria de Dios moraba en el Lugar Santísimo (Ex. 25:8; 29:42-46; 40:34).
4. La fiesta de los tabernáculos (Lv. 23:34-42).
5. La Tierra Prometida (Dt. 6:3; He. 4:8-10).
6. El reinado de Salomón.
   a. Por lo extenso de su reino (1 R. 4:21).
   b. Por su seguridad (1 R. 4:25)
   c. Por su gran sabiduría (1 R. 4:29, 34).
   d. Por la fama de su reino (1 R. 10:7).
   e. Por las riquezas de su reino (1 R. 10:27).

E. La naturaleza del milenio. ¿Cómo será el reino de mil años de Cristo? El doctor J. Dwight Pentecost ha compilado los siguientes datos extensos e impactantes:

«A. *Paz.* La cesación de las guerras mediante la unificación de los reinos del mundo que serán sometidos al dominio de Cristo, junto con la resultante prosperidad económica, ya que las naciones no tendrán necesidad de dedicar grandes proporciones de sus presupuestos a las municiones, es uno de los temas principales de los profetas (Is. 2:4; 9:4-7; 11:6-9; 32:17-18; 33:5-6; 54:13; 55:12; 60:18; 65:25; 66:12; Ez. 28:26; 34:25, 28; Os. 2:18; Mi. 4:2-3; Zac. 9:10).

B. *Gozo.* La plenitud del gozo será una característica distintiva de esa era (Is. 9:3-4; 12:3-6; 14:7-8; 25:8-9; 30:29; 42:1, 10-12; 52:9; 60:15; 61:7, 10; 65:18-19; 66:10-14; Jer. 30:18-19; 31:13-14; Sof. 3:14-17; Zac. 8:18-19; 10:6-7).

C. *Santidad.* El reino teocrático será un reino santo, en el cual la santidad se manifestará a través del Rey y de los súbditos del Rey. La tierra será santa, la ciudad será santa, el templo será santo, y los súbditos serán santos para el Señor (Is. 1:26-27; 4:3-4; 29:18-23; 31:6-7; 35:8-9; 52:1; 60:21; 61:10; Jer. 31:23; Ez. 36:24-31; 37:23-24; 43:7-12; 45:1; Jl. 3:21; Sof. 3:11, 13; Zac. 8:3; 13:1-2; 14:20-21).

D. *Gloria.* El reino será un reino glorioso, en el cual la gloria de Dios tendrá plena manifestación (Is. 24:23; 4:2; 35:2; 40:5; 60:1-9).

E. *Consuelo.* El Rey ministrará personalmente en cada necesidad, de manera que habrá una plenitud de consuelo en aquel día (Is. 12:1-2; 29:22-23: 30:26; 40:1-2; 49:13; 51:3; 61:3-7; 66:13-14; Jer. 31:23-25; Sof. 3:18-20; Zac. 9:11-12; Ap. 21:4).

F. *Justicia.* Habrá una administración perfecta de justicia para todo individuo (Is. 9:7; 11:5; 32:16; 42:1-4; 65:21-23; Jer. 23:5; 31:23, 31:29-30).

G. *Pleno conocimiento.* El ministerio del Rey ofrecerá a los súbditos de su reino el pleno conocimiento. Sin duda habrá un ministerio de enseñanza del Espíritu Santo sin paralelo (Is. 11:1-2, 9; 41:19-20; 54:13; Hab. 2:14).

H. *Instrucción.* Este conocimiento se obtendrá mediante la instrucción que emanará del Rey (Is. 2:2-3; 12:3-6; 25:9; 29:17-24; 30:20-21; 32:3-4; 49:10; 52:8; Jer. 3:14-15; 23:1-4; Mi. 4:2).

I. *Remoción de la maldición.* La maldición original de la creación (Gn. 3:17-19) será quitada, de manera que haya abundante productividad de la tierra. La creación animal será transformada de manera que pierda su ponzoña y ferocidad (Is. 11:6-9; 35:9; 65:25).

J. *Remoción de la enfermedad.* El ministerio del Rey como Sanador será efectivo durante toda la era, de manera que la enfermedad y aun la muerte, excepto como una medida penal al tratar con el pecado evidente, serán quitadas (Is. 33:24; Jer. 30:17; Ez. 34:16).

K. *Sanidad de los deformados.* Junto con el ministerio de sanidad se efectuará la corrección de toda deformidad al iniciarse el milenio (Is. 29:17-19; 35:3-6; 61:1-2; Jer. 31:8; Mi. 4:6-7; Sof. 3:19).

L. *Protección.* Habrá una obra sobrenatural de preservación de la vida en la era milenaria, que será llevada a cabo por el mismo Rey (Is. 41:8-14; 62:8-9; Jer. 32:27; 23:6; Ez. 34:27; Jl. 3:16-17; Am. 9:15; Zac. 8:14-15; 9:8; 14:10-11).

M. *Libertad de la opresión.* No habrá ninguna opresión social, política ni religiosa en aquel día (Is. 14:3-6; 42:6-7; 49:8-9; Zac. 9:11-12).

N. *Ausencia de inmadurez.* Esto parece sugerir que no habrá tragedias de idiotez, ni de cuerpos enanos en aquel día (Is. 65:20). La longevidad será restaurada.

Ñ. *Reproducción de las gentes vivas.* Los santos vivos que entren en el milenio con sus cuerpos naturales, engendrarán hijos durante toda la era. La población de la tierra se elevará. Los que nazcan en esa era no nacerán exentos de pecado, de manera que la salvación será necesaria (Jer. 30:20; 31:29; Ez. 47:22; Zac. 10:8).

O. *Trabajo.* El período no se caracterizará por la

ociosidad, sino que habrá un sistema económico perfecto, en el cual las necesidades de los hombres serán satisfechas abundantemente por el trabajo que ofrecerá ese sistema, bajo la dirección del Rey. Habrá una sociedad industrializada plenamente desarrollada, que proveerá para las necesidades de los súbditos del Rey (Is. 62:8-9; 65:21-23; Jer. 31:5; Ez. 48:18-19). La agricultura así como la manufactura proveerán empleo.

P. *Prosperidad económica.* La situación laboral perfecta producirá una abundancia económica, de manera que no hará falta nada (Is. 4:1; 35:1-2, 7; 30:23-25; 62:8-9; 65:21-23; Jer. 31:5, 12; Ez. 34:26; Mi. 4:1, 4; Zac. 8:11-12; 9:16-17; Ez. 36:29-30; Jl. 2:21-27; Am. 9:13-14;).

Q. *Aumento de luz.* Habrá un aumento de luz solar y lunar en dicha era. Este aumento de luz será probablemente una de las principales causas del aumento de la productividad de la tierra (Is. 4:5; 30:26; 60:19-20; Zac. 2:5).

R. *Lenguaje unificado.* Las barreras del lenguaje serán quitadas de manera que pueda haber una libre intercomunicación social (Sof. 3:9).

S. *Adoración unificada.* Todo el mundo se unirá en la adoración a Dios y al Mesías de Dios (Is. 45:23; 52:1, 7-10; 66:17-23; Zac. 13:2; 14:16; 8:23; 9:7; Sof. 3:9; Mal. 1:11; Ap. 5:9-14).

T. *La presencia manifiesta de Dios.* La presencia de Dios será plenamente reconocida y se experimentará la comunión con Dios en un grado sin precedentes (Ez. 37:27-28; Zac. 2:2, 10-13; Ap. 21:3).

U. *La plenitud del Espíritu.* La presencia y la capacitación divinas serán experiencia de todos los que estarán en sujeción a la autoridad del Rey (Is. 32:13-15; 41:1; 44:3; 59:19, 21; 61:1; Ez. 36:26-27; 37:14; 39:29; Jl. 2:28, 29; Ez. 11:19-20).

V. *Perpetuidad del estado milenario.* Lo que caracteriza a la era milenaria no se considera temporal, sino eterno (Jl. 3:20; Amós 9:15; Ez. 37:26-28; Is. 51:6-8; 55:3, 13; 56:5; 60:19-20; 61:8; Jer. 32:40; Ez. 16:60; 43:7-9; Dn. 9:24; Os. 2:19-23).» (*Eventos del porvenir*, pp. 370-372.)

F. Los ciudadanos del milenio.

1. Considerados negativamente. Ninguna persona no salva entrará en el milenio (Is. 35; Jer. 31:33, 34; Ez. 20:37, 38; Zac. 13:9; Mt. 18:3; 25:30, 46; Jn. 3:3). Sin embargo, millones de bebés evidentemente serán criados durante el milenio. Éstos nacerán de padres israelitas y gentiles salvados pero mortales que hayan sobrevivido la tribulación y entrado al milenio en ese estado de mortalidad (de ahí la posible razón del árbol de la vida en Ap. 22:2). Al madurar, algunos de estos bebés se negarán a someter su corazón al nuevo nacimiento, aunque sus obras externas estarán sujetas a la autoridad existente. Es así que Cristo reinará con vara de hierro (Zac. 14:17-19; Ap. 2:27; 12:5; 19:15). El doctor Rene Pache escribe lo siguiente acerca de esto:

   «Por hermoso que sea el milenio, no será el cielo.... Todavía será posible pecar durante los mil años (Is. 11:4; 65:20). Algunas familias y algunas naciones se negarán a ir a Jerusalén para adorar a Dios (Zac. 14:17-19). Estos hechos serán todavía más inexcusables porque el tentador estará ausente y porque las revelaciones del Señor serán mayores.... Aquellos que han sido así golpeados servirán de ejemplo a los que estuvieren tentados a imitarlos (Is. 66:24).» (*The Return of Jesus Christ*, pp. 428, 429.)

2. Considerados positivamente.
   a. El Israel salvado.
      (1) Israel nuevamente estará relacionado con Dios por matrimonio (Is. 54:1-17; 62:2-5; Os. 2:14-23).
      (2) Israel será exaltado por sobre los gentiles (Is. 14:1, 2; 49:22, 23; 60:14-17; 61:6, 7).
      (3) Israel se convertirá en testigo de Dios durante el milenio (Is. 44:8; 61:6; 66:21; Jer. 16:19-21; Mi. 5:7; Sof. 3:20; Zac. 4:1-7; 8:3).
   b. Gentiles salvados del Antiguo Testamento y de la tribulación (Is. 2:4; 11:12; Ap. 5:9, 10).
   c. La Iglesia (1 Co. 6:2; 2 Ti. 2:12; Ap. 1:6; 2:26, 27; 3:21).
   d. Los ángeles escogidos (He. 12:22).

G. El Rey del milenio. Por supuesto que el Señor Jesucristo será el Rey supremo, pero hay pasajes que sugieren que Él, en su gracia, escogerá reinar a través de un virrey, y ese virrey será David. Nótese la siguiente cita bíblica:

   «Sino que servirán a Jehová su Dios y a David su rey, a quien yo les levantaré» (Jer. 30:9).

   Jeremías escribió estas palabras unos 400 años después de la muerte de David, así que no podía estar refiriéndose a su reinado terrenal.

   «Y levantaré sobre ellas a un pastor, y él las apacentará; a mi siervo David, él las apacentará, y él les será por pastor» (Ez. 34:23). (Véase también Ez. 37:24.)

   «Después volverán los hijos de Israel, y buscarán a Jehová su Dios, y a David su rey; y temerán a Jehová y a su bondad en el fin de los días» (Os. 3:5).

   Si podemos tomar estos pasajes literalmente, David nuevamente se sentará sobre el trono de Israel. Será ayudado en su reinado por:

1. La Iglesia (1 Co. 6:3).
2. Los apóstoles (Mt. 19:28).
3. Nobles (Jer. 30:21).
4. Príncipes (Is. 32:1; Ez. 45:8, 9).
5. Jueces (Zac. 3:7; Is. 1:26).

H. La geografía del milenio.

1. Palestina.
   a. Ha de ser muy engrandecida y cambiada (Is. 26:15; Abd. 1:17-21). Por primera vez Israel poseerá toda la tierra prometida a Abraham en Génesis 15:18-21.
   b. Una gran planicie fértil que reemplazará al terreno montañoso.
   c. Un río que fluirá desde el monte de los Olivos hacia el mar Mediterráneo y hacia el mar Muerto. Los siguientes pasajes bíblicos lo confirman:

      «Y se afirmarán sus pies en aquel día sobre el monte de los Olivos, que está en frente de Jerusalén al oriente; y el monte de los Olivos se partirá por en medio, hacia el oriente y hacia el occidente, haciendo un valle muy grande; y la mitad del monte se apartará hacia el norte, y la otra mitad hacia el sur. Acontecerá también en aquel día, que saldrán de Jerusalén aguas vivas, la mitad de ellas hacia el mar oriental, y la otra mitad hacia el mar occidental, en verano y en invierno. Toda la tierra se volverá como llanura desde Geba [la frontera septentrional de Judá] hasta Rimón [la frontera meridional] al sur de Jerusalén...» (Zac. 14:4, 8, 10).

«Sucederá en aquel tiempo, que los montes destilarán mosto, y los collados fluirán leche, y por todos los arroyos de Judá correrán aguas; y saldrá una fuente de la casa de Jehová, y regará el valle de Sitim» (Jl. 3:18).

«Y me dijo: Estas aguas salen a la región del oriente, y descenderán al Arabá, y entrarán en el mar, y entradas en el mar, recibirán sanidad las aguas. Y toda alma viviente que nadare por dondequiera que entraren estos dos ríos, vivirá; y habrá muchísimos peces por haber entrado allá estas aguas, y recibirán sanidad; y vivirá todo lo que entrare en este río. Y junto al río, en la ribera, a uno y otro lado, crecerá toda clase de árboles frutales; sus hojas nunca caerán, ni faltará su fruto. A su tiempo madurará, porque sus aguas salen del santuario; y su fruto será para comer, y su hoja para medicina» (Ez. 47:8, 9, 12).

2. Jerusalén.
   a. La ciudad se convertirá en el centro mundial de adoración.

   «Acontecerá en los postreros tiempos que el monte de la casa de Jehová será establecido por cabecera de montes, y más alto que los collados, y correrán a él los pueblos» (Mi. 4:1).

   «Acontecerá en lo postrero de los tiempos, que será confirmado el monte de la casa de Jehová como cabeza de los montes, y será exaltado sobre los collados, y correrán a él todas las naciones. Y vendrán muchos pueblos, y dirán: Venid, y subamos al monte de Jehová, a la casa del Dios de Jacob; y nos enseñará sus caminos, y caminaremos por sus sendas. Porque de Sion saldrá la ley, y de Jerusalén la palabra de Jehová» (Is. 2:2, 3).

   b. La ciudad ocupará un lugar alto (Zac. 14:10).
   c. La ciudad tendrá 6 millas (casi 10 km) de circunferencia (Ez. 48:35). (En la época de Cristo la ciudad tenía 4 millas [más de 6 km].)
   d. La ciudad será llamada «Jehová-sama», que significa «Jehová está allí» (Ez. 48:35).

I. El templo en el milenio.

1. Su orden bíblico. El templo del milenio es el último de los siete grandes templos bíblicos. Éstos son:
   a. El tabernáculo de Moisés: Exodo 40 (1500-1000 a.C.).
   b. El templo de Salomón: 1 Reyes 8 (1000-586 a.C.).
   c. El templo de Zorobabel (reconstruido después por Herodes): Esdras 6; Juan 2 (516 a.C. hasta el 70 d.C.).
   d. El templo del cuerpo de Jesús: Juan 2:21 (del 4 a.C. hasta el 30 d.C.).
   e. El templo espiritual, la Iglesia: Hechos 2; 1 Tesalonicenses 4 (desde Pentecostés hasta el arrebatamiento).
      (1) La Iglesia completa (Ef. 2:21).
      (2) La iglesia local (1 Co. 3:16, 17).
      (3) El cristiano individual (1 Co. 6:19).
   f. El templo de la tribulación: Apocalipsis 11 (desde el arrebatamiento hasta el Armagedón).
   g. El templo del milenio: Isaías 2:3; 60:13; Ezequiel 40—48; Daniel 9:24; Joel 3:18; Hageo 2:7, 9.

2. Su posición santa. La Palestina será redistribuida entre las doce tribus de Israel durante el milenio. La tierra en sí estará dividida en tres zonas. Siete tribus ocuparán la zona del norte y cinco el territorio del sur. Entre estas dos zonas hay una sección llamada la «porción santa», o sea, aquella porción del territorio apartada para el Señor. El doctor J. Dwight Pentecost cita a Merrill F. Unger en relación con este tema:

   «La porción santa sería entonces un cuadrado espacioso, de 54,4 kilómetros por cada lado, alrededor de 2960 kilómetros cuadrados. Esta superficie sería el centro de todos los intereses del gobierno y del culto divinos tal como se establecerán en la tierra milenaria. El templo mismo estará situado en medio de este cuadrado (la porción santa, y no en la ciudad de Jerusalén), sobre un monte muy alto, que estará milagrosamente listo para este propósito cuando haya de erigirse el templo ... (Is. 2:2-4; Mi. 4:1-4; Ez. 37:26).» (*Eventos del porvenir*, pp. 387, 389.)

3. Su sacerdocio. En cuatro ocasiones específicas se nos dice que se les asignarán los deberes sacerdotales a los hijos de Sadoc (Ez. 40:46; 43:19; 44:15; 48:11).

   Sadoc fue sumo sacerdote durante la época de David (el undécimo en la línea desde Aarón). Su lealtad al rey era inamovible. Por esto, se le prometió que su simiente tendría esta gloriosa oportunidad (1 S. 2:35; 1 R. 2:27, 35).

4. Su príncipe. En su descripción del templo, Ezequiel hace referencia a un misterioso «príncipe» unas diecisiete veces. Sea quien fuere, desempeña un papel muy importante en el templo mismo, aparentemente ocupando un lugar intermedio entre el pueblo y el sacerdocio. Estamos seguros de que no es Cristo, ya que prepara una ofrenda por su propio pecado (Ez. 45:22), está casado y tiene hijos (Ez. 46:16). Algunos sugieren que el príncipe es de la línea del rey David, y que será a David lo que el falso profeta era al Anticristo.

5. Sus aspectos negativos. Varios artículos y objetos de los templos de Moisés, Salomón y Herodes estarán ausentes del templo milenario.
   a. No habrá velo. Éste fue rasgado en dos de arriba a abajo (Mt. 27:51) y no volverá a aparecer en este templo. Por lo tanto, no

habrá ninguna barrera para separar al hombre de la gloria de Dios.

b. No habrá mesa para los panes de la proposición. No hará falta ya que el Pan de vida mismo estará presente.

c. No habrá candeleros. Tampoco harán falta, porque la Luz del mundo mismo brillará personalmente.

d. No habrá arca del pacto. Tampoco hará falta, ya que la gloria misma de Dios cubrirá toda la tierra, como la nube de gloria cubrió una vez el arca.

e. La puerta oriental estará cerrada. Obsérvense las palabras de Ezequiel:

«Y me dijo Jehová: Esta puerta estará cerrada; no se abrirá, ni entrará por ella hombre, porque Jehová Dios de Israel entró por ella; estará, por tanto, cerrada» (Ez. 44:2).

Se ha sugerido que esta puerta estará cerrada por los siguientes motivos:

(1) Esta será la puerta por la cual el Señor Jesucristo entrará en el templo. Como señal de honor para un rey oriental, nadie podía pasar por la puerta por la cual él entraba.

(2) Fue de la puerta oriental que la gloria de Dios se alejó por última vez en el Antiguo Testamento (Ez. 10:18, 19). Al sellar la puerta, Dios les recuerda a todos los que están adentro que su gloria nunca más se alejará de su pueblo.

6. Sus sacrificios. Como ya hemos visto, faltarán varios muebles del templo del Antiguo Testamento en el edificio milenario. Sin embargo, el altar de bronce para el sacrificio volverá a estar. Hay por lo menos cuatro profecías del Antiguo Testamento que hablan de los sacrificios de animales en el templo milenario: Isaías 56:6, 7; 60:7; Jeremías 33:18; Zacarías 14:16-21. Pero, ¿por qué harán falta estos sacrificios de sangre animal durante la edad de oro del milenio?

Para contestar esto, hay que proyectarse en ese fabuloso período futuro. Se trata de una edad sin pecado, tristeza, sufrimiento, enfermedad, Satanás ni separación.

Durante el milenio millones de niños nacerán y serán criados por padres salvados israelitas y gentiles que habrán sobrevivido la tribulación. Sin embargo, a pesar de su ambiente perfecto, estos «hijos del reino» necesitarán el nuevo nacimiento. Como hijos e hijas de Adán ellos también, como todos los demás, necesitarán la salvación eterna (Jn. 3:3; Ro. 3:23). Pero ¿cómo se podrá llegar a estos niños? ¿Qué lecciones objetivas se pueden utilizar? Aquí tenemos una generación que se criará sin conocer el temor, experimentar el dolor, ver el odio, tomar drogas ni ver una cárcel.

Este es un motivo por el cual se volverá a instituir el sistema sacrificial durante el milenio. Estos sacrificios funcionarán como:

a. Un recordatorio para todos de la necesidad del nuevo nacimiento.

b. Una lección objetiva del costo de la salvación.

c. Un ejemplo de lo terrible que es el pecado.

d. Una ilustración de la santidad de Dios.

VII. La rebelión final de Satanás.

«Cuando los mil años se cumplan, Satanás será suelto de su prisión, y saldrá a engañar a las naciones que están en los cuatro ángulos de la tierra, a Gog y a Magog, a fin de reunirlos para la batalla; el número de los cuales es como la arena del mar. Y subieron sobre la anchura de la tierra, y rodearon el campamento de los santos y la ciudad amada» (Ap. 20:8-9).

El doctor J. Vernon McGee escribe las siguientes palabras acerca de estos versículos:

«Cuando una vez le preguntaron al finado doctor Chafer (fundador del Seminario Teológico de Dallas) por qué Dios soltará a Satanás después de haberlo atado, él contestó: «Si usted me dice por qué Dios lo soltó la primera vez, yo le diré por qué lo suelta por segunda vez». Aparentemente se suelta a Satanás al final del milenio para revelar que las condiciones ideales del reino, bajo el reinado personal de Cristo, no cambian el corazón humano. Esto revela la enormidad de la enemistad entre el hombre y Dios. Las Escrituras son certeras cuando dicen que «engañoso es el corazón más que todas las cosas», una condición incurable. El hombre está totalmente depravado. La liberación de Satanás al final de los 1000 años lo prueba.» (*Reveling Through Revelation*, pp. 74, 75.)

Ya hemos hablado de los propósitos alcanzados por los sacrificios durante el milenio. Aparentemente, millones de niños en crecimiento verán estos sacrificios y oirán el tierno llamado a la salvación de los sacerdotes, pero obstinadamente endurecerán su pecaminoso corazón. El hecho de que el poderoso Rey de Jerusalén una vez sangrara como el humilde Cordero del Calvario no significará absolutamente nada para ellos. Exteriormente se conformarán, pero interiormente lo despreciarán.

Por fin, al final del milenio, se le ofrecerá al mundo por primera vez en diez siglos «una opción y no un eco». Millones tomarán una decisión tonta y fatídica. El doctor J. Dwight Pentecost cita a F.C. Jennings, quien escribe:

«¿Ha cambiado la naturaleza humana, al menos aparte de la gracia soberana? ¿Está al fin la mente carnal en amistad con Dios? ¿Han terminado con todas las guerras para siempre jamás los mil años de absoluto poder y absoluta benevolencia, ambos en incontenible actividad? Estas preguntas deben estar señaladas por una prueba práctica. Permítase que Satanás esté suelto una vez más de su prisión. Permítasele recorrer una vez más los sonrientes campos de la tierra que él conoció desde tiempos antiguos. La última vez los vio empapados de sangre e inundados de lágrimas, evidencias y acompañamiento de su propio reinado, los ve ahora "sonrientes de abundancia"... Pero a medida que continúa su camino más allá de Jerusalén, el centro de esta bendición, estos recuerdos se hacen más vagos; hasta que, en el lejano "ángulo de la tierra", cesan por completo, por cuanto encuentra a miríadas que instintivamente se han apartado del estrecho contacto con ese centro santo, y están otra vez en condiciones para ser engañados.» (Pentecost, *Eventos del porvenir*, pp. 416, 417.)

Sin embargo, esta insurrección loca e inmoral está

destinada al fracaso total y completo. Como corresponsal de la guerra, el apóstol Juan registra la última batalla:

«... y de Dios descendió fuego del cielo, y los consumió. Y el diablo que los engañaba fue lanzado en el lago de fuego y azufre, donde estaban la bestia y el falso profeta; y serán atormentados día y noche por los siglos de los siglos» (Ap. 20:9, 10).

Es obvio que esta batalla, a la cual se hace referencia como Gog y Magog, no es la misma de Ezequiel 38 y 39.

IX. El juicio ante el gran trono blanco.

A. El hecho de este trono (He. 9:27).

«Y vi un gran trono blanco y al que estaba sentado en él, de delante del cual huyeron la tierra y el cielo, y ningún lugar se encontró para ellos. Y vi a los muertos, grandes y pequeños, de pie ante Dios; y los libros fueron abiertos, y otro libro fue abierto, el cual es el libro de la vida; y fueron juzgados los muertos por las cosas que estaban escritas en los libros, según sus obras. Y el mar entregó los muertos que había en él; y la muerte y el Hades entregaron los muertos que había en ellos; y fueron juzgados cada uno según sus obras. Y la muerte y el Hades fueron lanzados al lago de fuego. Esta es la muerte segunda. Y el que no se halló inscrito en el libro de la vida fue lanzado al lago de fuego» (Ap. 20:11-15).

«Estuve mirando hasta que fueron puestos tronos, y se sentó un Anciano de días, cuyo vestido era blanco como la nieve, y el pelo de su cabeza como lana limpia; su trono llama de fuego, y las ruedas del mismo, fuego ardiente. Un río de fuego procedía y salía de delante de él; millares de millares le servían, y millones de millones asistían delante de él; el Juez se sentó, y los libros fueron abiertos» (Dn. 7:9, 10).

B. El juez de este trono: Cristo mismo.

«Porque el Padre a nadie juzga, sino que todo el juicio dio al Hijo. Y también le dio autoridad de hacer juicio, por cuanto es el Hijo del Hombre» (Jn. 5:22, 27)

«A éste levantó Dios al tercer día, e hizo que se manifestase. Y nos mandó que predicásemos al pueblo, y testificásemos que él es el que Dios ha puesto por Juez de vivos y muertos» (Hch. 10:40, 42).

«Te encarezco delante de Dios y del Señor Jesucristo, que juzgará a los vivos y a los muertos en su manifestación y en su reino» (2 Ti. 4:1).

C. El jurado en este trono: cinco juegos de libros.

1. El libro de la conciencia (Ro. 2:15). Aunque la conciencia del hombre no es una guía infalible, sin embargo será condenado por aquellas ocasiones en las cuales la violó deliberadamente.

2. El libro de palabras.

«Mas yo os digo que de toda palabra ociosa que hablen los hombres, de ella darán cuenta en el día del juicio. Porque por tus palabras serás justificado, y por tus palabras serás condenado» (Mt. 12:36, 37).

3. El libro de las palabras secretas.

«En el día en que Dios juzgará por Jesucristo los secretos de los hombres, conforme a mi evangelio» (Ro. 2:16).

«Porque Dios traerá toda obra a juicio, juntamente con toda cosa encubierta, sea buena o mala» (Ec. 12:14).

4. El libro de las obras públicas.

«... cuyo fin será conforme a sus obras» (2 Co. 11:15).

«Porque el Hijo del Hombre vendrá en la gloria de su Padre con sus ángeles, y entonces pagará a cada uno conforme a sus obras» (Mt. 16:27).

5. El libro de la vida (Ex. 32:32, 33; Sal. 69:28; Dn. 12:1; Fil. 4:3; Ap. 3:5; 13:8; 17:8; 20:12, 15; 21:27; 22:19).

D. Los que son juzgados ante este trono. Como ya se ha dicho (véanse las notas bajo «El tribunal de Cristo»), sólo las personas no salvadas comparecerán ante este trono.

«Los malos serán trasladados al Seol, todas las gentes que se olvidan de Dios» (Sal. 9:17).

E. El juicio de este trono: el lago de fuego eterno (Mt. 25:41, 46; Ap. 20:14, 15).

X. La destrucción de esta tierra y los cielos circundantes.

A. El hecho de esta destrucción.

«El cielo y la tierra pasarán, pero mis palabras no pasarán» (Mt. 24:35).

«Tú, oh Señor, en el principio fundaste la tierra, y los cielos son obra de tus manos. Ellos perecerán, mas tú permaneces; y todos ellos se envejecerán como una vestidura, y como un vestido los envolverás, y serán mudados; pero tú eres el mismo, y tus años no acabarán» (He. 1:10-12).

«Pero el día del Señor vendrá como ladrón en la noche; en el cual los cielos pasarán con grande estruendo, y los elementos ardiendo serán deshechos, y la tierra y las obras que en ella hay serán quemadas» (2 P. 3:10).

B. La razón de esta destrucción. En esta etapa de la Biblia, la última rebelión ha sido suprimida, el falso profeta, el Anticristo y el diablo mismo están todos en el lago de fuego para siempre, y los muertos malvados han sido juzgados. A la luz de esto, ¿por qué es necesaria esta tremenda destrucción?

Supongamos que un vándalo pusiera aceite para motor en pilas de oro y de plata. En esta ilustración, el vándalo representaría al diablo, el aceite representaría al pecado, y la plata y el oro representarían la creación perfecta de Dios. Por supuesto que un día Dios detendrá al diablo y lo encerrará en la cárcel eternamente. Pero, ¿qué pasa con las manchas que quedan en la creación de oro y de plata? Para resolver el problema, Dios hace lo que las autoridades de la moneda podrían considerar en un caso semejante: limpia las manchas con un baño de fuego. Funciona. Cuanto más caliente la llama, más rápidamente se evapora el aceite y más brilla el oro.

Un día, Dios hará con la creación lo que hizo con su amado Israel en el Antiguo Testamento:

«He aquí te he purificado ... te he escogido en horno de aflicción» (Is. 48:10).

XI. La nueva creación del cielo y de la tierra.

«Porque he aquí que yo crearé nuevos cielos y nueva tierra; y de lo primero no habrá memoria, ni más vendrá al pensamiento» (Is. 65:17).

«Porque como los cielos nuevos y la nueva

tierra que yo hago permanecerán delante de mí, dice Jehová, así permanecerá vuestra descendencia y vuestro nombre» (Is. 66:22).

«Pero nosotros esperamos, según sus promesas, cielos nuevos y tierra nueva, en los cuales mora la justicia» (2 P. 3:13).

«Vi un cielo nuevo y una tierra nueva; porque el primer cielo y la primera tierra pasaron, y el mar ya no existía más» (Ap. 21:1).

Algunos ven a este mundo nuevo como el último de seis mundos. Estos serían:

A. El mundo original (Gn. 1:1).
B. El mundo antediluviano (Gn. 3:6—7:10).
C. El mundo actual (Gn. 9:1-17; Ro. 8:19-22).
D. El mundo de la tribulación (Is. 24; Ap. 6—9).
E. El mundo del milenio (Is. 35).
F. El mundo nuevo (Ap. 21—22).

Resumen temático de la Biblia

Este método de estudio ofrece datos útiles acerca de aproximadamente 135 temas bíblicos importantes. Bajo cada tema, el estudiante encontrará las referencias bíblicas relacionadas con ese tema.

Por ejemplo, supongamos que un maestro de escuela dominical está preparando una lección sobre la resurrección de Lázaro. Por supuesto que éste fue uno de los milagros más conocidos de Cristo. Si el maestro deseara más información acerca de la *cantidad* y la *naturaleza* de los milagros bíblicos, junto con los *nombres* de los que los obraron, le bastaría con referirse al tema de los milagros. Allí encontrará una lista de todos los milagros registrados en la Biblia. Descubriría, por ejemplo, que Cristo obró treinta y seis milagros cuando estuvo en la tierra, y que la resurrección de Lázaro fue el trigesimoprimero de esos treinta y seis. Además, el número total de milagros en el Antiguo y Nuevo Testamento supera a los 200. Por último, los milagros fueron obrados por más de veinticinco personas o grupos de personas como Satanás, ángeles, demonios, Moisés, Josué, Elías, Eliseo, Pedro, Pablo, etc. Con este arreglo se puede observar rápidamente que Eliseo, por ejemplo, obró catorce milagros, lo cual representa el doble del número obrado por Elías. Por lo tanto, Dios cumplió literalmente el pedido de Eliseo de que una porción doble del espíritu de Elías cayera sobre él (2 R. 2:9). El método de estudio temático provee, pues, información objetiva, rápida y concisa acerca de cada uno de los 135 temas bíblicos.

RESUMEN TEMÁTICO DE LA BIBLIA

RESUMEN TEMÁTICO DE LA BIBLIA

Abominaciones

1. Los perversos son abominación a Dios (Pr. 3:32; 11:20).
2. El peso falso es abominación a Dios (Pr. 11:1).
3. El sacrificio de los impíos es abominación a Dios (Pr. 15:8; 21:27).
4. Los pensamientos del malo son abominación a Dios (Pr. 15:26).
5. La justificación del impío y la condenación del justo son abominación a Dios (Pr. 17:15).
6. Los ojos altivos son abominación a Dios (Pr. 6:17).
7. La lengua mentirosa es abominación a Dios (Pr. 6:17; 12:22).
8. Las manos derramadoras de sangre inocente son abominación a Dios (Pr. 6:17).
9. El corazón que maquina pensamientos inicuos es abominación a Dios (Pr. 6:18).
10. Los pies presurosos para correr al mal son abominación a Dios (Pr. 6:18).
11. El testigo falso que habla mentiras es abominación a Dios (Pr. 6:19).
12. El que siembra discordia entre hermanos es abominación a Dios (Pr. 6:19).

Acusaciones

1. En contra de tres hombres hebreos piadosos (Dn. 3:8).
2. En contra de Daniel (Dn. 6:24).
3. En contra de Jesús.
   a. Por sanar en el día de reposo (Mt. 12:10).
   b. Por supuesta perversión y anarquía (Lc. 22:2).
   c. Por su afirmación de ser el Mesías de Israel (Mt. 27:37).
4. En contra de Pablo.
   a. Por su creencia en la resurrección (Hch. 26:6-8).
   b. Por haber incitado supuestamente disturbios y profanado el templo (Hch. 24:2-8).
5. En contra de Satanás: sólo Dios puede hacerlo (Jud. v. 9).
6. En contra de los creyentes: por Satanás (Ap. 12:10).

Alegorías (una alegoría es una metáfora prolongada)

1. El Salmo del pastor (Sal. 23).
2. La vid (Sal. 80:8-14).
3. La viña de Dios (Is. 5:1-7).
4. El gran águila (Ez. 17:1-10).
5. La leona (Ez. 19:1-9).
6. El pan de vida (Jn. 6:26-51).
7. El redil y el pastor (Jn. 10).
8. La viña (Jn. 15:1-7).
9. El fundamento cristiano (1 Co. 3:10-15).
10. La armadura completa de Dios (Ef. 6:10-17).
11. Agar y Sara (Gá. 4:21-31).

Alimentos

1. Especias.
   a. Comino (Is. 28:25; Mt. 23:23).
   b. Eneldo (Mt. 23:23).
   c. Culantro (Ex. 16:31; Nm. 11:7).
   d. Menta (Mt. 23:23).
   e. Ruda (Lc. 11:42).
   f. Mostaza (Mt. 13:31; 17:20).
   g. Sal (Job 6:6).
2. Vegetales.
   a. Habas (2 S. 17:28; Ez. 4:9).
   b. Lentejas (Gn. 25:34).
   c. Pepinos (Nm. 11:5; Is. 1:8).
   d. Melones (Nm. 11:5).
   e. Ajos (Nm. 11:5).
   f. Puerros (Nm. 11:5).
   g. Cebollas (Nm. 11:5).
   h. Millo (Ez. 4:9).
   i. Calabazas (2 R. 4:39).
3. Frutas.
   a. Aceitunas (Dt. 8:8).
   b. Higos (Jer. 24:1-3).
   c. Uvas (Dt. 23:24).
   d. Granadas (Nm. 13:23).
   e. Higos silvestres (Am. 7:14).
   f. Nueces (Gn. 43:11).
   g. Almendras (Gn. 43:11).
4. Granos.
   a. Cebada (Rt. 3:17).
   b. Trigo (Ap. 6:6; 1 S. 6:13; Gn. 41:35).
5. Pescado (Jn. 6, 21).
6. Aves.
   a. Palomino (Gn. 15:9; Lv. 1:14).
   b. Tórtola (Lv. 12:8).
   c. Perdiz (1 S. 26:20; Jer. 17:11).
   d. Codorniz (Ex. 16:13; Nm 11:31, 32; Sal. 105:40).
   e. Pajarillo (Lc. 12:6).
7. Langostas (Lv. 11:22; Mt. 3:4).
8. Carne.
   a. Venado (Gn. 27:7). *
   b. Becerro (Lc. 15:23).
   c. Cordero (Gn. 22:8).
   d. Cabra (Gn. 27:9).
   e. Oveja (2 S. 12:4; 17:29).
   f. Buey (1 R. 19:21).
9. Diversos alimentos y bebidas.
   a. Huevos (Lc. 11:12).
   b. Queso (1 S. 17:18).
   c. Crema y mantequilla (Jue. 5:25; Is. 7:15).
   d. Leche (Gn. 18:8; Is. 55:1).
   e. Miel (1 S. 14:25; 1 R. 14:3; Mt. 3:4).
   f. Vino (Jn. 2).

Altares

1. Edificado por Noé (Gn. 8:20).
2. Edificados por Abraham.
   a. En Siquem (Gn. 12:7, 8).
   b. En Hebrón (Gn. 13:18).
   c. En Moriah (Gn. 22:2, 9).
3. Edificado por Isaac (Gn. 26:25).

---

* La versión de la Biblia en inglés King James especifica que esta caza era de venado. (Nota del editor.)

4. Edificados por Jacob.
   a. En Siquem (Gn. 33:20).
   b. En Bet-el (Gn. 35:1-7).
5. Edificado por Moisés (Ex. 17:15).
6. Edificados por Balac (Nm. 23:1, 4, 14).
7. Edificado por Josué (Jos. 8:30).
8. Edificado por las tribus que vivían al este del Jordán (Jos. 22:10).
9. Edificado por Gedeón (Jue. 6:24).
10. Edificado por Manoa (Jue. 13:20).
11. Edificado por Israel (Jue. 21:4).
12. Edificado por Samuel (1 S. 7:15, 17).
13. Edificado por Saúl (1 S. 14:35).
14. Edificado por David (2 S. 24:25).
15. Edificado por Jeroboam (1 R. 12:32, 33).
16. Edificado por Acab (1 R. 16:32).
17. Edificado por Elías (1 R. 18:31, 32).
18. Edificado por Urías (2 R. 16:11).
19. Edificados por Manasés (2 R. 21:3).
20. Edificado por Zorobabel (Esd. 3:2).
    (Nota: Había cuatro tipos básicos de altares: (1) de tierra, (2) de piedra, (3) de madera recubierta de bronce y (4) de madera recubierta de oro.

Árboles

1. Acacia (Ex. 25:5, 10; 26:26).
2. Ajenjo (Dt. 29:18; Jer. 23:15; Ap. 8:10, 11).
3. Álamo (Gn. 30:37; Os. 4:13).
4. Almendro (Nm. 17:8).
5. Arrayán (Is. 41:19; 55:13).
6. Balsamera (2 S. 5:23, 24).
7. Boje (Is. 41:19; 60:13).
8. Canela (Ex. 30:23; Pr. 7:17; Ap. 18:13).
9. Casia (Ex. 30:24).
10. Castaño (Gn. 30:37; Ez. 31:8).
11. Cedro (1 R. 6:15).
12. Ciprés (1 R. 5:10; 1 R. 6:15-35; Is. 37:24; Is. 55:13; 60:13).
13. Encina (Gn. 35:4; Ez. 27:6; Zac. 11:2; 2 S. 18:9, 10).
14. Higuera (higos) (Jue. 9:10, 11; Is. 38:21; Mt. 21:19).
15. Incienso (Mt. 2:11).
16. Manzano (Pr. 25:11; Cnt. 2:3, 5; 7:8; Jl. 1:12).
17. Olivo (Gn. 8:11; Dt. 24:20; Sal. 52:8; Is. 17:6; 24:13; Os. 14:6).
18. Palmera (Nm. 33:9; 2 Cr. 28:15; Jn. 12:13; Ap. 7:9).
19. Sándalo (2 Cr. 2:8; 1 R. 10:11, 12).
20. Sauce (Sal. 137:1-5; Is. 44:4).
21. Sicómoro (Lc. 17:6; Lc. 19:4).
22. Tamarisco (Gn. 21:33; 1 S. 22:6; [tamarindo] 1 S. 31:13, VM).
23. Zarza (Jue. 9:14, 15).

Arco iris

1. Visto por Noé (Gn. 9:13).
2. Visto por Ezequiel (Ez. 1:27, 28).
3. Visto por Juan (Ap. 4:3; 10:1).

Arroyos (vado, torrente)

1. Jaboc. Aquí Jacob luchó con Dios (Gn. 32:22).
2. Escol. Aquí los doce espías de Israel cortaron una muestra de la maravillosa fruta de la Tierra Prometida (Nm. 13:23).
3. Sinaí. Moisés echó el becerro de oro molido que Israel había hecho en este arroyo (Dt. 9:21).
4. Besor. Aquí David y sus valientes acamparon brevemente en camino a la batalla con los amalecitas (1 S. 30:9).
5. Querit. Aquí Elías fue alimentado por cuervos (1 R. 17:3, 4).
6. Cisón. Aquí Débora y Barac derrotaron a Sísara (Jue. 4:13).
7. Cedrón. El Salvador cruzó este torrente de camino a Getsemaní (Jn. 18:1).

Asesinatos

1. Caín mata a Abel (Gn. 4:8) (motivo: envidia).
2. Lamec mata a un joven (Gn. 4:23) (motivo: orgullo y venganza).
3. Simeón y Leví matan a Hamor y Siquem (Gn. 34:26) (motivo: venganza).
4. Moisés mata a un egipcio (Ex. 2:12) (motivo: para ayudar a un esclavo israelita).
5. Aod mata a Eglón (Jue. 3:21) (motivo: para dar un golpe por la libertad).
6. Jael mata a Sísara (Jue. 4:17-21) (motivo: igual que 5).
7. Joab mata a Abner (2 S. 3:27) (motivo: eliminar la competencia).
8. Recab y Baana matan a Is-boset (2 S. 4:6) (motivo: congraciarse con David).
9. David mata a Urías (2 S. 12:9) (motivo: encubrir un crimen terrible).
10. Absalón mata a Amnón (2 S. 13:28, 29) (motivo: venganza porque Amnón había violado a su hermana).
11. Joab mata a Absalón (2 S. 18:14) (motivo: venganza).
12. Joab mata a Amasa (2 S. 20:10) (motivo: deshacerse de un alborotador).
13. Zimri mata a Ela (1 R. 16:10) (motivo: robar su trono).
14. Jezabel mata a Nabot (1 R. 21:13) (motivo: envidia).
15. Hazael mata a Ben-adad (2 R. 8:7, 15) (motivo: robar su trono).
16. Jehú mata a Joram (2 R. 9:24) (motivo: cumplir una profecía).
17. Jehú mata a Ocozías (2 R. 9:27) (motivo: porque estaba con Joram).
18. Jehú mata a Jezabel (2 R. 9:30-37) (motivo: cumplir una profecía).
19. Unos siervos matan a Joás (2 R. 12:20, 21) (motivo: por su crueldad).
20. Salum mata a Zacarías (2 R. 15:10) (motivo: tomar su trono).
21. Manahem mata a Salum (2 R. 15:14) (motivo: tomar su trono).
22. Peka mata a Pekaía (2 R. 15:25) (motivo: tomar su trono).
23. Oseas mata a Peka (2 R. 15:30) (motivo: tomar su trono).
24. Unos siervos matan a Amón (2 R. 21:23) (motivo: por su crueldad).
25. Ismael mata a Gedalías (2 R. 25:25) (motivo: un acto de anarquía).
26. Israel mata al sumo sacerdote Zacarías (2 Cr. 24:20, 21) (motivo: por su predicación audaz en contra del pecado).
27. Nabucodonosor mata a los hijos de Sedequías (Jer. 39:6) (motivo: castigarlo por su rebelión).
28. Herodes mata a algunos niños en Belén (Mt. 2:16) (motivo: un intento de matar a Cristo).
29. Herodías mata a Juan el Bautista (Mr. 6:25, 27) (motivo: por su predicación en contra del adulterio).
30. El Salvador del mundo es muerto. ¿Quién mató a Jesús?
    a. Los judíos (Hch. 5:30; 1 Ts. 2:15).
    b. Judas (Mr. 14:10, 11).
    c. Pilato (Mt. 27:24-26).
    d. Los soldados romanos (Mt. 27:27-31).
    e. El pecador (Is. 53:4-9).
    f. El Padre (Is. 53:10).
31. Los ancianos judíos matan a Esteban (Hch. 7:58, 59).

32. Herodes mata a Santiago (Hch. 12:2) (motivo: por su predicación).
33. Los pecadores de Pérgamo matan a Antipas (Ap. 2:13) (motivo: por su testimonio).
34. El anticristo matará a los dos testigos (Ap. 11:7) y a los líderes de la falsa iglesia (Ap. 17) (motivos: (1) por su testimonio, (2) por el intento de la iglesia de controlarlo).

Avivamientos y reformas

1. Con Jacob (Gn. 35:1-4). Trasfondo: Al volver a Bet-el, Jacob mandó que toda su casa se deshiciera de sus falsos dioses y se lavara y cambiara la ropa. Hicieron esto mientras Jacob edificaba un altar al Dios verdadero. Los falsos dioses entonces fueron enterrados bajo una encina en Siquem.
2. Con Samuel (1 S. 7:3-6). Trasfondo: Exhortados por Samuel, el pueblo dejó a sus falsos dioses y preparó su corazón para servir al único y verdadero Dios.
3. Con Moisés (Ex. 14:31—15:21). Trasfondo: Esto ocurrió cuando el Israel quejoso vio la poderosa mano de Dios partiendo el mar Rojo. Una vez a salvo en el lado oriental del mar, Moisés guió al pueblo en una canción de alabanza mientras María y las mujeres proveían la música especial.
4. Con David (1 Cr. 15:25-28; 16:1-43; 29:10-25). Trasfondo: Hubo dos ocasiones en las cuales David condujo al pueblo en un avivamiento.
   a. Cuando se trajo el arca del pacto a Jerusalén por primera vez (1 Cr. 15—16).
   b. Cuando se dedicaron los materiales a ser utilizados en la construcción del futuro templo (1 Cr. 29).
5. Con Salomón (2 Cr. 7:1-3). Trasfondo: Durante la dedicación misma del templo construido.
6. Con Elías (1 R. 18:21-40). Trasfondo: Durante la competencia con los profetas de Baal en el monte Carmel.
7. Con Asa (1 R. 15:11-15). Trasfondo: Asa quitó a los sodomitas y a todos los ídolos falsos de la tierra. Hasta le quitó el título a su propia madre a causa de su idolatría.
8. Con Jehú (2 R. 10:15-28). Trasfondo: Jehú exterminó a todos los adoradores de Baal y sus templos.
9. Con Joiada (2 R. 11:17-20). Trasfondo: Este piadoso sumo sacerdote guió al pueblo en un pacto por el cual abandonaron a sus ídolos y adoraron a Dios.
10. Con Josías (2 R. 22—23). Trasfondo: Este avivamiento realmente comenzó cuando se descubrió por accidente el libro de Moisés (Génesis hasta Deuteronomio) durante una limpieza del templo. La lectura pública de la Palabra de Dios tuvo un impacto profundo tanto en el rey Josías como en su pueblo.
11. Con Josafat (2 Cr. 19). Trasfondo: El rey Josafat condujo un avivamiento cuando ordenó la limpieza del templo y la santificación de los sacerdotes levíticos.
12. Con Ezequías (2 Cr. 29—31). Trasfondo: Como Josafat, el rey Ezequías experimentó un avivamiento cuando limpió el templo de Dios.
13. Con Manasés (2 Cr. 33:11-20). Trasfondo: Cuando el malvado rey Manasés se convirtió, guió a su pueblo en un avivamiento, ordenando la destrucción de todos los ídolos.
14. Con Esdras (Esd. 9—10). Trasfondo: Por la predicación de Esdras sobre la separación, el remanente judío dejó sus alianzas matrimoniales impías con los paganos del territorio.
15. Con Nehemías (Neh. 13). Trasfondo: Después que Nehemías había construido el muro alrededor de Jerusalén, Esdras se paró junto a las puertas y leyó y enseñó públicamente de la Palabra de Dios, causando un gran avivamiento.
16. Con Jonás (Jon. 3). Trasfondo: Los habitantes de Nínive se arrepintieron por la predicación de Jonás y detuvieron la mano destructora de Dios.
17. Con Ester (Est. 9:17-22). Trasfondo: Este tiempo de arrepentimiento y regocijo siguió a la salvación de los judíos del malvado complot de Amán.
18. Con Juan el Bautista (Lc. 3:2-18). Trasfondo: Juan predicó la venida inminente del Mesías de Israel, advirtiendo al pueblo que se arrepintiera y se sometiera al bautismo por agua.
19. Con el Salvador (Jn. 4:28-42). Trasfondo: La conversión de una mujer samaritana instigó este avivamiento.
20. Con Felipe (Hch. 8:5-12). Trasfondo: La fuerte predicación del evangelista Felipe acerca del reino de Dios produjo un gran avivamiento en Samaria.
21. Con Pedro (Hch. 2:1-47; 9:32-35). Trasfondo: Pedro vio avivamiento en por lo menos dos ocasiones.
   a. En Pentecostés, después de su gran sermón (Hch. 2).
   b. En Lida, después de haber curado a Eneas (Hch. 9).
22. Con Pablo (Hch. 19:11-20). Trasfondo: Uno de los mayores avivamientos bíblicos ocurrió en Efeso durante el tercer viaje misionero de Pablo. Este relato debería ser leído atentamente.

Ayunos

1. El de Moisés, que duró cuarenta días, mientras oraba acerca del pecado de Israel (Dt. 9:9, 18, 25-29; 10:10).
2. El de David:
   a. Mientras lamentaba la muerte de Saúl (2 S. 1:12).
   b. Mientras lamentaba la muerte de Abner (2 S. 3:35).
   c. Mientras lamentaba la enfermedad de su hijo (2 S. 12:16).
3. El de Elías, que duró cuarenta días, cuando huía de Jezabel (1 R. 19:7-18).
4. El de Acab, cuando se humilló ante Dios (1 R. 21:27-29).
5. El de Darío, mientras se preocupaba sobre la suerte de Daniel (Dn. 6:18-24).
6. El de Daniel:
   a. Al leer la profecía de Jeremías y orar por los pecados de Judá (Dn. 9:1-19).
   b. Al orar por una visión misteriosa que Dios le había dado. Este ayuno duró veintiún días (Dn. 10:3-13).
7. El de Ester, al acongojarse por el malvado complot de Amán para destruir a su pueblo. Este ayuno duró tres días (Est. 4:13-16).
8. El de Esdras, cuando lloraba por los pecados del remanente que volvía (Esd. 10:6-17).
9. El de Nehemías, cuando lloraba por los muros rotos de Jerusalén (Neh. 1:4—2:10).
10. El de los habitantes de Nínive, al oír la predicación de Jonás (Jon. 3).
11. El de Ana, mientras aguardaba al pequeño Mesías (Lc. 2:37).
12. El de Jesús, mientras fue tentado por el diablo. Este ayuno duró cuarenta días (Mt. 4:1-11).
13. El de los discípulos de Juan (Mt. 9:14, 15).
14. El de los ancianos de Antioquía, antes de enviar a Pablo y Bernabé (Hch. 13:1-5).
15. El de Cornelio, cuando buscaba el plan de salvación de Dios (Hch. 10:30).
16. El de Pablo:
   a. Después de su salvación en el camino a Damasco. Este ayuno duró tres días (Hch. 9:9).
   b. Mientras estaba en un barco que se hundía. Este duró catorce días (Hch. 27:33, 34).
   c. A lo largo de su ministerio (2 Co. 6:5; 11:27).

Banquetes (cenas, fiestas)

1. El banquete de Abraham para unos ángeles (Gn. 18:1-8).
2. El banquete de Lot para unos ángeles (Gn. 19:3).
3. El banquete de Abraham para Isaac (Gn. 21:8).
4. El banquete de Labán para Jacob (Gn. 29:22).
5. El banquete de José para sus hermanos (Gn. 43:16-34).
6. La fiesta de bodas de Sansón (Jue. 14:10-18).
7. El banquete de David para Abner (2 S. 3:20).
8. El banquete de Israel para David (1 Cr. 12:39).
9. La fiesta de gratitud de Salomón (1 R. 3:15).
10. La fiesta de dedicación de Salomón (1 R. 8:65).
11. El banqueta de la ordenación de Eliseo (1 R. 19:21).
12. El banquete de Asuero para sus nobles (Est. 1:3-12).
13. El banquete de Asuero para Ester (Est. 2:17, 18).
14. El banquete de Ester para Amán (Est. 7:1-10).
15. El banquete de Job para sus hijos (Job 1:13).
16. El banquete de Belsasar para sus nobles (Dn. 5).
17. El banquete de Herodes para sus nobles (Mr. 6:21).
18. El banquete de Jesús para 5.000 hombres (Mt. 14:15-21).
19. El banquete de Jesús para 4.000 hombres (Mt. 15:32-39).
20. El banquete de cierto rey para su hijo (Mt. 22:1-14; Lc. 14:16-24).
21. El banquete de Simón para Jesús (Mr. 14:3; Jn. 12:1, 2).
22. La fiesta de bodas en Caná (Jn. 2:1-12).
23. El banquete de un fariseo para Jesús (Lc. 7:36-50).
24. El banquete de Mateo para Jesús (Lc. 5:29).
25. El banquete de un padre por un hijo que se arrepiente (Lc. 15:23).
26. La cena de la Pascua en el aposento alto (Jn. 13).
27. La cena en Emaús (Lc. 24:30).
28. La cena en el aposento alto después del Calvario (Lc. 24:42, 43).
29. El banquete de Jesús para siete de sus discípulos (Jn. 21:12, 13).
30. El banquete del Armagedón (Ap. 19:17, 18).
31. La fiesta de bodas del Cordero (Ap. 19:9).
32. Las fiestas levíticas del Antiguo Testamento.
    a. La fiesta semanal del día de reposo (Ex. 20:8-11; Lv. 23:1-3).
    b. La fiesta del séptimo año del día de reposo (Ex. 23:10, 11; Lv. 25:2-7).
    c. La fiesta del quincuagésimo año (Jubileo) del día de reposo (Lv. 25:8-16). (Nota: Estas tres hablan de la creación de Dios, al ocurrir en ciclos de siete, así como Dios descansó en el séptimo día de sus actos de creación. Las próximas seis fiestas siguen explicando y desarrollando la obra perfecta de Dios entre los hombres.)
    d. La fiesta de la Pascua (Lv. 23:4-8). Esto habla del Calvario (1 Co. 5:7).
    e. La fiesta de los primeros frutos (Lv. 23:9-14). Esto habla de la resurrección (1 Co. 15:23).
    f. La fiesta de pentecostés (Lv. 23:15-22). Esto habla de la venida del Espíritu Santo en Pentecostés (Hch. 2).
    g. La fiesta de las trompetas (Lv. 23:23-25). Esto habla de la Segunda Venida de Jesús (1 Ts. 4:13-18).
    h. La fiesta del día de expiación (Lv. 23:26-32). Esto habla de la tribulación (Ap. 6—19).
    i. La fiesta de los tabernáculos (Lv. 23:33-44). Esto habla del milenio (Ap. 20:1-6).
33. Las fiestas poslevíticas.
    a. La fiesta de Purim (Est. 9). Había de ser una fiesta anual para celebrar la liberación de los judíos en Persia de manos de Amán.
    b. La fiesta de la dedicación (Jn. 10:22). Era para celebrar la restauración del templo después de la profanación de Antíoco Epífanes.

Barcos (naves)

1. El arca de Noé. Este barco, el más importante que se haya construido jamás, fue utilizado para salvar a la humanidad durante el diluvio universal (Gn. 7:1).
2. El arca de Moisés. A la tierna edad de tres meses, Moisés fue colocado en una arquilla para escapar de la muerte (Ex. 2:3).
3. El barco de Jonás. Jonás se subió a un barco para ir a Tarsis, pero Dios tenía otros planes (Jon. 1:3).
4. Los barcos de los discípulos.
    a. Santiago y Juan estaban en su barco cuando Cristo los llamó para que lo siguieran (Mt. 4:21, 22).
    b. Jesús usó el barco de Pedro para predicar y después lo llamó a él también (Lc. 5:3).
    c. Jesús usó la proa de un barco para predicar su sermón acerca del sembrador y la semilla (Mt. 13:2).
    d. Jesús reprendió al tempestuoso mar desde un barco (Mt. 8:24).
    e. Jesús entró en un barco después de haber caminado sobre el mar (Jn. 6:21).
5. El barco de Pablo. Este barco naufragó camino a Roma (Hch. 27:41).

Bautismos

1. El bautismo del pecado sobre Cristo en el Calvario (Lc. 12:50; Mt. 20:20-23).
2. El bautismo del Espíritu Santo sobre los creyentes en pentecostés (Hch. 1:5; 2:1-4; Mt. 3:11).
3. El bautismo de la ira de Dios sobre este mundo durante la tribulación (Mt. 3:12; 13:30; Ap. 6:16, 17).
4. El bautismo de todos los cristianos por el Espíritu Santo en el cuerpo de Cristo (1 Co. 12:13).
5. El bautismo de Israel en Moisés (1 Co. 10:2).
6. El bautismo de Juan el Bautista (el bautismo nacional del arrepentimiento) (Mr. 1:4; Hch. 13:24).
7. El bautismo de Jesús.
    a. Con agua por Juan (Mt. 3:15).
    b. Con el Espíritu Santo por el Padre (Mt. 3:16).
8. El bautismo por los muertos (1 Co. 15:29). (Nota: se sugiere que el estudiante consulte varios comentarios fiables acerca de las posibles explicaciones de este bautismo y también del bautismo de Moisés, que aparece con anterioridad con el número 5.)
9. El bautismo por agua de los nuevos creyentes en el libro de los Hechos.
    a. En pentecostés. Aquí 3.000 fueron bautizados por Pedro y los apóstoles (Hch. 2:41).
    b. En Samaria. Aquí muchos fueron bautizados por el evangelista Felipe (Hch. 8:12).
    c. En Gaza. Aquí el eunuco etíope fue bautizado por Felipe (Hch. 8:38).
    d. En Damasco. Aquí Pablo fue bautizado por Ananías (Hch. 9:18).
    e. En Cesarea. Aquí Pedro bautizó a Cornelio y a sus amigos (Hch. 11:48).
    f. En Filipos. Aquí Pablo bautizó a Lidia y al carcelero de Filipos (Hch. 16:15, 33).
    g. En Corinto. Aquí Pablo bautizó a Crispo, Gayo, Estéfanas y otros (Hch. 18:8; 1 Co. 1:14, 16).
    h. En Efeso. Aquí Pablo bautizó a algunos seguidores de Juan el Bautista (Hch. 19:3-5).

Bendiciones de Dios

1. Por Aarón (Nm. 6:24-26).
2. Por David (1 Cr. 29:10-19).

3. Por Salomón (1 R. 8:54-61).
4. Por Pablo (Ro. 15:13; 2 Co. 13:14; Ef. 3:20, 21; 2 Ts. 2:16, 17).
5. Por el autor de Hebreos (He. 13:20, 21).
6. Por Judas (Jud. 1:24, 25).
7. Por los ángeles y los redimidos en el cielo (Ap. 4:8-11; 5:9-14; 7:11, 12: 11:15-18; 19:1-6).

Besos

1. El beso del engaño, de Jacob a Isaac (Gn. 27:26, 27).
2. El beso de la presentación, de Jacob a Raquel (Gn. 29:11).
3. El beso de la reconciliación, de Esaú a Jacob (Gn. 33:4).
4. El beso del perdón, de José a sus hermanos (Gn. 45:14, 15).
5. El beso de despedida, de Jacob a sus dos nietos (Gn. 48:10).
6. El beso de dos hermanos, de Aarón a Moisés (Ex. 4:27).
7. El beso del regreso, de Moisés a Jetro (Ex. 18:7).
8. El beso del lamento, de Noemí a Rut y Orfa (Rt. 1:9).
9. El beso de la coronación, de Samuel a Saúl (1 S. 10:1).
10. El beso de la amistad, de David a Jonatán (1 S. 20:41).
11. El beso de una bienvenida discreta, de David a Absalón (2 S. 14:33).
12. El beso político, de Absalón a los ciudadanos de Israel (2 S. 15:5).
13. El beso del homicidio, de Joab a Amasa (2 S. 20:9).
14. El beso de la salvación, del creyente a Cristo (Sal. 2:12; véanse la Versión de H. Pratt o Versión Moderna, Versión Antigua y Reina-Valera Actualizada).
15. El beso de la justicia y la paz (Sal. 85:10).
16. El beso de los amantes (Cnt. 1:2).
17. El beso del arrepentimiento, de una prostituta a los pies de Cristo (Lc. 7:45).
18. El beso de la restauración, de un padre a su hijo pródigo (Lc. 15:20).
19. El beso de la traición, de Judas a Cristo (Mt. 26:49).
20. El beso de los líderes de la iglesia, de los ancianos efesios a Pablo (Hch. 20:37).

Cadenas

1. Las de Sansón (Jue. 16:11, 12).
2. Las de un endemoniado (Lc. 8:29).
3. Las de Pablo (Hch. 28:20; 2 Ti. 1:16).
4. Las de Pedro (Hch. 12:6, 7).

Calendario (judío)

1. Abib (también llamado Nisán). Este era el primer mes del calendario sagrado judío y corresponde aproximadamente a nuestro mes de abril. Los siguientes son festivales importantes que ocurren durante el mes de Abib:
   a. Primer día: ayuno por Nadab y Abiú (Lv. 10:1, 2).
   b. Décimo día: selección del cordero de la Pascua (Ex. 12:3); ayuno por María (Nm. 20:1).
   c. Decimocuarto día: se mata el cordero de la Pascua en la noche (Ex. 12:6).
   d. Decimoquinto día: primer día de los panes sin levadura (Nm. 28:17).
   e. Decimosexto día: ofrenda de los primeros frutos (Lv. 23:10); también el comienzo de la cosecha con cincuenta días hasta pentecostés (Lv. 23:15).
   f. Vigesimoprimer día: el fin de la Pascua, y el fin de los panes sin levadura (Lv. 23:6).
   g. Vigesimosexto día: ayuno por la muerte de Josué (Jos. 24:29).
2. Zif [o Iyar] (mayo).
   a. Décimo día: ayuno por la muerte de Elí y la captura del arca (1 S. 4:11).
   b. Vigesimoctavo día: ayuno por la muerte de Samuel (1 S. 25:1).
3. Siván (junio).
   a. Segundo día: fiesta de pentecostés (Lv. 23:15-21).
   b. Vigesimosegundo día: ayuno por el reinado malvado de Jeroboam (1 R. 12:27).
4. Tamuz (julio). Decimoséptimo día: ayuno en memoria de la ley quebrada en el monte Sinaí (Ex. 32:19); también la captura de Jerusalén por Tito en el 70 d.C.
5. Ab (agosto).
   a. Primer día: ayuno por la muerte de Aarón (Nm 20:28).
   b. Noveno día: ayuno por la tragedia del Cades-barnea (Nm. 14:29-31).
6. Elul (septiembre).
   a. Séptimo día: fiesta por la dedicación de los muros de Jerusalén por Nehemías (Neh. 12:27).
   b. Decimoséptimo día: ayuno por el malvado informe de los diez espías (Nm. 13:26).
7. Etanim (o Tisri) (octubre).
   a. Primer día: fiesta de las trompetas (Lv. 23:24; Nm. 29:1, 2).
   b. Séptimo día: ayuno por la tragedia del becerro de oro (Ex. 32).
   c. Décimo día: gran día de expiación (Hch. 27:9).
   d. Decimoquinto día: comienzo de la fiesta de tabernáculos (Lv. 23).
   e. Vigesimotercer día: dedicación del templo de Salomón (1 R. 8).
8. Bul (o Marchesvan) (noviembre). Séptimo día: ayuno por el fin del reino del sur y la ceguera de Sedequías, el último rey de Judá (2 R. 25:7).
9. Kisleu (diciembre). Sexto día: ayuno en memoria de cuando Jehudí quemó la Palabra de Dios (Jer. 36:23).
10. Tebet (enero).
11. Sabat (febrero).
   a. Vigesimotercer día: ayuno por la trágica guerra de las diez tribus en contra de Benjamín (Jue. 20).
   b. Vigesimonoveno día: memorial de la muerte de Antíoco Epífanes, el gran enemigo de los judíos del Antiguo Testamento.
12. Adar (marzo).
   a. Séptimo día: ayuno por la muerte de Moisés (Dt. 34:5).
   b. Decimoquinto día: gran fiesta de Purim, instituida cuando Ester salvó a todos los judíos que vivían en Persia (Est. 9:26).
   c. Vigesimotercer día: fiesta de la dedicación del templo de Zorobabel (Esd. 6:16).

Calzados y sandalias

1. El calzado que Moisés se quitó frente a la zarza ardiente (Ex. 3:5).
2. El calzado que Josué se quitó delante de la ciudad de Jericó (Jos. 5:15).
3. Los zapatos viejos usados por los gabaonitas para engañar a Josué (Jos. 9:5, 13).
4. El zapato que Boaz se quitó para validar públicamente la compra de la tierra de Noemí (Rt. 4:7, 8).
5. El calzado que el padre mandó poner al hijo pródigo (Lc. 15:22).
6. Las sandalias de Pedro en una cárcel de Jerusalén (Hch. 12:8).

Camas

1. La cama de Jacob. En su lecho de muerte, el viejo patriarca bendijo a los fundadores de las doce tribus de

Israel y predijo el futuro de cada tribu (Gn. 47:31; 48:1; 49:33; nótese especialmente 49:10).
2. La cama de Mical. En 1 Samuel 19, David escapa del Saúl homicida cuando la esposa de David, Mical, le ayuda a salir por una ventana y dispone la cama para que le parezca a Saúl que David todavía está ahí.
3. La cama de Elías. En 1 Reyes 17, Elías pone el hijo muerto de una viuda sobre su cama y lo resucita.
4. La cama de Eliseo. En 2 Reyes 4, Eliseo hace lo mismo por los padres de un niño en Sunem.
5. La cama de un paralítico. Jesús sana a un hombre paralítico en Capernaum y le manda que tome su cama y ande (Mt. 9:1-7).
6. La cama que fue bajada desde un techo. Unos amigos de un paralítico emplearon esta singular manera de llevar a su paciente a Jesús (Lc. 5:18).
7. La cama del paralítico de Betesda. Jesús sana a un hombre paralítico por treinta y ocho años (Jn. 5:8).
8. La cama de Eneas. Pedro sana a un paralítico que había estado en cama por unos ocho años (Hch. 9:33, 34).

Caminos

1. El camino que pasaba por Edom (Nm. 20:19). Éste fue bloqueado por los edomitas, obligando así a los cansados israelitas a desviarse por otro camino.
2. El camino de Bet-el a Siquem (Jue. 21:19). La continuación de la tribu de Benjamín se concretó por medio de una celebración que se llevó a cabo junto a este camino.
3. El camino de Ecrón (una ciudad filistea) a la ciudad israelita de Bet-semes (1 S. 6:12). Dos vacas que llevaban el arca del pacto en un carro pasaron por este camino.
4. El camino de Jerusalén a Jericó (Lc. 10:30). Este camino desempeñó un papel importante en la parábola de Jesús acerca del Buen Samaritano.
5. El camino de Betfagé a Jerusalén (Mr. 21:1-9). Aquí Jesús se montó en el pollino y entró a Jerusalén el Domingo de Ramos.
6. El camino de Jerusalén a Emaús (Lc. 24:13). Cristo se apareció a dos de sus discípulos el primer Domingo de Resurrección.
7. El camino de Jerusalén a Antioquía (Hch. 9:3). El apóstol Pablo conoció a Cristo en este camino.
8. El camino milenario (Is. 19:23; 35:8). Se extenderá desde Egipto a Asiria, y será utilizado por muchas naciones para ir a adorar en Jerusalén.

Campos

1. Isaac estaba en el campo en Hebrón cuando vio a Rebeca (Gn. 24:63).
2. Jacob adoró a Dios en un campo en Siquem después de encontrarse con Esaú (Gn. 33:19).
3. Balaam trató de maldecir a Israel en el campo de Zofim, en la cumbre de Pisga (Nm. 23:14).
4. La madre de Sansón estaba en un campo de Dan cuando Dios le habló acerca del nacimiento de Sansón (Jue. 13:9).
5. Sansón usó unas zorras para quemar un campo sembrado de los filisteos (Jue. 15:4, 5).
6. Booz conoció a Rut en su campo de Belén (Rt. 2:3).
7. Unos ciudadanos de Israel fueron muertos por Dios en un campo en Bet-semes por mirar adentro del arca del pacto (1 S. 6:14-19).
8. Jonatán le advirtió a David acerca de las intenciones homicidas de Saúl en un campo cercano a Ramá (1 S. 20:5, 11, 35).
9. Dios le ordenó a Jeremías que comprara un campo cerca de Jerusalén (Jer. 32:6-15).
10. La parábola más larga y completa de Jesús trataba de un sembrador y un campo (Mt. 13).
11. El hermano mayor del hijo pródigo estaba en un campo cuando oyó la celebración que acompañaba la vuelta del hermano (Lc. 15:25).
12. El dinero por la traición de Cristo, devuelto por Judas, fue utilizado para comprar el campo del alfarero (Mt. 27:8; Hch. 1:18).

Canastas

1. Las canastas que contenían setenta cabezas humanas (2 R. 10:7).
2. Una canasta que contenía higos buenos (Jer. 24:1, 2).
3. Una canasta que contenía higos malos (Jer. 24:1, 2).
4. Una canasta de fruta estival (Am. 8:1).
5. Tres canastas blancas llenas de alimentos (Gn. 40:16, 17).
6. Doce canastas de pescado (Mt. 14:20).
7. Siete canastas de pescado (Mt. 15:37).
8. Una canasta con un apóstol (Hch. 9:25; 2 Co. 11:33).

Capítulos

(los 101 capítulos más importantes de la Biblia)

ANTIGUO TESTAMENTO:

El Antiguo Testamento tiene 929 capítulos. Los siguientes cuarenta y ocho han sido escogidos por su importancia histórica, profética, teológica o práctica.

Génesis

1: la creación de todas las cosas.
3: la caída del hombre.
6: el diluvio universal.
11: la torre de Babel.
12: el llamamiento de Abraham.
15: la confirmación del pacto abrahámico.

Éxodo

3: el llamamiento de Moisés.
12: la Pascua.
14: el cruce del mar Rojo.
16: la institución del día de reposo.
20: el otorgamiento de la Ley.
40: la terminación del tabernáculo.

Levítico

8: el ungimiento de Aarón como el primer sumo sacerdote de Israel.
23: las fiestas de Israel.

Números

14: la rebelión en Cades-barnea.
21: la serpiente de bronce.

Deuteronomio

28: Moisés predice el futuro de Israel.

Josué

4: Israel entra en la Tierra Prometida.

Rut

4: el matrimonio de Booz y Rut.

1 Samuel

9: el ungimiento de Saúl como el primer rey de Israel.
16: el ungimiento de David.

2 Samuel

6: Jerusalén se convierte en la capital de Israel.
7: la institución del pacto davídico.

1 Reyes
8: la dedicación del templo por Salomón.
12: el reino dividido de Israel.

2 Reyes
17: Asiria captura el reino del norte.
19: el ángel de la muerte salva a Jerusalén.
24: Babilonia captura el reino del sur.

Esdras
1: el decreto de Ciro y el regreso a Jerusalén.

Job
1: las confrontaciones entre Dios y Satanás (véase también Job 2).

Salmos
22: el Salmo del Calvario.
23: El Salmo del Buen Pastor.
51: la gran confesión de pecado.
119: el Salmo de la Palabra de Dios.

Isaías
7: la profecía del nacimiento virginal.
14: la caída de Satanás.
35: el milenio.
53: los sufrimientos de Cristo.

Jeremías
31: la promesa de un nuevo pacto con Israel.

Ezequiel
10: la partida de la gloria de Dios Israel.
28: la vida prehistórica de Satanás.
37: la visión de los huesos secos de la restauración de Israel.
38: la futura invasión de Rusia a Palestina (véase también Ez. 39).
40: el futuro templo milenario.

Daniel
2: el sueño de los futuros poderes mundiales gentiles (véase también Dn. 7).
9: la visión de las setenta semanas.

Jonás
2: el gran pez y Jonás.

Zacarías
14: la Segunda Venida de Cristo.

NUEVO TESTAMENTO

El Nuevo Testamento tiene 260 capítulos. Se han elegido los siguientes cincuenta y tres por su importancia histórica, profética, teológica o práctica.

Mateo
3: el bautismo de Jesús.
4: la tentación de Jesús.
5: el Sermón del Monte.
6: la oración modelo [conocida también como Padre Nuestro].
13: la parábola del sembrador.
16: la promesa de la Iglesia.
17: la transfiguración de Jesús.
21: el rechazo de Israel por Jesús.
27: la crucifixión de Jesús.
28: la resurrección de Jesús.

Lucas
1: el nacimiento de Juan el Bautista.
2: el nacimiento de Jesús.

Juan
2: el primer milagro de Jesús.
3: Jesús y Nicodemo.
11: la resurrección de Lázaro.
13: la Cena del Señor.
14: el sermón acerca de la casa del Padre.
15: el capítulo de la permanencia.
17: la oración de Jesús.

Hechos
1: la ascensión de Jesús.
2: Pentecostés.
9: la conversión de Saulo.
13: el llamamiento de Saulo y Bernabé.
15: el concilio de Jerusalén.
16: la visión macedonia.

Romanos
5: el capítulo de la justificación.
6: el capítulo de la santificación.
8: el capítulo de la glorificación.
11: el capítulo de la dispensación.
12: el capítulo de la consagración.

Primera Corintios
3: el tribunal de Cristo.
7: el capítulo del matrimonio.
11: enseñanzas sobre la Cena del Señor.
12: los dones del Espíritu.
13: el capítulo del amor.
14: el capítulo de las lenguas.
15: el capítulo de la resurrección.

Gálatas
5: el fruto del Espíritu.

Efesios
5: el amor de Cristo por su Iglesia.
6: la protección del creyente.

Filipenses
2: la *kenosis* (el vaciamiento) de Cristo.

Primera Tesalonicenses
4: el arrebatamiento.

Primera Timoteo
5: los deberes de los pastores y los diáconos.

Hebreos
11: el capítulo de la fe.
12: el capítulo del castigo.

Santiago
3: el capítulo del chisme.

Primera Juan
1: el capítulo de la comunión.

Judas
el capítulo de la apostasía.

Apocalipsis
6: el comienzo de la tribulación.
13: el ministerio del Anticristo.

19: la Segunda Venida de Cristo.
20: el juicio ante el gran trono blanco.
21: un nuevo cielo y una nueva tierra.

Cartas

1. David le escribió a Joab acerca de Urías (2 S. 11:14, 15).
2. El rey de Siria le escribió al rey de Israel acerca de Naamán (2 R. 5:5-7).
3. Jezabel les escribió a los gobernadores de Jezreel acerca de Nabot (1 R. 21:8).
4. Jehú les escribió a los gobernadores de Jezreel acerca de los setenta hijos de Acab (2 R. 10:1, 2).
5. Senaquerib le escribió a Ezequías en cuanto a la rendición (2 R. 19:14).
6. Ezequías les escribió a los líderes israelitas acerca de la Pascua (2 Cr. 30:1).
7. Elías le escribió al rey Joram profetizando el juicio sobre su malvado reino (2 Cr. 21:12).
8. Los enemigos de Zorobabel les escribieron cartas a los reyes persas tratando de difamarlo (Esd. 4:6-16).
9. El rey persa entonces escribió una carta a los enemigos de Judá, dándoles permiso para detener la obra del templo por el remanente (Esd. 4:17-22).
10. Darío escribió una carta dando permiso para continuar con la construcción del templo (Esd. 6:6-12).
11. Artajerjes escribió una carta al administrador del bosque real, mandándole que le diera a Nehemías materiales de construcción para las murallas de Jerusalén (Neh. 2:8).
12. Mardoqueo les escribió a los judíos acerca de la nueva fiesta de Purim (Est. 9:20).
13. El enemigo de Nehemías, Sanbalat, le escribió, tratando de desanimarlo (Neh. 6:5).
14. El sumo sacerdote judío les escribió a los líderes religiosos de Damasco acerca del problema cristiano (Hch. 9:2).
15. Santiago les escribió a las iglesias cristianas acerca de la decisión del concilio de Jerusalén en cuanto a la circuncisión (Hch. 15:23).
16. Los creyentes de Efeso escribieron una carta de recomendación a los creyentes de Corinto en referencia a Apolo (Hch. 18:27).
17. Claudio Lisias le escribió a Félix en cuanto al apóstol Pablo (Hch. 23:25).
18. Pablo le escribió a Filemón acerca de Onésimo (Flm.).
19. Jesús les escribió a sus siete iglesias en Turquía respecto a su condición espiritual (Ap. 1—3).

Castigos

1. Por exilio (Esd. 7:26; Ap. 1:9).
2. Por prisión (Gn. 39:20-23).
3. Por confiscación (Esd. 7:26).
4. Por azotes (Dt. 25:1-3; 2 Co. 11:24; Mt. 27:26).
5. Por trabajo forzado (Jue. 16:21).
6. Por fuego (Lv. 20:14; Dn. 3:6).
7. Por ahorcamiento (Gn. 40:22; Est. 7:10).
8. Por apedreamiento (Lv. 24:14; 2 Cr. 24:21; Hch. 7:59)
9. Por decapitación (2 R. 6:30-33; 2 Ti. 4:6).
10. Por mutilación (Dt. 25:11, 12).
11. Por crucifixión (Mt. 27:31).

Cayados, palos y varas

1. Las varas de Jacob.
   a. Las varas empleadas en un intento por controlar el nacimiento de los animales (Gn. 30:37).
   b. El cayado con el cual pasó el Jordán (Gn. 32:10).
   c. El bordón que usó en su lecho de muerte (He. 11:21).
2. El báculo que Judá le dio a la nuera (Gn. 38:18).
3. La vara de Moisés.
   a. Convertida en serpiente (Ex. 4:2).
   b. Utilizada para causar diez plagas en Egipto (Ex. 7:19).
   c. Usada para dividir el mar Rojo (Ex. 14:16).
   d. Usada para orar por Israel en un monte (Ex. 17:9).
   e. Usada para golpear una peña:
      (1) En Refidim (Ex. 17:6, 7).
      (2) En el desierto de Zin (Nm. 20:8-11).
4. La vara de Aarón.
   a. Utilizada para tragar las varas convertidas en serpientes de los magos egipcios (Ex. 7:12).
   b. Utilizada para mostrar la bendición de Dios sobre él al reverdecer (Nm. 17:8).
5. El palo usado por Balaam para azotar a su asna (Nm. 22:27).
6. El palo usado por los doce espías para llevar la fruta encontrada en la Tierra Prometida (Nm. 13:23).
7. El báculo usado por un ángel para consumir la ofrenda de Gedeón (Jue. 6:21).
8. La vara usada por Jonatán para sacar miel de un panal (1 S. 14:27).
9. El palo usado por Eliseo para hacer flotar el hierro del hacha (2 R. 6:6).
10. Los dos palos usados por Ezequiel para predecir la unión final y las bendiciones milenarias de las doce tribus de Israel (Ez. 37:16-28).
11. El cayado que Zacarías quebró para predecir el juicio venidero sobre las naciones gentiles (Zac. 11:10).
12. La vara que un ángel le dio a Juan para medir el templo de la tribulación (Ap. 11:1).
13. La vara (metafórica) que Cristo utilizará para regir a todas las naciones durante el milenio (Ap. 2:27; 12:5; 19:15).
14. La vara y el cayado del Buen Pastor (Sal. 23:4).

Circuncisiones

1. La de Ismael (Gn. 17:23).
2. La de Abraham (Gn. 17:24).
3. La de Isaac (Gn. 21:4).
4. La de todos los varones del campamento de Siquem (Gn. 34:24).
5. La del hijo de Moisés (Ex. 4:25).
6. La de todos los varones del campamento israelita (Jos. 5:2-9).
7. La de Juan el Bautista (Lc. 1:59).
8. La de Jesús (Lc. 2:21).
9. La de Timoteo (Hch. 16:1, 3).
10. La de Pablo (Fil. 3:4, 5).

Ciudades

ALEJANDRÍA

El hogar de Apolo (Hch. 18:24-26).

ANATOT

El hogar de Jeremías (Jer. 1:1).

ANTIOQUÍA DE PISIDIA

Pablo predicó su primer sermón registrado aquí durante el primer viaje misionero (Hch. 13:14-52).

ANTIOQUÍA DE SIRIA

1. Los discípulos fueron llamados cristianos por primera vez aquí (Hch. 11:19-26).
2. Los primeros misioneros fueron enviados desde aquí (Hch. 13:1-3).

ANTÍPATRIS
Los soldados que llevaron a Pablo cautivo desde Jerusalén hasta Cesarea pasaron la noche aquí (Hch. 23:31).

ARAD
Los hombres de esta ciudad tomaron algunos de los niños de Israel prisioneros. Israel juró destruirlos por ello. (Cp. Nm. 21:1, 2 con 33:40; Jos. 12:14; Jue. 1:16.)

ARIMATEA
El hogar de José, quien, junto con Nicodemo, pidió el cuerpo de nuestro Señor (Mt. 27:57-60).

ASCALÓN
1. Una ciudad filistea clave (1 S. 6:17).
2. El lugar donde nació Herodes el Grande.
3. Sansón mató a treinta hombres aquí (Jue. 14:19).

ASDOD
Una de las cinco ciudades filisteas principales. Aquí el arca del pacto derrotó rotundamente al dios pagano Dagón (1 S. 5:1-8).

ASTAROT
Hogar de algunos gigantes (Dt. 1:4; Jos. 9:10).

ATENAS
Capital de Grecia, donde Pablo predicó su sermón en el Areópago (Hch. 17:15-34).

BABILONIA
1. Ciudad capital del Imperio Babilonio.
2. Hogar de la torre de Babel y la sede original de todas las religiones falsas (Ap. 17).
3. El lugar donde Daniel y Ezequiel vivieron y escribieron sus libros del Antiguo Testamento.

BEERSEBA
La frontera sur de Israel (Jue. 20:1). Esta ciudad en realidad era un grupo de pozos en pleno desierto. Abraham hizo un pacto con Abimelec aquí (Gn. 21:31), y fue a esta zona que huyó Agar (Gn. 21:14).

BELÉN
1. El lugar donde fue sepultada Raquel (Gn. 35:15-18).
2. El hogar de Booz y Rut (Rt.).
3. El lugar donde nació David y el lugar donde fue ungido (1 S. 16:4-13).
4. El lugar donde nació Jesús (Mi. 5:2; Jn. 7:42; Lc. 2).
5. El lugar donde nacieron María y José (Lc. 2:1-4).

BEREA
Un lugar de creyentes amantes de la Biblia, visitado por Pablo durante su primer viaje misionero (Hch. 17:10-12).

BET-EL
1. Donde Abraham adoró a Dios cuando llegó a Palestina (Gn. 12:8; 13:3, 4).
2. Donde Jacob tuvo su sueño de la escalera (Gn. 28:11-19).
3. Donde se le ordenó a Jacob que volviera (Gn. 35:1, 8, 15).
4. Donde Jeroboam estableció una religión para adorar a un becerro de oro (1 R. 12:26-29).
5. Donde unos jóvenes descontrolados se burlaron de Eliseo (2 R. 2:1-3; 2:23, 24).

BET-PEOR
Lugar del último sermón y sepultura de Moisés (Dt. 4:44-46; 34:1-6).

BET-SÁN
Donde los cuerpos de Saúl y Jonatán fueron clavados en el muro (1 S. 31:8-13).

BET-SEMES
1. El lugar donde nació Sansón (Jue. 13:2-25).
2. Donde murieron algunos hombres por mirar adentro del arca de Dios (1 S. 6:19-21).

BETANIA
1. Donde Lázaro fue resucitado de los muertos (Jn. 11).
2. Donde María ungió los pies de Jesús (Jn. 12:1-11).
3. Donde el Señor bendijo a sus discípulos inmediatamente antes de su ascensión (Lc. 24:50).

BETFAGÉ
Jesús se montó en el asno sobre el cual entró a Jerusalén aquí (Mt. 21:1).

BETSAIDA
1. El hogar de Felipe, Andrés y Pedro (Jn. 1:44).
2. Una de las ciudades sobre las cuales Jesús dijo ayes (Lc. 10:11-14).
3. Donde Jesús curó a un ciego (Mr. 8:22-26).

CANÁ
1. El hogar de Natanael (Jn. 21:2).
2. El lugar donde Jesús obró su primer milagro, el de convertir el agua en vino (Jn. 2:1-11).
3. El lugar donde Jesús obró su segundo milagro, el de curar el hijo del noble (Jn. 4:46-54).

CAPERNAUM
1. La sede principal del ministerio terrenal de Jesús (Mt. 4:13; 9:1).
2. Donde Jesús eligió a Mateo (Mt. 9:9).
3. Donde Jesús pronunció su gran sermón sobre el pan de vida (Jn. 6:24-71)
4. Donde Jesús obró por lo menos nueve de sus treinta y seis milagros registrados:
   a. La curación del siervo del centurión (Mt. 8:5-13).
   b. La curación de la suegra de Pedro (Mt. 8:14, 15).
   c. La curación de un endemoniado (Mr. 1:21-27).
   d. La curación del paralítico que fue bajado por el techo (Mr. 2:1-5).
   e. La curación de una mujer con un flujo de sangre (Mt. 9:22).
   f. La curación de la hija de Jairo (Mt. 9:25).
   g. La curación de dos ciegos (Mt. 9:29).
   h. La curación de un endemoniado mudo (Mt. 9:33).
   i. El milagro de la moneda para el impuesto (Mt. 17:24-27).

CESAREA
1. El hogar de Cornelio (Hch. 10:1-18).
2. Donde Dios hirió a Herodes Agripa I (Hch. 12:19-23).
3. El hogar del evangelista Felipe y sus hijas (Hch. 21:10-13).
4. Donde Pablo testificó ante Félix (Hch. 24:25).
5. Donde Pablo testificó ante Agripa (Hch. 26:28).

CESAREA DE FILIPO
Donde Jesús oyó la gran confesión de Pedro (Mt. 16:13).

CIRENE
Hogar de Simón, que llevó la cruz de Jesús (Mt. 27:32).

COLOSAS
1. Una ciudad que recibió una epístola neotestamentaria de Pablo (Col.)
2. El hogar de Filemón y Onésimo (Col. 4:9).

CORINTO
1. El hogar de Aquila y Priscila (Hch. 18:1, 2).
2. Donde Dios se le apareció a Pablo en una visión (Hch. 18:9, 10).
3. Pablo estuvo aquí en su segundo viaje y pasó dieciocho meses en la ciudad (Hch. 18:11).
4. Esta ciudad recibiría dos de las epístolas neotestamentarias de Pablo (1 y 2 Co.).

DAMASCO
1. El hogar del siervo fiel de Abraham (Gn. 15:2).
2. Donde Eliseo visitó a un rey enfermo (2 R. 8:7).
3. El rey Acaz de Israel edificó un altar pagano en Jerusalén después de ver uno parecido en Damasco (2 R. 16:10).
4. La ciudad está relacionada con la conversión de Pablo (Hch. 9:1-18).

DAN
1. Una ciudad que marcaba la frontera norte de Israel (1 S. 3:20).
2. Una de las dos ciudades en las cuales Jeroboam puso sus becerros de oro (1 R. 12:29).

DERBE
Una parada durante el primer viaje misionero de Pablo (Hch. 16:1).

DOTÁN
1. El lugar desde el cual José fue vendido al cautiverio (Gn. 37:17).
2. Donde Eliseo cegó a unos soldados sirios (2 R. 6:13).

ECRÓN
Una de las cinco ciudades filisteas principales cuyos líderes trataron de deshacerse rápidamente de la problemática arca de Dios (1 S. 10-12).

ÉFESO
1. Visitada por Pablo durante su segundo viaje misionero (Hch. 18:19).
2. Ciudad donde Apolo fue instruido por Aquila y Priscila (Hch. 18:24-26).
3. Donde Pablo conoció a algunos discípulos de Juan el Bautista (Hch. 19:1-7).
4. Donde el evangelio condujo a una ceremonia en la que se quemaron libros y a una confrontación con la diosa pagana Diana (Hch. 19:18-41).

EMAÚS
Donde Jesús se les apareció a dos discípulos después de su resurrección (Lc. 24:13-31).

EN-GADI
Cerca de donde David se escondió de Saúl en una cueva (1 S. 24:1-22).

ENDOR
Donde Saúl visitó a la adivina (1 S. 28:7-14).

ESMIRNA
Una iglesia de esta ciudad aparece como una de las siete de Apocalipsis (2:8-11).

EZIÓN-GEBER
Hogar de la marina de Salomón (1 R. 9:26; 22:48).

FILADELFIA
Una iglesia de esta ciudad también aparece en Apocalipsis (Ap. 3:7-13).

FILIPOS
1. Pablo escribió una epístola a la iglesia de esta ciudad (Fil.).
2. Pablo condujo a tres a Cristo aquí. Los relatos de estas conversiones son bien conocidos:
   a. Una mujer hebrea, Lidia (Hch. 16:14, 15).
   b. Una muchacha griega endemoniada (Hch. 16:16-19).
   c. Un romano, el carcelero de Filipos (Hch. 16:25-34).

GABAA
El hogar del rey Saúl del Antiguo Testamento (1 S. 10:26).

GABAÓN
1. Una ciudad que engañó a Josué para que la salvara (Jos. 9:1-27).
2. Donde se detuvo el sol (Jos. 10:12, 13).
3. Donde Dios se le apareció a Salomón y le concedió sabiduría (1 R. 3:4-15).

GAT
Ciudad filistea, el hogar de Goliat (1 S. 17:4).

GAZA
1. Ciudad filistea cuya puerta principal Sansón arrancó y cargó (Jue. 16:1-3).
2. Donde Sansón fue encarcelado después de ser traicionado por Dalila (Jue. 16:21).
3. La zona donde Felipe se encontró con el eunuco (Hch. 8:26).

GERAR
1. Donde Abraham mintió por segunda vez acerca de Sara (Gn. 20).
2. Donde Isaac mintió acerca de Rebeca (Gn. 26).

GILGAL
1. La primera parada de Israel después de cruzar el Jordán (Jos. 4:19).
2. Donde Josué oyó el testimonio de Caleb (Jos. 14:6-15).
3. Donde Saúl fue proclamado rey públicamente (1 S. 11:14, 15).
4. Donde Saúl interfirió con el oficio del sacerdocio (1 S. 13:4-14).
5. Donde Saúl le mintió a Samuel acerca de haber matado al enemigo (1 S. 15:12-23).
6. Donde Eliseo curó una olla de potaje tóxico (2 R. 4:38-41).

GOMORRA
Una ciudad cercana a Sodoma que fue destruida junto con ella (Gn. 19:24, 25).

HARÁN
1. Ciudad donde Abraham se quedó por un tiempo después de su llamamiento para ir a Canaán (Gn. 11:31; 12:4).
2. El hogar de Rebeca (Gn. 24:10). El hogar de Jacob

durante veinte años. Todos sus hijos menos Benjamín nacieron aquí (Gn. 28—29).

HAZOR

Sede de Sísara, enemigo de Israel (Jue. 4:1, 2).

HEBRÓN

1. Donde Abraham edificó un altar a Dios (Gn. 13:18).
2. El lugar donde fueron sepultados Sara (Gn. 23:2, 19), Abraham (25:9); Isaac (35:27-29) y Jacob (Gn. 50:13).
3. Donde David fue ungido rey de Judá (2 S. 2:1-3).
4. Donde (siete años después), David fue ungido rey de todo Israel (2 S. 5:1-5).
5. Donde Joab mató a Abner (2 S. 3:27).
6. La sede de Absalón durante su breve rebelión (2 S. 15:7-10).
7. Una de las seis ciudades de refugio (Jos. 20:7).

ICONIO

Una parada durante el primer viaje misionero de Pablo (Hch. 13:51).

JABES DE GALAAD

Una ciudad salvada de un cruel destino por el rey Saúl (1 S. 11).

JERICÓ

1. Hogar de Rahab la ramera (Jos. 2).
2. Ciudad que cayó ante los gritos de Israel (Jos. 6).
3. Lugar de un escuela de profetas del Antiguo Testamento (2 R. 2:5, 15).
4. Ciudad desde la cual Elías subió al cielo (2 R. 2:1-5).
5. Donde Jesús sanó a un ciego llamado Bartimeo (Lc. 18:35).
6. Donde Jesús conoció a Zaqueo (Lc. 19:1-10).
7. La ciudad que Jesús usó para ilustrar su parábola del buen samaritano (Lc. 10:30-37).

JERUSALÉN

1. Mencionada por primera vez en Génesis 14:18 cuando Abraham fraternizó con su misterioso rey-sacerdote Melquisedec alrededor del 2000 a.C.
2. Más adelante Josué derrotó a su malvado rey (Adonisedec) durante la campaña israelita para invadir el sur de Palestina alrededor del 1450 a.C. (Jos. 10:10).
3. Fue tomada temporalmente por la tribu de Judá alrededor del 1425 a.C. (Jue. 1:8).
4. Fue el lugar de un vil crimen sexual cometido por los pervertidos jebusitas que la controlaban alrededor del 1405 a.C. (Jue. 19:22-30).
5. Fue capturada por David alrededor del 1050 a.C. (2 S. 5:6-12) y convertida en la capital de su reino (2 S. 6:1-19).
6. Fue tomada temporalmente por Absalón alrededor del 1020 a.C. (2 S. 16:15).
7. David volvió a Jerusalén (2 S. 19:15-25).
8. Salomón construyó el templo alrededor del 1005 a.C. (1 R. 6).
9. Fue saqueada por Sisac, rey de Egipto, durante el reinado de Roboam, alrededor del 925 a.c. (1 R. 14:25-28; 2 Cr. 12:2-12).
10. La ciudad fue saqueada por los filisteos y los árabes durante el reinado de Joram, alrededor del 890 a.C. (2 Cr. 21:16, 17).
11. Fue saqueada por los sirios durante el reinado de Joás alrededor del 850 a.C. (2 Cr. 24:23, 24).
12. Fue saqueada por el norte de Israel durante el reinado de Amasías alrededor del 800 a.C. (2 Cr. 25:23).
13. Fue sitiada por el rey asirio, Senaquerib, durante el reinado de Ezequías, alrededor del 710 a.C. (2 Cr. 32).
14. Manasés, su malvado rey, fue capturado brevemente por los asirios alrededor del 690 a.C. (2 Cr. 33).
15. Fue tomada brevemente por el faraón Necao después de la muerte del rey Josías, alrededor del 630 a.C. (2 R. 23:28-37).
16. Fue sitiada por Nabucodonosor durante el reinado de Joaquín, alrededor del 598 a.C. (2 R. 24:10-16).
17. Fue destruida y el templo quemado por Nabucodonosor durante el reinado de Sedequías, el último rey de Judá, alrededor del 588 a.C. (2 R. 25).
18. La ciudad comenzó a ser reconstruida después del decreto de Ciro por algunos judíos que regresaron alrededor del 536 a.C. (Esd. 1).
19. El templo fue dedicado por Zorobabel, alrededor del 516 a.C. (Esd. 3:8-13).
20. Los muros de la ciudad fueron completados bajo el liderazgo de Nehemías, alrededor del 445 a.C. (Neh. 6:15).
21. Alejandro Magno visitó la ciudad en el 332 a.C.
22. Jerusalén fue capturada por Ptolomeo Sóter en el 320 a.C.
23. Fue anexada a Egipto en el 302 a.C.
24. Los muros fueron destruidos y el templo profanado por Antíoco Epífanes en el 170 a.C.
25. El templo fue limpiado y dedicado de nuevo por Matatías de la Casa de los asmoneos entre el 167 y el 164 a.C.
26. Jerusalén fue capturada por el general romano Pompeyo en el 63 a.C.
27. Los muros fueron construidos de nuevo por Antipáter (el padre de Herodes el Grande) en el 44 a.C.
28. En el 20 a.C., Herodes el Grande comenzó su mundialmente famoso proyecto de extender y reconstruir el templo comenzado por Zorobabel. Fue construido con grandes bloques de roca blanca, y su fachada fue recubierta de oro, así que a distancia parecía una montaña cubierta de nieve. Costó muchos millones y tardó cuarenta y seis años en completarse. (Véase Jn. 2:20.)
29. Jesús fue dedicado (Lc. 2:1-38).
30. Asistió a la celebración de la Pascua cuando tenía doce años (Lc. 2:41-50).
31. Limpió el templo (Jn. 2:13-17).
32. Habló con Nicodemo (Jn. 3:1-16).
33. Sanó a un inválido de treinta y ocho años (Jn. 5:8).
34. Predicó durante la fiesta de los tabernáculos sobre el Espíritu Santo (Jn. 7:10-39).
35. Perdonó a una mujer adúltera (Jn. 8:1-11).
36. Predicó sobre el diablo y sus hijos (Jn. 8:33-59).
37. Sanó a un hombre que nació ciego (Jn. 9:7).
38. Predicó un sermón sobre el Buen Pastor (Jn. 10:1-18).
39. Hizo su entrada triunfal (Jn. 12:12-15).
40. Maldijo a la higuera (Mt. 21:19).
41. Condenó rotundamente a los malvados fariseos (Mt. 23:1-36).
42. Predicó el discurso del monte de Olivos (Mt. 24—25).
43. Lloró sobre Jerusalén (Lc. 19:41; Mt. 23:37-39).
44. Condujo el culto en el aposento alto (Jn. 13—14).
45. Predicó sobre la vid y los pámpanos (Jn. 15—16).
46. Pronunció su gran oración sacerdotal (Jn. 17).
47. Fue arrestado en Getsemaní (Mt. 26:47-56).
48. Restauró una oreja cortada (Mt. 26:51).
49. Fue condenado a muerte (Mt. 27:26).
50. Fue crucificado (Mt. 27:27-50).
51. Fue sepultado (Mt. 27:57-60).
52. Resucitó de entre los muertos (Mt. 28:1-10).
53. Visitó el aposento alto por primera vez después de su resurrección (Lc. 24:36-43; Jn. 20:19-23).
54. Visitó el aposento alto por segunda vez (Jn. 20:24-29).
55. Visitó el aposento alto por tercera y última vez (Mr. 16:14-18; Lc. 24:44-49).

56. Ascendió al cielo (Hch. 1:4-11).
57. Los discípulos condujeron una reunión de oración en el aposento alto (Hch. 1:12-26).
58. Llegó el día de pentecostés (Hch. 2:1-13).
59. Pedro predicó su primer sermón (Hch. 2:14-41).
60. El hombre cojo fue sanado (Hch. 3:1-11).
61. Pedro predicó su segundo sermón (Hch. 3:12-26).
62. Los discípulos experimentaron su primera persecución (Hch. 4:1-3).
63. Pedro predicó su tercer sermón (Hch. 4:5-12).
64. Los discípulos condujeron una gran reunión de oración (Hch. 4:23-31).
65. Ananías y Safira fueron juzgados (Hch. 5:1-11).
66. Los discípulos experimentaron su segunda persecución (Hch. 5:17-28, 40-42).
67. Se eligieron los primeros diáconos (Hch. 6:1-7).
68. Esteban se convirtió en el primer mártir por causa de Jesús después de la ascensión; la tercera persecución de los discípulos (Hch. 6:8—7:60).
69. Los discípulos experimentaron su cuarta persecución (Hch. 8:1-3).
70. Saulo volvió a Jerusalén después de su gran conversión y fue apoyado por Bernabé (Hch. 9:26-28).
71. Un hambre azotó a la ciudad (Hch. 11:27-30).
72. Los discípulos experimentaron su quinta persecución (Hch. 12:1-19).
73. Se reunió el concilio sobre la circuncisión (Hch. 15).
74. Pablo fue arrestado (Hch. 21:17—23:22).
75. El templo y la ciudad de Jerusalén fueron destruidos por el general romano Tito el 8 de septiembre del 70 d.C. (Mt. 24:2).
76. En el 132 d.C., el rebelde judío Bar-Kokhba recuperó a Jerusalén de los romanos.
77. La revuelta fue totalmente aplastada en el 135 por el emperador Adrián, quien destruyó la ciudad y le cambió el nombre a Aelia Capitalina. Construyó un templo dedicado a Júpiter en el mismo sitio donde estaba ubicado el viejo templo judío.
78. En el 325 Constantino el Grande declaró a Jerusalén «ciudad cristiana.»
79. En el 614 los persas capturaron la ciudad.
80. En el 629 fue tomada por los bizantinos.
81. En el 638 el califa Omar entró a Jerusalén.
82. En el 691 se completó la famosa cúpula de la roca.
83. En 1099 los soldados de las cruzadas europeas capturaron a Jerusalén.
84. En 1187 Saladino (un musulmán armenio) la tomó de los conquistadores de las cruzadas.
85. Los soldados de las cruzadas volvieron a tomarla en el 1229.
86. En 1244 un ejército de turcos nómadas de Asia central masacraron y saquearon la ciudad.
87. En 1249 los mamelucos (turcos de Rusia) tomaron la ciudad.
88. En 1517 una dinastía turca fundada por el sultán Osmán I capturó Jerusalén. Permanecería en manos de la dinastía otomana hasta 1917.
89. El martes, 11 de diciembre de 1917, el general británico Allenby entró en Jerusalén a pie por las puertas de Jafa, poniendo fin así al reinado de 400 años del «turco abominable».
90. El 14 de mayo de 1947 el gobierno británico, actuando según la recomendación de la Comisión para Repartir a Palestina entre los Árabes de las Naciones Unidas, bajó su bandera y salió de Jerusalén.
91. El 14 de mayo de 1948, a las 16 horas, el Consejo Nacional Judío se reunió en Tel Aviv y leyó la Declaración de Independencia.
92. El 28 de mayo de 1948 la sección de la vieja ciudad de Jerusalén cayó ante Jordania.
93. En diciembre de 1948 David Ben-Gurión, el primer Primer Ministro de Israel, se mudó a la Nueva Jerusalén.
94. En abril de 1949 se firmó el Acuerdo de Armisticio entre Israel y Transjordania, por el cual Jerusalén fue dividida entre las dos naciones.
95. El 13 de diciembre de 1949 la Nueva Ciudad de Jerusalén fue declarada capital del Estado de Israel.
96. El 5 de junio de 1967 comenzó la famosa guerra de los seis días.
97. El 7 de junio de 1967 las tropas israelíes capturaron la vieja ciudad y reunieron a toda Jerusalén.

JEZREEL

1. El hogar de Nabot (1 R. 21:1-29).
2. El lugar donde murió Jezabel (2 R. 9:10, 30-37).
3. Donde Jehú mató a dos reyes, Joram del norte y Hazael del sur (2 R. 8:29; 9:24, 27).

JOPE

1. Donde Jonás trató de huir de la orden de Dios (Jon. 1:3).
2. Donde Pedro resucitó a Dorcas de los muertos (Hch. 9:36-41).
3. Donde Pedro recibió su visión del lienzo respecto a los gentiles (Hch. 9:43).

LAODICEA

Hogar de una de las siete iglesias mencionadas en Apocalipsis 3:14.

LIDA

Donde Pedro curó a Eneas (Hch. 9:32-35).

LISTRA

1. Hogar de Timoteo (Hch. 16:1-4).
2. Donde fue apedreado Pablo (Hch. 14:19; 2 Ti. 3:11).

MAGDALA

Hogar de María Magdalena (Lc. 8:2; Mr. 16:9).

MASADA

1. Donde David se escondió de Saúl (1 S. 24:22; 1 Cr. 12:8).
2. La sede invernal del rey Herodes.
3. El lugar de la última defensa de los judíos durante la revuelta del 66 al 73 d.C. en contra de los romanos. Los 960 judíos sitiados prefirieron matarse antes que rendirse.

MICMAS

El lugar de la gran victoria de Israel sobre los filisteos, conducida por Jonatán (1 S. 14:1-23).

MILETO

Una ciudad costera donde Pablo se reunió con unos ancianos de Efeso (Hch. 20:15-38).

MIRA

Donde Pablo cambió de barco como prisionero rumbo a Roma (Hch. 27:5, 6).

MIZPA

1. Donde se separaron Jacob y Labán (Gn. 31:49).
2. El lugar donde nació Jefté (Jue. 11:34).
3. Donde once tribus le declararon la guerra a Benjamín (Jue. 21:1-8).

4. Donde Samuel reunió a Israel para la oración y la rededicación (1 S. 7:5-7).
5. Donde Saúl fue presentado a Israel como su primer rey (1 S. 10:17-24).
   Nota: Saúl fue ungido en Ramá por Samuel (1 S. 9:15, 16; 10:1), presentado en Mizpa y coronado públicamente en Gilgal (1 S. 11:15).

NAÍN

Donde Jesús levantó de los muertos al hijo de una viuda (Lc. 7:11-18).

NAZARET

1. Donde los ángeles anunciaron el nacimiento de Jesús tanto a María como a José (Lc. 1:26; Mt. 1:19, 20).
2. Donde Jesús se crió y llegó a ser hombre (Lc. 2:39, 40).
3. Donde predicó el sermón sobre Isaías 61 (Lc. 4:16-30).
4. Donde fue menospreciado por la gente del pueblo, porque «no hay profeta sin honra, sino en su propia tierra» (Mt. 13:53-58; Mr. 6:1-6).

NÍNIVE

1. La antigua capital de Asiria. Jonás había de predicar allí (Jon. 1).
2. Dada como ejemplo del Antiguo Testamento por Jesús (Mt. 12:41).

NOB

1. Donde se refugió David durante su huida de Saúl (1 S. 21:1).
2. Donde Saúl mató a ochenta y cinco sacerdotes del Señor (1 S. 22:18).

PAFOS

Una ciudad en el sudoeste de Chipre donde Pablo obró su primer milagro registrado (Hch. 13:6-12).

PÉRGAMO

Una iglesia de esta ciudad se menciona entre las siete iglesias del Apocalipsis (Ap. 2:12).

PERGE

Donde Juan Marcos dejó a Pablo y Bernabé para volver a su casa (Hch. 13:13).

PETRA

1. El hogar de Esaú (Gn. 36:1).
2. El hogar de unos edomitas orgullosos y traicioneros (Abd.).
3. El posible refugio del Israel salvado durante la tribulación (Ap. 12:14; Zac. 14:5; Is. 63:1).

QUERIOT

El lugar donde nació Judas Iscariote.

QUIRIAT-JEARIM

Donde permaneció el arca del pacto por veinte años (1 S. 6:21; 7:1, 2).

RABÁ-AMÓN

Donde fue asesinado Urías (2 S. 11:2-17).

RAMÁ

1. Hogar de Ana, la madre de Samuel (1 S. 1:19).
2. Una de las tres paradas en el circuito de Samuel (las otras dos eran Gilgal y Mizpa (1 S. 7:16).
3. Donde Israel se reunió para exigir un rey (1 S. 8:4, 5).
4. La sede permanente de Samuel (1 S. 15:34; 16:13).
5. Donde Samuel fue sepultado (1 S. 25:1).

ROMA

1. Una iglesia en esta ciudad recibió la mayor epístola teológica que se haya escrito: la Epístola a los Romanos.
2. Pablo fue martirizado en Roma (2 Ti. 4).

SALAMINA

Una ciudad en el sudeste de Chipre donde Pablo predicó durante su primer viaje misionero (Hch. 13:4, 5).

SAMARIA

1. La ciudad capital del reino del norte (1 R. 16:24; 2 R. 3:1).
2. Donde Acab construyó su hermoso palacio de marfil (1 R. 16:31-33).
3. Donde Elías encaró a Acab acerca del asesinato de Nabot (1 R. 21:18).
4. Donde Acab, herido mortalmente, murió junto a un estanque (1 R. 22:37, 38).
5. Donde Eliseo condujo a unos soldados sirios ciegos (2 R. 6:19).
6. La ciudad salvada por cuatro leprosos (2 R. 7:1-20).
7. Donde Naamán fue sanado (2 R. 5:3-14).
8. Donde Jehú mató a todos los sacerdotes de Baal (2 R. 10:17-28).
9. Donde el evangelista Felipe condujo un gran avivamiento (Hch. 8:5-25).

SAREPTA

Hogar de una viuda con quien se quedó Elías (1 R. 17:9-24; Lc. 4:26).

SICAR

Hogar de la mujer samaritana que habló con Jesús en el pozo (Jn. 4:7-26).

SIDÓN

1. Hogar de Jezabel (1 R. 16:31-33).
2. Hogar de la mujer cananea cuya hija fue sanada por Jesús (Mt. 15:21-28).

SILO

1. Hogar del tabernáculo después de que Israel conquistara a Palestina (Jos. 18:1).
2. Donde Josué dividió la tierra (Jos. 18:2-10; 19:51; 21:1-3).
3. Donde el resto de los guerreros benjamitas encontraron esposas (Jue. 21:16-23).
4. Donde Ana oró por un hijo (1 S. 1).
5. Donde Dios se le apareció a Samuel (1 S. 3:21).
6. Donde la esposa de Jeroboam intentó engañar al profeta Ahías (1 R. 14:1-18).

SIQUEM

1. Donde Jacob enterró los falsos dioses de su casa (Gn. 35:4).
2. Donde Simeón y Leví engañaron a sus enemigos (Gn. 34).
3. Donde se sepultaron los huesos de José (Jos. 24:32).
4. Una de las seis ciudades de refugio (Jos. 20:7, 8).
5. La sede de las malvadas acciones de Abimelec (Jue. 9).
6. Donde Roboam fue coronado rey (1 R. 12:1).
7. Donde Josué pronunció su discurso de despedida (Jos. 24:1).

SODOMA

1. Abraham se negó a concertar un pacto con el malvado rey de esta pervertida ciudad (Gn. 14:21-24).
2. Dios destruyó a Sodoma (Gn. 19).

SUCOT
1. Hogar de Jacob por un tiempo después de encontrarse con Esaú (Gn. 33:17).
2. Ciudad castigada por Gedeón por negarse a alimentar a sus tropas hambrientas (Jue. 8:5-16).

SUNEM
Hogar de la mujer sunamita cuyo hijo fue resucitado por Eliseo (2 R. 4:8).

TARSO
Lugar donde nació Pablo (Hch. 9:11; 21:39; 22:3).

TECOA
1. Hogar de el profeta Amós (Am. 1:1).
2. Hogar de una mujer que intentó reconciliar a David y Absalón (2 S. 14:2-4).

TESALÓNICA
1. Pablo estableció una iglesia aquí durante su segundo viaje misionero (Hch. 17:1-9).
2. Más adelante escribió dos epístolas neotestamentarias a esta iglesia (1 y 2 Ts.).

TIATIRA
1. Hogar de Lidia (Hch. 16:14).
2. Lugar de una de las siete iglesias de Apocalipsis 2:18-24.

TIBERIAS
La ciudad en la boca del río Jordán y el mar de Galilea (Jn. 6:1; 21:1).

TIRO
1. Hogar de Hiram, proveedor para el templo de Salomón (1 R. 5:1-11; 9:11-14).
2. La ciudad de la gran profecía de Ezequiel (Ez. 26).
3. Donde Dios hirió a Herodes con una plaga (Hch. 12:20).
4. Donde Pablo se arrodilló en la costa y oró (Hch. 21:2-6).

TOLEMAIDA
1. Pablo se detuvo aquí durante su último viaje a Jerusalén (Hch. 21:7).
2. Tolemaida es importante por su excelente puerto y la facilidad de acceso a la llanura de Esdraelón.

TROAS
1. Donde Pablo recibió su visión macedonia (Hch. 16:11).
2. Donde Pablo revivió a Eutico (Hch.. 20:6-12).
3. Donde Pablo dejó su capote (2 Ti. 4:13).

UR
Lugar donde nació Abraham (Gn. 11:27, 28; 15:7; Neh. 9:7).

ZOAR
Cercana a la cueva donde Lot y sus hijas se quedaron después de la destrucción de Sodoma (Gn. 19:30).

Collados
1. El collado cercano a Refidim, donde Israel ganó su primera batalla rumbo a la Tierra Prometida (Ex. 17:8, 9).
2. El collado de Moab, donde Josué circuncidó a la nueva generación de varones israelitas (Jos. 5:3).
3. El collado de Haquila, donde David le perdonó la vida a Saúl (1 S. 26:1).
4. El collado de Samaria, donde el rey Omri compró y edificó su nueva capital, dándole el mismo nombre (1 R. 16:24).
5. El collado cercano a Samaria, donde Elías hizo descender fuego sobre algunos soldados enviados para arrestarlo (2 R. 1:9).
6. El collado en Nazaret, donde una multitud furiosa del pueblo de Jesús intentó matarlo tirándolo abajo (Lc. 4:29).
7. El collado de Gólgota, una colina parecida a una calavera donde el Salvador fue crucificado (Mt. 27:33).
8. El collado del Areópago, una colina en Atenas donde Pablo predicó un sermón (Hch. 17:18-33).

Colores
1. Negro: Levítico 13:31, 37; Ester 1:6; Job 30:30; Lamentaciones 4:8.
2. Blanco: Levítico 13:38; Daniel 7:9; Mateo 17:2; Eclesiastés 9:8.
3. Escarlata: Isaías 1:18; Apocalipsis 17:3, 4.
4. Púrpura: Exodo 28:5.
5. Rojo: Mateo 16:2, 3.
6. Azul: Exodo 26:31.
7. Amarillo: Levítico 13:30, 32.
8. Verde: Apocalipsis 9:4.

Complots
1. El de Caín en contra de Abel (Gn. 4:8), para llevarlo a un campo y matarlo. Motivo: envidia.
2. De Jacob y Raquel en contra de Esaú e Isaac (Gn. 27), para engañar a Isaac haciéndole creer que Jacob era Esaú. Motivo: asegurarse la bendición.
3. De Simeón y Leví en contra de Siquem (Gn. 34), para engañar a Siquem y su tribu para que se circuncidaran. Motivo: asesinarlos en venganza por la seducción de su hermana.
4. De los hermanos de José en contra de José (Gn. 37:18), para venderlo como esclavo a los egipcios y decirle a su padre que un animal salvaje se lo había comido. Motivo: celos.
5. De Tamar en contra de Judá (Gn. 38), para disfrazarse como una prostituta común y después hacer entrar a Judá a su tienda con fines sexuales. Motivo: un medio posible de tener un hijo.
6. De la esposa de Potifar en contra de José (Gn. 39:13-19), para acusar a José de violación. Motivo: vengarse porque José se había negado a deshonrarse sexualmente.
7. De Faraón en contra de todos los bebés varones hebreos (Ex. 1), para matar a todos los bebés varones. Motivo: impedir que Israel siguiera creciendo y se convirtiera en una amenaza para él.
8. De Coré en contra de Moisés (Nm. 16:1-3), para exigir un lugar igual (si no superior) de liderazgo que el de Moisés. Motivo: probablemente celos, envidia y hambre de poder.
9. De los gabaonitas en contra de Josué (Jos. 9), para engañar a Josué (vistiéndose con ropa vieja y harapienta), haciéndole creer que habían venido como ciudadanos de un país lejano. Motivo: que Josué entrara en un pacto con ellos, salvando así a su pueblo de una guerra destructora.
10. De Dalila en contra de Sansón (Jue. 16:4-20), exigiendo que probara su amor por ella diciéndole el secreto de su gran fuerza. Motivo: ganarse, a costa de la vida de Sansón, el dinero que le prometieron los filisteos.
11. De Saúl en contra de David (1 S. 18). Saúl ofreció la mano de su hija Mical en matrimonio a David si mataba a 100 filisteos con su propia mano. Motivo: pensaba que David moriría en el intento.
12. De Absalón en contra de David (2 S. 15). Con la excusa de cumplir un voto hecho ante Dios, Absalón consiguió permiso para ir a Hebrón. Motivo: en realidad fue para organizar y anunciar su rebelión.

13. De Adonías en contra de Salomón (1 R. 1). Adonías invitó a algunos israelitas importantes (incluyendo un general y el sumo sacerdote) a un banquete. Motivo: usaría esta ocasión para lanzar su rebelión en contra de su hermano Salomón.
14. De Jezabel en contra de Nabot (1 R. 21). Envió una carta ordenando el asesinato de Nabot bajo una acusación del crimen de blasfemia. Motivo: que Acab pudiera obtener su viña.
15. De ciertos caldeos en contra de tres jóvenes hebreos (Dn. 3). Su buen nombre y su lealtad fueron difamados ante el rey Nabucodonosor. Motivo: envidia.
16. De ciertos caldeos en contra de Daniel (Dn. 6). Hicieron pasar una ley por la cual nadie podía orar por un tiempo a ningún otro dios aparte del rey Darío. Motivo: matar a Daniel.
17. De Sanbalat en contra de Nehemías (Neh. 4, 6). Sanbalat se opuso a la obra de Nehemías, burlándose de ella y finalmente amenazándola. Motivo: impedir que se construyera el muro de Jerusalén.
18. De Amán en contra de los judíos persas (Est. 3), para que todos los judíos fueran muertos por decreto real en una fecha dada. Motivo: el odio de Amán hacia un judío: Mardoqueo.
19. De Satanás en contra de Job (Job 1—2), para quitarle la familia, la riqueza y la salud a Job. Motivo: que blasfemara en contra de Dios.
20. De Herodes en contra de Cristo (Mt. 2), para matar al niño Jesús por espada. Motivo: librar al país de un rey que podría amenazar el reinado de Herodes.
21. De Satanás en contra de Cristo (Mt. 4), para convertir piedras en pan, desafiar la ley de la gravedad y adorar a Satanás. Motivo: hacer que Cristo pecara.
22. De Herodías en contra de Juan (Mt. 14), una danza inmoral de su hija que hizo que Herodes concediera el pedido de Herodías por la cabeza de Juan el Bautista. Motivo: vengarse de Juan por su audaz predicación en contra de su maldad.
23. De los líderes judíos en contra de Cristo (Jn. 11:47-57), para matar a Cristo cuanto antes. Motivo: callar su mensaje.
24. De los líderes judíos en contra de Lázaro (Jn. 12:10, 11), para matarlo. Motivo: deshacerse del mayor milagro que hizo Jesús: levantar de los muertos a un hombre que había estado en la tumba cuatro días.
25. De los líderes judíos en contra de todos los creyentes (Jn. 9:22; 12:42), una ley imponiendo la excomunicación del templo a todos los que aceptaban a Cristo. Motivo: impedir que la gente siguiera al Salvador.
26. De Judas en contra de Cristo (Mt. 26:14-16), para traicionar al Hijo de Dios con un beso. Motivo: ganarse las treinta piezas de plata.
27. De los líderes de la sinagoga en contra de Esteban (Hch. 6:8-15), para apedrearlo. Motivo: callar su mensaje de juicio.
28. De Saulo en contra de los creyentes (Hch. 8:3; 9:1, 2), para encarcelarlos. Motivo: callar su mensaje evangelístico.
29. De los judíos de Damasco en contra de Pablo (Hch. 9:22-25), para matarlo cuando saliera de Damasco por la puerta de la ciudad. Motivo: callar a este fariseo traidor.
30. De los judíos de Jerusalén en contra de Pablo.
    a. La primera ocasión (Hch. 9:26-29; 22:17-21).
    b. La segunda ocasión (Hch. 21:31).
    c. La tercera ocasión (Hch. 23:6-10).
    d. La cuarta ocasión (Hch. 23:12-14).
    e. La quinta ocasión (Hch. 24:1).
    f. La sexta ocasión (Hch. 25:1-3).
31. De Herodes en contra de todos los creyentes (Hch. 12). Puso a Santiago y Pedro bajo sentencia de muerte. Motivo: complacer a los judíos incrédulos.
32. De los judíos asiáticos en contra de Pablo.
    a. En Antioquía de Pisidia (Hch. 13:14, 45, 50).
    b. En Iconio (Hch. 14:1, 2).
    c. En Listra (Hch. 14:6, 7, 19).
33. De los judíos griegos en contra de Pablo.
    a. En Tesalónica (Hch. 17:1, 5).
    b. En Berea (Hch. 17:13).
    c. En Corinto (Hch. 18:1, 12).
    d. En Macedonia (Hch. 20:3).
34. De Demetrio en contra de Pablo (Hch. 19:24-27). Acusó (correctamente) a Pablo de blasfemia en contra de la diosa Diana. Motivo: los comerciantes del movimiento de Diana estaban perdiendo dinero.
35. De Alejandro el calderero en contra de Pablo (2 Ti. 4:14). Le hizo gran daño a Pablo. Motivo: su odio al evangelio.

Confesiones de pecado

1. Judá, en cuanto al pecado de la inmoralidad (Gn. 38:26).
2. Faraón, en cuanto a su persecución de Israel (Ex. 10:16). Nota: ¡No todas las confesiones que aparecen en la Biblia fueron genuinas!
3. Balaam, en cuanto a su desobediencia a la Palabra de Dios (Nm. 22:34).
4. Acán, en cuanto a los bienes robados de Jericó (Jos. 7:20).
5. Saúl, en cuanto (1) a guardar el botín de la guerra y (2) sus intenciones homicidas hacia David (1 S. 15:24, 30; 26:21).
6. David, en cuanto a (1) su pecado con Betsabé y (2) su pecado de censar a Israel (2 S. 12:13; Sal. 51:4; y 2 S. 24:10, 17).
7. Job, por su sentido de justicia propia (Job 42:6).
8. Simei, por su pecado de maldecir a David (2 S. 19:20).
9. Manasés, por su malvado reinado en el trono de Judá (2 Cr. 33:11-13).
10. Daniel, por sus pecados personales y los de Israel (Dn. 9:20).
11. Moisés, por el pecado de Israel del becerro de oro (Ex. 32:30-32).
12. Isaías, por sus pecados personales y los de Israel (Is. 6:5; 59:12).
13. Jeremías, por sus pecados personales y los de Israel (Jer. 3:25).
14. Esdras, por sus pecados personales y los de Judá (Esd. 10:1).
15. Nehemías, por sus pecados personales y los de Judá (Neh. 1:6).
16. El hijo pródigo, por su vida libertina (Lc. 15:18).
17. Pedro, por su negación de Cristo (Mt. 26:75).
18. Judas, por su remordimiento por haber traicionado a Cristo (Mt. 27:4).
19. Un creyente corintio, por su inmoralidad (1 Co. 5:1-13; 2 Co. 2:1-11; 7:9, 10).

Conversiones

CONVERSIONES EN EL ANTIGUO TESTAMENTO

1. Abel (Gn. 4:4).
2. Abraham (Gn. 12:1-3; 15:6).
3. Jacob (Gn. 28:19-22).
4. Rahab (Jos. 2:9).
5. Rut (Rt. 1:16).
6. Samuel (1 S. 3:1-10).
7. David (1 S. 16:13).
8. La viuda de Sarepta (1 R. 17:24).

9. La mujer sunamita (2 R. 4:30).
10. Naamán (2 R. 5:14, 15).
11. Manasés (2 Cr. 33:10-13, 18, 19).
12. Ciro (Esd. 1:2-4; Is. 44:28).
13. Nabucodonosor (Dn. 3:28, 29; 4:1, 2, 34, 35, 37).
14. Darío (Dn. 6:25-27).
15. El rey de Nínive (Jon. 3:5-9).

CONVERSIONES EN EL NUEVO TESTAMENTO

1. Pedro (Jn. 1:42).
2. Andrés (Jn. 1:40).
3. Felipe (Jn. 1:43).
4. Natanael (Jn. 1:4).
5. Nicodemo (Jn. 3).
6. La mujer samaritana (Jn. 4:29).
7. Un noble (Jn. 4:53).
8. La mujer adúltera (Jn. 8:11).
9. Un ciego (Jn. 9:38).
10. Marta (Jn. 11:27).
11. Un centurión (Mt. 8:10, 13).
12. Mateo (Mt. 9:9).
13. Una mujer cananea (Mt. 15:28).
14. Otro centurión (Mt. 27:54).
15. El endemoniado gadareno (Mr. 5:15).
16. Una mujer con un flujo de sangre (Mr. 5:34).
17. El padre de un hijo endemoniado (Mr. 9:24).
18. Bartimeo (Mr. 10:52).
19. Un escriba (Mr. 12:34).
20. Un paralítico (Lc. 5:20).
21. Una mujer inmoral (Lc. 7:38).
22. Un leproso (Lc. 17:12-19).
23. Un publicano (Lc. 18:13, 14).
24. Zaqueo (Lc. 19:8).
25. Una mujer enferma por dieciocho años (Lc. 13:12, 13).
26. María Magdalena (Mr. 16:9).
27. Un ladrón moribundo (Lc. 23:42).
28. Un cojo (Hch. 3:8).
29. El eunuco etíope (Hch. 8:37).
30. Saulo (Hch. 9:6).
31. Cornelio (Hch. 10:44).
32. Sergio Paulo (Hch. 13:12).
33. Lidia (Hch. 16:14, 15).
34. Una muchacha endemoniada (Hch. 16:18).
35. El carcelero de Filipos (Hch. 16:32, 34).
36. Crispo (Hch. 18:8).
37. Apolo (Hch. 18:24, 25).

Copas

1. Una copa de plata (Gn. 44:2, 12).
2. Una copa de sufrimiento (Mt. 26:39).
3. Una copa de vino (Mt. 26:27).
4. Una copa de ira (Is. 51:17; Ap. 16:19).
5. La copa de inmundicia (Ap. 17:4).
6. La copa de la salvación (Sal. 116:13).

Coronas

1. La corona del sumo sacerdote (Ex. 29:6; 39:30).
2. La corona de espinas (Mt. 27:29).
3. La corona de un ganador de almas (Fil. 4:1; 1 Ts. 2:19).
4. La corona de la justicia (2 Ti. 4:8).
5. La corona de vida (Stg. 1:12; Ap. 2:10; 3:11).
6. La corona del Rey de reyes del cielo (Ap. 14:14; 19:12).
7. La corona de la incorrupción (1 Co. 9:25).
8. La corona de gloria (1 P. 5:4).
9. La corona de los demonios (Ap. 9:7).
10. La corona de Satanás (Ap. 12:3).
11. La corona del Anticristo (Ap. 6:2; 13:1).

Cuevas

1. Donde Lot huyó después de la destrucción de Sodoma (Gn. 19:30).
2. Donde Sara, Abraham, Isaac, Rebeca, Lea y Jacob fueron sepultados (Gn. 23:19; 25:9; 35:29; 49:30, 31). El nombre de esta cueva era Macpela.
3. Donde se escondieron cinco reyes malvados (Jos. 10:16, 17). El nombre de esta cueva era Maceda.
4. Donde David huyó de Saúl (1 S. 22:1). El nombre de esta cueva era Adulam.
5. Donde David le perdonó la vida a Saúl (1 S. 24:1-8). El nombre de esta cueva era En-gadi.
6. Donde Abdías escondió cien profetas de Dios (1 R. 18:4).
7. Donde Dios le habló a Elías (1 R. 19:9-18).
8. Donde Dios le habló a Moisés (Ex. 33:21-23).
9. Donde fue sepultado Lázaro (Jn. 11:38).
10. Donde fue puesto nuestro Señor (Mt. 27:59, 60).

Desiertos

1. Arabia, donde Pablo fue después de su conversión (Gá. 1:17).
2. Madián, donde Moisés pasó los segundos cuarenta años de su vida (Ex. 2:15, 21; 3:1; Hch. 7:29).
3. Parán, donde David se escondió de Saúl (1 S. 25:1).
4. Shur, donde Dios le habló a Agar (Gn. 16:9-14).
5. Sin, por donde marchó Israel rumbo al Sinaí (Ex. 16:1).
6. El desierto de la tentación, donde Jesús fue tentado (Mt. 4:1).

Días

Introducción: hay por lo menos diez «días» importantes, todos en el futuro aún, que este mundo experimentará. Algunos de estos días se refieren a un período de veinticuatro horas, mientras que otros representan períodos mucho más largos.

1. El día del arrebatamiento (Ro. 13:12; Ef. 4:30; Fil. 1:6, 10; 2:16; 2 P. 1:19; puede considerarse un día literal de veinticuatro horas.)
2. El día del tribunal de Cristo (1 Co. 3:13; 5:5; 2 Ti. 1:18; 4:8; 1 Jn. 4:17; puede considerarse un día literal de veinticuatro horas e incluirá solamente a los cristianos).
3. El día del Señor (Jl. 1:15; 2:1, 2, 11, 31; Hch. 2:20; 2 Ts. 2:3; Ap. 6;17; este «día» cubre toda la tribulación: un período de siete años).
4. El día de la Segunda Venida de Cristo (Mt. 24:36; 26:29; 1 Ts. 5:2-4; 2 Ts. 1:10; puede considerarse como un día literal de veinticuatro horas).
5. El día del Armagedón (Ap. 16:14; puede considerarse como un día literal de veinticuatro horas).
6. El día de la resurrección de los justos (Jn. 6:39, 40, 44, 54; 11:24; puede considerarse como un día literal de veinticuatro horas e incluye a todos los santos del Antiguo Testamento y los creyentes de la tribulación).
7. El día del juicio del ángel caído (Jud. v. 6; puede considerarse como un día literal de veinticuatro horas).
8. El día de Cristo (1 Co. 1:8; 2 Co. 1:14; 2 Ti. 1:12; este «día» cubre todo el milenio, un período de mil años).
9. El día del juicio ante el gran trono blanco (Mt. 7:22; 11:22; Jn. 12:48; Hch. 17:31; Ro. 2:5, 16; 2 P. 2:9; puede considerarse como un día literal de veinticuatro horas).
10. El día de la nueva creación (2 P. 3:7-12; puede considerarse como un día literal de veinticuatro horas).

Dispensaciones

1. La dispensación de la inocencia, desde la creación del hombre hasta su caída (Gn. 1:28—3:6).

2. La dispensación de la conciencia, desde la caída hasta el diluvio (Gn. 4:1—8:14).
3. La dispensación del gobierno civil, desde el diluvio hasta la dispersión de Babel (Gn. 8:15—11:9).
4. La dispensación de la promesa o el gobierno patriarcal, desde Babel hasta el monte Sinaí (Gn. 11:10; Ex. 18:27).
5. La dispensación de la Ley Mosaica, desde el monte Sinaí hasta el aposento alto (Ex. 19; Hch. 1:26).
6. La dispensación de la esposa del Cordero, la Iglesia, desde el aposento alto hasta el arrebatamiento (Hch. 2:1; Ap. 3:22).
7. La dispensación de la ira del Cordero, la tribulación, desde el arrebatamiento hasta la Segunda Venida (Ap. 6:1—20:3).
8. La dispensación del reinado del Cordero, el milenio, desde la Segunda Venida hasta el juicio ante el gran trono blanco (Ap. 20:4-15).
9. La dispensación de la nueva creación del Cordero, el mundo sin fin, desde el juicio ante el gran trono blanco hasta toda la eternidad (Ap. 21—22).

Dones (presentes)

1. El don de Abraham a Melquisedec (Gn. 14:20).
   a. La naturaleza del don: los diezmos de Abraham.
   b. El propósito del don: expresar honor al primer gobernador de Jerusalén.
2. El don de Jacob a Esaú (Gn. 32:13-15).
   a. La naturaleza del don: 200 cabras, 200 ovejas, 20 carneros, 30 camellas paridas, 40 vacas, 10 novillos, 30 asnos.
   b. El propósito del don: compensar a Esaú por haberle robado la bendición.
3. Los dones de los doce príncipes de las tribus de Israel para el tabernáculo (Nm. 7:12-89).
   a. La naturaleza de los dones: cada uno llevó un plato de plata, un jarro de plata, una cuchara de oro llena de incienso, un becerro, seis animales de un año, dos bueyes, seis machos cabríos, seis cabras.
   b. El propósito de los dones: agradar a Dios.
4. Los dones de la reina de Sabá para Salomón (1 R. 10:1, 2, 10).
   a. La naturaleza de los dones: especias, joyas y $3.500.000 en oro.
   b. El propósito de los dones: asegurar las buenas relaciones entre Israel y Sabá.
5. Los dones de Belsasar para Daniel (los cuales él rechazó) (Dn. 5:16, 17).
   a. La naturaleza de los dones: la posición de tercer señor en el reino.
   b. El propósito de los dones: hacer interpretar la escritura en la pared.
6. Los dones del rey sirio para un rey israelita (2 R. 5:4-6).
   a. La naturaleza de los dones: $20.000 en plata, $60.000 en oro y diez mudas de vestidos.
   b. El propósito de los dones: asegurar la sanidad de el leproso Naamán.
7. Los dones de los magos para Cristo (Mt. 2:11).
   a. La naturaleza de los dones: oro, incienso y mira.
   b. El propósito de los dones: ofrecer honor y alabanza al Rey del cielo.
8. El don de María de Betania para Cristo (Jn. 12:2-8; Mt. 26:7-13).
   a. La naturaleza del don: un frasco de perfume costoso.
   b. El propósito del don: expresar su adoración y ungir al Salvador.
9. El don de una mujer inmoral para Cristo (Lc. 7:37, 38).
   a. La naturaleza del don: un frasco exquisito lleno de un perfume caro.
   b. El propósito del don: procurar el perdón.
10. Los dones de los incrédulos malvados entre sí durante la tribulación (Ap. 11:10).
    a. La naturaleza de los dones: probablemente alcohol, drogas, literatura pornográfica, etc.
    b. El propósito de los dones: celebrar la muerte de los dos testigos de Dios.
11. El don del creyente para el Señor (Ro. 12:1-3).
    a. La naturaleza del don: su cuerpo, en sacrificio vivo.
    b. El propósito del don: que el creyente pueda comprobar la buena voluntad de Dios para su vida.
12. El don del Padre para el mundo (Jn. 3:16; 2 Co. 9:15).
    a. La naturaleza del don: Cristo.
    b. El propósito del don: «Que todo aquel que en él cree, no se pierda, mas tenga vida eterna.»
13. El don del Hijo para las ovejas (Jn. 10:11; 14:3).
    a. La naturaleza del don: «El buen pastor su vida da por las ovejas.»
    b. El propósito del don: «Para que donde yo estoy, vosotros también estéis.»
14. Los dones del Espíritu Santo para el creyente (Ro. 12:6-8; 1 Co. 12:4-31; Ef. 4:7-16).
    a. La naturaleza de los dones: son alrededor de dieciocho, e incluyen:
       (1) El apostolado.
       (2) La profecía.
       (3) Los milagros.
       (4) La sanidad.
       (5) Las lenguas.
       (6) La interpretación de las lenguas.
       (7) La ciencia.
       (8) La sabiduría.
       (9) El discernimiento de espíritus.
       (10) El dar.
       (11) La exhortación.
       (12) El ministerio.
       (13) La misericordia.
       (14) La administración.
       (15) La fe.
       (16) La enseñanza.
       (17) El evangelismo.
       (18) El ser pastor-maestro.
    b. El propósito de los dones:
       (1) Glorificar al Padre.
       (2) Edificar tanto al creyente como a la Iglesia.

Duelo (o lágrimas)

1. Agar llora por Ismael en el desierto (Gn. 21:16).
2. Abraham llora en la sepultura de Sara (Gn. 23:20).
3. Esaú llora al oír de la traición de Jacob (Gn. 27:34; He. 12:17).
4. Jacob llora de alegría al encontrar a Raquel (Gn. 29:11).
5. Esaú y Jacob lloran cuando se reúnen (Gn. 33:4).
6. Jacob llora por la aparente muerte de José (Gn. 37:35).
7. José llora en la reunión con sus hermanos (Gn. 45:14).
8. José llora en la sepultura de su padre Jacob (Gn. 50:1).
9. Israel llora por la libertad en Egipto (Ex. 2:23; 3:7).
10. Los egipcios lloran por la muerte de sus primogénitos (Ex. 12:30).
11. Israel llora por sus pecados (Nm. 11:4, 10; 14:1; Jue. 2:4; 3:9, 15; 4:3; 6:6, 7; 10:10).
12. Moisés llora por el pecado de María (Nm. 12:13).
13. Israel llora en la sepultura de Aarón (Nm. 20:29).
14. Israel llora por la muerte de Moisés (Dt. 34:8).
15. Josué llora por la derrota de Israel (Jos. 7:6-9).
16. La madre de Sísara llora por su muerte (Jue. 5:28).
17. La esposa de Sansón llora para conseguir un favor (Jue. 14:16).
18. Noemí llora al salir de Moab (Rt. 1:9).
19. Ana llora por su esterilidad (1 S. 1:10).

20. Samuel llora por la inconstancia de Israel (1 S. 7:9).
21. Israel llora por la ciudad amenazada de Jabes de Galaad (1 S. 11:4).
22. Samuel llora por el fracaso de Saúl (1 S. 15:35).
23. David y Jonatán lloran por Saúl (1 S. 20:41).
24. Saúl llora por su propia estupidez (1 S. 24:16).
25. Israel llora por la muerte de Samuel (1 S. 25:1).
26. David llora por la destrucción de Siclag (1 S. 30:4).
27. David llora por la muerte de Saúl y Jonatán (2 S. 1:17).
28. David llora por el asesinato de Abner (2 S. 3:32).
29. David llora por su gran pecado (Sal. 32:4; 51:17).
30. David llora por la muerte de su pequeño hijo (2 S. 12:15-23).
31. Tamar llora al ser violada por Amnón (2 S. 13:19).
32. David llora por el asesinato de Amnón (2 S. 15:23).
33. David llora por la muerte de Absalón (2 S. 18:33).
34. Israel llora por la muerte del hijo de Jeroboam (1 R. 14:18).
35. Eliseo llora por la crueldad futura del rey Hazael (2 R. 8:11, 12).
36. Joás llora por la muerte de Eliseo (2 R. 13:14).
37. Ezequías llora por el anuncio de su muerte inminente (2 R. 20:2, 3).
38. Ezequías e Isaías lloran por la amenaza a Jerusalén (2 Cr. 32:20).
39. Los cautivos judíos lloran rumbo a Babilonia (Sal. 137:1).
40. Jeremías llora por los pecados de Jerusalén (Jer. 9:1).
41. Algunos judíos ancianos lloran en la dedicación del templo de Zorobabel (Esd. 3:12, 13; Hag. 2:3-9).
42. Daniel llora por el pecado de Israel (Dn. 10:2).
43. Esdras llora por el pecado de Jerusalén (Esd. 10:1).
44. Nehemías llora por los muros rotos de Jerusalén (Neh. 1:4).
45. Mardoqueo llora por el malvado complot de Amán (Est. 4:1).
46. Ester llora al rogar por su pueblo (Est. 8:3).
47. Job llora por sus hijos (Job 1:18-22).
48. Los amigos de Job lloran por Job (Job 2:12).
49. Algunos padres de Belén lloran por sus niños (Mt. 2:18).
50. María y José lloran por el Jesús perdido (Lc. 2:48).
51. Un endemoniado gadareno llora al ver a Jesús (Mr. 5:7).
52. Una madre cananea llora por su hija (Mt. 15:22).
53. La casa de Jairo llora por su hijita (Mr. 5:39).
54. Un padre llora por su hijo endemoniado (Mr. 9:24).
55. Una viuda llora por su hijo muerto (Lc. 7:13).
56. Una mujer inmoral llora por su pecado (Lc. 7:38).
57. Un hombre rico llora en el infierno (Lc. 16:24).
58. María y Marta lloran por Lázaro (Jn. 11:33).
59. Jesús llora por Lázaro (Jn. 11:35).
60. Jesús llora por Jerusalén (Lc. 19:41).
61. Algunas mujeres de Jerusalén lloran por Jesús (Lc. 23:28).
62. Jesús llora en el huerto (Mr. 14:32-42; He. 5:7).
63. María Magdalena llora por Jesús (Jn. 20:11).
64. Los discípulos lloran por la partida y la muerte de Cristo (Jn. 16:6; Mr. 16:10).
65. Pedro llora por su pecado (Mt. 26:75).
66. Los amigos de Dorcas lloran en su sepultura (Hch. 9:39).
67. Pablo llora por la iglesia efesia (Hch. 20:36, 37).
68. Pablo llora por la iglesia corintia (2 Co. 2:4).
69. Pablo llora por Israel (Ro. 9:2).
70. Los ancianos efesios lloran por Pablo (Hch. 20:37).
71. Los cristianos de Cesarea lloran por Pablo (Hch. 21:13).
72. Timoteo llora por su ministerio (2 Ti. 1:4).
73. Juan llora por un libro con siete sellos (Ap. 5:5).
74. Los mártires fieles lloran durante la tribulación (Ap. 7:17).
75. Israel llorará en la Segunda Venida de Cristo (Zac. 12:10, 12).
76. Las naciones llorarán en la Segunda Venida de Cristo (Mt. 24:30).
77. Los comerciantes del mundo llorarán por la Babilonia caída (Ap. 18:18).

Enfermedades y males

1. Esterilidad, como la sufrida por Sara, Ana y Elisabet (Gn. 16:1; 1 S. 1:6; Lc. 1:7).
2. Sarpullido y llagas, como los sufridos por los egipcios durante la sexta plaga, el rey Ezequías y Job (Ex. 9:9, 10; 2 R. 20:7; Job 2:7).
3. Ceguera, como la sufrida por las siguientes personas en el Nuevo Testamento:
   a. Dos ciegos de Capernaum (Mt. 9:29).
   b. Un ciego de Betsaida (Mr. 8:25).
   c. Un hombre de Jerusalén nacido ciego (Jn. 9:7).
   d. Un mendigo ciego cerca de Jericó llamado Bartimeo (Mr. 10:46).
   e. Un mendigo ciego cerca de Jericó (no nombrado) (Lc. 18:42).
4. Pústula (tal vez sífilis), como la sufrida por los egipcios (Dt. 28:27; 28:35).
5. Flujo de sangre (disentería), como el sufrido por el padre de Publio (Hch. 28:8).
6. Huesos quebrados (Lv. 21:19).
7. Espalda torcida (Lv. 21:20).
8. Cáncer (2 Ti. 2:17).
9. Hidropesía, como la sufrida por el hombre en Lucas 14:2.
10. Enanismo (Lv. 21:20).
11. Sordera, como la sufrida por el hombre en Marcos 7:34, 35.
12. Mudez, como la sufrida por el hombre en Mateo 9:33.
13. Posesión demoníaca, como la sufrida por:
    a. Saúl (1 S. 16:14).
    b. Un endemoniado de Capernaum (Mr. 1:25: Lc. 4:35).
    c. Un endemoniado gadareno (Mt. 8:32; Mr. 5:8; Lc. 8:33).
    d. Un endemoniado mudo (Mt. 9:33).
    e. Una niña endemoniada (Mt. 15:28; Mr. 7:29).
    f. Un niño endemoniado (Mt. 17:18; Mr. 9:25; Lc. 9:42).
    g. Un endemoniado ciego y mudo (Mt. 12:22; Lc. 11:14).
    h. María Magdalena (Mr. 16:9).
    i. Simón de Samaria (Hch. 8:9-23).
    j. Un hechicero llamado Elimas (Hch. 13:8).
    k. Una muchacha griega (Hch. 16:16-18).
    l. Siete hijos de Esceva (Hch. 19:14-16).
14. Tumores, como los sufridos por los filisteos que capturaron el arca de Dios (1 S. 5:6).
15. Fiebre, como la sufrida por:
    a. La suegra de Pedro (Mt. 8:14, 15).
    b. Un niño (Jn. 4:52).
16. Flujo (un flujo anormal de sangre), como el sufrido por una mujer de Capernaum durante doce años (Mt. 9:20).
17. Comezón (eczema), como la mencionada por Moisés en Deuteronomio 28:27.
18. Cojera, como la sufrida por:
    a. Mefi-boset, el hijo de Jonatán (2 S. 4:4; 9:13).
    b. Un hombre en Jerusalén que vivía cerca del estanque de Betesda (Jn. 5:5).
    c. Un hombre en Jerusalén que vivía cerca de la puerta llamada la Hermosa (Hch. 3:2).
    d. Un hombre de Listra (Hch. 14:8).
19. Lepra, como la sufrida por:
    a. María (Nm. 12:10).

b. Naamán (2 R. 5:1).
c. Cuatro mendigos samaritanos (2 R. 7:3).
d. Azarías (2 R. 15:5).
e. Un hombre galileo (Mr. 1:40).
f. Simón (Mt. 26:6).
g. Un samaritano y sus nueve amigos desagradecidos (Lc. 17:12).

20. Parálisis, como la sufrida por:
a. Un hombre de Capernaum (Lc. 5:18).
b. El siervo de un centurión (Mt. 8:6).
c. Eneas (Hch. 9:33).
21. Llagas (heridas ulceradas), como las sufridas por:
a. El Israel del Antiguo Testamento (Is. 1:6).
b. El mendigo Lázaro (Lc. 16:20).
c. Los impíos durante la tribulación (Ap. 16:2).
22. Insolación, como la que tal vez sufriera el hijo de la mujer sunamita (2 R. 4:19).
23. Gusanos (una posible referencia a una infección de ascáride intestinal), como los sufridos por Herodes (Hch. 12:21-23).

Escapes

1. Un cautivo de Quedorlaomer escapó y le informó a Abraham acerca del encarcelamiento de Lot (Gn. 14:12, 13).
2. Lot escapó el juicio sobre Sodoma (Gn. 19:17-20).
3. Aod escapó después de matar a Eglón (Jue. 3:26).
4. Sísara escapó de Barac y Débora, para ser muerto por una muchacha llamada Jael (Jue. 4:17).
5. Un siervo de Job escapó y le dio noticias terribles a su amo (Job 1:15-19).
6. David se escapó en muchas ocasiones:
   a. De Saúl en la sala del palacio (1 S. 19:10).
   b. De Saúl, bajando por una ventana (1 S. 19:12).
   c. Del rey de Gat (1 S. 22:1).
   d. De la ciudad de Keila, cuyos ciudadanos lo hubieran entregado a Saúl (1 S. 23:13).
7. Un joven dijo haber escapado de una victoria filistea sobre Israel con noticias de la muerte de Saúl (2 S. 1:3).
8. El Salvador escapó las intenciones homicidas de los malvados fariseos:
   a. Después de predicar en Nazaret (Lc. 4:28-30).
   b. Después de predicar en Jerusalén (Jn. 10:39).
9. Pedro se escapó de una prisión romana (Hch.. 12:7).
10. Pablo escapó de los judíos que lo esperaban bajando por el muro de Jerusalén en una canasta (Hch. 9:25; 2 Co. 11:33).
11. Todos los creyentes pueden escapar de la tentación actual (1 Co. 10:13).
12. Todos los creyentes escaparán de una ira venidera (1 Ts. 5:9).

Estadísticas bíblicas

(Según el *Manual bíblico de Unger,* p. 919 y *Nuevo manual bíblico de Unger*, p. 688, Editorial Portavoz.)

ESTADÍSTICAS DEL ANTIGUO TESTAMENTO

1. 39 libros.
2. 929 capítulos.
3. 23.214 versículos.
4. Libro más largo: Salmos.
5. Libro más corto: Abdías.
6. 17 libros históricos.
7. 5 libros poéticos.
8. 17 libros proféticos.

ESTADÍSTICAS DEL NUEVO TESTAMENTO

1. 27 libros.
2. 260 capítulos.
3. 7.959 versículos.
4. Libro más largo: Hechos.
5. Libro más corto: 2 Juan.
6. 4 Evangelios.
7. 1 libro histórico.
8. 22 epístolas.

No fue sino hasta el 1250 d.C. que se dividió la Biblia en capítulos. En esa época, el Cardenal Hugo incorporó las divisiones por capítulo a la Biblia latina. Aunque sus divisiones eran por conveniencia, no siempre eran correctas; sin embargo, básicamente esas mismas divisiones en capítulos han persistido hasta hoy. En 1551 Robert Stephens introdujo un Nuevo Testamento griego incluyendo las divisiones en versículos. No fijó versículos para el Antiguo Testamento.

Estanques

1. El estanque de Gabaón, donde los siervos de Joab y de Abner libraron una batalla sangrienta (2 S. 2:13).
2. El estanque de Hebrón, donde fue ejecutado Is-boset, el hijo de Saúl (2 S. 4:12).
3. El estanque de Ezequías, que contribuyó a la defensa de Jerusalén (2 R. 20:20).
4. El estanque de Samaria, donde se lavó el carro sangriento de Acab (1 R. 22:38).
5. El estanque de Betesda, donde Jesús sanó a un hombre que había estado enfermo treinta y ocho años (Jn. 5:2).
6. El estanque de Siloé, donde Jesús le ordenó a un ciego que se lavara y recibiera la vista (Jn. 9:7).

Estilos literarios de la Biblia

1. Histórico (muchos de los libros del Antiguo Testamento y algunos del Nuevo Testamento).
2. Profético (los libros de Daniel, Apocalipsis, etc.).
3. Poético (Salmos, Proverbios, etc.).
4. Legal (partes de Exodo, Deuteronomio, Hebreos, etc.).
5. Biográfico (Mateo, Marcos, Lucas, Juan, etc.).
6. Autobiográfico (Nehemías, partes de Daniel, etc.).
7. Doctrinal (Romanos, Efesios, etc.).
8. Fábulas (véanse bajo su propio encabezamiento).
9. Símiles (véanse bajo su propio encabezamiento).
10. Metáforas (véanse bajo su propio encabezamiento).
11. Alegorías (véanse bajo su propio encabezamiento).
12. Parábolas (véanse bajo su propio encabezamiento).
13. Tipos y presagios (véanse bajo su propio encabezamiento).
14. Símbolos y emblemas (véanse bajo su propio encabezamiento).
15. Paradojas (véanse bajo su propio encabezamiento).

Excusas

1. La ofrecida por Adán por desobedecer a Dios: «La mujer que me diste por compañera me dio del árbol, y yo comí» (Gn. 3:12).
2. La ofrecida por Eva por desobedecer a Dios: «La serpiente me engañó, y comí» (Gn. 3:13).
3. La ofrecida por Lot por querer quedarse en la Sodoma condenada: «No podré escapar al monte, no sea que me alcance el mal, y muera» (Gn. 19:19).
4. La ofrecida por Moisés por no querer ir a Egipto.
   a. Primera excusa: «¿Quién soy yo para que vaya a Faraón, y saque de Egipto a los hijos de Israel?» (Ex. 3:11).
   b. Segunda excusa: «He aquí que ellos no me creerán, ni oirán mi voz; porque dirán: No te ha aparecido Jehová» (Ex. 4:1).
   c. Tercera excusa: «¡Ay, Señor! nunca he sido hombre de fácil palabra, ni antes, ni desde que tú hablas a tu siervo; porque soy tardo en el habla y torpe de lengua» (Ex. 4:10).

5. La ofrecida por Aarón por haber hecho el becerro de oro:
   «Y respondió Aarón: No se enoje mi señor; tú conoces al pueblo, que es inclinado a mal. Porque me dijeron: Haznos dioses que vayan delante de nosotros; porque a este Moisés, el varón que nos trajo de Egipto, no sabemos qué le haya acontecido. Y yo les respondí: ¿Quién tiene oro? Apartadlo. Y me lo dieron, y lo eché en el fuego, y salió este becerro» (Ex. 32:22-24).
6. La ofrecida por los diez espías para no entrar en la Tierra Prometida:
   «Mas los varones que subieron con él, dijeron: No podremos subir contra aquel pueblo, porque es más fuerte que nosotros. Y hablaron mal entre los hijos de Israel, de la tierra que habían reconocido, diciendo: La tierra por donde pasamos para reconocerla, es tierra que traga a sus moradores; y todo el pueblo que vimos en medio de ella son hombres de grande estatura. También vimos allí gigantes, y éramos nosotros, a nuestro parecer, como langostas; y así les parecíamos a ellos» (Nm. 13:31-33).
7. La ofrecida por Israel por querer un rey: «He aquí tú has envejecido, y tus hijos no andan en tus caminos; por tanto, constitúyenos ahora un rey que nos juzgue, como tienen todas las naciones» (1 S. 8:5).
8. La ofrecida por Saúl.
   a. Por arrogarse funciones sacerdotales:
      «Y Saúl respondió: Porque vi que el pueblo se me desertaba, y que tú no venías dentro del plazo señalado, y que los filisteos estaban reunidos en Micmas, me dije: Ahora descenderán los filisteos contra mí a Gilgal, y yo no he implorado el favor de Jehová. Me esforcé, pues, y ofrecí holocaustos» (1 S. 13:11, 12).
   b. Por perdonar a un enemigo que Dios le había mandado destruir.
      «Mas el pueblo tomó del botín ovejas y vacas, las primicias del anatema, para ofrecer sacrificios a Jehová tu Dios en Gilgal» (1 S. 15:21).
9. La ofrecida por Elías por esconderse en una cueva: «He sentido un vivo celo por Jehová Dios de los ejércitos; porque los hijos de Israel han dejado tu pacto, han derribado tus altares, y han matado a tus profetas; y sólo yo he quedado, y me buscan para quitarme la vida» (1 R. 19:10).
10. La ofrecida por tres invitados por no asistir a las bodas.
    a. La excusa del primer invitado: «He comprado una hacienda, y necesito ir a verla; te ruego que me excuses» (Lc. 14:18).
    b. La excusa del segundo invitado: «He comprado cinco yuntas de bueyes, y voy a probarlos; te ruego que me excuses» (Lc. 14:19).
    c. La excusa del tercer invitado: «Acabo de casarme, y por tanto no puedo ir» (Lc. 14:20).
11. La ofrecida por un siervo infiel por un trabajo sin frutos:
    «Pero llegando también el que había recibido un talento, dijo: Señor, te conocía que eres hombre duro, que siegas donde no sembraste y recoges donde no esparciste; por lo cual tuve miedo, y fui y escondí tu talento en la tierra; aquí tienes lo que es tuyo» (Mt. 25:24, 25).
12. La ofrecidas por Félix por no aceptar a Cristo: «Ahora vete; pero cuando tenga oportunidad te llamaré» (Hch. 24:25).

Fábulas

1. La fábula de la zarza: contada por Jotam para ridiculizar al malvado gobernante Abimelec (Jue. 9:7-15).
2. La fábula del cardo: relatada por Joás, rey de Israel, a Amasías, rey de Judá, para ridiculizarlo (2 R. 14:8, 9).

Falsificaciones

1. Falsos cristos (Mt. 24:4, 5, 24).
2. Falsos ministros (2 Co. 11:14, 15).
3. Falsos cristianos (Gá. 2:3, 4).
4. Falsos apóstoles (2 Co. 11:13).
5. Falsos maestros religiosos (2 P. 2:1).
6. Falsos profetas (1 Jn. 4:1).
7. Falso evangelio (Gá. 1:6-12).
8. Falsas doctrinas (He. 13:9).
9. Falsos mandamientos (Tit. 1:13, 14).
10. Falsos hacedores de milagros (2 Ts. 2:7-12).
11. Falsa ciencia (1 Ti. 6:20).
12. Falsa religión (Stg. 1:26).
13. Falsa adoración (Mt. 15:8, 9).
14. Falsa oración (Stg. 4:3).

Flechas

1. Tiradas por Jonatán para advertir a David (1 S. 20:20).
2. Tiradas por el rey Joás por pedido de Eliseo (2 R. 13:15-19).
3. Tiradas por un arquero sirio desconocido (1 R. 22:34).
4. Tirada por Jehú (2 R. 9:24).
5. Tiradas por un arquero filisteo en contra de Saúl (1 S. 31:3).

Fuegos

1. El fuego de Dios desde el cielo que destruyó a Sodoma (Gn. 19:24).
2. El fuego prendido por Abraham para sacrificar a Isaac (Gn. 22:7).
3. El fuego de la zarza ardiente desde el cual recibió Moisés su llamamiento (Ex. 3:2).
4. El fuego de la séptima plaga egipcia (Ex. 9:24).
5. La columna de fuego que guiaba a Israel de noche (Ex. 13:21).
6. El fuego que apareció cuando fue dada la ley (Ex. 19:8).
7. El fuego ordenado por Moisés para destruir el becerro de oro (Ex. 39:20).
8. El fuego que Dios envió para consumir las ofrendas de Aarón (Lv. 9:24).
9. El extraño fuego de Nadab y Abiú (Lv. 10:1).
10. El fuego del juicio de Dios en Tabera para castigar a Israel (Nm. 16:35).
11. El fuego de juicio de Dios que consumió a Coré y a 250 de sus seguidores (Nm. 16:35).
12. El fuego ordenado por Josué para destruir a Jericó (Jos. 6:24).
13. El fuego ordenado por Josué para consumir a Acán (Jos. 7:15, 25).
14. El fuego prendido por Sansón para quemar los campos de los filisteos (Jue. 15:5).
15. El fuego del monte Carmelo que consumió la ofrenda de Elías (1 R. 18:38).
16. El fuego en el cual no estaba Dios, visto por Elías desde una cueva (1 R. 19:12).
17. El fuego que destruyó a cien soldados y protegió a Elías (2 R. 1:7-11).
18. El fuego utilizado para transportar a Elías a la gloria (2 R. 2:11).
19. El fuego y los carros que rodearon y protegieron a Eliseo (2 R. 6:17).
20. El fuego de Manasés en Hinom, usado para quemar a sus propios hijos (2 R. 21:6).
21. El fuego de Nabucodonosor que no quemó a tres creyentes hebreos (Dn. 3:25).
22. El fuego frente al cual Simón Pedro se calentó las manos cuando negó al Salvador (Jn. 18:18).
23. El fuego en el que Pablo sacudió una víbora (Hch. 28:5).

24. El fuego en el tribunal de Cristo (1 Co. 3:13).
25. El fuego consumidor del juicio de Dios, a ser usado para destruir a sus enemigos (2 Ts. 1:8; He. 12:29; Ap. 20:15).
26. El fuego que Dios utilizará para purificar a esta tierra (2 P. 3:7).

Funerales

1. El funeral de Sara. Abraham le compró la cueva a un pagano y lloró sobre el cuerpo de su esposa amada (Gn. 23:1-20). Sara tenía 127 años.
2. El funeral de Abraham. Isaac e Ismael asistieron y lo sepultaron junto con Sara en la cueva de Macpela (Gn. 25:7-11). Abraham tenía 175 años.
3. El funeral de Débora. Jacob enterró a la vieja ama de su madre debajo de una encina en Bet-el (Gn. 35:8, 9).
4. El funeral de Raquel. Jacob la enterró en las afueras de la ciudad de Belén, y puso un pilar sobre su sepultura (Gn. 35:16-20).
5. El funeral de Isaac. Esaú y Jacob se encontraron y sepultaron a su padre junto a Abraham en Hebrón (Gn. 35:27-29). Isaac tenía 180 años.
6. El funeral de Jacob. José y sus hermanos llevaron a su padre fuera de Egipto, de regreso a Canaán, y lo sepultaron en Hebrón (Gn. 50:1-13). Jacob tenía 147 años.
7. El funeral de José. Según sus instrucciones, José fue sepultado en Egipto por sus hijos, pero predijo que sus huesos algún día serían llevados de vuelta a Palestina (Gn. 50:22-26). José tenía 110 años.
8. El funeral de Nadab y Abiú. No había de haber llanto en este funeral (Lv. 10:1-7).
9. El funeral de María. Moisés y Aarón sepultaron a su hermana en Cades (Nm. 20:1).
10. El funeral de Aarón. Moisés y el hijo de Aarón, Eleazar, sepultaron al primer sumo sacerdote de Israel en el monte Hor. Israel hizo duelo por él durante treinta días (Nm. 20:23-29).
11. El funeral de Moisés. Dios mismo asistió al funeral de Moisés y lo sepultó en la cumbre de Pisga. Aparentemente el arcángel Miguel y Satanás estuvieron en este funeral (Dt. 34; Jud. 1:9). Moisés tenía 120 años.
12. El funeral de Josué. El gran guerrero de Israel fue sepultado en una colina perteneciente a la tribu de Efraín (Jos. 24:29, 30). Josué tenía 110 años.
13. El funeral de Samuel. Todo Israel se juntó en Ramá para sepultar a su amado profeta y sacerdote. Tanto Saúl como David pudieron haber asistido, pero no al mismo tiempo (1 S. 25:1).
14. El funeral de David. Salomón sepultó a su gran padre en la ciudad de David después de oír sus últimas palabras de admonición (1 R. 2:1-11). David tenía setenta años de edad.
15. El funeral del hijo de la viuda de Sarepta. Esta es la primera resurrección bíblica de un muerto. Fue realizada por Elías (1 R. 17:17-24).
16. El funeral del hijo de la sunamita. Esta es la segunda resurrección bíblica (2 R. 4:18-37).
17. El funeral de un hombre desconocido en la época de Eliseo. Sin duda que este funeral hizo que los portadores del féretro salieran corriendo del cementerio (2 R. 13:20, 21). Esta es la tercera resurrección en el Antiguo Testamento.
18. El funeral de la hija de Jairo (Mr. 5:35-43; Lc. 8:41, 42, 49-56; Mt. 9:18-26).
    a. Asistieron Pedro, Santiago y Juan.
    b. Tocaron flautistas.
    c. Una gran multitud se golpeó el pecho y lloró en su dolor.
    d. El Salvador fue ridiculizado.

    Esta fue la primera resurrección de una persona de entre los muertos en el Nuevo Testamento.
19. El hijo de la viuda de Naín (Lc. 7:11-18).
    a. Asistió mucha gente.
    b. Nuestro Señor le dijo a la madre que dejara de llorar.
    c. Jesús tocó el féretro.
    d. El cadáver se sentó y comenzó a hablar.

    Esta fue la segunda resurrección de entre los muertos en el Nuevo Testamento.
20. El funeral de Lázaro (Jn. 11:1-46).
    a. Asistió mucha gente.
    b. La lamentación duró por lo menos cuatro días.
    c. Jesús consoló a María y a Marta.
    d. Jesús mismo lloró.
    e. Jesús ofreció una oración pública.
    f. Jesús levantó a Lázaro, llamándolo por nombre y ordenándole que se librara de los lienzos de sepultura.

    Esta fue la tercera resurrección de entre los muertos en el Nuevo Testamento.
21. El funeral de Dorcas (Hch. 9:36-42).
    a. El cuerpo fue puesto en un aposento alto.
    b. Muchos se pusieron de pie y dieron testimonio público de las buenas obras de Dorcas.
    c. Pedro sacó a todos, se arrodilló, oró y la levantó de los muertos.

    Esta fue la cuarta resurrección de entre los muertos en el Nuevo Testamento. Nota: algunos podrían estar en desacuerdo con esto, diciendo que la resurrección de Cristo debería ser contada como el cuarto ejemplo neotestamentario. Pero esto no es cierto, porque la resurrección de Cristo es la primera (1 Co. 15:20), ya que nunca volvió a morir. (Véase Ap. 1:18.)

Genealogías

1. La genealogía de Caín (Gn. 4:16-24).
2. La genealogía de Adán (Gn. 5:1-32).
3. La genealogía de Jafet (Gn. 10:1-5; 1 Cr. 1:5-7).
4. La genealogía de Cam (Gn. 10:6-20; 1 Cr. 1:8-16).
5. La genealogía de Sem (Gn. 10:22-31; 11:10-30; 1 Cr. 1:17-27).
6. La genealogía de Abraham (Gn. 25:1-4; 12-18; 1 Cr. 1:28-34).
7. La genealogía de Isaac (Gn. 25:19-23).
8. La genealogía de Jacob (Gn. 49:1-27; 1 Cr. 2:1, 2).
9. La genealogía de Esaú (Gn. 36:1-43; 1 Cr. 1:35-42).
10. La genealogía de Judá (1 Cr. 2:3-12; 4:1-4).
11. La genealogía de Simeón (1 Cr. 4:24-38).
12. La genealogía de Rubén (1 Cr. 5:1-8).
13. La genealogía de Leví (1 Cr. 6:1-53).
14. La genealogía de Isacar (1 Cr. 7:1-5).
15. La genealogía de Benjamín (1 Cr. 7:6-12).
16. La genealogía de Neftalí (1 Cr. 7:13).
17. La genealogía de Aser (1 Cr. 7:30-40).
18. La genealogía de Isaí (1 Cr. 2:13-17).
19. La genealogía de Caleb (1 Cr. 2:18-20, 42-55).
20. La genealogía de David (1 Cr. 3:1-24).
21. La genealogía de Efraín (1 Cr. 7:20-27).
22. La genealogía de Fares (Rt. 4:18-22).
23. La genealogía del Señor Jesucristo.
    a. La línea biológica a través de María (Lc. 3:23-38).
    b. La línea legal a través de José (Mt. 1:1-17).

Gigantes

1. Og (Dt. 3:11). Este gigante, que era rey de Basán, tenía una cama de hierro que medía nueve codos de largo y cuatro codos de ancho [13,5 X 6 pies; 4 X 1,8 m].
2. Sibecai (1 Cr. 20:4).

3. Lahmi (1 Cr. 20:5). El hermano de Goliat.
4. Un gigante no identificado (1 Cr. 20:6). Tenía seis dedos en cada mano y en cada pie. Fue muerto por Jonatán (sobrino de David).
5. Goliat (1 S. 17:4). Medía seis codos y un palmo (casi 10 pies [unos 3 m]). Nota: El hombre más alto que se haya registrado en la historia humana es Robert Wadlow, de Alton, Illinois. Medía 8 pies 5 pulgadas, y pesaba 491 libras [2,6 m y 223 kg].
6. Isbi-benob (2 S. 21:16).
7. Saf (2 S. 21:18).

Grupos políticos y religiosos

1. La diáspora. Los judíos dispersados en el extranjero debido a los cautiverios asirio y babilónico (Hch. 2:5, 9-11).
2. Los escribas. Los estudiantes, intérpretes y maestros de la ley del Antiguo Testamento (Mt. 16:21; 21:15; 23:2; 26:3). También se los llamaba intérpretes de la ley (Lc. 10:25).
3. Los estoicos. Un grupo fundado por Zenón (300 a.C) que creían que la meta de la vida era superar todas las cosas y no mostrar ninguna emoción ante el dolor o el placer (Hch. 17:18).
4. Epicureísmo. Una filosofía hedonista del primer siglo desarrollada por Epicuro (341-270 a.C.). Véase Hechos 17:18.
5. Los fariseos. Los separatistas, legalistas y guardianes de la ley tanto escrita como oral (Mt. 12:1, 2; 23).
6. Los galileos. Seguidores judíos de un rebelde llamado Judas de Galilea. Eran los derechistas de la época (Lc. 13:1).
7. Los helenistas. Judíos greco-parlantes (Hch. 6:1).
8. Los herodianos. Una dinastía política de la familia de Herodes. Derivaban su autoridad del gobierno romano (Mr. 3:6; 8:15; 12:13-17).
9. Los levitas. Los descendientes de Leví que estaban a cargo del templo (Jn. 1:19; Lc. 10:32).
10. Los libertos. Un grupo de ex esclavos que aparentemente tenían sus propias sinagogas en Jerusalén (Hch. 6:9).
11. Los nazareos. Los que hacían un voto religioso especial prescrito en Números 6. (Véanse Jue. 13:3-7; Lc. 1:15.)
12. Los prosélitos. Gentiles conversos al judaísmo (Mt. 23:15; Hch. 2:10; 13:43).
13. Los publicanos. Recogedores de impuestos designados por el estado para juntar el tributo romano (Lc. 3:13; 19:8; Mt. 9:9).
14. Los saduceos. Los miembros izquierdistas liberales del Sanedrín que negaban la resurrección (Mr. 12:18; Lc. 20:27).
15. Los samaritanos. Una raza mitad judía y gentil que vivía entre las provincias de Judea y Galilea (Jn. 4:9; 8:48; Mt. 10:5; Lc. 10:33; 17:16).
16. El sanedrín. La corte suprema religiosa y legal judía (Mt. 26:65, 66; 27:1, 2).
17. Los zelotes. Un grupo de patriotas judíos, defensores fanáticos de la teocracia (Lc. 6:15; Hch. 1:13).

Guerras y batallas

1. Guerras en Génesis: Abraham luchó contra un rey mesopotamio para rescatar a su sobrino Lot (Gn. 14:1-16).
2. Guerras de Israel de camino a Canaán.
   a. Victoria sobre los amalecitas (Ex. 17:8-16).
   b. Derrota por los amalecitas (Nm. 14:39-45).
   c. Victoria sobre los cananeos del sur (Nm. 21:1-4).
   d. Victoria sobre los amorreos (Nm. 21:21-31).
   e. Victoria sobre el rey de Basán (Nm. 21:33-35).
   f. Victoria sobre los madianitas (Nm. 31:6-12).
3. Guerras de Israel durante la conquista de Palestina.
   a. Victoria sobre Jericó (Jos. 6:1-27).
   b. Derrota por Hai (Jos. 7:1-5).
   c. Victoria sobre Hai (Jos. 8:1-29).
   d. Victoria sobre el rey de Jerusalén y sus cuatro aliados (Jos. 10:8-26).
   (Estas victorias constituyen la campaña central.)
   e. Victoria sobre Libna (Jos. 10:29, 30).
   f. Victoria sobre Laquis (Jos. 10:31, 32).
   g. Victoria sobre Gezer (Jos. 10:33).
   h. Victoria sobre Eglón (Jos. 10:34, 35).
   i. Victoria sobre Hebrón (Jos. 10:36, 37).
   j. Victoria sobre Debir (Jos. 10:38, 39).
   (Estas victorias fueron obtenidas durante la campaña del sur.)
   k. Victoria sobre Jabín, el rey de Hazor, y sus aliados, junto a las aguas de Merom, al norte del mar de Galilea (Jos. 11:1-15). (Esta victoria fue la campaña del norte.)
4. Guerras durante el período de los jueces.
   a. Otoniel derrotó a los de Mesopotamia (Jue. 3:10).
   b. Aod derrotó a los moabitas (Jue. 3:26-29).
   c. Samgar derrotó a los filisteos (Jue. 3:31).
   d. Débora y Barac derrotaron a los cananeos del norte (Jue. 4:1-16).
   e. Gedeón derrotó a los madianitas (Jue. 7:9-25).
   f. Abimelec fue derrotado por los ciudadanos de Siquem (Jue. 9:43-57).
   g. Jefté derrotó a los amonitas (Jue. 11:32, 33).
   h. Jefté derrotó a los de la tribu de Efraín (Jue. 12:1-6).
   i. Sansón derrotó a los filisteos (Jue. 15:9-15).
   j. La tribu de Dan hirió a la ciudad de Lais (Jue. 18:27-29).
   k. Once tribus derrotaron a los hijos de Benjamín (Jue. 20:18-48).
   l. Israel derrotó a los filisteos (1 S. 4:1-22).
   m. Israel derrotó a los filisteos (1 S. 5:7-14).
5. Guerras durante el período del reino unido.
   a. Saúl derrotó a los amonitas (1 S. 11:1-11).
   b. Jonatán derrotó a los filisteos (1 S. 13:5; 14:31).
   c. Saúl derrotó a los amalecitas (1 S. 15:7-9).
   d. David derrotó a Goliat (1 S. 17).
   e. David derrotó a los filisteos (1 S. 18:27).
   f. David y sus 400 soldados derrotaron a los filisteos (1 S. 18:27).
   g. David y sus 600 hombres derrotaron a los amalecitas (1 S. 27:8; 30:1-20).
   h. Saúl fue derrotado y muerto por los filisteos (1 S. 31).
   i. La casa de David derrotó a la casa de Saúl (2 S. 3:1).
   j. David derrotó a los jebuseos (2 S. 5:6-9).
   k. David derrotó a los filisteos (2 S. 5:17-20).
   l. David derrotó a los filisteos (2 S. 5:22-25).
   m. David derrotó a Moab (2 S. 8:2).
   n. David derrotó a Soba (2 S. 8:3, 4).
   ñ. David derrotó a Siria (2 S. 8:5, 6).
   o. David derrotó a Amón-Rabá (2 S. 11:1; 12:26-31).
   p. David derrotó a Absalón (2 S. 18:1-8).
   q. David derrotó a Seba (2 S. 20:1, 2; 14-22).
   r. David derrotó a los filisteos (2 S. 21:15-22).
6. Guerras durante el período del reino caótico.
   a. Las guerras civiles entre las tribus de Israel.
      (1) La rebelión original (1 R. 12:1-21).
      (2) La lucha entre Roboam (rey del sur) y Jeroboam (rey del norte). Véase 1 Reyes 15:6.
      (3) La lucha entre Asa (rey del sur) y Baasa (rey del norte). Véase 1 Reyes 15:16.
      (4) La lucha entre Amasías (rey del sur) y Joás (rey del norte). Véase 2 Reyes 14:8-14.

(5) La lucha entre Acaz (rey del sur) y Peka (rey del norte). Véanse 2 Reyes 16:5; Isaías 7:1-14.

b. Las guerras permitidas por Dios para castigar a los gobernantes infieles de Judá.
   (1) Egipto, en contra de Jerusalén, durante el reinado de Roboam (1 R. 14:25-28).
   (2) Los filisteos en contra de Joram (2 Cr. 21:16, 17).
   (3) Los sirios en contra de Joás (2 Cr. 24:23, 24).
   (4) Edom en contra de Acaz (2 Cr. 27:16-19).
   (5) Asiria, en contra de Manasés (2 Cr. 33:11).
c. Amasías, sobre Edom (2 Cr. 25:5-13).
d. Uzías, sobre los filisteos (2 Cr. 26:6, 7).
e. Acab y Siria
   (1) Primera guerra: victoria (1 R. 20:13-21).
   (2) Segunda guerra: victoria (1 R. 20:22-30).
   (3) Tercera guerra: derrota y muerte de Acab (1 R. 22:29-38).
f. Josafat y Joram, sobre Moab, con la ayuda de Eliseo (2 R. 3:16-27).
g. Joram, sobre Siria, con la ayuda de Eliseo (2 R. 6:8-23).
h. Cuatro leprosos, sobre el ejército sirio (2 R. 6:24, 25; 7:3-11).
i. La guerra entre Edom y Judá (2 R. 8:20-22).
j. La guerra aliada de Ocozías (rey del sur) y Joram (rey del norte) en contra de Siria (2 R. 8:28, 29).
k. Siria, en contra de las dos tribus y media orientales de Israel (2 R. 10:32, 33).
l. Asiria, en contra del reino del norte (2 R. 15:29; 17:5, 6).
m. Asiria, en contra de Damasco (2 R. 16:7-9).
n. Dios, en contra de Asiria (2 R. 19:35).
ñ. Babilonia, en contra de Asiria (Nah. 2—3).
o. Asa, en contra de Etiopía (2 Cr. 14:6-15).
p. Josafat, en contra de los amonitas y de los moabitas (2 Cr. 20:1-30).
q. Josías, en contra de los egipcios (2 R. 23:29, 30).
r. Babilonia, en contra del reino del sur (2 R. 25:1-3).

7. Guerras durante el período del cautiverio babilónico.
   a. La batalla de Carquemis, entre Egipto y Babilonia (Jer. 46:1-8). Babilonia obtuvo la victoria.
   b. La batalla entre los medo-persas y Babilonia (Dn. 5). Persia obtuvo la victoria.
   c. La batalla entre los griegos y los persas (Dn. 8). Grecia obtuvo la victoria. Nota: Esta guerra fue profetizada por Daniel durante el período del cautiverio babilónico, pero no ocurrió históricamente sino alrededor del 331 a.C.
8. Guerras durante el período del regreso. Los judíos persas en contra de sus enemigos (Est. 9).
9. Guerras entre Satanás y Dios.
   a. La histórica caída de Satanás (Is. 14:12-15; Ez. 28:11-19).
   b. La expulsión futura de Satanás del cielo (Ap. 12:7-12).
   c. La rebelión final de Satanás (Ap. 20:7-10).
10. Guerras durante la tribulación.
   a. La invasión rusa de Palestina (Ez. 38, 39).
   b. La batalla del Armagedón (Ap. 14:14-20; 16:16; 19:11-21).

Hambres

1. El hambre en Palestina, que hizo que Abraham fuera a Egipto (Gn. 12:10).
2. El hambre en Palestina, que hizo que Isaac fuera a Filistea (Gn. 41:54-57).
3. El hambre en Palestina, que hizo que los once hijos de Jacob fueran a Egipto (Gn. 41:54-57).
4. El hambre en Palestina, que hizo que Noemí fuera a Moab (Rt. 1:1).
5. El hambre en la época de David, provocada por la casa ensangrentada de Saúl (2 S. 21:1).
6. El hambre en la época de Elías, provocada por los pecados de Acab e Israel (1 R. 17:1).
7. Las hambres en la época de Eliseo.
   a. Primer hambre: resultó en que Eliseo obrara el milagro de purificar un potaje envenenado (2 R. 4:38).
   b. Segunda hambre: resultó en la salvación de una ciudad por cuatro leprosos (2 R. 6:25).
   c. Tercera hambre: resultó en el reconocimiento por una mujer, un siervo y un rey de que todavía había un profeta de Dios en Israel (2 R. 8:1-6).
8. El hambre en Jerusalén, provocada por el sitio de Nabucodonosor (2 R. 25:2; Jer. 14).
9. El hambre en la época de Nehemías, que resultó en la predicación de un sermón por Nehemías y el avivamiento resultante del pueblo (Neh. 5:3-13).
10. El hambre en la época de Pablo, que resultó en el envío de ayuda por los cristianos extranjeros a los creyentes de Judea (Hch. 11:28).
11. El hambre durante la tribulación, que contribuirá a la muerte de millones (Ap. 6:5-8).

Himnos y cánticos

1. Los cánticos de Moisés.
   a. Después de haber guiado a Israel por el mar Rojo (Ex. 15:1-19).
   b. Justo antes de su muerte (Dt. 32:1-4). (Véase también Ap. 15:3, 4.)
2. El cántico de Israel cuando cavaron pozos de camino a la Tierra Prometida (Nm. 21:17, 18).
3. El cántico de Débora y Barac después de su victoria sobre Sísara (Jue. 5:1-31).
4. El cántico de Ana en la dedicación de su hijo Samuel (1 S. 2:1-10).
5. El cántico de las mujeres israelitas para celebrar la victoria de David sobre Goliat (1 S. 18:6, 7).
6. El cántico del coro levítico que cantó en la dedicación del templo (2 Cr. 5:12-14).
7. El cántico del coro en marcha de Josafat que guió a sus soldados a la batalla en contra de los enemigos de Judá (2 Cr. 20:20-23).
8. El cántico de este coro levítico durante la gran restauración del templo en el reinado de Ezequías (2 Cr. 29:25-28).
9. El cántico de María después de enterarse del futuro nacimiento virginal. Su canción se conoce como el «Magnificat» (Lc. 1:46-55).
10. El cántico de Zacarías durante la circuncisión de su hijo Juan el Bautista. Se conoce como el «Benedictus» (Lc. 1:68-79).
11. El cántico de los discípulos en el aposento alto (Mt. 26:30).
12. El cántico de Pablo y Silas cuando estaban en una cárcel de Filipos a la medianoche (Hch. 16:25).
13. Los himnos de alabanza que Dios desea que canten todos los creyentes (Ef. 5:19; Col. 3:16).
14. El cántico nuevo de todos los creyentes para glorificar a Cristo en el cielo (Ap. 5:9, 10).
15. El cántico de los 144.000 (Ap. 14:1-3).
16. El cántico de los sobrevivientes de la tribulación (Ap. 15:2-4).

Huertos

1. El huerto de Dios (Ez. 28:11-17).
   a. Era el hogar de Lucifer antes de que se convirtiera en Satanás.

b. Tenía piedras de fuego.
c. Era la sede del monte santo de Dios.
d. Fue testigo de la entrada del pecado en el mundo.
2. El huerto de Edén (Gn. 2:8—3:24).
a. Era el hogar del primer hombre.
b. Estaba situado al este de la Mesopotamia.
c. Tenía todo tipo de árbol hermoso, incluyendo
(1) El árbol de la vida.
(2) El árbol de la ciencia del bien y del mal.
d. Estaba regado por cuatro ríos.
e. Fue testigo de la entrada del pecado en la raza humana.
3. El huerto de Getsemaní (Mt. 26:36; Jn. 18:1).
a. Fue testigo de las tres oraciones de Jesús.
b. Fue testigo del beso de la traición y del arresto.
4. El huerto de la resurrección (Jn. 19:41-20:18; Mt. 28:2-4; Mr. 16:9-11; Lc. 24:12), donde:
a. Jesús fue sepultado en una cueva.
b. Ocurrió un gran terremoto.
c. Fueron cegados los soldados romanos.
d. Jesús se le apareció a María Magdalena.
e. Pedro y Juan vieron la tumba vacía.

Ídolos y falsos dioses

1. Asera: la diosa principal de Tiro, conocida como la señora del mar. Gedeón destruyó una estatua de esta diosa amante de Baal que había sido adorada por su propio padre (Jue. 6:24-32).
2. Astarot: una diosa cananea, otra amante de Baal. El profeta Samuel guió a Israel en un gran avivamiento que resultó en que el pueblo abandonara las prácticas sexuales asociadas con la adoración de Astarot (1 S. 7:3, 4).
3. Baal: el principal dios masculino del panteón cananeo. La lucha entre Baal y Jehová llegó a una culminación dramática en el monte Carmelo bajo el ministerio de Elías (1 R. 18:17-40). Jehú después le asestó un severo golpe al baalismo (2 R. 11:18).
4. Beelzebú: el príncipe de los demonios, según Jesús (Mt. 10:25; 12:24). El nombre significa literalmente «señor de las moscas».
5. Dagón: el principal dios agrícola filisteo y padre de Baal. El arca del pacto destruyó un ídolo de Dagón en su propio templo (1 S. 5:1-7). Sansón destruyó el templo de Dagón (Jue. 16:23-30).
6. Diana: una diosa asiática grotesca de muchos pechos, que se creía ser la madre amamantadora de otros dioses, hombres, animales y hasta plantas. Pablo se encontró con Diana en Efeso (Hch. 19:27, 35).
7. Júpiter: el principal dios romano del cielo (otro nombre del dios griego Zeus). La gente de Listra llamaban «Júpiter» a Bernabé, tal vez por su aspecto imponente (Hch. 14:12, 13).
8. Mercurio: el dios romano del comercio, la velocidad y la elocuencia. Era hijo de Júpiter. Como mensajero de los dioses tenía alas en los pies. Pablo fue identificado con Mercurio en Listra por su habilidad oratoria (Hch. 14:12).
9. Merodac (también conocido como Marduk): era el dios principal del panteón babilonio y el dios favorito de Nabucodonosor.
10. Moloc: el ídolo más horrible de las Escrituras. Era una detestable deidad semítica honrada con el sacrificio de niños que eran cruelmente quemados vivos. Salomón hasta construyó un altar para este malvado monstruo en Tofet, en el valle de Hinom (1 R. 11:7). Después, tanto el rey Acaz como su despiadado nieto Manasés sacrificaron a sus hijos a este diabólico y sangriento ídolo (2 Cr. 28:1-4; 33:6).
11. Nana: el dios luna de Ur, adorado por Abraham antes de su salvación (Jos. 24:2).
12. Nebo: el dios babilonio de la sabiduría y la literatura (Is. 46:1).
13. Nisroc: el dios asirio de Senaquerib. El rey fue asesinado en el templo de su ídolo después de regresar de la derrota por el ángel de la muerte en Jerusalén (2 R. 19:37).
14. Rimón: el dios sirio del leproso Naamán (2 R. 5:15-19).
15. Sátiro: un ídolo peludo parecido a una cabra adorado por el mundo antiguo, hecho a imagen de los demonios que representaba (Is. 13:21; 34:14; Lv. 17:7; 2 Cr. 11:15).
16. Tamuz: un ídolo babilonio dedicado a la memoria de Tamuz, el hijo de Nimrod y Semíramis. Su malvada madre instituyó un sistema religioso que destacaba el culto de la madre y el hijo, el cual se difundió después por todo el mundo (Ez. 8:14; Jer. 7:18; 44:25).
17. Ídolos no identificados:
a. Los ídolos de la casa de Raquel (Gn. 31:19).
b. El becerro de oro del Sinaí (Ex. 32). (Véase también 1 R. 12:28.)
c. La imagen de oro en la llanura de Dura (Dn. 2).
d. El dios no conocido del Areópago (Hch. 17).
e. La estatua de la bestia (Ap. 13:14).

Iglesias

1. La iglesia en Jerusalén (Hch.).
a. Comenzó en Pentecostés (2:47) con por lo menos 3120 (2:41) personas. Fue pastoreada por Santiago, el medio hermano de Cristo (15:13).
b. Obró muchos milagros y señales (2:43; 5:12-16).
c. Tenía todas las cosas en común (2:44, 45; 4:32-35).
d. Era unánime (2:46).
e. Pasó bastante tiempo en oración (2:42; 3:1; 4:24; 12:5-17).
f. Testificó en toda oportunidad (3:12; 5:42; 4:33).
g. Reflejaba a Jesús (4:13; 6:15).
h. Fue mantenida pura por Dios (tenía normas) (5:1-11; 8:18-24).
i. Crecía constantemente (2:47; 5:14; 4:4; 12:24).
j. Sufrió persecución (4:1-3; 4:14-21; 5:17-41; 7:54-60; 8:1-3; 12:1-4).
k. Designó diáconos (6:1-7).
l. Practicaba el bautismo y la cena del Señor (2:41, 46).
m. Mandaba misioneros a predicar el evangelio (8:5, 14; 11:22; 13:1-3; 15:22, 27).
n. Fue el lugar de una importante reunión acerca de la circuncisión (Hch. 15).
ñ. Estaba guiada por el Espíritu (2:1-18; 4:31; 13:2-4; 15:28).
o. Predicaba la Palabra (2:16-36; 3:13-26; 7:1-53; 6:4; 5:42).
p. Luchaba por la fe (15:1-21).
q. Aparentemente después transigió con los judaizantes (21:18-25).
2. La iglesia de Antioquía de Siria.
a. Fue fundada durante el período de persecución que siguió al martirio de Esteban (Hch. 11:19).
b. Experimentó una gran reunión de almas (11:21).
c. Recibió la visita de Bernabé, enviado por la iglesia de Jerusalén, para «echarle un vistazo» (11:22).
d. Bernabé se convirtió en su primer pastor (11:23).
e. Muchos fueron añadidos a la iglesia en esta época (11:24).
f. Bernabé entonces nombró a Saulo pastor asociado (11:25).

g. Ambos trabajarían aquí durante un año (11:26).
h. Fue aquí donde los creyentes fueron llamados cristianos por primera vez (11:26).
i. La iglesia de Antioquía juntó una gran ofrenda de amor para los creyentes necesitados de Jerusalén (11:30).
j. Antioquía fue la iglesia madre de los primeros dos misioneros cristianos (Pablo y Bernabé) (13:1-3; 14:26).
k. Más adelante se convirtió en su sede después de su primer viaje misionero (14:26) y después del Concilio de Jerusalén (15:35).
l. Silas era de esta iglesia (15:34).
m. Fue en Antioquía donde Pablo corrigió a Pedro sobre asuntos legalistas (Gá. 2:11).

3. La iglesia de Antioquía de Pisidia.
   a. Esta iglesia fue comenzada por Pablo durante su primer viaje misionero (13:14).
   b. Aquí predicó su primer sermón registrado (13:16).
   c. La iglesia se formó con las personas que se convirtieron en esta reunión (13:43).
   d. Pablo se apartó de los judíos en Antioquía de Pisidia (13:46).
   e. En Antioquía de Pisidia Pablo relata su llamamiento celestial para ser luz a los gentiles (13:47).
4. La iglesia en Listra.
   a. Fue organizada durante el primer viaje misionero de Pablo (14:6).
   b. Fue aquí que sanó al cojo (14:10).
   c. Esto condujo a que casi se lo adorara (14:11).
   d. Pablo fue apedreado aquí (14:19; 2 T. 3:11).
   e. Fue en Listra donde Pablo recogió a Timoteo durante su segundo viaje misionero (16:1-3).
5. La iglesia en Derbe (14:20-22).
6. La iglesia en Iconio:
   a. Pablo condujo a muchos a Cristo aquí durante su primer viaje (14:2).
   b. También hizo grandes señales y maravillas aquí (14:3).
   c. Fue echado de Iconio por los judíos incrédulos (14:5).
7. La iglesia en Filipos.
   a. Pablo organizó una iglesia en el hogar de una mujer convertida llamada Lidia (16:15, 40).
   b. Su próxima conversión fue la de una muchacha endemoniada (16:18).
   c. A ella le siguió el carcelero de Filipos (16:33).
   d. Más adelante Pablo le escribió una carta a esta iglesia (Fil. 1:1).
   e. Timoteo ministró a esta iglesia (Fil. 2:19).
   f. La iglesia había mandado a Epafrodito a ministrar a Pablo mientras el apóstol estaba en prisión (Fil. 2:25).
   g. La iglesia estaba en peligro de volverse legalista (Fil. 2:1-3).
   h. Pablo escribe y pide que un «compañero fiel» ayude a dos mujeres de la iglesia, llamadas Evodia y Síntique, que no se estaban llevando bien (Fil. 4:1-3).
   i. La iglesia de Filipos ayudó a suplir las necesidades materiales de Pablo (Fil. 4:15, 18).
8. La iglesia de Tesalónica.
   a. Fue fundada durante el segundo viaje misionero de Pablo (Hch. 17:1).
   b. Vio una gran siega de almas (17:4).
   c. Fue aquí que se acusó a Pablo de trastornar el mundo entero (17:6).
   d. A pesar de su celo, los miembros no eran buenos estudiosos de la Biblia (17:6).
   e. Más adelante Pablo escribió dos cartas a esta iglesia (1 Ts. 1:1; 2 Ts. 1:1).
   f. Sus creyentes tenían fama de ser buenos testigos (1 Ts. 1:8).
   g. Fueron perseguidos por su fe por los judíos incrédulos (1 Ts. 2:14).
   h. Timoteo ministró a esta iglesia (1 Ts. 3:1, 2).
   i. Había algunos miembros perezosos en esta iglesia (2 Ts. 3:10).
   j. Había algunas personas entrometidas allí (2 Ts. 3:11).
   k. Había algunos miembros desobedientes allí (2 Ts. 3:14, 15).
9. La iglesia de Berea. Esta iglesia fue alabada por su conocimiento y amor a la Palabra de Dios (Hch. 17:11).
10. La iglesia de Atenas. No se sabe si se estableció una asamblea después del sermón de Pablo en el Areópago, pero de ser así, un creyente llamado Dionisio probablemente fue su líder (Hch. 17:34).
11. La iglesia de Corinto.
    a. Fue fundada durante el segundo viaje misionero de Pablo (Hch. 18:1).
    b. Fue ayudado por Aquila y Priscila (Hch. 18:2).
    c. El principal de la sinagoga judía, un hombre llamado Crispo, fue uno de los primeros conversos de Pablo (18:8).
    d. Su sucesor, Sóstenes, evidentemente también fue salvado más adelante. (Compárese Hch. 18:17 con 1 Co. 1:1.)
    e. Pablo se quedó aquí dieciocho meses (Hch. 18:11).
    f. Pablo escribió varias cartas a esta iglesia (1 Co. 5:9; 2 Co. 10:9, 10), dos de las cuales están incluidas en el canon del Nuevo Testamento (1 Co. 1:2; 2 Co. 1:1).
    g. La iglesia de Corinto experimentó una confusión casi total en asuntos como:
       (1) El bautismo (1 Co. 1:12).
       (2) La sabiduría terrenal (1:26).
       (3) La carnalidad y la disensión (3:1-3).
       (4) El juicio injusto de otros (4:7).
       (5) La inmoralidad (5:1).
       (6) El llevar a juicio a otros creyentes (6:1-4).
       (7) El matrimonio (7:1).
       (8) La libertad cristiana (8—9).
       (9) La Cena del Señor (11:17-34).
       (10) Los dones espirituales (12—14).
       (11) La doctrina de la resurrección (cap. 15).
       (12) El diezmo (cap. 16).
    h. Más adelante fue pastoreada por Apolos (1 Co. 3:6).
12. La iglesia de Efeso.
    a. Fue fundada durante el segundo viaje misionero de Pablo (Hch 18:19).
    b. Pudo haber sido pastoreada por Apolos, Timoteo y el apóstol Juan.
    c. Pablo obró muchos milagros allí y vio mucho fruto (Hch. 19:11-41).
       (1) Se quemaron libros malvados.
       (2) Se desafió a la falsa diosa Diana.
    d. Pablo fue puerta por puerta ganando almas (Hch. 20:17-21).
    e. La iglesia de Efeso fue la única iglesia cristiana que recibió cartas de dos escritores neotestamentarios. Pablo les escribió la epístola a los Efesios (Ef. 1:1) y el apóstol Juan más adelante les dirigiría una porción de su libro de Apocalipsis (Ap. 2:1-7). Según la carta de Juan, esta iglesia:
       (1) Trabajaba duro y tenía paciencia.
       (2) Tenía altas normas eclesiásticas.
       (3) Sufría por Cristo.
       (4) Sin embargo, había dejado su primer amor.
       (5) Necesitaba recordar, arrepentirse y volver a Cristo para que su candelero no le fuera quitado.
       (6) Odiaba las obras de los nicolaítas libertinos.

13. La iglesia de Troas. Fue aquí donde Pablo resucitó a Eutico, un creyente que se había dormido durante el sermón de Pablo y se había caído del tercer piso del edificio (Hch. 20:7-12).
14. La iglesia de Roma.
    a. Se desconoce tanto el origen como el fundador de esta iglesia.
    b. Priscila y Aquila trabajaron allí y una iglesia local se reunía en su casa (Ro. 16:3-5).
    c. La iglesia tenía un testimonio resonante por toda la región (Ro. 1:8).
    d. Pablo menciona más amigos personales en este libro que en cualquier otro libro del Nuevo Testamento. Se pueden contar los nombres de unas veintiséis personas en Romanos 16.
15. La iglesia de Galacia.
    a. Las diversas iglesias locales de Galacia fueron organizadas por Pablo durante su primer viaje.
    b. Aparentemente, todas habían sido víctimas de los judaizantes legalistas, que continuamente acosaban el evangelio de gracia de Pablo (Gá. 1:6-9).
    c. La epístola neotestamentaria a los Gálatas fue escrita a estas iglesias (Gá. 3:1).
16. La iglesia de Colosas.
    a. Fue fundada durante el tercer viaje misionero de Pablo por Epafras (Col. 2:1; 1:7, 12, 13).
    b. Filemón y Onésimo (Col. 4:9; Flm. 1:1, 2).
    c. Pablo mandó que la Epístola a los Colosenses fuera leída en la iglesia de Laodicea, y mandó que la que le había escrito a Laodicea fuera leída en la iglesia de Colosas (Col. 4:16).
17. La iglesia de Babilonia (1 P. 5:13).
    a. Dondequiera que estuviera situada la iglesia, estaba llena de creyentes sufrientes (1 P. 1:6).
    b. Parte de este sufrimiento se debía al pecado (1 P. 4:15-17).
18. La iglesia de Esmirna (Ap. 2:8-11).
    a. Había sufrido mucho por Cristo.
    b. Había sido calumniada por los de la sinagoga de Satanás.
    c. Satanás había encarcelado a algunos de sus miembros.
19. La iglesia de Pérgamo (Ap. 2:12-17).
    a. Estaba ubicada en el centro mismo de la adoración satánica.
    b. Sin embargo, había permanecido fiel a Cristo a pesar del martirio.
    c. Aun así, toleraba a algunos en la iglesia que eran culpables de pecados sexuales.
    d. También toleraba a aquellos que mantenían la doctrina de los nicolaítas.
20. La iglesia de Tiatira (Ap. 2:18-29).
    a. Había hecho muchas buenas obras.
    b. Pero había permitido que una falsa profetisa, llamada Jezabel, enseñara que el pecado sexual no era un asunto serio.
21. La iglesia de Sardis (Ap. 3:1-6).
    a. Esta iglesia tenía reputación, pero estaba muerta.
    b. Había de fortalecer lo poco bueno que quedaba.
22. La iglesia de Filadelfia (Ap. 3:7-13).
    a. Aunque esta iglesia no era fuerte, había obedecido a la Palabra de Dios.
    b. Lo había hecho durante la persecución.
23. La iglesia de Laodicea (Ap. 3:14-22).
    a. Era la peor iglesia mencionada en el Nuevo Testamento.
    b. No era ni fría ni caliente.
    c. Se jactaba de su riqueza, diciendo que no le hacía falta nada, pero en realidad era desventurada, miserable, pobre, ciega y desnuda.
    d. Dios le exhortó a que se arrepintiera totalmente y le permitiera volver a entrar en comunión con ella.

Instrumentos musicales

1. Arpa: el primer instrumento musical mencionado en la Biblia (Gn. 4:21). Estaba hecho de madera y tenía diez cuerdas (1 S. 16:16). Se le da este nombre general a varios instrumentos.
2. Bocina: un cuerno hueco y curvado, originalmente formado de un cuerno animal, y más tarde de metal (Sal. 98:6; Dn. 3:5, 7, 10, 15).
3. Castañuelas: el término castañuelas viene de la palabra castaña. En la antigüedad se ataban dos castañas a los dedos y se las golpeaba para hacer música (Sal. 150:5).
4. Címbalos: dos platos cóncavos de bronce que se tañían o golpeaban (2 S. 6:5; Sal. 150:5; 1 Co. 13:1).
5. Decacordio: un instrumento de diez cuerdas similar al arpa y al salterio (Sal. 33:2; 144:9).
6. Flauta: un tubo recto con agujeros (Dn. 3:5; Jue. 5:16). También se le da este nombre al órgano, un instrumento sencillo de lengüeta, hecho de madera, marfil o hueso, tal vez a identificarse con el oboe (Gn. 4:21; Job 21:12; Sal. 150:4).
7. La lira: un instrumento con cinco cuerdas o más estiradas sobre un marco rectangular. Las cuerdas eran hechas del intestino delgado de las ovejas. Era similar al arpa (1 S. 16:23; Biblia de las Américas, *margen*).
8. Salterio: similar, pero no idéntico al arpa. Algunos creen que el salterio era un instrumento de cuerdas con forma de botella (1 S. 10:5; 2 Cr. 5:12; Sal. 71:22).
9. El sambuco (Versión de H. Pratt o Versión Moderna): un instrumento portátil, semejante al arpa, que se ataba a la cintura del músico y se mantenía en posición vertical mientras caminaba y tocaba. Se consideraba un lujo entre los instrumentos musicales orientales (Dn. 3:5, 7, 10, 15, Versión de H. Pratt o Versión Moderna; arpa en la Reina-Valera, 1960).
10. Tambor (también llamado pandero, tamborilete). Era un aro de madera con pieles estiradas sobre el marco (Ex. 15:20; Jue. 11:34; Sal. 68:25; 81:2; 1 Cr. 13:8).
11. Trompeta: normalmente hecha del cuerno de un carnero o una cabra, pero en una ocasión, de plata. (Véanse Nm. 10:1-10; Jue. 7:16-23; Mt. 24:31; 1 Co. 15:52; 1 Ts. 4:16; Ap. 8:2).
12. Zampoña: una caja de resonancia con cuerdas estiradas transversalmente, que se tocaba con martillitos. Nota: la palabra zampoña que aparece en Daniel 3:5, 10, 15 probablemente no se refiere a este instrumento sino a la gaita.

Invitaciones

1. A entrar en el arca de la seguridad (Gn. 7:1).
2. A considerar los beneficios de la salvación (Is. 1:18).
3. A satisfacer el hambre y la sed (Is. 55:1-3).
4. A probar las afirmaciones de Jesús (Jn. 1:48; 4:29).
5. A descansar en Cristo (Mt. 11:28-30).
6. A seguir al Salvador (Mt. 19:21; Mr. 10:21).
7. A asistir a un gran banquete (Lc. 14:16).
8. A asistir a una gran fiesta de bodas (Mt. 22:4).
9. A entrar en el reino (Mt. 25:34).
10. A tomar del agua viviente (Jn. 4:10; Ap. 22:17).

Islas

1. La isla de Chipre, el hogar de Bernabé, que fue evangelizada por Pablo y Bernabé durante el primer viaje misionero (Hch. 13:4-13).
2. La isla de Creta, donde Pablo designó a Tito como pastor (Tit. 1:4, 5, 10-12).
3. La isla de Malta, donde Pablo sobrevivió

sobrenaturalmente a la mordedura de una víbora venenosa (Hch. 27:39—28:11). Aquí también sanó al padre de Publio, gobernador de la isla.

4. La isla de Patmos, donde se le dio al exiliado Juan la visión del libro del Apocalipsis (Ap. 1:9).

Juicios

1. Juicios pasados.
   a. El juicio del huerto de Edén (Gn. 3:14-19; Ro. 5:12; 1 Co. 15:22).
   b. El juicio del diluvio (Gn. 6:5-7; 2 P. 3:1-6).
   c. El juicio del Calvario (Mt. 27:33-37; Is. 53:1-10; Sal. 22:1; He. 2:9; 1 P. 2:21-25; 3:18).
   d. Los juicios de Israel.
      (1) Por medio de los asirios (2 R. 17).
      (2) Por medio de los babilonios (2 R. 24—25).
      (3) Por medio de los romanos (Mt. 24:2; Lc. 19:41-44).
      (4) Por medio de Cristo mismo (Mt. 21:17-19, 33-46).
2. Juicios actuales.
   a. Por el Salvador sobre las iglesias locales (Ap. 2—3).
   b. Sobre creyentes individuales.
      (1) Cuando el creyente se juzga a sí mismo (1 Co. 11:31; 1 Jn. 1:9).
      (2) Cuando el Padre tiene que intervenir y juzgar (He. 12:3-13; 1 Co. 11:30; 1 P. 4:17; 1 Jn. 5:16; Hch. 5:1-11).
3. Juicios futuros.
   a. El tribunal (*bema*) de Cristo (1 Co. 3:9-15; 2 Co. 5:10; Ro. 14:10; Ap. 22:12).
   b. El juicio de la tribulación (Ap. 6—19).
      (1) Sobre los sistemas religiosos del hombre (Ap. 17).
      (2) Sobre los sistemas económicos y políticos del hombre (Ap. 18).
      (3) Sobre los sistemas militares del hombre (Ap. 19:11-21).
      (4) Sobre el hombre mismo (Ap. 6, 8, 9, 16).
   c. El juicio de las lámparas y los talentos. Esto se refiere a Israel (Mt. 24:45-51; 25:1-30; Ez. 20:33-38).
   d. El juicio de las ovejas y los cabritos. Esto se refiere a los gentiles (Mt. 25:31-46).
   e. El juicio del Anticristo y el falso profeta (Ap. 19:20).
   f. El juicio a Satanás.
      (1) En el abismo durante mil años (Ap. 20:1-3).
      (2) En el lago de fuego para siempre (Ap. 20:10).
   g. El juicio de los ángeles caídos (1 Co. 6:3; 2 P. 2:4; Jud. v. 6).
   h. El juicio ante el gran trono blanco (Ap. 20:11-15).

Lámparas (luces y antorchas)

1. La lámpara ardiente del pacto abrahámico (Gn. 15:17).
2. La lámpara de oro del tabernáculo (Ex. 25:37).
3. Las lámparas de Gedeón (Jue. 7:16).
4. La lámpara de Samuel y Elí (1 S. 3:3).
5. La lámpara de oro del templo (1 R. 7:49).
6. Las lámparas de las diez vírgenes (Mt. 25:1)

Lanzas y espadas

1. La espada de los querubines (Gn. 3:24).
2. Las usadas por Simeón y Leví (Gn. 34:25, 26).
3. La que el ángel usó en contra de Balaam (Nm. 22:23).
4. La espada victoriosa de Josué ante Hai (Jos. 8:18).
5. La espada del capitán del ejército de Jehová (Jos. 5:13).
6. La que usó Goliat (1 S. 17:45).
7. Las espadas y lanzas de Saúl:
   a. Las que usó para tratar de matar a David (1 S. 18:11; 19:9).
   b. La que usó para tratar de matar a Jonatán (1 S. 20:33).
   c. La que David le quitó mientras dormía (1 S. 26:12).
   d. La espada sobre la que cayó (1 S. 31:4).
8. La espada utilizada para matar a la malvada Atalía (2 R. 11:20).
9. La espada que usó Pedro para herir al siervo del sumo sacerdote (Mt. 26:51).
10. La que se usó para herir el costado de Cristo (Jn. 19:34).
11. La que usó Herodes para matar a Jacobo (Hch. 12:1, 2).
12. La que usó Herodes para matar a Juan el Bautista (Mt. 14:10).
13. La que casi usó el carcelero de Filipos para matarse (Hch. 16:27).
14. La espada (simbólica) llevada por el Anticristo (Ap. 6:4).
15. La espada (simbólica) llevada por el verdadero Cristo en su regreso (Ap. 19:15).

Lebrillos

1. Un lebrillo que contenía la sangre de la Pascua (Ex. 12:22).
2. Un lebrillo que contenía el agua de la Pascua (Jn. 13:5).

Libros

Naturalmente que la Biblia en sí es una colección de sesenta y seis libros inspirados. Pero la Biblia hace referencia a otros libros:

1. El libro de las batallas (Nm. 21:14).
2. El libro de Jaser (Jos. 10:13).
3. El registro de las crónicas del rey David (1 Cr. 27:24).
4. Las crónicas de Gad (1 Cr. 29:29).
5. La historia de Iddo profeta (2 Cr. 13:22).
6. Las crónicas del profeta Natán (1 Cr. 29:29).
7. El libro de Jehú (2 Cr. 20:34).
8. El libro de las crónicas del rey Asuero (Est. 2:23; 6:1). Este libro ayudó indirectamente a salvar a los judíos de Persia.
9. El libro de memoria (Mal. 3:16).
10. El libro de la vida (Dn. 12:1; Fil. 4:3; Ap. 20:12; 22:19).
11. El libro de juicio (Dn. 7:10; Ap. 20:12).
12. El libro con los siete sellos (Ap. 5:1).
13. El librito del ángel (Ap. 10:2).

Llamamientos (a servicio especial)

1. Noé (Gn. 6:14): a construir un barco.
2. Abraham (Gn. 12:1, 2): a dejar su hogar para ir a una tierra extraña.
3. Isaac (Gn. 26:1-5): a quedarse en Palestina y continuar con la fe de su padre.
4. Jacob (Gn. 28:12-15): a ser fiel a la fe de su abuelo.
5. José (Gn. 37:5-9): a ejercer autoridad espiritual sobre sus hermanos.
6. Moisés (Ex. 3:1-12): a liberar a Israel de la esclavitud egipcia.
7. Aarón (Lv. 8:2): a ser el primer sumo sacerdote de Israel.
8. Eleazar (Nm 3:32; 20:28; 34:17): a asumir responsabilidad sobre el tabernáculo y ser el sumo sacerdote de Israel.
9. Finees (Nm 25:10-13): a recibir el pacto de la paz de Dios para su familia.
10. Josué (Jos. 1:1-9): a guiar a Israel a Canaán.
11. Otoniel (Jue. 3:9, 10): a derrotar a los mesopotamios.
12. Aod (Jue. 3:15): a derrotar a los moabitas.
13. Débora y Barac (Jue. 4:4-9): a derrotar a los cananeos.

14. Gedeón (Jue. 6:11-16): a derrotar a los madianitas.
15. Jefté (Jue. 11:29): a derrotar a los amonitas.
16. Sansón (Jue. 13:24, 25): a derrotar a los filisteos.
17. Samuel (1 S. 3:1-14): a reemplazar a Elí.
18. Saúl (1 S. 9): a ser el primer rey de Israel.
19. David (1 S. 16): a ser el mejor rey de Israel.
20. Salomón (1 R. 3:1-14): a servir a Dios como lo hizo su padre.
21. Jeroboam (1 R. 11:26-40): a encabezar diez de las tribus de Israel.
22. Elías (1 R. 17:1-4): a predicar el juicio por el pecado.
23. Eliseo (2 R. 2:1-13): a reemplazar (y sobrepasar) el ministerio de Elías.
24. Jehú (2 R. 9:1-6): a gobernar las diez tribus de Israel.
25. Esdras (Esd. 7:6-10): a enseñar la Palabra de Dios a los judíos que regresaban del cautiverio.
26. Nehemías (Neh. 2:18): a construir el muro alrededor de Jerusalén.
27. Ester (Est. 4:13-16): a salvar a su pueblo de la muerte.
28. Isaías (Is. 6:1-13): a convertirse en el mayor de los profetas de Dios.
29. Jeremías (Jer. 1:4-10): a ser un profeta para las naciones.
30. Ezequiel (Ez. 3:10-27): a ser el atalaya de Israel.
31. Daniel (Dn. 2:19-23): a interpretar sueños.
32. Oseas (Os. 1:1, 2): a casarse con una ramera.
33. Amós (Am. 1:1ss): a predicar en contra de los pecados de las diez tribus.
34. Jonás (Jon. 1:1, 2): a advertir a Nínive del juicio venidero si no se arrepentía.
35. Juan el Bautista (Lc. 1:76-80): a preparar el camino para Cristo.
36. Pedro y Andrés (Mt. 4:18-20): a seguir a Cristo.
37. Jacobo y Juan (Mt. 4:21, 22): a seguir a Cristo.
38. Felipe (Jn. 1:43): a seguir a Cristo.
39. Natanael (Jn. 1:44-51): a seguir a Cristo.
40. Mateo (Mt. 9:9): a seguir a Cristo.
41. El joven rico (Mt. 19:16-21): a vender sus bienes y seguir a Cristo.
42. Matías (Hch. 1:23-26): a tomar el lugar de Judas.
43. Esteban (Hch. 6:5, 8-15): a servir como diácono y evangelista.
44. Felipe (Hch. 6:5; 8:5-8): a servir como diácono y evangelista.
45. Saulo (Hch. 9:15, 16; 13:1, 2): a ser el primer misionero-evangelista-pastor de la Iglesia.
46. Bernabé (Hch. 11:22-30): a ayudar a Pablo.
47. Juan Marcos (Hch. 13:5; 15:39): a ayudar a Pablo.
48. Silas (Hch. 15:40): a ayudar a Pablo.
49. Timoteo (Hch. 16:1-3): a ayudar a Pablo y más adelante pastorear una iglesia.
50. Apolos (Hch. 18:24-26): a ser evangelista y pastor.
51. Judas (Jud. 1:3): a escribir el libro de Judas.

Llaves

1. La llave del reino de los cielos (Mt. 16:19).
2. La llave de la ciencia (Lc. 11:52).
3. La llave del trono de David (Is. 22:22; Ap. 3:7).
4. Las llaves de la muerte y del Hades (Ap. 1:18).
5. La llave del abismo (Ap. 9:1; 20:1)

Longevidades

1. Adán llegó a tener 930 años (Gn. 5:5).
2. Set, 912 (5:8).
3. Enós, 905 (5:11).
4. Cainán, 910 (5:14).
5. Mahalaleel, 895 (5:17).
6. Jared, 962 (5:20).
7. Enoc, 365 (5:23)
8. Matusalén, 969 (5:27).
9. Lamec, 777 (5:31).
10. Noé, 950 (9:29).
11. Sem, 600 (11:10, 11).
12. Arfaxad, hijo de Sem, 438 (11:12, 13).
13. Sala, 433 (11:14, 15).
14. Heber, 464 (11:16, 17).
15. Peleg, 239 (11:18, 19).
16. Reu, 239 (11:20, 21).
17. Serug, 230 (11:22, 23).
18. Nacor, 148 (11:24, 25).
19. Taré, 205 (11:32).
20. Sara, 127 (23:1).
21. Abraham, 175 (25:7).
22. Ismael, 137 (25:17).
23. Isaac, 180 (35:28).
24. Jacob, 147 (47:28).
25. José, 110 (50:26).
26. Moisés, 120 (Dt. 34:7).
27. Josué, 110 (Jos. 24:29).

Llanuras

1. El encino de More, donde Abraham construyó su primer altar (Gn. 12:6).
2. El encinar de Mamre, donde Dios se le apareció (Gn. 18:1)
3. La llanura de Sinar, donde se construyó la torre de Babel (Gn. 11:2).
4. La llanura del Jordán, donde estaba ubicada Sodoma (Gn. 13:11).
5. Los campos de Moab, donde se hicieron las preparaciones finales para cruzar el Jordán (Nm. 26:3, 63; 31:12; Dt. 34:1, 8).
6. Los llanos de Jericó, donde Josué se encontró con Cristo y se preparó para conquistar la tierra (Jos. 5:10). También fue donde el último rey de Judá, Sedequías, fue capturado por Nabucodonosor (2 R. 25:5).
7. El campo de Dura, donde Nabucodonosor erigió su estatua de oro (Dn. 3:1).

Maldiciones

1. Sobre la serpiente (Gn. 3:14, 15).
2. Sobre la tierra (Gn. 3:17, 18; 5:29; 8:21).
3. Sobre la naturaleza (Ro. 8:19-22).
4. Sobre Caín (Gn. 4:11).
5. Sobre Canaán (Gn. 9:25).
6. Sobre el Israel desobediente (Dt. 28:15).
7. Sobre los enemigos de Israel (Gn. 12:3).
8. Sobre una higuera estéril (Mr. 11:21).
9. Sobre todos los incrédulos (Mt. 25:41).
10. Sobre todos los predicadores falsos (Gá. 1:8).
11. Sobre Joacim (Jer. 22:18, 19; 36:30).
12. Sobre todos los que intentan permanecer bajo la ley (Gá. 3:10).
13. Sobre Cristo, por nuestro pecado (Gá. 3:13).

Mandamientos

A ADÁN

1. Fructificad y multiplicaos; llenad la tierra, y sojuzgadla (Gn. 1:28).
2. Mas del árbol de la ciencia del bien y del mal no comerás (Gn. 2:17).

A NOÉ

1. Hazte un arca de madera de gofer (Gn. 6:14).
2. Y de todo lo que vive, de toda carne, dos de cada especie meterás en el arca (Gn. 6:19).
3. Entra tú y toda tu casa en el arca (Gn. 7:1).
4. Sal del arca (Gn. 8:16).
5. Fructificad y multiplicaos, y llenad la tierra (Gn. 9:1).

A ABRAHAM
1. Vete de tu tierra y de tu parentela, y de la casa de tu padre, a la tierra que te mostraré (Gn. 12:1).
2. No te heredará éste (Gn. 15:4).
3. Tráeme una becerra (Gn. 15:9).
4. Circuncidaréis, pues, la carne de vuestro prepucio (Gn. 17:11).
5. Será tu nombre Abraham (Gn. 17:5).
6. A Sarai tu mujer no la llamarás Sarai, mas Sara será su nombre (Gn. 17:15).
7. Toma ahora a tu hijo y ofrécelo allí en holocausto (Gn. 22:2).

A ISAAC
No desciendas a Egipto (Gn. 26:2)

A JACOB
1. No se dirá más tu nombre Jacob, sino Israel (Gn. 32:28).
2. Levántate y sube a Bet-el, y quédate allí (Gn. 35:1).
3. No temas de descender a Egipto (Gn. 46:3).

A MOISÉS
1. Quita tu calzado de tus pies (Ex. 3:5).
2. Así dirás a los hijos de Israel: YO SOY me envió a vosotros (Ex. 3:14).
3. Échala [tu vara] en la tierra (Ex. 4:3).
4. Mete ahora tu mano en tu seno (Ex. 4:6).
5. Ahora pues, vé, y yo estaré con tu boca (Ex. 4:12).
6. Toma tu vara, y extiende tu mano sobre las aguas de Egipto (Ex. 7:19).
7. Tómese cada uno un cordero (Ex. 12:3).
8. Alza tu vara, y extiende tu mano sobre el mar, y divídelo (Ex. 14:16).
9. Golpearás la peña (Ex. 17:6).
10. Escribe esto para memoria en un libro (Ex. 17:14).
11. Harán un santuario para mí (Ex. 25:8).
12. Anda, desciende, porque tu pueblo que sacaste de la tierra de Egipto se ha corrompido (Ex. 32:7).
13. He aquí un lugar junto a mí, y tú estarás sobre la peña (Ex. 33:21).
14. Toma a Aarón y el aceite de la unción (Lv. 8:2).
15. Reúneme setenta varones de los ancianos de Israel (Nm. 11:16).
16. Envía tú hombres que reconozcan la tierra de Canaán (Nm. 13:2).
17. Hablad a la peña (Nm. 20:8).
18. Hazte una serpiente ardiente, y ponla sobre una asta (Nm. 21:8).
19. Desnuda a Aarón de sus vestiduras, y viste con ellas a Eleazar su hijo (Nm. 20:26).
20. Toma a Josué y pondrás tu mano sobre él (Nm. 27:18).
21. Sube al monte Nebo (Dt. 32:49). Nota: unos cuarenta años antes, Dios le había mandado que subiera a otra montaña, el monte Sinaí (véase Ex. 19:20).

A ISRAEL
1. No tendrás dioses ajenos delante de mí (Ex. 20:3).
2. No te harás imagen (Ex. 20:4).
3. No tomarás el nombre de Jehová tu Dios en vano (Ex. 20:7).
4. Acuérdate del día de reposo para santificarlo (Ex. 20:8).
5. Honra a tu padre y a tu madre (Ex. 20:12).
6. No matarás (Ex. 20:13).
7. No cometerás adulterio (Ex. 20:14).
8. No hurtarás (Ex. 20:15).
9. No hablarás contra tu prójimo falso testimonio (Ex. 20:16).
10. No codiciarás (Ex. 20:17).
11. Amarás a Jehová tu Dios de todo tu corazón, y de toda tu alma, y con todas tus fuerzas (Dt. 6:5). (Véase también 11:18-12.)
12. Estas palabras que yo te mando hoy, estarán sobre tu corazón (Dt. 6:6). (Véase también 11:18-20.)
13. Repetirás (las palabras de Dios) a tus hijos (Dt. 6:7).
14. A Jehová tu Dios temerás, y a él solo servirás (Dt. 6:13).
15. Circuncidad, pues, el prepucio de vuestro corazón, y no endurezcáis más vuestra cerviz (Dt. 10:16).
16. Cuidarás de hacer todo lo que yo te mando; no añadirás a ello, ni de ello quitarás (Dt. 12:32).

A JOSUÉ
1. Mi siervo Moisés ha muerto; ahora, pues, levántate y pasa este Jordán (Jos. 1:2).
2. Mira que te mando que te esfuerces y seas valiente; no temas ni desmayes (Jos. 1:9).
3. Vuelve a circuncidar la segunda vez a los hijos de Israel (Jos. 5:2).
4. Rodearéis, pues, la ciudad, yendo alrededor de la ciudad una vez; y al séptimo día daréis siete vueltas a la ciudad (Jos. 6:3, 4).
5. Levántate; ¿por qué te postras así sobre tu rostro? (Jos. 7:10).

A GEDEÓN
1. Haz pregonar en oídos del pueblo, diciendo: Quien tema y se estremezca, madrugue y devuélvase (Jue. 7:3).
2. Aún es mucho el pueblo; llévalos a las aguas, y allí te los probaré (Jue. 7:4).

A SAMUEL
1. Enviaré a ti un varón de la tierra de Benjamín, al cual ungirás por príncipe sobre mi pueblo Israel (1 S. 9:16).
2. No mires a su parecer, porque Jehová mira el corazón. Levántate y úngelo, porque éste es (1 S. 16:7, 12).

A DAVID
1. Jehová le respondió: Sube a Hebrón (2 S. 2:1).
2. Tú no me edificarás casa en que habite (1 Cr. 17:4).

A ELÍAS
1. Escóndete en el arroyo de Querit (1 R. 17:3).
2. Vete a Sarepta (1 R. 17:9).
3. Vé, muéstrate a Acab (1 R. 18:1).
4. Levántate y come, porque largo camino te resta (1 R. 19:7).

A LOS CREYENTES
1. Absteneos de toda especie de mal. (1 Ts. 5:22).
2. Absteneos de los deseos carnales (1 P. 2:11).
3. Apartaos de los que causan divisiones y tropiezos (Ro. 16:17).
4. Evitad las profanas pláticas sobre cosas vanas (1 Ti. 6:20).
5. Evitad los argumentos de la falsamente llamada ciencia (1 Ti. 6:20).
6. Evita las cuestiones necias (Tit. 3:9).
7. Evita las discusiones acerca de la ley (Tit. 3:9).
8. Reconcíliate con tu hermano (Mt. 5:24).
9. Sed prudentes como serpientes (Mt. 10:16).
10. Sed sencillos como palomas (Mt. 10:16).
11. Sed agradecidos (Col. 3:15).
12. Sed pacientes para con todos (1 Ts. 5:14; 2 Ti. 2:24).
13. Estad siempre preparados para presentar defensa de la esperanza que hay en vosotros (1 P. 3:15).
14. Transformaos (Ro. 12:2).
15. Sed sufridos en la tribulación (Ro. 12:12).
16. Sed niños en la malicia (1 Co. 14:20).
17. Sed maduros en el modo de pensar (1 Co. 14:20).

18. Estad firmes (1 Co. 15:58).
19. Estad constantes (1 Co. 15:58).
20. Creced en la obra del Señor siempre (1 Co. 15:58).
21. Sed unánimes entre vosotros (Ro. 12:16).
22. No toquéis lo inmundo (2 Co. 6:17).
23. Airaos, pero no pequéis (Ef. 4:26).
24. Sed llenos del Espíritu (Ef. 5:18).
25. Por nada estéis afanosos (Fil. 4:6).
26. Sé ejemplo de los creyentes (1 Ti. 4:12).
27. Sed amables para con todos (2 Ti. 2:24).
28. Sed aptos para enseñar (2 Ti. 2:24).
29. Estad contentos con lo que tenéis ahora (He. 13:5).
30. Velad (1 P. 5:8).
31. Cuando ores, no seas como los hipócritas (Mt. 6:5).
32. No temáis a los que matan el cuerpo (Lc. 12:4).
33. No os conforméis a este siglo (Ro. 12:2).
34. No seáis niños en el modo de pensar (1 Co. 14:20).
35. No erréis; las malas conversaciones corrompen las buenas costumbres (1 Co. 15:33).
36. No os unáis en yugo desigual con los incrédulos (2 Co. 6:14-18).
37. No os embriaguéis con vino (Ef. 5:18).
38. No os canséis de hacer bien (2 Ts. 3:13).
39. No os hagáis perezosos (He. 6:12).
40. No os dejéis llevar de doctrinas diversas y extrañas (He. 13:9).
41. Guardaos de los falsos profetas (Mt. 7:15; Fil 3:2).
42. Guardaos de los hombres (malvados) (Mt. 10:17).
43. Guardaos de toda avaricia (Lc. 12:15).
44. Guardaos de ser arrastrados por el error (2 P. 3:17).
45. No recibáis a los falsos maestros (2 Jn. vv. 10, 11).
46. Criad a vuestros hijos en el Señor (Ef. 6:4).
47. Echad toda vuestra ansiedad sobre Dios (1 P. 5:7).
48. No perdáis vuestra confianza en Dios (He. 10:35).
49. Salid de en medio del mundo (2 Co. 6:17).
50. Tened por sumo gozo cuando os halléis en diversas pruebas (Stg. 1:2).
51. Todas las cosas que queráis que los hombres hagan con vosotros, así también haced vosotros con ellos (Mt. 7:12).
52. Desead la leche espiritual no adulterada (1 P. 2:2).
53. Hacedlo todo para la gloria de Dios (1 Co. 10:31; Col. 3:17, 23).
54. Haced todo sin murmuraciones (Fil. 2:14).
55. Contended ardientemente por la fe (Jud. v. 3).
56. No deis lugar al diablo (Ef. 4:27).
57. Dad siempre gracias (Ef. 5:20; Fil. 4:6).
58. Ocúpate en la lectura (1 Ti. 4:13).
59. No seáis tropiezo (1 Co. 10:32).
60. Sembrad generosamente (2 Co. 9:6, 7).
61. Dad según hayáis prosperado (1 Co. 16:2).
62. Dad con voluntad dispuesta (2 Co. 8:12).
63. Dad como propusisteis en vuestro corazón (2 Co. 9:7).
64. No contristéis al Espíritu Santo (Ef. 4:30).
65. Creced en la gracia (2 P. 3:18).
66. No participéis en las obras infructuosas de las tinieblas (Ef. 5:11).
67. Tened misericordia (Jud. v. 23).
68. Tened buena conciencia (1 P. 3:16).
69. Asíos de la palabra de vida (Fil. 2:16).
70. Retén la forma de las sanas palabras (2 Ti. 1:13).
71. Honra a tu padre (Ef. 6:2).
72. Honra a tu madre (Mt. 19:19).
73. Honra a las viudas (1 Ti. 5:3).
74. Honrad al rey (1 P. 2:17).
75. Desechad toda envidia (1 P. 2:1).
76. Desechad toda detracción (1 P. 2:1).
77. No os hagáis tesoros en la tierra (Mt. 6:19).
78. Alumbre vuestra luz (Mt. 5:16).
79. Niéguese a sí mismo (Mt. 16:24).
80. Dad al que no tiene (Lc. 3:11).
81. Sométase toda persona a las autoridades superiores (Ro. 13:1).
82. Nadie se engañe a sí mismo (1 Co. 3:18).
83. Pruébese cada uno a sí mismo durante la comunión (1 Co. 11:28).
84. Sean conocidas vuestras peticiones delante de Dios (Fil. 4:6).
85. Sea vuestra palabra siempre con gracia (Col. 4:6).
86. Hágase todo decentemente (1 Co. 14:40).
87. El que es enseñado en la palabra, haga partícipe de toda cosa buena al que lo instruye (Gá. 6:6).
88. Las casadas estén sujetas a sus propios maridos (Ef. 5:22; Col. 3:18).
89. Maridos, amad a vuestras mujeres (Ef. 5:25).
90. La mujer respete a su marido (Ef. 5:33).
91. Todo hombre sea pronto para oír, tardo para hablar, tardo para airarse (Stg. 1:19).
92. El afligido haga oración (Stg. 5:13).
93. Vuestro atavío [de las mujeres] no sea el externo sino el interno (1 P. 3:3, 4).
94. No sepa tu izquierda lo que hace tu derecha (Mt. 6:3).
95. No reine el pecado en vuestro cuerpo (Ro. 6:12).
96. No se ponga el sol sobre vuestro enojo (Ef. 4:26).
97. Sigamos lo que contribuye a la edificación (Ro. 14:19).
98. Andemos por el Espíritu (Gá. 5:25).
99. No nos irritemos unos a otros (Gá. 5:26).
100. No nos cansemos de hacer bien (Gá. 6:9).
101. Acerquémonos confiadamente al trono de la gracia (He. 4:16; 10:19-23).
102. No dejemos de congregarnos (He. 10:25).
103. Exhortémonos (He. 10:25).
104. Despojémonos de todo peso (He. 12:1).
105. Corramos con paciencia la carrera que tenemos por delante (He. 12:1).
106. Pongamos los ojos en Jesús (He. 12:2).
107. Ofrezcamos siempre a Dios sacrificio de alabanza (He. 13:15).
108. No contendáis sobre opiniones (Ro. 14:1).
109. Decidid no poner tropiezo ni ocasión de caer al hermano (Ro. 14:13).
110. Fijaos en los que causan divisiones y tropiezos (Ro. 16:17; Fil. 3:17).
111. Orad por los que os persiguen (Mt. 5:44: Lc. 6:28).
112. Rogad que el Señor envíe obreros (Mt. 9:38; Lc. 10:2).
113. Presentad vuestros cuerpos a Dios (Ro. 12:1).
114. Vestíos del nuevo hombre (Ef. 4:24; Col. 3:10).
115. Vestíos de toda la armadura de Dios (Ef. 6:11, 13).
116. No apaguéis al Espíritu (1 Ts. 5:19).
117. Consideraos muertos al pecado (Ro. 6:11).
118. Aprovechad bien el tiempo (Ef. 5:16).
119. Resistid al diablo (Stg. 4:7; 1 P. 5:9).
120. Restaurad al que fuere sorprendido en alguna falta con espíritu de mansedumbre (Gá. 6:1).
121. Levantad las rodillas paralizadas (He. 12:12).
122. Procura con diligencia presentarte a dios aprobado (2 Ti. 2:15).
123. No os afanéis por el día de mañana (Mt. 6:34).
124. Tomad la Cena del Señor (1 Co. 11:24-26).
125. Mirad que no menospreciéis a uno de estos pequeños (Mt. 18:10).
126. Ten cuidado de ti mismo y de la doctrina (1 Ti. 4:16).
127. Apartaos de todo hermano que ande desordenadamente (2 Ts. 3:6, 14).

Mares

1. El mar Mediterráneo (Hch. 10:6; 27:40). También llamado el gran mar (véase Jos. 1:4).

2. El mar Muerto. También llamado el mar Salado (Jos. 18:19).
3. El mar Rojo (Ex. 14:21).
4. El mar de Galilea (Mt. 4:18).

Matrimonios

1. Adán y Eva (Gn. 2:21-25).
2. Lamec con Ada y Zila (Gn. 4:19).
3. Isaac y Rebeca (Gn. 24:63-67).
4. Esaú y Judit (Gn. 26:34, 35).
5. Abraham y Cetura (Gn. 25:1).
6. Jacob con Lea y Raquel (Gn. 29:18-23).
7. José y Asenat (Gn. 41:45).
8. Moisés y Séfora (Ex. 2:21).
9. Sansón y una muchacha filistea (Jue. 14).
10. Booz y Rut (Rt. 4:13).
11. David y Mical (1 S. 18:20, 28).
12. David y Abigail (1 S. 25:39).
13. David y Betsabé (2 S. 11:27).
14. Salomón y la hija del faraón (1 R. 3:1).
15. Acab y Jezabel (1 R. 16:31).
16. Asuero y Ester (Est. 2:17).
17. Oseas y Gomer (Os. 1:2, 3).
18. José y María (Mt. 1:24).
19. Herodes y Herodías (Mt. 14:3, 4).
20. Una pareja de Caná (Jn. 2).
21. Cristo y la Iglesia (Ap. 19:7, 8).

Mentiras

1. Satanás le mintió a Eva (Gn. 3:4).
2. Abraham le mintió al faraón (Gn. 12:13).
3. Abraham le mintió a Abimelec (Gn. 20:2).
4. Sara le mintió a Dios (Gn. 18:15).
5. Jacob le mintió a Isaac (Gn. 27:19).
6. Isaac le mintió a Abimelec (Gn. 26:7).
7. Labán le mintió a Jacob (Gn. 29:18-24).
8. Los hijos de Jacob le mintieron a Jacob (Gn. 37:32).
9. La esposa de Potifar le mintió a su esposo (Gn. 39:17).
10. Faraón le mintió a Moisés (Ex. 8:8).
11. Un soldado amalecita le mintió a David (2 S. 1:2-10).
12. David les mintió a Abimelec y a Aquis (1 S. 21:12).
13. Rahab les mintió a los investigadores de Jericó (Jos. 2:4).
14. Mical le mintió a su padre, Saúl (1 S. 19:13-17).
15. Saúl le mintió a David (1 S. 18:17).
16. Ananías y Safira le mintieron a Pedro (Hch. 5:1).

Metáforas (figuras retóricas en las cuales se describe el sujeto por medio de la identificación con otra cosa)

1. Judá es el cachorro de león (Gn. 49:9).
2. Dan será una serpiente (Gn. 49:17).
3. Id, y decid a aquella zorra (Lc. 13:31, 32).
4. Este es mi cuerpo ... y esto es mi sangre (Mt. 26:26-28; Mr. 14:22-24).
5. Yo soy el pan de vida (Jn. 6:35).
6. Yo soy la vid verdadera (Jn. 15:1).
7. Vosotros sois la sal de la tierra (Mt. 5:13).
8. Yo soy la luz del mundo (Jn. 8:12).
9. Yo soy la puerta (Jn. 10:9).
10. Yo soy el buen pastor (Jn. 10:14).

Metrología (la ciencia de pesos, medidas y monedas)*

1. Almud: similar al celemín [o sea 8,75 litros] (Mt. 5:15; Mr. 4:21; Lc. 11:33).
2. Bato: 6 galones [22 litros] (1 R. 7:26).
3. Becá: 1/4 de onza [1/2 de un siclo; 5,70 g de plata] (Ex. 38:26 BLA y VM).
4. Blanca: [medio cuadrante, o sea, 1/128 de denario] (Mr. 12:42) 1/8 de centavo de dólar.
5. Braza: 6 pies [1,83 m] (Hch. 27:28).
6. Cab: 2 cuartos [1,2 litros] (2 R. 6:25).
7. Camino de un día: unas 20 millas [32 km] (Lc. 2:44).
8. Camino de un día de reposo: 1/2 milla [805 m].
9. Caña: 11 pies [3,35 m] (Ez. 42:16; Ap. 21:15).
10. Codo: 18 pulgadas [45 cm] (Gn. 6:15; 1 S. 17:4; Est. 5:14; Dn. 3:1).
11. Coro: 6 1/2 medidas de áridos, 61 galones de líquido [220 litros] (Ez. 45:14).
12. Cuadrante: 1/4 centavo de dólar [1/64 de denario] (Mt. 5:26; Mr. 12:42).
13. Cuarto: 1/4 de centavo de dólar [1/16 de denario] (Mt. 10:29; Mr. 12:42).
14. Dedo: 3/4 pulgada [1,85 cm] (Jer. 52:21).
15. Denario: el salario de un día (casi 4 g de plata) (Mt. 20:2; 22:19; Lc. 10:35).
16. Didracma: dos dracmas, US$0.32 (Mt. 17:24). También es equivalente a medio siclo de plata [o sea 7,2 gramos de plata].
17. Dracma: US$5 [8 gramos en el Antiguo Testamento] (Neh. 7:70; Esd. 2:69).
18. Dracma: US$0.16 [equivalente a un denario en el Nuevo Testamento, 4 gramos de plata] (Lc. 15:8, 9).
19. Efa: 1 almud, 6 galones de grano [22 litros] (Rt. 2:17; 1 S. 17:17).
20. Estadio: 1/8 milla [180 m] (Lc. 24:13; Jn. 6:19; Ap. 14:20; 21:16).
21. Estatero (tetradracma): 64 centavos de dólar [4 dracmas] (Mt. 17:27).
22. Gera: 1/40 onza [1/20 de siclo, o sea 0,57 g de plata] (Ex. 30:13).
23. Gomer: 7 pintas [2,2 litros] (Ex. 16:22).
24. Hin: 6 cuartos [3,7 litros] (Ex. 29:40).
25. Homer: 90 galones ó 11 almudes [220 litros] (Nm. 11:32; Os. 3:2).
26. Libra:
    a. En Lucas 19:13 equivale a unos US$16 (donde la palabra griega para libra es mina).
    b. En Nehemías 7:71 la libra era de plata y valía unos US$40.
    c. En 1 Reyes 10:17 la libra era de oro y valía unos US$600.
27. Log: 1 pinta [0,31 litro] (Lv. 14:10).
28. Medida (coro): [13 litros (3,43 ga.)] (Gn. 18:6; Mt. 13:33).
29. Metrete (cántaro): 9 galones [40 litros] (Jn. 2:6).
30. Milla: 1.480 m (Mt. 5:41).
31. Mina: 2 libras (,91 kg) (Ez. 45:12).
32. Mina (traducida por libra en 1 R. 10:17): US$16
33. Palmo: 9 pulgadas [22,5] cm (Ex. 28:16).
34. Palmo menor: 3 pulgadas [7,5 cm] (1 R. 7:26).
35. Paso: 1 metro [3,28 pies] (2 S. 6:13).
36. Seah (también traducido por «medida»: 1 galón y 5 pintas [ó 1/3 de efa (7,3 litros)] (Gn. 18:6; 1 S. 25:18).
37. Siclo
    a. De peso: 1/2 onza [11 g] (1 S. 17:5, 7).
    b. De plata: 64 centavos de dólar (Jos. 7:21; 2 R. 7:1; Jer. 32:9).
38. Talento: 60 minas, o sea, 34 kilogramos en el Antiguo Testamento y 3.000 siclos, o sea, 21.600 gramos de plata en el Nuevo Testamento.
    a. En Mateo 18:24; 25:15 vale unos US$1.000.
    b. En 2 Reyes 5:5; Ester 3:9 es plata y vale US$2.500.
    c. En 1 Reyes 10:10, 14 es oro y vale unos US$30.000.

---

* Las medidas entre corchetes son aproximaciones. (Nota del editor.)

Milagros

MILAGROS OBRADOS POR LA TRINIDAD

(cuarenta y nueve o más)

1. La creación (Gn. 1, 2; He. 11:3; Pr. 8; Sal. 104).
2. La traslación de Enoc (Gn. 5:19-24; He. 11:5; Jud. vv. 14, 15).
3. El diluvio (Gn. 6—8; Mt. 24:37-39; He. 11:7; 1 P. 3:20; 2 P. 2:5).
4. La confusión de Babel (Gn. 11; Is. 13:1).
5. Las plagas de Faraón (Gn. 12:10-20).
6. La antorcha de fuego y el horno humeante (Gn. 15:17, 18).
7. La concepción de Sara (Gn. 17:15-19; 18:10-14; 21:1-8).
8. La destrucción de Sodoma (Gn. 19; Mt. 10:15; 2 P. 2:6; Jud. v. 7).
9. La esposa de Lot (Gn. 19:24-28; Lc. 17:28, 32).
10. Las plagas de Abimelec (Gn. 20:1-7; 17, 18).
11. El pozo de Hagar (Gn. 21:14-21).
12. La zarza ardiente (Ex. 3:1-14; Dt. 33:16; Mr. 12:26; Lc. 20:37; Hch. 7:30, 31).
13. La vara de Moisés (Ex. 4:1-5; 7:8-13; 2 Ti. 3:8).
14. La mano leprosa de Moisés (Ex. 4:6-12).
15. El viaje del Exodo (Dt. 8:4; 29:5; Neh. 9:21).
16. El asna hablante de Balaam (Nm. 22:20-35; 2 P. 2:15; Jud. v. 11).
17. La muerte de Moisés (Dt. 32).
18. La caída de Dagón (1 S. 5:1-5).
19. Los tumores de los filisteos (1 S. 5:6-12; 6:17, 18; Dt. 28:27; Sal. 78:66).
20. El juicio de los hombres de Bet-semes (1 S. 6:19).
21. El juicio de Uza (2 S. 6:7).
22. El juicio de Israel por el pecado de David (1 S. 24:10-16).
23. El juicio al hombre de Dios desobediente (1 R. 13:24).
24. El juicio de Jeroboam (2 Cr. 13:20).
25. La alimentación de Elías (1 R. 17:2-6).
26. El hablar por la naturaleza a Elías (1 R. 19:9-18).
27. El llevar a Elías al cielo (2 R. 2:9-11).
28. El revivir un hombre muerto por los huesos de Eliseo (2 R. 13:21).
29. El juicio de Uzías por medio de la lepra (2 Cr. 26:15-21; 2 R. 15:1-8).
30. La curación de Ezequías (2 R. 20:1-11; 2 Cr. 32:24; Is. 38).
31. La escritura en la pared (Dn. 5:5, 25).
32. El desatar una tormenta (Jon. 1:1-16).
33. La preparación de un pez (Jon. 1:17—2:10).
34. La preparación de una calabacera (Jon. 4:6).
35. La preparación de un gusano (Jon. 4:7).
36. La preparación de un viento solano (Jon. 4:8-10).
37. El permitirle a Elisabet tener un hijo (Lc. 1:6-13, 57).
38. El nacimiento virginal (Mt. 1:18-24; Lc. 1:26-37; 2:6, 7).
39. La estrella en el oriente (Mt. 2:1-10).
40. La transfiguración (Mt. 17:1-13); Mr. 9:1-13; Lc. 9:28-36; 2 P. 1:16-18).
41. Los milagros del Calvario.
    a. La oscuridad (Mt. 27:45; Lc. 23:44).
    b. El terremoto (Mt. 27:51).
    c. La rasgadura del velo (Mt. 27:51; Mr. 15:38; Lc. 23:45).
    d. La restauración de los cuerpos (Mt. 27:52, 53).
42. La resurrección (Mt. 28; Mr. 16; Lc. 24; Jn. 20).
43. La ascensión (Mr. 16:19, 20; Lc. 24:50-52; Hch. 1:4-11).
44. Pentecostés (Hch. 2:1-4).
45. El temblor del lugar después de la reunión de oración (Hch. 4:31).
46. El juicio de Ananías y Safira (Hch. 5:1-11).
47. El permitirle a Esteban ver el tercer cielo (Hch. 7:55, 56).
48. El cegar a Saulo (Hch. 9:8).
49. El descender sobre los gentiles (Hch. 10:44-46).
50. El levantar a Pablo (¿de los muertos? (Hch. 14:19-28; véase también 2 Co. 12:1-5).
51. La liberación de Pablo y Silas (Hch. 16:19-40).

MILAGROS OBRADOS POR SATANÁS (sin número)

1. El atormentar a Job con congojas (Job 1—2).
2. La tentación de Cristo (Mt. 4:1-11; Lc. 4:1-13).

MILAGROS OBRADOS POR CRISTO

(treinta y seis milagros específicos)

1. Conversión del agua en vino (Jn. 2:7, 8).
2. Curación del hijo del noble (Jn. 4:50).
3. Curación de un endemoniado de Capernaum (Mr. 1:25; Lc. 4:35).
4. Sanación de la suegra de Pedro (Mt. 8:15; Mr. 1:31; Lc. 4:39).
5. Pesca de un gran número de pescados (Lc. 5:5, 6).
6. Sanación de un leproso (Mt. 8:3; Mr. 1:41).
7. Sanación de un paralítico (Mt. 9:2; Mr. 2:5; Lc. 5:20).
8. Sanación de una mano seca (Mt. 12:13; Mr. 3:5; Lc. 6:10).
9. Sanación del siervo de un centurión (Mt. 8:13; Lc. 7:10).
10. Resurrección del hijo de una viuda (Lc. 7:14).
11. Cesación de una tormenta en el mar (Mt. 8:26; Mr. 4:39; Lc. 8:24).
12. Sanación del endemoniado gadareno (Mt. 8:32; Mr. 5:8; Lc 8:33).
13. Sanación de una mujer con hemorragias internas (Mt. 9:22; Mr. 5:29; Lc. 8:44).
14. Resurrección de la hija de Jairo (Mt. 9:25; Mr. 5:41; Lc. 8:54).
15. Sanación de dos hombres ciegos (Mt. 9:29).
16. Sanación de un endemoniado mudo (Mt. 9:33).
17. Sanación de un inválido (Jn. 5:8).
18. Alimentación de 5.000 hombres y sus familias (Mt. 14:19; Mr. 6:41; Lc. 9:16; Jn. 6:11).
19. Caminata en el mar (Mt. 14:25; Mr. 6:48; Jn. 6:19).
20. Sanación de una muchacha endemoniada (Mt. 15:28; Mr. 7:29).
21. Sanación de un sordo (con un impedimento en el habla) (Mr. 7:34, 35).
22. Alimentación de 4.000 hombres y sus familias (Mt. 15:36; Mr. 8:6).
23. Sanación de un ciego (Mr. 8:25).
24. Sanación de un ciego de nacimiento (Jn. 9:7).
25. Sanación de un niño endemoniado (Mt. 17:18; Mr. 9:25; Lc. 9:42).
26. Pesca de un pez con una moneda en la boca (Mt. 17:27).
27. Sanación de un endemoniado ciego y mudo (Mt. 12:22; Lc. 11:14).
28. Sanación de una mujer enferma de dieciocho años (Lc. 13:10-17).
29. Sanación de un hidrópico (Lc. 14:4).
30. Sanación de diez leprosos (Lc. 17:11-19).
31. Resurrección de Lázaro (Jn. 11:43, 44).
32. Sanación de un ciego (Mt. 20:34; Lc. 18:42).
33. Sanación de un ciego (Mt. 20:34; Mr. 10:46).
34. Maldición de una higuera (Mt. 21:19; Mr. 11:14).
35. Restauración (sanación) de una oreja cortada (Mt. 26:51; Mr. 14:47; Lc. 22:50, 51; Jn. 18:10).
36. Pesca de un gran número de peces (Jn. 21:6).

MILAGROS OBRADOS POR EL ANTICRISTO Y EL FALSO PROFETA (sin número: 2 Ts. 2:9; Ap. 13:15).

MILAGROS OBRADOS POR LOS ÁNGELES

1. Ceguedad los sodomitas (Gn. 19:9-11).
2. El milagro del fuego de la peña (Jue. 6:19-24).
3. La alimentación de Elías (1 R. 19:5-7).
4. El juicio del ejército asirio (2 R. 19:35).
5. Preservación de tres hebreos en un fuego (Dn. 3:25).
6. Preservación de Daniel en el foso de los leones (Dn. 6:1-24).
7. Dictado de la ley (Hch. 7:53; Gá. 3:19; He. 2:2).
8. La futura reunión de Israel (Mt. 24:31).
9. Rescate del cuerpo muerto de Moisés de Satanás (Jud. v. 9).
10. El castigo de muerte de Herodes (Hch. 12:23).
11. Liberación de Pedro de la prisión (Hch. 12:1-17).
12. Apertura de las puertas de la cárcel a los discípulos (Hch. 5:19-23).
13. Rodamiento de la piedra en la resurrección de Cristo (Mt. 28:2).
14. Derramamiento de la ira de Dios (Ap. 6—19).

MILAGROS OBRADOS POR DEMONIOS

1. Aflicción de Abimelec y los hombres de Siquem (Jue. 9:23).
2. Aflicción de Saúl (1 S. 16:14; 19:9).
3. Los profetas de Acab (1 R. 22:23).
4. La nación de Israel (Os. 4:12; Zac. 13:2; Mt. 10:1).
5. María Magdalena (Lc. 8:2).
6. Un hombre de Capernaum (Mr. 1:21-28).
7. Un hombre de Capernaum (Mt. 12:22).
8. Dos hombres, al este del mar de Galilea (Mt. 8:28-34).
9. Un hombre de Capernaum (Mt. 9:32-34).
10. Una niña (Mt. 15:21-28).
11. Un niño (Mt. 17:14-21).
12. Varias personas en y alrededor de Jerusalén (Hch. 5:16).
13. Varias personas en y alrededor de Samaria (Hch. 8:7).
14. Una esclava filipense (Hch. 16:16-18).
15. Varias personas en y alrededor de Efeso (Hch. 19:12).
16. Esceva y sus siete hijos (Hch. 19:14-16).
17. Todas las personas inconversas (Ef. 2:2; 1 Ti. 4:1).
18. Los reyes de la tierra (Ap. 16:13).

MILAGROS OBRADOS POR JOSÉ

1. Interpretación de los sueños de dos compañeros de cárcel (Gn. 40:1-23).
2. Interpretación del sueño de Faraón (Gn. 41:14-32).

MILAGROS OBRADOS POR MOISÉS Y AARÓN

1. Transformación del Nilo en sangre (Ex. 4:9; 7:14-24; Sal. 78:44; 105:29).
2. La plaga de ranas (Ex. 8:1-6; Sal. 78:45; 105:30).
3. La plaga de piojos (Ex. 8:16-19; Sal. 105:31).
4. La plaga de moscas (Ex. 8:20-31; Sal. 78:45; 105:31).
5. La plaga en el ganado (Ex. 9:1-7).
6. La plaga de úlceras (Ex. 9:8-11).
7. La plaga de granizo (Ex. 9:13-25; Sal. 78:47, 48; 105:32, 33).
8. La plaga de langostas (Ex. 10:1-20; Sal. 78:46; 105:34, 35).
9. La plaga de tinieblas (Ex. 10:21-29; Sal. 105:28).
10. La plaga de la muerte de los primogénitos (Ex. 11, 12; Sal. 78:51; 105:36; 135:8; 136:10).
11. La nube y el fuego (Ex. 13:21, 22; 40:34-38; Sal. 78:14; 105:39; Neh. 9:12, 19; 1 Co. 10:1, 2, 6, 11).
12. La división del mar Rojo (Ex. 14:21-31; Sal. 78:53; 106:9, 11, 22; He. 11:29).
13. La curación de las aguas amargas de Mara (Ex. 15:22-27; Nm. 33:8).
14. La provisión del maná (Ex. 15:6-15); Nm. 11:1-9; Jos. 5:11, 12; Neh. 9:15, 20; Sal. 78:20; 105:40; véase también Jn. 6:22-59).
15. La provisión de las codornices (Ex. 16:8; 11-15; Nm. 11:31-34; Sal. 78:26-30; 105:39-42).
16. La roca golpeada (Ex. 17:1-9; Sal. 78:16, 17; 105:41).
17. La victoria sobre los amalecitas (Ex. 17:8-16; Nm. 13:29; 14:25; Dt. 25:17-19; Sal. 83:7).
18. Los milagros en el Sinaí (Ex. 19:16-25; Dt. 4:5; 5:7-22; 9:8-11; Sal. 68:8; He. 12:18-21).
19. El castigo de Nadab y Abiú (Lv. 10:1-7; Nm. 3:1-4; 26:61; 1 Cr. 24:2).
20. El fuego en Tabera (Nm. 11:1-3; Dt. 9:22; Sal. 78:21).
21. La lepra de María (Nm. 12; 20:1; Lv. 13:46; Dt. 24:8, 9).
22. El juicio sobre Coré (Nm. 16; 26:9-11; Sal. 106:17).
23. El florecimiento de la vara de Aarón (Nm. 17; He. 9:4).
24. La serpiente de bronce (Nm. 21:4-9; 2 R. 18:4; Jn. 3:14; 1 Co. 10:9).
25. El agua milagrosa (Nm. 21:13-18).

MILAGROS OBRADOS POR LOS MAGOS EGIPCIOS (véase también 2 Ti. 3:8)

1. Volver el agua en sangre (Ex. 7:22).
2. Hacer que aparecieran ranas (Ex. 8:7).

MILAGROS OBRADOS POR JOSUÉ

1. La división del Jordán (Jos. 3:7-17; Sal. 114:3).
2. El derrumbamiento del muro de Jericó por gritos (Jos. 6).
3. La victoria en Gabaón (Jos. 10:12-15; Is. 28:21).

MILAGROS OBRADOS POR GEDEÓN

1. El vellón de lana (Jue. 6:25-40).
2. La victoria sobre los madianitas (Jue. 7).

MILAGROS OBRADOS POR SANSÓN

1. El león muerto (Jue. 14:5-10).
2. Las zorras (Jue. 15:1-6).
3. La matanza de cadera y muslo (Jue. 15:7, 8).
4. El escape de las cuerdas (Jue. 15:9-14).
5. La matanza de 1000 filisteos (Jue. 15:15-20).
6. El arrancamiento de las puertas (Jue. 16:1-3).
7. Los milagros de su propio cabello (Jue. 16:4-22).
8. La destrucción del templo de Dagón (Jue. 16:23-31).

MILAGRO OBRADO POR LA ADIVINA DE ENDOR

(1 S. 28)

MILAGROS OBRADOS POR DAVID

1. Vencer a un león y a un oso (1 S. 17:34-37).
2. Derrotar a Goliat (1 S. 17).

MILAGRO OBRADO POR SALOMÓN

Orar por fuego del cielo (2 Cr. 7:1).

MILAGRO OBRADO POR UN HOMBRE DE DIOS NO IDENTIFICADO

Secar la mano de Jeroboam (1 R. 13:4).

MILAGRO OBRADO POR AHÍAS

Reconocer la esposa disfrazada de Jeroboam (1 R. 14:1-6).

MILAGROS OBRADOS POR ELÍAS

1. La sequía de tres años (1 R. 17:1; Stg. 5:17).
2. La tinaja y la vasija siempre llenas (1 R. 17:13-16; Lc. 4:25, 26).

3. La resurrección del hijo de la viuda 91 R. 17:17-24).
4. Orar por fuego en el monte Carmelo (1 R. 18:1-39).
5. Causar la lluvia (1 R. 18:1, 2, 41-46).
6. La destrucción de los soldados del rey Ocozías (2 R. 1:1-16).
7. La división de las aguas del Jordán (2 R. 2:8).

MILAGROS OBRADOS POR ELISEO

1. Dividir el río Jordán (2 R. 2:14).
2. Resolver el problema de agua de Jericó (2 R. 2:19-22).
3. El juicio de los jóvenes burladores de Bet-el (2 R. 2:23, 24).
4. Inundar las zanjas para el ejército israelita en Edom (2 R. 3:16-20).
5. Crear aceite para una viuda (2 R. 4:1-7).
6. Resucitar al hijo de la sunamita (2 R. 4:32-37).
7. Sanar el potaje envenenado (2 R. 4:38-41).
8. Multiplicar el alimento (2 R. 4:42-44).
9. Sanar a Naamán (2 R. 5:1-19).
10. Juicio de Giezi (2 R. 5:26, 27).
11. Hacer que un hacha flotara (2 R. 6:1-7).
12. Permitir que su criado viera los ángeles guardianes (2 R. 6:17).
13. Juzgar a los sirios con ceguera (2 R. 6:18).
14. Librar a la Samaria hambrienta (2 R. 7).

MILAGROS OBRADOS POR DANIEL

1. Interpretar los sueños de Nabucodonosor (Dn. 2:19-45; 4:4-27).
2. Interpretar la escritura en la pared (Dn. 5:13-28).

MILAGROS OBRADOS POR LOS APÓSTOLES
(sin número; Mr. 3:15; 6:7; 16:17-20; Lc. 9:1, 2; 10:9, 17, 19; Hch. 5:12)

MILAGROS OBRADOS POR PEDRO

1. Sanar a un cojo (Hch. 3:6-8).
2. Sanar a muchos (Hch. 5:15).
3. Sanar a Eneas (Hch. 9:32-34).
4. Resucitar a Dorcas (Hch. 9:36-41).

MILAGROS OBRADOS POR PABLO

1. Cegar a Elimas (Hch. 13:10, 11).
2. Sanar a un cojo (Hch. 14:8-10).
3. Milagros en Efeso (Hch. 19:11, 12).
4. Resucitar a Eutico (Hch. 20:1-12).
5. Milagros en Malta (Hch. 28:1-10).

MILAGROS OBRADOS POR ESTEBAN (sin número: Hch. 6:8).

MILAGROS OBRADOS POR FELIPE (sin número: Hch. 8:5-8, 13, 17).

MILAGROS OBRADOS POR SIMÓN EL MAGO (Hch. 8:9-11).

MILAGROS OBRADOS POR SIETE EXORCISTAS FALSOS (Hch. 19:13-20).

MILAGROS OBRADOS POR UNA ADIVINA (Hch. 16:16-24).

Minerales

MINERALES NO PRECIOSOS

1. Asfalto: una mezcla de hidrocarburos que forman aceites minerales y petróleos crudos. Cuando se expone al aire, el asfalto se endurece (Gn. 11:3).
2. Azufre: una sustancia sulfúrica altamente combustible.
   a. Dios usó azufre ardiente para destruir a Sodoma (Gn. 19:24; Dt. 29:33; Lc. 17:29).
   b. Lo usará durante la tribulación (Ap. 9:17, 18).
   c. Lo usará para destruir a Rusia (Ez. 38:22).
   d. Lo usará durante la batalla del Armagedón (Is. 34:9).
   e. Lo usará con todos los pecadores en el lago de fuego (Sal. 11:6; Is. 34:9; Ap. 14:10; 19:20; 20:10; 21:8).
3. Bronce: una referencia al bronce o al cobre. Este mineral era extraído en el mundo antiguo por los fenicios.
   a. Algunos de los muebles del tabernáculo estaban hechos de bronce (Ex. 38).
   b. Algunos de los muebles del templo estaban hechos de bronce (1 R. 7).
   c. La serpiente en el desierto estaba hecha de bronce (Nm. 21:9; Jn. 3:14).
   d. Parte de la estatua en el sueño de Nabucodonosor era de bronce (Dn. 2;32).
   e. Sansón fue atado con ligaduras de bronce (Jue. 16:21).
   f. La armadura de Goliat era de bronce (1 S. 17).
4. Cal (Is. 27:9).
5. Arcilla (barro, lodo): un compuesto que surge por la descomposición de ciertas piedras.
   a. El hombre es visto como barro por Dios (Is. 45:9; 64:8; Ro. 9:21).
   b. Israel es descrito como una vasija de barro rota (Jer. 18:4-6).
   c. Parte de la estatua del sueño de Nabucodonosor era de barro (Dn. 2:33).
   d. Se presenta al pecador en un pozo de lodo cenagoso (Sal. 40:2).
   e. Jesús usó lodo y saliva para ungir los ojos de un ciego (Jn. 9:6).
6. Coral (Job 28:18; Ez. 27:16).
7. Pedernal: una referencia a cualquier roca compacta y muy dura (Ex. 4:25; Dt. 8:15; Jos. 5:2, 3; Is. 50:7).
8. Hierro.
   a. Un gigante llamado Og tenía una cama enorme de hierro (Dt. 3:11).
   b. Los carros cananeos eran de hierro (Jos. 17:16; Jue. 1:19; 4:3).
   c. La punta de la lanza de Goliat era de hierro (1 S. 17:7).
   d. Eliseo hizo que flotara la cabeza de hierro de un hacha (2 R. 6:6).
   e. José fue sujetado con hierro en Egipto (Sal. 105:18).
   f. Parte de la estatua del sueño de Nabucodonosor era de hierro (Dn. 2:33).
9. Plomo (Ez. 2:18).
10. Mármol (Est. 1:6; 1 Cr. 29:2). El mármol es cal recristalizada.
11. Sal.
    a. La esposa de Lot se convirtió en una columna de sal (Gn. 19:26).
    b. Las ofrendas levíticas habían de sazonarse con sal (Lv. 2:13; Mr. 9:49).
    c. Se hacía un pacto especial usando sal (Nm. 18:19; 2 Cr. 13:5).
    d. Abimelec destruyó una ciudad y la sembró de sal (Jue. 9:45).
    e. Elías purificó unas aguas contaminadas usando sal (2 R. 2:20, 21).

MINERALES PRECIOSOS (y piedras preciosas)

1. Amatista: una forma violeta de cuarzo, la novena piedra en el pectoral del sumo sacerdote y la duodécima en el fundamento de la Nueva Jerusalén (Ex. 28:19; 39:12; Ap. 21:20).

2. Bedelio: un cuarzo lechoso, salpicado con manchas doradas (Nm. 11:7; Gn. 2:12).
3. Berilo: un silicato azul verdoso, la décima piedra en el pectoral y la octava en la Ciudad Santa (Ex. 28:20; 39:13; Ez. 1:16; 10:9; Dn. 10:6; Ap. 21:20).
4. Carbunclo: un silicato rojo, la tercera piedra en el pectoral (Is. 54:12; Ez. 28:13).
5. Ágata: la tercera piedra en la nueva ciudad (Ap. 21:19).
6. Crisólito: verde amarillento, la séptima piedra en la Ciudad Santa (Ap. 21:20).
7. Coral (Job 28:18; Ez. 27:16).
8. Crisopraso: verde manzana, la décima piedra en la Ciudad Santa (Ap. 21:20).
9. Cristal: transparente, incoloro, de forma hermosa y muy brillante (Ap. 21:11; Job 28:17).
10. Diamante: la sexta piedra del pectoral (Ex. 28:18; 39:11; Jer. 17:1; Ez. 28:13).
11. Esmeralda: verde oscuro, la cuarta piedra en el pectoral y también la cuarta en la nueva ciudad (Ex. 28:18; 39:11; Ez. 27:16; 28:13; Ap. 4:3; 21:19).
12. Jacinto: la séptima piedra en el pectoral y la undécima en la Ciudad Santa (Ap. 9:17, BLA; 21:20).
13. Jaspe: la duodécima piedra del pectoral y la primera de la Ciudad Santa (Ex. 28:20; 39:13; Ez. 28:13; Ap. 4:3; 21:11, 18, 19). Juan describió al Padre usando las piedras de jaspe y cornalina. Las murallas de la Nueva Jerusalén son de jaspe.
14. Ónice: la undécima piedra del pectoral y la quinta en la nueva ciudad (Gn. 2:12; Ex. 25:7; 28:20; 39:13; Job 28:16; Ez. 28:13; Ap. 21:20).
15. Perla: las puertas de la Ciudad Santa (Job 28:18; Mt. 7:6; 13:45, 46; 1 Ti. 2:9; Ap. 17:4; 18:12; 21:21).
16. Rubí: un rojo fuego, asociado con la sabiduría y la virtud (Job 28:18; Pr. 3:15; 8:11; 20:15; 31:10; Lm. 4:7).
17. Zafiro: un azul brillante, la segunda piedra en la Ciudad Santa (Ex. 24:20; 28:18, 39:11; Job 28:6, 16; Lm. 4:7; Is. 54:11; Ez. 1:26; 10:10; 28:13; Ap. 21:19).
18. Cornalina: la primera piedra del pectoral y la sexta de la Ciudad Santa (Ex. 28:17; 39:10; Ez. 28:13; Ap. 4:3; 21:20).
19. Topacio: amarillo, la novena piedra en la nueva ciudad (Ex. 28:17; 39:10; Job 28:19; Ez. 28:13; Ap. 21:20).
20. Oro.
    a. Los utensilios del tabernáculo y del templo eran de oro (Ex. 25; 1 R. 6).
    b. Parte de la estatua del sueño de Nabucodonosor era de oro (Dn. 2:32).
    c. Nabucodonosor hizo una estatua toda de oro (Dn. 3:1).
    d. Israel hizo un becerro de oro (Ex. 32).
    e. Los filisteos hicieron ratones de oro (1 S. 6:4).
    f. Jeroboam hizo dos becerros de oro (2 R. 10:29).
    g. Los reyes magos le dieron regalos de oro a Cristo (Mt. 2:11).
    h. Los veinticuatro ancianos tenían coronas de oro (Ap. 4:4).
    i. La vestimenta del Cristo ascendido era de oro (Dn. 10:4; Ap. 1:13; 14:14).
    j. La calle de la Nueva Jerusalén será de un oro transparente (Ap. 21:18, 21).
22. Plata:
    a. Abraham compró la cueva de Macpela por 400 siclos de plata (Gn. 23:15).
    b. José fue vendido por piezas de plata (Gn. 37:28).
    c. Moisés hizo dos trompetas de plata (Nm. 10:2).
    d. Dalila traicionó a Sansón por 1100 siclos de plata (Jue. 16:5).
    e. David compró una era por cincuenta siclos de plata (2 S. 24:24).
    f. Acán robó 200 siclos de plata (Jos. 7:21).
    g. Amán le ofreció 10.000 talentos de plata a un rey persa para destruir a los judíos (Est. 3:9).
    h. Oseas compró a su esposa del cautiverio por quince siclos de plata (Os. 3:2).
    i. Parte de la estatua del sueño de Nabucodonosor era de plata (Dn. 2:32).
    j. Jesús fue vendido por Judas por treinta piezas de plata (Mt. 26:15; 27:3-9).

Misterios

Introducción: en la Biblia, un misterio es una verdad previamente escondida, no revelada en el Antiguo Testamento, sino declarada y a veces explicada en el Nuevo Testamento.

1. El misterio del reino de los cielos (Mt. 13:3-50; Mr. 4:1-25; Lc. 8:4-15). Estos versículos, según la *Biblia Anotada de Scofield*, «describen, si se toman en conjunto, el resultado de la presencia del Evangelio en el mundo durante la edad actual, es decir, el tiempo de la siembra que comenzó con el ministerio personal de Cristo y termina con "la siega".... el resultado es la mezcla de trigo y cizaña, de buenos y malos peces, en la esfera de profesión de la fe cristiana. Esto es lo que se llama el cristianismo» (p. 974). Nótense las ocho vertientes del desarrollo de este misterio:
    a. El sembrador, la semilla y el suelo (Mt. 13:1-9, 18-23). Esto trata el propósito de Cristo, sus métodos y la naturaleza del corazón del hombre.
    b. La cizaña satánica en el campo del Salvador (Mt. 13:24-30, 36-43). Satanás se opondrá a la obra de Dios. No se separarán completamente la cizaña y el trigo hasta la siega.
    c. De la siembra a la siega (Mr. 4:26-29). El reino de los cielos tendrá un desarrollo gradual.
    d. La poderosa semilla de mostaza (Mt. 13:31, 32; Mr. 4:30-32; Lc. 13:18, 19). El reino de los cielos tendrá un comienzo humilde y consistirá tanto de los salvos como de los inconversos hasta la siega.
    e. La levadura del cocinero y el reino de los cielos (Mt. 13:33; Lc. 13:20, 21). Esto no enseña que la levadura aquí convertirá al mundo, sino más bien que influirá en él.
    f. Hallazgo de una fortuna en un campo (Mt. 13:44). Esto puede referirse al remanente judío.
    g. El precio de una perla (Mt. 13:45, 46). Esta puede ser la primera referencia a la Iglesia en la Biblia.
    h. La separación de una pesca marítima (Mt. 13:47-50). Esto indica lo justo y lo completo del juicio final.

       «Tal, entonces, es la forma misteriosa del reino. Es la esfera de la profesión cristiana durante esta edad. Es un cuerpo mixto de lo verdadero y lo falso, del trigo y la cizaña, de lo bueno y lo malo. Está contaminado por el formalismo, la duda y la mundanalidad. Pero dentro de él, Cristo ve a los verdaderos hijos del verdadero reino quienes, al final han de "brillar como el sol". En el gran campo del mundo, ve su tesoro que redime para sí mismo por medio de su cruz. Así, en este aspecto del reino, ve la Iglesia, su cuerpo y Esposa, compuesta de israelitas y gentiles creyentes, y vende todo lo que tiene de gozo (2 Co. 8:9) y compra el campo, el tesoro y la perla». (*New Scofield Bible*, p. 1017).
2. El misterio del arrebatamiento (1 Co. 15:51, 52; 1 Ts. 4:16). El misterio revelado aquí es que aquellos creyentes que están vivos cuando Cristo aparezca serán glorificados y llevados sin ver la muerte.

3. El misterio de la Iglesia como el cuerpo de Cristo, compuesto de judíos y gentiles salvados de esta edad (Ro. 16:25; Ef. 3:1-11; 6:19; Col. 4:3). Pablo explica este misterio en Efesios 3:6: «que los gentiles son coherederos y miembros del mismo cuerpo, y copartícipes de la promesa en Cristo Jesús por medio del evangelio».
4. El misterio de la Iglesia como la esposa de Cristo (Ef. 5:28-32). El misterio aquí es que Cristo es a la Iglesia lo que un esposo amante es a su esposa.
5. El misterio del Cristo que mora en los creyentes (Gá. 2:20; Col. 1:26, 27). No sólo se convierten los gentiles salvos en parte del cuerpo y la Esposa de Cristo, sino que el Salvador viviente mora en ellos.
6. El misterio del Cristo encarnado (Col. 2:2, 9; 1 Co. 2:7). Jesucristo, poseedor de todo conocimiento, se convirtió en pleno hombre, pero retuvo su plena deidad mientras estaba en la carne humana.
7. El misterio de la obra de Cristo al restaurar al pecador a la piedad (1 Ti. 3:16). Nicodemo finalmente comprendió la sencillez de este hermoso misterio.
8. El misterio de la iniquidad (Mt. 13:33; 2 Ts. 2:3-12). Esto se refiere a:
   a. La identidad del Anticristo: desconocida hasta la tribulación.
   b. La aparición del Anticristo: después del arrebatamiento.
   c. La obra del Anticristo: obras poderosas pero totalmente perversas.
   d. La fuente de poder del Anticristo: Satanás mismo.
9. El misterio de la ceguera actual de Israel (Ro. 11:25). Esto declara que Israel como nación permanecerá ciega y sorda al evangelio hasta que llegue la «plenitud de los gentiles». Este período dura desde Pentecostés hasta el arrebatamiento.
10. El misterio de las siete estrellas (Ap. 1:20). Jesús mismo explica este misterio:
    «El misterio de las siete estrellas que has visto en mi diestra, y de los siete candeleros de oro: las siete estrellas son los ángeles de las siete iglesias, y los siete candeleros que has visto, son las siete iglesias» (Ap. 1:20).
11. El misterio de Babilonia, la ramera (Ap. 17:5, 7). Este misterio se refiere al desarrollo (Gn. 11), la degradación (Mt. 23) y destrucción final (Ap. 17:16, 17) de la iglesia ramera de Satanás.
12. El misterio de Dios (Ap. 10:7; 11:15-19). No hay duda de que éste es el misterio más profundo y complicado de todos. El misterio es éste: ¿por qué ha permitido Dios que haya habido tanto pecado, sufrimiento, congoja y actividad satánica durante todos estos miles de años? ¿Por qué ha dilatado (hasta esta misma hora) su propósito declarado que se llevará a cabo algún día? El día cuando … «los reinos del mundo han venido a ser de nuestro Señor y de su Cristo; y él reinará por los siglos de los siglos» (Ap. 11:15).

Montañas

1. Ararat: donde paró el arca de Noé en Turquía (Gn. 8:4).
2. Carmelo: donde Elías retó a los sacerdotes de Baal. Está directamente al oeste del mar de Galilea, dando al mar Mediterráneo (1 R. 18:19).
3. Ebal: donde se pronunciaban las maldiciones de Israel (si la gente desobedecía). Se encuentra en Samaria (Dt. 11:29; 27:9-13).
4. Gerizim: donde se pronunciaban las bendiciones de Israel (por obediencia). Se encuentra frente al monte Ebal (Dt. 11:29). También es el lugar donde los samaritanos construyeron su templo más adelante (Jn. 4:20, 21).
5. Gilboa: donde Saúl fue derrotado por los filisteos y muerto junto con su hijo Jonatán. Se encuentra en el lado oriental de la llanura de Esdraelón (1 S. 31:1-6).
6. Galaad: donde Jacob y Labán hicieron su pacto. Se encuentra al sudeste del mar de Galilea (Gn. 31:20-49).
7. Harmón: donde Jesús fue transfigurado. Se encuentra al sudoeste de Nazaret (Mt. 17).
8. Hor: donde murió Aarón. Se encuentra al noreste de Cades-Barnea (Nm. 20:25-29).
9. Horeb: la cadena sagrada de montes de los cuales el Sinaí era la cumbre. Se encuentra en la península entre el Golfo de Acabah y el Suez.
   a. Fue aquí donde Moisés recibió su comisión junto a la zarza ardiente (Ex. 3:1).
   b. Fue aquí donde sacó agua de la roca (Ex. 17:6).
   c. Fue aquí donde Elías huyó de Jezabel (1 R. 19:8).
   d. Fue aquí donde el pueblo esperó cuando Moisés pasó cuarenta días en el monte Sinaí (Ex. 32: 33).
10. Líbano: de donde se tomó la madera para el templo de Salomón (1 R. 5:6-14). El Líbano es una cadena de montañas nevadas que se extiende hacia el noreste por 100 millas a lo largo de la costa siria.
11. Moriah: donde Abraham ofreció a Isaac, y donde Salomón edificó el templo (Gn. 22:2; 2 Cr. 3:1).
12. Nebo: el punto cumbre del monte Pisga, desde donde Moisés vio la Tierra Prometida. Estaba al este del río Jordán (Dt. 3:27; 34:1-4).
13. Olivos: justo al este de Jerusalén.
    a. David lo cruzó cuando huía de Absalón (2 S. 15:30).
    b. Fue aquí donde Jesús lloró por Jerusalén (Lc. 19:41).
    c. Fue aquí donde pronunció su último discurso (Mt. 24: 25).
14. Pisga: donde Balaam trató de maldecir a Israel y donde fue enterrado Moisés. Se encuentra al este del río Jordán (Nm. 22: 24; Dt. 34:5, 6).
15. Sinaí: la cumbre del monte Horeb, donde Moisés recibió los Diez Mandamientos (Ex. 20:1-17).
16. Tabor: donde Débora y Barac descendieron para derrotar a Sísara. Se encuentra en Galilea, al este de Nazaret (Jue. 4:6-15).

Naciones, pueblos y países

1. Acadianos: vivían en el norte de Mesopotamia (Gn. 10:10).
2. Amonitas: vivían al este del Mar Muerto (Jue. 11:5).
3. Amorreos: vivían en parte central de Mesopotamia (1 S. 7:14).
4. Árabes: vivían en el norte de la península arábiga (2 Cr. 17:11; 21:16; Gá. 1:17).
5. Asirios: vivían en el norte de Mesopotamia (2 R. 18:9).
6. Babilonios: vivían en el sur de Mesopotamia (2 R. 25:1).
7. Caldeos: vivían en el sur de Mesopotamia (Dn. 3:8).
8. Cananeos: vivían en Palestina y el sur de Siria (Gn. 12:6).
9. Chipriotas: vivían en la isla de Chipre (Hch. 13:4).
10. Cretenses: vivían en la isla de Creta (Hch. 2:11; Tit. 1:12).
11. Edomitas: vivían al sur del mar Muerto (Nm. 20:14).
12. Egipcios: vivían en Egipto (Gn. 12:10).
13. Elamitas: vivían al este de Babilonia (Hch. 2:9).
14. Etíopes: vivían al sur de Egipto (Hch. 8:27).
15. Filisteos: vivían en la costa sur de Palestina (Jue. 13:1).
16. Fenicios: vivían en las costas del norte de Palestina (Hch. 11:19).
17. Griegos: vivían en las islas griegas (Jn. 12:20).
18. Heteos: vivían en el centro de Asia Menor (Gn. 15:20).
19. Heveos: vivían en el norte de Asia Menor (Ex. 34:11; Jos. 9:1).

20. Lidios [de Lud]: vivían en el oeste de Asia Menor. (Jer. 46:9).
21. Madianitas: vivían en el centro de la península del Sinaí (Ex. 3:1).
22. Medos: vivían en el noroeste de Persia (Dn. 5:28-31).
23. Moabitas: vivían al noreste del mar Muerto (Rt. 1:1).
24. Persas: vivían en el este de Mesopotamia (Neh. 1:1).
25. Sirios: vivían al este del mar de Galilea (2 R. 5:1).
26. Sirios de Cilicia: vivían cerca de Tarso (la ciudad natal de Pablo) (1 R. 10:28, 29).
27. Sumerios: vivían en la parte sur de Babilonia (Gn. 11:2).

Nubes

1. Las nubes donde se encontraba el arco iris de Noé (Gn. 9:13).
2. La pequeña nube de Elías (1 R. 18:44).
3. La nube de la gloria de Dios:
   a. Guió a Israel por el desierto (Ex. 13:21, 22; Nm. 9:17-22).
   b. Protegió a Israel en el mar Rojo (Ex. 14:19, 20, 24).
   c. Apareció cuando Israel murmuró en el desierto de Sin (Ex. 16:10).
   d. Apareció cuando Dios habló con Moisés en el monte Sinaí (Ex. 19:9, 16; 24:15, 16, 18;34:5).
   e. Llenó el tabernáculo durante la dedicación de Moisés (Ex. 40:34-38).
   f. Se detuvo sobre el propiciatorio en el Lugar Santísimo (Lv. 16:2).
   g. Apareció cuando Dios nombró a los setenta (Nm. 11:25).
   h. Apareció cuando María habló en contra de la esposa de Moisés (Nm. 12:5).
   i. Apareció mientras Moisés rogaba por Israel (Nm. 14:14).
   j. Apareció durante la rebelión de Coré (Nm. 16:42).
   k. Llenó el templo durante la dedicación de Salomón (1 R. 8:10, 11; 2 Cr. 5:13, 14).
   l. Fue vista por Ezequiel (Ez. 1:28; 8:11; 10:3, 4).
   m. Se les apareció a los pastores cuando nació Cristo (Lc. 2:8, 9).
   n. Estuvo presente en el bautismo de Cristo (Mt. 3:16).
   ñ. Estuvo presente en la transfiguración de Cristo (Mt. 17:5).
   o. Estuvo presente en la muerte de Cristo (Mt. 27:45).
   p. Estuvo presente en la ascensión de Cristo (Hch. 1:9).
   q. Estará presente en el arrebatamiento (1 Ts. 4:17).
   r. Aparecerá durante la tribulación en el funeral de los dos testigos de Dios (Ap. 11:12).
   s. Aparecerá durante la Segunda Venida (Dn. 7:13; Mt. 24:30, 64; Ap. 1:7; 14:14).

Números

1. *Uno*. El número primario. Significa unidad absoluta (Ex. 4:4-6; Dt. 6:4; Ef. 4:4-6).
2. *Dos*. El número de testimonio y apoyo.
   a. Las dos grandes lumbreras de la creación (Gn. 1:16).
   b. Los dos ángeles en Sodoma (Gn. 19:1).
   c. Los dos querubines en el arca (Ex. 25:22).
   d. Los Mandamientos estaban escritos en dos tablas (Ex. 31:18).
   e. Dos testigos para establecer una verdad (Dt. 17:6; Mt. 26:60).
   f. El informe positivo de los dos espías en Cades (Nm. 14:6).
   g. Los dos espías en Jericó (Jos. 2:1).
   h. Dos son mejor que uno (Ec. 4:9).
   i. Jesús mandó a los discípulos de en dos (Lc. 10:1).
   j. Envió a Pedro y Juan a Jerusalén (Mr. 14:3).
   k. Dos ángeles asistieron a la resurrección (Lc. 24:4).
   l. Había dos ángeles en la ascensión (Hch. 1:10).
   m. Las dos cosas inmutables de Dios (He. 6:18).
   n. Los dos testigos en la tribulación (Ap. 11:3).
3. *Tres*. El número de la unidad, el cumplimiento y el universo.
   a. En relación al universo: espacio, materia, tiempo.
   b. En cuanto al espacio: tridimensional, altura, anchura, longitud.
   c. En cuanto a la materia: energía, movimiento, fenómenos.
   d. En cuanto al tiempo: pasado, presente, futuro.
   e. La unidad de la raza humana se remonta a los tres hijos de Noé (Gn. 6:10).
   f. Se necesitan tres días de preparación para cruzar el Jordán (Jos. 1:11).
   g. La vida nacional de Israel incluía tres fiestas anuales (Ex. 23:14, 17).
   h. Gedeón logró una gran victoria por medio de tres bandas de soldados (Jue. 7:22).
   i. Tres días de preparación condujeron a un avivamiento en la época de Esdras (Esd. 10:9).
   j. Pasaron tres días antes de que se iniciara la construcción de los muros de Jerusalén (Neh. 2:11).
   k. Ester preparó su corazón durante tres días antes de reunirse con el rey (Est. 4:16).
   l. Dios preparó a Jonás en el vientre del pez durante tres días (Jon. 1:17).
   m. Cristo estuvo en el centro de la tierra durante tres días (Jn. 2:19).
   n. Su ministerio terrenal duró unos tres años (Lc. 13:7).
   ñ En relación con la Trinidad: Padre, Hijo, Espíritu Santo.
   o. En relación al hombre (su naturaleza): cuerpo, espíritu, alma.
   p. En relación con el hombre (sus enemigos): el mundo, la carne, el diablo.
   q. En relación con el tabernáculo y el templo: atrio exterior, atrio interior, Lugar Santísimo.
   r. En relación con los oficios de Cristo: Profeta, Sacerdote, Rey.
   s. En relación con la salvación: justificación, santificación, glorificación.
4. *Cuatro*. Un número relacionado con la tierra.
   a. Cuatro puntos cardinales: norte, sur, este, oeste.
   b. Cuatro estaciones: verano, invierno, otoño, primavera (Gn. 8:22).
   c. Cuatro grandes reinos terrenales (Dn. 7:3).
   d. Cuatro tipos de suelo espiritual (Mt. 13).
   e. Cuatro jinetes de la tribulación (Ap. 6).
   f. Cuatro vertientes en el ministerio de Cristo.
      Mateo lo describe como Rey.
      Marcos como Siervo.
      Lucas como el Hombre perfecto.
      Juan como el Dios poderoso.
5. *Cinco*. El número de la gracia.
   a. Había cinco ofrendas levíticas (Lv. 1—5).
   b. La gracia de Dios permitió que cinco israelitas persiguieran a cien de sus enemigos (Lv. 26:8).
   c. Había cinco vírgenes prudentes (Mt. 25:2).
   d. Jesús usó cinco panes para alimentar a 5.000 (Mt. 14:17).
6. *Seis*. Este es el número del hombre.
   a. Dios creó el mundo del hombre en seis días (Gn. 1:31).
   b. Había seis ciudades de refugio (Nm. 35:6).
   c. Israel marchó alrededor de Jericó seis veces (Jos. 6:3).

d. Goliat medía seis codos (1 S. 17:4).
e. El número del Anticristo es 666 (Ap. 13:18).
f. La estatua de Nabucodonosor medía sesenta codos por seis (Dn. 3:1).

7. *Siete*. El número de Dios, o la perfección divina.
a. Dios descansó en el séptimo día (Gn. 2:2).
b. Su palabra es como plata purificada por fuego siete veces (Sal. 12:6).
c. Hay setenta semanas (o años) determinados sobre Israel (Dn. 9:24).
d. Jesús le enseñó a Pedro a perdonar setenta veces siete (Mt. 18:22).
e. Hay siete milagros en el Evangelio de Juan.
f. Hubo siete frases en la cruz.
g. Juan escribió a siete iglesias (Ap. 1:12).
h. Vio siete candeleros de oro (Ap. 1:12).
i. Hay siete estrellas en la mano de Cristo (Ap. 1:16).
j. El Padre tiene un libro con siete sellos (Ap. 5:1).
k. Siete ángeles pronuncian juicio en la tribulación (Ap. 8:2).

8. *Ocho*. El número del nuevo comienzo.
a. Ocho se salvan del diluvio (Gn. 7:13, 23).
b. La circuncisión había de ser llevada a cabo el octavo día (Gn. 17:12).
c. Tomás vio a Jesús ocho días después de la resurrección (Jn. 20:26).

9. *Nueve*. El número de la plenitud de bendición.
a. Son nueve los frutos del Espíritu (Gá. 5:22, 23).
b. Sara tenía noventa años cuando nació Isaac (Gn. 17:17).
c. Son dieciocho los dones del Espíritu (Ro. 12; 1 Co. 12; Ef. 4).

10. *Diez*. El número del gobierno humano.
a. El Imperio Romano restablecido consistirá de diez naciones (Dn. 7:24; Ap. 17:12).
b. El reino del norte tenía diez tribus (1 R. 11:31-35).
c. Un gobierno local de diez hombres decidió la suerte de Rut (Rt. 4:2).

11. *Doce*. El número del gobierno divino.
a. Había doce tribus de Israel (Ap. 7).
b. Había doce apóstoles (Mt. 10).
c. Habrá doce puertas y fundamentos en la Nueva Jerusalén (Ap. 21).

12. *Treinta*. Asociado con tristeza, duelo.
a. Israel hizo duelo después de la muerte de Aarón durante treinta días (Nm. 20:29).
b. Israel hizo duelo por Moisés durante treinta días (Dt. 34:8).

13. *Cuarenta*. El número de la prueba.
a. Llovió cuarenta días durante el diluvio (Gn. 7:4).
b. Moisés pasó cuarenta años en el desierto (Ex. 3).
c. Israel espió la tierra durante cuarenta días (Nm. 13:25).
d. Moisés pasó cuarenta días en el monte Sinaí (Ex. 24:18).
e. Israel estuvo en el desierto cuarenta años (Nm. 14:33).
f. Goliat se burló de Israel por cuarenta días (1 S. 17:16).
g. Jonás predicó el arrepentimiento a Nínive durante cuarenta días (Jon. 3:4).
h. Jesús pasó cuarenta días en el desierto antes de ser tentado (Mt. 4:2).
i. Pasaron cuarenta días entre la resurrección y la ascensión de Cristo (Hch. 1:3).

14. *Cincuenta*. Asociado con celebración y ceremonia.
a. La fiesta de las semanas era cincuenta días después de la Pascua (Lv. 23:15, 16).
b. El quincuagésimo año había de ser jubileo para Israel (Lv. 25:10).
c. El pentecostés ocurrió cincuenta días después de la resurrección de Cristo (Hch. 1—2).
d. Absalón designó a cincuenta hombres para que corrieran delante de él (2 S. 15:1).
e. Adonías hizo lo mismo (1 R. 1:5).

15. *Setenta*. Asociado con los comités y juicios humanos.
a. Moisés designó a setenta ancianos (Nm. 11:16).
b. Jesús designó a setenta discípulos (Lc. 10:1).
c. El sanedrín estaba compuesto de setenta hombres.
d. Tiro había de ser juzgada por setenta años (Is. 23:15).
e. Israel pasó setenta años en Babilonia (Jer. 29:10).
f. Dios cumpliría su plan total para Israel en setenta veces siete años (Dn. 9:24).

Oficios

1. Albañiles (2 R. 12:12).
2. Alfareros (Is. 64:8).
3. Amasadoras (1 S. 8:13).
4. Artífices de piedra (Ex. 31:5).
5. Artífice en bronce (Gn. 4:22).
6. Barberos (Ez. 5:1).
7. Batanero (2 R. 18:17, *Biblia de las Américas*).
8. Bordadores (Ex. 28:39).
9. Calafateadores (Ez. 27:9).
10. Caldereros (2 Ti. 4:14).
11. Carpinteros (2 S. 5:11).
12. Cocineras (1 S. 8:13).
13. Constructores de barcos (1 R. 9:26).
14. Coperos (Gn. 40:2).
15. Costureras (Ez. 13:18).
16. Curtidores (Hch. 9:43).
17. Diseñadores (Ez. 4:1).
18. Embalsamadores (Gn. 50:3).
19. Fundidores (Job 28:1, 2).
20. Grabadores (Ex. 28:11).
21. Herreros (1 S. 13:19).
22. Hilanderas (Ex. 35:25).
23. Jardineros (Jer. 29:5).
24. Joyeros (Ex. 28:17-21).
25. Ladrilleros (Gn. 11:3).
26. Militares (Hch. 10:1).
27. Moldeadores (Ex. 32:4).
28. Músicos (2 S. 6:5).
29. Orfebres (2 Cr. 2:7).
30. Panaderos (Gn. 40:1).
31. Perfumadores (Ex. 30:25, 35).
32. Pescadores (Mt. 4:18).
33. Pintores (Jer. 22:14).
34. Plateros (Hch. 19:24).
35. Porteros (2 S. 18:26).
36. Recamadores (Ex. 26:36).
37. Recaudadores de impuestos (Mt. 9:9).
38. Refinadores (Mal. 3:3).
39. Sastres (Ex. 39:1).
40. Tejedores (Ex. 28:32).
41. Tenderos (Hch. 18:3).
42. Tintoreros (Ex. 25:5).
43. Trabajadores en metal (Ex. 31:3, 4).

Ofrendas

1. De harina (Lv. 2:1).
2. De paz (Lv. 7:11).
3. Elevadas (Lv. 7:14).
4. Libación (Lv. 23:13).
5. Mecidas (Lv. 7:30).
6. Para expiación (Lv. 5:6).
7. Por el pecado (Lv. 4:3).
8. Quemadas (Ex. 29:18).

Operaciones agrícolas

1. Arar.
   a. Como lo hizo Eliseo (1 R. 19:19).
   b. Como lo hicieron los siervos de Job (Job 1:14).
2. Atar manojos (Gn. 37:7).
3. Aventar (Rt. 3:2).
4. Batir la leche (Pr. 30:33).
5. Cortar (Am. 7:1).
6. Fertilizar (Lc. 13:6-9).
7. Injertar (Ro. 11:17-24).
8. Irrigar (Dt. 11:10).
9. Labrar (Job 39:10).
10. Plantar.
    a. Como lo hizo Dios (Gn. 2:8).
    b. Como lo hizo Noé (Gn. 9:20).
    c. Como lo hizo Abraham (Gn. 21:33).
    d. Como lo hizo cierto propietario (Mt. 21:33).
11. Podar (Lv. 25:3, 4).
12. Recoger (Rt. 2).
13. Sacudir (Jue. 6:11).
14. Segar.
    a. Como lo hizo Rubén (Gn. 30:14).
    b. Como lo hizo Josué de Bet-semes (1 S. 6:13, 14).
    c. Como lo hicieron los ángeles (Mt. 13:39; Ap. 14:15).
15. Sembrar.
    a. Como lo hizo Isaac (Gn. 26:12).
    b. Como un sembrador (Mt. 13).
16. Trillar (1 Co. 9:9; 1 Ti. 5:18; 1 Cr. 21:20).

Oraciones

ORACIONES DE PETICIÓN

1. Por un heredero.
   a. La oración de Abraham por Isaac (Gn. 15:2, 3).
   b. La oración de Isaac por Jacob y Esaú (Gn. 25:21-23).
   c. La oración de Ana por Samuel (1 S. 1:9-13).
   d. La oración de Zacarías por Juan (Lc. 1:13).
2. Por una ciudad.
   a. La oración por Sodoma: hecha por Abraham (Gn. 18:23-33).
   b. La oración por Jerusalén: hecha por Ezequías (2 R. 19:14-19).
   c. La oración por Nínive: hecha por sus propios ciudadanos (Jon. 3).
3. Por una esposa: la oración del siervo de Abraham por una esposa para Isaac (Gn. 24:12-14).
4. Por liberación del peligro.
   a. Jacob: que Dios lo salvara de Esaú (Gn. 32:9-12).
   b. David: que Dios lo salvara de Saúl (Sal. 31, 57, 142).
   c. Los discípulos: que Cristo los salvara de morir ahogados (Mt. 8:24, 25).
   d. Pedro: que Cristo lo salvara de morir ahogado (Mt. 14:28-31).
   e. La iglesia de Jerusalén: que Dios librara a Pedro de la cárcel (Hch. 12:5).
   f. Los marineros paganos: que Dios les salvara la vida (Jon. 1:14).
5. Moisés, para que las diez plagas descendieran sobre Egipto (Ex. 8—12).
6. Moisés, para que el mar Rojo abriera sus aguas (Ex. 14:21).
7. Josué, para que el río Jordán abriera sus aguas (Jos. 4:15-18).
8. Moisés, por un vislumbre de la gloria de Dios (Ex. 33:18).
9. Moisés, por un nuevo líder (Nm. 27:15-17).
10. Los discípulos, por un nuevo apóstol para tomar el lugar de Judas (Hch. 1:24, 25).
11. Moisés, por una visita a Canaán (Dt. 3:23-25).
12. Moisés, por Aarón, después de su pecado de hacer el becerro de oro (Dt. 9:20).
13. Josué, por más luz (Jos. 10:12).
14. Por una señal: una oración de Gedeón (Jue. 6:36-40).
15. Por fuerza: una oración de Sansón (Jue. 16:28-31).
16. Por el hogar propio.
    a. Por un niño que no había nacido aún: una oración de Manoa, el padre de Sansón (Jue. 13:12).
    b. Por un hijo: la oración de David por Salomón (1 Cr. 29:19; Sal. 72).
    c. Por dos hijos: el pedido de la madre de Santiago y Juan por sus hijos (Mt. 20:20, 21).
17. Por perdón y confesión.
    a. David: por perdón por:
       (1) Haber censado el pueblo (2 S. 24:10).
       (2) Inmoralidad con Betsabé (Sal. 32, 51).
    b. Manasés: por perdón y para ser restaurado como rey (2 Cr. 33:11-13).
    c. Job: por perdón por su orgullo (Job 40:3, 4; 42:6). (Compárese con 27:6.)
    d. El hijo pródigo: por perdón por su caída (Lc. 15:17-19).
18. Por sabiduría: una oración de Salomón (1 R. 3:5-9). (Véase también Stg. 1:5-8.)
19. Por lluvia y fuego.
    a. Elías, por fuego (1 R. 18:36, 37).
    b. Elías, por lluvia (1 R. 18:42, 43).
    c. David, por fuego (1 Cr. 21:26).
    d. Joel, por lluvia (Jl. 1:19, 20).
20. Por visión espiritual: una oración de Eliseo por su siervo (2 R. 6:17).
21. Por una vida prolongada: una oración de Ezequías por sí mismo (2 R. 20:1-3).
22. Por prosperidad en el trabajo: una oración de Jabes por sí mismo (1 Cr. 4:10).
23. Por falsos amigos.
    a. Job: por sus falsos amigos (Job 42:7-10).
    b. Pablo: por sus falsos amigos (2 Ti. 4:16).
24. Por consejo personal en asuntos de guerra: una oración de David por sí mismo (1 S. 17:45; 30:8; 2 S. 2:1; 5:19).
25. Por la interpretación de un sueño: una oración de Daniel y sus tres amigos (Dn. 2:18).
26. Por información acerca del nuevo nacimiento (Hch. 10:1-6).
27. Por alivio en el infierno: una oración del hombre rico por sí mismo (Lc. 16:22-31).
28. Por audacia en el testimonio: una oración de los discípulos por sí mismos (Hch. 4:24-30).
29. Por los enemigos: una oración de Esteban por sus asesinos (Hch. 7:59, 60).
30. Por el ministerio del Espíritu Santo.
    a. Con los samaritanos: una oración de los discípulos (Hch. 8:14, 15).
    b. Con los griegos: una oración de Pedro (Hch. 11:5).
    c. Con los efesios: una oración de Pablo (Hch. 19:6).
31. Por la voluntad personal de Dios: una oración de Pablo por sí mismo (Hch. 9:5, 6).
32. Por misioneros en su partida: una oración de los ancianos de Antioquía por Pablo y Silas (Hch. 13:3).
33. Por un viaje próspero: una oración de Pablo por sí mismo (Ro. 1:9-11).
34. Por la eliminación de un impedimento: una oración de Pablo por sí mismo (2 Co. 12:7-10).
35. Por justicia: una oración de las almas de los mártires (Ap. 6:10).
36. Por un ministerio exitoso: una oración de Pablo por Timoteo (2 T. 1:3-6).
37. Para ser cubiertos por las rocas y las montañas: una oración por los hombres malvados (Ap. 6:16, 17).

38. Por el regreso de Cristo: una oración de Juan (Ap. 22:20).
39. Por sanidad (Stg. 5:13-18).
   a. Abraham, por Abimelec (Gn. 20:17, 18).
   b. David, por su hijo enfermo (2 S. 12:16).
   c. Un hombre de Dios, por Jeroboam (1 R. 13:6).
   d. Un leproso, por sí mismo (Mt. 8:2).
   e. Un centurión, por su siervo (Mt. 8:5-9).
   f. Un endemoniado, por sí mismo (Mr. 5:6).
   g. Jairo, por su hija (Mt. 9:18).
   h. Una mujer enferma, por sí misma (Mt. 9:20, 21).
   i. Dos ciegos (Mt. 9:27).
   j. Una madre cananea por su hija (Mt. 15:21-28).
   k. Un padre, por su hijo (Mt. 17:14-16).
   l. Bartimeo, por sí mismo (Mr. 10:46, 47).
   m. Un sordomudo, por sí mismo (Mr. 7:32-34).
   n. Diez leprosos, por sí mismos (Lc. 17:12-16).
   ñ. Un noble, por su hijo (Jn. 4:46-50).
   o. María y Marta, por su hermano enfermo (Jn. 11:30).
   p. Pablo, por el padre de Publio (Hch. 28:8).
40. Por la resurrección.
   a. Elías, por un hijo muerto (1 R. 17:20, 21).
   b. Eliseo, por un hijo muerto (2 R. 4:33-35).
   c. Pedro, por Dorcas (Hch. 9:36-43).
41. Por el bienestar de Israel.
   a. Para que Dios bendijera las doce tribus: oración de Jacob (Gn. 48, 49). (También Aarón: Nm. 6:24.)
   b. Para que Dios lo librara de Egipto: oración de Israel (Ex. 2:23).
   c. Para que Dios le diera la victoria: oración de Moisés (Ex. 17:10-12).
   d. Para que Dios lo salvara: oración de Moisés (Ex. 32:31, 32; Nm. 11:1, 2; 21:7-9) y Josafat (2 Cr. 20:5-12).
   e. Para que Dios lo protegiera: oración de Moisés (Nm. 10:35, 36).
   f. Para que Dios lo guiara: oración de Israel (Jue. 1:1).
   g. Para que Dios lo perdonara.
      (1) El pueblo de Israel (Jue. 10:10).
      (2) Moisés (Nm. 14:13-19).
      (3) David (Sal. 85).
      (4) Jeremías (Jer. 14:20-22).
      (5) Daniel (Dn. 9).
      (6) Esdras (Esd. 9:5; 10:4).
      (7) Nehemías (Neh. 1:4-11).
      (8) Habacuc (Hab. 3).
   h. Para que Dios santificara su tabernáculo (1 R. 8:22-54).
   i. Para que Dios lo salvara: oración de Pablo (Ro. 10:1).
42. Por el bienestar de la Iglesia.
   a. Roma (Ro. 1:8-10).
   b. Efeso (Ef. 1:15-10; 3:13-21).
   c. Filipos (Fil. 1:2-7).
   d. Colosas (Col. 1:1-14).
   e. Tesalónica (1 Ts. 1:2, 3;3:9-13; 2 Ts. 1:3, 11, 12; 2:13, 16, 17).
   f. Jerusalén (He. 13:20, 21).
   g. Ponto, Galacia, Capadocia, Asia, Bitinia (1 P. 5:10, 11).

ORACIONES DE ALABANZA

1. Agradeciendo a Dios por su bondad: de David (Sal. 100, 103, 106, 107).
2. Agradeciendo a Dios por la liberación en el mar Rojo: de Israel (Ex. 15).
3. Agradeciendo a Dios por el nacimiento de Samuel: de Ana (1 S. 2:1-10).
4. Agradeciendo a Dios por su Palabra: de David (Sal. 119).
5. Agradeciendo a Dios por la liberación de Babilonia: de David y Esdras (Sal. 126; Esd. 7:27).
6. Agradeciendo a Dios por ser la sierva de Cristo: de María (Lc. 1:46-55).
7. Agradeciendo a Dios por el nacimiento de Cristo: de los ángeles (Lc. 2:25-38).
8. Agradeciendo a Dios por el niño Cristo: de Simeón y Ana (Lc. 2:25-38).
9. Agradeciendo a Dios por su sabiduría: de Pablo y David (Ro. 11:33-36; Sal. 139).
10. Agradeciendo a Dios por sufrir por Él: de los discípulos, Pablo y Silas (Hch. 5:41; 16:25).
11. Agradeciendo a Dios por su gran misericordia: de David (Sal. 136).
12. Agradeciendo a Dios por su gran creación
   a. De David (Sal. 8, 19).
   b. De los veinticuatro ancianos en el cielo (Ap. 4:10, 11; 15:3, 4).
13. Agradeciendo a Dios por su maravillosa redención: de las huestes del cielo (Ap. 5:8-14;7:9-12).
14. Agradeciendo a Dios por haber tomado por fin las cosas en sus manos (Ap. 11:16-18).
15. Agradeciendo a Dios por juzgar a la gran ramera (Ap. 19:1-10).

ORACIONES DE QUEJA

1. De Moisés (Ex. 3—5; Nm. 11:11-15). Razón para quejarse:
   a. Moisés no quería volver a Egipto.
   b. Moisés sentía que el peso de guiar a Israel a Canaán era demasiado grande.
2. De Josué (Jos. 7:6-9), porque Israel acababa de sufrir una derrota a manos de Hai.
3. De Elías (1 R. 19:4), porque Jezabel estaba tratando de matarlo.
4. De Job (Job 3:3-12; 10:18-22), por su terrible sufrimiento.
5. De Jeremías (Jer. 4:10; 20:7-13), porque pensaba que Dios lo había engañado.
6. De Jonás (Jon. 4), porque Dios había perdonado a Nínive.
7. De Habacuc (Hab. 1), porque no podía entender la aflicción de los piadosos y la aparente prosperidad de los malvados.
8. De David (Sal. 42; 43; 102:1-11), por la persecución de Saúl.

Pactos

Un pacto (*berith* en el hebreo del Antiguo Testamento; *diatheke* en el griego del Nuevo Testamento) es una promesa o un acuerdo entre Dios y el hombre. El pacto puede ser condicional o incondicional. Hay ocho pactos importantes en la Biblia:

1. El pacto con todos los pecadores arrepentidos para salvarlos por medio de Cristo. (Véanse Tit. 1:1, 2; He. 13:20.) Este pacto es incondicional.
2. El pacto con Adán (Gn. 1:28; 2:15, 16; 3:15-19).
   a. Antes de la caída: que podía permanecer en el Edén mientras obedeciera. Era condicional.
   b. Después de la Caída: que Dios algún día mandaría un Salvador. Era incondicional.
3. El pacto con Noé (Gn. 8:21, 22).
   a. Que la tierra no volvería a ser destruida por agua.
   b. Que las estaciones seguirían hasta el fin. Era incondicional.
4. El pacto con Abraham (Gn. 12:2, 3, 7; 13:14-17; 15:5, 18; 17:8).
   a. Que Dios haría de Abraham el fundador de una gran nación.

b. Que Dios algún día le daría Palestina a la simiente de Abraham para siempre. Era un pacto incondicional.
5. El pacto de Moisés e Israel (Ex. 19:3-8; Lv. 26; Dt. 28).
a. Que Israel podía poseer la tierra entonces para disfrutarla si obedecía.
b. Que Israel perdería todas las bendiciones de Dios si desobedecía. Era un pacto condicional.
6. El pacto con David (2 Cr. 13:5; 2 S. 7:12-16; 23:5).
a. Que un trono eterno saldría de David.
b. Que un reino eterno saldría de David.
c. Que un Rey eterno saldría de David. Era un pacto incondicional.
7. El pacto con la Iglesia (Mt. 16:18; 26:28; Lc. 22:20; He. 13:20, 21).
a. Que Cristo edificaría su Iglesia con su propia sangre.
b. Que toda la ira del infierno no la destruiría.
c. Que perfeccionaría a todos los miembros de su Iglesia. Era un pacto incondicional.
8. El nuevo pacto con Israel (Jr. 31:31-34; Is. 42:6; 43:1-6; Dt. 1:1-9; He. 8:7-12).
a. Que Dios finalmente tomaría a Israel de nuevo para sí mismo.
b. Que perdonaría su iniquidad y olvidaría su pecado.
c. Que lo usaría para alcanzar y enseñar a los gentiles.
d. Que lo establecería en Palestina para siempre. Era un pacto incondicional.

Palacios

1. El palacio de Artajerjes (Neh. 1:1; 2:1).
2. De Salomón (1 R. 7:1).
3. De Asuero (Est. 1:2).
4. De Belsasar (Dn. 5:5).
5. De Darío (Dn. 6:18).
6. Del sumo sacerdote (Mt. 26:3, 58, 69).
7. De César (Fil. 1:13).

Parábolas

Una parábola es la colocación de verdades terrenales junto con verdades celestiales o la comparación de las mismas. Es una historia terrenal (muchas veces, pero no necesariamente, histórica en naturaleza) con un significado celestial. Es algo colocado «junto a» como explicación.

PARÁBOLAS DEL ANTIGUO TESTAMENTO

1. La parábola del monte Moriah (Gn. 22; He. 11:17-19).
2. La parábola del tabernáculo (Ex. 25—31; He. 9:1-10).
3. La parábola de los árboles (Jue. 9:7-15).
4. La parábola de la cordera (2 S. 12:1-4).
5. La parábola de los dos hijos (2 S. 14:1-24).
6. La parábola del profeta herido (1 R. 20:35-43).
7. La parábola del rebaño sin pastor (1 R. 22:13-28).
8. La parábola del cardo y el cedro (2 R. 14:8-14).
9. La parábola de la naturaleza de la sabiduría (Job 28).
10. La parábola de la vid de Egipto (Sal. 80).
11. La parábola de la ciudad pequeña (Ec. 9:14-18).
12. La parábola del pesebre del señor (Is. 1:2-9).
13. La parábola de la viña del Señor (Is. 5:1-7).
14. La parábola de la vara de almendro y la olla hirviente (Jer. 1:11-19).
15. La parábola del cinto podrido (Jer. 13:1-11).
16. La parábola de la tinaja de vino (Jer. 13:12-14).
17. La parábola del alfarero y el barro (Jer. 18:1-10).
18. La parábola de la vasija rota (Jer. 19:1-13).
19. La parábola de las dos cestas de higos (Jer. 24:1-10).
20. La parábola de la copa de ira (Jer. 25:15-38).
21. La parábola de las coyundas y los yugos (Jer. 27—28).
22. La parábola de las piedras escondidas (Jer. 43:8-13).
23. La parábola de los seres vivientes (Ez. 1:1-28).
24. La parábola del rollo comido (Ez. 2—3).
25. La parábola del adobe (Ez. 4:1-17).
26. La parábola de la cabeza y la barba rapadas (Ez. 5:1-17).
27. La parábola de las abominaciones en el templo (Ez. 8:1-18).
28. La parábola del tintero del escribano (Ez. 9—10).
29. La parábola de la olla y la carne (Ez. 11:1-25).
30. La parábola de la gran salida (Ez. 12:1-28).
31. La parábola del sarmiento de la vid (Ez. 15:1-8).
32. La parábola de la esposa infiel (Ez. 16:1-63).
33. La parábola de la gran águila (Ez. 17:1-24).
34. La parábola de la leona y sus cachorros (Ez. 19:1-9).
35. La parábola de la vid arrancada (Ez. 19:10-14).
36. La parábola de las dos hermanas (Ez. 23:1-49).
37. La parábola de la olla hirviente (Ez. 24:1-4).
38. La parábola de la muerte de la esposa del profeta (Ez. 24:15-24).
39. La parábola del cedro del Líbano (Ez. 31:1-18).
40. La parábola de los pastores infieles (Ez. 34:1-31).
41. La parábola del valle de los huesos secos (Ez. 37:1-14).
42. La parábola de los dos palos (Ez. 37:15-28).
43. La parábola de las aguas salutíferas (Ez. 47:1-12).
44. La parábola de la gran imagen (Dn. 2:31-45).
45. La parábola del gran árbol (Dn. 4:1-37).
46. La parábola de las cuatro bestias (Dn. 7:1-28).
47. La parábola del carnero y el macho cabrío (Dn. 8:1-25).
48. La parábola de la esposa infiel (Os. 1—3).
49. La parábola de los caballos y los mirtos (Zac. 1:8-17).
50. La parábola de los cuernos y los carpinteros (Zac. 1:18-21).
51. La parábola del cordel de medir (Zac. 2:1-3).
52. La parábola del sumo sacerdote Josué (Zac. 3:1-10).
53. La parábola del candelabro de oro (Zac. 4:1-6).
54. La parábola del rollo volante (Zac. 5:1-4).
55. La parábola de la mujer en el efa (Zac. 5:5-11).
56. La parábola de los cuatro carros de guerra (Zac. 6:1-8).
57. La parábola de las coronas (Zac. 6:9-15).
58. La parábola de la belleza y las ataduras (Zac. 11:1-17).

LAS PARÁBOLAS DE CRISTO

1. Las dos casas y los vientos (Mt. 7:24-27; Lc. 6:47-49).
2. El perdón de las deudas de cincuenta y quinientos denarios (Lc. 7:41, 42).
3. La dominación de un hombre fuerte (Mr. 3:22-30).
4. El sembrador, la semilla y la tierra (Mt. 13:1-9; 18-23; Mr. 4:1-20; Lc. 8:4-15).
5. La cizaña de Satanás en el trigo del Salvador (Mt. 13:24-30, 36-43).
6. De echar semilla a meter la hoz (Mr. 4:26-29).
7. El poderoso grano de mostaza (Mt. 13:31, 32; Mr. 4:30-32; Lc. 13:18, 19).
8. La levadura y el reino de Dios (Lc. 13:20, 21).
9. Hallar un tesoro en un campo (Mt. 13:44).
10. El precio de una perla (Mt. 13:45, 46).
11. La selección de la pesca (Mt. 13:47-50).
12. El padre de familia y su tesoro (Mt. 13:52).
13. Un vestido y un odre rotos (Mt. 9:16, 17; Mr. 2:21, 22; Lc. 5:36-39).
14. Una generación de quejosos (Mt. 11:16-19; Lc. 7:31-35).
15. El perdonado que no perdonaba (Mt. 18:23-35).
16. Cómo conocer al prójimo (Lc. 10:25-37).
17. Siete espíritus y una casa barrida (Mt. 12:43-45; Lc. 11:24-26).
18. Un necio en problemas (Lc. 12:16-21).
19. El siervo vigilante (Lc. 12:35-40; Mt. 24:43, 44).
20. Un siervo infiel y un señor que regresa (Mt. 24:45-51; Lc. 12:42-48).

21. Una higuera estéril (Lc. 13:6-9).
22. Los convidados a las bodas (Lc. 14:7-11).
23. Dos tontos y un marido dominado (Lc. 14:15-24).
24. Una oveja perdida, una moneda perdida y un hijo insatisfecho (Lc. 15:1-32).
25. Las maquinaciones de un mayordomo (Lc. 16:1-13).
26. Cuando el Hades le pidió un favor al paraíso (Lc. 16:19-31).
27. Cuando lo mejor es lo menos que se puede hacer (Lc. 17:7-10).
28. Una viuda y un juez cansado (Lc. 18:1-8).
29. Un fariseo orgulloso y un publicano humilde (Lc. 18:9-14).
30. Cuando el último fue primero y el primero último (Mt. 20:1-16).
31. Las diez minas (Lc. 19:11-27).
32. Los dos hijos que cambiaron de parecer (Mt. 21:28-32).
33. Los labradores malvados (Mt. 21:33-46; Mr. 12:1-12; Lc. 20:9-19).
34. Un invitado de bodas sin vestido de bodas (Mt. 22:1-14).
35. La higuera y el futuro (Mt. 24:32-35; Mr. 13:28-31; Lc. 21:29-33).
36. Cinco lámparas que se apagaron (Mt. 25:1-13).
37. Los tres siervos y sus talentos (Mt. 25:14-30).
38. La separación de las ovejas y los cabritos (Mt. 25:31-46).

OTRAS PARÁBOLAS NEOTESTAMENTARIAS

1. La parábola del gran lienzo (Hch. 10:9-22).
2. La parábola de las recompensas (1 Co. 3:12-15).
3. La parábola del olivo (Ro. 11:13-25).
4. La parábola de las dos mujeres, los hijos y los montes (Gá. 4:19-31).
5. La parábola de la armadura completa de Dios (Ef. 6:11-17).
6. La parábola del descanso de Dios (la Tierra Prometida) (He. 3:7—4:16).
7. La parábola de los dos montes (He. 12:18-24).
8. La parábola de la lengua (Stg. 3).
9. La parábola de los siete candeleros (Ap. 1:9—3:22).
10. La parábola del libro con siete sellos (Ap. 5:1-14).
11. La parábola de los cuatro jinetes (Ap. 6:1-8).
12. La parábola de la mujer perseguida (Ap. 12:1-17).
13. La parábola del dragón con siete cabezas y siete cuernos (Ap. 12:3, 4; 13:1).
14. La parábola de la ramera sangrienta (Ap. 17).
15. La parábola de la reina arrogante (Ap. 18).
16. La parábola de la esposa pura (Ap. 19:1-10).

Paradojas

1. Encontrar la vida, pero terminar perdiéndola (Mt. 10:39; Jn. 12:25).
2. Perder la vida, pero terminar encontrándola (Mt. 10:39).
3. Ser desconocido, pero ser bien conocido (2 Co. 6:9).
4. Morir, pero tener vida (2 Co. 6:9).
5. Morir, pero poder dar vida (Jn. 12:24).
6. Estar triste, pero regocijarse siempre (2 Co. 6:10).
7. Ser pobre, pero dar riqueza a muchos (2 Co. 6:10).
8. No tener nada, pero tener todo (2 Co. 6:10).
9. Oír palabras que no se pueden expresar (2 Co. 12:4).
10. Ser fuerte cuando se es débil (2 Co. 12:10).
11. Conocer el amor de Cristo que excede a todo conocimiento (Ef. 3:19).
12. Ver lo no visto (2 Co. 4:18).

Se puede concluir que la vida misma y el ministerio de nuestro bendito Salvador eran en sí una paradoja divina.

1. Tenía hambre, pero alimentó a multitudes (Mt. 4:2; 2 Jn. 6).
2. Tenía sed, pero es el Agua de vida (Jn. 19:28; 4:14).
3. Estaba cansado, pero es nuestro descanso (Jn. 4:6; Mt. 11:29, 30).
4. Pagó tributo, pero es el Rey de reyes (Mt. 17:27; Ap. 19:16).
5. Oró, pero oye nuestras oraciones (Mr. 14:32-42; Jn. 14:13, 14).
6. Lloró, pero enjuga nuestras lágrimas (Jn. 11:35; Ap. 21:4).
7. Fue vendido por treinta piezas de plata, pero redime al mundo (Mt. 26:15; 1 P. 1:18, 19).
8. Fue llevado como oveja al matadero, pero es el Buen Pastor (Is. 53:7; Jn. 10:11).
9. Fue muerto, pero resucita de los muertos (Jn. 5:25; 19:33).

Paredes y murallas

1. La pared donde el ángel del Señor atrapó a Balaam (Nm. 22:24).
2. Los muros de Jericó que cayeron (Jos. 6:20; He. 11:30).
3. La pared en el palacio de Saúl donde se hizo un intento de matar a David (1 S. 19:10).
4. El muro de Bet-sán donde los filisteos colgaron el cuerpo de Saúl (1 S. 31:10).
5. El muro de Raba, donde Urías fue muerto por una flecha enemiga (2 S. 11:24).
6. El muro de Abel-bet-maaca, desde el cual se tiró la cabeza de Seba (2 S. 20:21, 22).
7. Los muros de Jerusalén.
   a. Construidos por Salomón (1 R. 9:15).
   b. Destruidos por Nabucodonosor (2 R. 25:10).
   c. Reconstruidos por Nehemías (Neh. 2:17; 6:15).
8. Un muro en Moab donde el rey moabita sacrificó a su propio hijo (2 R. 3:27).
9. Un muro en Samaria donde un rey israelita oyó una historia horrible (2 R. 6:26).
10. El muro de Damasco por el cual escapó Pablo un complot para matarlo (Hch. 9:25; 2 Co. 11:33).
11. El muro del templo milenario (Ez. 42:20).
12. El muro que rodea la nueva Jerusalén (Ap. 21:14-19).

Pascuas

1. La Pascua del ángel de la muerte en Egipto (Ex. 12:21).
2. La primera Pascua en la Tierra Prometida (Jos. 5:10).
3. La Pascua en la época de Ezequías (2 Cr. 30:2).
4. La Pascua en la época de Josías (2 R. 23:22).
5. La primera Pascua por el remanente que regresó (Esd. 6:19).
6. La Pascua a la cual asistió Jesús a los doce años (Lc. 2:41, 42).
7. La Pascua de la limpieza del templo (Jn. 2:13).
8. La Pascua de la alimentación de los 5.000 (Jn. 6:4).
9. La Pascua de la resurrección de Lázaro (Jn. 11:55).
10. La Pascua del aposento alto (Mt 26:19).
11. La Pascua asociada con la muerte de Santiago y la libertad de Pedro (Hch. 12:4).
12. La Pascua futura en el milenio (Ez. 45:21).

Pecados

1. Desobediencia (Gn. 3:6).
2. Embriaguez (Gn. 9:21).
3. Adoración propia (Gn. 11:1-9).
4. Sodomía (Gn. 19; Ro. 1:24-32).
5. Odio (Gn. 27:41).
6. Engaño (Gn. 27:11-15).
7. Incesto (Gn. 19:33-38).
8. Mentira (Gn. 26:7, 8).
9. Envidia (1 S. 18:8-12).
10. Violación (2 S. 13:14).

11. Conspiración de homicidio (Gn. 37:18-22; 4:8).
12. Burla (2 R. 2:23, 24).
13. Adulterio (2 S. 11:4, 27).
14. Murmuración (Nm. 14:29).
15. Rebeldía (Nm. 16).
16. Idolatría (Ex. 32).
17. Blasfemia (Hch. 12:20-23).
18. No respetar el día de reposo (Nm. 15:32-36).
19. Codicia (Jos. 7).
20. Transigencia (Jue. 2:1-3).
21. Dejarse sobornar (1 S. 8:3).
22. Comer sangre (1 S. 14:33).
23. Practicar brujería (1 S. 28:7-18).
24. Arrogarse el oficio de sacerdote (1 S. 2:17).
25. Causar división en el pueblo de Dios (2 S. 15:4).
26. Despreciar al esposo (2 S. 6:16-23).
27. Ofrecer sacrificios humanos (2 R. 17:17).
28. Orgullo (1 S. 14:12-14).
29. Enaltecerse (Ez. 28:17).
30. Despreciar la Palabra de Dios (2 Cr. 36:16).
31. Atribuir a Satanás la obra del Espíritu Santo (Mt. 12:24-32).
32. Falta de oración (Os. 7:7).
33. Contaminar la casa de Dios (Jn. 2:14-16).
34. Dispersar las ovejas (Jer. 23:1).
35. Enseñar falsa doctrina (Mt. 16:6).
36. Falta de misericordia (Mt. 18:23-35).
37. Hipocresía (Mt. 23).
38. Negar a Cristo (Mt. 26:69-75).
39. Crucificar a Cristo (Hch. 2:23).
40. Ser obstinado (Hch. 7:51).
41. Ser desagradecido (Ro. 1:21).
42. Vanagloriarse (Ro. 1:30).
43. Desobedecer a los padres (Ro. 1:30).
44. No tener afecto natural (Ro. 1:31).
45. Vivir en la carne (Gá. 3:3).

Plagas

SOBRE LAS NACIONES

1. Egipto.
   a. Aguas que se vuelven sangre (Ex. 7:20).
   b. Plaga de ranas (Ex. 8:6).
   c. Piojos (Ex. 8:17).
   d. Moscas (8:24).
   e. Plaga en el ganado (Ex. 9:3).
   f. Úlceras (9:10).
   g. Granizo (9:24).
   h. Langostas (10:13).
   i. Tinieblas (10:22).
   j. Muerte de los primogénitos (12:29).
2. Israel.
   a. Muerte por espada, por la idolatría (Ex. 32:27); mueren 3000.
   b. Muerte por fuego, por quejarse (Nm. 11:1).
   c. Muerte por una plaga no identificada, por lascivia (Nm. 11:31-35).
   d. Muerte por incredulidad (Nm. 14:37).
   e. Muerte por un terremoto, por rebelión (Nm. 16:32); mueren 250.
   f. Muerte por serpientes venenosas, por rebeldía (Nm. 21:6).
   g. Muerte por inmoralidad (Nm. 25:9); mueren 24.000.
   h. Muerte por mirar en el arca de Dios (1 S. 6:19); mueren 50.070.
   i. Muerte por el censo de David (2 S. 24:15); mueren 70.000.
3. Filistea.
   a. Muerte por trueno y rayos, por el ataque de Israel (1 S. 7:10).
   b. Sufrimiento por tumores, por capturar el arca de Dios (1 S. 5:8, 9).
4. Siria: una plaga de ceguera por atacar a Israel (2 R. 6:18).
5. Rusia: muerte por pestilencia por atacar a Israel (Ez. 38:21, 22).
6. Todas las naciones durante la tribulación.
   a. La plaga del caballo blanco de la guerra fría (Ap. 6:2); el primer sello.
   b. La plaga del caballo bermejo de la guerra caliente (Ap. 6:3, 4); el segundo sello.
   c. La plaga del caballo negro del hambre (Ap. 6:5, 6); el tercer sello.
   d. La plaga del caballo amarillo de la muerte (Ap. 6:7, 8); el cuarto sello.
   e. La plaga del terremoto del sexto sello (Ap. 6:12).
   f. La plaga de la primera trompeta (Ap. 8:7); se destruye un tercio de la vegetación.
   g. La plaga de la segunda trompeta (Ap. 8:8); un tercio del agua salada se convierte en sangre.
   h. La plaga de la tercera trompeta (Ap. 8:10, 11); un tercio del agua dulce se convirtió en ajenjo.
   i. La plaga de la cuarta trompeta (Ap. 8:12); un tercio de la luna, el sol y las estrellas se oscurecen.
   j. La plaga de la quinta trompeta (Ap. 9:12); los hombres son atormentados por escorpiones durante cinco meses.
   k. La plaga de la sexta trompeta (Ap. 9:14); muere un tercio de la población.
   l. La plaga de la primera copa (Ap. 16:2); úlceras en los hombres.
   m. La plaga de la segunda copa (Ap. 16:3); se destruye toda la vida marítima.
   n. La plaga de la tercera copa (Ap. 16:4); todos los ríos se convierten en sangre.
   ñ. La plaga de la cuarta copa (Ap. 16:8, 9); el sol quema a los hombres.
   o. La plaga de la quinta copa (Ap. 16:10); tinieblas sobre el imperio del Anticristo.
   p. La plaga de la sexta copa (Ap. 16:12); se seca el río Eufrates.
   q. La plaga de la séptima copa (Ap. 16:17-21; 18); la destrucción política y económica de Babilonia.

SOBRE INDIVIDUOS

1. Sobre el faraón, por tratar de casarse con Sara (Gn. 12:17).
2. Sobre Abimelec por tratar de casarse con Sara (Gn. 20:18).
3. Sobre Moisés, para mostrarle el poder de Dios (Ex. 4:6, 7).
4. Sobre Nadab y Abiú, por ofrecer fuego extraño (Lv. 10:1, 2).
5. Sobre María, por criticar a Moisés (Nm. 12:1-10).
6. Sobre Saúl, por su desobediencia (1 S. 16:14).
7. Sobre Nabal, por su odio hacia David (1 S. 25:38).
8. Sobre Jeroboam, por su falsa religión (1 R. 13:4).
9. Sobre Giezi, por mentir (2 R. 5:20-27).
10. Sobre Uzías, por tratar de arrogarse deberes sacerdotales (2 Cr. 26:16-21).
11. Sobre Herodes, por recibir la adoración de los hombres (Hch. 12:20-25).
12. Sobre Barjesús, por oponerse a Pablo (Hch. 13:6-11).

Plantas

1. Ajo (Nm. 11:5). Utilizado para dar sabor a la comida.
2. Alheña (Cnt. 1:14; 4:13). Un arbusto que produce flores blancas perfumadas, utilizado para teñir el cabello o las uñas en tonos rojizos y amarillentos.

3. Áloe (Sal. 45:8; Pr. 7:17; Jn. 19:38-40). Una planta suculenta con hojas gruesas y carnosas y un tallo alto con muchas flores acampanadas. Usada para purificar los cuerpos de los muertos.
4. Bálsamo (Gn. 37:25; Jer. 8:22). Un arbusto perenne con flores blancas y fruta parecida a la manzana. La resina de su corteza se utilizaba con fines medicinales.
5. Calabaza (2 R. 4:39; Jon. 4:6-10). Un arbusto grande (de unos tres metros) con hojas de un verde o bronce profundo, con fruta de un rojo vivo. Se utilizaba su aceite como combustible para las lámparas.
6. Caña (Ez. 40:3; Is. 18:2). Una planta alta con flores violetas, utilizada para medir y para hacer instrumentos para escribir.
7. Caña aromática (Cnt. 4:14; Ez. 27:19). Viene de la familia del junco y de la caña. Se sacaba un aceite de aroma fuerte de su raíz.
8. Cardo (Gn. 3:18; Os. 10:8; Mt. 7:16; He. 6:8). Una maleza alta con flores amarillas y un tallo espinoso.
9. Cebada (Rt. 1:22; 2 R. 7:1, 16, 18; Jn. 6:1-13). Un cereal básico.
10. Cizaña (Job 31:40; Mt. 13:24-30, 36-43). Una de las malezas más destructoras de la Tierra Santa. Las semillas frecuentemente contienen un hongo venenoso que produce mareos, náusea y a veces hasta la muerte cuando se come.
11. Comino (Is. 28:27; Mt. 23:23). Una planta pequeña y delicada, utilizada para fines medicinales y como especia para la comida.
12. Culantro (Ex. 16:31; Nm. 11:6-9). Tiene hojas como el perejil, flores blancas o rosadas, y una semilla gris redondeada que contiene un aceite valioso utilizado para dar sabor o para perfumar.
13. Eneldo (Mt. 23:23).
14. Espinas (Mt. 7:16).
15. Espinos y abrojos (Jue. 8:7, 16).
16. Grana (Lv. 14:51). Un gran arbusto perenne, cuyos tallos son el criadero de un insecto del cual se saca un tinte rojo. La corteza da un tinte negro.
17. Granada (Ex. 28:31-34). Un arbusto silvestre con hojas brillantes de un verde oscuro y flores de un rojo vivo como cera. La fruta es de un color rojo oscuro, aproximadamente del tamaño de una naranja. Se utilizaba como medicina y como alimento.
18. Hiel (Sal. 69:21; Mt. 27:34). Se piensa que puede haber sido una planta relacionada con la amapola del opio.
19. Hierba (Sal. 103:15).
20. Hisopo.
    a. El hisopo del Antiguo Testamento (Ex. 12:22; Lv. 14:4; Sal. 51:7). Era una planta de la familia de la menta, con hojas pequeñas y muchas flores doradas. Se utilizaba para rociar la sangre, limpiar a los leprosos y otros ritos de purificación.
    b. El hisopo del Nuevo Testamento (Jn. 19:29). Una planta alta de un verde amarillento con tallos fuertes y hojas parecidas a las cintas.
21. Junco (Ex. 2:3). Una planta alta cuyos tallos se utilizaban para hacer papel.
22. Junco (Job 8:11; Is. 35:7). Una planta con flores utilizada para hacer cestos, sillas, etc.
23. Lentejas (Gn. 25:34; 2 S. 17:28; 23:11; Ez. 4:9). Tiene el aspecto de un guisante y se usa como cereal o para hacer pan.
24. Lino (Ex. 9:31; 26:1; 28:6; Jos. 2:6; Pr. 31:13). Una planta utilizada para hacer la tela del mismo nombre.
25. Lirio (Mt. 6:28). Una hermosa flor violeta.
26. Mandrágora (Gn. 30:14-16).
27. Menta (Mt. 23:23). Una planta de hoja pequeña utilizada para fines de medicina, sabor y perfume.
28. Mirra (Mt. 2:11). La resina de un arbusto espinoso con una corteza delgada.
29. Mostaza (Mt. 13:13-32; 17:20). Una planta de flores amarillas cuyas hojas se utilizaban como verdura.
30. Nardo (Cnt. 1:12; 4:14; Mr. 14:3-6). Una pequeña planta con tallos vellosos de los cuales se toma el ungüento de aroma dulce con el mismo nombre.
31. Puerro (Nm. 11:5). Un vegetal parecido a la cebolla, uno de los favoritos de Palestina, también utilizado con fines medicinales.
32. Rosa (Is. 35:1; Cnt. 2:1). La famosa rosa de Sarón era una hermosa flor parecida al tulipán de un rojo vivo.
33. Ruda (Lc. 11:42). Una planta alta de casi dos metros con grupos de flores amarillas brillantes usada como desinfectante, como condimento y para remedios medicinales.
34. Trigo (Gn. 41:1-7).
35. Viña (Is. 5:2-7; Jn. 15:1-8).

Pórticos (corredores, puertas, entradas, portales)

Esta palabra se refiere a un área con un techo sostenido por columnas.

1. El pórtico real en Jericó. Aod usó este pórtico al escapar después de matar a Eglón, el rey moabita, (Jue. 3:23, Biblia Reina-Valera Actualizada).
2. El pórtico de juicio de Salomón (1 R. 7:7). Se menciona este pórtico varias veces en el Nuevo Testamento.
    a. Jesús predicó allí y casi fue apedreado (Jn. 10:22-39).
    b. Muchos enfermos yacían allí, orando por la sanidad (Jn. 5:2).
    c. Pedro predicó desde allí después de curar a un cojo (Hch. 3:11).
    d. Fue uno de los primeros lugares de reunión de los creyentes (Hch. 5:12).
3. El pórtico del sumo sacerdote, donde Pedro negó a Cristo y oyó cantar al gallo (Mt. 26:71; Mr. 14:68).
4. El pórtico del príncipe en el templo del milenio (Ez. 44:3; 46:2, 8).

Posadas (mesones)

1. La posada de Madián, donde Moisés casi comete el pecado de muerte (Ex. 4:24).
2. El mesón de Belén, donde se les negó lugar a José y María (Lc. 2:7).
3. El mesón de Jericó, donde un buen samaritano llevó a su amigo herido (Lc. 10:34).

Pozos

1. En el desierto de Cades, donde Dios le habló a Agar (Gn. 16:14).
2. En el desierto de Parán, donde se encontró con ella por segunda vez (Gn. 21:19).
3. En Beer-seba, donde Abraham hizo un pacto con Abimelec (Gn. 21:30).
4. En la ciudad de Nacor, donde el siervo de Abraham descubrió a Rebeca (Gn. 24:11-20).
5. En el valle de Gerar, donde Isaac los volvió a abrir (Gn. 26:17-22, 32).
6. En Harán, donde Jacob conoció a Raquel (Gn. 29:1-12).
7. En Madián, donde Moisés conoció a Séfora (Ex. 2:15-21).
8. En el desierto, abiertos por los israelitas (Nm. 21:16-18).
9. En la aldea de Bahurim, donde dos de los espías de David se escondieron de Absalón (2 S. 17:18, 19).
10. En Ramá, donde Saúl buscó a David (1 S. 19:18-24).
11. En Sira, donde Joab se encontró con Abner (2 S. 3:26).
12. En Belén, donde David anhelaba beber (2 S. 23:15).

13. En Elim, donde Israel tomó de doce pozos en camino al monte Sinaí (Ex. 15:27).
14. En Samaria, donde Jesús se encontró con la mujer samaritana (Jn. 4:6).

Preguntas

1. De la serpiente a Eva: «¿Conque Dios os ha dicho: No comáis de todo árbol del huerto?» (Gn. 3:1).
2. De Dios a Adán: «¿Dónde estás tú?» (Gn. 3:9).
3. De Dios a Caín: «¿Dónde está Abel tu hermano?» (Gn. 4:9).
4. De Caín a Dios: «¿Soy yo acaso guarda de mi hermano?» (Gn. 4:9).
5. De Abraham a Dios: «¿Qué me darás, siendo así que ando sin hijo?» (Gn. 15:2).
   «¿Destruirás también al justo con el impío?» (Gn. 18:23).
6. De Isaac a Abraham: «¿Dónde está el cordero para el holocausto?» (Gn. 22:7).
7. De Isaac a Jacob: «¿Eres tú mi hijo Esaú?» (Gn. 27:24).
8. De Jacob a Labán: «¿Qué es esto que me has hecho? ¿No te he servido por Raquel?» (Gn. 29:25).
9. De una visita celestial a Jacob: «¿Cuál es tu nombre?» (Gn. 32:27).
10. De Jacob a José: «¿Qué sueño es este que soñaste?» (Gn. 37:10).
11. De José a la esposa de Potifar: «¿Cómo, pues, haría yo este gran mal, y pecaría contra Dios?» (Gn. 39:9).
12. De Dios a Moisés: «¿Qué es eso que tienes en tu mano?» (Ex. 4:2).
13. De Faraón a Moisés: «¿Quién es Jehová, para que yo oiga su voz y deje ir a Israel?» (Ex. 5:2).
14. De Israel a Moisés: «¿Qué hemos de beber?» (Ex. 15:24).
15. De Moisés a Dios: «¿Qué haré con este pueblo? De aquí a un poco me apedrearán» (Ex. 17:4).
16. De Coré a Moisés: «¿Por qué, pues, os levantáis vosotros sobre la congregación de Jehová?» (Nm. 16:3).
17. De Moisés a Israel: «¿Os hemos de hacer salir aguas de esta peña?» (Nm. 20:10).
18. De Balaam a Balac: «¿Por qué maldeciré yo al que Dios no maldijo?» (Nm. 23:8).
19. De Josué al príncipe del ejército de Jehová: «¿Eres de los nuestros, o de nuestros enemigos?» (Jos. 5:13).
20. De Gedeón a Dios: «Si Jehová está con nosotros, ¿por qué nos ha sobrevenido todo esto?» (Jue. 6:13).
21. De Dalila a Sansón: «Yo te ruego que me declares en qué consiste tu gran fuerza» (Jue. 16:6).
22. De Booz a sus segadores: «¿De quién es esta joven?» (Rt. 2:5).
23. De Saúl a Samuel: «¿No soy yo hijo de Benjamín, de la más pequeña de las tribus de Israel?» (1 S. 9:21).
24. De Samuel a Saúl: «¿Qué has hecho?» (1 S. 13:11).
    «¿Se complace Jehová tanto en los holocaustos y víctimas, como en que se obedezca a las palabras de Jehová?» (1 S. 15:22).
25. De Samuel a Isaí: «¿Son éstos todos tus hijos?» (1 S. 16:11).
26. De David al ejército de Israel: «¿Quién es este filisteo incircunciso, para que provoque a los escuadrones del Dios viviente?» (1 S. 17:26).
27. De Elías a Israel: «¿Hasta cuándo claudicaréis vosotros entre dos pensamientos?» (1 R. 18:21).
28. De Naamán a sus siervos: «Abana y Farfar, ríos de Damasco, ¿no son mejores que todas las aguas de Israel? Si me lavare en ellos, ¿no seré también limpio?» (2 R. 5:12).
29. De Artajerjes a Nehemías: «¿Por qué está triste tu rostro? pues no estás enfermo» (Neh. 2:2).
30. Del rey de Persia a Amán: «¿Qué se hará al hombre cuya honra desea el rey?» (Est. 6:6).
31. De Satanás a Dios: «¿Acaso teme Job a Dios de balde?» (Job 1:9).
32. De la esposa de Job a Job: «¿Aún retienes tu integridad? (Job 2:9).
33. De Job a sus tres amigos: «Si el hombre muriere, ¿volverá a vivir?» (Job 14:14).
34. De Bildad a Job: «¿Cómo, pues, se justificará el hombre para con Dios?» (Job 25:4).
35. De Dios a Job: «¿Dónde estabas tú cuando yo fundaba la tierra?» (Job 38:4).
36. De David a Dios: «¿Qué es el hombre, para que tengas de él memoria?» (Sal. 8:4).
    «¿Quién habitará en tu tabernáculo? ¿Quién morará en tu monte santo?» (Sal. 15:1).
    «¿Quién es este Rey de gloria?» (Sal. 24:8, 10).
    «¿Por qué te abates, oh alma mía?» (Sal. 42:5, 11; 43:5).
    «¿A quién tengo yo en los cielos sino a ti?» (Sal. 73:25).
    «¿Con qué limpiará el joven su camino?» (Sal. 119:9).
37. Del Israel capturado a los soldados babilonios: «¿Cómo cantaremos cántico de Jehová en tierra de extraños?» (Sal. 137:4).
38. De Salomón a su hijo: «¿Quién podrá decir: Yo he limpiado mi corazón, limpio estoy de mi pecado?» (Pr. 20:9).
    «Mujer virtuosa, ¿quién la hallará?» (Pr. 31:10).
39. De Dios a Isaías: «¿A quién enviaré, y quién irá por nosotros?» (Is. 6:8).
40. De Dios a Israel: «¿No has sabido, no has oído que el Dios eterno es Jehová, el cual creó los confines de la tierra? No desfallece, ni se fatiga con cansancio, y su entendimiento no hay quien lo alcance» (Is. 40:28).
41. De Isaías a Israel: «¿Quién ha creído a nuestro anuncio? ¿y sobre quién se ha manifestado el brazo de Jehová?» (Is. 53:1).
42. De Jeremías a Dios: «¿No hay bálsamo en Galaad? ¿No hay allí médico?» (Jer. 8:22).
43. De Dios a Israel: «¿Mudará el etíope su piel, y el leopardo sus manchas?» (Jer. 13:23).
44. De Dios a Jeremías: «He aquí que yo soy Jehová, Dios de toda carne; ¿habrá algo que sea difícil para mí?» (Jer. 32:27).
45. De Dios a Ezequiel: «Hijo de hombre, ¿vivirán estos huesos?» (Ez. 37:3).
46. De Nabucodonosor a sus consejeros: «¿No echaron a tres varones atados dentro del fuego?» (Dn. 3:24).
47. De Darío a Daniel: «El Dios tuyo, a quien tú continuamente sirves, ¿te ha podido librar de los leones?» (Dn. 6:20).
48. De Amós a Israel: «¿Andarán dos juntos, si no estuvieren de acuerdo?» (Am. 3:3).
49. De Miqueas a Dios: «¿Qué Dios como tú, que perdona la maldad, y olvida el pecado del remanente de su heredad?» (Mi. 7:18).
50. Del remanente israelita al Mesías que regresa: «¿Qué heridas son estas en tus manos?» (Zac. 13:6).
51. De los magos a Herodes: «¿Dónde está el rey de los judíos, que ha nacido?» (Mt. 2:2).
52. De Zacarías al ángel: «¿En qué conoceré esto? Porque yo soy viejo, y mi mujer es de edad avanzada» (Lc. 1:18).
53. De María a Gabriel: «¿Cómo será esto? pues no conozco varón» (Lc. 1:34).
54. De María a Jesús: «Hijo, ¿por qué nos has hecho así?» (Lc. 2:48).
55. De Jesús a María: «¿No sabíais que en los negocios de mi Padre me es necesario estar?» (Lc. 2:49).

56. De Juan a Jesús: «Yo necesito ser bautizado por ti, ¿y tú vienes a mí?» (Mt. 3:14).
57. De Natanael a Felipe: «¿De Nazaret puede salir algo de bueno? (Jn. 1:46).
58. De Jesús a la multitud: «Pero si la sal se desvaneciere, ¿con qué será salada?» (Mt. 5:13).
59. De Nicodemo a Jesús: «¿Cómo puede un hombre nacer siendo viejo?» (Jn. 3:4).
60. De la mujer samaritana a Jesús: «¿Cómo tú, siendo judío, me pides a mí de beber, que soy mujer samaritana?» (Jn. 4:9).
61. De Jesús al hombre enfermo: «¿Quieres ser sano?» (Jn. 5:6).
62. De los demonios a Jesús: «¿Has venido para destruirnos?» (Lc. 4:33).
63. De Jesús a los fariseos: «Y si Satanás echa fuera a Satanás, contra sí mismo está dividido; ¿cómo, pues, permanecerá su reino?» (Mt. 12:26).
64. De Juan el Bautista a Jesús: «¿Eres tú el que había de venir, o esperaremos a otro?» (Lc. 7:20).
65. De un intérprete de la ley a Jesús: «¿Y quién es mi prójimo?» (Lc. 10:29).
66. Del hombre rico a sí mismo: «¿Qué haré, porque no tengo dónde guardar mis frutos?» (Lc. 12:17).
67. De Jesús a los fariseos: «¡Hipócritas! que sabéis distinguir el aspecto del cielo, ¡mas las señales de los tiempos no podéis!» (Mt. 16:3).
68. De Jesús a los discípulos: «¿Quién decís que soy yo?» (Mt. 16:15).
«¿Qué aprovechará al hombre, si ganare todo el mundo, y perdiere su alma?» (Mt. 16:26).
69. De Pedro a Jesús: «¿Cuántas veces perdonaré a mi hermano que peque contra mí? ¿Hasta siete?» (Mt. 18:21).
70. De los fariseos a Jesús: «¿Es lícito al hombre repudiar a su mujer por cualquier causa?» (Mt. 19:3).
«¿Eres tú acaso mayor que nuestro padre Abraham, el cual murió?» (Jn. 8:53).
71. Del joven rico a Jesús: «Qué bien haré para tener la vida eterna?» (Mt. 19:16).
72. De los herodianos a Jesús: «¿Es lícito dar tributo a César, o no?» (Mt. 22:17).
73. De los saduceos a Jesús: «En la resurrección, pues, ¿de cuál de los siete será ella mujer, ya que todos la tuvieron?» (Mt. 22:28).
74. De un intérprete de la ley a Jesús: «¿Cuál es el gran mandamiento en la ley?» (Mt. 22:36).
75. De los discípulos a sí mismos: «¿Quién es éste, que aun el viento y el mar le obedecen?» (Mr. 4:41).
76. De Jesús a los discípulos: «¿Quién ha tocado mis vestidos?» (Mr. 5:30).
«¿Queréis acaso iros también vosotros?» (Jn. 6:67).
«Hijitos, ¿tenéis algo de comer?» (Jn. 21:5).
77. De los judíos de Nazaret a sí mismos: «¿No es éste el hijo de José?» (Lc. 4:22).
78. De Jesús a los discípulos: «¿Cuántos panes tenéis?» (Mr. 6:38).
79. De los discípulos a Jesús: «¿Por qué nosotros no pudimos echarle fuera?» (Mr. 9:28).
«¿Cuándo serán estas cosas, y qué señal habrá de tu venida, y del fin del siglo?» (Mt. 24:3).
80. De Jesús a los gobernadores judíos: «El bautismo de Juan, ¿era del cielo, o de los hombres?» (Mr. 11:30).
81. De Pedro a Jesús: «Señor, ¿a quién iremos?» (Jn. 6:68).
82. De Jesús a Judas: «¿No os he escogido yo a vosotros los doce, y uno de vosotros es diablo?» (Jn. 6:70).
83. De Nicodemo a los fariseos: «¿Juzga acaso nuestra ley a un hombre si primero no le oye, y sabe lo que ha hecho?» (Jn. 7:51).
84. De los principales sacerdotes a los alguaciles: «¿Por qué no le habéis traído?» (Jn. 7:45).
85. De Jesús a una mujer inmoral: «Mujer, ¿dónde están los que te acusaban? ¿Ninguno te condenó?» (Jn. 8:10).
86. De los discípulos a Jesús: «¿Quién pecó, éste o sus padres, para que haya nacido ciego?» (Jn. 9:2).
«¿Restaurarás el reino a Israel en este tiempo?» (Hch. 1:6).
87. De Jesús a Marta: «Y todo aquel que vive y cree en mí, no morirá eternamente. ¿Crees esto?» (Jn. 11:26).
88. De Jesús a María y a Marta: «¿Dónde le pusisteis?» (Jn. 11:34).
89. De Jesús a Felipe: «¿Tanto tiempo hace que estoy con vosotros, y no me has conocido, Felipe?» (Jn. 14:9).
90. De Judas a los principales sacerdotes: «¿Qué me queréis dar, y yo os lo entregaré?» (Mt. 26:15).
91. De Judas a Jesús: «¿Soy yo, Maestro?» (Mt. 26:25).
92. De Jesús a Pedro: «Simón, ¿duermes?» (Mr. 14:37).
«¿Me amas?» (Jn. 21:17).
93. De Jesús a Pedro, Santiago y Juan: «¿Así que no habéis podido velar conmigo una hora?» (Mt. 26:40).
94. De Jesús a Judas: «¿Con un beso entregas al Hijo del Hombre?» (Lc. 22:48).
95. De Jesús a los soldados: «¿A quién buscáis?» (Jn. 18:4).
96. De los principales sacerdotes a Jesús: «¿Eres tú el Cristo?» (Lc. 22:70).
97. De Pilato a Jesús: «¿Eres tú el Rey de los judíos?» (Mt. 27:11).
98. De un siervo del sumo sacerdote a Pedro: «¿No te vi yo en el huerto con él?» (Jn. 18:26).
99. De Pilato a Jesús: «¿Qué es la verdad?» (Jn. 18:38).
100. De Pilato a los principales sacerdotes y ancianos: «¿A quién queréis que os suelte: a Barrabás, o a Jesús, llamado el Cristo?» (Mt. 27:17).
101. De Jesús al Padre: «Dios mío, Dios mío, ¿por qué me has desamparado?» (Mt. 27:46).
102. De las mujeres a sí mismas: «¿Quién nos removerá la piedra de la entrada del sepulcro?» (Mr. 16:3).
103. De los ángeles a las mujeres: «¿Por qué buscáis entre los muertos al que vive?» (Lc. 24:5).
104. De Jesús a María Magdalena: «Mujer, ¿por qué lloras?» (Jn. 20:15).
105. De los discípulos de Emaús a sí mismos: «¿No ardía nuestro corazón en nosotros, mientras nos hablaba en el camino, y cuando nos abría las Escrituras?» (Lc. 24:32).
106. De los ángeles a los discípulos: «Varones galileos, ¿por qué estáis mirando al cielo?» (Hch. 1:11).
107. De varios judíos a sí mismos: «¿Cómo, pues, les oímos nosotros hablar cada uno en nuestra lengua en la que hemos nacido?» (Hch. 2:8).
108. De los judíos a sí mismos: «Varones hermanos, ¿qué haremos?» (Hch. 2:37).
109. De Pedro a Ananías: «¿Por qué llenó Satanás tu corazón para que mintieses al Espíritu Santo?» (Hch. 5:3).
110. De Felipe al eunuco: «¿Entiendes lo que lees?» (Hch. 8:30).
111. Del eunuco a Felipe: «¿Y cómo podré, si alguno no me enseñare?» (Hch. 8:31).
112. De Jesús a Saulo: «¿Por qué me persigues?» (Hch. 9:4).
113. De Saulo a Jesús: «Señor, ¿qué quieres que yo haga?» (Hch. 9:6).
114. De Pedro al concilio de Jerusalén: «¿Por qué tentáis a Dios, poniendo sobre la cerviz de los discípulos un yugo que ni nuestros padres ni nosotros hemos podido llevar?» (Hch. 15:10).

115. Del carcelero de Filipos a Pablo y Silas: «Señores, ¿qué debo hacer para ser salvo?» (Hch. 17:18).
116. De los filósofos griegos a Pablo: «¿Qué querrá decir este palabrero?» (Hch. 16:30).
117. De Pablo a los buscadores efesios: «¿Recibisteis el Espíritu Santo cuando creísteis? (Hch. 19:2).
118. De Pablo a Israel: «Tú, pues, que enseñas a otro, ¿no te enseñas a ti mismo?» (Ro. 2:21).
«¿Qué ventaja tiene, pues, el judío?» (Ro. 3:1).
«¿Perseveraremos en el pecado para que la gracia abunde?» (Ro. 6:1).
«¿Quién acusará a los escogidos de Dios?» (Ro. 8:33).
«¿Quién nos separará del amor de Cristo?» (Ro. 8:35).
«¿Cómo, pues, invocarán a aquel en el cual no han creído? ¿Y cómo creerán en aquel de quien no han oído? ¿Y cómo oirán sin haber quién les predique?» (Ro. 10:14).
«¿Ha desechado Dios a su pueblo?» (Ro. 11:1).
119. De Pablo a los creyentes corintios: «¿Acaso está dividido Cristo?» (1 Co. 1:13).
«¿No sois carnales, y andáis como hombres?» (1 Co. 3:3).
«¿O no sabéis que los santos han de juzgar al mundo?» (1 Co. 6:2).
«¿O ignoráis que vuestro cuerpo es templo del Espíritu Santo?» (1 Co. 6:19).
«Y si la trompeta diere sonido incierto, ¿quién se preparará para la batalla?» (1 Co. 14:8).
«¿Cómo dicen algunos entre vosotros que no hay resurrección de los muertos?» (1 Co. 15:12).
«¿Dónde está, oh muerte, tu aguijón? ¿Dónde, oh sepulcro, tu victoria?» (1 Co. 15:55).
«¿Qué compañerismo tiene la justicia con la injusticia? ¿Y qué comunión la luz con las tinieblas?» (2 Co. 6:14).
120. De Pablo a los gálatas: «¿Recibisteis el Espíritu por las obras de la ley, o por el oír con fe?» (Gá. 3:2).
«Entonces, ¿para qué sirve la ley?» (Gá 3:19).
121. De Pablo a Timoteo: «Pues el que no sabe gobernar su propia casa, ¿cómo cuidará de la iglesia de Dios?» (1 Ti. 3:5).
122. De Pablo a los hebreos: «¿A cuál de los ángeles dijo Dios jamás: Mi Hijo eres tú?» (He. 1:5).
«¿Cómo escaparemos nosotros, si descuidamos unan salvación tan grande?» (He. 2:3).
«¿Qué hijo es aquel a quien el padre no disciplina?» (He. 12:7).
123. De Santiago a los creyentes: «¿De qué aprovechará si alguno dice que tiene fe, y no tiene obras?» (Stg. 2:14).
«¿Acaso alguna fuente echa por una misma abertura agua dulce y amarga?» (Stg. 3:11).
«¿De dónde vienen las guerras y los pleitos entre vosotros?» (Stg. 4:1).
«¿No sabéis que la amistad del mundo es enemistad contra Dios?» (Stg. 4:4).
«Porque, ¿qué es vuestra vida?» (Stg. 4:14).
124. De Pedro a los creyentes: «¿Dónde está la promesa de su advenimiento?» (2 P. 3:4).
125. De Juan a los creyentes: «¿Quién es el que vence al mundo?» (1 Jn. 5:5).
«¿Quién es digno de abrir el libro y desatar sus sellos?» (Ap. 5:2).
«¿Hasta cuándo, Señor, santo y verdadero, no juzgas y vengas nuestra sangre en los que moran en la tierra?» (Ap. 6:10).
«Porque el gran día de su ira ha llegado; ¿y quién podrá sostenerse en pie?» (Ap. 6:17).
«¿Quién como la bestia, y quién podrá luchar contra ella?» (Ap. 13:4).

Prisiones

1. Donde fue puesto José (Gn. 39:20-23, Egipto).
2. Donde fueron puestos los hermanos de José (Gn. 42:17, Egipto).
3. Donde fue puesto el quebrantador del día de reposo (Nm. 15:34, el desierto).
4. Donde fue puesto Sansón (Jue. 16:21, Gaza).
5. Donde fue puesto Micaías (1 R. 22:27, Samaria).
6. Donde fue puesto Jeremías (Jer. 32:2; 37:4-21; 38:13, Jerusalén).
7. Donde fue puesto Juan el Bautista (Mt. 4:12, cerca del mar Muerto).
8. Donde fueron puestos los discípulos (Hch. 5:18, Jerusalén).
9. Donde fue puesto Pedro (Hch. 12:4, Jerusalén).
10. Donde fueron puestos Pablo y Silas (Hch. 16:19-35, Filipos).
11. Donde fue puesto Pablo (Hch. 21:33; 23:10, Jerusalén).
12. Donde fue puesto Pablo (Hch. 23:35; 24:27, la sala de juicio de Herodes en Cesarea).
13. Donde fue puesto Pablo (Fil. 1:13; Flm. 1:1, Roma).

Profecías

PROFECÍAS HECHAS POR CRISTO

1. Acerca de su ascensión (Jn. 1:50, 51).
2. Acerca de su muerte y resurrección (Jn. 2:19-22).
3. Acerca de su muerte (Jn. 3:14).
4. Acerca del juicio ante el gran trono blanco (Mt. 7:21-23).
5. Acerca de la futura resurrección (Jn. 5:28, 29).
6. Acerca de su traidor (Jn. 6:70, 71).
7. Acerca de su resurrección ((Mt. 16:4).
8. Acerca de su ascensión (Jn. 7:33, 34).
9. Acerca del pentecostés (Jn. 7:37-39).
10. Acerca de su ascensión (Jn. 8:14, 15).
11. Acerca de su muerte (Jn. 8:28).
12. Acerca de su muerte (Jn. 10:17, 18).
13. Acerca de la iglesia (Mt. 16:18, 19).
14. Acerca de su resurrección (Mt. 16:21; Mr. 8:31; Lc. 9:22).
15. Acerca de su Segunda Venida (Mt. 16:27; Mr. 8:38; Lc. 9:26).
16. Acerca de transfiguración (Mt. 16:28; Lc. 9:27).
17. Acerca de su resurrección (Mt. 17:9; Mr. 9:9).
18. Acerca de sus sufrimientos (Mt. 17:12; Mr. 9:12).
19. Acerca de su traición (Mt. 17:22; Lc. 9:44).
20. Acerca de su resurrección (Mt. 12:28-40; Lc. 11:29, 30).
22. Acerca del juicio ante el gran trono blanco (Mt. 12:41, 42; Lc. 11:31, 32).
23. Acerca del gran trono blanco (Lc. 12:2, 3).
24. Acerca de sus sufrimientos (Lc. 17:25).
25. Acerca de los últimos días (Lc. 17:26-30).
26. Acerca del Armagedón (Lc. 23:28-31).
27. Acerca de las recompensas futuras (Mt. 19:27-30; Mr. 10:28-31; Lc. 18:28-30).
28. Acerca de su resurrección (Mt. 20:17-19; Mr. 10:32-34; Lc. 18:31-34).
29. Acerca de la destrucción de Jerusalén (Lc. 19:43, 44).
30. Acerca del apartamiento de Israel (Mt. 21:43, 44).
31. Acerca de su muerte (Jn. 12:20-26).
32. Acerca de su muerte (Jn. 12:32).
33. Acerca de la tribulación (Mt. 24:1-42).
34. Acerca de su Segunda Venida (Mt. 25:29-31).
35. Acerca de su muerte (Mt. 26:2).
36. Acerca de su traición (Mt. 26:21-25; Mr. 14:18-21; Lc. 22:21, 22; Jn. 13:18-33).
37. Acerca de la muerte de Pedro (Jn. 13:36).

38. Acerca de las primeras tres negaciones de Pedro (Lc. 22:34; Jn. 13:38).
39. Acerca de su regreso (Jn. 14:2, 3).
40. Acerca de ser abandonado por sus discípulos (Mt. 26:31).
41. Acerca de encontrarse con sus discípulos en Galilea después de su resurrección (Mt. 26:32; Mr. 14:28; 16:7).
42. Acerca de las segundas tres negaciones de Pedro (Mt. 26:33-35; Mr. 14:29-31).
43. Acerca de su Segunda Venida (Mt. 26:64).
44. Acerca de su Segunda Venida (Lc. 22:69).
45. Acerca de la destrucción de Jerusalén (Lc. 23:28-31).
46. Acerca del martirio de Pedro (Jn. 21:18, 19).

PROFECÍAS CUMPLIDAS POR CRISTO

1. Que nacería de una mujer (Gn. 3:15; cp. Gá. 4:4).
2. Que sería de la línea de Abraham (Gn. 12:3, 7; 17:7; Ro. 9:5; cp. Gá. 3:16).
3. Que sería de la tribu de Judá (Gn. 49:10; cp. He. 7:14; Ap. 5:5).
4. Que sería de la casa de David (2 S. 7:12, 13; Lc. 1:31-33; cp. Ro. 1:3).
5. Que nacería de una virgen (Is. 7:14; cp. Mt. 1:22, 23).
6. Que se le daría el trono de David (2 S. 7:11, 12; Sal. 132:11; Is. 9:6, 7; 16:5; Jer. 23:5; cp. Lc. 1:31, 32).
7. Que este trono sería un trono eterno (Dn. 2:44; 7:14, 27; Mi. 4:7; cp. Lc. 1:33).
8. Que sería llamado Emanuel (Is. 7:14; cp. Mt. 1:23).
9. Que tendría un precursor (Is. 40:3-5; Mal. 3:1; Mt. 3:1-3; cp. Lc. 1:76-78; 3:3-6).
10. Que nacería en Belén (Mi. 5:2; Mt. 2:5, 6; cp. Lc. 2:4-6).
11. Que sería adorado por magos y que se le darían presentes (Sal. 72:10; Is. 60:3, 6, 9; cp. Mt. 2:11).
12. Que estaría en Egipto por un tiempo (Nm. 24:8; Os. 11:1; cp. Mt. 2:15).
13. Que su lugar de nacimiento sufriría un infanticidio (Jer. 31:15; cp. Mt. 2:17, 18).
14. Que sería llamado nazareno (Is. 11:1; cp. Mt. 2:23).
15. Que tendría celo por el Padre (Sal 69:9; 119:139; cp. Jn. 6:37-40).
16. Que estaría lleno del Espíritu de Dios (Sal. 45:7; Is. 11:2; 61:1, 2; cp. Lc. 4:18, 19).
17. Que sanaría a muchos (Is. 53:4; cp. Mt. 8:16, 17).
18. Que trataría benignamente a los gentiles (Is. 9:1, 2; 42:1-3; cp. Mt. 4:13-16; 12:17-21).
19. Que hablaría en parábolas (Is. 6:9, 10; cp. Mt. 13:10-15).
20. Que sería rechazado por los suyos (Sal. 69:8; Is. 53:3; cp. Jn. 1:11; 7:5).
21. Que haría una entrada triunfal en Jerusalén (Zac. 9:9; cp. Mt. 21:4, 5).
22. Que sería alabado por niños pequeños (Sal. 8:2; cp. Mt. 21:16).
23. Que sería la piedra angular rechazada (Sal. 118:22, 23; cp. Mt. 21:42).
24. Que no se creería en sus milagros (Is. 53:1; cp. Jn. 12:37, 38).
25. Que su amigo lo traicionaría por treinta piezas de plata (Sal. 41:9; 55:12-14; Zac. 11:12, 13; cp. Mt. 26:14-16, 21-25).
26. Que sería un varón de dolores (Is. 53:3; cp. Mt. 26:37, 38).
27. Que sería abandonado por sus discípulos (Zac. 13:7; cp. Mt. 26:31, 56).
28. Que sería herido y escupido (Is. 50:6; cp. Mt. 26:67; 27:26).
29. Que el dinero de su precio sería usado para comprar el campo del alfarero (Jer. 18:1-4; 19:1-4; Zac. 11:12, 13; cp. Mt. 27:9, 10).
30. Que sería crucificado entre dos ladrones (Is. 53:12; cp. Mt. 27:38; Mr. 15:27, 28; Lc. 22:37).
31. Que se le daría a beber vinagre (Sal. 69:21; cp. Mt. 27:34, 48; Jn. 19:28-30).
32. Que sufriría el traspasamiento de las manos y los pies (Sal. 22:16; Zac. 12:10; cp. Mr. 15:25; Jn. 19:34, 37; 20:25-27).
33. Que sus vestidos serían divididos y se echarían suertes sobre ellos (Sal. 22:18; cp. Lc. 23:34; Jn. 19:23, 24).
34. Que sería rodeado y ridiculizado por sus enemigos (Sal. 22:7, 8; cp. Mt. 27:39-44; Mr. 15:29-32).
35. Que tendría sed (Sal. 22:15; cp. Jn. 19:28).
36. Que encomendaría su espíritu al Padre (Sal. 31:5; cp. Lc. 23:46).
37. Que sus huesos no serían rotos (Ex. 12:46; Nm. 9:12; Sal. 34:20; cp. Jn. 19:33-36).
38. Que lo mirarían al morir (Zac. 12:10; Mt. 27:36; cp. Jn. 19:37).
39. Que sería enterrado con los ricos (Is. 53:9; cp. Mt. 27:57-60).
40. Que sería levantado de los muertos (Sal. 16:10; cp. Mt. 28:2-7).
41. Que ascendería (Sal. 24:7-10; cp. Mr. 16:19; Lc. 24:51).
42. Que entonces se convertiría en un sumo sacerdote mayor que Aarón (Sal. 110:4; cp. He. 5:4, 5, 6, 10; 7:11-28).
43. Que se sentaría a la diestra de Dios (Sal. 110:1; cp. Mt. 22:44; He. 10:12, 13).
44. Que se convertiría en un cetro hiriente (Nm. 24:17; Dn. 2:44, 45; cp. Ap. 19:15).
45. Que gobernaría a los paganos (Sal. 2:8; cp. Ap. 2:27).

PROFECÍAS ACERCA DE NACIMIENTOS

1. El nacimiento de Isaac (Gn. 15:4; 17:19, 21; 18:10, 14). Cumplimiento: Génesis 21:1-3.
2. El nacimiento de Jacob y Esaú (Gn. 25:19-23). Cumplimiento: Génesis 25:24-26.
3. El nacimiento de Sansón (Jue. 13:2-5). Cumplimiento: Jueces 13:24.
4. El nacimiento de Samuel (1 S. 1:17, 18). Cumplimiento: 1 Samuel 1:20.
5. Nacimiento del hijo de la mujer sunamita (2 R. 4:16). Cumplimiento: 2 Reyes 4:17.
6. Nacimiento de Juan el Bautista (Lc. 1:13-17). Cumplimiento: Lucas 1:57-64.
7. Nacimiento de Cristo (Lc. 1:26-33). Cumplimiento: Lucas 2:4-7.

PROFECÍAS ACERCA DE CIUDADES

1. Tiro.
   a. Que la ciudad costera sería capturada por Nabucodonosor (Ez. 26:7).
   b. Que la ciudad isleña sería barrida y hecha lisa como una piedra (Ez. 26:4, 14; 28:1-10).
   c. Que ambas ciudades se convertirían en un lugar para tender redes (Ez. 26:14).
   d. Que se arrojarían las piedras y maderas tiradas de ambas al mar (Zac. 9:3, 4).
   e. Que ninguna de las dos sería reconstruida (Ez. 26:14).
2. Jericó (Jos. 6:26).
   a. Que caería el séptimo día a manos de Josué (Jos. 6:1-5). Cumplimiento: Josué 6:20.
   b. Que la ciudad sería reconstruida más adelante por un solo hombre (Hiel).
   c. Que el hijo mayor del constructor (Abiram) moriría cuando empezara el trabajo en la ciudad.
   d. Que el hijo menor (Segub) moriría cuando se completara el trabajo. Cumplimiento: 1 Reyes 16:34.
3. Nínive.
   a. Que la ciudad sería totalmente destruida (Nah. 1:3, 6).

b. Que esta destrucción sería efectuada (en parte) por un gran desbordamiento del río Tigris (Nah. 1:8).
c. Que los atacantes de la ciudad se vestirían de rojo (Nah. 2:3). Cumplimiento: el testimonio de la historia. En el 612 a.C. los medos y los babilonios (que usaban mucho el color rojo) destruyeron a Nínive.

4. Jerusalén.
   a. Que sería el lugar escogido de Dios (Dt. 12:5, 6, 11; 26:2; Jos. 9:27; 10:1; 1 R. 8:29; 11:36; 15:4; 2 R. 21:4, 7; 2 Cr. 7:12; Sal. 78:68).
   b. Que se salvaría de ser invadida por Israel (las diez tribus del norte) y Siria (Is. 7:1-7).
   c. Que se salvaría de ser invadida por los asirios (Is. 37:33-35). Cumplimiento: Is. 37:36, 37.
   d. Que sería destruida por los babilonios (Is. 3:8; Jer. 11:9; 26:18; Mi. 3:12).
   e. Que el templo de Salomón sufriría destrucción (1 R. 9:7-9; Sal. 79:1; Jer. 7:11-14; 26:18; Ez. 7:21, 22; 24:21; Mi. 3:12). Cumplimiento: Lamentaciones 2:7; 2 Crónicas 36:19.
   f. Que los utensilios del templo serían llevados a Babilonia y devueltos a Jerusalén más adelante (Jer. 28:3). Cumplimiento: 2 Reyes 25:14, 15; 2 Crónicas 36:18; Esdras 1:7-11. Véase también Daniel 5:1-4).
   g. Que sería reconstruido por los judíos después de pasar setenta años en cautiverio babilónico (Is. 44:28; Jer. 25:11, 12; 29:10). Cumplimiento: Esdras 1:1-4.
   h. Que sus calles y paredes serían reconstruidas durante un período de problemas (Dn. 9:25). Cumplimiento: Esdras 4—5; Nehemías 2—6.
   i. Que los muros serían reconstruidos 483 años antes de la crucifixión de Cristo (Dn. 9:26). Cumplimiento: el testimonio de la historia. Desde el 14 de marzo del 445 a.C. (fecha de la reconstrucción de los muros) hasta el 6 de abril (crucifixión de Cristo) hay 483 años, o 173.880 días.
   j. Que sería destruida por los romanos (Lc. 19:41-44).
   k. Que el templo de Herodes también sería quemado en esa época (Mt. 24:1, 2). Cumplimiento: el testimonio de la historia. Cumplido por Tito en el 70 d.C.
   l. Que sería pisoteada por los gentiles hasta la Segunda Venida (Lc. 21:24). Cumplimiento: el testimonio de la historia.
   m. Que sería ocupada por el Anticristo durante la tribulación (Zac. 12:2; 14:2).
   n. Que se convertiría en el centro de adoración del mundo durante el milenio (Is. 2:2, 3; Mi. 4:1).

PROFECÍAS ACERCA DE PERSONAS

Antiguo Testamento

1. Que Josué y Caleb entrarían a Canaán después de un período de cuarenta años (Nm. 14:24, 30). Cumplimiento: Josué 3:7, 17; 14:6-12.
2. Que Sísara sería derrotado por una mujer (Jue. 4:9). Cumplimiento: Jueces 4:21.
3. Que Ofni y Finees morirían el mismo día (1 S. 2:34). Cumplimiento: 1 Samuel 4:11.
4. Que el sacerdocio sería quitado de la línea de Elí (1 S. 2:27-36; 3:11-14). Cumplimiento: 1 Reyes 2:26, 27.
5. Que Saúl sería el primer rey de Israel y lo salvaría de los filisteos (1 S. 9:15, 16). Cumplimiento: 1 Samuel 11, 14.
6. Que el reino de Saúl no continuaría (1 S. 13:14; 15:28; 24:20). Cumplimiento: 2 Samuel 3:1; 5:1-3.
7. Que Saúl moriría en batalla cierto día (1 S. 28:19). Cumplimiento: 1 Samuel 31:1-6).
8. Que Salomón construiría el templo, no David (1 Cr. 17:1-12). Cumplimiento: 1 Reyes 7:51.
9. Que la espada no se alejaría de la casa de David debido al pecado (2 S. 12:10-12). Cumplimiento: 2 Samuel 13:28, 29; 16:21, 22.
10. Que la casa (dinastía) de Jeroboam sería destruida (1 R. 14:10, 11, 13, 14). Cumplimiento: 1 Reyes 15:27, 28).
11. Que Acab vencería a los sirios (1 R. 20:28). Cumplimiento: 1 Reyes 20:29, 30.
12. Que Acab moriría en batalla por matar a Nabot (1 R. 21:19; 22:17). Cumplimiento: 1 Reyes 22:37.
13. Que los perros lamerían su sangre del carro (1 R. 21:19). Cumplimiento: 1 Reyes 22:38.
14. Que Jezabel sería comida por perros salvajes (1 R. 21:23; 2 R. 9:10). Cumplimiento: 2 Reyes 9:35.
15. Que Eliseo recibiría una doble porción del espíritu de Elías (2 R. 2:10). Cumplimiento: el testimonio de la historia. Hizo dos veces la cantidad de milagros que Elías.
16. Que Naamán se recuperaría de su lepra (2 R. 5:3, 8, 10). Cumplimiento: 2 Reyes 5:14.
17. Que los ciudadanos hambrientos de Samaria disfrutarían de una abundancia de alimentos en veinticuatro horas (2 R. 7:1). Cumplimiento: 2 Reyes 7:16, 17.
18. Que un ayudante arrogante del rey vería este milagro pero no comería del alimento (2 R. 7:2, 19). Cumplimiento: 2 Reyes 7:17, 20.
19. Que un rey sirio (Hazael) no se recuperaría de su enfermedad (2 R. 8:10). Cumplimiento: 2 Reyes 8:15.
20. Que Jehú tendría cuatro generaciones sobre el trono de Israel (2 R 10:30). Cumplimiento: 2 Reyes 15:12.
21. Que la dinastía de Jehú sería destruida después (Os. 1:4). Cumplimiento: 2 Reyes 15:8-12.
22. Que Joás derrotaría a los sirios en tres ocasiones (2 R. 13:18, 19). Cumplimiento: 2 Reyes 13:25.
23. Que Joram sufriría de una enfermedad intestinal por su pecado (2 Cr. 21:15). Cumplimiento: 2 Crónicas 21:18, 19.
24. Que Amasías moriría por su idolatría (2 Cr. 25:16). Cumplimiento: 2 Crónicas 25:20, 22, 27.
25. Que Senaquerib no invadiría Jerusalén (Is. 37:33-35). Cumplimiento: Isaías 37:36, 37.
26. Que Senaquerib caería por la espada en su propia tierra (Is. 37:7). Cumplimiento: Isaías 37:37, 38.
27. Que Ezequías sería curado de una enfermedad mortal (Is. 38:5). Cumplimiento: Isaías 38:9.
28. Que Joacaz nunca volvería a Judá sino que moriría en el cautiverio egipcio (Jer. 22:10-12). Cumplimiento: 2 Reyes 23:33, 34.
29. Que Josías quemaría los huesos descompuestos de los sacerdotes paganos de Jeroboam en el altar falso que Jeroboam había construido (1 R. 13:1-3). Cumplimiento: 2 Reyes 23:4-6.
30. Que Joaquín sería capturado por Nabucodonosor (Jer. 22:25). Cumplimiento: 2 Reyes 24:15.
31. Que un falso profeta llamado Hananías moriría dentro de un año (Jer. 28:15, 16). Cumplimiento: Jer. 28:17.
32. Que Sedequías sería capturado por Nabucodonosor (Jer. 21:7). Cumplimiento: Jeremías 52:8, 9.
33. Que Sedequías sería cegado (Ez. 12:13). Cumplimiento: Jeremías 52:11.
34. Que Nabucodonosor vencería a los egipcios en Carquemis (Jer. 46). Cumplimiento: el testimonio de la historia.
35. Que Nabucodonosor invadiría a Egipto (Jer. 43:9-13; 46:26; Ez. 29:19, 20). Cumplimiento: el testimonio de la historia.
36. Que Nabucodonosor sería reducido a un animal por su orgullo (Dn. 4:19-27). Cumplimiento: Daniel 4:28-37.
37. Que se le quitaría el reino a Belsasar (Dn. 5:5, 25-28). Cumplimiento: Daniel 5:30.

38. Que Ciro permitiría que los judíos volvieran y reconstruyeran Jerusalén (Is. 44:28). Cumplimiento: Esdras 1:1, 2.
39. Que Alejandro Magno conquistaría Grecia y establecería un imperio mundial (Dn. 2:32, 39; 7:6; 8:5-8, 21; 11:3). Cumplimiento: el testimonio de la historia.
40. Que Alejandro derrotaría a los persas (Dn. 8:5-8). Cumplimiento: el testimonio de la historia.
41. Que Alejandro moriría repentinamente y su reino sería dividido en cuatro partes (Dn. 8:8, 22; 11:4). Cumplimiento: el testimonio de la historia.
42. Que Antíoco Epífanes perseguiría a los judíos y profanaría su templo (Dn. 8:11, 25). Cumplimiento: el testimonio de la historia.

Nuevo Testamento

1. Que Zacarías quedaría mudo hasta el nacimiento de su hijo (Lc. 1:20). Cumplimiento: Lucas 1:57-64.
2. Que Juan el Bautista sería el precursor de Cristo (Is. 40:3-5; Mal. 3:1; Lc. 1:76, 77). Cumplimiento: Mateo 3:1-11; Lucas 3:2-6.
3. Que Simeón viviría para ver al Mesías (Lc. 2:25, 26). Cumplimiento: Lucas 2:28-32.
4. Que Pedro negaría a Cristo (Jn. 13:38). Cumplimiento: Juan 18:24-27.
5. Que Pedro sufriría martirio por Cristo (Jn. 21:18, 19; 2 P. 1:12-14). Cumplimiento: el testimonio de la historia.
6. Que Judas se entregaría a Satanás (Jn. 6:70). Cumplimiento: Lucas 22:3; Juan 13:27.
7. Que Judas traicionaría a Cristo (Jn. 6:71; 13:21). Cumplimiento: Mateo 26:47-50; Lucas 22:47, 48; Juan 18:2-5).
8. Pablo.
   a. Que sufriría mucho por Cristo (Hch. 9:16). Cumplimiento: 2 Corintios 11:23-28; 12:7-10; Gálatas 6:17; Filipenses 1:29, 30.
   b. Que sería ministro a los gentiles (Hch. 9:15). Cumplimiento: Hechos 13:46; 18:6; 22:21; 26:17; 28:28; Romanos 11:13; Efesios 3:1; 1 Timoteo 2:7; 2 Timoteo 1:11.
   c. Que predicaría ante reyes (Hch. 9:15). Cumplimiento: Hechos 24—26.
   d. Que iría a Roma (Hch. 23:11). Cumplimiento: Hechos 28:16.

PROFECÍAS ACERCA DE ISRAEL

1. Que el pueblo de Sem sería especialmente bendecido por Dios (Gn. 9:26). Cumplimiento: Mateo 1:1; Juan 4:22.
2. Que una gran nación saldría de Abraham (Gn. 12:2). Cumplimiento: Números 23:10.
3. Que esta nación existiría para siempre (Jer. 31:35-37). Cumplimiento: el testimonio de la historia.
4. Que los reyes de Israel vendrían de la tribu de Judá (Gn. 49:10). Cumplimiento: 1 Samuel 16:1, 2; 1 Crónicas 28:4; Lucas 1:26, 27).
5. Que Canaán sería dada a Israel para siempre (Gn. 13:15). Cumplimiento parcial: Josué 21:43—45. Cumplimiento futuro: Isaías 60:21; Ezequiel 37:25.
6. Que Israel estaría en otra tierra (Egipto) por 400 años, donde serviría y sería afligido (Gn. 15:13). Cumplimiento: Exodo 12:40.
7. Que Dios juzgaría a esta nación opresora (Egipto) por esta opresión (Gn. 15:14). Cumplimiento: Exodo 7:14—12:29.
8. Que Israel saldría de Egipto con gran riqueza (Gn. 15:14). Cumplimiento: Exodo 12:35, 36.
9. Que Israel volvería a Canaán de Egipto en la cuarta generación (Gn. 15:16). Cumplimiento: Josué 3:16, 17.
10. Que Israel conquistaría a Canaán gradualmente (Ex. 23:29, 30). Cumplimiento: Jueces 1:19-36.
11. Que aquellos (mayores de veinte) que habían pecado en Cades-Barnea no verían la Tierra Prometida sino que vagarían por el desierto cuarenta años (Nm. 14:32-34). Cumplimiento: Números 26:63-65.
12. Que Israel pondría un rey sobre ellos (Dt. 17:14-20). Cumplimiento: 1 Samuel 10:24.
13. Que Israel sufriría una guerra civil trágica después de la muerte de Salomón (1 R. 11:11, 31). Cumplimiento: 1 Reyes 12:16, 17, 19, 20.
14. Que el reino del norte sería llevado al cautiverio por Asiria (1 R. 14:15, 16; Os. 1:5; 10:1, 6). Cumplimiento: 2 Reyes 17:6, 7, 22, 23.
15. Que esto ocurriría sesenta y cinco años después de la reunión entre Isaías y Acaz (Is. 7:8). Cumplimiento: 2 Reyes 17:24.
16. Que el reino del sur sería llevado al cautiverio por Babilonia (Jer. 13:19; 20:4, 5; 21:10; Mi. 4:10). Cumplimiento: 2 Reyes 24:10, 14.
17. Que el templo sería destruido (1 R. 9:7; 2 Cr. 7:20, 21; Jer. 7:14). Cumplimiento: 2 Reyes 25:9.
18. Que la duración del cautiverio babilónico sería de setenta años (Jer. 25:11; 29:10). Cumplimiento: Daniel 9:2.
19. Que Israel entonces volvería a la tierra (Jer. 29:10). Cumplimiento: Esdras 1.
20. Que los utensilios del templo que una vez fueran llevados a Babilonia serían devueltos a la tierra (2 R. 25:14, 15; Jer. 28:3; Dn. 5:1-4). Cumplimiento: Esdras 1:7-11.
21. Que Israel eventualmente sería desparramado entre todas las naciones del mundo (Lv. 26:33; Dt. 4:27, 28; 28:25, 64-67; Os. 9:17).
22. Que Israel moraría «muchos días» sin lo siguiente:
    a. Un rey.
    b. Una heredero aparente.
    c. Las ofrendas levíticas.
    d. El templo.
    e. El sacerdocio levítico (Os. 3:4).
    Cumplimiento: el testimonio de la historia.
23. Que Israel también estaría libre de idolatría durante esta época terrible (Os. 3:4). Cumplimiento: el testimonio de la historia.
24. Que Israel se convertiría en refrán de burla entre las naciones (Dt. 28:37). Cumplimiento: el testimonio de la historia.
25. Que Israel prestaría a muchas naciones pero no tomaría prestado de ninguna (Dt. 28:12). Cumplimiento: el testimonio de la historia.
26. Que Israel sería acosado y perseguido (Dt. 28:65-67). Cumplimiento: el testimonio de la historia.
27. Que Israel sin embargo mantendría su identidad (Lv. 26:44; Jer. 46:28). Cumplimiento: el testimonio de la historia.
28. Que Israel permanecería sola y alejada de entre las naciones (Nm. 23:9). Cumplimiento: el testimonio de la historia.
29. Que Israel rechazaría a su Mesías (Is. 53:1-9). Cumplimiento: Lucas 23:13-25.
30. Que Israel volvería a Palestina en días postreros antes de la Segunda Venida de Cristo (Dt. 30:3; Ez. 36:24; 37:1-14). Cumplimiento: el testimonio histórico (desde 1948).

PROFECÍAS ACERCA DE LOS ÚLTIMOS DÍAS

«Como fue en los días de Noé, así también será en los días del Hijo del Hombre. Asimismo como sucedió en los días de Lot...» (Lc. 17:26, 28).

De estos versículos y otros pasajes del Nuevo Testamento podemos recoger las siguientes «señales de los tiempos».

1. Aumento de guerras y rumores de guerra (Jl. 3:9, 10; Mt. 24:6, 7).
2. Materialismo extremo (2 Ti. 3:1, 2; Ap. 3:14-19).
3. Anarquía (Sal. 78:8; Pr. 30:11-14; 2 Ti. 3:2, 3).
4. Explosión demográfica (Gn. 6:1).
5. Aumento de la velocidad y el conocimiento (Dn. 12:4).
6. Apartamiento de la fe cristiana (2 Ts. 2:3; 1 Ti. 4:1, 3, 4; 2 Ti. 3:5; 4:3, 4; 2 P. 3:3, 4).
7. Intensa actividad demoníaca (Gn. 6:1-4; 1 Ti. 4:1-3).
8. Unificación de los sistemas religioso, político y económico del mundo (Ap. 13:4-8, 16, 17; 17:1-18; 18:1-24).
9. El surgimiento de Rusia como una potencia mundial (Ez. 38—39).
10. La ausencia de liderazgo talentoso entre las naciones (facilitando la toma del poder por el Anticristo).
11. La música rock (un posible catalizador para la necesaria unificación de ciertos sistemas mundiales).
12. El uso universal de las drogas (Ap. 9:21) (la palabra «hechicerías» aquí también puede referirse a las drogas).
13. Actividad sexual anormal (Ro. 1:17-32; 2 P. 2:10, 14; 3:3; Jud. v. 1:18).
14. La matanza en masa de inocentes por madres despreocupadas (aborto). La frase «sin afecto natural» ocurre dos veces en el Nuevo Testamento (Ro. 1:31; 2 Ti. 3:3). La última vez está definitivamente ligada a los últimos días.
15. Violencia generalizada (Gn. 6:11, 13; Ap. 9:21).
16. Rechazo de la Palabra de Dios (2 Ti. 4:3, 4; 2 P. 3:3, 4, 16).
17. Rechazo de Dios mismo (Sal. 2:1-3).
18. Blasfemia (2 Ti. 3:2; 2 P. 3:3; Jud. v. 18).
19. Amadores de sí mismos y del placer (2 Ti. 3:2, 4).
20. Hombres sin conciencia (1 Ti. 4:2).
21. Estafadores religiosos (2 P. 2:3).
22. Adorares abiertos del diablo (Ap. 9:20; 13:11-14).
23. Surgimiento de falsos profetas y anticristos (Mt. 24:5, 11; 2 P. 2:1, 2).
24. Falsas afirmaciones de paz (1 Ts. 5:1-3).
25. Avances rápidos en la tecnología (Gn. 4:22).
26. Grandes trastornos políticos y religiosos en la Tierra Santa (Mt. 24:32-34).

PROFECÍAS ACERCA DE LAS NACIONES

1. Egipto.
   a. Que experimentaría siete años de abundancia y siete años de hambre (Gn. 41:1-7, 17-24; 45:6, 11). Cumplimiento: Génesis 41:47, 48, 53-57; 47:13, 20.
   b. Que hospedaría a Israel durante 400 años y lo afligiría (Gn. 15:13). Cumplimiento: Exodo 12:40; Hechos 7:6.
   c. Que sería juzgado por ellos con las diez plagas (Gn. 15:14; Ex. 3:20; 6:1; 7:5). Cumplimiento: Exodo 7:14—12:29.
   d. Que perseguiría a Israel pero fracasaría y moriría (Ex. 14:3, 4). Cumplimiento: Exodo 14:5-9, 23-28, 30, 31.
   e. Que derrotaría a Israel en Meguido (Jer. 2:16, 17, 19, 36, 37). Cumplimiento: 2 Reyes 23:29-35.
   f. Que tropezaría y caería ante Babilonia en Carquemis (Jer. 46:5, 6, 10-12). Cumplimiento: el testimonio de la historia.
   g. Que sería invadido por Nabucodonosor (Jer. 43:7-13; 46:13-26). Cumplimiento: el testimonio de la historia.
   h. Que decaería de su posición exaltada y se convertiría en una nación pobre (Ez. 29:1, 2, 15). Cumplimiento: el testimonio de la historia.
   i. Que sufriría (tal vez sería traicionado) a manos del Anticristo durante la tribulación (Dn. 11:40-43; Jl. 3:19).
   j. Que sería restaurado y bendecido por Dios junto con Asiria e Israel durante el milenio (Is. 19:21-25).
2. Babilonia.
   a. Que crecería bajo el reinado de Nabucodonosor (Hab. 1:5-10). Cumplimiento: el testimonio de la historia.
   b. Que derrotaría a los egipcios en Carquemis (Jer. 46). Cumplimiento: el testimonio de la historia.
   c. Que derrotaría a los asirios (Nah.). Cumplimiento: el testimonio de la historia.
   d. Que sería derrotada por los medos y los persas (Is. 13:17; Jer. 51:11). Cumplimiento: Daniel 5.
3. Que tres potencias mundiales seguirían a Babilonia (Persia, Grecia, Roma) (Dn. 2, 7). Cumplimiento: el testimonio de la historia.
4. Persia.
   a. Que consistiría de una alianza entre dos pueblos (los medos y los persas) (Dn. 8:1-4, 20). Cumplimiento: el testimonio de la historia.
   b. Que derrotaría a los babilonios (Dn. 2:39; 7:5). Cumplimiento: Daniel 5.
   c. Que sería derrotada por los griegos (Dn. 8:5-8, 21, 22). Cumplimiento: el testimonio de la historia.
5. Grecia.
   a. Que sería invadida por Persia (Dn. 11:2). Cumplimiento: el testimonio de la historia.
   b. Que Alejandro Magno conquistaría Grecia y establecería un imperio mundial (Dn. 2:32, 39; 7:6; 8:5-8, 21; 11:3). Cumplimiento: el testimonio de la historia.
   c. Que derrotaría a los persas (Dn. 8:5-8). Cumplimiento: el testimonio de la historia.
   d. Que sería dividida en cuatro partes después de la muerte de Alejandro (Dn. 8:8, 22; 11:4). Cumplimiento: el testimonio de la historia.
6. Roma.
   a. Que derrotaría a los griegos (Dn. 2:40; 7:7; 11:18, 19). Cumplimiento: el testimonio de la historia.
   b. Que destruiría a Jerusalén (Mt. 23:37-39). Cumplimiento: el testimonio de la historia, el 70 d.C., por Tito.
   c. Que sería reestablecida durante la tribulación (Dn. 2:41; 7:7, 8; Ap. 13:1; 17:12).
   d. Que sería destruida por Cristo en la Segunda Venida (Dn. 2:34, 35, 44; 7:9, 14, 27).
7. Rusia.
   a. Que invadiría a Israel durante la tribulación (Ez. 28:8-11, 16).
   b. Que se le unirían varios aliados (Ez. 38:4-7).
   c. Que bajaría para tomar «botín» (Ez. 38:12).
   d. Que sufriría una derrota desastrosa a manos de Dios, perdiendo alrededor del ochenta y tres por ciento de sus tropas (Ez. 39:2).

PROFECÍAS ACERCA DE LA TRIBULACIÓN

A. La naturaleza de la tribulación.

1. Guerras increíblemente sangrientas (Mt. 24:6, 7; Ap. 6:2-4; 14:20).
2. Ebriedad (Mt. 24:38; Lc. 17:27).
3. Sexo ilícito (Mt. 24:38; Lc. 17:27; Ap. 9:21).
4. Materialismo craso (Lc. 17:28; Ap. 18:12-14).
5. Surgimiento de falsos mesías y profetas (Mt. 24:5, 11, 24).
6. Horrible persecución religiosa de los creyentes (Mt. 24:10; Ap. 16:6; 17:6).
7. Los hombres han de esconderse en las cuevas de rocas por temor a Dios (Is. 2:19-21; Ap. 6:15-17).
8. Los dolores y las tristezas de la muerte, semejantes a

los de las mujeres que están dando a luz, han de tomar a los hombres (Is. 13:8; Jer. 30:6).

9. Terribles hambres mundiales (Ap. 6:5, 6, 8).
10. Los humanos serán muertos por bestias salvajes de rapiña (Ap. 6:8).
11. Terremotos desastrosos (Ap. 6:12; 11:13; 16:18).
12. Temibles señales y disturbios celestiales (Lc. 21:25; Ap. 6:12-14; 8:12).
13. Maremotos y desastres marítimos universales (Lc. 21:25; Ap. 8:8, 9; 16:3).
14. Las estrellas, la luna y el sol se oscurecerán (Is. 13:10; Jl. 2:30, 31; 3:15).
15. La luna se volverá en sangre (Jl. 2:31; Ap. 6:12).
16. Los cielos se enrollarán como un pergamino (Is. 34:4; Jl. 2:10; Ap. 6:14).
17. Enormes piedras de granizo compuestas de fuego y sangre caerán sobre la tierra (Ap. 8:7; 16:21).
18. Meteoritos enormes caerán sobre la tierra (Ap. 8:8-11).
19. Las estrellas de los cielos caerán sobre la tierra (Ap. 6:13).
20. Tanto las aguas saladas como las aguas frescas quedarán completamente contaminadas (Ap. 8:8-11; 11:6; 16:3, 4).
21. Desastre universal de la ecología terrestre (Ap. 8:7).
22. Los acontecimientos irán de mal en peor. «Como el que huye de delante del león, y se encuentra con el oso; o como si entrare en casa y apoyare su mano en la pared, y le muerde una culebra» (Am. 5:19).
23. Una época de oscuridad profunda y depresión total (Jl. 2:2).
24. Ningún período de la historia podrá compararse con él (Jer. 30:7; Dn. 12:1; Mt. 24:21, 22).
25. Una época de hambre de la misma Palabra de Dios. «He aquí vienen días, dice Jehová el Señor, en los cuales enviaré hambre a la tierra, no hambre de pan, ni sed de agua, sino de oír la palabra de Jehová. E irán errantes de mar a mar; desde el norte hasta el oriente discurrirán buscando palabra de Jehová, y no la hallarán» (Am. 8:11, 12).
26. Una época en la cual no habrá forma de escapar el feroz juicio de Dios. «Aunque cavasen hasta el Seol, de allá los tomará mi mano; y aunque subieren hasta el cielo, de allá los haré descender. Si se escondieren en la cumbre del Carmelo, allí los buscaré y los tomaré; y aunque se escondieren de delante de mis ojos en los profundo del mar, allí mandaré a la serpiente y los morderá» (Am. 9:2, 3).
27. Uso universal de drogas (Ap. 9:21).
28. Idolatría y adoración universal del diablo (Ap. 9:20; 13:11-17).
29. Invasiones demoníacas asesinas (Ap. 9:3-20).
30. Erupciones subterráneas (Ap. 9:1, 2).
31. Calor solar quemador (Ap. 16:8, 9).
32. Períodos aterrorizadores de oscuridad total (Ap. 16:10).
33. Fuegos incontrolables que abarcan toda la ciudad (Ap. 18:8, 9, 18).
34. Una plaga de úlceras malignas y pestilentes (Ap. 16:2).
35. La destrucción total de los sistemas religioso, político y económico del mundo (Ap. 17, 18).
36. Un gobierno dictatorial universal por el Anticristo (Ap. 13).
37. Un intento abierto y total de destruir a Israel (Ap. 12:1-17).
38. Los sobrevivientes de este período serán más escasos que el oro (Is. 13:12).
39. La sangre de los hombres será vertida como polvo y su carne como estiércol (Zac. 1:17).
40. Los muertos quedarán sin sepultar y las montañas serán cubiertas con su sangre (Is. 34:3; 66:24).
41. La tierra será removida de su órbita (Is. 13:13).
42. La tierra será invertida (Is. 24:1, 19).
43. La tierra tambaleará como un ebrio (Is. 24:20).
44. La plaga física más terrible de toda la historia. «Y esta será la plaga con que herirá Jehová a todos los pueblos que pelearon contra Jerusalén: la carne de ellos se corromperá estando ellos sobre sus pies, y se consumirán en las cuencas sus ojos, y la lengua se les deshará en su boca» (Zac. 14:12).
45. Habrá un río de sangre humana de 200 millas de largo (unos 322 km) (Ap. 14:20).
46. Las aves de rapiña comerán la carne podrida de ejércitos enteros de hombres (Mt. 24:28; Ap. 19:17-19).

B. Los acontecimientos que ocurrirán con la tribulación.

Los primeros tres años y medio

1. La organización formal de la iglesia ramera (1 Ti. 4:1-3; 2 Ti. 3:1-5; Ap. 17).
2. El surgimiento del Anticristo y su falso profeta (Ap. 13).
3. La restauración del Imperio Romano (Dn. 2:41; 7:7; Ap. 13:1; 17:12).
4. El pacto de siete años del anticristo con Israel (Is. 28:18; Dn. 9:27).
5. La apertura de los primeros seis sellos (Mt. 24:4-8; Ap. 6:1-17).
6. El regreso en masa de los judíos a Palestina (Is. 43:5, 6; Ez. 34:11-13; 36:24; 37:1-14).
7. La conversión y el llamamiento de los 144.000 (Mt. 24:14; Ap. 7:1-4).
8. La abominación desoladora (Dn. 9:27; 12:11; Mt. 24:15; 2 Ts. 2:4; 11:2).
9. El ministerio de los dos testigos (Ap. 11:3-13).

La parte media (un breve período no determinado)

10. La invasión de Gog y Magog de Palestina (Ez. 38—39).
11. El martirio de los dos testigos (Ap. 11:7).
12. El martirio de los 144.000 (Ap. 14:1-5).
13. La expulsión de Satanás del cielo (Ap. 12:3-15).
14. La destrucción de la falsa iglesia (Ap. 17:16).

Los últimos tres años y medio

15. La manifestación plena del Anticristo (Ap. 13:16-18).
16. La persecución mundial de Israel (Dn. 12:1; Zac. 11:16; Mt. 24:21; Ap. 12:13).
17. La apertura del último sello de juicio (Ap. 8—9; 11:15-19).
18. Los mensajes de tres ángeles especiales (Ap. 14:6-12).
19. El vertimiento de las siete copas de juicio (Ap. 16).
20. La destrucción repentina de la Babilonia económica y política (Ap. 18).
21. La batalla del Armagedón (Sal. 2:1-5, 9; Is. 34:1-6; 63:3, 4, 6; Jl. 3:2, 9-16; Zac. 12:2; 14:2, 3, 12; Ap. 14:14-20; 16:16; 19:11-21).

PROFECÍAS FUTURAS (Un panorama básico)

Profecías acerca del arrebatamiento. (1 Co. 15:51-53; 1 Ts. 4:14-18; He. 9:24-28; Ap. 4:1).

Profecías acerca del tribunal de Cristo (1 Co. 3:9-15; 2 Co. 5:10; Ro. 14:10).

Profecías acerca de un libro con siete sellos (Ap. 5—11).

Profecías acerca de las bodas del Cordero (Mt. 22:2; 25:1; Lc. 12:35, 36; Jn. 3:27-30; 2 Co. 11:2; Ef. 5:22-32; Jud. v. 24).

Profecías acerca de la Segunda Venida (Zac. 14:4, 8; Mt. 24:29, 30; 2 Ts. 1:7; Ap. 1:7, 11:15; 19:11-16).

Profecías acerca de atar a Satanás (Ro. 16:20; Ap. 20:1-3).

Profecías acerca de la resurrección de los santos del Antiguo Testamento y de la tribulación (Job 19:25, 26; Sal.

49:15; Is. 25:8; 26:19; Dn. 12:2; Os. 13:14; Jn. 5:28, 29; He. 11:35; Ap. 20:4, 5).

Profecías acerca del juicio de Israel (parábola de las diez vírgenes y de los siete talentos) (Mt. 25:1-30).

Profecías acerca del juicio de los gentiles (parábola de las ovejas y los cabritos) (Mt. 25:31-46).

Profecías acerca del banquete de bodas del Cordero (Lc. 12:35-37; 14:16, 17: Ap. 19:7-9).

Profecías acerca del milenio (véanse las notas detalladas).

Profecías acerca de la rebelión y la derrota final de Satanás (Ap. 20:7-10).

Profecías acerca del juicio de los ángeles caídos (Mt. 8:28, 29; Mr. 1:23, 24; 1 Co. 6:3; 2 P. 2:4; Jud. v. 6).

Profecías acerca del juicio ante el gran trono blanco (Sal. 9:17; Ec. 12:14; Dn. 7:9, 10; Mt. 12:36, 37; He. 9:27; Ap. 20:11-15).

Profecías acerca de la destrucción de esta tierra y este cielo (Mt. 24:35; He. 1:10-12; 2 P. 3:3-12).

Profecías acerca de la creación de un nuevo cielo y una nueva tierra (Is. 65:17; 66:22; 2 P. 3:13, 14; Ap. 21:1).

PROFECÍAS GENERALES

1. Que comer la fruta prohibida traería muerte física y espiritual (Gn. 2:17). Cumplimiento: Génesis 3:7, 8; 5:5.
2. Que el diluvio ocurriría en 120 años (Gn. 6:3). Cumplimiento: Génesis 7:10.
3. Que el diluvio nunca se volvería a repetir (Gn. 9:15). Cumplimiento: el testimonio de la historia.
4. Que Canaán sería un siervo de sus hermanos (Gn. 9:25). Cumplimiento: Josué 9:21, 23, 27; Jueces 1:28.
5. Que el pueblo de Sem sería especialmente bendecido por Dios (Gn. 9:26). Cumplimiento: Juan 4:22; Romanos 3:1, 2; 9:4, 5.
6. Que el pueblo de Jafet compartiría la bendición de Sem (Gn. 9:27). Cumplimiento: Romanos 9:30; 11:11, 12, 25.
7. Que los primogénitos de todos los hogares que no estuviesen protegidos por la sangre en Egipto morirían en una noche (Ex. 12:12, 13). Cumplimiento: Exodo 12:29, 30.
8. Que el mar Rojo se dividiría (Ex. 14:13-18). Cumplimiento: Exodo 14:26-31.
9. Que el río Jordán se dividiría (Jos. 3:13). Cumplimiento: Josué 3:14-17.
10. Que Jericó caería el séptimo día (Jos. 6:1-5). Cumplimiento: Josué 6:20.

PROFECÍAS ACERCA DEL MILENIO

1. El templo será reconstruido (Is. 2:2; Ez. 40—48; Jl. 3:18; Hag. 2:7-9; Zac. 6:12, 13).
2. Israel será juntado nuevamente (Is. 43:5, 6; Jer. 24:6; 29:14; 31:8-10; Ez. 11:17; 36:24, 25, 28; Am. 9:14, 15; Zac. 8:6-8; Mt. 24:31).
3. Israel reconocerá a su Mesías (Is. 8:17; 25:9; 26:8; Zac. 12:10-12; Ap. 1:7).
4. Israel será limpiado (Jer. 33:8; Zac. 13:1).
5. Israel será regenerado (Jer. 31:31-34; 32:39; Ez. 11:19, 20; 36:26).
6. Israel volverá a emparentarse con Dios por matrimonio (Is. 54:1-17; 62:2-5; Os. 2:14-23).
7. Israel será exaltado sobre los gentiles (Is. 14:1, 2; 49:22, 23; 60:14-17; 61:6, 7).
8. Israel se convertirá en el testigo de Dios (Is. 44:8; 61:6; 66:21; Ez. 3:17; Mi. 5:7; Sof. 3:20; Zac. 8:3).
9. Cristo reinará desde Jerusalén con una vara de hierro (Sal. 2:6-8, 11; Is. 2:3; 11:4).
10. David ayudará en este gobierno como virrey (Is. 55:3, 4; Jer. 30:9; Ez. 34:23; 37:24; Os. 3:5).
11. Se quitará toda enfermedad (Is. 33:24; Jer. 30:17; Ez. 34:16).
12. Se neutralizará la maldición original (Gn. 3:17-19) sobre la creación (Is. 11:6-9; 35:9; 65:25; Jl. 3:18; Am. 9:13-15).
13. El lobo, el cordero, el becerro y el león se acostarán juntos en paz (Is. 11:6, 7; 65:25).
14. Un niño jugará con seguridad con las serpientes y arañas que antes eran venenosas (Is. 11:8).
15. La muerte física será tragada por la victoria (Is. 25:8).
16. Se enjugará toda lágrima (Is. 25:8; 30:19).
17. Los sordos oirán, los ciegos verán y los cojos andarán (Is. 29:18; 35:5, 6; 61:1, 2; Jer. 31:8).
18. El conocimiento del hombre acerca de Dios aumentará grandemente (Is. 41:19, 20; 54:13; Hab. 2:14).
19. No habrá opresión social, política ni religiosa (Is. 14:3-6; 49:8, 9; Zac. 9:11, 12).
20. El ministerio pleno del espíritu Santo (Is. 32:15; 45:3; 59:21; Ez. 36:27; 37:14; Jl. 2:28, 29).
21. Cristo mismo será el buen, gran y principal Pastor (Is. 40:11; 49:10; 58:11; Ez. 34:11-16).
22. Un tiempo de canto universal (Is. 35:6, 52:9; 54:1; 55:12; Jer. 33:11).
23. Un tiempo de oración universal (Is. 56:7; 65:24; Zac. 8:22).
24. Una lengua unificada (Sof. 3:9).
25. Los desiertos florecerán (Is. 35:1, 2).
26. La gloria de Dios será vista por todas las naciones (Is. 60:1-3; Ez. 39:21; Mi. 4:1-5; Hab. 2:14).
27. Se restaurará la longevidad del hombre (Is. 65:20).
28. Paz universal (Is. 2:4; 32:18).
29. Santidad universal (Zac. 13:20, 21).
30. Aumentará la luz solar y lunar (Is. 4:5; 30:26; 60:19, 20; Zac. 2:5).
31. Palestina se expandirá y cambiará grandemente (Is. 26:15; Abd. 1:17-21).
32. Un río correrá de este a oeste desde el monte de los Olivos al mar Mediterráneo y el mar Muerto (Ez. 47:8, 9, 12; Jl. 3:18; Zac. 14:4, 8, 10).
33. Jerusalén se conocerá como Jehová-tsidkenu (Jehová justicia nuestra y Jehová-sama (Jehová está allí) (Jer. 33:16; Ez. 48:35).
34. Jerusalén se convertirá en el centro de adoración del mundo (Is. 2:2, 3; Mi. 4:1).
35. Las calles de Jerusalén estarán llenas de niños y niñas alegres que juegan (Zac. 8:5).
36. La ciudad ocupará un lugar alto (Zac. 14:10).
37. La ciudad terrenal medirá 6 millas (casi 10 km) en circunferencia (Ez. 48:35).
38. La ciudad celestial, suspendida (la Nueva Jerusalén) medirá 1500 por 1500 por 1500 millas (2.414 X 2.414 X 2.414 km) (Ap. 21:10, 16).

Promesas (al creyente)

1. Vida abundante (Jn. 10:10).
2. Una corona de vida (Ap. 2:10).
3. Un hogar celestial (Jn. 14:1-3).
4. Un nombre nuevo (Is. 62:1,2).
5. Respuestas a la oración (1 Jn. 5:14).
6. Seguridad (2 Ti. 1:12).
7. Limpieza (Jn. 15:3).
8. Vestido (Zac. 3:4).
9. Consuelo (Is. 51:3).
10. Compañía (Jn. 15:15).
11. Liberación (2 Ti. 4:18).
12. La posición de hijo divino (1 Jn. 3:1, 2).
13. Vida eterna (Jn. 3:16).
14. La comunión de Cristo (Mt. 18:19).
15. Productividad (Jn. 15:4, 5).

16. Dones del Espíritu (1 Co. 12).
17. Gloria después de la muerte (Mt. 13:43).
18. El cuidado protector de Dios (1 P. 5:6, 7).
19. Crecimiento (Ef. 4:11-15).
20. Guía (Is. 42:16).
21. Esperanza (He. 6:18, 19).
22. Herencia (1 P. 1:3, 4).
23. Gozo (Is. 35:10).
24. Conocimiento (Jer. 24:7).
25. Libertad (Ro. 8:2).
26. Paz (Jn. 14:27).
27. Poder para el servicio (Jn. 14:12).
28. Renovación (Tit. 3:5).
29. Descanso (He. 4:9, 11).
30. Restauración (Is. 57:18; 1 Jn. 1:9).
31. Resurrección (Ro. 8:11).
32. Ricas recompensas (Mt. 10:42).
33. Plenitud espiritual (Jn. 6:35).
34. Sanidad espiritual (Os. 6:1).
35. Luz espiritual (Jn. 12:46).
36. Tesoros espirituales (Mt. 6;19, 20).
37. Fortaleza (Fil. 4:13).
38. Bendiciones temporales (Mt. 6:25-33).
39. Entendimiento (Sal. 119:104).
40. Victoria (1 Jn. 5:4).
41. Sabiduría (Stg. 1:5).

Puertas

PUERTAS DE EDIFICIOS

1. Puertas literales.
   a. La puerta del arca (Gn. 6:16; 7:16).
   b. La puerta de la Pascua (Ex. 12:7, 23).
   c. La puerta del tabernáculo (Ex. 29:11).
   d. La puerta de la resurrección de Cristo (Mt. 27:60; 28:2).
2. Puertas simbólicas.
   a. La puerta de la oración (Mt. 6:6).
   b. La puerta del servicio (1 Co. 16;9; 2 Co. 2:12; Col. 4;3; Ap. 3:8).
   c. La puerta del corazón humano (Ap. 3:20).
   d. La puerta de la salvación (Jn. 10:7).
   e. La puerta de la fe (Hch. 14:27).
   f. La puerta del arrebatamiento (Ap. 4:1).
   g. La puerta de la Segunda Venida (Mt. 24:33).

PUERTAS DE CIUDADES

1. La puerta de Sodoma: donde Lot se encontró con los dos ángeles (Gn. 19:1).
2. La puerta de Belén: donde Booz hizo los trámites para poder casarse con Rut (Rt. 4:1).
3. La puerta de Salem: donde Siquem aceptó ser circuncidado por pedido de los dos hijos de Jacob (Gn. 34:20).
4. La puerta de Jericó: esta puerta fue sellada para que no entrara ningún soldado israelita. Pero dos espías ya habían entrado (Jos. 2:5, 7).
5. La puerta de Gaza. Sansón arrancó esta puerta por su fundamento y se la llevó (Jue. 16:2, 3).
6. La puerta de Silo. Aquí se cayó el anciano Elí y murió al oír las noticias acerca de la derrota de Israel y la captura del arca por los filisteos (1 S. 4:18).
7. La puerta de Gat. David escribió en esta puerta y fingió estar loco (1 S. 21:13).
8. La puerta de Samaria: aquí cuatro leprosos tomaron una decisión que después salvaría a la ciudad hambrienta (2 R. 7:3).
9. La puerta al palacio de Persia. Aquí Mardoqueo oyó un complot en contra de la vida del rey que después sería utilizado por Dios para salvar a todos los judíos de Persia (Est. 2:21-23).
10. La puerta del hombre rico: donde Lázaro pedía pan (Lc. 16:20).
11. La puerta Hermosa del templo: donde Pedro sanó a un cojo (Hch. 3:2).
12. Puertas en la antigua ciudad de Jerusalén:
    a. La puerta de las Ovejas (habla de la salvación) (Neh. 3:1).
    b. La puerta del Pescado (habla de salvar a las almas) (Neh. 3:3).
    c. La puerta del Valle (habla de la humildad) (Neh. 3:13).
    d. La puerta del Muladar (habla de costumbres impuras) (Neh. 3:14).
    e. La puerta de la Fuente (habla del Espíritu Santo) (Neh. 3:15).
    f. La puerta de las Aguas (habla de la Palabra de Dios) (Neh. 3:26).
    g. La puerta de los Caballos (habla de la lucha de los creyentes) (Neh. 3:28).
    h. La puerta Oriental (habla del arrebatamiento y la Segunda Venida) (Neh. 3:29).
    i. La puerta del Juicio (habla del trono de juicio de Cristo) (Neh. 3:31).
13. Las puertas en la nueva ciudad de Jerusalén (Ap. 21:12, 13).
    a. Hay doce puertas en la Nueva Jerusalén, tres al norte, tres al sur, tres al este y tres al oeste.
    b. Cada puerta está vigilada por un ángel.
    c. Cada puerta tiene el nombre de uno de los doce fundadores de las tribus de Israel.
14. Las puertas simbólicas en la Biblia.
    a. La puerta de la salvación (Mt. 7:13).
    b. La puerta de la maldición (Mt. 7:13).
    c. La puerta de la muerte (Job 38:17; Is. 38:10; Sal. 9:13; 107:18).
    d. La puerta del cielo (Sal. 24:7, 9; Gn. 28:17).
    e. La puerta del infierno (Mt. 16:18).

Recordatorios

1. El arco iris (Gn. 9:13-16) recuerda: que Dios nunca volverá a destruir el mundo por un diluvio.
2. La Pascua (Ex. 12:11-14) recuerda: que la sangre de un cordero salvó a pecadores del juicio.
3. Los incensarios de bronce (Nm. 16:39, 40) recuerdan: que nadie aparte de la simiente de Aarón debe intentar ofrecer incienso.
4. El día de reposo (Dt. 5:15) recuerda: la creación completada.
5. Doce piedras (Jos. 4:7) recuerdan: el gran poder de dios en llevar a Israel por el Jordán a Palestina.
6. El maná en el arca del pacto (Ex. 16:32) recuerda: la provisión sobrenatural de Dios en el desierto.
7. La fiesta de Purim (Est. 9:28) recuerda: la salvación del malvado Amán.
8. La fiesta de los tabernáculos (Lv. 23:39-43) recuerda: la liberación de Israel de Egipto.
9. El ungimiento de la cabeza y los pies de Jesús por María, la hermana de Lázaro (Mt. 26:6-13; Jn. 12:1–7) recuerda: la devoción de María hacia Cristo.
10. La Cena del Señor (Lc. 22:19) recuerda: el cuerpo roto y la sangre derramada de Cristo.

Reino animal

1. Abeja (Jue. 14:8).
2. Abubilla (Lv. 11:19).
3. Águila (Ex. 19:4; Is. 40:31; Ez. 1:10; Dn. 7:4; Ap. 4:7; 12:14).
4. Antílope (Is. 51:20).
5. Araña (Is. 59:5).

6. Argol (Lv. 11:22).
7. Áspid (Is. 11:8).
8. Asno (Jn. 12:14).
9. Avestruz (Lm. 4:3).
10. Avispa (Ex. 23:28; Dt. 7:20; Jos. 24:12).
11. Azor (Lv. 11:13).
12. Ballena (monstruo marino; Gn. 1:21).
13. Basilisco (Is. 11:8; véase la Biblia Reina-Valera, Versión Antigua).
14. Behemot (Job 40:15).
15. Buey (1 S. 11:7; 15:14; 2 S. 6:6; 1 R. 19:20, 21: Is. 1:3; Dn. 4:25, 32; Lc. 14:5, 19).
16. Búfalo (Nm. 23:22).
17. Caballo (1 R. 4:26; 2 R. 2:11; Ap. 6:2-8; 19:14).
18. Cabra (Gn. 15:9; 37:31; Dn. 8:5; Lv. 16; Mt. 25:33).
19. Camello (Gn. 24:10; Mt. 3:4; 19:24; 23:24).
20. Camaleón (Lv. 11:30).
21. Caracol (Sal. 58:8).
22. Carnero montés (Dt. 14:5).
23. Cerdo (Mt. 7:6; 8:32; Lc. 15:15, 16).
24. Ciervo (Dt. 14:5).
25. Cigüeña (Dt. 14:18).
26. Codorniz (Ex. 16:13; Nm. 11:31).
27. Comadreja (Lv. 11:29).
28. Cuervo (Gn. 8:7; 1 R. 17:4).
29. Dragón [traducido también «Leviatán» o «cocodrilo» en diferentes versiones de la Biblia] (Ez. 29:3; 32:2; Sal. 74:14).
30. Elefante (1 R. 10:22).
31. Escorpión (1 R. 12:11, 14; Lc. 10:19; Ap. 9:3, 5, 10).
32. Gacela (Dt. 12:15).
33. Gallo (Mt. 26:34).
34. Gavilán (Job 39:26).
35. Gaviota (Lv. 11:16).
36. Golondrina (Is. 38:14).
37. Grulla (Is. 38:14).
38. Gusano (Job 7:5; 17:14; 21:26; Is. 14:11; 66:24; Mr. 9:43-48; Jon. 4:7).
39. Hiena (traducida por bestia; Ec. 3:18, 19).
40. Hormiga (Pr. 6:6; 30:26).
41. Íbice (Dt. 14:5).
42. Lagartija (Lv. 11:30).
43. Lagarto (Lv. 11:30)
44. Langosta (Ex. 10:4; Jl. 1:4; Mt. 3:4; Ap. 9:3).
45. Lechuza (Is. 34:14).
46. León (Jue. 14:8; 1 R. 13:24; Is. 65:25; Dn. 6:7; Dn. 6:7; 1 P. 5:8; Ap. 4:7; 13:2).
47. Leopardo (Is. 11:6; Jer. 13:23; Dn. 7:6; Ap. 13:2).
48. Leviatán (Job 41:1; Sal. 74:14).
49. Liebre (Lv. 11:6).
50. Lobo (Is. 11:6; Mt. 7:15).
51. Milano (Lv. 11:14).
52. Mono (1 R. 10:22).
53. Mosca (Ec. 10:1; véase también Ex. 8:16-19).
54. Mosquito (Mt. 23:24).
55. Mula (2 S. 18:9; 1 R. 1:38).
56. Murciélago (Is. 2:20).
57. Oso (1 S. 17:34-37; Is. 11:7; Dn. 7:5; Ap. 13:2; 2 R. 2:24).
58. Oveja (Ex. 12:5; Gn. 4:2; Lc. 15:4; Jn. 10:7).
59. Pajarillo (Mt. 10:31).
60. Paloma (Gn. 8:8; Mt. 3:16; 10:16; 2 R. 6:25; Jn. 2:16).
61. Pavo real (1 R. 10:22).
62. Pelícano (Sal. 102:6).
63. Perdiz (1 S. 26:20).
64. Perro (Jue. 7:5; 1 R. 21:23, 24; Ec. 9:4; Mt. 15:26, 27; 7:6; Lc. 16:21; 2 P. 2:22; Ap. 22:15).
65. Pez (Jon. 1:17; Ex. 7:18; Mt. 14:17; 17:27; Lc. 24:42; Jn. 21:9).
66. Piojo (Ex. 8:16).
67. Polilla (Mt. 6;19; Is. 50:9; 51:8).
68. Pulga (1 S. 24:14; 26:20).
69. Quebrantahuesos (Lv. 11:13).
70. Rana (Ex. 8:2; Ap. 16:13).
71. Rana (Lv. 11:29).
72. Sanguijuela (Pr. 30:15).
73. Serpiente (Gn. 3:1; Ex. 4:3; Nm. 21:9; Ap. 12:9).
74. Serpiente (Pr. 23:32).
75. Serpiente voladora (Is. 30:6).
76. Somormujo (Lv. 11:17).
77. Tejón (Ex. 25:5; Lv. 11:5).
78. Topo (Is. 2:20).
79. Tórtola (Gn. 15:9; Lc. 2:24).
80. Zorra (Jue. 15:4; Neh. 4:3; Mt. 8:20; Lc. 13:32).

Ríos

1. Pisón: uno de los cuatro ríos en el huerto de Edén (Gn. 2:11).
2. Gihón: otro río del Edén (Gn. 2:13).
3. Hidekel: un tercer río del Edén (también llamado Tigris, Gn. 2:14). También es donde Daniel recibió su visión de la gloria de Dios (Dn. 10:4).
4. Éufrates: el cuarto río del huerto de Edén (Gn. 2:14). Jacob lo cruzó cuando se estaba escapando de Labán (Gn. 31:20, 21). Josué se refirió a él como el punto divisor de la vida de Abraham (Jos. 24:2, 3). Formaba el límite noreste del imperio de Salomón (1 R. 4:21). Ahora es una cárcel para los cuatro ángeles infernales (Ap. 9:13-15) y se secará durante la tribulación (Ap. 16:12).
5. Nilo: límite sureño del pacto abrahámico (Gn. 15:18). El faraón lo vio en su sueño (Gn. 41:1-18); Moisés lo convirtió en sangre (Ex. 7:17-25).
6. Arnón: río límite entre Israel y Moab (Nm. 21:13; Jos. 12:1; Jue. 11:22).
7. Jaboc: un río parecido a un vado donde Jacob luchó con Dios (Gn. 32:22-32).
8. Caná: un río que servía de límite entre las tribus de Efraín y Manasés (Jos. 16:8; 17:9).
9. Cisón: ubicado cerca del pueblo de Meguido donde Débora y Barac derrotaron a Sísara (Jue. 5:21), cerca de donde Elías derrotó a los sacerdotes de Baal (1 R. 18:40).
10. Ahava: un río donde se reunieron los judíos de Babilonia antes de volver a Jerusalén (Esd. 8:21).
11. Quebar: donde Ezequiel vio algunas de sus visiones (Ez. 1:1; 3:15, 23; 10:15-22; 43:3).
12. Abana y Farfar: dos de los ríos de Damasco mencionados por Naamán (2 R. 5:12).
13. Jordán: el río principal de Palestina y el más famoso de la Biblia. Josué dividió el Jordán cuando Israel marchó a la Tierra Prometida (Jos. 3:13-17). Elías dividió el río para sí mismo y para Eliseo (2 R. 2:7, 8). Eliseo hizo lo mismo para probar el poder de Dios (2 R. 2:13, 14). Naamán se limpió de su lepra allí (2 R. 5:10-14). Juan bautizó a Jesús allí (Mt. 3:13-17).
14. El río del milenio (Ez. 47:1-12; Zac. 14:8).
15. El río eterno (Ap. 22:1, 2).

Rocas y piedras

1. Las rocas golpeadas por Moisés.
   a. En Refidim (Ex. 17:1-6), cuando obedeció a Dios.
   b. En el desierto de Zin (Nm. 20:1-12), cuando desobedeció a Dios.
2. Las dos tablas de piedra que Dios le dio a Moisés (Ex. 24:12) que contenían los mandamientos.
3. La piedra que Jacob usó de almohada, que ungió después de su visión (Gn. 28:11, 18, 22).

4. La piedra que Jacob removió del pozo de Harán (Gn. 29:10).
5. La piedra que se usó en el poste conmemorativo entre Jacob y Labán (Gn. 31:45).
6. La piedra que Jacob ungió con aceite al volver a Bet-el (Gn. 35:14).
7. Las doce piedras conmemorativas tomadas del río Jordán (Jos. 4:5).
8. La gran piedra usada por Josué como recordatorio para Israel (Jos. 24:26).
9. La piedra utilizada por los ciudadanos de Bet-semes para sacrificar en celebración del regreso del arca de Dios (1 S. 6:14).
10. La piedra llamada Eben-ezer por Samuel (1 S. 7:12).
11. Las cinco piedras lisas recogidas por David cuando se encontró con Goliat (1 S. 17:40).
12. Las piedras que Simei arrojó delante de David (2 S. 16:13).
13. Las enormes piedras de diez codos utilizadas en el cimiento del templo (1 R. 7:10).
14. Las doce piedras que usó Elías para construir un altar en el monte Carmelo (1 R. 18:31).
15. Las piedras que se usaron para matar a Zacarías, el intrépido sumo sacerdote de Israel (2 Cr. 24:21).
16. Las piedras que se usaron en un intento de matar a Cristo (Jn. 8:59; 10:31).
17. La piedra que sellaba la tumba de Cristo (Mt. 27:60).
18. Las piedras usadas para matar a Esteban (Hch. 7:59).

Sellos

1. El sello de Darío en el foso de los leones donde fue puesto Daniel (Dn. 6:17).
2. El sello de Asuero que sentenciaba a los judíos de Persia a la muerte (Est. 3:12).
3. El sello de Asuero que permitía que los judíos se defendieran (Est. 8:8, 10).
4. El sello de Jezabel que condenó a Nabot (1 R. 21:8).
5. El sello del campo comprado por Jeremías (Jer. 32:10).
6. El sello en la tumba de Cristo (Mt. 27:66).
7. El sello de la justicia de Abraham (Ro. 4:11).
8. Los siete sellos del Apocalipsis (Ap. 5:1).
9. El sello en la frente de los 144.000 (Ap. 7:3, 4).
10. El sello del Espíritu Santo (2 Co. 1:22; Ef. 1:13; 4:30; 2 Ti. 2:19).

Señales

1. El arco iris, una señal de que el mundo nunca volvería a ser destruido por agua (Gn. 9:13-17).
2. Las diez plagas de Egipto, señales del poder de Dios (Ex. 10:2).
3. El pan sin levadura, señal de la liberación de Egipto (Ex. 13:7-9).
4. El día de reposo, señal de terminación y descanso (Ex. 31:13).
5. Las doce piedras, señales de la división del Jordán (Jos. 4:6).
6. El vellón, señal de la oración contestada y la aprobación de Dios (Jue. 6:17).
7. Dos incensarios, señales de castigo invocado por la ofrenda ilícita de incienso (Nm. 16:36-40).
8. El reloj de sol «lento», señal de la recuperación de Ezequías (2 R. 20:8-11).
9. El nacimiento virginal, señal de la encarnación de Dios (Is. 7:14).
10. El altar roto, señal de la destrucción de una falsa religión (1 R. 13:5).
11. Fuego, señal de la inminente invasión babilonia (Jer. 6:1).
12. El profeta Jonás, señal de la resurrección de Cristo (Mt. 16:4).
13. Pañales, señales del nacimiento de Cristo (Lc. 2:12).
14. Lenguas, señales del poder de Dios para los incrédulos (1 Co. 14:22).

Sermones

1. De Aarón, a los ancianos hebreos en Egipto (Ex. 4:29-31).
2. De Moisés, a los ancianos hebreos en Sinaí (Ex. 19:7, 8).
3. De Moisés, a todo Israel en el desierto de Moab:
   a. Primer sermón (Dt. 1—4).
   b. Segundo sermón (Dt. 5—26).
   c. Tercer sermón (Dt. 27—30).
4. De Josué, a todo Israel (Jos. 23—24).
5. De Samuel.
   a. A Israel en Ramá (1 S. 8:10-18).
   b. A Israel en Gilgal (1 S. 12:1-25).
6. De David, a Israel en Sión (1 Cr. 29:1-5, 10-20).
7. De Salomón, a Israel durante la dedicación del templo (1 R. 8:12-21, 54-61).
8. De Roboam, a las diez tribus en Siquem (1 R. 12:12-14).
9. De Elías, a las diez tribus en el monte Carmelo (1 R. 18:21).
10. De Josías, a Israel (2 R. 23:2; 2 Cr. 35:3-6).
11. De Ezequías, a los líderes de Israel (2 Cr. 29:3-11).
12. De Jonás, a Nínive (Jon. 3:4).
13. De Juan el Bautista, cerca del río Jordán, a Israel (Mt. 3:1-3, 7-12; Lc. 3:4-18; Jn. 1:15-34; 3:27-36).
14. De Jesús. Sus tres sermones más famosos.
   a. En una montaña desconocida (Mt. 5—7).
   b. A orillas del mar (Mt. 13).
   c. En el monte de Olivos (Mt. 24—25).
15. De Pedro.
   a. A los judíos en Pentecostés (Hch. 2:14-40).
   b. A los judíos en la puerta Hermosa (Hch. 3:12-26).
   c. Al sanedrín (Hch. 4:5-12).
   d. A Cornelio en Cesarea (Hch. 10:34-43).
   e. Al concilio de Jerusalén en Jerusalén (Hch. 15:7-11).
16. De Esteban, a los líderes judíos en Jerusalén (Hch. 7:1-53).
17. De Santiago, al concilio de Jerusalén en Jerusalén (Hch. 15:13-21).
18. De Pablo.
   a. A la sinagoga reunida en Antioquía de Pisidia (Hch. 13:16-41).
   b. A los filósofos de Atenas (Hch. 17:22-31).
   c. A los ancianos efesios en Mileto (Hch. 20:18-35).
   d. A una multitud en Jerusalén (Hch. 22:1-21).
   e. A Félix y su corte en Cesarea (Hch. 24:10-21, 25).
   f. A Agripa y su corte en Cesarea (Hch. 26:2-29).
   g. A sus compañeros de viaje aterrorizados en alta mar (Hch. 27:21-26).
   h. A los judíos curiosos en Roma (Hch. 28:17-20, 25-28).

Símbolos y emblemas

Se puede definir al símbolo como un objeto visible usado para representar a alguien o algo.

1. Símbolos de Cristo.
   a. Alfa y omega (Ap. 1:11).
   b. Ancla (He. 6:19).
   c. Pan, maná (Jn. 6:31-35).
   d. Águila (Ex. 19:4; Ap. 4:7).
   e. Las primicias de la cosecha (1 Co. 15:20).
   f. Gallina (Mt. 23:37).

g. Cordero (Jn. 1:29; Ap. 5:6).
h. Luz (Jn. 1:9).
i. Lirio (Cnt. 2:1).
j. León (Ez. 1:10; Ap. 4:7; 5:5).
k. Buey o becerro (Ez. 1:10; Ap. 4:7).
l. Roca (Mt. 16:18; 1 P. 2:8).
m. Rosa (Cnt. 2:1).
n. Raíz (Is. 11:1; Ap. 5:5; 22:16).
ñ. Serpiente (Jn. 3:14).
o. Estrella (Ap. 22:16).
p. Piedra.
  (1) Piedra viva (1 P. 2:4).
  (2) Piedra angular (1 P. 2:6).
  (3) Piedra preciosa (1 P. 2:7).
  (4) Piedra de tropiezo (Ro. 9:33; 1 P. 2:8).
  (5) Piedra rechazada (Mt. 21:42; Hch. 4:11).
  (6) Piedra hiriente (Dn. 2:34).
q. Sol (Ap. 22:5).
r. Templo (Jn. 2:19).
s. Vid (Jn. 15:1).
t. Gusano (Sal. 22:6).

2. Símbolos de la Iglesia y de los creyentes.
a. Atleta (1 Co. 9:24-27; 2 Ti. 2:5; He. 12:1).
b. Cuerpo (1 Co. 12:27; Ef. 3:6; 4:4; Col. 1:18).
d. Pámpanos (Jn. 15:1).
d. Esposa (2 Co. 11:2; Ap. 21:2, 9)
e. Edificio (1 Co. 3:9).
f. Candeleros (Ap. 1:20).
g. Familia (Ef. 3:15).
h. Labrador (2 Ti. 2:6).
i. Luces (Mt. 5:14; Jn. 12:36; Ef. 5:8; Fil. 2:15; 1 Ts. 5:5).
j. Sacerdotes (1 P. 2:9; Ap. 1:6; 5:10; 20:6).
k. Perlas (Mt. 13:45, 46).
m. Ovejas, corderos (Lc. 10:3; Jn. 10:11; 21:15-17).
n. Soldados (2 Ti. 2:3).
ñ. Administradores (1 Co. 4:2; 1 P. 4:10).
o. Piedras (Ef. 2:19-22; 1 P. 2:5).
p. Templo (2 Co. 6:16; 2 P. 2:5).
q. Vasos (2 Co. 4:7; 2 T. 2:21).
r. Trigo (Mt. 13:29, 30).

3. Símbolos de Israel.
a. Cinto (Jer. 13:10).
b. Vasija de barro (Jer. 18:4).
c. Dos cestas de higos (Jer. 24:1).
d. Tres montones de cabello (Ez. 5:1, 2).
e. Escoria de metal fundido en el horno (Ez. 22:18).
f. Un valle de huesos secos (Ez. 37:1, 2).
g. Dos palos (Ez. 37:16, 17).
h. Una higuera estéril (Mt. 21:19; Lc. 13:6).
i. Una viña vacía (Os. 10:1).
j. Una torta no volteada (Os. 7:8).
k. Una novilla domada (Os. 10:11).
l. Una paloma incauta (Os. 7:11).
m. Asno montés (Os. 8:9).
n. Polvo (Gn. 13:16).
ñ. Arena (Gn. 22:17).
o. Ovejas (Sal. 100:3)
p. Estrellas (Gn. 22:17; Dn. 12:3).
q. Tres siervos (Mt. 25:14, 15).
r. Diez siervos (Lc. 19:12, 13).
s. Diez vírgenes (Mt. 25:1).
t. Una esposa infiel (Os. 4:15).
u. Tres invitados de boda (Lc. 14:16-24).
v. Un tesoro escondido (Mt. 13:44).
w. Una mujer perseguida (Ap. 12:13).
x. Joyas preciosas (Mal. 3:17).
y. Árboles de justicia (Is. 61:3).

4. Símbolos de Satanás.
a. Un dragón (Ap. 12:3, 7).
b. Una serpiente (Ap. 20:2).
c. Un león rugiente (1 P. 5:8).
d. Un segador (Mt. 13:39).
e. Un ángel de luz (2 Co. 11:14).
f. Un príncipe (Jn. 12:31).

5. Símbolos de apóstatas.
a. Nubes sin agua (Jud. v. 12).
b. Árboles sin fruto (Jud. v. 12).
c. Fieras ondas del mar (Is. 57:20; Jud. v. 13).
d. Estrellas errantes (Jud. v. 13).
e. Perros (2 P. 2:22).
f. Cerdos (2 P. 2:22).
g. Animales irracionales (Jud. v. 10).
h. Cabras (Mt. 25:33).
i. Cizaña (Mt. 13:30).

6. Símbolos de pecadores.
a. Tierra junto al camino (Mt. 13:4).
b. Pedregales (Mt. 13:5).
c. Tierra entre espinos (Mt. 13:7).
d. Peces malos (Mt. 13:47, 48).
e. Una caña cascada (Mt. 12:20).
f. El pábilo que humea (Mt. 12:20).
g. Ovejas que no tienen pastor (Mt. 9:36).

7. Símbolos de la Biblia.
a. Un espejo (Stg. 1:23-25).
b. Una semilla (Mt. 13:18-23; Stg. 1:18; 1 P. 1:23).
c. Agua (Ef. 5:25-27).
d. Una lámpara (Sal. 119:105; Pr. 6:23; 2 P. 1:19).
e. Una espada (He. 4:12; Ef. 6:17).
f. Metales preciosos.
  (1) Oro (Sal. 19:10; 119:127).
  (2) Plata (Sal. 12:6).
g. Alimento nutritivo.
  (1) Leche (1 P. 2:2).
  (2) Carne (He. 5:12-14).
  (3) Pan (Jn. 6:51).
  (4) Miel (Sal. 19:10).
h. Un martillo (Jer. 23:29).
i. Fuego (Jer. 20:9; Lc. 24:32).

8. Símbolos del Espíritu Santo.
a. Una paloma (Jn. 1:32).
b. Agua (Isa. 44:3; Jn. 7:37-39).
c. Aceite (Lc. 4:18; Hch. 10:38; He. 1:9; 1 Jn. 2:27).
d. Un sello (2 Co. 1:22; Ef. 1:13; 4:30).
e. Viento (Jn. 3:8; Hch. 2:1, 2).
f. Fuego (Hch. 2:3).
g. Arras (2 Co. 1:22; 5:5; Ef. 1:14).

9. Símbolos del reino de los cielos.
a. Un campo (Mt. 13:3-30).
b. Un árbol (Mt. 13:31, 32).
c. El mar (Mt. 13:47, 48).
d. Una fiesta de bodas (Mt. 22:2).

10. Símbolos del juicio venidero.
a. Una hoz (Ap. 14:14).
b. Una red (Mt. 13:47).
c. Un lagar (Is. 63:3).
d. Una piedra cortada (Dn. 2:34).
e. Cuatro caballos (Ap. 6:2-8).
f. Un trono blanco (Ap. 20:11).

11. Símbolos de la maldad, la impureza.
a. La levadura (Mt. 16:6).
b. La lepra (Lv. 13:44).
c. Una efa (Zac. 5:6).

12. Símbolos del Anticristo.
a. Un cuerno pequeño (Dn. 7:8).
b. Una bestia con siete cabezas y siete cuernos (Ap. 13:1).

13. Símbolos de tristeza.
    a. La ceniza (Est. 4:1; Job. 2:8; Dn. 9:3; Jon. 3:6).
    b. Cilicio (Est. 4:1; Jon. 3:6).
    c. Vestidos rasgados (1 S. 4:12; 2 S. 13:31; Esd. 9:3; Job 1:20; 2:12; Mt. 26:65).
14. Símbolo del falso profeta: una bestia con dos cuernos semejantes a los de un cordero (Ap. 13:11).
15. Símbolo de la fe: hisopo (Ex. 12:22).
16. Símbolos de la muerte y la resurrección de Cristo
    a. El gran pez de Jonás 1—2.
    b. El bautismo (Ro. 6:2-10).
17. Símbolos del cuerpo y la sangre de Cristo.
    a. Pan (Mt. 26:26; 1 Co. 11:24).
    b. Vino (Mt. 26:28; 1 Co. 11:25).
18. Símbolo de la oración: el altar del incienso (Ex. 30:1; Lc. 1:10; Ap. 5:8; 8:3, 4).
19. Símbolos del cristianismo.
    a. La cruz (Gá. 6:14; Ef. 2:16; Col. 1:20).
    b. La tumba vacía (Mt. 28:1-8; 1 Co. 15:14).
20. Símbolos de la religión y la rebelión.
    a. Una ofrenda del fruto de la tierra sin sangre (Gn. 4:3, 5).
    b. Hojas de higuera (Gn. 3:7).
    c. La torre de Babel (Gn. 11:1-9).
    d. Una estatua de oro (Dn. 3).
    e. Una ramera ensangrentada (Ap. 17:1-6).
    f. La estatua del Anticristo (Ap. 13:14, 15).
    g. Una marca numérica (Ap. 13:16-18).
21. Símbolos de recompensas.
    a. Coronas (Ap. 4:4).
    b. Una piedra blanca (Ap. 2:17).
    c. Maná escondido (Ap. 2:17).
    d. El lucero (Ap. 2:28).
    e. Vestiduras blancas (Ap. 3:18; 19:8).
22. Símbolo de la justicia humana: trapos sucios (Is. 64:6).
23. Símbolos de la vida humana.
    a. La hierba (Sal. 90:5, 6; Stg. 1:10; 1 P. 1:24).
    b. La neblina (Stg. 4:14).
    c. Un soplo (Job 7:7).
    d. Humo (Sal 102:3).
24. Símbolos de ganar almas.
    a. Peces (Mt. 4:18, 19; Lc. 5:1-10).
    b. La siega (Jn. 4:35-38).
25. Símbolo de la maldición: espinos (Gn. 3:17, 18).
26. Símbolos de las buenas obras (1 Co. 3:12): oro, plata, piedras preciosas.
27. Símbolos de obras sin valor (1 Co. 3:12): madero, heno, hojarasca.
28. Símbolos de potencias mundiales gentiles.
    a. Babilonia
        (1) La cabeza de oro de una gran estatua (Dn. 2:32, 37).
        (2) Una bestia como león y águila (Ez. 17:3; Dn. 7:4).
    b. Media-Persia.
        (1) El pecho y los brazos de plata de una gran estatua (Dn. 2:32, 39).
        (2) Una bestia carnívora semejante a un oso (Dn. 7:5).
        (3) Un carnero con dos cuernos (Dn. 8:3, 4).
    c. Grecia.
        (1) El vientre y los muslos de bronce de una gran estatua (Dn. 2:32, 39).
        (2) Una bestia semejante a un leopardo con cuatro alas de ave en su espalda (Dn. 7:6).
        (3) Un macho cabrío con un cuerno (Dn. 8:5-8, 20-22).
    d. Roma.
        (1) Las piernas y los pies de hierro y barro cocido de una gran estatua (Dn. 2:33, 40-43).
        (2) Una bestia espantosa con dientes de hierro (Dn. 7:7).
    e. El Imperio Romano restituido: una bestia de siete cabezas y diez cuernos (Ap. 12:3; 17:12-16).
29. Símbolos de varias personas.
    a. Nabucodonosor, un árbol (Dn. 4:10, 20-22).
    b. Antíoco Epífanes, un pequeño cuerno (Dn. 8:9).
    c. Alejandro Magno, un macho cabrío (Dn. 8:5).
    d. Josué y Zorobabel, dos olivos (Zac. 4:1-6).
30. Símbolo del título de la tierra: un libro con siete sellos (Ap. 5:1).
31. Símbolo de los sistemas religiosos ateos del mundo: una gran ramera sangrienta (Ap. 17:1-6).
32. Símbolo de los sistemas políticos y económicos ateos del mundo: una reina arrogante (Ap. 18).
33. Símbolo de la obra de creación terminada de Dios: el día de reposo (Gn. 2:1-3; Ex. 20:8-11).
34. Símbolo de la obra de redención terminada de Dios: el primer día (Mt. 28:1).

Símiles

1. «A mujer hermosa y delicada compararé a la hija de Sion» (Jer. 6:2; Reina-Valera Versión Antigua).
2. «Descendieron a las profundidades como piedra» (Ex. 15:5).
3. «Porque subían ... como langostas» (Jue. 6:5).
4. «Todos nosotros nos descarriamos como ovejas» (Is. 53:6).
5. «Le compararé a un hombre prudente» (Mt. 7:24).
6. «Le compararé a un hombre insensato» (Mt. 7:26).
7. «Vio al Espíritu de Dios que descendía como paloma» (Mt. 3:16).
8. «Entonces los justos resplandecerán como el sol» (Mt. 13:43).
9. «Mas ¿a qué compararé esta generación? Es semejante a los muchachos que se sientan en las plazas» (Mt. 11:16).
10. «Resplandeció su rostro como el sol» (Mt. 17:2).
11. «El reino de los cielos es semejante a un hombre que sembró buena semilla en su campo» (Mt. 13:24).
12. «El reino de los cielos es semejante a un rey que quiso hacer cuentas con sus siervos» (Mt. 18:23).
13. «Si no os volvéis y os hacéis como niños» (Mt. 18:3).
14. «Serán como los ángeles de Dios en el cielo» (Mt. 22:30).
15. «Sois semejantes a sepulcros blanqueados» (Mt. 23:27).
16. «Os envío como corderos en medio de lobos» (Lc. 10:3).
17. «Yo veía a Satanás caer del cielo como un rayo» (Lc. 10:18).
18. «Era su sudor como grandes gotas de sangre que caían hasta la tierra» (Lc. 22:44).
19. «Como oveja a la muerte fue llevado» (Hch. 8:32).
20. «Y al momento le cayeron de los ojos como escamas» (Hch. 9:18).
21. «Hemos venido a ser hasta ahora como la escoria del mundo» (1 Co. 4:13).
22. «Y como un vestido los envolverás» (He. 1:12).
23. «Toda carne es como hierba» (1 P. 1:24).
24. «Vosotros también, como piedras vivas, sed edificados como casa espiritual» (1 P. 2:5).
25. «Se corrompen como animales irracionales» (Jud. v. 10).
26. «Oí detrás de mí una gran voz como de trompeta» (Ap. 1:10).
27. «Su cabeza y sus cabellos eran blancos como blanca lana» (Ap. 1:14).
28. «Sus ojos como llama de fuego» (Ap. 1:14).
29. «Sus pies semejantes al bronce bruñido» (Ap. 1:15).
30. «Su voz como estruendo de muchas aguas» (Ap. 1:15).

31. «Vendré sobre ti como ladrón» (Ap. 3:3).
32. «El primer ser viviente era semejante a un león» (Ap. 4:7).
33. «El segundo era semejante a un becerro» (Ap. 4:7).
34. «El tercero tenía rostro como de hombre» (Ap. 4:7).
35. «El cuarto era semejante a un águila volando» (Ap. 4:7).
36. «El sol se puso negro como tela de cilicio» (Ap. 6:12).
37. «La luna se volvió toda como sangre» (Ap. 6:12).
38. «El cielo se desvaneció como un pergamino que se enrolla» (Ap. 6:14).
39. «Su tormento era como tormento de escorpión cuando hiere al hombre» (Ap. 9:5).
40. «En tu boca será dulce como la miel» (Ap. 10:9).
41. «La bestia que vi era semejante a un leopardo» (Ap. 13:2).
42. «Sus pies como de oso» (Ap. 13:2).
43. «Su boca como boca de león» (Ap. 13:2).
44. «El mar ... se convirtió en sangre como de muerto» (Ap. 16:3).
45. «El número de los cuales es como la arena del mar» (Ap. 20:8).
46. «Un río limpio de agua de vida, resplandeciente como cristal» (Ap. 22:1).

Sueños y visiones

SUEÑOS

1. Jacob recibió la confirmación del pacto abrahámico en un sueño (Gn. 28:12).
2. Salomón recibió tanto sabiduría como advertencia en un sueño (1 R. 3:5; 9:2).
3. En el Nuevo Testamento, José recibió tres mensajes en tres sueños.
   a. Asegurándole de la pureza de María (Mt. 1:20).
   b. Mandándole que huyese a Egipto (Mt. 2:13).
   c. Ordenándole que volviera a Palestina (Mt. 2:19-22).
4. Los magos recibieron una advertencia de las malvadas intenciones de Herodes en un sueño (Mt. 2:12).

VISIONES

1. Se le indicó a Jacob que fuera a Egipto en una visión (Gn. 46:2, 3).
2. Se le advirtió a David de juicio en una visión (1 Cr. 21:16).
3. Isaías vio la santidad de Dios en una visión (Is. 6:1-8).
4. Daniel vio las grandes potencias gentiles en una visión (Dn. 7—8).
5. Daniel vio las glorias de Cristo en una visión (Dn. 10:5-9).
6. Daniel vio el surgimiento y la caída de Alejandro Magno en una visión (Dn. 8).
7. Ezequiel vio la reagrupación de Israel en una visión (Ez. 37).
8. Se le ordenó a Ananías que ministrara a Saulo en una visión (Hch. 9:10).
9. Se le indicó a Cornelio que enviara por Pedro en una visión (Hch. 10:3-6).
10. Se le ordenó a Pedro que ministrara a Cornelio en una visión (Hch. 10:10-16).
11. Se le ordenó a Pablo que fuera a Macedonia en una visión (Hch. 16:9).
12. Pablo fue consolado en Corinto en una visión (Hch. 18:9).
13. Pablo fue consolado en Jerusalén en una visión (Hch. 23:11).
14. Pablo vio las glorias del tercer cielo en una visión (2 Co. 12:1-4).
15. El apóstol Juan recibió el libro del Apocalipsis en una visión.

Suertes (echar)

1. Para determinar cuál animal sacrificatorio sería el chivo expiatorio en el tabernáculo (Lv. 16:8).
2. Para determinar el área de las tierras para las doce tribus de Israel (Nm. 26:55; Jos. 18:10).
3. Para determinar las tareas y las responsabilidades levíticas en el templo en la época de Nehemías (Neh. 10:34).
4. Para determinar quién viviría en Jerusalén en la época de Nehemías (Neh. 11:1).
5. Para determinar quién sería echado al mar durante una tormenta (Jon. 1:7).
6. Para determinar quién recibiría las vestiduras del Salvador (Mt. 27:35).
7. Para determinar quién reemplazaría a Judas (Hch. 1:26).

Suicidios

1. Saúl (1 S. 31:4).
2. El escudero de Saúl (1 S. 31:5).
3. Ahitofel (2 S. 17:23).
4. Zimri (1 R. 16:18).
5. Judas (Mt. 27:3-5).

Templos

1. El templo (tabernáculo) de Moisés (Ex. 40).
2. El templo de Salomón (1 R. 6).
3. El templo de Zorobabel (Esd. 3).
4. El templo de Herodes (Jn. 2:20).
5. El templo del cuerpo de Cristo (Jn. 2:21).
6. El templo del cuerpo del creyente (1 Co. 6:19; 2 Co. 6:16).
7. El templo compuesto por todos los creyentes (Ef. 2:20-22; 1 P. 2:5).
8. El templo de la tribulación (Mt. 24:15; Ap. 11:1).
9. El templo del milenio (Ez. 40; Hch. 15:16).
10. El templo celestial (Ap. 11:19; 14:15; 15:5, 6, 8; 16:1, 17).

Terremotos

1. Sentidos por Israel cuando la ley fue dada en el monte Sinaí (Ex. 19:18).
2. Sentidos por Elías en una cueva (1 R. 19:11).
3. Sentidos en los días de Uzías (Zac. 14:5; Am. 1:1).
4. Sentidos por un centurión durante la crucifixión (Mt. 27:54).
5. Sentidos por los guardias romanos de la tumba durante la resurrección (Mt. 28:2-4).
6. Sentidos por el carcelero de Filipos a la medianoche (Hch. 16:26).
7. Sentidos por este mundo durante la tribulación:
   a. Cuando se abra el sexto sello (Ap. 6:12).
   b. Cuando se abra el séptimo sello (Ap. 8:5).
   c. Cuando sean levantados los dos testigos (Ap. 11:13).
   d. Cuando se derrame la séptima copa en el Armagedón (Zac. 14:4, 5; Ap. 16:16-21).

Tipos, presagios

Un tipo o presagio es una sombra en las páginas del Antiguo Testamento que describe una verdad cuyo cumplimiento se encuentra en el Nuevo Testamento. Puede ser un acontecimiento, una persona o una cosa. Debe ser histórico o cristocéntrico.

1. Tipos de Cristo
   Personas
   a. Adán: su liderazgo sobre una nueva creación (Gn. 1:28; Ro. 5:17-19; 1 Co. 15:22, 45, 47; He. 2:7-9).
   b. Moisés: su ministerio profético (Dt. 18:15-18; He. 3:5, 6).
   c. Melquisedec: su ministerio sacerdotal (Gn. 14:18-20; Sal. 110:4; He. 5—8).

d. David: su ministerio real (2 S. 7:1-17; Mr. 11:10; Ap. 5:5; 22:16).
e. Jeremías: sus tristezas (Jer. 3:20; 5:1-5: 8:20-22; 9:1; 10:19; 11:19).
f. José: sus sufrimientos (el tipo más perfecto de Cristo en el Antiguo Testamento).
   (1) Odiado sin causa (Gn. 37:4, 8; Jn. 15:25).
   (2) Ridiculizado (Gn. 37:19; Lc. 22:63).
   (3) Hecho víctima de un complot (Gn. 37:20; Jn. 11:53).
   (4) Despojado de su vestido (Gn. 37:23; Jn. 19:23, 24).
   (5) Vendido por plata (Gn. 37:28; Mt. 26:14-16).
   (6) Hecho tema de mentiras (Gn. 39:14; Mt. 26:61).
   (7) Puesto en cautiverio con dos hombres culpables (Gn. 40:1-3; Lc. 23:32, 33).
   (8) No reconocido por los suyos (Gn. 42:8; Jn. 1:11).
g. Isaac: su muerte (Gn. 22:2, 8, 10; Mt. 26:36, 42, 43).
h. Jonás: su resurrección (Jon. 1:17; Mt. 12:40; 16:4; Lc. 11:29).
i. Josué: su vida victoriosa (Jos. 1:3, 5, 6, 8, 9; Jn. 10:17, 18; 19:30).
j. Noé: su vida salvadora (Gn. 6:13, 14, 17, 18; 1 P. 3:18-22).
k. Abraham: su padre (Gn. 22:7, 8; Mt. 26:36, 42, 43).
l. Daniel: su aceptación por el Padre (Dn. 9:23; 10:11, 19; Mt. 3:17; 17:5).
m. Elías: su precursor (Is. 40:3, 4; Mt. 17:11, 12).
n. Eliseo: sus milagros: Eliseo obró catorce milagros, casi el doble que cualquier otro hombre del Antiguo Testamento excepto Moisés (2 R. 2:9; Jn. 3:2).
ñ. Ezequiel: sus parábolas. Hay sesenta y nueve parábolas en el Antiguo Testamento; veintitrés se encuentran en el libro de Ezequiel solo (Ez. 17:2; 20:49; Mt. 13:3).
o. Rut: su Iglesia (Rt. 2, 3, 4; 2 Co. 11:2).
p. Booz: su amor por la Iglesia (Rt. 2,3,4; Ef. 5:25-27).
q. Esdras: su celo por las Escrituras (Neh. 8; Mt. 21:42; 22:29; Mr. 12:10, 24: Lc. 4:21; 24:27; Jn. 10:35).
r. Nehemías: su celo por la Ciudad Santa (Neh. 1, 2: Mt. 23:37-39; Lc. 19:41).
s. Salomón: su sabiduría (1 R. 3:11-13; Lc. 4:22; Jn. 7:46).
t. Lot: sus seguidores desviados (Gn. 19; 2 P. 2:7).
u. Absalón: su oposición:
   (1) Por Judas. Absalón era un traidor y miembro del círculo íntimo de David, como Judas lo era de Jesús (2 S. 15; Mt. 26:14).
   (2) Por el Anticristo que ha de venir. Absalón tramó en contra del trono davídico, como lo hará el Anticristo (2 S. 15; Ap. 13).

Acontecimientos

a. Las túnicas de pieles (Gn. 3:21).
b. La Pascua (Ex. 12; 1 Co. 5:7, 8).
c. El sacrificio del día de expiación (Lv. 16).
d. El maná (Ex. 16:14-22; Jn. 6).
e. El arca y el diluvio (Gn. 6—8; 1 P. 3:18-22).
f. La roca golpeada (Ex. 17:5-7; 1 Co. 10:4).
g. El pasaje por el mar Rojo (Ex. 14; 1 Co. 10:1, 2).
h. Las dos señales recordatorias (Jos. 4).
i. El árbol echado en las aguas de Mara (Ex. 15:23-26).

Bestias

a. Cordero (Ex. 29:38; Jn. 1:29).
b. Paloma (Lv. 5:11; Lc. 2:24).
c. Águila (Ex. 19:4; Mt. 23:37).
d. León (Os. 11:10; Ap. 5:5).
e. Oveja (Lv. 1:10; Is. 53:7).
f. Becerra (Gn. 15:9; Nm. 19).
g. Chivo expiatorio (Lv. 16).
h. Carnero (Gn. 22:13).
i. Tórtola (Gn. 15:9; Lv. 5:11).
j. Buey (Nm. 7:87).
k. Becerro (Ex. 29:11).
l. Serpiente (Nm. 21:8, 9; Jn. 3:14).

Fiestas

a. La fiesta de la Pascua. Habla del Calvario (Lv. 23:4-8; 1 Co. 5:7).
b. La fiesta de los primeros frutos. Habla de la resurrección (Lv. 23:9-14; 1 Co. 15:23).
c. La fiesta de Pentecostés. Habla de la venida del Espíritu Santo (Lv. 23:15-22; Hch. 2:1-4).
d. La fiesta de las trompetas Habla del arrebatamiento y la Segunda Venida (Lv. 23:23-25; 1 Ts. 4:13-18).
e. La fiesta del día de expiación. Habla de la tribulación (Lv. 23:26-32; Ap. 6—19).
f. La fiesta de los tabernáculos. Habla del milenio (Lv. 23:33-44; Ap. 20:1-6).

Ofrendas

a. El holocausto (Lv. 1). Habla del ofrecimiento voluntario de Cristo.
b. La ofrenda de harina (Lv. 2). Habla de su pureza y ausencia de pecado.
c. La ofrenda de paz (Lv. 3). Habla de sus logros en la cruz.
d. La ofrenda por el pecado (Lv. 4). Habla de su trato con la culpa del pecado.
e. La ofrenda por transgresión (Lv. 5). Habla de su trato con la herida del pecado.

Edificios

a. El tabernáculo (Ex. 40).
b. El templo (1 R. 8).

2. Tipos de anticristo.
   a. Caín, por su homicidio de la simiente escogida (Gn. 4:5-14; 1 Jn. 3:12).
   b. Nimrod, por su creación de Babilonia y la torre de Babel (Gn. 10, 11; Ap. 17, 18).
   c. Faraón, por su opresión del pueblo de Dios (Ex. 1:8-22; Ap. 12).
   d. Coré, por su rebelión (Nm. 16:1-3; Ap. 13:6).
   e. Balaam, por su intento de maldecir a Israel (Nm. 23—24; Dn. 7:25).
   f. Saúl, por su interferencia en el oficio del sacerdocio (1 S. 13:9-13; Mt. 24:15; Ap. 13:15-18).
   g. Goliat, por su jactancia (1 S. 17; Dn. 11:36).
   h. Absalón, por su intento de robar el trono de David (2 S. 15:1-6; 2 Ts. 2:3, 4, 9).
   i. Jeroboam, por su religión substituta (1 R. 12:25-31; Ap. 13:15).
   j. Senaquerib, por sus esfuerzos para destruir a Jerusalén (2 R. 18:17; Zac. 14:2).
   k. Nabucodonosor, por su estatua de oro (Dn. 3:1-7; Ap. 13:15).
   l. Amán, por su complot para exterminar a los judíos (Est. 3; Ap. 12:13-17).
   m. Antíoco Epífanes, por su profanación del templo (Dn. 11:21-35; Mt. 24:15).
3. Tipos de la Iglesia.
   a. Eva, la esposa de Adán (Gn. 2:23-25; 3:20).
   b. Rebeca, la esposa de Isaac (Gn. 24).
   c. Rut, la esposa de Booz (Rt. 4).
4. Tipos de Israel.
   En relación a su inmoralidad (el libro de Oseas)

a. Gomer, la esposa de Oseas.
b. Jezreel, Lo-ruhama y Lo-ammi, los hijos de Oseas.

En relación a su inmortalidad

a. Jonás en el pez (Jon. 2). ¡Los judíos no pueden ser tragados!
b. Tres hebreos en el fuego (Dn. 3) ¡No pueden ser quemados!
c. Daniel en el foso de los leones (Dn. 6). ¡No pueden ser comidos!
d. Moisés en el agua (Ex. 14). ¡No pueden ser ahogados!
e. Ester en Persia (Est. 3-7). ¡No pueden ser ahorcados!

5. Tipos del Padre.
   a. Abraham (Gn. 22).
   b. Jacob (Gn. 37:3).
   c. David (2 S. 9).
   d. Oseas (Os. 1—3).
6. Tipo del Espíritu Santo: el siervo de Abraham (Gn. 24).
7. Tipos de los creyentes desviados.
   a. Lot (Gn. 13:10, 11; 19:1; 2 P. 2:7).
   b. Abdías (1 R. 18:3-16).
   c. Dos tribus y medias israelitas (Nm. 32).
8. Tipo de todos los inconversos: Esaú (Gn. 25; He. 12:16, 17).
9. Tipo de maldad: Babilonia (Jer. 50-52; Zac. 5).
10. Tipo de mundanalidad: Egipto (Gn. 12:10; Nm. 11:5; 14:3; Is. 31:1).
11. Tipo de victoria: Canaán (Ex. 3:8, 17; 13:5; He. 3—4).
12. Tipos de falsa religión.
    a. Las hojas de higuera de Adán (Gn. 3:7).
    b. La ofrenda de la tierra de Caín (Gn. 4:3).
    c. La torre de Nimrod (Gn. 11:1-9).
    d. El becerro de oro de Aarón (Ex. 32).
    e. Las enseñanzas de Jezabel (1 R. 18:19; 2 R. 9:22; Ap. 2:20).
    f. La estatua de Nabucodonosor (Dn. 3).
13. Tipos del arrebatamiento.
    a. Lot, un tipo de la Iglesia que escapará a la tribulación (Gn. 19:22; 1 Ts. 1:10; 5:9).
    b. Noé, un tipo de Israel que perdurará por la tribulación (Gn. 6—8; Mt. 24:3; Ap. 12).
14. Tipos de la gran tribulación por venir.
    a. El diluvio universal, presagiando su alcance (Gn. 6—8; 2 P. 3:1-9).
    b. La destrucción de Sodoma, presagiando su naturaleza (Gn. 19; 2 P. 3:10-13).
    c. Las diez plagas sobre Egipto, presagiando su intensidad (Ex. 7—12; Ap. 6—19).
15. Tipo del Armagedón: la plaga de las langostas en la época de Joel (Jl. 2:1-11; Ap. 14:14-20).
16. Tipos del milenio.
    a. El día de reposo (Ex. 20:8-11; Lv. 23:3).
    b. El año de jubileo (Lv. 25:10-12).
    c. El tabernáculo (Ex. 25:8; 29:42-46; 40:34).
    d. La fiesta de los tabernáculos (Lv. 23:34-42).
    e. La Tierra Prometida (Dt. 6:3; He. 4:8-10).
    f. El reinado de Salomón
       (1) La extensión de su reino (1 R. 4:21).
       (2) Su seguridad (1 R. 4:25).
       (3) Su gran sabiduría (1 R. 4:29, 34).
       (4) Su gran fama (1 R. 10:7).
       (5) Sus grandes riquezas (1 R. 10:27).
17. Otras personas del Antiguo Testamento que presagian a personas del Nuevo Testamento.
    a. Elías, que presagia a Juan el Bautista (1 R. 17:1; 18:21; Mt. 17:10-13; Mr. 6:14-20).
    b. Abel, que presagia a Esteban (Gn. 4:8; Hch. 7:57, 58).
    c. Josué y Zorobabel, que presagian a los dos testigos en la tribulación (Zac. 4; Ap. 11).

Torres

1. La torre de Babel (Gn. 11:4).
2. La torre de Siquem (Jue. 9:51, 52).
3. La torre de Jezreel (2 R. 9:17).

Trompetas

1. Las dos trompetas de plata de Moisés (Nm. 10:2).
2. Las siete trompetas de cuerno de carneros (Jos. 6:4; Biblia de las Américas).
3. La trompeta de Aod (Jue. 3:12-30; Biblia de las Américas).
4. Las 300 trompetas de Gedeón (Jue. 7).
5. La trompeta de David (2 S. 6:15).
6. La trompeta de Sadoc (1 R. 1:39).
7. Las trompetas de Salomón (2 Cr. 5:13).
8. Las trompetas de Esdras (Esd. 3:10).
9. La trompeta del arrebatamiento de la Iglesia (1 Co. 15:52; 1 Ts. 4:16).
10. Las siete trompetas del juicio (Ap. 8:2).
11. La trompeta de la reunión de Israel (Mt. 24:31).

Tronos

1. El trono de Dios (Sal. 45:6; 103:19; Is. 6:1; Ap. 4:2).
2. El trono de David.
   a. Durante su vida (2 S. 2:4; 5:3).
   b. Durante el milenio (Jer. 30:9; 33:17; Os. 3:5).
3. Los doce tronos de los apóstoles (Mt. 19:28).
4. El trono de Cristo (2 Co. 5:10) para los creyentes.
5. El trono de Satanás (Ap. 2:13).
6. Los veinticuatro tronos de los ancianos (Ap. 4:4).
7. El gran trono blanco para los incrédulos (Ap. 20:11).

Últimas palabras

1. Pronunciadas por Jacob (Gn. 49:10).
2. Pronunciadas por José (Gn. 50:24).
3. Pronunciadas por Moisés (Dt. 33:27-29).
4. Pronunciadas por Caleb (Jos. 14:7-12).
5. Pronunciadas por Josué (Jos. 23:14; 24:15).
6. Pronunciadas por Sansón (Jue. 16:28).
7. Pronunciadas por Elí (1 S. 4:15-18).
8. Pronunciadas por Saúl (1 S. 31:4).
9. Pronunciadas por David (2 S. 23:1-4; 1 R. 2:1-9).
10. Pronunciadas por Elías (2 R. 2:8-11).
11. Pronunciadas por Eliseo (2 R. 13:14-19).
12. Pronunciadas por Belsasar (Dn. 5:13-16).
13. Pronunciadas por Daniel (Dn. 12:8).
14. Pronunciadas por Simeón (Lc. 2:25-35).
15. Pronunciadas por Jesús (Mt. 28:18-20; Hch. 1:8).
16. Pronunciadas por Esteban (Hch. 7:59, 60).
17. Pronunciadas por Pablo (2 Ti. 4:6-8).
18. Pronunciadas por Santiago (Stg. 5:19, 20).
19. Pronunciadas por Pedro (2 P. 3:13-18).
20. Pronunciadas por Judas (Jud. vv. 24, 25).
21. Pronunciadas por Juan (Ap. 22:18-21).

Ungimientos

1. De una piedra por Jacob (Gn. 28:18;31:13).
2. De un sumo sacerdote por Moisés (Ex. 28:41; 29:7).
3. Del tabernáculo por Moisés (Ex. 40:9).
4. De Saúl por Samuel (1 S. 9:16; 10:1).
5. De David.
   a. Por Samuel (1 S. 16:12; Sal. 89:20).
   b. Por los hombres de Judá (2 S. 2:4, 7).
   c. Por todo Israel (2 S. 5:3).
6. De Salomón por Sadoc (1 R. 1:39).
7. De Cristo.

a. Por el Padre (Sal. 2:2; 45:7; Lc. 4:18; Hch. 4:27; 10:38; He. 1:9).
b. Por el Espíritu Santo (Mt. 3:16).
c. Por una mujer inmoral (Lc. 7:38).
d. Por María de Betania (Jn. 11:2).
8. De todos los creyentes por el Espíritu Santo (2 Co. 1:21).
9. De Lucifer por Dios (antes de su caída) (Ez. 28:14).
10. De los creyentes enfermos por los ancianos de la iglesia (Stg. 5:14).
Nota: Hay cuatro tipos básicos de ungimientos: (1) con aceite (Ex. 40:9), (2) con sangre (Lv. 8:23, 24; 9:9, 3), (3) con agua (Lv. 8:6), (4) con el Espíritu (2 Co. 1:21).

Valles
1. Save, al sur de Jerusalén, donde Abraham se encontró con Melquisedec (Gn. 14:17, 18).
2. Gerar, donde Isaac vivió y abrió sus pozos (Gn. 26:17, 18).
3. Escol, visitado por los doce espías cuando estaban recorriendo la tierra de Palestina (Nm. 32:9).
4. Acor, cerca de Jericó, donde fue apedreado Acán (Jos. 7:24-26).
5. Ajalón, donde Josué obró su milagro con el sol (Jos. 10:12).
6. Hinom, al sur de Jerusalén, donde Acaz y Manasés ofrendaron a sus propios hijos a dioses demoníacos. Dios nombró al eterno lago de fuego por este valle: Gehenna (2 Cr. 28:3; 33:6).
7. Jezreel, donde acampó el ejército madianita que después fue derrotado por Gedeón (Jue. 6:33).
8. Sorec, donde vivía Dalila (Jue. 16:4).
9. Ela, donde David luchó contra Goliat (1 S. 17:2; 21:9).
10. Refaim, donde David luchó contra los filisteos y los derrotó (2 S. 5:22-25).
11. Sal, donde Amasías mató a 10.000 edomitas (2 R. 14:7).
12. Beraca, donde Josafat celebró un culto de alabanza (2 Cr. 20:26).
13. Meguido.
a. Donde Barac derrotó a Sísara (Jue. 4:15; 5:19, 20).
b. Donde Jehú mató a Ocozías (2 R. 9:27).
c. Donde murió Josías (2 R. 23:29, 30).
14. Josafat, donde se decidirá la batalla del Armagedón. Este valle se conoce como el valle de Cedrón en el Nuevo Testamento (Jl. 3:2, 12, 14).
15. Hamón-gog, donde se sepultarán las tropas rusas (Ez. 39:11).

Vasijas, cántaros y jarras
1. Rebeca llenó un cántaro para el siervo de Abraham (Gn. 24:16).
2. Gedeón usó 300 cántaros para derrotar a los madianitas (Jue. 7:16).
3. Pedro y Juan siguieron a un hombre con un cántaro de agua (Mr. 14:13).
4. Jesús llenó unas tinajas de agua con vino en Caná (Jn. 2:6).
5. Jesús se encontró con una mujer que llevaba un cántaro en Samaria (Jn. 4:28).
6. Una viuda vio cómo Dios creó aceite sobrenaturalmente en sus vasijas vacías (2 R. 4:3-7).
7. Los utensilios en la casa de Dios
a. En el tabernáculo (Ex. 40:9; He. 9:21).
b. En el templo (2 Cr. 4:19).
c. Llevados por Nabucodonosor (Dn. 1:2; 2 Cr. 36:7).
d. Profanados por Belsasar (Dn. 5:2, 3).
e. Devueltos por Zorobabel (Esd. 1:7-11).
8. Las vasijas llevadas por las diez vírgenes (Mt. 25:4).
9. El receptáculo (lienzo) que Pedro vio en una visión (Hch. 10:11; Biblia de H. Pratt o Versión Moderna; Biblia de las Américas, *margen*).
10. La vasija de la viuda de Sarepta (1 R. 17:10).
11. La vasija formada mientras Jeremías miraba (Jer. 18:4, 5).
12. La vasija usada por Ezequiel (Ez. 4:9).
13. La vasija quebrada por Jeremías (Jer. 19:10).
14. El odre llevado por Agar (Gn. 21:14).
15. Los cueros viejos de vino llevados por los gabaonitas (Jos. 9:13).
16. El odre de leche que Jael le dio a Sísara (Jue. 4:19).
17. La vasija de vino usada en la dedicación de Samuel (1 S. 1:24).
18. La redoma de aceite usada para ungir a Saúl (1 S. 10:1).
19. La vasija de vino que David llevó a sus hermanos que luchaban contra los filisteos (1 S. 16:20).
20. Los dos cueros de vino que Abigail le mandó a David (1 S. 25:18).
21. Vasos simbólicos.
a. Vasos de barro: los cuerpos de los creyentes (2 Co. 4:7).
b. Vaso más frágil: la esposa del creyente (1 P. 3:7).
c. Vasos de honra: los salvados. También llamados vasos de misericordia, de oro y de plata (Ro. 9:21, 23; 2 Ti. 2:20, 21).
d. Vasos de deshonra: los inconversos. También llamados vasos de destrucción, de madera y de tierra (Ro. 9:21, 22; 2 Ti. 2:20).
22. La vasija que David le quitó a Saúl (1 S. 26:12).
23. La vasija que Dios le llenó a una viuda por pedido de Elías (1 R. 17:12).

Vendavales
1. Durante el diluvio de Noé (Gn. 8:1).
2. Durante la plaga de las langostas en Egipto (Ex. 10:13, 19).
3. Durante el pasaje por el mar rojo (Ex. 14:21).
4. Durante la plaga de codornices en el desierto (Nm. 11:31).
5. Durante la competencia en el monte Carmelo (1 R. 18:45).
6. Durante el encuentro de Dios y Elías en el monte Horeb (1 R. 19:11).
7. Durante el arrebatamiento de Elías (2 R. 2:11).
8. Durante la visión de Daniel sobre las cuatro bestias (Dn. 7:2).
9. Durante el viaje marítimo de Jonás (Jon. 1:4).
10. Durante la visita de Jonás a Nínive (Jon. 4:8).
11. Mientras Dios hablaba con Job (Job 38:1).
12. Mientras los discípulos cruzaban el mar de Galilea de oeste a este (Mt. 8:26).
13. Mientras los discípulos cruzaban el mar de Galilea de este a oeste (Mt. 14:24).
14. Durante Pentecostés (Hch. 2:2).
15. Durante el viaje de Pablo a Roma (Hch. 27:14, 15).

Ventanas
1. La ventana del arca (Gn. 8:6).
2. La ventana por la cual Abimelec vio a Isaac y Rebeca (Gn. 26:8).
3. La ventana de Rahab la ramera (Jos. 2:15, 18, 21).
4. La ventana de Mical en Gabaa, desde la cual escapó David de la ira de Saúl (1 S. 19:12).
5. La ventana de Mical en Jerusalén, por la cual ella vio una celebración conducida por su esposo David por la que después lo criticó (2 S. 6:16).
6. La ventana en Jezreel, desde la cual fue arrojada Jezabel y murió (2 R. 9:30, 32).

7. La ventana de Salomón, por la cual vio a un joven tentado por una ramera (Pr. 7:6).
8. La ventana de Eliseo, por donde le mandó a un rey que tirara una flecha (2 R. 13:17).
9. La ventana oriental de Daniel, que abría cuando oraba y se arrodillaba mirando hacia Jerusalén (Dn. 6:10).
10. La ventana de Troas, donde se sentó Eutico antes de caerse durante el mensaje de Pablo (Hch. 20:9).
11. La ventana (una abertura) de Antioquía, por la cual Pablo escapó del complot de unos judíos (2 Co. 11:33).
12. Ventanas simbólicas:
    a. Las ventanas de las cataratas del cielo (Gn. 7:11; 8:2).
    b. Las ventanas de las bendiciones del cielo (Mal. 3:10).

Vestiduras

Introducción: Hay varios vestidos en la Biblia usados por varias personas con un significado histórico o teológico.

1. Los vestidos de hojas de higuera con los cuales Adán y Eva intentaron cubrirse (Gn. 3:7).
2. Las túnicas de pieles con los cuales Dios los cubrió después (Gn. 3:21).
3. La túnica de muchos colores de José (Gn. 37:3, 31, 32).
4. El vestido roto de José (en Egipto) (Gn. 39:12).
5. Las vestiduras del sumo sacerdote de Israel (Ex. 28:4-43; 39:1-31; Lv. 8:7-9; 16:4).
6. Las vestiduras tomadas de Aarón y puestas a Eleazar (Nm. 20:28).
7. El «manto babilónico muy bueno» robado por Acán (Jos. 7:21).
8. La capa con la cual Booz cubrió a Rut (Rt. 3:9).
9. La túnica pequeña que Ana le llevó a Samuel al templo de Silo (1 S. 2:19).
10. El manto que Jonatán le dio a David para sellar su pacto de amistad (1 S. 18:4).
11. El hermoso vestido de lino fino que David usó cuando llevó el arca de Dios a Jerusalén (1 Cr. 15:27).
12. El vestido de diversos colores que rasgó Tamar después de ser violada por Amnón (2 S. 13:18, 19).
13. El manto de Saúl que David cortó mientras dormía el rey malvado (1 S. 24:11).
14. La capa rota de Jeroboam. Fue roto en doce pedazos por el profeta Ahías para simbolizar la futura fragmentación del reino de Israel (1 R. 11:29-31).
15. Las ropas reales de Acab que Josafat usó imprudentemente (2 Cr. 18:29).
16. Las «vestiduras viles» del sumo sacerdote Josué mientras se presentaba ante Dios (Zac. 3:3).
17. El vestido de Juan el Bautista (Mt. 3:4).
18. El vestido que el padre le dio al hijo pródigo cuando volvió (Lc. 15:22).
19. El vestido de boda que no se usó (Mt. 22:11).
20. La sábana dejada por el joven en Getsemaní (Mr. 14:51).
21. La ropa de pescador de Simón Pedro (Jn. 21:7).
22. Los vestidos usados por el Salvador.
    a. En Belén, pañales (Lc. 2:7, 12).
    b. Durante su ministerio terrenal (Mt. 9:21; 14:36; 17:2; Jn. 13:4).
    c. En el Calvario.
        (1) Los soldados le pusieron un manto de púrpura como burla (Mt. 27:28; Jn. 19:2, 5).
        (2) Herodes le puso una «ropa espléndida» como burla (Lc. 23:11).
        (3) Los soldados echaron suertes por sus vestidos al pie de la cruz (Mt. 27:35).
        (4) Nicodemo y José de Arimatea lo envolvieron en lienzos (Jn. 19:40).
    d. Sus vestidos actuales (Ap. 1:13).
    e. Sus vestidos para la Segunda Venida (Dn. 7:9; Ap. 19:13; Is. 63:1-3).
23. El capote de Pablo que pidió cuando estaba en una cárcel romana (2 Ti. 4:13).
24. Los vestidos de los justos (Ap. 19:7, 8, 14).
25. Los trapos de inmundicia de los injustos (Is. 64:6).
26. Las vestiduras blancas de los martirizados durante la tribulación (Ap. 6:11; 7:9).

Viajes

1. De los descendientes de Noé, del monte Ararat a Babel (Gn. 11:1-9).
2. Abraham, de Ur de los Caldeos a Canaán (Gn. 12:1-9).
3. Abraham, de Canaán a Egipto (Gn. 12:10-20).
4. Abraham, de Hebrón hasta el monte Moriah (Gn. 22).
5. Rebeca, de Harán a Canaán (Gn. 24).
6. Jacob, de Hebrón a Bet-el a Harán (Gn. 28—29).
7. Jacob, de Harán a Bet-el (Gn. 32—35).
8. José, de Canaán a Egipto (Gn. 37).
9. Jacob y su familia, de Canaán a Egipto (Gn. 42—46).
10. Moisés, de Egipto a Madián (Ex. 2:15).
11. Moisés, de Madián nuevamente a Egipto (Ex. 3—4).
12. Israel, de Egipto a Canaán (Ex. hasta Jos.).
13. Rut, de Moab a Belén (Rt. 1).
14. Saúl, de Gabaa a Ramá (1 S. 9).
15. Samuel, de Ramá a Belén (1 S. 16).
16. David, de Filistea a Hebrón (2 S. 2:1).
17. David, de Hebrón a Jerusalén (2 S. 5:7).
18. David, de Jerusalén al desierto oriental (2 S. 15:23).
19. Salomón, de Jerusalén a Gabaón (1 R. 3:4, 5).
20. La reina de Sabá, del norte de África a Jerusalén (1 R. 10).
21. Roboam, de Jerusalén a Siquem (1 R. 12:1).
22. Elías, del arroyo de Querit al monte Carmelo (1 R. 17—18).
23. Elías, del monte Carmelo al monte Horeb (1 R. 19).
24. Naamán, de Siria a Samaria (2 R. 5).
25. Las cautivos de Judá, de Palestina a Babilonia (2 R. 24—25; Sal. 137; Dn. 1).
26. Los cautivos de Judá, de Babilonia a Jerusalén (Esd. 1; Sal. 126).
27. Nehemías, de Babilonia a Jerusalén (Neh. 1—2).
28. José y María, de Nazaret a Belén (Lc. 2:4).
29. Jesús, de la gloria del cielo a este mundo pecaminoso (Lc. 2:7; Fil. 2:5-8; Gá. 4:4).
30. Jesús, de este mundo pecaminoso a la gloria del cielo (Hch. 1).
31. Los magos, de Persia a Belén (Mt. 2:1-12).
32. José, de Belén a Egipto (Mt. 2:13, 14).
33. José, de Egipto a Nazaret (Mt. 2:23).
34. Felipe, de Jerusalén a Samaria (Hch. 8:5).
35. Felipe, de Samaria al desierto de Gaza (Hch. 8:26).
36. Pablo, de Jerusalén a Damasco (Hch. 9).
37. Pedro, de Jope a Cesarea (Hch. 10).
38. Bernabé, de Jerusalén a Antioquía (Hch. 11:19-26).
39. Pablo y Bernabé, de Antioquía a su primer viaje misionero (Hch. 13—14).
40. Pablo y Silas, de Antioquía al segundo viaje (Hch. 15:36—18:22).
41. Pablo, de Antioquía a su tercer viaje (Hch. 18:23—21:15).
42. Pablo, de Jerusalén a Roma (Hch. 21:16—28:31).

Viñas

1. La viña plantada por Noé (Gn. 9:20).
2. La viña de Nabot (1 R. 21:1).
3. La viña de Timnat, donde Sansón mató a un león (Jue. 14:5).

4. Las viñas de Silo, donde los 400 soldados benjamitas restantes encontraron mujeres (Jue. 21:20).
5. Viñas parabólicas (Is. 5:1-7; Mt. 20:1-16; 21:28-32, 33-41; Lc. 13:6-9).

Votos

1. El voto de Jacob en Bet-el (Gn. 28:20).
2. El voto del nazareo (Nm. 6:2, 21).
3. El voto de Jefté acerca de ofrecer un sacrificio (Jue. 11:30).
4. El voto de Ana en cuanto a un niño que todavía no había nacido (1 S. 1:11).
5. El voto de Absalón, utilizado para engañar a David (2 S. 15:7).
6. El voto de Jezabel de matar a Elías (1 R. 19:1, 2).
7. El voto de Jonás dentro del pez (Jon. 2:9).
8. El voto de Pablo (Hch. 18:18).
9. El voto de cuatro hombres y Pablo (Hch. 21:23-26).
10. El voto de ciertos judíos de matar a Pablo (Hch. 23:12).

LOS DOCE DÍAS MÁS GRANDIOSOS DE LA HISTORIA

1. **La Segunda Venida de Cristo (Ap. 19)**
2. **El arrebatamiento de la Iglesia (1 Ts. 4)**
3. **La ascensión de Cristo (Hch. 2)**
4. **La resurrección de Cristo (Mt. 28)**
5. **La muerte de Cristo (Mt. 27)**
6. **El nacimiento de Cristo (Lc. 2)**
7. **La terminación del Nuevo Testamento (Ap. 22)**
8. **La terminación del Antiguo Testamento (Mal. 4)**
9. **El nacimiento de la Iglesia (Hch. 2)**
10. **El nacimiento de Israel (Gn. 12)**
11. **La creación del hombre (Gn. 1, 2)**
12. **La creación del mundo (Gn. 1)**

RESÚMENES DE ESTUDIOS HISTORICOS

NUEVE NACIONES DEL ANTIGUO Y NUEVO TESTAMENTOS

Introducción

Parecería que antes del diluvio no había una comunidad distinta y separada de naciones como la que vemos hoy. Pero aparecieron después de la rebelión de Babel, cada una con su idioma y (tal vez en una fecha posterior) características culturales y raciales únicas.

De las muchas docenas de naciones, nueve han desempeñado (o desempeñarán) un papel importante en el desarrollo histórico y espiritual de la nación escogida de Dios, el pueblo de Israel.

Estas nueve son: los cananeos, los sumerios, los filisteos, los egipcios, los asirios, los babilonios, los persas, los griegos y los romanos.

Las primeras ocho de este grupo ya han desempeñado un papel histórico. La novena (Roma) asumirá una parte profética (aparte del papel histórico ya realizado), porque su antiguo imperio será restablecido y gobernado por el temible Anticristo.

Nueve naciones del Antiguo y Nuevo Testamentos

LOS CANANEOS

I. Introducción
   A. La palabra cananeo es un término general para aquellos pueblos que vivían en la Tierra Prometida en la época de la llegada de Israel bajo el liderazgo de Josué. Incluía a los fenicios, los filisteos, los amonitas, los heteos, los jebuseos, los amorreos y los heveos.
   B. Muchos de estos pueblos descendían de Canaán, el cuarto hijo de Cam. (Véanse Gn. 9:22-27; 10:6, 15-20.) El nombre cananeo bien puede haber venido de él. Sin embargo, algunos creen que la tierra fue llamada Canaán por los fenicios, que viajaron allí para obtener un tinte color violeta del crustáceo murex. Este comercio se hizo tan famoso que los griegos se referían a toda la zona como Canaán, una palabra griega que significa rojo-sangre.
   C. Algunas de las antiguas ciudades fundadas por los cananeos son Gezer, Meguido, Jericó, Sodoma, Gomorra y Jerusalén.
   D. Se puede ver la abundancia de la tierra por el testimonio de un refugiado egipcio llamado Sinuhe que huyó a Canaán alrededor del 1950 a.C. Escribe:

      «Es una buena tierra ... hay higos y uvas; tiene más vino que agua, tiene mucha miel y aceite de oliva en abundancia; todos los árboles están llenos de frutos; hay cebada en cantidades ilimitadas allí, y todo tipo de manadas y rebaños.»

      Habría que comparar esta declaración con Éxodo 3:8 y Deuteronomio 8:8.
   E. Los cananeos probablemente inventaron el alfabeto. El suyo consistía de treinta y un símbolos alfabéticos.
   F. La primera guerra registrada en la historia bíblica se realizó entre cuatro reyes mesopotamios y cinco reyes cananeos. (Véase Gn. 14.)

II. La religión de los cananeos.
   A. Se puede decir sin exagerar que la religión cananea era la más pervertida sexualmente, moralmente depravada y sangrienta de toda la historia antigua. Fue por este motivo que Dios le ordenó a Josué que exterminara la cultura misma, los ciudadanos y las ciudades. (Véanse Dt. 7:1-5; 20:10-15; Jos. 9:24.)
   B. Hay tres fuentes primarias que prueban la disolución repugnante de los cananeos.
      1. La Palabra de Dios. (Véanse Gn. 13:13; 15:16; 18:20; 19:1-11; Nm. 25:1-3; Jue. 19:14-25; 1 R. 14:24; 15:12; 22:46; 2 R. 23:7.) Estos versículos se refieren principalmente a sus pecados sexuales.
      2. El testimonio de Filón de Biblos, un erudito fenicio que escribió alrededor del 100 a.C. Recogió materiales religiosos antiguos de su tierra natal.
      3. La literatura del Ras Shamra de la antigua Ugarit, hallada en el 1929 d.C.
   C. El dios principal de la religión cananea era El. Su esposa era Asera. También se casó con sus tres hermanas, una de las cuales era Astarot. (Véase Jue. 10:6.) Tuvo setenta hijos, siendo Baal el más famoso. No sólo mató a su hermano sino también a algunos de sus propios hijos. Después le cortó la cabeza a su hija, castró a su padre, se castró a sí mismo y obligó a sus confederados a hacer lo mismo.
   D. La hermana de Baal (e hija de El) era Anat. Se convirtió en la vil y depravada diosa de la pasión, la guerra y la violencia. Luchaba en contra de los enemigos de Baal. La epopeya de Baal de Ugarit la describe de la siguiente manera:

      «Con su poder segó a los moradores de las ciudades, derribó al pueblo de las costas, destruyó a los hombres del este. Forzaba a entrar a los hombres en su templo y cerraba las puertas para que nadie pudiera escapar. Arrojaba sillas a los jóvenes, mesas a los guerreros, taburetes a los hombres poderosos. Se metía hasta las rodillas, hasta el cuello en sangre. Había cabezas humanas a sus pies, manos humanas volaban sobre ella como langostas. Se ataba las cabezas de sus víctimas como adornos sobre la espalda, las manos en el cinturón. Su hígado estaba hinchado de risa, su corazón lleno de gozo. Cuando estaba satisfecha se lavaba las manos en los chorros de sangre humana antes de volverse a otras cosas.»
   E. El dios nacional de los amonitas cananeos era Moloc. (Véase 1 R. 11:5, 7.) Un rito importante en la adoración de Moloc era quemar niños en sacrificio. Dos reyes de Judá, Acaz y Manasés, abandonaron la adoración del verdadero Dios de Israel y realmente sacrificaron a sus propios hijos a este

Moloc asesino. (Véanse 2 R. 16:3; 21:6.) Así fue que la matanza de los pequeños se convirtió en una práctica común de las religiones cananeas. (Véanse Ez. 16:20, 21; 23:37.) En excavaciones en Gezer, un arqueólogo llamado Macalister (1904-1909) halló las ruinas de un templo cananeo. Adentro descubrió cientos de urnas con los huesos de niños de cuatro a doce años que habían sido quemados vivos. Otra costumbre horrible similar era el «sacrificio del cimiento». Esto exigía matar a un niño al construir una casa. Entonces se metía el cuerpo en una pared para darle «buena suerte» al resto de la familia.

F. Ya se ha hecho referencia a las perversiones sexuales de los cananeos. Sus sacerdotes eran homosexuales notorios y las sacerdotisas eran prostitutas comunes. Se han hallado estatuas, estatuillas y otros objetos de culto, algunos de los cuales eran ídolos tallados que representaban órganos sexuales humanos.

LOS SUMERIOS

I. El surgimiento de las ciudades y los pueblos mesopotamios.
   A. Se especula que los acontecimientos de Génesis 11 se llevaron a cabo algo antes del 3000 a.C. Nimrod, el nieto de Cam, encabezó una rebelión en contra de Dios construyendo la torre de Babel.
   B. Después de la dispersión lingüística, varios grupos se establecieron por todo el Medio Oriente.
   C. Para el año 3000 a.C. se habían establecido dos grupos de gente en Mesopotamia, una palabra que significa «la tierra entre los dos ríos». Estos ríos son el Tigris y el Éufrates, que fluyen hacia el sur al golfo Pérsico.
   D. Un grupo, llamado de los acadios, vivía en los valles altos y el otro grupo, conocido como los sumerios, ocupaba los valles bajos. Esto se conocía como la tierra de Sumer.

II. Historia política de los valles.
   A. Algunas de las ciudades más importantes del área meridional donde vivían los sumerios eran Eridu, Kis, Lagaseh, Nippur, Umma, Ur y Erec.
   B. Entre el 2500 y el 2300 a.C. los reyes de Ur habían convertido a su ciudad en la gobernadora de todo Sumer. Entonces invadieron a la acadios en el norte.
   C. Poco después del 2300 a.C. la historia cambió, y los sumerios fueron conquistados por un poderoso gobernante acadio llamado Sargón.
   D. Según la tradición, de bebé Sargón fue abandonado para que muriese en un canasto en el río Éufrates. Lo encontró un jardinero que lo crió para ser soldado.
   E. Sargón fue un excelente líder militar, organizador y administrador. Estableció el primer imperio registrado en la historia y unió a toda Mesopotamia.
   F. Su sede estaba en la ciudad de Babilonia. Gobernó por cincuenta y seis años. Sargón fue un gran legislador.
   G. Sin embargo, después de su muerte sus hijos no pudieron continuar su poderoso gobierno. Sumer entonces fue invadida y conquistada por un grupo de montañeses bárbaros del norte llamados gutienos. Gobernaron por aproximadamente 100 años (2170-2070 a.C.).
   H. En esta época los sumerios se recuperaron y echaron a los gutienos. La nueva capital se convirtió en el puerto floreciente de Ur en el golfo Pérsico. El gobernante más grande de esta época fue un hombre llamado Dungi. Fue un hábil administrador y compiló el Código Legal de Dungi, que precedió al Código de Hammurabi por unos tres siglos.
   I. El estado sumerio terminó alrededor del 2000 a.C., cuando un pueblo oriental nómada de elamitas invadió y conquistó Sumer.

III. Los logros de los mesopotamios.
   A. Los sumerios eran excelentes arquitectos y constructores. La ciudad de Ur, por ejemplo, tenía un gran palacio real con enormes escaleras, grandes columnas y paredes revestidas. Sobre estas paredes había hermosas pinturas de humanos y animales. Los aristócratas vivían en casas de dos pisos que se construían alrededor de un patio. También sabían como construir bóvedas, arcos y cúpulas. Una forma arquitectónica (copiada más adelante por los egipcios para sus pirámides) era el zigurat. Era una torre de adoración con plataformas construidas una encima de la otra, cada una un poco más pequeña que la anterior. Es probable que haya seguido el estilo de la torre de Babel.
   B. Usaban oro y plata y tenían conocimientos sobre aleaciones, fundición y montadura que resultaban en excelentes trabajos de metal y joyería.
   C. En las escuelas se enseñaba astronomía, matemáticas, astrología, cartografía y cirugía.
   D. Había numerosas canciones, leyendas y baladas escritas por los sumerios. *La creación* y *La epopeya de Gilgamés* están entre las más famosas.
   E. Los sumerios hicieron grandes avances en matemáticas, inventando un sistema numérico basado en una unidad de seis. Multiplicaban, dividían y trabajaban con fracciones. Tenían un calendario lunar, con un año de 354 días.
   F. Los reyes de la antigua Sumer usaban carros y sus tropas estaban bien organizadas, marchando en unidades compactas. Estaban armados con cascos y lanzas de cobre.
   G. También tenían mucha pericia en la agricultura, cultivando grandes cosechas de granos, vegetales y dátiles. Tenían animales domésticos, como vacas, ovejas y cabras. Utilizaban bueyes para arar y burros para tirar de los carros. También tenían una floreciente industria lechera.
   H. Los sumerios fueron los primeros en tener una escritura documentada. Empleaban símbolos pictográficos, pero después cambiaron estos símbolos por signos convencionales, escribiéndolos sobre tablillas de arcilla blanda con punzones. El punzón tenía una punta triangular y hacía las marcas en forma de cuña. Esta escritura llegó a ser conocida como cuneiforme, es decir «en forma de cuña».

IV. La religión de los mesopotamios.
   A. La religión dominaba la vida del pueblo, al igual que en otras civilizaciones de los tiempos antiguos.
   B. Había dioses para cada ciudad y pueblo, y para cada característica o fase de la naturaleza. Se desarrolló una mitología complicada.
      1. Istar, la diosa madre, era la diosa del amor y la fertilidad.
      2. Tamuz, el dios hijo favorito, era el dios de la primavera, las flores y los granos; también era el dios del más allá, donde vivía medio año, volviendo a la tierra cada primavera.
      3. Durante la dinastía babilónica, Tamuz fue reemplazado por un dios similar, Marduk, de los amorreos.

C. Los babilonios también adoraban los cuerpos celestiales, lo cual condujo a un estudio de la astronomía y una fuerte creencia en la astrología.
D. Había sacrificios de todo tipo, incluyendo el humano.
E. Había templos, altares y escuelas administradas por los sacerdotes.
F. Los augurios, los oráculos y la magia desempeñaban un papel importante en la religión.
    1. Se consideraba que los sueños eran importantes y se interpretaban.
    2. Frecuentemente se predecía el futuro leyendo las rayas en el hígado de una oveja comprada con fines sacrificiales.

LOS FILISTEOS

I. Introducción.
  A. Este pueblo marítimo se estableció en Palestina alrededor del 1200 a.C., habiendo viajado desde la isla de Creta (Caftor). (Véanse Dt. 2:23; Jer. 47:4; Am. 9:7.) Descendían de la línea de Cam, por su segundo hijo Mizraim (1 Cr. 1:12). Por esta razón tenían un parentesco lejano con los egipcios.
  B. Se piensa que, de camino a Palestina, pueden haber destruido a los hititas y la gran ciudad antigua de Ugarit. En el 1190 a.C. intentaron invadir a Egipto, pero fueron repelidos por el faraón egipcio Ramsés III. Después de esto se establecieron en la costa superior y le dieron nombre a Palestina.
  C. Los filisteos formaron una liga de cinco ciudades llamada la Pentápolis. Consistía de Gaza, Asdod, Ascalón, Ecrón y Gat. Cada ciudad era gobernada por un señor.
  D. Los filisteos eran muy religiosos y adoraban a Dagón (el dios de los granos), Astarot (diosa de la propagación) y Baal-zebub (dios de la habitación). (Véanse 1 S. 5:4; 31:10; 2 R. 1:2.) Más tarde, Baal-zebub fue conocido como Beelzebú, que significa «príncipe de los demonios» (Mt. 12:24). Los filisteos celebraban sus victorias en la casa de sus ídolos (1 S. 31:9) y frecuentemente llevaban a sus dioses a la batalla (2 S. 5:21).
  E. La razón principal por sus tempranas victorias sobre Israel era la posesión de la «bomba atómica» del día: la fundición de hierro. Probablemente la aprendieron de los hititas, que fueron los primeros en volver a descubrir este método después del diluvio. (Véase 1 S. 13:5, 19-22.)
  F. Los filisteos eran los «borrachines» de su época y consumían grandes cantidades de cerveza de cebada.
II. La Biblia y los filisteos.
  A. Samgar y Sansón lucharon contra los filisteos (Jue. 3:31; 13:1; 15:20).
  B. Jonatán, el hijo de Saúl, los derrotó (1 S. 14:1-47).
  C. Finalmente fueron forzados a ir a la costa por Samuel (1 S. 7:12-14).
  D. Saúl fue derrotado por ellos y muerto en batalla (1 S. 31).
  E. David luchó contra ellos (1 S. 17; 2 S. 5).
  F. Fueron totalmente subyugados para la época de Salomón (1 R. 4:21).

LOS EGIPCIOS

I. Introducción.
  A. Egipto, como la Mesopotamia, vio el surgimiento del registro más antiguo del hombre (aparte de la Biblia). Egipto estaba protegido por todas partes por barreras naturales. Cualquier enemigo potencial tenía que cruzar el mar al norte y desiertos al sur, este y oeste.
  B. En realidad la civilización egipcia es un don del río Nilo. El río más largo del mundo (4.037 millas [6.495 km]) nace en el lago Victoria en el norte de Africa y fluye hacia el norte, desembocando en el mar Mediterráneo.
  C. Los vientos del Nilo facilitan la navegación por el río en ambas direcciones. Los barcos que iban hacia el norte sencillamente se dejaban llevar río abajo, mientras que las naves que iban hacia el sur levantaban las velas y eran empujadas en contra de la corriente.
  D. Debido a la configuración de la tierra, el Alto Egipto estaba en el sur (siendo más elevado) y el Bajo Egipto estaba en el norte, en el delta, donde el río se divide en siete corrientes y desemboca en el mar.
  E. Los gobernantes del Alto Egipto (el sur) llevaban una corona blanca, mientras que los del Bajo Egipto (el norte) llevaban una corona roja.
II. Las dinastías de Egipto. Manetón, un historiador del tercer siglo a.C., dividió el período desde el 3300 a.C. hasta el reinado de Alejandro Magno (330 a.C.) políticamente en treinta dinastías.
III. Un bosquejo básico de la historia de Egipto.
  A. El período dinástico primitivo: 3000-2700 a.C. Dinastías 1 y 2. Capital en Menfis* (Is. 19:13; Jer. 2:16; 46:14, 19; Ez. 30:13, 16). Nota: un gobernante llamado Menes fue el primer rey de las treinta dinastías. Se piensa que era el Mizraim de Génesis 10:6. Mizraim era el segundo hijo de Cam.
  B. Imperio Antiguo: 2700-2200 a.C. Dinastías 3 a 6. Se construyeron las pirámides durante esta época.
  C. Primer período intermedio: 2200-2000 a.C. Dinastías 7 a 10.
  D. Imperio Medio: 2000-1800 a.C. Dinastías 11 y 12. La capital se trasladó a Tebas (Jer. 46:25; Ez. 30:14-16; Nah. 3:8). Esta fue la época de las decoraciones artísticas de las tumbas.
  E. Segundo período intermedio: 1800-1600 a.C. Dinastías 13 a 17. Los hiksos, señores feudales asiáticos, gobernaron desde el 1674 hasta el 1567 a.C., durante las dinastías 15 a 17.
  F. Imperio Nuevo: 1600-1100 a.C. Dinastías 18 a 20. La época de supremo poder y riqueza de Egipto. Fue durante esta época que los hijos de Israel estuvieron en Egipto y se realizó el éxodo.
  G. El período posimperial: 1100-300 a.C. Dinastías 21 a 30. Sisac reinó durante la dinastía 22 (1 R. 11:40; 14:25-27; 2 Cr. 12:2-12). El faraón Necao reinó durante la dinastía 26 (2 R. 23:28-30, 33-35; 2 Cr. 35:20-24; 36:4; Jer. 46:2). Reinado persa: 525-332 a.C. Período ptolemaico: 300-30 a.C. Alejandro Magno: 332-323 a.C. Ptolomeo I-XII: 304-51 a.C. Cleopatra: 51-30 a.C. De estos siete períodos, los acontecimientos más importantes ocurrieron durante los Imperios Antiguo, Medio y Nuevo.
IV. Una breve historia de acontecimientos importantes.
  A. El Imperio Antiguo (2700-2200 a.C.). Incluye las dinastías 3 a 6.
    1. La primera pirámide fue construida por el faraón Zoser. Probablemente copió y mejoró los zigurats de la Mesopotamia. Zoser pertenecía a la tercera dinastía.
    2. El faraón Kheops de la cuarta dinastía ordenó

---

* Algunas versiones de la Biblia traducen Nof, como la Versión de H. Pratt o Versión Moderna, y Noph, como la Reina-Valera Versión Antigua. (Nota del editor.)

la construcción de la gran pirámide. Los griegos consideraban a esta pirámide como una de las siete maravillas del mundo antiguo. Unos 100.000 hombres tardaron más de veinte años en completarla. La base de la pirámide mide 755 pies (unos 230 m); se utilizaron bloques de piedra caliza, cada uno de los cuales pesaba dos toneladas y media.

3. La gran Esfinge fue construida para el faraón Kefrén (hijo de Kheops), también de la cuarta dinastía. Tenía cuerpo de león y cabeza de faraón. El cuerpo mide 240 pies de largo y 66 pies de alto (73 m de largo y 20 m de alto). La cara mide 13 pies de ancho (unos 4 m).
4. Pepi II, de la sexta dinastía, fue el último y más poderoso rey del imperio antiguo. Reinó por más de noventa años. Poco después de su muerte, el imperio antiguo dejó de existir.

Durante los próximos 200 años (2200-2000 a.C.) hubo caos político en Egipto mientras un invasor tras otro cruzaba los desiertos y trastornaba la vida. Los proyectos de irrigación y construcción quedaron en la ruina, y la guerra civil hacía estragos mientras tres familias ambiciosas trataban de establecer su propio gobierno. A veces se la llama la época feudal y comprendió las dinastías 7 a 10. El patriarca Abraham visitó Egipto durante este período (Gn. 12:10-20), alrededor del 2085 a.C.

B. El Imperio Medio (2000-1800 a.C.). Incluye a las dinastías 11 y 12.

1. El faraón Amenhotep I, de la dinastía 11, reunificó a Egipto. Él y sus sucesores comenzaron a reconstruir el país y desarrollar el comercio mundial.
2. Fue durante la última parte del período del Imperio Medio, alrededor del 1897 a.C., que José fue vendido al cautiverio egipcio (Gn. 37) y que Jacob, su padre, fue a vivir a Egipto (Gn. 46) en el 1875 a.C.

Durante el período final del Imperio Medio prevalecieron condiciones de turbulencia y guerra similares a las que habían caracterizado los últimos años del Imperio Antiguo. Poco después del 1700 a.C., un grupo de invasores llamados hiksos (reyes pastores) entraron al delta desde Siria y Asia y conquistaron el norte (bajo) de Egipto.

Los hiksos tenían carros de guerra arrastrados por caballos. Usaban puñales y espadas de doble filo. Los poderosos arcos tenían doble curva y tiraban flechas con puntas de bronce. Los egipcios, sin preparación y casi sin armas, no pudieron con ellos. Los hiksos detuvieron todo el trabajo en las pirámides, introdujeron dioses nuevos e intentaron simplificar el idioma egipcio.

El tiempo total de este segundo período intermedio va desde el 1800 hasta el 1600 a.C. y cubre las dinastías 13 a 17. Algunos (pero no todos) piensan que la opresión hebrea en Egipto comenzó en esta época (Éx. 1), alrededor del 1730 a.C. En el 1580 una rebelión encabezada por un soldado egipcio, Ahmose I, logró eliminar a los odiados invasores hiksos.

C. El Imperio Nuevo (1600-1100 a.C.). Incluye las dinastías 18 a 20.

1. Ahmose I y sus sucesores pasaron mucho de su tiempo reconstruyendo a Egipto. Prevalecía un intenso espíritu nacionalista. Muchos creen que fue en esta época y por éstos motivos (la necesidad de mano de obra barata y la desconfianza de todos los extranjeros) que comenzó la opresión de los hebreos en Egipto. De este modo, todos los faraones mencionados en el libro del Éxodo serían de la famosa dinastía 18. Considérese que:
   a. El «nuevo rey» que «no conocía a José» de Éxodo 1:8 sería Tutmose I (1539-1520 a.C.). Moisés nació en el 1525 a.C.
   b. La «hija de Faraón» de Exodo 2:5 era Hatsepsut, que crió a Moisés y ascendió al trono de Egipto cuando murió su esposo, Tutmose II.
   c. El faraón de Éxodo 2:15 que quiso matar a Moisés era Tutmose III, el hijastro de Hatsepsut, que odiaba encarnizadamente a la reina y la destronó. Al subir al poder, Moisés, amigo de Hatsepsut, naturalmente también habría sufrido la ira de Tutmose III.
   d. El faraón de las diez plagas de Éxodo 5:1 era Amenhotep II. Nunca se terminó la tumba de este faraón. Esto puede ser explicado por Éxodo 14:8-31, donde se nos dice que Faraón y sus ejércitos perecieron en el intento de cruzar el mar Rojo. Además, su hijo jamás reinó sobre Egipto. Nuevamente, Éxodo 12:29 puede explicar esto, ya que se nos dice que Faraón perdió un hijo durante la plaga de los primogénitos en la Pascua.
2. Los gobernantes más importantes de este período pertenecían a la famosa dinastía 18. Algunos ya han sido mencionados. A continuación se encuentran algunos de los gobernantes del Imperio Nuevo:
   a. Ahmose I. El primer gobernante de la dinastía 18, y el que ayudó a eliminar a los hiksos, reunificando así a Egipto.
   b. Hatsepsut. La que crió a Moisés y la primera reina en asumir la deidad junto con el reino de Egipto. Usaba una corona doble y una barba falsa.
   c. Tutmose III. El hijastro de Hatsepsut que la odiaba con pasión y finalmente logró destronarla. Tutmose III fue uno de los más grandes faraones de todo Egipto. Se lo llama el Alejandro Magno y el Napoleón de Egipto. Su imperio se extendía desde el Sudán hasta el norte de Siria. Era Faraón cuando Moisés huyó de Egipto a los cuarenta años de edad. Dejó a Egipto tan segura que permaneció como la mayor potencia de su época por muchas décadas.
   d. Amenhotep II. El faraón de las diez plagas.
   e. Amenhotep III. El Imperio Egipcio llegó a su cenit durante su reinado. Fue llamado Amenhotep III el Magnífico.
   f. Amenhotep IV. Es más conocido como Akhenatón e intentó cambiar la religión politeísta de Egipto por la adoración del dios del sol, Atón. Pudo haber sido influenciado por el poder del verdadero Dios demostrado durante las diez plagas.

Amenhotep IV se casó con una hermosa mujer llamada Nefertiti. Se han hallado numerosas pinturas y estatuas de esta pareja. Es interesante notar que se han descubierto registros antiguos (las tablas de El-Amarna halladas en el 1880 d.C.) que incluyen mensajes urgentes de ciertos reyes cananeos en Palestina a Amenhotep IV pidiendo la ayuda de Egipto para repeler a un grupo de invasores llamados hapiros. Algunos (aunque muchos están en desacuerdo) piensan que los hapiros en realidad eran los hebreos liderados por Josué.

g. Tutankamón. Era el yerno de Amenhotep IV. En el 1922 d.C. su tumba fue descubierta por Howard Carter. La tumba tenía más de $100.000 tan sólo en oro. La momia de Tutankamón había sido puesta dentro de tres cajas de oro y colocada dentro de un sarcófago de piedra. El ataúd entonces fue encerrado en cuatro cajas exteriores de madera dorada. Comenzó a reinar a los diez años en 1361 a.C. y murió a los diecinueve años.

h. Ramsés II. Fue el último faraón poderoso y uno de los más orgullosos. Reinó por unos sesenta y siete años. Firmó el primer tratado registrado de la historia (alrededor del 1250 a.C.) con los hititas.

i. Ramsés III. Se lo recuerda por haber vencido a los filisteos en una terrible batalla naval en el 1190 a.C.

Desde ese momento todo fue cuesta abajo para Egipto. El único otro faraón importante en la historia bíblica fue Necao II de la dinastía 26. Mató a Josías, el piadoso rey de Judá (2 R. 23:29) y a su vez fue derrotado rotundamente por los babilonios en la batalla de Carquemis en el 605 a.C. (Jer. 46:2).

LOS BABILONIOS

I. Introducción.

A. Entre los años 2000 y 1800 a.C., la Mesopotamia estaba controlada por un pueblo oriental llamado elamita. (Véanse Gn. 10:22; 14:1, 9.) Hoy los conocemos como los persas.

B. En el 1760 a.C. los elamitas fueron expulsados de Mesopotamia por un pueblo que vivía al oeste del Eufrates, llamado amorreo. El victorioso general amorreo que lideró esta invasión se llamaba Hammurabi. El antiguo Imperio Babilónico comenzó con él. Después de su muerte se desintegraría casi completamente y permanecería en trozos por casi 1000 años hasta la llegada de un soldado caldeo llamado Nabucodonosor, que establecería el nuevo (y segundo) Imperio Babilónico.

II. El antiguo Imperio Babilónico.

A. En el 1760 Hammurabi conquistó el valle del Tigris y el Éufrates y convirtió a la ciudad de Babilonia, sobre el Éufrates, en su capital.

B. El principal dios babilónico era Marduk. Hammurabi decía que era el representante terrenal de Marduk, estableciendo así el derecho divino de los reyes a gobernar.

C. No sólo se lo conoce como el fundador del Imperio Babilónico sino también por el Código de Hammurabi. Este incluía un conjunto de leyes, alrededor de 300 en número, que controlaban los aspectos sociales, políticos y económicos de la vida babilónica. Hammurabi no inventó estas leyes sino que sencillamente codificó y resumió lo que ya había sido dado por un legislador sumerio previo llamado Dungi unos 300 años antes.

D. El antiguo Imperio Babilónico prosperó durante todo su reinado. Finalmente murió después de haber gobernado cuarenta y dos años. Poco después de su muerte en el 1708 a.C., un grupo de guerreros de Asia Menor llamados hititas conquistaron la Mesopotamia, y el antiguo Imperio Babilónico dejó de existir. Los hititas eran descendientes de Het. (Véanse Gn. 10:15; 23:3-20; 27:46.)

E. Durante aproximadamente 170 años los hititas controlaron la zona del Imperio Babilónico. Finalmente, en el 1530 a.C., fueron subyugados por los cusitas, un pueblo que vivía en el norte de Mesopotamia. (Véanse Gn. 2:13; 10:8.) Controlaron la zona por casi 400 años, finalmente siendo ellos mismos expulsados por los asirios y los elamitas.

III. El nuevo Imperio Babilónico.

A. Alrededor del 620 a.C., un grupo conocido como los caldeos volvió a construir la ciudad de Babilonia, que había sido quemada por los asirios en el 721 a.C. Después de que los ciudadanos habían intentado rebelarse, los caldeos vinieron desde el extremo sur de la Mesopotamia liderados por un hombre llamado Nabopolasar. Éste se convirtió en el gobernador de la ciudad de Babilonia. Poco después acordó el casamiento de su hijo con la hija del rey de Media, quien gobernaba una estructura poderosa al norte de la Mesopotamia. En el 612 a.C. el famoso hijo de Nabopolasar, Nabucodonosor, encabezó un ataque aliado de los babilonios y los medos en contra de Nínive, la ciudad capital de Asiria.

B. La sublevación tuvo éxito, dando origen al nuevo Imperio Babilónico.

C. En el 606 a.C. Nabucodonosor derrotó al rival restante, Egipto, en la famosa batalla de Carquemis. Nabucodonosor persiguió a los egipcios que huían al oeste hasta Jerusalén. Su primera visita a Jerusalén fue corta, porque volvió apresuradamente a casa el 15 de agosto del 605 a.C. debido a la muerte repentina de su padre. Pero antes de acabar, sitiaría a la Ciudad Santa en por lo menos tres ocasiones y terminaría por quemarla.

Estas ocasiones fueron:

1. 605 a.C. Ocupó la ciudad, permitió que Joacim (hijo de Josías) reinara como títere, llevó algunos de los tesoros del templo y los descendientes reales clave a Babilonia. Daniel y sus tres amigos eran parte de este grupo de adolescentes (2 Cr. 36:6, 7; Dn. 1:1-3).
2. 597 a.C. Volvió nuevamente y llevó el resto de los tesoros a Babilonia junto con el profeta Ezequiel, el rey Joaquín (hijo de Joacim) y 10.000 príncipes, oficiales y hombres principales (2 R. 24:14-16). Esto ocurrió el 16 de marzo del 597.
3. 586 a.C. Volvió una vez más para castigar la rebelión encabezada por Sedequías, el último rey de Judá. Esta vez los muros fueron derribados, el templo destruido, y la ciudad quemada. Los hijos de Sedequías fueron muertos y Sedequías mismo fue cegado y llevado en cautiverio a Babilonia, donde moriría. Entonces comenzó la gran expansión de la ciudad de Babilonia. (Véase Dn. 4.) Se convirtió en la capital de su imperio. Los muros de la ciudad medían 300 pies de alto y 85 de espesor (91 m y 26 m respectivamente). Fueron construidos para formar un cuadrado, con costados de 9 millas (14,5 km) cada uno. La zona interior

ocupaba unas 200 millas cuadradas, (unos 518 km^2) aproximadamente el tamaño de la ciudad de Nueva York de hoy.

Babilonia fue fundada por Nimrod, el bisnieto de Noé (Gn. 10:8-10). Sobrevivió una serie de conflictos y se convirtió en una de las ciudades más magníficas y lujosas del mundo conocido. Construida magníficamente, se extendía sobre un área de 15 millas cuadradas (39 km^2), y el río Eufrates corría diagonalmente por la ciudad. El famoso historiador Herodoto dijo que la ciudad estaba rodeada por una muralla de 350 pies de alto (107 m) y 87 pies (26,5 m) de grosor, extendiéndose 35 pies (11 m) debajo de la superficie para evitar la construcción de túneles. Era lo suficientemente ancha como para que seis carros pasaran parejo por ella. Había 250 atalayas colocados en lugares estratégicos alrededor de la muralla. Afuera de esta gran muralla había una gran zanja, o foso, que rodeaba la ciudad y se mantenía llena de agua del río Éufrates. La gran zanja tenía el propósito de servir de protección adicional en contra de enemigos invasores, porque cualquier enemigo tendría que cruzar ese cuerpo de agua antes de llegar al gran muro. Dentro de este muro había cien portones de bronce.

Pero aparte de ser un baluarte de defensa, Babilonia era un lugar de belleza. Los famosos jardines colgantes de Babilonia todavía figuran como una de las siete maravillas del mundo. Dispuestos en un área de 400 pies cuadrados (36 m^2), y erigidos en terrazas cortadas perfectamente una encima de la otra, alcanzaban una altura de 350 pies (107 m). Los espectadores podían llegar hasta arriba por medio de escaleras que medían 10 pies de ancho (unos 3 m). De lejos estos jardines colgantes presentaban un panorama imponente. La torre misma se erguía sobre una base de 300 pies de ancho (91 m) y tenía una altura de 300 pies. El gran templo de Marduk, junto con la torre de Babel, era el santuario más famoso de todo el valle del Eufrates. Tenía una imagen de oro de Bel y una mesa de oro que juntas pesaban no menos de 50.000 libras (22.680 kg). En la cumbre había imágenes de oro de Bel e Istar, dos leones de oro, una mesa de oro de 40 pies de largo y 15 pies de ancho (12 m x 6 m), y una figura humana de oro sólido de 18 pies de alto (5,5 m). Babilonia era literalmente una ciudad de oro. (Véase Is. 14:4.) La ciudad tenía 53 templos y 180 altares de Istar.

D. Nabucodonosor murió en el 562 a.C.

E. Después de varios reinados de hombres débiles, Nabucodonosor fue sucedido por Nabonido, que se había casado con la hija de Nabucodonosor. Reinó desde el 556 hasta el 539 a.C. Se cansó de la corona y dejó la ciudad de Babilonia en manos de su hijo, Belsasar, y se retiró al oriente, para convertirse en el primer arqueólogo documentado por la historia.

F. El 13 de octubre del 539 a.C. la ciudad de Babilonia fue tomada por las fuerzas aliadas de los medos y los persas. Belsasar fue muerto y el nuevo Imperio Babilónico dejó de existir. (Véase Dn. 5.)

G. Los babilonios sobresalían en la astronomía (un estudio científico de las estrellas y los planetas) y la astrología (una interpretación religiosa de ese estudio). También eran grandes edificadores. Nabucodonosor construyó los famosos jardines colgantes para complacer a su esposa Ametis, que frecuentemente añoraba las montañas de su tierra natal, Media. Su propio palacio cubría 7 acres (28.322 m^2). El salón para banquetes sólo medía 171 pies de largo por 65 pies de ancho (52 m x 20 m): más de 11.000 pies cuadrados (más de 1.000 m^2).

LOS ASIRIOS

I. Introducción.

A. Sin duda alguna, el pueblo más cruel de la historia antigua, y de los más crueles que hayan existido jamás, era el asirio. Conquistaron y reinaron por el terror bruto. Se apoderaron de la Mesopotamia alrededor del 1200 a.C.

B. Instituyeron el método de despoblar a las naciones enemigas subyugadas. Llevaban los ciudadanos del país derrotado desde su patria a Asiria como esclavos. Su tierra se ponía a disposición de los extranjeros que quisieran vivir allí.

C. Los asirios desarrollaron la ciencia de la guerra por sitio, utilizando arietes y otras máquinas para destruir las paredes y fortificaciones enemigas.

D. También idearon el sistema de mensajeros a caballo. El rey se mantenía en estrecho contacto con sus gobernadores mediante este antiguo «sistema postal».

E. Construyeron templos y palacios con enormes puertas, escaleras, torres y arcos. Construyeron grandes palacios para sus reyes. La casa de Sargón II en Korsabad ocupaba 25 acres (más de 100.000 m^2), con más de 200 habitaciones grandes, y hospedaba a 80.000 invitados.

F. La capital y ciudad más importante de Asiria era Nínive. Nínive estaba en el lado oriental del Tigris, y era una de las ciudades más grandes —si no la más grande— de las ciudades de la antigüedad. Tenía 1.200 torres, cada una de 200 pies de alto (más de 60 m). Su muro medía 100 pies de alto (unos 30 m), y era tan ancho que tres carros podían pasar sobre él parejo. Medía 60 millas (más de 96 km) de circunferencia y se podían cultivar granos suficientes dentro de sus paredes para su población de 600.000 habitantes. Zenón dice que el basamento de su muro era de piedra pulida y que medía 50 pies (unos 15 km) de ancho. En la ciudad había un palacio magnífico con cortes y paredes que cubrían más de 100 acres (más de 400.000 ^{2}). Los techos estaban soportados por vigas de cedro apoyadas en columnas de ciprés, incrustados y fortalecidas con bandas de plata y hierro esculpidas; sus entradas tenían enormes leones y toros esculpidos en piedra como centinelas; sus puertas eran de ébano y ciprés incrustadas con hierro, plata y marfil, y las habitaciones estaban revestidas con trozos esculpidos de alabastro y cilindros y ladrillos con inscripciones cuneiformes. Había jardines colgantes llenos de plantas suntuosas y animales raros, y servían, junto con otros templos y palacios, bibliotecas y arsenales, para adornar y enriquecer la ciudad; todo estaba construido por el trabajo de esclavos extranjeros.

II. Reyes asirios importantes.

A. Tiglat-pileser I (1114-1076 a.C.). Fue uno de los primeros reyes poderosos. Se llamaba el gobernador de la tierra y decía haber matado personalmente a 4 enormes búfalos, 10 elefantes y 120 leones.

B. Asur-nasirpal (883-859). Las grandes invasiones de expansión en el exterior comenzaron con este rey.
C. Salmanasar III (858-824). No se conoce en la Biblia, pero sus registros nos dicen que el rey Acab estuvo involucrado en una guerra en contra de él. Era hijo de Asur-nasirpal.
D. Tiglat-pileser III (746-728). Este general asirio usurpó el trono y revivió el imperio que se había degenerado durante unos ochenta años después de la muerte de Salmanasar III. Se hace referencia frecuente a él en la Biblia (2 R. 15:29; 16:7, 10). En un época de conflicto entre Israel y Judá, el rey de Judá imprudentemente le pidió ayuda. Poco después Tiglat-pileser invadió a Israel y se llevó a muchos de los ciudadanos de las dos tribus y media que vivían al este del Jordán (2 R. 15:29, 30). Este rey asirio en realidad desarrolló el ejército hasta convertirlo en una máquina de guerra de renombre mundial.
E. Salmanasar V (727-722). Capturó y aprisionó a Oseas, el último rey del norte, de Israel (2 R. 17:1-6), y murió mientras estaba sitiando a Samaria.
F. Sargón II (721-705). Era el general de Salmanasar que terminó de saquear a Samaria. Se lo menciona en Isaías 20:1. Más adelante Sargón fue asesinado.
G. Senaquerib (705-681). Era el hábil hijo de Sargón II. En el momento de la muerte de su padre, Senaquerib era gobernador de la ciudad de Babilonia. Más adelante destruyó a Babilonia por su intento de sublevación. Sargón II sitió a Jerusalén en el 701 a.C. y exigió que el rey Ezequías se rindiera. Pero Dios salvó a la ciudad al mandar al ángel de la muerte que mató a 185.000 tropas asirias (2 R. 18—19; 2 Cr. 32; Is. 36—37). Senaquerib mismo fue asesinado más adelante por uno de sus propios hijos.
H. Esarhadón (681-669). Volvió a edificar a Babilonia, que había sido destruida por su padre, Senaquerib. Esarhadón fue un gran rey y pudo haber sido el que aprisionó al rey judío Manasés en Babilonia por un tiempo (2 Cr. 33).
I. Asurbanipal (668-626). Permitió que diversos extranjeros entraran en el territorio despoblado del reino del norte y se establecieran allí. Este fue el comienzo de la raza samaritana (2 R. 17:24). Fue el último rey asirio poderoso. El imperio sólo sobrevivió quince años después de su muerte. La ciudad capital de Nínive cayó en el 612 a.C.

La historia cuenta que Nabopolasar, rey de las fuerzas invasoras babilonias, sitió la ciudad por tres años, encabezando tres ataques masivos en contra de ella, fracasando cada vez. En consecuencia, los asirios dentro de Nínive se regocijaron y empezaron a hacer fiestas para embriagarse. Pero de repente el río Tigris inundó sus riberas y mandó sus aguas turbulentas contra la ciudad. En poco tiempo había hecho un agujero por el cual entraron los babilonios, y la orgullosa ciudad fue destruida.

La destrucción de Nínive fue tal que Alejandro Magno marchó con sus tropas sobre el mismo suelo desolado que una vez había soportado sus poderosos edificios y ni siquiera supo que había habido una ciudad allí alguna vez. La ciudad misma no fue excavada hasta hace poco, en el 1845 d.C.

LOS PERSAS

I. Introducción.
  A. Por unos 220 años (550 a 330 a.C.) los persas gobernaron lo que en esa época era el imperio más vasto de la historia.
  B. Establecieron uno de los mejores sistemas de gobierno y desarrollaron el mayor sistema político conocido hasta el Imperio Romano. Su imperio estaba dividido en veintiuna provincias llamadas satrapías. Se veía la justicia superior de su código legal en que aun los reyes estaban sujetos a él.
  C. Sus dos capitales principales eran Susa y Persépolis.
  D. Como los asirios que les precedieron, los persas hicieron gran uso del sistema de comunicación, colocando caballos cada 14 millas (23,5 km). De esta manera, el rey podía recibir las noticias importantes desde los confines del imperio en menos de diez días.
  E. Muchos creen que los palacios persas eran los más hermosos que se hayan construido jamás.
  F. El principal maestro persa fue Zaratustra, nacido alrededor del 600 a.C. Desarrolló un sistema de dualismo que consistía del bien (ilustrado por la luz) y el mal (ilustrado por la oscuridad). Zaratustra enseñaba (en forma elemental) el gozo del cielo para los justos y los sufrimientos del infierno para los malvados. También enseñaba el juicio futuro. Aunque era pagano, y estaba muy equivocado, Zaratustra aparentemente fue el primer hombre no salvo después del diluvio en fundar una religión mundial que incluyera estos conceptos bíblicos.

     Los persas también eran asombrosamente tolerantes en permitir que los pueblos conquistados por ellos continuaran con sus diversos sistemas de adoración religiosa.
  G. Los persas eran grandes amantes de los perros. En ninguna otra civilización antigua le fue tan bien a este noble animal. Se creía que una mirada fija de un perro podía espantar a un demonio. Era un crimen pegarle a un perro, y la negligencia con respecto a un cachorro era tan seria como la negligencia con respecto a un bebé humano.

II. Una breve historia cronológica de Persia.
  A. Para el 550 a.C. un general persa había subyugado a los medos y los había unificado en una fuerza luchadora de primera junto con los persas. Antes de esta época habían estado dominados por esa nación.
  B. El nombre de este persa era Ciro el Grande, uno de los hombres más importantes que haya vivido jamás. En el 547 a.C. conquistó a Creso, el rey fabulosamente rico de Lidia (esa tierra entre el Mediterráneo y el mar Negro). Ciro utilizó tropas de camellos para lograrlo.
  C. Después de esto conquistó todos los territorios orientales hasta la frontera india. Finalmente se volvió a Babilonia. En el 536 a.C. tomó la ciudad de Babilonia e hizo ejecutar a Belsasar. (Véase Dn. 5.)
  D. Ciro entonces permitió que el remanente judío volviera a Jerusalén varios años después. (Véase Esd. 1.) Murió en batalla en el 529 a.C. Se menciona a Ciro con frecuencia en la Biblia. (Véanse Esd. 1—5; Is. 44:28; 45:1; Dn. 1:21; 6:28; 10:1).
  E. Fue sucedido por su hijo Cambises II (529-522), quien conquistó a Egipto. La reconstrucción del templo en Jerusalén fue detenida por un tiempo por decreto real durante su reinado. (Véase Esd. 4:7, 11.) Cambises se suicidó al enterarse de una sublevación en contra suya.

F. Darío el Grande (522-486) tomó el mando y salvó al imperio que se derrumbaba restaurando la ley y el orden. Darío era muy cruel. Cuando la ciudad de Babilonia intentó rebelarse crucificó a 3000 de sus ciudadanos principales. Sin embargo, permitió que el trabajo en el templo (que Cambises había detenido) continuara (véase Esd. 6:1-12).

En el 490 a.C., Darío el Grande encabezó una enorme armada de 600 barcos con unos 60.000 soldados de primera a caballo y a pie para capturar a Atenas y subyugar a la civilización griega. Pero fue rotundamente derrotado en una pequeña llanura llamada Maratón por el brillante general griego Miltíades. A pesar de la vasta superioridad numérica de los persas, los griegos rodearon a sus enemigos y los derribaron como trigo sobremaduro. La batalla de Maratón figura sexta en el libro *History's 100 Greatest Events,* de William A. DeWitt.

G. Jerjes (486-465), el hijo de Darío, fue el próximo en reinar. Era el rey Asuero del libro de Ester. En la primavera del 480 a.C., Jerjes cruzó los Dardanelos con más de 100.000 hombres y cientos de barcos. La historia nos cuenta que Jerjes lloró al ver la impresionante exhibición de sus ejércitos que marchaban con brío, todos con sus coloridas banderas y estandartes. Cuando se le preguntó por qué lloraba, el rey contestó: «Porque sé que toda esta gloria militar dura sólo un momento y pronto se desvanecerá para siempre. Porque en mucho menos de cien años todo hombre que está aquí hoy habrá muerto, incluso yo.» En poco tiempo llegó el desastre, porque perdió 400 barcos en una severa tormenta marítima primaveral. En frustración e ira enceguecida, Jerjes golpeó las aguas tormentosas con su cinto.

Al arribar a Grecia, sus orgullosas tropas persas fueron detenidas por un día entero en el desfiladero conocido como las Termópilas. Allí un capitán griego llamado Leonidas y sus 300 valientes soldados espartanos contuvieron a todo el ejército invasor por veinticuatro horas, infligiendo grandes pérdidas y permitiendo que el ejército griego mucho más pequeño realizara una retirada ordenada hacia la seguridad. Jerjes posteriormente pasó y quemó a Atenas. Pero la mayoría de sus ciudadanos se habían escapado a la isla de Salamina. El rey entonces se embarcó hacia Salamina, confiando en su victoria, porque había tres hombres suyos por cada enemigo. Pero los barcos guerreros más pequeños y veloces de los griegos habían dominado el arte de chocar. Pronto, antes sus ojos horrorizados, Jerjes vio la matanza de su orgullosa armada.

Salió hacia Persa derrotado. Las tropas restantes fueron puestas bajo el mando del general Nardonio. Un año más tarde, Nardonio fue derrotado y muerto en una batalla campal en Platea en el 479 a.C. El Imperio Persa recibió el golpe de gracia. El famoso libro de J.F.C. Fuller, *The Decisive Battles of the Western World* (Las batallas decisivas del mundo occidental) menciona las batallas de Salamina y Platea entre las más importantes de la historia documentada.

H. Artajerjes (465-423) era el hijo de Jerjes I y rey en la época de Esdras (Esd. 7:1) y Nehemías (Neh. 2:1).

I. Darío III (335-331 a.C.). El Imperio Persa fue destruido durante su corto reinado por Alejandro Magno.

LOS GRIEGOS

I. Antecedentes.
   A. Desde el 546 hasta el 479 a.C. los estados griegos habían estado bajo la amenaza constante de las invasiones persas. Pero todo eso terminó después de las batallas victoriosas de Salamina y Platea.
   B. Poco después de estas batallas, Grecia entró en su edad de oro, encabezada por un líder democrático ateniense llamado Pericles (461-429 a.C.). Algunos de sus ciudadanos figurarían entre las personas más famosas que hayan existido jamás.
      1. Herodoto (485-425), padre de la historia.
      2. Hipócrates (460-370), padre de la medicina moderna.
      3. Sócrates (469-399), filósofo.
      4. Platón (427-347), filósofo.
      5. Aristóteles (384-322), filósofo.
      6. Demóstenes (385-322), uno de los oradores más grandes de la historia.
   C. Sin embargo, la edad de oro fue corta, porque dos de las ciudades-estados griegas principales, Esparta y Atenas, comenzaron a luchar entre sí. Sus tres conflictos armados se conocen como la Guerra del Peloponeso (459-404 a.C.). Esparta salió victoriosa de estas guerras.

II. El surgimiento de Alejandro Magno.
   A. En el 338 a.C. un hombre de Macedonia conquistó a Grecia. Fue asesinado dos años después, en el 336 a.C. Su nombre era Felipe de Macedonia (380-336 a.C.).
   B. Felipe fue sucedido por su hijo, Alejandro Magno, quien pronto se convertiría en uno de los conquistadores más famosos del mundo. Tenía veinte años en ese momento. Inmediatamente se preparó para llevar a cabo las órdenes de su padre para invadir Persia.
   C. En el 334 a.C. cruzó el Helesponto (que separaba a Asia Menor del Medio Oriente).
      1. Derrotó a los persas en Gránico en el 334 a.C.
      2. Los volvió a derrotar en Isos en el 333 a.C.
      3. Destruyó a Tiro, perdonó a Jerusalén y fue recibido por Egipto. Allí fundó la ciudad de Alejandría.
      4. Aplastó a los persas para siempre en Arbelas en el 331 a.C.
   D. En el 327 invadió la India. En esa época también hizo planes para restaurar la ciudad de Babilonia a su antigua gloria. Pero murió en India en el 323 a.C. a la edad de treinta y dos años.
   E. Su gran imperio pronto fue dividido entre sus cuatro generales.
      1. Ptolomeo, quien gobernó a Egipto. Cleopatra descendió de su línea.
      2. Seleuco, quien tomó a Siria. El notorio Antíoco Epífanes IV (176-163 a.C.) era de Siria.
      3. Casandro, quien tomó a Grecia y Macedonia.
      4. Lisímaco, quien gobernó a Asia Menor.

LOS ROMANOS

I. La formación del Imperio Romano.
   A. La fecha tradicional de la fundación de Roma es el 21 de abril del 753 a.C. Cicerón dice que el nombre vino de su fundador, Rómulo. Gobernó por treinta y nueve años y después desapareció misteriosamente, supuestamente habiendo sido llevado al cielo.
   B. Para el año 338 a.C., Roma controlaba el centro de Italia.
   C. Después acontecieron las históricas Guerras

Púnicas entre Roma y Cartago, con la destrucción de ésta en el 146 a.C.
1. La primera guerra (264-241 a.C.).
2. La segunda guerra (218-202 a.C.). Aníbal apareció durante esta guerra. Aterrorizó a los romanos cuando marchó por los Alpes con una manada de elefantes en el 218 a.C. y derrotó a dos grandes ejércitos romanos. También derrotó a sus enemigos en Cannas en el 216 a.C. Finalmente un general romano llamado Escipión derrotó a Aníbal en Zama en el 202 a.C. Roma se convirtió entonces en la señora del Mediterráneo.
3. La tercera guerra (149-146). La ciudad de Cartago fue tomada y quemada.

D. Pompeyo, el famoso general romano, conquistó Palestina en el 63 a.C. Esto fue seguido por un período de guerras civiles y de incertidumbre.

E. El imperio fue salvado y consolidado por Julio César durante sus famosas Guerras Gálicas (58-51 a.C.). El 15 de marzo del 44 a.C. César fue asesinado en Roma.

II. La historia desde la época neotestamentaria hasta fines del Imperio Romano.

A. Octavio (también conocido como Augusto) César se apoderó del imperio. Derrotó a Bruto y Casio (dos de los rebeldes que asesinaron a Julio César) en Filipos en el 42 a.C. En el 31 a.C. Octavio derrotó a las fuerzas armadas de Antonio y Cleopatra en Accio, y convirtió a Egipto en una provincia romana. El Imperio Romano entró entonces en el apogeo de su poder y gloria. Fue durante el reinado de Octavio que nació nuestro Señor (Lc. 2:1). Octavio gobernó desde el 31 a.C. hasta el 14 d.C.

B. Octavio fue sucedido por Tiberio César (14-37 d.C.). Los ministerios tanto de Juan el Bautista como del Salvador se desarrollaron en esta época.

C. Calígula (37-41 d.C.), conocido también como Botitas. Se convirtió en un maníaco despiadado y fue asesinado. Calígula sólo estuvo en el poder durante la primera parte del libro de los Hechos.

D. Claudio (41-54). Fue envenenado por su propia esposa. Pablo realizó sus grandes viajes misioneros durante su gobierno.

E. Nerón (54-68). Después de un gobierno normal de ocho años, Nerón degeneró en un monstruo demente. Hizo incendiar a Roma y asesinó a muchos cristianos culpándolos falsamente del incendio. Pedro y Pablo fueron martirizados durante su gobierno. Nerón se suicidó en el 68 d.C.

F. El general romano Vespasiano (68-79) se convirtió en el gobernador. Le ordenó a su hijo Tito que destruyera Jerusalén. Esto ocurrió en el 70 d.C.

G. Al morir su padre, Tito ocupó el trono. Reinó desde el 79 hasta el 81 d.C. Durante su gobierno, Pompeya fue destruida por el volcán Vesuvio.

H. En el 81 d.C. Domiciano ascendió al poder. Exilió al apóstol Juan a la isla de Patmos (Ap. 1:9).

I. Los diez o más emperadores romanos tenían una cosa en común: ¡todos odiaban a los cristianos!

J. Finalmente, en el 284 d.C., Diocleciano llegó al poder. Su reinado se conoce como el último en perseguir a los creyentes, pero también como el más despiadado. Diocleciano separó el imperio oriental del occidental y nombró a un hombre llamado Maximiano para gobernar la parte oriental. Abdicó en el 305.

K. Cuando Diocleciano dejó el trono, dos hombres comenzaron a luchar por él inmediatamente. Uno era el hijo de Maximiano y el otro Constantino. La cuestión de quién gobernaría a Roma fue decidida en el 312 d.C. en las afueras de la ciudad, en un lugar llamado el puente de Milvio. Allí Constantino derrotó rotundamente a su rival por el poder.

L. En el 313 Constantino publicó el famoso Edicto de Milán, que en efecto convirtió al cristianismo en la religión del estado. También presidió sobre el Concilio de Nicea en el 325.

M. Juliano el apóstata, el sobrino de Constantino, se convirtió en emperador después de la muerte de su tío. Intentó reemplazar el cristianismo pero fracasó. Sus últimas palabras en el campo de batalla en el 363 fueron: «Oh galileo, ¡has vencido al fin!»

N. Teodosio el Grande (378-395), un campeón del cristianismo, nuevamente dividió el imperio en las secciones oriental y occidental, como lo había hecho Diocleciano anteriormente.

Ñ. Durante los años 450-455 Atila, rey de los hunos, y los vándalos saquearon a Italia y a Roma.

O. El último emperador romano, Rómulo Augústulo, fue destronado en el 476.

Los 613 mandamientos del Antiguo Testamento

Introducción

Hace algunos años, mientras estaba haciendo compras en una librería de Jerusalén, vi un libro que presentaba en párrafos las 613 leyes del Antiguo Testamento según la interpretación del judaísmo. He modificado el formato original expresando cada ley en mandamientos reales de una oración. El hacerlo requirió escribir cada oración a mano. ¡Sólo después de luchar con este tedioso proceso se aprecia plenamente la esclavitud de la Ley de Moisés y se aprecia la bendición de la gracia! Al completar esta sección, las palabras tanto de Pedro como de Pablo adquirieron un nuevo significado.

«Ahora, pues, ¿por qué tentáis a dios, poniendo sobre la cerviz de los discípulos un yugo que ni nuestros padres ni nosotros hemos podido llevar?» (Hch. 15:10).

«Porque todos los que dependen de las obras de la ley están bajo maldición, pues escrito está: Maldito todo aquel que no permaneciere en todas las cosas escritas en el libro de la ley, para hacerlas. Y que por la ley ninguno se justifica para con Dios, es evidente, porque: El justo por la fe vivirá» (Gá. 3:10, 11).

«Estad, pues, firmes en la libertad con que Cristo nos hizo libres, y no estéis otra vez sujetos al yugo de esclavitud» (Gá. 5:1).

Finalmente, hemos de apuntar que el lector no siempre estará de acuerdo con la interpretación hecha por los rabinos de algunas de las referencias bíblicas. A mi parecer, algunas de sus conclusiones teológicas parecen carecer totalmente de relación con el versículo mismo. A pesar de ello, me parece útil mirar a las Escrituras del Antiguo Testamento a través de los ojos del judaísmo.

Los 613 mandamientos del Antiguo Testamento

Se da como 613 el número total de mandamientos (preceptos y prohibiciones) bíblicos en la tradición rabínica. Se mantiene que los 613 les fueron revelados a Moisés en el monte Sinaí, y que caben bajo dos clasificaciones.

1. Leyes obligatorias: 248 en número, que corresponden a las extremidades del cuerpo humano (divididas en dieciocho secciones).
2. Leyes prohibitorias: 365 en número, igual a los días solares del año (divididas en trece secciones).

LOS MANDAMIENTOS OBLIGATORIOS

Dios

1. Creer que Dios existe (Ex. 20:2).
2. Reconocer su unidad (Dt. 6:4).
3. Amar a Dios (Dt. 6:5).
4. Temer a Dios (Dt. 6:13).
5. Servir a Dios (Ex. 23:25; Dt. 11:13).
6. Seguir a Dios (Dt. 10:20).
7. Jurar sólo por su nombre (Dt. 10:20).
8. Imitar a Dios (Dt. 28:9).
9. Santificar el nombre de Dios (Lv. 22:32).

La Torá

10. Ha de recitarse la *shema* cada mañana y tarde (Dt. 6:7).
11. Ha de estudiarse la Torá y enseñarla a otros (Dt. 6:7).
12. Ha de atarse un frontal en la cabeza (Dt. 6:8).
13. También ha de atarse en la mano (Dt. 6:8).
14. Ha de hacerse una franja para los vestidos (Nm. 15:38).
15. Ha de fijarse una mezuza en la puerta (Dt. 6:9).
16. El pueblo ha de reunirse cada séptimo mes para oír la lectura de la Torá (Dt. 31:12).
17. El rey ha de escribir una copia especial de la Torá para sí mismo (Dt. 17:18).
18. Cada judío ha de tener un rollo propio de la Torá (Dt. 31:19).
19. Se ha de alabar a Dios después de comer (Dt. 8:10).

El templo y el sacerdote

20. Los judíos deben construir un templo (Ex. 25:8).
21. Deben respetarlo (Lv. 19:30).
22. Debe ser vigilado a toda hora (Nm. 18:4).
23. Los levitas deben realizar sus tareas especiales en él (Nm. 18:23).
24. Antes de entrar en el templo o participar del culto, los sacerdotes deben lavarse las manos y los pies (Ex. 30:19).
25. Los sacerdotes deben prender las lámparas todos los días (Ex. 27:20, 21).
26. Los sacerdotes deben bendecir a Israel (Nm. 6:23).
27. Deben colocar el pan de la proposición y el incienso delante del altar (Ex. 25:30).
28. Deben quemar el incienso dos veces por día en el altar de oro (Ex. 30:7).
29. Deben mantener el fuego ardiendo en el altar continuamente (Lv. 6:13).
30. Deben quitar las cenizas diariamente (Lv. 6:10, 11).
31. Deben mantener fuera del templo a las personas ritualmente inmundas (Nm. 5:2).
32. Israel debe honrar a sus sacerdotes (Lv. 21:8).
33. Los sacerdotes deben usar vestimenta sacerdotal especial (Ex. 28:2).
34. El arca debe ser llevada sobre los hombros de los sacerdotes (Nm. 7:9).
35. Deben preparar el aceite para ungir según una fórmula especial (Ex. 30:31).
36. Las familias sacerdotales deben oficiar en rotación (Dt. 18:6-8).
37. En honor a ciertos parientes cercanos muertos, los sacerdotes deben hacerse ritualmente inmundos (Lv. 21:2, 3).
38. El sumo sacerdote puede casarse sólo con una virgen (Lv. 21:13).

Sacrificios

39. Se debe ofrecer el sacrificio encendido dos veces por día (Nm. 28:3).
40. El sumo sacerdote también debe ofrecer una ofrenda de harina dos veces por día (Lv. 6:13).
41. Se debe ofrecer un sacrificio adicional (*musaf*) cada día de reposo (Nm. 28:9).
42. También se debe ofrecer el primer día de cada mes (Nm. 28:11).
43. Se debe ofrecer un *musaf* en cada uno de los siete días de la Pascua (Lv. 23:36).
44. También se debe llevar una ofrenda de la primera cebada en el segundo día de la Pascua (Lv. 23:10).
45. Se debe ofrecer un *musaf* el día de las primicias (Nm. 28:26, 27).
46. Se deben ofrecer dos panes como ofrenda mecida (Lv. 23:17).
47. Se debe hacer un sacrificio adicional en el primer día del séptimo mes (Nm. 29:1, 2).
48. Se debe hacer otra ofrenda el día de expiación (Nm. 29:7, 8).
49. En este día también se debe realizar el *avodah* (Lv. 16).
50. Se debe llevar un *musaf* cada día de la fiesta de Sukkot (Nm. 29:13).
51. También se debe llevar el octavo día del mismo (Nm. 29:36).
52. Todo varón judío debe hacer una peregrinación al templo tres veces por año (Ex. 23:14).
53. Debe presentarse allí durante las tres fiestas de peregrinación (Ex. 34:23; Dt. 16:16).
54. Debe haber regocijo durante las fiestas (Dt. 16:14).
55. Se debe matar el cordero de la Pascua el decimocuarto día del mes de Nisán (Ex. 12:6).
56. Entonces se debe asar y comer el cordero la noche del quince (Ex. 12:8).
57. Los que están ritualmente impuros en el Nisán deben matar el cordero de la Pascua el decimocuarto día de Lyyar, el mes segundo (Nm. 9:11).
58. Entonces se debe comer *el mazzah* con hierbas amargas (Ex. 12:8; Nm. 9:11).
59. Se deberán tocar las trompetas cuando se llevan los sacrificios festivos, y también en momentos de tribulación (Nm. 10:10).
60. Los animales a ser sacrificados deben tener por lo menos ocho días (Lv. 22:27).
61. También deben ser sin defecto (Lv. 22:21).
62. Todas las ofrendas deben ser saladas (Lv. 2:13).
63. Es un *mitzvah* realizar el ritual de la ofrenda encendida (Lv. 1:2).
64. También se aplica a la ofrenda por el pecado (Lv. 6:18).
65. También se aplica a la ofrenda por la culpa (Lv. 7:1).
66. También se aplica a la ofrenda de paz (Lv. 3:1).
67. También se aplica a la ofrenda de harina (Lv. 2:1; 6:7).
68. Si el sanedrín se equivoca en una decisión, sus miembros deben ofrecer una ofrenda por el pecado (Lv. 4:13).
69. La persona que peca por yerro también debe llevar esta ofrenda (Lv. 4:27).
70. Cuando hay duda sobre haber cometido un pecado de este tipo por ignorancia, se debe llevar una ofrenda por la culpa «suspensiva» (Lv. 5:17, 18).
71. Se debe llevar una ofrenda de culpa por robar o jurar falsamente y por otros pecados de naturaleza similar (Lv. 5:15; 19:20, 21; 21-25).
72. Bajo circunstancias especiales, la ofrenda por el pecado puede ser según los medios de la persona (Lv. 5:1-11).
73. Se deben confesar los pecados ante Dios y arrepentirse de ellos (Nm. 5:6, 7).
74. El varón con flujo seminal debe llevar un sacrificio (Lv. 15:13-15).

75. La mujer con flujo debe llevar un sacrificio (Lv. 15:28, 29).
76. La mujer también debe llevar un sacrificio después del parto (Lv. 12:6).
77. El leproso debe llevar un sacrificio después de haber sido purificado (Lv. 14:10).
78. Se debe diezmar el ganado (Lv. 27:32).
79. El primogénito del ganado limpio (permitido) es santo y debe ser sacrificado (Ex. 13:2).
80. El primogénito del hombre debe ser redimido (Ex. 22:28; Nm. 18:15).
81. Se debe redimir el primogénito del asno (Ex. 34:20).
82. Si no, se debe quebrar su cerviz (Ex. 13:13).
83. Los animales apartados como sacrificios deben llevarse a Jerusalén sin demora (Dt. 12:5, 6).
84. Sólo pueden ser sacrificados en el templo (Dt. 12:14).
85. Las ofrendas de afuera de la tierra de Israel también pueden ser llevadas al templo (Dt. 12:26).
86. Se deben redimir los animales santificados que desarrollan defectos (Dt. 12:15).
87. Un animal cambiado por una ofrenda también es sagrado (Lv. 27:33).
88. Los sacerdotes deben comer el resto de la ofrenda de harina (Lv. 6:9).
89. También deben comer la carne de las ofrendas por el pecado y la culpa (Ex. 29:33).
90. Pero la carne consagrada que se ha vuelto ritualmente inmunda debe ser quemada (Lv. 7:19).
91. Además, la carne no comida dentro del tiempo establecido también debe ser quemada (Lv. 7:17).

Votos

92. El nazareo debe dejar que su cabello crezca durante el período de su separación (Nm. 6:5).
93. Cuando termina ese período debe raparse la cabeza y llevar su sacrificio (Nm. 6:18).
94. El hombre debe honrar sus votos y sus juramentos (Dt. 23:21).
95. Estos sólo pueden ser anulados de acuerdo con la ley (Nm. 30:3).

Pureza ritual

96. Todo el que toca un cuerpo muerto se vuelve ritualmente inmundo (Lv. 11:8, 24).
97. Todo el que toca una de las ocho especies de reptiles se vuelve ritualmente inmundo (Lv. 11:29-31).
98. El alimento se vuelve inmundo al entrar en contacto con un objeto ritualmente inmundo (Lv. 11:34).
99. Las mujeres con menstruación son ritualmente inmundas (Lv. 15:19).
100. Después del parto las mujeres son ritualmente inmundas durante siete días (Lv. 12:2).
101. El leproso es ritualmente inmundo (Lv. 13:3).
102. La ropa del leproso es ritualmente inmunda (Lv. 13:51).
103. La casa del leproso es inmunda (Lv. 14:44).
104. El hombre con flujo es inmundo (Lv. 15:2).
105. El semen es inmundo (Lv. 15:16).
106. La mujer con flujo es inmunda (Lv. 15:19).
107. El cadáver humano es inmundo (Nm. 19:14).
108. El agua purificadora purifica lo inmundo, pero hace lo limpio ritualmente inmundo (Nm. 19:13, 21).
109. Es mitzvah volverse ritualmente limpio por la inmersión ritual (Lv. 15:16).
110. Para purificarse de la lepra hay que seguir los procedimientos especificados (Lv. 14:2).
111. Hay que raparse todo el cabello (Lv. 14:9).
112. Hasta que sea purificado, el leproso debe tener la cabeza descubierta y la ropa rasgada para poder ser reconocido fácilmente (Lv. 13:45).
113. Se deben usar las cenizas de la vaca alazana en el proceso de la purificación ritual (Nm. 19:2-9).

Donaciones al templo

114. Si una persona decide dar su propio valor al templo debe hacerlo (Lv. 27:2-8).
115. Si el hombre declara un animal inmundo como donación al templo debe dar el valor del animal en dinero, fijado por el sacerdote (Lv. 27:11, 12).
116. Esto se aplica a una casa (Lv. 27:14).
117. Esto se aplica a un campo (Lv. 27:16, 22, 23).
118. Si alguien deriva beneficios de la propiedad del templo involuntariamente, deberá hacer restitución plena más la quinta parte (Lv. 5:16).
119. El fruto del cuarto año de los árboles está consagrado y sólo puede ser comido en Jerusalén (Lv. 19:24).
120. Al segar un campo se deben dejar los rincones para los pobres (Lv. 19:9).
121. También se debe dejar el espigueo (Lv. 19:9).
122. También se deben dejar las gavillas olvidadas (Dt. 24:19).
123. También se deben dejar los racimos de uva mal formados (Lv. 19:10).
124. También se debe dejar el espigueo de las uvas (Lv. 19:10).
125. Se deben separar las primicias de las frutas y llevarlas al templo (Ex. 23:19).
126. Se debe separar la gran ofrenda de las primicias (teruma) y dársela al sacerdote (Dt. 18:4).
127. Hay que dar un diezmo de la producción a los levitas (Lv. 27:30; Nm. 18:24).
128. Se debe separar un segundo diezmo y comerlo sólo en Jerusalén (Dt. 14:22).
129. Los levitas deben dar un diezmo de su diezmo a los sacerdotes (Nm. 18:26).
130. En el tercer y sexto año del ciclo de siete años hay que separar un diezmo para los pobres en vez del segundo diezmo (Dt. 14:28).
131. Se debe recitar una declaración al separar los diversos diezmos (Dt. 26:13).
132. Esto también se requiere al llevar las primicias al templo (Dt. 26:5).
133. Se debe dar la primera porción de la masa al sacerdote (Nm. 15:20).

El año sabático

134. En el séptimo año nada de lo que crece tiene dueño y está disponible para todos (Ex. 23:11).
135. Los campos deben estar en barbecho y no se debe arar la tierra (Ex. 34:21).
136. El año del jubileo (el quincuagésimo) debe ser sagrado (Lv. 25:10).
137. Se ha de tocar la trompeta en el día de la expiación y todos los esclavos hebreos deben ser libertados (Lv. 25:9).
138. En el año del jubileo, toda la tierra debe ser devuelta a sus dueños ancestrales (Lv. 25:24).
139. En una ciudad con muros, el vendedor tiene el derecho de volver a comprar una casa dentro de un año de la venta (Lv. 25:29, 30).
140. Comenzando con la entrada en la tierra de Israel, se deben contar los años del jubileo y anunciarlos a intervalos de uno y siete años (Lv. 25:8).
141. En el séptimo año se anulan todas las deudas (Dt. 15:3).
142. Sin embargo, se puede cobrar la deuda debida por un extranjero (Dt. 15:3).

Acerca de los animales de consumo

143. El sacerdote debe recibir su porción del animal sacrificado (Dt. 18:3).
144. También debe recibir la primicia de la lana (Dt. 18:4).
145. El voto especial debe diferenciar lo que pertenece al templo y lo que es para los sacerdotes (Lv. 27:21, 28).
146. Para ser aptos para el consumo, los animales y las aves deben ser sacrificados según la ley (Dt. 12:21).
147. Si no son de una especie domesticada, su sangre debe ser cubierta con tierra después del sacrificio (Lv. 17:13).
148. Se debe libertar al ave progenitor al tomar el nido (Dt. 22:7).
149. Se deben examinar los animales para ver si son aptos para el consumo (Lv. 11:2).
150. Esto también se aplicaba a las aves (Dt. 14:11).
151. Esto también se aplicaba a las langostas (Lv. 11:21).
152. Esto también se aplicaba a los peces (Lv. 11:9).
153. El sanedrín debía santificar el primer día de cada mes y contar los años y las estaciones (Ex. 12:2; Dt. 16:1).

Las fiestas

154. Se debe descansar durante el día de reposo (Ex. 23:12).
155. Este día debía ser declarado santo al comenzar y al finalizar (Ex. 20:8).
156. En el decimocuarto día del Nisán se debe quitar toda la levadura de cada casa (Ex. 12:15).
157. En el decimoquinto día del Nisán se debe relatar la historia del éxodo (Ex. 13:8).
158. Se debe comer el *mazzah* el decimoquinto día (Ex. 12:8).
159. Se debe descansar el primer día de la Pascua (Ex. 12:16).
160. También se debe descansar el séptimo día de la Pascua (Ex. 12:16).
161. Comenzando con el día de la primera gavilla (el decimosexto día del Nisán) se deben contar cuarenta y nueve días (Lv. 23:35).
162. Se debe descansar durante el *Shavot* (Lv. 23).
163. Se debe descansar el *Rosh Ha-Shanah* [el primer día del séptimo mes] (Lv. 23:24).
164. Se debe ayunar durante el día de expiación (Lv. 16:29).
165. Se debe descansar durante el día de expiación (Lv. 16:29, 31).
166. Se debe descansar el primer día del *Sukkot* (Lv. 23:35).
167. Se debe descansar el octavo día del *Sukkot* (Lv. 23:36).
168. Durante la fiesta de *Sukkot*, Israel debía habitar en tabernáculos (Lv. 23:42).
169. Se debían incluir cuatro tipos de árboles en la construcción del tabernáculo (Lv. 23:40).
170. Se debía tocar la trompeta el *Rosh Ha-Shanah* [el primer día del séptimo mes] (Nm. 29:1).

La comunidad

171. Todo varón debía dar medio siclo al templo anualmente (Ex. 30:12, 13).
172. Se debía obedecer al profeta (Dt. 18:15).
173. Se debía nombrar un rey (Dt. 17:15).
174. Se debía obedecer al sanedrín (Dt. 17:11).
175. En caso de división, prevalecería la opinión mayoritaria (Ex. 23:2).
176. Se deben nombrar jueces y oficiales en cada pueblo (Dt. 16:18).
177. Debían juzgar al pueblo imparcialmente (Lv. 19:15).
178. Todo el que sea consciente de una evidencia debía ir a la corte a testificar (Lv. 5:1).
179. Se deben examinar a fondo los testigos (Dt. 13:15).
180. Se les deberá hacer a los falsos testigos lo que ellos pensaban hacerle al acusado (Dt. 19:19).
181. Todo asesinato no resuelto requiere el sacrificio de una vaca alazana (Dt. 21:4).
182. Se deben establecer seis ciudades de refugio (Dt. 19:3).
183. Se les deben dar ciudades a los levitas para habitar (Nm. 35:2).
184. Se debe construir un pretil en el terrado de la casa para proteger a los demás de posibles peligros (Dt. 22:8).

La idolatría

185. Se debe destruir la idolatría y sus accesorios (Dt. 7:5; 12:2).
186. Se debe tratar a una ciudad que se ha pervertido de acuerdo con la ley (Dt. 13:17).
187. Se debían destruir las siete naciones cananeas (Dt. 20:17).
188. Se debía borrar la memoria de Amalec (Dt. 25:19).
189. Se debían borrar los hechos de Amalec (Dt. 25:17).

La guerra

190. Se debían observar todas las reglas relativas a la guerra (Dt. 20:11, 12).
191. Se debía nombrar a un sacerdote para tareas especiales en tiempo de guerra (Dt. 20:2).
192. El campo militar debía mantenerse en una condición sanitaria (Dt. 23:14, 15).
193. Todo soldado debía estar equipado con los implementos necesarios para su seguridad (Dt. 23:14).

Sociales

194. Se debe devolver la propiedad robada a su dueño (Lv. 5:23).
195. Se debe dar caridad a los pobres (Lv. 25:35, 36; Dt. 15:8).
196. Cuando un esclavo hebreo queda en libertad, el amo debe darle presentes (Dt. 15:14).
197. Los pobres debían recibir préstamos sin intereses (Ex. 22:24).
198. Se permitía cobrarles intereses en los préstamos a los extranjeros (Dt. 23:21).
199. Se debía devolver la prenda al dueño si la necesitaba (Ex. 22:25; Dt. 24:13).
200. Se debía pagar el salario al trabajador a tiempo (Dt. 24:15).
201. También se le debe permitir comer del alimento con el cual está trabajando (Dt. 23:25, 26).
202. Se debe ayudar a descargar un animal cuando haga falta (Ex. 23:5).
203. Se debe ayudar a cargar a un hombre o un animal cuando haga falta (Dt. 22:4).
204. Se debe devolver la propiedad robada a su dueño (Ex. 23:4; Dt. 22:1).
205. Se debe reprender al pecador (Lv. 19:17).
206. Se debe amar al prójimo como a uno mismo (Lv. 19:18).
207. También se debe amar al prosélito (Dt. 10:19).
208. Las pesas y las medidas deben ser correctas (Lv. 19:36).

La familia

209. Se debe respetar a los sabios (Lv. 19:32).
210. Se debe honrar a los padres (Ex. 20:12).
211. Se debe temer a los padres (Lv. 19:3).
212. Se debe contraer matrimonio para perpetuar la raza humana (Gn. 1:28).
213. El matrimonio debe ser gobernado por la ley (Dt. 24:1).
214. El esposo debe regocijarse con su esposa por un año (Dt. 24:5).

215. Los niños varones deben ser circuncidados (Gn. 17:10; Lv. 12:3).
216. Si un hombre muere sin hijos, su hermano debe casarse con su viuda (Dt. 25:5).
217. Si no lo hace, entonces debe dejarla en libertad (Dt. 25:9).
218. El que viola a una virgen debe casarse con ella y nunca puede divorciarse (Dt. 22:29).
219. Si un hombre acusa injustamente a su mujer de promiscuidad prenupcial debe ser castigado y nunca puede divorciarse (Dt. 22:18, 19).
220. El seductor debe ser castigado de acuerdo con la ley (Ex. 22:15-23).
221. La mujer cautiva debe ser tratada de acuerdo con sus reglamentos especiales (Dt. 21:11).
222. El divorcio sólo se puede realizar por medio de un documento escrito (Dt. 24:1).
223. Una mujer acusada de adulterio debía someterse a la prueba exigida (Nm. 5:15-27).

Jurídicos

224. Se deben administrar los azotes de acuerdo con lo establecido por la ley (Dt. 25:2).
225. La persona culpable de homicidio no intencionado debe ser exiliada (Nm. 35:25).
226. La pena de muerte puede ser ejecutada con la espada (Ex. 21:20).
227. Puede ser por estrangulación (Ex. 21:16).
228. Puede ser por fuego (Lv. 20:14).
229. Puede ser por apedreamiento (Dt. 22:24).
230. En algunos casos se colgará el cuerpo de la persona ejecutada (Dt. 21:22).
231. En este caso el cuerpo debe ser sepultado el mismo día (Dt. 21:23).

Los esclavos

232. Los esclavos hebreos debían ser tratados de acuerdo con leyes especiales para ellos (Ex. 21:2).
233. El amo debía casarse con su sierva hebrea (Ex. 21:8).
234. Si no, debía redimirla (Ex. 21:8).
235. El esclavo extranjero debía ser tratado de acuerdo con el reglamento que se aplica a él (Lv. 25:46).

Los agravios

236. Se debe administrar la ley aplicable en el caso de un daño causado por una persona (Ex. 21:18).
237. También si el daño es causado por un animal (Ex. 21:28).
238. También si el daño es causado por un pozo (Ex. 21:33, 34).
239. Los ladrones deben ser castigados (Ex. 21:37—22:3).
240. Se debe administrar justicia en casos de la entrada ilegal del ganado en una propiedad (Ex. 22:4).
241. También en casos de incendio premeditado (Ex. 22:5).
242. También en casos de malversación por un guardián no pagado (Ex. 22:6-8).
243. También en reclamos en contra de un guardián pagado (Ex. 22:9-12).
244. También en reclamos en contra de un contratista o un deudor (Ex. 22:13).
245. También en disputas que surgen de las ventas (Lv. 25:14).
246. También en relación a disputas por herencias (Ex. 22:8).
247. También en todos los demás asuntos (Dt. 25:12).
248. Se debe rescatar a los perseguidos aunque signifique matar al opresor (Nm. 27:8).

LOS MANDAMIENTOS DE PROHIBICIÓN

La idolatría y las prácticas pertinentes

1. No creer en ningún dios aparte del único y verdadero Dios (Ex. 20:3).
2. No hacerse imágenes (Ex. 20:4).
3. No hacer imágenes para que otros adoren (Lv. 19:4).
4. No hacer imágenes para ningún fin (Ex. 20:20).
5. No inclinarse ante ninguna imagen (Ex. 20:5).
6. No servir a ninguna imagen (Ex. 20:5).
7. No sacrificar niños a Moloc (Lv. 18:21).
8. No practicar la nigromancia (Lv. 19:31).
9. No recurrir a espíritus familiares (Lv. 19:31).
10. No tomar en serio la mitología de la idolatría (Lv. 19:4).
11. No construir un pilar ni siquiera para adorar a Dios (Dt. 16:22).
12. No construir un estrado con el mismo propósito (Lv. 20:1).
13. No plantar árboles en el templo (Dt. 16:21).
14. No jurar por los ídolos ni instigar a un idólatra a que lo haga (Ex. 23:13).
15. No alentar la adoración de ídolos, ni siquiera por no judíos (Ex. 23:13).
16. No alentar a los judíos a adorar ídolos (Dt. 13:12).
17. No escuchar a nadie que difunda la idolatría (Dt. 13:8).
18. No dejar de odiarlo (Dt. 13:9).
19. No tener compasión por tal persona (Dt. 13:9).
20. No defender a tal persona (Dt. 13:9).
21. No intentar encubrir su crimen (Dt. 13:9).
22. Está prohibido derivar beneficio alguno del adorno de los ídolos (Dt. 7:25).
23. No reconstruir ídolos destruidos (Dt. 13:17).
24. No disfrutar de ningún beneficio de su riqueza (Dt. 13:18).
25. No utilizar nada relacionado con los ídolos o la idolatría (Dt. 7:26).
26. Está prohibido profetizar en el nombre de ídolos (Dt. 18:20).
27. Está prohibido profetizar falsamente en el nombre de Dios (Dt. 18:20).
28. No escuchar al que profetiza para los ídolos (Dt. 13:3, 4).
29. No temer al falso profeta ni impedir su castigo con la muerte (Dt. 18:22).
30. No imitar las costumbres de los idólatras ni practicar sus costumbres (Lv. 20:23).
31. No practicar sus costumbres (Lv. 19:26).
32. No practicar sus agüeros (Dt. 18:10).
33. No practicar sus sortilegios (Dt. 18:10, 11).
34. No practicar sus hechicerías (Dt. 18:10, 11).
35. No practicar sus encantamientos (Dt. 18:10, 11).
36. No imitar sus consultas a los muertos (Dt. 18:10, 11).
37. No imitar sus conversaciones con espíritus familiares (Dt. 18:10, 11).
38. No imitar su nigromancia (Dt. 18:10, 11).
39. Las mujeres no han de usar ropa de hombres (Dt. 22:5).
40. Los hombres no han de usar ropa de mujeres (Dt. 22:5).
41. No hacerse tatuajes a la manera de los idólatras (Lv. 19:28).
42. No usar un mismo artículo de ropa hecho de lana mezclada con lino (Dt. 22:11).
43. No afeitarse los costados de la cabeza (Lv. 19:27).
44. No afeitarse la barba (Lv. 19:27).
45. No lacerarse por los muertos (Lv. 19:28; Dt. 14:1; 16:1).

Prohibiciones resultantes de acontecimientos históricos

46. Está prohibido volver a Egipto y vivir allí permanentemente (Dt. 17:16).
47. No dar rienda suelta a pensamientos o vistas impuras (Nm. 15:39).
48. No hacer pacto con las siete naciones cananeas (Ex. 23:32).
49. No perdonar la vida de ninguno de ellos (Dt. 20:16).
50. No mostrar misericordia a los idólatras (Dt. 7:2).
51. No permitir que habiten en Israel (Ex. 23:33).
52. No casarse con ellos (Dt. 7:3).
53. Una judía no puede casarse con un amonita o un moabita aunque se convierta al judaísmo (Dt. 23:4).
54. No se debe odiar a un descendiente de Esaú por su genealogía (Dt. 23:8).
55. No se debe odiar a un egipcio por su genealogía (Dt. 23:8).
56. No hay que hacer las paces con los amonitas o los moabitas (Dt. 23:7).
57. Está prohibido destruir los árboles frutales aun en tiempo de guerra (Dt. 20:19).
58. No temer al enemigo (Dt. 7:21).
59. No olvidar el mal hecho por Amalec (Dt. 25:19).

La blasfemia

60. No blasfemar el santo nombre (Lv. 24:16).
61. No quebrar un juramento hecho por su santo nombre (Lv. 19:12).
62. No tomar el nombre de Dios en vano (Ex. 20:7).
63. No profanarlo (Lv. 22:32).
64. No tentar al Señor Dios (Dt. 6:16).
65. No borrar el nombre de Dios de los textos sagrados ni destruir las instituciones dedicadas a su adoración (Dt. 12:4).
66. No permitir que el cuerpo de una persona colgada permanezca así durante la noche (Dt. 21:23).

El templo

67. No ser negligente en la vigilancia del templo (Nm. 18:5).
68. El sumo sacerdote no debe entrar en el templo indiscriminadamente (Lv. 16:2).
69. Un sacerdote con defecto físico no debe entrar allí por ningún motivo (Lv. 21:23).
70. No puede servir allí aunque el defecto sea de una naturaleza temporal (Lv. 21:17).
71. No puede participar en el servicio allí hasta que haya pasado (21:18).
72. Los levitas y los sacerdotes no deben intercambiar sus funciones (Nm. 18:3).
73. Las personas ebrias no pueden entrar en el santuario ni enseñar la ley (Lv. 10:9-11).
74. Está prohibido que las personas que no son sacerdotes sirvan en el templo (Nm. 18:4).
75. También se aplica a los sacerdotes contaminados (Lv. 22:2).
76. También se aplica a los sacerdotes que han hecho la purificación necesaria pero que todavía están dentro del período de su contaminación (Lv. 21:6).
77. Ninguna persona contaminada puede entrar en el templo (Nm. 5:3).
78. Ninguna persona contaminada puede entrar en el monte del templo (Dt. 23:11).
79. No se debe hacer el altar de piedras labradas (Ex. 20:25).
80. La subida hacia él no debe ser por gradas (Ex. 20:26).
81. No se debe extinguir el fuego en él (Lv. 6:6).
82. No se puede quemar nada aparte del incienso especificado en el altar de oro (Ex. 30:9).
83. No se puede fabricar aceite común con los mismos ingredientes que el aceite para ungir (Ex. 30:32).
84. No se puede hacer un mal uso del aceite para ungir (Ex. 30:32).
85. No se puede utilizar incienso común en el altar de oro (Ex. 30:37).
86. No se quitarán las estacas del arca (Ex. 25:15).
87. No se separará el pectoral del efod (Ex. 28:28).
88. No se hará ningún corte en el vestido superior del sumo sacerdote (Ex. 28:32).

Los sacrificios

89. No ofrecer sacrificios fuera del templo (Dt. 12:13).
90. No matar a animales consagrados fuera del templo (Lv. 17:3, 4).
91. No santificar a un animal defectuoso (Lv. 22:20).
92. No matar a un animal defectuoso (Lv. 22:22).
93. No rociar la sangre de un animal defectuoso (Lv. 22:24).
94. No quemar las partes internas de un animal defectuoso (Lv. 22:22).
95. No hacer nada de lo anterior aunque el defecto sea de una naturaleza temporal (Dt. 17:1).
96. Ni siquiera permitir que un gentil ofrezca tal animal (Lv. 22:25).
97. No infligir un defecto en un animal consagrado para el sacrificio (Lv. 22:21).
98. No se puede ofrecer levadura ni miel en el altar (Lv. 2:11).
99. No se puede ofrecer nada sin sal en el altar (Lv. 2:13).
100. No se puede ofrecer un animal recibido como pago a una ramera o como precio por un perro (Dt. 23:19).
101. No matar a un animal y su cría el mismo día (Lv. 22:28).
102. Está prohibido utilizar aceite de oliva en la ofrenda por el pecado (Lv. 5:11).
103. Lo mismo se aplica al incienso (Lv. 5:11).
104. No utilizar aceite de oliva en la ofrenda de celos (Nm. 5:15).
105. No utilizar incienso en la ofrenda de celos (Nm 5:15).
106. No substituir sacrificios (Lv. 27:10).
107. No tomar de una categoría y ponerla en otra (Lv. 27:26).
108. No redimir el primogénito de los animales permitidos (Nm. 18:17).
109. No vender el diezmo de la manada (Lv. 27:33).
110. No vender un campo consagrado por voto (Lv. 27:28).
111. No redimir un campo consagrado por voto (Lv. 27:28).
112. Al matar un ave por una ofrenda de pecado, no partir su cabeza (Lv. 5:8).
113. No trabajar con un animal consagrado (Dt. 15:19).
114. No trasquilar a un animal consagrado (Dt. 15:19).
115. No matar el cordero de Pascua mientras todavía hay levadura alrededor (Ex. 34:25).
116. No dejar durante la noche aquellas partes que han de ser ofrecidas (Ex. 23:10).
117. No dejar durante la noche aquellas partes que se han de comer (Ex. 12:10).
118. No dejar ninguna parte de la ofrenda festiva hasta el tercer día (Dt. 16:4).
119. No dejar ninguna parte del segundo cordero Pascual (Nm. 9:13).
120. No dejar la ofrenda de acción de gracias hasta la mañana (Lv. 22:30).
121. No quebrar un hueso del primer cordero de la Pascua (Ex. 12:46).
122. No quebrar ningún hueso del segundo cordero (Nm. 9:12).

123. No llevar su carne fuera de la casa donde se está comiendo (Ex. 12:46).
124. No permitir que los restos de la ofrenda de harina se leuden (Lv. 6:10).
125. No comer el cordero de la Pascua crudo o mojado (Ex. 12:9).
126. No permitir que un habitante extranjero coma de él (Ex. 12:45).
127. No permitir que una persona no circuncidada coma de él (Ex. 12:48).
128. No permitir que un apóstata como de él (Ex. 12:43).
129. Una persona ritualmente inmunda no debe comer las cosas consagradas (Lv. 12:4).
130. Las cosas consagradas que se han vuelto inmundas no deben ser comidas (Lv. 7:19).
131. No se puede comer la carne sacrificial que se deja después del límite de tiempo (Lv. 19:6-8).
132. No se puede comer la carne muerta por motivos equivocados (Lv. 7:18).
133. Una persona que no es sacerdote no puede comer las cosas sagradas (Lv. 22:10).
134. Tampoco las puede comer el huésped o el obrero del sacerdote (Lv. 22:10).
135. Tampoco las puede comer una persona no circuncidada (Lv. 22:10).
136. Tampoco las puede comer un sacerdote contaminado (Lv. 22:4).
137. La hija de un sacerdote que está casada con uno que no es sacerdote no puede comer las cosas sagradas (Lv. 22:12).
138. No se debe comer la ofrenda de harina del sacerdote (Lv. 6:16).
139. No se puede comer la carne de la ofrenda por el pecado sacrificada dentro del santuario (Lv. 6:23).
140. No se pueden comer los animales consagrados que se han vuelto defectuosos (Dt. 14:3).
141. No comer el segundo diezmo del grano (Dt. 12:17).
142. No tomar el segundo diezmo del vino (Dt. 12:17).
143. No comer el segundo diezmo del aceite (Dt. 12:17).
144. No comer las primicias sin defecto fuera de Jerusalén (Dt. 12:17).
145. Los sacerdotes no pueden comer las ofrendas de pecado o las ofrendas de transgresiones fuera de los atrios del templo (Dt. 12:17).
146. No comer nada de la carne de las ofrendas quemadas (Dt. 12:17).
147. No se pueden comer los sacrificios más livianos antes de rociar la sangre (Dt. 12:17).
148. Una persona que no es sacerdote no puede comer de los sacrificios más sagrados (Dt. 12:17).
149. El sacerdote no puede comer de las primicias de los frutos fuera de los atrios del templo (Ex. 29:33).
150. No se puede comer el segundo diezmo estando en estado de contaminación (Dt. 26:14).
151. Tampoco se puede hacer si se está en estado de duelo (Dt. 26:14).
152. No se puede utilizar el dinero de la redención para otra cosa aparte de la comida y la bebida (Dt. 26:14).
153. No comer alimento no diezmado (Lv. 22:15).
154. No cambiar el orden de separación de los diversos diezmos (Ex. 22:28).
155. No dilatar el pago de las ofrendas, ya sean voluntarias u obligatorias (Dt. 23:22).
156. No ir al templo en las fiestas de peregrinación sin una ofrenda (Ex. 23:15).
157. No faltar a la palabra (Nm. 30:3).

Los sacerdotes

158. El sacerdote no puede casarse con una ramera (Lv. 21:7).
159. No puede casarse con una mujer profana (Lv. 21:7).
160. No puede casarse con una divorciada (Lv. 21:7).
161. El sumo sacerdote no puede casarse con una viuda (Lv. 21:14).
162. No puede tomar concubina (Lv. 21:15).
163. Los sacerdotes no pueden entrar en el santuario con el cabello demasiado largo (Lv. 10:6).
164. No deben entrar en el santuario con ropa rota (Lv. 10:6).
165. No deben salir del atrio durante el servicio del templo (Lv. 10:7).
166. Un sacerdote común no puede volverse ritualmente contaminado salvo por aquellos parientes especificados (Lv. 21:1).
167. El sumo sacerdote no puede contaminarse por nadie (Lv. 21:11).
168. No puede contaminarse por ningún motivo (Lv. 21:11).
169. La tribu de Leví no tendrá parte alguna en la división de la tierra de Israel (Dt. 18:1).
170. La tribu de Leví no participará del botín de guerra (Dt. 18:1).
171. Está prohibido afeitarse la cabeza como señal de duelo por los muertos (Dt. 14:1).

Leyes dietéticas

172. El judío no puede comer ganado inmundo (Dt. 14:7).
173. No puede comer pescado inmundo (Lv. 11:11).
174. No puede comer aves inmundas (Lv. 11:13).
175. No puede comer insectos alados (Dt. 14:19).
176. No puede comer criaturas que se arrastran sobre la tierra (Lv. 11:41).
177. No puede comer reptiles (Lv. 11:44).
178. No puede comer gusanos que se encuentran en la fruta o las hortalizas (Lv. 11:42).
179. No puede comer ninguna criatura abominable (Lv. 11:43).
180. No puede comer un animal que ha muerto por causas naturales (Dt. 14:21).
181. No puede comer un animal herido o maltratado (Ex. 22:30).
182. No puede comer ninguna extremidad tomada de un animal vivo (Dt. 12:23).
183. No puede comer el nervio del muslo (Gn. 22:33).
184. No puede comer sangre (Lv. 7:26).
185. No puede comer cierto tipo de grasa (Lv. 7:23).
186. No puede cocinar la carne junto con la leche (Ex. 23:19).
187. Está prohibido comer de tal mezcla (Ex. 34:26).
188. No se puede comer un buey condenado a morir apedreado (Ex. 21:28).
189. No se puede comer pan hecho del grano nuevo antes de haber hecho la ofrenda del omer el decimosexto día del mes de Nisán (Lv. 23:14).
190. No se puede comer el grano asado sino hasta después de haber ofrecido el omer (Lv. 23:14).
191. No se puede comer el grano verde (Lv. 23:14).
192. No se puede comer el fruto de los árboles durante los primeros tres años (Lv. 19:23).
193. No se puede comer el producto de plantación mixta en la viña (Dt. 22:9).
194. Se prohibe toda libación de vino a los ídolos (Dt. 32:38).
195. Se prohibe la glotonería y la embriaguez (Lv. 19:26; Dt. 21:20).
196. Está prohibido comer cualquier cosa el día de expiación (Lv. 23:29).
197. No se puede comer nada leudado (*hamez*) durante la Pascua (Ex. 13:3).
198. No se puede comer nada que contenga una mezcla de la misma durante la Pascua (Ex. 13:20).

199. No se puede comer nada leudado el día antes de la Pascua (Dt. 16:3).
200. No se puede ver nada leudado entre las posesiones de la persona durante la Pascua (Ex. 13:7).
201. No se puede encontrar nada leudado entra las posesiones de la persona durante la Pascua (Ex. 12:19).

Los nazareos
202. El nazareo no puede tomar vino ni ninguna bebida hecha de uvas (Nm. 6:3).
203. No puede comer uvas frescas (Nm. 6:3).
204. No puede comer uvas secas (Nm. 6:3).
205. No puede comer semillas de uvas (Nm. 6:4).
206. No puede comer el hollejo de las uvas (Nm. 6:4).
207. No puede volverse ritualmente inmundo por sus muertos (Nm. 6:7).
208. No puede entrar en una tienda donde hay un cadáver (Lv. 21:11).
209. No debe cortarse el cabello (Nm. 6:5).

La agricultura
210. No se puede segar todo el campo sin dejar los rincones para los pobres (Lv. 23:22).
211. No se puede recoger el fruto caído durante la siega o la cosecha (Lv. 19:9).
212. No se puede recoger los racimos de uva mal formados (Lv. 19:10).
213. No se puede recoger las uvas que se caen (Lv. 19:10).
214. No volver para levantar una gavilla olvidada (Dt. 24:19).
215. No sembrar diferentes especies de semillas juntas (Lv. 19:19).
216. No sembrar grano en una viña (Dt. 22:9).
217. No cruzar dos especies diferentes de animales (Lv. 19:19).
218. No trabajar con dos especies diferentes uncidas juntas (Dt. 22:10).
219. No ponerle bozal a un animal que está trabajando en el campo para evitar que coma (Dt. 25:4).
220. No arar la tierra en el séptimo año (Lv. 25:4).
221. No podar los árboles en el séptimo año (Lv. 25:4).
222. No segar (de la manera acostumbrada) productos agrícolas en el séptimo año (Lv. 25:5).
223. No cosechar la fruta en el séptimo año (Lv. 25:5).
224. No arar la tierra ni podar árboles en el año del jubileo (Lv. 25:11).
225. No segar productos agrícolas en el séptimo año (Lv. 25:11).
226. No cosechar la fruta en el año del jubileo (Lv. 25:11).
227. No vender la tierra heredada en la tierra de Israel permanentemente (Lv. 25:23).
228. No cambiar las tierras de los levitas (Lv. 25:33).
229. No dejar a los levitas sin sostén (Dt. 12:19).

Préstamos, negocios y el trato de los esclavos
230. No se puede exigir el pago de un préstamo después del séptimo año (Dt. 15:2).
231. Sin embargo, se puede rehusar hacer un préstamo a los pobres porque se acerca ese año (Dt. 15:9).
232. No negar la caridad a los pobres (Dt. 15:7).
233. No despedir a un esclavo hebreo con las manos vacías cuando termina su período de servicio (Dt. 15:13).
234. No apremiar a un deudor cuando se sabe que no puede pagar (Ex. 22:24).
235. No prestarle a otro judío con intereses (Lv. 25:37).
236. No tomar prestado de otro judío con intereses (Dt. 23:20).
237. No participar en un acuerdo que involucre intereses, ya sea como garantía, testigo o escritor del contrato (Ex. 22:24).
238. No dilatar el pago del salario (Lv. 19:13).
239. No tomar una prenda de un deudor por violencia (Dt. 24:10).
240. No guardar la prenda de un hombre pobre cuando la necesita (Dt. 24:12).
241. No tomar ninguna prenda de una viuda (Dt. 24:17).
242. No tomar una prenda de ningún deudor si se gana la vida con ella (Dt. 24:6).
243. Está prohibido raptar a un judío (Ex. 20:13).
244. No robar (Lv. 19:11).
245. No robar con violencia (Lv. 19:13).
246. No quitar una señal geográfica (Dt. 19:14).
247. No defraudar (Lv. 19:13).
248. No negar el recibo de un préstamo o un depósito (Lv. 19:11).
249. No jurar falsamente en cuanto a la propiedad de otro (Lv. 19:11).
250. No engañar a nadie en el negocio (Lv. 25:14).
251. No engañar a nadie ni siquiera verbalmente (Lv. 25:17).
252. No dañar a un extranjero verbalmente (Ex. 22:20).
253. No perjudicarlo en el comercio (Ex. 22:20).
254. No devolver un esclavo que ha huido a la tierra de Israel a su amo (Dt. 23:16).
255. No aprovecharse de tal esclavo (Dt. 23:17).
256. No afligir a la viuda ni al huérfano (Ex. 22:21).
257. No maltratar a un esclavo hebreo (Lv. 25:39).
258. No vender a un esclavo hebreo (Lv. 25:42).
259. No tratarlo con crueldad (Lv. 25:43).
260. No permitir que un pagano lo maltrate (Lv. 25:53).
261. No vender la sierva hebrea (Ex. 21:8).
262. Si se casa con ella, no negarle alimento, ropa ni los deberes conyugales (Ex. 21:10).
263. No vender una cautiva (Dt. 21:14).
264. No tratarla como esclava (Dt. 21:14).
265. No codiciar las posesiones de otro (Ex. 20:17).
266. Aun el deseo en sí está prohibido (Dt. 5:18).
267. El obrero no debe cortar el grano que está de pie mientras trabaja (Dt. 23:25).
268. No debe llevar más fruta de la que puede comer (Dt. 23:25).
269. No se debe guardar un artículo perdido que se ha encontrado (Dt. 22:3).
270. No negarse a ayudar a un hombre o un animal que se está desplomando bajo su carga (Ex. 23:5).
271. Está prohibido defraudar con pesas y medidas (Lv. 19:35).
272. Está prohibido tener pesas inexactas (Dt. 25:13).

La justicia
273. Un juez no debe perpetrar la injusticia (Lv. 19:15).
274. No debe aceptar sobornos (Ex. 23:8).
275. No debe ser parcial (Lv. 19:15).
276. No debe tener temor (Dt. 1:17).
277. No debe favorecer a los pobres (Ex. 23:3; Lv. 19:15).
278. No debe discriminar en contra de los malvados (Ex. 23:6).
279. No debe tener piedad de los condenados (Dt. 19:13).
280. No debe pervertir el juicio de extranjeros o huérfanos (Dt. 24:17).
281. Está prohibido escuchar a un litigante sin que el otro esté presente (Ex. 23:1).
282. No puede decidirse un caso de pena de muerte por una mayoría de uno (Ex. 23:2).
283. Un juez no debe aceptar la opinión de otro juez a no ser que esté convencido de su rectitud (Ex. 23:2).
284. Una persona que no conozca la ley no puede ser nombrada como juez (Dt. 1:17).
285. No dar falso testimonio (Ex. 20:16).

286. No aceptar el testimonio de una persona malvada (Ex. 23:1).
287. No aceptar el testimonio de los parientes de una persona involucrada en el caso (Dt. 24:16).
288. No pronunciar juicio en base al testimonio de un testigo (Dt. 19:15).
289. No matar (Ex. 20:13).
290. No condenar por prueba circunstancial solamente (Ex. 23:7).
291. Un testigo no deberá actuar de juez en casos de pena de muerte (Nm. 35:30).
292. No ejecutar a nadie sin un juicio y una convicción cabales (Nm. 35:12).
293. No tener piedad ni perdonar al perseguidor (Dt. 25:12).
294. No se ha de infligir castigo por un acto cometido bajo coerción (Dt. 22:26).
295. No aceptar el rescate por un homicida (Nm. 35:31).
296. No aceptar el rescate por una persona que mató a otra (Nm. 35:32).
297. No vacilar en salvar a otra persona de peligro (Lv. 19:16).
298. No dejar una piedra de tropiezo en el camino (Dt. 22:8).
299. No engañar a otra persona dándole un mal consejo (Lv. 19:14).
300. Está prohibido administrar más del número asignado de azotes a los culpables (Dt. 25:2, 3).
301. No contar chismes (Lv. 19:16).
302. No guardar odio en el corazón (Lv. 19:17).
303. No avergonzar a un judío (Lv. 19:17).
304. No guardar rencor (Lv. 19:18).
305. No vengarse (Lv. 19:18).
306. No tomar a la madre cuando se toman los pollos (Dt. 22:6).
307. No rasurar la zona afectada por la lepra (Lv. 13:33).
308. No quitar otras señales de esa aflicción (Dt. 24:8).
309. No cultivar un valle en el cual se encontró un cuerpo muerto (Dt. 21:4).
310. No permitir que viva una bruja (Ex. 22:17).
311. No obligar a un recién casado que cumpla el servicio militar durante el primer año de su matrimonio (Dt. 24:5).
312. No rebelarse en contra de los que transmiten la tradición de la ley (Dt. 17:11).
313. No agregar a los preceptos de la ley (Dt. 13:1).
314. No restar de los preceptos de la ley (Dt. 13:1).
315. No maldecir a un juez (Ex. 22:27).
316. No maldecir a un gobernante (Ex. 22:27).
317. No maldecir a ningún judío (Lv. 19:14).
318. No maldecir a los padres (Ex. 21:17).
319. No golpear a los padres (Ex. 21:15).
320. No trabajar en el día de reposo (Ex. 20:10).
321. No caminar más allá de los límites permitidos (Ex. 16:29).
322. No infligir castigo en el día de reposo (Ex. 35:3).
323. No trabajar el primer día de la Pascua (Ex. 12:16).
324. No trabajar el séptimo día de la Pascua (Ex. 12:16).
325. No trabajar en el Shavuot (Lv. 23:21).
326. No trabajar el primer día del séptimo mes (Rosh Ha-Shanah) (Lv. 23:25).
327. No trabajar el primer día de la fiesta de los tabernáculos (Sukkot) (Lv. 23:35).
328. No trabajar el octavo día de la fiesta de los tabernáculos (Lv. 23:36).
329. No trabajar el día de expiación (Lv. 23:28).

El incesto y otras relaciones prohibidas

330. Está prohibido tener relaciones sexuales con la madre (Lv. 18:7).
331. También se aplica a la madrastra (Lv. 18:8).
332. También se aplica a la hermana (Lv. 18:9).
333. También se aplica a la hermanastra (Lv. 18:11).
334. También se aplica a la nuera (Lv. 18:10).
335. También se aplica a la nieta (Lv. 18:10).
336. También se aplica a la hija (Lv. 18:10).
337. También está prohibido entre madre e hija (Lv. 18:17).
338. Está prohibido entre la madre y su nuera (Lv. 18:17).
339. Está prohibido entre la abuela y la nieta (Lv. 18:17).
340. Está prohibido entre sobrino y tía (Lv. 18:12).
341. Está prohibido entre sobrina y tía (Lv. 18:13).
342. Está prohibido con la esposa del tío paterno (Lv. 18:14).
343. Está prohibido con la nuera (Lv. 18:15).
344. Está prohibido con la esposa del hermano (Lv. 18:16).
345. Está prohibido con la hermana de la esposa (Lv. 18:18).
346. Está prohibido tener relaciones sexuales con una mujer que está menstruando (Lv. 18:19).
347. No cometer adulterio (Lv. 18:20).
348. El hombre no tendrá relaciones sexuales con un animal (Lv. 18:23).
349. La mujer no tendrá relaciones sexuales con un animal (Lv. 18:23).
350. La homosexualidad está prohibida (Lv. 18:22).
351. La homosexualidad con el padre está prohibida (Lv. 18:7).
352. La homosexualidad con el tío está prohibida (Lv. 18:14).
353. Está prohibido tener contacto físico íntimo alguno con alguien que no sea la propia esposa (Lv. 18:6).
354. Ningún moabita podrá casarse con una judía (Dt. 23:3).
355. Está prohibida la prostitución (Dt. 23:18).
356. Una divorciada no puede volver a casarse con su primer esposo si en el ínterin se casó con otro hombre (Dt. 24:4).
357. Una viuda sin hijos no podrá casarse con nadie que no sea el hermano de su marido difunto (Dt. 25:5).
358. El hombre no podrá divorciarse de la mujer con quien se casó después de haberla violado (Dt. 22:29).
359. Tampoco si la difamó (Dt. 22:19).
360. Un eunuco no podrá casarse con una judía (Dt. 23:2).
361. Está prohibida la castración (Lv. 22:24).

La monarquía

362. El rey elegido deberá ser de la simiente de Israel (Dt. 17:15).
363. No deberá acumular un número excesivo de caballos (Dt. 17:16).
364. No deberá tomar para sí muchas esposas (Dt. 17:17).
365. No deberá amontonar para sí muchas riquezas (Dt. 17:17).

La Biblia y la arqueología

Introducción

La religión cristiana está basada, por supuesto, en ese principio llamado fe (He. 11:6). Esto sencillamente significa que un científico o un filósofo no puede sentarse en una oficina o un laboratorio y, por medio de la lógica humana sola, llegar a los datos espirituales correctos acerca de Dios y el universo. Estas verdades sólo se encuentran en las Sagradas Escrituras, que deben ser aceptadas con la fe de un niño.

Sin embargo, acto seguido hay que señalar que aunque esta fe muchas veces y en muchas áreas está más allá del razonamiento humano, ¡*nunca* es irracional! Además, se puede decir que el Creador ha dejado poderosos indicios y señales en toda su gran creación que le indican al que busca con honestidad tanto la realidad de su existencia como la fiabilidad de su Palabra.

El gran apóstol Pablo señala esto en su primer sermón registrado:

> «En las edades pasadas él ha dejado a todas las gentes andar en sus propios caminos; si bien no se dejó a sí mismo sin testimonio, haciendo bien, dándonos lluvias del cielo y tiempos fructíferos, llenando de sustento y de alegría nuestros corazones» (Hch. 14:16, 17).

No hay duda de que la ciencia de la arqueología figura entre los diversos testigos externos mencionados aquí por Pablo que afirman a Dios y su Palabra. La pala dedicada ha hecho mucho para autenticar la precisión de la Palabra de Dios.

Es así que esta sección presenta unas ochenta y tres «palas santificadas» o descubrimientos que muestran la fiabilidad histórica de las Escrituras.

1. La creación (Gn. 1:1).
2. El monoteísmo original (Gn. 1:1).
3. El huerto de Edén (Gn. 2:8-17).
4. La caída del hombre (Gn. 3:1-24).
5. La civilización más antigua (Gn. 4:1-26).
6. La longevidad antediluviana (Gn. 5:1-32).
7. El diluvio universal (Gn. 6—9).
8. La tabla de las naciones (Gn. 10:1-32).
9. La torre de Babel (Gn. 11:1-9).
10. Ur de los caldeos (Gn. 11:31; 12:1).
11. La existencia de Harán (Gn. 11:31; 12:5).
12. La vía guerrera de Quedorlaomer (Gn. 14:1-12).
13. El imperio heteo (Gn. 15:20).
14. La existencia de Nacor (Gn. 24:10).
15. El empleo de los camellos en la época patriarcal (Gn. 24:11).
16. Las ciudades de Sodoma y Gomorra (Gn. 19).
17. La abundancia de alimento en Gerar en la época de hambre (Gn. 26:1).
18. La inquietud de Labán (Gn. 31:14-35).
19. José y la esposa de Potifar (Gn. 39).
20. Los ladrillos sin paja (Ex. 1:11; 5:7-19).
21. La muerte de los primogénitos en Egipto (Ex. 12).
22. La destrucción de Faraón y sus ejércitos en el mar Rojo (Ex. 14).
23. La división del río Jordán (Jos. 3).
24. La destrucción de Jericó (Jos. 6).
25. La riqueza de Gabaón (Jos. 10:2).
26. Las fuentes de Quiriat-sefer (Jos. 15:13-19).
27. El uso de los tábanos en la conquista de la Palestina (Jos. 24:12).
28. El entierro de Josué (Jos. 24:30).
29. Las ciudades del libro de los Jueces (Jue. 1:21-29).
30. Los filisteos y las armas de hierro (Jue. 1:19).
31. El relato de la batalla de Débora y Barac (Jue. 4).
32. El pozo de trigo escondido de Gedeón (Jue. 6:11-18).
33. El templo-torre del falso dios Baal-berit (Jue. 9).
34. La destrucción de Gabaa (Jue. 20).
35. La destrucción de Silo (1 S. 4).
36. La casa de Saúl en Gabaa (1 S. 10:26).
37. La victoria de Jonatán sobre los filisteos (1 S. 14).
38. La música de David (1 S. 16:18, 23; 1 Cr. 15:16).
39. La muerte de Saúl (1 S. 31).
40. El estanque de Gabaón (2 S. 2).
41. La captura de Jerusalén (2 S. 5:6-10).
42. Las riquezas de Salomón (1 R. 4:26; 9:26; 10:22).
43. La invasión de Judá por Sisac, rey de Egipto (1 R. 14:25-28; 2 Cr. 12:2-4).
44. El reinado de Omri, el rey del norte (1 R. 16:23, 24).
45. La reconstrucción de Jericó (Jos. 6:26; 1 R. 16:34).
46. La victoria de Elías en el monte Carmelo (1 R. 18).
47. La casa de marfil de Acab (1 R. 22:39).
48. El estanque de Samaria (1 R. 22:37, 38).
49. La guerra entre Israel y Moab (2 R. 3).
50. El hombre «sobre cuyo brazo se apoyaba [el rey]» (2 R. 7).
51. El castigo del rey Jehú (2 R. 10:29-33).
52. El sello oficial del siervo de Jeroboam II (2 R. 14:23-29).
53. El arrepentimiento de Nínive (Jon. 3).
54. El tributo de dinero que Manahem le pagó al rey asirio Pul (2 R. 15:16-20).
55. Los logros y el juicio del rey Uzías (2 Cr. 26).
56. La captura de Israel por los reyes asirios Pul, Salmanasar y Sargón (2 R. 15, 17).
57. El tributo en dinero de Acaz para el rey Tiglat-pileser (2 R. 16:5-9).
58. La historicidad de Sargón (Is. 20:1).
59. El sello y la tumba de Sebna, el tesorero de Ezequías (Is. 22:15, 16; 36:3).
60. La destrucción de Laquis por Senaquerib (2 Cr. 32:9; Is. 10:29).
61. La captura fallida de Jerusalén por Senaquerib (2 R. 18—19; 2 Cr. 32; Is. 36—37).
62. El asesinato de Senaquerib por sus propios hijos (Is. 37:37, 38).
63. El encarcelamiento de Manasés por los asirios (2 Cr. 33:11).
64. El descubrimiento del libro de la ley en el templo durante el reinado de Josías (2 Cr. 34:8-32).
65. El túnel de agua de Ezequías (2 R. 20:20; 2 Cr. 32:30).
66. Las reparaciones de los muros por Ezequías (2 Cr. 32:5).
67. La destrucción de Laquis por Nabucodonosor (Jer. 34:7).
68. El cautiverio de Joaquín y el nombramiento de Sedequías (2 R. 24:10-19; 25:27-30).
69. La esperanza inútil de Sedequías de conseguir ayuda de Egipto en contra de Babilonia (Jer. 37:1, 5-11).
70. La traición de Gedalías y sus oficiales por Ismael (Jer. 41:1-15).
71. Las grandes piedras enterradas por Jeremías en Tafnes, en Egipto (Jer. 43:8-13).
72. La vida judía en el exilio babilónico (Jer. 29:4-7).
73. La gran estatua y el horno de fuego de Nabucodonosor (Dn. 3).
74. El orgullo de Nabucodonosor y la grandeza de Babilonia (Dn. 4).
75. La locura de Nabucodonosor (Dn. 4).
76. La historicidad de Belsasar (Dn. 5).
77. La captura de Babilonia y la ejecución de Belsasar (Dn. 5).
78. Daniel y el foso de los leones (Dn. 6).
79. El libro de Ester y Asuero, el rey persa (Est.).
80. El edicto del rey Ciro (Esd. 1:1-4).
81. La historicidad de Darío el Grande (Esd. 6:1-15).
82. El muro construido por Nehemías (Neh. 1—6).
83. Los enemigos de Nehemías (Neh. 2, 4, 6).

La Biblia y la arqueología

1. La creación (Gn. 1:1).

> «En el principio creó Dios los cielos y la tierra» (Gn. 1:1).

Entre los años 1848 y 1876 se descubrieron tablas con el primer relato extrabíblico de la creación de la biblioteca del emperador asirio Asurbanipal (669-626 a.C.), datado sin duda antes del 2000 a.C. Esta epopeya babilónica-sumeria de la creación se llama el «Enuma elish» y consistía de siete cantos, escritos en siete tablas. Aunque algunas cosas están muy distorsionadas, tienen un parecido asombroso al verdadero relato de la creación del Génesis. Por ejemplo:

a. Ambos relatos hablan de caos y oscuridad originales.
b. Ambos relatos tienen un orden de acontecimientos parecido: luz, firmamento, tierra seca, luminarias, el hombre y el descanso de Dios (o los dioses).

2. El monoteísmo original (Gn. 1:1). Las dos civilizaciones más antiguas registradas son la egipcia y la sumeria. Al principio ambas eran monoteístas.
   a. La egipcia: Sir Flinders Petrie, arqueólogo de renombre, dio testimonio de esto.
   b. La sumeria:

   «De acuerdo con muchas autoridades actuales, los sumerios originalmente eran monoteístas en su creencia, ya que los registros escritos más antiguos dicen claramente que creían en un solo Dios. Es muy importante notar este hecho, porque hasta hace muy poco, muchos historiadores creían que la humanidad originalmente era politeísta y que poco a poco, a medida que los seres humanos se volvían civilizados, formaron un concepto más alto de la Deidad.» (Albert Hyma, profesor de historia de la Universidad de Michigan, *College Outline Series, Ancient History*, p. 10.)

3. El huerto de Edén (Gn. 2:8-17).

   «Y Jehová Dios plantó un huerto en Edén, al oriente; y puso allí al hombre que había formado. Y Jehová hizo nacer de la tierra todo árbol delicioso a la vista, y bueno para comer; también el árbol de vida en medio del huerto, y el árbol de la ciencia del bien y del mal» (Gn. 2:8, 9).

   Muchos pueblos antiguos registran una hermosa tierra libre de dolor. Un relato del Medio Oriente es la Epopeya de Emmerkar, y habla con entusiasmo de una tierra conocida como Dilmún. El arqueólogo Clifford Wilson escribe:

   «Se nos dice que el parto en ese tierra era sin dolor hasta que Enk comió ciertas plantas que involucraban una maldición mortífera. La Epopeya nos dice que la tierra era un lugar claro y puro, que el león no mataba, y que el cordero y el león vivían juntos pacíficamente. No había enfermedad y la humanidad tenía una sola lengua con la cual se dirigía a los dioses.» (*Rocks, Relics and Biblical Reliability* [Rocas, reliquias y fiabilidad bíblica], p. 21.)

4. La caída del hombre (Gn. 3:1-24).

   «Y vio la mujer que el árbol era bueno para comer, y que era agradable a los ojos, y árbol codiciable para alcanzar la sabiduría; y tomó de su fruto, y comió; y dio también a su marido, el cual comió así como ella» (3:6).

   a. El mito de Adapa, un relato antiguo de la caída, se hallaba en los archivos de los reyes tanto de Asiria (Asurbanipal, siglo VII) como de Egipto (Amenhotep III, siglo IV a.C.). Aparentemente Adapa era el Adán babilonio.
   b. En 1932 E. Speiser, de la Universidad de Pennsylvania, descubrió un sello similar sobre la tentación, mostrando un árbol frutal. A la derecha hay un hombre y una mujer. Ella está tomando el fruto del árbol. Detrás de ella hay una serpiente.
   c. También hay un fuerte parecido entre los querubines (que estuvieron en la caída; véase Gn. 3:24) descritos por Ezequiel (Ez. 1) y las estatuas de los leones alados que protegían a los templos religiosos antiguos de Mesopotamia. Es posible que la Esfinge de Egipto también deba su diseño al aspecto de los querubines.
   d. Hay tradiciones internacionales de la caída entre los chinos, los hindúes, los griegos, los persas y otros pueblos.

5. La civilización más antigua (Gn. 4:1-26).

   «Y Abel fue pastor de ovejas, y Caín fue labrador de la tierra» (Gn. 4:2).

   «Y Ada dio a luz a Jabal, el cual fue padre de los que habitan en tiendas y crían ganados. Y el nombre de su hermano fue Jubal, el cual fue padre de todos los que tocan arpa y flauta. Y Zila también dio a luz a Tubal-caín, artífice de toda obra de bronce y de hierro…» (Gn. 4:20-22).

   Los arqueólogos muestran que la agricultura y la ganadería fueron el principio de la civilización humana. Muchos túmulos mesopotámicos ilustran las artes, las artesanías, la música y el surgimiento de la vida urbana.

6. La longevidad antediluviana (Gn. 5:1-32).

   «Fueron, pues, todos los días de Matusalén novecientos sesenta y nueve años; y murió» (Gn. 5:27).

   El Prisma de Weld-Blundell preserva una lista muy antigua de reyes sumerios. Contiene ocho gobernadores antediluvianos que reinaron un total de 241.200 años en ciertas ciudades del sur de la Mesopotamia. El reinado más corto fue de 18.600 años y el más largo fue de 43.200 años.

7. El diluvio universal (Gn. 6—9).

   «Dijo, pues, Dios a Noé: He decidido el fin de todo ser, porque la tierra está llena de violencia a causa de ellos; y he aquí que yo los destruiré con la tierra. Hazte un arca de madera de gofer; harás aposentos en el arca, y la calafatearás con brea por dentro y por fuera» (Gn. 6:13, 14).

   a. En 1853, H. Rassman desenterró unas tablas babilónicas sobre el diluvio en Nínive, tomadas de la biblioteca del rey asirio Asurbanipal (669-626 a.C.). El undécimo libro de este descubrimiento era la Epopeya de Gilgamés. Gilgamés fue un legendario rey mesopotámico que salió en un viaje para encontrar a su ancestro Utnapishtim, de quien esperaba descubrir el secreto de la vida eterna. Finalmente lo encontró. Utnapishtim le dijo a Gilgamés que una vez había vivido en una tierra llamada Surupac y había adorado al dios del árbol Ea. Entonces relató la historia del diluvio y cómo se escapó de él. Se puede resumir su historia de la siguiente manera:

      «La asamblea de los dioses acordó enviar un diluvio. Dijeron, "sobre el pecador descanse su pecado. Oh hombre de Shuruppak, haz un barco, salva tu vida. Hazlo de seis pisos, cada uno de siete partes. Cúbrelo de asfalto por dentro y por fuera. Bótalo sobre las aguas. Toma en el barco simiente de vida de toda especie." Lo hice. Con todo cuanto tenía lo cargué, de plata, oro y todo ser viviente que tenía. Embarqué en el barco con mi familia y parentela. Cerré la puerta. Llegó el tiempo señalado. Observé la apariencia del día. Era terrible. Toda luz se volvió obscuridad. Las lluvias descendieron. Rugió la tempestad, como carga de batalla contra la humanidad. Temblaba el barco. Los dioses lloraban. Miré sobre el mar. Todo hombre estaba hecho polvo, como troncos que flotaban alrededor. Cesó la tempestad. El diluvio había pasado. El barco encalló sobre el Monte Nazir. Al séptimo día envié una paloma; regresó. Envié una golondrina; volvió. Envié un cuervo; bajó, vadeó, graznó; no volvió. Desembarqué. Ofrecí sacrificio. Los dioses olieron el grato olor. Dijeron: No se haga así ya más.» (Sugerido por el *Compendio manual de la Biblia,* de Henry H. Halley, Editorial Portavoz, pp. 76, 77.)

b. La Epopeya de Gilgamés es el patrimonio de todas las grandes naciones del antiguo Medio Oriente. Los heteos y los egipcios la tradujeron a sus propias lenguas.

c. Los aborígenes primitivos de casi todos los países del mundo han preservado registros del diluvio. El antropólogo doctor Richard Andree ha recogido cuarenta y seis leyendas sobre el diluvio de América del Norte y del Sur, veinte de Asia, cinco de Europa, siete de África y diez de las islas del mar del Sur y Australia.

8. La tabla de naciones (Gn. 10:1-32).

«Estas son las generaciones de los hijos de Noé: Sem, Cam y Jafet, a quienes nacieron hijos después del diluvio» (10:1).

«Estas son las familias de los hijos de Noé por sus descendencias, en sus naciones; y de éstos se esparcieron las naciones en la tierra después del diluvio» (10:32).

M. F. Unger escribe:

«Esta tabla es única en la literatura de la antigüedad, que no tiene ningún paralelo ni siquiera entre los griegos, porque en este último caso el marco es mitológico y los pueblos son sólo tribus griegas o egeas. W. F. Albright describe a dicha tabla de las naciones como "documento sorprendentemente exacto".» (*Manual bíblico de Unger*, Editorial Portavoz, p. 52.)

Albright sigue diciendo que:

«Muestra una comprensión tan asombrosamente moderna de la situación étnica y lingüística del mundo antiguo, a pesar de toda su complejidad, que los académicos nunca dejan de maravillarse con el conocimiento que el autor tenía del tema.» (*Old Testament Commentary*, p. 138.)

9. La torre de Babel (Gn. 11:1-9).

«Y se dijeron unos a otros: Vamos, hagamos ladrillo y cozámoslo con fuego. Y les sirvió el ladrillo en lugar de piedra, y el asfalto en lugar de mezcla [11:3]. Y dijeron: Vamos, edifiquémonos una ciudad y una torre, cuya cúspide llegue al cielo; y hagámonos un nombre, por si fuéremos esparcidos sobre la faz de la tierra» [11:4].

Hay más de dos docenas de torres de templos antiguos llamadas zigurats excavadas en el sur de la Mesopotamia.

Nótese especialmente el lenguaje del 11:4. Este pasaje no enseña que la humanidad antigua haya tontamente intentado construir una torre para llegar al espacio extraterrestre. La frase «cuya cúspide llegue al cielo» traducida literalmente sería «cuya cúspide es el cielo» ya que la palabra «llegue» no se encuentra en el lenguaje original. La evidencia arqueológica sugiere que la torre de Babel era en realidad un edificio dedicado a la astrología, o sea la adoración pagana de los cielos. Entre las ruinas de la antigua Babilonia se encuentra un edificio de 153 pies de altura con una base de 400 pies (47 m x 122 m). Fue construido de ladrillos cocidos en siete etapas, que se corresponden con los planetas conocidos a los cuales estaban dedicadas. La más baja era negra, el color de Saturno, la próxima naranja, para Júpiter, la tercera roja, para Marte, y así sucesivamente. Estas etapas estaban dominadas por una alta torre, encima de la cual estaban los signos del zodíaco. El doctor Donald Barnhouse escribe:

«Representaba un paso abierto y desafiante hacia Satanás y el comienzo de la adoración del diablo. Es por eso que la Biblia siempre pronuncia una maldición sobre los que consultan al sol, la luna y las estrellas del cielo.»

10. Ur de los caldeos (Gn. 11:31; 12:1).

«Y tomó Taré a Abram su hijo, y a Lot hijo de Harán, hijo de su hijo, y a Sarai su nuera, mujer de Abram su hijo, y salió con ellos de Ur de los caldeos, para ir a la tierra de Canáan...» (11:31).

«Y él [Esteban] dijo: El Dios de la gloria apareció a nuestro padre Abraham, estando en Mesopotamia, antes que morase en Harán» (Hch. 7:2).

Abraham nació y se crió en la ciudad de Ur de los caldeos. Ur era un puerto en el Golfo Pérsico, en la boca del río Eufrates, a unas doce millas del sitio tradicional del huerto del Edén. Pero antes de la época de Abraham, era la ciudad más magnífica de todo el mundo; un centro de manufactura, agricultura y transporte marítimo, en una tierra de fertilidad y riquezas fabulosas, con caravanas que salían en todas direcciones a tierras lejanas y barcos que zarpaban de Ur e iban por el Golfo Pérsico con cargamentos de cobre y de piedras duras.

Por años los escépticos ridiculizaron la existencia real de Ur. Pero en 1922-1934, C.T. Wooley, del museo británico, exploró a fondo los secretos de estas ruinas.

El edificio más sobresaliente de la ciudad en la época de Abraham era el zigurat, o la torre del templo, que probablemente haya tomado la torre de Babel como modelo. Esta torre era cuadrada, tenía terrazas y estaba construida de ladrillos sólidos. Cada terraza sucesiva estaba plantada con árboles y arbustos. La ciudad tenía dos templos principales, uno dedicado a Nanar, el dios de la luna y el otro a su esposa, Ningal.

Estos templos tenían un atrio interior rodeado de una serie de habitaciones. Los antiguos fundamentos todavía existían, con largos canalones de agua forrados de betún. Había ranuras profundas hechas con cuchillos sobre las tablas de ladrillo que mostraban el lugar donde se habían cortado los animales que se usaban en los sacrificios. Dichos animales eran cocidos en los hogares de las cocinas de los templos. Hasta los hornos para cocinar el pan todavía estaban allí. «Después de 3800 años —escribió Wooley en su diario— pudimos volver a encender el fuego y hacer funcionar una vez más la cocina más antigua del mundo.»

«Aceites, cereales, fruta, lana y ganado entraban en enormes almacenes; los artículos perecederos iban a las tiendas del templo. Se fabricaban muchos artículos en las fábricas que pertenecían al templo, por ejemplo en las hilanderías administradas por los sacerdotes. Un taller producía doce tipos diferentes de ropa de lujo. Las tablas halladas en este lugar daban los nombres de las hilanderas y su cuota de raciones.... Ur de los caldeos era una ciudad capital activa, colorida, próspera y poderosa...» (*The Bible As History*, Werner Keller, p. 42).

Wooley caminó por esos callejones, pasó por los grandes templos y exclamó en su diario:

«Debemos cambiar radicalmente nuestro concepto del patriarca hebreo al ver que pasó sus primeros años en un ambiente tan sofisticado. Era ciudadano de una gran ciudad y heredó las tradiciones de una civilización antigua y muy organizada. Las mismas casas revelan la comodidad y hasta el lujo. Encontramos copias de los himnos que se usaban en los cultos del templo, y junto con ellos, tablas matemáticas.»

11. La existencia de Harán (Gn. 11:31; 12:5).

«... y vinieron hasta Harán, y se quedaron allí» (11:31).

«... y murió Taré en Harán» (11:32).

«Y era Abram de edad de setenta y cinco años cuando salió de Harán» (12:4).

Varias fuentes arqueológicas confirman la existencia de Harán durante la época de Abraham. Los documentos asirios la describen como una ciudad próspera en la gran vía comercial de oriente y occidente entre Nínive y Damasco.

12. La vía guerrera de Quedorlaomer (Gn. 14:1-12).

«Doce años habían servido a Quedorlaomer, y en el decimotercero se rebelaron. Y en el año decimocuarto vino Quedorlaomer, y los reyes que estaban de su parte, y [los] derrotaron...» (14:4, 5).

Esta, la primera guerra registrada en la Biblia, ocurrió cuando cuatro reyes mesopotámicos atacaron (y derrotaron) a cinco reyes cananeos, llegando a ellos por un camino oriental.

«Los lugares nombrados en los versículos 5, 6, por donde vinieron los cuatro reyes contra Sodoma, estaban tan lejos al oriente de la ruta ordinaria del comercio que Albright dijo que en un tiempo lo consideraba como indicio del carácter legendario del capítulo 14 del Génesis, hasta que en 1929 él mismo descubrió en Haurán y a lo largo de la frontera este de Galaad y Moab una cadena de grandes túmulos de ciudades que florecieron alrededor del 2000 A.C. Esto indica que era una región bien poblada y en el camino directo entre Damasco y los yacimientos de oro, cobre y manganeso de Edom y Sinaí.» (*Compendio manual de la Biblia,* de Henry H. Halley, Editorial Portavoz, p. 95.)

13. El imperio heteo (Gn. 15:20).

«Y he dicho: Yo os sacaré de la aflicción de Egipto a la tierra del cananeo, del heteo...» (Ex. 3:17).

a. Se menciona a los heteos cuarenta y siete veces en el Antiguo Testamento. Esaú se casó con una mujer hetea (Gn. 26:34, 35; 36:2) y uno de los seguidores de David (Urías) era heteo (2 S. 11:3).
b. Sin embargo, antes del siglo XIX, la única mención de los heteos se encontraba en el registro bíblico. Esto hizo que los críticos liberales ridiculizaran y se burlaran de las «fábulas históricas» de las Escrituras.
c. Pero todo eso cambió en 1906. El arqueólogo alemán Hugo Winkler descubrió la ciudad de Boghaz-Keul, una antigua capital hetea, en Asia Menor. Se excavaron más de 10.000 tablas de esa zona. Esto confirma la descripción de Josué de toda la media luna occidental como la «tierra de los heteos» (Jos. 1:4).

Muchos académicos ahora consideran que los heteos fueron uno de los tres pueblos de mayor importancia de la historia antigua. Fueron los primeros en descubrir el secreto de la fundición de hierro después del diluvio. En 1925 el estudioso A.H. Sayce escribió un libro titulado *The Hittites, The Story of a Forgotten Empire.*

Los heteos ocuparon mucho de Mesopotamia por un tiempo, y casi derrotaron a los egipcios, obligando a Ramsés II a acordar un tratado de paz después de la batalla de Cades en el siglo XII a.C. Más adelante su imperio fue destruido por los asirios en el 717 a.C.

14. La existencia de Nacor (Gn. 24:10).

«Y el criado tomó diez camellos de los camellos de su señor, y se fue ... y puesto en camino, llegó a Mesopotamia, a la ciudad de Nacor» (Gn. 24:10).

En 1933, André Parrot excavó una ciudad mesopotámica ubicada sobre el río Éufrates llamada Mari. Se excavaron unas 20.000 tablas de arcilla en ese lugar. Muchas confirman la existencia de Nacor.

15. El empleo de los camellos en la época patriarcal (Gn. 24:11).

«E hizo arrodillar los camellos fuera de la ciudad...» (Gn. 24:11).

Por años los detractores habían señalado las antiguas referencias a los camellos en Génesis como errores históricos, aseverando que no se conocieron los camellos ni en Egipto ni en Canaán hasta mucho después de la época de Abraham. Sin embargo, el arqueólogo J. P. Free ha mostrado evidencia que prueba que los camellos sí figuraban aun antes de Abraham. Se han hallado estatuillas, figuras, placas con representaciones de camellos, esculturas en piedra y dibujos, huesos de camellos, el cráneo de un camello y una soga de pelo de camello que datan de una fecha tan antigua como el 3000 a.C.

16. Las ciudades de Sodoma y Gomorra (Gn. 19).

«... en tanto que Lot ... fue poniendo sus tiendas hasta Sodoma» (Gn. 13:12).

«... el clamor contra Sodoma y Gomorra se aumenta más y más, y el pecado de ellos se ha agravado en extremo» (Gn. 18:20).

«Llegaron, pues, los dos ángeles a Sodoma a la caída de la tarde; y Lot estaba sentado a la puerta de Sodoma» (Gn. 19:1).

Consideraremos este bien conocido relato de Génesis 19 en tres fases.

a. La existencia de estas ciudades. Antes de 1968 no existía ninguna referencia extrabíblica a las ciudades de Sodoma y Gomorra. Pero en esa época, un joven graduado en estudios del cercano oriente de la Universidad de Roma cambió todo eso, con su asombroso descubrimiento de la capital de una civilización enterrada y olvidada. Su nombre es Giovanni Pettinato. El nombre de esta antigua ciudad era Ebla. El hallazgo consistía de miles de tablas. Entre las muchas ciudades antiguas mencionadas en las tablas están las de Sodoma y Gomorra. Pero eso no es todo. En realidad había cinco «ciudades hermanas de la llanura» (Gn. 14:2). Eran: Sodoma, Gomorra, Adma, Zeboim y Bela. Las tablas de Ebla se refieren, muy precisamente, por nombre, a estas cinco ciudades. Una de las tablas registra un recibo comercial por un cargamento de grano entre Ebla y Sodoma.
b. El área fértil que una vez rodeara a Sodoma.

«Y alzó Lot sus ojos, y vio toda la llanura del Jordán, que toda ella era de riego, como el huerto de Jehová, como la tierra de Egipto en la dirección de Zoar, antes que destruyese Jehová a Sodoma y a Gomorra» (Gn. 13:10).

En 1924, el doctor W. F. Albright y el doctor M. G. Kyle, al conducir una expedición conjunta de las Escuelas Americanas y el Seminario de Xenia, encontraron, en la esquina sudeste del mar Muerto, cinco oasis formados por arroyos de agua dulce y, ubicados céntricamente en relación con ellos, en una llanura a 500 pies por encima del nivel del mar Muerto, en un lugar llamado Babed-Dra, los restos de un gran recinto fortificado, evidentemente un «lugar alto» para festivales religiosos. Había una gran cantidad de tiestos, pedernales y otras reliquias de un período que data entre el 2500 y el 2000 a.C., y evidencia de que la población había terminado abruptamente alrededor del 2000 a.C. La evidencia de que la región había sido densamente poblada y próspera indica que debe haber sido muy fértil, «como el huerto de Jehová». El hecho de que la población dejara de existir repentinamente, y que ha sido una región de desolación completa desde entonces, parece indicar que el distrito fue destruido por algún gran cataclismo que cambió el suelo y el clima.

La opinión de Albright y de Kyle, y de la mayoría de los arqueólogos, es que Sodoma y Gomorra estaban ubicadas en esos oasis, arroyo abajo, y que ese sitio ahora está cubierto por el mar Muerto.

c. La destrucción de estas ciudades. La destrucción de Sodoma se llevó a cabo por una lluvia de «azufre y fuego». Al examinar el significado de esta expresión, los académicos han descartado las acciones volcánicas en base de indicaciones geológicas negativas. Muchos creen que se refiere a un terremoto que resultó en una enorme explosión. Leon Wood señala varios factores que favorecen este punto de vista. La idea de azufre y fuego sugiere materiales incendiarios cayendo sobre la ciudad como resultado de una explosión. Otra palabra descriptiva que se utiliza es «asolar» (Gn. 19:29), y esto concuerda con la idea del terremoto. El hecho de que Abraham viera humo que subía en la dirección de la ciudad indica que hubo un incendio. Se ha conocido el asfalto inflamable en la zona por mucho tiempo. Los registros de escritores antiguos hablan de fuertes olores sulfúricos que sugieren que había cantidades de azufre en el pasado. Además, todo el valle del Jordán es una enorme falla en la superficie de la tierra, dada a condiciones de terremotos. Es posible, entonces, que Dios hubiera programado un terremoto en ese preciso momento, que habría liberado grandes cantidades de azufre y gas con varias sales que se hallan en abundancia, lo cual habría aumentado sensiblemente el flujo de la filtración de azufre. Los rayos podrían haber prendido el fuego y toda la región habría sido consumida tal como se indica. La Biblia es clara al indicar que Dios usa medios naturales para cumplir su propósito en la medida en que están disponibles en el momento propicio. Pudo haberlo hecho aquí.

El erudito americano Jack Finegan escribe:

«Un examen cuidadoso de la evidencia literaria, geológica y arqueológica conduce a la conclusión de que las corruptas «ciudades de la llanura» (Gn. 19:29) estaban en la zona ahora sumergida bajo las aguas lentamente ascendientes de la sección sur del mar Muerto, y que su destrucción se concretó por medio de un gran terremoto probablemente acompañado de explosiones, rayos, gases naturales e incendio general.»

El hundimiento liberó fuerzas volcánicas que habían yacido inactivas en la profundidad a lo largo de toda la disyunción. En el alto valle del Jordán cerca de Basán todavía hay cráteres elevados de volcanes apagados; se han depositado grandes extensiones y capas profundas de basalto en la superficie de piedra calina. Desde tiempos inmemoriales, la zona alrededor de esta depresión ha estado sujeta a terremotos. Hay evidencia repetida de ellos y la misma Biblia los registra. Como en confirmación de la explicación geológica de la desaparición de Sodoma y Gomorra, Sancuniatón, el sacerdote fenicio, utiliza estas palabras en su «Historia Antigua» que ahora ha sido descubierta nuevamente: «El valle de Sidimo se hundió y se convirtió en un lago, siempre humeante y sin peces, un símbolo de venganza y muerte para el transgresor.»

«Si tomamos un barco a remo a través del "mar Salado" hasta el extremo sur veremos, si el sol brilla en la dirección correcta, algo completamente fantástico: a cierta distancia de la orilla, y claramente visible bajo la superficie del agua, se extiende el perfil de los bosques que el extremadamente alto contenido de sal del mar Muerto ha preservado. Los troncos y las raíces en el verde brillante deben ser verdaderamente muy antiguos. En una época, cuando estaban en flor y sus ramas estaban cubiertas de verde follaje, tal vez hayan pastado los ganados de Lot bajo su sombra.» (Werner Keller, *The Bible As History*, pp. 94, 98.)

17. La abundancia de alimento en Gerar en la época de hambre (Gn. 26:1).

«Después hubo hambre en la tierra, además de la primera hambre que hubo en los días de Abraham; y se fue Isaac a Abimelec rey de los filisteos, en Gerar» (Gn. 26:1). (Véase también Gn. 20:1.)

En 1927, el arqueólogo W. F. Petrie excavó la ciudad filistea de Gerar. Descubrió artículos antiguos de alfarería que mostraban que Gerar fue un gran centro de granos alrededor del año 2000 a.C., la época real de Abraham e Isaac.

18. La inquietud de Labán (Gn. 31:14-35).

«Pero Labán había ido a trasquilar sus ovejas; y Raquel hurtó los ídolos de su padre. Y Jacob engañó a Labán arameo, no haciéndole saber que se iba. Y al tercer día fue dicho a Labán que Jacob había huido. Entonces Labán tomó a sus parientes consigo, y fue tras Jacob camino de siete días, y le alcanzó en el monte de Galaad» (Gn. 31:19, 20, 22, 23).

«Este incidente ha sido un enigma por mucho tiempo. ¿Por qué estaba tan preocupado Labán por recuperar esos ídolos que Raquel había hurtado? En un intento por recuperarlos hizo una larga (275 millas [unos 443 km]) y cara expedición. Las excavaciones en Nuzi en el norte de Mesopotamia, en la región en la cual vivía Labán muestran que la posesión de los dioses domésticos de un suegro por un yerno era evidencia legalmente aceptable de la designación de ese yerno como heredero principal.... No es de extrañarse que Jacob estuviera enojado de que se lo acusara de tal hecho, y los dos hombres establecieron un límite, prometiendo no cruzarlo para perjudicar al otro. Jacob nunca hizo mal uso de los ídolos robados por Raquel, sino que mandó que se enterrasen en Siquem» (Gn. 35:2-4). (*New Scofield Bible*, p. 46.) Estas tablas de Nuzi ayudan a explicar no sólo la inquietud de Labán en este caso sino que arrojan mucha luz en otros acontecimientos bíblicos como:

a. Los intentos de Abraham por convertir a Eliezer en su heredero (Gn. 15:2).
b. La sierva dada a una nueva esposa (Gn. 29:24, 29).
c. La esposa estéril que da a luz hijos legítimos por medio de su concubina (Gn. 16:2).
d. El uso de la sandalia para sellar un acuerdo (Rt. 4:7).

19. José y la esposa de Potifar (Gn. 39).

«Aconteció después de esto, que la mujer de su amo puso sus ojos en José, y dijo: Duerme conmigo» (Gn. 39:7).

Varios siglos después de los acontecimientos de Génesis 39, una historia titulada «Un relato de dos hermanos» se volvió muy popular en Egipto. Hoy puede verse una copia en el museo británico. El editor de la versión inglesa de *History of Egypt* de Brugsch supone que esta historia tuvo sus raíces en ese incidente. En el relato egipcio, un hombre casado envía al hermano menor, que no era casado, y a quien le había confiado todo lo de su casa, a traer semillas de grano. La esposa lo tienta. Él se niega. Ella, enfurecida, le informa al marido que el hermano se quiso aprovechar de ella. El esposo planea matarlo. El hermano huye, pero después se convierte en el rey de Egipto.

20. Los ladrillos sin paja (Ex. 1:11; 5:7-9).

«Y mandó Faraón aquel mismo día a los cuadrilleros del pueblo que lo tenían a su cargo, y a sus capataces, diciendo: De aquí en adelante no daréis paja al pueblo para hacer ladrillo, como hasta ahora; vayan ellos y recojan por sí mismos la paja» (Ex. 5:6, 7).

a. Hace unos años, el famoso egiptólogo Eric Peet dijo que el relato en Éxodo 5 estaba equivocado, mostrando la ignorancia de Moisés (o quien sea que haya escrito el libro de Éxodo), porque la paja era completamente innecesaria para hacer los ladrillos debido a la naturaleza del barro del Nilo.
b. Pero en 1883, otro arqueólogo llamado Naville pudo desenterrar lo que se creían ser pozos de almacenamiento en Tell el Maskhuta a la orilla del Gosén. Identificó el lugar como Pitón, una de las ciudades de almacenaje de Faraón (Ex. 1:11), donde los israelitas fabricaban ladrillos. Halló que las paredes de esas estructuras estaban hechas de ladrillos, algunos de los cuales tenían paja y otros no.
c. Después de esto, en otra zona, se desenterró un antiguo documento egipcio llamado el Papiro Anastasi. Contenía el lamento de un oficial que tenía que construir edificios en la frontera norte de Egipto. La inscripción decía: «No tengo equipo. No hay gente para fabricar los ladrillos y no hay paja en la zona.» (Citado por el arqueólogo J. P. Free en *Archaeology and the Bible*, p. 91.)

21. La muerte de los primogénitos en Egipto (Ex. 12).

«Y aconteció que a la medianoche Jehová hirió a todo primogénito en la tierra de Egipto, desde el primogénito de Faraón que se sentaba sobre su trono hasta el primogénito del cautivo que estaba en la cárcel, y todo primogénito de los animales» (12:29).

La mayoría cree que el faraón de las diez plagas fue Amenhotep II. Por algún motivo su hijo no ascendió al trono después de su muerte. Es probable que este versículo provea la explicación.

22. La destrucción de Faraón y sus ejércitos en el mar Rojo (Ex. 14).

«... y Jehová derribó a los egipcios en medio del mar. Y volvieron las aguas, y cubrieron los carros y la caballería, y todo el ejército de Faraón que había entrado tras ellos en el mar; no quedó de ellos ni uno» (14:27, 28).

Nunca se terminó la tumba de Amenhotep II. Algunos creen que la respuesta se encuentra en este versículo.

23. La división del río Jordán (Jos. 3).

«Y cuando las plantas de los pies de los sacerdotes que llevan el arca de Jehová, Señor de toda la tierra, se asienten en las aguas del Jordán, las aguas del Jordán se dividirán; porque las aguas que vienen de arriba se detendrán en un montón» (Jos. 3:13).

«Las aguas que venían de arriba se detuvieron como en un montón bien lejos de la ciudad de Adam...» (3:16).

Leemos que las aguas del Jordán fueron bloqueadas desde Adam (la moderna Damieta), unas 16 millas (26 km) al norte de Jericó. Tres veces en la historia relativamente moderna (1266, 1906, 1927), un desprendimiento de tierra ha bloqueado el flujo del Jordán. En 1927 el río se detuvo por más de veintiuna horas. A veces los milagros de la Biblia son milagros de sincronización o coordinación.

24. La destrucción de Jericó (Jos. 6).

«Entonces el pueblo gritó, y los sacerdotes tocaron las bocinas; y aconteció que cuando el pueblo hubo oído el sonido de la bocina, gritó con gran vocerío, y el muro se derrumbó. El pueblo subió luego a la ciudad, cada uno derecho hacia adelante, y la tomaron» (6:20).

a. Se ha demostrado que los muros de Jericó se han derrumbado unas diecisiete veces, frecuentemente debido a terremotos. La ciudad fue destruida y aparentemente vuelta a construir alrededor del 1500 a.C. Estaba protegida por una pared doble de ladrillo, teniendo la pared exterior 6 pies de ancho y 30 pies de alto (1,8 m x 9m). El espacio entre las paredes era de 15 pies (unos 4,5 m). Esta ciudad estaba superpoblada, lo cual probablemente explica por qué se construían casas como las de Rahab (Jos. 2:15) sobre el espacio entre las paredes. Estas paredes muestran evidencia de una destrucción violenta; la pared exterior se había caído hacia adelante por la bajada. Cenizas, maderas quemadas y masas enrojecidas de piedra y ladrillo muestran que un incendio acompañó la caída de la ciudad. (Véase Jos. 6:24.)
b. John Garstang, un arqueólogo británico que excavó Jericó, halló una abundancia de alimentos, trigo, cebada, dátiles, lentejas, etc. en las ruinas de los almacenes convertidos en carbón por un calor intenso debajo de las cenizas y los muros derrumbados.
c. Se podría uno preguntar por qué los conquistadores no se apropiaron de este botín de la guerra. Esto se contesta fácilmente con Josué 6:18, donde se le prohibe a Israel tomar nada (aparte del oro y la plata a ser utilizados en el templo).

Nota: A esta altura debería considerarse un descubrimiento arqueológico interesante de 1896. En ese año se excavaron unas 350 tablas de arcilla de la corte egipcia de Amarna. En consecuencia se conocen como las Tablas de Amarna. Comprenden un grupo de cartas escritas por varias ciudades palestinas y sirias a los dos reyes de Egipto que vivieron alrededor del 1400 a.C. Escribieron a los egipcios pidiéndole su ayuda para repeler a un grupo de invasores habirúes. Algunos estudiosos han identificado las conquistas habirúes con los hebreos durante la época de Josué. El nombre Josué aparece en una de las tablas. Sin embargo, muchos académicos no aceptan esta teoría.

25. La riqueza de Gabaón.

«... Gabaón era una gran ciudad, como una de las ciudades reales...» (Jos. 10:2).

Ahora se sabe que la fuente de la prosperidad de Gabaón era un comercio floreciente y bien organizado de vino. Las excavaciones dirigidas por J. B. Prichard de la Universidad de Columbia en 1959-1960 resultaron en el descubrimiento de extensas bodegas de vino. Era obvio que algunas de las bodegas habían sido utilizadas como lagares para pisar las uvas; otras cavidades, protegidas por una tapa impermeable, podían ser identificadas como tinas de fermentación. La capacidad total de almacenamiento descubierta hasta ahora se aproxima a los 50.000 galones. También habría que recordar que los hombres de Gabaón que engañaron a Josué estaban llevando cueros de vino. (Véase Jos. 9:4.)

26. Las fuentes de Quiriat-sefer (Jos. 15:13-19).

«... dame también fuentes de agua. El entonces le dio las fuentes de arriba, y las de abajo» (15:19).

a. En este pasaje, Caleb le prometió la mano de su hija en matrimonio al hombre que capturara la ciudad cananea de Quiriat-sefer. Otoniel, el propio sobrino de Caleb, lo logró. El viejo guerrero entonces le dio dos fuentes cercanas como regalo de casamiento por pedido de su hija.
b. La arqueología ha descubierto la presencia de un pozo superior y uno inferior cerca del sitio. Las ranuras en los restos de los bordillos del viejo pozo muestran su uso desde tiempos antiguos.
c. Los excavadores también hallaron clara evidencia de la ocupación inmediata de la ciudad después de su conquista. No hubo un período de demora ni de descuido. No había ningún estrato neutral entre la vieja ciudad cananea y la ciudad israelita.

27. El uso de los tábanos en la conquista de la Palestina.

«Y envié delante de vosotros tábanos, los cuales los arrojaron de delante de vosotros, esto es, a los dos reyes de los amorreos; no con tu espada, ni con tu arco» (Jos. 24:12).

a. Se hace esta declaración tres veces en el Antiguo Testamento. Las primeras dos veces se dice como profecía (Ex. 23:28; Dt. 7:20) y aquí en Josué es el cumplimiento.
b. No hay ningún registro bíblico acerca de este acontecimiento ni de la manera exacta en la cual Dios lo realizó. Sabemos que mientras Moisés estuvo en Madián por cuarenta años, un poderoso faraón egipcio llamado Tutmose III inició una serie de invasiones militares de Canaán, venciendo las defensas de los amorreos y otras naciones de la tierra. Por supuesto que no se imaginaba que con sus conquistas en realidad estaba ayudando a preparar el camino para las conquistas de Israel bajo Josué al debilitar a esas naciones.
c. La historia interesante en este lugar es que los arqueólogos han descubierto que el emblema personal usado por Tutmose mismo era la imagen de un tábano. Bien puede ser que Dios tenía esto en mente en aquellos tres pasajes.

28. El entierro de Josué.

«Y le sepultaron en su heredad en Timnat-sera, que está en el monte de Efraín, al norte del monte de Gaas» (Jos. 24:30).

a. El texto griego (la Septuaginta) añade un comentario significativo en este lugar. Dice: «Pusieron junto con él en la tumba donde los sepultaron los cuchillos de piedra con los que circuncidó a los hijos de Israel en Gilgal.» (Véase Jos. 5:5.)
b. Diez millas al noroeste de Bet-el yace Quefer Isula, el «pueblo de Josué». En una colina cercana hay tumbas de piedra. En 1870 se encontraron unos cuantos cuchillos de piedra en uno de estos sepulcros.

29. Las ciudades del libro de los Jueces (Jue. 1:21-29). Joseph P. Free escribe:

«En Jueces 1:21 encontramos una indicación de que en la época de la conquista de Canaán ... los israelitas no echaron a los habitantes de Jerusalén. El hecho de que Israel no haya tomado a Jerusalén está confirmado por las Tablas de Amarna, que indican que el rey de Jerusalén fue leal al Faraón de Egipto. Según la Biblia, Bet-el fue destruida durante el temprano período de los jueces (1:23-25), y la excavaciones que se hicieron allí en 1924 mostraron que la ciudad fue completamente destruida durante esa época. Por otra parte, la Biblia indica que durante este mismo período Bet-sán, Meguido y Gezer eran ciudades florecientes no sujetas a los israelitas. Las excavaciones en estos sitios muestran la exactitud de la indicación de que no fueron tomadas por Israel en la época de los jueces.» (*Archaeology and Bible History*, pp. 141, 142.)

30. Los filisteos y las armas de hierro.

«Y Jehová estaba con Judá, quien arrojó a los de las montañas; mas no pudo arrojar a los que habitaban en los llanos, los cuales tenían carros herrados» (Jue. 1:19).

«Y en toda la tierra de Israel no se hallaba herrero; porque los filisteos habían dicho: Para que los hebreos no hagan espada o lanza. Por lo cual todos los de Israel tenían que descender a los filisteos para afilar cada uno la reja de su arado, su azadón, su hacha o su hoz» (1 S. 13:19, 20).

La evidencia arqueológica ha demostrado que los filisteos fueron los primeros habitantes de Palestina en poseer armas de hierro, habiendo aprendido el secreto de la fundición de hierro de los heteos. Según la Biblia, Israel no tuvo armas de hierro hasta la época de David, unos dos siglos después de la llegada de los filisteos (2 S. 12:31; 1 Cr. 29:7). Las excavaciones han revelado muchas reliquias de hierro del 1100 a.C. en Filistea, pero ninguna en la zona montuosa de Palestina antes de la época de David.

En 1927, el arqueólogo Petrie excavó el montículo filisteo de Tell Jemmeh, ocho millas al sur de Gaza. Allí descubrió un horno para espadas de los filisteos. El horno era un receptáculo con un conducto, y mostraba evidencia de gran calor.

31. El relato de la batalla de Débora y Barac (Jue. 4).

«Después de la muerte de Aod, los hijos de Israel volvieron a hacer lo malo ante los ojos de Jehová. Y Jehová los vendió en mano de Jabín rey de Canaán...» (4:1, 2).

«Y Jehová quebrantó a Sísara [el comandante de Jabín], a todos sus carros y a todo su ejército...» (4:15).

Mientras estaba excavando en Meguido (una de las ciudades capitales de los cananeos) en 1937, el Instituto Oriental encontró indicaciones de un incendio tremendo en el estrato del siglo XII a.C. Bajo el piso del palacio de esa ciudad recuperaron 200 piezas de adornos de marfil y oro hermosamente tallados. Uno muestra a un grupo de cautivos presentando tributos a un rey cananeo. Bien podrían ser los israelitas antes de la gran victoria al pie del monte Tabor.

32. El pozo de trigo escondido de Gedeón (Jue. 6:11-18).

«... Gedeón estaba sacudiendo el trigo en el lagar, para esconderlo de los madianitas» (6:11).

Kyle y Albright (1926-1928) encontraron muchos pozos de grano escondidos en las excavaciones en y alrededor de la zona de Gedeón en el estrato perteneciente a la época de los jueces.

33. El templo-torre del falso dios Baal-berit (Jue. 9).

«El hijo de Gedeón, Abimelec, quiso obtener poder en Israel, pero al poco tiempo fue opuesto por los hombres de Siquem. Cuando Abimelec y sus seguidores atacaron al pueblo de Siquem, los habitantes se encerraron en una fortaleza interior llamada «la fortaleza del templo del dios Berit» (Jue 9:46). Para tomar esta fortaleza, Abimelec y sus hombres juntaron leña, la apilaron alrededor de la estructura y prendieron fuego a la pila de leña (9:49). Se halló confirmación arqueológica de ese incendio en 1926 en las excavaciones del arqueólogo alemán, Sellin. Halló un edificio de este período que identificó con el templo de Berit. La evidencia de la alfarería mostraba que había sido construido alrededor del 1300 a.C. y que finalmente fue destruido por un incendio alrededor del 1150 a.C.» (*Archaeology and Bible History*, p. 143.)

34. La destrucción de Gabaa (Jue. 20).

«Se levantaron, pues, los hijos de Israel por la mañana, contra Gabaa» (20:19).

«... los de Benjamín miraron hacia atrás; y he aquí que el humo de la ciudad subía al cielo» (20:40).

En el siglo XII a.C. surgió una trágica guerra entre las tribus de Israel, poniendo a once tribus en contra de la tribu de Benjamín. Las once tribus ganaron y quemaron a Gabaa, la ciudad fortalecida de Benjamín.

W. F. Albright halló las ruinas de Gabaa cuando excavaba en 1922. Los estratos que datan de esa época muestran amplia evidencia de que la ciudad en efecto había sufrido una severa destrucción por fuego.

35. La destrucción de Silo (1 S. 4).

«Y envió el pueblo a Silo, y trajeron de allá el arca del pacto de Jehová de los ejércitos...» (4:4).

«Y el mensajero respondió diciendo: Israel huyó delante de los filisteos, y también fue hecha gran mortandad en el pueblo ... y el arca de Dios ha sido tomada» (4:17).

a. Cuando Israel entró a Canaán, se levantó el tabernáculo de Moisés en Silo, una ciudad ocho millas al norte de Bet-el. (Véanse Jos. 18:1; 19:51; Jue. 18:31; 1 S. 1:9; 3:3; 4:4.)
b. Aparentemente la ciudad de Silo fue destruida por los filisteos junto con el tabernáculo cuando capturaron el arca del pacto. Dios lo permitió por su pecado. La destrucción debe haber sido total y terrible. (Véanse Sal. 78:60; Jer. 7:12, 14; 26:6.) Debe haber ocurrido en 1 Samuel 4.
c. Más adelante, cuando se recuperó el arca, los hombres de Israel la trajeron a la ciudad de Quiriat-jearim (1 S. 7:1) y no a Silo. Finalmente, en la época de David, fue llevada a Jerusalén. (Véase 2 S. 6.)
d. Por años los críticos liberales de la Biblia dudaron de la existencia misma de Silo. Pero entre los años 1926 y 1928 una expedición danesa excavó en Silo. La evidencia de la alfarería no sólo confirmó la existencia de la ciudad sino también su importancia. Las conclusiones fueron que Silo había sido habitada desde el siglo XIII hasta el XI a.C., pero había estado deshabitada desde alrededor del 1050 hasta el 300 a.C. W.F. Albright confirmó este hallazgo.

36. La casa de Saúl en Gabaa.

«.... Saúl también se fue a su casa en Gabaa... (1 S. 10:26).

Unas pocas millas al norte de Jerusalén, cerca de un antiguo camino que va hasta Samaria, yace Tell el-Ful, que literalmente significa «el monte de las habichuelas». Esta es Gabaa, la capital y el hogar del reino de Saúl. En 1922-1923 W.F. Albright excavó las ruinas de su fortaleza. Era un edificio de dos pisos con un patio abierto de 40 yardas por 30 (27 X 37 m). El montículo contenía una variedad de alfarería, unas cuántas ollas de cocina y un arado de hierro, indicando que se practicaba algún tipo de agricultura en ese lugar. Nótense las actividades de Saúl, según la descripción en 1 Samuel 11:5. Albright también halló una gran pared doble, tal vez la misma donde el primer rey de Israel solía sentarse. (Véase 1 S. 20:25.)

37. La victoria de Jonatán sobre los filisteos (1 S. 14).

«Aconteció un día, que Jonatán hijo de Saúl dijo a su criado que le traía las armas: Ven y pasemos a la guarnición de los filisteos, que está de aquel lado...» (14:1).

«Y entre los desfiladeros por donde Jonatán procuraba pasar a la guarnición de los filisteos, había un peñasco agudo de un lado, y otro del otro lado; el uno se llamaba Boses, y el otro Sene» (14:4).

Un peñasco se encontraba al norte hacia Micmas y el otro al sur hacia Gabaa (v. 5).

«Y fue esta primera matanza que hicieron Jonatán y su paje de armas, como veinte hombres, en el espacio de una media yugada de tierra» (14:14).

El comandante Vivian Gilbright, un oficial del ejército británico, relata una historia asombrosa en cuanto a este pasaje en sus memorias de la Primera Guerra Mundial. Escribe:

«Durante la primera guerra mundial, un comandante de brigada en el ejército de Allenby en Palestina una vez estaba buscando cierto nombre en su Biblia, a la luz de una vela. Su brigada había recibido la orden de tomar un pueblo que estaba en una prominencia rocosa del otro lado de un profundo valle. Se llamaba Micmas y el nombre sonaba familiar. Por fin lo encontró en 1 Samuel. El comandante de brigada reflexionó que todavía debía existir ese pasaje angosto por las rocas entre los dos peñascos, y al final de él la "media yugada de tierra". Despertó al comandante y volvieron a leer el pasaje juntos. Mandaron patrullas. Encontraron el paso, que estaba protegido por unos pocos turcos, y que pasaba por dos rocas serradas, obviamente Boses y Sene. Arriba, junto a Micmas, podían ver un pequeño campo llano a la luz de la luna. El general de brigada cambió su plan de ataque. En vez de mandar toda la brigada, mandó una compañía por el paso en la oscuridad. Los pocos turcos que encontraron fueron sometidos sin hacer ruido. Escalaron las pendientes y poco antes del amanecer la compañía se había ubicado en la "media yugada de tierra". Los turcos se despertaron y se escaparon en desorden pensando que estaban rodeados por el ejército de Albright. Todos fueron muertos o capturados. Y así fue [concluye el comandante Gilbright] que después de miles de años, las tropas británicas copiaron las tácticas de Saúl y Jonatán con éxito.

38. La música de David (1 S. 16:18, 23; 1 Cr. 15:16).

«Entonces uno de los criados respondió diciendo: He aquí yo he visto a un hijo de Isaí de Belén, que sabe tocar...» (Is. 16:18).

«Y cuando el espíritu malo de parte de Dios venía sobre Saúl, David tomaba el arpa y tocaba con su mano...» (Is. 16:23).

«Asimismo dijo David a los principales de los levitas, que designasen de sus hermanos a cantores con instrumentos de música, con salterios y arpas y címbalos, que resonasen y alzasen la voz con alegría» (1 Cr. 15:16). (Véase también Sal. 137:1-6.)

El arqueólogo J.A. Thompson escribe:

«Una de las imágenes más claras que tenemos de David en el registro bíblico es la de músico y organizador de la música del templo (1 Cr. 25). Hoy día es bien sabido que Palestina fue famosa en el Oriente por muchos siglos por ser una tierra donde se disfrutaba grandemente de la música. Para el 1900 a.C. los artistas egipcios ya pintaban a los nómadas palestinos que visitaban su tierra con burros y mercadería para vender. Entre las personas representadas había algunas que llevaban instrumentos de cuerda parecidos al arpa. Los monumentos egipcios del Nuevo Imperio desde alrededor del 1550 en adelante se refieren a una variedad de ejemplos de música de la tierra de Canaán.» (*The Bible and Archaeology,* p. 98.)

39. La muerte de Saúl (1 S. 31).

«Y le cortaron la cabeza, y le despojaron de las armas.... Y pusieron sus armas en el templo de Astarot, y colgaron su cuerpo en el muro de Betsán» (vv. 9, 10).

Bet-sán está justo al este del monte de Gilboa en la unión de los valles de Jezreel y del Jordán. En 1921 C.S. Fisher y otros arqueólogos del Museo Universitario de Pennsylvania comenzaron a excavar en esa zona. Pronto descubrieron en el estrato del 1000 a.C. las ruinas de un templo de Astarot y también de un templo de Dagón.

40. El estanque de Gabaón (2 S. 2).

«Abner ... y Joab ... [se] encontraron junto al estanque de Gabaón; y se pararon los unos a un lado del estanque, y los otros al otro lado» (vv. 12, 13).

En 1956, debajo de un campo de tomates en el-Jib (el nombre moderno de Gabaón), el profesor J. B. Pritchard, de la Universidad de Columbia, descubrió el estanque de Gabaón, aparentemente un sitio bien conocido en su época. Halló un conducto de más de 30 pies de diámetro y 30 pies de profundidad (9 m y 9 m), que había sido cortado verticalmente en la roca. Un sendero en espiral iba por una rampa cortada en la pared interior. Debajo de él, una escalera de caracol con dos aberturas para luz y aire, descendía 45 pies adicionales (más de 13 m) hasta el pozo mismo, cincelado en la piedra caliza sólida. Cuando se sacaron los escombros que cubrían la estructura, la gran cisterna comenzó a llenarse de nuevo lentamente con agua por las grietas en la roca como lo había hecho 3.000 años antes.

41. La captura de Jerusalén (2 S. 5:6-10).

«Pero David tomó la fortaleza de Sion, la cual es la ciudad de David. Y dijo David aquel día: Todo el que hiera a los jebuseos, suba por el canal y hiera a los cojos y ciegos aborrecidos del alma de David...» (5:7, 8).

a. Ha habido controversia por la palabra «canal». Algunos creen que debería traducirse «gancho». Por lo tanto el relato nos diría que David tomó la ciudad escalando los muros con ganchos. Sin embargo, la mayor parte de los arqueólogos creen que «canal» se refiere a un curso secreto de agua encontrado por David que le permitió acceso a la ciudad. Si es así, el curso de agua fue descubierto nuevamente por un capitán británico llamado Warren en 1867.

b. Werner Keller escribe lo siguiente al respecto:

«Al oeste de Jerusalén, en el declive de la roca hacia el valle de Cedrón se encuentra "Ain Sitt Maryam", la "Fuente de la Virgen María". En el Antiguo Testamento se llama "Gihón", "burbujeante", y siempre ha sido la fuente principal de agua para los habitantes de la ciudad. El camino a ella pasa por los ruinas de una pequeña mezquita y entra en una bóveda. Treinta pasos conducen a una pequeña cuenca donde se junta el agua pura del corazón de la roca.

En 1867 el capitán Warren, junto con un grupo de peregrinos, visitó la famosa vertiente que, según la leyenda, es el lugar donde María lavó los pañales de su pequeño Hijo. A pesar de la semioscuridad, en esta visita Warren notó una cavidad oscura en el techo, a pocos metros del lugar donde el agua fluía de la roca. Aparentemente nadie la había visto antes porque cuando Warren preguntó, nadie pudo decirle nada.

Lleno de curiosidad, volvió a la Fuente de la Virgen al día siguiente armado de una escalera y una soga larga. No tenía idea de que le esperaba una aventura algo peligrosa.

Detrás de la vertiente había un estrecho conducto que salía primero horizontal y después verticalmente por la roca. Warren era un experto alpinista y conocía bien este tipo de escalamiento. Con cuidado, mano sobre mano, fue subiendo. Después de unos 40 pies (12 m) el conducto terminó abruptamente. Palpando en la oscuridad, Warren finalmente encontró un angosto pasaje. Gateando, lo siguió. Se habían cortado unos escalones en la roca. Después de un rato vio brillar una luz. Llegó a una cámara abovedada que no tenía más que jarras y botellas de vidrio viejas cubiertas de polvo. Se forzó por medio de una grieta en la roca y se halló en pleno día en el centro de la ciudad, lejos de la Fuente de la Virgen.

Una investigación más a fondo llevada a cabo por Parker, que fue del Reino Unido en 1910 bajo los auspicios del Fondo de Exploración de Palestina, mostró que este notable arreglo databa del segundo milenio a.C. Los habitantes de la vieja Jerusalén habían cortado un pasaje en la roca para asegurar que cuando estuvieran sitiados pudieran llegar con seguridad a la vertiente que representaba la vida o la muerte.

La curiosidad de Warren había descubierto el camino que David había usado 3.000 años antes para tomar la fortaleza de Jerusalén por sorpresa.» (*The Bible as History*, p. 190.)

42. Las riquezas de Salomón (1 R. 4:26; 9:19; 9:26; 10:23).
«Asimismo todas las ciudades donde Salomón tenía provisiones, y las ciudades de los carros, y las ciudades de la gente de a caballo, y todo lo que Salomón quiso edificar en Jerusalén, en el Líbano, y en toda la tierra de su señorío» (1 R. 9:19).

«Hizo también el rey Salomón naves en Ezión-geber, que está junto a Elot en la ribera del mar Rojo, en la tierra de Edom» (1 R. 9:26).

«Así excedía el rey Salomón a todos los reyes de la tierra en riquezas y en sabiduría» (1 R. 10:23).

Los descubrimientos arqueológicos relacionados con la época de Salomón son muy asombrosos. El profesor Albright ha observado que la época de Salomón fue uno de los períodos más prósperos de la historia de Palestina. Se ha hallado evidencia de enormes depósitos de riquezas en las ciudades excavadas de Hazor, Meguido, Bet-semes, y otros centros de comercio de la época.

Es obvio por la Biblia (1 R. 7:46) que Salomón debió haber tenido fuentes considerables de bronce. Habrían hecho falta muchas toneladas para todos los artículos de bronce utilizados en el Templo. Hay poca duda acerca de la existencia de minas y hornos para trabajar metales en la zona del Jordán en Palestina. El arqueólogo Nelson Glucck escribe:

«Encontré fragmentos de escoria en algunos de los montículos al norte de Adama y especialmente en el lugar de la antigua Sucot. En la época de Salomón, todo este distrito del valle del Jordán vibraba con actividad industrial dedicada a producir artículos de metal terminados para el adorno del nuevo templo.» (*The River Jordan*, p. 146.)

J.A. Thompson escribe:

«Es interesante aprender de la Biblia que Salomón tenía un puerto en el mar Rojo ... el hecho de que haya existido un puerto aquí está confirmado por las excavaciones en Ezión-geber. El pueblo produjo varias piezas de evidencia que señalaban la existencia de un puerto allí. En primer lugar, había muchos artículos que pueden ser fácilmente reconciliados con la actividad marítima, como clavos de bronce y hierro, pedazos de soga y varios tipos y pedazos de brea. Además había artículos encontrados aquí que venían de otras tierras. Algunos eran de origen egipcio y otros venían del sur de Arabia. Todo esto señala un centro de comercio en el cual el mar jugaba un papel importante.» (*The Bible and Archaeology*, p. 106.)

43. La invasión de Judá por Sisac, rey de Egipto (1 R. 14:25-28; 2 Cr. 12:2-4).
«Y por cuanto se habían rebelado contra Jehová, en el quinto año del rey Roboam subió Sisac rey de Egipto contra Jerusalén.... Y tomó las ciudades fortificadas de Judá, y llegó hasta Jerusalén» (2 Cr. 12:2, 4).

Hay hallazgos arqueológicos que muestran que Sisac fue el fundador de la vigésima segunda dinastía. Se descubrió su cuerpo enmascarado con oro en Tanis en 1938-1939. Las inscripciones de sus victorias halladas en Tebas mencionan a los pueblos tomados en Judá e Israel.

44. El reinado de Omri, el rey del norte (1 R. 16:23, 24).
«En el año treinta y uno de Asa rey de Judá, comenzó a reinar Omri sobre Israel, y reinó doce años; en Tirsa reinó seis años. Y Omri compró a Semer el monte de Samaria por dos talentos de plata, y edificó en el monte; y llamó el nombre de la ciudad que edificó, Samaria, del nombre de Semer, que fue dueño de aquel monte» (1 R. 16:23, 24).

Los arqueólogos de la Universidad de Harvard han excavado a Samaria y descubrieron los cimientos del palacio de Omri, pero nada más antiguo que Omri, evidencia de que él fue el fundador de la ciudad. También se menciona su nombre en la famosa Piedra Moabita. La referencia que los asirios hicieron a él en el Obelisco Negro de Salmanasar III después de más de un siglo es testimonio de la fama de Omri en el mundo de su época. De hecho, después de Omri, Israel era conocido por sus enemigos como Bit-Humri, «la casa de Omri».

45. La reconstrucción de Jericó (Jos. 6:26; 1 R. 16:34).
«En aquel tiempo hizo Josué un juramento, diciendo: Maldito delante de Jehová el hombre que se levantare y reedificare esta ciudad de Jericó. Sobre su primogénito eche los cimientos de ella, y sobre su hijo menor asiente sus puertas» (Jos. 6:26).

«En su tiempo [de Acab] Hiel de Bet-el reedificó a Jericó. A precio de la vida de Abiram su primogénito echó el cimiento, y a precio de la vida de Segub su hijo menor puso sus puertas, conforme a la palabra que Jehová había hablado por Josué hijo de Nun» (1 R. 16:34).

M.F. Unger escribe:

«*La reconstrucción de Jericó* (16.34) está confirmada por excavaciones arqueológicas. Por excavaciones recientes se comprueba la existencia de esta ciudad desde tiempos antiquísimos. No obstante la confusión que existe en la interpretación de los elementos encontrados en la excavación ... queda firme el texto bíblico en el sentido de que los distintos estratos demuestran que no fue habitada desde los días de Josué hasta la época de Acab. Además, algunas pequeñas ruinas acusan como fecha de su construcción, el siglo en que Hiel reconstruyó ese lugar.» (*Manual bíblico de Unger*, Editorial Portavoz, p. 225.)

46. La victoria de Elías en el monte Carmelo (1 R. 18).
«Envía, pues, ahora y congrégame a todo Israel en el monte Carmelo, y los cuatrocientos cincuenta profetas de Baal, y los cuatrocientos profetas de Asera, que comen de la mesa de Jezabel» (v. 19)

El arqueólogo J.A. Thompson habla de este acontecimiento:

«La historia del conflicto de Acab con Elías gana mucho con los descubrimientos modernos. Era una época de sequía severa. Esta sequía está confirmada en los escritos de Josefo, quien citó al escritor griego Meandro, quien a su vez había utilizado fuentes fenicias. Sin embargo, es de mayor interés el hecho de que el dios Baal, que figura tanto en esta historia, se nos describa ahora muy detalladamente como resultado de los descubrimientos de las tablas de Ras Shamra, anteriormente Ugarit, un gran pueblo cananeo y el sitio de varios templos. Baal era dios especialmente de la fertilidad. Controlaba las estaciones y era responsable de las tormentas y la lluvia. Si había una sequía en la tierra se debía a la obra de Baal. Su devoto le pedía socorro por estas condiciones. Elías expuso la vaciedad de esta creencia con desprecio en el monte Carmelo (1 R. 18). Aunque Baal fracasara, el Dios de Israel no lo haría. Ante la palabra de Elías, y en respuesta a su oración, vino la lluvia.

Hay otra característica de esta historia. En el texto hebreo en realidad se hace referencia a dos dioses en 1 Reyes 18:19. Son Baal y Asera. Los documentos excavados en Ugarit nos muestran que Asera era una diosa, la consorte de Baal, una criatura sensual y lasciva. Ella, como Baal, tenía sus profetas en Israel, cuatrocientos en total (1 R. 18:19).» (*The Bible and Archaeology*, pp. 124, 125.)

47. La casa de marfil de Acab (1 R. 22:39).
    «El resto de los hechos de Acab, y todo lo que hizo, y la casa de marfil que construyó, y todas las ciudades que edificó, ¿no está escrito en el libro de las crónicas de los reyes de Israel?» (1 R. 22:39).
    Una expedición de la Universidad de Harvard en 1908-1910 encontró las ruinas de esta casa en Samaria. Sus paredes habían sido revestidas de marfil. Había miles de pedazos de paneles, placas, armarios y sofaes exquisitamente tallados e incrustados.
48. El estanque de Samaria (1 R. 22:37, 38).
    «Murió, pues, el rey, y fue traído a Samaria; y sepultaron al rey en Samaria. Y lavaron el carro en el estanque de Samaria....»
    Los arqueólogos han excavado un estanque de agua en el extremo norte de uno de los patios del palacio de Samaria. Sus dimensiones son de 33 X 17 pies (10 X 5 m). La ubicación indicaría que se utilizaba para abrevar los caballos y, sin duda, lavar los carros.
49. La guerra entre Israel y Moab (2 R. 3).
    «Pero muerto Acab, el rey de Moab se rebeló contra el rey de Israel» (3:5).
    Este capítulo relata la rebelión de Mesa, rey de Moab, en contra de Israel. Perdió la guerra gracias a la ayuda sobrenatural de Eliseo y en frustración total, ante los ojos horrorizados de las tropas israelitas victoriosas, ofreció a su hijo mayor en sacrificio al demoníaco dios moabita Quemos.
    En 1868 F.A. Klien, un misionero alemán en Dibón, unas 20 millas (32 km) al este del mar Muerto, descubrió la famosa Piedra Moabita. Esta piedra, que mide 3,5 pies de alto, 2,5 pies de ancho y 1 pie de espesor (1 x 0.76 x 0.30 m), fue erigida por el rey Mesa, y relata su versión de esta batalla en 2 Reyes 3. Sin embargo, como es de esperarse, relata una historia completamente diferente. Cuenta correctamente su rebelión en contra de Israel, pero cambia el resultado de la batalla, convirtiéndolo en el glorioso ganador.
50. El hombre «sobre cuyo brazo [el rey] se apoyaba» (2 R. 7).
    Fred H. Wright escribe:
    «En 2 Reyes 7:2 se hace referencia a un oficial del rey como un "príncipe sobre cuyo brazo el rey se apoyaba". Los versículos 17 y 19 mencionan al mismo hombre. La Versión Revisada Americana Estándard traduce capitán en vez de señor. En el pasado ha habido mucha discusión acerca de cuál sería la naturaleza de la tarea de este oficial. La palabra en hebreo significa literalmente "el tercero". Algunos han dicho que el hombre era un oficial de tercer rango. Pero ahora las representaciones en los monumentos asirios han explicado esta palabra hebrea. Allí se representa el carro de guerra asirio tripulado por tres hombres: el conductor, el hombre que peleaba, y el tercer hombre que tomaba las dos correas que estaban fijadas en la parte posterior del carro y así formaba un respaldo viviente para el vehículo. Parado atrás en el carro evitaba que el conductor o el luchador cayeran del carro al viajar sobre suelo desigual. Ser "el tercer hombre" en el carro del rey era una posición responsable, y a tal hombre se le asignarían tareas importantes cuando el rey estaba en palacio y no luchando. Este hombre era entonces en verdad «el tercer hombre sobre cuyo brazo el rey se apoyaba.» (*Highlights of Archaeology in Bible Lands*, pp. 49, 50.)
51. El castigo del rey Jehú (2 R. 10:29-33).
    «Mas Jehú no cuidó de andar en la ley de Jehová Dios de Israel con todo su corazón...» (10:31).
    «En aquellos días comenzó Jehová a cercenar el territorio de Israel...» (10:32).
    El Obelisco Negro de Salmanasar III, hallado en 1845, muestra una figura de marcados rasgos judíos arrodillada a los pies del rey y arriba tiene esta inscripción: «El tributo de Jehú, hijo [sucesor] de Omri, plata, oro, cuencas de oro, cálices de oro, tazas de oro, vasijas de oro, plomo, cetro para el rey y mangos de lanzas he recibido.»
52. El sello oficial del siervo de Jeroboam II (2 R. 14:23-29).
    «.... comenzó a reinar Jeroboam hijo de Joás sobre Israel en Samaria; y reinó cuarenta y un años» (14:23).
    Se ha excavado el hermoso palacio de Jeroboam en Samaria. El sello de jaspe de «Sema, siervo de Jeroboam» también fue descubierto, con su león magníficamente ejecutado.
53. El arrepentimiento de Nínive (Jon. 3).
    «Y los hombres de Nínive creyeron a Dios, y proclamaron ayuno, y se vistieron de cilicio desde el mayor hasta el menor de ellos» (3:5).
    Este capítulo describe el avivamiento más grande que se haya registrado en toda la historia. Ningún milagro físico en este libro (ni en ningún otro libro del Antiguo Testamento) se compara con la maravilla y el alcance de este milagro espiritual. Más adelante en el Nuevo Testamento Jesús advirtió que toda su generación (en general) se vería drásticamente afectada algún día porque:
    «Los hombres de Nínive se levantarán en juicio con esta generación, y la condenarán; porque ellos se arrepintieron a la predicación de Jonás, y he aquí más que Jonás en este lugar» (Mt. 12:41).
    Sin embargo, el crítico siempre ansioso de denigrar a la Biblia ha señalado con júbilo que la historia secular no registra ningún avivamiento de esta naturaleza en Nínive. Sin embargo, es posible que después de todo la historia secular sí indique este avivamiento sagrado registrado en Jonás. Se sabe que alrededor de esta época hubo un movimiento religioso en Nínive que resultó en un cambio de la adoración de muchos dioses a la de un solo Dios que llamaban Nebo. Nebo era el hijo en la trinidad babilónica. Su nombre significaba «el proclamador, el profeta».
    Era el proclamador de la mente y la voluntad de la cabeza trina. Nebo era el dios de sabiduría, el creador, el supervisor angélico. Algunos creen que Nebo había sido adorado en épocas anteriores como el único Dios supremo. Se sabe que el gobernador niniviano Adal-Nirari III (810-783) había propuesto un sistema de adoración monoteísta de algún tipo. Si el avivamiento se llevó a cabo en esta época como resultado de la predicación de Jonás, entonces el uso de su nombre nacional para el Hijo de Dios es lo que posiblemente se podría anticipar. Jonás no predicó arrepentimiento en el nombre de Yahvé (el Dios hebreo del pacto), sino en el nombre de Elohim (el Creador trino del universo; Gn. 1:1).
54. El tributo en dinero que Manahem le pagó al rey asirio Pul (2 R. 15:16-20).
    «Y vino Pul rey de Asiria a atacar la tierra; y Manahem dio a Pul mil talentos de plata para que

le ayudara a confirmarse en el reino. E impuso Manahem este dinero sobre Israel, sobre todos los poderosos y opulentos; de cada uno cincuenta siclos de plata, para dar al rey de Airia; y el rey de Asiria se volvió, y no se detuvo allí en el país» (15:19, 20).

Menahem fue uno de los últimos reyes de Israel. Durante su reinado la amenaza asiria se volvió seria. Cuando Pul (el Tiglat-Pileser de la historia) dio un paso hacia Israel, Menahem pudo aplacarlo con dinero. En los anales excavados de Tiglat-Pileser leemos:

«En cuanto a Menahem, lo abrumé como una tormenta de nieve y huyó como un ave solitaria, y se postró a mis pies. Lo volví a poner en su lugar y le impuse tributo.»

Ahora se sabe que la cantidad de cincuenta siclos a la cual se hace referencia en 2 Reyes 15:20 era el precio promedio de un esclavo. Menahem debía valorar a sus hombres al precio de un esclavo y así comprar su libertad. Sus anales también mencionan a Uzías, Peka y Oseas. Estos son los dos reyes del norte y los dos del sur mencionados con más frecuencia en la Biblia.

55. Los logros y el juicio del rey Uzías (2 Cr. 26).

«Asimismo edificó torres en el desierto, y abrió muchas cisternas; porque tuvo muchos ganados, así en la Sefela como en las vegas, y viñas y labranzas, así en los montes como en los llanos fértiles; porque era amigo de la agricultura» (2 Cr. 26:10).

«Mas cuando ya era fuerte, su corazón se enalteció para su ruina; porque se rebeló contra Jehová su Dios, entrando en el templo de Jehová para quemar incienso en el altar del incienso» (2 Cr. 26:16).

«Así el rey Uzías fue leproso hasta el día de su muerte, y habitó leproso en una casa apartada, por lo cual fue excluido de la casa de Jehová...» (2 Cr. 26:21).

En 1958 el profesor Michael Evenari, vice presidente de la Universidad Hebrea, descubrió indicios de varias granjas judías equipadas con cisternas, sistemas de irrigación y fortificaciones, todas ellas de la época de Uzías.

En 1959 el profesor Aharoni de la Universidad Hebrea descubrió un palacio judío 2 millas (unos 3 km) al sur de Jerusalén, en la colina de Raquel en el camino a Belén. Medía 250 pies por 150 pies (76 X 46 m), rodeado por una casamata como el del rey Acab en Samaria, y tenía un portón triple en el estilo de la época de Salomón. Tres lados del patio estaban rodeados de edificios, dos lados para habitación y el tercero para almacenamiento. No había duda en cuanto al ocupante de este puesto magnífico pero solitario. Habían excavado el palacio de Uzías el leproso.

56. La captura de Israel por los reyes asirios Pul, Salmanasar y Sargón (2 R. 15, 17).

«En los días de Peka rey de Israel, vino Tiglat-pileser rey de los asirios ... y los llevó cautivos a Asiria. Y Oseas hijo de Ela conspiró contra Peka hijo de Remalías, y lo hirió y lo mató, y reinó en su lugar...» (15:29, 30).

«Contra éste subió Salmanasar rey de los asirios; y Oseas fue hecho su siervo, y le pagaba tributo» (17:3).

«Y trajo el rey de Asiria gente de Babilonia ... y los puso en las ciudades de Samaria, en lugar de los hijos de Israel; y poseyeron a Samaria, y habitaron en sus ciudades» (2 R. 17:24).

Leemos las siguientes inscripciones excavadas de estos reyes asirios:

«La Casa de Omri y toda su gente junto con sus bienes llevé yo a Asiria. A Peka su rey destituyeron y puse a Oseas sobre ellos como rey. De él recibí 10 talentos de oro y 1000 talentos de plata» (Pul).

«En mi primer año capturé a Samaria. Tomé cautivas a 27.290 personas. Puse en Samaria a gente de otras tierras, que nunca pagaron tributo» (Sargón).

57. El tributo de dinero de Acaz para el rey Tiglat-pileser (2 R. 16:5-9).

«Entonces Acaz envió embajadores a Tiglat-pileser rey de Asiria, diciendo: Yo soy tu siervo y tu hijo.... Y tomando Acaz la plata y el oro que se halló en la casa de Jehová, y en los tesoros de la casa real, envió al rey de Asiria un presente. Y ... subió el rey de Asiria subió contra Damasco, y la tomó, y llevó cautivos a los moradores a Kir, y mató a Rezín» (2 R. 16:7-9).

Una inscripción excavada de Tiglat-pileser reza:

«El tributo de Acaz el judío recibí, oro, plata, plomo, estaño y lino. A Damasco destruí. A Rezín lo tomé. A sus oficiales los empalé vivos en estacas....»

58. La historicidad de Sargón (Is. 20:1).

«En el año que vino el Tartán a Asdod, cuando lo envió Sargón rey de Asiria, y peleó contra Asdod y la tomó» (Is. 20:1).

Antes del advenimiento de la arqueología moderna nunca había aparecido el nombre de Sargón en la literatura antigua aparte de las referencias en Isaías. Los críticos, como siempre, fueron rápidos en señalar otro «error histórico» de la Biblia. Pero en 1843 desaparecieron sus burlas porque el arqueólogo Paul Emil Botta excavó un enorme palacio en Khorsabad, en el límite norte de Nínive. El edificio resultó ser el cuartel general del imperio del mismo Sargón. Otros hallazgos desde aquél han confirmado que Sargón fue uno de los más grandes (si no el más grande) de todos los reyes asirios. En uno de sus registros se nos dice:

«Azuri, rey de Asdod, había planeado no entregar más el tributo.... En un arranque de ira marché rápidamente en mi carro real y con mi caballería ... en contra de Asdod ... y sitié y conquisté a Asdod ... y llevaron mi yugo....»

59. El sello y la tumba de Sebna, el tesorero de Ezequías (Is. 22:15, 16; 36:3).

«Jehová de los ejércitos dice así: Ve, entra a este tesorero, a Sebna el mayordomo, y dile: ¿Qué tienes tú aquí, o a quién tienes aquí, que labraste aquí sepulcro para ti, como el que en lugar algo labra su sepultura, o el que esculpe para sí morada en una peña? (22:15, 16)»

«Y salió a él [Ezequías] ... Sebna, escriba...» (36:3).

En 1935 J.L. Starkey excavó en Laquis y halló un sello de piedra con el nombre de Sebna, aparentemente de la época del rey Ezequías. Además, en el Museo Británico hay un dintel de piedra caliza de una tumba de un cierto Sebna que data de la época de Ezequías. Está inscrito en hebreo arcaico.

60. La destrucción de Laquis por Senaquerib (2 Cr. 32:9; Is. 10:29).

«Después de esto, Senaquerib rey de los asirios, mientras sitiaba a Laquis con todas sus fuerzas...» (2 Cr. 32:9).

El historiador Werner Keller escribe:

«Cualquiera que desee experimentar la terrible batalla de Laquis, vívida y dramáticamente hasta el último detalle, debe visitar el Museo Británico. Es allí que han encontrado su morada los relieves masivos que los testigos oculares crearon bajo las órdenes de Senaquerib hace 2.650 años. Sir Henry Layard salvó este valioso objeto de las ruinas de Nínive.

Los defensores lucharon con los dientes apretados en los torreones y los parapetos de la fortaleza de Laquis. Enviaron una lluvia de flechas sobre los atacantes, les lanzaron piedras, tiraron antorchas encendidas —las bombas incendiarias del mundo antiguo— entre los enemigos. Las caras, el pelo rizado, las barbas cortas se reconocen fácilmente. Muy pocos llevan algún tipo de protección para la cabeza o el cuerpo.

Al pie del muro los asirios están atacando con la mayor violencia y con todo tipo de arma. Senaquerib había desplegado toda la gama de las tácticas de asalto aprobadas. Todo asirio está armado hasta los dientes: cada uno lleva escudo y yelmo. Sus ingenieros han construido rampas de tierra, piedras y árboles cortados. Las máquinas de sitio, los primeros tanques de la historia, suben por las rampas en contra de los muros. Están armadas al frente con un ariete que sobresale como el barril de un cañón. La tripulación consiste de tres hombres. El arquero dispara sus flechas desde atrás de una cubierta protectora. Un guerrero guía el ariete, y bajo sus golpes violentos caen piedras y ladrillos de los muros. El tercer hombre moja los tanques con cucharones de agua, extinguiendo las humeantes bombas de fuego. Varios tanques atacan al mismo tiempo. Se están forjando túneles en la piedra bajo los cimientos de los muros. Detrás de los tanques viene la infantería, los arqueros, algunos arrodillados, algunos inclinados, protegidos por escuderos. Se están llevando a los primeros cautivos, hombres y mujeres. Hay cuerpos sin vida colgando de estacas puntiagudas: empalados. James Lesley Starkey, arqueólogo británico, excavó las ruinas de los muros de la fortaleza de Laquis. Todavía se pueden ver los agujeros y las brechas que hicieron los tanques asirios» (*The Bible As History*, pp. 258, 259.)

61. La captura fallida de Jerusalén por Senaquerib (2 R. 18—19; 2 Cr. 32; Is. 36—37).

«Por tanto, así dice Jehová acerca del rey de Asiria: No entrará en esta ciudad, ni arrojará saeta en ella; no vendrá delante de ella con escudo, ni levantará contra ella baluarte. Por el camino que vino, volverá, y no entrará en esta ciudad, dice Jehová. Porque yo ampararé a esta ciudad, para salvarla, por amor de mí mismo, y por amor de David mi siervo» (Is. 37:33-35).

«Y salió el ángel de Jehová y mató a ciento ochenta y cinco mil en el campamento de los asirios; y cuando se levantaron por la mañana, he aquí que todo era cuerpos de muertos» (Is. 37:36).

Así reza el relato bíblico de la invasión de Judá por Senaquerib. Lo siguiente fue tomado del registro del propio Senaquerib de esta época.

«En cuando a Ezequías el judío, no se sometió a mi yugo. Sitié a cuarenta y seis de sus ciudades fortalecidas, fuertes con muros e innumerables pueblos pequeños en la vecindad y los conquisté por medio de rampas de tierra bien apisonadas y arietes llevados cerca de los muros por ese medio.... A él mismo lo hice prisionero en Jerusalén, en su residencia real, como un pájaro en una jaula.»

62. El asesinato de Senaquerib por sus propios hijos.

«Entonces Senaquerib rey de Asiria se fue, e hizo su morada en Nínive. Y aconteció que mientras adoraba en el templo de Nisroc su dios, sus hijos Adramelec y Sarezer le mataron a espada, y huyeron a la tierra de Ararat; y reinó en su lugar Esar-hadón su hijo» (Is. 37:37, 38).

Esar-hadón, el hijo y sucesor, relata este mismo acontecimiento en una inscripción: «Una firme resolución se apoderó de mis hermanos. Abandonaron a los dioses y se volvieron a sus hechos de violencia, planeando el mal. Para ganar el trono mataron a Senaquerib su padre.»

63. El encarcelamiento de Manasés por los asirios.

«Por lo cual Jehová trajo contra ellos los generales del ejército del rey de los asirios, los cuales aprisionaron con grillos a Manasés, y atado con cadenas lo llevaron a Babilonia» (2 Cr. 33:11).

El arqueólogo Fred Wright escribe:

«A primera vista algunos podrían cuestionar la historia bíblica porque dice que Manasés fue llevado a Babilonia, cuando la ciudad capital de Asiria era Nínive. Además, el padre de Esar-hadón, Senaquerib, había destruido cruelmente la ciudad de Babilonia y la había dejado en ruinas. Pero la arqueología provee lo que de otra manera sería un eslabón perdido en la historia. Registra el hecho de que Esar-hadón reconstruyó a Babilonia. En su registro dice que la reconstruyó y que la convirtió en una ciudad magnífica. Menciona a Manasés en una de sus inscripciones: "Llamé a los reyes de Siria ... Manasés, rey de Judá ... les di órdenes."» (*Highlights of Archaeology in Bible Lands*, p. 49.)

64. El descubrimiento del libro de la ley en el templo durante el reinado de Josías (2 Cr. 34:8-32).

«A los dieciocho años de su reinado, después de haber limpiado la tierra y la casa, envió a Safán hijo de Azalía, a Maasías gobernador de la ciudad, y a Joa hijo de Joacaz, canciller, para que reparasen la casa de Jehová su Dios» (2 Cr. 34:8).

«... el sacerdote Hilcías halló el libro de la ley de Jehová dada por medio de Moisés» (2 Cr. 34:14).

M.F. Unger escribe:

«... la arqueología da un enfoque interesante a la posible razón por el descubrimiento de este documento por los obreros mientras trabajaban en el templo. El descubrimiento está estrechamente ligado a la actividad de los albañiles y los carpinteros, y es muy posible que esta copia del Pentateuco haya sido colocada en la piedra angular del templo cuando fue construido por Salomón (*ca.* 966 a.C.). Sin duda aparecen los documentos de los muros. La arqueología ha demostrado que en tiempos antiguos era común colocar documentos en los cimientos de los edificios, como se hace hasta el día de hoy.

A Nabónido, un rey babilonio del siglo VI a.C., por ejemplo, le encantaba excavar los cimientos de los edificios antiguos de su época para recuperar los documentos depositados allí siglos atrás. Hizo esto en el templo de Samás en Sipar en la baja Mesopotamia.» (*Archaeology and the Old Testament*, p. 281.)

65. El túnel de agua de Ezequías (2 R. 20:20; 2 Cr. 32:30).

«... Ezequías ... hizo el estanque y el conducto, y metió las aguas en la ciudad...» (2 R. 20:20).

«Este Ezequías cubrió los manantiales de Gihón

la de arriba, y condujo el agua hacia el occidente de la ciudad de David» (2 Cr. 32:30).

La fuente más importante de agua en la antigua Jerusalén era la vertiente de Gihón, ubicada justo al este de la zona del templo en el valle de Cedrón. En consecuencia, estaba expuesta al enemigo atacante. Para contrarrestar esto, Ezequías hizo construir un gran conducto desde la vertiente de Gihón afuera de la ciudad a una cisterna especial dentro de la ciudad conocida como el Estanque de Siloé. Este conducto, que medía 1777 pies de largo (unos 518 m) y estaba cortado en la roca sólida, era uno de los mecanismos más asombrosos para suministrar agua en todo el período bíblico. Los obreros, usando picos de mano y zigzagueando desde lados opuestos para encontrarse finalmente en el medio, excavaron un conducto de unos 6 pies en altura (1,80 m). La cisterna del Estanque de Siloé mide alrededor de 30 x 20 pies (6,09 x 9,14 m).

Lo más interesante arqueológicamente del túnel de Ezequías es la inscripción de seis líneas en hebreo clásico tallada hermosamente al pie del conducto a unos 19 pies (5,79 m) del final del conducto del lado de Siloé. En 1180 dos pequeños niños árabes estaban jugando en la zona cuando uno de ellos la descubrió. La inscripción reza:

«La perforación se ha completado. Ahora esta es la historia de la perforación. Cuando los obreros todavía estaban levantando los picos para picar, cada uno hacia su vecino, y mientras todavía faltaba cortar tres codos, cada uno oyó la voz del otro....»

Más adelante la inscripción fue removida de la roca y llevada por el gobierno turco al museo arqueológico de Istanbul.

66. Las reparaciones de los muros por Ezequías (2 Cr. 32:5).

«Después con ánimo resuelto edificó Ezequías todos los muros caídos, e hizo alzar las torres, y otro muro por fuera...» (2 Cr. 32:5).

«Las reparaciones de Ezequías (32:5), hechas a prisa y provisionalmente, bajo la amenaza del sitio asirio, se notan claramente en los muros tal como se hallan hoy día. Han sido descubiertos los cimientos del "otro muro por de fuera", paralelos al muro de David y con un espacio de nueve metros [30 pies] de por medio.» (*Compendio manual de la Biblia*, Editorial Portavoz, p. 225.)

67. La destrucción de Laquis por Nabucodonosor.

«Y el ejército del rey de Babilonia peleaba contra Jerusalén, y contra todas las ciudades de Judá que habían quedado, contra Laquis y contra Azeca; porque de las ciudades fortificadas de Judá éstas habían quedado» (Jer. 34:7).

Uno de los hallazgos más importantes de principios del siglo XX fueron las Cartas de Laquis. Son veintiuna cartas escritas en hebreo bíblico, todas escritas por un hombre llamado Osías (que estaba en un puesto militar) a Jaos, el oficial comandante en Laquis. Laquis estaba ubicada 30 millas (unos 48 km) al sudeste de Jerusalén, en el camino principal de la Palestina central a Egipto. Las ruinas de estas ciudad y estos documentos en tiestos fueron excavados por J. L. Starkey en 1935. Las cartas nos dan un punto de vista independiente de las condiciones de Judá antes de la caída de Jerusalén.

La tercera carta tiene que ver con los movimientos de las tropas judías. La cuarta carta reza:

«Estamos tratando de ver las estaciones de señales de Laquis, según todas las señales que están dando, porque no podemos ver las señales de Azeca.»

Estas cartas también hacen referencia y mencionan por nombre a ciertas personas cuyos nombres aparecen en la narración bíblica: «Gemarías», un oficial del rey Sedequías (Jer. 29:3), «Jaazanías», un capitán militar de Nabucodonosor (2 R. 25:23), «Matanías», el nombre original del rey Sedequías (2 R. 24:17) y otros más. También se hace referencia al padre de Baruc, el escriba de Jeremías. Su nombre era Nerías (Jer. 43:3). Por supuesto que este mensaje le dijo a Jaos que Azeca había caído. Nabucodonosor ahora podía llevar a sus ingenieros para el ataque de la última fortaleza en Laquis.

Ya hemos visto como las tropas de Senaquerib habían atacado los muros de Laquis en el 701 a.C. Pero eso no fue nada en comparación con la destrucción que los babilonios efectuarían ahora. Los arqueólogos británicos de la expedición Welcome-Marston obtuvieron información acerca del terrible fin de Laquis en 1938 después de seis arduas temporadas de excavación. Sin embargo, una nota triste en esta historia fue el asesinato trágico de J. L. Starkey, uno de los excavadores de Laquis, en 1938 a la edad de cuarenta y tres años. Fue muerto a balazos por los árabes cerca de Hebrón.

Werner Keller escribe:

«La investigación del estrato que marcaba la obra babilónica de destrucción reveló, ante el asombro de Starkey, cenizas. Cenizas en cantidades increíbles. Muchas de las capas tienen varios metros de espesor y todavía —después de 2.500 años— son más altas que las ruinas de los muros sólidos de la fortaleza. Los ingenieros de Nabucodonosor eran especialistas en el arte del incendio, maestros en comenzar la conflagración.

Arrastraron toda la leña que pudieron al lugar, despojaron a toda la zona de Laquis de sus bosques y matorrales, dejaron sin leña a todos los montes por kilómetros a la redonda, apilaron la leña hasta la altura de una casa afuera de los muros y le prendieron fuego. Se cortaron innumerables olivares con este fin: la capa de cenizas contiene pilas de carozos de aceitunas chamuscadas. Las cortinas de fuego subían hasta el cielo día y noche; un círculo de fuego lamía los muros de arriba a abajo. Las fuerzas sitiadoras apilaron cada vez más leña hasta que las piedras incandescentes explotaron y los muros se derrumbaron» (*The Bible As History*, p. 283).

68. El cautiverio de Joacim y el nombramiento de Sedequías (2 R. 24:10-19; 25:27-30).

«En aquel tiempo subieron contra Jerusalén los siervos de Nabucodonosor rey de Babilonia, y la ciudad fue sitiada» (24:10).

«Asimismo llevó cautivos a Babilonia a Joaquín...» (24:15).

«Y el rey de Babilonia puso por rey en lugar de Joaquín a Matanías su tío, y le cambió el nombre por el de Sedequías» (24:17).

«Aconteció a los treinta y siete años del cautiverio de Joaquín rey de Judá, en el mes duodécimo, a los veintisiete días del mes, que Evil-merodac rey de Babilonia, en el primer año de su reinado, libertó a Joaquín rey de Judá, sacándolo de la cárcel» (25:27).

«Y diariamente le fue dada su comida de parte del rey, de continuo, todos los días de su vida» (25:30).

En 1955 el arqueólogo D. J. Wiseman estaba descifrando unas tablas babilónicas en el Museo Británico cuando descubrió el siguiente mensaje en una de ellas:

«En el séptimo año ... el rey [Nabucodonosor] ... acampó en contra de la ciudad de los judíos [Jerusalén] y la conquistó el segundo día de Adar [marzo del 597]. Llevó al rey [Joaquín] cautivo y puso en su lugar un rey conforme a su propio corazón [Sedequías]. Exigió un fuerte tributo y lo hizo llevar a Babilonia.»

Aun antes de esto, en 1934, E. F. Weider estaba traduciendo unas tablas babilónicas similares que habían sido excavadas en 1899 por el profesor Robert Koldeway. En cuatro recibos distintos de alimentos distribuidos, incluyendo aceite de sésamo de la mejor calidad, se encontró con un nombre conocido: «Joaquín, rey de la tierra de Judá».

69. La esperanza inútil de Sedequías de conseguir ayuda de Egipto en contra de Babilonia (Jer. 37:1, 5-11).

«Y cuando el ejército de Faraón había salido de Egipto, y llegó noticia de ellos a oídos de los caldeos que tenían sitiada a Jerusalén, se retiraron de Jerusalén» (37:5).

«Así ha dicho Jehová dios de Israel ... He aquí que el ejército de Faraón que había salido en vuestro socorro, se volvió a su tierra en Egipto» (37:7).

La evidencia arqueológica muestra que en efecto salió un ejército del Nilo bajo el faraón Apries, mencionado también por Herodoto, el historiador griego. Sin embargo, su destino no era Jerusalén. Apries estaba atacando los puertos fenicios por tierra y mar. Se ha hallado evidencia en los fragmentos de los monumentos egipcios de la presencia del faraón en Tiro y Sidón en esa época.

70. La traición de Ismael en contra de Gedalías y sus oficiales (Jer. 41:1-15).

«Y se levantó Ismael hijo de Netanías y los diez hombres que con él estaban, e hirieron a espada a Gedalías hijo de Ahicam, hijo de Safán, matando así a aquel a quien el rey de Babilonia había puesto para gobernar la tierra» (41:2).

«Sucedió además, un día después que mató a Gedalías, cuando nadie lo sabía aún, que venían unos hombres [de Mizpa] ... y traían en sus manos ofrenda e incienso para llevar a la casa de Jehová» (41:4, 5).

«Y cuando llegaron dentro de la ciudad, Ismael hijo de Netanías los degolló, y los echó dentro de una cisterna...» (41:7).

La Escuela Pacífica de Religión de Berkeley, California, bajo la dirección de F. W. Bade, ha excavado el sitio de la antigua Mizpa donde una vez gobernara Gedalías. En el estrato de roca perteneciente a este período hallaron una cisterna profunda con una gran cantidad de esqueletos.

71. Las grandes piedras enterradas por Jeremías en Tafnes, en Egipto (Jer. 43:8-13).

«Y vino palabra de Jehová a Jeremías en Tafnes, diciendo: Toma con tu mano piedras grandes, y cúbrelas de barro en el enladrillado que está a la puerta de la casa de Faraón en Tafnes, a vista de los hombres de Judá; y diles: Así ha dicho Jehová de los ejércitos, Dios de Israel: He aquí yo enviaré y tomaré a Nabucodonosor rey de Babilonia, mi siervo, y pondré su trono sobre estas piedras que he escondido, y extenderá su pabellón sobre ellas. Y vendrá y asolará la tierra de Egipto...» (43:8-11).

En 1886 Sir Flinders Petrie desenterró tanto este pavimento como el palacio del faraón egipcio. Halló una plataforma de ladrillo, ubicada fuera de la puerta de la casa, con el aspecto de ser la misma plataforma a la cual se refiere Jeremías en su mensaje, donde Nabucodonosor había de extender su pabellón. De hecho, se encontraron grandes piedras encrustadas debajo de esta zona.

Poco después de 1886 se descubrieron tres cilindros cerca de este sitio y fueron vendidos al museo de Cairo. Contienen una inscripción que cuenta de las grandes actividades de construcción de Nabucodonosor en Babilonia. Parecería que fueron puestos ahí para conmemorar la visita del rey Nabucodonosor a Egipto.

72. La vida judía en el exilio babilónico (Jer. 29:4-7).

«Así ha dicho Jehová de los ejércitos, Dios de Israel, a todos los de la cautividad que hice transportar de Jerusalén a Babilonia: Edificad casas, y habitadlas; y plantad huertos, y comed del fruto de ellos. Casaos, y engrendrad hijos e hijas; dad mujeres a vuestros hijos, y dad maridos a vuestras hijas, para que tengan hijos e hijas; y multiplicaos ahí, y no os disminuyáis. Y procurad la paz de la ciudad a la cual os hice transportar, y rogad por ella a Jehová; porque en su paz tendréis vosotros paz» (Jer. 29:4-7).

Werner Keller hace un comentario sobre esto:

«Así escribió el profeta Jeremías desde Jerusalén a los ancianos, los sacerdotes, los profetas y a toda la nación que había sido llevada a Babilonia a pedido de Nabucodonosor. Siguiendo su sabio consejo, buscaron y hallaron "la paz de la ciudad" y no les fue para nada mal. El exilio en Babilonia no se comparaba con la dura existencia de los hijos de Israel en el Nilo, en Pitón y en Ramsés en la época de Moisés. Salvo unas pocas excepciones (Is. 47:6) no hubo trabajo pesado forzado. En ninguna parte se menciona que hayan hecho ladrillos junto al Eufrates. Sin embargo Babilonia tenía lo que probablemente era la mayor industria de ladrillos en el mundo en esa época. Porque nunca hubo tanta construcción en Mesopotamia como bajo Nabucodonosor.

A todos los que siguieron el consejo de Jeremías les fue bien, y a algunos muy bien. Una familia que prosperó ha dejado sus documentos comerciales en arcilla cubierta de polvo para la posteridad. "Murashu e Hijos": Banco Internacional, Seguros, Escrituras de Traspaso, Préstamos, Bienes personales e inmuebles, Oficina central: Nipur, Sucursales en todas partes, una empresa con una reputación mundial, el "Lloyds" de Mesopotamia.

Los Murashu —gente desplazada de Jerusalén— habían prosperado en Nipur desde el 587 a.C. Era una oficina bien establecida. Su empresa todavía tenía peso en Mesopotamia aun después de la época persa. Los "libros" de "Murashu e Hijos" están llenos de información detallada sobre la vida de los exiliados, como sus nombres, oficios y propiedad.

Los académicos de la Universidad de Pennsylvania descubrieron parte de las escrituras de la empresa judía almacenadas en sus antiguas instalaciones en Nipur. Estaban en grandes jarras de arcilla y habían sido selladas cuidadosamente con asfalto. No fueron sólo los asiriólogos que leyeron las traducciones de estos documentos con deleite.

Las oficinas de Murashu e Hijos eran un centro de actividad. Durante 150 años disfrutaron de la confianza de sus clientes, ya sea que fuera la escritura de traspaso de grandes estancias y secciones de los canales o esclavos. El que no sabía escribir ponía la impresión de su uña en los documentos en lugar del nombre en el lugar para la firma. Era el equivalente de poner una cruz ante testigos como lo hacen los analfabetos de hoy.

El interés era del veinte por ciento, no a iniciativa de Murashu, dicho sea de paso. Era lo que se cobraba habitualmente en esa época.

"Murashu e Hijos" puede servir de ejemplo de la profesión que ha sido asociada con los hijos de Israel desde la época del exilio. Se convirtió en su oficio por excelencia y lo ha seguido siendo hasta ahora: el de mercader y comerciante. En su tierra sólo habían sido campesinos, colonizadores, ganaderos y artesanos. La ley de Israel no cubría el comercio: era un oficio extraño. Para ellos la palabra "cananeo" era sinónima de "tendero", "mercader", personas a quienes los profetas habían castigado vigorosamente por sus pecados. "Mercader que tiene en su mano peso falso, amador de opresión" (Os. 12:7; Am. 8:5, 6).

El cambio a esta profesión anteriormente prohibida fue muy astuto, un hecho que pocas veces se entiende correctamente. Porque resultó ser en última instancia, al agregarse al aferramiento tenaz a su vieja fe, la mejor garantía de la continuación de Israel como pueblo. Como granjeros y colonizadores desparramados a lo largo de una tierra extranjera se habrían casado e intermezclado con personas de otras razas y en pocas generaciones habrían sido asimilados y habrían desaparecido. Esta nueva profesión exigía que sus casas estuvieran en sociedades más o menos grandes, dentro de las cuales podían convertirse en una comunidad y dedicarse a sus prácticas religiosas. Les dio coherencia y continuidad.

Los israelitas no podrían haber escogido mejor escuela de entrenamiento.» (*Bible As History*, pp. 287, 289.)

73. La gran estatua y el horno fogoso de Nabucodonosor (Dn. 3).

«El rey Nabucodonosor hizo una estatua de oro...; la levantó en el campo de Dura, en la provincia de Babilonia. Y envió el rey Nabucodonosor a que se reuniesen ... todos los gobernadores de las provincias, para que viniesen a la dedicación de la estatua...» (3:1, 2).

«Y el pregonero anunciaba en alta voz: Mándase ... que ... os postréis y adoréis la estatua de oro ... y cualquiera que no se postre y adore, inmediatamente será echado dentro de un horno de fuego ardiendo» (3:4-6).

Fred H. Wright escribe:

«*La imagen de Nabucodonosor*. La arqueología ha descubierto que la exigencia de la adoración pública de su imagen por parte del rey, relatada en el tercer capítulo de Daniel, era parte de una política general que adoptó en varias partes de su imperio. Sir Leonard Wooley halló un ejemplo de esta nueva política en sus excavaciones en Ur de los caldeos. Parece que cuando Nabucodonosor restauró la adoración del templo en Ur al reconstruir el edificio, cambió la vieja orden de tener ritos secretos en el santuario e hizo que grandes multitudes pudieran ver al sacerdote hacer sus ofrendas en un altar al aire libre, y hasta se podía ver la imagen del dios a través de una puerta abierta detrás de él. Por lo tanto, cuando la Biblia dice que este mismo rey levantó una imagen en un lugar público y exigió que todos la adorasen, el rey estaba llevando a cabo la misma política que en Ur. Lo que antes había sido secreto ahora se volvió público. Otros reyes habían puesto imágenes, pero lo nuevo que hizo Nabucodonosor fue ordenar la adoración general y pública de todos. Los tres jóvenes hebreos del libro de Daniel se negaron a obedecer y por lo tanto fueron echados en el horno de fuego.

Los hornos de fuego babilónicos. El relato de Daniel acerca de los tres jóvenes hebreos echados en el horno de fuego ha sido llamado folklore por algunos críticos de la Biblia. Han insinuado que realmente no podría haber ocurrido tal cosa en esa época. Pero los arqueólogos han descubierto evidencias de que los hombres tuvieron tales experiencias en la antigüedad. Los primeros excavadores de Babilonia descubrieron un edificio de forma rara que al principio parecía un horno de ladrillo. Se halló una inscripción que especificaba el propósito de este edificio, y esto es lo que decía: "Este es el lugar para quemar, donde los hombres que blasfemaron en contra de los dioses de Caldea murieron por fuego."

Se puede ver que este método de castigo era de uso común en épocas antiguas por una inscripción del rey asirio Asurbanipal. Dicha inscripción reza: "Saulmagina, mi hermano rebelde que guerreó en mi contra, lo echaron en un horno de fuego ardiente, y destruyeron su vida."

Además, se ha hallado una carta que indica que un rey de Larsa, coetáneo del rey Hammurabi, dictó sentencia para que un esclavo fuera echado en un horno.» (*Highlights of Archaeology in Bible Lands*, pp. 64, 65.)

74. El orgullo de Nabucodonosor y la grandeza de Babilonia (Dn. 4).

«Habló el rey y dijo: ¿No es ésta la gran Babilonia que yo edifiqué para casa real con la fuerza de mi poder, y para gloria de mi majestad?» (4:30).

El arqueólogo J.A. Thompson escribe lo siguiente:

«Y Nabucodonosor en verdad era muy orgulloso, como lo indican las inscripciones. Entre las ruinas de la ciudad Koldewey encontró bastantes materiales escritos, parte en ladrillos y piedras y parte en tablas de arcilla cocida. Muchos de los registros escritos indican el orgullo y la confianza de Nabucodonosor, como lo prueba una selección de estas inscripciones:

"Un gran muro que como una montaña no puede ser movido hice yo de argamasa y ladrillos.... Sus cimientos puse profundamente, en el seno del abismo ... su cumbre levanté a la altura de las montañas. Tripliqué el muro de la ciudad para fortalecerlo; hice que pasara un gran muro protector al pie del muro de ladrillo quemado....

Cuando Marduc el gran señor me nombró hijo legítimo para dirigir los asuntos de la tierra... Babilonia su gran ciudad... sus grandes puertas toros de bronce y terribles serpientes listas para herir puse. Lo que no había hecho ningún rey hizo mi padre en que rodeó la ciudad con dos muros-fosos de argamasa y ladrillo. En cuanto a mí, un tercer gran muro-foso, junto al segundo, construí con argamasa y ladrillo y con el muro-foso de mi padre lo conecté y uní estrechamente. Su cimiento puse yo profundamente, en el seno del abismo, su cumbre levanté a la altura de las montañas....

El producto de las tierras, los productos de las montañas, la riqueza abundante del mar, junté dentro de ella ... grandes cantidades de grano inmensurable almacené en ella. En esos días el palacio, mi habitación real ... reconstruí yo en Babilonia ... grandes cedros llevé yo del Líbano y hermoso bosque para techarla...."

En cuanto a uno de los templos, Nabucodonosor habló en los siguientes términos:

"Enormes cedros del Líbano, su bosque con mis manos limpias corté. Con oro brillante los cubrí, con joyas los adorné ... las capillas laterales del altar de Hebo, las vigas de cedro de sus techos adorné yo con plata brillante. Enormes toros hice de obra de bronce y los vestí de mármol blanco. Los adorné con joyas y las coloqué en el umbral de la puerta del altar...."» (*The Bible and Archaeology*, pp. 160, 161.)

75. La locura de Nabucodonosor (Dn. 4).

«En la misma hora se cumplió la palabra sobre Nabucodonosor, y fue echado de entre los hombres; y comía hierba como los bueyes, y su cuerpo se mojaba con el rocío del cielo, hasta que su pelo creció como plumas de águila, y sus uñas como las de las aves» (4:33).

La locura del rey está corroborada por la historia. Josefo cita un historiador babilonio llamado Beroso, quien menciona una extraña enfermedad sufrida por Nabucodonosor. También está el testimonio de Abideno, el historiador griego, del 268 a.C.

Es posible que Nabucodonosor mismo dé testimonio de esto. El arqueólogo Sir Henry Rawlinson ha traducido una inscripción excavada del rey. Reza:

«Por cuatro años el asiento de mi reino en la ciudad ... no regocijó a mi corazón. En todo mi dominio no construí un lugar alto de poder; los preciosos tesoros de mi reino no exhibí para la adoración de Merodac, mi señor, el gozo de mi corazón. En Babilonia, la ciudad de mi soberanía y el asiento de mi imperio no canté sus alabanzas, y no suplí sus altares: ni limpié los canales.»

76. La historicidad de Belsasar (Dn. 5).

«El rey Belsasar hizo un gran banquete a mil de sus príncipes, y en presencia de los mil bebía vino» (5:1).

Henry Halley escribe:

«Hasta 1853 no se conocía ninguna mención de Belsasar en los anales babilónicos, y se sabía que Nabonido, 555-538 a.C., era el último rey babilonio. Para los críticos esto era una de las evidencias de que el libro de Daniel no era histórico. Pero en 1853 fue hallada en la piedra angular de un templo construido por Nabonido en Ur una inscripción que decía: "Que yo Nabonido, rey de Babilonia, no ofenda contra ti. Y que reverencia hacia ti more en el corazón de Belsasar, mi hijo primogénito y favorito."

De otras inscripciones se ha sabido que gran parte del tiempo Nabonido vivía retirado, fuera de la capital, y que Belsasar encabezaba el ejército y el gobierno como coregente de su padre. Fue éste quien cayó ante Ciro. Esto explica por qué Daniel sería "tercero" en el reino (16, 29).» (*Compendio manual de la Biblia*, p. 308.)

77. La captura de Babilonia y la ejecución de Belsasar (Dn. 5).

«En aquella misma hora aparecieron los dedos de una mano de hombre, que escribía delante del candelero sobre lo encalado de la pared del palacio real, y el rey veía la mano que escribía» (5:5).

«Tu reino ha sido roto, y dado a los medos y a los persas.» (5:28)

«La misma noche fue muerto Belsasar rey de los caldeos. Y Darío de Media tomó el reino...» (5:30, 31).

El estudioso del hebreo del Antiguo Testamento Leon Wood escribe:

«También se utiliza la palabra "encalado" en el hebreo, que significa "de creta" o "de cal" (por ejemplo, Is. 27:9). La superficie sobre la cual apareció la escritura aparentemente era de revoque de cal. El arqueólogo Koldeway, que excavó a Babilonia, dice que la sala más grande que encontró en el complejo del palacio medía 55 pies de ancho por 169 pies de largo (17 X 52 m), y tenía paredes revocadas. También cuenta de un nicho en una de las paredes largas, en frente de la entrada, donde sugiere que el rey pudo haber estado sentado durante tal momento de festejo. Cualquier objeto oscuro habría sobresalido claramente en contraste con la superficie blanca revocada.» (*A Commentary on Daniel*, p. 136.)

En cuanto a la captura misma de la ciudad, el historiador griego Herodoto nos dice que al principio los ejércitos babilonios fueron al norte a desafiar a las tropas persas que avanzaban, pero pronto fueron forzadas detrás de los muros de Babilonia. Ciro entonces desvió el río Eufrates de su lecho normal, bajo los muros de la ciudad, mandando las aguas a una cisterna cercana que había cavado. Otro historiador griego, Zenofón, dice que hicieron su entrada en la ciudad cuando los babilonios estaban festejando en una orgía ebria.

78. Daniel y el foso de los leones (Dn. 6).

«Entonces el rey mandó, y trajeron a Daniel, y le echaron en el foso de los leones...» (6:16).

La arqueología ha determinado que éste era un método común de ejecución del estado (así como la hoguera) en los Imperios Asirio y Babilónico.

El excavador Diculafoy estaba trabajando un día entre las ruinas de Babilonia cuando cayó en lo que parecía ser un pozo. Fue rescatado por sus compañeros y entonces determinaron descubrir lo que era ese lugar. En el borde había una inscripción que decía: «El lugar de ejecución, donde morían los hombres que enojaban al rey desgarrados por animales salvajes.»

Cuando se estaba excavando el palacio de Susa se descubrió un registro que daba una lista de 484 hombres de alto rango que habían muerto en un foso de leones. Una inscripción del rey asirio Asurbanipal indica que la misma costumbre era común en su época. Registra: «El resto de las personas que se habían rebelado fueron arrojados vivos entre toros y leones, como solía hacer Senaquerib mi abuelo. Nuevamente siguiendo sus pisadas eché a esos hombres en medio de ellos.»

79. El libro de Ester y Asuero, el rey persa (Est.).

«Aconteció en los días de Asuero, el Asuero que reinó desde la India hasta Etiopía sobre ciento veintisiete provincias, que en aquellos días, cuando fue afirmado el rey Asuero sobre el trono de su reino, el cual estaba en Susa capital del reino...» (Est. 1:1, 2).

J.A. Thompson escribe:

«Los personajes principales del libro, Vasti, Amán y Mardoqueo, son desconocidos en la historia se-

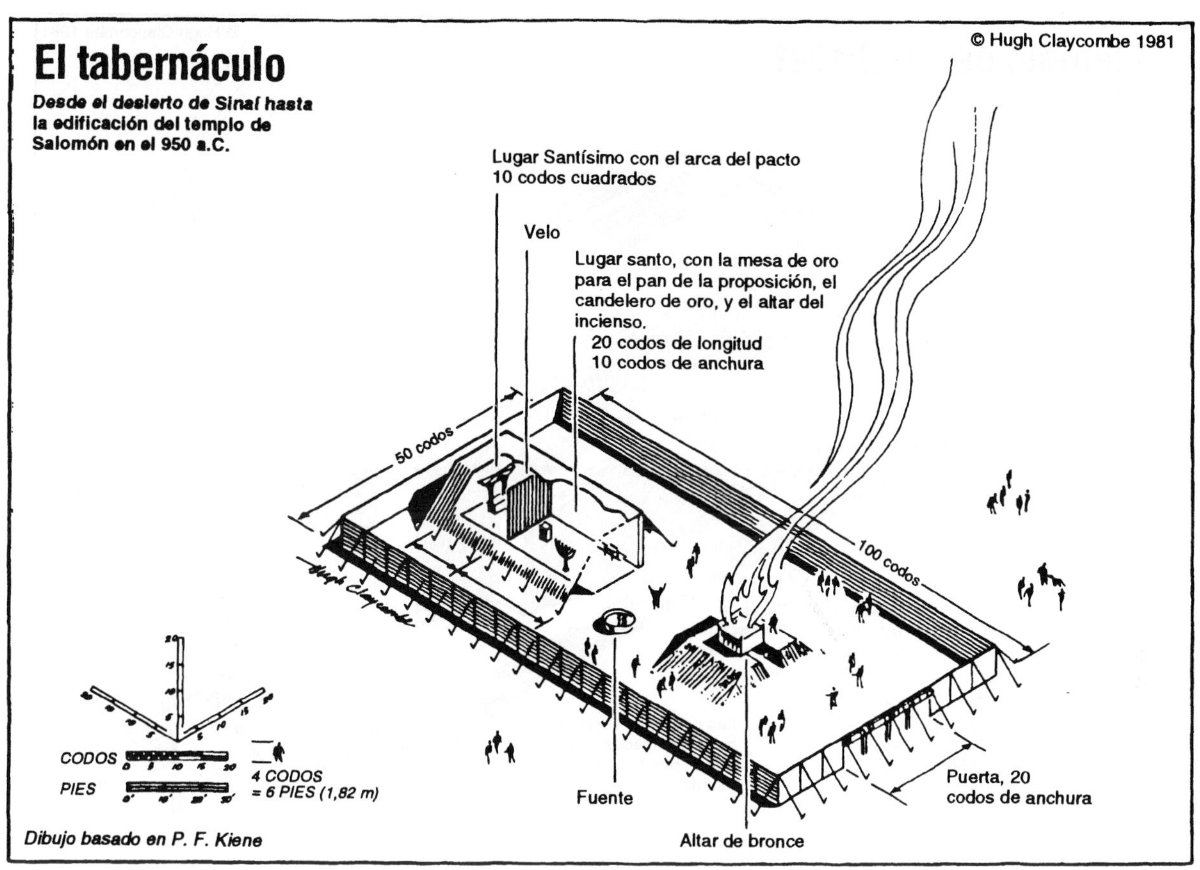
El tabernáculo
Desde el desierto de Sinaí hasta la edificación del templo de Salomón en el 950 a.C.
© Hugh Claycombe 1981
Lugar Santísimo con el arca del pacto
10 codos cuadrados
Velo
Lugar santo, con la mesa de oro para el pan de la proposición, el candelero de oro, y el altar del incienso.
20 codos de longitud
10 codos de anchura
50 codos
100 codos
CODOS
PIES
4 CODOS
= 6 PIES (1,82 m)
Fuente
Puerta, 20 codos de anchura
Altar de bronce
Dibujo basado en P. F. Kiene

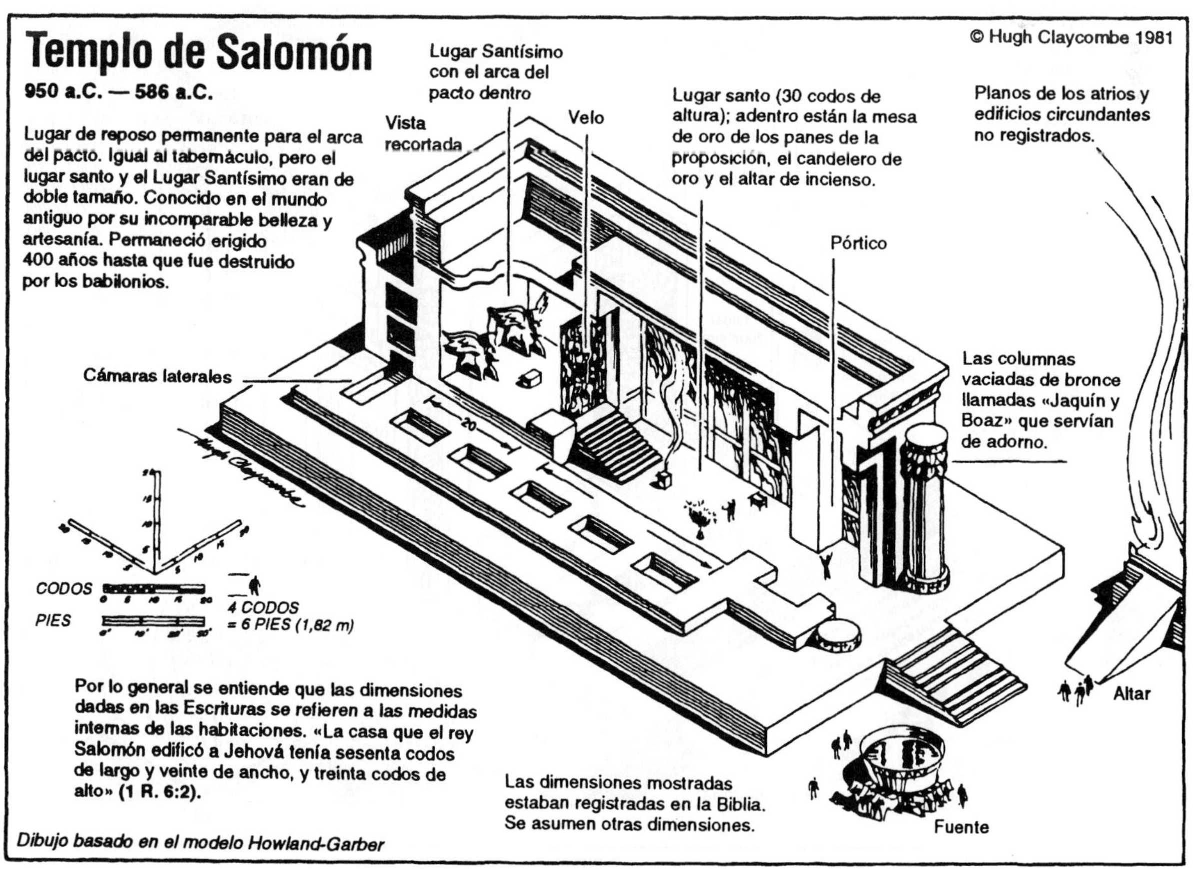
Templo de Salomón
950 a.C. — 586 a.C.
Lugar de reposo permanente para el arca del pacto. Igual al tabernáculo, pero el lugar santo y el Lugar Santísimo eran de doble tamaño. Conocido en el mundo antiguo por su incomparable belleza y artesanía. Permaneció erigido 400 años hasta que fue destruido por los babilonios.
Lugar Santísimo con el arca del pacto dentro
Vista recortada
Velo
Lugar santo (30 codos de altura); adentro están la mesa de oro de los panes de la proposición, el candelero de oro y el altar de incienso.
© Hugh Claycombe 1981
Planos de los atrios y edificios circundantes no registrados.
Pórtico
Cámaras laterales
20
Las columnas vaciadas de bronce llamadas «Jaquín y Boaz» que servían de adorno.
CODOS
PIES
4 CODOS
= 6 PIES (1,82 m)
Por lo general se entiende que las dimensiones dadas en las Escrituras se refieren a las medidas internas de las habitaciones. «La casa que el rey Salomón edificó a Jehová tenía sesenta codos de largo y veinte de ancho, y treinta codos de alto» (1 R. 6:2).
Las dimensiones mostradas estaban registradas en la Biblia. Se asumen otras dimensiones.
Altar
Fuente
Dibujo basado en el modelo Howland-Garber

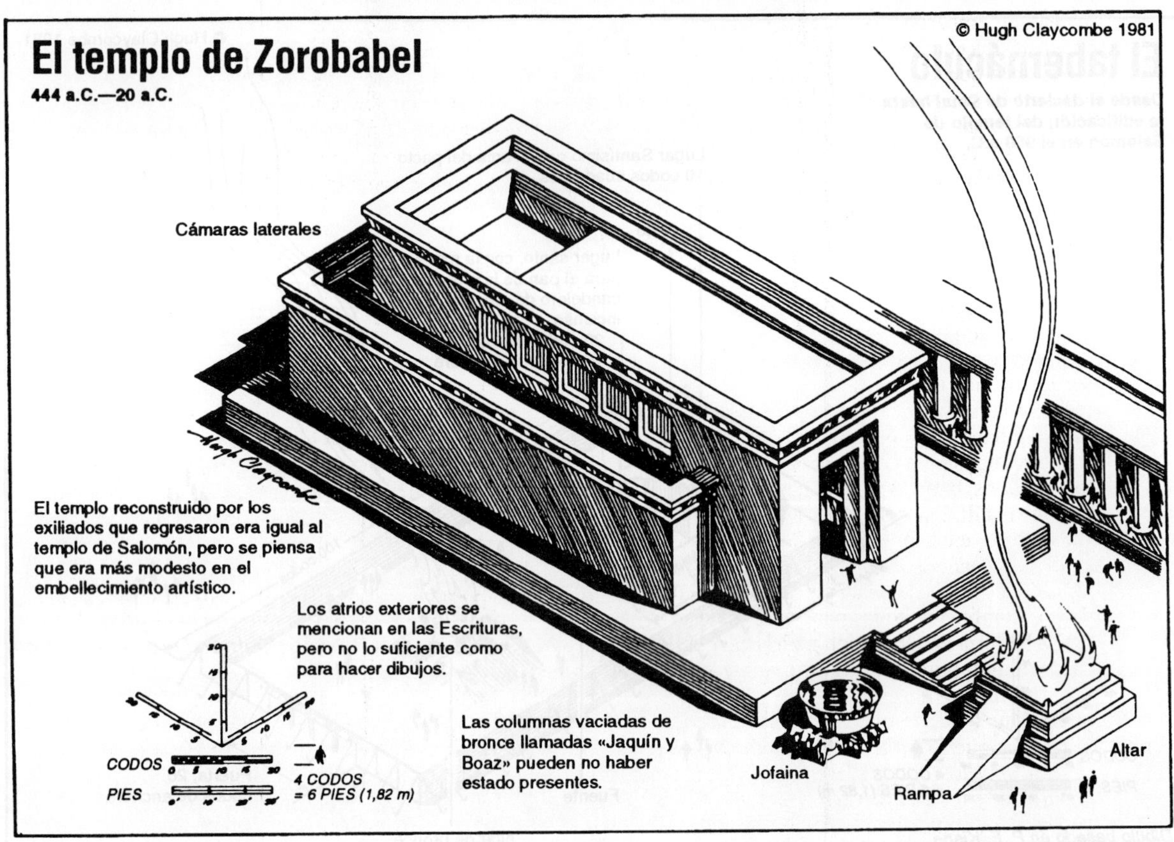
© Hugh Claycombe 1981
El templo de Zorobabel
444 a.C.—20 a.C.
Cámaras laterales
El templo reconstruido por los exiliados que regresaron era igual al templo de Salomón, pero se piensa que era más modesto en el embellecimiento artístico.
Los atrios exteriores se mencionan en las Escrituras, pero no lo suficiente como para hacer dibujos.
Las columnas vaciadas de bronce llamadas «Jaquín y Boaz» pueden no haber estado presentes.
CODOS
PIES
4 CODOS = 6 PIES (1,82 m)
Jofaina
Rampa
Altar

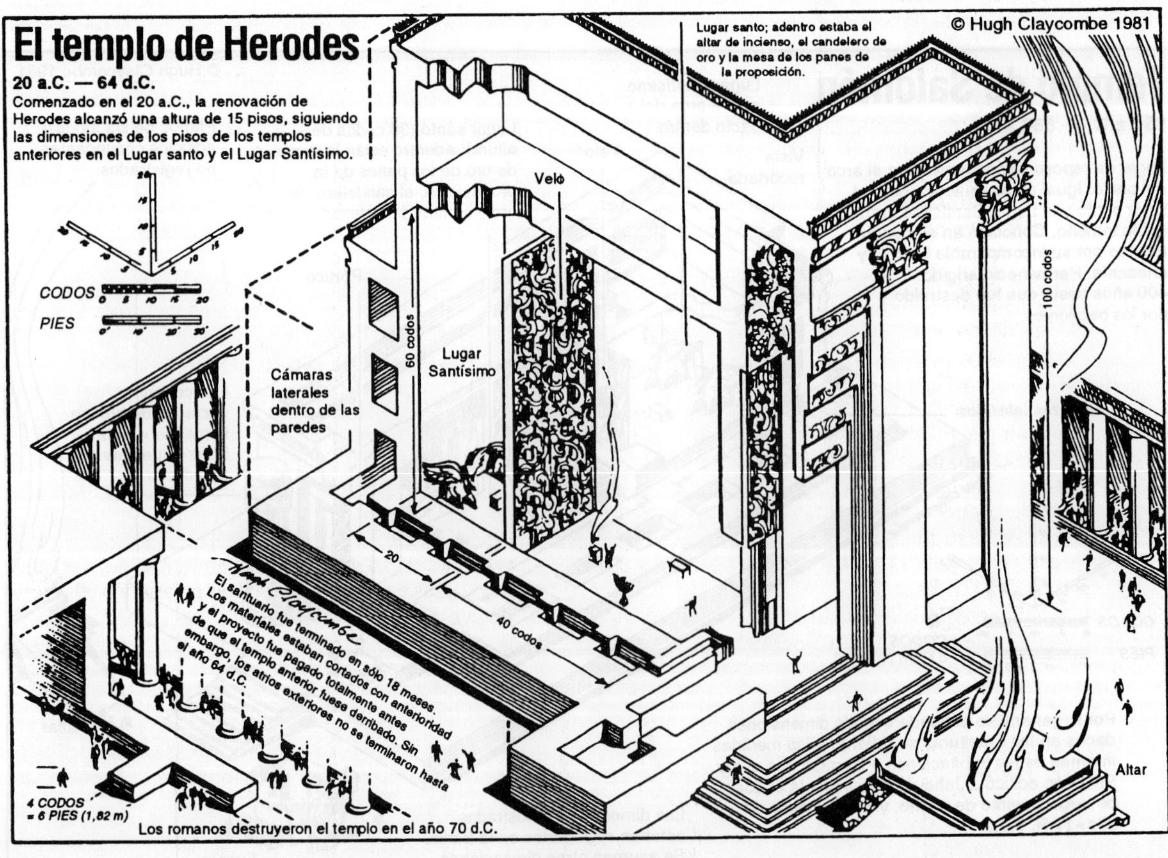
El templo de Herodes
20 a.C. — 64 d.C.
Comenzado en el 20 a.C., la renovación de Herodes alcanzó una altura de 15 pisos, siguiendo las dimensiones de los pisos de los templos anteriores en el Lugar santo y el Lugar Santísimo.
© Hugh Claycombe 1981
Lugar santo; adentro estaba el altar de incienso, el candelero de oro y la mesa de los panes de la proposición.
Velo
CODOS
PIES
60 codos
Lugar Santísimo
Cámaras laterales dentro de las paredes
100 codos
20
40 codos
El santuario fue terminado en sólo 18 meses. Los materiales estaban cortados con anterioridad y el proyecto fue pagado totalmente antes de que el templo anterior fuese derribado. Sin embargo, los atrios exteriores no se terminaron hasta el año 64 d.C.
4 CODOS = 6 PIES (1,82 m)
Altar
Los romanos destruyeron el templo en el año 70 d.C.

cular. Sin embargo, las excavaciones y la evidencia histórica general dejan en claro que hay mucho en el libro que muestra que el escritor estaba bien informado sobre muchos de los detalles de fondo de la historia.

Jerjes (Asuero) fue un personaje histórico. La imagen dada en el libro de Ester de un rey que era déspota y muy sensual en naturaleza concuerda con el relato dado por el historiador griego Herodoto. Su harén en Persépolis era muy grande, como muestra la excavación, y se involucró en una relación vergonzosa con la esposa de su hermano y después con la hija también.

La descripción del palacio adornado con sus vivas cortinas es muy al estilo de los llamativos palacios persas. Las excavaciones en Susa (la Susán bíblica) han rendido abundante evidencia de la rica ornamentación de las paredes del palacio y de los ladrillos barnizados de ricos colores que se utilizaban allí. Este palacio, comenzado por Darío, fue descrito en términos entusiastas. Estaba construido de madera especial y adornada con oro, lapislázuli, turquesa, plata y ébano, y fue construido por hombres de todas partes del imperio.

La historia de Ester bien podría caer en la época de Jerjes, porque reinó por veinte años y los acontecimientos de este libro no van más allá del duodécimo o tal vez el decimotercer año (Est. 3:7, 12). El banquete del tercer año puede coincidir con el gran consejo que tuvo Jerjes antes de la invasión de Grecia, y los cuatro años que pasaron antes de que Ester se convirtiera en la reina pueden corresponder al tiempo que el rey se ausentó en Grecia (Est. 1:3; 2:16). Los comentarios autorizados sobre el libro de Ester señalan que muchas de las costumbres a las cuales se refiere la historia están de acuerdo con la práctica persa. Es así que los arreglos para el banquete (1:6-8), las reverencias ante el rey y sus favoritos (3:2), la creencia en días de buena y mala suerte (3:7), la exclusión de la ropa de luto del palacio (4:2), el ahorcamiento como pena de muerte (5:14), vestir a un benefactor real con la ropa del rey (6:8), enviar mensajeros con mensajes reales (3:13; 8:10), todas son costumbres bien conocidas por los registros escritos que han surgido. Además, hay unas cuantas palabras persas en el libro, principalmente del lenguaje del gobierno y el comercio.» (*The Bible and Archaeology*, pp. 194, 195.)

80. El edicto del rey Ciro (Esd. 1:1-4).

«En el primer año de Ciro rey de Persia ... hizo pregonar de palabra y también por escrito por todo su reino, diciendo: ... Jehová el dios de los cielos ... me ha mandado que le edifique casa en Jerusalén, que está en Judá. Quien haya entre vosotros de su pueblo, sea dios con él, y suba a Jerusalén ... y edifique la casa a Jehová Dios de Israel...» (1:1-3).

Los hallazgos de la arqueología han documentado plenamente este edicto. Las excavaciones, incluyendo la Crónica de Nabonido, el Cilindro de Ciro y otros documentos escritos, nos muestran que Ciro era un maestro de la propaganda y sabía cómo explotar toda ocasión para ventaja propia. Parte del Cilindro de Ciro testifica de esta práctica: «También junté todos los habitantes anteriores ... que los dioses que he devuelto a sus ciudades sagradas diariamente le pidan una larga vida para mí a Bel y Nebo....»

81. La historicidad de Darío el Grande (Esd. 6:1-15).

«Esta casa [el templo judío] fue terminada el tercer día del mes de Adar, que era el sexto año del reinado del rey Darío» (6:15).

Debemos aclarar que hay amplia evidencia de la existencia de Darío aparte del registro bíblico. La razón principal para referirse a él es que su nombre está relacionado con un descubrimiento arqueológico muy importante. Este hallazgo se conoce como la Inscripción de Behistún.

En 1835 Henry C. Rawlinson descubrió, en la montaña de Behistún, 200 millas al noreste de Babilonia (322 km), una gran roca solitaria que se erguía 1700 pies (518 m) por encima de la llanura, y en la superficie de esta roca, en un precipicio perpendicular a 400 pies (122 m) del camino, un espacio liso tallado. Rawlinson logró la peligrosa subida y obtuvo impresiones en yeso blanco. Tardó diez años en leerlo. La inscripción, de unas 1200 líneas, estaba escrita en caracteres en forma de cuña de la antigua Asiria y Babilonia. Estaba tallada en tres idiomas, persa, elamita y acadio. El mensaje relataba la manera en que Darío el Grande (522-486 a.C.) recibía tributo de unos rebeldes conquistados. La importancia de la Inscripción de Behistún es que se convirtió en la clave para entender la antigüedad tanto asiria como babilónica.

82. El muro construido por Nehemías (Neh. 1—6).

«Les dije, pues: Vosotros veis el mal en que estamos, que Jerusalén está desierta, y sus puertas consumidas por el fuego; venid, y edifiquemos el muro de Jerusalén, y no estemos más en oprobio.... Y dijeron: Levantémonos y edifiquemos...» (2:17, 18).

«Fue terminado, pues, el muro ... en cincuenta y dos días» (6:15).

La arqueóloga Kathleen Kenyon ha excavado parte del famoso muro de Nehemías. Este siguió siendo el muro de Jerusalén en esta zona hasta la destrucción de Jerusalén por Tito en el 70 d.C.

83. Los enemigos de Nehemías (Neh. 2, 4, 6).

«Pero cuando lo oyeron Sanbalat horonita, Tobías el siervo amonita, y Gesem el árabe, hicieron escarnio de nosotros, y nos despreciaron, diciendo: ¿Qué es esto que hacéis vosotros? ¿Os rebeláis contra el rey?» (2:19)

«Cuando oyó Sanbalat que nosotros edificábamos el muro, se enojó...» (4:1).

«Y conspiraron todos a una para venir a atacar a Jerusalén y hacerle daño» (4:8).

«Sanbalat y Gesem enviaron a decirme: Ven y reunámonos en alguna de las aldeas en el campo de Ono. Mas ellos habían pensado hacerme mal» (6:2).

El nombre de Sanbalat aparece en uno de los papiros elefantinos. Estos documentos fueron hallados en 1903 en la isla de Elefantina, ubicada en la primera catarata del Nilo en Egipto. Fueron escritos por una colonia militar judía que había colonizado ese lugar. Las cartas fueron escritas en arameo, el idioma de la diplomacia y el comercio de la época. Cuentan del saqueo del templo judío en Elefantina por una persecución antijudía alrededor del 411 a.C.

En estos documentos se hace referencia a Sanbalat como gobernador de Samaria. Ahora también se conoce el nombre de Gesem por diversas fuentes, siendo una inscripción contemporánea hallada en Hegra en Arabia y la otra en un templo en la frontera de Egipto. En este templo se halló un cuenco dedicado a una diosa por un hijo de Gesem.

La historia de Israel desde el 70 d.C. hasta 1973 d.C.

Introducción

Es de conocimiento general que la nación de Israel comenzó con el llamamiento de Abraham en Génesis 12, que Moisés sacó a su pueblo del cautiverio egipcio, y que Josué lo llevó a Canaán. Después de esto la nación *tambaleó* bajo los jueces, *floreció* con David y Salomón, y se *fragmentó* bajo el malvado rey Roboam. Finalmente sufrió el exilio a manos de Asiria y Babilonia, para más adelante volver a ser restaurada a su tierra por Dios durante la época de Zorobabel, Esdras y Nehemías.

En la época de Jesús, la gran Roma gobernaba a la Tierra Santa y, cuatro décadas después de su ascensión, destruyó el templo de Israel en el 70 d.C.

También es comúnmente sabido que después de errar por el mundo por casi diecinueve largos siglos, Israel se volvió a establecer en su amada tierra. Pero, ¿qué había ocurrido en ese gran intervalo? Este estudio intentará trazar brevemente los acontecimientos ocurridos entre el siglo I y el XX. ¡Es una historia trágica, turbulenta, emocionante y finalmente triunfante!

Surgen héroes como *Bar Cochba, Ben Yehouda* y *Theodor Herzl*. Este período habla de la *Declaración de Balfour*, la *Comisión de Peel* y el odiado *Papel Blanco. Masada* (una fortaleza judía) cae y surge el *Haganah* (el ejército de liberación judío). Jerusalén es violada por algunos cruzados sangrientos, visitada por un general británico y vindicada por un Camino a Birmania.*

La historia de Israel desde el 70 d.C. hasta 1973 d.C.

Introducción. El 8 de septiembre del 70 d.C., por juicio de Dios, el templo judío en Israel fue quemado y destruido por Tito, el general romano. El 6 de octubre de 1973, por la gracia de Dios, el estado judío de Israel fue salvado de la destrucción por los egipcios y los sirios.

El siguiente es un resumen muy breve de esos veloces años, frecuentemente tristes y siempre memorables entre estas dos importantes fechas. Históricamente se puede dividir a estos diecinueve siglos en diez períodos principales:

I. El período romano (70-325 d.C.).
II. El período bizantino (325-614).
III. El período persa (614-634).
IV. El período árabe (634-1072).
V. El período selyúcida (1072-1099).
VI. El período de las cruzadas (1099-1291).
VII. El período mameluco (1291-1517).
VIII. El período turco (otomano) (1517-1917).
IX. El período británico (1917-1948).
X. El período independiente (1948-hoy).

I. El período romano (70-325 d.C.).

A. En el 36 d.C. Pilato envió una fuerza de caballería e infantería a Samaria para aplastar una revuelta imaginada en contra de su gobierno. Muchas personas inocentes murieron, con el resultado de que los samaritanos enviaron una delegación a los oficiales romanos, quejándose de la crueldad de Pilato y exigiendo su remoción. Se le quitó el gobierno a Pilato y se le ordenó ir a Roma. Más adelante fue exiliado a la Galia y después se suicidó.

B. Poco después de haber sido destituido, se le dieron Judea y los demás territorios que habían sido gobernados por Pilato y Herodes el Grande a Herodes Agripa, nieto de Herodes. Éste fue muerto por Dios por un acto de blasfemia. (Véase Hch. 12:20-23.) Finalmente Agripa fue sucedido tanto por Félix (Hch. 24) como por Festo (Hch. 25—26). Por fin se nombró un gobernador romano llamado Floro. Era tan cruel y tan bruto que los judíos se rebelaron en contra de sus gobernadores romanos en el 65 d.C. Capturaron la fortaleza de Masada en la frontera del mar Muerto y mataron a la guarnición romana.

En Jerusalén el capitán de la guardia del templo, un hombre llamado Eleazar, formó el grupo revolucionario de los zelotes. Atacaron y capturaron el castillo de Antonia en Jerusalén y ejecutaron a la guardia romana. Esta rebelión se extendió rápidamente a varias ciudades de Judea.

C. Roma entonces le ordenó a un general asignado a Siria, llamado Cestio, que invadiera Palestina y aplastara esa rebelión. Invadió la tierra con 23.000 soldados en el 66 d.C. Los judíos retrocedieron dentro de los muros de Jerusalén. Después de un sitio de seis meses, por algún motivo desconocido, Cestio repentinamente retrocedió y se retiró. Los judíos entonces salieron, mataron a 6.000 de los soldados romanos que estaban en retirada y confiscaron el enorme botín de guerra dejado por las tropas enemigas. Ahora se volvieron confiados en cuanto a los futuros encuentros con los romanos.

D. Los cristianos dentro de Jerusalén (tal vez avisados por Dios) dejaron la ciudad en ese momento por algún motivo y colonizaron la zona de Perea al otro lado del río Jordán. Cuando el emperador romano Nerón se enteró de la extraña retirada de Cestio, envió a Vespasiano, uno de sus generales más hábiles, para restaurar el orden. Vespasiano, junto con su famoso hijo Tito, invadió el norte de Galilea con 60.000 soldados romanos. Muchas ciudades judías fueron destruidas. Fue durante esta campaña que el historiador judío Flavio Josefo fue capturado.

E. Durante el invierno del 68 d.C. hubo un desorden en Roma que resultó en el suicidio de Nerón. Después de un año de turbulencia, Vespasiano se convirtió en el nuevo emperador. Entonces mandó a Tito a conquistar a Jerusalén, ese criadero de anarquía judía. Tito llegó a Jerusalén en febrero del 70 d.C. con 80.000 soldados romanos, más miles de arietes y máquinas de sitio.

F. En la ciudad misma se había desarrollado una situación trágica. No menos de tres facciones implacables se estaban peleando por controlar a Jerusalén. Un grupo controlaba la alta Jerusalén, otro la baja Jerusalén y el tercero la zona del templo. Había frecuentes disturbios y asesinatos, mientras las legiones más poderosas del mundo esperaban a la puerta. La ciudad estaba muy superpoblada porque decenas de miles de peregrinos habían huido allí para protegerse del avance del ejército romano.

G. Se burlaron del llamado a la rendición hecho por Tito. El sitio oficial comenzó durante la Pascua. Tal vez haya terminado siendo el más implacable de toda la historia; ninguna de las partes esperaba ni mostraba misericordia alguna. Los judíos tiraron piedras masivas y vertieron aceite hirviendo sobre las cabezas de sus enemigos. Los romanos respondieron con la crucifixión de cientos de prisioneros judíos todos los días a plena vista de los muros de la ciudad.

* «El camino a Birmania» era un pasaje de Hong Kong a China utilizado en la Segunda Guerra Mundial por los británicos para transportar pertrechos de guerra. Birmania se conoce hoy como Myanmar. (Nota del editor.)

Pronto hubo hambre en la ciudad. El 17 de julio cesaron los sacrificios diarios debido a la falta de animales. Las mujeres terminaron comiendo a sus propios hijos muertos y los hombres adultos se peleaban a muerte por unos pocos gramos de excremento de ave para alimentarse.

H. Los romanos finalmente rompieron una sección del muro, sólo para descubrir que mientras tanto los judíos desesperados habían construido un muro interior. Por fin, el 8 de septiembre, los romanos entraron en la ciudad, quemaron el templo, y aplanaron las paredes. Alrededor de un millón de judíos murieron por espada, fuego y crucifixión.

I. Ahora se había cumplido una profecía asombrosa, pronunciada por Cristo unos treinta y cinco años antes.

Nótense sus palabras: «Cuando Jesús salió del templo y se iba, se acercaron sus discípulos para mostrarle los edificios del templo. Respondiendo él, les dijo: ¿Veis todo esto? De cierto os digo, que no quedará aquí piedra sobre piedra, que no sea derribada» (Mt. 24:1, 2).

Una fuente histórica secular nos informa que hubo un rumor ampliamente difundido (pero no confirmado) entre las tropas romanas durante el sitio que decía que los judíos habían escondido enormes cantidades de oro y plata entre las piedras de su templo. Esto explica la acción romana de quitar todas las piedras en un intento por encontrar ese oro.

J. Tito llevó muchos cautivos a Roma, donde se les obligó a trabajar en minas peligrosas o se los echó ante animales salvajes en la arena. Decenas de millares fueron vendidos en los mercados internacionales de esclavos. De hecho, la masa de cautivos judíos inundó el mercado de esclavos a tal punto que sus capturadores se vieron obligados a venderlos a precios increíblemente bajos. Para conmemorar la ocasión, Tito hizo acuñar una moneda que representaba a Israel como una mujer en cadenas lamentándose sentada bajo una palmera.

K. Como ya se ha dicho, en el 65 d.C. los judíos habían tomado la fortaleza de Masada. Después de la destrucción de Jerusalén, varios cientos de familias de algún modo se escaparon de la ciudad en llamas y llegaron a Masada, aumentando el total en su cumbre elevada a 967 hombres, mujeres y niños. Masada es una roca con forma de barco en la alta meseta, que abruptamente alcanza una altura de 14.000 pies (unos 4.267 m), casi perpendicularmente en relación con sus alrededores. Cubría una zona de alrededor de 20 acres (80.920 m^2), con una circunferencia de casi una milla (1,6 km). Masada había sido fuertemente fortificada en el 35 a.C. por el mismo rey Herodes el grande. Josefo dijo que lo hizo por dos motivos:

1. Como un lugar de refugio por si los judíos de Judea se volvían en contra de su gobierno.
2. Por temor a Cleopatra, no fuera que llegase a persuadir al general romano Marco Antonio de que matara a Herodes y le dejara el gobierno de Judea a ella.

L. Cualquiera haya sido su motivo, Herodes no reparó en gastos ni esfuerzos para fortificar y desplegar a Masada. Ordenó la construcción de dos palacios magníficos, grandes almacenes, habitaciones para baños calientes y casi todo lo que un rey rico podía comprar en esa época. Se cavó una cisterna ingeniosa que tenía una capacidad de más de siete millones de galones de agua. Se llenaba regularmente cada año en enero por medio de las lluvias que sólo caían por pocos días en esa época. Josefo nos cuenta que los muros alrededor de la meseta medían 18 pies de alto (más de 5 m) y 12 pies de ancho (más de 3 m), y encima de ellos se habían construido treinta y siete torres que medían unos 75 pies de alto (23 m). Cuando las familias judías que se escaparon llegaron arriba hallaron enormes cantidades de alimentos como vino, aceite, granos y dátiles que habían sido almacenados allí por Herodes cien años antes. Debido al ambiente seco, los alimentos estaban en tan buenas condiciones como el día en que habían sido almacenados. Además, las familias descubrieron grandes cantidades de hierro, bronce, plomo y suficientes armas para equipar a 10.000 hombres.

En poco tiempo los romanos descubrieron el paradero de los judíos que se habían escapado. En la primavera del 72 d.C. el general romano Silva recibió órdenes de sitiar a Masada con 15.000 hombres y subyugarla, para que el imperio no quedara mal.

M. Los judíos aguantaron dos años. Durante ese tiempo, Silva construyó una rampa de tierra (usando mano de obra esclava tomada de Jerusalén) que conducía al lado occidental, el punto más bajo desde la cumbre hasta el suelo desértico. Entonces rompió la pared, sólo para descubrir (como lo había hecho Tito antes) que los judíos habían construido otro muro interior. Los arietes eran inútiles en contra de este muro porque estaba hecho de troncos y tierra. Las sacudidas no hacían más que apisonar adicionalmente a la tierra. Entonces intentó quemar los troncos masivos en el muro. Josefo escribe lo siguiente sobre esto:

> «Pero al poco rato un viento del norte echaba las llamas a los rostros de los romanos, y estos temieron que sus máquinas de asedio fueran a ser quemadas. Luego, repentinamente, el viento cambió y sopló intensamente desde el sur, empujando las llamas contra el muro e incendiándolo de arriba a abajo.» (*Josefo: Las obras esenciales*, Editorial Portavoz, p. 389.)

N. El líder judío Eleazar ben Yair se dio cuenta de que los romanos entrarían al día siguiente. Eso significaba que las mujeres de los judíos serían violadas, sus hijos esclavizados y los hombres asesinados. Por lo tanto, la última noche los exhortó a todos a suicidarse.

Ñ. Su oración fue tan elocuente que, en un acto sin precedentes, los hombres se acercaron a sus mujeres e hijos con el corazón quebrantado, pero con la voluntad decidida. Después de despedidas llenas de lágrimas, cada hombre mató a su propia familia rápidamente. Nuevamente notamos las palabras de Josefo:

> «Mientras Eleazar seguía hablando fue interrumpido por sus oyentes, que se llenaron de celo por obedecer. Se precipitaron fuera como hombres poseídos y comenzaron su sanguinaria obra. Mientras abrazaban a sus mujeres y tomaban en sus brazos a sus hijos, aferrándose llenos de lágrimas a sus besos de despedida, les daban muerte.
>
> Cuando todos hubieron muerto recogieron sus bienes y les prendieron fuego. Luego escogieron por suertes a diez de su número para que mataran al resto. Se echaron al lado de sus

mujeres e hijos que ya habían muerto, y, echando sus brazos alrededor de ellos, ofrecieron sus gargantas a los que los degollaron. Luego los diez echaron suertes, y aquel en quien recayó dio muerte a los otros nueve. Luego éste inspeccionó que todos estuvieran muertos, puso fuego al lugar, y finalmente se atravesó con su espada, cayendo junto a su familia. Pero dos mujeres y cinco niños escaparon...» (*Ibid.*, pp. 391, 392.)

O. En el año 130 d.C. el emperador romano Adriano hizo planes para reconstruir a Jerusalén. Construyó un templo a Júpiter en el antiguo sitio del templo de Salomón. Esto horrorizó a los judíos. En el 132 d.C. un joven y audaz guerrero judío llamado Bar Cochba (hijo de la estrella) se levantó y dijo ser el cumplimiento de la profecía de Balaam: «Lo veré, mas no ahora; lo miraré, mas no de cerca; saldrá ESTRELLA de Jacob, y se levantará cetro de Israel, y herirá a ... sus enemigos, e Israel se portará varonilmente. De Jacob saldrá el dominador...» (Nm. 24:17-19).

El sacerdote judío de mayor influencia de la época, el rabí Akiba, aceptó a Bar Cochba como el verdadero Mesías de Israel. Para unirse a la rebelión había que hacerse cortar un dedo como prueba de fidelidad.

P. Más de 200.000 se alistaron. Pronto habían capturado cincuenta fortalezas y más de 1000 pueblos de los romanos. Bar Cochba finalmente fue derrotado por el general romano Julio Severo en el 135 d.C. Fue muerto el rabí Akiba desollado vivo mientras repetía: «Oye, Israel: Jehová nuestro Dios, Jehová uno es» (Dt. 6:4).

Q. Más de 500.000 judíos murieron durante este último intento por retomar su tierra hasta mayo de 1948. Mientras tanto, en Jerusalén, Adriano completó la reconstrucción de Jerusalén, pero la llamó Aelia Capitolina. La mayor parte del mundo «civilizado» se había vuelto en contra de los judíos. Un pequeño grupo se estableció en Tiberias, que se convirtió en el centro del judaísmo.

II. El período bizantino (325-614).

A. Constantinopla, o Bizancio, como se llamaba, fue convertida en la capital de la mitad oriental del Imperio Romano. El cristianismo se extendió rápidamente después de la «conversión» de Constantino. Se construyeron iglesias y floreció Palestina.

B. Con el advenimiento de Constantino el Grande (325 d.C.) los judíos fueron perseguidos aun por los que profesaban ser cristianos. El único alivio provino del emperador Juliano el Apóstata. Este hombre odiaba a Cristo y prometió reconstruir el templo judío para refutar la profecía del Salvador (Mt. 23:37-39; 24:1, 2). Pero los obreros fueron forzados a dejar el monte Moriah debido a un extraño fuego que brotaba de la zona de los cimientos. El motivo más probable es que los numerosos pasajes subterráneos se habían llenado de gases inflamables y se prendieron fuego con las antorchas de los obreros. De todos modos, el proyecto fue abandonado rápidamente. Juliano murió en el campo de batalla en el 363 d.C. después de reinar por sólo dieciocho meses.

C. Durante gran parte del período bizantino se les prohibió a los judíos visitar a Jerusalén salvo el 8 de septiembre, el aniversario de la destrucción de su templo.

III. El período persa (614-634).

A. El 20 de mayo del 614 Jerusalén fue conquistada junto con Palestina por el guerrero persa Cosroes II. Murieron cerca de 34.000 personas, y casi todas las iglesias cristianas fueron destruidas. Los judíos apoyaron esta invasión, ya que se les había prometido alivio cuando los nuevos amos se apoderaran de la Tierra Santa. Pero nunca cumplieron esas promesas. Cosroes se llevó la «verdadera cruz» que la reina Helena (madre de Constantino) supuestamente había encontrado durante su peregrinaje a Palestina.

B. En el 629 d.C. los bizantinos se reanimaron bajo el emperador Heráclito y echaron a los persas. Se recuperó la «verdadera cruz», la cual fue devuelta a Jerusalén.

IV. El período árabe (634-1072).

A. El gran fundador de la fe islámica, Mahoma, nació en Meca en el 570 d.C. Fue criado por su tío, Abu-Taleb. Mahoma después trabajó para una viuda rica llamada Khadija y se casó con ella. En el 611 d.C., a la edad de cuarenta años, recibió su famosa visión en sueños que le dijo el propósito de su misión: «No hay dios sino Alá, y Mahoma es su profeta.»

En consecuencia, su primera meta fue unificar al pueblo árabe bajo el estandarte de Alá. Pero los ciudadanos de Meca rechazaron este enfoque monoteísta. Por años habían adorado una gran piedra negra (posiblemente un meteorito), alrededor del cual había 360 ídolos.

B. Temiendo por su vida, Mahoma huyó a una ciudad rival llamada Medina. Esto se conoce como la hégira (la huida), la cual se realizó en junio del 622. Los musulmanes datan su época desde ese momento.

C. Los ciudadanos de Medina lo aceptaron y el número de sus seguidores aumentó rápidamente. Volvió a Meca en el 630. Poco a poco los árabes se sometieron a él. Mahoma murió en el 632 en Medina. Sus sucesores desarrollaron una regla sencilla para tratar a sus enemigos: el Corán, tributo o la espada. Esto significaba que se podía aceptar el Corán (el libro sagrado musulmán), pagar tributo o morir a espada. Capturaron a Siria en julio del 634. En el 637 el general árabe Omar sitió a Jerusalén. Hizo el siguiente anuncio: «Salud y alegría para todo aquel que sigue el camino correcto. Exigimos que testifiquéis que hay sólo un Dios, y que Mahoma es su apóstol. Si os negáis a hacer esto, consentid a pagar tributo, y estad sujetos a nosotros de ahora en adelante. Si no traeré hombres en contra de vosotros que aman la muerte más de lo que vosotros amáis tomar vino...»

D. Los musulmanes victoriosos por fin fueron detenidos en su avance hacia el occidente por Carlos Martel en la Batalla de Tours en el 732 d.C.

E. En el 1009 d.C. los musulmanes ordenaron la destrucción de la Iglesia del Sagrado Sepulcro. Se dice que fueron destruidos unos 30.000 edificios cristianos en esa época.

V. El período selyúcida (1072-1099).

A. Los selyúcidas fueron una dinastía turca que invadieron el Medio Oriente por casi veinticinco años. Fueron echados por los egipcios poco antes de la llegada de los cruzados. Los selyúcidas ocuparon a Jerusalén en el 1076.

B. Los selyúcidas venían de cerca de la frontera con China. Habían sido convertidos al Islam. Perseguían tanto a judíos como a cristianos.

VI. El período de las cruzadas (1099-1291). Este período no sólo fue el más turbulento sino que en muchas maneras fue el período más trágico después del Calvario en la historia de Palestina. Fue turbulento debido a los cientos de miles de soldados europeos que marcharon por la tierra para luchar con los ejércitos árabes igualmente numerosos. Fue trágico porque mucha de la matanza y el derramamiento de sangre se hizo en nombre de Jesús por guerreros que profesaban ser cristianos.

Hubo ocho cruzadas principales durante esta época para librar a Jerusalén de los árabes paganos. Entre la cuarta y la quinta cruzada se lanzaron dos cruzadas infantiles, tal vez los más tristes de todos los intentos.

A. La primera cruzada (18 de noviembre de 1095).

1. En realidad esta cruzada comenzó alrededor del 1087 cuando un europeo llamado Pedro el Ermitaño visitó la Tierra Santa. Pedro era deformado en estatura, pero tenía el corazón de un león y la voz de un dios. Mientras estuvo allí visitó al obispo cristiano de Jerusalén, quien había sido encarcelado por los selyúcidas musulmanes. El obispo mandó una carta con Pedro al papa romano Urbano II, pidiéndole que juntara un ejército para librar a Jerusalén.
2. Urbano recibió este pedido con entusiasmo, viendo en él una oportunidad para fortificar su debilitado gobierno creando una causa santa unificadora: la salvación de la Ciudad Santa de mano de los paganos.
3. El 18 de noviembre de 1095 se realizó una reunión especial en Clermont, Francia. Asistieron a esta reunión el papa, Pedro el Ermitaño, 13 arzobispos, 225 obispos, 390 abades y muchos sacerdotes y monjes, miles de caballeros e innumerables multitudes de personas. El papa presentó a Pedro, quien pronunció un fogoso discurso:

   «Desde las fronteras de Jerusalén ... han venido nuevas malvadas. Una raza maldita, alejada de Dios, ha invadido las tierras de los cristianos ... y las ha despoblado por fuego, acero y asolamiento. Han llevado a muchos al cautiverio, han destruido las iglesias de Cristo, o las han usado para sus propios ritos. En algunas hospedan a sus caballos, y contaminan los altares con la suciedad de sus propios cuerpos.

   Ahora mismo están torturando a cristianos, atándolos y llenándolos de flechas, u obligándoles a arrodillarse, inclinando las cabezas para ver si sus espadas pueden cortar los cuellos de un solo golpe. Están violando mujeres cristianas. Han obligado a los peregrinos de nuestras tierras ha pagar peaje en las entradas de las ciudades y en las puertas de las iglesias. Los que no tenían dinero fueron revisados, hasta les cortaron los callos de los pies descalzos para ver si llevaban dinero ahí. Les hicieron beber veneno hasta que vomitaron, pero al no hallar monedas en el vómito les han cortado las entrañas con una espada para que si hubiera tesoro escondido ahí pudiera ser revelado. ¿Quién puede relatar esto sin conmoverse profundamente? Porque son vuestros hermanos de sangre: ¡hijos del mismo Cristo e hijos de la misma Iglesia!»
4. En ese momento el orador fue interrumpido, cuando miles de personas literalmente se abalanzaron para ofrecer su vida para retomar la Ciudad Santa.
5. La primera cruzada fue encabezada por Godofredo de Bouillon. Después de increíbles dificultades en el camino llegaron a Palestina, sólo para ser detenidos en la fortaleza de Antioquía. Entonces un joven monje llamado Pedro Bartolomeo dijo haber soñado un sueño en el cual San Andrés vino a él y le dijo: «¡Levántate! Ve y cava en un sitio que te mostraré en la Iglesia de San Pedro, y allí hallarás una lanza con la cual el soldado traspasó el costado del Señor. Toma el arma sagrada y llévala al frente del ejército y los paganos huirán delante de ella.»

   Esto fue hecho y se halló la lanza. El 1 de julio de 1098, después de un culto de comunión, los cruzados tomaron la ciudad de Antioquía. El 9 de mayo de 1099 llegaron a Jerusalén. Nuevamente las cosas parecieron imposibles hasta que un ermitaño que vivía en el monte de Olivos les dijo que marcharan alrededor de la ciudad siete veces.
6. Poco después Jerusalén fue tomada y los cruzados abatieron a sus enemigos indiscriminadamente, sin piedad. El 23 de julio de 1099 Godofredo fue elegido gobernador y defensor de Jerusalén. Había terminado la primera cruzada.

B. La segunda cruzada (1146 d.C.).

1. Fue instituida por el papa Eugenio III y ayudada grandemente por la predicación poderosa de San Bernardo de Clairvaux. El rey de Francia y el emperador de Alemania la encabezaron. Fue un desastre total que les costó la vida a 250.000 ingleses y alemanes.
2. Una terrible amenaza nueva surgió entre la segunda y la tercera cruzada en la persona de Saladino, el mayor genio militar árabe de todas las épocas. El 15 de julio de 1187 este brillante líder musulmán derrotó completamente a los cruzados en el Cuerno de Hatín, el sitio tradicional del sermón del monte de Cristo, cerca del mar de Galilea. Siguiendo con sus conquistas, Saladino tomó la ciudad de Jerusalén el viernes, 12 de octubre de 1187.

C. La tercera cruzada (1189-1192). Ricardo Corazón de León, rey de Inglaterra, encabezó este intento. Capturó a algunas de las fortalezas cristianas tomadas previamente por Saladino, pero no pudo recuperar a Jerusalén.

D. La cuarta cruzada (1202-1204). El papa Inocente III instigó este retorno. Fue encabezado por el conde Baldovino de Flandes. Ni siquiera llegó a Palestina sino que se detuvo en Constantinopla.

Entre la cuarta y la quinta cruzadas, hubo dos intentos de parte de los niños de recuperar la Tierra Santa.

1. Encabezado por Esteban, un pastorcito francés. En junio de 1212 un pastor francés de doce años dijo haber tenido una visión en la cual Cristo le dijo que las cruzadas previas habían fracasado debido a corazones y manos impuros. Pero los varones inocentes y las niñas vírgenes podrían quitarle el control de Jerusalén a los árabes. En julio de ese año más de 30.000 jóvenes, de ocho a dieciocho años de edad, comenzaron a marchar hacia Palestina.

Cada vez que llegaban a los muros de cualquier ciudad preguntaban, en su ignorancia, si era la Santa Jerusalén. Después de un mes de viaje habían perdido a 10.000 por muerte o abandono. Cuando vieron el océano fueron corriendo, creyendo que las aguas se dividirían para ellos. Cuando no lo hicieron, el número bajó a seis mil. Malvados tratantes de esclavos prometieron llevarlos por barco a Palestina. En lugar de eso, los vendieron como esclavos en África y Egipto.

2. Liderado por Nicolás, un niño alemán. El grupo encabezado por este niño de diez años sufrió una suerte similar.

E. La quinta cruzada (1218-1221). Esta expedición fue encabezada por el rey Andrés de Hungría y el emperador Federico II de Alemania. Llegaron a Egipto y lo ocuparon. Los musulmanes estaban tan inquietos que ofrecieron ceder toda Palestina si se retiraban de Egipto. Nunca se les había hecho tal oferta a los cristianos y nunca más se volvería a hacer. Pero los avaros cruzados estaban tan entusiasmados con la idea de capturar los tesoros de Egipto que rechazaron la oferta, y así perdieron una de las mayores oportunidades de todos los tiempos.

F. La sexta cruzada (1228-1229). Esta cruzada fue diferente de la mayoría. En primer lugar tuvo éxito. En segundo lugar, fue maldecida por el papa Gregorio IX, quien odiaba a su líder, Federico II. Federico efectuó un tratado con los musulmanes que dejaba a Belén y a Jerusalén en manos de los cruzados. El 18 de febrero de 1229 entró en la Ciudad Santa y se proclamó rey.

G. La séptima cruzada (1248). En 1244 Jerusalén volvió a caer ante los musulmanes, provocando el séptimo intento. Fue encabezado por el rey francés Luis IX, pero logró poco. El rey fue capturado por un tiempo y hecho objeto de rescate.

H. La octava cruzada (1267). Esta última cruzada fue conjuntamente encabezada por el rey Luis de Francia y el príncipe Eduardo de Inglaterra. No logró nada. El doctor G. Frederick Owen escribe:

«La suerte del Reino Cruzado en Palestina fue sellada con la caída final de Acre. Sólo Atlit, una pequeña pero fuerte fortaleza al sur del monte Carmelo quedó sin tomar. Aquí se juntaron los cristianos esperando quién sabe qué, aferrándose al último punto de apoyo hasta que vieron que todo estaba perdido; esa última triste noche se reunieron en una gran sala de asamblea en la iglesia, oraron, y los últimos de los cruzados le dieron la espalda a Palestina y se embarcaron hacia Chipre. Así terminó el drama que había durado 192 años. La media luna había triunfado sobre la cruz, y los cruzados no dejaron más que las ruinas de sus castillos, la sangre que corría en las venas de los nativos con quienes se habían casado, la memoria de las guerras que habían peleado y un reino que habían fundado y perdido.» (*Abraham to the Middle East Crisis*, p. 246.)

VII. El período mameluco (1291-1517).

A. La palabra mameluco significa «esclavo». Los mamelucos fueron esclavos turcos en Egipto que sirvieron de guardaespaldas reales. Después estos valientes hombres de la caballería se rebelaron en contra de sus amos egipcios y se apoderaron del trono de Egipto. Después de eso invadieron Palestina, echando a los cruzados en el 1291 d.C. Los mamelucos impusieron restricciones fuertes y gravosas tanto sobre los judíos como sobre los cristianos palestinos. Por ley, los judíos debían llevar turbantes amarillos y los cristianos turbantes azules para diferenciarlos de los ciudadanos musulmanes de primera clase.

B. En la época mameluca la Tierra Santa sufrió una de las sequías más severas y prolongadas registradas. Después de un tiempo, el alimento sencillamente desapareció. La gente comía gatos, perros, sabandijas y, a veces, hasta niños pequeños.

VIII. El período turco (otomano) (1517-1917).

A. En 1517 Selim I (el Cruel) de Turquía derrotó a los mamelucos y se apoderó de Palestina. Aun antes de esto los turcos otomanos (nombrados por el sultán Otmán I) habían tomado a Constantinopla en 1453. Desde allí gobernaban a Palestina. El hijo de Selim I fue Selimán (también llamado Subeimán) el magnífico. Gobernó desde 1520 hasta 1566 y fue el monarca más grande de la ocupación turca de Palestina en 400 años. Entre otros logros reconstruyó los muros de Jerusalén, que hoy son un monumento a su grandeza. Poco después de su muerte la tierra fue gobernada por varios bajaes (gobernadores provinciales turcos de nacimiento). Le pagaban enormes sobornos al sultán principal del gobierno turco en Constantinopla para gobernar ciertas partes del Medio Oriente. Esto realmente comenzó la era del «turco abominable». Con pocas excepciones, Palestina ahora era gobernada por un grupo de recaudadores de impuestos avaros, crasos y crueles, que violaban tanto a las personas como a la tierra. Judíos, árabes y cristianos sufrieron bajo su vergonzoso dominio.

B. En 1798 Napoleón Bonaparte entró en el Medio Oriente. Ese año capturó a Egipto con 30.000 soldados y una gran armada. Entonces anunció su intención de conquistar Palestina y restaurar a los judíos a su patria. En consecuencia, muchos judíos lo consideraban su verdadero Mesías, un honor que habían acordado por última vez unos 665 años antes a Bar-Cocba.

C. Napoleón entonces marchó al norte por la llanura marítima y conquistó a Gaza, Jaffa y Cesarea. Entonces mostró algo de su crueldad, asesinando a más de 3.000 prisioneros de guerra en Jaffa en la costa, diciendo que no encontraba otra manera de disponer de ellos. Un ejército turco intentó repelerlo en el valle de Jezreel, pero lo derrotó al pie del monte Tabor.

D. Pero Napoleón no pudo tomar la fuerte ciudad central de Acre. Esta metrópoli costanera estaba defendida por turcos y británicos. Si hubiera capturado a Acre, sin duda que la historia habría cambiado. El famoso emperador francés entonces se embarcó rumbo a su patria, para no volver jamás.

E. En 1838 el Consulado Británico abrió sus puertas en Jerusalén, el primero de su tipo. En 1843 Francia, Prusia, Austria y España hicieron lo mismo. Los grandes poderes europeos se empezaron a interesar mucho en Palestina. Los protestantes, los católicos y los judíos también fundaron misiones durante esta época. La población judía comenzó a crecer lentamente. En 1839 había 12.000 judíos, en 1880, 35.000, en 1900, 70.000 y en 1914 había 90.000.

F. La Guerra de Crimea de 1853 se peleó por los derechos a Palestina. Comenzó cuando Rusia invadió a Turquía para quitarle algo del control al Imperio Otomano en Constantinopla sobre la Tierra Santa. Turquía recurrió a Francia y a Inglaterra para obtener ayuda. Rusia perdió esa guerra.

Ese mismo año, un judío en Europa que después se volvería mundialmente famoso escribió de su añoranza por la Tierra Santa. Escribió: «Me preguntáis lo que deseo: mi respuesta es una existencia nacional, que no tenemos. Me preguntáis lo que deseo: mi respuesta es, la Tierra de la Promesa. Me preguntáis lo que deseo: mi respuesta es, el templo, todo lo que hemos perdido, todo lo que hemos añorado, todo aquello por lo cual hemos luchado, nuestro hermoso país, nuestro santo credo, nuestras antiguas y sencillas costumbres». Esa declaración fue hecha por Benjamín Disraeli, primer ministro de Gran Bretaña en 1868, 1874-80, y creador del moderno Partido Conservador Británico.

G. En 1878 un judío que estaba durmiendo en un granero en las afueras de París, Francia, tuvo lo que creía ser una visión de Dios. Sea cual fuere su origen, su sueño después desempeñaría un papel vital en la unificación del Nuevo Estado de Israel. El nombre del judío era Eliezer Ben Yehouda. Su visión era de un mandamiento de Dios para reintroducir el idioma hebreo en Palestina. En la época de su sueño había algunos doce millones de judíos dispersos a través del mundo que hablaban casi todos los idiomas conocidos menos el hebreo. Al volver a su tierra natal desde Rusia, Ben Yehouda se casó con una judía llamada Débora. El año siguiente zarparon rumbo a Palestina.

En el camino Ben Yehouda le hizo una promesa solemne a su nueva esposa de que de ahí en adelante sólo le hablaría en hebreo. Se desembarcaron en Jaffa y de ahí fueron a Jerusalén. Allí, en el muro (occidental) de las lamentaciones, la pareja vio a más de 20.000 judíos que estaban orando, y la mayor parte de ellos no podían entenderse los unos a los otros. De repente Ben Yehouda les empezó a hablar a todos en hebreo. Los judíos escandalizados casi lo apedrearon al principio, porque sentían que el poco hebreo que conocían debía utilizarse sólo para la oración. Pero él se mantuvo firme. Después de sufrir mucho a causa de sus propios compatriotas como resultado de su santa carga, murió su mujer. Lo último que le pidió fue que su hermana menor viniera de Rusia y tomara su lugar en el matrimonio y que Ben Yehouda continuara con su misión. Este escribió lo siguiente sobre su lápida: «A Débora, la primera madre del pueblo judío renacido.»

El propio pueblo de Ben Yehouda siguió odiándolo y hasta lo hicieron arrestar por sus crueles amos, los turcos. Pero de repente un judío mundialmente famoso llamado Theodor Herzl se interesó en su sueño. Las cosas pronto comenzaron a cambiar. El corazón del pueblo judío se ablandó. Ahora consideraban que Ben Yehouda era un héroe y estaba de acuerdo con la importancia de lo que estaban tratando de hacer. Los judíos alemanes de Palestina fueron los primeros en inaugurar el hebreo en sus escuelas. Les siguieron otros grupos. Ben Yehouda publicó un diccionario hebreo en ocho volúmenes. En él puso no sólo las palabras hebreas de la Biblia y del Talmud sino que también formó muchas palabras nuevas. Así logró algo que antes había sido completamente desconocido: el reavivamiento y la resurrección de un idioma muerto. Nunca había ocurrido esto en la historia del mundo.

H. El acontecimiento más significativo del gobierno turco de 400 años, y en realidad de la historia de la Tierra Santa desde la rebelión de Bar-Cochba en el 132 d.C., ocurrió en 1897. Fue durante ese año que Theodor Herzl, un judío austríaco, lanzó un movimiento político en Basilea, Suiza conocido como sionismo. Doscientos cuatro delegados de Europa, África, América y Palestina asistieron a esta reunión histórica que comenzó el 29 de agosto. De ahí surgió la organización sionista mundial, con la meta de un hogar legalmente asegurado y públicamente reconocido para el pueblo judío en Palestina.

Herzl exclamó: «¡Hay una tierra sin pueblo! ¡Hay un pueblo sin tierra! ¡Désele la tierra sin pueblo al pueblo sin tierra!» Esta conferencia logró tres grandes cosas:

1. Les dio a los judíos una esperanza viva, en vez de latente, de una reunión con su tierra.
2. Vio nacer la bandera judía, con amplias franjas celeste y blanco y una estrella de David en el centro.
3. Produjo el himno nacional judío, «*Hatikvah*», que significa «la esperanza». Nótense sus palabras:

   «Mientras en nuestro pecho lata fiel el corazón judío,
   Mientras el judío siga mirando hacia el Oriente, hacia Sion.
   Mientras nuestras esperanzas no se pierdan —dos mil años las hemos alentado—
   ¡De vivir en libertad en la tierra de Sion y Jerusalén!»

   En ese momento Herzl predijo que antes de cincuenta años, el propuesto estado judío sería realidad. La historia muestra que sólo erró por nueve meses. Quince de los 204 delegados originales estuvieron presentes cuando se hizo realidad esa asombrosa profecía en mayo de 1948. Sin embargo, hubo una nota triste en medio del fervor de esta conferencia: el desvanecimiento de la esperanza mesiánica. Max Nordau se dirigió a la conferencia:

   «El Nuevo Sionismo, que ha sido llamado político, difiere de la variedad antigua, religiosa, mesiánica en que rechaza todo misticismo, ya no se identifica con el mesianismo y no espera que el regreso a Palestina ocurra por un milagro, sino que desea preparar el camino por sus propios esfuerzos.»

I. Inmediatamente después de esta conferencia, Herzl lanzó un programa de esfuerzos y negociaciones incesantes con los líderes gubernamentales de toda Europa y Asia occidental. Visitó Rusia, Gran Bretaña, Italia, Alemania y habló con el Papa. Entonces fue a Constantinopla para ver al mismo sultán turco que controlaba Palestina.

G. Frederick Owen describe este asombroso encuentro:

«Por meses estuvo solicitando el privilegio de una entrevista personal con este gran gobernante. Un día, mientras Herzl estaba sentado esperando en la oficina exterior, uno de los muchos esclavos del sultán entró y le hizo señas al distinguido hombre para que lo siguiera. Caminaron por los largos y espaciosos pasillos y finalmente llegaron a la sala del trono. La sala estaba decorada con muchas joyas preciosas y el trono del sultán era de oro puro. El alto, decoroso y apuesto Theodor Herzl hizo una reverencia profunda y respetuosa y comenzó a hablar como sólo Herzl podía hacerlo.

Dijo que los judíos eran perseguidos en toda Europa y no podían encontrar un hogar en ninguna parte salvo América, que no podía recibirlos a todos. ¿Consideraría el sultán permitirles volver a Palestina, su antigua patria? Mientras el pequeño, redondo y magníficamente ataviado sultán escuchaba, sentado en suaves almohadas en su trono de oro, su alto, apuesto y elocuente visitante lo impactó tanto que lo decoró por su heroísmo personal y ofreció permitir que los judíos volvieran a Palestina ¡por veinte millones de dólares!»

J. En términos humanos, esta fue la mayor oportunidad de los judíos en treinta siglos, desde la época de Salomón, cuando eran dueños de la Tierra Santa y la controlaban. Pero no había de ser. Herzl no pudo persuadir ni a los judíos ni a los gentiles ricos a comprometer siquiera una fracción de este precio. La oportunidad dorada pronto se perdió para siempre. El 3 de julio de 1904 Theodor Herzl murió de un ataque cardíaco.

K. Sin embargo, había creado una gran ola de resolución en el tempestuoso mar del judaísmo que aumentaría en intensidad y no pararía hasta romper en la costa de la Tierra Prometida.

Cuarenta y cinco años más tarde se llevó a cabo una ceremonia emocionante y significativa en Israel. Walter K. Price escribe lo siguiente acerca de ella:

«Eran casi las dos de la tarde del 16 de agosto de 1949 cuando un avión, guiado por un piloto americano, apareció sobre la costa mediterránea de Israel. Inmediatamente fue acompañado por cuatro aviones de guerra de la fuerza aérea israelí. Ese día el avión había volado desde Austria. Llevaba los restos de un judío que había muerto cuarenta y cinco años antes y cuyo cuerpo había dormido silenciosamente todos esos años envuelto en la bandera celeste y blanca de Sion, en un cementerio de Viena. La tumba donde había estado enterrado era una tumba común como muchas otras allí. Una piedra alta, rodeada por un cerco de hierro forjado, sobre la cual había crecido la hiedra al pasar los años, la hacía indistinguible, hasta que se notaba algo más. Arriba, abajo, en todos los costados de la piedra y el enrejado, había cosas escritas en hebreo, ruso y alemán. Estos escritos no eran profanaciones. Más bien, eran expresiones de la reverencia sentida por miles de judíos que habían visitado esa tumba desde 1904. Los escritos contenían pedidos, esperanzas, oraciones, proverbios y bendiciones. Judíos de todo el mundo habían expresado en muchos idiomas su añoranza por un hogar nacional en Israel y su agradecimiento hacia el hombre cuyo cuerpo yacía ahí por su liderazgo en la realización final de esta aspiración divinamente implantada.

Y ahora, en 1949, sólo un año después de que se hubiera formado el nuevo Estado de Israel, se estaba llevando el cuerpo de ese hombre a Israel, donde yacería en el suelo sagrado de Givat Herzl en las afueras de Jerusalén. Cuando el avión aterrizó en el aeropuerto de Lydda fue rodeado por una guardia de honor de soldados, marinos y miembros de las fuerzas aéreas israelíes, con los sables desenvainados en alto. El ataúd de metal, encerrado en una caja de madera y cubierto por una manta de oración, fue levantado reverentemente del avión y colocado sobre un féretro negro. Minutos después yacía sobre un catafalco en el Paseo Mediterráneo de Tel Aviv. Miles de judíos pasaron silenciosamente al lado de ese ataúd en solemne procesión. Al amanecer una enorme caravana de autos subió por la región montuosa de Judea para poner el ataúd en una pequeña loma en las afueras de Jerusalén. En grupos de diez, granjeros, negociantes, obreros, viejos colonizadores y nuevos inmigrantes pasaron tirando tierra de trescientas colonias judías de la Tierra Santa en esa tumba para cubrir el ataúd. Un rabino leyó el Kaddish, la oración para los muertos. Sonaron los tambores. La gran multitud, calculada en más de cien mil, cantó "Hatikvah", el himno sionista. En esa ocasión, el primer ministro David Ben-Gurion dijo: "Este es el segundo retorno más importante de un héroe muerto a Israel en la historia judía. El primero ocurrió hace 3.300 años, cuando el cuerpo de José fue traído de vuelta en un ataúd desde Egipto."

El fundador del sionismo político moderno, Theodor Herzl, descansaba en el suelo de su amada patria.» (*Next Year in Jerusalem*, pp. 11, 12.)

L. En 1898, sólo un año después de la Conferencia Judía en Suiza, sucedió otro acontecimiento en Palestina misma que tuvo matices tanto históricos como proféticos. Ocurrió cuando el emperador alemán, el kaiser Wilhelm II, entró a la Ciudad Santa por la Puerta de Jaffa en un corcel blanco. Estaba vestido de blanco y tenía una corona de oro. Esta demostración ostentosa era un intento por parte de Alemania de tomar posición en el Medio Oriente. Aunque falló, sirvió para recordarles a los estudiosos de la Biblia de una entrada anterior por un conquistador manso en el potro de un asno (Mt. 21:1-9; Jn. 12:12-15) y de una entrada futura por un dictador victorioso en un caballo blanco (Ap. 6:1, 2; 13:1-18).

M. Para fines del siglo XIX, estaba creciendo la hostilidad en contra de los abominables turcos en Palestina. Los árabes odiaban a los turcos de manera especial. En 1912 un elemento turco descontento organizó una rebelión llamada la revolución de los turcos jóvenes. Los árabes la apoyaron, esperando un mejor gobierno, pero pronto se enteraron de que sus nuevos amos eran tan corruptos como los antiguos.

N. En el verano de 1914 ocurrió un acontecimiento que cambiaría la situación política y geográfica del Medio Oriente para siempre. Ocurrió el 28 de junio en Serbia cuando el archiduque Fernando (sobrino y heredero del emperador austríaco) fue asesinado. Austria y Alemania le declararon la guerra a Serbia casi inmediatamente. Rusia fue al rescate de Serbia, junto con Gran Bretaña, Francia e Italia.

Ñ. Turquía se alineó con Alemania el 5 de noviembre de 1914. Pero el 9 de junio de 1916, los árabes se rebelaron contra los turcos. Fueron ayudados en esto por Thomas E. Lawrence, un ex arqueólogo británico que después llegaría a la fama mundial como Lawrence de Arabia. Ayudó a formar un ejército de 200.000 árabes para luchar del lado de Gran Bretaña.

IX. El período británico (1917-1948).

A. El 6 de abril de 1917 Estados Unidos entró en la Primera Guerra Mundial. En julio de ese año, el general británico Sir Edmund Allenby fue nombrado Comandante de los ejércitos aliados en Palestina. El 16 de noviembre se tomó la ciudad fortalecida de Jaffa, dejando a Jerusalén abierta al ataque. El 8 de diciembre las tropas británicas llegaron a Jerusalén. Era el día de la fiesta judía de Hanukkah, que conmemoraba la liberación de Jerusalén por los macabeos en el año 165 a.C. Temprano en la mañana del 9 de diciembre los turcos comenzaron a huir de la ciudad sin disparar un solo tiro.

B. El 11 de diciembre el general Allenby hizo su entrada oficial, entrando en Jerusalén por la Puerta de Jaffa. Fue por esta misma puerta que el califa Omar entró en Jerusalén en el 637 d.C. después de haberla tomado del mundo occidental (romano). Ahora un descendiente de ese mundo se la estaba restaurando al pueblo. G. Frederick Owen escribe:

«El nombre de Allenby cayó en los oídos de los habitantes de Jerusalén con una fuerza singular. Para ellos sonaba como la combinación de las palabras arábigas Alá (Dios) y Nebi (profeta): ¡el profeta de Dios! Para el pueblo era el profeta de Dios del siglo XX enviado para librarlos del yugo turco. El gozo judío y árabe no conocía límites.» (*Jerusalem*, p. 118.)

C. ¿Qué pasaría ahora con los judíos en su tierra liberada? Una serie de acontecimientos que ya habían ocurrido en Inglaterra lo determinarían. Durante la guerra hubo una seria escasez de acetona, una sustancia química necesaria para los explosivos utilizados en la artillería. El primer lord del almirantazgo (Winston Churchill) pidió ayuda a un brillante químico judío. Este hombre, el doctor Chaim Weizmann, pronto descubrió un método para producir acetona en el laboratorio fermentando el maíz. Esto resultó ser vital para la participación de Gran Bretaña en la guerra. Un gobierno agradecido quiso recompensar a Weizman. Éste no pidió nada para sí mismo, sólo que se hiciera una patria para su pueblo, los judíos, en Palestina. Más adelante, un pueblo judío agradecido le conferiría a este callado químico su mayor honor eligiéndolo el primer presidente de Israel. Recibió esta noticia en Nueva York el 17 de mayo de 1948, sólo tres días después del nacimiento de la nación.

D. Después de mucha discusión, el gobierno británico pronunció la famosa Declaración de Balfour el 2 de noviembre de 1917, en la forma de una carta del Secretario de Relaciones Exteriores, Arthur Balfour, al líder judío inglés, Lord Rothschild. La carta rezaba: «El gobierno de Su Majestad favorece el establecimiento en Palestina de un Hogar Nacional para el pueblo judío, y utilizará sus mejores esfuerzos para facilitar el logro de este objetivo, entendiéndose claramente que no se hará nada que perjudique los derechos civiles y religiosos de las comunidades no judías existentes en Palestina, o los derechos y la posición política de que disfrutan los judíos en cualquier otro país.»

E. Esto fue aprobado por diversos líderes aliados, incluyendo el presidente estadounidense Woodrow Wilson.

F. El 30 de junio de 1920 el primer Alto Comisario británico, Sir Herbert Samuel, un judío, llegó a Jerusalén para asumir sus responsabilidades. Estaba vestido de blanco de pies a cabeza, hasta con un casco blanco. Samuel se convirtió así en el primer judío en ejercer una autoridad política real en la Tierra Santa en más de 2500 años, siendo el último el rey Sedequías en el 587 a.C.

G. Al principio, británicos, árabes y judíos no tuvieron ninguna dificultad en vivir juntos. De hecho, en una carta fechada el 3 de marzo de 1919 el emir Feisal, portavoz árabe de la época, escribió las siguientes palabras al líder sionista americano Felix Frankfurter:

«Los árabes, especialmente aquellos de nosotros con una preparación, vemos el Movimiento Sionista con la más profunda simpatía. Nuestra delegación aquí en París está completamente al tanto de las propuestas presentadas ayer por la Organización Sionista a la Conferencia de Paz y consideramos que son moderadas y apropiadas. Haremos lo mejor que podamos en lo que a nosotros respecta para ayudarles a lograrlas; les ofreceremos una sincera bienvenida a los judíos.... Pienso que ninguno de los dos puede tener verdadero éxito sin el otro.»

H. Pero pronto hubo problemas. Los británicos habían hecho promesas tanto a los judíos como a los árabes que sencillamente no podían cumplir. En 1929 muchos judíos fueron muertos por los árabes en el muro (occidental) de las lamentaciones en Jerusalén. Había un rumor de que los judíos estaban planeando destruir el Domo de la Roca y la Mezquita de Aksa para construir su propio templo. Aparte de los problemas religiosos, había temores económicos y sociales. Los gobernantes y propietarios estaban molestos porque los granjeros judíos les estaban pagando más a los obreros árabes de Palestina de lo que se estaba pagando normalmente en el Medio Oriente.

I. En 1936 hubo otro disturbio, encabezado por el líder árabe de Jerusalén. Durante ese año, Gran Bretaña envió una Comisión Real encabezada por Lord Peel para estudiar el problema de la Tierra Santa. La Comisión de Peel recomendó repartir a Palestina entre los judíos y los árabes. Los judíos aceptaron su decisión pero los árabes no querían saber nada. Finalmente, el 17 de mayo de 1939, Gran Bretaña promulgó un libro blanco para apaciguar a los árabes (que representaban la inmensa mayoría de los pueblos de Medio Oriente). Se estaban formando rápidamente las tormentas de la Segunda Guerra Mundial sobre Europa, e Inglaterra no quería luchar contra los nazis y contra los musulmanes.

J. El libro blanco prometía que Palestina se convertiría en un estado árabe con una minoría judía limitada al treinta por ciento de la población. Se reduciría la inmigración judía y se limitaría el derecho de los judíos a tener propiedad en Palestina a unas pocas áreas. Para los judíos, esto era una amarga traición de la Declaración de Balfour. Se oponían especialmente a las restricciones sobre la inmigración a la luz del creciente peligro del antisemitismo en la Alemania de Hitler.

K. Durante esta época se organizó el famoso Haganah (Ejército Defensor del Pueblo Judío). En septiembre de 1939 las tropas alemanas invadieron Polonia y comenzó la Segunda Guerra Mundial.

L. A pesar de su conflicto con Gran Bretaña, los judíos palestinos decidieron unirse con los aliados en contra del Eje. En esta época, David Ben-Gurion declaró: «Lucharemos en contra del libro blanco como si no hubiera ninguna guerra; lucharemos en la guerra como si no hubiera ningún libro blanco.» Y así lo hicieron. Más de 130.000 judíos se alistaron en el ejército. Muchos judíos sirvieron de espías detrás de las líneas enemigas para Gran Bretaña. Moshe Dayan, que se haría famoso durante la Guerra de los Seis Días en junio de 1967, perdió un ojo durante las actividades marciales británicas en contra de Siria en la década del 40. Pero los líderes árabes, que habían sido favorecidos por el libro blanco, por un tiempo estuvieron del lado de Hitler. Los líderes de Jerusalén hasta fueron a Alemania para colaborar con los nazis.

M. Después de la guerra, Ben-Gurion visitó los campos de concentración nazis en Auschwitz y Belsen. Volvió a Palestina más decidido que nunca a establecer una patria nacional para todos los judíos.

N. Las tensiones entre árabes, judíos y británicos se intensificaron después de la guerra. En julio de 1947 ocurrió un incidente de alcance internacional que ayudó a formular la decisión británica de salir de Palestina en 1948. Se conoce como el «Episodio del éxodo». Comenzó cuando un barco para refugiados, comprado en Estados Unidos y llamado *Éxodo 1947*, salió hacia Europa durante el mes de julio. Al llegar a la costa de Francia, este barco de madera de 4.000 toneladas recogió a 4.554 refugiados judíos y comenzó el viaje a Palestina. Los barcos británicos pronto lo vieron y trataron de hundirlo por violar la ley del libro blanco. Pero el barco pudo llegar al puerto de Haifa. Allí los 4.554 refugiados fueron arrestados por los británicos, puestos en tres barcos para prisioneros y llevados de vuelta al mar, bajando el ancla en una bahía francesa. Pero esta vez los judíos se negaron a dejar el barco y comenzaron una huelga de hambre. Esta tragedia se convirtió en noticia internacional. Desesperada, Gran Bretaña abandonó la política del libro blanco y pidió que las Naciones Unidas dividiera a Palestina entre árabes y judíos. Esto también marcó el sexto y último de los regresos *aliyah*, que se preparaban para el nuevo Estado de Israel. La palabra hebrea *aliyah* significa «subir». Puede referirse al llamado a pasar a leer de la Tora en una reunión de la sinagoga o se puede emplear para describir a los que vuelven a Palestina. Los seis *aliyah* a Palestina son:

1. 1882-1903
2. 1903-1914
3. 1919-1925
4. 1925-1932
5. 1933-1939
6. 1940-1948

Ñ. El Comité Especial sobre Palestina de la ONU fue entonces a Ginebra y recomendó que se terminara el mandato británico. El comité recomendó la división de Palestina y la creación de un estado para Israel. El 29 de noviembre de 1947 la Asamblea General de las Naciones Unidas votó treinta y tres a trece (con diez abstenciones) a favor de esta resolución. Al día siguiente comenzaron las hostilidades árabes en contra de los judíos.

A principios de 1948 Gran Bretaña anunció su intención de ceder el mandato y desocupar a Palestina a la medianoche del 14 de mayo. Inmediatamente se aceleraron las actividades clandestinas de guerra de los árabes y los judíos.

Al amanecer del 14 de mayo se bajó la bandera de Gran Bretaña del asta de la Casa de Gobierno en Jerusalén. El Alto Comisario británico, Sir Allen Gorden Cunningham, dejó entonces la Tierra Santa por última vez en medio de una salva de diecisiete cañonazos. Había terminado el gobierno británico de treinta años.

O. Poco antes de las 16:00 horas de ese mismo día, David Ben-Gurion bajó por el Bulevar Rothschild en Tel Aviv y entró en un museo de arte blanco, moderno, de dos pisos. Asistieron unas 400 personas a esta reunión. Este número incluía líderes judíos religiosos y seculares además de muchos representantes de la prensa local y mundial. Exactamente a las 16:00 horas, Ben-Gurion comenzó la reunión. La asamblea se puso de pie y cantó el himno nacional judío, mientras la orquesta sinfónica de Palestina tocaba en un cuarto adyacente.

P. En Jerusalén, más de 100.000 judíos que no pudieron asistir por estar rodeados de enemigos árabes escucharon las ceremonias de Tel Aviv por radio. La música apenas había terminado cuando Ben-Gurion se puso de pie, y en una voz firme, fuerte y enfática, leyó en hebreo la Declaración de Independencia del nuevo Estado de Israel. El Primer Ministro de Israel se paró bajo un retrato de Theodor Herzl y leyó el histórico documento de 697 palabras en diecisiete minutos. A continuación se encuentran algunos de los párrafos clave de esta proclamación de libertad:

«El pueblo judío nació en la Tierra de Israel. Su carácter espiritual, religioso y nacional se formó en esta tierra. Vivió aquí en independencia soberana. Creó aquí una cultura de importe nacional y universal, y dio al mundo el eterno Libro de los libros.

Exiliado a la fuerza, el pueblo judío mantuvo la fe de su tierra en todos los países de la dispersión, firme en sus oraciones y en la esperanza de volver aquí a revivir su libertad política.

Inspirados por este lazo de historia y tradición, los judíos de cada generación lucharon por renovar sus raíces en la antigua Patria, y en recientes generaciones volvieron en multitudes....

Es el derecho natural del pueblo judío, como cualquier otro pueblo, controlar su propio destino en su Estado soberano.

En consecuencia, nosotros, los miembros del Consejo Nacional, en representación del pueblo judío en la Tierra de Israel y del Movimiento Sionista, nos hemos reunido en el día del fin del mandato británico de la Palestina y, en virtud de nuestro derecho natural e histórico y de la resolución de la Asamblea General de las Naciones Unidas, por la presente proclamamos el establecimiento de un Estado Judío en la tierra de Israel: el Estado de Israel....

El Estado de Israel estará abierto a la inmigración judía y el acogimiento de los exiliados. Se dedicará a desarrollar la tierra para el bien de todos sus habitantes.

Se apoyará sobre las bases de la libertad, la

justicia y la paz concebidas por los profetas de Israel....

Le pedimos al pueblo judío de toda la Diáspora que se una a nosotros en la inmigración y la construcción, y que esté a nuestra diestra en el gran esfuerzo por cumplir el antiguo deseo de la redención de Israel.

Confiamos en la Roca de Israel, ponemos nuestras firmas como testimonio de esta proclamación, en esta sesión del Consejo Provisional del Estado, en el suelo de la Patria, en la ciudad de Tel Aviv, esta víspera del Día de Reposo, el quinto día de Iyar, 5708, el decimocuarto día de mayo de mil novecientos cuarenta y ocho.»

Q. A las 17:00 horas de ese mismo día se convocó una reunión de emergencia de la Asamblea General de las Naciones Unidas en Nueva York para considerar las tormentas de guerra del Medio Oriente que sin duda se desencadenarían a las 18:00 horas de Nueva York (la medianoche en Palestina). Había una hora para hacer algo. De repente la ONU recibió un boletín asombroso y completamente imprevisto proveniente de Washington. El presidente Harry Truman acababa de reconocer el nuevo Estado Judío. Eran las 18:11 horas en Nueva York, pero seis horas más tarde en Jerusalén. Fue así que Truman reconoció el Estado de Israel sólo once minutos después de su nacimiento. Su mensaje fue el siguiente:

«Se le ha informado a este Gobierno que se ha proclamado un Estado Judío en Palestina y que el Gobierno Provisional del mismo ha pedido que se lo reconozca. El Gobierno de los Estados Unidos reconoce el Gobierno Provisional, la autoridad *de facto* del Nuevo Estado de Israel.»

Tres días después, el 18 de mayo, Rusia reconoció a Israel. Es así que, por primera vez desde el 8 de septiembre del 70 d.C., la Tierra Santa pertenecía a los judíos por un acto oficial de los gentiles.

X. El período independiente (1948-hoy). Entre el 14 de mayo de 1948 y el 6 de octubre de 1973 se han librado no menos de cuatro guerras importantes en el Medio Oriente entre los judíos y los árabes.

A. La Guerra de la Independencia comenzó el 29 de noviembre de 1947 y continuó (con algunas interrupciones) hasta el 24 de febrero de 1949.

1. El 15 de mayo de 1948 Israel fue invadida por Egipto, Jordania, Iraq, Siria y el Líbano. Eran 45 millones de árabes contra 64.000 judíos. Los fueron encerrando desde el norte, el sur y el este, mientras que la espalda de Israel daba al mar Mediterráneo al oeste.
2. Había cuarenta soldados árabes por cada soldado israelí, 100 habitantes árabes por cada habitante israelí, 1.000 unidades de equipo árabes por cada unidad israelí y el área árabe era 5.000 veces mayor que la israelí. Justo antes de la guerra, el mariscal de campo británico Montgomery visitó Palestina y predijo tristemente que les llevaría ocho días a los árabes empujar a los judíos hacia el mar. Su tierra era difícil de proteger, siendo larga y estrecha con 600 millas (967 km) de frontera de tierra, todas lindando estados árabes hostiles.
3. El plan de ataque de los aliados árabes era sencillo: Egipto mandaría dos brigadas de 5000 hombres desde el *sur* para tomar el Negev, uno hacia Tel Aviv, el otro hacia Jerusalén. Los ejércitos del Líbano, Siria e Iraq vendrían desde el *norte* para aplastar a Galilea, entrar a Haifa y dirigirse hacia Tel Aviv. Jordania enviaría 10.000 hombres desde el *este* para ocupar el lado occidental, capturar la Vieja Jerusalén y sitiar la Nueva Ciudad.
4. En oposición a esta invasión masiva y bien armada, Israel sólo tenía 10.000 rifles, con 50 cargas cada uno, 4 antiguas piezas de artillería y 3.600 metralletas.
5. No parecía haber esperanza alguna para Israel. Pero fueron las diferentes actitudes de los ejércitos opositores, y no el tamaño ni la fuerza, las que determinarían el resultado. Para los árabes era un juego de expansión y venganza, pero para los judíos desesperados, era la supervivencia misma. Se sabe que los seres humanos luchan con más fuerza para salvar su vida que para agrandar sus tierras. Esto sólo marcó la diferencia. El doctor G.F. Owens escribe:

«Había cuatro metas extremadamente importantes que los líderes militares judíos querían alcanzar: *primero*, defender al máximo cada colonia judía en el camino de los ejércitos invasores; *segundo*, crear una marina para levantar el bloqueo y traer hombres, municiones e inmigrantes por el mar; *tercero*, levantar el sitio de Jerusalén; y *cuarto*, tomar la ofensiva y salvar a Israel.» (*Abraham to the Middle East Crisis*, p. 325.)

A medida que se desarrolló la guerra lograron alcanzar las cuatro metas.

a. Defendieron sus colonias agrícolas y urbanas.
b. Crearon una marina (por así llamarla). Encontraron cinco antiguos barcos para refugiados desmantelados. Les agregaron un rompehielos y una trainera. Estos siete barcos eran la marina de Israel. El 27 de mayo cuatro barcos egipcios aparecieron en la costa de Tel Aviv. El único barco israelí disponible para batalla era el Elath, equipado con dos cañones reales de 20 milímetros y dos cañones de 6 pulgadas (15 cm) falsos hechos de cartón para engañar al enemigo. Esto engañó y asustó a los barcos enemigos, quienes hicieron una rápida retirada. Más tarde, durante una batalla naval el 21 de octubre, Israel hundió *El rey Farouk*, el buque insignia de la marina egipcia.
c. Rompieron el sitio de Jerusalén. Los árabes controlaban los caminos principales que conducían a Jerusalén. En una muestra asombrosa de ingenuidad y energía, varios miles de ciudadanos israelíes cavaron un «Camino a Birmania»** secreto en las colinas de piedra caliza de Judea que rodeaban a Jerusalén. Los alimentos y las armas que necesitaban desesperadamente los 100.000 judíos que estaban dentro de Jerusalén fueron llevados por este sendero de cabras. Se extendieron estandartes sobre las camionetas utilizadas en el rescate con las palabras del Salmo 137:5: «Si me olvidare

** Véase nota del editor en la p. 958.

de ti, oh Jerusalén, pierda mi diestra su destreza.»

d. Más adelante lanzaron una contraofensiva.

6. Después de una lucha intensa desde el 15 de mayo hasta el 11 de junio, las Naciones Unidas efectuaron una tregua de cuatro semanas. Durante este descanso, Israel compró enormes cantidades de armas de guerra a Checoslovaquia secretamente. Cuando se reanudó la lucha el 9 de julio, Israel sencillamente aplastó a los árabes. El 18 de julio las hostilidades volvieron a cesar. El 17 de septiembre el mediador de la ONU, el conde Bernadotte, fue asesinado brutalmente por un grupo terrorista judío conocido como la Pandilla de Stern. No hace falta decir que esto no mejoró en nada la imagen de Israel. Ben-Gurion ofreció una recompensa de veinte mil dólares por su captura.
7. El 15 de octubre empezó la última fase de la guerra, esta vez centrada en el Sinaí. Como antes, las tropas nuevamente abastecidas de Israel sencillamente pasaron por encima de sus enemigos egipcios. La Guerra de la Independencia terminó el 24 de febrero de 1949.
8. La pequeña nación no sólo había sobrevivido sino que se fortaleció grandemente. Pero pagaron un gran precio por la victoria: la vida de 6.000 judíos, aproximadamente el uno por ciento de la población total. (Para experimentar una pérdida así, Estados Unidos tendría que perder más de dos millones de soldados en una batalla de ocho meses.) Como resultado de su Guerra de Independencia, Israel ganó un veintitrés por ciento adicional de territorio del que se le había otorgado en la repartición de 1947. Viendo las cosas retrospectivamente, los árabes deberían haber aceptado esa división.
9. William F. Albright, profesor de idiomas semíticos en la Universidad John Hopkins, expresó su asombro ante tales logros. Escribió:

«Ningún fenómeno histórico es tan extraordinario como el acontecimiento singular representado por la Restauración de Israel.... En ningún otro momento de la historia mundial conocida se destruyó un pueblo que después de un lapso haya vuelto a restablecerse. Es imposible buscar un paralelo de la repetición de la restauración de Israel 2500 años después de su historia anterior» (*Israel: Its Role in Civilization*, p. 31.)

Entre la primera y la segunda guerra del Medio Oriente ocurrieron unas cuantas cosas importantes. Israel fue admitido como miembro de las Naciones Unidas el 11 de mayo de 1949. El 5 de julio de 1950 se promulgó la Ley del Retorno, confirmando el derecho de todo judío de vivir en Israel. Pero siguieron los disturbios y las tensiones. Entre 1949 y 1956 Israel perdió casi 1.200 soldados. Para 1952, la población de Israel se dobló por la inmigración judía. Finalmente llegaron de 110 países y hablaban 80 idiomas diferentes.

Una de las inmigraciones más románticas fue la «Operación Alfombra Mágica». Tenía que ver con una región musulmana ubicada en la parte sudoeste de la península arábiga llamada Yemen. Cincuenta mil judíos vivían en esa región. Su comunidad databa de la época bíblica. Por muchos siglos habían sido pobres y habían estado segregados en ghettos. Los árabes no permitían que andaran en camello ni a caballo. Hasta tenían que desmontarse de un burro si pasaba un musulmán. Pero permanecieron fieles a la religión judía, creyendo que algún día volverían a Jerusalén. Todo niño recibía algo de instrucción religiosa en hebreo y como nunca había más de una copia de las Escrituras por clase, aprendían a leerlas con igual facilidad al revés o de costado como de la forma correcta. Pero entonces empezaron a llegar noticias acerca de los grandes acontecimientos que se estaban llevando a cabo en la Tierra Santa hasta esos judíos de Yemen. Cruzaron ardientes zonas desérticas para llegar a los campos de refugiados. Cuando los líderes israelíes se enteraron de esto enviaron aviones bombarderos a buscarlos. Algunos de los tripulantes estaban preocupados. Mucha de esta gente jamás había visto un automóvil, mucho menos había volado en avión. ¿Qué pasaría si sintieran pánico a medio vuelo? Pero la ansiedad no tenía fundamento. Los de Yemen sencillamente sonrieron y explicaron que Dios simplemente estaba cumpliendo su promesa en Isaías 40:31, que citaron fácilmente de memoria:

«Pero los que esperan a Jehová tendrán nuevas fuerzas; levantarán alas como las águilas; correrán, y no se cansarán; caminarán, y no se fatigarán.»

En poco tiempo, cada uno de los judíos de Yemen fue llevado en avión a Israel.

Otro transporte aéreo espectacular fue la «Operación Alí Baba» que llevó a más de 120.000 judíos de Bagdad a Israel. Eran descendientes de los judíos llevados a Babilonia por Nabucodonosor. Por un tiempo después de la guerra de 1948 Israel prosperó. Pero pronto empezaron los problemas, causados por los intentos cada vez más pronunciados de los rusos por forjarse una entrada en el Medio Oriente y por las ambiciones de un coronel egipcio llamado Abdel Nasser. En 1952 tomó control del ejército y destronó al gordo y necio rey Farouk. Su primer logro fue persuadir a Gran Bretaña que desocupara el Canal de Suez. Después empezó la construcción del dique de Aswan, cuyo valor ascendía a mil millones de dólares. Nasser ahora se consideraba el portavoz del mundo árabe. Para realzar su posición hizo un llamado para destruir a Israel en la Voz de los Árabes, una poderosa estación de radio, un deseo que sabía que compartían todos los árabes.

Para financiar su propia parte, Nasser comprometió el cincuenta por ciento de las cosechas de algodón de Egipto por cinco años para pagar parte de los aviones, tanques, rifles, municiones y demás material bélico suministrado por los soviéticos por unos $200.000.000. El 27 de septiembre de 1955 anunció su acuerdo para comprarle estas armas a Rusia.

Debido a sus negociaciones con Rusia, los Estados Unidos retiró su oferta previa de un préstamo de $64.000.000 para ayudar a construir el Dique de Aswan. Enojado, Nasser nacionalizó la Compañía del Canal de Suez el 26 de julio de 1956. De repente el pequeño Israel se halló nuevamente en una situación desesperante. Tanto el Canal de Suez como el Golfo de Eilat en el mar Rojo estaban cerrados para sus barcos. Egipto estaba desarrollando bases militares en el Sinaí en la sombra de sus fronteras. El 14 de mayo Nasser ordenó a las tropas de la ONU que salieran del Sinaí.

B. La Guerra del Sinaí comenzó el lunes 29 de octubre de 1956 y terminó el 5 de noviembre de 1956.

1. A diferencia de la guerra de 1948, Israel no esperó el ataque árabe sino que lanzó su propio ataque aéreo relámpago a las 17:00 horas del 29 de octubre. G.F. Owen resume la acción subsecuente:

   «En el espacio de una semana las rápidas y castigadoras fuerzas israelíes habían invadido y despejado toda la península del Sinaí, habían destruido y dispersado entre un cuarto y un tercio del ejército egipcio y habían capturado enormes almacenes de provisiones y equipo fabricado por los rusos. Habían tomado alrededor de 5.600 prisioneros y habían matado de 2.000 a 3.000 hombres a un costo de 171 muertos, 600 heridos y 4 prisioneros. Fue una campaña militar tan inusual que el periódico *New York Times* la llamó una de las operaciones más extraordinarias de la historia del mundo.» (*Abraham to the Middle East Crisis*, p. 386.)

2. Entonces Gran Bretaña y Francia invadieron Egipto para protestar en contra de la nacionalización del canal de Suez por Nasser. Egipto reaccionó hundiendo barcos y barcazas a lo largo del canal para que les fuera inservible a los poderes europeos. Rusia amenazó con ayudar a Nasser. EE.UU. rápidamente prometió apoyar a Gran Bretaña si lo hacía. Armagedón parecía estar a la vuelta de la esquina.

   Sin embargo, para diciembre de ese año, las tropas de la ONU controlaban el canal, y la crisis del Medio Oriente se había acabado por el momento. Después de controlar el Sinaí por más de cuatro meses, Israel, presionado por el Secretario de Estado estadounidense John Foster Dulles, retiró sus fuerzas de esa zona, una decisión de la cual se arrepentiría profundamente más adelante.

3. El período entre 1957 y 1966 fue uno de relativa paz. Hubo pocos incidentes en las fronteras. Israel utilizó ese tiempo para fortalecer su poder militar en gran manera.

   Pero las cosas comenzaron a empeorar a medida que la Unión Soviética aceleraba sus actividades en el Medio Oriente. En febrero de 1966 un gobierno simpatizante de Rusia subió al poder en Siria. Los incidentes fronterizos comenzaron nuevamente. Rusia persuadió a Nasser para que realzara su imagen desprestigiada volviendo a amenazar con la destrucción de Israel. El 14 de mayo de 1967 Nasser ordenó la movilización de su país y comenzó a juntar tropas en la frontera del Sinaí. La ONU fue expulsada de esa zona.

   El 30 de mayo reparó algunas fisuras con el rey Hussein de Jordania. Se llegó a un acuerdo por el cual se colocaban tropas de Jordania bajo comandancia egipcia para el ataque venidero sobre Israel.

   Ahora resumimos los acontecimientos de la tercera guerra del Medio Oriente.

C. La Guerra de Seis Días comenzó el 5 de junio de 1967 y terminó el 10 de junio de 1967.

Walter Price describe esta guerra:

«La situación se volvió intolerable. Estados Unidos, ocupado con la guerra de Vietnam en el exterior y bajo amenaza de anarquía estudiantil y racial en el interior, no podía ejercer presión para aliviar la situación. El 5 de junio de 1967 Israel golpeó a sus enemigos y, en una de las campañas más brillantes de los anales de la guerra, los derrotó completamente en menos de una semana. El primer día de la guerra, Israel logró el control completo del aire por la virtual destrucción de toda la fuerza aérea de Egipto, Jordania y Siria. En golpes rápidos, las tropas israelíes entonces invadieron toda la península del Sinaí, incluyendo Sharm al-Sheikh, y llegaron al banco oriental del canal de Suez. La franja de Gaza también fue tomada junto con la Jerusalén ocupada por Jordania. Tomaron el resto de las posesiones de Jordania en el banco occidental del río Jordán, incluyendo las importantes ciudades de Belén, Hebrón, Jericó, Naplusa, Ramallah y Jenin. Desde Galilea, las fuerzas israelíes empujaron a Siria hasta que sus vehículos blindados estuvieron frente a las puertas de Damasco.

Israel aseguró los altos de Golán, desde donde los sirios habían bombardeado a los pescadores israelíes en el mar de Galilea y los pueblos fronterizos durante los casi veinte años de existencia de Israel. Egipto fue el que más sufrió. Se destruyeron completamente siete divisiones con un total de 80.000 a 100.000. Toda la fuerza armada que Egipto tenía en el Sinaí, compuesta de 600 a 700 tanques suministrados por los soviéticos, fue destruida. Más de 100 tanques enteros cayeron en manos israelíes. Tomaron enormes cantidades de equipo suministrado por los soviéticos de Egipto, incluyendo 400 armas de campaña, 50 armas autopropulsadas y literalmente miles de vehículos, junto con grandes almacenes de municiones y provisiones de todo tipo. Cuatrocientos cuarenta y cuatro aviones árabes fueron destruidos en el suelo cuando Israel atacó los aeródromos en Egipto, Jordania, Siria e Iraq.

La mayor arremetida aérea fue en contra de Egipto. Los aviones israelíes, volando desde los campos cerca de Tel Aviv a 150 pies (46 m) por encima del Mediterráneo para evitar la detección por radar, entraron en Egipto desde el mar y devastaron las bases aéreas egipcias desde Cairo hasta Suez y la costa del mar Rojo. Los MiG-21 y MiG-19 suministrados por los soviéticos estaban perfectamente alineados: todos fueron eliminados por los aviones israelíes. Dieciséis aeródromos egipcios quedaron inoperantes durante las primeras horas de la guerra. Veintiséis pantallas de radar egipcias fueron destruidas. Durante los ataques sólo dos MiG-21 despegaron, pero pronto fueron derribados, sólo después de haber logrado derrocar a dos aviones israelíes. Se cree que 100 de los 350 pilotos egipcios fueron muertos en tierra durante este primer ataque aéreo israelí. Rusia le había suministrado varios miles de millones de dólares en equipo militar a Egipto desde 1955, la mayor parte de lo cual se perdió con ventaja para Israel en cuestión de horas. Cuando llegó la tregua, Israel había tomado la franja de Gaza, toda la península del Sinaí, todo el territorio de Jordania en el banco occidental, incluyendo la Vieja Jerusalén y los altos de Golán. Los estados árabes habían recibido un golpe paralizador, y la Rusia soviética había sufrido un importante revés en el Medio Oriente.» (*Next Year in Jerusalem*, pp. 92, 93.)

Israel ahora había aumentado su territorio de 8.000 millas cuadradas a 26.500 (de 20.720 km² a 68.635). Le había costado 679 muertos y 2.563 heridos. Después de la Guerra de los Seis Días, Israel mostraba un aire de confianza que casi llegaba al engreimiento. El pequeño David había matado (al menos por el momento) a todos sus Goliats. Era posible que ahora hubiese paz.

Pero la inapagable ira en el corazón árabe siguió ardiendo, esta vez no sólo por la victoria sino por la venganza. Entonces, en junio de 1973 comenzaron a filtrarse a Jerusalén informes preocupantes de movimientos de tropas tanto en Siria como en Egipto. Pero no fueron tomados en serio por varios motivos.

Primero, Israel consideraba que el nuevo presidente de Egipto, Anwar al-Sadat, era un debilucho. Segundo, la advertencia de junio fue en realidad la quinta recibida durante los últimos dos años. Por ejemplo, el 28 de abril, Golda Meir había declarado una movilización general que le costó $9.600.00 por día a Israel y sacó a más de un tercio de la fuerza obrera de la economía. Pero no había pasado nada después de todo.

Así que ahora el general Moshe Dayan, junto con Meir y el gabinete israelí, pensó que estos movimientos de tropas no eran más que una guerra de nervios, un engaño para producir otra movilización con la consiguiente parálisis de la economía y la enorme pérdida económica. Durante la última semana de septiembre Estados Unidos le comunicó tres advertencias a Israel, pero también fueron desestimadas. Israel pagaría un temible precio por este descuido.

D. La Guerra del Yom Kippur comenzó el sábado 6 de octubre y terminó el 25 de octubre.
   1. Exactamente a las 14:00 horas de ese sábado fatal, Israel fue atacado simultáneamente por Egipto al sur y por Siria al norte. La mayoría de los judíos habían estado ayunando durante las veinticuatro horas previas porque el 6 de octubre era el día más sagrado de todo el año: el día de expiación.
   2. Originalmente se había fijado el ataque para las 18:00 horas, pero dos satélites Sputnik soviéticos habían informado que Israel por fin había tomado en serio la amenaza de invasión y había comenzado a movilizarse.
   3. El poderío y el movimiento de tropas eran sencillamente asombrosos. De hecho, antes de que terminara, ésta sería la guerra convencional mayor, en términos de fuerzas armadas, desde el fin de la segunda guerra mundial en 1945.

      Se emplearon unos 5.000 tanques, más de los que usó Hitler cuando invadió a Rusia, y más que el total combinado poseído por Gran Bretaña y Francia en 1973. Más de un millón de hombres lucharían, de los cuales 838.000 eran árabes, contra 275.000 judíos. En su declaración ante las Naciones Unidas el 8 de octubre de 1973, Abba Eba, el ministro de relaciones exteriores de Israel, dijo: «Egipto nos atacó con 3.000 tanques, 2.000 armas pesadas, 1.000 aviones y 600.000 hombres.»
   4. Según cualquier medida convencional, la Guerra de Yom Kippur debería haber significado la aniquilación del Estado de Israel. Lo habían sorprendido y estaba en desventaja numérica tanto en hombres como en máquinas. De hecho, por un tiempo parecía que sería así. Golda Meir después confesaría: «Por primera vez en nuestra historia de veinticinco años creímos que podíamos haber perdido.»

      En un momento de la guerra, sólo había siete tanques maltrechos entre los sirios en el norte y menos de noventa entre los egipcios en el sur. Pero por algún motivo inexplicado, ambos enemigos repentinamente cesaron sus avances por cuarenta y ocho horas. Esto le dio el tiempo precioso que la acosada nación necesitaba tan desesperadamente para completar la movilización.

      El viernes 19 de octubre se libró la mayor guerra de tanques de la historia mundial en el desierto del Sinaí. Miles de estas máquinas armadas lucharon entre sí. Cuando se despejó el humo de los disparos, Israel había ganado una batalla decisiva.
   5. Otro milagro de la Guerra de Yom Kippur fue la decisión sin precedentes del rey Hussein de no participar en la lucha. Su país había participado en los tres ataques previos contra Israel. No hay duda de que su ayuda habría asegurado una victoria árabe. Walter Price escribe:

      «Las fuerzas israelíes experimentaron un revés inicial por el ejército de Egipto equipado por los rusos que ocupaba el territorio al este del Canal de Suez. Sin embargo, en el norte, Israel comenzó a forjarse camino hacia Damasco. Pronto las tropas israelíes también pudieron invadir a Egipto. Cuando las Naciones Unidas por fin pudieron imponer un alto en el fuego, las tropas israelíes estaban a 20 millas (32 km) de Damasco. También habían establecido una cabeza de puente en Egipto, donde ocuparon territorio en el banco occidental del Canal de Suez....» (*Next Year in Jerusalem*, p. 94.)
   6. El 25 de octubre de 1973 terminó la cuarta (y por mucho la mayor) guerra del Medio Oriente. Los árabes perdieron más de 15.000 soldados. Los israelíes perdieron más de 4.000.

PERSONAJES BÍBLICOS

Introducción

Algunas personas se han perturbado con los pasajes «sórdidos» de la Biblia que describen (frecuentemente con lujo de detalle) crímenes de violación, incesto, adulterio, derramamiento de sangre, sufrimiento y homicidio. Se preguntan por qué un Dios amoroso y santo permitiría que pasaran tales cosas en primer lugar y encima las publicaría para que todo el mundo las leyera. Hay que señalar inmediatamente que la Biblia *no* es un libro editado. Más bien es la historia completa del desenvolvimiento del plan eterno y el propósito de Dios en el mundo de los hombres. Por ello, se les ha permitido a los pecaminosos seres humanos jugar un papel importante en la historia de este plan. Se incluyen las debilidades y los méritos tanto de los pecadores como de los santos. Por lo tanto, para entender la Biblia es esencial reconocer, aunque sea por nombre, a algunas de las personas más importantes descritas en sus páginas. Conocer el trato de Dios con la gente es (en gran medida) conocer a Dios mismo.

Trescientas personas en la Biblia

Hay más de 6.000 personas que pasan por las páginas de la Biblia. De ellas he elegido unos 300 nombres, en base de su significado histórico, espiritual o humano. Cada persona escogida ha sido colocada en una de seis categorías básicas. Son:

A. Personas positivas del Antiguo Testamento. (Aquellas cuyas vidas estuvieron marcadas por el bien.)
B. Personas negativas del Antiguo Testamento. (Aquellas cuyas vidas estuvieron marcadas por el mal.)
C. Personas positivas del Nuevo Testamento.
D. Personas negativas del Nuevo Testamento.
E. Personas carnales (descarriadas) en ambos Testamentos.
F. Personas no identificadas por nombre en ambos Testamentos.

A. PERSONAS POSITIVAS EN EL ANTIGUO TESTAMENTO

Aarón: el primer sumo sacerdote de Israel (Lv. 8).
Abdías (siervo de Dios): autor del libro de Abdías.
Abel (hijo): el primer mártir del mundo (Gn. 4).
Abiatar (padre de excelencia): un sacerdote leal al rey David (1 S. 22).
Abigail (madre de gozo): la segunda esposa de David (1 S. 25).
Abisai (padre de don): un leal y valiente guerrero del rey David (1 S. 26).
Abraham (el padre es exaltado): padre de la raza hebrea (Gn. 12).
Adán (hombre): el primer ser humano (Gn. 1—2).
Ahías (hermano del Señor): profeta que aconsejó a Jeroboam (1 R. 11, 14).
Ahimelec (el rey es mi hermano): el sumo sacerdote amigo de David (1 S. 21).
Amós (carga): autor del libro de Amós.
Ana (gracia): madre piadosa de Samuel (1 S. 1—2).
Aod (Dios de alabanza): un juez zurdo que mató a un rey moabita (Jue. 3).
Asa (creado): el primer rey salvo de Judá (1 R. 15).
Azarías (a quien Dios ayuda): el sumo sacerdote que reprendió al rey Uzías (2 Cr. 26).
Barac (relámpago): el comandante hebreo que derrotó a los cananeos (Jue. 4).
Baruc (bendecido): el fiel escriba de Jeremías (Jer. 36, 45).
Barzilai (hacedor de hierro): un antiguo ciudadano galaadita que se hizo amigo de David durante la rebelión de Absalón (2 S. 17, 19).
Benaía (el Señor ha edificado): un valiente guerrero del rey David (2 S. 23).
Betsabé (hija del juramento): la esposa favorita de David y madre de Salomón (2 S. 12).
Bezaleel (en la sombra del Señor): el diseñador principal del tabernáculo (Ex. 31).
Booz (fortaleza): esposo de Rut y bisabuelo de David (Rt. 4).
Caleb (perro): uno de los dos espías fieles en Cades (Nm. 13).
Cetura (incienso): la última esposa de Abraham, que le dio seis hijos (Gn. 25).
Ciro (hijo): el gran rey persa que promulgó el edicto del regreso (Esd. 1).
Daniel (Dios es mi juez): primer ministro hebreo en Babilonia (Dn.).
Darío (el que defiende el bien): gobernador persa de Babilonia en la época de Daniel (Dn. 6).
David (comandante, héroe): el más grande rey de Israel (1 S. 16).
Débora (abeja): la profetiza hebrea que ayudó a Barac a derrotar a los cananeos (Jue. 4).
Eldad y Medad: dos hombres que profetizaron durante la experiencia del éxodo de Israel en el desierto (Nm. 11).
Eleazar (Dios ha ayudado): el segundo sumo sacerdote de Israel, después de que muriera Aarón (su padre) (Nm. 20).
Elí (levantado): el primer sumo sacerdote de Israel después de cruzar el Jordán (1 S. 1).
Elías (mi Señor es Jehová): el más grande profeta del Antiguo Testamento que no fue escritor (1 R. 17).
Eliezer (ayuda de Dios): el fiel siervo de Abraham (Gn. 15, 24).
Elifaz, Bildad y Zofar: los tres amigos criticones de Job (Job 2:11).
Eliseo (Dios es salvación): el sucesor de Elías (2 R. 2).
Eliú (él es mi Dios): joven predicador consejero de Job (Job 32).
Enoc (dedicado): el primer ser humano que no murió (Gn. 5).
Esdras (ayuda): un estudioso escriba hebreo que ministró en Jerusalén durante la época de la reconstrucción en la etapa del regreso (Esd.).
Ester (estrella): la hermosa reina hebrea de Persia que salvó a los judíos de la destrucción (Est.).
Eva (vida): la primera mujer del mundo (Gn. 2).
Ezequías (fortaleza de Dios): el segundo más grande rey de Judá (del sur) (2 R. 18).
Ezequiel (la fortaleza de Dios): un gran profeta hebreo escritor en la ciudad de Babilonia durante la época del cautiverio (Ez.)
Finees (negro): el sumo sacerdote hijo de Eleazar y nieto de Aarón (Nm. 25).
Gad (fortuna): un profeta consejero del rey David (1 S. 22; 2 S. 24).
Gedalías (Dios es grande): el gobernador hebreo de Judá después del cautiverio babilónico (2 R. 25).
Gedeón (talador): juez hebreo que derrotó a los madianitas con 300 hombres (Jue. 7).
Gersón, Coat y Merari: tres hijos de Leví, cuyos descendientes se convirtieron en los cuidadores del tabernáculo (Nm. 3).
Habacuc (planta de albahaca): autor del libro que lleva su nombre.
Hageo (festivo): autor del libro de Hageo.
Hanani (misericordioso): hermano de Nehemías y cuidador de las puertas de la reconstruida ciudad de Jerusalén (Neh. 1, 7).
Hilcías (porción de Dios): el sumo sacerdote durante la época de Josías que descubrió la Ley de Moisés en el templo (2 R. 22).
Hiram de Naftalí: contratista hebreo del templo de Salomón (1 R. 7).
Hiram de Tiro: el rey fenicio que proveyó la madera para la construcción del templo (1 R. 5).
Hulda (comadreja): una profetiza de la corte de Josías (2 R. 22).
Hur (noble): ayudante de Moisés y posiblemente esposo de María (Ex. 17).
Husai (el don de mi hermano): el contraespía de David en la corte de Absalón (2 S. 16).

Isaac (risa): el heredero prometido de Abraham (Gn. 21).
Isaí (el Señor es): padre de David (1 S. 16).
Isaías (salvación de Dios): autor del libro de Isaías.
Itai (conmigo): el guerrero filisteo que se unió a David junto con 600 soldados en contra de Absalón (2 S. 15).
Itamar (isla de la palmera): el hijo sacerdote más joven de Aarón, encargado de transportar y armar el tabernáculo (Nm. 4).
Jacob (suplantador): hijo de Isaac y fundador de las doce tribus de Israel (Gn. 25).
Jael (ciervo): una mujer de Cedes que mató a Sísara (Jue. 4).
Jafet (él engrandece): tercer hijo de Noé y ancestro del pueblo gentil (Gn. 9—10).
Jedutún (digno de alabanza): un levita nombrado por David para encabezar la música en el templo (1 Cr. 16).
Jefté (liberado): un juez israelita que hizo un juramento insensato (Jue. 11).
Jeremías (Dios levantará): autor de los libros de Jeremías y Lamentaciones.
Jesúa [o Josué]: el primer sumo sacerdote de Judá después del cautiverio babilónico (Esd. 3; Zac. 3).
Jetro (excelencia): suegro de Moisés (Ex. 4).
Job: patriarca sufrido de la tierra de Uz.
Jocabed (el Señor es gloria): madre de Moisés (Ex. 2, 6).
Joel (el Señor es Dios): autor del libro de Joel.
Joiada (el Señor sabe): el sumo sacerdote que escondió al joven príncipe Joás durante el sangriento reinado de la reina Atalía (2 R. 11).
Jonadab (el Señor es abundante): un nómada piadoso y apartado a quien Jeremías hizo referencia como ejemplo de pureza religiosa (Jer. 35).
Jonás (paloma): profeta reacio y autor de libro de Jonás.
Jonatán (dado por Dios): hijo piadoso de Saúl y amigo amado de David (1 S. 18).
Josafat (Dios ha juzgado): un rey de Judá piadoso, pero a veces transigente (1 R. 22).
José (que Dios añada hijos): hijo de Jacob y primer ministro de Egipto (Gn. 41).
Josías (curado por Dios): el más grande rey de Judá (2 R. 22).
Josué (Dios es salvación): el hombre que guió a Israel a la Tierra Prometida (Jos. 3).
Lea (gacela): primera esposa de Jacob y madre de seis de sus doce hijos (Gn. 29).
Malaquías (mi mensajero): autor del último libro del Antiguo Testamento.
Manoa (descanso): padre de Sansón (Jue. 13).
Mardoqueo (consagrado a Merodac): primo (o tío) y tutor de Ester (Est. 2).
María (amargura): hermana de Moisés (Ex. 2, 15; Nm. 12).
Matusalén (se enviará cuando muera): el hombre más viejo que haya vivido jamás (Gn. 5).
Mefi-boset (rival de la vergüenza): el hijo lisiado de Jonatán amigo de David (2 S. 9).
Melquisedec (rey de justicia): el piadoso y misterioso rey de Salem que bendijo a Abraham (Gn. 14).
Micaías (quien es como Dios): un audaz profeta del Antiguo Testamento encarcelado por el malvado Acab pero quien sin embargo predijo su caída (1 R. 22).
Miqueas (quien es como Dios): autor del libro de Miqueas.
Moisés (extraer): el gran líder y legislador hebreo.
Naamán (amabilidad): el comandante sirio que fue sanado de la lepra al lavarse en el Jordán por orden de Eliseo (2 R. 5).
Nabot (frutos): un habitante piadoso de Jezreel que fue asesinado por Jezabel por negarse a venderle su viña a Acab (1 R. 21).
Nahum (consolado): autor del libro de Nahum.
Natán (él dio): el profeta que reprendió a David por su pecado con Betsabé (2 S. 12).
Nehemías (Dios ha consolado): el gran constructor judío de muros y autor del libro de Nehemías.
Noé (descanso): el constructor del barco que salvó a ocho seres humanos durante el diluvio (Gn. 6—8).
Noemí (mi placer): la suegra de Rut (Rt. 1).
Oseas (salvación): autor del libro de Oseas.
Otoniel (mi fortaleza es Dios): primero de los jueces israelitas (Jue. 1, 3).
Rahab (ancha): una ramera convertida que ayudó a Israel en su victoria sobre Jericó (Jos. 2).
Raquel (oveja): la segunda (y favorita) esposa de Jacob (Gn. 29).
Rebeca: la esposa de Isaac (Gn. 24).
Rubén: el primero de los doce hijos de Jacob. Los demás son: Simeón, Leví, Judá, Dan, Neftalí, Gad, Aser, Isacar, Zabulón, José y Benjamín (Gn. 29, 30, 35).
Rut (amada): esposa de Booz y bisabuela de David (Rt. 1, 4).
Sadoc (justo): sumo sacerdote en la época de David y Salomón (2 S. 15; 1 R. 1).
Sadrac, Mesac y Abed-nego: tres hombres hebreos echados en un horno de fuego por su testimonio (Dn. 3).
Salomón (apacible): hijo y sucesor de David (1 R. 1).
Sara (princesa): esposa de Abraham (Gn. 11—12).
Séfora: esposa de Moisés (Ex. 2).
Sem (renombrado): hijo mayor de Noé y fundador de la raza semita (Gn. 9).
Semaías (Dios oye): el profeta que aconsejó a Roboam (1 R. 12).
Set (fundador): el tercer hijo de Adán y Eva y sucesor de Abel (Gn. 4).
Sofonías (Dios ha protegido): autor del libro de Sofonías.
Urías (Dios es mi luz): esposo guerrero de Betsabé, asesinado por David (2 S. 11).
Uzías (Dios es mi fortaleza): un buen rey de Judea que fue castigado con lepra por su pecado de entrometerse en el oficio del sacerdocio (2 Cr. 26).
Zacarías escritor: autor del libro de Zacarías.
Zacarías sacerdote (Dios se ha acordado): sacerdote hebreo martirizado (muerto por sus propios compatriotas) por denunciar el pecado audazmente (2 Cr. 24).
Zorobabel (semilla de Babilonia): un líder político que guió a los primeros judíos de vuelta a Jerusalén (Esd. 3).

B. PERSONAS NEGATIVAS DEL ANTIGUO TESTAMENTO.

Abimelec (el rey es mi padre): hijo asesino de Gedeón (Jue. 8—9).
Abner (padre de luz): primo del rey Saúl y comandante de su ejército (1 S. 26).
Absalón (mi padre es paz): hijo rebelde de David que trató de apoderarse del trono (2 S. 15).
Acab (hermano del padre): esposo de Jezabel y go-

bernador malvado del reino del norte en la época de Elías (1 R. 16:31-34).

Acán (alborotador): el israelita cuya desobediencia resultó en la derrota del ejército judío en Hai.

Acaz (el tomó): el rey malvado que sacrificó a sus propios hijos a dioses demoníacos (2 R. 16).

Adonías (mi Señor es Dios): el hijo de David que intentó robarle el trono a Salomón (1 R. 1).

Adonisec (Señor de justicia): el rey de Jerusalén que formó una alianza de cananeos para luchar en contra de Josué (Jos. 10).

Agag: el rey de Amalec que fue derrotado (pero perdonado) por el rey Saúl l(1 S. 15).

Ahitofel (Dios es mi hermano): el consejero principal de David, a quien traicionó para unirse a Absalón durante la rebelión (2 S. 17).

Amán: el Adolfo Hitler del Antiguo Testamento que trató de matar a todos los judíos en la época de Ester (Est. 3—7).

Amasa: el sobrino de David que dirigió las fuerzas rebeldes de Absalón (2 S. 17—20).

Amnón (confiable): el hijo mayor de David que violó a su media hermana Tamar (2 S. 13).

Anac (de cuello largo): fundador de una raza de gigantes que asustaron a los espías de Moisés por su tamaño (Nm. 13).

Aquis (el rey dio): rey filisteo de Gat con quien David se refugió dos veces cuando estaba descarriado (1 S. 21, 27—29).

Asuero (poderoso): rey persa y esposo de Ester (Est. 1—2).

Atalía (Dios es exaltado): hija malvada de Jezabel y reina asesina de Judá (2 R. 11).

Balaam (ruina): un profeta corrupto que trató de maldecir a Israel (Nm. 22—24).

Belsasar (Bel proteja al rey): rey babilonio cuyo juicio divino fue escrito en la pared por una mano sobrenatural (Dn. 5).

Bera (hijo del mal): rey homosexual de Sodoma que trató de sobornar a Abraham (Gn. 14).

Caín (lanza): el primer asesino del mundo (Gn. 4).

Cam (caliente): segundo hijo de Noé (Gn. 5, 9).

Canaán (púrpura): hijo de Cam que pecó contra su abuelo Noé (Gn. 9).

Coré (calvicie): un levita que encabezó una rebelión en contra de Moisés y Aarón en la marcha en el desierto (Nm. 16).

Dalila: una mujer filistea que traicionó a Sansón (Jue. 16).

Doeg (temeroso): el ganadero edomita principal de Saúl que asesinó a ochenta y cinco sacerdotes de Dios en Nob (1 S. 22).

Eglón (parecido al becerro): un gordo rey moabita opresor de Israel, muerto por Aod (Jue. 3).

Er y Onán: dos hijos del patriarca Judá que fueron muertos por el Señor por su maldad (Gn. 38).

Esaú (velludo): hijo primogénito de Isaac (Gn. 25).

Faraón Amenhotep: rey durante las diez plagas (Ex. 5—12).

Faraón Tutmose III: el rey que intentó matar a todos los bebés judíos varones (Ex. 1—2).

Goliat: gigante filisteo muerto por David (1 S. 17).

Gomer (ascua): esposa infiel del profeta Oseas (Os. 1—2).

Hananías (el Señor es misericordioso): el profeta falso que trató de menoscabar el ministerio de Jeremías (Jer. 28).

Hanún (misericordioso): rey amonita que se burló de los embajadores de buena fe de David (2 S. 10).

Hazael (Dios ve): un rey sirio que derramó mucha sangre israelita (2 R. 8).

Is-boset (un hombre de vergüenza): el hijo de Saúl que asumió la lucha en contra de David después de la muerte de su padre (2 S. 2).

Ismael (Dios oye): hijo de Abraham por Hagar (Gn. 16).

Jabín (él entiende): el rey de Hazor que fue derrotado por Josué en las aguas de Merom (Jos. 11).

Jeroboam (el pueblo aumentó): el primer rey de las diez tribus del norte (1 R. 12).

Jezabel (casta): reina malvada, esposa de Acab (1 R. 16).

Joab (Dios su padre): sobrino de David y comandante de los ejércitos del rey (2 S. 2—3).

Joel y Abías: los malvados hijos sacerdotes de Samuel (1 S. 8).

Joacim (Dios estableció): un malvado rey de Judea que persiguió a Jeremías y quemó la Palabra de Dios (Jer. 36).

Joram (Dios es exaltado): hijo malvado de Acab y rey del norte, Israel, durante el ministerio de Eliseo (2 R. 3).

Labán (blanco): el suegro engañoso y despiadado de Jacob (Gn. 29).

Lamec (fuerte): el primer polígamo registrado de la historia y el segundo asesino registrado (Gn. 4).

Maaca: reina idólatra, madre de Asa (1 R. 15).

Manasés (olvidadizo): hijo de Ezequías, rey de Judá, y posiblemente el hombre más malvado (antes de su conversión) de toda la Biblia (2 Cr. 32—33).

Mesa (liberado): rey moabita que sacrificó a su propio hijo en un intento inútil por ganar una batalla (2 R. 3).

Micaía (quien es como Dios): un ladrón avaro e idólatra que se convirtió en sacerdote de la rebelde tribu de Dan (Jue. 17—18).

Mical (quien es como Dios): hija menor de Saúl y primera esposa de David (1 S. 19).

Nabal (insensato): ganadero ovejero borracho que a duras penas se salvó de la ira de David por la intervención de su esposa Abigail (1 S. 25).

Nabucodonosor: el más grandioso de los reyes babilonios y el que capturó Jerusalén (Dn. 1—4).

Nadab y Abiú: los hijos sacerdotes mayores de Aarón, muertos por Dios por ofrecer fuego extraño (Lv. 10).

Nahas (serpiente): rey amorreo derrotado por Saúl después de sus planes declarados de tortura a la ciudad israelita sitiada de Jabes (1 S. 11).

Nimrod: bisnieto de Noé (por Cam) y probable edificador de la torre de Babel (Gn. 10—11).

Ocozías (Dios sostiene): un rey del norte, Israel, que trató de matar a Elías (2 R. 1).

Ofni y Finees: dos malvados sacerdotes hijos de Elí (1 S. 2—4).

Og: rey gigante de Basán que peleó en contra de Moisés y fue derrotado por él (Nm. 21).

Pasur (libertad): sumo sacerdote que persiguió a Jeremías (Jer. 20).

Quedorlaomer: rey mesopotamio que capturó a Lot, el sobrino de Abraham (Gn. 14).

Rabsaces (copero principal): experto principal en propaganda de Senaquerib (2 R. 18—19).

Roboam (aumento de la nación): el hijo sucesor de Salomón cuya estupidez causó la guerra civil israelita (1 R. 12).

Sanbalat: un alborotador pagano que trató de impedir que Nehemías construyera los muros de Jerusalén (Neh. 2, 4).

Saúl (prestado): el primer rey de Israel (1 S. 9).
Seba: un benjamita que incitó una rebelión en contra de David después de que se había suprimido la rebelión de Absalón (2. S. 20).
Sehón (una barrida): el rey amorreo que le negó pasaje a Israel durante el éxodo (Nm. 21).
Senaquerib: rey asirio que perdió 185.000 soldados por el ángel de la muerte de Dios en su intento fallido de destruir a Jerusalén (2 R. 18—19).
Simei (famoso): un miembro de la familia de Saúl que maldijo a David y le tiró piedras durante la rebelión de Absalón (2 S. 16).
Sísara: comandante cananeo derrotado por Barac y después muerto por Jael (Jue. 4).
Tobías (el Señor es bueno): un judío que su unió a Sanbalat para oponerse a las actividades de Nehemías de construcción de los muros (Neh. 4).
Zeres (oro): la esposa de Amán que lo animó a ahorcar al judío Mardoqueo (Est. 5—6).

C. PERSONAS POSITIVAS DEL NUEVO TESTAMENTO.

Agabo (amar): un profeta de la época del apóstol Pablo (Hch. 11, 21).
Ana (gracia): una anciana profetiza que adoró al niño Cristo cuando fue dedicado en el templo (Lc. 2).
Ananías (Dios es misericordioso): el creyente que ministró al Saulo cegado en Damasco (Hch. 9).
Andrés (varonil): uno de los primeros discípulos de Jesús y hermano de Pedro (Jn. 1).
Apolo: un elocuente predicador judío y contemporáneo de Pablo (Hch. 18—19).
Aquila y Priscila (águila; anciana): una pareja piadosa que ayudó mucho a Pablo (Hch. 18).
Aristarco (el mejor gobernador): un fiel acompañante y compañero constante de Pablo (Hch. 19, 20, 27; Col. 4).
Arquipo (maestro del caballo): amigo íntimo de Pablo en Colosas y posiblemente hijo de Filemón (Col. 4; Flm.).
Bartimeo: el mendigo ciego de Jericó sanado por Cristo (Mr. 10).
Bernabé (hijo de exhortación): el compañero de Pablo durante el primer viaje misionero (Hch. 13).
Cleofas: uno de los discípulos a quien se le apareció el Cristo resucitado camino a Emaús el primer domingo de la Pascua (Lc. 24).
Cloé (verde): una mujer corintia que informó a Pablo de los problemas en su iglesia (1 Co. 1).
Cornelio (de un cuerno): un centurión gentil guiado a Cristo por Pedro en Cesarea (Hch. 10).
Crispo (rizado): gobernador de la sinagoga judía de Corinto, guiado a Cristo por Pablo (Hch. 18).
Elisabet (Dios es mi juramento): madre de Juan el Bautista (Lc. 1).
Eneas (alabanza): un paralítico, postrado por ocho años, que fue sanado por Pedro (Hch. 9).
Epafras: probablemente un predicador discípulo de Pablo que evangelizó la zona en y alrededor de Colosas (Col. 1, 4).
Epafrodito (hermoso): un mensajero de la iglesia filipense que le llevó un regalo a Pablo durante su primer encarcelamiento romano (Fil. 2, 4).
Erasto (amado): un ayudante de Pablo durante sus viajes misioneros (Hch. 19; Ro. 16; 2 Ti. 4).
Esteban (corona, guirnalda): uno de los siete diáconos originales y el primer mártir registrado que murió por Cristo (Hch. 6—7).
Eunice (buena conquistadora): madre de Timoteo (Hch. 16; 2 Ti. 1).
Eutico (afortunado): un joven resucitado por Pablo en Troas (Hch. 20).
Febe (brillante, resplandeciente): amiga de Pablo y portadora de la epístola a los romanos, que llevó de Corinto a Roma (Ro. 16).
Felipe apóstol: originalmente discípulo de Juan el Bautista y uno de los primeros discípulos de Cristo (Jn. 1).
Felipe evangelista: uno de los siete diáconos originales de la iglesia primitiva y un gran ganador de almas (Hch. 6, 8).
Filemón (amante): dueño de Onésimo, un esclavo que se escapó y amigo íntimo de Pablo (Flm.).
Gamaliel (recompensa de Dios): fariseo hebreo de renombre que aconsejó bien a los fariseos (Hch. 5).
Gayo: el destinatario de la última epístola de Juan (3 Jn.).
Jacobo apóstol: hermano del apóstol Juan y el primero de los doce en ser martirizado (Lc. 5; Hch. 12).
Jairo (a quien Dios ilumina): líder del sanedrín cuya hijita fue resucitada por Cristo (Mr. 5).
José de Arimatea: seguidor adinerado de Cristo quien, junto con Nicodemo, le pidió el cuerpo de Cristo a Pilato (Jn. 19:38-42).
José de Nazaret: esposo de María y padre legal (únicamente legal) de Jesús (Mt. 1).
Juan apóstol: hermano de Santiago y autor de Juan, Apocalipsis, 1 Juan, 2 Juan y 3 Juan (Lc. 5).
Juan el Bautista: precursor de Cristo (Lc. 1, 3).
Juana: una mujer que ayudó económicamente a Jesús (Lc. 8).
Julio: un centurión romano que fue considerado con Pablo y después le salvó la vida durante el viaje a Roma (Hch. 27).
Lázaro: hermano de María y Marta, a quien Jesús resucitó de los muertos (Jn. 11).
Lázaro el mendigo: el hombre salvo en el relato de Jesús del hombre rico y Lázaro (Lc. 16).
Lidia: una mujer negociante de Tiatira guiada a Cristo por Pablo en Filipos (Hch. 16).
Loida: abuela de Timoteo (Hch. 16; 2 T. 1).
Lucas: el amado médico de Pablo, autor de Lucas y del libro de los Hechos.
Marcos (martillo grande): autor del libro de Marcos.
María de Betania: hermana de Lázaro y Marta (Jn. 11).
María de Nazaret: madre de Cristo (Lc. 2).
María Magdalena: mujer de quien Jesús echó siete demonios (Mr. 16:9).
Marta (señora): hermana de Lázaro y María (Jn. 11).
Mateo (don de Dios): uno de los doce apóstoles y autor del libro de Mateo (Mt. 9).
Matías (don de Jehová): el hombre elegido para tomar el lugar de Judas (Hch. 1).
Natanael (Dios ha dado): uno de los primeros apóstoles de Cristo (Jn. 1).
Nicodemo (vencedor del pueblo): un rico gobernante fariseo que fue a ver a Cristo de noche (Jn. 3).
Onesíforo (portador de ganancias): amigo leal de Pablo que consoló al apóstol durante los días difíciles que precedieron su martirio en Roma (2 Ti. 1, 4).
Onésimo (útil): esclavo que se había escapado de Colosa, convertido a Cristo por Pablo en Roma (Flm.).
Pablo (pequeño): el cristiano más grande que haya vivido jamás y autor de por lo menos trece libros neotestamentarios.

Pedro (roca): portavoz de los Doce y autor de 1 y 2 Pedro.

Publio: oficial principal en la isla de Malta que ayudó a Pablo después de su terrible experiencia de naufragio (Hch. 28).

Rode (rosa): la sirvienta que reconoció la voz de Pedro al otro lado de la puerta (de la casa donde se estaba orando por su liberación) pero que en su regocijo se olvidó de dejarlo entrar (Hch. 12).

Salomé (pacífica): madre de Santiago y de Juan (Mt. 20; Mr. 15—16).

Santiago (también conocido por Jacobo): medio hermano de Cristo, pastor de la iglesia de Jerusalén y escritor del libro neotestamentario (Hch. 15:13-21; Stg.).

Silas (pedido de Dios): compañero de viaje de Pablo durante su segundo viaje misionero (Hch. 15—16).

Simeón (audiencia): un anciano y devoto judío que reconoció al niño Cristo durante su dedicación en el templo como el Mesías de Israel (Lc. 2).

Simón curtidor: dueño de la casa en Jope donde Pedro vivió por un tiempo (Hch. 9).

Simón de Cirene: un transeúnte obligado por los soldados romanos a llevar la cruz de Cristo al Gólgota (Mt. 27; Mr. 15; Lc. 25).

Sóstenes: ex líder de la sinagoga de Corinto y compañero posterior de Pablo (Hch. 18; 1 Co. 1).

Susana (azucena): una mujer que ayudó económicamente a Jesús (Lc. 8).

Tabita: una mujer piadosa que fue resucitada de los muertos en su propio velorio por Pedro (Hch. 9).

Teófilo (amante de Dios): destinatario tanto del evangelio de Lucas como del libro de los Hechos.

Timoteo (honrador de Dios): un predicador judío colaborador de Pablo, a quien éste le escribió dos epístolas neotestamentarias.

Tíquico (fortuito): un converso efesio que llevó algunas de las epístolas neotestamentarias de Pablo a sus iglesias respectivas (Hch. 20:4; Ef. 6:21; Col. 4:7-9; 2 Ti. 4:12; Tit. 3:12).

Tito: un predicador griego, colaborador de Pablo, a quien le dirigió el libro de Tito.

Trófimo (nutritivo): un cristiano efesio gentil que acompañó a Pablo en su viaje final a Jerusalén (Hch. 20:4; 21:29; 2 Ti. 4:20).

Zacarías (a quien Dios recuerda): padre de Juan el Bautista (Lc. 1).

Zaqueo (puro): un pequeño recolector de impuestos que se subió a un sicómoro para ver pasar a Cristo (Lc. 19).

D. PERSONAS NEGATIVAS DEL NUEVO TESTAMENTO

Alejandro el apóstata: un maestro hereje de la comunidad cristiana de Asia Menor, condenado por Pablo (1 Ti. 1:20; 2 Ti. 4:14, 15).

Anás (misericordioso): el malvado sumo sacerdote que condenó a Cristo a la cruz del Calvario (Jn. 18).

Bar-Jesús (hijo de Jesús): un hechicero judío que se opuso a Pablo en la isla de Chipre (Hch. 13).

Barrabás (hijo de un maestro): un prisionero judío que fue liberado durante el juicio de Cristo (Mr. 15).

Caifás: sumo sacerdote junto con su suegro Anás que contribuyó a la crucifixión de Cristo (Mt. 26).

Demetrio: defensor pagano de la diosa Diana; encabezó un motín en contra de Pablo en Efeso (Hch. 19).

Diótrefes: un líder alborotador y egocéntrico a quien pertenecía Gayo, el destinatario de 3 Juan.

Esceva: falso exorcista judío cuyas prácticas malvadas se volvieron contra él y sus hijos en Efeso (Hch. 19).

Félix (feliz): procurador romano que tembló con convicción al oír la predicación de Pablo (Hch. 24).

Festo (gozoso): procurador romano, sucesor de Félix, que acusó a Pablo de haberse vuelto loco por el mucho saber (Hch. 26).

Herodes Agripa I: nieto de Herodes el Grande; mató a Santiago, encarceló a Pedro y él mismo fue muerto por Dios (Hch. 12).

Herodes Agripa II: bisnieto de Herodes el Grande, ante quien predicó Pablo cuando estaba encarcelado en Cesarea (Hch. 26).

Herodes Antipas: hijo de Herodes el Grande; mató a Juan el Bautista (Mt. 14).

Herodes el Grande: el rey que trató de matar al niño Cristo (Mt. 2).

Herodías: la nieta de Herodes el Grande que tramó la muerte de Juan el Bautista (Mr. 6).

Himeneo (el dios del matrimonio): un maestro hereje dentro de la comunidad cristiana, condenado por Pablo (1 Ti. 1, 2 Ti. 2).

Judas: notable apóstol que traicionó a Cristo (Mt. 26).

Pilato: procurador de Judea que sentenció a Cristo a la muerte (Mt. 27).

Salomé (pacífica): hija de la malvada Herodías, cuyo baile sensual allanó el camino para la ejecución de Juan (Mr. 6).

Simón el hechicero: oportunista judío materialista reprendido por Pedro en Samaria (Hch. 8).

Simón el fariseo: líder judío hipócrita reprendido por Cristo durante una comida en su propia casa (Lc. 7).

Tértulo: abogado romano empleado por el sanedrín para presentar su caso en contra de Pablo ante Félix en Cesarea (Hch. 24).

E. PERSONAS CARNALES EN AMBOS TESTAMENTOS

Abdías (siervo de Dios): cabeza de la casa real del rey Acab (1 R. 18).

Ananías y Safira: marido y mujer de la iglesia primitiva que mintieron al Espíritu Santo (Hch. 5).

Cleofas: uno de los discípulos a quien se le apareció Jesús en el camino a Emaús el primer domingo de Pascua (Lc. 24).

Demas (popular): un compañero de Pablo que abandonó al apóstol durante su segundo encarcelamiento romano (2 Ti. 4).

Elifaz, Bildad y Zofar: los tres amigos criticones de Job (Job 2).

Eliú: joven predicador que criticó a Job (Job 32).

Evodia y Síntique (fragancia y afortunada): dos mujeres peleadas en la iglesia de Filipos (Fil. 4).

Giezi (valle de visiones): el siervo de Eliseo (2 R. 5—6).

Hagar (la que huyó): la sierva egipcia de Sara y segunda esposa de Abraham (Gn. 16).

Johanán (misericordia de Dios): el oficial judío que llevó a Jeremías a Egipto después del cautiverio babilónico (Jer. 43).

Judá (Dios guiará): cuarto hijo de Jacob (Gn. 38).

Leví (unido): tercer hijo de Jacob (Gn. 34).

Lot (una cobertura): sobrino de Abraham (Gn. 13, 19).

Rubén (ved un hijo): el hijo mayor de Jacob (Gn. 35:22).

Sansón (hombre del sol): hombre fuerte hebreo de la tribu de Dan (Jue. 13—16).
Simeón (Dios ha oído): segundo hijo de Jacob (Gn. 38).
Tamar (dátil): esposa de los dos hijos mayores de Judá (Gn. 34).
Tomás (gemelo): el apóstol de Cristo que dudaba (pero que le era leal) (Jn. 11, 20).

F. PERSONAS NO IDENTIFICADAS POR NOMBRE EN AMBOS TESTAMENTOS
La esposa de Caín (Gn. 4).
La esposa de Lot (Gn. 19).
Las dos hijas de Lot (Gn. 19).
La esposa de Potifar (Gn. 39).
La hija de Jefté (Jue. 11).
La adivina de Endor (1 S. 28).
La reina de Sabá (1 R. 10).
La viuda de Sarepta (1 R. 17).
La viuda y su vasija de aceite (2 R. 4).
La mujer sunamita (2 R. 4).
La esposa de Naamán (2 R. 5).
La sirvienta de la esposa de Naamán (2 R. 5).
La esposa de Job (Job 2).
La esposa de Ezequiel (Ez. 24).
Los reyes magos (Mt. 2).
Los pastores (Lc. 2).
El gobernante en la fiesta de Caná (Jn. 2).
El noble (Jn. 4).
La mujer de Samaria (Jn. 4).
La mujer sorprendida en adulterio (Jn. 8).
El paralítico (Jn. 5).
El ciego de nacimiento (Jn. 9).
El hijo pródigo (Lc. 15).
El hermano mayor (Lc. 15).
El padre amante (Lc. 15).
El buen samaritano (Lc. 10).
El rico necio (Lc. 12).
El rico necio (Lc. 16).
El padre y su hijo endemoniado (Mt. 17).
El joven rico (Mt. 19).
El endemoniado gadareno (Mr. 5).
El muchacho que le dio su comida a Cristo (Jn. 6).
El leproso agradecido (Lc. 17).
La esposa y la suegra de Pedro (Lc. 4).
La mujer que ungió los pies de Jesús en la casa de Simón (Lc. 7).
La mujer con un flujo de sangre (Mt. 9).
La mujer sirofenicia (Mt. 15).
La mujer con dos blancas (Lc. 21).
La viuda de Naín (Lc. 7).
La hija de Jairo (Lc. 8).
La mujer enferma por dieciocho años (Lc. 13).
Un escriba sincero (Mr. 12:32).
El joven en Getsemaní (Mr. 14:51).
El centurión de Capernaum (Lc. 7).
El centurión del Calvario (Mt. 27).
Los dos testigos falsos (Mt. 26:60).
La esposa de Pilato (Mt. 27:19).
El siervo que le pegó a Cristo (Jn. 18:22).
Los dos ladrones en la cruz (Mt. 27:38).
Los soldados sobornados en la resurrección (Mt. 28).
El cojo de la puerta hermosa (Hch. 3).
El eunuco etíope (Hch. 8).
El cojo de Listra (Hch. 14).
El carcelero de Filipos (Hch. 16).
La muchacha filipense endemoniada (Hch. 16).

Referencias cruzadas del Antiguo y Nuevo Testamentos

Introducción

No se puede leer el Nuevo Testamento siquiera de paso sin darse cuenta de la tremenda cantidad de material del Antiguo Testamento que se cita en él. Nuestro Señor comenzó y terminó su ministerio citando del Antiguo Testamento. Compárese Mateo 4:4, 7, 10 con Deuteronomio 8:3; 6:16, 13 y Mateo 27:46 con el Salmo 22:1. De hecho, se calcula que más del diez por ciento de sus palabras registradas fueron tomadas del Antiguo Testamento. En el Nuevo Testamento se hace referencia a cada uno de los libros del Antiguo Testamento, ya sea directa o indirectamente. Es así que se vuelve no sólo *difícil* sino verdaderamente *imposible* entender correctamente el Nuevo Testamento sin un conocimiento básico del Antiguo Testamento.

Por lo tanto, el propósito de este estudio es proporcionar una lista de referencias cruzadas para todos los versículos del Antiguo Testamento que se encuentran en el Nuevo Testamento.

Está dividida en nueve secciones que corresponden a las nueve etapas históricas y cronológicas básicas.

Por ejemplo, un vistazo rápido muestra que se citan (y se vuelven a citar) cincuenta y cuatro pasajes de la etapa de la creación (Génesis 1—11) unas ochenta y siete veces en dieciocho de los libros del Nuevo Testamento.

Lista de referencias cruzadas del Antiguo y Nuevo Testamentos

LA ETAPA DE LA CREACIÓN

Génesis

1:1	He. 11:3
1:3	2 Co. 4:6
1:6-9	2 P. 3:5
1:11	1 Co. 15:38
1:26	Ef. 4:24
1:26, 27	Col. 3:10; Stg. 3:9
1:27	Mt. 19:4 Mr. 10:6 Hch. 17:29 1 Co. 11:7; 1 Ti. 2:13
1:29	Ro. 14:2
1:31	1 Ti. 4:4
2:2	He. 4:4, 10
2:7	1 Co. 15:45, 47; 1 Ti. 2:13
2:9	Ap. 2:7; 22:2; 14, 19
2:17	Ro. 5:12
2:18	1 Co. 11:9
2:21-23	1 Co. 11:8
2:22	1 Ti. 2:13
2:24	Mt. 19:5; Mr. 10:7, 8; 1 Co. 6:16; Ef. 5:31
3:4	Jn. 8:44
3:6	Ro. 5:12; 1 Ti. 2:14
3:13	Ro. 7:11; 2 Co. 11:3; 1 Ti. 2:14
3:15	Lc. 10:19; Ro. 16:20
3:16	1 Co. 11:3; 14:34; Ef. 5:22; Col. 3:18
3:17, 18	He. 6:8
3:17-19	Ro. 8:20; 1 Co. 15:21
3:19	Ro. 5:12; He. 9:27
3:22	Ap. 22:2, 14, 19
3:22, 24	Ap. 2:7
4:3-8	Jud. v. 11
4:3-10	He. 11:4
4:7	Ro. 6:12
4:8	Mt. 23:35; Lc. 11:51; 1 Jn. 3:12
4:10	He. 12:24; Stg. 5:4
4:25—5:32	Lc. 3:36-38
5:1	Mt. 1:1; 1 Co. 11:7
5:2	Mt. 19:4; Mr. 10:6
5:3	1 Co. 15:49
5:24	He. 11:5
5:29	Ro. 8:20
6:1—7:24	1 P. 3:20
6:5	Ro. 7:18
6:5-12	Lc. 17:26
6:9-12	Mt. 24:37
6:13-22	He. 11:7
6:13—7:24	Mt. 24:38, 39
7:1	He. 11:7
7:6-23	Lc. 17:27
7:11-21	2 P. 3:6
8:18	2 P. 2:5
8:21	Ro. 7:18; Fil. 4:18

9:3 Ro. 14:2; 1 Ti. 4:3
9:4 Hch. 15:20, 29
9:6 Mt. 26:52; 1 Co. 11:7
11:10-26 Lc. 3:34-36

LA ETAPA PATRIARCAL

Génesis
12:1 Hch. 7:3
12:1-5 He. 11:8
12:3 Hch. 3:25; Gá. 3:8
12:5 Hch. 7:4
12:7 Hch. 7:5; Gá. 3:16
13:15 Hch. 7:5; Gá. 3:16
14:17-20 He. 7:1, 2
14:19 Ap. 10:6
14:20 Lc. 18:12
14:22 Ap. 10:6
15:5 Ro. 4:18
15:5, 6 He. 11:12
15:6 Ro. 4:3, 9, 22; Gá. 3:6; Stg. 2:23
15:13, 14 Hch. 7: 6, 7
15:16 1 Ts. 2:16
15:18 Hch. 7:5
16:1 Hch. 7:5
16:11 Lc. 1:31
16:15 Gá. 4:22
17:5 Ro. 4:17
17:7 Lc. 1:55, 72, 73; Gá. 3:16
17:8 Hch. 7:5
17: 10, 11 Ro. 4:11
17:10-13 Jn. 7:22
17:10-14 Hch. 7:8
17:12 Lc. 1:59; 2:21
17:17 Ro. 4:19
17:19 He. 11:11
18:1-8 He. 13:2
18:4 Lc. 7:44
18:10 Ro. 9:9
18:11 Lc. 1:18
18:11-14 He. 11:1
18:12 1 P. 3:6
18:14 Mt. 19:26; Mr. 10:27; Lc. 1:37; Ro. 9:9
18:18 Hch. 3:25; Ro. 4:13; Gá. 3:8
18:20, 21 Lc. 17:28; Ap. 18:5
18:20—19:28 Mt. 10:15
18:25 He. 12:23
19:1-3 He. 13:2
19:1-14 Lc. 17:28
19:1-16 2 P. 2:7
19:4-25 Jud. v. 7
19:15-29 Lc. 17:29
19:17 Lc. 17:31, 32
19:24 2 P. 2:6; Ap. 14:10; 20:10; 21:8
19:24, 25 Lc. 10:12
19:24-28 Mt. 11:23
19:26 Lc. 17:31, 32
19:28 Ap. 9:2
21:2 Gá. 4:22; He. 11:11
21:3 Mt. 1:2; Lc. 3:34
21:4 Hch. 7:8
21:9 Gá. 4:29
21:10 Gá. 4:30
21:12 Mt. 1:2; Ro. 9:7; He. 11:18
22:1-10 He. 11:17
22:2 Mt. 3:17; Mr. 1:11; 12:6
22:9, 12 Stg. 2:21
22:16 He. 6:13
22:16, 17 Lc. 1:73, 74
22:17 Lc. 1:55; He. 6:14; 11:12
22:17, 18 Ro. 4:13
22:18 Mt. 1:1; Hch. 3:25
23:2-20 Hch. 7:16
23:4 He. 11:9, 13
24:7 Hch. 7:5; Gá. 3:16
25:21 Ro. 9:10
25:23 Ro. 9:12
25:26 Mt. 1:2; Lc. 3:34
25:33, 34 He. 12:16
26:3 He. 11:9
26:4 Hch. 3:25
27:27-29, 39, 40 He. 11:20
27:30-40 He. 12:17
28:12 Jn. 1:51
28:15 He. 13:5
29:35 Mt. 1:2; Lc. 3:33
30:23 Lc. 1:25
32:12 He. 11:12
33:19 Jn. 4:5; Hch. 7:16
35:12, 27 He. 11:9
37:11 Hch. 7:9
37:28 Hch. 7:9
38:8 Mt. 22:24; Mr. 12:19; Lc. 20:28
38:29, 30 Mt. 1:3
39:2, 3, 21, 23 Hch. 7:9
41:37-39 Hch. 7:10
41:40-44 Hch. 7:10
41:54 Hch. 7:11
41:55 Jn. 2:5
42:1, 2 Hch. 7:12
42:5 Hch. 7:11
45:3, 4 Hch. 7:13
45:4 Hch. 7:9
45:9-11 Hch. 7:14
45:16 Hch. 7:13
45:18, 19 Hch. 7:14
46: 5, 6 Hch. 7:15
46:27 Hch. 7:14
47:9 He. 11:13
47:31 He. 11:21
48:4 Hch. 7:5
48:15, 16 He. 11:21
48:22 Jn. 4:5
49:9, 10 Ap. 5:5
49:10 He. 7:14
49:29, 30 Hch. 7:16
49:33 Hch. 7:15
50:7-13 Hch. 7:16
50:24, 25 He. 11:22

Job
1:1, 8 1 Ts. 5:22
1:9-11 Ap. 12:10
1:20 Mt. 26:65
1:21 1 Ti. 6:7
2:3 1 Ts. 5:22
2:6 2 Co. 12:7
2:12 Mt. 26:65
3:21 Ap. 9:6
4:9 2 Ts. 2:8
4:19 2 Co. 5:1
5:11 Lc. 1:52; Stg. 4:10
5:13 1 Co. 3:19
12:7-9 Ro. 1:20
12:14 Ap. 3:7
12:19 Lc. 1:52
13:16 Fil. 1:19
15:8 Ro. 11:34
16:9 Hch. 7:54
22:29 Mt. 23:12; 1 P. 5:6
23:10 1 P. 1:7
34:19 Stg. 2:1
38:3 Lc. 12:35
38:17 Mt. 16:18
39:30 Lc. 17:37
40:7 Lc. 12:35
41:11 Ro. 11:35
42:2 Mt. 19:26; Mr. 10:27

LA ETAPA DEL ÉXODO

Éxodo
1:6 Hch. 7:15
1:7, 8 Hch. 7:17, 18
1:10, 11 Hch. 7:19
1:22 Hch. 7:19; He. 11:23
2:2 Hch. 7:20; He. 11:23
2:3-10 Hch. 7:21
2:10-12 He. 11:24
2:11, 12 Hch. 7:23, 24
2:13, 14 Hch. 7:26-28
2:14 Lc. 12:14; Hch. 7:35
2:15 Hch. 7:29; He. 11:27
2:21, 22 Hch. 7:29
3:2 Mr. 12:26; Lc. 20:37; Hch. 7:35
3:2, 3 Hch. 7:30, 31
3:4-10 Hch. 7:31-34
3:6 Mt. 22:32; Mr. 12:26; Lc. 20:37; Hch. 3:13; He. 11:16
3:12 Hch. 7:7
3:14 Ap. 1:4, 8; 4:8; 11:17; 16:5
3:15 Mt. 22:32; Mr. 12:26; Hch. 3:13; He. 11:16
3:16 Mt. 22:32; Mr. 12:26
4:5 He. 11:16
4:19 Mt. 2:20
4:21 Ro. 9:18
4:22 Ro. 9:4
6:1, 6 Hch. 13:17
7:3 Hch. 7:36; Ro. 9:18
7:11 2 Ti. 3:8
7:17-21 Ap. 16:3
7:17, 19, 20 Ap. 11:6
7:19-24 Ap. 16:4
7:20, 21 Ap. 8:8
7:22 2 Ti. 3:8
8:19 Lc. 11:20
9:10 Ap. 16:2
9:12 Ro. 9:18
9:16 Ro. 9:17
9:23-25 Ap. 8:7
9:24 Ap. 11:19; 16:21
10:12, 15 Ap. 9:3
10:21 Ap. 16:10
12:1-27 Mt. 26:2; Lc. 22:1
12:3-20 1 Co. 5:8
12:6 Mr. 14:12; Lc. 22:7
12:8-11 Lc. 22:8
12:11 Lc. 12:35
12:14 Lc. 22:7
12:14-20 Mt. 26:17
12:15 Mr. 14:12; Lc. 22:7
12:16 Lc. 23:56
12:21 1 Co. 5:7
12:21-30 He. 11:28
12:24-27 Lc. 2:41
12:40 Gá. 3:17
12:46 Jn. 19:36
12:51 Hch. 13:17; He. 11:27; Jud. v. 5
13:2 Lc. 2:23
13:7 1 Co. 5:7, 8
13:9 Mt. 23:5
13:12 Lc. 2:23
13:15 Lc. 2:23
13:19 He. 11:22
13:21, 22 1 Co. 10:1
14:4, 17 Ro. 9:18
14:21 Hch. 7:36
14:21-31 He. 11:29
14:22-29 1 Co. 10:1
15:1 Ap. 15:3

15:11 Ap. 15:3
15:18 Ap. 11:15; 19:6
16:4 Mt. 6:34; 1 Co. 10:3
16:7 2 Co. 3:18
16:15 Jn. 6:31
16:18 2 Co. 8:15
16:33 He. 9:4
16:35 Hch. 13:18; 1 Co. 10:3
17:6 1 Co. 10:4
17:7 He. 3:8
18:3, 4 Hch. 7:29
19:1-6 Hch. 7:38
19:5 Tit. 2:14; 1 P. 2:9
19:6 1 P. 2:5, 9; Ap. 1:6; 5:10; 20:6
19:12, 13 He. 12:20
19:16 Ap. 4:5; 11:19
19:16-19 Ap. 8:5; 16:18
19:16-22 He. 12:18, 19
19:18 He. 12:26; Ap. 9:2
19:20, 24 Ap. 4:1
20:1-17 Hch. 7:38
20:5 Jn. 9:2; Stg. 4:5
20:8-10 Mr. 2:27
20:9, 10 Lc. 13:14
20:10 Mt. 12:2; Lc. 23:56
20:11 Hch. 4:24; 14:15; Ap. 10:6; 14:7
20:12 Mt. 15:4; Mr. 7:10; Lc. 18:20; Ef. 6:2, 3
20:12-16 Mt. 19:18, 19; Mr. 10:19
20:13 Mt. 5:21; Stg. 2:11
20:13-15 Ro. 13:9
20:13-16 Lc. 18:20
20:14 Mt. 5:27; Stg. 2:11
20:17 Ro. 7:7; 13:9
20:18-21 He. 12:18, 19
21:2 Jn. 8:35
21:12 Mt. 5:21
21:17 Mt. 15:4; Mr. 7:10
21:24 Mt. 5:38
21:32 Mt. 26:15
22:1 Lc. 19:8
22:11 He. 6:16
22:28 Hch. 23:5
23:4, 5 Mt. 5:44
23:20 Mt. 11:10; Mr. 1:2; Lc. 7:27
24:3 He. 9:19
24:6-8 1 Co. 11:25; He. 9:19
24:8 Mt. 26:28; Mr. 14:24; Lc. 22:20; 1 Co. 11:25; 2 Co. 3:6; He. 9:20; 10:29
24:12 2 Co. 3:3
24:17 2 Co. 3:18
25:9 Hch. 7:44
25:10-16 He. 9:4
25:16 He. 9:4
25:18-22 He. 9:5
25:23-30 He. 9:2
25:31-40 He. 9:2
25:40 Hch. 7:44; He. 8:5
26:1-30 He. 9:2
26:31-33 Lc. 23:45; He. 9:3
26:31-35 Mt. 27:51
27:21 Hch. 7:44
28:1 He. 5:4
28:21 Ap. 21:12, 13
29:18 Ef. 5:2; Fil. 4:18
29:37 Mt. 23:19
29:38 He. 10:11
30:1-3 Ap. 8:3; 9:13
30:1-6 He. 9:4
30:7 Lc. 1:9
30:10 He. 9:7
30:13 Mt. 17:24
31:18 Jn. 1:17; 2 Co. 3:3
32:1 Hch. 7:40
32:4-6 Hch. 7:41
32:6 1 Co. 10:7
32:9 Hch. 7:51
32:13 He. 11:12
32:23 Hch. 7:40
32:32 Lc. 10:20; Ro. 9:3
32:32, 33 Fil. 4:3; Ap. 3:5; 13:8; 17:8; 20:12, 15; 21:27
33:3, 5 Hch. 7:51
33:19 Ro. 9:15
33:20 Jn. 1:18; 1 Ti. 6:16
34:1 2 Co. 3:3
34:6 Stg. 5:11
34:28 Mt. 4:2; Jn. 1:17
34:29, 30 2 Co. 3:7, 10
34:33 2 Co. 3:13
34:34 2 Co. 3:16
36:35 Lc. 23:45; 2 Co. 3:13
38:21 Ap. 15:5
38:26 Mt. 17:24
40:34 Ap. 15:5, 8

Levítico

3:17 Hch. 15:20, 29
6:16, 26 1 Co. 9:13
7:6, 15 1 Co. 10:18
9:7 He. 5:3; 7:27
11:1-47 Hch. 10:14
11:2 He. 9:10
11:25 He. 9:10
11:44, 45 1 P. 1:16
12:3 Lc. 1:59; 2:21; Jn. 7:22; Hch. 15:1
12:3, 6 Lc. 2:22
12:8 Lc. 2:24
13:46 Lc. 17:12
14:2 Mt. 8:4
14:2, 3 Lc. 17:14
14:2-32 Mr. 1:44; Lc. 5:14
14:4 He. 9:19
14:4-32 Mt. 8:4
15:18 He. 9:10
15:25 Mt. 9:20
16:2 He. 9:7
16:2, 3 He. 6:19
16:3 He. 9:13
16:6 He. 5:3; 7:27
16:12 He. 6:19; Ap. 8:5
16:14 He. 9:7; 9:13
16:15 He. 6:19; 7:27; 9:7, 13; 10:4
16:21 He. 10:4
16:27 He. 13:11
16:29 Hch. 27:9
17:10-14 Hch. 15:20, 29
17:11 He. 9:22
18:5 Mt. 19:17; Lc. 10:28; Ro. 7:10; 10:5; Gá. 3:12
18:7, 8 1 Co. 5:1
18:15 He. 9:21
18:16 Mt. 14:3, 4; Mr. 6:18
18:19 He. 9:21
18:22 Ro. 1:27
19:2 Mt. 5:48; 1 P. 1:16
19:12 Mt. 5:33
19:13 Mt. 20:8; Stg. 5:4
19:15 Jn. 7:24; Hch. 23:3
19:17 Mt. 18:15
19:18 Mt. 5:43; 19:19; 22:39; Mr. 12:31, 33; Lc. 10:27; Ro. 12:19; 13:9; Gá. 5:14; Stg. 2:8
19:32 1 Ti. 5:1
20:7 1 P. 1:16
20:9 Mt. 15:4; Mr. 7:10
20:10 Jn. 8:5
20:13 Ro. 1:27
20:21 Mt. 14:3, 4
21:9 Ap. 17:16; 18:8
23:15-21 Hch. 2:1; 1 Co. 16:8
23:29 Hch. 3:23
23:34 Jn. 7:2
23:36 Jn. 7:37
24:5-8 Mt. 12:4
24:5-9 Mr. 2:26; Lc. 6:4
24:9 Mt. 12:4
24:16 Mt. 26:65, 66; Mr. 14:64; Jn. 10:33; 19:7
24:17 Mt. 5:21
24:20 Mt. 5:38
25:35, 36 Lc. 6:35
25:43, 53 Col. 4:1
26:11, 12 Ap. 21:3
26:12 2 Co. 6:16
26:21 Ap. 15:1, 6
26:41 Hch. 7:51
26:42 Lc. 1:72, 73
27:30 Mt. 23:23; Lc. 11:42

Números

1:50 Hch. 7:44
6:2-5 Hch. 21:26
6:3 Lc. 1:15
6:5 Hch. 21:23, 24
6:13-18 Hch. 21:23, 24
6:13-21 Hch. 21:26
6:18 Hch. 18:18
6:21 Hch. 21:23, 24
6:25, 26 Ro. 1:7
9:12 Jn. 19:36
11:4 1 Co. 10:6
11:7-9 Jn. 6:31
11:29 1 Co. 14:5
11:34 1 Co. 10:6
12:7 He. 3:2, 5
12:8 2 Jn. v. 12; 3 Jn. v. 14
14:1-35 He. 3:16-18
14:2 1 Co. 10:10
14:3 Hch. 7:39
14:6 Mt. 26:65; Mr. 14:63
14:16 1 Co. 10:5
14:21-23 He. 3:11
14:22, 23 He. 3:18
14:23 1 Co. 10:5
14:29 He. 3:17
14:29, 30 1 Co. 10:5; Jud. v. 5
14:33 Hch. 7:36
14:34 Hch. 13:18
14:35 Jud. v. 5
14:36 1 Co. 10:10
15:17-21 Ro. 11:16
15:38, 39 Mt. 23:5
16:5 2 Ti. 2:19
16:19-35 Jud. v. 11
16:22 He. 12:9
16:26 2 Ti. 2:19
16:41-49 1 Co. 10:10
17:8-10 He. 9:4
18:2-6 He. 9:6
18:8 1 Co. 9:13
18:21 He. 7:5
18:31 Mt. 10:10; 1 Co. 9:13
19:6 He. 9:19
19:9 He. 9:13
19:13 He. 9:10
19:17-19 He. 9:13
20:2-5 He. 3:8
20:11 1 Co. 10:4
21:5, 6 1 Co. 10:9

21:9	Jn. 3:14
22:7	2 P. 2;15; Jud. v. 11
22:28	2 P. 2;16
23:19	Ro. 9:6; 2 Ti. 2:13; He. 6:18
24:17	Mt. 2:2; Ap. 22:16
25:1, 2	Ap. 2:14, 20
25:1, 9	1 Co. 10:8
27:16	He. 12:9
27:17	Mt. 9:36; Mr. 6:34
28:9, 10	Mt. 12:5
30:2	Mt. 5:33
31:16	Jud. v. 11; Ap. 2:14

Deuteronomio

1:10	He. 11:12
1:16	Jn. 7:51
1:17	Stg. 2:9
2:5	Hch. 7:5
4:2	Ap. 22:18, 19
4:7, 8	Ro. 3:2
4:11, 12	He. 12:18, 19
4:15-19	Ro. 1:23
4:20	Tit. 2:14; 1 P. 2:9
4:24	He. 12:29
4:35	Mr. 12:32
4:35, 39	1 Co. 8:4
5:4-22	Hch. 7:38
5:12-14	Mr. 2:27
5:13, 14	Lc. 13:14
5:14	Mt. 12;2; Lc. 23:56
5:16	Mt. 15:4; Mr. 7:10; Lc. 18:20
5:16-20	Mt. 19:18, 19; Mr. 10:19
5:17	Mt. 5:21; Stg. 2:11
5:17-19	Ro. 13:9
5:17-20	Lc. 18:20
5:18	Mt. 5:27; Stg. 2:11
5:21	Ro. 7:7; 13:9
5:22-27	He. 12:18, 19
6:4	Mr. 12:32; Ro. 3:30; 1 Co. 8:4
6:4, 5	Mr. 12:29, 30
6:5	Mt. 22:37; Mr. 12:33; Lc. 10:27
6:7	Ef. 6:4
6:8	Mt. 23:5
6:13	Mt. 4:10
6:13, 14	Lc. 4:8
6:16	Mt. 4:7; Lc. 4:12
6:20-25	Ef. 6:4
7:1	Hch. 13:19
7:6	Ro. 9:4; Tit. 2:14; 1 P. 2:9
7:9	1 Co. 1:9; 10:13
8:3	Mt. 4:4; Lc. 4:4; 1 Co. 10:3
8:5	He. 12:7
9:3	He. 12:29
9:4	Ro. 10:6-8
9:10	Hch. 7:38
9:10, 11	2 Co. 3:3
9:19	He. 12:21
10:3-5	He. 9:4
10:12	Lc. 10:27
10:15	1 P. 2:9
10:17	Hch.10:34; Ro. 2:11; Gá. 2:6; Ef. 6:9; Col. 3:25; 1 Ti. 6:15; Ap. 17:14; 19:16
10:22	Hch. 7:14; He. 11:12
11:14	Stg. 5:7
11:29	Jn. 4:20
12:5-14	Jn 4:20
12:32	Ap. 22:18, 19
13:1-3	Mt. 24:24; Mr. 13:22
13:2-4	Ap. 13:14
13:3	1 Co. 11:19
14:1, 2	Ro. 9:4
14:2	Tit. 2:14; 1 P. 2:9
15:7, 8	1 Jn. 3:17
15:11	Mt. 26:11; Mr. 14:7; Jn. 12:8
15:12	Jn. 8:35
15:16	Ef. 6:2, 3
16:1-8	Lc. 2:41
16:3	1 Co. 5:8
16:9-11	Hch. 2:1; 1 Co. 16:8
17:6	Jn. 8:17; 1 Ti. 5:19; He. 10:28
17:7	Jn. 8:7; 1 Co. 5:13
18:1-3	1 Co. 9:13
18:13	Mt. 5:48
18:15	Mt. 17:5; Mr. 9:7; Lc. 24:27; Jn. 5:46; 7:40; Hch. 7:37
18:15, 16	Hch. 3:22
18:15, 18	Jn. 1:21; 6:14
18:18	Jn. 1:45
18:19	Hch. 3:23
19:15	Mt. 18:16; Jn. 8:17; 2 Co. 13:1; 1 Ti. 5:19; He. 10:28
19:19	1 Co. 5:13
19:21	Mt. 5:38
21:6-9	Mt. 27:24
21:22	Hch. 10:39
21:22, 23	Mt. 27:57, 58; Jn. 19:31
21:23	Gá. 3:13
22:21	1 Co. 5:13
22:22	Jn. 8:5
22:24	1 Co. 5:13
22:30	1 Co. 5:1
23:21	Mt. 5:33
23:24, 25	Mt. 12:1
23:25	Mr. 2:23; Lc. 6:1
24:1	Mt. 5:31; 19:7
24:1, 3	Mr. 10:4
24:7	1 Co. 5:13
24:14	Mr. 10:19
24:14, 15	Stg. 5:4
24:15	Mt. 20:8
25:3	2 Co. 11:24
25:4	1 Co. 9:9; 1 Ti. 5:18
25:5	Mt. 22:24; Mr. 12:19; Lc. 20:28
27:20	1 Co. 5:1
27:26	2 Co. 3:9; Gá. 3:10
28:4	Lc. 1:42
28:35	Ap. 16:2
29:4	Ro. 11:8

LA ETAPA DE LA CONQUISTA

Josué

1:5	He. 13:5
2:4	Stg. 2:25
2:11, 12	He. 11:31
2:15	Stg. 2:25
3:14-17	Hch. 7:45
6:12-21	He. 11:30
6:17	Stg. 2:25
6:21-25	He. 11:31
7:19	Jn. 9:24
8:33	Jn. 4:20
14:1	Hch. 13:19
18:1	Hch. 7:45
22:4	He. 4:8
22:5	Mt. 22:37; Mr. 12:29, 30; 12:33; Lc. 10:27
23:9	Hch. 7:45
24:18	Hch. 7:45
24:32	Jn. 4:5; Hch. 7:16

LA ETAPA DE LOS JUECES

Jueces

2:10	Hch. 13:36
2:16	Hch. 13:20
5:4	He. 12:26
5:19	Ap. 16:16
5:24	Lc. 1:42
13:3	Lc. 1:31
13:4	Lc. 1:15
13:5, 7	Mt.2:23
14:6, 7	He. 11:33

Rut

4:12	Mt. 1:3
4:13	Mt. 1:4, 5
4:17-22	Mt. 1:4, 5; Lc. 3:31-33
4:17, 22	Mt. 1:6
4:18, 19	Mt. 1:3

1 Samuel

1:11	Lc. 1:48
1:17	Mr. 5:34
2;1-10	Lc. 1:46-55
2:5	Lc. 1:53 a
2:26	Lc. 2:52
3:20	Hch. 13:20
4:8	Ap. 11:6

LA ETAPA DEL REINO UNIDO

1 Samuel

8:5, 19	Hch. 13:21
10:20, 21, 24	Hch. 13:21
11:15	Hch. 13:21
12:3	Hch. 20:33
12:22	Ro. 11:1, 2
13:14	Hch. 13:22
14:45	Mt. 10:30; Lc. 21;18; Hch. 27:34
15:22	Mr. 12:33
15:29	He. 6:18
16:1	Lc. 3:31, 32
16:7	Jn. 8:15
16:12, 13	Hch. 13:22
16:13	Lc. 3:31, 32
17:34-36	He. 11:33
20:42	Mr. 5:34
21:1-6	Mt. 12:3, 4; Mr. 2:25, 26; Lc. 6:3, 4

2 Samuel

3:39	2 Ti. 4:14
5:2	Mt. 2:6
5:14	Lc. 3:31
7:2-16	Hch. 7:45, 46
7:8	2 Co. 6:18
7:12	Jn. 7:42; Hch. 13:23
7:12, 13	Lc. 1:32, 33; Hch. 2:30
7:14	2 Co. 6:18; He. 1:5; 12:7; 21:7
7:16	Lc. 1:32, 33
12:24	Mt. 1:6
13:19	Mt. 26:65
14:11	Hch. 27:34
15:9	Mr. 5:34
15:35	Mr. 2:26
22:6	Hch. 2:24
22:9	Ap. 11:5
22:28	Lc. 1:51
22:50	Ro. 15:9
23:2	Mt. 22:43

1 Reyes

2:10	Hch. 2:29; 13:36
5:11	Hch. 12:20
6:1, 14	Hch. 7:47
8:1, 6	Ap. 11:19
8:10, 11	Ap. 15:8
8:13	Mt. 23:21
8:17, 18	Hch. 7:45, 46
8:19, 20	Hch. 7:47

8:27 Hch. 17:24
9:7, 8 Mt. 23:38
10 Mt. 6:29
10:1-10 Mt. 12:42; Lc. 11:31
10:4-7 Lc. 12:27

1 Crónicas
1:1-4 Lc. 3:36-38
1:24-27 Lc. 3:34-36
1:28 Lc. 3:34
1:34 Mt. 1:2; Lc. 3:34
2:1-14 Lc. 3:31-33
2:4, 5, 9 Mt. 1:3
2:10-12 Mt. 1:4, 5
2:13-15 Mt. 1:6
3:10-14 Mt. 1:7-10
3:15, 16 Mt. 1:11
3:17 Lc. 3:27
3:17, 19 Mt. 1:12
11:2 Mt. 2:6
16:35 Hch. 26:17
17:1-14 Hch. 7:45, 46
17:11 Mt. 1:1
17:13 He. 1:5
24:10 Lc. 1:5
29:11 Ap. 5:12
29:15 He. 11;13

2 Crónicas
3:1 Hch. 7:47
5:1 Hch. 7:47
5:7 Ap. 11:19
5:13, 14 Ap. 15:8
6:2 Hch. 7:47
6:7, 8 Hch. 7:45, 46
6:10 Hch. 7:47
6:18 Ap. 21:3
9 Mt. 6:29
9:1-12 Mt. 12:42; Lc. 11:31
9:3-6 Lc. 12:27

Salmos
2:1 Ap. 11:18
2:1, 2 Hch. 4;25, 26
2:2 Ap. 19:19
2:7 Mt. 3;17; 15:5; Mr. 1:11; Lc. 3:22; 9:35; Jn. 1:49; Hch. 13:33; He. 1:5; 5:5
2:8 He. 1:2
2:8, 9 Ap. 2:26, 27
2:9 Ap. 12:5; 19:15
2:11 Fil. 2:12
4:4 Ef. 4:26
5:9 Ro. 3:13
6:3 Jn. 12:27
6:8 Mt. 7:23; Lc. 13:27
7:9 Ap. 2:23
7:12 Lc. 13:3, 5
7:13 Ef. 6:16
8:6 1 Co. 15:27; Ef. 1:22
9:8 Hch. 17:31
10:7 Ro. 3:14
10:16 Ap. 11:15
11:6 Ap. 14:10; 20:10; 21:8
14:1-3 Ro. 3:10-12
14:7 Ro. 11;26, 27
16:8-11 Hch. 2:25-28
16:9 Jn. 20:9
16:10 Hch. 2:31; 1 Co. 15:4
17:15 Ap. 22:4
18:2 Lc. 1:69
18:4 Hch. 2:24
18:6 Stg. 5:4
18:49 Ro. 15:9
19:1 Ro. 1:20
19:4 Ro. 10:18
19:9 Ap. 16:7; 19:2
21:9 Stg. 5:3
22 1 P. 1:11
22:1 Mt. 27:46; Mr. 15:34
22:1-18 Mr. 9:12; Lc. 24:27
22:5 Ro. 5:5
22:7 Mt. 27:39; Mr. 15:29
22:7, 8 Mt. 26:24; Lc. 23:35, 36
22:8 Mt. 27:43
22:15 Jn. 19:28
22:16 Fil. 3:2
22:16-18 Mt. 26:24
22:18 Mt. 27:35; Mr. 15:24; Lc. 23:34; Jn. 19:24
22:20 Fil. 3:2
22:21 2 Ti. 4:17
22:22 He. 2:12
22:23 Ap. 19:5
22:28 Ap. 11:15; 19:6
23:1 Jn. 10:11; Ap. 7:17
23:2 Ap. 7:17
23:5 Lc. 7:46
24:1 1 Co. 10:26
24:3, 4 Mt. 5:8
25:11 1 Jn. 2:12
25:20 Ro. 5:5
25:21 Lc. 6:27
26:6 Mt. 27:24
26:8 Mt. 23:21
28:4 Mt. 16:27; 2 Ti. 4:14; 1 P. 1:17; Ap. 20:12, 13; 22:12
29:3 Hch. 7:2
31:5 Lc. 23:46; Hch. 7:59; 1 P. 4:19
31:24 1 Co. 16:13
32:1, 2 Ro. 4:7, 8
32:2 Ap. 14:5
32:5 1 Jn. 1:9
33:2, 3 Ef. 5:19
33:3 Ap. 5:9; 14:3
33:6, 9 He. 11:3
34:8 He. 1:14; 1 P. 2:3
34:12-16 1 P. 3:10-12
34:13 Stg. 1:26
34:14 He. 12:14
34:15 Jn. 9:31
34:19 2 Co. 1:5; 2 Ti. 3:11
34:20 Jn. 19:36
35:8 Ro. 11:9, 10
35:13 Ro. 12:15
35:16 Hch. 7:54
35:19 Jn. 15:25
36:1 Ro. 3:18
36:9 Ap. 21:6
37:4 Mt. 6:33
37:11 Mt. 5:5
37:12 Hch. 7:54
38:11 Lc. 23:49
39:1 Stg. 1:26
39:12 He. 11:13; 1 P. 2:11
40:3 Ap. 5:9; 14:3
40:6 Ef. 5:2; He. 10:8
40:6-8 He. 10:5-7
40:7 Lc. 7:19; He. 10:9
41:9 Mt. 26:23; Mr. 14:18; Lc. 22:21; Jn. 13:18; 17:12; Hch. 1:16
41:13 Lc. 1:68; Ro. 9:5
42:2 Ap. 22:4
42:5, 11 Mt. 26:38; Mr. 14:34; Jn. 12:27
43:5 Mt. 26:38; Mr. 14:34
44:22 Ro. 8:36
45:6, 7 He. 1:8, 9
46:2, 3 Lc. 21:25
46:6 Ap. 11:18
47:8 Ap. 4:2, 9, 10; 5:1, 7, 13; 6:16; 7:10, 15; 19:4; 21:5
48:2 Mt. 5:35
50:6 He. 12:23
50:12 Hch. 17:25; 1 Co. 10:26
50:14 He. 13:15
50:16-21 Ro. 2:21
50:23 He. 13:15
51:1 Lc. 18:13
51:4 Lc. 15:18; Ro. 3:4
51:5 Jn. 9:34; Ro. 7:14
53:1-3 Ro. 3:10-12
55:22 1 P. 5:7
62:10 Mt. 19:22; 1 Ti. 6:17
62:12 Mt. 16:27; Ro. 2:6; 2 Ti. 4:14; 1 P. 1:17; Ap. 2:23; 20;12, 13; 22:12
65:7 Lc. 21:25
66:10 1 P. 1:7
66:18 Jn. 9:31
67:2 Hch. 28:28
68:8 He. 12:26
68:18 Ef. 4:8
69:4 Jn. 15:25
69:9 Jn. 2:17; Ro. 15:3
69:21 Mt. 27:34, 48; Mr. 15:23, 36; Lc. 23:36; Jn. 19:29
69:22, 23 Ro. 11:9, 10
69:24 Ap. 16:1
69:25 Hch. 1:20
69:28 Fil. 4:3; Ap. 3:5; 13:8; 17:8; 20:12, 15; 21:27
72:10, 11 Mt. 2:11; Ap. 21:26
72:15 Mt. 2:11
72:18 Lc. 1:68
74:2 Hch. 20:28
75:8 Ap. 14:10; 15:7; 16:19
78:2 Mt. 13:35
78:4 Ef. 6:4
78:8 Hch. 2:40
78:15 1 Co. 10:4
78:24 Jn. 6:31; Ap. 2:17
78:24-29 1 Co. 10:3
78:31 1 Co. 10:5
78:37 Hch. 8:21
78:44 Ap. 16:4
79:1 Lc. 21:24; Ap. 11:2
79:3 Ap. 16:6
79:6 1 Ts. 4:5; 2 Ts. 1:8
79:10 Ap. 6:10; 19:2
82:6 Jn. 10:34
86:9 Ap. 15:4
88:8 Lc. 23:49
89:3, 4 Jn. 7:42
89:4 Jn. 12:34
89:10 Lc. 1:51
89:11 1 Co. 10:26
89:20 Hch. 13:22
89:26 1 P. 1:17
89:27 Ap. 1:5
89:36 Jn. 12:34
89:50, 51 1 P. 4;14
90:4 2 P. 3:8
91:11 Lc. 4:10; He. 1:14
91:11, 12 Mt. 4:6
91:12 Lc. 4:11
91:13 Lc. 10:19
92:5 Ap. 15:3
93:1 Ap. 19:6
94:1 1 Ts. 4:6
94:11 1 Co. 3:20
94:14 Ro. 11:1, 2
94:19 2 Co. 1:5

95:7, 8	He. 3:15; 4:7
95:7-11	He. 3:7-11
95:11	He. 3:18; 4:3, 5
96:1	Ap. 5:9; 14:3
96:11	Ap. 18:20
96:13	Hch. 17:31; Ap. 19:11
97:1	Ap. 19:6
97:3	Ap. 11:5
97:7	He. 1:6
98:1	Ap. 5:9; 14:3
98:3	Lc. 1:54; Hch. 28:28
98:9	Hch. 17:31
99:1	Ap. 19:6
102:4, 11	Stg. 1:10, 11
102:25-27	He. 1:10-12
103:3	Mr. 2:7
103:7	Ro. 3:2
103:8	Stg. 5:11
103:13, 17	Lc. 1:50
104:2	1 Ti. 6:16
104:4	He. 1:7
104:12	Mt. 13:32
105:8, 9	Lc. 1:72, 73
105:21	Hch. 7:10
105:40	Jn. 6:31
106:10	Lc. 1:71
106:14	1 Co. 10:6
106:20	Ro. 1:23
106:25-27	1 Co. 10:10
106:37	1 Co. 10:20
106:45, 46	Lc. 1:72
106:48	Lc. 1:68
107:3	Mt. 8:11; Lc. 13:29
107:9	Lc. 1:53
107:20	Hch. 10:36
109:4, 5, 7, 8	Jn. 17:12
109:8	Hch. 1:20
109:25	Mt. 27:39; Mr. 15:29
109:28	1 Co. 4:12
110:1	Mt. 22:44; 26:64; Mr. 12:36; 14:62; 16:19; Lc. 20:42, 43; 22:69; Hch. 2:34, 35; Ro. 8:34; 1 Co. 15:25; Ef. 1:20; Col. 3:1; He. 1:3, 13; 8:1; 10:12, 13; 12:2
110:4	Jn. 12:34; He. 5:6, 10; 6:20; 7:3, 17, 21
111:2	Ap. 15:3
111:4	Stg. 5:11
111:9	Lc. 1:49, 68
112:9	2 Co. 9:9
112:10	Hch. 7:54
113—118	Mt. 26:30
114:3-7	Ap. 20:11
115:4-7	Ap. 9:20
115:13	Ap. 11:18; 19:5
116:3	Hch. 2;24
116:10	2 Co. 4:13
116:11	Ro. 3:4
117:1	Ro. 15:11
118:6	Ro. 8:31; He. 13:6
118:18	2 Co. 6:9
118:20	Jn. 10:9
118:22	Lc. 20:17; Hch. 4:11; 1 P. 2:4, 7
118:22, 23	Mt. 21:42; Mr. 12:10, 11
118:25, 26	Mr. 11:9; Jn. 12:13
118:26	Mt. 21:9; 23:39; Lc. 13:35; 19:38
119:46	Ro. 1:16
119:137	Ap. 16:5, 7; 19:2
119:165	1 Jn. 2:10
122:1-5	Jn. 4:20
125:5	Gá. 6:16
126:5, 6	Lc. 6:21
128:6	Gá. 6:16
130:8	Tit. 2:14; Ap. 1:5
132:1-5	Hch. 7:45, 46
132:11	Hch. 2:30
134:1	Ap. 19:5
135:1	Ap. 19:5
135:14	He. 10:30
135:15-17	Ap. 9:20
137:8	Ap. 18:6
137:9	Lc. 19:44
139:1	Ro. 8:27
139:14	Ap. 15:3
139:21	Ap. 2:6
140:3	Ro. 3:13; Stg. 3:8
141:2	Ap. 5:8; 8:3, 4
141:3	Stg. 1:26
143:2	Ro. 3:20; 1 Co. 4:4; Gá. 2:16
144:9	Ap. 5:9; 14:3
145:17	Ap. 15:3; 16:5
145:18	Hch. 17:27
146:6	Hch. 4:24; 14:15; 17:24; Ap. 10:6; 14:7
147:8	Hch. 14:17
147:9	Lc. 12:24
147:18	Hch. 10:36
147:19, 20	Ro. 3:2
149:1	Ap. 5:9; 14:3

Proverbios

1:16	Ro. 3:15-17
2:3, 4	Col. 2:3
2:3-6	Stg. 1:5
2:4	Mt. 13:44
3:3	2 Co. 3:3
3:4	Lc. 2:52; 2 Co. 8:21
3:7	Ro. 12:16
3:11, 12	He. 12:5, 6
3:12	Ap. 3:19
3:27, 28	2 Co. 8:12; 1 P. 5:5
7:3	2 Co. 3:3
8:15	Ro. 13:1
8:22	Ap. 3:14
10:9	Hch. 13:10
10:12	1 Co. 13:7; Stg. 5:20; 1 P. 4:8
11:24	2 Co. 9:6
15:29	Jn. 9:31
16:33	Hch. 1:26
17:3	1 P. 1:7
18:4	Jn. 7:38
19:17	Mt. 25:40
19:18	Ef. 6:4
20:22	1 Ts. 5:15
20:27	1 Co. 2:11
22:6	Ef. 6:4
22:9	2 Co. 9:6
23:4	1 Ti. 6:9
24:12	Mt. 16:27; Ro. 2:6; 2 Ti. 4:14; 1P. 1:17; Ap. 2:23; 20:12, 13; 22:12
24:21	1 P. 2:17
25:6, 7	Lc. 14:8-10
25:21	Mt. 5:44
25:21, 22	Ro. 12:20
26:11	2 P. 2:22
27:1	Stg. 4:13, 14
27:20	1 Jn. 2:16
28:13	1 Jn. 1:9
28:22	1 Ti. 6:9
29:3	Lc. 15:13
29:23	Mt. 23:12
30:4	Jn. 3:13
30:8	1 Ti. 6:8
31:17	Lc. 12:35

Eclesiastés

1:2	Ro. 8:20
5:15	1 Ti. 6:7
7:9	Stg. 1:19
7:20	Ro. 3:10-12
11:5	Jn. 3:8
12:14	2 Co. 5:10

LA ETAPA DEL REINO DIVIDIDO

1 Reyes

16:31	Ap. 2:20
17:1	Stg. 5:17; Ap. 11:6
17:1, 7	Lc. 4:25
17:9	Lc. 4:26
17:9-24	Mt. 10:41
17:17	Lc. 7:12
17:17-24	He. 11:35
17:18	Mt. 8:29; Mr. 5:7
17:21	Hch. 20:10
17:23	Lc. 7:15
18:1	Lc. 4:25
18:12	Hch. 8:39
18:17	Hch. 16:20
18:24-39	Ap. 13:13
18:42-45	Stg. 5:18
18:46	Lc. 12:35
19:10, 14	Ro. 11:3
19:18	Ro. 11:4
19:20	Mt. 8:21; Lc. 9:61
22:17	Mt. 9:36; Mr. 6:34
22:19	Ap. 4:2, 9, 10; 5:1, 7, 13; 6:16; 7:10, 15; 19:4; 21:5
22:26, 27	He. 11:36

2 Reyes

1:8	Mt. 3:4; Mr. 1:6
1:10	Ap. 11:5; 20:9
1:10, 12	Lc. 9:54
2:11	Mr. 16:19; Ap. 11:12
4:8-37	Mt. 10:41
4:25-37	He. 11:35
4:29	Lc. 10:4; 12:35
4:33	Mt. 6:6
4:36	Lc. 7:15
4:43, 44	Mt. 14:20
4:44	Lc. 9:17
5:1-14	Lc. 4:27
5:10	Jn. 9:7
5:19	Mr. 5:34
9:1	Lc. 12:35
9:7	Ap. 6:10; 19:2
9:13	Lc. 19:36
9:22	Ap. 2:20
9:27	Ap. 16:16
12:9	Mr. 12:41
23:29	Ap. 16:16
24:12-16	Mt. 1:11

2 Crónicas

13:9	Gá. 4:8
15:6	Mt. 24:7; Mr. 13:8; Lc. 21:10
15:7	1 Co. 15:58
18:16	Mt. 9:36; Mr. 6:34
18:18	Ap. 4:2, 9, 10; 5:1, 7, 13; 6:16; 7:10, 15; 19:4; 21:5
18:25, 26	He. 11:36
19:7	Hch. 10:34; Ro. 2:11; 1 P. 1:17
19:17	Ef. 6:9; Col. 3:25
20:7	Stg. 2:23
24:20, 21	Mt. 23:35; Lc. 11:51
24:21	He. 11:37
29:31	He. 13:15
30:17	Jn. 11:55
36:10	Mt. 1:11
36:15, 16	Lc. 20:10-12
36:16	Mt. 5:12; Lc. 6:23; Hch. 7:52

Isaías

1:9	Ro. 9:29
1:10	Ap. 11:8
1:15	Jn. 9:31
1:16	Stg. 4:8
2:3	Jn. 4:22
2:5	1 Jn. 1:7
2:10, 19, 21	Ap. 6:15
5:1	Lc. 20:9
5:1, 2	Mt. 21:33; Mr. 12:1
5:9	Stg. 5:4
5:21	Ro. 12:16
6:1	Jn. 12:41; Ap. 4:2, 9, 10; 5:1, 7, 13; 6:16; 7:10, 15; 19:4; 21:5
6:2	Ap. 4:8
6:3	Ap. 4:8
6:4	Ap. 15:8
6:9, 10	Mt. 13:14, 15; Mr. 4:12; Lc. 8:10; 19:42; Hch. 28:26, 27
6:10	Jn. 12:40
7:14	Mt. 1:23; Lc. 1:31; Jn. 1:45; Ap. 12:5
8:12, 13	1 P. 3:14, 15
8:14	Lc. 2:34; Ro. 9:32; 1 P. 2:8
8:18	He. 2:13
8:22	Ap. 16:10
9:1, 2	Mt. 4:15; 16
9:2	Lc. 1:78, 79; 2 Co. 4:6; 1 P. 2:9
9:6	Jn. 1:45; Ef. 2:14
9:7	Lc. 1:32, 33; Jn. 12:34
10:3	1 P. 2:12
10:22, 23	Ro. 9:27, 28
11:1	Mt. 2:23; Hch. 13:23; He. 7:14; Ap. 5:5; 22:16
11:2	Ef. 1:17; 1 P. 4:14
11:3	Jn. 7:24
11:4	Jn. 7:24; Ef. 6:17; 2 Ts. 2:8; Ap. 19:11
11:5	Ef. 6:14
11:10	Ro. 15:12; Ap. 5:5; 22:16
11:15	Ap. 16:12
12:2	He. 2:13
13:8	Jn. 16:21
13:10	Mt. 24:29; Mr. 13:24, 25; Lc. 21:25; Ap. 6:12, 13; 8:12
13:21	Ap. 18:2
14:12	Lc. 10:18; Ap. 12:9
14:13, 15	Mt. 11:23; Lc. 10:15
19:2	Mt. 24:7; Mr. 13:8; Lc. 21:10
19:12	1 Co. 1:20
21:3	Jn. 16:21
21:9	Ap. 14:8; 18:2
22:13	1 Co. 15:32
22:22	Ap. 3:7
23	Lc. 10:13, 14
23:1-8	Mt. 11:21, 22
23:8	Ap. 18:23
23:17	Ap. 17:2; 18:3
24:8	Ap. 18:22
24:15	2 Ts. 1:12
24:17	Lc. 21:35
24:23	Ap. 4:4
25:8	1 Co. 15:54; Ap. 7:17; 21:4
26:3	Fil. 4:7
26:11	He. 10:27
26:17	Jn. 16:21
26:19	Ef. 5:14
26:20	Mt. 6:6
27:9	Ro. 11:27
27:13	Mt. 24:31
28:11, 12	1 Co. 14:21
28:16	Ro. 9:38; 10:11; 1 Co. 3:11; Ef. 2:20; 1 P. 2:4, 6
29:10	Ro. 11:8
29:11	Ap. 5:1
29:13	Col. 2:22; Mr. 7:6, 7
29:14	1 Co. 1:19
29:16	Ro. 9:20
30:33	Ap. 19:20; 20:10, 15; 21:8
32:17	Stg. 3:18
33:14	He. 12:29
33:18	1 Co. 1:20
33:24	Hch. 10:43
34:4	Mt. 24:29; Mr. 13:24, 25; Ap. 6:13, 14
34:10	Ap. 14:11; 19:3
34:11	Ap. 18:2
35:3	He. 12:12
35:5	Lc. 7:22; Hch. 26:18
35:5, 6	Mt. 11:5; Mr. 7:37
35:10	Ap. 21:4
37:19	Gá. 4:8
38:10	Mt. 16:18
40:1	Lc. 2:25
40:2	Ap. 1:5
40:3	Mt. 3:3; Mr. 1:3; Lc. 1:76; Jn 1:23
40:3-5	Lc. 3:4-6; Hch. 28:28
40:6, 7	Stg. 1:10, 11
40:6-8	1 P. 1:24, 25
40:10	Ap. 22:12
40:11	Jn. 10:11
40:13	Ro. 11:34; 1 Co. 2:16
40:18-20	Hch. 17:29
41:4	Ap. 1:4, 8; 4:8
41:8	Lc. 1:54; Stg. 2:23
41:8, 9	He. 2;16
41:10	Hch. 18:9, 10
42:1	Mt. 3:17; Mr. 1:11; Lc. 9:35
42:1-4	Mt. 12:18-21
42:5	Hch. 17:24, 25
42:6	Lc. 2:32; Hch. 26:23
42:7	Hch. 26:18
42:10	Ap. 5:9; 14:3
42:12	1 P. 2:9
42:16	Hch. 26:18
42:18	Mt. 11:5
43:4	Ap. 3:9
43:5	Hch. 18:9, 10
43:6	2 Co. 6:18
43:18	2 Co. 5:17
43:20	1 P. 2:9
43:21	1 P. 2:9
43:25	Mr. 2:7; Lc. 5:21
44:6	Ap. 1:17; 2:8; 21:6; 22:13
44:10-17	Hch. 17:29
44:23	Ap. 18:20
44:25	1 Co. 1:20
44:27	Ap. 16:12
44:28	Hch. 13:22
45:3	Col. 2:3
45:9	Ro. 9:20
45:14	1 Co. 14:25; Ap. 3:9
45:15	Ro. 11:33
45:17	He. 5:9
45:21	Mr. 12:32
45:23	Ro. 14:11; Fil. 2:10, 11
46:13	Lc. 2:32
47:7-9	Ap. 18:7, 8
47:9	Ap. 18:23
48:10	1 P. 1:7
48:12	Ap. 1:17; 2:8; 21:6; 22:13
48:13	Ro. 4:17
48:20	Ap. 18:4
49:1	Gá. 1:15
49:2	Ef. 6:17; He. 4:12; Ap. 1:16; 2:12, 16; 19:15
49:3	2 Ts. 1:10
49:4	Fil. 2:16
49:6	Lc. 2:32; Jn. 8:12; 9:5; Hch. 13:47; 26:23
49:8	2 Co. 6:2
49:10	Ap. 7:16, 17
49:13	Lc. 2;25; 2 Co. 7:6; Ap. 18:20
49:18	Ro. 14:11
49:23	Ap. 3:9
49:24	Mt 12:29
49:26	Ap. 16:6
50:6	Mt. 26:67; 27:30
50:8	Ro. 8:33
51:17	Ef. 5:14
51:17, 22	Ap. 14:10; 15:7; 16:19
52:1	Mt. 4:5; Ef. 5:14; Ap. 21:2, 27
52:5	Ro. 2:24; 2 P. 2:2
52:7	Hch. 10:36; Ro. 10:15; 2 Co. 5:20; Ef. 2:17; 6:15
52:9	Lc. 2:38
52:10	Lc. 2:30, 31
52:11	2 Co. 6:17; Ap. 18:4
52:13	Hch. 3:13
52:15	Ro. 15:21; 1 Co. 2:9
53	Lc. 24:27, 46; 1 P. 1:11
53:1	Jn. 12:38; Ro. 10:16
53:2	Mt. 2:23
53:3	Mr. 9:12
53:4	Mt. 8:17; 1 P. 2:24
53:4, 5	Ro. 4:25
53:5	Mt. 26:67; 1 P. 2:24
53:5, 6	Hch. 10:43
53:6	1 P. 2:25
53:6, 7	Jn. 1:29
53:7	Mt. 26:63; 27:12, 14; Mr. 14:60, 61; 15:4, 5; 1 Co. 5:7; 1 P. 2:23; Ap. 5:6, 12; 13:8
53:8, 9	1 Co. 15:3
53:9	Mt. 26:24; 1 P. 2:22; 1 Jn. 3:5; Ap. 14:5
53:11	Ro. 5:19
53:12	Mt. 27:38; Lc. 22:37; 23:33, 34; He.9:28; 1 P. 2:24
54:1	Gá. 4:27
54:11, 12	Ap. 21:19
54:13	Jn.6:45
55:1	Ap. 21:6; 22:17
55:3	He. 13:20
55:6	Hch. 17:27
55:8	Ro. 11:33
55:10	2 Co. 9:10
56:7	Mt. 21:13; Mr. 11:17; Lc. 19:46
56:8	Jn. 10:16
56:12	1 Co. 15:32
57:19	Hch. 2:39; Ef. 2:13, 17
57:20	Jud. v. 13
58:5	Mt. 6:16
58:6	Lc. 4:18, 19; Hch. 8:23
58:7	Mt. 25:35, 36

58:8	Lc. 1:78, 79
58:11	Jn. 7:38
59:7, 8	Ro. 3:15-17
59:17	Ef. 6:14, 17; 1 Ts. 5:8
59:18	1 P. 1:17; Ap. 20:12, 13; 22:12
59:20, 21	Ro. 11:26, 27
60:1	Ef. 5:14
60:1, 2	Lc. 1:78, 79; Jn. 1;14
60:1, 2	Ap. 21:11
60:3, 5	Ap. 21:24
60:6	Mt. 2:11
60:7	Mt. 21:13
60:11	Ap. 21:25
60:14	Ap. 3:9
60:19	Ap. 21:11
60:19, 20	Ap. 21:23; 22:5
60:21	2 P. 3:13
61:1	Mt. 11:5; Lc. 7:22; Hch. 4:27; 10:38
61:1, 2	Lc. 4:18, 19
61:2, 3	Mt. 5:4
61:3	Lc. 6:21
61:6	1 P. 2:5, 9; Ap. 1:6; 5:10; 20:6
61:10	Ap. 19:8; 21:2
62:2	Ap. 2:17; 3:12
62:6	He. 13:17
62:11	Mt. 21:5; Ap. 22:12
63:1-3	Ap. 19:13
63:3	Ap. 14:20; 19:15
63:10	Hch. 7:51; Ef. 4:30
63:11	He. 13:20
63:16	Jn. 8:41
63:18	Lc. 21:24; Ap. 11:2
64:4	1 Co. 2:9
64:8	Jn. 8:41; 1 P. 1:17
65:1	Ro. 10:20
65:2	Ro. 10:21
65:15	Ap. 2:17; 3:12
65:17	2 P. 3:13; Ap. 21:1
65:19	Ap. 21:4
65:23	Fil. 2:16
66:1	Mt. 5:34, 35; 23:22
66:1, 2	Hch. 7:49, 50
66:5	2 Ts. 1:12
66:6	Ap. 16:1, 17
66:7	Ap. 12:2, 5
66:14	Jn. 16:22
66:15	2 Ts. 1:8
66:22	2 P. 3:13; Ap. 21:1
66:24	Mr. 9:48

Jeremías

1:5	Gá. 1:15
1:7	Hch. 26:17
1:8	Hch. 18:9, 10
1:10	Ap. 10:11
1:17	Lc. 12:35
2:11	Gá. 4:8
2:13	Ap. 7:17; 21:6
3:19	1 P. 1:17
4:4	Ro. 2:25
4:29	Ap. 6:15
5:14	Ap. 11:5
5:21	Mr. 8:18
5:24	Hch. 14:17; Stg. 5:7
6:10	Hch. 7:51
6:14	1 Ts. 5:3
6:16	Mt. 11:29
7:11	Mt. 21:13; Mr. 11:17; Lc. 19:46
7:34	Ap. 18:23
8:2	Hch. 7:42
8:3	Ap. 9:6
8:11	1 Ts. 5:3
9:15	Ap. 8:11
9:24	1 Co. 1:31; 2 Co. 10:17
9:25	Ro. 2:25
9:26	Hch. 7:51
10:6, 7	Ap. 15:4
10:14	Ro. 1:22
10:25	1 Ts. 4:5; 2 Ts. 1:8; Ap. 16:1
11:20	1 Ts. 2:4; Ap. 2:23
12:3	Stg. 5:5
12:7	Mt. 23:38
13:25	Ro. 1:25
14:12	Ap. 6:8
14:14	Mt. 7:22
15:2	Ap. 13:10
15:3	Ap. 6:8
16:9	Ap. 18:23
16:19	Ro. 1:25
17:10	1 P. 1:17; Ap. 2:23; 20:12, 13; 22:12
17:21	Jn. 5:10
18:6	Ro. 9:21
19:13	Hch. 7:42
20:2	He. 11:36
20:9	1 Co. 9:16
21:7	Lc. 21:24
22:5	Mt. 23:38
23:1, 2	Jn. 10:8
23:5, 6	1 Co. 1:30
23:18	Ro. 11:34
23:23	Hch. 17:27
25:10	Ap. 18:23
25:15	Ap. 14:10; 15:7; 16:19
25:29	1 P. 4:17
25:30	Ap. 10:11
25:34	Stg. 5:5
26:11	Hch. 6:13
27:15	Mt. 7:22
27:20	Mt. 1:11
31:9	2 Co. 6:18
31:15	Mt. 2:18
31:25	Mt. 11:28; Lc. 6:21
31:31	Mt. 26:28; Lc. 22:20; 1 Co. 11:25; 2 Co. 3:6
31:31-34	He. 8:8-12
31:33	2 Co. 3:3; He. 10:16
31:33, 34	Ro. 11:27; 1 Ts. 4:9
31:34	Hch. 10:43; He. 10:17; 1 Jn. 2:27
32:6-9	Mt. 27:9, 10
32:38	2 Co. 6:16
32:40	Lc. 22:20; 1 Co. 11:25; 2 Co. 3:6; He. 13:20
36:24	Mt. 26:65
37:15	He. 11:36
38:6	He. 11:36
43:11	Ap. 13:10
46:10	Lc. 21:22
49:11	1 Ti. 5:5
49:36	Ap. 7:1
50:6	Mt. 10:6
50:8	Ap. 18:4
50:15	Ap. 18:6
50:25	Ro. 9:22
50:29	Ap. 18:6
50:34	Ap. 18:8
50:38	Ap. 16:12
50:39	Ap. 18:2
51:6	Ap. 18:4
51:7	Ap. 14:8; 17:2, 4; 18:3
51:8	Ap. 14:8; 18:2
51:9	Ap. 18:4, 5
51:13	Ap. 17:1
51:36	Ap. 16:12
51:45	Ap. 18:4
51:48	Ap. 18:20
51:49	Ap. 18:24
51:63, 64	Ap. 18:21

Lamentaciones

1:15	Ap. 14:20; 19:15
2:15	Mt. 27:39; Mr. 15:29
3:45	1 Co. 4:13

Oseas

1:6, 9	1 P. 2:10
1:10	Ro. 9:26-28
2:1	1 P. 2:10
2:23	Ro. 9:25; 1 P. 2:10
6:2	Lc. 24:46; 1 Co. 15:4
6:5	Ef. 6:17
6:6	Mt. 9:13; 12:7; Mr. 12:33
9:7	Lc. 21:22
10:8	Lc. 23:30; Ap. 6:16; 9:6
11:1	Mt. 2:15
12:8	Ap. 3:17
13:14	1 Co. 15:55
14:2	He. 13:15
14:9	Hch. 13:10

Joel

1:6	Ap. 9:8
2:2	Mt. 24:21
2:4, 5	Ap. 9:7
2:5	Ap. 9:9
2:10	Mt. 24:29; Mr. 13:24, 25; Ap. 6:12, 13; 8:12
2:11	Ap. 6:17
2:23	Stg. 5:7
2:28	Hch. 21:9; Tit. 3:6
2:28-32	Hch. 2:17-21
2:30, 31	Lc. 21:25
2:31	Mt. 24:29; Mr. 13:24, 25; Ap. 6:12
2:32	Hch. 2:39; 22:16; Ro. 10:13
3:4-8	Mt. 11:21, 22; Lc. 10:13, 14
3:13	Mr. 4:29; Ap. 14:15, 18; 19:15
3:15	Mt. 24:29; Mr. 13:24, 25; Ap. 6:12, 13; 8:12
3:18	Ap. 22:1

Amós

1:9, 10	Mt. 11:21, 22; Lc. 10:13, 14
3:7	Ap. 10:7; 11:18
4:11	Jud. v. 23
5:10	Gá. 4:16
5:13	Ef. 5:16
5:15	Ro. 12:9
5:25-27	Hch. 7:42, 43
8:9	Mt. 27:45; Mr. 15:33; Lc. 23:44, 45
9:9	Lc. 22:31
9:11, 12	Hch. 15:16, 17

Abdías

v. 21	Ap. 11:15

Jonás

1:17	Mt. 12:40; 1 Co. 15:4
3:5	Mt. 12:41
3:6	Mt. 11:21
3:8	Mt. 12:41
3:8, 10	Lc. 11:32
4:9	Mt. 26:38; Mr. 14:34

Miqueas

4:7	Lc. 1:33
4:9	Jn. 16:21
4:10	Ap. 12:2
5:2	Mt. 2:6; Jn. 7:42
6:8	Mt. 23:23

6:15 Jn. 4:37
7:6 Mt. 10:21, 35, 36; Mr. 13:12; Lc. 12:53
7:20 Lc. 1:55; Ro. 15:8

Nahum
1:6 Ap. 6:17
1:15 Hch. 10:36; Ro. 10:15; Ef. 6:15

Habacuc
1:5 Hch. 13:41
2:3 2 P. 3:9
2:4 Ro.1:17; Gá. 3:11
2:18, 19 1 Co. 12:2
3:17 Lc. 13:6

Sofonías
1:3 Mt. 13:41
3:8 Ap. 16:1
3:13 Ap. 14:5
3:15 Jn. 1:49

LA ETAPA DE LA CAUTIVIDAD

Ezequiel
1:1 Ap. 19:11
1:5-10 Ap. 4:6, 7
1:13 Ap. 4:5; 11:19
1:18 Ap. 4:8
1:22 Ap. 4:6
1:24 Ap. 1:15; 14:2; 19:6
1:26, 27 Ap. 4:2, 9, 10; 5:1, 7, 13; 6:16; 7:10, 15; 19:4; 21:5
1:26-28 Ap. 4:3
2:1 Hch. 26:16
2:8 Ap. 10:9, 10
2:9, 10 Ap. 5:1
3:1-3 Ap. 10:9, 10
3:17 He. 13:17
4:14 Hch. 10:14
5:12, 17 Ap. 6:8
7:2 Ap. 20:8
9:2 Ap. 1:13
9:4 Ap. 7:3; 9:4; 14:1
9:6 1 P. 4:17
10:12 Ap. 4:8
10:14 Ap. 4:6, 7
11:19 2 Co. 3:3
12:2 Mr. 8:18
13:10 1 Ts. 5:3
13:10-12 Mt. 7:27
13:10-15 Hch. 23:3
14:21 Ap. 6:8
16:61, 63 Ro. 6:21
17:23 Mt. 13:32; Mr.4:32; Lc. 13:19
18:20 Jn. 9:2
18:23 1 Ti. 2:4
20:34, 41 2 Co. 6:17
20:41 Ef. 5:2; Fil. 4:18
21:16 Mt. 23:12
22:27 Mt. 7:15
22:31 Ap. 16:1
24:7 Ap. 18:24
26—28 Mt. 11:21, 22; Lc. 10:13, 14
26:13 Ap. 18:22
26:16 Ap. 18:9
26:17 Ap. 18:10
26:21 Ap. 18:21
27:12, 13 Ap. 18:12, 13
27:17 Hch. 12:20
27:22 Ap. 18:12, 13
27:27-29 Ap. 18:17
27:30-34 Ap. 18:19
27:30-35 Ap. 18:9
27:32 Ap. 18:18
27:36 Ap. 18:11, 15
28:2 Hch. 12:22; 2 Ts. 2:4
28:13 Ap. 17:4; 18:16
31:6 Mt. 13:32; Mr. 4:32; Lc. 13:19
32:7 Mt. 24:29; Lc. 21:25
32:7, 8 Mr. 13:24, 25; Ap. 6:12, 13; 8:12
33:5 Mt. 27:25
33:27 Ap. 6:8
34:2, 3 Jn. 10:8
34:5 Mt. 9:36
34:5, 6 1 P. 2:25
34:8 Mr. 6:34; Jud. v. 12
34:11 Lc. 15:4
34:15 Jn. 10:11
34:16 Lc. 15:4; 19:10
34:17 Mt. 25:32
34:23 Jn. 1:45
34:23 Jn. 10:16; Ap. 7:17
36:20 Ro. 2:24
36:23 Mt. 6:9
36:25 He. 10:22
36:26 2 Co. 3:3
36:27 1 Ts. 4:8
37:5 Ap. 11:11
37:9 Ap. 7:1
37:10 Ap. 11:11
37:12 Mt. 27:52, 53
37:14 1 Ts. 4:8
37:23 Tit. 2:14
37:24 Jn. 10:16
37:26 He. 13:20
37:27 2 Co. 6:16; Ap. 21:3
38:2 Ap. 20:8
38:19, 20 Ap. 11:13
38:22 Ap. 8:7; 14:10; 20:9, 10; 21:8
39:6 Ap. 20:9
39:17-20 Ap. 19:17, 18
39:17, 20 Ap. 19:21
40:2 Ap. 21:10
40:3 Ap. 11:1
40:3, 5 Ap. 21:15
43:2 Ap. 1:15; 14:2; 19:6
44:4 Ap. 15:8
44:7 Hch. 21:28
44:30 Ro. 11:16
47:1 Ap. 22:1
47:12 Ap. 22:2, 14, 19
48:16, 17 Ap. 21:16, 17
48:30-35 Ap. 21:12, 13
48:35 Ap. 3:12

Daniel
1:12, 14 Ap. 2:10
2:28 Lc. 21:9
2:28, 29 Mt. 24:6; Ap. 1;1, 19; 4:1; 22:6
2:34, 35 Mt. 21:44
2:44 1 Co. 15:24; Ap. 11:15
2:44, 45 Mt. 21:44
2:45 Ap. 1:1, 19; 4:1; 22:6
2:47 1 Co. 14:25; Ap. 17:14; 19:16
3:4 Ap. 10:11
3:5, 6 Ap. 13:15
3:5 Mt. 4:9
3:6 Mt. 13:42, 50
3:10 Mt. 4:9
3:15 Mt. 4:9
3:23-25 He. 11:34
4:2 Jn. 4:48
4:12, 21 Mt. 13:32; Mr. 4:32; Lc. 13:19
4:30 Ap. 18:10
4:34 Ap. 4:9
4:37 Jn. 4:48
5:20 Hch. 12:23
5:23 Ap. 9:20
6:1-27 He. 11:33
6:21 2 Ti. 4:17
6:26 1 P. 1:23; Ap. 4:9
7:2 Ap. 7:1
7:3 Ap. 11:7; 13:1; 17:8
7:4-6 Ap. 13:2
7:7 Ap. 11:7; 12:3, 17; 13:7
7:8 Ap. 13:5
7:9 Ap. 1:14; 20:4
7:9, 10 Mt. 19:28; Ap. 20:11, 12
7:10 Ap. 5:11
7:13 Mt. 26:64; Mr. 14:62; Lc. 21:27; Ap. 1:7, 13; 14:14
7:13, 14 Mt. 24:30; Mr. 13:26
7:14 Mt. 28:18; Lc. 1:33; Jn. 12:34; Ap. 10:11; 11:15; 19:6
7:18 Ap. 22:5
7:20 Ap. 13:5
7:21 Ap. 11:7; 12:17; 13:7
7:22 Lc. 21:8; 1 Co. 6:2; Ap. 20:4
7:24 Ap. 17:12
7:25 Ap. 12:14; 13:5

LA ETAPA DEL RETORNO

Esdras
3:2 Mt. 1:12; Lc. 3:27
4:3 Jn. 4:9
9:1—10:44 Jn. 4:9
9:3 Mt. 26:65
9:7 Lc. 21:24

Nehemías
9:6 Ap. 10:6
9:15 Jn. 6:31
9:36 Jn. 8:33
10:37 Ro. 11:16
11:1 Mt. 4:5

Ester
4:1 Mt. 11:21
5:3, 6 Mr. 6:23
7:2 Mr. 6:23

Hageo
1:13 Mt. 28:20
2:6 He. 12:26
2:6, 21 Mt. 24:29; Lc. 21:26

Zacarías
1:1 Mt. 23:35
1:3 Stg. 4:8
1:6 Ap. 10:7; 11:18
1:8 Ap. 6:2, 4; 19:11
2:1, 2 Ap. 11:1
2:6 Mt. 24:31
2:6, 10 Mr. 13:27
2:10 Ap. 21:3
3:1 Ap. 12:10
3:2 Jud. v. 9; 23
4:2 Ap. 4:5
4:3 Ap. 11:4
4:10 Ap. 5:6
4:11-14 Ap. 11:4
6:2 Ap. 6:4, 5
6:3 Ap. 6:2; 19:11
6:5 Ap. 7:1
6:6 Ap. 6:2, 5; 19:11
8:16 Ef. 4:25
8:17 1 Co. 13:5
8:23 1 Co. 14:25
9:2-4 Mt. 11:21, 22; Lc. 10:13, 14
9:9 Mt. 21:5; Jn. 12:15

9:10	Ef. 2:17
9:11	Mt. 26:28; Mr. 14:24; Lc. 22:20; 1 Co. 11:25; He. 13:20
10:2	Mt. 9:36; Mr. 6:34
11:12	Mt. 26:15
11:12, 13	Mt. 27:9, 10; Ap. 11:2
12:10	Mt. 24:30; Jn. 19:37; Ap. 1:7
12:11	Ap. 16:16
12:12	Ap. 1:7
12:14	Mt. 24:30; Ap. 1:7
13:4	Mr. 1:6
13:7	Mt. 26:31, 56; Mr. 14:27, 50; Jn. 16:32
13:9	1 P. 1:7
14:5	Mt. 25:31; 1 Ts. 3:13; 2 Ts. 1:7; Jud. v. 14
14:7	Ap. 21:25; 22:5
14:8	Ap. 22:1
14:9	Ap. 11:15; 19:6
14:11	Ap. 22:3

Malaquías

1:2, 3	Ro. 9:13
1:6	Lc. 6:46
1:7	1 Co. 10:21
1:11	2 Ts. 1:12; Ap. 15:4
1:12	1 Co. 10:21
2:7, 8	Mt. 23:3
2:10	1 Co. 8:6
3:1	Mt. 11:3, 10; Mr. 1:2; Lc. 1:17, 76; 7:19, 27; Jn. 3:28
3:2	Ap. 6:17
3:3	1 P. 1:7
3:5	Stg. 5:4
3:7	Stg. 4:8
4:2	Lc. 1:78
4:5	Mt. 11:14
4:5, 6	Mt. 17:10, 11; Mr. 9:11, 12; Lc. 1:17

Estadísticas de la Tierra Santa

Introducción a las estadísticas de la Tierra Santa

Estas estadísticas de la Tierra Santa apoyan la entusiasta descripción de Jerusalén dada por el salmista.

> «Grande es Jehová, y digno de ser en gran manera alabado en la ciudad de nuestro Dios, en su monte santo. Hermosa provincia, el gozo de toda la tierra, es el monte de Sion, a los lados del norte, la ciudad del gran Rey. En sus palacios Dios es conocido por refugio. Como lo oímos, así lo hemos visto en la ciudad de Jehová de los ejércitos, en la ciudad de nuestro Dios; la afirmará Dios para siempre. Nos acordamos de tu misericordia, oh Dios, en medio de tu templo. Conforme a tu nombre, oh Dios, así es tu loor hasta los fines de la tierra; de justicia está llena tu diestra. Se alegrará el monte de Sion; se gozarán las hijas de Judá por tus juicios. Andad alrededor de Sion, y rodeadla; contad sus torres. Considerad atentamente su antemuro, mirad sus palacios; para que lo contéis a la generación venidera. Porque este Dios es Dios nuestro eternamente y para siempre; él nos guiará aun más allá de la muerte» (Sal. 48:1-3; 8-14).

*Estadísticas de la Tierra Santa**

I. Datos generales acerca de las diversas naciones.
   A. La Organización de Países Exportadores de Petróleo (OPEP).
      1. Arabia Saudita.
         a. millas cuadradas: 829.995 (2.149.690 km^2).
         b. población: 13.610.000.
         c. capital: Riad.
      2. Irán.
         a. millas cuadradas: 636.296 (1.648.000 km^2).
         b. población: 49.760.000.
         c. capital: Teherán.
      3. Iraq.
         a. millas cuadradas: 167.924 (438.446 km^2).
         b. población: 16.450.000.
         c. capital: Bagdad.
      4. Kuwait.
         a. millas cuadradas: 6.880 (17.818 km^2).
         b. población: 1.870.000.
         c. capital: Kuwait.
   B. Países no pertenecientes a la OPEP.
      1. Egipto.
         a. millas cuadradas: 386.661 (1.001.449 km^2).
         b. población: 50.740.000.
         c. capital: El Cairo.
      2. Siria.
         a. millas cuadradas: 71.498 (185.180 km^2).
         b. población: 10.970.000.
         c. capital: Damasco.
      3. Jordania.
         a. millas cuadradas: 37.738 (97.740 km^2).
         b. población: 3.660.000.
         c. capital: Ammán.
      4. Líbano.
         a. millas cuadradas: 4.015 (10.400 km^2).
         b. población: 2.710.000.
         c. capital: Beirut.
      5. Israel.
         a. millas cuadradas: 8.019 (sin contar la zona tomada en 1967) (20.770 km^2).
         b. población: 4.370.000.
         c. capital: Jerusalén.

II. Datos específicos acerca de Israel.
   A. Fronteras (lindado por cuatro estados árabes: Líbano, Siria, Jordania y Egipto).
      1. Largo de la frontera con Jordania: 298 millas (479 km).
      2. Con Egipto: 112 millas (180 km).
      3. Con Líbano: 65 millas (105 km).
      4. Con Siria: 50 millas (80 km).
   B. Tamaño. El territorio antes de la Guerra de los Seis Días en junio de 1967 era de 8.019 millas cuadradas (20.770 km^2). Después de la guerra incluía un total de 34.493 millas cuadradas (89.337 km^2).
   C. Configuración.
      1. Estas zonas geográficas terrestres son inmediatamente reconocibles, todas de norte a sur.
         a. La zona costera, incluyendo:
            (1) la llanura de Aco.
            (2) el valle de Jezreel.
            (3) Sarón.
            (4) la costa filistea.
            (5) el Sepela.
            (6) el Neguev occidental.
         b. La cordillera central, incluyendo:
            (1) Galilea.
            (2) el monte Efraín.
            (3) la zona montuosa de Judea.
            (4) el Neguev oriental.
         c. La falla del Jordán, incluyendo:
            (1) el valle de Ulatha.
            (2) el mar de Galilea.
            (3) el río Jordán.
            (4) el mar Muerto.
      2. En la época de Jesús la tierra estaba dividida en tres zonas básicas.
         a. Galilea (zona norte).
            (1) 1600 millas cuadradas (4.144 km^2).
            (2) ancho: 35 millas (56 km).
            (3) largo: 60 millas (97 km).

* Los datos de población y extensión en 1 km^2 en el apartado I son tomados del *Gran atlas del mundo* (España: Plaza & Janés, 1992).

b. Samaria (zona centro).
(1) 1.590 millas cuadradas (4.118 km^2).
(2) ancho: 47 millas (76 km).
(3) largo: 56 millas (90 km).
c. Judea.
(1) 2.000 millas cuadradas (5.180 km^2).
(2) ancho: 55 millas (89 km).
(3) largo: 45 millas (72 km).

D. Población.
1. Judíos: aproximadamente 3.200.000.
2. Árabes: 475.000.
3. Cristianos: 90.000 (75% católicos, 25% protestantes).
4. Drusos: 46.000.
5. Samaritanos: 400.

E. Casas de adoración.
1. Cuatrocientas iglesias y capillas, atendidas por 2.500 del clero, incluyendo 160 monjes y 600 monjas.
2. Cien mezquitas musulmanas, atendidas por 200 del clero.
3. Seis mil sinagogas, atendidas bajo la supervisión de 387 rabinos oficialmente nombrados.

F. Ciudades principales.
1. Jerusalén: población 450.000.
2. Tel Aviv: población 375.000.
3. Haifa: población 250.000.

G. Extensiones de agua.
1. El mar Mediterráneo.
2. El mar de Galilea.
a. ancho (mayor): 6-7 millas (de 9 a 11 km).
b. largo: 14 millas (23 km).
c. profundidad: 200 pies (61 m).
d. superficie: 112 millas cuadradas (290 km^2).
e. circunferencia: 32 millas (51 km).
f. bajo el nivel del mar: 690 pies (210 m).
3. El río Jordán.
a. ancho: 100 a 200 pies (30-60 m).
b. largo: debido a sus curvas, 200 millas (322 km) desde el mar de Galilea hasta el mar Muerto (distancia real, 65 millas [105 km]).
4. El mar Muerto.
a. ancho: 10 millas (16 km).
b. largo: 48 millas (77 km).
c. profundidad: 1.300 pies (396 m).
d. debajo del nivel del mar: 1.292 pies (394 m).
e. contenido salado y químico: veintinueve por ciento (en contraste con el promedio de cinco por ciento de los océanos). El mar Muerto contiene 45 mil millones de toneladas de sustancias químicas valiosas.
5. El mar Rojo (golfo de Eliot).

H. Montañas.
1. Carmelo: 1.800 pies de altura (549 m).
2. Ebal: 3.077 pies de altura (938 m).
3. Gerizim: 2.849 pies de altura (868 m).
4. Gilboa: 1.625 pies de altura (495 m).
5. Galaad: 3.600 pies de altura (1.097 m).
6. Hermón: 9.500 pies de altura (2.896 m).
7. Hor: 4.360 pies de altura (1.329 m).
8. Nebo: 2.643 pies de altura (806 m).
9. Olivos: 2.700 pies de altura (823 m).
10. Sinaí: 8.700 pies de altura (2.652 m).
11. Tabor: 1.843 pies de altura (562 m).

I. Guerras (desde 1947).
1. Guerra de la Independencia. Desde el 29 de noviembre de 1947 hasta 1949. Se desarrolló simultáneamente en cuatro frentes: Líbano, Transjordania, Siria, Egipto. Costo en vidas judías: 6.000.
2. Guerra del Sinaí. Desde el 29 de octubre de 1956 hasta el 5 de noviembre de 1956. Murieron menos de 200 judíos.
3. Guerra de los Seis Días. Del 5 al 10 de junio de 1967. Murieron menos de 800 judíos.
4. Guerra de desgaste. Desde 1968 hasta el 8 de agosto de 1969. Pérdida de vidas judías: 400.
5. Guerra de Yom Kippur. Desde el 6 hasta el 24 de octubre de 1973. Murieron casi 3.000 judíos.

J. Distancias desde la Ciudad Santa.

Fuera de Israel
1. Nueva York: 5.600 millas (9.011 km).
2. Chicago: 6.200 millas (9.976 km).
3. Roma: 1.400 millas (2.257 km).
4. Londres: 2.100 millas (3.379 km).
5. Ginebra: 1.700 millas (2.736 km).
6. Ottawa: 5.400 millas (8.689 km).
7. Buenos Aires: 7.700 millas (12.390 km).
8. Cairo: 260 millas (418 km).
9. Bombay: 2.500 millas (4.023 km).
10. Tokio: 5.600 millas (9.011 km).
11. Ammán: 50 millas (80,47 km).
12. Pekín: 4.400 millas (7.080 km).
13. Damasco: 150 millas (241 km).
14. Moscú: 1.600 millas (2.575 km).
15. Istanbul: 700 millas (1.127 km).

Dentro de Israel
1. Hebrón: 23 millas (37 km).
2. Beerseba: 54 millas (87 km).
3. Emaús: 8 millas (13 km).
4. Jope: 38 millas (61 km).
5. Cesarea: 64 millas (6.534 km).
6. Samaria: 40 millas (64 km).
7. Nazaret: 88 millas (142 km).
8. Capernaum: 94 millas (151 km).
9. Jericó: 21 millas (33 km).
10. Betania: 2 millas (3 km).
11. Belén: 6 millas (10 km).

ÍNDICE BREVE DE ACONTECIMIENTOS Y PERSONAS DEL ESTUDIO CRONOLÓGICO

ÍNDICE BREVE DEL RESUMEN TEMÁTICO

LIBROS DE LA BIBLIA RESUMIDOS EN ESTE ESTUDIO

ESTUDIOS GENERALES

ESTADÍSTICAS DEL ANTIGUO Y NUEVO TESTAMENTOS

PERSONAJES BÍBLICOS RESUMIDOS EN ESTE RELATO

LA PERSONA Y LA OBRA DE JESUCRISTO DESCRITAS EN ESTE LIBRO

RECONOCIMIENTOS

Agradecemos a las siguientes casas editoriales la gentileza de concedernos permiso para citar parte de los libros que aparecen a continuación:

* El asterisco indica que hay traducción castellana de esos libros.

Baker Book House, Grand Rapids, Michigan
Boyer, James L. *For a World Like Ours*, 1971.
Daly, Reginald M. *Earth's Most Challenging Mysteries*, 1972.
Davis, John. *Conquest and Crisis*, 1969.
_____ . *Moses and the Gods of Egypt*, 1971.
Filby, Frederick A. *The Flood Reconsidered*, 1971.
*Whitcomb, John. *The Early Earth*, 1972. Hay traducción castellana titulada *La tierra primitiva*. Grand Rapids: Editorial Portavoz, 1993.
_____ . *Solomon and the Exile*, 1971.

Brethren Missionary Herald, Winona Lake, Indiana
Davis, John. *The Birth of a Kingdom*, 1970.
Hoyt, Herman A. *The End Times*, 1967.
_____ . *Revelation*, 1966.
Kent, Homer. *The Epistle to the Hebrews*, 1972.
_____ . *From Jerusalem to Rome*, 1972.

Creation-Life Publishers, San Diego, California
Viola Cummings, *Noah's Ark*, 1973.
Gish, Duane T. *Evolution? The Fossils Say No*, 1973.
Morris, Henry. *The Bible Has the Answers*, 1976.
——. *The Genesis Record*, 1976.
——. *The Remarkable Birth of Planet Earth*, 1972.
——. *Scientific Creationism*, 1974.

William B. Eerdmans Publishing Company, Grand Rapids, Michigan
Barnhouse, Donald G. *God's Remedy*, tomo III, 1952.
*Sauer, Erick. *The Dawn of World Redemption*, 1955. Hay traducción castellana titulada *La aurora de la redención del mundo*. Grand Rapids: Editorial Portavoz, 1984.
*Tenney, Merrill C. *New Testament Survey*, 1953. Hay traducción castellana titulada *Nuestro Nuevo Testamento*. Grand Rapids: Editorial Portavoz, 1989.
Wuest, Kenneth S. *Ephesians and Colossians*, 1953.
_____ . *First Peter*, 1953.
_____ . *In These Last Days*, 1952.

Gospel Light Publications, Glendale, California
*Mears, Henrietta C. *What the Bible Is All About*, 1966. Hay traducción castellana titulada *Lo que nos dice la Biblia*. Deerfield, Fl.: Editorial Vida.
Stedman, Ray. *What More Can God Say?* 1975.
Moody Press, Chicago, Illinois
*Archer, Gleason L. *A Survey of Old Testament Introduction*, 1964. Hay traducción castellana titulada *Reseña crítica de una introducción al Antiguo Testamento*. Grand Rapids: Editorial Portavoz, 1987.
*Coder, Maxwell. *Jude, the Acts of the Apostates*, 1958. Hay traducción castellana titulada *Judas: Los hechos de los apóstatas*. Grand Rapids: Editorial Portavoz, 1980.
Johnson, Allen. *The Freedom Letter*, 1974.
Kent, Homer. *Glory of the Church*, 1971.
Pache, Rene. *The Return of Jesus Christ*, 1955.
*Pentecost, J. D. *Prophecy for Today*, 1969. Hay traducción castellana titulada *Profecías para el mundo moderno*. Miami: Editorial Unilit.
_____ . *Will Man Survive?* 1971
Phillips, John. *Exploring Romans*, 1969.
_____ . *Revelation*, 1974.
*Ryrie, Charles. *Balancing the Christian Life*, 1969. Hay traducción castellana titulada *Equilibrio en la vida cristiana*. Grand Rapids: Editorial Portavoz, 1990.
* _____ . *Dispensationalism Today*, 1955. Hay traducción castellana titulada *Dispensacionalismo, hoy*. Grand Rapids: Editorial Portavoz, 1974.
* _____ . *First and Second Thessalonians*, 1959. Hay traducción castellana titulada *Primera y Segunda Tesalonicenses*. Grand Rapids: Editorial Portavoz, 1994.
* _____ . *Revelation*, 1968. Hay traducción castellana titulada *Apocalipsis*. Grand Rapids: Editorial Portavoz, 1981.
*Unger, Merrill. *Unger's Bible Handbook*. 1977. Hay traducción castellana titulada *Manual bíblico de Unger*. Grand Rapids: Editorial Portavoz, 1985.
Walvoord, John. *Revelation*, 1968.

Through the Bible Publications, Pasadena, California
J. Vernon McGee. *Genesis, Exodus, Numbers, Deuteronomy, Ruth, Psalms, Luke, Ephesians, Second Timothy, Jude, Revelation,* 1971-1977.

Victor Books, Wheaton, Illinois
De Haan, Richard. *Good News for Bad Times*, 1975.
*Wiersbe, Warren. *Be Free*, 1978. Hay traducción castellana titulada *Usted puede ser libre*. Sebring, FL: Editorial Bautista Independiente.

Zondervan Publishing House, Grand Rapids, Michigan
Barnhouse, Donald G. *Genesis*, 1970.
_____ . *Revelation*, 1971.
W. A. Criswell, *Revelation*, 1969.
Custance, Arthur C. *Genesis and Early Man*, 1975.
_____ . *Noah's Three Sons*, 1975.
*Halley, Henry H. *Halley's Bible Handbook*, 1965. Hay traducción castellana titulada *Compendio manual de la Biblia*. Grand Rapids: Editorial Portavoz, 1989.
S. F. Lodgson, *Profiles in Prophecy*, 1971.
Walvoord, John. *The Holy Spirit*, 1970.
_____ . *The Thessalonian Epistles*, 1973.
Wood, Leon. *A Survey of Israel's History*, 1970.

Agradecemos, además, el permiso para citar de los siguientes libros:

Baxter, J. Sidlow. *Explore the Book*. Londres: Marshall, Morgan & Scott, 1958.
Strauss, L. *Daniel*. Neptune, N. J.: Loizeaux, 1969.
Patten, J. *The Biblical Flood and the Ice Epoch*. Seattle, WA: Pacific Meridian Publishing Co., 1966.
LaHaye, Tim. *Revelation*. La Mesa, CA: Publishers of Scriptural Truth, 1968.
*Lindsey, Hal. *There's a New World Coming*. Santa Ana, CA: Vision House, 1973. Hay traducción castellana titulada *El apocalipsis inminente*. Miami: Editorial Logoi, 1974.
McDonald, W. *Letters to the Thessalonians*. Kansas City: Walterick Publishers, 1969.

EDITORIAL PORTAVOZ

NUESTRA VISIÓN

Maximizar el efecto de recursos cristianos de calidad que transforman vidas.

NUESTRA MISIÓN

Desarrollar y distribuir productos de calidad —con integridad y excelencia—, desde una perspectiva bíblica y confiable, que animen a las personas a conocer y servir a Jesucristo.

NUESTROS VALORES

Nuestros valores se encuentran fundamentados en la Biblia, fuente de toda verdad para hoy y para siempre. Nosotros ponemos en práctica estas verdades bíblicas como fundamento para las decisiones, normas y productos de nuestra compañía.

Valoramos la excelencia y la calidad
Valoramos la integridad y la confianza
Valoramos el mérito y la dignidad de los individuos y las relaciones
Valoramos el servicio
Valoramos la administración de los recursos

Para más información acerca de nuestra editorial y los productos que publicamos visite nuestra página en la red: www.portavoz.com